DICTIONNAIRE

ENCYCLOPÉDIQUE

DES AMUSEMENS DES SCIENCES,

MATHÉMATIQUES ET PHYSIQUES.

DICTIONNAIRE

ENCYCLOPEDIQUE

DES AMUSEMENS DES SCIENCES

MATHÉMATIQUES ET PHYSIQUES,

Des procédés curieux des Arts ; des Tours récréatifs & subtils de la Magie Blanche , & des découvertes ingénieuses & variées de l'industrie ; avec l'explication de quatre-vingt-six planches , & d'un nombre infini de figures qui y sont relatives.

Un volume in-4°. de 900 pages.

Felix qui potuit rerum cognoscere causas
VIRGIL.

A PARIS,

Chez PANCKOUCKE , Imprimeur-Libraire , hôtel de Thou , rue des Poitevins.

M. DCC. XCII.

AVERTISSEMENT.

Les Sciences & les Arts offrent une multitude de problêmes & de procédés dont la recherche est d'autant plus attrayante, qu'ils semblent se cacher sous le voile du mystère, & qu'ils supposent de l'adresse, de la sagacité, de la pénétration pour les découvrir.

Nous avons rapproché, dans ce Dictionnaire, tout ce que MM. Macquer, Nollet, Ozanam & son continuateur, les Editeurs du Dictionnaire de l'Industrie, ceux de la Bibliotheque Physico-Economique, Guyot, Decremps, Pinetti, & une infinité d'autres auteurs anciens & modernes ont publié à cet égard de plus intéressant & de plus curieux.

L'utile est presque toujours uni à l'agréable dans cette collection où le lecteur peut s'instruire en s'amusant. Ce sont, il est vrai, des jeux; mais ces jeux deviennent la plupart des résultats ou des solutions de ce que les Sciences & les Arts renferment de plus abstrait & de plus subtil. Enfin, ces amusemens sont les fruits, non d'un seul homme, non d'un seul âge, mais d'un très-grand nombre de savans & d'artistes, & de plusieurs siecles de recherches, d'expériences & d'observations.

Ce recueil doit donc être, par rapport aux Sciences & aux Arts, ce que l'*Encyclopédiana* est par rapport à l'Histoire & à la Littérature. Ces deux Dictionnaires, en suppléant à ce que l'*Encyclopédie* a été forcée d'omettre ou de négliger, en complettent ainsi toutes ses parties, & ferment, en quelque sorte, le cercle de toutes les connoissances acquises.

Nous ne nous sommes pas contentés en traitant chacun des

articles de ce Dictionnaire, de faire des détails arides ou des récits ennuyeux ; il nous a paru plus convenable de leur donner des formes agréables, & les ornemens dont ils font susceptibles, accompagnés des motifs de leur utilité ou de leur agrément, d'un précis exact des procédés, & des précautions de prudence ou d'adresse, enfin des causes physiques, de leurs effets autant qu'il a été possible de les assigner sur des principes connus, sur des démonstrations évidentes, & sur des explications de figures sensibles.

Au reste, cet ouvrage fournira une multitude d'expériences à faire ou à vérifier, & donnera lieu non-seulement à l'amusement de l'esprit, mais encore à la recherche de vérités nouvelles & d'inventions agréables ; nous pouvons aussi dire, d'après le célèbre Historien de l'Académie des Sciences, « qu'une expérience » physique dans la vue de se procurer de l'agrément, a souvent » mené à des usages de la plus grande utilité. »

On trouvera à la fin du Tome VIII des gravures de l'Encyclopédie méthodique, quatre-vingt-six planches, comblées d'une quantité immense de figures, tant pour l'intelligence des procédés des Arts, & des tours de subtilité, que pour la démonstration des Problêmes curieux des sciences Physiques & Mathématiques.

ABEILLES.

A.

ABEILLES. On fait que l'Abeille femelle eſt la reine & fait le deſtin, en quelque ſorte, de chaque ruche. La caractère de cette mere abeille, eſt d'avoir les aîles très-courtes. Elle a le vol difficile; auſſi ne lui arrive-t-il guères de voler que lorſqu'elle ſort d'une ruche pour aller établir ſa colonie. Toutes les abeilles la ſuivent en ſujets fidèles, au lieu qu'elle a choiſi. Lors donc qu'on peut ſaiſir la reine abeille, on eſt ſûr de diriger l'eſſaim à ſon gré. Il s'agit de retenir cette abeille avec un crin ou une ſoie qu'on lui paſſe délicatement autour du corſelet, & les mouches attentives à ſes actions, vont & viennent, l'environnent, s'arrêtent, & ſemblent obéir aux volontés de celui qui commande à la mere-abeille, en ne ſuivant en effet que les mouvemens de leur reine.

C'étoit le ſortilège ou plutôt le ſecret de M. Wildman, de Plimouth, habile phyſicien, qui avoit étudié l'inſtinct des abeilles, & qui profitoit de leur attachement pour leur reine, dont il ſe rendoit maître quand il vouloit faire paſſer un eſſaim d'une ruche garnie, dans une autre qui ne l'étoit pas. Bien ſûr de ſes procédés, ce naturaliſte Anglais ſe préſenta un jour à la ſociété des arts, à Londres, avec trois eſſaims d'abeilles qu'il avoit apportées avec lui, partie ſur ſon viſage & ſur ſes épaules, & partie dans ſes poches. Il plaça les ruches de ces eſſaims dans une ſalle voiſine de l'aſſemblée, il donna un coup de ſifflet, auſſi-tôt les mouches le quittèrent toutes et allèrent dans leurs ruches; à un autre coup de ſifflet, elles revinrent reprendre leur poſte ſur la perſonne & dans les poches de leur maître. Cet exercice fut réitéré pluſieurs fois, au grand étonnement de cette ſociété ſavante, ſans qu'aucun des ſpectateurs ait reçu la moindre piquure.

Ces prodiges, dont nous avons dévoilé plus haut la cauſe ſecrète, ont été répétés, il y a quelques années, avec un égal ſuccès dans une ſéance de l'académie des ſciences, à Paris, par le même M. Wildman, qui expliqua aux académiciens français la théorie, & la pratique qui lui réuſſiſſoient ſi merveilleuſement.

ACADÉMIE DE JEU. Je rencontrai un jour, dit M. Decremps, dans un café de Londres, un bas Breton, nommé Kuſſel, que j'avois connu autrefois au collège. Après les premiers complimens d'uſage, je lui demandai à quoi il s'amuſoit dans ce pays-là; il me répondit qu'il paſſoit preſque tout ſon tems à l'académie. Je vous félicite de très-grand cœur, lui dis-je alors, je voudrois bien avoir le même bonheur que vous. Il n'y a pas grand bonheur à cela, me répondit-il; cependant ſi vous deſirez d'être un de nos confrères, je pourrai vous introduire, & ſur ma préſentation vous ſerez reçu à bras ouverts. Je lui dis que je n'avois aucun titre pour être reçu dans une pareille aſſemblée; il répondit, en ſouriant de ma mépriſe, que l'aſſemblée où il vouloit m'introduire, n'étoit point une compagnie de ſavans, ni une ſociété littéraire, mais tout ſimplement une académie de jeu compoſée d'aigrefins de toute eſpèce, qui étoient alternativement dupes & fripons. Ne croyez pas, ajouta-t-il, que je continue de m'occuper des belles-lettres, comme quand j'étois au collège.

Depuis que j'ai livré ma bibliothèque aux flammes, j'ai couru le monde pour gagner ma vie en jouant toutes ſortes de rôles; j'ai été marchand de biere en Flandres, comédien dans le Brabant, copiſte, latiniſte & orthographiſte à Edimbourg, maître en fait d'armes & contre-pointeur à Dublin. Aujourd'hui, après avoir changé de métier pour la dixième fois, je fais ſauter la coupe, je file la carte, je tire la bécaſſine & je plume le pigeon. Enfin, ajouta-t-il, ſi vous voulez que je vous initie dans mes ſecrets pour me ſervir de compere à l'académie, & faire le petit ſervice, vous pourrez bientôt dire comme moi:

Ma poche eſt un tréſor,
Sous mes heureuſes mains le cuivre devient or.

LE JOUEUR.

Je fus choqué, autant que ſurpris, de la liberté qu'il prit de me faire une pareille invitation, & de la hardieſſe avec laquelle il ſe vantoit de ſon ſavoir funeſte: mais tel eſt l'aveuglement du vice au front d'airain que ſouvent il fait parade de ce qui devroit le faire rougir. Je lui répondis que j'avois approfondi depuis long-tems toute la théorie de ſon art, non pour la mettre en pratique & dans l'eſpérance de pouvoir faire des dupes, mais par curioſité & dans l'intention de dénoncer un jour au public les divers pièges qu'on tend aux honnêtes gens.

Puiſque vous êtes ſi ſavant, me dit-il, vous pourrez peut-être m'expliquer comment, depuis quinze jours, j'ai conſtamment perdu mon argent, nonobſtant les ruſes dont j'ai fait uſage, ce qui m'obligera dès-à-préſent, de paroître moins fréquemment à l'académie, & d'aller me

A

promener, comme dit le *spectateur*, non pour gagner l'appétit, mais pour distraire la faim.

Il n'est pas étonnant, lui dis-je, que vous ayez échoué à votre tour ; les grecs au jeu sont comme les spadassins, tôt ou tard ils trouvent leurs maîtres ; il y a cependant cette différence, que les bréteurs de profession reconnoissent un certain point d'honneur qui les empêche de se battre deux ou trois contre un, tandis que les chevaliers d'industrie sont quelquefois une douzaine pour égorger une victime & pour partager les dépouilles de celui qui tombe dans leurs filets. L'un lie amitié avec les garçons de l'académie, & les soudoye pour substituer des cartes marquées aux cartes ordinaires ; l'autre n'a d'autre occupation que d'inventer de nouveaux pièges, & d'amener des dupes en les leurrant de belles promesses ; un troisième fabrique toutes sortes de cartes qu'on peut reconnoître à l'œil & au tact ; il en fait de rétrécies ou de raccourcies en les rognant d'un côté, de rudes en les frottant de colophane, de rembrunies avec de la mine de plomb, & de glissantes avec du savon & de la térébenthine : un quatrième s'exerce continuellement à faire sauter la coupe, à faire de faux mélanges & à filer la carte, c'est-à-dire, à donner adroitement la seconde ou la troisième au lieu de la première, quand il s'apperçoit, par une marque extérieure de celle-ci, qu'elle seroit assez bonne pour faire beau jeu à celui dont on a conjuré la ruine.

Celui-ci se place constamment vis-à-vis son confrère derrière le joueur dupé, pour faire le petit service. Expert dans l'art des signaux, il change à chaque instant les différentes positions de ses doigts, pour faire connoître à son complice les cartes que ce dernier n'a pu distinguer au tact & à la vue. Celui-là, tirant la bécassine, s'associe avec un nouveau débarqué, fait avec lui bourse commune ; joue contre un troisième, avec lequel il est d'intelligence, perd tout son argent en affectant de paroître au désespoir, & se réjouit secrétement de la bonne part qui doit lui revenir. Enfin il y en a un qui fait l'office de contrôleur, en tenant registre de tout l'argent que les receveurs mettent dans leur poche, pour les empêcher d'en escamoter une partie à leur profit, & le obliger, par là, de rendre un fidèle compte à la compagnie.

Kuffel s'apperçut bientôt que j'étois trop instruit pour avoir besoin de ses leçons, & en même temps trop honnête homme pour jamais les mettre en pratique ; cependant, sur la prière qu'il me fit d'entrer dans un instant à l'académie pour tâcher de découvrir les artifices qu'on avoit employés contre lui depuis quinze jours, la proximité du lieu où se tenoit l'assemblée, & le désir de m'instruire & de connoître les extrêmes dans

tous les genres, me firent souscrire à son invitation.

Nous trouvâmes réunis dans cet endroit des gentilshommes, des palfreniers, des musiciens, des escamoteurs, des tailleurs, des apothicaires : les académies de jeu, dis-je alors en moi-même, sont donc comme des tombeaux ; tous les rangs y sont confondus ; en même-temps, mon introducteur me disoit tout bas, le nom & l'état des personnes qui composoient l'assemblée. Voilà dans un coin, me dit-il, une partie de brelan où sont les quatre personnes qui m'ont gagné tout mon argent : vous y voyez, ajouta-t-il, deux grands seigneurs qui voyagent *incognito*. Quelle fut ma surprise, lorsque je m'apperçus qu'un de ces prétendus grands seigneurs n'étoit autre chose qu'un faiseur de tours ; c'étoit le fameux Pilferer, que j'avais connu au Cap de bonne Espérance, & qui étaloit fastueusement son or, sa broderie & ses bijoux. Voilà sans doute, lui je à Kuffel, celui qui vous a gagné tout votre argent. Il me répondit que ce seigneur, loin de gagner quelque chose, perdoit chaque jour très-galamment une quarantaine de louis : étant bien persuadé qu'un escamoteur ne va pas dans une académie de jeu pour s'y laisser attraper, je pensai qu'il devoit y avoir là-dessous quelque ruse nouvelle dont je n'avois peut-être jamais eu l'idée. Je résolus en conséquence d'observer Pilferer, & de m'approcher de lui, & en tenant négligemment ma main & mon mouchoir sur mon visage pour qu'il ne me reconnût point ; je remarquai d'abord que lorsqu'il donnoit les cartes, une personne de la compagnie avoit un petit brelan ; mais qu'il y avoit quelquefois un brelan plus fort dans les mains d'un autre joueur, dont la physionomie ne me parut pas inconnue. Je me rappelai bientôt que j'avais vu ce dernier, en Afrique, servir à Pilferer de domestique, d'ami & de compère. Je soupçonnai, dès ce moment, que Pilferer faisoit adroitement gagner son compère, & qu'il affectoit de perdre lui-même quelque bagatelle, pour qu'on ne le soupçonnât point de mauvaise foi ; que le compère pour éviter les mêmes soupçons sur son compte, ne mêloit jamais les cartes & les faisoit toujours mêler par autrui ; & qu'enfin Pilferer & son compère faisoient semblant de ne pas se connoître, pour qu'on ne les accusât point d'être d'intelligence. Il me restoit à découvrir le moyen qu'employoit Pilferer pour donner bon ou mauvais jeu à différentes personnes selon ses désirs. Cette découverte ne me parut pas bien facile, quand je vis que Pilferer ne substituoit point un second jeu de cartes, & qu'avant de mêler lui-même il avoit toujours soin de faire mêler par d'autres ; cependant je m'apperçus enfin qu'avant de faire mêler par les autres joueurs, il retenoit cinq à six cartes dans sa main droite, & qu'en repre-

&ant le jeu pour le mêler à son tour, il les plaçoit adroitement par-dessus, & leur donnoit ensuite, en un clin-d'œil, l'arrangement nécessaire pour faire gagner son compère.

Nota. Le lecteur croira peut-être qu'un pareil arrangement est impossible, à cause qu'au brelan on donne les cartes une à une ; mais ce tour d'adresse, comme beaucoup d'autres, n'est malheureusement que trop facile à ceux qui en ont acquis l'habitude. Je n'en donne point ici les moyens, parce que je prétends bien avertir mes lecteurs qu'il existe un art funeste, dont ils pourroient être les dupes ; mais je ne veux enseigner à personne le moyen de réduire cet art en pratique : toutefois on peut être assuré que je ne combats point ici une chimère, & que j'ai souvent fait voir à mes amis tous les faux mélanges qu'on peut faire adroitement & imperceptiblement en jouant au piquet, au brelan & à la triomphe : je ne dévoile au reste mes moyens à qui que ce soit, & je me contente d'en faire voir les résultats pour prouver combien il est imprudent de risquer son argent au jeu avec des personnes dont la probité n'est pas parfaitement reconnue.

On me dira peut-être que Pilferer ne pouvoit guères tenir cinq à six cartes dans sa main sans être aperçu. Il est vrai qu'on auroit pu absolument l'appercevoir, si on avoit su comme moi que Pilferer étoit un faiseur de tours, & qu'il étoit là avec son compère ; si la crainte & la timidité avoit paru sur son front, ou s'il eût joué ses tours avec la mal-adresse d'un homme nouvellement initié : mais l'aisance & la facilité qu'on voyoit dans ses manières, l'indifférence avec laquelle il perdoit son argent, la naïveté de ses discours & sur-tout la richesse de son costume, tout concouroit à bannir les soupçons, tandis que son air de bravoure annonçoit qu'il faudroit se couper la gorge avec lui, si on osoit lui faire le moindre reproche.

Aussi-tôt qu'il tenoit les cinq cartes de réserve, il appuyoit négligemment sa main sur le bord de la table ; & comme cette attitude auroit pû paroître gênée si elle avoit duré long-temps, il la quittoit bientôt pour gesticuler de différentes manières, observant cependant dans tous ses gestes, de tourner le dessous de sa main vers la terre, pour ne pas laisser voir les cartes retenues : tantôt il appuyoit familièrement sa main droite sur le bras gauche de son voisin, en l'invitant honnêtement à mêler les cartes lui-même ; tantôt il portoit sa main à son côté en tenant le bras droit en anse de panier, tandis qu'il portoit la main gauche sur son front, en demandant si c'étoit à donner ; la compagnie trompée par la naïveté de cette question, répondoit qu'oui, croyant qu'il n'en savoit rien ; &

c'étoit une raison de plus pour ne pas soupçonner les préparatifs qu'il venoit de faire pour arranger le jeu selon ses desirs.

Aussi-tôt qu'il avoit donné aux cartes l'arrangement projeté, il ajoutoit une circonstance qui achevoit l'illusion ; il faisoit un faux mélange en coupant les cartes en plusieurs petits paquets, & ensuite il les remettoit toutes à leur même place, ou les arrangeoit selon ses desirs, quoiqu'il parût les embrouiller de vingt manières. Mon cher lecteur, si vous voulez vous faire une idée de l'agilité de Pilferer dans cette circonstance, entrez dans une Imprimerie : voyez ce compositeur habile faire dans sa casse la distribution des caractères ; sa main qui voltige avec la rapidité d'un éclair, semble jeter les lettres au hasard, mais il n'en est rien ; les caractères tombent tous à leur place, d'où on les enlève en un clin-d'œil pour leur donner un ordre connu. Tel est Pilferer, lorsqu'il fait sur une table une multitude de petits paquets, pour tromper les yeux par un mélange apparent ; ses doigts se croisent de vingt manières, comme ceux d'un habile organiste. La promptitude & l'irrégularité de ses mouvemens, semblent destinées, au premier abord, à produire le désordre & la confusion dans toutes les cartes ; mais c'est tout le contraire ; car par ce stratagême, les cartes conservent leur arrangement primitif, ou prennent une combinaison projetée pour enrichir Pilferer, en faisant la ruine & le désespoir de ceux qui ont l'imprudence de jouer avec lui.

Comme j'étais sur le point de sortir, Kussel me pria de lui faire part de mes observations ; mais je lui répondis que je ne voulois pas m'attirer une mauvaise affaire, en faisant croire que j'étois venu dans cet endroit en qualité d'espion ou de délateur, & en déposant des faits, sur lesquels il se présenteroit peut-être un grand nombre de contradicteurs ; j'ajoutai qu'il suffiroit d'avertir un jour le public des tricheries qu'on invente de temps en temps pour en imposer aux gens de bonne foi, & qu'après cet avertissement on pourroit dire aux dupes qui se plaignent des fripons, & aux trompeurs qui trouvent des trompeurs & demi :

Perditio tua ex te,

En sortant je trouvai, dans une espèce d'antichambre, deux Italiens qui se mirent aussi-tôt à parler le patois Provençal, pour que je ne les entendisse point ; l'un se plaignit de ce que le gibier étoit fort rare ; & l'autre répondit, que ce n'étoit pas étonnant, puisqu'il y avoit un si grand nombre de chasseurs. Tu as raison, répliqua le premier, je jouois l'autre jour au piquet avec un homme qui avoit l'air d'un imbécille & d'un mal-adroit, & c'étoit peut-être le plus fin renard qu'il qu'il y ait en Europe ; il y avoit environ une heure que j'employois en vain contre lui toutes les ressources de mon art, lorsque je m'apperçus, par hasard, qu'il employoit de son côté les mêmes ruses contre moi.

> Corsaires contre Corsaires,
> Ne font pas, dit-on, leurs affaires.
>
> (DECREMPS.)

(*Voyez* CARTES, ESCAMOTAGE.)

ACOUSTIQUE & MUSIQUE. Les anciens ne paroissent pas avoir considéré les sons sous un autre point de vue que celui de la musique, c'est-à-dire, comme affectant agréablement l'oreille ; il est même fort douteux qu'ils aient connu quelque chose de plus que la mélodie, & qu'ils aient eu rien de semblable à cet art que nous appellons la *composition*. Mais les modernes ayant considéré les sons du côté purement physique, & ayant fait dans ce champ négligé par les anciens plusieurs découvertes, il en est né une science toute nouvelle, à laquelle on a donné le nom d'*acoustique*. L'acoustique est donc la science des sons considérés en général sous des vues mathématiques & physiques ; & elle comprend sous elle la *musique*, qui considère les rapports des sons entant qu'agréables au sens de l'ouïe, soit par leur succession, ce qui constitue la *mélodie*; soit par leur simultanéité, ce qui forme l'*harmonie*. Nous allons rapporter brièvement ce qu'il y a de plus curieux & de plus intéressant sur cette science.

En quoi consiste le son : comment il se répand & se transmet à notre organe : expériences relatives à cet objet : des diverses manières de produire le son.

Le son n'est autre chose que le frémissement des parties de l'air, occasionné ou par la commotion subite d'une masse quelconque d'air tout-à-coup resserrée ou dilatée, ou par la communication de l'ébranlement des parties insensibles d'un corps dur & élastique.

Telles sont les deux manières les plus connues de produire du son. L'explosion d'un coup de pistolet ou d'arme à feu, produit du bruit ou du son, parce que l'air ou le fluide élastique contenu dans la poudre étant tout-à-coup dilaté, & frappant avec violence l'air extérieur & voisin, le condense subitement au-delà de son état naturel de condensation causée par le poids de l'atmosphère. Cette masse, en vertu de son ressort, se restitue l'instant après, & comprime à son tour l'air dont elle est environnée, & celui-ci en fait de même ; & ainsi successivement de loin en loin : d'où résulte dans toutes les parties de l'air, jusqu'à une certaine distance, un mouvement d'oscillation dans lequel consiste le son.

Pour s'en former une idée, qu'on conçoive une file de ressorts se soutenant tous en équilibre ; que le premier soit tout-à-coup comprimé violemment par un choc ou autrement : en faisant effort pour se restituer, il comprimera celui qui suit, celui-ci comprimera le troisième, & ainsi de suite jusqu'au dernier, ou ou moins jusqu'à une très-grande distance, car le second sera un peu moins comprimé que le premier, le troisième un peu moins que le second, &c. en sorte qu'à une distance plus ou moins grande, la compression sera presque nulle, & enfin nulle. Mais chacun de ces ressorts, en se rétablissant, passera un peu le point d'équilibre ; ce qui occasionnera dans toute la file mise en mouvement, une vibration qui durera plus ou moins long-temps, & cessera enfin. De-là vient qu'aucun son n'est instantanée, mais dure toujours plus ou moins suivant les circonstances.

L'autre manière de former du son, consiste à produire dans un corps élastique, des vibrations assez promptes pour exciter dans les parties de l'air qui l'avoisinent, un mouvement semblable. C'est ainsi qu'une corde tendue rend un son quand on la pince : il ne faut qu'avoir les yeux pour appercevoir ses allées & venues. Les parties élastiques de l'air, frappées par cette corde dans ses vibrations, font mises elles-mêmes en vibration, & communiquent ce mouvement à leurs voisines, &c. Tel est encore le mécanisme par lequel une cloche produit du son : lorsqu'on la frappe, ses vibrations sont sensibles à la main de celui qui la touche.

Si l'on doutoit des faits ci-dessus, voici quelques expériences qui les mettent dans un nouveau jour.

Première expérience.

Remplissez à moitié d'eau un vase, comme un verre à boire, & après l'avoir affermi, passez sur le bord votre doigt un peu mouillé, vous en tirerez un son, & vous verrez en même-tems l'eau frémir, & former des ondulations, jusqu'à faire réjaillir de petites gouttes. Qui peut produire dans l'eau un pareil mouvement, sinon les vibrations des parties du verre?

Seconde expérience.

Si l'on renferme sous le récipient d'une machine pneumatique une cloche qui ne touche à aucune partie de la machine, & qu'on en pompe l'air, lorsqu'on fera sonner cette cloche, on sentira qu'à mesure que l'air est évacué & devient plus rare, le son s'affoiblit, au point de ne plus rien entendre quand le vuide est aussi parfait qu'il eſt poſſible. Qu'on rende l'air peu à peu, le ſon renaîtra, pour ainſi dire, & augmentera à meſure que l'air contenu dans la machine approchera de la conſtitution de celui de l'atmoſphère.

De ces deux expériences il réſulte que le ſon, conſidéré dans les corps ſonores, n'eſt autre choſe que les vibrations ſuffiſamment promptes de leurs parties inſenſibles ; que l'air en eſt le véhicule, & qu'il le tranſmet d'autant mieux, que par ſa denſité, il eſt plus capable de recevoir lui-même dans ſes parties un mouvement ſemblable.

A l'égard de la manière dont le ſon affecte notre ame, on doit ſçavoir qu'à l'entrée de l'oreille interne, qui contient les différentes parties de l'organe de l'ouïe, eſt une membrane tendue comme celle d'un tambour, à laquelle on donne auſſi le nom de *tympan de l'oreille*. Il eſt fort probable que les vibrations de l'air, produites par le corps ſonore, en excitent dans cette membrane ; que celles-ci en produiſent de ſemblables dans l'air dont la cavité de l'oreille interne eſt remplie, & que le retentiſſement y eſt augmenté par la conſtruction particulière & les circonvolutions tant des canaux demi-circulaires que du limaçon ; ce qui occaſionne enfin dans les nerfs dont ce limaçon eſt tapiſſé, un mouvement qui ſe tranſmet au cerveau, & par lequel l'ame reçoit la perception du ſon. Il faut s'arrêter ici, car il n'eſt pas poſſible de ſçavoir comment le mouvement des nerfs peut affecter l'ame ; mais il nous ſuffit de ſavoir par l'expérience, que les nerfs ſont, pour ainſi dire, les médiateurs entre cette ſubſtance qui forme notre ame, & les objets extérieurs & ſenſibles.

Le ſon ne tarde pas à ceſſer, dès que les vibrations du corps ſonore ceſſent ou deviennent trop foibles. C'eſt ce que l'expérience montre encore ; car lorſque, par le contact d'un corps mou, on amortit ces vibrations dans le corps ſonore, le ſon ſemble ceſſer tout-à-coup. C'eſt pour cela que, dans la conſtruction d'un claveſſin, les ſauteraux ſont garnis d'un morceau de drap, afin qu'en retombant il touche la corde, & amortiſſe ſes vibrations. Au contraire, lorſque le corps ſonore eſt, par ſa nature, en état de continuer ſes vibrations pendant long-tems, comme l'eſt une groſſe cloche ; le ſon continue long-tems après le coup : c'eſt ce qu'il n'y a perſonne qui n'ait remarqué, en entendant ſonner une cloche d'un capacité un peu conſidérable.

Sur la viteſſe du ſon : expériences pour la détermi-
ner : manière de meſurer les diſtances par ce
moyen.

Il n'en eſt pas du ſon comme de la lumière, qui ſe tranſmet d'un lieu à un autre avec une rapidité inconcevable. La viteſſe du ſon eſt aſſez médiocre, & eſt à peine de 200 toiſes par ſeconde. Voici comment on l'a meſurée.

A l'extrémité d'une diſtance de quelques milliers de toiſes, qu'on tire un coup de canon ; qu'un obſervateur, placé à l'autre extrémité avec un pendule à ſecondes, ou, ce qui ſera mieux, avec un pendule à demi-ſecondes, ſoit attentif au moment où il apperçoit le feu, & laiſſe dans le même inſtant échapper ſon pendule ; qu'il compte le nombre des ſecondes ou demi-ſecondes écoulées depuis le moment où il a apperçu le feu & lâché ſon pendule, juſqu'au moment où il entend le bruit de l'exploſion : il eſt évident que, ſi l'on regarde le moment où il a apperçu le feu comme le moment de l'exploſion ; il n'aura qu'à diviſer par le nombre des ſecondes ou des demi-ſecondes comptées, celui des toiſes qui comprend la diſtance où il eſt du canon, & il aura le nombre de toiſes parcourues par le ſon en une ſeconde ou une demi-ſeconde.

Or, l'on peut prendre le moment où l'on apperçoit le feu, à quelque diſtance qu'il ſoit, pour le vrai moment de l'exploſion ; car la viteſſe de la lumière eſt telle, qu'elle met à peine une ſeconde à parcourir 40 demi-diamètres de la terre, ou environ 60 mille de nos lieues.

C'eſt par de ſemblables expériences que MM. de l'académie royale des ſciences ont anciennement trouvé que le ſon parcouroit dans une ſeconde 1172 pieds de Paris. MM. Flamſteed & Halley ont trouvé 1172 pieds anglois, qui ſe réduiſent à 1070 pieds de France. Comme il eſt bien difficile de ſe déterminer entre ces autorités, nous prendrons pour la viteſſe moyenne du ſon la quantité de 1120 pieds de France.

Il eſt à remarquer que, ſuivant les expériences de M. Derham, la température de l'air, quelle qu'elle ſoit, ſeche ou humide, froide, tempérée, ou chaude, ne fait point varier la viteſſe du ſon. Il étoit à portée de voir la lumière & d'entendre le bruit du canon qu'on tiroit fréquemment à Blacheat, éloigné de 9 à 10 milles d'Upminſter, lieu de ſa demeure. Quel que fût le tems, pourvu qu'il n'y eût point de vent, il comptoit toujours le même nombre de demi-ſecondes entre le moment où il appercevoit le feu & celui où il entendoit le bruit : mais quand il y avoit du vent qui portoit de l'un à l'autre de ces lieux, ce nombre varioit de 111 juſqu'à 122 ſecondes. On conçoit en effet que le vent tranſportant le fluide mis en vibration du côté de l'obſervateur, elles doivent plûtôt l'atteindre que ſi ce fluide étoit en repos, ou mu en ſens contraire.

Quoi qu'en diſe néanmoins M. Derham, nous ne pouvons nous perſuader que la température de l'air ne faſſe rien à la viteſſe du ſon ; car un air plus chaud, & par conſéquent plus raréfié ou plus élaſtique, doit avoir des vibrations plus promptes. Cette obfervation feroit à réitérer avec plus de foin.

On pourra donc mefurer une diftance inacceffible au moyen du fon. Pour cela, qu'on fe faffe un pendule à demi-fecondes, au moyen d'une balle de plomb d'un demi-pouce de diamêtre, qu'on fufpendra à un fil, de manière que, du centre de la balle au point de fufpenfion, il y ait précifément 9 pouces 2 lignes du pied-de-roi; qu'au moment où l'on appercevra la lumière de l'explofion d'un canon, ou d'un moufquet, on laiffe aller ce pendule, & qu'on compte les vibrations jufqu'au moment où l'on entend le bruit: il eft évident qu'il n'y aura qu'à multiplier par ce nombre celui de 560 pieds, & l'on aura la diftance où l'on eft de l'origine du bruit.

On fuppofe le temps calme, ou du moins que le vent ne foit que tranfverfal. Si le vent fouffloit du lieu où s'eft faite l'explofion vers l'obfervateur, & qu'il fût violent, il faudroit ajouter à la diftance trouvée autant de fois deux toifes ou 12 pieds, que l'on aura compté de demi-fecondes; & au contraire il faudra les ôter, fi le vent fouffle du lieu de l'obfervateur vers le lieu où fe fait le bruit. On fcait en effet qu'un vent violent fait parcourir à l'air environ 4 toifes par feconde; ce qui eft à-peu-près un 42e de la viteffe du fon. Si le vent eft médiocre, on pourroit ajouter ou ôter un 84e; & s'il étoit foible, quoique fenfible, un 168e; mais je crois, du moins dans le dernier cas, cette correction fuperflue; car, peut-on fe flatter de ne pas fe tromper d'un 168e dans la mefure du temps?

Il fe préfente chaque jour dans les rades & fur les côtes de la mer, l'occafion de mefurer ainfi des diftances.

Le moyen qu'on vient de décrire peut fervir, dans les temps d'orage, à juger de la diftance où l'on eft du foyer de l'explofion. Mais comme on peut n'avoir pas fous fa main un pendule pareil à celui que nous avons décrit, on pourra fe fervir, au lieu de pendule, des battemens de fon pouls, en obfervant que, lorfqu'il eft très-tranquille, l'intervalle entre chaque battement équivaut à-peu-près à une feconde; mais quand le pouls eft un peu agité & élevé, chaque battement ne vaut guère que deux tiers de feconde.

Comment les fons peuvent fe répandre dans tous les fens fans confufion.

C'eft un phénomène affez fingulier, que celui que préfente la tranfmiffion des fons; car, que plufieurs perfonnes parlent à-la-fois, ou jouent de quelqu'inftrument, leurs fons différens fe font entendre à-la-fois, ou à la même oreille, ou à plufieurs oreilles différentes, fans qu'ils fe con-

fondent en traverfant le même lieu dans des fens différens, ou qu'ils s'amortiffent mutuellement. Tâchons de rendre une raifon fenfible de ce phénomène.

Cette raifon réfide fans doute dans la propriété des corps élaftiques. Qu'on conçoive une file de globules à refforts égaux, & tous appuyés les uns contre les autres; qu'un globule vienne frapper avec une viteffe quelconque le premier de la file: on fcait que, dans un tems très-court, le mouvement fe tranfmettra à l'autre extrémité, enforte que le dernier globule en recevra le même mouvement que s'il avoit été choqué immédiatement. Je fuppofe maintenant que deux globules vinffent à-la-fois choquer, avec des viteffes inégales, les deux extrémités de la file, [voyez fig. 1, pl. 1, amufemens d'acouftique, tome 8 des gravures]. Le globule a, l'extrémité A, & le globule b, l'extrémité B; il eft certain, par les propriétés connues des corps élaftiques, que les globules a & b, après un inftant de repos, feront repouffés en arrière, en faifant échange de viteffe, comme s'il fe fuffent choqués immédiatement.

Soit à préfent une feconde file de globules, qui coupe la première tranfverfalement; les mouvemens de cette feconde fe tranfmettront, au moyen du globule commun, aux deux files; ils fe tranfmettront, dis-je, d'un bout à l'autre de cette file, tout comme fi elle étoit unique, ainfi que dans la première: il en feroit de même, fi deux, trois, quatre ou plus de files fe croifoient avec la première, ou dans le même point, ou dans des points différens. Les mouvemens particuliers imprimés au commencement de chaque file, fe tranfmettroient à l'autre bout, tout comme fi elle étoit ifolée.

Cette comparaifon me paroît propre à faire fentir comment plufieurs fons fe tranfmettent dans tous les fens, à l'aide du même milieu: il y a cependant quelques petites différences que nous ne devons pas diffimuler.

Car premièrement on ne doit pas concevoir l'air, qui eft le véhicule du fon, comme compofé de files élaftiques, difpofées auffi régulièrement que nous l'avons fuppofé; chaque particule de l'air eft fans doute appuyée fur plufieurs autres à-la-fois, & fon mouvement fe communique par-là en tout fens; de-là vient auffi le fon, qui parviendroit à une diftance très-grande, prefque fans aucune diminution, s'il fe communiquoit comme on l'a fuppofé, en éprouve une confidérable à mefure qu'il s'éloigne du corps qui le produit. Il y a cependant apparence que, quoique le mouvement par lequel fe tranfmet le fon foit plus compliqué, il fe réduit, en dernière analyfe, à quelque chofe de femblable à celui qu'on a décrit plus haut.

La seconde différence confiste, en ce que les particules de l'air, qui affectent immédiatement le sens de l'ouïe, n'ont pas un mouvement de translation comme le dernier globule de la file, qui part avec une vitesse plus ou moins grande, à l'occasion du choc fait à l'autre extrémité de la file : il n'est question dans l'air que d'un mouvement de frémissement & de vibration, qui, en vertu de l'élasticité des particules aériennes, se transmet à l'extrémité de la file, tel qu'il a été reçu à l'autre extrémité. Il faut concevoir que le corps sonore imprime aux particules de l'air qu'il touche, des vibrations isochrones à celles qu'il éprouve lui-même ; & ce sont les mêmes vibrations qui se transmettent de l'un à l'autre bout de la file, toujours d'ailleurs avec la même vitesse ; car l'expérience a appris qu'un son grave n'emploie pas, toutes choses d'ailleurs égales, plus de temps qu'un son aigu à parcourir un espace déterminé.

Des échos : leur production : histoire des échos les plus célèbres : de quelques autres phénomènes analogues.

Rien de si connu que l'écho. Il faut cependant convenir que, quelque commun que soit ce phénomène, la manière dont il est produit ne laisse pas d'être enveloppée de beaucoup d'obscurité, & que l'explication qu'on en donne ne rend pas entièrement raison de toutes les circonstances qui l'accompagnent.

Presque tous les physiciens ont attribué la formation de l'écho à une réflexion du son, semblable à celle qu'éprouve la lumière quand elle tombe sur un corps poli ; mais, comme l'a observé M. d'Alembert dans l'article *Echo* de l'*Encyclopédie*, cette explication n'est pas fondée ; car si elle l'étoit, il faudroit, pour la production de l'écho, une surface polie ; ce qui n'est pas conforme à l'expérience. En effet, on entend chaque jour des échos en face d'un vieux mur qui n'est rien moins que poli, d'une masse de rocher, d'une forêt, d'un nuage même. Cette réflexion du son n'est donc point de la même nature que celle de la lumière

Il est cependant évident que la formation de l'écho ne peut être attribuée qu'à une répercussion du son ; car un écho ne se fait jamais entendre qu'au moyen d'un ou de plusieurs obstacles qui interceptent le son, & le font rebrousser en arrière. Voici la manière la plus probable de concevoir comme cela se fait.

Nous reprendrons pour cela notre comparaison des fibres aériennes, avec une file de globules élastiques. Si donc une file de globules élastiques est infinie, on sent aisément que les vibrations imprimées à un bout se propageront toujours du

même côté, en s'éloignant sans cesse ; mais si cette file est appuyée par une de ses extrémités, le dernier globule réagira contre toute la file, & lui imprimera en sens contraire le même mouvement qu'il eût imprimé au reste de la file, si elle n'eût pas été appuyée : cela doit même arriver, soit que l'obstacle soit perpendiculaire à la file, soit qu'il soit oblique, pourvu que le dernier globule soit contenu par ses voisins : il y aura seulement cette différence, que le mouvement rétrograde sera plus fort dans le premier cas, & d'autant plus fort, que l'obliquité sera moindre. Si donc les fibres aériennes & sonores sont appuyées par une de leurs extrémités, & que l'obstacle soit assez éloigné de l'origine du mouvement, pour que le mouvement direct & le mouvement répercuté ne se fassent pas sentir dans le même instant perceptible, l'oreille les distinguera l'un de l'autre, & il y aura écho.

Or on sçait par l'expérience, que l'oreille ne distingue point la succession de deux sons, à moins qu'il n'y ait entr'eux un intervalle au moins d'un 12e de seconde ; car, dans le mouvement le plus rapide de la musique instrumentale, dans lequel on ne sçauroit, je crois, apprécier chaque mesure à moins d'une seconde, douze notes seroient tout au plus ce qu'il seroit possible de comprendre dans une mesure, pour qu'on pût distinguer un son après l'autre : conséquemment il faut que l'obstacle qui répercute le son soit assez éloigné, pour que le son répercuté ne succède pas au son direct avant un 12e de seconde ; & comme le son parcourt dans une seconde environ 1120 pieds, & conséquemment environ 93 dans un 12e de seconde, il s'ensuit que l'obstacle ne doit être éloigné tout au plus que de 45 à 50 pieds, pour qu'on puisse distinguer le son répercuté du son direct.

Il y a des échos simples & des échos composés. Dans les premiers, on entend une seule répétition du son ; dans les autres, on les entend deux, trois, quatre fois, & davantage ; on parle même d'échos où l'on entend le même mot répété jusqu'à 40 & 50 fois. Les échos simples sont ceux où il n'y a qu'un seul obstacle ; car le son répercuté en arrière, continuera sa route dans la même direction, sans revenir de nouveau sur ses pas.

Mais un écho double, triple, quadruple, peut être produit de plusieurs manières. Qu'on suppose, par exemple, plusieurs murailles les unes derrière les autres, les plus éloignées étant les plus élevées : si elles sont chacune disposées à produire un écho, on entendra autant de répétitions du même son qu'il y aura de ces obstacles.

L'autre manière dont peuvent être produites ces répétitions nombreuses, est celle-ci. Qu'on conçoive deux obstacles A & B, [*fig.* 2, Pl. 1, amusemens d'acoustique] opposés l'un à l'autre, & la cause productrice du son entre deux, au point S; le son produit dans la direction de S en A, après être revenu de A en S, sera répercuté par l'obstacle B, & reviendra en S; puis, après avoir parcouru S A, il éprouvera une nouvelle répercussion qui le reportera en S; puis il reviendra encore en S, après avoir frappé l'obstacle B; ce qui continueroit à l'infini, si le son ne s'affoiblissoit pas continuellement. D'un autre côté, le son se produisant aussi également de S vers B que de S vers A, il sera aussi renvoyé d'abord de B vers S; puis, après avoir parcouru l'espace S A, de A vers S; ensuite de nouveau de B vers S, après avoir parcouru S B; & ainsi de suite, jusqu'à ce que le son soit entièrement amorti.

Ainsi l'on entendra le son produit en S, après des temps qui pourront être exprimés par 2 S A, 2 S B, 2 S B + 2 S A; 4 S A + 2 S B, 4 S B + 2 S A; 4 S A + 4 S B; 6 S A + 4 S B; 6 S B + 4 S A; 6 S A + 6 S B, &c; ce qui formera une répétition de sons égaux après des intervalles égaux, lorsque S A sera égale à S B, & même lorsque S B sera double de S A : mais lorsque S A sera, par exemple, le tiers de S B, il y aura cela de remarquable, qu'après la première répétition il y aura une espèce de silence double, puis succéderont trois répétitions à intervalles égaux; ensuite il y aura un silence double de l'un de ces intervalles, puis trois répétitions à intervalles égaux aux premiers; & ainsi de suite, jusqu'à ce que le son soit absolument éteint. Les différens rapports des distances S A, S B, feront ainsi naître différentes bizarreries dans la succession de ces sons, que nous avons cru devoir remarquer comme possibles, quoique nous ne sçachions pas qu'on les ait observées.

Il y a des échos qui répétent plusieurs mots de suite les uns après les autres; cela n'a rien de surprenant, & doit arriver toutes les fois que l'on sera à une distance de l'écho, telle que l'on ait le tems de prononcer plusieurs mots avant que la répétition du premier soit parvenue à l'oreille.

Il y a divers échos qui ont acquis une sorte de célébrité par leur singularité, ou par le nombre de fois qu'ils répétent le même mot. Misson, dans sa *description de l'Italie*, parle d'un écho de la vigne Simonetta, qui répétoit quarante fois le même mot.

A Woodstock en Angleterre, il y en avoit un qui répétoit le même son jusqu'à cinquante fois.

On lit dans les *Transactions Philosophiques*, année 1698, la description d'un écho encore plus singulier, qu'on trouve près de Rosneath, à quelques lieues de Glascow en Ecosse. Un

homme, placé de la manière convenable, joue un morceau d'air de trompette, de 8 à 10 notes; l'écho les répete fidèlement, mais une tierce plus bas : après un petit silence, on en entend encore une nouvelle répétition sur un ton plus bas : succède ensuite un nouveau silence, qui est suivi d'une troisième répétition des mêmes notes, sur un ton plus bas d'une tierce.

Un phénomène analogue, est celui que présentent ces chambres où une personne, placée dans un endroit, & prononçant à voix basse quelques mots, est entendue uniquement de celle qui est placée à un certain autre endroit déterminé. Muschembroeck parle d'une pareille chambre, qu'il dit être dans le château de Cleves. Il y a peu de personnes qui aient été à l'Observatoire royal de Paris, sans avoir fait la même expérience dans un sallon du premier étage.

Les physiciens s'accordent unanimement à attribuer ce phénomène à la réflexion des rayons sonores qui, après avoir divergé de la bouche de celui qui parle, sont réfléchis de manière à se réunir dans un autre point. Or l'on conçoit aisément, disent-ils, que cette réunion renforçant le son dans ce point, celui qui aura l'oreille placée tout près l'entendra, quoique ceux qui en seront éloignés ne puissent l'entendre. C'est ainsi que les rayons qui partent du foyer d'un miroir elliptique, se réunissent à l'autre foyer.

Je ne sçais si le sallon du château de Cleves, dont parle Muschembroeck, est elliptique, & si les deux points où doivent se placer celui qui parle & celui qui écoute, sont les deux foyers; mais, à l'égard du sallon de l'Observatoire de Paris, cette explication n'a pas le moindre fondement, car

1°. La salle de l'écho, ou, comme on l'appelle, *des Secrets*, n'est nullement elliptique; c'est un octogone sur son plan, & dont les murs, à une certaine hauteur, sont voûtés de la manière qu'on appelle en terme de l'art *arc de cloître*, c'est-à-dire par des portions de cylindre qui, en se rencontrant, forment des angles rentrans, qui continuent ceux qui sont formés par les côtés de l'octogone qui en est le plan.

2°. On ne se place pas à une distance médiocre du mur, comme cela devroit être pour que la voix partît d'un des foyers de l'ellipse composée : on applique la bouche dans un des angles rentrans, & fort près du mur; alors une personne qui a l'oreille placée du côté diamétralement opposé, & à-peu-près à même distance du mur, entend celui qui lui parle de l'autre côté, même à voix fort basse.

Il est conséquemment évident qu'il n'y a ici nulle réflexion de la voix, conformément aux loix de la catoptrique; mais l'angle rentrant,

continué

continué le long de la voûte d'un côté à l'autre du fallon, fait une forte de canal qui contient la voix, & la tranfmet de l'autre côté. Le phénomène rentre abfolument dans la même claffe que celui d'un tuyau très-long, au bout duquel une perfonne parlant, même à voix baffe, fe fait entendre de celui qui eft à l'autre bout.

Les mémoires de l'académie, de 1692, parlent d'un écho très-fingulier, qui fe trouve dans une cour d'une maifon de plaifance appellée *le Genétay*, à peu de diftance de Rouen. Il a cela de particulier, que la perfonne qui chante ou parle à voix haute, n'entend point la répétition de l'écho, mais feulement fa voix; au contraire ceux qui écoutent n'entendent que la répétition de l'écho, mais avec des variations furprenantes, car l'écho femble tantôt s'approcher, tantôt s'éloigner, & difparoit enfin à mefure que la perfonne qui parle, s'éloigne dans une certaine ligne; tantôt on n'entend qu'une voix, tantôt on en entend plufieurs; l'un entend l'écho à droite, l'autre à gauche. On lit dans le même recueil une explication de tous ces phénomènes, déduite de la forme demi-circulaire de cette cour & de quelques circonftances; elle eft affez fatisfaifante.

Expériences fur les vibrations des cordes fonores, qui font la bafe de la Mufique Théorique.

Qu'on prenne une corde de métal ou de boyaux d'animaux, dont on fe fert dans les inftrumens de mufique; qu'on l'attache par une de fes extrémités; qu'après l'avoir étendue horizontalement, & l'avoir fait paffer fur un arrêt fixe, on fufpende à l'autre extrémité un poids quelconque qui la tende: alors, qu'on la pince ou qu'on la mette en vibration, on entendra un fon, lequel eft certainement produit par les vibrations réciproques de cette corde.

Raccourciffez préfentement la partie de la corde que vous mettez en vibration, & réduifez-la à la moitié; vous obferverez, fi vous avez l'oreille muficale, que ce nouveau fon fera l'octave du premier.

Si la partie vibrante de la corde eft réduite à fes deux tiers, le fon qu'elle rendra fera la quinte du premier.

Si la longueur de la corde eft réduite aux trois quarts, elle donnera la quarte du premier fon.

Lorfqu'elle fera réduite au $\frac{4}{5}$, elle donnera la tierce majeure. Réduite aux $\frac{5}{6}$, ce fera la tierce mineure. Si on la réduit aux $\frac{8}{9}$, elle donnera ce qu'on appelle le ton *majeur*; aux $\frac{9}{10}$, ce fera le ton appellé *mineur*; enfin aux $\frac{15}{16}$, ce fera le demi-ton, tel que celui qui, dans la gamme muficale, eft entre *mi* & *fa*, ou *fi* & *ut*.

On aura les mêmes réfultats fi, ayant arrêté *Amufemens des Sciences.*

fixément & tendu une corde par fes deux extrémités, on fait couler deffous un petit chevalet qui en intercepte fucceffivement d'un côté la $\frac{1}{2}$, les $\frac{2}{3}$, les $\frac{3}{4}$, &c.

Voilà ce qui réfulte d'un degré déterminé de tenfion, appliqué aux extrémités d'une corde qu'on fait varier de longueur. Imaginons préfentement la longueur de la corde abfolument fixe, & appliquons lui des degrés de tenfion différents: voici ce que l'expérience a appris à ce fujet.

Si à une corde d'une longueur déterminée, & fixe par une de fes extrémités, on pend un poids & qu'on examine le fon qu'elle rend, lorfqu'on aura fubftitué à ce premier poids un poids quadruple, le fon qu'elle rendra fera à l'octave; fi le poids eft neuf fois le premier, le nouveau fon fera à l'octave de la quinte; fi ce nouveau poids eft le quart feulement du premier, le fon nouveau fera l'octave au deffous. Il n'en faut pas davantage pour fe démontrer que ce qu'on produit en réduifant fucceffivement une corde à fa moitié, fes $\frac{2}{3}$, fes $\frac{3}{4}$, &c., on le produira également en la chargeant fucceffivement de poids qui foient comme 4, $\frac{9}{4}$, $\frac{16}{9}$, c'eft-à-dire, qu'il faut que les quarrés des poids ou des tenfions, foient réciproquement comme les quarrés des longueurs propres à donner les mêmes tons.

On raconte à ce fujet comment Pythagore fut conduit à cette découverte. Ce philofophe fe promenant, dit-on, un jour, entendit fortir de la boutique d'un forgeron des fons harmonieux, produits par les marteaux dont il frappoit l'enclume: il entra dans l'attelier, & pefa les marteaux qui formoient ces fons. Il trouva que celui qui donnoit l'octave, étoit précifément la moitié de celui qui donnoit le ton le plus bas; que celui qui donnoit la quinte, en étoit les deux tiers; & enfin que celui qui produifoit la tierce majeure, en étoit les quatre cinquièmes. Rentré chez lui, il médita ce phénomène; il tendit une corde, qu'il raccourcit fucceffivement à fa moitié, à fes deux tiers, à fes quatre cinquièmes, & il vit qu'elle rendoit les fons qui étoient l'octave, la quinte & la tierce majeure du fon rendu par la corde dans fa longueur. Il fufpendit auffi des poids à la même corde; & il trouva que ceux qui donnoient l'octave, la quinte &. la tierce majeure, devoient être refpectivement comme 4, $\frac{9}{4}$, $\frac{16}{9}$, de celui qui donnoit le fon principal, c'eft-à-dire, en raifon inverfe des quarrés de $\frac{2}{3}$, $\frac{3}{4}$.

Quoi qu'il en foit de ce conte, qu'on apprécie équitablement dans l'*Hiftoire des Mathématiques*, tels furent les premiers faits qui mirent les mathématiciens à portée de foumettre les accords au calcul. Voici ce que les modernes y ont ajouté.

B

On démontre aujourd'hui, par les principes de la méchanique,

1°. Qu'une corde de grosseur uniforme, restant tendue par le même poids, & étant allongée ou raccourcie, la vitesse des vibrations qu'elle fera dans ces deux états, sera en raison inverse des longueurs. Si donc on réduit cette corde à la moitié de sa longueur, ses vibrations auront une vitesse double, & elle fera deux vibrations pendant que l'autre en aura fait une : réduisez-la aux deux tiers, elle fera trois vibrations quand la première en eût achevé deux. Ainsi, toutes les fois que deux cordes feront dans le même tems, l'une deux vibrations, l'autre une, elles rendront des sons qui feront à l'octave : ils feront à la quinte, lorsque trois vibrations de l'une s'achèveront en même-tems que deux de l'autre, &c.

2°. La vitesse des vibrations que fait une corde de longueur déterminée, & tendue de différens poids, est comme la racine quarrée des poids qui la tendent : ainsi des poids quadruples produiront une vitesse double, & conséquemment, dans le même tems, un nombre double de vibrations; un poids nonuple produira des vibrations triples en vitesse, ou un nombre triple dans le même temps.

3°. Si deux cordes diffèrent à-la-fois de longueur & de masse, & sont en outre tendues par des poids différens, les vitesses des vibrations qu'elles feront, feront comme les racines quarrées des poids tendans, divisés par les longueurs & les masses, ou les poids des cordes : ainsi, que la corde A, tendue par un poids de 6 livres, pèse 6 grains, & ait 20 pieds de longueur, tandis que la corde B, tendue par un poids de 10 l., pèse 5 grains, & à un demi-pied de longueur; la vitesse des vibrations de la première sera à celle des vibrations de la seconde, comme la racine quarrée de 6 × 6 × 1, à celle de 5 × 10 × ½, c'est-à-dire, comme la racine quarrée de 36 ou 6, à celle de 25 ou à 5 : ainsi la première fera 6 vibrations, quand la seconde en fera 5.

De ces découvertes combinées, il résulte que l'*acuité* ou la gravité des sons, est uniquement l'effet de la plus ou moins grande fréquence des vibrations de la corde qui les produit ; car, puisque d'un côté on sçait par l'expérience, qu'une corde raccourcie, & éprouvant le même degré de tension, rend un ton plus élevé, & que d'un autre on sçait, par l'expérience & par la théorie, qu'elle fait des vibrations d'autant plus fréquentes qu'elle est plus courte, il est évident que ce n'est que cette plus grande fréquence de vibrations qui peut produire l'effet de hausser le ton.

Il résulte aussi de-là, qu'un nombre double de vibrations, produit l'octave du ton que donne le nombre simple; qu'un nombre triple produit l'octave de la quinte; un nombre quadruple, la double octave; le nombre quintuple, la tierce majeure au dessus de la double octave, &c : & si nous descendons à des rapports moins simples, trois vibrations contre deux, produiront l'accord de quinte; quatre contre trois, celui de quarte, &c.

On peut donc indifféremment exprimer les rapports des tons, soit par les longueurs des cordes également tendues qui les produisent, soit par le rapport des nombres de vibrations que forment ces cordes : ainsi, le son principal étant désigné par 1, l'on exprime mathématiquement l'octave supérieure par ½ ou par 2, la quinte par ⅔ ou par 3/2, la tierce majeure par ⅘ ou 5/4, &c. Dans le premier cas, ce sont les longueurs respectives des cordes; dans le second, ce sont les nombres respectifs de vibrations. Les résultats seront les mêmes, en s'astreignant dans le calcul au même système de dénomination.

Déterminer le nombre des vibrations que fait une corde de longueur & de grosseur données, & tendue par un poids donné; ou bien, quel est le nombre de vibrations qui forme un ton assigné?

On n'a considéré jusqu'ici que les rapports des nombres de vibrations que font les cordes qui donnent les différens accords; mais un problème plus curieux & bien plus difficile, est celui de trouver le nombre réel de vibrations que forme une corde qui donne un certain ton déterminé; car il est aisé de sentir que leur vitesse ne permet rien moins que de les compter : la géométrie, aidée de la mécanique, est pourtant venue à bout de cette détermination. Voici la règle.

« Divisez le poids qui tend la corde par celui de la corde même; multipliez le quotient par la longueur du pendule à secondes, qui est à Paris de 3 pouces 8 lignes ½ ou de 440 lignes ½, & divisez le produit par la longueur de la corde depuis le point fixe jusqu'au chevalet; tirez la racine quarrée de ce nouveau quotient, & multipliez-la par la raison de la circonférence au diamètre, ou par la fraction 355/113 : le produit sera le nombre de vibrations que fera cette corde dans la durée d'une seconde.

Soit, par exemple, une corde d'un pied & demi, & pesant 6 grains, tendue par un poids de 3 livres ou 27648 grains; le quotient de 27648 divisé par 6, est 4608 : la longueur du pendule à secondes étant de 440 ½, le produit de ce nombre par 4608 est 2029824, que vous diviserez par 216, nombre de lignes que contient un pied & demi; le quotient est 9397 ¼, dont la racine quarrée sera 96 9/10 : ce nombre, multiplié par

$\frac{355}{113}$, donne 304 $\frac{4}{10}$; c'est le nombre des vibrations que fait la corde ci-dessus dans l'espace d'une
seconde.

On peut voir dans les *Mémoires de l'Académie
des Sciences*, année 1700, une manière fort ingénieuse, que M. Sauveur avoit imaginée pour
trouver ce nombre de vibrations. Il avoit remarqué que, lorsque deux tuyaux d'orgue fort
bas, & accordés à des tons fort voisins, jouent
ensemble, on entend une suite de battemens ou
de ronflemens de sons. Réfléchissant sur la cause
de cet effet, il reconnut que ces battemens
proviennent de la rencontre périodique des vibrations coïncidentes des deux tuyaux; d'où il
conclut que si, avec un pendule à secondes,
on mesure le nombre de ces battemens pendant
une seconde; qu'on connoisse d'ailleurs, par la
nature de l'accord des deux tuyaux, le rapport
des vibrations qu'ils doivent faire pendant le même
temps, on pourra trouver le nombre réel de
vibrations qu'ils font l'un & l'autre.

Soient, par exemple, deux tuyaux accordés
exactement, l'un au *mi bémol*, & l'autre au *mi*;
on sait que l'intervalle de ces deux tons étant
un demi-ton mineur, exprimé par le rapport de
24 à 25, le tuyau le plus haut fera 25 vibrations
pendant que le plus grave en fera 24; en sorte
qu'à chaque vingt-cinquième vibration du premier, ou vingt-quatrième du second, il y aura
un battement. Si donc on observe dix battemens
dans une seconde, on en devra conclure que 24
vibrations de l'un & 25 de l'autre se font dans
un dixième de seconde, & conséquemment que
l'un fait 240 & l'autre 250 vibrations dans l'espace d'une seconde.

M. Sauveur a fait des expériences conséquentes
à cette idée, & dit avoir trouvé qu'un tuyau
d'orgue d'environ 5 pieds, ouvert, fait 100 vibrations par seconde; conséquemment un de 40
pieds, qui donne la triple octave en-dessous,
& le plus bas son perceptible à l'oreille, n'en
feroit que 12 $\frac{1}{2}$: au contraire, le tuyau d'un pouce
moins $\frac{1}{16}$ étant le plus court dont on puisse distinguer le son, le nombre de ses vibrations dans
une seconde sera de 6400. Les limites des vibrations les plus lentes & les plus promptes, qui
fassent des sons appréciables à l'oreille, sont
donc, suivant M. Sauveur, 12 $\frac{1}{2}$ & 6400.

Nous ne prolongerons pas davantage ces détails: nous passons à un phénomène très-curieux
des cordes mises en vibration.

Qu'on ait une corde fixément attachée par ses
extrémités, & qu'on place au-dessous un chevalet qui la divise en parties aliquotes, par exemple
trois d'un côté & une de l'autre, qu'on mette
la plus grande, c'est-à-dire les $\frac{3}{4}$ en vibration,
alors, si le chevalet intercepte absolument la

communication de l'une & de l'autre partie,
ces $\frac{3}{4}$ de la corde sonneront, comme tout le monde
sait, la quarte de la corde entière: si ce sont
les $\frac{4}{5}$, ce sera la tierce majeure.

Mais que cet arrêt empêche seulement la corde
de vibrer dans sa totalité, sans intercepter la communication du mouvement entre les deux parties; alors la plus grande ne rend plus que la
même son que rend la petite: les trois quarts de
la corde, qui, dans le cas précédent, donnoient
la quarte de la toute, n'en donnent plus que
la double octave, qui est le son propre au quart
de la corde. Il en est de même si on touche ce
quart; ses vibrations, en se communiquant aux
trois autres quarts, les feront sonner, mais de
manière à ne donner que cette double octave.

On rend de ce phénomène une raison que l'expérience rend sensible. Lorsque l'arrêt intercepte
absolument la communication des vibrations entre
les deux parties de la corde, la plus grande portion fait ses vibrations dans sa totalité; & si elle
est les trois quarts de la corde entière, elle fait,
conformément à la règle générale, 4 vibrations
quand la corde entière en feroit 3: ainsi le son
est à la quarte de celui de la corde totale.

Mais, dans le second cas, la grande partie de
la corde se divise en autant de portions qu'elle
contient la plus petite; dans l'exemple proposé,
en trois; & chacune de ces portions, ainsi que
la quatrième, font leurs vibrations à part: il s'é-
tablit aux points de division, comme B, C, D,
(*fig.* 3, *pl.* I, *amusemens d'acoustique*), des points
fixes, entre lesquels les parties de la corde A B,
B C, C D, D E, vibrent en formant des ventres
alternativement en sens contraire, comme si ces
parties étoient uniques, & invariablement fixées
par leurs extrémités.

Cette explication est un fait que M. Sauveur
a rendu sensible aux yeux, en présence de l'Académie royale des Sciences. (*Hist. de l'Acad.*,
année 1700.) On plaçoit sur les points C & D,
de petits morceaux de papier pliés; alors, en
mettant en vibration la petite partie de la corde
A B, les vibrations se communiquant à la partie
restante B E, on voyoit avec étonnement les petits morceaux de papier, portés par les points
C & D, rester immobiles, tandis que ceux
posés par-tout ailleurs étoient jettés à bas.

Si la partie A B de la corde, au lieu d'être
précisément une partie aliquote du restant B E,
en étoit, par exemple, les $\frac{2}{7}$, alors toute la
corde A E se partageroit en sept parties, dont
A B en contiendroit deux; & chacune de ces parties vibreroit à part, & ne rendroit que le son
qui convient à $\frac{1}{7}$ de la corde.

Si les parties A B, B E, étoient incommensu-
rables, elles ne rendroient qu'un son absolument

discordant, & qui s'éteindroit auſſi-tôt, à cauſe de l'impoſſibilité qu'il y auroit à ce qu'il s'établit des ventres & des points de repos, ou nœuds invariables.

Manière d'ajouter, ſouſtraire les accords entr'eux, les diviſer, les multiplier, &c.

La théorie de la muſique exige qu'on ſache quels accords réſultent de deux ou pluſieurs accords, ſoit ajoutés, ſoit ſouſtraits les uns des autres: c'eſt pourquoi nous allons en donner les règles.

PROBLÊME I.

Ajouter deux accords entr'eux.

Exprimez chacun de ces accords par la fraction qui lui eſt propre; multipliez enſuite ces deux fractions enſemble, c'eſt-à-dire, numérateur par numérateur, & dénominateur par dénominateur: le nombre qui en proviendra exprimera l'accord qui réſulte de la ſomme de deux donnés.

EXEMPLE PREMIER.

Soient la quinte & la quarte à ajouter enſemble; l'expreſſion de la quinte eſt $\frac{2}{3}$, celle de la quarte eſt $\frac{3}{4}$: multipliez $\frac{2}{3}$ par $\frac{3}{4}$; le produit eſt $\frac{6}{12}$ ou $\frac{1}{2}$, qui eſt l'expreſſion de l'octave. On ſait effectivement que l'octave eſt compoſée d'une quinte & d'une quarte.

EXEMPLE II.

On demande quel accord réſulte de l'addition de la tierce majeure & de la mineure. L'expreſſion de la tierce majeure eſt $\frac{4}{5}$, celle de la tierce mineure eſt $\frac{5}{6}$; leur produit eſt $\frac{20}{30}$ ou $\frac{2}{3}$, qui exprime la quinte. Cet accord eſt effectivement compoſé d'une tierce majeure & d'une mineure.

EXEMPLE III.

Quel accord produiſent deux tons majeurs ajoutés l'un à l'autre? On exprime un ton majeur par $\frac{8}{9}$, ainſi, pour ajouter deux tons majeurs, il faut multiplier enſemble $\frac{8}{9}$ par $\frac{8}{9}$; le produit eſt $\frac{64}{81}$: or $\frac{64}{81}$ eſt une fraction moindre que $\frac{64}{80}$ ou $\frac{4}{5}$, qui exprime la tierce majeure; d'où il ſuit que l'accord exprimé par $\frac{64}{81}$ eſt plus grand que la tierce majeure, & conſéquemment que deux tons majeurs font plus qu'une tierce majeure, ou une tierce majeure fauſſe par excès.

On trouve, au contraire, en ajoutant deux tons mineurs qui s'expriment par $\frac{9}{10}$, que leur ſomme $\frac{81}{100}$ eſt plus grande que $\frac{80}{100}$ ou $\frac{4}{5}$, qui déſignent la tierce majeure: donc deux tons mineurs font moins qu'une tierce majeure. Cette tierce eſt en effet compoſée d'un ton majeur & d'un ton mineur; ce qu'on trouve en ajoutant les accords $\frac{8}{9}$ & $\frac{9}{10}$, qui font $\frac{72}{90}$, ou $\frac{8}{10}$ ou $\frac{4}{5}$.

Nous pourrions montrer de même, que deux demi-tons majeurs font plus qu'un ton majeur, & deux demi-tons mineurs moins qu'un ton même mineur; qu'enfin un demi-ton majeur & un demi-ton mineur, font préciſément un ton mineur.

PROBLÊME II.

Souſtraire un accord d'un autre.

Au lieu de multiplier enſemble les fractions qui expriment les accords donnés, renverſez celle qui exprime l'accord à ſouſtraire de l'autre, & multipliez-la dans cet état; le produit vous donnera la fraction qui exprime l'accord cherché.

EXEMPLE PREMIER.

Quel accord réſulte-t-il lorſque de l'octave on ôte la quinte? L'expreſſion de l'octave eſt $\frac{1}{2}$, celle de la quinte eſt $\frac{2}{3}$, qui étant renverſée, donne $\frac{3}{2}$; multipliez $\frac{1}{2}$ par $\frac{3}{2}$, vous aurez $\frac{3}{4}$, expreſſion de la quarte.

EXEMPLE II.

On demande la différence du ton majeur au ton mineur. Le ton majeur s'exprime par $\frac{8}{9}$, & le ton mineur par $\frac{9}{10}$, fraction qui, renverſée, donne $\frac{10}{9}$. Le produit de $\frac{8}{9} \times \frac{10}{9}$ eſt $\frac{80}{81}$: telle eſt l'expreſſion de l'intervalle dont diffère le ton majeur avec le ton mineur. C'eſt ce qu'on appelle le *grand comma*.

PROBLÊME III.

Doubler ou multiplier un accord autant de fois qu'on voudra.

Il n'y a qu'à élever les termes de la fraction qui exprime l'accord donné à la puiſſance déſignée, par le nombre de fois qu'il faut le rendre multiple, au quarré s'il faut le doubler, au cube ſi on demande de le tripler, &c.

Ainſi l'accord qui eſt le triple d'un ton majeur, eſt $\frac{512}{729}$; ce qui répond à l'intervalle qu'il y a entre ut & un fa, plus haut que le fa dieſe de la gamme.

PROBLÊME IV.

Diviſer un accord par tel nombre qu'on voudra, ou trouver un accord qui ſoit la moitié, le tiers, &c. d'un accord donné.

Pour cet effet, prenez la fraction qui exprime

l'accord , & tirez-en la racine défignée par le divifeur déterminé ; par exemple , la racine quarrée s'il eſt queſtion de partager l'accord en deux ; ou la racine cubique , s'il eſt queſtion de le partager en trois , &c. Cette racine exprimera l'accord cherché.

E X E M P L E.

L'octave étant exprimée par $\frac{1}{2}$, ſi on en tire la racine quarrée , elle ſera , à peu de choſe près , $\frac{7}{10}$. Or $\frac{7}{10}$ eſt moins que $\frac{3}{4}$, & plus que $\frac{2}{3}$; conféquemment le milieu de l'octave eſt entre la quarte & la quinte , & bien près du *fa* dieſe.

De la réſonnance du corps ſonore , principe fondamental de l'harmonie & de la mélodie : autres phénomènes harmoniques.

P R E M I E R E   E X P É R I E N C E.

Ecoutez attentivement le ſon d'une cloche , ſur-tout d'une cloche un peu grave ; pour peu que vous ayiez de l'oreille , vous y diſtinguerez aiſément , outre le ſon grave , qui eſt le ſon principal , pluſieurs autres plus aigus ; mais ſi vous avez l'oreille exercée à apprécier les intervalles muſicaux , vous reconnoîtrez que l'un de ces ſons eſt la douzième ou la quinte au-deſſus de l'octave , & un autre la dix-ſeptième majeure , ou la tierce majeure au-deſſus de la double octave ; vous y diſtinguerez auſſi , ſi vous avez l'oreille extrêmement délicate , ſon octave , ſa double & même ſa triple octave : on les entend à la vérité un peu plus difficilement , parce que les octaves ſe confondent avec le ſon fondamental , par un effet de ce ſentiment naturel qui nous fait confondre l'octave avec l'uniſſon.

Vous trouverez la même choſe , ſi vous raclez une des plus groſſes cordes d'une viole ou violoncelle , ou d'une trompette marine. Plus enfin vous aurez l'oreille expérimentée en harmonie , plus vous ſerez capable de diſtinguer ces différens ſons , ſoit dans la réſonnance d'une corde , ſoit dans celle de tout autre corps ſonore , même de la voix.

Autre manière de faire cette expérience.

Prenez une pincette ordinaire de cheminée , & ſuſpendez-la ſur une jarretière de laine ou de coton , ou ſur un cordon quelconque un peu mince , dont vous appliquerez les deux extrémités à vos oreilles. Si quelqu'un frappe alors ſur cette pincette , vous entendrez d'abord un ſon très-fort & très-grave , comme d'une très-groſſe cloche dans le lointain ; & ce ſon ſera accompagné d'une multitude d'autres plus aigus , parmi leſquels , lorſqu'ils commenceront à s'éteindre , vous diſtinguerez facilement la douzième & la dix-ſeptième du ton le plus bas.

Cette multiplicité de tout ſon ſe confirme par une autre expérience , que cite M. Rameau dans ſa *Génération harmonique.* Prenez , dit-il , les jeux de l'orgue qu'on appelle *bourdon , preſtant* ou *flûte , nazard* &*tierce* , & qui forment entr'eux l'octave , la douzième & la dix-ſeptième majeure du *bourdon.* Pendant que le ſeul bourdon réſonne , tirez ſucceſſivement chacun des autres jeux ; vous entendrez leurs ſons ſe mêler ſucceſſivement les uns aux autres ; vous pourrez même les diſtinguer pendant qu'ils ſeront enſemble ; mais ſi , pour vous en diſtraire , vous préludez un moment ſur le même clavier , & que vous reveniez à la ſeule touche d'auparavant , vous croirez ne plus entendre qu'un ſeul ſon , celui du bourdon , le plus grave de tous , qui répond au ſon du corps total.

Remarque.

Cette expérience , ſur le réſonnance du corps ſonore , n'eſt pas nouvelle : M. Wallis & le père Merſenne l'ont connue , & en ont parlé dans leurs ouvrages ; mais c'étoit pour eux un ſimple phénomène , dont ils étoient bien éloignés de démêler les conféquences : c'eſt M. Rameau qui le premier en a ſenti l'uſage pour déduire toutes les règles de la compoſition muſicale , juſqu'alors uniquement fondées ſur le ſimple ſentiment , & ſur une expérience incapable de guider dans tous les cas , & de rendre raiſon de tous les effets. C'eſt-là la baſe de ſon ſyſtême de la *baſſe fondamentale* , ſyſtême contre lequel on a beaucoup déclamé dans la nouveauté , & que la plupart des muſiciens paroiſſent avoir aujourd'hui adopté.

Ainſi , tout ſon harmonique eſt multiple , & compoſé des ſons que donneroient les parties aliquotes du corps ſonore $\frac{1}{2}$, $\frac{1}{3}$, $\frac{1}{4}$ $\frac{1}{5}$: on peut même ajouter $\frac{1}{7}$, $\frac{1}{8}$, &c. ; mais la foibleſſe de ces ſons , qui vont toujours en diminuant de force , ne permet que difficilement de les diſtinguer. M. Rameau dit néanmoins avoir très-bien diſtingué ſouvent le ſon exprimé par $\frac{1}{7}$, qui eſt la double octave d'un ſon qui partage à-peuprès en deux parties égales l'intervalle qu'il y a entre le *la* & le *ſi bémol* au-deſſous de la première octave ; il l'appelle un ſon perdu , & l'exclut totalement de l'harmonie. Il ſeroit en effet ſingulièrement diſcordant avec tous les autres ſons donnés par le ſon fondamental.

Remarquons néanmoins que le célèbre Tartini n'a pas penſé ſur ce ſon comme l'a fait M. Rameau. Loin de l'appeller un ſon perdu , il prétend qu'on peut l'employer tant dans la mélodie que dans l'harmonie ; il le déſigne par le nom de *ſeptième conſonante.* Mais nous laiſſons aux muſiciens le ſoin d'apprécier cette idée de Tartini , dont la célébrité , tant pour la compoſition que pour l'exécution, demandoit une réfutation d'un genre différent de celle qu'on trouve à la fin d'une *Histoire de la Musique*, imprimée en 1767.

SECONDE EXPÉRIENCE.

Accordez plusieurs cordes à l'octave, à la douzième, à la dix-septième majeure partie d'une corde donnée, tant au-dessus qu'au-dessous ; alors si vous faites sonner cette corde fortement & avec continuité, vous verrez les autres se mettre aussi en vibration ; vous entendrez même sonner celles qui sont accordées au-dessus, si vous avez l'attention d'éteindre subitement par un corps mou le son de la première.

Il n'est personne qui n'ait quelquefois entendu résonner les verres d'une table au son d'une voix vigoureuse & éclatante. C'est une manière de faire cette expérience.

On entend aussi quelquefois résonner les cordes d'un instrument qu'on ne touche point, au son seul de la voix, sur-tout après des tenues un peu longues & renflées. Je me suis plusieurs fois procuré ce plaisir, par le moyen d'un ami qui avoit une grande & belle voix de basse.

La cause de ce phénomène est incontestablement la communication des vibrations de l'air à la corde, ou au corps sonore monté aux tons ci-dessus ; car il est aisé de concevoir que les vibrations des cordes montées à l'unisson ou à l'octave, ou à la douzième, &c. de celle qu'on met en mouvement, sont disposées à recommencer régulièrement, & en même tems que celles de cette corde, en se répondant vibration pour vibration, dans le cas de l'unisson, ou deux pour une, dans le cas de l'octave ; ou trois pour une, dans celui de la douzième : ainsi, les petites impulsions de l'air vibrant, que produira la corde mise en vibration, conspireront toujours à augmenter les mouvemens d'abord insensibles qu'elles auront causés dans ces autres cordes ; parce qu'elles se feront dans le même sens, & parviendront enfin à les rendre sensibles. C'est ainsi qu'un léger souffle d'air, toujours dans la même direction, parvient enfin à soulever les eaux de l'océan. Mais lorsque les cordes en question seront tendues de manière que leurs vibrations ne puissent avoir aucune correspondance avec celles de la corde frappée, alors elles seront tantôt aidées, tantôt contrariées, & le petit mouvement qui pourra leur être communiqué, sera aussi-tôt anéanti qu'engendré ; conséquemment elles resteront en repos.

Les sons harmoniques qu'on entend avec le son principal, ont-ils leur source immédiate dans le corps sonore, ou résident-ils seulement dans l'air ou dans l'organe ?

Il est très-probable que le son principal est le seul qui tienne son origine immédiate des vibrations du corps sonore. D'habiles physiciens ont cherché à démêler si, indépendamment des vibrations totales que fait un corps, il en faisoit de partielles, & ils n'ont jamais pu y rien voir que des vibrations simples. Comment concevroit-on d'ailleurs que la totalité d'une corde fût en vibration, & que, pendant ce mouvement, elle se partageât en deux parties qui fissent aussi leurs vibrations à part, ou en trois qui fissent aussi leurs vibrations particulières, &c.

Il faut donc dire que ces sons harmoniques d'octave, de douzième, de dix-septième, sont dans l'air ou dans l'organe. L'un & l'autre ont de la probabilité ; car, puisqu'un son déterminé a la propriété de mettre des corps disposés à rendre son octave, sa douzième, &c. on doit reconnoître que ce son peut mettre en mouvement les particules de l'air susceptibles de vibrations, doubles, triples, quadruples, quintuples en vîtesse. Néanmoins, ce qui me paroit à cet égard de plus vraisemblable, c'est que ces vibrations n'existent que dans l'oreille. L'anatomie de cet organe paroit en effet démontrer que le son ne se transmet à l'ame que par les vibrations des filets nerveux qui tapissent la conque de l'oreille ; &, comme elles sont d'inégales longueurs, il y en a toujours quelques-unes d'entr'elles qui font des vibrations isochrones à celles d'un son donné ; mais en même-tems, & par la propriété ci-dessus, ce son doit mettre en mouvement les fibres susceptibles de vibrations isochrones, & même celles qui peuvent faire des vibrations doubles, triples, quadruples, &c. en vîtesse. Tel est, à mon avis, ce qu'on peut dire de plus probable sur ce phénomène singulier. J'adopterai de tout mon cœur une explication plus vraisemblable, quand je la connoîtrai.

TROISIÈME EXPÉRIENCE.

On doit cette expérience au célèbre Tartini de Padoue. Faites tirer à la fois, de deux instrumens, deux sons quelconques ; vous en entendrez dans l'air un troisième, qui sera d'autant plus perceptible, que vous aurez l'oreille plus voisine du milieu de la distance entre les instrumens. Que ce soient, par exemple deux sons qui se succèdent dans l'ordre des consonnances, comme l'octave & la douzième, la double octave & la dix-septième majeure, &c.; le son résultant, dit M. Tartini, sera l'octave du son principal.

Cette expérience, répétée en France, a réussi,

comme l'attefte M. Serres, dans fes *Principes de l'harmonie*, imprimés en 1753; à cela près que M. Serres a trouvé ce dernier fon plus bas d'une octave; ce qu'on trouve par la théorie devoir être. il eft fi aifé de confondre les octaves entr'elles, que cela ne doit pas furprendre. Au furplus, nous devons remarquer ici que le célèbre muficien de Padoue a établi fur ce phénomène un fyftème d'harmonie & de compofition; mais il ne paroît pas avoir fait encore la fortune de celui de Rameau.

Des différens fyftêmes de mufique, grec, moderne, & de leurs particularités.

§ I.

De la Mufique grecque..

Dans la naiffance de la mufique chez les grecs, il y avoit à la lyre quatre cordes, dont les fons auroient répondu à *fi, ut, re, mi*: dans la fuite on y ajouta trois autres cordes, *fa, fol, la*: ainfi la première échelle diatonique grecque, traduite en notre langue muficale, étoit *fi, ut, re, mi; mi, fa, fol, la*, & étoit compofée de deux tétracordes, ou fyftème de quatre fons, *fi, ut, re, mi; mi, fa, fol, la*, dont le dernier de l'un & le premier de l'autre étoient communs; ce qui les fit appeler *tétracordes conjoints*.

Remarquons que, quelque bifarre que paroiffe cette difpofition de fons à ceux qui ne connoiffent que l'ordre diatonique moderne, elle n'en eft pas moins naturelle, & conforme aux règles de l'harmonie; car M. Rameau a montré qu'elle n'eft autre chofe qu'un chant dont la bafe fondamentale feroit *fol, ut, fol, ut, fa, ut, fa*. Elle a auffi l'avantage de n'avoir qu'un feul intervalle altéré, favoir, la tierce mineure du *re* au *fa*, qui, au lieu d'être dans le rapport de 5 à 6, eft dans celui de 27 à 32, qui eft un peu moindre, & conféquemment trop baffe d'un *comma* de 80 à 81.

Mais cette perfection étoit balancée par deux grandes imperfections; favoir, 1° de ne pas compléter l'octave; 2°. de ne pas fe terminer par un repos, ce qui laiffe à l'oreille l'efpèce d'inquiétude qui réfulte d'un chant commencé & non fini. Elle ne pourroit néanmoins ni monter au *fi*, ni defcendre au *la*. Auffi les muficiens qui, pour compléter l'octave, avoient ajouté cette dernière note au-deffous, la regardoient-ils comme étrangère, pour ainfi dire, & lui donnoient-ils le nom de *proslanbanomène*.

On chercha, par cette raifon, un autre remède à ce défaut, & l'on propofa (ce fut, dit-on, Pythagore) la fucceffion de fons, *mi, fa, fol, la*,

fi, ut, re, mi, compofée, comme l'on voit, de deux tétracordes disjoints. Cette échelle diatonique eft prefque la même que la nôtre, à cela près que la nôtre commence & finit par la tonique, & celle-là commence & finit par la médiante ou la tierce majeure. Cette définence, aujourd'hui prefque réprouvée, étoit affez ordinaire aux Grecs, & l'eft encore dans nos chants d'églife.

Mais ici, par une fuite de la génération harmonique, les valeurs des fons & des intervalles ne font pas les mêmes que dans la première échelle. Dans celle-ci, l'intervalle du *fol* au *la* étoit un ton mineur; il eft, dans la feconde, un ton majeur. Il y a enfin, dans cette feconde difpofition, trois intervalles altérés ou faux, favoir, la tierce majeure du *fa* au *la*, trop haute; la tierce mineure de *la* à *ut*, trop baffe; enfin la quinte du *la* au *mi*, trop haute. Ce font les mêmes défauts que ceux de notre échelle diatonique; mais le tempérament les corrige.

Dans la fuite, les grecs ajoutèrent à ces fons un tétracorde conjoint au-deffous, *fi, ut, re, mi*, & un autre en montant, *mi, fa, fol, la*: au moyen de quoi ils remplirent à-peu-près tous les befoins de la mélodie, tant qu'elle fe bornoit au même ton. Ptolémée parle d'une combinaifon; au moyen de laquelle on joignoit le fecond tétracorde primitif au premier, en baiffant le *fi* d'un demi-ton; ce qui faifoit *fi bémol, ut, re, mi*. Sans doute cela fervoit, lorfque du ton d'*ut* on paffoit à celui de fa quinte inférieure *fa*, tranfition familière à la mufique grecque, ainfi qu'à notre mufique d'églife; car il faut alors en effet un *fi bémol*. Plutarque enfin parle d'une combinaifon où l'on disjoignoit les deux derniers tétracordes, en élevant le *fa* d'un demi-ton, & fans doute celui de fon octave au-deffous. Qui ne reconnoîtra là notre *fa*, qui eft néceffaire lorfque du ton d'*ut* on paffe à celui de fa quinte fupérieure *fol*? Sans doute les cordes du *fi bémol* & du *fa dièfe* étoient fimplement ajoutées & non fubftituées à celle du *fi* & de *fa*. Difons maintenant quelque chofe des modes & des genres de la mufique ancienne.

Tout le monde fait qu'il y avoit dans la mufique grecque trois genres; favoir, le diatonique, le chromatique & l'erharmonique. Tout ce qu'on vient de dire ne concerne que le diatonique.

Ce qui caractérife le chromatique, eft d'employer, foit en montant, foit en defcendant, plufieurs demi-tons de fuite. La gamme chromatique grecque étoit *fi, ut, ut dièfe, mi, fa, fa dièfe, la*. Cette difpofition, dans laquelle de l'*ut dièfe* on paffe immédiatement au *mi*, en omettant le *re*, paroîtra fans doute très-étrange; mais il n'eſt pas moins certain que c'étoit la gamme dont les Grecs faiſoient uſage dans le genre chromatique. On ne ſait point , au reſte , ſi les Grecs avoient des morceaux de muſique conſidérables dans ce genre, ou ſi , comme nous, ils n'en faiſoient uſage que dans des paſſages ou des traits de chant fort courts ; car nous avons auſſi un genre chromatique, quoique dans une acception différente. Cette tranſition de demi-tons en demi-tons eſt moins naturelle que la ſucceſſion diatonique ; mais elle n'en a que plus d'énergie pour exprimer certains ſentimens particuliers : auſſi les italiens , grands coloriſtes en muſique , en font-ils fréquemment uſage dans leurs airs.

Quant à l'enharmonique grec , quoique regardé par les anciens comme le genre le plus parfait , c'eſt encore une énigme pour nous. Pour en donner une idée , qu'on prenne le ſigne * pour celui du diéſe enharmonique , c'eſt-à-dire , qui élève la note d'un quart de ton; l'échelle enharmonique étoit ſi , ſi * , ut , mi *, fa , la , où l'on voit qu'après deux quarts de ton du ſi à l'ut , ou du mi au fa , on paſſoit au mi ou au la. On ne conçoit guère comment il pourroit y avoir des oreilles aſſez exercées pour apprécier des quarts de ton , & , en ſuppoſant qu'il y en eût , quelle modulation on pourroit faire avec ces ſons. Cependant il eſt très-certain que ce genre fit , pendant long-temps les délices de la Grèce ; mais ſa difficulté le fit enfin abandonner , en ſorte qu'il ne nous eſt pas même parvenu de morceau de muſique grecque dans le genre enharmonique , ni même dans le chromatique , tandis que nous en avons dans le diatonique.

Nous croyons cependant devoir remarquer ici, que cet enharmonique grec n'eſt peut-être pas auſſi éloigné de la nature qu'on l'a penſé juſqu'ici; car enfin M. Tartini, en propoſant l'uſage de ſa ſeptième conſonnante, qui eſt un ſon à très-peu de choſe moyen entre le la & le ſi bémol , ne prétend-il pas que cette intonation , la , ſi bb , ſi b , re , re , ſib , ſi bb , la , eſt non-ſeulement ſupportable , mais pleine d'agrément ? (Le double bb indique ici le quart de ton.) M. Tartini fait plus , car il aſſigne à cette ſucceſſion de ſons ſa baſe fa , ut , ſol , ſol , ut , fa , en chiffrant l'ut de ce ſigne b7, qui ſignifie ſeptième conſonnante. Si cette prétention de M. Tartini trouve des ſectateurs , ne peut-on pˑˑ dire que voilà l'enharmonique grec retrouvé ?

Il nous reſte à dire un mot des modes de la muſique grecque. Quelque obſcure que ſoit cette matière , ſi nous en croyons l'auteur de l'*Hiſtoire des Mathématiques* , qui s'appuie de certaines

tables de Ptolémée , ces modes ne ſont autre choſe que les tons de notre muſique , & il en donne la comparaiſon ſuivante.

Le dorien étant pris hypothétiquement pour le mode d'*ut* , ces modes , les uns plus bas que le dorien , & les autres plus hauts , étoient :

L'*Hypodorien* , . . . répondant au *ſol*.
L'*Hypophrygien* , ... *la* bémol.
L'*Hypophrygien* ·acutior , ... *la*.
L'*Hypolydien* ou *Hypoæolien* , . . *ſi* bémol.
L'*Hypolydien* , acutior . . . . *ſi*.
Le *Dorien* , ... *ut*.
L'*Iaſtien* ou *Ionien* , ... *ut* dièſe.
Le *Phrygien* , ... *re*.
L'*Eolien* , ... *re* dièſe.
Le *Lydien* , ... *mi*.
L'*Yperdorien* , ... *fa*.
L'*Yperiaſtien* ou *Mixolydien* , . . *fa* diſe.
L'*Hypermixolydien* , ... *ſol*. { Répliq. { duprem.

Mais on pourroit faire cette queſtion: Si la différence des modes chez les grecs ne conſiſtoit que dans le plus ou le moins de hauteur du ton de la modulation, comment expliquer ce qu'on nous raconte des caractères de ces différens modes , dont l'un excitoit la fureur , & dont l'autre la calmoit, &c ? Cela donne lieu de croire qu'il y avoit quelque choſe de plus ; peut-être , indépendamment du différent ton , y avoit-il un caractère de modulation propre. Le phrygien , par exemple , qui probablement tiroit ſon origine du peuple de ce nom , peuple dur & belliqueux , avoit un caractère mâle & guerrier ; tandis que le lydien, qui venoi. d'un peuple mou & efféminé , portoit un caractère analogue , & conſéquemment tout-à-fait propre à adoucir les mouvemens excités par le premier.

Mais en voilà aſſez ſur la muſique grecque ; paſſons à la muſique moderne.

§. II.

De la Muſique Moderne.

Tout le monde ſçait que la gamme ou l'échelle diatonique moderne , eſt repréſentée par ces ſons, ut, re, mi, fa, ſol, la, ſi, ut, qui complettent toute l'étendue de l'octave. Il faut ajouter ici que , de ſa génération développée par M. Rameau, il ſuit que de l'ut au re , il y a un ton majeur; du re au mi , un mineur ; du mi au fa , un demi-ton majeur; du fa au ſol , un ton majeur ; ainſi que du ſol au la ; enfin du la au ſi un ton mineur., & du ſi à l'ut un demi-ton majeur.

On conclud de-là , qu'il y a dans cette échelle
trois

trois intervalles qui ne font pas entièrement juſtes, ſçavoir, la tierce mineure du *re* au *fa* : en effet, n'étant compoſée que d'un ton mineur & d'un demi-ton majeur, elle n'eſt que dans le rapport de 27 à 32, qui eſt un peu moindre, ſavoir d'un 80e, que celui de 5 à 6, rapport juſte des ſons qui compoſent la tierce mineure.

Pareillement la tierce majeure de *fa* à *la* eſt trop haute, étant compoſée de deux tons majeurs, au lieu qu'elle doit être compoſée d'un ton majeur & d'un ton mineur, pour être exactement dans le rapport de 4 à 5. La tierce mineure de *la* à *ut* eſt enfin altérée, par la même raiſon que celle de *fa* à *fa*.

Si cette diſpoſition des tons majeurs & mineurs étoit arbitraire, ils pourroient ſans doute être arrangés de manière qu'il y eût moins d'intervalles altérés : il ſuffiroit pour cela de faire mineur le ton de *ut* à *re* ; & majeur celui du *re* au *mi* : on pourroit auſſi faire mineur le ton du *ſol* au *la*, & majeur celui du *la* au *ſi*. Car on trouvera, énumération faite, qu'il n'y auroit plus, par ce moyen, qu'une ſeule tierce altérée ; au lieu qu'il y en a trois dans l'autre diſpoſition. De-là ſont venues les diſputes entre les muſiciens ſur la diſtribution des tons mineurs & majeurs, les uns voulant, par exemple, que de l'*ut* au *re* il y eût un ton majeur, les autres voulant qu'il fût mineur. Mais la génération harmonique de l'échelle diatonique, développée par M. Rameau, ne permet pas cette diſpoſition, mais uniquement la première : c'eſt celle qui eſt indiquée par la nature ; &, malgré ſes imperfections que le tempérament corrige dans l'exécution, elle eſt préférable à la première des échelles grecques, fort défectueuſe, en ce qu'elle ne comprenoit pas toute l'étendue de l'octave : elle vaut mieux auſſi que la ſeconde, attribuée à Pythagore, *mi*, *fa*, *ſol*, &c. parce que ſa déſinence eſt plus parfaite, & porte à l'oreille un repos qui n'eſt pas dans celle de Pythagore, à cauſe de ſa chute ſur la tonique, annoncée & précédé par la note *ſi*, tierce de la quinte *ſol*, dont l'effet eſt ſi marqué pour toutes les oreilles muſicales, qu'elle en a retenu le nom de *note ſenſible*.

On reconnoît dans la muſique deux modes proprement dits, dont les caractères ſont bien marqués aux oreilles douées de quelque ſenſibilité muſicale : c'eſt ce que l'on appelle le *mode majeur* & le *mineur*. On eſt dans le mode majeur, quand, dans l'échelle diatonique, la tierce de la tonique eſt majeure : telle eſt la tierce de l'*ut* au *mi*. Ainſi la gamme, ou l'échelle diatonique ci-deſſus, eſt dans le mode majeur.

Mais lorſque la tierce de la tonique eſt mineure, on eſt dans le mode mineur. Ce mode a ſon échelle comme le majeur. Prenons *la* pour tonique, l'échelle du mode mineur en montant

eſt *la*, *ſi*, *ut*, *re*, *mi*, *fa*, *ſol*, ♮, *la*. Nous diſons en montant, car c'eſt ici une ſingularité du mode mineur, que ſon échelle eſt différente en deſcendant qu'en montant. En effet, on doit dire en deſcendant, *la*, *ſol*, *fa*, *mi*, *re*, *ut*, *ſi*, *la*. Si le ton étoit en *ut*, l'échelle montante ſeroit, *ut*, *re*, *mi b*, *fa*, *ſol*, *la b*, *ſi*, *ut* ; & en deſcendant, *ut*, *ſi b*, *la b*, *ſol*, *fa*, *mi b*, *re*, *ut*. Voilà pourquoi, dans les airs en mineur, ſans que le ton ait changé, on rencontre ſi ſouvent des *dieſes* ou des *bémols* accidentels, ou des *béquarres* qui détruiſent bientôt leur effet, ou celui de ceux qui ſont à la clef. C'eſt une de ces ſingularités dont l'oreille avoit fait ſentir la néceſſité aux muſiciens, mais dont M. Rameau a le premier développé la cauſe, qui réſide dans la marche de la baſſe fondamentale.

Ajouterons-nous à ces deux modes un troiſieme, propoſé par M. de Blainville, ſous le nom de *mode mixte*, & dont il enſeigne la génération & les propriétés, dans ſon *Hiſtoire de la Muſique*? Son échelle eſt, *mi*, *fa*, *ſol*, *la*, *ſi*, *ut*, *re*, *mi*. Je me borne à dire que je ne vois pas que les muſiciens aient encore fait beaucoup d'accueil à ce mode nouveau, & j'avoue n'être pas aſſez verſé en ces matières pour pouvoir dire s'ils ont tort ou raiſon.

Quoi qu'il en ſoit, le caractère du mode majeur eſt la gaieté & le brillant ; le mineur a quelque choſe de ſombre & de triſte, qui le rend particulièrement propre aux expreſſions de cette eſpèce.

La muſique moderne a auſſi ſes genres, comme l'ancienne. Le diatonique eſt le plus commun, comme il eſt auſſi celui qui eſt le plus clairement indiqué par la nature ; mais les modernes ont auſſi leur chromatique, & même à certains égards, leur enharmonique, quoique dans des ſens un peu différents de ceux que les anciens attachoient à ces mots.

La modulation eſt chromatique, lorſque l'on paſſe pluſieurs demi-tons de ſuite, comme ſi l'on diſoit, *fa*, *mi*, *mi b*, *re*, ou *ſol*, *fa* ♯, *fa*, *mi*. Il eſt aſſez rare d'avoir ainſi plus de trois ou quatre demi-tons conſécutifs. On trouve néanmoins, dans un air du ſecond acte de la *Zingara*, où la *Bohémienne*, intermède italien, une octave preſque entière de l'*ut* au *re* inférieur, toute en demi-tons ; ce qui fait dix demi-tons conſécutifs. C'eſt le plus long paſſage chromatique que je connoiſſe.

M. Rameau trouve l'origine de cette progreſſion dans la marche de la baſſe fondamentale, qui, au lieu d'aller de quinte en quinte, ce qui eſt ſon mouvement naturel, marche de tierce en tierce. Mais il faut remarquer ici que, dans l'exactitude, il ne doit y avoir dans le premier paſſage

C

du *mi* au *mi b* qu'un demi-ton mineur, & un demi-ton majeur du *mi b* au *re* ; mais le tempérament & la constitution de la plûpart des instrumens, en confondant le *re* ♯ avec le *mi b*, partagent également l'intervalle du *re* au *mi*, & l'oreille en est affectée parfaitement de même, surtout au moyen de l'accompagnement.

Il y a deux enharmoniques, l'un appellé *diatonique enharmonique*, l'autre *chromatique enharmonique*, mais très-rarement employés par les musiciens. Ce n'est pas qu'on y fasse usage des quarts de ton, comme dans l'enharmonique ancien; mais ces genres ont reçu ces noms, parce que de la marche de la basse fondamentale résultent des sons qui, quoique pris les uns pour les autres, diffèrent réellement entr'eux du quart de ton appellé par les anciens *enharmonique*, ou de 125 à 128. Dans le diatonique enharmonique, la basse fondamentale marche alternativement par quinte & par tierce ; & dans le chromatique enharmonique, elle va alternativement par tierce majeure & mineure. Cette marche introduit, tant dans la mélodie que dans l'harmonie, des sons qui, n'étant point du ton principal ni de ses relatifs, portent l'étonnement à l'oreille, & l'affectent d'une manière dure & extraordinaire, mais propre à de certaines expressions violentes & terribles. C'est pour cela que M. Rameau avoit employé le diatonique enharmonique dans son trio des Parques de l'opéra d'*Hippolite & Aricie* ; & quoiqu'il ne l'ait pu faire exécuter, il n'en a pas moins resté persuadé qu'il eût produit un grand effet, s'il avoit trouvé des exécuteurs disposés à se prêter à ses idées ; ensorte qu'il l'a laissé subsister dans la partition imprimée. Il cite comme un morceau d'enharmonique, une scène de l'opéra italien de *Coriolano*, commençant par ces mots: *O iniqui Marmi!* qu'il dit admirable. On trouve enfin des échantillons de ce genre dans deux de ses pièces de clavessin, la *Triomphante* & l'*Enharmonique*, & il ne désespéroit pas de venir à bout d'employer même le chromatique enharmonique, du moins dans les symphonies. Pourquoi effectivement ne l'auroit-il pas fait, puisque Locatelli, dans ses premiers concerto, a employé ce genre, en laissant subsister les dièses & les bémols ; [distinguant, par exemple, le *re* ♯ du *mi b* ?] C'est un morceau, dit un historien moderne de la musique, [M. de Blainville] vraiment infernal, & qui met l'ame dans une situation violente d'appréhension & d'effroi.

Nous ne pouvons mieux faire, pour terminer cet article, que de donner quelques exemples de la musique de différentes nations. Nous avons fait graver, dans cette vue, divers airs grecs, chinois, turcs, persans, qui pourront servir à donner une idée de la modulation qui caractérise la musique de ces peuples différens. [Voyez ces airs notés Pl. 2 amusemens d'acoustique ou musique].

Paradoxes Musicaux.

§. I.

On ne peut entonner juste ces sons, sol, ut, la, re, sol, sçavoir, de sol à ut en montant, de ut à la en redescendant de tierce mineure, puis montant de quarte à re, & descendant de re à sol, de quinte ; on ne peut, dis-je, entonner juste ces intervalles, & faire le second sol à l'unisson du premier.

En effet, on trouve par le calcul que, le premier *sol* étant représenté par 1, l'*ut* en montant de quarte sera $\frac{3}{4}$; conséquemment le *la*, en descendant de tierce mineure, sera $\frac{9}{10}$; donc le *re* au dessus sera $\frac{27}{40}$; enfin le *sol*, en descendant de quinte, sera $\frac{81}{80}$. Or le son représenté par $\frac{81}{80}$, est plus bas que celui représenté par 1, donc le dernier *sol* est plus bas que le premier.

D'où vient, dira-t-on, l'expérience est-elle cependant contraire à ce calcul? Je réponds que cela vient uniquement de la réminiscence du premier son *sol*. Mais si l'oreille n'étoit point affectée de ce ton, & que le chanteur fût uniquement attentif à entonner juste les intervalles ci-dessus, il est évident qu'il finiroit par un *sol* plus bas. Aussi arrive-t-il bien fréquemment qu'une voix non-accompagnée, après avoir chanté un long air dans lequel on parcourt plusieurs tons, reste, en finissant, plus haut ou plus bas que le ton par lequel elle a commencé.

Cela vient de l'altération nécessaire de quelques intervalles dans l'échelle diatonique. Dans l'exemple précédent de *la* à *ut*, il n'y a qu'une tierce mineure dans le rapport de 27 à 32, & non de 5 à 6: mais c'est cette dernière que l'on entonne, si l'on a la voix juste & exercée: on baisse conséquemment un comma plus qu'il ne faudroit : il n'est donc pas étonnant que le dernier *sol* soit aussi plus bas d'un comma que le premier.

§. II.

Dans un instrument à touches, comme dans un clavessin, il est impossible que les tierces & les quintes soient ensemble justes.

On le démontre aisément de cette manière. Soit cette suite de tons à la quinte les uns des autres en montant, *ut, sol, re, la, mi* ; en désignant *ut* par 1, *sol* sera $\frac{3}{2}$, *re* $\frac{9}{4}$, *la* $\frac{27}{8}$, *mi* $\frac{81}{16}$: ce *mi* devroit faire la tierce majeure avec la double octave de *ut* ou $\frac{1}{4}$, c'est-à-dire qu'ils devroient être dans le rapport de 1 à $\frac{4}{5}$, ou de 5 à 4, ou de 80 à 64; ce qui n'est pas, car $\frac{1}{4}$ & $\frac{81}{16}$ sont comme 81 à 64: ainsi ce *mi* ne fait pas la tierce majeure avec la double octave d'*ut*; ou, les abaissant l'un & l'autre de la double octave, *ut* & *mi* ne font pas à la tierce, si *mi* est à la quinte juste de *la*.

Aussi, dans un instrument à touches, un clavessin, par exemple, quelque bien accordé qu'il soit, tous les intervalles, aux octaves près, sont faux ou altérés. Cela suit nécessairement de la manière dont on accorde cet instrument; car, ayant mis tous les *ut* à l'octave les uns des autres, comme il convient, on met *sol* à la quinte d'*ut*, *re* à la quinte de *sol*, & on le rebaisse d'octave parce qu'il l'excède; de-là on met *la* à la quinte du *re* ainsi abaissé, & *mi* à la quinte du *la*, & on rabaisse ce *mi* d'octave: en continuant ainsi de monter deux fois de quinte, ensuite de descendre d'octave, on trouve la suite des sons, *si*, *fa* ♯, *ut* ♯, *sol* ♯, *re* ♯, *la* ♯, *mi* ♯, *si* ♯, Or ce dernier *si* ♯, qui devroit être tout au plus à l'unisson de l'*ut*, octave du premier, se trouve plus haut; car le calcul montre qu'il est exprimé par $\frac{262144}{531441}$, ce qui est moindre que $\frac{1}{2}$, valeur de l'octave d'*ut*: c'est-là ce qui nécessite ce qu'on nomme le *tempérament*, qui consiste à baisser toutes les quintes légérement & également, ensorte que ce dernier *si* ♯, se trouve précisément à l'octave du premier *ut*. C'est du moins la pratique enseignée par Rameau, & c'est la plus fondée en raison. Mais, quelle que soit la méthode employée, elle consiste toujours à rejetter plus ou moins également cet excès du *si* ♯ au dessus de l'*ut*, sur les notes de l'octave; ce qui ne peut se faire sans altérer plus ou moins les quintes, les tierces, &c.

Nous venons de voir le *si* ♯, donné par la progression des quintes, plus haut que l'*ut*; mais si on emploie la progression suivante des tierces, *ut*, *mi*, *sol* ♯, *si* ♯, ce *si* ♯ sera fort différent du premier; car on trouve qu'il est exprimé par $\frac{64}{125}$, tandis que l'octave d'*ut* est $\frac{1}{2}$. Or $\frac{1}{2}$ est moindre que $\frac{64}{125}$; ainsi ce *si* ♯ est au dessous de l'*ut* exprimé par $\frac{1}{2}$, & l'intervalle de ces deux sons est exprimé par le rapport de 128 à 125, ce qui est le quart de ton enharmonique.

§. III.

Une note inférieure, par exemple re, *affectée du dièse, n'est pas la même chose que la note supérieure* mi, *affectée du bémol; & ainsi des autres notes distantes d'un ton entier.*

Les dièses sont ordinairement donnés par le mode majeur, & même par le mineur, pour que la sous-tonique ne soit éloignée de la tonique que d'un demi-ton majeur, comme dans le ton d'*ut*, le *si* l'est de l'*ut*: donc, du *re* au *mi* y ayant un ton mineur, qui est composé d'un demi-ton majeur & d'un mineur, si l'on ôte un demi-ton majeur dont le *re* ♯ doit être au dessous du *mi*, le restant sera un demi-ton mineur dont ce même *re* ♯ sera au dessus du *re*.

S'il étoit question de deux notes dont la distance fût d'un ton majeur, le dièse éleveroit la note inférieure d'un intervalle égal à un demi-ton mineur, plus un comma de 80 à 81, qui est un demi-ton moyen entre le majeur & le mineur.

Le dièse n'éleve donc la note que d'un demi-ton mineur ou moyen.

Les bémols sont ordinairement introduits dans la modulation par le mode mineur, lorsqu'on est obligé d'abaisser la note de la tierce, de manière qu'elle fasse avec la tonique une tierce mineure: ainsi le *mi* bémol doit faire avec *ut* une tierce mineure: donc, de la tierce majeure *ut mi*, qui est $\frac{4}{5}$, ôtant la tierce mineure qui est $\frac{5}{6}$, le restant $\frac{24}{25}$ est ce dont le bémol abaisse le *mi* au dessous du ton naturel; conséquemment le *mi* bémol est plus haut que le *re* dièse.

Dans la pratique néanmoins on prend l'un pour l'autre, sur-tout dans les instrumens à touches: le bémol y est abaissé; & le dièse insensiblement haussé, de manière qu'ils coincident l'un avec l'autre; & je ne crois pas que la pratique gagnât grand'chose à en faire la distinction, quand elle n'entraîneroit pas beaucoup d'inconvéniens.

Quelle est la cause du plaisir musical? Des effets de la musique sur les hommes & sur les animaux.

On demande communément pourquoi l'on goûte du plaisir à entendre deux sons qui forment ensemble la quinte, la tierce, & pourquoi au contraire l'oreille éprouve un sentiment désagréable en entendant deux sons qui ne sont qu'à un ton ou un demi-ton l'un de l'autre? Cette question n'est pas aisée à résoudre. Voici néanmoins ce qu'on a dit ou ce qu'on peut dire de plus probable.

Le plaisir, dira-t-on, consiste dans la perception des rapports: c'est ce qu'on prouve par divers exemples tirés des arts. Ainsi le plaisir de la musique consiste dans la perception des rapports des sons. Ces rapports sont-ils assez simples pour que l'ame puisse les saisir & en appercevoir l'ordre? Les sons plairont étant entendus ensemble; ils déplairont au contraire, si leurs rapports sont trop composés, ou n'ont absolument aucun ordre.

L'énumération des consonnances & des dissonnances connues, confirme assez bien ce raisonnement. Dans l'unisson, les vibrations de deux sons coincident sans cesse ensemble dans leur durée, voilà le rapport le plus simple: aussi l'unisson est-il la première des consonnances. Dans l'octave, les deux sons qui la forment font leurs vibrations de manière que deux de l'un s'achèvent en même temps qu'une de l'autre: ainsi l'octave succède à l'unisson. Elle est si naturelle à l'homme, que celui qui ne peut, par le défaut de sa voix, atteindre à un fon trop grave ou trop aigu, entonne tout naturellement l'octave ou la double octave au deſſus ou au deſſous.

Maintenant, que les vibrations de deux fons ſe faſſent enforte que trois. de l'un répondent à une de l'autre, vous aurez le rapport le plus ſimple après ceux ci-deſſus. Qui ne ſçait auſſi que, de tous les accords, le plus flatteur à l'oreille eſt celui de la douzième ou de l'octave de la quinte? Il ſurpaſſe en agrément la quinte même, dont le rapport, un peu plus compoſé, eſt celui de 2 à 3.

Après la quinte, vient la double octave de la tierce, ou la dix-ſeptième majeure, qui eſt exprimée par le rapport de 1 à 5. Cet accord eſt auſſi, après celui de la douzième, le plus agréable; & ſi on l'abaiſſe de la double octave pour avoir la tierce même, il ſera encore conſonnance, le rapport de 4 à 5, qui l'exprime alors, étant aſſez ſimple.

Enfin la quarte exprimée par $\frac{3}{4}$, la tierce mineure exprimée par $\frac{5}{6}$; les ſixtes, tant majeures que mineures, exprimées par $\frac{3}{5}$ & $\frac{3}{8}$, ſont des conſonnances par la même raiſon.

Mais, paſſé ces rapports, tous les autres ſont trop compoſés pour que l'ame puiſſe, ce ſemble, en appercevoir l'ordre: tels ſont l'intervalle du ton, tant majeur que mineur, exprimé par $\frac{8}{9}$ ou $\frac{9}{10}$; à plus forte raiſon celui du demi-ton, tant majeur que mineur, exprimé par $\frac{15}{16}$ ou $\frac{24}{25}$: tels ſont encore les accords de tierce & de quinte, pour peu qu'ils ſoient altérés; car la tierce majeure, par exemple, hauſſée d'un comma, eſt exprimée par $\frac{27}{32}$, & la quinte, diminuée de la même quantité, a pour expreſſion $\frac{27}{40}$: le triton enfin, comme d'*ut* à *fa* $\sharp$, eſt une des plus déſagréables diſſonnances; auſſi eſt-il exprimé par $\frac{18}{25}$.

Voici pourtant une objection très-forte contre ce raiſonnement. Comment, dira-t-on, le plaiſir des accords peut-il conſiſter dans la perception des rapports, tandis que le plus ſouvent l'ame ignore qu'il exiſte de pareils rapports entre les ſons? L'homme le plus ignorant n'eſt pas moins flatté d'un concert harmonieux, que celui qui a calculé tous les rapports des parties. Tout ce qu'on a dit ci-deſſus ne ſeroit-il pas plus ingénieux que ſolide?

Nous ne ſçaurions diſſimuler que nous ſommes portés à le penſer; & il nous ſemble que la célebre expérience de la réſonnance du corps ſonore, fournit une raiſon plus plauſible du plaiſir des accords: car, puiſque tout ſon dégénere en ſimple bruit, lorſqu'il n'eſt pas accompagné de ſa douzième & de ſa dix-ſeptième majeure, indépendamment de ſes octaves, n'eſt-il pas évident que, toutes les fois qu'on joint à un ſon ſa douzième ou ſa dix-ſeptième majeure, ou toutes deux enſemble, on ne fait qu'imiter le procédé de la nature, en donnant à ce ſon, d'une manière plus développée & plus ſenſible, l'accompagnement qu'elle lui donne elle-même, & qui ne ſçauroit manquer de lui plaire, par l'habitude que l'organe a contractée de les entendre enſemble? Cela eſt ſi vrai, qu'il n'y a que deux accords primitifs, la douzième & la dix-ſeptième majeures, & que tous les autres, comme la quinte, la tierce majeure, la quarte, la ſixte, en tire leur origine. On ſait auſſi que ces deux accords primitifs ſont les plus parfaits de tous, & que c'eſt l'accompagnement le plus gracieux qu'on puiſſe donner à un ſon, quoique, pour la facilité de l'exécution, dans le clavecin par exemple, on leur ſubſtitue la tierce majeure & la quinte elle-même, qui, avec l'octave, forment ce qu'on nomme l'accord parfait; mais il n'eſt parfait que par repréſentation, & le plus parfait de tous ſeroit celui qui au ſon fondamental & à ſes octaves joindroit la douzième & la dix-ſeptième majeures: auſſi Rameau l'a-t-il pratiqué, quand il l'a pu, dans ſes chœurs, entr'autres dans un de Pygmalion. Nous pourrions étendre davantage cette idée, mais ce que nous avons dit, ſuffira pour tout lecteur intelligent.

On raconte des choſes fort extraordinaires de l'effet de la muſique ancienne. C'eſt ici le lieu de les faire connoître, à cauſe de leur ſingularité. Nous les diſcuterons enſuite, & nous montrerons que la muſique moderne peut aller, à cet égard, de pair avec l'ancienne.

On dit donc qu'Agamemnon partant pour la guerre de Troye, & voulant conſerver ſa femme dans la continence, lui laiſſa un muſicien Dorien, qui, pendant aſſez long-temps, par l'effet de ſes airs, rendit vaines les entrepriſes d'Egiſte pour s'en faire aimer; mais ce prince s'étant apperçu de la cauſe de cette réſiſtance, fit tuer le muſicien, après quoi il n'eut guère de peine à triompher de Clitemneſtre.

On raconte que, dans un temps poſtérieur, Pythagore compoſoit des chants ou airs pour guérir les paſſions violentes, & ramener les hommes à la vertu & à la modération: ainſi, tandis qu'un médecin preſcrit une potion pour la guériſon corporelle d'un malade, un bon muſicien pourroit preſcrire un air pour déraciner une paſſion vicieuſe.

Qui ne connoît enfin l'hiſtoire de Timothée, le ſurintendant de la muſique d'Alexandre? Un jour que ce prince étoit à table, joua un air dans le mode phrygien, qui fit une telle impreſſion ſur lui, que déja échauffé par le vin, il courut à ſes armes, & alloit charger les convives, ſi Timothée n'eût prudemment paſſé auſſi-tôt dans le mode ſous-phrygien. Ce mode calma la fureur de l'impétueux monarque, qui revint prendre place à table. C'eſt ce Timothée qui eſſuya à Sparte l'humiliation de voir en public retrancher quatre des cordes qu'il avoit ajoutées à sa lyre. Le sévère Spartiate pensa que cette innovation tendoit à amollir les mœurs, en introduisant une musique plus étendue & plus figurée. Cela prouve du moins que les grecs étoient dans la persuasion que la musique avoit sur les mœurs une influence particuliere, & que le gouvernement devoit y avoir l'œil.

Eh! qui peut douter que la musique ne soit capable de produire cet effet? Qu'on s'interroge soi-même, & qu'on consulte ses dispositions lorsqu'on a entendu un air grave & majestueux, un air guerrier, ou bien un air tendre joué ou chanté avec sentiment; qui ne sent qu'autant les premiers semblent élever l'ame, autant le dernier tend à l'amollir & à le disposer à la volupté? combien de Clytemnestres ont cédé plus encore au musicien qu'à l'amant! Divers traits de la musique moderne la mettent à cet égard, en parallèle avec l'ancienne.

En effet, la musique moderne a eu aussi son Timothée, qui excitoit & calmoit à son gré les mouvement les plus impétueux. On raconte de Claudin le jeune, célèbre musicien du temps de Henri III, (voyez le journal de Sancy) que ce prince donnant un concert pour les noces du duc de Joyeuse, Claudin fit exécuter certains airs, qui affectèrent tellement un jeune seigneur, qu'il mit l'épée à la main, provoquant tout le monde au combat; mais, aussi prudent que Timothée, Claudin fit passer sur-le-champ à un air, apparemment sous-phrygien, qui calma le jeune homme emporté.

Que dirons-nous de Stradella, des assassins duquel la musique de ce fameux compositeur fit tomber une fois le poignard? Stradella avoit enlevé à un Vénitien sa maîtresse, & s'étoit sauvé à Rome: le Vénitien gagea trois scélérats pour l'aller assassiner; mais heureusement pour Stradella, ils avoient l'oreille sensible à la musique. Guettant donc le moment de faire leur coup, ils entrèrent à Saint-Jean de Latran, où l'on exécutoit un oratorio de celui qu'ils devoient tuer: ils en furent si affectés, qu'ils renoncèrent à leur projet, & allèrent même trouver le musicien, à qui ils firent part du danger qu'il couroit. Il est vrai que Stradella n'en fut pas toujours quitte à aussi bon marché: d'autres scélérats gagés par le Vénitien, & qui apparemment n'avoient point d'oreille, le poignardèrent peu de temps après à Gènes. Cela s'est passé vers 1670.

Il n'est personne qui ignore l'histoire de la tarentule. Le remède à la morsure de cet insecte est la musique. Ce fait, au reste, qui a passé autrefois pour certain, est aujourd'hui contesté. Quoi qu'il en soit le bon père Schot nous a transmis dans sa *Mursurgia curiosa*, l'air de la tarentule, qui m'a paru assez plat, ainsi que celui qu'il donne comme employé par les pêcheurs Siciliens pour attirer les thons dans leurs filets. Il est vrai que les poissons ne sont probablement pas grands connoisseurs en musique.

On raconte divers traits de personnes à qui la musique a conservé la vie, en opérant une sorte de révolution dans leur constitution. J'ai connu une femme qui, attaquée depuis plusieurs mois de vapeurs, & opiniâtrement renfermée chez elle, avoit résolu de s'y laisser mourir. On la détermina, non sans grande peine, à voir une représentation de la *Serva padrona*: elle en sortit presque guérie, & abjurant ses noirs projets, quelques représentations de plus la guérirent entièrement.

Il y a en Suisse un air célèbre, appellé le *ranz des vaches*, qui faisoit sur les Suisses engagés au service de France, un effet si extraordinaire, qu'ils ne manquoient pas de tomber dans une mélancolie mortelle quand ils l'avoient entendu: aussi Louis XIV avoit-il défendu sous des peines très-graves, de le jouer en France. J'ai oui parler d'un air écossois, aussi dangereux pour ceux de cette nation.

La plupart des animaux, jusqu'aux insectes, ne sont pas insensibles au plaisir de la musique. Il n'est peut-être aucun musicien à qui il ne soit arrivé de voir des araignées descendre le long de leurs fils pour s'approcher de l'instrument; car j'ai eu plusieurs fois cette satisfaction. J'ai vu un chien qui, à un adagio d'une sonate de Sennaliez, ne manquoit jamais de donner des marques d'une attention & d'un sentiment particulier, qu'il témoignoit par des hurlemens.

Croirons-nous néanmoins le fait rapporté par Bonnet, dans son *histoire de la musique*? Il raconte qu'un officier ayant été mis à la bastille, obtint la permission d'y avoir un luth, dont il touchoit très-bien. Il n'en eut pas fait usage pendant quatre jours, que les souris sortant de leurs trous & les araignées descendant du plancher par leurs fils, vinrent participer à ses concerts. Son aversion pour ces animaux lui rendit d'abord cette visite fort déplaisante, & lui fit suspendre cet exercice; mais ensuite il s'y accoutuma tellement, qu'il s'en fit une sorte d'amusement.

Le même auteur raconte avoir vu en 1688, dans une maison de plaisance de milord Portland, en Hollande, où il étoit en ambassade, une écurie où il y avoit une tribune, qu'on lui dit servir à donner une fois la semaine un concert aux chevaux; & on lui ajouta qu'ils y paroissoient fort sensibles. C'est pousser, il faut en convenir, bien loin l'attention pour les chevaux. Peut-être, &

cela eſt plus probable , voulût-on s'amuſer aux dépens de M. Bonnet.

Des propriétés de quelques inſtrumens , & ſur-tout des inſtrumens à vent.

I. On ſait , à n'en pouvoir douter, comment un inſtrument à cordes rend ſes ſons; mais on a été long-temps dans l'erreur à l'égard des inſtrumens à vent, par exemple , d'une flûte ; car on en attribuoit le ſon aux ſurfaces intérieures du tuyau. Le célèbre M. Euler a diſſipé le premier cette erreur : de ſes recherches ſur ce ſujet il réſulte :

1°. Que le ſon produit par une flûte , n'eſt autre que celui du cylindre d'air qui y eſt contenu ;

2°. Que le poids de l'atmoſphère qui le comprime , fait ici l'office de poids tendant ;

3°. Enfin , que le ſon de ce cylindre d'air eſt parfaitement le même que celui d'une corde de même maſſe & même longueur , qui ſeroit tendue par un poids égal à celui qui preſſe la baſe de ce cylindre.

L'expérience & le calcul confirment cette vérité. M. Euler trouve en effet qu'un cylindre d'air de 7 pieds & demi du Rhin , dans un temps où le barometre eſt à ſa moyenne hauteur , doit donner le *C* ou le *C-ſol-ut* : telle eſt auſſi, à peu de choſe près, la longueur du tuyau d'orgue ouvert qui rend ce ſon. Si on lui donne ordinairement 8 pieds , c'eſt qu'effectivement il faut cette longueur dans les temps où le poids de l'atmoſphère eſt le plus grand.

Car , puiſque le poids de l'atmoſphère fait, à l'égard du cylindre d'air réſonnant , l'effet du poids qui tend une corde ; plus ce poids ſera conſidérable , plus le ſon ſera élevé : auſſi remarque-t-on que , dans les temps ſereins & chauds, les inſtrumens à vent hauſſent de ton , & tout au contraire , baiſſent dans les temps froids & orageux. Ces mêmes inſtrumens hauſſent à meſure qu'ils s'échauffent , parce que le cylindre d'air échauffé , diminuant de maſſe , & le poids de l'atmoſphère reſtant le même , c'eſt tout comme ſi une corde , devenant plus mince , reſtoit chargée du même poids. Tout le monde ſait qu'elle donneroit un ton plus haut.

Or , comme les inſtrumens à cordes doivent baiſſer , parce que le reſſort des cordes diminue peu-à-peu, il ſuit de là que des inſtruments à vent & d'autres à cordes, quelque bien accordés qu'ils aient été enſemble , ne tardent pas à être diſcords : de-là vient que les Italiens n'admettent guère les premiers dans leurs orcheſtres.

II. On remarque dans les inſtrumens à vent, comme dans les flûtes & les cors de chaſſe , un phénomène particulier : dans une flûte, par exemple , tous les trous étant bouchés , & inſpirant foiblement dans l'embouchure , vous tirez un ton ; ſoufflez un peu plus fort , vous paſſez d'un ſaut à l'octave ; de-là un ſouffle ſucceſſivement plus fort , donnera la douzieme ou quinte au-deſſus de l'octave , puis la double octave , la dix-ſeptième majeure.

La cauſe de cet effet eſt la diviſion du cylindre d'air renfermé dans l'inſtrument : quand on inſpire foiblement , il réſonne dans ſa totalité, il donne le ton le plus bas : ſi , par une inſpiration plus forte , vous tendez à lui faire faire des vibrations plus promptes , il ſe diviſe en deux, qui font leurs vibrations ſéparées , & conſéquemment doivent donner l'octave : un ſouffle plus fort encore le fait diviſer en trois, ce qui doit donner la douzième , &c , &c.

III. Il nous reſte à parler de la trompette marine. Cet inſtrument n'eſt qu'un monochorde, dont la tablature eſt fort ſingulière , & qu'on touche avec un archet , en appuyant legèrement le doigt ſur les diviſions indiquées par les divers tons : mais , au lieu que dans les inſtrumens à cordes ordinaires, le ton baiſſe à meſure que la partie de la corde touchée ou pincée s'allonge , ici c'eſt le contraire ; la moitié de la corde, par exemple , donnant *ut*, les deux tiers donnent le *ſol* au-deſſus ; les trois quarts donnent l'octave.

M. Sauveur a le premier rendu raiſon de cette ſingularité, & l'a démontrée à la vue. Il a fait voir que , lorſque la corde eſt diviſée par l'obſtacle léger du doigt, en deux parties qui ſont l'une à l'autre comme 1 à 2, quelle que ſoit la partie que l'on touche, la plus grande ſe diviſe auſſi-tôt en deux parties égales, qui conſéquemment font leurs vibrations dans le même tems , & donnent le même ſon que la plus petite. Or la plus petite étant le tiers de la toute , & les deux tiers de la moitié, elle doit donc donner la quinte ou *ſol*, quand cette moitié donne *ut*. De même les trois quarts de la corde diviſent en trois portions égales au quart reſtant ; & comme elles font leurs vibrations à part , elles doivent donner le même ſon, qui ne peut être que l'octave de la moitié. Il en eſt de même des autres ſons de la trompette marine , qu'on expliquera aiſément d'après ce principe.

Du ſon fixe : manière de le tranſmettre & de le conſerver.

Avant qu'on connût les effets de la température de l'air ſur le ſon, & ſur les inſtrumens avec leſquels on le produit , ceci n'auroit pas même formé une queſtion , ſinon peut-être pour quelques perſonnes douées d'une oreille extrêmement fine & délicate , & dans leſquelles la

ACO

réminifcence d'un ton eft parfaite : pour toute autre, il ne feroit guère douteux qu'une flûte à laquelle on n'auroit point touché, donneroit toujours le même ton. Elle feroit cependant dans l'erreur ; & fi l'on demandoit le moyen de tranfmettre à Saint-Domingue, par exemple, ou à Quito, ou feulement à notre poftérité, le ton précis de notre opéra, le problème feroit plus difficile à réfoudre qu'il ne paroît d'abord.

Je vais néanmoins, malgré ce qu'on dit communément à cet égard, commencer ici par une forte de paradoxe. Je lis par-tout que le degré du ton varie à raifon de la pefanteur de l'atmofphère, ou de la hauteur du baromètre C'est ce que je ne peux admettre, & je crois pouvoir démontrer le contraire.

Il eft démontré par les formules de M. Euler, & perfonne ne doute de leur vérité, que fi G exprime le poids comprimant la colonne d'air d'une flûte, L fa longueur, P fa pefanteur ; le nombre des vibrations qu'elle fera, fera proportionnel à cette expreffion $\sqrt{\frac{G}{P}}$, c'eft-à-dire en raifon compofée de la directe de la racine quarrée de G, ou le poids comprimant, & de l'inverfe du produit de la longueur par le poids. Suppofons donc invariable la longueur de la colonne d'air mife en vibration, & que la pefanteur feule de l'atmofphère, ou G, foit changeante, ainfi que le poids de la colonne vibrante ; on aura le nombre des vibrations proportionnel à l'expreffion $\sqrt{\frac{G}{P}}$. Or la denfité d'une couche quelconque d'air, étant proportionnelle à tout le poids de la partie de l'atmofphère qui lui eft fupérieure, il fuit de-là que P, qui eft fous la même longueur, comme la denfité ; il fuit, dis-je, que P eft comme G : ainfi la fraction $\frac{G}{P}$ eft conftamment la même, quand la différence de chaleur n'altère point la denfité. La racine quarrée de $\frac{G}{P}$ eft donc auffi toujours la même ; & conféquemment le nombre des vibrations, ainfi que le ton, ne varie point, à quelque hauteur de l'atmofphère qu'on foit fitué, ou quelle que foit la pefanteur de l'air, pourvu que fa température n'ait point varié.

Voilà, ce me femble, un raifonnement auquel il eft impoffible de répliquer ; & fi l'on a jufqu'à ce moment, fait entrer la pefanteur de l'air dans les caufes qui altèrent le ton d'un inftrument à vent, c'eft que l'on a implicitement regardé comme invariable la pefanteur de la colonne d'air mife en vibration. Cependant il eft évident que, fous même température, elle doit être plus ou moins denfe, à proportion de la plus ou moins grande pefanteur de l'at-

mofphère, puifqu'elle communique avec la couche d'air environnante, dont la denfité eft proportionnelle à cette pefanteur. Or la pefanteur eft proportionnelle fous même volume à la denfité : donc, &c.

Il ne refte donc que la variation de la température de l'air à confidérer, & c'eft l'unique caufe qui puiffe faire varier le ton d'un inftrument à vent. Mais on parviendroit de la manière fuivante à rendre le ton fixe, quelque fût le degré de chaleur ou de froid.

Ayez pour cet effet un inftrument, tel qu'une flûte traverfière, dont le cylindre d'air peut-être allongé ou raccourci par l'infertion plus ou moins profonde d'un corps dans l'autre ; ayez-en une autre qui doit refter invariable, & que vous conferverez dans la même température, par exemple celle de 10 degrés au-deffus de zéro du thermomètre de Réaumur. La première flûte étant au même degré de température, vous les mettrez l'une & l'autre parfaitement à l'uniffon. Echauffez enfuite la première jufqu'au 30e degré du thermomètre, ce qui imprimera néceffairement au cylindre d'air contenu la même degré de chaleur, & allongez-la de la quantité néceffaire pour rétablir parfaitement l'uniffon : il eft évident que fi l'on divifoit cet allongement en vingt parties, chacune d'elles repréfenteroit la quantité dont la flûte devroit être allongée pour chaque degré du thermomètre de Réaumur.

Mais il eft aifé de fentir que la quantité de cet allongement, qui feroit tout au plus de quelques lignes, ne feroit guère divifible en tant de parties ; c'eft pourquoi il faudroit qu'il fe fît par un mouvement de vis, c'eft-à-dire qu'un des corps de l'inftrument entrât dans l'autre par un pareil mouvement ; car alors il fera aifé de faire que cet allongement réponde à une révolution entière, qu'il fera facile de divifer en un grand nombre de parties égales. Il fuffit d'indiquer ce méchanifme pour le fentir.

On pourroit par ce moyen monter, fi l'on vouloit, l'opéra de Lima, où la chaleur atteint fréquemment le 35e degré, au même ton précifément que celui de Paris. Mais en voilà affez fur un fujet dont l'utilité ne vaudroit pas, il faut l'avouer, la peine que l'on prendroit pour atteindre à un pareil degré de précifion.

Application fingulière de la mufique à une queftion de mécanique.

Cette queftion a été anciennement propofée par Borelli, & quoique nous ne croyions pas qu'elle puiffe être aujourd'hui la matière d'une controverse, elle ne laisse pas d'avoir en quelque sorte partagé des méchaniciens peu attentifs.

Attachez le bout d'une corde à un arrêt fixe, & après l'avoir fait passer sur une espèce de chevalet, suspendez-y un poids, par exemple de 10 livres.

Maintenant, au lieu de l'arrêt fixe qui maintenoit la corde contre l'action du poids, substituez-lui un poids égal au premier. On demande si, dans les deux cas, la corde est également tendue.

Je ne crois pas qu'aucun méchanicien instruit doute que, dans l'un & l'autre cas, la tension ne soit la même. Cela suit nécessairement du principe de l'égalité entre l'action & la réaction. D'après ce principe, l'arrêt immobile, opposé dans le premier cas au poids appendu à l'autre extrémité de la corde, ne lui oppose ni plus ni moins de résistance que ce poids lui-même exerce d'action : donc, en substituant à cet arrêt fixe un poids égal au premier pour le contrebalancer, tout reste égal quant à la tension qu'éprouvent les parties de la corde, & qui tend à la séparer.

Mais la musique fournit un moyen de prouver cette vérité à la raison par le sens de l'ouie ; car, puisque la tension restant la même, le ton reste le même, il n'y a qu'à prendre deux cordes de même métal & même calibre, en attacher une par un bout à un arrêt fixe, la faire passer sur un chevalet qui en retranche, depuis cet arrêt fixe, une longueur déterminée, par exemple d'un pied ; enfin suspendre à son bout un poids donné, par exemple de 10 livres ; puis, ayant éloigné deux chevalets de la distance d'un pied, attacher à chacune des deux extrémités de la seconde corde un poids de 10 livres : si les tons sont les mêmes, on en conclura que la tension est la même. Nous ne sçavons si cette expérience a jamais été faite, mais nous osons répondre qu'elle décidera pour l'égalité de la tension.

Cette application ingénieuse de la musique à la méchanique, est de M. Diderot, qui l'a proposée dans ses *mémoires sur différens sujets de mathématique & de physique*; *in-8°*, Paris 1748.

Quelques considérations singulières sur les dièses *& les* bémols, *ainsi que sur leur progression dans leurs différens tons.*

Pour peu que l'on soit instruit dans la musique, on sçait que, suivant les différens tons dans lesquels on module, il faut un certain nombre de dièses ou de bémols, parce que dans le mode majeur, l'échelle diatonique, de quelque ton que l'on commence, doit être semblable

à celle d'*ut*, qui est la plus simple de toutes, n'y ayant ni *dièse* ni *bémol*. Ces *dièses* ou *bémol* ont une marche singulière, qui mérite d'être observée, & qui est même susceptible d'une sorte d'analyse, & de calcul, pour ainsi dire, algébrique.

Pour en donner une idée, nous remarquerons d'abord qu'un *bémol* peut & doit être considéré comme un *dièse* négatif, puisque son effet est de baisser la note d'un demi-ton, au lieu que le *dièse* sert à l'élever de cette même quantité. Cette seule considération peut servir à déterminer tous les *dièses* & *bémols* des différens tons.

Il est facile de voir que, lorsqu'une mélodie en *ut* majeur est montée de quinte, & mise sur le ton de *sol*, il faut un *dièse* sur le *fa*. On peut donc conclure de-là que cette modulation, baissée de quinte ou mise en *fa*, exigera un *bémol*. Il en faut en effet un sur le *si*.

De-là suit encore cette conséquence ; c'est que, si on monte encore cet air d'une quinte, c'est-à-dire en *re*, il faudra un *dièse* de plus : c'est pourquoi il en faudra deux. Or monter de deux quintes, & baisser ensuite d'une octave, pour se rapprocher du ton primitif, c'est s'élever seulement d'un ton ; ainsi, pour monter l'air d'un ton, il faut y ajouter deux *dièses*. En effet le ton de *re* exige deux *dièses* ; donc, par la même raison, le ton de *mi* en exige quatre.

Continuons. Le ton de *fa* exige un *bémol*, celui de *mi* demande quatre *dièses* ; donc, lorsqu'on élève l'air d'un demi ton, il faut lui ajouter cinq *bémols*, car le *bémol* étant un *dièse* négatif, il est évident qu'il faut ajouter aux quatre *dièses* de *mi* un tel nombre de *bémols*, qu'il efface ces quatre *dièses*, & qu'il reste encore un *bémol*, ce qui ne peut se faire que par cinq *bémols* ; car il faut, en langage analytique, — 5 *x* pour *mi*, ajoutés à 4 *x*, il reste — *x*.

Par la même raison, si l'on baisse sa modulation d'un demi-ton, il faut y ajouter cinq *dièses* : ainsi le ton d'*ut* n'ayant ni *dièses* ni *bémols*, on trouve pour celui de *si* cinq *dièses* ; ce qui est en effet. Baissons encore la même pour être en *la* ; il faut ajouter deux *bémols*, comme lorsqu'on monte d'un ton, il faut ajouter deux *dièses*. Or cinq *dièses* plus deux *bémols*, sont la même chose que cinq *dièses* moins deux *dièses*, ou trois *dièses* : ainsi nous trouvons encore par cette voie, que le ton de *la* exige trois *dièses*.

Mais, avant que d'aller plus loin, il est nécessaire d'observer que tous les tons chromatiques, c'est-à-dire intérés entre ceux de l'échelle diatonique naturelle, peuvent être considérés comme *dièses* ou *bémols* ; car il est évident que *ut* ♯ ou *re* ♭ sont la même chose : Or il se trouve ici une chose fort singulière ; c'est que, suivant

la

la manière dont on considère cette note, ou comme l'inférieure affectée du *dièse*, ou la supérieure affectée du *bémol*, le nombre des *dièses* qu'exigeroit le ton de la première, par exemple *ut* %, & celui des *bémols* que demanderoit le ton de la seconde, par exemple *re b*, font toujours 12; ce qui vient évidemment de la division de l'octave en 12 demi-tons: ainsi *re b* demandant, comme on l'a vu plus haut, cinq *bémols*, si, au lieu de ce ton, on le regardoit comme *ut* %, il faudroit sept *dièses*; mais, pour la facilité de l'exécution, il vaut mieux, dans ce cas, regarder ce ton comme *re b* que comme *ut* %.

On doit faire ce changement toutes les fois que le nombre des *dièses* excède six; ensorte, par exemple, que, comme on trouveroit dans le ton de *la* % dix *dièses*, il faut le nommer *si b*, & l'on aura deux *bémols* pour ce ton; parce que deux *bémols* font le complément de dix *dièses*.

Si, au contraire, en suivant la progression de demi-tons en descendant, on trouvoit un plus grand nombre de *dièses* que 12; il faudroit en rejeter 12, & le restant seroit celui du ton proposé: par exemple, *ut* n'ayant point de *dièse* ni de *bémol*, on a cinq *dièses* pour le semi-ton inférieur, dix *dièses* pour le semi-ton au-dessous, *la* %, quinze *dièses* pour le semi-ton encore inférieur, *la*: retranchant donc douze *dièses*, il en restera trois, qui sont en effet le nombre des *dièses* nécessaires dans le ton d'*a-mi-la*.

Le ton de *sol* % devra en avoir 8 ou 4 *bémols*, en l'appellant *la b*.

Le ton de *sol* aura 13 *dièses*, dont ôtant 12, reste un seul *dièse*, comme tout le monde sçait.

Le ton de *fa* % aura donc 6 *dièses*, ou 6 *bémols* en l'appellant *sol b*.

Le ton de *fa* devra avoir 6 *bémols* plus 5 *dièses*, c'est-à-dire 1 *dièse*, les 5 *dièses* détruisant autant de *bémols*.

Celui de *mi* aura un *bémol*, plus 5 *dièses*, c'est-à-dire 4 *dièses*, le *bémol* détruisant un des cinq.

Celui de *re* % aura 9 *dièses*, ou 3 *bémols* étant considéré comme *mi b*.

Celui de *re* aura 14 *dièses*, c'est-à-dire 2 en rejetant 12, ou 3 *bémols* plus 5 *dièses*, qui se réduisent à 2 *dièses*.

Celui de *ut* % aura 7 *dièses*, ou 5 *bémols* si nous l'appellons *re b*.

Enfin le ton d'*ut* naturel aura 12 *dièses*, c'est-à-dire point, ou 5 *bémols* plus 5 *dièses*, qui s'anéantissent aussi mutuellement.

Amusemens des Sciences.

On trouveroit précisément les mêmes résultats, en allant en montant depuis *ut* de demi-ton en demi-ton, & en ajoutant pour chacun 5 *bémols*, avec l'attention d'en retrancher 12 quand ils excéderoient. Notre lecteur peut s'amuser à en faire le calcul.

On peut même, en calculant le nombre des demi-tons, soit en montant, soit en descendant, trouver tout de suite celui des *dièses* ou *bémols* d'un ton donné.

Soit pris, par exemple, celui de *fa* % ; il y a 6 demi-tons depuis *ut* en montant; donc six fois 5 *bémols* font 30 *bémols*, dont ôtant 24, multiple de 12, il en reste 6 : ainsi *sol b* aura 6 *bémols*.

Le même *fa* % est de 6 tons au-dessous de *ut*; donc il doit avoir six fois 5 ou 30 *dièses*, dont ôtant 24, il reste 6 *dièses*; ainsi que nous l'avons trouvé par une autre voie.

Le ton de *sol* est éloigné de 5 demi-tons au dessous de *ut*; donc il doit avoir cinq fois 5 ou 25 *dièses*, dont ôtant 24, il reste un seul *dièse*.

Le même ton est de 7 demi-tons plus haut que *ut*; il doit donc avoir sept fois 5 ou 35 *bémols*, dont ôtant 24, restent 11 *bémols*, c'est-à-dire un *dièse*.

Cette progression nous a paru assez curieuse pour être remarquée ici; mais, pour la présenter sous un coup-d'œil plus clair & plus favorable, nous allons en former une table, qui sera du moins utile pour ceux qui commencent à toucher du clavessin. Pour cet effet, à chaque ton chromatique, nous le présenterons soit comme dièsé, soit comme bémolisé; & à gauche du premier, nous marquerons ses *dièses* nécessaires, comme les *bémols* à droite du second. Ainsi:

0 dièse.	ut*	0 bémol.
7 dièses.	ut % ou re b*.	5 bémols.
2 dièses.	re*	
9 dièses.	re % ou mi b*.	3 bémols.
4 dièses.	mi*	
11 dièses.	fa*.	1 bémol.
6 dièses.	fa % ou sol b*.	6 bémols.
1 dièse.	sol*	
8 dièses.	sol % ou la b*.	4 bémols.
3 dièses.	la*	
10 dièses.	la % ou si b*.	2 bémols.
5 dièses.	si*	
0 dièse.	ut*	0 bémol.

Parmi ces tons, nous avons marqué d'un *
ceux qu'il est d'usage d'employer; car il est aisé
de sentir qu'en employant *re* ╳ sous cette forme,
on auroit 9 *dièses*, ce qui donneroit deux notes
doublement diésées, savoir *fa* ╳╳ *ut* ╳╳; en
sorte que la gamme seroit *re* ╳, *mi* ╳ ou *fa*,
fa ╳╳ ou *sol*, *sol* ╳, *la* ╳, *si* ╳ ou *ut*, *ut* ╳╳ ou
re, *re* ╳; ce qui seroit d'une difficulté infernale
à exécuter : mais en prenant, au lieu de *re* ╳
le *mi b*, on n'a que 3 *bémols*, ce qui simplifie
beaucoup; & la gamme est *mi b*, *fa*, *sol*, *la b*,
si b, *ut*, *re*, *mi b*.

Nous sommes tentés de demander pardon à
nos lecteurs de les avoir amusés de cette spéculation frivole; mais le titre de ce livre paroît
propre à nous excuser.

Manière de perfectionner les instrumens à cylindre,
& de les rendre capables d'exécuter toutes sortes
d'airs.

Il n'est personne, je pense, qui ignore le
méchanisme de l'orgue de Barbarie ou de la serinette. Tout le monde sait que ces instrumens sont
composés de plusieurs tuyaux, gradués selon
les tons & demi-tons de l'octave, ou du moins
les demi-tons que le progrès de la modulation
nécessite le plus ordinairement; que ces tuyaux
ne sonnent que quand le vent d'un soufflet,
qui est continuellement en action, peut y pénétrer au moyen d'une soupape qui se lève &
se ferme; que cette soupape, qui est naturellement fermée par un ressort, s'ouvre au moyen
d'un petit levier que soulèvent les pointes implantées dans un cylindre qui a un mouvement
assez lent; lequel lui est communiqué par une
manivelle; que cette même manivelle fait agir
le soufflet qui doit fournir continuellement l'air
destiné à former les sons, par son intromission
dans les tuyaux.

Mais la manière dont le cylindre mobile est
noté, mérite principalement l'attention pour
sentir ce que nous allons dire.

Les différens petits léviers qui doivent être
élevés pour former les différens tons, étant espacés à une certaine distance les uns des autres,
par exemple à celle d'un demi-pouce, à cette
distance sont tracées, sur la circonférence du
cylindre, des lignes circulaires, dont l'une doit
porter les pointes qui feront sonner *ut*; sa voisine, celles qui feront sonner *ut* ╳; la suivante,
celles qui donneront *re*, &c. Il y a autant de lignes
semblables que de tuyaux sonores. On sent, du
reste, que toute la durée de l'air ne doit pas excéder une révolution du cylindre.

Supposons donc que l'air soit de douze mesures,
on divise chacune de ces circonférences au moins
en douze parties égales, par douze lignes paral-

lèles à l'axe du cylindre; puis, en supposant
par exemple, que la note la plus courte de l'air
soit une croche, & que le mouvement soit à
3 temps, appellé ¾, on divise chaque intervalle
en six parties égales, parce que, dans ce cas,
une mesure contient six croches. Supposons à
présent que les premières notes de l'air soient
la, *ut*, *si*, *re*, *ut*, *mi*, *re*, &c. toutes notes
égales, & simples noires. On commencera par
planter au commencement de la ligne des *la* &
de la première mesure, une pointe tellement
fabriquée, qu'elle tienne soulevé pendant un
tiers de mesure le petit levier qui fait sonner *la*;
puis, dans la ligne des *ut*, à la fin de la seconde
division, ou au commencement de la troisième,
on implantera encore dans le cylindre une pointe
semblable à la première; puis, aux deux tiers
de la même mesure, sur la ligne de *si*, on implantera une pareille pointe: il est évident que,
lorsque le cylindre commencera à tourner, la
première pointe fera sonner *ut* pendant un tiers
de mesure; la seconde prendra le levier faisant
sonner *ut*, aussi-tôt que le premier tiers de mesure sera écoulé; & la troisième fera de même
sonner *si* pendant le dernier tiers. L'instrument
dira donc *la*, *ut*, *si*, &c.

Si, au lieu de trois noires, on avoit six croches, qui, dans cette mesure se passent la première longue, la seconde brève, la troisième
longue, & ainsi alternativement, ce qu'on nomme
des croches pointées, il est aisé de sentir qu'a-
près avoir placé les pointes de la première,
troisième & cinquième notes dans leurs places
respectives, de la division où elles doivent être,
il faudra seulement faire en sorte que la première
croche, qui, dans ce mouvement, doit valoir
une croche & demie, ait la tête figurée de manière qu'elle soutienne le levier pendant une
partie & demie des six divisions dans lesquelles
la mesure est partagée; ce qui se fait par une
queue en arrière, de la longueur nécessaire.
Quant aux croches passées brèves, leurs pointes
devront être reculées d'une demi-division, &
figurées en sorte qu'elles ne puissent tenir le levier qui leur correspond soulevé, que pendant
qu'une demi-division du cylindre s'écoule en tournant. Il est aisé, par ces exemples, de voir ce
qu'il y a à faire dans les autres cas; c'est-à-dire,
lorsque les notes ont d'autres valeurs.

On n'auroit enfin qu'un seul air, si le cylindre
étoit immobile dans la direction de son axe;
mais si l'on conçoit que les pointes ne puissent
faire mouvoir les petits léviers qu'autant qu'ils
les toucheront par-dessous dans un intervalle
fort étroit, comme d'une ligne ou moins, ce
qui est un méchanisme fort aisé à imaginer, on
verra facilement qu'en donnant au cylindre un
petit mouvement latéral d'une ligne, aucune des
pointes ne pourra faire mouvoir les léviers: ainsi

l'on pourra tirer à côté de chacune des premières lignes, une autre fusceptible de recevoir des pointes qui donneront un air différent, & ce nombre pourra aller à six ou sept, suivant l'intervalle des premières lignes, qui est le même que celui du milieu d'une touche au milieu de sa voisine : on fera, par ce moyen, & par un petit mouvement du cylindre, changer d'air.

Tel est le méchanisme de la ferinette, de l'orgue de Barbarie, & des autres instrumens à cylindre ; mais l'on voit qu'ils ont l'incommodité de ne fervir qu'à exécuter un très-petit nombre d'airs. Or un cercle de cinq, six, huit ou douze airs, est bientôt parcouru ; il feroit conféquemment agréable d'en pouvoir changer quand on voudroit.

Nous concevons avec M. Diderot, qui s'est occupé de cette idée dans le livre cité plus haut, que l'on pourroit remplir cet objet, en formant le cylindre de cette manière. Il feroit d'abord compofé d'un noyau folide de bois, recouvert d'une pelotte fort ferrée ; cette pelotte feroit-elle-même emboîtée dans un cylindre creux, d'une ligne ou environ d'épaiffeur ; ce feroit ce cylindre qui porteroit les lignes fur lefquelles doivent être implantées les pointes convenables pour faire fonner chaque ton. Pour cet effet, ces lignes feroient percées de trous, efpacés à la diftance convenable ; par exemple, fix à chaque divifion de mefure à trois tems ordinaire, ou huit pour la mefure à deux tems, appellée *C barré*, en fuppofant qu'on n'eût pas à noter un air ayant de plus courtes notes que de fimples croches. Il faudroit douze trous par mefure dans le premier cas, & feize dans le fecond, fi l'air contenoit des doubles croches.

Il est maintenant aifé de fentir qu'on pourra noter fur ce cylindre l'air qu'on voudra ; car, pour en noter un, il fuffira d'enfoncer dans les trous du cylindre extérieur, les pointes de la longueur convenable, en les plaçant ainfi qu'on l'a expliqué : elles y feront folidement implantées, par un effet de l'élafticité du couffin ou pelote, fortement comprimé entre le cylindre & le noyau. Sera-t-on las d'un air, on en arrachera les pointes, & on les replacera dans les caffetins d'une cafe faite exprès, comme les lettres d'une impreffion qu'on décompofe. On fera faire un léger mouvement de rotation au cylindre, pour écarter les trous du couffin d'avec ceux du cylindre extérieur ; enfin l'on notera un nouvel air avec la même facilité que le premier.

Nous ne parcourrons pas, avec M. Diderot, tous les avantages d'un pareil instrument, parce que nous convenons qu'ils feront toujours fort médiocres, & à-peu-près de nulle valeur aux yeux des muficiens. Il est cependant vrai qu'il feroit agréable pour ceux qui poffédent de femblables instrumens, de pouvoir varier un peu leurs airs ;

& c'est ce que rempliroit la conftruction qu'on vient d'indiquer.

De quelques instrumens ou machines de mufique, remarquables par leur fingularité ou leur compofition.

A la tête de toutes ces machines ou instrumens muficaux, on doit inconteftablement mettre l'orgue, dont l'étendue & la variété des fons exciteroit bien autrement notre admiration, fi cet instrument n'étoit pas auffi commun qu'il l'eft dans nos églifes ; car, indépendamment de l'artifice qu'il a fallu pour produire les fons au moyen des touches, quelle fagacité n'a-t-il pas fallu pour fe procurer les différens caractères de fon qu'on tire de fes différens jeux, tels que ceux qu'on appelle *voix humaine*, *flûte*, &c ? Auffi la defcription complette d'un orgue, ou de la manière de les conftruire, est elle feule la matière d'un gros volume, & l'on ne peut y voir fans étonnement la prodigieufe multitude de pièces dont il eft compofé.

Les anciens avoient des orgues hydrauliques, c'eft-à-dire des orgues dans lefquelles le fon étoit produit par l'air qu'engendroit le mouvement de l'eau. Ce fut Ctéfibius d'Alexandrie, & Héron fon difciple, qui imaginèrent ces inventions. Vitruve donne, dans le Xe livre de fon architecture, la defcription d'un de ces orgues hydrauliques, d'après lequel M. Perrault en exécuta un, qu'il dépofa à la bibliothèque du roi, où fe tenoient alors les affemblées de l'académie royale des fciences. Cet instrument eft fans doute peu de chofe, en comparaifon de nos orgues modernes ; mais l'on ne peut s'empêcher d'y reconnoître un méchanifme qui a fervi de bafe à celui de nos orgues. S. Jérôme parle avec enthoufiafme d'un orgue qui avoit douze paires de foufflets ; & dont le fon pouvoit s'entendre d'un mille. Il paroit par-là qu'on ne tarda pas de fubftituer à la manière dont Ctéfibius produifoit l'air, pour remplir fon réfervoir, une manière plus fimple, fçavoir celle des foufflets.

On peut mettre au rang des machines muficales les plus curieufes, le joueur de tambour de bafque & le flûteur automate de M. de Vaucanfon, qu'une grande partie de l'Europe a vu avec admiration, vers l'an 1749. Nous ne nous étendrons pas beaucoup fur la première de ces machines, parce que la feconde nous paroit incomparablement plus compliquée. Le flûteur automate joûoit plufieurs airs de flûte, avec toute la précifion & la juftesse du plus habile muficien : il tenoit fa flûte de la manière dont on tient cet instrument, & en tiroit des fons avec la bouche, tandis que les doigts, appliqués fur les trous, produifoient les fons différens, comme cela s'exécute fur la flûte. On conçoit affez facilement, comment les pointes d'un cylindre noté pouvoient foulever les doigts en plus ou moins grand nombre, pour produire ces tons; mais ce qui est difficile à concevoir, c'est la manière dont étoit exécuté ce mouvement, affez difficile à faire, qu'on appelle le coup de langue, & fans lequel la flûte, quoiqu'on y inspire de l'air, reste muette, ou n'articule point les notes. Aussi M. de Vaucanson, ainsi que nous l'avons remarqué précédemment, convient il que ce mouvement fut, dans cette machine, ce qui lui coûta le plus à trouver & à exécuter. On doit voir ce qu'il en dit, dans un imprimé in-4°, qu'il publia dans le tems sur ce sujet.

On a imaginé en Allemagne un instrument bien commode pour les compositeurs : c'est un clavessin qui, en même-tems qu'on exécute, marque & note l'air qu'on a joué. Quel avantage pour un compositeur que la chaleur de son imagination entraîne, de pouvoir retrouver tout ce qui a successivement reçu de ses doigts une existence fugitive, & dont bien souvent il lui seroit impossible de se souvenir ! La description de cette machine se trouve dans les *mémoires de Berlin*, année 1773, auxquels nous renvoyons.

D'un instrument nouveau, appellé Harmonica.

Ce nouvel instrument a pris naissance en Amérique, & est une invention du célèbre docteur Francklin, qui en donne la description dans une lettre au P. Beccaria, inférée dans le recueil de ses œuvres, imprimé en 1773.

Il est affez commun que, lorsqu'on fait glisser le long du bord d'un verre à boire, un doigt un peu humecté, on en tire un son affez doux, & que ce fon varie de hauteur, felon la forme, la grandeur & l'épaisseur du verre. On monte ou on baisse aussi le ton, en mettant dans le verre une quantité plus ou moins grande d'eau. Nous apprenons de M. Francklin, qu'un M. Puckeridge, Irlandois, s'avisa, il y a une vingtaine d'années, de se faire un instrument de plusieurs verres ainsi montés à différens tons, & assuré sur un plateau, & de jouer par ce moyen des airs. Ce M. Puckeridge ayant été brûlé dans fa maison avec son instrument, M. Delaval, de la société royale de Londres, en fit un autre à son imitation, & avec des verres mieux choisis, dont il fit le même ufage. M. Francklin l'ayant entendu, & ayant été charmé de la douceur de ses fons, chercha à le perfectionner, & ses idées aboutirent à l'instrument qu'on va décrire.

Il faut faire fouffler des verres de différentes grandeurs, d'une forme approchante de l'hémisphérique, & ayant chacun un gouleau ou col ouvert en son milieu. L'épaisseur du verre près du bord, doit être tout au plus d'un dixième

de pouce, & cette épaisseur doit augmenter par degrés jusqu'au col, qui aura, dans les plus grands verres, un pouce de hauteur, fur un pouce & demi de largeur en dedans. Quant aux dimensions des verres, les plus grands pourront avoir neuf pouces de diamètre à leur ouverture, & les moindres trois pouces, & ils décroîtront d'un quart de pouce. Il est à propos d'en avoir cinq à six du même diamètre, pour pouvoir les monter plus facilement aux tons convenables; car une différence très-légère fuffit pour les faire varier d'un ton & même d'une tierce.

Cela fait, on effaie ces différens verres, pour en former une fuite de trois ou quatre octaves chromatiques. Pour élever le ton, il faut en égriser le bord du côté du col avec une meule, & les effayer de moment en moment, car, quand ils font montés trop haut, il n'y a plus de moyen de les baisser.

Tous ces verres étant ainsi gradués, il faut les enfiler dans un axe commun. Pour cet effet, on place dans le col de chacun un bouchon de liège fort juste, qui le déborde d'environ un demi-pouce : on perce tous ces bouchons d'un trou de la grosseur convenable, pour les enfiler tous sur un axe de fer, de mesure telle qu'on ne soit pas obligé de l'y faire entrer avec trop de force; ce qui feroit éclater les cols de ces verres. Ils font ainsi placés l'un dans l'autre, enforte que leurs bords font éloignés d'environ un pouce; ce qui est à peu-près la distance des milieux des touches du clavessin.

Une des extrémités enfin de cet axe, est garnie d'une roue d'environ dix huit pouces de diamètre, qui doit être chargée de vingt à vingt-cinq livres, pour conserver quelque tems le mouvement qui lui sera imprimé; cette roue est mise en mouvement au moyen d'une pédale, & par le même mécanisme qui sert à faire tourner la roue d'un rouet à filer; & en tournant, elle fait tourner l'axe de verres & les verres eux-mêmes, cet axe portant sur deux collets, l'un à son extrémité, l'autre à quelques pouces de la roue. Le tout peut être enfermé dans une boîte de la forme convenable, & se pose sur une table propre, à quatre pieds.

Les verres répondans aux sept tons de l'octave diatonique, peuvent être peints des sept couleurs du prisme, dans leur ordre, & même cela est à propos, afin de reconnoître au premier coup d'œil les différens tons auxquels ils répondent.

Pour jouer de cet instrument, on s'assied au devant de la rangée des verres, comme au-devant des touches d'un clavessin; on humecte légèrement les verres, & faisant mouvoir la pédale, on leur donne un mouvement sur leur axe commun : on applique les doigts sur les bords, & on en tire des sons. Il est aisé de voir qu'on peut y exécuter plusieurs parties, comme sur le clavessin.

On a vu à Paris, il y a une huitaine d'années, cet instrument dont touchoit une dame Angloise. Ses sons sont extrêmement doux, & conviendroient fort à l'accompagnement de certains récits, ou airs tendres & pathétiques. On a l'avantage de pouvoir y soutenir les sons autant qu'on le veut, de les filer, de les enfler, &c ; & l'instrument mis une fois d'accord, ne peut plus être désaccordé. Plusieurs amateurs de musique en ont été fort satisfaits. J'ai ouï dire seulement qu'à la longue le son de cet instrument paroissoit un peu fade, par sa douceur extrême ; & c'est peut-être cette raison qui l'a, jusqu'à ce moment, fait reléguer parmi les curiosités musicales.

De quelques idées bizarres relatives à la musique.

1. On n'imagineroit pas sans doute qu'on pût composer un air sans sçavoir un mot de musique, du moins de la composition. On a donné ce secret, il y a quelques années, dans un petit livre intitulé, *le jeu de Dez harmonique*, ou *Ludus melothedicus*, contenant plusieurs calculs par lesquels toutes personnes peuvent composer divers menuets avec l'accompagnement de basse, même sans sçavoir la musique ; *in-8°*, Paris, 1757. On y enseigne comment, avec deux dez jetés au hasard, & d'après les points qu'ils donnent, on peut, au moyen de certaines tables, composer un menuet & sa basse.

Le même auteur a aussi donné une méthode pour faire la même chose au moyen d'un jeu de cartes.

Nous nous bornons à indiquer les sources où l'on peut recourir pour cette sorte d'amusement, dont la combinaison a dû coûter beaucoup plus de travail que la chose ne le mérite. Nous remarquerons cependant encore, que cet auteur a donné un autre ouvrage intitulé, *Invention d'une manufacture & fabrique de vers au petit métier*, &c. *in-8°*, 1759 ; dans lequel, par le moyen de deux dez & de certaines tables, on enseigne à répondre en vers latins à des questions proposées.

2. Il y a quelques années qu'un médecin de Lorraine publia un petit traité, dans lequel il appliquoit la musique à la connoissance du pouls. Il représentoit le battement d'un pouls bien réglé par un mouvement de menuet ; & ceux des différentes autres espèces de pouls, par d'autres mesures plus ou moins accélérées. Si cette manière de pratiquer la médecine vient à s'introduire, ce sera une chose fort agréable de voir un disciple d'Hippocrate tâtant le pouls d'un malade au son d'un instrument, & essayant des airs analogues par leur mouvement à celui de son pouls, pour en reconnoître la qualité. Si toutes les maladies ne fuient pas à la présence du médecin, il est à croire que la mélancolie du moins ne tiendra pas contre une pareille pratique.

(*Ozanam*).

(*Voyez* MUSIQUE VOCALE dans ce dictionnaire.)

ACROBATES (*Hist. anc.*), espèce de danseurs de corde. Il y en avoit de quatre sortes ; les premiers, se suspendant à une corde par le pied ou par le col, voltigeoient autour, comme une roue sur son essieu ; les autres voloient du haut en bas sur la corde, les bras & les jambes étendus, appuyés simplement sur l'estomach ; la troisième espèce étoient ceux qui couroient sur une corde tendue obliquement ou du haut en bas ; & les derniers ceux qui non-seulement marchoient sur la corde tendue horisontalement, mais encore faisoient quantité de sauts & de tours, comme auroit fait un danseur sur la terre. (*Voyez* DANSEURS DE CORDE.

ADRESSE DES MAINS. (Voyez aux articles *Cartes*, *Dés*, *Escamotage*, *Gibecière*, *Gobelets*, *Muscades*, &c.

AGATHES & DENDRITES IMITÉES. On admire un des jeux les plus agréables de la nature dans les agathes arborisées. Les formes en sont variées à l'infini ; mais comme il est rare qu'elles soient absolument parfaites, l'art quelquefois vient à l'aide de la nature ; le pinceau en produit même d'artificielles, qui ne le cèdent aux naturelles que parce que leurs arborisations sont susceptibles de s'effacer à la longue. M. Dufay a fait sur cet objet plusieurs expériences insérées dans les mémoires de l'académie.

Les pierres dures, telles que les agathes, le crystal de roche, ne se dissolvent dans aucun acide ; cependant ces mêmes acides, chargés de parties métalliques, en pénètrent plusieurs. Si donc l'on met sur un morceau d'agathe blanche de la dissolution d'argent dans l'esprit de nitre, & qu'on expose cette pierre au soleil, & qu'aussi-tôt que la dissolution est séchée, on la mette dans un lieu humide, qu'on l'expose derechef au soleil, l'agathe se teindra promptement d'une couleur brune, tirant sur le rouge. Elle sera plus foncée, & pénétrera plus avant si on y remet de nouvelle dissolution. Que l'on ajoute à la dissolution le quart de son poids de suie & de tartre rouge, la couleur tirera sur le gris ; si, au contraire, on ajoute à la dissolution de l'alun de plume, la couleur sera d'un violet foncé, tirant sur le noir. Il y a dans cette sorte d'agathes, & dans la plupart des autres pierres dures, des veines presqu'imperceptibles qui se laissent pénétrer de la couleur plus facilement que le reste ; en sorte qu'elles deviennent plus foncées, & forment de très-agréables variétés, qu'on ne voyoit pas auparavant. La dissolution d'or ne donne à l'agathe qu'une légère couleur brune. Celle du bismuth la teint d'une couleur qui paroît blanchâtre & opaque lorsque la lumière frappe dessus, & brune quand on la regarde à travers le jour. Les autres dissolutions de métaux & de minéraux n'ont donné aucune sorte de teinture.

Si l'on veut tracer sur l'agathe des contours, des desseins réguliers, le mieux est de prendre de la dissolution d'argent avec une plume, & de suivre les contours tracés avec une épingle. Comme il est nécessaire que l'agathe soit dépolie, il faut que la dissolution soit bien chargée d'argent, afin qu'elle puisse se cristalliser promptement au soleil, & qu'elle ne risque point de s'épancher. Les traits pour lors sont assez délicats, mais n'ont jamais la finesse du trait de plume.

On distingue facilement l'agathe naturelle de l'artificielle ; en chauffant l'agathe colorée, elle perd une grande partie de sa couleur, & elle ne la reprend qu'en mettant dessus de nouvelle dissolution d'argent. Une autre manière très-simple est de mettre sur l'agathe colorée de l'esprit de nitre ; sans l'exposer au soleil ; en une nuit ; elle se déteint entièrement ; mais exposée au soleil pendant plusieurs jours, elle reprend sa couleur. On voit cependant que ces deux moyens sont capables de décolorer même les pierres fines & les dendrites naturelles. Les saphyrs, les améthystes, mis dans un creuset entouré de sable, & exposés au feu, y deviennent blancs. La couleur des dendrites naturelles, laissées pendant trois ou quatre jours dans de l'eau-forte, ne s'altère point ; mais si on laisse ces mêmes dendrites sur une fenêtre pendant quinze jours d'un temps humide & pluvieux, la partie de ces pierres qui avoit trempé dans l'eau-forte, se trouve absolument déteinte par le mélange des parties aqueuses ; car, dans plusieurs cas, l'eau-forte affoiblie dissout ce que ne dissolveroit pas l'eau-forte concentrée.

On vient encore d'imaginer d'employer les cheveux à faire des dendrites, & la galanterie françoise, qui fait prendre toutes sortes de formes, n'a pas manqué de profiter de cette invention. On remet les cheveux que l'on destine à cet usage entre les mains de l'artiste qui doit les appliquer sur l'agathe, & bientôt on les voit transformés en arbres, en buissons, en mousses de la dernière élégance ; les troncs, les branches, les feuilles y sont dessinées avec précision & légèreté.

Au lieu de l'agathe qui est d'un certain prix, on emploie aussi le cristal, qui, pour le coup-d'œil, produit à-peu-près le même effet. On fait des cartouches arborisés en cheveux, que l'on place sur le dessus des boîtes à mouches, des bonbonnières & des tabatières.

Cette invention a fait naître l'idée d'exécuter des portraits en cheveux.

On donne le nom de *chrysobate* ou *buisson d'or* à une espèce de dendrite artificielle, formée par une végétation d'or, renfermée entre deux cristaux, & soudée avec art au feu. On en fait des bagues, on en orne des tabatières.

AIGUE-MARINE imitée. L'aigue-marine est une pierre précieuse de couleur verte, mêlée d'un peu de bleu ; les orientales, connues sous le nom de *béril*, sont plus dures, susceptibles d'un plus beau poli, & la couleur en est plus fixe que celle des occidentales, qu'on nomme proprement *aigue marine*.

L'aigue-marine est plus facile à contrefaire avec le verre de plomb, qu'avec le cristal ou toute autre espèce de verre. Il ne s'agit que de prendre seize livres de fritte de cristal & dix livres de verre de plomb ; après les avoir mêlés, tamisés, on met ce mélange dans un creuset un peu chaud ; au bout de douze heures, la matière sera bien fondue ; il faudra la jetter dans l'eau avec le creuset ; l'on en séparera le plomb, pour la remettre au fourneau pendant huit heures ; ensuite, on prendra quatre onces d'oripeau calciné, & le quart d'une once de safre ; joignez-y ce nouveau mélange en quatre reprises ; au bout de deux heures, remuez bien le verre ; faites-en l'épreuve, pour voir si la couleur est telle qu'on la demande. Vous la laisserez encore au feu pendant dix heures sans y toucher ; ensuite vous pourrez la travailler.

La couleur d'aigue-marine est une des principales qui entrent dans la teinture du verre. Si l'on veut l'avoir d'une grande beauté, il faudra se servir du bollito ou cristal artificiel ; car si l'on employoit le verre commun, la couleur n'en seroit point si belle. On peut faire usage du cristallin ou verre blanc ; mais c'est le bollito ou cristal artificiel qui donne la plus belle couleur. Il faut observer de ne point employer la magnésie lorsqu'on veut donner la couleur d'aigue-marine au verre ; quoique le feu consume cette matière, elle ne laisse point de donner à cette couleur une nuance noirâtre , & de la rendre moins éclatante & moins belle. Au reste, il suffiroit d'employer un beau verre blanc , dans lequel il n'entre point de magnéfie. Prenez donc de la fritte de cryftal ou verre blanc, tel qu'on vient de l'indiquer ; mettez-là dans le creufet fans magnéfie. Lorfque le verre fera bien cuit & purifié , enlevez foigneufement avec la cuiller de fer des verriers le fel qui furnagera au verre comme de l'huile , fans cette précaution , la couleur deviendra louche , & le verre fera gras. Lorfque le verre fera bien purifié , fur vingt livres de cryftal , vous mettrez fix onces d'oripeau calciné & une dofe de fafre préparé , qui n'excède pas le quart, en obfervant de bien mêler ces deux poudres , & de ne les mettre dans le creufet que petit à petit & en trois reprifes ; car l'oripeau bien calciné enfle de façon à faire fortir tout le verre du creufet ; il faudra donc y prendre garde , & remuer continuellement le verre. Il faut auffi avoir attention , en ajoutant le fafre , de ne le mêler qu'avec précaution , & de n'en mettre que peu d'abord , les proportions ne pouvant être indiquées précifément , attendu qu'il y en a des efpèces plus mélangées de fable les unes que les autres. On laiffera enfuite repofer le mélange pendant trois heures , afin qu'il prenne bien la couleur : on le remuera de nouveau , & l'on effaiera fi la couleur eft telle qu'on la demande , afin de la rendre plus claire ou plus foncée , fuivant l'exigence des cas. Les petits vafes minces demandent une couleur plus foncée , & les grands une couleur plus claire. Le choix de la nuance dépend donc des ouvrages qu'on veut faire : il eft néanmoins d'ufage de foncer moins que plus la couleur ; car il eft toujours aifé de remédier au premier défaut lorfque le verre eft bien pur.

Vingt-quatre heures après avoir ajouté la couleur , on pourra travailler le verre ; obfervant , avant d'y mettre la main, de bien remuer le mélange , afin que la couleur foit égale par-tout ; car , lorfque le verre repofe , la couleur tombe au fond , & la partie fupérieure du verre ne fe colore point. Il faut obferver les mêmes règles pour les grands vafes de cryftal. Il eft bon de favoir qu'à Murano on prend pour cet ouvrage égale quantité de fritte de cryftal & de celle de roquette ; ce qui donne une couleur d'aiguemarine qui n'eft guères moins belle ; cependant , pour la plus parfaite , il ne faut que de la fritte de cryftal.

Voici encore une autre manière de préparer une couleur bleue d'aigue-marine.

Il faut placer dans le fourneau un creufet rempli de verre bien purifié , dont la fritte foit faite avec la roquette ou la foude d'Efpagne ; celle où il entre de la roquette eft cependant préférable pour cette opération. Après que le verre

aura été bien purifié , qu'on mette vingt livres de verre , fix onces d'oripeau bien calciné par lui-même. On aura foin d'ôter le fel qui furnagera au verre , & l'on aura un beau bleu , ou une couleur d'aigue-marine admirable , que l'on pourra augmenter ou affoiblir , felon les ouvrages qu'on en voudra faire ; au bout de deux heures , il faudra remuer la matière de nouveau , & effayer fi la couleur eft telle qu'on la demande ; finon , il fera aifé de la rendre plus claire ou plus foncée , en ajoutant de nouvelle poudre. Lorfqu'on aura le point défiré , on laiffera la matière fans y toucher pendant 24 heures ; au bout defquelles il faudra la bien remuer. Alors on pourra la travailler. On aura de cette façon un bleu d'aigue-marine d'une couleur différente de toutes celles qu'on emploie dans l'art de la verrerie.

AIMANT. L'aimant eft une pierre métallique, ordinairement grifâtre ou noirâtre , compacte & fort pefante , qu'on trouve affez communément dans les mines de fer. Elle n'affecte aucune forme particulière ; & n'a rien extérieurement qui la diftingue des productions les plus viles des entrailles de la terre. Mais fa propriété d'attirer le fer ou de le repouffer , & de fe diriger au nord lorfqu'elle a toute la liberté de fe mouvoir , lui donne un rang diftingué parmi les objets les plus finguliers de la nature.

Cette pierre n'eft , à proprement parler , qu'une mine de fer , mais du nombre de celles que l'on appelle *pauvres*, parce qu'elles ne contiennent qu'une fort petite quantité de ce métal. Les métallurgiftes modernes font en effet venus à bout d'en tirer du fer. Mais , outre que fa fufion eft très-difficile , il y eft en fi petite quantité qu'il ne dédommageroit pas d'une fort petite partie des frais de l'exploitation.

Pourquoi donc toutes les mines de fer ne font-elles pas des aimants ? Voilà une queftion à laquelle je ne crois pas qu'on ait jamais répondu. Cela vient fans doute d'une combinaifon particulière du fer avec les parties hétérogènes auxquelles il eft allié. Peut-être y entre-t-il quelque principe qui n'entre point dans les autres mines de ce métal ; mais nous convenons que ce n'eft rien dire. Il n'eft pas , au furplus , impoffible que la chymie découvre quelque jour en quoi confifte cette combinaifon ; & peut-être notre ignorance profonde fur les caufes phyfiques de l'action de l'aimant ne vient-elle que de ce que les chymiftes fe font jufqu'à préfent peu occupés de cette production de la nature.

L'aimant étoit autrefois affez rare. Le nom de *magnes* qu'il portoit , tant chez les grecs que chez les latins , paroît lui venir de la Magnéfie , province de la Macédoine , où il fe trouvoit en plus grande quantité , ou qui fournit les premiers aimants connus ; mais l'on a depuis trouvé des aimants dans presque toutes les régions de la terre, & principalement dans les mines de fer. L'île d'Elbe, si renommée par les mines de ce métal qu'on y exploite de toute antiquité, est en possession de fournir les plus gros & les meilleurs aimants.

Les anciens ne connurent dans l'aimant que sa propriété attractive à l'égard du fer ; mais les modernes en ont découvert plusieurs autres, sçavoir, sa communication, sa direction, sa déclinaison, son inclinaison, à quoi nous ajouterons aujourd'hui sa variation annuelle & journalière.

Attraction de l'aimant à l'égard du fer.

Tout le monde connoît la propriété attractive de l'aimant à l'égard du fer. Présentez de la limaille de ce métal à une pierre d'aimant, & même à quelque éloignement, vous verrez cette limaille s'élancer sur la pierre & s'y attacher. Il en sera de même d'un morceau quelconque de fer, pourvu qu'il soit peu pesant, comme une aiguille ; vous le verrez également s'approcher de l'aimant, aussi-tôt qu'il en sera à une certaine proximité plus ou moins grande, suivant la force de la pierre.

Cette expérience se fait encore de cette manière. Suspendez en équilibre à un fil de soie, ou mieux encore sur un pivot qui laisse toute liberté au mouvement, une longue aiguille de fer ; présentez-lui un aimant à la distance de plusieurs pouces, même de quelques pieds, si c'est un bon aimant ; vous verrez un des bouts de cette aiguille se tourner du côté de l'aimant, jusqu'à ce qu'il en soit le plus près, & s'arrêter dans cette situation ; en sorte que si l'aimant change de position, l'aiguille le suivra continuellement. Si l'aiguille de fer nageoit sur l'eau, ce qui est aisé à faire, en la posant sur un petit support de liége, non-seulement elle tournera un de ses bouts vers l'aimant, mais elle s'en approchera jusqu'à ce qu'elle le touche.

Toutes ces mêmes choses arriveront, y eût-il entre deux une lame de cuivre, de verre, une planche de bois, tels corps enfin qu'on voudra, autre néanmoins que du fer ; ce qui prouve que la vertu magnétique n'est point interceptée par tous ces corps, à l'exception de ce dernier.

Si donc la vertu magnétique est produite par des corpuscules agités ou mis en mouvement d'une manière quelconque, il faut que ces corpuscules soient d'une ténuité extrême, & du moins bien supérieure à celle des autres émanations connues, comme les odeurs, puisqu'ils traversent sans obstacle tous les métaux, & même le verre. Que s'ils ne produisent pas leur effet

au travers du fer, c'est que probablement ils y trouvent une si grande facilité à s'y mouvoir qu'ils ne passent pas au-delà, & c'est ainsi qu'ils se trouvent interceptés.

Reconnoître les pôles de l'aimant.

Plongez un aimant dans de la limaille de fer, vous l'en retirerez chargé de cette limaille ; mais vous remarquerez qu'il y a deux endroits, à peu-près diamétralement opposés, où elle est beaucoup plus serrée, & où les petits fragmens oblongs de la limaille se tiendront debout, pour ainsi dire, tandis que dans les autres parties ils seront couchés.

Cette expérience sert à reconnoître les pôles de l'aimant. En effet toute pierre d'aimant a deux pôles ou deux points opposés, qui ont, comme on le verra bientôt, des propriétés différentes & particulières. On donne à l'un de ces points le nom de pôle *boréal*, & à l'autre celui de *méridional*, parce que si l'aimant est librement suspendu, le premier se tournera de lui-même vers le nord, & conséquemment l'autre regardera le sud. Ces deux points doivent être remarqués dans une pierre d'aimant avec laquelle on se propose de faire des expériences.

Propriétés des pôles de l'aimant l'un à l'égard de l'autre.

Ayez une pierre d'aimant dont vous aurez marqué les deux pôles, & que vous ferez nager sur l'eau, en la posant sur un morceau de liége de la grandeur convenable ; présentez au pôle boréal de cette pierre le pôle boréal d'une autre : la première sera repoussée au lieu d'être attirée ; mais elle sera attirée, si à son pôle boréal on présente le pôle austral de l'autre.

De même, si au pôle austral de la première on présente le pôle austral de la seconde, la première fuira ; mais elle s'approchera, si à ce pôle austral on présente le pôle boréal de la seconde.

Ainsi les pôles de même dénomination se repoussent, & ceux de différent nom s'attirent.

Production des nouveaux pôles dans l'aimant.

Coupez une pierre d'aimant perpendiculairement à l'axe passant par ses deux pôles A & B; (*fig.* 9, *pl.* 3. a: usemens de physique, tom. VIII des gravures.) il se formera par la section deux nouveaux pôles, tels que F & E ; ensorte que si A étoit le pôle austral de la pierre entière, E sera un pôle boréal, & F un pôle austral. Ainsi, par cette bissection, le côté boréal de la pierre acquerra

acquerra un pôle auftral, & le côté auftral un pôle boréal.

Une pierre d'aimant, quelque bonne qu'elle foit, à moins qu'elle ne foit très-groffe, foutient à peine quelques livres de fer; & en général le poids qu'une pierre d'aimant peut porter, eft toujours fort au-deffous de fon poids propre. Mais l'on eft parvenu à lui faire produire un effet beaucoup plus confidérable, au moyen de ce que l'on appelle l'armure. Nous allons décrire la manière dont on arme un aimant.

Il faut d'abord donner à fon aimant une figure à peu-près régulière, & l'équarrir fur les côtés où font les deux pôles, enforte que ces deux côtés forment deux plans parallèles. Formez enfuite d'un fer doux, (car l'acier n'eft pas auffi bon) deux pièces comme vous voyez dans la *fig.* 10 *pl.* 3. dont la branche montante & applatie ait la même hauteur & la même largeur que les faces de l'aimant où fe trouvent fes pôles. Ce n'eft, au refte, que par beaucoup d'effais qu'on peut trouver l'épaiffeur la plus convenable de cette branche, ainfi que la faillie du pied & fon épaiffeur. Ces deux pièces doivent embraffer l'aimant par les deux faces où font fes pôles, les pieds paffant au-deffous, comme pour le fupporter; & enfuite on affujettira le tout dans cette fituation, par des bandes tranfverfales de cuivre qui entoureront l'aimant, & ferreront les branches montantes de fer contre les faces des pôles.

On doit enfin avoir une pièce de fer doux, de la forme qu'on voit dans la *fig.* 11, *pl.* 3. un peu plus longue que n'eft la diftance des deux branches de fer appliquées aux pôles de l'aimant, & dont l'épaiffeur excède un peu les faces plates de deffous les pieds de l'armure. Quant à la hauteur, il faut effayer la plus convenable. Cette pièce fera percée, vers fon milieu, d'un trou auquel fera attaché un crochet, pour y fufpendre le poids que doit fupporter l'aimant. On voit dans la *fig.* 12 même *pl.*, une pierre armée; & elle fuffira, fans autre explication, pour en concevoir tout le méchanifme & l'arrangement.

Une pierre étant ainfi armée, foutient un poids incomparablement plus grand que non armée. Ainfi une pierre de 2 à 3 onces foutiendra ce moyen 50 à 60 onces de fer, c'eft-à-dire vingt à trente fois fon poids.

Lémery dit avoir vu un aimant de la groffeur d'une pomme médiocre, qui portoit 22 livres. On en a vu qui pefoit environ 11 onces, & qui portoit jufqu'à 28 livres. On en vouloir 5000 livres. M. de la Condamine, de l'académie royale des fciences, en poffédoit une qui lui avoit été donnée par M. de Maupertuis : elle eft, je crois, celle qui porte le plus grand poids *Amufemens des Sciences.*

connu. Je ne me fouviens plus de fes dimenfions & de fon poids, qui n'étoient pas bien confidérables; mais je crois me rappeler lui avoir oui dire qu'elle portoit foixante livres.

On a examiné s'il y a d'autres corps que le fer qui foient attirés par l'aimant; mais il ne paroit pas qu'il y en ait aucun autre. On lit cependant dans M. Mufchenbroek, qu'on a trouvé que l'aimant agiffoit fur une pierre qu'il appelle *loughneagh.* Nous ne fçavons ce que c'eft que cette pierre. C'eft probablement quelque mine de fer où ce métal eft peu minéralifé.

Il rapporte dans fon *cours de phyfique expérimentale,* chap. vij, les effais qu'il a faits fur beaucoup de matières différentes, pour s'affurer fi elles étoient attirables par l'aimant. Il a trouvé que, fans aucune préparation, cette pierre attire la totalité ou beaucoup de parties dans diverfes fortes de fables & terres dont il fait l'énumération; qu'il y en a plufieurs autres qui ne préfentent des particules attirables en tout ou en partie à l'aimant, qu'après avoir éprouvé l'action du feu, en les faifant rougir & brûler avec du favon, du charbon ou de la graiffe : après quoi, dit-il, elles font attirables à l'aimant avec prefque autant de force que la limaille de fer : telles font, ajoute-t-il, les terres dont on fait les briques, & qui deviennent rouges après avoir été brûlées; différens bols & fables colorés. Il y en a d'autres qui, brûlées de cette manière, ne préfentent que peu de parties foiblement attirables à l'aimant : il en fait auffi une affez longue énumération que nous épargnerons au lecteur.

On ne fera point furpris de cela, fi l'on rapproche ces deux faits; le premier, que l'aimant n'attire le fer que quand il eft dans fon état métallique, & qu'il n'a aucune action fur ce métal lorfque, par le grillage, on l'a réduit en chaux ou en ochre; le fecond, que le fer eft univerfellement répandu dans la nature, & qu'il eft prefque dans tous les corps, plus ou moins éloigné de fon état métallique, ou, comme on le verra dans la fuite, plus ou moins privé de fon phlogiftique. Les corps où il eft dans fon état métallique, font en tout ou en partie attirables à l'aimant fans préparation; mais dans les autres, le fer n'eft attirable qu'après avoir été brûlé avec des matières graffes, qui lui rendent fon phlogiftique & fon état métallique. Telle eft uniquement la caufe du phénomène dont M. Mufchenbroek paroit embarraffé. Il ne l'eût été en aucune manière, fi la chimie lui avoit été auffi familière que les autres parties de la phyfique.

Un navigateur Anglois a rapporté avoir obfervé que du fuif tombé fur la glace qui couvre une bouffole, troubloit l'aiguille aimantée, & que le laiton produifoit le même effet. Si cette obfervation eft exacte, il faut en conclure qu'il

E

y avoit par hasard quelques particules ferrugineuses dans ce suif & dans ce laiton ; car je crois
qu'on peut regarder comme certain que le fer
seul, dans son état métallique, est susceptible
d'agir sur l'aimant, & d'être attiré par lui.

La direction du courant magnétique.

Mettez sur un carton un aimant nu, & jettez
autour de la limaille de fer ; frappez alors doucement sur le carton : vous verrez toute cette
limaille s'arranger en lignes courbes qui envi-
ronneront l'aimant, & qui, se rapprochant comme
les méridiens d'une mappemonde, concourront
à ses deux pôles.

Cette expérience favorise l'opinion de ceux qui
pensent que les phénomènes magnétiques dépendent d'un fluide qui sort par un des pôles de la
pierre, & entre par l'autre, après avoir circulé à
l'entour d'elle.

Des Aimants & du Fer.

Mettez deux aimants, ou un aimant & un morceau de fer sur deux petits bateaux de liège, que
vous ferez nager dans un vase plein d'eau. Après
avoir dirigé le pôle septentrional de l'un vis-à-vis
l'austral de l'autre, [si ce sont deux aimants,]
abandonnez les deux petits bateaux à eux-mêmes :
vous les verrez s'élancer l'un vers l'autre, le plus
foible faisant le plus de chemin. Il en sera de
même si c'est un simple morceau de fer présenté
au pôle septentrional de l'aimant. Ainsi cette attraction est réciproque, & l'on peut dire que le
fer attire autant l'aimant que l'aimant attire le
fer. Au reste cela doit être nécessairement, puisqu'il n'y a point d'action sans réaction, & que
cette dernière est toujours égale à la première.

M. Muschenbroek a cherché à reconnoître en
quel rapport décroissoit l'action de l'aimant relativement aux distances, & il a cru voir que sa
force d'attraction diminue dans une raison qua-
druplée, ou comme les quarrés-quarrés des distances. Ainsi, si à une ligne de distance une particule de fer est attirée avec une force comme
1 à 2 lignes, cette force sera 16 fois, à 3 lignes
81 fois, à 4 lignes 256 fois moindre. Peut-être
même cette action diminue-t-elle encore plus rapidement ; car, dans un vaisseau de guerre qui est
chargé d'une multitude de gros canons de fer,
on ne s'apperçoit pas qu'ils agissent sensiblement
sur la boussole. Je crois cependant qu'il seroit
prudent de les éloigner le plus qu'il est possible.

De la communication de la propriété magnétique.

Le magnétisme, ou la propriété d'attirer le fer,
de se diriger vers un certain endroit du ciel, n'est

pas tellement propre à l'aimant, qu'elle ne se
puisse communiquer ; mais on n'a encore trouvé
que le fer ou l'acier qui en soit susceptible.
On ne connoissoit, il y a un demi-siècle, que
l'attouchement même ou la continuité de la présence d'un aimant qui pût produire cet effet ;
mais depuis quelque temps on a trouvé le moyen
de rendre un morceau de fer magnétique sans
aimant, & même ces aimants artificiels sont susceptibles d'une force qu'ont rarement des aimants
naturels. On va détailler ces différens moyens
dans les expériences suivantes.

Manière d'aimanter.

Ayez un aimant armé ou non armé ; passez un
des pieds de l'armure, ou un des pôles, sur une
lame de fer trempé, comme une lame de couteau,
mais en allant toujours du même sens, du milieu,
par exemple, vers la pointe : après un certain nombre de pareilles frictions, la lame de fer se trouvera aimantée, & attirera comme l'aimant lui-
même le fer qui se trouvera dans sa sphère d'activité.

La même chose arrivera, si on laisse pendant
long-temps attaché à un aimant un petit morceau
d'acier allongé ; ce morceau acquerra, par son
séjour dans cette situation, la propriété magnétique ; il aura des pôles comme l'aimant ; ensorte
que le pôle boréal sera au bout qui étoit contigu
au pôle austral de la pierre ; & au contraire, s'il
touchoit le pôle boréal par un bout, ce bout deviendra pôle austral.

Art de construire & d'aimanter les barreaux & faisceaux nécessaires pour communiquer la vertu magnétique aux aimans artificiels.

Faites forger une douzaine de lames d'acier,
de huit pouces de longueur, sur sept à huit lignes
de largeur, & deux lignes d'épaisseur, c'est-à-
dire, qu'elles soient environ du poids de quatre
onces chacune ; dressez-les sur leur longueur,
& que leurs deux extrémités soient limées bien
quarrément, faites les rougir au feu dans tout
leur entier, & trempez-les sans qu'elles soient
absolument trop dures (1).

_____

(1) Ces lames étant sujettes à se courber en les
trempant, il est essentiel pour parer à cet inconvénient de les plonger perpendiculairement dans l'eau. Si
malgré cette précaution quelqu'une venoit à se courber, il faudroit les redresser après les avoir détrempées,
& les retremper ensuite de nouveau. Cette attention est
nécessaire, attendu qu'il est important que toutes ces
lames, dont on doit composer un faisceau, soient
parfaitement jointes les unes contre les autres. Les limes
d'Allemagne quand elles sont bien forgées réussissent
assez bien, quoique cependant elles ne soient pas de pur
acier ; mais d'un composé de fer & d'acier que les ou-

Ces lames ayant été bien trempées, il faudra les dresser de nouveau en les passant sur la meule de grès, & on les adoucira ensuite sur une meule beaucoup plus tendre.

Il faut avoir soin, avant de tremper ces lames, de marquer, par un trait fait à la lime, le côté que l'on destine à devenir le nord; afin de n'être pas sujet à se tromper, lorsqu'on les aimantera, ou qu'on les assemblera comme il va être expliqué.

Cette première opération étant faite, vous prendrez vos douze lames & les joindrez ensemble avec deux anneaux ou cages de cuivre A & B (*Fig.* 1, *pl.* 6, *Amusemens de Physique*, *tom.* VIII *des gravures*); vous aurez soin de les séparer avec une petite règle de bois C; & d'en mettre six d'un côté & six de l'autre; de manière que la position de leurs poles soit comme le désigne cette figure.

Vos douze lames étant ainsi assemblées, & bien étroitement serrées dans leur cage, dressez-les de nouveau toutes ensemble par leurs extrémités, & les polissez sur une meule de bois garnie d'émeri; marquez l'ordre dans lequel elles sont assemblées, afin de pouvoir les replacer de la même manière lorsqu'elles seront aimantées, attendu qu'il est essentiel qu'elles ne se débordent point les unes des autres par ces mêmes extrémités.

Faites aussi deux contacts de fer doux D & E de même largeur que vos lames, qui puissent les couvrir toutes par leurs extrémités, & donnez-leur un demi-pouce d'épaisseur; ces contacts s'attachent fortement aux lames aimantées, & contribuent à leur conserver beaucoup plus long-tems leur vertu. On peut, si l'on veut, mettre un crochet F à l'un de ces contacts, afin de lui faire supporter un poids H; & alors il faut ajuster une anse G à l'anneau supérieur D, pour suspendre le faisceau, ce qui lui procure assez ordinairement une plus grande force, pourvu qu'on ait attention, lorsqu'elle augmente, à le charger d'un plus grand poids.

Retirez les anneaux A & B, & placez sur une table six de vos lames en les disposant comme le désigne la *fig.* 2, même *pl.* 6; & observez que le nord de l'une joigne toujours le sud de celle qui la suit; prenez ensuite une pierre d'aimant armée, & qui communique le plus qu'il sera possible la vertu magnétique; ou si vous avez deux barreaux bien aimantés, formez-en un faisceau A en les séparant avec une petite règle de bois, & disposant leurs poles comme l'indique la figure première.

Promenez cet aimant ou faisceau A sur la rangée des six lames B C D E F G, en suivant leur direction, & en observant que le côté de l'aimant ou faisceau qui désigne le sud, doit passer le premier par l'extrémité de la première de vos lames A qui désigne le même pole.

Lorsque vous aurez promené ce faisceau dix à douze fois sur vos lames, en allant & venant alternativement, répétez cette même opération sur leur autre face.

Prenez ensuite une de ces lames; & essayez à y suspendre par son extrémité une des autres lames, en les présentant l'une à l'autre par leurs poles contraires: Si une de ces lames soulève la deuxième & celle-ci une troisième, elles seront suffisamment aimantées: alors vous en ferez un faisceau, & vous vous en servirez pour aimanter de même vos six autres lames; vous suivrez ensuite le procédé qui suit.

Ces six dernières lames auront plus de force que les six premières, c'est pourquoi il sera à propos d'en faire un faisceau pour aimanter de nouveau ces six premières; & si parmi ces douze lames il s'en trouve quelqu'une qui ait moins de force, vous les aimanterez avec un faisceau que vous ferez alors de huit ou dix lames (1); mais si vous vous appercevez qu'elles n'acquèrent pas plus de force, il est inutile de chercher à les aimanter davantage, attendu que cela provient alors de la qualité de l'acier, ou de sa trempe.

Vos douze lames seront aimantées dans toute leur force, si chacune d'elles en peut soulever quatre ou cinq autres: il arrive quelquefois qu'elles en soulèvent davantage, mais peu-à-peu cette force diminue jusqu'à un certain point; pour l'éviter, il en faut former aussi-tôt un faisceau, en les liant fortement avec leurs anneaux, & en y appliquant leurs contacts (2).

Ce faisceau de douze lames vous servira pour aimanter les cercles, fers à cheval, & autres pièces d'acier, tels que des barreaux de huit à dix, & même douze pouces de longueur; mais si l'on étoit curieux d'aimanter de fort grands barreaux de quinze à vingt pouces, il faudroit avoir alors un faisceau composé d'un bien plus

---

(1) Lorsqu'on fait un faisceau, il faut toujours qu'il y ait un nombre pair de lames séparées par moitié avec la petite règle de deux lignes d'épaisseur.

(2) Lorsqu'on forme un faisceau, il faut non-seulement observer que l'extrémité des six lames qui sont placées d'un côté de la règle désignent le Nord, & les six autres qui sont du même côté, mais il faut encore les placer alternativement une à une de côté & d'autre de cette règle; c'est du moins ce qui est recommandé par ceux qui ont fait les expériences les plus recherchées sur la construction des faisceaux.

E 2

---

vriers appellent *étoffe*. Lorsque ces lames ont été forgées bien également & avec soin, elles sont bien sujettes à se coucher lors de la trempe.

grand nombre de lames, sans quoi ils auroient beaucoup moins de force qu'ils n'en peuvent acquérir.

Manière d'aimanter les cercles (1).

Faites forger & dresser à la lime un cercle ou anneau d'acier A B C (*fig. 3 , pl. 6 , ibid*), ouvert en A C d'environ un pouce, & de tel diamètre que vous jugerez à propos, pourvu qu'il soit proportionné à celui du bassin rempli d'eau, sous lequel vous vous proposez de le faire agir, qui doit avoir quatre pouces de plus, quant à son diamètre; ce cercle doit être recourbé sur sa surface la plus large ; plus son diamètre sera grand, plus il doit avoir de largeur & d'épaisseur, sans quoi s'il avoit moins de force, il seroit fort difficile de parvenir à le bien aimanter (2).

Faites rougir ce cercle dans son entier, & le plus également qu'il sera possible ; après l'avoir attaché au fil d'archal sur une forte croix de fer. (*Voy. fig. 4, même pl. 6*). Trempez-le en le plongeant de côté dans l'eau, afin de l'empêcher de voiler, ce qui lui donneroit une forme désagréable. Après l'avoir ainsi trempé, vous le dresserez à la meule & le polirez de même, & vous l'aimanterez en suivant le procédé qui suit.

Posez ce cercle à plat sur une table (*fig. 9, même pl. 6*), & ayant reconnu l'extrémité que vous destinez pour être le nord, appliquez-y un barreau aimanté A, dont le sud touche ce côté du nord, & appliquez à l'autre extrémité un autre barreau de même grandeur B dont le nord touche le sud du cercle ; placez le contact C à l'autre extrémité de ces deux barreaux.

---

(1) Les aimants en forme de fer à cheval peuvent s'aimanter de la même manière.

(2) Un cercle de six pouces de diamètre doit avoir environ 5 lignes de large, & une ligne & demie d'épaisseur ; s'il a huit pouces, on lui donnera sept lignes de large & deux lignes d'épaisseur, &c. Cette proportion ou grosseur, quoique beaucoup moindre qu'il ne faudroit pour aimanter dans toute leur force des cercles de ces diamètres, sera néanmoins suffisante pour l'usage qu'on en doit faire ici, s'ils étoient plus légers, ils s'aimanteroient trop foiblement, & la figure qu'ils doivent faire mouvoir sur le bassin, auroit trop de lenteur dans ces mouvemens; il en est de même des barreaux d'acier aimantés, s'ils sont trop longs eu égard à leur grosseur, s'aimantent plus foiblement ; ce qui prouve évidemment qu'il est une longueur déterminée qu'il convient de donner aux barreaux pour les mettre en état d'acquérir autant de vertu magnétique qu'ils en peuvent recevoir ; comme l'a savamment observé en Angleterre M. *Knight*, qui a non-seulement déterminé la longueur que les barreaux doivent avoir, eu égard à leurs différens poids, mais encore

Cette disposition étant faite, vous poserez votre faisceau sur l'extrémité E du barreau A, de manière que le nord des barreaux qui le composent, puisse couler le premier sur le nord de ce barreau A ; alors vous le ferez glisser doucement le long de ce barreau du cercle C & du barreau B, & continuerez à plusieurs reprises sans déranger la situation du faisceau, vous ferez ainsi vingt à trente tours, c'est-à-dire, jusqu'à ce que vous vous apperceviez que vos barreaux sont fort adhérens au cercle ; vous retournerez ensuite le cercle & les barreaux, sans rien déranger de l'ordre dans lequel ils sont placés, eu égard à leurs poles respectifs, & vous continuerez à aimanter ce cercle sur son autre face ; jusqu'à ce que vous jugiez qu'il ne peut plus acquérir de nouvelles forces, ce qu'il sera facile de connoître, en appliquant à ses deux poles le contact C, qui doit s'y tenir fortement attaché (3).

Ce cercle aimanté étant placé sous un bassin rempli d'eau d'un diamètre plus grand que lui, de manière que son centre soit sous celui de ce bassin ; si l'on met sur l'eau une petite lame d'acier d'un pouce de longueur, supportée par un petit plateau de liége, en quelque endroit qu'on se trouve placée cette lame sur ce bassin, elle sera attirée, & ira toujours se placer au-dessus des poles de ce cercle : cet effet aura lieu, quand même il y auroit deux pouces de distance entre ce cercle & la surface de l'eau, excepté néanmoins, que plus il y aura de distance, moins le mouvement sera accéléré.

Ce petit barreau aimanté se plaçant toujours entre les deux poles de ce cercle, il est aisé de voir que si on fait tourner ce cercle, ce morceau de liége se présentera successivement à tous les points de la circonférence de ce bassin.

Manière d'aimanter une lame d'acier sans le secours d'aucun aimant naturel ni artificiel (4).

Prenez une lame d'acier non trempé d'environ trois pouces de long, trois à quatre lignes de

---

le nombre des lames dont doit être composé le faisceau qu'on doit employer pour parvenir à les bien aimanter.

(3) Ce contact doit rester appliqué sur les deux poles de ce cercle aimanté, lorsqu'on ne s'en sert point, il contribue à lui faire conserver plus long-tems sa vertu magnétique.

(4) M. *Knight* est le premier qui a trouvé le moyen d'aimanter une lame d'acier sans le secours d'aucun aimant ; mais ayant tenu long-tems cette découverte secrette, MM. *Michel* & *Canton* en Angleterre, & à Paris M. *Antheaume* y parvinrent également ; c'est du procédé de M. *Antheaume* dont il sera ici question.

large, & une demie ligne d'épaisseur ; un morceau de ressort de pendule détrempé peut servir à cette expérience. Ayez une pelle & des pincettes (*voy. figure* 5, même *pl.* 6,) ; plus elles ont servi, plus elles sont grandes, meilleures elles sont. Tenez la pelle verticalement entre vos deux genoux, attachez vers son sommet A cette lame d'acier, de façon que l'extrémité que vous destinez pour être le nord soit tournée en bas ; & afin qu'elle ne puisse pas glisser, serrez-la contre cette pelle ou fourgon avec un cordon de soie : prenez ensuite les pincettes, & les tenant presque verticalement, frottez-en cette lame avec leurs extrémités, en allant toujours de bas en haut : lorsque vous aurez réitéré douze à quinze fois cette opération sur les deux côtés de cette lame, elle aura acquis une vertu magnétique suffisante pour lever de petits clous par son extrémité inférieure ; cette découverte est celle qui a été faite en Angleterre par M. *Canton* (1).

Il est aisé de voir qu'ayant aimanté ainsi six ou huit lames, on peut en former un petit faisceau, avec lequel on pourra en aimanter d'un peu plus grandes, & que par ce moyen on pourra parvenir à aimanter de moyennes lames, sans le secours d'aucun aimant.

M. *Antheaume* alla plus loin dans cette découverte que MM. *Michel* & *Canton* ; il ajouta deux espèces d'armures aux deux barres dont s'étoit servi en Angleterre M. *Michel* ; il supprima la barre qu'il faisoit couler verticalement sur la lame qu'il vouloit aimanter, & parvint [sans le secours d'aucun aimant] à aimanter des lames d'acier de douze à quinze pouces de longueur, ce que n'avoient pu faire MM. *Michel* & *Canton*. Voici son procédé tel qu'il l'a rapporté dans un écrit qui a pour titre, *Mémoire sur les aimants artificiels, qui a remporté le prix de l'académie de Pétersbourg en 1760.*

Sur une planche AB [*figure* 12, *planche* 6 *ibid.*] « placée dans la direction du courant magnétique, c'est-à-dire, pour *Paris*, inclinée à l'horison de soixante-dix degrés vers le Nord, je place de fil deux barres de fer quarrées CD & EF de quatre à cinq pieds de longueur, sur quatorze à quinze lignes d'épaisseur, limées quarrément par leurs extrémités E & C, entre lesquelles je laisse un intervalle de six lignes ; j'applique à chacune de ces extrémités une espèce d'armure G, formée avec de la tôle de deux lignes d'épaisseur, quatorze à

quinze de largeur, & une ligne de plus de hauteur, dont le côté qui doit tenir à la barre est limé & entièrement plat ; trois des bords de l'autre face sont taillés en biseau ou chanfrein, & le quatrième qui doit excéder d'une ligne l'épaisseur de la barre est limé quarrément pour former une espèce de talon. Pour remplir le reste de cet intervalle, je mets entre ces deux armures une petite languette de bois de deux lignes d'épaisseur. Tout étant ainsi disposé, je glisse sur ces deux talons à la fois, suivant la longueur des deux barres de fer, la barre d'acier HI que je veux aimanter ; la faisant aller & venir seulement d'un de ces bouts à l'autre, comme on feroit si l'on aimantoit sur les deux talons d'une pierre d'aimant ».

M. *Antheaume* a par cette méthode aimanté, non-seulement de petites lames, ainsi qu'avoient fait avant lui MM. *Michel* & *Canton*, mais même des lames de plus d'un pied, ce qui lui a donné lieu d'observer qu'en se servant des barres de fer beaucoup plus longues, la lame ou barreau qu'on veut aimanter acquéreroit beaucoup plus de force, & pourroit être semblable à celle qu'elle recevroit du meilleur aimant.

Je n'ai rapporté ici ce procédé que pour faire connoître qu'on peut au besoin, avec du fer & de l'acier seulement, se procurer des lames aimantées, & toutes autres sortes d'aimants artificiels.

Maniere d'aimanter les petites lames qui servent pour les récréations magnétiques.

Il suffit d'avoir deux barreaux bien aimantés de huit à dix pouces de longueur qu'on doit conserver dans leur boëte entre leurs contacts. Lorsqu'on veut s'en servir pour aimanter, on prend un de ces barreaux dans chaque main, les poles disposés comme l'indique la *figure* 10, *pl.* 6, & on les fait glisser doucement, & en même-temps sur le petit barreau BC, l'un à droite depuis A jusqu'en C, & l'autre à gauche depuis A jusqu'en B, ce qu'on réitère sur chacune des faces du barreau, jusqu'à ce qu'il soit suffisamment aimanté. Ces barreaux acquèrent de cette manière assez de force pour être employés aux différentes récréations ; on aimante de cette même façon les aiguilles, il est à remarquer que cette méthode ne peut servir que pour de petites barres du poids de deux onces au plus.

On s'est étendu un peu ici sur les différentes manieres d'aimanter, afin que les personnes qui s'amuseront elles-mêmes à construire les pièces dont on donne ci-après la description, ou qui en imagineront de nouvelles, soient assurées de ne point rencontrer de difficulté dans leur exécution.

---

(1) M. Michel vint à bout de donner la vertu magnétique à une petite lame d'acier qu'il plaça entre deux barres alignées dans la direction du méridien magnétique. Ce qu'il exécuta en faisant passer sur cette petite lame, & du nord au sud, une troisième barre placée verticalement.

RÉCRÉATIONS SUR L'AIMANT.

Lunette magnétique.

Faites tourner une lunette d'yvoire assez mince pour laisser passer la lumière dans son intérieur; donnez lui environ deux pouces ½ de hauteur, & qu'elle soit à-peu-près de la forme indiquée par la *figure* 7, *pl. 6*, amusemens de physique, TOME VIII. des gravures; que le dessus A & le dessous B de cette Lunette, entrent à vis dans le tuyau d'yvoire transparent C; faites réserver au dessus de ce tuyau vers A une portée, pour y placer une loupe ou oculaire D, dont le foyer soit de deux pouces [voyez *fig. 8, pl. 6 ibid.*,] que le cercle d'yvoire B soit ouvert, afin de pouvoir y mettre un verre quelconque E, que vous couvrirez en dedans d'un papier noir & d'un petit cercle de carton; mettez un pivot F au centre de ce cercle, & placez sur ce pivot une petite aiguille aimantée G, un peu moins grande que le diamètre de ce cercle : couvrez ce cercle d'un verre qui puisse retenir l'aiguille, & l'empêcher de sortir de dessus son pivot; enfin que cette lunette soit une espèce de boussole placée au fond d'un tuyau d'yvoire assez transparent pour appercevoir la direction de son aiguille, & dont l'oculaire serve à mieux distinguer les lettres ou chiffres qui doivent être tracés sur le cercle de carton placé au fond de cette lunette; que d'ailleurs elle en ait extérieurement la figure, afin de donner à cette espèce de boussole l'apparence d'une lunette ordinaire, & faire imaginer qu'on apperçoit par son moyen les objets cachés & renfermés secretement dans différentes boëtes, comme il sera expliqué dans la suite.

Suivant les principes établis ci-devant, cette lunette se trouvant posée à une petite distance, & au dessus d'un barreau aimanté, ou d'une boëte quelconque dans laquelle la pièce qu'il renferme sera cachée, l'aiguille aimantée qui y est contenue se placera nécessairement dans la même direction que ce barreau, & indiquera par conséquent de quel côté est son Nord ou son Sud : le Nord de l'aiguille indiquera le Sud du barreau.

Cet effet aura lieu quand même ce barreau seroit renfermé dans du bois ou métal quel qu'il soit; la matière magnétique étant de nature à pénétrer tous les corps, même les plus compacts & les plus durs, sans pour cela se détourner en aucune façon de sa direction [1]. Il faut observer seulement que le barreau ne doit pas être trop éloigné de l'aiguille, particulièrement s'il est fort

(1) Il n'y a que le fer dans lequel on ne doit pas enfermer de barreaux, la matière magnétique y entre ainsi que dans les autres corps, mais elle n'y conserve pas sa direction.

petit; & que le pivot de l'aiguille doit se trouver placé au dessus du milieu du barreau, sans quoi son indication pourroit être fausse, sur-tout lorsqu'il y a dans les pièces plusieurs barreaux qui peuvent agir ensemble sur l'aiguille.

Boëte aux nombres.

Faites faire une petite boëte de bois de noyer fermante à charnière d'environ cinq pouces de longueur, sur un pouce & demi de largeur [*fig. 13, pl. 6 ibid.*] & ayez pour l'usage de cette boëte dix tablettes de bois [1] de deux à trois lignes d'épaisseur, dont trois seulement puissent remplir son intérieur.

Tracez un cercle sur chacune de ces dix tablettes, & divisez chacune d'elles en dix parties égales; & tirez par les points de division, les lignes A 1, A 2, A 3, A 4, A 5, A 6, A 7, A 8, A 9, A 0; de manière que chacune des dix différentes directions que peuvent prendre ces lignes, se trouvent indiquées séparement sur ces dix tablettes.

Creusez exactement une rainure le long de ces lignes, & logez dans chacune d'elles un petit barreau d'un pouce & demi de longueur, bien aimanté, dont vous dirigerez les poles comme il est indiqué sur ces tablettes; remplissez avec de la cire molle ce qui pourra rester de vuide, & recouvrez chacune de ces tablettes d'un double papier blanc, sur lequel vous transférirez dans l'ordre désigné sur ces mêmes figures, les dix chiffres 1, 2, 3, 4, 5, 6, 7, 8, 9 & 0.

Placez au fond de la lunette magnétique (dont on a donné ci-dessus la construction), un petit cadran de papier divisé en dix parties, comme le désigne la *figure* 11, *même planche*; & transcrivez dans chacune de ces divisions ces dix chiffres.

Tracez aussi sur ce cadran la petite flèche A B, dont la pointe réponde au chiffre 1 (*Fig. 11. pl. 6. ibid.*).

Lorsqu'ayant renfermé trois des dix tablettes dans la boëte, vous poserez cette lunette sur son couvercle, successivement au-dessus de chacun des barreaux qui y sont renfermés, en observant qu'à chaque position la petite flèche tracée sur le cadran, soit dirigée perpendiculairement vers le côté de la boëte où est la charnière; l'aiguille qui est renfermée dans cette lunette prendra les mêmes directions que ces barreaux, & vous indiquera sur le cadran les chiffres qui sont transcrits

(2) Ces tablettes ne doivent pas être parfaitement quarrées, afin qu'on ne puisse pas les poser de côté dans cette boëte.

fur ces tablettes. Cet effet aura également lieu pour les sept autres tablettes.

On donnera la boëte & ses dix tablettes à une personne, en lui laissant la liberté de former avec trois de ces dix chiffres (tels qu'elle voudra secrettement les choisir) le nombre qu'elle jugera à propos ; & au moyen de cette lunette, on lui dira sans ouvrir la boëte, quel est son nombre qu'elle a formé, en lui persuadant qu'on l'apperçoit au travers de son couvercle.

Nota. On peut se contenter d'avoir seulement cinq tablettes, telles que celles où sont désignés les cinq chiffres 1, 2, 3, 7 & 8, & alors on transcrira au revers les cinq autres chiffres 6, 5, 4, 9 & 0 ; de cette manière, on n'aura pas à craindre de manquer cette récréation dans le cas où la personne qui forme à son gré le nombre, renverseroit les tablettes sens dessus dessous dans la boëte, attendu qu'on connoîtra toujours indispensablement les chiffres qui seront tournés en dessus. Pour peu qu'on examine la direction des poles des cinq tablettes 1, 2, 3, 7, 8, on verra aisément que cet effet doit naturellement avoir lieu.

On peut faire cette boëte plus longue, & de manière qu'elle contienne quatre ou cinq tablettes ; mais plus il y a de tablettes, plus il est difficile de placer bien précisément la lunette au-dessus des barreaux ; c'est pourquoi il faut alors mettre quelque petite marque sur le couvercle, qui puisse guider facilement celui qui fait cette récréation.

Le peintre habile.

Faites faire deux petites boëtes M & N (*fig.* 14. *pl.* 6. *amusemens de physique.*), de quatre pouces & demi ou environ de longueur, sur quatre de large ; que la première M ait un demi-pouce de profondeur, & la deuxième N seulement quatre lignes ; qu'elles s'ouvrent toutes deux à charnières.

Ayez quatre petites tablettes de carton O, P, Q & R, de deux lignes d'épaisseur (*fig.* 1. *pl.* 7. *ibid.*) ; creusez sur chacune d'elles les quatre rainures AB. CD. EF. GH. (*fig.* 2. *pl.* 7. *ibid.*), de manière qu'elles soient placées au milieu, & parallèlement aux côtés de ces cartons, c'est-à-dire, deux dans un sens & deux dans un autre ; comme le désigne suffisamment la figure de cette même planche.

Logez dans chacune de ces rainures un barreau d'acier V bien aimanté, & dont les poles soient disposés, eu égard à l'aspect des quatre petits tableaux qui doivent être peints sur ces quatre tablettes (*voyez les fig.* 3 *de cette même planche.*) ; couvrez ces tablettes d'un papier, & faites pein-

dre sur chacune d'elles un sujet différent, comme une femme, un oiseau, une fleur, un paysage ; placez-les chacune dans un petit cadre très-léger, & le couvrez par derrière d'un double papier, pour masquer exactement les barreaux qui y sont renfermés.

Au centre & sur le fond intérieur de la boëte M (*fig.* 14. *pl.* 6.), placez un petit pivot T (*fig.* 3. *pl.* 7.), sur lequel doit tourner librement un petit cercle de carton très-léger OPQR (*fig.* 1. *même planche.*) renfermant une aiguille aimantée S ; divisez ce carton en quatre parties disposées eu égard au pole de cette aiguille, comme le désigne cette figure ; peignez en petit dans chacune de ces divisions un des quatre sujets peints sur vos tableaux.

Couvrez le dessus intérieur de cette boëte M (*fig.* 14. *pl.* 6.), d'un petit cadre sous le verre duquel vous appliquerez un carton mince, où sera représenté une figure d'homme, qui semblera peindre un petit tableau posé sur un chevalet dont la place étant découpée à jour, doit se trouver au-dessus de l'endroit où doivent passer successivement les quatre tableaux peints en petit sur le cercle de carton, lorsqu'il tournera sur son pivot.

Introduisez vers le devant de la boëte M, un petit fil de cuivre coudé AB (*fig.* 3. *pl.* 7.), portant à une de ces extrémités un petit bouton en forme d'olive A, de manière que ce fil se trouve placé dessous le cercle de carton, & qu'en tournant ce bouton son extrémité B soulève le côté de ce cercle qui répond au-dessous de l'ouverture faite au tableau du peintre, afin de pouvoir par ce moyen fixer alors le cercle de carton, & l'empêcher de se mouvoir sur son pivot. Observez que ce fil doit être presqu'à fleur du fond de cette boëte, afin qu'il n'empêche pas le carton de tourner librement, lorsque la partie qui fait le coude est abbaissée.

Lorsqu'on aura placé dans la boëte N (*fig.* 14. *pl.* 6.), un des quatre tableaux, si on pose exactement sur cette boëte celle où est renfermée le cercle de carton mobile, il tournera sur son pivot jusqu'à ce que l'aiguille qui y est contenue se soit placée dans la direction du barreau aimanté caché dans ce tableau, & on appercevra au travers l'ouverture faite au tableau, placé sur le chevalet du peintre, la copie en petit du tableau renfermé dans cette boëte.

Récréation qui se fait avec ces boëtes.

On présente à une personne la boëte & les quatre tableaux, en lui laissant la liberté d'y insérer secrettement celui qu'elle jugera à propos, & en lui recommandant de cacher soigneusement les trois autres, & de rendre la boëte fermée ; on pose exactement l'autre boëte fur cette première, on la laisse un instant pour donner à l'aiguille le temps de se fixer. On l'ouvre ensuite, & on fait voir que le peintre qui y est représenté a peint en petit la copie du tableau qui y a été renfermé ; il faut avoir attention en ouvrant la boëte de tourner un peu le petit bouton (1) pour fixer le cercle ; ce qui donne occasion de pouvoir ôter cette boëte de dessus celle où est renfermé le tableau, & de la remettre même entre les mains de la personne, sans que le cercle puisse en aucune façon se déranger de la position que lui a fait prendre le barreau.

Autre récréation.

On peut, suivant cette même construction, représenter sur le tableau qui couvre le dessus de la boëte M, une petite figure de femme tenant une cage, & peindre sur les tablettes & le cercle du carton, différens oiseaux que l'on pourra faire paroître dans la cage suivant le choix qui aura été fait.

Boëte aux chiffres à double boëte.

Faites faire deux petites boëtes de bois de noyer A & B (*fig. 5. nº. 1 & 2. pl. 7. amusemens de physique. tom. VIII. des gravures.*), fermant à charnières, dont la première A ait huit pouces de longueur, sur deux pouces de largeur, & cinq lignes de profondeur, sans y comprendre l'épaisseur du fond qui ne doit être que d'une ligne au plus : que la deuxième boëte B soit de même grandeur, mais qu'elle n'ait que quatre lignes de profondeur, & que le dessus en soit fort mince.

Ayez quatre petites tablettes de bois de deux pouces quarrés & de trois lignes & demie d'épaisseur, qui remplissent exactement cette deuxième boëte ; sur chacune, & au milieu desquelles vous creuserez une rainure d'un pouce trois quarts de longueur, sur trois lignes de largeur & deux de profondeur ; insérez dans chacune d'elles une petite barre d'acier trempé, poli & bien aimanté, qui remplisse exactement ces rainures sans déborder les tablettes ; couvrez le tout d'un double papier collé, afin qu'on ne soupçonne pas qu'il y ait rien de caché dans leur intérieur ; écrivez sur ces tablettes les chiffres 2, 3, 4 & 7 (2), & observez qu'ils soient tracés sur ces quatre tablettes, eu égard à la disposition des

_____

(1) Ce bouton doit en apparence servir à ouvrir la boîte.

(2) Il ne faut pas employer les chiffres 1, 6 & 9, attendu qu'en mettant les tablettes le haut en bas, ils forment d'autres chiffres, ce qui feroit alors manquer l'effet de cette récréation.

poles des barreaux aimantés qui y sont renfermés, comme l'indique exactement cette figure.

Prenez ensuite votre deuxième boëte, & divisez son fond intérieur en quatre quarrés égaux, au centre de chacun desquels vous ajusterez un pivot, & sur chacun d'eux vous placerez une aiguille aimantée (*fig. 4. pl. 7. ibid.*), renfermée entre deux petits cercles de carton très-mince, faits seulement avec deux morceaux de papier collé l'un sur l'autre ; ayez une attention particulière à ce que ces aiguilles, ainsi garnies de leur cercle, soient parfaitement en équilibre, afin qu'elles ne puissent pas frotter sur le verre dont elles doivent être couvertes. Divisez ensuite ces quatre cercles par deux diamètres qui se coupent à angles droits, & transcrivez sur chacun d'eux, & à égale distance de leur centre, les quatre chiffres 2, 3, 4 & 7, que vous avez déja transcrits sur les quatre tablettes, & disposez-les exactement, eu égard aux poles des aiguilles aimantées qui y sont renfermées.

Couvrez ensuite cette première boëte d'un verre, sur lequel sera collé un papier où vous aurez ménagé quatre ouvertures au-dessus de la position où se trouvent les quatre chiffres qui sont tournés du côté de la charnière de cette deuxième boëte, lorsque la première boëte, remplie de ces quatre tablettes, se trouve exactement placée au-dessous.

La *figure* AS nº. 1, pl. 7, représente la boëte dans laquelle on doit insérer les quatre tablettes de la boëte aux chiffres.

La *fig.* BS, nº 2, désigne la boëte sur le fond de laquelle roulent sur leurs pivots les quatre cercles de carton où l'on a transcrit les chiffres qui se présentent successivement à chacune des ouvertures faites au carton qui couvre le dessus intérieur de cette boëte N S, les aiguilles aimantées insérées dans ces cercles de carton.

Même figure, nº 3, C D E F, les quatre tablettes où ont été insérés les barreaux aimantés, & sur lesquels sont transcrits les chiffres.

La *fig.* 4, même planche, représente le petit cadran ou cercle qui se met au fond de la lunette magnétique, & qui sert à faire connoître le nombre qu'on a renfermé dans la boëte.

La *fig.* 11 est la petite bascule pour fixer les quatre cercles.

Lorsqu'on aura disposé, en quelque manière que ce soit, ces quatre tablettes en la deuxième boëte, & qu'on aura, par ce moyen, formé un nombre quelconque avec les quatre chiffres qui y sont transcrits ; si après l'avoir fermé, on pose au-dessus d'elle la première boëte, les quatre aiguilles aimantées qui sont mobiles sur leurs pivots,

pivots, prendront (conformément aux principes établis précédemment) une direction semblable à celle des barreaux renfermés dans les tablettes ; & on appercevra de nécessité par les quatre ouvertures qui ont été ménagées sur le papier qui couvre le verre, quatre chiffres, non-seulement semblables, mais encore rangés dans le même ordre que celui qui aura été donné aux tablettes, ce qui est fort aisé à concevoir pour peu qu'on examine la manière dont les chiffres sont réciproquement tracés, tant sur les tablettes que sur les cercles, eu égard aux poles respectifs des aiguilles & barreaux aimantés qui y sont contenus. Voyez les figures de cette quatrième planche.

Récréation qui se fait avec cette boëte aux chiffres.

Pour surprendre agréablement avec cette récréation, on donne à une personne la deuxième boëte & ses quatre tablettes, en lui laissant la liberté de les y insérer secrettement, de manière que les chiffres qui y sont transcrits, forment un nombre à sa volonté ; on prévient cette personne qu'on a disposé à l'avance dans la première boëte le nombre qu'elle va former ; lorsqu'elle a rendu la boëte bien fermée, on pose la première boëte au-dessus, & un instant après (1) on l'ouvre, & on lui fait voir ce même nombre.

Nota. Pour rendre cette récréation beaucoup plus extraordinaire, on peut (comme il a été déjà dit) ajouter un bouton au-devant de la première boëte, afin qu'en le tournant un peu, sous prétexte de l'ouvrir, on puisse faire lever une petite bascule de cuivre qui porte à son extrémité une aiguille de laiton, qui appuiera alors sur les quatre cercles de carton, ce qui les fixant & contenant entièrement, procurera la facilité d'ôter cette première boëte de dessus la deuxième, sans que les cercles de carton puissent se déranger de la position qu'ils auront pris.

Autre récréation qui se fait avec cette même boëte.

On peut, sans se servir de la première boëte, nommer le nombre qui a été secrettement formé ; il suffit pour cela d'insérer au fond de la lunette magnétique, ci-devant décrite, un cadran semblable à celui désigné par la *fig.* 11. *pl.* 6. Alors posant successivement la lunette sur le couvercle de cette boëte, au-dessus des endroits où se trouvent posées les tablettes, on reconnoîtra de même quels sont les chiffres qui y sont transcrits, & le nombre qu'ils doivent former.

Observation.

Les tablettes sur lesquelles sont écrits les quatre

Amusemens des Sciences.

---

chiffres 2, 4, 5 & 7, produisent les vingt-quatre permutations ou changemens d'ordre contenus en la table ci-dessous.

7.2.5.4	2.7.5.4	5.7.2.4	4.7.2.5.
7.2.4.5	2.7.4.5	5.7.4.2	4.7.5.2.
7.5.2.4	2.5.7.4	5.2.7.4	4.2.5.7.
7.5.4.2	2.5.4.7	5.2.4.7	4.2.7.5.
7.4.2.5	2.4.7.5	5.4.7.2	4.5.2.7.
7.4.5.2	2.4.5.7	5.4.2.7	4.5.7.2.

Autre récréation.

Si au lieu de ces quatre chiffres on transcrit sur les tablettes & cercles les quatre lettres (par exemple) du mot *A. M. O. R.* les différens mots ou anagrammes qu'on pourra former en la deuxième boëte, par les permutations dont sont susceptibles ces quatre tablettes, se représenteront de même en la première boëte. Cette récréation, présentée de cette manière, peut avoir aussi son agrément ; on verra quelque chose de plus extraordinaire en ce genre dans la suite de cet ouvrage.

Autre récréation qui peut se hasarder avec cette boëte.

Quoique les quatre chiffres portés sur les tablettes ci-dessus puissent former par toutes les combinaisons ou changemens d'ordre dont ils sont susceptibles, vingt-quatre nombres différens, il arrive cependant, lorsqu'il y a des séparations entr'elles, que lorsqu'on présente la boëte à une personne pour former un nombre avec les quatre tablettes qu'elle contient, elle fait naturellement un des changemens ci-après ; en sorte que si l'on a présenté la boëte de manière que les chiffres soient dans l'ordre 2, 4, 5, 7, celle à laquelle on la remet, lève ordinairement la tablette 2, pour la changer avec la quatrième 7, & s'appercevant ensuite qu'elle ne les a pas changées toutes les quatre, elle échange la deuxième tablette 4 contre la troisième 5, & forme alors dans la boëte le nombre 5, 7, 4, 2, qui se trouve être celui qui étoit d'abord dans la boëte pris à rebours.

Il arrive moins fréquemment qu'on place le 2 à la place du 5, & le 4 à la place du 7, ce qui produit le nombre 5, 2, 7, 4. Il arrive encore plus rarement qu'on échange le 2 contre le 4, & le 5 contre le 7, ce qui forme le nombre 4, 2, 7, 5. (2)

---

(2) Il peut arriver, ce qui est encore plus rare, qu'on n'échange que deux chiffres, en mettant le deux à la place du quatre, cinq ou sept : le quatre à la place de cinq ou sept ; & le cinq à la place du sept, ce qui forme, avec les trois changemens ci-dessus, neuf ma-

Cette explication fait voir qu'on peut se hasarder à nommer d'avance le nombre qu'une personne doit composer, & qu'on y peut réussir assez fréquemment; mais si l'on a rencontré juste, il faut se donner de garde de recommencer une deuxième fois à l'annoncer, & il faut laisser ceux avec lesquels on s'amuse, dans l'embarras de deviner comment on a pu y parvenir.

On peut encore mettre à l'avance un de ces trois nombres dans un petit papier cacheté, placé sous un chandelier, & lorsqu'on a reconnu que la personne a fait ce changement, lui donner à ouvrir ce papier.

Il est encore aisé de voir que si la personne qui a formé le nombre a fait un des trois changemens, qui, comme on l'a dit ci-dessus, sont les plus fréquens, & qu'elle ait conséquemment formé l'un des trois nombres 5, 7, 2. 5, 2, 7, 4 ou 4, 2, 7, 5, les derniers chiffres étant 2, 4 ou 5; on pourra, en couvrant d'un carton le dessus intérieur de la première boëte, le faire glisser pour voir seulement le dernier chiffre, & nommer la somme entière avant de le retirer entièrement de dessus le verre qui les couvre.

Le petit arithméticien.

Faites faire une boëte hexagone A B C D E F (Figure 6, pl. 7, *Amusemens de Physique*) d'environ six à sept pouces de diamètre; donnez-lui cinq à six lignes de profondeur, & réservez sur son fond une feuillure pour la couvrir d'un verre blanc, qui doit être placé à fleur de cette boëte, afin qu'elle ait son couvercle qui puisse la couvrir en tout sens.

Construisez un plateau G H I L M N; (*fig. 7*, *même planche*) qu'il soit d'une grandeur égale à cette boëte, & ait trois lignes d'épaisseur, garnissez-le d'un rebord, qui de chaque côté excède d'une ligne son épaisseur, afin que la boëte ci-dessus puisse se poser de tous les sens sur ce plateau.

Couvrez d'un papier le fond intérieur de la fig. 6, & tracez-y un cadran, que vous diviserez en vingt-quatre parties égales : à cet effet, tirez les lignes ou diagonales AD. BE. CF. Divisez en parties égales la portion de ce cadran comprise entre chacune de ces lignes, & transcrivez les nombres 1, 2, 3, 4, 5, &c. jusqu'à 24, comme le désigne cette même figure. Mettez

une très-petite pointe (1) en-dehors de la boëte, & vers l'angle auquel répond le nombre 1.

Ajustez un pivot au centre de cette boëte, & posez-y une aiguille aimantée couverte d'une petite figure de carton H, peinte & découpée, tenant en sa main une petite flèche dont la pointe se trouve tournée directement vers le nord de cette aiguille.

Tirez sur le plateau (*fig. 7. même planche.*) les deux diagonales GL & HM. Décrivez du point de section ou centre C le cercle GHLM; & prenez sur l'arc GH sa huitième partie que vous porterez de G en *a*, & sur l'arc MN même partie que vous porterez de L en *b* : tirez par ces deux points de division la ligne *a b* : creusez le plateau selon la direction de cette ligne; & insérez-y le barreau aimanté *s n*, garnissez-le de cire, & le couvrez d'un papier, ainsi que l'autre côté de ce même plateau, afin qu'on ne puisse en aucune façon l'appercevoir; faites une petite marque à ce papier, à l'angle vers lequel se trouve le sud du barreau que vous avez renfermé dans ce plateau.

Ayez un jeu de piquet, & transcrivez sur le côté blanc des cartes dont il est composé, les nombres 1 jusqu'à 32, en observant que ces 32 nombres doivent avoir rapport aux différentes figures & couleurs des cartes sur lesquelles ils sont écrits, c'est-à-dire, comme l'indique suffisamment la table ci-après.

TABLE.

Nº. 1. As de carreau.

2. Roi de carreau.

3. Dame de carreau.

4. Valet de carreau.

5. Dix de carreau.

6. Neuf de carreau.

7. Huit de carreau.

8. Sept de carreau.

9. As de cœur.

10. Roi de cœur.

11. Dame de cœur.

12. Valet de cœur.

13. Dix de cœur.

14. Neuf de cœur.

---

nières de permuter ces quatre chiffres, en supposant que la personne n'ôte pas les quatre tablettes toutes ensemble de leur case pour les y disposer à son gré, ce qui pourroit former alors les vingt-quatre combinaisons.

---

(1) Cette pointe sert à reconnoître au tact le côté ou angle de cette boëte.

15. Huit de cœur.

16. Sept de cœur.

17. As de pique.

18. Roi de pique.

19. Dame de pique.

20. Valet de pique.

21. Dix de pique.

22. Neuf de pique.

23. Huit de pique.

24. Sept de pique.

25. As de trefle.

26. Roi de trefle.

27. Dame de trefle.

28. Valet de trefle.

29. Dix de trefle.

30. Neuf de trefle.

31. Huit de trefle.

32. Sept de trefle.

Ayez en outre vingt-quatre petits morceaux de carton fort mince, sur lesquels vous transcrirez les nombre 1 à 24.

Lorsqu'on placera successivement cette boëte sur son plateau, dans chacune de six différentes positions qu'on peut lui donner à volonté; la flèche que tient la petite figure H (*fig. 6. pl. 7. Amusemens de Physique.*), se fixera à chacune d'elles sur les nombres 1, 2, 4, 8, 12 ou 24, & si on se souvient de ces nombres, on pourra lui faire indiquer celui d'entr'eux qu'on voudra, puisqu'il suffira de placer le côté de l'angle de la boëte où est la petite marque, vers l'un ou l'autre des six angles du plateau, & que d'autre part la pointe mise sur le plateau fera connoître quel est cet angle.

Il sera également facile de connoître quel est le nombre que l'on a choisi, puisque (suivant la table ci-dessus) la figure & la couleur de la carte l'indique précisément, & qu'il suffit de se souvenir de l'ordre des couleurs & des cartes. On saura donc, par exemple, que si une personne a choisi le dix de pique, elle a pris nécessairement le nombre 21.

Récréation qui se fait avec cette boëte.

Après avoir remis à une personne les 32 cartes de ce jeu de piquet, on lui dira d'y choisir un nombre à sa volonté; & lui ayant fait mettre sa carte sur le plateau, on reconnoîtra par la couleur

& la figure de la carte, quel est le nombre qu'elle a choisi, qu'on suppose ici être le 21, désigné par le dix de pique, & ayant examiné en soi-même que les trois nombres 12, 8 & 1 joints ensemble peuvent former le nombre 21; on placera la boëte sur son plateau dans une position à faire indiquer par la petite figure le nombre 8, & ouvrant le couvercle de la boëte, on le fera voir; on la refermera ensuite pour la lever de dessus le plateau, afin d'y prendre le petit carton sur lequel est transcrit le N°. 8 (1). On demandera à la personne si c'est le nombre qu'elle a choisi, & sur sa réponse on mettra la boëte sur le plateau, de manière à faire indiquer par la figure le nombre 12; on suivra enfin la même opération jusqu'à ce que les nombres portés sur les petits morceaux de carte qu'on aura soin de faire retirer à chaque position, forment celui qui est écrit sous la carte choisie.

Il est à remarquer que quelque nombre que la personne choisisse, il peut être formé par quelques-uns des six nombres 1, 2, 4, 8, 12, 24, qui sont les seuls qui peuvent être indiqués par la figure qui fait agir le barreau aimanté, renfermé dans le plateau, à moins cependant qu'on ne pose la boëte sur l'autre face du plateau, attendu qu'alors les six différentes positions produiroient d'autres nombres avec lesquels on ne pourroit composer tous les nombres depuis 1 jusqu'à 32. Ce côté peut servir néanmoins pour indiquer d'un seul coup les nombres 9, 10, 11, 15, 19 & 21, dont il suit qu'ayant reconnu qu'on a pris un de ces nombres, on peut laisser le choix à la personne de le lui faire indiquer en une ou plusieurs fois, en se servant alors sans affectation de l'un ou de l'autre côté du plateau.

Nota. S'il arrivoit que par méprise on eût fait amener un nombre plus fort qu'il ne falloit, on pourroit alors, pour ne pas paroître absolument en défaut, poser une nouvelle fois la boëte sur le plateau, de manière à faire indiquer l'excédent de ce nombre, pour en faire la soustraction sur le nombre total que la figure auroit mal-à-propos indiqué.

Boëte aux métaux.

Faites faire une boëte de bois de noyer de figure hexagone ABCDEF (*fig. 15. pl. 7. Amusemens de Physique.*), de six à sept pouces de diamètre, & quatre lignes de profondeur; que son

---

(1) Les 32 petits cartons dont on a parlé, doivent être mis sur le plateau; on s'en sert en apparence pour faire le compte des points indiqués par la figure, quoiqu'ils n'y soient mis que pour servir de prétexte à lever la boëte de dessus le plateau, pour la poser ensuite dans la situation nécessaire.

F 2

couvercle n'ait qu'une ligne d'épaisseur, & qu'il puisse la couvrir en tout sens.

Divisez chacun des six côtés de cette boëte en deux parties égales *a. b. c. d. e. f.* & ayant tiré sur son fond intérieur les lignes A*d.* B*r.* C*f.* placez au-dessus de ces lignes les six petites règles de bois A*g.* B*g.* C*g.* D*g.* E*g.* F*g.* lesquelles doivent se réunir au centre commun *g.* & diviser par ce moyen l'intérieur de la boëte en six cases égales entr'elles.

Faites six tablettes de quatre lignes d'épaisseur, qui puisse entrer facilement dans chacune de ces cases dont elles doivent avoir la forme ; tracez sur ces tablettes les lignes A*g.* B*g.* C*g.* D*g.* E*g.* F*g.* & ayant pris sur chacune d'elles le point 1, également éloignés du centre *g.* Décrivez à même ouverture de compas les cercles indiqués par cette figure, faisant à cet effet servir les lignes I*g.* pour première division.

Tracez sur chacune de ces six tablettes les lignes S*n.* & les creusant selon leur direction ; inférez-y six barreaux aimantés, dont le nord & le sud soient tournés, comme l'indique suffisamment cette figure. Couvrez ensuite ces tablettes d'un double papier, afin de masquer les barreaux qui y sont contenus.

Cette disposition étant faite, découpez six petites plaques de différens métaux, sçavoir, or, cuivre, étain, argent, fer & plomb, & donnez-leur, si vous voulez, la figure des planètes sous laquelle on a accoutumé de les désigner. Attachez ces métaux sur leurs tablettes dans l'ordre qu'ils sont indiqués sur la planche, & eu égard aux barreaux aimantés contenus dans ces mêmes tablettes.

Mettez une petite pointe sous cette boëte vers l'angle A, afin de pouvoir reconnoître l'angle de cette même boëte vers lequel se trouve placé l'or ; transcrivez au fond de la boëte, & dans chacune de ces cases les noms de ces six métaux (*voyez la fig.*).

Ayez encore une petite boëte fermant à charnière AB (*fig.* 10. *même planche.*), dont le fond intérieur soit taillé de figure à pouvoir y renfermer une des six tablettes ci-dessus (*fig.* 8.).

Servez-vous d'une lunette magnétique telle que celle décrite ci-devant, au fond de laquelle vous aurez mis un cadran (*fig.* 13. *même planche.*). Ce cadran doit être divisé en six parties égales, & sur chacune d'elles doivent être transcrits les noms de ces six métaux dans le même ordre qu'ils ont été placés, & transcrits au fond de la boëte.

Si après avoir mis les six tablettes dans cette boëte dans les places indiquées au fond de chacune des six cases, on la ferme avec son couvercle, & qu'on pose successivement au-dessus de chacune d'elles la lunette au fond de laquelle est mis le cadran (*fig.* 13.), de manière que le

mot or, qui est transcrit se trouve exactement tourné du côté d'un des angles de la boëte ; & le mot argent vers le centre ; il s'ensuivra que suivant la construction ci-dessus, l'aiguille aimantée contenue dans la lunette se dirigera sur le nom du métal appliqué sur la tablette, ce qui aura également lieu, quand même la tablette ne seroit pas à la place qui lui est affectée. D'où il est aisé de juger, qu'ayant remis à une personne la boëte avec les tablettes rangées dans leur ordre, on reconnoîtra le changement qu'on aura pu faire, ce qui sera d'autant plus facile, qu'il y a une petite pointe sous la boëte qui désigne où étoit placé l'or, & que d'un autre côté le nom des métaux se trouve transcrit dans la lunette, dans le même ordre qu'ils ont dû être placés dans la boëte, avant de la remettre à la personne qui y a fait les changemens qu'elle a jugés à propos.

Il en sera de même, s'il y a une de ces tablettes renfermée dans la petite boëte, c'est-à-dire, qu'on la reconnoîtra en posant la lunette sur son couvercle, de manière que les mots or & argent soient respectivement tournés des deux côtés de cette boëte.

AB, *fig.* 14, est le cadran servant à faire reconnoître la tablette.

Récréation qui se fait avec cette boëte.

Les six tablettes ou métaux étant placés dans cette boëte suivant l'ordre qui y est transcrit, on la remettra à une personne en lui proposant de les changer à son gré, & secrettement de place, & on la préviendra que quelque changement qu'elle puisse faire, on l'appercevra en regardant à travers le couvercle de la boëte, qu'on lui recommandera de rendre bien fermée ; ce qu'on reconnoîtra en appliquant successivement la lunette magnétique sur le couvercle, & au-dessus de chaque tablette de la manière qu'il a été enseigné ci-dessus.

On pourra aussi proposer à cette personne d'ôter à sa volonté un des métaux, & de le renfermer secrettement dans la petite boëte (*fig.* 10. *pl.* 7.), & on lui nommera de même quel est celui qu'elle y a caché.

Autre construction, au moyen de laquelle on peut connoître si l'on a mis sens dessus dessous les tablettes sur lesquelles sont placés les métaux.

Servez-vous d'une boëte de même construction que celle ci-dessus, excepté que vous devez lui donner huit pouces de diamètre. Au lieu de diviser en six parties égales les cercles que vous devez tracer sur les tablettes, divisez-les en douze parties, & inférez-y des barreaux aimantés, de manière que leur sud soit tourné du côté des points ABCDEF ; divisez de la même manière, & en douze parties égales le cadran (*fig.* 14. *pl.* 7.), & placez-le au fond de votre lunette magnétique ; faites une petite marque à ce cadran entre les mots or & *or*, & entre ceux *fer* & *fer*.

Ces six tablettes étant renfermées dans la boëte selon le même ordre qui a été expliqué à la précédente récréation ; on les reconnoîtra au travers de la boëte, attendu que l'aiguille renfermée dans la lunette se dirigera alors sur les mots, *or*, *cuivre*, *étain*, *argent*, *fer* ou *plomb*, qui sont transcrits du côté B ; au contraire, si on a retourné les tablettes, l'aiguille indiquera ces mêmes métaux du côté A de ce cadran ; d'où il suit qu'avec cette construction on pourra reconnoître si l'on a retourné quelques-uns des métaux, de même que si on les a mis en d'autres places, ce qui rendra assurément cette récréation beaucoup plus agréable & plus difficile à comprendre.

Il est à remarquer ici qu'il est très-essentiel de poser la lunette sur le couvercle, de manière que la petite marque faite au cadran vers les mots *or*, se trouve placé vers l'angle de la boëte où se trouve la tablette dont on veut découvrir le métal, & la marque mise vers les mots *fer*, vers le centre du couvercle.

Boëte aux fleurs.

Faites tourner une boëte d'environ cinq pouces de hauteur sur deux d'épaisseur, comme l'indique la *figure* 12, *pl.* 7, *Amusemens de Physique* ; que son dessus ou couvercle B, qui doit être fort mince, entre à vis dans le dessous ou pied A, qui doit porter un petit vase C percé en son milieu pour y recevoir le bas de la tige de deux fleurs artificielles différentes l'une de l'autre F & G. Servez-vous, pour former ces tiges, d'une petite tringle ou fil d'acier d'Angleterre trempé, poli & fortement aimanté, en observant que le côté du Nord de ces deux tringles doit être à l'une, celui qui doit entrer dans le vase C, & à l'autre celui qui forme le haut de la tige ; ces tiges doivent être couvertes de soie verte, & garnies d'autres petits branchages de fil de fer également couverts de soie, sur lesquels doivent être ajustées les feuilles & fleurs qui doivent former ces deux différens bouquets.

L'une de ces deux fleurs ou bouquets F, étant insérée dans cette boëte, le nord de la tringle qui en forme la principale tige, se trouvera tourné du côté du vase ; si c'est l'autre fleur G, ce sera le sud de sa tringle aimantée qui sera de ce même côté : d'où il s'ensuit qu'en approchant du côté de cette boëte la lunette magnétique décrite ci-devant, la direction de l'aiguille qui y est renfermée, indiquera celle des deux fleurs qui y a été insérée, & si l'on n'a mis aucune

des fleurs, l'aiguille ne se fixant pas, le fera également distinguer.

Récréation qui se fait avec cette boëte.

On présente cette boëte à une personne, en lui laissant la liberté d'y insérer une des deux fleurs qu'on lui remet également, ce qu'elle doit faire secrettement, & rendre ensuite la boëte bien fermée ; on regarde alors avec la lunette si un des côtés de l'aiguille se dirige du côté de cette boëte, & on lui dit si elle y a mis la fleur.

Autre récréation.

On présente à une personne les deux fleurs, en lui laissant la liberté d'insérer secrettement dans la boëte celle qu'elle jugera à propos, & on reconnoît & nomme de même celle qu'elle a cachée.

Nota. On peut employer dans cette récréation trois fleurs différentes, & ne pas aimanter la tige de cette troisième, afin de pouvoir la distinguer des deux autres, & donner alors le choix sur trois fleurs ; mais il est à remarquer qu'on pourroit se tromper si la personne n'en inséroit aucune dans la boëte.

L'écu dans une tabatière.

Prenez un écu de six livres, & le faites percer avec un foret, d'un trou qui le traverse diamétralement ; inférez-y une petite tringle d'acier poli & trempé, ou une aiguille à coudre bien aimantée. Bouchez avec un peu d'étain l'ouverture que le foret a fait, afin qu'on ne s'apperçoive pas du mystère.

Lorsqu'on regardera cet écu avec la lunette magnétique ci-devant décrite, l'aiguille qu'elle contient se fixera suivant la direction de la petite tringle qui y a été introduite.

Récréation.

Il faut demander à une personne un écu de six livres, y substituer adroitement celui qu'on a ainsi préparé, & le donner à une autre personne, de même que si c'étoit celui qu'on vient de recevoir, en lui disant de l'insérer ou non dans sa tabatière, & de la remettre sur la table ; alors, sans y toucher, on regardera avec la lunette (que l'on posera très-près du couvercle) si la tringle enfermée donne à l'aiguille une direction, & on annoncera si l'écu est dans la tabatière. Il faut faire attention que l'aiguille qui est au fond de la lunette magnétique se tourne & se fixe naturellement du côté du nord, comme fait une aiguille de boussole ; & qu'ainsi il est

AIM

48

essentiel (avant d'approcher la lunette du couvercle de la tabatière) de regarder sa situation,
qui doit changer à mesure que la lunette approche de l'écu ; cependant, si par hasard la petite tringle insérée dans l'écu se trouvoit pour
le moment placée dans la direction du méridien
magnétique , on pourroit manquer la récréation.

Nota. Il faut se servir, pour cette récréation,
d'une lunette dont l'aiguille soit extrêmement
sensible , attendu que la petite tringle aimantée
& renfermée dans l'écu, n'a pas grande force pour
l'attirer , principalement si la tabatière dans laquelle on l'a cachée se trouvoit un peu profonde. C'est pourquoi il est bon d'avoir une petite boëte de carton fort plate pour y faire
mettre cet écu.

Cadran magnétique horisontal.

Faites faire par un tourneur le cadran (*fig.
première , pl.* 8 , *Amusemens de Physique*) de trois
à quatre pouces environ de diamètre , dont le
pied B qui doit être mobile , tourne un peu juste
dans le cercle de dessus A. Placez sur ce cercle A
un cadran de carton C , sur lequel vous marquerez les nombres 1 jusqu'à 12 ; après l'avoir divisé
en douze parties égales entr'elles. Le cercle A
doit avoir une petite rainure pour contenir les
bords du cercle de carton qui doit être fixé sur
la tige du pied B ; cette pièce doit enfin être
construite , de façon qu'en tournant le pied de
ce cadran , le cercle de carton puisse tourner
sans le cadre qui lui sert de bordure.

Placez entre ce carton & le dessous du cercle
qui lui sert de cadre , une lame d'acier aimantée
E , percée en son milieu d'un trou suffisant
pour laisser passer la tige du pied B ; fixez cette
lame à demeure sur le cercle A. Mettez en-
dehors de ce cercle une très-petite pointe P ,
placée vers l'extrémité du sud de la lame E ,
afin de pouvoir reconnoître l'endroit où doit
s'arrêter le nord ou la pointe de l'aiguille aimantée I , qui doit tourner librement sur le pivot
O , mis au centre du cercle de carton A.

Ayez en outre un petit sac divisé en trois
ou quatre parties différentes, construit à-peu-
près comme les sacs à ouvrage dont les dames se
servent , mais plus petit ; il importe peu de quelle
étoffe, pourvu cependant qu'elle ne soit pas trop
claire.

Inférez dans la première division de ce sac
douze petits quarrés de carton, sur lesquels vous
transcrirez les nombres 1 jusqu'à 12 , & dans
chacune des autres divisions vous y mettrez douze
cartons de même forme & grandeur, mais dont les
chiffres soient les mêmes dans chaque division ,
c'est-à-dire , que dans la deuxième division il doit
y avoir (par exemple) douze nombres 7 , dans

la troisième douze nombres 10 ; &c. suivant la
quantité des divisions faites à ce sac.

Lorsqu'on aura disposé le cadran , en le faisant
tourner de manière qu'un de ces nombres se
trouve placé directement vis-à-vis la petite pointe
qui est sur le bord de son cercle , & qu'ensuite
on fera tourner l'aiguille aimantée en la posant
sur son pivot , elle s'arrêtera immanquablement
sur ce nombre , attendu que suivant la propriété
de l'aimant , ci-devant expliquée , elle doit prendre la même direction que la lame aimantée cachée
au-dessous d'elle , & que le nord de cette aiguille , désigné par sa pointe , doit se trouver
directement au-dessus du sud de cette lame.

A l'égard du petit sac , il est fort facile en
l'ouvrant de faire prendre un des cartons contenus
dans l'une ou l'autre de ces divisions.

Récréation qui se fait avec ce cadran.

Après avoir secrettement disposé le cadran sur
un des nombres semblables contenus dans une des
divisions de ce sac , on tirera de sa première division tous les nombres 1 à 12 , & on les fera
remarquer à ceux devant qui on fait la récréation ; on les remettra ensuite dans ce sac.

On présentera alors à une personne une des
divisions du sac où tous les nombres sont semblables à celui sur lequel on a disposé le cadran,
& on lui dira d'en prendre un au hasard , & de
le tenir caché dans sa main ; plaçant ensuite l'aiguille sur son pivot , & la faisant tourner aussi-
tôt , elle s'arrêtera sur le nombre que cette personne aura cru choisir à son gré.

On pourra recommencer sur le champ cette
récréation , en disposant adroitement le cadran
sur un des nombres semblables contenus dans une
des autres divisions de ce sac.

Autre récréation qui se fait avec ce même cadran.

Vous ferez tirer par deux personnes dans deux
différentes divisions de ce sac , & à chacune un
seul nombre , & leur direz que si les deux nombres
qu'elles ont choisis étant joints ensemble, excèdent
celui de douze , l'aiguille indiquera l'excédent ,
& que si au contraire ils ne l'excèdent pas , elle
indiquera le montant des deux nombres , ce qu'on
exécutera , en préparant à l'avance la petite pointe
sur le 5 , si l'on veut faire tirer les nombres 10
& 7 , ou en la disposant sur le 9 , si on doit faire
tirer les nombres 6 & 3 ; cette récréation faite à
la suite de la précédente , fera paroître l'effet
de ce cadran plus extraordinaire.

*Autre construction produisant une récréation différente
de celles ci-dessus.*

Au lieu de douze nombres portés dans les

douze divisions de ce cadran, transcrivez-y les noms de quatre couleurs de cartes à jouer, & ceux des huit figures différentes qui composent un jeu de piquet ; disposez-les dans les divisions de ce cadran, ainsi qu'il suit, & comme l'indique la fig. deuxième, même pl. 8.

1 . Cafe. . . . . . As.

2e . . . . Roi.

3e . . . . Valet.

4e . . . . Cœur.

5e . . . . Dame.

6e . . . . Carreau.

7e . . . . Huit.

8e . . . . Pique.

9e . . . . Dix.

10e . . . . Sept.

11e . . . . Trefle.

12e . . . . Neuf.

Ayez deux aiguilles semblables A & B, (fig. 3, même pl. 8), que vous puissiez cependant distinguer l'une de l'autre, aimantez-les de manière qu'à l'une la pointe désigne le nord, & qu'à l'autre cette même pointe désigne le sud.

Lorsque vous placerez sur le pivot de ce cadran l'aiguille dont la pointe désigne le nord, & que vous la ferez tourner, elle s'arrêtera sur celle des quatre couleurs des cartes sur laquelle vous aurez disposé la petite pointe, qui comme on l'a dit ci-dessus, se trouve placée vers le sud de la lame aimantée renfermée sous le cadran, (que l'on suppose sur la fig. 2. être pique). Retirant cette aiguille, & y substituant l'autre, elle indiquera le roi, qui se trouve diamétralement opposé au mot Pique : il en sera de même des autres figures & des couleurs qui leur sont de même diamétralement opposées.

Nota.- Des huit figures indiquées sur ce cadran, il n'y en a que quatre qui servent ; sçavoir, le roi, la dame, le neuf & le sept, les autres n'y sont transcrites que pour les compléter, & elles ne peuvent par conséquent être employées pour la récréation qui suit ; elles peuvent néanmoins servir pour la récréation qu'on trouvera à la suite de celle-ci.

Récréation qui se fait avec ce cadran.

Donnez à tirer dans un jeu de piquet la carte sur laquelle vous avez préparé ce cadran ; ce qui est fort facile en se servant d'un jeu où cette carte soit plus large que les autres, afin de pouvoir la sentir au tact, & la présenter de préférence ;

dites à la personne qui l'aura tirée de ne pas la laisser voir.

Présentez ensuite le cadran à une autre personne, & donnez lui une des deux aiguilles A, en lui disant de la placer sur son pivot, & de la faire tourner, & vous serez remarquer que cette aiguille indique d'abord la couleur de la carte qui a été tirée ; reprenez ensuite le cadran, ôtez-en l'aiguille, & en la changeant adroitement, présentez-le avec l'aiguille B, à une autre personne qui amenera la figure de la carte qui a été tirée.

Nota. Si la personne à laquelle on présente la carte sur laquelle le cadran est préparé, tiroit une autre carte, il faudroit au lieu de cette récréation faire quelque tour de carte pour ne pas paroître en défaut ; on en trouvera de toutes sortes dans la suite de cet ouvrage, où l'on n'omettra rien de ce qu'il y a de plus amusant dans ce genre.

Autre récréation qui se fait avec ce même cadran.

Ayez un jeu de piquet où vous aurez mis deux cartes plus larges que les autres, semblables à deux de celles, qui dans ce cadran sont diamétralement opposées, & ne servent pas à la précédente récréation ; telles que l'as & le huit, le valet & le dix. Faites tirer ces deux cartes à deux personnes différentes, c'est-à-dire, à chacune une.

Présentez ensuite le cadran que vous avez préparé sur ces deux cartes à la première personne, avec l'aiguille nécessaire pour indiquer la figure de la carte tirée par la 2e. Otez l'aiguille, & y substituant l'autre sans qu'on s'en apperçoive, vous la donnerez à la seconde personne, afin de lui faire amener la carte tirée par la première.

Nota. Cette récréation ne peut indiquer que la figure des cartes qui ont été tirées, & n'en a fait ici mention, qu'afin de diversifier les amusemens qu'on peut faire avec ce cadran.

La Mouche savante.

Faites faire une boëte de bois de noyer, de figure hexagone A B C D E F, (fig. 7, pl. 8, Amusemens de Physique), à laquelle vous donnerez environ huit pouces de diamètre, & 5 à 6 lignes de profondeur. Réservez-y une petite feuillure pour y placer un verre qui la doit couvrir ; que cette boëte ait son couvercle qui puisse y entrer facilement en tous sens.

Ayez un plateau, (fig. 9) de même forme & grandeur que cette boëte, donnez-lui trois lignes d'épaisseur, entourez-le d'un rebord, qui de côté & d'autre l'excède d'une ligne : enfin que la boëte ci-deſſus puiſſe ſe poſer en tous ſens ſur les deux faces de ce plateau, & qu'elle y ſoit contenue dans une exacte poſition, au moyen des rebords ci-deſſus.

Collez un papier ſur le fond de cette boëte, & tracez-y un cadran que vous diviſerez en vingt-quatre parties égales ; à cet effet tirez d'angle en angle les lignes ou diagonales AD, BE, CF, & diviſez en quatre parties égales chacune des ſix portions de ce cadran qui ſe trouvent compriſes entre ces lignes ; tranſcrivez dans ces vingt-quatre eſpaces les noms & la couleur des vingt-quatre cartes d'un jeu de piquet, dont on a ôté les *huit* & les *ſept*, & ayant une attention particulière à le faire dans le même ordre que le déſigne la figure de cette planche. Mettez une très petite pointe au côté de cette boëte vers lequel ſe trouve tranſcrite la *dame de cœur*, afin de pouvoir le reconnoître en touchant cette boëte.

Tirez ſur le plateau (*fig. 9, même pl.*) les deux diagonales GI & HL, & décrivez du centre C le cercle GHIL. Diviſez en quatre parties égales les arcs GH, & IL, & ayant partagé en deux autres parties égales les deux diviſions diamétralement oppoſées A & B, tirez la ligne AB. Creuſez enſuite votre plateau le long de cette ligne, & logez-y un barreau bien aimanté de quatre pouces de longueur. Couvrez de part & d'autre ce plateau avec un papier de couleur, afin qu'on n'apperçoive pas qu'il y ait rien de caché dans ſon intérieur.

La *fig. 4* ABCDEF repréſente la boëte placée ſur ſon plateau.

Placez un pivot P au centre de votre boëte, & poſez-y une aiguille aimantée [1] de la forme indiquée par les figures 5 & 6 ; qu'elle ait à ſon extrémité une petite pointe très-fine P, à laquelle on puiſſe attacher ou ajuſter une mouche naturelle ou artificielle.

Couvrez la partie du verre qui eſt concentrique au cadran avec un cercle de papier G & H, *fig. 9* afin de cacher cette aiguille, & qu'on ne puiſſe apperçevoir rien autre que cette mouche qui doit paroître tourner ou marcher autour du cadran.

Faites une petite marque au côté du cadran vers lequel ſe trouve la *dame de cœur*.

(1) Le trou fait à la chape de cette aiguille ne doit pas être évaſé, & de forme conique, comme il eſt d'uſage aux aiguilles de bouſſole, mais ſeulement percé d'un petit trou dans une partie de ſa longueur, afin que l'aiguille puiſſe ſe maintenir plus aiſément dans un parfait équilibre.

Ayez un jeu de piquet dont on ait ôté les *huit* & les *ſept* & diſpoſez-le dans l'ordre ci-après.

1re. Carte.	Valet de cœur.
2e.	Roi de carreau.
3e.	As de cœur.
4e.	Dix de cœur.
5e.	Dame de carreau.
6e.	Roi de cœur.
7e.	Valet de carreau.
8e.	Neuf de cœur.
9e.	Valet de trefle.
10e.	Neuf de trefle.
11e.	Dame de cœur.
12e.	Dix de trefle, *carte large.*
13e.	Roi de pique.
14e.	Dame de trefle.
15e.	As de pique.
16e.	Dix de pique.
17e.	Dame de pique.
18e.	Roi de trefle.
19e.	As de trefle.
20e.	Neuf de pique.
21e.	Dix de carreau.
22e.	Neuf de carreau.
23e.	Valet de pique.
24e.	As de carreau, *carte large.*

Il ſuit de l'ordre établi dans la table ci-deſſus, que ſi ſans mêler les cartes, on les donne par deux, enſuite par trois, pour jouer une partie de triomphe, on aura les jeux ſuivans :

Jeu du premier en carte.

Valet de cœur.
Roi de carreau.
Dame de carreau.
Roi de cœur.
Valet de carreau.

Jeu du deuxième en carte.

As de cœur.
Dix de cœur.

Neuf

Neuf de cœur.

Valet de Trefle.

Neuf de trefle.

Retourne.

Dame de cœur.

Par conféquent le deuxième en carte doit néceffairement gagner, foit que le premier en carte joue d'abord fes cœurs ou fes fauffes ; pourvu que le deuxième en carte joue fes fauffes après avoir coupé ; il n'eft pas même befoin que le deuxième en carte connoiffe les cartes que jette celui contre lequel il joue, puifqu'à chaque carte il doit jetter de l'à-tout, foit pour en fournir, foit pour couper.

Le jeu étant toujours fuppofé dans l'ordre ci-deffus établi, fi celui qui fait la récréation fait couper à la carte large[1], & qu'il donne les cartes par deux & par trois ; il en réfultera en outre les jeux fuivans.

Jeu du premier en carte.

Roi de pique.

Dame de trefle.

Dame de pique.

Roi de trefle.

As de trefle.

Jeu du deuxième en carte.

As de pique.

Dix de pique.

Neuf de pique.

Dix de carreau.

Neuf de carreau.

Retourne.

Valet de pique.

Lorfqu'on pofera fucceffivement cette boîte fur un des côtés du plateau, dans chacune des fix pofitions qu'on peut lui donner ; l'aiguille à la pointe de laquelle eft attachée la mouche, prendra la même direction que le barreau renfermé dans le plateau, & on pourra par conféquent lui faire indiquer la retourne, & chacune des cinq cartes qui compofent le jeu de celui qui fait cette récréation. On pourra auffi par une femblable difpofi-

tion de cette boîte fur l'aître face du plateau, faire indiquer à cette mouche les cartes qui compofent la deuxième partie ; il fuffira de faire attention à la marque mife fur le plateau, & à la pointe que l'on a ajufté à la boîte, afin d'éviter de fe tromper dans ces différentes pofitions, & connoître quelle eft la carte fur laquelle la mouche doit fe trouver placée.

Récréation qui fe fait avec cette mouche.

On propofera à une perfonne de faire une partie de triomphe avec une mouche qu'on dira avoir élevé à ce jeu, & qui eft renfermée en cette boîte. On fera femblant de mêler le jeu, & laiffant le choix à la perfonne de couper ou ne pas couper ; on donnera foi-même les cartes par deux & par trois, laiffans voir à l'adverfaire la retourne fans la regarder foi-même ; alors mettant cette carte de retourne fur le plateau, fans en découvrir la figure, on y pofera la boîte de manière à faire indiquer par la mouche quelle eft la carte qui retourne, ce qu'on fera voir à l'adverfaire en levant le couvercle de cette boîte : on lui demandera alors s'il joue ; & s'il paffoit, on annoncera que l'on joue, & comme il eft le premier en carte, on lui dira de pofer fa carte fur le plateau fans la faire connoître, & alors fans s'embarraffer de la carte qu'il a pu jouer, on fera indiquer par la mouche [2] un des à-tous qu'on a en main, avec lequel on coupera ou on fournira de l'à-tout. Si l'adverfaire ayant joué d'abord une de ces triomphes, fait alors une première levée, on lui fera mettre de même la deuxième carte qu'il doit jouer fur le plateau, & l'on fera indiquer par la mouche, un des deux autres à-tous que l'on a dans fon jeu, foit encore pour en fournir ou pour couper la fauffe de l'adverfaire, en obfervant que fi l'on vient à couper, il faudra en mettant le refte de fon jeu fous le plateau, [3] faire indiquer par la mouche une de fes fauffes, afin de gagner forcément la partie.

Nota. Après cette première partie on pourra mêler les cartes fans déranger celles de deffous, faifant enfuite couper à la feconde carte large, & fe fervant de l'autre côté du plateau, on pourra recommencer la feconde partie avec ce même jeu, ce qui paroîtra affez extraordinaire.

Cadrans de communications.

Faites tourner les deux cercles ou cadrans de bois A & B, [*figure 8, planche 8, amufemens de*

---

(1) Cette carte doit déborder les autres d'une demi-ligne, afin que naturellement on coupe à cet endroit.
Amufemens des Sciences.

(2) On pofera à cet effet la boîte fur le plateau dans la fituation convenable.

(3) On fait mettre ainfi les cartes de l'adverfaire, ou fes fiennes même fur le plateau, afin d'avoir un prétexte pour lever la boîte, ce qui donne la liberté

G

phyfique] d'environ neuf à dix pouces de diamètre, fur un demi-pouce d'épaiffeur ; autour défquels & d'un côté feulement, vous ferez réferver une moulure ou bordure d'un demi-pouce de largeur. Partagez la circonférence de ces deux cadrans en vingt-quatre parties égales, dans chacune defquelles vous tranfcrirez les lettres de l'alphabet, fuivant l'ordre qui fe trouve défigné par cette figure première.

Ajuftez chacun de ces cadrans fur leurs pieds E & F, à la bafe defquels vous ne donnerez que deux pouces de large, fur fix à fept de longueur ; afin qu'étant pofés près d'une cloifon, ils n'en foient éloignés que d'un pouce au plus, ce qui eft abfolument néceffaire & effentiel pour la réuffite de cette récréation.

Ajuftez une aiguille de cuivre doré G de fix pouces de longueur, au centre du cadran A ; fixez-la quarrément fur fon axe, de façon qu'en la faifant tourner, & la dirigeant fur une des lettres de ce cadran, le barreau aimanté H, qui doit être auffi fixé fur ce même axe, parallèlement à cette aiguille, fuive fa même direction : remarquez que ce barreau aimanté doit être caché dans l'intérieur de ce cadran, entre le cercle où font tranfcrites ces lettres, & le carton qui doit le couvrir de l'autre côté ; à cet effet en faifant tourner ce cadran, il conviendra de le faire creufer circulairement par derrière, afin de pouvoir y inférer ce barreau, de manière qu'il puiffe tourner librement, & fans aucun frottement.

Placez un pivot [1] au centre du cadran B fur lequel puiffe tourner verticalement, & très-librement une aiguille d'acier aimantée I, de fix pouces de longueur, dont la chape foit entièrement percée ; faites dorer cette aiguille avant de l'aimanter, afin d'éviter qu'on ne puiffe foupçonner qu'elle agit par le moyen de l'aimant.

Ces deux cadrans ayant été ainfi conftruits, déterminez les deux endroits où vous voulez les placer, lorfque vous voudrez vous en amufer ; en obfervant que ce doit être toujours très-près d'une cloifon d'une épaiffeur au plus [2] ; à l'égard de l'éloignement où ils peuvent être entr'eux, cela eft indifférent pour leur effet, mais il eft mieux de les mettre à la plus grande diftance qu'il fe pourra, afin de le rendre plus extraordinaire ; on peut mettre le cadran A fur

une table, & le cadran B fur une confole un peu élevée, cela fait alors un affez bon effet.

Reconnoiffez de l'autre côté de cette cloifon l'endroit qui doit répondre exactement au centre de chacun de ces cadrans, & ayant placé le cadran de carton C, [*figure* 10,] de manière que le pivot qui eft à fon centre, foit précifément dans la même direction que l'axe du cadran A, ajuftez-y une aiguille aimantée & libre fur ce pivot. Tranfcrivez fur ce cadran de carton divifé en vingt-quatre parties, les lettres de l'alphabet dans un fens contraire comme l'indique cette figure C.

Placez également un femblable cercle de carton D [*fig.* 11.] derrière l'endroit de la cloifon où doit être pofé le cadran B. Ajuftez à fon centre un axe fur lequel vous ferez entrer le barreau aimanté NS ; ayez foin que ce barreau ne tourne pas librement, afin qu'il puiffe refter dans toutes les différentes directions qu'on pourra lui donner. [3] Ajuftez fi vous voulez un petit bouton fur ce barreau, à celles du premier cadran, afin de pouvoir le faire tourner plus commodément.

Les deux cadrans A & B, ayant été placés de manière que leurs centres répondent exactement à ceux des deux autres cadrans C & D, cachés derrière la cloifon ; fi l'on conduit l'aiguille du cadran A, fur l'une des lettres qui y font tranfcrites, le barreau renfermé dans ce cadran fuivra la même direction, & fuivant les principes établis ci-devant, l'aiguille placée de l'autre côté de la cloifon fe dirigera fur la même lettre ; ce même effet aura lieu relativement au cadran B, fi on conduit le barreau du cadran D, fur l'une ou l'autre des lettres de l'alphabet, d'où il eft aifé de voir que lorfqu'on indiquera une lettre quelconque fur le cadran A, une perfonne cachée derrière la cloifon l'indiquera facilement fur le cadran B, puifqu'il ne s'agira que de diriger le barreau du cadran D, fur cette même lettre.

Récréation qui fe fait avec ce cadran.

Après avoir fait entendre qu'il y a une fympathie particulière entre ces deux cadrans, en forte que fi l'on dirige l'aiguille de l'un d'eux fur une des vingt-quatre lettres de l'alphabet quelconque, l'aiguille de l'autre cadran qui en eft cependant fort éloignée indique exactement cette même lettre ; on propofe à une perfonne de conduire & arrêter fucceffivement l'aiguille du cadran A, fur toutes les lettres du mot qu'elle voudra choifir à fon gré, ayant foin de lui faire laiffer un intervalle de tems fuffifant entre chacune des nouvelles directions qu'elle donnera à

---

d'en changer à fon gré la pofition, eu égard aux cartes qu'on doit jouer.

(1) Ce pivot doit avoir un très-petit bouton à fon extrémité pour empêcher cette aiguille de tomber.

(2) Si on étoit forcé de les mettre près d'une cloifon de plâtre, il faudroit la creufer par derrière pour y placer les deux autres cadrans ci-après.

---

(3) On doit avoir fait de même à l'égard de l'aiguille du cadran A.

l'aiguille, à chaque changement de lettres, & on fait remarquer que l'aiguille de l'autre cadran indique avec précision chacune de ces mêmes lettres, [1] ce qui assurément occasionne beaucoup de surprise, sur-tout lorsque les cadrans sont fort éloignés, & qu'après les avoir ôté de leur place, on fait observer qu'il n'y a aucune communication méchanique qui puisse les faire agir.

Cette nouvelle construction est beaucoup plus agréable, & d'une exécution plus simple & plus facile qu'aucune de celles employées jusqu'à présent. C'est pourquoi on se dispensera de les rapporter en cet endroit.

Autre récréation qui se fait avec ces mêmes cadrans de communication.

PRÉPARATION.

Ecrivez sur des cartes divers mots Français qui commencent toutes par des lettres différentes, & dont la signification en latin soit absolument composée d'un même nombre de lettres, telles [par exemple] que les mots ci-après.

Mots français.	Mots latins.
Arbre.	Arbor.
Chien.	Canis.
Dieu.	Deus.
Etoile.	Stella.
Gloire.	Gloria.
Faute.	Culpa.
Jardin.	Hortust
Jour.	Dies.
Loi.	Lex.
Mort.	Mors.
Poudre.	Pulvis.
Roi.	Rex.
Table.	Mensa.

Donnez cette table à la personne qui est cachée derrière la cloison.

Lorsqu'une personne ayant choisi secretement & librement un des douze mots français désignés en la table cidessus, aura dirigé l'aiguille du cadran A, sur la première des lettres dont ce mot se trouve composé ; le cadran C, indiquant cette même lettre à la personne cachée, lui fera connoître aussi-tôt quel est le mot français qui a été choisi, & conséquemment quel est le mot latin qui a la même signification : d'où il suit que si on ôte alors le cadran A de sa place, cela n'empêchera pas qu'elle ne puisse faire indiquer par l'aiguille du cadran B, toutes les autres lettres de ce même mot latin, & ce à mesure que la personne qui aura choisi le mot français en indiquera les lettres sur le cadran A, ce qui pourra se faire même avec précision, soit en lui donnant le tems de changer les lettres, soit au moyen d'un signal dont elle sera convenue avec celui qui fera cette récréation, & qu'elle pourra facilement appercevoir au moyen d'un petit trou fait à la cloison, ou de toute autre manière qu'on voudra imaginer.

Récréation.

On donnera ces douze mots français à une personne, en lui laissant la liberté d'en choisir un secrettement, & lui recommandant de garder les autres par devers elle ; on lui annoncera ensuite qu'un des cadrans va indiquer le mot latin qui exprime celui qu'elle s'est déterminé de prendre ; alors on lui dira de placer successivement l'aiguille du cadran A, sur les lettres qui composent ce mot, & on lui fera remarquer que l'aiguille du cadran B, indique une lettre qui doit être la première, ou une de celles de ce mot latin. (2) On observera ensuite, à ceux devant qui on fait cet amusement, que peut-être il est quelqu'un d'entr'eux qui s'imaginent que si le cadran A étoit placé ailleurs, un effet aussi singulier ne pourroit plus avoir lieu, & ôtant le cadran A de sa place pour persuader le contraire à ceux même qui sont les plus clairvoyans, on dira à cette personne de le tenir dans sa main, ou de le placer elle-même à tel endroit de la chambre qu'elle desirera, & faisant attention à l'instant où elle aura fixé l'aiguille sur la seconde lettre du mot choisi, on fera aussi-tôt le signal convenu, afin que la personne cachée puisse aussi-tôt diriger l'aiguille du cadran B, sur une des autres lettres du mot latin qu'elle doit continuer d'indiquer ; on fera de même pour toutes les autres lettres, ce qui ne pourra manquer de causer beaucoup de surprise.

Nota. Cette récréation, faite avec intelligence, est une des plus extraordinaires que l'on puisse exécuter par le moyen de l'aimant. On a étonné

---

(1) Lorsque la personne cachée derrière la cloison fait agir le barreau aimanté du cadran D, elle doit lui faire faire doucement plusieurs tours entiers, & en ralentir peu-à-peu le mouvement, jusqu'à ce qu'elle l'arrête sur la lettre que lui a indiqué l'autre cadran, l'effet en est alors bien plus agréable, l'aiguille n'ayant pour lors aucun balancement.

(2) La personne cachée derrière la cloison peut indiquer les lettres du mot latin sans suivre l'ordre des lettres, & alors on les écrira sur un papier, pour, en les rassemblant, faire connoître ce mot.

G 2

avec elle plufieurs perfonnes initiées dans tous ces preftiges; & ce n'eft qu'après beaucoup de réfléxions que quelques-unes d'entr'elles ont pu appercevoir ce qui pouvoit produire un effet qui leur paroiffoit prefque furnaturel.

Anagramme magique.

Faites faire une boîte A B C D (*fig. première , pl. neuvième , Amufemens de Phyfique*) de 15 pouces de longueur, fur 3 pouces de largeur, & 4 lignes de profondeur; qu'elle fe ferme à charnière, & que le deffous foit divifé en fix cafes égales féparées par les traverfes EFGH & I, auxquelles vous donnerez environ 4 lignes de largeur. Ayez fix petites tablettes de 3 lignes d'épaiffeur LMNOP & Q, qui puiffent entrer indiftinctement dans l'une ou l'autre de ces fix cafes. Voy. *fig.* 2.

Divifez les deux tablettes L & M, en deux parties égales par les lignes A B : tirez fur les deux tablettes N & O les diagonales C D, & fur celles P & Q, les diagonales EF : creufez ces fix tablettes fuivant la direction de ces lignes, & inférez dans chacune d'elles un barreau fortement aimanté, dont les poles foient exactement dirigés comme l'indique cette figure deuxième.

Couvrez ces barreaux & ces tablettes d'un double papier, fur lequel vous tranfcrirez les fix lettres du mot *uranie*, en obfervant de le faire fuivant l'ordre défigné par cette même figure.

Ayez en outre une boîte de même longueur, mais d'un demi-pouce moins large, (*fig.* 3.) au fond de laquelle vous ajufterez les fix pivots A B C D E F. Ces pivots doivent fervir de centre aux cadrans défignés fur cette même figure; & ces mêmes centres doivent fe trouver placés vis-à-vis ceux des tablettes renfermées en la première boîte ; c'eft-à-dire, lorfque ces deux boîtes font mifes l'une à côté de l'autre. (Voyez leur pofition , *fig.* 2 & 3).

Divifez ces fix cadrans en fix parties égales, & tranfcrivez dans chacune d'elles les 6 lettres du mot *uranie* dans l'ordre indiqué par cette figure troifième. Mettez fur chacun de ces pivots une aiguille aimantée & couvrez d'un verre le deffus du fond intérieur de cette boîte, afin que les aiguilles ne puiffent fortir de deffus leurs pivots.

Lorfqu'après avoir difpofé les fix tablettes contenues en cette boîte, dans tel ordre qu'on aura jugé à propos, on pofera auprès d'elle la boîte où font les fix cadrans (1) ; les barreaux aiman-

tés renfermés dans ces tablettes, attirant le nord ou le fud des aiguilles, eu égard à la difpofition de leurs poles, les dirigeront fur les lettres de chacun de ces cadrans qui ont rapport à celles de ces mêmes tablettes qui leur correfpondent ; d'où il fuit qu'on pourra connoître, au moyen de leur indication, quel eft l'ordre des lettres contenues & renfermées en la première boîte ; & comme cet effet peut avoir également lieu, quoique la deuxième boîte foit éloignée d'un pouce de la première, il eft conftant qu'on pourra reconnoître la difpofition des lettres, quoiqu'il fe trouve une cloifon interpofée entre l'une & l'autre de ces deux boîtes.

Récréation qui fe fait avec cette boîte.

Pour exécuter cette récréation, on fe fervira du cadran B (*fig.* 8, *pl.* 8, *Amufemens de Phyfique*. (2)

On décidera l'endroit où l'on doit pofer fur une table, placée près d'une cloifon, la boëte contenant ces tablettes, & celle où il eft néceffaire de mettre derrière cette cloifon la deuxième boîte contenant les fix cadrans, afin qu'ils produifent l'effet ci-deffus. (*Voyez figure quatrième , pl.* 9.)

Le tout ayant été exactement déterminé, on donnera la première boîte & les fix tablettes à une perfonne, en lui laiffant la liberté de les y difpofer fecrettement, de manière qu'elles forment un des mots ci-après, qui produifent les différentes anagrammes du mot *uranie* : ayant enfuite repris cette boîte bien fermée, on la pofera fans affectation à l'endroit qu'on a déterminé, & l'on annoncera que le cadran ci-deffus va indiquer les lettres du mot fecrettement formé dans le même ordre qu'elles font placées dans cette boîte, ce que la perfonne cachée exécutera fuivant l'indication des aiguilles de la feconde boîte.

Anagramme du mot Uranie.

Uranie	Venari.
Vanier	Ravine.
Avenir	Navire.

Nota. Il eft aifé de voir qu'on peut difpofer les tablettes, de manière qu'elles forment tous les mots forgés qui fe trouvent dans la permu-

---

(1) Il faut que cette boîte foit placée bien parallèlement à l'autre, & qu'on ne la déborde pas d'aucun côté, fans quoi la direction des aiguilles ne fe trou-

veroit pas exactement fur les lettres femblables à celles des tablettes qui correfpondent à chaque cadran.

(2) Ces mêmes cadrans peuvent fervir en y traçant un fecond cercle fur lequel on tranfcrira ces fix lettres ; on doit fe fouvenir que celles du cadran placé derrière la cloifon, doivent être écrites en fens contraire.

tation entière de ces six lettres, sans que cela puisse rien changer à l'effet que produit cette récréation, qui paroîtra d'autant plus étonnante, que quand on imagineroit même qu'on fait agir le cadran, on ne concevra pas facilement comment on parvient à connoître le mot qui a été secrettement formé.

L'oracle merveilleux.

Ayez deux petites boëtes quarrées de même grandeur (*fig. 5 & 6, pl. 9, Amusemens de Physique*); que celle ABCD, fig. 5, ait une coulisse vers un de ses côtés CD, afin de pouvoir y introduire une petite tablette de bois, *fig.* 10) qui doit y entrer assez facilement, & à laquelle il faut ajuster une petite pointe vers A, qui, servant à tirer cette tablette hors de la boîte, empêchera en même-tems qu'on ne puisse la placer en différens sens: observez encore que la coulisse EF, fig. 5, ait une petite rainure du côté de la boîte, faite de manière que si on y vouloit insérer une tablette sens dessus dessous, cette coulisse ne pût alors se fermer: toutes ces précautions sont essentielles, afin qu'aucune des douze tablettes ci-après ne puisse être renfermée en cette boîte dans aucunes autres situations que celles qui sont absolument nécessaires pour la réussite de cet amusement.

Ayez douze tablettes de même grandeur que celles ci-dessus, & ayant tiré sur chacune d'elles les deux diagonales BE & CD, décrivez de leurs points de section F un cercle quelconque, & divisez l'une d'elles en douze parties égales, (comme l'indique la figure 10 même planche) au moyen des six diamètres 1, 7. 2, 8. 3, 9. 4, 10. 5, 11. 6, 12; ces diamètres doivent servir à vous indiquer, sur les onze autres tablettes, la direction de la lame aimantée qui doit être insérée dans chacune d'elles (1).

Ajustez un pivot au centre de la boîte, (*fig.* 6) & posez-y une aiguille aimantée AB, que vous masquerez en la couvrant d'un chiffre bisarre (*voyez fig.* 6 & 11) dont la partie A & B servira à vous en faire connoître facilement le nord ou le sud : couvrez cette boîte d'un verre, de manière qu'en la secouant, cette aiguille ne puisse pas sortir de dessus son pivot: collez sur ce verre un cadran (*figures,* 6 & 11), sur lequel vous écrirez les mots ORACLES *Merveilleux*, en observant que les six dernières lettres de ce mot doivent se trouver placées dans la direction des six diamètres que vous avez tracés sur la tablette

(*fig.* 10), en telle sorte que cette deuxième boîte étant placée exactement au-dessus de la première (le mot *merveilleux* se trouvant placé du côté de la coulisse), si on vient à insérer successivement dans la première boîte chacune des douze tablettes, l'aiguille contenue dans la deuxième se dirige de même sur ces six diamètres. Couvrez ces tablettes avec du papier pour cacher les barreaux qui y sont contenus, & transcrivez sur chacune d'elles les questions qui suivent, eu égard à la direction que ces tablettes doivent donner à l'aiguille ci-dessus: ayez en outre un petit livret, sur lequel vous transcrirez cinq réponses à chacune de ces douze questions; c'est-à-dire, soixante réponses en tout, & que vous disposerez dans l'ordre ci-après, qui est tel que les numéros 1, 13, 25, 37 & 49 répondent à la première question; ceux 2, 14, 26, 38 & 50 à la deuxième, & ainsi de suite, comme le désigne la table ci-dessous; observez encore que ces réponses doivent être rangées de manière que celles qui sont adaptées aux numéros les plus hauts, soient les plus défavorables.

Numéros des réponses.

Première question	1.	13.	25.	37.	49.
II	2.	14.	26.	38.	50.
III	3.	15.	27.	39.	51.
IV	4.	16.	28.	40.	52.
V	5.	17.	29.	41.	53.
VI	6.	18.	30.	42.	54.
VII	7.	19.	31.	43.	55.
VIII	8.	20.	32.	44.	56.
IX	9.	21.	33.	45.	57.
X	10.	22.	34.	46.	58.
XI	11.	23.	35.	47.	59.
XII	12.	24.	36.	48.	60.

Lorsqu'on aura renfermé dans la boîte (*figure* 5) une des douze tablettes, & qu'on aura posé au-dessus d'elle la deuxième boîte, le nord ou le sud de l'aiguille qui y est renfermé se tournera toujours vers une des six dernières lettres du mot ORACLES (2); au moyen de quoi si le nord de l'aiguille se dirige sur la lettre R, elle indique que c'est là question n°. 1, qui a été mise dans la boîte, ou celle n°. 2, si elle indique la lettre A, & ainsi de suite, en désignant enfin par la lettre

---

(1) Il se trouve une même direction sur deux tablettes, attendu que le nord du barreau doit être différemment dirigé sur l'une d'elles, afin d'avoir par ce moyen deux différentes directions.

(2) On conçoit aisément que la lettre O n'indique rien, & qu'on s'est servi d'un mot de sept lettres au lieu d'un de six, afin de cacher davantage leur rapport avec le nombre des tablettes & des réponses.

S., celle n°. 6. Si au contraire c'est le sud de l'aiguille qui indique la lettre R, c'est alors la question n°. 7, & ainsi de suite, suivant l'ordre des lettres, jusqu'au n°. 12, que désigne dans cette deuxième circonstance la lettre S.

Ayant reconnu ce nombre, il sera fort facile d'indiquer une des cinq réponses qui servent de solution à la question, & on pourra la choisir à son gré, favorable ou fâcheuse ; & cela sans aucun calcul embarrassant, puisqu'il ne s'agit que d'indiquer dans le livret le nombre qu'on a reconnu, ou d'ajouter à ce nombre 12, 24, 36 ou 48.

Exemple.

Si l'aiguille a fait connoître que la question est n°. 11, on indiquera ce même n°. dont la réponse est agréable, ou ceux 23, 35, 47 & 59, dont les réponses deviennent plus fâcheuses dans les n°s. les plus forts. (*Voyez la table des réponses ci-après*).

Récréation.

On présentera les douze questions à une personne, afin qu'elle en choisisse une à son gré & qu'elle l'enferme secrètement dans la boîte ; ayant repris cette boîte, on posera l'autre au-dessus, on l'ouvrira aussi-tôt, & ayant reconnu sur le champ le numéro de la question, on lui remettra le petit livret en lui indiquant celui des cinq numéros qu'on jugera convenable de faire servir de réponses. Cette facilité de choisir soi-même la réponse donnera souvent occasion de l'appliquer fort juste, & contribuera beaucoup à rendre cette récréation fort amusante.

Ordre des douze questions & de leurs réponses.

QUESTIONS.

N°. 1. S'il réussira dans ses amours.

    2. Si la veuve se remariera.

    3. Si la femme est fidèle à son mari.

    4. Quel mari elle épousera.

    5. Si l'enfant lui appartient.

    6. Si la fille est pucelle.

    7. Si la maîtresse aime son amant.

    8. Si l'amant aime sa maîtresse.

    9. Quel parti il embrassera.

   10. Si la fille est propre au couvent.

   11. Si le mari est fidèle à sa femme.

   12. Combien elle aura d'enfans.

RÉPONSES.

N°. 1.

Tu goûteras tous les plaisirs
Dont l'amour favorise une flâme si belle ;
L'objet que tu chéris, n'ayant pas d'autre zèle
Que de répondre à tes desirs.

N°. 2.

Ne tiens pas ton choix suspendu ;
Préfere au célibat, l'état du mariage ;
Le tems que l'on diffère à se mettre en ménage,
Est un temps de plaisir perdu.

N°. 3.

Jusqu'à présent sois convaincu,
Qu'elle ne souffre pas qu'aucun homme la touche ;
Mais si par les desirs on peut souiller la couche,
Elle t'a souvent fait cocu.

N°. 4.

Dans les plaisirs les plus charmans,
On te verra finir le cours de ta carriere ;
Et tant que ton époux gardera la lumiere,
Vous vivrez comme deux amans.

N°. 5.

On t'y remarque trait pour trait ;
Un si juste rapport avec ta ressemblance,
Fait connoître aisément l'auteur de sa naissance ;
Puisque c'est ton portrait tout fait.

N°. 6.

Jusqu'à présent sa vertu
A conservé son cœur aussi bien que son ame,
Sans que le seul penser d'une impudique flâme
Ait jamais son cœur combattu.

N°. 7.

Elle t'aime avec tant d'ardeur,
Que si pour te prouver la force de sa flâme ;
Elle étoit en pouvoir de te donner son ame,
Tu l'aurois ainsi que son cœur.

N°. 8.

Ne crains pas que d'autres appas
Puissent forcer son cœur à devenir volage ;

Autant que son amour , son étoile l'engage
A t'aimer jusqu'au trépas.

N°. 9.

Pour joindre l'honneur aux plaisirs,
Embrasse le parti des enfans de Bellonne,
Et tu sauras que Mars nous produit & nous donne
De quoi contenter nos desirs.

N°. 10.

C'est où son inclination,
Depuis qu'elle se sert de sa raison, la porte;
Cette envie avec l'âge , est en elle si forte,
Qu'elle y fera profession.

N°. 11.

Pour sa chaste & chère moitié ,
Il ressent toujours un amour sans partage ;
Si quelquefois ailleurs sa passion l'engage;
Ce n'est que par simple amitié.

N°. 12.

Elle peut en espérer deux,
Dont le bon naturel & la haute sagesse,
La doit récompenser un jour dans sa vieillesse,
Des soins qu'elle aura pris d'eux.

N°. 13.

Profite du temps & des lieux ;
Sois timide au grand jour , & hardi sur la brune,
Et sache que l'amour , ainsi que la fortune,
Favorise l'audacieux.

N°. 14.

Quoique fort ardente au plaisir,
On la verra rester pendant quelque temps veuve;
Mais de plusieurs amans elle fera l'épreuve,
Afin de pouvoir mieux choisir.

N°. 15.

Tu n'en es pas hors de danger ;
Souvent on pousse à bout la femme la plus sage;
Et par le même endroit dont on reçoit l'outrage,
Il est bien doux de se venger.

N°. 16.

Tu feras les plus grands desirs
Du plus aimable époux qui soit dans le royaume ;
Mais tu le trouveras un peu trop économe,
Pour ta bourse & pour tes plaisirs.

N°. 17.

Douter qu'il ne soit pas à toi ,
C'est faire un tort cruel à l'honneur de sa mère ,
Dont la flâme pour toi toujours tendre & sincère,
Ne t'a jamais manqué de foi.

N°. 18.

Cette pucelle est en danger ,
Et l'amour dans son cœur certains desirs fait naître;
Par lesquels un amant s'en rendroit bientôt maître,
S'il savoit l'heure du berger.

N°. 19.

Persévère dans ton amour,
Et crois que cet objet dont ton ame est captive,
En ressent dans son cœur une ardeur aussi vive,
Quoiqu'elle n'ose la mettre au jour.

N°. 20.

Il te chérit d'un feu si beau,
Que si quelqu'accident te privoit de la vie,
Le chagrin qu'il auroit de te la voir ravie ,
Le feroit aller au tombeau.

N°. 21.

Tourne vers l'autel ton penchant;
C'est le meilleur parti que ton cœur puisse prendre;
Pour les biens temporels & la passion tendre,
Ce n'est pas un poste méchant.

N°. 22.

Elle a trop de graces & d'appas,
Pour choisir d'un couvent la sévère observance;
En vain on lui veut faire aimer la continence ,
Elle n'y consentira pas.

N°. 23.

Ce soupçon est injurieux,
A l'amour qu'en tout temps cet homme vous témoigne;
Et je crains que de vous votre époux ne s'éloigne,
S'il sait ce desir curieux.

N°. 24.

Il leur en naîtra de très-beaux;
Avant même que l'an achève sa carrière ;
D'eux , un très-beau garçon recevra la lumière,
Ou cet oracle seroit faux.

N°. 25.

Il ne faut pas te rebuter,
Contre tous ces refus ; arme-toi de constance;

Le plus sévère objet par la persévérance ;
Se laisse à la fin emporter.

N°. 26.

Quoiqu'elle ait un amoureux,
Elle doit bientôt prendre un époux à sa suite ;
Parce que le passé l'ayant très-bien instruite,
Elle sait qu'un & un font deux.

N°. 27.

Ta femme t'a manqué de foi,
Mais cela ne doit pas te sembler fort étrange,
N'ayant fait en cela que te rendre le change
De ce qu'elle a reçu de toi.

N°. 28.

Dans le transport de son courroux,
Elle se vengera d'autrui sur elle-même,
Et par le seul motif d'un désespoir extrême,
Le cloître sera son époux.

N°. 29.

Cette demande sans besoin,
Prouve les sentimens d'une ame un peu jalouse ;
Mais crois-en ton Amante, ou crois-en ton épouse,
Et ne pénètre pas plus loin.

N°. 30.

On pourroit juger au besoin,
Que jamais de son corps elle n'a fait d'usage ;
Mais si par les desirs, l'amour faisoit naufrage,
Le sien seroit déjà bien loin.

N°. 31.

On ne sauroit t'en dire rien,
Qui te puisse donner aucun sujet de plainte,
Puisque cet amour dont son ame est atteinte,
Est encor plus fort que le tien.

N°. 32.

Il exerce tout son pouvoir
Pour vaincre cet amour qui par toi l'a su prendre :
Mais il est dans son cœur comme un feu sous la cendre
Qui brûle sans se faire voir.

N°. 33.

Le trafic est ce qu'il te faut,
Par lui ta bourse peut se relever en bosse ;
A la cour & par-tout il est plus d'un négoce,
Par où l'on s'élève bien haut.

N°. 34.

Son Esprit la trompe, ébloüi
Du ravissant portrait qu'on fait du béguinage ;
Mais qui lui parleroit des douceurs du ménage,
Oh ! qu'elle diroit bien mieux oüi.

N°. 35.

Que t'importe-t'il de savoir
Si ton mari fréquente & va voir quelque belle,
Pourvu qu'à tes desirs il ne soit pas rebelle,
Et qu'il fasse avec toi son devoir !

N°. 36.

Elle n'en peut avoir que deux,
Non pas qu'elle n'en puisse avoir davantage ;
Mais c'est que son mari, qu'on fait être peu sage,
Use ailleurs tous ses feux.

N°. 37.

N'épargne ni trésors, ni soins,
Pour d'un objet si beau surmonter les caprices ;
La suite t'apprendra que de si grands délices
Ne pouvoient mériter moins.

N°. 38.

Encore que son deuil soit passé,
Elle n'entrera pas dans un second ménage,
Parce qu'un jeune amant bien fait, discret & sage,
Fait l'office du trépassé.

N°. 39.

Pourquoi te donner de l'embarras
Pour savoir si ton front est orné d'un panache ;
Ne te suffit-il pas que ta femme le sache
Et qu'on ne l'ignore pas.

N°. 40.

Ton époux sera revêtu
De ce qu'il lui faudra pour te rendre contente ;
Puisque pour satisfaire en tout point ton attente,
Il aura beaucoup de vertu.

N°. 41.

Ne te règle pas sur les traits
Que pour t'en assurer son visage te montre ;
La frayeur, & l'amour en semblable rencontre,
Produisent les mêmes effets.

N°. 42.

Elle ne put se dispenser
Par foiblesse autrefois de se le laisser prendre ;

Mais

Mais elle ſauroit mieux à préſent s'en défendre,
Si c'étoit à recommencer.

N°. 43.

Ne doute point de ſon amour,
Ni de ce que ton cœur peut ſur le ſien prétendre,
Puiſqu'elle a pour chacun un ſi grand fond de tendre,
Qu'elle en aimeroit cent par jour.

N°. 44.

L'amour eſt par toi vainqueur,
Tandis que ton objet ſe préſente à ſa vue;
Mais ne te voyant plus, la première venue
Fait le même effet ſur ſon cœur.

N°. 45.

Pour acquérir bien des écus,
Parmi les gens de robe achète quelque office;
Le plus grand mal pour toi dans ce doux exercice,
C'eſt d'être au rang des cocus.

N°. 46.

Si ſon ſort lui paroît heureux,
Lorſqu'à prendre le voile un premier feu l'engage,
Elle changera bientôt de ton & de langage,
Lorſqu'il faudra faire des vœux.

N°. 47.

Celle qui fait cette queſtion,
N'eſt pas aſſurément bien fondée à la faire;
Puiſqu'il n'eſt pas de jour, où de ſe ſatisfaire
Elle manque l'occaſion.

N°. 48.

Cette femme aura plus d'enfans
Que ſon jaloux mati n'en pourra jamais faire;
Mais quoi! ne peut-on pas à-la-fois ſatisfaire
Et ſon époux & ſes amants.

N°. 49.

Un cœur plus tendre que le ſien,
Pourroit tout accorder aux tranſports de ta flâme;
Mais comme la raiſon domine ſur ſon ame,
Tu n'en dois eſpérer rien.

N°. 50.

Elle vivra ſur le commun,
Et s'appercevra bien par un fréquent uſage,
Que qui n'a pas d'époux, en a bien davantage
Que celle à qui on n'en voit qu'un.
Amuſemens des Sciences.

N°. 51.

Celui pour qui tu veux ſavoir,
Si ſa femme conſerve une flâme fidèle,
N'a, pour voir d'un cocu le plus parfait modèle,
Qu'à regarder dans un miroir.

N°. 52.

Un homme brutal & jaloux,
Infidèle, joueur, & d'une humeur chagrine,
Eſt celui qu'aujourd'hui le ciel te deſtine,
Afin d'en faire ton époux.

N°. 53.

Tu dois avouer cet enfant,
Comme tu l'as été d'un qui s'eſt cru ton père,
Sa mère n'ayant fait que ce que fit ta mère
Avec ton père en te faiſant.

N°. 54.

Dès qu'elle eut atteint ſon printemps,
Elle s'en deſſaiſit avec beaucoup de hâte,
Parce qu'elle ſavoit que ce bijou ſe gâte,
Quand on le garde trop long-temps.

N°. 55.

A ce que tu prétends ſavoir,
Tu ne recevras pas de préciſes nouvelles,
Parce que ta maîtreſſe eſt du nombre de celles
Qui changent du matin au ſoir.

N°. 56.

Tant qu'il n'aura rien de toi,
Tu le verras toujours ſoumis à ton empire;
Mais dès qu'il obtiendra ce que ſon cœur deſire,
Il n'aura plus amour, ni foi.

N°. 57.

Pour l'honneur & pour l'intérêt,
D'une charge de robe achète l'exercice;
Si c'eſt à ton avis acheter la juſtice,
Tu pourras la revendre après.

N°. 58.

Par ſa mère elle a ſi ſouvent,
Des plaiſirs de l'hymen oüi tracer l'image,
Qu'on doit craindre pour elle un évident naufrage,
Si l'on lui parle de couvent.

N°. 59.

La lecture de cent romans,
L'a tellement rendue avide de careſſes;

H

Que jamais fon mari n'aura tant de maîtreffes,
Que la belle entretient d'amans.

N°. 60.

Le nombre de tous les enfans
Dont cette femme un jour groffira fon ménage,
Sans compter ceux qu'elle eut avant fon mariage,
Ira jufqu'à fept avant dix ans.

Nota. Ces queftions & leurs réponfes font extraites d'un livre qui a pour titre : l'*Oracle des Sybiles*, dans lequel on en trouve quantité propres à varier cet amufement ; ceux qu'on indique ici ne font que pour fervir en quelque forte d'exemples ; chacun peut auffi en compofer à fon gré, il ne s'agit que d'y conferver l'ordre des numéros.

LA DÉCOUVERTE INCONCEVABLE.

Une perfonne ayant fecrettement difpofé à choix les huit mots qui compofent le vers latin : Tot tibi funt dotes quot cœlo fidera, virgo, *découvrir l'ordre dans lequel elle les aura placés.*

CONSTRUCTION.

Faites faire une boîte fort plate, fermant à charnière, de huit pouces de longueur, fur trois de largeur & quatre lignes feulement de profondeur (*fig.* 12. *pl.* 9. *Am. femens de phyfique.*). Ayez huit tablettes A, B, C, D, E, F, G & H, de trois lignes d'épaiffeur & d'égales grandeurs ; de manière qu'étant inférées toutes les unes auprès des autres dans cette boîte, elle la rempliffent alors entièrement : obfervez que le deffus de cette boîte foit fort mince.

Ayant décrit un cercle fur toutes ces tablettes, divifez-les en huit parties égales, & faites-y une rainure, afin d'inférer dans chacune d'elles une petite lame aimantée, dont les poles foient difpofés, comme le défigne cette même figure. Recouvrez enfuite ces tablettes avec du papier, & fans les déranger de leur ordre, tranfcrivez fur chacune d'elles un des huit mots du vers latin, *Tot tibi funt dotes quot cœlo fidera, virgo.*

Ayez une autre boîte exactement de même grandeur que celle ci-deffus, & un peu plus profonde (*fig.* 13. *même planche.*) ; couvrez fon fond intérieur d'un papier, & décrivez les huit cercles A, B, C, D, E, F, G & H, dont les centres doivent fe trouver vis-à-vis de ceux des huit tablettes renfermées dans la première (*fig.* 12.), lorfque cette deuxième boîte eft exactement pofée au-deffus ; divifez chacun de ces cercles en huit parties égales, comme l'explique cette figure 13, & écrivez dans chacune de ces divifions les huit mots qui compofent le vers latin ci-deffus tranf-

crit, en obfervant exactement l'ordre indiqué, afin que cette boîte étant placée fur l'autre boîte, les huit aiguilles aimantées (qui doivent tourner fur leurs pivots mis au centre de ces cercles) fe dirigent fur des mots femblables à ceux qui ont été infcrits fur les tablettes qui y correfpondent ; en forte qu'on puiffe appercevoir par ce moyen la conftruction & l'ordre qu'on peut avoir donné à ces mots.

Récréation.

On donnera la première boîte & les huit tablettes à une perfonne, en lui obfervant qu'elle peut fecrettement les arranger à fon gré dans quelqu'ordre que ce foit (1) : lorfqu'elle les aura difpofés à fon gré & fermé la boîte, vous la lui ferez couvrir d'une enveloppe de papier, & cacheter de manière qu'il ne foit abfolument pas poffible d'ouvrir la boîte, fans qu'on s'en apperçoive ; cette opération étant faite, vous prendrez cette boîte & l'emporterez dans une chambre voifine où, étant feul, vous poferez au-deffus d'elle votre deuxième boîte, & tranfcrirez promptement fur un papier la conftruction que vous reconnoîtrez qu'elle a donné à ce vers : vous rapporterez la boîte & lui montrerez ce papier, après avoir fait examiner que l'enveloppe n'a été ouverte en aucune façon.

Nota. Cette récréation caufe beaucoup de furprife, fur-tout lorfqu'on ne refte que quelques inftans pour faire cette opération : fi l'on avoit préfenté de cette manière les premiers amufemens fur l'aimant qu'on a fait voir en public, il n'eft pas douteux que quelques perfonnes auroient pu être féduites au point de croire que ceux qui les exécutoient, avoient des dons furnaturels.

Au lieu d'être étonné de ces preftiges apparens, on doit, lorfqu'on eft revenu de la première furprife qu'ils occafionnent, fe perfuader fermement que, fous quelques déguifemens qu'ils foient préfentés, ils font toujours produits, ou par des caufes naturelles dont les effets font cachés, ou par quelques fubtilités qu'il n'eft fouvent pas facile d'appercevoir.

Dans les amufemens qui ne proviennent que de l'adreffe des mains, on doit en examiner jufqu'aux moindres mouvemens qui paroiffent même les plus indifférens, afin de pénétrer de quelle manière on parvient à les faire paroître extraordinaires, & fouvent l'on reconnoîtra qu'il faut bien moins d'adreffe qu'on ne penfe pour les exécuter.

_____

(1) Il y a 40,320 manières différentes de conftruire ce vers, dont une grande partie n'en dérange pas la mefure ni le fens.

Les quatre nombres magiques.

Faites faire une petite boîte ABCD [*fig.* 7. *pl.* 9. *amusemens de physique.*] ; fermant à charnière, & ayant six pouces de longueur sur trois pouces & demi de largeur, & cinq lignes de profondeur. Ayez deux cercles de carton fort minces F & G [*fig.* 9.] dans chacun desquels vous insérerez une aiguille aimantée, en sorte qu'ils se trouvent exactement d'équilibre, étant placés sur les pivots H & I [*fig.* 9.], que vous ajusterez au fond de cette même boîte : couvrez son dessus intérieur d'un verre, sur lequel vous collerez un papier qui puisse laisser appercevoir au travers des deux ouvertures L & M [*fig.* 7.] deux des huit chiffres 1. 2. 3. 4. 5. 6. 7 & 8 qui doivent être transcrits sur ces mêmes cercles, comme il est désigné par la figure 9 qui indique aussi de quel côté doivent être dirigés les pôles des aiguilles qui y sont renfermées.

Construisez un petit porte-feuille de carton NOPQ [*fig.* 8.] ; de même grandeur que cette boîte, & assez épais pour pouvoir cacher dans l'un de ses côtés deux petites lames bien aimantées de trois pouces de longueur sur une ligne d'épaisseur ; observez qu'elles doivent y être situées de manière que leur direction soit entre les lignes *ab* & *cd*, qui sont parallèles aux côtés de ce porte-feuille : disposez leurs pôles comme le désigne cette même figure.

Transcrivez sur les deux cercles les chiffres ci-dessus, de la même manière que le représente la figure 9, & eu égard aux pôles des aiguilles aimantées qui s'y trouvent renfermées.

Ayez en outre un jeu composé de seize cartes blanches, sur lesquelles vous transcrirez les chiffres & nombres ci-après : conservez-les toutes disposées dans ce même ordre.

Première.	 9	IX.	 5
II.	 18	X.	 4
III.	 9	XI.	 5
IV.	 27	XII.	 4
V.	 9	XIII.	 3
VI.	 36	XIV.	 2
VII.	 9	XV.	 3
VIII.	 45	XVI.	 2

Rappellez-vous de mémoire l'ordre dans lequel ces chiffres ou nombres se trouvent ainsi rangés dans ce jeu.

Le porte-feuille NOPQ [*fig.* 8.] pouvant être placé sous la boîte ABCD [*fig.* 7.] dans quatre différentes situations, & la direction des lames

qui y sont renfermées changeant à chacune d'elles, on pourra par ce moyen déterminer les cercles de carton à présenter, aux deux ouvertures L & M, deux des différens chiffres qui ont été transcrits, formant l'un des quatre nombres 18, 27, 36 & 45.

Si on présente le jeu à une personne, de manière à lui faire tirer à son choix une des huit premières cartes ; il sera très-facile [en remarquant à quel nombre est la carte qu'elle aura tirée] de connoître si c'est un 9, ou bien un des nombres 18, 27, 36 & 45. Il le sera également en lui faisant tirer une autre carte dans les huit dernières, & on pourra connoître si elle a choisi un des chiffres 2, 3, 4 ou 5.

Récréation qui se fait avec cette boîte.

On présentera le jeu à une personne, & lorsqu'elle aura tiré à sa volonté une des huit premières cartes, qu'on lui étalera de préférence & sans affectation ; on remarquera si c'est un 9, ou un des nombres 18, 27, 36 & 45 ; & quoiqu'on l'ait reconnu ; on lui demandera si le nombre qu'elle a choisi, est composé d'un ou de deux chiffres ; si elle déclare qu'il est composé de deux chiffres, on lui remettra le porte-feuille, en lui disant d'y renfermer sa carte ; l'ayant repris, on le placera sans affectation sous la boîte dans la disposition convenable pour y faire appercevoir celui de ces quatre nombres qu'elle aura choisi.

Si on a reconnu que cette personne ait tiré le chiffre 9, après qu'elle aura déclaré que son nombre est composé d'un seul chiffre, on lui représentera la boîte indiquant deux chiffres ; il est nécessaire qu'elle en choisisse un second, & on lui présentera le jeu de manière qu'elle choisisse un chiffre dans les huit dernières cartes, & remarquant si c'est 2, 3, 4 & 5, on fera inférer secrettement les deux cartes tirées dans le porte-feuille, en annonçant que le produit des deux chiffres qui ont été choisis, va se trouver indiqué dans la boîte ; ce qui sera très-facile, attendu qu'ayant reconnu quels sont ces deux chiffres [qu'on suppose ici être 9 & 3], on pourra disposer le porte-feuille (1) sous la boîte, de manière à faire indiquer par les deux cercles le nombre 27 qui est le produit de 9 multiplié par 3 ; on ouvrira la boîte, & on fera voir le nombre.

Les huit nombres magiques.

Faites faire une boîte quarrée & à charnière

(1) Il faut faire une petite marque au porte-feuille pour reconnoître la disposition qu'on lui doit donner lorsqu'on le place dessous la boîte.

ABCD [*fig.* 14. *pl.* 9. *Amusemens de physique.*] , dont chaque côté ait quatre pouces ; donnez-lui cinq lignes de profondeur. Ajustez sur un pivot F, placé à son centre, un cercle de carton GH [*fig.* 15.], que vous diviserez en huit parties égales, & dans chacune desquelles vous transcrirez, vers sa circonférence, les huit nombres qui forment les huit termes de la progression arithmétique 27. 30. 33. 36. 39. 42. 45 & 48. [*Voyez cette figure.*]

Placez sous ce carton une aiguille aimantée ; ajustez un petit bouton G au-devant de cette boîte, afin de pouvoir fixer ce cercle comme il a été indiqué à la deuxième récréation de la première partie de cet ouvrage.

Ayez un porte-feuille de carton assez épais & de même grandeur que le fond de cette boîte [*voyez* LMNO, *fig.* 16. *même planche.*], dans l'un des côtés duquel vous insérerez une petite lame aimantée d'une ligne d'épaisseur & de trois pouces de longueur. A cet effet, ayant tiré sur ce carton les deux diagonales LO & MN, qui se coupent au centre P ; décrivez un cercle dont vous diviserez en quatre parties égales la portion de circonférence comprise entre ces diagonales. Tirez des deux points de division *n* & *f* la ligne QR qui doit vous indiquera la place où doit être inférée la lame ci-dessus ; couvrez ce porte-feuille de manière à ne pas laisser soupçonner qu'elle y est renfermée.

Couvrez d'un verre le dessus intérieur de la boîte ABCD, & y ayant collé un papier, ménagez-y une ouverture F à un endroit convenable & par laquelle on puisse appercevoir l'un des huit nombres transcrits sur le cercle de carton [*fig.* 15], lorsque la porte-feuille ci-dessus est exactement posé au-dessous de cette boëte.

Peignez sur le papier appliqué sur ce verre un petit génie, tenant en main un médaillon, au milieu duquel se trouve placée cette ouverture F.

Ayez un jeu composé de seize cartes blanches, sur lesquelles vous transcrirez les nombres de la progression arithmétique 3. 6. 9. 12. 15. 18. 21. 24. 27. 30. 33. 36. 39. 42. 45 & 48, & disposez-les dans l'ordre qui suit, afin qu'ayant été mêlées comme il a été enseigné ci-devant à l'article du *cadran magnétique horisontal,* elles se trouvent alors placées dans le même ordre ci-dessus.

Ordre dans lequel ces Cartes doivent être rangées.

Cartes.	Nombres.	Cartes.	Nombres.
I.	21	II.	24
III.	15	X.	36
IV.	18	XI.	39
V.	27	XII.	42
VI.	30	XIII.	3
VII.	33	XIV.	6
VIII.	9	XV.	45
IX.	12	XVI.	48

Ordre dans lequel elles se trouveront après avoir été mêlées.

Cartes.	Nombres.	Cartes.	Nombres.
I.	3	IX.	27
II.	6	X.	30
III.	9	XI.	33
IV.	12	XII.	36
V.	15	XIII.	39
VI.	18	XIV.	42
VII.	21	XV.	45
VIII.	24	XVI.	48

Lorsque vous placerez le porte-feuille exactement sous la boîte, en le dirigeant sur chacune des quatre positions différentes qu'on peut lui donner, le cercle renfermé dans cette boîte indiquera à chaque changement un des nombres 27. 30. 33 ou 36. Si vous le dirigez de même [en retournant le porte-feuille], ce cercle indiquera alors les nombres 39. 42. 45 ou 48, au moyen de quoi vous ferez le maître, en plaçant ce porte-feuille d'un ou d'autre côté [& dans la direction convenable], de faire paroître à votre gré un des huit nombres ci-dessus.

D'un autre côté, lorsque vous aurez mêlé les cartes, l'ordre des nombres qui y ont été transcrits se trouvant dans celui de leur progression [*voyez les deux tables d'ordre ci-dessus*], il vous sera très-facile de connoître que si on a tiré [par exemple] la septième carte, on a dû choisir le nombre 21, & ainsi de tous les autres nombres.

Lorsque le cercle se sera dirigé, vous pourrez le fixer dans sa position, en tournant le petit bouton G.

Récréation qui se fait avec cette boîte.

Après avoir fait jetter un coup-d'œil sur les différens chiffres transcrits sur ces seize cartes, que vous aurez disposées à l'avance dans le premier ordre ci-dessus, vous le mêlerez comme il a

été dit, & vous préfenterez le jeu à une perfonne, en lui laiffant choifir un de ces nombres
à fon gré ; vous remarquerez intérieurement à
quel nombre cette carte fe trouve dans le jeu,
afin de favoir quel eft celui qui doit néceffairement y être tranfcrit : vous ferez prendre une feconde carte à une autre perfonne, en faifant la
même obfervation. Connoiffant par ce moyen
les deux nombres choifis, vous examinerez
en vous-même fi chacun d'eux eft un de ceux
qui font tranfcrits fur le cercle, ou s'il ne
s'en trouve qu'un des deux, ou enfin s'il n'y en
a aucun.

Si les deux nombres y font tranfcrits, leur
différence ni leur fomme ne le fera pas ; ainfi vous
ferez indiquer féparément ces deux nombres.

Si de ces deux nombres il n'y en a aucun qui y
foit tranfcrit, vous propoferez de faire indiquer
leur fomme ou leur produit (1) felon qu'il fera
convenable ; fi l'un s'y trouve tranfcrit & non
l'autre, vous examinerez fi leur fomme ou leur
différence ne le feroit pas, afin de faire indiquer
à votre gré l'un ou l'autre ; s'il arrivoit enfin
que les deux nombres choifis fuffent tels que
cela ne puiffe, & qu'on eût choifi, par exemple, les nombres 21 & 39, vous donneriez à
choifir, fans affectation, un des nombres 24.
27. 30. 33 ou 36, & vous propoferiez de faire
paroître la moitié de la fomme des trois nombres.

Vous produirez en apparence cet effet, en
faifant fecrettement renfermer dans le porte-
feuille les cartes qui ont rapport à cette opération, & en le plaçant enfuite fous la boîte de
manière à faire indiquer le nombre que vous aurez
annoncé.

Vous tournerez le petit bouton pour fixer le
cercle dans la pofition qu'il aura prife, afin d'avoir
la liberté d'ôter la boîte de deffous le porte-
feuille fans qu'il fe dérange.

Nota. Quoique cette récréation paroiffe un peu
compliquée, il faut cependant très-peu de mémoire pour l'exécuter ; un peu d'attention fuffit,
la progreffion de ces nombres étant très-facile
à retenir : elle caufe d'ailleurs beaucoup de
furprife.

Boite aux Énigmes.

Conftruction.

Faites faire une petite boîte de trois pouces
quarrés ABCD, [*figure première & deuxième,
planche* 10e. *Amufemens de phyfique*] & de quatre

à cinq lignes de profondeur, fermante à charnière, au milieu & au fond de laquelle vous
ajufterez un pivot qui doit fupporter une aiguille
aimantée EF, que vous mafquerez par une petite
figure, dont la main doit fe trouver placée vers
le nord de cette aiguille ; couvrez le fond intérieur de cette boîte d'un verre, afin d'y renfermer cette figure, & collez fur ce verre un
cercle de papier divifé en huit parties égales,
dans chacune defquelles vous tranfcrirez les mots
des huit énigmes ci-après, dans l'ordre défigné
par cette figure première.

Ménagez au-deffous de cette boîte un petit
tiroir GH [*figure* 2e.] de même grandeur, auquel
vous donnerez trois lignes de profondeur, &
dans lequel on puiffe inférer une des quatre tablettes de carton ci-après.

Ayez quatre tablettes de carton, que vous diviferez en huit parties égales, dans chacune defquelles vous inférerez une lame aimantée, dont
les pôles foient difpofés comme il eft défigné aux
figures troifième, quatrième, cinquième & fixie-
me, même planche ; couvrez les deux faces de
ces tablettes avec un autre carton que vous bor-
derez & couvrirez encore d'un papier ; tranfcrivez fur leurs deux faces les huit énigmes ci-
après, de manière que fuivant la conftruction ci-
deffus, chacune d'elles étant renfermée dans le
tiroir, la petite figure indique avec fa main le
mot de l'énigme tranfcrite fur celles de ces deux
faces qui fe trouvera au-deffus du tiroir.

Lorfqu'une de ces tablettes aura été renfermée
dans ce tiroir, la petite figure, ou plutôt l'aiguille
aimantée, fe dirigera de manière à lui faire indiquer le mot de l'énigme tranfcrit fur la face de
cette tablette, qui ne fera pas tournée vers le
fond du tiroir [2].

Récréation.

Ayant préfenté toutes ces tablettes à une perfonne, en lui propofant de lire & de deviner
les mots des énigmes qui y font tranfcrites ; on
lui fera mettre fecrettement dans la boîte celles
qu'elle n'aura pu découvrir & on lui fera voir
que la petite figure indique le mot qui en donne
la folution.

Nota. On a ajouté à cette récréation les huit
énigmes qui fuivent, pour la facilité de ceux
qui ne feroient pas à portée d'avoir le recueil dans lequel on en a fait choix, & en
même-tems pour faire mieux comprendre la difpofition de cet amufement.

---

(1) Si l'on avoit choifi 3 & 6, le produit ne pouvant
donner 17, qui eft le plus petit nombre que peut indiquer le cercle, il faudroit faire tirer une troifième carte.

(2) On peut, fi on le trouve plus convenable, faire
huit tablettes au lieu de quatre & n'infcrire qu'une
énigme fur chacune d'elles.

PREMIÈRE ÉNIGME (1).

Les rois sont mes sujets, les vainqueurs mes esclaves ;
Je force les plus forts, & dompte les plus braves.
Contre moi les efforts se trouvent superflus,
Je cause du chagrin, les pleurs & le martyre
A ceux que ma puissance a me servir attire,
Et je fais plus de mal à qui m'aime le plus.

L'Amour.

II. ÉNIGME (2).

Nous sommes plusieurs sœurs à-peu-près du même âge,
Dans deux rangs différents, mais d'un semblable usage :
Nous avons en naissant un Palais pour maison,
Qu'on pourroit mieux nommer une étroite prison.
Il faut nous y forcer pour que quelqu'une en sorte,
Quoique cent fois le jour on nous ouvre la porte.

Les Dents.

III. ÉNIGME (3).

Dans le monde je fais du bruit,
Mon corps est porté par ma mere,
Cependant je porte mon pere,
Quoiqu'il soit grand, & moi petit.

Le Sabot.

IV. ÉNIGME (4).

Souvent on me ravit, & toujours je demeure ;
Sans passer dans les mains de celui qui me prend,
Je suis le plus petit, & je suis le plus grand,
Et l'on ne peut me voir, qu'aussitôt je ne meure.

Le Cœur.

V. ÉNIGME (5).

Ainsi qu'un long serpent, je traîne
Mon corps à replis tortueux ;
Je suis si peu respectueux,
Que j'enchaînerois une reine.
Le jour je me tiens dans mes trous,
Et la nuit je les quitte tous.

Le Lacet.

VI. ÉNIGME (6).

Du simple villageois j'habite la chaumière,
Et je brille toujours dans les riches palais.
Des plus grands conquérans, la débile paupière,

De mes sombres réduits, cherchent l'heureuse paix.
Des secrets de l'amour, je suis dépositaire.
Des malheureux mortels je vois finir le sort,
Et l'orgueil dans mon sein, insultant à la mort,
Fait d'une pompe vaine éclater la chimère.

Le Lit.

VII. ÉNIGME (7).

Je passe pour monarque au milieu de la cour.
Toujours autour de moi un vain peuple criaille.
Mes sujets sont de plume, & mon trône est de paille,
Et je suis toutefois le prophète du jour.

Le Coq.

VIII. ÉNIGME (8).

Ma mer n'eût jamais d'eau, mes champs sont infertiles.
Je n'ai point de maisons, & j'ai de grandes villes.
Je réduis en un point mille ouvrages divers,
Je ne suis presque rien, & je suis l'univers.

La Carte de Géographie.

Cadran magnétique vertical.

Faites construire un cadran à deux faces, (*fig.* 7, 8 & 9, *pl.* 10, *Amusemens de Physique*) posé verticalement sur son pied F ; sur chacune de ces deux faces A & B, ménagez une rainure pour y placer deux cercles de carton de six à sept pouces de diamètre, qui soient garnis de leurs bordures ou cercles de bois D & D, lesquels servent de cadre à ces cartons : divisez chacun de ces cercles en seize parties égales, après y avoir décrit deux cercles concentriques ; & inquez dans chaque division les trente-deux cartes d'un jeu de piquet, dans tel ordre que vous voudrez, pourvu qu'il y en ait seize d'un côté du cadran & seize de l'autre, & que ces divisions d'un côté & d'autre se répondent exactement.

Traversez les deux centres de ces cercles d'un axe G H (*fig.* 8), au milieu duquel soit ajusté quarrément une lame aimantée IL, (*fig.* 7 & 9) de quatre pouces de longueur, sur quatre lignes de largeur, & une & demie d'épaisseur ; que chacune des deux extrémités G & H de cet axe soient terminées par un pivot (9) : ajustez, à vis, une petite rosette de cuivre à l'endroit où ces axes sortent au dehors de ces cercles de carton, afin de pouvoir, en faisant tourner par leur moyen la lame aimantée qui y est renfermée, la diriger

---

(1) Elle doit être transcrite sur la première face de la tablette, fig. 3.

(2) Figure quatrième. Première face.

(3) Figure cinquième. Première face.

(4) Figure sixième. Première face.

(5) Sur l'autre face de la tablette. Figure troisième.

(6) Sur l'autre face de la figure quatrième.

(7) Sur l'autre face de la figure cinquième.

(8) Figure sixième.

(9) Ces pivots doivent avoir à leurs extrémités une petite tête semblable à celle d'une épingle, afin de retenir l'aiguille & l'empêcher de tomber lorsqu'on la fait tourner.

& fixer aux endroits qu'on jugera convenables (1).

Ayez encore une aiguille aimantée, de la longueur néceſſaire, dont la chape ſoit percée de part en part & qu'elle puiſſe tourner très-librement ſur ce pivot; obſervez avec ſoin que cette aiguille ne ſoit pas plus peſante d'un côté que de l'autre, cela étant fort eſſentiel, pour qu'elle prenne exactement la direction de la lame aimantée I L.

Lorſqu'après avoir fixé la lame aimantée renfermée entre ces deux cercles de carton, de manière que ſon extrémité qui marque le ſud ſoit dirigée vers deux des cartes oppoſées qui y ſont tranſcrites, on fera tourner l'aiguille de l'un ou de l'autre côté de ce cadran, elle indiquera ces mêmes cartes.

Récréation.

On fera tirer adroitement dans un jeu de cartes, & à deux différentes perſonnes, les deux cartes ſur leſquelles doit ſe diriger l'aiguille, ſuivant la diſpoſition qu'on aura donné à la lame aimantée, & préſentant enſuite le cadran à l'une d'elles, on lui demandera ſi la carte qu'elle a tirée eſt ſur l'une ou ſur l'autre face? On poſera enſuite l'aiguille ſur ſon pivot, on la fera tourner, en lui faiſant remarquer qu'elle s'arrête ſur la carte qu'elle a choiſie. On agira de même à l'égard de la perſonne qui aura tiré la deuxième carte.

Nota. Si l'on a une autre aiguille ſemblable, mais dont on ait [en l'aimantant en ſens contraire] donné le ſud au côté qui devroit indiquer le nord; on pourra alors faire tirer quatre cartes différentes, ou recommencer, ſi l'on veut, cette récréation, en ſe ſervant de cette autre aiguille, & faiſant tirer les deux autres cartes qu'elle indiquera. A l'égard de la manière de faire tirer les cartes convenables, il ſuffit de les préſenter de préférence vis-à-vis les doigts des perſonnes qui doivent les prendre; on peut à cet effet les placer ſous le jeu, & faire ſauter la coupe pour les remettre au milieu du jeu à meſure qu'on les préſente. Voyez à cet effet les récréations ſur les cartes à l'article *Cartes.*

(1). Cet axe ne doit pas tourner librement, afin que cette lame ne puiſſe pas ſe déranger d'elle-même, lorſqu'une fois elle a été fixée.

Autre récréation avec des nombres.

Au lieu de tranſcrire les trente-deux cartes d'un jeu de piquet ſur les deux faces de ce cadran, diviſez-le en douze parties égales [2] & indiquez dans chacune d'elles les nombres naturels depuis 1 juſqu'à 12, ſuivant l'ordre de la table ci-après, & tel qu'il eſt indiqué ſur les figures ſeptième & neuvième.

Effet.

Il ſuit de l'ordre ci-deſſus, qu'un des nombres 1, 2, 3, 4, 5 & 6 quelconque d'une des faces des cadrans A & B, joint à celui qui ſur l'autre face lui eſt directement oppoſé, formera un nombre ſemblable à celui qui ſur l'un ou l'autre de ces deux cadrans ſe trouve lui être diamétralement oppoſé, & que par conſéquent ſi l'on ſe ſert de deux aiguilles aimantées dont l'une ait le nord du côté de ſa pointe, & l'autre le ſud; en faiſant tourner une de ces aiguilles ſucceſſivement ſur les deux faces de ce cadran, la ſomme des deux nombres qu'elle indiquera joints enſemble, en formera un ſemblable à celui qu'indiquera l'autre aiguille ſur l'une ou l'autre face ſeulement.

Récréation.

Il faut avoir un petit ſac contenant pluſieurs diviſions. On inſérera dans l'une d'elles les nombres 1 juſqu'à 12, qu'on aura tranſcrits ſur des petits carrés de carton; & dans l'autre, des nombres ſemblables à celui ſur lequel on aura diſpoſé la lame aimantée de ce cadran; on tirera du ſac les nombres différens, & les ayant fait remarquer, on les remettra dans le ſac; préſentant enſuite à une perſonne la diviſion de ce ſac, dans laquelle tous les nombres ſont ſemblables, on lui dira d'en tirer un au haſard, & de le tenir caché dans ſa main, & on lui demandera ſi elle veut que l'aiguille lui amène ſon nombre en une ſeule ou en deux fois, ce qu'on exécutera, en ſe ſervant de l'une ou de l'autre des deux aiguilles [3].

(2) On peut mettre ce cadran des nombres ſur le même cercle que celui des cartes.

(3) Si la perſonne déſire que l'aiguille indique le nombre en une ſeule fois, on pourra lui donner le choix d'un des côtés du cadran.

T A B L E

Pour servir à la construction du cadran ci-dessus.

Ordre des nombres sur le premier cadran A.	Ordre des nombres sur le deuxième Cadran A.	Résultat des 2 nombres opposés sur les 2 cadrans.	Nombres qui leur sont diamétralement opposés.
I.	II.	12	
10.	10.		12
6.	1.	7	
5.	4.	9	
3.	5.	8.	
9.	2.	11	
12.	12.		12.
4.	6.	10	
7.	7.		7
2.	9.		9
8.	8.		8
11.	11.		11

La transposition des nombres de cette table sur le cadran doit se faire en transcrivant de suite l'ordre du cadran A de droite à gauche, & celui du cadran B de gauche à droite, comme on le voit désigné sur la figure septième; cette observation est essentielle, afin que les nombres se trouvent dans les directions convenables.

Nota. Le petit sac qui sert à cette récréation ayant plusieurs divisions, on conçoit qu'en insérant dans une troisième division d'autres nombres semblables entr'eux, on peut alors varier cette récréation en faisant tirer deux nombres différens & les faisant indiquer sur chacune des deux faces du cadran.

Le Puits enchanté.

Construisez un puits A de carton [*fig.* 10, *pl.* 10, *Amusemens de physique*] de sept ou huit pouces de hauteur & de cinq à six pouces d'ouverture, porté sur un degré ou soc quarré B C; ménagez une ouverture à un des côtés de ce soc, dans laquelle puisse entrer un tiroir T, de trois ou quatre lignes de profondeur: que l'ouverture de ce puits aille fort en diminuant vers le fond G, qui ne doit avoir que deux pouces de diamètre. [Voyez le profil de cette figure sur cette même planche.]

Au-dessus de ce soc & à un demi-pouce au-dessous du fond intérieur G de ce puits, placez-y un petit miroir convexe H, qu'il soit d'une sphéricité suffisante, de sorte qu'en se regardant par l'ouverture du puits à la distance de quinze à dix-huit pouces, la tête & le buste ne paroisse avoir que deux pouces de grandeur.

Sur ce même soc, & à l'endroit I, ajustez un pivot sur lequel vous poserez une aiguille aimantée R Q, renfermée dans un cercle de carton très-léger O S de cinq pouces de diamètre; divisez ce cercle en quatre parties égales, [voyez figure onzième] & tracez-y quatre petits cercles, dans trois desquelles doivent être peintes différentes figures de tête v, x & y, dont la coiffure soit variée & représente (par exemple) à l'une un chapeau, à l'autre un turban; en observant que la place de la tête même doit être découpée à jour: que le quatrieme cercle soit entièrement découpé à jour; le tout comme le fait suffisamment voir cette figure onzième; que l'aiguille aimantée R Q, contenue dans ce cercle, y soit placée eu égard à la disposition de ces pôles, comme le désigne cette même figure.

Ayez quatre petits tableaux de cinq pouces quarrés V X Y & Z, (figure 15e.); que chacun d'eux puisse entrer séparément dans le tiroir ci-dessus; peignez sur trois de ces tableaux des têtes semblable à celles que vous avez peintes sur le cercle (figure 11e.), excepté que le tout doit être peint.

Ajustez derrière chacun de ces quatre tableaux, un barreau aimanté, disposé quant à ces poles, comme le désignent les figures V, X, Y & Z; couvrez le tout avec du carton, afin qu'on ne puisse point du tout les appercevoir.

Si vous desirez que cette récréation paroisse plus extraordinaire, faites l'intérieur de ce puits en fer-blanc, & mettez au fond & vers l'endroit G un verre blanc qui y soit bien mastiqué, afin que l'eau que vous pourrez verser alors dans le fond de ce puits, ne puisse pénétrer par dessous cet appareil.

Lorsqu'on aura placé un des trois tableaux V X & Y dans le tiroir qui se met au-dessous de ce puits, le barreau aimanté qui s'y trouve renfermé fera tourner & fixera le cercle de carton mobile de telle sorte que la coiffure semblable à celle qui se trouvera peinte sur ce tableau, se présentera vis-à-vis l'ouverture inférieure du puits; alors si une personne ayant la tête placée au-dessus & à la distance convenable, s'y regarde, le miroir convexe lui fera appercevoir son portrait en petit, & il paroîtra orné de la coiffure peinte sur cette partie du cercle de carton.

Si on met dans le tiroir le tableau Z, l'endroit de l'ouverture du cercle mobile qui se trouve entièrement à jour se placera au fond du puits, & en s'y regardant alors, on appercevra dans le miroir sa figure & sa coiffure telle qu'elle est naturellement.

Récréation.

On place à l'avance dans le tiroir le tableau Z,

Z, (1) sur lequel il ne se trouve rien de peint, afin qu'en se regardant dans le puits on n'y puisse appercevoir que sa figure naturelle; on proposera ensuite à plusieurs personnes de s'y regarder, en leur faisant observer qu'elles s'y voient telles qu'elles sont; on retirera ce tableau du tiroir & on remettra les trois autres entre les mains d'une d'entr'elles, en lui disant d'en choisir un à son gré & suivant la figure dans laquelle elles desirent d'être peintes, on placera ensuite ce tableau dans le tiroir qu'on fermera; un instant après on lui dira de se regarder dans le puits, & elle y appercevra sa figure coiffée de la même manière que celle de ce tableau.

Nota. Cette pièce de récréation bien exécutée produit un effet assez agréable, mais il est essentiel que l'ouverture du puits soit fort large & qu'il soit peu profond, afin qu'il puisse être éclairé dans son intérieur; il faut aussi faire placer la personne qui s'y regarde dans une position (2) & à une distance convenable; il est nécessaire aussi que ce puits puisse se séparer de son soc, afin de pouvoir ajuster & changer le cercle de carton, si l'on veut se servir d'un plus grand nombre de tableaux. Si on exécute cette pièce plus en grand, ce qui seroit le mieux, on pourra placer sur le même cercle une plus grande quantité de figures, en disposant alors les barreaux aimantés comme il sera convenable.

On peut varier les amusemens qui se font avec ce puits, en y faisant paroître une carte qu'on aura donné à tirer dans un jeu; il suffira pour cela d'avoir un autre cercle, (*fig.* 12 *pl.* 10.) sur lequel on appliquera quatre petites cartes de la grandeur nécessaire, & de poser sous ce puits au lieu du cercle, un petit porte-feuille de carton de la grandeur d'un des tableaux ci-dessus, dans un des côtés duquel on insérera un barreau aimanté, du reste on exécutera cette autre récréation en disposant différemment le porte-feuille dans le tiroir.

La tête enchantée.

Faites construire & peindre une tête de carton (*fig.* 14 *pl.* 10. *Amusemens de Physique*), de grandeur naturelle, un peu penchée, afin que ses yeux ne se trouvent pas dans une situation horisontale: ayant évidé à jour la place de ces yeux, couvrez-les d'un verre fort mince, concave d'un côté & convexe à l'extérieur: peignez en blanc la partie

---

(1) On peut se dispenser de faire ce quatrième tableau, en mettant à sa place le tableau Y, de manière que le portrait se trouve tourné en-dessous.

(2) La personne doit être placée du côté du tiroir, & avoir la tête panchée dans une situation horisontale.

Amusemens des Sciences.

concave, excepté l'iris que vous laisserez à jour, & la prunelle que vous peindrez en noir.

Sur un pivot EN, placez en équilibre, & dans une situation horisontale, une zone cylindrique de carton fort mince FG, sur laquelle soient peintes les différentes couleurs des yeux, noirs, bleus, verds & gris, de manière qu'aucune de ces couleurs ne tranchent avec une autre, mais au contraire, qu'elles se trouvent jointes par des nuances imperceptibles; observez encore que la même nuance commence à une distance égale à celle que les yeux de cette figure ont entr'eux, & qu'elle suive sur la partie A celle qui doit paroître sous l'œil C, & sur la partie B celle qui doit paroître sous l'œil D (3).

Suspendez à cette zone, par le moyen de deux fils de laiton I & L, un barreau aimanté MO, de quatre à cinq pouces de long, percé dans son milieu d'un trou P assez grand pour ne pas frotter contre le pivot EN, & placé le plus près qu'il sera possible de la base du pied ou planchette fort mince PQ, sur laquelle cette tête doit être posée.

Si ayant posé cette tête sur une table dans laquelle aura été inséré un barreau aimanté de cinq à six pouces de longueur, A B, mobile sur un axe ajusté au milieu de ce barreau, & qu'on le puisse faire tourner par un moyen caché quelconque, le barreau MO, qui fait mouvoir cette zone, se placera toujours dans la même situation que celui qui aura été ainsi renfermé, & qu'on suppose ici qu'une deuxième personne peut faire agir & diriger à sa volonté.

Récréation.

Cette tête ayant été placée en face du jour, on annoncera que ses yeux prennent la couleur de ceux qui la regardent, & que même cette couleur restera fixée dans les yeux de cette figure jusqu'à ce qu'une autre personne se place vis-à-vis cette tête; qu'alors la couleur changera peu-à-peu pour prendre celle des yeux de cette nouvelle personne. Supposant donc que la personne qui se présente ait les yeux d'un bleu clair, on ajoutera à ce qu'on vient de dire, voilà M. ou Mad. qui a les yeux d'un bleu clair, vous allez voir que les yeux de cette figure vont prendre cette même couleur; ce qu'entendant la personne cachée qui est d'intelligence, elle fera tourner insensiblement le barreau caché dans la table, (lequel, entraînera avec lui, par son mouvement, celui qui a été placé dans le pied de

---

(3) Il est aisé de voir par l'inspection de cette figure, que ce qui est peint sur la partie supérieure de cette zone paroît à travers l'œil A, & ce qui l'est sur la partie inférieure au travers de celui B.

I

cette tête & la zone cylindrique) jufqu'à ce qu'on apperçoive, par les yeux de la figure, le bleu clair; qui eft la couleur des yeux de la perfonne.

Nota. *La lame aimantée renfermée dans cette tête fe tournant d'elle-même du côté du nord, on pourroit affurément, en tenant cette figure dans une certaine direction relativement au côté du nord, faire paroître dans les yeux de cette figure telle couleur qu'on voudroit, mais le mouvement de la zone deviendroit alors trop fenfible, & ne s'arrêteroit pas même affez promptement pour que la caufe qui produit cet amufement fût fuffifamment cachée.*

Boîte aux cartes.

Faites faire une boîte ouvrante à charnière A B C D, (*fig.* 13, *pl.* 10. *Amufemens de Phyfique*) de fix pouces de longueur fur quatre de largeur, & quatre à cinq lignes de profondeur: portez le tiers de fa longueur depuis F jufqu'en E, & ajuftez à cet endroit un pivot fur lequel vous placerez un cercle de carton G d'environ trois pouces de diamètre, renfermant une aiguille aimanté N S; deffinez fur ce cercle quatre différentes cartes, de manière qu'elles foient difpofées comme le défigne cette figure 13; couvrez cette boîte d'un verre fur lequel, en collant un papier, vous réferverez une ouverture H, par où on puiffe appercevoir l'une ou l'autre des cartes peintes fur ce cercle.

Ayez encore un petit porte-feuille A B C D, (*fig.* 16.), dont le deffous foit fort plat, & qui foit de la même grandeur que cette boîte, & après avoir divifé fa longueur en trois parties égales, inférez dans l'un de fes côtés deux lames aimantées de trois pouces de long, qui paffent par ces points de divifions E & F, & dont le nord de l'un foit dirigé vers l'angle B, & celui de l'autre vers celui C.

Ce porte-feuille pouvant être mis fous la boîte dans quatre différentes fituations, foit en changeant fa difpofition d'une de ces faces fous la boîte, foit en le retournant, chacune d'elles, changeant de même la direction du barreau qui fe trouve fous le cercle G, fera appercevoir par l'ouverture H, (*fig.* 13) une des cartes peintes fur ce cercle de carton G, d'où il fuit qu'on pourra par ce moyen les faire paroître à volonté.

Récréation.

Faites tirer deux cartes dans un jeu à deux différentes perfonnes, & qu'elles foient du nombre de celles portées fur le cercle de carton; ayant remis enfuite à la première perfonne le porte-feuille; dites lui d'y renfermer fa carte, & de vous le remettre; pofez-le enfuite fous

la boîte dans la fituation néceffaire pour que la carte femblable peinte fur ce cercle paroiffe dans la boîte au travers de l'ouverture H; un inftant après ouvrez cette boîte, & faites voir la carte qui a été tirée; agiffez de même pour faire paroître la deuxième carte qui a été tirée.

Nota. *Comme il peut arriver qu'on ne tire pas les cartes telles qu'on les préfente, il ne faut pas annoncer qu'on va les faire paroître dans la boîte avant que les perfonnes les aient prifes, afin de pouvoir alors fe tirer d'embarras, en faifant, pour cette fois (au lieu de cette récréation) quelques autres tours de cartes.*

Le palais de l'amour.

Sur une bafe de bois A B C D E F, *fig.* 17 & 20, *pl.* 10. *Amufemens de Phyfique*) faite en forme de degré & de figure exagone, fort mince en fon milieu G; élevez un petit édifice ou palais, de telle figure que vous voudrez quant à l'extérieur; que fon comble M *fig.* 20, puiffe s'ôter, & qu'il foutienne un autre édifice intérieur *a b c d e f*, de même forme, ouvert vers *c d*; que le tout foit exécuté de manière qu'en regardant dans l'intérieur de ce palais, *fig.* 20, on ne puiffe pas appercevoir l'efpèce de corridor qui règne entre l'édifice extérieur A B C D E F & l'intérieur *a b c d e f*, *fig.* 17; obfervez encore qu'il eft néceffaire que ce qui forme le plancher de cet édifice intérieur foit à un demi-pouce du fond G, c'eft-à-dire, de la bafe de l'édifice extérieur, afin qu'un cercle de carton (*fig.* 17) renfermant une aiguille ou lame aimantée N S, dont le pivot doit être placé au centre H, puiffe tourner librement.

Placez fur les bords de ce cercle & à diftances égales du centre H, fix petites figures de carton fort légères, peintes, découpées & parfaitement reffemblantes entr'elles; qu'elles repréfentent un amour qui tient en fes mains une petite banderole. (Voyez *fig.* 20), tranfcrivez fur ces banderoles différens mots qui puiffent fervir de réponfes à plufieurs queftions; tels, par exemple, que *faveur, rigueur, fidélité, conftance,* &c.

La figure 18 & 19 repréfentent le barreau aimanté, & fa poulie fervant pour cette récréation.

Table magnétique & méchanique fur laquelle fe pofe ce petit édifice.

Placez dans une table A B C D, (*fig.* 9, *pl.* 11) dont le deffous foit double & peu épais dans fa partie fupérieure, un barreau aimanté N S de même grandeur que la lame de la pièce ci-deffus; qu'il foit traverfé d'un axe fur lequel il puiffe tourner facilement & sans bruit ; fixez sur cet axe une poulie E de deux pouces de diamètre, sur laquelle doit être mis un cordeau sans fin F, qui doit s'envelopper de même sur une autre poulie G. d'égal diamètre, que vous placerez au-dessus d'un des pieds I de la table, (*fig.* 1, *pl.* 11) ; que ce pied, ainsi que les autres, soit tourné, & qu'une moulure mobile H puisse entraîner par son mouvement circulaire cette poulie F ; ce que vous pourrez exécuter en faisant ce pied de deux pièces différentes, dont l'une A (*fig.* 2) soit surmontée d'une tige de fer solidement fixée à vis par son extrémité B, à une bande de fer. L (*fig.* 9) ajustée au coin intérieur D de cette table : que l'autre pièce soit composée de la moulure mobile G, (*fig.* 3) & de la poulie D qui doit y entrer quarrément : que la partie F de cette même pièce entre & roule aisément dans la planche inférieure de cette table ; qu'enfin toute la pièce (*fig.* 3) soit mobile sur la tige de fer B, (*fig.* 2) de manière qu'en faisant tourner cette moulure, la poulie G (*fig.* 9) & celle E sur laquelle est le barreau N S, tourne également.

Lorsqu'on fera faire un tour entier à cette moulure G, les deux poulies qu'elle fait agir étant de même diamètre, le barreau aimanté, qui est fixé sur l'une d'elles, fera également un seul tour ; d'où il suit, qu'au moyen d'une petite pointe placée sur cette moulure, on pourra connoître la position qu'on donnera à ce barreau, & conséquemment à la lame aimantée qui est cachée dans le petit édifice ci-dessus qui prendra toujours la même direction.

Récréation.

On transcrira sur une quantité de cartes blanches un certain nombre de questions différentes, auxquelles les mots qu'on aura transcrits sur les banderoles puissent servir de réponses, & on les arrangera à l'avance, de manière qu'on puisse, après les avoir mêlées, connoître à quelles réponses doivent se rapporter celles que pourront choisir ceux auxquels on les présentera, & faisant agir le plus secrètement qu'il sera possible le barreau aimanté renfermé dans la table, on le dirigera de manière que les petites figures qui tiennent les réponses à chacune des cartes choisies, se trouvent au-devant de la porte, à chaque fois qu'on voudra les faire paroître.

Nota. *Il ne faut ouvrir la petite porte qu'un instant après que l'on a fait fixer le barreau, afin que la figure ne paroisse plus avoir de mouvement ; on évitera par là qu'on ne puisse soupçonner qu'elle tourne à l'entour de l'édifice intérieur, & on pourra faire croire que c'est toujours la même figure qui présente ces diverses réponses, en quoi consiste tout le merveilleux de cet amusement.*

Pour s'assurer que la petite figure est fixée au-devant de la porte, on peut faire une petite ouverture au côté opposé à cette porte, par où on appercevra la figure qui est diamétralement opposée à celle qui doit paroître, ce qui facilitera beaucoup à déterminer sa position, & à connoître celle qu'on aura placée.

Pendule sonnante.

Faites faire une petite boîte ronde de ferblanc, dont le couvercle & les côtés soient percés à jour de plusieurs trous (*fig.* 8, *pl.* 11, *Amusemens de Physique*) ; ajustez au fond de cette boîte une petite lame aimantée N S, fig. 7, *ibid.* garnie d'une chappe E, & tournant librement sur son pivot ; placez dans cette boîte un petit timbre de montre C, sur lequel puisse frapper l'une des extrémités de cette lame ; posez cette boîte sur la table magnétique ci-devant décrite [*fig.* 1, *pl.* 11], de manière qu'une des extrémités du barreau qui y est renfermé, puisse passer au-dessus de cette boîte vers l'endroit D.

Si vous faites passer le barreau aimanté, renfermé dans la table depuis F jusqu'en G, il entraînera la lame qui est cachée dans cette boîte, & la frappera sur le timbre ; ce que vous pourrez répéter autant de fois que vous voudrez, en faisant rétrograder ce barreau de G en F, & le ramenant de nouveau de F en G.

Récréation qui se fait avec cette pendule.

Ayant transcrit sur vingt-quatre cartes blanches les nombres 1 jusqu'à 24, disposez-les d'avance dans l'ordre qui suit :

Ordre des cartes.

	Nombre
Première carte.	11.
II.	12.
III.	9.
IV.	10.
V.	13.
VI.	14.
VII.	15.
VIII.	7.
IX.	8.
X.	16.
XI.	17.
XII.	18.
XIII.	5.
XIV.	6.

I 2

Les cartes ainfi difpofées, faites voir que les nombres font pêle-mêle, & mêlez-les comme il a été enfeigné ailleurs, enforte qu'après ce mélange elles fe trouvent dans l'ordre naturel des nombres 1 à 24 : étalez enfuite le jeu fur la table, fans que les nombres foient à découvert, & dites à une perfonne d'en prendre un au hafard; remarquez à quel nombre la carte choifie fe trouve être dans le jeu [1]; annoncez que cette pendule va fonner autant de coup qu'il y a d'unités dans le nombre porté fur cette carte, ce que vous exécuterez en faifant agir le barreau, comme il a été ci-deffus expliqué.

Autre récréation.

Faites tirer deux cartes ci-deffus au lieu d'une, & annoncez que la pendule va indiquer la fomme de ces deux nombres ou la différence qui fe trouve entr'eux.

Nota. Si en faifant tirer deux cartes, vous vous appercevez que l'un des nombres choifis foit divifible par l'autre, vous pourrez faire indiquer par la pendule combien de fois le plus petit eft contenu dans le plus grand.

Les petits clous.

On fait ici mention de cette récréation pour fatisfaire plufieurs perfonnes qui ont defiré favoir comment fe peut faire un amufement que l'on a préfenté en public comme une chofe fort extraordinaire, en ce qu'il femble qu'on puiffe, avec fon couteau ou fa clef, enlever ou ne pas enlever, à fa volonté, des petits clous de fer mis fur un papier ou dans une petite boîte.

Cet amufement fe fait au moyen d'un barreau aimanté caché dans une table, & que celui qui fait cette récréation peut faire mouvoir à fon gré.

Lorfque l'une des deux extrémités du barreau ne fe trouve pas placé au-deffous de l'endroit où font ces petits clous, le fer qu'on leur préfente ne les enlève point, n'y ayant alors aucune caufe qui puiffe lui faire produire cet effet; fi au contraire une des extrémités du barreau fe trouve directement au-deffous de l'endroit où ils font placés, le fer qu'on leur préfente les enlève; ce qui vient de ce que le fer étant, par lui-même, une efpèce d'aimant, il devient à leur égard un aimant foible qui arrache à un plus fort le fer qui s'y trouve attaché.

Aimanter une pincette fur le champ en la frappant fur le plancher.

Il faut avoir un gobelet rempli d'eau, fur laquelle on pofera très-légèrement une aiguille aimantée qui y furnagera [2]; on prendra enfuite une pincette ou une tringle de fer, on la laiffera tomber perpendiculairement fur le plancher, & on préfentera fucceffivement fes deux extrémités au bord du gobelet; cette pincette ayant été aimantée par cette fecouffe, attirera le fud de l'aiguille par le côté qui a été frappé, & le nord par le côté oppofé.

Si on laiffe tomber cette même pincette de l'autre côté, le même effet aura lieu, excepté que le côté frappé qui attiroit le fud de cette aiguille en attirera le nord, & réciproquement l'autre côté attirera le fud; ce qui fait voir que les poles de cette efpèce d'aimant ont été changés par la deuxième fecouffe.

Si on laiffe tomber cette pincette à plat fur le plancher, elle perdra toute fa vertu.

Cette expérience prouve que la feule fecouffe donnée à cette tringle de fer fuffit pour changer la direction de fes parties intérieures, & que ce changement donne au fer la qualité de l'aimant, en couchant & renverfant d'un même fens les pores ou parties dont il eft compofé : ce renverfement laiffant un libre accès à la matière magnétique répandue fur la furface de la terre, elle entre par une des extrémités de cette tringle & fort par l'autre : il en eft de même lorfqu'une pierre d'aimant ou un barreau aimanté communique fa vertu à une aiguille en couchant d'un même côté tous les pores dont elle eft compofée; c'eft auffi par cette raifon que les outils dont les ouvriers fe fervent pour couper le fer à froid, s'aimantent & enlèvent la limaille de fer.

Une petite figure étant renfermée dans une bouteille remplie d'eau, la faire monter ou defcendre à fa volonté.

Faites avec du liége très-fin une petite figure

---

(1) Ce nombre fera celui qui eft tranfcrit fur la carte tirée.

(2) On peut la faire paffer au travers un très petit morceau de liége, afin qu'elle s'y foutienne plus aifément.

de trois pouces au plus de hauteur, très-légère, peinte à l'huile & vernie, & l'ayant laissé bien sécher, introduisez-y une petite lame bien aimantée, qui la traverse depuis les pieds jusqu'à la tête, & dont la pésanteur soit telle que cette figure étant mise dans l'eau, y reste dans une situation verticale, & ait sa tête au-dessus de l'eau ; ce qui vous sera facile en y enfonçant plus ou moins cette lame, & en la chargeant de côté ou d'autre avec de petits grains de plomb, jusqu'à ce que vous y soyez parvenu.

Prenez un bocal de verre de six à sept pouces environ de hauteur, dont le fond soit plat, & ait environ quatre pouces de diamètre, dans lequel vous verserez de l'eau jusqu'à la hauteur d'environ trois pouces, & y ayant mis cette figure, posez-le sur la table magnétique ci-devant décrite, de manière qu'il se trouve au-dessus d'un endroit quelconque, sous lequel passent les deux extrémités du barreau aimanté qui y est renfermé.

Lorsque le nord du barreau renfermé dans la table magnétique se trouvera situé au-dessous du bocal, la petite lame aimantée renfermée dans cette figure (dont on suppose ici que le sud est tourné vers les pieds) sera attirée, & elle s'enfoncera & se plongera entièrement dans l'eau ; si on retire le barreau, cette figure s'élevera au-dessus de l'eau en reprenant sa première situation.

Si au contraire le sud du barreau se trouve placé sous le bocal, il repoussera le sud de la petite lame aimantée, & en attirera conséquemment le nord, ce qui fera renverser cette figure sens dessus dessous, de manière que sa tête se trouvera vers le fond du bocal, & ses pieds vers le haut.

Récréation.

Ayant mis ce vase sur la table (fig. 1, pl. 11) à l'endroit où se trouve le nord du barreau renfermé dans la table, on prendra cette petite figure & on la fera voir, en prévenant qu'elle obéira au commandement qui lui sera fait ; on la mettra dans l'eau, où elle se plongera entièrement, & on demandera si on desire qu'elle élève sa tête hors de l'eau, ou qu'elle s'y renverse sens dessus, dessous, ce qu'on lui fera exécuter en faisant agir secrettement le barreau, & en le plaçant sous le bocal dans la direction convenable.

Nota. On n'a pas cru qu'il fut nécessaire d'indiquer ici tous les différens amusemens qu'on peut faire avec cette figure, attendu qu'il est aisé de les imaginer, en supposant seulement qu'en élevant sa tête au-dessus de l'eau, elle répond oui aux différentes interrogations qu'on peut lui faire sur la couleur de l'habillement d'une personne, sur l'heure qu'il est à une montre, &c.

On se contentera de donner pour exemple celui qui suit.

Faire nommer par cette petite figure, qu'elle est la carte qu'une personne a tirée d'un jeu.

Ayant supposé que cette figure en s'élevant au-dessus de l'eau, réponde oui à la question qu'on lui fait, & qu'au contraire elle répond non quand elle reste au fond de l'eau, on présentera à une dame un jeu dont la carte large, sera (par exemple) la vingtième (1) & on lui proposera de choisir une carte à son gré ; on coupera ensuite soi-même le jeu à cette carte large, & on lui fera mettre la carte qu'elle aura tirée à l'endroit de la coupe ; au moyen de quoi elle se trouvera la vingtième si elle a été choisie dans la partie qui est au-dessus de la carte large, ou la vingt-unième si on l'a prise dans celle qui est au-dessous. On mêlera ensuite le jeu jusqu'à la carte large & l'ayant posé sur la table, on interrogera la petite figure, en lui disant, savez-vous qui a choisie la carte ? & on lui fera paroître la tête hors de l'eau pour répondre oui ; on lui demandera est-ce un cavalier ? & on la laissera au fond de l'eau pour lui faire signifier non ; on lui dira est-ce une dame ? & on lui fera sortir la tête hors de l'eau ; enfin on lui demandera si elle sait à quel nombre se trouve dans le jeu, & lui ayant fait répondre oui, on lui nommera les nombres depuis un jusqu'à celui auquel est placée la carte, alors on lui fera élever la tête hors de l'eau, & on fera voir que la carte qu'elle aura ainsi indiquée, est celle qui a été choisie dans le jeu.

Table magnétique portative, servant aux récreations qui se font avec la sirene, sans qu'il soit besoin d'aucun agent caché pour la faire agir.

Faites construire une table A B, (figure 4 planche 11. Amusemens de physique) dont le dessus soit double, excepté qu'il faut laisser deux pouces d'intervalle entre le dessus & le fond, afin de pouvoir ajuster (dans une ouverture circulaire I, ménagée dans ce dessus) un bassin de cuivre (2) de douze à quinze pouces de diamètre & de quinze lignes de profondeur. Souteniez cette table au moyen de quatre pieds tournés. Ces pieds doivent traverser la partie inférieure G de cette table, & entrer à vis dans celle supérieure H, qu'on doit laisser beaucoup plus épaisse à cet endroit : cela procure plusieurs avantages,

_____

(1) On peut, avant de faire tirer la carte, mêler le jeu, pourvu que la carte large reste toujours la vingtième.

(2) Il ne faut point faire ce bassin en fer-blanc, cela empêcheroit l'effet de l'aimant, qui doit être placé dessous.

celui de pouvoir ferrer exactement le deſſus avec le deſſous, de la démonter, & de pouvoir la tranſporter ſans aucun embarras; que l'un de ces pieds C ſoit percé en ſon milieu depuis D juſqu'en E: ornez ces pieds de pluſieurs moulures L & E; que celle E ſoit formée d'une pièce ſéparée qui puiſſe couler facilement dans la partie cylindrique du même pied C; cette partie F (*fig.* 5.) doit être ouverte ſur toute ſa longueur, c'eſt-à-dire, d'environ deux pouces, afin qu'un fil de fer qui la traverſe, ainſi que la moulure E, fig. 6, puiſſe ſervir à la retenir, & à abaiſſer en même-temps un cordeau qui doit aller de ce fil de fer à la partie intérieure de la table.

Diſpoſez dans l'intérieur de la table A B C D (*fig.* 10. *pl.* 11. *ibid.*) un cercle d'acier E dont le diamètre ait quatre pouces de moins que le baſſin, qu'il ſoit trempé, bien aimanté & ſoutenu ſur une lame de cuivre F G, que vous fixerez quarrément ſur un axe placé au centre inférieur de cette table; cet axe doit rouler ſur un plaque de cuivre H I aſſez épaiſſe & viſſée ſur la table; il doit être encore arrêté en deſſous au moyen d'une goupille, afin que cette pièce ne ſorte pas de deſſus cette plaque.

Ajuſtez quarrément ſur ce même axe (1), entre la plaque de cuivre H I & la lame de cuivre F G, une double poulie L, ſur l'une deſquelles vous fixerez le cordeau M, qui paſſant ſur une poulie N, doit couler le long du pied C de la table au bas duquel ſe trouve la moulure mobile ſur lequel il eſt fixé.

Attachez ſur l'autre poulie E un autre cordeau O, qui d'autre bout ſoit arrêté ſur le reſſort P Q; que ce reſſort ait aſſez de force pour faire remonter la moulure E, lorſqu'elle a été abaiſſée; que le tout ſoit diſpoſé de manière que les frottemens ſoient fort doux & ne faſſent pas de bruit.

Ayez une petite ſirène de liége, dans laquelle vous inſérerez une petite lame aimantée; ou ſervez-vous de toute autre figure qui vous ſemblera plus commode.

Lorſqu'étant aſſis vis-à-vis de cette table, vous appuierez le pied ſur la moulure E, vous ferez tourner ſur ſon axe le cercle aimanté renfermé dans la table; & comme il ſe trouve placé au-deſſous du baſſin, la lame aimantée cachée dans la petite ſirène ſuivra ce même mouvement, attendu qu'elle ſera toujours diſpoſée à ſe placer entre les deux poles qui forment les extrémités de ce cercle: par ce moyen vous ſerez entièrement le maître de la conduire & de la faire arrêter vers tous les endroits de la circonférence du baſſin que vous jugerez convenable, ſans qu'on

---

(1) Cette poulie peut être tournée avec l'axe en faiſant alors le tout d'une ſeule pièce.

---

puiſſe ſoupçonner que vous la faites agir, & vous pourrez exécuter ſeul ſur cette table les récréations qui ſuivent.

Faire indiquer par la ſirène les nombres que diverſes perſonnes ont choiſis au haſard.

Ayez un cercle de carton, dont le diamètre intérieur ſoit de même grandeur que celui du baſſin de la table ci-deſſus (*fig.* 4 *pl.* 11), & l'ayant diviſé en vingt-quatre parties égales, tranſcrivez-y les nombres 1 à 24; poſez-le ſur cette table, de manière qu'il ſerve de cadran à ce baſſin.

Tranſcrivez ſur vingt-ſept cartes blanches les chiffres 1 juſqu'à 9, de manière qu'il y en ait trois ſemblables ſur trois différentes cartes, & diſpoſez à l'avance le jeu dans l'ordre qui ſuit:

Ordre des cartes avant de mêler.

1re. Carte. . 6	10e. Carte. . 2	19e. Carte. . 8
2. 1	11. 6	20. 3
3. 9	12. 1	21. 7
4. 2	13. 4	22. 5
5. 2	14. 9	23. 8
6. 6	15. 3	24. 4
7. 1	16. 7	25. 3
8. 8	17. 5	26. 7
9. 4	18. 9	27. 5

Le jeu ayant été ainſi diſpoſé, ſi vous mêlez une ſeule fois les cartes comme il a été enſeigné à la deuxième partie de cet ouvrage, elles ſe trouveront après ce mélange dans l'ordre ci-après.

Ordre des cartes après avoir été mêlées.

1re. Carte. . 8	10e. Carte. . 2	19e. Carte. . 3
2. 4	11. 6	20. 7
3. 9	12. 1	21. 5
4. 8	13. 2	22. 3
5. 4	14. 6	23. 7
6. 9	15. 1	24. 5
7. 8	16. 2	25. 3
8. 4	17. 6	26. 7
9. 9	18. 1	27. 5

D'où il ſuit que ſi on donne à choiſir trois cartes de ſuite dans les neuf premières cartes, la ſomme de leurs chiffres ſera toujours 21;

cette somme sera 9 si on choisit ces trois cartes dans les neuf cartes qui suivent, ou 15 si on les choisit dans les neuf dernières cartes.

Récréation.

Ayant préparé à l'avance le jeu, comme il a été dit ci-dessus, on le mêlera, & présentant à une personne les neuf premières cartes, on lui dira d'en prendre trois à son choix (1); on agira de même avec une deuxième personne, en lui présentant les neuf cartes qui suivent, & enfin on présentera les neuf dernières à une troisième personne.

On annoncera ensuite que la Sirene va indiquer la somme des chiffres portés sur les trois cartes que chaque personne a choisie, ce qu'on exécutera en faisant agir sa Sirene, de manière qu'elle s'arrête vis-à-vis ces différens nombres.

Nota, Après avoir fait indiquer par la Sirene le nombre 21 pour la somme des chiffres porté sur les trois premières cartes, on pourra proposer aux deux autres personnes de faire nommer par la Sirene la somme des nombres portés sur les six cartes qu'elles ont choisies, & on lui fera alors indiquer le nombre 24, au lieu des nombres 9 & 15 qu'on lui auroit fait indiquer séparément.

Faire indiquer par la Sirene quel est le nombre qu'une personne a librement formé.

Cette récréation s'exécute avec la boîte (*fig. 4 pl. 1, Nombres magiques*); on fait poser cette boîte sur la table par la personne qui y a formé à sa volonté un nombre, & comme on ne peut le distinguer au moyen des petites pointes qui en excèdent plus ou moins les charnières; il est aisé de faire indiquer successivement ces trois chiffres dans l'ordre qu'ils ont été secrètement disposés. Cette récréation paroît d'autant plus extraordinaire, que son effet dépend de deux causes absolument différentes, qu'il est fort difficile de démêler.

Faire indiquer par la Sirene, quel est le nombre qu'une personne a librement & secrètement choisi.

Servez-vous du petit sac décrit à l'article *Cadran magnétique horisontal*, & ayant tiré les nom-

bres contenus dans la première poche, faites voir qu'ils sont tous différens; les ayant remis ensuite en leur place, faites-en tirer un dans la seconde poche, & connoissant ce nombre, vous le ferez indiquer par la Sirene. Vous pourrez recommencer cette récréation en faisant tirer un autre nombre dans la troisième poche; on peut aussi faire indiquer en une seule fois le montant des deux nombres qu'on aura fait tirer du sac: on peut aussi faire indiquer le produit de ces deux nombres multipliés l'un par l'autre.

Faire indiquer par la Sirene un mot quelconque, qu'une personne a écrit secrètement.

Transcrivez autour d'un cercle de carton, ou au revers de celui ci-dessus, les vingt-quatre lettres de l'alphabet; ayez un petit porte-feuille de carton & le couvrez par dessus d'un papier noir; disposez sur un de ces côtés intérieurs une petite porte ouvrante à charnière qui soit prise sur le carton même qui forme ce portefeuille: observez qu'il ne doit y avoir sur cette ouverture que le seul papier qui couvre ce portefeuille sur lequel cette petite porte doit appuyer lorsqu'elle est fermée.

Prenez de la sanguine ou crayon rouge bien tendre, réduisez-la en poudre, & frottez-en le côté intérieur du papier qui sert de couverture à ce portefeuille, & au-dessous duquel se trouve la porte ci-dessus; essuyez bien ce papier, ensorte qu'en posant dessus un autre papier blanc, il ne le tache pas; ayez un crayon de sanguine un peu dur, c'est-à-dire qu'il faille appuyer un peu fort pour le faire marquer.

Lorsqu'on aura inséré entre la porte & la couverture de ce porte-feuille, un petit quarré de papier blanc, si on pose au-dessus de sa couverture & de ce même côté un papier, & qu'avec ce crayon on y écrive quelques mots, cette écriture se répétera sur le papier placé sous cette couverture.

Récréation.

On présente à une personne ce crayon & un petit quarré de papier qu'on pose sur le portefeuille, & on lui dit d'écrire un mot à sa volonté & de le garder secretement par devers elle; on reprend ce porte-feuille, & sous prétexte d'aller dans un cabinet voisin chercher la petite Sirene pour la mettre sur le bassin, on va ouvrir le portefeuille & on reconnoît le mot qu'elle a écrit, qu'on fait indiquer ensuite lettre à lettre par cette Sirene.

Nota. On doit présenter ce portefeuille sous prétexte de ne pas déranger la personne de sa

---

(1) Il faut qu'elle prenne ces trois cartes de suite; si cependant elle vouloit les choisir autrement, il faudroit l'en empêcher, à moins qu'on ne se rappelle suffisamment l'ordre des chiffres pour connoître ceux qu'elle auroit choisis.

place, en lui facilitant le moyen d'écrire en le pofant fur fes genoux.

Faire répondre la Sirène à une queſtion écrite ſecrètement.

Cette récréation ſe fait de même que la précédente, c'eſt-à-dire, en ſe ſervant du porte-feuille ci-deſſus. On propoſe à une perſonne d'écrire ſecrétement & à ſa volonté ſur un papier, & de garder enſuite par devers elle, une queſtion quelconque ; & l'ayant reconnue, on y fait indiquer la réponſe en conduiſant ſucceſſivement la Sirène ſur chacune des lettres néceſſaires pour la former.

Nota. On peut ſe ſervir encore de différentes queſtions, & faire indiquer par la Sirène la réponſe à celle qui aura été choiſie.

Pluſieurs lettres de l'alphabet tranſcrites ſur des cartes ayant été mêlées, en laiſſer choiſir pluſieurs à volonté, & faire déſigner par la Sirène quel eſt le mot qui peut en être formé.

Tranſcrivez les trente-cinq lettres qui ſuivent ſur autant de cartes blanches, & conſervez-les dans l'ordre indiqué ci-deſſous.

Ordre des Cartes.

1ʳᵉ...T	10...A	19...R	28...T
2....P	11...F	20...E	29...E
3....E	12...E	21...C	30...O
4....R	13...U	22...T	31...B
5....O	14...L	23...O	32...N
6....N	15...O	24...N	33...R
7....C	16...P	25...A	34...I
8....I	17...S	26...R	35...A
9....T	18...A	27...I	Large.

Ces trente-cinq cartes étant arrangées dans l'ordre ci-deſſus, en quelqu'endroit du jeu qu'on en prenne cinq de ſuite, on pourra former un mot François avec les cinq lettres qui s'y trouveront inſcrites, comme on le voit par la table qui ſuit.

TABLE.

T.P.E.R.O　*Porte, Prote,* terme d'imprimerie.

P.E.R.O.N　*Prone, Péron,* terme d'architecture.

E.R.O.N.C　*Ronce, Corne, Créon,* nom d'homme.

R.O.N.C.I　*Ciron ;* inſecte.

O.N.C.I.T　*Conti,* nom d'homme.

N.C.I.T.A　*Catin,* nom de fille.

C.I.T.A.F　*Aciif,* adjectif.

I.T.A.F.E　*Faite,* terme de charpente.

T.A.F.E.U　*Faute, mépriſe.*

A.F.E.U.L　*Fléau,* inſtrument, ou malheur général.

F.E.U.L.O　*Foule,* quantité de perſonnes.

E.U.L.O.P　*Poule, Loupe,* ſorte de lunette.

U.L.O.P.S　*Pouls,* terme de médecine.

L.O.P.S.A　*Salop,* adjectif maſculin.

O.P.S.A.R　*Paros,* iſle, *Sapor,* nom d'homme.

P.S.A.R.E　*Après,* adverbe ; *Aſpre,* ſorte de monnoie.

S.A.R.E.Ç　*Céſar,* nom d'homme.

A.R.E.C.T　*Carte,* terme de jeu & de géographie.

R.E.C.T.O　*Crote, Corte,* capitale de la Corſe.

E.C.T.O.N　*Conte,* hiſtoire fabuleuſe.

C.T.O.N.A　*Caton,* nom d'homme.

T.O.N.A.R　*Raïon,* petit rat, ou nom d'un chat.

O.N.A.R.I　*Raïon,* terme de phyſique.

N.A.R.I.T　*Tiran, Train,* terme de manège.

A.R.I.T.E　*Taire,* verbe.

R.I.T.E.O　*Ortie,* plante ; *Rôtie,* terme de cuiſine.

I.T.E.O.B　*Boîte, Objet, Tobie,* nom d'homme.

T.E.O.B.N　*Bonté, Bonet,* ſorte de coiffure.

E.O.B.N.R　*Borne,* terme d'architecture.

O.B.N.R.I　*Robin, Biron,* nom d'homme.

B.N.R.I.A　*Rabin,* docteur juif.

N.R.I.A.T　*Tarin,* ſorte d'oiſeau.

R.I.A.T.P　*Parti,* petite troupe de guerre.

I.A.T.P.E　*Japet,* nom d'homme.

A.T.P.E.R　*Pâtre, Trape, Pater,* confeſſeur.

T.P.E.R.O　*Trope,* terme de rhétorique.

Diviſez un cercle de carton en trente-cinq parties, & tranſcrivez-y dans le même ordre ci-deſſus, les trente-cinq mots que peuvent produire l'ordre de ces différentes combinaiſons (1).

Lorſqu'on ſaura à quel nombre eſt dans le jeu la

---

(1) On ne doit mettre qu'un ſeul des mots, quoique les cinq lettres en puiſſent produire pluſieurs.

première

première des cinq cartes qu'on aura tirée de suite, on pourra connoître le mot qui peut en être formé, en se souvenant seulement que le mot *porte* est le premier par lequel il faut compter sur ce cercle.

Récréation.

Vous ferez d'abord voir les lettres qui sont transcrites sur les cartes, & vous annoncerez que les mots qui sont autour du cercle, sont tous ceux de cinq lettres qui peuvent en être formés, en ajoutant qu'afin qu'on n'imagine pas qu'on leur a donné quelqu'arrangement préparé d'avance, vous allez les mêler (1); dites à une personne de prendre cinq cartes, à l'endroit où elle voudra (2); remarquez à quel nombre (à compter de la première carte) commence la première de celles qu'elle choisit; & annoncez-lui que la Sirène va désigner sur le cercle quel est le mot qui peut être formé avec les lettres qui y sont transcrites; ce qu'il vous sera facile d'exécuter, au moyen de ce nombre qui vous indiquera, à compter du mot *porte*, celui en face duquel vous devez conduire la Sirène.

Nota. Pour remarquer plus facilement le numéro de cette première carte, vous pouvez lever au-dessus du jeu dix à douze cartes, & donner à prendre les cinq cartes dans cette petite quantité, & prenant une autre partie du jeu, y donner à choisir cinq autres cartes, & ainsi avec le restant du jeu, en le présentant à une troisième personne; de cette manière il vous sera aisé de faire indiquer les trois différens mots qui peuvent en être formés, ce qui paroîtra encore plus extraordinaire.

Faire indiquer par la Sirène quelle est la carte d'un jeu qu'une personne a touché du bout du doigt.

Ayez un jeu de cartes, dont toutes les cartes soient semblables, (par exemple) qu'elles soient toutes des valets de pique; mêlez-les, & les ayant mis sur la table, & couvertes d'un mouchoir, dites à une personne d'en tirer une avec le doigt, & de la mettre hors du jeu, sans la retourner; levez le mouchoir, & prenez en main le reste du jeu; conduisez ensuite la Sirène sur le valet de pique (3), & faites voir que c'est effectivement la carte qui a été tirée.

Nota. Il faut, pendant que la Sirène va chercher la carte, substituer adroitement un jeu de piquet ordinaire à celui dont on s'est servi, afin de pouvoir faire voir ce nouveau jeu, si on le demandoit; il seroit même à propos de recommencer cette récréation avec ce nouveau jeu, en faisant tirer à une personne une carte forcée (4).

Balance magnétique.

Faites faire une petite balance ordinaire, bien sensible, & dont les bassins soient de fer blanc; qu'elle soit suspendue à une tringle de fer courbée vers le haut & soutenu sur un pied: disposez-la de manière qu'étant dans son équilibre, les bassins ne soient qu'à un demi-pouce de distance de la table magnétique, sur laquelle elle doit être posée.

Lorsque l'une ou l'autre extrémité du barreau (5), ou les deux poles du cercle renfermé dans l'une ou l'autre des tables ci-dessus, se trouvera au-dessous d'un des bassins de cette balance, si elle est en équilibre, ce bassin sera attiré, & elle reprendra ce même équilibre aussitôt qu'on retirera le barreau.

Récréation.

Après avoir posé cette balance sur la table, de manière que les bassins se trouvent placés au-dessus du passage de l'extrémité du barreau qui y est renfermé, on demandera deux pièces de monnoye semblables, & on en mettra une dans chacun des bassins, en faisant observer qu'elles sont toutes deux de même poids; on proposera ensuite d'augmenter, à la volonté d'une personne, le poids d'une de ces deux pièces; ce qu'on exécutera comme il a été ci-dessus expliqué.

Les sept cadrans magiques.

CONSTRUCTION.

Faites faire une boîte de figure deptagone, (*figure* 14, *pl.* 11, *Amusemens de physique*) d'environ huit à neuf pouces de diamètre & de quatre lignes au plus de profondeur, dont le fond soit fort mince, que son couvercle ne soit pas à charnière: collez un papier sur son fond intérieur &

---

(1) Il faut faire semblant de les mêler, ou faire couper seulement tant de fois qu'on voudra, pourvu qu'à la dernière coupe la trente-cinquième carte A qui doit être plus large se trouve sous le jeu.

(2) Il ne faut la prévenir de les prendre de suite que lorsqu'on s'apperçoit qu'elle va les prendre de côté & d'autre.

(3) Il faut avoir un cercle de carton sur lequel on aura collé trente-deux petites cartes formant celles d'un jeu de piquet.

Amusemens des Sciences.

(4) On appelle carte forcée, celle qu'on connoît & qu'on présente de préférence en étalant le jeu. On doit tenir bien ferme dans les doigts celles qui sont auprès, de manière qu'on soit en quelque sorte forcé de ne pouvoir pas en prendre une autre : voyez les tours de cartes.

(5) Cette récréation réussit mieux avec le barreau qu'avec le cercle, particulièrement pour maintenir la balance en équilibre.

K

tirez des angles de cette boîte au centre H, les
lignes AH, BH, CH, DH, EH, FH & GH :
décrivez à difcrétion le cercle IL, & des points
où il coupe les fept lignes ci-deffus, tracez autant
de cadrans de même grandeur & d'environ dix-
huit lignes de diamètre, lefquels fe trouveront
partagés en deux parties égales : divifez chacun
de ces demi-cercles en fept parties égales, & tranfcrivez dans chacune d'elles les lettres défignées
fur cette figure.

Ajuftez un pivot au centre de chacun de ces
cadrans fur lefquels vous placerez des aiguilles
aimantées d'un pouce de longueur ; couvrez l'intérieur de cette boîte d'un verre que vous ajuf-
ferez de manière que fans toucher à aucune de
ces aiguilles, il les empêche néanmoins de s'é-
lever trop & de fortir de deffus leurs pivots lorfqu'on renverfe la boîte. Mettez une petite pointe
à l'extérieur de l'angle A de cette boîte, afin que
vous puiffiez le reconnoître au taĉt.

Ayez un plateau de bois de trois lignes d'é-
paiffeur, (figure 15, même planche) garni d'un
rebord qui l'excède des deux côtés d'environ
deux lignes : que ce plateau foit de même grandeur que le fond extérieur de la boîte, (fig. 14)
en forte qu'en la pofant de côté ou d'autre fur
ce plateau elle foit contenue par ce rebord ; qu'elle
puiffe auffi s'y placer en tout fens, c'eft-à-dire,
en préfentant l'angle A à tous les angles de ce
plateau, ce qui fera facile fi l'on a tracé avec
précifion cet eptagone.

Tracez fur ce plateau fept cercles femblables à
ceux de la boîte, & que leurs centres fe trouvent
au-deffous de ceux des cadrans de la boîte lorfqu'elle eft placée fur ce plateau ; divifez-les de
même en quatorze parties égales.

Tirez enfuite les lignes *ns*, dont la pofition eft
différente refpectivement aux angles ABCDEFG
de ce plateau, & ayant fait une rainure à la
place de chacune de ces lignes, inférez-y une
lame aimantée (1) d'un pouce de longueur, dont
vous difpoferez les poles comme l'indique cette
figure 15e : couvrez les deux faces de ce plateau
d'un papier, afin de les mafquer, & faites une
petite marque I de côté & d'autre pour reconnoître l'angle A.

(1) Il eft très-effentiel que toutes ces lames & aiguilles foient à-peu-près de même force, fans quoi il
arriveroit immanquablement que celle qui étant plus
forte fe trouveroit placée fous un des cadrans, atti-
reroit à elle les aiguilles des cadrans voifins & les
détourneroit plus ou moins de la direction qu'elles
devroient avoir ; & comme on n'eft pas toujours le
maître de donner une même force aux lames qu'on
aimante, il eft bon de s'en précautionner d'une plus
grande quantité, afin de pouvoir effayer & choifir
celles qui peuvent convenir le mieux ; au refte fi la

ORDRE dans lequel doivent être placées fur chacun
de ces fept cadrans les lettres qui indiquent les mots
fervant de réponfes aux queftions ci-après :

1er.	2e.	3e.	4e.	5e.	6e.	7e.
1	2	3	4	5	6	7
D	E	S	A	M	I	S
2	3	4	5	6	7	1
P	A	S	T	R	O	P
3	4	5	6	7	1	2
M	A	R	I	A	G	E
4	5	6	7	1	2	3
P	L	A	I	S	I	R
5	6	7	1	2	3	4
L	A	V	E	R	T	U
6	7	1	2	3	4	5
B	I	E	N	T	O	T
7	1	2	3	4	5	6
L	A	S	A	N	T	É
8	9	10	11	12	13	14
S	A	G	E	S	S	E
9	10	11	12	13	14	8
L	A	R	G	E	N	T
10	11	12	13	14	8	9
C	O	U	R	A	G	E
11	12	13	14	8	9	10
J	I	G	N	O	R	E
12	13	14	8	9	10	11
C	O	M	T	E	Z	Y
13	14	8	9	10	11	12
C	U	P	I	D	O	N
14	8	9	10	11	12	13
L	E	T	E	M	P	S

Au moyen de la difpofition donnée aux lettres
qui compofent les quatorze mots de cette table

divifion a été correcte, dès qu'un des mots fe trouve
bien défigné, tous les autres le font de même. Cette
attention à fe fervir de lames d'égale force, doit
avoir lieu dans les récréations où il faut inférer plufieurs lames.

si l'on pose la boîte sur le plateau, en présentant
son angle A successivement à chacun des angles du
plateau, les sept aiguilles se dirigeront de manière
à indiquer à chaque changement les lettres qui en
composent les sept premiers mots ; & si retournant
le plateau, on pose la boîte sur ces mêmes angles,
elles indiqueront de même les sept autres mots : il
sera facile de les reconnoître en assemblant à chaque
changement les lettres indiquées sur ces sept cadrans (1).

D'un autre côté, les mots ci-dessus pouvant
servir de réponses à quantité de questions, il en
résulte qu'il suffira de connoître par quelque
moyen caché ces différentes questions, afin de
poser convenablement la boîte sur le plateau, &
en procurer la réponse.

*Manière de connoître le rapport qu'ont les questions
avec la disposition qu'il faut donner à la boîte relativement aux angles du plateau.*

Servez-vous d'une quantité suffisante de cartes
ordinaires, & transcrivez sur le côté qui est blanc
toutes les questions portées en la table ci-après,
ou telles autres que vous voudrez (2) : écrivez au
revers des *as noirs*, celles qui ont rapport à la
première réponse (*des amis*) ; sur les *rois noirs*,
celles de la deuxième (*pas trop*) &c. suivant
l'ordre naturel des cartes : transcrivez de même au
revers des *as rouges* les questions qui ont rapport
à la huitième réponse (*sagesse*), & sur les *rois*
rouges, celle de la neuvième (*l'argent*), &c.

TABLE.

*Contenant quelques-unes des questions qui ont rapport
aux quatorze réponses ci-dessus, & indication des
différentes cartes sur lesquelles elles doivent être
transcrites.*

AS NOIRS.

Une chose très-rare à trouver ?
De qui doit-on suivre les conseils?
Quel est le bien le plus précieux?

                Des Amis.

ROIS NOIRS.

Serai-je heureux en amour?
Mon époux est-il fidèle?
Ai-je beaucoup d'argent dans ma poche?

                Pas trop.

----

(1) La première lettre de chaque mot est toujours
sur le cadran qui est vers l'angle A.

(2) On a seulement indiqué ici quelques questions
pour servir d'exemple : il est aisé de voir qu'on peut en
faire quantité d'autres.

DAMES NOIRES.

L'espoir des amans fidèles ?
L'union la plus agréable ?
Quel est votre but en m'aimant?

                Mariage.

VALETS NOIRS.

Que ressent-on à faire du bien?
L'occupation de la Jeunesse?
Que recherche-t-on avec empressement?

                Plaisir.

DIX NOIRS.

Que doit-on prêcher d'exemple?
Que produit la bonne éducation ?
L'appanage du sexe ?

                La Vertu.

NEUF NOIRS.

Quand arrivera la personne attendue ?
Le mariage aura-t-il lieu?
Obtiendrai-je ce que je desire?

                Bientôt.

HUIT NOIRS.

Qu'attend-on avec impatience ?
Le plus grand des biens?
Ce que ne peuvent procurer les richesses?

                La Santé.

AS ROUGES,

La chose la plus estimable ?
Ce qu'on aime dans le sexe ?
Qu'acquerre-t-on avec peine ?

                Sagesse.

ROIS ROUGES.

La clef qui ouvre toutes les serrures ?
Que méprise le Sage?
Une chose nécessaire ?

                L'argent.

DAMES ROUGES.

Ce qui caractérise la noblesse françoise?
Que nous manque-t-il dans l'adversité ?
Ce qui désigne un bon soldat?

                Courage.

VALETS ROUGES.

Combien d'étoiles au Ciel ?

                K 2

La vendange fera-t-elle bonne?
Combien ai-je d'argent?

J'ignore.

DIX ROUGES.

Ma maîtreffe eft-elle fidelle?
Gagnerai-je mon procès?
Serai-je heureux au jeu?

Comptez-y.

NEUF ROUGES.

Le Dieu le plus malin?
Quel étoit l'amant de Pfiché?
Un enfant très à craindre?

Cupidon.

HUIT ROUGES.

Qu'eft-ce qu'on ne peut arrêter?
Que doit-on employer utilement?
Une chofe fort ancienne?

Le Temps.

Il eft aifé de voir, par l'arrangement donné aux queftions ci-deffus, relativement à la couleur & à la figure des cartes fur lefquelles elles ont été tranfcrites, qu'en connoiffant ces cartes, on connoît auffi la pofition qu'il convient de donner à la boîte fur l'une ou l'autre face du plateau, pour faire indiquer par les aiguilles les diverfes réponfes qui y font analogues, c'eft-à-dire, que pour avoir la réponfe à une queftion tranfcrite fur un *as* noir, il faut pofer l'angle A de la boîte vers l'angle A du plateau; fi au contraire elle eft tranfcrite fur une *dame* noire, il faut pofer ce même angle A vers l'angle C du plateau, en faifant attention feulement qu'un des côtés de ce plateau eft relatif aux cartes noires & l'autre aux rouges.

Récréation.

On donne à une perfonne toutes les cartes fur lefquelles font tranfcrites les queftions, afin qu'elle en choififfe fecrettement une à fon gré; & on lui préfente enfuite le côté du plateau analogue à la couleur de la carte qu'elle a choifie; & on lui dit d'y pofer la carte fans faire voir cette queftion; on pofe alors la boîte fur le plateau dans la direction qui a rapport à la figure de cette carte, & on ouvre la boîte un inftant après pour faire remarquer que les aiguilles indiquent chacune une lettre, dont l'affemblage fucceffif forme un mot qui répond à cette queftion.

Nota. Lorfqu'on connoît de mémoire tous les mots que produifent les différentes difpofitions de la boîte fur le plateau, on peut faire écrire une queftion à volonté par une perfonne, & indiquer de même la réponfe, attendu qu'il eft peu de queftions ordinaires aufquelles on ne puiffe

adapter (plus ou moins jufte cependant) les quatorze réponfes ci-deffus. Lorfqu'il arrive qu'on peut donner une réponfe parfaitement analogue à la queftion, cette récréation paroît très-extraordinaire.

LE PETIT MAGICIEN.

Cette pièce eft conftruite pour faire fon effet étant placée fur la table méchanique de la Sirène, dont la defcription fe trouve ci-devant.

ABCD [*fig. 11. pl. 11. amufemens de phyfiq.*] eft un cercle de glace ou tout fimplement de carton fort liffe, dont le diamètre eft d'environ 4 pouces plus grand que celui du cercle aimanté renfermé dans la table magnétique décrite ci-deffus; vers l'endroit E eft placé un petit édifice, en forme de pavillon, de 5 pouces de longueur fur 8 à 10 de hauteur: à chacun de ces deux côtés F & G eft ajuftée une petite porte de carton très-mince, dont les charnières font faites de fil de foie, enforte que la moindre chofe peut les faire ouvrir; elles fe referment d'elles-mêmes, au moyen d'une pente légère qu'on leur donne. L'une de ces deux portes F s'ouvre en dehors, & l'autre G en dedans. La partie fupérieure H de ce pavillon fe lève, & en laiffe voir l'inférieur; fur le plancher de cette partie H, eft un cadran [*fig. 16.*]; fa circonférence eft divifée en 12 parties égales, & numérotée depuis 1 jufqu'à 12; au centre de ce cadran, eft placée une aiguille aimantée tournant fur fon pivot. Cette même partie H [*fig. 11.*] eft garnie de verre de tous côtés pour laiffer paffer la lumière dans fon intérieur, & ces verres font couverts en dedans d'une gaze, excepté vers le côté qui fe trouve vers l'édifice, afin que celui qui fait cet amufement foit à portée & puiffe diftinguer feul la direction de l'aiguille ci-deffus.

Douze tablettes de carton de grandeur à pouvoir couvrir les unes ou les autres le deffus de l'édifice intérieur, font garnies d'une lame aimantée différemment difpofée, & de manière à faire agir l'aiguille aimantée, & à la diriger fur les 12 divifions du cadran ci-deffus; qui, étant renfermé dans la partie fupérieure H, fe trouve au-deffus du carton placé vers I, lorfqu'on recouvre cet édifice. Sur chacune de ces tablettes, font encore tranfcrites différentes queftions.

Le cercle de carton ou la glace ABCD [*Voyez fig. 12. même planche.*] eft garni d'un baffin qui en occupe le centre; ce baffin eft ainfi placé pour fervir de prétexte à faire mouvoir circulairement la figure ci-après. Sur les bords de ce même cercle, font placés 12 petits vafes de fleurs qui s'ouvrent; & dans lefquels on infère les réponfes qui font analogues à chacune des queftions ci-deſſus, c'eſt-à-dire, eu égard à l'ordre & à la diſpoſition des lames aimantées contenues dans les tablettes : l'eſpace circulaire compris entre ces vaſes & le baſſin forme le chemin que doit parcourir la figure ci-après ; cet eſpace doit ſe trouver ſous le paſſage des pôles du cercle aimanté, renfermé dans la table magnétique.

La figure 12 eſt le plan de cette pièce ; ſous laquelle eſt le cercle aimanté.

A figure 13 eſt une petite figure de trois pouces de hauteur, peinte des deux côtés, ſur une carte, & découpée ; elle repréſente un petit magicien tenant en main une baguette. Elle eſt ſoutenue ſur une petite lame d'acier plate *a b*, du côté où elle poſe ſur la table ; cette lame doit être fort polie & bien aimantée, afin qu'elle puiſſe gliſſer facilement ſur le cercle de carton, en ſuivant la direction des pôles du cercle aimanté caché dans la table, au-deſſus deſquels elle reſte toujours conſtamment ſituée.

Lorſque cette petite figure eſt renfermée dans le pavillon, & qu'on fait ſecrettement tourner le cercle aimanté du côté de la porte F.[*Voyez* fig. 11.], la partie de cercle où ſont les pôles l'entraîne de ce même côté, &, en ſortant, elle pouſſe cette porte, & continue ſon chemin ſans ceſſer de reſter au-deſſus de ces pôles, en avançant ou reculant, ſuivant le mouvement qu'on donne à ce cercle. Si on la ramène vers G, elle rentre dans le pavillon en pouſſant en dedans la porte (1) qui ſe trouve placée de ce côté, au moyen de quoi celui qui la fait agir peut le faire entrer & ſortir à ſon gré, & la diriger vers celui des vaſes qu'il juge convenable.

D'un autre côté, lorſqu'on a poſé une tablette ſur l'édifice inférieur, on peut, après l'avoir recouvert de la partie H, connoître, au moyen du cadran qui y eſt renfermé, quelle eſt la queſtion qui s'y trouve tranſcrite, & on eſt en état par conſéquent de diriger la figure vers le vaſe qui en contient la réponſe.

Récréation.

Après avoir poſé exactement cet édifice ſur la table magnétique, on préſentera à différentes perſonnes les douze cartons, & on annoncera qu'il renferme un petit magicien qui en va ſortir de lui-même, & indiquer l'endroit où ſe trouve la réponſe aux queſtions qui y ſont tranſcrites ; on fera mettre un des cartons choiſis ſur l'édifice inférieur, ſans le voir, & on le recouvrira avec la partie ſupérieure ; on ſuppoſera qu'on le place de cette façon, afin d'ignorer ſoi-même quelle eſt la queſtion, & pour que le petit magicien renfermé dans l'édifice puiſſe l'examiner ; on fera

----
(1) Ces portes doivent être ſituées dans la direction du cercle aimanté.

enſuite agir le cercle de manière à faire ſortir la petite figure ; & après l'avoir fait aller & venir à diverſes repriſes, comme ſi elle cherchoit le vaſe convenable, on la fera arrêter vers celui qu'on aura reconnu devoir en contenir la réponſe ; on le fera ouvrir par la perſonne elle-même, afin qu'elle la voie ; & faiſant enſuite agir le cercle, on fera rentrer cette petite figure dans ſon pavillon, & on répétera de même cette récréation ſur les autres queſtions qui auront été choiſies.

Nota. On peut appliquer cette pièce à quantité d'autres amuſemens, & particulièrement à tous ceux qu'on a indiqués pour la Syrène, il ſuffit ſeulement de faire cette pièce de manière qu'on puiſſe en ôter les vaſes pour y ſubſtituer d'autres objets.

Boîte aux dez par réflection.

Faites faire une petite cage de bois ABCD [fig. *première*, pl. 12. *Amuſemens de phyſique*.], d'environ dix pouces de longueur ſur deux de largeur & de hauteur ; élevez & placez à couliſſe ſur ces deux extrémités ſupérieures A & B, deux petites boîtes cubiques I & L, d'environ 20 lignes en dedans, afin de pouvoir y inſérer un dez de bois creux de même dimenſion : que les petits côtés EF [*Voyez* fig. *deuxième*.] ſoient entièrement fermés, & qu'ils puiſſent ſe lever à couliſſe ; ménagez-y en outre un petit paneau mobile M, qui puiſſe s'abaiſſer & s'élever d'une ligne ſeulement, afin de pouvoir découvrir & maſquer par ſon moyen un petit trou N, par lequel vous puiſſiez ſecrettement regarder dans l'intérieur de cette cage.

Couvrez le deſſus de cette cage qui ſe trouve compris entre les deux boîtes cubiques ci-deſſus, ainſi que ſes deux grands côtés, avec des verres ſous leſquels vous colerez un papier très-fin pour cacher entièrement ce qui doit y être contenu, comme il va être dit, & éclairer néanmoins ſuffiſamment ſon intérieur.

Placez à demeure dans ces deux boîtes [fig. 1. & 2.] les deux miroirs OP & QR, que vous inclinerez à 45 degrés, en telle ſorte que vous puiſſiez appercevoir par les petits trous faits aux panneaux M, le deſſous de chacune des deux boîtes cubiques I & L ; partagez le deſſous de ces boîtes en quatre parties égales par deux diagonales tirées d'angles en angles, & diviſez en ſix parties égales le côté qui regarde les petits côtés de la cage ; indiquez ſur chacun de ces ſix parties les ſix différens points que l'on peut amener avec un dez ; placez au-deſſus des deux boîtes cubiques I & L un petit pont de cuivre AB, que vous diſpoſerez comme il eſt indiqué à la figure 3, & ſur lequel vous ajuſterez un pivot qui doit ſe trouver exactement placé au centre du quarré que vous avez divisé, comme il vient d'être dit ci-deſſus.

Ayez deux doubles aiguilles d'un pouce & demi de longueur dont l'une ſoit d'acier & ai-mantée, & l'autre de cuivre ; qu'elles ſoient toutes deux portées ſur la même chappe, & qu'elles ſe coupent à angles droits ; poſez-les ſur les pivots ci-deſſus, de manière qu'elles y ſoient parfaitement en équilibre. [*Voyez fig.* 4.]

Diviſez chacune des faces de ces dez [*fig.* 5.] en quatre parties égales par deux diagonales tirées d'angle en angle ; décrivez du centre A un cercle, & diviſez deux des parties oppoſées en ſix parties égales ; & ayant reconnu ſur chacune des faces de ces dez une des parties différentes de l'autre, quant à ſa direction, faites-y une rainure, & inſérez-y une petite lame aimantée d'un pouce & demi de longueur ſur deux lignes de largeur, & une ligne d'épaiſſeur ; ayez une attention particulière à faire toutes les diviſions ci-deſſus avec la plus exacte régularité. Couvrez ces dez d'un double papier, & tracez-y leurs différens points relativement à ceux qu'ils indiqueront en deſſus [au moyen de la double aiguille aimantée], lorſqu'ils auront été placés dans l'une ou l'autre de ces boîtes. Ces boîtes doivent ſe fermer avec un couvercle & ſans charnière.

Remarquez encore que les rainures faites aux dez doivent être diſpoſées de manière qu'ils indiquent indifféremment le même point, quoiqu'on les change de boîte, & qu'en outre les points qui ſe trouvent ſur leurs ſurfaces oppoſées doivent toujours former enſemble le nombre 7.

Lorſque cette pièce aura été conſtruite, en obſervant toutes les précautions & les dimenſions ci-deſſus détaillées ; ſi ayant poſé les deux dez dans leurs boîtes, il n'importe en quel ſens & ſur quels points, on regarde au travers des petits trous faits à chacun des deux panneaux ; on appercevra [par la réflection de chaque miroir] ces mêmes points qui ſe trouveront alors exactement indiqués par l'aiguille placée ſous chacune de ces boîtes, & on pourra, par conſéquent, connoître par ce moyen teus les points qui auront été ſecrettement formés.

Récréation.

On donnera cette boîte à une perſonne, en lui laiſſant la liberté de diſpoſer à ſon gré & ſecrettement les deux dez qui y ſont contenus ; & après qu'elle l'aura rendue, les points étant couverts, on abaiſſera les deux petites trapes, & regardant au travers les petits trous quels ſont les points que les aiguilles indiquent, on les lui nommera & on

ouvrira les boîtes pour faire voir qu'ils ſont tels qu'on les a nommés.

Nota. Cette récréation produit un tout autre effet que la plupart de celles qui ſe font par le moyen de l'aimant, premièrement en ce qu'on a la liberté de poſer les deux dez ſur tous les ſens poſſibles, ce qui fait vingt-quatre poſitions différentes pour chacun d'eux ; deuxièmement, en ce qu'on ne voit pas de quelle façon on découvre le point qui ſe trouve vers le deſſus de la boîte ; & qu'on n'apperçoit d'ailleurs aucune ouverture par où on puiſſe regarder dans ſon intérieur.

Le miroir magique.

Faites faire une boîte de 7 pouces de longueur, ſur 3 pouces & demi de largeur & un pouce & demi de profondeur, ayant la forme d'un piédeſtal AB [*fig.* 8. *pl.* 12. *Amuſemens de phyſiq.*] , dont la partie de deſſus I, qui ne doit être qu'un chaſſis très-étroit, doit ſe tirer à couliſſe du côté B ; couvrez ce chaſſis d'un verre ſur lequel vous appliquerez un papier très-fin & légèrement peint de la même couleur que ce piédeſtal, afin que la lumière puiſſe éclairer ſon intérieur.

Collez ſur ce verre & à l'endroit D un pied de bois R tourné & creux (1), auquel vous donnerez 5 pouces de hauteur ; ajuſtez ſur ce tuyau une lunette G de 5 à 6 pouces de longueur & compoſée d'un pied H, dans lequel vous ménagerez un trou rond vers l'endroit I où il ſe poſe ſur ce pied, d'un autre tuyau mobile G, à l'extrémité duquel vous mettrez un verre convexe de 9 à 10 pouces de foyer (2) ; ajuſtez à l'autre bout de ce tuyau G un petit miroir ovale B incliné à 45 degrés ; à cet effet coupez ce tuyau ſuivant la direction de la ligne EF.

Elevez une petite tringle de bois vers le côté A de cette boîte, & qu'elle ſoutienne un petit miroir concave (3) L, de deux pouces de diamètre. Cette boîte doit encore avoir un double fond, au-deſſous duquel puiſſe entrer le tiroir M, dont la profondeur doit être ſeulement de deux lignes, afin d'y renfermer le porte-feuille ci-après.

---

(1) Il faut ôter le papier qui ſe trouve collé ſur le verre à l'endroit où ſe place ce pied.

(2) On doit mettre auſſi un verre à l'extrémité P du tuyau, mais comme il ne ſert de rien à l'effet de cette pièce, tout verre ſera bon.

(3) Ce miroir ne ſervant que pour donner le change, il ſeroit aſſez indifférent d'y mettre un miroir ordinaire ; mais comme l'objet qu'on doit appercevoir eſt en apparence diminué de grandeur, il eſt mieux de ſe ſervir d'un miroir concave.

Ayez un cercle de carton d'environ deux pouces & demi de diamètre [*fig.* 6.], dans lequel vous renfermerez une aiguille aimantée NS, suivant la situation indiquée par la figure 7. Divisez ce cercle en quatre parties égales, & peignez en petit fur trois de ces divisions la figure de trois différentes cartes ; placez ce cercle fur un pivot que vous ajusterez dans cette boîte vers D ; c'est-à-dire, de manière que, lorsqu'il viendra à tourner, il présente fucceffivement les trois cartes ci-deffus à l'ouverture D.

Ayez en outre un petit porte-feuille de carton de la grandeur du tiroir M, dans un des côtés duquel vous inférerez & mafquerez deux lames aimantées NS (*Voyez fig.* 7.), dont vous difpoferez les poles & leur direction comme l'indique cette figure.

Lorfqu'on placera l'œil au côté O de la lunette, on apperçevra, par la réflexion du miroir incliné qui y eft renfermé, la partie du cercle de carton qui fe trouvera au-deffous du pied R ; & comme la vifion, malgré la réflexion d'un miroir, paroît toujours fe faire en ligne droite, on s'imaginera naturellement que l'objet apperçu eft placé en L.

D'un autre côté, lorfqu'on inférera le porte-feuille (*fig.* 7.) dans le tiroir M, fuivant les différentes pofitions qu'on peut lui donner, foit en le tournant d'un côté ou de l'autre, foit en plaçant fon côté A ou celui B vers le fond du tiroir, on obligera le cercle à préfenter à l'ouverture D l'une ou l'autre de ces quatre divifions, & on pourra, par conféquent, faire voir en apparence & à fon gré, (1) dans ce miroir, une des trois cartes qui font peintes fur ce cercle, ou l'endroit fur lequel il n'y a rien de peint.

Récréation.

On fera tirer adroitement dans un jeu & à trois différentes perfonnes les trois cartes qui font femblables à celles qui ont été peintes fur ce cercle de carton, & on aura attention de remarquer quelles font celles que chacune d'elles aura choifies. On préfentera le porte-feuille à la première, & on lui dira d'y cacher fa carte & de le fermer. On redemandera ce porte-feuille, & l'ayant placé dans le fens néceffaire pour faire appercevoir la carte femblable qui eft peinte fur le cercle ; on lui dira de regarder le miroir L, au travers de la lunette, en la prévenant qu'elle y doit voir la carte qu'elle a fecrettement choifie. On agira de même pour les deux autres cartes. Enfin, pour perfuader encore davantage que

_____

(1) Il faut faire quelque marque fur ce portefeuille, afin de reconnoître la pofition qu'on doit lui donner pour faire paroître la carte qu'on voudra.

les cartes vues dans le miroir font effectivement celles qu'on a tirées du jeu, on ôtera la carte du porte-feuille, & on la placera dans le tiroir, de manière à diriger vers l'ouverture D la partie du cercle où il n'y a rien de peint, afin qu'on n'y apperçoive alors aucune carte.

Remarque.

Comme il peut arriver que quelques-uns de ceux qui voudront faire cette récréation, ne foient pas affez habitués à faire tirer forcément ces trois cartes, & qu'il eft toujours défagréable de fe trouver en défaut, voici une manière fort fimple, pour ne pas manquer cette récréation :

Difpofez un jeu compofé feulement de trois fortes de cartes, de manière qu'une même forte foit placée de fuite au-deffus du jeu, l'autre au-deffous, & la troifième au milieu du jeu ; faites femblant de mêler, & donnez à tirer ces trois cartes, en préfentant de préférence la partie du jeu où elles fe trouvent réciproquement placées ; ayez en outre un jeu ordinaire, dans lequel doivent manquer ces trois cartes, & fubftituez-le fecrettement à ce premier, pendant qu'on eft occupé à voir l'effet de cette lunette.

Si on vouloit cependant mêler effectivement ce jeu, en fuivant la méthode enfeignée, il faudroit le difpofer d'abord dans l'ordre ci-après.

On fuppofe que ces trois cartes font l'*as de pique*, la *dame de cœur*, & le *huit de carreau*.

Ordre des cartes avant de mêler.

1re. carte.	Dame de cœur.
2.	Dame de cœur.
3.	Dame de cœur.
4.	Dame de cœur.
5.	Dame de cœur.
6.	Dame de cœur.
7.	Dame de cœur.
8.	As de pique.
9.	As de pique.
10.	Dame de cœur.
11.	Dame de cœur.
12.	Dame de cœur.
13.	As de pique.
14.	As de pique.

Après le mélange, les cartes ci-dessus se trouveront dans cet ordre, dix *As de pique*, douze *Dames de cœur*, & dix *Huit de carreau*.

CADRAN MAGNÉTIQUE ET MÉCHANIQUE.

Cette pièce est construite pour agir sur la table de la sirène.

Faites tourner le cadran à deux faces AB [*fig*. 11, *pl*. 12. *Amusemens de Physique*], donnez-lui huit à neuf pouces de diamètre & un pouce d'épaisseur ; qu'un des cercles qui forment ce cadran puisse s'ôter à volonté, afin d'avoir la liberté d'y ajuster & introduire les pièces ci-après. [*Voyez* aussi les *fig*. 9 & 12. *ibid*).

Que ce cadran soit supporté verticalement sur son pied C, dont la base doit avoir sept pouces de diamètre, que ce pied soit en outre percé dans toute sa longueur d'un trou d'un demi-pouce de grosseur, & qu'il puisse entrer à vis du côté G, dans le cadran AB.

Posez ce cadran & son pied sur une tablette de bois circulaire ID, (*fig*. 9 & 11) de neuf à dix lignes d'épaisseur & de huit pouces de diamètre ; qu'elle soit creusée circulairement de la profondeur de six lignes jusqu'à un pouce de ses bords. Que le tout soit disposé de telle sorte que le pied C. puisse, en couvrant & s'emboîtant dans cette ouverture, masquer le cercle ci-après.

Ayez un cercle d'acier aimanté (1) AB, [*fig*. 12, *pl*. 12 *ibid*] qui puisse entrer dans la partie de la tablette ID, qui a été creusée : ajustez-y une traverse CE, que vous percerez d'un trou F, afin d'y river à demeure une petite tringle ou axe de fer H, [*voyez fig*. 9] qui doit entrer le long du pied C ; cet axe doit être en pointe du côté L, afin que le cercle AB puisse tourner très-facilement. Il doit avoir à son autre extrémité M, une petite roue de champ N, qui engraine dans un pignon O [2]. Ce pignon doit se trouver placé vers le centre du cadran AB, & son pivot doit traverser & déborder deux cercles de bois ajustés dans l'intérieur de ce cadran, & éloignés entr'eux d'un demi-pouce ; ces deux cercles servent à masquer cette méchanique.

L'axe sur lequel est le pivot O, doit aussi déborder ces cercles, afin de pouvoir y ajuster quarrément & des deux côtés une petite figure de carton peinte & découpée [3], tenant en sa main une flèche pour indiquer les différens mots qu'il faut tracer autour du cadran.

Les deux côtés de ce cadran doivent être couverts de chaque côté d'un cercle de verre [4], & c'est autour & en dessus de ces cercles, qu'on appliquera un cadran de carton divisé en douze parties, dans chacune desquelles on transcrira les mots ci-après,

Lorsque ce cadran sera placé sur la table de la sirène, de manière que le centre de son cercle, soit au-dessus de celui du cercle qui est caché dans la table, ce premier cercle suivra tous les mouvemens qu'on donnera à l'autre, attendu que les pôles contraires de ces deux cercles tendront toujours à se placer l'un vis-à-vis de l'autre [5] ; le cercle AB en se mouvant fera tourner la petite figure, & comme on peut arrêter à volonté celui qui est renfermé dans la table ; il sera facile de diriger une de ces fi-

(1) Ce cercle doit être semblable pour la forme, à celui qui est caché dans la table de la Sirene, & il doit être disposé de façon qu'étant posé sur la table, ses poles soient dirigés dans un sens contraire à celui qui y est renfermé.

(2) Le nombre des dents de cette roue de champ ne doit pas être plus que trois fois celui des dents du pignon.

(3) Il faut que cette petite figure ne soit pas plus pesante d'un côté que de l'autre.

(4) Il faut faire tourner ce cadran de plusieurs pièces, afin de pouvoir le démontrer lorsqu'il est nécessaire.

(5) Quoiqu'on ait en quelque sorte déterminé la grandeur du diamètre du cercle AB, il est néanmoins essentiel qu'il soit proportionné à celui du cercle renfermé dans la table, c'est-à-dire, environ deux pouces de moins.

figures

gures vers telle division du cadran qu'on jugera convenable ; & on pourra connoître cette direction par celle que prendra la figure opposée, sans qu'il soit nécessaire de voir celle qui doit être tournée du côté des spectateurs.

Récréation [1].

On suppose qu'on a transcrit sur les cercles qui s'ajustent dans ce cadran, les vingt-quatre mots ci-après, qui désignent différens caractères, & qu'on les y a disposés de manière que ceux qui sont analogues entr'eux, se trouvent réciproquement placés l'un derrière l'autre, afin qu'en faisant cet amusement, on puisse distinguer par l'indication que donne une des figures, celle de l'autre.

On annoncera que cette pièce de méchanique est construite de manière à faire connoître aux cavaliers les caractères de leurs amantes, & aux dames celui de leurs amans ; qu'un des amours sert pour les unes, & l'autre pour les autres, & qu'il suffit de les interroger. On proposera à une personne d'en faire l'essai, & faisant agir secrettement le cercle aimanté renfermé dans la table, on dirigera la figure qui se trouvera convenir vers la réponse qu'on jugera avoir le plus de rapport à la personne par laquelle aura été faite la question.

Exemple pour la récréation ci-dessus.

Ordre des réponses du premier cadran.	Ordre des réponses du second cadran.
1 Aimable.	12 Sociable.
2 Coquette.	11 Galant.
3 Constante.	10 Fidèle.
4 Sage.	9 Vertueux.
5 Perfide.	8 Traître.
6 Tendre.	7 Doux.
7 Capricieuse.	6 Fantasque.
8 Libérale.	5 Prodigue.
9 Volage.	4 Infidèle.
10 Econome.	3 Avare.
11 Dissimulée.	2 Trompeur.
12 Sincère.	1 Vrai.

Faire indiquer par le cadran méchanique les points qu'une personne a secrettement amenés avec deux dez.

A B C D, [*fig.* 14, *pl.* 12, *Amusemens de physique*] est un tuyau de carton d'environ 5 pou-

(1) Cette récréation n'est que pour servir d'exemple ; & il est aisé de voir qu'on peut appliquer au jeu de cette pièce tous les amusemens qu'on a indiqué pour la Syrene, & tous autres qu'on voudra imaginer.

Amusemens des Sciences.

ces de hauteur, & de 3 pouces de diamètre à son entrée A B ; elle a 4 pouces vers son extrémité inférieure C D ; sa partie supérieure A B, est creuse & a la forme d'un cône tronqué & renversé, dont l'ouverture E F n'a que 7 à 8 lignes de diamètre, c'est-à-dire, d'une grandeur suffisante pour qu'un dez à jouer y puisse passer librement, & tomber dans la pièce G H, où se trouve renfermé le méchanisme qui produit cette récréation.

G H est une pièce ou un pied de bois tourné, de 4 pouces & demi de diamètre, dans lequel entre à gorge le tuyau ci-dessus, elle est creusée dans son milieu d'un trou circulaire de 4 pouces de diamètre sur deux & demi de profondeur ; la partie supérieure de ce trou est couverte d'un cercle de bois fort mince C, soutenu sur deux pivots A B, [*voyez fig.* 10, même *pl.*] qui le traverse diamétralement ; à l'un d'eux est fixée une petite poulie. D, [*fig.* 10 *ibid.*] qui est cachée dans l'intérieur du pied C D [*fig.* 14] ; un petit cordon qui est attaché d'un côté à cette poulie, est retenu de l'autre par un petit ressort caché dans ce pied, au moyen de quoi, le cercle A B fait la bascule lorsqu'on le met dans une situation à être attiré par ce ressort ; pour l'en empêcher, on place en dedans de ce pied une petite détente qui le laisse échapper lorsqu'on appuie sur un petit bouton Q, [*fig.* 14] : ce bouton sort très-peu sensiblement par le côté de ce pied.

Le côté de ce cercle mobile qui se trouve vers le dessus du pied, lorsque cette détente est lâchée, est garni de deux dez qui y sont collés, [*fig.* 14] ; ils indiquent deux points différens quelconques ; ce cercle d'ailleurs remplit exactement l'entrée de l'ouverture dans laquelle il tourne, & dont il semble être le fond, de sorte qu'on ne soupçonne point que le méchanisme ci-dessus le fait mouvoir ; à cet effet, & pour le masquer encore plus, on met quatre petits pieds tournés à cette pièce, & on la fait saillir en dessous vers son milieu, afin que les côtés G & H [*fig.* 14] soient moins élevés ; on place la bascule un peu au-dessous de l'ouverture.

Si aussi-tôt qu'on a jetté deux dez par l'ouverture du tuyau A B, [*fig.* 14], on appuie sur la détente, le cercle faisant la bascule, ces dez passeront dans le pied G H, & si on ôte le tuyau, on verra en leur place ceux qui sont collés sur ce cercle : si on ne fait pas partir la détente, les dez qui ont été jettés, se trouveront placés sur le cercle I L.

Récréation.

On présentera cette pièce à une personne, afin qu'elle y jette deux dez, & on ne lâchera pas pour cette fois la détente, afin qu'en retirant le

L

tuyau, on puiſſe faire voir que ces dez tombent effectivement dans cette pièce, on reprendra ces dez, & ayant recouvert la pièce, on les y fera jetter une ſeconde fois, & à l'inſtant qu'ils tomberont, on fera partir la détente, afin que le bruit que peut faire le cercle IL en ſe retournant, ſe confonde avec celui que font les dez. On poſera enſuite cette pièce ſur la table, & on fera indiquer ces deux dez par la figure de la précédente récréation. [On ſuppoſe qu'on y a ajuſté à cet effet un cadran, ſur lequel ſont indiqués tous les 21 points qu'on peut amener avec deux dez]. On ouvrira enſuite cette pièce pour faire voir que les points indiqués ſont ceux des deux dez qui ſe trouvent dans la boîte, & qu'on croira être ceux qui ont été amenés.

Nota. On peut auſſi tranſcrire dans un petit billet cacheté, les points qu'on doit amener, alors on pourra ſe procurer cet amuſement, ſans ſe ſervir de la table ni du cadran ci-deſſus.

Horloge magnétique, dont l'heure eſt indiqué par un petit léſard qui parcourt la ſuperficie de ſon cadran.

Faites faire par un horloger un mouvement de pendule ordinaire, ſans être à minute, de manière cependant que l'axe qui doit porter l'aiguille des heures, ſoit placé dans une ſituation verticale ; ou pour éviter la dépenſe, ſervez-vous tout ſimplement d'un mouvement de groſſe montre ancienne, de celles qui ne marquent que l'heure, & ajuſtez ſur l'axe où étoit placée l'aiguille, une petite lame de cuivre A B [*fig.* 23, *pl.* 12], percée en C, d'un trou garni d'un petit canon qui entre à frottement dans ce même axe. Cet axe doit ſoutenir un cercle d'acier aimanté D, de quatre à cinq pouces de diamètre ; il doit tourner horiſontalement dans le circuit intérieur d'une zone ou cercle de verre fort mince A, [*fig.* 20 *ibid.* même *pl.*] d'un pouce de largeur, & les poles de cet aimant doivent approcher de ce verre le plus près qu'il eſt poſſible.

Il faut coller ſur la partie intérieure de ce verre un cercle de papier de longueur convenable, ſur lequel on aura tracé les douze heures du jour ; enfin on diſpoſera le tout dans un vaſe de bois peint & tourné, où cette zone entrera d'un côté dans une rainure faite au bord de ce vaſe, & de l'autre dans une rainure faite à ſon couvercle C.

Cette pièce étant ainſi conſtruite, on fera faire & découper un petit léſard d'acier fort mince [1]

_____

(1) On ſe ſervira d'une lame priſe dans un morceau de reſſort de montre.

de neuf à dix lignes de longueur, le plus léger qu'il ſera poſſible ; on aura ſoin de lui donner la même courbure que cette zone, & on l'aimantera de manière qu'étant poſé ſur l'extérieur de ce cadran circulaire, & vers les poles du cercle aimanté caché derrière lui, il y demeure fixé, & que ſa tête ſoit tournée du côté que marche ce cercle.

Lorſque ce mouvement ſera monté, le cercle parcourra en douze heures la partie intérieure de cette zone, & ce petit léſard qui reſtera toujours fixé ſur les poles de ce cercle, faiſant inſenſiblement le tour du cadran, indiquera l'heure auſſi exactement que le feroit une aiguille ; ce qui paroîtra d'autant plus étrange, qu'il ſera facile de l'ôter & de le remettre à ſa place, afin de faire voir qu'il ne tient en rien au mouvement de cette horloge.

Petites figures qui ſe pourſuivent & s'évitent réciproquement.

Faites tourner deux petits piedeſtaux ronds & creux de trois pouces de diamètre [*fig.* 24, *pl.* 10, *Amuſemens de phyſique*] dont la partie ſupérieure A ſoit percée vers ſon centre d'un trou de trois lignes de diamètre, & puiſſe s'ouvrir ; placez dans le fond de chacun de ces piedeſtaux une lame aimantée B de quatre lignes de large ſur une ligne d'épaiſſeur, & deux pouces & demi de longueur. Percez-la vers ſon milieu, & ajuſtez-y une petite lame de cuivre coudée C, ſur laquelle vous ajuſterez vers D une chape, qui ſe trouvant alors placée au-deſſus de cette lame, l'empêchera d'avoir du balancement lorſqu'elle ſera poſée ſur le pivot E. Ayez un fil de cuivre F, qui entre à vis dans la partie ſupérieure de cette chape, & qui ſorte d'un pouce à travers le trou que vous avez fait au couvercle A.

Ayez deux petites figures de quatre à cinq pouces de hauteur, faites avec quelque matière fort légère, repréſentant [par exemple] un maître & ſon écolier ; ajuſtez-les ſur ces fils de cuivre, de manière que leur face ſoit tournée vers le pole ſeptentrional de chacune des lames aimantées avec leſquelles ils doivent tourner.

Lorſque vous préſenterez l'écolier à ſon maître, en tenant le piedeſtal & l'empêchant avec le doigt de tourner, les deux poles ſeptentrionaux de ces aimans, ſelon la conſtruction ci-deſſus, ſe trouveront alors l'un vis-à-vis de l'autre, & celui de l'écolier contraindra celui du maître de tourner le dos vers lequel eſt dirigé le pole méridional, & il ſemblera que le maître fuit devant ſon écolier ; ſi vous prenez enſuite l'autre piedeſtal, & que vous le préſentiez à l'écolier, il fuira à ſon tour devant le maître ; ce qui ſera fort plaiſant à voir.

Danſe magnétique.

Ayez un cercle aimanté caché dans la table magnétique ſervant pour la ſyrenne. Conſtruiſez un petit édifice de carton de telle forme que vous voudrez, dont le plancher ſoit double, afin d'y pouvoir cacher & ajuſter quatre lames aimantées CDE & F (*fig.* 15, *pl.* 12, *Amuſe-mens de phyſique*), ſoutenues ſur leurs pivots; que les fils de laiton qui doivent être élevés ſur les chapes de ces aiguilles, traverſent le plancher ſupérieur à diſtances égales, & que l'ex-trémité de ces quatre lames aimantées ſe trouvent [lorſqu'elles tournent] placées vers les bords du cercle aimanté ci-deſſus.

Ajuſtez ſur chacun de ces fils de laiton deux petites figures, ſavoir une d'homme & une de femme, qui ſoient diamétralement oppoſées entre elles, & qu'elles y ſoient placées de manière que le cercle aimanté étant dans une direction déterminée, les quatre figures d'homme ſoient en face du centre de ce cercle.

Poſez cet édifice ſur la table magnétique.

Si vous faites ſecrettement mouvoir le cercle qui eſt caché dans la table, de manière qu'il par-coure un cercle entier, chacune de ces lames aimantées & les figures qu'elles ſoutiennent feront auſſi un demi-cercle; ſi vous ne lui faites parcourir qu'un demi-tour, elles ne feront de même qu'un quart de tour; enfin, ſi vous les faites aller & venir, elles iront & viendront de la même manière & proportionnément aux eſpa-ces que ce cercle aura parcouru.

Récréation qui ſe fait avec cette danſe.

Vous préviendrez qu'il y a dans ce petit édifice quatre petites figures qui aiment paſſionnément la danſe, & qui ſe mettent à danſer auſſi-tôt qu'elles entendent qu'on chante ou qu'on joue de quel-qu'inſtrument. Vous propoſerez à une perſonne de chanter quelques contredanſes, afin d'en faire l'épreuve, & auſſi-tôt vous ferez agir vos figures au moyen du cercle aimanté que vous ferez ſe-crettement mouvoir; vous ajouterez enſuite que ſi l'on ceſſoit de chanter, elles finiroient tout-à-coup leurs danſes, & auſſi-tôt que la perſonne ceſſera de chanter, vous ceſſerez de même de faire agir le cercle, & ces figures reſteront ſans aucun mouvement; ce qui ſurprendra beaucoup ceux qui ne ſauront pas le moyen que vous em-ployez pour produire cet amuſement.

Nota. Les lames qui ſupportent ces figures pourroient être placées également en dehors du cercle; mais alors elles ſeroient trop éloignées, & il eſt mieux de les placer en dedans. Le dia-mètre des lames doit être à-peu-près le quart de celui du cercle aimanté.

Force prodigieuſe de la matière magnétique.

Conſtruiſez une petite nacelle de cuivre fort mince de deux pouces de longueur, que vous chargerez d'un poids de métal de la peſanteur d'environ deux onces; c'eſt-à-dire, cependant aſſez peſant, pour qu'étant poſé ſur l'eau d'un baſſin, il s'y trouve tellement enfoncé, que l'eau paroiſſe tout-autour plus haute d'une ligne que vers ſes bords. Poſez vers le milieu de ce bâtiment une très petite aiguille à coudre, bien aimantée, que vous ferez tenir avec un peu de cire molle; rempliſſez d'eau ce baſſin, & le couvrez avec une cage de verre; prenez une pierre d'aimant & poſez-la ſur cette cage, de manière que ſes poles diſpoſent ceux de cette aiguille dans une direc-tion contraire (par rapport aux poles de la terre) à celle qu'elle prendroit naturellement ſi elle étoit libre ſur un pivot; lorſque l'aiguille ſe ſera fixée, ainſi que la petite nacelle, retirez votre pierre en l'enlevant doucement & perpendiculai-rement ſans changer ſa direction. Obſervez encore que l'endroit où doit être poſé ce baſſin, ne puiſſe pas être ébranlé, afin que l'eau qu'il contient ne puiſſe recevoir la moindre agitation.

Ce petit bateau tournera inſenſiblement juſqu'à ce que cette aiguille ait préſenté ſes pôles à ceux de la terre qui lui conviennent. Ce qu'il y a d'ex-traordinaire dans cet effet, c'eſt que la matière ma-gnétique qui va d'un pole de la terre à l'autre, & qui rencontre cette aiguille qui ne peſe pas la moitié d'un grain, déplace cette petite nacelle qui peſe trois mille fois autant qu'elle. Cet effet, tout extraordinaire qu'il eſt, auroit même lieu quand on ne ſe ſerviroit que d'une partie de cette aiguille, avec cette différence cependant que ce déplacement exigeroit beaucoup plus de temps.

Nota. La précaution de couvrir le baſſin d'une cage de verre, & de poſer le tout ſur un endroit ſolide, eſt indiſpenſable pour cette expérience; elle ne réuſſiroit pas non plus ſi la nacelle n'étoit pas enfoncée à fleur d'eau, attendu qu'alors elle iroit toucher, ou s'appuieroit ſur les bords du baſſin; il faut auſſi avoir ſoin d'employer de l'eau bien claire & bien nette.

Voyez en outre de ces jeux ſur l'aimant BA-GUETTE MAGNÉTIQUE, CIGNE INGÉNIEUX, MOUVEMENT PERPÉTUEL.

AIR. L'air eſt une matière fluide & tranſparente, compoſée de parties élaſtiques, infiniment ſouples & déliées, répandues dans l'intérieur & ſur la ſur-face de la terre. Cet élément eſt beaucoup plus

L 2

léger que l'eau, ne contenant fans doute que très-
peu de matière, fous un volume fort étendu: il eft
tranfparent malgré fon épaiffeur, parce que toutes
ces parties, qui font dans un mouvement continuel, lui procurent la faculté de donner accès de
tous côtés aux rayons de lumière qui émanent des
corps lumineux.

L'air fe condenfe ou fe refferre lorfque ces
parties font renfermées dans un corps qui le
preffe & le réduit par là en un moindre volume (1).
Il fe dilate au contraire auffi-tôt qu'on leve l'obftacle qui le tenoit ainfi renfermé, & cette dilatation fe fait avec un effort d'autant plus grand,
qu'il avoit été réduit en un moindre volume.
Cette dilatation de l'air eft caufe qu'il refte conftamment fluide ; s'il étoit compreffible, fans être
élaftique, fes parties pouvant être extrêmement
rapprochées formeroient un corps dur.

L'air eft fans contredit le plus léger de tous les
corps, fi on en excepte le feu ; mais il n'en eft
pas moins affujetti à la loi commune qui les
oblige tous à tendre vers le centre de la terre (2).

Quelque fluide que foit l'air, il ne peut cependant pénétrer certains corps au travers defquels
l'eau paffe facilement. Il ne paffe point au travers
du papier & de quelqu'autres matières propres
à filtrer l'eau, fans doute parce que ces parties
font d'une figure fort différente, ou qu'elles font
peut-être plus groffières & moins fubtiles que
l'eau.

C'eft par le moyen de l'air que le bruit parvient jufqu'à nos oreilles. L'agitation ou le choc
des corps étrangers occafionne dans l'air un mouvement de vibration femblable en quelque forte
aux ondulations que l'on voit fe former dans une
eau tranquille, lorfqu'on y jette une pierre : fi
l'oreille eft éloignée du corps fonore, le bruit fe
fait entendre avec moins de force, ces vibrations
ayant alors plus d'étendue à raifon de l'éloignement où elles font du centre de leur mouvement : c'eft auffi par cette même caufe que le
bruit eft plus ou moins de temps à parvenir jufqu'à
nous.

Si les vibrations de l'air font promptes & vives,
elles produifent un fon clair & aigu ; fi elles font
peu fréquentes dans un même efpace de temps,
c'eft au contraire un fon grave : d'où il fuit que la
différente longueur, ou le dégré de tenfion de tous
les corps fonores, font varier leurs fons en formant

tous les tons par la différence des vibrations, l'air
étant alors différemment modifié. Les autres propriétés de l'air appartiennent entièrement à la phyfique expérimentale, & ne font pas néceffaires
pour l'intelligence des récréations qui fuivent.

De la machine Pneumatique.

La machine pneumatique [*figure première,
planche cinquième Amufemens de phyfique*] eft compofée d'un corps de pompe A, dont l'ouverture jufqu'en B, a environ deux pouces de diamètre ; la
partie fupérieure C eft percée d'un trou d'un quart
de pouce de diamètre, & elle fe termine au-deffus
de la platine D fur laquelle elle eft foudée [3] ;
cette partie excédente eft taraudée pour pouvoir y
viffer les différentes pièces avec lefquelles on veut
faire le vuide. La partie C eft garnie d'un robinet
fermant très-exactement ; ce robinet eft percé de
deux trous, dont l'un qui le traverfe fe trouve
dans la direction du corps de pompe, & l'autre
communique à un trou fait au centre & fur la
longueur du robinet ; le pifton H eft ajufté fur
une branche de fer I, dont l'extrémité inférieure
L eft terminée en forme d'étrier, afin de pouvoir
l'abaiffer avec le pied : une autre branche M ajuftée
fur celle I, & recourbée en montant, eft terminée par une main N qui fert à relever le pifton.
Le tout eft fupporté fur un bâtis de bois triangulaire, comme le défigne cette figure.

Lorfqu'on veut faire le vuide d'un récipient,
on couvre la platine D avec un cuir mouillé &
percé à fon centre ; on pofe au-deffus le récipient G, & le robinet étant dans une pofition
convenable, on abaiffe le pifton avec le pied ; on
tourne enfuite le robinet un quart de tour [4], afin
que la feconde ouverture fe trouvant placée vers
la partie A du corps de pompe, on puiffe, en remontant le pifton, faire échapper en dehors l'air
qui a été pompé & qui fe trouve dans la partie A.
On remet enfuite le robinet dans fa première direction ; on pompe de nouveau, & ainfi de fuite,
jufqu'à ce que par la réfiftance du pifton, on juge
que le vuide eft bien fait.

*Soulever un poids confidérable pour la raréfaction de
l'air (5).*

A (*figure deuxième, planche cinquième, amufemens de phyfique*) eft un globe de cuivre creux
de trois à quatre pouces de diamètre furmonté

---

(1) L'air fe condenfe auffi par le froid, & fe raréfie
par la chaleur.
(2) Les expériences qu'on fait fur l'air par le moyen
de la pompe pneumatique, prouvent que fa pefanteur
eft neuf cents fois moindre que celle de l'eau ; d'où
il fuit qu'un pied-cube d'eau pefant environ 70 livres,
la pefanteur d'un pied-cube d'air eft à-peu-près une
once deux gros.

(3) Cette platine eft foutenue par trois branches
de cuivre en forme d'ornement, & elle a un rebord
de 3 à 4 lignes.
(4) La communication de la partie A du corps de la
pompe avec le récipient fe trouve alors fermée.
(5) Cette machine eft femblable aux deux hémifphères de Magdebourg, excepté que la furcharge du
poids occafionne un bruit confidérable.

d'un cylindre de cuivre B qui a la forme d'un étui dont la partie C est le couvercle. La partie de la gorge D de cet étui, sur laquelle appuie le couvercle, est garnie d'un cercle de cuir qu'on mouille, lorsqu'on fait cette expérience; le couvercle C de cet étui est garni en dedans d'une peau fort mince, & il entre bien juste & avec un peu de frottement dans la gorge de cet étui. La pièce E est un anneau pour le soutenir: F est un robinet qui sert à empêcher l'entrée de l'air extérieur lorsqu'on a fait le vuide; à cet effet, il y a une virolle vers G qui entre à vis dans l'ouverture du récipient de la machine pneumatique. H est un autre anneau ou anse mobile, auquel on suspend le poids I, lorsqu'on a fait le vuide.

Si ayant fait le vuide dans cet instrument, on le tient par l'anneau E, & qu'on y suspende le poids H (qui peut être plus ou moins fort, eu égard à sa capacité intérieure, ou suivant le degré de raréfaction de l'air); ce poids restera suspendu; le couvercle de cet étui ne pourra s'élever, si le poids de l'air extérieur fait pour y entrer un effort plus puissant que ce poids. Mais si pour vaincre cette résistance, on ajoute un poids suffisamment pesant, cet étui s'ouvrira aussi-tôt, & l'air extérieur y entrant avec violence, occasionnera un bruit assez considérable.

Nota. Pour éviter la dépense, on peut faire tourner cette pièce d'un bois fort dur, & y adapter un robinet de cuivre qui entrant à vis dans la partie inférieure du globe A, se ferme bien exactement.

Jet d'eau formé par la raréfaction de l'air.

Cimentez au goulot d'une petite bouteille de verre blanc A (*fig.* 3, *pl.* 5; *Amusemens de physique*) un tuyau B de même matière, qui se termine en pointe très-fine du côté C, & que de son autre extrémité D, il touche presque le fonds de cette bouteille. Emplissez cette bouteille jusqu'à moitié (1), & placez-la sous le récipient de la machine pneumatique.

Aussi-tôt qu'on pompera l'air du récipient, celui qui occupe une partie de la bouteille, se raréfiera pour le mettre en équilibre avec celui qui est resté dans le récipient, & pressant conséquemment sur la surface de l'eau, il la forcera de sortir avec rapidité par l'orifice extérieur du tuyau de verre B, cette eau en sortant formera un jet d'eau qui s'élevera d'autant plus,

qu'il trouvera moins de résistance dans la capacité du récipient (2).

Nota. Cet amusement peut s'appliquer à faire une expérience fort curieuse sur la raréfaction de l'air. En employant au lieu de la bouteille ci-dessus, un vase ou un tube de verre fort long & cylindrique en dehors duquel on appliqueroit sur sa longueur une bande de papier divisée en un assez grand nombre de parties, (par exemple 300.) on empliroit ce cylindre d'eau jusqu'à un certain degré; & comparant la différence de la hauteur de l'eau, après avoir fait le vuide le plus parfait, on pourroit connoître de combien son volume a été raréfié, ou sa densité diminuée. C'est au physicien à décider si cette expérience est aussi exacte que celle qui se fait en introduisant un baromètre dans le vuide.

Jet d'eau formé par la compression de l'air.

Faites faire un vase de cuivre A, ou de fort fer blanc bien soudé (*figure quatrieme, planche cinquième; Amusemens de physique.*) d'une grandeur à contenir environ deux pintes d'eau, & l'en remplissez jusqu'aux deux tiers environ de sa capacité; ajustez-y un tuyau B de même matière dont l'extrémité inférieure qui doit être ouverte, ne touche pas précisément le fonds de ce vase. Que la partie supérieure qui excède le vase, soit garnie d'un robinet D qui entre à vis dans ce vase, de manière à le fermer bien exactement; qu'on puisse en outre y adapter un ajutage E percé d'un trou, ou de plusieurs trous de très-petit diamètre.

Ayez de plus une petite pompe foulante (*figure cinquième, même planche*) avec laquelle vous puissiez y faire entrer avec force, & à diverses reprises, beaucoup d'air; & afin qu'à chaque reprise vous puissiez y introduire de l'air, sans que celui qui est entré en puisse sortir, ajustez une soupape en dehors & à l'extrémité A de cette pompe, & vers celle B du piston; ménagez aussi un trou vers le haut C de la pompe, pour y introduire à chaque fois le nouvel air qu'on doit faire entrer à force dans ce vase; que l'extrémité de cette pompe ferme exactement l'orifice de ce tuyau.

Si, au moyen de cette pompe, on introduit à plusieurs reprises de l'air dans ce vase, & qu'ayant fermé le robinet D, (*figure quatrième*) on y visse l'ajustage E, l'air qui a été comprimé pressera avec force sur l'eau, & la fera sortir de ce vase avec assez de violence, pour l'élever jusqu'à la hauteur de vingt-cinq à trente pieds; si la compression a été considérable, ce jet baissera peu à

---

(1) Pour emplir cette bouteille d'eau, on suce fortement le bout C de ce tuyau pour en faire sortir l'air, & on le plonge aussi tôt dans un verre d'eau; ou si on veut éviter ce petit embarras, l'on peut adapter à cette bouteille un bouchon de cuivre qui entre à vis dans une virole de matière, & cimenter le petit tuyau de verre sur ce bouchon.

---

(2) Pour faire cette expérience convenablement, il faut se servir d'un récipient fort élevé.

peu, c'eft-à-dire, à mefure que l'air comprimé s'approchera plus de fa denfité naturelle.

Fontaine de Héron.

Faites deux cylindres ou réfervoirs de fer-blanc A & B, [*fig.* 8, *pl.* 5, *Amufemens de phyfique*] de fix pouces de diamètre, fur quatre pouces de hauteur, & qui foient exactement foudés de tous côtés ; que celui A foit garni du rebord C d'un pouce & demi de hauteur, & qu'il forme par ce moyen une efpèce de baffin : foudez un petit tuyau D au centre de ce baffin, qui aille jufqu'à une ligne du fond intérieur du cylindre A ; donnez-lui un demi-pouce de diamètre, & ajuftez-y un ajuftage E dont le trou foit fort petit, & qu'il entre exactement dans le tuyau D ; que cet ajuftage foit garni d'un petit robinet F, pour donner iffue à l'eau renfermée dans le cylindre A.

Joignez ces deux réfervoirs par deux tuyaux G & H de quatre à cinq lignes de diamètre, & ouverts des deux extrémités ; en obfervant qu'ils doivent être foudés aux endroits où ils y entrent, & qu'en outre celui H doit defcendre d'un côté jufqu'à une ligne du fond inférieur du réfervoir B, & être élevé jufqu'au-deffus du fond fupérieur du réfervoir A fur lequel il doit être foudé & ouvert du côté du baffin C : celui G doit être prolongé jufqu'à une ligne du fond fupérieur du réfervoir A.

Ayant ôté l'ajuftage, fi l'on verfe par le tuyau D une quantité d'eau fuffifante pour remplir les deux tiers du réfervoir A, & qu'ayant remis cet ajuftage & fermé le robinet, on remplif-fe d'eau le baffin C ; cette eau s'écoulant par le tuyau H, entrera dans le réfervoir B : & comme elle eft plus pefante que l'air contenu dans ce même réfervoir, elle le comprimera, & cette compreffion fe communiquant par le tuyau G à l'air que contient le réfervoir A, il preffera fur l'eau de ce même réfervoir, & la forcera de fortir avec affez de violence par l'ajuftage B auffi-tôt qu'on aura ouvert ce robinet ; ce qui aura lieu jufqu'à ce que la plus grande partie de l'eau contenue dans ce réfervoir, en foit for-tie [1], attendu que cette même eau retom-bant dans le baffin C, coulera auffi-tôt dans le réfervoir B, & entretiendra par ce moyen cette preffion.

Nota. Il faut réferver un petit tuyau fur le côté de chacun de ces réfervoirs, afin qu'en les débouchant, on puiffe faire écouler l'eau qui y eft reftée, & éviter par-là que cette pièce ne fe rouille en dedans.

(1) Si le réfervoir B eft plus petit que celui A, l'eau fortira entièrement de ce dernier.

Eolipyle lançant un jet de feu.

Ayez un vafe de cuivre ou de fort fer-blanc, A B, [*fig.* 6, *pl.* 5, *Amufemens de phyfique*] de telle forme que vous jugerez convenable, auquel foit ajufté un couvercle C de même mé-tal, & percé d'un trou pour laiffer paffer le col d'un éolipyle D de forme recourbée, comme l'indique cette figure : faites-y entrer à vis l'a-juftage E qui doit être percé d'un trou extrê-mement fin, & ajuftez-y un petit robinet de cuivre, qui ferme bien exactement ; verfez-y un peu d'efprit-de-vin, & ayant rempli le vafe A B d'eau bouillante, couvrez-le.

La chaleur de l'eau venant à raréfier l'air con-tenu dans cet éolipyle, il preffera avec vio-lence fur l'efprit-de-vin qui en occupe la partie inférieure G, & l'obligera de fortir avec ra-pidité par le petit trou fait à l'ajuftage E ; & fi on le laiffe s'échauffer avant d'ouvrir le robi-net, & qu'on préfente au jet qui s'élancera, la flamme d'une bougie, le feu y prendra, ce qui fera affez agréable à voir, & durera d'autant plus, que le trou fait à l'ajuftage fe trouvera fort petit.

Si au lieu d'adapter à cette éolipyle un ajuf-tage percé d'un feul trou, on y place quelques autres pièces d'ajuftage préparées & variées avec art ; on pourra fe procurer un fpectacle plus amu-fant, en répandant avec un tamis de la limaille d'acier fur les jets du feu qui s'élanceront alors de toute part ; & ils imiteront très-bien l'effet & le brillant des feux d'artifice.

Nota. Il faut, pour cet amufement, faire conf-truire un éolipyle d'une capacité fuffifante pour fournir à une auffi grande quantité d'ouvertures, qu'il faut néanmoins ménager fort petites [2] ; fans quoi cet effet n'auroit plus lieu, attendu le peu de réfiftance qu'oppoferoient à la dila-tation de l'air, les ouvertures qui laifferoient échapper l'efprit-de-vin trop promptement.

Cannes à vent.

Les cannes à vent font des efpèces de bâtons percés dans toute leur longueur d'un trou de trois à quatre lignes de diamètre ; on infère d'un côté de petites flèches de deux pouces de longueur, garnies d'un petit morceau de peau de même diamètre que ce trou ; & en foufflant tout-à-coup & affez fortement dans cette canne, elles peuvent être lancées jufqu'à cinquante pas ; on jette auffi fort loin avec cet inftrument, des pois

(2) Il fuffit qu'il y puiffe entrer une petite aiguille.

pecs, ou de petites boules de terre-glaise, avec lesquelles on peut même tuer des oiseaux.

Fusil à vent.

AB [*fig.* 7 , *pl.* 5 , *Amusemens de physique*] est un canon de fer fort léger d'environ trois pieds de long, & percé dans toute sa longueur d'un trou de quatre lignes de diamètre ; ce canon s'ajuste à vis dans la crosse C ; cette crosse est de cuivre, creuse & parfaitement soudée ; dans son intérieur, & vers l'endroit D, est une soupape de métal, couverte de peau, & qui s'applique bien exactement au moyen d'un ressort, afin que l'air qui doit être enfermé dans cette crosse n'en puisse sortir. E est une espèce de batterie semblable à celle d'un fusil ordinaire, dont le chien étant lâché par la détente, pousse vers cette soupape une petite tringle de fer qui se retire aussi-tôt d'elle-même ; au moyen de cette construction il ne peut s'échapper à chaque fois qu'une partie de l'air renfermé dans cette crosse.

AB [*fig.* 9 , même *pl.*] est une pompe foulante, composée d'un tuyau de fer d'un pied & demi de long, dans lequel coule un piston traversé à son extrémité, par une tringle DE qui sert à le tenir avec les deux mains, pour le pousser avec promptitude lorsqu'on a appliqué l'extrémité B de ce tuyau, dans l'ouverture de la crosse C ; ce tuyau est percé vers A, afin qu'il puisse y entrer de nouvel air à chaque coup de piston. Lorsque cette arme est bien faite, huit à dix coups de piston sont suffisans pour y comprimer fortement l'air.

Lorsqu'on a fortement chargé d'air la crosse de ce fusil, & qu'on y a ajusté son canon, si on y fait couler une balle de calibre, & qu'on appuie sur la détente G, l'air comprimé qui fait effort pour sortir, trouvant une issue par le canon, chasse la balle avec une violence capable de percer à trente pas une planche d'une épaisseur médiocre ; & comme il ne s'échappe qu'une partie de l'air renfermé dans la crosse, on peut réitérer cette expérience sans y introduire de nouvel air. Mais à chaque coup, l'air étant moins comprimé, agit avec moins de violence, quoiqu'ordinairement le troisième coup perce à vingt-cinq pas une planche d'un demi-pouce d'épaisseur.

L'air en s'échappant ne produit aucune explosion, mais seulement un souffle violent qu'on entend à peine à trente ou quarante pas, lorsque l'expérience se fait en plein air.

Nota. Ces sortes d'armes ne sont que des instrumens de curiosité propres à mettre dans des cabinets. Il seroit dangereux de laisser la liberté de s'en servir à d'autres usages qu'à des expé-

riences ; du reste, elles n'ont point la force d'une arme à feu, & il est difficile que leurs soupapes puissent contenir long-tems l'air qui y a été comprimé.

Lorsqu'on y introduit du menu plomb, il faut y introduire auparavant un peu de papier, afin que ce plomb n'entre pas dans le réservoir.

Dragon volant.

Un amusement fort divertissant est de construire un cerf-volant de quatre à cinq pieds de hauteur [*fig.* 11 , *pl.* 5 , *Amusemens de physique*], & après l'avoir enlevé assez haut, d'attacher à la ficelle qui le retient, un dragon volant A, suspendu, comme le désigne cette figure : ce dragon doit être fait d'une toile légère, peinte des deux côtés, & il faut, après l'avoir découpé suivant la forme qu'on lui a donnée, coudre sur tous les contours de cette découpure de petites baguettes d'osier fort légères. On peut le rendre encore plus naturel en le construisant de manière, que ses aîles soient mobiles, & puissent être agitées par le vent : l'ayant donc suspendu à la ficelle du cerf-volant, on en lâchera encore une quantité suffisante pour élever à son tour ce dragon, à une hauteur où il puisse être apperçu d'assez loin. Ceux dont la position ne les mettra pas à portée de voir ce cerf-volant, & qui ne pourront appercevoir que ce dragon, seront étrangement surpris.

Imitation du tonnerre par l'ébranlement de l'air.

Ayez un fort châssis de bois d'environ deux pieds & demi de long, sur un pied & demi de large, aux bords duquel vous attacherez & collerez solidement une peau de parchemin bien tendue, assez épaisse, & de même grandeur que ce châssis ; mouillez-la avant de l'appliquer, afin que sa tension en soit plus forte.

Lorsqu'ayant suspendu ce châssis, vous l'agiterez ou frapperez dessus plus ou moins fort avec le poing, l'ébranlement qu'il causera dans l'air environnant, sera exactement semblable au bruit du tonnerre qui gronde.

Nota. Pour imiter dans les spectacles l'éclat du tonnerre lorsqu'il tombe, on suspend entre deux cordes élevées verticalement une certaine quantité de douves de tonneaux éloignées les unes des autres d'un demi-pied, & enfilées de même que les lattes qui servent à former les jalousies qu'on met aux fenêtres des appartemens : & on les laisse tout-à-coup tomber les unes sur les autres, en lâchant subitement les deux cordes qui les retiennent suspendues, & qui doivent servir à les relever pour reproduire cet effet.

Imitation de la pluie & de la grêle par l'ébranlement de l'air.

Découpez fur du fort carton une vingtaine de cercles de quatre à cinq pouces de diamètre, & coupez-les tous depuis leur circonférence, jufqu'à leur centre ; [*voyez* fig. 10, *pl.* 5, *Amufemens de phyfique*] ; percez-les d'un trou d'un pouce de diamètre, joignez-les enfemble en appliquant & collant le côté coupé C du cercle A, au côté coupé D de celui B, & ainfi de fuite, jufqu'à ce que tous ces cercles ne forment qu'une feule pièce, qui étant allongée, prendra la figure d'une vis ; étant bien fecs, faites entrer par tous leurs trous une tringle de bois arrondie qui les enfile tous, & difpofez-les de manière qu'ils fe trouvent diftans les uns des autres de trois à quatre pouces ; affujettiffez-les fur cette tringle avec de la colle-forte, & couvrez-les enfuite fur toute leur longueur, & par une de leurs extrémités avec un triple papier bien collé & humecté, afin qu'il fe tende fermement fur ces cercles. L'ayant laiffé bien fécher, introduifez-y par l'autre extrémité environ une livre de petit plomb, c'eft-à-dire, plus ou moins, fuivant la grandeur de cette pièce, & fermez enfuite d'un triple papier cette même extrémité.

Lorfque le plomb fe trouvera placé à une des extrémités de ce tuyau, & qu'il fera dans une pofition horifontale, fi on l'élève doucement & infenfiblement du côté où fe trouve le plomb, il coulera peu-à-peu jufqu'à l'autre bout, en fuivant tout le chemin formé entre ces cercles, & en frappant contre le papier tendu qui les couvre, ce qui imitera fort bien le bruit d'une grande pluie ; fi on élève ce tuyau plus promptement, ce bruit deviendra beaucoup plus fort, & imitera celui de la grêle : cet effet fe répétera de même en élevant enfuite ce tuyau par fon autre extrémité.

Des porte-voix.

Faites faire un tuyau de fer-blanc de trois à quatre pieds de long, dont l'embouchure foit ovale, afin d'y pofer la bouche plus exactement, & que vers l'autre extrémité, il aille en s'élargiffant, comme une trompette.

Si on y applique la bouche, & qu'on parle fortement & promptement, on pourra être entendu à une très-grande diftance du côté vers lequel fera tourné le porte-voix, ce qui provient fans doute de ce que le fon de la voix qui fe porte & s'étend ordinairement dans l'air de tous côtés, fe trouve refferré & conduit vers un même endroit : cet inftrument eft très-commode, particulièrement fur mer pour fe parler d'un vaiffeau à l'autre, fans s'aborder.

Conftruire deux figures placées aux deux côtés d'une falle, dont l'une répète à l'oreille d'une perfonne ce qu'on aura prononcé fort bas à l'oreille de l'autre figure, & fans qu'aucuns de ceux qui font dans la falle puiffent rien entendre.

Ayez deux têtes ou buftes de carton pofés fur leurs piedeftaux, & placez-les dans une falle éloignées l'une de l'autre de telle diftance que vous jugerez convenable. Conduifez un tuyau de fer-blanc d'un pouce de diamètre, qui commençant à l'oreille d'une de ces figures, defcende le long du piedeftal fur lequel elle eft placée, traverfe enfuite le plancher ou la cloifon contre laquelle il eft-appuyé, & foit conduit de la même manière jufqu'à la bouche de l'autre figure [1] ; que ce tuyau foit un peu évafé vers ces deux extrémités.

Obfervez que dans toutes les circonftances où vous ferez obligé de couder ces tuyaux, que ce foit à angle droit, & que les endroits A & B [fig. 15, pl. 15, *Amufemens de phyfique*], où chaque partie fe joint, foient couvèrts d'une lame de fer-blanc inclinée à quarante-cinq dégrés réciproquement aux deux tuyaux qui fe joignent, afin que la voix qui part du point C foit directement réfléchie d'un tuyau à l'autre, & que le fon parvienne plus nettement à l'oreille.

Lorfqu'on appliquera la bouche, & qu'on parlera doucement à l'oreille d'une de ces figures, la perfonne qui aura l'oreille appliquée à la bouche de l'autre, entendra très-diftinctement les mots que l'on prononcera ; & fi la figure qui répète ce qu'on a dit, avoit un tuyau difpofé de même, qui répondît à la bouche de l'autre, ces deux perfonnes pourroient s'entretenir réciproquement.

Nota. On peut, par ce même moyen, difpofer fur une table une tête qui réponde aux queftions qui lui feroient faites, en conftruifant des tuyaux femblablement difpofés, qu'on conduiroit le long d'un des pieds de la table, & de-là dans une chambre voifine où feroit la perfonne qui lui feroit rendre la réponfe, on diroit alors à une perfonne de faire fa queftion en parlant tous bas à l'oreille de la figure, & qu'elle lui répondra fur le champ à haute voix ; ce qui paroîtra d'autant plus extraordinaire, que la voix qui fortira par la bouche de cette tête, rend un fon différent de la voix ordinaire.

Quelques auteurs affurent qu'*Albert le Grand* avoit trouvé le moyen de conftruire une tête qui parloit ; & à les entendre, c'étoit par le

---

(1) Ce tuyau ne doit pas s'appercevoir, & il doit être appuyé fur l'efpace intérieur de cette tête qui répond à fa bouche.

moyen

moyen d'une méchanique fort ingénieuse. Il est plus vraisemblable de supposer qu'il se servoit d'un moyen tel que celui-ci. On a vu, il y a quelques années, un homme qui faisoit voir un Bacchus de grandeur naturelle, assis sur un tonneau, il sembloit prononcer toutes les lettres de l'alphabet, & même quelques mots : un enfant renfermé dans ce tonneau, qu'on avoit accoutumé à prononcer les lettres de l'alphabet d'une manière étrange, occasionnoit tout ce prestige, & plusieurs des spectateurs sortoient fermement persuadés que c'étoit un automate qui parloit : tant il est vrai qu'il est des personnes qui préferent l'erreur qui les séduit, au léger embarras d'examiner si ce qu'on leur annonce, est possible ou non.

Singulier effet des larmes de verre.

Lorsque le verre est en fusion, on en prend une petite partie avec une tringle de fer, & on la laisse tomber dans de l'eau froide, où elle prend la figure d'une larme (*figure seizième, planche quinzième, Amusemens de physique*).

Lorsque cette larme est tombée dans l'eau, sa froideur en a resserré d'abord toutes les parties extérieures, pendant que le milieu de sa masse étoit encore fondu, & contenoit un petit volume d'air extrêmement dilaté ; les parties extérieures de cette larme n'ayant pu se rapprocher davantage lors du réfroidissement des parties intérieures, elle est nécessairement restée remplie de pores vers son centre, & l'air qui y étoit contenu a conservé sa raréfaction ; d'où il arrive que si l'on casse la queue A de cette larme, on découvre alors quelques-uns de ces pores dans lesquels l'air extérieur, à l'effort duquel elle ne peut céder, entre avec assez de violence pour la briser en mille morceaux, & la réduire en poussière.

Nota. Si on casse cette larme dans l'obscurité, on voit, au moment qu'elle éclate, une lumière qui ne peut être que l'effet de la violence avec laquelle l'air s'y introduit ; on peut mettre cette larme sur une enclume & la frapper assez fortement sur sa plus grande épaisseur B, sans la casser. Si on la fait rougir au feu, & qu'on la laisse réfroidir doucement en la tenant près du feu, non-seulement elle n'éclatera pas en brisant sa queue, mais on pourra encore la casser sous le marteau, attendu que lors du réfroidissement, l'air extérieur y est rentré.

Hygrometre au moyen duquel on peut connoître facilement les différens dégrés de sécheresse ou d'humidité de l'air.

Comme le *Thermometre* sert à connoître les différens dégrés du froid & du chaud, & le *Barometre* la pesanteur de l'air, de même l'instrument qu'on *Amusemens des Sciences.*

nomme *Hygrometre* sert à connoître les différens dégrés de sécheresse ou d'humidité de l'air.

On fait de ces sortes d'instrumens en bien des manières, en y employant quelques-unes des matières qui sont les plus susceptibles de se rallonger ou de se raccourcir pendant ces différentes températures, & particulièrement avec les cordes à boyaux qui sont plus sensibles : la difficulté consiste à les appliquer à une division qui puisse indiquer assez exactement l'état de l'air. Voici une nouvelle manière de les construire en leur donnant la forme des barometres à cadrans qui sont d'un usage actuel.

A B (*figure 12, planche 15, Amusemens de physique*) est un instrument ou hygrometre vu par derrière, & sur lequel sont ajustées les différentes pièces qui le composent. C D sont deux petites poulies de cuivre d'un pouce de diamètre, qui roulent très-aisément sur leurs axes ; ces axes sont fixés sur la monture de l'hygrometre. E est une petite vis d'un pas fort fin, & d'un pouce & demi de long ; elle entre dans un écrou fixé sur cette même monture, & elle porte une petite tête goudronnée pour la visser plus facilement.

Une corde à boyau de la grosseur d'une chanterelle de violon, à laquelle on a suspendu un poids pendant quelques jours, entre dans un trou qui traverse entièrement cette vis ; elle y est arrêtée en dessus par un nœud : de-là elle passe sur la poulie D, sur celle C, & elle est enfin attachée sur la poulie F qui a cinq ou six lignes de diamètre. Cette poulie est fixée sur une autre poulie G d'un pouce de diamètre, & sur laquelle est attaché un petit poids H ; ce poids n'est autre chose qu'un petit cylindre ou boîte de cuivre mince, dans laquelle on insere du petit plomb, pour pouvoir donner une tension légère à cette corde à boyau.

Ces deux poulies G & F sont fixées sur un axe assez fin qui passe librement à travers un petit canon de cuivre ajusté au centre du cadran (A, *figure quatorzième, même planche*) (1). Cet axe porte une aiguille qui y est fixée à demeure, & qui est également pesante des deux côtés : elle sert à indiquer les différens dégrés du froid & de l'humidité, comme il suit.

Cet instrument étant fini, il faut attendre que le temps soit au plus grand dégré d'humidité, & le placer alors dans un temps humide en un endroit qui en soit par lui-même fort susceptible, après avoir disposé la petite vis de manière qu'on puisse également la faire avancer ou

---

(1) Cette figure représente la face antérieure de cet hygrometre.

M

reculer dans fon écrou, afin d'avoir la liberté d'alonger enfuite, ou de raccourcir la corde : on retirera cet inftrument de l'endroit où on l'aura placé, & laiffé un temps fuffifant pour que la corde foit bien imprégnée de l'humidité de l'air, & on marquera fur le cadran l'endroit où fe trouve alors placée l'aiguille : on mettra enfuite cet inf-trument dans un lieu bien aéré, (1) & on attendra que le temps foit bien fec (2) pour obferver quelle partie de cercle du cadran A, *figure* 14, a parcouru l'aiguille, à commencer du point marqué lors de l'humidité la plus grande de l'air. Si elle a parcouru la plus grande partie de fa circonférence, on s'en tiendra, fi l'on veut, à cette feule obfervation (3), & on portera alors l'intervalle qu'on aura mefuré fur l'arc de cercle CDB qu'on divifera en foixante parties égales entr'elles. On indiquera enfuite fur l'arc de ce cercle DB, trente dégrés, à commencer de D jufqu'en B, & fur l'autre arc BC trente autres dégrés, à commencer depuis B jufqu'en C : les trente premiers dégrés indiqueront ceux de fécherefle, & les autres ceux d'humidité, & le point D fera le terme moyen entre le fec & l'humide : l'inftrument fera alors fini.

Si la partie du cercle que l'aiguille aura par-couru pendant l'obfervation ci-deffus, excédoit la circonférence entière du cercle, ou qu'elle en approchât trop, il faudroit néceffairement dimi-nuer plus ou moins le diamètre de la poulie F, *figure* 12, attendu qu'il ne faut pas que l'aiguille puiffe achever la révolution entière du cercle. Si au contraire cette révolution n'alloit pas au deux tiers, il faudroit mettre en place de la poulie F, une autre poulie dont le diamètre fût plus grand, ou à défaut, rallonger la longueur de la corde en abaiffant la poulie D un peu plus bas, & en rabaiffant à proportion le nœud qui la retient fur la vis E.

On ne peut cependant difconvenir qu'il ne puiffe arriver dans les premiers temps quelque petit dérangement à cet inftrument; mais rien n'eft fi facile que de le régler au moyen de la vis E, fans qu'il foit jamais néceffaire de changer le diamètre des poulies.

Nota. Il eft aifé de voir que les vapeurs qui s'infinuent plus ou moins dans cette corde, l'a-

(1) Cet inftrument doit être placé dans un endroit fufceptible des impreffions de l'air, & jamais au foleil qui ne manqueroit pas d'y caufer du dérangement.

(2) On pourra connoître que le temps eft fort fec, lorfqu'il régnera un vent d'eft pendant quelques jours, & que la machine électrique fournira de belles étin-celles.

(3) L'inftrument fera plus parfait, fi l'on répète cette obfervation, afin d'en faire la comparaifon.

molliffent & la rendent plus fufceptible d'être alongée par une légère tenfion: fi au lieu d'elles, on fe fervoit d'un petit cordeau de chanvre bien tordu, ce feroit tout le contraire; l'humidité le feroit raccourcir en le gonflant & en augmentant fon diamètre.

Cet inftrument peut affurément indiquer avec exactitude de quelle quantité la fécherefle ou l'humidité augmente d'un jour à l'autre : fi on en conftruifoit deux en même temps, & d'après les mêmes dégrés d'humidité & de fécherefle, il y a lieu de croire qu'ils feroient réciproque-ment comparables, & alors on pourroit le con-fidérer comme un inftrument utile.

Une bouteille bien bouchée, étant remplie d'eau, faire changer cette eau en vin fans la déboucher.

Faites exécuter par un ferblantier un petit réchaud conftruit dans la forme indiquée par la *figure* 8, *planche* 15, *Amufemens de phyfique,* c'eft-à-dire, qu'il foit extérieurement conftruit comme un réchaud ordinaire d'environ quatre pouces de diamètre; qu'il ait un double fond AB éloigné de fon vrai fond G, d'environ trois à quatre lignes; élevez au milieu du fond AB (lequel doit être percé d'un trou circulaire), un tuyau ou cylindre de fer blanc F de quatre pouces de hauteur, fur un pouce & demi de dia-mètre, & placez au-deffous la foupape C qui doit être foutenue par le petit reffort D, lequel doit être ajufté entre ces deux fonds. Cette foupape fert à empêcher qu'on n'apperçoive ce double fond, ou plutôt la cavité qui fe trouve entre ces deux fonds.

Ayez une petite bouteille de verre blanc E d'environ fix pouces de hauteur, qui puiffe entrer facilement dans ce tuyau de fer blanc, & dont le poids, lorfqu'elle eft remplie d'eau, puiffe abaiffer la foupape C; percez le fond de cette bouteille de deux ou trois petits trous de la groffeur d'une épingle; empliffez-la d'eau de rivière bien claire; & la bouchez enfuite bien exactement; verfez entre les deux fonds de ce réchaud, & par le tuyau F, du vin rouge le plus léger, & cependant le plus foncé en couleur que vous pourrez avoir.

Lorfqu'ayant pofé cette bouteille bien bouchée dans le cylindre creux, ou tuyau F, fon fond percé de ces petits trous trempera dans le vin renfermé dans la foupape; l'eau qui eft plus pe-fante que le vin fortira par les trous faits au fond de cette bouteille, & l'air ne pouvant y entrer & remplacer ce qui en fortira, le vin y remontera en pareille quantité, en telle forte qu'au bout de quelque temps (4) la bouteille fe

(4) Plus la différence refpective du poids de ces deux liquides fera grande, plus cette opération fera prompte.

trouvera entièrement remplie de vin, & si on la retire alors de dedans le cylindre, il ne s'en écoulera aucune partie par ces deux trous, attendu que l'air n'y peut entrer : il paroîtra donc que l'eau qui y étoit contenue, aura été changée en vin.

On prendra la bouteille, & posant sans affectation le doigt à l'endroit où elle est percée pour en boucher le trou, on l'emplira d'eau, on la bouchera aussitôt très-exactement & on annoncera qu'on va la changer en vin ; pour cet effet, on la posera dans le réchaud, comme il a été expliqué après y avoir mis à l'avance, & secrettement, le vin qui doit entrer dans la bouteille : peu de temps après on retirera la bouteille, & on la fera voir pleine de vin, & posant le doigt sur les petits trous, on la débouchera & on le versera dans un verre, afin de faire connoître que cette nouvelle liqueur est effectivement du vin.

Nota. Cette récréation n'est autre chose que l'expérience physique du passe-vin déguisé sous une forme propre à produire une récréation amusante & extraordinaire ; on peut mettre quelque matière dans la partie extérieure du réchaud, pour faire accroire que c'est par ce moyen que se fait cette opération ; elle servira en même temps à empêcher qu'on ne juge qu'il y a un faux fond. Il est bon aussi de couvrir la bouteille, afin qu'on ne voye pas de quelle manière se fait cette opération. *Voyez* PASSE-VIN.

Airs inflammables pour un spectacle de feux d'artifice.

Cette invention agréable est fondée sur la théorie des gaz inflammables ; M. Diller en a fait l'application la plus ingénieuse, & au moyen d'une méchanique très-compliquée en apparence, mais de l'exécution la plus simple, il a créé un spectacle nouveau, de l'agrément duquel il est difficile de se former une idée sans l'avoir vu. Les premières expériences de M. Diller furent faites au Panthéon, à Paris, le 25 juin dernier, & elles obtinrent tout le succès qu'il pouvoit en attendre. Nous allons puiser, dans le rapport de MM. les commissaires de l'académie des sciences, les notions nécessaires pour faire connoître à nos lecteurs la découverte de M. Diller.

« M. Diller, est-il dit dans ce rapport, emploie trois différens airs ou gaz inflammables qu'il désigne par la couleur de leurs flammes ; l'air blanc, l'air bleu & l'air vert. Sans faire un mystère de ses recherches, M. Diller n'a point dit par quels procédés il retire ces trois fluides élastiques. La diversité de la couleur de ces flammes dépend du mélange des différens gaz ; l'air blanc frappe surtout par l'éclat & par l'intensité de sa flamme. M. Diller le propose pour l'usage des phares ; une propriété bien précieuse de ces trois gaz, est de ne point détonner avec l'air atmosphérique. Le mélange de cet air avec ces trois gaz, en modifie

seulement les flammes, en affoiblissant leurs nuances ; de sorte que M. Diller en a fait un de ses procédés les plus utiles. Il ne fait point usage du gaz inflammable préparé avec le feu, qui a l'inconvénient de détonner, & qui d'ailleurs produit une flamme beaucoup moins belle. Par une petite addition de ces gaz, on fait perdre au gaz inflammable préparé avec le fer, cette propriété de détonner avec l'air atmosphérique ».

« Qu'on se figure maintenant une suite de canaux qui se remplissent séparément de trois divers fluides élastiques inflammables ; qu'on termine les extrémités de ces canaux par une infinité de tubes ouverts, & qu'on se peigne les ouvertures de ces tubes tournées en haut, en bas, de côté, en devant, ayant les formes de tuyaux ronds, de quarrés, de fentes, d'étoiles, &c. ; & l'on concevra quelle variété d'effets on peut attendre de ces machines ».

« Les appareils à feu de M. Diller reçoivent une nouvelle variété, par les mouvemens qu'il a su imprimer à des tubes à flammes, soit par le gaz, soit par méchanique ».

« Des vessies, pleines chacun en particulier, des trois gaz que nous avons désignés, placées sous les bras de M. Diller, qui les compriment plus ou moins fortement, donnent par l'inflammation de ces gaz, & par le moyen des tubes diversement percés par lesquelles elles sont termiées, des flammes différentes de couleur, d'étendue, d'éclat & de formes. Ce sont successivement des soleils, des étoiles, des triangles, des croix de Malte, dont les nuances varient sans cesse au gré de M. Diller ».

Les machines dont il a parlé plus haut, servent aussi à produire des variations, & des effets curieux & intéressans. « Ces machines offrent en général des figures d'animaux, de plantes, & d'autres objets dont la décoration est intéressante ; à l'aide des tubes communiquans, M. Diller les offre par parties. Des troncs d'arbres se chargent de feuilles, de fleurs & de fruits ; des animaux se poursuivent & s'évitent : l'œil est toujours agréablement frappé. Enfin, par une méchanique particulière, M. Diller communique le mouvement à deux animaux, l'un représentant un serpent & l'autre un dragon, qui parcourent une courbe très-irrégulière, en prenant eux-mêmes diverses figures, par des mouvemens particuliers communiqués aux différentes parties de leurs corps ; effet qu'il étoit extrêmement difficile de produire ».

ALCHYMIE : (*Voyez aux articles* CHYMIE, OR, PIERRE PHILOSOPHALE).

ALPHABET ÉNIGMATIQUE : (*Voyez* à l'article DEVIN DE LA VILLE).

M 2

AMÉTHYSTE (fausse). On voit avec plaisir le rouge & le violet se confondre dans l'Améthyste. Échauffée doucement dans un bain de sable, cette pierre perd sa couleur, prend la transparence & l'éclat du diamant, mieux que le saphir. Il est assez commun de voir dans les cabinets, des colonnes, des vases, & autres jolis petits ouvrages de cette matière. Dans la fracture, on y reconnoît la crystallisation exagone du cryftal; d'où il résulte que c'est un cryftal coloré, qu'il n'est pas difficile de contrefaire; voici le procédé qu'en donne Neri.

L'on prendra de la fritte de criftal faite avec le tartre; mais avant qu'elle entre en fusion, on mettra sur chaque livre de cette fritte, une once de la poudre que l'on va indiquer; on les mêlera bien ensemble, & on les exposera petit à petit au fourneau, car ce mélange s'enfle. Il faut commencer à travailler ce verre aussitôt qu'il est purifié & qu'il a pris la couleur d'améthyste. Pour sa composition, il ne faut qu'une fritte de cryftal ordinaire, & l'on peut en rendre la couleur claire ou foncée, suivant les ouvrages que l'on se propose de faire. Quant à la couleur, on l'obtiendra par le moyen de la poudre suivante. Prenez de magnésie de Piémont une livre, de safre une once & demie; mêlez avec soin ces deux matières réduites en poudre; joignez-les ensuite à la fritte de cryftal, elles lui donneront une vraie couleur d'améthyste. Il faut sur-tout se régler sur la bonté du safre; car s'il est d'un bleu trop foncé, la composition sera aussi de cette couleur.

AMIANTE. L'amiante ou asbeste est une pierre grise, ou noirâtre, ou tirant sur la couleur du fer, ou tirant sur le verd. Le corps des fibres est presque toujours d'un blanc cendré ou roussâtre. Les fibres même sont plus ou moins longues & fines. Les filamens de l'amiante de quelques endroits de l'Italie, de Chypre & de l'Angleterre, font courts; ceux de Corse & de Candie sont longs & fins; il en est qui ont jusqu'à un pied de longueur; en Ruffie, on en trouve qui sont aussi assez ordinairement grossiers; en Suisse, on n'en voit que de fort courts, assez peu flexibles, & point séparables. On en trouve dans l'Oberland, au canton de Berne & du Vallay; on construit même dans ces lieux-là avec cette pierre des poêles pour chauffer les chambres; mais les fibres de cette pierre amiantine sont toujours inséparables.

Les particules intégrantes de l'amiante sont donc des fibres ou des filets durs & coriaces. Ces filets sont disposés tantôt parallèlement, tantôt en faisceaux, quelquefois irrégulièrement mêlés. Une matière calcaire ou terreuse unit ces fibres, & l'eau, en amollissant cette terre, donne lieu à la séparation de ces fibres, quand ces fibres sont séparables. La plupart des amiantes sont réfrac-

taires; le feu les blanchit & les durcit plus ou moins. Ce sont les plus molles des pierres, les plus flexibles & les plus légères; elles sont quelquefois assez molles pour céder à la pression du doigt, assez flexibles pour être filées & ourdies, assez légères pour surnager sur la surface de l'eau. Mais cette mollesse, cette légèreté & cette flexibilité a des degrés d'où naissent les différences des espèces, différences qui viennent sur-tout de ce que la substance amiantine se trouve mêlée avec d'autres matières qui altèrent ces propriétés, ou lui en communiquent d'autres.

On voit dans les cabinets d'histoire naturelle des bourses, des ceintures, des jarretières, & autres petits meubles d'amiante filé; l'histoire même nous apprend qu'on brûloit les corps des grands dans des toiles de cette matière pour conserver leurs cendres pures & séparées de celles des bûchers; ces toiles jettées au feu en sortoient plus belles, plus blanches, plus éclatantes, sans souffrir d'autre altération qu'un léger déchet dans son poids.

L'art de filer l'amiante consiste à le laisser d'abord tremper dans de l'eau chaude, à le frotter dans les mains pour en séparer les matières étrangères, à le carder, à le tremper dans de l'huile pour lui donner de la souplesse, & à le filer avec de la laine, de la filasse ou du coton. Lorsque l'ouvrage est fait, on le jette au feu; la laine ou les autres matières qui ont servi à la filature se consument, & il ne reste plus que l'amiante pure. On fait aussi avec l'amiante du *papier incombustible. Voyez ce mot.*

ANAGRAMME. C'est le nom que l'on donne à la transposition des lettres d'un nom propre ou d'un mot qui, par ce renversement d'ordre, devient susceptible de plusieurs sens. Par exemple, dans le mot *uranie*, on trouvera ravine, navire, avenir, vanier, &c. Voici un moyen bien simple & bien facile de connoître toutes les permutations & transpositions que peuvent souffrir toutes les lettres d'un seul mot. Par exemple, on veut savoir combien de fois les 6 lettres du mot danger peuvent être transposées; pour cet effet, il faut faire la progression 1, 2, 3, 4, 5 & 6, qui doit être composée d'autant de termes, qu'il y a de lettres à combiner, & multiplier ensuite successivement tous les termes de cette progression, en disant 2 fois 1 est 2, 3 fois 2 font 6, 4 fois 6 font 24, 5 fois 24 font 120, 6 fois 120 font 720; & ce dernier produit sera le nombre des permutations & transpositions que peuvent produire les six lettres du mot *danger*. On trouvera par le même moyen, toutes les permutations d'une multitude de choses quelconques, en faisant une progression d'autant de nombres naturels qu'il y aura de choses à combiner ensemble, & en multipliant, comme il a été dit, tous les termes de cette progression. La table suivante fera voir jusqu'à quel nombre cette permutation peut aller, lorsqu'elle est portée seulement jusqu'à la multitude 12. On a cru inutile d'aller plus loin, parce que ne pouvant être ici d'aucun usage, elle ne présenteroit alors qu'une quantité de nombres, que l'imagination perd de vue.

Multitude.	Nombre des permutations.
1	1
2	2
3	6
4	24
5	120
6	720
7	5040
8	40320
9	362880
10	3628800
11	39916800
12	479001600

M. Ozanam, dans ses récréations mathématiques, dit qu'on se sert heureusement des permutations pour découvrir les anagrammes. On peut, à la vérité, trouver toutes celles qui sont possibles par ce moyen : mais quel est celui qui pourroit avoir la patience de se servir de cette méthode, pour découvrir seulement celles d'un mot de 8 lettres, pour lequel il faudroit remplir plus de 4 mains de papier. Il est, sans contredit, beaucoup plus court de les chercher en tâtonnant, à moins qu'on ne voulût passer sa vie entière à les découvrir par ce moyen ; ce qui arriveroit infailliblement si l'on vouloit tirer de cette manière les anagrammes des mots de 12 lettres. Il est plus facile de trouver les anagrammes aux mots qui sont chargés de voyelles.

ANAGRAMME MAGIQUE. *Voyez à l'article* AIMANT.

ANAMORPHOSES. On donne ce nom à des cartons peints, dont les images paroissent on ne peut pas plus irrégulières. Ces mêmes images, présentées à un miroir prismatique, ou pyramidal, ou cylindrique, ou conique, offrent à l'œil un tableau régulier, & un sujet correctement dessiné. Ces anamorphoses sont assez difficiles à faire avec justesse, & les miroirs, en sortant des mains des ouvriers, ne sont pas parfaitement réguliers ; il faut donc bien en connoître les effets pour dessiner les cartons. Aussi, à mesure qu'on fait les traits, on doit présenter l'image au miroir, afin de voir s'ils rendent l'effet qu'on doit en attendre. A l'égard des cartons dessinés pour les miroirs cylindriques & coniques, nous nous contenterons d'observer ici que lorsqu'on veut peindre avec soin ces sortes d'anamorphoses, on

doit prendre la précaution, en les colorant, de charger moins de couleur les parties qui s'étendent davantage, attendu que paroissant en raccourci dans ces miroirs, le ton de couleur qu'on leur a donné devient alors plus foncé, & augmente en proportion de la grandeur réelle, de l'espace qu'il occupe à celui qui n'est qu'apparent. En un mot, il faut beaucoup de soin & d'intelligence pour exécuter agréablement ces sortes de morceaux ; & c'est en quoi consiste leur principal mérite. Il s'en vend chez les marchands de si mal peints, qu'ils paroissent presqu'aussi défigurés dans les miroirs que sur les cartons.

Il y a aussi un moyen assez simple de tracer sur un carton un dessin difforme qui paroisse régulier, étant placé vis-à-vis d'un miroir à facette, & vu par réflexion au travers d'une ouverture faite au centre de ce tableau. C'est par le moyen d'une lampe placée au point de vue par où l'on regarde ce tableau difforme. Cette lampe doit être renfermée dans une boîte de fer-blanc ; on y ajuste un tuyau d'un pouce de diamètre, & de trois à quatre pouces de longueur, lequel puisse s'allonger & se raccourcir. En se servant de cette méthode, il faudra percer le carton d'un trou suffisant pour y faire entrer ce tuyau, de manière que la lumière donnant sur toutes les facettes du miroir, le réfléchisse sur le carton, & y indique la place où chacune d'elle doit être tracée. On épargnera par ce moyen le temps qu'il faut employer au dessin géométrique ; & si la lumière est tranquille, on peut être assuré de réussir assez bien.

On peut aussi tracer sur le miroir avec du noir de fumée détrempé dans un peu de blanc de plomb très-fin les traits du dessin, & l'on se procurera par-là encore plus promptement l'exécution du tableau.

Ensuite on remplira le plus correctement qu'il sera possible, dans chacune des facettes ainsi tracées sur le carton, ce qui se trouvera indiqué sur le dessin dans chacune de celles du plan qui y correspondent, en observant qu'elles se trouvent non-seulement dans un sens contraire, mais aussi du côté qui leur est diamétralement opposé sur ce plan. On colorera le sujet tel qu'il doit être, & on remplira tout ce qui se trouvera être vuide sur ce carton d'un sujet quelconque qui puisse déguiser entièrement l'objet qui doit être vu au travers de ce polièdre. *Voyez aux articles* MIROIRS & CATOPTRIQUE.

ANDROÏDE. On donne ce nom à certaines figures d'hommes qu'on fait parler & marcher par divers ressorts. On les désigne aussi sous le nom *d'automate*. L'ingénieux Vaucanson en a composé plusieurs qu'on a vu avec le plus grand plaisir & le plus grand étonnement. On se souvient encore avec admiration de son flûteur qui exécutoit différens airs avec la justesse & la précision d'un habile musicien ; de son berger qui jouoit du tambourin, & faisoit entendre sur son flageolet différens airs avec beaucoup de netteté ; & enfin de son canard, qui imitoit parfaitement tous les mouvemens d'un animal vivant, croassoit, barbottoit dans l'eau, buvoit, prenoit du grain, l'avaloit, le digéroit par dissolution & non par trituration, & le rendoit par les voies ordinaires. Ce sont-là des chefs-d'œuvres de la méchanique ; mais il faut des poulies, des leviers, des ressorts, & par-dessus tout le calcul & la combinaison. Nous allons indiquer ici un procédé curieux, pour se procurer un petit androïde qui, sans mouvement & sans ressort-méchanique, paroît répondre aux questions qu'on lui fait. L'expérience est simple & d'une exécution facile. On élève verticalement un miroir concave de deux pieds de diamètre, & d'une courbure telle que le point de réunion des rayons qui y tombent parallèlement, soit à 12 ou 15 pouces de sa surface réfléchissante. Ces miroirs peuvent être faits de carton doré ou de fer-blanc, cette récréation n'exigeant pas de miroirs bien parfaits. On élève sur un piedestal une petite figure dont la tête se trouve placée directement au foyer de ce miroir. L'on observera que ce miroir soit posé à une distance de 5 à 6 pieds ou même plus d'une cloison parallèlement opposée à sa surface ; l'on pratiquera à cette cloison une ouverture de même grandeur, & couverte d'une tapisserie légère, afin que le son y puisse facilement pénétrer. Derrière, & à 2 ou 3 pieds de cette cloison, l'on placera un autre miroir concave, de même forme, de même grandeur & en face du premier. Lorsqu'une personne placée au foyer, & le visage tourné du côté d'un de ces miroirs, parlera même à voix basse ; une autre personne placée au foyer du miroir opposé, entendra très-distinctement toutes les paroles qu'elle prononcera ; & cet effet aura lieu malgré l'interposition de la tapisserie placée entr'elles. Si donc on veut s'amuser de cette expérience, une personne intelligente ira se cacher derrière la cloison, & tiendra l'oreille vers le foyer du miroir. Pendant ce temps, on proposera à quelqu'un de la compagnie de parler bas à la petite figure, & en approchant sa bouche de la tête de la figure, on le préviendra qu'elle va lui répondre. La personne cachée entendant les paroles prononcées, y répondra sur le champ.

Cette réponse sera entendue de celui qui a parlé le premier ; ce qui lui causera d'autant plus d'étonnement qu'il lui semblera que ces paroles sortent de la figure même. Veut-on cacher entièrement ce qui produit cet effet singulier, on peut déguiser la forme circulaire donnée au miroir concave, & le couvrir d'une gaze qui n'empêchera en aucune façon que le son ne se réunisse réciproquement d'un foyer à l'autre de ces deux miroirs. *Voyez* AUTOMATES & CATOPTRIQUE.

ANNEAUX *enfilés dans un double ruban.*

Dans un grand nombre d'*anneaux*, fournis par la compagnie, on fait passer deux rubans, dont on donne ensuite les bouts à tenir à deux des spectateurs : bientôt après, sans endommager les rubans, sans faire passer les *anneaux* par aucun des bouts, on les dégage des rubans pour les rendre à ceux à qui ils appartiennent.

Il y a un siècle qu'Ozanam a imprimé, dans ses récréations mathématiques, la manière de faire ce tour : il est connu des joueurs de gobelets, sous le nom du *chapelet de ma grand' mère*, parce qu'au lieu d'*anneaux* enfilés, ils emploient de petites boulettes. Pour le faire avec succès, voici comment il faut s'y prendre. Mettez d'abord en double un premier ruban, de manière que ses deux extrémités se touchent ; faites-en de même d'un second, après quoi attachez les deux rubans ensemble par le milieu, avec un fil de la même couleur ; ceci étant préparé d'avance, quand vous voudrez faire le tour, donnez à un des spectateurs les deux bouts du premier ruban, & à un autre les deux bouts du second ; par ce moyen leurs yeux seront trompés, chacun croira tenir dans sa main les deux extrémités de deux rubans différens ; mais, il n'en sera rien ; car si dans cette position, ils venoient à tirer bien fort pour casser le fil, les deux rubans se sépareroient, & les *anneaux* tomberoient par terre. Pour éviter cet accident, & pour terminer avec succès, il faut les prier de se rapprocher l'un de l'autre, de demander à chacun un des bouts qu'ils tiennent, les entrelacer ensemble, comme pour commencer un nœud, & rendre ensuite à chacun d'eux, celui des bouts que l'autre tenoit auparavant ; par ce moyen chacun tient alors les deux extrémités de deux rubans différens. La supercherie ne peut bientôt plus être apperçuë ; les *anneaux* qui n'ont jamais été engagés dans le double ruban, sont enlevés bien facilement, lorsqu'on casse le fil, & le spectateur qui les a cru bien enfilés, est étonné de voir qu'il n'y sont plus.

Faire passer un anneau dans un bâton.

Pour faire passer un anneau dans un bâton, vous demandez un anneau ou une bague ; vous mettez cette bague dans le milieu d'un mouchoir, vous la prenez enfuite avec la main droite, & vous mettez le mouchoir par deffus la bague. Vous faites tâter pour faire voir qu'elle eft dans le mouchoir, puis vous dites : elle n'eft pas bien comme cela, il faut la retourner, afin de ne pas caffer le diamant. En même-tems vous coignez deffus avec votre baguette, & dites toujours, il ne faut pas caffer le diamant, alors vous mettez le bout de la baguette par deffous le mouchoir, dont les bouts tombent en bas ; en même-tems vous laiffez couler la bague dans la baguette, jufques dans votre main ; vous retirez la baguette de deffous le mouchoir, & vous appuyez le bout de la baguette fur la table, pour faire couler la main avec la bague dans le milieu de la baguette. Vous faites tenir à quelqu'un les deux bouts de la baguette, & ne quittez point la main droite de deffus la bague, vous enveloppez le mouchoir autour de la bague, & d'abord qu'elle eft couverte, vous pouvez ôter votre main; vous continuerez à envelopper le refte du mouchoir; enfuite vous le tirerez de deffus la baguette, & la bague fe trouvera enfilée dans la baguette; & l'on croira que la bague eft paffée du mouchoir dans la baguette.

(*Carlo Antonio*).

L'anneau dans un piftolet, qui fe trouve enfuite au bec d'une tourterelle, dans une boîte, qu'on avoit auparavant vifitée & cachetée.

On prie quelqu'un de mettre fon anneau dans un piftolet, qu'on fait charger par un des fpectateurs. On fait voir à la compagnie une caffette vuide, qu'on fait fermer par une troifième perfonne, qui l'attache avec un ruban, & y pofe fon cachet. Cette caffette eft mife enfuite fur une table, que la compagnie ne perd point de vue. Cependant après avoir tiré le coup de piftolet, quand on ouvre cette boîte, on y voit une tourterelle qui tient à fon bec le même anneau qu'on avoit réellement mis dans l'arme à feu.

Explication.

Sous prétexte de montrer à manier le piftolet, on le prend pour efcamoter l'anneau. On le porte au compère, qui le met auffi-tôt au bec d'une tourterelle apprivoifée, & qui en allongeant fon bras dans l'intérieur de la table, près d'une cloifon pour ouvrir la trappe, porte cet oifeau jufques dans la caffette, dont le fond s'ouvre à fecret; le ruban cacheté, qui entoure cette boîte, ne peut empêcher de l'ouvrir, parce que l'ouverture ne fe fait que dans la moitié du fond de la boîte, & qu'on a eu bien foin de ne pas faire avec le ruban un fecond tour, qui croi-

fant le premier, s'oppoferoit à l'introduction de la tourterelle.

Nous ne donnerons pas ici les moyens de faire une boîte pareille; 1°. parce qu'il faudroit de très-longs difcours pour expliquer obfcurément un effet fimple d'un bouton, d'une couliffe ou d'une rainure; 2°. parce qu'il n'y a pas de menuifier, d'ébénifte ou de tablettier, tant foit peu intelligent, qui n'invente ou qui ne connaiffe plufieurs fecrets de cette efpèce. Ceux qui voudront exécuter ce tour, pourront donc confulter là-deffus le même ouvrier, qui fera chargé de conftruire la boîte.

Nota. Pour rendre ce tour plus incompréhenfible à ceux qui foupçonneroient qu'on a efcamoté l'anneau, il faut le faire de deux manières : c'eft-à-dire, que dans le même inftant qu'on emploie le procédé que nous venons d'indiquer, il faut faire charger, par quelqu'un de la compagnie, un fecond piftolet, dont on démonte auparavant toutes les pièces, pour prouver qu'il n'y a dans le canon aucune ouverture, par où l'on puiffe efcamoter l'anneau. On ne peut mettre dans ce fecond piftolet, qu'un anneau fourni par quelqu'un de connivence, après en avoir mis un pareil entre les mains du compère, pour le mettre au bec de la tourterelle.

(*Décremps*).

APPATS *pour la pêche.* Afin d'attirer le poiffon dans les endroits où l'on veut pêcher à la ligne, ou bien jetter l'épervier, on peut faire ufage de divers appats de grain, comme bled, orge, avoine, fèves cuites mêlées avec des herbes aromatiques, & pêtries avec de la terre : les odeurs fortes les attirent fingulièrement, tels que le camphre, l'affa-fétida : une pâte faite de mie de pain, de miel, d'affa-fétida eft de leur goût. On prétend auffi que les curieux, ils s'approchent des objets colorés. Quelques perfonnes attachent un peu d'écarlatte à l'amorce de la ligne, & la frottent d'huile de pétrole. Les pêcheurs vantent beaucoup l'huile de héron. Pour l'obtenir, on hache menu & on pile dans un mortier de la chair de héron; on entonne cette chair dans une bouteille à long col, que l'on bouche exactement, & qu'on tient pendant quinze jours & trois femaines dans un lieu chaud. La chair, en fe pourriffant, fe réduit en une fubftance qui approche de l'huile; on la mêle avec un tourteau de chénevi ou de la mie de pain, du miel, & un peu de mufc. On prétend que la plupart des poiffons, & particulièrement la carpe, font très-friands de cet appât. Le grain mêlé avec du miel & du fafran leur plaît beaucoup. On fait auffi des appats avec des infectes artificiels : les anglois réuffiffent fingulièrement à les imiter. Ils en font fur-tout beaucoup d'ufage.

pour la pêche de la truite ; ils en ont même de plusieurs couleurs, qu'ils emploient suivant les diverses heures du jour, afin d'imiter davantage les objets de la nature qui font diversement colorés dans ces différents moments.

Les pêcheurs d'eau douce se servent aussi, pour appâts, de fromage, & donnent la préférence à celui qui est affiné, & à celui de gruyère : ils emploient la chair de toutes sortes de bêtes ; quelques-uns prétendent que la chair du chat & du lapin sont préférables à toutes autres, ainsi que le foie des animaux.

Il faut, dit-on, prendre un quarteron de fromage de hollande ou de gruyère, le broyer, le mêler avec de la lie d'huile-de-lin, ajouter peu-à-peu à cette pâte un peu de vin, en faire des boulettes de la grosseur d'un pois. Ces boulettes attireront le poisson dans les endroits où l'on voudra jetter l'épervier.

On trouve entre les fibres qui sortent des racines d'iris aquatique, de petites loges, dans lesquelles sont renfermés des vers blancs, ou d'un jaune pâle, longuets, menus, à tête rouge ; c'est, dit-on, un excellent appât pour la truite, la tanche, la brême, la carpe, &c.

On prend les grenouilles en leur mettant pour appât de la viande, ou un petit morceau de drap rouge : ce morceau d'étoffe fournit un leurre excellent pour prendre des maquereaux pendant le jour.

Les vers de terre ainsi que ceux de la viande sont aussi d'un grand usage. Pour se procurer les derniers, on prend un foie de quelque quadrupède ; on le suspend avec un bâton en croix au-dessus d'un pot ou d'un baril à demi-plein d'argile sèche. À mesure que les vers grossissent dans le foie, ils tombent sur la terre ; & il s'en produit de la sorte successivement pendant assez long-tems. Pour avoir des vers toute l'année, il faut prendre un chat ou un oiseau de proie qui soit mort, le laisser se gâter étant exposé aux mouches ; quand les vers y sont bien vivants & en bonne quantité, on enfouit le tout dans de la terre humide, autant à l'abri de la gelée qu'il est possible. On les en retire à mesure qu'on en a besoin. Comme ces vers se métamorphosent en mouches au mois de mars, il faut alors avoir recours à d'autres animaux pareils.

Lorsqu'on a pris des vers de terre, le mieux, avant de s'en servir pour la pêche, est de leur donner le tems de se vuider. Dans le cas où on n'en a point qui aient été suffisamment gardés, on peut faire qu'ils se vuident promptement, en les laissant dans l'eau pendant une nuit, si ce sont des vers de prés ou de jardin, & en les mettant ensuite avec du fenouil dans le sac qui sert à les transporter au lieu de la pêche. Quant

aux vers de l'année ou de dessous les tas de fumier, il ne faut les laisser dans l'eau qu'une demi-heure.

Lorsqu'on est dans le cas d'être obligé de conserver les vers, on peut les mettre dans un pot rempli de mousse, que l'on renouvelle tous les trois ou quatre jours en été, & toutes les semaines en hiver. Lorsqu'ils commencent à maigrir, & à devenir malade, ce qu'on reconnoît au nœud qui est à la moitié de leurs corps, & qui s'enfle ou grossit davantage, on leur verse chaque jour sur leur mousse une cuillerée de lait ou de crême, mêlée avec un œuf battu.

ARAIGNÉE ARTIFICIELLE. (*Voyez à l'article* ELECTRICITÉ).

ARBRE DE DIANE, ARBRE DE MARS. (*Voyez à l'article* CHYMIE).

ARC-EN-CIEL. C'est un des plus beaux phénomènes de la nature ; un spectacle aussi magnifique a dû frapper les premiers hommes, & les saisir d'étonnement. De tout tems on en a eu une haute idée ; les hommes sauvés du déluge l'ont reçu comme un signe de paix, de la part de Dieu ; les payens en ont fait une divinité sous le nom d'Iris. On a du père Noceti, sur l'arc en-ciel, un poëme élégant, enrichi de notes instructives, par le P. Boscowich. Les physiciens de tous les siècles se sont efforcés d'en connoître & d'en expliquer les causes physiques ; il étoit réservé au célèbre Newton, de mettre la matière dans son plus grand jour, en appliquant à ce phénomène sa découverte de la décomposition de la lumière & de la réfrangibilité propre à chaque espèce de rayon. Sans entrer ici dans des détails trop étendus, disons seulement qu'on attribue la forme & les couleurs de l'arc-en-ciel, aux rayons du soleil réfractés, & réfléchis par les gouttes de pluie vers l'œil du spectateur : si donc, le dos tourné au soleil, on regarde une nuée qui fond en pluie, & qui est éclairée par cet astre ; c'est alors que l'arc-en-ciel s'offre à nos regards, dans tout son éclat : on y remarque plusieurs couleurs différentes, dont les principales sont le rouge, qui est extérieur, le jaune, le vert, le bleu & le violet ou pourpre qui est intérieur ; mais il est à observer que le soleil ne produit l'arc-en-ciel, que lorsqu'il est moins élevé que de 42 degrés sur l'horison.

Nous avons indiqué la manière d'imiter la pluie, les éclairs, le tonnerre ; voyons ici le moyen d'imiter l'arc-en-ciel, & de se procurer le spectacle de ses riches couleurs ; l'on peut parvenir au même but par différents moyens : le premier c'est d'avoir une boule de verre creuse & mince, remplie d'eau claire, à-peu-près semblable à celles qu'on met au bas des lustres de cryftal artificiel :

on la suspend par deux fils attachés à ses pôles vers le fond d'une chambre ; mais à telle distance de la fenêtre & à telle hauteur, que les rayons du soleil puissent tomber dessus : afin qu'on puisse l'élever plus ou moins, on fait passer les deux fils sur deux poulies fixées au plancher, & l'on en fait pendre les bouts à portée de la main ; enfin il faut se placer entre la fenêtre & la boule, à telle distance & à telle hauteur, que les rayons qui reviennent de la boule à l'œil, puissent faire avec ceux qui vont du soleil à la boule, des angles, tantôt plus petits que de 40 degrés, & tantôt un peu plus grands que de 50 & demi.

On peut aussi prendre une boule de matras, dont on auroit supprimé le col ; & après l'avoir remplie d'eau bien claire, & bouchée avec du liège garnie d'un crochet, on la suspend avec une ficelle : si l'on ne veut pas qu'elle tourne, on attachera avec du mastic, au pôle qui est opposé au bouchon, une petite calotte de fer-blanc, large comme un écu, ayant à son centre un crochet qui servira à suspendre la boule avec une autre ficelle.

La même expérience peut se faire avec un bocal rond ou cylindrique rempli d'eau, & posé sur une table, en faisant tomber dessus un rayon solaire, & en plaçant l'œil dans une ligne qui fasse avec ce rayon l'angle requis.

Il est encore un autre moyen d'imiter l'arc-en-ciel, c'est d'avoir un prisme tel que ceux dont on se sert pour faire les expériences de physique sur les couleurs ; & un grand carton couvert d'un papier noir, dans lequel on découpera un arc un peu moins grand que la moitié de son cercle, & auquel on donnera trois-quarts de pouce de large : on applique ce prisme au devant d'une fenêtre, de manière que rien ne se trouve entre la lumière extérieure & ce carton. On le regarde avec ce prisme, & l'on apperçoit, au travers de cette ouverture, un arc-en-ciel ou iris, d'autant plus agréable, que les couleurs en seront très-belles & très-vives. Si au lieu de découper un arc, on met ce carton à jour, en y formant quelques mosaïques, ou autres desseins, on les verra ornés des plus belles couleurs.

L'arc-en-ciel paroît rarement seul ; pour l'ordinaire, il est double : dans celui d'en bas, les couleurs sont les plus vives, & disposées dans l'ordre que nous avons dit plus haut ; dans l'autre, au contraire, est le rouge qui borde l'intérieur, & les autres couleurs s'étendent en montant ; celui-ci est moins brillant que le premier, parceque la lumière ayant souffert une réflexion de plus, s'est affoiblie davantage. Si vous voulez représenter en même-tems deux semblables iris dans une chambre, prenez de l'eau dans la bou-

Amusemens des Sciences.

che, & mettez-vous à la fenêtre, le dos tourné au soleil ; soufflez l'eau que vous avez dans la bouche, en la faisant sortir & réjaillir avec violence par plusieurs petites gouttes ou atômes ; alors vous verrez parmi ces petites gouttes exposées au soleil, deux iris, à-peu-près semblables aux deux qu'on voit dans le ciel en un tems pluvieux. On voit souvent des iris dans des jets-d'eau lorsqu'on se met entre le soleil & le jet, sur-tout quand il fait du vent qui éparpille çà & là, & sépare l'eau en petites gouttes.

ARCHITECTURE. L'architecture peut & doit être considérée sous deux aspects. Sous l'un, c'est un art dont l'objet est d'allier ensemble la commodité & la décoration ; de donner à un édifice la forme à la fois la plus convenable à sa destination, & la plus agréable par ses proportions ; de frapper en même-temps par de grandes masses, & de plaire par l'harmonie des rapports entre les principales parties d'un bâtiment, ainsi que par les détails : plus on réussit à concilier ces différens objets, plus on mérite d'être rangés parmi les grands architectes.

Mais ce n'est pas sous cet aspect que nous considérerons ici cet art ; nous nous bornerons à ce qu'il a de dépendant de la géométrie & de la méchanique ; ce qui ne laisse pas de présenter plusieurs questions curieuses & utiles, que nous allons parcourir à mesure qu'elles s'offriront à notre esprit.

PROBLÊME I.

Tirer d'un arbre la poutre de la plus grande résistance.

Ce problême appartient proprement à la méchanique ; mais son usage dans l'architecture nous a portés à lui donner plutôt place ici, & à le discuter, soit comme géomètre, soit comme physicien. Nous allons d'abord le traiter sous ce premier aspect.

Galilée, qui le premier a entrepris de soumettre à la géométrie la résistance des solides, a établi sur un raisonnement fort ingénieux, qu'un corps arrêté horizontalement par une de ses extrémités, comme une poutre quadrangulaire engagée dans un mur, qu'on tendroit à rompre par des poids suspendus à son autre extrémité, y oppose une résistance qui est en raison composée de celle du quarré de la dimension verticale, & de celle de la dimension horizontale. Cela seroit exactement vrai, si la matière de ce corps étoit d'une contexture homogène & inflexible.

On démontre aussi que, si une poutre est soutenue par ses deux extrémités, & qu'on suspende à son milieu un poids tendant à la rompre ; la résistance qu'elle y oppose est en raison du produit du quarré de la hauteur par la largeur, divisé par la moitié de la longueur.

Ainsi, pour résoudre le problême proposé, il faut trouver dans un tronc d'arbre une poutre dont les dimensions soient telles, que le produit du quarré de l'une par l'autre, soit le plus grand produit possible.

Soit donc A B le diamètre du cercle qui est la coupe de ce tronc, (*fig.* 1. *pl.* 1. *Amusemens d'Architecture*) il s'agit d'inscrire dans ce cercle un rectangle comme AEBF, qui soit tel que le quarré de l'un de ses côtés AF, multiplié par l'autre côté A E, fasse le plus grand produit. Or on démontre que, pour cet effet, il faut prendre sur le diamètre A B la partie A D qui en soit le tiers, élever la perpendiculaire D E, jusqu'à sa rencontre avec la circonference en E : mener B E, E A, ensuite A F, F B, leurs parallèles : on aura le rectangle AEBF, qui sera tel que le produit du quarré de AF par BF, sera le plus grand produit que puisse donner tout autre rectangle inscrit dans le même cercle. Mettant donc la poutre de ces dimensions, extraite du tronc proposé, de telle manière que sa plus grande largeur AF soit de champ, ou perpendiculaire à l'horizon, cette poutre résistera davantage à la rupture que toute autre qu'on pourroit tirer du même tronc, & même que la poutre quarrée qu'on pourroit en extraire, quoique celle-ci contienne plus de matière.

Telle seroit la solution de ce problême, si les suppositions dont Galilée a déduit ses principes sur la résistance des solides, étoient tout-à-fait exactes. Il suppose en effet que la matière du corps à rompre est parfaitement homogène, ou composée de fibres parallèles, également distribuées à l'entour de l'axe, & également résistantes à la rupture : mais cela n'est pas entièrement le cas d'une poutre formée d'un tronc d'arbre équarri.

En effet, par l'examen de la manière dont se fait la végétation, on a appris que les couches ligneuses d'un arbre, qui se forment chaque année, sont à-peu-près concentriques ; & que ce sont comme autant de cylindres emboîtés les uns dans les autres, & réunis par une espèce de matière médullaire qui oppose peu de résistance : ainsi ce sont principalement & presque uniquement ces cylindres ligneux qui opposent de la résistance à la rupture.

Or qu'arrive-t-il lorsque l'on équarrit un tronc d'arbre pour en former une poutre ? Il est évident, & la *fig.* 2. *pl.* 1, *Amusemens d'Architecture*, le rend sensible, qu'on coupe sur les côtés tous les cylindres ligneux qui excèdent le cercle inscrit dans le carré qui est la coupe de la poutre : ainsi presque toute la résistance vient du tronc cylindrique inscrit dans le solide de la poutre. Les portions

de couches qui se trouvent vers les angles, renforcent à la vérité quelque peu ce cylindre, car elles ne peuvent manquer d'opposer quelque résistance à la rupture ; mais elle est beaucoup moindre que si le cylindre ligneux étoit entier. Dans l'état où elles sont, elles n'opposent qu'un médiocre effort à la flexion, & même à la rupture. C'est-là la raison pour laquelle il n'y a nulle comparaison à faire entre la force d'une solive de brin & celle d'une solive de sciage, c'est-à-dire, prise au hasard dans le restant de quelque tronc dont on a extrait une poutre. Cette dernière est d'ordinaire foible, & si sujette à rompre, que l'on ne sçauroit trop soigneusement bannir celles de cette espèce, de tout ouvrage de charpente qui a quelques poids à soutenir.

Ajoutons encore que tous ces cylindres ligneux & concentriques n'ont pas une égale force. Les couches les plus voisines du centre, étant les plus âgées, sont aussi les plus dures, tandis que, dans la théorie, on suppose la résistance absolue égale par-tout.

On ne doit donc pas être surpris si l'expérience ne confirme pas entièrement, & même contrarie quelquefois beaucoup le résultat de la théorie ; & l'on a des obligations considérables à M. Duhamel & à M. de Buffon, d'avoir soumis à l'expérience la résistance des bois ; car il est important, dans l'architecture, de connoître la force des poutres qu'on emploie, afin de ne pas employer plus de bois & de plus gros bois qu'il est nécessaire.

Malgré ce que nous venons de dire, il est pourtant très-probable que la poutre de la plus grande résistance qu'on peut tirer d'un tronc d'arbre, n'est pas la poutre quarrée ; car voici des expériences faites par M. Duhamel, qui prouvent qu'à même grosseur, celle qui a plus de hauteur que de largeur, étant mise de champ, résiste d'autant plus, & même sans s'écarter extrêmement de la loi proposée par Galilée, sçavoir, la raison composée de celle du quarré de la dimension mise de champ & de celle de la largeur.

M. Duhamel, en effet, a fait rompre vingt barreaux quarrés de même volume, pour déterminer quelle est la forme d'équarrissage qui les rendroit capables d'une plus grande résistance. Ils avoient tous 100 lignes de base, & varioient quatre à quatre par les dimensions de leur équarrissage.

Les quatre premiers avoient 10 lignes en tout sens, ils portèrent 131 livres.

Quatre autres avoient 12 lignes dans un sens, & $8\frac{1}{3}$ dans l'autre : ils portèrent chacun 154 liv. On trouveroit par la loi ci-dessus, 157 livres.

Les quatre fuivans avoient 14 lignes de hauteur, & 7 ⅔ de largeur : ils portèrent chacun 164 livres. Le calcul donneroit 183 livres.

Quatre autres avoient 16 lignes de hauteur, & 6 & ⅓ de largeur : ils portèrent chacun 180 livres. Ils auroient dû porter 209 livres.

Quatre autres, ayant 18 lignes de hauteur & 5 ½ de largeur, portèrent chacun 243 livres. Le calcul n'auroit donné que 233 livres. On voit ici, par une fingularité affez grande, le calcul donner moins que l'expérience, tandis que, dans les autres épreuves, le contraire a eu lieu.

M. de Buffon avoit commencé des expériences faites plus en grand fur la réfiftance du bois, & a donné un détail de ces expériences dans les *Mémoires de l'académie*, année 1741. Il eft fâcheux qu'il n'ait pas fuivi cet objet, fur lequel perfonne ne pouvoit jeter plus de jour que lui. De ces expériences il paroît réfulter, que la réfiftance augmente moins qu'en raifon du quarré de la dimenfion verticale, & diminue auffi en un raifon un peu plus grande que l'inverfe des longueurs.

Pour nous réfumer enfin, il réfulte de tout cela que, pour réfoudre le problême propofé, il faudroit avoir des données phyfiques qu'on n'a pas encore ; qu'à la vérité la poutre la plus réfiftante qu'on puiffe tirer d'un tronc d'arbre, n'eft pas la poutre quarrée, & qu'il y auroit en général des recherches à faire fur l'allégement des charpentes, qui le plus fouvent contiennent des forêts de bois en grande partie inutile.

Il y auroit auffi des chofes intéreffantes à faire fur leurs affemblages, qui pourroient être plus fimples, plus commodes pour leurs réparations, & pour fubftituer une pièce à une autre.

PROBLÊME II.

De la forme la plus parfaite d'une voûte. Propriétés de la chaînette, & leur application à la folution de ce problême

La voûte la plus parfaite feroit fans doute celle qui, compofée de vouffoirs extrêmement petits, & même polis fur leurs joints, fe tiendroit dans un équilibre parfait. Il eft aifé de fentir que cette forme donneroit la facilité d'employer des matériaux très-légers, & l'on fera voir auffi que fa pouffée fur les pieds-droits, feroit beaucoup moindre que celle de toute autre voûte de même montée, établie fur les mêmes pieds-droits.

On trouve cette propriété & cet avantage dans une courbe fort connue des géomètres, & qu'on nomme la *caténaire* ou la *chaînette*. On lui a donné ce nom, parce que fa courbure eft celle que prendroit une chaîne ACB, (*fig.* 3., *pl.* 1, *Amufemens d'Architecture*) compofée d'une infinité de chaînons infiniment petits & parfaitement égaux, ou bien une corde parfaitement uniforme & infiniment flexible, en la fufpendant lâche par fes deux extrémités.

La détermination de cette courbure fut un de ces problêmes que les Leibnitz & les Bernoulli propofèrent vers la fin du fiècle dernier, pour montrer la fupériorité des calculs qu'ils manioient fur l'analyfe ordinaire, qui en effet eft prefque infuffifante pour réfoudre un pareil problême. Mais nous devons nous borner ici à quelques-unes des propriétés de la courbe en queftion.

La principale eft la fuivante. Si la courbe ACB de la *fig.* 3, eft relevée en haut, c'eft-à-dire, qu'on place fon fommet C en deffus, & qu'on difpofe une multitude de globes de manière qu'ils aient leur centre dans la circonférence de cette courbe, ils refteront tous immobiles & en équilibre. (*fig.* 4, *pl.* 1, *Amufemens d'Architecture*.) A plus forte raifon cet équilibre fubfiftera, fi, au lieu de globes, on leur fubftitue des petits vouffoirs, dont les joints pafferoient par les points de contact, puifqu'ils fe toucheront dans une furface infiniment plus étendue que les points où nous fuppofons ces globes fe toucher.

Or la defcription d'une pareille courbe eft bien facile ; car fuppofons qu'on ait à couvrir d'une voûte l'efpace AB, compris entre les deux pieds-droits A & B de la *fig.* 5, *pl.* 1, & que la montée de cette voûte doive être SC. Tracez fur un mur une ligne *ab*, (*fig.* 6, *pl. idem*) horizontale, égale à AB ; & ayant fait *fc* perpendiculaire fur fon milieu & égale à SC, attachez aux points *a* & *b* un cordeau extrêmement flexible, ou une chaîne formée de petits chaînons bien égaux & bien mobiles les uns fur les autres, enforte que, fufpendue lâche, elle paffe par le point *c* ; puis marquez fur le mur une quantité fuffifante de points ou œils de ces chaînons, fans les déranger : la courbure que vous ferez paffer par ces points fera celle que vous cherchez ; & rien de plus facile que d'en décrire l'épure fur un mur, comme elle eft en ACB, *fig.* 5.

Tracez enfuite à égale diftance, en dehors & en dedans de ACB, deux courbes qui repréfenteront l'extrados & l'intrados de la voûte à former ; enfin divifez la courbe AC en tant de parties égales que vous voudrez ; par ces points de divifion tirez des lignes perpendiculaires à la courbe : (ce qu'on pourra toujours faire méchaniquement, avec une exactitude fuffifante pour la pratique) ces perpendiculaires diviseront la voûte en vousfoirs, & vous aurez l'épure de cette voûte décrite contre le mur. D'après cette épure, il vous sera facile de lever les panneaux de tête pour la taille des pierres. Si ces opérations sont bien faites, la ligne AB fût-elle de 100 pieds, & la hauteur SC de plus encore, les voussoirs de cette voûte se maintiendroient en équilibre, quelque peu de joint qu'on leur donnât; car, mathématiquement parlant, ils devroient se soutenir en équilibre, quand même ces joints seroient infiniment polis & glissants: ainsi, à plus forte raison, l'équilibre subsistera-t-il, lorsqu'ils seront tels que les donne la coupe des pierres.

Pour prouver maintenant la force avec laquelle une pareille voute tend à écarter ses pieds-droits, tirez une tangente à la naissance a (*fig.* 6) de la courbe; ce que vous pourrez faire méchaniquement, en prenant deux points extrêmement près de la courbe, & en tirant par ces points une ligne qui rencontrera en t l'axe f c prolongé (1). Cette tangente étant donnée, on démontre dans la méchanique, que le poids total de la demi-chaînette ou demi-voûte c a, est au poids ou à la force par laquelle il tend à écarter horizontalement le-pied-droit, comme f t est à f a. D'un autre côté il faut ajouter au poids du pied-droit, la force par laquelle cette demi-voûte la charge perpendiculairement à l'horizon, c'est-à-dire, le poids absolu de cette demi-voûte: ainsi l'on trouvera l'épaisseur du pied-droit par l'opération arithmétique suivante, que nous substituons à une construction géométrique, qui peut-être paroîtroit trop compliquée à la plupart des architectes.

Nous supposons AB de 60 pieds d'ouverture, (*fig.* 5 & 6.) conséquemment AS de 30 pieds, SC aussi de 30 pieds; ce que nous faisons, afin de comparer la poussée de cette voûte avec celle d'une voûte en plein ceintre. Que la longueur AC soit de 45 pieds, 1 pouce 8 lignes (2), la largeur de la voûte un pied; car, par les raisons ci-dessus; on peut sans craindre lui donner une pareille légéreté. Que la hauteur du pied-droit soit 40 pieds. On demande l'épaisseur qu'il doit avoir pour résister à la poussée de la voûte.

Je trouve d'abord que, dans cette supposition, la tangente au point a de la naissance de la chaî-

nette ou de la voûte, va rencontrer son axe f c prolongé, en un point t, tel que f t est de 71 pieds $\frac{7}{10}$. Je divise f a par f t, ce qui me donne le nombre $\frac{300}{717}$, que je garde, & nomme N.

Soit maintenant prise une troisième proportionnelle à la hauteur du pied-droit, à la longueur AC du ceintre & à son épaisseur, & que la moitié de cette moyenne proportionnelle soit nommée D: ce sera ici $\frac{9}{16}$.

Soit ensuite multiplié AC par l'épaisseur 1, & le produit de nouveau par deux fois le nombre ci-dessus N; on aura 37 $\frac{7}{9}$, à quoi il faudra ajouter le quarré de D trouvé ci-dessus, & de la somme extraire la racine quarrée, qui sera 6 $\frac{1}{8}$. Enfin de cette racine ôtant le nombre ci-dessus D, on aura 5 pieds 7 pouces pour la largeur du pied-droit. Ce pied-droit étant d'une matière homogène à la voûte, il est certain qu'il résistera à la poussée de cette voûte; car nous avons même fait, pour simplifier le calcul, une supposition qui n'est pas entièrement exacte, mais qui tend à augmenter quelque peu la largeur du pied-droit; ce que nous observerons, afin que l'on ne nous impute pas une erreur que nous commettons de propos délibéré.

Si l'on compare cette largeur à celle qui seroit nécessaire pour supporter une voûte en plein ceintre circulaire, on trouvera cette dernière bien plus grande; car elle devroit être de près de 8 pieds.

Une voûte construite sur un emplacement circulaire, comme une voûte de dôme, n'ayant qu'une poussée environ moindre de moitié qu'une voûte en berceau de même épaisseur sur ses pieds-droits, il s'ensuit que, dans les suppositions ci-dessus, le tambour d'une pareille voûte en dôme n'exigeroit que 33 pouces $\frac{1}{2}$ d'épaisseur. Or il est démontré, par la propriété même de la figure caténaire, qu'il ne faudroit pas à beaucoup près donner l'épaisseur d'un pied à la voute: on voit conséquemment combien étoit peu fondée la prétendue impossibilité objectée à l'architecte de l'église de Sainte Geneviève, de construire sur la base qu'il peut employer le dôme qu'il projette; car il pourroit, même en supposant que sa construction fût telle que l'auteur de l'objection la lui trace d'après les préceptes de Fontana, ou plutôt d'après l'usage que cet architecte suivoit dans la construction de ses dômes; que sera-ce donc, si l'architecte dont nous parlons, au lieu de commencer par élever un tambour de 36 pieds, (ce qui ne paroît pas avoir été jamais son dessein) fait monter sa voûte immédiatement en chaînette, de dessus la corniche circulaire qui couronnera ses pendentifs, ou de dessus un socle de peu de hauteur? Il est de toute évidence que sa poussée sera encore bien moindre; & je ne serois point étonné que, calcul fait, on trouvât que ses pieds-droits

---

(1) On peut tirer cette tangente géométriquement, par la méthode suivante. Soit faite cette proportion; comme 2 f c est à a c + f c, ainsi a c — f c est à un quatrième terme auquel c u soit égal: ensuite ou fera cette seconde proportion; comme c u est à a c; ainsi a f est à f t: le point t sera celui auquel iroit aboutir sur l'axe ta tangente au point a.

(2) Nous trouvons, par le calcul, que telle seroit cette longueur.

seroient en état de soutenir la voute élevée au-dessus, même en les supposant isolés, & ne leur accordant aucun renfort de la part des angles rentrans de l'église, qu'on peut faire butter contre eux.

Finissons par observer que, s'il étoit question de trouver, par des principes semblables à ceux qui ont fait trouver la chaînette, la forme la plus avantageuse à donner à une voûte en dôme, le problème seroit extrêmement difficile ; car, supposant cette voûte divisée en petits secteurs, on voit que les poids des voussoirs ne sont point égaux, & leur rapport dépend même de la forme à donner à la voûte. Ce que nous avons dit ci-dessus ne doit donc être regardé que comme une approximation de la figure la plus avantageuse que la voûte devroit avoir dans ce cas.

Nous supprimons à dessein mille autres choses que nous pourrions dire sur ce sujet, car nous sentons la nécessité de nous resserrer.

PROBLÊME III.

Comment on peut construire une voûte hémisphérique ou en cul-de-four, qui n'exerce aucune poussée sur ses supports.

La querelle agitée, il y a quelques années, avec assez de chaleur, sur la possibilité d'exécuter la coupole de la nouvelle église de sainte Geneviève, a donné lieu d'examiner si, dans la supposition même où ses supports seroient nécessairement trop foibles pour résister à la poussée d'une voûte de 63 pieds de diamètre, il n'y auroit pas de ressources pour construire cette coupole. Je n'ai pas tardé de reconnoître que l'on peut, par un artifice assez simple, construire une voûte hémisphérique ou en demi-sphéroïde, qui n'exerce aucune espèce de poussée sur ses pieds-droits, ou sur la tour cylindrique qui la supporte. On le sentira aisément par le raisonnement & le développement qui suivent.

Il est évident qu'une voûte hémisphérique n'exerceroit aucune poussée sur son support, si sa première assise étoit d'une seule pièce. Mais, quoique cela soit impossible, on peut y suppléer, & faire que non-seulement cette première assise, mais que plusieurs de celles au-dessus soient tellement disposées que leurs voussoirs ne puissent avoir le moindre mouvement capable de les disjoindre, ainsi que nous allons voir. La voûte hémisphérique sera donc alors sans aucune espèce de poussée sur ses supports, en sorte que non-seulement elle pourroit être soutenue par le pied-droit cylindrique le plus léger, mais même par de simples colonnes ; ce qui fourniroit le moyen de faire un ouvrage singulièrement remarquable par

sa construction. Voyons donc comment on peut lier les voussoirs d'une assise quelconque, de manière qu'ils n'aient aucun mouvement tendant à les écarter du centre. Voici plusieurs moyens.

1°. Soient deux voussoirs contigus l'un à l'autre (*fig. 7. n°. 1. pl. 1. d'Archit.*). Je leur suppose trois pieds de longueur & un pied & demi de largeur. Je ferai excaver sur les côtés contigus deux cavités en forme de queue d'aronde, ayant 4 pouces de profondeur, autant d'ouverture en *a b*, 5 ou 6 pouc. de longueur & autant de largeur en *c d*. Cette cavité serviroit à recevoir une double clef de fer fondu, comme on voit dans la *fig. 7. n°. 2. même pl.*, ou même de fer ordinaire forgé, ce qui seroit encore plus sûr, le fer forgé étant beaucoup moins fragile que le premier ; par ce moyen, ces deux voussoirs seroient liés l'un avec l'autre, de manière à ne pouvoir être disjoints, sans rompre cette queue d'aronde à son angle rentrant ; mais comme elle aura 4 pouces en toute dimension dans cet endroit, il est aisé de juger qu'il faudroit une force immense pour opérer un pareil effet ; car les expériences connues sur la force du fer, nous apprennent qu'il faut une force de 4500 livres pour rompre en travers une barre d'un pouce quarré de fer forgé, par un bras de levier de 6 pouces ; il en faudra par conséquent 288000 pour rompre une barre de fer de 16 pouces quarrés, comme celle-ci ; d'où il est aisé de conclure que ces voussoirs seront liés entr'eux par une force de 288 milliers ; & comme ils n'éprouveront pas, pour être disjoints, un effort à beaucoup près aussi grand, ainsi qu'il est aisé de le prouver par le calcul, il suit qu'on pourra les regarder comme une seule pièce.

On pourroit même les renforcer encore considérablement ; car on pourroit donner à ces queues d'aronde une hauteur double, & creuser dans le milieu du lit du voussoir supérieur une cavité propre à l'encastrer exactement ; alors la queue d'aronde ne pourroit se rompre, sans que le voussoir supérieur se rompît aussi. Or il est aisé de juger quelle force immense il faudroit pour cela.

Second moyen. Mais, comme il pourra y avoir des personnes qui improuvent l'usage du fer dans une pareille construction (1), nous allons en

_____

(1) Tous les architectes n'ont pas à la vérité une façon de penser aussi rigoureuse ; mais il me semble que l'emploi multiplié du fer, pour consolider les bâtimens, est sujet à beaucoup d'inconvéniens & de dangers. Je voudrois du moins que les monumens publics en fussent exempts ; car s'ils peuvent se soutenir sans fer, il est donc inutile ; si le fer est essentiel à la solidité, il arrivera certainement dans la suite des

donner une autre qui n'aura pas cet inconvénient, si c'en est un. On n'y emploiera que de la pierre combinée avec de la pierre.

Pour l'expliquer, que A & B représentent deux vouſſoirs contigus de la première aſſiſe, & C le vouſſoir renverſé de l'aſſiſe ſupérieure, qui doit recouvrir le joint (*fig.* 8. *n*os 1 *& 2. pl.* 1 *d'Archi-* *tecture*.). Chacun des deux premiers vouſſoirs étant diviſé en deux, au milieu de chaque moitié ſoit creuſée une cavité hémiſphérique d'un demi-pied de diamètre ; prenez enſuite, avec beaucoup d'exactitude, la diſtance des centres de ces cavités *a* & *c*, qui ſont ſur deux vouſſoirs contigus ; & par ce moyen creuſez deux cavités ſemblables ſur le lit inférieur du vouſſoir qui doit être placé en liaiſon ſur les précédens. On remplira enſuite les cavités *a* & *c* de deux globes de marbre très-dur, & l'on placera le vouſſoir ſupérieur de telle ſorte que ces deux boules s'emboîtent exactement dans les cavités de ſon lit inférieur. Cette opération étant exécutée avec préciſion & dans tout le pourtour de la première, ſeconde & troiſième aſſiſe, il eſt aiſé de ſentir que tous ces vouſſoirs feront enſemble un corps unique & inébranlable, & dont les parties ne ſauroient être écartées les unes des autres ; car les deux vouſſoirs A & B ne peuvent s'écarter l'un de l'autre ſans briſer ou les globes de marbre qui les lient avec le vouſſoir ſupérieur, ou ſans briſer ce vouſſoir ſupérieur par la moitié. Mais, en ſuppoſant même cet effet, qui ne peut s'opérer ſans une force difficile à imaginer, du moins fort ſupérieure à celle de l'action de la voûte, les deux moitiés du vouſſoir rompu étant entretenues elles-mêmes d'une manière ſemblable par les vouſſoirs ſupérieurs, il ne ſauroit en réſulter aucun mouvement d'écartement entr'elles ; ainſi donc les trois aſſiſes de notre voûte ne formeront équivalemment qu'une ſeule pièce, & il n'y aura aucune pouſſée. Il ſuffira que la baſe de cette voûte ait l'épaiſſeur ſuffiſante pour ne pas être écraſée par ſon poids abſolu ; & pour cela il ne faut qu'une épaiſſeur fort médiocre en bons matériaux.

Ainſi, nous croyons avoir démontré par deux moyens, qu'on pourroit faire une voûte hémiſphérique n'ayant aucune pouſſée ſur ſes ſupports ; par conſéquent, en ſuppoſant même que l'architecte de Sainte-Geneviève eût adopté la forme des dômes de Fontana, & qu'il commençât à élever ſur ſes pendentifs une tour d'environ 36 pieds d'élévation, pour la couronner par une coupole hémiſphérique, ou un peu ſurhauſſée, il n'y auroit pas d'impoſſibilité à conſtruire ſolidement cette coupole.

_____

années, que ce fer ſera conſommé par la rouille, & alors l'édifice ou s'écroulera, ou ſouffrira beaucoup. L'uſage du fer eſt donc vicieux dans ce cas.

P R O B L È M E I V.

Comment on pourroit diminuer conſidérablement la pouſſée des voûtes.

Les architectes, à ce qu'il me ſemble, n'ont pas aſſez réfléchi ſur les reſſources que la méchanique préſente pour diminuer, en bien des occaſions, la pouſſée des voûtes. Nous allons donc préſenter ici quelques vues ſur ce ſujet.

Lorſqu'on analyſe la manière dont une voûte tend à renverſer ſes pieds-droits, on remarque que la voûte ſe diviſe néceſſairement quelque part dans ſes reins, & que la partie ſupérieure agit en forme de coin ſur le reſtant de la voûte & le pied-droit, qui ſont cenſés faire un ſeul corps. Cette conſidération ſuggère donc que, pour diminuer la pouſſée de la voûte, ou augmenter la ſtabilité du pied-droit, il faut charger la naiſſance des reins, & diminuer conſidérablement l'épaiſſeur des vouſſoirs voiſins de la clef ; faire enfin que la voûte, au lieu d'une épaiſſeur uniforme dans toute ſon étendue, ſoit fort épaiſſe à ſa naiſſance, & n'ait à ſa clef que l'épaiſſeur néceſſaire pour réſiſter à la preſſion des reins. Il eſt aiſé de ſentir que, rejettant de cette manière une partie de la force qui agit pour renverſer, ſur celle qui réſiſte au renverſement, celle-ci gagnera beaucoup davantage ſur l'autre.

C'eſt ſur-tout dans les voûtes en dôme que cette conſidération pourroit avoir lieu ; & non-ſeulement on pourroit y employer ce moyen, mais encore l'hétérogénéité des matériaux. Mettons-nous pour cela à la place de l'architecte de Sainte-Geneviève, & ſuppoſons qu'il fût néceſſité à conſtruire ſon dôme, en commençant à élever une tour ronde de 36 pieds de hauteur, pour la couronner enſuite par une voûte, que nous ſuppoſerons hémiſphérique, quoiqu'on lui accorde qu'elle doit être un peu ſurhauſſée, afin de paroître hémiſphérique, étant vue d'une diſtance modérée. On a trouvé qu'en donnant un pied & demi d'épaiſſeur uniforme à cette voûte, la tour devroit avoir 4 pieds & demi d'épaiſſeur à toute rigueur ; ce qui, joint à quelques empatemens néceſſaires pour la ſolidité, excède la largeur des baſes qu'on peut lui donner dans une partie de ſon circuit. Mais, d'après les conſidérations ci-deſſus, qui eſt-ce qui empêcheroit de faire cette tour & les premières aſſiſes, juſques vers le milieu des reins de la voûte, d'une matière beaucoup plus lourde que le reſtant de cette voûte ? Car on connoît des pierres comme les marbres durs & groſſiers qui pèſent juſqu'à 230 livres le pied cube, tandis que le Saint-Leu des environs de Paris ne pèſe que 132 livres, & la brique encore moins. Au lieu de faire la voûte d'une épaiſſeur uniforme d'un pied & demi, qui empêcheroit de la faire de trois pieds à ſa naiſſance, & de ne lui donner que 8 pouces vers le fommet ? Or, en faifant les fuppofitions fuivantes, favoir, que la tour & les premières affifes de la voûte, jufque vers le milieu des reins, fuffent de pierre dure des environs de Paris, qui pèfe 170 livres le pied cube, & le furplus en brique, qui n'en pèfe que 130 ; que la voûte eût à fa naiffance, jufque vers le milieu, 2 pieds & demi d'épaiffeur, & 8 pouc. de-là vers le fommet, j'ai trouvé que la tour en queftion ne devroit avoir que 1 pied 8 p. & demi d'épaiffeur pour être en équilibre avec la pouffée de la voûte. Si donc on donnoit à cette tour 3 pieds d'é- paiffeur (l'on ne difconvient pas qu'on ne puiffe lui donner jufqu'à 3 pieds 9 pouces au droit des clefs des archivoltes.) il eft évident, pour l'homme le plus timide, qu'elle fera plus que fuffifamment hors de toute atteinte de la part de la pouffée ; & elle le feroit encore plus, fi on lui donnoit d'abord 3 pieds & demi d'épaiffeur, jufqu'à une certaine hauteur, par exemple de 9 pieds, & de-là 3 pieds ou 2 pieds 9 pouces, juf- qu'à la naiffance de la voûte ; car on renforce un pied-droit, en rejetant fur fa partie inférieure une portion de fon épaiffeur, au lieu de lui donner la même dans toute fa hauteur, puifqu'on éloigne le point fur lequel il doit tourner pour être renverfé.

Mais en voilà affez fur cet objet, que nous ne traitons ici qu'incidemment.

PROBLÈME V.

Deux particuliers voifins ont chacun un emplacement affez refferré, où ils veulent bâtir. Mais, pour fe ménager de la place, ils conviennent de conftruire un efcalier qui puiffe fervir aux deux maifons, & qu'il foit tel que leurs habitans n'aient rien de commun entr'eux que l'entrée & le veftibule. Comment s'y prendra l'architecte à qui ils expofent cette idée ?

Ce problème peut s'exécuter de cette manière, dont il y a quelques exemples.

Soit (*fig. 9. n°. 1. pl. 1. d'Architecture.*) la cage de l'efcalier, dont la mefure eft telle qu'on puiffe, fans donner à la rampe trop de roideur, monter en une révolution ou un peu moins, du rez-de-chauffée au premier étage. Dans un veftibule commun A, dans lequel on entrera par une porte commune P, vous établirez en B, à droite, la naiffance de la rampe deftinée à la maifon droite, & vous la ferez circuler de droite à gauche jufqu'à un palier, que vous aurez foin de ménager au-deffus du palier B ; vous la

pourrez ainfi continuer jufqu'au fecond, troifième étage, &c.

La naiffance de l'autre efcalier fera établie du côté diamétralement oppofé en C, & circulera dans le même fens pour arriver, après une révo- lution, à un palier qui donnera entrée dans le premier étage de la maifon fife à gauche ; en- forte que, fi la cage intérieure eft à jour, comme il eft aifé de le pratiquer, les perfonnes qui monteront ou defcendront par un de ces efcaliers, pourront appercevoir celles qui feront fur l'autre, fans avoir aucune autre communication que le veftibule commun A, & la porte d'entrée. On voit la coupe de ce double efcalier dans la *fig. 9. n°. 2. pl. 1. d'Architecture*.

Il y a au château royal de Chambord un efcalier à-peu-près de cette forme, qui fert à tout le château. Car cet édifice étant formé de quatre grands veftibules ou fallons immenfes, oppofés les uns aux autres comme les branches d'une croix grecque, & dans lefquels débouchent tous les appartemens, Serlio, fon architecte, a placé l'efcalier au centre de cette croix ; &, au moyen de la double rampe, ceux qui font en- trés par le veftibule du midi au rez-de-chauffée, & qui enfilent l'efcalier qu'ils ont devant eux, arrivent, après une révolution, au veftibule ou fallon méridional du premier étage ; & au contraire.

Mais quoique cet efcalier foit ingénieux dans fa forme, Serlio n'a pas fçu éviter de grands défauts, quoique cela fût bien facile. 1°. L'en- trée de l'efcalier, au lieu de fe préfenter direc- tement en face du milieu de chaque fallon, eft un peu de côté. 2°. Il n'y a point de palier mé- nagé à chaque étage, au-devant de la porte qui donne entrée dans cet étage. 3°. Enfin la cage intérieure, qui auroit pu être légère & prefqu'en- tièrement à jour, n'eft percée que d'un petit nombre d'ouvertures.

On pourroit, fi l'emplacement le comportoit, conftruire par un femblable artifice un efcalier à quatre rampes féparées les unes des autres, pour monter à quatre appartemens différens. Tel eft celui dont on voit le deffin dans le *Palladio*, & qu'on y lit avoir été pratiqué à Chambord. Sans doute, celui de Serlio eût été bien plus beau, s'il eût été tel, attendu les quatre galeries dans lefquelles on avoit à déboucher ; mais nous pou- vons affurer que l'efcalier de Chambord n'eft qu'à deux rampes, & comme on l'a décrit plus haut.

Il y a d'autres efcaliers remarquables par une autre particularité, favoir, la hardieffe de leur conftruction. Tels font ces efcaliers à vis, dont le limon forme une spirale, entiérement suspendue en l'air, ensorte qu'il reste au milieu un vuide plus ou moins grand. Cette construction hardie est un effet de la coupe des marches, & de leur engagement par un bout dans la cage de l'escalier. Mais on peut en voir le méchanisme plus au long, dans les livres de la coupe des pierres.

PROBLÊME VI.

Comment on peut former le plancher d'un emplacement avec des poutrelles qui n'ont qu'un peu plus de la moitié de la longueur nécessaire pour atteindre d'un mur à l'autre.

Soit le quarré ABCD, par exemple, qu'il est question de couvrir d'un plancher, avec des solives qui ne sont qu'un peu plus longues que la moitié d'un des côtés AB. Prenez sur les côtés du quarré les lignes AG, BI, CL, DE, égales à la longueur donnée des poutrelles, que vous disposerez ensuite comme on voit dans la *fig.* 10. *pl.* 2. *d'Architecture*; c'est-à-dire, vous placerez d'abord EF au-dessous du bout F, de laquelle vous ferez passer GH, dont le bout H sera soutenu par IK; enfin le bout K sera porté sur LM, dont le bout M portera sur la première EF. Il est aisé de se démontrer que dans cette position, elles s'entretiendront mutuellement sans tomber.

Il est superflu de remarquer qu'il faut le bout de chaque poutrelle soit taillé de manière à entrer dans une entaille semblable de la poutrelle sur laquelle il porte, & dans laquelle il doit être solidement entretenu.

Néanmoins, comme une entaille faite sur le corps de la solive, ne peut manquer d'en altérer beaucoup la force, j'aimerois mieux que le bout de chaque poutrelle portât simplement sur un étrier de fer suffisamment large, & solidement attaché aux poutrelles.

Il n'est pas même nécessaire que les poutrelles aient une longueur un peu plus grande que la moitié de la largeur de l'emplacement à couvrir: on pourroit former un plancher avec des bouts de bois beaucoup plus petits, en leur donnant la forme qu'on va voir, & les arrangeant de la manière convenable.

On suppose, par exemple, qu'on ait à couvrir un emplacement de 12 pieds en tout sens, & qu'on n'ait que des tronçons de bois de 2 pieds de longueur. Soit une de ces pièces de bois sur son champ; vous en couperez les extrémités en biseau, comme il est représenté par la coupe ACD ou BEF, (*fig.* 11, *pl.* 2, *Amusemens d'Architecture.*)

Au milieu de la même pièce, formez de chaque côté une entaille propre à loger le bout d'une autre pièce semblablement taillée. Cela fait, vous aurez un échaffaudage mobile, sur lequel vous arrangerez vos pièces de bois comme on le voit dans la figure, dont l'examen est plus propre à faire sentir cet arrangement qu'un long discours. Vous remplirez ensuite les espaces oblongs qui resteront le long des murs, par des pièces de bois de la moitié de la longueur des premiers. Vous pourrez en toute sûreté retirer l'échaffaudage; toutes ces pièces de bois formeront un plancher solide, & s'entretiendront mutuellement, pourvu que l'on n'en supprime aucune; ou qu'aucune ne manque; car on doit observer que la rupture ou le dérangement d'une seule, fera écrouler tout le plancher à-la-fois.

Le docteur Wallis a beaucoup varié ses combinaisons, dans un écrit qu'on trouve à la fin du troisième tome de ses œuvres; & il dit qu'on a mis en usage cette invention dans quelques endroits de l'Angleterre. Mais, par les raisons ci-dessus, je la regarde comme plus ingénieuse qu'utile, & bonne tout au plus à pratiquer, dans un besoin extrême de bois des dimensions convenables, pour un plancher qui n'auroit rien à supporter.

Si, au lieu de pièces de bois, on supposoit des pierres taillées de la même manière, il est évident qu'elles feroient une voûte plate; mais il faudroit alors, pour écarter le danger de la rupture, qu'elles n'eussent tout au plus que 2 pieds de longueur sur une hauteur & largeur convenables. On nomme communément cette voûte, la voûte plate de M. Abeille, parce que cet ingénieur la proposa en 1699 à l'académie des Sciences. Elle a l'avantage de rejeter sa poussée sur les quatre murs qui lui servent d'appui; au lieu qu'une voûte en plate bande, suivant la méthode ordinaire, l'exerceroit contre deux seulement. Mais cet avantage est trop compensé par le danger de voir tout crouler, si une seule pierre vient à manquer. M. Frézier a traité avec quelque étendue ce sujet, dans un ouvrage sur la coupe des pierres, & a montré comment on peut varier les compartimens tant d'intrados ou dessous, que d'extrados ou dessus, qu'on peut former avec ces voûtes. Mais, nous le répétons, tout cela est plus curieux qu'utile, ou, pour mieux dire, cette construction est fort dangereuse.

PROBLÊME VII.

Des trompes dans l'angle.

Un des ouvrages les plus hardis dans la coupe des pierres, c'est l'espèce de voûte appelée *trompe dans l'angle.* Qu'on se représente une voûte conique,

conique, comme SAFBS, élevée sur le plan d'un triangle ASB; (*fig.* 12, *pl.* 2, *d'Architecture*) que du milieu de la base soient menées les deux lignes ED, EC, ordinairement parallèles aux côtés respectifs SD, SC, sur lesquels soient élevés deux plans perpendiculaires à la base, DEF, CEF: ils retrancheront du côté du sommet S, une partie de la voûte, comme FDSCF, dont la moitié CFDC se trouvera en porte-à-faux. Cette partie tronquée de voûte conique FCSDF, est ce qu'on nomme *trompe dans l'angle*, parce que ordinairement on la pratique dans un angle rentrant, pour soutenir une pièce hors d'œuvre dans un édifice. Pour cet effet, on élève sur les pans curvilignes DF, CF, des murs qui, quoique portants à faux, ne laissent pas d'avoir une solidité suffisante, pourvu que la coupe des voussoirs soit faite bien exactement, qu'ils soient d'une longueur suffisante pour être engagés dans la moitié qui ne porte point à faux, pourvu enfin que cette partie soit convenablement chargée.

On voit assez fréquemment de ces ouvrages; mais le plus singulier, à ce que je crois, est une trompe dans l'angle, qu'on voit à Lyon soutenir une portion considérable d'une maison sise sur le pont-de-pierre. On ne peut regarder sans quelque inquiétude l'encoignure de cette maison qui est élevée de trois ou quatre étages, saillir de plusieurs toises sur la rivière. On dit que c'est l'ouvrage de Desargues, gentilhomme du Lyonnois, & géomètre habile du temps de Descartes. Si cela est, il y a environ 130 ans que cet ouvrage subsiste; ce qui semble prouver que ce genre de construction a une solidité réelle, & plus grande qu'on ne seroit porté à le croire.

Si la trompe est droite, c'est-à-dire, portion d'un cône droit ANSBF, & que les plans de section FED, FEC, soient parallèles à SC, SD, respectivement, les courbes FD, FC, seront, comme l'on sçait, des paraboles, ayant leur sommet en D, & CE ou DE pour axe. Or nous devons remarquer ici une curiosité géométrique, sçavoir que, dans ce cas, la surface conique FCSDF, quoique courbe & terminée en partie par des lignes courbes, ne laisse pas d'être égale à une figure rectiligne; car, qu'on tire DG parallèlement à l'axe SE, on démontre que la surface conique en question est égale à une fois & un tiers le rectangle de SB ou SF par EG.

Problème VIII.

Un architecte a un terrein quadrangulaire & irrégulier, tel que ABCD, & veut y planter un quinconce, ensorte que toutes les lignes d'arbres, tant traversales que diagonales, soient en ligne droite. On demande comment il faudra qu'il s'y prenne.

Nous supposons ce quadrilatère tellement irré-
Amusemens des Sciences.

gulier, que les côtés opposés, AB, DC, (*fig.* 1, *pl.* 2, *d'Architecture*), concourent ensemble en un point F, & les deux AD, CB, en un autre point E. Prolongez donc ces côtés deux à deux, jusqu'à leurs points de concours E & F, que vous joindrez par une ligne droite FE; tirez ensuite par le point D, une parallèle à EF; prolongez aussi BC, BA, jusqu'à leurs concours H, G, avec cette parallèle; après quoi divisez GD & DH en un même nombre de parties égales: nous supposerons ici ce nombre être de quatre. Enfin, des points de division de GD, tirez au point F, & de ceux de DH tirez au point E autant de lignes droites: ces lignes couperont les côtés du quadrilatère, & se couperont entr'elles dans des points qui seront ceux où il faudra planter les arbres pour résoudre le problême.

Démonstration.

Par les points H & D, soient menées les lignes D a, H b, inclinées à GH de 45 degrés de droite à gauche, & par les points G & D, deux autres lignes D c, G b, pareillement inclinées de 45 degrés à GH, mais en sens contraire des premières: ces quatre lignes se couperont nécessairement à angles droits, & formeront un rectangle a b c D, dont, par les règles de perspective, le quadrilatère ABCD seroit la représentation pour un œil situé en face du point I, qui partage EF en deux également, & qui est à une distance du plan du tableau égale à IF ou IE.

Supposons donc le quarré long a b c D divisé en carrés semblables par des lignes parallèles à ses côtés, au nombre de quatre, par exemple: ces lignes, étant prolongées jusqu'à leur rencontre avec GD & DH, les diviseront en un même nombre de parties égales: & de même que DC, GAB sont les représentations perspectives de D c, G a b, les lignes partantes des divisions égales de GD, & aboutissantes au point F, seront les représentations perspectives des lignes parallèles à a b ou D c. Il en sera de même des lignes parallèles aux deux côtés D a, c b. Donc les petits quadrilatères que formeront ces lignes, en se coupant dans le quadrilatère ABCD, seront les images perspectives des carrés longs qui divisent a b c D. Or tous les points qui seront en ligne droite dans l'objet, sont aussi en ligne droite dans l'image: ainsi les lignes d'arbres qui seroient plantées aux angles des divisions du quarré long a b c D, formant nécessairement des lignes droites, tant dans les transversales que dans les diagonales, leurs places dans le quadrilatère ABCD, qui sont les images de ces angles dans le quarré-long, formeront aussi des lignes droites dans le même sens; car, dans les représentations perspectives, les images des lignes droites sont toujours des lignes droites.

Si les côtés a b, c D, opposés du quadrilatère

O

donné, étoient fort inégaux, il faudroit renoncer à les diviser en un même nombre de parties, car alors elles seroient trop inégales ; & , pour une pareille plantation, il faut que les carrés soient à peu de chose des carrés parfaits. Par exemple, si un côté *a b* étoit de 50 toises, & l'autre de 20, en les divisant chacun en 10, les divisions d'un côté seroient de 5, & de l'autre elles seroient de 2 toises ; ce qui formeroit des carrés trop oblongs. Il vaudroit mieux alors diviser le premier en 16, & le second en 6; ce qui donneroit des divisions presque quarrées, sçavoir, de 3 toises ⅛ en un sens, & 3 toises ⅔ dans l'autre ; mais alors il n'y aura aucune ligne d'arbre en diagonale, soit dans le quarré long *a b c* D, soit dans le quadrilatère proposé ABCD. Du reste, en divisant alors l'une des lignes GD, DH, en 16 parties, & l'autre en 6, on aura toutes les lignes d'arbres de la figure irrégulière, en lignes droites.

Si l'on vouloit avoir un véritable quinconce (1), il suffiroit, après cette première opération, de tirer dans chaque petit quadrilatère de la plantation, les deux diagonales, & de planter un arbre dans leur intersection : tous ces nouveaux arbres formeront aussi des lignes droites.

P R O B L Ê M E IX.

Construction d'une charpente qui, sans entrait (2), n'a aucune poussée sur les murs sur lesquels elle repose.

J'ai vu à Paris, dans un jardin du fauxbourg Saint-Honoré, un petit bâtiment formant une espèce de tente, dont les murs n'avoient que quelques pouces d'épaisseur, & qui étoit couvert d'un toits sans entraits : le tout étant tapissé intérieurement, on eût cru être dans une tente. C'étoit l'appartement d'été pendant la journée, & un lieu vraiment délicieux.

Une des surprises qu'occasionnoit cet endroit à ceux qui avoient quelque connoissance de la construction, comment on s'y étoit pris pour établir sans entrait le toit de ce petit bâtiment : car, quelque léger qu'il fût, les murs étoient si peu épais, que toute toiture ordinaire les auroit renversés. En voici l'artifice, qu'on nous a dit être l'ouvrage de M. Arnoult, chargé de la manœuvre des théâtres des Menus-Plaisirs.

_____

(1) Le véritable quinconce est celui où, au milieu de chaque carré, il y a un arbre ; car le mot de quinconce vient de *quincunx*, qui annonce cinq arbres en carré ; ce qui ne peut être autrement.

(2) On appelle architecture *entrait*, cette poutre, horisontale qu'on pose sur les murs d'un bâtiment, & sur laquelle on établit les pièces montantes & inclinées qui forment le faîte.

Sur les deux sablières AB, *a b*, (*fig.* 14, *pl.* 2, *d'Architecture*,) soient d'abord établis & soutenus les deux arrêtiers CD, ED, assemblés solidement l'un avec l'autre au sommet D. Des angles que font en C & F ces deux arrêtiers, partiront aussi deux autres pièces FH, GI, fermement assemblées en G & F avec les sablières, en I & H avec les arrêtiers, & l'un & l'autre en K, par une entaille double artistement faite. Enfin, pour plus de sûreté, qu'en M & L soient placées deux petites traverses, l'une liant les pièces CD, FH, & l'autre les pièces FD, GI : il est évident que ces quatre pièces inclinées ne sçauroient avoir aucun mouvement pour s'écarter, & pousser les murs sur lesquels sont posées les sablières A B ; car elles ne peuvent s'écarter qu'en rendant l'angle D plus obtus. Or, pour cela, il faudroit que l'angle en K le devînt lui-même ; mais les assemblages en I & H s'opposent à un pareil mouvement: ainsi cette travée de charpente posera sur les sablières AB, *ab*, sans les écarter en aucune manière, & elles n'exerceront aucune poussée contre les murs.

Il est aisé de sentir combien cet artifice peut avoir d'usages dans l'architecture. Il peut être précieux toutes les fois qu'on voudra couvrir un grand emplacement, en diminuant l'épaisseur des murs, & en évitant l'aspect désagréable des entraits apparents.

P R O B L Ê M E X.

Du toisage des voûtes en cul-de-four, surhaussées & surbaissées.

On appelle en architecture, *voûtes en cul-de-four*, les voûtes sur un plan ordinairement circulaire, & dont la coupe par l'axe est une ellipse, ou, en terme de l'art, une anse de panier. Elles diffèrent d'une voûte hémisphérique, en ce que, dans celle-ci, la hauteur du sommet au dessus du plan de la base, est égale au rayon de cette base, au lieu que, dans les autres, cette hauteur est plus grande ou moindre. Si elle est plus grande, la voûte se nomme *cul-de-four surhaussé* ; si elle est moindre, on l'appelle *cul-de-four surbaissé*. Telles sont celles qu'on voit (*fig.* 15 & 16, *pl.* 2, *d'architecture*). La première est une voûte en cul-de-four surhaussé, & la seconde en cul-de-four surbaissé. En langage géométrique, celle-là est un demi-sphéroïde allongé, ou formée par la circonvolution d'une demi-ellipse autour de son demi-grand axe : celle-ci est le demi-sphéroïde formé par la circonvolution de la même demi-ellipse autour de son demi-petit axe.

Les livres d'architecture donnent vulgairement des règles si fausses pour le toisage de la surface de ces voûtes, que nous ne pouvons résister à l'envie de donner des méthodes plus exactes. Bullet, par exemple ; & Savot, donnent tout simplément pour règle, de multiplier la circonférence de la base par la hauteur; comme si la voûte à toiser étoit hémisphérique. L'erreur est grossière; & il est étonnant qu'ils ne se soient pas apperçu que, si cela étoit exact, il y a telle voûte en cul-de-four surbaissé, qui seroit moindre en surface que le cercle qu'elle couvre; ce qui est absurde.

Car supposons, par exemple, une voûte d'un pied de hauteur sous clef, sur un cercle de 7 pieds de diamètre; l'aire de ce cercle sera, suivant l'approximation d'Archimède, égale à 38 pieds quarrés & demi: mais, en multipliant la circonférence 22 par un pied de hauteur, on n'auroit que 22 pieds quarrés, ce qui n'est pas même les deux tiers de la surface de la base. L'entrepreneur seroit ici lézé de plus du tiers de ce qui doit lui revenir. Nous allons donc donner, pour toiser la surface de ces voûtes, des règles assez exactes pour l'usage commun de l'architecture.

I. *Pour les Voûtes en cul-de-four surhaussé.*

Le rayon de la base & la hauteur d'un cul-de-four surhaussé étant donné, faites d'abord cette proportion; comme la hauteur est au rayon de la base, ainsi celui-ci à une quatrième proportionnelle, dont vous prendrez le tiers, que vous ajouterez aux deux tiers du rayon de la base.

Cherchez ensuite la circonférence qui répondroit à un rayon égal à cette somme, & multipliez cette circonférence par la hauteur : vous aurez, à peu de chose près, la surface du cul-de-four surhaussé.

Exemple. Soit la hauteur de 10 pieds, & 8 pieds le rayon de la base. Faites, comme 10 est à 8, ainsi 8 à 6 $\frac{4}{5}$, dont le tiers est 2 $\frac{4}{15}$ les deux tiers de 8 sont 5 $\frac{1}{3}$, qui joints avec 2 $\frac{4}{15}$, font 7 $\frac{3}{15}$, ou 7 pieds 5 pouces 7 lignes.

Or la circonférence répondante à 7 p. 5 P 7¹ de rayon, ou à 14 p. 11 P 2¹ de diamètre, est 44 p. 11 P 1¹, ou 1¹ 7 11 P 1¹, ce qui doit être multiplié par 1 toises 4 pieds, hauteur de la voûte : on aura au produit 12ᵗ 2 P. 10 P 5¹.

On eût trouvé par la règle de Bullet, 13ᵗ 5 p. 9 P 8¹, dont la différence en excès est une toise & demie, ou près d'un 8ᵉ du total, & cela dans un cas où la voûte ne s'écarte pas beaucoup du plein ceintre; car si elle s'en écartoit beaucoup, l'erreur pourroit bien monter à un tiers.

II. *Pour les Voûtes en cul-de-four surbaissé.*

Qu'on propose présentement un cul-de-four surbaissé. La règle sera encore, à fort peu de chose près, la même. On cherchera, comme ci-dessus, une troisième proportionnelle à la hauteur & au rayon de la base, on en ajoutera les deux tiers au tiers du rayon de la base, & on cherchera la circonférence répondante à un rayon égal à cette somme: cette circonférence étant multipliée par la hauteur, on aura, à peu de chose près, la surface cherchée.

Soit un cul-de-four surbaissé, de 10 pieds de rayon de base, & 8 pieds de hauteur sous clef. Faites d'abord; comme 8 sont à 10, ainsi 10 sont à 12 pieds 6 pouces, dont les deux tiers sont 8 p. 4P; le tiers de 10 pieds est d'un autre côté 3 p. 4P, & la somme est 11 p. 8P.

Or la circonférence répondante à un rayon de 11 p. 8P, ou à un diamètre de 23 p. 4P, est 73 p. 4P, ou 12ᵗ 1 p. 4P : multipliez ce nombre par la hauteur 8 p. ou 1ᵗ 2P vous aurez 16ᵗ 1 p. 9P 4¹.

En suivant la règle de Bullet, on n'eût trouvé que 13ᵗ 5 p. 9P 8¹; ce qui fait 2ᵗ 1 p. 11P 8¹ d'erreur en défaut, ou environ $\frac{1}{7}$ de la surface totale. Mais aussi il faut convenir que Bullet & Savot ne se doutent même pas de géométrie tant soit peu au-dessus de la plus élémentaire.

Il seroit facile de donner pour les géomètres des règles plus exactes; car on sçait que la dimension des surfaces de sphéroïdes allongés, dépend de la mesure d'un segment elliptique ou circulaire tronqué, & celles des surfaces de sphéroïde applatis, de la mesure d'une espace hyperbolique; conséquemment la première peut être déterminée au moyen d'une table de sinus & d'arcs de cercle, & l'autre en employant une table de logarithmes.

Quant à la méthode que nous avons donnée ci-dessus, elle est déduite d'après les mêmes principes; mais en regardant un segment de cercle ou d'hyperbole de médiocre étendue, comme un arc de parabole, ce qui n'expose qu'à une fort petite erreur, quand ce segment ne fait lui-même qu'une petite partie de l'espace à mesurer; cette considération fournit, dans une infinité de cas, des règles pratiques fort commodes.

Quelques architectes diront peut-être, que nous importe de connoître avec précision la surface de ces voûtes? Ce n'est pas quelques toises de plus ou de moins qu'on doit considérer ici. Je leur répondrai que, par la même raison, ils devroient bannir toute espèce de toisé exact; ils devroient s'embarrasser peu qu'Archimède ait démontré que la surface d'un hémisphère est égale à celle du cylindre de même base & de même hauteur; ou, pour m'énoncer en leurs termes, que la surface d'une voûte en cul-de-four en plein ceintre, est égale au produit de la circonférence à la base par la hauteur. S'ils employent, à l'égard des voûtes dont nous parlons, des règles aussi fautives, c'est qu'ils les croient exactes, & qu'elles leur ont été tracées par des gens qui ne sçavoient pas affez de géométrie pour en donner de meilleures.

PROBLÊME XI.

Mefure des voûtes en arcs de cloître, & des voûtes d'arête.

Il arrive fouvent que, fur un emplacement quarré, ou quarré-long, ou polygone, on élève une voûte formée de plufieurs berceaux, qui, prenant leur naiffance du côté de la bafe, viennent fe réunir à un point commun, comme en un fommet, & forment en dedans autant d'angles rentrans qu'il y a d'angles dans la figure qui fert de bafe. Ces voûtes font appellées *arcs de cloître.* On en voit la repréfentation dans la *fig.* 17, *pl.* 2, *Amufemens d'Architecture.*

Mais fi un emplacement, quarré, par exemple, eft voûté par deux berceaux comme dans la *fig.* 18, *même pl.*, qui femblent fe pénétrer, & qui forment deux arrêtes ou angles rentrans, qui fe coupent au plus haut de la voûte, on appelle cette voûte, *voûte d'arête.*

On voici ce qu'il y a de remarquable fur ces voûtes.

1°. *Toute voûte à arc de cloître, à plein ceintre, fur une bafe quelconque quarrée ou polygone, eft précifément double en furface de la bafe; de même qu'une voûte hémifphérique, ou cul-de-four en plein ceintre, eft double en furface de fa bafe circulaire.*

En effet, on peut dire qu'une voûte hémifphérique n'eft qu'une voûte à arc de cloître, fur un polygone d'une infinité de côtés.

Lorfdonc qu'on voudra mefurer la furface d'une voûte femblable, il fuffira de doubler la furface de la bafe; bien entendu que les berceaux fuffent en plein ceintre; car s'ils étoient furhauffés ou furbaiffés, ils auroient à la bafe le même rapport qu'une voûte en cul-de-four furhauffée ou furbaiffée au cercle de fa bafe.

2°. *Une voûte à arc de cloître, & une voûte d'arête fur un quarré, forment enfemble les deux berceaux complets élevés fur ce quarré.* Cela eft aifé de voir dans la *fig.* 19. *pl.* 2, amufemens d'architecture.

Ainfi, fi des deux berceaux on ôte la voûte à arcs de cloître, il refte la voûte à arête; ce qui fournit, dans ce cas, un moyen fimple de mefurer les voûtes d'arête : car fi de la fomme des furfaces des deux berceaux, on ôte la furface de la voûte à arc de cloître, reftera celle de la voûte d'arête.

Soit, par exemple, la bafe de 14 pieds en tout fens; la circonférence du demi-cercle de chaque berceau fera de 22 pieds; & la furface

fera de 22 par 14, ou 308 pieds quarrés : les deux berceaux réunis enfemble, donneront donc 616 pieds quarrés. Mais la furface intérieure de la voûte à arc de cloître, eft deux fois la bafe, ou deux fois 196 ou 392 : ôtant donc 392 de 616, reftera 224 pieds quarrés pour la furface de cette voûte.

3°. Si l'on cherchoit la folidité intérieure d'une voûte à arc de cloître, on la trouveroit par la régle fuivante.

Multipliez la bafe par les deux tiers de la hauteur; le produit fera la folidité cherchée : ce qui eft évident, par la même raifon que nous avons donnée plus haut, relativement à fa furface; car cette efpèce de voûte eft, foit en folidité, foit en furface, au prifme de même bafe & même hauteur, en même rapport que l'hémifphère au cylindre circonfcrit.

4°. *La folidité de l'efpace renfermé par la voûte d'arête fur un plan quarré ou quarré long, eft les $\frac{19}{21}$ du folide de même bafe & même hauteur,* en fuppofant du moins le rapport approché du diamètre à la circonférence du cercle, de 7 à 22.

Cela fe démontre auffi facilement, en faifant remarquer que le folide intérieur d'une pareille voûte, eft égal à la fomme des deux berceaux ou demi-cylindres, moins une fois la folidité de la voûte en arc de cloître, qui dans ce double eft comprife deux fois, & conféquemment doit en être retranchée.

PROBLÊME XII.

Comment on pourroit conftruire un pont de bois de 100 pieds & plus de longueur, & d'une feule arche, avec des bois dont aucun n'excéderoit quelques pieds de longueur.

Je fuppofe que, pour la conftruction d'un pareil pont, on n'eût que des bois d'un équarriffage affez fort, comme de 12 à 14 pouces, mais très-courts, comme d'une dixaine de pieds de longueur, ou que des circonftances particulières empêchaffent de frapper des files de pieux dans la rivière, pour porter les poutres qu'on emploie dans de pareilles conftructions : comment pourroit-on s'y prendre pour conftruire ce pont, nonobftant ces difficultés?

Je ne crois point que cela fût impoffible, & voici comment on pourroit l'exécuter.

Je commencerois par tracer fur un grand mur l'épure du pont projeté, en décrivant deux arcs concentriques à la diftance que comporteroit la longueur des bois à employer, que je fuppofe, par exemple, de 10 pieds; je lui donnerois la forme d'un arc de 90°. d'une culée à l'autre; je diviferois enfuite cet arc en certain nombre de parties égales, tel que l'arc de chacune n'excédât pas 5 ou 6 pieds.

Dans la supposition, par exemple, que nous faisons ici d'une distance de 100 pieds entre les deux culées, un arc de 90°. qui la couvriroit, auroit 110 pieds de longueur, & son rayon auroit 70 pieds. Je diviserois donc cet arc en 22 parties égales de 5 pieds chacune, & je formerois, avec les bois ci-dessus, des espèces de voussoirs de charpente de 8 ou 10 pieds de hauteur, sur 5 pieds de largeur à l'intrados, & 5 pieds 8 pouces 6 lignes à l'extrados; car telle est la proportion de ces arcs, d'après les dimensions ci-dessus. La *fig.* 20, *pl.* 2 d'architecture, présente la forme d'un pareil voussoir, qu'on voit être formé de 4 pièces principales de bois fort, de 10 pouces au moins d'équarrissage, qui concourent deux à deux au centre de leur arc respectif, de trois traverses principales à chaque face, comme A C, B D, E F, *a c, b d, e f,* qui doivent être de la plus grande force, & pour cet-effet avoir 12 ou 14 pouces de champ sur 10 de largeur; enfin de plusieurs traverses latérales, & moindres entre les deux faces, pour les lier entre elles & en divers sens, afin de les empêcher de fléchir. On pourroit donner à cette espèce de voussoir 6 pieds de longueur ou d'intervalle entre ses deux faces A E F B, *a e f b.*

On formera ensuite une travée de l'arc proposé avec ces voussoirs de charpente, précisément comme si c'étoient des voussoirs de pierre. Enfin, lorsqu'on les aura assemblées, on liera ensemble les différentes pièces de cette charpente suivant les règles de l'art; soit par des clavettes, soit par des moises, & on aura une travée du pont. On en fera plusieurs l'une à côté de l'autre, suivant la largeur qu'on voudra lui donner, & on les liera pareillement aux premières, de sorte à former un tout inébranlable. On aura, par ce moyen, un pareil pont de plus d'une seule arche, que l'on auroit bien de la peine à élever par une autre construction.

Il nous reste à examiner si ces voussoirs auront la force de résister à la pression qu'ils exerceront les uns sur les autres. On n'en doutera point après le calcul suivant.

On conclud des expériences de M. Muschenbroek, (*Essais de physique,* T. 1, ch. xj.) & de la théorie de la résistance des corps, qu'une pièce de bois de chêne, de 12 pouces d'équarrissage en tout sens, & de 5 pieds de longueur, peut soutenir debout jusqu'à 264 milliers sans se briser; d'où il suit qu'une traverse comme A B ou E F, de 15 pieds de longueur & de 12 pouces sur 10 d'équarrissage, soutiendroit 220 milliers. Mais réduisons ce poids, pour plus de

sûreté, à 150 milliers: ainsi, comme nous avons six traverses de cette longueur, à quelques pouces plus ou moins, dans chacun de nos voussoirs de charpente, il s'ensuit que l'effort que peut soutenir un de ces voussoirs, est au moins de 900 milliers. Voyons maintenant quel effort réel il a à porter.

J'ai trouvé, par le calcul que j'ai fait du poids absolu d'un pareil voussoir, & en le supposant même renforcé outre mesure, qu'il pèseroit tout au plus 7 à 8 milliers, ou 7500 livres. Ainsi celui qui reposeroit immédiatement sur l'une des culées, & qui seroit le plus chargé, en ayant 10 à supporter, ne seroit chargé que d'un poids de 75000 livres, poids néanmoins qui, à cause de la position de ce voussoir, exerceroit une pression de 115 milliers; nous la supposerons même de 120 milliers. Ainsi l'on doit conclure de ce calcul, qu'un pareil pont auroit non-seulement la force de se soutenir, mais encore celle de porter sans aucun danger de rupture les plus lourds fardeaux: on en conclura même qu'il seroit superflu que les bois fussent d'un si fort équarrissage.

Si l'on comparoit la dépense d'un pareil pont à celle qu'entraine la méthode ordinaire, on trouveroit peut-être aussi qu'elle est beaucoup moindre; car un de nos voussoirs ne contiendroit pas plus de 44 à 50 pièces de bois (1); ce qui, à raison de 600 livres le cent, y compris les façons, qui sont fort simples, ne feroit qu'une somme de 300 liv. environ, & les 22 d'une travée 6600 livres: conséquemment en en supposant quatre, ce seroit une somme de 26400 liv. Il y auroit, je l'avoue, ensuite bien d'autres dépenses à faire pour compléter un pareil pont: mais il est ici moins question de la dépense, que de la possibilité de l'exécution.

L'idée d'un pareil pont m'est venue à l'occasion d'un passage dangereux dans la province de Cusco au Pérou. On y traverse un torrent qui coule entre deux rochers, éloignés d'environ 125 pieds, & plus de 150 pieds de profondeur. Les naturels du pays y ont établi une *Taravita* (2)

_____

(1) Ce qu'on appelle *pièce,* en langage de charpente, est la quantité de 3 pieds cubes.

(1) C'est un pont indien, dont l'idée seule fait frémir. On met un homme dans un grand panier fait de lianes du pays; (ce sont des plantes sarmenteuses, dont les habitans de l'Amérique font presque tous leurs ouvrages de vannerie.) D'un côté du torrent à l'autre, est tendu un cable de la même matière, sur lequel roule une poulie à laquelle le panier est attaché par une corde semblable. Quand on est embarqué dans cette machine, on vous tire d'un côté à l'autre par une corde attachée près de la poulie. Si cette corde se

où je faillis périr. Arrivé à la ville la plus voiſine, je réfléchis profondément ſur les moyens de faire en ce lieu un pont de bois, & je trouvai cet expédient. Je propoſai mon projet au corrégior don *Jayme Alonzo y Cuniga*, homme fort inſtruit, & qui, aimant les françois, me reçut très-bien. Il goûta fort mon idée, & convint qu'avec mille piaſtres, on pourroit faire dans cet endroit un pont de 12 pieds de largeur, que tout le Pérou viendroit voir par curioſité. Mais étant parti trois jours après, je ne ſçais ſi ce projet, dont cet honnête homme étoit enchanté, a eu quelque exécution.

Il eſt à remarquer qu'il ſeroit facile d'arranger les vouſſoirs d'un pareil pont, de manière à pouvoir au beſoin en extraire un pour y en ſubſtituer un autre; ce qui fourniroit le moyen d'y faire toutes les réparations néceſſaires.

PROBLEME XIII.

Eſt-il poſſible de faire une plate-bande qui n'ait aucune pouſſée latérale?

Il ſeroit fort avantageux de pouvoir exécuter un pareil ouvrage; car un des obſtacles qu'éprouvent les architectes à employer des colonnes, vient ſouvent de la pouſſée de leurs architraves, ce qui exige que les colonnes latérales ſoient butées par des maſſifs, ou doublées: c'eſt l'embarras qu'on éprouve ſur-tout lorſqu'on fait des porches iſolés & en ſaillie au devant d'un édifice, comme celui de ſainte-Geneviève: les deux plates-bandes, celle de la face & celle du côté, pouſſent la colonne ou les colonnes d'angles de telle manière qu'on a beaucoup de peine à les aſſurer; & l'on eſt même obligé d'y renoncer, ſi l'on ne trouve pas des pierres aſſez grandes pour pouvoir faire des architraves d'une ſeule pièce, d'une colonne à l'autre, au moins dans les travées les plus voiſines des angles.

On éviteroit ces difficultés, ſi l'on pouvoit faire des plates-bandes ſans pouſſée. Or c'eſt ce que je ne crois point impoſſible; je crois même avoir trouvé un méchaniſme propre à remplir cet objet. Je le donnerai quelque jour, lorſque j'aurai pu en faire l'épreuve en petit. On me permettra de propoſer en attendant le problême aux architectes méchaniciens, & je m'eſtimerai heureux ſi j'excite quelqu'un d'eux à le réſoudre.

---

rompt, on reſte ainſi ſuſpendu quelques heures, juſqu'à ce qu'on y ait trouvé remède. On peut juger que la ſituation eſt fort intéreſſante pour ceux qui s'y trouvent,

PROBLEME XIV.

Eſt-ce une perfection dans l'égliſe de ſaint-Pierre de Rome, qu'en la voyant pour la première fois, on ne la juge point auſſi grande qu'elle l'eſt réellement, & qu'elle paroît après l'avoir parcourue?

Quoique nous nous interdiſions ce qui eſt purement matière de goût, cependant, comme la queſtion ci-deſſus tient à des raiſonnemens phyſiques & métaphyſiques, nous avons cru pouvoir lui donner place ici.

J'ai oui vanter plus d'une fois, comme un effet de la perfection de l'égliſe de ſaint-Pierre de Rome, l'impreſſion qu'elle fait au premier abord: Il n'eſt perſonne, à ce que j'ai lu & entendu dire, qui, entrant pour la première fois dans cette baſilique, ne juge ſon étendue fort au-deſſous de ce que la renommée en publie. Il faut l'avoir parcourue, & en quelque ſorte étudiée, pour concevoir une idée juſte de ſa grandeur.

Avant de haſarder notre avis, il n'eſt pas inutile d'examiner les cauſes de cette impreſſion: Nous penſons qu'elle a deux ſources.

La première eſt le peu de parties principales dans deſquelles cet immenſe édifice eſt diviſé; car il n'y a que trois arcades latérales, depuis l'entrée juſqu'à la partie du milieu qui conſtitue le dôme. Or, quoique de diviſer une grande maſſe en beaucoup de petites parties, ce ſoit d'ordinaire en diminuer l'effet, il y a cependant un milieu à tenir, & Michel-Ange nous paroît avoir reſté trop en deçà.

La ſeconde cauſe de l'impreſſion que nous analyſons, eſt la grandeur exceſſive des figures & des ornemens qui ſervent d'acceſſoires à ſes principales parties. En effet, nous ne jugeons des grandeurs auxquelles nous ne pouvons atteindre, que par comparaiſon avec les objets qui leur ſont voiſins, & dont les dimenſions nous ſont familières. Mais ſi ces objets dont les dimenſions nous ſont connues, ou à peu-près données par la nature, en accompagnent d'autres avec leſquels ils aient un rapport trop approchant de l'égalité, il s'enſuivra néceſſairement que ces derniers perdront, dans l'imagination du ſpectateur, une partie de leur grandeur. Or tel eſt le cas de l'égliſe de ſaint-Pierre de Rome: les figures placées dans les niches qui décorent le nud des piliers des arcades, entre les pilaſtres; celles qui décorent les tympans des arcades latérales, ſont à la vérité gigantesques; mais ce ſont des figures humaines; elles ſont d'ailleurs, pour la plupart, élevées très-haut: ainſi elles paroiſſent moindres , & font paroître moindres les parties principales qu'elles accompagnent.

Il est des personnes à qui cette illusion paroît un chef-d'œuvre de l'art & du génie du célèbre architecte, principal auteur de ce monument : me sera-t-il permis de ne pas être de leur avis? Car quel est l'objet qu'ont eu les auteurs de cet immense édifice, & qu'auront toujours ceux qui en éléveront qui excèdent les mesures ordinaires? C'est sans doute d'exciter l'étonnement & l'admiration. Je suis convaincu que Michel-Ange eût été mortifié, s'il eût entendu un étranger arrivé récemment à Rome , & entrant pour la première fois dans saint-Pierre, dire comme presque tout le monde : *Voilà une église, dont on publie par-tout l'immensité : elle est grande, il est vrai ; mais elle ne l'est pas autant qu'on le dit.*

Il y auroit, ce me semble , bien plus d'artifice à construire un édifice qui , médiocrement grand , saisit tout-à-coup l'imagination par l'idée d'une étendue considérable, que d'en construire un immense qui , au premier abord , paroît médiocre. Je ne pense pas que les avis puissent être partagés sur cela. Quelle que soit donc la perfection qu'on ne peut refuser à l'église de saint-Pierre , en ce qui concerne l'harmonie des proportions, la belle & noble architecture, nous croyons que Michel-Ange a manqué son but quant à l'objet que nous considérons ici, & il est probable que des accessoires moins gigantesques l'en eussent rapproché. Si , par exemple , les enfants qui portent les bénitiers eussent été moins grands, si les figures qui accompagnent les archivoltes de ses arcades latérales eussent été moins énormes, ainsi que celles qui décorent les niches qui sont entre les pilastres, la comparaison des uns avec les autres eût fait paroître les parties principales beaucoup plus grandes. On l'éprouve, lorsque , retirant les yeux de dessus ces objets gigantesques , on les porte sur un homme qui est vers le milieu ou l'autre extrémité de l'église : c'est alors que , comparant sa grandeur propre avec celle des parties principales de l'édifice qui l'avoisinent , on commence à prendre une idée de son étendue, & qu'on est pénétré d'étonnement : mais cette seconde impression est l'effet d'une sorte de raisonnement ; & ce sentiment n'a plus la même énergie quand il est produit de cette manière, que lorsqu'il est l'effet d'une première vue.

Pendant que nous discutons cette matière , nous sera-t-il permis de faire ici quelques observations sur les moyens d'aggrandir , pour ainsi dire , un espace à l'imagination ? Il nous a paru que rien n'y contribue davantage que des colonnes isolées, je veux dire par-là non engagées ; car , du reste , qu'elles soient accouplées , groupées, elles produisent toujours plus ou moins

cet effet , quoique sans doute il vaille mieux les employer simples. Il en résulte , à chaque position du spectateur , des percés différents , & une variété d'aspects qui étonne l'imagination & qui la trompe.

Mais il faut , lorsqu'on emploie des colonnes , qu'elles soient grandes : autant elles sont alors majestueuses , autant sont-elles , à mon avis , mesquines lorsqu'elles sont petites , & sur-tout portées par des piedestaux. La cour du louvre, quoique d'ailleurs très-belle , en imposeroit bien davantage, si ses colonnes, au lieu d'être guindées sur des piedestaux maigres , partoient de terre simplement élevées sur un socle, comme l'on voit celles de quelques vestibules de ce palais. On diroit , & je suis tenté de le croire , que les piedestaux ont été inventés pour faire servir des colonnes de hasard , qui n'avoient pas les dimensions requises pour l'édifice.

Si donc Michel-Ange, au lieu de former ses travées latérales d'immenses arcades supportées par des piliers décorés de pilastres , y eût employé des groupes de colonnes ; si , au lieu de ne mettre que trois travées d'arcades latérales entre l'entrée & la partie du dôme , il y en eût mis un plus grand nombre ; ce que cette disposition lui eût permis ; si les figures employées au milieu de cette décoration n'eussent pas excessivement surpassé le naturel ; nous ne doutons point que , dès le premier aspect , on n'eût été frappé d'étonnement , & que la basilique n'eût paru beaucoup plus grande.

Mais il faut remarquer en même-tems que, dans le siècle de Michel-Ange, on n'avoit pas sur la résistance des matériaux , & sur la physique ou la méchanique de l'architecture, les lumières qu'on a aujourd'hui. Il est probable qu'il n'eût pas osé charger des colonnes, même groupées, d'un poids aussi considérable que celui qu'il avoit à élever au-dessus de ses piliers. Mais des expériences récentes sur la force des pierres, prouvent qu'il n'est presque pas de poids qu'une colonne isolée , de six pieds de diamètre , faite de bonne pierre bien dure , bien choisie & bien appareillée, ne soit capable de supporter. Nos anciennes églises, assez mal-à-propos appelées *gothiques* , en sont la preuve ; car on en voit quelques-unes dont toute la masse repose sur des piliers ayant à peine six pieds de diamètre , & quelquefois moins : aussi présentent-elles en général un air d'étendue que l'architecture grecque, employée dans les mêmes lieux, ne donne point.

(OZANAM).

ARITHEMETICIEN (le petit). *Voyez à l'article* AIMANT.

ARITHMÉTIQUE. Les deux aîles du mathématicien, disoit Platon, sont l'arithmétique & la géométrie. En effet, toutes les questions des mathématiques se réduisent à des déterminations de rapports de nombres ou de grandeur. On pourroit même dire, en continuant la comparaison de l'ancien philosophe, que l'arithmétique est l'aîle droite du mathématicien; car il est incontestable que les déterminations géométriques n'offriroient le plus souvent rien de satisfaisant à l'esprit, si les rapports ainsi déterminés ne pouvoient se réduire à des rapports de nombre à nombre. Ceci justifie l'usage où l'on est de commencer par l'arithmétique.

Cette science offre un grand nombre de spéculations & de recherches curieuses; dans la moisson que nous en avons faite, nous nous sommes bornés à ce qui est le plus propre à piquer la curiosité de ceux qui ont le goût des mathématiques.

Du système numérique, & des diverses espèces d'arithmétiques.

Il n'est personne qui n'ait remarqué que toutes les nations connues comptent par périodes de dix, c'est-à-dire, qu'après avoir compté les unités depuis 1 jusqu'à dix, on recommence par ajouter des unités à une dixaine; que, parvenu à deux dixaines ou 20, on recommence à ajouter des unités jusqu'à trente ou trois dixaines, & ainsi de suite jusqu'à cent ou dix dixaines; que de dix fois cent on a formé les mille, &c. Cela est-il nécessaire, ou a-t-il été occasionné par quelque cause physique, ou est-ce simplement un effet du hasard?

Pour peu qu'on réfléchisse sur cet accord unanime, l'on ne pensera point que ce soit l'ouvrage du hasard. Il est non-seulement probable, mais comme démontré, que ce système tire son origine de notre conformation physique. Tous les hommes ont dix doigts aux mains, à quelques-uns près, & en très-petit nombre, qui, par un jeu de la nature, sont sexdigitaires. Or, les premiers hommes ont commencé par compter sur leurs doigts. Après les avoir épuisés en comptant les unités, il leur falloit en former un premier total, & recommencer à compter par les mêmes doigts, jusqu'à ce qu'ils fussent épuisés une seconde fois; puis une troisième, &c. De-là l'origine des dixaines, qui, retenues elles-mêmes sur les doigts, n'ont pas dû aller au-delà de dix, sans obliger d'en former un nouveau total appelé centaine, &c; de dix centaines, le mille, &c; & ainsi de suite.

Il suit de-là une conséquence curieuse; c'est que si, au lieu de 10 doigts, nous en avions eu douze, notre système de numération auroit été différent. En effet, au lieu de dire après 10, dix plus un ou onze, dix plus deux ou douze; nous aurions monté par des noms simples jusqu'à douze; ensuite nous aurions compté par douze plus un, douze plus deux, &c, jusqu'à deux douzaines; le cent eût été douze douzaines, le mille eût été douze fois douze douzaines, &c. Un peuple sexdigitaire auroit sûrement une arithmétique de cette espèce, & n'en seroit pas pas plus mal, ou, pour mieux dire, il jouiroit de divers avantages dont notre système numérique est privé.

Cela a engagé des philosophes à examiner les propriétés de quelques autres systèmes de numération. Le célèbre Léibnitz a considéré celui où, après deux, on recommenceroit par deux plus un; c'est ce qu'il appelle l'arithmétique binaire. Dans ce système arithmétique, on n'auroit que deux chiffres, 1 & 0; & les nombres s'y marqueroient ainsi:

Un.	1
Deux.	10
Trois.	11
Quatre.	100
Cinq.	101
Six.	110
Sept.	111
Huit.	1000
Neuf.	1001
Dix.	1010
Onze.	1011
Douze.	1100
Treize.	1101
Quatorze.	1110
Quinze.	1111
Seize.	10000
Trente-deux.	100000
Soixante-quatre.	1000000
Deux mille trois cents soixante-dix-neuf.	100101001011

Comme M. Léibnitz trouvoit, dans cette manière d'exprimer les nombres, quelques avantages particuliers, il a donné dans les *Mémoires de Berlin* (tome 1 des anciens Mémoires), les règles pour pratiquer, dans cette espèce d'arithmétique, les opérations ordinaires de l'arithmétique vulgaire. Mais il est aisé de voir que ce nouveau système a, quant à l'usage ordinaire,
l'inconvénient

l'inconvénient d'exiger un trop grand nombre de caractères ; il en faudroit vingt pour exprimer un nombre d'environ un million ; ce qui seroit extrêmement incommode dans la pratique.

Il ne faut pas, au reste, omettre ici une chose curieuse au sujet de cette arithmétique binaire ; c'est qu'elle donne l'explication d'un symbole chinois, qui avoit fort tourmenté les savans en antiquités chinoises. Il étoit question de certains caractères révérés par les chinois, & consistans dans les différentes combinaisons d'une petite ligne entière & d'une brisée ; caractères attribués à leur ancien empereur Fohi. Le P. Bouvet, jésuite, célèbre missionnaire de la Chine, ayant été informé des idées de M. Léibnitz, remarqua que, si la ligne entière représente notre 1 & la ligne brisée notre 0, ces caractères ne sont autre chose que la suite des nombres exprimés par l'arithmétique binaire. Il seroit fort singulier qu'une énigme chinoise n'eût trouvé son Œdipe qu'en Europe. Mais peut-être tout cela est-il plus ingénieux que solide.

Mais si l'on a bien fait de laisser au nombre des spéculations curieuses l'arithmétique binaire de Léibnitz, il n'en est pas de même de l'arithmétique duodénaire ; de cette arithmétique qui, ainsi que nous l'avons dit plus haut, auroit eu lieu, si nous eussions été sexdigitaires. En effet, elle eût été tout aussi expéditive, & même un peu plus, que l'arithmétique actuelle ; le nombre de caractères, qui n'eût été augmenté que de deux pour exprimer dix & onze, n'eût pas plus surchargé la mémoire que celui des caractères actuels ; & il en résulteroit des avantages qui doivent faire regretter qu'elle n'ait pas été primitivement mise en usage.

Cela seroit probablement arrivé, si la philosophie eût présidé à cet établissement. Car on eût d'abord vu que le nombre *douze* est, de tous les nombres, depuis 1 jusqu'à 20, celui qui jouit de l'avantage d'être à-la-fois le plus petit, & d'avoir le plus grand nombre de diviseurs ; car 12 a 4 diviseurs qui le partagent sans fraction, savoir 2, 3, 4 & 6. Le nombre 18 a aussi, à la vérité, 4 diviseurs ; mais, étant plus grand que 12, celui-ci méritoit la préférence pour mesurer les périodes de la numération. Elles eussent eu alors l'avantage de pouvoir être divisées, la première d'un à douze, par 2, 3, 4, 6 ; la seconde d'un à cent quarante-quatre, par 2, 3, 4, 6, 8, 9, 12, 16, 24, 36, 48, 72 ; tandis que, dans l'usage ordinaire, la première période d'un à 10 n'a que deux diviseurs, 2 & 5 ; la seconde n'a que 2, 4, 5, 10, 20, 25, 50. On rencontreroit par conséquent, dans la désignation des nombres, plus rarement des fractions.
Amusemens des Sciences.

Mais ce qu'il y eût eu sur-tout d'avantageux dans cette sorte de numération, c'est qu'elle eût introduit dans l'usage les divisions & les sous-divisions des mesures quelconques en progression duodécimale. Ainsi, de même que, par hasard, le pied se divise en 12 pouces, le pouce en 12 lignes, la ligne en 12 points ; la livre se seroit divisée en 12 onces, l'once en 12 gros, le gros en 12 scrupules ou autres parties dénommées comme on voudra ; le jour eût été divisé en 12 portions appellées heures, si l'on veut ; l'heure en 12 autres parties qui auroient valu 10 minutes ; chacune de ces parties en 12 autres ; & ainsi successivement. Il en eût été de même des mesures de contenance, &c, &c.

On demandera quels avantages il y eût eu dans cette division ? Le voici. On sait que tous les jours, quand il est question de partager une mesure en 3, en 4 parties, en 6, on ne trouve pas un nombre entier de mesures de l'espèce inférieure, ou c'est uniquement par hasard. Ainsi, un tiers, un 6e de livres ne donne pas un nombre juste d'onces ; un tiers de livre numéraire ne donne pas un nombre entier de sous. Il en est de même du muid & de la plûpart des autres mesures des liquides, &c ; on pourroit en trouver bien d'autres exemples. Ces inconvéniens, qui compliquent le calcul, n'auroient pas lieu, si l'on eût suivi par-tout la progression duodécimale.

Le second avantage résulteroit de la combinaison de l'arithmétique duodénaire avec cette progression de sous, de deniers ; un nombre de livres, de sous, de deniers ; un nombre de pieds, de pouces, de lignes ; ou bien de livres, d'onces, &c, étant donné, seroit exprimé comme le sont, dans l'arithmétique usuelle, les nombres entiers & de même espèce. Par exemple, en supposant que la toise fût de 12 pieds, comme il faudroit dans ce système de numération ; si l'on avoit 9 toises 5 pieds 3 pouces 8 lignes à exprimer, il ne faudroit pas écrire 9t 5p 3p 8l, mais simplement 9538 ; & toutes les fois qu'on auroit un nombre semblable, exprimant une dimension en toises, pieds, pouces, &c, le premier chiffre à droite exprimeroit des lignes, le second des pouces, le troisième des pieds, le quatrième des toises, le cinquième des douzaines de toises qu'on pourroit exprimer par un nom simple, par exemple, par le nom de corde, &c. Enfin, lorsqu'il seroit question d'ajouter, de soustraire, de multiplier ou diviser de semblables grandeurs entr'elles, on opéreroit comme sur des nombres entiers ; & ce qui en résulteroit, désigneroit de même, par l'ordre des chiffres, des lignes, pouces, pieds, &c.

Il est aisé de sentir combien cela seroit commode dans la pratique. Aussi un mathématicien

P

hollandois (Stévin) avoit-il proposé d'adapter les divisions & subdivisions des mesures à notre systême de numération actuelle, en les faisant décroître en progression décimale. Ainsi, la toise eût été de 10 pieds, le pied de 10 pouces, le pouces de 10 lignes, &c. Mais il ne faisoit pas attention à l'inconvénient de se priver de la commodité de pouvoir diviser ces mesures par 3, 4, 6, sans fraction, & c'en est un considérable.

Dans le systême de l'arithmétique duodécimale, il est évident que les 9 premiers nombres pourroient s'exprimer, comme à l'ordinaire, par les 9 caractères connus 1, 2, 3, &c; mais, comme la période ne doit se terminer qu'a douze, il est nécessaire d'exprimer dix & onze par des caractères simples. Nous choisirons ceux-ci φ pour exprimer dix, & 3 pour exprimer onze; alors il est évident que 10 exprimera douze,

11 désignera treize.
12 . . . quatorze.
13 . . . quinze.
14 . . . seize.
15 . . . dix-sept.
16 . . . dix-huit.
17 . . . dix-neuf.
18 . . . vingt.
19 . . . vingt-un.
1φ . . . vingt-deux.
13 . . . vingt-trois.
20 . . . vingt-quatre.
30 . . . trente-six.
40 . . . quarante-huit.
50 . . . soixante-douze.
100 seront cent quarante-quatre.
200 . . . deux cents quatre-vingt-huit.
300 . . . quatre cents trente-deux.
1000 . . . mil sept cent vingt-huit.
2000 . . . trois mille quatre cents cinquante-six.
10000 . . . vingt mille sept cent trente-six.
100000 . . deux cents quarante-huit mille huit cents trente-deux.
&c. . . . .

Ainsi, le nombre désigné par ces chiffres φ943 seroit dix-huit mille six cent vingt-sept; car φ000 est dix-sept mille deux cent quatre-vingt, 900 est douze cent quatre-vingt-seize, 40 est quarante-huit, & 3 trois; nombres qui, joints ensemble, font celui ci-dessus.

Il seroit facile de tracer les règles de cette nouvelle arithmétique, à l'instar de notre arith-

métique vulgaire; mais, comme il n'y a pas d'apparence que ce nouveau calcul soit jamais admis dans la société, nous nous bornerons ici à ce que nous en avons déjà dit. Nous ajouterons seulement que nous avons vu un livre imprimé en Allemagne, où les quatre règles ordinaires de l'arithmétique vulgaire étoient expliquées dans tous les systêmes d'arithmétique binaire, ternaire, quaternaire, &c, jusqu'à la duodécimale inclusivement.

De quelques manières abrégées de faire les opérations arithmétiques.

§. I.

Manière de soustraire à-la-fois plusieurs nombres de plusieurs autres nombres donnés, sans faire les additions partielles.

Un exemple suffira pour faire concevoir cette opération. On propose d'ôter toutes les sommes au-dessous de la ligne en B, de toutes celles au-dessus en A. Pour cet effet, on commencera par ajouter les nombres de la première colonne d'en-bas à droite, comme à l'ordinaire; ils font 14, qu'on ôtera de la plus prochaine dixaine au-dessus, savoir, de 20. Le reste est 6 que vous ajouterez à la colonne correspondante de dessus en A; la somme totale sera 23: vous écrirez 3 au-dessous; &, parce qu'il y a ici deux dixaines, comme auparavant, il n'y a rien à retenir. Ajoutez de la même façon les nombres de la colonne suivante d'en-bas: leur somme est neuf, qui, étant ôtée de la plus proche dixaine supérieure, laisse 1. Ajoutez donc 1 à la seconde colonne des nombres d'en-haut, dont la somme est 20; laquelle étant ôtée de 20, le restant est 0. Ainsi il faudra écrire 0 au-dessous; &, parce qu'il y a ici deux dixaines, tandis que, dans la colonne d'en-bas, il n'y a voit qu'une; il faut retenir la différence 1, qu'on ôtera de la colonne suivante d'en-bas, parce qu'il y avoit plus de dixaines dans la colonne des nombres A, que dans celle des nombres B; car il faudroit l'ajouter si c'étoit le contraire. Enfin, quand il arrivera que cette différence ne pourra être ôtée de la colonne d'en-bas, pour n'y avoir plus de figures significatives, comme il arrive ici à la 5e colonne, on l'ajoutera à la colonne d'en-haut, & l'on écrira toute la somme au-dessous de la ligne; ensorte que, dans cet exemple, on aura 162003 pour le reste de la soustraction.

```
    5243 ⎫
   84564 ⎬ A
    3252 ⎪
   26848 ⎭
   ──────
    2942 ⎫
    3654 ⎬ B
    2308 ⎭
   ──────
  162003
```

§. II.

Multiplication par les doigts.

Pour multiplier, par exemple, 9 par 8, prenez d'abord la différence de 9 à 10, qui est 1; &

ayant levé les 10 doigts des deux mains, abaissez 1 doigt d'une main, par exemple, la gauche. Prènez aussi la différence de 8 à 10, qui est 2, & abbaissez 2 doigts de la main droite.

Présentement, ajoutez les doigts levés, qui font ici 7; ce sera le nombre des dixaines du produit. Multipliez le nombre des doigts baissés d'une main par celui des doigts baissés de l'autre; ce produit, qui est 2, sera le nombre des unités du produit; ainsi on trouvera que 9 par 8 fait 72.

On voit par-là qu'il faut prendre la différence de 10 à chacun des nombres donnés; que le produit de ces différences désignées par les doigts baissés de chaque main, donnent les unités du produit, & que la somme des doigts qui restent levés, est celle des dixaines de ce même produit.

Il est aisé de voir que ceci est plus curieux qu'utile; car on ne peut multiplier de cette manière que des nombres au-dessus de dix; & tout le monde a dans la mémoire ces premiers produits, sans lesquels on seroit arrêté à chaque Multiplication complexe.

§. III.

De quelques Multiplications & Divisions abrégées.

I. Il n'est personne qui ne sache que, pour multiplier un nombre par 10, il suffit de lui ajouter un zéro; pour le multiplier par 100, de lui en ajouter deux, &c.

D'où il suit que, pour multiplier par 5, il n'y a qu'à le diviser par deux, en supposant un zéro ajouté à la fin. Ainsi, pour multiplier 127 par 5, on supposera un zéro ajouté; ce qui donneroit 1270, qu'on divisera par 2; le quotient 635 sera le produit cherché.

De même, pour multiplier un nombre par 25, il faudroit le concevoir multiplié par 100, ou augmenté de deux zéro, & le diviser par 4. Ainsi 127 multiplié par 25 seroit 3175; car 127 augmenté de deux zéro donne 12700, qui, divisé par 4, produit 3175.

Pareillement, pour multiplier par 125, il suffiroit d'ajouter ou concevoir ajoutés trois zéro au nombre à multiplier, & de diviser par 8. Les raisons de ces opérations sont si aisées à appercevoir, que ce seroit témoigner au lecteur bien peu de confiance en son intelligence, que de les exposer.

II. La multiplication d'un nombre par 11 se ré-

duit à une simple addition; car il est aisé de voir que multiplier un nombre par 11, ce n'est autre chose que l'ajouter à son décuple, c'est-à-dire, à lui-même, suivi d'un zéro.

Soit, par exemple, le nombre 67583;
Pour le multiplier par 11, on dira 3 & 0 ———
font 3; on écrira 3 au rang des unités; 743413
ensuite 8 & 3 font 11; on écrira 1 au rang des dixaines, en retenant 1; puis 5 & 8, & 1 de retenu font 14; on écrira 4 au 3e rang, en retenant 1. Ce qu'on vient de dire suffit pour indiquer la suite de l'opération, qui donnera 743413.

On pourroit pareillement multiplier le nombre ci-dessus par 111, en prenant d'abord le premier chiffre des unités 3, ensuite la somme de 8 & 3, après cela celle de 5, 8 & 3, puis celle de 7, 5 & 8, & ainsi de suite.

III. Nous nous bornons à remarquer encore que, pour multiplier un nombre quelconque par 9, on peut employer la simple soustraction. Prenons pour exemple le même nombre que ci-dessus. Pour le multiplier par 9, on n'a qu'à 67583; ajouter par la pensée un zéro à la fin du ———
nombre à multiplier, & ensuite sous- 608247
traire chaque chiffre de celui qui le pré- ———
cède, en commençant par la droite; ainsi, l'on ôtera 3 de zéro ou 10, ce qui donnera 7; ensuite 8 de 2 ou 12, ce qui donnera 4; on continuera ainsi de suite, en ayant attention aux unités empruntées pour augmenter de 10 la valeur des chiffres trop petits pour que la soustraction puisse se faire, & l'on trouvera 608247.

Il est aisé d'appercevoir la raison de ces opérations. Car il est évident que, dans la première, on ne fait qu'ajouter le nombre lui-même à son décuple; &, dans celle-ci, on l'ôte de ce même décuple. Il suffit enfin de faire l'opération d'une manière développée, pour en concevoir le procédé & la raison.

On peut employer des artifices semblables dans certains cas de division, par exemple, pour diviser un nombre par telle puissance qu'on voudra de 5. Car supposons qu'on veuille diviser 128 par 5, il faut le doubler, ce qui donnera 256; puis retrancher le dernier chiffre qui représentera des décimales; ainsi, l'on aura pour quotient 25, 6, ou 25 6/10. Pour diviser le même nombre par 25, il faudra le quadrupler, ce qui donnera 512, & retrancher les deux derniers chiffres qui seront des décimales; vous aurez 5 & 12/100. Pour diviser par 125, il faudra octupler le dividende, & retrancher ensuite 3 chiffres, & ainsi de suite. Mais il faut l'avouer, de pareils abrégés de calcul ne mènent pas loin.

§. IV.

Multiplication & Division abrégées par les bâtons arithmétiques de Neper.

Quand on a de grands nombres à multiplier les uns par les autres, il est aisé de voir que l'on opéreroit avec beaucoup de rapidité, si l'on avoit préliminairement une espèce de tarif du nombre à multiplier, doublé, triplé, quadruplé, & ainsi jusqu'au noncuple inclusivement. Or, il est bien aisé de se procurer ce tarif par la simple addition, puisqu'il n'y a qu'à ajouter le nombre à multiplier à lui-même, & on aura le double ; puis l'ajouter de nouveau à ce double, & l'on aura le triple, & ainsi de suite. Mais, à moins que ce nombre à multiplier ne revint bien fréquemment, ce seroit se procurer un abrégé de calcul par une opération beaucoup plus longue que celle qu'on auroit cherché à abréger.

Le fameux Neper, dont toutes les recherches paroissent avoir eu pour objet d'abréger les opérations de l'arithmétique & de la trigonométrie, ce qui nous a valu l'ingénieuse & à jamais mémorable invention des logarithmes, a imaginé un moyen de se former au besoin ce tarif dans le moment, par le moyen de certaines baguettes qu'il a décrites dans son ouvrage intitulé *Rhabdologia*, imprimé à Edimbourg en 1617. En voici la construction.

On préparera plusieurs bandes de carton, ou de cuivre, qui aient en longueur environ 9 fois leur largeur, & que l'on divisera en 9 quarrés égaux (*Planche* I, *fig.* I. *Amusemens d'arithmétique.*). On inscrira ensuite ; c'est-à-dire, dans le premier quarré de chacune, un des nombres de la suite naturelle 1, 2, 3, 4, &c. jusqu'à 9 inclusivement. Il faudra diviser ensuite chacun des quarrés inférieurs en deux, par une diagonale tirée de l'angle supérieur à droite, à l'angle inférieur à gauche ; après quoi, l'on inscrira dans chacune de ces cases par ordre en descendant, le double, le triple, le quadruple du nombre porté en tête, avec cette attention que, quand ce multiple ne sera que d'un chiffre, il faudra le placer dans le triangle inférieur ; & quand il sera composé de deux, on placera celui des unités dans le triangle inférieur, & celui des dixaines dans le supérieur, ainsi qu'on voit dans la *figure première*. Il faudra avoir une de ces bandes dont les cases ne soient point divisées, & dans lesquelles seront inscrits simplement les nombres naturels depuis 1 jusqu'à 9. Il sera aussi à propos d'avoir plusieurs de ces bandes pour chaque chiffre.

Cette préparation faite, supposons qu'on ait à multiplier le nombre 6785399 ; on arrangera l'une à côté de l'autre les 7 bandes portant en tête le nombres 6, 7, 8, &c., & à côté d'elles en premier rang celles qui portent les chiffres simples, comme on voit dans la *figure seconde* ; au moyen de quoi l'on aura le tarif de tous les multiples du nombre à multiplier ; & il ne restera presque que la peine de les transcrire. Par exemple, on aura celui de 6, en écrivant d'abord à gauche le chiffre 4 qui est celui des unités, & ajoutant ensuite les chiffres 5 & 4, placés, le premier dans le triangle supérieur de la case 54, & le second dans l'inférieur de la case à côté, en reculant vers la gauche, & ainsi successivement, suivant les règles ordinaires de l'addition. Ce multiple se trouvera donc 40712394.

Le reste de l'opération sera le même que dans la multiplication ordinaire. Le multiplicateur & le nombre à multiplier étant écrits l'un sous l'autre, comme on a coutume de faire ; comme le premier chiffre du multiplicateur est 8, on prendra le nombre qui est dans le rang horisontal à côté de 8 qu'on trouve, par la simple addition, être 54283192 ; & on l'écrira. On prendra ensuite celui qui est à côté de 3, & on l'écrira en rétrogradant d'une place ; & ainsi des autres. On ajoutera ensuite tous ces produits partiaux comme à l'ordinaire, & l'on aura le produit total qu'on voit ci-contre.

$$
\begin{array}{r}
6785399 \\
839938 \\
\hline
54283192 \\
20356797 \\
61068591 \\
61068591 \\
20356797 \\
54283192 \\
\hline
5709314465262
\end{array}
$$

On peut employer ce même artifice pour abréger la division, sur-tout lorsqu'on a de grands nombres à diviser fréquemment par un même diviseur. Qu'on ait, par exemple, le nombre 1492992 à diviser par 432, & que, dans une suite d'opérations, ce même diviseur doive se présenter souvent, on commencera à se former, par le moyen décrit plus haut, le tarif des multiples de 432 ; ce qui n'exigera presque qu'une simple transcription, comme on voit ci-dessous à gauche.

1 . . .	432	1492992	(3456
2 . . .	864	1296	
3 . . .	1296	1969	
4 . . .	1728	1728	
5 . . .	2160	2419	
6 . . .	2592	2160	
7 . . .	3024	2592	
8 . . .	3456	2592	
9 . . .	3888	0000	

Cela fait, on verra d'abord que, puisque 432 n'est point compris dans les trois premiers chiffres du dividende, ce doit être un multiple de ce nombre qui sera compris dans les quatre premiers, sçavoir, 1492. Pour le trouver, il suffira de jetter les yeux fur la table ; & l'on verra que le multiple de 432 le plus prochainement moindre, eſt 1296 : on écrira donc 3 au quotient, & 1296 fous 1492; on fera la fouſtraction, & il reſtera 196 : on abaiſſera le chiffre ſuivant du dividende, ce qui donnera 1969. L'inſpection ſeule de la table fera encore connoître que 1728 eſt le plus grand multiple de 432 qui ſoit contenu dans 1969. Ainſi l'on écrira 4 au quotient, & l'on fera la fouſtraction comme ci-deſſus. On continuera ainſi l'opération, & l'on trouvera pour les chiffres ſuivans du quotient, 5 & 63 & comme le dernier multiple ne laiſſe aucun reſte, la diviſion ſera exacte & parfaite.

On ne s'eſt pas borné à tâcher de ſimplifier les opérations de l'arithmétique par ces voies ; on a tenté quelque choſe de plus, & de réduire à une pure méchanique toutes les opérations de l'arithmétique. Le célèbre Paſcal a le premier imaginé une machine de cette eſpèce, dont on voit la deſcription dans le recueil des machines préſentées à l'académie, T. IV. Le chevalier Morland, ſans ſavoir probablement ce que Paſcal avoit fait à cet égard, publia en 1673 ſes deux machines arithmétiques, l'une pour l'addition & la fouſtraction, & l'autre pour la multiplication, ſans néanmoins dévoiler la conſtruction intérieure. Le célèbre Leibnitz s'occupa du même objet vers le même tems, & enſuite le marquis Poleni. On voit la deſcription de leurs machines arithmétiques dans le Theatrum arithm. de M. Leupold, imprimé en 1727, avec celle de M. Leupold lui-même, & dans les Miſcell. Berol. de 1709. On a auſſi l'Abaque rabdologique de M. Perrault, dans le recueil de ſes machines, donné en 1700. Il ſert pour l'addition, la fouſtraction & la multiplication. Le recueil des machines préſentées à l'académie royale des ſciences offre encore une machine arithmétique de M. Leſpine, & trois de M. de Boiſtiſſandeau. Enfin M. Gerſten, profeſſeur de mathématiques de Gieſſen, a donné en 1735, à la ſociété royale de Londres, la deſcription très-détaillée de ſa machine propre. Nous nous bornerons ici à ces indications. Cependant nous croyons faire plaiſir aux curieux d'indiquer, dans le paragraphe qui ſuit, une arithmétique ingénieuſe, inventée par M. Saunderſon, célèbre mathématicien, aveugle dès ſon enfance.

§. V.

Arithmétique palpable, ou manière de pratiquer l'arithmétique à l'uſage des aveugles, ou dans l'obſcurité.

Ceci paroîtra ſans douze au premier abord un paradoxe, mais ce n'en eſt pas moins une réalité ; & cette arithmétique étoit pratiquée par le fameux docteur Saunderſon, devenu aveugle à l'âge d'un an ; ce qui ne l'empêcha pas de faire des progrès profonds dans les mathématiques, & de remplir avec l'admiration de tout le monde une chaire dans l'univerſité de Cambridge.

Soit un quarré ABCD, (fig. 1, pl. 2. Amuſemens d'Arithmétique), diviſé en quatre autres quarrés par deux lignes parallèles aux côtés, leſquelles s'entrecoupent au centre. Ces deux lignes donnent encore, avec les côtés du quarré, quatre interſections; ce qui, joint aux quatre angles du quarré primitif, donne neuf points. Que chacun de ces points préſente un trou dans lequel on puiſſe ficher ou une épingle, ou une cheville : il eſt évident qu'on aura neuf places diſtinctes pour les neuf chiffres ſimples & ſignificatifs de notre arithmétique, & il n'y aura qu'à convenir d'un ordre dans lequel on comptera ces points ou places de l'épingle ou cheville mobile. Ainſi, pour marquer 1, on la placera au centre (ibid. fig. 1); pour ſignifier 2, on la mettra immédiatement au-deſſus du centre en montant ; à l'angle ſupérieur à droite, pour ſignifier 3; & ainſi de ſuite, comme le marquent les nombres appoſés à chacun de ces points.

Mais il y a un caractère qui joue un très-grand rôle dans notre arithmétique, ſavoir, le zéro. Il y auroit un parti fort ſimple à prendre, celui de laiſſer toutes les places vuides, & le zéro ſeroit ſignifié par-là; toutefois Saunderſon préféroit dans ſa caſe du milieu un épingle à groſſe tête : il l'y laiſſoit même, à moins qu'ayant l'unité à exprimer, il ne fût obligé de la remplacer par une épingle à petite tête. Il en réſultoit pour lui l'avantage de mieux guider ſes mains, & de reconnoître plus facilement, par la poſition des épingles à petite tête à l'égard de la groſſe épingle centrale, ce que ces premières ſignifioient. On doit s'y tenir, car Saunderſon avoit ſûrement choiſi le moyen le plus ſignificatif à ſes doigts. (Voyez fig. 2, ibid.).

Nous venons de voir comment on peut exprimer un nombre ſimple ; rien de ſi facile. Il ne l'eſt pas moins d'exprimer un nombre compoſé ; car, ſuppoſons pluſieurs quarrés tels que le précédent, rangés ſur une même ligne, & ſéparés par un petit intervalle, pour pouvoir les diſtinguer facilement par le tact : il ne faut qu'être au fait de l'arithmétique vulgaire, pour voir que le premier quarré à droite ſervira à exprimer les unités ; le ſuivant, en reculant vers la gauche, ſervira aux dixaines ; le troiſième aux centaines, &c. Ainſi, dans la fig. 2, pl. 2, les cinq quarrés garnis comme l'on voit, repréſenteront le nombre 54023.

Ayez enfin une tablette diviſée en pluſieurs bandes horizontales, dont chacune portera ſept ou huit quarrés ſemblables, ſuivant le beſoin ;

que ces bandes soient séparées par un intervalle convenable pour les mieux distinguer; enfin, que tous les quarrés du même ordre, dans chacune de ces bandes, soient tellement espacés qu'ils se répondent perpendiculairement les uns aux autres; vous pourrez, par le moyen de cette machine, faire les diverses opérations d'arithmétique. On s'est borné ici à représenter une addition de quatre nombres, & leur somme, suivant les deux manières. (*Ibid. fig.* 2, n°. 2.)

Cette machine ingénieuse ne servoit pas seulement à Saunderson pour les opérations de l'arithmétique; il s'en servoit aussi à représenter des figures de géométrie, en plaçant ses épingles, & tendant des filets de l'une à l'autre. Mais en voilà assez sur ce sujet. Ceux à qui ceci ne suffiroit pas, n'ont qu'à consulter l'algèbre de Saunderson, traduite par M. de Joncourt en 1756, & qui se débite chez Jombert; ou la traduction des élémens abrégés de Wolf, où cette arithmétique palpable est expliquée au long, & peut-être pas plus clairement qu'ici.

Multiplier 11 *l.* 11 *s.* 11 *den. par* 11 *l.* 11 *s.* 11 *d.*

J'ai vu proposer ce problème par un arithméticien juré; c'étoit l'épreuve à laquelle il mettoit la capacité d'un jeune homme qu'on lui annonçoit comme possédant bien l'arithmétique. Il avoit raison, quoique peut-être il n'en sentît pas la difficulté: car ce problème, indépendamment de l'embarras qui résulte de la multiplication de quantités de diverses espèces, & de leur réduction, est propre à éprouver l'intelligence d'un arithméticien.

On eût pu en effet peut-être embarrasser, par une question fort simple, celui qui proposoit cette opération: c'eût été en demandant quelle nature de produit étoit celle de livres, sous & deniers, multipliés par des livres, sous & deniers. Nous savons que celui d'une toise par une toise est représenté par une toise quarrée, parce qu'on est convenu en géométrie d'appeler toise quarrée, la surface quarrée ayant une toise de hauteur sur une toise de base; & 6 toises par 4 donnent 24 toises quarrées, parce que la surface rectangle ayant six toises sur quatre, contient 24 toises quarrées, comme le produit de 4 par 6 contient 24 unités. Mais qui dira ce que c'est que le produit d'un sou par un sou, d'un sou par une livre, &c?

La question considérée sous cet aspect est donc absurde; ce que ne sent pas le vulgaire des arithméticiens.

On peut néanmoins la considérer sous divers points de vue qui la rendent susceptible de solution. Le premier est de faire attention que la livre contient 20 sous ou 240 deniers; ensorte qu'on peut réduire le problème à celui-ci en nombres abstraits: multiplier 11 plus $\frac{11}{20}$ plus $\frac{11}{240}$, par 11 plus $\frac{11}{20}$ plus $\frac{11}{240}$; alors le produit sera 134 plus $\frac{5}{10}$ plus $\frac{11}{240}$ plus $\frac{69}{57600}$.

La seconde manière d'envisager la question est celle-ci. Tout produit est le quatrième terme d'une proportion dont le premier terme est l'unité, & dont les deux quantités à multiplier sont les deuxième & troisième termes. Ainsi il n'est question que de fixer le genre d'unité qui doit être le premier terme de la proportion.

On peut dire, par exemple, si une livre employée dans telle entreprise a produit 11 l. 11 s. 11 deniers, combien produiront 11 l. 11 s. 11 deniers. Alors le produit sera le même que ci-dessus, savoir 134 l. 9 s. 3 d. & $\frac{49}{240}$ de denier.

Mais cette même unité pourroit être 1 sou: car qui empêcheroit de former cette question: Si un s. a produit 11 l. 11 s. 11 deniers, combien doivent produire 11 l. 11 s. 11 deniers? Alors le produit sera 2689 l. 5 s. 4 d. & $\frac{7}{12}$ de den.

Enfin cette unité pourroit être 1 denier; & le produit seroit alors 32271 l. 4 s. 1 denier.

De quelques propriétés des nombres.

Il ne sera pas ici question de propriétés des nombres qui occupèrent tant les anciens, & dans lesquelles ils trouvoient tant de vertus mystérieuses. Pour peu qu'on soit doué d'un esprit dégagé de crédulité, on ne peut s'empêcher de rire en voyant le bon chanoine de Cézène, Pierre Bungo, rassembler dans un volume in-4°, intitulé *de Mysteriis Numerorum*, toutes les sottises que Nicomaque, Ptolémée, Porphyre, & divers autres anciens, avoient puérilement débitées sur les nombres. Comment a-t-il pu entrer dans des esprits raisonnables, d'attribuer une énergie physique à des êtres purement métaphysiques? Car les nombres ne font que pures appréhensions de l'esprit; conséquemment ils ne sçauroient avoir aucune influence dans la nature.

Il ne peut donc y avoir que des bonnes-femmes ou des sots qui puissent croire aux vertus des nombres. Si, de treize personnes assises à la même table, on a vu fréquemment en périr une dans l'année, il a encore bien plus de probabilité qu'il en périra une, si l'on est vingt-quatre.

I.

Le nombre 9 a cette propriété, que les chiffres

qui compofent fes multiples, ajoutés enfemble, font toujours auffi un multiple de 9 ; enforte que les additionnant, & rejettant 9 toutes les fois que la fomme furpaffe ce nombre, le refte eft toujours zéro. Cela fe remarque facilement dans les multiples de 9, comme 18, 27, 36, &c. &c.

Cette obfervation eft utile pour reconnoître fi un nombre eft divifible par 9 : car toutes les fois que les chiffres qui l'expriment, étant ajoutés enfemble, & plus 9 ou un de fes multiples, on peut être affuré que le nombre eft divifible par 9, & conféquemment par 3.

Mais cette propriété eft-elle unique ou particulière au nombre 9? Non. Le nombre 3 a une propriété tout-à-fait femblable. Qu'on ajoute les chiffres qui expriment un multiple quelconque de 3, on verra que leur fomme eft pareillement toujours multiple de 3 ; & quand le nombre propofé ne fera pas un pareil multiple, ce qu'on trouvera en fus de ce multiple en additionnant les chiffres, fera auffi ce dont le nombre propofé eût dû être diminué, pour être divifible par trois fans refte.

On peut employer cette remarque pour reconnoître, pour ainfi dire, au premier coup-d'œil, fi une fomme propofée eft payable en écus, fans refte : car fi cette fomme eft telle, que les chiffres qui l'expriment, ajoutés enfemble, faffent 3 ou un multiple de 3, elle fera payable fans refte en écus, favoir de fix livres fi elle eft paire, & de trois livres fi elle eft impaire. Si les nombres qui expriment la fomme en queftion, forment par leur addition un nombre qui excède 3 ou un multiple de 3, ce dont il excédera ce multiple, fera le nombre des livres en fus, qu'il faudra ajouter aux écus. Par exemple, foit propofée la fomme de 1343 livres : la fomme des chiffres 1, 3, 4, 3 faifant 11, ce qui furpaffe de 2 le plus prochain multiple de 3, on pourra affurer que, pour payer cette fomme, il faudra un certain nombre d'écus de trois livres & quarante fous ; car, ôtant 2, le refte eft 1341, qui eft payable en écus de trois livres, ainfi qu'il eft aifé de s'en affurer.

De même on trouvera que la fomme 1327 eft payable en écus de fix livres avec vingt fous : car ces quatre chiffres font 13, qui excèdent 12 de 1 ; or, ôtant 1 de 1327, reftent 1326, nombre qui eft pair, & dont les chiffres faifant 12, multiple de 3, indiquent que la fomme eft payable en écus de fix livres. En effet, 1326 livres font 221 écus de fix livres.

Nous ne devons pas omettre ici une obfervation très-ingénieufe de l'auteur de l'hiftoire de l'académie des fciences (année 1726; c'eft que,

fi nous euffions adopté un fyftême de numération différent de celui qui eft en ufage, par exemple, celui de la progreffion duodécuple, nous verrions le nombre onze, ou en général l'avant-dernier de la période ; jouir de la même propriété dont jouit le nombre neuf dans le fyftême actuel de numération. Prenons en effet un multiple de onze, comme neuf cents cinquante-fept ; exprimons-les en chiffres fuivant ce fyftême; ce fera 795 ; or 7 & 9 font dix-fept, & 5 font vingt-deux, qui eft un multiple de onze.

Nous n'entreprendrons pas ici de démontrer comment cette propriété eft, pour ainfi dire, attachée à l'avant-dernier nombre de la période adoptée pour la numération ; cela nous engageroit dans une analyfe un peu trop compliquée. Nous laiffons le lecteur s'exercer, s'il le juge à propos, fur ce fujet.

I I.

Tout nombre quarré finit néceffairement par un de ces cinq chiffres, 1, 4, 5, 6, 9; ou par des zéros en nombre pair, précédés de l'un de ces chiffres. Cela eft aifé à démontrer, & utile pour reconnoître quand un nombre n'eft pas quarré. Nous difons pour reconnoître quand un nombre n'eft pas quarré ; car, quoiqu'un nombre finiffe comme on vient de dire, il n'eft cependant pas toujours un quarré parfait ; mais du moins, quand il ne finit pas de cette manière, on eft fûr qu'il ne l'eft pas ; ce qui évite des tentatives inutiles.

Quant aux nombres cubes, ils peuvent finir par tous les nombres fans exception ; mais s'ils fe terminent par des zéros, il faut qu'ils foient au nombre de trois, ou fix, ou neuf, &c.

I I I.

Tout nombre quarré ou eft divifible par trois, ou le devient étant diminué de l'unité. Il eft facile d'en faire l'épreuve fur tel quarré qu'on voudra. Ainfi 4 moins 1, 16 moins 1, 25 moins 1, 49 moins 1, 121 moins 1, &c. font divifibles par 3 ; & ainfi des autres ; ce qu'on peut démontrer directement.

Tout quarré eft encore divifible par quatre, ou le devient étant diminué de l'unité. Il eft également facile de l'éprouver.

Tout quarré eft auffi divifible par cinq, ou le devient étant augmenté ou diminué de l'unité ; ce qu'on peut également démontrer. Ainfi 36 — 1, 49 + 1, 64 + 1, 81 — 1, &c. font divifibles par 5.

Tout quarré impair eft un multiple de 8, augmenté de l'unité. On en a des exemples dans 9, 25, 49, 81, &c. defquels ôtant 1, le refte eft divifible par 8.

I V.

Tout nombre eft ou quarré, ou divifible en deux, ou trois, ou quatre quarrés. Ainfi 30 eft égal à $25 + 4 + 1$; $31 = 25 + 4 + 1 + 1$; $33 = 16 + 16 + 1$; $63 = 49 + 9 + 4 + 1$, ou $56 + 25 + 1 + 1$.

J'ajouterai ici, par anticipation, quoiqu'on ne fçache pas encore ce que c'eft que nombre triangulaire, pentagone, &c que

Tout nombre eft ou triangulaire, ou compofé de deux ou trois triangulaires.

Il eft ou pentagone, ou compofé de deux, ou trois, ou quatre, ou cinq pentagones; & ainfi des autres.

J'ajouterai enfin que tout quarré pair, hors le premier 1, eft réfoluble au moins en quatre quarrés égaux; & que tout quarré impair l'eft au moins en trois, s'il ne l'eft en deux. Ainfi $81 = 36 + 36 + 9$; $121 = 81 + 36 + 4$; $169 = 144 + 25$; $625 = 400 + 144 + 81$.

V.

Toute puiffance de cinq ou de fix, finit néceffairement par cinq ou par fix.

V I.

Si on prend deux nombres quelconques, l'un des deux, ou leur fomme, ou leur différence, eft néceffairement divifible par trois. Soient pris les nombres 20 & 17; aucun d'eux, ni leur fomme 37, n'étant pas divifible par 3, leur différence l'eft, car elle eft trois.

Il eft aifé de démontrer que cela doit arriver néceffairement, quels que foient les nombres qu'on prendra.

V I I.

Si deux nombres font tels, que leurs quarrés ajoutés enfemble faffent un quarré, le produit de ces deux nombres eft divifible par 6.

Tels font, pour en donner un exemple, les nombres 3 & 4, dont les quarrés 9 & 16 ajoutés enfemble font le nombre quarré 25; leur produit 12 eft divifible par 6.

La démonftration générale de cette propriété

ne fçauroit trouver place ici; mais l'on peut tirer de ce qu'on vient de dire, un moyen de

Trouver deux nombres dont les quarrés ajoutés enfemble faffent un nombre quarré. Pour cet effet, multipliez deux nombres quelconques; le double de leur produit fera l'un des deux nombres cherchés, & la différence de leurs quarrés fera l'autre.

Comme fi l'on multiplie l'un par l'autre ces deux nombres 2, 3, dont les quarrés font 4, 9, leur produit fera 6, dont le double 12, & la différence de leurs quarrés 5, font deux nombres tels que la fomme de leurs quarrés eft égale à un autre nombre quarré : car ces quarrés font 144 & 25, qui font 169, quarré de 13.

V I I I.

Lorfque deux nombres font tels, que la différence de leurs quarrés eft un nombre quarré, la fomme & la différence de ces nombres font elle-mêmes un nombre quarré, ou le double.

Tels font, par exemple, les nombres 13 & 12, dont les quarrés font 169, 144, dont la différence eft 25, qui eft auffi un quarré; la fomme de ces nombres eft 25, nombre quarré.

Les nombres 6 & 10 ayant pour quarrés 36 & 100, dont la différence eft 64, nombre quarré; on trouve que leur fomme eft 16, qui eft auffi un nombre quarré, ainfi que leur différence 4.

Les nombres 8 & 10 ayant des quarrés dont la différence eft 36, on voit auffi que la fomme de ces nombres eft 18, qui eft double de 9, nombre quarré; & leur différence 2 eft le double de 1, nombre quarré, &c.

I X.

Si on multiplie deux nombres dont la différence eft 2, leur produit augmenté de l'unité fera le quarré du nombre intermédiaire.

Ainfi le produit de 12 par 14 eft 168, qui, augmenté de 1, donne 169, quarré de 13, nombre moyen entre 12 & 14.

Rien n'eft plus aifé que de démontrer que cela doit toujours arriver; & l'on verra qu'en général le produit de deux nombres, augmenté du quarré de la demi-différence, donne le quarré du nombre moyen.

X.

On appelle nombre *premier*, celui qui n'a d'autre

tre diviseur que l'unité. Les nombres de cette espèce ne peuvent donc être pairs, à l'exception du nombre deux; ni être terminés par cinq, excepté le nombre cinq lui-même, d'où il suit qu'à l'exception de ceux qui sont renfermés dans la première dixaine, ils doivent nécessairement se terminer par 1, ou 3, ou 7, ou 9.

N.B. Voici une propriété curieuse des nombres premiers. Tout nombre premier (hors 2 & 3) étant augmenté ou diminué de l'unité, est divisible par six. Il est aisé de le voir par l'exemple de tous ceux qu'on voudra, comme 5, 7, 11, 13, 17, 19, 23, 29, 31, &c.; mais je ne crois pas que personne l'ait démontré à priori.

Mais l'inverse n'est pas vraie, c'est-à-dire tout nombre qui, augmenté ou diminué de l'unité, est divisible par six, n'est pas pour cela un nombre premier.

Il est souvent utile de connoître, sans recourir au calcul, si un nombre est premier ou non: c'est pour cela que nous donnerons ici une table de tous les nombres premiers depuis 1 jusqu'à 10000.

TABLE des nombres premiers entre 1 & 10000.

2	191	431	683	977	1259	1553	1867	2153	2467
3	193	433	691	983	1277	1559	1871	2161	2473
5	197	439		991	1279	1567	1873	2179	2477
7	199	443	761	997	1283	1571	1877		
11		449	709		1289	1579	1879	2203	2503
13	211	457	719	1009	1291	1583	1889	2207	2521
17	223	461	727	1013	1297	1597		2213	2531
19	227	463	733	1019			1901	2221	2539
23	229	467	739	1021	1301	1601	1907	2237	2543
29	233	479	743	1031	1303	1607	1913	2239	2549
31	239	487	751	1033	1307	1609	1931	2243	2551
37	241	491	757	1039	1319	1613	1933	2251	2557
41	251	499	761	1049	1321	1619	1949	2267	2579
43	257		769	1051	1327	1621	1951	2269	2591
47	263	503	773	1061	1361	1627	1973	2273	2593
53	269	509	787	1063	1367	1637	1979	2281	
59	271	521	797	1069	1373	1657	1987	2287	2609
61	277	533		1087	1381	1663	1993	2293	2617
67	281	541	811	1091	1399	1667	1997	2297	2621
71	283	547	821	1093		1669	1999		2633
73	293	557	823	1097	1409	1693		2309	2647
79		563	827		1423	1697	2003	2311	2657
83	307	569	829	1103	1427	1699	2011	2333	2659
89	311	571	839	1109	1429		2017	2339	2663
97	313	577	853	1117	1433	1709	2027	2341	2671
	317	587	857	1123	1439	1721	2029	2347	2677
101	331	593	859	1129	1447	1723	2039	2351	2683
103	337	599	863	1151	1451	1733	2053	2357	2687
107	347		877	1153	1453	1741	2063	2371	2689
109	349	601	881	1163	1459	1747	2069	2377	2693
113	353	607	883	1171	1471	1753	2081	2381	2699
127	359	613	887	1181	1481	1759	2083	2383	
131	367	617		1187	1483	1777	2087	2389	2707
137	373	619	907	1193	1487	1783	2089	2393	2711
139	379	631	911		1489	1787	2099	2399	2713
149	383	641	919	1201	1493	1789			2719
151	389	643	929	1213	1499		2111	2411	2729
157	397	647	937	1217		1801	2113	2417	2731
163		653	941	1223	1511	1811	2129	2423	2741
167	401	659	947	1229	1523	1823	2131	2437	2749
173	409	661	953	1231	1531	1831	2137	2441	2753
179	419	673	967	1237	1543	1847	2141	2447	2767
181	421	677	971	1249	1549	1861	2143	2459	2777

Table des nombres premiers entre 1 & 10000.

2789	3253	3677	4129		5059	5527		6427	6907
2791	3257	3691	4133	4603	5077	5531	6007	6449	6911
2797	3259	3697	4139	4621	5081	5557	6011	6451	6917
	3271		4153	4637	5087	5563	6029	6469	6947
2801	3299	3701	4157	4639	5099	5569	6037	6473	6949
2803		3799	4159	4643		5573	6043	6481	6959
2819	3301	3719	4177	4649	5101	5581	6047	6491	6961
2833	3307	3727		4651	5107	5591	6053		6967
2837	3313	3733	4201	4657	5113		6067	6521	6971
2843	3319	3739	4211	4663	5119	5623	6073	6529	6977
2851	3323	3761	4217	4673	5147	5639	6079	6547	6983
2857	3329	3767	4219	4679	5153	5641	6089	6551	6991
2861	3331	3769	4229	4691	5167	5647	6091	6553	6997
2879	3343	3779	4231		5171	5651		6563	
2887	3347	3793	4241	4703	5179	5653	6101	6569	7001
2897	3359	3797	4243	4721	5189	5657	6113	6571	7013
	3361		4253	4723	5197	5659	6121	6577	7019
2903	3371	3803	4259	4729		5669	6131	6581	7027
2909	3373	3821	4261	4733	5209	5683	6133	6599	7039
2917	3389	3823	4271	4751	5227	5689	6143		7043
2927	3391	3833	4273	4759	5231	5693	6151	6607	7057
2939		3847	4283	4773	5233		6163	6619	7069
2953	3407	3851	4289	4787	5237	5701	6173	6637	7079
2957	3413	3853	4297	4789	5261	5711	6197	6653	
2963	3433	3863		4793	5273	5717	6199	6659	7103
2969	3449	3877	4327	4799	5279	5737		6661	7109
2971	3457	3881	4337	4801	5281	5741	6203	6673	7121
2999	3461	3889	4339	4813	5297	5743	6211	6679	7127
	3463		4349	4817	5303	5749	6217	6689	7129
3001	3467	3907	4357	4831	5309	5779	6221	6691	7151
3011	3469	3911	4363	4861	5323	5783	6229		7159
3019	3491	3917	4373	4871	5333	5791	6247	6701	7177
3023	3499	3916	4391	4877	5347		6257	6703	7187
3037		3923	4397	4889	5351	5801	6263	6709	7193
3041	3511	3929	4409		5381	5807	6269	6719	
3049	3517	3931	4421	4903	5387	5813	6271	6733	7207
3061	3527	3943	4423	4909	5393	5821	6277	6737	7211
3067	3529	3947	4441	4919	5399	5827	6287	6761	7213
3079	3533	3967	4447	4931		5839	6299	6763	7219
3083	3539	3989	4451	4933	5407	5843		6779	7229
3089	3541		4457	4937	5413	5849	6301	6781	7237
	3547	4001	4463	4943	5417	5851	6311	6791	7243
3109	3557	4003	4481	4951	5419	5857	6317	6793	7247
3119	3559	4007	4483	4957	5431	5861	6323		7253
3121	3571	4013	4493	4967	5437	5867	6329	6803	7283
3137	3581	4019	4507	4969	5441	5869	6337	6823	7297
3163	3583	4021	4513	4973	5443	5879	6343	6827	
3167	3593	4027	4517	4987	5449	5881	6353	6829	7307
3169	3607	4049	4519	4993	5471	5897	6359	6833	7309
3181	3613	4051	4523	4999	5477		6361	6841	7321
3187	3617	4057	4547	5003	5479		6367	6857	7331
3191	3623	4073	4549	5009	5483	5903	6373	6863	7333
3203	3631	4079	4561	5011		5923	6379	6869	7349
3209	3637	4091	4567	5021	5501	5927	6389	6871	7351
3217	3643	4093	4583	5023	5503	5939	6397	6883	7369
3221	3659	4099	4591	5039	5507	5953		6899	7393
3229	3671	4111	4597	5051	5519	5981	6421		
3251	3673	4127			5521	5987			

Table des nombres premiers entre 1 & 10000.

7411	7669	7933	8219	—	8737	—	9257	9491	9767
7417	7673	7937	8221	8501	8741	9001	9277	9497	9769
7433	7681	7949	8231	8513	8747	9007	9281		9781
7451	7687	7951	8233	8521	8753	9011	9283		9787
7457	7691	7963	8237	8527	8761	9013	9293	9511	9791
7459	7699	7993	8243	8537	8779	9029		9521	
7477	—		8263	8539	8783	9041		9533	
7481	7703		8269	8543	-	9043	9311	9539	9803
7487	7717	8009	8273	8563		9049	9319	9547	9811
7489	7723	8011	8287	8573		9059	9323	9551	9817
7499	7727	8017	8291	8581	8803	9067	9337	9587	9829
—	7741	8039	8293	8597	8807	9091	9341		9833
7507	7753	8053	8297	8599	8819		9343		9839
7517	7757	8059			8821		9349	9601	9851
7523	7759	8069			8831	9103	9371	9613	9857
7529	7789	8081	8311	8609	8837	9109	9377	9619	9859
7537	7793	8087	8317	8623	8839	9127	9391	9623	9871
7541	—	8089	8329	8627	8849	9133	9397	9629	9883
7547	7817	8093	8353	8629	8861	9137		9631	9887
7549	7823	—	8363	8641	8863	9151		9643	
7559	7829		8369	8647	8867	9157		9649	
7561	7841	8101	8377	8663	8887	9161	9403	9661	9901
7573	7853	8111	8387	8669	8893	9173	9413	9677	9907
7577	7867	8117	8389	8677		9181	9419	9679	9923
7583	7873	8123		8681		9187	9421	9689	9929
7589	7877	8147		8689	8923	9199	9431	9697	9931
7591	7879	8161	8419	8693	8929		9433		9941
—	7883	8167	8423	8699	8933		9437		9949
7603		8171	8429	—	8941	9203	9439	9719	9967
7607		8179	8431		8951	9209	9461	9721	9973
7621	7901	8191	8443	8707	8963	9221	9463	9733	
7639	7907		8447	8713	8969	9227	9467	9739	
7643	7917		8461	8719	8971	9239	9473	9743	
7649	7927	8209	8467	8731	8999	9241	9479	9749	

X I.

Voici une autre espèce de nombres qui jouissent d'une propriété singulière & curieuse : ce sont les nombres *parfaits*. On donne ce nom à un nombre dont les parties aliquotes ajoutées ensemble, forment précisément ce nombre même. On en a un exemple dans le nombre 6 ; car ses parties aliquotes sont 1, 2, 3, qui font ensemble 6. Le nombre 28 jouit de la même propriété ; car ses parties aliquotes sont 1, 2, 4, 7, 14, dont la somme est 28.

Pour trouver tous les nombres parfaits de la progression numérique, prenez la progression double 2, 4, 8, 16, 32, 64, 128, 256, 512, 1024, 2048, 4096, 8192, &c. & examinez tous ceux de ces termes qui, étant diminués de l'unité, sont des nombres premiers. Ceux à qui convient cette propriété sont 4, 8, 32, 128, 8192 ; car ces nombres diminués de l'unité, sont 3, 7, 31,

127, 8191. Multipliez donc chacun de ces nombres, par celui de la progression géométrique qui précédoit celui dont il dérive, par exemple, 3 par 2, 7 par 4, 31 par 16, 127 par 64, 8191 par 4096, &c. ; & vous aurez 6, 28, 496, 8128, 33550336, qui seront des nombres parfaits.

Ces nombres au reste ne sont pas à beaucoup près aussi nombreux que l'ont cru divers auteurs (1). Voici, d'après un mémoire de M. Krafft, qu'on lit dans le tome VII des mémoires de Pétersbourg, une suite des nombres tant parfaits, que réputés parfaits par ces auteurs, faute d'attention suffi-

(1) La règle que donne M. Ozanam est fausse à quelques égards, & produit une multitude de nombres, comme 130816, 2096128, &c. qui ne sont point des nombres parfaits : cela vient de ce que M. Ozanam n'a pas fait attention qu'il falloit que l'un des multiplicateurs fût un nombre premier. Or 511 & 1047 ne le sont pas. (*Note de l'éditeur d'Ozanam*)

Q 2

sante. Ceux à qui convient véritablement cette propriété, sont marqués d'une étoile.

* 6.
* 28.
* 496.
* 8128.
   130816.
   2096128.
* 33550336.
   536854528.
* 8589869056.
* 137438691328.
   2199022206976.
   35184367894528.
   562949936644096.
   9007199187632128.
   144115187807420416.
* 2305843008139952128.
   36893488143124135936.

Ainsi l'on voit que de 1 à 10, il n'y a qu'un nombre parfait, un depuis 10 jusqu'à 100, un depuis 100 jusqu'à 1000, un depuis 1000 jusqu'à 10000 : mais on se tromperoit si on en concluoit qu'il y en a pareillement un depuis dix mille jusqu'à cent mille, un depuis cent mille jusqu'à un million, &c. ; car depuis dix mille jusqu'à huit cents millions il ne s'en trouve plus qu'un. La rareté des nombres parfaits, dit un auteur, est un symbole de celle de la perfection.

Tous les nombres parfaits sont terminés par 6 ou 28, mais non alternativement.

X I I.

Il y a des nombres qu'on nomme *amiables* entr'eux, à cause d'une propriété qui leur donne une forte d'affinité. Elle consiste en ce que les parties aliquotes de l'un sont ensemble égales à l'autre, & que celles de celui-ci forment à leur tour une somme égale au premier : tels sont les nombres 220 & 284; car le premier 220, est égal à la somme des parties aliquotes de 284, sçavoir, 1, 2, 4, 71, 142; & réciproquement 284 est égal à la somme des parties aliquotes 1, 2, 4, 5, 10, 11, 20, 22, 44, 55, 110 du premier 220.

On trouvera des nombres amiables par la méthode suivante. Ecrivez, comme on le voit ci-après, les termes de la progression géométrique double, en commençant par 2; triplez chacun de ces termes, & placez ces nombres triples chacun sous celui dont il est formé; ces mêmes nombres diminués de l'unité, 5, 11, 23, &c. & placés chacun au dessus de son correspondant de la progression géométrique, formeront une troisième suite au dessus de cette dernière. Enfin on aura les nombres de la suite inférieure, 71, 287, &c.

en multipliant chacun des termes de la suite 6, 12, 24, &c. par son précédent, & diminuant le produit de l'unité.

5	11	23	47	95	191	383.
2	4	8	16	32	64	128.
6	12	24	48	96	192	384.
71	287	1151	4607	18431	73727.	

Prenez à présent un nombre de la suite inférieure, par exemple 71, dont le nombre correspondant dans la suite supérieure, sçavoir 11, & celui qui précéde ce dernier, sçavoir 5, font, ainsi que 71, des nombres premiers; multipliez 5 par 11, & le produit 55 par 4, terme correspondant de la suite géométrique, vous aurez 220 pour l'un des nombres cherchés; le second se trouvera en multipliant le nombre 71 par le même nombre 4, ce qui donnera 284.

Pareillement avec 1151, 47 & 23, qui sont des nombres premiers, on trouveroit deux autres nombres amiables, 17296 & 18416; mais 4607 n'en donneroit pas, parce que, des deux autres nombres correspondans 47 & 95, celui-ci 95 n'est pas premier. Il en est de même du nombre 18431, parce que le nombre 95 se trouve parmi ses correspondans; mais le suivant 73727 donne, avec 383 & 191, deux nouveaux nombres amiables, 9363584 & 9437056.

On voit par-là que si les nombres parfaits sont rares, les couples des nombres amiables le sont bien davantage, ce dont il est au reste bien aisé d'appercevoir la raison.

X I I I.

Si on prend la suite des quarrés des nombres naturels, sçavoir, 1, 4, 9, 16, 25, 36, 49, &c. qu'on prenne la différence de chacun avec le suivant, & ensuite les différences de ces différences, ces dernières seront égales à 2, ainsi qu'on le voit par l'exemple ci-dessous.

	1	4	9	16	25	36	49
1res. Diff.		3	5	7	9	11	13
2es. Diff.			2	2	2	2	2

Ainsi l'on voit que les nombres quarrés sont formés par l'addition continuelle des nombres impairs 1, 3, 5, &c. qui se surpassent de 2.

Dans la suite des cubes des nombres naturels, sçavoir 1, 8, 27, &c. ce ne sont plus les secondes différences qui sont égales, mais seulement les troisièmes, qui sont toujours 6. L'exemple ci-dessous le met sous les yeux.

Cubes.	1	8	27	64	125	216		
1res. Diff.		7	19	37	61	91		
2es. Diff.			12	18	24	30		
3es. Diff.				6	6	6		

S'il est question de la suite des quatrièmes puissances, ou quarré-quarrés des nombres naturels, ce seront les quatrièmes différences seulement qui seront égales, & elles seront 24. Dans le cas de cinquièmes puissances, les cinquièmes différences seulement seront égales, & seront constamment 120.

On trouve ces nombres 2, 6, 24, 120, &c. en multipliant de suite les nombres 1, 2, 3, 4, 5, 6, &c. Pour la deuxième puissance, on multiplie les deux premiers; pour la troisième, les trois premiers; & ainsi de suite.

X I V.

La progression des cubes 1, 8, 27, 64, 125, &c. des nombres naturels 1, 2, 3, 4, 5, 6, &c. a cette propriété remarquable, qu'en ajoutant tel nombre qu'on voudra de ses termes, en commençant par le premier, cette somme sera toujours un quarré. Ainsi 1 & 8 font 9 : ajoutez-y encore 27, vous aurez 36, nombre quarré; & en y ajoutant 64, vous aurez 100 & ainsi de suite.

X V.

Le nombre 120 a la propriété d'être égal à la moitié de la somme de ses parties aliquotes ou diviseurs, sçavoir, 1, 2, 3, 4, 5, 6, 8, 10, 12, 15, 20, 24, 30, 40, 60, qui font ensemble 240. Le nombre 672 est pareillement la moitié de la somme 1344 de ses parties aliquotes. On pourroit en trouver plusieurs autres qui jouissent de la même propriété; on pourroit même en trouver qui ne seroient que le tiers ou le quart de la somme de leurs parties aliquotes; enfin qui en fussent le double, le triple, le quadruple. Voilà de la matière aux recherches de ceux qui voudront s'exercer.

Des nombres figurés.

Si l'on a une progression arithmétique, la plus simple de toutes, par exemple, comme celle des nombres naturels 1, 2, 3, 4, 5, 6, 7, &c. & qu'on prenne le premier terme, la somme des deux premiers, celle des trois premiers, & ainsi de suite, il en résultera une nouvelle suite des nombres, 1, 3, 6, 10, 15, 21, 28, &c. auxquels on a donné le nom de *triangulaires*, parce qu'ils peuvent toujours être rangés en triangle équilatéral, comme l'on voit (*pl. 1, fig. 3. Amusemens d'arithmétique*).

Les nombres quarrés, comme 1, 4, 9, 16, 25, 36, &c. naissent d'une pareille addition des pre-

miers termes de la progression arithmétique 1, 3, 5, 7, 9, 11, &c. dont la différence des termes est 2. Ces nombres se peuvent pareillement ranger en figures quarrées. (*Voyez fig. 4, ibid.*)

De pareille sommation des termes de la progression arithmétique, dont la différence est 3, comme 1, 4, 7, 10, 13, &c. naissent les nombres 1, 5, 12, 22, &c. qu'on appelle *pentagones*, parce qu'ils représentent le nombre des points qui peuvent s'arranger sur les côtés & dans l'intérieur d'un pentagone régulier, comme on le voit dans la *figure 5, pl. 1*, où sont trois pentagones dans un angle commun, représentant le nombre des points qui croît arithmétiquement, & dont le premier a deux points sur chaque côté, le second trois, le troisième quatre, ce qui pourroit être continué.

C'est dans ce sens & de cette manière qu'on doit concevoir arrangés les nombres figurés.

Il est presque inutile de dire que la progression 1, 5, 9, 13, 17, &c. dont la différence est 4, naissent, par une pareille sommation, les nombres exagones, qui sont 1, 6, 15, 28, 45, &c. & ainsi de suite pour les eptagones, octogones, &c. (*Voyez fig. 6, ibid.*)

Il y a une autre sorte de nombres polygones, qui résultent du nombre des points qu'on peut ranger au centre & sur les côtés d'un ou de plusieurs polygones semblables, ayant un centre commun : ils diffèrent des précédents, car la suite des triangulaires de cette espèce est 1, 4, 10, 19, 31, &c. qui sont formés par l'addition successive des nombres 1, 3, 6, 9, 12.

Les nombres quarrés centraux sont 1, 5, 13, 25, 41, 61, &c. formés pareillement par l'addition successive des nombres 1, 4, 8, 12, 16, 20, &c.

Les pentagones centraux sont 1, 6, 16, 31, 51, 76, &c. formés par l'addition des nombres 1, 5, 10, 15, 20, &c.

Mais nous n'en dirons pas davantage sur cette espèce de nombres polygones, parce que ce ne sont pas ceux que les mathématiciens entendent communément par ce nom. Revenons aux nombres polygones ordinaires.

On appelle la racine d'un nombre polygone, le nombre des termes de la progression qu'il a fallu sommer pour avoir ce nombre. Ainsi la racine du nombre triangulaire 21 est 6 parce que ce nombre résulte de l'addition successive des six nombres 1, 2, 3, 4, 5, 6. De même 4 est la racine du nombre quarré 16, considéré comme nombre figuré, parce que ce nombre résulte de l'addition des quatre termes 1, 3, 5, 7, de la progreffion des nombres impairs.

Après cette expofition, voici quelques problêmes fur les nombres polygones.

PROBLÊME I.

Un nombre étant propofé, trouver s'il eft triangulaire, quarré, pentagone, &c.

La manière de trouver fi un nombre eft quarré, eft connue de tout le monde, & fert de bafe pour reconnoître les autres nombres figurés. Cela fuppofé, pour déterminer fi un nombre propofé eft un nombre polygone, voici la règle générale.

« Multipliez par 8 le nombre des angles du polygone diminué de 2, & par ce premier produit multipliez le nombre propofé, & enfin, à ce nouveau produit ajoutez le quarré du nombre égal à celui des angles du polygone diminué de 4 ; fi la fomme eft un quarré parfait, le nombre propofé eft un polygone de l'efpace déterminé ».

Il eft aifé de voir que le nombre des angles étant 3 pour le triangle, 4 pour le quarré, 5 dans le pentagone, &c. on aura pour le multiplicateur du nombre propofé, dans le cas du nombre triangulaire, 8 ; pour le nombre quadrangulaire, 16 ; pour le pentagone, 24 ; pour l'exagone, 32.

Pareillement le nombre des angles, diminué de 4, étant pour le triangle — 1, pour le quarré 0, pour le pentagone 1, pour l'exagone 2, &c. les nombres à ajouter au produit ci-deffus feront, pour le triangle 1, (car le quarré de — 1 eft 1); pour le quarré 0 ; pour le pentagone 1 ; pour l'exagone 4 ; pour l'eptagone 9, &c. : d'où dérivent les règles fuivantes, que nous éclaircirons en même temps par des exemples.

On demande fi 21 eft un nombre triangulaire. Multipliez 21 par 8, au produit ajoutez 1 ; la fomme eft 169, qui eft un quarré parfait : conféquemment 21 eft un nombre triangulaire.

Voulez-vous reconnoître fi 35 eft un pentagone ? Multipliez 35 par 24, le produit eft 840 ; à quoi ajoutant 1, on a 841 qui eft un quarré : donc on peut affurer que 35 eft un nombre pentagone.

PROBLÊME II.

Un nombre triangulaire ou figuré quelconque étant donné, trouver fa racine, ou le nombre de termes de la progreffion arithmétique dont il eft la fomme.

Il faut d'abord faire l'opération indiquée dans le problème précédent ; & après avoir trouvé la racine quarrée, dont la poffibilité indique fi le nombre eft figuré ou non, *ajoutez à cette racine*

un nombre égal à celui des angles du polygone propofé, moin : 4, & divifez cette fomme par le double du même nombre des angles diminué de 2 ; le quotient qui en proviendra fera la racine du polygone.

Le nombre à ajouter eft donc pour le triangle — 1, c'eft-à-dire 1 à ôter ; il eft 0 pour le quarré, 1 pour le pentagone, 2 pour l'exagone, &c.

Quant au divifeur, il eft aifé de voir qu'il eft 2 pour le triangle, (car le double de 3 diminué de 2, eft 2) ; pour le quarré c'eft 4, pour le pentagone 6, pour l'exagone 8, &c.

Soit donc demandé la racine du nombre triangulaire 36. Après avoir fait l'opération développée par le problème précédent, & avoir trouvé le produit 289, dont la racine quarrée eft 17, ôtez de ce nombre l'unité, & divifez le reftant par 2 ; le quotient 8 fera la racine ou le côté du nombre triangulaire égal à 36.

On demande maintenant quelle eft la racine du pentagone 35. Ayant trouvé, comme ci-deffus, la racine 29, ajoutez-y 1, ce qui donne 30, & divifez par 6 ; le quotient 5 fera la racine de ce nombre pentagone, c'eft-à-dire qu'il eft formé par l'addition des 5 nombres 1, 4, 7, 10, 13.

PROBLÊME III.

La racine d'un nombre polygone étant donnée, trouver ce nombre.

La règle eft fort fimple. « Prenez le quarré de la racine donnée, ôtez-en le produit de cette même racine, par le nombre égal à celui des angles diminué de 4 ; la moitié du reftant fera le polygone cherché.

Donnons quelques exemples de cette règle. Quel eft, demande-t-on, le nombre triangulaire dont la racine eft 12 ? Le quarté de 12 eft 144 ; le nombre égal à celui des angles moins 4, eft — 1, qui multipliant 12, donne — 12 : or il faudroit fuivant la règle, ôter — 12, ce qui eft la même chofe qu'ajouter 12 ; on aura donc 156, qui étant partagé par la moitié, donne 78.

Quel eft le nombre eptagone dont la racine eft 20 ? Pour le trouver, je prends le quarré de 20, qui eft 400 ; je multiplie enfuite 20 par 3, qui eft le nombre des angles diminué de 4 ; j'ai 60, que j'ôte de 400 ; le refte eft 340, que je divife par 2 ; le quotient 170 eft le nombre cherché, ou l'eptagone dont la racine eft 20.

Remarquons ici, avant de finir, que le même nombre peut être polygone ou figuré de différentes manières. Et d'abord tout nombre plus grand que 3, eft polygone d'un nombre de côtés ou d'angles égal à celui de fes unités.

Ainfi 36 eft un polygone de 36 côtés, dont la

racine eft 2 ; car les deux premiers termes de la progreffion font 1, 35. Le même nombre 36 eft quarré ; enfin il eft triangulaire, ayant pour racine 8.

Pareillement 21 eft à la fois polygone de 21 côtés ; il eft auffi triangulaire ; & il eft enfin octogone.

PROBLÈME IV.

Trouver la fomme de tant de nombres triangulaires, ou de tant de nombres quarrés ; ou de tant de nombres pentagones qu'on voudra.

De même qu'en ajoutant fucceffivement les termes de différentes progreffions arithmétiques, il en eft réfulté de nouvelles progreffions de nombres qu'on a nommés triangulaires, quarrés, pentagones, &c. on peut auffi fommer ces dernières progreffions ; ce qui donne naiffance à des nombres figurés d'un ordre fupérieur, qu'on appelle *pyramidaux*. On donne le nom de pyramidaux du premier ordre, à ceux qui viennent de la progreffion des nombres triangulaires : les *pyramidaux du deuxième ordre* font ceux qui viennent de la formation des nombres quarrés : ceux du troifième ordre proviennent de la progreffion des pentagones. On peut enfin faire la même fpéculation fur les nombres pyramidaux ; ce qui engendre les *pyramido-pyramidaux*. Mais le peu d'utilité de ces nombres, qui peuvent tout au plus donner lieu à des recherches propres à exercer & développer l'efprit analytique, ne nous permet pas de nous étendre davantage fur ce fujet. Nous nous bornerons à donner une règle générale pour fommer tant de nombres figurés qu'on voudra.

Prenez le cube du nombre de termes à fommer, & multipliez-le par le nombre des angles du polygone diminué de 2 ; ajoutez à la fomme trois fois le quarré du même nombre de termes à fommer ; fouftraifez enfin le produit de ce même nombre, par celui des angles diminué de 5 ; vous aurez une fomme qui, étant toujours divifée par 6, donnera celle des termes de la progreffion.

Soient les huit premiers nombres triangulaires dont on demande la fomme. Le cube de 8 eft 512 ; ce qui, multiplié par le nombre des angles du polygone diminué de 2, ou par 1, donne encore 512 ; ajoutez-y le triple du quarré de 8 ou 192 ; enfin, comme le nombre des angles moins 5 donne — 2 qui doit multiplier le côté 8, ce qui donne — 16, ajoutez à la fomme ci-deffus 704 ce nombre 16 ; vous aurez 720, qui, divifé par 6, donnera 120 pour la fomme des huit premiers nombres triangulaires.

On la trouvera au refte plus facilement, en multipliant de fuite le nombre 8 des termes demandés par 9, & le produit par 10 ; ce qui donnera également 720, qu'il faudra divifer par 6, & l'on aura 120, comme ci-deffus.

Dans le cas d'une fuite de quarrés, que je fuppofe au nombre de 10, il n'y aura qu'à faire le produit du nombre de termes, fçavoir 10, de ce même nombre augmenté de l'unité ou 11, & enfin du double du même nombre, plus 1, c'eft-à-dire 21 ; le produit de ces trois nombres 2310, divifé par 6, donne 385, qui eft la fomme des dix premiers nombres quarrés 1, 4, 9, 16, &c.

Des triangles rectangles en nombres.

On appelle triangle rectangle en nombres, trois nombres tels que la fomme des quarrés de deux eft égale au quarré du troifième. Tels font ; par exemple, les trois nombres 3, 4, 5 ; qui expriment le triangle rectangle le plus fimple de tous ; car le quarré de 3 qui eft 9, étant ajouté à celui de 4 qui eft 16, la fomme eft 25 qui eft le quarré de 5. Les nombres 3, 4, 5, expriment donc les trois côtés d'un triangle rectangle.

Ces nombres au refte doivent néceffairement être inégaux ; car fi deux de ces nombres étoient égaux, ce feroient les deux côtés d'un triangle rectangle ifofcele : or il eft démontré que, dans ce cas, l'hypothénufe ne fçauroit être exprimée par un nombre rational, entier ou fractionaire, puifqu'un pareil triangle eft la moitié d'un quarré dont les deux côtés égaux font les côtés, & la bafe ou l'hypothénufe eft la diagonale : or la diagonale eft incommenfurable au côté.

Il eft encore néceffaire que les trois nombres qui forment le triangle foient rationaux, foit entiers, foit fractions ; car fans cela il n'y auroit aucun art à trouver tant de nombres de cette efpèce qu'on voudroit, puifqu'il n'y auroit qu'à prendre deux nombres quelconques, comme 2 & 6, dont la fomme des quarrés eft 40, & l'hypothénufe feroit $\sqrt{40}$; mais $\sqrt{40}$ ne fignifie rien de précis, & ce n'eft qu'un figne de l'extraction de la racine de 40, qui eft impoffible.

Après ces détails, nous allons propofer fur les triangles rectangles en nombres, quelques-uns des problèmes les plus curieux & les moins épineux.

PROBLÈME I.

Trouver tant de triangles rectangles en nombres qu'on voudra.

Prenez deux nombres à volonté, que nous nommerons générateurs, par exemple, 1 & 2 ;

multipliez-les ensemble, & doublez le produit : ce double, qui est ici 4, sera un des côtés du triangle. Faites ensuite les quarrés des deux nombres générateurs, qui seront, dans l'exemple actuel, 4 & 1. Leur différence donnera le second côté 3 du triangle, & leur somme 5 sera l'hypothénuse. Ainsi le triangle dont les nombres générateurs sont 1 & 2, est 3, 4, 5.

Si l'on avoit pris pour nombres générateurs 2 & 3, on auroit trouvé 5, 12 & 13 ; les nombres 1 & 3 eussent donné 6, 8 & 10.

Autre manière. Prenez une progression de nombres entiers & fractionnaires, comme 1 $\frac{1}{3}$, 2 $\frac{2}{5}$, 3 $\frac{3}{7}$, 4 $\frac{4}{9}$, &c. dont la propriété est celle-ci : 1° Les nombres entiers ont pour différence l'unité, & sont ceux de la suite naturelle. 2°. Les numérateurs des fractions jointes aux entiers, sont aussi les nombres naturels. 3°. Les dénominateurs de ces mêmes fractions sont les nombres impairs 3, 5, 7, &c. Exposons maintenant l'usage de cette progression.

Prenez un terme quelconque, par exemple, 3 $\frac{3}{7}$, & réduisez-le en forme de fraction, en multipliant l'entier 3 par 7, & ajoutant au produit 21 le numérateur 3 ; vous aurez l'expression sous la forme fractionnaire $\frac{24}{7}$. Les nombres 7 & 24 seront les côtés d'un triangle rectangle, dont l'hypothénuse se trouvera en ajoutant 49 & 576 ; ce qui donne 625, dont la racine quarrée 25 est l'hypothénuse cherchée. Ainsi le triangle donné par ce terme de la progression génératrice, est 7, 24, 25.

Le premier terme 1 $\frac{1}{3}$ donne le triangle rectangle 3, 4, 5 ;

Le deuxième 2 $\frac{2}{5}$, donne 5, 12, 13 ;

Le troisième 4 $\frac{4}{9}$, donne 9, 40, 41, tous triangles de rapports différents entre les côtés, & qui ont tous cette propriété, que le plus grand côté & l'hypothénuse ne diffèrent que de l'unité.

Voici une autre progression de même nature que la précédente, savoir, 1 $\frac{7}{8}$, 2 $\frac{11}{13}$, 3 $\frac{15}{16}$, 4 $\frac{19}{20}$, &c. Le premier terme donne le triangle rectangle 8, 15, 17 ; le deuxième produit 12, 35, 37 ; du troisième dérive le triangle 16, 63, 65, &c. Ils sont, comme l'on voit aussi, tous de proportions différentes, & ont la propriété particulière, que leur plus grand côté & l'hypothénuse ne diffèrent jamais que de 2.

PROBLÊME II.

Trouver tant qu'on voudra de triangles rectangles en nombres, dont les côtés ne diffèrent que de l'unité.

Pour résoudre ce problême, il faut chercher des nombres tels, que le double de leur quarré,

plus ou moins l'unité, fasse encore un nombre quarré : tels sont les nombres 1, 2, 5, 12, 29, 70, &c, car deux fois le quarré de 1 font 2, qui, diminué de l'unité, laisse 1 qui est un nombre quarré. De même le double du quarré de 2 est 8, à quoi ajoutant 1, la somme 9 est un nombre quarré ; &c.

Cela étant trouvé, prenez deux de ces nombres quelconques qui se suivent immédiatement, comme 1 & 2, ou 2 & 5, ou 12 & 29, pour nombres générateurs ; les triangles rectangles qui en naîtront auront la propriété que leurs deux côtés ne différeront que de l'unité. Voici une table de ces triangles, avec leurs nombres générateurs.

Nomb. génér.		Côtés.		Hypoth.
1	2	3	4	5
2	5	20	21	29
5	12	119	120	169
12	29	696	697	985
29	70	4059	4060	5741
70	169	23660	23661	33461

Mais si l'on vouloit *trouver une suite de triangles tels, que dans chacun l'hypothénuse ne surpassât un des côtés que de l'unité,* on y parviendroit plus facilement : il suffiroit de prendre pour nombres générateurs du triangle cherché, deux nombres quelconques qui se surpassassent l'un l'autre de l'unité. Voici une table semblable à la précédente, des six premiers triangles rectangles que donnent les premiers nombres de la progression naturelle.

Nomb. génér.		Côtés.		Hypoth.
1	2	3	4	5
2	3	5	12	13
3	4	7	24	25
4	5	9	40	41
5	6	11	60	61
6	7	13	84	85

Si l'on prenoit pour nombres générateurs les côtés respectifs de la suite des triangles précédents, on auroit une nouvelle suite de triangles rectangles, dont l'hypothénuse seroit toujours un nombre quarré, comme on le voit dans la table suivante.

Nomb. génér.		Côtés.		Hypoth.	Racines.
3	4	7	24	25	5
5	12	119	120	169	13
7	24	336	527	625	25
9	40	720	1519	1681	41
11	60	3320	3479	3321	61
13	84	2184	6887	7225	85

On peut remarquer ici, que les racines des hypothénuses

hypothénufes font toujours le plus grand des nombres générateurs, augmenté de l'unité.

Mais fi, pour nombres générateurs, vous preniez le fecond côté & l'hypothénufe de la même table, qui ne diffèrent entr'eux que de l'unité, vous auriez une fuite de triangles rectangles, dont le moindre côté feroit toujours un quarré. En voici quelques-uns.

Nombr. génér.		Côtés.		Hypoth.
4	5	9	40	41
12	13	25	312	313
24	25	49	1200	1201
40	41	81	3280	3281

Voulez-vous enfin avoir une fuite de triangles rectangles, dont un des côtés foit conftamment un cube, il n'y a qu'à prendre pour générateurs deux nombres qui fe fuivent dans la progreffion des triangulaires; comme 1, 3, 6, 10, 15, 21, &c. Nous nous bornons à donner les quatre premiers de ces triangles.

Nomb. génér.		Côtés.		Hypoth.
1	3	6	8	10
3	6	36	27	45
6	10	120	64	136
10	15	300	125	325

PROBLEME III.

Trouver trois différents Triangles rectangles, dont les aires foient égales.

Voici trois triangles rectangles qui jouiffent de cette propriété. Le premier eft celui dont les côtés font, 40, 42, 48; le fecond a pour côtés, 70, 24, 74; ceux enfin du troifième font, 15, 112 & 113.

La méthode par laquelle on les a trouvés, eft celle-ci.

» Si on ajoute le produit de deux nombres quelconques à la fomme de leurs quarrés, on aura le premier nombre; la différence de leurs quarrés fera le fecond; & le double de la fomme de leur produit & du quarré du plus petit, fera le troifième ».

» Ces trois nombres trouvés, formez trois triangles rectangles, favoir, l'un des deux premiers, comme générateurs; le deuxième, des deux extrêmes; & le troifième, du premier & de la fomme des deux autres. Ces trois triangles rectangles feront égaux entr'eux ».

On ne peut trouver plus de trois triangles *Amufemens des Sciences.*

rectangles, en entiers, qui foient égaux entr'eux; mais on peut en trouver tant qu'on voudra en nombres rompus, par le moyen de la formule fuivante.

» Faites, de l'hypothénufe d'un des triangles ci-deffus, & du quadruple de fon aire, un autre triangle rectangle, que vous diviferez par le double du produit qui viendra, en multipliant l'hypothénufe du triangle choifi, par la différence des quarrés des deux côtés; & le triangle qui en proviendra, fera le triangle propofé ».

PROBLEME IV.

Trouver un triangle rectangle, dont les côtés foient en proportion arithmétique.

Prenez deux nombres générateurs, qui foient l'un à l'autre dans le rapport d'un à deux; le triangle rectangle qui en proviendra, aura fes côtés en progreffion arithmétique.

Le plus fimple de ces triangles eft celui-ci 3, 4, 5, qui provient des nombres 1 & 2 pris pour générateurs. Mais il faut obferver que tous les autres triangles, qui ont la même propriété, font femblables à ce premier, & n'en font que des multiples. Il eft aifé de démontrer de bien des manières, qu'il ne fçauroit y en avoir d'autre.

Si l'on demandoit un triangle rectangle en nombre, dont les trois côtés fuffent en proportion géométrique, nous répondrions qu'il n'y a aucun en nombres entiers; car les deux nombres générateurs devroient être dans le rapport de 1 à $\sqrt{\sqrt{5}-2}$; ce qui eft un nombre irrationnel.

PROBLEME V.

Trouver un triangle rectangle, dont l'aire, exprimée en nombre, foit égale au contour; ou en raifon donnée avec lui.

Formez, d'un nombre quarré quelconque, & de ce même quarré augmenté de 2, un triangle rectangle, dont vous diviferez les côtés par ce nombre quarré: les quotients donneront les côtés d'un nouveau triangle rectangle, dont l'aire, exprimée numériquement, fera égale au contour.

Ainfi, en prenant pour nombres générateurs 1 & 3, vous aurez le triangle 6, 8, 10, dont les côtés, divifés par l'unité, font 6, 8, 10, & forment le triangle qui a la propriété demandée; car fon aire eft 24, & le contour eft auffi 24. De même, prenant pour générateurs 2 & 6,

R

vous aurez pour triangle cherché 5, 12, 13, où la propriété demandée se vérifie encore.

Ces deux triangles sont les seuls, en nombres entiers, susceptibles de cette propriété; mais on en trouvera une infinité d'autres en nombres rompus, par le moyen des quarrés 9, 16, &c; tels sont ceux-ci: $\frac{40}{9}$, $\frac{193}{9}$, $\frac{202}{16}$, $\frac{68}{16}$, $\frac{576}{16}$, $\frac{580}{16}$; ou en moindres termes, $\frac{17}{4}$, $\frac{144}{4}$, $\frac{145}{4}$.

Si vous voulez que l'aire du triangle cherché soit seulement en raison donnée avec le contour, par exemple, les $\frac{2}{5}$, *prenez pour nombres générateurs un quarré, & ce même quarré augmenté de* 2, *& formez, comme ci-dessus, par leur moyen, un triangle rectangle:* ce triangle jouira de la propriété demandée. Tels sont, en nombres entiers, les deux triangles 8, 15, 17 & 7, 24, 25; & une infinité d'autres en fractions.

Quelques Problèmes curieux sur les nombres quarrés & cubes.

PROBLEME I.

Un nombre quarré étant donné, le diviser en deux autres quarrés

On trouvera, de la manière suivante, une infinité de solutions de ce problème. Soit, par exemple, le quarré 16, dont la racine est 4, à diviser en deux autres nombres quarrés, qui ne peuvent être que des fractions, comme il est aisé de voir.

Prenez deux nombres quelconques, comme 3 & 2; multipliez-les ensemble; &, par leur produit, multipliez encore le double de la racine 4 du quarré proposé, qui sera ici 48, sera le dénominateur d'une fraction, dont le numérateur se trouvera en prenant la somme 13 des quarrés des nombres ci-dessus: cette fraction $\frac{48}{13}$, sera le côté du premier quarré cherché, qui sera conséquemment $\frac{2304}{169}$.

Pour avoir le second, on multipliera le quarré donné par le dénominateur ci-dessus, 169; &, du produit qui est 2704, on ôtera le numérateur 2304: le reste (qui sera toujours un quarré) sera 400, dont la racine 20 étant prise pour numérateur, & 13 pour dénominateur, donnera la fraction $\frac{20}{13}$ pour le côté du second quarré.

Ainsi, les deux côtés des quarrés cherchés seront $\frac{48}{13}$, & $\frac{20}{13}$, dont les quarrés $\frac{2304}{169}$ & $\frac{400}{169}$, font effectivement ensemble le nombre quarré 16.

Si on eût pris pour nombres primitifs 2 & 1, on auroit eu les racines $\frac{16}{5}$ & $\frac{12}{5}$, dont les quarrés font $\frac{256}{25}$ & $\frac{144}{25}$; ce qui fait $\frac{400}{25}$ ou 16.

Les nombres 4 & 3 auroient donné les racines $\frac{96}{25}$ & $\frac{28}{25}$, dont les quarrés $\frac{9216}{625}$, & $\frac{784}{625}$ font encore $\frac{10000}{625}$ ou 16.

Ainsi, l'on voit qu'en variant ces suppositions des deux premiers nombres arbitraires, on variera aussi à l'infini ses solutions.

Mais peut-on également diviser un cube donné en deux autres cubes? Nous répondrons, sur la parole d'un grand analyste, savoir M. de Fermat, que cela n'est pas possible. Il ne l'est pas non plus de diviser aucune puissance au-dessus du quarré, en deux parties qui soient des puissances de même espèce; par exemple, un quarré-quarré, en deux quarrés-quarrés.

PROBLEME II.

Diviser un nombre qui est la somme de deux quarrés, en deux autres quarrés.

Soit proposé le nombre 13, qui est composé des deux quarrés 9 & 4: on demande de le diviser en deux autres quarrés.

Prenez deux nombres quelconques, par exemple, 4 & 3, multipliez par le premier 4, le double 6 de la racine 3 d'un des quarrés ci-dessus, & par le second 3, le double de la racine 2 de l'autre quarré, les produits seront 24 & 12. Otez-les l'un de l'autre, la différence 12 sera le numérateur d'une fraction, dont le dénominateur sera 25, la somme des quarrés des nombres choisis. Cette fraction sera donc $\frac{12}{25}$: multipliez-la par chacun des nombres pris à volonté, vous aurez d'un côté $\frac{48}{25}$, & de l'autre $\frac{36}{25}$. Le plus grand de ces nombres étant ôté de la racine du plus grand quarré contenu en 13, savoir 3, le restant sera $\frac{27}{25}$; & l'autre étant ajouté au côté du plus petit quarré 2, donnera $\frac{86}{25}$. Les deux fractions $\frac{27}{25}$ & $\frac{86}{25}$, seront les côtés des deux quarrés cherchés $\frac{729}{625}$ & $\frac{7396}{625}$, qui ensemble font 13, comme il est aisé de s'en assurer.

D'autres suppositions de nombres auroient donné d'autres quarrés; mais nous laissons au lecteur le plaisir de s'exercer en les cherchant.

Pour qu'un nombre soit divisible d'une infinité de manières en deux quarrés, il faut qu'il soit un quarré, ou composé de deux quarrés: tels sont, par ordre, les nombres 1, 2, 4, 5, 8, 9, 10, 13, 16, 17, 25, 26, 29, 32, 34, 36, 37, &c. Nous ne connoissons pas, ni ne croyons possible de trouver le moyen de diviser en deux quarrés, un nombre qui n'est pas quarré, ou la somme de deux quarrés; & nous croyons qu'on peut avancer comme une règle, que tout nombre entier, qui n'est pas quarré ou composé de deux quarrés en nombres entiers, ne sçauroit être divisé d'aucune manière en deux quarrés. C'est ce dont il seroit curieux de trouver une démonstration.

Mais tout nombre est divisible d'une infinité de manières, au moins en quatre quarrés; car il n'en est point qui ne soit ou quarré, ou la somme de deux, ou trois, ou quatre quarrés. Bachet de Méziriac avoit avancé cette proposition, de la vérité de laquelle il s'étoit assuré autant qu'on le peut faire, en essayant tous les nombres depuis 1 jusqu'à 325. M. de Fermat ajoute qu'il peut démontrer cette propriété générale & curieuse des nombres, savoir, que

» Tout nombre est ou triangulaire, ou composé de deux ou trois nombres triangulaires ».

» Tout nombre est ou quarré, ou composé de deux, ou trois, ou quatre nombres quarrés ».

Tout nombre est ou pentagone, ou composé de deux, ou trois, ou quatre, ou cinq pentagones; & ainsi de suite ».

La démonstration de cette propriété des nombres, si elle est réelle, seroit vraiment curieuse.

PROBLEME III.

Trouver quatre cubes, dont deux, pris ensemble, soient égaux à la somme des deux autres.

On les trouvera par la méthode suivante, qui est fort simple. Prenez deux nombres tels que le double du cube du plus petit surpasse le cube du plus grand; ensuite, du double du plus grand cube, ôtez le moindre; & multipliez ce restant aussi-bien que la somme des cubes, par le moindre des nombres choisis: les deux produits seront les côtés des deux premiers cubes cherchés.

Pareillement ôtez le plus grand des cubes des nombres choisis, du double du moindre; & que le restant, ainsi que la somme des mêmes cubes, soit multiplié par le plus grand des nombres choisis: les deux nouveaux produits seront les deux côtés des deux autres cubes.

Par exemple, qu'on prenne les nombres 4 & 5, qui ont la condition requise ci-dessus, on trouvera pour les côtés des deux premiers cubes, 744, 756; & pour les deux autres, 945 & 15, qui, étant divisés par 3, donnent, pour les deux premiers, 248, 252; & pour les deux derniers, 315, 5.

Si vous prenez 5 & 6, vous aurez 1535 & 1705 pour les côtés des deux premiers cubes, & 2046, 204 pour les côtés des seconds.

Un nombre composé de deux cubes étant donné, il est possible de trouver deux autres cubes, dont la somme soit égale à celle des deux premiers. Viete avoit pensé le contraire; mais M. de Fermat indique le moyen d'y parvenir, dans ses observations sur les *questions arithmétiques de Diophante*, commentées par M. Bachet de Méziriac. Il est vrai que le calcul conduit à des nombres extrêmement compliqués, & capables d'effrayer l'arithméticien le plus intrépide: on en jugera par l'exemple suivant. C'est celui ou il est question de diviser la somme des deux cubes 8 & 1, en deux autres. En suivant la méthode indiquée par M. de Fermat, le P. de Billy a trouvé que les côtés des deux nouveaux cubes étoient les nombres suivants,

$$\frac{1243617773399009783648\bar{1}}{60962383566137297449}$$

$$\& \quad \frac{487267171714352336560}{60962383566137297449}$$

Il en faut croire le P. de Billy; car je ne sçais si jamais il se trouvera quelqu'un qui ose examiner s'il s'est trompé.

Mais on peut, sans beaucoup de peine, résoudre cette autre question analogue aux précédentes: *trouver trois cubes qui, pris ensemble, soient égaux à un quatrième*. D'après la méthode indiquée dans le livre ci-dessus, on trouvera que les moindres nombres entiers qui résolvent la question, sont 3, 4 & 5; car leurs cubes ajoutés ensemble font 216, qui est le cube de 6.

Nous nous sommes bornés à quelques-unes des questions de cette espèce, qu'on peut multiplier à l'infini. Elles ont un genre particulier de difficulté qui les rend intéressantes. Aussi divers analystes s'en sont fort occupés: tels sont, parmi les anciens, Diophante d'Alexandrie, qui avoit écrit treize livres de questions arithmétiques, dont les six premiers seulement nous sont parvenus, avec un autre sur les nombres polygones. M. Viete s'exerça sur ce genre de questions, ainsi que M. Bachet de Méziriac, qui a commenté l'ouvrage de l'arithméticien Grec. Le célèbre M. de Fermat porta plus loin que personne avant lui cette espèce d'analyse. Le P. de Billy donna, vers le même tems, des preuves de sa subtilité en ce genre, par son ouvrage intitulé *diophantus redivivus*, où il ne laissoit bien loin derrière lui l'analyste ancien. Enfin, M. Ozanam avoit donné des preuves d'une très-grande force en ce genre, par la solution de quelques questions qu'on avoit jugées insolubles. Il avoit écrit sur cette matière; mais son ouvrage a resté manuscrit, & est tombé, après sa mort, entre les mains de feu M. Dagueffeau. C'eft ce que nous apprend l'hiftorien de l'académie.

Des progreffions arithmétiques & géométri- ques, & de quelques problêmes qui en dépendent.

§. I.

Expofition des principales propriétés de la progref- fion arithmétique.

Si l'on a une fuite de nombres continuellement croiffants ou décroiffants, tels que la différence du premier au fecond foit égale à celle du fe- cond au troifième, du troifième au quatrième, &c. & ainfi de fuite, ces nombres feront en progreffion arithmétique.

Ces fuites de nombres, 1, 2, 3, 4, 5, 6, &c. ou 1, 5, 9, 13, &c. ou 20, 18, 16, 14, 12, &c. ou 15, 12, 9, 6, 3, font donc des progreffions arithmétiques; car, dans la première, la différence du fecond terme au fuivant qui le furpaffe, eft toujours 1; dans la feconde elle eft 4: elle eft pareillement toujours 2 dans la troifième qui va en décroiffant, & trois dans la quatrième.

Il eft aifé de voir au premier coup-d'œil, que la progreffion arithmétique croiffante peut être continuée à l'infini; mais elle ne peut pas l'être de même, en un certain fens, lorfqu'elle décroît; car on arrivera toujours néceffairement à un ter- me dont la différence commune étant ôtée, le reftant fera zéro ou un nombre négatif. Ainfi la progreffion 19, 15, 11, 7, 3, ne fçauroit aller plus loin, en nombres pofitifs du moins; car on ne peut ôter 4 de 3; ou fi on l'ôte, on a, en langage analytique, — 1 (1). On auroit, en continuant la fouftraction — 5, — 9, &c.

Les principales propriétés des progreffions arith- métiques fuivent facilement de la définition que nous venons d'énoncer & de développer; car on verra d'abord, en y faifant attention,

1°. Que chaque terme n'eft autre chofe que le premier, plus ou moins la différence commune, multipliée par le nombre des intervalles entre ce terme & le premier. Ainfi, dans la progref- fion 2, 5, 8, 11, 14, 17, &c. dont la diffé-

rence eft 3, il y a entre le fixième terme & le pre- mier, cinq intervalles; c'eft pourquoi ce fixième terme eft égal au premier, plus le produit 15 de la différence commune 3 par 5. Or, comme ce nombre d'intervalles eft toujours moindre de l'unité que le nombre des termes, il fuit qu'on aura chaque terme dont on connoîtra le rang, en multipliant la différence commune par le nom- bre qui exprime ce rang, diminué de l'unité. Ainfi le centième terme d'une progreffion croif- fante fera égal au premier, plus 99 fois la dif- férence commune. Si elle eft décroiffante, ce fera le premier terme, diminué de ce même produit.

Pour avoir donc, dans une progreffion arith- métique dont on connoît la différence commune, un terme quelconque dont la place eft connue, multipliez cette différence par le nombre qui in- dique cette place, diminué de l'unité, & ajoutez le produit au premier terme fi la progreffion va en croiffant, & ôtez-le fi elle va en décroiffant; vous aurez le terme cherché.

2°. Dans toute progreffion arithmétique, le premier & le dernier termes font une fomme égale à celle du fecond & de l'avant-dernier, à celle du troifième & de l'antépénultième, &c. enfin égale au double des termes moyens, fi le nombre des termes eft pair, ou au double du moyen, fi ce nombre de termes eft impair.

Cela eft aifé à démontrer d'après ce qu'on vient de dire : car nommons le premier terme A, & fuppofons, par exemple, vingt termes à la pro- greffion; le vingtième, fi elle eft croiffante, fera donc égal à A plus dix-neuf fois la différence commune, & leur fomme fera deux fois le pre- mier terme, plus dix-neuf fois cette différence. Or le fecond terme eft égal au premier, plus la différence commune; & le dix-neuvième terme, ou l'avant-dernier dans notre fuppofition, eft égal au premier plus dix-huit fois la différence. Auffi la fomme du deuxième & de l'avant-dernier eft deux fois le premier terme, plus dix-neuf fois la différence commune; & ainfi du troifième & de l'antépénultième.

3°. Cette dernière propriété fert à démontrer aifément comme on peut trouver la fomme de tous les termes d'une progreffion arithmétique; car puifque le premier & le dernier termes font une même fomme que le deuxième & le pénul- tième, le troifième & l'antépénultième; &c. en- fin que les deux moyens, fi le nombre des ter- mes eft pair; il fuit que la progreffion contient en total autant de fois la fomme du premier & du dernier termes, qu'on peut faire de pareils couples. Or ce nombre de couples eft égal à la moitié du nombre de termes; conféquemment la fomme de toute la progreffion eft égale au pro-

---

(1) Comme les quantités appellées négatives ne font que des quantités réelles, prifes dans un fens con- traire à celui des quantités appellées pofitives, il eft évi- dent que, dans la rigueur mathématique & analytique, la progreffion arithmétique fe continue à l'infini, au- tant en décroiffant qu'en croiffant; mais nous nous énonçons ici comme on le fait vulgairement.

duit de la fomme des premier & dernier termes, multipliée par la moitié du nombre des termes, ou, ce qui revient au même, à la moitié du produit de la fomme des premier & dernier termes, par le nombre de ceux de la progreffion.

Si le nombre des termes eft impair, par exemple, 9, il eft aifé de voir que le terme moyen eft la moitié de la fomme des deux qui l'avoifinent, & par conféquent de la fomme du premier & du dernier. Or la fomme de tous les termes, le moyen excepté, eft égale au produit de la dernière fomme des premier & dernier par le nombre des termes diminué de l'unité, par exemple par 8, dans le cas propofé où il y a neuf termes, conféquemment, en y ajoutant le terme moyen qui complettera la fomme de la progreffion, & qui eft égal à la demi-fomme des premier & dernier termes, on aura, pour la fomme totale de la progreffion, autant de fois la demi-fomme ci-deffus, qu'il y a de termes dans la progreffion; ce qui eft la même chose que le produit de la demi-fomme des premier & dernier termes par le nombre de ces termes, ou le produit de cette fomme par la moitié du nombre des termes.

Lorfqu'on aura bien connu les règles précédentes, il fera aifé de réfoudre des queftions qui fuivent.

PROBLEME I.

Il y a un panier & cent cailloux rangés en ligne droite & à des efpaces égaux d'une toife. On propofe de les ramaffer & les rapporter dans le panier un à un, en allant d'abord chercher le premier, enfuite le fecond, & ainfi de fuite jufqu'au dernier. Combien de toifes doit faire celui qui entreprendra cet ouvrage?

Il eft bien clair que pour le premier caillou il faut faire deux toifes, une pour aller, & l'autre pour revenir; que pour le fecond il faut faire quatre toifes, deux pour aller, deux pour revenir; & ainfi de fuite, en augmentant de deux jufqu'au centième, qui exigera deux cents toifes de chemin, cent pour aller, cent pour revenir. Il eft d'ailleurs facile d'appercevoir que ces nombres forment une progreffion arithmétique, dont le nombre des termes eft 100; le premier 2, & le centième 200. Ainfi la fomme totale fera le produit de 202 par 50, où 10100 toifes; ce qui fait plus de quatre lieues moyennes de france, ou cinq petites lieues.

Il n'eft donc pas étonnant que ceux qui n'ont pas de connoiffances mathématiques ne fe perfuadent pas qu'une pareille entreprise exige tant

de chemin. On a vu, il y a quelques années, au luxembourg, une perfonne parier qu'elle iroit de ce palais au château de Meudon toucher la grille d'entrée, & reviendroit au luxembourg, avant qu'une autre eût ramaffé cent pierres efpacées comme ci-deffus, & fous les mêmes conditions. La dernière ne pouvoit fe le perfuader, & gagea une fomme affez forte; mais elle perdit. Et en effet elle le devoit perdre; car je doute qu'il y ait du luxembourg à Meudon 5050 toifes, ce qui en fait pour aller & revenir 10100. Or celui qui alloit à Meudon avoit, fur celui qui ramaffoit les pierres, l'avantage de n'avoir pas à fe baiffer cent fois de fuite, & fe relever autant de fois; ce qui devoit extrêmement ralentir fon opération. Auffi la première fut-elle de retour, à ce qu'on m'a raconté, que l'autre étoit à peine à la quatre-vingt-cinquième pierre.

PROBLEME II.

Un propriétaire eft convenu avec un maçon qui doit lui creuser un puits, de lui donner trois livres pour la première toife de profondeur, cinq pour la feconde, fept pour la troifième, & ainfi jufqu'à la vingtième toife inclufivement, où il doit rencontrer l'eau. On demande combien il fera dû au maçon quand il aura fini fon ouvrage?

La réponfe eft facile, au moyen des règles données plus haut: car la différence des termes eft ici 2, le nombre des termes eft 20; conféquemment, pour avoir la vingtième terme, il faut multiplier 2 par 19, & ajoutant le produit 38 à 3, premier terme; ce qui donnera 41 pour le vingtième terme.

Ajoutez enfuite le premier & dernier termes, c'eft-à-dire 3 & 41, ce qui donne 44, & multipliez cette fomme par 10, moitié du nombre des termes; vous aurez 440 pour la fomme de tous les termes de la progreffion, & pour le prix total de l'ouvrage.

PROBLEME III.

Un autre propriétaire étant convenu avec un maçon, pour creuser un puits de vingt toifes de profondeur, de lui payer une fomme de 400 livres, ce maçon tombe malade à la huitieme toife, & ne peut continuer l'ouvrage. On demande combien il lui eft dû.

Ce feroit affurément fe tromper, que de prétendre qu'il fût-dû à cet ouvrier les deux cinquièmes du prix total, parce que 8 toifes font les deux cinquièmes de la profondeur convenue; car il eft aifé de voir que la peine augmente à mefure qu'on parvient à une plus grande profondeur. On fuppose au refte, car il feroit difficile de le déterminer précisément, que la difficulté croît arithmétiquement comme la profondeur, enforte que le prix doive croître de même.

Il faut donc, pour réfoudre ce problême, diftribuer la fomme de 400 liv. en vingt termes qui foient en progreffion arithmétique : la fomme des huit premiers donnera ce qui eft dû au maçon pour fon ouvrage.

Mais la fomme de 400 livres peut être diftribuée en vingt termes arithmétiquement proportionnels de bien des manieres différentes, fuivant qu'on déterminera le premier terme qui eft ici indéterminé : car fi on le fuppofoit, par exemple, d'une livre, la progreffion feroit 1, 3, 5, 7, &c. dont 39 feroit le dernier terme; ce qui donneroit pour les huit premiers la fomme de 64 livres. Au contraire, fi on le fuppofoit, par exemple, 10 ½, la fuite des termes feroit 10 ½, 11 ½, 12 ½, 13 ½, 14 ½, &c; ce qui donneroit pour les huit premiers la fomme de 116 liv.

Ainfi, pour réfoudre le problême convenablement, & affigner avec équité ce qui eft dû, dans le cas propofé, à l'ouvrier pour ce commencement d'ouvrage, il faudroit commencer par déterminer ce que vaut équitablement une toife d'ouvrage femblable à la premiere, & prendre ce prix pour premier terme de la progreffion. Je fuppofe que ce prix foit la fomme de 5 livres : alors on aura pour la progreffion cherchée 5, $6\frac{11}{19}$, $8\frac{3}{19}$, $9\frac{14}{19}$, $11\frac{6}{19}$, $13\frac{15}{19}$, &c. dont la différence eft $\frac{10}{19}$, & le dernier terme 35.

Pour trouver donc la fomme des huit premiers termes, il faut d'abord trouver le huitieme terme, & pour cet effet multiplier la différence commune, ou $\frac{10}{19}$, par 7, ce qui donne $11\frac{7}{19}$; l'ajouter au premier terme 5, ce qui donne pour ce huitieme terme $16\frac{7}{19}$: ajoutez-y encore le premier terme, & multipliez la fomme $21\frac{7}{19}$ par 4; le produit $84\frac{4}{19}$ fera la fomme des huit premiers termes, ce qui eft dû à l'ouvrier pour la portion d'ouvrage qu'il a faite.

PROBLÊME IV.

Un homme doit 1860 livres à un créancier qui veut bien lui faciliter le moyen de s'acquitter en un an, fous les conditions fuivantes, favoir, de lui payer le premier mois la fomme de 100 livres, & enfuite chaque mois une fomme de plus que le précédent, jufqu'au douzieme qui complettera le paiement. On demande quelle eft cette fomme dont le paiement de chaque mois doit être augmenté.

Dans ce problême, les paiemens à faire de mois en mois doivent augmenter en progreffion arithmétique, & la fomme des termes, favoir, ladite fomme totale due : on connoît auffi leur nombre, qui eft 12. Mais la différence des termes eft inconnue ; car c'eft celle dont les paiemens doivent croître de mois en mois.

Pour la trouver, ôtez d'abord de la fomme totale le premier paiement multiplié par le nombre des termes, c'eft-à-dire ici 1200 livres, il reftera 660 ; multipliez enfuite le nombre des termes diminué de l'unité ou 11, par la moitié du nombre des termes ou 6, vous aurez le nombre 66, par lequel vous diviferez le refte 660 ; le quotient fera 10, & fera la différence cherchée. Ainfi le premier paiement étant 100, le fecond fera 110, le troifieme 120, enfin le dernier 210.

§. II.

Des progreffions géométriques ; expofition de leurs principales propriétés.

Lorfqu'on a une fuite de termes dont chacun eft le produit du précédent par un même nombre, ou, ce qui eft la même chofe, dont chacun eft au précédent dans le même rapport, ils forment une progreffion géométrique ; ainfi 1, 2, 4, 8, 16, &c. forment une progreffion géométrique ; car le fecond eft le double du premier, le troifieme le double du fecond, & ainfi de fuite. Les termes 1, 3, 9, 27, 81, &c. forment auffi une progreffion géométrique, chaque terme étant triple de celui qui le précede.

I. La principale propriété de la progreffion géométrique eft que, fi l'on prend de fuite trois termes quelconques, comme 3, 9, 27, le produit 81 des extrêmes eft égal au quarré du terme moyen 9 ; de même, fi l'on en prend quatre de fuite, comme 3, 9, 27, 81, le produit des extrêmes 243 eft égal au produit des deux moyens 9 & 27.

Enfin, fi l'on prend un nombre quelconque de fuite, comme 2, 4, 8, 16, 32, 64, le produit des extrêmes 2 & 64 eft égal au produit des deux qui en font également éloignés, favoir 4 & 32, ou bien 8 & 16. Si le nombre des termes étoit impair, il eft évident qu'il y auroit un terme unique également éloigné des deux extrêmes, & alors le quarré de ce terme feroit égal au produit des extrêmes, ou de deux autres quelconques, également éloignés d'eux ou du moyen.

II. Il y a entre la progreffion géométrique & la progreffion arithmétique une analogie qui doit être remarquée ici, & qui confifte en ce que ce qui convient à la derniere en employant l'addition & la fouftraction, convient à l'autre en y employant la multiplication & la divifion. Lorfque dans la derniere on prend la moitié ou le tiers, dans la première on emploie l'extraction de la racine quarrée ou cubique, &c.

Ainsi, pour trouver un nombre moyen arithmétique entre deux autres, par exemple 3, 12, on ajoute les deux extrêmes donnés, & l'on prend la moitié 7 ½ de la somme 15, qui est le nombre cherché ; mais pour trouver un moyen géométrique entre deux nombres, on multiplie les extrêmes donnés, & l'on tire la racine quarrée du produit. Soient, par exemple, ces nombres 3, 12 ; leur produit est 36, dont la racine quarrée 6 est le nombre cherché.

Si l'on a une progression géométrique quelconque, comme 1, 2, 4, 8, 16, 32, 64, &c. & qu'on écrive, comme on voit dans l'exemple ci-dessous, les termes d'une progression arithmétique par ordre au-dessus de deux de la progression géométrique,

0 . 1 . 2 . 3 . 4 . 5 . 6 . 7 . 8 . 9 . 10
1 . 2 . 4 . 8 . 16 . 32 . 64 . 128 . 256 . 512 . 1024

on remarquera les propriétés suivantes dans cette combinaison :

1°. Qu'on prenne deux termes quelconques de la progression arithmétique, par exemple 4 & 64, & qu'on les multiplie, le produit est 256. Qu'on prenne pareillement les deux termes de la progression géométrique répondans à 4 & 64, qui sont 2 & 6, & qu'on les ajoute, la somme 8 répondra au produit ci-dessus 256.

2°. Prenez dans la progression inférieure quatre termes en proportion géométrique, par exemple 2, 16, 64, 512 ; les nombres de la progression supérieure correspondans seront 1. 4, 6, 9, qui sont en proportion arithmétique, car la différence de 4 à 1 est la même que celle de 9 à 6.

3°. Si l'on prend dans la suite inférieure un nombre quarré, 64 par exemple, & dans la suite supérieure le terme qui lui répond, savoir 6, la moitié de ce dernier, 3, se trouvera répondre à la racine quarrée de 64, savoir 8.

En prenant dans la suite inférieure un cube, par exemple 512, & dans la supérieure le nombre correspondant 9, il se trouve que le tiers de ce dernier, qui est 3, est aussi correspondant à la racine cubique 8 du premier.

Ainsi l'on voit que ce qui, dans la progression géométrique, est multiplication, est addition dans l'arithmétique ; ce qui est division dans la première, est soustraction dans la dernière ; ce qui est enfin extraction de racine quarrée, cubique, &c.

dans la progression géométrique, est simple division par 2, par 3, &c. dans l'arithmétique.

Cette analogie remarquable est le fondement de la théorie vulgaire des logarithmes ; & nous a paru par cette raison mériter que nous entrassions ici dans quelques détails à son sujet.

III. Il est évident que toutes les puissances par ordre d'un même nombre, forment une progression géométrique ; telle est la suivante, qui est celle des puissances du nombre 2,

2   4   8   16   32   64   128   &c.

Il en est de même des puissances du nombre 3, qui forment la suite

3   9   27   81   243   729   &c.

La première de ces suites a une propriété particulière, savoir, que si l'on prend le premier, deuxième, quatrième, huitième, seizième, trente-deuxième termes, & qu'on y ajoute l'unité, il en résultera des nombres premiers.

IV. On appelle l'exposant d'une progression géométrique, le nombre qui résulte de la division d'un terme quelconque par celui qui le précède ; ainsi, dans la progression géométrique 2, 8, 32, 128, 512, l'exposant est 4 ; car, en divisant 128 par 32, ou 32 par 8, ou 8 par 2, le quotient est toujours 4. Ainsi l'exposant joue dans la progression géométrique, le même rôle que la différence dans la progression arithmétique, c'est-à-dire, qu'il est toujours constant.

Pour trouver donc, dans une progression géométrique dont le premier terme & l'exposant sont connus, un terme quelconque, par exemple, le huitième, multipliez cet exposant par lui-même sept fois de suite, ou autant de fois qu'il y a d'unités dans son rang, moins un ; ou, ce qui est la même chose, élevez cet exposant à la septième puissance ; enfin multipliez le premier terme par le produit ; le nouveau produit sera le huitième terme cherché. Soit, par exemple, le premier terme 3, & l'exposant de la progression 2 ; pour avoir le huitième terme, on prendra la septième puissance de 2, qui est 128 ; multipliez ensuite par 128 le premier terme 3 ; le produit, qui sera 384, donnera le huitième terme cherché de la progression.

Remarquons ici que s'il eût été question d'une progression arithmétique dont le premier terme eût été donné ainsi que la différence, & qu'on eût voulu avoir le huitième terme, on eût multiplié cette différence par 7, & on eût ajouté le produit au premier terme. On voit par conséquent ici une fuite de l'analogie remarquée dans le paragraphe III.

V. On trouve la fomme des termes d'une progreffion géométrique déterminée de la manière fuivante :

« Multipliez le premier terme par lui-même, & le dernier par le fecond, & prenez la différence de ces deux produits.

» Divifez-enfuite cette différence par celle des deux premiers termes, le quotient fera la fomme de tous les termes ».

Soit, par exemple, la progreffion 3, 6, 12, 24, &c. dont le huitième terme eft 384, & qu'on demande la fomme de ces huit termes ; le produit du premier par lui-même eft 9, celui du dernier par le fecond eft de 2304, la différence eft de 2295 ; divifez donc 2295 par 3, différence des premier & fecond termes, & vous aurez pour quotient le nombre 765, qui fera la fomme de ces huit termes.

VI. Une progreffion géométrique peut décroître à l'infini, fans qu'on parvienne jamais à zéro ; car il eft évident qu'une partie quelconque d'une quantité qui eft plus grande que zéro, ne peut jamais être zéro. Ainfi une progreffion géométrique décroiffante peut fe prolonger à l'infini ; il n'y a qu'à divifer le dernier terme par l'expofant de la progreffion, & l'on aura le terme fuivant. Voici quelques exemples de progreffions géométriques décroiffantes.

$$1, \frac{1}{2}, \frac{1}{4}, \frac{1}{8}, \frac{1}{16}, \frac{1}{32}, \frac{1}{64}, \text{ &c.}$$
$$1, \frac{1}{3}, \frac{1}{9}, \frac{1}{27}, \frac{1}{81}, \text{ &c.}$$

VII. La fomme d'une progreffion géométrique croiffante & continuée à l'infini, eft évidemment infinie ; mais celle d'une progreffion géométrique décroiffante, quelque nombre de termes qu'on en prenne, eft toujours finie. Ainfi la fomme de tous les termes à l'infini de cette progreffion $1, \frac{1}{2}, \frac{1}{4}$, &c. n'eft que 2 ; celle de la progreffion $1, \frac{1}{3}, \frac{1}{9}$, &c. à l'infini, n'eft que $1\frac{1}{2}$, &c. Cela fuit néceffairement de la méthode donnée plus haut pour trouver la fomme de tant de termes qu'on voudra d'une progreffion géométrique ; car fi nous la fuppofons prolongée à l'infini & décroiffante, le dernier terme fera infiniment petit ou zéro ; ainfi le produit du fecond terme par le dernier fera zéro ; & conféquemment il n'y aura qu'à divifer le quarré du premier terme, par la différence du premier & du fecond. C'eft ainfi qu'on a trouvé que $1, \frac{1}{2}, \frac{1}{4}, \frac{1}{8}$, &c. à l'infini, eft égal à 2, & que $1, \frac{1}{3}, \frac{1}{9}$, = $1\frac{1}{2}$ ou $1\frac{1}{2}$; car le quarré de 1 eft 1, la différence de 1 & $1\frac{1}{3}$ eft $\frac{1}{3}$: enfin l'u-

nité divifée par $\frac{1}{2}$ donne 2 ; de même 1, étant divifé par $\frac{2}{3}$, qui eft la différence de 1 & de $\frac{1}{3}$, donne $\frac{3}{2}$.

Lorfqu'on dit qu'une progreffion continue à l'infini peut être égale à une quantité finie, on ne prétend pas, à l'exemple de M. de Fontenelle, dire que l'infini puiffe avoir une exiftence réelle. Ce qu'on entend feulement par-là, & à quoi l'on doit réduire toutes les expreffions femblables, c'eft que, quelque nombre de termes qu'on prenne de la progreffion, leur fomme ne fauroit égaler la quantité finie déterminée, quoiqu'elle en approche, de manière que leur différence peut devenir plus petite qu'aucune quantité affignable.

PROBLÊME I.

Achille va dix fois plus vîte qu'une tortue qui a une ftade d'avance. On demande s'il eft poffible qu'il l'atteigne, & à quelle diftance il l'atteindra ?

Cette queftion n'a de la célébrité que parce que Zénon, chef des Stoïciens, prétendoit, par un fophifme, prouver qu'Achille n'atteindroit jamais la tortue ; car, difoit-il, pendant qu'Achille fera une ftade, la tortue en aura fait une dixième ; & pendant qu'il fera cette dixième, la tortue en fera une centième qu'elle aura encore d'avance, & ainfi à l'infini ; par conféquent, il s'écoulera un nombre infini d'inftans avant que le héros ait atteint le reptile : donc il ne l'atteindra jamais.

Il ne faut cependant qu'avoir le fens-commun pour voir qu'Achille atteindra bientôt la tortue, puifqu'il la dépaffera. D'où vient donc le fophifme ? Le voici :

Achille n'atteindroit en effet jamais la tortue, fi les intervalles de temps pendant lefquels on fuppofe qu'il a fait la première ftade, & enfuite les dixième, centième, millième de ftade que la tortue a eus fucceffivement d'avance fur lui, étoient égaux ; mais en fuppofant qu'il ait fait la première ftade dans 10 minutes de temps, il ne mettra qu'une minute à parcourir une dixième de ftade, enfuite $\frac{1}{10}$ de minute pour parcourir une centième, &c : ainfi les intervalles de temps qu'Achille emploiera à parcourir l'avance que la tortue a gagnée pendant le temps précédent, iront en décroiffant de cette manière, $10, 1, \frac{1}{10}, \frac{1}{100}, \frac{1}{1000}$, &c. ce qui forme une progreffion géométrique fousdécuple, dont la fomme eft égale à $11\frac{1}{9}$. C'eft l'intervalle de temps après lequel Achille aura atteint la tortue.

PROBLÊME

PROBLÊME II.

Les deux aiguilles d'une pendule à minute partent ensemble du point de midi. On demande quels seront les points du cadran où elles se rencontreront successivement, pendant une révolution entière de celle des heures.

Ce problême, considéré d'une certaine manière, ne diffère pas du précédent. L'aiguille des minutes joue ici le rôle que faisoit Achille dans le premier; & celle des heures qui va douze fois moins vîte, celui de la tortue. Enfin, si l'on considère l'aiguille des heures comme commençant une seconde révolution, & celle des minutes comme commençant la première, l'avance de l'une sur l'autre sera un tour entier du cadran. Lorsque celle des minutes aura fait une révolution, celle des heures en aura fait une douzième, & ainsi progressivement. Il n'est donc question, pour résoudre ce problême, que d'appliquer à ses données la méthode employée pour celui de la tortue, & l'on trouvera que l'intervalle, depuis midi jusqu'au point où se rencontreront de nouveau les deux aiguilles, sera $\frac{1}{11}$ de la révolution entière; ou, ce qui revient au même, celui d'une heure & de $\frac{1}{11}$ d'heure. Elles se rencontreront ensuite à 2 heures & $\frac{2}{11}$, à 3 heures & $\frac{3}{11}$, à 4 heures & $\frac{4}{11}$, enfin à 11 heures & $\frac{11}{11}$, c'est-à-dire à 12 heures.

On peut aussi résoudre le problême, sans considération de la progression géométrique; car, puisque l'aiguille des minutes va douze fois aussi vîte que celle des heures, la première parcourra, dans le temps écoulé depuis leur départ du point de midi jusqu'à leur nouvelle rencontre, un espace égal à douze fois le chemin de la seconde depuis ce même point de midi; par conséquent ce chemin $\frac{1}{11}$ de la révolution entière, ainsi qu'il est aisé de se le démontrer.

PROBLÊME III.

Un homme ayant fait quelque chose de fort agréable à un souverain, celui-ci veut le récompenser, & lui ordonne de faire la demande de ce qu'il voudra, lui promettant qu'elle lui sera accordée. Cet homme qui est instruit dans la science des nombres, se borne à supplier le monarque de lui faire donner la quantité de bled qui proviendroit en commençant par un grain, & en doublant soixante-trois fois de suite. On demande quelle est la valeur de cette récompense.

Un auteur arabe, *Al-Sephadi*, raconte l'origine de ce problême d'une manière assez curieuse pour trouver place ici. Un roi de Perse, dit-il, ayant imaginé le jeu de *Tric-trac*, en étoit tout glorieux. Mais il y avoit dans les états du roi de

Amusemens des Sciences.

l'Inde un mathématicien nommé *Sessa*, fils de Daher, qui inventa le jeu d'*Echecs*. Il le présenta à son maître, qui en fut si satisfait, qu'il voulut lui en donner une marque digne de sa magnificence, & lui ordonna de demander la récompense qu'il voudroit, lui promettant qu'elle lui seroit accordée. Le mathématicien se borna à demander un grain de bled pour la première case de son échiquier, deux pour la seconde, quatre pour la troisième, & ainsi de suite, jusqu'à la dernière ou la soixante-quatrième. Le prince s'indigna presque d'une demande qu'il jugeoit répondre mal à sa libéralité, & ordonna à son visir de satisfaire Sessa. Mais quel fut l'étonnement de ce ministre, lorsqu'ayant fait calculer la quantité de bled nécessaire pour remplir l'ordre du prince, il vit que non-seulement il n'y avoit pas assez de grains dans ses greniers, mais même dans tous ceux de ses sujets & dans toute l'Asie. Il en rendit compte au roi, qui fit appeler le mathématicien, & lui dit qu'il reconnoissoit n'être pas assez riche pour remplir sa demande, dont la subtilité l'étonnoit encore plus que l'invention du jeu qu'il lui avoit présenté.

Telle est, pour le remarquer en passant, l'origine du jeu des Echecs, du moins au rapport de l'historien arabe Al-Sephadi. Mais ce n'est pas ici notre objet de discuter ce qui en est; occupons-nous du calcul des grains demandés par le mathématicien Sessa.

On trouve, en faisant ce calcul, que le soixante-quatrième terme de la progression double, en commençant par l'unité, est le nombre 9223372036 854775808. Or, dans la progression double commençant par l'unité, la somme de tous les termes se trouve en doublant le dernier & en ôtant l'unité. Ainsi le nombre des grains de bled nécessaires pour remplir la demande de Sessa, étoit le suivant, 18446744073709551615. Or l'on trouve qu'une livre de bled de médiocre grosseur & médiocrement sec contient environ 12800 grains, & conséquemment le septier de bled, qui est de 240 livres poids moyen, en contiendroit environ 3072000; je le suppose de 3100000 : divisant donc le nombre des grains trouvés ci-dessus par ce dernier nombre, il en résulteroit 59505620044 422 setiers, qu'il eût fallu pour acquitter la promesse du roi indien. En supposant encore qu'un arpent de terre ensemencé rendît cinq septiers, il faudroit, pour produire en une année la quantité de septiers ci-dessus, la quantité de 1190112408 884 arpents; ce qui fait près de huit fois la surface entière du globe de la terre: car la circonférence de la terre, étant supposée de 9000 lieues moyennes, c'est-à-dire, de 2280 toises au degré, sa surface entière, y comprise celle des eaux de toute espèce, se trouve de 148882176000 arpents.

S

M. Wallis envifage la chofe un peu autrement, & trouve dans fon arithmétique, que la quantité de bled néceffaire pour remplir la promeffe faite à Seffa, formeroit une pyramide de 9 milles anglois de longueur, de largeur & de hauteur ; ce qui revient à une pareille pyramide qui auroit 3 de nos lieues (d'environ 3000 toifes) en tout fens de bafe, & trois lieues de hauteur, ou à une maffe parallélipipède de 9 lieues quarrées de bafe, fur une hauteur uniforme d'une lieue. Or 3000 toifes de hauteur font 18000 pieds ; ainfi ce folide eft l'équivalent d'un autre de 162000 lieues quarrées, fur un pied de hauteur : d'où il fuit que la quantité de bled ci-deffus couvriroit 126000 lieues quarrées, à la hauteur d'un pied ; ce qui fait au moins trois fois la furface de la France, qui ne contient, je penfe, toute rédaction faite, guères plus de 50000 lieues quarrées.

En fuppofant le fetier de bled à une piftole, la quantité de bled ci-deffus vaudroit 595056260 244220 livres, ce qui fait 5950562 milliards, fomme qui excède probablement toutes les richeffes exiftantes fur la terre.

On propofe le même problême d'une autre manière que voici : « Un maquignon pofsède un très-beau cheval dont un homme a envie ; mais cet acheteur, peu difpofé à y mettre le prix convenable, eft indécis. Le maquignon, pour le déterminer par l'apparence d'un prix médiocre, lui offre de fe contenter du prix du vingt-quatrième clou des fers du cheval, payé à raifon d'un denier pour le premier clou, de deux pour le deuxième, quatre pour le troifième, &c. jufqu'au vingt-quatrième. L'acheteur, croyant le marché fort avantageux pour lui, l'accepte. On demande le prix du cheval ».

Ce cheval coûteroit fort cher ; car, en faifant le calcul, on trouve que le vingt-quatrième terme de cette progreffion 1, 2, 4, 8, &c. eft 8388608 ; ainfi ce feroit ce nombre de deniers que devroit donner l'acheteur, ce qui revient à trente-quatre mille neuf cent cinquante-deux livres dix fous huit deniers. Aucun cheval arabe de la plus noble race ne fe vendit jamais ce prix.

Si le prix convenu du cheval eût été la valeur de tous les clous, en payant le premier un denier, le fecond deux, le troifième quatre, &c. il feroit du double, moins le premier terme, c'eft-à-dire, de 69908. liv. 1 f. 3 den.

Nous allons terminer ce chapitre par quelques remarques phyfico-mathématiques fur la prodigieufe fécondité & la multiplication progreffive des animaux & des végétaux, qui auroit lieu fi les forces de la nature n'éprouvoient pas continuellement des obftacles.

I. On ne fera point étonné que la race d'Abraham, après 260 ans de féjour en Egypte, ait pu former une nation capable de donner de l'inquiétude aux fouverains du pays. En effet, l'écriture raconte que Jacob s'établit dans cette contrée avec foixante-dix perfonnes. Je fuppofe que de ces foixante-dix perfonnes il y en eût vingt, ou trop avancées en âge, ou trop jeunes pour être propres à la génération ; que des cinquante autres reftantes il y en eût vingt-cinq mâles & vingt-cinq femelles, formant vingt-cinq mariages ; que chaque couple enfin eût produit dans la durée de vingt-cinq ans, huit enfans l'un portant l'autre, ce qui ne paroît pas difficile à croire dans un pays renommé par la fécondité de fes habitans ; on trouvera qu'au bout de 25 ans ce nombre de foixante-dix a pu s'accroître jufqu'à deux cens foixante-dix, dont ôtant les morts, il n'y a peut-être pas d'exagération à le porter à deux cent dix : ainfi la race de Jacob a pu être triplée après vingt-cinq ans de féjour en Egypte. Par la même raifon, ces deux cens dix perfonnes, après vingt-cinq autres années, ont pu s'augmenter jufqu'à fix cent trente, & ainfi de fuite, en progreffion géométrique triple ; d'où il fuit qu'après deux cent vingt-cinq ans, la population a pu monter à 1377810 perfonnes, parmi lefquelles il a pu aifément y en avoir 5 à 600000 adultes, & en état de porter les armes.

II. En fuppofant que la race du premier homme, toute déduction faite des morts, eût doublé tous les vingt ans, ce qui n'eft affurément pas contraire aux forces de la nature, le nombre des hommes, après cinq fiècles, a pu monter à 1048576. Ainfi, Adam ayant vécu plus de 900 ans, il a pu voir au milieu de fa vie, c'eft-à-dire, vers l'an 500 de fon âge, une poftérité de 1048576 perfonnes.

III. Quelle ne feroit pas la multiplication de plufieurs animaux, fi la difficulté de la fubfiftance, fi la guerre que les uns font aux autres, ou la confommation qu'en font les hommes, ne mettoient pas des bornes à leur propagation ? Il eft aifé de démontrer que la race d'une truie qui auroit mis bas fix petits, dont deux mâles & quatre femelles, en fuppofant enfuite chaque femelle mettre bas pareillement chaque année fix petits, dont quatre femelles & deux mâles, monteroit, après douze ans, à 33554230.

Plufieurs autres animaux, comme les lapins, les chats, &c. qui ne portent que pendant quelques femaines, multiplieroient encore avec bien plus de rapidité ; la furface de la terre ne fuffiroit pas, après un demi-fiècle feulement, pour leur donner la fubfiftance, ou même pour les contenir.

Il ne faudroit qu'un bien petit nombre d'années, pour qu'un hareng remplît l'Océan de sa postérité, si tous ses œufs étoient fécondés ; car il n'est guères de poisson ovipare qui ne contienne plusieurs milliers d'œufs qu'il jette dans le temps du frai. Supposons que ce nombre monte seulement à 2000, qui donnent naissance à autant de poissons, moitié mâles, moitié femelles : dans la seconde année, il y en auroit plus de 200000 ; dans la troisième, plus de 200000000 ; & dans la huitième année, ce nombre surpasseroit celui qui est exprimé par 2 suivi de 24 zéro. Or la solidité de la terre contient à peine autant de pouces cubes. Ainsi l'Océan, quand même il occuperoit toute la surface du globe terrestre & toute sa profondeur, ne suffiroit pas pour contenir tous ces poissons.

IV. Plusieurs végétaux couvriroient en très-peu d'années toute la surface du globe, si toutes leurs semences étoient mises en terre ; il ne faudroit pour cela que quatre ans à la jusquiame, qui est peut-être, de toutes les plantes connues, celle qui donne la plus grande quantité de semences. D'après quelques expériences, on a trouvé qu'une tige de jusquiame donne quelquefois plus de 50000 grains ; réduisons ce nombre à 10000 ; à la quatrième génération, il monteroit à 1 suivi de 16 zéro. Or la surface de la terre ne contient pas plus de 5359758336000000 pieds quarrés. Ainsi, en allouant à chaque tige un pied quarré seulement, l'on voit que la surface entière de la terre ne suffiroit pas pour toutes les plantes provenantes d'une seule de cette espèce à la fin de la quatrième année.

Nous ne pousserons pas cette énumération plus loin, de crainte de tomber dans le défaut qu'on peut justement reprocher à l'ancien auteur des *Récréations mathématiques*. Il n'est aucun lecteur à qui ce que nous venons de dire ne suffise.

§. I I I.

De quelques autres progressions, & entr'autres de la progression harmonique.

La proportion harmonique règne entre trois nombres, lorsque le premier est au dernier, comme la différence du premier avec le second est à celle du second avec le troisième. Ainsi les nombres 6, 3, 2, sont en proportion harmonique ; car 6 est à 2, comme 3, différence des deux premiers nombres est à 1, différence des deux derniers. Cette espèce de rapport est appelé harmonique, par la raison qu'on verra plus bas.

I. Deux nombres étant donnés, on trouve le troisième qui forme avec eux la proportion har-

monique, en multipliant ces deux nombres, & divisant leur produit par l'excès du double du premier sur le second. Ainsi, étant donnés 6 & 3, on a trouvé le troisième en multipliant 6 par 3, & divisant le produit 18, par 9, qui est l'excès de 12, double de 6, sur 3 le second des nombres donnés. Ainsi ce quotient est 2.

Il est aisé de voir par-là qu'il n'est pas toujours, en un sens, possible de trouver un troisième nombre en proportion harmonique avec deux autres ; car lorsque le premier est le plus petit, si son double est égal où moindre que le second, on rencontrera un nombre infini, ou négatif. Ainsi le troisième harmonique à 2 & 4, est infini ; car on trouve que le nombre cherché est égal à 8 divisé par 4—4, ou zéro. Or, pour peu qu'on soit arithméticien, on sçait que plus le dénominateur d'une fraction est au dessous de l'unité, plus la fraction est grande. Conséquemment une fraction dont le dénominateur est 0, est infinie.

Si le double du premier nombre étoit moindre que le second, (comme il arriveroit, si l'on proposoit de trouver un troisième harmonique à 2 & 6) alors le diviseur cherché seroit un nombre négatif : c'est, dans l'exemple proposé — 2 ; c'est pourquoi le troisième harmonique cherché seroit ici 12 divisé par —2, c'est-à-dire —6.

Mais cet inconvénient, si c'en est un, n'est pas à craindre lorsque le plus grand nombre est le premier de la proportion ; car le premier surpasse le second, à plus forte raison son double le surpassera-t-il. Ainsi le troisième harmonique sera toujours, dans ce cas, un nombre fini & positif.

II. Lorsqu'on a trois membres en proportion harmonique décroissante, par exemple 6, 3, 2, il est aisé d'en trouver un quatrième ; il n'y a qu'à chercher un troisième harmonique aux deux derniers, ce sera le quatrième : pareillement le troisième & le quatrième serviront à trouver le cinquième, & ainsi de suite ; ce qui formera ce qu'on appelle une progression harmonique, laquelle, par les raisons ci-dessus, pourra toujours se prolonger en décroissant. Dans l'exemple présent, cette suite se trouvera 6, 3, 2, $\frac{3}{2}$, $\frac{6}{5}$, 1, $\frac{6}{7}$, $\frac{3}{4}$, &c.

Si les deux premiers nombres eussent été 2 & 1, on auroit eu la progression harmonique.

$$2, 1, \frac{2}{3}, \frac{1}{2}, \frac{2}{5}, \frac{1}{3}, \frac{2}{7}, \frac{1}{4}, \frac{2}{9}, \frac{1}{5}, \&c.$$

Ainsi c'est une propriété remarquable de la suite des fractions dont le numérateur est l'unité, & dont les dénominateurs sont les nombres de la progression naturelle, d'être en progression harmonique.

En effet, indépendamment du rapport numérique défini ci-deſſus, on trouve dans la ſuite de ces nombres toutes les conſonnances muſicales poſſibles : car le rapport de 1 à $\frac{1}{2}$ donne l'octave ; celui de $\frac{4}{5}$ à $\frac{2}{3}$, ou de 3 à 2, donne la quinte ; celui de $\frac{3}{4}$ à $\frac{2}{3}$, ou de 4 à 3, donne la quarte ; celui de $\frac{4}{5}$ à $\frac{3}{4}$, la tierce majeure ; celui de $\frac{5}{6}$ à $\frac{4}{5}$, ou de 6 à 5, la tierce mineure ; celui de $\frac{8}{9}$ à $\frac{4}{5}$, ou de 9 à 8, le ton majeur ; enfin celui de $\frac{9}{10}$ à $\frac{8}{9}$ ou de 10 à 9, le ton mineur. Mais ceci ſera expliqué plus au long dans la partie de cet ouvrage relative à la muſique.

P R O B L Ê M E.

Quelle eſt la ſomme de la ſuite infinie des nombres en progreſſion harmonique 1, $\frac{1}{2}$, $\frac{1}{3}$, $\frac{1}{4}$, $\frac{1}{5}$, $\frac{1}{6}$, *&c* ?

On a vu que la ſuite des nombres en progreſſion géométrique, fût-elle prolongée à l'infini, eſt toujours égale à un nombre fini qu'il eſt aiſé de déterminer. En eſt-il de même dans le cas du problème que nous propoſons ?

Nous diſons que non, quoique dans un journal de Trévoux un auteur ſe ſoit donné beaucoup de peine à prouver que la ſomme de ces fractions eſt finie. Mais ſes raiſonnemens ſont de vrais paralogiſmes qu'il n'eût pas haſardés s'il eût été géomètre (1) ; car il eſt bien démontré que la ſuite 1, $\frac{1}{2}$, $\frac{1}{3}$, $\frac{1}{4}$, $\frac{1}{5}$, &c. peut toujours être prolongée de manière à ſurpaſſer tout nombre fini, quel qu'il ſoit.

§. I V.

De diverſes progreſſions décroiſſantes à l'infini, dont on connoît la ſomme.

I. On peut former ſuivant des loix différentes, une infinité de progreſſions décroiſſantes ſur leſquelles les mathématiciens ſe ſont exercés. Le numérateur, par exemple, étant conſtamment l'unité, les dénominateurs peuvent croître ſelon le rapport des nombres triangulaires 1, 3, 6, 10, 15, 21, &c. Telle eſt la progreſſion ſuivante :

$$\frac{1}{3}, \frac{1}{3}, \frac{1}{6}, \frac{1}{10}, \frac{1}{15}, \frac{1}{21}, \&c.$$

Sa ſomme eſt finie, & préciſément égale à 2.

De même la ſomme de la progreſſion dont les numérateurs étant conſtamment l'unité, les dénominateurs ſont les nombres pyramidaux, comme

$$1, \frac{4}{4}, \frac{1}{10}, \frac{1}{20}, \frac{1}{35}, \frac{1}{56}, \&c.$$

eſt égale à 1$\frac{1}{2}$.

(1) L'infinité de la ſomme de la progreſſion 1, $\frac{1}{2}$, $\frac{1}{3}$, $\frac{1}{4}$, $\frac{1}{5}$, &c. ſuit néceſſairement d'une propriété connue de l'hyperbole entre ſes aſymptotes ; ſavoir, que l'aire compriſe entre la courbe & l'aſymptote, eſt plus grande qu'aucune aire finie, ou qu'elle eſt, en langage vulgaire, infinie.

Celle où les dénominateurs ſont les pyramidaux du ſecond ordre, comme celle-ci,

$$1, \frac{1}{5}, \frac{1}{15}, \frac{1}{35}, \frac{1}{70}, \frac{1}{126}, \&c.$$

eſt égale à 1$\frac{1}{3}$.

Celle où ils ſont les pyramidaux du troiſième ordre, comme

$$1, \frac{1}{6}, \frac{1}{21}, \frac{1}{56}, \frac{1}{126}, \frac{1}{252}, \&c.$$

eſt égale à 1$\frac{1}{4}$.

Ainſi la loi que ſuivent ces ſommes eſt apparente ; & ſi l'on demandoit, par exemple, quelle ſeroit la ſomme de la progreſſion ſemblable, dont les dénominateurs ſeroient les nombres pyramidaux du dixième ordre, il ſeroit aiſé de répondre qu'elle eſt égale à 1$\frac{1}{11}$.

II. Suppoſons préſentement cette progreſſion,

$$1, \frac{1}{4}, \frac{1}{9}, \frac{1}{16}, \frac{1}{25}, \frac{1}{36}, \&c.$$

dans laquelle les dénominateurs ſont les quarrés des nombres de la progreſſion naturelle :

Si l'on eſt curieux de ſavoir quelle eſt ſa ſomme, nous répondrons, avec M. Jean Bernoulli qui l'a trouvée le premier, qu'elle eſt finie, & égale au quarré de la circonférence du cercle diviſé par 6, ou à $\frac{3.1415 2.^2}{6}$.

Quant à celle où les dénominateurs ſont les cubes des nombres naturels, le même M. Bernoulli convient ne l'avoir pu encore découvrir.

Le lecteur curieux de ces recherches peut recourir à l'ouvrage de M. Jacques Bernoulli, intitulé *Tractatus de Seriebus infinitis*, qui eſt à la ſuite de celui publié en 1713, à Bâle, ſous le titre de *Ars conjectandi* : il y trouvera amplement de quoi ſe ſatisfaire. Il doit auſſi voir divers mémoires, tant de M. Jean Bernoulli, qui ſe trouvent dans le recueil de ſes œuvres, que de M. Euler, qui ſont inſérés dans les mémoires de Pétersbourg.

Des combinaiſons & changemens d'ordre.

Avant d'entrer en matière, il eſt néceſſaire de développer la conſtruction d'une table qui eſt d'un grand uſage pour abréger les calculs : C'eſt le triangle arithmétique de M. Paſcal. Voici comment il eſt formé, & quelques-unes de ſes propriétés.

Formez d'abord une bande A B de dix quarrés égaux ; au deſſous de cette bande, en vous retirant d'un quarré de gauche à droite, formez une bande ſemblable CD, qui aura conſéquemment

A									B
1	1	1	1	1	1	1	1	1	1
C 1	2	3	4	5	6	7	8	9	D
	1	3	6	10	15	21	28	36	
		1	4	10	20	35	56	84	
			1	5	15	35	70	126	
				1	6	21	56	126	
					1	7	28	84	
						1	8	36	
							1	9	
								1	

E

un quarré de moins; & continuez ainsi, en vous retirant toujours d'un quarré, &c : vous aurez une suite de quarrés disposés par bandes verticales & horizontales, & finissant par un seul, ce qui formera un triangle divisé par compartimens égaux ; c'est ce qui lui a fait donner le nom de triangle arithmétique.

On y disposera les nombres dont il doit être rempli, de la manière suivante.

Dans chacune des cases de la première bande on inscrira l'unité, ainsi que dans chacune des cases qui sont sur la diagonale AE.

Ensuite on ajoutera le nombre de la première case de la bande C qui est l'unité, avec celui qui est dans la case immédiatement au dessus, & on inscrira la somme 2 dans la case suivante. On ajoutera pareillement ce nombre avec celui de la case au dessus, ce qui donnera 3 qu'on inscrira dans la case suivante. On aura par ce moyen la suite des nombres naturels 1, 2, 3, 4, 5, &c.

La manière de remplir les autres bandes horizontales est toujours la même; chaque case doit toujours contenir la somme du nombre qui est dans la case précédente du même rang, & de celui qui est immédiatement au dessus de cette case précédente. Ainsi le nombre 15, qui remplit la cinquième case de la troisième bande, est égal à la somme de 10 qui est dans la case précédente, & de 5 qui est dans la case au-dessus de celle-ci. Il en est de même de 21, qui est la somme de 15 & de 6; de 35, dans la quatrième ligne, qui est la somme de 15 & de 20; &c. &c.

La première propriété de cette table est de donner dans ses bandes horizontales les différens nombres naturels, triangulaires, pyramidaux, &c; car dans la deuxième on a les nombres naturels 1, 2, 3, 4, &c; dans la troisième, les nombres triangulaires 1, 3, 6, 10, 15, &c; dans la quatrième, les nombres pyramidaux du premier ordre, 1, 4, 10, 20, 35, &c; dans la cinquième, les pyramidaux du deuxième ordre, 1, 5, 15, 35, 70, &c. C'est une suite nécessaire de la manière dont la table est formée ; car il est facile de voir que le nombre qui remplit chaque case, est toujours la somme de ceux qui remplissent les cases précédentes à gauche dans la bande immédiatement au-dessus.

On retrouve les mêmes nombres dans les bandes parallèles à la diagonale, ou l'hypothénuse du triangle.

Mais une propriété bien plus remarquable, & que concevront seulement ceux de nos lecteurs à qui l'algèbre n'est pas inconnue, c'est que les bandes perpendiculaires présentent les coefficiens ou les nombres qui affectent les différentes parties d'une puissance quelconque, à laquelle un binome, comme $a+b$, peut être élevé, la troisième bande; ceux des trois membres d'un quarré; la quatrième, celles des cinq membres d'un cube; la cinquième, celle des cinq membres d'un quarré-quarré. Mais nous nous bornons à cette indication, & nous passons à expliquer ce qu'on entend par combinaisons.

On appelle *combinaisons* les différens choix qu'on peut faire de plusieurs choses dont le nombre est connu, en les prenant une à une, ou deux à deux, ou trois à trois, &c. sans avoir égard à leur ordre. Soient, par exemple, les quatre lettres a, b, c, d, & qu'on propose de savoir de combien de manières on peut prendre deux de ces lettres, on verra sans peine qu'on peut en faire les combinaisons suivantes, ab, ac, ad, bc, bd, cd; ainsi quatre choses se combinent deux à deux de ces six manières. Trois de ces lettres se combineroient de quatre manières, abc, abd, acd, bcd; c'est pourquoi les combinaisons de quatre choses trois à trois, ne sont qu'au nombre de quatre.

Dans les combinaisons proprement dites, on ne fait point attention à l'ordre des choses; voilà la raison pour laquelle nous n'avons fait aucune mention des combinaisons suivantes, ba, ca, da, cb, db, dc. Si, par exemple, on avoit mis dans un chapeau les quatre billets marqués a, b, c, d, & que quelqu'un pariât d'amener les billets a & d, soit en en prenant deux à la fois, soit en les prenant l'un après l'autre, il n'importeroit en aucune manière que a vînt le premier ou le dernier : ainsi les combinaisons ad ou da, ne doivent être ici regardées que comme une combinaison unique.

Mais fi quelqu'un parioit d'amener *a* au premier coup & *d* au fecond, alors le cas feroit bien différent, & il faudroit faire attention à l'ordre fuivant lequel ces quatre lettres peuvent être prifes & arrangées enfemble deux à deux : l'on verra facilement que ces manières font, *ab*, *ba*, *ac*, *ca*, *ad*, *da*, *bc*, *cb*, *bd*, *db*, *cd*, *dc*. Pareillement ces quatre lettres pourroient fe combiner & s'arranger trois à trois de ces vingt-quatre façons, *abc*, *acb*, *bac*, *bca*, *cab*, *cba*, *adb*, *abd*, *dba*, *dab*, *bad*, *bda*, *acd*, *adc*, *dac*, *dca*, *cad*, *cda*, *bcd*, *dbc*, *cbd*, *bdc*, *cdb*, *dcb* ; & l'on ne fauroit en trouver davantage. C'eft ce qu'on appelle *permutations* & *changemens d'ordre*.

PROBLÊME I.

Etant donné un nombre quelconque de chofes, déterminer de combien de manières elles fe peuvent combiner deux à deux, trois à trois, &c. fans égard à l'ordre.

La folution de ce problême eft facile en faifant ufage du triangle arithmétique. Si vous avez huit chofes à combiner trois à trois, par exemple; prenez la neuvième bande verticale, (c'eft-à-dire toujours celle dont le quantième eft exprimé par un nombre excédant de l'unité celui des chofes à combiner); prenez enfuite la quatrième bande horizontale, (c'eft-à-dire celle dont le quantième eft d'une unité plus grand que le nombre des chofes à prendre enfemble); vous trouverez dans la cafe commune le nombre de combinaifons cherché: il eft, dans l'exemple préfent, égal à 56.

Mais l'on peut ne pas avoir fous fa main un triangle arithmétique, ou bien le nombre des chofes à combiner peut être trop confidérable pour fe trouver dans cette table; voici, dans ce cas, une autre méthode très-fimple.

Le nombre des chofes à combiner étant donné, ainfi que la manière dont elles doivent être prifes, favoir, ou deux à deux, ou trois à trois, &c.

« 1°. Formez deux progreffions arithmétiques, l'une, dont les termes aillent en décroiffant de l'unité, à commencer par le nombre donné des chofes à combiner; l'autre, celle des nombres naturels 1, 2, 3, 4, &c. »

« 2°. Après cela, prenez de chacune autant de termes qu'il y a de chofes à prendre enfemble dans la combinaifon propofée; »

« 3°. Multipliez enfemble les termes de la première progreffion, & faites-en autant de ceux de la fecond; »

« 4°. Divifez enfin le premier produit par le

fecond: le quotient fera le nombre des combinaifons demandé. »

Cette règle a été trouvée par une induction des cas les plus fimples aux plus compliqués. Mais il feroit trop long d'entrer ici dans ce détail; on peut recourir aux livres qui traitent fpécialement de ces matières: nous nous bornerons à donner quelques exemples de l'application de la méthode.

§. I.

De combien de manières fe peuvent prendre 90 numéros combinés deux à deux ?

Suivant la règle ci-deffus, il faut multiplier 90 par 89, & divifer le produit 8010 par le produit de 1 & 2, c'eft-à-dire par 2; le quotient 4005 eft le nombre des combinaifons deux à deux qui peuvent réfulter de 90 nombres.

Si l'on demandoit de combien de manières les mêmes nombres peuvent être combinés trois à trois, la réponfe feroit auffi facile: il n'y auroit qu'à multiplier enfemble 90, 89, 88, & divifer le produit, qui eft 704880, par celui des trois nombres 1, 2, 3; le quotient 117480 eft le nombre cherché.

On trouvera de même que 90 nombres fe peuvent combiner quatre à quatre de 2555190 manières, favoir, en divifant le produit de 90, 89, 88, 87, par 24, produit de 1, 2, 3, 4.

Enfin, fi l'on cherchoit quel feroit le nombre des combinaifons cinq à cinq dont feroient fufceptibles les mêmes 90 nombres, en fuivant la même règle, qu'il y en a 43949268.

§. II.

Si l'on demandoit *combien les fept planetes peuvent former entr'elles de différentes conjonctions deux à deux*, il feroit aifé de répondre 21 : car, fuivant la règle générale, il faut multiplier 7 par 6, ce qui donne 42, & divifer ce nombre par le produit de 1 & 2, c'eft-à-dire par 2: le quotient eft donc 21.

Si l'on vouloit abfolument favoir quel eft le nombre de conjonctions poffibles de ces fept planetes, deux à deux, trois à trois, quatre à quatre, &c. on en trouveroit 120, en cherchant féparément le nombre des conjonctions deux à deux, celui des conjonctions trois à trois, &c. & les additionnant enfemble.

On pourroit encore y parvenir en ajoutant les fept termes de la progreffion géométrique double, 1, 2, 4, 8, 16, 32, 64; ce qui donne 127. Mais de ce nombre on doit ôter 7, à cause que, quand on parle de conjonction de planete, il faut évidemment qu'elles soient réunies ensemble au moins deux; car le nombre 127 comprend absolument toutes les manieres dont sept choses peuvent être prises une à une, deux à deux, trois à trois, &c. Or de ce nombre il faut ôter dans la question présente, celui où les choses sont prises une à une, puisqu'une planete isolée ne fait pas une conjonction.

PROBLÊME II.

Un nombre quelconque de choses étant donné, trouver de combien de manieres elles peuvent être arrangées.

La solution de ce problême est facile en se servant de la voie d'induction. En effet,

1°. Une chose *a* ne peut être arrangée que d'une maniere: le nombre des arrangemens est donc, dans ce cas, = 1.

2°. Deux choses peuvent être arrangées entre elles de deux manieres; ainsi, avec les lettres *a* & *b*; on peut faire les arrangemens *ab* & *ba*: le nombre des arrangemens est donc égal à 2, ou au produit de 1 & 2.

3°. Les arrangemens de trois choses, *a*, *b*, *c*, sont au nombre de six: car *ab* peut en former, avec la troisieme *c*, trois différens, *abc*, *acb*, *cab*; & *ba* en formera aussi trois différens, *bac*, *bca*, *cba*: & il ne sçauroit y en avoir davantage. Le nombre cherché est donc évidemment égal au précédent multiplié par 3, ou égal au produit de 1, 2 & 3.

4°. Ajoutons une quatrieme chose, désignée par *d*: il est évident que chacun des arrangemens précédens se combinant de quatre façons avec cette quatrieme chose, ce nombre doit être multiplié par 4, pour avoir celui des arrangemens résultans de quatre choses; c'est-à-dire qu'il sera 24, ou le produit de 1, 2, 3, 4.

Il est inutile d'aller plus avant; & rien n'est plus facile que d'appercevoir qu'un nombre quelconque de choses étant donné, on aura le nombre d'arrangemens dont elles sont susceptibles, en multipliant ensemble autant de termes de la progression géométrique, qu'il y a de choses proposées.

1°. Il peut se faire que, parmi les choses proposées, la même se trouve répétée plusieurs fois; comme si l'on demandoit de combien de manieres ces quatre lettres *a*, *a*, *b*, *c*, peuvent être arrangées ensemble: alors on trouve que quatre choses

où deux sont les mêmes, ne sont plus susceptibles que de 12 arrangemens au lieu de 24; que cinq où deux sont répétées, n'en peuvent plus faire que 60 au lieu de 120.

Mais si, dans quatre choses, la même y étoit répétée trois fois, il n'y auroit plus que 4 combinaisons au lieu de 24; cinq choses où la même seroit répétée trois fois, n'en donneroient plus que 20 au lieu de 120, ou la sixieme partie.

Or le nombre 2 est celui des arrangemens dont sont susceptibles deux choses différentes, le nombre 6 est celui des arrangemens de trois choses différentes; d'où suit la regle suivante:

« Lorsque, dans un nombre de choses dont on cherche les arrangemens différens, la même s'y trouve répétée plusieurs fois, divisez le nombre des arrangemens que donne la regle générale, par le nombre d'arrangemens que donneroient les choses répétées, si elles étoient différentes; le quotient sera le nombre cherché ».

2°. Si, dans le nombre des choses dont on demande les arrangemens différens, il s'en trouve plusieurs qui soient répétées plusieurs fois, une, deux fois, par exemple, & l'autre trois, il n'y aura qu'à chercher le nombre des arrangemens suivant la regle générale, & le diviser par le produit des nombres qui exprimeroient les arrangemens dont seroit susceptible chacune des choses répétées; si, au lieu d'être la même, elles étoient différentes. Ainsi, dans le cas présent, les choses répétées deux fois étant susceptibles de deux arrangemens si elles étoient différentes, & celles qui le sont trois fois pouvant donner six arrangemens si elles n'étoient point répétées, on multipliera 6 par 2, & le produit 12 donnera le nombre par lequel il faut diviser celui qu'on trouve par la regle générale. Ces cinq lettres, par exemple, *a*, *a*, *b*, *b*, *b*, peuvent s'arranger de 10 manieres seulement; car, si elles étoient différentes, elles donneroient 120 arrangemens; mais l'une étant répétée deux fois, & l'autre trois, il faut diviser 120 par le produit de 2 & 3, ou par 12, ce qui donne 10.

On peut, d'après la solution de ce problême, résoudre les questions suivantes.

§. I.

Sept personnes devant dîner ensemble, il s'éleve entr'elles un combat de politesse sur les places; enfin, quelqu'un voulant terminer la contestation, propose de se mettre à table comme l'on se trouve, sauf à dîner ensemble le lendemain & les jours suivans, jusqu'à ce qu'on ait épuisé tous les arrangemens possibles. On demande combien de dîners devront être donnés pour cet effet?

Il est aisé de répondre qu'il en faudroit 5040, ce qui exigeroit 13 ans & plus de 9 mois.

§. I I.

Si l'on a un mot quelconque, par exemple AMOR, & qu'on veuille favoir combien de mots différens on peut former de fes quatre lettres, ce qui donne tous les anagrammes poffibles du mot AMOR, on trouve qu'ils font au nombre de 24, favoir, le produit fucceffif de 1, 2, 3, 4. Les voici par ordre.

AMOR.	MORA.	ORAM.	RAMO.
AMRO.	MOAR.	ORMA.	RAOM.
AOMR.	MROA.	OARM.	RMAO.
AORM.	MRAO.	OAMR.	RMOA.
ARMO.	MAOR.	OMRA.	ROAM.
AROM.	MARO.	OMAR.	ROMA.

Ainfi les anagrammes latines du mot *amor* font au nombre de fept, favoir, *Roma*, *mora*, *maro*, *oram*, *ramo*, *armo*, *orma*. Mais fi, dans le mot propofé, il y avoit une ou plufieurs lettres répétées, il faudroit faire ufage de la remarque qui fuit la folution du problême ci-deffus. Ainfi le mot *Leopoldus*, où la lettre *l* eft deux fois, & la lettre *o* pareillement deux fois, n'eft fufceptible que de 90720 arrangemens ou anagrammes différens, au lieu de 362880 qui s'y trouveroient fi aucune lettre n'étoit répétée ; car, par la règle donnée dans la remarque ci-deffus, il faut divifer ce nombre par le produit de 2 par 2, ou par 4, ce qui donne 90720.

Le mot *ftudiofus*, où l'*u* eft répété deux fois, & l'*f* trois, n'eft fufceptible que de 30240 arrangemens ; car il faut divifer le nombre des arrangemens de 9 lettres, qui eft 362880, par le produit de 2 & 6, ou 12, & le quotient eft 30240.

On trouveroit ainfi le nombre de tous les anagrammes poffibles d'un mot quelconque ; mais il faut convenir que, pour peu nombreufes que foient les lettres d'un mot, le nombre des arrangemens qui en réfulte eft fi confidérable, que le travail de les parcourir tous abforberoit la vie d'un homme. Au refte, fi l'art des anagrammes ne tire pas de-là un grand fecours, c'eft un art fi futile qu'il n'y a pas grand mal.

§. I I I.

De combien de manières peut-on, en confervant la mefure, varier ce vers :

Tot tibi funt dotes, Virgo, quot fidera cœlo ?

Ce vers, ouvrage d'un dévòt jéfuite de Lou-

vain, nommé le P. Bauhuys, eft célèbre par le grand nombre d'arrangemens dont il eft fufceptible fans enfreindre les loix de la mefure ; & divers mathématiciens fe font exercés ou amufés en rechercher le nombre, *Erycius Puteanus* a pris la peine d'en faire une énumération en 48 pages, dans lefquelles il en a compris 1022, en les égalant au nombre des étoiles comprifes dans les catalogues anciens des aftronomes ; & en remarquant très-dévotement que les arrangemens de ces mots l'emportent même fur ce nombre, comme les perfections de la vierge l'emportent fur le nombre des étoiles. Voyez auffi Voffius, *de Scient. Math. cap.* 7.

Le P. Preftet, dans la première édition de fes élémens de mathématiques, dit que ce vers eft fufceptible de 2196 variations, mais dans la feconde édition il l'étend jufqu'à 3276.

Wallis, dans l'édition de fon algèbre, faite à Oxford en 1693, en avoit compté 3096.

Mais aucun d'eux n'a précifément touché au but, ainfi que le remarque M. Jacques Bernoulli dans fon *Ars conjectandi :* il y dit que les différentes combinaifons de ce vers, en en retranchant les fpondaïques, & en admettant d'ailleurs ceux qui n'ont point de céfures, montent précifément à 3312. On peut voir dans l'ouvrage cité la méthode par laquelle il en a fait l'énumération.

On cite encore ce vers de Thomas Lanfius :

Mars, mors, fors, lis, vis, ftyx, pus, nox, fex, mala, crux, fraus.

Il n'eft pas difficile de trouver qu'en confervant le mot *mala* à l'antépénultienne place, pour fe conformer à la mefure, il eft fufceptible de 39916800 arrangemens différens.

P R O B L Ê M E I I I.

Des combinaifons de carreaux mi-partis de deux couleurs par la diagonale.

Le P. Sébaftien Truchet, de l'Académie royale des Sciences, raconte dans un mémoire imprimé parmi ceux de l'année 1704, qu'étant allé faire un voyage au canal d'Orléans, il rencontra, dans un château voifin, des carreaux de faïance quarrés & mi-partis de deux couleurs par une diagonale : ils étoient deftinés à carreler une chapelle & quelques appartemens. Cela lui donna occafion d'examiner de combien de manières deux de ces carreaux pouvoient fe joindre enfemble par le côté, pour en former différens deffins.

On voit d'abord que, fuivant la fituation qu'un feul

feul carreau peut prendre, il forme quatre deffins différens, (voyez *fig. 7. pl. 1. Amufement d'A-rithmétique*) qui peuvent néanmoins fe réduire à deux, n'y ayant entre le premier & le troifième, comme entre le deuxième & le quatrième, d'autre différence que dans la tranfpofition du triangle le plus ombré à la place du plus clair.

Maintenant, fi l'on combine deux de ces carreaux enfemble, il en réfultera 64 manières différentes de les ranger ; car, dans l'arrangement de deux carreaux, l'un des deux peut prendre quatre fituations différentes, dans chacune defquelles l'autre carreau peut changer 16 fois. Ainfi il en réfulte 64 combinaifons qu'on peut voir dans la même planche.

On doit néanmoins remarquer encore, avec le P. Sébaftien, que de ces 64 combinaifons, il y en a une moitié précifément qui ne fait que répéter l'autre abfolument dans le même fens ; ce qui les réduit à 32. On les réduiroit à 10, fi l'on ne faifoit point d'attention à la fituation.

On pourroit femblablement combiner trois, quatre, cinq carreaux, &c. les uns avec les autres : on trouveroit que trois carreaux peuvent former entr'eux 128 deffins ; quatre en forment 256, &c.

Il eft furprenant de voir la prodigieufe variété de compartimens qui naiffent d'un auffi petit nombre d'élémens. Le P. Sébaftien en donne, dans les mémoires de l'académie de 1704, trente différens, choifis parmi cent autres qui ne font qu'une petite partie de ceux qu'on peut former. Nous en donnons (*planche 1, d'arithmétique*) quelques-uns des plus remarquables.

Le mémoire du P. Sébaftien a donné à un de fes confreres, le P. Douat, l'occafion de cultiver davantage cette matière. Il donna en 1722 un traité in-4°, où ce fujet eft envifagé d'une manière différente. On y voit que quatre carreaux mi-partis, pris quatre à quatre, répétés & permutés de toutes les manières poffibles, forment 256 figures différentes, qui, prifes elles-mêmes deux à deux, trois à trois, & ainfi de fuite, forment une prodigieufe multitude de compartimens, dont les exemples rempliffent la plus grande partie de fon livre.

J'ai toujours été furpris de ce qu'on n'a pas fait en architecture plus d'ufage de cette idée ; il me femble qu'il en eût pu réfulter dans le carrelage & le parquet une variété très-agréable, & pour ainfi dire intariffable.

On en a fait du moins l'objet d'un petit jeu appellé le *Jeu du Parquet*, dont on trouve l'inftru-*Amufemens des Sciences.*

ment chez les tabletiers. C'eft une petite table garnie d'un rebord, & capable de recevoir 64 ou 100 petits quarrés mi-partis, dont on cherche à faire des combinaifons agréables. Ceux qui font curieux de cet amufement, ne peuvent mieux faire que de fe procurer l'ouvrage cité plus haut du P. Douat, qui leur fournira une foule de deffins plus agréables les uns que les autres.

Application de la doctrine des combinaifons aux jeux de hazard & aux probabilités.

Quoique rien ne paroiffe, au premier coup d'œil, moins du reffort des mathématiques que le hazard, l'efprit d'analyfe n'a pas laiffé d'enchaîner pour ainfi dire ce Protée, & de le foumettre au calcul. Il eft venu à bout de mefurer les différens degrés de probabilité de certains événemens ; ce qui a donné naiffance à une branche curieufe des mathématiques, dont nous allons dévoiler les principes.

Lorfqu'un événement peut arriver de plufieurs manières différentes, il eft évident que la probabilité qu'il arrive d'une certaine manière déterminée eft d'autant plus grande, que, fur la totalité de ces manières dont il peut arriver, il y en a un plus grand nombre qui le déterminent tel. Dans une loterie, par exemple, il n'eft perfonne qui ne fente que la probabilité ou l'efpérance d'amener un bon billet eft d'autant plus grande d'un côté, que le nombre des bons billets eft plus grand, & d'un autre, que le nombre total des billets eft moindre. La probabilité d'un événement eft donc en raifon compofée de la directe du nombre des cas qui peuvent lui donner lieu, & de l'inverfe du nombre total de ceux fuivant lefquels il peut fe varier : par conféquent, elle peut s'exprimer par une fraction dont le nombre des cas favorables eft le numérateur, & celui de la totalité des cas eft le dénominateur.

Ainfi, dans une loterie où il y a mille billets defquels 25 feulement font bons, la probabilité d'amener un de ces derniers fera repréfentée par $\frac{25}{1000}$, ou, $\frac{1}{40}$; & cette probabilité feroit double s'il y avoit 50 bons billets, car alors elle feroit égale à $\frac{1}{20}$; au contraire elle ne feroit que la moitié de celle ci-deffus, fi, au lieu de 1000 billets, il y en avoit deux mille. Elle feroit infiniment petite, ou nulle, fi, le nombre de bons billets reftant le même, le nombre total étoit infiniment grand ; comme au contraire elle dégénéreroit en certitude, & feroit, dans ce cas, exprimée par l'unité, fi le nombre des bons billets égaloit ceux de la loterie.

Un autre principe de cette théorie néceffaire à expliquer ici, eft le fuivant, dont l'énonciation fuffit pour en faire appercevoir la vérité.

T

On joue à jeu égal, lorsque les mises qu'on dépose sont en proportion directe des probabilités qu'il y a de gagner l'argent mis au jeu : car jouer à jeu égal, n'est autre chose que déposer une mise tellement proportionnée avec la probabilité qu'on a de gagner, qu'après un très-grand nombre de coups on se trouve à-peu-près au pair : or il faut pour cela que les mises soient proportionnelles au degré de probabilité que chacun des joueurs a en sa faveur. Suppofons, par exemple, que Pierre parie contre Jacques pour un coup de dés, & qu'il y ait pour lui deux événemens & un pour Jacques; le jeu sera égal si, après un grand nombre de coups, ils se retirent à-peu-près sans perte. Or, y ayant deux cas pour Pierre & un pour Jacques, après trois cens coups, Pierre en aura gagné à-peu-près deux cens, & Jacques une centaine. Il faut donc que Pierre dépose 2, & Jacques un seulement : car par-là Pierre, gagnant deux cens coups, gagnera 200; & Jacques, gagnant cent coups, gagnera aussi 200. Aussi s'exprime-t-on, en pareil cas, ordinairement en disant qu'il y a deux contre un à parier pour Pierre.

PROBLÊME I.

Dans le jeu de croix ou pile, quelle probabilité y a-t-il d'amener plusieurs fois de suite croix, ou plusieurs fois de suite pile ; ou bien en jouant avec plusieurs pièces, quelle probabilité y a-t-il qu'elles se trouveront toutes croix ou toutes pile ?

Tout le monde connoît le jeu de *croix ou pile*, ainsi il est superflu d'en donner ici l'explication ; nous passons tout de suite à l'analyse du problême.

Il est évident, 1°. que n'y ayant aucune raison pour que croix arrive plutôt que pile, ou pile que croix, la probabilité que l'un des deux arrivera est égale à $\frac{1}{2}$, ou qu'il y a également à parier pour ou contre.

Mais si l'on jouoit deux coups, & que quelqu'un pariât d'amener les deux fois croix, pour savoir ce qu'il devroit mettre au jeu, il faudroit faire attention que toutes les combinaisons de croix ou pile, qui peuvent arriver dans deux jets consécutifs de la même pièce, sont *croix, croix ; croix, pile ; pile, croix : pile, pile* ; dont une seule donne croix, croix. Il n'y a donc qu'un cas sur 4 qui fit gagner celui qui parieroit d'amener deux fois de suite croix : la probabilité de cet événement ne seroit conséquemment que $\frac{1}{4}$; & celui qui parieroit pour, ne devroit mettre au jeu qu'un écu, par exemple, pendant que l'autre en mettroit trois : car ce dernier auroit trois cas pour gagner, pendant que le premier n'en a qu'un. Ainsi leurs mises, pour jouer à jeu égal, doivent être dans cette proportion.

On trouveroit de même que celui qui parieroit d'amener trois fois de suite *croix*, par exemple, auroit seulement pour lui une seule des huit combinaisons de croix ou pile qui peuvent résulter de trois jets successifs de la même pièce. La probabilité de cet événement seroit conséquemment $\frac{1}{8}$, pendant que celle qu'auroit son adversaire seroit $\frac{7}{8}$. Il ne devroit, pour jouer au pair, mettre au jeu que 1 contre 7.

Il est inutile de parcourir d'autres cas : il est aisé de voir que la probabilité d'amener *croix* quatre fois de suite, est $\frac{1}{16}$; cinq fois de suite, $\frac{1}{32}$; &c.

Il n'est pas, au reste, nécessaire d'entrer dans l'énumération des différentes combinaisons résultantes des *croix* ou *pile*; mais l'on peut se servir d'une règle aisée à démontrer, & que voici :

Connoissant les probabilités de deux ou plusieurs événemens isolés, la probabilité qu'ils auront lieu tous ensemble se trouve tout simplement, en multipliant les probabilités de ces événemens considérés comme isolés. Ainsi la probabilité d'amener *croix* considéré comme isolé étant exprimée à chaque jet par $\frac{1}{2}$, celle de l'amener deux fois de suite sera $\frac{1}{2} \times \frac{1}{2}$, ou $\frac{1}{4}$; celle de l'amener trois fois dans trois coups consécutifs sera $\frac{1}{2} \times \frac{1}{2} \times \frac{1}{2}$, ou $\frac{1}{8}$; &c.

2°. Le problême de déterminer quelle est la probabilité d'amener, avec deux, trois, quatre pièces, tout *croix* ou tout *pile*, se résout par les mêmes voies. Dans deux pièces jettées, il y a 4 combinaisons de *croix* & *pile*, dont une seule est toute *croix* : dans trois pièces jettées à la fois il y en a 8, dont une seule donne toute *croix* ; &c. Ainsi les probabilités de chacun de ces cas sont les mêmes que celles des cas analogues examinés ci-dessus.

Il paroît même d'abord sans analyse que ces deux questions sont absolument les mêmes ; & voici le raisonnement qu'on peut faire pour le prouver. Jetter les deux pièces A & B ensemble, ou les jetter l'une après l'autre, après avoir donné à la première A le temps de se fixer, c'est assurément la même chose. Suppofons donc que, la première A étant fixée, au lieu de jetter la seconde B, on relève la première A pour la jetter une seconde fois ; ce sera la même chose que si, pour ce second jet, on avoit employé la pièce B : car, par la supposition, elles sont toutes deux égales & semblables, du moins quant à l'indifférence parfaite qu'il arrive croix ou pile. Ainsi jetter à la fois les deux pièces A, B, ou jetter deux fois de suite la pièce A, sont la même chose. Donc, &c.

3°. On demande maintenant combien on peut parier d'amener au moins une fois *croix* en deux coups? Par la méthode ci-deſſus, on trouvera qu'il y a 3 contre un. En effet, il y a dans deux coups quatre combinaiſons, dont trois donnent au moins une fois croix dans les deux coups, & une ſeule qui donne toujours pile; d'où il ſuit qu'il y a trois combinaiſons en faveur de celui qui parie d'amener une fois croix en deux coups, & une ſeule contre lui.

PROBLÊME II.

Un nombre quelconque de dés étant donné, déterminer quelle probabilité il y a qu'on amenera un nombre de points aſſigné.

Nous ſuppoſerons d'abord des dés ordinaires, c'eſt-à-dire à ſix faces, & marqués des nombres 1, 2, 3, 4, 5, 6; & nous allons analyſer quelques-uns des premiers cas du problème, pour nous élever par degré à des cas plus compoſés.

1°. On propoſe d'amener un point déterminé, 6 par exemple, avec un dé.

Il eſt évident qu'y ayant au dé ſix faces dont une ſeule eſt marquée de 6, & chacune ayant autant de facilité à ſe trouver en deſſus qu'aucune autre, il y a 5 hazards contre celui qui propoſe d'amener 6 en un coup, & 1 ſeul pour lui. Il doit donc, pour n'être pas dupe, parier ſeulement 1 contre 5.

2°. Qu'il ſoit propoſé d'amener le même point 6 avec deux dés.

Pour analyſer ce cas, il faut d'abord obſerver que deux dés donnent 36 combinaiſons différentes; car chacune des faces du dé A, par exemple, peut ſe combiner avec chacune de celles du dé B; ce qui produit 36 combinaiſons. Il faut enſuite voir de combien de manières le point 6 peut être amené avec deux dés. Or on trouve qu'il peut être d'abord amené par 3 & 3: 2° en amenant 2 avec le dé A & 4 avec le dé B, ou 4 avec le dé A & 2 avec le dé B; ce qui fait, comme il eſt aiſé de voir, deux cas diſtincts: 3° en amenant 1 du dé A & 5 du dé B, ou 1 du dé B & 5 du dé A; ce qui donne encore deux cas: on n'en ſauroit évidemment trouver d'autres. Ainſi il y a 5 cas favorables ſur 36: conſéquemment la probabilité d'amener 6 avec deux dés eſt $\frac{5}{36}$, & la probabilité de ne pas amener 6 eſt $\frac{31}{36}$; & c'eſt le rapport dans lequel doivent être les miſes des joueurs.

En analyſant les autres cas, on trouve qu'il y a, pour amener deux avec deux dés, 1 cas ſur 36, 2 pour amener trois, 3 pour amener quatre, 4 pour amener cinq, 5 pour amener ſix, 6 pour amener ſept, 5 pour huit, 4 pour neuf, 3 pour dix, 2 pour onze, & 1 pour douze ou ſonnez.

Si l'on propoſoit trois dés, avec leſquels il eſt évident que le moindre point ſeroit trois, & le plus grand dix-huit, on trouveroit, au moyen d'une ſemblable analyſe, que ſur 216 coups différens poſſibles avec trois dés, il y en a 1 pour amener trois, 3 pour amener quatre, 6 pour amener cinq, &c. ſuivant la table ci-jointe, dont voici l'uſage.

Voulez-vous trouver, par exemple, de combien de manières 13 peut s'amener avec trois dés; cherchez, dans la première colonne verticale à gauche, le nombre 13, & au haut de la table le chiffre romain qui indique le nombre de dés; la caſe commune à la bande horizontale vis-à-vis 13, & à la colonne verticale qui répond à III, donnera 21 pour le nombre des manières dont 13 peut être amené avec trois dés. On trouveroit ſemblablement qu'il peut être amené, avec quatre dés, de 140 façons; avec cinq dés, de 420; &c.

Table des nombres de manières différentes dont un point quelconque peut être amené avec un, deux, trois ou plus de dés.

	Nombre de dés.					
→	I.	II.	III.	IV.	V.	VI.
1	1					
2	1	1				
3	1	2	1			
4	1	3	3	1		
5	1	4	6	4	1	
6		5	10	10	5	1
7		6	15	20	15	6
8		5	21	35	35	21
9		4	25	56	70	56
10		3	27	80	126	126
11		2	27	104	205	252
12		1	25	125	305	456
13			21	140	420	756
14			15	146	540	1161
15			10	140	651	1666
16			6	125	735	2247
17			3	104	780	2856
18			1	80	780	3431
19				56	735	3906
20				35	651	4221
21				20	540	4332
22				10	420	4221
23				4	305	3906
24				1	205	3431
25					126	2856

Nombre de points.

Lorfqu'on connoît une fois de combien de manières on peut amener un point avec un certain nombre de dés, il eft aifé de trouver quelle probabilité il y a de l'amener ; il n'y a qu'à former une fraction dont le numérateur foit le nombre de manières dont peut arriver ce point, & le dénominateur le nombre 6 élevé à une puiffance défignée par le nombre des dés, comme le cube de 6 ou 216 pour trois dés, le quarré-quarré ou 1296 pour quatre, &c.

Ainfi, pour amener 13 avec trois dés, la probabilité eft $\frac{21}{216}$: pour l'amener avec quatre, elle eft $\frac{140}{1296}$.

On peut encore propofer fur le jeu de dés plufieurs autres queftions dont nous allons analyfer quelques-unes.

1°. Déterminer entre deux joueurs quel eft l'avantage ou le défavantage de celui qui entreprend d'amener une face déterminée, par exemple 6, en un certain nombre de coups.

Suppofons qu'on l'entreprenne en un feul coup ; pour favoir qu'elle eft la probabilité d'y réuffir, on confidérera que celui qui tient le dé n'a qu'un hafard pour gagner & cinq pour perdre ; par conféquent, pour l'entreprendre en un feul coup, il ne doit être mis que 1 contre 5. Ainfi il y a un grand défavantage à entreprendre au pair d'amener 6 en un feul coup de dé.

Pour favoir quelle eft la probabilité d'amener au moins une fois une face marquée 6, en deux coups, avec un même dé, on confidérera que c'eft la même chofe, ainfi qu'on l'a obfervé plus haut au fujet du jeu de croix ou pile, que d'entreprendre, en jettant deux dés à-la-fois, d'en trouver un marqué 6. Alors celui qui tient le dé n'a que 11 hafards ou combinaifons pour gagner : car il peut amener 6 avec le premier dé, & 1, 2, 3, 4 ou 5 avec le fecond ; ou bien 6 avec le fecond dé, & 1, 2, 3, 4 ou 5 avec le premier, ou 6 avec chaque dé. Mais il y a 26 combinaifons ou hafards pour ne point gagner, comme on voit dans la table ci-deffous :

1, 1	2, 1	3, 1	4, 1	5, 1
1, 2	2, 2	3, 2	4, 2	5, 2
1, 3	2, 3	3, 3	4, 3	5, 3
1, 4	2, 4	3, 4	4, 4	5, 4
1, 5	2, 5	3, 5	4, 5	5, 5

D'où il eft aifé de conclure que celui qui entreprend d'amener 6 avec deux dés, ne doit mettre que 11 contre 25, & conféquemment qu'il a du défavantage à l'entreprendre au pair.

On doit remarquer que la fomme 36, de tous

les hafards ou combinaifons poffibles en deux coups de dés, eft le quarré du nombre donné 6, qui eft celui des faces d'un dé ; & que le nombre 25 des hafards contraires à celui qui parie d'amener une face déterminée, eft le quarré du même nombre donné 6 diminué de l'unité, ou de 5 : c'eft pourquoi le nombre des hafards favorables eft, dans ce cas, la différence des quarrés de 36 & de 25, ou du quarré du nombre des faces du dé, & de celui des faces de ce même dé moins un.

Pour entreprendre d'amener 6 en trois coups de dé, on confidérera femblablement que c'eft la même chofe que d'entreprendre, en jettant trois dés, d'amener au moins un 6 : or, des 216 combinaifons différentes que donnent trois dés, il y en a 125 où il n'y a aucun 6, & 91 où il y a au moins un 6 ; conféquemment celui qui parie d'amener un 6 ou en trois coups de dés, ou en un feul coup avec trois dés, ne doit parier que 91 contre 125 ; & il y auroit du défavantage à l'entreprendre au pair.

Vous obferverez ici que le nombre 91 eft la différence du cube du nombre des faces d'un dé, favoir 216, & du cube 125 de ce même nombre diminué de l'unité, ou de 5. Ainfi l'on voit qu'en général, pour trouver la probabilité d'amener une face déterminée en un certain nombre de coups, ou en un coup avec un certain nombre de dés, il faut élever 6, le nombre des faces d'un dé, à la puiffance défignée par le nombre des coups à jouer, ou des dés à jetter une fois ; faire enfuite la femblable puiffance de 6 moins l'unité, ou de 5, & l'ôter de la première : le reftant & cette dernière puiffance de 5 feront les nombres de hafards refpectifs pour gagner ou perdre.

Par exemple, fi on parie d'amener au moins un 3 avec quatre dés, on fera la quatrième puiffance ou le quarré-quarré de 6, qui eft 1296 : on en ôtera le quarré-quarré de 5, ou 625 : le reftant 671 fera le nombre des hafards favorables pour gagner, & le nombre 625 celui des hafards pour perdre : conféquemment il y aura de l'avantage à parier au pair.

Il y en aura encore davantage à entreprendre au pair d'amener un point déterminé, par exemple 3, en cinq coups ou avec cinq dés ; car fi de la cinquième puiffance de 6, qui eft 7776, on ôte la cinquième puiffance de 5, ou 3125, le refte 4651 fera le nombre des hafards favorables ; & 3125 celui des hafards contraires. Conféquemment, pour jouer à jeu égal, celui qui parie pour, devroit mettre 4651 contre 3125, ou près de 3 contre 2.

3°. *En combien de coups peut-on parier avec égalité qu'on amenera un doublet déterminé, par exemple sonnez, avec deux dés?*

On sait déjà que la probabilité de ne point amener un sonnez avec deux dés est exprimée par $\frac{35}{36}$: conséquemment la probabilité de ne les point amener en deux coups sera comme le quarré de cette fraction ; en trois coups, comme le cube ; &c. Or, de même qu'une puissance d'un nombre tant soit peu au-dessus de l'unité va toujours en augmentant, celle d'un nombre tant soit peu au-dessous va toujours en diminuant : par conséquent les puissances consécutives $\frac{35}{36}$ iront toujours en diminuant. Qu'on conçoive donc $\frac{35}{36}$ élevée à une puissance telle quelle soit égale à $\frac{1}{2}$: on trouve que la vingt-quatrième puissance de $\frac{35}{36}$ est un peu plus grande que $\frac{1}{2}$, & que la vingt-cinquième est un peu moindre (1) : d'où il suit qu'on peut parier avec quelqu'avantage au pair, qu'en 24 coups on n'amenera pas un sonnez avec deux dés ; mais qu'il y a du désavantage à parier au pair qu'on ne l'amenera pas en 25 : conséquemment, il y a pour celui qui parie de l'amener, en 24 coups du désavantage, & il y a de l'avantage à parier au pair qu'il l'amenera en 25.

4°. *Quelle est la probabilité d'amener en un coup, avec deux ou plusieurs dés, un doublet déterminé, par exemple un terne?*

Pour le découvrir, on considérera qu'à l'entreprendre avec deux dés, il y a un seul hasard favorable sur les 36 hasards ou combinaisons que donnent deux dés, d'où il suit qu'on ne doit mettre que 1 contre 35.

S'il étoit question de trois dés, on trouveroit qu'il faut mettre seulement 16 contre 200 ; car le nombre des hasards ou combinaisons possibles avec trois dés est 216. Mais quand il est question d'amener terne avec trois dés, on peut l'amener de 16 façons différentes : car, des 36 combinaisons des dés A & B, toutes celles où entre un 3 seu-

lement, comme 1, 3 ; 3, 1, &c. qui sont au nombre de 70, se combinant avec la face marquée 3 du dé C, donnent un terne. De plus, la combinaison 3, 3, des dés A, B, se combinant avec une des six faces du troisième dé C, donnera un terne. Ainsi voilà 16 façons d'amener terne avec trois dés ; ce qui donne 16 hasards favorables sur 216. Conséquemment, la probabilité d'amener un terne avec trois dés est $\frac{16}{216}$, & l'on ne devroit parier pour la réussite que 16 contre 200, ou 2 contre 25.

Si l'on demande quelle probabilité il y a d'amener un terne avec quatre dés, on trouvera qu'elle est exprimée par $\frac{171}{1296}$; car, sur les 1296 combinaisons des faces de quatre dés, il y en a 150 qui donnent un terne, 20 qui donnent trois 3 & 1 qui en donne 4, en tout 171 coups où il y a deux, ou trois, ou quatre 3. Conséquemment, il ne faudroit parier que 19 contre 144, ou environ 1 contre $7\frac{1}{2}$, qu'on amenera au moins un terne avec quatre dés.

Enfin, si vous voulez savoir *quelle probabilité il y a d'amener du premier coup un doublet quelconque avec deux dés ou davantage*, il sera aisé de le déterminer au moyen du calcul précédent ; car, lorsqu'il est question d'un doublet indéterminé, il est évident que la probabilité est six fois aussi grande que lorsqu'il s'agit d'un doublet assigné : ainsi il n'y a qu'à multiplier par 6 les probabilités trouvées ci-dessus. Elles sont donc, pour deux dés, $\frac{6}{36}$ ou $\frac{1}{6}$; pour trois dés, $\frac{96}{216}$ ou $\frac{4}{9}$; pour quatre dés, $\frac{72}{108}$; ensorte qu'il y a de l'avantage à parier au pair qu'avec quatre dés on amenera au moins un doublet.

PROBLÊME III.

Deux joueurs jouent ensemble en un certain nombre de parties liées, par exemple trois ; l'un des deux a 2 parties, l'autre une : ne pouvant ou ne voulant point continuer le jeu, ils conviennent de le cesser, & de partager la mise. On demande de quelle manière cela doit être fait.

Ce problême est un des premiers dont s'occupa M. Pascal, lorsqu'il commença à traiter le calcul des probabilités. Il le proposa à M. de Fermat, célèbre géomètre de son temps, qui le résolut aussi par une méthode différente, savoir celle des combinaisons. Nous allons faire connoître l'une & l'autre.

Il est évident que chacun des joueurs, en mettant son argent au jeu, en a abdiqué la propriété, mais qu'en revanche ils ont droit d'attendre ce que le hasard peut leur en donner : ainsi, cessant de jouer, ils doivent partager l'argent de la mise en

(1) Soit n l'exposant de la puissance de $\frac{35}{36}$ qui est égale à $\frac{1}{2}$, c'est-à-dire que $\frac{35^n}{36^n}$ soit égal à $\frac{1}{2}$. Comme la quantité inconnue n se trouve dans l'exposant, il faut l'en dégager ; ce qu'on fait par le moyen des logarithmes. Car si $\frac{35^n}{36^n} = \frac{1}{2}$, en prenant les logarithmes on aura $n \log. 35 - n \log. 36 = \log. \frac{1}{2}$; log. $36 = \log. \frac{1}{2}$, ou $= -\log. 2$; car log. $\frac{1}{2} = -\log. 2$. Donc $n \log. 35 - n \log. 36 = -\log. 2$, ou log. $2 = n \log. 36 - n \log. 35$. Donc $n = \dfrac{\log. 2}{\log. 36 - \log. 35}$. Ce qui donne $n = 24\frac{6}{10}$.

rapport de la probabilité que chacun auroit euë de gagner tout l'argent.

Premier cas.

On trouvera ce rapport par le raisonnement suivant. Puisqu'il manque au premier joueur une partie pour achever, & deux au second, on reconnoîtra aisément que, s'ils continuoient de jouer, & que le second gagnât une partie, il lui manqueroit comme au premier une partie pour achever; & que dans ce cas les deux joueurs étant également avancés, leurs espérances ou forts pour gagner le tout seroient égales. Ainsi, dans cette supposition, ils auroient un égal droit à l'enjeu; & conséquemment ils devroient le partager également.

Il est donc certain que si le premier gagne la partie qui va se jouer, tout l'argent qui est au jeu lui appartiendra, & que s'il la perd, il ne lui en appartiendra que la moitié. Ainsi, l'un étant aussi probable que l'autre, le premier a droit à la moitié de ces deux sommes prises ensemble. Or, prises ensemble, elles font $\frac{3}{4}$: donc la moitié est $\frac{3}{4}$. Telle est la portion de la mise qui appartient au premier joueur; par conséquent la portion qui revient au second n'est que $\frac{1}{4}$.

Second cas.

Ce premier cas résolu servira à résoudre le suivant, où l'on suppose qu'il manque au premier joueur une partie pour achever & trois au second. Car, si le premier gagne une partie, il a tout l'argent du jeu: & s'il perd une partie, ensorte qu'il ne faille plus que deux parties au second pour achever, il appartiendra au premier les $\frac{3}{4}$ de l'argent, puisqu'ils se trouveront alors dans l'état du cas précédent. C'est pourquoi, l'un & l'autre de ces deux évènemens étant également probable, il doit appartenir au premier la moitié des deux sommes prises ensemble, ou la moitié de $\frac{7}{4}$, c'est-à-dire $\frac{7}{8}$: le reste $\frac{1}{8}$ sera ce qui reviendra au second joueur.

Troisième cas.

On trouvera, par un raisonnement semblable, que si l'on supposoit deux parties manquer au premier joueur & trois au second, ils devroient, en cessant de jouer, partager la mise, de sorte que le premier eût $\frac{11}{16}$, & le second $\frac{5}{16}$ de la mise.

Quatrième cas.

S'ils jouoient en quatre parties, & qu'il manquât au premier deux parties seulement & quatre au second, la mise devroit être distribuée de manière que le premier en eût les $\frac{13}{16}$, & le second les $\frac{3}{16}$.

D'après ces raisonnemens, on a établi cette règle générale qui dispense du raisonnement employé ci-dessus, & qui procède au moyen du triangle arithmétique.

Prenez la somme des parties qui manquent aux deux joueurs : je la suppose 3, comme dans le premier cas proposé ci-dessus. Ainsi l'on prendra la troisième diagonale du triangle arithmétique : & comme il ne manque qu'une partie au premier joueur, on ne prendra que le premier nombre de cette diagonale : & attendu qu'il en manque deux au second, on prendra la somme des deux premiers nombres 1, 2, ce qui donnera 3. Ces deux nombres 1 & 3 indiqueront que la mise doit être partagée dans le même rapport : ainsi le premier joueur devra en avoir les $\frac{3}{4}$, & le second le $\frac{1}{4}$.

L'application de cette règle aux autres cas quelconques est aisée à faire ; c'est pourquoi, afin d'abréger, nous ne nous étendrons pas davantage sur ce sujet.

Nous avons dit plus haut que nous ferions connoître la seconde méthode de résoudre ces sortes de problèmes, qui est celle des combinaisons : la voici.

Pour résoudre, par exemple, le quatrième cas, où l'on suppose qu'il manque deux parties au premier joueur pour achever, & quatre au second, ensorte qu'il leur manque ensemble six parties, ôtez l'unité de cette somme : & , parce qu'il reste 5, on supposera ces cinq lettres semblables *aaaaa* favorables au premier joueur, & ces cinq autres *bbbbb* favorables au second : on les combinera ensemble comme vous le voyez dans la table ci-dessous, où, des 32 combinaisons, les 26 premières vers la gauche, où se rencontre au moins deux fois *a*, indiquent le nombre des hasards qui peuvent faire gagner le premier, & les 6 derniers vers la droite, où *a* ne se trouve qu'une fois, indiquent le nombre des hasards qui feront gagner le second.

aaaaa	aaabb	aabbb	abbbb
aaaab	aabba	abbba	bbbba
aaaba	abbaa	bbbaa	babbb
aabaa	bbaaa	ababb	bbabb
abaaa	aabab	abbab	bbbab
baaaa	abaab	bbaab	bbbbb
	baaab	baabb	
	baaba	babba	
	babaa	babba	
	ababa	babab	

Ainsi l'attente du premier joueur sera à celle du second comme 26 est à 6, ou comme 13 à 3.

Pareillement, pour résoudre le cas où l'on suppose un des joueurs ayant trois parties & le second n'en ayant aucune, celui-là devant gagner qui aura plutôt quatre parties, on aura le même nombre de parties manquantes 5, qu'il faut diminuer de l'unité pour avoir 4. Il faudra ensuite examiner de combien de manières on peut combiner les lettres *a* & *b* quatre à quatre, & l'on trouvera qu'il y en a 16, savoir:

aaaa	aabb	abbb	
aaab	abab	babb	
aaba	baab	bbab	bbbb
abaa	abba	bbba	
baaa	baba		
	bbaa		

Or, de ces 16, il est évident qu'il y en a 15 dans lesquelles *a* se trouve au moins une fois, ce qui désigne 15 combinaisons ou hasards favorables pour le premier joueur, & un seul pour le second. Conséquemment ils devront partager la mise en raison de 15 à 1, ou bien le premier en devra avoir les $\frac{15}{16}$, & le second $\frac{1}{16}$.

PROBLÊME IV.

Sur la loterie royale de France.

Tout le monde connoît aujourd'hui ce jeu, depuis qu'il a été transplanté d'Italie en France. (1). Son analyse se réduit à la solution de ce problème-ci: « Etant donnés 90 nombres dont 5 sont extraits au hasard, déterminer quelle est la probabilité que, parmi ces cinq nombres, se trouveront un, ou deux, ou trois, ou quatre, ou cinq nombres qu'on a pris sur le 90 ».

(1) Ce jeu a pris naissance à Gènes, où chaque année, depuis très-longtems, on tire par la voie du sort cinq membres du sénat, qui est composé de 90 personnes, pour en former un conseil particulier. De-là quelques gens oisifs prirent occasion de parier que le sort tomberoit sur tels & tels sénateurs. Le gouvernement, voyant ensuite avec quelle vivacité on s'intéressoit dans ces paris, en prit l'idée d'établir une loterie sur le même principe. Elle eut un tel succès, que toutes les villes d'Italie s'y intéressoient, & envoyoient à Gènes beaucoup d'argent. Ce motif, & sans doute celui de se former un revenu, engagea le pape à en établir une semblable à Rome. Ses habitans sont si passionnés pour ce jeu, qu'on voit communément des malheureux s'épargner & à leur famille les choses les plus nécessaires à la vie, pour s'y intéresser. On les voit encore donner, pour se procurer des nombres heureux, dans mille extravagances inspirées par la crédulité ou la superstition. La raison qui règne plus généralement sur le peuple François, & sur-tout ses occupations, l'ont préservé de cette ardeur excessive & de toutes ces folies.

Or, il est aisé de voir que s'il n'étoit question que d'un nombre déterminé, & qu'on ne tirât de la roue qu'un seul nombre, il n'y auroit pour le joueur qu'un seul hasard favorable sur 90; mais comme on tire cinq nombres de la roue, cela quintuple le sort favorable au joueur, de sorte qu'il y a pour lui cinq hasards favorables sur les quatre-vingt-dix. Ainsi la probabilité de gagner est $\frac{1}{18}$; & pour jouer absolument à jeu égal, les mises devroient être dans le même rapport, ou, ce qui revient au même, le tenant de la loterie, devroit rembourser la mise dix-huit fois.

Pour savoir quelle probabilité il y a que deux nombres pris tous deux, ce qu'on appelle jouer par *ambes*, il faut déterminer combien d'ambes ou de combinaisons deux à deux donnent 90 nombres. Or on a montré, en parlant des combinaisons, qu'il y en a 4005. Mais comme on tire cinq nombres de la roue, & que ces cinq nombres combinés ensemble deux à deux font dix ambes; il en résulte que, sur ces 4005 hasards, il n'y en a que 10 qui soient favorables au joueur. Ainsi la probabilité que les deux nombres choisis seront parmi ceux tirés de la roue, sera exprimée par $\frac{10}{4005}$ ou $\frac{1}{400\frac{1}{2}}$. C'est pourquoi le tenant de la loterie devroit donner au joueur en cas de gain, $400\frac{1}{2}$ fois sa mise.

Lorsqu'on joue par *terne*, c'est-à-dire, sous la condition que les trois nombres choisis se trouveront parmi les cinq tirés de la roue, pour trouver quelle est la probabilité de cet événement, il faut déterminer de combien de manières 90 nombres peuvent se combiner trois à trois, ou combien de ternes ils font: on trouve qu'ils montent à 117480. Or, comme les cinq nombres extraits de la roue forment 10 ternes, il y a pour le joueur dix cas favorables sur 117480; & la probabilité en faveur du joueur est de $\frac{10}{117480}$ ou $\frac{1}{11748}$. Ainsi, pour jouer à jeu égal, la loterie devroit rembourser au joueur 11748 fois sa mise.

Enfin l'on trouve qu'il n'y a sur 511038 hasards qu'un seul favorable pour celui qui parieroit que quatre nombres déterminés sortiront de la roue, & 1 sur 43949268 en faveur de celui qui parieroit que cinq nombres déterminés seront précisément les cinq sortans de la roue. Il faudroit conséquemment, dans ce dernier cas, pour jouer à jeu mathématiquement égal, payer au joueur, en cas d'événement heureux, près de quarante-quatre millions de fois sa mise.

Je finirai cet article en observant que quoique ce jeu, à ne le considérer que mathématiquement, présente au premier coup-d'œil un grand avantage pour celui ou ceux qui le tiennent, on doit néanmoins, pour en juger avec équité, avoir égard à quelques considérations particulières. Il est certain que si toute la loterie étoit pleine à chaque tirage, le gain seroit sûr, & si considérable, qu'il mériteroit l'animadversion du gouvernement; car il y auroit de gain, toute distribution des lots faite, plus de la moitié de la mise des joueurs. Mais il s'en faut bien qu'il en soit ainsi, & même il seroit impraticable d'attendre que cette loterie fût pleine pour la tirer. On la tire donc à des époques fixes, telle qu'elle se trouve. Or il peut arriver qu'on ait mis considérablement sur un terne, ou même sur plusieurs, tandis qu'à peine on aura mis sur les autres. Si donc ces premiers venoient à sortir, la somme à payer seroit immense. Car supposons un seul terne chargé de 150 livres qui est la somme à laquelle on a fixé la mise sur ce hasard, & que ce terne sorte, il en coûteroit à la loterie 780000 livres; & comme il en sort dix à chaque extraction, si chacun étoit chargé d'une pareille somme, il faudroit pour payer les joueurs celle de 7800000 livres.

On voit par-là que, quoique les entrepreneurs de la loterie aient un grand avantage, cependant ce jeu est fort dangereux pour eux: il ne faut, après dix ans de bonheur, qu'un revers malheureux pour les ruiner, ou pour leur enlever tout le gain qu'ils auroient fait, & beaucoup au-delà; & c'est en compensation de ce danger qu'il paroît équitable de leur accorder un avantage. On n'entreprendra pas de le déterminer, car cette détermination est impossible; mais il est aisé de voir que quoique, mathématiquement parlant, ce soit la même chose de jouer un million contre cent mille livres, que 1000 livres contre 100 livres, ce n'est point la même chose moralement parlant; la perte de la première somme entraînant la ruine absolue de celui qui la fait, & cette dernière étant pour ainsi dire sans conséquence, du moins pour ceux qui jouissent d'une fortune médiocre. Or il est certain que le public ne joue contre les entrepreneurs de la loterie dont il s'agit que des sommes limitées, & ordinairement assez petites, au lieu qu'ils jouent une somme pour ainsi dire illimitée. Au reste, ces hasards malheureux dont nous parlons, quoique fort éloignés, ne le sont pas tellement qu'ils n'arrivent quelquefois: aussi n'y a-t-il en Italie aucune de ces loteries qui n'ait été débanquée.

PROBLÈME V.

Pierre a un certain nombre de cartes, dont aucune n'est répétée: il les tire successivement en appellant, suivant l'ordre des cartes, as, deux, trois, &c. jusqu'au roi qui est la dernière; & il parie qu'il arrivera au moins une fois, qu'en tirant une carte, il la nommera. On demande quelle est la probabilité qu'il a en sa faveur?

On appelle ce jeu le *Jeu de Treize*, parce qu'on le joue ordinairement ou avec un livret de treize cartes, ou qu'après treize cartes passées on recommence par un ou as.

Il seroit trop long d'entrer ici dans le détail de l'analyse de ce jeu: il nous suffira de dire que M. de Montmort trouve que si Pierre ne tient que deux cartes, la probabilité qu'il a de gagner est $\frac{1}{2}$; que s'il y en a trois, elle est $\frac{2}{3}$; que s'il y en a quatre, elle est $\frac{5}{8}$; enfin que s'il y en a treize, elle est $\frac{109339661}{172972803}$: enforte que, pour jouer à jeu égal, Pierre doit parier un peu moins de 11 contre 6.

PROBLÈME VI.

Pierre & Paul jouent au piquet: Pierre est premier en cartes & n'a point d'as; quelle probabilité y a-t-il qu'il lui en rentrera ou un, ou deux, ou trois, ou les quatre?

On trouve que le sort de Pierre, pour avoir un as quelconque, est . . . . $\frac{455}{767}$;
pour en avoir deux . . . . $\frac{79}{767}$;
pour en avoir trois . . . . $\frac{8}{767}$ 6
pour en avoir quatre . . . . $\frac{}{767}$
D'où il suit que la probabilité qu'il en aura quelqu'un dans les cinq cartes qu'il a à prendre, est $\frac{252}{323}$: enforte qu'il y a à parier 232 contre 91 qu'il rentrera quelque as à Pierre.

Supposons actuellement que c'est Paul qui est dernier en cartes; on demande ce qu'il y a à parier qu'il prendra au moins un as dans ses trois cartes?

Le sort de Paul, pour prendre un as dans trois cartes, est . . . . $\frac{8}{19}$;
pour en prendre deux, il est . . . . $\frac{24}{19}$;
pour en prendre trois . . . . $\frac{1}{19}$;
par conséquent la probabilité qu'il en prendra ou un, ou deux, ou trois indéterminément, est égale à $\frac{29}{57}$: ainsi Paul peut parier but à but avec avantage qu'il lui en rentrera quelqu'un; car le juste rapport des mises seroit de 29 à 28.

PROBLÈME VII.

Au jeu de Whisk, quelle probabilité y a-t-il que les quatre honneurs ne se trouveront pas entre deux parteniers quelconques?

M. de Moivre, dans son traité intitulé The Doctrine of Chances, montre qu'il y a bien près de 27 contre 2 à parier, que les parteniers dont l'un donne n'ont pas les quatre honneurs;

Qu'il y a à parier 23 environ contre 1, que les deux autres parteniers ne les ont pas;

Qu'il y a 8 bien près contre 1 à parier qu'ils ne se trouvent d'aucun côté;

Qu'on

Qu'on peut parier fans défavantage 13 environ contre 7, que les *partenets* où eft la main ne compteront pas des honneurs;

Qu'on peut mettre environ 20 contre 7, que les deux autres ne les compteront pas;

Enfin, qu'il y a 25 contre 16 à parier que l'un des deux côtés comptera des honneurs, ou qu'ils ne feront pas partagés également.

PROBLÊME VIII.

Sur le Jeu des Sauvages.

Le B. $\therefore$ de la Hontan rapporte, dans fes voyages en Canada, que les Indiens jouent au je fuivant.

Ils ont 8 noyaux noirs d'un côté, & blancs de l'autre: on les jette en l'air: alors, s'il fe trouve que les noirs foient impairs, le joueur a gagné l'enjeu convenu; & s'ils fe trouvent ou tous noirs, ou tous blancs, il gagne le double; mais s'ils fe trouvent répartis en nombres pairs, il a perdu fa mife.

M. de Montmort examine ce jeu, & trouve que celui qui jette les noyaux a un avantage qui peut être évalué à $\frac{1}{256}$; & que, pour que le jeu fut égal, il faudroit qu'il mît 22 quand fon adverfaire met 21.

PROBLÊME IX.

Sur le Jeu de Trictrac.

Le jeu de trictrac eft un de ceux où l'efprit de combinaifons fe manifefte davantage, & où il eft plus utile de connoître, à chaque coup qu'on va jouer, ce qu'on peut efpérer ou craindre des coups de dés fuivans, foit des fiens, foit de ceux de fon adverfaire. Il faut jouer fes dames de telle manière que fi l'on a en vue, par exemple, de fe mettre en état de remplir, ou de battre le coin de fon adverfaire ou telles dames qui font expofées; il faut, dis-je, jouer de manière qu'on fe ménage le plus grand nombre de coups de dés favorables. L'efpérance enfin qu'on a à chaque coup qu'on va jouer, eft toujours fufceptible d'être appréciée mathématiquement. Parmi les exemples nombreux qu'on en pourroit donner, on fe bornera à un petit nombre des plus curieux & des moins difficiles.

« I. Pierre & Paul jouent enfemble au trictrac. Pierre entreprend de prendre fon grand coin en deux coups. Combien Paul peut-il parier contre lui? »

Ce problème eft un des plus faciles qu'on puiffe
Amufemens des Sciences.

proposer fur ce jeu; car il eft aifé de remarquer que l'on ne peut prendre fon grand coin en deux coups qu'en amenant ou deux fois de fuite fonnez, ou deux fois de fuite fix cinq, ou quines la première fois & fonnez la feconde, ou enfin la première fois fonnez, & la feconde quines. Or la probabilité d'amener deux fois de fuite fonnez eft $\frac{1}{1296}$; celle d'amener deux fois de fuite fix cinq ou cinq & fix, eft $\frac{4}{1296}$: car, comme on peut amener de deux façons fix cinq avec deux dés, la probabilité de l'amener au premier coup eft $\frac{2}{36}$; & conféquemment celle de l'amener deux fois de fuite eft $\frac{2}{36} \times \frac{2}{36}$, ou $\frac{4}{1296}$. Pareillement la probabilité d'amener quines au premier coup & fonnez au fecond, eft $\frac{1}{1296}$; & enfin celle d'amener fonnez au premier coup & quines au fecond, eft encore $\frac{1}{1296}$. D'où il fuit que la fomme de toutes ces fractions ou $\frac{7}{1296}$, eft la probabilité d'amener une de ces quatre combinaifons de coups, ou de prendre fon grand coin en deux coups. Ainfi Pierre ne doit parier, pour jouer au pair, que 7 contre 1289, ou 1 contre 184 $\frac{5}{7}$.

Il faut fuppofer ici que Pierre eft premier à jouer, ce à quoi M. de Montmort ne paroît pas avoir fait attention; car fi Paul avoit pris lui-même fon coin en deux coups, il eft évident que la combinaifon de deux fois de fuite fonnez feroit inutile, parce que Pierre ne fçauroit prendre fon grand coin par deux fois fonnez, qu'autant que Pierre ne l'aura pas déja.

Suppofons donc, pour réfoudre le problème plus complettement, que Pierre eft fecond à jouer; il eft évident qu'il aura également pour lui les hafards ci-deffus, à l'exception de celui de deux fois fonnez, car ce dernier ne lui fervira qu'autant que fon adverfaire n'aura pas déja pris fon coin. D'où il fuit que l'avantage de ce hafard pour Pierre fera d'autant moindre, qu'il fera plus probable que fon adverfaire ait pris fon coin en deux coups. Si la probabilité que Paul y réuffira étoit, par exemple, $\frac{1}{2}$, $\frac{2}{3}$, il faudroit multiplier $\frac{1}{1296}$, valeur du hafard d'amener deux fois de fuite fonnez, par $\frac{1}{2}$, $\frac{2}{3}$. Ainfi il faudra ici multiplier $\frac{1}{1296}$ par $\frac{1289}{1296}$, qui eft la probabilité que Paul ne prendra pas fon coin en deux coups; le produit $\frac{1289}{1679616}$, qui eft un peu moindre que $\frac{1}{1296}$, exprime pour le fecond en jeu la valeur du hafard d'amener deux fois fonnez, pour prendre fon coin. Ajoutant donc les trois autres hafards, exprimés par $\frac{6}{1296}$, on aura, pour l'évaluation de la probabilité que le fecond prendra en deux coups fon coin, $\frac{6}{1296} \times \frac{1289}{1679616}$, ou $\frac{9065}{1679616}$, ce qui eft un peu moindre que $\frac{1}{1296}$.

« II. Au jeu de trictrac, l'un des joueurs a fon jeu difpofé de cette manière: 4 dames fur la première flèche dont elles partent, 3 fur la feconde, 2 fur la troifième, 3 fur la quatrième, 2 fur la cinquième, & 1 fur la fixième. On demande ce qu'il y a à parier

V

qu'il remplira & fera fon petit jan ? (*fig. 4, pl. 2. Amufemens d'arithmétique.*

Il eſt facile de voir que je remplirai par toutes les combinaiſons de dés dans leſquelles il y aura un *cinq*, ou un *deux*, ou un *quatre*, ou dans leſquelles les dés feront enſemble cinq, quatre ou deux. Or, des 36 combinaiſons que peuvent former deux dés, il y en a d'abord onze où il y a au moins un cinq : il y en a pareillement onze où il y a au moins un quatre ; mais les combinaiſons quatre-cinq & cinq-quatre ayant déja été employées parmi les précédentes, nous n'en compterons que neuf. On compte auſſi onze combinaiſons de dés où il ſe trouve au moins un 2 ; mais, comme les combinaiſons de deux-cinq & cinq-deux, deux-quatre & quatre-deux ont déja été employées, on n'en doit compter que ſept. On a enfin les coups ambeſas, un & trois, trois & un, qui ſont favorables pour remplir. Ainſi, ſur les trente-ſix combinaiſons des deux dés, il y en a trente avec leſquelles on remplira. Par conſéquent il y a 5 contre 1 à parier que, dans pareille poſition de dames, on fera ſon petit jan.

Si l'on ſuppoſoit que la dame qui eſt quatrième ſur la première flèche fût ſur la troiſième, alors il ſeroit aiſé de voir qu'il n'y auroit abſolument que ſonnez pour ne pas remplir ; ainſi l'on pourroit parier 35 contre 1 qu'on feroit ſon petit jan.

Nous nous bornons à cette eſquiſſe de l'utilité de la doctrine des combinaiſons dans le jeu de trictrac. Il y a d'autres queſtions plus difficiles ſur ce jeu, que M. de Montmort a examinées dans ſon *Eſſai d'analyſe ſur les jeux de haſard.* Mais nous invitons le lecteur à recourir à cet ouvrage.

PROBLÈME X.

Un charlatan tenoit dans une foire le jeu ſuivant : il avoit 6 dés dont chacun n'étoit marqué que ſur une face, &c. l'un de l'as, l'autre de deux, juſqu'au ſixième qui l'étoit de ſix : on lui donnoit une ſomme quelconque, & il offroit de rembourſer cent fois la miſe, ſi, en jettant ces 6 dés, on amenoit en vingt fois les ſix faces marquées. Lorſqu'on avoit perdu, il offroit la revanche ſous cette condition, qu'on mît une nouvelle ſomme égale à la première ; & il s'engageoit à rendre le tout, ſi on amenoit trois coups de ſuite toutes faces blanches. On demande quel étoit le ſort des joueurs ?

Ceux qui ne connoiſſent point la route qu'il faut tenir pour réſoudre les problèmes de cette nature, ſont ſujets à faire ſur cette eſpèce de dés un raiſonnement fort erroné ; car, remarquant qu'il y a cinq fois autant de faces blanches que de faces marquées, ils en concluent qu'il y a 5 à parier contre 1, qu'en les jettant on n'amenera aucun

point. Ils ſont néanmoins dans l'erreur ; & il y a au contraire près de 2 contre 1 à parier qu'on n'amenera pas tout blanc : ce qu'on démontre ainſi.

Prenons un ſeul dé, il eſt évident qu'il y a 5 contre 1 à parier qu'on amenera blanc. Mais ſi nous y joignons un ſecond dé, il eſt aiſé de voir que la face marquée du premier peut ſe combiner avec chacune des faces blanches du ſecond, & la face marquée du ſecond avec chacune des blanches du premier, enfin la face marquée de l'une avec la face marquée de l'autre. Conſéquemment, ſur les 36 combinaiſons des faces de ces deux dés, il y en a 11 où il y a au moins une face marquée. Or nous avons déja remarqué que ce nombre 11 eſt la différence du quarré du nombre 6 des faces d'un dé, avec le quarré de ce même nombre diminué de l'unité, ou de 5.

Joignons un troiſième dé, nous trouverons, par une ſemblable analyſe, que, ſur les 216 combinaiſons des faces de trois dés, il y en a 91 où il y a au moins une face marquée, & ce nombre 91 eſt la différence du cube de 6 ou 216, avec le cube de 5 ou 125. Et ainſi de ſuite pour les cas plus compoſés. D'où l'on conclut que, ſur les 46656 combinaiſons des faces de 6 dés en queſtion, il y en a 31031 où il y a au moins une face marquée, & 15625 où toutes les faces ſont blanches. Conſéquemment il y a près de deux contre un à parier qu'on amenera au moins quelque point ; tandis que, ſuivant le raiſonnement ci-deſſus, on trouvoit qu'il y avoit 5 contre 1 à parier pour le cas contraire.

Cet exemple eſt un de ceux qui peuvent ſervir à montrer combien, dans ces matières, on doit ſe défier de ces demi-lueurs qui ſe préſentent du premier abord. Je puis ajouter que l'expérience eſt conforme au raiſonnement ; car m'étant amuſé, un ſoir de déſœuvrement, à voir jouer à *la ferme*, & ayant compté pendant pluſieurs heures tous les coups marqués de quelque point, & tous les choux-blancs, (on appelle ainſi dans ce jeu les coups où il n'y a aucune face marquée), je trouvai le nombre de ces derniers beaucoup moindre que celui des premiers, & dans un rapport qui ne s'éloignoit guère de celui de un à deux. Mais revenons à notre charlatan.

Il eſt clair que, ſur les 46656 combinaiſons des faces des 6 dés dont il eſt queſtion, il n'y en a qu'une qui donne toutes les faces marquées en deſſus ; ainſi la probabilité de les amener en un coup eſt exprimée par $\frac{1}{46656}$; &, comme on avoit 20 coups à jouer pour les amener, la probabilité d'y réuſſir étoit de $\frac{20}{46656}$, ce qui ſe réduit à un peu plus que 2332ᵉ. Ainſi, pour jouer au pair, l'homme en queſtion auroit dû rembourſer 2332 fois la miſe. Or il n'offroit que 100 fois cette miſe ;

conséquemment il n'offroit qu'environ la vingt-troisième partie de ce qu'il auroit dû offrir pour jouer à jeu égal, & il jouoit conséquemment avec un avantage de 22 contre un.

La revanche qu'il offroit étoit une autre super-cherie, pour le succès de laquelle il profitoit habilement de la propension où est tout homme qui n'a pas suffisamment examiné la matière, de faire le mauvais raisonnement dont nous avons parlé ci-dessus; & l'on devoit d'autant moins faire difficulté d'accepter cette revanche, qu'il semble qu'il y ait 5 contre 1 à parier qu'on amènera chou-blanc chaque coup, tandis qu'au contraire il y a 2 contre 1 à parier qu'on ne l'amènera pas. Or la probabilité de ne pas amener chou-blanc en un coup, étant à celle de l'amener comme 2 à 1, il suit de-là que la probabilité de ne pas l'amener trois fois de suite, est à celle de l'amener comme 8 est à 1. Ainsi notre charlatan auroit dû mettre 7 contre 1 pour jouer à jeu égal: conséquemment il donnoit la revanche d'un jeu où il avoit un avantage de 22 contre un, à un autre où il en avoit encore un de 7 contre 1.

PROBLÊME. XI.

En combien de coups peut-on parier au pair, avec 6 dés marqués sur toutes leurs faces, qu'on amènera 1, 2, 3, 4, 5, 6?

Nous venons de voir qu'il y auroit 46655 à parier contre un qu'on n'amèneroit pas ces 6 points avec des dés marqués seulement sur une de leurs faces: mais ce cas est bien différent avec 6 dés marqués sur toutes leurs faces; & pour le faire sentir, il suffit de faire observer que le point 1, par exemple, peut être également amené par chacun des dés, & ainsi de même le 2, le 3, &c; ce qui rend le hasard des 6 points 1, 2, 3, 4, &c. incomparablement plus facile.

Mais, pour analyser le problème plus exacte-ment, nous remarquons que pour amener 1, 2, avec deux dés, il y a deux manières, savoir, 1 avec le dé A & 2 avec le dé B, ou 1 avec le dé B & 2 avec le dé A. Pour amener 1, 2, 3, avec trois dés, sur la totalité des combinaisons de faces de ces trois dés, il y en a six qui donnent les points 1, 2, 3: car on peut amener 1 avec le dé A, 2 avec B, 3 avec D; ou 1 avec le dé A, 2 avec C, & 3 avec B; ou 1 avec le dé B, 2 avec le dé A, & 3 avec C; ou 1 avec le dé B, 2 avec le dé C, & 3 avec A; ou 1 avec le dé C, 2 avec A, & 3 avec B; ou enfin 1 avec C, 2 avec B, & 3 avec A.

On voit donc par-là que, pour trouver les ma-nières dont on peut amener 1, 2, 3, avec trois dés, il faut multiplier les nombres 1, 2, 3. De même, pour trouver le nombre de manières d'a-mener 1, 2, 3, 4, avec quatre dés, il faudra mul-tiplier 1, 2, 3, 4, ensemble; ce qui donnera 24. Enfin, pour trouver de combien de manières six dés peuvent donner 1, 2, 3, 4, 5, 6, il faudra mul-tiplier ensemble ces six nombres, & l'on aura 720.

Si l'on divise donc le nombre 46656, qui est celui des combinaisons des faces de six dés, par 720, on aura 64⅘ pour ce qu'il y aura à parier contre un qu'on n'amènera pas ces points en un coup, & conséquemment on pourra presque pa-rier au pair de les amener en soixante-quatre coups: & il y aura plus du double à parier contre un qu'on les amènera en cent trente coups. Enfin, comme on peut facilement tirer cent trente coups de dés & plus en un quart-d'heure, on pourra parier, avec l'avantage de plus de 2 contre 1, de les amener dans cet intervalle de temps.

Celui qui faisoit la proposition de parier au pair d'amener ces points en un quart-d'heure, comme je l'ai ouï dire à quelques personnes qui avoient parié contre, & qui y avoient perdu leur argent, faisoit donc un pari très-avantageux pour lui & très-désavantageux pour eux. Ne devoit-il pas en conscience leur rendre leur argent? La réponse peut s'en déduire de ce que nous venons de dire.

PROBLÊME XII.

Du Jeu des sept Dés.

« Quelqu'un propose de jouer avec 7 dés mar-qués sur toutes leurs faces, aux conditions sui-vantes: Celui qui tient le dé gagnera autant d'écus qu'il amènera de 6; mais s'il n'en amène aucun, il paiera à celui qui parie contre, autant d'écus qu'il y a de dés, c'est-à-dire sept. On demande quel rapport il y a entre leurs chances » ?

Pour résoudre ce problème, il faut l'analyser avec ordre. Supposons donc qu'il n'y eût qu'un dé; il est évident que, n'y ayant qu'un coup pour celui qui tient le dé, & cinq contre lui, le rapport des mises devroit être celui de 1 à 5. Ainsi, si le premier donnoit un écu toutes les fois qu'il n'amèneroit pas 6, & n'en recevoit qu'un lorsqu'il l'amèneroit, il joueroit à un jeu très-inégal.

Supposons maintenant deux dés. J'observe que, dans les 36 combinaisons différentes dont sont susceptibles les faces de deux dés, il y en a 25 qui ne donnent point de 6, qu'il y en a 10 qui en donnent un, & une seule qui en donne deux. Ce-lui qui tient le dé n'a donc que 11 coups qui lui soient favorables, dont 10 lui feront gagner cha-cune un écu, & un lui en fera gagner deux: donc sa chance pour gagner sera suivant la règle géné-rale $\frac{10}{36} \times \frac{2}{36}$; & comme, chacun des 25 coups qui ne donnent point de 6 arrivant, il devra payer deux écus, la chance de fon adverfaire fera $\frac{50}{55}$. Conféquemment la chance pour gagner fera à celle pour perdre comme $\frac{11}{55}$ à $\frac{50}{55}$, ou 11 à 50, ou moins de 1 contre 4.

Pour déterminer, dans les cas plus compofés, les coups qui ne donnent point de 6, ceux qui en donnent un, ceux qui en donnent deux, trois, &c; il faut faire attention qu'ils font toujours exprimés par les termes différens de la puiffance de 5 + 1, dont l'expofant eft égal au nombre des dés. Ainfi, lorfqu'il n'y a qu'un dé, le nombre 5 + 1 exprime par fon premier terme qu'il y a cinq coups fans 6, & un qui donne un 6 : s'il y en a deux, le produit de 5 + 1 par 5 + 1, ou le quarré de 5 + 1, étant 25 + 10 + 1, le premier terme 25 indique qu'il y a 25 coups (fur les 36) qui ne donnent point de 6, 10 qui en préfentent un, & 1 qui en préfente deux.

De même le cube de 5 + 1 étant 125 + 75 + 15 + 1, défigne que, fur les 216 combinaifons des faces de fix dés, il y en a 125 où il n'y a aucun 6, 75 où il y en a un, 15 où il y en a deux, & une où il y en a trois.

La quatrième puiffance de 5 + 1 étant 625 + 500 + 150 + 20 + 1, indique pareillement que, fur les 1296 combinaifons des faces de quatre dés, il y en a 625 fans aucun 6, 500 qui donnent deux, 150 qui en donnent deux, 20 qui en donnent trois, & une feule qui en donne quatre.

Je paffe les cas intermédiaires, pour arriver à celui où il y a fept dés. Or on trouve, dans ce cas, que la feptième puiffance de 5 + 1 eft 78125 + 109375 + 65625 + 21875 + 4375 + 525 + 35 + 1 = à 279936. Il y a donc, fur les 279936 combinaifons des faces de fept dés, 78125 qui ne donnent aucun 6, 109375 où il s'en trouve un, 65625 où il y en a deux, 21875 où il y en a trois, &c. Or, chacun des 78125 premiers coups arrivant, celui qui tient le dé doit payer 7 écus : conféquemment il faut, fuivant la regle générale, multiplier ce nombre par 7, & divifer le produit par la fomme de tous les coups; & l'on aura la chance contre, égale à $\frac{546875}{279936}$. Pour avoir la chance qui lui eft favorable, multipliez chacun des autres termes par le nombre des 6 qu'il préfente, additionnez les différens produits, & divifez la fomme par la totalité des coups, ou 279936 : vous aurez, pour l'efpérance du joueur qui tient le dé, $\frac{325592}{279936}$. Conféquemment fa chance pour gagner eft à fa chance pour perdre, comme 325592 à 546875; c'eft-à-dire qu'il joue à un jeu de dupe, où il y a environ 54 contre 32, ou 27 contre 16, ou plus de 3 contre 2 à parier qu'il perdra.

Par un femblable procédé l'on trouve que, s'il y a huit dés, la chance de celui qui tient le dé eft

encore à celle de fon adverfaire comme 2259488 à 3125000; ce qui eft à peu près comme 3 contre 4.

S'il y avoit neuf dés, la chance pour celui qui tiendroit le dé feroit à celle de fon adverfaire comme 151 environ à 175.

S'il y a dix dés, la chance du premier fera à celle du fecond comme 101176960 à 97656250, c'eft-à-dire, à très-peu de chofe près, comme 101 à 97 $\frac{6}{25}$. Il commence donc à y avoir de l'avantage pour le premier, feulement lorfque le nombre des dés eft 10; & il ne doit pas y en avoir moins pour jouer ce jeu avec quelque égalité.

Quelques jeux arithmétiques de divination ou de combinaifons.

M. Ozanam a été très-prolixe dans l'explication des différentes méthodes qu'on peut employer pour ces efpèces de divination. Mais il faut convenir que le plus fouvent ou elles font trop compliquées, ou ce font de ces adreffes qu'en langage populaire on appelle des *rufes coufues de fil blanc*. Nous nous bornerons, par cette raifon, à ceux de ces moyens où l'artifice eft moins apparent; ce qui en réduira beaucoup le nombre.

PROBLÈME I.

Deviner le nombre que quelqu'un aura penfé.

I.

Dites à celui qui a penfé un nombre de le tripler, & enfuite de prendre la moitié exacte de ce triple s'il eft pair, ou la plus grande moitié fi la divifion ne peut pas fe faire exactement, (ce dont vous vous fouviendrez à part). Vous ferez encore tripler cette moitié, & vous demanderez combien de fois le nombre 9 s'y trouve compris. Le nombre penfé fera le double, fi la divifion ci-deffus par la moitié a pu fe faire; mais fi cette divifion n'a pu avoir lieu, il faudra ajouter l'unité.

Qu'on ait penfé 5, fon triple eft 15 qui ne peut fe divifer par 2. La plus grande moitié de 15 eft 8 : fi on la multiplie encore par 3, on aura 24, où 9 fe trouve deux fois. Le nombre penfé eft donc 4 plus 1, ou 5.

II.

Dites à celui qui a penfé un nombre de le multiplier par lui-même; enfuite qu'il augmente ce nombre de l'unité, & qu'il le multiplie encore par lui-même : demandez-lui après cela la différence de ces deux nombres; ce fera certainement un nombre impair, dont la petite moitié fera le nombre cherché.

Que le nombre penfé foit, par exemple, 10,

fon quarré eft 100. Que 10 foit augmenté de 1, ce fera 11, dont le quarré eft 121. La différence des deux quarrés eft 21, dont la moindre moitié 10 eft le nombre cherché.

On pourra, pour varier l'artifice, faire faire le fecond quarré du nombre penfé diminué d'une unité : alors, demandant la différence des deux quarrés, la plus grande moitié fera le nombre cherché.

Dans l'exemple précédent, le quarré du nombre penfé eft 100; celui de ce nombre diminué de l'unité, ou 9, eft 81; la différence eft 19, dont la plus grande moitié eft 10, nombre cherché.

III.

Faites ajouter au nombre penfé fa moitié exacte s'il eft pair, ou fa plus grande moitié s'il eft impair, pour avoir une première fomme. Faites auffi ajouter à cette fomme fa moitié exacte, ou fa plus grande moitié, felon qu'elle fera un nombre pair ou impair, pour avoir une feconde fomme, dont vous ferez ôter le double du nombre penfé; enfuite faites prendre la moitié du refte, ou fa plus petite moitié, au cas que ce refte foit un nombre impair; continuez à faire prendre la moitié de la moitié, jufqu'à ce qu'on vienne à l'unité. Cela étant fait, remarquez combien de fous-divifions on aura faites, & pour la première divifion retenez 2, pour la feconde 4, pour la troifième 8, & ainfi des autres en proportion double. Obfervez qu'il faut ajouter 1 pour chaque fois que vous aurez pris la plus petite moitié; parce qu'en prenant cette plus petite moitié il refte toujours 1, & qu'il faut feulement retenir 1 lorfqu'on n'aura pu faire aucune fous-divifion; car ainfi vous aurez le nombre dont on a pris les moitiés des moitiés: alors le quadruple de ce nombre fera le nombre penfé, au cas qu'il n'ait point fallu prendre au commencement la plus grande moitié; ce qui arrivera feulement lorfque le nombre penfé fera pairement pair, ou divifible par 4 : autrement on ôtera 3 de ce quadruple, fi à la première divifion l'on a pris la plus grande moitié; ou bien feulement 2, fi à la feconde divifion l'on a pris la plus grande moitié; ou bien enfin 5, fi à chacune des deux divifions on a pris la plus grande moitié : & alors le refte fera le nombre penfé.

Comme, fi l'on a penfé 4, en lui ajoutant fa moitié 2, on a 6, auquel fi l'on ajoute pareillement fa moitié 3, on a 9, d'où ôtant le double 8 du nombre penfé 4, il refte 1, dont on ne fauroit prendre la moitié, parce qu'on eft parvenu à l'unité; c'eft pourquoi on retiendra 1, dont le quadruple 4 eft le nombre penfé.

Si l'on a penfé 5, en lui ajoutant fa plus grande moitié 3, on a 8, auquel fi on ajoute fa moitié 4,

on a 12, d'où ôtant le double 10 du nombre penfé 5, il refte 2, dont la moitié eft 5: & comme l'on ne fauroit plus prendre la moitié, parce qu'on eft parvenu à l'unité, on retiendra 2, parce qu'il y a une fous-divifion. Si de 8, quadruple de ce nombre retenu 2, on ôte 3, parce que dans la première divifion on a pris la plus grande moitié, le refte 5 eft le nombre penfé.

IV.

Faites ôter 1 du nombre penfé, & enfuite doubler le refte; faites encore ôter 1 de ce double, & qu'on lui ajoute le nombre penfé; enfin demander le nombre qui provient de cette addition; ajoutez-y 3; le tiers de cette fomme fera le nombre cherché.

Comme, fi l'on a penfé 5, & qu'on en ôte 1, il reftera 4, dont le double 8 étant diminué de 1, & le refte 7 étant augmenté du nombre penfé 5, on a cette fomme 12, à laquelle ajoutant 3, on a cette autre fomme 15, dont la troifième partie 5 eft le nombre penfé.

Cette manière peut être variée de bien des façons; car, au lieu de doubler le nombre penfé après en avoir fait ôter l'unité, on pourroit le faire tripler : alors, après avoir fait encore ôter l'unité de ce triple & ajouter le nombre penfé, il faudroit y ajouter 4. Le $\frac{1}{4}$ de la fomme provenante de ces opérations feroit le nombre cherché.

Soit le nombre cherché x : qu'on en ôte l'unité, le reftant fera $x-1$: multipliez ce refte par un nombre quelconque n, le produit fera $nx-n$: ôtez-en encore l'unité, le refte fera $nx-n-1$: ajoutez-y le nombre penfé x, le refte fera $\frac{n+1}{x}x - n - 1$. Si donc on ajoute le multiplicateur ci-deffus augmenté de l'unité, c'eft-à-dire 3 fi l'on a doublé, 4 fi l'on a triplé, &c. le reftant fera $\overline{n-1}x$, qui étant divifé par le même nombre, le quotient fera x, le nombre cherché.

On pourroit, au lieu d'ôter l'unité, l'ajouter au nombre penfé; alors, au lieu d'ajouter à la fin le multiplicateur augmenté de l'unité, il faudroit le fouftraire, & faire la divifion comme il eft indiqué ci-deffus.

Que 7, par exemple, foit le nombre penfé : faites ajouter l'unité, la fomme fera 8; en la triplant on aura 24 : qu'on ajoute encore 1, il viendra 25; qu'on ajoute 7, il proviendra 32, dont ôtant 4, parce qu'on a triplé, on aura 28, dont le quart fera le nombre cherché.

V.

Faites ajouter 1 au triple du nombre penfé, &

enfuite multiplier la fomme par 5 : qu'on ajoute
encore le nombre penfé, il en réfultera une fomme
dont ôtant 3, le reftant fera le décuple du nombre
cherché. Ainfi, lorfqu'on vous aura dit cette
dernière fomme, ôtez-en 3, & du reftant le
zéro à droite; l'autre chiffre indiquera le nombre
cherché.

Soit 6 le nombre penfé : fon triple eft 18; ce
qui, en y ajoutant l'unité, fait 19: le triple eft 57:
qu'on y ajoute 6, le produit eft 63, dont ôtant 3,
le refte eft 60, dont coupant le zéro à droite,
l'autre chiffre eft 6, nombre cherché.

Remarque.

Si on ôtoit 1 du nombre penfé, qu'on triplât
le refte, qu'on y ajoutât de nouveau le nombre
penfé, il faudroit, après s'être fait dire cette
fomme qui fe terminera toujours par 7, ajouter
3 au lieu de les en ôter, comme on a fait ci-deffus,
& la fomme fe trouveroit décuple du nombre
penfé.

PROBLÊME II.

*Deviner deux ou plufieurs nombres que quelqu'un
aura penfés.*

I.

Lorfque chacun des nombres penfés ne fera pas
plus grand que 9, on les pourra trouver facilement
par cette manière.

Ayant fait ajouter 1 au double du premier nombre penfé, faites multiplier le tout par 5, &
ajouter au produit le fecond nombre. S'il y en a
un troifième, faites doubler cette première fomme
& y ajouter 1; &, après avoir fait multiplier cette
nouvelle fomme par 5, que on y ajoute le troifième
nombre. S'il y en a un quatrième, on procédera
de même, en faifant doubler la fomme précédente, ajouter l'unité, multiplier par 5, & ajouter
le quatrième nombre, &c.

Cela fait, demandez le nombre qui provient de
l'addition du dernier nombre penfé, & de ce
nombre fouftraifez 5, s'il n'y a que deux nombres,
55 s'il y en a trois, 555 s'il y en a quatre, & ainfi
de fuite: le reftant fera compofé de chiffres dont
le premier à gauche fera le premier nombre penfé,
le fecond le deuxième, &c.

Qu'on ait penfé, par exemple, ces trois nombres, 3, 4, 6 : en ajoutant 1 au double 6 du premier, on aura 7, qu'on multipliera par 5, & on
aura 35; à quoi ajoutant 4, le deuxième nombre
penfé, cela donnera 39, qu'il faut doubler pour
avoir 78, y ajouter 1, & multiplier la fomme 79
par 5, d'où réfultera 395; à quoi il faudra enfin
ajouter 6, le troifième nombre penfé, & l'on aura
401, dont ôtant 55, il reftera 346, dont les figures

3, 4, 6, indiquent par ordre les trois nombres
penfés.

II.

Si un ou plufieurs des nombres penfés font plus
grands que 9, il faut diftinguer deux cas; le premier où la multitude des nombres penfés eft un
nombre impair, & celui où elle eft un nombre
pair.

Dans le premier cas, demandez les fommes du
premier & du fecond, du fecond & du troifième,
du troifième & du quatrième, &c. jufqu'au dernier, & enfin la fomme du premier & du dernier.
Ayant écrit toutes ces fommes par ordre, ajouter
enfemble toutes celles qui font dans les lieux impairs, comme la première, la troifième, la cinquième, &c : faites une autre fomme de toutes
celles qui font dans les lieux pairs, comme la
deuxième, la quatrième, la fixième, &c : ôtez
cette feconde fomme de la première; le reftant
fera le double du premier nombre.

Qu'on ait penfé, par exemple, ces cinq nombres, 3, 7, 13, 17, 20, les premières fommes
prifes comme on a dit font 10, 20, 30, 37, 23;
la fomme des première, troifième, cinquième, eft
63; celle des deuxième & quatrième eft 57: de 63
ôtez 57, le reftant eft 6, double du premier nombre 3. Ayant donc 3, vous l'ôterez de la première
des fommes 10; le reftant 7 fera le fecond nombre; & ainfi de fuite.

2e. Cas. Si la multitude des nombres penfés eft
paire, il faut demander & écrire par ordre, comme
ci-deffus, les fommes du premier & du fecond,
du fecond & du troifième, &c; mais au lieu de
celle du premier & du dernier, on prendra celle
du fecond & du dernier : alors ajoutez enfemble
celles qui font dans les lieux pairs, & formez-en
une nouvelle fomme à part; ajoutez auffi enfemble
celles qui font dans les lieux impairs, à l'exception
de la première, & ôtez cette nouvelle fomme de
la première : le reftant fera le double du fecond
des nombres : donc, l'ôtant de la fomme des premier & fecond, on aura le premier; & en l'ôtant
de celle des fecond & troifième, on aura le troifième; & ainfi de fuite.

Soient, par exemple, les nombres penfés 3,
7, 13, 17 : les fommes prifes comme on vient de
dire font 10, 20, 30, 24; la fomme des deuxième & quatrième eft 44, dont ôtant la troifième feulement, qui eft 30, le reftant eft 14. Le
fecond nombre cherché eft donc 7, & le premier
3, & le troifième 13, &c.

PROBLÊME III.

*Une perfonne ayant dans une main un nombre pair
d'écus ou de jetons, & dans l'autre un nombre
impair, deviner en quelle main eft le nombre pair.*

Faites multiplier le nombre de la main droite

par un nombre pair tel qu'il vous plaira, comme par 2, & le nombre de la main gauche par un impair, 3 par exemple ; faites ajouter les deux sommes : si le total est impair, le nombre pair de pieces est dans la main droite, & l'impair dans la gauche ; si ce total est pair, ce sera le contraire.

Qu'il y ait, par exemple, dans la main droite 8 pieces, & dans la gauche 7 : en multipliant 8 par 2 on aura 16, & le produit de 7 par 3 sera 21. La somme est 37, nombre impair.

Si au contraire il y eût eu 9 dans la main droite, & 8 dans la gauche ; en multipliant 9 par 2 on auroit eu 18, & multipliant 8 par 3 on auroit eu 24, qui, ajouté à 18, donne 42, nombre pair.

PROBLÈME IV.

Une personne tenant une pièce d'or dans une main & une d'argent dans l'autre ; trouver en quelle main est l'or, & en quelle est l'argent.

Il faut pour cet effet assigner à la pièce d'or une valeur quelconque qui soit un nombre pair, par exemple 8, & à la pièce d'argent une valeur qui soit un nombre impair, 3 par exemple ; après quoi vous procéderez absolument comme dans le problème précédent.

I. Pour laisser moins appercevoir l'artifice, il suffira de demander si le total des deux produits peut se partager par la moitié ; car, dans ce cas, le total sera pair, & dans le cas contraire, impair.

II. On voit bien qu'au lieu des deux mains de la même personne, on peut supposer que deux personnes auront pris, l'une le nombre pair, l'autre l'impair, ou bien la pièce d'or, l'autre celle d'argent. On fera donc à l'égard de ces deux personnes ce que l'on a fait à l'égard des deux mains, en désignant à part soi l'une par la droite, l'autre par la gauche.

PROBLÈME V.

Le jeu de l'anneau.

Ce jeu, qui n'est qu'une application d'une des manieres de deviner plusieurs nombres pensés, peut se pratiquer dans une compagnie, dont le nombre des personnes ne doit pas surpasser 9. On propose un anneau qui doit être pris par une de ces personnes, & mis à un doigt de telle main & à telle jointure de ce doigt qu'elle voudra. Il faut deviner quelle personne a cet anneau, à quelle main, à quel doigt, à quelle jointure.

Pour cet effet on fera valoir 1 la première personne, 2 la deuxième, 3 la troisième, &c : on

fera aussi valoir 1 la main droite, & 2 la gauche : on donnera pareillement 1 au premier doigt de la main, savoir le pouce, 2 au second, &c. jusqu'au petit doigt : on appellera enfin 1 la première jointure ou celle de l'extrémité du doigt, 2 la deuxième, 3 la troisième. Ainsi le problème se réduit à deviner quatre nombres pris au hasard, dont aucun ne surpasse 9 ; ce qui se fera par la méthode suivante.

Supposons que la cinquième personne ait pris la bague, & l'ait mise à la première jointure du quatrième doigt de sa main gauche : les nombres à deviner seront 5, 2, 4, 1.

Pour y parvenir, faites doubler le premier nombre 5, vous aurez 10, dont vous ferez ôter 1 ; le reste sera 9, que vous ferez multiplier par 5, ce qui vous donnera 45. A ce produit faites ajouter le deuxième nombre 2, vous aurez 47 ; à quoi faisant encore ajouter 5, il viendra 52, qu'il faudra faire doubler ; ce double sera 104, dont vous ferez ôter 5 ; le reste sera 103, que vous ferez multiplier par 45 vous aurez pour produit 515. A ce produit faites ajouter le troisième nombre, ou le quantième du doigt, 4, vous aurez 519 ; à quoi ajoutant encore 5, vous aurez 524, qu'il faudra faire doubler, & du double 1048 ôter 1 ; le restant sera 1047, que vous ferez encore multiplier par 5 ; le produit sera 5235. A ce produit faites ajouter le quatrième nombre, ou le quantième de la jointure, 1, il viendra 5236 ; à quoi faisant enfin ajouter 5, la somme sera 5241, dont les chiffres marquent par ordre les quantièmes de la personne, de la main, du doigt & de la jointure.

Il est clair que toutes ces opérations ne reviennent, au fond, qu'à celle de multiplier le nombre qui exprime le quantième de la personne par 10, puis y ajouter celui qui exprime le quantième de la main, multiplier encore par 10, &c.

On pourroit proposer ce problème de la manière suivante, & on le résoudroit de même.

Trois ou un plus grand nombre de personnes ayant pris chacune une carte (dont le nombre des points n'excède pas 9), trouver les points de celle que chacun a prise.

Dites à la première d'ajouter 1 au double du nombre de points de sa carte, puis de multiplier la somme par 5, & au produit d'ajouter les points de la carte de la seconde ; puis de doubler cette somme, d'y ajouter l'unité, de multiplier le total par 5, & d'ajouter à ce produit les points de la carte prise par la troisième personne : en ôtant de ce produit 55 si le nombre des personnes est 3, ou 555 s'il est 4, ou 5555 s'il y en a cinq, le restant indiquera, par les chiffres qui le composefont, les points des cartes prifes par chaque perfonne dans le même ordre.

Démonftration.

Que les quatre nombres à deviner foient, par exemple, x, y, z, u. Selon le procédé indiqué, il faut doubler x, ce qui donnera $2x$; de-là ôter 1, on aura donc $2x-1$; multiplier par 5, il viendra $10x-5$. On prefcrit d'ajouter enfuite le fecond nombre y, cela donnera $10x-5+y$; puis d'ajouter 5, ainfi l'on aura $10x+y$, qu'il faut doubler; & on aura $20x+2y$; d'où ôtant 1, il reftera $20x+2y-1$. Ce refte étant multiplié par 5, le produit fera $100x+10y-5$. A ce produit ajoutons le troifième nombre z & le nombre 5, la fomme fera $100x+10y+z$, laquelle étant doublée, & de ce double ôtant l'unité, il viendra $200x+20y+2z-1$, & cela multiplié par 5, produira $1000x+100y+10z-5$. Ajoutons 5 & le dernier nombre u, la fomme fera $1000x+100y+10z+u$. Donc fi x, y, z, u, repréfentent des nombres au-deffous de 10, comme $5, 2, 4, 1$, la fomme fera $5000+200+40+1$, ou 5241. Si ces nombres étoient $9, 6, 5, 4$, cette fomme feroit, par la même raifon, 9654. Ce qui démontre le premier procédé indiqué.

Le fecond procédé pour le même objet ne fe démontre pas moins facilement; car, que les nombres à deviner moindres que 10, foient encore x, y, z (nous nous bornons à trois, pour abréger) il faut ajouter 1 au double du premier nombre, ce qui donnera $2x+1$; le multiplier par 5, on aura $10x+5$; y ajouter le fecond nombre, cela donnera $10x+5+y$; doubler cette fomme & y ajouter 1, on aura $20x+10+2y+1$; multiplier par 5, le produit fera $100x+50+10y+5$; ajouter le troifième nombre z, on aura donc enfin $100x+50+10y+5+z$, ou $100x+10y+z+55$: donc fi x, y, z font, par exemple, $5, 6, 7$, cette expreffion fera $567+55$ ou 622. donc de cette dernière fomme on ôte 55, il viendra 567, qui défigne par l'ordre de fes chiffres les trois nombres à deviner.

PROBLÈME VI.

Deviner combien il y a de points dans une carte que quelqu'un aura tirée d'un jeu de cartes.

Ayant pris un jeu entier de 52 cartes, préfentez-le à quelqu'un de la compagnie, qui tirera celle qu'il lui plaira, fans vous la montrer. Enfuite, en donnant à toutes les cartes leur valeur marquée, vous ferez valoir le valet 11, la dame 12, & le roi 13; puis, comptant les points de la première carte aux points de la feconde, ceux-ci aux points de la troifième, & ainfi de fuite, en rejettant toujours 13, & gardant le refte pour l'ajouter à la carte fuivante. On voit qu'il eft inutile de compter les rois qui valent 13. Enfin, s'il refte quelques points à la dernière carte, vous ôterez ces points de 13, & le refte marquera les points de la carte qu'on aura tirée: enforte que, fi le refte eft 11, ce fera un valet qu'on aura tiré; fi le refte eft 12, ce fera une dame, &c; mais s'il ne refte rien, on aura tiré un roi. Vous connoîtrez quel eft ce roi, en regardant celui qui manque dans les cartes que vous avez.

Si l'on veut fe fervir d'un jeu compofé feulement de 32 cartes, dont on fe fert à préfent pour jouer au-piquet, on ajoutera tous les points des cartes comme on vient de dire, mais on rejettera tous les 10 qui fe trouveront en faifant cette addition. Enfin on ajoutera 4 au point de la dernière carte pour avoir une fomme, laquelle étant ôtée de 10 fi elle eft moindre, ou de 20 fi elle furpaffe 10, le refte fera le nombre de la carte qu'on aura tirée: de forte que, s'il refte 2, ce fera un valet; s'il refte 3, ce fera une dame; & fi le refte eft 4, on aura tiré un roi, &c.

Si le jeu de cartes eft imparfait, on doit prendre garde aux cartes qui manquent, & ajouter à la dernière fomme le nombre des points de toutes ces cartes manquantes, après qu'on aura ôté de ce nombre autant de fois 10 qu'il fera poffible: & la fomme qui viendra de cette addition doit être, comme auparavant, ôtée de 10, ou de 20, felon qu'elle fera au-deffous ou au-deffus de 10. Il eft évident que fi l'on regarde encore une fois les cartes, on pourra nommer celle qui aura été tirée.

Démonftration.

Puifqu'il y a dans un jeu de cartes complet 13 cartes de chaque couleur, dont la valeur eft $1, 2, 3$, &c. jufqu'à 13, la fomme de tous les points de chaque couleur eft fept fois 13; ce qui eft un multiple de 13, conféquemment le quadruple eft auffi un multiple de 13: donc, fi on compte les points de toutes les cartes en rejettant toujours 13, on doit à la fin trouver zéro. Il eft donc évident que fi on ôte une fois les points foient moindres que 13, la différence de ces points à 13 fera ce qui manquera pour compléter ce nombre: donc fi, à la fin, au lieu d'arriver à 13, on n'arrive qu'à 10, par exemple, il eft clair que la carte manquante eft un trois: & fi, avant ôté une carte, on arrive à 13, il eft également évident que cette carte manquante eft une de celles qui valent 13 ou un roi.

Si l'on avoit pris deux cartes, on pourroit dire auffi combien leurs points font enfemble; ce feroit, ou ce qui manque pour arriver à 13, ou ce *déficit* augmenté de 13: & pour favoir lequel des deux il fuffiroit de compter tacitement combien de fois on a complété 13; car, dans la totalité des cartes, on devroit le trouver 28 fois: fi donc on ne l'avoit que 27 fois plus un reste, par exemple 7, les deux cartes tirées seroient ensemble 6 ; si on n'avoit compté 13 que 26 fois avec le même reste 7, on en concluroit que les deux cartes formeroient ensemble 13 plus 6, ou 19.

La démonstration de la règle enseignée pour le cas où l'on se serviroit d'un jeu de piquet, en faisant valoir l'as 1, le valet 2, la dame 3, le roi 4, & les autres cartes le nombre de leurs points, n'est pas beaucoup plus difficile ; car, dans chaque couleur, il-y aura 44 points, & dans la totalité 176 ; ce qui est un multiple de 11, ainsi que 44. On pourroit donc toujours compter jusqu'à 11, rejetter 11, & le *déficit* pour atteindre 11 seroit la valeur de la carte soustraite.

Mais ce même nombre 176 seroit un multiple de 10 ou de 20, si on lui ajoutoit 4. D'où suit encore la démonstration de la manière qu'on enseigne.

PROBLÊME VII.

Une personne ayant dans chaque main un nombre égal de jetons ou d'écus, trouver combien il y en a en tout.

Dites-lui d'en faire passer, par exemple, 4 d'une main dans l'autre ; & demandez-lui ensuite combien de fois le plus petit nombre est contenu dans le plus grand. Supposons qu'on réponde que l'un est triple de l'autre. Multipliez par 3 le nombre 4 jetons passés d'une main dans l'autre, & y ajoutez ce même nombre, ce qui vous donnera 16. Au contraire, de ce même nombre 3 ôtez l'unité, resteront 2, par quoi vous diviserez 16 : le quotient 8 sera le nombre contenu dans chaque main, conséquemment 16 en tout.

Supposons maintenant qu'en faisant passer 4, on trouvât le plus petit nombre contenu 2 fois & $\frac{2}{3}$ dans le grand, on multiplieroit également 4 par 2 & $\frac{2}{3}$, ce qui donneroit $9\frac{1}{3}$, à quoi ajoutant 4, on aura $13\frac{1}{3}$ ou $\frac{40}{3}$. D'un autre côté, ôtant l'unité de $2\frac{2}{3}$ ou $1\frac{2}{3}$ ou 4 tiers, par quoi on divisera $\frac{40}{3}$; & le quotient 10 sera le nombre de jetons de chaque main, comme il est aisé de le vérifier.

PROBLÊME VIII.

Deviner entre plusieurs cartes celle que quelqu'un aura pensée.

Ayant pris à volonté, dans un jeu de cartes, un certain nombre de cartes, montrez-les par ordre sur une table à celui qui en veut penser une ; commencez par celle de dessous, & mettez-les avec soin l'une sous l'autre ; puis dites-lui de se souvenir du nombre qui exprime la quantième qu'il

Amusemens des Sciences.

aura pensée ; savoir, de 1, s'il a pensé la première ; de 2, s'il a pensé la seconde ; de 3, s'il a pensé la troisième ; &c. Mais en même-temps comptez secrettement celles que vous montrez, dont le nombre sera, par exemple, 12, & séparez-les adroitement du reste du jeu. Après cela mettez ces cartes, dont vous savez le nombre, dans une situation contraire, en commençant à mettre sur le reste du jeu la carte qui aura été mise la première sur la table, & en finissant par celle qui aura été montrée la dernière. Enfin, ayant demandé le nombre de la carte pensée, que nous supposerons être la quatrième, remettez à découvert vos cartes sur la table l'une après l'autre, en commençant par celle de dessus, à laquelle vous attribuerez le nombre 4 de la carte pensée, en comptant 5 sur la seconde carte suivante, & pareillement 6 sur la troisième carte plus basse, & ainsi de suite, jusqu'à ce que vous soyez parvenu au nombre 12 des cartes que vous aviez prises au commencement ; car la carte sur laquelle tombera ce nombre 12, sera celle qui aura été pensée.

PROBLÊME IX.

Plusieurs cartes différentes étant proposées successivement à autant de personnes, pour en retenir une dans sa mémoire, deviner celle que chacun aura pensée.

S'il y a, par exemple, trois personnes, montrez trois cartes à la première personne, pour en retenir une dans sa pensée, & mettez à part ces trois cartes. Présentez aussi trois autres cartes à la seconde personne, pour en penser une à sa volonté, & mettez aussi à part ces trois cartes. Enfin présentez à la troisième personne trois autres cartes, pour lui faire penser celle qu'elle voudra, & mettez pareillement à part ces trois dernières cartes. Cela étant fait, disposez à découvert les trois premières cartes en trois rangs, & mettez dessus les trois autres cartes, & dessus celles-ci les trois dernières, pour avoir ainsi toutes les cartes disposées en trois rangs, dont chacun sera composé de trois cartes. Après quoi il faut demander à chaque personne dans quel rang est la carte qu'elle a pensée : alors il sera facile de connoître cette carte, parce que la carte de la première personne sera la première de son rang ; de même la carte de la seconde personne sera la seconde de son rang ; enfin la carte de la troisième personne sera la troisième de son rang.

PROBLÊME X.

Trois cartes ayant été présentées à trois personnes, deviner celle que chacune aura prise.

On doit savoir quelles cartes auront été présentées ; c'est pourquoi nous nommerons l'une A,

X

l'autre B, & la troifieme C : mais on laiffe la liberté aux trois perfonnes de choifir celle qu'il leur plaira. Ce choix, qui eft fufceptible de fix façons différentes, étant fait, donnez à la première perfonne 12 jetons, 24 à la feconde, & 36 à la troifieme; dites enfuite à la première perfonne d'ajouter enfemble la moitié du nombre des jetons de celle qui a pris la carte A, le tiers des jetons de celle qui a la carte B, & le quart des jetons de celle qui a pris la carte C; & demandez-lui la fomme, qui ne peut être que 23, ou 24, ou 25, ou 27, ou 28, ou 29, comme vous voyez dans la table fuivante.

Première.	Seconde.	Troifième.	Sommes.
12	24	36	
A	B	C	23
A	C	B	24
B	A	C	25
C	A	B	27
B	C	A	28
C	B	A	29

Cette table montre que fi cette fomme eft 25, par exemple, la première perfonne aura pris la carte B, la feconde la carte A, & la troifieme la carte C; & que fi cette fomme eft 28, la première perfonne aura pris la carte B, la deuxième la carte C, & la troifième la carte A : & ainfi des autres.

PROBLÈME XI.

Ayant pris, dans un jeu entier de cinquante-deux cartes, une, deux, trois, ou quatre, ou plus de cartes, deviner la totalité de leurs points.

Prenez un nombre quelconque, 15 par exemple, qui excède le nombre de points de la plus haute carte, en faifant valoir le valet 11, la dame 12, & le roi 13; & faites compter à part autant de cartes reftantes du jeu qu'il en faut pour aller à 15, en comptant les points de la première carte : qu'on en faffe autant pour la deuxième, puis pour la troifieme, pour la quatrieme, &c. : faites-vous dire enfuite le nombre des cartes reftantes du jeu. Ce nombre étant connu, vous opérerez ainfi.

Multipliez le nombre ci-deffus, 15 (ou tel autre que vous aurez pris) par le nombre des cartes prifes. Nous les fuppofons ici 3; cela fera 45. A ce produit ajoutez le nombre de ces cartes; la fomme fera 48, que vous ôterez de 52; le refte 4, vous l'ôterez du nombre des cartes qui auront refté, celui des cartes reftantes après cette fouftraction, fera le nombre des points cherché.

Qu'on ait pris, par exemple, un 7, un 10, & un valet qui vaut 11, pour accomplir 15 avec 7, il faut 8; pour accomplir ce même nombre avec 10, il faut 5; & 4 pour aller à 15 avec le valet valant 11. La fomme de ces trois nombres avec les trois cartes, fait 20; par conféquent, cette opération faite, il reftera 32 cartes.

Pour deviner la fomme des nombres 7, 10, 11, vous multiplierez 15 par 3, ce qui vous donnera 45, & en y ajoutant le nombre des cartes prifes, 48, dont le refte à 52 eft 4. Otez donc 4 de 32 le refte 28 eft la fomme des points de trois cartes choifies, comme il eft aifé de le vérifier.

Autre Exemple.

On a pris deux cartes feulement, (ce font le 4 & le roi 13) avec lefquelles on fait accomplir 15, & l'on dit qu'il refte 37 cartes.

Multipliez 15 par 2, le produit fera 30, à quoi vous ajouterez le nombre des cartes prifes, 2, vous aurez 32, qui étant ôté de 52, il refte 20. Otez donc 20 de 37, nombre des cartes reftantes, le 17 reftant fera le nombre des points des deux cartes prifes. En effet, 13 & 4 font 17.

I. Il pourra arriver, fi l'on prend 4 ou 5 cartes, que dans le jeu de 52 cartes il n'y en aura même pas affez pour accomplir le nombre choifi; mais la méthode ne manquera pas pour cela. Par exemple, qu'on ait pris 5 cartes dont les points foient 1, 2, 3, 4, 5, en faifant avec chacune de ces cartes completter le nombre 15, il faudroit, avec les 5, au moins 68, & il ne reftoit rien, mais il y en a feulement 52; ce font conféquemment 16 de moins. Celui qui compte le jeu dira donc qu'il en manque 16.

D'un autre côté, celui qui entreprend de deviner, multiplira 15 par 5, ce qui fait 75; à quoi il ajoutera le nombre des cartes 5, ce qui donnera 80, c'eft-à-dire 28 en fus des 52; de 28 ôtez 16, refteront 12, & ce fera le nombre des points des 5 cartes.

Mais fuppofons qu'il reftât des cartes du jeu de 52, par exemple, 22, (ce qui feroit fi l'on avoit pris ces 5 cartes, 8, 9, 10, valet 11, & dame 12) alors il faudroit ajouter ces 22 à ce dont 5 fois 15 plus 5 excède 52, c'eft-à-dire 28, l'on aura tout jufte 50 pour les points de ces 5 cartes; comme cela eft en effet.

II. Si le jeu n'étoit pas de 52 cartes, mais de 40, par exemple, il n'y auroit encore aucune différence; le nombre des cartes reftantes de 40 devroit être ôté du nombre produit par la multiplication du nombre des cartes choifies par le nombre accompli, en ajoutant à ce produit le nombre de ces cartes.

Soient, par exemple, ces points de cartes, 9, 10, 11, & qu'on fasse accomplir 12, le nombre restant des cartes du jeu sera 31. D'un autre côté, 3 fois 12 font 36; & 3 en sus, à cause des 3 cartes, 39, dont la différence à 40 est 1. Otez 1 de 31, le reste 30 est le nombre des points cherchés.

III. On pourroit prendre des nombres différents pour les accomplir avec les points de chaque carte choisie; mais ce sera encore la même chose, il y aura seulement cette différence, qu'il faudra ajouter ces trois nombres avec celui des cartes, au-lieu de multiplier le même nombre par le nombre des cartes prises, & l'y ajouter. Cela n'a aucune difficulté; &, pour abréger, nous omettons d'en donner un exemple.

IV. Nos lecteurs ou quelques-uns d'entr'eux, désireront probablement la démonstration de cette méthode. Elle est fort simple: la voici. Soit a le nombre des cartes du jeu; c le nombre à atteindre en ajoutant des cartes aux points de chaque carte choisie, b le restant du jeu: que x, y, z, expriment, par exemple, les points de 3 cartes; (on n'en suppose que trois) on aura pour le nombre des cartes tirées, $c - x + c - y + c - z + 3$; ce qui, avec le reste des cartes b, doit en faire la totalité. On a donc $3c + 3 - x - y - z + b = a$, ou $x + z + y = 3c + 3 + b - a$, ou $b - \overline{a - 3c - 3} = x + y + z$. Or $x + y + z$ est le nombre total des points, b est le restant des cartes du jeu, & $a - 3c - 3$ est le nombre total des cartes du jeu, moins le produit du nombre à compléter par le nombre des cartes choisies, moins ce nombre. Donc, &c.

PROBLEME XII.

Trois choses ayant été secrettement distribuées à trois personnes, deviner celle que chacune aura prise.

Que ces trois choses soient une bague, un écu & un gant; vous vous représenterez la bague par la lettre A, l'écu par la lettre E, & le gant par I. Que les trois personnes soient Pierre, Simon & Thomas; vous les regarderez par leur place tellement rangés, que l'un, comme Pierre, sera le premier, Simon le second, & Thomas le troisième. Ayant fait ces dispositions en vous-même, vous prendrez vingt-quatre jetons, dont vous donnerez un à Pierre, deux à Simon, & trois à Thomas; vous laisserez les dix-huit autres sur la table: ensuite vous vous retirerez de la compagnie, afin que les trois personnes se distribuent les trois choses proposées sans que vous le voyez. Cette distribution étant faite, vous direz que celui

qui a pris la bague prenne, des dix-huit jetons qui sont restés, autant de jetons que vous lui en avez donné; que celui qui a pris l'écu prenne, des jetons restés, deux fois autant de jetons que vous lui en avez donné; enfin que celui qui a pris le gant prenne, sur le reste des jetons, quatre fois autant de jetons que vous lui en avez donné: (dans notre supposition Pierre en aura pris un, Simon quatre, & Thomas douze; par conséquent il ne sera resté qu'un jeton sur la table). Cela étant fait, vous reviendrez, & vous connoîtrez par ce qui sera resté de jetons la chose que chacun aura prise, en faisant usage de ce vers français:

$$1 \quad 2 \quad 3 \quad 5 \quad 6 \quad 7$$
Par fer César jadis devint si grand prince.

Pour pouvoir se servir des mots de ce vers, il faut savoir qu'il ne peut rester qu'un jeton, ou 2, ou 3, ou 5, ou 6, ou 7, & jamais 4: il faut de plus faire attention que chaque syllabe contient une des voyelles que nous avons dit représenter les trois choses proposées: enfin il faut considérer ce vers comme n'étant composé que de six mots, & que la première syllabe de chaque mot représente la première personne qui est Pierre, & la seconde syllabe représente la seconde personne qui est Simon. Cela bien conçu, s'il ne reste qu'un jeton, comme dans notre supposition, vous vous servirez du premier mot, ou plutôt des deux premières syllabes, *Par fer*, dont la première, qui contient A, fait voir que la première personne ou Pierre a la bague représentée par A; & la seconde syllabe, qui contient E, montre que la seconde personne ou Simon a l'écu représenté par E: d'où vous conclurez facilement que la troisième personne ou Thomas a le gant.

S'il restoit 2 jetons, vous consulteriez le second mot *César*, dont la première syllabe, qui contient E, feroit connoître que la première personne auroit l'écu représenté par E; & la seconde syllabe, qui contient A, montreroit que la seconde personne auroit la bague représentée par A: d'où il seroit aisé de conclure que la troisième personne auroit le gant. En un mot, selon le nombre des jetons qui resteront, vous emploierez le mot du vers qui sera marqué du même nombre.

Au lieu du vers françois qu'on a rapporté, on peut se servir de ce vers latin:

$$1 \quad 2 \quad 3 \quad 5 \quad 6 \quad 7$$
Salve certa animæ semita vita quies.

Ce problème peut être exécuté un peu autrement qu'on vient de le faire, & on peut l'appliquer à plus de trois personnes.

PROBLÊME XIII.

Plusieurs nombres pris suivant leur suite naturelle étant disposés en rond, deviner celui que quelqu'un aura pensé.

On se servira commodément des dix premières cartes d'un jeu entier pour exécuter ce problème : on les disposera en rond, comme vous voyez les dix premiers nombres dans la figure. L'as sera représenté par la lettre A jointe à 1, & le dix sera représenté par la lettre K jointe à 10.

```
        2  3  4
        B  C  D
    1 A         E 5
   10 K         F 6
        I  H  G
        9  8  7
```

Ayant fait toucher un nombre, ou une carte telle que voudra celui qui en aura pensé une, ajoutez au nombre de cette carte touchée le nombre des cartes qu'on aura choisies, comme 10, dans cet exemple : puis faites compter la somme que vous aurez à celui qui a pensé la carte, par un ordre contraire à la suite naturelle des nombres, en commençant par la carte qu'il aura touchée, & en attribuant à cette carte le nombre de celle qu'il aura pensée ; car, en comptant de la sorte, il finira à compter cette somme sur le nombre ou sur la carte qu'il aura pensée, & vous fera par conséquent connoître cette carte.

Comme, si l'on a pensé 3 marqué par la lettre C, & qu'on ait touché 6 marqué par la lettre F, ajoutez 10 à ce nombre 6, vous aurez la somme 16 : puis faites compter (1) cette somme 16 depuis le nombre touché F, vers E, D, C, B, A, & ainsi de suite par un ordre rétrograde, ensorte que l'on commence à compter le nombre pensé 3 sur F, 4 sur E, 5 sur D, 6 sur C, & ainsi de suite jusqu'à 16 ; ce nombre 16 se terminera en C, & fera connoître qu'on a pensé 3 qui répond à C.

I. On peut prendre un plus grand ou un plus petit nombre de cartes, selon qu'on le jugera à propos. S'il y avoit 15 ou 8 cartes, il faudroit ajouter 15 ou 8 au nombre de la carte touchée.

II. Pour mieux couvrir l'artifice, il faut renverser les cartes, ensorte que les points soient cachés, & bien retenir la suite naturelle des cartes ; & en quel endroit est le premier nombre ou l'as, afin de savoir le nombre de la carte touchée, pour trouver celui jusqu'où il faut faire compter.

(1) Observez qu'on ne doit pas compter cette somme tout haut, mais en soi-même, & seulement par pensée.

PROBLÊME XIV.

Deux personnes conviennent de prendre alternativement des nombres moindres qu'un nombre donné, par exemple 11, & de les ajouter ensemble jusqu'à ce que l'un des deux puisse atteindre, par exemple, 100 ; comment doit-on faire pour y arriver infailliblement le premier ?

L'artifice de ce problême consiste à s'emparer tout de suite de certains nombres que nous allons faire connoître. Retranchez pour cet effet 11, par exemple, de 100 qu'il est question d'atteindre, une fois, deux fois, trois fois, & autant de fois que cela se peut ; il restera 89, 78, 67, 56, 45, 34, 23, 12 & 1, qu'il faut retenir ; car celui qui, en ajoutant son nombre moindre que 11 à la somme des précédens, comptera un de ces nombres avant son adversaire, gagnera infailliblement, & sans que l'autre puisse l'en empêcher.

On trouvera encore plus facilement ces nombres en divisant 100 par 11, & prenant le reste 1, auquel on ajoutera continuellement 11 pour avoir 1, 12, 23, 34, &c.

Supposons, par exemple, que le premier qui sçait le jeu prenne 1 ; il est évident que son adversaire devant compter moins que 11, pourra tout au plus, en ajoutant son nombre, 10 par exemple, atteindre 11 : le premier prendra encore 1, ce qui fera 12 : que le second prenne 8, cela fera 20 : le premier prendra 3, & aura 23 : & ainsi successivement, il atteindra le premier à 34, 45, 56, 67, 78, 89. Arrivé là, le second ne pourra pas l'empêcher d'atteindre 100 le premier ; car, quelque nombre que prenne le second, il ne pourra atteindre qu'à 99 : le premier pourra donc dire, & 1 font 100. Si le second ne prenoit que 1 en sus de 89, cela feroit 90, & son adversaire prendroit 10, qui avec 90 font 100.

Il est clair que de deux personnes qui jouent à ce jeu, si toutes deux le sçavent, la première doit nécessairement gagner.

Mais si l'une le sçait, l'autre non, celle-ci, quoique première, pourra fort bien ne pas gagner ; car elle croira trouver un grand avantage à prendre le plus fort nombre qu'elle puisse prendre, sçavoir 10 ; & alors la seconde, qui sçait la finesse du jeu, prendra 2, ce qui avec 10 fera 12, l'un des nombres dont il faut s'emparer. Elle pourra même négliger cet avantage, & ne prendre que 1 pour faire 11 ; car la première prendra probablement encore 10, ce qui fera 21 : la seconde pourra prendre 2, ce qui fera 23. Elle pourra enfin attendre encore plus tard pour se placer à quelqu'un des nombres suivans, 34, 45, 56, &c.

Si le premier veut gagner, il ne faut pas que le plus petit nombre proposé mesure le plus grand ; car, dans ce cas, le premier n'auroit pas une regle infaillible pour gagner. Par exemple, si au lieu de 11 on avoit pris 10 qui mesure 100, en ôtant 10 de 100 autant de fois qu'on le peut, on auroit ces nombres, 10, 20, 30, 40, 50, 60, 70, 80, 90, dont le premier 10 ne pourroit pas être pris par le premier ; ce qui fait qu'étant obligé de prendre un nombre moindre que 10, si le second étoit aussi fin que lui, il pourroit prendre le reste à 10, & ainsi il auroit une regle infaillible pour gagner.

PROBLÈME XV.

Seize jetons étant disposés en deux rangs, trouver celui qui aura été pensé.

Ces seize jetons étant disposés en deux rangs égaux, comme on voit dans la figure, on demandera à quelqu'un d'en penser ou choisir mentalement un, & de remarquer dans quel rang il se trouve.

```
AB   CBD   EBF   HBI
o o  o o o  o o o  o o *
o o  o o o  * o o  o o o
o o  * o o  o o o  o o o
o o  o o o  o o o  o o o
* o  o      o      o
o o  o      o      o
o o  o      o      o
o o  o      o      o
```

Supposons qu'il soit dans le rang A, on levera tout ce rang dans le même ordre où il se trouve, & on le disposera en deux rangées C & D, à droite & à gauche de la rangée B ; mais, en les rangeant, faites ensorte que le premier du rang A soit le premier du rang C, le second du rang A le premier du rang D, le troisième du rang A le second du rang C, & ainsi de suite : cela fait, demandez de nouveau dans quelle rangée verticale C ou D se trouve le jeton pensé. Nous supposerons que ce soit en C ; vous leverez ce rang ainsi que le rang D, en mettant ce dernier derrière le premier, & sans rien déranger à l'ordre des jetons ; vous en ferez deux autres rangées, comme l'on voit en E & F, & vous demanderez encore dans quelle rangée verticale se trouve le jeton pensé. Supposons que ce soit en E ; on prendra encore cette rangée & la rangée F, comme dessus, & on fera de nouveau deux rangées à droite & à gauche de B. Cette fois le jeton pensé doit se trouver le premier d'un des deux rangs perpendiculaires H & I. Si donc on demande en quel rang il se trouve, on le reconnoîtra aussitôt ; & comme on suppose qu'ils ont chacun quelque signe distinctif, on pourra dire de les mêler les

uns avec les autres, & on le reconnoîtra toujours au signe qu'on aura remarqué.

On voit aisément qu'au lieu de jetons le jeu peut se faire avec seize cartes. Après avoir reconnu par le moyen ci-dessus celle qui aura été choisie, on les fera mêler, ce qui couvrira davantage l'artifice.

Si l'on supposoit un plus grand nombre de jetons (ou de cartes) disposés en deux rangées verticales, le jeton où la carte pensée ne se trouvera pas nécessairement en tête de son rang à la troisième transposition : il en faudroit quatre s'il y avoit 32 jetons ou cartes, cinq s'il y en avoit 64, &c. pour pouvoir dire avec assurance que le jeton pensé (ou la carte) occupe la première place de son rang ; car si ce jeton (ou cette carte) se trouvoit au plus bas de la rangée perpendiculaire A, ce ne seroit qu'après quatre transpositions qu'il arriveroit à la première place, s'il y en avoit 16 à chaque rangée, ou 32 en tout ; & après cinq, s'il y en avoit 64, ou 32 à chaque rangée, &c : ce qui est aisé à démontrer.

PROBLÈME XVI.

Manière de deviner entre plusieurs cartes celle qu'on aura pensée.

Il faut, pour faire ce jeu, que le nombre des cartes soit divisible par 3 ; &, pour le faire plus commodément encore, qu'il soit impair.

La première condition au moins étant supposée, on fera penser une carte ; puis les tournant du côté du blanc, on les retournera par ordre, en les disposant en trois tas, ensorte que la première du jeu soit la première du premier tas, la deuxième la première du second tas, la troisième la première du troisième tas, puis la quatrième la seconde du premier tas, & ainsi de suite. La personne qui a pensé une des cartes doit être attentive à les voir passer ; & on lui demandera, les tas étant achevés, dans lequel se trouve la carte pensée. On relevera donc les tas en les mettant l'un sur l'autre & en observant que celui où est la carte cherchée doit être toujours au milieu ; après quoi, retournant le jeu, on fera de nouveau & de la même manière trois tas, & l'on demandera encore dans lequel est la carte pensée. Ce tas étant connu, on le placera, comme ci-devant, entre les deux autres, & l'on formera trois nouveaux tas ; après quoi on demandera encore dans lequel est la carte pensée. Alors on relevera pour la troisième & dernière fois les tas, en mettant au milieu celui où est la carte ; & en tournant le jeu du côté du blanc, on retournera les cartes jusqu'au nombre qui est la moitié de celles du jeu, par exemple la douzième, s'il y en à 24 : cette douzième carte fera, dans ce cas, la carte penfée.

Si le nombre des cartes eft à-la-fois impair & divifible par 3, comme 15, 21, 27, &c. le jeu en deviendra plus facile encore ; car la carte penfée fera toujours celle du milieu du tas où elle fe trouvera la troifième fois, de manière qu'il fera facile de la reconnoître fans compter les cartes : car en faifant pour la troifième fois les tas, il fera facile de fe fouvenir des trois cartes qui feront au milieu de chacun d'eux. Suppofons, par exemple, que la carte du milieu du premier tas foit l'as de cœur, celle du fecond le roi de cœur, & celle du milieu du troifième le valet de pique ; il eft évident que, lorfqu'on vous dira que le tas où eft la carte cherchée eft le troifième, vous faurez aufli-tôt que cette carte eft le valet de pique. Vous pourrez donc faire mêler les cartes fans y toucher davantage ; & en les parcourant, pour la forme, vous nommerez le valet de pique lorfqu'il fe préfentera.

PROBLÊME XVII.

Quinze chrétiens & quinze Turcs fe trouvent fur mer dans un même vaiffeau. Il furvient une furieufe tempête. Après avoir jetté dans l'eau toutes les marchandifes, le pilote annonce qu'il n'y a de moyen de fe fauver, que de jeter encore à la mer la moitié des perfonnes. Il les fait ranger de fuite ; & en comptant de 9 en 9, on jete le neuvième à la mer, en recommençant à compter le premier du rang quand il eft fini : il fe trouve qu'après avoir jeté quinze perfonnes, les quinze chrétiens font reftés. Comment a-t-il difpofé les trente perfonnes pour fauver les chrétiens ?

La difpofition de ces trente perfonnes fe tirera de ces deux vers françois :

> Mort tu ne failliras pas
> En me livrant le trépas.

Ou de ce vers latin, moins mauvais dans fon efpèce :

> *Populeam virgam mater regina ferebat.*

Pour s'en fervir, il faut faire attention aux voyelles A, E, I, O, U, qui fe trouvent dans les fyllabes de ces vers, en obfervant que A vaut 1, E vaut 2, I vaut trois, O vaut 4, & U vaut 5. On commencera donc par mettre 4 Chrétiens, à caufe de la voyelle O de la première fyllabe ; puis 5 Turcs, à caufe de l'U de la feconde ; & ainfi de fuite jufqu'à la fin : on trouvera que, prenant toujours le neuvième circulairement, c'eft-à-dire en recommençant par le premier après

avoir achevé le rang, le fort ne tombera abfolument que fur des Turcs.

On peut aifément étendre davantage la folution de ce problème. Qu'il faille, par exemple, faire tomber le fort fur 10 perfonnes de 40, en comptant de 12 en 12 : on rangera à part circulairement 40 zéro, comme on voit ci-deffous ; &, en

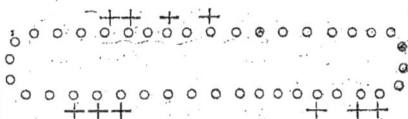

commençant par le premier, on marquera le douzième d'une croix ; l'on continuera en comptant jufqu'à 12, & l'on marquera pareillement d'une croix le zéro fur lequel on tombera en comptant 12 ; & ainfi de fuite en tournant, & en faifant attention de paffer les places déjà croifées, attendu que ceux qui les occupoient font cenfés déjà retranchés du nombre. On continuera ainfi, jufqu'à ce qu'on ait le nombre requis de places marquées ; & alors, en comptant le rang qu'elles occupent, en commençant par la première, on connoîtra facilement celles fur lefquelles doit neceffairement tomber le fort de 12 en 12. On trouve, dans l'exemple propofé, que ce font la feptième, la huitième, la dixième, la douzième, la vingt-unième, la vingt-deuxième, la vingt-quatrième, la trente-quatrième, la trente-cinquième, & la trente-fixième.

Un capitaine, obligé de faire décimer fa compagnie, pourroit ufer de cet expédient pour faire tomber le fort fur les fujets les plus coupables, en les plaçant fans affectation dans les places où le fort tombera immanquablement.

On raconte que ce fut par ce moyen que l'hiftorien Jofephe fauva fa vie. Il s'étoit réfugié avec quarante autres Juifs dans une caverne, après la prife de Jotapat par les Romains. Ses compagnons réfolurent de s'entre-tuer plutôt que de fe rendre. Jofephe effaya en vain de les diffuader de cette horrible réfolution : enfin, n'en pouvant venir à bout, il feignit d'adhérer à leur volonté ; &, fe confervant l'autorité qu'il avoit fur eux comme leur chef, il leur perfuada, pour éviter le défordre qui fuivroit de cette cruelle exécution s'ils s'entre-tuoient à la foule, de fe ranger par ordre ; &, en commençant de compter par un bout jufqu'à un certain nombre, de maffacrer celui fur qui tomberoit ce nombre, jufqu'à ce qu'il n'en demeurât qu'un feul qui fe tueroit lui-même. Tous en étant demeurés d'accord, Jofephe les difpofa de telle forte, & choifit pour lui-même telle place, que, la tuerie étant continuée jufqu'à la fin, il demeura feul avec un autre auquel il persuada de vivre, ou qu'il tua s'il ne voulut pas y consentir.

Telle est l'histoire qu'Hégésippe raconte de Josephe, & que nous sommes bien éloignés de garantir. Quoi qu'il en soit, en appliquant à ce cas le moyen enseigné ci-dessus, & en supposant que chaque troisième dût être tué, on trouve que les deux dernières places sur lesquelles le sort devoit tomber, étoient les seizième & trente-unième; ensorte que Josephe dut se mettre à l'une des deux, & placer à l'autre celui qu'il vouloit sauver, s'il eût eu un complice de son artifice.

PROBLÊME XVIII.

Sur le bord d'une rivière se trouvent un loup, une chèvre & un chou : il n'y a qu'un bateau si petit, que le batelier seul & l'un d'eux peuvent y tenir. Il est question de les passer de sorte que le loup ne fasse aucun mal à la chèvre, ni la chèvre au chou.

Le batelier commencera par passer la chèvre, puis il retournera prendre le loup : après avoir passé le loup il ramenera la chèvre, qu'il laissera à bord pour passer le chou : enfin il retournera à vuide chercher la chèvre, qu'il passera. Ainsi le loup ne se trouvera jamais avec la chèvre, ni la chèvre avec le chou, qu'en présence du batelier.

PROBLÊME XIX.

Trois maris jaloux se trouvent avec leurs femmes au passage d'une rivière : ils rencontrent un bateau sans batelier : ce bateau est si petit, qu'il ne peut porter que deux personnes à la fois. On demande comment ces six personnes passeront deux à deux, ensorte qu'aucune femme ne demeure en la compagnie d'un ou de deux hommes, si son mari n'est présent ?

La solution de ce problème est contenue dans ces deux distiques latins :

It duplex mulier, redit una, vehitque manentem,
    Itque una ; utuntur tunc duo puppe viri.
Par vadit & redeunt bini, mulierque sororem
    Advehit ; ad propriam sine maritus abit.

Ce qui signifie :

Deux femmes passeront d'abord; puis l'une ayant ramené le bateau, repassera avec la troisième femme. Ensuite l'une des trois femmes ramenera le bateau, &, se mettant à terre, laissera passer les deux hommes dont les femmes sont de l'autre

côté. Alors un des hommes ramenera sa femme ; &, la mettant à terre, il prendra le troisième homme, & repassera avec lui. Enfin la femme qui se trouve passée entrera dans le bateau, & ira en deux fois chercher les deux autres femmes.

On propose encore ce problème sous le titre des *trois maîtres & trois valets*. Les maîtres s'accordent bien ensemble & les valets aussi ; mais chaque maître ne peut souffrir les valets des deux autres, de manière que s'il se trouvoit avec un des deux valets en l'absence de son maître, il le battroit infailliblement.

PROBLÊME XX.

Comment peut-on disposer dans les huit cases extérieures d'un quarré divisé en neuf, des jetons, ensorte qu'il y en ait toujours 9 dans chaque bande de l'enceinte, & que cependant ce nombre puisse varier depuis 20 jusqu'à 32 ?

Feu M. Ozanam proposoit ce problème d'une manière singulière.

Il y a, dit-il, un couvent composé de neuf cellules, dont celle du milieu est occupée par une abbesse aveugle, & les autres par ses religieuses. La bonne abbesse, pour s'assurer que ses nonnains ne violent point leur clôture, fait une première fois sa visite ; & trouvant 3 religieuses dans chaque cellule, ce qui fait 9 par bande, elle va se coucher. Quatre religieuses sortent néanmoins : l'abbesse revient au milieu de la nuit pour faire sa religieuses; elle les trouve encore 9 par bande, & elle retourne se reposer tranquille sur leur conduite. Ces quatre religieuses rentrent chacune avec un homme : l'abbesse fait une nouvelle visite ; &, comptant 9 personnes par bande, elle est encore dans la sécurité. Il s'introduit cependant encore quatre hommes; & l'abbesse, comptant toujours 9 dans chaque bande, est dans la persuasion que personne n'est entré ni sorti. On demande comment cela se peut faire ?

La solution de ce problème se trouvera facilement par l'inspection des quatre tableaux qui suivent ; dont le premier représente la disposition primitive des jetons dans les cellules du quarré ; le second, celle des mêmes jetons lorsqu'on a ôté 4 ; le troisième, comment ils doivent être disposés lorsqu'on en a fait rentrer 4 avec quatre autres; le quatrième enfin, celle des mêmes jetons lorsqu'on y ajoute encore 4. Il est clair qu'il y en a toujours 9 dans chaque bande d'enceinte ; & cependant, dans le premier cas, il y en a en tout

24, dans le second 20, dans le troisieme 28, & dans le quatrieme 32.

I.

3	3	3
3		3
3	3	3

II.

4	1	4
1		1
4	1	4

III.

2	5	2
5		5
2	5	2

IV.

1	7	1
7		7
1	7	1

.M. Ozanam ne paroît pas s'être apperçu qu'on peut pousser la chose plus loin ; qu'il eût pu faire entrer encore 4 hommes au couvent , sans que son abbesse s'en apperçût ; & puis faire sortir tous les hommes avec 6 religieuses , enforte qu'il n'en restât plus que 18 , au lieu de 24 qu'elles étoient primitivement. Les deux tableaux suivants en montrent la possibilité.

V.

0	9	0
9		9
0	9	0

VI.

5	0	4
0		0
4	0	5

Il est sans doute assez superflu de montrer d'où provient l'illusion de la bonne abbesse. C'est que les nombres qui font dans les cases angulaires du quarré font comptés deux fois, ces cases étant communes à deux bandes. Ainsi , plus on charge les cases angulaires , en vuidant celles du milieu de chaque bande , plus on fait de ces doubles emplois ; ce qui fait qu'il paroît y avoir toujours même nombre , tandis qu'il est diminué. Le contraire arrive à mesure qu'on charge les cases du milieu , en vuidant les cases angulaires; ce qui fait qu'on est obligé d'y ajouter quelques unités pour avoir 9 dans chaque bande.

PROBLÊME XXI.

Quelqu'un ayant une bouteille de huit pintes pleine d'un vin excellent , en veut faire présent de la moitié ou de quatre pintes à un ami ; mais il n'a pour le mesurer que deux autres vases , l'un de cinq , l'autre de trois pintes. Comment doit-il faire pour mettre quatre pintes dans le vase de cinq ?

Pour cet effet appellons A la bouteille de 8 pintes, B celle de 5 , & C celle de 3 ; en supposant qu'il y a 8 pintes de vin dans la bouteille A , & que les deux autres B , C , soient vuides, comme vous voyez en D. Ayant rempli la bouteille B du vin de la bouteille A, où il ne restera plus que trois pintes , comme vous voyez en E , remplissez la bouteille C du vin de la bouteille B , où il y aura 2 pintes , comme vous voyez en F : après cela versez le vin de la bouteille C dans la bouteille A , où par conséquent il y aura 6 pintes , comme vous voyez en G ; & versez-les 2 pintes de la bouteille B dans la bouteille C , où il y a 2 pintes , comme vous voyez en H. Enfin , ayant rempli la bouteille B du vin de la bouteille A , où il restera seulement une pinte , comme vous voyez en I , achevez de remplir la bouteille C du vin de la bouteille B , où il restera 4 pintes , comme vous voyez en K ; & ainsi la question se trouvera résolue.

	8 A	5 B	3 C
D	8	0	0
E	3	5	0
F	3	2	3
G	6	2	0
H	6	0	2
I	1	5	2
K	1	4	3

Si , au lieu de faire rester les 4 pintes de vin dans la bouteille B , vous voulez qu'elles restent dans la bouteille A , que nous avons supposée remplie de 8 pintes , remplissez la bouteille C du vin qui est dans la bouteille A , où alors il ne reste plus que 5 pintes , comme vous voyez en D , & versez les trois pintes de la bouteille C dans la bouteille B , où il y aura par conséquent trois pintes de vin , comme vous voyez en E : puis , ayant rempli la bouteille C du vin de la bouteille A , où il ne restera plus que 2 pintes , comme vous voyez en F ; achevez de remplir la bouteille B du vin qui est dans la bouteille C , où il ne restera plus qu'une pinte , comme vous voyez en G. Enfin , ayant versé le vin de la bouteille B dans la bouteille A , où il se trouvera 7 pintes , comme vous voyez en H , versez la pinte de vin qui est en C dans la bouteille B , où il y aura par conséquent une pinte , comme vous voyez en I , & remplissez la bouteille C du vin de la bouteille A , où il ne restera que 4 pintes , comme il étoit proposé , & comme vous voyez en K.

	8 A	5 B	3 C
D	5	0	3
E	5	3	0
F	2	3	3
G	2	5	1
H	7	0	1
I	7	1	0
K	4	1	3

PROBLÊME XXII.

Une personne a une bouteille de douze pintes pleine de vin : il en veut donner six pintes au frère quêteur : il n'a , pour les mesurer, que deux autres bouteilles , l'une de sept pintes , & l'autre de cinq. Que doit-il faire pour avoir les six pintes dans la bouteille de sept pintes ?

Ce problême est la même chose que le précédent;

on l'exécutera aussi de la même manière. Soit nommée D la bouteille de 12 pintes, S celle de sept pintes, & C celle de 5 pintes. La bouteille D est pleine; & les deux autres S, C, sont vuides, comme on voit en G. Remplissez la bouteille C du vin qui est en D, & la bouteille D ne contiendra plus que 7 pintes, comme on voit en H: puis versez dans S le vin que contient la bouteille C, qui demeurera vuide, & la bouteille S contiendra 5 pintes, comme on voit en I:

	12	7	5	
	D	S	C	ensuite, ayant rempli C avec le
				vin qui est en D, la bouteille D
G	12	0	0	ne contiendra plus que 2 pintes,
H	7	0	5	la bouteille S en contiendra 5, &
I	7	5	0	la bouteille C sera pleine, comme
K	2	5	5	on voit en K: après cela versez
L	2	7	3	de la bouteille C du vin dans la
M	2	3	0	bouteille S, pour la remplir, &
N	4	7	1	la bouteille D ne contiendra en-
O	11	1	0	core que 2 pintes, la bouteille S
P	6	6	0	en contiendra 7, & la bouteille C

n'en contiendra plus que 3, comme on voit en L. Cela étant fait, vuidez S en D & C en S, & il y aura 9 pintes en D, 3 pintes en S, & C sera vuide, comme on le voit en M: ensuite remplissez C de la bouteille D, & de C versez en S pour la remplir; alors il y aura 4 pintes en D, 7 pintes en S, & une pinte en C, comme vous voyez en N. Cela fait, remettez les 7 pintes de S dans D, & la pinte de C dans S, & D contiendra 11 pintes, S en contiendra 1, & C sera vuide, comme on le voit en O. Enfin, ayant rempli de la bouteille D la bouteille C qui contient 5 pintes, & ayant versé ces 5 pintes de C dans la bouteille S qui en contient déjà une, on trouvera que D contient 6 pintes, & que S en contient aussi six; ainsi on est parvenu à ce qu'on souhaitoit.

PROBLÊME XXIII.

Faire parcourir au cavalier du jeu des Echecs toutes les cases du damier l'une après l'autre, sans passer deux fois sur la même.

Notre lecteur connoît probablement la marche du cavalier dans le jeu des échecs: dans le cas contraire, la voici. Le cavalier étant placé sur la case A, il ne peut aller à au-cune de celles qui l'environ-nent immédiatement, comme 1, 2, 3, 4, 5, 6, 7, 8, ni aux cases 9, 10, 11, 12, qui sont directement au-des-sus, ou au-dessous, ou à côté, ni aux cases 13, 14, 15, 16, qui sont dans les diagonales, mais seulement à une de celles qui, dans la figure, sont vuides.

13		10		14
	1	2	3	
9	8	A	4	11
	7	6	5	
16		12		15

Quelques hommes célèbres se sont amusés de ce problême de combinaisons; savoir, M. de *Amusemens des Sciences.*

Montmort, M. de Moivre & M. de Mairan, & ils en ont donné chacun une solution. Dans les deux premières, on suppose le cavalier placé d'a-bord sur une des cases angulaires de l'échiquier; dans la troisième, on le suppose partant de l'une des quatre du centre: mais je crois que, jusqu'à ces dernières années, on n'en connoissoit aucune qui fût telle que, plaçant le cavalier sur une case quelconque, on pût lui faire parcourir tout le da-mier; & même ensorte que, sans revenir sur ses pas, il pût continuer sa route, & parcourir encore une seconde fois le damier sous la même condi-tion. Cette dernière solution est due à M. de W***, capitaine au régiment de Kinski.

Nous allons donner les quatre tableaux de ces quatre solutions, avec une explication & quelques remarques.

I. De M. Montmort.

1	38	31	44	3	46	29	42
32	35	2	39	30	43	4	47
37	8	33	26	45	6	41	28
34	25	36	7	40	27	48	5
9	60	17	56	11	52	19	50
24	57	10	63	18	49	12	53
61	16	59	22	55	14	51	20
58	23	62	15	64	21	54	13

II. De M. Moivre.

34	49	22	11	36	39	24	1
21	10	35	50	23	12	37	40
48	33	62	57	38	25	2	13
9	20	51	54	63	60	41	26
32	47	58	61	56	53	14	3
19	8	55	52	59	64	27	42
46	31	6	17	44	29	4	15
7	18	45	30	5	16	43	28

III. De M. de Mairan.

40	9	26	53	42	7	64	29
25	52	41	8	27	30	43	6
10	39	24	57	54	63	28	31
23	56	51	60	1	44	5	62
50	11	38	55	58	61	32	45
37	22	59	48	19	2	15	4
12	49	20	35	14	17	46	33
21	36	13	18	47	34	3	16

IV. De M. de W***.

25	22	37	8	35	20	47	6
38	9	24	21	52	7	34	19
23	26	11	36	59	48	5	46
10	39	62	51	56	53	18	33
27	12	55	58	49	60	45	4
40	63	50	61	54	57	32	17
13	28	1	42	15	30	3	44
64	41	14	29	2	43	16	31

De ces quatre manières de réfoudre le problême, celle de M. de Moivre eſt ſans contredit la plus facile à s'imprimer dans la mémoire ; car le principe de ſa méthode conſiſte à remplir autant qu'il eſt poſſible les deux bandes d'enceinte, & de ne ſe jeter ſur la troiſième que lorſqu'il n'y a nul autre moyen de paſſer, de la place où l'on eſt ; ſur l'une des deux premières ; règle qui néceſſite la marche du cavalier, depuis ſon premier pas juſqu'au cinquantième, de la manière la plus claire, & même par-delà ; car, de la caſe marquée 50, il n'y a de choix pour ſe placer, que ſur celles qui ſont marquées 51 & 63 : mais la caſe 51, étant plus proche de la bande, doit être préférée, & alors la marche eſt néceſſitée par 52, 53, 54, 55, 56, 57, 58, 59, 60, 61. Arrivé-là, il eſt indifférent qu'on ſe

poſe ſur celle marquée 64 ; car de-là on ira ſur la pénultieme 63, & on finira ſur 62 ; ou bien d'aller à 62 pour paſſer à 63, & finir à 64. Ainſi l'on peut dire que la marche du cavalier, dans cette ſolution, eſt preſque contrainte.

Il n'en eſt pas ainſi de la quatrième : il eſt difficile de la pratiquer autrement que de mémoire ; mais elle a un avantage très-grand ; c'eſt qu'on peut commencer par la caſe que l'on voudra, ainſi que nous l'avons dit, parce que ſon auteur a eu l'induſtrie de ramener le cavalier, en finiſſant, dans une place d'où il peut repaſſer dans la première. Ainſi ſa marche eſt en quelque ſorte circulaire & indéterminable, en rempliſſant la condition de ne repaſſer ſur la même caſe qu'après ſoixante-quatre coups.

Il eſt facile de voir que, pour exécuter cette marche ſans confuſion, il faut à chaque pas marquer la caſe que quitte le cavalier. On couvrira donc toutes les caſes chacune d'un jeton, & on ôtera le jeton à meſure que le cavalier aura paſſé ſur la caſe : ou bien, au contraire, on mettra un jeton ſur chaque caſe à meſure que le cavalier aura paſſé deſſus.

PROBLÊME XXIV.

Diſtribuer entre trois perſonnes vingt-un tonneaux, dont ſept pleins, ſept vuides & ſept demi-pleins, enſorte que chacune ait la même quantité de vin & de tonneaux.

Ce problême admet deux ſolutions, qui ne ſauroient être rendues plus clairement que par les deux tableaux qui ſuivent.

	Tonn. pleins.	vuides.	demi-pleins.
I. 1re Perſ.	2	2	3
2e	2	2	3
3e	3	3	1

	Tonn. pleins.	vuides.	demi-pleins.
II. 1re Perſ.	3	3	1
2e	3	3	1
3e	1	1	5

Il eſt évident que, dans ces deux combinaiſons, chaque perſonne aura 7 tonneaux, & 3 tonneaux & demi de vin.

Il eſt, au reſte, facile de voir qu'il eſt néceſſaire que le nombre total des tonneaux ſoit indiviſible par le nombre des perſonnes ; car, autrement, la choſe demandée ſeroit impoſſible.

On trouvera de la même manière que, ſi l'on avoit 24 tonneaux à partager à trois perſonnes

fous les conditions ci-deffus, on auroit trois folutions différentes ; favoir :

	Tonn. pleins.	vuides.	demi-pleins.
I. { 1re Perf.	3	3	2
2e —	3	3	2
3e —	2	2	4

	Tonn. pleins.	vuides.	demi-pleins.
II. { 1re Perf.	2	2	4
2e —	2	2	4
3e —	4	4	0

	Tonn. pleins.	vuides.	demi-pleins.
III. { 1re Perf.	1	1	6
2e —	3	3	2
3e —	4	4	0

Si l'on avoit 27 tonneaux à partager, on auroit
auffi trois folutions.

	Tonn. pleins.	vuides.	demi-pleins.
I. { 1re Perf.	3	3	3
2e —	3	3	3
3e —	3	3	3

	Tonn. pleins.	vuides.	demi-pleins.
II. { 1re Perf.	1	1	7
2e —	4	4	1
3e —	4	4	1

	Tonn. pleins.	vuides.	demi-pleins.
III. { 1re Perf.	2	2	5
2e —	3	3	3
3e —	4	4	1

Autres Problèmes arithmétiques, curieux.

PROBLÈME I.

Un père de famille ordonne, par fon teftament, que
l'aîné de fes enfans prendra fur tous fes biens
10000 livres & la feptième partie de ce qui reftera ;
le fecond 20000 livres, & la feptième partie de
ce qui reftera ; le troifième 30000 livres, & la
feptième partie du furplus ; & ainfi jufqu'au dernier, en augmentant toujours de 10000 livres.
Ses enfans ayant fuivi la difpofition du teftament, il fe trouve qu'ils ont été également partagés.
On demande combien il y avoit d'enfans, quel
étoit le bien de ce père, & quelle a été la part de
chacun des enfans ?

On trouve, par l'analyfe, que le bien du père
étoit de 360000 livres ; qu'il y avoit fix enfans,
& qu'ils ont eu chacun 60000 livres.

En effet, le premier prenant 10000, le reftant du bien eft 350000 livres, dont la feptième
partie eft 50000, qui, avec 10000, font 60000
livres. Le premier enfant ayant pris fa portion, il
refte 300000 livres ; fur laquelle fomme le fecond
prenant 20000 livres, le reftant eft 280000, dont
la feptième partie eft 40000, qui, avec les 20000
ci-deffus, font encore 60000 livres ; & ainfi de
fuite.

PROBLÈME II.

Un homme rencontre, en fortant de fa maifon, un
certain nombre de pauvres : il veut leur diftribuer
l'argent qu'il a fur lui. Il trouve qu'en donnant
à chacun neuf fous, il en a trente-deux de moins
qu'il ne faut ; mais qu'en en donnant à chacun fept,
il lui en refte vingt-quatre. Quels étoient le nombre des pauvres, & la fomme que cet homme avoit
dans fa bourfe ?

Réponfe. Il y avoit 28 pauvres, & cet homme
avoit dans fa bourfe 11 livres ; car, en multipliant
28 par 9, on trouve 252, dont ôtant 32, puifqu'il manquoit 32 fous, le reftant eft 220 fous,
qui valent 11 livres : mais, en donnant à chacun
des pauvres 7 fous, il n'en falloit que 196 ou
9 fois 16 : par conféquent il reftoit 1 liv. 4 fous.

PROBLÈME III.

Un particulier a acheté, pour la fomme de 100 livres,
un lot de bouteilles de vin, compofé de cent bouteilles de vin de Bourgogne, & quatre - vingt de
vin de Champagne. Un autre a pareillement acheté
au même prix, pour la fomme de 95 livres,
quatre-vingt-cinq bouteilles du premier, & foixante-dix du fecond. On demande combien leur a
coûté l'une & l'autre efpèce de vin ?

On trouvera que le vin de Bourgogne leur a
coûté 10 fous la bouteille, & celui de Champagne
15. Il eft aifé de le prouver.

PROBLÈME IV.

Un père en mourant laiffe fa femme enceinte. Il ordonne par fon teftament que, fi elle accouche d'un
mâle, il héritera des deux tiers de fon bien, &
fa femme de l'autre tiers ; mais, fi elle accouche
d'une fille, la mère héritera des deux tiers & la
fille d'un tiers. Cette femme accouche de deux enfans, un garçon & une fille. Quelle fera la part de
chacun ?

Ce problème n'a de difficulté que celle de reconnoître la volonté du teftateur. Or on a coutume de l'interpréter ainfi : puifque ce teftateur a
ordonné que, dans le cas où fa femme accouche-
roit d'un garçon, cet enfant aura les deux tiers de
fon bien & la mère un tiers, il s'enfuit que fon
deffein a été de faire à fon fils un avantage double

de celui de la mère : & puisque, dans le cas où celle-ci accouchera d'une fille, il a voulu que la mère eût les deux tiers de son bien & la fille l'autre tiers, on en doit conclure que son dessein a été que la part de la mère fût double de celle de la fille. Pour allier donc ces deux conditions, il faut partager la succession de manière que le fils ait deux fois autant que la mère, & la mère deux fois autant que la fille. Ainsi, en supposant le bien à partager de 30000 liv., la part du fils seroit de 17142 liv. $\frac{6}{7}$; celle de la mère, de 8591 $\frac{3}{7}$; & celle de la fille, de 4285 $\frac{5}{7}$.

On propose ordinairement à la suite de ce problème une autre difficulté. On suppose que cette mère accouche de deux garçons & d'une fille, & l'on demande quel sera, dans ce cas, le partage de la succession ?

Nous croyons n'avoir d'autre réponse à faire que celle que feroient les jurisconsultes, savoir, que le testament seroit nul dans ce cas; car, y ayant un enfant d'omis dans le testament, toutes les loix connues en prononceroient la nullité; attendu 1° que la loi est précise; 2° qu'il est impossible de démêler quelles auroient été les dispositions du testateur s'il avoit eu deux garçons, ou s'il avoit prévu que sa femme en eût mis deux au monde.

PROBLÈME V.

Un lion de bronze, placé sur le bassin d'une fontaine, pour jeter l'eau par la gueule, par les yeux & par le pied droit. S'il la jette par la gueule, il remplira le bassin en six heures; s'il la jette par l'œil droit, il le remplira en deux jours; là jetant par l'œil gauche, il le rempliroit en trois; enfin, en la jetant par le pied, il le remplira en quatre jours. En combien de temps le bassin sera-t-il rempli, lorsque l'eau sortira à la fois par toutes ces ouvertures ?

Pour résoudre ce problème, on observera que, puisque le lion, jetant l'eau par la gueule, remplit le bassin dans 6 heures, il en remplira un sixième dans une heure; & puisque, la jetant par l'œil droit, il le remplit en deux jours, dans une heure il en remplira $\frac{1}{48}$. On trouvera de même qu'il en remplira $\frac{1}{72}$ dans une heure en jetant l'eau par l'œil gauche, & $\frac{1}{96}$ en la jetant par le pied. Donc, la jetant par les quatre ouvertures à la fois, il en fournira dans une heure $\frac{1}{6}$ plus $\frac{1}{48} + \frac{1}{72} + \frac{1}{96}$, c'est-à-dire, en ajoutant toutes ces fractions, les $\frac{61}{288}$. Qu'on fasse donc cette proportion : Si les $\frac{61}{288}$ ont été fournies en une heure ou 60 minutes, combien la totalité du bassin ou les $\frac{288}{288}$ exigeront-elles de minutes ? & l'on trouvera 4 heures 43 minutes 16 secondes, & $\frac{44}{61}$ ou environ 42 tierces.

PROBLÈME VI.

Un mulet & un âne faisant voyage ensemble, l'âne se plaignoit du fardeau dont il étoit chargé. Le mulet lui dit : Animal paresseux, de quoi te plains-tu ? Si tu me donnois un des sacs que tu portes, j'en aurois le double des tiens; mais si je t'en donnois un des miens, nous en aurions seulement autant l'un que l'autre. On demande quel étoit le nombre de sacs dont l'un & l'autre étoient chargés ?

Ce problème, un de ceux qu'on propose ordinairement aux commençans en algèbre, est tiré d'un recueil d'épigrammes grecques, connu sous le nom d'*Anthologie*. On a ainsi traduit en latin, presque littéralement, le problème grec avec sa solution.

Una cum mulo vinum portabat asella,
Atque suo graviter sub pondere pressa gemebat.
Talibus at dictis mox increpat ipse gementem :
Mater, quid luges, tenera de more puella ?
Dupla tuis, si des mensuram, pondera gesto;
At si mensuram accipias, æqualia porto.
Dic mihi mensuras, sapiens geometer, istas ?

L'analyse du problème a aussi été exprimée en assez mauvais vers latins, que nous donnerons seulement ici à cause de la singularité. Les voici :

Unam asina accipiens, amittens mulus & unam,
Si fiant æqui, certe utrique ante duobus
Distabant à se. Accipiat si mulus at unam,
Amittatque asina unam, tunc distantia fiet
Inter eos quatuor. Muli at cùm pondera dupla
Sint asinæ, huic simplex, mulo est distantia dupla:
Ergo habet hæc quatuor tantùm, mulusque habet octo.
Unam asina si addas, si reddat mulus & unam,
Mensuras quinque hæc, & septem mulus habebunt.

C'est-à-dire :

Puisque le mulet donnant une de ses mesures à l'ânesse, ils se trouvent également chargés, il est évident que la différence des mesures qu'ils portent est égale à deux. Maintenant, si le mulet en reçoit une de celles de l'ânesse, la différence sera quatre; mais alors le mulet aura le double du nombre des mesures de l'ânesse: conséquemment le mulet en aura huit, & l'ânesse quatre. Que le mulet en rende donc une à l'ânesse, celle-ci en aura cinq, & le premier en aura sept. Ce sont les nombres de mesures dont ils étoient chargés, & la réponse à la question.

On peut revêtir ce problème de bien des formes

différentes ; mais il seroit puérile & superflu de s'y arrêter.

Ce problème, au reste, n'est pas le seul que nous présente l'anthologie grecque : en voici quelques autres traduits en vers latins par M. Bachet de Méziriac, qui les a insérés dans une note sur un des problêmes de Diophante.

L.

Aurea mala ferunt Charites, æqualia cuique
Mala insunt calatho ; Musarum his obvia turba
Mala petunt, Charites cunctis æqualia donant ;
Tunc æqualia tres contingit habere, novemque.
Dic quantùm dederint numerus sit ut omnibus idem ?

Cela signifie : les trois Graces portant des oranges, dont elles ont chacune un égal nombre, sont rencontrées par les neuf Muses qui leur en demandent : elles leur en donnent chacune le même nombre ; après cela chaque Muse & chaque Grace se trouve également partagée. Combien en avoient les premières ?

Le moindre nombre qui satisfasse à la question est 12 ; car, en supposant que chaque Grace en eût donné une à chaque Muse, elles se trouveront en avoir chacune 3, & il en restera 3 à chaque Grace.

Les nombres 24, 36, &c. satisferont également à la question ; &, après la distribution faite, chacune des Graces & des Muses en eût eu 6, ou 9, &c.

I I.

Dic, Heliconiadum decus, ô sublime Sororum
Pythagora ! tua quot tyrones tecta frequentent,
Qui sub te, sophiæ sudant in agone magistro ?
Dicam ; tuque animo mea dicta, Polycrates hauri.
Dimidia horum pars præclara mathemata discit,
Quarta immortalem naturam nosse laborat,
Septima, sed tacitè, sedet atque audita revolvit ;
Tres sunt fœminei sexûs.

Dis-moi, illustre Pythagore, combien de disciples fréquentent ton école ? Je vais te le dire, répond le philosophe. Une moitié étudie les mathématiques, un quart la physique, un septième garde le silence ; & il y a de plus trois femmes.

Ainsi, il s'agit de trouver un nombre dont une moitié, un quart & un septième, en y ajoutant 3, fassent le nombre lui-même. Il est aisé de répondre que ce nombre est 28.

I I I.

Dic quota nunc hora est ? Superest tantùm ecce diei
Quantùm bis gemini exactâ de luce trientes.

On demande quelle heure il est ; & l'on répond que ce qui reste du jour est les quatre tiers des heures déja écoulées.

En divisant la durée du jour, comme faisoient les anciens, en 12 parties, il est question de partager ce nombre en deux parties, telles que les $\frac{4}{3}$ de la première soient ensemble égaux à la seconde ; ce qui donne, pour le nombre des heures écoulées, $5\frac{1}{7}$, & conséquemment, pour le reste du jour, 6 heures & $\frac{6}{7}$.

I V.

Hîc Diophantus habet tumulum, qui tempora vitæ
Illius mirâ denotat arte tibi.
Egit sextantem juvenis, lanugine mala
Vestire hinc cœpit parte duodecimâ.
Septante uxori post hæc sociatur, & anno
Formosus quinto nascitur inde puer.
Semissem ætatis postquàm attigit ille paternæ,
Infelix subitâ morte peremptus obit.
Quatuor æstates genitor lugere superstes
Cogitur, hinc annos illius assequere.

Cette épitaphe est celle du célèbre mathématicien Diophante. Elle signifie que Diophante passa la sixième partie de sa vie dans la jeunesse, & la douzième dans l'adolescence, & qu'après un septième de sa vie & cinq ans, il eut un fils qui mourut après avoir atteint la moitié de l'âge de son père, & que ce dernier ne lui survéquit que de quatre ans.

Il faut trouver pour cela un nombre dont la sixième, la douzième, la septième, la moitié, jointes ensemble, en y ajoutant 5 & 4, fassent le nombre lui-même. Ce nombre est 84.

V.

Qui jaculamur aquas tres hîc astamus Amores ;
Sed variè liquidas Euripo immittimus undas.
Dexter ego ; summis & quæ mihi manat ab alis
Ipsum lympha replet solo sextante diei.
Quatuor ast horis lævus versâ influit urnâ ;
Dimidiatque diem medius dum fundit ab arcâ.
Dic, age, quàm paucis Euripum implebimus horis,
Ex arcâ simul atque alis urnâque fluentes ?

Il y a trois Amours qui versent l'eau dans un bassin, mais inégalement. L'un le remplit en un fixième de jour, l'autre en quatre heures, & le troifième en une demi-journée. On demande combien de temps il faudra pour le remplir, lorfqu'ils verferont tous trois de l'eau ?

Ce problême eft de la même nature que celui du lion de bronze, que nous avons réfolu précédemment, & qui eft auffi tiré de l'Anthologie grecque. En fuppofant le jour divifé en 12 heures, on trouvera que les trois Amours rempliront le baffin en $\frac{6}{11}$, ou un peu plus d'une heure.

P R O B L Ê M E   V I I.

La fomme de 500 livres ayant été partagée entre quatre perfonnes, il fe trouve que les deux premières enfemble ont eu 285 livres, la feconde & la troifième 220 livres, enfin la troifième & la quatrième 215 livres ; de plus, le rapport de la part de la première à celle de la dernière eft de 4 à 3. On demande combien chacune a eu ?

La folution de ce problême eft des plus faciles. La première a eu 160 livres, la feconde 125, la troifième 95, & la quatrième 120.

Il faut remarquer que, fans la dernière condition, ou une quatrième quelconque, le problême feroit indéterminé, c'eft à-dire qu'on pourroit y fatisfaire d'une infinité de manières : c'eft cette dernière condition qui limite la folution à une feule.

P R O B L Ê M E   V I I I.

Un ouvrier fe loue à ces conditions, qu'on lui donnera 30 fous par jour lorfqu'il travaillera, mais que chaque jour qu'il chommera il rendra 15 fous. Après quarante jours, fon décompte monte à 31 livres. On demande combien de jours il a travaillé, combien il en a chommé ?

Réponfe. Il a travaillé vingt-huit jours des quarante, & il en a chommé douze.

P R O B L Ê M E   I X.

Une lettre de change de 2000 livres a été payée en écus de trois livres, & en piaftres dont la valeur eft de cinq livres ; & il y avoit précifément quatre cent cinquante pièces de monnoie. Combien y en avoit-il de chaque efpèce ?

Réponfe. Il y avoit cent vingt-cinq écus de trois livres, & trois cens vingt-cinq piaftres de cinq livres.

P R O B L Ê M E   X.

Un homme a perdu fa bourfe, & ne fait pas précifément le compte de l'argent qu'il y avoit : il fe rappelle feulement qu'en le comptant deux à deux pièces, ou trois à trois, ou cinq à cinq, il reftoit toujours un ; mais, en les comptant fept à fept, il ne reftoit rien.

On voit aifément que, pour réfoudre ce problême, il eft queftion de trouver un nombre qui, divifé par 7, ne laiffe aucun refte, & étant divifé par 2, par 3, par 5, laiffe toujours 1. Plufieurs méthodes plus ou moins favantes peuvent y conduire ; mais voici la plus fimple.

Puifque, le nombre des pièces étant compté fept à fept il ne refte rien, ce nombre eft évidemment quelque multiple de 7 ; & puifqu'en les comptant deux à deux il refte 1, ce nombre eft un multiple impair : il eft donc quelqu'un des nombres de la fuite 7, 21, 35, 49, 63, 77, 91, 105, &c.

De plus, ce nombre doit, étant divifé par 3, laiffer l'unité : or, dans la fuite des nombres ci-deffus, je trouve que 7, 49, 91, qui croiffent arithmétiquement, & dont la différence eft 42, ont la propriété demandée. Je trouve de plus, que le nombre 91 étant divifé par 5, il refte 1 : d'où je conclus que le premier nombre qui fatisfait à la queftion eft 91, car il eft multiple de 7 ; & étant divifé par 2, par 3 & par 5, il refte toujours un.

Je dis que 91 eft le premier nombre qui fatisfait à la queftion ; car il y en a plufieurs autres, qu'on trouvera par le moyen fuivant : continuez la progreffion ci-deffus en cette forte, 7, 49, 91, 133, 175, 217, 259, 301, jufqu'à ce que vous trouviez un autre terme divifible par 5, en laiffant l'unité ; ce terme fera 301, qui fatisfera encore à la queftion. Or fa différence avec 91 eft 210, d'où je conclus que, formant cette progreffion,

$$91, 301, 511, 721, 931, 1141, \&c.$$

tous ces nombres rempliffent également les conditions du problême.

Il feroit donc incertain quelle fomme étoit dans la bourfe perdue, à moins que fon maître ne fçût à-peu-près quelle fomme il y avoit. Ainfi, s'il difoit favoir qu'il y avoit environ 500 pièces, on lui répondroit que le nombre des pièces étoit de 511.

Suppofons préfentement que l'homme à qui appartient la bourfe eût dit que, comptant fon argent deux à deux pièces, il reftoit l'unité ; qu'on les comptant trois à trois, il en restoit deux ; que comptées quatre à quatre, il restoit trois ; que comptées cinq à cinq, il restoit quatre ; que comptées six à six, il en restoit cinq ; enfin, que les comptant sept à sept, il ne restoit rien : on demande ce nombre.

Il est évident que ce nombre est, comme ci-dessus, un multiple impair de 7, & conséquemment un de ceux de la suite 7, 21, 35, 49, 63, 77, 91, 105, &c. Or, dans cette suite, les nombres 35 & 77 satisfont à la condition d'avoir 2 pour reste, quand on les divise par 3 : leur différence est d'ailleurs 42. C'est pourquoi je forme cette nouvelle progression arithmétique, dont la différence est 42, savoir :

35, 77, 119, 161, 203, 245, 287, &c.

J'y cherche deux nombres qui, divisés par 4, laissent 3 pour reste, & je trouve que ce sont 35, 119, 203, 287. C'est pourquoi je forme cette nouvelle progression, où la différence des termes est 84 :

35, 119, 203, 287, 371, 455, 539, 623, &c.

Je cherche encore ici deux termes qui, divisés par 5, laissent un reste égal à 4 ; & j'apperçois bientôt que ces deux nombres sont 119 & 539, dont la différence est 420. Ainsi la suite des termes répondant à toutes les conditions du problème, hors une, est

119, 539, 959, 1379, 1799, 2219, 2639, &c.

Or la dernière condition du problème est que, le nombre trouvé étant divisé par 6, il reste 5. Cette propriété convient à 119, 959, 1799, &c. en ajoutant toujours 840 : conséquemment le nombre cherché est un de ceux de cette progression. C'est pourquoi, aussi-tôt qu'on saura dans quelles limites à-peu-près il est contenu, on sera en état de le déterminer.

Si donc le maître de la bourse perdue dit qu'il y avoir environ cent pièces, le nombre cherché sera 119 ; s'il disoit qu'il y en avoit à-peu-près mille, ce seroit 959, &c.

Remarque.

Ce problème seroit résolu imparfaitement par la méthode qu'enseigne M. Ozanam ; car, ayant trouvé le plus petit nombre 119, qui satisfait aux conditions du problème, il se borneroit à dire que, pour avoir les autres nombres qui y satisfont, il faut multiplier de suite les nombres 2, 3, 4, 5, 6, 7, & ajouter leur produit 5040 au premier nombre trouvé 119, & qu'on aura par-là le nombre 5159, qui remplit aussi les conditions

proposées. Or il est aisé de voir qu'il y a plusieurs autres nombres entre 119 & 5159 qui remplissent ces conditions, savoir, 959, 1799, 2639, 3479, 4319.

PROBLÈME XI.

Une certaine somme d'argent, placée à un certain intérêt, s'est accrue en huit mois jusqu'à 3616 livres 13 sous 4 deniers, & en deux ans & demi elle a monté à 3937 livres 10 sous. On demande quel étoit le capital originaire, & à quel intérêt il a été placé ?

Nous nous bornerons encore ici, pour exciter la sagacité des jeunes algébristes, à indiquer la solution. Ils trouveront, en employant l'analyse convenable, que le capital placé étoit de 3500 livres, & que l'intérêt étoit de cinq pour cent.

PROBLÈME XII.

Une femme a vendu 10 perdrix au marché, une seconde en a vendu 25, & une troisième en a vendu 30, & toutes au même prix. Au sortir du marché elles se questionnent sur l'argent qu'elles en rapportent, & il se trouve que chacune rapporte la même somme. On demande à quel prix & comment elles ont vendu ?

Il est évident qu'afin que la chose soit possible, il faut que ces femmes vendent au moins à deux différentes fois & à différens prix, quoiqu'à chaque fois elles vendent toutes ensemble au même prix ; car, si celle qui avoit le moins de perdrix en a vendu un très-petit nombre au prix le plus bas, & qu'elle ait vendu le surplus au plus haut prix, tandis que celle qui en avoit le plus grand nombre en avoit vendu la plus grande partie au plus bas prix, & n'a pû en vendre qu'un petit nombre au plus haut, il est clair qu'elles auront pu faire des sommes égales.

Il s'agit donc de diviser chacun des nombres 10, 25, 30, en deux parties telles, que multipliant la première partie de chacune par le premier prix, & la seconde par le second, la somme des deux produits soit par-tout la même.

Ce problème est indéterminé, & susceptible de dix solutions différentes. Il est d'abord nécessaire que la différence des prix de la première & de la seconde vente soit un diviseur exact des différences 15, 20, 5, des trois nombres donnés : or le moindre diviseur de ces trois nombres est 5 ; c'est pourquoi les prix doivent être 6 & 1, ou 7 & 2, ou 8 & 3, &c.

En supposant les deux prix être 6 & 1, on trouve sept solutions différentes, comme on le voit dans la table suivante.

	I.ᵉ Vente.	II.ᵉ Vente.	Prod. total.
1ʳᵉ Fem.	4 Perd. à 6 f.	6 à 1 f.	30 f.
2ᵉ ———	1	24	30
3ᵉ ———	0	30	30

Ou bien,

1ʳᵉ Fem.	5	5	35
2ᵉ ———	2	23	35
3ᵉ ———	1	29	35

Ou bien,

1ʳᵉ Fem.	6	4	40
2ᵉ ———	3	22	40
3ᵉ ———	2	28	40

Ou bien,

1ʳᵉ Fem.	7	3	45
2ᵉ ———	4	21	45
3ᵉ ———	3	27	45

Ou bien,

1ʳᵉ Fem.	8	2	50
2ᵉ ———	5	20	50
3ᵉ ———	4	26	50

Ou bien,

1ʳᵉ Fem.	9	1	55
2ᵉ ———	6	19	55
3ᵉ ———	5	25	55

Ou bien,

1ʳᵉ Fem.	10	0	60
2ᵉ ———	7	18	60
3ᵉ ———	6	24	60

Si l'on suppose les deux prix être 7 & 2 , on aura encore les trois solutions suivantes :

	Iʳᵉ Vente.	II.ᵉ Vente.	Prod. total.
1ʳᵉ Fem.	8 Perd. à 7 f.	2 à 2 f.	60 f.
2ᵉ ———	2	23	60
3ᵉ ———	0	30	60

Ou bien,

1ʳᵉ Fem.	9	1	65
2ᵉ ———	3	22	65
3ᵉ ———	1	29	65

Ou bien,

1ʳᵉ Fem.	10	0	70
2ᵉ ———	4	21	70
3ᵉ ———	2	28	70

Il seroit inutile d'essayer 8 & 3 , & tout autre nombre : on n'en pourroit tirer aucune solution, par les raisons qu'on verra plus bas.

Remarques.

On lit dans la seconde partie de l'*Arithmetique universelle* de M. de Lagny , page 456 , que cette question n'a que six solutions ; en quoi cet auteur s'est trompé, car nous venons d'en indiquer 10. Nous croyons devoir enseigner ici la méthode que l'on a employée, espérant que cela fera plaisir à ceux qui apprennent l'algèbre.

J'appelle u le prix auquel les trois femmes ont vendu la première fois, & p celui auquel elles ont vendu la seconde.

Que x soit le nombre des perdrix vendue par la première femme au prix u ; conséquemment le nombre de celles vendues au prix p sera $10-x$: l'argent retiré de la première vente sera xu, celui de la seconde sera $10p-px$, & la somme totale $xu+10p-px$.

Que z soit le nombre des perdrix vendues par la seconde femme à la première vente, on aura uz pour l'argent retiré à la première vente, & $25p-pz$ pour l'argent retiré à la seconde ; en tout, $zu+25p-pz$.

De même , nommant y le nombre de perdrix vendues la première fois par la troisième femme , on aura uy pour l'argent retiré à la première vente, $30p-py$ pour celui retiré à la seconde ; enfin, pour le total des deux ventes , $uy+30-py$.

Mais , par la supposition, ces trois sommes doivent être égales. Ainsi l'on a $xu+10p-px=zu+25p-pz,=uy+30p-py$; d'où je tire ces trois nouvelles équations :

$$xu-px=zu-pz+15p,$$
$$xu-px=uy-py+20p,$$
$$zu-pz=uy-py+5p;$$

&, divisant tout par $u-p$, on aura ces trois autres :

$$x=z+\frac{15p}{u-p},$$
$$x=y+\frac{10p}{u-p},$$
$$z=y+\frac{5p}{u-p}:$$

d'où l'on conclut d'abord que $u-p$ doit être un diviseur de 15 , de 20 & de 5 ; car autrement $\frac{15p}{u-p}$, $\frac{10p}{u-p}$, & $\frac{5p}{u-p}$, ne seroient pas des nombres entiers, ce qui est nécessaire. Or le seul nombre qui divise divife à la fois 15, 20 & 5, eft 5; ce qui montre que les prix des deux ventes ne peuvent être que 5 & 0, 6 & 1, 7 & 2, 5 & 3, &c.

On voit d'abord que la fuppofition de 5 & 0 ne peut fervir, puifqu'il n'y auroit eu qu'une vente.

Il faut donc effayer la feconde fuppofition 6 & 1, favoir, $u=6$ & $p1$; ce qui donne pour les deux dernières équations ces deux-ci, $x=y+4$, $z=y+1$.

Or nous avons ici trois inconnues, & feulement deux équations; c'eft pourquoi une de ces inconnues doit être prife à volonté. Choififons y, & fuppofons-la d'abord $= 0$.

Cela donnera $x=4$ & $z=1$, & l'on aura la première folution, où l'on voit que la première femme a vendu la première fois 4 perdrix à 6 fous pièce, & conféquemment, la feconde fois, 6 à 1 fou pièce; tandis que la feconde femme en a vendu une la première fois à 6 fous pièce, & les 24 autres à 1 fou pièce; & la troifième aura vendu toutes les fiennes au fecond prix: elles auront alors toutes 30 pièces.

Si l'on fait $y=1$, on aura la feconde folution.

Si l'on fait $y=2$, on aura la troifième.

En faifant $y=3$, on aura la quatrième.

En faifant $y=4$, on aura la cinquième.

En faifant $y=5$, on aura la fixième.

En faifant $y=6$, on aura la feptième.

On ne peut pas fuppofer y plus grand que 6; car, fi on le fuppofoit, on auroit $x=10$; ce qui eft impoffible, puifque la première femme n'a que 10 perdrix à vendre.

Il faut donc paffer à la fuppofition fuivante, favoir, de $u=7$ & $p=1$; ce qui donne deux équations, $x=y+8$, $z=y+2$.

Si donc l'on fait ici d'abord $y=0$, on aura $x=8$ & $z=2$, ce qui donne la huitième folution.

En faifant $y=1$, on aura la neuvième.

En faifant $y=2$, on aura la dixième.

Mais on ne peut faire y plus grand; car on

Amufemens des Sciences.

trouveroit x plus grand que 10, ce qui eft impoffible.

On effayeroit auffi inutilement pour u & p les valeurs 8 & 3, car elles donneroient néceffairement pour x une valeur plus grande que 10, ce qui ne peut être.

Ainfi, l'on peut affurer que le problème n'a que les dix folutions ci-deffus.

PROBLÊME XIII.

En combien de manières peut-on payer 60 fous, en employant toutes les monnoies d'ufage, comme écu de 3 livres, pièces de 24, de 12; de 6, de 2 fous & de 18 deniers, fous, pièces de 2 liards & liards?

Je crois qu'il feroit fort difficile de réfoudre ce problême, autrement que par une forte d'énumération; mais, comme elle eft immenfe, il y a un ordre à fuivre, fans lequel on ne s'en démêleroit jamais. C'eft ce que nous avons tâché de faire. Néanmoins, comme le détail de cette méthode nous meneroit beaucoup trop loin, nous nous bornerons à en donner les réfultats principaux. Nous avons donc trouvé que,

1°. On peut payer 60 fous, en monnoies d'argent, de 13 manières différentes.

2°. On peut payer 6 fous, en monnoies de cuivre, feulement de 155 façons; 12 fous, de 1292; 18 fous, de 5104; 24 fous, de 14147 façons; 30 fous, de 31841; 36 fous, de 62400; 42 fous, de 111182; 48 fous, de 183999; 54 fous, de 287777; enfin 60 fous, de 430264.

3°. En combinant les monnoies de cuivre avec celles d'argent, j'ai trouvé que cette même fomme de 60 fous peut être payée de 1383622 manières.

Conféquemment, en ajoutant ces trois fommes, favoir 13, 430264 & 1383622, on aura 1813899 façons de payer une fomme de 60 fous.

Il paroîtra fans doute étonnant qu'avec huit monnoies feulement il y ait autant de manières de payer une fi modique fomme; mais, quoique je ne puiffe abfolument affurer n'avoir pas commis quelque erreur dans mon calcul, parce que j'en ai perdu tout l'échaffaudage, & que je n'ai ni le courage ni le loifir de le refaire, je fuis affuré que ce nombre n'eft guères inférieur.

PROBLÊME XIV.

Trouver le nombre & le rapport des poids avec lesquels on peut peser de la manière la plus simple un nombre quelconque de livres, depuis l'unité jusqu'à un nombre donné.

Quoique ce problême paroisse d'abord appartenir à la méchanique, il est cependant facile de voir que ce n'est qu'un problême arithmétique ; car il se réduit à trouver une suite de nombres commençant par l'unité, & qui, ajoutés ou soustraits les uns des autres de toutes les manières possibles, forment tous les nombres depuis l'unité jusqu'au plus grand proposé.

Ce problême peut se résoudre de deux manières, favoir, par la seule addition, ou par l'addition combinée avec la soustraction. Dans le premier cas, la suite des poids qui satisfait au problême, est celle des poids croissant en progression double ; & dans le second, c'est la progression triple.

Qu'on ait en effet ces poids, 1 livres, 2 livres, 4 livres, 8 livres, 16 livres, on pourra peser avec eux quelque nombre de livres que ce soit jusqu'à 31 ; car on formera trois livres avec 2 & 1, cinq livres avec 4 & 1, six avec 4 & 2, sept avec 4, 2 & 1, &c. Avec encore un poids de 32, on seroit jusqu'à soixante-trois livres, & ainsi de suite en doublant le dernier poids, & retranchant de ce double l'unité.

Mais qu'on emploie des poids en progression triple, 1, 3, 9, 27, 81, on pourra peser avec eux tout poids depuis une livre jusqu'à 121 ; car, avec le second moins le premier, c'est-à-dire, en mettant le premier dans le bassin de la balance, & le second dans l'autre, on fera deux livres ; en les mettant tous les deux dans le même bassin, on formera quatre livres ; cinq se formeront en mettant 9 d'un côté, & 3 & 1 de l'autre ; avec 9 d'un côté & 3 de l'autre, on aura 6 ; on fera sept livres avec 9 & 1 d'un côté, & trois de l'autre ; & ainsi de suite.

Au reste, il est évident que la dernière façon est la plus simple, étant celle qui exige le moins de poids différens.

L'une & l'autre de ces progressions sont enfin plus avantageuses qu'aucune des progressions arithmétiques qu'on pourroit essayer ; car, avec des poids arithmétiquement croissans, 1, 2, 3, 4, &c. il en faudroit 15 pour peser 120 livres ; pour en peser 121 avec des poids dans la progression 1, 3, 5, 7, &c. il en faudroit onze. Toute autre progression ne rempliroit pas tous les nombres possibles, depuis le poids d'une livre jusqu'au plus

grand, qui résulte de la totalité des poids. Ainsi la proportion triple est de toutes la plus favorable.

Il est, au reste, évident que la solution de ce problême a son utilité dans l'usage ordinaire de la vie & du commerce, puisqu'elle offre le moyen de faire toute sorte de pesée avec le moindre nombre possible de poids différens.

PROBLÊME XV.

Une femme de campagne porte des œufs au marché dans une ville de guerre où il y a trois corps-de-garde à passer. Au premier, elle laisse la moitié de ses œufs & la moitié d'un : au second, la moitié de ce qui lui restoit & la moitié d'un : au troisième, la moitié de ce qui lui restoit & la moitié d'un : enfin, elle arrive au marché, avec trois douzaines. Comment cela se peut-il faire sans rompre aucun œuf ?

Il semble, du premier abord, que ce problême soit impossible ; car comment donner une moitié d'œuf sans en casser aucun ? Cependant on en verra la possibilité, quand on considérera que lorsqu'on prend la grande moitié d'un nombre impair, on en prend la moitié exacte plus $\frac{1}{2}$. Ainsi on trouvera qu'avant le passage du dernier guichet, il restoit à la femme 73 œufs ; car, en en ayant donné 37, qui est la moitié plus la moitié d'un, il lui en restera 36. De même, avant le deuxième guichet, elle en avoit 147 ; & avant le premier, 295.

On peut proposer le problême autrement. « Un homme est sorti de chez lui avec une certaine quantité de louis pour faire des emplettes. A la première, il dépense la moitié de ses louis & la moitié d'un ; à la seconde, il dépense aussi la moitié de ses louis & la moitié d'un ; à la troisième, pareillement ; & il rentre chez lui ayant dépensé tout son argent, sans avoir jamais changé de l'or pour de l'argent ».

Il avoit 7 louis, & à la première emplette il en a dépensé 4 ; à la seconde, 2 ; à la troisième, 1 : car 4 est la moitié de 7, & de plus il y a un demi. Le restant étant 3, sa moitié est $\frac{1}{2}$: & conséquemment 2 excède cette moitié de $\frac{1}{2}$. Le restant est enfin 1 : or la moitié d'un plus $\frac{1}{2}$ sont égales à 1 : conséquemment il ne reste plus rien.

Si le nombre d'emplettes après lesquelles notre homme a dépensé tout son argent étoit plus grand, il n'y auroit qu'à faire une puissance de 2, dont l'exposant fût égal au nombre des emplettes, & la diminuer de l'unité. Ainsi, s'il y en avoit 4, la quatrième puissance de 2 étant 16, le nombre cherché seroit 15 : s'il y en avoit 5, la cinquième puissance de 2 étant 32, le nombre cherché seroit 31.

PROBLÈME XVI.

Trois personnes ont un certain nombre d'écus chacune.
Il est tel que, la première en donnant aux deux autres
autant qu'elles en ont chacune, la seconde pareil-
lement en donnant à chacune des deux autres autant
qu'elle en a, enfin la troisième faisant la même
chose, elles se trouvent en avoir autant l'une que
l'autre, savoir 8. Quelle est la somme qu'a cha-
cune de ces personnes ?

Réponse. La première en avoit 13, la seconde
7, & la troisième 4 : ce qui est aisé à démontrer,
en distribuant les écus de chaque personne suivant
l'énoncé du problème.

PROBLÈME XVII.

Un marchand de vin n'a que de deux sortes de vin,
qu'il vend l'un 10 sous, l'autre 5 sous la bouteille.
On lui demande du vin à 8 sous. Combien faut-il
de bouteilles de chaque espèce, pour en former une
qui revienne à 8 sous la bouteille ?

Réponse. La différence du plus haut prix, 10
sous, au prix moyen demandé, est 2 : & celle de
ce prix moyen au prix le plus bas, est 3 : ce qui
montre qu'il faut qu'il prenne trois bouteilles du
vin du plus haut prix & deux du moindre. Avec
ce mélange il fera cinq bouteilles, qui lui reviendront à 8 sous chacune.

En général, dans ces sortes de règles d'alliage,
comme la différence du plus haut prix avec le prix
moyen, est à la différence du moyen avec le plus
bas, ainsi le nombre des mesures du plus bas prix
est à celui des mesures du plus haut, qu'il faut mélanger ensemble pour avoir une pareille mesure au
prix moyen.

PROBLÈME XVIII.

Un homme veut placer chez un banquier une certaine
somme, par exemple 100000 livres. Il veut
de plus avoir mangé en vingt ans capital & inté-
rêts, & avoir chaque année la même somme à dé-
penser. Quelle sera la somme que le banquier devra
lui donner annuellement, en supposant qu'il lui en
paye l'intérêt à raison de cinq pour cent ?

La somme que lui devra donner le banquier est
de 8014 livres 19 sous, & une fraction de denier
égale à $\frac{18126}{33768}$.

S'il n'étoit question que d'un petit nombre d'années, par exemple cinq, on pourra résoudre ce
problème sans algèbre, par la voie rétrograde &
par une fausse position : car, supposons que la
somme qui épuise à la dernière année capital &

intérêts est de 10000 livres, on trouvera que le
capital seul étoit au commencement de cette année, de 9523 livres $\frac{17}{21}$: ajoutez-y 10000 livres,
qui ont été payées à la fin de l'avant-dernière année, la somme de 19523 livres $\frac{17}{21}$ étoit le capital
accru des intérêts de la quatrième année ; conséquemment le capital n'étoit que de 18594 livres
$\frac{46}{21}$ au commencement de cette quatrième année :
d'où il suit qu'avant le paiement de la fin de la
troisième année la somme étoit de 28594 liv. $\frac{46}{441}$,
qui représentoit un capital accru des intérêts de
la troisième année. L'on remontera ainsi jusqu'au
commencement de la première année, & l'on trouvera pour capital primitif la somme de 43294 liv.
15 s. 4 d. On fera enfin cette proportion, comme
ce capital, à la somme de 10000 livres : ainsi la
somme proposée à placer sous la condition ci-
dessus, à la somme à retirer chaque année.

Mais il est aisé de sentir que, s'il étoit question
de 20 ou 30 ans, cette méthode exigeroit des calculs très-longs, que l'algèbre abrège infiniment (1).

PROBLÈME XIX.

Quel est l'intérêt dont seroit accru au bout de l'année
un capital quelconque, si, à chaque instant de la
durée de l'année, l'intérêt échu devenoit capital,
& portoit lui-même intérêt ?

Ce problème a besoin d'une explication pour
être facilement entendu. Quelqu'un pourroit placer son argent sous cette condition : que l'intérêt
échu au bout d'un mois, ce qui feroit, à cinq pour
cent par an, un soixantième du capital, se joindroit à ce capital, & porteroit intérêt le mois
suivant à ce même denier : que ce mois expiré,
l'intérêt de cette somme, qui seroit un soixantième, plus un trois mille six centième du capital
primitif, accroîtroit encore au capital, accru de
l'intérêt du premier mois, & porteroit intérêt le
mois suivant, &c. jusqu'à la fin de l'année.

Ce qu'il fait ici pour un mois, il pourroit le
faire pour un jour, pour une heure, pour une minute, pour une seconde, qu'on peut regarder
comme une partie infiniment petite de l'année : il
est question de savoir quel seroit sur ce pied l'intérêt produit par le capital au bout de l'année.

---

(1) On trouve en effet que si a est le capital, m le
denier de l'intérêt, n le nombre des années, la somme
à retirer chaque année est $\dfrac{a \times 1 + \frac{1}{m}\vert^n}{m \times 1 + \frac{1}{m}\vert^n - m}$; ce qui, dans
le cas de 20 années, & d'un intérêt à cinq pour cent
(m étant alors $= 20$), se trouve $= a \times \frac{2.6584}{33.1680}$

l'intérêt du premier inftant étant à cinq pour cent, ou à $\frac{1}{20}$, ce que ce premier inftant eft à l'année entière.

Il fembleroit d'abord que cet intérêt compofé & furcompofé devroit beaucoup accroître les cinq pour cent : cependant on trouve qu'il en réfulte à peine un accroiffement fenfible : car, fi le capital eft 1, le même capital, accru de l'intérêt fimple à cinq pour cent, fera $1+\frac{1}{20}$, ou $1+\frac{50}{1000}$, tandis qu'augmenté de l'intérêt accumulé à chaque inftant, il fera 1, $\frac{052}{1000}$, ou, plus exactement, 1, $\frac{05127}{100000}$.

PROBLÊME XX.

Un fommelier infidèle, à chaque fois qu'il va à la cave, vole une pinte d'un tonneau particulier qui contient cent pintes, & la remplace par une égale quantité d'eau. Après un certain temps, par exemple trente jours, on s'apperçoit de fa friponnerie; on le chaffe. Mais on demande quelle eft la quantité de vin qu'il a prife, & celle qui refte dans le tonneau ?

Il eft aifé de voir qu'il n'a pas pris 30 pintes : car, dès la feconde fois qu'il puife dans le tonneau, & qu'il prend un centième de ce qu'il.contient, il y avoit déjà une pinte d'eau ; & comme chaque jour il fubftitue à ce qu'il prend une pinte d'eau, chaque jour auffi il vole moins d'une pinte de vin. Il eft donc queftion, pour réfoudre le problème, de déterminer dans quelle progreffion décroît le vin qu'il vole à chaque fois.

Pour y parvenir, je remarque qu'après l'extraction de la première pinte de vin, il n'en refte dans le tonneau que 99, & la pinte d'eau qui y a été verfée : donc, lorfqu'on tire une pinte du mélange, on ne tire en effet que les $\frac{99}{100}$ d'une pinte de vin : mais il y avoit auparavant 99 pintes de vin : donc, après cette extraction, il ne reftera que 99 pintes moins $\frac{99}{100}$, c'eft-à-dire $\frac{9801}{100}$, ou 98 pintes plus $\frac{2}{100}$. A la troifième extraction, la quantité de vin contenue dans la pinte tirée fera feulement $\frac{98}{100}+\frac{1}{1000}$: ce qui, étant ôté de la quantité de vin qu'il y avoit, favoir 98 $\frac{1}{100}$, fera $\frac{970219}{10000}$, ou 97 pintes & $\frac{219}{20000}$.

On doit préfentement remarquer que $\frac{9801}{100}$ eft le quarré de 99, divifé par 100, & que $\frac{970219}{20000}$ eft le cube de 99, divifé par le quarré de 100, &c. Conféquemment, après la feconde extraction, la quantité de vin reftante fera le quarré de 99, divifé par la première puiffance de 100 : après la troifième, ce fera le cube de 99, divifé par le quarré de 100, &c. D'où il fuit qu'après la trentième extraction, la quantité de vin reftante fera la trentième puiffance de 99, divifée par la vingt-neuvième de 100. Or on trouve, par le

moyen des logarithmes, que cette quantité eft $73\frac{27}{100}$. Conféquemment, la quantité de vin prife eft $26\frac{73}{100}$ (1).

PROBLÊME XXI.

Il y a trois ouvriers que j'appelle Jacques, Jean & Pierre. Les deux premiers, travaillant enfemble, ont fait un certain ouvrage en huit jours, Jacques & Pierre n'ont pu le faire qu'en neuf jours, & les deux derniers n'en ont fait un femblable qu'en dix jours. Il eft queftion de déterminer combien chacun d'eux mettroit de jours à faire le même ouvrage.

Réponfe. Le premier le fera en 14 jours & $\frac{34}{49}$, le fecond en 17 & $\frac{23}{41}$, & le troifième en 23 jours & $\frac{7}{31}$.

PROBLÊME XXII.

Un efpagnol doit à un françois 31 livres : mais il n'a, pour s'acquitter, que des piaftres qui valent 5 livres, & le françois n'a que des écus de 6 livres. Comment s'arrangeront-ils, c'eft-à-dire combien l'efpagnol donnera-t-il au françois de piaftres, & combien celui-ci lui rendra-t-il d'écus, pour que la différence foit égale à 31 livres, enforte que cette dette foit acquittée ?

Réponfe. Les nombres les plus fimples qui fatisfont à la queftion, font onze piaftres & quatre écus ; car 11 piaftres font 55 livres, & les quatre écus font 24 livres. Conféquemment, leur différence, dont le françois eft avantagé dans cette efpèce d'échange, eft de 31 livres.

Ce problème eft, au refte, fufceptible d'une infinité de folutions ; car on trouve qu'on fatisfera encore au problème avec dix-fept piaftres & neuf écus de 6 livres, avec vingt-trois piaftres & quatorze écus, en augmentant toujours le nombre de piaftres de fix, & celui des écus de cinq.

Remarque.

Voici la folution de ce problème, en faveur des jeunes analyftes. Je nomme *x* le nombre des

---

(1) En faifant le calcul à la manière ordinaire, il faudroit calculer la trentième puiffance de 99, qui n'auroit pas moins de 59 chiffres, & la divifer par l'unité fuivie de 58 zéro : au lieu qu'en opérant par le moyen des logarithmes, il fuffit de multiplier le logarithme de 99 par 30 ; ce qui donne 598690560, & en retranchant le produit du logarithme de 100 multiplié par 29, qui eft 580000000. Le reftant 18690560 eft le logarithme de la quantité cherchée, qu'on trouve, dans la table des logarithmes, être $73\frac{27}{100}$, à bien peu de chofe près.

piastres , & *y* celui des écus : donc *5x* fera la
somme donnée par l'espagnol , & celle que le
françois donnera de son côté =6*y*. Leur différence doit être égle à 31 : donc *5x*—6*y*=31 liv. :
donc *5x*=31+6*y* , & *x*=31+6*y* , ou 6+1+6*y*
                                          5
livres. Or *x* doit être un nombre entier ; d'où il
suit que 6 en étant un , 1+6*y* doit être aussi de la
                            5
même nature. Je le suppose égale à *u* : donc *5u*
=1+6*y* , & *y*=*5u*—1. Or *y* est , par la supposition,
              6
un nombre entier ; d'où il suit que *5u*—1 en est aussi
                                      6
un. Il faut donc que *u* soit tel que , son quintuple
étant diminué de l'unité , le restant soit divisible
par 6 : or le premier nombre qui a cette propriété
est 5 : car son quintuple 25 , diminué de l'unité ,
est 24, qui est divisible par 6 : & ce quotient , qui
est 4, est la valeur même de *y*. On trouvera ensuite *x* , en faisant attention que *x*=6+1+6*y* : ce
                                            5
qui , en y substituant la valeur de *y* ou 4 , donne
11 pour la valeur de *x*.

La seconde valeur de *u* qui remplit la condition
requise , est 11 : car cinq fois 11 font 55 , qui ,
diminués de l'unité , donnent 54, lequel nombre
divisé par 6 donne 9. Ainsi 9 est la seconde valeur de *y*, & l'on trouve 17 pour la valeur correspondante de *x*.

La troisième valeur de *x* qui résout la question,
est 17 : ce qui donne pour les valeurs correspondantes de *y* & *x* , les nombres 14 & 23. Ainsi les
nombres d'écus qui résolvent la question à l'infini
sont 4, 9, 14, 19, 24, &c. : & les nombres
correspondans de piastres sont 11, 17, 23, 29,
35, &c.

(OZANAM).

Voyez CALCUL, NOMBRES, QUARRÉS MAGI-
QUES, PROGRESSIONS ARITHMÉTIQUES.

Addition singulière d'Arithmétique.

On propose quelquefois aux enfans qui étu-
dient l'arithmétique , une espèce d'*addition* qui
les étonne, parce qu'on écrit d'avance la somme
des nombres qu'il leur plaira de choisir au hazard,
Pourvu toutefois qu'ils se bornent à un certain
nombre de chiffres, & qu'il soit permis d'en écrire
rapidement un pareil nombre au-dessous des leurs.

Pour plus de clarté ; supposons qu'on présente

à quelqu'un quatre rangées de points avec un
rang de chiffres de la manière suivante :

Total.   1 9 9 9 9 8

Supposons que cette personne écrive sur les
deux rang de points les chiffres qui lui viennent
dans l'idée , par exemple , les suivans :

3 7 2 1 0
2 9 6 0 7

Total. . . . 1 9 9 9 9 8

Aussi-tôt après , on peut écrire promptement
au-dessous , deux autres rangées de chiffres,
manière que la somme de ces quatre nombres
trouve précisément le rang de chiffres qui a été
écrit le premier au-dessous des points ; comme
dans cet exemple :

3 7 2 1 0
2 9 6 0 7
6 2 7 8 9
7 0 3 9 2

Total. . . . 1 9 9 9 9 8

Pour apprendre à faire ce petit tour, il suffit
d'observer que le nombre écrit d'avance n'est
autre chose que la somme de deux rangs de chiffres
composés de 9 , comme on peut le voir dans
l'exemple que voici , où on verra le même total
que dans le précédent.

9 9 9 9 9
9 9 9 9 9

Total. . . . 1 9 9 9 9 8

Par conséquent tout l'art consiste à supposer
que celui à qui on propose le tour, écrira deux
rangées de 9, s'il les écrit réellement, on n'a plus
rien à faire, & l'addition est faite : mais, s'il écrit
d'autres chiffres, on en écrira de nouveaux qui suppléent à ce qui manque aux premiers pour valoir
9 ; par exemple , si le premier chiffre est 3 dans

le premier rang & 2 dans le fecond, on commencera le troifième rang par 6 & le quatrième par 7; par ce moyen, les quatre rangées de chiffres équivaudront à deux rangées de 9, & le total écrit d'avance fera toujours jufte.

Nota: 1°. Que le total eft tout compofé de 9, à l'exception du premier & dernier chiffres qui, joints enfemble, valent 9.

2°. Qu'on peut faire la même opération en faifant écrire trois rangs de chiffres pour en ajouter trois autres, & le total fera à l'inftant compofé de 9, à l'exception du premier & dernier chiffre qui feroit 2 & 7; mais fi on fait écrire quatre rangs de chiffres, le premier & le dernier de la fomme feront 3 & 6 ainfi du refte comme on pourra le voir, fi on fe donne la peine d'y réfléchir & d'en faire l'épreuve.

(DECREMPS).

Un aubergifte a vendu 100 pintes de vin en huit jours de temps, & chaque jour il a vendu 3 pintes de plus que le précédent: on veut favoir combien il a vendu chaque jour.

Solution.

Divifez le double 200 des 100 pintes vendues,
ci 200

Par le nombre 8 des jours 8

Et ôtez le quotient 25

Le nombre 21 qui eft celui des pintes vendues de plus à chaque jour, diminué de l'unité, ci 21

Et l'unité 2 du refte 4
fera connoître qu'il a vendu 2 pintes le premier jour, 5 le deuxième, 8 le troifième, &c. ce qui formera en tout les 100 pintes portées en la queftion qui a été propofée.

Nous ajouterons quelques autres problêmes curieux tirés des *amufemens de Mathématiques* de M. Panckoucke, ancien libraire à Lille, qui a compofé & imprimé plufieurs ouvrages remarquables par la fingularité de fes recherches & de fes connoiffances.

PROBLÊME I.

Un maître d'arithmétique pour égayer fes écoliers, leur fait voir une addition, qu'il leur dit être le *total* de 6 rangées de 4 chiffres chacune, dont ils poferont 3 à volonté.

Opérations.

Il multiplie fecrètement 9999 par 3, ce qui fait 29997 qu'il fait voir à fes difciples.

Les difciples forment les 3 rangées fuivantes de 4 chiffres chacune.

$$
\left.\begin{array}{l}
7285 \\
5829 \\
3456
\end{array}\right\} \text{Rangées des Difciples.}
$$

$$
\begin{array}{l}
\text{Le maître ajoute} \\
\text{les 3 autres rangées} \\
\text{qui ne font que des} \\
\text{complémens de 9.}
\end{array}
\left.\begin{array}{l}
2714 \\
4170 \\
6543
\end{array}\right\} \text{Rangées du maître.}
$$

$$
\underline{29997} \; total.
$$

Si l'on vouloit qu'il y eut livres, fols & deniers, il faudroit pofer pour les deniers leurs complémens à 12, & aux fols leurs complémens à 20.

L'on auroit dans l'exemple précédent 3 f. pour les deniers & 3 liv. pour les fols, qui joint au nombre précédent feroient 30,000 l. 3 f. o d.

PROBLÊME II.

Le même maître après leur avoir enfeigné la fouftraction ordinaire, en fait faire une beaucoup plus commode à fes difciples en cette manière.

$$
\begin{array}{r}
\text{Soit . . . } 397005 \; \text{dette} \\
298578 \; \text{paye} \\
\hline
98427 \; \text{refte.}
\end{array}
$$

8 de 15 refte 7 & retiens 1, que je joints au 7 de la paye pour dire, 8 de 10 refte 2; & joignant le 1 d'emprunt à 5, je dis 6 de 10 refte 4; enfin 9 de 17 refte 8, 10 de 19 refte 9, 3 de 3 quitte.

Cette fouftraction eft précifément ce qu'on fait dans la divifion, où l'on augmente les produits du divifeur de ce dont on devroit diminuer les figures du dividende.

PROBLÊME III.

Souftraction chronologique.

On demande combien il s'eft paffé de tems depuis la bataille de Marignan, où François I fit des prodiges de valeur, le 3 feptembre 1515, jufqu'à la célèbre victoire de Fontenoy, remportée le 11 mai 1745, par fa majefté en perfonne accompagné de monfeigneur le dauphin.

Solution.

	ans	mois	jours	
1°. Pofez	1744	4	11	Qui eft la même chofe que le 11 mai 1745.
2°. Pofez en deffous	1514	8	3	
différence	229 ans	8 mois	8 jours	
Preuve	1744	4	11	

Cette queſtion eſt utile pour les intérêts & rachats des rentes , pour ſavoir l'âge dans lequel on eſt , pour connoître combien il y a d'une date à une autre , ſoit pour une tranſaction, donation, mariage , teſtament , & généralement pour toutes ſortes de contrats.

On pourroit pouſſer la queſtion plus loin en voulant ſavoir combien il a d'heures & de minutes de différence d'une date à une autre.

PROBLÊME IV.

Un étranger arrivant à Paris ſe mit à l'auberge pour 30 jours , à raiſon de 20 ſ. par jour , il n'avoit que 5 pièces valant enſemble 30 liv. avec leſquels il ſatisfit tous les jours ſon hôte , ſans qu'il reſtât rien de dû de part ni d'autre.

On demande la valeur de chacune des 5 pièces.

Solution.

Il eſt facile de voir que la moindre des pièces doit être de 20 ſ. ou 1 liv.
La deuxième doit être 2 l.
La troiſième de 4
La quatrième de . . . 8
La cinquième de . . 15

Payement

Le premier jour il donne la première pièce 1 liv.

Le deuxième jour il donne 2 livres & retire la première.

Le troiſième , il donne 1 L.

Le quatrième il donne 4 liv. & retire 1 liv. & 2 liv. & ainſi de ſuite, comme on peut le vérifier.

PROBLÊME V.

Les rangs de neuf.

Un commiſſaire a reçu pour ſes étrennes , des marchands de vin de ſon quartier , 32 bouteilles de vin de liqueur qu'il a fait ranger dans ſa cave par ſon clerc dans l'ordre ſuivant , lui faiſant remarquer qu'il y avoit 9 bouteilles de chaque côté.

1	7	1
7		7
1	7	1

Le clerc en enleva 12 ; c'eſt-à-dire, 4 à

chaque fois , & dans les différentes viſites que le commiſſaire fit de ſon cellier , le clerc lui fit remarquer qu'il y en avoit toujours 9 de chaque côté. On demande la ſolution du problème.

Premier ordre pour 28 bouteilles.	Second ordre pour 24 bouteilles.	Troiſième ordre pour 20 bouteilles.
2 5 2 / 5 5 / 2 5 2	3 3 3 / 3 3 / 3 3 3	4 1 4 / 1 1 / 4 1 4

PROBLÊME VI.

Les tonneaux.

La veuve d'un marchand de vin laiſſe à partager à ſes trois filles 21 tonneaux, dont 7 pleins , 7 vuides , & 7 à demi pleins ; comment faire le partage enſorte qu'elles ayent autant de vin & de tonneaux l'une que l'autre.

Première Solution.

3 pleins	1 à demi	3 vuides	1ere part.
3 p	1 à demi	3 vuides	2de part.
1 p	5 à demi	1 vuide	3eme part.

Seconde Solution.

2 pleins	3 à demi	2 vuides.
2 p	3 à demi	2 vuides.
3 p	1 à demi	3 vuides.

Si l'on propoſoit de partager 33 muids , ſous les mêmes conditions , à 3 perſonnes ; en prenant le tiers de 33 qui eſt 11 , on peut former différens quarrés à trois rangs de chaque côté , où il doit toujours ſe trouver 11 de quelque côté qu'on compte. Il ſuffit d'indiquer les ſuivans.

A	5 pl.	5 v.	1 d.pl.	1 pl.	1 v.	9 d.pl.
B	4	4	3	5	5	1
C	2	2	7	5	5	1

PROBLÊME VII.

Tiré de Joſephe l'Hiſtorien.

Arranger 30 coupables de telle manière , qu'on en puiſſe ſauver 15 en les comptant de ſuite & rejettant toujours le neuvième.

Arrangez les coupables ſuivant l'ordre des voyelles qui compoſent les deux vers ſuivans.

4 5 2 1 3 1 1
Mort tu ne failliras pas

2 2 3 1 2 2 1
En me livrant le trépas.

On peut aussi se servir de ce vers latin, où les voyelles sont dans le même ordre.

4 3 2 1   3 1   1 2   2 3 1 2 2 1
Populeam Virgam Mater Regina ferebat.

Il faut commencer par arranger 4 de ceux qu'on veut sauver, puis cinq de ceux qu'on veut punir ; ainsi de suite alternativement, suivant les chiffres affectés à ce vers.

PROBLÊME VIII.

Partages égaux avec des vases inégaux.

Un grenadier demande 4 pintes de vin à un aubergiste qui n'a pour mesure que 3 cruches ; une de 3 pintes, une de 5 & la troisième de 8.

Il faut, ayant rempli le pot de 8 pintes, le distribuer dans l'ordre suivant.

8 pintes	5	3
3	5	0
3	2	3
6	2	0
6	0	2
1	5	2
1	4	3

Autre solution.

8	5	3
5	0	3
5	3	0
2	3	3
2	5	1
7	0	1
7	1	0
4	1	3

PROBLÊME IX.

Les Poids.

Déterminer le plus petit nombre de poids avec lequel on puisse peser depuis 1 liv. jusqu'à 364.

Solution.

Prenez des poids qui soient selon cette progression géométrique.

1, 3, 9, 27, 81, 243.

En additionnant ces 6 nombres, on aura 364.

Si l'on augmentoit cette progression d'un terme qui seroit 729 on pourroit peser avec 7 poids, depuis 1 jusqu'à 1093.

Exemple.

Pour peser 34 liv. mettez dans un bras de la balance les poids 1, 9 & 27, & dans l'autre le poids de 3, remplissez ce dernier bassin de marchandises, jusqu'à ce qu'il y ait équilibre.

C'est de ces réflexions que l'on a tiré la formule générale de la puissance M du binome P+Q qui sert également pour la formation des puissances & pour l'extraction des racines ; car extraire une racine n'est autre chose que d'élever la puissance donnée à une puissance fractionnaire dont le numérateur est l'unité, & le dénominateur est égal au nombre des degrés de la racine ; par exemple, extraire la racine deuxième de a^6, c'est élever a^6 à la puissance $\frac{1}{2}$ on aura

$$a^6 \times \tfrac{1}{2} = a^{\frac{6}{2}} = a^3$$

La formule générale est donc

$$a^m + m a^{m-1} q + m \times \tfrac{m-1}{2} a^{m-2} q^2 + m \times \tfrac{m-1}{2} \times \tfrac{m-2}{3} \times \tfrac{m-2}{3} q^{m-2} q^2 + \&c.$$

PROBLÊME X.

On demande trois nombres quarrés dont la somme forme un nombre quarré.

Opération.

1°. Soit un nombre quarré impair quelconque tel que 9, il sera le premier nombre.

2°. Otez-en 1 reste 8, dont la $\frac{1}{2}$, 4 étant quarrée 16 second nombre.

3°. Joignez le premier 9 à 16, vous aurez 25, dont ôtant 1, & quarrant sa demie, on aura 144 pour le troisième nombre quarré.

Preuve.

1er nombre	9
2e nombre	16
3e nombre	144
	169 nombre quarré.

PROBLÊME XI.

Un maçon ayant entrepris la fouille d'un puits qui devoit avoir 10 toises de profondeur à raison de 300 liv. pour tout l'ouvrage, mourut n'en ayant fait que 4 toises. Il s'agit de déterminer le payement de cette partie d'ouvrage à proportion du prix total, & de la peine qui devroit croître naturellement de plus en plus.

Solution.

Solution.

On peut fuppofer dans ces fortes d'ouvrages que la peine augmente à proportion que l'on defcend, & cela fuivant la progreffion naturelle des nombres, par conféquent prenant pour premier terme un pied, on aura cette progreffion 1, 2, 3, 4, 5, 6, 7, 8, 9, 10, dont la fomme eft 55 pieds.

Prenez 1, 2, 3, 4 pour les quatre toifes dont la fomme eft 10 t. : dites

Si 55 donnent 300, combien 10; on aura 54 livres $\frac{6}{11}$.

Arithmétique politique.

Depuis que la politique s'eft éclairée fur ce qui conftitue la vraie force des états, on a fait beaucoup de recherches fur le nombre des hommes de chaque pays, pour reconnoître fa population. D'ailleurs, prefque tous les gouvernemens s'étant trouvés contraints à faire de forts emprunts, pour la plupart en rente viagere, on a été naturellement conduit à examiner fuivant quelle progreffion s'éteignoit la race humaine, afin de proportionner les intérêts de ces emprunts à la probabilité de l'extinction de la rente. Ce font ces calculs auxquels on a donné le nom d'arithmétique politique; & comme ils préfentent plufieurs faits curieux, foit qu'on les confidere du côté politique, foit qu'on les envifage du côté phyfique, nous avons cru devoir les inférer ici pour amufer & inftruire nos lecteurs.

§. I.

Du rapport des Mâles aux Femelles.

Beaucoup de gens font dans la perfuafion que le nombre des filles qui naiffent, excede le nombre des naiffances des garçons: le contraire eft démontré depuis bien long-temps. Il naît annuellement plus de garçons que de filles; &, depuis 1631, qu'à une petite lacune près on a le nombre des naiffances arrivées à Londres, avec diftinction de fexe, on n'a pas pu obferver une feule fois que celui des filles égalât même celui des garçons. On trouve enfin, en prenant un terme moyen, par le calcul d'un grand nombre d'années, que le nombre des garçons naiffants eft à celui des filles, comme 18 à 17. Ce rapport eft auffi celui qui regne dans la généralité de la France; mais, quelle qu'en foit la raifon, il femble être, à Paris, comme de 27 à 26.

Ce n'eft pas feulement en Angleterre & en France qu'on obferve cette efpece de phénomene, *Amufemens des Sciences.*

mais c'eft encore par-tout ailleurs. On peut s'en convaincre par la lecture des gazettes, qui nous communiquent au commencement de chaque année le nombre des naiffances arrivées dans la plupart des capitales de l'Europe: on y verra le nombre des mâles naiffants excéder toujours celui des filles; &, conféquemment, on peut regarder cela comme une loi générale de la nature.

On doit même reconnoître ici une fage vue de la providence ou de la divinité, qui a pourvu à la confervation de la race humaine. Les hommes, par la vie active à laquelle la nature les a deftinés, en leur donnant des forces & un courage dont elle a en général privé les femelles, font expofés à beaucoup plus de dangers: les guerres, les longues navigations, les métiers dangereux ou nuifibles à la fanté, les débauches, moiffonnent un nombre confidérable d'hommes: d'où il réfulte que, fi le nombre des garçons naiffants n'excédoit pas celui des filles, la race des mâles diminueroit affez rapidement, & s'éteindroit bientôt.

§. II.

De la mortalité du genre humain felon les différents âges.

Il y a à cet égard une différence affez confidérable, en apparence, entre les villes & les campagnes: mais cela vient de ce que les femmes des villes nourriffent rarement; &, conféquemment, la plus grande partie des enfans étant nourris à la campagne, comme c'eft dans les premieres années de la vie qu'eft la plus grande mortalité, c'eft là qu'elle fe manifefte le plus. Il faudroit donc pouvoir faire cette féparation, ou accoupler les lieux où l'on ne nourrit guere, avec ceux où l'on envoie les enfans à nourrir; & c'eft ce que M. Dupré de Saint-Maur a tâché de faire, en compulfant les regiftres de trois paroiffes de Paris & de douze de la campagne.

Suivant ces obfervations, fur 23994 fépultures, il s'en eft trouvé 6454 d'enfans n'ayant pas encore un an; & comme le nombre des naiffances pendant le même temps balance affez bien le nombre des morts, il s'enfuit que de 24000 enfans nés, il en arrive feulement

à la 2e année	17540
3e	15162
4e	14177
5e	13477
6e	12968
7e	12562
8e	12255
9e	12015
10e	11861
15e	11405

A 2

à la 20ᵉ année 10909
25ᵉ 10259
30ᵉ 9544
35ᵉ 8770
40ᵉ 7929
45ᵉ 7008
50ᵉ 6197
55ᵉ 5375
60ᵉ 4564
65ᵉ 3450
70ᵉ 2544
75ᵉ 1507
80ᵉ 807
85ᵉ 291
90ᵉ 103
91ᵉ 71
92ᵉ 63
93ᵉ 47
94ᵉ 40
95ᵉ 33
96ᵉ 23
97ᵉ 18
98ᵉ 16
99ᵉ 8
100ᵉ . . . . 6 ou 7

Telle est donc la condition de l'espèce humaine, que de 24000 enfans qui naissent, à peine une moitié atteint sa neuvième année ; les deux tiers sont au tombeau avant 40 ans ; il n'en reste qu'un sixième après 62 ans, un dixième après 70 ans, un centième après 86 ans ; un millième environ arrive à 96 ans, & six ou sept à 100 ans.

Nous devons cependant observer qu'il y a à cet égard des différences entre les auteurs qui ont traité ces matières, & nous devons en observer la cause. Suivant la table de M. de Parcieux, par exemple, la moitié des enfans nés ne périt pas avant 31 ans accomplis, tandis que, suivant celle de M. Dupré de Saint-Maur, elle est moissonnée avant le commencement de la neuvième année. Cela vient de ce que la table de M. de Parcieux a été formée d'après des listes de rentiers, qui sont toujours des sujets choisis. En effet, un père ne s'avise pas de mettre en rente viagère sur la tête d'un enfant mal constitué ou cacochyme. La loi de la mortalité est donc, dans ce cas, différente ; & si l'une est la loi générale & commune, l'autre est celle que les administrateurs qui créent des rentes viagères doivent consulter avec attention, pour ne pas faire des emprunts trop onéreux.

§. I I I.

De la vitalité de l'espèce humaine selon les différens âges, ou de la vie moyenne.

Un enfant vient de naître ; à quel âge peut-on parier au pair qu'il arrivera ? Ou bien, cet enfant est déjà arrivé à un certain âge ; combien d'années est-il probable qu'il a encore à vivre ? Voilà deux questions dont la solution est non-seulement curieuse, mais encore importante.

Nous accouplerons ici les deux tables, l'une de M. Dupré de Saint-Maur, l'autre de M. de Parcieux. Nous ferons ensuite quelques observations générales sur ce sujet.

Âge	TEMPS A VIVRE.			
	M. D. de S. Maur.		M. de Parcieux.	
	Années.	Mois.	Années.	Mois.
0	8			
1	33		41	9
2	38		42	8
3	40		43	6
4	41		44	2
5	41	6	44	5
6	42		44	3
7	42	3	44	
8	41	6	43	9
9	40	10	43	3
10	40		42	8
20	33	5	36	3
30	28		30	6
40	22	1	25	6
50	16	7	19	5
60	11	1	14	11
70	6	2	9	2
75	4	6	6	10
80	3	7	5	
85	3		3	4
90	2		2	2
95		5		6
96		4		5
97		3		4
98		2		3
99		1		2
100		½		1

Deux observations se présentent à faire à la suite de cette double table. La première concerne la différence qu'il y a dans l'une & dans l'autre. On voit en effet celle de M. de Parcieux présenter toujours, pour chaque âge, un temps plus considérable. Nous en avons dit plus haut la raison. Nous avons même supprimé de la table de M. de Parcieux la première année, comme présentant une différence trop énorme ; ce qui vient, je pense, de ce que 1º l'on ne s'avise de constituer une rente viagère sur un enfant qui est dans sa première année, qu'après s'être parfaitement assuré de la bonté de sa constitution, & 2º que ce n'est pas au moment de la naissance d'un enfant, mais dans le courant, comme vers le milieu ou la fin de la première année, que l'on hasarde une pareille constitution; car, les rentes viagères restant quelquefois plusieurs mois & même jusqu'à une année à remplir, on a d'ordinaire le temps de ne faire le placement sur une tête aussi jeune, qu'après avoir eu la commodité de laisser écouler quelques mois, & s'être assuré de la constitution du sujet. Ainsi je pense que les 34 ans de vitalité, donnés par M. de Parcieux à un sujet qui vient de naître, doivent être regardés comme ceux d'un enfant qui a 6 ou 9 mois & plus : or c'est dans les premiers mois de la première année que la vie d'un enfant est la plus frêle, & qu'il en meurt davantage.

La seconde observation est celle-ci, & elle est commune aux deux tables : c'est que la vitalité, qui est fort foible au moment de la naissance, va en augmentant passé ce terme, jusqu'à un autre où elle est la plus grande; car il y a moins de 3 contre 1 à parier que l'enfant qui vient de naître atteindra la fin de sa première année (1); &, à parier au pair, il n'a que 8 ans à vivre : mais, le commencement de la seconde une fois atteint, il y a 6 contre 1 à parier qu'il arrivera à la troisième; & l'on peut parier au pair qu'il vivra 33 ans. Enfin l'on voit que, suivant la table de M. Dupré de Saint-Maur, c'est vers l'âge de 10 ans accomplis, & entre 10 & 15 ans, que la vie est plus assurée. A cette époque on peut parier au pair que le sujet vivra encore 43 ans; & il y a 125 contre 1 à parier qu'il vivra encore un an, ou 25 contre 1 qu'il en vivra cinq. Passé ce terme, la probabilité de vivre encore un an diminue. Il n'y a, par exemple, à 20 ans, qu'un peu moins de 16 contre 1 à parier qu'on ne mourra pas dans les cinq années suivantes. Lorsqu'on a atteint sa soixantième année, il n'y a plus que $3\frac{1}{5}$ à parier contre 1 qu'on atteindra le commencement de la soixante-cinquième.

§. IV.

Du nombre d'hommes de chaque âge, sur une quantité donné.

On peut déduire des observations précédentes,

---

(1) Suivant les principes des probabilités, celle qu'il y a qu'un enfant qui vient de naître sera en vie au bout de l'année, est à celle qu'il sera mort, comme le nombre des enfans restans au bout de cette année à celui des enfans morts, c'est-à-dire comme 17540 à 6560; ce qui est un peu moins que le rapport de 3 à 1. Le calcul est semblable pour les autres cas. Prenez le nombre des sujets morts dans le courant de l'année, divisez par ce nombre celui des sujets restans; ce sera l'expression de ce qu'on peut parier contre 1, que le sujet qui a atteint cette année atteindra la suivante.

que sur un million d'habitans d'un pays, il y en a

de	à		nombre
0	1		38740
1	5	accomplis	119460
5	10		99230
10	15		94530
15	20		88675
20	25		82580
25	30		77650
30	35		71665
35	40		64205
40	45		57230
45	50		50605
50	55		43940
55	60		37110
60	65		28690
65	70		21305
70	75		13195
75	80		7065
80	85		2880
85	90		1025
90	95		335
95	100		82
au-dessus de 100 ans			3 ou 4

Ainsi, dans un pays peuplé d'un million d'habitans, il s'en trouve entre l'âge de 15 ans accomplis & de 60, environ 572500, dont un peu moins de la moitié sont des hommes. C'est pourquoi cette quantité d'habitans pourroit fournir, à la rigueur, 250 mille hommes en état de porter les armes, en ayant même égard aux malades, perclus, &c. qu'on peut supposer sur cette quantité d'hommes.

§. V.

Sur le rapport des naissances & des morts au nombre total des habitans d'un pays : Conséquences de ces observations.

Comme il seroit bien difficile de faire l'énumération des habitans d'un pays, sur-tout s'il falloit la réitérer autant de fois que des intérêts politiques peuvent exiger qu'on connoisse sa population, on a tâché d'y suppléer, en déterminant le rapport des naissances ou des morts avec le nombre total des habitans de ce pays : car, comme dans tous les pays de l'Europe civilisée on tient des registres des naissances & des morts, on peut, en les compulsant, juger de la population, voir si elle augmente ou diminue; ou examiner, dans le dernier cas, les causes qui produisent cette diminution.

On déduit, par exemple, des tables de M. Halley, qui présentent l'état de la population de Breslaw vers l'année 1690, que sur 34000 habitans il y arrivoit annuellement, calcul moyen, 1238 naissances; ce qui donne le rapport des premiers aux seconds, de $27\frac{1}{2}$ à 1. Pour des villes telles que Breslaw, où il n'y a pas un grand abord d'étrangers, on peut donc prendre pour règle, de multiplier les naiffances par 27 ½, & l'on aura le nombre des habitans.

Il a paru il y a quelques années, c'eft-à-dire en 1766, un ouvrage très-intéreffant en ce genre, intitulé : *Recherches fur la population des généralités d'Auvergne, de Lyon, de Rouen, & de quelques provinces & villes du royaume, &c.* par M. Meffance. Par des dénombremens faits tête par tête, des habitans de dix-fept petites villes, bourgs ou villages de la généralité d'Auvergne, comparés au nombre moyen des naiffances dans les mêmes lieux, il montre que le nombre des naiffances eft à celui des habitans, comme 1 à 24 ½ ⅖ : un femblable dénombrement de vingt-huit petites villes, bourgs ou villages de la généralité de Lyon, donne ce rapport de 1 à 23 ¾ : enfin, par celui de cent cinq petites villes, bourgs & paroiffes de la généralité de Rouen, il a trouvé que ce rapport étoit de 1 à 27 ½ & ⅒. Or, comme ces trois généralités comprennent un pays très-montagneux, comme l'Auvergne ; un qui l'eft médiocrement, comme la généralité de Lyon ; un qui eft prefque tout de plaines ou collines cultivées, comme la généralité de Rouen, on peut conclure que leur réunion repréfente affez bien l'état moyen du royaume : c'eft pourquoi, fondant enfemble les rapports ci-deffus, ce qui donne celui de 1 à 25 ½, ce fera, pour la totalité du royaume, (les grandes villes non comprifes,) le rapport des naiffances au nombre des habitans, enforte que pour deux naiffances on aura 51 habitans.

Mais comme, dans les villes un peu confidérables, il y a plufieurs claffes de citoyens qui paffent leur vie dans le célibat, & qui ne contribuent que peu ou point à la population, il eft évident que ce rapport entre les naiffances & les habitans effectifs, doit y être plus confidérable. M. Meffance dit s'être affuré, par plufieurs comparaifons, que le rapport le plus approchant de la vérité, dans ce cas, eft de 1 à 28, & que c'eft celui qu'on doit prendre pour déduire, par le nombre des naiffances, le nombre des habitans d'une ville du fecond ordre, comme Rouen, Lyon, &c ; ce qui quadre affez bien avec ce qu'a trouvé M. Halley pour la ville de Breflaw.

Enfin il eft très-vraifemblable que, pour des villes du premier rang, ou des capitales d'états, comme Paris, Londres, Amfterdam, &c. où viennent fondre une foule d'étrangers attirés par les plaifirs ou par les affaires, où règne un luxe confidérable qui multiplie les célibataires volontaires ; il eft, dis-je, plus que vraifemblable qu'il faut hauffer encore le rapport ci-deffus, & le porter au moins à 30 ou 31.

M. Kerfeboom s'eft efforcé d'établir, dans fon

livre intitulé : *Effai de Calcul politique,* concernant la quantité des habitans des provinces de Hollande & de Weftfriefland, &c, imprimé à la Haye en 1748, qu'il falloit multiplier par 35 le nombre des naiffances en Hollande, pour avoir le nombre de fes habitans. Si cela eft, on doit en conclure que les mariages font moins féconds ou moins nombreux en Hollande qu'en France, ce qui pourroit bien être fondé fur des raifons phyfiques.

Si l'on applique ces calculs à la détermination de la population des grandes villes, on verra qu'on eft, en général, dans l'erreur à leur égard ; car on dit vulgairement que Paris contient un million d'habitans : mais le nombre des naiffances n'y excède pas, année commune, 19500 ; ce qui, multiplié par 30, donne 585000 habitans. Si on employe pour multiplicateur le nombre 31, on aura 604500. C'eft fûrement tout au plus ce qu'il y a d'habitans à Paris.

§. VI.

De quelques autres rapports entre les habitans d'un pays.

Nous allons préfenter ici, en abrégé, quelques autres confidérations fur la population. Le livre que nous avons cité dans le paragraphe précédent, nous fervira encore ici de principal guide.

En confondant enfemble les trois généralités ci-deffus, on a trouvé ;

1° Que le nombre des habitans d'un pays eft à celui des familles, comme 1000 à 222 ½ ; enforte que 2000 habitans donnent communément 445 familles, & conféquemment pour chacune, l'une portant l'autre, 4 têtes ½ ; ou 9 perfonnes pour deux familles. A cet égard, celles de l'Auvergne font les plus nombreufes, enfuite celles du Lyonnois ; & celles de la généralité de Rouen le font le moins. Par un calcul moyen, on trouve encore que, fur vingt-cinq familles, il y en a une dans laquelle on compte fix enfans, ou plus.

2° Le nombre des enfans mâles naiffans excède, comme on l'a dit, celui des filles naiffantes, & cet excès fe foutient jufqu'à un certain âge : par exemple, le nombre des garçons de 14 ans & au-deffous, eft auffi plus grand que celui des filles du même âge, & dans le rapport de 30 à 29 ; toutefois le nombre total des femelles excède celui des mâles dans le rapport d'environ 18 à 19. On voit ici l'effet de la confommation confidérable d'hommes qu'occafionnent la guerre, la navigation, les métiers de fatigue & la débauche.

3° On trouve qu'il fe fait annuellement trois

mariages fur 337 habitans, enforte que 112 en produifent un.

4º. Le rapport des hommes mariés ou veufs eft au nombre des femmes mariées ou veuves, à très-peu près comme 125 à 140, & le nombre total de cette claffe de la fociété eft à la totalité des habitans, comme 265 à 631, ou 53 à 126.

5º. Suivant MM. King & Kerfeboom, le nombre des veufs eft à celui des femmes veuves, à peu près comme 1 à 3 ; enforte qu'il y a trois veuves pour un veuf. Cela fe déduit au moins des dénombremens faits en Hollande & en Angleterre. Mais en eft-il de même en France ? C'eft ce qu'il eût été à defirer que l'auteur cité ci-deffus eût recherché. Je crois, au refte, que ce rapport approche affez de la vérité ; & l'on ne s'en étonnera pas, fi l'on confidère que la plupart des hommes fe marient tard, en comparaifon des filles.

6º. En admettant le rapport ci-deffus entre les veufs & les veuves, il s'enfuivroit que, fur 631 habitans, il y a 118 mariages fubfiftans, 7 à 8 veufs, & 21 ou 22 veuves ; le refte eft compofé d'enfans, de célibataires, de domeftiques, de paffagers.

7º. On déduit encore de-là, que 1870 mariages fubfiftans donnent annuellement 357 enfans ; car une ville de 10000 habitans contiendroit ce nombre de couples mariés, & donneroit 357 naiffances annuelles. Ainfi cinq couples mariés, de tout âge, produifent annuellement une naiffance.

8º. Le nombre des domeftiques eft au total des habitans, à-peu-près comme 136 à 1535 ; ce qui eft un peu plus que la onzième partie, & moins que la dixième.

Au refte, le nombre des domeftiques mâles eft affez égal à celui des femelles, étant dans le rapport de 67 à 69 ; mais il eft très-vraifemblable que, dans les grandes villes, où règne beaucoup de luxe, la proportion doit être différente.

9º. Le nombre des eccléfiaftiques des deux fexes, c'eft-à-dire tant féculiers que réguliers, y comprenant auffi les religieufes, eft à-peu-près, au nombre des habitans de ces trois généralités, dans le rapport de 1 à 112 ; ce qui eft affez contraire à l'opinion commune, qui fuppofe ce rapport beaucoup plus fort.

10º. En répartiffant le terrain des trois généralités entre tous leurs habitans, on trouve que la lieue quarrée de 2400 toifes en contiendroit 864 : or la lieue quarrée de 2400 toifes contient 6400 arpens de 18 pieds la perche : ainfi chaque homme, l'un portant l'autre, auroit 7 arpens $\frac{4}{3}$; &

chaque famille, ou feu, étant compofée, l'une portant l'autre, de 4 têtes $\frac{1}{2}$, il en reviendroit à chaque famille 33 arpens $\frac{1}{2}$. Mais il faut obferver que la généralité de Rouen, confidérée feule, eft beaucoup plus peuplée ; car on y trouve 1264 habitans par lieue quarrée ; ce qui ne donne pour chaque tête que 5 arpens.

11º. Les mêmes dénombremens ont fait reconnoître, depuis le commencement de ce fiècle, un accroiffement affez fenfible dans la population. On trouve en effet, généralement, le nombre des naiffances annuelles augmenté ; & enfin, de la comparaifon de celui qu'on obferve actuellement avec celui qui avoit lieu au commencement du fiècle, on eft fondé à conclure que le nombre actuel des habitans eft accru, depuis le commencement du fiècle, dans le rapport de 1456 à 1350 ; ce qui fait moins d'un douzième & plus d'un treizième d'augmentation. On la doit fans doute à une agriculture plus étendue, à un commerce plus actif, & à la ceffation des guerres qui ont fi long-temps défolé l'intérieur de la France. La plaie faite au royaume par la révocation de l'édit de Nantes, paroît fermée, & au-delà ; mais, fans cet événement, la France feroit probablement plus peuplée d'un fixième qu'elle ne l'étoit au commencement du fiècle ; car l'expatriation occafionnée par cette révocation va probablement à un douzième.

§. V I I.

Quelques queftions dépendantes des obfervations
précédentes.

Voici maintenant quelques-unes des queftions que les confidérations ci-deffus fervent à réfoudre. On ne développera pas la folution de chacune ; on fe bornera à l'indiquer quelquefois, & on laiffera en général au lecteur le plaifir de s'exercer ; d'après les principes expofés ci-deffus.

1. « L'âge d'un homme étant donné, par exemple, 30 ans, quelle probabilité y a-t-il qu'il fera en vie après un nombre d'années déterminé, par exemple 15 ? »

Cherchez dans la table du §. II. l'âge donné de la perfonne, favoir 30 ans, & le nombre qui fe trouve à côté, qui eft 11405 ; prenez enfuite dans la même table le nombre qui fe trouve à côté de 45, qui eft 7008 ; faites enfin de ce dernier nombre le numérateur d'une fraction $\frac{7008}{11405}$ dont le premier fera le dénominateur ; ce fera le nombre qui exprimera la probabilité qu'il y a, qu'une perfonne de 30 ans arrive à 45.

La démonftration de cette règle fe préfente d'elle-même à quiconque entend la théorie des probabilités.

2. « Un homme âgé de 20 ans emprunte 1000 livres, à condition de payer seulement capital & intérêts lorfqu'il aura 25 ans ; & dans le cas où il viendroit à mourir avant ce temps, la dette eſt perdue. Quelle ſomme doit-il s'engager à payer s'il atteint les 25 ans ? »

Il eſt évident que s'il y avoit aſſurance qu'il ne mourût pas avant 25 ans, la ſomme à rendre feroit le capital accru de ſes intérêts pendant 5 années : (nous ſuppoſons l'intérêt ſimple ;) ainſi ce feroit 1250 livres qu'il devroit s'engager à payer à ce terme. Mais cette ſomme doit être augmentée à raiſon du danger qu'il y a que le débiteur meure dans ces cinq ans, ou en raiſon inverſe de la probabilité qu'il y a qu'il ſoit en vie. Or cette probabilité eſt exprimée par la fraction $\frac{10257}{10909}$; c'eſt pourquoi il faut multiplier la ſomme ci-deſſus par cette fraction renverſée, ou par $\frac{10909}{10257}$; ce qui donne 1329 liv. 3 ſ. 1 denier, c'eſt-à-dire 79 liv. 3 ſ. 1 d. pour le riſque de perdre la dette, ce qui, je crois, ne feroit pas réputé uſuraire.

3. « Un état ou un particulier eſt dans le cas d'emprunter en rente viagère. Quel denier doit-il & peut-il donner pour les différens âges, l'intérêt légal étant, comme il eſt en France, à 5 pour 100 ? »

Le vulgaire, qui eſt accoutumé à voir faire des emprunts onéreux, ne doute nullement que le taux de 10 pour 100 ne ſoit dû bien avant l'âge de 50 ans, & qu'une pareille manière d'emprunter ne ſoit avantageuſe pour la libération de l'état ; mais il eſt dans une énorme erreur ; calcul fait d'après les données ci-deſſus, on ne peut allouer, ſuivant la table de M. de Parcieux, les 10 pour 100 avant l'âge de 56 ans ; & c'eſt celle qu'on doit ſuivre, attendu qu'on ne conſtitue guère de rentes viagères que ſur des ſujets de bonne ſanté. Suivant donc cette table, on ne peut donner à 20 ans que $6\frac{1}{5}$ pour 100 ; à 25 ans, $6\frac{1}{4}$; à 30 ans, $6\frac{4}{5}$; à 40 ans, $7\frac{1}{2}$; à 50 ans, $8\frac{4}{5}$; à 56 ans, 10 ; à 60 ans, $11\frac{7}{10}$; à 70 ans, $16\frac{4}{5}$; à 80 ans, $27\frac{4}{7}$; à 85 ans, $39\frac{1}{15}$.

C'eſt auſſi une erreur très-grande que de penſer qu'à cauſe du grand nombre de perſonnes qui placent des fonds dans ces emprunts viagers faits par un gouvernement, il eſt aſſez promptement libéré d'une partie de la rente, par la mort d'une partie des rentiers. La lenteur des accroiſſemens des rentes en tontines montre aſſez la fauſſeté de cette idée : d'ailleurs, cette multitude de perſonnes eſt préciſément la cauſe pour laquelle l'extinction des rentiers ſe fait plus conformément à la loi de la probabilité expoſée ci-deſſus. Un heureux haſard peut libérer au bout de quelques années le débiteur d'une rente viagère qui vient d'être conſtituée ſur la tête d'un homme de 30 ans ; mais, ſi cette rente eſt répartie ſur 300 têtes différentes, d'envi

ron cet âge, il eſt bien certain qu'il ne ſera pas libéré avant environ 65 ans, & qu'après 32 ou 33 ans il y aura encore la moitié des rentiers vivans. C'eſt ce que M. de Parcieux a fait voir clairement par le dépouillement des liſtes des tontines.

4. « L'intérêt légal étant à 5 pour 100, à quel denier peut-on conſtituer une rente ſur deux têtes dont les âges ſont donnés, & payable juſqu'à la mort du dernier vivant ? »

5. » Quel denier pourroit-on donner d'un capital conſtitué en rente ſur deux têtes d'âges donnés, & payable ſeulement tant que les deux rentiers ſeront en vie ? »

6. « Paul jouit ſur les fonds publics d'une rente de 1000 livres en viager ; il a beſoin d'un capital, & offre de vendre ſa rente. Son âge eſt donné. On demande ce qu'on peut acheter cette rente ? »

7. « Deux particuliers, Jean, âgé de 20 ans, & Pierre de 50, conviennent enſemble de ſe faire conſtituer ſur leurs têtes réunies, une rente de 1000 livres, à partager également entr'eux dant leur vie, & qui reſtera toute entière au dernier vivant. On demande ce que chacun doit contribuer pour ſa part dans le capital à fournir ? »

8. « Que devroit y contribuer chacun, s'il étoit ſtipulé entr'eux que Pierre, le plus âgé, en jouira ſeul juſqu'à ſa mort ? »

9. « On demande (l'intérêt légal étant à 5 pour 100) ce que vaut une rente viagère de 100 livres, conſtituée ſur trois têtes d'âges donnés, & payable juſqu'à l'extinction de la dernière ? »

10. « On place ſur la tête d'un enfant de 3 ans, par exemple, un capital en rente viagère, ſous la condition de ne point toucher la rente, qui accroîtra le capital & ſera elle-même placée en rente viagère à la fin de chaque année, juſqu'à ce que cette rente égale le capital. A quel âge une pareille rente ſera-t-elle due, l'intérêt légal étant à 5 pour 100 ? »

Bien des gens ſont dans l'idée qu'on peut placer ſur la banque de Veniſe un capital à cette condition ; ſavoir, qu'on ne retirera rien pendant dix ans, après quoi l'on recevra une rente égale au capital même. Mais il n'y a rien de ſi mal fondé, comme le montre M. de Parcieux dans ſon *Addition à l'Eſſai ſur les probabilités de la durée de la vie humaine*, publiée en 1760 ; car on y voit, par un calcul qui porte avec lui ſa démonſtration, qu'en plaçant, par exemple, une ſomme de 100 liv. ſur la tête d'un enfant de 3 ans, ce ne ſeroit qu'à 45 ou 46 ans qu'il pourroit commencer à jouir de 100 liv. de rente.

La table de M. de Parcieux préfente fur ce fujet des chofes affez curieufes. Par exemple, dans la fuppofition ci-deffus, fi l'on n'arrêtoit l'accroiffement de la rente qu'à 54 ans, on devroit jouir le refte de fes jours d'une rente de 205 livres ; fi on ne l'arrêtoit qu'à 58 ans, on devroit avoir jufqu'à fa mort 300 livres ; en l'arrêtant à 75 ans feulement, on devroit avoir enfuite 2900 livres par an ? enfin, fi l'on continuoit à replacer les arrérages échus chaque année en rente viagère, jufqu'à la quatre-vingt-quatorzième année, cette rente devroit être, pour le refte de la vie, de 6134069 livres 19 fous 2 deniers, ce qui eft prodigieux.

Mais on peut & l'on doit s'étonner de ce que M. de Parcieux n'a commencé fes calculs que par l'âge de 3 ans. Il eft bien vrai que ce n'eft guère à la naiffance d'un enfant qu'on hafarde un capital pour lui créer une rente ; mais fi l'établiffement de Venife a eu lieu, il eft évident que ce n'a pu être que dans la fuppofition que le placement eût été fait fur la tête d'un enfant qui vient de naître, attendu la grande mortalité de la première année. Nous avons, par cette raifon, examiné ce qui réfulteroit de cette fuppofition, & nous avons trouvé que, plaçant, fous la condition énoncée ci-deffus, une fomme de 100 livres fur la tête d'un enfant qui vient de naître, on devroit, d'après la table de vitalité de M. Dupré de Saint-Maur, lui conftituer une rente viagère de 10 livres 15 fous ; que cette fomme, placée à 8 pour 100 à la fin de la première année, lui donneroit, en y ajoutant la première rente, à la fin de la deuxième année ; 11 livres 11 fous 7 deniers. 11 livres 11 fous 7 deniers, placés à 6¾ pour 100, qui eft le dernier qu'on peut donner au commencement de la troifième année, feroient à la fin de la troifième, ou au commencement de la quatrième, 12 livres 5 fous un denier. En faifant enfin un calcul femblable à celui de M. de Parcieux, on trouveroit que la rente fe feroit accrue jufqu'à 100 livres vers l'âge de 36 ans ; ce qui eft encore énormément éloigné de ce que l'on croit vulgairement.

Si l'on fuppofoit l'intérêt légal à 10 pour 100, tel qu'il étoit dans le feizième fiècle, on trouveroit que ce feroit feulement vers les 26 ans qu'on pourroit toucher une rente égale au capital mis fur fa tête au moment de la naiffance.

Nous paffons fous filence nombre d'autres queftions curieufes fur cette matière. On peut confulter l'ouvrage de M. de Moivre, intitulé : *an Effay upon annuites on Lives*, ou *Effai fur les rentes viagères*, qui mériteroit d'être traduit en françois, & qui pourroit faire un fupplément ou une fuite à fon livre intitulé : à *Treatife of Chances*, dont il eft furprenant que la langue françoife

ne foit pas encore enrichie. On doit auffi voir fur cette matière, le traité de M. de Parcieux, intitulé : *Effai fur les probabilités de la durée de la vie humaine*. Les autres auteurs qui ont traité ces matières mathématiquement, font, parmi les Anglois, MM. Halley, le chevalier Petty, le major Graunt, King, Davenant, Simpfon ; & parmi les Hollandois, & avant tous, le célèbre Jean de Witt, grand-penfionnaire de Hollande, M. Kerfeboom, M. Struyk, &c.

(OZANAM.)

Deviner à l'odorat quel aura été le chiffre rayé par une perfonne de la compagnie, dans le produit d'une multiplication qu'on aura donnée à faire.

Vous propoferez, à une perfonne de la compagnie, de multiplier, par tel nombre qu'il lui plaira, une des trois fommes que vous lui donnerez fur un papier ; vous lui direz de rayer le chiffre qu'elle voudra dans le produit que lui fournira fa multiplication, & en la laiffant maîtreffe d'arranger à fa fantaifie les chiffres reftans de ce produit, après la défalcation du chiffre rayé.

Pendant que la perfonne fait fon calcul & les opérations qui fuivent, vous vous en irez dans une autre pièce ; lorfqu'on vous ira prévenir que vous pouvez rentrer dans la falle, vous prierez la perfonne de vous donner, fur un petit papier ou fur une carte, la fomme reftante ; vous porterez ce papier ou cette carte fous votre nez, comme pour le flairer, & vous lui direz enfuite, au grand étonnement de la compagnie, quel chiffre elle a rayé.

Voici la manière de faire cette opération.

D'abord vous obferverez que les chiffres qui compoferont chacune des trois fommes que vous propoferez de multiplier, n'excèdent pas le nombre de 18.

Exemple.

Soient les trois fommes propofées, celles ci-après.

315,423   132,3 54

9   9   9   9

18   18

252,144

9   9

18

En fuppofant que la fomme choifie, pour être multipliée, foit celle de 132,354

Et que le multiplicateur foit. . . 7

Le produit fera de 926,478

Suppofez encore que le chiffre que l'on aura envie de rayer foit le 6, les chiffres reftans formeront un total de 92,478.

Comme vous laifferez la perfonne maîtreffe d'en arranger les chiffres dans tel ordre qu'elle voudra,

Suppofez encore qu'elle les arrange ainfi, fur le petit papier qu'elle vous donnera:

79,482.

Lorfque vous ferez femblant de flairer le papier, vous compterez mentalement les chiffres que l'on vous préfentera, afin d'en compofer des 9; & vous direz en vous-même : 7 & 2 font 9; puis 9 : enfuite, 8 & 4 font 12; dans 12 il y a 9, & il refte 3 pour en compofer le nombre 9 : il vous manquera un 6, qui eft & doit être le chiffre rayé. Ce calcul doit fe faire précipitamment & pendant que l'on promène le papier fous le nez, fous prétexte de le flairer.

Il eft encore une façon de parvenir à deviner le chiffre retranché, en laiffant les perfonnes maîtreffes de pofer elles-mêmes les fommes à multiplier : mais il faut en même temps les prier de vous montrer la fomme qu'elles auront à multiplier, & leur demander de vous permettre d'y ajouter tel chiffre qu'il leur plaira.

Pour lors, en promenant vos yeux fur la fomme pofée, vous verrez facilement quel chiffre vous aurez à pofer pour completter le nombre 9.
Dans la fuppofition où la fomme pofée feroit celle ci-après :

789,788

Vous additionnerez ainfi mentalement, & vous direz : 7 & 8 font 15, & 9, 24; & 7, 31; & 8, 39; & 8 encore, 47 : dans 47, il y a cinq fois 9; neuf fois 5 font 45 : il vous refte 2 pour completter le nombre 9; ce fera un 7 que vous aurez à ajouter.

Par conféquent la fomme à multiplier fera de 7,897,887.

Vous remettrez cette fomme augmentée d'un 7 à la perfonne qui vous l'aura préfentée : vous lui direz de choifir tel multiplicateur qu'elle voudra; vous vous retirerez pendant qu'elle opérera, en lui recommandant également de rayer le chiffre qu'il lui plaira, & de pofer fur un petit papier la fomme reftante, ce chiffre défalqué, & d'en arranger les chiffres comme bon lui femblera; & pour deviner ledit chiffre rayé, vous vous y prendrez comme il a été démontré pour la première façon d'opérer, & en faifant les mêmes lazzis. (PINETTI.)

Manière de faire une addition avant que les chiffres foient pofés, en connoiffant feulement le nombre de chiffres qui compoferont chaque rangée, & en déterminant le nombre des rangées; & en ajoutant foi-même une quantité de chiffres égale à celle qui fera pofée.

Suppofez que la perfonne pofe 5 rangées de chiffres, chacune de 5 chiffres.

Je dis en moi-même, en pofant à l'avance l'addition, 9 fois 5 font 45; je pofe 5 & retiens 4 : je répète la même chofe pour chacun des 5 chiffres, comme s'ils valoient tous 9; ainfi pour le fecond, je dis encore : 9 fois 5 font 45, & 4 de retenus font 49; je pofe 9 & retiens 4 : de même au troifième, je dis : 9 fois 5 font 45, & 4 de retenus font 49; je pofe encore 9, & retiens 4 : il en eft de même du quatrième; je pofe aufli 9, & retiens 4 : la même chofe pour le cinquième chiffre, & je pofe 9 & j'avance 4.

Ainfi mon addition faite à l'avance me produit une fomme de 499,995 : je fais voir cette addition à tout le monde; puis je prie quelqu'un de pofer fur un papier cinq rangées compofées de 5 chiffres chacune.

Exemple.

Soient les chiffres pofés comme ci-après.

29971
14563
76382
37797
80130

Vous demandez la permiffion d'ajouter 70028
pareille quantité de chiffres ; il ne s'agit 85436
que d'avoir attention que chacun des 23617
chiffres que vous poferez, complette 62102
le nombre 9, avec chacun des chiffres 19869
pofés par la perfonne.   499995

Le premier chiffre étant un 2, vous poferez 7 ; le fecond étant un 9, qui complette le nombre, vous mettrez un zéro ; il en fera de même du

A

troisième ; le quatrième étant un 7 , vous poserez un 2 ; le cinquième un 1 , vous poserez 8.

La seconde rangée commençant par 1 , vôtre premier chiffre devra être un 8 ; le second étant un 4 , vous poserez un 5 ; le troisième étant un 5 , vous poserez un 4 ; le quatrième se trouvant un 6 , vous poserez un 3 ; & le cinquième étant un 3 , vous poserez un 6.

La troisième rangée commençant par un 7 , vous commencerez la vôtre par un 2 ; sous le 6 , vous poserez un 3 , puis , un 1 sous le 8 , & un 7 sous le 2.

A la quatrième rangée vous poserez un 6 sous le 3 ; un 2 sous le premier 7 , & un autre 2 sous le second 7 ; un zéro sous le 9 , & un 2 sous le 7 qui termine cette rangée.

Vous en userez de même pour la cinquième rangée , en mettant un 1 sous le 8 ; un 9 sous le zéro , sous le 1 ; un 6 , sous 3 ; & un 9 , sous le zéro.

Faisant ensuite additionner toutes ces 10 sommes par quelques personnes de la compagnie , l'on trouvera que le produit total de cette addition , formera la somme de 499,995.

Il suffit , pour parvenir à cette combinaison , de fixer le nombre de chiffres dont sera composée chaque rangée , & de déterminer le nombre de rangées ; puis de faire comme si chaque rangée valoit 9 , ainsi qu'il a été démontré plus haut.

On peut encore présenter cette addition ainsi , en disant qu'elle est le total de 10 rangées composées chacune de 5 chiffres , dont cinq rangées seront posées par la personne qui le désirera ; puis vous multiplierez secrettement autant de fois 9 que l'on devra poser de rangées de chiffres ; vous multiplierez donc 5 fois 9 par 5 , ce qui vous donnera la somme de 499,995.

La personne ayant posé ses chiffres , vous ajouterez vos cinq rangées , en observant que chaque chiffre que vous poserez forme 9 avec celui auquel il correspondra : cela fait , vous ferez faire l'addition par qui voudra , & le produit sera pareil à la somme que vous aurez marquée à l'avance.

Si l'on vouloit opérer sur d'autres nombres que celui de 9 , il faudroit , pour y parvenir , prévenir les personnes qui poseroient les chiffres d'avoir attention que leurs chiffres n'excèdent point le chiffre convenu.

Question embarrassante qu'on peut proposer à quelqu'un à résoudre.

Vous poserez trois sommes sur un papier , &
Amusemens des Sciences.

vous direz à la compagnie : messieurs & dames , voilà trois sommes très-différentes l'une de l'autre , & très-disproportionnées ; cependant je voudrois les partager entre trois personnes , , de façon qu'elles aient chacune une somme égale , & cela , sans rien déranger à chacune de ces sommes. Cela vous paroîtra très-difficile : cependant rien n'est si simple ; une addition suffira pour vous prouver que le contingent de chacun sera le même , & que leur partage ne les enrichira pas beaucoup : en voilà la preuve.

Exemple.

$$5\ 1\ 3\ 4\ 1\ 2\ 2$$
$$6\ 1\ 2\ 5\ 4$$
$$7\ 2\ 1\ 8$$

Façon d'opérer.

J'additionne ainsi la première de ces sommes , & je dis : 5 & 1 font 6 , & 3 font 9 , & 4 font 13 , & 1 , 14 , & 2 font 16 , & 2 font 18. Ci.....18.

De même à la seconde : 6 & 1 font 7 , & 2 font 9 , & 5 font 14 , & 4 font 18. Ci......18.

Puis passant à la troisième , je dis : 7 & 2 font 9 , & 1 font 10 , & 8 font 18. Ci......18.

Voilà donc mon partage fait , & chaque personne n'aura que 18 ; ainsi que le prouve l'exemple ci-dessus.

Il ne s'agit donc que d'avoir attention , en posant les sommes , d'arranger les chiffres de façon que chaque somme ne forme pas plus que le nombre 18.

Vous pouvez faire cette question sur telle somme qu'il vous plaira , en observant , comme dessus , que le nombre des chiffres posés n'excede pas la somme que vous desirez qu'il reste à chacun.

(PINETTI.)

ARTIFICE. (feu d') *Voyez* à *l'article* FEU.

ASTRONOMIE. De toutes les parties des mathématiques , aucune n'est plus propre à piquer la curiosité , que l'astronomie & ses différentes branches. Rien ne prouve mieux en effet la force & la dignité de l'esprit humain , que d'avoir pu s'élever à des connoissances aussi abstraites que celles des causes des phénomènes que nous présente la révolution des astres , de la construction véritable de cet univers , des distances respectives des corps qui la composent , &c. Aussi , dans tous les tems , a-t-on regardé cette étude comme un des plus sublimes efforts de l'intelligence humaine ; & Ovide lui-même , quoique poëte , ne s'exprime-t-il jamais sur cet objet qu'avec une forte d'enthoufiafme. Tel eft celui des vers où, parlant de la pofition de l'homme, il dit :

Pronaque cùm fpectent animalia cætera terram,
Os homini fublime dedit, cælumque tueri
Juffit, & erectos ad fidera tollere vultus. Met. L. 1.

Felices anima ! (dit-il ailleurs, en parlant des
aftronomes)   *quibus hæc cognofcere primis*
Inque domos fuperas fcandere cura fuit,
Credibile eft illos pariter vitiifque jocifque,
Altius humanis exeruiffe caput.
Non Venus, aut vinum fublimia pectora fregit,
Officiumve fori, militiave labor,
Nec levis ambitio, perfufaque gloria fuco,
Magnarumve fames follicitavit opum.
Admovere oculis diftantia fidera noftris,
Ætheraque ingenio fuppofuere fuo.

Si dès ce tems l'aftronomie excitoit cette admiration, que doit-ce être aujourd'hui, que les connoiffances aftronomiques font infiniment plus étendues & plus certaines que celles des anciens, qui n'avoient, pour ainfi dire, fait qu'ébaucher cette fcience ! Quel eût été l'enthoufiafme, quelles euffent été les expreffions de ce poëte, s'il eût pu prévoir une partie feulement des découvertes que la fagacité des modernes, aidée du télefcope, leur a fait faire ! celles de ces lunes qui environnent Jupiter & Saturne, de l'anneau fingulier qui accompagne ce dernier ; de la rotation du foleil & des planètes fur leurs axes ; des divers mouvemens de la terre, de fon éloignement énorme du foleil, de celui plus incroyable-encore des étoiles fixes ; du cours régulier des comètes ; de la difpofition enfin & des loix du mouvement de tous les corps céleftes, aujourd'hui démontrées à l'égal des vérités géométriques. C'eft alors qu'il eût dit avec bien plus de raifon, que les efprits qui fe font élevés à ces vérités aftronomiques, & qui les ont mifes hors de doute, étoient des êtres privilégiés, & d'un ordre fupérieur à la nature humaine.

Problêmes élémentaires d'Aftronomie & de Géographie.

PROBLÈME I.

Trouver la ligne méridienne d'un lieu.

La connoiffance de la ligne méridienne eft fans contredit la bafe de toute connoiffance & de toute opération, foit aftronomique, foit géographique ; c'eft pourquoi, c'eft auffi le premier des problêmes qui nous occuperont ici.

Il y a diverfes manières de déterminer cette ligne, que nous allons faire connoître.

I. Sur un plan horizontal plantez folidement & obliquement une pointe de fer, comme une groffe aiguille, ou un morceau de fer quelconque AB, terminé en pointe. (*fig.* 1, *Pl.* 1, *Amufemens d'aftronomie*) ; ayez enfuite une double équerre, c'eft-à-dire formée de deux équerres, dont les plans forment un angle, & par fon moyen trouvez fur le point horifontal le point C, qui répond perpendiculairement au fommet du ftyle ; de ce point décrivez plufieurs cercles concentriques, & marquez avant midi le point D, où le fommet de l'ombre les rencontre. Faites la même chofe après midi ; & deux points D & E étant ainfi déterminés dans le même cercle, partagez en deux également l'arc qu'ils interceptent ; tirez enfin par le centre & par ce point de biffection F une ligne droite ; ce fera la méridienne.

En prenant deux points d'un des autres cercles, & faifant la même opération, fi ces lignes coïncident, ce fera une preuve, ou du moins une forte préfomption, que l'opération eft bien faite ; finon il y aura erreur, & il faudra recommencer l'opération avec plus de foin.

On doit préférer en général les deux obfervations les moins éloignées du midi, foit parce que le foleil eft plus brillant & l'ombre mieux terminée, foit parce que le changement de déclinaifon du foleil eft moindre ; car cette opération fuppofe que le foleil ne s'éloigne ou ne s'approche point de l'équateur, du moins fenfiblement, pendant l'intervalle des deux obfervations.

Au refte, pourvu que ces deux obfervations aient été faites entre 9 heures du matin, & 3 heures du foir, le foleil fût-il même voifin de l'équateur, la méridienne trouvée par cette méthode, fera affez exacte pour les ufages communs de la fociété, fous une latitude de 45 à 60° ; car je trouve que, fous la latitude de Paris, & en faifant les fuppofitions les plus défavorables, la quantité dont la méridienne pourra être en défaut, ira à peine à 20''. Si on la veut parfaitement exacte, il n'y a qu'à choifir un tems où le foleil foit dans l'un des tropiques, celui du Cancer, ou très-voifin, en forte que, dans l'intervalle des deux opérations, le foleil ne change pas fenfiblement de déclinaifon.

Nous n'ignorons pas que, pour les ufages délicats de l'aftronomie, il faut encore quelque chofe de plus précis ; mais cet ouvrage n'a pour objet que les pratiques les plus fimples & les plus curieufes de cette fcience. Voici néanmoins une feconde manière de trouver la méridienne par le moyen de l'étoile polaire.

II. Pour trouver la ligne méridienne de cette manière, il faut attendre que l'étoile polaire, que nous supposons connue, soit arrivée au méridien. Or on le connoîtra lorsque cette étoile, & la première de la queue de la grande Ourse, c'est-à-dire, celle qui est la plus voisine du quarré de cette constellation, se trouveront ensemble dans une même ligne perpendiculaire à l'horison ; car vers 1700 ces deux étoiles passoient exactement ensemble par le méridien dans le même tems, en forte que quand l'étoile de la grande Ourse étoit en bas, la polaire étoit au-dessus du pôle ; mais quoique cela ne soit plus actuellement aussi exact, on peut encore, sans erreur sensible, & on pourra encore, pendant plusieurs années, se servir des étoiles, comme on va le voir.

Ayant donc disposé un fil à plomb immobile, on attendra que l'étoile polaire, & celle de la grande Ourse désignée ci-dessus, soient à la fois cachées par ce fil. Dans ce moment on disposera un second fil à plomb, tellement qu'il cache à la fois le premier & les deux étoiles. Ces deux fils comprendront un plan qui sera celui du méridien ; c'est pourquoi, si l'on joint par une ligne droite les deux points où ces aplombs aboutissent sur le pavé, on aura la direction de la méridienne.

On peut, au reste, déterminer chaque jour l'heure à laquelle l'étoile polaire, ou une étoile quelconque, passe au méridien : c'est un calcul dont on indique le moyen dans toutes les éphémérides ; mais, pour en éviter la peine, on va donner ici une table, où l'on trouvera, pour chaque premier jour du mois, le moment où l'étoile polaire passe par le méridien, soit au-dessus, soit au-dessous du pôle.

1 Janvier	5h 54' du S.	5h 56' du M.		
Février	3 42	3 44		
Mars	1 53	1 55		
Avril	0 0	0 2		
Mai	10 12 du M.	10 10 du S.		
Juin	8 10	8 8		
Juillet	6 6	6 4		
Août	4 1	3 59		
Septembre	2 4	2 2		
1 Octobre	0 16	0 14		
Novembre	10 16 du S.	10 18		
Décembre	8 12	8 14		

Ce calcul, au reste, n'est que pour les années 1769, 1773, 1777, &c. les premières après la bissextile. On devroit, pour plus d'exactitude, ajouter une minute pour la seconde, 2 minutes pour la troisième, 3 minutes pour la quatrième, dans les mois de janvier & février. Mais si l'on fait attention que l'étoile polaire décrivant un cercle seulement de 1° 59' de rayon, elle change à peine de position, non-seulement dans trois

à 4 minutes, mais même dans un quart-d'heure, on se convaincra que cette précision est inutile.

On peut, par la même raison, regarder cette table comme suffisamment exacte pendant tout le reste du siècle à écouler ; car les différences que peut y apporter le mouvement propre de l'étoile polaire, ne sauroient aller au-delà de 3 à 4 minutes.

Il y a seulement une attention à faire ; c'est au jour du mois ; car, du commencement d'un mois à sa fin, il y a près de deux heures de différence. L'anticipation journalière est enfin exactement de 3' 56" par jour : ainsi, il faudra multiplier ces 3' 56" par le nombre des jours du mois qui sont écoulés, & ôter le produit de l'heure du passage au premier du mois ; on aura l'heure cherchée.

On se propose, par exemple, le 15 mars de tracer une méridienne par l'étoile polaire. Multipliez 3' 56" par 14 ; le produit est 55' ; ôtez le nombre de 1' 55' ; le restant 1° 0' donne l'heure du matin où l'étoile polaire passe au méridien au-dessous du pôle.

Il y a des mois, comme ceux de juin, juillet, & partie de celui d'Août, où, à cause de la grande longueur des jours, l'un & l'autre passage n'est point visible, se faisant dans le jour ou dans le crépuscule. On y suppléera ainsi.

Vous chercherez l'heure du jour à laquelle l'étoile polaire passera par le méridien au-dessus du pôle, & vous examinerez si, en comptant 6 heures de plus, cette heure tombe dans la nuit ; dans ce cas, vous attendrez ce moment, & vous opérerez comme on enseigne plus haut. Il est clair que vous aurez par-là la position du vertical ou cercle passant par le zénith, & par l'étoile polaire lorsqu'elle est arrivée à sa plus grande distance du méridien du côté du couchant ; car si elle passe par le méridien à une certaine heure, il est évident que six heures après, elle en sera à sa plus grande distance. Or, calcul fait, on trouve que l'angle de ce vertical avec le méridien (pour la latitude de 48° 50', qui est celle de Paris,) est de 2° 57' : ainsi, en faisant avec la ligne trouvée un angle de 2° 57' vers l'orient, on aura la vraie ligne méridienne.

Si les 6 heures comptées après le passage par le méridien au-dessus du pôle, ne conduisent pas dans la nuit, il n'y a qu'à compter 6 heures de moins ; l'heure ainsi trouvée sera certainement une de celles de la nuit, & celle où l'étoile polaire est à sa plus grande digression du méridien du côté du levant : il faudra alors faire l'angle de 2° 57' du côté du couchant.

On trouvera peut-être quelque difficulté à faire un angle de 2° 57' ; mais en voici le moyen.

Sur la ligne avec laquelle vous voulez faire un angle de 2° 57', prenez d'un point A (*fig.* 2, *pl.* 1, *Amusemens d'astronomie.*), en comptant vers le nord, une longueur de 1000 lignes; ou six pieds onze pouces quatre lignes; au point B, où se terminera cette longueur, élevez une perpendiculaire du côté du couchant, si vous voulez que l'angle à faire soit du côté du couchant, ou du côté du levant; si vous le voulez tracer du côté du levant; portez sur cette perpendiculaire 51 lignes ⅓, & que cette longueur se termine au point C; tirez la ligne AC : elle formera avec AB l'angle cherché de 2° 57', & cet angle sera incomparablement plus exact que par toute autre voie qu'on pourroit employer.

Remarque.

Pour connoître le méridien sans boussole ou sans aiguille aimantée, fût-on plongé dans les entrailles de la terre, ayez, dit-on, une aiguille ordinaire à coudre, menue & bien nette, & posez-la doucement sur la surface d'une eau tranquille; elle se placera dans la direction du méridien.

Cette expérience est vraie à quelques égards. Si l'aiguille est longue & menue, elle se soutient assez facilement sur la surface de l'eau, où elle produit un petit enfoncement; l'air qui lui est adhérent, la préserve pendant quelque tems du contact de l'eau; & au surplus, si on y trouve quelque difficulté, on la surmonte en graissant l'aiguille avec un peu de suif: elle se soutient alors sur l'eau avec facilité, & elle prend d'elle-même un mouvement qui l'approche du méridien; j'en ai fait plusieurs fois l'épreuve.

Mais il est faux que la ligne de direction où elle s'arrête soit la méridienne du lieu; ce n'est que la méridienne magnétique, parce que tout fer allongé & bien suspendu est une aiguille magnétique. Or la méridienne magnétique n'est que la direction du courant du fluide magnétique; & cette direction fait, comme tout le monde sait, dans presque tous les lieux de la terre, un angle plus ou moins grand avec le méridien astronomique. Il est, par exemple, actuellement à Paris de 19 à 20°. D'ailleurs, à moins de connoître déjà le côté du nord & celui du sud, on ne pourroit, par ce moyen, les distinguer l'un de l'autre.

Le P. Kircher donne un moyen qu'il dit facile pour connoître le midi & le septentrion. Il veut que l'on coupe horizontalement le tronc d'un arbre bien droit, qui soit au milieu d'une plaine, sans le voisinage d'aucune hauteur, ni d'aucun abri qui l'ait pu de ce côté garantir du vent ou du soleil. On verra dans la section de ce tronc plusieurs lignes courbes autour du centre, qui seront plus serrées d'un côté que de l'autre. Le côté le plus serré sera celui du septentrion, parce que le froid venant de ce côté, resserre, & que le chaud qui vient du côté opposé, raréfie les humeurs & la matière dont se forment les couches de l'arbre.

Il y a quelque chose de vrai & de fondé en raison dans ce moyen; mais, outre que tous les bois ne présentent pas ce phénomène, il n'est pas vrai que par-tout le vent de nord soit le plus froid; c'est souvent, selon la position des lieux, le nord-ouest ou le nord-est : ce sera alors un de ces rhumbs de vent qu'on prendroit pour le nord.

PROBLÊME II.

Trouver la latitude d'un lieu.

La latitude d'un lieu de la terre est la distance de ce lieu à l'équateur. Cette distance se mesure par l'arc du méridien céleste, entre le zénith de ce lieu & l'équateur; car cet arc est semblable à celui qui est compris sur la terre entre ce lieu & l'équateur terrestre. Cet arc est égal à la hauteur du pôle, qui est l'arc du méridien intercepté entre le pôle & l'horizon: ainsi ceux qui sont sous l'équateur ont les pôles dans l'horizon; &, au contraire, ceux qui auroient le pôle au zénith auroient l'équateur dans l'horizon.

La latitude d'un lieu de la terre est facile à trouver de plusieurs manières.

1° Par la hauteur méridienne du soleil, un jour donné; car si de cette hauteur on ôte la déclinaison du soleil pour ce jour-là, (lorsque le soleil est dans les signes septentrionaux, & le lieu donné dans l'hémisphère boréal,) on aura la hauteur de l'équateur dont le complément est la hauteur du pôle. Si le soleil étoit dans les signes austraux, il est aisé de voir qu'il faudroit au contraire ajouter la déclinaison, & l'on auroit la hauteur de l'équateur.

2° Si l'on mesure dans l'intervalle d'une même nuit la hauteur d'une des étoiles circumpolaires qui ne se couchent point; qu'on retranche de chacune de ces hauteurs la réfraction; la hauteur moyenne sera celle du pôle.

3° Enfin si l'on connoît, par les catalogues des étoiles fixes, l'éloignement d'une étoile à l'équateur, c'est-à-dire sa déclinaison, on mesurera sa hauteur méridienne, & en y ajoutant ou en soustraisant cette déclinaison, on aura la hauteur de l'équateur; dont le complément, ainsi qu'on l'a dit, est la latitude.

PROBLÈME III.

Trouver la longitude d'un lieu de la terre.

La longitude est le second élément de toute position géographique. On appelle ainsi la distance du méridien d'un lieu, à un certain méridien qu'on est convenu de regarder comme le premier. Ce premier méridien est vulgairement réputé celui qui passe par l'isle de Fer, la plus orientale des Canaries. On prend aussi souvent pour premier méridien, celui de l'observatoire de Paris, observatoire le plus célebre de l'univers, par la quantité d'observations qui s'y font faites, ou par celles faites en correspondance avec ses astronomes.

Les longitudes ne se comptoient autrefois que d'occident en orient dans toute la circonférence de l'équateur; mais il est aujourd'hui d'un usage presque général de les compter, les unes à l'orient, les autres à l'occident du premier méridien, ou du méridien réputé tel; ensorte que la longitude ne sçauroit excéder 180°; & l'on marque dans les tables si elle est occidentale ou orientale. Voyons enfin comment on détermine la longitude.

Si deux méridiens terrestres, éloignés, par exemple, l'un de l'autre de 15°, sont conçus prolongés jusqu'au ciel, il est clair qu'ils intercepteront dans l'équateur & dans tous ses parallèles des arcs de 15°: il est encore aisé de voir que le soleil arrivera au méridien le plus oriental le premier, & qu'alors il aura encore dans l'équateur, ou dans le parallèle qu'il décrit ce jour, 15° à parcourir avant que d'arriver au méridien le plus occidental. Or il faut une heure au soleil pour parcourir 15°, puisqu'il en emploie 24 à parcourir 360°, d'où il suit que, tandis qu'il sera midi dans le lieu le plus oriental, il ne sera que 11 heures du matin dans le plus occidental. Si la distance des méridiens des deux lieux étoit plus grande ou moindre, la différence d'heures seroit plus grande ou moindre, à proportion, en comptant une heure pour 15°, & conséquemment 4 minutes par degré, 4 secondes par minute, &c.

Ainsi l'on voit que, pour connoître la longitude d'un lieu, il ne faut que savoir l'heure qu'on y compte, lorsqu'on en compte une certaine dans un autre lieu situé sous le premier méridien, ou dont la distance au premier méridien est connue; car si l'on convertit cette différence de temps en degrés & parties de degrés, en prenant 15°, pour une heure, un degré pour 4 minutes de tems, &c. on aura la longitude du lieu proposé.

Pour connoître cette différence des heures, la méthode la plus usitée est d'employer l'observation d'un phénomène qui arrive au même instant par tous les lieux de la terre; telles sont les éclipses de lune. Deux observateurs, placés dans les deux endroits dont on désire connoître la différence de longitudes, observent, au moyen d'une pendule bien réglée, les instans où l'ombre atteint successivement diverses taches remarquables de la lune; ils se communiquent ensuite leurs observations; & par la différence de temps qu'ils ont compté lorsque l'ombre arrivoit à une même tache, ils déterminent, comme on a dit ci-dessus, la différence des longitudes des deux lieux.

Que l'observateur placé à Paris ait, par exemple, observé que l'ombre atteint la tache appellée *Tycho* à 1ʰ 45′ 50″ du matin, & que l'autre, placé au lieu A, l'ait observé à minuit 24′ 30″, la différence de ces tems est de 1ʰ 21′ 20″: ce temps, réduit en degrés & minutes de l'équateur, fait 20° 20′. Telle est la différence de la longitude; & comme il étoit plus tard à Paris que dans le lieu A au moment du phénomène, il s'ensuit que le lieu A est plus occidental, de cette quantité de 20° 20′.

Comme les éclipses de lune sont assez rares, & qu'il est difficile d'observer avec précision, soit le contact de l'ombre avec le disque de la lune pour fixer le commencement de l'éclipse, soit l'arrivée de l'ombre à une tache quelconque, les astronomes modernes font sur-tout usage des immersions, c'est-à-dire des éclipses des Satellites de Jupiter, & principalement de celles du premier qui, allant fort vîte, éprouve des éclipses fréquentes, & qui se font en peu de secondes. Il en est de même de l'émersion, ou du retour de la lumière du Satellite, qui se fait presque subitement. De deux observateurs, par exemple, placés l'un au lieu A, l'autre au lieu B, l'un a vu l'immersion du premier Satellite arriver un certain jour à 4ʰ 55′ du matin, l'autre à 3ʰ 25′. On en conclura que la différence des tems est de 1ʰ 30′; ce qui donne 22° 30′ de différence de longitude, & annonce que le lieu A est le plus oriental, puisqu'au même instant on y comptoit une heure plus avancée.

Remarque.

Ces observations des Satellites, qui, depuis la découverte de Jupiter, ont été extrêmement multipliées par-tout l'univers, ont en quelque sorte réformé entièrement la géographie; car la position en longitude de presque tous les lieux, n'étoit déterminée que par des distances itinéraires mal réduites; ensorte qu'en général on comptoit ces longitudes beaucoup plus grandes qu'elles n'étoient réellement. Dès la fin du siècle passé, on fut assuré qu'il y avoit plus de 25° à retrancher sur l'étendue en longitude qu'on assignoit à notre ancien continent, depuis l'océan occidental jusqu'aux côtes orientales de l'Asie.

Cette méthode si évidente & si démonstrative a néanmoins été critiquée par le célèbre Isaac Vossius; il préféroit de beaucoup les résultats des itinéraires des voyageurs, ou des estimes des pilotes: mais il n'a prouvé par-là autre chose, sinon qu'autant il avoit d'érudition, du reste assez mal digérée, autant il avoit l'esprit faux, & étoit éloigné de connoître même les premiers élémens de la sphère.

La connoissance de la latitude & de la longitude des différens lieux de la terre est si importante pour les astronômes, géographes, guomonistes, &c. que nous croyons devoir donner ici une table de celles des principaux points de notre globe. Cette table est sans contredit la plus étendue qui ait encore été donnée. On y trouve la position de presque toutes les villes de France un peu considérables, ainsi que celle de la plupart des capitales & villes célèbres du reste de l'univers, le tout fondé sur les observations astronomiques les plus récentes, ou sur les meilleures combinaisons des distances & positions.

Cette table, nous l'osons dire, ne ressemble point à celle qu'on voit à la fin de la traduction nouvelle de la géographie de Salmon. On jugera par le trait suivant, de la foi qu'on peut avoir dans cette dernière. L'auteur, ou le traducteur, annonce que les longitudes sont comptées du méridien de Londres, & cependant il donne à Londres 17° & quelques minutes de longitude. C'est abuser de la confiance du public, que de lui présenter des ouvrages traduits par des personnes aussi peu instruites de l'objet qu'elles traitent.

Dans la table que nous allons joindre ici, il faut observer que les longitudes sont comptées du méridien de Paris, tant à l'orient qu'à l'occident. Lorsqu'elles sont orientales, elles sont désignées par ces lettres, or., & quand elles sont occidentales, par ces lettres-ci, oc. Le signe * marque que la détermination est fondée sur des observations de quelque membre de l'académie royale des sciences. Le signe † désigne qu'elle est fondée sur des observations de quelque autre astronôme. Enfin, quand il n'y a aucun signe, cela veut dire que cette détermination est fondée sur l'estime, ou sur des observations moins certaines que les autres.

A l'égard des latitudes, lorsqu'elles ne seront point accompagnées d'aucune lettre, cela signifiera que la latitude est boréale; quand elle sera australe, on y trouvera jointe la lettre A.

TABLE

Des LONGITUDES & LATITUDES des Villes & lieux les plus remarquables de la terre.

NOMS DES VILLES ET LIEUX.	LATITUDE ou hauteur du Pôle.			DIFFÉRENCE DES MÉRIDIENS. en Temps.			en Degrés.	
	D.	M.	S.	H.	M.	S.	D.	M.
Abbeville *	50	7	1	0	2	1 oc.	0	30
Abo *, Finlande	60	27	0	1	19	34 or.	19	52
Acapulco *, Amérique	17	30	5	7	14	11 oc.	108	48
Agde	43	18	0	0	4	30	1	7½
Agra, Mogol	26	43	0	4	57	36 or.	74	24
Aix *	43	31	35	0	12	25 or.	3	7
Alby *	43	55	44	0	0	45 oc.	0	11
Alençon	48	25	0	0	9	0 oc.	2	15
Alep, Syrie	35	45	23	2	20	0 or.	35	0
Alexandrette *, Syrie	36	35	10	2	16	0 or.	34	0
Alexandrie *, Egypte	31	11	20	1	51	46 or.	27	57
Alger	36	49	30	0	0	29 or.	0	7
Altona	53	38	15	0	30	0 or.	7	30
Altorf	49	17	38	0	35	25 or.	8	46
Amiens *	49	53	38	0	0	8 oc.	0	2

NOMS DES VILLES ET LIEUX.	LATITUDE ou hauteur du Pôle.			DIFFÉRENCE DES MÉRIDIENS.				
				en Temps.			en Degrés.	
	D.	M.	S.	H.	M.	S.	D.	M.
Amsterdam *	52	22	45	0	10	36 or.	2	39
Ancône *, Etat ecclésiastique	43	37	54	0	44	42 or.	11	11
Andrinople , Turquie	41	40	0	1	36	24 or.	24	6
Angers *.........................	47	28	8	0	11	35 oc.	2	54
Angoulême *	45	39	3	0	8	45 oc.	2	11
Antibes *	43	34	50	0	19	14 or.	4	49
Antioche........................	35	55	0	2	25	19 or.	36	20
Anvers *	51	13	15	0	8	17 or.	2	4
Archangel.......................	64	34	0	2	26	20 or.	36	35
Arles *..........................	43	40	33	0	9	12 or.	2	18
Arras...........................	50	18	25	0	1	40 or.	0	25
Assise *.........................	43	4	22	0	41	7 or.	10	17
Astracan........................	46	30	0	3	12	0 or.	48	0
Athènes, Grece...................	37	40	10	1	33	0 or.	23	15
Auch *..........................	43	38	46	0	7	20 oc.	1	45
Augsbourg.......................	48	24	0	0	34	4 or.	8	1
Avignon *.......................	43	57	25	0	9	5 or.	2	29
Avranches *.....................	48	41	18	0	14	51 oc.	3	43
Aurillac *.......................	44	55	10	0	0	28 or.	0	7
Auxerre *........................	47	47	54	0	4	57 or.	1	14
Azoph, Crimée...................	47	10	0	2	34	0 or.	38	30
Awatcha †, Kamshatka	53	1	20	10	24	30 or.	156	5
Bagdad, Asie	34	45	0	2	50	0 or.	42	30
Bâle............................	47	55	0	0	21	0 or.	5	15
Balsora ou Bassora , Asie...........	30	3	0	3	4	0 or.	46	0
Barcelone........................	41	26	0	0	0	28 or.	0	7
Batavia *, Indes.................	6	15	0	6	57	53 or.	104	19
Baye de tous les Saints , Brésil .	12	54	30A.	2	44	40 oc.	41	10
Baye de Hudson *, Fort Alb. .	52	22	0	5	28	5 oc.	82	10
Bayeux *.........................	49	16	30	0	12	11 oc.	3	3
Bayonne *.......................	43	29	21	0	15	20 oc.	3	50
Beauvais *.......................	49	26	2	0	1	1 oc.	0	15
Belgrade.........................	45	3	0	1	16	30 or.	19	2
Berghen, Norwege.................	61	0	0	0	22	49 or.	5	40
Berlin *.........................	52	31	30	0	44	17 or.	11	15
Bermude, isle....................	32	25	0	4	23	0 oc.	65	45
Berne...........................	46	58	0	0	20	24 or.	5	6
Besançon *......................	47	13	45	0	14	50 or.	3	43
Béziers *, T. de l'Evêché...........	43	20	20	0	3	30 or.	0	53
Bilbao...........................	40	20	0	0	11	40 oc.	5	55
Blois............................	47	35	0	0	4	15 oc.	1	1
Bologne *, It. Saint-Pétrone.......	44	29	40	0	36	5 or.	9	1
Bolkereskoy *, Kamshatka..........	52	54	30	8	16	0 or.	154	0
Bordeaux *.......................	44	50	18	0	11	39 oc.	2	55

NOMS DES VILLES ET LIEUX.	LATITUDE ou hauteur du Pôle.			DIFFÉRENCE DES MÉRIDIENS.				
				en temps.			en Degrés.	
	D.	M.	S.	D.	M.	S.	D.	M.
Boston *	42	22	0	4	53	20 oc.	73	20
Bourg-en-Bresse *	40	12	30	0	11	36 or.	2	54
Bourges *	47	4	40	40	0	14 or.	0	3½
Breslau, Silésie..................	51	31	0	0	59	16 or.	14	47
Brest *	48	23	0	0	27	8 oc.	6	51
Bristol...........................	51	28	0	0	20	11 oc.	5	4
Bruges	51	11	30	0	3	8 or.	0	47
Bruxelles *	50	51	0	0	8	7 or.	2	2
Bude, Turquie....................	47	28	0	1	9	52 or.	17	26
Buenos-Ayres *, Paraguai.........	34	35	26A	4	3	25	60	51
Cadix *	36	31	7	0	34	16 oc.	8	34
Caen *	49	11	10	0	10	47 oc.	2	42
Caffa, Crimée....................	44	45	0	2	14	0 or.	33	30
Caire, (le) Egypte...............	30	3	12	1	56	40 or.	29	10
Calais *	50	57	31	0	1	56 oc.	0	29
Calcuta *, Indes orientales......	22	34	43	5	44	33 or.	86	8
Cambray *	50	10	30	0	3	35 or.	0	54
Cambrigde, Angleterre............	50	10	0	0	6	30 oc.	1	37
Candie *	35	18	45	1	31	52 or.	22	58
Canton *, Chine..................	23	8	0	7	22	53 or.	110	43
Cantorbéry.......................	51	17	0	0	4	11 oc.	1	3
Cap Comorin, pointe de la presqu'isle de l'Inde.	8	0	0	5	3	50 or.	75	54
Cap de Bonne-Espérance *	33	55	15	1	4	15 or.	16	4
Cap Finisterre *	42	51	50	0	46	35 oc.	11	39
Cap François *, Saint-Domingue....	19	57	3	4	55	8 oc.	73	47
Cap Kamshatka, Asie..............	51	3	0	10	7	9 or.	157	47
Cap Lezard *	49	57	30	0	29	57 oc.	7	30
Cap Nord *	71	10	0	1	22	20 or.	19	35
Cap Ortegal *	43	36	37	0	41	20 oc.	10	20
Cap Saint-Lucas *, pointe de la Californie....	23	28	0	7	28	4 oc.	111	45
Cap Verd........................	14	43	0	1	18	0 oc.	19	30
Carcassone.......................	43	12	20	0	0	1 or.	0	0¼
Carthagène d'Europe.............	37	24	30	0	13	15 oc.	3	25
Carthagène * d'Amérique.........	10	26	35	5	11	5 oc.	77	46
Casan, Russie....................	55	45	0	3	5	0 or.	46	15
Cassel, Hesse....................	51	19	0	0	28	25 or.	6	56
Castres..........................	43	57	10	0	0	21 oc.	0	5
Cayannebourg *, Finlande.........	64	13	30	2	34	57 or.	38	44
Cayenne *, Amérique............	4	56	0	3	38	20 oc.	54	35
Caye Saint-Louis *, isle Saint-Domingue	18	19	0	5	1	44 oc.	75	26
Cette............................	43	20	30	0	11	4 oc.	2	46
Cezène *, Italie.................	44	8	25	0	39	24 or.	9	52
Châlons-sur-Marne *..............	48	57	12	0	8	9 or.	2	2

NOMS DES VILLES ET LIEUX.	LATITUDE ou hauteur du Pôle			DIFFÉRENCE DES MÉRIDIENS. en Temps.			en Degrés.	
	D.	M.	S.	D.	M.	S.	D.	M.
Châlons-fur-Saône *	46	46	50	0	10	6 or.	2	31
Chandernagor *, Indes	22	51	26	5	44	15 or.	86	4
Chartres *	48	26	49	0	3	24 oc.	0	51
Cherbourg *	49	28	36	0	15	53 oc.	3	58
Civita-Vecchia *	42	5	24	0	37	45 or.	9	26
Clagenfurth, Carinthie	47	20	0	0	50	10 or.	12	32
Clermont-Ferrand *	45	46	45	0	3	0 or.	0	45
Collioure, Rouffillon	42	34	0	0	10	4	0	41
Cologne	50	55	0	0	19	0 or.	4	45
Compiegne	49	25	10	0	2	0 or.	0	30
Conception, (la) * Chili	36	42	53	5	0	0 oc.	75	
Conftance, Suiffe	47	42	30	0	26	11 or.	6	33
Conftantinople *, f. de Péra	41	1	10	1	46	25 or.	26	36
Copenhague *	55	40	45	0	41	0 or.	10	15
Cordoue	37	42	0	0	24	48 oc.	6	12
Coutances *	49	2	50	0	15	10 oc.	3	47
Cracovie	50	10	0	1	10	0 or.	17	30
Crefmunfter *, obf.	48	3	36	1	47	10 or.	11	47
Cufco, Pérou	12	25	0A.	5	4	0 or.	76	0
Dantzick *	54	22	23	1	4	44 or.	16	11
Dieppe *	49	55	17	0	5	3 oc.	1	16
Dijon *	47	19	22	0	10	50 or.	2	42
Dillingen	48	30	0	0	31	38 or.	7	54
Dol *, Bretagne	48	33	9	0	16	25 oc.	4	6
Dole	45	5	30	0	12	36 or.	3	9
Douvres	51	7	47	0	4	8 or.	1	2
Drefde	51	6	0	0	44	25 or.	11	6
Drontheim, Norwege	63	10	0	0	28	40 or.	7	10
Dublin	52	12	0	0	36	40 oc.	9	10
Dunkerque *	51	2	4	0	0	10 or.	2½	
Durazzo, Albanie	41	22	0	1	9	41 or.	17	25
Edimbourg	55	58	0	0	21	41 oc.	5	25
Embden	53	5	0	0	22	20 or.	5	30
Erfurth	51	6	0	0	31	40 or.	7	55
Embrun *	44	34	0	0	16	36 or.	4	9
Erivan, Arménie	40	30	0	2	48	0 or.	42	0
Erzerom *, Turquie Afiatique	39	36	55	3	5	3 or.	46	16
Evreux	49	2	0	0	4	48 oc.	1	12
Faenza, * Italie	44	17	19	0	38	0 or.	6	30
Fernambouc *, Bréfil	8	13	0A.	2	30	0 oc.	37	30
Ferrare *	44	49	56	0	37	0 or.	9	15
Flèche (la) *	47	42	0	0	10	50 oc.	2	42
Florence *	43	46	30	0	34	48 or.	8	42

NOMS DES VILLES ET LIEUX.	LATITUDE ou hauteur du Pôle.			DIFFÉRENCE DES MÉRIDIENS.				
				en Temps.			en Degrés.	
	D.	M.	S.	D.	M.	S.	D.	M.
Francfort-fur-le-Mein *	50	6	0	0	5	0 or.	6	15
Francfort-fur-l'Oder	52	26	0	0	48	55 or.	12	13
Fréjus *	43	26	3	0	17	39 or.	4	25
Gand	51	4	0	0	15	24 or.	1	22
Gênes *	44	25	0	0	25	3 or.	6	16
Genève *	46	12	0	0	17	3 or.	4	0
Glafgow , Ecoffe	55	51	32	0	26	21 oc.	6	35
Gibraltar *	36	4	44	0	28	46 oc.	7	11
Goa , Indes	15	31	0	4	45	40 or.	71	25
Gottingen *, Obf.	51	31	54	0	30	16 or.	7	34
Gottenbourg , Suede	57	42	0	0	37	15 or.	9	19
Granville *	48	50	11	0	15	48 oc.	3	57
Graffe *	43	39	25	0	18	24 or.	4	36
Gratz * , Styrie	47	4	18	0	52	15 or.	13	4
Greenwich *, Obf. cél.	51	28	30	0	9	10 oc.	2	18
Grenoble *	45	11	49	0	13	32 or.	3	24
Grypfwald * , Pomér.	54	4	20	0	43	46 or.	10	56
Guayaquil * , Pérou	2	11	20	5	28	0 oc.	82	0
Hall , Saxe	51	34	0	0	37	25 or.	9	21
Hambourg	53	38	20	0	30	20 or.	7	35
Harlem	52	22	30	0	8	10 or.	2	2
Havané (la)	23	10	0	5	38	0 oc.	84	30
Havre-de-Grace	49	31	0	0	9	0 oc.	2	15
Iacouftk * , Tart. Ruffe	62	20	0	8	29	30 or.	127	21
Jena	51	2	0	0	35	55 or.	8	58
Jérufalem	31	50	0	2	12	0 or.	33	0
Jédo, Japon	36	15	0	8	52	0 or.	133	0
Jenifeik * , Tart. Ruffe	58	27	15	5	56	0 or.	89	0
Ingolftadt * , Obf.	48	46	0	0	36	10 or.	9	2
Infpruck , cap. du Tirol	47	18	0	0	38	20	9	35
Ircuftsk * , Tart. Ruffe	52	18	15	7	28	0 or.	112	0
Isle de l'Afcenfion *	7	57	0A.	1	5	16 or.	16	29
Isle de Bourbon * , Saint-Denis	20	51	43A.	3	32	40 or.	53	10
Isle de Fer *	27	47	20	1	19	36 oc.	19	54
Isle de France * , Port Louis	20	9	45A.	3	40	32 or.	55	8
Isle Sainte-Hélene *	16	0	0A.	0	26	36 or.	6	39
Isle d'Huefne * , Obf. de Tyc	55	54	15	0	42	10 or.	10	32
Isle Madagafcar , à Foulpointe	17	41	20	3	9	5 or.	47	16
Isle Rodrigue * , habitation	19	40	30A.	4	3	48 or.	60	52
Isle Saint-Domingue * , cap-françois	19	57	3	4	58	8 oc.	74	32
Isle Taity * , mer du fud	17	28	55A.	10	7	9 oc.	151	47
Isle Saint-Thomas , Afrique	0	10	0	0	0	40 or.	0	10
Ifpaham , Perfe	32	25	0	3	22	0 or.	50	30
Juthia ou Siam *	14	18	0	6	34	0 or.	98	30

NOMS DES VILLES ET LIEUX.	LATITUDE ou hauteur du Pôle.			DIFFÉRENCE DES MÉRIDIENS.				
				en Temps.			en Degrés.	
	D.	M.	S.	H.	M.	S.	D.	M.
Kongkitao, cap de la Corée..............	37	30	0	7	36	8 or.	114	2
Konisberg, Prusse R...................	54	42		1	15	52 or.	18	58
Landau *................................	49	11	40	0	23	10 or.	5	48
Langres...............................	47	50	50	0	12	3 or.	3	1
Lausanne *.............................	46	31	5	0	17	41 or.	4	25
Lectoure *.............................	43	56	2	0	6	52 oc.	1	43
Leipsick *.............................	51	19	14	0	40	0 or.	10	0
Leyde *...............................	52	10	0	0	9	0 or.	2	15
Liège.................................	50	36	0	0	13	0 or.	3	15
Lille *................................	50	37	50	0	2	57 or.	0	44
Lima *, Pérou........................	12	1	15	5	16	38 oc.	79	10
Limoges..............................	45	49	20	0	4	1	1	4
Lincoln, Angleterre...................	53	15	0	0	11	0 oc.	2	45
Lintz, Allemagne.....................	48	16	0	0	46	30 or.	11	37
Lisbonne *, cong. orat................	38	42	20	0	45	50 oc.	11	18
Livourne..............................	43	31	0	0	31	44 or.	7	56
Lorette *.............................	43	27	0	0	44	52 or.	11	13
Louisbourg *, Amérique...............	45	53	45	4	9	0 oc.	62	15
Londres *.............................	51	31	0	0	9	41 oc.	2	25
Louvain..............................	50	50	0	0	10	0 or.	2	30
Luçon *..............................	46	27	14	0	14	2 oc.	3	31
Lucques..............................	43	50	45	0	4	3 or.	8	10
Lunden, * Scanie.....................	55	41	36	0	44	5 or.	11	1
Lyon *...............................	45	45	51	0	10	0 or.	2	30
Macao *, Chine.......................	22	12	44	7	25	45 or.	111	26
Madras, Inde.........................	13	5	20	5	11	8 oc.	77	47
Madrid *, grande place................	40	25	0	0	24	18 oc.	6	4
Masulipatan, Inde....................	16	20	0	5	16	0 or.	79	0
Mahon *, fort Saint-Philippe.........	39	50	46	0	5	24 or.	1	28
Malaca *.............................	2	12	0	6	39	0 or.	99	45
Male, princ. des Mald................	4	30	0	6	6	0 or.	91	30
Malines *............................	51	0	50	0	8	35 or.	2	9
Malthe *, cité Valette...............	35	54	0	0	48	34 or.	12	8
Manchester, Angleterre..............	53	24	0	0	19	0 oc.	4	45
Manille *, Philippe..................	14	36	0	7	54	4 or.	118	30
Mantoue..............................	45	2	0	0	31	22 or.	7	50
Marseille *..........................	43	17	45	0	12	9 or.	3	2
Martinique *, fort Royal.............	14	35	50	4	14	40 oc.	63	40
Mayence *............................	49	54	0	0	24	0 or.	6	0
Méaco, Japon........................	35	35	0	8	43	45 or.	130	55
Meaux *..............................	48	58	0	0	2	0 or.	0	30
Mecque, (la) Arabie..................	21	40	0	2	34	40 or.	38	40
Médine, Arabie......................	24	40	0	2	32	0 or.	38	0

C c 2

NOMS DES VILLES ET LIEUX.	LATITUDE ou hauteur du Pôle.			DIFFÉRENCE DES MÉRIDIENS.				
				en Temps.			en Degrés.	
	D.	M.	S.	H.	M.	S.	D.	M.
Messine.................	38	21	0	0	51	54 or.	12	58
Metz...................	49	7	5	0	15	24 or.	4	51
Mexico, *Mexique*.........	19	54	0	6	46	0 or.	101	30
Merguy *, *Inde*..........	12	12	0	6	23	52 or.	95	58
Milan...................	45	28	10	0	27	13 or.	6	49
Modène.................	44	34	0	1	16	50 or.	19	12
Moka, *Arabie*..........	13	40	0	2	48	0 or.	42	0
Montpellier *...........	43	36	33	0	6	10 or.	1	32
Moscow *...............	55	45	20	2	21	45 or.	35	26
Munich.................	48	9	55	0	36	40 or.	9	10
Munster, *Westphalie*.....	52	0	0	0	20	19 or.	5	5
Namur..................	50	25	0	0	11	20 or.	2	50
Nancy..................	48	41	28	0	15	26 or.	3	52
Nangazaqui, *Japon*......	32	5	0	8	22	30 or.	125	37
Nanking *, *Chine*........	31	57	31	7	36	0 or.	114	0
Nantes *................	47	13	17	0	15	35 oc.	3	54
Naples * coll. R........	40	50	15	0	47	35 or.	11	54
Narbonne *.............	43	11	13	0	2	41 or.	0	40
Nerzinsk *, *Tartarie Russe*.	52	0	0	7	44	0 or.	116	0
Newstadt, *Autriche*......	47	58	0	0	56	58 or.	14	14
Nice *..................	43	41	54	0	19	49 or.	4	51
Nieuport *..............	51	7	41	0	1	40 or.	0	25
Nimes *................	43	50	35	0	8	5 or.	2	1
Nouvelle Orléans *, *Louisiane*.........	29	57	45	6	9	15 oc.	92	19
Noyon *................	49	34	37	0	2	43 oc.	0	41
Nuremberg *............	49	26	55	0	34	56 or.	8	44
Olinde. *Voyez* Fernanbuc..								
Olmutz, *Moravie*........	49	43	0	1	0	49 or.	15	12
Orembourg *, *Russie*.....	51	46	0	3	31	20 or.	82	20
Orléans *...............	47	54	4	0	1	43 oc.	0	26
Ormus, *golphe Persique*...	26	30	0	1	36	0 or.	54	0
Ostende *...............	51	13	55	0	2	20 or.	0	35
Oxford *................	51	44	57	0	14	20 oc.	3	55
Ozaca, *Japon*..........	35	5	0	8	43	10 or.	130	50
Padoue *...............	45	22	26	0	38	22 or.	9	36
Pampelune..............	42	43	50	0	16	0 oc.	4	0
Panama *, *Amérique*......	8	57	48	5	30	44 oc.	82	41
Para, *Amérique méridionale*.	1	30	0A.	3	22	0 oc.	50	30
Paris; *obs. royal*........	48	50	12	0	0	0	0	0
Parme..................	44	44	50	0	30	21 or.	7	35
Passau.................	48	30	0	0	42	50 or.	10	42
Pavie...................	45	46	10	0	27	22 or.	6	51
Pau *..................	43	15	0	0	9	56 oc.	2	29
Pékin, *obs. impérial*.....	39	54	13	7	36	35 or.	114	9

NOMS DES VILLES ET LIEUX.	LATITUDE ou hauteur du Pôle.			DIFFÉRENCE DES MÉRIDIENS. en Temps.			en Degrés.	
	D.	M.	S.	H.	M.	S.	D.	M.
Pérouse *	43	6	46	0	40	0 or.	10	0
Perpignan *	42	41	55	0	2	16 or.	0	34
Pétersbourg * (Saint-)	59	56	0	1	51	58 or.	28	0
Philadelphie * , Amérique	39	55	55	5	10	6 oc.	77	31
Pic des Açores	38	35	0	2	1	50 oc.	30	27
Pic de Ténériffe *	28	15	54	1	15	28 oc.	19	52
Pife	43	41	30	0	31	28 or.	7	52
Pondichéry * , Inde	11	53	47	5	11	30 or.	77	37
Port-Royal , Acadie	45	2	30	4	29	40 oc.	67	25
Port-Royal , Jamaïque	17	30	0	5	14	0 oc.	78	30
Pollingen * , Bav. , obf.	47	48	8	0	33	35 or.	8	24
Prague	50	40	30	0	49	40 or.	12	25
Presbourg	48	8	7	1	0	33 or.	15	8
Portobelo * , Amérique	9	34	35	5	28	40 oc.	82	10
Québec *	46	55	0	4	48	52 oc.	72	13
Quito * , Pérou	0	13	10	5	21	0 oc.	80	15
Ragufe	42	42	0	1	3	44 or.	15	56
Ratisbone	49	2	0	0	38	25 or.	9	36
Ravenne *	44	25	5	0	37	16 or.	9	19
Rennes *	48	6	45	0	16	8 oc.	4	2
Reims *	49	14	36	0	6	52 or.	1	43
Rimini *	44	3	43	0	40	44 or.	10	11
Rio-Janéiro * , Amérique	22	54	10A.	3	0	20 oc.	45	5
Rochelle * (la)	46	9	43	0	14	23 oc.	3	56
Rome *	41	53	54	0	40	37 or.	10	9
Roftock *	54	22	0	0	40	25 or.	10	6
Roterdam	51	55	0	0	11	26 or.	2	51
Rouen *	49	26	43	0	4	59 or.	1	15
Saltzbourg , Allemagne	47	34	0	0	41	30 or.	10	22
Saint-Flour *	45	1	55	0	3	2 or.	0	46
Saint-Malo *	48	38	59	0	17	29 oc.	4	22
Saint-Marin , république	43	58	45	0	41	0 or.	10	15
Saint-Omer *	50	44	46	0	0	20 or.	0	5
Salé * , Maroc	34	4	0	0	36	24 oc.	9	6
Salonique * , Grece	40	41	10	1	23	12 or.	20	48
Sarragoce	41	40	0	0	12	16 oc.	3	4
Schamaki , Perfe	40	30	0	2	18	40 or.	34	40
Schonbrun * , chat. imp.	48	12	0	0	55	56 or.	13	59
Selinginsk * , Tartarie Ruffe	51	6	6	6	57	8 or.	104	17
Senlis *	49	13	0	0	0	56 or.	0	14
Sens *	48	11	56	0	3	48 or.	0	57
Séville	37	21	10	0	33	55 oc.	8	29
Siam. Voyez Juthia.								
Sienne	43	20	0	0	36	4 or.	9	1

NOMS DES VILLES ET LIEUX.	LATITUDE ou hauteur du Pôle.			DIFFÉRENCE DES MÉRIDIENS. en Temps.			en Degrés.	
	D.	M.	S.	H.	M.	S.	D.	M.
Skalolt, *Islande*	64	10	0	1	20	0 oc.	20	0
Smyrne *, *Afie*	38	28	7	1	40	0 or.	25	0
Soiffons	49	21	30	0	3	56 or.	0	59
Spolette *	41	57	50	0	41	40 or.	10	25
Stettin, *Poméranie*	53	28	0	0	50	32 or.	12	38
Stokholm *	59	20	30	1	2	51 or.	15	43
Strasbourg *	48	34	35	0	21	45 or.	5	26
Stuttgard	48	40	0	0	26	48 or.	6	42
Surate, *Inde*	21	10	0	4	40	40 or.	70	10
Syracufe	37	4	0	0	52	0 or.	13	0
Swetzingen * *obf.*	49	23	4	0	25	23 or.	6	21
Tauris, *Perfe*	38	5	0	2	58	0 or.	44	30
Tefflis, *Géorgie Pérf.*	42	55	0	2	56	0 or.	44	0
Temefwar, *Hongrie*	44	42	0	1	18	22 or.	19	35
Theffalonique *, *Grece*	48	36	21	1	23	12 or.	20	48
Tobolsk *, *Sibérie*	58	12	30	4	24	20 or.	66	5
Tolede *	39	50	0	0	22	40 oc.	5	40
Tornéa *	65	50	50	1	27	28 or.	21	52
Toulon *	43	7	24	0	14	26 or.	3	37
Touloufe *	43	35	54	0	3	35 oc.	0	54
Tour-de-Cordouan	45	35	30	0	14	16 oc.	3	34
Tours *	47	23	44	0	6	35 oc.	1	39
Trente	45	43	0	0	33	30 or.	8	22
Triefte	45	43	0	0	42	58 or.	10	49
Tripoli d'*Afrique* *	32	53	40	0	43	1 or.	10	45
Tripoli de *Syrie*	34	25	0	2	13	44 or.	33	28
Turin *, *Pl. du chât*	45	5	20	0	21	20 or.	5	20
Tyrnau *, *Hongrie*, *obf.*	48	22	58	1	0	55 or.—	15	14
Valence, *Efpagne*	39	0	30	0	4	20 oc.	1	5
Valence, *France*	44	51	0	0	10	0 or.	2	30
Valladolid	41	42	0	0	31	56 oc.	7	59
Val-Parayfo *, *Chili*	34	0	15	4	58	37 oc.	74	39
Varfovie *	52	14	0	1	15	0 or.	18	45
Venife *	45	25	0	0	38	58 or.	9	45
Vera-Crux *, (la) *Amérique*	19	9	38	6	29	13 oc.	97	18
Vérone *	45	26	26	0	35	54 or.	8	59
Verfailles *	48	48	18	0	0	51 oc.	0	13
Vienne * *en Autriche*, *obf. imp.*	48	12	36	0	56	10 or.	14	2
Vigo *, *Efpagne*	42	13	20	0	43	11 oc.	10	47
Vilna, *Pologne*	54	41	0	1	33	25 or.	23	21
Viterbe *	42	24	54	0	39	0 or.	9	47
Upfal *	59	51	50	1	1	1 or.	15	15
Uranibourg. *Voyez* Isle d'Huefne								
Urbin *, *Italie*	43	43	36	0	43	4 or.	10	18

NOMS DES LIEUX ET VILLES.	LATITUDE ou hauteur du Pôle.	DIFFÉRENCE DES MÉRIDIENS.	
		en Temps.	en Degrés.
	D. M. S.	H. M. S.	D. M.
Wardhus *	70 22 36	1 55 8 or.	28 45
Wittemberg *, Saxe...................	51 43 10	0 40 54 or.	10 13
Wurtzbourg, Franconie...............	49 46 6	0 31 35 or.	7 54
Ylo *, Pérou.......................	17 36 15 A.	4 54 12 oc.	73 33
Yorck............................	54 0 0	0 12 55 oc.	3 14
Zagrab, Croatie...................	46 6 0	0 56 58 or.	14 15
Zara, Dalmatie....................	44 26 40	0 51 20 or.	12 50
Zurich *..........................	47 22 0	0 27 45 or.	6 56

PROBLÊME IV.

Déterminer l'heure qu'il est dans un lieu de la terre, pendant qu'il est une certaine heure dans un autre.

La solution de ce problême est le premier usage qui se présente à faire de la table que nous venons de donner; car si les deux lieux proposés se trouvent dans cette table, il n'y aura qu'une simple addition ou soustraction à faire pour déterminer l'heure qu'il est dans l'un, pendant qu'on a certaine heure dans l'autre.

Si l'un des lieux est Paris, comme les longitudes sont comptées du méridien de cette ville, tant à l'orient qu'à l'occident, il faut considérer d'abord de quel côté est le second lieu donné : s'il est à l'occident, ce que marquent les lettres *oc.*, mises à côté de la différence d'heure, il faudra la soustraire de l'heure de Paris, & vous aurez celle du second lieu.

Au contraire, si le second lieu donné est à l'orient, ce que désigneront les lettres *or.*, il faudra ajouter cette heure à celle de Paris.

On demande, par exemple, quelle heure il est à Cayenne quand il est midi à Paris. Cayenne est occidental à l'égard de Paris, ce qu'on apprendroit, si on ne le savoit pas déjà, par les lettres *oc.*, qu'on voit à côté de la différence des temps, qui est 3ʰ 38' 20''; ainsi ôtant ce nombre de 12 heures, resteront 8ʰ 21' 40'': il n'est donc encore que 8ʰ 21' 40'' du matin à Cayenne, quand il est midi à Paris; & quand il est midi à Cayenne, il est à Paris 3ʰ 38' 20'' du soir.

Qu'on demande maintenant quelle heure il est à Pékin quand il est midi à Paris. Comme Pékin

est à l'orient, il faudra ajouter à 12 heures ou midi, les 7ʰ 36' 35'' qu'on trouve dans la table à côté de Pékin; on aura 7ʰ 36' 35'' du soir : & au contraire, quand il est midi à Pékin, il n'est encore à Paris que 4ʰ 23' 25'' du matin.

Lorsque les deux lieux donnés sont tous deux à l'occident de Paris, comme Madrid & Mexico, il faut chercher les différences d'heures avec celle de Paris, & ôter la moindre de la plus grande; le restant sera la différence d'heures des deux lieux, différence qu'il faudra ôter de l'heure du lieu le plus oriental, par exemple ici Madrid, pour avoir l'heure du plus occidental : ainsi l'on a à côté de Madrid 23' 3'', & à côté de Mexico 6ʰ 46'; la différence est 6ʰ 22' 57'', qu'il faudra ôter de l'heure de Madrid pour avoir celle de Mexico.

Si des deux lieux, l'un est à l'orient, l'autre à l'occident du méridien de Paris, il faut alors ajouter ensemble les différences de temps de chacun d'eux avec Paris, & la somme de ces différences sera la différence de tems cherchée entre les deux lieux.

Soient proposées, par exemple, les villes de Constantinople & de Mexico, dont la première est à l'orient de Paris. La différence en temps de Paris & de Constantinople est 1ʰ 46' 25''; celle entre Paris & Mexico est 6ʰ 46' : la somme de ces deux nombres est 8ʰ 32' 25''. Telle sera donc la différence des heures qu'on comptera dans le même moment à Constantinople & à Mexico; ensorte que, quand il sera midi dans le premier de ces lieux, il ne sera que 3ʰ 27' 35'' dans le dernier; & quand il sera midi dans celui-ci, il sera déjà 8ʰ 32' 25'' du soir à Constantinople.

PROBLÈME V.

Comment deux hommes peuvent être nés le même jour, mourir au même moment, & cependant avoir vécu un jour, ou même deux, l'un plus que l'autre.

C'est une chose connue de tous les navigateurs, que si un vaisseau fait le tour du monde en allant d'orient en occident, lorsqu'il rentrera au port, il se trouvera compter un jour de moins que ne comptent les habitans de ce port. Cela vient de ce que le vaisseau suivant le cours du soleil, a ses jours plus longs; &, sur la totalité des jours comptés dans le voyage, il trouve nécessairement une révolution du soleil de moins.

Au contraire, si on fait le tour de la terre de l'occident à l'orient, comme on va au-devant du soleil, les jours sont plus courts; &, dans le circuit entier autour de la terre, on compte nécessairement une révolution du soleil de plus.

Supposons donc qu'un des jumeaux se soit embarqué sur un vaisseau faisant le tour de la terre de l'est à l'ouest, & que l'autre ait resté sédentaire au port; jusqu'à l'arrivée du vaisseau, on compte jeudi dans le port, le vaisseau arrivant ne comptera que mercredi, & le jumeau embarqué aura un jour de moins dans sa vie. S'ils mouroient donc le même jour, quoiqu'ils soient nés à la même heure, l'un seroit plus âgé que l'autre d'un jour.

Mais supposons à présent que, tandis que l'un fait le tour de la terre de l'est à l'ouest, l'autre le fait de l'ouest à l'est, & qu'ils arrivent le même jour au port où l'on comptera, par exemple, jeudi, le premier comptera mercredi, & l'autre comptera vendredi; ainsi il y aura deux jours de différence entre leurs âges.

Au reste il est aisé de voir qu'ils n'en sont pas moins âgés l'un que l'autre, mais que l'un a eu les jours plus longs & l'autre plus courts dans son voyage.

Si le dernier arrivoit un mercredi au port, & le premier un vendredi, celui-là compteroit le jour de son arrivée jeudi; ce seroit le lendemain un jeudi pour le port, & enfin ce seroit encore le lendemain un jeudi pour les navigateurs arrivans sur le second vaisseau : ce qui feroit, malgré le proverbe populaire, la semaine des trois jeudis.

PROBLÈME VI.

Trouver la grandeur du jour, lorsque le soleil est dans un degré donné de l'écliptique; & pour une latitude donnée.

Que le cercle ABCX représente un méridien, (*fig.* 12, *pl.* 1, *Amusemens d'Astronomie.*) AC l'horizon. Prenez l'arc CE égal à la hauteur du pôle du lieu proposé, par exemple, pour Paris, de 48° 50′; & ayant tiré DE, menez BF perpendiculaire à ED; ou bien faites l'arc AF égal au complément de CE, & tirez FD : il est évident que ED représente le cercle de 6 heures, & DF l'équateur.

Cela fait, cherchez dans les Ephémérides la déclinaison du soleil lorsqu'il occupe le degré de l'écliptique proposé; ou bien déterminez-la par l'opération que nous enseignerons ci-après. Je suppose que cette déclinaison soit boréale : prenez l'arc FM égal à cette déclinaison, du côté du pôle arctique, & par le point M tirez MN parallèle à FD, qui rencontrera la ligne DE en O, & l'horizon AC en N. Du point O, comme centre, avec le rayon OM, décrivez un arc de cercle MT, compris entre le point M & NT, parallèle à DE; vous mesurerez le nombre des degrés compris dans cet arc, ce que vous ferez aisément avec le rapporteur; vous convertirez ensuite ce nombre de degrés en temps, à raison de 1 h pour 15°, &c : ce qui en proviendra étant doublé, sera la longueur du jour.

Ainsi, s'il étoit question du jour où le soleil est parvenu à sa plus grande déclinaison boréale, comme elle est de 23° 30′, on prendroit FB de 23° 30′, & alors on trouveroit l'arc BI de 120°, ce qui répond à 8ʰ, dont le double est 16ʰ. Telle est en effet, à quelques minutes près, la durée du jour à Paris au temps du solstice d'été.

Si vous n'avez point de table de déclinaison du soleil pour chaque degré de l'écliptique, vous y suppléerez de la manière suivante. Cherchez le nombre de degrés dont le soleil est éloigné du plus prochain solstice, soit qu'il n'y soit pas encore arrivé, soit qu'il l'ait passé. Je le suppose, par exemple, au 23ᵉ degré du Taureau. Le solstice le plus prochain est celui du Cancer, dont le soleil est alors éloigné de 37° : tirez la ligne BD, qui représente un quart de l'écliptique; prenez ensuite du point B les arcs BK, B*k*, égaux chacun à 37°, & tirez K*k*, qui coupera BD en L, par lequel vous tirerez MN, qui sera la position du parallèle cherché.

On trouvera sans doute toutes ces choses plus exactement par le calcul trigonométrique; mais nous croyons devoir renvoyer pour cela aux livres d'astronomie.

PROBLÈME VII.

Le plus grand jour d'un lieu étant donné, trouver sa latitude.

Ce problème est l'inverse du précédent, & n'est pas difficile à résoudre.

Car

Car le plus grand jour arrive, pour tous les lieux de la terre, lorsque le soleil est au commencement du signe du Cancer. Soit donc, dans la *fig. 3, pl. 1. (Amusemens d'Astronomie.)* FD, représentant l'équateur céleste, ou plutôt son diamètre; BL, celui du tropique du cancer, sur lequel on décrira le demi-cercle BKL. Faites l'arc BK égal au nombre de degrés répondant à la longueur du demi-jour donné, à raison de 15° par heure; & tirez KM perpendiculaire à BL; tirez enfin par M le diamètre NMO: l'angle PCO sera la hauteur du pôle ou la latitude du lieu.

Il seroit facile de tirer de-là la résolution trigonométrique, pour déterminer cette latitude par le calcul; mais, par la raison dite plus haut, nous nous bornerons à cette construction graphique.

PROBLÈME VIII.

Trouver le climat d'un lieu dont la latitude est connue.

On appelle *climat* en astronomie, l'intervalle de la surface de la terre, compris entre deux parallèles, sous lesquels la différence des plus longs jours est d'une demi-heure: ainsi les jours d'été, sous le parallèle soit septentrional soit méridional, éloigné de l'équateur de 8° 25', étant de 12ʰ 30', cet intervalle, ou la zone terrestre comprise entre l'équateur & ce parallèle, est appellé le premier climat.

On trouvera donc facilement les limites des différens climats, en cherchant à quelles latitudes les plus grands jours sont de 12ʰ ½, 13ʰ, 13ʰ ½, 14ʰ, problème dont on vient de donner la solution; & l'on trouvera les climats compris entre les parallèles des latitudes qui suivent.

	Latit. du parall. le plus mérid.		Latit. du par. le plus sept.	
Iᵉʳ Climat	0ᵈ	0'	8°	25'
IIᵉ	8	25	16	25
IIIᵉ	16	25	23	50
IVᵉ	23	50	30	20
Vᵉ	30	20	36	28
VIᵉ	36	28	41	22
VIIᵉ	41	22	45	29
VIIIᵉ	45	29	49	21
IXᵉ	49	21	51	28
Xᵉ	51	28	54	27
XIᵉ	54	27	56	37
XIIᵉ	56	37	58	29
XIIIᵉ	58	29	59	58

Amusemens des Sciences.

	Latit. du parall. le plus mérid.		Latit. du par. le plus sept.	
XIVᵉ	59	58	61	18
XVᵉ	61	18	62	25
XVIᵉ	62	25	63	22
XVIIᵉ	63	22	64	6
XVIIIᵉ	64	6	64	49
XIXᵉ	64	49	65	21
XXᵉ	65	21	65	47
XXIᵉ	65	47	66	6
XXIIᵉ	66	6	66	20
XXIIIᵉ	66	20	66	28
XXIVᵉ	66	28	66	31

Comme au cercle polaire le plus grand jour est de 24 heures; & qu'au pôle il est de 6 mois, on a établi six climats de ce cercle au pôle.

	Latit. du parall. le plus mérid.		Latit. du par. le plus sept.	
XXVᵉ Clim.	66°	31'	67°	30'
XXVIᵉ	67	30	69	30
XXVIIᵉ	69	30	73	20
XXVIIIᵉ	73	20	78	20
XXIXᵉ	78	20	84	00
XXXᵉ	84	00	90	00

Ainsi, si l'on demandoit dans quel climat est Paris, il seroit facile de répondre qu'il est dans le neuvième, sa latitude étant de 49° 50', & ses plus longs jours de 16 h. 4'.

Remarque.

Toute cette considération de climats est de l'ancienne astronomie; mais l'astronomie moderne ne tient aucun compte de cette division, qui manque en grande partie de justesse, à cause des réfractions; car en y ayant égard, comme on le doit, quoi qu'en dise M. Ozanam, on trouvera que, sous le cercle polaire, sera le plus grand jour, au lieu d'être de 24 heures; & est réellement de plusieurs fois 24 heures; car la réfraction horizontale y élevant le centre du soleil au moins de 32', le centre de cet astre ne doit pas s'y coucher depuis le 9 Juin jusqu'au 3 ou 4 juillet; & le bord supérieur depuis le 6 juin jusqu'au 6 juillet; ce qui fait un mois entier, pendant lequel on ne perd pas le soleil de vue.

PROBLÈME IX.

Mesurer la grandeur d'un degré d'un grand cercle de la terre, & la terre elle-même.

Une multitude de phénomènes astronomiques prouvent la rondeur de la terre, c'est-à-dire qu'elle est un globe, ou d'une forme très-appro-

D d

chante. Nous croyons superflu de rapporter ici ces preuves, qui doivent être connues de tous ceux qui ont quelque teinture de physique & de mathématiques.

Nous supposerons donc ici d'abord la terre parfaitement sphérique, telle qu'elle est sensiblement, & nous commencerons par raisonner d'après cette supposition.

Ce qu'on appelle un degré d'un méridien de la terre, n'est autre chose que la distance qu'il y a entre deux observateurs dont les zéniths sont éloignés entr'eux de la quantité d'un degré, ou la distance géométrique entre deux lieux sous un même méridien, dont la latitude ou la hauteur du pôle diffère d'un degré : c'est pourquoi, si quelqu'un parcourt un méridien de la terre, en mesurant le chemin qu'il fait, il aura parcouru un degré, quand il aura changé sa latitude d'un degré, ou quand une étoile voisine de son zénith, dans sa première station, s'en sera approchée ou éloignée d'un degré.

Il n'est donc question que de choisir deux lieux situés sous un même méridien, dont on connoît exactement les distances & les latitudes ; car, ôtant la plus petite de ces latitudes de la plus grande, on aura l'arc du méridien compris entre ces deux lieux : ainsi l'on sçaura qu'à un certain nombre de degrés & de minutes, répond une certaine quantité de toises. Il n'y a donc qu'à faire cette proportion : comme ce nombre de degrés & de minutes est à ce nombre de toises, ainsi un degré à un quatrième nombre, qui sera celui des toises répondant à un degré.

Mais comme on commence par choisir ses stations, qui peuvent n'être pas précisément sous le même méridien, mais seulement à-peu-près, comme Paris & Amiens, on mesure géométriquement la distance méridienne entre leurs deux parallèles ; & connoissant cette distance, ainsi que la différence de latitude des deux endroits, il n'y a qu'à faire une proportion semblable à la précédente, & l'on a la quantité de toises qui répond à un degré.

C'est ainsi que M. Picard opéra pour déterminer la grandeur du degré terrestre aux environs de Paris. Il mesura, par une suite d'opérations trigonométriques, la distance du pavillon de Malvoisine, au sud de Paris, jusqu'au clocher de la cathédrale d'Amiens, en la réduisant au méridien, & la trouva de 78907 toises. Il trouva d'ailleurs, par les observations astronomiques que la cathédrale d'Amiens étoit plus nord que le pavillon de Malvoisine de 1° 22′ 58″. Faisant donc cette règle de trois : comme 1° 22′ 58″ sont à un degré, ainsi 78907 toises sont à 57057, il en conclut que ce degré étoit de 57057 toises.

On a depuis rectifié en quelques points la mesure de M. Picard, & l'on a trouvé ce degré de 57070 toises.

Corollaires.

I. Ainsi, en supposant la terre sphérique, sa circonférence sera de 20545200 toises.

II. On trouvera aisément son diamètre, en faisant cette proportion : comme la circonférence du cercle est au diamètre, ou comme 314159 est à 100000, ainsi le nombre ci-dessus à un quatrième, qui est 6530196 toises : ce sera la grandeur du diamètre de la terre.

III. On auroit sa surface, en la supposant unie comme celle de la mer dans un temps calme, on l'auroit, dis-je, de 134164182859200 toises quarrées ; savoir, en multipliant la circonférence par le moitié du rayon, & ensuite quadruplant le produit, ou plus briévement multipliant la circonférence par deux fois le rayon.

IV. On auroit enfin sa solidité, en multipliant la surface trouvée ci-dessus par le tiers du rayon ; ce qui donneroit 146019735041736067200 toises cubes.

Remarque.

L'opération faite par M. Picard entre Paris & Amiens, a depuis été continuée dans toute l'étendue du royaume, soit au nord, soit au sud, depuis Dunkerque, dont l'élévation du pôle est de 51° 2′ 27″, jusqu'à Collioure, dont la latitude est de 42° 31′ 16″ : ainsi la distance de leurs parallèles est de 8° 31′ 11″. Or on trouveit en même temps, pour la distance de ces parallèles mesurés en toises, 486058, ce qui donne pour le degré moyen, dans l'étendue de la France, 57051 toises ; mais des corrections postérieures l'on réduit à 57038 toises.

Dans cette opération, on a eu l'attention de déterminer la distance de la méridienne, qui est celle de l'Observatoire de Paris, avec les lieux principaux entre lesquels elle passe. Il paroîtra peut-être curieux à quelques-uns de nos lecteurs de les connoître. En voici une table, dont la première colonne contient les noms des lieux dont on vient de parler. Dans la seconde on voit le nombre des toises dont ils sont éloignés de la méridienne, & la troisième marque de quel côté ils sont situés, à l'est ou à l'ouest. On a marqué sur la méridienne, par un pilier, l'endroit où elle est rencontrée par la perpendiculaire tirée sur elle du clocher de la cathédrale de Bourges.

Table des lieux de la France les plus voisins de la méridienne de l'Observatoire de Paris.

Fort de Revers.	1206ᵀ.	Est.
Dunkerque.	1414	Est.

Saint-Omer.	3011	Eſt.
Dourlens.		Oueſt.
Villers-Boccage.	580	Oueſt.
Amiens.	1252	Oüeſt.
Sourdon.	2341	Eſt.
Saint-Denis.		Eſt.
Montmartre.	0	
Paris.	0	
Lay.	0	
Juviſy.	1350	Eſt.
Orléans.	16396	Oueſt.
Bourges.	2358	Eſt.
Saint-Sauvier.	345	Oueſt.
Mauriac.	382	Oueſt.
Rhodez.	9528	Eſt.
Alby.	8316	Oueſt.
Caſtres.	3911	Oueſt.
Carcaſſone.	246	Eſt.
Perpignan.	23461	Eſt.
Sommet de Canigou.	4664	Eſt.

De-là la méridienne de Paris, prolongée au ſud, entre dans l'Eſpagne, laiſſant Gironne à l'orient, à environ ¼ de degré de diſtance, paſſe à 2 ou 3000 toiſes à l'eſt de Barcelone, traverſe l'iſle de Majorque fort près & à l'eſt de cette ville, entre en Afrique laiſſant Alger à 7 minutes de degré à l'eſt. Nous ne la ſuivrons pas davantage à travers des peuples & des pays inconnus. Elle ſort de l'Afrique dans le royaume d'Ardra.

PROBLÊME X.

De la vraie figure de la terre.

Nous avons dit que divers phénomènes aſtronomiques & phyſiques prouvent la rondeur de la terre; mais ils ne prouvent pas qu'elle ſoit un globe parfait. On n'a pas plutôt fait uſage de méthodes bien préciſes pour la meſurer, qu'on a commencé à douter de ſa ſphéricité parfaite. Enfin il eſt aujourd'hui démontré que notre habitation eſt applatie par les pôles, & relevée ſous l'équateur, c'eſt-à-dire que ſa coupe, par ſon axe, au lieu d'être un cercle, eſt une figure approchante de l'ellipſe, dont le moindre axe eſt celui de la terre, ou la diſtance d'un pôle à l'autre; & le plus grand, le diamètre de l'équateur. C'eſt Newton & Huygens qui les premiers ont établi cette vérité ſur des raiſonnemens phyſiques, tirés de la force centrifuge & de la rotation de la terre; & les obſervations aſtronomiques, faites il n'y a pas encore 40 ans, y ont mis le dernier ſceau.

Le raiſonnement de Huygens & Newton étoit celui-ci. En ſuppoſant la terre primitivement ſphérique & immobile, ce ſeroit un globe couvert d'eau dans une grande partie de ſa ſurface. Or il eſt démontré aujourd'hui que la terre a un mouvement de révolution autour de ſon axe. Tout le monde ſçait d'ailleurs que l'effet du mouvement circulaire eſt d'écarter les corps circulans du centre du mouvement: ainſi les eaux qui ſeront ſous l'équateur perdront une partie de leur peſanteur, & il faudra qu'elles s'élèvent à une plus grande hauteur, pour regagner par cette hauteur la force néceſſaire pour contre-balancer les colonnes latérales étendues juſqu'aux autres points de la terre, où la force centrifuge qui contre-balance la peſanteur, eſt moindre, & agit moins directement. Les eaux de l'océan s'éleveront donc ſous l'équateur, auſſi-tôt que la terre, ſuppoſée d'abord immobile, prendra un mouvement de rotation autour de ſon axe: les parties voiſines de l'équateur, s'éleveront un peu moins, & celles du voiſinage du pôle s'affaiſſeront; car la colonne polaire, n'éprouvant aucun effet de la force centrifuge, ſe trouvera la plus peſante de toutes.

On ne pourroit guère infirmer ce raiſonnement, qu'en ſuppoſant que le noyau de la terre fût d'une forme allongée, ou en ſuppoſant dans ſon intérieur une contexture ſingulière, & adaptée exprès à produire cet effet; ce qui n'a aucune probabilité.

On s'eſt cependant obſtiné pendant quelque temps dans le Continent à ne pas admettre cette vérité. On ſe fondoit principalement ſur la meſure des degrés du méridien exécutée en France, par laquelle il paroiſſoit que ce degré étoit moindre dans la partie ſeptentrionale de la France, que dans la partie méridionale: il en réſulteroit en effet pour la terre une figure ſphéroïde allongée par les pôles, & voici comment.

Si la terre étoit parfaitement ſphérique, il faudroit s'avancer également ſous un méridien, pour que la hauteur du pôle parût varier également. Si s'avançant de Paris vers le nord, par exemple, de 57070 toiſes, la hauteur du pôle varie d'un degré, il faudroit s'avancer encore de 57070 toiſes au nord, pour que la hauteur du pôle augmentât de nouveau d'un degré; & ainſi dans toute la circonférence d'un méridien. Donc, s'il arrive qu'à meſure qu'on avance vers le nord, il faille faire plus de chemin pour un changement de latitude d'un degré, il en faudra conclure que la terre n'eſt pas ſphérique, mais qu'elle eſt plus applatie, moins courbe vers le nord; que cette courbure enfin va en diminuant à meſure qu'on approche du pôle; ce qui eſt le propre d'une ellipſe dont les pôles de rotation ſeroient aux extrémités du petit axe. Dans le cas contraire, ce feroit une preuve que la courbure de la terre diminue, qu'elle s'applatit à mesure qu'on marche vers l'équateur ; ce qui conviendroit à un corps formé par la révolution d'une ellipse tournant autour de fon grand axe.

Or on crut d'abord trouver en France, que les degrés du méridien croiffoient à mesure qu'on s'avançoit vers le midi. Le degré mesuré aux environs de Collioure, terme auftral de la méridienne, paroiffoit de 57192 toifes ; celui des environs de Dunkerque, le plus feptentrional, paroiffoit feulement de 56944 toifes. On avoit raifon d'en conclure que la forme de la terre étoit un fphéroïde allongé, ou formé par la révolution d'une ellipse autour de fon grand axe.

Ceux qui étoient partifans de la philofophie Newtonienne, trop peu connue alors en France, répondoient que ces obfervations ne prouvoient rien, parce que cette différence étoit trop peu confidérable pour qu'on ne pût l'imputer aux erreurs inévitables des obfervations. En effet, 19 toifes répondent à environ une feconde : ainfi les 238 toifes de différence ne faifoient qu'environ 12 fecondes, donc il eft aifé de fe tromper par bien des caufes : ils prétendoient même que cette différence pouvoit être en fens contraire.

On propofa alors, pour décider la conteftation, de mefurer deux degrés les plus éloignés qu'il fût poffible, un fous l'équateur, & un autre le plus près du pole qu'il fe pourroit. Pour cet effet, MM. de Maupertuis, Camus, Clairaut, furent envoyés en 1735, par le roi, fous le cercle polaire arctique, au fond du golphe de Bothnie, pour y mefurer un degré du méridien. MM. Bouguer, Godin, de la Condamine, furent envoyés dans le voifinage de l'équateur, & y mefurèrent non-feulement un degré du méridien, mais prefque trois. Il réfulta de ces mefures, faites avec des attentions dont on n'avoit point encore eu d'exemple, que le degré voifin du cercle polaire étoit de 57422 toifes, & que le degré voifin de l'équateur en contenoit 56750 ; ce qui fait une différence de 672 toifes, différence trop confidérable pour pouvoir être imputée aux erreurs néceffaires des obfervations. Il a refté depuis ce temps inconteftable que la terre étoit applatie par les poles, ainfi que Newton & Huygens l'avoient avancé. Ajoutons ici que les mefures anciennement prifes en France ayant été réitérées, on reconnut que le degré alloit en croiffant du midi au nord, comme cela doit être dans le cas du fphéroïde applati.

Plufieurs autres mefures du méridien, faites en différens lieux de la terre, ont depuis confirmé cette vérité. M. l'abbé de la Caille ayant mefuré un degré au cap de Bonne-Efpérance, c'eft-à-dire fous la latitude auftrale d'environ 35 degrés, l'a trouvé de 57037 toifes. Les PP. Mairé & Bofco-

vich, Jéfuites, mefurèrent en 1755 un degré du méridien en Italie, fous la latitude de 43 degrés, & ils le trouvèrent de 56979 toifes : ainfi il eft conftant que les degrés des méridiens terreftres vont en croiffant depuis l'équateur au pole, & que la terre a la forme d'un fphéroïde applati.

Il y a eu même depuis quelque temps de nouvelles mefures de degrés terreftres, telle eft celui de M. l'abbé Liefganic, faite en Allemagne près de Vienne ; celle du P. Beccaria, dans la Lombardie ; & celle de MM. Mafon & Dixon, de la fociété royale de Londres, faite dans l'Amérique feptentrionale. Ils confirment la diminution des degrés terreftres, en approchant de l'équateur, quoiqu'avec des inégalités difficiles à concilier avec une figure régulière. Au furplus, pourquoi la terre auroit-elle une figure d'une parfaite régularité ?

Il eft du refte impoffible de déterminer précifément quel eft le rapport de l'axe de la terre avec le diamètre de l'équateur : il eft démontré que le premier eft le plus court ; mais la détermination de fon rapport précis exigeroit des obfervations qu'on ne pourroit faire qu'au pole. Néanmoins le rapport le plus probable eft celui de 177 à 178.

Ainfi, en fuppofant ce rapport, l'axe de la terre, d'un pole à l'autre, feroit de 6525376 toifes, & le diamètre de l'équateur, de 6562026.

L'excès enfin de la diftance d'un point de l'équateur au niveau de la mer, jufqu'au centre de la terre, fur la diftance du pole à ce même centre, fera de 18325 toifes, ou environ 8 lieues.

Corollaires.

I. Il fuit de ce qu'on vient de dire, plufieurs vérités curieufes ; la première eft que *tous les corps*, à l'exception de ceux placés fous l'équateur & les poles, *ne tendent point au centre de la terre* ; car la figure circulaire eft la feule qui foit telle, que toutes les perpendiculaires à fa circonférence tendent au même point. Dans les autres, dont la courbure varie continuellement, comme font les méridiens de la terre, ces perpendiculaires à la courbe paffent toutes par des points différens de l'axe.

II. L'exhauffement des eaux fous l'équateur, & leur affaiffement fous les poles, étant les effets de la rotation de la terre fur fon axe, il eft aifé de concevoir que fi ce mouvement de rotation s'accéléroit, l'exhauffement des eaux fous l'équateur augmenteroit ; & comme la terre folide a pris, depuis fa création, une confiftance qui ne lui permettroit pas de fe prêter elle-même à un exhauffement femblable, celui des eaux pourroit devenir tel que toutes les terres placées fous l'équateur feroient fubmergées, & les mers polaires, fi elles ne font pas excessivement profondes, seroient mifes à fec.

Au contraire, si le mouvement diurne de la terre s'anéantiffoit ou se rallentiffoit, les eaux accumulées, & foutenues actuellement par la force centrifuge fous l'équateur, retomberoient vers les pôles, & noieroient toutes les parties feptentrionales de la terre; il fe formeroit de nouvelles ifles, de nouveaux continents dans la zône torride, par l'affaiffement des eaux, qui laifferoient de nouvelles terres à découvrir.

Remarque.

Nous ne pouvons nous empêcher de remarquer ici un avantage dont, en ce cas, jouiroit la France, ainfi que tous les pays où la latitude moyenne eft de 45 degrés environ : c'eft que fi pareille cataftrophe arrivoit, ces pays feroient à l'abri de l'inondation, parce que le fphéroïde, qui eft actuellement la vraie figure de la terre, & le globe ou le globe fphéroïde moins applati dans lequel elle fe changeroit, auroient leur interfection vers le 45e degré : ainfi la mer ne s'éleveroit point dans cette latitude.

PROBLÊME XI.

Déterminer la grandeur d'un degré d'un petit cercle propofé, ou d'un parallèle.

Comme l'excès du grand fur le petit diamètre de la terre, ne va pas à une cent cinquantième, dans ce problème & dans les fuivans nous le confidérerons comme abfolument fphérique, d'autant plus que la folution de ces problèmes, en regardant la terre comme un fphéroïde, entraîneroit des difficultés qui ne font pas compatibles avec l'objet de ce livre-ci.

Soit donc propofé de déterminer combien de lieues, combien de toifes vaut le degré du parallèle paffant par Paris, c'eft-à-dire le parallèle du 48e degré 50 minutes; vous le ferez ou géométriquement, ou par le calcul, des deux manières fuivantes.

1°. Prenez une ligne AB, (*fig.* 4, *pl.* I. *Amufemens d'Aftronomie.*) que vous diviferez en 57 parties égales, parce que le degré du méridien eft de 57000 toifes, ou bien vous le diviferez en 25 parties, qui repréfenteront des lieues de 25 au degré du point A, comme centre, décrivez par l'autre extrémité B l'arc BC, que vous ferez de 48° 50', & du point C menez CD perpendiculaire à AB : la partie AD indiquera le nombre de mille toifes, ou le nombre de lieues de 25 au degré, contenu dans le degré du parallèle de 48° 50', fuivant qu'on aura exécuté la première ou la feconde divifion.

Comme le finus total 100000
au finus de complément de la latitude, lequel eft ici de 40° 10'. 64500

Ainfi la quantité de toifes contenues dans le degré du méridien. 57060
à un quatrième terme, qui fera . . . 36803
Ou bien,

Comme le premier de ces termes. . . 100000
eft au fecond. 64500

Ainfi le nombre des lieues moyennes contenues dans le degré du méridien, . . 25
à un quatrième terme, qui fera. . . . 16 ⅜

Cela fe trouvera plus exactement par le calcul trigonométrique; il ne faut pour cela que faire la règle de proportion fuivante.

Ainfi le degré du parallèle de Paris contient 36803 toifes, ou 18 lieues moyennes & ⅜.

Il eft aifé de fe démontrer cette règle, en faifant attention que les circonférences des deux cercles, ou les degrés de ces mêmes cercles, font dans le rapport de leurs rayons. Or le rayon du parallèle de Paris, eft le finus de la diftance de Paris au pôle, ou le finus de complément de fa latitude; tandis que le rayon de la terre ou de l'équateur eft le finus total : d'où il fuit évidemment la règle ci-deffus.

3. Si l'on veut avoir la grandeur de la circonférence du parallèle, il n'y a qu'à multiplier la grandeur trouvée du degré par 360, on aura cette circonférence : ainfi le degré du parallèle de Paris ayant été trouvé de 36803 toifes, il faudra multiplier ce nombre par 360, & l'on aura 13249080 toifes pour la circonférence entière de ce cercle.

PROBLEME XII.

Trouver la diftance de deux lieux propofés de la terre, dont on connoît les longitudes & les latitudes.

Nous devons d'abord remarquer que la diftance de deux lieux fur la furface de la terre, fe doit mefurer par l'arc de grand cercle qu'ils interceptent : ainfi deux lieux qui font fous le même parallèle, n'ont pas pour diftance l'arc du parallèle intercepté entr'eux, mais un arc de grand cercle; car c'eft fur la furface de la fphere le plus court chemin d'un point à l'autre, comme fur la furface plane c'eft la ligne droite.

Cela remarqué, il eft aifé de voir que ce problème eft fufceptible de bien des cas : car les deux lieux propofés peuvent, ou être fous le même méridien, c'eft-à-dire avoir la même longitude, mais différentes latitudes; ou avoir même latitude, c'eft-à-dire, être fous l'équateur, ou fous un même parallèle; ou enfin avoir différentes longitudes & différentes latitudes : ce qui fe fubdivife auffi en deux cas, favoir, celui où les deux lieux font dans le même hémifphère, & celui où l'un eft dans l'hémifphère boréal, tandis que l'autre eft dans l'auftral. Mais nous nous bornerons à la folution du feul cas qui ait quelque difficulté.

Car il eft aifé de voir que fi les deux lieux font fous un même méridien, l'arc qui mefure leur diftance eft la différence de leurs latitudes, s'ils font dans un même hémifphère ; ou la fomme de ces latitudes, s'ils font dans des hémifphères différens. Il n'y a donc qu'à réduire cet arc en lieues, en milles ou en toifes, & l'on aura la diftance des deux lieux en pareille mefure.

Si les deux endroits propofés font fous l'équateur, il eft pareillement aifé de déterminer l'amplitude de l'arc qui les fépare, & de le réduire en lieues, en milles, &c.

Suppofons donc, ce qui eft le feul cas ayant quelque difficulté, les deux lieux propofés différens tant en longitude qu'en latitude, Paris & Conftantinople, par exemple, dont le premier eft plus occidental que le fecond de 29° 30', & plus feptentrional de 7° 45'. On imaginera un grand cercle paffant par ces deux villes, & l'on trouvera la grandeur de l'arc compris par la conftruction géométrique qui fuit.

Décrivez du centre A, (fig. 18, n° 1, pl. 1. Amufemens d'Aftronomie.) avec une ouverture de compas prife à volonté, le demi-cercle BCDE, qui repréfentera le méridien de Paris. Soit pris l'arc BF, de 48° degré 51', qui eft la latitude de Paris, pour avoir fon lieu en F ; tirez le rayon AF.

Soient pris fur le même demi-cercle les arcs BC, ED, chacun de 41° 6', latitude de Conftantinople ; la ligne CD fera le parallele de Conftantinople, dont vous trouverez le lieu en cette forte.

Sur CD, comme diametre, foit décrit le demicercle CGD, fur la circonférence duquel vous prendrez l'arc CG égal à la différence des longitudes de Paris & Conftantinople, ou de 29° 30' ; du point G menez GH perpendiculaire à CD, pour avoir en H la projection du lieu de Conftantinople ; du point H tirez HI perpendiculaire à AF, & terminée en I par l'arc BCDE : l'arc FI étant mefuré, donnera en degrés & minutes la diftance cherchée. Elle eft ici de 22 degrés.

Si l'un des lieux étoit de l'autre côté de l'équateur, comme eft, par exemple, à l'égard de Paris la ville de Fernambouc au Bréfil, qui a 7° 3' de latitude méridionale, il auroit fallu prendre l'arc BC, de l'autre côté du diametre BE, (fig. 18, n°. 2, ibid.) égal à la latitude du fecond lieu donné, c'eft-à-dire ici de 7 degrés 3' ; & comme la différence de longitude de Paris & Fernambouc eft 44° 15', il faudroit prendre l'arc CG 44° 15' : on trouvera l'arc FI de 70° ; ce qui, réduits en lieue de 25 au degré, en donne 1750 pour la diftance de Paris à cette ville du Bréfil.

Remarque.

Lorfque la diftance des deux lieux n'eft pas

confidérable, comme celle de Lyon à Genève, ville plus feptentrionale que Lyon de 36' feulement, & plus orientale de 6' de temps, qui valent fous l'équateur 1° 30', on peut abréger beaucoup le calcul.

Prenez en effet la latitude moyenne des deux lieux, elle eft ici de 46° 4' ; & cherchez par le problême précédent la grandeur du degré du parallèle paffant par cette latitude. Nous trouvons qu'elle eft de $17\frac{455}{1000}$ de lieues, dont il y en a 25 au degré d'un grand cercle : ainfi la différence de longitude étant de 1° 30', cela fait fur ce parallèle 26 lieues & $\frac{1775}{10000}$. D'un autre côté, le nombre des lieues répondant à la différence de latitude, eft 15.

C'eft pourquoi imaginez un triangle rectangle, dont un des côtés autour de l'angle droit eft de 15 lieues, & l'autre de 26 $\frac{1775}{10000}$; l'hypothénufe fe trouvera, par le calcul ordinaire, être de 30 lieues & $\frac{2714}{10000}$; ce fera la diftance de Lyon à Genève en ligne droite.

C'eft ici naturellement le lieu de faire connoître les mefures dont fe fervent les différens peuples pour mefurer les diftances itinéraires ; & ce fera probablement une chofe agréable pour nos lecteurs, car il n'eft pas aifé de raffembler ces mefures de comparaifon. Nous y avons joint, par cette même raifon, les mefures itinéraires des peuples anciens. Toutes ces mefures font reduites à notre toife de Paris.

TABLE DES MESURES ITINÉRAIRES ANCIENNES ET MODERNES.

Ancienne Grèce.

	Toifes.
Le Stade Olympique.	94½
Autre Stade moindre.	75½
Autre moindre.	50½

Egypte.

Le Schæne.	3024

Perfe.

La Parafange ou Farfang.	2268

Empire Romain.

Le Mille, (Milliaire).	756

Judée.

Stade ou Rez.	76
Mille ou Berath.	569½

Ancienne Gaule.

La Lieue, (Leug).	1134

Germanie.

La Lieue, (Raft).	2268

Arabie.

Le Mille.	envir. 1084

AST

Toises.

France.

	Toises.
Le Mille.	1000
La petite Lieue de 30 au degré.	1902
La Lieue moyenne de 25.	2283
La grande Lieue de 20, *ou* Marine.	2853

Allemagne.

Le Mille de 12½ au degré.	4556
Autre de 15 au degré.	3800

Suede.

Le Mille.	5483

Danemarck.

Le Mille.	3930

Angleterre.

Le Mille ; il est de 1760 verges angloises qui font.	826

Ecosse.

Le Mille.	1147

Irlande.

Le Mille.	1052

Espagne.

La Lieue Légale de 5000 vares.	2147
La Lieue commune, (17½ au degré).	3261

Italie.

Le Mille Romain.	768
Le Mille Lombard.	848⅔
Le Mille Vénitien.	992

Pologne.

La Lieue.	2850

Russie.

La Werste ancienne.	656
La Verste moderne.	547

Turquie.

L'Agash.	2536

Indes.

Le petit Coss.	1342
Le grand Coss.	1542
Le Gau, (côte de Malabar).	6000
Le Nari *ou* Nali, (*ibid.*).	900

Chine.

Le Li actuel.	295
Le Pu, égal à 10 Lis.	2950

Toutes ces évaluation font tirées du livre de M. Danville, intitulé : *Traité des Mesures itinéraires anciennes & modernes*, Paris, 1768, in-8°, imprim. royale : c'est un ouvrage où cette matière est traitée avec une sagacité & une érudition peu communes ; enforte que , dans l'incertitude où l'on est encore sur les rapports précis de plusieurs de ces mesures aux nôtres , les évaluations données par M. Danville font certainement ce qu'il y a de plus probable & de mieux fondé. Je me suis , par cette raison , écarté en bien des points de celles qu'a données M. Christiani , dans son livre *delle Misure d'ogni genere , antiche è moderne*. Cet ouvrage est estimable & fort bon à plusieurs égards , mais il s'en faut bien que la matière y soit discutée aussi profondément que dans celui de M. Danville. Si donc quelqu'un s'appuyoit de cette autorité , ou contredisoit par d'autres motifs quelques-unes des déterminations ci-dessus , il me permettra de le renvoyer à l'ouvrage de l'académicien François.

PROBLÊME XIII.

Représenter le globe terrestre en plan.

La carte qui représente toute la surface du globe terrestre sur une surface plate , se nomme *planisphère, mappemonde, & carte générale du globe terrestre.*

On représente ordinairement cette carte en deux hémisphères , parce que le globe artificiel représentant le globe terrestre , ne peut être vu d'un seul aspect ; ainsi l'on est contraint de le représenter en plan par deux moitiés , dont chacune est appelée hémisphère. Il y a trois manières de le décrire ainsi.

La première est de le représenter divisé par le plan du premier méridien en deux hémisphères , l'un oriental , l'autre occidental. Cette forme de mappemonde est la plus ordinaire parce qu'elle présente dans un de ses hémisphères l'ancien continent , & tout le nouveau dans l'autre.

La seconde est de représenter le globe divisé par l'équateur en deux hémisphères , l'un septentrional , l'autre méridional. Cette représentation a ses avantages dans quelques cas ; on y voit mieux , par exemple , la disposition des terres les plus septentrionales & les plus australes. On vient de publier une carte de ce genre pour l'hémisphère austral , dans laquelle on voit les routes & les découvertes de nos navigateurs modernes dans la mer du sud.

La troisième consiste à faire voir le globe terrestre divisé par l'horison en deux hémisphères , l'un supérieur , l'autre inférieur , par rapport à chaque position.

Cette difpofition a encore fes avantages dans certaines circonftances. On y voit mieux la difpofition des différentes parties de la terre, relativement au lieu propofé ; & nombre de problèmes géographiques fe réfolvent par-là beaucoup plus aifément.

Le P. Chryfologue, de Gy en Franche-Comté, capucin, a publié depuis peu deux hémifphères femblables, de l'un defquels Paris occupe le centre ; & il a donné une explication des divers ufages de cette manière de repréfenter le globe terreftre.

On peut fe fervir de deux méthodes pour ces repréfentations.

L'une fuppofe le globe vu par dehors, & tel qu'il paroîtroit apperçu d'une diftance infinie.

Suivant l'autre, on confidère chaque hémifphère du côté concave, & comme fi l'œil étoit placé au bout du diamètre central, ou au pôle de l'hémifphère oppofé, & on le conçoit projeté fur le plan de fa bafe. De-là naiffent diverfes propriétés de ces repréfentations, que nous allons faire connoître.

I.

Lorfqu'on repréfente le globe vu du côté convexe, & partagé en deux hémifphères par le plan du premier méridien, on fuppofe l'œil à une diftance infinie vis-à-vis le point où l'équateur & le 90e méridien qui fe coupent l'un fur l'autre. Tous les méridiens font alors repréfentés par des ellipfes, hors le premier, qui l'eft par un cercle, & le 90e, qui l'eft par une ligne droite ; les parallèles enfin font repréfentés par des lignes droites. Il y a dans cette repréfentation un grand défaut, favoir, que les parties qui avoifinent le premier méridien font fort rétrécies, à caufe de l'obliquité fous laquelle elles fe préfentent.

Il arrive le contraire, lorfqu'on repréfente les deux hémifphères par la feconde méthode, c'eft-à-dire vus du côté concave, & projetés fur le plan du méridien. On fuppofe, pour l'hémifphère oriental, que l'œil eft placé à l'extrémité du diamètre qui paffe par la fection du 90e méridien & de l'équateur. Il y a alors plus d'égalité entre les diftances des méridiens ; & même les parties de la terre qui font au milieu de la carte font un peu plus ferrées que vers les bords. D'ailleurs, tous les méridiens & les parallèles font repréfentés par des arcs de cercle, ce qui eft fort commode pour la defcription de la carte. Il y a feulement cet inconvénient, que les parties de la terre paroiffent tout autrement que vues par dehors. L'Afie, par exemple, paroît à la gauche, & l'Europe à la droite ; mais on y rémédie facilement, au moyen d'une contre-épreuve.

II.

Si l'on veut repréfenter le globe de la terre projeté fur le plan de l'équateur, on peut, felon la première méthode, fuppofer l'œil à une diftance infinie dans l'axe prolongé : le pôle occupera alors le centre de la carte ; les parallèles feront des cercles concentriques, & les méridiens des lignes droites. Mais il y aura encore ici le défaut, que les parties de la terre, voifines de l'équateur, feront fort refferrées.

C'eft pourquoi il vaudra mieux recourir à la deuxième méthode, qui fuppofe l'hémifphère boréal vu par un œil placé au pôle auftral, & vice verfâ ; & comme il y aura ici un renverfement relatif de pofition des lieux, on y rémédiera auffi par la contre-épreuve.

III.

Si l'on fuppofe un œil au zénith d'un lieu déterminé, de Paris, par exemple, & à une diftance infinie, on aura fur le plan de l'horizon une repréfentation de l'hémifphère terreftre, dont Paris occupe le pôle, & qui fera de la troifième efpèce. Il y aura encore, à la vérité, l'inconvénient du refferrement des parties voifines de l'horizon.

Mais fi l'on veut rémédier à cet inconvénient, on le fera en employant la deuxième méthode, ou en fuppofant cet hémifphère vu à travers l'horizon, par un œil placé au pôle de l'hémifphère inférieur : les méridiens différens feront alors repréfentés par des arcs de cercle, ainfi que les parallèles : les cercles de diftance du lieu propofé à tous les autres lieux de la terre, feront des lignes droites. On rémédiera du refte, comme pour les autres, par la contre-épreuve, au renverfement de pofition.

On peut voir les ufages nombreux de cette projection particulière, dans un écrit publié en 1774 par ce P. Chryfologue de Gy en Franche-Comté, capucin, & qui fert d'explication à fa double mappemonde, dont nous avons parlé plus haut.

On pourroit imaginer plufieurs autres projections du globe terreftre, &, en fuppofant l'œil dans un autre point qu'au pôle de l'hémifphère oppofé, mettre plus d'égalité entre les parties qui avoifinent le centre & les bords de la projection : mais il y auroit d'autres inconvéniens, favoir, que les cercles fur la furface de la fphère ou du globe ne feroient plus repréfentés par des cercles ou des lignes droites ; ce qui rendroit leur defcription embarraffante. Il vaut mieux s'en tenir à la projection, faite en fuppofant l'œil au pôle de l'hémifphère oppofé à celui qu'on veut repréfenter, foit que, comme dans les mappemondes ordinaires, ſaires, on repréſente le globe terreſtre ſur le plan du premier méridien, ſoit qu'on le veuille repréſenter ſur le plan de l'équateur, ou ſur celui de l'horizon d'un lieu déterminé.

PROBLÊME XIV.

Etant données les latitudes & longitüdes de deux lieux, (Paris & Cayenne, par exemple,) trouver à quel point de l'horizon répond la ligne tirée de l'un à l'autre, ou quel angle fait avec le méridien le cercle vertical mené du premier de ces lieux par l'autre.

Ce problême n'eſt rien moins que difficile à réſoudre, en y employant la trigonométrie ſphérique; car il ſe réduit à celui-ci : *Etant donnés les deux côtés d'un triangle ſphérique & l'angle compris, trouver l'un des deux autres angles.* Mais comme, au défaut de tables de ſinus, que j'avois perdues avec tous mes effets dans un naufrage, je me ſuis trouvé, dans une certaine circonſtance, obligé de réſoudre ce problême par une ſimple conſtruction géométrique; je vais la donner ici. Je ne puis cependant taire l'occaſion ſingulière qui m'y conduiſit.

J'étois à l'iſle de Socotora, près de celle de Madagaſcar, ſur un vaiſſeau de la compagnie des Indes qui y étoit en relâche, lorſque je fis connoiſſance avec un dévot Muſulman, des plus riches & des plus accrédités de l'iſle.

Il ſçut bientôt, par des obſervations aſtronomiques qu'il me vit faire, que j'étois un aſtronome; ce qui lui donna l'idée de me propoſer de lui déterminer dans ſon oratoire la direction précise de la Mecque, pour ſe tourner du côté de ce lieu, vénérable ſelon lui, dans le temps de ſes prieres. J'eus aſſez de peine à m'y déterminer, à cauſe de l'objet; mais le bon Iahia (c'étoit ſon nom) m'en pria avec tant d'inſtances, que je ne pus le lui refuſer. Comme je n'avois ni cartes ni globes, mais que je connoiſſois ſeulement les longitudes & latitudes de deux lieux, je recourus à une conſtruction graphique aſſez en grand : je déterminai l'angle de poſition de la Mecque avec cette iſle, & je traçai ſur le pavé de ſon oratoire la ligne ſelon laquelle il falloit qu'il regardât pour enviſager la Mecque. Je ne puis dire combien le bon Iahia me ſçut gré de ma complaiſance : il me promit de ne jamais l'oublier; & je ne doute point que, s'il vit encore, il ne faſſe par reconnoiſſance des prières à ſon prophète, de m'ouvrir les yeux. Mais revenons à notre problême, où nous prendrons pour exemple les villes de Paris & de Cayenne.

Pour le réſoudre par une pure conſtruction géométrique, décrivez un cercle repréſentant l'hori-
Amuſemens des Sciences.

zon de Paris que nous ſuppoſons élevé d'un rayon au-deſſus du centre P, (*fig.* 19, N° 2, *pl.* 1. *Amuſemens d'Aſtronomie*,) enſorte que ce point P, repréſente la projection de Paris. Plus ce cercle ſera grand, plus vous opérerez ſûrement. Tirez les deux diamètres perpendiculaires AB, CD; prenez DN égale à la diſtance de Paris au pôle, & menez le rayon NP, & ſa perpendiculaire PE, qui repréſentera un rayon de l'équateur; faites l'arc EK égal à la diſtance du ſecond lieu à l'équateur, qui eſt pour Cayenne 4° 56'; tirez encore KF, KG, perpendiculaires aux rayons PB, PN, & du point G la perpendiculaire GO au diamètre AB, que vous prolongerez de part & d'autre; après cela, avec le rayon GK, décrivez du centre O un demi cercle RHQ ſur la ligne ROQ : les points R & Q tomberont néceſſairement en dedans du cercle, parce que PG étant plus grand que PO, on a au contraire GK ou OR moindre que OS.

Le demi-cercle RHQ étant décrit, prenez l'arc HI égal à la différence de longitude des lieux donnés, ſavoir du côté de C, que nous ſuppoſons déſigner l'oueſt, & du côté du ſud, ſi le ſecond lieu eſt à l'oueſt & plus méridional que Paris; ce qui eſt le cas de l'exemple propoſé, car Cayenne eſt à l'oueſt de Paris, & beaucoup plus près de l'équateur. Il eſt aiſé de voir ce qu'il faudroit faire, ſi ce ſecond lieu étoit plus ſeptentrional, ou à l'eſt, &c. L'arc HI ayant donc été pris de 54° 36', tirez la perpendiculaire IL au diamètre RQ; menez HI juſqu'à ſa rencontre M, avec ce diamètre prolongé; tirez enfin MF, qui coupera LI en T: ce point T repréſentera la projection de Cayenne ſur l'horizon de Paris; & conſéquemment, menant la ligne PT, l'angle TPA ſera celui que fera le vertical de Paris paſſant par Cayenne.

On trouve par ce procédé, que la ligne de poſition de Cayenne à l'égard de Paris, fait avec la ligne méridienne un angle de 68° 30', c'eſt-à-dire qu'elle eſt à l'oueſt-ſud-oueſt, déclinant d'un degré à l'oueſt.

Nous convenons que ſi l'on a un globe, on réſoudra méchaniquement ce problême beaucoup plus facilement & plus commodément; car, dans ce cas, amenez Paris au zénith, & faites tourner le cercle vertical le long de l'horizon, juſqu'à ce qu'il paſſe par le ſecond lieu donné : il vous ſera facile de compter ſur l'horizon le nombre des degrés qu'il fera avec le méridien, ſoit du côté du midi, ſoit du côté du nord : ainſi vous aurez l'angle qu'il fera avec le méridien. Mais on peut n'avoir pas de globe pour réſoudre ainſi le problême, ni même de table de ſinus pour le réſoudre trigonométriquement; dans lequel cas, on pourra y ſuppléer par la projection graphique que nous avons enſeignée plus haut.

E e

THÉORÊME.

On ne voit presque jamais les astres au lieu où ils sont réellement. Le soleil, par exemple, est couché, tandis qu'on l'apperçoit encore tout entier sur l'horizon.

Ceci a l'air d'un paradoxe ; c'est néanmoins une vérité reconnue de tous les astronomes, & dont voici l'explication.

La terre est environnée d'une couche d'un fluide beaucoup plus dense que celui qui remplit les espaces célestes. La *fig.* 19, *pl.* I, représente une petite portion du globe terrestre, & de cette couche qu'on nomme atmosphère. Soit le soleil en S, dont le rayon central SE, en arrivant à l'atmosphère, au lieu de continuer sa route en ligne droite, se rompt en approchant de la perpendiculaire, & se prolonge par EF : le spectateur en F ne voit donc l'astre ou le soleil que par la ligne FE ; &, comme on juge toujours l'objet dans la prolongation directe du rayon par lequel l'œil est affecté, le spectateur en F voit le centre du soleil en *f*, toujours un peu plus près du zénith qu'il n'est réellement ; & cet écart est d'autant plus grand que l'astre est plus près de l'horizon, parce que le rayon tombe avec plus d'obliquité sur la surface du fluide de l'atmosphère.

Les astronomes se sont assurés que, lorsque l'astre est à l'horizon, cette réfraction est d'environ 33' ; donc, lorsque le bord supérieur du soleil est dans la ligne horizontale, enforte que, sans l'atmosphère, il sembleroit seulement commencer à monter sur l'horizon, il paroîtra déjà-élevé de 33' : & comme le diamètre apparent du soleil est moindre que 33', le bord inférieur paroîtra aussi à l'horizon. Voilà donc le soleil levé en apparence, quoiqu'il ne le soit pas réellement, & même qu'il soit en entier sous l'horizon. De-là suivent plusieurs conséquences curieuses, qu'il est bon de faire connoître.

I.

On voit toujours plus d'une moitié de la sphère céleste, quoique, dans tous les traités de la sphère, on démontre qu'on n'en doit voir que la moitié ; car, indépendamment de l'hémisphère, on voit encore tout autour de l'horizon une bande de 33' environ de largeur, qui appartient à l'hémisphère inférieur.

II.

Par-tout les jours sont plus longs, & les nuits sont plus courtes qu'elles ne devroient être, relativement à la latitude du lieu : car le lever apparent du soleil précède le lever réel, & le coucher apparent suit le coucher effectif : ainsi, quoique par-tout la quantité du jour & celle de la nuit dussent, au

bout de l'année, se balancer, la première excède assez considérablement.

III.

L'effet qu'on a décrit plus haut, donne encore la raison d'un paradoxe astronomique que voici :

« On peut voir à-la-fois la lune éclipsée, même totalement & centralement, avec le soleil sur l'horizon ».

Une éclipse de lune totale & centrale ne peut avoir lieu, que le soleil & la lune ne soient diamétralement opposés. Nous supposons, quoique nous n'ayons point encore parlé des éclipses, que nos lecteurs sont instruits des causes & des conditions de ce phénomène. Lors donc que la lune éclipsée centralement a son centre dans l'horizon rationel, le centre du soleil doit être au point diamétralement opposé : mais, par l'effet de la réfraction, ces points sont élevés de 33 minutes au dessus de l'horizon : donc le demi-diamètre apparent de la lune & du soleil n'étant que de 15 minutes environ, les bords inférieurs de l'un & de l'autre paroîtront élevés d'environ 17 minutes.

Telle est l'explication du phénomène qui, à chaque éclipse de lune centrale, doit arriver ; car il y a toujours quelque endroit de la terre, où l'éclipse de lune étant dans son milieu, cet astre se trouve à l'horizon.

IV.

La réfraction enfin nous donne la raison d'un phénomène fort commun, savoir, *l'ellipticité apparente du soleil & de la lune à l'horizon* : car le bord inférieur du soleil touchant, par exemple, l'horizon, il est élevé de 33' par l'effet de la réfraction : mais le bord supérieur étant élevé réellement de 30 minutes, (car tel est le diamètre apparent du soleil dans ses moyennes distances,) il est élevé en apparence, par la réfraction, de 28 minutes au dessus de sa hauteur réelle : ainsi le diamètre vertical paroîtra rétréci de toute la différence qu'il y a entre 33 & 28 minutes, c'est-à-dire de 5 minutes : car si la réfraction du bord supérieur étoit égale à celle de l'inférieur, ce diamètre vertical ne seroit ni allongé ni rétréci. Le diamètre vertical & apparent sera donc réduit à environ 26 minutes.

Mais il ne doit y avoir aucun rétrécissement sensible dans le diamètre horizontal : car les extrémités de ce diamètre ne sont que rapportées un peu plus haut, dans les deux cercles verticaux qui passent par ces extrémités, & qui, ne concourant qu'au zénith, sont presque parallèles. Le diamètre vertical étant donc contracté, & le diamètre horizontal n'éprouvant rien de semblable, il doit réfulter pour le disque une figure elliptique.

V.

Il y a toujours plus d'une moitié de la terre éclairée d'une illumination centrale & complette, c'est-à-dire, d'où l'on apperçoit le centre & tout le disque du soleil : car, sans la réfraction, on appercevroit le centre du soleil, de tout le bord de l'hémisphère au zénith duquel il se trouveroit, à 8 ou 10 secondes près : mais, au moyen de la réfraction, il est apperçu de tout le bord du petit cercle parallèle, qui en est éloigné de 33 minutes vers le nadir : & on apperçoit le soleil entier de tout le bord du cercle parallèle, éloigné de celui de l'hémisphère de 10 minutes. Il y a donc illumination centrale pour tout l'hémisphère, plus la zone comprise entre le bord de cet hémisphère & le parallèle éloigné de 33 minutes, & il y a illumination complette de tout le disque du soleil pour tout ce même hémisphère, & la zone comprise entre son bord & le parallèle éloigné de 16 minutes.

PROBLEME XV.

Déterminer, sans tables astronomiques, s'il y a éclipse à une nouvelle ou pleine lune donnée.

Quoique le calcul des éclipses, sur-tout de celles du soleil, soit très-pénible, on pourra cependant, sans beaucoup de peine, les connoître par la pratique suivante, du moins pendant le dix-huitième siècle, c'est-à-dire depuis 1700 jusqu'en 1800.

Pour les nouvelles lunes.

Comptez le nombre des lunaisons complettes, depuis celle du 8 janvier 1791, suivant le calendrier grégorien, jusqu'à la nouvelle lune proposée : multipliez ce nombre par 7361 : ajoutez 33800 au produit, & divisez la somme par 43200 sans avoir égard au quotient. Si ce qui reste de la division, ou la différence entre ce reste & le diviseur, est moindre que 4060, il y a éclipse, & conséquemment éclipse de soleil.

Exemple. On demande s'il y eut éclipse de soleil le premier avril 1764. Depuis le 8 janvier 1701, jusqu'au premier avril 1764, il y a eu 782 lunaisons complettes : multipliez donc ce nombre par 7361, le produit sera. 5756302 : à quoi ajoutant 33800, on aura 5790102 : divisez ce nombre par 43200 : le restant de la division sera 1302 : ce qui est moindre que 4060 : donc le premier avril 1764 il doit y avoir eu éclipse, & en effet il y a eu ce jour une éclipse de soleil, & même annulaire pour une partie de l'Europe.

Pour les pleines lunes.

Comptez le nombre des lunaisons complettes, depuis celle qui commença au 8 janvier 1701, jusqu'à la conjonction qui précède la pleine lune proposée : multipliez ce nombre par 7361 : ajoutez-y 37326, & divisez la somme par 43200 : si ce qui reste après la division, ou la différence entre ce reste & le diviseur, est moindre que 2800, il y aura éclipse de lune.

Exemple. On demande si, dans la pleine lune du 13 décembre 1769, il y a eu éclipse. Depuis le 8 janvier 1701, jusqu'au 28 novembre 1769, jour de la nouvelle lune qui précéda le 13 décembre, il y a eu 852 lunaisons complettes : le produit de ce nombre par 7361 est 6271572, à quoi ajoutant 37326, la somme est 6308898. Or cette somme étant divisée par 43200, le reste est 1698, qui est moindre que 2800 : d'où il suit qu'il y a eu éclipse de lune le 13 décembre 1769, ainsi qu'on le voit par les almanachs & les éphémérides.

Remarque.

On sera quelquefois embarrassé à déterminer le nombre des lunaisons écoulées depuis l'époque du 8 janvier 1701 jusqu'au jour donné : on les trouvera toujours facilement par ce moyen. Diminuez de l'unité le nombre des années au dessus de 1700, & multipliez-le par 365 : au produit ajoutez le nombre des bissextiles qu'il y a eu jusqu'à l'année donnée : vous aurez le nombre des jours depuis le 8 janvier 1701, jusqu'au 8 janvier de l'année proposée. Ajoutez-y encore le nombre de jours depuis le 8 de janvier de l'année donnée, jusqu'au jour de la nouvelle lune proposée, ou de celle qui précède la pleine lune donnée : doublez la somme, & divisez-la par 59 : le quotient sera le nombre des lunaisons cherchées.

On propose, par exemple, le 13 décembre 1769, jour de pleine lune. La nouvelle lune précédente tombe au 28 novembre. Je diminue 69 de l'unité, & j'ai 68, ce qui, multiplié par 365, donne 24820. Il y a eu de plus dans cet intervalle 17 bissextiles : j'ajoute 17, ce qui me donne 24837. Enfin du 8 janvier au 28 novembre 1769, il y a 309 jours, qui, ajoutés à la somme ci-dessus, donnent 25146. Je double ce nombre qui se trouve par là 50292 : je le divise par 59, le quotient est 852 : ainsi le nombre des lunaisons complettes, avant la pleine lune du 13 décembre 1769, est de 852, comme nous l'avons trouvé ci-dessus par un autre moyen.

PROBLÊME XVI.

Construction d'une machine servant à montrer les nouvelles, les pleines lunes & les éclipses qui auront ou qui ont eu lieu pendant une certaine période de temps.

C'est M. de la Hire qui est l'inventeur de cette

machine ingénieufe faite pour trouver place dans un cabinet aftronomique. Elle eft compofée de trois platines rondes de cuivre ou de carton, & d'une règle ou alidade, qui tournent autour d'un centre commun, & s'emploient de la manière qu'on va l'expliquer, après avoir enfeigné leurs divifions. (*Voye\fig. 14. pl. I. Amufemens d'Af-tronomie.*)

Vers le bord de la platine fupérieure, qui eft la plus petite, il y a deux bandes circulaires, dans lefquelles on a fait de petites ouvertures, dont les extérieures marquent les nouvelles lunes & l'image du foleil, & les intérieures marquent les pleines lunes & l'image de la lune.

Le bord de cette platine eft divifé en douze mois lunaires, qui font chacun de 29 jours 12 heures 44 minutes, mais de telle forte que la fin du douzième mois, qui fait le commencement de la feconde année lunaire, furpaffe la première nouvelle lune de la quantité de 4 des 179 divifions marquées fur la feconde platine, qui eft au milieu des deux autres.

Au bord de cette platine, il y a un index atta-ché, dont l'un des côtés, qui en eft la ligne de foi, fait partie d'une ligne droite qui tend au cen-tre de la machine; cette ligne paffe auffi par le milieu de l'une des ouvertures extérieures, qui montre la première nouvelle lune de l'année lu-naire. Le diamètre des ouvertures eft égal à l'é-tendue de quatre degrés ou environ.

Le bord de la feconde platine eft divifé en 179 parties égales, qui fervent pour autant d'années lunaires, dont chacune eft de 354 jours & 9 heu-res ou environ. La première année commence au nombre 179, auquel finit la dernière.

Les années accomplies font marquées chacune par leurs chiffres 1, 2, 3, 4, &c. qui vont de quatre en quatre divifions, & qui font quatre fois le tour pour achever le nombre 179, comme on le voit en la figure de cette platine. Chacune des années lunaires comprend quatre de ces divi-fions, de forte que dans cette figure elles antici-pent l'une fur l'autre de quatre des 179 divifions du bord.

Sur cette même platine, au deffous des ouver-tures de la première, il y a aux deux extrémités d'un même diamètre un efpace colore de noir, qui répond aux ouvertures extérieures, & qui marque les éclipfes du foleil; & un autre efpace rouge, qui répond aux ouvertures intérieures, & qui marque les éclipfes de la lune. La quantité de chaque couleur qui paroît par les ouvertures, fait voir la grandeur de l'éclipfe. Le milieu des deux couleurs, qui eft le lieu du nœud de la lune, ré-

pond d'un côté à la divifion marquée 4, & $\frac{2}{3}$ de degré de plus, & d'autre côté il répond au nombre oppofé. La figure de l'efpace colore fe voit fur cette feconde platine, & fon amplitude ou étendue marque les termes des éclipfes.

La troifième & la plus grande des platines, qui eft au deffous des autres, contient les jours & les mois des années communes. La divifion commence au premier jour de mars, afin de pouvoir ajouter un jour au mois de février, quand l'année eft bif-fextile. Les jours de l'année font décrits en forme de fpirale, & le mois de février paffe au-delà du mois de mars, à caufe que l'année lunaire eft plus courte que l'année folaire: de forte que la quin-zième heure du dixième jour de mars, répond au commencement du mois de mars. Mais après avoir compté le dernier jour de février, il faut rétrograder avec les deux platines fupérieures, dans l'état où elles fe trouvent, pour reprendre le premier jour de mars.

Il y a 30 jours marqués au devant du mois de mars, qui fervent à trouver les épactes.

Il faut remarquer que les jours, comme nous les prenons ici, ne font point comptés fuivant l'ufage des aftronomes, mais comme le vulgaire les compte, commençant à minuit, & finiffant à minuit du jour fuivant. C'eft pourquoi, toutes les fois qu'il s'agit du premier jour d'un mois, ou de tout autre, nous entendons l'efpace de ce jour marqué dans la divifion: car nous comptons ici les jours courans fuivant l'ufage vulgaire, comme nous venons de le dire.

Dans le milieu de la platine fupérieure, on a décrit des époques qui marquent le commence-ment des années lunaires par rapport aux années folaires, felon le calendrier grégorien, & pour-le méridien de Paris. Le commencement de la première année, dont la marque doit être 0, & qui répond à la divifion 179, eft arrivé à Paris le 29 février à 14 heures & demie de l'année 1680. La fin de la première année lunaire, qui eft le commencement de la feconde, répond à la di-vifion marquée 1; & elle eft arrivée à Paris l'an 1681, le 17 février, à 23 heures $\frac{1}{4}$, en comptant, comme nous avons dit, 24 heures de fuite d'un minuit à l'autre. Et de crainte qu'il n'y eût quel-que erreur en rapportant les divifions du bord de la feconde platine avec celles des époques des années lunaires qui leur correfpondent, nous avons mis les mêmes nombres aux unes & aux autres.

Nous avons marqué les époques de fuite de tou-tes les années lunaires, depuis 1777 jufqu'à l'année 1791, afin que l'ufage de cette machine fût plus facile pour accorder enfemble chacune des années lunaires & solaires. Quant aux autres années de notre cycle de 179 ans, il ne sera pas difficile de le rendre complet, en ajoutant 354 jours 8 heures 48 minutes & deux tiers pour chaque année lunaire.

La règle ou alidade, qui s'étend du centre de l'instrument jusqu'au bord de la plus grande platine, sert à rapporter les divisions d'une platine avec celle des deux autres. Si l'on applique cette machine à un horloge, on aura un instrument parfait & accompli en toutes ses parties.

La table des époques, qui est dressée pour le méridien de Paris, pourra facilement se réduire aux autres méridiens, si, pour les plus orientaux que Paris, on ajoute le temps de la différence des méridiens, & au contraire, si on l'ôte pour les lieux occidentaux.

Il est à propos de mettre la table des époques au milieu de la platine supérieure, afin qu'elle puisse être vue avec cette machine.

Époques des années lunaires rapportées aux années civiles pour le Méridien de Paris.

Ann. lun.	Années civiles.	Mois.	J.	H.	M.
179	1680 B.	Février	29	14	24
1	1681	Février	17	23	13
2	1682	Février	7	8	1
10	1689	Novembre	12	6	30
20	1699	Juillet	26	22	37
30	1709	Avril	9	14	43
40	1718	Décembre	22	6	50
50	1728 B.	Septembre	3	22	55
60	1738	Mai	18	15	1
70	1748 B.	Janvier	30	7	7
80	1757	Octobre	12	23	15
90	1767	Juin	26	15	20
100	1777	Mars	9	7	26
101	1778	Février	26	16	14
102	1779	Février	16	1	2
103	1780 B.	Février	4	9	50
104	1781	Janvier	24	18	38
105	1782	Janvier	14	3	26
106	1783	Janvier	3	12	14
107	1783	Décembre	23	21	2
108	1784 B.	Décembre	12	5	50
109	1785	Décembre	1	14	39
110	1786	Novembre	21	23	27
111	1787	Novembre	11	8	15
112	1788 B.	Octobre	30	17	4
113	1789	Octobre	20	1	52
114	1790	Octobre	9	10	40
114	1791	Septembre	28	19	28
120	1796 B.	Août	3	15	39
130	1806	Avril	17	9	45
140	1815	Décembre	29	23	52

Ann. lun.	Années civiles.	Mois.	J.	H.	M.
150	1825	Septembre	11	15	8
160	1835	Mai	26	8	4
170	1845	Février	6	0	11
1	1854	Octobre	20	16	17

Manière de faire les divisions sur les platines.

Le cercle de la plus grande platine est divisé de telle façon, que 368 degrés 2 minutes 42 secondes comprennent 354 jours 9 heures un peu moins; d'où il suit que ce cercle doit contenir 346 jours 16 heures, lesquels on peut prendre, sans erreur sensible, pour deux tiers de jour. Or, pour diviser un cercle en 336 parties égales & deux tiers, réduisez le tout en tiers, qui font en cet exemple 1040 tiers; cherchez ensuite le plus grand nombre multiple de 3, qui se puisse facilement diviser par moitié, & qui soit contenu en 1040. Ce nombre se trouvera dans cette progression géométrique double, dont le premier & moindre terme est 3; comme, par exemple, 3, 6, 12, 24, 48, 96, 192, 384, 768.

Le neuvième nombre de cette progression est celui qu'on cherche: il faut donc soustraire 768 de 1040, restera 272, & chercher combien ce nombre restant fait de degrés, minutes & secondes par la règle de trois, en disant; 1040 tiers : 360 degrés :: 272 tiers : 94 degrés 9 minutes 23 secondes.

C'est pourquoi retranchez de ce cercle un angle de 94° 9' 23", & divisez le reste du cercle toujours par moitié: après avoir fait huit soudivisions, vous parviendrez au nombre 3, qui sera l'arc d'un jour, par lequel divisant aussi l'arc de 94° 9' 23", tout le cercle se trouvera divisé en 346 jours & deux tiers; car il y aura 256 jours dans le plus grand arc, & 90 jours deux tiers dans l'autre. Chacun de ces espaces répond à 1° 2' 18", comme on voit en divisant 360 par 346 deux tiers; & 10 jours répondent à 10° 23'. Par ce moyen on pourroit faire une table qui serviroit à diviser cette platine.

Ces jours seront ensuite distribués à chacun des mois de l'année, suivant le nombre qui leur convient, en commençant par le mois de mars, & continuant jusqu'à la quinzième heure du dixième de février, qui répond au commencement de mars, & le reste du mois de février passe au-delà & par-dessus.

Le cercle de la seconde platine doit être divisé en 129 parties égales. Pour cet effet, cherchez le plus grand nombre qui se puisse toujours diviser par moitié jusqu'à l'unité, & qui soit contenu en 129; vous trouverez 128, lequel ôté de 129, reste 51: cherchez quelle partie de la circonférence du cercle fait ce reste, par la règle de trois, en difant ; 129 parties : 360 degrés : : 51 parties : 102 degrés 34 minutes 11 fecondes.

C'eft pourquoi ayant retranché du cercle un arc de 102° 34ʹ 11ʺ, divifez le refte du cercle toujours par moitié ; & après avoir fait fept foufdivifions, vous parviendrez à l'unité : ainfi cette partie du cercle fera divifée en 128 parties égales ; puis, avec la même dernière ouverture de compas, vous diviferez l'arc reftant en 51 parties, & tout le cercle fe trouvera divifé en 179 parties égales, dont chacune répond à 2 degrés 40 fecondes, comme il eft aifé de voir en divifant 360 par 179. C'eft un fecond moyen pour divifer cette même platine.

Enfin, pour divifer le cercle de la platine fupérieure, prenez le quart de la circonférence, & ajoutez-y une des 179 parties ou divifions du bord de la platine du milieu : le compas ouvert du quart ainfi augmenté, ayant tourné quatre fois, divifera ce cercle de la manière qu'il doit être ; car en foufdivifant chacun de ces quarts en trois parties égales, on aura 12 efpaces pour les 12 mois lunaires, de telle forte que la fin du douzième mois, qui fait le commencement de la douzième année lunaire, furpaffe la première nouvelle lune de 4 des 179 divifions marquées fur la platine du milieu.

Voici préfentement la manière de faire ufage de cette machine.

PROBLÊME XVII.

Une année lunaire étant donnée, trouver, au moyen de la machine précédente, les jours de l'année folaire qui lui répondent, & dans lefquels il y aura nouvelle ou pleine lune, & éclipfe de foleil ou de lune.

Soit propofée, par exemple, la 101ᵉ année lunaire de la table des époques, qui répond à la divifion de la platine du milieu marquée 101. Arrêtez la ligne de foi de l'index de la platine fupérieure, fur la divifion marquée 101 de la platine du milieu, où eft le commencement de la 101ᵉ année lunaire ; &, voyant par la table des époques que ce commencement arrive le 26 février 1778, à 16 heures (1) 14 minutes, tournez enfemble les deux platines fupérieures en cet état, jufqu'à ce que la ligne de foi de l'index attaché à la platine fupérieure, convienne avec la 16ᵉ heure, ou les deux tiers (un peu plus) du 26 février marqué fur la platine inférieure, auquel temps arrive la première nouvelle lune de l'année lunaire propofée.

Enfuite, fans changer la fituation des trois platines, étendez depuis le centre de l'inftrument un fil ou la règle mobile, la faifant paffer par le milieu

(1) On compte ici 24 heures depuis minuit jufqu'à minuit.

---

de l'ouverture de la première pleine lune : la ligne de foi de cette règle répondra au 13 mars vers le milieu, & qui doit être, à quelques heures près, le moment de la pleine lune ; & comme l'ouverture de cette pleine lune ne préfentera point de couleur rouge, il n'y aura point d'éclipfe de lune.

Pour trouver ce qui arrivera à la pleine lune fuivante, ajoutez à la nouvelle lune de l'époque, 29 jours 12 heures 44 minutes, & vous aurez le moment de la nouvelle lune de mars le 28, à 4 heures 56 minutes ; & faifant la même opération, vous trouverez encore qu'il n'y aura nulle éclipfe, ni à cette nouvelle lune, ni à la pleine lune fuivante.

Mais, en marchant ainfi progreffivement, vous parviendrez à la nouvelle lune du mois de Novembre, qui arrivera le 19 de ce mois, à 10 heures 48 minutes, enfuite, faifant la même opération, vous trouverez la pleine lune fuivante le 4 novembre, vers les 5 heures du matin, & vous verrez qu'il y a éclipfe partielle, l'ouverture de la pleine lune étant en partie remplie par la couleur rouge.

On trouvera de même les éclipfes de foleil, & on les reconnoîtra à la couleur noire qui fe préfentera à l'ouverture des nouvelles lunes.

Le 24 juin, par exemple, de l'année 1778, il y a eu une nouvelle lune à 19 heures 8 minutes, ou 7 heures 8 minutes du foir ; & comme l'ouverture de cette nouvelle lune étoit en partie occupée par la couleur noire qui eft au-deffous, vous en conclurez qu'il y a eu éclipfe partielle du foleil le 24 juin dans la foirée ; ce qui eft en effet vérifié par le calcul.

Au refte on ne peut pas, au moyen d'une machine femblable, déterminer l'heure & le moment d'une éclipfe ; il eft aifé de fe fentir. C'eft bien affez de pouvoir par-là déterminer fi une conjonction ou une oppofition eft écliptique. Le refte doit être enfuite déterminé au moyen du calcul des éclipfes, qu'on peut apprendre dans les livres qui traitent *ex profeffo* de cette matiere.

Nous allons, pour fatisfaire la curiofité du lecteur, terminer ceci par une table des éclipfes, tant de lune que de foleil, qui doivent arriver dans le reftant de ce fiècle, & qui feront vifibles, en tout ou en partie, fur l'horizon de Paris, avec les différentes circonftances qui doivent les accompagner, comme le moment du milieu de l'éclipfe, & la grandeur ; on y verra fi l'éclipfe eft totale ou partielle : & à l'égard des éclipfes de lune, de combien de doigts ou de douzièmes parties du difque cet aftre fera éclipfé ; &c.

Nous remarquerons cependant, du moins à l'égard des éclipfes de foleil, que cette table étant extraite d'un travail immenfe (1), fait pour un autre objet, on ne doit pas s'attendre à une exactitude parfaite, pour la quantité ni même pour le moment : car tout le monde fçait qu'une éclipfe de foleil, à caufe de la parallaxe de la lune, varie de quantité pour tous les endroits de la terre ; qu'une éclipfe, par exemple, totale & centrale pour les régions de l'hémifphere auftral, peut n'être que partielle & peu confidérable pour ces pays-ci. L'auteur du travail dont nous parlons, s'eft donc borné à indiquer plutôt qu'à calculer précifément ces éclipfes, & renvoie aux aftronomes pour des déterminations plus exactes. J'avoue n'avoir pas eu le loifir de faire tous ces calculs.

Table des éclipfes de foleil & de lune, vifibles, en tout ou en partie, fur l'horifon de Paris, depuis 1777 jufqu'en 1800.

1777.

Le 9 janvier, à 4ʰ du foir, éclipfe de foleil, vifible feulement dans fon commencement.

Le 23 janvier, à 4ʰ ½ du foir, éclipfe de lune, partiale, 6 doigts ½.

1778.

10 juin, 4ʰ ½ du matin, éclipfe de lune, fimple pénombre, commencement vifible dans l'horizon.

24 Juin, 4ʰ du foir, éclipfe de foleil, partiale & confidérable.

4 décembre, 5ʰ ¾ du matin, éclipfe de lune, partiale, 6 doigts.

1779.

30 mai, 5ʰ du matin, éclipfe de lune, commencement feulement vifible ; elle fera totale.

14 juin, 9ʰ du matin, éclipfe de foleil, partiale & confidérable.

23 novembre, 8ʰ ½ du foir, éclipfe de lune, totale.

1780.

27 octobre, à 5ʰ ½ du foir, éclipfe de foleil, commencement vifible.

12 novembre, 5ʰ du matin, éclipfe de lune, partiale, 7 doitgs ½.

1781.

23 avril, 5ʰ ½ du foir, éclipfe de foleil, commencement vifible.

17 octobre, 9ʰ du matin, éclipfe de foleil, partiale.

1782.

12 avril, 5ʰ ½ du foir, éclipfe de foleil, commencement vifible.

1783.

18 mars, 9ʰ ½ du foir, éclipfe de lune, totale.

10 feptembre, 11ʰ ¾ du foir, éclipfe de lune, totale.

1784.

7 mars, 3ʰ ¾ du matin, éclipfe de lune, partiale, 4 doigts ½.

1785.

9 février, 1ʰ après midi, éclipfe de foleil, partiale & petite.

1786.

Nulle éclipfe vifible à Paris.

1787.

3 janvier, minuit, éclipfe de lune, totale.

19 janvier, 11ʰ du matin, éclipfe de foleil, partiale & petite.

15 juin, 4ʰ du foir, éclipfe de foleil, partiale.

1788.

4 juin, 9ʰ du matin, éclipfe de foleil, partiale.

1789.

3 novembre, 1ʰ du matin, éclipfe de lune, partiale, 3 doigts ½.

1790.

29 avril, 0ʰ ½ du matin, éclipfe de lune, totale.

23 octobre, 1ʰ du matin, éclipfe de lune, totale.

1791.

3 avril, 1ʰ du foir, éclipfe de foleil, partiale & confidérable.

12 octobre, 1ʰ ½ du matin, éclipfe de lune, partiale, 8 doigts ½.

---

(1) Ce travail eft une table des éclipfes de foleil & de lune, depuis le commencement de l'ere chrétienne jufqu'en l'an 1900, inférée dans l'*Art de vérifier les Dates*, & dont l'auteur eft M. l'abbé Pingré, de la congrégation de fainte Genevieve, aftronome célebre, & membre de l'Académie royale des Sciences.

1792.

16.septembre, 9h ½ du matin, éclipse de soleil, partiale.

1793.

25 février, 11h du foir, éclipse de lune, partiale, 5 doigts & ¾.

5 septembre, midi, éclipse de soleil, partiale & confidérable.

1794.

31 janvier, midi, éclipse de soleil, partiale très-grande.

14 février, 10h ½ du foir, éclipse de lune, totale & centrale.

1795.

4 février, 0h ½, du matin, éclipse de lune, partiale, 7 doigts.

31 juillet, 8h du foir, éclipse de lune, partiale, 3 doigts.

1796.

Nulle éclipse visible à Paris.

1797.

24 juin, 4h ¼ du foir, éclipse de soleil, partiale & petite.

4 décembre, 4h ½ du matin; éclipse de lune, totale.

1798.

29 Mai, 6h ¼ du foir, éclipse de lune, totale & visible fur la fin.

1799.

Nulle éclipse.

1800.

2 octobre, 10h du foir, éclipse de lune, partiale, 3 doigts.

PROBLÊME XVIII.

Obferver une éclipse de lune.

Pour faire une obfervation d'éclipfe de lune, qui foit utile à la géographie ou à l'aftronomie, il faut premièrement avoir une horloge ou pendule, ou une montre qui marque les fecondes, & qui foit affez bonne pour être affuré que fon mouvement eft uniforme : on la réglera quelques jours d'avance, au moyen d'un méridien, fi l'on en a un tracé ; ou par quelques-unes des méthodes ufitées par les aftronômes ; & l'on reconnoîtra

de combien elle avance ou retarde dans les 24 heures, pour en tenir compte lors de l'obfervation.

On doit auffi être pourvu d'une lunette de quelques pieds, foit à réfraction, foit à réflexion : plus elle fera longue, plus on fera affuré de difcerner exactement le moment des phafes de l'éclipfe. Il eft auffi à propos qu'elle foit garnie d'un micromètre, du moins fi l'on veut obferver la quantité de l'éclipfe.

Lorfqu'on verra le moment de l'éclipfe approcher, ce qu'on connoîtra toujours, foit par les almanachs ordinaires, foit par les éphémérides que les aftronomes publient en divers endroits de l'Europe, on examinera avec attention l'inftant où l'ombre de la terre entamera le difque de la lune. On doit être prévenu qu'il y aura toujours à cet égard quelque incertitude, à caufe de la pénombre ; car ce n'eft pas une ombre épaiffe & noire qui commence à couvrir le difque de la lune, elle eft précédée par une ombre imparfaite, & qui s'épaiffit par dégrés ; ce qui vient de ce que le difque du foleil eft occulté par degrés à la lune ; & cela fait que l'on ne peut fixer exactement la limite de la vraie ombre & de la pénombre. Ici, comme par-tout ailleurs, l'habitude fait beaucoup pour diftinguer cette limite, ou ne commettre qu'une erreur légère.

Lorfqu'on fera affuré que le difque de la lune eft entamé par la vraie ombre, on en marquera le moment, c'eft-à-dire l'heure, la minute & la feconde à laquelle cela eft arrivé.

On fuivra de cette manière l'ombre fur le difque de la lune, & l'on remarquera à quelle heure, minute & feconde, cette ombre a atteint les taches les plus remarquables du difque lunaire ; ce dont on tiendra note.

Si l'éclipfe n'eft pas totale, l'ombre, après avoir couvert partie du difque de la lune, diminuera ; & l'on obfervera de même les momens où l'ombre abandonnera les taches qu'elle avoit couvertes, & enfin le moment où le difque de la lune ceffera d'être touché par l'ombre : ce fera la fin de l'éclipfe.

Si l'éclipfe eft totale, & avec féjour dans l'ombre, on marquera le moment où elle a été totalement éclipfée, ainfi que celui où elle commencera à être éclairée, & enfin ceux où chaque tache fera abandonnée par l'ombre.

Cela fait, fi l'on retranche l'heure du commencement de l'éclipfe de celle de fa fin, on aura fa durée ; & fi l'on prend la moitié de cette durée, & qu'on l'ajoute au moment du commencement, on aura le milieu.

Pour faciliter ces opérations, les aftronomes ont donné des noms à la plupart des taches dont
le

le difque de la lune eft couvert. La dénomination la plus ufitée eft celle de Langrenus, qui leur a donné, pour la plupart, les noms des aftronomes & philofophes fes contemporains, ou qui avoient vécu avant lui. On y en a depuis ajouté quelques autres; mais il n'y a pas eu place pour les plus célèbres des modernes, comme les Huygens, les Defcartes, les Newton, les Caffini. Héveli us, à mon gré plus judicieux, a donné à ces mêmes taches des noms tirés des lieux de la terre les plus remarquables : ainfi la plus haute montagne de la lune, il l'appelle le *mont Sinaï*, &c. Cela eft au furplus affez indifférent, & il fuffit qu'on s'entende. Nous joignons ici une figure de la lune, (*fig.* 17, *pl.* 1, *Amufemens d'Aftronomie.*) au moyen de laquelle, & du catalogue qui fuit, on pourra facilement les reconnoître, en conférant les numéros de la planche avec ceux du catalogue.

1—Grimaldi.	21—Tycho.
2—Galilée.	22—Eudoxe.
3—Ariftarque.	23—Ariftote.
4—Képler.	24—Manilius.
5—Gaffendi.	25—Menelaus.
6—Schickard.	26—Hermès.
7—Harpalus.	27—Poffidonius.
8—Héraclide.	28—Dionyfius.
9—Lamberge.	29—Pline.
10—Reinholde.	30—Catharina, Cyrillus, Theophilus.
11—Copernic.	
12—Hélicon.	31—Fracaftor.
13—Capuanus.	32—Promontoire aigu.
14—Bouillaud.	33—Meffala.
15—Eratoftenes.	34—Promont. des fong.
16—Timocharis.	35—Proclus.
17—Platon.	36—Cléomède.
18—Archimède.	37—Snellius & Furner.
19—L'ifle du finus moyen.	38—Petau.
	39—Langrenus.
20—Pitatus.	40 Tarantius.

A—Mer des humeurs.	E—Mer de tranquillité.
B—Mer des nues.	F—Mer de férénité.
C—Mer des pluies.	G—Mer de fécondité.
D—Mer de nectar.	H—Mer des crifes.

PROBLEME XIX.

Obferver une éclipfe de foleil.

1° On prendra les mêmes précautions, relativement à la mefure du temps, que pour les éclipfes de lune, c'eft-à-dire qu'on aura foin de régler au foleil une bonne pendule, la veille & le jour même de l'éclipfe.

2° On aura une bonne lunette, c'eft-à-dire au moins de trois ou quatre pieds, qu'on dirigera au foleil fur un fupport commode. Alors, fi l'on

Amufemens des Sciencei.

veut confidérer le foleil immédiatement avec fes yeux, on aura foin de fe munir d'un morceau de glace noirci à la fumée d'une chandelle; ou mieux encore de deux petits morceaux de glace; dont les côtés enfumés feront tournés l'un vers l'autre, fans fe toucher, au moyen d'un petit diaphragme de carton mis entre-deux. Ces deux petits morceaux de glace peuvent enfuite être maftiqués fur leurs bords, de manière à ne pouvoir fe féparer; ce qui eft à-la-fois commode & durable. Au moyen de ces verres, & en les interpofant entre l'œil & la lunette, on confidérera le foleil fans aucun rifque pour la vue.

On examinera donc avec attention, vers le temps où l'éclipfe doit commencer, le moment où le difque du foleil commencera à être écorné par le difque de la lune; ce fera le commencement de l'éclipfe. S'il y a fur la furface du foleil quelque tache, on obfervera auffi le moment où le difque de la lune l'atteindra, & enfuite la laiffera paroître. Enfin l'on obfervera avec toute l'attention poffible, l'inftant où le difque de la lune ceffera d'écorner le bord du difque du foleil; ce fera la fin de l'éclipfe.

Mais fi, au lieu d'obferver immédiatement avec les yeux, on veut faire une obfervation fufceptible d'être vue par un grand nombre de perfonnes à-la-fois, attachez à votre lunette, du côté de l'oculaire, un fupport qui porte une planchette ou un carton bien plan, à la diftance de quelques pieds. Ce carton doit être perpendiculaire à l'axe de la lunette, & s'il n'eft pas fuffifamment blanc, on doit y coller deffus une feuille de papier blanc. On fait paffer le bout de la lunette qui porte l'objectif, par l'ouverture d'une chambre obfcure, ou confidérablement obfcurcie: alors, fi l'on dirige l'axe de la lunette au foleil, l'image de cet aftre vient fe peindre fur le carton, & d'autant plus grande, qu'il fera plus éloigné. On aura, au refte, eu foin de tracer fur ce carton un cercle de la grandeur à-peu-près convenable, enforte qu'en avançant ou reculant un peu le carton, l'image du foleil foit exactement comprife dans le cercle. Ce cercle doit être par douze autres cercles concentriques, à égales diftances entr'eux, enforte que le diamètre du plus grand foit divifé en 24 parties égales, dont chacune repréfentera un demi-doigt.

Il eft maintenant aifé de voir, que fi, un peu avant l'éclipfe, on fixe attentivement l'image du foleil, on verra le moment où elle commencera d'être écornée par l'entrée du corps de la lune, & qu'on pourra pareillement en obferver la fin, ainfi que la grandeur.

On ne doit pas, au refte, fe flatter d'atteindre par ce moyen, à la même exactitude qu'en employant le premier, fur-tout fi, en faifant ufage

F f

de celui-ci, on a une longue lunette & un bon micromètre.

Remarques.

Il y a des éclipses de soleil partiales, c'est-à-dire, où une partie seulement du disque solaire paroît couverte; ce sont les plus communes. Il y en a de totales & d'annulaires.

Les éclipses totales arrivent lorsque le centre de la lune passe sur celui du soleil, ou fort près, & que le diamètre apparent de la lune est égal à celui du soleil, ou plus grand. Dans ce dernier cas, l'éclipse totale peut être ce qu'on appelle *cum mora*, c'est-à-dire avec durée des ténèbres; telle fut la fameuse éclipse de 1706.

Dans les éclipses totales & *cum mora*, l'obscurité est si grande, qu'on voit les étoiles comme pendant la nuit, à plus forte raison Mercure & Vénus. Mais ce qui cause une sorte d'épouvante, c'est le ton lugubre que prend toute la nature dans les derniers momens de la lumière : aussi les animaux, saisis d'effroi, regagnent-ils leurs demeures, en le marquant par leurs cris : les oiseaux de nuit sortent de leurs retraites; les fleurs se resserrent; on sent de la fraîcheur, & la rosée tombe. Mais la lune ne laisse pas plutôt échapper un filet de lumière solaire, que tout est éclairé; le jour renaît dans un instant, & un jour plus grand que celui d'un temps couvert.

Il y a, nous l'avons dit plus haut, des éclipses vraiment annulaires; elles arrivent lorsque l'éclipse est bien près d'être centrale, & que le diamètre apparent de la lune est moindre que celui du soleil; ce qui peut arriver si, au temps de l'éclipse, la lune est la plus éloignée de la terre qu'il se peut, & le soleil le plus proche. L'éclipse de soleil du premier avril 1764, fut de cette espèce pour une partie de l'Europe.

Dans les éclipses totales, on apperçoit souvent autour du soleil entièrement éclipsé, un cercle lumineux de couleur d'argent, & large de la douzième partie du diamètre de la lune ou du soleil : il s'efface dès que la plus petite partie du soleil recommence à briller : il paroît plus vif vers le bord, & va en diminuant de vivacité, à mesure qu'il s'en éloigne. On est porté à croire que ce cercle est formé par l'atmosphère lumineuse qui environne le soleil : on a aussi conjecturé qu'il est produit par la réfraction des rayons dans l'atmosphère de la lune : enfin on l'a attribué à la diffraction de la lumière. Mais on doit voir à cette occasion les mémoires de l'académie des sciences, années 1715 & 1748.

PROBLÊME XX.

Mesurer la hauteur des montagnes.

On peut mesurer la hauteur d'une montagne par les règles ordinaires de la géométrie; car, supposons une montagne dont on veut savoir la hauteur perpendiculaire au-dessus d'une ligne horizontale donnée. (*Voyez fig.* 10, *planc.* 1, *Amusemens d'Astronomie.*) Mesurez, si vous en avez la commodité, dans la plaine voisine, une ligne horizontale AB, qui soit dans le même plan vertical avec le sommet S de la montagne. Plus grande sera cette ligne, plus votre mesure sera exacte. Après cela, aux deux stations A, B, mesurez les angles SAE, SBE, qui sont les hauteurs apparentes sur l'horizon du sommet S, vu de A & de B. On sait, par la trigonométrie rectiligne, trouver dans le triangle rectangle SEA, le côté EA, ainsi que la perpendiculaire SE, ou l'élévation du sommet S sur AE prolongé.

Concevez la verticale SFH tirée & coupant la ligne BE en F. Comme, dans ces sortes de dimensions, l'angle ESF, formé par cette verticale SFH, & par la perpendiculaire SE, sera presque toujours extrêmement petit, & fort au-dessous d'un degré, on peut regarder les lignes SE, SF, comme égales entr'elles (1). D'un autre côté, la ligne FH, comprise entre la ligne AE & la surface sphérique CA, est visiblement la quantité dont le vrai niveau est au-dessus du niveau apparent, dans une longueur comme AF, ou, plus exactement, dans une longueur moyenne entre AF & BF : c'est pourquoi prenez la longueur moyenne entre AE & DE, qui différent peu de AF & BF, & cherchez, dans la table des différences entre les niveaux apparens & véritables, la hauteur qui répond à cette distance moyenne; ajoutez-la à la hauteur trouvée SE ou SF : vous aurez SH pour hauteur corrigée de la montagne, au-dessus de la surface sphérique où sont situés les points A, B.

Ainsi, si l'on sçait de combien cette surface est plus élevée que celle de la mer, on sçaura de combien le sommet S de la montagne est plus haut que le niveau de la mer.

Autre manière.

On peut trouver des difficultés à établir une ligne horizontale, dont la direction se trouve dans le même plan vertical avec le sommet de la montagne. Dans ce cas, il vaudra mieux procéder ainsi.

Tracez votre base dans la situation la plus commode pour qu'elle soit horizontale. Nous supposons que ce soit la ligne *ab*; que *fc* soit la perpendiculaire tirée du sommet *f* sur le plan horizontal passant par la ligne *ab*, & *c*, le point auquel ce plan

---

(1) Car elles ne différeront pas même d'une dix-millieme, dans le cas où cet angle seroit d'un degré; ce qui supposeroit la distance des stations à la montagne de plus de 50000 toises.

est rencontré par cette perpendiculaire : (*fig.* 11, *pl.* 1,) en concevant les lignes $a c$ & $b c$ tirées à ce -point, on aura les triangles $f a c$, $f b c$, rectangles en c, & l'on trouvera ces angles, en mesurant des points a & b les hauteurs apparentes de la monta-gne sur l'horizon : on mesurera pareillement les angles $f d b$, $f b a$; dans le triangle $a f b$.

Maintenant, puisqu'on connoîtra dans le trian-gle $f a b$, les angles $f a b$, $f b a$, ainsi que le côté $a b$, on déterminera aisément, par la trigonométrie rectiligne, un des côtés, par exemple $f a$. Ce côté étant déterminé, on trouvera pareillement dans le triangle $a c f$ rectangle en c, dont l'angle $f a c$ est connu, on trouvera, dis-je, le côté $a c$, & la perpendiculaire $f c$. On procédera ensuite comme dans la méthode précédente, c'est-à-dire qu'on cherchera quelle est la dépression du niveau réel au-dessous du niveau apparent, pour le nombre de toises que comprend la ligne $a c$, & on l'ajou-tera à la hauteur $f c$: la somme sera la hauteur du point f au-dessous du niveau réel des points a, b.

Exemple. Soit la longueur $a b$ horizontale, de 2000 toises ; l'angle $f a b$, de 80 degrés 30 mi-nutes ; l'angle $f b a$, de 85 degrés 10 minutes : conséquemment l'angle $b f a$ sera de 14 degrés 20 minutes. Au moyen de ces données, on trou-vera dans le triangle $a f b$, le côté $f a$ de 8048 toises. D'un autre côté, que l'angle $f a c$ ait été mesuré, & trouvé de 18 degrés ; on trouvera, par le calcul trigonométrique, le côté $a c$ de 7655 toises ; & enfin la perpendiculaire $f c$ sur le plan horizontal passant par $a b$, se trouvera de 2486 toises. D'un autre côté, la dépression du niveau réel au-dessous du niveau apparent, à la distance de 7655 toises, est de 8 toises 5 pieds : ajoutons ce nombre à celui déjà trouvé pour la hauteur $f c$, & nous aurons 2494 toises 5 pieds, ou 2496 toises pour la hauteur réelle de la montagne proposée.

Remarque.

Lorsqu'on employera l'une ou l'autre de ces méthodes, si la montagne dont on mesure la hau-teur est à une distance considérable, comme de 10 ou 20 mille toises ; comme alors son sommet sera fort peu élevé sur l'horizon, il faudra corriger sa hauteur apparente, en ayant égard à la réfrac-tion, de la manière suivante ; car autrement il en pourroit résulter une erreur très-considérable dans la mesure cherchée : on le sentira, en faisant at-tention que le sommet C de la montagne BC est vu par un rayon de lumière ECA, (*fig.* 13, *pl.* 1) qui n'est pas rectiligne, mais qui est une courbe, & qu'on juge ce sommet C en D, suivant la direc-tion de la tangente AD à la courbe ACE, qui, dans le petit espace AC, peut être regardée comme un arc de cercle. Ainsi l'angle DAB de la hauteur apparente de la montagne, excède la hauteur à la-

quelle paroîtroit son sommet, sans la réfraction de la quantité de l'angle CAD, qu'il faut déterminer. Or je trouve que cet angle CAD est, à bien peu de chose près, égal à la moitié de la réfraction qui conviendroit à la hauteur apparente DAB : ainsi il faudra chercher dans les tables qui sont entre les mains de tout le monde, la réfraction qui répond à la hauteur DAB apparente du sommet de la montagne, & ôter la moitié de cette hauteur : le reste sera celle du sommet de la montagne, telle qu'on l'auroit eue sans la réfraction.

Supposons, par exemple, que le sommet de la montagne, vu de 10000 toises, parût élevé de 5 degrés : la réfraction qui convient à 5 degrés, est de 9' 54'', dont la moitié est 4' 57'' : vous ôterez de 5°, & vous aurez 4° 55' 3'', que vous employerez comme hauteur réelle.

On voit par-là que, pour procéder sûrement dans une pareille dimension, il faut choisir des stations qui ne soient qu'à une distance peu con-sidérable de la montagne, ensorte que son sommet paroisse à une élévation de plusieurs degrés sur l'horizon. Sans cela, la variété des réfractions, qui sont assez inconstantes près de l'horizon, jet-tera beaucoup d'incertitude sur cette mesure.

Nous parlerons ailleurs d'une autre méthode pour mesurer les hauteurs des montagnes. Celle-ci employe le baromètre, & suppose qu'on puisse monter à leur sommet. Nous donnerons même une table des hauteurs des principales montagnes de la terre au-dessus du niveau de la mer; nous voulons dire de celles où il a été possible d'obser-ver. Il nous suffira de dire ici, qu'on a trouvé que les plus hautes montagnes de l'univers, du moins de la partie de notre globe qui a été jusqu'à pré-sent accessible aux sçavans, sont situées aux envi-rons de l'équateur ; & c'est avec raison qu'un historien du Pérou dit qu'elles sont aux montagnes de nos Alpes & de nos Pyrénées, comme les tours & les clochers de nos villes sont aux édifices ordinaires. La plus haute connue jusqu'à ce mo-ment, est celle de Chimboraço au Pérou, qui a 3220 toises d'élévation perpendiculaire au-dessus du niveau de l'Océan.

Comme toutes les montagnes connues de notre Europe atteignent à peine les deux tiers de la hauteur de ces masses énormes, on peut juger par-là de la fausseté de ce que les anciens, & quelques modernes, comme Kircher, ont débité sur la hauteur des montagnes. Si on les en croit, le mont Ethna a 4000 pas géométriques de hauteur; les montagnes de la Norwege, 6000; le mont Hœmus, le Pic des Canaries, 10000; le mont Atlas, les montagnes de la Lune en Afrique, 15000; le mont Athos, 20000; le mont Cassius, 28000. On prétend avoir trouvé cela par la lon-gueur de leur ombre : mais rien n'est plus destitué de vérité ; & si jamais quelque observateur monte sur ces montagnes, ou mefure géométriquement leur hauteur, il les trouvera fort inférieures aux montagnes du Pérou, comme il eft arrivé au Pic des Canaries, qui, mefuré géométriquement par le P. Feuillé, a été trouvé n'excéder guère 2200 toifes.

On voit encore par-là, que la hauteur des montagnes les plus élevées eft très-peu de chofe, en comparaifon du diamètre de la terre, & que la figure régulière de notre globe n'en eft point fenfiblement altérée; car le diamètre moyen de la terre eft d'environ 6583000 toifes: ainfi, en fuppofant la hauteur d'une montagne égale à 3500 toifes, ce ne fera qu'une 1880e partie du diamètre de la terre; ce qui eft moindre que l'élévation d'une demi-ligne fur un globe de fix pieds de diamètre.

PROBLÈME XXI.

Manière de connoître les conftellations.

Pour apprendre à connoître le ciel, il faut d'abord fe pourvoir de quelques bonnes cartes céleftes, au moins d'un planifphère affez grand pour y diftinguer facilement les étoiles de la première & feconde grandeur. Nous indiquerons quelques-uns des ouvrages les meilleurs en ce genre.

Muni d'une de ces cartes, & de celle qui renferme le pôle boréal, vous vous tournerez vers le nord, & vous commencerez à chercher la grande Ourfe, vulgairement appellée le Chariot. (*Fig. 6, pl. 1.*) Elle eft facile à connoître, car elle forme un des groupes les plus remarquables qui foient dans le ciel, par fept étoiles de la feconde grandeur, dont quatre forment un quarré irrégulier, & trois autres une prolongation en forme de triangle fcalene très-obtus. D'ailleurs la comparaifon de la figure de ces fept étoiles, préfentée par la carte, vous fera facilement reconnoître dans le ciel celles qui lui correfpondent. Lorfque vous aurez connu ces fept étoiles principales, vous examinerez fur la carte les configurations des étoiles voifines qui appartiennent à la grande Ourfe, & vous apprendrez à reconnoître par-là les autres étoiles moins confidérables qui compofent cette conftellation.

De la connoiffance de la grande Ourfe, on paffe facilement à celle de la petite Ourfe; car il n'y a qu'à tirer, comme vous le verrez par la carte, une ligne droite par les deux du quarré de la grande Ourfe les plus éloignées de la queue, ou les deux antérieures: (*fig. 7, pl. 1.*) cette ligne ira paffer fort près de l'étoile polaire, étoile de la 2e grandeur, la feule auffi confidérable dans un efpace affez grand. Peu loin d'elle, font deux autres étoiles de la 2e & 3e grandeur, qui, avec quatre autres un peu moindres, forment une figure fort approchante de celle de la grande Ourfe,

mais plus petite. C'eft-là ce qu'on appelle la petite Ourfe, dont on apprendra à connoître les autres étoiles, de la même manière qu'on a fait pour celles de la grande Ourfe.

Menez maintenant une ligne droite par celles des étoiles du quarré de la grande Ourfe la plus voifine de la queue, & par l'étoile polaire; (*fig. 8, pl. 1.*) cette ligne vous conduira à un groupe fort remarquable, de cinq étoiles, en AA fort évafé: c'eft la conftellation de Caffiopée, dans laquelle parut en 1572 une nouvelle étoile très-brillante, qui s'affoiblit enfuite peu après, & difparut entièrement.

Si, après cela, vous tirez à travers cette conftellation une ligne perpendiculaire à la ligne ci-deffus, elle vous conduira, d'un côté, à une affez belle étoile qui eft au dos de Perfée, & qu'on nomme *Algenib*; & de l'autre, à la conftellation du cygne, remarquable par une étoile de la première grandeur. (*Fig. 9, pl. 1.*) Près de Perfée, eft la brillante de la chèvre, étoile de la première grandeur, appellée *Capella*, qui fait partie de la conftellation du cocher.

Décrivez enfuite une ligne droite par les deux dernières de la queue de la grande Ourfe, vous arriverez dans le voifinage d'une des plus brillantes étoiles du ciel: c'eft *Arcturus*, qui fait partie de la conftellation des Bootes (*fig. 5, pl. 1.*)

On s'aidera ainfi fucceffivement de la connoiffance des étoiles d'une conftellation, pour trouver fes voifines. Il nous fuffit d'avoir indiqué la méthode; car on fent aifément que nous ne pouvons pas ainfi parcourir tout le ciel; mais il n'eft point de bon efprit qui ne puiffe, en une nuit, apprendre de cette manière à connoître une bonne partie du ciel, ou du moins des principales étoiles.

Les anciens n'ont connu, ou, pour mieux dire, n'ont enregiftré dans leurs catalogues, que 1022 étoiles fixes, qu'ils diviférent en 48 conftellations; mais leur nombre eft bien plus confidérable, même en fe bornant à celles qui font perceptibles à la vue fimple. M. l'abbé de la Caille en a obfervé 1942 dans l'efpace compris entre le tropique du Capricorne & le pôle auftral, de partie defquelles il a formé de nouvelles conftellations. Or cet efpace eft à toute la fphère, environ comme 3 à 10: ainfi je penfe qu'on peut fixer à environ 6500, le nombre des étoiles fixes vifibles à l'œil nu. C'eft au refte une pure illufion, qui fait juger au premier coup d'œil qu'elles font innombrables; car, qu'on prenne un efpace renfermé entre quatre, cinq ou fix étoiles de la 2e ou 3e grandeur, & qu'on effaye de compter celles que comprend cet efpace, on n'y trouvera pas grande difficulté, & l'on pourra fe faire par-là un apperçu de leur nombre total, qui n'excédera pas beaucoup celui ci-deffus.

On divise les étoiles en étoiles de la première grandeur, de la seconde, de la troisième, &c. jusqu'à celles de la 6e, qui sont les plus petites que l'œil nu puisse appercevoir. Il y en a 18 de la première grandeur, 70 de la seconde, 200 de la troisième, 452 de la quatrième, &c.

Quant aux constellations, le nombre de celles communément reconnues, est de 63, dont 25 appartiennent à l'hémisphère boréal, 12 au zodiaque, & les 26 autres à l'hémisphère austral. Nous allons en donner ici le catalogue, avec le nombre des étoiles dont chacune est composée, & leur grandeur relative,

TABLE DES CONSTELLATIONS.

Constellations septentrionales.

Nomb. des Constell.		Nomb. des Étoiles	1re grandeur	2e grandeur	3e grandeur	4e grandeur	5e grandeur	6e grandeur
1	La petite Ourse.	10	0	2	1	3	1	3
2	La grande Ourse	35	0	7	3	12	8	5
3	Le Dragon	35	0	1	10	14	8	2
4	Céphée.	21	0	0	3	7	7	4
5	Cassiopée.	28	0	0	5	5	3	15
6	Persée	42	0	2	4	12	12	12
7	Le Charretier	40	1	1	0	7	3	27
8	Le Bouvier	32	1	0	6	13	4	8
9	Hercule	62	0	0	9	21	11	21
10	Le Cygne.	40	0	1	5	16	7	11
11	Andromede.	27	0	3	1	11	10	2
12	Le Triangle	6	0	0	0	3	1	
13	La Chevelure de Bérénice	13	0	0	1	11	1	0
14	La Couronne.	21	0	1	0	5	8	7
15	La Lyre.	15	1	0	2	1	7	4
16	Pégase	23	0	4	3	6	3	7
17	Le petit Cheval.	4	0	0	0	4	0	
18	Orion	56	2	4	4	16	11	19
19	Le petit Chien.	10	1	0	1	0	3	5
20	Le Serpentaire.	30	0	1	7	9	10	3
21	Le Serpent	35	0	1	7	7	2	18

Constellations méridionales.

Nomb. des Constell.		Nomb. des Étoiles	1re grandeur	2e grandeur	3e grandeur	4e grandeur	5e grandeur	6e grandeur
22	L'Aigle.	27	0	1	6	1	5	14
23	Antinoüs.	15	0	0	6	2	1	6
24	La Fleche.	8	0	0	0	3	1	4
25	Le Dauphin.	10	0	0	5	0	1	4

Signes du Zodiaque.

Nomb. des Constell.		Nomb. des Étoiles	1re grandeur	2e grandeur	3e grandeur	4e grandeur	5e grandeur	6e grandeur
26	Le Bélier	19	0	0	3	1	2	13
27	Le Taureau.	48	1	1	5	8	20	13
28	Les Gémeaux.	34	0	3	4	7	9	11
29	L'Ecrevisse.	32	0	0	2	4	6	20
30	Le Lion	43	2	2	5	13	7	14
31	La Vierge	45	1	0	5	6	11	22
32	La Balance	14	0	2	2	8	2	1
33	Le Scorpion	35	1	1	9	10	11	3
34	Le Sagittaire	30	0	2	7	8	8	5
35	Le Capricorne.	28	0	0	4	1	7	16
36	Le Verf. d'eau.	42	0	0	4	7	23	8
37	Les Poissons	36	0	0	1	6	19	10

Constellations méridionales.

Nomb. des Constell.		Nomb. des Étoiles	1re grandeur	2e grandeur	3e grandeur	4e grandeur	5e grandeur	6e grandeur
38	La Baleine	29	0	2	7	14	5	1
39	L'Eridan	44	1	0	6	29	5	3
40	Le Lievre	13	0	0	4	4	4	1
41	Le grand Chien.	19	1	1	5	4	8	0
42	L'Hydre	29	1	0	2	13	9	4
43	La Tasse	11	0	0	0	8	1	2
44	Le Corbeau	8	0	0	4	1	2	1
45	Le Poisson austr.	12	1	0	0	9	2	0
46	Le Phœnix.	14	0	1	3	8	2	0
47	La Colombe.	12	0	2	0	9	0	1
48	Le Navire Argo	51	1	7	10	23	7	3
49	Le Centaure	41	2	5	7	16	9	2
50	Le Loup	20	0	0	2	11	7	
51	La Couron. aust.	13	0	0	0	4	7	2
52	La Grue	15	0	3	0	4	2	6
53	Hydrus.	15	0	1	0	4	10	0
54	La Dorade	6	0	0	0	3	3	0
55	Le poisson vol.	4	0	0	0	0	1	3
56	La Mouche.	4	0	0	0	4	0	0
57	Le Triangle aust.	4	0	3	0	0	1	0
58	L'Autel.	6	0	0	0	5	1	0
59	Le Paon.	16	0	1	2	6	6	6
60	L'indien	15	0	0	0	6	3	0
61	Le Toucan.	8	0	4	0	3	1	0
62	Le Caméléon.	9	0	0	9	0	0	0
63	Apus, ou l'Oiseau d'inde.	12	0	0	0	1	11	0

Nous n'entrerons pas ici dans des détails physiques sur les étoiles; nous les réservons pour un autre endroit, où nous parlerons de leurs distances, de leurs grosseurs, de leur mouvement, & de plusieurs autres objets relatifs à cette matière, comme les étoiles nouvelles, les étoiles changeantes ou périodiques, &c.

Les meilleures cartes célestes ont été long-temps

celles de l'*Uranométrie* de Bayer, ouvrage publié en 1603, *in-fol.*, & qui a eu de nombreuses éditions. Mais ces cartes ont cédé la place à celles du magnifique *Atlas céleste* de Flamstéed, donné en 1729, à Londres, *in-fol.* Un astronome pratique ne peut pas se passer de cet ouvrage. Parmi les autres cartes ou planisphères, on a estimé celles que le P. Pardies donna en 1673, en six feuilles magnifiquement gravées par Duchange. On a aussi les deux planisphères de M. de la Hire, en deux feuilles. Le graveur anglois Senex, a donné pareillement deux nouveaux planisphères, d'après les observations de Flamstéed, l'un en deux feuilles, où les deux hémisphères sont projetés sur le plan de l'équateur, l'autre où ils sont projetés sur le plan de l'écliptique. Au défaut de l'*Atlas céleste* de Flamstéed, on ne peut guère se passer de l'un de ces planisphères. Les astronomes modernes, M. de la Caille sur-tout, ayant ajouté dans l'hémisphère austral un assez grand nombre de constellations aux anciennes, on a formé en conséquence de nouveaux planisphères. Tel est celui de M. Robert, en deux feuilles, où le fond du ciel est lavé en bleu, ensorte que les constellations s'en détachent bien. Il est formé d'après les observations les plus modernes, & est accompagné d'une explication instructive sur la manière de connoître le ciel.

Comme la connoissance des constellations & des étoiles du zodiaque est la plus importante aux astronomes, parce que cette bande circulaire est la route des planetes, Senex, dont nous avons parlé ci-dessus, donna, il y a une quarantaine d'années, le *Zodiaque étoilé*, d'après les observations de Flamstéed; &, comme il étoit difficile de se le procurer à Paris, le sieur Dheuland, graveur, en donna, plusieurs années après, c'est-à-dire en 1755, une nouvelle édition, avec les rectifications que nécessitoit l'intervalle de temps écoulé depuis l'édition de celui de Senex. Il fut dirigé dans ce travail par M. de Seligny, jeune officier de la compagnie des Indes. Le zodiaque de Dheuland est accompagné d'un catalogue détaillé des étoiles zodiacales, avec leurs longitudes & latitudes réduites à l'année 1755. Ce catalogue comprend 924 étoiles. Il est vrai que son auteur, pour les rendre plus utiles aux observations nautiques, a donné à son zodiaque 10 degrés de latitude de chaque côté de l'écliptique. Il est aisé de voir, par ces détails, que quand on ne possede pas l'Atlas céleste de Flamstéed, on ne peut se dispenser d'avoir au moins le zodiaque & le catalogue de Dheuland, ou plutôt de Seligny, & même que la possession du premier ouvrage n'affranchit pas de la nécessité d'avoir le dernier.

On annonce en ce moment une nouvelle édition de l'*Atlas* de Flamstéed, réduite au tiers de la grandeur de l'original, avec un planisphère des étoiles australes observées par M. l'abbé de la

Caille. M. Fortia, ingénieur pour les globes, (rue Saint-Jacques) qui est l'auteur de cet ouvrage, a réduit les positions des étoiles à l'année 1780; il y a aussi ajouté une carte des étoiles, qui montre les différentes figures qu'elles font, & leurs différens alignemens. Cette dernière est très-commode pour apprendre à connoître le ciel : enfin c'est un présent utile que M. Fortin fait aux astronomes, vu la médiocrité du prix de ce nouvel Atlas, qui ne coûtera que 9 à 12 livres.

Exposition sommaire des principales vérités de l'Astronomie physique, ou du système de l'univers.

Il n'y a plus aujourd'hui de partage, entre les physiciens éclairés, sur la disposition des planetes & du soleil. Tous ceux qui sont en état de peser les preuves déduites de l'astronomie & de la physique, reconnoissent que le soleil occupe le milieu d'un espace immense, dans lequel tournent autour de lui, à différentes distances, Mercure, Vénus; la Terre, sans cesse accompagnée de la Lune; Mars; Jupiter, suivi de ses quatre lunes ou satellites; Saturne, environné de son anneau, & accompagné de ses cinq satellites; un très-grand nombre enfin de cometes, qu'on a démontré n'être que des planetes dont l'orbite est extrêmement allongée.

La route de chacune de ces planetes autour du soleil n'est pas un cercle, mais elle est une ellipse plus ou moins allongée, dont cet astre occupe l'un des foyers; ensorte que, lorsque la planete est à l'extrémité de l'axe au-delà du centre, elle est à sa plus grande distance du soleil : elle en est au contraire le plus près, lorsqu'elle est à l'autre extrémité de ce même axe. Cette ellipse, au reste, n'est pas fort allongée : celle que décrit Mercure l'est le plus de toutes, car la distance de son foyer au centre, est un cinquième de son axe. Celle de Vénus est presque un cercle. Dans l'orbite de la terre, la distance du foyer au centre n'est que d'environ un 57ᵉ de l'axe.

Deux loix fameuses, & dont la découverte mérite l'immortalité au célèbre Képler, règlent les mouvemens de tous ces corps à l'entour du soleil. La première de ces loix est relative aux mouvemens d'une planete, dans les différens points de son orbite elliptique. Elle consiste en ce que cette planete s'y meut tellement, que l'aire que décrit le rayon vecteur, c'est-à-dire la ligne continuellement tirée du soleil à la planete, croît uniformément dans temps égaux, ou est toujours proportionnelle au temps; ensorte, par exemple, que si la planete a employé 30 jours à se mouvoir de A, & 20 à se mouvoir de *en* p, l'aire mixtiligne AS π, sera à l'aire mixtiligne π S p, comme 30 à 20, ou AS π à AS p, comme 30 à 50 ou 3 à 5. (*Voyez fig.* 16, *pl.* 1.) Ainsi, dans un temps double, cette aire est double, &c; d'où il suit que, lorsque la planete eft la plus éloignée, elle a une moins grande viteffe fur fon orbite. Les anciens étoient dans l'erreur, lorfqu'ils penfoient que ce retardement qu'ils remarquoient dans le mouvement d'une planete, du foleil, par exemple, étoit une pure apparence optique; ce retardement eft moitié réel, moitié apparent.

La feconde loi découverte par Képler, eft celle qui règle les diftances des planetes au foleil, & leurs temps périodiques ou les temps de leurs ré-volutions. Suivant cette loi, les cubes des diftances moyennes de deux planetes au foleil, à l'en-tour duquel elles font leurs révolutions, font tou-jours entr'eux comme les quarrés des temps pé-riodiques; ainfi, fi les diftances moyennes de deux planetes au foleil font doublés l'une de l'au-tre, les cubes de ces diftances étant comme 1 & 8, les quarrés des temps périodiques feront comme 1 à 8, & conféquemment les temps eux-mêmes feront entr'eux comme 1 à la racine quarrée de 8.

Cette règle s'obferve non-feulement à l'égard des planetes principales, celles qui tournent au-tour du foleil, mais encore à l'égard des planetes fecondaires qui tournent autour d'une planete prin-cipale, comme les quatre fatellites de Jupiter au-tour de Jupiter, & les cinq de Saturne autour de Saturne. Si la terre avoit deux lunes, elles obfer-veroient entr'elles cette loi, par une néceffité mé-canique.

Ces deux loix, d'abord démontrées par les ob-fervations de Képler, l'ont enfuite été par New-ton, d'après les principes & les loix du mouve-ment; & il faut n'être pas en état de fentir une démonftration, pour fe refufer à des vérités auffi bien établies.

Nous allons maintenant préfenter ce qu'il y a de plus remarquable fur chacun des corps céleftes qui nous font connus, en commençant par le foleil. Celui qui, témoin de ce curieux tableau, ne fera pas frappé, doit être mis au rang de ces êtres ftupides, dont l'ame eft incapable de tout fentiment réfléchi fur les œuvres les plus magni-fiques de la divinité.

§. I. Du Soleil.

Le Soleil eft, comme nous l'avons dit, placé au milieu de notre fyftéme; fource également de lumière & de chaleur, c'eft lui qui éclaire & qui vivifie toutes les planetes qui lui font fubordon-nées. Que feroit le globe que nous habitons, fans fes influences bénignes! Car fi la privation de fa lumière, pendant une partie de la révolution diurne de la terre, commence à plonger la nature dans l'engourdiffement, quel feroit celui où la jetteroit l'abfence abfolue du foleil? La terre ne feroit qu'un bloc, dont la dureté furpafferoit celle des marbres

& des matières les plus dures que nous connoif-fions; nulle végétation, nul mouvement poffible: elle feroit enfin le féjour des ténébres, du repos & de la mort. Auffi ne peut-on refufer au foleil le premier rang parmi les êtres inanimés; & fi l'on pouvoir excufer l'erreur d'adreffer à la créature les hommages uniquement dus au créateur, on feroit tenté d'excufer le culte que rendoient au foleil les anciens Perfes, & que lui rendent encore les Gue-bres leurs fucceffeurs, & quelques peuples de l'A-mérique.

Le foleil eft un globe de feu ou enflammé, dont le diamètre égale à-peu-près cent 11 fois celui de la terre, ou eft à-peu-près de 333 mille lieues: fa furface eft conféquemment 12321 fois auffi grande que celle de la terre, & fa maffe 1367631 fois auffi grande. Sa diftance à la terre eft, fuivant les ob-fervations les plus récentes, d'environ 21600 demi-diamètres de la terre, ou d'environ trente-deux millions quatre cents mille lieues.

Cette maffe énorme n'eft pas abfolument en re-pos: les aftronomes modernes lui ont découvert un mouvement par lequel il tourne, en 25 jours, 12 heures autour de fon axe. Ce mouvement fe fait fur un axe incliné au plan de l'écliptique, d'environ 7° ½, enforte que l'équateur du foleil eft incliné à l'orbite de la terre de cette même quantité.

C'eft par le moyen des taches dont la furface du foleil eft couverte en certains temps, qu'on a découvert ce phénomène. En effet, on remarque quelquefois avec le télefcope, fur le difque du foleil, des taches obfcures, de forme ordinaire-ment très-irrégulière, & fouvent affez perma-nentes pour durer des mois entiers. Ce fut Galilée le premier qui fit cette découverte; & par elle il porta un coup mortel à l'opinion des philofophes de fon temps, qui, marchant fur les traces d'Arif-tote, réputoient les corps céleftes des corps inal-térables. Il obferva en différens temps, & à diffé-rentes reprifes, de groffes taches fur le difque du foleil; il les vit s'approcher toujours, dans un même fens & prefque en ligne droite, d'un des bords, enfuite difparoître, puis reparoître au bord oppofé; d'où il conclut que le foleil avoit un mouvement de révolution autour de fon centre. On remarque que ces taches employent 27 jours 12 heures pour revenir au même point du difque où l'on a commencé de les obferver; d'où il ré-fulte qu'elles mettent 25 jours 12 heures à faire une révolution complette (1), & conféquemment

(1) La raifon de cette différence eft que, pendant que le foleil fait une révolution complette fur fon axe, la Terre, qui fe meut dans fon orbite, s'avance d'en-viron 25 degrés du même côté; ce qui fait qu'il faut que la tache parcoure encore environ 25 degrés pour fe replacer dans le même afpect à l'égard de la terre,

que le foleil met 25 jours 12 heures à faire fa révolution autour de fon axe.

Il fuit auffi de-là, qu'un point de l'équateur du foleil, fe meut quatre fois & un-tiers environ plus vîte qu'un point de l'équateur de la terre, emporté par fon mouvement diurne; car la circonférence d'un grand cercle folaire, étant cent onze fois auffi grande, ces points fe mouvroient avec la même vîteffe, fi la révolution du foleil étoit de cent onze jours. Or elle eft quatre fois & un tiers plus rapide, étant feulement de 25 jours & quelques heures.

Les aftronomes ont auffi eu la curiofité de mefurer la grandeur de quelques-unes des taches du foleil, & ils ont trouvé qu'elles étoient quelquefois beaucoup plus groffes que la terre.

A l'égard de la nature de ces taches, quelques phyficiens ont conjecturé que ce ne pouvoit être que des parties mêmes de la fubftance ou du noyau du foleil, qui, par les mouvemens irréguliers d'un fluide énormément agité, reftoient à découvert. Un aftronome anglois, M. Wilfon, vient de renouveller cette idée dans les *Tranfactions Philofophiques*, année 1773, avec cette différence que, fuivant lui, la matière lumineufe du foleil ne feroit pas fluide, mais d'une confiftance telle que, par des circonftances particulières, il pourroit quelquefois s'y former des excavations confidérables, qui mettroient à découvert une portion du noyau du foleil. Les talus de ces excavations forment, felon lui, les fécules, ou ce bord moins lumineux fans être noir, qui environne d'ordinaire les taches. Il s'efforce d'établir tout cela, par l'examen des phénomènes que devroient préfenter de pareilles excavations, felon la manière dont elles fe préfenteroient à un obfervateur.

Mais en voilà affez fur cette idée. D'autres phyficiens aftronomes ont penfé que ces taches n'étoient que des tourbillons de fuliginofités, qui reftoient fufpendus au deffous de la furface du foleil, comme dans les explofions du Véfuve, on verroit du haut de l'atmofphère la fumée couvrir une affez grande étendue de pays. D'autres enfin ont penfé que c'étoient des efpèces d'écume produites par la combuftion de matières hétérogenes tombées fur fa furface. Il faut probablement fe réfoudre à ne rien favoir jamais de pofitif fur ce fujet.

Il s'écoule quelquefois des années entières fans qu'on voie des taches fur le difque du foleil, quelquefois on y en voit un très-grand nombre. On raconte qu'en 1637 elles furent fi nombreufes, que la chaleur du foleil & fon éclat en furent un peu diminués. Si l'opinion de Defcartes fur l'encroûtement des étoiles & leur changement en planetes opaques, eût été connue, on eût pu avoir l'appréhenfion de voir le foleil fubir, au grand malheur de l'efpece humaine, cette étrange métamorphofe.

Au refte, une certaine figure du foleil, donnée d'après Kircher, & rapportée dans diverfes mappemondes, ne doit être regardée que comme un jeu d'imagination. Jamais aucun aftronome ne fit d'obfervation qui puiffe fervir à lui donner le moindre fondement.

M. Caffini découvrit en 1683, que non-feulement le foleil a une lumière propre, mais qu'il eft accompagné d'une efpece d'atmofphere lumineufe, qui s'étend à une diftance immenfe, puifque quelquefois elle atteint jufqu'à la terre. Mais cette atmofphere n'eft pas, comme celle de la terre, à-peu-près fphérique; elle eft lenticulaire, & fituée de manière que fa plus grande largeur eft à-peu-près dans la prolongation de l'équateur folaire. On voit en effet affez fouvent, dans les temps extrêmement fereins, & peu après le coucher du foleil, une lumière un peu inclinée à l'écliptique, large de quelques degrés à l'horizon, & diminuant en pointe, qui s'éleve jufqu'à 45°. de hauteur. C'eft principalement vers l'équinoxe du printemps & celui d'automne que ce phénomene fe fait remarquer; & comme il a été vu depuis, & en divers lieux, & par une foule d'aftronomes, on ne peut fatisfaire à ces apparences, qu'en reconnoiffant autour du foleil une atmofphere telle que nous venons de dire.

§. I I. *De Mercure.*

Mercure eft la plus petite de toutes les planetes, & la plus voifine du foleil. Sa diftance à cet aftre eft à-peu-près égale aux 38/100 de celle de la terre à ce même aftre : ainfi mercure circule à environ 12312000 lieues du foleil. Cette pofition fait qu'il ne s'écarte guere de cet aftre que de 28°; enforte qu'il eft affez difficile de l'appercevoir dans ces contrées. Quand il eft vers fes plus grandes élongations du foleil, il paroît en croiffant, comme la lune vers fes quadratures; mais il faut de bonnes lunettes pour appercevoir cette configuration.

Rien, au refte, n'a pu encore apprendre fi Mercure a un mouvement autour de fon axe, comme cela eft affez probable.

Cette planete acheve fa révolution en 87 jours 23 heures, & fon diametre eft à celui de la terre comme 1 à 5, ou comme 2 à 5; enforte que fon volume eft à celui de la terre comme 8 à 125, ou comme 1 à 15⅝.

La planete de mercure, étant à une diftance du foleil qui n'eft que les 38/100 ou les 4/10 de celle de la terre à cet aftre, & la chaleur croiffant en raifon inverfe des quarrés des diftances, il fuit de-là qu'il fait environ fept fois auffi chaud dans cette planete que fur notre globe, toutes chofes d'ailleurs égales. Cette chaleur excede même de beaucoup celle de l'eau bouillante. Si donc cette planete eft conformée comme la terre, & qu'elle foit habitée, les êtres qui la peuplent doivent être
d'une

d'une nature bien différente de la nôtre ; ce qui n'a rien de répugnant à la raison : car qui osera borner la puissance de la divinité à des êtres à-peu-près semblables à ceux que nous connoissons sur notre terre ? Nous verrons même ailleurs que la conformation de la surface de Mercure, & la nature de son fluide ambiant, pourroient être telles qu'il ne fût pas possible à des êtres de notre nature d'y subsister.

§. III. De Vénus.

La planète de Vénus est la plus brillante du ciel. Tout le monde sçait que c'est elle qui, tantôt devançant le Soleil, est appellée *Lucifer* ou l'étoile du matin, tantôt le suivant, paroit la première après son coucher, & porte alors le nom de *Vesper*, ou d'étoile du soir.

Cette planète circule autour du Soleil, à une distance de cet astre qui est à celle de la terre, à-peu-près comme 72 à 100 ; conséquemment sa distance du Soleil est d'environ 23 millions 328 mille lieues : elle ne s'écarte du Soleil, à notre égard, que d'un angle d'environ 48°, & elle est sujette aux mêmes phases que la Lune.

La révolution de Vénus autour du Soleil est de 224 jours 14 heures 49 minutes ; son diamètre est, suivant les observations les plus récentes & les plus exactes, à celui de la terre, comme 4 à 5, ensorte que son volume est à celui de la terre comme 64 à 125.

On a découvert sur la surface de Vénus, des taches passagères, qui ont servi à démontrer la révolution de cette planète sur son axe ; mais la durée de cette révolution n'est pas encore mise hors de toute contradiction. M. Bianchini la fait de 24 jours, & M. Cassini de 23 heures 20 minutes. Nous inclinons néanmoins pour le dernier sentiment, qui se concilie avec les deux observations, au lieu que la détermination de M. Bianchini étant admise, il faut rejetter les observations de M. Cassini. Malheureusement ces taches, vues par Maraldi & Cassini, ne se voient plus, même avec les plus forts télescopes, du moins dans ce pays-ci ; on n'apperçoit plus aucune tache sur Vénus, ensorte qu'on restera partagé jusqu'à ce que l'on en découvre de nouvelles.

Vénus peut quelquefois passer entre la terre & le soleil, de manière à être vue sur le disque de cet astre. Elle y paroit alors comme une tache noire, d'environ une minute de diamètre apparent. On l'a vue pour la première fois, passant ainsi sur le disque du soleil, en novembre 1631 : on l'a observée de nouveau dans cette circonstance, le 6 juin 1761, & on vient de faire la même observation le 3 juin 1769. On ne la verra plus passer sous le disque du soleil, avant le 9 décembre 1874. Cette observation, au succès de laquelle

Amusemens des Sciences.

tous les souverains de l'Europe ont pris intérêt, a des utilités en astronomie, qu'on peut voir dans les livres qui en traitent expressément.

§. IV. De la terre.

La terre, ce globe que nous habitons, est la troisième dans l'ordre des planètes. Son orbite, qui a environ 32 millions 400 mille lieues de demi-diamètre, embrasse celles de Vénus & de Mercure. Elle fait sa révolution autour du soleil en 365 jours 6 heures 11 minutes ; car il faut distinguer la révolution réelle & complette de la terre, d'avec la révolution tropique ou l'année solaire. Celle-ci n'est que de 365 jours 5h 49' 50'', parce qu'elle représente seulement le temps du retour du soleil d'un point équinoxial au même point ; mais, comme les points équinoxiaux rétrogradent annuellement de 50'', (ce qui fait paroître les étoiles s'avancer chaque année de cette quantité) lorsque la terre est revenue au point de l'équinoxe du printemps, il lui reste encore 50'' à parcourir pour atteindre le point de la sphère fixe où étoit l'équinoxe l'année précédente. Or elle y emploie environ 20 minutes, qui, ajoutées à l'année tropique, donnent la révolution complette, depuis un point de la sphère fixe, au même point de 365 jours 6h 11'', comme nous avons dit plus haut.

Pendant une révolution de cette espèce, la terre, en conséquence des loix du mouvement, conserve toujours son axe parallèle à lui-même, & elle fait sa révolution autour de cet axe, à l'égard des fixes, en 23h 56' ; car c'est à l'égard des fixes que cette révolution doit être mesurée, & non à l'égard du soleil, qui a, en apparence, avancé dans le même sens d'environ un degré par jour. C'est ce parallélisme de l'axe de la terre qui occasionne la diversité des saisons, parce qu'il expose tantôt l'hémisphère boréal, tantôt l'hémisphère austral, plus directement au soleil.

Ce parallélisme n'est néanmoins pas absolument sans altération. En vertu de certaines causes physiques, il a un petit mouvement par lequel il s'en écarte à chaque révolution, d'une quantité de 50 secondes, comme s'il avoit un mouvement conique extrêmement lent, à l'entour de l'axe immobile & fictif de l'écliptique. Par une suite de ce mouvement, le pôle apparent du monde dans les étoiles fixes, n'est pas fixe ; il tourne autour du pôle de l'écliptique, & s'approche de certaines étoiles, tandis qu'il s'éloigne d'autres. L'étoile polaire n'a pas toujours été la plus voisine du pôle arctique : ce qui lui a fait donner ce nom ; elle n'en est pas même encore à sa plus grande proximité : ce sera vers l'an 2100 de notre ère qu'elle en sera la plus proche, & sa distance du pôle sera alors de 28 à 29' : le pôle arctique s'en éloignera alors, & de plus en plus ; ensorte que

G g

dans la fuite des fiècles, on aura une autre étoile polaire, & même d'autres fucceffivement.

Nous avons dit que l'axe de la terre eft actuellement incliné de 23° 28' & quelques fecondes fur le plan de l'écliptique ; ce qui caufe l'inclinaifon de l'écliptique à l'équateur, & produit la variété des faifons. Cette inclinaifon eft auffi variable, &, felon les obfervations modernes, elle diminue d'environ une minute par fiècle : l'écliptique s'approche conféquemment avec lenteur de l'équateur, ou plutôt l'équateur de l'écliptique ; & fi ce mouvement fe fait toujours avec la même viteffe, & dans le même fens, l'équateur fe confondra avec l'écliptique dans environ 140 mille ans, & alors il régnera fur la terre un équinoxe & un printemps perpétuel.

§. V. De la lune.

De tous les corps céleftes qui nous environnent & qui nous éclairent, le plus intéreffant, après le foleil, eft la lune. Fidè la compagne de notre globe dans fon immenfe révolution, elle nous tient fouvent lieu du foleil, &, par fa foible lumière, elle nous confole de la privation de celle de cet aftre. C'eft elle qui, foulevant deux fois par jour les eaux de l'Océan, leur caufe ce mouvement de réciprocation, fi connu fous le nom de flux & reflux, mouvement peut-être néceffaire dans l'économie de ce globe.

La diftance moyenne de la lune à la terre, eft d'environ 60 demi-diamètres terreftres, ou 90 mille lieues. Son diamètre eft à celui de la terre, à-peu-près comme 133 à 500 ; enforte que fa maffe, ou plutôt fon volume, eft à celui de la terre, comme 1 à environ 52.

La lune eft un corps opaque. Nous ne croyons pas avoir befoin de le prouver ici. Ce n'eft point un corps poli comme un miroir ; car, fi cela étoit, il ne nous renverroit prefque aucune lumière, puifqu'un miroir convexe difperfe les rayons de manière qu'un œil tant foit peu éloigné ne voit qu'un point de la furface qui foit éclairé, au lieu que la lune nous renvoie de tout fon difque une lumière fenfiblement égale.

D'ailleurs l'obfervation fait voir dans le corps de la lune des afpérités plus grandes encore à fon égard, que celles dont la terre eft couverte. Qu'on confidère en effet la lune quelques jours après fa conjonction, on voit la limite de l'ombre comme dentelée ; ce qui ne peut être que l'effet de fes inégalités. Il y a plus, on apperçoit à peu de diftance de cette limite, dans la partie qui n'eft point encore éclairée, des points lumineux qui, croiffant par degrés à mefure que la partie éclairée s'en approche, fe confondent enfin avec elle, & forment les dentelures dont on a parlé : on voit enfin l'ombre de ces parties, lorf-

qu'elles font entièrement éclairées, fe porter plus ou moins loin, & changer de pofition à mefure qu'elles font plus ou moins obliquement éclairées, & d'un côté ou d'un autre. C'eft ainfi que, fur notre terre, le fommet des montagnes eft éclairé, tandis que les vallons & les plaines voifines font encore dans l'ombre, & qu'elles jettent leur ombrage plus ou moins loin, à droite ou à gauche, fuivant l'élévation du foleil & fa pofition. Galilée, le premier auteur de cette découverte, a mefuré géométriquement la hauteur d'une de ces montagnes, & a trouvé qu'elle étoit d'environ trois de nos lieues ; ce qui eft ; à peu de chofe près, le double de la hauteur des pics les plus élevés des Cordillières, les plus hautes montagnes connues de la terre.

Nous avons parlé ailleurs des noms que les aftronomes ont donnés à ces taches, & de leur ufage dans l'aftronomie ; ainfi nous ne le répéterons point ici, & nous pafferons à quelque chofe de plus intéreffant.

Il y a fur la furface de la lune des taches de différentes efpèces, les unes lumineufes, les autres en quelque forte obfcures. On a regardé pendant long-temps comme fuffifamment conftaté, que les taches les plus lumineufes étoient des portions de terre, & les parties obfcures des mers ; car, dit-on, l'eau abforbant une partie de la lumière, doit renvoyer un éclat plus foible que des terres, qui la réfléchiffent fortement. Mais cela n'eft pas fondé ; car fi ces taches obfcures, refpectivement au refte de la lune, étoient de l'eau, lorfqu'elles feroient éclairées obliquement, comme elles le font à notre égard dans les premiers jours après la conjonction, elles devroient nous renvoyer la lumière la plus vive. C'eft ainfi qu'un miroir, qui paroît noir quand on n'eft pas au point où il réfléchit les rayons du foleil, paroît au contraire très-éclatant quand on eft à ce point.

Cela a fait penfer à d'autres, que ces parties obfcures étoient de vaftes forêts ; & cela feroit plus probable. Nous ne doutons nullement que qui confidéreroit d'une grande diftance les vaftes forêts qu'il y a encore en Europe, celles de l'Amérique, ne les vît plus brunes que le refte de la furface terreftre.

Mais ces taches font-elles pour cela des forêts ? Cela n'eft guères plus fondé, & en voici les raifons.

Il eft comme démontré que la lune n'a point d'atmofphère, car, fi elle en avoit une, elle produiroit les effets de la nôtre. Une étoile dont la lune approcheroit, changeroit de couleur ; & fes rayons, rompus par cette atmofphère, lui donneroient un mouvement irrégulier, à une diftance même affez grande de la lune. Or on n'apperçoit rien de femblable. Une étoile cachée par le bord obscur de la lune, disparoît subitement sans changer de couleur, ni éprouver aucune réfraction sensible. Il est vrai que quelques astronomes ont cru voir, dans des éclipses totales du soleil, éclairer & tonner dans la lune; mais c'est sans doute une illusion de leurs yeux, fatigués d'avoir consideré trop attentivement le soleil. D'ailleurs, s'il y avoit dans la lune une évaporation de vapeurs, s'il y avoit des nuages comme sur la terre, on les auroit quelquefois apperçus cachant des parties connues de la lune; comme certainement un observateur placé dans la lune, verroit quelquefois des portions assez grandes de la terre, comme des provinces entières de la France, cachées pendant des jours, pendant des semaines entières, par les nuages qui les couvrent quelquefois aussi long-temps. M. de la Hire a démontré qu'une étendue grande comme Paris seroit perceptible à un observateur situé sur la lune, au moyen d'un télescope d'environ 25 pieds, ou grossissant les objets d'environ 100 fois.

Or, s'il n'y a sur la surface de la lune, ni air dense, ni élévation des vapeurs, il est difficile de concevoir qu'il y ait aucune espèce de végétation; conséquemment des plantes, des arbres, des forêts; enfin il n'est pas possible qu'il y ait des animaux. Ainsi il y a grande apparence que la lune n'est pas habitée : d'ailleurs, si elle l'étoit, du moins par des animaux à-peu-près semblables à l'homme, ou doués de quelque raison, il seroit bien difficile qu'ils ne fissent pas des changemens sur la surface de ce globe. Or, depuis l'invention du télescope jusqu'à présent, on n'y a pas apperçu la moindre altération.

La lune présente toujours, à fort peu de chose près, la même face à la terre; il faut pour cela qu'elle ait ou un mouvement de révolution autour d'un axe à-peu-près perpendiculaire à l'écliptique, & dont la durée soit celle du mois lunaire, ou qu'il y ait dans un de ses hémisphères une cause qui le fasse pencher ver la terre. Cette dernière conjecture est la plus probable : car pourquoi la révolution de la lune sur son axe seroit-elle ainsi précisément de 29 jours 12h 44'? Quoi qu'il en soit, la lune présentant toujours la même face a la terre, il s'ensuit que toute sa surface est éclairée par le soleil dans le courant d'un mois lunaire; ainsi les jours sont, dans la lune, égaux à environ 15 des nôtres, & les nuits de pareille durée.

Feignons, nonobstant ce que nous avons dit, qu'il y ait des habitans dans la lune; ils jouiront d'un spectacle assez singulier. Un observateur, par exemple, placé vers le milieu de son disque, verra toujours la terre immobile vers son zénith, ou ayant seulement un mouvement de balancement, par les raisons que nous dirons plus bas : chaque habitant enfin de cet hémisphère, la verra toujours dans un même point de son horizon, tandis que le soleil paroîtra faire dans un mois sa révolution; au contraire, les habitans de l'hémisphère opposé ne la verront jamais.; & s'il y avoit des astronomes, sans doute il y en auroit qui feroient le voyage de l'hémisphère tourné à la terre, pour voir cette espèce de lune immobile, suspendue au ciel comme une lampe, & d'autant plus remarquable, qu'elle présente aux habitans lunaires un diamètre presque quadruple de celui que nous offre la lune, avec une grande variété de taches faisant leurs révolutions dans l'intervalle de 24 heures : car on ne sçauroit presque douter que notre terre, coupée de vastes mers, de très-grands continens, d'immenses forêts comme celles de l'Amérique, ne présente à la lune un disque varié de beaucoup de taches plus ou moins lumineuses.

Nous avons dit que la lune présente toujours sensiblement le même disque à la terre. En effet, cela n'est pas rigoureusement vrai. On reconnoît dans la lune un mouvement qu'on appelle de libration, en vertu duquel les parties voisines du bord du disque visible à la terre, s'approchent ou s'éloignent alternativement de ce bord par une espèce de balancement. On distingue principalement deux espèces de librations, l'une qu'on appelle de latitude, par laquelle des parties près du pôle austral ou boréal de la lune, semblent se balancer du nord au sud & du sud au nord, par un arc qui peut aller jusqu'à 5 degrés. C'est un simple effet optique, produit par le parallélisme de l'axe de rotation de la lune, qui est incliné de 2 degrés & demi à l'écliptique.

L'autre libration est celle en longitude, qui se fait autour de cet axe par un angle qui peut monter jusqu'à 7° & demi; &, comme elles se compliquent toutes deux, il n'est pas étonnant que ce phénomène ait occupé pendant long-temps infructueusement les philosophes. Les causes de la dernière ne sont même pas encore entièrement hors de contradiction. Quoi qu'il en soit, il est évident que les habitans de la lune, s'il y en a, qui sont situés près du bord du disque tourné vers la terre, doivent voir notre globe alternativement se lever & se coucher, en décrivant un arc seulement de quelques degrés.

§. VI. De Mars.

La planète de Mars, qui se fait reconnoître aisément par son éclat rougeâtre, est la quatrième dans l'ordre des planètes principales. Son orbite environne celle de Mercure, de Vénus & de la terre; ainsi les mouvemens de ces planètes doivent présenter aux habitans de Mars, les mêmes phénomènes que Mercure & Vénus présentent aux habitans de notre globe.

La révolution de Mars autour du soleil est de

686 jours 23 heures 27 minutes, ou de près de deux ans. Sa distance moyenne au soleil est environ les ⅔ de celle de la terre, ou, plus exactement, de 152000 parties, dont le rayon de l'orbite terrestre contient 100000.

On apperçoit quelquefois des taches sur le disque de Mars : elles ont servi à démontrer qu'il tourne sur un axe à-peu-près perpendiculaire à son orbite, & que cette révolution s'achève en 24 heures 40 minutes. Ainsi les jours des habitans de Mars, s'il y en a, sont à-peu-près égaux aux nôtres, & il y règne un équinoxe perpétuel, puisque son équateur se confond avec son orbite.

Quant à la grosseur de Mars, elle est à-peu-près égale à celle de la terre.

§. V I I. De Jupiter.

Après Mars, suit dans l'ordre des planètes, celle de Jupiter. Sa distance du soleil est environ cinq fois plus grande que celle de la terre : à cet astre, ou, plus exactement, ces distances sont entr'elles comme 52 à 10. La durée de sa révolution autour du soleil est de 11 ans 317 jours 12 heures 20 minutes. Son diametre, comparé à celui de la terre, est 10 fois aussi grand, ensorte que son volume est 1000 fois aussi considérable que celui de notre globe.

Cette masse n'empêche cependant pas que la révolution de Jupiter autour de son axe ne soit beaucoup plus prompte que celle de la terre. En effet, les taches observées sur le disque de Jupiter ont appris que cette révolution est de 9h 56', ensorte qu'elle est plus de deux fois aussi rapide ; &, comme un point de l'équateur de Jupiter est dix fois aussi éloigné de l'axe de cette planete, qu'un point de l'équateur de la terre ne l'est de l'axe terrestre, il suit de-là que dans Jupiter ce point se meut avec une vîtesse environ vingt-quatre fois aussi grande.

Aussi a-t-on observé que le globe du Jupiter n'est pas parfaitement sphérique, & même qu'il s'éloigne assez de la sphéricité parfaite : il est un sphéroïde applati par les pôles ; & le diametre de son équateur à celui qui va d'un pôle à l'autre dans le rapport de 14 à 13, suivant les observations les plus récentes, & faites avec les instrumens les plus parfaits.

L'axe de Jupiter est presque perpendiculaire au plan de son orbite, car son inclinaison n'est que de 3 degrés : ainsi les jours & les nuits doivent, sur cette planete, être en tout tems presque égaux les uns aux autres.

La surface de Jupiter est le plus souvent parsemée de taches en forme de bandes, les unes obscures, les autres lumineuses : il y a des temps où l'on a peine à les appercevoir, & elles ne sont pas

également marquées dans leur étendue, ensorte qu'elles sont comme interrompues : leur nombre varie aussi, & on ne les voit guères qu'avec de fortes lunettes, ou lorsque Jupiter est le plus voisin de la terre. L'année 1773 a été très-propre à ces observations, parce que Jupiter s'est trouvé le plus près de l'orbite de la terre qu'il est possible.

La planete de Jupiter étant environ cinq fois plus éloignée du soleil que la terre, il est évident que le diametre du soleil doit y paroître cinq fois moindre, ou d'environ 6 minutes seulement : l'éclat du soleil y sera conséquemment 25 fois moindre que sur la terre. Mais une lumière 25 fois moindre que celle du soleil est encore une lumière très-vive, & plus que suffisante pour donner un très-beau jour : ainsi les habitans de Jupiter (car probablement il y en a) ne sont pas à cet égard fort à plaindre.

Mais s'ils sont à cet égard traités moins favorablement que ceux de la terre, ils sont à d'autres égards bien mieux partagés ; car, tandis que la terre n'a qu'une lune pour la dédommager de l'absence du soleil, la planete de Jupiter en a quatre. Galilée en fit le premier la découverte, & elle lui servit à répondre à ceux qui objectoient contre le mouvement de la terre l'impossibilité de concevoir comment la lune pouvoit accompagner la terre dans sa révolution. La découverte de Galilée leur ferma la bouche.

Les Satellites de Jupiter tournent autour de lui, dans des temps & à des éloignemens indiqués par la table suivante.

Ordre des Satellites.	Distance en demi-diam. de Jupiter.	Temps périod. J. H. M.
1er	5⅓	1 18 27
2e	9	3 13 14
3e	14 21/40	7 3 43
4e	25 5/16	16 16 32

Les habitans de Jupiter ont donc, à cet égard, de grands avantages sur ceux de la terre ; car, avec leurs quatre lunes, il est bien difficile qu'il n'y en ait pas toujours quelqu'une sur l'horizon qui n'est pas éclairé du soleil : ils les auront quelquefois toutes quatre, l'une en croissant, l'autre pleine, l'autre demi-pleine : ils les verront s'éclipser, comme nous voyons de temps en temps la lune perdre sa lumière en entrant dans l'ombre projetée par la terre, mais avec cette différence, que beaucoup plus près de Jupiter, eu égard à sa masse, elles ne sçauroient passer derrière lui, à l'égard du soleil, sans souffrir d'éclipses.

Les astronomes ne se sont pas bornés à constater l'existence de ces lunes attachées à Jupiter ; ils ont plus fait, & ont prédit leurs éclipses avec au moins autant d'exactitude que celles de notre lune. Les éphémérides aftronomiques préfentent à chaque jour du mois l'afpect des fatellites de Jupiter, l'heure à laquelle leurs éclipfes doivent arriver, & fi elles font vifibles ou non fur l'horizon du lieu : on y trouve auffi le moment où quelqu'un de ces fatellites doit fe cacher derrière le difque de Jupiter, ou difparoître en paffa t au-devant. Ces prédictions, au refte, ne font pas de pures curiofités ; on en tire une grande utilité pour la détermination des longitudes fur terre.

§. VIII. De Saturne.

Cette planète eft de toutes la plus éloignée du foleil, & celle qui préfente le fpectacle le plus fingulier par fes cinq lunes & l'anneau qui l'envi-ronne. Elle fait fa révolution autour du foleil en 29 ans 174 jours 6 heures 36 minutes ; & fa dif-tance moyenne à cet aftre eft neuf fois & demi plus grande que celle de la terre au foleil, ou, plus exactement, comme 954 à 100 ; enforte que fi le demi-diametre de l'orbite de la terre eft de 32 millions 400 mille lieues, celui de l'orbite de Saturne fera de 309 millions 96000 lieues.

A une diftance auffi immenfe, le diametre ap-parent du foleil, pour un fpectateur placé fur Saturne, n'eft plus que les $\frac{2}{19}$ de ce qu'il eft pour nous, c'eft-à-dire d'environ $3\frac{1}{2}$: & fa lumière doit être 90 fois moindre, ainfi que fa chaleur. Un habitant de Saturne, tranfporté dans la Laponie, que dis-je ? fur les glaces des pôles de la terre, y éprouveroit une chaleur infupportable ; il y pé-riroit, ce femble, plus vîte qu'un homme plongé dans l'eau bouillante, tandis qu'un habitant de Mercure géleroit dans les climats les plus ardens de notre zone torride.

Il eft probable que Saturne a un mouvement de rotation fur fon axe ; mais les meilleures lunettes n'ont encore fait voir fur fa furface aucun point remarquable, au moyen duquel ou puiffe apperce-cevoir & déterminer cette rotation.

La nature femble avoir voulu dédommager Sa-turne de fon éloignement du foleil, en lui don-nant cinq lunes, qu'on appelle fes fatellites. La table fuivante préfente leurs diftances du centre de Saturne en demi-diametres de cette planete, & la durée de leurs révolutions.

Satellites.	Distances.	Révolutions. J. H. M.		
Ier	$1\frac{19}{20}$	1	21	18
2e	$2\frac{1}{2}$	2	17	41
3e	$3\frac{1}{2}$	4	12	25
4e	8	15	22	41
5e	24	79	7	48

Nous ne nous étendrons pas fur les avantages que tant de lunes doivent procurer à cette pla-nète : ce que nous avons dit de Jupiter eft, à plus forte raifon, applicable à Saturne.

Mais quelque chofe de plus fingulier que ces cinq lunes, c'eft l'anneau qui environne Saturne. Qu'on fe repréfente un globe placé au milieu d'un corps circulaire, plat, mince, & évuidé concen-triquement, enfin, quel œil foit à l'extrémité d'une ligne oblique au plan de cet anneau circulaire ; tel eft l'afpect que préfente Saturne confidéré avec un excellent télefcope, & telle eft la pofition du fpectateur terreftre. Le diametre de Saturne eft à celui du vuide de l'anneau, comme 3 à 5, & la largeur de l'anneau eft environ égale à l'intervalle entre l'anneau & Saturne. On eft affuré que cet intervalle eft vuide, car on a vu une fois une étoile fixe entre l'anneau & le corps de cette pla-nete : ainfi cet anneau fe foutient autour de Sa-turne, comme feroit un pont concentrique à la terre, & par-tout également pefant.

Ce corps d'une conformation fi fingulière, eft alternativement éclairé par le foleil d'un côté & de l'autre ; car il fait, avec le plan de l'orbite de Saturne, un angle conftant & d'environ 31° 20', en reftant toujours parallèle à lui-même ; ce qui fait qu'il préfente au foleil tantôt une face, tantôt l'oppofée : ainfi les habitans de deux hémifphères oppofés de Saturne, en jouiffent alternativement. Quelques obfervations femblent prouver qu'il a un mouvement de rotation autour d'un axe perpen-diculaire à fon plan, mais cela n'eft pas encore abfolument démontré.

On voit quelquefois, de la terre, la planète de Saturne fans anneau. C'eft un phénomène aifé à expliquer.

Trois caufes font difparoître l'anneau de Sa-turne. 1° Il difparoît lorfque fon plan prolongé paffe par le foleil, car alors fa furface dans l'ombre ; ou trop foiblement éclairée par le foleil pouf fe faire appercevoir de fi loin ; & fon tran-chant eft auffi trop mince pour que, quoique éclairé, on puiffe le voir d'une pareille diftance. Cela lui arrive lorfqu'il eft vers le 19e degré 45 minutes de la Vierge & des Poiffons.

2° On doit encore perdre de vue l'anneau de Saturne, lorfque fon plan prolongé paffe par la terre ; car alors le fpectateur terreftre n'en apper-çoit que le tranchant, qui eft, comme nous l'avons dit, trop mince pour pouvoir affecter de fi loin l'œil du fpectateur terreftre ; en effet ce n'eft alors qu'un filet de lumière de quelques fecondes de lar-geur.

3° Enfin l'anneau de Saturne difparoît, lorfque fon plan prolongé paffe entre la terre & le foleil ; car alors le plat de l'anneau, tourné vers la terre, n'eft pas celui que le foleil éclaire. On ne fçauroit donc le voir de la terre ; mais alors on voit son ombre se projeter sur le disque de Saturne.

C'est une belle matière à conjectures que la nature de cet anneau singulier. Quelques-uns ont dit que ce pouvoit être une multitude de lunes, circulant si près les unes des autres, que leur intervalle ne s'apperçoit pas de la terre, ce qui leur donne l'apparence d'un corps continu. Cela est peu probable.

D'autres ont conjecturé que c'étoit la queue d'une comete, qui, passant très-près de Saturne, en avoit été arrêtée. Mais un pareil arrangement d'un fluide circulant, seroit quelque chose de bien extraordinaire. Je crois qu'il faut admirer cet ouvrage du souverain artiste, créateur de l'univers, & attendre, pour former quelques conjectures sur sa nature, que la perfection des télescopes nous fournisse de nouveaux faits pour les appuyer.

La distance de Saturne au soleil est telle, que toutes les planetes lui sont inférieures, comme le sont pour nous Vénus & Mercure. Il y a plus ; s'il y a des êtres intelligens sur cette planète, il est fort douteux qu'ils aient seulement connoissance de notre existence, & bien moins encore de celle de Mercure & de Vénus ; car, à leur égard, Mercure ne s'éloigne jamais du soleil de plus de $2° 25'$, Vénus de $4° 15'$, & la terre elle-même de $6°$; Mars s'en éloignera seulement de près de $9°$; & Jupiter de $28° 40'$: aussi les trois ou quatre premières de ces planetes sont beaucoup plus difficiles à appercevoir par les Saturniens, que ne l'est pour nous la planète de Mercure, qu'on voit à peine, parce qu'elle est presque toujours cachée dans les rayons du soleil.

Il est cependant vrai que la lumière du soleil est d'un autre côté bien foible, & que la constitution de l'atmosphère de Saturne, si elle en a une, pourroit être telle, que l'on verroit encore ces planètes aussi-tôt que le soleil seroit couché.

§. I X. *Des Cometes.*

Les cometes ne sont plus, comme on le croyoit autrefois, des signes de la colère céleste, des annonces de la peste, de la guerre ou de la famine. Il falloit que les hommes de ces temps fussent bien crédules, pour penser que des fléaux qui n'affectent qu'une infiniment petite portion d'un globe qui n'est lui-même qu'un point dans le système de l'univers, dussent être annoncés par un dérangement de l'ordre naturel & immuable des cieux. Les cometes ne sont plus aussi, comme le pensèrent la plupart des philosophes anciens, & ceux qui suivirent leurs traces, des météores formés dans la moyenne région de l'air. Les observations astronomiques, faites dans divers endroits de la terre à-la-fois, ont appris qu'elles sont toujours à une distance même beaucoup plus

grande que la lune, & conséquemment qu'elles n'ont rien de commun avec les météores formés dans notre atmosphère.

Ce que quelques philosophes anciens, comme Appollonius Myndien, & sur-tout Séneque, ont pensé sur les cometes, s'est depuis vérifié. Selon eux, les cometes sont des astres aussi anciens, aussi durables que les planetes mêmes, dont les révolutions sont pareillement réglées ; & si on ne les apperçoit pas toujours, c'est qu'elles font leur cours de manière que, dans une partie de leur orbite, elles sont si éloignées de la terre qu'on les perd de vue, & elles ne paroissent que dans la partie inférieure.

En effet Newton, & sur ses traces M. Halley, ont démontré, par les observations des différentes cometes de leur temps, qu'elles décrivent à l'entour du soleil des orbites elliptiques, dont cet astre occupe un des foyers, & que ces orbites diffèrent de celles des planetes connues, en ce que celles-ci sont presque circulaires, au lieu que celles des cometes sont extrêmement allongées ; ce qui fait que, dans une partie de leur cours, elles se rapprochent assez de nous pour être apperçues ; & dans le reste de leurs orbites, elles s'éloignent dans l'immensité des cieux, au point de n'être plus visibles. Ils ont aussi enseigné comment, à l'aide d'un petit nombre d'observations du mouvement d'une comete, on peut déterminer la distance où elle passera ou a passé du soleil, ainsi que le temps où elle en a été le moins éloignée, enfin son lieu dans le ciel pour un moment donné. Les calculs faits d'après ces principes, s'accordent avec l'observation d'une manière surprenante.

Les philosophes modernes ont fait plus ; ils ont déterminé le retour de quelques-unes de ces cometes. Le célèbre M. Halley, considérant que si le mouvement des cometes se fait dans des ellipses, elles doivent avoir des révolutions périodiques, puisque ces courbes rentrent en elles-mêmes, examina avec attention les observations de trois cometes, qui parurent en 1531 & 1532, en 1607 & 1682 ; & ayant calculé la position & les dimensions de leurs orbites, il reconnut que ces trois cometes avoient à-peu-près la même orbite, & conséquemment que ce n'en étoit qu'une seule, dont la révolution s'achevoit dans environ 75 ans ; il osa donc prédire que cette comete reparoîtroit en 1758, ou 1759 au plus tard. Tout le monde sçait que cette prédiction s'est vérifiée dans le temps annoncé : ainsi il reste constant que cette comete a autour du soleil une révolution périodique de 75 ans & demi. Suivant les dimensions de son orbite, déterminée par les observations, sa moindre distance du soleil est de $\frac{585}{1000}$ du demi-diametre de l'orbite terrestre ; elle s'écarte ensuite à une distance qui est égale à $35\frac{1}{2}$ de ces demi-diametres ; ensorte qu'elle s'éloigne de cet

aftre près de quatre fois autant que Saturne. L'inclinaison de l'orbite à l'écliptique est de 17° 40'',
dans une ligne allant du 23e degré 45 minutes du
Taureau, au 23e degré 45' minutes du Scorpion.

Il y a encore trois cometes dont on espere avec
fondement le retour; ce sont celle de 1661, qu'on
attendoit pour 1790; celle de 1556, pour 1848;
enfin celle de 1680 & 1681, qu'on pense, quoique avec moins d'assurance, devoir reparoître vers
2256. Cette dernière a paru, par les circonstances
qui ont accompagné son apparition, être la même
que celle qu'on vit, suivant les historiens, 44 ans
avant l'ère Chrétienne, celle de l'an 531 & celle
de 1106; car il y a entre ces époques un intervalle de 575 ans. Cette comete auroit une orbite
excessivement allongée, & s'éloigneroit du soleil
environ 135 fois autant que la terre.

Cette comete a de plus cela de remarquable,
que, dans la partie inférieure de son orbite, elle
passa extrêmement près du soleil, c'est-à-dire, à
une distance de sa surface qui étoit à peine une 6e
du demi-diametre solaire; d'où Newton conclut
que, dans le temps de ce passage, elle fut exposée à une chaleur deux mille fois plus grande que
celle d'un fer rougi à blanc. Il faut donc que ce
corps soit extrêmement compacte, pour pouvoir
résister à une chaleur si prodigieuse, qu'elle vo-
latiliseroit probablement tous les corps terrestres
que nous connoissons.

Il y a aujourd'hui 63 cometes dont on a calculé
les orbites, ensorte qu'on connoît leur position,
& la moindre distance où la comete doit passer du
soleil: ainsi, quand il paroîtra quelque nouvelle
comete qui décrira le même chemin, ou à peu
de chose près, on pourra assurer que c'est la même
qui a paru dans des temps antérieurs: on connoîtra alors la durée de sa révolution & la grandeur
de son axe; ce qui déterminera l'orbite en entier:
on sera enfin en état de calculer ses retours & les
autres circonstances de son mouvement, comme
ceux des autres planètes anciennement connues.

Les cometes ont cela de particulier, qu'elles
sont communément accompagnées d'une chevelure ou d'une queue plus ou moins allongée. Ces
queues ou chevelures sont transparentes, & plus
ou moins longues; on en a vu qui avoient 45,
50, 60 & même 100 degrés de longueur; telles
furent celles des cometes de 1618 & de 1680.
Quelquefois néanmoins cette queue se réduit à
une espèce de nuage lumineux & très-peu étendu,
qui environne la comete en forme de couronne:
telle étoit celle qui accompagnoit la comete de
1585. Il arrive aussi quelquefois que cette queue
a besoin, pour être apperçue, d'un ciel plus serein
& plus dégagé de vapeurs que celui de ces régions. La fameuse comete, revenue sur la fin de
1758, paroissoit à Paris avoir à peine une queue
de 4 degrés de longueur: à Montpellier, des obser-

vateurs la virent de 25 degrés de longueur, & elle
parut encore plus longue à des observateurs de
l'isle de Bourbon.

Quant à la cause productrice des queues des
cometes, il n'y a que deux sentimens à cet
égard qui aient de la probabilité. Newton a pensé
que c'étoit une traînée de vapeurs élevées par la
chaleur du soleil, lorsque la comete descend dans
les régions inférieures de notre système. Aussi
remarque-t-on que les cometes n'ont jamais de
plus longue queue, que lorsqu'elles ont passé leur
périhélie; & cette queue semble être d'autant plus
longue, qu'elles en ont passé plus près. Il ne laisse
pas d'y avoir de fortes difficultés contre cette
opinion. Celle de M. de Mairan est que ces queues
sont une traînée de la lumière zodiacale, dont les
cometes se chargent en passant entre la terre &
le soleil. Aussi remarque-t-on que les cometes
qui n'atteignent pas jusqu'à l'orbe de la terre,
n'ont pas de queue sensible, & ont tout au plus
une couronne: telles furent la comete de 1585,
qui passa à une distance du soleil d'un dixième
plus grande que celle de la terre; celle de 1718,
qui en passa à une distance à-peu-près égale; celle
de 1729, qui en passa à une distance environ
quadruple; & celle de 1747, qui en passa à une
distance plus que double. Il est vrai que la comete de 1664, qui passa plus loin du soleil que
la terre, eut une queue, mais elle fut médiocre;
& comme sa distance périhélie excédoit très-peu
celle de la terre au soleil, & que l'atmosphère
solaire s'étend quelquefois au-delà de l'orbe terrestre, il n'en résulte pas une objection de grand
poids contre le sentiment de M. de Mairan.

Remarquons enfin qu'il n'en est pas des cometes
comme des planètes. Toutes celles-ci font leurs
révolutions dans des orbites peu inclinées à l'é-
cliptique, & marchent du même sens: les cometes, au contraire, ont des orbites dont les inclinaisons à l'écliptique vont jusqu'à l'angle droit.
D'ailleurs les unes marchent selon l'ordre des
signes, & sont appellées *directes*; les autres marchent dans le sens contraire, & on les nomme
rétrogrades. Ces mouvemens se compliquent enfin
avec celui de la terre; ce qui leur donne une
apparence d'irrégularité, qui doit excuser les
anciens d'avoir été dans l'erreur sur la nature de
ces astres.

On a vu plus haut qu'il y a des cometes qui
passent assez près de la terre. Il en pourroit arriver quelque jour une catastrophe funeste pour
notre globe, si la Divinité ne sembloit y avoir
mis ordre par des circonstances particulières. En
effet, une comete comme celle de 1744, qui passa
à une distance du soleil, plus grande seulement
que le rayon de l'orbite terrestre d'environ un
50e, si elle éprouvoit quelque dérangement dans
sa course, pourroit ou choquer la terre, ou la

lune, peut-être nous enlever cette dernière. Dans la multitude même des cometes qui descendent dans les régions inférieures de notre système, il pourroit se faire que quelqu'une, en se plongeant vers le soleil, passât à si peu de distance de l'orbite terrestre, qu'elle nous menaçât d'un pareil malheur. Mais l'inclinaison très-variée des orbites des cometes sur l'écliptique, semble avoir été dirigée par la Divinité pour prévenir cet effet. Ce seroit, au surplus, un calcul curieux à faire, que de déterminer les moindres distances où quelques-unes de ces cometes peuvent passer de la terre; on connoîtroit par-là celles dont on a quelque chose à redouter : si pourtant il pouvoit être utile de connoître le moment ou le danger d'une pareille catastrophe ; car à quoi bon être prévenu d'un malheur que rien ne peut ni retarder ni prévenir ?

Un auteur Anglois, doué de plus d'imagination & de connoissances que de justesse, le célèbre Whiston, a pensé que le déluge n'a été occasionné que par la rencontre de la terre avec la queue d'une comete, qui retomba sur elle en vapeurs & en pluies : il a aussi avancé la conjecture que l'incendie universel, qui doit, selon les Livres saints, précéder le jugement dernier, sera causé par une comete comme celle de 1681, qui, revenant du soleil avec une chaleur deux ou trois mille fois plus grande que celle d'un fer rouge, s'approchera suffisamment de la terre pour l'embraser jusques dans ses entrailles. Tout cela est plus hardi que judicieux. Et quant au déluge universel causé par la queue d'une comete, on peut, au contraire, dissiper toute crainte à cet égard. Quand on fera attention à la ténuité extrême de l'éther dans lequel nagent les cometes, on concevra aisément que toute la queue d'une comete condensée, ne sçauroit produire une quantité d'eau suffisante pour l'effet que Whiston lui attribue.

M. Cassini avoit cru appercevoir que les cometes faisoient leurs cours dans une espèce de zodiaque, qu'il avoit même désigné par ces vers :

Antinous Pegasusque, Andromeda, Taurus, Orion,
Procyon atque Hydrus, Centaurus, Scorpius, Arcus.

Mais les observations de beaucoup de cometes ont fait voir que ce prétendu zodiaque comètique n'a aucune réalité.

§. X. *Des Etoiles fixes.*

Il ne nous reste plus à parler que des étoiles fixes. Nous allons rassembler ici tout ce que l'astronomie moderne renferme de plus curieux sur cet objet.

On distingue aisément les étoiles fixes des planètes. Les premières ont, du moins dans ces contrées, & quand elles sont d'une certaine grosseur,

un éclat accompagné d'un tremblement qu'on appelle *scintillation.* Mais ce qui les distingue surtout, c'est qu'elles ne changent point de place les unes à l'égard des autres, du moins sensiblement: aussi sont-elles des espèces de points fixes dans le ciel, auxquelles les astronomes ont toujours rapporté les positions des étoiles mobiles, comme la lune, les planètes & les cometes.

Nous avons dit que les étoiles fixes sont, dans ces contrées, sujettes à une scintillation. Ce mouvement paroît dépendre de l'atmosphère ; car on assure que dans certaines parties de l'Asie, où l'air est d'une pureté & d'une sécheresse extrêmes, comme à Bender-Abassi, les étoiles ont une lumière absolument fixe, & que la scintillation ne se fait appercevoir que lorsque l'air est chargé d'humidité, comme pendant l'hiver. Cette observation de M. Garcin, consignée dans l'*Histoire de l'Académie,* année 1743, mériteroit d'être entièrement constatée.

La distance qu'il y a de la terre aux étoiles fixes, est immense : elle est telle, que les 66 millions de lieues qu'a la diametre de l'orbite terrestre, ne sont, pour ainsi dire, qu'un point en comparaison de cette distance ; car, dans quelque partie de son orbite que soit la terre, les observations d'une même étoile ne présentent aucune différence d'aspect, aucune parallaxe sensible. Des astronomes prétendent néanmoins avoir découvert dans quelques fixes une parallaxe annuelle de quelques secondes. M. Cassini dit, dans un mémoire sur la parallaxe des fixes, avoir reconnu dans *Arcturus* une parallaxe annuelle de sept secondes, & dans l'étoile appellée *Capella* une de huit. Cela donneroit la distance du soleil à la première de ces étoiles, égale à environ 20250 fois le rayon de l'orbite terrestre, qui, étant de 33400000 lieues, donneroit pour cette distance 676100000000 lieues. Entre Saturne, la planete la plus éloignée de notre système, restera encore un espace égal à environ 2000 fois sa distance au soleil.

130 millions k.l.
2,624 milliards k.l.

Placées à des distances aussi énormes de nous, que peuvent être les étoiles, sinon d'immenses corps brillans de leur propre lumière, des soleils enfin semblables à celui qui nous échauffe, & autour duquel nous faisons nos révolutions? Il est aussi très-probable que ces soleils amoncelés, pour ainsi dire, les uns sur les autres, ont une même destination que le nôtre, & qu'ils sont les centres d'autant de systêmes planétaires qu'ils vivifient & qu'ils éclairent. Il seroit, au surplus, ridicule de former des conjectures sur la nature des êtres qui peuplent ces mondes éloignés ; mais, quels qu'ils soient, qui pourra se persuader que notre terre ou notre systême seul, soit peuplé d'êtres capables de jouir d'un si bel ouvrage? Qui croira qu'un tout immense & presque sans bornes ait été

été formé pour un point imperceptible, un infiniment petit?

Les lunettes d'approche les plus parfaites n'augmentent en aucune manière le diametre apparent des étoiles fixes ; au contraire, en augmentant seulement leur éclat ; elles semblent tellement diminuer leur grosseur, qu'elles ne présentent qu'un point lumineux ; mais elles font appercevoir dans le ciel une foule d'étoiles que les yeux ne peuvent voir sans leur secours. Galilée, avec sa lunette, assez foible relativement à celles que nous employons, en compta dans les Pléiades, 36 invisibles à l'œil nu ; dans l'épée & le baudrier d'Orion, 80 ; dans la nébuleuse de la tête d'Orion, 21 ; dans celle du Cancer, 36. Le P. de Rhéita dit en avoir compté 2000 dans Orion, & 188 dans les Pléiades (1). Dans la partie seule de l'hémisphère austral, comprise entre le pôle & le tropique, M. l'abbé de la Caille en a observé plus de 6000 de la septième grandeur, c'est-à-dire perceptibles avec une bonne lunette d'un pied : une lunette plus longue en fait appercevoir d'autres apparemment plus éloignées, & ainsi de suite, sans qu'il y ait peut-être de bornes à cette progression. Quelle immensité dans les œuvres du Créateur ! & quelle raison de s'écrier, *Cœli enarrant gloriam Dei !*

Les étoiles fixes paroissent avoir un mouvement commun & général, par lequel elles tournent autour du pôle de l'écliptique : elles paroissent parcourir un degré en 72 ans. C'est par un effet de ce mouvement que toutes les constellations du zodiaque ont aujourd'hui changé de place. Le Bélier occupe la place du Taureau, celui-ci celle des Gémeaux, & ainsi de suite ; ensorte que les constellations ou les signes apparens sont avancés d'environ 30 degrés au-delà de la division du zodiaque, à laquelle ils ont donné le nom. Mais ce mouvement n'est qu'une apparence, & nullement une réalité ; il vient de ce que les points équinoxiaux rétrogradent chaque année d'environ 51 secondes sur l'écliptique. L'explication de ce mouvement est au reste de nature à ne pouvoir ni ne devoir trouver place ici.

On a toujours été dans la persuasion que les étoiles fixes n'ont aucun mouvement réel, ou du moins n'en ont pas d'autre que celui par lequel elles changent de longitude. Mais les observations délicates de quelques astronomes modernes, ont fait découvrir dans plusieurs d'elles de petits mouvemens particuliers ; par lesquels elles se déplacent lentement. *Arcturus*, par exemple, a un mouvement par lequel il se rapproche de l'écliptique d'environ quatre minutes par siècle. La distance de cette étoile à une autre assez petite qui est dans son

voisinage, a changé sensiblement depuis un siècle. *Sirius* paroît aussi avoir en latitude un mouvement de plus de deux minutes par siècle, & il s'éloigne de l'écliptique. On observe de pareils mouvemens dans *Aldebaram* ou l'œil du Taureau, dans *Rigel*, dans l'épaule orientale d'Orion, dans la Chèvre, l'Aigle, &c. Quelques autres paroissent avoir un mouvement particulier, dans un sens parallèle à l'équateur ; telle est la luisante de l'Aigle ; car elle s'est rapprochée, dans 48 ans, de 73″ d'une étoile voisine, & éloignée de 48″ d'une autre. Peut-être toutes les étoiles sont-elles sujettes à de semblables mouvemens, ensorte que, dans la suite des siècles, le spectacle du ciel sera tout autre qu'il n'est, au moment actuel. Tant il est vrai qu'il n'est rien de permanent dans cet univers ! Quant à la cause de ce mouvement, quelque étonnant qu'il paroisse au premier coup-d'œil, il le paroîtra moins, si l'on se rappelle que Newton a démontré qu'un système planétaire entier peut avoir un mouvement progressif & uniforme dans l'espace, sans que les mouvemens particuliers en soient troublés. Il n'est donc point surprenant que des soleils, tels que sont les étoiles fixes, aient un mouvement propre. Que dis-je ? L'état de repos étant unique, & celui du mouvement, dans une direction quelconque, étant infiniment varié, on devroit s'étonner davantage de les voir absolument en repos, que d'y découvrir quelque mouvement.

Mais ce ne sont pas-là les seuls phénomènes que nous présentent les étoiles fixes ; il y en a qui ont tout-à-coup paru, & ensuite disparu. L'année 1572 est fameuse par un phénomène de cette espèce. On vit tout-à-coup paroître, au mois de novembre de cette année, une étoile extrêmement brillante, dans la constellation de Cassiopée : elle égala d'abord en éclat la planète de Vénus quand elle est dans son périgée, & ensuite Jupiter lorsqu'il est le plus brillant ; trois mois après son apparition, elle n'étoit plus que comme les fixes de la première grandeur ; son éclat diminua enfin par degré jusqu'au mois de mars 1574, qu'elle disparut entièrement.

Il y a d'autres étoiles qui paroissent & disparoissent après des périodes réglées : telle est celle du cou de la Baleine. Lorsqu'elle est dans sa plus grande clarté, elle égale à-peu-près les étoiles de la seconde grandeur : elle conserve cet éclat une quinzaine de jours ; après lesquels elle diminue, & disparoît entièrement : elle reparoît enfin, & revient à sa plus grande clarté, après une période d'environ 330 jours.

La constellation du Cygne présente elle seule deux phénomènes de la même espèce ; car il y a dans la poitrine du Cygne une étoile qui a une période de quinze ans, pendant dix desquelles elle est invisible : elle paroît ensuite pendant cinq ans,

___

(1) Il y a apparence que le P. Rhéita a beaucoup exagéré.

Amusemens des Sciences.

en variant de groſſeur & d'éclat. On en voit une autre dans le cou, près du bec : celle-ci a une période d'environ treize mois. Enfin l'on vit dans la même conſtellation, en 1670 & 1671, une étoile qui diſparut en 1672, & qu'on n'a pas revue depuis.

L'Hydre poſſede auſſi une étoile de cette eſpèce. Elle a cela de remarquable, qu'elle ne paroît guère que quatre mois, après leſquels elle en reſte vingt ſans paroître, enſorte que ſa période eſt d'environ deux ans. Elle ne paſſe pas les étoiles de la quatrième grandeur quand elle eſt dans ſon premier éclat.

Quelques étoiles enfin paroiſſent s'être éteintes depuis Ptolémée, car il en compte dans ſon catalogue, qu'on ne voit plus aujourd'hui : quelques autres ont changé de grandeur, & cette diminution de grandeur apparente eſt prouvée à l'égard de pluſieurs étoiles. On peut ranger dans cette claſſe l'étoile B de l'Aigle, qui, au commencement du ſiècle dernier, étoit la ſeconde en éclat, & qu'on e actuellement à peine de la troiſième grandeur. Telle eſt encore une étoile de la jambe gauche du ſerpentaire.

Il nous reſte à parler des étoiles appelées *nébuleuſes*. On leur donne ce nom, parce que, conſidérées à la vue ſimple, elles ne ſe préſentent que comme un petit nuage lumineux. Il y en a de trois eſpèces. Les unes ſont formées de l'amas de grand nombres d'étoiles très-voiſines, & comme entaſſées les unes ſur les autres ; mais la lunette les fait voir diſtinctes & ſans nébuloſité. De ce nombre eſt la fameuſe nébuleuſe du cancer, ou le *præſepe cancri* : c'eſt un amas de 25 à 30 étoiles, qu'on compte avec la lunette. On en voit de ſemblables en pluſieurs endroits du ciel.

D'autres nébuleuſes ſont formées d'une ou pluſieurs étoiles diſtinctes, mais accompagnées ou environnées d'une tache blanchâtre, au travers de laquelle elles ſemblent reluire. Il y en a deux de cette eſpèce dans Andromède, dans ſa ceinture, & l'autre plus petite à un degré environ au midi de la première. Telles ſont encore celle de la tête du ſagittaire, celle qui eſt entre Syrius & Procion, celle de la queue du cygne, les trois de Caſſiopée. Il eſt probable que notre ſoleil paroît ſous cette forme, vu des environs des étoiles fixes, qui ſont ſituées vers la prolongation de ſon axe ; car il a autour de lui une atmoſphère lenticulaire & lumineuſe qui s'étend juſques près de la terre. M. l'abbé de la Caille a compté dans l'hémiſphère auſtral, quatorze étoiles ainſi environnées de nébuloſités ; mais la plus remarquable apparence de ce genre, eſt celle de la nébuleuſe de l'épée d'Orion ; car quand on la regarde avec le téleſcope, on voit qu'elle eſt formée d'une tache blanchâtre & à-peu-près triangulaire, dans laquelle brillent ſept étoiles, dont une eſt elle-même

environnée d'un petit nuage plus clair que le reſte de la tache. On eſt tenté de croire que cette tache a éprouvé quelque altération depuis Huygens qui la découvrit.

La troiſième eſpèce de nébuleuſes n'eſt formée que par une tache blanche, ſans que la lunette même y faſſe voir aucune étoile. On en voit quatorze de cette nature dans l'hémiſphère auſtral, parmi leſquelles les *fameux nuages de Magellan*, voiſins du pôle antarctique, tiennent le premier rang. Cè ſont comme de petites portions détachées de la voie lactée. On ſe tromperoit, au reſte, ſi l'on attribuoit l'éclat de cette partie du ciel à une multitude de petites étoiles plus entaſſées que par-tout ailleurs ; car on n'y en voit pas un nombre ſuffiſant pour produire cet effet, & il y a des portions de la voie lactée, non moins brillantes que les autres, où il n'y a aucune étoile.

Qu'eſt-ce donc que la voie lactée, dira quelqu'un ? Je lui répondrai que je n'en ſais rien ; mais je crois pouvoir conjecturer avec quelque vraiſemblance, que c'eſt une matière ſemblable à celle de l'atmoſphère ſolaire, & qui eſt répandue dans ces eſpaces céleſtes. En effet, ſi notre ſyſtême entier étoit rempli d'une ſemblable matière, il préſenteroit aux étoiles fixes voiſines la même apparence que la voie lactée. Au reſte, pourquoi tous ces ſyſtêmes diſſéminés dans cette partie du ciel, ſont-ils remplis de cette matière lumineuſe ? C'eſt ce que certainement perſonne ne ſaura jamais.

Remarquons que la fameuſe étoile nouvelle de Caſſiopée prit naiſſance dans la voie lactée. Ce fut peut-être une quantité prodigieuſe de cette matière lumineuſe, qui tout-à-coup ſe précipita ſur un centre. Mais je ne trouve pas la même facilité à expliquer pourquoi & comment l'étoile diſparut. Cette origine de la nouvelle étoile recevroit quelque probabilité, s'il eſt vrai qu'il y ait dans cet endroit de la voie lactée un vuide ſemblable aux autres endroits du ciel.

§. X. Récapitulation de ce qu'on vient de dire ſur le ſyſtême de l'Univers.

Nous croyons devoir terminer ce chapitre par une comparaiſon ſenſible, & propre à faire connoître, par des meſures connues & familières, la petite place qu'occupe notre ſyſtême planétaire dans l'immenſité de l'univers, & à plus forte raiſon la petite figure, qu'on me permette cette expreſſion, qu'y fait notre terre. Qu'elle eſt propre à humilier ces êtres orgueilleux qui, n'occupant eux-mêmes qu'un infiniment petit de cet atôme, penſent que l'univers a été fait pour eux !

Pour ſe faire une idée de notre ſyſtême comparé à l'univers, qu'on ſe repréſente au milieu du jardin des tuileries, le ſoleil comme un globe de

9 pouces 3 lignes de diametre ; la planete de Mercure sera représentée par un globule d'environ ⅓ de
ligne de diametre ; placé à 28 pieds ⅓ de distance ;
Vénus le sera par un globe d'un peu moins d'une
ligne ; circulant à la distance de 54 pieds, du
même centre ; placez à la distance de 75 pieds
un globule d'une ligne de diametre, voilà la
terre, ce théatre de tant de passions & d'agita-
tions, dont le plus grand potentat possede à peine
un point sur la surface, & dont un espace, souvent imperceptible, excite entre les animalcules
qui la couvrent, tant de débats & tant d'effusion
de sang. Mars, un peu moindre que la terre,
sera représenté par un globule d'un peu moins
d'une ligne, placé à la distance de 114 pieds ;
Jupiter sera figuré par un globe de 10 lignes de
diametre, éloigné du globe central de 390 pieds ;
enfin le globe représentant Saturne, devra avoir
environ 7 lignes de diametre, & être placé à environ 715 pieds.

Mais de-là aux étoiles fixes les plus voisines, la
distance est immense. On se figurera peut-être
que, dans notre supposition, il faudroit placer la
premiere étoile à 2 ou trois lieues. C'est l'idée
que je m'en étois formée d'abord, & avant que
d'avoir employé le calcul ; mais j'étois dans une
erreur grossiere. Il faudroit placer cette premiere
étoile, je veux dire la plus voisine, à la distance
où Lyon est de Paris, c'est-à-dire à cent & quelques lieues. Telle est à-peu-près l'idée qu'on doit
avoir de l'éloignement où la premiere des étoiles
fixes est du soleil ; encore même est-il probable
qu'il est beaucoup plus considérable, car nous
avons supposé dans ce calcul, que la parallaxe
de l'orbite terrestre étoit la même que la parallaxe
horizontale du soleil, c'est-à-dire de 8″ ½. Mais il
est vraisemblable que cette parallaxe est beaucoup
moindre, car il est difficile de croire qu'elle eût
échappé aux astronomes, si elle eût été de cette
grandeur.

Ainsi donc notre systême solaire, c'est-à-dire
celui de nos sept planetes principales & secondaires circulantes autour du soleil, est à-peu-près
à la distance des étoiles fixes les plus voisines, ce
que seroit un cercle de 120 toises de rayon à un
de 200 lieues qui lui seroit concentrique, & dans
ce premier cercle notre terre tient la place d'une
ligne de diametre.

Veut-on une autre comparaison propre à faire
sentir la distance immense qu'il y a entre le soleil,
ce centre de notre systême, & le plus proche de
ses voisins. On sait que la lumiere se meut avec
une rapidité telle, qu'elle parcourt la distance du
soleil à la terre dans environ un demi-quart
d'heure, dans une seconde & demie, elle iroit à
la lune & en reviendroit, ou bien elle feroit
dans une seconde quinze fois le tour de la terre.
Quel temps imaginerons-nous donc que la lumiere

emploieroit à venir à nous de l'étoile fixe la plus
prochaine ? vingt-quatre heures ? une semaine ?
Non ; ce sont 108 jours qu'elle mettra à faire ce
trajet ; ou si la parallaxe annuelle n'est que de
deux ou trois secondes, ce qui paroît assez probable, ce temps seroit d'un an & plus.

Quel immense désert entre ce point habité &
ses plus voisins ! N'est-il pas probable qu'il y ait,
dans cet intervalle prodigieux, des planetes qui
seront à jamais inconnues à l'espece humaine ?

L'astronomie moderne a cependant découvert
que cet espace n'est pas entierement désert : on
connoît aujourd'hui soixante & quelques cometes
qui s'y plongent à des distances plus ou moins
grandes ; mais elles n'y pénetrent pas bien profondément. Celle de 1531, 1607, 1682, 1759, qui
est la seule dont la révolution & l'orbite soient
connues, ne s'y enfonce que d'environ trente-sept
fois & demi le rayon de l'orbite terrestre, ou
quatre fois la distance de Saturne au soleil. Si
celle de 1681 a une révolution de 575 ans, comme
on le présume, elle s'éloigneroit d'environ cent
trente fois la distance de la terre au soleil, ou
environ quatorze fois celle de Saturne à cet astre,
ce qui n'est encore qu'un point à l'égard de la distance des fixes les plus prochaines. Mais peut-être
y a-t-il des cometes qui ne font leur révolution
que dans dix mille ans, & qui s'approchent à
peine du soleil autant que Saturne : celles-ci alors
s'enfonceroient dans l'espace immense qui nous
sépare des premieres fixes, jusqu'à un cinquan-
tieme de sa profondeur.

Si l'on veut voir une multitude de conjectures
curieuses sur le systême de l'Univers, sur l'habitation des planetes, sur le nombre des cometes,
&c. on doit lire le livre de M. Lambert, académicien de Berlin, qui est intitulé, *Systême de
Monde* ; Bouillon, 1770, in-8°. Tout le monde
connoît la *Pluralité des Mondes* de M. de Fontenelle ; le *Cosmothéoros* du célebre Huygens ; le
Somnium de Képler ; enfin l'*Iter exstaticum* du P.
Kircher. Le premier de ces ouvrages (*la Pluralité des Mondes*) est ingénieux & charmant, mais
un peu précieux. Le second est savant & profond ; il plaira aux astronomes seuls, ainsi que
le songe de Képler. Quant au dernier, & n'en dé-
plaise aux mânes du P. Kircher, on ne peut le
regarder que comme un ouvrage tout-à-fait pé-
dantesque & ridicule.

*Du calendrier, & des diverses questions qui y sont
relatives.*

Toutes les nations policées tiennent compte
du temps, soit écoulé, soit à venir, par des
périodes qui dépendent du mouvement des astres ;
& c'est même une des choses qui distinguent
l'homme civilisé, de l'homme purement animal &
sauvage : car, tandis que le premier est en état de

compter à chaque inftant la durée de fon exiftence écoulée, de prévoir à point nommé le renouvellement de certains événemens, de certains
travaux ou devoirs; ce dernier, plus heureux
peut-être en cela, puifqu'il jouit du préfent fans
fe rappeler prefque le paffé, & fans anticiper fur
l'avenir; ce dernier, dis-je, ne fauroit dire fon
âge, ni prévoir l'époque du renouvellement de
fes occupations les plus familières : les événemens
les plus frappans dont il a été témoin, ou auxquels il a eu part, n'exiftent dans fon efprit que
comme paffés, tandis que l'homme civilifé les lie
à des époques & des dates précifes qui les rangent
dans leur ordre. Sans cette invention, tout ce que
les hommes ont fait jufqu'à ce moment feroit
comme perdu pour nous; l'hiftoire n'exifteroit pas;
les hommes enfin, dont la vie en fociété exige
les concours de fes différens individus dans certaines circonftances; ne fauroient y mettre ce
concert néceffaire; il ne fauroit enfin exifter de
fociété vraiment civilifée, fans une convention
de compter le temps d'une manière réglée : c'eft
là ce qui a donné lieu à la naiffance du calendrier,
& des calendriers des diverfes nations.

Mais avant d'aller plus loin, il eft à propos de
préfenter quelques définitions & quelques faits
hiftoriques, néceffaires pour l'intelligence des
queftions qu'on propofera dans la fuite.

Il y a deux efpèces d'années ufitées par les nations différentes de l'univers : l'une eft réglée par
le cours du foleil, l'autre par celui de la lune.
La première s'appelle *folaire*, & la feconde *lunaire*.
L'année folaire eft mefurée par une révolution du
foleil le long de l'écliptique, depuis un point
équinoxial, celui du printemps par exemple,
jufqu'au même point; & il eft, comme on l'a dit
plus haut, de 365 jours 5 heures 49 minutes.

L'année lunaire eft compofée de douze lunaifons, & fa durée eft de 354 jours 8 heures 44 minutes 3 fecondes. De-là il fuit que l'année lunaire
eft plus courte d'environ 11 jours que l'année folaire, & conféquemment que, fi une année lunaire & une année folaire commencent le même
jour, après trois années écoulées, le commencement de l'année lunaire devancera celui de l'année folaire, de 33 jours. Ainfi le commencement
de l'année lunaire parcourt fucceffivement tous les
mois de l'année folaire en rétrogradant. Les Arabes, & en général les Mufulmans, ne comptent
que par années lunaires; les Hébreux & les Juifs
n'en eurent jamais d'autres.

Mais les nations plus policées & plus éclairées
ont toujours tâché de combiner enfemble les deux
efpèces d'années. C'eft ce que firent les Athéniens
par le moyen du fameux cycle d'or, invention du
mathématicien Méton, dont Ariftophane fit l'objet de fes railleries : c'eft ce que font aujourd'hui
les Européens, ou en général les Chrétiens, qui

ont pris des Romains l'année folaire pour l'ufage
civil, & l'année lunaire des Hébreux pour leur
année eccléfiaftique.

Avant Jules-Céfar, le calendrier romain étoit
dans un défordre inexprimable. Il eft fuperflu d'entrer ici dans des détails fur ce fujet : il fuffit de
favoir que Jules-Céfar voulant y remettre l'ordre,
fuppofa, d'après fon aftronome Sofigènes, que la
durée de l'année étoit précifément de 365 jours
6 heures. En conféquence il ordonna que dorénavant on feroit trois années de fuite de 365
jours, & la quatrième de 366. C'eft cette dernière année qu'on a depuis appelée *biffextile*,
parce que le jour ajouté chaque quatrième année
fuivoit le fixième des calendes, & que pour ne
rien déranger dans la dénomination des jours fuivans, on le nommoit *bis fexto calendas*. Chez
nous, on le met à la fin de février, qui a alors
29 jours; au lieu de 28 qu'il a les années communes. On nomma cette forme d'année, l'*année
Julienne*, & le calendrier qui l'emploie, le *calendrier Julien*.

Mais Jules-Céfar fe trompoit, en regardant
l'année folaire comme étant de 365 jours 6 heures
précifes; elle n'eft que de 365 jours 5 heures
49 minutes; d'où il fuit que l'équinoxe rétrograde continuellement, dans l'année Julienne,
de 11 minutes par année; ce qui donne précifément 3 jours dans 400 ans. De-là eft venu
que, le concile de Nicée ayant trouvé l'équinoxe du printemps au 21 Mars, cet équinoxe,
après environ 1200 ans écoulés, c'eft-à-dire
en 1500, arrivoit vers le 11. C'eft pourquoi
le pape Grégoire XIII, voulant réformer cette
erreur, fupprima en 1582 dix jours de fuite,
en comptant, après le 11 d'octobre, le 21 du
même mois; & par-là il ramena l'équinoxe du
printemps fuivant au 21 mars : enfin, pour faire
qu'il ne s'en écartât plus, il voulut que, dans le
fuite, on fupprimât trois biffextiles dans 400 ans.
C'eft par cette raifon que l'an 1700 n'a pas
été biffextile, quoiqu'elle eût dû l'être fuivant le
calendrier Julien : les années 1800, 1900 ne le
feront pas non plus, mais l'an 2000 le fera : les
années 2100, 2200, 2300 ne le feront pas, mais
feulement 2400 : & ainfi de fuite.

Tout cela eft fuffifant & plus que fuffifant pour
l'année folaire; mais la grande difficulté de notre
calendrier vient de l'année lunaire, qu'il a fallu
y lier. Car les Chrétiens, ayant pris leur origine
des Juifs, ont voulu lier leur fête principale
& la plus augufte, celle de Pâques, avec l'année
lunaire, parce que les Juifs célébroient leur pâque
à une certaine lunaifon, favoir le jour de la
pleine lune qui fuivoit l'équinoxe du printemps.
Mais le concile de Nicée établit à cet égard, pour
ne pas faire concourir la pâque des Chrétiens
avec la pâque des Juifs, que les premiers la célé-

breroient le dimanche après la pleine lune qui tomberoit ou le jour de l'équinoxe du printemps, ou qui viendroit immédiatement après. De-là est née la nécessité de se former des périodes de lunaisons propres à trouver toujours avec facilité le jour de la nouvelle ou pleine lune de chaque mois, pour déterminer la lune paschale.

Le concile de Nicée supposa l'exactitude parfaite du cycle de Méton, ou du nombre d'or, suivant lequel 235 lunaisons égalent précisément 19 années solaires. Ainsi, après 19 années, les nouvelles & pleines lunes eussent dû revenir les mêmes jours des mois. Il étoit aisé, d'après cela, d'assigner à chacune de ces années la place des lunaisons ; & c'est ce qu'on fit par le moyen des épactes, ainsi qu'on l'expliquera dans la suite.

Mais, dans la réalité, 235 lunaisons sont moindres que 19 années solaires Juliennes, d'une heure & demie environ ; d'où il arrive que, dans 304 ans, les nouvelles lunes rétrogradent d'un jour vers le commencement de l'année, & conséquemment de quatre dans 1216 ans : telle est la cause par laquelle, vers le milieu du seizième siècle, les nouvelles & pleines lunes avoient anticipé de quatre jours sur leurs places anciennes, ensorte que l'on célébroit fréquemment la pâque contre la disposition du concile de Nicée.

Grégoire XIII entreprit d'y remédier par une règle stable, & proposa le problême à tous les mathématiciens de l'Europe ; mais ce fut un médecin & mathématicien Italien, nommé *Aloisio Lilio*, qui en vint à bout le plus heureusement, par une nouvelle disposition d'épactes, que l'église a adoptée. Voilà en quoi consiste toute la réformation du calendrier. On nomme ce nouvel arrangement, le *calendrier Grégorien*. Il commença à avoir lieu en 1582 dans l'Italie, la France, l'Espagne, & autres pays catholiques. Les états d'Allemagne, même protestans, ne tardèrent pas de l'adopter, du moins en ce qui concerne l'année solaire ; mais ils le rejetèrent en ce qui concerne l'année lunaire, & préférèrent de faire calculer astronomiquement le jour de la pleine lune paschale ; ce qui fait que nous ne célébrons pas toujours la pâque en même temps que les protestans Allemands. Les Anglois ont été les plus opiniâtres à rejetter l'année Grégorienne, & à-peu-près par le même motif qui a fait long-temps exclure de leurs pharmacopées le quinquina, parce qu'on le devoit aux Jésuites : mais ils ont enfin senti qu'on devoit prendre le bon & l'utile de toutes mains, même ennemies, & ils se sont conformés à la manière de compter du reste de l'Europe. C'est en 1750 seulement que ce changement se fit. Avant cette époque, & depuis 1700, quand nous comptions le 21 d'un mois, ils comptoient seulement le 10. Dans la suite des siècles ils eussent eu l'équinoxe du printemps à Noël, & ensuite l'hiver à la S. Jean. Les Russes sont les

seuls peuples de l'Europe qui tiennent encore au calendrier Julien. Leurs papas ne haïssent pas moins les prêtres Romains, que les Anglois un Jésuite.

Après cette petite exposition historique, nous allons parcourir les principaux problêmes du calendrier.

PROBLÊME. I.

Connoître si une année est bissextile, ou de 366 jours, ou non.

Divisez le nombre qui marque le quantième de l'année par 4 ; s'il ne reste rien, l'année est bissextile ; s'il reste quelque chose, ce restant indiquera quelle année court après la bissextile. On propose, par exemple, l'année 1774. Divisez 1774 par 4, il restera 2 : on en conclura que l'année 1774 est la seconde après la bissextile.

Il y a néanmoins quelques limitations à cette règle.

1°. Si l'année est une des centenaires, & est postérieure à la correction du calendrier par Grégoire XIII, c'est-à-dire à 1582, elle ne sera bissextile qu'autant que le nombre des siècles qu'elle désigne sera divisible par 4 : ainsi 1600, 2000, 2400, 2800, ont été ou seront bissextiles ; mais les années 1700, 1800, 1900, 2100, 2200, 2300, 2500, 2600, 2700, ne doivent pas être bissextiles : on en a vu plus haut la raison.

2°. Si l'année est centenaire, & précède 1582, sans être néanmoins au-dessous de 474, elle a été bissextile.

3°. Entre 459 & 474, il n'y a point eu de bissextile.

4°. Il n'y en a point eu dans les six premières années de l'ère chrétienne.

5°. Comme la première bissextile après l'ère chrétienne fut la septième, & qu'elles se suivirent régulièrement, de quatre en quatre ans, jusqu'à 459, lorsque l'année donnée sera entre le 7e & la 459e, il faudra ôter 7 du nombre de l'année, & diviser le reste par 4 : si le restant est zéro, l'année sera bissextile ; sinon, le reste de la division montrera quelle année après la bissextile étoit l'année proposée. Soit, par exemple, l'année donnée la 148e : ôtez 7, resteront 141, qui, divisés par 4, laissent 1 pour reste : ainsi la 148e année après J. C. fut la première après la bissextile.

Du Nombre d'or, & du Cycle lunaire.

Le nombre d'or, ou le cycle lunaire, est une révolution de 19 années solaires, au bout desquelles le soleil & la lune reviennent, à peu de chofe près , dans la même pofition. En voici l'origine.

L'année folaire Julienne étant , comme nous l'avons dit plus haut, de 365 jours 6 heures , & la durée d'une lunaifon étant de 29 jours 12 heures 44 minutes, on a trouvé, en combinant ces durées , que 235 lunaifons faifoient, à peu de chofe près , 19 années folaires : la différence n'eft en effet que de 1 heure 31 minutes. Ainfi l'on voit qu'après 19 ans folaires, les nouvelles lunes doivent retomber aux mêmes jours des mois , & prefque à la même heure. Si , dans la première de ces années folaires , la nouvelle lune eft arrivée le 4 janvier, le 2 février, &c. au bout de 19 ans les nouvelles lunes arriveront pareillement les 4 janvier, 2 février , &c ; & cela arrivera éternellement, fi l'on fuppofe que les 235 lunaifons équivalent précifément à 19 révolutions folaires. Il fuffira donc d'avoir déterminé une fois , pendant 19 années folaires, les jours des mois où arriveront les nouvelles lunes ; & quand on faura quel rang tient dans cette période une année donnée , on faura auffitôt quels jours de chaque mois tombent les nouvelles lunes.

Ce cycle parut aux Athéniens fi ingénieufement imaginé, que , lorfque Méton l'aftronome le leur propofa , il fut reçu avec acclamation, & écrit en lettres d'or dans la place publique. Voilà d'où lui eft venu le nom de nombre d'or. On le dénomme moins pompeufement , cycle lunaire, ou cycle de Méton, du nom de fon inventeur.

PROBLÈME II.

Trouver le Nombre d'or d'une année propofée , ou le rang qu'elle occupe dans le cycle lunaire.

Ajoutez un à l'année propofée , & divifez la fomme par 19, fans avoir égard au quotient : s'il refte zéro , l'année propofée aura 19 de nombre d'or ; s'il refte un autre nombre , qui doit néceffairement être moindre que 19 , ce fera le nombre d'or cherché.

Soit propofée , par exemple , l'année 1780. Ajoutez 1 , & divifez la fomme 1781 par 19 ; le reftant après la divifion fera 14 ; ce qui indique que 14 eft le nombre d'or de l'année 1781 , ou que cette année eft la quatorzième dans le cycle lunaire de 19 ans.

Si l'année propofée étoit 1728, on trouveroit, par une femblable opération , que le reftant de la divifion par 19 feroit zéro ; ce qui fait voir que 19 étoit le nombre d'or de cette année.

On ajoute 1 au nombre propofé , parce que la première année de l'ère chrétienne avoit 2 de nombre d'or,

S'il étoit queftion d'une année avant J. C. , par exemple la 25e , il faudra ôter 2 de ce nombre , & divifer le refte , qui eft ici 23 , par 19 ; la divifion étant faite, il reftera 4 , qu'on ôtera de 19 : le reftant 15 fera le nombre d'or de la 25e année avant l'ère chrétienne.

Remarque.

Il eft aifé de voir que quand on a trouvé le nombre d'or d'une année , on peut , par la feule addition , avoir le nombre d'or de l'année fuivante, en ajoutant 1 au nombre d'or trouvé. On peut auffi , par la feule fouftraction , avoir le nombre d'or de l'année précédente , en ôtant 1 du même nombre d'or trouvé. Ainfi , ayant trouvé 14 pour le nombre d'or de l'année 1780 , en ajoutant 1 à ce nombre trouvé 14 , on a 15 pour le nombre d'or de l'année 1781 ; & en ôtant 1 du même nombre trouvé 14 , on a 13 pour le nombre d'or de l'année 1779.

De l'Epacte.

L'épacte n'eft autre chofe que le nombre de jours dont la lune eft vieille à la fin d'une année donnée. On en concevra aifément la formation, en faifant attention que l'année lunaire ou douze lunaifons font moindres qu'une année Julienne, de 11 jours environ : ainfi , fuppofant qu'une année lunaire & qu'une année folaire commencent enfemble au premier janvier , la lune fera vieille de 11 jours à la fin de cette année ; car il y aura eu douze lunaifons complettes, & 11 jours écoulés d'une treizième , conféquemment, à la fin de la feconde année , la lune fera vieille de 22 jours ; & à la fin de la troifième elle le feroit de 33 jours. Mais , comme ces 33 jours excèdent une lunaifon , on en intercale une de 30 jours , enforte que cette année a 13 lunaifons , & que la lune eft feulement vieille de 3 jours à la fin de cette troifième année.

Telle eft donc la marche des épactes. Celle de la première année du cycle lunaire , ou qui répond au nombre d'or 1 , eft XI ; on ajoute enfuite perpétuellement XI ; & quand la fomme excède XXX , on fouftrait XXX , & le reftant eft l'épacte , à l'exception de la dernière année du cycle , où le produit de l'addition étant feulement 29 , on retranche 29 pour avoir 0 d'épacte ; ce qui annonce que la nouvelle lune arrive à la fin de cette année , qui eft auffi le commencement de la fuivante. Ainfi l'ordre des épactes , eft , XI, XXII, III, XIV, XXV, VI, XVII, XXVIII, IX, XX, I, XII, XXIII, IV, XV, XXVI, VII, XVIII, XXIX.

Cet arrangement eût été parfait & éternel, fi 19 années folaires de 365 jours 6 heures euffent précifément égalé 235 lunaifons , comme le fupposoient les anciens astronômes ; mais malheureusement cela n'est pas. D'un côté l'année solaire n'est que de 365 jours 5 heures 49 minutes ; & d'ailleurs les 235 lunaisons sont moindres d'une heure & demie que les 19 années juliennes ; en sorte que, dans 304 ans, les nouvelles lunes réelles précédent d'un jour les nouvelles lunes calculées de cette maniere. De-là il arrivoit qu'au milieu du seizieme siecle, elles précédoient de quatre jours le calcul ; car il s'étoit écoulé quatre révolutions de 304 ans depuis le concile de Nicée, où l'usage du cycle lunaire avoit été adopté pour supputer la pâque : de-là la nécessité de corriger le calendrier, pour ne pas célébrer le plus souvent cette fête contre les dispositions de ce concile, qu'on verra plus bas. Cela a occasionné quelques changemens dans le calcul des épactes, qui forment deux cas : l'un est celui où l'on propose des années antérieures à la réformation du calendrier, ou à 1582 ; le second est celui où il est question d'années postérieures à cette époque. L'on va traiter ces deux cas dans le problème suivant.

PROBLÈME III.

Une année étant donnée, trouver son épacte.

I. Si l'année proposée est antérieure à 1582, quoique postérieure à l'ere chrétienne, ce qui forme le premier cas, cherchez, par le problème précédent, le nombre d'or de l'année proposée ; multipliez-le par 11, & du produit retranchez 30 autant de fois que cela se peut : le restant sera l'épacte cherchée.

Soit proposée, par exemple, l'année 1489. Son nombre d'or, par le problème précédent, est 8 : multipliez 8 par 11, & divisez le produit 88 par 30 ; le reste 28 sera l'épacte de 1489.

De même, si on regarde 1796 comme une année julienne, c'est-à-dire, si ceux qui n'ont pas reçu la réformation veulent savoir l'épacte de 1796, après avoir trouvé 11, nombre d'or de 1796, multipliez 11 par 11 ; le produit sera 121, qui, divisé par 30, laissera 1 pour reste : ce sera l'épacte de 1796, regardée comme année julienne.

II. Nous supposerons maintenant que l'année proposée est postérieure à la réformation, ou à 1582 ; ce qui est le second cas. Multipliez, dans ce cas, le nombre d'or par 11, & ôtez du produit le nombre de jours retranchés par la réformation de Grégoire XIII, savoir 10, si l'année est entre 1582 & 1700 ; 11 jours entre 1700 & 1800 ; 12 jours entre 1800 & 1900 ; 13 jours entre 1900 & 2100, &c : divisez le restant du produit ci-dessus, après cette soustraction, par 30, & ayez seulement attention au reste : ce sera l'épacte cherchée.

Qu'il soit proposé de trouver l'épacte de l'année

Grégorienne 1693, dont le nombre d'or étoit 3. Multipliez 3 par 11 ; du produit 33 ôtez 10 : le restant 23 ne pouvant être divisé par 30, fut l'épacte de 1593.

Si on demande l'épacte de l'année 1796, dont le nombre d'or est 11, multipliez 11 par 11 ; du produit 121 retranchez 11 : le restant 110 étant divisé par 30, il reste 20, qui sera l'épacte de cette année.

Remarques.

L'épacte peut se trouver sans la division, en cette sorte. Faites valoir 10 l'extrémité d'en haut du pouce de la main gauche, 20 la jointure du milieu, & 30, ou plutôt 0, la derniere ou la racine. Comptez le nombre d'or de l'année proposée, sur le même pouce, en commençant à compter 1 à l'extrémité, 2 à la jointure, 3 à la racine ; ensuite 4 à l'extrémité, 5 à la jointure, 6 à la racine ; de même 7 à l'extrémité, 8 à la jointure, 9 à la racine ; ainsi de suite, jusqu'à ce que vous soyez parvenu au nombre d'or trouvé, auquel vous n'ajouterez rien s'il tombe à la racine, parce que nous lui avons attribué 0 : mais vous y ajouterez 10 s'il tombe à l'extrémité, & 20 s'il tombe à la jointure, parce que nous les avons fait valoir autant. La somme sera l'épacte qu'on cherche, pourvu qu'on en ôte 30 quand elle sera plus grande.

Le nombre d'or de 1486 étoit 8. En comptant 8 sur le pouce, comme on vient de dire, & commençant à compter 1 sur l'extrémité du pouce, 2 sur la jointure, 3 sur la racine, puis 4 sur l'extrémité, &c. on trouvera que 8 tombe sur la jointure. Ajoutez 20, qui a été attribué à la jointure, au nombre d'or 8, vous aurez 28, qui est l'épacte cherchée de l'année 1489. De même si on veut savoir l'épacte vieille de 1726, dont le nombre d'or sera 17, commencez à compter 1 sur l'extrémité du pouce, 2 sur la jointure, &c. jusqu'à ce que vous ayez compté 17, qui tombera sur la jointure ; puis ajoutez 20, nombre attribué à la jointure, au nombre d'or 17 ; de la somme 37 ôtez 30, il restera 7 pour l'épacte vieille de 1726.

Par le même artifice, on pourra trouver l'épacte pour quelque année que ce soit du dernier siecle, pourvu que l'on fasse valoir 20 l'extrémité du pouce, 10 la jointure, 0 ou rien la racine, & que l'on commence à compter 1 sur la racine, 2 à la jointure, &c.

PROBLÈME IV.

Trouver la nouvelle lune d'un mois proposé dans une année donnée.

Cherchez d'abord l'épacte de l'année proposée, & si vous avez un calendrier romain, tel qu'il est à la tête du bréviaire ou d'un missel, cherchez dans le mois donné cette épacte : le jour qui lui répondra, sera celui de la nouvelle lune.

Qu'il soit question, par exemple, de trouver le jour de la nouvelle lune de mai de l'année 1726, dont l'épacte étoit XXVI. Je cherche ce nombre XXVI dans le mois de mai, & je trouve qu'il répond au 3 : ainsi la lune fut nouvelle le 3 mai 1726.

Mais si l'on n'a pas un calendrier romain, on s'y prendra ainsi.

Cherchez, par les deux problèmes précédens, l'épacte de l'année ; ajoutez à cette épacte le nombre des mois écoulés depuis le mois de mars, & retranchez la somme de 30 : ce sera le quantième du mois où arrive la nouvelle lune.

On demande, par exemple, le jour de la nouvelle lune en juillet 1769. Le nombre d'or de 1769 est 3 ; le produit de 3 par 11 est 33, dont, suivant la regle, il faut ôter 11 : le restant 22, étant moindre que 30, est l'épacte cherchée. Lorsqu'on compte juillet, le nombre des mois écoulés depuis mars est exclusivement 4 ; ainsi, ajoutant 4 à l'épacte, la somme est 26 ; ce qui étant ôté de 30, reste 4 : ainsi la lune a été nouvelle le 4 juillet 1769. Elle l'a été plus exactement le 3 à 3 h. 49′ de l'après-midi.

Remarque.

Il ne faut pas s'attendre à une exactitude parfaite dans des calculs de cette nature. L'arrangement irrégulier des mois de 31 jours, les nombres moyens qu'on est obligé de prendre pour la formation des périodes, dont ces calculs sont dérivés, les inégalités enfin des révolutions lunaires, font cause que l'erreur peut être à-peu-près de 48 heures.

On arrivera à un peu plus d'exactitude, en se servant de la table suivante, qui indique ce qu'il faut ajouter à l'épacte pour chaque mois commençant.

Janvier	2	Juillet	5
Février	3	Août	7
Mars	1	Septembre	7
Avril	2	Octobre	8
Mai	3	Novembre	10
Juin	4	Décembre	10

PROBLÈME V.

Trouver l'âge de la lune un jour proposé.

A l'épacte de l'année, ajoutez, conformément à la table ci-dessus, le nombre qui convient au mois dans lequel est le jour proposé ; ajoutez à

cette somme le nombre qui indique le quantième de ce jour : si la somme n'égale pas 30, ce sera l'âge de la lune au jour donné : si elle est 30, cela indiquera que la lune est nouvelle ce jour-là : si elle surpasse 30, retranchez-en ce nombre ; le restant sera l'âge de la lune.

On demande l'âge de la lune au 20 août 1769. L'épacte de 1769 est 22 : le nombre à ajouter pour le mois d'août, dans la table précédente, est 7 ; ce qui, ajouté à 22, forme 29 : à 29 ajoutez encore 20, quantième du jour proposé, la somme sera 49, dont 30 étant ôté, il reste 19 : ce sera l'âge de la lune au 20 août ; ce qui est en effet conforme à ce qui est indiqué par les éphémérides.

Du cycle solaire, & de la lettre dominicale.

On appelle cycle solaire, une révolution perpétuelle de 28 années, dont voici l'origine.

1. On a disposé dans le calendrier, les sept premières lettres de l'alphabet, ABCDEFG, ensorte que A réponde au 1er janvier ; B au 2, C au 3, D au 4, E au 5, F au 6, G au 7 ; A au 8, B au 9, & ainsi de suite par plusieurs révolutions de sept. Les sept jours de la semaine, qu'on nomme aussi féries, sont représentés par ces sept premières lettres.

2. Parce que dans une année de 365 jours il y a 52 semaines & un jour, & que ce jour de reste est le premier d'une 53e révolution, une année commune de 365 jours doit commencer & finir par un même jour de la semaine.

3. Dans cette disposition, une même lettre de l'alphabet répond toujours à une même férie de la semaine, pendant le cours d'une année commune de 365 jours.

4. Ces lettres, servant toutes alternativement à marquer le dimanche dans une suite de plusieurs années, sont pour cela appelées *lettres dominicales.*

5. Il suit de-là que, si une année commence par un dimanche, elle finira aussi par un dimanche : ainsi le 1er janvier de l'année suivante sera un lundi, qui répondra à la lettre A, & le septieme sera un dimanche, qui répondra à la lettre G. Cette lettre G sera la lettre dominicale de cette année-là. Par la même raison, l'année d'après aura F pour lettre dominicale ; celle qui suivra aura E ; & ainsi de suite, en circulant dans un ordre rétrograde de celui de l'alphabet. C'est de cette circulation des lettres qu'est venu le nom de *cycle solaire*, parce que le dimanche, chez les payens, étoit appelé *dies solis*, jour du soleil.

6. S'il n'y avoit point d'années bissextiles à ajouter, tous les différens changemens de lettres dominicales

dominicales se feroient dans l'espace de sept ans. Mais cet ordre est interrompu par les années bissextiles, dans lesquelles le 24 février répond à deux différentes féries de la semaine. Ainsi la lettre F, qui auroit marqué un samedi dans une année commune, marquera un samedi & un dimanche dans une année bissextile : ou, si elle eût marqué un dimanche dans une année commune, elle marqueroit un dimanche & un lundi dans une année bissextile, &c. D'où il suit que la lettre dominicale change dans cette année, & que celle qui marquoit un dimanche dans le commencement de l'année, marquera un lundi après l'addition du bissextile. On voit par-là la raison pourquoi on donne deux lettres dominicales à chaque année bissextile ; l'une qui sert depuis le 1er de janvier jusqu'au 24 février, & l'autre depuis le 24 février jusqu'à la fin de l'année ; de sorte que la deuxieme lettre dominicale seroit naturellement celle de l'année suivante, si on n'y avoit point ajouté de bissextile.

7. Enfin toutes les variétés possibles qui arrivent aux lettres dominicales, tant dans les années communes que dans les bissextiles, se font dans l'espace de 4 fois 7, ou 28 ans ; car, après cette bissextile, le même ordre des lettres dominicales revient & circule comme auparavant. C'est cette révolution de 28 ans qu'on appelle *cycle solaire*, ou *cycle de la lettre dominicale*.

Ce cycle a été inventé pour connoître facilement les dimanches d'une année proposée, en connoissant la lettre dominicale de cette année.

P R O B L È M E   V I.

Trouver la lettre dominicale d'une année proposée.

1°. Pour trouver la lettre dominicale d'une année proposée, suivant le calendrier nouveau, ajoutez au nombre de l'année proposée sa quatrieme partie, ou sa plus prochainement moindre, si ce nombre ne se peut exactement diviser par 4 ; ôtez 5 de la somme pour le siecle 1600, 6 pour le siecle suivant 1700, 7 pour le siecle 1800 ; & 8 pour les siecles 1900, 2000, parce que les années 1700, 1800, 1900, ne seront point bissextiles ; 9 pour le siecle 2100, 10 pour le siecle 2200, & 11 pour les siecles 2300 & 2400, parce que les trois années 2100, 2200, 2300, ne seront point bissextiles ; & ainsi de suite. Divisez le reste par 7 ; & , sans avoir égard au quotient, le reste de la division vous fera connoître la lettre dominicale qu'on cherche, en la comptant depuis la derniere G vers la premiere A ; de sorte que s'il ne reste rien, la lettre dominicale sera A ; s'il reste 1, la lettre dominicale sera G ; s'il reste 2, la lettre dominicale sera F ; & ainsi des autres.

Ainsi, pour trouver la lettre dominicale de *Amusemens des Sciences.*

l'année 1693, ajoutez à ce nombre 1693 sa quatrieme partie 423. Après avoir ôté de la somme 2116, divisez le reste 211 par 7 ; puis, sans avoir égard au quotient 30, le reste 4 fait connoître qu'en l'année 1693 on eut D pour lettre dominicale, puisqu'elle est la quatrieme, en commençant à compter depuis la derniere lettre G, par un ordre rétrograde.

Observez que pour avoir sûrement, par cette pratique, la lettre dominicale d'une année bissextile, il faut d'abord trouver la lettre dominicale de l'année qui la précede, puis prendre la lettre précédente, qui servira jusqu'au 24 février de l'année bissextile ; ensuite la lettre qui précede, pour la faire servir le reste de l'année.

Si je veux trouver la lettre dominicale de 1724, je cherche d'abord celle de 1723, en lui ajoutant sa quatrieme partie prochainement moindre 430 ; ôtant 6 de leur somme 2153, & divisant le reste 2141 par 7 ; sans avoir égard au quotient, le reste 5, après la division, me fait voir que la lettre dominicale de cette année 1723 est C, qui est la cinquieme des sept premieres lettres de l'alphabet, en les comptant par ordre rétrograde. Connoissant que C est la lettre dominicale de 1723, il sera aisé de connoître que B doit être la lettre dominicale suivante 1724. Mais comme 1724 est bissextile, B ne servira que jusqu'au 24 février, & on prendra A qui précede B, pour la faire servir depuis le 24 février jusqu'à la fin de l'année : d'où l'on voit que B & A sont les deux lettres dominicales de l'année bissextile 1724.

2°. Pour trouver le cycle solaire, ou plutôt le quantieme du cycle solaire d'une année proposée, ajoutez 9 à l'année proposée, & divisez la somme par 28 ; s'il ne reste rien, 28 étoit le nombre du cycle solaire de cette année ; s'il reste quelque chose, ce restant est le nombre du cycle solaire qu'on cherche.

Si on demande, par exemple, quel quantieme du cycle solaire étoit l'an 1693, ajoutez 9, la somme sera 1702, qui étant divisée par 28, le restant de la division sera 22 : l'année 1693 étoit donc la 22e du cycle solaire.

La raison de cette regle est, que la premiere année de J. C. étoit la 10e du cycle solaire ; ou autrement, qu'à la premiere année de J. C. il y avoit 9 années du cycle déja révolues.

Remarques.

I.

On peut, sans division, & au moyen de la table suivante, trouver le cycle solaire d'une année quelconque avec beaucoup de facilité.

Cette table, que l'on voit ci-deſſous, eſt ainſi conſtruite.

Ayant mis vis-à-vis des dix premieres années les mêmes nombres pour les cycles ſolaires des mêmes années, & 20 pour le cycle ſolaire de la 20ᵉ, au lieu de mettre 30 pour celui de la 30ᵉ année ; vous ne mettrez que 2, qui eſt l'excès de 30 ſur 28, ou ſur la période du cycle ſolaire. Pour la 40ᵉ année, vous ajouterez les nombres qui répondent à 30 & à 10, ſavoir 2 & 10, & ainſi des autres, en ôtant toujours 28 de la ſomme, quand elle eſt plus grande. Telle eſt la conſtruction de la table. Voici ſon uſage :

1	1	100	16
2	2	200	25
3	3	300	20
4	4	400	8
5	5	500	24
6	6	600	12
7	7	700	0
8	8	800	16
9	9	900	4
10	10	1000	20
20	20	2000	12
30	2	3000	4
40	12	4000	24
50	22	5000	16
60	4	6000	8
70	14	7000	0
80	24	8000	20
90	6	9000	12

Premièrement, ſi l'année propoſée, dont on cherche le cycle ſolaire, eſt dans la table ci-deſſus, on aura ce cycle ſolaire, en prenant le nombre correſpondant à l'année propoſée dans la colonne à droite ; & en y ajoutant 9 : ainſi, ajoutant 9 à 12, qui répond à l'an 1000, on aura 21 pour le cycle ſolaire de l'an 2000.

Mais ſi l'année donnée ne ſe trouve pas exactement dans la table ci-deſſus, on la diviſera en pluſieurs années qui s'y puiſſent trouver. On ajoutera enſemble tous les nombres qui ſe trouveront dans la colonne à droite vis-à-vis de ces années qui ſont à gauche. La ſomme de tous ces nombres étant augmentée de 9, donnera le cycle ſolaire de l'année propoſée, pourvu qu'on ôte 28 de cette ſomme autant de fois qu'il ſera poſſible, quand elle ſera plus grande.

Comme pour trouver le cycle ſolaire de l'année 1693, on réduira ce nombre d'années 1693 en ces autres quatre, 1000, 600, 90, 3, auxquels répondent, dans la table précédente, ces quatre nombres, 20, 12, 6, 3, dont la ſomme 41 étant augmentée de 9, donne cette ſeconde ſomme 50 ; d'où ôtant 28, il reſtera 22 pour le nombre du cycle ſolaire de l'année 1693.

I I.

On ajoute 9 à la ſomme de tous ces nombres, parce que le cycle ſolaire avant la première année de J. C., étoit 9 ; parconſéquent ce cycle avoit commencé dix ans avant la naiſſance de J. C. ; ce qu'on peut connoître en cette ſorte.

Sçachant, par tradition, ou autrement, le cycle ſolaire d'une année, par exemple, que 22 eſt le cycle ſolaire de l'année 1693, ôtez 22 de 1693 ;

diviſez le reſte 1671 par 28 ; enfin ôtez de 28 le reſte 19 de la diviſion : le nombre reſtant 9 ſera le cycle ſolaire avant la première année de J. C.

I I I.

On pourra, de la même façon, conſtruire une table propre pour connoître le nombre d'or d'une année propoſée, avec cette différence, qu'au lieu d'ôter 28, il faut ôter 19, parce que la période de ce cycle eſt 19 ; & qu'au lieu d'ajouter 9, il faut ajouter ſeulement 1, parce que le nombre d'or avant la première année de J. C. étoit 1 : par conſéquent ce cycle avoit commencé deux ans avant la naiſſance de J. C., c'eſt-à-dire que la première année de J. C. avoit 2 de nombre d'or, &c.

I V.

On peut encore trouver la lettre dominicale d'une année propoſée, d'une autre manière que celle que nous venons de donner. Cette lettre dominicale étant trouvée, ſervira à faire connoître la lettre qui convient à chaque jour de la même année, comme vous allez voir.

Diviſez le nombre des jours qui ſe ſont écoulés incluſivement depuis le 1ᵉʳ de janvier juſqu'au jour propoſé, qui doit être un dimanche, quand on veut trouver la lettre dominicale de l'année : autrement on trouvera ſeulement la lettre qui convient au jour propoſé ; diviſez, dis-je, ce nombre de jours par 7 : s'il ne reſte rien de la diviſion, la lettre qu'on cherche ſera G ; s'il reſte quelque choſe, ce nombre reſtant fera connoître le nombre de la lettre qu'on demande, en la comptant ſelon l'ordre de l'alphabet, depuis la première lettre A.

Ainſi, pour connoître la lettre qui convient au 26 d'Avril de l'année 1693, en diviſant par 7 le nombre 116 des jours compris entre le 1ᵉʳ de janvier & le 26 d'Avril incluſivement, le reſte de la diviſion eſt 4, qui fait connoître que la quatrième D convient au jour propoſé ; lequel étant un dimanche, on en conclut que la lettre dominicale de l'année 1693 étoit D.

PROBLÊME VII.

Trouver quel jour de la ſemaine tombe un jour donné d'une année propoſée.

Ajoutez au nombre donné des années, ſa quatrième partie, où ſa plus proche qui ſoit moindre, quand il n'en a pas une exactement ; à cette ſomme ajoutez encore le nombre des jours écoulés depuis le 1ᵉʳ janvier incluſivement, juſqu'au jour propoſé auſſi compris ; de cette ſeconde ſomme ôtez 13 pour ce ſiècle-ci ; & diviſez le reſte par 7 : le

nombre qui reftera après la divifion, fera le dimanche, s'il refte 1, le lundi s'il refte 2, & ainfi de
fuite; s'il ne refte rien, ce fera un famedi.

Ainfi, pour favoir à quel jour de la femaine
tomboit le 27 avril de l'année 1769, ajoutez à
1769 fa quatrième partie la plus prochaine 442,
& à ce nombre celui de 117, nombre des jours
depuis le 1er janvier jufqu'au 27 avril inclufivement; la fomme fera 2328, dont vous ôterez 13:
le reftant 2315 étant divifé par 7, le refte fera 5,
ce qui indique le jeudi. Ainfi le 27 avril 1769 a
dû être un jeudi.

Remarque.

Si l'année propofée étoit entre 1582 & 1700,
il ne faudroit ôter que 12 de la fomme formée de
la manière ci-deffus.

Si l'année étoit antérieure à 1582, il ne faudroit ôter que 2. Cela vient de ce qu'en 1682 on
ôta dix jours du calendrier; & fi l'on en ôte 13
dans le fiècle préfent, c'eft que le biffextile fupprimé en 1700, forme l'équivalent d'un onzième
jour omis.

Par la même raifon il faudra, dans le dix-neuvième fiècle, ôter 14; dans le vingtième, 15;
dans le vingt-unième, auffi 15; &c.

PROBLÈME VIII.

*Trouver la fête de Pâques, & les autres fêtes
mobiles.*

Suivant l'ordonnance du concile de Nicée, la
pâque chrétienne doit fe célébrer le dimanche
après la pleine lune qui arrive le jour de l'équinoxe du printemps, qui eft cenfé fixé au 21 mars,
ou qui le fuit immédiatement. Ainfi, s'il arrivoit
que le jour de pleine lune fût le dimanche même,
alors ce dimanche ne feroit pas pafcal, mais feulement le dimanche après: telle fut la conftitution
du concile de Nicée, relativement à la pâque:
d'où il eft aifé de déterminer le dimanche pafcal
par diverfes méthodes.

Première manière.

Il eft aifé de voir, d'après ce qu'on vient de
dire, que le commencement de la lune pafchale eft
entre le 8 mars & le 5 avril inclufivement.

Pour trouver donc le jour de la pâque l'année
1769, par exemple, cherchez l'épacte de cette
année par les méthodes données ci-deffus; elle
eft 22: enfuite; fi vous avez un calendrier romain,
cherchez entre le 8 mars & le 5 avril cette épacte;
vous la trouverez vis-à-vis le 8: ce fera, comme
on l'a dit plus haut, le jour de la nouvelle lune.
Comptez 14 après la date de ce jour, ce qui vous
conduira au 22; le premier dimanche après, qui
tombe le 26, fera le dimanche de Pâques.

Ou bien comptez trois dimanches après le jour
de la nouvelle lune, qui tombe depuis le 8 mars
jufqu'au 5 avril; le troifième fera celui de Pâques.

Cette dernière règle eft exprimée par ces deux
vers latins, pour l'intelligence defquels il faut remarquer que fuivant la manière de compter des
anciens romains, encore fuivie dans les expéditions de la cour de Rome, les nones tomboient
toujours le 7 de mars.

*Poft Martis nonas ubi fit nova luna require :
Tertia lux Domini proxima Pafcha dabit.*

Cela eft encore exprimé par ces deux vers
françois;

*De mars après le 7 cherchez lune nouvelle :
Trois dimanches comptés, le 3 Pâques s'appelle.*

Cela s'entend aifément fans autre explication.

Seconde manière.

Comme on ne peut pas avoir fous fa main un
calendrier romain, on trouvera encore le jour de
Pâques au moyen de la table fuivante. Elle eft
compofée de neuf colonnes, où de fept cafes,
dont chacune contient neuf colonnes. Chacune
de ces cafes porte à la première colonne une des
lettres dominicales; les fept fuivantes contiennent
les nombres des épactes; enfin la neuvième le jour
de la Pâque.

TABLE pour trouver la Fête de Pâques.

Lettre								Terme
A	23	22	21	20	19			26 Mars.
	18	17	16	15	14	13	12	2 Avril.
	11	10	9	8	7	6	5	9 Avril.
	4	3	2	1	*	29	28	16 Avril.
	27	26	25	24				23 Avril.
B	23	22	21	20	19	18		7 Mars.
	17	16	15	14	13	12	11	3 Avril.
	10	9	8	7	6	5	4	10 Avril.
	3	2	1	*	29	28	27	17 Avril.
	26	25	24					24 Avril.
C	23	22	21	20	19	18	17	28 Mars.
	16	15	14	13	12	11	10	4 Avril.
	9	8	7	6	5	4	3	11 Avril.
	2	1	*	29	28	27	26	25	18 Avril.
	25	24						25 Avril.
D	23							22 Mars.
	22	21	20	19	18	17	16	29 Mars.
	15	14	13	12	11	10	9	5 Avril.
	8	7	6	5	4	3	2	12 Avril.
	1	*	29	28	27	26	25	24	19 Avril.
E	23	22						23 Mars.
	21	20	19	18	17	16	15	30 Mars.
	14	13	12	11	10	9	8	6 Avril.
	7	6	5	4	3	2	1	13 Avril.
	*	29	28	27	26	25	24	20 Avril.
F	23	22	21					24 Mars.
	20	19	18	17	16	15	14	31 Mars.
	13	12	11	10	9	8	7	7 Avril.
	6	5	4	3	2	1	*	14 Avril.
	29	28	27	26	25	24		21 Avril.
G	23	22	21	20				25 Mars.
	19	18	17	16	15	14	13	1er Avril.
	12	11	10	9	8	7	6	8 Avril.
	5	4	3	2	1	*		15 Avril.
	28	27	26	25	24			22 Avril.

Pour en faire usage, il faut connoître l'épacte & la lettre dominicale. On propose, par exemple, l'année 1769. Son épacte étoit 22, & sa lettre dominicale A. Cherchez donc dans la case A, & dans l'une des colonnes des épactes, celle de l'année 22, vous la rencontrerez dans le premier rang horizontal, vis-à-vis lequel, dans la neuvième colonne, vous aurez le 26 mars.

En 1771, l'épacte étoit 14, & la lettre dominicale F. Dans la case où se trouve F, à la première colonne, cherchez 14 dans les sept suivantes: elle se trouve dans la seconde rangée horizontale, dans la continuation de laquelle, à la neuvième colonne, on lit le 31 mars; ainsi, en 1771, Pâques tomba le 31 mars.

Troisième manière.

Si vous n'avez ni calendrier romain, ni la table précédente, servez-vous de cette méthode.

Si l'épacte de l'année proposée ne surpasse pas 23, ôtez-a de 44; le reste donnera le jour de mars pour le terme de Pâques, s'il ne surpasse pas 31; car s'il excède 31, le surplus donnera le jour d'avril pour le terme de Pâques.

Mais si l'épacte courante est plus grande que 23, ôtez-la de 43, ou seulement de 42, quand elle sera 24 ou 25; le reste sera le jour d'avril pour le terme de Pâques.

Ainsi, pour avoir le terme de Pâques en 1769, dont l'épacte étoit 22, ôtez-la de 44; le restant 22 indique le 22 mars pour le terme de Pâques; le dimanche après a été le dimanche paschal.

En 1666 l'épacte étoit 24. Otant 24 de 42, le restant est 18; le 18 avril a été le terme de Pâques, & le dimanche après celui de la pâque.

Remarques.

Puisque la fête de pâques règle toutes les autres fêtes mobiles, il sera facile de connoître les jours auxquels ces fêtes doivent se célébrer, ayant une fois connu le jour de pâques; car le lundi après le cinquième dimanche, c'est-à-dire 35 jours après pâques, viennent les rogations, après lesquelles, sçavoir le jeudi suivant, suit immédiatement l'Ascension de N. S. J. C., le quarantième jour après pâques. Dix jours après, ou le cinquantième jour après pâques, on célèbre la fête de la Pentecôte. Le dimanche suivant, sçavoir 56 jours après pâques, on célèbre la fête de la sainte Trinité. Et le jeudi suivant, ou 11 jours après la pentecôte, c'est-à-dire, 60 jours après pâques, arrive la fête-Dieu.

Le neuvième dimanche avant pâques est la Septuagésime, qui est éloignée de pâques de 63 jours. Le dimanche suivant, ou le huitième dimanche avant pâques, est la sexagésime, qui est éloignée de pâques de 56 jours. Le dimanche suivant, ou le septième dimanche avant pâques, est la Quinquagésime, qui est éloignée de pâques de 49 jours. Enfin le mercredi suivant, qui est éloigné de pâques de 46 jours, est le jour des Cendres.

Pour le dimanche de l'Avent, qui ne dépend point de pâques, c'est celui qui arrive ou le 30 de novembre, fête de saint André, ou le dimanche qui est le plus proche de cette fête; ce qui est facile à connoître par la lettre dominicale.

L'église appelle Quadragésime le premier dimanche du carême: Reminiscere le second dimanche du carême: Oculi le troisième dimanche

du carême : *Lætare* le quatrième dimanche du carême : *Judica* le dimanche de la passion, qui est
le cinquième dimanche du carême : & *Hosanna*
le dimanche des rameaux, qui est le sixième dimanche de carême, ou le premier dimanche avant
pâques.

Elle appelle *Quasimodo* le premier dimanche
après pâques : *Misericordia* le second dimanche
après pâques : *Jubilate* le troisième dimanche après
pâques : *Cantate* le quatrième dimanche après pâques : & *Vocem Jucunditatis* le cinquième dimanche après pâques, ou le dimanche avant les rogations.

Enfin les *Quatre-temps* se trouvent par le moyen
de ce petit vers :

    Post Pent. Cruc. Luc. Cin. sunt tempora quatuor
      anni.

dont le sens est tel. Les Quatre-temps arrivent le
mercredi d'après la Pentecôte, le mercredi d'a-
près l'Exaltation de la Croix, en septembre ; le
mercredi d'après la fête de sainte Luce, en dé-
sembre ; & enfin le mercredi d'après les Cendres.

PROBLÈME IX.

Trouver quel jour de la semaine commence chaque
mois d'une année.

Il faut d'abord trouver la lettre dominicale.
Cela fait, servez-vous de ces deux vers latins :

   Astra Dabit Dominus, Gratisque Beabit Egenos,
   Gratia Christicola Feret Aurea Dona Fideli.

Ou bien de ces deux vers françois :

   Au Dieu De Gloire Bien Espere ;
   Grand Cœur, Faveur Aime De Faire.

dont voici l'usage.

Les six mots du premier vers répondent aux
six premiers mois de l'année, savoir, janvier,
février, mars, avril, mai & juin ; & les six mots
du second vers aux six derniers mois, juillet,
août, septembre, octobre, novembre & décembre. Chaque lettre capitale de ces douze mots
est celle du premier jour de chaque mois, &
indique le jour de la semaine par le rang qu'elle
tient dans l'alphabet, lorsque la lettre dominicale
est A : ainsi en 1769, la lettre dominicale étant A,
l'on voit du premier coup d'œil, que janvier commençoit par un dimanche, février par un mercredi, mars par un mercredi, avril par un Samedi, &c.

Mais lorsque la lettre dominicale ne sera pas A,

mais C, par exemple, qui est la troisième de l'alphabet, comptez, pour le mois donné, deux
lettres de plus, après celle qui lui convient suivant ces vers : cette lettre sera celle qui indiquera
le jour de la semaine. En 1773, par exemple, la
lettre dominicale étoit C. Qu'on veuille donc savoir par quel jour de la semaine commençoit le
mois de mai ; le mot qui lui convient est *beabit*
ou *bien*. Comptez deux lettres dans la suite des
dominicales ; la seconde D, qui indique mercredi,
annonce que le premier jour de mai 1773 étoit un
mercredi.

S' l'on proposoit le mois d'avril de la même
année, dont le mot est *gratis* ou *gloire*, comme
G est la septième des lettres dominicales, vous
recommenceriez par A, & le B, seconde lettre
après G, indiqueroit que le 1er avril 1773 étoit
un lundi.

PROBLÈME X.

Connoître les mois de l'année qui ont 31 jours, &
ceux qui n'en ont que 30.

Elevez le pouce A, le doigt du milieu C, &
l'auriculaire E, ou petit doigt de la main gauche ;
(*fig.* 15, *pl.* 1, de l'*Astronomie.*) abaissez les deux
autres, savoir l'index B, qui suit le pouce, &
l'annulaire D, qui est entre le doigt du milieu &
l'auriculaire. Après cela, commencez à compter
mars sur le pouce A, avril sur l'index B, mai sur
le doigt du milieu C, juin sur l'annulaire D, juillet sur l'auriculaire E ; continuez à compter août
sur le pouce, septembre sur l'index, octobre sur
le doigt du milieu, novembre sur l'annulaire,
décembre sur l'auriculaire ; enfin, en recommençant, continuez à compter janvier sur le pouce,
& février sur l'index : alors tous les mois qui tomberont sur les doigts élevés A, C, E, auront 31
jours, & ceux qui tomberont sur les doigts ab-
baissés B, D, n'en auront que 30, excepté le mois
de février, qui a 28 jours dans les années communes, & 29 dans les bissextiles.

PROBLÈME XI.

Trouver le jour de chaque mois, auquel le soleil entre
dans un signe du zodiaque.

Le soleil entre dans chaque signe du zodiaque
vers le 20 de chaque mois de l'année ; savoir,
au premier degré du Bélier vers le 20 mars, au
premier degré du Taureau vers le 20 avril, &
ainsi de suite. Pour savoir ce jour un peu plus
exactement, servez-vous de ces deux vers artificiels,

   Inclita Laus Justis Impenditur, Hæresis Horrit,
   Grandia Gesta Gerens Felici Gaudet Honore.

dont voici l'usage.

Diftribuez les douze mots de ces deux vers aux douze mois de l'année, en commençant par mars, que vous attribuerez à *Inclita*; & en finiffant par février, qui répondra à *Honore*. Confiderez quel eft le nombre de la première lettre de chaque mot dans l'alphabet; car fi de 30 vous ôtez ce nombre, le refte donnera le jour du mois qu'on cherche.

Par exemple, *Inclita* répond au mois de mars, & au figne du Bélier; fa première lettre I eft la neuvième lettre de l'alphabet : fi l'on ôte 9 de 30, le refte 21 fait connoître que le 21 de mars le foleil entre dans le Bélier. Pareillement *Gaudet* répond au mois de janvier & au figne du Verfeau; fa première lettre G eft la feptième dans l'ordre alphabétique : en ôtant 7 de 30, le refte 23 fait connoître que le 23 janvier le foleil entre au Verfeau. Il en eft ainfi des autres.

PROBLÊME XII.

Trouver le degré du figne où le foleil fe rencontre en un jour propofé de l'année.

Il faut d'abord chercher dans le mois propofé le jour auquel le foleil entre dans un des fignes du zodiaque, & quel eft ce figne. Cela fait, fi le jour propofé eft ce jour, il eft évident que le foleil eft alors dans le figne qui précede; c'eft pourquoi il faut ôter de 30 degrés la différence du quantième propofé, d'avec celui où le foleil entre dans un nouveau figne : le reftant indiquera le quantième du degré du figne précédent où fe trouve le foleil.

Soit propofé, par exemple, le 18 mai. On trouve par le problème précédent, qu'en mai le foleil entre le 21 dans le figne des Gemeaux. Or, comme le 18 précede le 21 de trois jours, ôtez 3 de 30; le reftant 27 indiquera qu'au 18 mai le foleil fe trouvera dans le 27e degré du Taureau.

Mais fi le quantième propofé du mois étoit poftérieur au jour du même mois où le foleil entre dans un nouveau figne, alors il faudra prendre le nombre des jours dont ils different : ce fera le degré de ce figne où fe trouvera le foleil au jour donné.

Suppofons, par exemple, qu'on ait propofé le 27 mai. Comme le foleil entre le 21 mai dans les Gemeaux, & que la différence de 21 à 27 eft 6, on en conclura que le foleil eft au 27 mai dans le 6e degré des Gemeaux.

PROBLÊME XIII.

Trouver le lieu de la lune dans le zodiaque, un jour propofé de l'année.

On trouvera premièrement le lieu du foleil dans

le zodiaque, comme il a été enfeigné au problème précédent; & enfuite la diftance de la lune au foleil, ou l'arc de l'écliptique compris entre le foleil & la lune; comme nous allons l'enfeigner.

Ayant trouvé par le problème V l'âge de la lune, & l'ayant multiplié par 12, divifez le produit par 30; le quotient donnera le nombre des fignes, & le refte de la divifion donnera le nombre des degrés de la diftance de la lune au foleil. C'eft pourquoi fi, felon l'ordre des fignes, on compte cette diftance, dans le zodiaque, en commençant depuis le lieu du foleil, on aura le lieu de la lune qu'on cherche.

Comme fi l'on veut favoir le lieu où étoit la lune le 28 mai 1693, le foleil étant au 27e degré du Taureau, & l'âge de la lune étant 14, multipliez 14 par 12, & divifez le produit 168 par 30 : le quotient 5, & le refte 18 de la divifion, font connoître que la lune eft éloignée du foleil de 5 fignes & de 18 degrés. Si donc on compte 5 fignes & 18 degrés dans le zodiaque depuis le 27e degré du Taureau, qui eft le lieu du foleil, on tombera fur le 15e degré du Scorpion, c'étoit le lieu moyen de la lune.

PROBLÊME XIV.

Trouver à quel mois de l'année appartient une lunaifon.

Dans l'ufage du calendrier romain, chaque lunaifon eft eftimée appartenir au mois où elle fe termine, fuivant cette ancienne maxime des computiftes :

In quo completur, menfi lunatio detur.

C'eft pourquoi, pour favoir fi une lunaifon appartient à un mois propofé de quelque année que ce foit, par exemple au mois de mai 1693, ayant trouvé, par le problème V, que l'âge de la lune au dernier jour de mai étoit 27; cet âge 27 fait connoître que la lune finit au mois fuivant, c'eft-à-dire au mois de juin, & que parconféquent elle appartient à ce mois. Il fait auffi connoître que la lunaifon précédente a fini au mois de mai, & que par conféquent elle appartient à ce mois. Il en eft ainfi des autres.

PROBLÊME XV.

Connoître les années lunaires qui font communes, & celles qui font embolifmiques.

Ce problème eft aifé à réfoudre par le moyen du précédent, par lequel on connoît facilement qu'un même mois folaire peut avoir deux lunaifons. Car il fe peut faire que deux lunes finiffent en un même mois, qui aura 30 ou 31 jours, comme novembre qui a 30 jours, où une lune peut finir le premier de ce mois, & la suivante le dernier ou le 30 du même mois : alors cette année aura treize lunes, & sera par conséquent embolismique. En voici un exemple.

En l'année 1712, la première lune de janvier étant finie au huitième de ce mois, la deuxième de février au sixième, la troisième de mars au huitième, la quatrième d'avril au sixième, la cinquième de mai aussi au sixième, la sixième de juin au quatrième, la septième de juillet aussi au quatrième, la huitième d'août au deuxième, la neuvième de septembre au premier, la dixième d'octobre aussi au premier, l'onzième aussi d'octobre au trentième du même mois, la douzième de novembre au vingt-neuvième, & la treizième de décembre au vingt-huitième ; on connoît que cette année, ayant treize lunes, fut embolismique.

On connoît que toutes les années civiles lunaires du calendrier nouveau, qui ont leur commencement au premier de janvier, font embolismiques, quand elles ont pour épacte* 29, 28, 27, 26, 25, 24, 23, 22, 21, 19, & aussi 18, quand le nombre d'or est 19.

Ainsi l'on connoît qu'en l'année 1693, dont l'épacte étoit 3, l'année lunaire civile fut embolismique, c'est-à-dire qu'elle eut treize lunes : ce qui arriva à cause que le mois d'août eut deux lunaisons, une lunaison étant finie le premier de ce mois, & la suivante étant finie le trentième du même mois.

PROBLÊME XVI.

Trouver combien de temps la lune doit éclairer pendant une nuit proposée.

Ayant trouvé par le problème V l'âge de la lune, & l'ayant augmenté d'une unité, multipliez la somme par 4, si cette somme ne passe pas 15 ; car si elle passe 15, il faut ôter de 30, & multiplier le reste par 4, après quoi divisez le produit par 5 : le quotient donnera autant de douzièmes parties de la nuit, pendant lesquelles la lune luit. Ces douzièmes parties sont appellées heures inégales. Il faut les compter après le coucher du soleil, lorsque la lune croît, & avant le lever du soleil, lorsque la lune décroît.

Si l'on veut savoir le temps que la lune éclaira pendant la nuit du 21 mai 1693, où l'âge de la lune étoit 17, ajoutez 1 à 17, & ôtez la somme 18 de 30 ; il restera 12, lequel étant multiplié par 4, & le produit 48 étant divisé par 5, le quotient donnera 9 heures inégales, & ⅗ pour le temps pendant lequel la lune éclaira la nuit avant le lever du soleil.

Si je veux savoir combien de temps la lune éclaira pendant la nuit du 14 au 15 de février de l'année 1730, je trouve d'abord que l'âge de la lune du 14 février est 26, auquel ayant ajouté 1, la somme sera 27. Je retranche cette somme 27 de 30, il reste 3, que je multiplie par 4 ; je divise le produit 12 par 5, le quotient est 2⅖, qui font des heures inégales, c'est-à-dire deux douzièmes parties de l'arc nocturne, qu'on réduira en heures égales & astronomiques par la remarque suivante.

Remarque.

Il est aisé de réduire les heures inégales en heures égales ou astronomiques, qui sont la vingt-quatrième partie d'un jour naturel, comprenant le jour & la nuit, lorsque l'on sait la longueur de la nuit au jour proposé. Comme dans ce premier exemple, sçachant qu'à Paris la nuit du 21 mai est de 8 heures 34 minutes, en divisant ces 8 heures 34 minutes par 12, on aura 42 minutes & 50 secondes pour la valeur d'une heure inégale, laquelle étant multipliée par 9⅗, qui est le nombre des heures inégales, pendant lesquelles la lune éclaire depuis son lever jusqu'au lever du soleil, on aura 6 heures égales, & environ 51 minutes, pour le temps compris entre le lever de la lune & le lever du soleil.

Corollaire.

Par-là on peut *trouver l'heure du lever de la lune,* lorsqu'on sait l'heure du lever du soleil ; car si à l'heure du lever du soleil, qui est 4 heures & 27 minutes, on ajoute 12 heures, & que de la somme 16 heures & 17 minutes on ôte 6 heures & 51 minutes, qui est le temps compris entre le lever de la lune & le lever du soleil, on aura au reste 9 heures & 26 minutes pour l'heure du lever de la lune.

PROBLÊME XVII.

Trouver facilement les Calendes, les Nones & les Ides de chaque mois de l'année

Cette dénomination des nones, des ides & calendes, étoit une grande bizarrerie dans le calendrier romain ; mais, comme elle a subsisté dans les expéditions de la cour de Rome, il peut être utile de savoir la réduire à notre manière de compter.

On le fera facilement au moyen de ces trois vers latins.

Principium mensis cujusque vocato Calendas.
Sex Maïus Nonas, october, julius & mars.
Quatuor at reliqui ; dabit Idus quilibet octo.

En voici la traduction en vers françois.

> A mars, juillet, octobre & mai,
> Six Nones les gens ont donné;
> Aux autres mois quatre gardé;
> Huit Ides à tous accordé.

Le sens de ces vers est, que le premier jour de chaque mois est toujours dénommé *calendes*;

Que dans les mois de mars, mai, juillet & octobre, les nones sont au septième jour, & dans tous les autres au cinquième.

Enfin, que les ides sont huit jours après les nones, savoir, les quinzièmes de mars, mai, juillet & octobre, & les treizièmes jours des autres mois.

Il faut présentement remarquer que les romains comptoient les autres jours à rebours, allant toujours en diminuant; & ils donnoient le nom de nones d'un mois, aux jours qui sont entre les calendes & les nones de ce mois; le nom des ides d'un mois, aux jours qui sont entre les nones & les ides de ce mois; & le nom de calendes d'un mois, aux jours qui restent depuis les ides jusqu'à la fin du mois précédent.

Ainsi dans les quatre mois, par exemple, mars, mai, juillet & octobre, où les nones ont 6 jours, le deuxième jour du mois s'appelle VI° *nonas*, c'est-à-dire le sixième jour avant les nones, la preposition *ante* étant sous-entendue. De même le troisième jour se nomme V° *nonas*, pour dire le cinquième jour des nones, ou avant les nones; & ainsi des autres. Mais au lieu d'appeller le sixième jour du mois II° *nonas*, on dit *pridie nonas*, c'est-à-dire la veille des nones. On dit aussi *postridie calendas*, le jour d'après les calendes; *postridie nonas*, le jour d'après les nones; *postridie idus*, le jour d'après les ides.

P R O B L È M E X V I I I.

Connoître quel quantième des Calendes, des Nones & des Ides répond à un certain quantième d'un mois donné.

Il faut faire attention à la remarque qu'on vient de faire, qui est que tous les jours qui sont entre les calendes & les nones, appartiennent aux nones; les jours qui sont entre les nones & les ides, portent le nom des ides; & que ceux qui sont entre les ides & les calendes du mois suivant, portent le nom des calendes de ce même mois. Cela supposé.

1°. Si le quantième du mois appartient aux calendes, ajoutez 2 au nombre des jours du mois,

& de la somme retranchez le nombre donné. Le reste sera le quantième des calendes.

Si vous voulez savoir, par exemple, à quel quantième des calendes le 25 mai répond : ce jour appartient aux calendes, puisqu'il est entre les ides de mai & les calendes de juin. Le mois de mai a 31 jours, auquel nombre ajoutez 2; de la somme 33 retranchez 25, il restera 8, qui marque que le 25 de mai répond au 8e des calendes de juin, c'est-à-dire que le 25 mai étoit appellé chez les romains VIII° *calendas Junii.*

2°. Si le quantième du mois appartenoit aux ides ou aux nones, ajoutez 1 au nombre des jours écoulés depuis le premier du mois jusqu'aux ides ou aux nones inclusivement; de cette somme retranchez le nombre donné, qui est le quantième du mois : le reste sera précisément le quantième des nones & des ides.

Je suppose, par exemple, que le quantième du mois soit le 9 mai. Ce jour appartient aux ides, parce qu'il se trouve entre le septième jour des nones & le quinzième jour des ides. On ajoute 1 à 15, & que de la somme 16 on retranche 9, le reste 7 marque que le 9e de mai répond au 7e des ides de ce mois; c'est-à-dire que le 9e du mois de mai étoit appellé chez les latins VII° *idus Maii.*

De même, si le quantième du mois étoit le 5e de mai, ce jour appartient aux nones, parce qu'il est entre le 1 & le 7. Ajoutant donc 1 à 7, & de la somme 8 ôtant 5, qui est le quantième du mois, le reste 3 montre que le 5e mai répond au 3e des nones; c'est-à-dire que ce jour-là étoit appellé chez les romains III° *nonas Maii.*

P R O B L È M E X I X.

Le quantième des Calendes, des Ides, ou des Nones, étant donné, trouver quel quantième du mois doit y répondre.

On satisfera à cette question par une méthode toute semblable à celle qu'on vient de donner dans le problème précédent. Il y a néanmoins cette différence, qu'au lieu de soustraire le quantième du mois pour avoir le quantième des calendes, &c. on soustrait le quantième des calendes pour avoir celui du mois.

Je cherche, par exemple, à quel quantième du mois doit répondre VI° *calendas Junii*, le 6 des calendes de juin. Puisque les calendes se comptent en rétrogradant depuis le 1er juin vers les ides de mai, il est clair que le 6 des calendes de juin répond à un des jours du mois de mai. Et comme ce mois a 31 jours, j'ajoute 2 à 31; de la somme 33 je retranche 6, qui est le quantième des calen-

des

dés : il refte 27, qui marque que le 6 des calendes de juin répond au 27 mai.

On fera la même chofe à l'égard des nones & des ides.

Remarque.

Il fera facile de fatisfaire aux deux queftions précédentes, fi on a un calendrier où les jours des calendes, des nones & des ides foient marqués vis-à-vis les quantièmes des mois, comme on les voit dans le calendrier eccléfiaftique.

Du Cycle d'indiction.

L'indiction eft une efpace de quinze années, au bout defquelles on commence de nouveau à compter par une circulation perpétuelle. On l'a appellé indiction, parce que, felon quelques auteurs, elle fervoit à indiquer l'année du paiement d'un tribut à la république, ce qui lui fit donner le nom d'indiction romaine.

On l'appelle auffi indiction pontificale, parce que la cour de Rome s'en fert dans fes bulles & dans toutes fes expéditions. Voici l'origine qu'on attribue à cet ufage. L'empereur Conftantin donna, en 312, un édit par lequel il autorifoit dans l'empire l'exercice de la religion chrétienne. Quelques années après, le concile de Nicée fut affemblé, & condamna l'héréfie d'Arius, ce qui arriva en 328 : ainfi, dans l'efpace de quinze ans, le chriftianifme triompha de la perfécution & de l'héréfie. Cette durée de quinze années fut regardée comme une période mémorable ; & , pour en conferver la mémoire, on établit le cicle d'indiction, dont le commencement fut fixé au premier janvier de l'année 313, pour le commencer avec l'année folaire, quoique, felon l'inftitution de Conftantin, l'époque de ce cycle eût été fixée au mois de feptembre de l'an 312, date de fon édit en faveur des chrétiens. Ce ne fut cependant que l'empereur Juftinien qui ordonna de compter par années d'indiction dans les actes publics.

Quoi qu'il en foit de ces origines, que le P. Petau trouve fort douteufes, il eft certain que la première année de l'indiction eft la 313ᵉ. de J. C. Ainfi l'an 312 auroit eu quinze d'indiction, fi dèslors on eût compté ainfi ; & en divifant 312 par 15, on trouve que le refte eft 12, ce qui fait voir que la douzième année de J. C. avoit 15 d'indiction : par conféquent, ce cycle eût commencé trois ans avant J. C., ou autrement la première année de l'ère chrétienne eût eu 4 d'indiction, ce qui donne la folution du problème fuivant.

PROBLÈME XX.

Trouver le nombre de l'Indiction romaine qui répond à une année donnée.

Ajoutez 3 au nombre de l'année, & divifez la

fomme par 15, ce qui reftera indiquera le nombre de l'indiction courante.

Soit, par exemple, propofée l'année 1780. Ajoutez 3, vous aurez 1783 ; divifez par 15, le refte fera 13 : ainfi en 1780, on comptoit 13 d'indiction.

On trouvera de même qu'en 1769 on comptoit 2.

Lorfqu'il n'y aura aucun refte, alors on aura 15 d'indiction.

De la Période julienne, & de quelques autres Périodes de ce genre.

La période julienne eft une période formée par la combinaifon des trois cycles, favoir : le lunaire de 19 ans, le folaire de 28, & celui d'indiction de 15. La première année eft cenfée avoir été celle où l'on eut 1 de cycle lunaire, 1 de cycle folaire, & 1 d'indiction.

Si l'on multiplie enfemble les nombres 19, 28 & 15, le produit 7980 eft le nombre des années comprifes dans la période julienne ; & par les loix des combinaifons, on eft affuré qu'il ne fauroit y avoir dans une révolution deux de ces années qui aient à-la-fois les mêmes nombres.

Cette période, au refte, n'eft qu'une période feinte ; mais elle eft commode, à caufe de fon étendue, pour y rapporter les commencemens de toutes les eres connues, même celle de la création du monde, fi l'époque en étoit certaine ; car, fuivant la chronologie commune, cette époque devance feulement l'ère chrétienne de 3950 ans. D'ailleurs, le commencement de la période julienne devance cette même ère de 4714 ans, d'où il fuit que la création du monde répond à l'an 764 de la période julienne.

On demandera comment l'on a trouvé que l'année de la naiffance de J. C. eft la 4714ᵉ. de cette période. Le voici : On démontre par un calcul rétrograde, que fi les trois cycles, favoir : le folaire, le lunaire, & celui d'indiction, avoient eu cours lors de la naiffance de J. C., l'année où il naquit auroit eu 2 de cycle lunaire, 10 de cycle folaire, & 4 d'indiction. Or ces caractères font propres à l'an 4714 de la période, comme on le verra dans le problème fuivant. Il faut donc adapter cette année à celle de la naiffance de J. C., d'où, en remontant & calculant les intervalles des évènemens antérieurs dans les hiftoriens profanes, & enfuite les livres faints, l'on trouve entre cette année & la création d'Adam, 3950. Si donc on ôte 3950 de 4714, on trouvera 764. Le commencement de la période devance donc la création du monde de 764 ans.

Amufemens des Sciences.

K k

PROBLÈME XXI.

Etant donnée une année de la Période julienne, trouver combien elle a de cycle lunaire, de cycle solaire, & d'indiction.

Soit, par exemple, donnée l'année 6522 de la période julienne. Divisez ce nombre par 19, le reste, sans avoir égard au quotient, sera 5 ; ce sera le nombre d'or. Divisez ce même nombre par 28, le restant de la division sera 26 ; ce sera le nombre du cycle solaire. Divisez enfin 6522 par 15, le reste de la division sera 12 ; ce qui montre que cette année a 12 d'indiction. Lorsqu'il ne reste rien en divisant l'année donnée par le nombre d'un de ces cycles, c'est ce nombre même qui est celui du cycle. Si, par exemple, l'année donnée étoit la 6525e, en divisant par 15, il ne resteroit rien, ce qui donneroit 15 pour l'indiction.

Mais si l'on veut trouver à quelle année de l'ère chrétienne répond une année de la période julienne, par exemple la 6522e, il n'y a qu'à en ôter 4714 ; le restant 1808 sera le nombre des années écoulées depuis le commencement de l'ère chrétienne.

Tout cela porte avec soi sa démonstration.

PROBLÈME XXII.

Etant donnés les nombres des cycles lunaire, solaire & d'indiction, qui répondent à une année, trouver son rang dans la période julienne.

Multipliez le nombre du cycle lunaire par 4200, celui du cycle solaire par 4845, celui de l'indiction par 6916.

Ajoutez ces produits en un, & divisez la somme par 7680 ; le nombre restant après la division indiquera l'année de la période julienne.

Soit le nombre du cycle lunaire 2, celui du cycle solaire 10, celui d'indiction 4, ce qui est le caractère de la première année de l'ère chrétienne ; vous aurez pour premier produit 8400, pour second 48,450, pour troisième 27,664 : leur somme est 84,714. Divisez ce nombre par 7980, le restant se trouvera 4714 : ainsi l'année à laquelle conviennent, dans la période julienne, les caractères ci-dessus, est la 4714e, ou l'origine de la période julienne devance l'ère chrétienne de 4713 ans.

Remarques.

I.

Il y a une autre période, appellée *dionysienne*, qui est le produit des nombres 19 du cycle lu-

naire, & 28 du cycle solaire, & qui comprend par conséquent 532 années. Elle fut imaginée par Denys le Petit, vers le temps du concile de Nicée, pour renfermer toutes les variétés des nouvelles lunes & des lettres dominicales ; ensorte qu'après 532 ans, elles devoient se renouveller dans le même ordre, ce qui eût été très-commode pour le calcul de la pâque & des fêtes mobiles : mais elle supposoit que le cycle lunaire étoit parfaitement exact, ce qui n'étant pas, cette période n'est plus d'aucun usage.

II.

Comme parmi les cycles de la période julienne, il y en a un, savoir celui d'indiction, qui est purement d'institution politique, c'est-à-dire qui n'a nulle relation avec les mouvemens célestes, il eût peut-être été avantageux de substituer à ce dernier cycle celui des épactes, qui est astronomique, & dont la révolution est de 30 ans : alors le nombre des années de la période eût été de 15,960 ans. Cette période de 15,960 années a été appellée par le P. Jean-Louis d'Amiens, capucin, son inventeur, la *période de Louis-le-Grand*. Mais les chronologistes ne paroissent pas lui avoir fait l'accueil qu'espéroit son auteur.

De quelques époques ou Eres célèbres dans l'histoire.

I.

La première de ces époques est celle des olympiades ; elle tire son nom des jeux olympiques, qui se célébroient, comme tout le monde sait, avec beaucoup de solemnité dans la Grèce, tous les quatre ans révolus, vers le solstice d'été. Les jeux olympiques avoient été fondés par Hercule. Mais étant tombés en désuétude, ils furent rétablis par Iphitus, un des Héraclides, ou des descendans de ce héros, l'an 776 avant l'ère chrétienne ; & depuis ce temps ils continuèrent à se célébrer avec beaucoup d'exactitude, jusqu'à-ce que la conquête de la Grèce par les Romains y mit fin. Ainsi l'ère ou l'époque des olympiades commence l'an 776 avant J. C., au solstice d'été.

PROBLÈME XXIII.

Changer les années des Olympiades en années de l'Ere chrétienne, ou au contraire.

I.

Il faut pour cela retrancher l'unité du nombre qui désigne le quantième de l'olympiade, ensuite multiplier le restant par 4, & y ajouter le nombre des années complettes de l'olympiade, enfin ôter de cette somme 775, ou, si elle est moindre, l'ôter de 776 : on aura, dans le premier cas, l'année courante de l'ère chrétienne, & dans le second, l'année avant cet ère.

On propose, par exemple, la troisième année de la soixante-seizième olympiade. J'ôte l'unité de 76, reste 75, qui, multipliés par 4, donnent 300. Les années complettes d'une olympiade, lorsque court la troisième, sont 2 ; j'ajoute donc 2 à 300, ce qui me donne 302. Or 302 sont moindres que 775 ; ainsi j'ôte 302 de 776 : le restant est 474, ou l'année courante avant J. C.

Soit proposée la deuxième année de la 201e. olympiade. J'ôte 1 de 201, restent 200, qui, multipliés par 4, donnent 800, à quoi j'ajoute une année complette, ce qui donne 801 ; j'en ôte 775, il reste 261, qui est l'année de l'ère chrétienne à laquelle répond la deuxième année de la 201e. olympiade.

II.

Pour convertir au contraire les années chrétiennes en années d'olympiades, il faut ôter de 776 le nombre des années, si elles sont antérieures à J. C. ; ou au contraire leur ajouter 775, s'il est question d'une année postérieure à l'ère chrétienne, ensuite diviser ce qui en résultera par 4 : le quotient, augmenté de l'unité, sera le nombre de l'olympiade, & le restant, pareillement augmenté de l'unité, sera l'année courante de cette olympiade.

Qu'on propose, par exemple, l'année 1715. En y ajoutant 775, on a 2490 ; ce nombre divisé par 4, donne au quotient 622, & il reste 2 : ainsi en 1715 on tenoit la troisième année de la 623e. olympiade : ou, plus exactement, le dernier semestre de l'année 1715 avec le premier de 1716, répondoient à la troisième année de la 623e. olympiade.

III.

L'ère de l'hégyre est celle que suivent la plus grande partie des sectateurs de Mahomet ; c'est l'époque des Arabes, des Turcs, des Africains, &c. ; & conséquemment la connoissance de leur histoire exige qu'on sache réduire les années de l'hégyre en années chrétiennes, & au contraire.

Pour cet effet, il faut d'abord observer que les années de l'hégyre sont purement lunaires ; & comme l'année lunaire, ou 12 lunaisons complettes, forment 354 jours 8 heures 48 minutes, si l'on faisoit toujours l'année de 354 ou de 355 jours, la nouvelle lune s'écarteroit bientôt sensiblement du commencement de l'année. Pour prévenir cet inconvénient, on a imaginé une période

de 30 années, dans laquelle il y a dix années communes, ou de 354 jours & 11 embolismiques, ou de 355 jours. Ces dernières sont la 2e, la 5e, la 7e, la 10e, la 13e, la 15e, la 18e, la 21e, la 24e, la 26e & la 29e.

On doit encore observer que la première année de l'hégyre commença le 15 juillet de l'an 622 de J. C.

PROBLÈME XXIV.

Trouver l'année de l'Hégyre qui répond à une année Julienne donnée.

Pour résoudre ce problème, il faut d'abord observer que 228 années juliennes forment à très-peu près 235 années de l'hégyre.

Cela supposé, qu'on propose, par exemple, l'année 1770 de notre ère. Il faut commencer par diminuer ce nombre de 621, parce qu'il y avoit au commencement de l'ère de l'hégyre, 621 ans complets de notre ère déjà écoulés. Le restant sera 1149. Faites ensuite cette proportion : si 228 années juliennes donnent 235 années de l'hégyre, combien en donneront 1149 années ? Et vous trouverez 1184 avec un reste de 49 jours. Ainsi l'année 1770 des chrétiens se trouve coïncider, du moins en partie, avec la 1184 de l'hégyre.

Si vous voulez, au contraire, trouver l'année chrétienne qui répond à une année donnée de l'hégyre, faites l'opération inverse ; le nombre qui en résultera sera celui des années juliennes écoulées depuis le commencement de l'hégyre. Il n'y aura donc qu'à y ajouter 621, & vous aurez l'année de J. C. courante.

Nous n'en dirons pas davantage sur cet objet ; mais nous allons terminer ceci par un tableau qui présentera les dates des évènemens principaux de l'histoire, & celles du commencement des ères les plus célèbres, liées soit à la période julienne, soit à l'avènement de J. C.

Epoques des Evénemens & des Eres les plus célèbres.	An. de la P. Jul.	Avant J. C.
La création du monde.	764	3950
Le déluge selon le texte hébreu.	2420	2294
La prise de Troye.	3530	1184
Le commencement de l'ère des Olympiades.	3938	776
Le comm. de l'ère des Nabonassar.	3967	747
La fondation de Rome.	3761	752
La mort d'Alexandre.	4390	324
Le comm. de l'ere Julienne.	4669	45

AUT

Epoques des Evénements & des Eres les plus célèbres.	An. de la P. Jul.	Après J. C.
Le comm. de l'ere Chrétienne.	4714	0
Le comm. de l'ere de l'Hégyre.	5336	622
La prife de Conftantinople par les Turcs.	6175	1461
La découverte de l'Amérique.	6206	1492
L'année courante 1778.	6492	1778

Ainfi il refte encore 1488 ans pour achever la première période julienne.

Nous dirons enfin, pour réfumer tout ce qu'on a dit jufqu'à préfent fur cette matière, que l'année courante 1778 eft,

Depuis la création du monde, felon le calcul vulgaire, la 5728e.

De la période julienne, la 6492e.

De l'ère des olympiades, la 2e. de la 639e. olympiade.

De l'ère de nabonaffar, la 2524e.

De l'ère de l'hégyre, la 1192e.

(OZANAM.)

ATTRACTION ÉLECTRIQUE. L'attraction électrique n'eft pas moins connue par fes effets que l'attraction magnétique. Le verre, le jais, la cire, les gommes réfineufes, le diamant, le faphir, les rubis, l'opale, l'améthyfte, l'aigue marine, les bélemnites, le foufre, le maftic, la gomme laque, l'arfenic, le fel gemme, l'ambre, le talc & l'alun de roche, ont, comme l'on fait, la fingulière propriété d'attirer avec des degrés d'activité plus ou moins fenfibles, après avoir été échauffés un peu par le frottement, les corps légers qu'on leur préfente. Ayez un flacon de verre: frottez-le rapidement pendant une minute ou deux fur un morceau de drap ou de flanelle. Jetez un très-petit morceau de papier ou une petale de fleur dans un baffin, ou plat dans lequel l'eau foit fort tranquille. Si on préfente ce flacon à un objet léger nageant fur l'eau, il l'attirera fur-le-champ. (Voyez ELECTRICITE.)

AURORE BORÉALE. (Voyez ELECTRICITE.)

AVEUGLES: leurs moyens de calculer. (Voyez ARITHMÉTIQUE.)

AUTOMATES. Voici comme M. Decremps expofe dans fa magie blanche dévoilée, plufieurs automates, avec l'explication de leur méchanifme.

« M. Van-Eftin nous fit voir fon cabinet de machines: nous entrâmes dans une falle bien éclairée par de grandes fenêtres, pratiquées dans le dôme qui la couvroit. Vous voyez, dit M. Van-Eftin, tout ce que j'ai pu raffembler de plus piquant & de plus curieux en méchanique; cependant nous n'appercevions de tous côtés que des tapifferies fur lefquelles étoient repréfentées des machines utiles, telles que des horloges, des pompes afpirantes ou foulantes, des pompes à feu, des cabeftans, des preffoirs, des moulins à vent, des vis d'Archimède. »

« Toutes ces pièces ont affurément beaucoup de valeur, dit en riant le curieux M. Hill; elles peuvent récréer un inftant la vue; mais il paroit qu'elles ne produiront jamais de grands effets par leur mouvement, & qu'elles prouvent plutôt ici l'art du peintre que du méchanicien. »

« M. Van-Eftin répondit par un coup de fifflet: auffitôt les quatre tapifferies fe lèvent & difparoiffent, la falle s'agrandit, & nos yeux éblouis, voient ce que l'induftrie humaine a inventé de plus étonnant; d'un côté, nous voyons des ferpens qui rampent, des fleurs qui s'épanouiffent, des oifeaux qui chantent; de l'autre, ce font des cygnes qui nagent, des canards qui mangent & qui digèrent, des orgues jouant d'eux-mêmes, des automates jouant du clavecin. »

« M. Van-Eftin donna un fecond coup de fifflet, & tous les mouvemens furent fufpendus: il vaut mieux, dit-il, que je vous faffe voir quelques machines en particulier; car vouloir tout obferver dans le même inftant, ce feroit le moyen de ne rien voir. Donnez, ajouta-t-il, toute votre attention à cet orgue; auffi grand, beaucoup plus parfait, & plus harmonieux que ceux qu'on voit ordinairement dans les églifes. Auffitôt nous entendons une mufique militaire, où dominent les hautbois, les cymbales & les trompettes. Bientôt après nous entendons trois voix humaines, auxquelles fuccèdent des cors de chaffe, enfuite des airs de flûte, de fifre & de flageolet. Sur la fin, un grand nombre de ces inftrumens enfemble, formèrent un orcheftre complet; dans le même inftant, on voyoit à droite & à gauche, les portraits d'Archimède & de Rameau tout rayonnans de gloire; des flots de lumière fembloient fortir de leur tête. »

« Savez-vous, nous dit M. Van-Eftin, pourquoi dans ce concert, il y a plus de précifion dans la mefure, que dans les concerts ordinaires, exécutés par des muficiens? c'eft que ces inftrumens réfonnent par une feule & même caufe qui les anime. Derrière les tuyaux de montre, eft un cylindre énorme, garni comme celui d'une ferinette, de clous, qui, paffant fucceffivement fur le clavier, font baiffer à chaque inftant un certain nombre de touches plus ou moins grand, fuivant le befoin, & produifent fur elles le même effet que les doigts d'un habile organiste. Le cylindre tourne toujours uniformément, parce qu'il est adapté à un gros tournebroche, dont les rouages parfaitement réguliers, sont mis en mouvement par l'action toujours égale d'un poids de 800 livres. Deux roues de ce même tournebroche sont employées à ouvrir, ou à fermer des registres, tandis que deux autres font aller les soufflets. »

« Quant à la lumière qui paroît sortir des portraits d'Archimède & de Rameau, c'est une illusion; de petits morceaux de verre cylindriques, sur lesquels sont marqués des pas-de-vis, sont appuyés, d'un côté, sur un petit cercle, qui sert de cadre au portrait, & de l'autre côté, ils vont aboutir, comme vous voyez en divergeant, à un autre grand cercle concentrique, semblables en cela, aux raies d'une roue qui divergent en allant du moyeu à la jante. Ces petits cylindres de verre ont à leurs extrémités, des pivots sur lesquels ils peuvent pirouetter, & dans la partie qui touche au petit cercle, ils portent chacun un petit pignon de six aîles : une seule roue dentée à couronne engrainant dans tous ces pignons, fait mouvoir dans le même instant tous les morceaux de verre, qui, tournés en vis comme des colonnes torses, ne peuvent rouler sur leurs pivots, sans que leur partie la plus lumineuse change à tout instant de position, respectivement aux yeux du spectateur. C'est pour cela que la lumière semble les parcourir, en allant du petit cercle au grand, ou du grand au petit, selon que la roue tourne de droite à gauche, ou de gauche à droite. »

« Un instant après nous vîmes un *canard*, nageant & barbottant dans un vase au milieu duquel étoit un arbre chargé de feuilles & de fruits. Un *serpent* sortant du vase, rampoit au tour du tronc, pour monter en ligne spirale jusqu'aux branches, où il se cachoit dans les feuilles, il étoit suivi d'un second, d'un troisième, & de plusieurs autres, qui parcouroient toujours le même espace, & se cachoient tous dans le même lieu. Ne croyez pas, dit M. Van-Estin, que les serpens soient en grand nombre, dans le fond du vase, il n'y en a que deux en tout : tandis que l'un monte au-dehors, l'autre descend dans l'intérieur, & c'est ainsi, qu'ils paroissent tour-à-tour, pour représenter à vos yeux une vipérière inépuisable.

« Dans une cage voisine, étoient deux serins, dont l'un chantoit une fanfare, tandis que l'autre faisoit l'accompagnement : on les auroit pris facilement pour des oiseaux naturels, s'ils avoient été couverts de plumes ; mais l'artiste, qui, sur ce point, n'avoit pas voulu faire illusion, avoit formé leur corps avec des coquillages, & leurs yeux avec des pierres précieuses ; ce qui fit croire à M. Hill, qu'une serinette cachée dans le fond de la cage chantoit pour eux & que le mouvement d'horlogerie qui la faisoit jouer, remuoit en même

temps leur bec & leurs aîles, par le moyen de quelques fils d'archal cachés dans leurs pieds. »

« Telles étoient les idées de M. Hill, lorsque les deux serins quittèrent la baguette sur laquelle ils étoient perchés, pour sauter sur une autre, & lui prouvèrent par-là, qu'ils étoient parfaitement détachés du fond de la cage, & que par conséquent ils ne pouvoient se remuer, que par des ressorts cachés dans leur propre corps. Cependant la petitesse extrême de leur taille, la variété & la multitude de leurs mouvemens, qui ne pouvoient être produits que par une cause fort compliquée, ne permettoient pas de croire que le principe de ce mouvement fut renfermé dans un si petit espace. »

« M. Van-Estin nous tira de l'embarras, en nous disant qu'il y avoit encore ici une petite illusion : elle ne consiste pas, dit M. Van-Estin, à vous persuader, que ces oiseaux sont vivans ; car pour obtenir cet effet, il auroit fallu les couvrir de plumes ; mais à vous faire croire qu'ils sont parfaitement détachés du fond de la cage, quoiqu'ils y soient réellement attachés par des fils de communication, que vous ne voyez point, & que vous ne devez pas voir. »

« Les deux baguettes sur lesquelles ils paroissent alternativement perchés, se touchent, comme vous voyez, par une de leurs extrémités, & forment un angle d'environ 45 degrés. Les serins sont détachés de ces deux baguettes, & tiennent à une troisième, que vous ne distinguez point, parce qu'elle semble toujours faire partie de l'une des deux autres ; elle passe rapidement de la première à la seconde, une de ses extrémités restant continuellement attachée au sommet de l'angle, tandis que l'autre décrit un arc de 45 degrés. C'est dans cette troisième baguette, fixe sur un point, & mobile dans toutes ses autres parties, que sont cachés les fils qui mettent le bec & les aîles en mouvement : la baguette mobile passe à l'improviste d'une position à l'autre, dans un instant où vous êtes occupé de quelqu'autre objet ; & quand même votre attention ne seroit pas absorbée toute entière par le chant des oiseaux, ou par le trémoussement de leurs aîles, cette baguette se meut avec tant de rapidité, que vous ne sauriez l'appercevoir dans son passage. »

« Bientôt après on monta un *automate jouant aux échecs* ; il étoit semblable à celui qu'un méchanicien Allemand a fait voir, pendant quelque temps à Paris & à Vienne en Autriche, sur lequel un auteur a composé un gros volume, & dont quelques journalistes étrangers ont fait un éloge emphatique. »

« Nous vîmes d'abord une figure d'homme, de grandeur naturelle, habillée à la Turque, & assise derrière une commode, sur laquelle étoit placé l'échiquier ; toutes les portes de la commode furent ouvertes pendant quelques inftans, pour nous faire voir qu'il n'y avoit dans l'intérieur que des rouages, des leviers, des cadrans, des refforts. L'automate n'avoit pareillement dans fon eftomac que des fils de fer, des cordes & des poulies ; le tout fut traîné fur quatre roulettes dans différens coins de la chambre, pour nous prouver que la machine n'avoit aucune communication avec les appartemens voifins. Après cette obfervation, il nous parut évident que l'automate ne fe remuoit que par fes propres refforts ; mais fes mouvemens nous femblèrent bientôt être l'effet des raifonnemens les plus profonds & les mieux combinés. Il gagnoit prefque toujours la partie contre les meilleurs joueurs, & pour cela il eft conftant qu'il étoit obligé de faire à chaque inftant de nouvelles combinaifons, & de prendre quelquefois un chemin très-irrégulier, pour furprendre fon adverfaire dans la marche arbitraire qu'il avoit adoptée.

« M. Hill ne pouvant rendre raifon d'une opération fi merveilleufe, M. Van-Eftin lui en donna auffi l'explication. L'automate joueur d'échecs eft mis en mouvement par un nain, habile joueur, caché dans la commode : vous ne pouvez le voir, continue-t-il, lorfqu'on ouvre les portes, parce qu'alors il a les jambes & les cuiffes cachées dans des cylindres creux qui femblent deftinés à porter des roues & des leviers ; le refte de fon corps eft dans ce moment, hors de la commode, & fe trouve caché fous les jupons de l'automate : quand on a fermé les portes de la commode, on tourne une manivelle, fous prétexte de monter les refforts de la machine, ce qui produit un bruit affez confidérable ; les roues & les cliquets que l'on entend, donnent en même temps à cette expérience un air de vraifemblance & de myftère, & permettent au petit nain de changer de place & de rentrer dans la commode fans être entendu. »

« Tandis qu'on promène la machine de part & d'autre fur les roulettes, pour prouver qu'elle eft bien ifolée, le petit nain ferme la trappe par où il a paffé ; enfuite on lève les jupes de l'automate ; on fait voir jufques dans fon eftomac, pour prouver qu'il n'y a aucune fupercherie, & le tout fe termine au grand étonnement des fpectateurs, qui attribuent à de fimples refforts, ce qui ne peut provenir que d'un cerveau bien organifé. »

« Il refte à favoir, dit M. Hill, comment le nain caché dans la commode peut connoître le jeu de fon adverfaire. »

« Il y a plufieurs moyens, répondit M. Van-Eftin ; 1°. on peut mettre dans chaque pièce du jeu un morceau de fer aimanté ; & fous chaque cafe de l'échiquier une petite aiguille de bouffole bien fenfible, afin que par fon agitation elle marque la cafe qui vient d'être occupée ou abandonnée ; 2°. on peut donner mentalement un numéro à chaque cafe, pour la diftinguer de toutes les autres & exprimer ce numéro à la perfonne cachée, foit par la pofition & le nombre des doigts qu'on lui montre, foit par la prononciation de certains mots ; 3°. on peut faire un échiquier demi-tranfparent, qui, fervant de deffus à la commode, laiffe l'intérieur dans l'obfcurité, afin qu'il ne puiffe être vu de perfonne, & qui cependant y laiffe entrer affez de lumière pour que le nain puiffe voir de-là tout ce qui fe paffe au-dehors. »

« Quand au moyen employé pour donner à l'automate les mouvemens néceffaires, on voit que fon bras & le levier intérieur qui le fait mouvoir, doivent être confidérés comme un pantographe, dont une extrémité fe meut en tout fens pour deffiner un tableau en grand, tandis qu'on promène l'autre extrémité pour lui donner ces mêmes mouvemens en petit, en lui faifant parcourir les traits d'un tableau en miniature. »

Automate jouant de la flûte au commandement, quoique bien ifolé, au milieu d'un jardin ; nouvelles tables fur lefquelles on fait mouvoir des machines à volonté, fans bafcules, fans fil d'archal & fans aimant.

On nous préfenta, fur une table, un *automate jouant de la flûte ;* nous crûmes d'abord qu'il y avoit des tuyaux d'orgues cachés dans fon eftomac, que les fons ne provenoient pas de la flûte même, & que l'automate ne remuoit fes doigts que pour tromper nos yeux ; mais nous fûmes bientôt défabufés. On nous fit voir qu'une chandelle allumée, qu'on approchoit de la bouche de l'automate, s'éteignoit par le vent qui en fortoit ; que la flûte donnoit toujours le même fon quand on empêchoit les doigts de fe remuer, & que le fon étoit plus ou moins aigu, felon que le doigt de l'automate qu'on tenoit levé étoit plus ou moins près de fa bouche : jufques-là, ce n'étoit pas plus merveilleux que le fameux flûteur de Vaucaufon : mais voici quelque chofe de bien fingulier. M. Van-Eftin nous fit voir douze ariettes fur des feuilles volantes, & les roula pour les inférer dans autant d'étuis, qui furent mis dans une efpèce de fac à ouvrage. Vous avez remarqué, nous dit-il, que ces douze ariettes ne fe reffemblent aucunement ; vous allez en choifir une au hafard, & cependant l'automate jouera auffitôt celle que vous aurez choifie. Je mis la main dans le fac, & j'en tirai un étui où étoit cette ariette du maréchal-ferrant : « *Je voudrois bien vous obéir maman.* »

M. Van-Eftin fit obferver, pour la feconde fois que la mufique des autres ariettes étoit différente, & que j'aurois pu, par hafard, en choifir une autre : auffitôt, à notre grand étonnement, la machine joua l'air que j'avois choifi.

M. Hill crut d'abord que ce flûteur, comme le joueur d'échecs, avoit dans son corps quelque nain caché, qui jouoit à volonté, selon le besoin, & nous raconta à ce propos l'histoire d'un musicien, qui, du temps de Louis XIV, gagna 24000 livres à la foire Saint-Germain, à Paris, en faisant voir une épinette qui jouoit au commandement, & dans laquelle il avoit caché un petit enfant.

M. Van-Estin, pour nous détromper sur ce point, nous fit voir l'intérieur de l'automate, où nous n'apperçûmes que des rouages, des barillets, des ressorts, des soufflets : ce n'est pas tout, continua M. Van-Estin ; choisissez la minute ou la seconde à laquelle vous voudrez que la flûte commence à se faire entendre, & elle commencera précisément dans ce même instant. Cette seconde expérience ayant complettement réussi, M. Hill dit, que cet effet provenoit d'une personne cachée derrière la cloison, que cette personne, d'intelligence avec M. Van-Estin, tiroit à l'instant requis des cordons de renvoi, pour faire avancer ou reculer un aimant caché dans la table, & que ce minéral, par son attraction, pouvoit, au gré de la personne cachée, faire partir une détente de fer, & permettre, par ce moyen un mouvement d'horlogerie, qui étoit l'ame de l'automate, d'aller son train à l'instant desiré.

M. Van-Estin nous fit voir que la table n'avoit aucune communication avec les chambres voisines, & qu'il n'y avoit aucun aimant naturel ou artificiel, ni dans la table, ni sur lui. Il porta aussitôt la machine au milieu du jardin, & revenant sur la porte du salon, qui étoit au rez-de-chaussée, il nous pria de venir auprès de lui, & de fixer encore un autre instant pour entendre un air de flûte à notre volonté. Je choisis la troisième minute, à partir du moment où nous étions. M. Van-Estin prit son violon, & après avoir prélude un instant, il joua le charmant menuet de Zélindor, que l'automate répéta à l'instant que j'avois choisi.

Je vois bien, dit M. Hill, que ce n'est point par l'aimant que la merveille s'opère ; mais voici comme je la conçois.

Il conste, par les expériences de Rameau, de Tartini, de d'Alembert, de Rousseau, & de Musschenbrock, que lorsqu'on fait résonner une corde à violon dans un lieu où sont déposés plusieurs de ces instrumens, toutes les autres cordes qui sont tendues à l'unisson de la première, font entendre le même son, sans qu'on les touche : cela vient, sans doute, de ce que l'air agité par les vibrations de la corde touchée, produit dans les autres des vibrations similaires & d'une fréquence parfaitement égale. Ce principe une fois bien établi, je peux supposer qu'il y a dans l'automate une corde tendue à l'unisson de votre chanterelle ; dans ce cas, vous ne pouvez donner à celle-ci un grand coup d'archet, sans produire dans la pre-

mière un frémissement assez sensible pour déplacer une détente, & par ce moyen laisser partir le volant qui sert de modérateur au mouvement d'horlogerie, caché dans la machine.

Je conviens, dit M. Van-Estin, que le moyen dont vous parlez, pourroit produire quelques effets. Vous me donnez même là une idée que je pourrai appliquer à diverses machines ; mais pour vous prouver que ce n'est point là le moyen que j'emploie, je vais répéter l'expérience, sans jouer du violon. Aussitôt M. Van-Estin se contenta d'avancer sa main vers l'automate, pour lui faire signe de jouer ; cet ordre muet fut suivi d'une prompte obéissance : nous entendîmes un air, qui fut suivi d'un second ; & de plusieurs autres, jusqu'à ce que nous priâmes M. Van-Estin de donner, par signes, un ordre contraire.

Nous étions tous dans l'admiration, & M. Hill dit, que l'industrie humaine n'avoit jamais rien inventé de si étonnant.

Cependant, repliqua M. Van-Estin ; l'effet qui vous étonne, dépend d'une très-petite cause ; & vous cesserez de l'admirer, quand je vous aurai fait connoître ma supercherie.

Dans la tête de l'automate, est un petit serin, qui, sans être vu de personne, voit tout qui se présente à travers la matière demi-transparente, qui forme le front de la figure, & à travers le verre qui forme ses yeux : le moindre signe de ma part, le fait changer de place de droite à gauche, & vice versâ. Un exercice de deux mois a suffi pour lui donner cette habitude, & je n'ai pas eu tant de difficulté à réussir sur ce point, que de l'accoutumer à faire la mort au milieu d'une traînée de poudre à laquelle on met le feu, & à prendre lui-même une mèche allumée pour tirer un coup de canon ; c'est en changeant ainsi de place, qu'il produit dans la machine l'effet que vous avez attribué aux vibrations d'une corde.

Cela suffit, dit M. Hill, pour expliquer comment l'automate peut jouer à l'instant desiré ; mais je ne vois pas que le serin puisse lui faire jouer un air choisi au hasard.

Ceci, répondit M. Van-Estin, est encore l'effet d'une supercherie de ma part. Je vous ai effectivement montré douze ariettes différentes ; mais je les ai mises dans un sac, partagé en deux parties égales, par une toile qui semble lui servir de doublure. La partie du sac où vous avez mis la main, ne contenoit aucune de ces ariettes ; mais il y avoit à leur place, douze fois la même ariette, dans douze étuis différens ; par ce moyen, il ne m'a pas été difficile de connoître d'avance, celle que vous deviez tirer du sac, & de monter la machine pour faire jouer celle-là de préférence aux autres.

Il est inutile de dire ici, par quel méchanisme un automate, une fois monté, peut jouer jusqu'à trente airs différens, & les recommencer cinq à six fois. Dire que c'est l'effet d'une pièce de cuivre, presque tournée comme les volutes dont l'architecture orne les chapiteaux de l'ordre ionique, & à laquelle les horlogers ont donné le nom de limaçon ; ce seroit donner assurément une explication très-obscure : un premier coup-d'œil jeté dans l'occasion, sur une machine de cette espèce, en fera plus connoître dans un instant, que je ne pourrois en dire dans l'espace d'un jour.

On nous fit voir ensuite des automates qui se remuoient au commandement, des lampes qui s'éteignoient d'elles-mêmes à l'instant desiré, & d'autres objets semblables. On ne pouvoit pas dire ici qu'il y avoit dans la table des bascules, des fils d'archal ou de l'aimant. Aucun de ces objets ne pouvoit y être caché, puisque la table étoit de verre, portée sur des pieds de cristal ; on ne pouvoit pas soupçonner non plus qu'il y eût un oiseau de caché dans ces automates, comme dans le joueur de flûte dont nous avons parlé : la plupart de ces machines étant de corne transparente, permettoient au spectateur de s'assurer qu'il n'y avoit aucun animal.

M. Van-Estin nous apprit que sa table étoit formée de deux glaces parallèles, éloignées d'environ une ligne ; mais si unies par les bords, qu'elles sembloient n'en faire qu'une. La glace supérieure avoit dans son milieu un petit trou imperceptible, sur lequel on posoit les automates. Le vent poussé par le pied de la table, à l'aide d'un soufflet, passoit entre les deux glaces, & sortoit par ce petit trou, où il faisoit remuer les machines aussitôt & aussi long-temps qu'on le desiroit.

Automate dansant.

Cet automate est attaché par la main à une barre de fer AB, qui représente une corde bien tendue, (Voyez *fig. 9, pl. 3, de magie blanche, tome VIII des gravures.*) ses bras sont inflexibles au coude ; mais ils peuvent se mouvoir circulairement auprès du tronc, étant attachés aux omoplates par une espèce d'articulation, que les anatomistes appellent *Diarthrôse orbiculaire.* On voit aux points GH & aux points LM, des tuyaux de tôle couverts de fleurs, qui enveloppent une grande partie de la barre de fer. Quand le compère, caché au point C, tourne la manivelle RB, pour lui faire faire un quart de tour à gauche, l'automate, dont les bras, en commençant, sont parallèles à l'horison, s'élève peu à peu jusqu'à ce que les bras soient posés verticalement & parallèles au reste du corps. Si, en suivant la même direction, le compère fait faire à la manivelle un autre quart de tour, la partie supérieure des bras se portant alors en avant vers le spectateur, y entraîne nécessairement le

reste du corps avec d'autant plus de facilité, que les pieds ne s'opposent point à son passage, à cause de l'articulation mobile des jambes avec les cuisses, & des cuisses avec le tronc. Le compère regardant les mouvemens de la machine par un petit trou, peut saisir adroitement l'instant où une jambe passe en avant, l'autre restant en arrière. Alors il laisse un instant la machine à califourchon, ensuite il la balance par de petites secousses & enfin il lui fait faire le moulinet, en suivant le mouvement de l'orchestre ; ce qui fait croire que la figure est sensible aux beautés de la musique. Quatre circonstances concourent ici à faire illusion : 1°. Le compère, à l'aide d'un fil d'archal, finit par détacher de la barre l'automate qui, dans ce moment, tombe par terre ; ce qui persuade que la figure n'étoit point clouée, mais qu'elle serroit la corde en l'empoignant, & qu'elle vient de la lâcher par un véritable méchanisme. 2°. Les ressorts qu'on fait voir dans le corps de l'automate confirment le spectateur dans l'idée qu'il ne faut pas de compère. 3°. Ceux qui ne connoissent point comment on a pu faire parler une poupée, s'imaginent qu'il doit être beaucoup plus facile de faire un automate dansant par méchanique. 4°. Les tuyaux de tôle, qui enveloppent la barre dans tous ses points, excepté à l'endroit où est attaché l'automate, passent aux yeux du spectateur pour être la barre ou la corde même ; & comme ces tuyaux sont sans mouvement, & qu'on en est bien assuré par l'immobilité des guirlandes qui les couvrent & les entourent, on ne s'imagine point que la barre tourne en dedans, d'où l'on conclut qu'il n'y a pas de compère, & que la figure se meut par ses propres ressorts.

(DECREMPS.)

Le grand Sultan.

Cette pièce est connue depuis long-temps à Paris, sous le nom de *petit Turc savant* : c'est un automate d'environ 15 à 18 pouces de hauteur, tenant dans sa main un petit marteau qui frappe sur un timbre ; d'abord, on l'ôte de dessus la table où il est, pour le présenter à différentes personnes, & pour faire voir qu'il est parfaitement isolé ; ensuite, l'ayant remis à sa place, le machiniste lui demande s'il veut faire un compliment à son maître : le petit turc fait signe que non, en tournant la tête. Un instant après, on lui demande s'il veut faire un compliment à la compagnie ; il baisse la tête pour dire qu'oui. Dans ce moment on présente un jeu de cartes à un des spectateurs, pour en faire tirer une au hazard ; & sans voir cette carte, sans s'approcher de l'automate, on lui ordonne de frapper le nombre de coups nécessaires pour en exprimer la valeur. Le petit turc obéit aussi-tôt ; après quoi on lui demande, si la carte choisie est un cœur, un carreau, un pique ou un treffle ; & à mesure qu'on nomme

nomme les couleurs, il remue la tête pour dire oui ou non, & pour donner une réponse toujours conforme à la vérité. Il indique aussi le point qu'on a apporté en jetant des dés non piqués; il marque d'avance le point qu'on apportera d'un second coup de dés. Une personne de la compagnie ayant caché une petite poupée dans une boîte, divisée en plusieurs compartimens, il marque dans quelle case, & à quel numero se trouve la petite figure; & pour terminer ce tour d'une manière comique, quand on lui demande enfin, quel est le plus amoureux de la compagnie, il indique ordinairement un vieillard à lunettes; ce qui donne lieu à diverses plaisanteries.

Explication.

La table où l'on pose le petit turc, est couverte d'un tapis verd, qui cache trois bascules ou leviers; ces bascules peuvent être mises en mouvement, à l'aide de trois fils d'archal, qui, passant dans les pieds de la table, vont aboutir sous le théâtre, ou derrière la cloison. La personne cachée, qui sert de compère, tire ces fils d'archal, selon le besoin, pour pousser ces pièces mobiles, cachées dans le piedestal de l'automate, qui se terminent à sa base; c'est par ce moyen qu'il donne à cette machine divers mouvemens à l'instant désiré, comme quand on fait sonner une montre à répétition, en poussant le bouton de la boîte.

Le faiseur de tours tient dans ses mains un jeu de cartes, arrangées dans un ordre qu'il sait par cœur. Pour que les spectateurs ne soupçonnent point cet arrangement, il les mêle en apparence; mais dans la réalité, il ne fait que couper, ce qui ne dérange point la combinaison du jeu. Lorsqu'il a fait tirer une carte, il coupe une dernière fois, à l'endroit de la carte choisie; par ce moyen, il fait passer sous le jeu, la carte qui étoit immédiatement sur celle qu'on vient de tirer. Alors, regardant le dessous du jeu, fort adroitement, & d'un clin d'œil, il connoît, sans la voir, la carte que le spectateur vient de tirer au hazard. Il interroge le petit turc par une question, dont les mots, les premières syllabes, ou les dernières voyelles, indiquent au compère la couleur & la valeur de la carte. C'est par un stratagême semblable qu'il fait savoir au compère, le premier point porté par un coup de dés non pipés: l'automate peut indiquer facilement & d'avance, le point qu'on apportera d'un second coup, parce qu'aux premiers dés non pipés, on en substitue d'autres qui ont le même point sur toutes les faces. Comme la personne à qui on les donne, pourroit, en les regardant, s'appercevoir de la supercherie; pour éviter cet inconvénient, on a soin, non-seulement de lui recommander de les tenir bien cachés dans ses mains, jusqu'à ce qu'elle les

Amusemens des Sciences.

jette; mais encore de les laisser très-peu de temps sous ses yeux : au lieu de dés qui présentent la même face, on en emploie aussi de plombés; c'est-à-dire, disposés de manière, que le centre de gravité nécessite une chance invariable : & comme il pourroit prendre envie à la personne qui a jeté les dés, de les jeter une seconde fois, soit par hazard ou par soupçon, & que le retour du même point feroit suspecter la loyauté des dés, on évite ces inconvéniens, en les retirant promptement.

La boîte où l'on a caché la petite poupée, doit avoir un fond de cuir assez mou, pour qu'en passant la main par-dessous, on puisse trouver au tact, la case où est la petite figure; & cette poupée doit avoir les dimensions nécessaires pour presser un peu le fond de la boîte, quand elle est fermée.

(DECREMPS.)

Le petit Chasseur.

Cette petite figure tient un arc dans ses mains avec une fleche qui part à l'instant choisi par la compagnie, pour se porter sur un carton placé vis-à-vis, au haut d'une colonne. Ce carton est divisé en plusieurs cercles numérotés, & la fleche se fixe toujours au numéro qu'un des spectateurs a choisi.

Explication.

L'action du ressort qui pousse la fleche, est retenue pour un moment par une cheville que le compère éloigne à volonté en remuant les bascules cachées dans la table. Lorsqu'on presse cette cheville, la fleche se porte rapidement vers le carton, comme le chien d'un pistolet se porte vers la batterie, lorsqu'avec l'index on pousse la détente.

En posant l'automate sur la table, il faut le placer de manière que la fleche soit dirigée vers un des cercles numérotés du carton; ce qui sera d'autant plus facile que ce carton sera moins éloigné. Pour faire choisir le numéro vers lequel on a pointé la fleche, il faut présenter à un des spectateurs des cartes numérotées, & lui faire choisir adroitement le nombre en question; ce qui dépend d'une adresse particulière, qu'il n'est guère possible de peindre par des mots. Cependant on peut dire en général, qu'elle consiste, 1°. à mettre par-dessous le jeu, la carte qu'on veut faire choisir; 2°. à la tenir toujours à la même place, quoiqu'on mêle, ou qu'on fasse semblant de mêler; pour faire croire qu'on n'a aucune carte en vue; 3°. à faire sauter la coupe, pour faire passer cette carte dans le milieu, à l'instant où l'on présente le jeu; 4°. à faire passer plusieurs cartes devant les mains du spectateur, pour lui faire croire qu'il peut choisir indifféremment; 5°. à faire passer ces mêmes cartes avec assez de rapidité, pour qu'il n'en puisse saisir aucune;

L l

6°. enfin, à lui gliffer adroitement dans fa main la carte qu'on veut faire prendre dans l'inftant même où, pour le tromper, on le prie gracieufement de prendre celle qu'il voudra.

(DECREMPS.)

Oifeau artificiel chantant à commandement.

Cet oifeau perché fur une bouteille, chante fans aucun exercice préliminaire tous les airs qu'on lui demande, fans excepter ceux que des muficiens confommés dans leur art, peuvent compofer impromptu devant lui. Il chante également bien lorfqu'on le tranfporte d'une bouteille à l'autre fur différentes tables; le vent qui fort de fon bec fouffle une chandelle pour la rallumer bientôt après; & cela lors même qu'il n'eft plus appuyé fur fa bouteille & qu'on le tient entre fes mains.

Explication.

Derrière la toile dont une partie couvre la cloifon, font deux pièces de métal en forme de cônes creux; ces cônes, qui ne font pas égaux entr'eux, fervent de porte-voix au compère, ou pour mieux dire, ce font des échos qui réfléchiffent fa voix vers différens points, comme deux miroirs concaves, de diverfes courbures, renvoyent l'image en deça de la glace, à différentes diftances. Le compère, imitant la voix d'un oifeau, fuit les airs que les muficiens jouent de mémoire, ou d'après la mufique notée qu'on leur fournit. Si l'air qu'on donne eft trop difficile pour que le muficiens & le compère puiffent l'exécuter impromptu, on annonce à la compagnie, que pour rendre le tour plus furprenant, on va commencer à jouer un air connu, & qu'on paffera brufquement à l'air en queftion, comme pour furprendre l'oifeau & le mettre dans l'impoffibilité d'exécuter ce qu'on lui préfente; quelques-uns des muficiens profitent de ce moment pour jetter un coup d'œil rapide fur la difficulté propofée, & ne commencent à l'exécuter, qu'après l'avoir étudiée fuffifamment. Le compère employe les deux différens échos, pour renvoyer fa voix à différens points, felon la table & la bouteille où l'oifeau fe trouve perché.

L'oifeau a dans fon corps un petit fouflet double, comme celui d'une ferinette, & entre fes pieds une cheville mobile qui fait jouer le fouflet; cette cheville, en entrant dans le goulot de la bouteille, s'appuie fur une pièce de bois, qu'on

ne peut pas voir, parce que la bouteille eft opaque. Cette pièce, pofant verticalement fur le fond mobile de la bouteille, peut facilement remuer le fouflet, & être mife en mouvement par les bafcules qui font fous le tapis, lorfque le compère tire les fils d'archal cachés dans les pieds de la table; par ce moyen on fait remuer le fouflet pour éteindre la chandelle, & pour prouver au fpectateur que les fons font réellement formés dans le gofier de l'oifeau, par le vent qui fort de fon bec. Quand on prend l'oifeau dans les mains, on agite foi-même le fouflet avec le pouce, & le vent éteignant pareillement la chandelle, perfuade à la compagnie que l'oifeau chante indépendamment des machines cachées dans la table & derrière la cloifon. La chandelle n'étant éteinte que depuis un inftant, la mèche encore chaude ne peut fe rapprocher fans fe rallumer, parce qu'on a eu foin d'y mettre un peu de fleur de foufre qui produit l'effet d'une allumette.

(DECREMPS.)

Sauteurs Chinois.

Ces figures ont été imaginées à la Chine: elles exécutent les tours d'équilibre que nous voyons faire aux fauteurs, en s'élançant fucceffivement fur tous les degrés d'un gradin, depuis le plus élevé jufqu'à celui qui eft le plus bas. Rien n'eft indigne de l'attention du phyficien. Le célèbre Mufchembroeck, dans fon introduction à la philofophie naturelle, a daigné entrer dans la defcription de cette méchanique ingénieufe dont toute la magie confifte dans la mobilité de parties de la figure, & dans une quantité de mercure, qui, paffant alternativement de la partie fupérieure du corps dans la partie inférieure, change les pofitions de la figure de degrés en degrés, jufqu'à ce que le centre de gravité trouve un point d'appui; tous ces mouvemens s'exécutent lentement & fucceffivement, parce qu'étant produits par l'écoulement du mercure, il faut un temps d'une certaine durée pour qu'il puiffe paffer de la cavité fupérieure dans la cavité inférieure.

On trouvera la defcription de beaucoup d'autres automates aux mots aimant, cadran, cartes, cigne, danfe magnétique, dragon, efcamotage, figures, méchanique, orgue, palais de l'amour, ferpens, firène, tête enchantée, &c. &c.

AUTOMATE DESSINATEUR; (Voyez à l'article DESSIN.)

B.

BAGUE *suspendue aux cendres d'un fil.* On fait diffoudre dans un peu d'eau de rivière une pincée de fel commun; & pendant 24 heures, on y laiffe tremper un fil de moyenne groffeur. Lorfqu'il fera fec, fi l'on paffe une bague fort légère dans ce fil, & que la tenant fufpendue on y mette le feu, le fil brûlera fans que pour cela la bague ceffe d'être foutenue, pourvu qu'on ne faffe pas vaciller la bague pendant cette opération. Auffi-tôt qu'on couchera ce fil, il s'en ira en pouffière, & la bague tombera. Cet effet eft dû fans doute à ce que le feu, en confumant les parties filamenteufes du fil, n'a pas néanmoins opéré folution de continuité entre les particules falines; mais le plus léger effort fuffit pour les défunir.

Baguette divinatoire.

On préfente à la compagnie une douzaine de boîtes, & l'on prie quelqu'un de mettre fecrettement dans une, un écu de fix livres. On fait mettre fucceffivement ces boîtes fur une table; enfuite, fans les ouvrir & fans les toucher, on porte fur chacune en particulier une baguette, qu'on foutient fur les deux index, & quand on arrive à celle qui contient l'écu, la baguette fe met à tourner rapidement; ce qui fait croire à plufieurs perfonnes, que des émanations métalliques font la caufe de cette rotation.

Explication.

Chaque boîte doit avoir dans l'intérieur un double fond mobile, tant foit peu éloigné du premier par l'action d'un foible reffort.

Ce double fond preffe le reffort, en defcendant d'une demi-ligne, quand il eft chargé du poids de l'écu, & par ce petit mouvement, il fait paroître au dehors un très-petit clou qui étoit auparavant imperceptible; c'eft à l'apparition de ce clou qu'on reconnoît la préfence de l'écu dans la boîte.

Maintenant, pour enfeigner à faire tourner la baguette, foit dans le tour dont nous venons de parler, foit dans la prétendue découverte des eaux fouterraines, nous allons donner le moyen de faire foi-même, ou de faire faire par un automate, les expériences faites par ceux qui fe flattent d'avoir la propriété exclufive de découvrir les fources.

1°. Ayez une baguette d'ofier, de coudrier, ou de toute autre matière, pourvu qu'elle foit d'une groffeur uniforme, un peu flexible, bien ronde & bien polie.

2°. Qu'elle ait deux pieds de longueur, & ployez-la, en lui donnant la courbure d'un cercle qui auroit deux pieds de rayon.

3°. Pour la rendre plus pefante, & par conféquent plus propre au mouvement de rotation, adaptez-y trois viroles de métal; une dans le milieu, les deux autres à chaque extrémité.

4°. Appuyez-la fur vos deux index, fitués horizontalement, de manière que les deux points d'appui foient près des extrémités de la baguette : vous verrez alors que le milieu fera au-deffous du niveau des deux bouts; mais en rapprochant lentement vos deux index l'un de l'autre, vous verrez le milieu de la baguette s'élever peu-à-peu & les deux bouts feront la culbute : alors, fi vous remettez les deux mains dans la même pofition & à la même diftance qu'auparavant, la baguette reprendra fa première fituation.

5°. C'eft par ce rapprochement & par cet écartement fucceffif de vos mains, que vous pourrez acquérir la facilité de la faire tourner avec adreffe, tâchant toujours de donner à vos mains le moindre mouvement poffible.

6°. Pour diminuer ce mouvement de vos mains, il faut éviter les frottemens, en donnant à la baguette très-peu de diamètre, & en l'appuyant fur la partie de vos doigts qui préfente le moins de furface.

7°. Le mouvement de vos mains peut devenir tout-à-fait infenfible, fi au lieu d'appuyer la baguette fur vos doigts, vous la portez fur deux fils d'archal, un peu arqués, que vous tiendrez à votre main. Ces deux fils d'archal étant bien ronds & bien polis, les points d'appui deviendront infiniment petits, & les frottemens feront prefque nuls.

8°. Ayant pris l'habitude de faire tourner la baguette par la vibration de vos mains, fi quelqu'un s'apperçoit de votre mouvement quand vous ferez des tours, & fi on s'avife de vous en faire le reproche, dites comme les *fourciers*, que ce font les émanations métalliques ou les vapeurs des eaux fouterraines, qui, en faifant tourner la baguette, vous donnent en même temps la fièvre.

9°. Quand on vous proposera de découvrir de l'eau dans quelque campagne, faites hardiment tourner la baguette dans tous les endroits où vous trouverez du gazon frais en temps de sécheresse, parce que ce sont réellement alors, les vapeurs des eaux souterraines qui entretiennent ce gazon dans sa fraîcheur.

10°. Quand ce moyen vous manquera, choisissez toujours de préférence, l'endroit le plus profond d'une vallée, & faites-y tourner la baguette, en assurant qu'il y a de l'eau, parce que c'est-là que se trouve le dépôt de toutes les pluies, que les montagnes voisines ont absorbées.

11°. Vous pouvez faire tourner la baguette dans d'autres endroits, en assignant à-peu-près le degré de profondeur où on peut trouver des eaux; il y en a presque par-tout; elles circulent dans la terre, comme le sang dans nos veines.

Cependant, si quelquefois il vous arrive de vous tromper, dites que dans ce cas particulier, un courant d'air humide ou de matière électrique a produit sur vous le même effet que les vapeurs.

12°. Si pour vous éprouver, on vous conduit successivement sur les différentes branches d'un acqueduc, dont vous ne connoissez point la direction; faites-vous accompagner par un homme qui ait le plan de l'aqueduc, & qu'il vous fasse un petit signe, quand vous en aurez besoin, pour indiquer chaque branche en particulier.

13°. Si on vous bande les yeux pour que vous ne puissiez pas appercevoir ces signes, un seul mot, ou même un silence affecté de la part de votre compère, doivent vous suffire, pour vous faire savoir le oui ou le non.

14°. Que votre compère vous fasse quelquefois signe en glissant du pied, ou en ouvrant une tabatière, & qu'il affecte ingénieusement de prendre parti contre vous, afin qu'on le soupçonne moins d'être votre ami.

15°. Il est plus difficile qu'il ne paraît d'abord, de faire tourner la baguette par un automate. Les mouvemens spontanés d'un homme adroit, peuvent suppléer à chaque instant aux changemens que le hazard produit dans la position de la baguette, qui, se portant de droite à gauche, ou de gauche à droite, tomberoit bientôt, si on n'y rémédioit, en la ramenant à chaque instant à sa vraie position; mais les mouvemens d'un automate étant nécessairement uniformes, ou aveuglément variés, ne peuvent remédier, selon le besoin, à ces variations fortuites.

Nous allons applanir cette difficulté, en faveur de ceux qui voudroient faire tourner la baguette par une poupée, dont les mains recevroient un petit mouvement de vibration, par un mouvement d'horlogerie.

16°. Faites une baguette arquée comme la précédente; mais au lieu d'être cylindrique, quand elle est redressée, que ce soit un parallélipipede rectangle, & qu'aux deux endroits qui doivent toucher le point d'appui, elle soit arrondie & d'un moindre diamètre. En l'appuyant alors sur deux fils d'archal que tiendra le mannequin, elle ne pourra plus s'écarter à droite ou à gauche, & les mouvemens uniformes de l'automate, pourront continuer de la faire tourner.

17.° La baguette étant ainsi construite, si on rapproche un peu du milieu les deux viroles qui sont aux deux extrêmités, sans que personne s'en apperçoive, le centre de gravité se trouvera changé, & personne ne pourra la faire tourner, en la soutenant vers les deux points où elle est arrondie. On ne pourra pas non plus la faire tourner en l'appuyant dans ses autres points, parce qu'étant quarrée, par-tout ailleurs, les frottemens seroient trop grands, & la vibration des mains trop visible.

18°. Pour faire tourner la baguette entre les mains d'une poupée, lorsqu'on la porte sur les différentes branches d'un aqueduc, ou lorsqu'on lui présente de l'eau ou de l'argent, ayez donc dans votre poche un aimant caché, qui puisse à volonté faire lever une détente de fer, & mettre en jeu le mouvement d'horlogerie qui doit produire dans l'automate la vibration de ses mains.

19°. Pour produire un effet semblable sans mouvement d'horlogerie, mettez au pied de la poupée un bassin, que vous remplirez d'eau; alors, à l'aide de quelques leviers cachés dans le corps de l'automate, l'eau qui s'écoulera pourra produire dans ses mains la vibration nécessaire.

20°. Pour faire un mannequin qui fasse continuellement tourner la baguette, ayez sur le toit de votre maison un grand bassin, ou la pluie entretienne toujours une certaine quantité d'eau; adaptez-y un tuyau, qui puisse à chaque instant en faire couler quelques gouttes aux pieds de l'automate, & par ce moyen, vous aurez dans votre baguette, une espèce de mouvement perpétuel: nous disons une espèce, parce que nous ne prétendons pas sûrement avoir résolu le fameux problême de méchanique, dont quelques demi-savans s'occupent en vain, & que les vrais savans ont, dit-on, abandonné.

21°. Enfin, pour varier ce tour, on peut faire tourner la baguette, en la tenant inclinée à l'angle de 45 degrés; mais nous n'en donnerons pas ici le moyen, parce que nous ne prétendons pas faire un traité complet de la baguette divinatoire.

Nota. Il est facile de découvrir maintenant l'origine de l'erreur populaire sur la baguette, & de voir comment un simple tour de passe-passe a pu en imposer à tant de monde, depuis le douzième siecle jusqu'à nos jours ; l'imposture , l'ignorance & la crédulité , sont les causes secondaires d'une pareille erreur ; mais la principale cause est celle-ci , si je ne me trompe : la vibration des mains est un mouvement lent & insensible , & se fait en ligne droite. Le mouvement de la baguette est au-contraire très-visible , & en même-tems rapide & circulaire : il paraît impossible , au premier abord que le second mouvement soit un effet du premier. Or nous avons dit ailleurs , que lorsque des phé-nomenes visibles & frappans dépendent d'une cause insensible & inconnue , l'esprit humain , toujours porté au merveilleux , attribue naturel-lement ces effets à une cause chimerique. Voilà ce qui a fait croire que les vapeurs souterraines produisoient dans la baguette son mouvement de rotation. L'erreur ayant une fois jeté de profondes racines sur les esprits foibles , ils sont devenus entierement sourds à la voix de la raison , & dans un siecle éclairé nous avons vu le préjugé se ré-pandre tous les jours de plus en plus par l'industrie de gens intéressés à sa propagation.

(DEGREMPS.)

Baguette magnétique.

C'est une petite baguette de bois d'ébene ou autre , de la longueur d'environ neuf à dix pouces , & de quatre à cinq lignes de grosseur. Elle est percée dans toute sa longueur d'un trou de deux à trois lignes de diametre , propre à recevoir une petite verge d'acier d'Angleterre très-fin , & for-tement aimantée. Cette petite baguette est fermée par ses deux extrémités avec deux petits boutons d'ivoire qui doivent y entrer à vis , & très-diffé-remment configurés , afin de pouvoir recon-noître aisément de quel côté sont les pôles du barreau d'acier renfermé.

Lorsque vous présenterez le pôle septentrional de cette baguette au pôle septentrional d'une ai-guille aimantée suspendue librement sur son pi-vot , ou à un corps léger , nageant & se soutenant librement sur l'eau ou sur tout autre fluide , & dans lequel vous aurez inséré un petit barreau d'acier aimanté , ce corps s'approchera alors de cette baguette & lui présentera le côté du barreau renfermé où est son sud.

On peut exécuter un grand nombre de récréa-tions avec cette baguette.

BAISER ÉLECTRIQUE. (*Voyez* ÉLECTRI-CITÉ.)

BALANCE HYDROSTATIQUE. L'hydrosta-tique est une science des plus curieuses , des plus utiles , des plus importantes , puisqu'elle nous ap-prend à connoître les loix de la pesanteur & de l'équilibre des fluides : ces connoissances nous procurent l'avantage d'employer utilement les ma-

chines hydrauliques par lesquelles nous transpor-tons les eaux dans des endroits souvent inacces-sibles , nous embellissons nos jardins , par le spec-tacle charmant des eaux diversifiées de mille ma-nières ; tantôt nous les élançons dans les airs , à des hauteurs prodigieuses ; divisées , atténuées , réduites en poussière fine , elles se répandent dans les jardins , y portent une fraîcheur délicieuse : tantôt elle se précipitent en ruisseaux qui serpen-tent au milieu des gazons : tantôt en perrons , en nappes , elles nous représentent alors de légères images de ces cataractes , tableau sublime des jeux de la nature. C'est par cette science que nous sou-mettons l'élément de l'eau , que nous l'employons à mille machines ingénieuses pour les arts , comme les pompes , les moulins à eau , les moulins à forge , ceux à fouler les draps , &c. C'est par elle que nous apprenons à nous opposer aux forces supérieures de l'élément liquide qui nous déso-leroit.

L'hydrostatique peut être considérée sous trois points de vue ; savoir , 1°. de comparer entre elles des liqueurs , soit homogènes , soit hétéro-gènes ; 2°. de démontrer les différentes densités de ces corps , en cherchant à connoître leur gra-vité , ou leur pesanteur spécifique ; 3°. de mettre en équilibre des corps solides avec des liquides.

L'équilibre des liqueurs homogènes se prouve par les expériences du syphon & des vases com-municans.

L'équilibre des liqueurs hétérogènes se prouve dans l'expérience du *passe-vin*.

La balance hydrostatique est un instrument in-génieusement imaginé pour trouver la pesanteur spécifique des corps solides & liquides. Son usage est fondé sur ce théorème d'Archimede , qu'un corps plus pesant que l'eau pese moins dans l'eau que dans l'air , du poids d'une masse d'eau , de même volume que celui qu'il déplace lorsqu'on l'y plonge ; d'où il suit que si l'on retranche le poids du corps dans l'eau , de son poids dans l'air , la différence donnera le poids d'une masse d'eau égale à celle du solide plongé. Cette balance est donc d'un usage important pour connoître les degrés d'alliage des corps de toute espèce , la qualité & la richesse des métaux , mines , miné-raux , les proportions de quelque mélange que ce soit , la pesanteur spécifique étant un moyen cer-tain de juger parfaitement de toutes ces choses.

La pesanteur absolue est celle qui est propre à un corps , & elle est toujours la même , c'est-à-dire qu'une livre pese toujours une livre.

La pesanteur spécifique est celle qui regarde tout corps comparé à un autre , qui , à volume égal , se trouve plus ou moins pesant. Prenez un volume de laine égal à un volume de plomb , que ce dernier soit cent fois , mille fois plus pesant que le premier ; on dira, la pefanteur fpécifique de la laine à celle du plomb, eft comme un à cent ou à mille : ainfi la pefanteur fpécifique d'une matière eft le poids qu'elle a fous un volume connu. C'eft ce qu'on nomme auffi fa denfité.

Veut-on connoître la pefanteur fpécifique d'une liqueur ; on prend un corps folide, comme du verre, de telle forme qu'on veut, fphérique, cylindrique ou cubique ; on le met en équilibre dans l'air aux bras de la balance hydroftatique, pour connoître d'abord fa pefanteur abfolue : on le fait enfuite plonger entièrement dans la liqueur ; l'équilibre fe rompt à l'inftant par cette immerfion ; ce qu'on eft obligé d'ajouter pour le rétablir, eft juftement le poids du volume de liqueur qui a été déplacé par le corps plongé. Si ce corps étoit un cube d'un pouce, & qu'après l'avoir plongé, on eût ajouté 4 gros, il faudroit conclure qu'un pouce cube de la liqueur pefe quatre gros. Dans ces fortes d'expériences, on doit avoir une attention fcrupuleufe que le folide plongé & la liqueur où fe fait l'immerfion ne varient point de denfité pendant l'opération ; car alors les réfultats ne feroient plus exacts. D'après ces principes, on a conftruit des *aréomètres* pour connoître la différente pefanteur fpécifique des liqueurs.

Archimede, parmi les anciens philofophes, eft celui qui paroît avoir fait plus de progrès dans l'étude de l'hydroftatique. L'obfervation qu'il fit dans le bain, qu'en s'y plongeant plus ou moins il déplaçoit un volume d'eau plus ou moins grand, fut pour lui un coup de lumière. Frappé d'un phénomène fi peu important en apparence, il fortit de l'eau précipitamment, & parcourut les rues de Syracufe, en s'écriant, *Je l'ai trouvé, je l'ai trouvé.* Le philofophe de retour dans fon cabinet, partit de cette obfervation pour déduire des principes qui le conduifirent à reconnoître par la balance hydroftatique, la quantité d'alliage mêlé dans la couronne du roi Hiéron. On avoit donné à un orfèvre un lingot d'or d'un poids connu pour faire une couronne ; il rendit une couronne qui pefoit le même poids : on voulut favoir, fans altérer la couronne, fi elle ne contenoit point d'alliage.

Archimede, chargé de cet examen, commença par plonger entièrement la couronne dans un vafe plein d'eau, & pefa exactement la quantité d'eau qui en étoit fortie. Il plongea de même entièrement dans le même vafe plein d'eau deux maffes, l'une d'or, l'autre d'argent, & pefa exactement la quantité d'eau que ces deux maffes avoient fait fortir du vafe. Il trouva que la maffe d'or pur avoit fait fortir une plus petite quantité d'eau que la couronne d'or ; & que la couronne d'or en avoit fait fortir une plus petite quantité que la maffe d'argent. Vitruve, qui rapporte le fait, ne dit point quelle étoit la quantité de l'or, ni quel

fut le raifonnement d'Archimède pour découvrir l'infidélité de l'orfèvre : mais on peut fuppofer que la couronne pefoit 20 marcs ; qu'ayant été plongée dans un vaiffeau plein d'eau, elle en fit fortir 13 marcs d'eau, que la maffe d'or pur & d'égal poids n'en fit fortir que 12 marcs d'eau ; qu'enfin la maffe d'argent en fit fortir 18 marcs d'eau. Cela fuppofé, on découvrira par la règle de fauffe pofition, ou par quelques équations algébriques, que l'orfèvre avoit mêlé 3 marcs & un tiers d'argent dans la couronne.

La balance hydroftatique donne auffi un moyen fûr pour connoître par la pefanteur fi une pièce de monnoie eft falfifiée, & fi un diamant eft faux.

BALANCE MAGNÉTIQUE, (*Voyez à l'article* AIMANT.)

BALLES (Pièce à) [*Voyez à l'article* CATOPTRIQUE.]

BANQUISTES. On entend par *banquiftes*, toute forte de gens qui vont de ville en ville, pour vivre aux dépens du public qu'ils attrapent. Les uns vendent de l'onguent pour la brûlure, les autres des clous rouillés pour guérir du mal aux dents ; ceux-ci font voir un bœuf à la tête duquel on a induftrieufement ajouté une troifième corne, ceux-là, montrent pour de l'argent un grand jeune homme habillé en femme, qu'ils appellent une *géante* ; il y en a qui vendent des cantiques de Saint-Hubert avec un petit anneau, pour guérir de la pefte & de la rage ; quelques-uns vendent des bouts de fuif, qu'ils appellent *de la graiffe d'ours*, pour faire croître les cheveux ; d'autres font voir des finges de Ceylan, & des léopards d'Afrique ; mais la plupart, pour me fervir de leurs expreffions, ont *un truc pour roufir les gonzes* ; c'eft-à-dire, une fupercherie pour attraper les bonnes gens, & payer quelquefois leurs dettes en monnoie de finge ; il y a dans cet état, comme dans beaucoup d'autres, de bons & de mauvais fujets, des victimes & des coryphées. On a vu des gens très-riches y manger leur bien, & des favoyards y faire fortune ; ils ont quelquefois de grands protecteurs, & ils font prefque tous autorifés par la police, non en tant qu'ils attrapent le public ; mais feulement en tant qu'ils l'amufent, & comme un mal néceffaire. On n'apprendra peut-être pas fans furprife, qu'il y avoit à Paris un homme de cet état, fi enthoufiafmé de ce genre de talent, qu'il recevoit, logeoit & nourriffoit chez lui *gratis*, pendant trois jours, tous les pauvres *banquiftes* qui venoient lui demander l'hofpitalité.

Il y avoit (dit M. Decremps) dans mon auberge une douzaine de gros gaillards, qui n'avoient pas tous une très-bonne mine, quoique plufieurs euſſent de l'oripeau ſur leur habit ; ils avoient avec eux leurs femmes, que je pris d'abord pour des vivandières ; mais leur converſation m'apprit bientôt en quelle compagnie je me trouvois. Je demandai une chambre particulière, pour M. Boniface & moi ; mais l'aubergiſte me dit que cela ne ſe pouvoit point, & que puiſque j'aimois la ſolitude, il me feroit coucher dans une petite chambre à quatre lits. Il étoit trop tard, pour aller chercher une autre auberge ; c'eſt pourquoi je fis de néceſſité vertu, & je ſoupai à table d'hôte avec toute la compagnie ; d'abord on parla peu ; mais en compenſation, on but beaucoup, parce que les convives obſervoient à chaque inſtant qu'il falloit profiter de l'occaſion, puiſqu'on étoit dans la Bourgogne. Une demi-heure après, la converſation s'anima peu-à-peu ; mais M. Boniface & moi, n'y prîmes aucune part, parce qu'on parloit d'une infinité d'objets qui nous étoient inconnus ; c'eſt pour cela qu'on parut ne faire aucune attention à nous, ou qu'on nous regarda comme deux imbécilles, plus propres à être la proie des aigre-fins qu'à faire des dupes. Je voudrois pouvoir donner ici à mes lecteurs une idée du bavardage que j'entendis ce ſoir-là, parmi ces meſſieurs, il me ſuffiroit, peut-être, de dire que leurs diſcours étoient auſſi libres que leurs manières, & auſſi bigarrés que leurs habits ; mais je crois pouvoir rapporter ici un petit dialogue qui eut lieu entre un des convives, qu'on appeloit *l'aboyeur*, & un autre, qu'on appeloit *le directeur*.

L'Aboyeur.

Hé bien, monſieur le directeur, comment va votre ſpectacle ? êtes-vous bien toujours content de vos acteurs & de vos actrices ?

Le Directeur.

Ils commencent à jouer paſſablement leur rôle ; mais j'ai un danſeur & une danſeuſe, qui ne peuvent jamais paroître ſur le théâtre ſans faire quelques faux pas.

L'Aboyeur.

Pourquoi ne leur faites-vous pas payer l'amende ?

Le Directeur.

Tu ſais bien qu'ils n'ont pas le ſou.

L'Aboyeur.

Je le ſais bien, monſieur le directeur ; mais vous pourriez les punir en les faiſant coucher ſans ſouper.

Le Directeur.

Si je prenois ce moyen, ils danſeroient encore

plus mal le lendemain, & le public, mécontent, finiroit par abandonner mon ſpectacle.

L'Aboyeur.

Dans ce cas, il faut les renvoyer dans leur pays pour en faire venir d'autres.

Le Directeur.

Il m'en coûteroit trop, de les renvoyer à cinquante lieues ; j'aime bien mieux les tuer.

L'Aboyeur.

Vous auriez peut-être tort de les tuer, parce qu'ils peuvent ſe corriger, & mieux danſer dans la ſuite.

Le Directeur.

Ils ſont incorrigibles ; & demain matin je leur coupe la tête.

Surpris de cette réſolution ſanguinaire, je ne pus m'empêcher de m'écrier, quoi, monſieur, vous voulez couper la tête à un danſeur & à une danſeuſe ; & le directeur en colère, me repondit : oui ſans doute, je veux les égorger, les éventrer, & leur manger le cœur ; au reſte, ajoute-t-il, ils ne ſeront pas les premiers, car j'en ai embroché beaucoup d'autres.

Dès ce moment, je crus être dans une bande d'aſſaſſins ; je regardai le directeur comme un de ces fameux férailleurs, qui mépriſent les petits ſpadaſſins lorſqu'ils n'ont encore tué que deux ou trois hommes. Cependant, ma ſurpriſe alloit toujours en augmentant, & je ne pus m'empêcher de faire diverſes queſtions pour ſavoir les *pourquoi* & les *comment* ; mais alors, tout le monde, excepté mon compagnon & moi, ſe mit à rire, en diſant : on voit bien que ces meſſieurs ne ſont pas *banquiſtes*.

Le lendemain, je ſéjournai à Auxerre, pour attendre le départ du coche de Paris : & en faiſant quelques informations ſur monſieur le directeur, j'appris qu'il m'avoit dit la vérité ; mais que je l'avois mal entendue. Cet homme avoit dreſſé dans la ville un petit théâtre, ſur lequel il faiſoit danſer des canards & des dindons au ſon du violon & de la flûte ; je vis par-là, que pour nourrir ſes acteurs il n'avoit pas beſoin de boulanger, & que pour ſe nourrir lui-même il pouvoit les égorger, & les envoyer chez le rôtiſſeur.

Si on deſire ſavoir comment on peut faire danſer des dindons & des canards ; voici ce que j'ai appris depuis.

On les met ſur un théâtre de tôle, entouré d'un grillage de fil-d'archal ; de ſorte que ce théâtre n'est autre chose qu'une grande cage, dont le fond est une mince plaque de fer. Pour commencer la danse, on allume le feu sous le théâtre, & les pauvres bêtes, qui commencent à sentir la chaleur, lèvent alors tantôt un pied, tantôt l'autre ; dans ce moment, les violons jouent très-lentement ; mais lorsque la chaleur augmente, & que la tôle devient un peu rouge, les acteurs sont obligés de sauter, sous peine d'avoir le pied rôti jusqu'aux ergots ; alors les violons jouent beaucoup plus vîte, & les musiciens ont soin de suivre le mouvement des dindons, tandis que les spectateurs ignorant la supercherie, s'imaginent que ces animaux ont l'instinct de suivre la musique.

Voyant que le directeur & ses confrères n'étoient pas si méchans que je l'avois cru d'abord, la curiosité de les entendre encore une fois, & le désir de les observer, m'empêchèrent de changer d'auberge. Nous soupâmes donc une seconde fois avec la même compagnie, & la conversation y devint plus animée que le jour précédent, parce qu'on but quelques bouteilles de plus. Sur-la-fin du repas, il y en eut un qui désira, pour l'instruction générale, que chacun se vantât du plus joli tour qu'il jouoit dans l'occasion ; si vous y consentez, dit-il, je vous promets pour récompense, de vous enseigner comment j'ai fait pour vendre trois louis un pot-de-chambre de faïence, qui ne m'avoit coûté que six sous. Alors, chacun fut piqué de curiosité, & l'on acquiesça à la proposition. Le marché paroissoit d'autant plus avantageux, qu'en enseignant un seul tour, chacun pouvoit en apprendre une douzaine. Les tours que j'appris en cette occasion, ne sont, à proprement parler, que des tours d'escroquerie, & je crois devoir les dénoncer au public, afin qu'on n'ose plus les employer.

Voici donc l'aveu que firent quelques-uns de ces convives, d'après l'invitation d'un de leurs confrères.

Premier Banquiste.

Mes chers confrères, je suis encore novice dans mon état, & je ne vous dirai peut-être rien qui ne vous soit connu ; quoi qu'il en soit, voici ma meilleure ruse. Lorsque je vends des mouchoirs dans les rues ou dans les promenades, je m'adresse ordinairement de préférence à ceux dont la physionomie annonce l'inexpérience & la crédulité : sachant que beaucoup d'hommes sont bien aises de faire de bonnes affaires aux dépens du pauvre, que les circonstances obligent de perdre ; je ne manque pas de dire que je donne ma marchandise à vil prix, & que j'ai besoin d'argent : alors plusieurs personnes croyant profiter d'une occasion favorable, veulent savoir le prix de ma marchandise, & comme je sais qu'ils ne m'offriront guère que la moitié de ma demande, j'ai toujours soin de leur demander le double de ce que je veux

obtenir. Ici j'emploie dans l'occasion, un petit tour d'escamotage pour faire croire que mes mouchoirs sont plus grands que tous ceux avec lesquels on peut les comparer, quoique dans le fait, ils soient plus petits ; mais ce n'est-là que le commencement de ma finesse ; car tandis que mon chaland s'en va devant moi, sans marchander, & que je le suis par derrière, en le priant d'ajouter quelque chose à l'offre qu'il m'a déjà faite, je mets subtilement sous mon habit les deux ou trois mouchoirs qu'il a déjà vus, & j'en tire de ma poche quelques autres qui ont à-peu-près la même apparence ; mais qui sont plus petits & plus grossiers. Après cela, je continue de lui offrir ma marchandise en rabattant quelque chose de ma première demande ; mais ordinairement il s'obstine, & ne me répond rien ; alors je passe devant lui ; je jette les nouveaux mouchoirs par terre comme par désespoir, & lui donne à entendre que c'est le besoin d'argent, qui m'oblige de vendre à si bas prix. Aussitôt, il me paie en se félicitant du bon marché, tandis que je me félicite au contraire d'avoir bien vendu, & quand il est en train de ramasser les mouchoirs, je m'en vais bien vîte, crainte qu'il ne me rappelle pour les changer ; voilà, messieurs, par quel moyen je peux *salir pour une roue de derrière ce qui m'a coûté cinquante ronds ;* (c'est-à-dire) vendre six francs, ce qui m'a coûté cinquante sous.)

Second Banquiste.

Quant à moi, messieurs, je ne suis pas encore assez adroit pour faire des tours de main, & je me contente de ne jouer que des tours d'esprit. J'allois un jour de Paris à Cambray, & j'étois sur un cheval que j'avois emprunté *(pour ne pas le rendre) ;* quand j'arrivai à Senlis, vers les huit heures du soir, je m'arrêtai devant une auberge, où je ne pouvois entrer faute d'argent, & je me mis à conter, à quiconque voulut m'entendre, que je venois d'être attaqué dans la forêt, par des voleurs qui m'avoient pris ma bourse après m'avoir assommé. Je m'étois réellement battu avec un cocher de fiacre, trois jours auparavant, & comme j'avois un œil poché au beurre noir, le peuple qui s'étoit assemblé en foule autour de moi, crut que cela provenoit d'un coup de bâton, de la part des voleurs. Je ne manquai pas de dire comment ils étoient habillés, & de quel côté ils avoient pris la fuite ; j'ajoutai, que j'étois un riche négociant d'Orléans, que j'allois à la Haye, pour une affaire très-intéressante, & que j'avois une maison dans telle rue, & un bien de campagne dans tel territoire. Alors, un bon homme qui avoit tout entendu de sa fenêtre, me fit prier de monter chez lui pour souper ; vous pensez bien, que je ne me présentai point avec un air emprunté, comme mon habit. Je lui contai combien il étoit intéressant pour ma famille, que j'allasse directement à la Haye, sans retourner à Orléans, & je lui fis voir des lettres-de-change de-change que j'avois faites moi-même, sur Anvers, Malines, & Rotterdam; bref, je jouai si bien mon rôle, qu'il me prêta six cents francs pour continuer ma route; mais je vous assure, mes amis, que cet argent n'est pas perdu pour lui, car mon intention est de le lui rendre aussitôt que j'aurai dix mille livres de rente.

Troisième Banquiste.

Et moi, messieurs, quand je ne peux plus vendre d'orviétan dans les villes, je suis marchand d'encens dans les campagnes. Je fais composer une pâte, dont je forme de petites tablettes comme du chocolat. Quand on en jette une au feu, elle produit une épaisse fumée, qui, à vous dire la vérité, ne sent ni bon, ni mauvais; mais j'ai le secret de la faire passer pour de l'encens d'Arabie. Ce n'est pas une merveille que de faire cette pâte, l'essentiel est de savoir la vendre; pour cela, je tâche ordinairement de faire connoissance avec le carillonneur d'un village. En lui payant bouteille, je lui promets un petit écu, à condition qu'il m'introduira chez son curé, pour lui dire qu'il me connoît, & qu'il a souvent entendu faire mon éloge par des gens de sa connoissance. Appuyé par cette recommandation, je me présente au curé, pour lui offrir de l'encens de toutes les manières, car en offrant de vendre mes tablettes, je lui fais des complimens que ne finissent point. Cependant M. l'abbé, à qui la flatterie n'en impose pas, demande à faire l'essai de ma marchandise; en conséquence, on lui apporte du feu sur une pelle, & il jette un peu de mon encens sur la braise; aussitôt, je le prie d'observer qu'il s'y est mal pris, & qu'il faut briser les tablettes. J'en prends parmi les autres, une bonne que je connois, à une marque extérieure, & qui est de véritable encens, &, sous prétexte d'enseigner au curé comment il faut faire, je brise celle-là en la jetant au feu; par ce moyen, la chambre se trouve embaumée un instant après, & le curé, flatté de cette bonne odeur, achette mes tablettes, croyant que toutes produiront le même effet. Quand mon tour est fini, le carillonneur ne manque jamais de me demander l'écu que je lui ai promis; je lui réponds ordinairement que je n'ai pas de monnoie; mais que je lui donnerai six francs le lendemain; & je vais à quelques lieues de-là, pour en faire autant.

Quatrième Banquiste.

Messieurs, quand je suis dans une auberge de village, chez de bonnes gens, je tâche de faire connoissance avec l'aubergiste & avec les paysans du voisinage. Je fais tourner la conversation sur les gens qui vont courir le monde, & qui ont assez de négligence pour être cinq à six années sans écrire à leurs parens; alors il arrive quelquefois qu'on me parle d'un tel & d'un tel, qui sont partis, il y a dix

à douze ans, & qui, depuis ce temps-là, n'ont donné aucune nouvelle. Quand on m'apprend qu'il existe dans le voisinage, des parens désolés pour une pareille cause, je ne manque pas de m'informer bien au juste des mœurs, de la taille, du métier, & des inclinations de ce voyageur absent; &, après cela, j'écris pour lui, ou plutôt en son nom, une lettre, dans laquelle je lui fais dire qu'il a fait fortune dans un pays lointain, & que n'ayant point d'enfans, il s'estimera heureux de partager son bien à ses parens. Vous pensez bien, bonnes gens, que je ne manque pas de bien recommander l'honnête homme qui sera porteur de la lettre, & que quand je vais la remettre moi-même, je ne manque pas non plus de dire, du parent absent, tout ce que j'en ai appris dans le village voisin, pour prouver que je le connois. Après cela, je raconte comment il a fait fortune, & j'enseigne comment il faut s'y prendre pour qu'il envoie de l'argent. Je n'ai pas besoin de vous dire le reste, & vous voyez sans doute, aussi bien que moi, que la famille devroit être bien pauvre, pour que je sortisse de la maison sans en avoir soutiré *quelques maltaises*, (quelques louis.)

Cinquième Banquiste.

Je veux m'acquitter sur-le-champ de ma promesse, en vous apprenant comment j'ai vendu mon pot de chambre trois louis. J'étois domicilié à Namur, lorsqu'une maladie assez longue me réduisit à la dernière misère, & m'obligea de vendre successivement mes meubles & mes hardes; il ne me restoit qu'un vieux pot cassé que je réduisis en poussière impalpable; j'en fis une multitude de petits paquets, que j'arrangeai très-proprement dans une cassette, comme si c'eût été une marchandise très-précieuse; ensuite j'achetai d'un épicier, à deux liards pièce, douze cents exemplaires d'un recueil de chansons qu'il avoit achetées lui-même d'un poëte, à six sous la livre.

Muni de mes chansons & de ma poudre, je vais sur la place du marché, j'assemble le peuple au son de la trompette, & je l'amuse successivement avec mon cor-de-chasse, ma voix & mon violon. Ensuite je parle en ces termes, à la populace assemblée; messieurs & dames, vous voyez en moi le cousin-germain du juif-errant; je suis le fameux *Vulpinetti*, qui voyage depuis trente ans en Autriche, en Hongrie, & dans tous les états de sa majesté l'empereur & roi (ici j'ôte mon chapeau, & tout le monde en fait de même;) c'est moi qui suis ce grand chimiste, inventeur de la poudre merveilleuse, dont une pincée seule dans une pinte d'huile bouillante, suffit pour détruire, dans une maison, les punaises, les souris & les rats; & ce qu'il y a de plus admirable, c'est que cette même poudre, qui est un poison pour les bêtes malfaisantes, fait le plus grand bien à l'homme, parce qu'il fuffit de la porter fur foi, pendant 24 heures, pour détruire la vermine de la tête & les vers qui font dans le corps ; ce font ces vers, meffieurs &dames, qui engendrent en nous toute forte de maladies, telles que la diffenterie & la fciatique ; ma poudre eft à l'épreuve, car elle a guéri de la péripneumonie, M. l'Empeigne, maître cordonnier, à Mons, & de la diarrhée, M. Couture, marchand tailleur, rue de la Madeleine, à Bruxelles. Ne croyez point au refte, que je veuille vous la vendre ; non meffieurs, je ne la vends point, mais je la donne, je fuis penfionné de plufieurs puiffances de l'Europe pour en faire la diftribution *gratis* ; & j'en ferai préfent à tous ceux qui acheteront ma chanfon.

Après ce beau difcours, je me mis à chanter avec un air d'indifférence, comme fi j'euffe été là pour leurs feuls plaifirs, & fans aucun intérêt ; mais auffitôt chacun me tendit les bras en me donnant deux fous. Ceux qui arrivoient dans ce moment fur la place, voyant tant de monde s'empreffer autour de moi, venoient augmenter la foule par curiofité, & quand ils avoient appris le fujet de cet empreffement, ils fendoient eux-mêmes la preffe pour être fervis à leur tour. On fe battoit pour arriver jufqu'à moi, parce qu'on craignoit que bientôt il ne reftât plus rien dans ma caffette, & que chacun vouloit profiter de ma libéralité. Quand j'eus donné toute ma poudre, & vendu mes chanfons, il refta plus de cent payfans qui n'ayant pu fe procurer de ma drogue, me fuivirent jufqu'à ma porte, & je fus obligé d'aller bien vite piler quelques vieilles affiettes pour avoir de quoi les fatisfaire.

BANQUISTE. (*Voyez aux articles* CARTES, CHARLATAN, ESCAMOTAGE, GIBECIÈRE, &c.).

BAROMÈTRE ANIMAL. Prenez une petite grenouille verte, de celles qu'on trouve fous les haies ou les charmilles ; introduifez-la dans une carafe de verre blanc, dans laquelle vous mettrez auparavant de l'eau à la hauteur de quatre doigts à-peu-près, & un peu de terre ; vous placerez auffi dans cette bouteille une petite échelle de bois qui va du fond jufqu'à la naiffance du col de la carafe.

Vous couvrirez la carafe avec un parchemin, que vous piquerez avec une groffe épingle pour y donner de l'air.

La grenouille fe tient en haut du col de la carafe, tant que le temps eft au beau, & elle defcend le long de l'échelle dans l'eau pour annoncer la pluie.

Il faut de temps en temps, comme tous les huit ou quinze jours, changer l'eau.

On a vu de ces grenouilles vivre trois ans entiers fans qu'on leur ait donné aucune nourriture.

On a vu de ces baromètres particuliers en Champagne, fur les confins de la Lorraine, auprès de Bourbonne-les-bains, & on en a apporté un de cette province à Paris, qui a fort bien foutenu le voyage dans une voiture de pofte.

On tient la carafe fur une fenêtre, mais dans les temps de gelée on la met dans l'appartement pour que l'eau ne gèle pas ; il ne faut pas la mettre fur une cheminée, ni dans un endroit trop chaud.

BIJOUX.

Tour des trois Bijoux.

Ce tour confifte à faire prendre, à notre infu, par trois perfonnes différentes, trois bijoux qu'on a mis fur une table, & à deviner enfuite ce que chacun a pris.

Voici d'abord le moyen de faire ce tour tel qu'on l'a vu jufqu'à préfent.

1°. Mettez fur une table une montre, une tabatière & un étui, que vous appellerez en vous-même premier, fecond & troifième bijoux. On peut évidemment prendre d'autres bijoux fi l'on veut, en ayant égard à la dénomination numérique que nous venons d'annoncer.

2°. Diftinguez également les perfonnes par 1, 2 & 3, en donnant à la première une carte, à la feconde deux cartes, & trois cartes à la troifième.

3°. Quand chacun a pris un bijou fans être apperçu par vous, laiffez dix-huit cartes fur la table, & demandez que chaque perfonne prenne également, fans être apperçue par vous, un certain nombre de cartes ; favoir, la perfonne qui a la montre, autant de cartes qu'elle en a ; celle qui a la tabatière, deux fois autant qu'elle en a ; & celle qui a l'étui, quatre fois autant qu'elle en a.

4°. Demandez combien il refte de cartes fur la table ; (il peut en refter, felon les circonftances, une, 2, 3, 5, 6 & 7.) Enfuite faites ufage des fix mots que voici, & des chiffres qui leur correfpondent.

Parfer *Céfar* *jadis* *devint* *figrand* *Prince.*
1   2   3   5   6   7

5°. Remarquez que la première fyllabe de chaque mot exprime la première perfonne à qui vous avez donné une carte, & que la feconde perfonne, à qui vous avez donné deux cartes, eſt toujours exprimée par la ſeconde ſyllabe.

6°. Remarquez auſſi que les lettres *a , e, i,* première , ſeconde & troiſième voyelles , qui entrent dans ces mots, déſignent le premier, le ſecond & le troiſième bijoux.

7°. Remarquez encore que les chiffres 1, 2, 3, 5, 6 & 7, qui ſont ſous chacun de ces mots, indiquent le mot qu'il faut prendre ſelon le différent nombre de cartes qui peuvent reſter ſur la table, c'eſt-à-dire par ex., que, s'il reſte une carte, il faut prendre le mot *parſen,* qui répond au chiffre 1 ; mais s'il en reſte trois, il faut prendre le mot *jadis,* qui répond au chiffre 3.

Quand, par le nombre des cartes qui reſtent, on tient une fois le mot dont on a beſoin, il eſt facile de dire ce que chacun a pris, en aſſignant à la première perſonne le bijou exprimé par la voyelle de la première ſyllabe ; à la ſeconde perſonne, le bijou exprimé par la voyelle de la ſeconde ſyllabe ; & à la troiſième perſonne, celui des bijoux que les deux premières n'ont point. Ceci va s'éclaircir par un exemple : je ſuppoſe qu'après avoir fait prendre des cartes, comme ci-deſſus, il en reſte deux ſur la table ; je prends alors le mot *Céſar,* qui répond au chiffre 2, & comme dans ce mot la première ſyllabe , (qui exprime la première perſonne) contient la voyelle *e,* (que , comme nous l'avons dit, répond au ſecond bijou) je conclus de-là que la première perſonne, (à qui j'ai donné une ſeule carte), tient la tabatière, qui eſt le ſecond bijou. Voyant enſuite la lettre *a,* qui exprime le premier bijou, ſe trouve dans la ſeconde ſyllabe , je conclus de-là que la montre (premier bijou) eſt entre les mains de la ſeconde perſonne à qui j'ai donné deux cartes : par la même raiſon, s'il reſte cinq cartes, le mot *devini,* qui répond au chiffre 5, fera voir que la première perſonne doit avoir le ſecond bijou, exprimé par la lettre *e,* & que la ſeconde doit avoir le troiſième, exprimé par la lettre *i.*

Autre manière d'exécuter ce tour.

M. Hill ſachant que ce tour , quoique très-ingénieux, ne devoit pas produire un grand effet, parce qu'il étoit connu de pluſieurs perſonnes, & expliqué par pluſieurs auteurs modernes qui l'ont copié dans les anciens, l'exécuta avec des circonſtances qui le rendent plus ſimple & beaucoup plus frappant ; plus ſimple, en ce qu'on n'emploie que huit cartes au lieu de dix-huit ; & plus frappant pour deux raiſons ; 1°. parce qu'on devine ce qu'a pris une des trois per-

ſonnes, ſans lui faire tirer aucune carte ; 2°. parce qu'on fait dire ce que chacun a pris , par une quatrième perſonne, cachée dans un appartement voiſin, à qui on a parlé ſecrettement avant de commencer le tour : circonſtance remarquable qui fait croire à tous les ſpectateurs qu'on connoiſſoit d'avance les bijoux que chacun devoit prendre , & qu'on n'eſt point conduit à cette connoiſſance par les cartes qui reſtent ſur la table.

Pour produire cet effet, il faut ſuivre les règles ſuivantes :

1°. Paſſez dans une chambre particulière avec une perſonne de la compagnie, & de préférence avec un homme peu pénétrant, afin qu'il ne devine pas vos moyens , ou avec un de vos amis, afin qu'il ne révèle pas votre ſecret s'il vient à le découvrir. Tâchez de lui faire croire que vous prévoyez ce qui doit arriver , & faites-lui une prédiction obſcure & équivoque ; en lui diſant que la montre eſt le premier bijou que l'on doit prendre , & que quand la première perſonne viendra demander ce qu'elle a pris , il doit répondre tout ſimplement *la montre.* Ajoutez à cela que la tabatière ſera priſe en ſecond lieu , & que la ſeconde perſonne qui viendra demander ce qu'elle a pris , doit obtenir pour toute réponſe *la tabatière.* Ajoutez enfin que la troiſième perſonne aura l'étui. Les perſonnes n'étant point déſignées dans cette eſpèce de prédiction , on conſerve la liberté d'envoyer en premier lieu celle qui aura pris la montre, & en ſecond lieu celle qui aura pris la tabatière ; d'un autre côté, l'aſſurance avec laquelle on dit que tel bijou ſera pris le premier ou le ſecond , fait croire qu'on ait quelque choſe d'avance ; & cependant cette circonſtance ne peut faire manquer le tour , parce que dans la ſuite il ne s'agit pas de ſavoir ſi tel bijou a été pris le premier ou le ſecond , mais ſeulement s'il eſt entre les mains de telle ou telle autre perſonne.

2°. Lorſque les trois perſonnes auront pris ſecrettement les trois bijoux, donnez ſeulement une carte à une de ces trois perſonnes, & trois à une autre. Il ne faut pas en donner ici à la troiſième pour deviner ce qu'elle a pris.

3°. Laiſſez huit cartes ſur la table, & demandez que la perſonne qui a pris la montre prenne ſecrettement autant de cartes qu'elle en a ; & que celle qui a pris la tabatière en prenne deux fois autant qu'elle en a. Celle qui n'a point de cartes ne prendra rien , quoiqu'elle ait la montre ou la tabatière.

4°. Après ce préambule , jetez rapidement un coup d'œil ſur la table ; & ſi par un haſard fâ-

M m 2

vorable vous pouvez découvrir combien il reste de cartes, faites semblant de ne pas le savoir, & demandez naivement si les cartes qui restent sont rouges ou noires. Cette circonstance trompe quelquefois le spectateur, & lui fait croire que c'est de la couleur & non du nombre que vous avez besoin.

5°. Quand vous ne pourrez pas voir d'un coup-d'œil le nombre des cartes qui restent, vous pourrez y suppléer par la ruse suivante : demandez combien il reste de cartes rouges; & aussi-tôt qu'on vous aura répondu, ajoutez vivement, comme pour interrompre celui qui répondoit : *je me trompe; c'est le nombre des noires que je voulois vous demander*. Par ce moyen-là plusieurs croiront que vous n'avez réellement besoin que de connoître les cartes noires; & comme vous connoîtrez en même-tems les rouges, une addition bien simple vous donnera la somme dont vous aurez besoin, & vous aurez l'agrément de n'avoir pas négligé une circonstance qui peut rendre le tour plus étonnant.

6°. Quand vous saurez le nombre des cartes qui restent, au lieu d'employer les mots *Parfer César*, &c.; faites usage des mots & des chiffres que voici :

Ante,	*Diem,*	*Dea,*	*Ista,*	*Estin,*	*Armis,*
1	2	3	5	6	7.

Le chiffre correspondant au nombre des cartes qui restent sur la table, désigne, comme dans l'opération précédente, le mot dont il faut faire usage; les syllabes & les voyelles expriment aussi, comme nous avons dit, les personnes & les bijoux. Par conséquent, si dans cette opération il reste deux cartes, au lieu de prendre le mot *César* qu'on auroit eu dans la combinaison précédente, on prend le mot *Diem*, qui dans celle-ci, répond au chiffre 2, ce qui fait voir que la première personne a la troisième bijou, désigné dans la première syllabe par la lettre *i*, & que le second bijou marqué par la lettre *e*, est entre les mains de la seconde personne à qui on a donné deux cartes : dans ce cas, le premier bijou (qui est toujours la montre) doit être entre les mains de celle des trois personnes à qui on n'a point donné de cartes. De plus grands détails ne pourroient qu'obscurcir cette explication; ceux qui ne la trouveront pas assez claire, telle qu'elle est, sont priés d'observer qu'il ne faut pas lire ceci en courant, comme on liroit un roman ou une histoire, mais posément & avec réflexion, comme on lit un livre de calcul.

Quand vous aurez connu & nommé la personne qui a pris la montre, priez-la de demander elle-même ce qu'elle a pris, à la personne cachée à qui vous avez parlé d'avance. Si celle-ci n'a pas oublié son petit rôle, elle doit répondre tout simplement, *la montre*, & cette réponse succinte fera croire à la compagnie que vous saviez d'avance ce que chacun prendroit. Vous pouvez faire faire une semblable question par la personne qui a pris la tabatière, & comme elle obtiendra une réponse conforme à la vérité de la part d'une personne qui n'a aucunement assisté à l'opération, à qui vous avez parlé auparavant, & que vous n'avez pas vu depuis cet instant, on sera intimement persuadé, non-seulement que vous avez prévu l'avenir; mais encore que votre prescience & votre opération étoient absolument indépendantes du nombre des cartes qui ont resté sur la table.

Au reste, ceux qui voudront mettre ces principes à exécution pour s'amuser avec leurs amis, feront bien de s'y habituer par un exercice préliminaire, fait en particulier; si l'on veut que les tours produisent une agréable surprise, il faut les faire avec beaucoup de facilité, en profitant adroitement de tous les avantages que les circonstances peuvent fournir, & ne pas les répéter trop souvent devant les mêmes personnes, parce que les objets les plus agréables peuvent devenir indifférens, & même fastidieux par une possession continue ou trop souvent répétée; il est évident aussi qu'il ne faut pas proposer de faire des tours dans une société où l'on parle d'objets intéressans; mais quand la conversation est épuisée, on peut s'en servir utilement comme d'un excellent spécifique contre l'ennui : en pareille occasion on est bien dédommagé de la peine qu'on a eu de s'instruire, par le plaisir qu'on fait à toute une compagnie. (DECREMPS.)

BOETE AUX NOMBRES.

— *Aux chiffres.*

— *Aux métaux.*

— *Aux fleurs.*

— *Aux énigmes.*

— *Aux cartes.*

— *Aux dez.*

Voyez à l'article AIMANT.

BOUGIES PHOSPHORIQUES.

On prendra un tube de verre, de la longueur de cinq pouces, d'environ deux lignes de largeur & d'un quart de ligne d'épaisseur; on en scellera une extrémité avec un chalumeau à la lampe d'émailleur.

L'un aura de petites bongies de cire bien pure & un peu plus longues que les tuyaux de verre dont on voudra se servir. Leur grosseur sera proportionnée à la longueur du tube, afin qu'on puisse les y introduire & les y faire tourner aisément ; elles seront faites avec trois fils doubles de coton filé un peu finement. Le bout de la mêche sera d'un bon demi-pouce de longueur, & ne doit point être recouvert de ciré.

On mettra dans une soucoupe, qu'on remplira d'eau, une lame de plomb de la largeur d'un pouce, longue du double & de l'épaisseur de demi-ligne. On mettra le phosphore dans l'eau & on le coupera sur le plomb avec un couteau bien affilé ; on le réduira en petits morceaux de la grosseur d'un grain de millet. On prendra un de ces grains de phosphore avec des pincettes, & on le mettra sur du papier brouillard, plié en quatre, avec lequel on l'essuyera bien. Après avoir essuyé ces pincettes, on prendra, sans perdre de tems, le phosphore, & on l'introduira dans le tube de verre ; & si, par hasard, il restoit attaché au milieu, on le fera aller au fond avec un fil d'archal.

On mettra ensuite environ la quatorzième partie d'un grain de soufre bien sec & bien pulvérisé, c'est-à-dire, la moitié du poids du grain de phosphore ; une très-petite quantité suffit ; s'il y en avoit un peu trop, il ne se mêleroit pas entièrement avec le phosphore & feroit un très-mauvais effet ; il y est très-nécessaire ; car il augmente non-seulement le phlogistique du phosphore, mais il lui donne de la promptitude à s'allumer ; & étant en aussi petite quantité, il ne peut point faire sentir de mauvaise odeur.

On prendra une bougie & on trempera l'extrêmité de la mêche dans de l'huile de cire claire & parfaite, laquelle par sa grande fluidité montera dans un instant sur toute la longueur de la mêche (qui n'est point recouverte de cire) ; celle-ci en absorbera plus de ce qu'il en faudra ; mais on l'essuyera un peu avec un linge fin, car s'il y en avoit trop, elle noyeroit le feu du phosphore.

On introduira la mêche dans le tube, en tournant la bougie toujours entre les doigts, afin qu'elle puisse arriver plus aisément au fond.

Il faut avoir dans une tasse de l'eau presque bouillante, dans laquelle on fera entrer le fond du tube, ayant attention qu'il y plonge à la profondeur de trois lignes seulement, pendant trois à quatre secondes. Cette chaleur servira pour faire liquéfier le phosphore & le soufre. Il ne faut pas l'y laisser davantage, parce que trois secondes de plus suffisent pour faire presque calciner le phosphore, & lui ôter par conséquent beaucoup de sa propriété de s'enflammer à l'air libre.

La bougie étant au fond du tube, on la tournera & retournera en tout sens, afin que la mêche puisse bien s'imbiber du phosphore & du soufre ; on la retirera ensuite à la hauteur d'un pouce, on la coupera avec des ciseaux, & on la repoussera au fond avec un fil d'archal.

On préparera de cette façon une douzaine de ces tubes, & on les scellera ensuite hermétiquement avec le chalumeau, les uns après les autres, de la même manière que l'on scelle les thermomètres. J'ai dit de préparer une douzaine de ces tubes, & pas davantage ; parce que si l'on en faisoit une plus grande quantité, le phosphore, ayant pendant ce tems communication avec l'air extérieur, perdroit beaucoup de sa propriété de s'enflammer promptement lorsqu'on tireroit la bougie du tube.

Les tuyaux ayant été scellés hermétiquement, on les limera légèrement, & circulairement au milieu avec une pierre à fusil, ou mieux encore avec une petite lime ronde bien dure.

Usage de ces bougies.

Lorsqu'on voudra s'en servir, on rompra le tube à l'endroit marqué ; on jettera le morceau supérieur, qui a le bout plus pointu, & l'on tournera & retournera plusieurs fois la bougie entre les doigts, en faisant attention de faire toujours toucher le fond du tube à la mêche, afin qu'elle puisse s'imprégner de tout le phosphore & de tout le soufre : on la tire hors du tube environ un pouce, on la repousse cinq à six fois au fond, pour occasionner un plus grand frottement ; on la tire ensuite totalement & avec promptitude, en ayant soin de tenir la mêche penchée du côté de la terre.

Si l'air est sec & chaud, la bougie s'enflammera tout de suite ; s'il est au contraire froid ou beaucoup humide, elle fera d'abord un peu de fumée & tardera quelques secondes à s'allumer ; mais dans les grands froids, elle aura encore beaucoup plus de difficulté à donner une prompte flamme.

Pendant que la flamme sort de la mêche, on fera tourner la bougie entre ses doigts, & aussitôt qu'elle s'y sera bien attachée, on tournera en haut, & on la tiendra un peu horizontale,

ment, jufqu'à ce qu'elle foit prefqué toute confumée.

J'oubliois d'avertir le lecteur, que dans le
commencement de l'inflammation, le moindre
courant d'air, ou la refpiration de la perfonne
qui a forti la bougie du tube, ou qui y eft préfente, peut faire éteindre la flamme qui eft très-
foible dans ce moment, parce que la force du
phofphore s'eft évanouie avec la flamme dans
un inftant; alors la bougie ne pourroit plus
s'allumer : ainfi il ne faut point refpirer dans le
moment qu'on voit paroître un peu de flamme,
& la défendre du courant d'air avec un chapeau, ou avec quelqu'autre chofe.

L'extrémité du tube qui contient la mêche
phofphorifée, doit être obtufe, & non pas pointue, afin que les fils de la mêche puiffent bien
s'imprégner du phofphore, ce qui ne pourroit
pas fe faire fi l'intérieur du tube n'étoit pas
plan, car il ne s'en imbiberoit pas entièrement
avant de fortir du tube.

L'effet de ces bougies eft beaucoup plus prompt,
fi au lieu de s'en fervir tout de fuite après les
avoir finies, l'on attend trois ou quatre jours.

On pourroit les faire durer plus long-tems,
en les faifant plus groffes & plus longues; mais
étant d'un plus grand volume, elles donneroient
plus d'embarras dans la poche, & s'y cafferoient
plus facilement quoique renfermées dans un étui;
celles-ci paroiffent être plus commodes, tant pour
la groffeur, que pour la longueur. Elles durent
affez de tems pour pouvoir s'éclairer dans un
befoin preffant, & allumer même plufieurs chandelles.

J'ai perfectionné ces bougies; je m'occupe à
préfent à en faire de la même forte, mais qui
feront beaucoup plus commodes & plus avanta-
geufes, puifqu'on pourra les allumer dans un inftant à fa volonté, toutes & quantes fois on le
voudra, même dans les tems les plus froids, &
leur vertu durera beaucoup années; mais la compofition en eft beaucoup plus difficile. Dès que
j'aurai rédigé à mon gré la manière de les compofer, je me ferai un devoir de la communiquer, comme je le fais de celle-ci.

Je me crois obligé d'avertir ceux qui ne connoiffent pas affez le phofphore, qu'il faut bien
prendre garde en s'en fervant, parce que fi par
malheur un petit morceau allumé tomboit fur
la main, ou fur quelqu'autre partie du corps,
il brûle dans un moment jufqu'à l'os. Le meilleur & l'unique remède dans ce cas, eft de
mouiller plufieurs fois la partie avec du linge imbibé d'urine, laquelle a la vertu d'arrêter le

progrès de cette brûlure. Cependant dès qu'on
a fait ces bougies avec foin, il n'y a plus à
craindre de fe brûler; il fuffit de faire attention que le phofphore ne s'allume pas & ne tombe
pas fur les mains lorfqu'on l'introduit dans le
tube : cet accident ne m'eft jamais arrivé.

On aura de l'huile de cire, en diftillant plufieurs fois avec de la chaux le beurre de cire.
Celle du levant eft très-propre pour cet effet.
Dans les diftillations de la cire, de cinq parties,
environ quatre fe convertiffent en eau, & une
en huile, ce qui eft bien furprenant. J'ai effayé
toutes fortes d'huiles & d'effences, & je n'ai
rien trouvé qui faffe mieux délayer & incorporer le foufre avec le phofphore, & qui faffe
prendre feu plus promptement à la mêche, lorfqu'on la tire du tube; le prix d'ailleurs n'en
eft pas auffi exorbitant, ni fi exceffif que celui
de l'effence de canelle, ou de girofle dont quelques amateurs fe fervent : ce qu'ils peuvent fans
doute faire, puifqu'ils ont de l'argent à dépenfer.

Pour marquer les tubes, il n'y a rien de mieux
qu'une bande de cuivre jaune, faite comme une
lame de couteau un peu mince, qu'on mouillera
avec un pinceau d'émeri très-fin détrempé avec
un peu d'eau. L'on fera entrer le tube dans des
pincettes de bois, que l'on arrêtera avec une
virole dans l'endroit où il faudra le ronger circulairement. On les fera au tour avec quelque
bois dur. Elles feront longues de fix pouces &
auront un trou de la même longueur au milieu,
lequel fera d'une ligne de largeur. Un bout aura
fix lignes de diamètre, & ira en diminuant jufqu'à l'autre extrémité, qui fera de quatre lignes
& demie; & par celui-ci, elle entrera dans la
virole de fer-blanc. Elles feront fendues par la
longueur de quatre pouces du côté le plus gros,
avec une fcie mince qui aura les dents fines. Ces
pincettes, par leur bout plus gros qui ferrera
le tube vers fon milieu, affujettiront la bande
pendant qu'elle rongera le verre un peu profondément, tout autour de l'endroit où il faudra
le caffer. On le lavera avec de l'eau pour lui
emporter l'émeri, & on l'effuyera bien dans l'entaillure; on paffera avec une plume à écrire,
de l'encre un peu chargée de gomme arabique.
Cette marque noire indiquera de jour où l'on
devra le rompre; & l'entaillure le fera connoître
de nuit à tâtons.

Avec ces règles, accompagnées d'un peu de
patience, d'adreffe & de pratique, tout le monde
pourra faire des bougies phofphoriques, qui feront probablement goûtées du public, à caufe
de leur commodité & de leur utilité.

A Turin, ce 17 Juillet 1782.

Autre procédé pour obtenir les bougies inflammables par le contact de l'air.

Prenez deux tiers de benjoin & un tiers de soufre en bille ; réduisez-les en poudre très-fine, introduisez-les dans un tube soudé à l'une de ses extrémités, ajoutez un douzième de grain de phosphore, & faites fondre le tout à une chaleur de douze à quinze degrés ; mêlez exactement les matières avec un fil de laiton ; lorsqu'elles auront pris une couleur rouge , jaunâtre , faites entrer une bougie dont la mèche aura été imbibée d'essence de canelle très-pure ; roulez-la dans le tube jusqu'à ce qu'elle soit bien imprégnée de la composition phosphorique, au point de voir le fond très-net ; soudez l'autre extrémité de ce tube , & la bougie sera achevée.

B O U Q U E T   L U M I N E U X.

Voyez ÉLECTRICITÉ.

B O U Q U E T   M A G I Q U E.

Les effets les plus extraordinaires ne paroissent plus que des jeux d'enfants lorsqu'on en connoît la cause. Tous ceux qui ont quelques notions de la physique & de la chimie, savent qu'une liqueur très-claire est susceptible de se colorer par l'addition d'une autre liqueur aussi limpide. On donne à ces liqueurs le nom d'*encres de sympathie*. On trouvera sous ce mot la manière d'en faire de différentes espèces & couleurs. Nous y renvoyons le lecteur pour l'intelligence du petit phénomène dont il s'agit ici.

On fera faire par des ouvriers en fleurs artificielles, une certaine quantité de feuilles faites avec du parchemin blanc & des petites fleurettes de toile ou coton blanc , telles que des roses , des jonquilles , des œillets & autres qu'on jugera à propos. Lorsqu'on aura ces différentes fleurs & feuilles , on trempera les roses dans l'encre sympathique rouge , les jonquilles dans l'encre sympathique jaune , les œillets , dans celle qui est violette , & les feuilles dans l'encre sympathique verte. On laisse sécher le tout , & on les assemble ensuite pour en former plusieurs petits bouquets , lesquels paroîtront tous blancs, & seront en état de servir , soit le même jour , soit plusieurs jours après avoir été ainsi préparés. Si l'on trempe un de ces bouquets dans un vase rempli d'eau faite avec le jus exprimé de violettes ou de pensées , toutes ces fleurs différentes, & les feuilles de ces bouquets , se coloreront aussi-tôt eu égard aux différentes espèces de liqueurs sympathiques dans lesquelles elles auront été trempées. On prendra donc un de ces bouquets ; & après avoir fait remarquer que toutes les fleurs dont il est composé sont parfaitement blanches , on le trempera dans le vase qui contient la liqueur vivifiante , & on le retirera aussi-tôt , en faisant observer que chacune des différentes fleurs, ainsi que les feuilles, ont pris à l'instant la nuance des couleurs qui leur sont analogues.

B O U Q U E T   M A G I Q U E,

qui s'épanouit au commandement.

E X P L I C A T I O N.

Les branches de ce bouquet peuvent être de papier roulé , de fer-blanc , ou de toute autre matière, pourvu qu'elles soient creuses & vuides. Il faut : 1°. les percer dans différens points, pour y appliquer de petites masses de cire , représentant des fleurs & des fruits : 2°. envelopper cette cire de taffetas gommé , ou d'une peau bien fine : 3°. coller proprement ces enveloppes aux branches , de manière qu'elles semblent en faire partie, ou qu'elles paroissent en être une prolongation ; 4°. leur donner la couleur des fleurs & des fruits qu'elles représentent ; 5°. faire chauffer la cire pour la fondre, & la faire couler dans les branches par la queue du bouquet.

Après cette préparation , si on pompe l'air par la queue du bouquet, les enveloppes doivent se rider, se flétrir, comme une vessie qu'on vient de crever ; si on y souffle, au contraire, le vent qui se porte dans les ramifications des branches , enfle les enveloppes comme de petits ballons aérostatiques , & leur donne par-là leur première forme.

Pour faire ce tour , il faut commencer par tordre & presser légèrement toutes ces enveloppes , & les rendre presque invisibles , en les faisant entrer dans les branches du bouquet ; ensuite , il faut poser le bouquet sur une espèce de bouteille qui contient un petit soufflet , & dont le fonds mobile , mis en mouvement par les bascules de la table , puisse enfler ces enveloppes à l'instant désiré.

Nota 1°. Qu'il seroit facile de mettre dans la bouteille un second soufflet, qui, en pompant l'air donné par le premier , feroit disparoître les fleurs & les fruits.

2°. Qu'on a donné à ce tour le nom de *Palingénésie*, mot dérivé du grec, qui exprime une seconde génération, parce qu'il consiste à créer, pour ainsi dire , de nouveaux êtres aux yeux du spectateur.

3°. Qu'il y a plusieurs autres moyens de faire ce tour ; mais nous croyons qu'il suffit de donner ici le plus simple, le plus certain, le plus frappant. (DECREMPS.)

BOUTEILLE ÉLECTRIQUE.

Voyez ÉLECTRICITÉ.

BOUTEILLE LUMINEUSE.

Voyez ÉLECTRICITÉ.

BOUTEILLE MERVEILLEUSE, dans laquelle l'eau se change en vin. *Voyez* à l'article AIR.

C.

CABINETS SECRETS ou INDISCRETS. Le son qui frappe nos oreilles, nous met en relation avec les êtres qui nous environnent. Il nous est communiqué par les vibrations de l'air agité, par la voix de celui qui parle, par le mouvement des corps environnans, par le frémissement des cordes des instrumens, suivant la construction & la disposition du lieu; les sons paroissent plus ou moins sonores. On construit des cabinets qui sont tels que la voix de celui qui parle à un bout de la voûte, est entendu à l'autre bout.

Les endroits fameux par cette propriété, étoient la prison de Denys, à Syracuse, qui changeoit, en un bruit considérable, un simple chuchotement; les plaintes timides où les aveux faits à l'oreille par les infortunés, étoient portés à l'oreille du tyran avec une voix de tonnerre.

A Londres, le plus léger chuchotement au bas de la voûte de l'église, semble faire le tour du dôme: le battement d'une montre s'y fait, dit-on, entendre d'un côté à l'autre. Un banc qu'on laisse tomber à terre, au bas de ce dôme, y fait un bruit horrible qui retentit jusques dans la hauteur du dôme.

A Glocester est une galerie au-dessus de l'extrémité orientale du chœur, & qui va d'un bout à l'autre de l'église; deux personnes qui parlent bas, peuvent s'entendre à la distance de vingt-cinq toises. A l'observatoire royal de Paris, est une chambre dont la construction est telle que la voix de celui qui parle, au bout de la voûte, quoiqu'à voix basse, est entendue à l'autre bout, sans que ceux qui sont dans la salle puissent rien entendre.

L'artifice de ces sortes de chambres, consiste en ce que la muraille, auprès de laquelle est placée la personne qui parle bas, est unie & ceintrée en ellipse.

L'arc circulaire peut aussi convenir, mais il est moins favorable.

Voyez ACOUSTIQUE.

CADRANS. De toutes les sciences auxquelles on s'applique, les plus estimables sont celles qui tendent à procurer quelque utilité aux hommes. L'astronomie qui entraîne notre admiration, en nous faisant connoître la situation, l'ordre & les mouvemens des différentes parties de l'univers, joint à cette sublime spéculation, l'avantage de servir à perfectionner la géographie & la navigation, à nous indiquer la durée de la révolution annuelle du soleil, & à nous empêcher

Amusemens des Sciences,

de tomber dans la confusion & dans l'erreur. La *gnomonique* ou *l'art de faire des cadrans*, dérive de cette science; elle nous fait connoître l'égalité ou l'inégalité, & même le rapport des parties du jour, & nous sert par-là de règle pour faire chaque chose dans le temps convenable. Il est vrai qu'on emploie plus communément à cet usage, des machines que l'industrie des hommes a su perfectionner, à un point qu'on n'auroit osé espérer; je veux dire les horloges, les pendules & les montres; mais ces instrumens, quelques dignes qu'ils soient d'admiration, ne suffisent pas; on a besoin de *cadrans* ou de méridiennes pour les régler, & pour les remettre à l'heure quand ils s'en sont écartés, ou du moins pour s'assurer qu'ils ne se sont pas dérangés. Le philosophe construit avec plaisir dans sa chambre une méridienne qui lui indique l'instant juste où le soleil passe au méridien, & qui lui désigne chaque jour, chaque mois, de combien la terre s'avance du soleil, de combien ensuite elle s'en éloigne, ainsi que les bornes qu'elle ne franchit jamais, soit lorsqu'elle s'en approche, soit lorsqu'elle s'en éloigne; il en construit dans ses jardins, sur les murailles de sa maison; ils deviennent l'horloge exact de l'habitant de la campagne, dont l'œil mesure en général la marche du soleil, & reconnoît à-peu-près l'heure à la hauteur de l'ombre de son corps.

Cet art de la gnomonique consiste à savoir tirer sur toutes surfaces, toutes sortes de lignes horaires, par la conformité qu'elles doivent avoir sur ces plans, aux cercles célestes décrits sur la sphère.

Tracer une ligne méridienne sur un plan horizontal.

Prenez une pierre bien plane & bien unie, de deux ou trois pieds de longueur (car plus la ligne que vous tracerez sera longue, & le *style* ou *index* élevé, & plus la méridienne sera juste; c'est par cette raison qu'une ligne tracée sur un plancher, ou celle qui est tracée sur un mur est préférable à cette première); faites caler la pierre exactement de niveau, à l'aide d'une équerre avec son fil d'à-plomb; placez à l'extrémité de cette pierre, du côté où le soleil paroît à midi, le style ou index, dont la plaque soit percée à son centre d'un trou qui ait environ une ligne, & soit propre à laisser passer la lumière du soleil; faites passer par le milieu de ce trou un fil d'à-plomb qui vienne tomber sur la pierre; marquez ce point; & de ce point comme centre, tracez avec un compas, un cercle qui n'embrasse pas tout-à-fait la pierre jusqu'à son extrémité. Observez

N n

avant neuf heures ou neuf heures & demie, le moment auquel la lumière qui paffe par le trou du ftyle, viendra couper cette circonférence (c'eft-à-dire fe trouvera dans le point d'interfection que forme ce cercle fur cette furface plane) : marquez ce point bien exactement; obfervez après midi l'endroit oppofé où la lumière viendra couper la même circonférence; divifez cet arc en deux parties égales; & du point pris par l'à-plomb au-deffous du trou du ftyle, tirez une ligne jufqu'à l'extrémité de la pierre qui paffe jufte par le milieu de cet arc, dont le point lumineux vous a donné à neuf heures & après midi, les deux côtés, vous avez la méridienne cherchée.

La hauteur du ftyle doit être proportionnée à la longueur de la ligne méridienne : la longueur de cette ligne fe compte depuis le point donné par l'à-plomb du fil qui paffe au milieu du trou du ftyle, jufqu'au bout de la pierre. Si la longueur de la ligne méridienne, tracée fur la pierre horizontale que nous donnons ici pour exemple, eft de deux pieds, le ftyle doit avoir 7 pouces 7 lignes de longueur; en donnant au ftyle cette longueur, à compter depuis la furface de la pierre, jufqu'au trou qui paffe au milieu de la plaque, on eft fûr que, même lorfque le foleil eft le moins élevé fur l'horizon, l'ombre de la plaque ne portera ni trop en dehors du plan, ni trop en dedans, mais jufte à l'extrémité.

Voilà donc la manière la plus fimple de tracer une méridienne fur un plan horizontal; ce premier pas fait, fert à tracer une méridienne fur le parquet ou fur le carreau d'une chambre.

Tracer une méridienne fur le parquet ou carreau d'une chambre.

On fixera à l'embrafure de la fenêtre de la chambre où on veut tracer la méridienne, un ftyle ou index, dont le trou qui eft au centre ait environ trois lignes de diamètre; pour ne pas donner trop ou trop peu de hauteur à ce ftyle au-deffus du plancher avant de le fceller, il faut mefurer à l'heure de midi, la diftance qu'il y a depuis l'embrafure de la fenêtre jufqu'à l'extrémité de la chambre, en fuivant pour cela la direction indiquée par l'ombre que fait le côté de la fenêtre fur ce plancher; cela donnera la longueur de la ligne méridienne, laquelle je fuppofe de dix pieds. On fcellera à l'embrafure de la fenêtre un ftyle, dont le milieu du trou foit élevé au-deffus du plancher de trois pieds deux pouces un quart. On faifira le lendemain le moment où le cadran horizontal dreffé dans le jardin, marquera jufte midi; ou fi ce cadran eft trop éloigné de la chambre, on en pratiquera un petit fur la fenêtre, en s'y prenant de la manière que nous avons indiquée plus haut; à l'inftant

précis où ce cadran horizontal marquera midi, on marquera fur le plancher le centre de lumière qui paffe à travers le trou du ftyle fixé à la fenêtre; ce point en fera un de la méridienne. Pour trouver le fecond néceffaire pour tracer la ligne méridienne dans fa vraie direction, il faut tendre un fil qui forme un plan incliné, depuis le milieu du trou du ftyle, jufqu'au point de midi marqué fur le plancher; on fufpendra à ce fil l'à-plomb affez en dedans de la chambre pour éviter feulement l'appui de la fenêtre, ou tel autre obftacle qui peut fe trouver fous le ftyle : on marquera fur le plancher un point qui foit exactement fous la pointe de l'à-plomb; car dans ces circonftances, il eft plus avantageux de faire ufage d'un à-plomb, dont le bout qui touche à terre foit pointu; de ce point & de celui déjà trouvé, on trace une ligne, qui fera la méridienne cherchée.

Moyen facile de tracer une méridienne fur un plan horizontal.

Sur un plan pofé horizontalement & bien a-plomb, on élève un ftyle qui foit ou une aiguille perpendiculaire au plan, ou une lame formant un triangle rectangle, que l'on pofe fur un de fes côtés; du centre de l'aiguille ou du point où l'angle droit du triangle touche le plan, décrivez plufieurs cercles de différens diamètres, mais tous concentriques; obfervez avant midi le moment où l'ombre du ftyle fe raccourciffant, touchera un cercle pour rentrer dans fa circonférence, & le moment où elle reviendra après midi pour en fortir; de ces deux points, que dans leur temps vous aurez foigneufement marqués, tirez une ligne droite qui aille de l'un à l'autre; partagez cette ligne en deux également, & par le point de fection & celui du centre de vos cercles, tirez une ligne droite qui vous donnera dans la précifion poffible la ligne méridienne. Le foleil eft également élevé fur l'horizon à huit heures du matin, & à quatre heures du foir, à neuf & à trois, à dix & à deux; l'efpace compris entre ces heures coupé en deux parties égales, le point de leur divifion eft infailliblement le point du midi.

Manière de tracer un cadran lunaire portatif, fur un plan qui peut être difpofé felon l'élévation de l'équateur.

Il faut décrire un cercle, divifer fa circonférence en vingt-neuf parties égales. Du même centre, décrire un cercle mobile, qu'on divifera en vingt-quatre parties, ou vingt-quatre heures égales. Au centre l'on mettra un index.

Si l'on place ce cadran, comme il faut, dans un plan parallèle à l'équateur, & que l'on porte la ligne des douze heures au jour de l'âge de la lune, l'ombre du ſtyle donnera l'heure.

CADRAN SOLAIRE & LUNAIRE.

Manière d'en faire uſage pour connoître l'heure de la nuit, par la lumière de la lune.

Pour ſe ſervir d'un *cadran ſolaire*, comme ſi c'étoit un *cadran lunaire*, c'eſt-à-dire trouver l'heure de la nuit par l'ombre du ſtyle d'un cadran ſolaire à la lumière de la lune, il faut ſavoir que les jours de la nouvelle & de la pleine lune ſeulement, cet aſtre paſſe au méridien en même temps que le ſoleil; ainſi lorſque la lune eſt nouvelle, l'heure de la lune eſt la même que l'heure du ſoleil, & le jour de la pleine lune, ſon ombre marque préciſément la même heure, que marqueroit le ſoleil, puiſque la lune ſe trouve dans le même point où s'eſt trouvé le ſoleil douze heures auparavant; mais à l'exception de ces deux jours la lune, par ſon mouvement propre, s'éloigne du ſoleil à chaque jour, environ trois quarts d'heures vers l'Orient; ce qui fait qu'à chaque jour elle ſe lève trois quarts d'heures, plus tard que le jour précédent : il eſt évident qu'en ſachant l'âge de la lune, on peut, par le moyen d'un ſimple cadran ſolaire, connoître l'heure de la nuit aux rayons de la lune, en ajoutant à l'heure que l'ombre du ſtyle marquera ſur ce cadran, autant de fois trois quarts d'heures que la lune aura de jours. On trouvera l'âge de la lune dans le calendrier.

Exemple : ſi le quatrième jour de la lune, le ſtyle du cadran ſolaire marque aux rayons de la lune ſix heures, multipliez les trois jours entiers de l'âge de la lune (on ne comptera pas le premier jour, parce que la lune paſſe au méridien en même temps que le ſoleil) par trois quarts; il viendra au quotient deux & un quart, que vous ajouterez à ſix, qui eſt le nombre des heures du cadran; & vous connoîtrez qu'il eſt huit heures & un quart du ſoir. Au ſeizième jour de la lune, temps où elle eſt pleine, cet aſtre repaſſe, comme nous l'avons dit, au méridien en même temps que le ſoleil. Depuis ce temps, lorſqu'on vient à multiplier par trois-quarts le nombre des jours de la lune, & qu'on ajoute le quotient au nombre des heures indiquées par l'ombre du ſtyle, le produit excède toujours douze; & l'on ne peut avoir l'heure exacte, qu'en ôtant ce nombre douze; ou pour abréger, il faut recommencer à compter pour le ſecond, au dix-huitième, comme on a compté pour le troiſième, & ainſi de ſuite juſqu'à la fin.

Nous avons recommandé plus haut de multiplier par trois-quarts le nombre des jours de la lune; mais comme véritablement la lune retarde d'environ quarante huit minutes par jour, & que quarante-huit ſont les quatre-cinquièmes de 60.

Si l'on vouloit avoir plus préciſément l'heure du ſoleil, ayant obſervé l'heure marquée par les rayons de la lune, comptez le nombre des jours entiers écoulés, ſoit depuis la nouvelle lune, ſoit depuis la pleine lune; ajoutez autant de fois quatre cinquièmes d'heures à l'heure obſervée à la lune, le total ſera l'heure du ſoleil.

Exemple : ayant trouvé que l'ombre du ſtyle marque ſix heures du ſoir, le ſixième jour de la lune; ajoutez à ſix heures du ſoir cinq fois quatre cinquièmes, qui valent quatre heures; la ſomme dix fait connoître qu'il eſt dix heures du ſoir ſelon le ſoleil.

Pour faciliter ces recherches numériques, nous joignons ici une table qui marque la différence des heures lunaires & des heures ſolaires dans les différens âges de la lune. Cette table, à double colonnes, marque d'un côté les jours de l'âge de la lune, & de l'autre les heures & les minutes dont elle eſt en retard chaque jour ſur le ſoleil : il eſt ſenſible d'après tout ce que nous avons dit ci-deſſus, qu'il ne doit y avoir aucune différence entre le premier & le ſeizième; entre le ſecond & le dix-ſeptième, entre le troiſième & le dix-huitième, &c. Auſſi dans notre tableau les jours à compter de la nouvelle lune, & ceux à compter de la pleine lune, ſont-ils ſur la même ligne; puiſque les retards de la lune ſur le ſoleil ne ſont ſenſibles qu'à partir de ces deux époques.

Enfin pour ſe ſervir de cette table, il ſuffira d'ajouter pour chacun des jours de l'âge de la lune les heures marquées vis-à-vis, aux heures marquées ſur le cadran par l'ombre du ſtyle.

Exemple. Le cinquième & le vingtième jour de la lune, on ajoutera trois heures douze minutes aux heures marquées ces jours-là ſur le cadran ſolaire par l'ombre du ſtyle aux rayons de la lune.

Jours de l'âge de la Lune.		heures.	minut.
1	16	0	0
2	17	0	48
3	18	1	36
4	19	2	24
5	20	3	12
6	21	4	0
7	22	4	48
8	23	5	36
9	24	6	24
10	25	7	12
11	26	8	0
12	27	8	48
13	28	9	36
14	29	10	24
15		11	12

(Voyez GNOMONIQUE.)

CADRAN VERTICAL déclinant. Il suffit d'indiquer aux personnes industrieuses les procédés que d'autres ont employés, ils les saisissent à l'instant, & les exécutent avec la plus heureuse facilité : c'est donc pour ces personnes-là que nous indiquons cette nouvelle espèce de cadran vertical, qu'a inventé & exécuté un homme fort ingénieux.

Lorsque le soleil ne brille point, on ne voit nulle apparence de cadran, & on ne soupçonneroit pas même qu'il y en eut un ; on remarque seulement sur le mur la peinture d'un ange gardien qui tient un enfant d'une main, & de l'autre lui montre le ciel avec l'index. Aussi-tôt que le soleil vient à luire, & qu'on regarde le plan, on voit l'heure que le soleil désigne en traits lumineux, & le cadran est exécuté avec tant de précision, que l'heure présente se rencontre toujours au bout du doigt de l'ange gardien. S'il vient à passer un nuage, le cadran lumineux disparoît pour ne se remontrer qu'avec cet astre. Voici à quoi tient cette jolie construction. Au-dessus de la peinture de l'ange est un avant-toît à trois pans, qui ne paroît destiné qu'à mettre cette figure à l'abri des injures de l'air ; mais voici son véritable usage. Il est composé de trois plaques de fer : celle du milieu, plus grande que les deux autres, a la figure d'un quarré long, & elle est inclinée de plus de 45 degrés ; elle touche le mur sur une ligne horizontale dans la longueur de l'un de ses grands côtés, & s'appuie le long de ses petits côtés sur les deux autres plaques. Celle-ci, de figure triangulaire, joignent d'une part le mur, & de l'autre la grande plaque. Elles sont inclinées & placées obliquement, de manière qu'elles forment avec le mur un angle aigu & un angle obtus avec la grande plaque. Avant que d'assembler ces trois plaques, on y a décrit les lignes horaires qui, sur la grande plaque, sont parallèles entre elles. Toutes ces lignes ont été ouvertes avec la lime pour les heures ainsi que les chiffres qui les désignent, & les lignes des demi-heures ont été distinguées par une suite de petits trous percés au foret. Après cela, tout l'avant-toît a été noirci à l'huile tant pour le préserver de la rouille, que pour rendre sa découpure moins visible. On sent par cette description que les rayons du soleil traversant toutes les ouvertures, représentent un cadran par des traits de lumière dans l'ombre de l'avant-toît découpé.

Cadrans sympathiques.

M. Decremps fait dire par M. Wilson, physicien anglois, à M. Hill, il est une expérience que j'ignore & que je serois bien curieux d'apprendre, c'est celle des cadrans sympathiques, à l'aide desquels deux amis peuvent se communiquer leur pensée à la distance même de cent lieues.

Je connois les cadrans qu'on appelle sympathiques, répondit M. Hill ; mais je peux vous assurer qu'ils n'ont jamais produit l'effet merveilleux qu'on leur attribue. Cependant, répliqua M. Wilson, cet effet est possible & même vraisemblable, s'il est vrai que lorsqu'on arrête l'aiguille d'un de ces cadrans, l'autre s'arrête sans qu'on y touche ; car alors en portant l'aiguille d'un cadran sur les différentes lettres rangées en cercle, l'autre aiguille pourroit désigner les mêmes lettres sur le second cadran, & pourroit par conséquent indiquer par sympathie une phrase entière & même plusieurs phrases. Vous penserez différemment, dit M. Hill, quand vous saurez que le tour de ces cadrans sympathiques se fait, non par sympathie, mais par supercherie.

Vous prenez un cadran sur vos genoux, & l'on en pose un autre sur une table. Quand vous aurez porté l'aiguille de votre cadran sur une certaine lettre, le faiseur de tours, qui s'en apperçoit, fait arrêter le second cadran sur la même lettre, à l'aide d'un aimant caché qu'il fait mouvoir dans la table, soit par le secours d'un compère, auquel il donne un signe de convention, soit en poussant lui-même une bascule avec son pied. Voyez la fig 9. pl. 1, de magie blanche, tome VIII des gravures.) L'aiman arrivé sous le cadran, arrête par son attraction le balancier de fer à l'instant requis ; mais cette expérience ne pourroit jamais réussir, si vous exigiez qu'elle fut répétée, en posant les deux cadrans sur les genoux des différentes personnes sans connivence : on vous diroit alors que les cadrans ne sont pas montés pour produire ce jour-là l'effet que vous demandez, on vous renverroit au lendemain, & le lendemain on trouveroit un prétexte pour vous renvoyer aux calendes grecques.

Ceux qui voient cette expérience sans en connoître le dessous de cartes, la trouvent très-merveilleuse ; & jugeant de ces cadrans, d'après le le nom qu'on leur donne, ils s'imaginent facilement qu'il y a entre ces instrumens une espèce de sympathie. Si le faiseur de tours assure qu'il peut s'en servir pour communiquer sa pensée à une certaine distance, les spectateurs le croiront d'autant plus facilement, qu'ils viennent de voir produire un effet qui, pour eux, est incompréhensible ; après quoi ils se vanteront d'avoir vu de leurs propres yeux des cadrans sympathiques qui servent à communiquer sa pensée ; ils ne permettront point qu'on leur fasse là-dessus la moindre remontrance ; ils croiront trancher toute difficulté en disant qu'on ne peut pas aller contre des faits : mais ne pourroit-on pas leur répliquer qu'ils ont mal vu, & leur appliquer ces paroles de Voltaire : *Je ne crois pas aux témoins oculaires quand ils prétendent avoir vu des choses absurdes.*

Cadran préparé pour deviner avec des cartes l'heure à laquelle un homme a projetté secrettement de se lever le lendemain.

1°. Rangez en cercle sur une table quatorze cartes qui désignent les heures 1, 2, 3, 4, &c. jusqu'à 12, comme dans la *fig.* 2, *pl.* 11, *de Magie blanche, tome VIII des gravures.*

2°. Que ces cartes soient tournées sens-dessus-dessous, afin que la compagnie ignore, s'il est possible, qu'elles forment une espèce de cadran, mais ne perdez pas de vue le 10 & le 2, qui, joints ensemble, marquent midi; afin que vous puissiez connoître, sans les retourner, le nombre marqué par les autres cartes.

3°. Priez quelqu'un de penser secrettement l'heure à laquelle il veut se lever, & de poser une pièce, par exemple un liard, sur une carte quelconque.

4°. Dites-lui de porter la main sur la carte où est le liard, en nommant intérieurement le nombre pensé, & de porter successivement la main sur les autres cartes, en nommant à chaque fois un nombre supérieur d'une unité, & en suivant une marche contraire à l'ordre des cartes; c'est-à-dire, par exemple, que s'il a pensé 3 heures & mis le liard sur le 7, il doit dire intérieurement 3, 4, 5, 6, &c. en portant successivement la main sur 7, 6, 5, 4, &c; pour lui éviter toute erreur à cet égard, il faut lui indiquer plusieurs fois cette opération tant du geste que des paroles.

5°. Dites-lui de compter ainsi jusqu'au nombre que vous lui indiquerez & que vous formerez en ajoutant au nombre sur lequel on aura mis le liard avec un multiple de 12; c'est-à-dire, que si on a mis le liard sur le 11, vous pourrez faire compter indifféremment jusqu'à 23, 35, 47, 59, &c. Si on l'a mis sur le 4, vous ferez compter indifféremment jusqu'à 16, 28, 40, 52, &c. En un mot, il faut toujours faire compter jusqu'au nombres 12, 24, 36, 48, &c. augmentés du nombre sur lequel on a mis le liard.

6°. Quand cette opération sera faite, dites au spectateur de tourner la dernière carte sur laquelle il vient de s'arrêter, & il sera sûrement bien surpris de voir que cette carte marque précisément l'heure à laquelle il aura projeté de se lever.

Ceux qui voudront connoître la raison d'un pareil effet, sont priés de mettre sous leurs yeux un pareil cadran, & de faire attention que, s'ils ont pensé une heure & mis le liard sur midi, ils ne pourront compter ainsi 1, 2, 3, &c. en passant sur les nombres 12, 11, 10, &c. & sans arriver à une heure, lorsqu'ils nommeront 12, 24, 36, 48, &c. mais que, si, en posant le liard sur midi, on a pensé une autre heure, par exemple 3 qui est plus près de midi de deux degrés que le nombre 1, (à cause de l'ordre rétrograde qu'on suit dans cette opération) on passera également sur ce nombre 3, en nommant 12, 24, 36, &c. parce qu'alors on n'aura pas commencé de compter par 1, mais par 3; mais si, après avoir pensé le nombre 3, on eût placé le liard non sur midi, mais sur 11 heures plus près de 3 d'un degré, on auroit également trouvé le nombre pensé 3, parce que, selon la règle prescrite, on n'auroit pas alors compté jusqu'à 24, 36, 48, mais jusqu'à des nombres plus petits d'une unité; savoir, 23, 35, 47, &c.

Cadran nocturne.

Il est une espèce de cadran, à l'aide duquel un curieux peut connoître l'heure de la nuit par les étoiles. Pour cela, il faut savoir que le ciel tourne ou semble tourner sur son axe, (comme un orange percée d'outre en outre par un fil d'archal) sur des points qu'on appelle pôles, & dont l'un est élevé au-dessus de notre horison. Les étoiles décrivent donc des cercles plus ou moins grands selon leur distance des points fixes, autour desquels elles tournent uniformément en vingt-quatre heures. Parmi ces étoiles, il y en a qui ne se couchent jamais pour nous; telles sont celles de Cassiopée & de la grande ourse, dont une partie est connue de tout le monde sous le nom du *Chariot*, (*fig.* 3, *pl.* 11 *de magie blanche, tome VIII des grav.*) Les deux étoiles de derrière marquées A B, sont appellées, par les astronomes anglais, *pointers*, c'est-à-dire, astres indicateurs, parce qu'elles sont presque en ligne droite avec l'étoile polaire qu'elles *indiquent.* Cassiopée est de l'autre côté du pôle presque à la même distance que le chariot; de sorte que les étoiles de cassiopée & du chariot tournent autour du pole, comme font autour de l'essieu les clous d'une roue diamétralement opposés.

Puisque ces étoiles décrivent un cercle entier en 24 heures; quand quelqu'un a observé leur position à six heures du soir, & qu'il s'apperçoit ensuite qu'elles ont décrit le quart ou le tiers de leur cercle, il peut évidemment en conclure qu'il est minuit ou deux heures du matin; par la même raison, on pourroit, par ce moyen, connoître toutes les heures de la nuit, si on pouvoit distinguer à la vue la vingt-quatrième partie de ce même cercle; mais ce qu'on ne peut pas faire à la vue simple peut être exécuté avec assez de précision à l'aide d'un cadran ou cercle F, D, E, divisé en 24 parties, & dont l'axe B, C, soit dirigé vers le pole A. L'œil placé au point B verra toujours l'étoile H vers quelque point de ce cadran, & il sera facile de voir par-là de combien elle a avancé depuis six heures du soir. (*Fig.* 4. *pl.* 11 *ibid.*)

Nota. 1°. Que l'axe du cadran doit être différemment incliné selon la latitude du pays qu'on habite ; c'est-à-dire, par exemple, qu'il doit faire avec l'horizon ,

à Madrid , un angle de   40° , 26'
à Paris ,   48° , 50'

Nota. 2°. Que le rayon visuel BF, qui va aboutir au point B, où se place l'œil de l'observateur ; doit être différemment incliné sur l'axe du cadran selon que l'étoile est plus ou moins éloignée du pole ; l'angle fait au point B par le rayon visuel doit toujours être comme la distance de l'étoile au pole , ou comme le complément de la déclinaison de l'étoile.

Nota. 3°. Que les étoiles , par leur mouvement annuel , avancent tous les jours vers l'occident d'environ un degré de cercle & de 4 minutes de temps ; elles avancent donc d'une heure en 15 jours, & de 2 heures par mois ; par conséquent , si on veut que le cadran serve toujours à marquer l'heure par la même étoile , il faut le tourner d'un vingt-quatrième tous les quinze jours , ou avoir égard à la quantité dont il avance, &c.

Nota. 4°. Qu'on peut faire de pareils cadrans pour les étoiles australes telles que *Procyon* & *Syrius* qui est la plus brillante du ciel , (alors l'œil de l'observateur doit être placé au point C dans la partie supérieure de l'axe) mais dans ce cas ; la même étoile ne peut servir en toute saison ; parce qu'il est un temps de l'année où elle se couche quand la nuit commence. Ceux qui n'ont point de fenêtre vers le nord & qui en ont au midi , feront mieux de disposer leur cadran pour les pléiades , ou pour l'œil du taureau (aldebaran) qui en est tout près ; à cause que ces étoiles décrivent un grand arc de cercle sur l'horizon , & qu'elles ne deviennent totalement invisibles que dans la saison où les nuits sont fort courtes.

Nota. 5°. Ceux qui voudroient connoître *Syrius* ne seront peut-être pas fâchés de trouver ici que si une ligne part des pléiades, (groupe d'étoiles que le peuple appelle la *Poussinière*,) pour aller vers la ceinture d'orion , (trois étoiles brillantes vulgairement appellées les trois rois ou le rateau) cette ligne prolongée vers le sud - est ira aboutir à *Syrius* qui se fait d'ailleurs remarquer par sa scintillation & son éclat. Elle ne s'élève sur l'horizon de Paris que de 24 degrés 45 minutes. On peut la voir passer au méridien ; le 2 octobre , à six heures du matin ; le 2 novembre , à 4 heures ; le 2 décembre , à 2 heures ; le 2 janvier , vers minuit , & ainsi de suite , en avançant de deux heures par mois.

Nota. 6°. Ceux qui ont la plus légère idée de la sphère , verront facilement la raison de tout ce que nous venons de dire sur les cadrans nocturnes , en faisant attention que lorsqu'un globe céleste artificiel est placé & rectifié tant pour le

pays qu'on habite que pour l'instant actuel , les étoiles marquées sur ce globe répondent directement aux étoiles du ciel , & que cette correspondance dureroit continuellement , si le globe artificiel tournoit uniformément sur son axe , comme le ciel en vingt-quatre heures (sauf la différence qui pourroit provenir du mouvement millénaire.) par conséquent , l'œil placé au centre du globe artificiel immobile verroit les astres décrire des lignes correspondantes aux cercles paralléles de ces globes ; or , les cadrans nocturnes , dont nous avons parlé , sont une portion d'un globe artificiel ; & le point de l'axe où doit être placé l'œil de l'observateur , n'est autre chose que le centre du globe dont ces cercles sont censés faire partie , &c.

                 (DECREMPS.)

CADRAN MAGNÉTIQUE.

CADRANS DE COMMUNICATION.

CADRAN MAGNÉTIQUE ET MÉCANIQUE. *Voy.* à *l'article* AIMANT.

CALCUL (jeux de). La science des nombres n'est pas toujours aussi séche qu'elle paroit l'être au premier abord. Il y a beaucoup d'opérations très-récréatives , & nous devons savoir gré aux mathématiciens d'avoir cherché à égayer cette étude , & même à en inspirer le goût à la jeunesse , en lui présentant de petits problèmes propres à exciter sa curiosité. *Voy.* au mot BIJOUX , le tour des trois bijoux. *Voyez aussi aux mots.* ARITHMÉTIQUE, COMBINAISONS , NOMBRES , PROGRESSIONS , QUARRÉS ARITHMÉTIQUES , &c.

Addition prévue.

Un maître d'arithmétique , pour divertir ses élèves , leur donne une addition , en les prévenant quel est le total de 6 rangées de 4 chiffres chacune , dont ils poseront trois à leur volonté. Pour cet effet , il multiplie secrètement 9999 par 3 , ce qui produit la somme de 29,997, qu'il fait voir à ses élèves , en leur disant de former à leur gré trois rangées de quatre chiffres chacune.

Supposons ces chiffres choisis par les élèves , $\left\{\begin{array}{l} 4324 \\ 7099 \\ 6515 \end{array}\right.$

Le maître ajoutera $\left\{\begin{array}{l} 5675 \\ 2900 \\ 3484 \end{array}\right.$

            29997.

Si les trois rangées posées par les élèves eussent été toutes composées de 9 , l'addition étoit faite , & le maître n'eût eu que des zéros à mettre pour remplir les trois rangées qu'il s'étoit réservées. Il est aisé de voir que les chiffres ajoutés par le maître n'étant que les complémens de 9 , eu égard à ceux choisis par les élèves , le montant de cette addition doit être le même que le pro-

duit de 9999 multiplié par 8. On pourroit étendre cette addition beaucoup plus, en proposant
aux élèves de mettre un plus grand nombre de
rangées de chiffres, mais alors il faut avoir multiplié 9999 par la quantité des rangées de chiffres
laissées à la discrétion des élèves. Si l'on vouloit
opérer sur d'autres nombres que sur des 9, par
exemple, 6666, 7777, 8888, il faudroit prévenir les élèves de ne pas employer de plus grands
chiffres que 6, 7 & 8, le reste de l'opération seroit
la même que ci-dessus.

Soustraction plaisante.

Voici encore deux autres jeux de société qui
peuvent amuser un certain nombre de personnes.
On apporte douze bouquets au milieu d'une compagnie de dames; mais il y en a treize: le maître
de la maison n'est pas fâché d'en mortifier une,
il veut cependant n'avoir pas l'air de lui donner
la préférence, & il annonce que le hasard décidera de celle qui n'en doit pas avoir; en conséquence, il fait disposer en rond les treize
dames, leur laisse le choix de se placer à leur
volonté, & leur distribue les douze bouquets,
en les comptant depuis un jusqu'à neuf, & en
faisant sortir du rang la neuvième, à laquelle on
donnera un bouquet, & il se trouvera que la
onzième, à compter de celle par laquelle on a commencé,
restera la dernière, & n'aura par conséquent aucune part à la distribution qu'on aura faite. S'il n'y
avoit que douze dames auxquelles on voulût distribuer onze bouquets, il faudroit alors commencer par celle qui précède celle qu'on veut exclure.
On peut appliquer ce jeu à nombre de circonstances.

Trente personnes réunies en société veulent
faire une partie de plaisir sur l'eau, mais le bate-
let n'en peut contenir que quinze. Le maître de
la maison propose de faire ranger en ligne les 29
personnes, & de faire décider par le hasard celles
qui resteront, en les comptant l'une après l'autre
& rejettant toujours la neuvième en conséquence,
il range les personnes suivant le choix qu'il a fait
pour lui tenir compagnie; il en dispose d'abord
quatre de suite de celles qui doivent aller sur l'eau,
ensuite cinq de celles qui doivent rester, & ainsi
de suite alternativement, selon les chiffres que lui
indique chaque voyelle du vers suivant, qu'il
doit savoir par cœur.

Populeam virgam, mater regina ferebat.
4 5 2 1   3 1   1 2   2 3 1   2 2 1

Des permutations.

On entend par permutation une espèce de combinaison, dont il résulte non-seulement combien
de fois plusieurs choses peuvent se combiner,
mais encore le nombre de changemens que ces
choses peuvent avoir, eu égard à leur position
respective. Voyez ce que nous avons dit à ce
sujet au mot ANAGRAMME. Comme les permutations sont d'un secours infini dans nombre de
recréations mathématiques, & singulièrement
pour le jeu de piquet, voyez PIQUET, nous donnerons ici plusieurs tables de permutations.

Table de permutations.

Supposons dix cartes blanches, sur chacune
desquelles on aura écrit un des chiffres 1, 2, 3,
4, 5, 6, 7, 8, 9 & 0; on prendra ces 10 cartes
dans la main gauche; de même que lorsqu'on
mêle les cartes, on ôtera avec la main droite les
deux premières cartes 1 & 2 sans les déranger;
on met au-dessus d'elles les deux suivantes 3 & 4,
& sous ces quatre cartes les trois suivantes 5, 6,
& 7, au-dessus du jeu les cartes 8 & 9, & au-dessous la carte 0. On peut recommencer à mêler de la
même manière à plusieurs reprises: à chaque
nouveau mélange on aura un ordre différent,
lequel néanmoins, après un certain nombre, se
trouvera le même qu'il étoit avant que de
mêler; comme on le voit par la table suivante,
où l'ordre se trouve semblable après le septième
mélange.

1er. ordre.	1	2	3	4	5	6	7	8	9	0
1er. mélange.	8	9	3	4	1	2	5	6	7	0
2.	6	7	3	4	8	9	1	2	5	0
3.	2	5	3	4	6	7	8	9	1	0
4.	9	1	3	4	2	5	6	7	8	0
7.	7	8	3	4	9	1	2	5	6	0
6.	5	6	3	4	7	8	9	1	2	0
7.	1	2	3	4	5	6	7	8	9	0

Une propriété fort remarquable en cette table,
est que le premier ordre revient après un nombre
de mélanges égal au nombre des cartes mélangées,
moins celui des colonnes où tous les chiffres conservent leur même ordre, comme dans les exemples ci-dessus où le nombre des mélanges est 7,
lequel avec le nombre 3 (qui est celui des colonnes 3, 4 & 0, qui ne changent point d'ordre),
forme le nombre 10, égal à celui des cartes que
l'on a mélangées. Cette propriété n'a pas lieu
pour tous les différens mélanges & pour tous
les nombres: il en est qui reviennent avant
celui des cartes mélangées, & d'autres après
un nombre plus fort. Il ne seroit peut-être pas
impossible de trouver des nombres auxquels on
pût adapter des mélanges qui en produisent toutes
les permutations, ce qui pourroit avoir son agrément pour chercher facilement des anagrammes.
Mais comme cette recherche seroit non-seulement
longue, mais déterminée pour certains nombres,
cet objet, ennuieux d'ailleurs, ne mérite pas la
peine de s'y appliquer.

Table de permutations fur 24 nombres, fuivant les préceptes ci-deffus.

PERMUTATIONS.

Ordre avant de mêler.	au premier mélange,	au fecond,	au troifieme.
1	23	21	17
2	24	22	20
3	18	12	2
4	19	15	7
5	13	5	13
6	14	6	14
7	8	9	3
8	9	3	18
9	3	18	12
10	4	19	15
11	1	23	21
12	2	24	22
13	5	13	5
14	6	14	6
15	7	8	9
16	10	4	19
17	11	1	23
18	12	2	24
19	15	7	8
20	16	10	4
21	17	11	1
22	20	16	10
23	21	17	11
24	22	20	16

Table fur 25 nombres & fur 27.

1	23	21	17
2	24	22	20
3	18	12	2
4	19	15	7
5	13	5	13
6	14	6	14
7	8	9	3
8	9	3	18
9	3	18	12
10	4	19	15
11	1	23	21
12	2	24	22
13	5	13	5
14	6	14	6
15	7	8	9
16	10	4	19
17	11	1	23
18	12	2	24
19	15	7	8
20	16	10	4
21	17	11	1
22	20	16	10
23	21	17	11
24	22	20	16
25	25	25	25
26	26	26	26
27	27	27	27

C A L

Table fur 32 nombres.

PERMUTATIONS.

Ordre avant de mêler.	au premier mélange,	au fecond,	au troifieme.
1	28	16	22
2	29	27	25
3	23	17	7
4	24	20	12
5	18	10	9
6	19	11	3
7	13	1	28
8	14	2	29
9	8	14	2
10	9	8	14
11	3	23	17
12	4	24	20
13	1	28	26
14	2	29	27
15	5	18	10
16	6	19	11
17	7	13	1
18	10	9	8
19	11	3	23
20	12	4	24
21	15	5	18
22	16	6	19
23	17	7	13
24	20	12	4
25	21	15	5
26	22	16	6
27	25	21	15
28	26	22	16
29	27	25	21
30	30	30	30
31	31	31	31
32	32	32	32

Telles font les trois permutations différentes qui arrivent avec un jeu de cartes, lorfqu'on les mêle comme nous l'avons précédemment indiqué, c'eft-à-dire lorfqu'après avoir mis les deux premières du jeu fous les deux qui fuivent, on met alternativement trois cartes deffous & deux deffus; mais il faut fe faire une habitude de mêler exactement & promptement les cartes, ce qui eft affez facile. Ces tables de permutations font infinies pour exécuter différentes récréations; on en peut voir l'application au mot PIQUET. D'ailleurs, chacun peut en conftruire à fon gré, eu égard aux amufemens qu'il voudra imaginer. Par exemple, on peut avec 10, 24, 25, 27 ou 32 lettres écrites fur des cartes, & ne préfentant aucun fens, leur en faire trouver un après les avoir mêlées à plufieurs reprifes, lequel fert de réponfe à une queftion choifie, & ainfi d'autres.

Tour du cadran.

Tous les hommes font naturellement portés à

à courir après le merveilleux, & lorsqu'on leur préfente un effet dont ils ne peuvent trop voir la caufe, l'on eft affuré de ravir leurs applaudiffemens : fouvent ces effets tiennent à des moyens très-fimples, & fi fimples qu'on eft honteux d'avoir paru étonné lorsqu'on vient à les connoître. Par exemple, que l'on annonce dans une compagnie à une jeune perfonne que l'on fait un fecret pour deviner l'heure à laquelle elle aura projetté de fe lever le lendemain, la curiofité fe pique ; elle voudra s'affurer fi cela eft vrai. Le moyen eft très-fimple & très-facile ; tirez votre montre, ajoutez en vous même le nombre 12 à l'heure qu'il eft dans le moment ; l'addition faite, vous lui direz de compter ce total à commencer de l'heure qu'elle a déterminé de fe lever ; mais en rétrogradant, c'eft-à-dire en prenant à rebours toutes les heures du cadran ; & en partant de l'heure fecrettement projettée, il faudra qu'elle commence non par un, mais par le nombre de l'heure actuellement marquée par le cadran. Par exemple, fuppofons que l'aiguille de la montre foit à 4 heures, & que la jeune perfonne veuille fe lever à 8, vous ajouterez intérieurement 12 à 4, qui eft le nombre des heures marquées par la montre, ce qui vous donnera 16 ; vous direz à la jeune perfonne de compter jufqu'à 16, en commençant par 4, nombre des heures que la montre indique, & en partant de l'heure à laquelle elle defirera fe lever : le dernier nombre tombera alors jufte fur 8 heures. Avec un peu de réflexion, l'on voit que cette récréation eft toute fimple. C'eft la perfonne elle-même qui indique l'heure à laquelle elle veut fe lever ; car c'eft comme fi vous lui aviez dit : comptez 12 à commencer de l'heure à laquelle vous voulez vous lever, & vous aurez cette même heure. Comme il n'y a que 12 heures au cadran, il faut néceffairement qu'elle arrive à l'heure projettée d'où elle eft partie. Il eft fenfible que l'addition n'eft que pour déguifer cette grande fineffe, puifqu'ayant déduit de l'addition le nombre de l'heure qu'il eft, il ne peut jamais refter que 12 à compter par la perfonne.

On peut voir au mot CARTES, les jeux où il entre du calcul, fous le titre *cartes numériques*.

Vers produits par le calcul numérique.

L'auteur du petit ouvrage intitulé *manufacture & fabrique de vers latins au petit métier*, dit qu'en fe promenant dans les environs de Rome, il trouva dans un fouterrein une planche de cuivre, fur laquelle étoient gravées deux tables compofées de chiffres & de lettres ; qu'ayant foupçonné que ces tables pouvoient avoir fervi autrefois aux prêtres d'Apollon pour rendre leurs oracles, il s'eft appliqué à en connoître l'ufage, & qu'il a heureufement trouvé qu'à l'aide de ces tables, on peut, par le fimple calcul & fans favoir le

Amufemens des Sciences.

latin, répondre en un vers latin à une queftion quelconque propofée fur l'avenir ; d'où il concluc que cette table eft précifément la moyenne proportionnelle entre l'hiftoire de M. de Fontenelle & celle de Van-Dale, fur la manière dont les anciens rendoient les oracles ; c'eft-à-dire, felon notre auteur, que ce moyen n'eft pas tout-à-fait diabolique, comme l'a prétendu Van-Dale, ni tout-à-fait naturel, comme l'a foutenu Fontenelle. Il donne en effet le moyen de faire des vers latins, à l'aide de ces tables : mais il n'explique point pourquoi ces tables produifent cet effet ; il laiffe ignorer à fes lecteurs le principe fur lequel ces tables ont été formées, de forte que le lecteur, après avoir parcouru la brochure, fait des vers fans trop favoir pourquoi ni comment, à-peu-près comme un automate qui joue de la flûte. Cette manière de verfifier, quand on la connoît à fond, eft peut-être la plus profonde & la plus compliquée de toutes les récréations mathématiques. Elle a quelque chofe de merveilleux pour ceux qui n'en connoiffent que la routine, telle qu'elle eft expliquée dans la brochure, parce qu'il leur femble que les vers font formés par des lettres choifies au hafard. Toutefois, dit M. Decremps, je crois que l'auteur n'a pas voulu en impofer aux gens crédules, & qu'il a feulement voulu propofer un problême difficile.

Pour la folution de ce problême, ajoute M. Decremps, nous donnerons ici en abrégé, 1°. le moyen que cet auteur indique pour faire des vers par arithmétique ; 2°. la théorie de la conftruction des tables, & le moyen d'en faire de nouvelles ; 3°. une nouvelle table à l'ufage de ceux qui, ne fachant pas le latin, voudroient répondre à une queftion fur l'avenir, par un vers français alexandrin.

Ufage des deux tables numériques & litterales qui font fur la première planche à la fin de cet article pour la conftruction des vers latins.

Première partie du calcul.

1°. Il faut propofer une queftion fur l'avenir qui foit exprimée en neuf mots, de cette manière :

1	2	3	4	5	6	7	8	9

Celui que je défire deviendra-t-il bientôt mon mari ?

On pourroit, fi on le jugeoit à propos, exprimer la queftion par d'autres mots, par exemple :

1	2	3	4	5	6	7	8	9

Cette année comblera-t-elle mes vœux par un mariage ?

2°. Il faut connoître le chiffre qui exprime le rang de chaque lettre de l'alphabet, & construire pour cela la table alphabéti-numérique suivante :

Table Alphabéti-Numérique.

a — 1	f — 6	l — 11	q — 16	x — 21
b — 2	g — 7	m — 12	r — 17	y — 22
c — 3	h — 8	n — 13	f — 18	z — 23
d — 4	ij — 9	o — 14	t — 19	
e — 5	k — 10	p — 15	uv — 20	

3°. A côté de chaque lettre formant la question à résoudre, écrivez le chiffre qui lui correspond dans la table alphabéti-numérique, de la manière suivante :

c— 3	q-16	l— 9	d— 4	9	c— 3	a-1	m-12	e— 5
e— 5	l-10	a— 1	e— 5	l-11	e— 5	3-13	o-14	p-15
l-11	e— 5	i— 9	v-20		t-19	3-13	n-13	o-14
u-20		m-11	e— 5		t-19	e— 5		u-20
i— 9		e— 1	e— 5		e— 5	e— 5		x-21
		n-13						
		d— 4						
		r—17						
		a— 1						
		t—19						
48	**41**	**36**	**97**	**20**	**51**	**37**	**39**	**75**

4°. Ecrivez au bas de chaque mot la somme totale des chiffres correspondans aux lettres dont il est formé.

5°. Divisez chacune de ces sommes par le nombre 9 ; s'il reste quelque chose de cette division, écrivez ce reste au-dessous de la somme ; & s'il ne reste rien, écrivez 9. Dans le cas que nous avons supposé, les restes au-dessous des sommes seront comme il suit :

48	41	36	97	20	51	37	39	75
3	5	9	7	2	6	1	3	3

6°. Des neuf chiffres qui restent de cette division, prenez les deux premiers pour les diviser par neuf, & écrivez le reste sous le second (s'il ne restoit rien, il faudroit écrire 9). Dans notre supposition, il faut prendre 35 qui, divisé par 9, donne 3 avec le reste 8 qu'on écrit au-dessous de 5 de cette manière :

$$359726133$$
$$8$$

7°. Parmi les neuf mêmes chiffres, prenez le second & le troisième pour les diviser également par 9, & écrivez le reste sous le troisième, c'est-à-dire que dans notre question, il faut prendre 59, qui, divisé par 9, donne 6 au quotient, avec le reste 5 qu'on écrit sous le 9 de cette manière :

$$359726133$$
$$85$$

8°. Parmi les mêmes chiffres, prenez le troisième & le quatrième pour faire la même opération & pour écrire le reste sous le quatrième. Dans le cas supposé, vous aurez 97, qui, divisé par 9, donne 10, avec le reste 7 qu'il faut écrire sous le 7 de cette manière :

$$359726133$$
$$857$$

9°. Continuez de même sur les autres chiffres, jusqu'à ce que vous ayez trouvé les huit restes comme il suit :

$$359726133$$
$$85798746$$

10°. Faites sur les huit chiffres de la seconde ligne la même opération que vous venez de faire sur la première, & par ce moyen vous aurez sept nouveaux restes, que vous écrirez dessous comme il suit :

$$359726133$$
$$85798746$$
$$4378621$$

11°. Réduisez de même les sept chiffres de la troisième ligne à six chiffres, que vous mettrez à la quatrième, & ainsi de suite jusqu'à ce que vous soyez arrivé à un seul chiffre qui terminera le triangle rectangle suivant, divisé en neuf colonnes verticales :

```
3  5  9  7  2  6  1  3  3
8  5  7  9  8  7  4  6
4  3  7  8  6  5  2  1
7  1  6  5  4  3  2
   7  8  7  2  9
   6  9  6  4  6
   6  7  6  9
   6  6  3
   3  9
      3
```

12°. Tirez huit lignes verticales à une égale distance l'une de l'autre, & à côté de ces lignes, distribuez les chiffres du triangle de la manière suivante :

	a	b	c	d	e	f	g
I	3	1	4	9	6	8	3
II	9	6	8	2	7	1	7
III	3	3	2	5	6	7	7
IV	6	3	4	6	8	9	4
V	2	6	3	7	8	2	5
VI	3	6	6	1	6	7	9

À droite de la ligne verticale *a*, l'on posera les six premiers chiffres de la première colonne du triangle, à commencer par le chiffre de la pointe inférieure ; de manière que les six premiers chiffres qui se succédoient en montant dans cette première colonne du triangle, se succèdent en descendant à côté de la ligne marquée *a* ; le reste de cette première colonne du triangle & le commencement de la seconde seront placés également dans un ordre renversé de la colonne marquée *b*, & ainsi de suite, comme on peut le voir, en se donnant la peine de comparer le triangle avec la table quarrée.

Remarquer
Nota. Que les trois chiffres 3, 5 & 8, qui sont à gauche dans le triangle, ne doivent point servir, & que les six lignes de la table quarrée sont marquées par des chiffres romains à gauche.

Seconde partie du calcul.

1°. Les chiffres qui forment le triangle numérique ayant été disposés de cette sorte, il faut multiplier chacun des six chiffres des colonnes *b*, *c*, *d*, *e*, *f*, *g*, par 3 ; ajouter au produit de chacune de ces multiplications le chiffre de la colonne verticale *a*, qui se trouvera sur la même ligne que le chiffre qui viendra d'être multiplié ; diviser cette somme par 9, & poser le reste de la division à côté du chiffre sur lequel on viendra d'opérer.

Si la somme est au-dessous de neuf, on l'écrit telle qu'elle est ; & si dans la division il ne reste rien, écrivez 9. Voyez, au reste, l'exemple suivant :

	a	b	c	d	e	f	g
I	3	26	46	53	63	89	33
II	9	69	86	26	73	13	73
III	3	33	29	89	63	76	76
IV	6	36	49	66	83	96	49
V	2	62	32	75	88	28	88
VI	3	63	63	26	63	76	53
		9	18	27	36	45	54

Pour opérer sur les chiffres de la colonne *b*, il faut commencer par le chiffre 1 au haut de cette colonne, le multiplier par 3, ajouter à ce produit le chiffre 3 de la colonne *a* qui se trouve sur la même ligne horisontale, la somme sera 6 ; & comme elle est moindre que 9, la division ne pourra avoir lieu : il faut donc poser 6 à côté du chiffre 1 sur lequel on vient d'opérer, ayant soin de barrer ce chiffre, parce qu'il ne doit plus servir.

Le second chiffre 6, en descendant dans la colonne *b*, étant multiplié par 3, donnera 18 ; en ajoutant à ce produit le chiffre 9 qui est sur la même ligne dans la colonne *a*, la somme sera 27 : mais comme cette somme peut se diviser par 9 sans reste, on écrira 9 à côté du chiffre 6 sur lequel on vient d'opérer, & on barrera le chiffre 6.

2°. La même opération ayant été faite sur tous les chiffres des colonnes *b*, *c*, *d*, *e*, *f*, *g*, il faudra écrire 9 sous la première, 18 sous la seconde, 27 sous la troisième, 36 sous la quatrième &c., comme dans l'exemple ci-dessus.

3°. Ajoutez à chaque chiffre de chaque colonne *b*, *c*, *d* &c., le nombre qui sera posé au bas, plus le chiffre de la colonne *a* qui sera sur la même ligne, & posez la somme à côté du chiffre sur lequel vous viendrez d'opérer. Pour ne pas confondre les nouveaux chiffres que produit cette opération avec ceux que vous aviez précédemment, posez une ligne de séparation en effaçant les anciens chiffres : par exemple, j'ajoute au chiffre 6, premier de la colonne *b*, le nombre 9 qui est au bas avec 3 qui correspond dans la colonne *a*, & j'écris à côté la somme 18 séparée par une ligne, après avoir barré le *6*, comme dans l'exemple suivant :

	a	b	c	d	e	f	g
I	3	26 18	46 27	93 33	63 42	89 57	33 6c
II	9	69 27	86 33	26 42	73 48	23 57	73 66
III	3	33 15	29 30	89 39	63 42	76 54	76 63
IV	6	36 21	49 33	66 39	83 45	96 57	49 69
V	2	62 13	32 22	78 34	88 46	28 55	88 64
VI	3	63 15	63 24	26 36	63 42	76 54	93 6c
	9	18	27	36	45	54

Le calcul étant ainfi terminé, la première ligne de chiffres doit indiquer le premier mot du vers latin que l'on cherche, la feconde doit indiquer le fecond mot, &c.

Application de ce calcul aux tables numérique & littérale qui font fur la première des deux planches à la fin de cet article.

1°. Il faut chercher fucceffivement dans la table numérique les nombres de chaque ligne qui, dans le quarré ci-deffus, répondent aux lettres *b*, *c*, *d*, &c. ; & les chercher précifément dans la bande horifontale de la table qui porte pour numéro à droite & à gauche le même chiffre qui, dans le quarré ci-deffus, répond dans la colonne *a*, à la ligne fur laquelle on opère : mais ceci, annoncé d'une manière fi générale, ne peut être que très-obfcur ; c'eft pourquoi, *Fiat lux*, par un exemple.

Dans le quarré ci-deffus, je trouve que 18 dans la colonne *b* eft au commencement de la première ligne qui a pour chiffre correfpondant dans la colonne *a* le chiffre 3 ; voilà pourquoi je cherche 18 dans la troifième bande ou ligne horifontale de la table numérique : mais, lorfqu'après avoir trouvé ainfi dans la bande 3 tous les nombres de la première ligne du quarré, je pafferai à la feconde ligne de ce même quarré, j'en chercherai les nombres dans la neuvième bande de la table numérique, parce que cette ligne répond dans le quarré au chiffre 9 de la colonne *a*.

2°. A mefure qu'on trouve les nombres de la table numérique, il faut remarquer s'ils font

dans la partie *b* ou *c*, &c., & chercher la partie correfpondante & la même bande de la table littérale.

3°. Quand on a trouvé la partie & la bande correfpondante de la table littérale, il faut prendre dans cette partie & dans cette bande la lettre ou les lettres qu'on trouve dans une des fix cafes, & écrire précifément la lettre ou les lettres de la première cafe marquée du chiffre romain I, fi on opère fur la première ligne du quarré, pour trouver le premier mot du vers ; mais il faut prendre la lettre ou les lettres de la feconde ou troifième cafe, &c., felon qu'on opère fur la feconde ou troifième ligne du quarré, pour trouver la feconde ou troifième partie du vers. Par exemple, ayant trouvé 18 au commencement de la première ligne du quarré ci-deffus, je cherche ce nombre 18 dans la bande 3 de la table numérique, parce qu'il correfpond au chiffre 3 dans le quarré ; je trouve ce 18 dans la partie *g* bande 3 ; regardant alors dans la partie *g* bande 3 de la table littérale, j'y trouve fix cafes qui correfpondent aux chiffres romains I, II, III, IV, V, VI ; & comme j'opère alors fur la première ligne de mon quarré pour trouver le premier mot du vers, je prends la lettre *e* que je trouve dans la première cafe.

Nota. Que lorfqu'on trouve une croix dans une cafe de la table littérale, il ne faut rien écrire pour cette fois-là, mais paffer au nombre qui fuit dans la même ligne du quarré, &c.

Si on cherche ainfi tous les nombres de la première ligne du quarré ci-deffus dans la table numérique & puis dans la table littérale, on trouvera, pour commencer le vers, le mot *ecce* ; en opérant fur la feconde ligne du quarré, on trouvera, pour le fecond mot *equidem* ; la troifième & quatrième ligne du quarré donneront les mots *licitè pradicit* ; & toutes les lignes enfemble, donneront la réponfe fuivante :

Ecce equidem licitè pradicit talia numen.

Pour fatisfaire à la queftion propofée ;

Celui que j'aime deviendra-t-il cette année mon époux ?

Autre opération pour répondre à la queftion fuivante.

1   2   3   4   5   6   7
La paix fera-t-elle prochaine & avantageufe
8   9
aux Français ?

℞-11	p-15	f-18	s	p-15	e- 5	a-	1 a-	1 f- 6
a- 1	a- 1	e- 5	l-11	t-17	s-19	v-20	u-20	r-17
i- 9	r-17	l-11	o-14		n-13		x-21	a- 1
x-21	a- 1	s	c- 3		ц-13			n-13
	t-19		h- 8		t-19			ç- 3
			a- 1		2- 1			o-14
			i- 9		g- 7			i- 9
			n-13		e- 5			s-18
			e- 5		u-20			
					l-18			
					e- 5			
12	46	60	32	85	24	110	42	81
3	1	6	5	4	6	2	6	9

3	1	6	5	4	6	2	6	9
4	7	2	9	1	8	8	6	
	2	9	2	1	9	7	5	
		2	1	9	8	1		
		4	5	4	8	9		
			9	9	3	9		
				9	3	6		
					3	9		

	a	b	c	d	e	f	g
I	9	5	8	9	9	4	9
II	6	6	7	4	9	2	2
III	3	9	7	1	5	2	5
IV	9	3	8	8	1	9	2
V	1	3	6	1	1	4	7
VI	3	3	9	2	6	2	6

	a	b	c	d	e	f	g
I	9	86	86	99	99	43	99
II	6	66	79	49	83	23	23
III	3	93	76	16	33	29	59
IV	9	39	86	99	33	99	26
V	1	31	61	87	14	44	74
VI	3	33	93	29	63	29	63

	a	b		c		d		e		f		g	
I	9	86	24	86	33	99	45	99	54	43	57	99	72
II	6	66	21	79	33	49	42	83	45	23	54	23	63
III	3	93	15	76	27	16	36	33	42	29	57	59	66
IV	9	39	27	86	33	99	45	33	48	99	63	26	69
V	1	31	11	61	20	87	35	14	41	44	50	74	59
VI	3	33	15	93	24	29	39	63	42	29	57	63	60
		9		18		27		36		45		54	

En cherchant dans la table numérique les chiffres du dernier quarré long, & en cherchant ensuite dans la table littérale les lettres correspondantes; on trouvera le vers suivant :

Credo satis licitè donabit fædera numen.

Pour réponse à la question :

La paix sera-t-elle prochaine & avantageuse aux Français ?

Théorie de la construction des Tables.

La première bande horisontale de la table numérique ne contient que des nombres d'une progression arithmétique, dont la différence est 3, depuis 11 jusqu'à 62, de cette manière : 11, 14, 17, 20, 23, &c.

La seconde bande horisontale contient une progression pareille depuis le nombre 13 jusqu'à 64.

La troisième en contient une depuis 15 jusqu'à 66.

La 4e. depuis 14 jusqu'à 65.

La 5e. depuis 16 jusqu'à 67.

La 6e. depuis 18 jusqu'à 69.

La 7e. depuis 16 jusqu'à 68.

La 8e. depuis 19 jusqu'à 70.

La 9e. depuis 21 jusqu'à 72.

Ces neuf progressions commencent donc toutes par des nombres différens, savoir : 11, 13, 15, 14, 16, 18, 17, 19, 21. D'où il s'ensuit qu'elles finissent toutes par des nombres différens, &c. &c.

Remarquez que pour empêcher le commun des lecteurs de s'appercevoir de cet ordre arithmétique, on n'a pas écrit de suite dans chaque bande, les nombres de la progression qu'elle contient; car la première bande qui contient dans sa première partie marquée *B*, les nombres 11, 14 & 17, ne contient la suite qui est 20, 23 & 26, que dans la troisième partie marquée *D*; les trois nombres suivans de la progression ont été placés dans la cinquième partie marquée *F*; de-là on a passé à la sixième partie marquée *G*; en un mot, pour écrire la progression arithmétique de la première bande, on a suivi l'ordre de ses parties de cette manière : *b, d, f, g, e, c.*

La seconde bande contient une progression qu'on trouve de suite, en suivant l'ordre *c, b, d, e, f, g.*

L'ordre de la 3ᵉ bande eſt g, f, e, d, c, b.

——— de la 4ᵉ . . . b, d, f, g, e, c.

——— de la 5ᵉ . . . c, b, d, e, f, g.

——— de la 6ᵉ . . . g, f, e, d, c, b.

——— de la 7ᵉ . . . b, d, f, g, e, c.

——— de la 8ᵉ . . . c, b, d, e, f, g.

——— de la 9ᵉ . . . g, f, e, d, c, b.

C'eſt en changeant ainſi la ſuite des nombres de chaque bande, qu'on eſt parvenu à cacher l'ordre des progreſſions, & qu'on leur a donné l'apparence d'un parfait déſordre, comme ſi on avoit écrit les chiffres au haſard dans la table numérique.

La table littérale a dans ſon arrangement les mêmes combinaiſons, & la même apparence de déſordre que la table numérique.

Pour établir la correſpondance néceſſaire entre les deux tables, on a diſtribué dans la table littérale, des lettres formant des vers latins, en ſuivant le même ordre dans les parties b, c, d, e, f, g, qu'on avoit ſuivi auparavant dans la table numérique.

Chaque bande contient un vers dans cette table comme dans l'autre, chacune contient une progreſſion.

Chaque vers eſt diviſé en ſix parties, qui répondent aux chiffres romains I, II, III, IV, &c.

La première partie d'un vers occupe toujours la première caſe. La ſeconde partie eſt dans la ſeconde caſe, &c.

Les lettres formant un ſixième du vers, ſont diſtribuées dans la première bande ſuivant l'ordre b, d, f, g, e, c; dans la ſeconde ſuivant l'ordre e, b, d, e, f, g; & ainſi du reſte, comme dans la table numérique.

Pour ſe rendre ceci palpable, on n'a qu'à faire attention que les dernières lettres de la table littérale ſont c, e, m, do, d, c, qui forment le commencement des ſix mots ſuivans :

Credo equidem merito donabit debita cœlum.

Mais que les ſix lettres o, m, o, t, a, m, qui ſont la fin de ces mêmes mots, ſe trouvent dans la partie b, parce qu'on a ſuivi dans cette bande l'ordre g, f, e, d, c, b.

Par la même raiſon, ſi on prend les lettres dans la première caſe, bande première, en ſuivant l'ordre b, d, f, g, e, c, on trouvera le mot dico; & ſi dans le même ordre on prend toutes les lettres de la ſeconde caſe, on trouvera pour ſecond mot etenim; la troiſième caſe donnera le mot

fauſto; & les ſix caſes donneront le vers ſuivant :

Dico etenim fauſto rumpet tibi fœdera fatum.

Il ſembleroit d'après cela, que la table littérale ne contient que neuf vers et neuf réponſes ; mais ce ſeroit une erreur de le croire, car elle en contient à la rigueur 5,31,441, parce que les neuf vers contenus dans les neuf bandes ſont conſtruits de manière que le premier mot de chacun peut prendre la place du premier mot d'un autre vers quelconque, ſans que la meſure ſoit altérée. Les ſeconds mots peuvent également être mis à la place les uns des autres ; il en eſt de même de la 3ᵉ. 4ᵉ. 5ᵉ. & 6ᵒ. parties qui peuvent ſe préſenter de neuf manières dans chaque vers ; toutes ces ſubſtitutions, ſi on avoit la patience de les exécuter, produiroient dans les vers le nombre de combinaiſons dont nous venons de parler.

Par ce moyen, on peut réſoudre un grand nombre de queſtions, ſans jamais trouver pour réponſe le même vers ; bien entendu, cependant, qu'on trouvera de temps en temps des vers qui ſe reſſembleront quant à un ou pluſieurs mots.

Au reſte, ſi on ſe donne la peine de bien examiner chaque bande de la table littérale, on y trouvera les neuf vers ſuivans :

Première bande.

Dico etenim fauſto rumpet tibi fœdera fatum.

Deuxième bande.

Juſta petis cupido complebit talia caſus.

Troiſième bande.

Ecce ſcias licitè non indet proſpera numen.

Quatrième bande.

Tanta nimis dubiè ſolvet tibi commoda ſydus.

Cinquième bande.

Fortè lubens votis promittit gaudia hic annus.

Sixième bande.

Jure ſatis certè prædicit jubila thema.

Septième bande.

Mille magis dominans vovet tibi ſæcula carmen.

Huitième bande.

Nonne optas juſtè non reddit præmia tempus.

Neuvième bande.

Credo equidem meritò donabit debita cælum.

Ces neuf vers sont appellés principaux, parce qu'ils sont distribués chacun dans une bande ; mais comme dans l'usage des tables on prend les mots dans des bandes différentes, il arrive qu'on forme un nouveau vers composé du premier mot d'un de ces neuf vers, du second mot d'un autre vers quelconque, & du troisième d'un autre vers, &c.

Par exemple, si on prend le premier mot du premier vers, le second mot du second vers, & ainsi de suite, on aura un nouveau vers qui n'aura qu'un mot de commun avec chacun des six premiers vers principaux, & ce vers sera celui-ci :

Dico petis licitè solvet tibi gaudia thema.

Maintenant il reste à expliquer comment les divers nombres résultans de la seconde partie du calcul, se trouvent toujours dans la table numérique.

Il semble d'abord que la question pouvant être proposée d'une infinité de manières, elle devroit donner dans le calcul une infinité de résultats ; cependant le calcul n'indique jamais que des nombres qui sont dans la table numérique, & il les indique toujours dans l'ordre requis, pour former un vers dans la table littérale.

Pour éclaircir ce qu'il y a de mystérieux là-dessus, nous observerons d'abord que quoique les questions puissent varier à l'infini, cependant les nombres qu'elles produisent en dernier résultat, n'ont pas un égal nombre de variations, parce que le calcul qu'on leur a fait subir à été pour eux comme une espèce de filière ou de canal qui leur a donné une forme, en leur faisant prendre une route certaine. Appliquons ceci au 2e quarré numérique, page 291. Dans la colonne *b* au premier rang, je trouve 6 à côté de 1 barré 3, je dis que, quoique la question proposée eût pu avoir différens mots qui auroient produit différens chiffres, cependant il ne seroit jamais venu de 2, ni de 4, ni de 7 à la place de 6 ; car ce 6 est venu en multipliant par 3 le chiffre 1 qui le précède, & en y ajoutant le chiffre 3 correspondant dans la colonne *a* ; or une pareille opération faite comme la règle le prescrit, ne pouvoit jamais produire de 2, ni de 4, ni de 7 à la place du 6, quel chiffre que l'on suppose à la place du chiffre 1 ; car si on y suppose 2, ce chiffre multiplié par 3 & augmenté de 3 auroit donné 9 ; si on y suppose 3, ce chiffre multiplié par 3, augmenté de 3 & divisé par 9, n'auroit donné que 3 ; le chiffre 4 à la place du chiffre 1 étant multi-

plié par 3, augmenté de 3 & divisé par 9, auroit donné 6.

On verra de même, si on veut se donner la peine d'y réfléchir, qu'un chiffre quelconque, mis à la place du chiffre 1, n'auroit pu produire à la place du 6 que 3 ou 9.

Appliquons maintenant ceci au quarré de la page 292, à côté du 6 dont nous venons de parler, je trouve 18 ; je dis qu'en variant la question à l'infini, on ne pourra trouver à la place de ce 18, que 15 ou 21, car ce 18 est venu par l'addition du 6 qui est à côté, avec le 9 qui est au bas de la colonne, & avec le 3 qui correspond au 6 dans la colonne *a* ; or j'ai prouvé ci-dessus qu'il ne pouvoit y avoir à la place du 6, qu'un 3 ou un 9 ; il est évident d'ailleurs que le 3 à la place du 6 auroit produit 15, & le 9 à la place du 6 auroit produit 21 à la place de 18 ; donc on ne pouvoit trouver dans cet endroit que 15, 18 ou 21.

Si on se donne la peine d'appliquer le même raisonnement à tous les nombres du même quarré, en faisant bien attention aux opérations qui ont été faites sur chaque chiffre, & sans perdre de vue le nombre qu'on ajoute au bas des colonnes, on verra que la première ligne, &, dans ce quarré correspond au chiffre 3 de la colonne *a*, ne doit & ne peut contenir que des nombres qui font partie de la progression arithmétique de la bande 3 de la table numérique.

On verra de même que la seconde ligne, à cause qu'elle répond au chiffre 9 de la colonne *a*, ne peut & ne doit contenir que des nombres de la progression contenue dans la bande 9 de la table numérique. Il en est de même de toutes les autres lignes du quarré, c'est-à-dire que chacune contient nécessairement des nombres de la bande qui, dans la table numérique, tient le rang exprimé par le chiffre qui, dans la colonne *a* du quarré long, répond à la ligne dont il s'agit.

Par conséquent, quoique les chiffres primitifs soient donnés au hasard, le changement qu'ils subissent dans le calcul, établit nécessairement une correspondance entre les résultats du calcul & la table numérique qui a elle-même une correspondance établie avec la table littérale pour la formation des vers.

Il est inutile de dire qu'on divise primitivement la question proposée en neuf parties seulement, pour avoir occasion d'en tirer neuf chiffres qui forment la première & la plus longue ligne du triangle.

Cette première ligne ayant neuf chiffres, on ne peut terminer le triangle sans lui en donner 45, &, par ce moyen, on trouve dans ce

triangle, (qui , de lui-même , paroît avoir quelque chofe de merveilleux aux yeux du vulgaire)
les 42 chiffres dont on a befoin pour former
le premier quarré long du calcul, où il y a fix
lignes pour indiquer les fix parties du vers , chaque ligne ayant fix nombres pour indiquer les
lettres de chaque mot.

NOUVELLE TABLE

*A l'ufage de ceux qui , ne fachant pas le latin ,
voudroient répondre à une queftion fur l'avenir ,
par un vers françois alexandrin.*

La table numérique eft la même que celle qui
fert pour les vers latins, mais la table littérale
(qu'on trouve fur la feconde planche à la fin
du livre) contient d'autres lettres pour former
d'autres mots ; elle diffère auffi de la table littérale qui fert à la formation des vers latins,
en ce que chaque bande n'eft divifée dans fes
parties qu'en quatre cafes au lieu de fix ; au refte,
fi on fe donne la peine d'approfondir le principe d'après lequel cette table a été formée,
on verra qu'elle contient neuf vers principaux,
qui , par la fubftitution des mots les uns aux
autres, peuvent en fournir 6,561.

Vers principaux.

1 L'Oracle	vous prédit	un futur	fans chagrin
2 L'Etoile	vous promet	un fuccès	fort brillant
3 Apollon	vous annonce	un deftin	mérité
4 Oui, le ciel	vous prépare	un objet	plein d'attraits
5 Diane	vous préfage	un tas d'or	fans plaifir
6 Votre aftre	vous affure	un bonheur	fans honneur
7 Mercure	vous refufe	un pofte	confolant
8 Jupiter	vous conferve	un état	des plus beaux
9 Saturne	vous accorde	un amour	triomphant

Le calcul , pour la formation des vers françois, diffère , de celui qu'on fait pour les vers
latins, en ce qu'il ne faut divifer la queftion qu'en

fept parties, parce qu'on n'a befoin que de fept
chiffres pour la première ligne du triangle, &
de 28 pour le total ; la raifon de cela vient de
ce que , pour le calcul , on ne met dans le quarré
long que quatre lignes pour trouver les quatre
parties du vers françois. Les neuf vers françois
principaux ne font divifés qu'en quatre parties
au lieu de fix qu'il y en a dans les vers latins,
parce que la langue françoife ne permet pas autant de combinaifons dans les mots que la langue latine. (DECREMPS)

CALEMBOURGS OU JEUX DE MOTS.

Les jeux de mots ne font fûrement pas de la
magie blanche ; mais ils lui fervent de vernis.
Les faifeurs de tours en font adroitement ufage
pour partager l'attention des fpectateurs, & pour
leur faire admirer des opérations, qui fans cet
acceffoire n'auroient rien d'admirable ; les tours
d'adreffe doivent fur-tout être accompagnés de
beaucoup de babil.

Un difcours raifonnable feroit alors hors de
faifon , & les calembourgs font à-peu-près le
genre d'éloquence qui convient au fujet.

Les jeux de mots, difent les auteurs de l'encyclopédie , quand ils font fpirituels & délicats, fe placent à merveille dans la converfation, les lettres, les
épigrammes, les madrigaux , les impromptu, ils ne
font point interdits lorfqu'on les donne pour un
badinage qui exprime un fentiment , ou pour une
idée paffagère ; car , fi cette idée paroiffoit le
fruit d'une réflexion férieufe , fi on la débitoit
d'un ton dogmatique, elle feroit regardée avec
raifon pour une petiteffe fivole qu'il faut renvoyer aux farceurs & aux artifans qui font les
plaifans de leur voifinage.

Si je voulois faire ici l'éloge des jeux de mots,
je pourrois, peut-être, prouver qu'ils ont été
en honneur chez les anciens , comme ils le font
chez les modernes. Je pourrois d'abord citer
Cicéron, parlant à un cuifinier qui lui demandoit fon fuffrage pour obtenir une charge de ma-
giftrature , & lui répondant , *favebo coque (quoque)*.
Par cette réponfe , l'orateur romain rappelloit
finement à cet homme fon ancien état; puifqu'elle
fignifie également *je te favoriferai auffi* , ou *je
te favoriferai, cuifinier*.

Je pourrois enfuite citer S. Auguftin, qui n'avoit
aucune averfion pour les jeux de mots , & qui
dit , quelque part , que Sainte *Perpétue* & Sainte
Félicité jouiffent d'une *perpétuelle félicité*.

J'inviterois à lire le poëte Owenus qui dit,
en parlant d'Erafme :

Quæritur unde tibi fit nomen *Erafmus. Eras mus.*

Je tranfcrirois le paffage d'une oraifon funè-
bre, où Mafcaron , évêque de Tulle , dit que
le

VATICINIUM UNIVERSALE HEXAMETRO ARITHMETICUM.
TABULA PRIMA NUMERICA.

A	B			C			D			E			F			G			A
1	11	14	17	56	59	62	20	23	26	47	50	53	29	32	35	38	41	44	1
2	12	15	18	13	16	19	31	34	37	40	43	46	49	52	55	58	61	64	2
3	60	63	66	51	54	57	42	45	48	33	36	39	24	27	30	15	18	21	3
4	14	17	20	59	62	65	23	26	29	50	53	56	32	35	38	41	44	47	4
5	25	28	31	16	19	22	34	37	40	43	46	49	52	55	58	61	64	67	5
6	63	66	69	54	57	60	45	48	51	36	39	42	27	30	33	18	21	24	6
7	17	20	23	62	65	68	26	29	32	53	56	59	35	38	41	44	47	50	7
8	28	31	34	19	22	25	37	40	43	46	49	52	55	58	61	64	67	70	8
9	66	69	72	57	60	63	48	51	54	39	42	45	30	33	36	21	24	27	9

TABULA SECUNDA LITTERALIS.

A	B			C			D			E			F			G			A
1	d	e f	rü † f	e m	o bij	ra m	i tæ	a m	† a	† i tí	de u	† u	u p e	œ t	c †	f †	† †		1
2	f e	u m	† a	ju p	c co	t c	† †	p pa	† t	r i le	l f	† j	d bi	i j	n a	f o	t a f		2
3	e f	te t	† n	† † a	i de	n e	c †	† n pe	m c	j c i	f u	† c	i n	ro †	e f	l no	p n		3
4	t n	d fo	e fy	a f e	li da	f †	† j	u l o	† t	† t j	ti o u	a m	† v em	d n	i b	t m	† †		4
5	o u	o ro	a c	f l v	y g hi	† b	† mi	u n	† e	r t d	n r	n j	ti j	n u	e f	f t	a f		5
6	† s	o t a	a e	i t c	i l m	† †	† di	j †	r †	r e b	e u	a e	r u h	j f	c p	j t			6
7	m	† do	v f	c e	f f bi	a n	j m	m i co	o a	l i n	ti l	l e	† a u	v fe	r i	g s	cum		7
8	o p	u n	vo e	n o j	† o p	t n	† f	r ae m	† †	t d m	p n	a †	de j	u e	f †	t a i	§		8
9	o m	o t	a m d	e † †	† t u	† d fi	j j	j l e	j r	b b e	r qu	c n æ	o o	c e	n de	d c			9
	I	II III	IV V VI	I	II III	IV V VI	I	II III	IV V VI	I	II III	IV V VI	I	II III	IV V VI	I	II III	IV V VI	

Académie des Sciences

ORACLE UNIVERSEL PAR ARITHMÉTIQUE,

Répondant à toutes sortes de Questions sur l'avenir,

En un Vers français Alexandrin.

A	B				C				D				E				F				G				A
1	l'o	vo	un	fo	e	t	f	nt	r	us	f	rt	l	e	è	la	a	pr	uc	br	c	om	c	il	1
2	t	us	f	ns	l'e	vo	un	fa	o	pr	u	ch	i	e	t	a	l	d	u	gr	e	it	r	in	2
3	n	ce	n	é	o	n	ti	t	l	no	f	l	oi	an	e	r	p	us	d	é	a	vo	un	m	3
4	oui	vo	un	pl	l	re	c	its	le	us	o	ein	e	pa	e	ra	c	pr	b	d'a	l	u	j	tt	4
5	i	us	ta	ns	d	vo	un	fa	a	pté	f	pl	n	fa	d'	ai	e	g	o	f	t	e	r	ir	5
6	o	e	r	r	tr	r	eu	eu	f	fu	h	na	a	as	n	ho	tre	us	ba	as	vo	vo	un	fa	6
7	me	vo	ua	co	a	fe	e	nt	r	us	p	n	r	u	t	a	c	re	o	fo	u	f	f	l	7
8	p	us	n	f	ju	vo	u	de	i	co	é	pl	t	n	t	us	e	fer	a	be	r	ve	t	aux	8
9	a	e	r	nt	n	d	ou	a	r	cor	m	ph	u	ac	a	om	t	us	n	i	fa	vo	u	tr	9
	I	II	III	IV	I	II	III	IV	I	II	III	IV	I	II	III	IV	I	II	III	IV	I	II	III	IV	

Amusemens des Sciences.

le grand, l'invincible Louis, à qui l'antiquité eût donné *mille cœurs*, se trouve maintenant *sans cœur*.

Je rappellerois ce que dit le P. Caussin dans la *cour sainte*, savoir, que les hommes ont bâti la tour de *Babel*, & les femmes la tour de *babil*.

Je citerois enfin, ce prédicateur qui prouva dans son premier point, que S. Bonaventure est le *docteur des Séraphins*, &, dans son second point, qu'il est le *Séraphin des docteurs*.

Mais toutes ces citations ne prouveroient peut-être autre chose, sinon que le mauvais goût a régné dans tous les siècles, & que les plus grands hommes lui ont payé de tems en tems un tribut momentané : cependant il faut convenir que, sur les mille & une pointes que chaque jour voit éclore, il s'en trouve souvent jusqu'à deux ou trois de passables ; par exemple, qui est-ce qui seroit fâché d'avoir fait les vers suivans de Voltaire à Destouches ?

> Auteur solide, ingénieux,
> Qui du théâtre êtes le maître,
> Vous, qui *fîtes le Glorieux*,
> Il ne tiendrait qu'à vous de l'être.

Les satyriques emploient souvent le jeu de mots pour distiller leur fiel, & pour mettre à la raison des gens qui n'entendent pas le langage du bon sens ; l'homme d'esprit s'en sert finement pour changer de propos, & pour mettre fin à une conversation ennuyeuse. L'homme de lettres les étudie quelquefois, comme un marin qui cherche sur la carte les écueils qu'il veut éviter. L'homme du monde les recueille sans distinction, pour briller dans des sociétés où le bon sens seroit tourné en ridicule, & le savant cherche à les connoître, pour avoir le droit de les mépriser.

Bien des gens se croient riches en fait de bel esprit, parce qu'ils ont pris la peine de faire une grande collection de jeux de mots. Pour leur prouver que leur trésor n'est composé que de la monnoie la plus commune, nous allons indiquer quelques-unes des sources abondantes & multipliées, où chacun peut, en un instant, faire une ample provision.

Nous donnerons d'abord quelques règles particulières pour la facture des calembourgs ; ensuite, pour soulager la mémoire, nous réduirons toutes ces règles à un seul principe général, à l'aide duquel les amateurs des jeux de mots pourront en faire plusieurs centaines par heure.

Première règle particulière.

Les noms commençant par *mi* ou *ami* peuvent

ordinairement servir à faire un pitoyable calembourg de cette manière. *La mitraille, la milice, la Michaudière, l'amidonnier*, &c. (*l'ami Traille, l'ami Lice, l'ami Chaudière, l'ami Donnier*) Un certain monsieur de *la Miane* dînoit un jour avec plusieurs de ses amis, qui lui disoient de tems en tems : *A ta santé l'ami-âne.* Un allemand, qui étoit de la compagnie, croyant qu'on lui disoit *A ta santé l'ami Ane*, & n'osant l'appeler son ami, se contenta de lui dire respectueusement : *à votre santé M. Ane.*

Deuxième règle.

Réciproquement, tout nom propre qui, lorsqu'il est précédé de *mi*, forme un mot françois ou un mot quelconque qui se prononce comme en françois, peut servir à faire un calembourg ; on peut dire à M. Lisse, bon jour *l'ami Lisse, la milice*). Un faiseur de calembourgs avoit un ami qui s'appeloit M. Graine ; il disoit qu'il n'étoit jamais si content que lorsqu'il avoit *l'ami Graine*, (*la migraine*).

Troisième règle.

Tous les noms masculins commençant par *per*, & les noms féminins commençant par *mer, amer, tante, bé, contes*, &c. peuvent servir à faire un calembourg de la manière suivante ;

> Le *perroquet* aime la *merluche*
> Le père *Oquet* aime la mère *Luche.*

> Le *perturbateur* aime l'*amertume.*
> Le père *Turbateur* aime la mère *Tume.*

> La *contestation* est pour la *béquille.*
> La comtesse *Tation* est pour l'abbé *Quille.*

> La *tentation* pour la *bécasse.*
> La tante *Ation* pour l'abbé *Casse.*

Dans une société, on parloit un jour du mariage du doge de Venise avec la mer Adriatique ; (*la mer Adriatique*) Un mauvais plaisant dit alors qu'il avoit assisté à un mariage bien plus singulier, savoir, celui du Pérou & de l'Amérique, (*du père Ou & de la mère Ique*)

Quatrième règle.

Les noms françois commençant par *c, p, v, t*, &c., & dont on peut retrancher cette première lettre, de manière que ce qui reste se prononce comme un autre nom françois, sont une source abondante de calembourgs. Exemples pour la lettre *c* ; *cinq anons* & *vingt-cinq armes* (*cinq canons* & *vingt-cinq carmes*).

Pour la lettre *p*, *trop peureux* (*trop heureux*).

Pour la lettre *t*, par arrêt du parlement on a brûlé *cent tomes* (*cent hommes*). Un homme est ici, quoiqu'il *foit ailleurs*, (quoiqu'il *foit tailleur*). Pour la lettre *v*, *neuf villes*, (*neuf iles*); *neuf vers*, (*neuf airs*).

Cinquième règle.

La plûpart des adjectifs commençant par *dé*, font propres à faire un calembourg de cette manière : *déraifonnable*, *défobligeant*, *deshonnête*, (*des raifonnables*, *des obligeans*, *des honnêtes*).

Un homme avoit dit à un autre que fes propos étoient *défagréables*, celui-ci fe fâcha ; mais le premier répliqua que les propos, dont il parloit, étoient *des bons & des agréables*. (N. B. Ce calembourg eft tiré de Molière).

Sixième règle.

Le mot *Jean*, précédant un verbe à la troifième perfonne de l'indicatif, peut faire une calembourg de cette manière : *Jean joue, Jean chante, Jean pêche*, (*j'en joue, j'en chante, j'en pêche*). Mais le calembourg le plus fingulier qu'on ait fait fur le mot *Jean*, eft celui-ci : *Saint Jean-Baptifte*, (*finge en batifte*).

Septième règle.

Le mot *fans* fait calembourg dans une infinité de cas ; exemple j'ai trois bourfes & *deux cent louis*, (*deux fans louis*). Dans un village il y a trois clochers & *deux cents cloches*, (*deux fans cloches*).

Huitième règle.

Le mot *cinq* fait calembourg dans une infinité de cas ; exemple : *cinq pierres, cinq hommes, cinq loups, cinq clous, cinq marcs, cinq canons*, (*S. Pierre, S. Côme, S. Loup, S. Cloud, S. Marc, les Saints Canons*). Un homme difoit fouvent que fon père avoit la croix de S. Louis ; on lui répondit qu'il étoit fils d'un favetier, mais il répliqua que cela n'empêchoit pas fon père d'avoir une croix de quarante écus ou de *cinq louis*.

Neuvième règle.

Tous les mots qui ont un double fens font propres à faire des pointes ; ainfi l'on peut dire à l'auteur de *foixante volumes* : j'aime mieux un louis que tes *foixante livres*. C'eft à cette règle qu'il faut auffi rapporter l'épigramme fuivante :

Delille, ta fureur
Contre ton procureur

Injuftement s'allume,
Ceffe de mal parler ;
Tout ce qui porte plume
Fut créé pour *voler*.

Ces deux dernières pointes font du plus mauvais goût, en ce que la penfée en eft fauffe, & qu'elle roule fur des mots à deux fignifications totalement difparates ; mais fi la penfée étoit vraie, & fi le mot équivoque avoit deux fens analogues, comme font ordinairement le fens propre & le fens figuré, l'épigramme feroit jufte, comme font les fuivantes de divers auteurs.

I.

Bien que Paul foit dans l'indigence,
Son envie & fa médifance
M'empêchent de le foulager.
Sa fortune eft en grand défordre,
Il ne trouve plus à manger,
Mais il trouve toûjours *à mordre*.

CHARLEVAL.

II.

De la chaleur je me délivre
En lifant ton gros livre
Jufqu'au dernier feuillet.
Tout ce que ta plume trace,
Robinet a de *la glace*
Pour faire trembler Juillet.

MAINARD.

III.

Je ne faurois vous pardonner
Le régal qu'à S. Cloud Paul a fu vous donner ;
C'eft le plus dégoûtant des efprits fades.
Vous aimez trop les promenades,
Iris, allez vous *promener*.

CHARLEVAL.

IV.

Depuis deux jours on m'entretient
Pour favoir d'où vient *chantepleure*,
Du chagrin que j'en ai je meure.
Si je favois d'où ce mot *vient*
Je l'y renverrois tout-à-l'heure.

DE CAILLY.

V.

Pourquoi n'a-t-on pas mis ici de *garde-fous* ?
Difoit un feigneur des plus fous
Paffant fur un pont de fa terre.
Un gaillard de fes alliés
Lui dit, d'un air plaifant, felon fon ordinaire,
C'eft qu'on ne favoit pas que vous y pafferiez.

BARRATON.

V I.

À la cour le plus habile
N'a pas toujours un grand bonheur.
La charge la plus difficile
Est celle de *dame d'honneur.*

DE MAUCROIX.

C'est d'après cette même règle que les diseurs de mots, quand ils parlent d'un auteur qui ne mnet aucune planche gravée dans son livre, disent qu'il ne fait aucune *figure* ; mais si cet auteur a mis des gravures dans son ouvrage, on dit que c'est un naufragé qui se sauve à la faveur des *planches.*

Dixième règle.

Quelquefois on fait des pointes en s'écartant du sens réel des mots, pour ne suivre que le sens étymologique ; l'épigramme que nous venons de citer sur les garde-fous peut se rapporter à cette règle. Voici un autre exemple tiré du poëme de la Magdeleine, l'auteur voulant dire que le repentir de son héroïne indique un amour infini, dit,

que c'est l'indicatif
D'un amour qui s'en va jusqu'à l'infinitif.

Onzième règle.

Quelquefois à propos d'un mot, on emploie d'autres mots qui ne diffèrent du premier que de quelques lettres ; c'est ainsi que les diseurs de mots affectent de confondre le *dévouement* avec le *dévoiement* ; ils disent par affectation *les gredins de l'hôtel*, au lieu de dire *les gradins de l'autel* ; ils parleront d'une *courtisanne diffamée* à propos d'un *courtisan affamé.* Ils prétendent que *la Grange-Chancel* n'est pas un auteur *sans sel* ; selon eux, M. *Trivelin* doit s'appeler M. *très-vilain* ; ils confondent la *propreté* avec la *propriété*, & la *justesse* avec la *justice.* Ils affectent de citer le combat des *Horaces* & des *Curiaces*, qu'ils appellent le combat des *Horaces* & des *Coriaces.* A propos de *Saints*, ils parlent des *mal sains* ; & quand un auteur fait *imprimer*, ils disent qu'il ne fait aucune *impression* ; mais ce dernier mot appartient à la dixième règle.

L'auteur du poëme de *la Magdeleine* dit :

Jérusalem la vit comme une pécheresse,
Et Marseille l'ouit comme une prêcheresse.

Un prédicateur, (le P. Coton) disoit autrefois à Henri IV : votre sceptre est un caducée par lequel les hommes sont *conduits, induits & séduits.*

On peut aussi rapporter, à cette classe, les vers suivans :

A un homme, à qui on avoit prêté les œuvres de Marot.

Si quelqu'un vous les escamote,
Je le donne au diable Astarot ;
D'autres sont fous de leur Marotte,
Moi, je le suis de mon Marot.

CHARLEVAL.

Douzième règle.

Quelquefois, pour changer le sens d'un mot, il n'y a qu'à changer le mot suivant, comme dans ces trois épigrammes :

I.

De nos rentes, pour nos péchés,
Si les quartiers sont retranchés,
Pourquoi s'en émouvoir la bile ?
Nous n'aurons qu'à changer de lieu ;
Nous allions à l'Hôtel de Ville,
Et nous irons à l'Hôtel-Dieu.

DE CAILLY.

I I.

Ce poëte n'a pas la maille,
Plaise, Sire, à votre bonté,
Au lieu de le mettre à la taille,
De le mettre à la charité.

FURETIERE.

I I I.

L'argent que tu me dois, Lépine, rends-le-moi,
Tu sais qu'en tes besoins ma bourse fut à toi,
Et que j'ai, pour t'aider cent fois, vendu mes hardes ;
Mais rien ne te fléchit, rien ne peut t'effrayer.
Tu crois qu'être exempt des gardes
C'est être exempt de payer.

DE CAILLY.

Je pourrois encore citer une cinquantaine de règles particulières pour la composition des calembourgs & autres jeux de mots ; pour ne pas abuser de la patience de mes lecteurs, je me hâte de venir à la règle générale qui contient toutes les autres.

Règle générale pour l'invention des jeux de mots.

N'ayez que très-peu d'égard au sens des paroles, mais que votre oreille soit très-attentive au son & à la prononciation des mots ; tâchez même, s'il se peut, d'oublier l'orthographe, car, en général, rien ne donne plus de facilité à jouer sur le mot que de manquer de goût dans le manière de penser & de parler.

P p 2

Maintenant, je prétends qu'avec cette règle, vous aurez l'avantage de briller en conversation parmi les diseurs de riens, & de couper la parole à toutes les personnes de bon sens qui voudroient s'aviser de parler raison; donnons des exemples:

1°. Je suppose qu'un médecin vous parle d'un engorgement dans les *vaisseaux sanguins*, interrompez-le pour lui demander quels sont les plus gros vaisseaux sanguins; il vous répondra tout bonnement que c'est l'aorte, la veine porte, ou la veine cave; répondez-lui qu'il est dans l'erreur, &, pour le prouver, citez-lui la flotte angloise qui, quand elle est mise en déroute par les françois, est composée de *vaisseaux sans gains*.

2°. Si quelqu'un vous parle d'avancer à *grands pas*, demandez-lui quel est le plus grand pas; il vous répondra, peut-être, que c'est un *pas de géant*; mais vous lui repliquerez que c'est le *pas de Calais*.

3°. Si un chirurgien ordonne de coucher un malade dans le plus *grand lit*, observez-lui que le plus *grand lit* est celui de la rivière.

4°. Si vous trouvez des contradicteurs quand vous prétendez que Thémire n'est pas *si belle*, dites qu'elle peut être une *Vénus*, mais qu'elle n'est pas *Cybelle*.

5°. Si quelqu'un vous blâme pour avoir dit qu'un principe n'a pas le *sens commun*, soutenez hardiment que ceux qui sont du sang royal ou simples gentilshommes n'ont pas le *sang commun*.

6°. Un homme de lettres se fâche-t-il contre vous, parce que, sur la fin d'un couplet, vous l'avez traité d'*animal*; dites-lui que votre couplet finit par les deux vers suivans:

Sans le calcul décimal
Trouverois-tu la rime *en imal*.

7°. Si un musicien vous *chante* pouilles, faites-le changer de ton, afin qu'il *chante* la palinodie sur l'air des *trembleurs*.

8°. Si un poëte vous parle d'une bergère assise sur l'*herbette*, dites-lui que vous n'aimez pas son *air bête*.

9°. Quelqu'un vous cite-t-il un fait merveilleux & extraordinaire, dites que vous avez vu un bûcheron qui se mouroit de faim, quoiqu'il fût chargé de *pain* (*de pin & de sapin*), & un marchand de pain qui ne commerce qu'*en vin*, (*envain*) &c.

10°. Si quelqu'un se vante de savoir l'orthographe, demandez-lui comment il faut écrire la phrase suivante: *l'épicier qui vendoit les livres de théologie, est malade*, Quelle fatalité! Et apprenez-lui qu'il faut écrire de cette manière: *l'épicier qui vendoit des livres de thé au logis, est malade*, quel fat alité!

11°. Enfin si quelqu'un propose des questions difficiles, dites que vous allez, à votre tour, mettre les gens *à la question*. Demandez quels sont les hommes les plus inconstans & les rois qui ont la meilleure mine: peu de personnes sauront que ce sont les musiciens & les rois d'Espagne, parce que les premiers changent souvent de *mode*, (*majeur ou mineur*) & que les autres possèdent les *mines d'or* au Pérou.

Voilà assez d'exemples pour prouver que les diseurs de mots s'exercent dans un champ aussi vaste que fécond; ne perdons pas de vue que les jeux de mots les plus admissibles sont ceux où l'on passe du sens métaphorique au sens propre, & réciproquement. Un clerc de procureur habillé de *vert*, se présenta dans un bureau pour obtenir de l'emploi; le maître lui dit:

Votre habit nous défend de vous prendre *sans verd*,
Cependant tous vos pas ne sont que pas *de clerc*.

le clerc qui entendoit raillerie, répliqua finement: Monsieur, si vous m'employez, vous pourrez vous flatter d'avoir employé *le verd & le sec*. (DECREMPS.)

CALENDRIER, *voyez* à *l'article* ASTRO-NOMIE.

CALME FACTICE. *Moyen de calmer la surface de l'eau, soit en pleine mer, soit sur des fleuves, & de diminuer le danger qui provient de son agitation; par M. Achard, de l'académie de Berlin.*

En suite des nombreuses expériences, consignées dans un mémoire imprimé dans le *Journal d'Agriculture*, mois de novembre 1782, il résulte que l'effet de l'huile pour calmer la surface de l'eau, comparé avec le moyen qu'il adopte, & qui lui a parfaitement réussi, est comme 5 à 15, ou comme 1 à 3. La raison physique qu'il en donne, c'est que les gouttes d'huile sont d'abord emportées par les vagues, tandis que les tonneaux ou caisses de fer blanc qu'il propose, ayant plus d'étendue que les gouttes d'huile, & étant attachées au bateau, ne peuvent s'en écarter qu'à une petite distance. C'est ce qui a déterminé l'auteur à donner la préférence au moyen suivant. On aura des tonneaux remplis d'air, dans lesquels l'eau ne puisse point pénétrer, ou, encore mieux, des caisses de fer-blanc quarrées, de six ou huit pieds d'étendue & d'un à deux pieds de hauteur, qui également seront remplies d'air impénétrable à l'eau. Les vaisseaux pourroient, sans augmenter par-là beaucoup leur charge, se munir toujours de quelques douzaines de tonneaux ou de caisses de fer-blanc, attachées à des cordes, qu'il suffiroit de jetter dans l'eau, lorsqu'elle seroit agitée au point qu'on pût craindre quelque accident. Des expériences, faites en petit, ont assuré le succès de ce moyen.

CAMÉE. C'est le nom qu'on donne à des pierres composées de couches différemment colorées & sculptées en relief. Tout l'art consiste à saisir les différentes nuances & les différentes teintes, pour sculpter des têtes, des figures, des animaux qui se détachent du fond, autant par leur couleur que par leur partie saillante; & l'artiste profitant des jeux de la nature, y trouve quelquefois des cheveux, des colliers ou des ornemens d'une couleur différente de la figure. Les agates onix paroissent plus propres que toute autre pierre pour former les camées. L'industrie a trouvé le secret de contrefaire les camées. On prend à cet effet des morceaux de verre coloré dont on se servoit pour composer les vitres des églises. On rend ces verres opaques, en les stratifiant dans un creuset avec de la chaux éteinte à l'air, du plâtre ou du blanc d'Espagne, c'est-à-dire, en mettant alternativement un lit de chaux ou de plâtre, & un lit de verre. En exposant ce creuset au feu, augmentant par degrés pendant trois heures, & finissant par un feu assez fort, ces verres deviennent opaques en conservant leurs couleurs, & ceux qui n'en avoient point deviennent d'un blanc de lait comme de l'émail ou de la porcelaine. Si le feu a été bien ménagé dans le commencement, & qu'on ne l'ait point poussé trop fort sur la fin, ces verres opaques sont encore susceptibles d'entrer en fonte à un plus grand feu. On peut donc souder les uns sur les autres, ceux de différentes couleurs, & par ce moyen imiter les lits de différentes couleurs que l'on rencontre dans les agates onix. On trouve même, dans les vitrages peints des anciennes Eglises, des morceaux de verre dans lesquels la couleur n'a pénétré que la moitié de leur épaisseur. Les pourpres, ou couleur de vinaigre, sont tous dans ce cas, ainsi que plusieurs bleus. Lorsque ces verres sont devenus opaques, ainsi qu'on l'a dit, la partie qui n'a point reçu l'effet de la couleur, se trouve blanche, & forme avec celle qui étoit colorée, deux lits différents, comme on en voit dans les agates onix. Lorsqu'on ne veut souder ensemble les verres de différentes couleurs, il faut travailler sur ceux-là. Avant de se servir de ces verres, qui ont des couches de différentes couleurs, il faut les faire passer sur la roue du lapidaire, & manger de la surface blanche qui est destinée à représenter les figures du relief du camée, jusqu'à ce qu'elle soit réduite à une épaisseur plus mince, s'il est possible, qu'une feuille de papier. On pose ce verre du côté de la surface blanche que l'on a

rendue si mince sur le modèle dans lequel est l'empreinte de la gravure qu'on veut imiter. On le fait chauffer sous la moufle, & on l'imprime de la manière usitée pour les pierres gravées factices. Les verres que l'on a rendu opaques en suivant le procédé ci-dessus, étant alors susceptibles d'être travaillés au touret, on y applique la pierre dont on vient de parler, & avec les mêmes outils dont on se sert pour la gravure en pierres fines, on enlève aisément tout le blanc du champ qui déborde le relief, & les figures paroissent alors isolées sur un champ d'une couleur différente comme dans les camées.

Si l'on ne vouloit imiter qu'une simple tête qui ne fût pas trop difficile à chantourner, on pourroit se contenter, après avoir moulé cette tête, de l'imprimer ensuite sur un morceau de verre opaque blanc. On feroit passer ensuite ce verre imprimé sur la roue du lapidaire, & on l'useroit par derrière avec de l'émeri & de l'eau, jusqu'à ce que toute la partie qui fait un champ à la tête, se trouvât de suire, & qu'il ne restât absolument que le relief. S'il se trouve après cette opération qu'il soit encore demeuré quelque petite partie du champ, on l'enlève avec la lime ou avec la pointe du ciseau. On applique cette tête ainsi découpée avec soin sur un morceau de verre opaque de couleur différente : on l'y colle avec de la gomme ; & quand elle y est bien adhérente, on pose le verre du côté de la tête sur un moule garni de tripoli, & on l'y presse comme si on vouloit l'y mouler ; mais au lieu de l'en retirer comme on fait quand on tire une empreinte, on laisse sécher le moule toujours couvert de son morceau de verre, & lorsqu'il est sec, on l'enfourne sous la moufle, & on le presse avec la spatule de fer : lorsqu'il est en fusion, la gomme qui attachoit la tête sur le fond, se brûle ; ainsi les deux morceaux de verre, celui qui forme le relief, & celui qui lui doit servir de champ, n'étant plus séparés, s'unissent étroitement en se fondant, sans qu'on puisse craindre que dans cette fonte le relief puisse souffrir la moindre altération, puisque le tripoli, en l'enveloppant de toutes parts, lui sert comme d'une chappe, & ne lui permet pas de s'écarter. Si on vouloit que quelques parties du relief, comme les cheveux, fussent d'une couleur différente, il suffiroit d'y mettre, au bout d'un tube de verre, un atôme d'une dissolution d'argent par esprit de nitre, & faire ensuite chauffer la pierre sous la moufle, jusqu'à ce qu'elle soit trèschaude sans rougir. Il faut seulement prendre garde que la vapeur de l'esprit de nitre ne colore le reste de la figure. Les verres, tirés des anciens vitrages peints des églises, sont ce qu'il y a de meilleur pour faire ces espèces de camées. Il est vrai qu'ils ont besoin d'un très-grand feu pour les mettre en fonte quand ils ont été rendus opaques comme on l'a dit ; mais ils prennent un très-beau poli, & ne font pas plus fufceptibles d'être rayés que les véritables agates.

CANIFS (Tour des trois). *Voyez* ESCAMO-TAGE.

CANNES A VENT. *Voyez* à *l'article* AIR.

CARILLON ÉLECTRIQUE. *Voyez* ÉLEC-TRICITÉ.

CARTES (Tours de).

Principes particuliers pour les tours de Cartes.

Faire fauter la coupe des deux mains.

1°. Pour faire fauter la coupe des deux mains, il faut d'abord tenir le jeu dans la main gauche , & le divifer en deux parties égales , en mettant le petit doigt entre deux , *fig.* 23, *pl.* 4, *de Magie blanche* , *tome VIII, des gravures.*

2°. Pofez la main droite fur le jeu de cartes , en ferrant le paquet inférieur entre le pouce & le doigt du milieu de cette main. *Voyez la fig.* 1 , *pl.* 5 , *de Magie blanche* , *tome VIII des gravures.*

Dans cette pofition , le paquet fupérieur fe trouve ferré entre le petit doigt de la main gauche & les deux doigts annulaire & du milieu de la même main.

3°. En tenant toujours le paquet inférieur avec la main droite fans ferrer le paquet fupérieur avec cette main, tâchez de tirer ce dernier avec la main gauche pour le faire pafler par-deffous leftement & fans bruit. Vous trouverez de la difficulté en commençant ; mais une heure d'exercice par jour pendant une femaine vous donnera à cet égard la plus grande facilité. Remarquez qu'immédiatement après la coupe, les paquets peuvent & doivent avoir des pofitions différentes felon le befoin. 1°. Ils peuvent être réunis & n'en faire qu'un , comme dans la *fig.* 2 , *même planche.*

2°. Ils peuvent être croifés & pofés de biais l'un fur l'autre, comme dans la *fig.* 3 , *ibid.*

3°. Ils peuvent être féparés , & un dans chaque main , comme dans la *fig.* 4 , *ibid.*

4°. Ils peuvent être féparés par l'index de la main droite ; & fe trouver tous deux dans cette main , *fig.* 5 , *ibid.*

5°. Les deux paquets peuvent être réunis dans la main gauche de manière que les figures des cartes du paquet inférieur foient tournées vers le ciel. *Voyez la figure* 6 , *ibid.* En fuppofant que le paquet A foit entièrement couvert par le paquet B , & qu'ils foient tous deux dans la main gauche comme dans la *figure* 2.

Il faut s'exercer à toutes ces pofitions pour en faire l'ufage dont nous parlerons ci-après.

Faire fauter la coupe d'une feule main.

Les détails où nous allons entrer dans cet article pourront ne pas plaire à tous les lecteurs ; mais nous chercherons ici à remplir le vœu de ceux qui défirent des tours de cartes qui n'aient été décrits par aucun auteur , & les plus merveilleux. Or , pour ces tours, il faut réunir à l'adreffe de la main les autres moyens de fupercherie : il faut donc commencer par peindre cette adreffe & en exprimer tous les traits.

1°. Pour faire fauter la coupe d'une feule main, il faut d'abord tenir les cartes dans la main gauche comme dans la *fig.* 2, *pl.* 5 ; 2°. divifer les cartes en deux paquets ; ce qu'on fait en ferrant le paquet fupérieur entre la jointure du pouce & la partie du métacarpe , qui répond à la naiffance de l'index , & en tenant le paquet inférieur également ferré entre la même point du métacarpe & la première jointure du doigt du milieu & du doigt annulaire. Dans cette feconde pofition , l'index & le petit doigt font les feuls parfaitement libres. *Voyez pour plus de clarté la fig.* 7, *ibid.*

2°. Paffez l'index & le petit doigt fous le paquet inférieur , pour tenir ce paquet fortement ferré entre ces deux derniers doigts d'une part , & le doigt du milieu avec l'annulaire de l'autre côté , *fig.* 8 , *ibid.*

3°. En confervant le pouce dans la même pofition, déployez les quatre autres doigts pour donner au paquet inférieur la pofition repréfentée par la *fig.* 9.

Dans cette quatrième pofition , les cartes du paquet inférieur font renverfées , c'eft-à-dire , que les figures font tournées vers le ciel ; mais elles font toujours fortement ferrées entre l'index & le petit doigt d'une part , & les deux doigts du milieu qui font deffous, 5°. Déployez un peu le pouce pour lâcher le paquet fupérieur , en l'appuyant fur l'index & le petit doigt , & portez en même-tems fur le pouce le paquet inférieur. *Voyez la figure* 10.

Dans cette cinquième pofition , le paquet inférieur a déjà pris le deffus , & les figures des cartes , dans les deux paquets , font tournées vers la terre. 6°. Otez le pouce d'entre les deux paquets pour le faire paffer deffus , en pouffant les deux paquets vers la naiffance du pouce , de manière qu'ils fe trouvent parfaitement l'un fur l'autre pour n'en faire qu'un , *fig.* 11.

Dans cette fixième pofition , les deux paquets font encore féparés par l'index & le petit doigt. Il ne refte donc qu'à ôter ces deux doigts de leur place, en les déployant, pour donner à la main & aux cartes la position de la *fig.* 2.

Nota. Ces détails m'ont paru néceffaires pour bien faire entendre mon idée fur un point qui n'a jamais été expliqué par perfonne ; mais ce feroit une grande erreur de croire qu'il faut employer autant de tems à exécuter ce principe qu'à l'expliquer. Il faut s'y exercer, & le réduire en pratique, jufqu'à ce qu'on ait donné aux doigts, en un feul inftant & avec rapidité, les fix pofitions que je viens de décrire, de maniere qu'on puiffe faire fauter la coupe d'une feule main au moins vingt fois par minute.

3º. *Les faux mélanges.*

On peut en diftinguer de quatre efpéces. La premiere confifte à mêler réellement toutes les cartes, excepté une qu'on ne perd jamais de vue : pour cela, il faut d'abord la mettre fur le jeu, enfuite la prendre de la main droite en retenant le refte du jeu dans la main gauche ; & du pouce de cette derniere main faire glifler fur la main droite, fur la carte de réferve, cinq à fix autres cartes, & fur ces dernieres, encore cinq à fix, & ainfi de fuite jufqu'à ce que toutes les cartes fe trouvent dans la main droite. Par ce moyen, la carte réfervée fe trouvera deffous ; & fi dans cet inftant on remet tout le jeu dans la main gauche, en retenant feulement dans la main droite la carte fupérieure, on pourra faire repaffer fucceffivement toutes les cartes de la main gauche dans la main droite, en pofant alternativement les cartes au-deffus & au-deffous de ladite carte fupérieure retenue dans la main droite, jufqu'à ce qu'on foit parvenu à la carte de réferve qu'on mettra deffus ou deffous felon le befoin & l'occafion.

Le fecond faux mélange confifte à prendre de la main droite la moitié fupérieure du jeu qu'on tenoit dans la main gauche pour la faire paffer fous l'autre moitié, en remuant adroitement l'annulaire de la main droite pour faire glifler les cartes fans en déranger l'ordre. *Voyez la fig.* 12, & remarquez, 1º. qu'après avoir remué les cartes d'un paquet avec l'annulaire de la main droite, comme nous venons de le dire, il faut porter fous le jeu la carte B, & deux ou trois de celles qui la fuivent immédiatement, pour faire femblant d'en laiffer quelques-unes tout-à-fait par-deffous, & cependant les reporter à leur place fous le paquet A. 2º. Que le paquet A, qui étoit d'abord deffous, & qui eft actuellement deffus, doit être pris de la main droite pour être remis leftement à fa premiere place.

Le troifieme faux mélange confifte à mettre fur le jeu la carte de deffous, & à prendre les cartes comme le repréfente la main droite de la *fig.* 4. *ibid.* ; alors on laiffe tomber fur la table les cinq

à fix cartes inférieures vers le point A, *figure* 12 ; on laiffe tomber un autre petit paquet au point B, à droite ; un troifieme au point C, & enfin vers le point D. toutes les autres cartes, excepté la fupérieure qu'on porte feule au point E. Dans cet inftant, on met fur la carte E le paquet A, & enfuite les paquets B, C, D, en employant alternativement la main gauche & la main droite pour plus de rapidité. Par ce moyen les cartes femblent être mêlées, quoiqu'elles ne changent point de place.

Le quatrieme faux mélange confifte à faire fauter la coupe pour retenir les cartes avec la main droite, comme le repréfente la *fig.* 5. *ibid.* & à divifer la moitié inférieure en trois autres petits paquets, dont le premier tombe fur la table vers le point F, *fig.* 12, le fecond à droite au point G, & le troifieme au point H. La moitié fupérieure étant alors pofée au point I ; fi on transporte fur cette moitié les paquets F, G, H, en fuivant le même ordre que nous fuivons en les défignant, & en employant alternativement la main gauche & la main droite pour plus de viteffe, & pour faire croire qu'on mêle au hafard & fans réflexion ; les cartes, fans changer de place, fembleront fe mêler comme dans le cas précédent.

4º. *Filer la carte.*

Pour filer la carte, il faut la tenir entre l'index & le doigt du milieu de la main droite, & tenir le refte du jeu dans la main gauche entre l'index & le pouce de cette main. La carte fupérieure que l'on veut fubftituer doit être un peu avancée vers la main droite. *Voyez la figure* 13, *pl.* 5.

Dans cette pofition, le doigt du milieu, l'annulaire & le petit doigt de la main gauche font parfaitement libres, & c'eft avec ces doigts qu'il faut prendre la carte qui eft dans la main droite, lorfque celle-ci s'approche en un clin-d'œil de la main gauche pour y prendre la carte fupérieure que l'on veut fubftituer.

Auffi-tôt après cette fubftitution, les mains & les cartes font comme dans la *figure* 14, *ibid.* ; mais l'index de la main gauche qui fépare des autres cartes celle qu'on vient d'apporter, doit auffi-tôt quitter fa place pour que la main & les cartes prennent la pofition de la *figure* 2, *ibid.*

5º *Glisser la carte.*

Pour glifler la carte, il faut, 1º. tenir le jeu dans la main droite, & faire voir au fpectateur la carte de deffous, que je fuppofe être l'as de carreau. 2º. Renverfer le jeu fens deffus deffous pour faire femblant de prendre cet as de carreau avec un doigt de la main gauche, *fig.* 15, *ibid.* 3º. Prendre, au lieu de l'as de carreau, la carte qui le fuit immédiatement, en faisant glisser cet as de carreau en arrière avec l'annulaire & le petit doigt de la main droite, qu'on a mouillés un instant auparavant avec de la salive. *Voyez la figure 16, ibid.*, qui représente les cartes & les mains telles que le spectateur les verroit par-dessous s'il se baissoit pendant l'opération.

Nota. Que le doigt de la main gauche avec lequel on tire la seconde carte, au lieu de la première en-dessous, doit être également mouillé de salive.

6°. *Enlever la carte.*

Pour enlever une ou plusieurs cartes, il faut, 1°. tenir dans la main gauche les cartes qu'on veut enlever posées en diagonale sur les autres, & un peu avancées vers la main droite, *figure* 17, *ibid.*

2°. Prendre ces cartes avec la main droite, en les serrant un peu entre le petit doigt & le pouce. *Voyez la figure 18, ibid.*

3°. Appuyer négligemment la main droite sur ses genoux ou sur le bord d'une table pour cacher la supercherie, *figure* 19, *ibid.*

7°. *Poser la carte.*

On peut poser la carte de deux manières; savoir, 1°. sur les autres cartes qu'on tient dans la main gauche dans l'instant où l'on prie le spectateur de mettre sa main sur le jeu, *figure* 20, *ibid.*

Nota. Dans ce premier cas, aussi-tôt qu'on a posé la carte, on éloigne un peu la main droite de la main gauche, de manière qu'on touche presque les cartes avec le doigt du milieu de la main droite, comme pour indiquer au spectateur l'endroit où on l'invite à poser sa main. Par ce moyen, il ne fait pas attention que les mains se soient rapprochées pour opérer un petit changement, & il pose bonnement sa main sur le jeu pour empêcher (mais trop tard) qu'on n'en fasse aucun.

La seconde manière de poser les cartes se fait dans l'instant où on prend le jeu sur la table, *fig.* 21, *ibid.* Dans ce cas, il ne faut pas ramasser les cartes en fermant la main comme à l'ordinaire, mais les faire glisser vers soi pour plus de rapidité, sans quoi le spectateur pourroit s'appercevoir qu'on avoit des cartes dans sa main. Il faut cependant se contenter d'une vitesse médiocre, qui suffit pour cacher ce moyen, tandis qu'une rapidité extraordinaire feroit soupçonner la supercherie. *Hâtez-vous lentement.*

Tours de Cartes nouveaux ou nouvellement perfectionnés.

I.

Dire d'avance la carte que quelqu'un choisira.

Pour cela, il faut, 1°. regarder d'un clin-d'œil la carte qui est sous le jeu, & ensuite mêler les cartes pour faire croire au spectateur qu'on n'a aucune carte en vue, & observer toutefois le premier des quatre *faux mélanges* dont il est parlé ci-devant. 2°. Finir le mélange de manière que la carte qu'on a en vue reste par-dessous. 3°. S'approcher d'un des spectateurs pour lui parler à l'oreille, & le prier de se rappeller la carte choisie en question. 4°. Faire sauter la coupe pour faire trouver dans le milieu la carte nommée à l'oreille. 5°. Tenir, après la coupe, les deux paquets de biais & croisés l'un sur l'autre comme dans la *figure* 3, *pl.* 5 *de la Magie blanche, tome VIII des gravures.* 6°. Faire glisser rapidement l'un sous l'autre les cartes du paquet supérieur, en invitant un des spectateurs d'en prendre une. 7°. Lui mettre subtilement dans la main la carte inférieure du paquet supérieur. (C'est ce qu'on appelle faire prendre une carte forcée.) 8°. La faire mêler dans le jeu par un spectateur; & tandis qu'il la mêle pour empêcher qu'on ne la trouve, lui prouver que sa précaution est inutile, en la faisant nommer par la personne à qui on a parlé à l'oreille.

Nota. Qu'il faut glisser la carte dans la main du spectateur légèrement & sans aucune affectation; & que pour trouver moins de résistance de sa part, il faut choisir quelqu'un qui ne soit pas initié dans les tours. Cette opération produit un effet merveilleux quand elle est bien faite. La difficulté de faire tirer une carte forcée ne doit point effrayer les commençans, pour deux raisons, 1°. parce qu'on y parvient facilement avec un peu d'exercice : 2°. parce que si le spectateur ne prend point la carte en question, on remédie à cet inconvénient sans aucune erreur apparente, en terminant le tour d'une manière plus frappante & plus extraordinaire, comme on le verra dans l'article suivant.

II.

Faire tirer une carte au hasard, & la faire mêler avec les autres par un des spectateurs, pour la faire trouver ensuite sur le jeu ou dans le milieu, au gré de la compagnie.

Quand le spectateur affecte malicieusement de ne pas prendre la carte qu'on lui offre, le tour dont nous venons de parler ne doit pas paroître manqué, si on a eu la précaution de ne pas avertir

avertir la compagnie de ce qu'on vouloit faire. (Conformément au premier des préceptes généraux, il ne faut jamais dire trop tôt le tour qu'on se propose de jouer, crainte que quelqu'un ne s'étudie à le faire manquer; c'est pourquoi, dans le tour précédent, au lieu de dire d'avance à la compagnie la carte qui doit être choisie, on la nomme tout simplement à l'oreille d'une personne; il faut même avoir la précaution de ne pas dire à cette personne qu'un des spectateurs va prendre une telle carte, mais seulement qu'on la prie de se rappeller cette carte; par ce moyen, on est libre pour la faire nommer tout haut, d'attendre l'instant où l'on aura réussi à la faire prendre). Lors donc qu'une carte différente de celle qui a été nommée à l'oreille est choisie par le spectateur à qui on s'adresse, on prie ce spectateur de la mettre au milieu du jeu, c'est-à-dire, sur la moitié des cartes qu'on tient dans la main gauche, & on la couvre avec l'autre moitié qu'on tenoit dans la droite. Dans cet instant, on fait sauter la coupe subtilement pour faire trouver cette carte sur le jeu; ensuite on emploie le premier des quatre faux mélanges; & on finit par la faire trouver dessous. Alors on fait sauter la coupe pour faire trouver le paquet inférieur dans la main droite, & dans la gauche le paquet supérieur, figure 4, pl. 5, ibid. On prie le spectateur de regarder si la carte choisie est sur le paquet de la main gauche, en l'invitant à répondre oui ou non sans nommer sa carte; & tandis qu'il y regarde, on jette un coup-d'œil rapide sous le paquet qui est dans la main droite: aussi-tôt que, par ce moyen, on a vu la carte choisie, on met ensemble les deux paquets, & on prie quelqu'un de la compagnie de les bien mêler; on reprend les cartes, & on les épluche en les regardant l'une après l'autre, sous prétexte de s'assurer que la carte choisie n'a pas été escamotée par la personne qui vient de mêler. Lorsque cette feinte on a trouvé la carte choisie, on la met adroitement sous le jeu qu'on tourne sens dessus dessous pour mêler de nouveau; on finit par la laisser dessus; & en se préparant à faire sauter la coupe, on apostrophe ainsi la compagnie: Messieurs, non-seulement je connois, sans l'avoir vue, la carte qu'on a tirée; (ici on peut la nommer) mais encore je sais d'avance si vous voudrez qu'elle se trouve dessus ou dans le milieu du jeu; & pour preuve de cela, je viens de la placer à celui de ces deux endroits que vous allez choisir. Si on choisit le dessus, il faut prier quelqu'un d'y regarder, & on l'y trouvera infailliblement, puisqu'elle y est: mais si on demande qu'elle soit dans le milieu, il faut faire sauter la coupe pour faire passer dans la main gauche le paquet supérieur, & retenir le paquet inférieur dans la droite; & comme dans cet instant on tient la gauche sur la droite à une petite distance, figure 4; il semble au spectateur qu'on vient tout simplement de partager les cartes pour

Amusemens des Sciences.

faire prendre la carte choisie dans le milieu du jeu sur le paquet de la main gauche.

Nota. 1°. Si vous voulez que ce tour produise un grand effet, tâchez de persuader que, pour l'exécuter, il faut plus de subtilité dans l'esprit que d'agilité aux doigts. Pour cela, parlez ainsi à la compagnie: *Je viens de vous prouver, messieurs, par cette opération que je pouvois prévoir votre pensée; mais si cette preuve vous paroit insuffisante, je vais vous en donner une plus palpable.* Alors revenez au premier tour, s'il n'a pas réussi dès la première fois; & s'il a réussi, passez au tour suivant.

Nota. 2°. Qu'il est quelquefois plus facile de faire tirer une carte forcée après le second tour que nous venons d'expliquer qu'auparavant, parce que le spectateur voyant qu'on devine dans ce tour une carte qui n'étoit point forcée, & qui a été choisie très-librement, se persuade, dans cet instant, qu'on devinera également toute autre carte; d'où il conclut qu'il est inutile de faire le difficile dans son choix.

III.

Faire tirer une carte au hasard, & après avoir divisé le jeu en quatre paquets, la faire trouver infailliblement dans celui que la compagnie choisira librement.

Aussi-tôt qu'on aura pris une carte, tenez, 1°. la moitié du jeu dans chaque main; figure 4, pl. 5, ibid. 2°. Faites poser la carte choisie sur le paquet de la main gauche, & couvrez-la du paquet de la main droite. 3°. Faites sauter la coupe invisiblement; & le spectateur croira que la carte choisie est dans le milieu du jeu, quoiqu'elle soit dessus. 4°. Employez un instant le premier des quatre faux mélanges, finissez par laisser sur le jeu la carte en question, & enlevez-la, figures 18 & 19, ibid. 5°. Donnez à mêler les autres cartes. (On croira tenir le jeu entier, & confondre avec les autres la carte choisie). 6°. Partagez le jeu sur le bord de la table, de votre côté, en quatre paquets. 7°. Egalisez les paquets, en donnant à celui qui n'auroit que trois ou quatre cartes, quelques-unes de celui qui en auroit un trop grand nombre. (Servez-vous pour cela de la main gauche, puisque la droite n'est pas libre). Et quand on aura désigné le paquet sur lequel on voudra faire trouver la carte choisie, prenez-le de votre main droite, en y posant la carte comme dans la fig. 21, ibid. Quand ce paquet sera remis dans vos mains, vous pouvez encore, avant de montrer la carte, demander si on veut qu'elle soit dessus ou dans le milieu du paquet; & pour remplir le vœu de la compagnie, employez la coupe, s'il y a lieu, comme dans le tour précédent.

Q q

Nota. 1°. En finissant ce tour, ce seroit une gaucherie de tourner soi-même la carte pour demander à celui qui l'a tirée, si c'est la sienne; de cette manière, ce seroit presqu'en vain que la personne interrogée répondroit affirmativement, parce que la compagnie pourroit supposer, ou que cette personne a oublié sa carte & qu'elle se trompe, ou que sa réponse est dictée par la complaisance pour ne pas faire manquer le tour. Il vaut donc mieux attendre, pour montrer la carte, qu'elle soit nommée par celui qui l'a choisie, en observant, pour plus grande perfection, de la faire tourner par un autre, pour bannir, dans ce moment, toute idée d'escamotage dans l'esprit des spectateurs.

Nota. 2°. Lorsqu'en faisant ce tour vous appuyez négligemment votre main droite sur vos genoux ou sur le bord de la table pour cacher la carte enlevée, & que vous demandez à quelqu'un de la compagnie dans quel paquet on veut faire trouver la carte choisie, il peut arriver un inconvénient; la personne interrogée peut connoître votre ruse & chercher à la dévoiler à tout le monde, en vous répondant de cette manière : *Je veux que la carte choisie se trouve dans votre main.* Cette réponse est embarrassante, & semble prouver, au premier abord, que vous allez rester court; cependant vous pouvez-vous en tirer par le moyen que voici : Gardez-vous de satisfaire la malice du spectateur, en faisant voir à la compagnie qu'il a deviné, & que vous avez une carte dans votre main; mais posez la carte enlevée sur un des paquets en le prenant sur la table; réunissez ensuite les quatre paquets en un seul, & dites : *Je suis bien sûr maintenant que la carte choisie est dans ma main, comme vous l'avez désiré.* Par ce moyen, le tour ne finira pas d'une manière frappante; mais la compagnie ignorera ce qu'on vouloit lui faire savoir, & l'attrapeur sera attrapé. Vous pouvez ajouter aussi, immédiatement après, en faisant plusieurs paquets & en enlevant la même carte : *Messieurs, si quelqu'autre personne veut choisir un paquet, je ferai trouver la carte choisie dans celui qu'on voudra.* Alors si quelqu'un vous répond directement en choisissant un des paquets, le tour finira comme si personne n'avoit cherché à vous embarrasser.

I V.

Prévoir la pensée d'un homme, en mettant d'avance dans le jeu une carte choisie au hasard, au rang & au numéro que cet homme doit choisir un instant après.

La carte ayant été choisie, mise dans le jeu, passée par-dessus, & enlevée comme dans le tour précédent, vous ferez, 1°. mêler le jeu par quelqu'un de la compagnie.

2°. Faites poser sur la table, près de vous, le jeu qu'on vient de mêler, & en le prenant de la main droite, posez-y la carte retenue. 3°. Mêlez vous-même les cartes de manière que la carte choisie se trouve la troisième par-dessus. 4°. Faites sauter la coupe par le cinquième moyen, *fig.* 6, *pl.* 5, *ibid.*, de manière que le paquet inférieur ait les figures tournées vers le ciel après la coupe; par ce moyen, la carte choisie se trouvera la troisième par-dessous : 5°. Tenez les cartes sur l'extrémité de la main gauche, *fig.* 22, *ibid.* De sorte qu'en fermant la main, elles puissent se renverser sens dessus dessous; & qu'elles se trouvent, quand elle est ouverte de nouveau, comme dans la *fig.* 23, *ibid.* (Elles ne paroîtront pas avoir été retournées; parce qu'elles montrent le côté blanc par-dessus & par-dessous.) 6°. Demandez à quel rang on veut que se trouve la carte choisie, (depuis le troisième jusqu'au dixième). 7°. Si on veut qu'elle se trouve la troisième, il suffit d'avoir fermé & ouvert la main gauche, comme nous venons de l'expliquer, afin que la carte qui étoit la troisième par-dessous, se trouve la troisième par-dessus comme on le desire.

Si on veut qu'elle soit la quatrième, il faut avant de fermer & ouvrir la main gauche, ôter une carte de sur le jeu, la poser sur la table, & dire ensuite, en fermant la main : *Maintenant que j'eu ai ôté une, votre carte doit se trouver la troisième;* & si après avoir ouvert la main vous en ôtez deux autres, on croira que vous en avez ôté trois de suite du même endroit, quoique vous en ayez ôté une d'une part & deux de l'autre. Par ce moyen, la carte choisie, qui est toujours la troisième, paroît être la quatrième dans le besoin. On voit que pour faire trouver la carte choisie au sixième ou au dixième rang, il faut, avant de fermer la main, ôter également trois ou ou sept cartes selon le besoin. Ces cartes ôtées d'avance, jointes aux deux que l'on ôte, après avoir fermé & ouvert la main, forment toujours le nombre requis pour que la carte choisie se trouve au rang demandé.

V.

Faire tirer des cartes par différentes personnes; les bien mêler ensemble par différens mélanges; montrer ensuite qu'elles ne sont ni dessus ni dessous, & les tirer du jeu d'un coup de main.

Ce tour est un des plus adroits & des plus compliqués que l'on puisse faire. Avant de le commencer, il est à propos, pour faire admirer davantage les tours précédens, de dire qu'on va faire jusqu'alors que des tours de combinaison, fondés sur la subtilité de l'esprit, & qu'on va commencer des tours qui dépendent de l'adresse de la main. La première partie de cet aveu, quoique fausse passe ordinairement à la faveur de la seconde qui est vraie, & le spectateur, qui, d'après l'assurance qu'on vient de faire, veut expliquer les tours précédens, en supposant qu'ils sont fondés sur la seule pénétration de l'esprit, se trouve dérouté dans sa recherche, tandis que le tour que nous allons expliquer paroît à ses yeux au-dessus des forces humaines.

1°. Aussi-tôt que quatre spectateurs auront pris chacun une carte, demandez-en une, & faites-la poser dans le milieu du jeu sur le paquet de la main gauche, que vous couvrirez du paquet de la main droite, *fig.* 4, *pl.* 5, *ibid.*

2°. Faites sauter la coupe, pour que cette première carte se trouve dessus, & employez aussi-tôt le premier des quatre faux mélanges, pour faire croire que vous ne savez plus où est cette carte, quoique vous la laissiez toujours dessus.

3°. Dans l'instant où vous demanderez la seconde carte, faites de nouveau sauter la coupe, pour que la première se trouve sur le paquet de la main gauche, & qu'on mette la seconde sur la première, avant que vous les couvriez du paquet de la main droite.

4°. Que la coupe saute encore une fois, pour que les deux premières cartes passent sur le jeu; après quoi vous employerez le second des faux mélanges pour persuader que vous confondez ces deux cartes avec les autres, quoiqu'elles restent toujours à leur même place.

5°. En demandant la troisième carte, faites de nouveau sauter la coupe, pour faire poser cette carte dans le milieu du jeu, avec les deux premières, sur le paquet de la main gauche, & remettez-les aussi-tôt par-dessus pour employer une ou deux fois le troisième faux mélange.

6°. Usez du même stratagème, pour que la quatrième carte soit posée en apparence dans le milieu, quoiqu'elle reste sur le jeu avec les trois autres, & faites usage du quatrième faux mélange.

7°. Quoiqu'on pense, dans ce moment, que les quatre cartes sont séparées & mêlées au hasard, tâchez de faire évanouir tout soupçon sur ce point, en enlevant ces quatre cartes, *fig.* 18, *ibid.*, & en donnant le reste à mêler.

8°. Posez ces cartes sur le jeu quand on a mêlé, en le prenant sur le bord de la table, *fig.* 21, *ibid.*

9°. Faites sauter la coupe, pour que vos quatre cartes aillent dans le milieu, & tenez les deux paquets séparés par le petit doigt de la main gau-

che, *figure* 13, *pl.* 4, *de Magie blanche*, *t. VIII*, *des gravures.*

10°. Dans cet instant, faites voir que les cartes choisies ne sont ni dessus ni dessous, & que la coupe saute aussi-tôt après, pour que ces cartes passent par-dessus.

Ces diverses opérations, y compris le mélange que le spectateur a fait lui-même, lui prouvent invinciblement que les quatre cartes choisies sont éparpillées au hasard au milieu du jeu; cette fausse idée est la base de l'admiration extraordinaire dont il se trouve pénétré dans ce moment, quand on lui promet de tirer ces cartes du milieu d'un coup de main.

11°. Pour accomplir cette promesse, prenez les cartes dans votre main gauche; & en levant la main comme pour donner un coup de marteau sur la table, faites jouer votre pouce pour faire glisser la carte supérieure en avant vers la main droite: que votre main descende ensuite rapidement, en lâchant la carte sur la table, de manière qu'on en puisse voir la figure: faites cette opération quatre fois avec la même vitesse, en vous adressant aux quatre personnes qui ont tiré les cartes, & en leur disant: *Voilà la vôtre*, *voilà la vôtre*, &c.; & comme ils penseront que vous tirez ces cartes du milieu du jeu, où ils croient qu'elles sont mêlées avec les autres, il faudra de toute nécessité ou qu'ils admirent votre tour en vous supposant beaucoup plus d'adresse que vous n'en avez, ou qu'ils aient présens à l'esprit les onze moyens que vous venez d'employer pour les surprendre.

V I.

Faire tirer une carte, la mêler avec les autres; & après avoir montré qu'elle n'est ni dessus ni dessous, la faire rester seule dans la main gauche, en faisant tomber les autres par terre d'un coup de la main droite.

Tâchez de faire tirer une carte forcée, & faites-la mêler aussi-tôt dans le jeu; ce qui ne vous empêchera pas de la trouver, puisque, dans ce cas, vous devez la connoître. Si l'on prend toute autre carte, il faudra la faire poser dans le milieu, & l'enlever après la coupe, avant de faire mêler le jeu par le spectateur. Dans les deux cas, vous la poserez ensuite vous-même sur le jeu sans que personne s'en aperçoive; & puis vous la ferez passer dessous, en employant le premier des quatre faux mélanges, pour faire croire que vous ne savez pas où elle est. Après cela, vous ferez sauter la coupe, & vous tiendrez votre petit doigt entre les deux paquets; vous ferez voir dans cet instant que la carte choisie n'est point dessus. Vous montrerez aussi qu'elle n'est point deſſous, en tenant les cartes comme dans la *figure* 24, *pl.* 5, *ibid.*

Il faudra tenir ainſi les cartes avec les deux mains, parce que je ſuppoſe que le petit doigt de la main gauche continue de ſéparer les deux paquets pour que vous ſoyez tout prêt à faire ſauter la coupe, quand vous aurez renverſé de nouveau les cartes pour les tenir comme dans la *figure* 1, *pl.* 5, *ibid.* Vous ferez enſuite ſauter la coupe, pour faire paſſer par-deſſous la carte choiſie qui doit ſe trouver encore dans le milieu ſous le paquet ſupérieur, ſi vous avez ſuivi de point en point ce que je viens de dire. Après la coupe, vous pincerez le jeu de la main gauche, & le frapperez de la main droite, *figure* 1, *planche* 6 *de Magie blanche*, *tome VIII des gravures.*

Un coup ſec fera tomber toutes les cartes, excepté la carte de deſſous, qui eſt la carte choiſie, & que l'on croit être dans le milieu.

Nota. Que pour aſſurer le ſuccès de cette expérience, il faut bien ſerrer les cartes de la main gauche, mouiller avec un peu de ſalive les trois doigts du milieu, & les avancer d'environ ſix lignes ſous le jeu, tandis que le gros doigt eſt deſſus entièrement au bord.

V I I.

Faire trouver les quatre rois dans le milieu, après les avoir fait poſer ſéparément.

1°. Mettez les quatre rois entre les mains de quelqu'un, & reprenez-en deux pour les mettre viſiblement un deſſus & un deſſous.

2°. Après cette première opération, tenez le jeu de cartes dans votre main gauche, en poſant votre petit doigt entre les deux moitiés pour vous préparer à faire ſauter la coupe.

3°. Retournez la carte de deſſus, pour faire voir de nouveau que c'eſt un roi, & remettez-la à ſa place fort lentement, pour prouver que vous ne l'eſcamotez point.

4°. Faites voir auſſi de nouveau que la carte de deſſous eſt un roi, mais laiſſez toujours le petit doigt à ſa même place, *fig.* 24, *pl.* 5, *ibid.*

5°. Refermez votre main gauche de manière que les mains & les cartes ſoient dans la poſition de la *fig.* 1, *pl.* 5.

6°. Priez le ſpectateur de mettre les deux autres rois dans le milieu; mais en faiſant ſemblant de partager ſimplement le jeu en deux parties égales, pour que ces deux rois ſoient mis entre deux, faites ſauter la coupe de manière que les deux mains ſe trouvent comme dans la *fig.* 4, *pl.* 5. Par ce moyen, les deux rois qui, ayant la coupe, étoient deſſus & deſſous, ſe trou-

veront déjà au milieu du jeu; & le ſpectateur, en mettant dans le milieu les deux autres rois, croira les poſer loin des deux premiers, quoiqu'il les mette tous enſemble.

Nota. 1°. Quand les deux derniers rois ont été placés ſur le paquet de la main gauche, il faut, en poſant celui de la main droite, mettre auſſi-tôt le petit doigt entre les deux paquets, parce que ſi quelqu'un des ſpectateurs avertiſſoit alors le reſte de la compagnie que les quatre rois ſont déjà enſemble, on lui prouveroit le contraire (aux yeux du grand nombre) en faiſant ſauter la coupe de nouveau pour en faire voir un deſſus & un deſſous. (Dans ce cas, il y en a trois deſſus, mais on n'en montre qu'un). Après quoi on feroit encore ſauter la coupe pour les mettre tous quatre dans le milieu, comme auparavant.

Nota. 2°. Ce tour ne conſiſtant point à deviner des cartes comme beaucoup d'autres dont nous avons parlé, on ne peut pas ſe vanter de l'exécuter par la ſeule ſubtilité de l'eſprit. Le ſpectateur étant donc déjà perſuadé que ce tour doit conſiſter dans l'adreſſe des mains, il faut profiter de cette perſuaſion pour l'attribuer à un trait d'adreſſe d'autant plus merveilleux, qu'il eſt impoſſible; il faut dire: *Meſſieurs, vous voyez évidemment que les quatre rois ſont ſéparés les uns des autres; concevez, s'il eſt poſſible, combien il faut être adroit pour faire paſſer avec les deux du milieu les deux autres qui ſont deſſus & deſſous, & cela d'une ſeule main & en un clin-d'œil;* alors il faut prendre les cartes de la main droite, comme dans la *figure* 2, *pl.* 6, au point A; & dans l'inſtant où l'on porte rapidement la main du point A au point B, lever vivement le pouce pour faire craquer les cartes par le coin; le mouvement rapide de la main, & le craquement des cartes, trompent en même-tems les yeux & les oreilles du ſpectateur; & quand on lui montre enſuite que les quatre rois ſont enſemble, il croit ſe rappeller l'inſtant où ces rois ſe ſont réunis; ce qui doit cependant l'étonner, puiſque cette réunion eſt impoſſible de la manière dont il l'entend.

V I I I.

Prouver combien il eſt imprudent de jouer de l'argent à la triomphe avec des perſonnes dont la probité eſt équivoque.

1°. En finiſſant le tour que nous venons d'expliquer, il faut chercher les quatre rois dans le milieu, en feuilletant les cartes bien doucement, pour ne faire ſoupçonner aucun eſcamotage; mais auſſi-tôt qu'on les a trouvés (en regardant les cartes par la figure), il faut, en renverſant les cartes, faire paſſer leſtement ces rois ſur le jeu, les enlever enſuite, & donner les autres cartes à mêler, sans annoncer ce qu'on veut faire.

2°. Le jeu ayant été mêlé, coupé & mis sur le bord de la table, posez-y, en le prenant, les quatre rois retenus; & faites sauter la coupe pour les faire passer dans le milieu, où vous aurez soin de tenir votre petit doigt, *fig. 23*, *pl. 4 de Magie blanche, tome VIII, des gravures*.

3°. Proposez à quelqu'un de jouer à la triomphe, & donnez aussi-tôt deux cartes pour lui, deux pour vous & trois autres pour lui.

4°. Dans ce moment, faites passer les rois par-dessus, en disant: *C'est en vain, Messieurs, qu'on mêle les cartes quand on joue avec moi; car je me donne toujours trois rois, & je tourne le quatrième.*

5°. Achevez de donner, faites voir vos rois; & si quelqu'un vous observe que votre adversaire pourroit avoir plus beau jeu que vous par les a-touts, dites que vous donnez seulement ceci comme un exemple; pour prouver que vous pouvez vous donner toutes les cartes que vous avez en vue.

IX.

Faire une pareille démonstration au brelan, en se donnant brelan de rois.

1°. Après avoir enlevé les rois, fait mêler le reste du jeu, & posé les cartes enlevées comme dans le tour précédent, faites passer deux rois dessous, en laissant les deux autres dessus.

2°. Prenez la moitié supérieure des cartes dans la main droite, en laissant l'autre moitié dans la gauche.

3°. Faites glisser sur le paquet de la droite trois cartes, que vous prendrez une à une sur le paquet de la gauche, en les comptant bien attentivement, quoique vous fassiez semblant de les feuilleter au hasard.

4°. Réunissez les deux paquets en un, (en posant celui de la main droite sur celui de la gauche) & prenez aussi-tôt un des deux rois qui sont dessous pour le faire passer dessus.

5°. Partagez, comme auparavant, le jeu en deux moitiés, pour faire glisser sur le paquet de la droite trois autres cartes de la gauche;

6°. Réunissez, comme auparavant, les deux paquets en un, pour prendre le roi qui reste dessous, & le faire passer par-dessus.

7°. Prenez encore trois cartes du milieu pour les mettre dessus.

8°. Ces sept premières opérations étant faites

avec facilité & rapidité pour que vous paroissiez mêler les cartes; au lieu de paroître les arranger, il faut achever de dérouter le spectateur, & dire, en faisant les trois faux mélanges qui laissent le jeu tel qu'il est: *Voilà, Messieurs, comment je mêle les cartes quand je veux gagner au brelan.*

9°. Quand vous aurez mêlé ainsi pendant quelques secondes, dites à la compagnie; *Messieurs, voulez-vous que je continue de mêler, ou que je laisse les cartes telles qu'elles sont; dans tous les cas je gagnerai au brelan?* Quel parti qu'on prenne vous serez sûr de gagner, puisque les cartes ont déjà l'arrangement nécessaire pour cela, & qu'elles ne le perdent point par vos mélanges.

10°. Quand on aura coupé, faites sauter la coupe, & donnez les cartes une à une selon les loix du brelan, & comme s'il y avoit trois joueurs avec vous quatrième: on sera sûrement étonné de vous voir un brelan carré.

11°. Si quelqu'un vous observe que cela ne suffit pas toujours pour être sûr de gagner, & qu'il faudroit donner un autre brelan à votre adversaire; répondez que, puisque vous gardez pour vous les meilleures cartes, vous seriez bien le maître de donner les mauvaises à votre gré; mais ne portez pas plus loin votre démonstration, qui pourroit devenir insipide & peut-être dangereuse, en satisfaisant un peu trop la curiosité.

X.

Deviner la carte pensée.

1°. Eparpillez les cartes dans la main droite, comme dans la *fig. 3*, *pl. 6 de Magie blanche, tome VIII des gravures*, de manière qu'en les montrant au spectateur, elles paroissent comme dans la *figure 4*, *ibid.*, c'est-à-dire, que toutes les cartes doivent être cachées les unes par les autres, excepté le roi de pique qu'on doit bien voir par la tête, sans que les doigts ou les autres cartes y mettent aucun obstacle.

2°. Quand vous les aurez ainsi étalées à dessein, mais de manière que cela paroisse fait au hasard, montrez-les à un seul spectateur, en le priant d'en penser une; & dans cet instant, ayez soin de remuer un peu la main, en décrivant un arc de cercle de droite à gauche, pour que le spectateur ait les yeux frappés par le roi de pique, sans s'appercevoir que les autres cartes sont cachées les unes par les autres.

3°. Mêlez les cartes réellement ou en apparence; mais ne perdez pas de vue le roi de pique, pour le mettre ensuite sur la table, la figure en-dessous;

4°. Dites à celui qui a pensé une carte, que

celle qu'il a eu dans l'idée est actuellement sur la table, & priez-le de la nommer.

5°. Si l'on nomme le roi de pique, tournez-le aussi-tôt, pour faire voir aux spectateurs étonnés que vous avez deviné la carte pensée.

6°. S'il nomme une autre carte, que je suppose être le roi de carreau, répliquez-lui aussi-tôt qu'il a changé d'idée, qu'il avoit pensé primitivement une autre carte, & que sa mémoire est en défaut.

7°. En lui disant (sous diverses expressions pour gagner du tems) qu'il a pensé une autre carte, feuilletez rapidement le jeu, comme par distraction, jusqu'à ce que vous ayez trouvé la carte qu'il vient de nommer. (Le roi de carreau).

8°. Mettez cette carte sur le jeu, & employez aussi-tôt (en tâchant toujours de paroître distrait) le premier des quatre faux mélanges, pour faire croire que vous n'avez aucune carte en vue.

9°. Finissez ce mélange par laisser le roi de carreau sur le jeu.

10°. Prenez le jeu de la main gauche, & le roi de pique de la main droite, *fig.* 15, *pl.* 5, & dites, en filant la carte, c'est-à-dire, en substituant le roi de carreau au roi de pique, que faudroit-il, Messieurs, pour que mon tour ne fût pas manqué? Quelle carte devrois-je avoir dans ma main droite? On ne manquera pas de nommer le roi de carreau, & vous saisirez l'instant où on le nommera pour le retourner.

Nota. 1°. Que ce tour produit toujours le même effet, quand il est bien exécuté, soit que le spectateur pense bonnement le roi de pique qu'on lui a montré, soit que par rafinement il pense une autre carte.

Nota. 2°. Qu'on peut faire penser une carte forcée, sans employer le moyen dont nous avons parlé au commencement de cette section; pour cela, il faut faire passer plusieurs cartes sous les yeux du spectateur, en les feuilletant avec assez de rapidité pour qu'il en voie confusément la couleur, sans pouvoir en distinguer la valeur & la figure: prenez pour cet effet le jeu dans votre main gauche, & faites passer les cartes supérieures dans votre droite, en ne les regardant vous-même que par derrière pour en montrer la figure aux spectateurs; de manière que celle que vous montrez à chaque instant couvre celle que vous montriez un instant auparavant, jusqu'à ce que vous soyez parvenu à la dixième. (Je suppose que c'est la dixième que vous voulez faire penser, que vous la connoissiez d'avance, & que vous l'avez mise secrètement au rang qu'elle occupe). Cette carte doit être tranchante & remarquable, telle que le roi de cœur & la dame de trefle. Il

faut la laisser un peu plus long-temps que les autres sous les yeux du spectateur, en décrivant toutefois un demi-cercle sans affectation, & pendant ce temps-là, vous devez avoir vos yeux sur les siens, pour savoir s'il prête son attention: quand le spectateur regarde ainsi toutes les cartes jusqu'à la fin, vous pouvez être assuré qu'il a pensé la dernière, & qu'il ne soupçonne même pas que vous la connoissiez, à cause que vous avez montré les cartes en ne les regardant vous-même que par derrière, & qu'il ignore que vous les ayez comptées, &c. Je dis qu'il ignore, parce que je suppose que, pour faire penser une carte, vous vous adressez à un homme qui n'est point expert dans l'art de faire les tours; ce dont vous pouvez être bien assuré par l'admiration qu'il a témoignée dans les tours précédens. Au reste, quand on ne peut pas réussir par ce moyen à faire penser une telle carte, parce que le spectateur en pense quelquefois une sans regarder celle qu'on lui montre; on a toujours, comme nous l'avons dit, la ressource de la carte filée, qui produit presque le même effet.

X I.

Deviner d'avance celle de quatre cartes qu'une personne prendra librement.

1°. Si on vous observe que dans le tour précédent vous avez fait penser une carte forcée, ou que vous avez filé la carte, répondez que vous allez faire un tour à-peu-près pareil, sur lequel on ne pourra pas vous faire la même objection; & observez vous-même, si on n'en parle point, que vous allez faire un tour dans lequel vous ne toucherez point les cartes.

2°. Faites mêler le jeu, après avoir enlevé une carte, que vous regarderez sans que personne s'en apperçoive.

3°. Parlez à l'oreille d'un des spectateurs, & nommez-lui tout simplement la carte que vous venez d'enlever, en le priant de s'en souvenir.

4°. Reprenez le jeu, en y posant la carte enlevée, & employez le premier faux mélange pour ne pas la perdre de vue.

5°. Après avoir mêlé pour faire croire que vous n'avez aucune carte en vue, mettez la carte enlevée sur la table avec trois autres.

6°. Posez ces quatre cartes, de manière qu'elles forment à-peu-près un carré, & que leur figure soit en-dessous pour qu'on ne puisse par les connoître.

7°. Priez un des spectateurs d'en toucher une; & s'il touche la carte que vous avez nommée secrettement, dites que vous avez prévu & prédit que cela feroit ainſi.

8°. Pour prouver votre prédiction, dans le cas que nous venons de ſuppoſer, adreſſez les mots fuivans à la perſonne à qui vous avez parlé à l'oreille : *Je vous ai dit , Monſieur, quelle carte on toucheroit; nommez-la tout haut.* Il la nommera, s'il ne l'a pas oubliée ; & ſi dès cet inſtant vous priez celui qui l'a touchée de la retourner lui-même, pour qu'on ne puiſſe pas vous ſoupçonner de filer la carte, ou de l'eſcamoter d'une autre manière, tout le monde croira que vous avez prédit que telle carte feroit touchée, quoi-que vous vous foyez contenté de la nommer tout ſimplement.

9°. Si le ſpectateur commence par toucher une carte différente de celle que vous avez nommée, il faut le prier, pour que le tour ne paroiſſe pas manqué, de mettre cette carte dans ſa poche ſans la regarder ; & l'inviter enſuite d'en toucher une ſeconde pour la donner à ſon voiſin, pareil-lement ſans la regarder, & de mettre la troi-ſième par terre, en laiſſant la quatrième ſur la table.

10°. Si la carte qu'il laiſſe ſur la table eſt celle que vous avez nommée ſecrétement, dites que vous avez prévu ce fait : faites-la nommer tout haut par la perſonne à qui vous avez parlé à l'oreille, & dites à cette perſonne : *Vous ſavez, Monſieur, que je vous ai dit d'avance la carte qui devoit reſter ſur la table, nommez-la maintenant ;* il la nommera, & alors tout le monde croira, comme l'expérience le prouve, que vous aviez prévu que telle carte reſteroit ſur la table, quoi-que vous n'ayez fait qu'en nommer une, ſans dire ſi elle reſteroit ſur la table ou non.

11°. Par la même raiſon, ſi la carte nommée d'avance a été miſe par terre ou dans la poche d'un des ſpectateurs, on doit ſe vanter, ſelon le beſoin, d'avoir prévu ces différens faits, & faire enſuite nommer cette carte par la perſonne à qui on avoit parlé ſecrétement.

Nota. Que quand ce tour eſt fini, il faut chercher à diſtraire le ſpectateur, en le priant de remarquer que les quatre cartes dont on vient de ſe ſervir ſont différentes les unes des autres, & que certaines perſonnes font ce tour en em-ployant quatre rois de cœur, pour pouvoir pré-dire, ſans crainte de ſe tromper, celle des quatre qui ſera choiſie.

X I I.

Deviner d'avance le paquet de cartes qu'une perſonne choiſira.

Qu'on vous parle ou non de la ſupercherie employée dans le tour précédent, dites que vous avez pluſieurs moyens de prévoir la penſée d'au-trui , & que vous allez donner une nouvelle preuve de vos talens : pour cela , il faut , 1°. laiſ-ſer ſur le bord de la table deux paquets, que je ſuppoſe de huit cartes chacun. (Le nombre eſt indifférent, pourvu qu'il ſoit le même dans les deux paquets). 2°. Remettre à une perſonne de la compagnie toutes les autres cartes, excepté deux ou trois qu'on en'evera ſecrétement dans la main droite. 3°. Dire , en propres termes , à une perſonne de la compagnie, & écrire même ſur un morceau de papier que le paquet qui va être choiſi par une telle perſonne ſera compoſé de huit cartes. 4°. Prier cette perſonne de choiſir un paquet, en l'aſſurant d'avance qu'on a prédit quel ſeroit le paquet choiſi. 5°. Auſſi-tôt qu'elle a touché un paquet, prier la perſonne à qui on a parlé ſecrétement de dire de combien de cartes il eſt compoſé. 6°. Quand cette dernière per-ſonne a répondu que le paquet doit être compoſé de huit cartes, faire voir que le billet écrit d'avance porte le même nombre. 7°. Prier la perſonne qui a choiſi le paquet de compter les cartes, pour voir par elle-même la vérité de la prédiction. 8°. Dans l'inſtant où e le finit de compter les cartes du paquet choiſi , prendre ſoi-même le ſe-cond paquet, en y poſant de la main droite les deux ou trois cartes retenues, & l'offrir poliment à cette même perſonne, en la priant de s'aſſurer par elle-même que dans le ſecond paquet le nom-bre des cartes eſt différent. 9°. Lui obſerver que ſi elle avoit pris ce dernier paquet de onze car-tes, le tour ſeroit manqué ; mais qu'on avoit prévu, par un moyen qui lui reſte à deviner ; que le premier, de huit cartes, ſeroit choiſi librement & infailliblement.

X I I I.

Faire tirer des cartes par quatre ſpectateurs différens ; les nommer enſuite ſans les avoir vues , & faire qu'une de ces cartes ſe métamorphoſe ſucceſſivement en chacune des autres.

1°. Faites tirer une carte forcée, que je ſup-poſe être le roi de cœur.

2°. Mêlez cette carte dans le jeu par le premier faux mélange, & faites-la tirer par une ſeconde perſonne. Il doit vous être facile, dans ce cas-ci, de faire tirer une carte quelconque, parce que le ſpectateur, prévenu en votre faveur par la ſubtilité que vous avez montrée dans les tours précédens, doit regarder comme très-inutiles tous les efforts qu'il pourroit faire pour vous dé-concerter ; d'où il s'enſuit qu'il doit prendre tout bonnement la carte que vous lui gliſſez adroite-ment dans la main.

3°. Après avoir mêlé de nouveau cette carte, comme auparavant, faites-la prendre encore par une troisième personne ; mais faites ensorte que les trois spectateurs auxquels vous vous adressez ne se montrent point cette carte l'un à l'autre, afin que chacun d'entr'eux ignore absolument la carte que l'autre a choisie.

4°. Faites tirer une seconde carte au hasard, en faisant remarquer cette fois-ci qu'on choisit absolument celle qu'on veut. On ne manquera pas d'en conclure qu'on a été également libre sur les trois choix qui ont été faits précédemment.

5°. Faites poser cette seconde carte dans le milieu, & faites aussitôt sauter la coupe pour la faire passer dessus ; ensuite employez le premier faux mélange, de manière qu'elle reste toujours à sa même place. Je suppose, au reste, que cette seconde carte soit la dame de trefle.

6°. En demandant au troisième spectateur le roi de cœur qu'il a pris, faites sauter la coupe, & tenez les cartes comme dans la *fig.* 4. *pl.* 5., en le priant de poser le roi de cœur sur le paquet de la main gauche. Par ce moyen, le roi de cœur sera sur la dame de trefle ; & si vous faites sauter la coupe encore une fois, ces cartes se trouveront sur le jeu.

7°. Employez le second, le troisième & le quatrième faux mélanges, pour faire croire que vous ne savez plus où sont les cartes choisies.

8°. Enlevez ces deux cartes, & tandis que vous donnerez à mêler le reste du jeu, jettez un coup-d'œil dans votre main droite, pour y découvrir la seconde carte choisie, que vous ne connoissez point encore, & que nous avons supposé être la dame de trefle.

9°. Posez ces deux cartes sur le jeu en le reprenant ; prenez ensuite le roi de cœur dans votre main droite, & laissez les autres cartes dans la main gauche, en faisant glisser la dame de trefle un peu avant vers la main droite : par ce moyen, vous serez prêt à filer la carte quand il en sera temps.

10°. Dites que vous connoissez les quatre cartes qui ont été choisies, & assurez qu'on a pris le roi de cœur, la dame de trefle, le sept de carreau & l'as de pique ; ces deux dernières n'auront point été prises, mais il ne sera pas inutile de les nommer, puisque par ce moyen chaque spectateur entendant nommer sa carte avec trois autres, croira que ces trois dernières ont été tirées par les trois autres spectateurs, d'où il conclura implicitement que trois personnes n'ont pas tiré la même carte.

11°. Après avoir prié les spectateurs de ne nommer à personne les cartes qu'ils ont choisies (afin qu'on ignore que la même carte a été prise par trois personnes différentes), montrez secret-

tement le roi de cœur à la première personne qui l'a tiré, & priez ce spectateur de dire par *oui* ou *non* ; si c'est-là sa carte, il répondra *oui*, & aussi-tôt baissez la carte pour qu'on ne puisse plus en voir la figure.

12°. Dites-lui de souffler dessus, ou soufflez vous-même, & assurez aussi-tôt que ce n'est plus sa carte : passant ensuite au second spectateur, qui a aussi tiré le roi de cœur, montrez-lui secretement cette même carte, & demandez-lui si c'est-là la sienne ; il répondra *oui*, ce qui fera croire au premier spectateur que sa carte est métamorphosée en une autre, tant il sera persuadé, par les circonstances précédentes, que quatre cartes différentes ont été tirées par différentes personnes.

13°. Baissez de nouveau cette carte, pour qu'on n'en voie plus la figure ; & après avoir fait souffler dessus, assurez encore qu'elle est changée, & que c'est celle qui a été tirée par la troisième personne.

14°. Montrez-la secretement au troisième spectateur, en lui demandant si c'est la sienne ; sa réponse affirmative fera croire au second que sa carte a été changée, comme celle du premier.

15°. Faites semblant de croire que vous avez fini le tour, comme si les quatre spectateurs avoient déja vu chacun sa carte, quoique vous ne l'ayez montrée qu'à trois ; dites en même temps : *Comment est-il possible, Messieurs, que cette carte change quatre fois de suite sous les yeux de quatre personnes qui ont fait des choix différens ?*

16°. En prononçant ces paroles, filez la carte, pour substituer au roi de cœur, que vous tenez dans votre main droite, la dame de trefle qui doit être dans votre gauche, selon le précepte du numéro neuvième. En filant la carte dans ce cas-ci, vous paroîtrez faire un geste sans dessein, & l'on vous soupçonnera d'autant moins de filer la carte, qu'on vous aura vu opérer deux métamorphoses dans ce même tour, sans qu'il y ait eu de votre part aucun mouvement réel ou apparent.

17°. Dites, dans cet instant, que vous croyez avoir montré à chacun sa carte ; le quatrième spectateur, que vous aurez omis à dessein, ne manquera pas de dire qu'il n'a pas encore vu la sienne. Alors présentez-lui la dame de trefle du côté blanc, & sans en faire voir la figure. Si la carte a été bien filée, on doit croire que c'est la même que vous aviez dans la main un instant auparavant, & que vous avez fait changer, en apparence, en passant d'un spectateur à l'autre. Demandez alors au quatrième spectateur quelle est sa carte, & aussi-tôt qu'il aura nommé la dame

à de

de trefle, retournez-la pour la faire voir ; l'apparition de cette nouvelle carte produira une double surprise, parce qu'on croira, par analogie, que cette troisième métamorphose s'est opérée comme les deux premières, sans aucune substitution de votre part, & parce qu'on se trouvera confirmé, dans l'idée où l'on est déjà, que les quatre spectateurs ont tiré des cartes différentes, quoique les trois premiers ayent tiré la même.

XIV.

Deviner la pensée d'autrui par un moyen nouvellement perfectionné.

1°. Etalez sur table quinze paquets de deux cartes chacun, & priez les spectateurs de penser chacun un paquet au hasard : peu importe que plusieurs pensent le même ou non.

2°. Qu'il y ait un paquet de deux cartes notables, & de même couleur, telles que le roi & la dame de cœur ; vous êtes presque assuré que sur 5 à 6 spectateurs, il y en aura deux ou trois qui penseront ce paquet, parce qu'ils trouveront plus facile de retenir dans leur mémoire le roi & la dame de cœur, que deux autres cartes mal accouplées, telles que le sept de carreau & l'as de pique.

3°. Priez secrettement quelqu'un de se rappeler le roi & la dame de cœur.

4°. Ramassez toutes les cartes, & faites un seul paquet de tous ces paquets différens, mais sans mêler les cartes de l'un avec celles de l'autre.

5°. Remettez ces cartes une à une sur la table, en tournant leur figure vers le ciel, & en leur donnant la combinaison que voici. Concevez qu'il y a sur table les lettres & les chiffres suivans ;

```
5  m  i  s  a  i
4  t  a  t  l  o
3  h  e  m  o  k
2  v  e  s  u  l
1  1  2  3  4  5
```

que ces lettres & ces chiffres soient conçus dans le même ordre que vous avez sous les yeux, & à la distance requise, pour que vous puissiez placer une carte sur chaque lettre ou chiffre ; mettez les deux premières cartes de votre grand paquet sur les deux *m*, les deux suivantes sur les deux *i*, les deux autres sur les deux *s*, &c. Quand vous aurez ainsi parcouru toutes les lettres, mettez également deux cartes sur les deux chiffres 1, deux autres sur les deux chiffres 2, &c. ; &

Amusemens des Sciences.

que les rangs soient sur-tout bien marqués de droite à gauche.

6°. Interrogez successivement les spectateurs, pour savoir si les cartes que chacun a pensées sont dans le premier, dans le second ou dans-quelqu'autre rang.

7°. Remarquez que si les deux cartes pensées par la même personne se trouvent dans le premier rang, l'une sera la troisième & l'autre la sixième, parce que la lettre *i*, qui est la seule répétée dans le premier mot, y occupe la troisième place & la sixième ; que si, au contraire, une des deux cartes pensées se trouve au premier rang & l'autre dans le second, ces deux cartes seront la cinquième du premier rang & la troisième du second, parce que ces deux rangs n'ont rien de commun que la lettre *a*, qui occupe la cinquième place de l'un, & la troisième de l'autre. Par la même raison, si les deux cartes pensées étoient dans le troisième & le cinquième rang, ce seroit la première de l'un & la quatrième de l'autre, parce que ces deux rangs n'ont rien de commun que le chiffre 3, qui occupe, comme on le voit, la première place dans le troisième rang, & la quatrième dans le dernier. Il est donc facile de deviner les deux cartes pensées, quand le spectateur a dit dans quel rang elles se trouvent, puisque ce sont toujours deux cartes posées sur le même chiffre ou sur la même lettre.

8°. A mesure que les spectateurs vous font connoître les rangs occupés par les cartes pensées, nommez ces cartes sans hésiter, excepté lorsque vous voyez que les deux cartes pensées sont le roi & la dame de cœur. Dans ce dernier cas, évitez de les nommer, soit en affectant une distraction, pour passer aux cartes qui ont été pensées par d'autres spectateurs, soit en promettant de les nommer un instant après.

9°. Quand vous avez nommé toutes les cartes pensées, excepté le roi & la dame de cœur, faites bien attention au nombre de personnes qui ont pensé ces dernières cartes, & dites : *Il y a tant de personnes qui ont pensé deux cartes rouges.*

10°. En disant le nombre de personnes, & en assurant que vous saviez d'avance les deux cartes que ces personnes penseroient ; ramassez promptement les trente cartes qui sont sur la table, & ayez soin de mettre sur le jeu (sans que cela paroisse) le roi & la dame de cœur.

11°. Employez les faux mélanges, pour faire croire que vous n'avez aucune carte en vue, & finissez cependant par laisser le roi de cœur sur le jeu, & la dame dessous, ou *vice versâ.*

12°. Faites-vous bander les yeux avec trois mouchoirs, de manière que six coins de ces mouchoirs flottent au-dessous de votre menton, la proéminence de votre nez, en les éloignant un

R r

peu de vos joues, laissera un passage libre aux rayons de lumière, pour vous faire voir tous les objets placés à vos pieds.

13°. Posez le jeu de cartes à vos pieds, & prenez deux épées nues, une à chaque main (si vous n'avez point d'épées, vous pouvez vous servir de deux couteaux ; mais alors il faut laisser le jeu sur la table, pour n'être pas obligé de prendre une attitude gênante) ; & avec l'épée de la main droite, éparpillez d'abord le jeu en tâtonnant.

14°. En éparpillant ainsi avec la pointe de votre épée le jeu de cartes, dont les figures doivent être tournées vers le centre de la terre, faites bien attention où vous mettez le roi & la dame de cœur, qui sont, comme nous l'avons dit, dessus & dessous ; cependant, que ces deux cartes paroissent confondues avec toutes les autres, & affectez de temps en temps de gratter par terre, avec la pointe de votre épée, dans des endroits où il n'y a point de cartes. Souvenez-vous qu'un aveugle feroit ainsi, & que vous devez tâtonner en quelque façon plus lourdement que lui, parce qu'il est accoutumé à tâtonner, & que vous êtes censé être aveugle depuis un seul instant.

15°. Piquez enfin les deux cartes avec les deux épées, & quand vous verrez qu'elles tiennent à la pointe ; dites, avant de les montrer : *Ce seroit un beau tour, Messieurs, si ces deux cartes-là étoient précisément celles qui ont été pensées par un tel nombre de personnes.* (Il faut dire ici le nombre des personnes ; & s'il n'y a qu'une, il faut la nommer ou la désigner.) *Mais le tour seroit encore plus beau, si j'avois su d'avance quelles seroient les cartes pensées.* Adressez-vous alors à celui à qui vous avez parlé à l'oreille, & priez-le de nommer tout haut les deux cartes qu'on a pensées, & qu'il a été prié de se rappeler. Il répondra que c'est le roi & la dame de cœur. Demandez alors à ceux qui les ont pensées, s'il est vrai que ce soit là leurs cartes ; & dans l'instant où ils répondront *oui*, levez vos épées, en leur donnant une position horisontale, pour faire voir ces deux cartes à la compagnie.

X V.

Faire changer un roi de cœur en as de pique, & un as de pique en roi de cœur.

1°. Préparez d'avance deux rois de cœur, derrière lesquels vous dessinerez, avec de l'encre bien noire, deux as de pique. Il est évident que ces deux cartes paroîtront as de pique ou rois de cœur, selon le côté que vous ferez appercevoir.

2°. Mettez ces deux cartes dans un jeu, d'où

vous les prendrez au besoin, comme si c'étoit des cartes ordinaires. Commencez le tour, en les tenant une dans chaque main, & en montrant seulement le roi d'un côté & l'as de l'autre.

3°. Etendez vos bras, & tenez-les bien immobiles vers les deux extrêmités opposées de la même table, pour faire voir que vos deux mains ne se rapprochent pas l'une de l'autre, & priez un des spectateurs de couvrir avec deux chapeaux vos deux mains & les deux cartes que vous tenez.

4°. Aussi-tôt que les chapeaux seront sur vos mains, retournez les cartes, pour que le roi de cœur paroisse as de pique, *& vice versâ*, & laissez-les sur la table, en ôtant vous-même les deux chapeaux.

5°. Reprenez-les un instant après pour faire semblant de les mêler dans un jeu, & pour les enlever réellement & les mettre dans votre poche, en laissant le jeu négligemment sur la table ; il faudra ou qu'on admire votre tour sans proposer aucune objection, ou qu'on soupçonne que vous avez employé des cartes préparées ; mais celui qui formera un tel soupçon sera bientôt obligé de se rétracter, lorsque visitant le jeu, il n'y trouvera qu'un roi de cœur & un as de pique faits comme à l'ordinaire.

Nota. Ce tour concourt à faire croire aux spectateurs qu'on a également changé des cartes dans les tours précédens sans rapprocher les mains l'une de l'autre, & *sans filer la carte.*

X V I.

Moyen presque sûr de gagner un pari aux cartes, en faisant sortir du milieu du jeu, avec la pointe d'un couteau, une carte que les spectateurs croient être sous le jeu.

1°. Faites tirer une carte forcée, ou une carte au hasard, que vous reconnoîtrez, dans ce second cas, par le moyen expliqué art. II des *tours de cartes nouveaux.*

2°. Faites semblant de mêler cette carte avec le reste du jeu, & laissez-la par-dessous. Voyez l'article III, intitulé : *Les faux mélanges.*

3°. Tenez le jeu négligemment, de manière que le spectateur qui a tiré la carte s'apperçoive qu'elle est dessous, & cependant faites semblant de croire qu'elle est dans le milieu, en disant que vous allez l'en tirer avec la pointe du couteau.

4°. Ajoutez, pour mieux étonner, que le jeu est complet & qu'il n'y a point deux cartes pareilles. Le spectateur voyant que la carte en question est dessous, croira que vous ne pouvez point la tirer du milieu ; non-seulement il acceptera sans difficulté les petits paris que vous pourrez lui proposer à cet égard, mais il se croira assuré de gagner ; & s'il ne parie point par intérêt, il pariera pour avoir le plaisir de vous faire trouver court. Au reste, il ne s'agit point ici d'une gageure pécuniaire, qui seroit contraire aux loix de l'honneur & de la probité, puisqu'un des parieurs est assuré de gagner, mais seulement d'un de ces paris qu'un galant homme desire ordinairement de perdre ; comme quand le perdant est obligé de régaler ses amis d'un concert ou d'un déjeûner, &c.

5°. Avant que les conditions du pari soient acceptées de part & d'autre, poussez hors du jeu, avec la pointe d'un couteau, une carte quelconque ; assurez que c'est la carte en question, & faites ensorte que, sans sortir entierement du jeu, elle soit entrevue par le spectateur contre qui vous avez proposé de parier. Quand il verra que ce n'est pas la sienne, ce sera pour lui une nouvelle raison d'accepter le pari, & de croire que vous vous trompez.

6°. Faites rentrer cette carte dans le jeu, pour faire aussi-tôt sauter la coupe, après laquelle vous tiendrez votre petit doigt entre les deux paquets ; poussez ensuite hors du jeu, avec la pointe du couteau, la carte inférieure du paquet supérieur ; c'est la carte choisie, que le spectateur croira toujours dessous.

7°. Ne tirez cette carte que d'environ un pouce hors du jeu, & mettez-la ainsi sur la table avec le reste du jeu. (Les figures en dessous.)

8°. Les conditions du pari étant acceptées, demandez quelle est la carte que vous devez avoir poussée en dehors pour gagner le pari ; & aussi-tôt qu'on l'aura nommée, priez quelqu'un de la tirer & de la faire voir. On sera surpris de voir sortir du milieu du jeu une carte que l'on croyoit dessous ; & vous pourrez dire alors : *A quoi serviroit-il de savoir faire des tours, si l'on ne pouvoit pas, dans l'occasion, changer une carte quelconque en celle dont on a besoin.*

XVII.

Faire qu'une carte choisie par un premier spectateur, & mêlée dans le jeu par un second, se trouve la premiere qu'un troisieme spectateur touchera librement ; la métamorphoser en une autre carte au gré d'un quatrieme, & la faire reparoître un instant après.

1°. Soyez d'intelligence avec un des spectateurs, que vous prierez secrettement & d'avance, 1°. de dire tout haut que la carte que vous lui montrerez est, par exemple, la *dame de trefle*, quoique ce soit une autre carte ; 2°. de nommer toujours la carte qu'il viendra de voir ; quand vous lui demanderez en quelle carte il veut faire changer la dame de trefle.

2°. Faites tirer *forcément* la dame de trefle ; mêlez-la ensuite dans le jeu par le premier des faux mélanges, & laissez-la dessous.

3°. Arrangez d'un coup de main les cartes sur la table, la figure en dessous ; comme dans la *fig. 5. pl. 6.* Priez un spectateur d'en toucher une, & assurez que ce sera la carte qui a été choisie auparavant.

4°. Quand il touchera une carte, veillez sur lui, afin qu'il ne la retourne pas par curiosité, dans l'intention de voir dès cet instant si le tour réussit ; mais tirez-la vous-même du jeu, & mettez-la à part sur la table, la figure en dessous.

5°. Prenez cette carte dans votre main droite, comme dans la *fig. 18. pl. 5.* afin que vous puissiez la montrer à un spectateur, sans qu'elle soit vue par d'autres, observez toutefois à la compagnie que vous n'en prenez qu'une.

6°. Adressez-vous à la personne qui est d'intelligence avec vous ; montrez-lui cette carte, & priez-la de la nommer ; si elle n'a pas oublié son petit rôle, elle doit répondre que c'est la dame de trefle, quoique vous lui montriez, par exemple, le sept de pique.

7°. Posez cette carte à part sur la table, toujours la figure en dessous ; & demandez à la personne qui en avoit tiré une en premier lieu, s'il est vrai que c'étoit la dame de trefle ; elle répondra qu'oui : tout le monde croira que la carte mise à part est la dame de trefle, & l'on sera sûrement surpris ou que vous ayiez pu forcer un spectateur à toucher la même carte qui avoit été tirée par un autre, ou que vous ayiez pu prévoir qu'il la toucheroit sans y être forcé.

8°. Demandez à celui qui est d'intelligence avec vous en quelle carte il veut faire changer la dame de trefle ; il répondra qu'il veut la faire changer en sept de pique, parce qu'il se souviendra que c'est la carte que vous lui avez montrée, quoique les spectateurs la prennent pour la dame de trefle.

9°. Retournez cette carte de la main droite, pour faire voir que c'est la carte demandée, (le sept de pique.) On croira que la dame de trefle vient d'être métamorphosée en sept de pique, & que vous auriez pu la changer en toute autre carte, si on l'avoit désiré.

10°. Tenez dans votre main gauche la dame de trefle, sur le reste du jeu, que vous aurez pris un instant avant de retourner le sept de pique. Filez subtilement la carte, en substituant dans votre main droite la dame de trefle au sept de pique. On sent bien que la figure des cartes doit toujours être en dessous pour cacher le stratagême.

11°. Demandez aux spectateurs s'ils veulent qu'à la place du sept de pique vous faffiez paroî- tre la première carte ; il s'en trouvera quelqu'un qui répondra *oui* ; & dès cet inftant, faites voir que vous avez dans la main droite la dame de trefle : cette dernière circonstance fera croire que vous aviez auffi dans la main la dame de trefle, quand elle a été nommée par le spectateur avec le- quel vous étiez d'intelligence : elle prouvera auffi que vous pouvez changer une carte fans compère; & comme vous avez prouvé dans la circonftance précédente que, fans filer la carte, vous pouviez la métamorphofer, on croira que vous n'employez aucun de ces moyens, quoique vous les employiez fucceffivement tous deux, parce qu'en voyant des tours, dont les effets font les mêmes, les fpecta- teurs cherchent ordinairement à les expliquer par une feule & même caufe, ce qui est impoffible dans ce cas-ci.

X V I I I.

Faire croire qu'on fait avec une adreffe merveilleufe une opération qu'on fait fans adreffe, ou qu'on ne fait même pas du tout.

1°. Prenez les cartes comme dans la *fig.* 23. *pl.* 4. de magie blanche.

2°. Montrez la carte inférieure, en tenant le jeu des deux mains, comme dans la *fig.* 24. *pl.* 5.

3°. Retournez les cartes, en donnant aux mains la pofition de la *fig.* 1. *pl.* 5. de magie blanche.

4°. Faites invifiblement fauter la coupe des deux mains, pour tenir les cartes, un inftant après, comme dans la *fig.* 5. *pl.* 5. ibid, on croira que la carte inférieure, que je fuppofe être le roi de pique, est toujours la même, quoiqu'elle ait paffé dans le milieu.

5°. Par conféquent, fi vous pofez fur la table le paquet inférieur à gauche ; & le fupérieur à droite, on croira que vous coupez tout fimple- ment, & que le roi de pique est refté à gauche, quoiqu'il foit à droite.

6°. Si donc vous mettez le paquet qui est à gau- che fur celui qui est à droite, on penfera que le roi de pique est dans le milieu du jeu, quoiqu'il foit deffous.

7°. Profitez de cette erreur, pour faire croire qu'en faifant fauter la coupe d'une feule main, vous allez remettre le roi de pique par deffous. (Vous n'aurez pas grand peine à l'y faire voir, puifqu'il y est déjà.)

8°. Prenez les cartes comme dans la *fig.* 2. *pl.* 6. faites avec la main & le pouce le mouvement & le craquement dont il est parlé à l'art. VII des *tours de cartes nouveaux*, chacun croira que ce

mouvement & ce craquement étoient néceffaires pour faire paffer le roi de pique deffous.

9°. Montrez alors le roi de pique, pour qu'on croie qu'il est revenu à fa place par l'adreffe d'une feule main ; & fi le tour fait de cette manière n'étonne pas affez le fpectateur, rendez-le un peu plus frappant, en prenant la précaution de rendre le mouvement & le craquement moins fenfibles, & même de les fupprimer prefque entièrement, felon que les fpectateurs feront plus ou moins difficiles.

10°. Pour faire croire que, dans cette dernière opération, vous avez fait fauter la coupe réelle- ment & invifiblement d'une feule main, dites que vous allez la répéter avec un peu de lenteur pour qu'on puiffe vous fuivre des yeux ; & alors, en fuivant le principe que nous avons enfeigné, article II des *tours de cartes*, faites fauter la coupe d'une main avec toute la rapidité & l'adreffe dont vous ferez capable, en difant que vous affectez beaucoup de lenteur pour être apperçu.

11°. Cela fuffiroit, je penfe, pour perfuader qu'auparavant vous avez fait invifiblement fauter la coupe d'une feule main ; mais vous pourrez achever de le prouver par la rufe que voici : Faites fauter la coupe invifiblement des deux mains, de manière qu'après l'opération le paquet inférieur ait les figures vers le ciel, mais qu'elles foient cachées par le paquet fupérieur, qui aura les fiennes vers la terre, *fig.* 6. *pl.* 5. Tenez les cartes fur l'extrémité des doigts, *fig.* 22. *pl.* 5. faites voir la carte fupérieure, & vous n'aurez qu'à fermer & ouvrir la main pour faire changer cette carte en une autre, & pour faire croire, par ce nou- veau moyen, que vous faites fauter la coupe invi- fiblement d'une feule main.

Nota. 1°. Qu'on ne peut faire fauter invifible- ment la coupe, qu'en employant les deux mains ; cependant, les principes que nous avons donnés pour la faire fauter vifiblement d'une main, ne font pas entièrement inutiles, puifqu'ils fervent dans le tour précédent à faire preuve d'une adreffe extraordinaire, & à faire croire qu'il est facile, en faifant fauter la coupe d'une main, d'échapper aux regards les plus attentifs, quoi- que cela foit réellement impoffible. Un opérateur profita autrefois, dans une certaine occafion, de cette impoffibilité réelle & de cette facilité apparente, pour éluder une demande indifcrete qu'on lui faifoit touchant fes tours. Des fpecta- teurs, éblouis de fes opérations, l'ayant prié de révéler fes fecrets, Meffieurs, dit-il : *Je vous promets ce que vous me demandez ; mais vous favez que je fais fauter la coupe d'une feule main, fans être apperçu par les plus clair-voyans : je vous avoue que c'est là le pivot fur lequel font appuyées toutes mes expériences ; c'est une facilité que je ne peux vous donner, & que vous ne pouvez* acquérir que par l'exercice : exercez-vous donc , & je vous révélerai mon savoir ; si vous pouvez faire sauter la coupe d'une main , sans que personne s'en apperçoive. On ne fit pas attention que cette promesse conditionnelle n'obligeoit à rien le promettant , puisqu'elle étoit faite sous une condition impossible , & qu'elle revenoit à celle-ci : *Je vous promets de vous instruire si vous prenez la lune avec les dents , si vous trouvez le mouvement perpétuel, & si vous partagez un écu à trois pauvres , en donnant la moitié au premier , le tiers au second , & le quart au troisième.*

Nota. 2°. Il est un moyen de métamorphoser une carte , qui sert à faire croire qu'on peut faire sauter la coupe d'une seule main. Le voici : Il faut , 1°. enlever une carte de la main droite ; 2°. prier un spectateur de regarder quelle est la carte supérieure dans le reste du jeu qu'on tient dans la main gauche ; 3°. poser la carte enlevée sur le jeu, *fig.* 20. *pl.* 5 ; 4°. dans l'instant où l'on pose sa carte, prier le spectateur de mettre la main sur le jeu ; 5°. faire un petit mouvement de la main , en poussant un peu celle du spectateur ; 6°. lui dire que c'est dans cet instant qu'on a fait sauter la coupe , & le lui prouver en lui faisant voir que la carte qu'il a vue sur le jeu n'y est déjà plus.

Avis intéressant.

Je ne peux m'empêcher , en finissant cet article, de dévoiler ici un tour de cartes dont la connoissance pourra être utile à quelques-uns de mes lecteurs , en les empêchant de tomber dans un piège auquel de très-honnêtes gens se laissent quelquefois prendre par des aigrefins ; on voit souvent dans des foires de province , dans le parc de Saint-Cloud & dans les promenades publiques autour de Paris , les jours où il y a grande cohue , des gens qui , au mépris des ordonnances, proposent aux passans des jeux de hasard & d'autres jeux encore plus illégitimes : ces jeux , où le profit va toujours du côté où est la mauvaise foi , paroissent au premier abord très-avantageux à celui qui les accepte ; mais ils finissent par lui faire perdre une somme plus ou moins grande , selon le degré de crédulité & d'obstination dont il est susceptible ; en voici un , entr'autres , que je n'ai vu expliqué dans aucun livre.

Le joueur de banque tient dans sa main droite un jeu de cartes , sous lequel il fait voir , par exemple , un as de carreau ; un instant après , il pose (en apparence) cet as de carreau sur une table , au point A. la figure en-dessous. Il met aux points B, C, D, trois autres cartes , dont il ne fait pas voir la figure.

A. B.
C. D.

Ensuite il pousse rapidement avec la main droite , l'as de carreau du point A au point B, du point B au point C, &c. ; tandis qu'avec la gauche il fait glisser une autre carte du point B au point C, & du point C au point A. Bref , les cartes parcourent les mêmes lignes que des enfans jouant aux quatre coins ; l'aigrefin , proposant alors un pari, prétend que personne ne pourra deviner où est l'as de carreau , parce que dans tous les zigzags que cet as vient de décrire , on est censé l'avoir perdu de vue. Le spectateur , qui l'a suivi des yeux , accepte le pari , croyant trouver cette carte au point C ; mais quelle est sa surprise , quand il y trouve une autre carte , & quand on lui fait voir que l'as de carreau est au point A , ou au point B. Dès lors , croyant avoir fait une faute , il accepte un nouveau pari , en se proposant de faire un peu plus d'attention ; mais il perd encore & continue de perdre à tous les coups , excepté quand l'aigrefin , pour leurer sa dupe , lui laisse prendre un avantage momentané.

L'erreur vient de ce que le perdant croit avoir vu poser l'as de carreau au point A ; quoiqu'on y ait posé une autre carte. Le joueur de banque , après avoir montré l'as de carreau sous le jeu, a fait semblant de le prendre avec un doigt de la main gauche, *fig.* 15. *pl.* 5 ; mais dans le fait, il l'a laissé sous le jeu , & a pris la carte suivante , *fig.* 16. *ibid.* Cet as de carreau , qu'on croyoit au point A , n'a donc été posé qu'au point B , ou au point D ; après quoi le joueur de banque , faisant semblant de remuer les cartes avec vitesse , comme pour échapper aux regards les plus attentifs , a eu néanmoins la malice d'affecter un peu de lenteur , afin que le spectateur , ne perdant point de vue le prétendu as de carreau , ne trouvât point , au hasard , le véritable.

(DECREMPS.)

La carte qui saute en l'air, en sortant du jeu, sans qu'on la touche.

On fait tirer une carte , qu'on mêle ensuite avec les autres ; on met le jeu dans une espèce de cuiller quarrée, qu'on place debout sur une bouteille qui lui sert de piédestal ; & à l'instant desiré par la compagnie, la carte choisie saute en l'air.

Explication.

Il faut d'abord faire prendre une carte forcée, par le moyen décrit à l'article *le petit chasseur,* au mot AUTOMATE ; poser ensuite le jeu dans la cuiller , de manière que la carte choisie , soit appuyée sur une épingle ployée en forme de crochet. Cette épingle doit être attachée à un fil , qui , montant dans le jeu entre les cartes , s'appuye sur le bout supérieur de la cuiller , & descende ensuite sous le théâtre , à travers la table. Dans cette disposition , le compère ne peut tirer le fil fans faire monter la carte & le crochet, parce que le fil coule fur le bord émouffé de la cuiller, avec prefque auffi peu de frottement, que s'il y avoit une petite poulie.

Si l'on veut placer les cartes dans la cuiller, avec affez de promptitude pour que le fpectateur n'apperçoive aucun préparatif, il ne faut pas y mettre celles qu'on a montrées d'abord à la compagnie : il faut, au contraire, les laiffer adroitement fur la table, pour y prendre un fecond jeu, dans lequel, la carte choifie, le fil & le crochet ont été arrangés d'avance.

Nota. On peut faire fauter fucceffivement plufieurs cartes, pourvu qu'il y ait plufieurs petits crochets attachés au même fil, à une certaine diftance l'un de l'autre. (DECREMPS).

Moyen facile & nouveau de faire un joli tour de cartes.

Un faifeur de tours pretendoit deviner les cartes par un moyen nouveau ; quand on avoit mêlé le jeu, il devinoit toujours la carte de deffous en regardant celle de deffus. Pour cela, il avoit caché un miroir auffi petit qu'une pièce de vingt-quatre fols parmi les plis d'un crêpe noir dans une corne de fon chapeau qu'il tenoit négligemment fur la table, & tandis qu'un montrant aux fpectateurs la carte de deffous, il faifoit femblant de regarder le deffus du jeu, il voyoit dans le miroir l'image de la carte.

Nota. Que le miroir doit être un peu convexe pour qu'on y voie la carte en miniature & fans aucun tâtonnement (car un miroir plan qui feroit auffi petit, ne pourroit réfléchir qu'une partie de l'image, & de plus, l'on feroit obligé, pour trouver le vrai point de vue, de chercher à tout inftant la vraie pofition des yeux, des cartes ou du miroir).

Quelqu'un s'étant apperçu de fa fupercherie, lui en fit le reproche ; mais il ôta promptement le chapeau de deffus la table, pour ne pas donner le tems à la compagnie de voir le miroir ; cependant, pour faire croire que le miroir étoit inutile, il continua de deviner toutes les cartes, après qu'on les eût mêlées de nouveau, avec cette différence feulement, que, dans ce dernier cas, il devinoit fucceffivement celles de deffus ; ceci n'étoit pas bien difficile, car, s'étant emparé fecrettement de quatre cartes à lui connues, & les ayant cachées dans fa main, tandis qu'on mêloit le refte du jeu, il les pofa leftement fur le jeu, en le prenant un inftant pour le changer de place ; par ce moyen, il devina enfuite bien facilement les trois premières, quoique le jeu fût couvert d'une ferviette ; &, pour faire voir qu'il avoit un moyen merveilleux, quoique phyfique, il lorgnoit avec une lunette.

On crut d'abord (& c'étoit avec raifon) que la lunette ne fervoit de rien ; mais on fut bien étonné, quand il dit que chacun pourroit voir la quatrième carte en fe fervant de cette même lunette ; je vis effectivement, avec cet inftrument, un roi de carreau qui fe trouva la quatrième carte ; mais on avoit mis un petit roi de carreau au fond de la lunette pour faire croire que, avec cet inftrument, on pouvoit voir ce qui étoit caché fous la ferviette.

(DECREMPS).

Les cartes devinées les yeux bandés.

On fait tirer fur le théâtre un paquet de cartes, par quelqu'un des premières loges ; une femme vient dans ce moment à l'amphithéâtre, fe fait bander les yeux pour n'appercevoir aucun figne, & nomme toutes les cartes qu'on vient de tirer fans fe tromper en aucune manière fur leur valeur, leur couleur ou leur nombre.

Explication.

Les cartes font arrangées comme on l'a dit, au tour du *grand fultan* ; auffi-tôt que le faifeur de tour en a fait tirer un paquet, il faut faire fauter la coupe, pour faire paffer fous le jeu celle qui étoit immédiatement fur les cartes choifies ; l'ayant regardée d'un clin-d'œil, il en avertit fa femme dans l'inftant même qu'il promet de prendre des précautions pour ne lui rien faire connoître : il dit qu'il ne parlera pas du tout, tandis que fa femme nommera les cartes, & que la perfonne qui les tient, doit fe contenter de les montrer à la compagnie, fans ajouter que c'eft *une telle carte, ou une telle autre*. C'eft dans cette dernière phrafe qu'il nomme adroitement la carte qui eft deffous ; la femme qui l'entend, & qui fait auffi par cœur l'arrangement du jeu, nomme les cartes qui font à la fuite ; c'eft-à-dire, par exemple, que fi on lui fait entendre que la quinzième eft deffous, elle nomme la feizième, la dix-feptième, &c. Auffi-tôt qu'elle a nommé tout le paquet de cartes, le mari qui, pendant ce tems-là, n'avoit rien dit, rompt le filence, & prie la perfonne qui les avoit choifies, de demander quelles font les autres qui reftent à nommer ; la femme eft avertie par cette queftion, qu'il ne refte plus rien, & répond qu'il n'y en a plus.

Nota. Auffi-tôt que le fpectateur a tiré le paquet de cartes, il faut le prier de les bien mêler ; fans cette précaution, il s'appercevroit qu'on les lui demande dans le même ordre où elles fe trouvent, & il concluroit, avec raifon, que cet arrangement fert à les faire connoître.

(DECREMPS).

Voici des tours à-peu-près semblables avec quelque différence dans l'exécution.

Cartes devinées par intelligence.

Il y a nombre de tours surprenants au premier coup-d'œil, & qui paroissent incroyables. On reviendroit bien de son étonnement, si l'on savoit qu'il y a dans la compagnie quelqu'un d'intelligence avec l'opérateur, & ces récréations paroîtroient bien insipides. Aussi n'en parlons-nous que pour guérir certaines gens de cette facile crédulité qui, sans se donner la peine de réfléchir, aiment mieux croire à des prodiges, à des sortilèges, à des opérations magiques, à des effets surnaturels.

Par exemple, un opérateur dit qu'il fera trouver dans sa poche la carte d'un jeu pensé par quelqu'un de la compagnie; rien sans doute de plus merveilleux; écoutez son secret, & le prodige s'évanouira. Il y a une personne de la compagnie avec qui il s'entend: il l'a prévenu d'avance qu'il avoit retiré du jeu la dame de cœur, par exemple, & qu'il l'avoit mise dans sa poche. Il donne ce même jeu à cette personne, & lui dit de penser & de regarder une carte, & de remettre le jeu sur la table; puis il demande tout haut quelle est la carte pensée; la personne lui répond, ainsi qu'il a été secrettement convenu, que c'est la dame de cœur: l'opérateur lui dit de bien regarder si elle ne se trompe pas, & si la carte est bien dans le jeu; elle assure qu'oui, alors notre sorcier, sans toucher le jeu, lui dit, *elle n'y est plus, la voilà dans ma poche, voyez si elle est dans le jeu*; & le confident du sorcier fait voir qu'elle n'y est effectivement plus.

Ce même confident sert à faire deviner une carte qu'une personne a seulement touchée dans un jeu. L'opérateur convient avec lui qu'il se placera à côté de la personne à laquelle on fera toucher la carte; & qu'il désignera par quelques signes la carte touchée, par exemple, en touchant le premier bouton de son habit, cela signifiera que c'est l'as, qu'en touchant le second, cela désignera le roi, &c. qu'en prenant son mouchoir, cela désignera que la carte touchée est en carreau, prenant du tabac, en trefle; &c. Cette convention faite d'avance, l'opérateur présente le jeu, dit à une personne de l'ouvrir, de toucher une carte, & de rendre le jeu, puis faisant attention au signal, il nomme à la personne la carte touchée.

C'est de la même manière qu'il fait trouver dans un des œufs par lui apportés, la carte choisie comme nous l'avons dit en parlant des tours faits avec la *carte longue*.

Cartes changeantes.

On voit quelquefois, dans les mains des faiseurs de tours, la même carte se changer en une autre. Ils ont différents moyens pour exécuter cette récréation qui consiste dans une grande subtilité.

1°. Il faut avoir dans le jeu une carte qui soit double; par exemple, un roi de pique que l'on place dessous le jeu: on met au-dessous de ce roi une carte quelconque, comme un sept de cœur, & dessus le jeu le second roi de pique; on mêle le jeu sans déranger ces trois cartes; & montrant le dessous du jeu, on fait voir à une personne le sept de cœur; on le retire avec le doigt qu'on a eu soin de mouiller, & feignant alors d'ôter ce sept de cœur, on ôte le roi de pique, & le posant sur table, on dit à cette même personne de le couvrir avec sa main, ce prétendu sept de cœur; on mêle une seconde fois le jeu, sans déranger la première & dernière carte, & ayant fait passer sous le jeu le second roi de pique, on le montre à une autre personne, en lui demandant quelle est cette carte: on la retire avec le doigt, & on ôte le sept de cœur qu'on lui fait couvrir. On commande au sept de cœur, qu'on croit être sous la main de la première personne, de passer sous celle de la seconde, & réciproquement au roi de pique, qui paroit avoir été mis sous la main de la seconde personne, de passer sous celle de la première; on fait lever les mains & remarquer que le changement s'est fait. Les deux cartes semblables, & l'attention qu'on a de faire remarquer à la seconde personne le roi de pique, font paroître cette récréation assez extraordinaire.

2°. L'on prend deux as, l'un de pique, & l'autre de cœur. On applique sur celui de pique un point de cœur, que l'on colle avec du savon (ce point doit être découpé le plus mince qu'il est possible: & on se sert à cet effet d'une carte dédoublée) & pareillement sur l'as de cœur un point de pique: on fait voir ces deux as, & prenant l'as de pique, on dit à une personne de la compagnie de mettre le pied dessus, & en le posant à terre, on retire le point de pique collé qui couvre l'as de cœur; on met pareillement la carte de l'as de cœur sous le pied d'une autre personne, en retirant le point de cœur collé. On propose ensuite de faire passer l'as de pique à la place de l'as de cœur, & celui de cœur à la place de l'as de pique, & effectivement lorsqu'on retire les cartes, elles paroissent changées.

C'est de la même manière qu'on s'y prend pour faire changer le trois de pique en as de pique & en as de cœur. On prépare à cet effet un as de cœur, en y collant avec du favon trois points de pique, dont un fur l'as, & les deux autres de manière à former le trois de pique. Cette préparation faite, on montre cette carte à la compagnie; on reprend la carte, & on fait gliffer avec le doigt le dernier point de pique, & couvrant le premier avec le doigt, on fait voir l'as de pique. Pour faire reparoître le trois de pique, on couvre avec le doigt la place où étoit le dernier point de pique ôté, & les deux points qui reftent font fuppofer le troifième : on fait gliffer avec le doigt le premier point de pique, & l'on montre la carte en difant voilà l'as de pique revenu. Enfin on fait gliffer le point de pique qui couvre l'as de cœur, & de cette manière on convertit cet as de pique en as de cœur. On peut donner la carte à examiner enfuite. Mais tous ces changemens doivent fe faire avec bien de l'adreffe pour être amufans, autrement il vaut mieux s'abftenir de les faire, que de laiffer appercevoir aux autres le moyen dont on fe fert pour y parvenir.

On trouvera auffi parmi les tours qui fe font avec la *carte longue* les moyens de faire croire que la même carte fe change en différentes cartes choifies par les perfonnes de la compagnie.

Carte large ou longue.

Cette carte eft d'un fecours infini dans un jeu pour faire plufieurs récréations amufantes : nous ne parlerons ici que de quelques-unes.

1°. On fait tirer adroitement à une perfonne cette carte longue que l'on connoît, & on lui donne le jeu à mêler; enfuite on propofe ou de lui nommer fa carte, ou de la couper, ou de reconnoître au tact ou à l'odeur, fi elle a été remife ou non dans le jeu; ou enfin de mettre le jeu dans la poche de quelqu'un de la compagnie, & de la prendre dans la poche. Comme c'eft la feule qui déborde du jeu, il eft aifé de la reconnoître au tact. On peut faire tirer cette même carte longue à différentes perfonnes tour à tour, pourvu qu'elles ne foient point l'une auprès de l'autre; après avoir bien mêlé le jeu, on tire la carte longue, accompagnée d'autant de cartes qu'il y a de perfonnes qui l'ont tirée; on montre toutes ces cartes, en demandant en général fi chacun y voit fa carte; celles qui les ont tirés répondent que oui, attendu qu'elles voient toutes cette même carte longue; alors on les remet dans le jeu, & coupant à la carte longue, on montre à une d'elles la carte de deffous le jeu, en lui demandant fi c'eft fa carte, elle répond qu'oui; on donne un coup de doigt, on la montre à une feconde perfonne, qui répond de même; & ainfi à toutes les autres perfonnes qui croient que cette même carte change au gré de celui qui fait cette récréation, & ne

s'imaginent pas qu'elles ont toutes tiré la même carte.

2°. On peut donner à choifir indifféremment dans le jeu la carte que l'on veut, puis la plaçant fous la carte longue, & mêlant avec un peu de précaution, il fera très-aifé de la reconnoître; ainfi faifant l'application de cette petite manœuvre au tour précédent, fi la première perfonne ne prenoit pas la carte longue qu'on lui préfente, il faudroit alors faire tirer toutes cartes indifférentes, & coupant foi-même le jeu, les faire mettre fous la carte longue, en faifant femblant de les battre à chaque fois; on coupera, on fera couper enfuite à la carte longue, & on rendra à chacun la carte qu'il a tirée, en obfervant de rendre la première au dernier, & remonter ainfi jufqu'au premier.

Il eft cependant poffible de faire ce même tour fans carte longue. On met deffus le jeu une carte quelconque; par exemple, une dame de trefle; on fait fauter la coupe, & la faifant paffer par ce moyen au milieu du jeu, on la fait tirer à une perfonne; on coupe enfuite pour faire remettre cette dame de trefle au milieu du jeu; mais on fait fauter encore la coupe pour la faire revenir fur le jeu, afin de mêler les autres; on fait fauter la coupe pour les faire revenir une feconde fois au milieu du jeu; enfuite on fait tirer cette même dame de trefle à une feconde perfonne, obfervant qu'elle foit affez éloignée de la première pour qu'elle ne s'apperçoive pas qu'elle a tiré la même carte; enfin l'on fait tirer cette même carte à cinq perfonnes différentes, en s'y prenant comme ci-deffus; on mêle les cartes, fans perdre de vue la dame de trefle, & étalant fur la table quatre cartes quelconques, & la dame de trefle, on demande fi chacun y voit fa carte; on répondra que oui, attendu que chacun voit la dame de trefle; on retourne les cartes après en avoir retiré la dame de trefle, & approchant de la première perfonne, on lui montre cette carte, fans que les autres puiffent la voir, & on lui demande fi c'eft-là fa carte; elle dira que c'eft elle; on fouffle deffus, ou on donne un coup de doigt, & on la montre à la feconde perfonne, & ainfi de fuite. Il faut beaucoup d'adreffe pour ne pas fe tromper en faifant ce tour.

3°. Nous répéterons pour plus d'intelligence, l'adreffe de ceux qui trouvent à la pointe de l'épée & les yeux bandés une carte ou plufieurs qui ont été tirées dans le jeu. On fait tirer une carte qu'on met fous la carte longue, qu'on a attention en battant de faire venir adroitement au-deffus du jeu, ou même on jette le jeu à terre, en remarquant l'endroit où fe trouve cette carte : on fe fait enfuite bander les yeux avec un mouchoir. Comme la vue fe porte en bas fur le plancher, il eft est aisé de voir, quoiqu'on ait un mouchoir sur les yeux, la carte qui se trouve au-dessus du jeu. On éparpille alors les cartes avec l'épée, sans perdre de vue celle qui a été tirée, & après avoir fait mine de bien chercher, & l'avoir mise à part, on la pique avec la pointe de l'épée, & on la présente à la personne qui l'a tirée. On peut également faire tirer deux ou trois cartes, ayant attention de les remettre toutes sous la coupe, & les découvrir de même à la pointe de l'épée.

4°. Pour faire trouver la carte choisie dans un œuf, on fait tirer dans le jeu la carte longue, qui doit être la même que celle qui est dans l'œuf ; on la fait remettre dans le jeu ; on donne l'œuf à casser, & on y trouve effectivement la carte qui a été tirée ; pendant cet intervalle, on escamote la carte, afin de faire voir qu'elle n'est plus dans le jeu. Pour préparer cet œuf, il faut d'abord dédoubler une carte, qui est la même que la carte longue ; on la roule bien serrée ; on l'introduit dans un œuf, en y faisant la plus petite ouverture possible, qu'on rebouche proprement avec un peu de cire blanche. On peut rendre cette récréation plus agréable, en mettant dans plusieurs œufs cette même carte ; alors on donnera à choisir un d'eux. On peut aussi s'entendre avec une personne à laquelle on aura indiqué quel est l'œuf où l'on a mis la carte, & qui le choisira parmi ceux qu'on lui présentera de cette manière : on pourra casser ensuite les autres œufs, pour faire croire qu'il n'y avoit aucune carte renfermée.

5°. On place dans un jeu de quarante cartes deux cartes longues ; que la première soit, par exemple, la quinzième ; la seconde la vingt-sixième ; on fait semblant de mêler ce jeu, & coupant à la première carte longue, on pose la partie coupée sur la main ; & comme si l'on connoissoit les cartes au poids, on dit, *il doit y avoir là quinze cartes* : coupant une seconde fois la seconde carte, on dit, *il y a là onze cartes*, & pesant le restant, on dit, *il y a là quatorze cartes*.

6°. On dispose les cartes en deux parties, qu'on sépare l'une de l'autre par une carte longue : la première contient la quinte du roi de trefle, celle de pique, les 4 huit, le dix de carreau, & celui de cœur : la seconde contient les deux quatrièmes majeures en carreau & en cœur, les 4 sept & les 4 neuf. On peut les diviser de toute autre manière, pourvu que l'on s'en souvienne. Le jeu ainsi arrangé, on le bat, ayant attention de ne mêler que la première moitié, dont la dernière est la carte longue ; on coupe ensuite à cette carte, & l'on fait deux tas : on présente le premier tas à une personne, en lui disant de prendre deux ou trois cartes, & on remet

ce tas sur la table. On présente de même le second tas à une autre personne, & on remet, sans qu'on s'en apperçoive, les cartes tirées du premier tas dans le second, & celles tirées du second dans le premier ; on bat les cartes, en ne mêlant que celles du tas de-dessus, & regardant le jeu, on nomme les cartes que ces deux différentes personnes ont tirées ; ce qui est très-facile, en examinant quelles sont celles qui se trouvent alors changées dans chaque tas.

7°. Enfin la carte longue est très-nécessaire pour les coups de piquet.

CARTES PENSÉES.

Premier tour.

On peut déterminer une personne à penser forcément la carte qu'on veut ; il ne s'agit que de présenter & étaler sur la table le jeu de cartes, de manière qu'une carte de couleur, telle que roi, dame ou valet soit beaucoup plus apparente, qu'aucune des autres ; en disant à la personne de penser une carte dans le jeu, on fait attention si elle jette un coup d'œil sur cette carte ; on referme ensuite le jeu, & on lui nomme celle qu'elle a pensée. Si l'on s'apperçoit néanmoins qu'elle ne fixât pas la vue sur cette carte, ou qu'elle étalât le jeu davantage pour en penser une autre à son gré, on lui diroit de la tirer du jeu ; & au moyen de la carte longue sous laquelle on la feroit mettre, on feroit une autre récréation. On peut aussi présenter le jeu de manière à ne laisser distinguer qu'une seule carte ; mais il faut avoir affaire à des gens qui ne sont pas au fait de ces sortes de tours.

Second tour.

On met la carte longue la seizième dans un jeu de piquet : on étend sur la table dix à douze cartes du dessus, & l'on propose à une personne d'en penser une, & de retenir le nombre où elle se trouve placée ; on remet ces cartes sur le jeu ; on fait sauter la coupe à la carte longue, qui se trouve alors placée dessous ; on demande ensuite à la personne à quel nombre est la carte pensée : on compte secrettement d'après ce nombre jusqu'à seize, en jettant les cartes l'une après l'autre sur la table, le tirant du dessous, & l'on s'arrête à ce nombre, la dix-septième étant la carte pensée.

Troisieme tour.

Il faut avoir vingt cartes, qu'on met deux à deux sur la table ; on dit à plusieurs personnes d'en retenir secrettement chacune deux, c'est-à-dire les dix cartes d'un des dix tas de deux cartes que l'on a faits ; on reprend ensuite tous ces tas ;

on les met l'un fur l'autre fans les déranger : on difpofe les cartes fur la table par la règle de ces quatre mots :

m	u	t	u	s
1	2	3	4	5
d	e	d	i	t
6	7	8	9	10
n	o	m	e	n
11	12	13	14	15
c	e	c	i	s
16	17	18	19	20

Le premier tas de deux cartes fe met aux numéros 1 & 13 repréfentés par les deux *m*; le fecond aux numéros 2 & 4 repréfentés par les deux *u*; le troifième aux numéros 3 & 10 repréfentés par les deux *t*; & ainfi de fuite, fuivant l'ordre des deux lettres qui font femblables; & lorfqu'on déclare que les 2 cartes que l'on a penfées font, par exemple, au fecond rang; on reconnoît que ce font celles placées aux numéros 6 & 8. Si on vous dit qu'elles font aux fecond & quatrième rangs, vous voyez de même que ce font celles placées 9 & 19, attendu que ces quatre mots font compofés de vingt lettres, dont chacune d'elles en a une femblable. Ces mots ne font employés que pour foulager la mémoire. On pourroit en trouver d'autres qui produififfent le même effet. Ce tour fe peut faire, comme on voit, fans que les cartes foient retournées.

Cartes coupées un peu en bifeau dans leur longueur.

Il faut avoir un jeu de cartes qui, par le haut, foit coupé plus étroit d'une ligne que par le bas. Toutes les cartes paroiffent égales lorfqu'elles font dans le fens de leur coupe; mais fi on en déplace une, deux, trois pour les retourner de haut en bas, il eft fenfible qu'elles formeront des inégalités; & ce font ces inégalités qui font reconnoître les cartes choifies. Par exemple, on fait tirer à une première perfonne une carte dans ce jeu, & on obferve attentivement fi elle ne la retourne pas dans fa main; fi elle la remet comme elle la tirée; on retourne le jeu, afin que la carte tirée fe trouve en fens contraire : fi elle la retourne dans la main, on ne retourne pas le jeu. La carte ayant été remife, on donne à mêler; après quoi on fait tirer une feconde; & même une troifième carte, en obfervant les mêmes précautions; après quoi prenant le jeu du côté le plus large entre les deux doigts de la main gauche, on tire avec ceux de la droite fucceffivement les cartes qui ont été choifies par ces trois différentes perfonnes.

On peut avec un pareil jeu féparer d'un feul coup toutes les couleurs rouges des cartes noires, ou les figures des baffes cartes, quoiqu'elles aient été bien mêlées : il ne s'agit pour cela que de difpofer la couleur rouge ou les peintures, de façon que le côté le plus large foit tourné du côté le plus étroit des autres cartes. On fait voir le jeu : on le donne à mêler : alors ferrant le jeu avec chaque main par fes deux extrémités, on en fépare d'un feul coup les deux couleurs, ou les cartes blanches d'avec les figures.

On peut encore faire diverfes autres récréations avec ces cartes; mais il ne faut pas recommencer les mêmes deux fois de fuite, de peur qu'on ne s'apperçoive que tout le myftere confifte à retourner les cartes.

Tours de cartes hiftoriques.

Avec le vers fuivant dont nous avons déjà parlé au mot CALCUL.

Populeam virgam Mater Regina ferebat.

4 5 2 2   3 1   1 2   2 3 1   2 2 1

On peut difpofer trente cartes, en y appliquant telle hiftoire qu'on juge à propos. Par exemple, celle de trente foldats qui ont déferté, & dont quinze doivent être punis; ou celle de trente paffagers, dont quinze chrétiens & quinze algériens montés fur un vaiffeau agité par une violente tempête, & prêt à être fubmergé, fi l'on ne jete quinze perfonnes à la mer.

On peut auffi avec treize cartes faire le tour dont il eft parlé au mot ARITHMÉTIQUE, en donnant pour fond d'hiftoire l'exemple d'une perfonne qui voulant faire l'aumône à treize pauvres, & n'ayant que douze écus, veut en donner un à chacun, excepté à l'un d'entr'eux qui eft en état de travailler.

Tout le monde connoît l'hiftoire de l'hôteffe & des trois buveurs qui s'en vont fans payer. On met fecrettement un des quatre valets fur le jeu; on prend les trois autres & une dame que l'on met fur la table; montrant ces trois valets, on dit, *voilà trois drôles qui fe font bien divertis*, & *qui ont bien bu au cabaret, mais qui n'ont pas d'argent, ils complottent de s'enfuir fans payer l'hôteffe que voilà* (montrant la dame de trefle); *à cet effet, ils difent à l'hôteffe de leur aller chercher encore du vin à la cave, & pendant ce temps ils s'enfurent chacun de leur côté.* On met alors un des valets fur le jeu, l'autre au milieu, & le troifième deffous. *L'hôteffe étant de retour, & ne les trouvant pas, veut courir après*; on met la dame de trefle deffus le jeu; on fait couper, & elle fe trouve réunie avec les trois valets.

Tour de cartes numérique.

Tous les tours de cartes dont nous venons de parler demandent une certaine adresse dans la manipulation, & cette manipulation est un travail; d'ailleurs, il peut arriver qu'on les manque soi-même, ou que quelqu'un de la compagnie qui les connoît les fasse manquer. En voici un qui a le double avantage d'être très facile & infail-lible, étant fondé sur une petite combinaison numérique. On dit à une personne de choisir à sa volonté trois cartes dans un jeu de piquet, en la prévenant que l'as vaut onze points, les figures dix, & les autres cartes selon les points qu'elles marquent. Lorsqu'elle aura choisi ces trois cartes, dites-lui de les poser sur la table chacune séparément, & de mettre au-dessus de chaque tas autant de cartes qu'il faut de points pour aller jusqu'à quinze; c'est-à-dire que si la première carte est un neuf, il faut mettre six cartes par-dessus; si la seconde est un dix, cinq cartes; & si la troisième est un valet, aussi cinq cartes: voilà donc dix-neuf cartes employées; il en doit, par conséquent rester treize, que vous redeman-derez; & faisant semblant de les examiner, vous les compterez, pour vous assurer du nombre qui reste, & ajoutant mentalement seize à ce nom-bre, vous aurez vingt-neuf, nombre des points que formoient les trois cartes choisies, & qui se trouvent dessous les trois tas.

Si l'on faisoit cette récréation avec un jeu de cadrille, il faudroit au lieu de seize ajouter huit au nombre de cartes qui restent.

Jeu de cartes.

Quoique les anciens jeux de cartes soient cons-tamment en possession de nous amuser, on est ce-pendant charmé d'en trouver de temps en temps qui puissent occuper une nombreuse société sans s'appliquer trop. En voici un qu'on appelle la *tontine*, & qui, quoique fort amusant, peut s'ap-prendre dans l'instant. C'est une espèce de jeu de hasard qui se joue avec 52 cartes. Après que cha-cun a pris un nombre de jetons, comme vingt, dont on fixe le prix, chacun en met trois au jeu, & en voilà pour la séance: on coupe, & l'on met une carte devant chaque personne à dé-couvert. Voici ce qui fait le fond du jeu: celui à qui le roi vient tire trois jettons, la dame deux, le valet un; le dix ne tire ni ne paie; l'as en donne un à son voisin; le deux en donne deux au second joueur au-dessus de lui; le trois en donne trois au troisième placé au-dessus. A l'égard des autres cartes, elles paient un ou deux, suivant qu'elles sont paires ou impaires: le quatre deux, le cinq un, le six deux, le sept une, le huit deux, le neuf une. On voit que vingt-quatre jet-tons sont tirés par les joueurs; que vingt-quatre circulent, & que trente-six sortent & vont au

jeu. Ainsi à chaque fois que l'on donne tour à tour, il sort douze jettons des mains des joueurs. Quand un d'eux n'a plus de jettons, il retourne ses cartes, & est mort; mais revit souvent très-promptement, attendu que son voisin, s'il lui revient un as, lui en donne un: celui qui est à deux places au-dessus de lui, s'il lui vient un deux, lui en donne deux, & le trois, amené par celui placé à trois places au-dessus de lui, lui en donne trois; ce qui opère bien des révolutions. A la fin la poule appartient au dernier à qui il reste des jettons; mais il y a avant ce temps bien des va-riations, & c'est souvent celui qui est mort deux ou trois fois & le joueur le plus désespéré qui l'emporte. Toutes ces variations rendent ce jeu fort agréable.

CARTES MAGIQUES. Après avoir parlé des tours de cartes qui dépendent de l'agilité des doigts, & de la combinaison des quantités numériques, di-sons un mot de ceux qui tiennent un peu à la chymie. De ce nombre sont ceux qui se font avec les *encres de sympathie*. Voyez ce mot.

1°. Dessinez sur une carte entièrement blanche des deux côtés un as de pique, soit avec de la dissolution de vitriol dans de l'eau commune, soit avec du jus de citron ou d'oignon. Faites adroitement tirer dans un jeu de cartes ordinaire, un as de pique, & recommandez à la personne de la tenir cachée; ensuite montrez-lui votre carte blanche, ou faites-lui en choisir une parmi quan-tité d'autres également préparées; enfermez cette carte choisie sous enveloppe comme une lettre, & en la cachetant à l'endroit où se trouve le point de pique, la chaleur de la cire fera paroître ce point; la personne qui ouvrira cette enveloppe trouvera une carte pareille à celle qu'elle a tirée du jeu.

2°. Ayez un jeu de cartes ordinaire où l'as de cœur & le neuf de pique soient plus larges que les autres; tracez avec du jus de citron sur l'as de cœur la figure de l'as de pique en couvrant ce même as; tracez en outre huit piques sur ce même as de cœur & aux endroits convenables. En pré-sentant le jeu, on fera tirer adroitement ces deux cartes à différentes personnes: on dira à celle qui a tiré le neuf de pique de brûler sa carte: on enfermera l'autre carte, qui est l'as de cœur, dans une petite boîte garnie de tôle, avec une plaque de cuivre bien échauffée; on la fermera bien à clef: la personne en l'ouvrant trouvera au lieu de son as de cœur le neuf de pique brûlé. Pour donner à cette récréation un air de *palingénésie*, on jette les cendres de la carte brûlée sur l'as de cœur falsifié.

3°. Personne n'ignore qu'il y a des lettres de l'alphabet qui peuvent aisément se transformer en d'autres lettres; par exemple, avec un *a*, on fera un *d*, un *g*, un *q*; avec un *c*, on fera un *a*, *e*,

d, g, q, o; avec un i un b, d, e, l, m, n, v; avec un o, un a, b, d, g, p, q; avec un r, un b, h, m, n, p; avec un u, un il, li, ll, &c. Il n'y a que des lettres d, f, g, m, p, v, x, y, z, qui ne peuvent fe changer. Si donc on écrit fur des car-tes avec de l'encre ordinaire des mots dont ces lettres foient fufceptibles de changemens, il eft aifé de fentir que ces changemens faits avec l'en-cre fympathique ci-deffus, & vivifiés à l'aide de la chaleur, donneront des mots tous différens de ceux qui auront été choifis; par exemple, au lieu des mots *or*, *roi*, *air*, on trouvera *table*, *jardin*, *argent*.

Tours de cartes magnétiques.

C'eft ici l'aimant mis en jeu qui donne aux ré-créations fuivantes un air de merveilleux.

D'abord faites conftruire une boîte quatrée, de quatre pouces & de 7 à 8 lignes de profondeur; que le carton qui la couvre ait une ouverture de la largeur & de la longueur d'une carte. Au cen-tre de cette boîte & fous le carton, qu'il y ait un pivot, fur lequel pofe un cercle de carton mo-bile, garni d'une aiguille aimantée, aux deux côtés de laquelle feront peintes deux cartes diffé-rentes. Il faut avoir en même temps un jeu de cartes dans lequel une des deux cartes tracées fur le cercle du carton foit d'une ligne plus longue que le jeu, & l'autre d'une ligne plus large. Après avoir mêlé le jeu, on fera enforte de faire tirer ces deux cartes à 2 différentes perfonnes; on pofera enfuite fur la table ci-deffus la boîte bien fermée d'un couvercle, & tenant indifféremment la *baguette magnétique* (Voyez JEU DE L'AIMANT), on demandera à une des perfonnes qui ont tiré une carte dans le jeu, fi elle veut que ce foit fa carte ou celle de l'autre perfonne qui paroiffe dans la boîte; alors on touchera la boîte avec la baguette magique, & on la pofera fur la table comme pour s'en débarraffer, afin d'ouvrir plus facile-ment la boîte; & après avoir laiffé un moment d'intervalle, afin de donner le temps au cercle de fe fixer, eu égard au pole de la baguette qu'on aura préfenté, on ouvrira la boîte, & on y fera voir la carte demandée : pour faire paroître l'autre carte, on préfentera de ce même côté de la boîte l'autre pole de la baguette.

2°. Inférez dans l'intérieur d'une carte à jouer & fur fa longueur une petite lame de reffort de montre bien aimantée, & la plus mince qu'il fe pourra; & faites enforte qu'il ne paroiffe aucune-ment qu'elle y ait été renfermée; cette carte étant un peu plus longue que les autres, préfen-tez le jeu de manière à la faire tirer de préférence; enfuite vous donnerez tout le jeu à la perfonne en lui donnant le choix ou de la garder, ou de la remettre dans le jeu. Après qu'elle aura fait fecret-tement l'un ou l'autre, vous lui direz de pofer elle-

même le jeu fur la table, & alors fans y toucher, vous la regarderez avec la *lunette magnétique*, voyez ce mot, & connoîtrez fi elle a mis la carte dans le jeu.

Voyez aux articles AUTOMATES, CATOPTRI-QUE, ESCAMOTAGE, PIQUET, &c. &c.

CARTES; probabilités de certains jeux de cartes. (*Voyez* ARITHMÉTIQUE.)

CARTES : (*Voyez* ECRITURE OCCULTE.

CASCADE ELECTRIQUE : (*Voyez* ÉLEC-TRICITÉ).

CATOPTRIQUE. (la) Cette fcience nous enfeigne à connoître & à déterminer les diffé-rentes directions que doivent tenir les rayons de lumière qui fe réfléchiffent à la rencontre des corps polis; c'eft-à-dire, à quel endroit eft réel-lement placé un objet que nous appercevons par réflection dans un miroir, ou en quel lieu de ce miroir doit paroître celui dont la pofition eft connue.

Suivant les principes de la Catoptrique, les rayons de lumière qui tombent fur les corps opa-ques & parfaitement polis, tels que les miroirs de verre ou de métal, fe détournent & fe réflé-chiffent en formant l'angle de leur incidence égal à celui de leur réflection; ce qui ne s'applique cependant qu'aux miroirs plans, fphériques, cylindriques ou coniques; les miroirs paraboli-ques ou ceux dont la forme n'eft pas celle des corps réguliers n'ayant point cette même pro-priété.

Lorfque les corps qui nous renvoyent l'image des objets ne font pas parfaitement polis, nous les appercevons alors d'une manière fombre & confue, attendu que les rayons qui les tranf-mettent à nos yeux s'éparpillent irréguliérement à caufe des inégalités qui fe trouvent fur la fur-face des corps qui nous réfléchiffent. La même chofe arrive auffi lorfque les furfaces réfléchiffan-tes ne font pas parfaitement régulières : c'eft dans la fuppofition que les miroirs dont on fe fert n'ont aucun des défauts ci-deffus, qu'eft établie la théorie ci-après.

Lorfqu'un rayon de lumière tombe fur un mi-roir, il eft toujours perpendiculaire ou oblique fur fa furface; dans le premier cas, il revient fur lui-même; dans le fecond, l'angle de fa ré-flection eft toujours égal à celui de fon incidence, ce principe général eft la bafe de toute la Catop-trique & fuffit pour connoître tous les effets que peuvent produire les miroirs de quelque figure qu'ils foient.

La situation d'un point de quelqu'objet, & l'endroit d'où il doit être regardé par réflection sur un miroir plan, étant connue, déterminer celui où il doit paroître sur un miroir plan.

Soit AB, (*figure première, planche première, Amusemens de Catoptrique*) le miroir qui réfléchit l'objet D au point de vue C, & sur lequel on veut trouver le point de réflection ; abaissez du point D, sur le miroir AB, la perpendiculaire DE prolongée jusqu'en F, & faites la ligne EF égale à celle DE ; tirez ensuite du point de vue C au point F, la ligne CF, qui tombant sur le miroir u point G, déterminera celui de réflection de l'objet D, c'est-à-dire, l'endroit de ce miroir où il sera apperçu, lorsque l'œil sera placé au point C.

En tirant la ligne DG, il est aisé de voir que suivant la construction ci-dessus, l'angle CGA est égal à celui EGF, qui est lui-même égal à l'angle DGE ; d'où il suit que l'angle de réflection CGA & celui d'incidence DGE sont égaux entre eux.

Corollaire.

Il résulte de cette démonstration, que l'objet D doit paroître autant enfoncé dans le miroir qu'il en est éloigné, puisque la ligne DE est égale à celle EF, & que la distance du point de vue C à l'objet vu en F, est égale aux rayons de réflection, & d'incidence CG & GD ; les deux côtés GD, & GF des triangles DGE & FGE étant égaux, d'où il suit encore que la distance de l'œil à un objet qui est successivement réfléchi par plusieurs miroirs, est égale à la somme de tous les rayons d'incidence & de réflection par le moyen desquels il parvient à nos yeux.

Le point de vue, & celui où l'on veut qu'un objet paroisse sur un miroir plan étant donné, trouver sa position sur une surface déterminée.

Soit AB, (*figure deuxième, pl. première, Amusemens de Catoptrique*) le miroir sur lequel on demande qu'un point d'un objet paroisse au point D ; & soit EF le plan sur lequel on veut représenter cet objet ; tirez du point C à celui D la ligne CD, & du point D à celui G la ligne DG, en faisant l'angle BDG égal à celui CDA, & ce point G indiquera sur le plan EF l'endroit où doit être peint l'objet que l'œil placé au point C appercevra au point D, comme il a été suffisamment démontré au Problème précédent.

Observation.

Il est essentiel de remarquer (pour bien entendre la construction des pièces de Récréations ci-après), qu'un rayon ainsi brisé & réfléchi se trouve toujours dans un même plan ; ce qui a lieu également dans tous les différens miroirs dont la surface est régulière.

Les miroirs plans dont on se sert pour les Récréations qui suivent sont de glaces étamées à l'ordinaire, ils sont moins coûteux & d'un poli plus vif, & plus durable que les miroirs qui sont faits de métal ; on n'emploie ordinairement ces derniers que pour ceux qui ne peuvent être construits avec du verre (1) ; cependant comme tous les miroirs de glace donnent une seconde & foible image de l'objet occasionnée par la réflection qui se fait sur la surface qui n'est pas étamée, il faut, pour remédier à ce petit inconvénient, n'employer que des glaces fort minces où cet effet est toujours beaucoup moins sensible.

Galerie Perpétuelle.

Construction.

Faites construire une boîte AB, (*fig. troisième, pl. première, Amusemens de Catoptrique*) d'environ dix-huit pouces de longueur, sur un pied de largeur & huit pouces de hauteur, ou de telle autre dimension que vous jugerez convenable, pourvu que vous ne vous éloigniez pas beaucoup de ces proportions.

Placez en-dedans de cette boîte & sur chacune des deux faces opposées A & B, un miroir plan de même grandeur ; ôtez le teint du miroir que vous devez placer vers B, c'est-à-dire, seulement de la grandeur d'un pouce & demi vers l'endroit C, où vous devez faire au côté B de la boîte une ouverture de même grandeur, par laquelle vous puissiez facilement (2) regarder dans tout son intérieur.

Couvrez le dessus de cette boîte avec un chassis dans lequel soit encadré un verre que vous couvrirez d'un morceau de gaze du côté qui doit être tourné vers le dedans de cette boîte : faites à cette boîte & sur ses deux grands côtés opposés deux coulisses (3) EE pour recevoir les cartons peints ci-après.

Faites peindre artistement des deux côtés & sur les faces opposées de deux cartons, (*voyez fig. quatrième, ibid.*) un sujet tel que vous vou-

---

(1) Les miroirs convexes & concaves se font de glace ou de métal ; mais ceux qui sont cylindriques ou coniques, ou qui servent pour les télescopes, doivent être absolument de métal.

(2) Il faut faire l'ouverture en élargissant vers le côté extérieur de la boîte.

(3) On peut faire un plus grand nombre de coulisses, eu égard à la variété des sujets qu'on desire représenter.

drez, comme forêts, jardins, colonnades, &c. afin de les placer, après les avoir découpées, dans les coulisses que vous avez préparé ; faites peindre de même sur deux autres cartons, mais d'un seul côté seulement, des objets analogues à ces premiers, en observant que sur celui qui doit être placé sur la glace où se trouve l'ouverture C, il ne doit y avoir rien de peint vers cet endroit, & que d'un autre côté il ne doit pas être fort chargé d'ouvrage, ensorte qu'étant découpé & appliqué sur la glace, il n'en cache qu'une très-petite partie : (voyez figure cinquième, ibid.) que l'autre carton soit également découpé & peu chargé de peinture vers le milieu, & qu'il n'y ait pour ainsi dire que ce qui s'y trouve nécessaire pour masquer la répétition du trou C, qui sans cela paroîtroit sur la glace D : appliquez ce dernier carton sur le miroir D ; recouvrez ensuite cette boîte de son chassis transparent.

Effet.

Lorsque l'œil étant placé à l'ouverture C, on regardera dans l'intérieur de cette boîte les objets qui y sont placés & dont une partie sont peints des deux côtés, ils se réfléchiront successivement d'un des miroirs sur celui qui lui est opposé ; & si l'on a peint (par exemple) quelques arbres, il en paroîtra une allée entière, très-longue, & dont l'œil ne pourra appercevoir la fin. Chacun de ces miroirs répétant de plus en plus foiblement les objets à mesure que les réflexions sont plus nombreuses, contribueront encore par ce moyen à augmenter l'illusion.

Nota. Il faut diversifier la figure des petits personnages qui peuvent être peints des deux côtés sur une partie de ces cartons, quoique la forme de leur découpure soit semblable ; il en est de même de tous les autres objets, ils en sont presque toujours susceptibles, & cela produit un très-bon effet. On peut encore couvrir chacun des deux grands côtés de cette boîte avec un miroir de même grandeur & soutenir alors les cartons en les faisant entrer dans des coulisses faites au fond de la boîte ; cette construction donne alors une étendue fort considérable en largeur, & elle est très-propre pour représenter un camp, une armée, une mer, de vastes jardins, & divers autres sujets qui peuvent successivement s'ajuster dans cette boîte.

Les trois Miroirs magiques.

Construction.

Faites faire une boîte triangulaire A B C D, (figure sixième, pl. première, Amusemens de Catoptrique,) dont les côtés soient égaux ; donnez à chacun d'eux dix-huit pouces de large sur sept à huit

pouces de hauteur ; couvrez-la d'un chassis garni d'un verre, sous lequel vous ajusterez une gaze, afin qu'on ne puisse rien appercevoir dans cette boîte que par les trois ouvertures circulaires F F F faites à chacun de ces trois côtés : appliquez sur chacune des trois faces intérieures de cette boîte un miroir plan de même grandeur dont vous ôterez le teint à l'endroit des ouvertures ci-dessus.

Ayez trois cartons de même hauteur que cette boîte & de six pouces de largeur, sur chacun desquels vous peindrez d'un côté un sujet différent (1), tel (par exemple) qu'un berceau en treillage, un portique, une tour, &c. ; & de l'autre ce qui peut convenir à l'intérieur de ces mêmes édifices (2) ; placez-les dans cette boîte suivant la direction des lignes D D. (fig. septième, ibid.)

Effet.

Ces trois cartons ayant été disposés dans cette boîte comme il a été dit, on appercevra par chacune des trois ouvertures F F un édifice différent qui paroîtra en occuper toute l'étendue, & dont la base sera de la forme d'un hexagone, ce qui semblera fort étrange à ceux qui ne connoîtront pas la cause qui produit cette illusion.

Nota. On peut mettre vers chacun des angles intérieurs, & à l'endroit où les miroirs se touchent, quelque peinture découpée & analogue au sujet, afin d'en masquer entièrement la jonction.

Les quatre Miroirs magiques.

Construction.

Ayez une boîte parfaitement quarrée ABCD, (fig. huitième, pl. première, Amusemens de Catoptrique,) d'environ dix pouces de largeur sur huit de hauteur ; couvrez-la en-dedans & sur les côtés des quatre miroirs plans ACGH, GHBD, EBDF, & AECD, qui doivent être placés perpendiculairement sur le fond GHFD de cette boîte.

Disposez des objets en relief sur le fond intérieur de cette boîte, dont la hauteur n'excède pas deux pouces ; (par exemple) un morceau de fortification, des soldats, des tentes, &c. (Voyez fig. neuvième & dixième, ibid.) ou tout autre objet que vous jugerez pouvoir convenir, eu égard à la disposition & à la répétition qui s'en doit faire

(1) Il faut que ces sujets soient composés de manière à être agréablement disposés, lorsque par la réflection de ces miroirs ils se répéteront & prendront une forme exagonale.

(2) Cet intérieur se voit au travers des parties de ces cartons qui peuvent être découpées à jour.

à plufieurs reprifes & de tous fens par le moyen de ces miroirs.

Couvrez le deffus de cette boîte d'une cage de verre de la forme d'une pyramide tronquée, dont la partie fupérieure ILMN foit élevée feulement d'un pouce au-deffus de la partie fupérieure de la boîte AGBF: doublez les quatre côtés de cette cage avec de la gaze, afin qu'on ne puiffe regarder dans l'intérieur de cette boîte, qu'au travers de la cage de verre ILMN.

Effet.

Lorfqu'on regardera dans cette boîte, au travers du quarré de verre ILMN, les miroirs qui font parallèlement oppofés les uns aux autres, réfléchiffant & fe renvoyant mutuellement la figure du fujet qui y a été renfermé, on appercevra alors une étendue confidérable entièrement couverte de ces objets; & fi on les a difpofés favorablement, leur affemblage produira une illufion fort agréable.

Nota. Moins l'ouverture ILMN fera élevée au-deffus de cette boîte, plus l'étendue apparente de l'objet paroîtra confidérable; il en fera de même fi les quatre miroirs font plus élevés; l'objet par l'une ou l'autre de ces difpofitions peut paroître répété neuf, vingt-cinq, quarante-neuf fois, &c. en prenant toujours le quarré des nombres impairs de la progreffion arithmétique 3, 5, 7, 9, &c. ce qu'il eft très-facile de concevoir, fi l'on fait attention que le fujet renfermé dans cette boëte fe trouve toujours au centre d'un quarré compofé de plufieurs autres, égaux à celui qui en forme le fond.

On peut auffi conftruire d'autres pièces dans ce genre, (c'eft-à-dire, vues en-deffus) avec des miroirs placés perpendiculairement fur un plan de figure triangulaire équilatérale, pentagone ou exagone: toutes ces différentes difpofitions bien entendues, quant à l'ordre & au choix des objets renfermés entre les miroirs, produiront toujours des illufions fort extraordinaires.

Si au lieu de placer ces miroirs perpendiculairement fur le fond de la boîte, on les incline également, de manière qu'ils forment une pyramide tronquée & renverfée, l'objet renfermé dans la boîte prendra la forme d'un poliedre.

Miroir Magique.

Conftruction.

Ayez deux miroirs, dont la glace foit fort mince, d'environ huit pouces de hauteur fur fix de largeur: joignez-les enfemble par un de leurs plus grands côtés (1), de manière que leurs plans

(1) Il les faut faire tailler en bifeau, afin que leur jonction foit plus exacte.

AB & AC, (fig. onzième, pl. première, Amufemens de Catoptrique,) foient perpendiculaires l'un à l'autre, c'eft-à-dire, qu'ils faffent un angle droit: ajuftez-les dans une boîte FCDB qui foit fermée de tous côtés, excepté vers l'ouverture BC de ces deux miroirs, où vous réferverez une ouverture circulaire de fix pouces de diametre.

Effet.

La vifion paroiffant toujours fe faire en ligne droite, malgré les différentes réflections que les miroirs occafionnent aux rayons par lefquels nous appercevons les objets, celui qui eft placé en H, fera apperçu du point I, comme étant placé au point G, & réciproquement celui qui fera placé en I fera vu du point H, comme étant fitué en F; d'où il fuit que ce miroir étant pofé comme l'indique cette figure, celui qui s'y regarde fe voit dans une fituation renverfée; fi au contraire la pofition du miroir eft telle que la ligne par laquelle ils fe joignent foit dans une fituation verticale, il arrive alors que la moitié du vifage qui eft à droite paroît à gauche, & réciproquement l'autre moitié paroît à droite; enforte que fi on lève le bras droit pour le porter à l'œil droit, il femblera qu'on lève l'autre pour le porter à l'œil gauche: il en fera de même de tous les mouvemens différens qu'on pourra faire devant ce miroir, ce qui étonnera ceux qui ne connoiffent pas la caufe qui produit une auffi fingulière illufion.

Nota. Il eft effentiel que l'angle que forment ces deux miroirs foit exactement de 90 degrés; en le faifant moindre de quelques degrés, la figure de celui qui s'y regarderoit paroîtroit alors avoir trois yeux, deux nez & deux bouches; & fi cet angle n'étoit que de 60 degrés, elle paroîtroit dans fon état naturel: on peut donc (en difpofant ces miroirs dans leur boëte de manière qu'on puiffe les écarter plus ou moins l'un de l'autre, afin d'en former ces différens angles) produire par ce moyen des furprifes fort extraordinaires.

Portraits Magiques.

Conftruction.

Ayez une glace ordinaire & mife au tein, d'environ huit à neuf pouces de hauteur fur fix pouces de largeur, & un verre blanc bien uni de cette même grandeur. Ajuftez-les dans un cadre ABCD, (fig. douzième, pl. première, Amufemens de Catoptrique,) de manière que le verre couvre la glace, & laiffe entre elle un efpace fuffifant pour y gliffer un carton très-mince, au travers d'une rainure qu'il faudra ménager au côté AB de ce cadre.

Faites peindre fur plufieurs cartons, (fig. treizième, quatorzième & quinzième, ibid.) diverses coëffures & bustes d'homme & de femmes, vus de face : découpez à jour les endroits A où devroit être peint le visage, & ceux B qui forment le fond de ces différens tableaux. La grandeur de cette tête doit être nécessairement la moitié de la dimension de celle d'une personne ordinaire, & l'ovale A qui reste à jour ne doit pas être tranché trop net, mais au contraire, il doit en quelque sorte se confondre avec la coëffure & les autres ajustemens : toute cette préparation étant faite avec intelligence, on attachera ce miroir à une hauteur convenable pour s'y voir commodément.

Effet.

En quelqu'éloignement qu'on se place vis-à-vis de ce miroir, on y verra toujours son visage remplir exactement l'ovale A, attendu que le point E, (fig. seizième, même pl.) où paroît placé le visage dont C D exprime la grandeur, & qu'on suppose ici être vu du point F, est aussi éloigné de celui G, pris sur le miroir A B, que ce même point G l'est du point F ; d'où il suit que les triangles G E F & A E G étant équiangles, & leurs côtés réciproques proportionnels, la ligne C F est moitié de celle A C, & conséquemment celle C D moitié de celle A B.

Récréation.

Tout l'amusement que peut produire ce miroir, & ces figures découpées, est de voir l'air qu'on peut avoir sous toutes ces différentes coëffures (1) ce qui devient quelquefois fort plaisant : il suffit d'un seul miroir, attendu qu'on peut ôter facilement les cartons & en substituer d'autres à l'instant.

Nota. En éloignant le verre du miroir d'environ un pouce, & en garnissant cet intervalle avec des boucles de cheveux, rubans & coëffures réelles disposées avec intelligence & en relief, on rendra cet Amusement d'autant plus agréable, que l'illusion en sera beaucoup plus naturelle.

Tableau changeant.
Construction.

Faites faire une bordure ou cadre A B C D,

_____

(1) Une jeune dame verra si l'habillement d'un cavalier lui sied bien ; une personne âgée, si les ajustemens de la jeunesse ne pourroient pas retrancher en apparence quelques-unes de ses années ; un petit maître, s'il ne seroit pas encore plus adorable sous la figure d'une courtisanne. Une coquette qui auroit une quantité suffisante de ces tableaux où seroient peintes toutes les coiffures les plus à la mode, pourroit se faire apporter le matin à sa toilette cette agréable collection, afin de se déterminer plus promptement sur le genre de coëffure qui lui convient pour ce jour-là.

(figure dix-septième, planche première, Amusemens de Catoptrique,) de huit à neuf pouces de haut sur six ou sept de large, dont le bois soit épais de trois quarts de pouces ; partagez ses côtés opposés A B & C D en un certain nombre de parties égales éloignées entre elles de cinq à six lignes ; & avec un trait de scie fort mince fendez ces divisions par derrière ce cadre jusqu'à la profondeur d'un demi-pouce.

Ayez deux estampes colorées, (fig. dix-huitième, ibid.) de même grandeur que le cadre A B C D, & les ayant divisées sur leur longueur par des lignes parallèles 1 2 3 4 5 & 6, espacées entr'elles de cinq à six lignes, numérotez-les comme l'indiquent ces deux figures, & collez le plus exactement qu'il sera possible, la bande 1 de la figure huitième sur la bande 1 de la neuvième, & ainsi de suite suivant l'ordre des numéros indiqués sur ces bandes.

Introduisez les extrémités de chacune de ces bandes dans les fentes que vous avez faites aux deux côtés A B & C D du cadre, (figure dix-septième,) en observant de les placer suivant l'ordre de leurs numéros, de les mettre à égale hauteur eu égard aux bords de l'estampe, & de les ajuster enfin de manière qu'elles soient bien de niveau, afin qu'en ajustant une glace de miroir derrière ce cadre, elle touche bien exactement toutes ces bandes.

Effet.

Lorsqu'on se regardera dans ce miroir, on n'appercevra que sa figure de même que dans ce miroir ordinaire sur lequel on auroit tracé quelques lignes ; mais si l'on regarde ce miroir en se plaçant à droite ou à gauche, on appercevra très-distinctement les deux sujets que représentent les estampes qui y ont été ainsi disposées.

Nota. On peut mettre une estampe en place du miroir, mais cela est beaucoup moins agréable.

Boîte aux Chiffres.
Construction.

Faites faire une boîte fermante à charnière A B C D, (figure dix-neuvième, planche première, Amusemens de Catoptrique,) d'environ huit pouces de longueur sur deux de largeur & un demi pouce d'épaisseur ; divisez-la intérieurement en quatre parties égales sur sa longueur par des petites séparations : ayez quatre tablettes E F G & H, qui puissent entrer séparément entre chacune de ces divisions, & dans lesquelles vous insérerez une petite lame bien aimantée, dont les poles soient disposés comme l'indique cette figure ; & afin de les masquer, couvrez ces tablettes d'un papier, & transcrivez sur chacune d'elles les nombres quatre, deux, cinq & sept.

Ajustez

Ajuſtez ſous une table I L, (*fig. vingtième, ibid.*) dont le deſſus ſoit fort mince, un tiroir peu profond, mais haut de quatre à cinq pouces, vers le fond duquel vous mettrez un miroir un peu incliné MN ; (*voyez ſon profil, fig. première, pl. deuxième, Amuſemens de Catoptrique,*) de même ongueur & largeur que la boîte ci-deſſus ; placez ous la planche qui forme le deſſous de cette table, & vers le côté de l'ouverture du tiroir (1) une petite tringle de cuivre UX, (*fig. vingtième planche première*) ſur laquelle vous ajuſterez quatre petits pivots, également éloignés entre eux de la diſtance qu'il y a entre les centres des quatre tablettes inſérées dans la boëte ci-deſſus : ces pivots doivent ſupporter les quatre cercles de cartons PQRS, (*figure vingtième, pl. première ; & deuxième, pl. deuxième ;*) dans chacun deſquels doit être renfermée une aiguille aimantée.

Obſervez que les chiffres qui doivent être indiqués ſur ces cartons, y ſoient non-ſeulement tranſcrits à rebours, mais encore tournés vers le fond du tiroir, afin que vous puiſſiez les diſtinguer, lorſqu'en l'ouvrant vous aurez par ce moyen placé au-deſſous d'eux le tiroir qui y eſt renfermé. En tranſcrivant ces chiffres, ayez égard à la direction des lames aimantées qui ont été renfermées dans les tablettes ; le tout comme il eſt ſuffiſamment expliqué ci-deſſus.

Effet.

Lorſque vous aurez placé ſur la table la boîte & les quatre tablettes qui y ſont renfermées, de manière qu'elles ſe trouvent exactement placées au-deſſus des quatre cercles de carton cachés ſous la table, c'eſt-à-dire, que les centres des tablettes répondront aux pivots ſur leſquels tournent les cercles, ils ſe dirigeront de façon qu'ils préſenteront au côté par où s'ouvre le tiroir, les mêmes chiffres qui ſont tranſcrits ſur chaque tablette ; & ſi un inſtant après avoir ainſi poſé cette boîte vous tirez ce tiroir juſqu'à ce que le miroir ſe trouve au-deſſous des cercles, vous y appercevrez très-facilement le nombre que ces quatre tablettes forment dans la boîte.

Récréation.

On donnera à une perſonne la boîte & les quatre tablettes, en lui laiſſant la liberté d'en former ſecrétement un nombre tel qu'elle voudra. On lui demandera la boîte bien fermée, & on la poſera ſur la table au-deſſus de l'endroit où ſont les cercles ; ouvrant enſuite le tiroir ſous pré-

texte d'en tirer une lunette pour reconnoître le nombre qui a été formé, on jettera un coup-d'œil ſur le miroir pour voir & retenir le nombre qui y paroîtra ; on refermera le tiroir, & cherchant dans ſa poche, on y prendra une lunette ordinaire, avec laquelle on feindra d'appercevoir le nombre au travers de cette boîte, & on le nommera à la perſonne qui l'aura formé ; on laiſſera cette lunette ſur la table, afin que ſi quelque curieux s'aviſoit d'y regarder, il n'en ſoit que plus étonné.

Autre Récréation.

Tranſcrivez ſur différens petits quarrés de papier les ſix différens nombres (2) que l'on forme naturellement par l'aſſemblage des quatre chiffres ci-deſſus (3) ; couvrez chacun d'eux d'une enveloppe, à laquelle vous appoſerez un cachet.

Renfermez à l'avance dans une des dernières boîtes qui ſervent pour la dernière Récréation de la cinquième Partie de cet Ouvrage, l'enveloppe qui contient le nombre 7542, qui eſt celui qu'on forme le plus ordinairement, & dans une autre boîte renferme quelconque celle qui renferme le 5274 ; & mettez dans vos poches celles qui contiennent les quatre autres nombres qu'on forme moins fréquemment, en vous ſouvenant néanmoins de l'endroit où elles doivent ſe trouver, eu égard au nombre que vous aurez reconnu par le moyen du miroir, comme il a été expliqué ci-deſſus.

Si vous reconnoiſſez qu'on ait formé le nombre 7542, préſentez la boîte où il eſt contenu, en annonçant que vous y avez inſéré d'avance le nombre que vous avez prévu devoir être formé ; ou donnez l'autre boîte ſi l'on a formé le nombre 5274.

Si au contraire ce nombre eſt inſcrit dans l'une des quatre enveloppes miſes en vos poches, tirez-en celle qui convient, & donnez-la à ouvrir de même à la perſonne qui a formé le nombre ; s'il arrivoit enfin, ce qui eſt aſſez rare, que le nombre qui a été formé ne fût aucun de ceux renfermés dans ces ſix enveloppes, faites cette Récréation comme il a été enſeigné ci-deſſus.

Nota. Cette Récréation paroît fort ſurprenante, lorſqu'il arrive, (ce qui eſt aſſez ordinaire,) que

---

(1) On peut creuſer la table à cet endroit & ne lui laiſſer que trois ou quatre lignes d'épaiſſeur, cet enfoncement ſervira à loger les aiguilles & leurs cadrans. *Amuſemens des Sciences.*

(2) En ſuppoſant que lorſqu'on préſente la boîte, l'ordre des quatre chiffres ſoit 2457, celui qui fait le changement forme aſſez ordinairement les nombres 7542, 5724, 2547, 7452, 4257 & 2475.

(3) Ces quatre chiffres ſont ſuſceptibles de 24 permutations ; mais elles ſe réduiſent en quelque ſorte à ſix, particulièrement lorſqu'il y a des ſéparations entre ces tablettes.

T t

le nombre formé se trouve dans la dernière des boîtes où l'on a inféré le nombre 5742. On doit avoir mis d'avance cette boîte dans le tiroir, afin qu'on n'ait aucun foupçon fur la caufe de fon ouverture, qui femble alors n'être faite que pour en retirer cette boîte.

Repréfenter fur une furface plane une figure difforme, laquelle étant vue de deux points oppofés, préfente à l'œil deux objets différens & irréguliers.

Conftruction.

Deffinez au trait fur les deux parallellogrammes ABCD, (*figure troifième, pl. deuxième, Amufemens de Catoptrique*) les deux fujets dont vous voulez avoir la repréfentation fur le tableau difforme, en obfervant qu'ils doivent être égaux entr'eux & deux fois plus hauts que larges.

Tirez la ligne AB, (*figure fixième, même pl.*) & qu'elle foit double de la longueur dont vous avez déterminé ce tableau difforme (1); partagez-la en deux parties égales au point C, & élevez au point B la perpendiculaire BF, qui doit avoir pour hauteur le double de la largeur du parallellogramme ABCD, (*fig. troifième, ibid.*)

Tirez du point F aux points A & C (*figure fixiéme*) les lignes FA & FC, & élevez au point C la perpendiculaire CG, qui fuivant cette conftruction fe trouvera égale à la largeur du parallellogramme ABCD (*figure troifième*;) partagez la ligne AC en deux parties égales & ayant élevé du point H la perpendiculaire HI, tirez les lignes inclinées AI & IC. (*fig. fixiéme.*)

Divifez cette ligne CG en plufieurs parties égales quelconques, & tirez par ces points de divifions les lignes FO, qui vous donneront fur les lignes ou plans inclinés IC & AI les divifions apparentes des côtés AB de ces parallellogrammes, (*fig. troifième,*) c'eft-à-dire, lorfqu'elles feront vues du point E & par la reflection des deux miroirs DA & EC, (*fig. quatrième,*) comme il fera expliqué ci-après.

Tracez fur un autre papier la ligne AB, (*figure cinquième,*) égale à la ligne IC & à celle CB de la *figure feptième*; tirez du point C, diftant de celui A de la longueur IC (*figure fixième*;) la perpendiculaire DE; faites-la égale au côté AC du parallellogramme ABCD (*figure troifième,*) & qu'elle foit partagée en deux parties égales par la ligne AB; (*fig. cinquième & fixième,*) partagez cette ligne DE en un même nombre de parties que vous aurez divifé les côtés AC des parallellogrammes, & tirez du point B les lignes BO

qui doivent paffer par ces points de divifions, & celles BH & BI qui doivent paffer par les points D & E; & être terminés par la ligne perpendiculaire HI, que vous tirerez à l'extrémité A de la ligne AB.

Portez enfuite du point C au point A, (*fig. 5*,) toutes les divifions iaégales de la ligne CI, (*fig. 6*,) & conduifez par ces points de divifions les lignes FG parallèles à celle DE.

Ces divifions étant faites, le trapèfe HDIE (*fig. 5*,) fera divifé en autant de quarrés perfpectifs que l'un des parallélogrammes femblables ABCD.

Ayez un carton ABC (2), (*fig. 4*,) ployé vers fon milieu B & pofé fur une planchette de manière qu'il s'élève au point B de la hauteur HI, (*fig. 6*;) tracez fur chacun de ces côtés AB & BC le trapèfe HIDE & toutes ces divifions, en obfervant que la ligne HI doit répondre au pli B; transportez dans les quarrés refpectifs de chacun de ces trapèfes tous les traits des deux objets que vous aurez repréfenté fur les deux parallélogrammes ABCD, (*fig. 3*,) en obfervant les précautions néceffaires.

Ces deux tableaux difformes étant achevés, difpofez perpendiculairement à chacune de leurs extrémités A & C, (*fig. 4*,) deux petits miroirs plans de la grandeur d'un des deux parallélogrammes (ABCD, (*fig. 3*,) & placez au-deffus les deux petites pièces de cuivre D & E (*fig. 4*,) percées d'un trou de deux ou trois lignes pour fervir de point de vue: ces deux ouvertures doivent être élevées au-deffus de la planchette AC de la hauteur FB (*fig. 6*.)

Effet.

Lorfque l'œil fera placé au point de vue D, (*fig. 4*,) ce qui a été peint difformément fur la partie BC du carton ABC, fera vue en entier dans le miroir, & paroîtra entièrement conforme au fujet régulier tracé fur l'un des deux parallélogrammes ABCD, (*fig. 3*,) & fi l'on regarde par l'autre point de vue E, (*fig. 4*,) on appercevra de même le fujet difforme tracé fur l'autre côté AB, ce qui caufera d'autant plus de furprife, que le carton AB fera affez peu incliné pour qu'on ne foupçonne pas que chaque miroir ne réfléchit que la moitié du tableau BC. Il eft effentiel d'obferver que moins on veut élever le carton vers le milieu B, plus il faut alors donner de longueur & d'étendue au tableau.

---

(1) Afin que ce tableau ne foit pas reconnoiffable, il faut le faire dix à douze fois plus long que large.

(2) Ce carton doit être de la largeur HI, (*fig. 5.*)

PALAIS MAGIQUE.

onftruire un *Palais de figure exagone*, ayant six *portiques*, au travers chacun defquels regardant fon intérieur, les objets apperçus femblent alors le remplir entièrement, quoiqu'étant vus par chacun d'eux ils paroiffent entièrement différens.

Tracez fur le plan exagone A B C D E F, (*fig.* 7, *pl.* 2, *Amufemens de Catoptrique*,) qui fert de bafe à cet édifice, les fix demi diametres GA, GB, GC, GD, GE & GF, & élevez perpendiculairement fur chacun d'eux deux miroirs plans (1), lefquels fe joignent tous exactement au centre G (2): ornez les objets extérieurs de cette pièce, (c'eft-à-dire, ceux qui fe trouvent vers les angles faillans de cette exagone,) de fix colonnes & de leurs entablemens, qui puiffent fervir en même-tems à foutenir & contenir ces miroirs par des rainures ménagées vers les côtés intérieurs de cette pièce, (voyez le plan & profil, *fig.* 7:) couvrez ce petit édifice de telle façon que vous jugerez convenable.

Difpofez dans chacun des fix efpaces triangulaires compris entre deux de ces miroirs de petits objets de carton faits en reliefs (3), repréfentant fix différens fujets, qui puiffent en prenant une forme exagonne, produire un effet agréable; & ayez foin fur-tout de mafquer par quelqu'objet qui ait rapport au fujet la plus grande partie de l'endroit où fe joignent les miroirs qui, comme on l'a dit ci-deffus, doivent tous tendre au centre commun G.

Effet.

Lorfqu'on regardera dans l'une ou l'autre des fix ouvertures de ce palais magique, comprifes entre deux de ces colonnes, le fujet qui aura été difpofé dans chacun des efpaces triangulaires intérieurs, étant répété fix fois, paroîtra remplir totalement ce petit édifice; ce qui produira une illufion affez extraordinaire, fi les fujets choifis font convenables à l'effet que produit la difpofition de ces miroirs.

Nota. Si on place entre deux de ces miroirs une partie de fortification, telle qu'une courtine & deux demi baftions, on apperçevra une cita-

delle entourée de fix baftions; fi l'on repréfente quelque portion d'une falle de bal, ornée de luftres & de perfonnages, on appercevra tous ces objets multipliés & dans une difpofition agréable à voir.

Cette pièce peut fe conftruire également fur une bafe triangulaire ou quarrée, & elle eft également agréable, mais alors on ne peut y mettre que trois ou quatre fujets différens : Les parties de ces fujets qui font parallèles aux côtés de ces édifices, prennent toujours une forme femblable à fa bafe.

Optique ordinaire, à miroir incliné.

Ces fortes d'optiques font entre les mains de tout le monde, mais comme tous ceux qui s'amufent à les conftruire eux-mêmes ne prennent pas toujours toutes les précautions néceffaires pour leur procurer le plus grand effet, on a cru convenable d'en donner ici la defcription.

Faites conftruire une boîte CEDG, (*fig.* 8, *pl.* 2, *Amufemens de Catoptrique*) de forme pyramidale, ayant à fa bafe FG environ dix-huit pouces de longueur fur un pied de largeur, & vers le haut neuf pouces depuis H jufqu'en D, & fix pouces depuis G jufqu'en H; que d'un côté cette boîte foit ouverte prefqu'entièrement fur fa largeur, & que cette ouverture foit couverte d'une gaze, excepté vers le bas par où on infere les vues gravées & coloriées qui fe placent fucceffivement fur le fond IGEF de cette boîte.

Ajuftez au-deffus d'elle une deuxième boîte, ayant la forme d'un parallélépipede, & ménagez-y une ouverture circulaire d'environ fix pouces de diametre dans laquelle vous mettrez un cadre tourné, contenant un verre convexe O, ayant pour foyer (4) la distance de ce verre au centre du miroir ci-après, & celle de ce miroir au fond de la boîte.

Placez dans cette boîte le miroir plan MN que vous inclinerez à quarante-cinq degrés, afin qu'en regardant à travers le verre O une eftampe mife au fond de cette boîte, elle paroiffe fituée perpendiculairement en face de ce même verre.

Ayez une quantité d'eftampes repréfentant diverfes vues (5), peignez-les légèrement, en imitant

---

(1) Ces deux miroirs doivent être adoffés l'un contre l'autre, & il faut les choifir le moins épais qu'il eft poffible : il feroit même néceffaire qu'ils fuffent taillés en bifeau vers leur jonction.

(2) L'ouverture de ces miroirs doit former un angle de 60 degrés.

(3) On peut ajufter dans cette pièce différentes petites figures d'émail.

---

(4) Ces verres doivent avoir vingt à vingt-quatre pouces de foyer; fi le foyer étoit plus grand, l'objet ne feroit pas affez amplifié, & s'il étoit plus court, les côtés de l'eftampe prendroient une courbure défagréable.

(5) Toutes fortes d'eftampes ne font pas convenables, il faut choifir celles où il y a le plus de lointain.

autant qu'il fera poſſible la couleur naturelle des objets, & en affoibliſſant beaucoup vos teintes dans les lointains ; ménagez auſſi de grands clairs ſur les devants, en ne mettant preſque pas de couleurs aux endroits où il y a très-peu de gravure : coupez le papier qui entoure la gravure, & collez-le ſur un carton de la grandeur du fond de la boîte, & s'il reſte de l'eſpace entre l'eſtampe & le bord du carton, couvrez-le d'un papier noir (1).

Effet.

Ces ſortes d'optiques repréſentent au naturel & en apparence dans l'éloignement toutes les vues, payſages, palais & autres ſujets d'architecture qu'on met dans cette boîte, il ſuffit de la placer de manière que ces objets reçoivent beaucoup de jour ; ils ſont auſſi fort agréables lorſqu'on les éclaire avec deux ou trois lumières.

Nota. On peut rendre ces optiques plus agréables, en découpant les eſtampes, ou en les laiſſant tranſparentes aux endroits qui ſont ſuſceptibles d'être lumineux, tels que les vitrages qu'on ſuppoſe être éclairés du ſoleil, les ciels, les eaux & caſcades, les incendies, les illuminations, &c. mais comme il eſt indiſpenſable alors de les éclairer par derrière & par devant, il faut changer la forme de la boîte, lui donner celle d'une caiſſe, & ſupprimer le miroir incliné, afin de pouvoir placer l'eſtampe en face & au foyer du verre ; le côté de cette boîte où ſe met l'eſtampe doit être entièrement à jour, & il faut y ménager deux couliſſes, l'une pour y faire couler le chaſſis ſur lequel l'eſtampe doit être collée par ſes bords, & l'autre pour y placer un ſecond chaſſis garni d'un papier très-fin, verni & tranſparent, à travers lequel on doit éclairer fortement cette eſtampe, il faut auſſi laiſſer une ouverture au-deſſus de la boîte pour éclairer intérieurement plus ou moins les eſtampes ; & afin de la faire avantageaſement, il faut, pour la couvrir, avoir trois différents chaſſis garnis d'un papier verni, l'un fort tranſparent pour les objets qu'on ſuppoſe être éclairés du jour ; l'autre pour ceux qui repréſentent une nuit & dont le papier doit avoir reçu une légère teinte de bleu qui répand un ton convenable ſur toute l'eſtampe ; le troiſième doit avoir été teint d'une couleur rougeâtre, afin de donner un ton de feu naturel aux eſtampes qui repréſentent des incendies ou des illuminations. Toutes ces précautions, ainſi que celle de les éclairer plus ou moins d'un côté ou d'autre, ſont indiſpenſables pour parvenir à imiter

la nature dans ſes variétés & procurer à tous ces différens objets un air de vraiſemblance, en quoi conſiſte tout l'agrément de ces ſortes d'optiques qui ne ſont plus que des choſes fort communes dès qu'ils ne font pas une certaine illuſion.

OPTIQUE EN FORME THÉATRALE.

Conſtruction.

Cet optique eſt compoſé d'une boîte ABCD, (*fig.* 12, *pl.* 2.) dans laquelle le verre & le miroir ſont placés de même qu'il a été dit à la précédente récréation ; on range le long des couliſſes faites aux côtés & à des diſtances inégales, qui vont toujours en augmentant vers le bas, des cartons découpés D, D, &c. formant des eſpèces de décorations de théâtres, au-deſſous deſquels on met un fond qui termine le tout ; le plus élevé de ces cartons forment un avant-ſcène, au travers de laquelle on apperçoit le tout ; pour le rendre plus agréable, on peut mettre à chaque couliſſe un verre blanc ou des glaces tranſparentes qui adouciſſant de plus en plus les cartons les plus éloignés de l'œil, produit un très-bon effet. Dans ces ſortes d'optiques, le carton le plus éloigné du verre doit être placé à ſon foyer ; il eſt bon de donner à ces boîtes deux pieds & demi de hauteur ſur une largeur proportionnée.

OPTIQUE A MIROIR CONCAVE.

Préparation.

Ayez une boîte ABCD, (*fig.* 9, *pl.* 2. *Amuſemens de Catoptrique.*) d'environ deux pieds de long ſur quinze pouces de large & un pied de hauteur ; ajuſtez ſur un des plus petits côtés de cette boîte un miroir concave (1), dont le foyer des rayons parallèles, ſoit environ de même longueur que cette boîte ; placez vers l'endroit IL un chaſſis de carton noirci & découpé à jour d'une grandeur ſuffiſante pour pouvoir appercevoir dans le miroir H l'image du ſujet placé ſur le côté intérieur EBFD de cette boîte.

Couvrez le deſſus de cette boîte depuis A juſqu'en I, afin que le miroir H ſe trouve entièrement dans l'obſcurité ; que l'autre partie IB ſoit couverte d'un verre garni d'une gaze ; faites une ouverture G vers le haut du côté de la boîte EB, à laquelle vous donnerez quatre pouces de largeur ſur deux pouces de hauteur ; c'eſt par elle que vous regarderez les vues d'optique qui doivent être placées ſur ce même côté & en face

---

Dans quelque ſujet que ce ſoit, il eſt eſſentiel auſſi qu'elles ne ſoient pas trop chargées de gravure.

(1) Cette bordure noire eſt fort eſſentielle, afin que l'œil n'apperçoive aucun autre objet apparent que l'eſtampe ; par cette même raiſon il eſt néceſſaire de peindre également en noir tout l'intérieur de la boîte.

(2) Si l'on peut ſe procurer un miroir de même grandeur que le plus petit côté de cette boîte, cela ſera plus avantageux, & on pourra alors ſupprimer le carton I L.

du miroir , & que vous ferez gliffer au travers
une ouverture que vous pratiquerez vers EF (1).

Nota. Il faut employer des miroirs de glace
étamés & courbes , & ne pas faire ces boîtes
trop petites , ce qui obligeroit de fe fervir de
miroir dont le foyer étant très-court , groffiroit
trop les objets , & les rendroit même difformes ,
particulièrement vers les bords, ce qui feroit fort
défagréable à la vue ; les verres convexes ont
auffi ce défaut , lorfqu'on confidère avec eux des
objets d'une trop grande étendue ; en général ,
les eftampes dont on fe fert dans tous les optiques ne doivent pas être plus larges que les deux
tiers de la longueur du foyer du verre à travers
lequel on doit les voir.

Lorgnette fingulière , avec laquelle il paroît qu'on dé-
couvre les objets au travers les corps opaques.

Ayez un tuyau de carton de forme quarrée d'environ deux pouces & demi de long fur huit lignes
de largeur ; (*fig.* 13 ; *pl.* 2. *Amufemens de Catop-*
trique.) divifez fa longueur AB en trois parties
égales CD & E , & inferez dans chacun des deux
efpaces C & D un petit miroir plan incliné à
quarante-cinq degrés & dont les deux furfaces
réfléchiffantes foient parallèles ; faites au côté de
ce tuyau qui fe trouve en face d'un des miroirs,
deux ouvertures circulaires F & G de quatre à
cinq lignes de diamètre ; & deux autres H & I à
celui qui lui eft oppofé : que toutes ces ouvertures foient difpofées de manière que celle G foit
vis-à-vis le miroir incliné NO, celle H, vis-à-vis
l'autre miroir , & les deux autres F & I vis-à-vis
l'une de l'autre.

Ajuftez à l'extrémité B de ce tuyau une queue
tournée P, qui foit coupée quarrément à l'endroit
B , vers lequel le carton qui forme ce tuyau doit
être collé fur une gorge ménagée à cet effet.

Ayez un cercle de bois tourné AB, (*fig.* 10,
même planche.) d'un pouce d'épaiffeur, creux en
dedans , afin que le tuyau ci-deffus puiffe y couler
librement; couvrez-le des deux côtés d'un verre
(2) garni en-deffous d'un diaphragme de papier
auquel vous ferez une ouverture H de cinq à fix
lignes de diamètre.

---

(1) On peut joindre enfemble toutes les Vues qu'on
veut employer , en les collant fur une bande de toile
qu'on fera tourner fur des rouleaux placés perpendiculairement aux angles BD & EF de cette boîte , on les
fera paffer fucceffivement au moyen d'une petite manivelle ajuftée fur l'axe de ces rouleaux ; cette manivelle peut être placée auffi vers les côtés de la boîte,
au moyen des deux roues de champ A & B , & des pignons C & D. (*Voyez figure* 15 , *pl.* 2.)

(2) On peut fe fervir de verres convexes d'un côté,
afin que cette lorgnette groffiffe les objets.

Effet.

Lorfque ce tuyau garni de fes deux miroirs
fera entièrement enfoncé dans le cercle AB (3),
fi on regarde quelqu'objet au travers de cette
lunette, on le verra de même que fi on le regardoit avec une lunette ordinaire, telle que celle
qu'on nomme communément *lorgnette.*

Si au contraire on retire le tuyau de manière
que le miroir LM fe trouve placé vis-à-vis le
trou H, l'ouverture faite en G, qui étoit mafquée lorfque le tuyau étoit entièrement enfoncé
dans le cercle , fe découvrira ; fi l'on regarde
alors au travers la lorgnette, l'objet fera apperçu
par la réflection des deux miroirs ; & comme la
vifion fe fait toujours en apparence par une ligne
droite, on s'imaginera naturellement le voir au
travers tout corps opaque qu'on placera de l'autre
côté de cette lorgnette , & fi on en éloigne un
peu l'œil , il femblera même que ce corps eft
percé à jour.

Récréation.

Le tuyau ayant été pouffé jufqu'au bord du
cercle de cette lorgnette, on la donnera en main
d'une perfonne, afin de lui faire reconnoître par
elle-même qu'elle diftingue, au travers des verres
qui la compofent , les objets qui lui font préfentés : on lui fera entendre qu'on peut, par fon
moyen , diftinguer les objets au travers même les
corps opaques : on reprendra cette lorgnette, &
retirant adroitement le tuyau mobile de la longueur néceffaire, on lui dira de placer fa main
de l'autre côté pour en boucher l'ouverture , ce
qui lui caufera une furprife affez étrange, en ce
qu'elle croira voir au travers fa main même ,
l'objet placé au-delà de cette lunette.

Nota. Il faut d'abord donner la lorgnette à
voir , & la reprendre enfuite , afin qu'en la préfentant foi-même vis-à-vis l'œil de la perfonne,
on en puiffe reculer fubtilement le tuyau : il eft
effentiel auffi , (afin que d'autres perfonnes ne
puiffent découvrir le trou qu'on eft alors obligé
de démafquer), de faire regarder un objet placé
à plat fur une table ; cependant s'il n'y avoit
perfonne au-devant de la lunette, on pourroit
la préfenter dans une fituation verticale.

Faire paroître dans un miroir des cartes que dif-
férentes perfonnes ont librement & fecrètement
choifies.

C O N S T R U C T I O N.

Ayez un cadre circulaire NO, (*fig.* 16, *pl.* 2,
Amufemens de Catoptrique.) de fept à huit pouces

---

(3) Le diamètre de ce cercle doit être de même
longueur que ce tuyau de carton.

de diamètre, conftruit de façon qu'il puiffe entrer dans une ouverture faite à une cloifon fort
mince, du moins vers cet endroit; (*Voyez le
profil, fig.* 11, *même planche.*) obfervez que du
côté où il doit être vu, il faut qu'il excède cette
cloifon, de manière qu'il femble être pofé par-
deffus; & que de l'autre il doit en être à fleur,
afin que la glace ci-après, qui fe pofe derrière
cette cloifon, paroiffe être placée à l'ordinaire
dans ce cadre.

Ayez une glace de huit pouces de largeur fur
deux pieds de longueur, montée fur un chaffis
BCDE, (*fig.* 16ᵉ & 11ᵉ.) ôtez le teint aux endroits F & G, c'eft-à-dire, de la grandeur de
chacune des deux cartes qui doivent y être collées de ce même côté: que ce chaffis puiffe couler
librement dans un autre chaffis ILMH, auquel
doit être ajuftée une traverfe, & que ce dernier
chaffis puiffe tourner en tout fens fur fon centre
au moyen d'un pivot R, qui doit paffer au travers une règle de bois ST, *fig.* 11 *même pl.*)
coudée par fes deux extrémités S & T, attachée
perpendiculairement au revers de cette cloifon.

Effet.

Cette pièce ayant été ainfi adaptée à une cloifon, fi l'on fait couler fort doucement la glace
renfermée dans le chaffis BCDE, ceux qui feront
du côté de ce miroir ne s'appercevront aucunement de fon mouvement; par conféquent, lorfque les endroits de ce miroir où font les cartes
s'avanceront, fe perfuaderont que ce font les
cartes mêmes qui traverfent ce miroir, & il femblera qu'elles paffent entre fon teint & la glace:
d'un autre côté, celui qui fera agir ce miroir
pouvant très-facilement le conduire en tout fens,
il y fera en apparence entrer & fortir ces cartes
par tel côté qu'il voudra.

Récréation.

On fera tirer forcément & à différentes perfonnes, deux cartes femblables à celles que peut
indiquer ce miroir; on les leur fera remettre dans
le jeu, & faifant fauter la coupe, on les fera
revenir au-deffus du jeu, pour enfuite les efcamoter en les tenant cachées dans la paume de la
main; on rendra enfuite le jeu aux perfonnes qui
les auront choifies, & on leur fera examiner que
leurs cartes ne fe trouvent plus dans ce jeu; on
annoncera qu'elles vont traverfer ce miroir l'une
après l'autre, & on demandera à celle qui aura
tiré la première carte, par quel endroit elle veut
que fa carte y arrive, & fuivant fa réponfe, la
perfonne cachée avec laquelle on doit être d'intelligence, la fera avancer doucement, après avoir
fait tourner de même la glace, afin de la faire
entrer par le côté qui aura été choifi; & on com-

mandera enfuite à cette carte de fortir par un
autre côté: on agira de même à l'égard de la
deuxieme carte. Prenant enfuite le jeu qu'on a
dû faire remettre fur la table, on pofera au-deffus
de lui les cartes qu'on tient cachées dans fa main,
on les fera paffer au milieu du jeu, & on le remettra fucceffivement à ces deux perfonnes, en
leur faifant remarquer qu'elles y font déja re-
venues.

Nota. On doit placer ce miroir dans un endroit
un peu élevé, afin qu'on ne puiffe pas, en y touchant, s'appercevoir de fon mouvement, & il
faut le bien effuyer, en forte qu'il n'y paroiffe
aucune tache ni pouffière; on peut faire paroître
de la même manière une fleur, une efpece de
phantôme & toute autre chofe à laquelle il fera
facile d'appliquer quelques amufemens.

LUNETTE INCOMPRÉHENSIBLE.

Conftruction.

Renfermez dans un tuyau quarré & coudé,
(*fig.* 14, *pl.* 2. *Amufemens de Catoptrique.*) quatre
petits miroirs aux quatre angles, & les difpofez de
manière qu'ils forment exactement avec les côtés
de ce tuyau des angles de 45 degrés; faites deux
ouvertures circulaires à chacune des deux extrémités, dans lefquelles vous fixerez d'un côté deux
tuyaux ronds, & de l'autre deux autres tuyaux 1),
en obfervant que dans ces derniers doivent entrer
deux tuyaux mobiles.

Garniffez cette lunette d'un verre objectif, &
d'un verre oculaire concave, reglez le foyer de
ces deux verres, eu-égard à la longueur de la
lunette qu'il faut fuppofer égale à celle du rayon
vifuel ponctué, qui entrant par l'ouverture va par
diverfes réflexions fe rendre à l'ouverture oppofée, où eft placé cet oculaire.

Mettez un verre quelconque aux ouvertures des
tuyaux mobiles, & pofez cette lunette fur fon
pied (2); difpofez-la de manière qu'elle foit
mobile, de manière qu'on puiffe l'élever ou l'a-
baiffer à volonté.

Effet.

Lorfqu'ayant placé l'œil au 1ᵉʳ tuyau, on regardera au travers cette lunette; les rayons de
lumière émanés de l'objet oppofé, paffant à
travers le verre objectif, fe réfléchiront fucceffivement à la-rencontre des miroirs, & par ce
moyen, ils peindront à l'œil l'objet, & ces rayons

---

(1) Ces quatre tuyaux ne doivent pas entrer au-deffus du tuyau coudé, afin de ne pas gêner l'effet des miroirs qui y font renfermés.

(2) On peut fe difpenfer, fi l'on veut de ce pied, & tenir cette lunette à la main.

paroîtront venir directement corps dont ils seront émanés.

Récréation.

Les deux tuyaux mobiles étant rapprochés l'un de l'autre, on dirigera cette lunette sur un objet proche ou éloigné quelconque, & faisant regarder une personne au travers de cette lunette, on lui demandera si elle apperçoit bien distinctement l'objet qui est vis-à-vis ; on éloignera ensuite les deux tuyaux, & laissant entr'eux un intervalle suffisant pour y passer la main ou tout autre corps, on lui annoncera que cette lunette a la propriété de faire appercevoir les objets au travers les corps les plus opaques ; pour l'en convaincre, on lui dira de regarder dans cette lunette, & elle sera très-surprise de voir ce même objet au travers sa main, laquelle lui paroîtra percée à jour. (*Voyez cette fig.* 14.) (1).

Nota. Cette récréation produit une illusion d'autant plus extraordinaire, qu'on n'apperçoit pas facilement ce qui peut produire un pareil effet : la pièce coudée paroît être faite de cette sorte, pour soutenir les deux côtés de la lunette qu'on est obligé de séparer pour y placer le corps opaque, & d'ailleurs, de quelque côté qu'on regarde dans cette lunette, on voit toujours le même effet, & l'on n'apperçoit en aucune façon les miroirs qui y sont contenus.

Les Miroirs enchantés.

Construction.

Faites à la cloison AB, (*fig.* 1, *pl.* 3. *Amusemens de Catoptrique.*) deux ouvertures CD & EF de huit à neuf pouces de hauteur sur six de largeur, & éloignez-les entr'elles d'environ un pied ; entourez-les d'une bordure ; ces ouvertures doivent être à la hauteur de la tête d'une personne ordinaire, afin qu'on y puisse regarder commodément. Garnissez ces deux bordures d'une glace de miroir sans être au teint.

Ajustez derriere cette cloison deux miroirs placés verticalement H & I, & qui étant placés comme l'indique cette figure, soient inclinés sur cette cloison de 45 degrés ; donnez-leur un pied de hauteur sur autant de large ; couvrez de carton l'espace HI contenu entre ces deux miroirs, ainsi que ceux AHIB qui se trouvent au-dessus & au-dessous d'eux : que le tout soit noirci en-dedans & bien clos, afin qu'il n'y puisse entrer de ce côté aucune lumière ; ayez encore deux petits rideaux

qui couvrent intérieurement ce cadre & que vous puissiez ouvrir ou fermer à volonté.

Effet.

Lorsqu'une personne se sera placée en face & près d'un de ces deux miroirs, au lieu de se voir représentée elle-même dans la glace, elle appercevra l'objet qui se trouvera être en face de l'autre miroir, ensorte que si deux personnes sont placées vis-à-vis de ces miroirs, elles y verront réciproquement leurs figures.

Récréation.

On placera une personne en face de chacun de ces deux miroirs, & tirant en même-temps les deux rideaux (2) qui les couvrent, on les surprendra beaucoup par cette plaisante illusion.

Nota. On peut mettre deux bougies allumées à côté de chacun de ces cadres pour éclairer davantage le visage des personnes qu'on poste vis-à-vis ces miroirs : sans cette précaution, cette récréation ne feroit pas un grand effet.

Miroir dans lequel on se voit de profil, quoiqu'on s'y regarde de face.

Faites faire une boîte quarré ABCD, (*fig.* 5, *pl.* 3. *Amusemens de Catoptrique.*) qui soit ouverte du côté CD ; appliquez un miroir plan sur chacun des trois côtés intérieurs AD, AB & BC ; couvrez-la dessus & dessous d'une planche CEDBA, formant l'angle CED ; couvrez les côtés DE & EC avec deux cartons, à chacun desquels vous ménagerez une ouverture ovale M, (*fig.* 2, *même planche.*) d'environ six pouces de hauteur ; disposez enfin le tout de manière qu'on ne puisse appercevoir le miroir qui est appliqué sur le côté AB.

Soutenez cette boîte au moyen du pied N, ensorte qu'elle se trouve élevée à la hauteur d'une personne ordinaire.

Effet.

Lorsqu'une personne placera sa tête vis-à-vis l'ouverture M, (*fig.* 2.) elle se trouvera située de profil par rapport à l'autre ouverture, & c'est ce même profil qu'elle appercevra par l'ouverture M, comme il est aisé de le voir par les différentes réflections tracées sur cette figure 5.

Nota. Cette pièce demande à être exécutée un peu en grand, sans quoi on ne pourroit se placer dans la situation convenable à cette illusion ; la

---

(1) Il semble que la main est entièrement percée à jour, particulièrement lorsqu'on éloigne un peu l'œil de l'oculaire.

(2) On peut ajuster ces deux rideaux sur un même store, afin de pouvoir les lever ou les abaisser du même coup.

dimenfion de la boîte doit être au moins d'un pied fur chacun de fes côtés, & de dix pouces de hauteur.

Miroirs trompeurs.

Ayez une boîte ABCD, (*fig.* 3, *pl.* 3. *Amufe-femens de Catoptrique.*) de figure cubique, d'environ dix pouces de dimenfion; qu'elle foit foutenue fur un pied P, enforte qu'elle fe trouve élevée à la hauteur ordinaire de la tête d'une perfonne; faites à chacun des quatre côtés de cette boîte une ouverture ovale G, H, I & L, dont le plus grand diamètre ait fix pouces.

Inférez dans cette boîte ABCD, (voyez le plan,) (*fig.* 4, *même planche.*) deux miroirs AD adoffés l'un contre l'autre; difpofez-les de maniere qu'ils la traverfent diagonalement & foient pofés verticalement fur fon fond; ornez au dehors les quatre ouvertures de cette boîte d'un cadre tranfparent, & couvrez entiérement chacune d'elles d'un petit rideau monté fur un ftor, de manière que vous puiffiez les élever & les abaiffer tous en même temps.

Effet,

Lorfqu'on aura placé une perfonne E, (*fig.* 4) en face du cadre qui eft fur le côté A B, elle appercevra dans le miroir celle qui aura été placée en G; & réciproquement cette derniere perfonne appercevra celle fituée en E, ce même effet aura lieu à l'égard de celles qu'on placera vers F & H, & comme la vifion fe fait toujours en apparence par une ligne droite, la perfonne placée en E imaginera que celle fituée en G eft à l'endroit H.

Récréation,

On propofe à quatre perfonnes de fe placer en face & à diftances égales de chacune des ouvertures de cette pièce d'Optique, on élève enfuite les rideaux tous enfemble, afin qu'elles puiffent fe regarder mutuellement & tout-à-coup au travers de ces ouvertures, & au lieu d'y voir la figure de la perfonne qui leur fait face, elles apperçoivent réciproquement celles qui font de côté; elles font d'autant plus furprifes, qu'elles ne peuvent rien voir autre chofe dans cette boîte que ces quatre ouvertures qui paroiffent à jour & dans leur vraie fituation.

Nota. L'intérieur de cette boëte (de même que celui de la précédente) doit être peint en noir & les miroirs doivent être fans bordure.

Polémofcopes.

On nomme Polémofcopes, tous les différens inftrumens ou lunettes de Catoptrique ou Dioptrique, par le moyen defquels on peut apperce-

voir ce qui fe paffe dans un endroit, fans être vu: elles contiennent, outre leurs verres ordinaires, un ou plufieurs miroirs plans qui rènvoyent par réflection l'image de l'objet aux yeux du fpectateur. On fait de ces fortes d'inftrumens en petit, qui ont la forme de lunettes de fpectacle, avec lefquels il femble qu'on regarde devant foi, pendant qu'on regarde au contraire d'un autre côté. On fatisfait par-là une curiofité, qui fans cela pafferoit fouvent pour une indifcrétion très-déplacée.

La conftruction de ces Polémofcopes ne confifte qu'à inférer dans une lunette ordinaire un miroir incliné & à mettre le verre objectif fur le côté de cette lunette; on peut, au moyen du tuyau mobile qui fert à la fixer au point de vue, & en ajoutant un autre objectif à fon extrémité, s'en fervir de même que d'une lunette ordinaire; il ne s'agit que de difpofer le miroir qui y eft inféré de manière qu'en raccourciffant ce tuyau il faffe coucher le miroir le long de la lunette.

En difpofant un Polémofcope de manière que fon tuyau foit pofé verticalement le long d'une muraille, & que le miroir incliné foit un peu au-deffus, on découvrira tout ce fe paffe au-dehors fans être vu. Un inftrument de cette conftruction, rendu portatif, peut fervir avantageufement dans les fiéges & dans toutes les circonftances où il y auroit du danger à fe montrer au-deffus d'une muraille fans s'expofer au feu de l'ennemi.

On peut encore difpofer ces Polémofcopes de manière que le miroir puiffe tourner, s'élever ou s'incliner, afin de voir facilement tous les divers objets qu'on appercevroit fi l'on étoit placé fur cette muraille à l'endroit même où eft le miroir renfermé dans cet inftrument.

Pièce à Balles à fimple réflection.

Cette pièce de Catoptrique, de même que celles à double réflection, produifant l'illufion la plus finguliere, on a cru devoir entrer dans un détail plus étendu fur la manière de l'exécuter.

Ayez une grande boëte de bois, dont la face ABCD (*Fig.* 8, *pl.* 3, *Amufemens de Catoptrique,*) ait environ deux pieds de hauteur fur quinze pouces de largeur; ménagez vers fa partie fupérieure une ouverture E de huit à neuf pouces de largeur, fur fept à huit de hauteur & couvrez-là d'une glace tranfparente,

Donnez deux pieds de profondeur au côté AB de cette boëte, (*voyez le profil*, *fig.* 6, *même pl.*) & ajuftez-y une féparation depuis E jufqu'en D, qui foit de la même largeur que cette boëte; partagez fa hauteur en deux parties égales BE & ED,

Elevez

Elevez perpendiculairement dans la partie supérieure de cette boîte & à l'extrémité D de la
séparation ci-dessus , une petite décoration C D
de la forme d'une avant-scène de théâtre , &
laissez-y une ouverture d'environ neuf pouces de
largeur sur sept à huit de hauteur (1). (*Voyez*
fig. 12.)

Placez derrière cette avant-scène le miroir C F
(*fig.* 6 ,) qui doit être incliné de trente à
quarante dégrés au plus (2) , qu'il soit de la même
largeur que cette boîte.

Que l'espace intérieur contenu entre l'ouverture
ture E , (*même fig.* 6 ,) & cette avant-scène , soit
décorée de diverses peintures & ornèmens , tels
que vous jugerez convenables , afin de la rendre
plus agréable : couvrez le dessus de cette boîte
d'un châssis garni d'un verre , en-dessous duquel
vous collerez un papier , afin que la lumière puisse
l'éclairer un peu dans son intérieur.

Cette première préparation étant faite dans les
proportions ci-dessus détaillées , disposez le plan
incliné ci-après , & faites-le de grandeur à pouvoir l'introduire dans cette boîte par une porte
que vous ménagerez vers l'endroit A C , c'est-
à-dire , au côté opposé à l'ouverture antérieure B.

Construction du Plan incliné.

Ce Plan I M , (*fig.* 6 ,) doit être plus ou moins
étendu & incliné sur la base C D de cette boîte , eu égard à l'inclinaison plus ou moins grande
qui aura été donnée au miroir C F ci-dessus (3).

Sur la partie de ce plan qui fait face au miroir incliné C F , dessinez un sujet , tel , par
exemple , qu'un jardin , un morceau d'architecture , &c. de manière qu'il paroisse régulier (4) ,
étant vu de l'ouverture E par la réflection du
miroir F C : & comme il pourroit arriver que
l'on apperçût quelques endroits des côtés de la
boîte , placez horisontalement vers D F une décoration qui puisse les masquer.

Creusez dans ce plan incliné une coulisse F E
de deux ou trois lignes de profondeur seulement , qu'elle soit par-tout d'égale largeur &
que malgré sa forme elle procure toujours & successivement une pente sensible à la balle qui
doit en parcourir les différens détours & circuits.
(*voy. fig.* 11.) Observez que cette balle après
avoir parcouru cette coulisse F E doit sortir par
une ouverture faite vers E , & passer le long
d'une autre coulisse d'où tombant dans l'une des
boîtes de la pièce méchanique ci-après , elle
est reportée de nouveau au haut de ce plan
incliné.

Ayez plusieurs petites balles d'ivoire de cinq à
six lignes de diamètre , qui puissent descendre facilement le long de la coulisse ci-dessus (5).

Disposez enfin dans l'intérieur & des deux côtés de cette boîte vers l'endroit R , (*Fig.* 6 ,)
deux petites plaques de fer-blanc garnies de leurs
bobeches pour y recevoir deux bougies Q qui
doivent servir à éclairer ce plan incliné ; réservez-
y une ouverture , afin de pouvoir les allumer ,
& qu'à cet effet ces plaques servent elles-mêmes
de porte : couvrez-les d'un chapiteau de fer-
blanc auquel soit adapté un tuyau , qui sortant
au-dehors de la boîte , empêche que la fumée
n'en gâte pas l'intérieur (6).

Construction du mouvement méchanique qui sert à remonter continuellement les balles au haut du plan incliné.

Faites construire un rouage , (*Fig.* 7. *même pl.*
3 ,) renfermé dans sa cage de cuivre E F G H &
composé d'un barillet (7) avec son ressort & sa
roue dentelée A , d'une autre roue B , dont le
pignon engraine dans la roue A , d'une troisième
roue C , dont le pignon engraine de même dans
la roue B & d'un volant (8) D , dont le pignon
engraine dans la roue C : que l'axe de la roue B
excède le dehors de cette cage , afin d'y pouvoir
fixer la branche de cuivre H I , (*Fig.* 10 , n°. 1,

_____

(1) Cette avant-scène doit être plus ou moins ouverte , selon que la distance de l'ouverture E sera plus
ou moins éloignée du miroir F , attendu qu'on ne
doit rien découvrir des côtés de la boîte , ce qui
est très-essentiel dans cette pièce.

(2) Moins le miroir est incliné , plus on peut donner d'étendue au plan sur lequel roulent les balles.

(3) Moins ce miroir est incliné , plus on doit étendre le plan vers D , & diminuer par conséquent son inclinaison.

(4) Cette représentation qui doit être difforme ,
diffère d'autant plus de cette apparence , que le plan
sur lequel elle est peinte se trouve plus incliné.
Amusemens des Sciences.

_____

(5) Il est à propos de se ménager le moyen de pouvoir élever plus ou moins le plan incliné , pour régler
la vitesse avec laquelle cette balle doit le parcourir.

(6) Si l'on veut se dispenser d'éclairer cette boîte
en dedans , il suffira alors d'en laisser à jour les côtés
inférieurs , & de les couvrir seulement d'un verre couvert d'une gaze , afin d'empêcher qu'on ne puisse voir
dans son intérieur , car la lumière du jour ou celle de
quelques bougies placées convenablement vers cet endroit , suffiront pour éclairer le plan incliné.

(7) Ce barillet doit être garni à l'ordinaire d'un rocher & de son cliquet , afin de pouvoir remonter le
mouvement.

(8) Les ailes de ce volant doivent être mobiles , afin
d'en ralentir ou accélérer le mouvement.

V v

même planche.) Cette branche doit porter à chacune de ses extrémités une boîte ouverte vers I, qui aille en s'élargissant un peu vers son fond. Dans l'intérieur de chacune de ces boîtes doit être ajustée une petite plaque de cuivre mobile sur un pivot F & recourbée en E, afin que lorsqu'une des balles (qui aura roulé sur le plan incliné) viendra à entrer au fond de cette boîte, elle élève par son poids cette espèce de bascule vers E, & la détache de l'endroit où elle doit se trouver arrêtée, en laissant par ce moyen à cette branche la liberté de tourner jusqu'à ce que son côté opposé soit arrêté à son tour au moment que la balle ci-dessus, qui a été remontée, sortira de sa boîte pour tomber dans la coulisse qui doit répondre au haut de celle du plan incliné : d'où étant descendue elle dégagera de nouveau cette deuxième boîte, & ainsi successivement & alternativement jusqu'à ce que le ressort contenu dans le barillet soit entièrement détendu ; ce qui peut avoir lieu un assez grand nombre de fois & proportionnément aux nombres de la denture des roues & pignons qui composent cette méchanique.

Effet.

Lorsqu'après avoir monté le mouvement, on jettera une boule par la rigole placée au haut du plan & qu'elle roulera sur ce plan, celui qui sera en face de cette pièce s'imaginera qu'elle s'élève par plusieurs détours & sort par le haut de cet édifice, d'où il lui semblera qu'elle retombe ensuite pour s'élever de nouveau, ce qui étonnera d'autant plus que cet effet est contre l'ordre naturel des corps pesans, qui, dès qu'ils sont libres, tendent toujours à descendre.

Nota. Lorsque cette pièce est bien construite, elle produit une singulière illusion, & c'est une de celles de la Catoptrique qui ait été la mieux imaginée ; on la rend encore plus extraordinaire en y ajoutant un second miroir, comme on le verra dans la récréation qui suit.

Pièce à balles à double réflexion.

Construction.

Elle ne diffère de la précédente, qu'en ce qu'on met, au lieu du plan incliné I L, (*voyez fig. 6, pl. 3,*) un miroir incliné à 45 degrés, & qu'on place alors vers le côté F D de la boîte le plan incliné à jour ci-après, sur lequel roulent les balles. On dispose à cet effet vers F D, & dans une situation un peu inclinée, des petites colonnes, berceaux ou autres objets faits avec deux fils de laiton également distans (1) qu'on

joint par-dessous, & de distance en distance, avec un demi anneau, lequel doit être soudé de manière qu'il ne puisse, en arrêtant ces balles, les empêcher de couler librement entre ces deux fils, (*voy. Fig. 10, n°. 2, pl. 3.*)

On peut aussi, si l'on a suffisamment d'espace dans l'intérieur de cette pièce, placer au-dessous de ces fils de laiton un autre rang absolument semblable, quant à la forme du dessin & des contours, afin que les balles ayant parcouru le premier, parcourent ensuite celui de dessous ; ce qui produit un effet des plus singuliers ; en ce que les balles venant à couler vers un même endroit, semblent en apparence passer l'une au travers de l'autre : ce second rang doit communiquer avec le premier & il doit être incliné dans un sens contraire (2).

Au fond de cette boîte, (*Fig. 6,*) peut être encore placé un plan incliné, semblable à celui I M, sur lequel roulent les balles de la précédente Récréation, afin que les balles qui ont parcouru les coulisses ci-dessus puissent (étant conduites le long d'un tuyau placé dans cette boîte) descendre le long de ce nouveau plan & être aperçues de même qu'à la Récréation précédente, au moyen d'un miroir incliné qu'on mettra alors au lieu & place du plan incliné I M.

Nota. Ces sortes de pièces peuvent se varier de différentes manières, ce qui dépend du goût & de l'intelligence de ceux qui les construisent ; on doit avoir soin de masquer autant qu'il se peut les coulisses sur lesquelles roulent les balles, afin qu'on ne les aperçoive pas trop ; en général, l'exécution de ces sortes de pièces n'est pas sans difficulté, particulièrement lorsqu'elles sont un peu chargées de contour, attendu la nécessité d'y ménager une pente égale & peu sensible.

CÔNE MAGIQUE.

Tracer sur un cercle une Figure difforme, qui paroisse régulière étant vue par réflexion dans un miroir conique.

Ayant décrit sur un papier le cercle A B C, (*Fig. 13, pl. 3, Amusemens de Catoptrique*) partagez sa circonférence en douze parties égales & tirez les six diametres 1 7, 2 8, 3 9, 4 10, 5 11 & 6 12 : divisez un des rayons de ce cercle en

---

(1) Il faut donner à ces fils de laiton une pente insensible de trois à quatre lignes sur chaque longueur

d'un pied que parcourt la balle ; la distance de ces fils entr'eux doit être moindre que le diametre de la balle.

(2) Si le chassis M N O P, (*figure 10, num. 1, pl. 3*) qui contient ces coulisses est incliné vers M O (*fig. 6*) celui de dessous doit être incliné vers N P, & comme trop d'inclinaison donne trop de vitesse à la balle, & que trop peu la met dans le cas de s'arrêter, il faut pouvoir incliner le chassis plus ou moins, selon qu'il est nécessaire.

quatre parties égales, ou en tout autre nombre, & tirez par ces points de divisions les cercles concentriques D E & F.

Dessinez sur ce cercle de papier ainsi divisé, l'objet régulier que vous devez tracer sur le cercle de carton ci-après.

Ayez un miroir conique A B C, (*Fig.* 14, *ibid.*) dont la hauteur A D soit égale au diametre de sa base B C (1) ; qu'il soit d'une figure très-régulière, & bien poli, mastiquez-le sur un pied de bois tourné de trois ou quatre lignes d'épaisseur.

Prenez avec un compas & portez sur un papier la ligne B D égale au demi-diametre de la base de ce cône, & élevez à son extrémité D la perpendiculaire D A que vous ferez égale à la hauteur du cône : tirez la ligne B A qui représente ici le côté du cône : déterminez dans la ligne A D, prolongée vers E, le point E où vous voulez que soit placé l'œil pour appercevoir dans ce cône l'objet tracé sur ce cercle de carton ci-après ; & ayant divisé la ligne B D en quatre parties égales ; tirez du point de vue E les lignes E 1, E 2, E 3, E 4.

Prolongez le côté A B, & du point A comme centre, tracez la portion du cercle indéfinie E G, qui coupera en F la ligne B F : faites l'arc de cercle F G égal à E F, & tirez du point G, par les points de section que donnent sur la ligne A B les lignes E 1, E 2, &c. les lignes G 1, G 2, G 3 & G 4.

Ayez un cercle de carton A B C D, (*Fig.* 1, *pl.* 4, *Amusemens de Catoptrique*,) dont le rayon A E soit égal à la ligne D H, (*Fig.* 14, *pl.* 3,) & divisez-le en douze parties égales par les rayons 17, 28, 39, &c. transportez sur un de ces rayons E A les distances D 1, D 2, D 3 & D 4, & tirez par ces points de divisions les cercles concentriques 1, 2, 3 & 4.

Ces différentes préparations étant faites, transportez dans toutes les divisions de ce cercle tous les traits du dessin régulier que vous avez tracé sur le cercle A B C, (*fig.* 13, *pl.* 3,) en observant que celles qui sont sur l'un d'eux, les plus près du centre, répondent sur l'autre, aux cercles qui en sont les plus éloignés, ainsi qu'il est aisé de voir par la méthode qu'on vient d'enseigner, dont le résultat est de trouver, au moyen de toutes ces divisions les différens angles d'incidence qui le forment sur ce miroir, & l'endroit du carton difforme où se rendent ceux de réflections.

Tous ces traits étant tracés (2), il faudra les peindre & les nuancer en employant les couleurs les plus apparentes, & dont les ombres soient les plus tranchantes. Les objets les plus simples sont ceux qui réussissent le mieux étant vus dans ce miroir : on peut y représenter un volant, un cor de chasse, un papillon, une harpe, un colimaçon, &c. sans que l'œil le plus fin puisse le reconnoître sans le secours du miroir dans lequel seul il paroît régulier : si l'on avoit un miroir parfaitement bien fait : on pourroit y représenter une tête ou même une figure entiere, mais il est difficile d'en faire construire qui ayent un certain degré de perfection ; c'est sans doute par cette raison que cette ingénieuse piece d'Optique (3) a toujours été un peu négligée.

Pour appercevoir ces figures dans leur plus grande régularité, il est essentiel que l'œil soit exactement situé au point de vue ; & pour n'avoir point la peine de le chercher, il faut mettre à cet endroit un petit cercle de cuivre percé à son centre d'un trou de deux lignes de diametre, & soutenu par une petite tringle de fer coudée & fixée au bord d'une planchette circulaire sur laquelle on posera le carton difforme ; ce carton doit être ferme, uni & point sujet à se voiler.

Effet.

Lorsqu'on aura situé ce miroir au centre de ce carton & que le sujet qu'on y aura peint sera vu du point E par la réflection de ce miroir, il paroîtra très-régulier ; ce qui surprendra d'autant plus qu'il sera fort difficile de distinguer le rapport qu'il peut y avoir entre ce qui est peint & le sujet qu'on apperçoit.

Nota. On doit renfermer ces sortes de miroirs, ainsi que ceux à facettes, dans de petits étuis de carton, afin qu'ils ne se gâtent point & ne perdent pas leur poli, attendu qu'outre l'embarras de les faire repolir on détruit par-là la vivacité des angles de ceux qui sont à facettes, & on corrompt peu à peu leur forme ; il ne faut pas non plus les tenir en les touchant avec les doigts, ce qu'il est facile d'éviter en les prenant toujours

(1) On peut donner à ce cône un peu moins de hauteur que le diametre de sa base, en se servant d'un carton plus grand pour tracer le sujet difforme.

(2) Il faut beaucoup d'attention & de précision pour transporter sur le cercle de carton (*fig.* 1, *pl.* 4) tous les traits du sujet dessiné sur le cercle A B C, *fig.* 13, *pl.* 3.) Ce qui est contenu dans chacun des espaces de ce dernier, doit être tracé dans chacun de ceux du premier qui y a rapport, & on doit avoir égard à la courbure que doivent prendre tous les traits de ce dessin : toute ligne droite du sujet régulier, (excepté celles qui sont rayons du cercle où elle est tracée), forment différentes lignes courbes sur le carton difforme & le point qui est au centre du tableau régulier, forme le plus grand des cercles du tableau difforme.

(3) Cette piece d'optique, ainsi que le miroir cylindrique, est de l'invention du Pere *Niceron.*

V v 2

par le pied fur lequel ils doivent être ma᷉iqués ; on doit auſſi avoir grand ſoin de les garantir de l'humidité. La plupart des miroirs de cette eſpèce n'étant pas parfaitement réguliers, il faut de néceſſité accorder le deſſin avec les irrégularités qui peuvent s'y trouver ; ce qui ſe fait aſſez facilement en le regardant de tems à autre par le point de vue avant que d'en déterminer entièrement les traits ; & par cette raiſon, il faut repairer la poſition du miroir ſur le carton.

Lorſqu'on fait faire de ces ſortes de miroirs, il faut recommander aux ouvriers de les fondre du même métal que celui qu'ils emploient pour les Téleſcopes (1), il eſt très-blanc, très-compacte, & ſuſceptible de prendre le poli le plus beau ; mais comme ce métal eſt fort dur à travailler & preſqu'auſſi caſſant que le verre, les ouvriers emploient quelquefois le métal de cloche, dont la couleur eſt jaunâtre & le poli beaucoup moins vif.

Tracer ſur un cercle de carton une figure difforme, qui paroiſſe régulière étant placée en face d'un miroir conique, & vue par une ouverture faite au centre de ce cercle.

Soit A B C, (*fig.* 2, *pl.* 4, *Amuſemens de Catoptrique,*) la coupe du miroir conique dans lequel la figure difforme que vous voulez tracer doit être vue par réflection & dont le diametre B C de ſa baſe doit être ſix fois plus grand que ſa hauteur A I, afin que les objets tracés ſur le cercle de carton repréſenté ici par la ligne F G puiſſent y être apperçus.

Prolongez à diſcrétion, juſqu'en D, l'axe A I de ce cône & faites paſſer par le point D la ligne indéfinie F G perpendiculaire à celle A D & parallèle à la baſe du cône B C : tirez du point A au point C la ligne D C, & du point C au point H la ligne C H, en faiſant l'angle A C H égal à l'angle A C D.

Diviſez le rayon I C de la baſe de ce cône en quatre parties égales, ou en un plus grand nombre, & tirez du point D à chacune de ces diviſions les lignes D *i*, leſquelles vous indiqueront ſur le côté du cône A C les points de diviſions par leſquels vous devez faire paſſer les lignes H M, H N, H O, & H P ; & ces lignes ; ainſi que celle H G, détermineront ſur la ligne F G les diſtances D P, D M, D N, D O & D P, dont vous vous ſervirez pour tracer ſur le cercle de carton, (*fig.* 3, *ibid.*) les cercles concentriques N, M, N, O & G ; tracez auſſi ſur ce même cercle les ſix diametres 1, 7 ; 2, 8 ; 3, 9, &c,

Tracez ſur du papier un cercle de la grandeur de la baſe de ce cône, (*fig.* 4, *ibid.*) & diviſez-le par quatre concentriques & ſix diametres également diſtants, comme il a été dit à la précédente Récréation : deſſinez ſur ce cercle le ſujet que vous voulez appercevoir dans ce miroir.

Tranſportez dans chacune des diviſions du carton (*fig.* 3,) tous les traits du ſujet que vous avez tracé ſur celui, (*fig.* 4,) en obſervant qu'il n'en eſt pas de même ici qu'à la précédente Récréation, & qu'au contraire ce qui eſt deſſiné ſur ce carton entre les cercles extérieurs doit être rapporté de même ſur les cercles extérieurs du carton, (*fig.* 3,) (2).

Faites un trou de deux à trois lignes de diametre au centre du cercle peint difformément, afin de pouvoir, par cette ouverture, regarder dans ce miroir les objets qui ont été tracés difformément ſur ce cercle.

Toutes ces préparations étant faites, conſtruiſez la pièce ci-après pour y placer ce miroir & ce cercle de carton.

Elevez ſur une planche A B, (*fig.* 5, *même pl.* 4,) le chaſſis C D E F, dans lequel vous réſerverez une couliſſe pour y introduire les différens cartons que vous aurez peints & deſtinés à être vus dans ce miroir : placez en face de ce chaſſis le pied I qui doit porter le miroir H, en obſervant de l'ajuſter de manière que ſa baſe ſoit bien parallèle au carton, & que ſon axe étant ſuppoſé prolongé paſſe par le trou circulaire L fait à ce même carton, qui doit être éloigné de la pointe du miroir de la longueur A D, (*figure* 2, *pl.* 4,) (3).

---

(1) Ce métal eſt compoſé de quarante parties de cuivre de Roſette & de dix-huit parties d'étain fin : on fait fondre d'abord le cuivre dans un creuſet qu'on a fait rougir, & lorſqu'il eſt prêt de ſe mettre en fuſion, on fait fondre ſéparément l'étain, qu'on verſe dans le cuivre fondu, & qu'on mêle avec une tringle de fer rougie au feu : on écume ce métal, & on jette à trois repriſes différentes, ſeize onces d'arſenic, dont on a fait trois parts égales ; on remue le métal à chaque fois & on couvre quelques inſtans le creuſet ; on le coule enſuite dans le moule qu'on a préparé, & qui doit être fort chaud. Il faut avoir ſoin de ſe garantir de la vapeur de l'arſenic, qui eſt fort dangereuſe. Toutes les différentes ſortes de miroirs de métal ſe travaillent ſur le tour ou dans des baſſins plats, convexes ou concaves : on les uſe d'abord avec de gros émeril, on les adoucit enſuite avec du fin, & on les polit avec la potée rouge : pour leur donner le vif, on emploie la potée d'étain à ſec.

(2) Pour peu qu'on conſidère la direction des rayons d'incidence & de réflection tracés ſur la figure ſixième, on verra que cet effet doit avoir lieu, & que l'eſpace compris dans le cercle N ne doit pas être apperçu dans le miroir, lorſque l'œil eſt placé au point de vue.

(3) On doit mettre ce carton trois ou quatre lignes plus près du miroir que cette longueur A D, attendu que l'œil eſt toujours placé à une petite diſtance de l'ouverture L.

Effet.

Cette pièce ayant été ainsi construite, si l'on regarde du point L le miroir H, on y appercevra l'image régulière de l'objet peint sur le carton d'une manière difforme , & il paroîtra entièrement semblable à celui qu'on a voulu ainsi représenter.

Nota. On peut peindre, dans le cercle central de ce carton , où ne se portent pas les rayons réfléchis, quelques objets qu'on accordera avec ce qui y est peint , de manière à rendre ce tableau encore plus difforme.

Construction d'un instrument très - simple & très-commode pour tracer sur les cartons les figures difformes qui servent aux deux précédentes Récréations.

Après avoir divisé dans le plus grand nombre de parties & le plus précisément qu'il sera possible , les *fig.* 14, *pl.* 3 & 2 , *pl.* 4 des deux précédentes Récréations & les avoir tracées dans des grandeurs proportionnées aux miroirs dont vous devez faire usage , & à la distance des points de vue que vous aurez déterminés , transportez sur les deux règles de cuivre , (*fig.* 8 , *pl.* 4 ,) toutes les divisions que vous aurez tracées , de manière que les trous C & H que vous ferez vers les extrémités A & E de ces règles soient supposés être le centre de la base de ces miroirs , & que les divisions égales des rayons de ces cônes soient tracées depuis C jusqu'en D & depuis H jusqu'en G , & celles du cercle difforme depuis D jusqu'en B & depuis G jusqu'en F : numérotez toutes ces divisions comme l'indique la *figure* 8 , *planche* 4.

Ayant ainsi divisé ces deux règles , servez-vous de celle qui convient pour exécuter l'un ou l'autre des sujets difformes des deux précédentes Récréations , & ayant placé au centre du carton ou le papier circulaire sur lequel est dessiné le sujet régulier ; mettez une pointe au centre du dessin , & faites-y entrer le trou fait à cette règle.

Faites tourner la règle autour de ce pivot , & examinant successivement à quel numéro des divisions égales répondent les traits du dessin régulièrement tracé , indiqués sur le carton difforme à l'endroit des mêmes divisions inégales de cette règle auxquelles ils correspondent; formez ensuite votre dessin en conduisant des traits par tous les points que vous aurez ainsi indiqués ; colorez-le , & vous aurez un tableau difforme qui se trouvera très-correctement exécuté.

Nota. Cet instrument non-seulement a l'avantage de tracer avec beaucoup d'exactitude , mais il a encore celui de la célérité , & il est très-

facile de s'en servir. Il exige cependant que les miroirs soient réguliers , ce qu'il est plus facile de trouver que dans les miroirs pyramidaux ci-après.

Décrire sur une surface plane une figure difforme, qui paroisse régulière étant vue par réflexion d'un point pris dans l'axe prolongé du miroir pyramidal.

Les miroirs pyramidaux différent des miroirs coniques , en ce qu'étant composés de plusieurs surfaces planes , on ne peut appercevoir du point de vue qu'une partie de la surface du carton sur lequel on peint le tableau difforme , ce qui donne la facilité d'y peindre & ajouter d'autres objets , qui servent à déguiser encore davantage ceux qui y ont été nécessairement tracés.

Soit A B C D , (*fig.* 6 , *pl.* 4 , *Amusemens de Catoptrique,*) un papier de même grandeur que la base hexagone du miroir pyramidal dont vous voulez faire usage : partagez-la en six triangles équilatéraux , par les diametres A F, B E & C D; divisez chacun des côtés de cet hexagone en quatre parties égales , & tirez de son centre G, à toutes ces divisions , les lignes G o , tracez aussi sur chacun de ces triangles des lignes également distantes entr'elles , & parallèles aux côtés de cet hexagone (1) ; dessinez-y ensuite le sujet régulier que vous peindrez difformement ainsi qu'il suit.

Ayant tiré sur un papier la ligne B C , (*fig.* 7, *pl.* 4 ,) égale au plus petit diametre de cet hexagone ; élevez au milieu de cette ligne la perpendiculaire indéfinie D E , sur laquelle vous prendrez sa partie D A égale à la hauteur du miroir pyramidal : déterminez à discrétion le point E , (c'est-à-dire , à sept à huit pouces au-dessus de la pointe de ce miroir) le point de vue d'où il faudra regarder dans ce miroir le tableau difforme que vous devez tracer , le carton représenté par la ligne P Q , qu'il faut supposer quatre ou cinq lignes au-dessous de la base de cette pyramide, attendu qu'elle doit être supportée sur un petit pied de bois de cette même hauteur.

Tirez la ligne B A, qui représente une des six faces de ce miroir , & prolongez-la indéfiniment vers H : placez le compas au point A, & de l'ouverture A E , décrivez l'arc de cercle E H I , faites-la portion de cercle H I égale à celle E H , & tirez du point I la ligne I B prolongée jusqu'en R , où elle rencontre la ligne P Q (2) ; & de ce même point I, celle I L , en la faisant passer

(1) On ne trace ces lignes qu'au crayon , afin de pouvoir distinguer l'objet qu'on doit dessiner.

(2) Cette ligne désigne le carton sur lequel on doit tracer la figure difforme.

par la pointe A de cette pyramide : alors l'espace P L sera la hauteur apparente de chacun des six triangles qui composent l'hexagone, (*fig.* 6.)

Partagez la ligne B D en un certain nombre de parties égales ; tirez du point de vue E à ces divisions les lignes E *r* qui diviseront en parties inégales le côté de cette pyramide, & conduisez du point I les lignes I M, I N & I O, en les faisant passer par tous ces points de divisions (1) : cette première opération étant faite, vous donnera les distances apparentes des parallèles tracées sur ces six triangles, & l'espace R B sera celui qu'il doit y avoir entre la base du triangle difforme & celle de chaque face du miroir.

Prenez avec le compas la longueur D L, c'est-à-dire, la distance du centre de la base de ce miroir au point le plus éloigné de l'apparence de l'objet qui doit être vu à son centre ; & à cette ouverture décrivez le cercle A B C D E F, (*fig.* 9,) partagez-le en six parties égales par les trois diamètres A F, B E & C D.

Portez la distance D R, (*fig.* 7,) sur chacun des six rayons tracés sur ce cercle, (*Fig.* 9 ;) & formez-en l'hexagone inscrit vers le centre de ce cercle.

Divisez chacun des arcs de cercles A B, B C, &c. en deux parties égales aux points *o*, & tirez de ces points les lignes *o i* qui doivent venir joindre les angles de cet hexagone ; alors chacun de ces triangles vous donnera la place où doit être rapporté ce qui est contenu dans chacun de ceux qui composent l'hexagone, (*Fig.* 6 ;) partagez la base de ces six triangles en quatre parties égales, & divisez-les parallèlement à leurs bases en quatre parties inégales, en égard aux distances indiquées dans l'espace L R, (*fig.* 7.)

Après avoir ainsi divisé ce carton & ces triangles, vous transporterez dans toutes ces divisions les parties du dessin tracé sur l'hexagone, (*fig.* 6,) en les rapportant exactement dans leurs cases respectives.

Ayez attention de déterminer au centre de ce carton la place du miroir, & de repairer un des côtés, sans quoi les inégalités qu'il est presqu'impossible d'éviter dans ces sortes de miroirs, dérangeroient les traits du sujet, qui, dès-lors ne paroîtroit plus régulier ; il est même très-essentiel en le peignant, non-seulement de fixer le miroir en sa vraie place, mais encore d'y placer

---

(1) Ce n'est pas le côté de la pyramide qu'il faut diviser en parties égales comme l'enseignent quelques auteurs, mais au contraire sa base, sans quoi on seroit sujet à des erreurs qui ne sont déjà que trop fréquentes par la difficulté de se procurer des miroirs réguliers.

---

un point de vue immobile, afin d'y regarder de tems à autre, avant que de décider tout-à-fait les traits de ce sujet difforme, & remédier par ce moyen aux irrégularités qui proviennent du miroir même ; enfin il faut de l'habitude & de la patience pour exécuter comme il faut ces sortes d'anamorphoses.

Effet.

La surprise qu'occasionne ce miroir, est la même que celle produite par le miroir conique ; il arrive quelquefois qu'il est plus difforme, surtout lorsqu'on peint avec intelligence, dans les espaces vuides, des objets étrangers, qui, venant à se confondre avec ceux qui se voyent dans ce miroir, contribuent beaucoup à les déguiser entiérement même aux yeux de ceux qui connoissent l'effet de ces sortes de tableaux.

Nota. On peut, si l'on veut, mettre un deuxième sujet sur ce même carton, en plaçant alors le miroir de manière qu'on y apperçoive l'espace contenu dans les triangles ponctués de cette même figure cinquième ; il faut seulement avoir attention que les sujets que l'on veut représenter ne s'étendent pas tout-à-fait jusqu'au bord de l'hexagone qui forme la base du miroir ; ces sortes de cartons avec deux sujets différens, sont préférables à ceux qui ne présentent qu'un seul & même objet : ce double effet peut avoir lieu à l'égard des sujets destinés pour être vus dans des miroirs pyramidaux, dont la base seroit un triangle, un quarré ou un pentagone. Si l'on vouloit exécuter ces sujets un peu en grand, on pourroit faire cette pyramide avec un assemblage de six miroirs triangulaires & isocèles, dont la glace soit fort mince & taillée en biseau ou champfrein ; étant bien ajustés les uns auprès des autres, leur jonction paroîtroit fort peu & cela seroit plus commode & moins dispendieux que de faire exécuter en grand ces miroirs de métal.

Représenter sur une surface plane une figure difforme qui représente deux différens objets étant vus en face d'un miroir conique à deux faces.

Soit A B C, (*fig.* 12, *pl.* 4, *Amusemens de Catoptrique*) la représentation de la coupe d'un miroir conique, dont le diamètre a pour longueur sept fois sa hauteur (1) ; tirez la ligne A C qui désigne ici la base de ce cône, partagez-la en deux parties égales au point B, & élevez la perpendiculaire B P ; prolongez-la vers le centre B de ce miroir.

Prolongez vers D & C, & vers F & E les

---

(1) Ce miroir doit être concave d'un côté & convexe de l'autre, & l'angle de sa convexité doit être un peu plus aigu que celui de sa concavité.

deux côtés A C & B C du miroir, & élevez sur ces deux lignes aux points A & C, les deux perpendiculaires A P & C P qui se rencontreront sur la ligne E P en un même point P, tirez du point P la ligne indéfinie M N (1), & faites-la parallèle à la ligne AC.

Tirez du point B la ligne BI en faisant l'angle FBI égale à l'angle CPE, tirez de même la ligne B H en faisant l'angle G B H égal à l'angle ADP.

Divisez la ligne AC en un certain nombre de parties égales (2), eu égard à la grandeur de ce miroir, & tirez du point de vue P, à ces points de divisions a, les lignes P a; tirez ensuite des points c, où ces lignes coupent les lignes A B & B C; celles c b, en faisant les angles de réflection de ces lignes b c égaux à ceux d'incidence de celles b c.

Prenez avec le compas les longueurs P b & P H, & servez-vous en pour tracer du point P sur le carton, (fig. 11) les deux cercles concentriques b & H, dont le plus grand sera l'espace entier, qui doit être apperçu du point de vue P (3) lorsque ce carton sera placé à la distance P P du miroir, de manière qu'il soit parallèle à sa base, & que le point P se trouve dans son axe prolongé; ce qu'il est aisé de concevoir par la construction de la figure 12, qui fait aussi connoître que les parties qui sont au centre de ce carton sont celles qu'on apperçoit vers les bords du miroir, & que réciproquement on apperçoit au centre du miroir celles qui se trouvent sur les bords de ce même cercle de carton, ce qui contribue beaucoup à rendre cette figure très-difforme.

Soit A B, (fig. 13, même pl.), la représentation de la coupe de ce même miroir; tirez la ligne A B, & l'ayant partagée en deux parties égales, élevez la perpendiculaire A P, à laquelle vous donnerez une longueur égale à celle B P de la la fig. 12.

Prolongez indéfiniment, de part & d'autre les lignes A B & B C, c'est-à-dire, les deux côtés du miroir,) & ayant tiré du point P aux points A & C les lignes P A & P C: tirez de ces mêmes points A & C les lignes A F & A G, en faisant l'angle de réflection H A F égal à celui d'incidence P A B, & pareillement l'angle G C L égal à celui P C B.

Tirez encore du point B les lignes B N & B O, en faisant l'angle H B N égal à celui P B N, & l'angle C B O égal à l'angle P B O.

Divisez la ligne A C en un certain nombre de parties égales (4), & tirez du point de vue P, à ces points de division a, les lignes P a; tirez ensuite celle c b, en faisant les angles de réflection de ces lignes c b égaux à ceux d'incidence de celles P c.

Prenez avec le compas les distances P O, P b & P G, & servez vous-en pour tracer du point P, (fig. 11,) les trois cercles concentriques O, b & G qui renfermeront l'espace de ce carton qui sera apperçu dans ce miroir lorsque l'œil sera placé à la distance B P (5); divisez ensuite la circonférence du cercle (figure 11,) en une certaine quantité de parties égales, & tirez les diametres a b.

Tracez sur du papier deux cercles égaux A & B, (figures 10 & 10 bis,) & ayant divisé leur circonférence en autant de parties égales que celui de la fig. 11, divisez-les encore par autant de cercles concentriques que vous aurez fait de divisions sur les lignes P H & P G, (figures 12 & 13.)

Dessinez sur ces deux cercles les deux sujets que vous voulez faire paroître dans le miroir, & transportez-en le trait difforme sur le carton, (fig. 11,) en observant que celui qui doit être tracé dans les cercles les plus près du centre doit être vu dans le côté concave du miroir (6), & que l'autre, qui doit être tracé sur les cercles extérieurs, doit être vu dans le côté convexe.

Ajustez ce miroir dans une bordure à deux faces, & le posez sur un pied A, (fig. 11,) de manière que vous puissiez le faire tourner au point B, afin de pouvoir présenter au carton difforme C D l'un ou l'autre côté de ce miroir conique, & qu'alors non-seulement sa base soit parallèle au carton, mais que son axe prolongé G F passe au travers le centre F de ce carton.

Effet.

Lorsqu'on regardera ce carton, on n'y verra qu'un objet difforme & confus en apparence au-

---

(1) Cette ligne représente le carton sur lequel doit être peint le sujet difforme.

(2) On s'est contenté de désigner ici quelques-unes de ces divisions, afin d'éviter la confusion des lignes.

(3) Il faut faire au point P un trou de deux lignes de diametre, au travers lequel on regardera dans le miroir l'objet qui sera peint.

(4) On les a partagés ici en petit nombre pour éviter encore la confusion.

(5) Dans ce miroir, les parties du sujet régulier qui sont vers le centre du cercle où il a été tracé, sont aussi celles qui paroissent sur l'objet difforme vers le cercle le plus près du centre P.

(6) Les objets dans ce côté concave paroissent renversés, ainsi il faudra transporter le trait dans un sens également contraire & renversé.

quel on ne pourra rien diftinguer, mais fi l'on regarde par le point B, on appercevra dans le miroir un des deux fujets réguliers qu'on a voulu y repréfenter : l'étonnement augmentera lorfqu'en retournant ce miroir on appercevra par cette même ouverture un objet totalement différent de celui qu'on avoit vu d'abord, & que naturellement on aura préfumé être la repréfentation de la totalité de ce qui étoit peint fur ce carton.

Nota. Cette efpèce d'anamorphofe eft affez facile à exécuter ; le plus embarraffant eft de pouvoir fe-procurer un miroir, dont la forme foit régulière, fans quoi l'objet devient confus au centre du miroir, quelque foin qu'on ait pris à le tracer : pour éviter cet inconvénient, il faut difpofer d'abord fon deffin de manière qu'aucune partie effentielle ne fe trouve placée à fon centre, & quand même le miroir feroit régulier, il fera toujours bon de prendre cette précaution.

Décrire fur une furface plane un tableau difforme qui paroiffe régulier étant placé vis-à-vis un miroir à facettes, & vu par réflexion au travers d'une ouverture faite au centre de ce tableau.

Ce feroit une chofe fort fuperflue que d'enfeigner ici la manière de tracer géométriquement ce tableau, comme on l'a fait pour les précédentes récréations, attendu qu'indépendamment de ce qu'elle eft fort compliquée, elle ne pourroit être d'aucun ufage dans la pratique, à caufe de l'impoffibilité de faire travailler des miroirs dont les facettes foient régulières & également inclinées.

Conftruction.

Faites faire par un ouvrier intelligent un miroir de métal (A fig. 3. pl. 5. *Amufemens de Catoptrique*), qui ait pour bafe un hexagone d'environ deux pouces & demi de diamètre, & cinq à fix lignes d'épaiffeur à fon centre ; que toutes ces facettes foient taillées le plus régulièrement qu'il fera poffible, leurs angles bien vifs et leurs furfaces parfaitement planes & bien polies (1).

Ajuftez folidement ce miroir A dans un cadre, & fixez-le fur le pied ou montant BC, qu'il foit à une élévation telle qu'en plaçant au-devant de lui le carton DEFG (2), & regardant par un petit

trou H fait à fon centre, on n'apperçoive dans ce miroir aucun objet qui foit extérieur à ce carton ; que ce trou H foit auffi en face du centre de ce miroir.

Tracez fur un papier le plan géométral de ce miroir à facettes (*fig. 5. même planche*), & deffinez-y, au trait feulement, le fujet régulier que vous voulez faire paroître dans ce miroir.

Ces premières préparations ayant été faites avec attention, c'eft-à-dire, le miroir étant bien fixé & le carton bien ajufté en fa place, regardez ce miroir par l'ouverture H (3), & tenant alors de la main la petite régle à queue AB (*fig. 2.*), promenez-là doucement en divers fens fur ce carton, jufqu'à ce que fon côté C paroiffe à l'œil (toujours placé en H, *fig. 3.*), être parfaitement dirigé fur le bord d'un côté d'une de ces facettes ; ne remuez pas alors la main, & ceffant de regarder par l'ouverture, tirez (avec un crayon de mine de plomb que vous devez tenir dans l'autre main) une ligne le long de cette régle, & faites la même opération pour tous les autres côtés de cette facette ; alors l'efpace contenu entre ces lignes fera celui où doit être tranfporté la partie du deffin, qui, fur la *fig. 5.*, eft indiqué fur la facette qui a rapport à celle dont vous avez pris l'apparence en regardant au travers de l'ouverture H.

Faites une femblable opération fur chacune des autres facettes, & vous aurez alors douze efpaces décidés, dont chacun d'eux aura rapport aux douze facettes du miroir, & toutes enfemble pourront par conféquent contenir entièrement le fujet qui aura été tracé fur la *figure cinquième.*

Ces efpaces ne différant pas beaucoup, quant à leur figure, de celle des facettes du miroir, il fera facile d'y peindre l'objet qu'on voudra repréfenter ; il ne s'agira que de les numéroter fi l'on veut, afin de les mieux reconnoître, & de préfenter de temps à autre le carton en face du miroir, à mefure qu'on aura tracé quelques-unes de ces facettes, afin qu'en regardant par l'ouverture H, on puiffe reconnoître & rectifier les fautes qu'on aura pu faire, particulièrement pour accorder le deffin vers les bords réciproques des facettes : on peut auffi foudivifer ces douze efpaces, tant fur le deffin que fur le carton, comme l'indiquent les figures cinquième & fixième ; on fe procurera par-là un peu plus de facilité dans l'exécution.

---

(1) Le métal qui fert à ces miroirs étant extrêmement dur, il eft bon d'en faire un modèle en cuivre, ou en bois dur, le plus régulier qu'il fe pourra, afin de fervir de moule au fondeur.

(2) Ce carton, fur lequel fe peint le tableau difforme, doit être placé fur un chaffis fixé à demeure

fur la planche qui foutient ce montant ; il doit y entrer à couliffe, afin de pouvoir y placer différens tableaux.

(3) Cette ouverture ne doit avoir qu'une ligne de diamètre.

Ce

Ce tableau difforme étant peint de manière qu'il faffe bien fon effet, on remplira le refte en le peignant de quelques objets avec lesquels on puiffe confondre, & déguifer ce qui doit paroître dans le miroir : c'est là où il y a le plus d'art, fur-tout quand on en compenfe un tout qui n'a aucun rapport au fujet régulier ; fans cela, ces fortes de tableaux n'ont pas grand mérite.

Effet.

Ce tableau produit une furprife affez extraordinaire, en ce qu'on n'apperçoit dans le miroir qu'une partie des objets qui y font peints, & que ceux qui s'y voyent et forment le fujet régulier, fe trouvent difperfés fur ce tableau et confondus avec ceux qui ne s'y peuvent repréfenter.

Nota. On ne peut fe diffimuler ici que ce tableau demande beaucoup de foins & d'intelligence dans fon exécution ; mais malgré cela, avec un peu de patience, on peut fe flatter d'y réüffir, & on fera bien récompenfé de fon travail par la fatisfaction qu'on aura d'avoir fait une pièce qui ne pourra certainement être vue qu'avec beaucoup de plaifir.

Décrire fur une furface plane & horifontale une figure difforme qui paroiffe régulière étant vue par réflection dans un miroir cylindrique.

Soit A B C D. (*figure 1, pl. 5, Amufemens de Catoptrique.*) le miroir cylindrique dans lequel on veut voir, par réflection, & du point de vue E, l'objet difforme qu'on fe propofe de peindre fur le carton horifontal F G.

Soit auffi A B C D, (*figure 11, même planche*) un quarré long, dont le plus petit côté A B eft égal au diamètre de la bafe du cylindre ci-deffus ; divifez-le en foixante-douze petits quarrés égaux, comme le défigne cette figure, & deffinez-y au trait feulement l'objet régulier qui doit être peint difformément fur le plan horifontal F G, (*figure 1.*)

Tracez fur un papier le cercle A, (*fig. 8,*) dont le diametre C D foit égal à celui de la bafe du miroir ; tirez du centre A la ligne indéfinie A B, en faifant la ligne A B égale à la diftance ci-devant déterminée du point de vue E au centre du miroir : tirez la ligne C D qui coupe à angle droit la ligne A B, & menez les deux lignes B C & B D.

Divifez le diametre C D en fix parties égales, & tirez du point B les lignes B *i* qui coupant un des côtés de ce cercle y détermineront les points où vous devez élever fur la furface du cylindre des lignes perpendiculaires à fa bafe & parallèles entr'elles ; tracez ces lignes fur le cylindre avec *Amufemens des Sciences.*

une couleur opaque, ou en y appliquant des fils de foie noire que vous arrêterez des deux bouts avec un peu de cire molle.

Ces premières divifions étant faites, portez les douze divifions de la hauteur du quarré long A B C D, (*fig. 8,*) fur la ligne qui a été élevée au point D, & commencez vos divifions à une petite diftance de la bafe B D (*fig. 1,*) ; tirez enfuite du point de vue E à toutes ces divifions les lignes E *i*, lefquelles paffant par ces divifions en indiqueront d'autres fur les deux côtés oppofés de ce miroir.

Tracez ou entourez avec des fils de foie ce cylindre de manière qu'ils forment la circonférence de différens ovales inclinés, dont les plus petits diametres feront celui du cylindre & les plus grands les différentes longueurs des lignes *i i*, (*voyez cette fig. 15*) & alors toutes ces divifions ainfi tracées fur ce cylindre étant vûes du point E, paroîtront entièrement femblables à celles qui auront été faites fur le quarré long A B C D : d'où il fuit que fi l'on ajûte une lampe au point E de manière que fa lumière ne tombe que fur le cylindre (1) & qu'elle n'éclaire le plan horifontal F G que par réflection, alors toutes les apparences de ces divifions paroîtront affez fenfiblement fur ce plan pour pouvoir les y tracer ; & on formera par ce moyen un modèle divifé en un même nombre d'efpaces que ce quarré long, (*fig. 11,*) dont on fe fervira pour y transporter difformément le fujet régulier qu'on appercevra dans fa vraie dimenfion lorfqu'on placera l'œil au point de vue E.

Nota. Ces quarrés irréguliers doivent être tracés fur un papier que l'on gardera, afin de s'en fervir pour les retracer fur les cartons où l'on voudra peindre les fujets difformes : on évitera par-là de recommencer cette opération. On remarque ici que toute ligne du tableau régulier qui eft parallèle à la ligne A B, (*fig. 8,*) fe repréfente par une ligne circulaire fur le tableau difforme, & que toute ligne droite parallèle à la ligne D C, forme également une ligne droite ; & qu'enfin toutes autres lignes droites qui ne font pas parallèles à celle A C, fe repréfentent fur le tableau difforme par des lignes d'autant plus courbes que ces premières font plus inclinées.

On a préféré cette méthode à la divifion géométrique enfeignée dans plufieurs auteurs, attendu qu'elle eft facile & qu'elle remédie aux irrégularités des miroirs ; elle peut fervir également pour les miroirs prifmatiques, dont on ne fait plus

---

(1) Il faut couvrir cette lumière du côté du cylindre, enforte qu'elle ne puiffe l'éclairer que par un trou de quatre à cinq lignes fait à une plaque de fer blanc & placé entr'elle & lui.

usage à cause de la nécessité de placer l'œil précisément au point de vue, au lieu que les figures vues dans le miroir cylindrique sont toujours assez bien, quoiqu'on les regarde de différens points, pourvu qu'ils ne soient pas trop éloignés de celui qui a été déterminé.

Tracer sur une surface plane, mise en face d'un miroir cylindrique une figure difforme qui paroisse régulière, étant vue d'un point pris au-dessus de cette surface.

Elle ne diffère de la précédente, qu'en ce que le point de vue E, (fig. 4, pl. 5, *Amusemens de Catoptrique*,) ne doit pas être plus élevé que le miroir, & qu'il faut au contraire le placer un peu au-dessous de sa partie supérieure : à l'égard de la manière de tracer les divisions, tant sur le cylindre (1) que sur le carton, elle est absolument la même : c'est pourquoi il est inutile d'entrer dans aucun détail à ce sujet. Il est seulement essentiel de remarquer que le bas du carton B, sur lequel on doit peindre la figure difforme, doit être moins élevé que la base du miroir cylindrique & qu'il ne doit pas en être fort éloigné, afin qu'on ne soit pas forcé de donner trop d'étendue à ce carton : ce qui cependant contribueroit beaucoup à le défigurer davantage : on peut aussi placer le point de vue au centre du carton, si on juge que cela soit plus commode.

Observation.

Lorsqu'on veut peindre avec soin toutes ces sortes d'anamorphoses, il faut avoir la précaution, en les colorant, de charger moins de couleur les parties du tableau difforme qui s'étendent davantage, attendu que paroissant en raccourci dans ce miroir, le ton de couleur, qu'on leur a donné, devient alors plus foncé en raison de sa diminution apparente : en un mot, il faut de l'intelligence pour exécuter ces sortes de morceaux, & c'est en quoi consiste leur vrai mérite. Il s'en vend chez les marchands de si mal peints, qu'ils paroissent presqu'aussi défigurés dans les miroirs qu'ils le sont sur les cartons, aussi les obtient-on à vil prix.

Des miroirs concaves sphériques.

Les différens phénomènes que produisent ces sortes de miroirs, consistent :

Premièrement à rassembler dans un même foyer

tous les rayons de feu ou de lumière, au point d'échauffer, d'allumer & embrâser toutes les matières combustibles, & de fondre, calciner & vitrifier tous les métaux & les pierres les plus dures.

Deuxièmement, ces mêmes miroirs représentent les objets, tantôt amplifiés ou diminués, tantôt dans une situation renversée ; il est aussi des circonstances où ils paroissent placés en avant de leurs surfaces.

Troisièmement, si on place au-devant & plus ou moins près de ces miroirs quelques corps lumineux, les rayons qui s'élancent continuellement de ces corps se trouvant réfléchis, se joignent à ceux qui se dirigent directement, & sans aucune réflection sur les objets qu'ils éclairent & contribuent beaucoup à en augmenter la clarté : de manière que si par la disposition & la forme du miroir, eu égard à l'endroit où est placé au-devant de lui le corps lumineux, les rayons réfléchis sont parallèles, on pourroit alors éclairer de fort loin un espace (2) de même grandeur que le miroir, attendu qu'on rassembleroit par ce moyen, en un même endroit, une grande partie des rayons émanés du corps lumineux ; cette augmentation de lumière ne diminue pas alors en proportion de la raison inverse du quarré de la distance du corps lumineux aux objets qui en sont éclairés, comme il arrive lorsqu'il ne se fait aucune réflection.

Les miroirs concaves se font de glace ou de métal ; ces premiers pour être bons, doivent avoir leurs deux surfaces peu épaisses & parallèles ; on les met au teint du côté de leur convexité : lorsqu'ils sont plans d'un côté & convexes de l'autre, ils sont bien moins bons & à meilleur marché, & on ne peut d'ailleurs les faire de cette sorte que d'une grandeur fort médiocre ; ceux de métal ont l'avantage de pouvoir servir des deux côtés, mais comme on fait très-peu d'usage du côté qui est convexe & qu'ils sont beaucoup plus chers, on doit préférer les premiers, qui d'un

___

(1) Il suffit d'une portion de cylindre A formant le tiers de la circonférence d'un cercle de cinq à six pouces de diamètre, & soutenu sur un pied D, auquel doit être fixée une branche qui soutienne le tableau B. (*Voyez fig. 4, pl. 5.*)

___

(2) Les rayons de lumière qui émanent d'un corps lumineux étant nécessairement d'une quantité déterminée, eu égard à la force de cette lumière, il n'est pas possible par le moyen d'un miroir concave d'éclairer considérablement un grand espace ; on conçoit aisément que la moitié & plus des rayons vont directement du corps lumineux aux différens objets qui peuvent en être éclairés, & que ces objets ne reçoivent une augmentation de lumière que par la réflection des rayons réfléchis, qui sans l'interposition du miroir, iroient éclairer d'autres objets ; d'où il suit qu'un corps éclairé par la lumière placée devant un miroir concave, peut être deux fois plus éclairé, s'il lui parvient deux fois plus de rayons ; & c'est d'après ces premiers principes que doivent être construits les reverbères.

CAT

autre côté font beaucoup moins fujets à fe ternir & réfléchiffent plus de rayons; il eft cependant des circonftances où l'on ne peut fe difpenfer d'employer des miroirs de métal, ou tout fimplement des miroirs de cuivre battu & argenté.

PROBLÈME.

Étant donné un miroir concave, & le lieu d'une lumière placée au-devant de lui, déterminer l'espace qui doit en être éclairé par réflexion.

Soit AB (fig. 9, pl. 5. *Amusemens de Catoptrique.*) un miroir concave d'une fphéricité quelconque, dont C eft le centre (1) & D le point où fe trouve placé le corps lumineux : tirez de ce centre C aux extrémités du miroir A & B les lignes CA & CB, & du point D les lignes DA & DB; tirez auffi de ces deux extrémités du miroir A & B les indéfinies AE & BF, en faifant les angles EAC & FBC, égaux aux angles CAD, CBF; alors l'efpace compris entre les deux lignes AE & BF, fera celui qui doit être éclairé par la réflexion de la lumière fuppofée placée au point D.

Corollaire.

Il fuit de cette démonftration, que fi la lumiere eft placée plus près du miroir que le point D, par exemple, au point G, l'efpace éclairé fe trouvant compris entre les lignes AH & BI fera plus grand (2), & qu'au contraire fi elle en eft éloignée, c'eft-à-dire, placée au point L, il fera plus petit étant compris dans l'intervalle MN, comme le défigne cette figure.

Il réfulte encore qu'il eft un point où les rayons réfléchis font parallèles; ce point qu'on appelle le foyer du miroir, eft éloigné de fa furface du quart du diametre de fa convexité. Les rayons réfléchis AH & BI qui s'écartent font divergens, & ceux AM & AN qui s'approchent font convergens; il eft aifé de voir que ces deux différentes directions des rayons proviennent de ce que le corps lumineux eft placé en-deçà ou au-delà du foyer des rayons parallèles.

Nota. Cette explication fuffit pour déterminer, en général, à quelle diftance d'un miroir il faut éloigner un corps lumineux pour qu'il réfléchiffe tous fes rayons dans un efpace & à un éloignement déterminé, & c'eft ce qu'il eft important d'obferver lorfqu'on conftruit des reverberes faits exprès pour le lieu qu'ils doivent favorablement éclairer.

Une attention particuliere qu'il faut avoir lorf-

(1) Le centre d'un miroir concave eft celui de la fphéricité dont il fait partie.

(2) On fuppofe ici que cet efpace eft à même diftance du miroir que celui cité dans la démonftration ci-deffus.

CAT 347

qu'on fait conftruire de ces fortes de reverberes, eft de placer le miroir réfléchiffant de manière qu'une ligne droite qui partiroit de fon centre & pafferoit par celui de fa fphéricité, vienne fe rendre vers le milieu de l'objet que l'on veut éclairer; ce qui fait voir que le miroir doit être plus ou moins incliné, eu égard à la hauteur à laquelle eft placé le reverbere, relativement à la pofition & à l'éloignement de ces objets; en forte que s'il eft placé au-deffous du plafond d'une falle pour en éclairer le plancher, le miroir doit être difpofé dans une fituation horizontale; & fi au contraire il eft placé à la même hauteur que l'objet qui en eft éclairé, fa pofition doit alors être verticale.

Singulier effet des miroirs concaves.

Toutes les images des objets qui font réfléchis à nos yeux par des miroirs plans, paroiffent fituées au-delà de leur furface réfléchiffante, à même diftance qu'ils en font eux-mêmes éloignés; mais il n'en eft pas de même de ceux qui font réfléchis par des miroirs concaves; les objets dans certains cas paroiffent à la vérité plus éloignés, mais dans d'autres ils femblent même être fitués en avant de ces miroirs.

Si l'objet réfléchi eft placé plus proche du miroir que le quart du diametre de fa fphéricité, les rayons qu'il réfléchit étant divergens, il paroît au-delà du miroir; fi au contraire il en eft plus éloigné, ces mêmes rayons deviennent convergens, & il arrive que ce même objet femble être placé plus ou moins en-deçà du miroir, eu égard à la diftance à laquelle il eft du foyer des rayons parallèles : fa fituation paroît auffi renverfée.

Cet effet, qui au premier abord paroît fort extraordinaire, ceffera de furprendre fi l'on confidere que lorfqu'un objet placé au-devant d'un miroir concave fe trouve entre le quart & la moitié du diametre de fa fphéricité, les rayons réfléchis devenus convergens vont fe croifer au-delà du centre de cette fphéricité : dans cette circonftance, les objets paroiffent renverfés, attendu que les faifceaux de lumière qui parviennent de cet objet à notre œil, ne fe peuvent peindre fur la retine qu'après s'être croifés entr'elle & le miroir.

Phénomène des déplacemens.

De tous nos fens celui de la vue eft fans contredit celui qui eft le plus fujet aux illufions; tous les auteurs qui ont travaillé fur l'optique en rapportent un très-grand nombre d'exemples, & ils fe font tous efforcés d'en découvrir les caufes & les effets, afin que n'étant point induits en erreur en admirant & examinant avec attention tous ces divers phénomènes, nous puiffions démêler l'apparence d'avec la réalité; tous les jours nous dé-

X x 2

couvrons de nouvelles chofes auxquelles on avoit fait d'abord peu d'attention, & il en eft fans doute beaucoup d'autres qui font réfervées pour ceux qui viendront après nous. Une découverte qui dans fon abord a paru d'une bien petite conféquence, a conduit à des chofes de la dernière utilité.

Ayez une bouteille de verre A (*fig.* 10, *pl.* 5. *Amufemens de Catoptrique*) qui contienne de l'eau depuis le fond jufqu'en B, & dont la partie fupérieure BC foit vuide ; que cette bouteille foit bouchée à l'ordinaire : préfentez-la en face d'un miroir concave, & en-deçà du foyer des rayons parallèles, afin que fon image paroiffe être renverfée & en-deçà du miroir ; placez-vous plus loin du miroir que cette bouteille, & vous la verrez renverfée telle qu'elle eft en *abc, même pl.*

Mais ce qu'il y a de fingulier & de fort extraordinaire dans la repréfentation renverfée de l'image de cette bouteille, c'eft que l'eau, qui, fuivant toutes les règles de la catoptrique, & fuivant toutes les obfervations & expériences faites fur d'autres objets vifibles, devroit paroître en *ab* qui eft l'image de la même partie AB de la bouteille ABC qui la contient, eft vue au contraire en *bc* qui eft l'image BC de cette bouteille qui fe trouve vuide en cet endroit ; & la partie *ab* de l'image paroît vuide pendant que la partie AB de la bouteille qu'elle repréfente eft pleine.

Si on renverfe la bouteille (*voyez fig.* 11, *même planche*) étant bien bouchée, fon image paroît droite & dans fa fituation naturelle ; mais l'eau qui fe trouve alors dans la bouteille occuper la partie BC, paroît dans l'image être contenue dans la partie *ab*, & celle de la bouteille AB qui eft vuide, paroît être pleine dans la partie de l'image *ab*.

Si pendant que la bouteille eft placée dans cette fituation renverfée, on ôte fon bouchon & qu'on laiffe écouler doucement l'eau, il femblera que pendant que la partie BC fe vuide, celle de l'image *ab* fe remplit ; & ce qu'il y a de fort remarquable, c'eft qu'auffitôt que la bouteille fe trouve entièrement vuide, l'illufion ceffe, & la bouteille *ac* qui eft l'image de celle AC, paroît alors entièrement vuide ; il arrive auffi que fi la bouteille eft entièrement pleine, il n'y a plus dès-lors d'illufion.

Si pendant qu'on tient la bouteille renverfée, n'étant pas entièrement pleine, il y a quelques gouttes d'eau au fond de cette bouteille qui tombent vers la partie BC, il femblera qu'il fe forme, au fond de la partie *ba* de l'image, une bulle d'air qui monte d'*a* en *b*, qui eft la partie de l'image de cette bouteille qui paroît pleine d'eau.

Il eft d'autres circonftances moins extraordinaires à remarquer en répétant cette expérience.

Tous ceux auxquels on fera voir cette fin-

gulière illufion s'imagineront voir toutes ces chofes telles qu'on vient de les rapporter : ce qu'ils trouveront d'extraordinaire dans ce phénomène, c'eft premièrement de voir non-feulement un objet où il n'eft pas, mais encore où fon image n'eft pas non plus, & dans un endroit où aucuns des rayons qui viennent de l'objet & font réfléchis par le miroir, ne peuvent paffer avant que de parvenir dans l'œil : Secondement, que de deux objets qui font tous les deux réellement dans un même endroit ; tels que la furface du verre, & celle de l'eau qu'elle contient, on en apperçoit un dans un endroit, & l'autre dans un autre endroit différent, & cependant on voit le verre dans le lieu de fon image, & l'eau, où ni l'eau ni fon image ne font point.

Obfervation.

On peut conjecturer avec fondement que la caufe qui produit cette illufion vient de ce qu'étant accoutumé à ne jamais voir l'eau fufpendue en l'air dans aucun vafe, mais toujours précipitée vers le fond ; & d'ailleurs, la couleur de l'air & celle de l'eau étant fi peu différentes entr'elles, on eft forcé par un jugement très-naturel, à rapporter la place de l'eau où elle eft ordinairement, & cela malgré la réflexion & le raifonnement qui devroient nous convaincre du contraire ; cela eft fi vrai, que fi lorfqu'on fait cette expérience, on met dans la bouteille une liqueur colorée, cette illufion n'a plus lieu, attendu que l'on juge alors que la liqueur eft au même endroit où elle fe trouve placée dans le verre.

Faire prendre feu à un corps combuftible par la réflection de deux miroirs concaves.

Les rayons d'une lumière mife au foyer d'un miroir concave fe réfléchiffant fur les lignes parallèles entr'elles, fi on place en face de ces rayons un autre miroir parallèlement oppofé à ce premier ; & qui en reçoive tous les rayons, ils fe réuniront à fon foyer au point d'échauffer & d'allumer même des matières combuftibles.

Conftruction.

Ayez deux miroirs concaves A & B, (*fig.* 14, *pl.* 5. *Amufemens de Catoptrique*) éloignés entr'eux de douze à quinze pieds, & dont l'axe EF foit commun ; mettez au foyer C d'un de ces miroirs un charbon ardent, & au foyer D de l'autre miroir un peu de poudre à canon ; avec un fouflet dont le bout foit recourbé, & qui forme un vent continuel, tel que ceux qui font à deux vents, foufflez le charbon, & auffitôt, malgré la diftance qui fépare le charbon allumé & la poudre, elle s'enflammera ; il n'eft pas néceffaire que ces miroirs foient de métal ou de glace ; des miroirs de bois ou de carton dorés peuvent fuffire pour cette expérience, qui a quelquefois réussi jusqu'à cinquante pieds de distance, en employant alors des miroirs d'un pied & demi jusqu'à deux pieds de diamètre.

Cette expérience réussit difficilement à des distances plus éloignées, soit parce que la masse d'air qui se trouve interposée entre ces deux miroirs occasionne de nécessité du réfroidissement dans ces rayons ; soit aussi parce que la totalité des rayons n'est pas entièrement réfléchie sur le deuxième miroir : elle réussiroit peut-être mieux, si l'on mettoit entre leurs foyers un long tuyau de fer blanc d'un diamètre égal à celui de ces miroirs, comme il est aisé d'en faire l'expérience.

L'Androïde du siécle.

La plus grande partie des effets que produit la lumière étant relatifs au son, qui se réfléchit nécessairement suivant les mêmes principes, c'est-à-dire, en faisant les angles d'incidence égaux à ceux de réflexion ; on peut par leur moyen exécuter la récréation ci-après.

Construction.

Elevez verticalement le miroir concave A B (fig. 13, pl. 5. Amusemens de Catoptrique.) de deux pieds de diamètre (1) & d'une courbure telle que le point de réunion des rayons qui y tombent parallèlement soit à douze ou quinze pouces de sa surface réfléchissante; disposez une petite figure dont la tête D se trouve placée directement au foyer de ce miroir.

Observez qu'il faut que ce miroir soit posé à une distance de huit à dix pieds, ou même plus, d'une cloison EF parallèlement opposée à sa surface, & qu'elle doit être ouverte de cette même grandeur, & masquée d'une tapisserie très-légère, afin que le son y puisse facilement pénétrer.

Ayez aussi un deuxième miroir de même forme GH que vous placerez derrière & à deux ou trois pieds de cette cloison, & qu'il soit disposé en face du premier.

Effet.

Lorsqu'une personne placée au foyer D, ou à celui I d'un de ces miroirs, ayant la face tournée du côté du miroir, parlera, même à voix basse, une autre personne qui sera placée au foyer du miroir opposé entendra très-distinctement toutes les paroles qu'elle prononcera ; & cet effet aura lieu malgré l'interposition de la tapisserie placée entr'elles.

(1) On peut faire ces miroirs de carton doré ou de fer-blanc ; cette récréation n'exigeant pas des miroirs bien parfaits.

Ayant secrettement caché une personne intelligente derrière la cloison, & l'ayant prévenue de tenir l'oreille vers le foyer du miroir GH, on proposera à une personne de parler bas à la petite figure, en approchant sa bouche de la tête de la figure, & en la prévenant qu'elle va lui répondre, & la personne cachée entendant les paroles qu'elle aura prononcées, y répondra sur le champ. Cette réponse sera entendue de celle qui a parlé d'abord ; & ce qui lui causera d'autant plus d'étonnement, c'est qu'il lui semblera que ces paroles sortent de cette figure même.

Nota. Pour cacher entièrement ce qui produit cet effet, & le rendre par-là beaucoup plus extraordinaire, on peut déguiser la forme circulaire donnée au miroir AB, & le couvrir d'une gaze qui n'empêchera en aucune façon que le son ne se réunisse réciproquement d'un foyer à l'autre de ces deux miroirs.

Faire paroître l'image d'un objet quelconque de manière que lorsqu'on s'imaginera le tenir en sa main, on n'en puisse prendre que l'apparence.

Derrière la cloison AB, (fig. 1, pl. 6, *Amusemens de Catoptrique*,) élevez un peu obliquement le miroir concave EF de dix pouces au moins de diamètre, lequel doit être éloigné de cette cloison du quart & demi du diamètre de sa sphéricité ; faites à cette cloison une ouverture de six à sept pouces, quarrée ou circulaire (à votre volonté) & qu'elle se trouve en face & à la même hauteur que le miroir : disposez une forte lumière derrière cette cloison, qu'on ne puisse appercevoir par cette ouverture, & qui, sans donner sur le miroir, éclaire l'objet que vous devez placer en C.

Au-dessus de l'ouverture faite au-devant de cette cloison, attachez dans une situation renversée, l'objet C que vous voulez faire paroître en avant du miroir, & que l'on suppose être ici une fleur : devant la cloison & au-dessous de cette ouverture, placez un petit vase D, dont la partie supérieure doit se trouver de niveau avec la partie inférieure de cette même ouverture, afin que l'œil placé en G puisse appercevoir cette fleur en avant du miroir, de même que si sa tige sortoit du vase D.

Ayez soin que l'espace contenu entre le derrière de la cloison & le miroir soit peint en noir ; afin d'éviter les réflexions de lumière qui pourroient être renvoyées sur ce miroir, & faites ensorte de disposer le tout de façon qu'il se trouve le moins éclairé qu'il sera possible.

Effet.

Si une personne se trouve placée en face de ce miroir vers l'endroit G, elle appercevra sur le vase D la fleur C qui se trouve cachée derrière la cloison, & il lui semblera qu'en avançant la main, elle pourra l'ôter de dessus ce vase, quoique l'objet qu'elle apperçoit n'en soit cependant que l'ombre.

Nota. Les effets que produisent les miroirs concaves sont susceptibles de différentes applications aussi curieuses qu'extraordinaires, qui occasionnent nécessairement beaucoup d'étonnement à ceux qui n'en peuvent démêler la cause. On peut au moyen de ces miroirs, leur faire voir indifféremment toutes sortes d'objets peints ou en relief, tels qu'une personne absente dont on auroit le portrait, des figures de spectres capables de les effrayer, & quantité d'autres illusions dont il est à propos de connoître le principe pour ne point être la dupe de l'abus que quelques personnes pourroient en faire pour tromper celles qui se persuadent bonnement qu'il est possible de faire paroître à leur gré le phantôme de ce qu'elles desirent connoître.

Remarques.

Si étant placé devant un miroir concave, en-deça de son centre, on se regarde dans ce miroir, on y voit sa figure renversée; si dans cette position on avance la main du côté du miroir, on verra avec étonnement l'image de cette même main s'avancer vers la main réelle, & elle paroîtra s'y joindre sans que cette dernière puisse la toucher. Si au lieu de la main on se sert d'une épée nue, & qu'on la présente au miroir de manière que la pointe se trouve dirigée vers le foyer des rayons parallèles de ce miroir, il en sortira une épée phantastique qui semblera venir frapper celui qui est au-devant.

On prévient ici que pour faire cette expérience avec succès, il faut employer un miroir qui ait au moins un pied de diamètre, afin qu'on puisse s'y voir en partie; s'il étoit assez grand pour qu'on pût s'y voir presqu'en entier, l'illusion seroit alors beaucoup plus frappante.

Faire en apparence renaître une fleur de ses cendres.

Faites faire une boîte en forme de degré A B C D E F, (*fig.* 2, *pl.* 6, *Amusemens de Catoptrique,*) d'environ un pied de hauteur vers A C & un demi pied vers D F; donnez à sa longueur C D quinze à seize pouces, & à sa largeur D H sept à huit pouces.

Faites une ouverture circulaire à sa face supérieure B E I L & posez au-devant d'elle un bocal

M de six à sept pouces de diamètre, qui entrant en partie dans cette ouverture, masque par ce moyen le miroir concave N (1).

Ayez un cercle de carton O de cinq pouces de diamètre, dans lequel vous renfermerez une petite lame aimantée; suspendez-le par son centre, au-dessous de la partie E L F G de cette boîte, & servez-vous à cet effet d'un fil de soie; attachez aux bords de ce cercle, & à des distances égales, quatre petites fleurs artificielles, dont deux de celles qui se trouvent être diamétralement opposées, doivent être placées vers les extrémités de la lame renfermée dans ce cercle; remarquez que ces fleurs doivent y être comme suspendues, & dans une position renversée, afin qu'elles puissent être apperçues dans le bocal suivant leur situation naturelle: que ce cercle tourne bien librement & qu'il se maintienne en équilibre.

Ajustez un carton découpé à jour au-devant de ce cercle, afin que le miroir N ne puisse réfléchir que la fleur qui se trouve placée vis-à-vis de lui: peignez en noir tout l'intérieur de la boîte, ou seulement les parties qui peuvent être apperçues dans le miroir, afin qu'il n'y ait que la fleur qui y soit apparente.

Ménagez une petite porte P vers le côté A C de cette boîte, afin de pouvoir y introduire une lumière Q, qui est nécessaire pour éclairer cette fleur; ajustez un chapiteau de fer-blanc au-dessus d'elle, tant pour donner issue à la fumée que pour empêcher que la lumière n'éclaire le miroir.

Ayez en outre une petite boîte d'environ cinq pouces quarrés, (*voyez fig.* 3, *même pl.*) dans laquelle vous insérerez une petite barre d'acier aimantée T V, que vous disposerez dans la direction d'une des deux petites traverses qui doivent partager cette boîte en quatre cases égales: mettez dans ces cases des cendres quelconques que vous diversifierez seulement par la couleur & que vous supposerez être celle de différentes fleurs, semblables à celles qui sont suspendues au cercle O; (*figure* 2,) à cet effet écrivez sur chacune de ces cases les noms de ces fleurs (2).

Effet.

Lorsqu'on posera cette boîte S (*fig.* 2) sur la partie E L F G de la pièce ci-dessus, de manière que son centre se trouve au-dessus de celui du

_____

(1) Ce miroir doit faire partie d'une sphère de deux pieds de rayon, & il doit avoir six à sept pouces de diamètre. On doit le placer dans une situation un peu inclinée.

(2) Ces noms servent aussi à reconnoître les différentes positions qu'on doit donner à la boîte, comme il sera dit ci-après.

cercle de carton ; la lame aimantée contenue dans le cercle O, qui n'est suspendu que par un fil de soie, aura la liberté de se mouvoir & de se placer par conséquent suivant la direction du barreau renfermé dans cette boîte S : & comme on peut la placer de quatre différentes manières, sans qu'en apparence elle change de position, on pourra par ce moyen faire fixer à volonté une des quatre fleurs en face du miroir, & cette fleur, suivant ce qui a été expliqué ci-devant, paroîtra être dans le bocal même, lorsqu'on se placera à une distance convenable.

Récréation.

On ouvrira la petite boîte & on préviendra que les cendres qui y sont contenues sont celles de diverses fleurs, on proposera ensuite à une personne d'en choisir une pincée à son gré : on remettra aussi-tôt la boîte à sa place, c'est-à-dire, au-dessus de l'endroit où est le cercle, & on la posera de manière que le barreau qui y est caché soit dans la direction nécessaire pour déterminer la fleur, dont la cendre a été supposée choisie, à se placer en face du miroir : on fera jetter ensuite cette cendre dans le bocal, & un instant après, on fera voir la fleur, en faisant entendre qu'elle vient de renaître de ses cendres, au moyen de la liqueur préparée dont on avoit rempli le bocal.

Nota. On ne peut gueres se dispenser de mettre une lumière en-dedans de cette boîte, attendu la difficulté d'éclairer la fleur par dehors ; mais pour ne rien laisser à soupçonner, on pourra faire entendre que cette lumière ou lampe est nécessaire pour donner à la liqueur renfermée dans le bocal un certain dégré de chaleur nécessaire pour faire développer la fleur. Il ne faut laisser regarder dans ce bocal que quelques instans après avoir posé la petite boîte, afin de donner le tems au cercle de carton de se fixer suivant la direction de la lame aimantée.

Cet Amusement paroîtra très-peu de chose à ceux qui sont intimement persuadés qu'on ne peut faire renaître une fleur de ses cendres, malgré toutes les autorités qui supposent la possibilité de cette étonnante palingénésie, & effectivement, les plus savans Chymistes de nos jours n'y ajoutent aucune foi. Il y a lieu de croire que si quelques auteurs ont assuré de bonne-foi l'avoir vu, il est certain qu'ils ont été séduits, ou par l'autorité des auteurs qui se sont persuadés cette résurrection possible, ou par la réputation de ceux qui, au moyen de quelques subtilités leur auront fait voir une image confuse de l'objet qu'ils prétendoient ressusciter ; ce qui est d'autant plus vraisemblable, qu'on a vu de nos jours des gens bien moins célebres s'efforcer de persuader sérieusement à des personnes instruites qu'ils avoient

fait cette découverte tant sur le règne végétal que sur le règne animal ; il faut compter beaucoup sur la crédulité du public, pour oser aussi affirmativement faire une pareille annonce.

Voyez PALINGÉNÉSIE.

On prétend que le pere Kircher qui a regardé cette palingénésie comme possible, en a fait lui-même l'expérience & qu'il a gardé pendant plusieurs années une fiole bouchée hermétiquement qui contenoit les cendres d'une rose qu'il ressuscitoit devant ceux que la curiosité attiroit chez lui ; on ajoute même qu'en 1657, il la fit voir à la reine de Suède.

Le pere Schott assure avoir vu cette rose à Rome, & que le pere Kircher la faisoit renaître de ses cendres, avec un peu de chaleur : quant au procédé qu'il faut suivre selon lui, le voici tel qu'il l'a rapporté dans le *Mundus Subterraneus.*

« Prenez quatre livres de graine de la plante que vous voulez faire revivre, qu'elle soit bien mûre ; pilez-la dans un mortier & la jettez dans un bocal de verre qui soit de la même grandeur que cette plante : bouchez ce bocal & le gardez dans un lieu bien tempéré. Lorsque le ciel sera bien pur & serein, exposez cette graine dans un plat, afin qu'elle s'empreigne de la vertu vivifiante qui se trouve dans la rosée : ayez un grand linge bien net, attaché sur un pré par quatre pieux posés à ces extrémités : ramassez huit pintes de rosée, en observant de faire cette opération avant le lever du soleil ; remettez vos graines dans le bocal & placez-le dans un lieu bien tempéré. Lorsque vous aurez suffisamment de rosée ; il faut la distiller, après l'avoir filtrée & la répandre sur ces graines, bien fermer hermétiquement le bocal & l'enterrer dans du fumier de cheval pendant un mois ; relevez alors ce bocal, & vous verrez au fond cette graine qui sera semblable à de la gelée ; l'esprit sera comme une petite peau de diverses couleurs qui surnagera au-dessus de la matière : alors on appercevra une espèce de rosée verdâtre qui ressemblera à une mousse. Exposez alors ce bocal à l'ardeur du soleil d'été, & rentrez-le dans un lieu sec dans les tems pluvieux jusqu'au retour du beau tems. Cet ouvrage, (ajoute le pere Kircher,) se perfectionne quelquefois en deux mois ; d'autres fois en un an, & les marques du succès se reconnoissent lorsque la substance limoneuse qui est au fond du vase s'élève & que la matière s'épaissit. Enfin il se forme, dit-il, du tout *une poussière bleuâtre, laquelle excitée par la chaleur, produit l'apparition d'une plante* qui semble renaître de ses cendres & qui s'évanouit dès que la chaleur cesse ».

Ce même auteur, persuadé sans doute de la certitude de son opération, s'efforce d'en déve-

lopper la caufe, en ajoutant que la vertu de chaque mixte eft concentrée dans ces fels, & que
dès qu'ils font mis en mouvement par la chaleur,
ils s'élevent, & circulent comme un tourbillon
dans ce vafe, & qu'ils s'y arrangent de la même
manière & dans la même figure que la végétation ordinaire leur auroit donné fi de ces graines
dépofées dans la terre il en étoit venu quelques
plantes.

Il eft à préfumer que dans le procédé ci-deffus,
la chaleur aura fait exalter & élever la partie la
plus légère de cette fubftance limoneufe & qu'elle
fera reftée fufpendue dans le liquide fous une
forme produite par hafard & qui aura paru à ce
célèbre auteur, être l'image de cette plante, de
même que l'on voit journellement dans les tems
de gelées, l'humidité qui fe trouve fur les vitrages prendre en apparence la forme de diverfes
plantes & arbriffeaux.

(*Voyez* DIOPTRIQUE.)

CERF-VOLANT ELECTRIQUE. Dans l'hiftoire politique, les grands événemens font dûs
fouvent à de petites caufes. Dans l'étude de l'hiftoire naturelle, l'obfervation des objets les
moins importans en apparence, a conduit quelquefois à la connoiffance des plus grands phénomènes. Le déplacement de l'eau par le corps qui
y eft plongé, a été pour Archimède un coup de
lumière. L'ofcillation d'un luftre fufpendu dans
une églife, a fait connoître à Newton les loix de
la gravité. La vue de l'arc-en-ciel a fait naître
dans l'efprit de ce célèbre Phyficien, la décompofition des rayons de la lumière, &c. Les découvertes fur l'électricité, ne font dues originairement qu'à l'attention donnée par un Obfervateur à l'efpèce d'attraction ou de répulfion que
nous voyons s'opérer journellement avec un morceau d'ambre frotté. De cette première obfervation au cerf-volant électrique dont nous allons
parler, il y a une grande diftance; auffi a-t-il
fallu des fiécles pour la franchir, tant eft lente la
marche de l'efprit humain dans le chemin des
connoiffances. Ce n'eft que pas à pas, à force de
travail, & après des recherches infatigables,
que les progrès des fciences commencent à devenir fenfible. Lorfqu'on eut bien conftaté l'exiftence d'un fluide électrique, on crut bientôt y
trouver la caufe & les effets du tonnerre. L'expérience de Leyde étoit plus que tout autre de
nature à démontrer l'identité. Le docteur Franklin imagina de faire defcendre réellement le tonnerre des cieux par le moyen d'un cerf-volant
électrique. Les Phyficiens venoient de tenter le
même effet par le moyen des électrometres dont
nous avons parlé, *voyez* ELECTROMETRE. Franklin
crut qu'au moyen d'un cerf-volant ordinaire, il
pourroit joindre plus promptement & plus fûrement les régions du tonnerre, que par aucun clo-

cher que ce put être. Pour cet effet, il mit en
croix deux petites lattes affez longues pour atteindre aux quatre coins d'un grand mouchoir de foie
étendu. Il fixa les coins de ce mouchoir aux extrémités de la croix, en ajoutant une corde très-longue
avec laquelle il avoit fait filer un fil de métal très-
délié nommé *cannetille*. Au fommet du montant
de la croix, il avoit fixé un fil d'archal très-pointu,
qui s'élevoit d'un pied au plus au-deffus du bois.
Avec cet appareil, il profita de la première occafion où il vit un orage qui menaçoit de tonnerre,
pour aller fe promener dans une campagne où il
enleva fon cerf-volant. Mais il fe paffa un temps
confidérable avant d'obtenir aucuns fignes d'électricité. Enfuite il remarqua quelques fils détachés
de la ficelle du chanvre qui fe dreffoient & fe
repouffoient les uns fur les autres précifément
comme s'ils euffent été fufpendus à un conducteur ordinaire. En effet, le fluide électrique defcendoit par cette corde de chanvre, & étoit reçu
par une clef attachée à fon extrémité: la partie
de la corde qu'on tenoit à la main étoit de foie,
afin que la vertu électrique pût s'arrêter quand
elle étoit arrivée à la clef (on peut attacher la
corde à une efpèce de treuil fiché en terre, dont
elle fe développeroit à mefure): la corde tranfmettoit l'électricité, même quand elle étoit prefque
fèche; mais quand elle étoit humide, la
tranfmettoit très-aifément; de manière que le feu
fortoit abondamment de la clef dès qu'une perfonne en approchoit le doigt. A cette clef, Franklin chargea les bouteilles, & avec le feu électrique qu'il obtint auffi, il alluma des efprits, &
fit toutes les autres expériences qu'on a coutume
de faire avec un globe ou un tube frotté. Quoique M. Franklin ait le premier fait l'expérience,
M. de Romas, affeffeur au préfidial de Nerac, l'a-
voit prévenu dans fon invention. Il a même obtenu de plus grands effets que ceux qu'a obtenus
M. Franklin, quoiqu'il n'ait pas mis de fer pointu
à fon cerf-volant: quelques phyficiens ont fouvent depuis réitéré les mêmes tentatives. M. le
duc de Pequigny fit lancer, le 17 juillet 1771,
dans les airs, un cerf-volant électrique: mais le
même jour, il arriva une circonftance bien remarquable. On apperçut à 10 heures, 36 minutes du
foir une lumière très-éclatante fous la forme d'un
globe de feu, plus gros & plus brillant que la
lune, qui s'avança du nord-oueft au fud-eft,
un peu moins rapidement qu'une fufée. Son
grand éclat ne dura qu'une feconde. On entendit
à Paris, environ deux minutes après le grand
éclat de lumière, un bruit prefque femblable à
celui que produiroit une voiture defcendant rapidement une colline: le ciel étoit ferein depuis
trois jours, la chaleur vive, & le thermometre à
vingt-quatre & vingt-cinq degrés. Ce météore
igné, qui fe fit voir auffi à Corbeil, Melun, Man-
tes, Rouen, Beaumont, Auxerre, Dijon, Dole,
Lyon, Saint-Omer, jetta la confternation dans
quelques

quelques efprits, & des gens peu inftruits eurent la foibleffe d'imputer ce phénomène à la prétendue témérité du phyficien qui avoit ofé défier le tonnerre avec fon cerf-volant électrique. C'eft faire affurément beaucoup d'honneur à une pareille machine, que de la croire propre à troubler l'ordre de l'Univers. Il peut bien fe faire, & il eft même à croire que le météore dont il s'agit eft l'effet de l'électricité naturelle. Mais c'eft une erreur populaire de foupçonner le cerf-volant électrique d'un effet auffi furprenant & auffi inattendu. Quelque puiffe être le pouvoir encore bien limité des phyficiens, à l'égard de l'électricité naturelle, il s'en faut bien que tous leurs efforts réunis puiffent rien déranger dans l'ordre de la nature. & nous ne fommes plus dans les temps d'ignorance où l'on croyoit à la magie & aux forciers. (*Voyez* ELECTRICITÉ.)

CERISES SANS NOYAUX. Un amateur du jardinage (M. *Salmont*, curé de Saint-Aubin de Loene dans le Maine) a fait une expérience qui mérite d'être rapportée, parce qu'elle peut donner des vues fur d'autres objets de végétation.

Voici l'expérience. Il tira d'une pépinière un jeune cerifier provenu de noyau qui n'avoit pouffé qu'un feul jet. L'année fuivante au printemps, avant la pleine action de la fève, il fendit ce jeune arbre en deux, depuis l'extrémité fupérieure, jufqu'à l'enfourchement des racines. Enfuite avec un morceau de bois, il enleva artiftement toute la moëlle & légèrement, de peur d'altérer trop les organes de la plante (il eft bon d'obferver qu'il eût grand foin auffi de ne point employer de fer pour l'opération, finon pour la commencer.) Il réunit enfuite les deux morceaux du jeune arbre, les lia avec un cordon de laine, & boucha exactement les fentes dans toute leur longueur, avec l'efpèce de cire dont fe fervent les mouleurs pour faire leurs moules.

Lorfque la fève eut bien réuni les deux parties de l'arbre, il coupa fon cordon de laine ; l'arbre crut & lui donna des cerifes auffi belles & auffi bonnes que d'autres cerifiers ; mais elles étoient fans noyaux, ou plutôt il n'y avoit à la place qu'une efpèce de blanc fans confiftance. Cette expérience paroîtroit donc prouver que la moëlle des arbres eft néceffaire pour la propagation ; mais, dira-t-on, on voit des arbres, des abricotiers ou autres, qui, en vieilliffant, ont perdu toute la moëlle de leur tronc, & qui cependant produifent des fruits avec leurs noyaux. Mais il faut obferver que les branches de l'arbre ne font point privées de moëlle ; au lieu que l'opération qu'on a faite fur le jeune arbre dont nous venons de parler, a dû changer tout-à-fait la ftructure de fes organes.

Que de vues ne préfente point cette expérience pour fe procurer des fruits fans noyaux ? & fur- *Amufemens des Sciences.*

tout de ces petits fruits qui abondent en une multitude de pepins, tels que raifins, grofeilles, épine-vinettes,&c. On fait que l'épine-vinette fans pepins ne fe trouve que fur des pieds très-vieux, où le temps a apparemment produit une altération très-grande dans les organes. Que de chofes curieufes & utiles dans ce genre fe procureroit-on peut-être par des tentatives réitérées & faites avec art ! quelles variétés n'obtient-on pas déjà parmi les fleurs, par le mélange des fèves, & la combinaifon des différentes pouffières des étamines.

CHAISE VOLANTE. Malgré l'utilité des chaifes volantes & leur commodité, dit M. Pingeron, il eft furprenant que leur nombre foit encore fi borné, & qu'il n'en exifte pas chez tous les particuliers opulens. Il y a grande apparence que l'ignorance des ouvriers eft la caufe du peu de progrès de cette machine fi commode. Comme ceux-ci n'ont pas une idée bien exacte des moyens de ralentir le mouvement de cette chaife, ils craignent toujours de ne pouvoir pas être les maîtres du contrepoids ou de le dominer avec trop d'avantage. Cette mécanique leur paroît donc très-douteufe. On s'effraye de l'incertitude de l'ouvrier, & les chaifes volantes font négligées. Il exifte cependant des moyens de remédier à tous ces inconvéniens & d'affurer la chaife au point qu'il n'y ait pas le moindre rifque à courir pour celui qui s'en fert. Je crois donc obliger les perfonnes opulentes qui font bâtir des belvédères & de petits obfervatoires fur les toits de leurs hôtels, en leur faifant connoître ces moyens. Comme ils ne m'appartient pas, je crois devoir indiquer la fource où je les ai trouvés : c'eft dans le vafte recueil des machines, formé par *Léopold de Plamits*, écrit en allemand, en 11 vol. *in-*4°.

On fuppofera donc une longue gaine à-peu-près quarrée, formée par quatre murailles dans un des angles de l'hôtel : cette gaine fera éclairée latéralement par nombre de petites croifées, & l'on y ménagera une feconde gaine pour y recevoir un fort contrepoids de plomb. Celui-ci fera attaché à une corde qui fera deux ou trois révolutions fur un gros cylindre horizontal de bois, fixé audeffus de la gaine, perpendiculairement au mur de celle dans laquelle entre ce poids ; l'autre bout de la corde foutiendra une efpèce de cage quarrée, dans laquelle on aura ménagé une chaife des plus commodes avec un petit marche-pied.

Sur l'axe de ce cylindre eft *enarbré* ou monté un pignon oblique, qui engrène dans une vis fans fin : l'axe de cette dernière eft perpendiculaire à la gaine dans laquelle entre le contrepoids ; & reçoit de plus une large poulie qui eft prefque dans le même plan vertical que l'extrémité du marche-pied de la chaife.

A quelque diſtance de cet axe, mais toujours dans le même plan horizontal, on trouve au haut de la grande gaine, un ſecond axe parallèle à celui qui porte la vis ſans fin, & qui eſt garni d'une poulie comme lui. Sur chacune de ces deux poulies paſſe un corde ſans fin, c'eſt-à-dire, une corde attachée par les deux bouts; cette corde traverſe le marche-pied de la chaiſe en deux endroits, & paſſe enſuite ſur deux poulies immobiles fixées verticalement dans le fond de la grande gaine.

Ces deux cordes doivent être bien parallèles & perpendiculaires au fond de la gaine. Voilà en deux mots en quoi conſiſte cette mécanique ſi utile. Nous allons dire un mot de ſes uſages.

Comme il y a preſque équilibre entre le contre-poids & la peſanteur du fauteuil rempli d'une perſonne un peu groſſe (car il vaut mieux manquer par excès que par défaut), un domeſtique fait deſcendre le fauteuil en tirant une corde, & l'arrête enſuite vis-à-vis de la porte de la gaine: la perſonne qui veut monter dans la chaiſe volante, s'aſſied & prend les deux cordes perpendiculaires dans ſes mains. On retire alors l'arrêt qui fixoit la chaiſe, & le contrepoids l'enlève. Pour peu que cette perſonne veuille ſe ſoulever ſi elle trouve cette allure trop prompte, elle la modère en preſſant, tant ſoit peu, les deux cordes qui font alors les fonctions d'un frein. En effet, cette corde paſſant ſur une poulie enarbrée ſur l'axe d'une vis ſans fin, menée par le pignon qui eſt ſur le même arbre que le cylindre du contrepoids, la deſcente de ce dernier peut être facilement retardée; ſi la preſſion devient très-forte, la chaiſe volante s'arrête.

Lorſque la perſonne eſt arrivée à l'étage où elle veut aller, elle pèſe un peu ſur les deux cordes qu'elle tenoit dans ſes mains, & pouſſe une eſpèce de loquet avec ſon pied; ce loquet arrête la chaiſe vis-à-vis de la porte par où elle doit entrer. On a crû inutile de recommander ici d'avoir d'excellentes cordes de fil & d'en changer de temps en temps, ainſi que de diſpoſer la chaiſe de manière qu'elle ſoit en face de la porte d'entrée. Je me rappelle d'être deſcendu dans la chaiſe volante du château S. Ange à Rome; mais comme nous nous trouvâmes deux, & qu'il n'y avoit point de corde pour ſervir de modérateur ou de frein à la deſcente du contrepoids, nous entraînâmes ce dernier avec tant de violence, que nous crûmes être précipités. Dans ce cas, il eſt facile de retarder ſa marche & même de l'arrêter ſur le champ, en faiſant ſortir deux pièces de bois de chaque côté du fauteuil; ces pièces ſeront logées dans des couliſſes horizontales. Lorſqu'on veut deſcendre dans de pareilles chaiſes, il faut y ajouter un petit contrepoids qui ſurmonte la différence qui ſe trouve entre la peſanteur de la chaiſe, plus celle de la perſonne & celle du gros

contrepoids: un domeſtique les remonte enſuite.

CHALCÉDOINE (fauſſe). La chalcédoine eſt une pierre précieuſe ſilicée dont la couleur laiteuſe & nébuleuſe fait la beauté, tandis que c'eſt un défaut dans les autres pierres précieuſes. On en fait des cachets, des manches de couteaux, des bagues & autres bijoux. On en trouve peu de gros morceaux, & les vaſes faits de cette pierre ſont très-rares: voici le procédé qu'on trouve dans Kunkel pour ſe procurer des chalcédoines factices & même en former des vaſes. L'on met dans un matras de verre à long col deux livres d'eau forte; l'on y jette quatre onces d'argent mis en petits morceaux (ou en lames minces). En plaçant le matras auprès du feu ou dans l'eau chaude, l'argent ſe diſſoudra bientôt; lorſqu'il ſera entièrement diſſous, mettez dans un matras tout ſemblable au premier, une livre & demie d'eau forte; vous y ferez diſſoudre ſix onces de vif argent; vous mêlerez enſuite les deux ſolutions dans un plus grand vaſe, vous y ajouterez ſix onces de ſel ammoniac que vous y ferez fondre à une chaleur modérée: la diſſolution faite, vous y ajouterez de ſaffran broyé une once, de magnéſie, demi-once, & autant de ferret d'Eſpagne: mais vous ne mettrez cette dernière matière que petit à petit, car la magnéſie fait gonfler le mélange, elle y cauſe de l'ébullition, & la matière eſt en danger de ſortir des vaiſſeaux ou même de les rompre. Vous continuerez l'opération, en mêlant un quart d'once de ſaffran de mars calciné par le ſoufre, ainſi que demi once d'écailles de cuivre calcinées par trois fois: vous y joindrez autant de bleu d'émail & de minium; vous pulvériſerez bien toutes ces matières ſéparément, & les mettrez dans le matras petit à petit & par degrés, en les remuant doucement, afin que ces poudres ſe délaient exactement, & vous méfiant toujours de l'efferveſcence. Vous tiendrez le vaſe bien bouché, & remuerez le mélange doucement pluſieurs fois pendant dix jours. Au bout de ce temps, vous mettrez le matras débouché au bain de ſable, afin de faire évaporer l'eau-forte, ce qui peut s'exécuter en vingt-quatre heures. Il faudra obſerver de donner un feu bien doux, car cela eſt d'une grande importance; on pourra, ſi l'on veut, adapter un ballon pour recevoir l'eau forte; & on trouvera au fond du vaſe une poudre d'un brun jaunâtre que l'on conſervera dans des vaiſſeaux de verre.

Lorſque vous voudrez faire des chalcédoines, ayez un verre de criſtal bien pur; & qui ſoit fait avec des morceaux de vaſe de criſtal caſſés; car le verre fait avec une fritte nouvelle n'eſt pas bon à cet uſage; les couleurs n'y paroiſſent point, parce qu'elles ſont abſorbées par la fritte. Sur vingt livres de ce verre réduit en poudre, vous mettrez deux onces & demie ou trois onces de la poudre que l'on vient d'indiquer; vous l'y mettrez en trois fois, obſervant de bien remuer le verre en fufion ; il s'élève alors une efpèce de fumée ou vapeur bleue. Vous laifferez enfuite repofer le verre pendant une heure : au bout de ce temps, vous mêlerez de la poudre pour la feconde fois ; vous laifferez cuire le mélange fans y toucher pendant vingt-quatre heures, au bout defquelles vous remuerez la matière ; & en faifant l'effai, vous trouverez que le verre eft d'une couleur qui tient le milieu entre le jaune & le bleu. On fait plufieurs fois recuire cet effai au feu, d'où on le retire enfuite pour le refroidir ; & l'on trouve ce verre d'une couleur d'aigue marine, & d'autres couleurs fort belles.

Il faut tenir prêtes huit onces de tartre calciné, de la fuie de cheminée vitrifiée deux onces, & une demi-once de faffran de mars. On réduit ces matières en poudre & on les mêle au verre en fonte à cinq ou fix reprifes ; l'on verra par ces additions le verre fe gonfler confidérablement, & tout fera en danger de fe perdre, fi l'ouvrier n'ufe de précaution. Il faudra donc avoir foin de ne jetter cette poudre que petit à petit & par intervalles, & avoir l'attention de bien remuer le verre pour y incorporer la poudre. Lorfque l'on y aura tout mis, il faudra laiffer cuire le verre fans y toucher pendant vingt-quatre heures, au bout de ce temps on en formera un vafe que l'on fera recuire à plufieurs reprifes dans le fourneau, & l'on verra fi ce verre a pris une couleur telle qu'on la defire. Si, quand il eft réfroidi, il offre à la vue toutes les couleurs du jafpe, de la chalcédoine ou de l'agate orientale, & que le vafe que l'on aura fait pour effai, regardé du côté du jour, paroiffe rouge comme du feu, alors il fera temps de fe mettre à travailler la matière pour en faire des vafes tels que l'on voudra ; mais en les travaillant, il faudra avoir foin de les rendre unis & polis, & non pas en relief, car ceux de cette efpèce ne font point un bon effet : l'ouvrier aura l'attention pendant qu'il travaille, de prendre le verre qu'il a travaillé avec des pincettes, & de le faire fuffifamment recuire afin qu'il s'y forme des ondes & des effets de différentes nuances & couleurs. On peut figurer avec cette matière de grands plats ovales, triangulaires ou quarrés à volonté, & les polir à la roue comme les pierres précieufes; car cette compofition prend fort bien le poli; on peut auffi s'en fervir pour faire de différens ornemens de cabinets, tablèttes, &c. S'il arrivoit que le verre, au lieu d'être opaque, devînt tranfparent, ce qui gâteroit l'ouvrage ; il faudroit fufpendre le travail & remettre dans la compofition du tartre calciné, de la fuie & du faffran de mars, comme on l'a déja dit; car par ce moyen il reprend du corps, & en redevenant opaque, fes couleurs reparoiffent. Au refte, pour que les couleurs foient bien fortantes, il faut que le verre ait été bien purifié pendant plufieurs heures; après quoi l'on continuera le travail, comme il a été dit auparavant.

CHAMBRE OBSCURE. Jean-Baptifte Porta, phyficien du 16ᵉ fiecle, remarqua que les objets de dehors fe deffinoient comme des ombres fur la muraille & au plancher de fa chambre. Aux yeux d'un obfervateur, rien ne lui échappe, tout eft digne d'attention jufqu'aux chofes les plus indifférentes en apparence, & c'eft de cette curieufe fagacité, que naiffent fouvent les plus belles découvertes. Porta fut agréablement furpris de cet effet fingulier; pour le perfectionner, il s'avifa de mettre au trou de fa fenêtre un verre lenticulaire; telle a été l'origine de la chambre obfcure. Depuis ce temps on a cherché à rendre cette expérience portative. Pour y parvenir on a conftruit des caiffes, des boîtes, des tables, des pavillons, & l'on a varié de différentes manières la forme, la grandeur & la difpofition. Nous ne donnerons pas ici la defcription des différentes chambres obfcures qui ont été imaginées, leur effet eft conftamment produit par la même caufe; c'eft un verre lenticulaire qui fert d'objectif, & dont le foyer porte les rayons de lumière fur un fond blanc dans un lieu obfcur; on y emploie fouvent & prefque toujours le miroir de réflexion; mais rien de plus fimple dans la mécanique, & tout homme un peu induftrieux & qui a quelque connoiffance de la dioptrique & de la catoptrique, peut s'en procurer de telle forme que bon lui femblera. Nous ne nous difpenferons pas néanmoins d'entrer dans quelques détails, pour mettre fur la voie ceux qui defireroient avoir une chambre obfcure : commençons par l'expérience de Porta.

L'on pratique une ouverture circulaire au volet d'une chambre qui donne fur la campagne, ou fur tout autre objet un peu éloigné ; cette chambre doit être fermée de manière qu'il ne puiffe y entrer de jour que par l'ouverture faite au volet, à laquelle on applique un verre convexe de trois à quatre pieds de foyer. L'on place à cette même diftance & en face de ce verre, un carton couvert d'un papier très blanc, lequel ait environ deux pieds & ½ de longueur, fur 18 ou 20 pouces de hauteur. On le courbe fur fa longueur, de manière qu'il faffe partie de l'intérieur de la furface d'un cylindre, qui auroit pour diamètre le double du foyer de ce verre; on l'ajufte à cet effet, fur un chaffis également courbé ; & on l'élève fur un pied mobile, afin de pouvoir facilement l'avancer ou reculer au devant du verre, & le placer exactement à la diftance où les objets paroîtront fe peindre avec toutes leurs couleurs, & le plus de régularité fur ce carton. Mais ces objets fe préfentent, dans une fituation renverfée; il eft effentiel que le carton ait une forme circulaire, afin que tous les objets y foient diftinctement peints, fans quoi, lorfque le milieu du carton fe trouve placé au foyer du verre, les deux extrémités fe trouvant au de-là du foyer, les images qui s'y peignent deviennent confufes, &

s'il étoit possible de donner à ce carton une figure sphérique, l'image n'en seroit que plus régulière, pourvu que le verre fut placé au centre de cette convexité. Si l'on place en dehors de la fenêtre un miroir mobile ; on pourra, en le tournant plus ou moins, appercevoir sur ce carton tous les objets qui se trouveront de côté & d'autre, & si au lieu de placer le miroir en dehors de la fenêtre, on le pose en dedans de la chambre, & au-dessus de cette ouverture (qu'on aura pratiquée alors beaucoup plus élevée) on pourra recevoir l'image sur un carton placé horizontalement, & dessiner à loisir les objets qui y seront peints. Rien n'est si agréable à voir que l'effet de cette chambre obscure, particulièrement lorsqu'on est dans une heureuse position, & que les objets du dehors sont éclairés du soleil ; c'est la nature elle-même embellie de toutes ses couleurs ; c'est une marine, c'est un paysage admirable, transportés au milieu de votre chambre, & qui offrent à vos yeux le tableau le plus magnifique & le plus animé. En un mot cet effet semble tenir de la magie.

Les chambres obscures partatives ont été imaginées, afin de pouvoir dessiner les vues les plus agréables & les plus pittoresques. Nous n'en décrirons ici qu'une seule, qui nous a paru très-ingénieuse & très commode. C'est une table d'environ deux pieds de long, sur environ vingt pouces de large, à quatre pieds brisés ; le dessus, au lieu d'être en bois, est couvert d'une glace ou d'un verre de Bohême, encadré dans les bandes de la table qui peuvent avoir deux pouces & demi de large ; dessous cette table est fixée une boîte qui se termine en pyramide tronquée, & dont les faces se désassemblent & se réunissent par de petits crochets, & se ferment de manière qu'il n'y entre pas le moindre jour. A l'extrémité de cette pyramide, on adapte une petite boîte quarrée, dans l'intérieur de laquelle est placé un miroir incliné vis-à-vis de l'ouverture circulaire, où se place un tuyau mobile de cinq à six pouces de long, garni d'un verre convexe, dont le foyer, par la réflexion du miroir, puisse aller jusqu'à la glace qui couvre la table. Celui qui dessine doit être renfermé dans l'obscurité ; pour cet effet l'on dresse sur la table un petit pavillon d'étoffe noir, avec quatre tringles de bois mobiles à sa partie supérieure, & portées sur des montants qui entrent dans les quatre coins de la table & puissent s'ôter à volonté ; car l'essentiel est que la glace posée sur la table, ne reçoive aucun rayon de lumière que par la réflexion du miroir. Cette chambre obscure un peu embarrassante peut-être, mais dont le poids pourroit ne pas excéder vingt à vingt-cinq livres, a l'avantage que les rayons colorés des objets venant à se peindre par-dessous la glace de la table, on peut y dessiner sans avoir la main entre les rayons & leur image, comme

dans la plupart des chambres obscures portatives. Pour s'en servir, on placera cette table sur un plan un peu élevé afin que rien n'intercepte les rayons de lumière qui tombent sur le verre convexe ; on mettra sur la glace une feuille de papier verni transparente, on la fixera par les extrémités avec un peu de cire, afin qu'elle ne puisse se déranger, & en s'enfermant sous le pavillon, l'on tracera tous les contours des objets qui y seront représentés, & l'on pourra aussi en indiquer les ombres. Si l'on ne veut avoir que les traits de l'objet, on se servira d'une glace adoucie du côté qui forme le dessus de la table, & on les y indiquera avec un pinceau & du carmin ; de cette manière, lorsqu'on sera de retour, on fera tremper une feuille de papier, & lorsqu'elle sera bien imbibée d'eau, sans être cependant trop mouillée, on l'étendra légèrement sur cette glace, & l'on tirera par ce moyen l'empreinte du dessein qu'on aura fait : on peut, en employant l'une ou l'autre de ces deux méthodes, se procurer ces desseins dans la même situation qu'ils sont effectivement, ou dans une situation contraire ; ce qui peut avoir son avantage, lorsqu'on veut faire graver son dessin, & qu'on veut qu'après l'impression il se trouve sur l'estampe dans une situation naturelle. En se servant de cette chambre obscure, on doit avoir l'attention de la placer de manière que le soleil donne de côté sur les objets dont on veut avoir l'image, sans cette précaution ils seroient bien moins agréables, la situation des ombres les faisant beaucoup valoir & leur donnant un effet bien plus pittoresque ; il est cependant des circonstances où il faut s'écarter de cette règle, comme lorsqu'on veut peindre le lever ou le coucher du soleil. (*Voyez* DIOPTRIQUE).

CHANDELLE PHILOSOPHIQUE. (*Voyez à l'article* CHYMIE).

CHANTS D'OISEAUX IMITÉS. Il est impossible de mettre les lecteurs en état d'imiter le ramage des oiseaux ; la théorie seroit très-insuffisante pour un objet qui suppose un long exercice, & pour lequel il ne faut presque d'autre maître que la nature ; cependant les personnes, qui sont à portée d'entendre, dans leur séjour champêtre, le chantre du printemps, & qui désireront de pouvoir imiter ses accens mélodieux, pour l'attirer, dans l'occasion, sur les arbres de leur jardin, seront peut-être bien aises d'apprendre ici quel est l'instrument qu'il faut cacher dans sa bouche, pour parvenir à ce but. C'est de la feuille d'ail ou de poireau, large d'environ trois ou quatre lignes, & longues d'environ un pouce. Il faut faire, dans le milieu, avec l'ongle du gros doigt, une petite échancrure en demi-cercle, où on ne laissera que la pellicule blanche, extrêmement mince, qui couvre cette plante, *figure 23, pl. 6 de la Magie blanche, tome VIII des gravures.*

Cette échancrure doit avoir la forme de la moitié d'une pièce de six fous ; & la pellicule, qui doit être extrêmement nette & fans ordure, doit être auſſi bien tendue & fans bavochure fur fon bord, fans quoi on imiteroit le cri de la corneille, ou le croaſſement du corbeau. Ce petit inſtrument doit être ployé en demi-cercle, & appliqué au palais de la bouche, à l'entrée du goſier, la pellicule ſe trouvant vers la ſurface convexe de l'inſtrument, & non vers la ſurface concave ; ce qui pourroit empêcher un peu les vibrations, fig. 14, ibid.

L'inſtrument étant dans cette poſition, ſi l'on fait le moindre petit effort pour faire ſortir le vent du goſier, en tenant la bouche à demi-ouverte, comme ſi l'on ſoufloit fur une glace pour la ternir & l'échauffer, on entendra un ſon aigu, preſque ſemblable à celui des plus petits tuyaux d'une ſerinette ; ſi on continue de ſoufler, en tâchant de prononcer la lettre r, ſans remuer la langue, c'eſt-à-dire, par le ſimple mouvement de l'épiglotte, comme fait quelquefois un chien, quand il gronde avant d'aboyer, le ſon aigu, dont nous venons de parler, ſe trouvera modifié par ce tremblement, & aura plus de reſſemblance à certains coups de goſier de divers oiſeaux. Lorſqu'au lieu de prononcer la lettre r du goſier, vous appliquerez la langue contre le palais, pour prononcer la ſyllabe tchi, qui ſe prononce non comme chi, dans le mot françois chicaner, mais comme la première ſyllabe du mot anglois chaepener, qui ſignifie marchandeur ; ou comme la ſeconde du mot gaſcon déchiffra, qui ſignifie déchiffrer, vous entendrez un autre coup de goſier que les oiſeaux emploient ſouvent dans leur ramage ; enfin, vous aurez preſque le chant du roſſignol, ſi vous combinez les trois ſons précédens, à-peu-près de la manière ſuivante : » Uou, uou, uou, u, u, u, u, tchi, tchou, tchi, tchou, tchi, rou, rou, rou, u, u, u, rou, tchi ».

M. Hill, quels que fuſſent les efforts de ſa langue & de ſon goſier, exprimoit tous ces divers ſons, ſans faire aucune grimace, &, comme on avoit en même-temps, ſous les yeux, toutes fortes d'oiſeaux ſur des tapiſſeries de verdure, on croyoit être aſſis ſur le gazon, au milieu des forêts ; il ne manquoit que d'entendre le murmure des eaux ; & M. Hill, pour compléter l'illuſion, chanta l'ariette de M. Gluck, intitulée : le Ruiſſeau, & finiſſant par ces mots :

Ecoutez les cli cla clou cla cla cli cla clou.

Les ſoupirs de l'amour ne ſeroient pas plus doux.

(DECREMPS.)

CHARLATAN. (Affiche ſingulière d'un faiſeur de Tours.) On liſoit au coin d'une rue, au Cap de Bonne-Eſpérance, une affiche conçue en ces termes :

Le ſieur Pilferer, natif de la Bohême, docteur en pyrotechnie, profeſſeur de chiromancie, connu dans les colonies angloiſes ſous le nom des Crook-Finger'd-Jack, pour condeſcendre aux ſupplications de pluſieurs perſonnes du premier rang, donne avis au public qu'après avoir viſité toutes les académies de l'Europe, pour ſe perfectionner dans les ſciences vulgaires, qui ſont l'algèbre, la minéralogie, la trigonométrie, l'hydrodinamique & l'aſtronomie, il a voyagé dans tout le monde ſavant & même chez les peuples demi-ſauvages, pour ſe faire initier dans les ſciences occultes, myſtiques & transcendantes, telles que la cabaliſtique, l'alchimie, la nécromancie, l'aſtrologie judiciaire, la divination, la ſuperſtition, l'interprétation des ſonges, & le magnétiſme animal.

C'étoit peu pour lui d'avoir étudié dans trente-deux univerſités, & d'avoir voyagé dans ſoixante-quinze royaumes, où il a conſulté les ſorciers du Mogol & les magiciens Samoyedes ; il a fait d'autres voyages autour du monde, pour feuilleter le grand livre de la nature, depuis les glaces du nord & du pole auſtral, juſqu'aux déſerts brûlans de la Zône-Torride ; il a parcouru les deux hémiſphères, & a ſéjourné dix ans en Aſie avec des Saltimbanques indiens, qui lui ont appris l'art d'appaiſer la tempête, & de ſe ſauver après un naufrage, en gliſſant, ſur la ſurface de la mer, avec des ſabots élaſtiques.

Il apporte du Tunquin & de la Cochinchine, des taliſmans & des miroirs conſtellés pour reconnoître les voleurs & prévoir l'avenir, ſans employer la mandragore comme Agrippa, & ſans réciter l'oraiſon des ſalamandres, comme le grand & le petit Albert. Il peut en un beſoin endormir le loup-garou, commander aux lutins, arrêter les farfadets & conjurer tous les ſpectres nocturnes, (enfans naturels de l'imagination qu'ils effraient, & peres putatifs du cochemar ;) il a auſſi un moyen infaillible de chaſſer une eſpèce de pauvres diables, qu'on appelle paraſites ;

Genus iſtud Dæmoniorum non ejicitur oratione, ſed jejunio.

Il a appris, chez les tartares du Thibet, le ſecret du grand Dalailama, qui s'eſt rendu immortel, non comme Voltaire & Montgolfier, par des productions du génie, mais en achetant en Suède l'élixir de longue vie ; à Strasbourg, la poudre de Caglioſtro ; à Hambourg, l'or potable du grand Adepte Saint-Germain ; & à Studgard, la béquille

du pere Barnabas & le bâton du Juif-Errant, lorfqu'on vit paffer ces deux vieillards dans la capitale
du Vittemberg, le 11 mai 1684.

En faifant ufage de l'onguent qu'employoit la
magicienne Canidia pour aller au fabbat, il
prouve, par des expériences multipliées, qu'un
homme peut entrer dans le goulot d'une bouteille, fi elle eft affez grande, & même fe
rendre entièrement invifible, comme font quelquefois certains débiteurs vis-à-vis de leurs
créanciers.

La quadrature du cercle, le mouvement perpétuel & la pierre philofophale, ne font pour
lui que des jeux d'enfant; qu'il abandonne aux
Phyficiens de la onzième force. *Aquila non capit
mufcas.*

Il ne fera point l'expérience du magnétifme
animal fur de malins finges ni fur de vieux re-
nards, parce que ce font des efpèces anti-ma-
gnétiques; mais s'il peut fe procurer des dindons,
il fera voir au public combien il eft facile, en
magnétifant ces animaux, de les guérir de toutes
les maladies imaginaires; l'on pourra voir en même
temps avec quelle adreffe il fait tourner la baguette divinatoire;

Qui toujours inutile à découvrir des fources,

Sert au moins quelquefois à faire ouvrir des bourfes.

Il fera tous les jours trois ou quatre experiences,
où l'on fera admis moyennant un ducat par perfonne.

*Huc ades ô Batavorum gens, divinarum artium
amantiffima.*

Il avertit au refte qu'il continue de guérir du
mal aux dents, non comme les empyriques, en
arrachant la mâchoire, mais par un moyen auffi
certain qu'il eft inoui, qui confifte à couper la
tête; &, pour prouver que cette opération n'eft
point dangereufe, & qu'on peut la faire felon les
règles de l'art, *citò, tutò & jucundè*, il décapitera
plufieurs animaux qu'il reffufcitera un inftant après,
felon les principes du père Kirker, par la *Palingénéfie.* Il eft fi perfuadé de l'efficacité de fes remèdes fur l'odontalgie & fur toutes les maladies
curables ou incurables, qu'il ne craint point de
promettre une fomme extraordinaire à tous les
malades qui, trois mois après le traitement, feront en état de fe plaindre.

Il vend à vingt-cinq ducats la pièce (ou pour
dix louis) des yeux de belette proprement enchaffés
dans des anneaux de fimilor. On fait d'après Ga-

lien, Pline & Paracelfe, que c'eft un remède fou-
verain contre l'impuiffance.

Si tu veux promptement dénouer l'aiguillette,
porte à ton petit doigt l'œil droit d'une belette.

Venienti occurrite morbo
Principiis obfta; quærenda pecunia primum.

(DECREMPS, *fupplément à la Magie blanche
dévoilée.*)

CHASSEUR (le petit). *Voyez* AUTOMATE,
ÉLECTRICITÉ.

CHASSIS de papier. *Voyez à l'article* ÉCRI-
TURE.

CHEMISE ENLEVÉE. (Tour de la) *Voyez*
ESCAMOTAGE.

CHEVAL SAVANT. On a vu dans les places
publiques, un cheval favant, qui répondoit à
différentes queftions, en tournant ou baiffant la
tête, pour dire oui ou non, & en frappant du
pied pour marquer des nombres: on ne favoit
pas que le cheval, pour produire ces merveilles,
n'avoit befoin que d'un petit figne, & qu'il lui
fuffifoit de voir remuer la main ou le pied de fon
maître. On fuppofoit, en conféquence, que cet
animal étoit affez intelligent pour comprendre le
fens des phrafes, pour lire les vers & la profe en
toutes fortes de langues, réfoudre des problèmes, connoître les dés, les cartes & l'heure
à la montre, faire des additions, des multiplications, des règles de trois & des règles d'alliage.
(DECREMPS.)

CHEVEUX électrifés. *Voyez* ÉLECTRICITÉ.

CHEVEUX. Des charlatans annoncent dans les
places publiques des fecrets pour faire croître &
pour teindre les cheveux, c'eft en vain qu'on
compteroit fur leurs merveilleufes recettes. Voici
néanmoins ce qui nous a paru de plus probable,
finon pour faire croître les cheveux, au moins
pour leur procurer de la foupleffe.

Huile pour faire repouffer les cheveux.

L'on prend une demi livre d'auronne fraîchement cueillie & pilée groffièrement, que l'on fait
cuire dans une livre & demie de vieille huile &
une demi-livre de vin rouge, on retire du feu
& l'on exprime bien le fuc de cette plante dans un
linge, on recommence trois fois cette opération
avec de nouvelle aurone, à la fin l'on ajoute dans
la colature deux onces de graiffe d'ours; cette

huile, dit-on, fait repousser promptement les cheveux.

Pommade pour faire croître & revenir les cheveux.

Il faut avoir de la graisse de poule, de l'huile de chenevis & du miel, de chacun quatre onces, faire fondre le tout dans une terrine & les incorporer ensemble jusqu'à ce qu'ils soient en consistance de pommade, dont on se frotte huit jours de suite. Mais voici une autre pommade que l'on emploie aujourd'hui, dont le succès paroît bien constaté par l'expérience journalière ; sa composition consiste à prendre une once de moëlle de bœuf chez le boucher, d'y ajouter une once de graisse du pot au feu, avant qu'il soit salé ; de les faire bouillir ensemble dans un pot de terre neuf, de les passer & de jetter ensuite par-dessus une once d'huile de noisette ; nous avons vu par nous mêmes les plus heureux effets de cette pommade.

Manière de teindre les cheveux.

On a de tout temps attaché la beauté de la chevelure à la longueur & à la couleur des cheveux : mais le préjugé & le caprice ont souvent décidé de la couleur qu'on devoit préférer. Il a donc fallu imaginer, pour ceux dont les cheveux n'étoient pas de couleur à la mode, des moyens de leur donner la couleur qu'on voudra.

Pour teindre les cheveux en blond, on prend lessive de cendres de sarment deux livres ; racines de bryonne, de chélidoine, de curcuma ou safran des indes, de chaque une demi-once ; safran & racine de lys, de chaque deux gros ; de fleurs de bouillon blanc, de stœchas jaune, de genêt, de millepertuis, de chaque un gros : on fait cuire le tout ensemble, & on le tire au clair. Il faut laver souvent les cheveux de cette lessive, & au bout de quelques temps, dit-on, ils deviendront blonds.

Eau grecque, ou dissolution d'argent propre à teindre en brun foncé les cheveux roux ou trop blonds.

La dissolution d'argent ayant la propriété de teindre en noir les matières animales, on s'en sert avec succès pour teindre en noir les sourcils ou les cheveux roux. Le procédé est des plus simples. On verse de l'esprit de nitre bien pur sur de la limaille d'argent que l'on a mis dans le matras. On expose ce mélange sur un bain de sable à un feu doux ; l'acide dissout l'argent ; on y verse un peu d'eau pour l'affoiblir. Lorsque la dissolution est refroidie, on la filtre, & on obtient ce qu'il a

plu d'appeller l'*eau grecque* que l'on conserve dans un flacon.

Lorsqu'on veut communiquer une belle couleur brune à des cheveux roux, on commence par les laver avec de l'eau ordinaire, dans laquelle on a fait dissoudre une once & demie de sel de tartre par chopine d'eau. On se sert ensuite de la solution d'argent par l'acide nitreux, mais bien affoiblie avec de l'eau. Les cheveux ou les sourcils, de roux qu'il étoient, prennent une couleur d'un beau brun.

Il est bien essentiel d'observer que cette méthode de noircir les cheveux, peut être dangereuse ; car l'on dit avoir vu des personnes qui, pour en avoir fait usage, ont été réduites à un état de frénésie ; apparemment que l'acide trop concentré avoit agi sur les fibrilles du cerveau.

Voici un procédé qui paroîtroit avoir moins de danger & dont se servent les dames angloises. Comme elles sont presque toutes blondes, & que les brunes sont très-estimées dans leur pays, elles se procurent par le secours de l'art, ce que leur refuse la nature. On fait bouillir pendant une heure dans une pinte d'eau claire une once de mine de plomb & autant de raclures de bois d'ébène. On lave les cheveux avec cette teinture. On y plonge le peigne dont on fait usage pour arranger les cheveux ; ils deviennent noirs, mais cette couleur devient plus vive, plus brillante, plus éclatante, lorsqu'on ajoute au mélange deux dragmes de Camphre.

CHIEN EPAGNEUL SAVANT. On faisoit voir à Yorck un *épagneul savant*, qui soutenoit des thèses de philosophie en français, en anglais & en latin : on sent bien qu'il ne parloit pas lui-même ces 3 langues ; mais il sembloit au moins les entendre, puisqu'on pouvoit les parler indifféremment pour l'interroger, & qu'il répondoit toujours catégoriquement par signes, soit en rémuant la tête pour dire oui ou non, soit en frappant du pied pour marquer des nombres, ou en indiquant des lettres qui réunies formoient la réponse demandée. Trois circonstances concouroient ici à surprendre le spectateur : 1°. Le chien continuoit de bien répondre, lors même que son maître sortoit du sallon de compagnie, ou qu'il prioit de sortir toutes les personnes soupçonnées de faire quelque signe pour indiquer la réponse ; 2°. il répondoit encore, & toujours bien, lorsqu'on lui bandoit les yeux, pour l'empêcher d'appercevoir aucun signe ; 3°. il avançoit ordinairement les paradoxes les plus inouis ; personne de la compagnie n'étoit de son avis en commençant ; & cependant, après beaucoup d'objections, de réponses & de repliques, il finissoit toujours par avoir raison. Crainte d'ennuyer le lecteur, je devrois supprimer ici le détail de ce qui fut dit en cette occasion ; cependant, pour prouver qu'on peut justifier en quelque façon, l'épithète de savant donnée à cet animal, je rapporterai ici une espèce de conversation qu'il y eut entre l'épagneul & trois ou quatre savans de la compagnie.

Un marin commença par demander combien il y avoit d'arches au pont de Westminster ? L'épagneul répondit, en posant le pied sur le nombre 15. On lui demanda ensuite combien il y avoit d'arches au pont Euxin ? Ici le chien garda le silence, comme s'il s'étoit cru insulté par une pareille question, & comme s'il avoit voulu appliquer le proverbe, *à sotte demande point de réponse*. Cependant, ayant reçu ordre de son maître de satisfaire celui qui l'interrogeoit, il répondit, qu'il n'y a point d'arches au Pont-Euxin, & l'exprima très-clairement en posant le pied sur un zéro ; là-dessus le marin raconta que l'année précédente il avoit fait, en six semaines, un très-heureux voyage, depuis le Pont-Euxin jusqu'au Pont de Londres. L'épagneul ne trouvant rien d'extraordinaire dans un pareil voyage, posa le pied sur différentes lettres, formant une réponse laconique qui, étant interprétée & commentée par son maître, signifioit que d'autres voyageurs avoient fait des choses plus étonnantes, puisqu'ils avoient parcouru six cents lieues en une demi-journée. C'est impossible, répliqua le marin ; il n'y a pas encore eu de ballon aérostatique qui ait pu parcourir un si grand espace en si peu de temps : je ne dis pas, répondit l'épagneul, à l'aide de son interprète, qu'on ait employé un ballon pour cet effet, puisque je parle d'un voyage par mer.

Le marin dit alors que la chose étoit encore plus impossible de cette manière, puisque le plus fin voilier ne filant qu'environ quinze à seize nœuds, c'est-à-dire, ne parcourant qu'environ cinq lieues par heure, n'avoit pas assez de rapidité pour faire six cents lieues en une demi-journée.

L'animal persista à soutenir son assertion ; & le marin alloit proposer un pari considérable, lorsque l'épagneul & son maître ajoutèrent qu'ils avoient fait ce voyage dans un pays où ils avoient allumé du feu avec de la glace.

Si vous voulez faire preuve d'érudition, dit le marin, je vous prie de ne pas entasser un si grand nombre d'absurdités. Le maître du chien, adressant alors la parole à cet animal, lui fit cette question : parlez, mon cher ami, n'est-il pas vrai qu'on peut allumer du feu avec un morceau de glace, si on le taille avec un couteau comme un verre de lunette, pour lui faire réunir en un seul foyer les rayons du soleil sur un petit tas de poudre ? L'animal aux yeux bandés baissa la tête pour dire

oui, comme s'il avoit parfaitement compris ce qu'on lui demandoit.

Le chien a raison sur ce point, dit le marin, mais cela ne prouve pas qu'on puisse faire 600 lieues dans une demi-journée. Pourquoi non, répondit le chien, si c'est dans un pays où l'on peut se reposer 48 heures dans une seule après midi. En quel climat, dit le marin surpris, qui commença cependant d'entrevoir son erreur ? L'épagneul pour réponse, indiqua la Zône glaciale ; en effet, dit son maître, il y a dans cette Zône des jours de différente longueur, depuis 24 heures jusqu'à six mois ; Si le capitaine Cook, lorsqu'il a navigué au-delà du cercle polaire, a suivi un parallèle où le jour étoit seulement d'un mois ; il a pu en une demi-journée, c'est-à-dire, en 360 heures, parcourir l'espace de 600 lieues.

Le marin voulant à son tour embarrasser l'épagneul & son maître, leur demanda s'ils connoissoient un endroit où le soleil & la lune peuvent se lever à la même heure & au même instant, lors même que ces deux astres sont en opposition, c'est-à-dire, quand la lune est pleine. L'animal & son maître répondirent que c'est au pôle, & ajoutèrent que dans ce même endroit le soleil se trouve toujours au point de midi, parce que tous les points de l'horison sont au midi pour les habitans du pôle.

Un jurisconsulte de la compagnie disputa long-temps contre l'épagneul, parce que celui-ci prétendoit qu'un homme mort à midi peut être quelquefois l'héritier d'un autre homme mort le même jour à midi & demi. Ce fut en vain qu'on cita contre lui les loix du digeste & du code qui veulent que l'héritier survive au testateur ; l'épagneul prouva que sa prétention étoit très-conforme à ces loix, parce que l'homme mort à midi peut dans certaines circonstances survivre à celui qui est mort à midi & demi ; il n'y a qu'à supposer pour cela que le premier est mort à Paris & le second à Vienne en Autriche ; car comme il est une heure à Vienne, quand il est midi à Paris, celui qui meurt à midi dans cette dernière ville, survit nécessairement à celui qui meurt le même jour à Vienne, à midi & demi.

Un troisième argumentateur proposa le problème suivant :

« Un paysan étant allé au marché vendre des poulets, a trouvé un cuisinier qui lui a acheté la moitié de ses poulets, plus la moitié d'un poulet sans en tuer aucun : il a vendu & livré à un second cuisinier la moitié de son reste, plus la moitié d'un poulet pareillement sans en tuer aucun ; enfin un 3e cuisinier a acheté la moitié du reste, & plus la moitié d'un poulet, toujours sans en tuer aucun ; par ce moyen le paysan a tout vendu : on demande combien il avoit de poulets ». ?

L'épagneul répondit qu'il en avoit sept ; que

le premier acheteur en avoit pris quatre, c'eſt-à-dire, trois & demi plus, un demi ſans en tuer aucun ; que le ſecond en avoit pris deux, c'eſt-à-dire, un & demi, plus un & demi, &c.

L'animal ne ſe contenta point d'indiquer tout ſimplement le nombre demandé ; il réſolut algébriquement la queſtion, en poſant ſucceſſivement ſon pied ſur les lettres & ſur les chiffres qui formoient l'équation du problême. Le maître de l'épagneul écrivoit avec de la craie ſur une planche noire, tout ce qu'indiquoit l'animal ; & comme ce problême eſt un des plus jolis qu'on puiſſe propoſer, nous en donnons ici la ſolution, en faveur de ceux qui connoiſſent les premiers élémens d'Algèbre.

Soit x le nombre cherché, la portion du premier acheteur ſera, ſelon la première condition du problême, $\frac{x}{2} + \frac{1}{2}$; ce qui reſte, quand le premier acheteur a pris ſa part, ſera donc $x - \frac{x}{2} - \frac{1}{2}$: la moitié de ce reſte & la moitié d'un poulet devant être la portion du ſecond acheteur, on aura, pour exprimer cette portion, $\frac{x}{2} - \frac{x}{4} - \frac{1}{4} + \frac{1}{2}$. Ce qui reſte quand les deux premiers acheteurs ont pris leur part, eſt donc $x - \frac{x}{2} - \frac{1}{2} - \frac{x}{2} + \frac{x}{4} + \frac{1}{4} - \frac{1}{2}$; la moitié de ce reſte & la moitié d'un poulet devant faire la portion du troiſième, on aura pour exprimer cette portion $\frac{x}{4} - \frac{x}{8} + \frac{1}{8} - \frac{1}{4} + \frac{1}{2}$; & comme les trois portions jointes enſemble doivent faire la ſomme totale, qui vaut x, on aura l'équation ſuivante :

$$\frac{x}{2} + \frac{1}{2} + \frac{x}{2} - \frac{x}{4} - \frac{1}{4} + \frac{1}{2} + \frac{x}{4} - \frac{x}{8} + \frac{1}{8} - \frac{1}{4} + \frac{1}{2} = x.$$

Si dans cette équation on multiplie chaque terme par 8 pour faire évanouir toutes les fractions, il en réſultera : $4x + 4 + 4x - 2x - 2 - 2x + x + 1 - 2 + 4 = 8x$.

Donc $7x + 7 = 8x$.

Par conſéquent $x = 7$. C. Q. F. D.

Il nous reſte à expliquer comment l'animal pouvoit indiquer, ſans qu'on lui fît aucun ſigne viſible, la réponſe aux queſtions propoſées ; le lecteur ſaura que les lettres & les chiffres étoient ſur autant de cartes arrangées en cercle autour de l'animal, qu'il faiſoit le tour du cercle auſſi-tôt qu'on lui propoſoit la queſtion, & que des baſcules, cachées ſous le tapis ſur lequel il marchoit, & qu'on faiſoit remuer ſous ſes pieds par des cordons de renvoi, lui indiquoient l'inſtant où il devoit s'arrêter pour mettre ſon pied ſur la carte voiſine. Il étoit ſi bien habitué à ſaiſir la carte qui étoit auprès de lui, quand il ſentoit le mouvement des baſcules, & à répondre oui ou non, ſelon les différens tons de voix de ſon maître ou de quelque compere, qu'il ne ſe trompoit preſque jamais,

Amuſemens des Sciences.

& qu'il réparoit adroitement ſa faute, quand il lui arrivoit de ſe tromper.

C'eſt par de pareils ſtratagèmes qu'il pouvoit répondre aux queſtions les plus difficiles, & qu'après avoir ſoutenu en latin une theſe ſur la communication du mouvement dans le choc des corps, il s'attira de la part d'un phyſicien Irlandois, un des jolis complimens qu'on puiſſe faire ſur cette matière : *Nunc concedo motum communicari in ratione velocitatis corporis percutientis, nam reſponſionum tuarum facilis velocitas cordi meo communicavit magnum admirationis motum & lætitiæ.*

Ce même Irlandois ayant dit enſuite que l'Angleterre étoit une des plus grandes iſles de l'Océan, le chien ne fut pas de ſon avis, & aſſura très-poſitivement que l'Angleterre n'eſt point une iſle : tout le monde crut que l'animal ſe trompoit ; mais il donna pour raiſon qu'on pouvoit ſortir d'Angleterre ſans paſſer la mer, & qu'on en ſortoit effectivement tous les jours de cette manière, quand on alloit à pied ou à cheval d'Angleterre en Ecoſſe. Le dictionnaire encyclopédique conſulté ſur ce point, fit voir que le chien avoit raiſon. En effet, l'Angleterre forme avec l'Ecoſſe, ſous le nom de Grande-Bretagne, une iſle, dont l'Angleterre n'eſt à-peu-près que les deux tiers : par conſéquent dire que l'Angleterre eſt une iſle, c'eſt comme ſi on prétendoit que 40 ſols font un écu, ou que quatre pieds font une toiſe.

Je ſavois depuis long-temps, ajouta l'Irlandois, que les animaux nous ſurpaſſent par la fineſſe des ſens ; mais je vois à préſent pour la première fois qu'ils ont la même ſupériorité par la juſteſſe des idées, & qu'il faut ajouter quelque choſe au diſtique ſi connu, qu'on a fait à leur louange :

Nos aper auditu, lynx viſu ; ſimia guſtu,
Et canis olfactu, præcellit aranea tactu.

CHIFFRES (écriture en). *Voyez* ÉCRITURE.

CHIFFRES (boîte aux). *Voyez* CATOPTRIQUE.

CHIMIE. Voici diverſes expériences amuſantes de chimie.

Comment un corps de nature combuſtible, peut être ſans ceſſe pénétré de feu ſans ſe conſumer.

Il faut renfermer dans une boîte de fer un charbon qui en rempliſſe toute la capacité, & ſouder le couvercle de la boîte. Si vous la jettez enſuite dans le feu, elle y rougira ; vous pourrez même l'y laiſſer pluſieurs heures, pluſieurs jours : lorſqu'après l'avoir laiſſé refroidir vous l'ouvrirez, vous trouverez le charbon dans ſon entier, quoiqu'on ne puisse douter qu'il n'ait été pénétré de la matière du feu, tout comme le métal de la boîte dans laquelle il étoit renfermé.

Voici la cause de cet effet. Pour que le charbon & tout autre corps combustible se consume, il faut que le phlogistique ou la partie inflammable puisse s'exhaler ; car on sent aisément que ce qui fait qu'un corps est inflammable, doit être de sa nature indestructible, & que le feu ne fait que la dissiper. Mais cette dissipation ne peut avoir lieu dans un vaisseau clos : ainsi le phlogistique reste toujours appliqué à la matière purement terrestre du charbon, par conséquent il doit toujours rester dans le même état.

C'est-là la cause pour laquelle des charbons couverts de cendres tardent beaucoup plus long-temps à se consumer, que s'ils restoient exposés à l'air libre ; phénomène qui, quoique connu de tout le monde, seroit difficile à expliquer pour tout physicien qui ignoreroit cette propriété du phlogistique, & l'expérience ci-dessus qui la constate.

Transmutation apparente du fer en cuivre, ou en argent, & son explication.

Faites dissoudre du vitriol bleu dans de l'eau, ensorte que cette eau en soit à-peu-près saturée ; plongez alors dans cette solution de petites lames de fer, ou de la limaille grossière de ce métal : ces petites lames de fer, ou cette limaille, s'y dissoudront, & la liqueur déposera à leur place un limon ou une poussière qui se trouvera être du cuivre.

Si le morceau de fer est trop gros pour être entièrement dissous, il se colorera en cuivre ; ensorte que s'il n'est atteint que superficiellement, il semblera qu'il ait été transmuté en ce dernier métal. C'est-là une expérience qu'on fait faire ordinairement à ceux qui vont voir les mines de cuivre ; du moins l'ai-je vu faire à celle de Saint-Bel dans le Lyonnois : une clef, plongée pendant quelques minutes dans une eau qu'on recueilloit au bas de la mine, en étoit retirée colorée en cuivre.

Dans une dissolution de mercure par l'acide marin, plongez du fer, ou sur du fer étendez cette dissolution, le fer se colorera en argent. On a vu de hardis charlatans tirer parti de ce jeu chimique, aux dépens de la bourse de gens crédules & ignorans.

Remarque.

Il n'y a en effet ici de transmutation que pour ceux qui ignorent entièrement la chimie. Le fer n'est point changé en cuivre ; mais le cuivre tenu en solution par la liqueur imprégnée d'acide vitrio-

lique, est simplement déposé à la place du fer, dont l'acide se charge en même temps qu'il abandonne le cuivre. En effet, toutes les fois qu'on présente à un menstrue tenant une substance quelconque en dissolution, une autre substance qu'il dissout avec plus de facilité, il abandonne cette première, & se charge de la seconde. Cela est si vrai, que la liqueur qui a déposé le cuivre étant évaporée, donne des cristaux de vitriol vert, que tout le monde sait être formés de la combinaison de l'acide vitriolique avec le fer. C'est aussi ce que l'on pratique en grand dans cette mine : on met la liqueur en question, qui n'est qu'une solution assez forte de vitriol bleu, dans des tonneaux ou de grands réservoirs quarrés ; on y plonge de la vieille feraille, qui au bout de quelque temps disparoît, & l'on trouve à sa place un limon qu'on porte à la fonderie, & dont on tire du cuivre. On fait évaporer jusqu'à un certain point la liqueur ainsi chargée de fer, & l'on y plonge des baguettes de bois ; qui se couvrent de cristaux de vitriol vert ; qui sont d'un débit courant dans le commerce.

Cette expérience se fera également, en dissolvant du cuivre dans de l'acide vitriolique, & en étendant ensuite un peu, si l'on veut, cette solution. C'est une nouvelle preuve que la liqueur ne fait que déposer le cuivre dont elle étoit chargée.

Diverses substances précipitées successivement par l'addition d'une autre dans la solution.

On a vu dans l'expérience précédente, le cuivre précipité par le fer ; nous allons présentement précipiter le fer lui-même. Pour cet effet, jettez dans la solution du fer un morceau de zinc : à mesure qu'il s'y dissoudra, le fer tombera au fond du vase ; & l'on reconnoîtra aisément que c'est du fer, car cette poussière sera attirable à l'aimant.

Voulez-vous présentement précipiter le zinc, vous n'avez qu'à jetter dans cette solution un morceau de pierre calcaire, de marbre blanc, par exemple, ou d'une autre pierre quelconque dont on peut faire de la chaux ; l'acide vitriolique attaquera cette nouvelle matière, & laissera tomber au fond du vase une poussière qui sera du zinc.

Pour précipiter maintenant cette terre calcaire, vous n'avez qu'à verser dans la liqueur de l'alkali volatil fluide, ou y jetter de cet alkali volatil sous la forme concrète ou solide ; la terre sera abandonnée par l'acide, & sera déposée au fond du vase.

Vous précipiterez également, & même encore mieux, cette terre calcaire, en versant dans la liqueur de l'alkali fixe en solution, comme l'est ordinairement l'alkali fixe végétal, ou en y jetant de l'alkali fixe minéral.

Remarque.

C'est par un effet femblable, que les eaux dures décompofent le favon au lieu de le diffoudre, & laiffent tomber au fond une quantité plus ou moins grande de terre calcaire. Voici comment cela fe fait.

Les eaux dures ne le font ordinairement, que parce qu'elles tiennent en folution de la félénite ou du gypfe, qui n'eft qu'une combinaifon d'acide vitriolique avec une terre calcaire; foit que cette eau ait coulé à travers des bans de félénite, foit que, contenant des fels vitrioliques, elle ait coulé fur des bans de terre calcaire, qu'elle aura dû attaquer.

D'un autre côté, le favon n'eft qu'une combinaifon affez forcée d'un alkali fixe avec l'huile ou une autre matière graffe; combinaifon qui n'eft pas d'une grande tenacité.

Lors donc que l'on fait diffoudre du favon dans une eau félénifeufe, l'acide vitriolique de la félénite ayant plus de tendance à s'unir avec l'alkali fixe du favon qu'avec la terre calcaire qui entre dans la compofition de la félénite, il abandonne cette terre, fe combine avec l'alkali fixe, enforte que le favon eft décompofé; & comme l'huile eft immifcible avec l'eau, elle s'y difperfe en petits floccons, tandis que la terre calcaire de la félénite tombe au fond.

Voilà un nouvel exemple de l'ufage de la chimie pour rendre raifon de certains effets vulgaires, que tout phyficien, qui n'eft pas éclairé de fon flambeau, ne fauroit expliquer, au grand fcandale des hommes ignorans, qui lui feroient volontiers la réprimande de la bonne femme à l'aftrologue tombé dans un puits.

Avec deux liqueurs, chacune tranfparente, produire une liqueur noirâtre & opaque. Manière de faire de bonne encre.

Ayez d'un côté une folution de vitriol ferrugineux ou vert, & de l'autre une infufion de noix de galle, ou de quelqu'autre matière végétale & aftringente, comme les feuilles de chène, bien tirée au clair & filtrée; mélangez une liqueur avec l'autre; vous verrez auffi-tôt le compofé s'obfcurcir, & devenir noir & opaque.

Si vous laiffez néanmoins repofer la liqueur, la partie noire qui y étoit d'abord fufpendue, tombera au fond & la laiffera tranfparente.

Remarque.

Cette expérience donne la raifon de la formation de l'encre ordinaire; car l'encre que nous employons n'eft autre chofe qu'une folution de vitriol vert, mélangée avec l'infufion de noix de galle, & de la gomme. La caufe de fa noirceur n'eft autre que l'effet de la propriété de la noix de galle, de précipiter en noir ou en bleu foncé le fer tenu en folution par l'eau imprégnée d'acide vitriolique. Mais comme ce fer ne tarderoit pas à tomber au fond, pour le prévenir, on y met de la gomme qui donne à l'eau une vifcofité fuffifante pour empêcher que ce fer, comme infiniment atténué, ne fe précipite.

Le lecteur ne fera peut-être pas fâché de trouver ici la manière de faire de très-bonne encre.

Prenez, de noix de galle une livre, de gomme arabique fix onces, de couperofe verte fix onces, de l'eau commune ou de la bière quatre pintes; concaffez la noix de galle, & faites-la infufer à une chaleur douce pendant 24 heures, & fans bouillir. Ajoutez la gomme concaffée, & laiffez-la diffoudre; enfin, ajoutez le vitriol vert, il donnera auffi tôt la couleur noire. Vous pafferez le mélange au tamis, & vous aurez une encre, dont vous pourrez vous fervir auffi-tôt.

Comment on peut produire des vapeurs inflammables & fulminantes.

Mettez dans une bouteille de médiocre capacité, & dont le col foit un peu large & pas trop long, trois onces d'huile ou d'efprit de vitriol, avec douze onces d'eau commune. Il faut faire un peu chauffer ce mélange, après quoi vous y jetterez à diverfes reprifes une once ou deux de limaille de fer; il fe fera une ébullition violente, & il fortira du mélange des vapeurs blanches. Préfentez une bougie à l'ouverture de la bouteille, ces vapeurs prendront feu, & feront une fulmination violente; ce que vous pourrez réitérer même plufieurs fois, tant que la liqueur fournira de femblables vapeurs.

Il n'eft pas bien difficile d'expliquer ce phénomène, quand on fait que l'acide vitriolique, en s'uniffant avec le fer, le prive d'une grande quantité de fon phlogiftique ou de fon principe inflammable.

La Chandelle philofophique.

Ayez une veffie, dont l'orifice foit garni d'un tube de métal de quelques pouces de longueur, qui puiffe s'adapter dans le col de la bouteille où vous ferez le mélange de l'expérience précédente. Après en avoir laiffé fortir l'air expulfé par la va-

Z z z

peur ou le fluide élastique qui est produit par la dissolution, appliquez au col de cette bouteille l'orifice de la vessie, dont vous aurez auparavant exprimé l'air avec soin : elle se remplira du fluide élastique produit par la dissolution du fer. Lorsqu'elle sera pleine, retirez-la, & appliquez à l'orifice la flamme d'un flambeau ; cette vapeur s'enflammera, & brûlera lentement ; ensorte que si vous comprimez la vessie, vous aurez un beau jet de flamme d'un vert jaunâtre. Voilà ce que les chimistes ont appellé *la chandelle philosophique ou des chimistes*.

Comment on peut faire, par une composition chimique, un volcan artificiel.

On doit à M. Lémery cette curieuse expérience, qui sert à rendre une raison assez sensible & assez vraisemblable des volcans.

Faites un mélange de parties égales de limaille de fer & de soufre pulvérisé ; réduisez-le en pâte avec de l'eau, & enfouissez une forte quantité de cette pâte, comme une cinquantaine de livres, à un pied environ sous terre : si le temps est chaud, vous verrez, après une dixaine d'heures environ, la terre se boursoufler, se crever, & sortir des flammes qui agrandiront les ouvertures, & répandront à l'entour une poudre jaune & noirâtre.

Il est probable que ce qui se passe ici en petit, se passe en grand dans les volcans ; car on sait d'abord, que les volcans fournissent toujours du soufre en quantité ; on sait de plus, que les matières qu'ils rejettent abondent en particules métalliques & probablement ferrugineuses, car il n'y a que le fer qui ait la propriété de faire effervescence avec le soufre lorsqu'on les mélange ensemble.

Or il est aisé de concevoir par ce que produit une petite quantité du mélange ci-dessus, de celui que produiroit une quantité de plusieurs milliers ou millions de livres d'un pareil mélange ; on ne peut douter qu'il n'en résultât des phénomènes aussi redoutables que ceux des tremblemens de terre, & des volcans qui les accompagnent ordinairement.

Composition de la Poudre fulminante.

Il faut mélanger ensemble trois parties de nitre, deux d'alkali fixe bien desséché, & une de soufre ; mettre ensuite ce mélange dans une cuiller de fer, qu'on exposera à un feu doux, capable néaumoins de fondre le soufre : lorsqu'il sera parvenu à un certain degré de chaleur, il détonnera avec un fracas épouvantable, & tel qu'un coup de canon.

Cela n'arriveroit pas, si cette poudre étoit exposée à un feu trop violent ; il n'y auroit alors que les parties les plus exposées au feu, & en petite quantité, qui détonneroient tout-à-coup, ce qui diminueroit de beaucoup l'effet.

Si on la jetoit sur le feu, elle ne détonneroit pas non plus, & elle ne produiroit guère d'autre effet que le nitre pur, qui détonne bien, mais sans explosion.

Prétendue production d'un nouveau Fer.

Prenez de l'argile, ou des cendres de végétaux ou d'animaux brûlés, promenez-y un barreau d'acier aimanté ; vous en tirerez souvent quelques parcelles de fer qui s'y attacheront. Vous vous assurerez par-là qu'il n'y a point de fer en nature dans cette terre ou dans ces cendres.

Mélangez ensuite cette terre ou ces cendres avec du charbon en poudre, ou faites-en une pâte avec de l'huile de lin, & mettez le tout dans un creuset, que vous tiendrez rouge pendant quelque temps, mais pas assez pour produire une vitrification : lorsque cette masse sera refroidie & remise en poussière, vous y promenerez un barreau de fer aimanté ; il s'y attachera encore un grand nombre de parcelles de fer.

Remarque.

On a prétendu donner cette expérience comme une preuve qu'on pouvoit, avec de l'argile & de l'huile de lin produire du fer. Un chimiste célèbre de l'académie, a même été dans cette idée, & ne paroît pas l'avoir abandonnée, malgré la contradiction qu'il essuya de la part d'un de ses confrères. Mais je ne crois pas qu'il y ait plus aucun chimiste qui voie là une production du fer.

En effet, on auroit tort de penser, qu'après avoir retiré de l'argile le peu de fer qu'y trouve d'abord le barreau aimanté, il n'y en reste plus. L'aimant n'attire que le fer dans son état métallique, ou en approchant beaucoup ; mais il ne laisse pas d'y en rester qui est en l'état d'ocre, ou de fer plus ou moins dephlogistiqué : dans cet état, il n'est plus attirable à l'aimant, ainsi que le prouve l'expérience faite sur l'ocre formée artificiellement par la torréfaction du fer, ou sur la rouille.

Il est d'ailleurs reconnu que le fer est de tous les métaux le plus universellement répandu sur la terre : c'est lui qui est le principe de la couleur des argiles ; & tant qu'une argile est colorée, elle contient du fer.

Que fait donc la torréfaction de l'argile avec

la poussière du charbon ou l'huile de lin, ou toute autre huile ou corps gras quelconque, qui contient éminemment le phlogistique : Rien autre chose que de préfenter à cette ocre de fer, du phlogistique qui, en revivifiant quelques parcelles, les rend attirables à l'aimant. Voilà toute la merveille de cette opération.

Mais, dira-t-on, quelle apparence y a-t-il que des cendres de bois contiennent du fer ? Nous répondons à cela, que le fer étant répandu avec la plus grande abondance dans la nature, il n'est presque aucune terre qui n'en contienne; qu'il est susceptible d'une atténuation prodigieuse; & que diffous dans les liqueurs, il passe avec elles, en partie du moins, par les filtres : ainsi il a pu facilement s'élever avec la sève des plantes : il circule dans le corps humain avec le sang : enfin, c'est une vérité aujourd'hui reconnue par les chimistes, qu'il y a des molécules de fer dans presque tous les corps; & même on croit que c'est ce métal qui coloré les plantes, avec le concours de la lumière; enforte que, sans le fer ou sans la lumière, les plantes n'auroient aucune autre couleur que la blanche.

Former une combinaison qui étant froide soit liquide & au contraire, étant échauffée, devienne consistante en forme de gelée.

Prenez parties égales d'alkali fixe, soit végétal, soit minéral, & de chaux vive bien pulvérisée; mettez-les ensemble dans une quantité d'eau suffisante, que vous soumettrez à une forte & prompte ébullition; filtrez ce qui en résultera : cette liqueur passera d'abord avec difficulté par le filtre, ensuite plus facilement. Conservez-la dans une bouteille bien close; faites-la de nouveau bouillir promptement, soit dans la bouteille, soit dans un autre vase : vous la verrez se troubler, & prendre tout de suite la consistance d'une colle très-épaisse. Laissez-la refroidir, elle reprendra sa transparence & sa liquidité, & cela à plusieurs reprises.

M. de Laffonne a fait beaucoup d'expériences pour démêler la cause d'un phénomène si singulier, & il en assigne une raison satisfaisante. Mais nous croyons devoir renvoyer aux *mémoires de l'académie des sciences,* année 1773.

Faire paroître tout-à-coup un éclair dans une chambre, quand on y entrera avec un flambeau allumé.

Il faut faire dissoudre du camphre dans de l'esprit de vin; placer ensuite le vase dans une chambre petite & bien close, & faites évaporer l'esprit de vin par une forte & prompte ébullition; lorsque vous entrerez peu après dans cette chambre avec un flambeau, l'air s'enflammera,

mais sans aucun danger, tant cette inflammation sera prompte & de peu de durée.

On obtiendroit probablement le même effet en remplissant l'air d'une chambre d'une poussière épaisse de la semence d'un certain lycoperdon, qui est inflammable; car cette semence, qui est très-menue & comme une poussière, s'enflamme tout comme la poix-résine pulvérisée, dont on se sert pour les flambeaux des furies & pour faire des éclairs dans l'opéra; & l'on feroit peut-être bien de l'y substituer, parce qu'elle ne produit pas l'odeur grave & désagréable qui résulte de la poix-résine brûlée, & qui empoisonne les spectateurs.

Des encres sympathiques, & de quelques jeux qu'on exécute par leur moyen.

On appelle *encres sympathiques* ou *de sympathie,* certaines liqueurs qui, seules ou dans leur état naturel, sont sans couleur, mais qui, par l'addition d'une autre liqueur ou de quelque circonstance particulière, prennent de la couleur, quelle qu'elle soit.

La chimie présente un grand nombre de liqueurs de cette espèce, dont nous allons faire connoître les principales & les plus curieuses.

1. Ecrivez avec une solution de vitriol vert, dans laquelle néanmoins vous aurez ajouté un peu d'acide : cette solution étant absolument décolorée, on ne verra point l'écriture : lorsque vous la voudrez voir, plongez-la dans une eau où aura été infusée de la noix de galle, ou imbibez le papier avec une éponge plongée dans cette eau; l'écriture paroîtra aussi-tôt. En effet, il est aisé, pour qui a compris la 4e expérience, de voir qu'il se forme ici une encre sur le papier. Dans la formation de l'encre, on combine les deux ingrédiens avant que de s'en servir pour écrire; ici l'on ne les combine que l'écriture faite : voilà toute la différence.

2. Si vous voulez une encre qui se coloreroit en bleu, après avoir écrit avec la solution acide du vitriol vert, vous humecterez l'écriture avec la liqueur suivante.

Faites détonner avec un charbon ardent 4 onces de nitre avec 4 onces de tartre; vous mettrez ensuite cet alkali dans un creuset, avec 4 onces de sang de bœuf desséché, & vous couvrirez le creuset d'un couvercle percé seulement d'un petit trou; calcinez ce mélange à un feu modéré, jusqu'à ce qu'il sorte plus de fumée; après quoi vous ferez rougir le tout médiocrement; la matière qui en sortira, vous la plongerez encore toute rouge dans deux pintes d'eau, où elle se dissoudra en faisant bouillir cette eau, que vous réduirez environ à la moitié : vous aurez une eau avec laquelle, si vous humectez l'écriture tracée de la manière ci-dessus, elle prendra aussitôt une belle couleur bleue. Car, dans cette opération, il se forme, au lieu d'une encre noire, un bleu de Prusse.

3. Dissolvez du bismuth dans de l'acide nitreux, ce sera la liqueur avec laquelle vous écrirez. Pour la faire paroître, vous vous servirez de la liqueur suivante. Faites bouillir une forte solution d'alkali fixe sur du soufre en poudre très-fine, jusqu'à ce qu'il en ait dissous autant qu'il se peut : il en résultera une liqueur qui exhalera, on l'avoue, une odeur fort désagréable. Exposez aux vapeurs qui en sortiront l'écriture ci-dessus, elle se colorera en noir.

4. Mais de toutes les encres sympathiques, la plus curieuse est celle qu'on fait au moyen du cobalt. C'est un phénomène fort remarquable, que celui de voir paroître & disparoître alternativement, & à son gré, des caractères ou des desseins tracés avec cette encre ; & c'est une propriété qui lui est particulière, car les autres encres sympathiques sont à la vérité invisibles, tant qu'on ne leur applique pas l'ingrédient qui doit servir à les faire paroître ; mais, ayant une fois paru, ils ne s'effacent plus. Celle qu'on fait avec le cobalt, paroît & disparoît presque tant qu'on veut.

Pour faire cette encre, il faut prendre du safre, que l'on trouve chez les droguistes, faites-le digérer dans l'eau régale, ensorte qu'elle en tire ce qu'elle peut en dissoudre, c'est-à-dire, la terre métallique du cobalt, qui colore le safre en bleu ; vous étendrez ensuite cette dissolution, qui est très-caustique, avec l'eau commune, & vous pourrez vous en servir comme d'encre pour écrire sur le papier. Les caractères seront invisibles, car cette solution est sans couleur sensible ; mais si vous les exposez à une chaleur suffisante, il paroîtront en vert. Lorsque vous les aurez laissé refroidir, ils disparoîtront de nouveau.

Il faut pourtant observer que si on chauffoit trop fort le papier, ils ne disparoîtroient plus.

Remarque.

On exécute par le moyen de cette encre quelques jeux assez ingénieux & assez amusans ; tels que ceux-ci.

1. *Faire un tableau qui représente alternativement l'hiver & l'été.*

Faites un paysage dont la terre, les troncs

d'arbres, les branches, soient peintes avec les couleurs ordinaires, & appropriées au sujet ; mais dessinez & lavez les herbes, les feuilles des arbres, avec la liqueur ci-dessus, les feuilles des arbres, qui, à la température ordinaire de l'air, représentera une campagne privée de sa verdure ; mais faites-le chauffer suffisamment, & point trop, vous le verrez se couvrir de plantes, de feuilles, ensorte qu'il représentera alors le printemps.

On a fait & l'on fait encore, je crois, à Paris, des écrans peints de cette manière. Ceux à qui on les donne, & qui ignorent l'artifice, sont bien étonnés de voir, peu après qu'ils s'en sont servis au-devant du feu, le tableau qu'ils présentent absolument changé.

2. *L'Oracle magique.*

On écrit sur plusieurs feuilles de papier, des questions avec de l'encre ordinaire ; & au-dessous on écrit les réponses avec la dernière encre sympathique. On doit avoir plusieurs feuilles portant la même question & des réponses différentes, afin que l'artifice soit moins aisé à soupçonner.

Ayez ensuite une boîte, que vous appellerez *l'antre de la Sibylle*, ou autrement, & qui dans son couvercle contiendra une plaque de fer très-chaude, ensorte que son intérieur puisse être échauffé jusqu'à un certain degré.

Après avoir fait choisir des questions, vous prendrez les feuilles choisies, & vous direz que vous allez les envoyer à la Sibylle ou à l'Oracle pour en avoir la réponse, & vous les placerez dans la boîte échauffée ; enfin, après quelques minutes, vous les retirerez, & vous montrerez les réponses écrites. Il faut bien vîte remettre à part ces feuilles ; car si elles restoient entre les mains des témoins du tour, ils s'appercevroient que les réponses s'effacent peu à peu, à mesure que le papier se refroidit.

Des Végétations métalliques.

C'est un spectacle des plus curieux de la chimie, que de voir s'élever dans un vase une espèce d'arbrisseau, de le voir pousser des branches, quelquefois même des espèces de fruits. Cette image trompeuse de la végétation, a fait donner à cette opération le nom de *végétation chimique ou métallique* ; c'est probablement par un semblable artifice qu'on en a imposé à quelques hommes de bonne foi, qui ont cru voir réaliser la palingénésie. Quoi qu'il en soit, voici les plus curieuses de ces espèces de végétations, qui ne sont dans le fait qu'une sorte de cristallisation.

Arbre de Mars.

Dissolvez dans de l'esprit de nitre médiocrement concentré, de la limaille de fer, jusqu'à saturation. Ayez ensuite de la solution d'alkali fixe de tartre, communément appellée huile de tartre per *deliquium* ; vous la verserez peu à peu dans la première solution : il se fera une forte effervescence, après laquelle le fer, au lieu de tomber au fond du vase, s'élèvera au contraire le long de ses parois, le tapissera en-dedans, & formera une multitude de branchages amoncelés les uns sur les autres, qui débordera souvent, & se répandra sur les parois extérieures du vase, avec toute l'apparence d'une plante. Si, ce qui arrivera quelquefois, il se répand de la liqueur, il faut avoir soin de la recueillir & de la remettre dans le vase ; elle formera de nouveaux branchages, qui contribueront à augmenter la masse de cette espèce de végétation.

On donne ici les représentations de deux de ces végétations, tirées d'un mémoire de M. Lémery, fils, & inséré parmi ceux de l'académie, année 1706. (*Voyez* fig. 7 & 7 bis, pl. 4, *Amusemens de Physique.*) On lit une explication assez vraisemblable de ce phénomène parmi ceux de 1707.

Arbre de Diane.

On appelle cette végétation *arbre de Diane*, parce qu'elle est formée au moyen de l'argent, comme la précédente est nommée *arbre de Mars*, parce que c'est le fer qui la produit. Pour faire cette seconde, voici deux procédés, l'un de M. Lémery ; l'autre de M. Homberg.

Faites dissoudre une once d'argent de coupelle dans une quantité suffisante d'esprit de nitre très-pur d'une force médiocre ; vous mettrez ensuite cette dissolution dans un bocal, & vous l'étendrez dans environ vingt onces d'eau distillée ; vous y ajouterez enfin deux onces de mercure ; & vous laisserez le tout en repos ; dans l'espace de quarante jours il se formera sur le mercure une espèce d'arbre qui, par ses branchages, imitera beaucoup une végétation naturelle.

Si l'on trouve ce procédé, du reste fort simple, un peu trop long, voici celui de M. Homberg, au moyen duquel la curiosité est aussi-tôt satisfaite.

Amalgamez ensemble (c'est-à-dire mêlez, au moyen de la trituration, dans un mortier de porphyre & avec un pilon de fer,) deux gros de mercure bien pur, & quatre d'argent fin réduit en limaille ou en feuilles ; vous ferez dissoudre cette amalgame dans quatre onces d'esprit de nitre bien pur & médiocrement fort, & vous étendrez la solution dans environ une livre & demie d'eau distillée, que vous agiterez & conserverez dans un flacon bien bouché. Prenez une once de cette

liqueur, que vous verserez dans un verre, & vous y jetterez gros comme un pois d'une amalgame de mercure & d'argent, semblable à la précédente, & molle comme du beurre : vous ne tarderez pas à voir s'élever de dessus cette boule d'amalgame, une multitude de petits filaments qui croîtront à vue d'œil, jetteront des branches, & formeront des espèces d'arbrisseaux.

Végétation non métallique.

Faites détoner avec un charbon ardent 8 onces de salpêtre, que vous mettrez ensuite à la cave, pour qu'il en résulte une huile de tartre per *deliquium*; versez dessus peu à peu & jusqu'à saturation parfaite, de bon esprit de vitriol; faites évaporer toute l'humidité : vous aurez une matière saline, blanche, compacte, & très-âcre. Vous la mettrez dans une écuelle de grès, vous verserez dessus un demi-septier d'eau froide, & laisserez le tout exposé à l'air : au bout de quelques jours l'eau s'évaporera, & il se formera de côtés & d'autres des branchages en forme d'aiguilles diversement entre-lacées, & qui auront jusqu'à 15 lignes de longueur. Lorsque l'eau sera entièrement évaporée, si on en ajoute de nouvelle, la végétation continuera.

Il est aisé de voir que c'est ici une simple crystallisation d'un sel neutre, formé de l'acide vitriolique & de la base du nitre, c'est-à-dire d'un tartre vitriolé.

Produire la chaleur & même la flamme par le moyen de deux liqueurs froides.

Prenez de l'huile de gaiac, que vous mettrez dans une petite terrine; ayez ensuite de l'esprit de nitre, assez concentré pour qu'une petite bouteille qui contiendroit une once d'eau, contienne étant remplie de cet acide, une once & demie & quelque chose de plus. Cet acide doit être dans une bouteille emmanchée à un long bâton; on en versera les deux tiers environ sur l'huile contenue dans la terrine : il s'excitera un violent bouillonnement, qui ne tardera pas d'être suivi d'une très-grande flamme. Si la flamme ne survient pas après quelques secondes, vous n'avez qu'à verser le restant de l'acide nitreux sur l'endroit le plus noir de l'huile ; l'inflammation ne manquera pas de succéder, & il restera une espèce de charbon spongieux & fort gros.

On enflamme de même l'huile de térébenthine, l'huile de sassafras, & toutes les autres huiles essentielles.

A l'égard des huiles grasses, comme celles d'olive, de noix, & autres tirées par expression, on y réussit au moyen d'un acide formé du mélange des acides vitriolique & nitreux bien concentrés, parties égales de chacun.

Fondre du fer dans un inftant , & le faire couler en gouttes.

Il faut faire chauffer à blanc une barre de fer , & enfuite lui préfenter une bille de foufre ; le fer fe mettra tout de fuite en fufion , & coulera en gouttes. Il fera à propos d'expofer au-deffous une terrine pleine d'eau , dans laquelle les gouttes qui couleront s'éteindront auffi-tôt. On les trouvera réduites en une efpèce de fer de fonte.

On fe fert de ce procédé pour faire la grenaille de fer pour la chaffe ; car ces grains de fer fondu tombant dans l'eau , s'y arrondiffent affez bien.

Voici encore deux petites expériences que nous ne donnons ici , que parce qu'on a coutume de leur donner place dans les récréations phyfiques.

Faire fondre du métal dans une coquille de noix.

Prenez une pièce de monnoie très - mince , comme une pièce de 18 deniers , & même plus mince encore ; mettez-la , après l'avoir pliée en un rouleau , dans une demi-coquille de noix , où elle foit environnée d'une poudre compofée de trois parties de falpêtre broyé fin & bien deffché , deux parties de fleur de foufre & une de rapure de quelque bois tendre ; mettez enfuite le feu à cette poudre avec une allumette : la pièce de métal fondra , fans que la coquille foit plus que fuperficiellement brûlée.

Cela vient fans doute de l'activité de ce feu , aidé de l'acide vitriolique contenu dans le foufre , & qui agit avec une telle promptitude , qu'il n'a pas le temps de brûler la coquille de noix.

Partager une pièce de monnoie en deux dans fon épaiffeur.

Fichez dans une table trois épingles , fur lefquelles vous placerez la pièce de monnoie ; mettez au-deffus & au-deffous un tas de fleurs de foufre , auxquelles vous mettrez le feu : lorfqu'il fera éteint , vous trouverez fur la partie fupérieure une fuperficie du métal qui fera détachée de la pièce.

On a obfervé que fur une pièce d'or , comme un louis , on enleveroit pour 12 fous d'or , en dépenfant pour 30 à 40 fous de foufre ; ce qui fuffit pour rendre cette expérience nullement dangereufe pour la fûreté publique. D'ailleurs la pièce de monnoie perd en grande partie la netteté de fon empreinte ; ainfi celui qui entreprendroit de rogner ainfi la monnoie , feroit la victime de fa mauvaife volonté.

Voyez COULEURS (*changement de*) ENCRE , OR FULMINANT , OR POTABLE , PALINGENESIE , PIERRE PHILOSOPHALE , &c.

Couleur que l'on peut faire paroître ou difparoître.

Prenez un flacon , mettez-y de l'alkali volatil , dans lequel vous aurez fait diffoudre de la limaille de cuivre ; cela vous produira une couleur bleue. Vous préfenterez le flacon à quelqu'un à boucher , en lui faifant quelques plaifanteries ; & au grand étonnement de la compagnie , on verra la couleur difparoître , fitôt que le flacon fera bouché. Vous la ferez reparoître aifément en ôtant le bouchon , ce qui ne paroîtra pas moins furprenant. On voit que c'eft l'action de l'air qui fait tout le merveilleux de ce changement.   (PINETTI.)

Champignon philofophique.

Parmi les phénomènes furprenans & nombreux réfultans des divers procédés chymiques , un des plus curieux fans doute eft celui de l'inflammation des huiles effentielles par le mélange de l'acide nitreux. Il eft en effet étonnant de voir une liqueur froide prendre feu lorfque l'on verfe deffus une autre liqueur froide : tel eft le procédé par le moyen duquel on parvient à former en trois minutes le champignon , nommé champignon philofophique.

Il faut , pour faire cette opération fingulière & récréative , fe fervir d'un verre à patte un peu grand , & dont la bafe fe termine en pointe , comme on le voit dans la fig. 8. pl. II. de la magie blanche ; tome VIII des gravures.

Vous mettrez dans votre verre une once d'efprit de nitre bien raréfié ; puis vous verferez deffus une once d'huile effentielle de Gayac. Ce mélange produira une fermentation très-confidérable , accompagnée de fumée , du milieu de laquelle les fpectateurs verront s'élever dans l'éfpace de trois minutes un corps fpongieux tout-à-fait femblable au champignon ordinaire.

Cette fubftance fpongieufe , formée de parties graffes & huileufes du bois de Gayac , étant foulevée par l'air , s'enveloppe d'une couche très-mince de la matière dont eft compofée l'huile de Gayac.   (PINETTI.)

CIGNE. Voyez une autre defcription du *cigne magique* , à l'article MÉCHANIQUE.

CLEPSYDRE HYDRAULIQUE. Parmi les différentes manières de mefurer le temps , il n'en eft pas de plus fimples que les fabliers ou clepfydres ; cependant on ne peut difconvenir que pour peu que l'humidité s'introduife entre les capfules de verre qui les compofent , les grains de fable s'amoncèlent & ne peuvent plus paffer d'un vafe dans l'autre ; cet inconvénient engagea le père Dobrenzki , profeffeur de mathématiques , en l'univerfité de Prague , de fubftituer au fable dont nous venons de parler , deux liqueurs différentes ,

rentes, telles que le vin & l'eau. Par exemple, le temps pendant lequel la liqueur la plus légère pénètre la plus pesante que l'on met toujours au-dessus pour en prendre la place, est l'espace de temps que cette clepsydre hydraulique mesure. Pour peu que l'on se rappelle que l'eau reste colorée par le vin qu'on y a laissé filtrer dans un verre à demi-plein, à moins qu'on ne verse le vin très-lentement & *stillatim*, & même qu'on ne mette un petit morceau de pain à la surface de l'eau, on doit voir que la clepsydre qu'on vient de proposer doit être sujette au même inconvénient. On remédie à ce défaut en employant de l'huile de ben & de l'esprit-de-vin coloré, au lieu de vin & d'eau; si on veut que l'esprit-de-vin soit teint en rouge, on y met de l'oseille; du safran, si on le désire jaune; de l'orcanette, si on le veut brun; enfin de l'indigo, si on le veut bleu violet.

Il faut avoir la précaution de souder un petit tuyau de cuivre, qui déborde de quelques lignes les deux côtés de la plaque de cuivre qui se place entre les deux vases qui forment la clepsydre. On monte ce dernier comme les sabliers ordinaires: on ne doit pas craindre que son opération soit jamais retardée, sur-tout si l'on emploie de l'esprit-de-vin que le grand froid ne fait jamais geler dans nos climats.

On donne le nom de clepsydre aux horloges mises en mouvement par le moyen de l'eau. Avant que l'horlogerie fût aussi parfaite, & d'un usage aussi commun qu'elle l'est présentement, on mesuroit le temps par l'écoulement de quelque liqueur. Chez les anciens, la clepsydre étoit une machine fort grossière & peu juste, dont toute l'industrie consistoit à faire nager sur l'eau un petit vaisseau en forme de bateau garni d'une verge, qui marquoit en montant, à mesure que l'eau tomboit d'un autre grand vaisseau, les espaces des heures sur une régle qui lui étoient opposées; leur exactitude alloit encore à faire couler l'eau par le trou d'une perle ou d'une canule d'or très-fine, qui étoient des matières qui ne souffroient point, disoient-ils, de crasse qui pût boucher le trou, & qui, d'ailleurs, étoient si pures qu'elles ne se cavoient point par l'eau. Depuis on a beaucoup perfectionné ces machines, auxquelles même on a appliqué des sonneries & des mouvemens méchaniques mis en jeu par la chûte de l'eau plus ou moins précipitée. On leur donne telle forme & figure que l'on veut, comme de navire, de tour, de croix, de bête à quatre pieds, &c.; cela est indifférent, pourvu que l'on conserve les pièces essentielles qui font les tambours d'un mouvement lent, prompt & mixte; on peut aussi à la place du timbre faire chanter un coucou ou autre oiseau, en y ajustant un petit soufflet qui se lève à la place du marteau; mais il faut avouer qu'elles ne sont pas d'une précision si juste & si

réglée que nos pendules, parce qu'en général la vitesse des écoulemens dépend non-seulement de la hauteur perpendiculaire du fluide qu'on peut aisément mesurer, mais encore de la quantité des frottemens, du degré de fluidité & de densité qui sont variables, & qu'il est difficile d'évaluer. La liqueur passe plus vîte en été qu'en hiver. Ces inégalités & ces incertitudes doivent faire regarder les clepsydres comme des machines de curiosité plus que d'utilité. Il en faut dire autant des horloges de sable, de feu & d'air.

Nous donnerons seulement ici la description d'une petite clepsydre assez simple, & qu'il est très-aisé de se procurer. Ayez un bocal de verre ou seulement un vase cylindrique de fayence d'environ un pied de haut sur quatre pouces de diamètre, percez ce vase par le bas, & mastiquez-y un petit tuyau de verre de quatre à cinq lignes de diamètre, & dont le bout ait été diminué de grosseur à la lampe d'un émailleur, de manière qu'il ne laisse échapper l'eau contenue dans le vase que goutte à goutte & très-lentement.

Ce vase ainsi préparé sera couvert d'un cercle de bois, au centre duquel on ménagera une ouverture circulaire de cinq à six lignes de diamètre.

Ayez un tube de verre d'un pied de hauteur & de trois lignes de diamètre, ayant à une de ses extrémités un petit globe de même matière, au-dessous duquel vous mettrez un petit poids qui le mette en équilibre sur l'eau, ou bien insérez-y par l'ouverture supérieure du tube un peu de vif-argent. On colle un papier le long de ce tube, afin de le graduer.

Cet appareil étant fait, on remplit le vase d'eau; on y met le tube, & on place le cercle de bois; l'eau doit s'écouler insensiblement du vase par le petit tuyau dans un autre vase au-dessus duquel il est posé. On tient une montre bien réglée sur l'heure de midi: on marque un trait sur le pied du tube, à l'endroit où il touche le bord supérieur du couvercle; à chaque heure on fait une pareille marque, jusqu'à-ce qu'on ait indiqué sur ce papier douze ou vingt-quatre heures, selon la grosseur qu'on aura donnée au vase, ou eu égard à la petitesse de l'ouverture par laquelle l'eau s'échappe; ce qui forme une horloge à eau assez exacte, & qui sera d'un usage continuel, en ayant soin tous les jours de le remplir d'eau jusqu'à la hauteur nécessaire, pour que le tube ainsi divisé indique l'heure à laquelle on la montera en cette sorte, ce que cette même horloge enseignera.

On ne doit pas, ayant réglé la distance d'une heure sur le tube, se servir de cette même mefure pour tracer les autres, attendu que l'eau ne s'écoule pas avec la même quantité dans le même intervalle de temps, & que d'ailleurs le vafe peut bien n'être pas parfaitement cylindrique ; on peut feulement divifer chaque heure en quatre parties égales, pour en avoir les demies & les quarts, fans qu'il fe trouve de différence fort fenfible. Cette pièce peut auffi fe conftruire en fer-blanc, mais il faut que le tuyau par où l'eau s'échappe foit de verre, afin que l'ouverture ne foit pas fujette à s'agrandir ; mais de quelque matière qu'elle foit conftruite, il faut avoir attention de n'employer que de l'eau bien nette & bien filtrée, afin qu'elle ne dépofe pas de limon qui, venant à embarraffer & obftruer le petit trou par où l'eau s'écoule, la feroit arrêter, ou tout au moins conler irrégulièrement, & feroit, par conféquent, defcendre de même le tube de verre gradué.

CLOUS (les petits). *Voy. à l'article* AIMANT.

COAGULATION.

Manière de faire de deux liqueurs un corps folide.

On trouve dans les expériences de phyfique de Poliniere le procédé fuivant, pour former un corps folide avec deux liqueurs. Faites diffoudre, dit-il, en eau commune une once de fel marin, & ajoutez-y environ trois onces de chaux vive ; faites bouillir le tout pendant quelque temps. Ayez une forte diffolution de tartre. Si on mêle enfemble dans un vafe de verre de la diffolution de fel marin & chaux ci-deffus, avec égale partie d'une forte diffolution de fel de tartre, & que l'on batte ces deux liqueurs avec un petit bâton plat, elles formeront une maffe blanchâtre, qui s'épaiffira peu-à-peu, & dont on pourra former une boule affez folide pour pouvoir parvenir à la rouler avec les mains fur une table. Cette coagulation fe perd aifément, & l'on rend la liquidité au mélange dès que l'on verfe deffus un acide affez puiffant pour défunir ces mêmes molécules qui fe font jointes. Pour cet effet, il ne faut que verfer deffus la coagulation un peu d'efprit de nitre, auffi-tôt le mélange revient dans fon premier état de liquidité.

On connoît en Chymie, fous le nom de *miracle chymique*, une efpèce de coagulation, qui confifte à mêler une diffolution d'alkali fixe bien concentré avec une diffolution de nitre ou de fel marin à bafe terreufe bien chargée. La terre fe précipite en fi grande abondance, qu'il réfulte une maffe affez folide du mélange de ces deux liqueurs. Comme cette expérience a quelque chofe de merveilleux & de furprenant, quelques chymiftes lui ont donné le nom de *miracle chymique*.

COFFRE qui s'ouvre à volonté. *Voy. à l'art.* MECHANIQUE.

COMBINAISONS MERVEILLEUSES.

Mémoire artificielle.

PRÉPARATION.

Choififfez des mots quelconques qui puiffent former un fens fuivi (par exemple), une fentence ou un vers.

Pallida mors æquo pede pulfat.

Ayez un alphabet nombré que vous fachiez par cœur.

A. B. C. D. E. F. G. H. I. K. L.
1. 2. 3. 4. 5. 6. 7. 8. 9. 10. 11.
M. N. O. P. Q. R. S. T. V. X.
12. 13. 14. 15. 16. 17. 18. 19. 20. 21.
Y. Z. &.
22. 23. 24.

Récréation.

On propofera à une perfonne de lui dicter au hafard une multitude de nombres différens qu'elle gardera par devers elle, & de les lui réciter dans le même ordre fur le champ ou dans un mois, ou même dans plufieurs années, ce qui fera très-facile en fe reffouvenant de cet alphabet & de ce vers, en obfervant qu'afin que les nombres qu'on dictera foient bien variés, il faut dans chaque mot joindre les lettres deux à deux, & lorfque les lettres d'un mot feront en nombre impair, prendre la dernière lettre toute feule.

Exemple.

P. A - L L - I D - A - M O - R S -
15. 1. 11. 11. 9. 4. 1. 12. 14. 17. 18.
Æ Q - U O - P E - D E - P U -
5. 16. 20. 14. 15. 5. 4. 5. 15. 20.
L S - A T, &c.
11. 18. 1. 19.

Il eft aifé de voir par cet exemple qu'on doit dicter ainfi les nombres.

151. 1111. 94. 1. 1214. 1718. 516. 2014. 155. 45. 1520. 1118. 119.

Nota. Cette récréation paroîtra d'autant plus extraordinaire à ceux qui ne fachant pas que tout le fecret confifte dans le vers & l'alphabet nombré que l'on fait par cœur, croiront qu'on leur

2 dicté des nombres au hasard, & qu'on n'a pu leur réciter au bout d'un si long-temps qu'au moyen d'une mémoire prodigieuse; leur surprise augmentera si on leur dicte une grande quantité de nombres, ce qui est également facile en retenant plusieurs vers par cœur, ou en se servant des premiers qui viendront à l'idée, & dont on fera note pour se les rappeller dans le temps.

Faire paroître à une personne enfermée dans une chambre ce que quelqu'un desirera.

Cet amusement se fait par intelligence avec une personne de la compagnie.

Convenez secrettement avec une personne de la compagnie, que lorsqu'elle sera enfermée dans une chambre voisine, & qu'elle vous entendra frapper un coup, cela lui désignera la lettre A; que si vous en frappez deux, ce sera la lettre B, & ainsi de suite suivant l'ordre des vingt-quatre lettres de l'alphabet; proposez ensuite de faire voir à la personne qui voudra s'enfermer dans une chambre voisine tel animal qu'un autre de la compagnie desirera; & afin qu'un autre que celui auquel vous vous entendez ne vienne à s'offrir, annoncez qu'il faut que celle qui va y entrer soit bien hardie, sans quoi elle ne doit pas s'y exposer; la personne convenue s'offrira, alors ayant allumé une lampe qui répande une clarté lugubre, donnez-la-loi en lui disant de la mettre au milieu de la chambre, & de n'avoir aucune frayeur de ce qu'elle verra.

La personne étant enfermée dans la chambre, vous prendrez un quarré de papier noir avec un morceau de crayon blanc, & vous proposerez à une personne d'y écrire le nom de l'animal qu'elle souhaite qu'on voie; vous reprendrez ce papier pour le brûler à une lampe, & vous mettrez sa cendre dans un mortier sur lequel vous jetterez une poudre à laquelle vous attribuerez beaucoup de vertu; vous lirez ce qui aura été écrit, qu'on suppose ici être un *coq*; alors prenant un pilon, comme pour triturer le tout dans un mortier, vous frapperez trois coups pour désigner à la personne cachée la lettre C, & vous ferez ensuite quelques roulades avec le pilon pour l'avertir qu'il n'y a plus de coups à donner; vous recommencerez ensuite à frapper dix-neuf coups pour désigner la lettre O, & vous répéterez la roulade, & ainsi de suite; vous demanderez ensuite à la personne ce qu'elle voit; elle ne répondra pas d'abord; afin de faire croire qu'elle s'est effrayée; enfin après plusieurs demandes elle dira qu'il lui semble avoir vu un *coq*.

Nota. Pour ne point se tromper dans les lettres, il suffit de part & d'autre de prononcer soi-même les lettres de l'alphabet suivant leur ordre à chaque coup que l'un frappe ou que l'autre entend.

Ayant trois vases, un de huit pintes rempli de liqueur, & deux autres, l'un de trois, l'autre de cinq pintes : partagez les huit pintes en deux parties égales.

SOLUTION.

Soient les trois vases	8..5..3
Remplissez le vase de trois pintes;	5..0..3
Vuidez ces trois pintes dans celui de cinq;	5..3..0
Remplissez une deuxième fois le vase de trois pintes;	2..3..3
Vuidez-en deux pintes dans celui de cinq;	2..5..1
Remettez les cinq pintes dans celui de huit;	7..0..1
Vuidez celle qui reste dans le vase de trois pintes dans celui de cinq;	7..1..0
Prenez trois pintes dans celui de huit;	4..1.23
Mettez ces trois pintes dans le vase de cinq	4..4..0

Autre manière de résoudre ce problême.

Remplissez le vase de cinq pintes;	3..5
Prenez sur ces cinq pintes de quoi remplir le vase de trois pintes;	3..2..3
Remettez ces trois pintes dans le vase de huit pintes;	6..2
Remettez dans le vase de trois pintes les deux pintes restées dans celui de cinq;	6..0..2
Remplissez de nouveau le vase de cinq pintes;	1..5..2
Achevez de remplir le vase de trois pintes en prenant sur celui de cinq pintes;	1..4..3
Versez ces trois pintes dans celui de huit.	4..4..0

Faire parcourir au cavalier toutes les cases de l'échiquier.

Si vous voulez faire parcourir au cavalier toutes les cases de l'échiquier sans placer deux fois sur la même case, posez-le d'abord sur la case 1 qui se trouve vers l'un des angles de l'échiquier, & conduisez-le successivement suivant l'ordre des numéros qui sont indiqués sur les 64 cases ci-après, mettez un jetton à chaque changement de position, afin de faire voir que vous les avez toutes remplies.

ÉCHIQUIER.

Nombre.

34	49	22	11	36	39	24	1
21	10	35	50	23	12	37	40
48	33	62	57	38	25	2	13
9	20	51	54	63	60	41	26
32	47	58	61	56	53	14	3
19	8	55	52	59	64	27	42
46	31	6	17	44	29	4	15
7	18	45	30	5	16	43	28

Nota. Il y a différentes manières de remplir ces cafes, mais on a cru qu'il fuffifoit de donner celle-ci pour exemple, comme étant la plus facile à pratiquer ; les autres étant fort difficiles à retenir par cœur, il eſt difficile de faire cet amufement fans fe tromper. Dans toutes les tables qu'on peut faire fur cette récréation, les chiffres fe trouvent toujours difpofés, alternativement, pairs & impairs, fur toutes les cafes parallèles aux côtés de l'échiquier ; & ils font tous pairs ou impairs fur les lignes parallèles aux diagonales, ce qui provient de la marche du cavalier.

DIVERSES FINS

de parties d'échecs, extraordinaires.

POSITION DES PIECES SUR L'ÉCHIQUIER (1).

Jeu du Blanc.

Le *roi* à la feptième cafe de fon fou.

La *tour* à la feptième cafe du cavalier de fon roi.

L'autre *tour* à la feptième cafe de fon roi.

Un *cavalier* à la dernière cafe du fou de fon roi.

Un *pion* à la fixième cafe du fou de fon roi.

Un autre *pion* à la fixième cafe du cavalier de fon roi.

Jeu du Noir.

Le *roi* à la cafe de fa tour.

(1) Voyez la figure première, (planche I, combinaiſons magiques) où fe trouve repréſentée la poſition de ce coup.

Le *pion* de la dame à fa cafe.

La partie étant dans cet état ; le blanc dit au noir, qu'il s'engage à le faire *mat* avec le pion qui eſt à la fixième cafe du fou de fon roi ; fous la condition expreſſe qu'il ne pourra, en aucune façon, jouer fon roi fans perdre alors lui-même la partie. Pour y parvenir, il laiſſera avancer à dame le pion de l'adverſaire, & pendant cet intervalle, il placera la tour, qui eſt auprès de ce pion, de manière qu'à l'inſtant que le noir fera une dame, il puiſſe lui faire échec à la cinquième cafe de la tour de fon roi.

Noir. La dame prend la tour.

Blanc. L'autre tour fait échec à la feptième cafe de la tour du roi.

Noir. La dame prend cette feconde tour.

Blanc. Echec au roi avec le pion du cavalier.

Noir. La dame prend le pion.

Blanc. Le pion du fou prend la dame, & donne *échec & mat.*

Nota. On ne donne ici cette fin de partie, & celles qui fuivent, que comme des coups combinés à plaifir. Ce feroit une chofe fort extraordinaire qu'en jouant il fe trouvât de femblables difpofitions.

2ᵉ. POSITION DES PIECES SUR L'ÉCHIQUIER (2).

Jeu du Blanc.

Le *roi* à fa fixième cafe.

Un *cavalier* à la fixième cafe de la tour de fa dame.

Un autre *cavalier* à la cinquième cafe du cavalier de fa dame.

Un *pion* à la feptième cafe de fon roi.

Un *pion* à la fixième cafe du fou de fon roi.

Un *pion* à la fixième cafe de fa dame.

Un autre *pion* à la cinquième cafe de fon roi.

Jeu du Noir.

Le *roi* à fa cafe.

La *tour* du roi à fa cafe.

L'autre *tour* à la cafe du fou de fa dame.

Le *fou* du roi à la cafe de la tour de la dame contraire.

(2) Voyez figure deuxième, (planche I, combinaiſons magiques).

Un *pion* à la sixième case de son roi.

Le jeu étant ainsi disposé, le blanc dit au noir, que malgré que le pion qui est à la cinquième case de son roi, soit en prise du fou noir, il lui donnera néanmoins *mat* avec ce même pion, & même à condition que s'il vient à laisser prendre ce pion il perdra la partie.

Blanc. Le cavalier qui est à la sixième case de la tour de sa dame, donne échec à la septième case du fou de sa dame.

Noir. La tour est obligée forcément de prendre ce cavalier.

Blanc. Le pion qui est à la sixième case de sa dame, avance un pas & donne échec.

Noir. Prend ce pion avec sa tour, ne pouvant faire autrement.

Blanc. Donne échec, avec l'autre cavalier, à la troisième case de la dame contraire.

Noir. Est encore forcé de prendre ce cavalier avec sa tour.

Blanc. Prend la tour avec le pion en question.

Noir. Est obligé de jouer la tour qui lui reste.

Blanc. Donne *échec* & *mat* avec le pion qui étoit en prise du fou noir, comme il a été proposé.

3ᵉ. PROPOSITION DES PIÈCES SUR L'ÉCHIQUIER (3).

Jeu du Blanc.

Le *roi* à la sixième case du fou de sa dame.

Un *cavalier* à la cinquième case du cavalier de sa dame.

L'autre *cavalier* à la cinquième case de sa dame.

Un *pion* à la cinquième case de la tour de sa dame.

Un autre *pion* à la cinquième case du fou de sa dame.

Jeu du Noir.

Le *roi* à la case de la tour de sa dame.

Le jeu se trouvant disposé en cette sorte, le blanc dit au noir, qu'il lui donnera *échec*, avec l'un de ses pions, & le coup suivant *mat* avec l'autre, sans quoi il consent à perdre la partie.

Blanc. Le cavalier, qui est à la cinquième case de sa dame, donne échec à la deuxième case du fou de la dame noire.

Noir. Le roi à la case du cavalier de sa dame.

Blanc. Le cavalier à la sixième case de sa dame.

Noir. Le roi à la deuxième case de la tour de sa dame.

Blanc. Le cavalier à la case du fou de la dame noire, donne échec.

Noir. Le roi à la case du cavalier de sa dame.

Blanc. Le roi à la septième case de sa dame.

Noir. Le roi à la deuxième case du cavalier de sa dame.

Blanc. Le pion de la tour donne échec.

Noir. Le roi à la case du cavalier de sa dame.

Blanc. Le même pion donne d'abord *échec*.

Noir. Le roi à la seconde case du cavalier de sa dame.

Blanc. Le pion du fou donne ensuite *échec* & *mat*, & gagne la partie comme il a été proposé.

4ᵉ. POSITION DES PIÈCES SUR L'ÉCHIQUIER (4).

Jeu du Blanc.

Le *roi* à la sixième case du fou de sa dame.

La *dame* à sa septième case.

La *tour* à la quatrième case de sa dame.

Le *pion* de la tour de la dame à sa sixième case.

Le *pion* du cavalier de la dame à sa cinquième case.

Jeu du Noir.

Le *roi* à la case de la tour de sa dame.

Le *pion* de la tour de la dame à sa case.

Le jeu étant dans cette situation, le blanc dit au noir qu'il le fera *mat* avec le pion du cavalier de son roi, sous condition qu'il ne pourra jamais prendre le pion de la dame contraire.

Noir. Le roi à la case de son cavalier.

Blanc. La tour à la quatrième case de la tour de sa dame.

Noir. Le roi à la case de sa tour.

Blanc. La tour à la cinquième case de la tour de sa dame.

Noir. Le roi à la cafe de fon cavalier.

Blanc. La dame à la feptième cafe de fon fou, donne échec.

Noir. Le roi à la cafe de fa tour.

Blanc. La dame à la fixième cafe de fon cavalier.

Noir. Le pion de la tour prend la dame.

Blanc. Le pion de la tour à fa pénultième cafe.

Noir. Le pion prend la tour.

Blanc. Le roi à la fixième cafe de fon cavalier.

Noir. Le pion de la tour un pas.

Blanc. Le roi à la fixième cafe de la tour de fa dame.

Noir. Le pion de la tour un pas.

Blanc. Le pion du cavalier un pas.

Noir. Le pion de la tour un pas.

Blanc. Le pion du cavalier donne *échec & mat* à fa feptième cafe, avant que le noir puiffe faire une dame.

5ᵉ. POSITION DE PIÈCES SUR L'ÉCHIQUIER. *

Jeu du blanc.

Le *roi* à la cafe du fou du roi contraire.

La *tour* à la cafe du fou de fon roi.

L'autre *tour* à la cafe de fa dame.

Le *cavalier* à la troifième cafe du fou de fon roi.

Un *pion* à la quatrième cafe de fon roi.

Jeu du Noir.

Le *roi* à fa troifième cafe.

La *dame* à la quatrième cafe de fa tour.

La *tour* du roi à fa feconde cafe.

L'autre *tour* à la troifième cafe du cavalier de fa dame.

Le *cavalier* à la troifième cafe du cavalier de fa dame.

Un *pion* à la quatrième cafe de fon roi.

Le jeu étant dans cet état, le blanc dit au noir, que malgré qu'il foit lui-même au moment d'être *mat*, & qu'il foit de beaucoup inférieur en pièces, il le fera *mat* ; ce qu'il exécutera de cette forte :

Blanc. Le cavalier à la quatrième cafe du cavalier de la dame contraire, donne *échec*.

Noir. La tour eft obligée de prendre ce cavalier.

Blanc. La tour donne *échec* à la troifième cafe du fou du roi, contraire.

Noir. Le roi eft forcé de prendre la tour.

Blanc. L'autre tour à la troifième cafe du roi contraire, donne *échec & mat.*

6ᵉ. POSITION DES PIÈCES SUR L'ÉCHIQUIER. *

Jeu du Blanc.

Le *roi* à la cafe du cavalier de fon roi.

La *tour* à la feptième cafe du cavalier de fon roi.

Jeu du Noir.

Le *roi* à la fixième cafe de fa tour.

Un *pion* à la cinquième cafe du cavalier de fon roi.

Un autre *pion* à la feptième cafe de ce même cavalier.

La *tour* à la cafe de fon roi, ou en toute autre place également convenable.

Le jeu étant dans cet état, le blanc dit au noir qu'il fera *pat*, ce qu'il exécutera comme il fuit.

Blanc. La tour donne échec à la deuxième cafe de la tour de fon roi.

Noir. Le roi à la fixième cafe du cavalier de fon roi, ne pouvant jouer autrement.

Blanc. La tour à la feptième cafe de fon roi.

Noir. Retire fa tour pour que le blanc ne foit pas *pat.*

Blanc. La tour continuellement vis-à-vis la tour du noir pour forcer le *pat.*

Observation.

Si l'on veut fe récréer avec ces fins de parties dont le jeu ne laiffe pas que d'être caché, il faut difpofer les pièces fur l'échiquier comme le défignent les figures, & chercher à découvrir la combinaifon des coups avec lefquels on peut parvenir à faire le mat comme il eft propofé ; la marche étant connue, on propofera ces fins de parties par forme d'amufement à ceux qui font au fait de ce jeu ; ces combinaisons servent à faire voir combien sont étendues les ressources qu'il offre entre les mains de ceux qui le connoissent à fond, & qu'il est quelquefois des moyens de se tirer d'un *mat* qui paroît inévitable ; elles sont tirées d'un excellent traité italien sur les échecs (1) qui est fort rare. On en trouve de ce genre dans un livre intitulé : *Essai sur les échecs*, par Philippe Stamma qu'on nomme assez communément les cent parties désespérées.

Sur un vers latin, qu'on peut retourner de plus de trois millions de manières, on fait une opération par laquelle il semble qu'il est possible de prévoir ou de contraindre la pensée d'autrui. Autre opération mystérieuse sur deux cents mots, dont les définitions réunies forment un logogriphe très-scientifique.

M. Decremps rapporte ainsi (dans *sa magie blanche dévoilée*) l'explication de cette combinaison magique.

M. Van Estin présenta à M. Hill une boîte oblongue où se trouvoient onze tablettes portant chacune un des mots suivans :

Rex, lux, dux, pax, sol, spes, sons, vas, flos, via, Jesus.

On voit que ces mots forment ensemble un vers hexamètre, qui, à la vérité, n'est pas bien élégant ; mais il a la propriété singulière d'exprimer les principales épithètes données au messie, tant dans l'ancien que dans le nouveau testament, & de pouvoir se combiner de 3 millions 265,920 manières, sans qu'il soit possible d'en altérer le sens ou la mesure. On sent que toutes les tablettes sont mobiles, à l'exception de celle qui porte le mot *via*, qui reste toujours clouée à la même place, pour former dans toutes les combinaisons possibles le dactyle du cinquième pied.

(Ceux qui voudront vérifier par le calcul, le nombre des combinaisons que nous venons d'annoncer, sont priés de faire attention, 1°. que le mot *Jesus*, étant de deux syllabes, tient la place de deux autres, & qu'il faut le mettre sur une tablette deux fois plus large, pour qu'on puisse, en le transposant, mettre deux autres mots à la place qu'il occupe ; 2°. que par cette même raison, il ne peut jamais être placé le neuvième dans la boîte, parce qu'alors il ne resteroit qu'une seule syllabe pour le spondée du sixième pied : sans ces observations & quelques autres, on trouveroit infailliblement un plus grand nombre de combinaisons que nous n'avons dit.)

(1) *Trattato del l'inventione, e arte liberale del gioco di Scacchi del dottor Alessandro Salvio Napolitano, Napoli* 1664.

M. Van-Estin s'étant approché de M. Hill, pour lui dire un mot à l'oreille, lui remit entre les mains un papier cacheté ; ensuite il me pria de prendre la boîte, pour arranger à ma fantaisie, les dix tablettes mobiles, me promettant en même temps de dire après, sans ouvrir cette boîte, quel seroit l'arrangement que j'aurois formé. Je combinai les mots au hasard, & je lui remis la boîte, sans faire attention à l'ordre que je venois de leur donner. Je lui dis dans ce moment, que la différente épaisseur, ou le différent poids des tablettes, pouvoit faire sortir plus ou moins, hors la boîte, divers petits clous, & qu'il connoissoit peut-être par ce moyen l'arrangement des tablettes : (nous avons parlé de ce moyen à l'article de la baguette divinatoire ;) mais il nous prouva bientôt le contraire ; car il nous fit couvrir la boîte d'une serviette avant de s'en approcher. Ensuite, il la lorgna avec une lunette d'yvoire, & nous dit que les quatre premiers mots étoient *sons, vas, flos, Jesus*. Je pensai alors que cette expérience étoit la même que celle de la boîte aux chiffres ; je crus qu'il y avoit dans chaque tablette un barreau d'acier aimanté, & dans la lunette une aiguille de boussole, qui, se tournant vers différens points de l'horison, selon la direction des barreaux, faisoit connoître par-là quel étoit l'arrangement des tablettes. Je fis part de cette idée à M. Van-Estin, qui me dit que ce n'étoit pas là son moyen. Cependant, comme il paroissoit embarrassé, je crus que j'avois bien rencontré, & je persistai dans mon opinion. Je m'emparai de sa lunette, qu'il avoit laissée négligemment sur la table, & je la démontai, dans l'espérance d'y voir une boussole ; mais je fus bien surpris de n'y rien trouver.

Vous avez voulu m'attraper, me dit M. Van-Estin, & c'est moi qui vous attrape : vous me rappellez le proverbe anglois :

   An old fox understand trap,

    Un vieux renard connoît les pièges.

Pour vous prouver, ajouta M. Van-Estin, que je peux connoître, sans lunette, l'arrangement des mots ; je vous annonce que j'ai dit d'avance à M. Hill, quel seroit le sixième mot, & que le papier que je lui ai donné, pareillement d'avance, contient aussi par écrit le mot que vous avez dû mettre à la fin du vers ; alors M. Hill, prié de dire quel étoit le sixième mot, répondit que c'étoit *Rex*, & M. Van-Estin, décachetant le papier qu'il avoit donné à garder à M. Hill, nous fit voir qu'il contenoit la prédiction suivante :

« Le vers formé dans la boîte, finira par le mot » *dux* ». Enfin, il leva le couvercle pour nous convaincre de la vérité de ces deux prédictions, & nous lûmes le vers suivant :

Fons, vas, flos, Jefus, pax, rex, fpes, lux, via, fol, dux.

Pour faire ce tour, tel que vous venez de le voir, me dit M. Van-Eftin, je réunis quatre moyens. D'abord, je fais ufage des petits clous dont vous avez parlé ; mais quand je m'apperçois que ce moyen eft foupçonné de ceux devant qui j'opère, je fais couvrir la boîte d'une ferviette ou d'un mouchoir, pour m'ôter le moyen de voir les petits clous. Je lorgne alors la boîte avec une lunette qui contient une aiguille de bouffole, dont la direction m'annonce la combinaifon des tablettes ; auffi-tôt que je connois cinq à fix mots, je fubftitue adroitement une autre lunette où il n'y a point d'aiguille. Je laiffe cette dernière fur la table, comme par oubli, & ceux qui, comme vous, foupçonnent que j'ai employé le magnétifme, ne manquant jamais de la prendre pour la démonter, font toujours très-étonnés de n'y rien voir.

Pour compliquer cette opération, je m'adreffe, avant de faire le tour, à quelqu'un de la compagnie à qui je fais, tout bas, une prédiction obfcure telle, par exemple, que celle-ci :

« On va ôter le mot *Rex* de fa place, pour le » mettre à la place voifine : rappellez-vous bien » le mot *Rex* ».

La perfonne à qui je m'adreffe, ne fachant point où fe trouve ce mot, ignore par conféquent quelle eft cette place voifine dont je parle ; & s'imaginant, dans cet inftant, que je fais réellement quelque chofe d'avance, elle juge déjà de la vérité de ma prédiction, par l'air d'affurance avec lequel je la fais ; & enfin crainte de faire manquer le tour ; elle ne s'occupe qu'à fe rappeller le mot *Rex*.

Quand je fais enfuite, à l'aide des clous ou de la lunette, à quelle place fe trouve ce mot ; s'il eft, par exemple, le fixième, je me vante auffi-tôt d'avoir prédit qu'il occuperoit ce rang. Je demande à la perfonne à qui j'ai parlé, quel eft le mot qui fe trouve à la fixième place ? Cette perfonne répond, en nommant tout fimplement le mot *Rex* ; elle croit que cette place voifine dont j'ai parlé eft la fixième, & ne fait pas attention que fi ce même mot fe trouvoit, par exemple, à la neuvième place, je ne ferois mention que de celle-ci dans la demande que je lui fais.

Le dernier moyen que j'ai employé, eft celui des encres fympathiques.

Dans le premier cacheté que j'ai remis à M. Hill, j'avois écrit d'avance les mots fuivans, difpofés en trois lignes de cette manière :

Le vers formé dans la boîte finira par le mot

Rex, lux, pax, dux, fol,
fpes, fons, vas, flos, Jefus.

Si tous ces mots avoient été bien lifibles, ils auroient préfenté un fens abfurde, & une faute de grammaire ; mais la première ligne feule étoit écrite avec de l'encre ordinaire, & les dix mots formant les deux autres lignes, étoient écrits avec de l'encre fympathique invifible, faite avec du vinaigre diftillé, chauffé avec un peu de litharge ; de forte que, fi l'on avoit ouvert le papier dans l'inftant où je l'ai donné à garder, il n'auroit préfenté que ce qui fuit :

« Le vers formé dans la boîte finira par le mot

. . . . . .

. . . . ».

Quand j'ai fu que le mot *dux* étoit le dernier, j'ai rendu ce mot noir & vifible, en paffant fur le quatrième point de renfeignement, que j'avois mis fur le papier, mon pouce mouillé d'encre fympathique, faite avec de l'eau, de la chaux vive & de l'orpiment.

Les neuf autres mots reftant invifibles, vous n'avez pu lire, fur tout ce qui étoit écrit, que les mots fuivans, arrangés de cette manière :

Le vers formé dans la boîte finira par le mot

. . . . . *Dux.* .

. . . . . .

Voilà par quel art je vous ai fait croire que j'avois écrit d'avance le feul mot *dux*, tandis qu'ils étoient tous écrits, & qu'il dépendoit de moi de faire paroître, au lieu de celui-là, un autre mot quelconque felon le befoin.

Après cela, M. Van-Eftin me préfenta dans une corbeille, fix paquets de cartes, fur chacune defquelles étoit écrit un des mots fuivans :

Carpe (*partie de la main dans le fquelette*,) carpe *poiffon*, parce (*mot latin*,) Lia *fœur de Rachel*, parc, ciel, polacre *vaiffeau Levantin*, cale *punition de matelot*, roc, cape *voile de navire*, polaire *étoile*, lie, Pope, polipe *infecte*, Aire *en Artois*, Acre en *Paleftine*, poiré, pore, loi, pie *oifeau*, Pie *pape*, aile, ire *colere*, pole, arc, oracle, palier, col, pal *terme de blafon*, pair *de France*, lac de *Geneve ou de Conftance*, rôle *deux pages*, rôle *d'un acteur*, Pia *auteur d'un excellent ouvrage fur la mort des noyés*, aire *furface*, pile *de boulets dans un parc d'artillerie*, lice, police, pilore, pic, repic, râle *oifeau roi des cailles*, raie *poiffon*, cariole, réal, cor *de chaffe*, cor *au pied*, pipe, poil, ail, ocre,

ocre, acre *mesure de terrein*, pape, cape *manteau*, papier, rape, pari, place, paroli, race, carie, rais *ligne*, creil, craie, œil, Clio, cri, rope *mot anglois, qui signifie corde*, piole *cabaret à voleurs, selon leur langage*, re, la, *notes de musique*, loir, poire, capre, api, opera, or, *rue de Lapé, rue de Cléri*, parole, acier, épi, corail, S. Lô, S. Clair, Ste. Clair, S. Cir, cire, Icare, porc, répi, air *élément*, air *à chanter*, Priape, ai *quadrupède*, copie, ...

Trente-six mots latins, dont voici les principaux, *clari, porci, cleri, opera, ora, loca, ripa, par, pari, caro, pica, leo*, . . . &c.

Deux articles : le, la.

Vingt adjectifs ou participes, tels que ceux-ci : pâle, âcre, âpre, râpé, lié, plié, pilé, pair, ailé, &c.

Deux pronoms : il, ce.

Près de soixante verbes, dont voici les principaux :

Lie, crie, parle, plie, rape, pâlir, plaire, placer, piolet, pila, opéra, cira, lire, piper, policer. . . . &c.

Deux adverbes, par-ci, là,

Et plusieurs autres substantifs, savoir : pli, pré, île, lare, proie, Caire *en Egypte*, Coire *au pays Grison*, Io, oie, Péra *Fauxbourg de Constantinople*, cap, Pô, Loire, le roi.

M. Hill, après m'avoir fait remarquer tous ces mots sur autant de cartes, me pria d'en choisir un secrettement, de le marquer d'un coup de crayon, ou d'en déchirer un petit coin pour le reconnoître, & d'aller l'attacher à la tapisserie de la chambre voisine. Je choisis en cachette la carte sur laquelle étoit écrit le mot *polipe*; & quand je l'eus apporté dans l'autre chambre selon ses desirs, il me présenta à son retour une petite boîte d'optique, dans laquelle je vis, à l'aide d'une bonne lentille, un très-grand tableau, représentant des mares, des ruisseaux & des polipes d'eau douce, avec ces mots en lettres de feu :

. . . . La merveilleuse bête.

Qui peut impunément laisser trancher sa tête.

Vous voyez, me dit M. Van-Estin, que je savois d'avance le mot que vous choisiriez, puisque j'avois ainsi disposé dans cette boîte, le tableau qui vous en donne l'explication.

Rien ne prouve, lui dis-je, que vous l'ayez su d'avance ; il est possible que vous ayez profité de l'instant où j'étois dans l'autre chambre, pour arranger ce tableau dans la boîte, & pour allumer, par derrière, les lampes qui le rendent si

Amusemens des Sciences.

éclatant. Il n'y a qu'une chose, ajoutai-je, qui m'étonne & qui m'embarrasse ici ; c'est de savoir comment vous avez pu connoître la carte que j'ai choisie ; car je ne crois pas que vous ayez eu le temps de les compter, & de les examiner en si grand nombre, pour savoir celle qui manque.

Vous méritez, me dit-il, M. Van-Estin, que je vous fasse connoître mes moyens. Alors il me montra une lunette avec laquelle je vis, à travers la muraille, la carte choisie. Je crus d'abord que le mur étoit percé ou diaphane ; mais la lunette produisit le même effet, lors même qu'on eût mis deux gros in-folio du côté du verre objectif, pour intercepter les rayons.

Cette dernière circonstance devenoit pour moi une nouvelle énigme, dont le mot me paroissoit très-difficile à trouver ; il m'en donna ainsi l'explication. (*Voyez la fig. 2, pl. 1, de Magie blanche, tome VIII des gravures.*

Le mur n'est point percé au point A, où répond la lunette ; mais il l'est au point B, où se trouve la boîte qui lui sert de piedestal. Les rayons qui portent l'image de la carte choisie C, sont réfléchis au point D, par le miroir EF, ensuite par le point G, du miroir IH ; par ce moyen l'œil K, croit voir directement au point L, la carte qui est au point C.

Dictis majora tacebo.

Nota. M. Van-Estin avoit autant de tableaux, qu'il y a de mots dans le catalogue ci-dessus ; il les mettoit dans sa boîte d'optique, selon le besoin, aussi-tôt qu'il connoissoit, à l'aide de sa lunette, la carte qu'on venoit de prendre. Au bas de chaque tableau, étoit un distique ou un hémistiche, qui donnoit la définition du mot choisi. Toutes ces définitions formoient ensemble un logogryphe scientifique, que nous allons donner ici en faveur de ceux qui voudroient exécuter ce tour de la même manière. Nous espérons qu'on le verra avec d'autant plus de plaisir, que cette espèce de poëme est en littérature, ce que les tours sont en physique.

LOGOGRYPHE CHARADE.

Si l'on en croit Winslow, Verdier, la Peyronie,
Et les autres docteurs en Ostéologie (1),
Ma derniere moitié fait le tiers de ma main :
Lecteur, je fus toujours catholique romain ;
Avec les vrais croyans je ne fis point de schisme,
Quoique à moitié plongé dans le polithéisme (2).
Sur terre je vécus loin des champs de Boston,

_____

(1) Partie de l'anatomie qui traite du squelette.
(2) Système qui admet l'existence de plusieurs dieux.

Sans être un amphibie , étant moitié poisson. :
Et parce que mon tout est dans le nécrologe ,
Dans le Calendrier , dans le martyrologe ,
Tu me crois au tombeau ; mais malgré les efforts
Que tu fais pour me voir dans la liste des morts ,
Ma tête , en capuchon , est à Philadelphie ;
Et toujours occupée à l'Encyclopédie ,
S'applique , au désespoir d'un pays protestant ,
A des projets de paix , pour un peuple prudent ;
Toujours avec la troupe on la voit en campagne ,
A Prague , à Clostercamp , en Pologne , en Espagne ;
Au palais pénétrant dans l'esprit des Plaideurs ,
Commençant les procès , comme les procureurs.
Mon cœur en s'éloignant , quand on m'offre du cuivre ,
Te laisse tout au plus ce qu'il te faut pour vivre ;
Si tout près de mon cœur l'on apporte de l'or ,
Sans être musicien , je peux donner du cor :
Et si les Augustins me présentaient des armes ,
Mon cœur , en s'approchant, les changeroit en carmes.
Ma queue est en repos , au milieu de la mer ;
Elle est en mouvement , à Brest , à Glocester ,
Parfaitement semblable à celle d'une vache.
Maintenant , cher lecteur , pour que rien ne se cache
De ce qui m'appartient , desire-tu savoir
Combien d'arrangemens mes pieds peuvent avoir ;
Réfléchis , multiplie , & pratiquant en maître
Les régles du calcul , tâche de reconnoître
De combien de façons , étant à leur dîner ,
Les déesses du pinde ont pu se combiner (3).
Tu verras moins de pieds dans toute ma substance ,
Que n'en a Washington ; & cependant je pense
Qu'un bon observateur , en tout temps , m'en trouva
Plus que dans Fontenoy , plus qu'à Saratoga (4).
Leur nombre , quoique impair , est quarré comme seize;
En transposant tu peux y trouver à ton aise
Le premier mot latin d'une oraison de Job ;
De Laban une fille , épouse de Jacob ;
Un enclos à Meudon , où l'on s'assied à l'ombre ;
Le séjour des élus dont j'augmente le nombre.
Tu verras au vaisseau dans la mer du levant ,
Du Matelot coupable un rude châtiment ,
Ce qui forme un écueil ; tu peux voir une voile
Que porte le grand mât , une fort belle étoile
Qu'observe le marin pour prendre la hauteur :
Ce qu'au fond du tonneau dépose la liqueur ,
Un écrivain anglois , la merveilleuse bête
Qui peut impunément laisser trancher sa tête ,
Et qui coupée en dix te feras voir dans peu ,

Dix animaux vivans propres au même jeu ;
Une ville en Artois , une autre dans l'Asie ,
L'une des deux boissons qu'on fait en Normandie.
Vois un trou dans ta peau , dis ce que Tribonien
Vendit plus d'une fois du temps de Justinien ,
Et dont il composa le Digeste & le Code ,
(Principes inconnus d'un légiste à la mode ,
Et qui , selon Horace & d'autres bons auteurs ,
Sont une vanité quand on n'a point de mœurs).
Ce n'est pas tout , lecteur , pour que chacun t'admire
Œdipe ingénieux , dépêche-toi de dire
Comment l'on peut en moi voir en toute saison ,
Le cœur d'un francolin , la tête d'un pigeon ,
Un animal connu dans l'Ornithologie (3) ,
Sous le nom d'un Prélat qui regne en Italie :
Ce qui sert aux oiseaux pour s'elever sans art ,
Et qu'en vain à nos yeux veut imiter Blanchard.
Vois un péché mortel ; dis sur quel point la terre
Pirouette , en suivant un cercle de la sphere.
Trouve une arme offensive utile à nos anciens
Aux Isles de Sandwich & chez les Taïtiens :
Un discours équivoque & rempli d'imposture ,
Prononcé par Calchas à la race future.
Cherche un lieu de repos , fait sur un escalier ;
Et le linge qui tient la place d'un collier :
Un terme de Blason , un grand seigneur en france.
Pars maintenant , lecteur , pour Geneve & Constance ;
Prens la raison pour guide , & méprisant toujours
D'un ignorant sorcier l'inutile secours ,
Sans baguette fais voir des eaux que la tempête
Ne peut guère agiter : vois dans une requête
Ce qu'un clerc multiplie , en augmentant les frais ;
Ce que Préville joue avec tant de succès ,
Soit qu'il montre Scapin avec sa fourberie ,
Soit que de Turcaret , il peigne l'ineptie.
Sur la mort apparente , un excellent auteur ;
Une dimension qui n'a point d'épaisseur ;
L'assemblage qu'un art , protecteur homicide ,
Forme avec des boulets rangés en piramide :
L'endroit chez nos aieux , où de braves guerriers
Alloient se réunir pour cueillir des lauriers.
Vois du gouvernement une prompte justice ;
Au fond de l'estomac observe un orifice ;
Ce qu'on fait au piquet , quand on a du bonheur ;
Dans les champs pour la caille , un oiseau conducteur.
Trouve un poisson de mer ; pour aller en campagne ,
Une mince voiture , une piece en Espagne ,
Qui vaut de douze sous tour au plus la moitié ;
Un instrument de chasse , une excroissance aux pieds ,

(3) Elles peuvent se combiner de 362,880 manières.

(4) Champ de bataille où le Général Burgoyne fut pris avec 6000 Anglois.

(5) Partie de l'histoire naturelle qui traite des oiseaux.

Un meuble nécessaire au grenadier qui fume ,
Ce qui couvre le dos de tout gibier sans plume ,
Une plante indigene , & qu'au pays gascon
On mange quelque fois en guise de chapon ;
Une terre jaunâtre , utile à la peinture ;
Pour la Géométrie une grande mesure
Qui vaut plus d'un arpent : le pere des Chrétiens,
L'espece de manteau que portoient nos anciens ,
Une toile pétrie & métamorphosée .
Dis nous par quel outil sera pulvérisée
Une plante exotique . . . . & ce qui t'est offert
Lorsque l'on veut gaguer ; un endroit découvert
Où l'on trouve souvent beaucoup de marchandise ;
Ce que fait un joueur quand il double sa mise ,
D'une même lignée apperçois les enfans ;
Une corruption qui peut gâter les dents ;
Pour régler du papier , ce qu'il faut toujours faire ;
Une ville sur l'Oise, une pierre calcaire ;
Qu'on trouve en Dauphiné , tous près de Briançon ;
Ce qu'avoit Polyphême au beau milieu du front ,
Le miroir de ton ame où se peint l'allégresse ,
Un trou dans un marteau , le nom d'une déesse ,
Un bruit que bien souvent l'on appelle clameur ,
Une corde en Anglais : en argot de voleur ,
L'endroit (1) où les grivois vont vuider une pinte ;
En musique deux tons , éloignés d'une quinte ;
Une espece de rat , trois especes de fruit ;
Un théâtre à Paris , qui fait beaucoup de bruit ;
Un minéral pesant , précieux & ductile ;
Une rue au faubourg, une autre dans la ville ;
Ce que par l'écriture on peint sur le papier ,
Et qui depuis trente ans fait admirer Gerbier ;
Ce que l'eau peut rouiller , que le feu purifie ,
Que la trempe durcit , métal que la chymie
A sçu rendre moins aigre & plus fin que le fer ,
A l'aide d'un cément éprouvé par CRAMER.
La tête d'une plante , aux hommes bien utile ;
D'un insecte marin l'élégant domicile ,
En forme d'arbrisseau ; quatre habitans du ciel ,
Ce que prend sur les fleurs l'abeille avec du miel ,
Un jeune homme imprudent , si l'on en croit la fable ;
Un animal immonde , un délai favorable
Accordé par Thémis au pauvre débiteur :
Vois ce qui , dans la pompe , éleve la liqueur ;
Cet océan immense où , se couvrant de gloire ,
Montgolfier s'est ouvert le temple de mémoire ;
Où , joignant le courage à d'élégans écrits ,
Charles, (2) par son génie , obtint un nouveau prix.

(1) Voyez le poëme intitulé *Cartouche* , ou *le vice puni*.
(2) Toute l'Europe connoît le succès de ce fameux navigateur aérien.

Nomme à présent lecteur , la douce mélodie
Qu'un cylindre cloué par la tonotechnie (3),
Enseigne à ton serin. Vois , chez les immortels,
A quel Dieu là débauche a dressé des autels ;
A l'isle de Ceylan , une brute isolée ,
Chantant d'un air plaintif sa triste destinée ;
Ce dont un barbouilleur s'acquitte toujours mal ,
Quand il prend pour modele un bon original,
Je pourrais aisément , pour augmenter tes peines ,
T'offrir des mots latins environ trois douzaines ;
Deux articles français , avec vingt adjectifs ,
Un pronom personnel , un des démonstratifs,
Plus de cinquante mots qu'on met au rang des verbes
Et d'autres pour grossir la liste des adverbes ;
Mais de les supprimer je me fais un devoir
Si du premier coup d'œil tu peux appercevoir
Ce qui de Louison , raccourcit la cornette ;
Un endroit où l'on peut se coucher sur l'herbette ;
Un terrein que les flots , agités par les vents,
Séparent pour toujours de nos deux continents,
Dans sa maison un Dieu , que le payen adore ;
Ce que cherche par-tout un oiseau carnivore ;
Une ville en Afrique , une au pays Grison ;
La fille d'Inachus , la mere d'un oison ;
Le fauxbourg renommé d'une ville en Turquie ,
Ce que double un marin pour aller en Asie ,
Un fleuve de l'Europe , à Plaisance connu ;
Une autre que Vert-vert a deux fois parcouru.
Lecteur, qui , de me suivre , as eu la complaisance
Vois-y ce qui jamais n'en peut être écarté ;
Le protecteur des Arts & de la Liberté ,
Dont l'heureuse influence , aux rives d'Amérique
A détruit d'Albion le pouvoir tyrannique ;
Il est de ton amour l'objet le plus constant,
Mais quoi ! tu vois déja ce maître bienfaisant.

(*Le mot est* Polycarpe.)

Voyez à l'article ARITHMÉTIQUE , pour quelques *combinaisons & changemens d'ordre.*

COMETES : (*voyez à l'article* ASTRONOMIE.)

COMMOTION ELECTRIQUE : (*voyez* ÉLECTRICITÉ).

COSNE MAGIQUE ; (*voyez à l'article* CATOPTRIQUE).

CONSTELLATIONS : (*voyez à l'article* ASTRONOMIE).

(3) La tonotechnie est l'art de noter les cylindres pour les concerts méchaniques.

COQ. On voit quelquefois des coqs qui ont une corne sur la tête : cette corne ne leur est point naturelle ; c'est en quelque sorte une greffe animale produite par l'art. On peut facilement se procurer le plaisir de posséder dans sa basse-cour un semblable coq.

On choisit un jeune coq ; on lui coupe la crête qui, étant tranchée, laisse une espece de creux ou de duplicature, dans laquelle on pose l'*ergot*, soit de ce coq, soit d'un jeune poulet ; le sang en se coagulant maintient cet ergot : mais pour que le coq ne le fasse point tomber, on l'assujettit avec un petit linge dont on a enduit les extrémités de la circonférence avec de la poix. Au bout de quelques jours, lorsque la greffe s'est collée, on ôte le linge, l'ergot croît & y prend beaucoup plus d'accroissement qu'il n'en auroit pris dans sa place naturelle à la jambe du coq ; on lui voit acquérir quelquefois jusqu'à deux pouces de longueur. Les pointes sont dirigées du côté où les a placé celui qui a fait l'opération. Il arrive ici quelque chose de bien remarquable, & qui prouve combien sont grandes les ressources de la nature. Il se forme pour assujettir cet ergot, des ligamens dont l'origine n'existe point, ni dans la crête, ni dans l'ergot ; c'est ainsi qu'en observant la nature, on découvrira qu'elle forme peut-être de nouveaux organes dans les monstres, ou quelque chose d'analogue lorsque les circonstances le demandent.

CORBEAU. Ces oiseaux, quoique très-utiles par la destruction qu'ils font des insectes qui rongeroient les bleds, multiplient en si grande abondance en certains pays, qu'ils font beaucoup de ravage & détruisent beaucoup de gibier : car ils sont d'un naturel carnassier.

On peut se procurer à la campagne, sur-tout dans les temps de neiges, une chasse aux corbeaux fort amusante. Il y a plusieurs moyens d'y réussir ; quelques personnes rapent de la *noix vomique*, & roulent dans cette poudre des morceaux de viande, qu'elles jettent aux environs des endroits où les corbeaux, attirés par quelque charogne, viennent s'abattre en foule ; ces oiseaux avides de viande fondent dessus ; mais à peine l'ont-ils mangée, qu'ils sont enivrés & tombent comme morts sur la place. Ils reviennent promptement de cette ivresse, & s'envoleroient si on tardoit trop à les prendre. Cette chasse qui est certaine, a un inconvénient, c'est que si quelques chiens venant à passer par-là mangeoient de cette viande, ils mourroient certainement une heure ou deux après : car la noix vomique, qui ne fait qu'enivrer les corbeaux, est un poison mortel pour les chiens, que l'on ne guérit qu'en leur faisant avaler du vinaigre.

Comme les corbeaux sont assez voraces, &

qu'ils sont fort friands de grosses fèves ; si on en prépare une certaine quantité, en mettant dedans des épingles ou des aiguilles, & qu'on les mette dans une place dont on ait enlevé la neige, ils s'y amasseront, avaleront ces fèves ; leur gosier est large ; elles passent facilement ; mais leurs intestins étroits sont déchirés par ces aiguilles, & au bout de quelque temps on les trouve morts par-tout.

Voici une autre manière d'en faire la chasse, qui est très-divertissante ; on prend de la viande qu'on coupe en morceaux, de la grosseur à-peu-près d'une noix ; on fait de grands cornets de papier dans le fond desquels on met cette viande ; pour que le papier ne se déroule point, il est bon d'y faire un point en haut & en bas : on frotte l'entrée de ces cornets en-dedans avec de bonne glu ; on les dispose çà & là, & on se retire ; les corbeaux avides viennent pour prendre cette viande, ils fourrent leurs têtes jusqu'au fond du cornet, pour y atteindre ; mais y étant trop enfoncées, la glu prend sur leurs plumes & leur colle le cornet de papier sur la tête ; alors se trouvant aveuglés, & voulant prendre leur vol, ils s'élèvent en l'air jusqu'à perte de vue, mais toujours perpendiculairement ; & quand à la fin leur force leur manque, ils retombent presque à la place d'où ils s'étoient élevés ; c'est un spectacle assez plaisant que de voir dans la même minute dix ou douze corbeaux s'élever ainsi perpendiculairement, la tête capuchonnée, & retomber ainsi les uns après les autres, selon que les forces leur manquent plus tôt ou plus tard : on les saisit alors facilement ; & on en peut prendre une assez grande quantité.

COULEURS. *Changement merveilleux de couleurs.* Un physicien nous montra sept bocaux remplis de liqueurs différemment colorées, & nous dit : messieurs, je ne fais point comme le vulgaire des chimistes qui, pour changer la couleur d'une substance liquide en versent une autre, qui, par le mélange, produit ce changement. Je ne verserai rien, je ne toucherai point à mes bocaux, & cependant, à votre commandement, ils changeront tous de couleur. Alors, à mesure que nous l'ordonnions & sans qu'on touchât à l'appareil, le bocal jaune devint verd, le bleu fut changé en cramoisi, le rouge devint bleu, & le bleu parut violet. Le brun fut aussi changé en jaune, le rouge en noir, & le verd en rouge.

Cette expérience nous surprit, d'autant plus que nous ne pouvions entrevoir aucun moyen naturel de l'exécuter ; mais nous fûmes encore plus surpris, lorsqu'on opéra sur trois autres bocaux ; car l'un qui étoit vert, perdit sa couleur pour la reprendre ensuite au commandement, & tandis que le second qui étoit rouge, devenoit noir pour recouvrer enfuite fa première couleur, le dernier qui contenoit une liqueur limpide, devint alternativement noir, tranfparent, & encore noir.

Si nous euffions vu verfer dans les bocaux quelque liqueur, ou quelque poudre, nous aurions attribué à cette caufe, des effets qui auroient été alors beaucoup moins furprenans; mais ne voyant abfolument rien de cette nature, & voulant cependant tâcher de découvrir quelque moyen d'expliquer de pareils phénomènes, nous priâmes le phificien-chymifte, de vouloir bien réitérer fes expériences; en lui difant qu'on ne pouvoit fe laffer de les voir & de les admirer.

Nec vidiffe femel fatis eft, juvat ufque morari.

Ce ne feroit qu'avec bien de la peine, nous dit-il, que je pourrois recommencer, & j'aurois befoin pour cela de quelques préparatifs; mais fi vous voulez favoir par quel art je produis ces petites métamorphofes, apprenez, que tous mes bocaux adaptés à ma commode, communiquent par un tuyau caché à des vafes qui font un peu plus élevés dans la chambre voifine, & que par conféquent, lorfque mon domeftique verfe fecrettement dans quelqu'un de ces vafes une certaine liqueur, elle fe gliffe auffi-tôt dans le bocal correfpondant, pour y produire les changemens qui viennent de vous furprendre.

Il nous donna enfuite la recette des liqueurs, qu'il falloit mettre dans les vafes & dans les bocaux, & je vais en faire préfent à mes lecteurs.

1°. *Pour faire changer le jaune en verd.*

Le bocal doit contenir de la teinture de fafran, & le domeftique caché dans la chambre de derrière doit verfer dans le vafe, de la teinture de rofes rouges.

2°. *Pour faire changer le bleu en cramoifi.*

Teinture de violettes dans le bocal, & efprit de foufre dans le vafe.

3°. *Pour changer le rouge en bleu.*

Dans le bocal, teinture de rofes rouges, & dans le vafe, efprit de corne-de-cerf, &c.

4°. *Pour changer le bleu en violet.*

Dans le bocal, teinture de violettes, & dans le vafe, de la diffolution de cuivre.

5°. *Pour changer le brun en jaune.*

Du lixivium dans le bocal, & de la diffolution du vitriol de Hongrie, dans le vafe.

6°. *Pour changer le rouge en noir.*

Dans le bocal, de la teinture de rofes, & dans le vafe, de la diffolution de vitriol de Hongrie.

7°. *Pour changer le verd en rouge.*

De la diffolution de cuivre dans le bocal, & de la teinture de cyanus, dans le vafe.

8°. *Pour ôter & rendre fa couleur au verd.*

Dans le bocal, diffolution de cuivre; & dans le vafe, 1°. de l'efprit de nitre, 2°. de l'huile de tartre.

9°. *Pour faire que le rouge devienne noir, & enfuite rouge.*

Dans le bocal, teinture de rofes; & dans le vafe, 1°. diffolution de vitriol; 2°. huile de tartre.

10°. *Pour faire qu'une liqueur limpide devienne fucceffivement noire, tranfparente, & encore noire.*

Dans le bocal, de l'infufion de galles; & dans le vafe, 1°. diffolution de vitriol, 2°. huile de vitriol; 3°. huile de tartre, &c. &c.
(DECKEMPS.)

COUPE DE TANTALE. On donne ce nom à un verre qui fe trouve dans le cabinet des curieux, & dont toute la magie confifte dans le jeu d'un fyphon recouvert par une figure d'homme creufe, dont la bouche fe trouve un peu plus haut que la courbure, de manière que l'eau n'y peut jamais monter, parce qu'avant d'y arriver elle commence à s'écouler par le fyphon.

COUREUR INVISIBLE, (le) *voyez à l'article* FARCEUR.

COURSE DE CHEVAUX ÉLECTRIQUE. *Voyez* ÉLECTRICITÉ.

COUTEAUX. (Tour des) *Voyez* ESCAMOTAGE, FARCEUR.

CRYSTAL FACTICE. Il faut choifir de beau fable ou de cailloux bien pulvérifés, cent cinquante livres; de potaffe bien purifiée, cent livres; de craie, vingt livres; de bonne magnéfie, cinq onces; ces matières, bien mêlées & mifes en fufion, donnent un verre très-beau.

Il arrive fouvent, en fuivant cette méthode, que le verre, au fortir du fourneau, paroît obfcur & nébuleux ; c'eft tantôt la craie, tantôt la potaffe qui en font caufe, felon qu'elles ont été bien ou mal purifiées ; cela dépend auffi de la qualité du bois, des cendres duquel ce fel a été tiré. Dans ce cas, il n'y aura qu'à éteindre le verre dans l'eau, & le remettre enfuite à fondre. Si la couleur nébuleufe ne s'en va point dès la première fois, il faudra réitérer la même opération : on ne fera point dans la néceffité de la faire fi fouvent lorfque la potaffe aura été purifiée convenablement ; mais fi on l'emploie toute brute, on y fera prefque toujours forcé.

Manière de colorer le cryftal.

On foupçonnoit depuis long - temps que les pierres précieufes colorées ne devoient leur couleur qu'aux vapeurs minérales auxquelles elles avoient été expofées. Un morceau de mine de cobalt qui tomba entre les mains de M. Hellot, lui fournit la preuve la plus complette de cette opinion. Il fervoit de matrice à un grand nombre de cryftaux à facettes, tous fans couleur, & très-transparents. Ce morceau de mine ayant été chauffé fous une moufle, prefque jufqu'à rougir, tous les cryftaux fe trouvèrent colorés, il devint un affemblage de toutes les pierres précieufes colorées que nous connoiffons. Les feules vapeurs fulfureufes & arfénicales que la mine avoit exhalées avoient produit cet effet. C'étoit fceller du fceau de l'expérience une opinion qui n'avoit eu pour elle jufques-là que la feule probabilité.

Nous allons donner ici le procédé qu'indique Neri pour colorer le cryftal.

Cryftal coloré.

On prend des morceaux de cryftal de roche de différentes grandeurs ; on choifit ceux qui font bien purs & fans aucuns défauts ; on y joint d'antimoine & d'orpiment de chacun deux onces ; & de fel ammoniac une once ; l'on met ces matières pulvérifées au fond d'un creufet, & l'on arrange par-deffus les morceaux de cryftal dont on vient de parler : l'on couvre le creufet d'un autre creufet renverfé, de façon que l'ouverture de l'un foit appliquée à l'ouverture de l'autre ; on en lute bien ; & après que le lut eft féché, on met le tout au milieu des charbons, qu'on laiffe allumer petit à petit & d'eux-mêmes. Le creufet, en commençant à fentir l'action du feu, fumera confidérablement. Il faut, pour cette opération, une cheminée fort large, & lorfque la fumée s'élévera, le parti le plus fûr fera de fortir du laboratoire, car cette vapeur eft mortelle. Lorfqu'il ne viendra plus de fumée, on laiffera le feu s'éteindre de lui-même, & le creufet fe refroidir ; on en ôtera pour lors les morceaux de cryftal : ceux qui feront à la furface du creufet feront de couleur d'or, de rubis balais ; & marqués de différentes couleurs : ceux qui feront au fond feront, pour la plupart, couleur de vipères ou truites ; ou pourra polir à la roue & brillanter ces cryftaux comme on fait d'autres pierres précieufes. Les autres morceaux de cryftal, montés en or & garnis d'une feuille, feront fort beaux, & feront un bel effet à la vue. Cette opération n'étant ni longue ni coûteufe, on pourra en colorer une bonne quantité : il fe trouvera toujours fur le grand nombre quelques morceaux d'une fingulière beauté. On parvient encore à donner au cryftal de roche la couleur du rubis balais, du rubis, de la topaze, de l'opale, &c. Pour cet effet, on prend d'orpiment bien jaune & d'arfenic blanc, de chacun deux onces ; d'antimoine crud & de fel ammoniac, de chacun une once : on pulvérife ces matières ; on les mêle avec foin ; on les met dans un creufet affez grand ; on pofe par-deffus d'abord les morceaux de cryftal de roche les plus petits, enfuite de plus grands qui n'aient ni taches, ni défauts ; on couvre ce creufet d'un autre creufet renverfé, au fond duquel il y ait une ouverture de la grandeur d'un pois, ce qui fe pratique, afin que la fumée qui s'élève des matières, étant contrainte d'aller droit, colore les morceaux de cryftal en paffant, mieux que fi elle alloit obliquement & fortoit par les jointures des creufets que l'on aura foin de bien luter. Le lut étant féché, on mettra ces creufets au milieu des charbons, de manière que le creufet de deffous foit entièrement couvert par les charbons, & celui de deffus à moitié. On laiffera pour lors le feu s'allumer petit-à-petit & de lui-même fans fouffler, à moins qu'il ne vint à s'éteindre ; il faut que les charbons foient grands & de bois de chêne ; & l'on procédera comme il a été dit ci-deffus, en fe garantiffant de la fumée qui eft très-dangereufe : il faut faire en forte que les charbons une fois allumés fe confument ; fans cela, l'opération ne pourroit réuffir ; on laiffera la fumée & le feu ceffer d'eux-mêmes ; l'on prendra garde qu'il n'entre ni vent ni air froid, car cela feroit caffer les morceaux de cryftal : lorfque tout fera refroidi, la plus grande partie du cryftal fera teinte de couleur de topaze, de rubis, de chryfolite, d'opale, d'aftérie, & fournira un très-beau coup-d'œil. On choifira les morceaux qui feront les mieux colorés ; on les polira à la roue, & ils prendront un éclat que n'ont peut-être pas les vraies pierres précieufes, fans rien perdre de la dureté qui, comme on le fait, eft affez grande dans le cryftal de roche. En montant ces cryftaux en or, & mettant une feuille deffous, ils feront un très-bel effet ; mais on aura foin de choifir de l'orpiment bien jaune, car c'eft de-là que dépend toute l'opération ; & l'on obfervera exactement les précautions qui ont été indiquées. Si l'opération ne réuffit point la première fois, on recommencera, & l'expérience ne manquera pas d'avoir le succès defiré.

J'ai éprouvé, dit Kunkel, les deux opérations indiquées ci-deſſus, & je conviens qu'elles donnent de très-belles couleurs ; mais le cryſtal de roche y devient comme froiſſé, & il s'y fait de petites fentes & éclats qui empêchent que l'on puiſſe venir à bout de le bien tailler ; cela eſt d'autant plus vrai, qu'il eſt difficile qu'un morceau de cryſtal reuniſſe les deux qualités d'être bien coloré, & d'être aſſez dur pour pouvoir ſoutenir le poli : il eſt néanmoins certain que ſi on pouvoit le conſerver en entier & en gros morceaux, cette manière ſeroit la meilleure pour imiter de belles pierres.

Quant à ce que l'auteur dit en avoir taillé de belles pierres, je ne trouve pas que la choſe réuſſiſſe de quelque façon qu'on s'y prenne, comme cela m'eſt arrivé. Il eſt vrai qu'il y a quelques morceaux de cryſtal qui prennent une belle couleur de rubis ; mais en obſervant la choſe de plus près, je trouve que cette couleur ne vient que de la fumée de l'orpiment, qui s'eſt gliſſée dans les petites crevaſſes ou fentes déliées dont nous venons de parler, & y a formé une eſpèce de feuille : ſi l'on venoit à faire fondre ces cryſtaux, ou qu'on en grattât la ſurface, le beau rubis diſparoîtroit ; d'où l'on voit que ce n'eſt ici qu'un tour d'adreſſe ; & il en eſt des autres pierres comme du rubis : voilà ce que j'ai cru devoir faire obſerver.

CYGNE INGÉNIEUX.

M. Miller, négociant dans *Fleet market*, grand amateur de phyſique amuſante, chez qui nous dînâmes un jour, nous fit voir, dit M. Decremps, dans un baſſin poſé ſur une table, un petit cygne d'émail, qui nageoit en ſe portant à droite & à gauche au gré des ſpectateurs. Cette expérience, dit M. Hill, eſt connue du public depuis plus de vingt ans, car Jean-Jacques Rouſſeau en a parlé dans ſon traité de l'éducation. Je ſais, répondit l'amateur, que l'auteur d'Emile explique cette récréation par l'aimant, mais il eſt facile de vous démontrer que ce minéral ne m'eſt ici d'aucun uſage ; en effet, continua-t-il, on ne connoît à l'aimant que ſix propriétés particulières qui le diſtinguent de tous les autres foſſiles ; ſavoir, l'attraction, la répulſion, la communication, la direction, l'inclinaiſon & la déclinaiſon ; or, ces propriétés, priſes ſéparément ou conjointement, ne peuvent ſuffire pour expliquer les opérations de mon petit cygne ; puiſqu'il va prédire votre penſée en indiquant d'avance un mot que vous devez choiſir librement parmi pluſieurs autres. Alors le petit cygne ſe porta autour du baſſin où étoient arrangées les lettres de l'alphabet, & ſucceſſivement ſur les lettres r, a, v, i, n, e :

enſuite M. Miller tira de ſa poche un jeu de cartes, ſur chacune deſquelles étoient des mots différens ; il en fit prendre ſix par une perſonne de la compagnie, & la pria d'en retenir une à ſon gré.

Il n'eſt pas difficile, dit M. Hill, que les lettres indiquées par le petit cygne forment le mot que l'on va garder ; ſi ces mêmes lettres, combinées différemment, peuvent donner tous les différens mots ſur leſquels vous donnez à choiſir, tels que *ravine*, *navire*, *venari* mot latin, *uranie*, *vanier*, *avenir*. Le moyen dont vous parlez, dit M. Miller, eſt expliqué dans les récréations mathématiques de M. Guyot ; mais ce n'eſt pas le mien, puiſque je donne à choiſir des mots qu'on ne peut pas écrire avec les mêmes lettres. M. Miller prit alors les ſix cartes ſur leſquelles il avoit donné à choiſir, & les retournant l'une après l'autre ſur la table, il fit voir qu'elles contenoient les mots ſuivans : *Pithagore*, *navire*, *Conſtantinople*, *douze*, *ſecrettement*, *incroyable*, & que le mot *navire* qu'on avoit choiſi étoit le ſeul de ces ſix mots qu'on pût écrire avec les lettres r, a, v, i, n, e, indiquées d'avance par le petit cygne.

M. Hill, qui, dès le commencement, avoit cru connoître ce tour, fut bien embarraſſé quand il le vit terminer de cette manière, & M. Miller nous en donna enſuite l'explication ſuivante :

D'abord, je fais remuer le cygne par l'aimant, comme le dit Rouſſeau, & pour que les lettres, indiquées d'avance par le cygne, forment infailliblement le mot choiſi, je ſuis les principes de M. Guyot, en ne donnant à choiſir que des mots qui ſont tous l'anagramme d'*Uranie*, comme ceux que vous avez cités ; mais voici ce que j'ajoûte de moi-même pour faire croire que je n'emploie point les deux moyens indiqués par autrui.

1°. Je fais voir une vingtaine de cartes, portant des mots différens, qu'on ne peut pas écrire avec les mêmes lettres.

2°. J'ai ſix cartes de réſerve que je ne montre point, & qui portent les mots *uranie*, *vanier*, *navire*, &c. qu'on peut écrire avec les mêmes lettres différemment combinées.

3°. Je fais ſemblant de mêler toutes les cartes au haſard, & cependant je retiens toujours ſur le jeu les ſix cartes de réſerve que je veux faire prendre.

4°. Un inſtant avant de les faire prendre, je fais ſauter la coupe, & je les fais trouver dans le milieu pour les pouſſer adroitement dans la main du ſpectateur, en lui faiſant accroire qu'il choiſit au haſard.

5°. Je fais prendre ces cartes par une perſonne

qui a la vue baſſe, qui lit avec peine, ou à qui je ne donne pas le temps d'examiner chaque mot en particulier, pour qu'elle ne ſe ſouvienne pas de tous les mots que je lui ai donnés.

6°. Afin que les ſpectateurs ne s'apperçoivent pas que les mots donnés forment tous l'anagramme du même mot, je prie celui à qui je donne les cartes de ne les faire voir à qui que ce ſoir, ſous prétexte qu'il ne doit ſuivre le conſeil de de perſonne, & qu'il doit faire un choix parfaitement libre.

7°. Auſſi-tôt qu'on a choiſi un mot ſur ſix, je me fais rendre les cinq autres cartes pour les mettre ſur le jeu à la vue de tous les ſpectateurs.

8°. Je fais auſſi-tôt ſauter la coupe pour faire paſſer ſous le jeu les ci..q cartes qu'on vient de me rendre, & je prends alors cinq autres cartes ſur le jeu que je mets à part ſur la table, & que le ſpectateur croit être les mêmes que cell.s qu'on vient de me rendre.

9°. Je demande naïvement à la perſonne qui a fait le choix, ſi elle eſt toujours bien décidée pour le même mot. (Si elle répondoit que non, je recommencerois le tour, en lui rendant les cinq cartes qu'elle vient de me donner;) mais comme elle répond toujours qu'elle eſt bien décidée, parce qu'elle veut tâcher de mériter les éloges que je fais adroitement de ſa conſtance, je retourne alors une à une les cinq cartes que je viens de mettre à part ſur la table, & je dis en même-temps: *Vous ne voulez donc pas ce mot-ci; vous ne voulez pas celui-là*. Par cette ſuite de ruſes, la compagnie voyant que ces cartes portent des mots qu'on ne peut pas écrire avec les mêmes lettres, croyant que ce ſont les mêmes ſur leſquelles on a donné à choiſir; & ne ſachant point qu'on les a ſubſtituées à d'autres, ſe trouve forcée d'admirer un tour qui ſeroit très-commun ſi on ſupprimoit les circonſtances que j'y ajoute.

(DECREMPS.)

Pièce adaptée au cygne ingénieux, au moyen de laquelle on peut faire exécuter toutes les récréations qui ſe font avec la Sirenne.

Cette pièce eſt une colonne creuſe, tournée, comme l'indique la *figure* 17, *planche* 12, *Amuſemens de phyſique* : la partie ſupérieure ou couverture H, (*fig.* 16,) de cette colonne entre à vis dans ſa partie inférieure G. Cette vis doit être un peu longue, & le pas ne doit pas être trop gros, afin qu'on n'entende pas le peu de bruit que peut faire le mouvement caché dans le piédeſtal ci-après. La partie ſupérieure H eſt ſurmontée d'un petit vaſe de bois *a* ; (*fig.* 17,) qui, lorſqu'on le tourne à droite ou à gauche, fait deſcendre plus ou moins la petite pièce de bois *e*, & la fait re-

monter par le moyen d'une vis *d* & du tareau *f* qui eſt fixé au-dedans de cette ouverture, au moyen de deux petites goupilles (*voyez au bas de la pl. 12* les différentes pièces qui compoſent ce mécaniſme ſimple.)

A eſt le vaſe; B, un petit morceau de bois tourné qui doit paſſer par un trou de deux lignes de diamètre, au milieu du fond de la couverture H, & entrer dans le pied du vaſe; en obſervant d'ajuſter cette pièce de manière que le vaſe ne puiſſe pas tourner trop librement. C eſt un petit morceau de fer long de ſept lignes que l'on fait entrer de trois lignes dans la pièce B; ce morceau de fer doit être bien quarré & adouci. D eſt un petit cylindre creux, long de trois à quatre lignes, viſſé en-deſſus d'une vis de ſix à ſept filets, c'eſt-à-dire qu'en le faiſant tourner un ſeul tour, il entre dans ſon tareau de toute ſa longueur; à une de ſes extrémités on a laiſſé un petit tenon pour pouvoir y river un rond de bois E qui doit remplir exactement le creux de la colonne (c'eſt-à-dire, de la couverture ou partie ſupérieure H,) & cependant y couler aſſez librement; on ajuſte ſur l'autre côté de ce cylindre une petite pièce de cuivre percée d'un trou quarré pour recevoir le fer C, il faut qu'ils ſoient bien à l'aiſe l'un ſur l'autre pour couler librement, & ſans avoir de jeu ni à droite; ni à gauche. F eſt le tareau de la vis D qui eſt d'ébène, & que l'on fixe dans la couverture en S S, (*fig.* 17.)

Quant au mécaniſme du piédeſtal; la roue horiſontale A (*fig.* 25, *même planche* 12,) eſt de 12 dents; la roue de champ B de vingt-quatre; le pignon C de huit ailes) & la portion de roue D de vingt-quatre dents; d'où il eſt aiſé de voir, qu'afin que le cercle aimanté T faſſe un tour entier, il ne faut que quatre dents à la roue D.

R eſt une goupille de cuivre qui eſt attachée ſur une traverſe de même métal qui ſoutient le cercle aimanté; elle arrête ſur la tige du pignon, de ſorte que lorſque la queue V de la portion de roue D n'eſt pas preſſée, elle ne peut pas ſe déranger de ſa ſituation horiſontale. Le trou R dans lequel entre cette goupille eſt un peu gros afin que le cercle aimanté puiſſe achever entièrement ſa révolution lorſqu'on appuye ſur la queue V. Cette queue eſt percée d'un trou où l'on fait entrer le petit crochet X, (*fig.* 16). Ce crochet eſt placé à l'extrémité de la tringle H, & cette tringle eſt ajuſtée dans le petit cylindre H, ſe meut le long de la partie inférieure G de la colonne. Le reſſort Y (*fig.* 25,) qui ſert à remonter cette queue, doit être un peu fort.

La vis à ſix filets qu'on emploie dans la conſtruction de cette pièce, & qui eſt indiſpenſable, eſt aſſez difficile à faire; cependant pour peu qu'on ait de pratique ſur le tour en l'air, on la fait à la main, & d'abord que le premier premier pas eſt

est marqué, les autres se font très-facilement.
Quant à l'écrou, il seroit bien plus difficile à
faire ; mais il suffit pour cette pièce de le faire
avec de l'étain qu'on fera fondre autour de la
vis (1), & par ce moyen il sera très-exact. L'intérieur de la colonne doit être peint en noir,
pour qu'on n'apperçoive rien. Elle s'ajuste sur le
piédestal qui doit renfermer le mouvement ci-
dessus : ce piédestal doit être assez haut pour que
le bassin dans lequel on fait nager le cygne puisse
être enfoncé dans une ouverture faite à sa surface supérieure ; il doit aussi être plus large que
le bassin, afin de pouvoir faire autour de lui les
différens cercles de carton servant aux récréations : la circonférence de la partie L M de la
couverture (fig. 17,) doit être coupée à douze
pans, & le vase qui tourne au-dessus doit avoir
un petit repaire.

Effet.

Suivant cette construction, si l'on insère dans
l'intérieur de cette colonne un étui, une carte
roulée ou toute autre chose qui puisse y couler
assez librement, & dont la longueur soit déterminée de manière qu'après avoir vissé la couverture H, (fig. 16,) cet étui vienne à remplir
exactement l'intervalle compris entre le petit
cylindre I & le petit rond de bois E, & qu'alors
on fasse tourner le petit vase A, la vis à six filets avançant fera baisser le rond de bois D, ce
rond appuyant sur l'étui abaissera le petit cylindre I, & par conséquent la queue V qui fera
alors tourner sur son axe le cercle aimanté T,
& cela plus ou moins selon qu'aura tourné le vase
A (2), ce qu'on pourra connoître au moyen de son
repaire & des douze pans faits à la partie L M de
la couverture H.

Récréations qui se font avec cette pièce.

Ayez douze cartes blanches coupées bien exactement de même largeur, ce que l'on vérifie
aisément en les faisant passer entre deux petites
règles parallèles, transcrivez-y les nombres un
jusqu'à douze, & ayez un cercle de carton (3)
divisé en douze parties égales, sur lequel ces
douze nombres soient également transcrits. Disposez-les à l'avance dans l'ordre qui suit :

(1) Cette vis doit être de bois très-dur, tel que
l'Ebene.

(2) Cette pièce doit être construite de manière que
le cercle aimanté fasse un tour pendant que le vase A
en fait un de son côté.

(3) Ce cercle doit être placé convenablement autour
du bassin, afin que les nombres se rapportent à la
division faite sur la couverture de la colonne ci-dessus.
Amusemens des Sciences.

1re. Carte	7	7e. Carte	2
2	8	8	5
3	3	9	6
4	4	10	10
5	9	11	11
6	1	12	12

Ayant montré ces douze nombres, mêlez-les
à deux reprises différentes, (comme il est enseigné ci-devant à l'article CARTES.) présentez
le jeu à une personne, afin qu'elle y prenne
un nombre au hasard. Examinez si cette carte est la
première, deuxième, troisième, &c. du jeu (4),
& ayant dit à la personne de la rouler, faites-
la-lui insérer à elle-même dans la colonne ;
pendant ce temps, tenant la couverture dans vos
mains, vous dirigerez le repaire du petit vase sur
l'endroit convenable, & vous lui remettrez cette
couverture, afin qu'elle la visse elle-même ; vous
lui recommanderez de la bien fermer, afin que
l'air n'y puisse entrer. Elle prendra ensuite le petit cygne, elle le mettra au milieu du bassin, &
il ne manquera pas de se diriger vers le nombre
transcrit sur la carte choisie. On peut de même
faire tirer deux nombres, & si l'on s'apperçoit
que leurs sommes ne passent pas douze, on peut
faire rouler & insérer les deux cartes dans la colonne, & faire indiquer par le cygne la somme
de ces deux nombres ; on peut avoir aussi un seul
étui pour mettre dans la colonne, & dans lequel
on fera insérer la carte, & alors on pourra se servir des premières cartes venues.

Autre Récréation.

Prenez douze cartes différentes, par exemple,
les douze figures. Disposez-les suivant le second
ordre ci-après autour du bassin ; prenez ensuite
douze autres cartes semblables, & en les choisissant dans un jeu, disposez-les sans affectation
dans l'ordre qui suit :

1 Roi de pique.	7 Dame de carreau.
2 Dame de pique.	8 Dame de cœur.
3 Valet de carreau.	9 Valet de carreau.
4 Roi de cœur.	10 Roi de trefle.
5 Valet de pique.	11 Dame de trefle.
6 Roi de carreau.	12 Valet de trefle.

Mêles-les à deux reprises différentes, comme
il a été dit ci-dessus, & elles se trouveront rangées dans l'ordre (5) ci-après.

1 Roi de cœur	4 Roi de carreau.
2 Dame de cœur.	5 Dame de carreau.
3 Valet de cœur.	6 Valet de carreau.

(4) Après ces deux mélanges, ces douze nombres
se trouvent rangés dans leur ordre naturel.

(5) Cet ordre est aussi celui dans lequel les douze
autres cartes doivent être rangées autour du bassin.

C c c

7 Roi de pique.
8 Dame de pique.
9 Valet de pique.

10 Roi de trefle.
11 Dame de trefle.
12 Valet de trefle,

7 Alcinoé.
8 Circé.
9 Corilas.

10 Ifis.
11 Licas.
12 Silene.

Préfentez alors ces douze cartes, afin qu'une perfonne en prenne une au hafard : dites-lui de la rouler & de l'inférer dans l'étui, & faites-le enfuite placer dans cette colonne : difpofez le repaire du vafe fuivant cette carte que vous aurez reconnue par le nombre auquel elle fe trouve dans le jeu, de même qu'à la précédente récréation. Faites pofer le cygne au milieu du baffin, & il indiquera la carte qu'on aura tirée.

Autre Récréation avec des dez.

Ayant laiffé dans la colonne l'étui ci-deffus & préparé à l'avance dans une des deux cafes de la pièce aux dez, les points des deux dez quelconques ; faites voir que les dez tombent en cette cafe, & l'ayant couverte & fait gliffer la feconde cafe, faites jetter de nouveau ces deux dez ; pendant ce temps placez le repaire du vafe comme il convient pour que le cygne indique fur un cercle mis autour du baffin la fomme des points de ces deux dez.

Autre Récréation.

Tranfcrivez fur autant de cartes blanches douze noms propres, tels par exemple, que ceux ci-après, & confervez-les dans l'ordre qui fuit. Remarquez qu'il eft néceffaire que tous ces noms puiffent être formés avec les lettres.

A. C. D. E. F. I. L. N. O. R.

Ordre des noms compofés avec ces douze lettres.

1 Flore.
2 Jafon.
3 Caron.

4 Cerès.
5 Icare.
6 Adonis.

Les cartes fur lefquelles font tranfcrits ces douze noms ayant été rangées d'avance fuivant l'ordre ci-deffus, mêlez-les à deux différentes reprifes, comme il a déjà été dit, & elles fe trouveront difpofées dans l'ordre alphabétique ci-après, que vous devez avoir retenu dans votre mémoire.

1 Adonis.
2 Alcinoé.
3 Caron.
4 Cerès.
5 Circé.
6 Corilas.

7 Flore.
8 Jafon.
9 Icare.
10 Ifis.
11 Licas.
12 Silene.

Préfentez alors toutes ces cartes à une perfonne, & laiffez-lui la liberté d'y choifir & prendre tel nom qu'elle jugera à propos. Remarquez à quel nombre fe trouve la carte, afin de reconnoître le nom qui doit y être tranfcrit. Dites-lui enfuite de renfermer la carte dans l'étui & de l'inférer dans la colonne, & demandez-lui fi elle veut que le cygne lui indique fur le cadran la première, feconde, troifième lettre, &c. du mot choifi, & s'étant décidée, vous difpoferez le repaire de manière à lui faire indiquer cette lettre, ce qui vous fera facile au moyen de la remarque que vous aurez faite du nom qui a été choifi. Il faut mettre autour du baffin un cadran divifé en vingt-quatre parties égales, dans lefquelles on aura tranfcrit les vingt-quatre lettres de l'alphabet.

Nota. Il eft aifé de voir que cette ingénieufe pièce peut s'appliquer à quantité d'autres amufemens dont le détail feroit ici fuperflu.

(GUYOT.)

Voyez à l'article AIMANT.

D.

DANSEUR DE CORDE. Celui qui avec un contre-poids ou sans contre-poids dans ses mains marche, danse, voltige sur une corde de différente grosseur, laquelle est quelquefois attachée à deux poteaux opposés, d'autres fois est tendue en l'air, lâche ou bien bandée.

On ne peut douter de l'antiquité de l'exercice de la danse sur la corde, dont les grecs firent un art très-périlleux, & qu'ils portèrent au plus haut point de variété & de rafinement.

Les danseurs de corde ne suffisant plus pour amuser le peuple romain, on dressa des animaux à cet exercice. L'histoire dit qu'on vît à Rome du temple de Galba, des éléphans marcher sur des cordes tendues. Néron en fit paroître dans les jeux, qu'il institua en l'honneur d'Agrippine.

DANSE ÉLECTRIQUE : (*Voyez* ÉLECTRICITÉ).

DANSE MAGNÉTIQUE : (*voyez à l'article* AIMANT).

DÉCOUVERTE INCONCEVABLE (la) (*voyez à l'article* AIMANT).

DÉS (jeu de). Beaucoup de personnes jouent aux dés, & peu en connoissent la combinaison qu'il est cependant très-essentiel de savoir pour éviter d'accepter des parties désavantageuses ; ce qui n'arrive que trop fréquemment à ceux qui ne font pas réflexion que le hasard est néanmoins en quelque sorte soumis au calcul. Lorsqu'on joue avec deux dés, ils peuvent, pris ensemble, former 21 nombres, ou bien, considérés séparément, former trente-six combinaisons différentes. Il est aisé de voir que des 21 coups qu'on peut amener avec deux dés, il y en a d'abord six qui sont les rafles, qui ne peuvent arriver que d'une façon ; tels sont les 2 six, les 2 cinq, les 2 trois, les 2 quatre, &c. Les quinze autres coups, au contraire, ont chacun deux combinaisons, ce qui provient de ce qu'il n'y a qu'une face sur chacun des deux dés qui puisse amener 3 & 3, & qu'il y en a deux sur chacun de ces mêmes dés pour amener 5 & 4 ; savoir : 5 sur le premier dé, & 4 sur le second, ou 4 sur le premier, & 5 sur le second. Tous ces hasards étant au nombre de 36, il y a dès lors à jeu égal un contre 35 à parier qu'on amenera une rafle déterminée, & un contre cinq qu'on amenera une rafle quelconque. On peut aussi, à jeu égal, parier un contre 17 qu'on ame-

nera, par exemple, 6 & 4, attendu que ce point a pour lui deux hasards contre 34.

Il n'en est pas de même du nombre des points des deux dés joints ensemble. La combinaison de leurs hasards est en proportion de la multitude des différentes faces qui peuvent produire ces nombres, comme on le voit ci-après.

Nombres.

```
2  . . . 1 1
3  . . . 2 1  1 2
4  . . . 2 2  3 1  1 3
5  . . . 4 1  1 4  2 3  3 2
6  . . . 3 3  5 1  1 5  4 2  2 4
7  . . . 6 1  1 6  5 2  2 5  4 3  3 4
8  . . . 4 4  6 2  2 6  5 3  3 5
9  . . . 6 3  3 6  5 4  4 5
10 . . . 5 5  6 4  4 6
11 . . . 6 5  5 6
12 . . . 6 6
```

Si donc on veut parier au pair qu'on amenera 11 du premier coup avec deux dés, il faut mettre au jeu 2 contre 34 ; & si l'on parie qu'on amenera 7, il faut alors mettre au jeu 6 contre 30, ou ce qui est la même chose, 1 contre 5. On doit aussi remarquer que des onze nombres différens qu'on peut amener avec deux dés, 7, qui est le moyen proportionnel entre 2 & 12, a plus de hasards que les autres qui de leur côté en ont d'autant moins, qu'ils s'approchent davantage des deux extrêmes 2 & 12. Cette différence de la multitude des hasards que produisent les nombres moyens comparés aux extrêmes, augmente considérablement à mesure qu'on se sert d'un plus grand nombre de dés : elle est telle que si l'on se sert de sept dés, qui produisent des points depuis 7 jusqu'à 42, on amène presque toujours les points moyens 24 & 25, ou ceux qui en sont les plus proches, tels que 22, 23, 26, 27 ; & si au lieu de sept dés, on se servoit de vingt-cinq dés, qui peuvent amener des points depuis 25 jusqu'à 150, on pourroit presque parier au pair qu'on amèneroit les nombres 86 & 87. Cette remarque est essentielle pour faire connoître l'abus de ces loteries insidieuses, proscrites par le gouvernement, qui sont composées de sept dés ; ceux qui les tiennent leur attribuent des lots qui dans les termes moyens offrent des vétilles bien inférieures à la mise, & un appât de quelques meilleurs lots pour ceux qui amenent des nombres extrêmes ou des rafles ; ce qui néanmoins n'arrive presque jamais, attendu qu'il y a plus de 40 mille contre un à parier qu'on n'amenera pas avec sept dés une rafle quelconque, & que la valeur du lot offert n'est souvent pas la soixantième partie de celle de la mise. (*Voyez* LOTERIE INSIDIEUSE).

Pour trouver le nombre des différens coups que peuvent produire trois dés, il faut multiplier par 6 le nombre des hasards ; 36 que produisent deux dés, & le produit 216 sera le nombre de ceux que peuvent produire trois dés. On multipliera de même 216 par 6 pour avoir le nombre des hasards que peuvent produire tous les différens points qu'on peut amener avec quatre dés, & ainsi de suite.

DÉS ; questions sur le jeu de dés. (*Voyez* ARITHMÉTIQUE).

DESSIN ET PEINTURE. Il y a quelques années qu'un homme fit distribuer dans Paris un avertissement imprimé conçu en ces termes :

Le sieur Malpigiani, artiste fameux, donne avis au public que pour la modique somme d'un louis, il enseigne parfaitement le dessin & la peinture en trois leçons. Il est si familier avec les principes de son art, qu'il peut en un instant, dessiner sur le sable avec son pied, ou de son bâton, le portrait d'une personne quelconque, avec toute la promptitude d'un écrivain qui fait un paraphe ; il a montré son secret à plus de 1800 personnes qui peuvent répondre de ses talens, & pour bannir toute difficulté, il n'exige ses numéraires que lorsque ses élèves sont en état de faire des portraits d'après nature, & de copier fidèlement les tableaux des plus grands maîtres.

L'espérance de ne payer un louis que lorsqu'on auroit un secret utile & merveilleux, attira chez lui des personnes de tout sexe & de tout rang ; l'homme sans fortune se proposoit, en allant chez le fameux artiste, de se donner, pour 24 livres, un état honnête & lucratif ; le père de famille espéroit d'être lui-même, un jour, le maître à dessiner de ses enfans ; le jeune Dorimond se flattoit de pouvoir faire lui-même le portrait de sa maîtresse ; & madame Gertrude n'avoit d'autre but que de dessiner, de sa propre main, le portrait de son minet & de son épagneul. Si je fis moi-même (dit M. Decremps) une visite à ce prétendu artiste, ce ne fut sûrement pas dans l'espérance de pouvoir copier fidèlement les tableaux des plus grands maîtres ; mais j'étois curieux de connoître la manière dont le charlatan s'y prenoit pour escamoter un louis ; les réflexions que j'avois faites jusqu'alors sur différens genres de charlatanisme, ne m'avoient sûrement pas mis en état d'éviter toute sorte de pièges, mais je ne fus pas dupé dans cette occasion.

J'eus, avec le professeur de peinture, une assez longue conversation, & je lui fis subir une es-

pèce d'interrogatoire, duquel il résulta que tout son secret consistoit à gâter une très-bonne estampe, pour faire un fort mauvais tableau ; l'adresse que j'eus de lui arracher un pareil aveu, loin de l'indisposer contre moi, me valut, de sa part, un petit compliment, dans lequel il me disoit, si j'ai bonne mémoire, que s'il avoit de l'esprit pour 24 livres, je pouvois bien en avoir pour un louis. Comme il n'accomplissoit pas bien exactement la promesse contenue dans son avertissement, plusieurs personnes faisoient difficulté de payer ses honoraires, mais il n'étoit pas exigeant ; car il se contentoit volontiers de la moitié ou du tiers de la somme, pourvu qu'avant de prendre les trois leçons, on eût acheté de lui, *à un prix raisonnable*, des crayons, des pinceaux, des pierres à broyer, des palettes & des couleurs.

Son secret, pour faire un mauvais tableau avec une bonne estampe, consistoit : 1°. à mettre tremper l'estampe pendant vingt-quatre heures dans l'eau froide, ou pendant une heure dans de l'eau chaude ; 2°. à l'appliquer proprement sur un verre de Bohème, frotté de térébenthine fine de Venise ; 3°. à gratter légèrement le derrière de l'estampe, pour enlever peu-à-peu le papier en laissant tous les traits sur le verre ; 4°. à suivre tous ces traits avec un pinceau pour donner à chacun sa couleur naturelle. L'art de faire des portraits, d'après nature, étoit moins compliqué, car il consistoit tout simplement à tenir une chandelle sur une table dans un endroit obscur, à côté de la personne qu'on vouloit dessiner ; l'ombre du profil, se portant alors sur une feuille de papier tendue sur la muraille, le fameux artiste n'avoit qu'à parcourir les bords de cet ombre avec un crayon. Il est bien vrai qu'on peut faire, par ce moyen, des portraits ressemblans, pourvu que la personne qu'on veut dessiner, se trouve à la distance requise entre la chandelle & la muraille, & sur-tout si cette personne est remarquable par le contour de son front, de son nez & de son menton. Mais ce procédé étant grossier & connu de tout le monde, nous n'en avons parlé que parce que nous nous proposerons d'enseigner le moyen de l'embellir.

L'art de faire les portraits à la Silhouette en miniature, à la manière angloise, à l'aide de la chambre obscure.

La chambre obscure qu'on emploie à cet usage n'est autre chose qu'une boîte de bois ou de carton, d'un côté de laquelle se trouve un petit trou.

Quand ce trou est tourné vers des objets fortement éclairés par la lumière du soleil ou d'un flambeau, ces objets se peignent avec toutes leurs couleurs, sur le côté opposé de la boîte.

Si, au lieu de faire un petit trou, on en fait un de deux ou trois pouces de diamètre, auquel on adapte une bonne lentille de verre, c'est-à-dire, un verre convexe de deux côtés, les objets y seront peints plus fortement, quoique moins éclairés; mais si on place au milieu de la boîte un miroir AB, incliné à l'angle de 45 degrés, (*fig.* 11, *pl.* 8, *de Magie blanche, tome VIII des gravures.*) alors les objets extérieurs FG iront se peindre à travers le trou D, non sur le côté opposé C, mais sur la partie supérieure de la boîte; par conséquent, si vers le point E, on fait un trou auquel on adapte un verre de Bohême, les objets se peindront en miniature sur ce verre, & seront plus ou moins grands, selon que le tuyau à coulisse, qui porte la lentille D, s'éloignera plus ou moins du miroir AB; on n'aura donc qu'à appliquer sur ce verre un papier huilé, mince & transparent, pour pouvoir suivre facilement tous les traits & les dessiner.

Les portraits à la Silhouette qu'on fait grands comme nature, d'après le procédé cité dans l'article précédent, peuvent donc se réduire à un très-petit espace sur le verre E, quand on les pose aux points FG; mais si, au lieu de poser vers cet endroit le portrait à la Silhouette en grand, on y place l'original, on aura le plaisir de voir sur le verre & d'y dessiner des traits & des parties qui ne sont pas exprimés dans le portrait à la Silhouette ordinaire; savoir, les yeux, les oreilles & les boucles de cheveux.

Pour acquérir quelque goût dans cette partie, je conseille aux amateurs de s'exercer, pendant huit jours, à dessiner la figure du roi, d'après un louis. Il faut commencer par dessiner l'œil & les autres parties, en les marquant très-peu, pour qu'on puisse, au besoin, changer tous les contours à volonté, sans que les premiers traits paroissent; il est essentiel de ne pas se hâter, parce qu'il s'agit ici d'un ouvrage qu'on verra avec plaisir, s'il est bien fait, sans avoir aucun égard au temps employé à le faire.

Il est des amateurs qui dessinent passablement sans avoir appris le dessin, & sans avoir d'autre moyen que beaucoup de patience, avec une chambre obscure, telle que celle que nous venons de la décrire, & un chassis dont nous allons parler dans l'article suivant.

Moyen simple de dessiner un paysage d'après nature, dans toutes ses proportions, sans savoir la perspective.

Ayez un chassis quarré, d'environ deux pieds de haut, sur autant de large; que les quatre côtés soient percés d'une vingtaine de trous placés à une égale distance. Faites passer des soyes dans tous ces trous, pour qu'elles se croisent en for-

mant de petits quarrés, comme dans la *fig.* 12, *pl.* 8, *de la Magie blanche, tome VIII.*

Posez, à une petite distance du chassis, un carton, ou un morceau de bois percé d'un petit trou A, & regardez le paysage que vous voulez dessiner, à travers ce petit trou & le chassis. Tracez sur le papier sur lequel vous voulez dessiner, le même nombre de quarrés qu'il y a dans votre chassis; que les quarrés du chassis & du papier soient numérotés de manière que les quarrés correspondans aient le même numéro. Faites bien attention dans quel quarré du chassis & dans quelle partie du quarré, vous voyez chaque partie du paysage, & dessinez-la sur votre papier dans le quarré correspondant.

Si, dans un seul quarré, vous voyez une portion du paysage qui demande quelque détail, & dont le dessin vous embarrasse, appliquez sur ce quarré un petit quarré de même grandeur, fait avec du fil d'archal & divisé en plusieurs autres petits quarrés, avec des soyes qui se croisent, (*voyez le petit quarré B, fig.* 12.) Divisez le quarré correspondant de votre papier en un égal nombre de parties, & dessinez dans chacune, ce que vous voyez dans les parties correspondantes du petit quarré de fil d'archal.

Moyen de réduire en petit un portrait en grand, & réciproquement, sans employer le pantographe.

On sait que le pantographe (*fig.* 13, *pl.* 8 *ibid.*) est composé de quatre règles ABCD, mobiles sur les cloux EFIH; lorsque cet instrument est fixé sur une table au point G, & qu'on parcourt les divers traits & contours d'un tableau avec un stylet mis au point K, le crayon placé au point B, marque sur le papier une esquisse du tableau en petit; mais cet instrument a l'inconvénient d'être inexact, quand il n'est pas parfait dans sa construction, ou d'être un peu cher, quand il est en cuivre, accompagnée de tous ses accessoires; d'ailleurs, il ne peut produire qu'un foible croquis du tableau, & son usage étant purement mécanique, il n'est guère propre qu'à diminuer & corrompre le goût de l'artiste, en l'accoutumant à une simple routine. Je peux me tromper à cet égard, mais j'aimerois mieux le moyen suivant, précisément parce qu'il est plus difficile, c'est-à-dire, parce qu'il est plus propre à captiver l'attention, & à exercer le raisonnement.

Je suppose que je veuille dessiner en grand le portrait de Louis XVI, d'après un écu de six livres, j'applique sur l'écu un petit chassis divisé en petits quarrés, comme dans la *figure* 14, *pl.* 8 *ibid.*

Je divise le papier sur lequel je veux dessiner le portrait en grand, en un égal nombre de grands quarrés, & dans chacun de ces derniers, je des-

fine la partie contenue dans le quarré correfpondant du petit chaffis. (*Voyez la fig.* 15, *ibid*).

Par exemple, je deffine l'œil près de la colonne
6, un peu au-deffous de la ligne tranfverfale 3,
&c. Il eft clair que, par un procédé femblable,
on peut réduire en petit un portrait en grand, &
que les quarrés faits fur le papier, doivent être
deffinés de manière qu'on puiffe les effacer quand
l'ouvrage eft fini.

L'efcamoteur peintre, ou l'art de faire les portraits
impromptu.

On a vu, fur certains théâtres, des efcamo-
teurs qui, fans être peintres ou deffinateurs, &
fans employer les moyens dont nous venons de
parler, fe flattoient de deffiner en un inftant le
portrait d'une perfonne quelconque. On a même
vu à Rouen, un charlatan qui, avant de commencer
cette opération, promettoit au public de faire
voir le portrait de trois diables deffinés d'après
nature, & qui, lorfqu'on le fommoit de tenir fa
parole, ne montroit autre chofe que les portraits
d'un Normand, d'un Parifien & d'un Gafcon. Le
premier, difoit-il, eft un méchant diable, le fecond
eft un bon diable, mais le dernier eft un pauvre
diable, &c.

Voici en quoi confiftoit la fupercherie; ils
s'étoient d'abord exercés pendant quelques heures
à efquiffer des profils, & avoient acquis, par ce
moyen, la facilité de tracer, en un inftant, quelques têtes de fantaifie qui ne reffembloient à perfonne, mais qu'on difoit être le portrait de tels
ou tels perfonnages; les originaux qu'on citoit
étant inconnus dans le pays, perfonne ne pouvoit
trouver dans ces portraits le défaut de reffemblance, & quoique ces deffins fuffent le chef-
d'œuvre du prétendu deffinateur, la compagnie
ne les regardoit que comme de petits effais; de ce
que l'artifte avoit fait ces portraits en une minute, on concluoit qu'il pourroit faire trois ou
quatre fois mieux, en employant trois ou quatre
minutes de plus,

Les efprits étant ainfi prévenus, il s'agiffoit de
donner une preuve de talens qui fût fans réplique, & de faire en deux ou trois minutes le
vrai portrait d'une perfonne de la compagnie.
Alors un compère fe préfentoit pour fervir de
modèle, fon portrait étoit bien facile à faire, car
il étoit deffiné d'avance avec du crayon rouge fur
du papier bleu; la poudre bleue qui couvroit le
papier cachoit le deffin aux yeux du fpectateur,
mais le prétendu peintre qui voyoit le papier
de plus près, pouvoit voir à travers la poudre,
tous les traits déjà deffinés: il n'avoit donc qu'à
fecouer cette pouffière, & à deffiner les traits
un peu plus fortement, pour faire fon portrait
impromptu.

L'automate deffinateur.

On a vu à Londres un portrait du roi d'Angleterre fait par un automate; cette figure écrivoit auffi toutes les phrafes qu'on lui dictoit; elle
étoit trop petite pour qu'on pût penfer qu'il y
avoit un homme caché dans fon corps pour lui.
conduire le bras, & en même temps, elle paroiffoit trop détachée de la table fur laquelle elle
deffinoit, pour qu'on ofât fuppofer que fes bras
étoient guidés par un agent extérieur. Cependant
il y avoit une communication réelle entre le bras
droit de l'automate & celui d'un peintre caché
dans la table. La figure fembloit ifolée, parce
qu'on la portoit d'un coin de la table à l'autre,
fans que perfonne pût voir traîner aucun fil; mais
lorfque l'automate étoit une fois pofé à fa place,
la communication étoit bientôt établie, (*voyez*
fig. 16, *pl.* 8, *tome VIII des gravures.*) car on
n'avoit qu'à pouffer dans la table l'aiguille AB, à
travers le tapis EF, pour la faire entrer dans le
cylindre CD, caché fous les jupons de la figure.
Alors, la partie AB, cachée dans le tiroir, ne
formoit qu'une feule & même pièce avec la partie
CD, cachée dans l'automate; & ces deux parties jointes enfemble, formoient le bout d'un
pantographe qui n'étoit pas bien différent de celui
que nous avons décrit *fig.* 13 *ibid.*

Par conféquent, tout ce que le compère deffinoit dans le tiroir au point B, fe trouvoit également deffiné fur le tapis au point K; or, le
pantographe étant caché dans l'eftomac, & mettant en mouvement le bras de l'automate, il fembloit que l'automate deffinoit de lui-même, &
cela paroiffoit d'autant plus probable, qu'on ignoroit la communication établie entre le bras de la
figure & celui du peintre caché.

Nota, Que l'aiguille AB, & le cylindre CD,
quand ils font joints enfemble, forment une efpèce de levier qui a un point d'appui fous le tapis;
que, par conféquent, tous les mouvemens donnés
au point B, fe répètent d'abord en petit au point
C, en fens oppofé, & puis en grand au point K.
(DECREMPS.)

Machine à deffiner.

Voici une machine fimple & d'un ufage très-
étendu, que l'auteur dit être le fruit d'un voyage
& d'une méditation de vingt ans, & de l'infpection des inftrumens les plus rares & les plus curieux qu'il a vus dans les cabinets les plus célèbres
de l'Europe.

Cette machine confifte en une table & une
règle mobile, auxquelles on peut donner toutes
les pofitions imaginables, & à l'aide de laquelle
on peut exécuter toutes fortes de deffins avec la
plus grande facilité & la plus grande précifion.

Le papier fur lequel on travaille eft affermi fur cette table comme s'il y étoit collé, & on donne à chaque ligne fa jufte mefure jufqu'à un millième de ligne : on peut, à l'aide de cette machine tracer toutes fortes de figures, des paraboles, des hiperboles, des ellipfes, réfoudre les problémes de la géométrie élémentaire : elle peut fervir à lever fur-le-champ la perfpective d'une ville, d'un village ou d'une campagne, fans tirer une ligne inutile. En méchanique, fon ufage s'étend à divifer des lanternes, roues, tambours & autres pièces, en autant de parties égales ou inégales qu'on veut leur donner de dents ou de rayons.

Cette machine peut être mife en ufage même fur le terrein : on peut d'abord en lever la fituation, & en opérant, on deffine en même-temps le plan au net. A l'aide de cet inftrument, on mefure toutes les hauteurs accefibles & inaccefibles ; on trouve tout-à-coup le nivellement d'une rivière, fes hauteurs & fes profondeurs : les ingénieurs peuvent s'en fervir en campagne pour lever promptement & fans peine toutes fortes de plans avec tous leurs détails ; fon ufage s'étend jufqu'à la géographie-mathématique. Cette machine étoit propofée en 1759 par foufcription, & on s'adreffoit à M. Julien, géographe. La table de bois avec le pied d'un quart de feuille de petit royal, étoient du prix de cent vingt livres ; elles augmentoient à raifon de la grandeur du papier ; il y en avoit même de cuivre gravé avec un niveau & un compas du prix de douze cens livres.

Une perfonne qui commence à deffiner ou qui eft bien aife de copier un deffin, quoiqu'elle n'ait jamais appris à deffiner, peut fe procurer cet agrément, en conftruifant un petit pupitre à jour, fur lequel elle affujettit un verre blanc. Elle applique deffus, le deffin qu'elle veut copier, & par-deffus une feuille de papier blanc, de la même manière que lorfqu'on veut calquer à la vitre. Ce pupitre, recevant le jour par-deffous, à l'avantage de difpofer le deffin d'une manière plus commode, que lorfqu'on le pofe contre une vitre dans une attitude verticale où la main eft gênée. Veut-on prendre le deffin de quelque plante, de quelque feuille, on la place fous le papier, & on en faifit les traits facilement.

Manière de deffiner promptement toutes fortes de plantes & de feuilles.

Il faut avoir deux balles & de l'encre dont fe fervent les imprimeurs : tenez-en une de la main gauche, & mettez deffus la feuille ou la plante dont vous voudrez avoir l'empreinte ; frappez-là avec l'autre balle, que vous tiendrez de la main droite, d'un ou deux coups fans la déranger ; vous ôterez la feuille ou la plante légère-

ment, & vous la placerez au milieu d'une feuille de papier pliée en deux ; après quoi vous l'étendrez fur une table couverte d'un tapis, & avec un rouleau de bois enveloppé d'un mouchoir ou d'un linge uni. Vous le pafferez une ou deux fois affez fortement deffus : vous ouvrirez le papier, & alors vous aurez fur l'un & fur l'autre côté l'empreinte exacte du deffus & du deffous de la feuille ou plante, & qui, outre la parfaite reffemblance avec la nature, furpaffera même les plus belles gravures, fur-tout quand ce procédé fera fait avec dextérité.

Un botanifte Anglois a fait inférer dans l'Annual Regifter le procédé fuivant, pour contretirer dans l'inftant les nervures & les contours d'une feuille quelconque. Il la frotte par derrière avec un morceau d'ivoire, & l'enduit légérement d'huile de lin avec une broffe très-douce : il met enfuite la feuille en preffe entre deux feuilles de papier blanc. L'impreffion des nervures & des plus petites ramifications y refte empreinte. On peut fe fervir de ces contours pour peindre cette feuille à l'huile.

Manière de calquer.

Le plus difficile du deffin eft de faifir exactement les formes. Calquer, c'eft prendre méchaniquement l'efquiffe exacte d'un tableau ou d'un deffin. Eft-ce un deffin que l'on veut calquer, on peut appliquer le papier du deffin fur le carreau d'une vitre ; fur ce deffin l'on applique une autre feuille de papier, la lumière paffant à travers la vitre, & un peu à travers le papier, fait voir tous les traits fur un papier blanc fur lequel on veut deffiner, & on les trace alors avec un crayon avec toute l'exactitude poffible, & il ne refte plus qu'à bien ombrer le deffin.

Veut-on prendre exactement le trait d'un tableau, on paffe avec un pinceau pointu & de la laque ou autres couleurs très-liquides, & qui aient peu de corps, fur toutes les lignes ou contours des objets de ce tableau ; on applique enfuite deffus un papier qu'on fait tenir par quelqu'un vers fes extrémités pour qu'il ne varie point ; puis on frotte fur ce papier avec un corps poli, tel qu'un morceau de criftal, d'ivoire, ou une dent de fanglier, au moyen de quoi ce que le pinceau a tracé s'imprime fur le côté du papier qui touche au tableau. Il faut avoir attention à ne pas laiffer fécher ce qui peut refter de couleur fur le tableau, & le frotter fur-le-champ avec la mie de pain. Lorfqu'un tableau eft nouvellement peint, & qu'on craint qu'il ne foit pas affez fec, pour qu'on puiffe prendre ainfi le trait, on applique deffus une glace, fur laquelle on paffe un blanc d'œuf battu, & lorfqu'il eft bien fec, on trace fur la glace avec un crayon de fanguine tous les contours des objets qui s'apperçoivent facilement à travers la glace ; puis on applique affez fortement fur cette glace un papier bien humecté d'eau; on le relève promptement, crainte qu'il ne s'attache au blanc d'œuf; & tous les traits de crayon s'y trouvant imprimés, on a le trait du tableau.

On prend de ces traits quelquefois fimplement par curiofité, & pour avoir des monumens fidèles des belles chofes, qu'on regarde comme des études, & quelquefois on en fait ufage en les copiant. Alors on pique les contours de près à près avec une aiguille emmanchée dans un petit morceau de bois rond, après quoi on applique le papier ainfi piqué fur la toile ou autre fond fur lequel on veut faire la copie; & avec un petit fachet rempli de chaux éteinte, de pouffière de charbon ou de quelqu'autre matière pulvérifée qui tranche avec la couleur du fond; on paffe fur tous les traits, & la matière pulvérifée qui en fort paffant à travers les trous d'aiguille, trace fur le fond du deffin les traits avec la plus grande exactitude.

Manière de contretirer un deffin.

On peut contretirer un deffin par le moyen d'une glace ou d'un verre en l'appliquant fur l'original, & traçant fur le verre tous les contours du deffin avec un crayon de fanguine tendre; mais comme la fanguine ne marqueroit pas fur le verre, il faut le frotter auparavant avec de l'eau de gomme arabique, dans laquelle on aura mis un peu de vinaigre, & quand elle eft bien fèche, on peut deffiner deffus. Sans le vinaigre, la fanguine ne marqueroit pas fur la gomme: mais fi l'on frotte le verre avec un blanc d'œuf au lieu de gomme, il n'eft pas befoin de vinaigre. Quand ce deffin eft tracé fur le verre, on y applique affez fortement un papier mouillé & bien humecté, & l'ayant relevé auffi-tôt de peur qu'il ne fe colle fur le verre, on y trouve tout le trait de la fanguine qui eft imprimé. On a, par ce moyen, le trait d'un deffin, ou même d'un tableau qu'on voudroit copier. Ce trait fur le papier eft à contrefens de l'original; c'eft pourquoi il faudra le recopier encore pour le mettre dans le même fens de l'original; ce qui eft une double peine, & ne peut pas fe faire fans corrompre les contours.

Contrépreuve d'anciennes eftampes.

On prend du favon de Venife qu'on coupe en petits morceaux, une pareille quantité de cendre de bois de chêne, & autant de chaux vive; on fait bouillir le tout dans un pot. On frotte légérement avec une plume trempée dans cette liqueur l'eftampe dont on veut tirer la contrépreuve. On prépare de même une feuille de papier blanc. Lorfqu'elle eft bien humectée, on l'applique fur l'eftampe, & on les met fous la preffe d'un imprimeur en taille-douce. Au défaut de preffe, on peut appliquer fur cette eftampe ainfi préparée, une feuille de papier blanc fec, & frotter bien ferme avec un iffoire, jufqu'à ce que l'eftampe fe calque fur la feuille de papier blanc humide. Ces contrépreuves, déchargent néceffairement un peu le noir de l'eftampe, qui cependant en retient toujours affez. On peut parvenir à tirer ces contrépreuves avec de fimple favon liquide, mais elles ne font point fi belles ni fi bien marquées.

Ce fecret eft tiré du Traité-Pratique de la gravure en bois, par M. Papillon.

Manière de poncer.

On pique d'abord tout le contour du deffin que l'on veut avoir avec la pointe d'une aiguille emmanchée, fi l'on veut dans un petit morceau de bois long & rond, gros comme une groffe plume à écrire; ce qu'on appelle une fiche. Enfuite on fait un nouet d'un morceau de toile affez claire, qu'on emplit de charbon bien pilé, fi c'eft pour poncer fur un corps blanc, ou bien de plâtre fin & fec, fi c'eft fur un corps brun; ce nouet s'appelle la ponce, & ayant appliqué le deffin original qui eft piqué fur la place où on veut le transporter, on paffe légérement la ponce par-deffus le deffin, en battant un peu quelquefois pour faire paffer la pouffière au travers du linge, laquelle paffe auffi par tous les trous de l'aiguille, & marque le deffin à fa place. Mais il faut bien prendre garde de ne pas faire changer de place au deffin original, en le ponçant, car il feroit des traits doubles & confus. Enfuite, ayant enlevé le deffin piqué, on met au net celui qui eft poncé, & l'on fouffle fortement pour chaffer la pouffière de la ponce. On fe fert fort utilement de cette méthode dans plufieurs ouvrages de peinture, & dans la broderie, & fur-tout dans les ornemens.

Manière de montrer le deffin.

Un artifte avoit propofé de commencer par faire deffiner les jeunes gens fur une ardoife, parce qu'il eft facile de la nettoyer avec un linge mouillé. Cette méthode en effet épargneroit la dépenfe du papier, & procureroit à l'écolier le moyen de corriger facilement fes fautes fans être obligé de recommencer entièrement fon deffin. Un habitant de Grenoble fubftitue à l'ardoife un verre de Bohême qu'il dépolit d'un côté en le frottant avec une pierre ponce ou une pierre platte de grès & du fable bien humecté. On peut, fur ce verre, comme fur l'ardoife effacer avec un linge ce qui a été fait: ce tranfparent donne d'ailleurs la faculté de placer deffous des exemples

ples bien nets & bien diftincts que l'écolier doit
fuivre jufqu'à ce que la main foit formée. Ce
que l'on dit du deffin peut également s'appliquer
à l'écriture.

*Moyen facile de prendre l'empreinte & le contour
d'une feuille, & même d'une fleur, dans très-peu
de temps, fans favoir deffiner.*

Prenez une feuille de papier la plus mince que
vous pourrez trouver, que vous enduirez avec
de l'huile de lin ou d'olive, felon votre commodité ; laiffez cette feuille ainfi imbibée d'huile,
pendant 4 ou 5 jours, au bout defquels vous la
pafferez fur la fumée d'un flambeau, jufqu'à ce
quelle en foit toute noircie. Placez fur ce papier les feuilles dont vous defirerez avoir le contour, & mettez par-deffus une feuille de papier
blanc d'une certaine force. Cette opération étant
faite, frottez avec l'anneau d'une clef bien poli,
la feuille de papier blanc, jufqu'à ce que vous
préfumiez que les feuilles réelles foient bien
empreintes de la couleur noire. Tranfportez ces
dernières entre deux feuilles de papier blanc,
dont vous frotterez, avec une clef ou poliffoire
de verre, celle qui eft au-deffus. Les feuilles
dont vous defirerez l'empreinte, fe trouveront
calquées très-diftinctement fur les deux feuilles.
Leur couleur fera d'autant plus conftante, qu'elle
eft à l'huile. Les jeunes perfonnes qui s'amufent
de la broderie, pourront fe faire des deffins
charmans fans favoir deffiner ; fi elles font ufage
de ce moyen, elles rangeront les feuilles noircies, fuivant la difpofition du deffin qu'elles
voudront faire, & les prefferont enfuite avec
une clef. Cette difpofition étant ainfi calquée,
elles la piqueront pour la multiplier autant de
fois qu'elles le defireront par le fecours du
ponce : on arrête enfuite ce deffin avec la plume.
Comme la couleur blanche fatigue beaucoup la
vue, il ne faut faire les deffins pour la broderie
que fur du papier jaune, & remplir le milieu
du fujet avec de la couleur verte, qui fe tire du
verd de veffie. Ces précautions, qui ne font rien,
ou prefque rien en elles-mêmes, font très-avan-
tageufes pour la confervation de la vue des perfonnes qui brodent.

Autre méthode.

Il faut avoir deux balles & de l'encre dont fe
fervent les imprimeurs ; tenez-en une de la main
gauche, & mettez deffus la feuille ou plante dont
vous voudrez avoir l'empreinte : frappez-là avec
l'autre balle, que vous tiendrez de la main droite,
d'un ou deux coups fans la déranger ; vous ôterez
la feuille ou plante légèrement, & vous la placerez au milieu d'une feuille de papier pliée en
deux, après quoi vous l'étendrez fur une table
couverte d'un tapis, & avec un rouleau de bois

enveloppé d'un mouchoir ou d'un linge uni, vous
le pafferez une ou deux fois affez fortement deffus ; vous ouvrirez le papier, & alors vous aurez
fur l'un & l'autre côté l'empreinte exacte du
deffus & du deffous de la feuille, ou plante, &
qui, outre la parfaite reffemblance avec la nature, furpaffera même la plus belle gravure, fur-
tout quand ce procédé fera fait avec dextérité.

*Machine à deffiner, de l'invention du fieur Gettlinger,
membre de plufieurs académies, infpecteur-général
des mines de Navarre.*

Tout le monde connoît la manière de deffiner
les objets qui viennent fe repréfenter dans la
chambre obfcure, & les difficultés qui fe rencontrent pour obtenir un deffin ferme & correct.
La machine que je vais décrire, renferme tous
les agrémens de la chambre obfcure, fans en
avoir les inconvéniens ; c'eft la nature que l'on
peut calquer fans être peintre ; & fi cette invention eft agréable aux perfonnes qui n'ont point
fait une étude particulière de la peinture, je crois
qu'elle peut être d'une véritable utilité aux gens
de l'art eux-mêmes.

Defcription.

Deux glaces plattes, bien unies, bien tranfparentes, affujetties dans leur chaffis de bois où
foient des feuillures de l'épaiffeur des glaces,
pour que l'un des côtés de ces chaffis & la glace
forment des furfaces unies.

Au haut d'un de ces chaffis, & au milieu de la
largeur, fera pratiqué un trou rond fait obliquement, deftiné à recevoir une cheville de bois,
qui doit faire avec la glace un angle aigu, que la
vue du deffinateur doit déterminer.

Cette cheville, longue d'environ un pied, fera
plus mince du côté qui doit entrer dans le trou ;
elle aura à cette extrêmité 4 à 5 lignes de diamètre, & à l'autre une efpèce de bourlet d'un
pouce de diamètre, garni de drap ou autre étoffe,
mais fortement, & de manière à ne point céder à
la preffion du front, qui doit repofer deffus.

Il faut en outre un pied quelconque, qui puiffe
entretenir les chaffis dans une pofition verticale,
& que ces chaffis puiffent être pofés à volonté &
ôtés de même, ou du moins l'un d'eux ; il faut en
outre qu'ils puiffent être à une petite diftance
l'un de l'autre, c'eft-à-dire, qu'entre les deux
glaces, il refte un intervalle d'un pouce environ,
& qu'ils foient bien affujettis enfemble, ce qu'on
peut faire au moyen de petits crochets & de
pitons.

Quant au pied folide, on peut le faire de plufieurs façons ; mais le premier qui fut fait, confiftoit en deux fegmens de cercles, féparés en-

tr'eux de la largeur du chaſſis, & rejoints par deux traverſes tangentes qui alloient d'une circonference à l'autre.

Dans l'intérieur du parallélogramme qui réſulte de cet aſſemblage, étoient de petits liteaux de bois cloués contre les faces du ſegment de cercle; ce qui formoit deux couliſſes néceſſaires à l'introduction des chaſſis dans leſquels ſont les glaces.

Uſage de la machine à deſſiner.

On ajuſte l'un des chaſſis verticalement dans ſon pied, en l'introduiſant dans une des couliſſes: on introduit la cheville dans le trou qui eſt au haut du chaſſis, & on poſe cet attirail ſur une table élevée, ou l'on s'aſſeoit ſur un ſiège qui ait peu de hauteur; de manière que, regardant à travers la glace tranſparente l'objet qu'on veut deſſiner, il vienne ſe préſenter dans l'étendue de cette glace, & qu'ayant le front poſé ſur la cheville & un œil fermé, on voie à ſon aiſe ce même objet; il faut en outre que la tête de la cheville ne ſoit pas trop éloignée de la glace, afin qu'on puiſſe, en étendant le bras, & appuyant le coude ſur la table, tracer ſur le verre l'objet qui ſe repréſente à l'œil; pour cet effet, une diſtance d'environ un pied de la tête de la cheville à la glace, & que cette tête vienne aboutir au niveau du milieu de la glace, doit ſuffire à quelqu'un qui a une vue ordinaire.

Il faut, au reſte, chercher le point qui réuniſſe la commodité du deſſinateur, & la perſpective la plus claire. On peut avoir pluſieurs chevilles de différentes longueurs pour chercher ce point favorable; elles ſeront d'un pied à un pied 3 ou 4 pouces de longueur.

La manière de tracer l'objet renfermé dans cette glace ou verre bien blanc, conſiſte à avoir des crayons qui puiſſent marquer ſur le verre, & le ſavon ou le ſuif peuvent également convenir; quant au ſuif, il n'a pas beſoin d'être taillé: on l'approche du feu; on lui fait former une goutte qui marque bien & long-tems; mais le ſavon eſt plus propre, & ſe taille comme on veut.

La tête étant donc appuyée ſur la cheville, & ayant fermé un œil, on ſuit exactement les principaux traits que l'on apperçoit avec la plus grande clarté; & dès qu'un ſeul point a été marqué, il ſert de recordement pour tracer les autres: car on peut toujours, quelque mouvement que la tête ſoit dans le cas de faire; on peut, dis-je, recorder la ligne tracée avec celle qui ſe repréſente, & ſe remettre ainſi dans ſa première poſition; &, par la même raiſon, on n'a pas beſoin d'une longue application, quelque compliqué que ſoit le deſſin qu'on veut faire, puiſqu'on peut

quitter & reprendre ſon ouvrage à volonté, ſans le moindre inconvénient, pourvu que ni l'objet à deſſiner, ni la machine, n'aient été dérangés. Au reſte, on peut en un très-petit eſpace de tems, deſſiner à gros traits des payſages très-étendus & fort diverſifiés dans les plus juſtes proportions de la perſpective.

On peut auſſi deſſiner de même, & très-promptement des figures; mais il eſt néceſſaire d'avoir quelques principes de peinture, pour attraper la reſſemblance, qui, comme l'on ſait, dépend plus des traits juſtement ſaiſis, que des formes de la figure, mais on réuſſira avec agrément à ſaiſir des attitudes, enfin à deſſiner tout ce que l'on voudra mettre derrière le verre, à telle diſtance où la vue pourra porter. La ſeule attention à faire, c'eſt que les objets qu'on veut deſſiner de très-près, s'ils ont une forme ſolide, ne paroiſſent plus s'éloigner dans les proportions de la perſpective. Un homme, par exemple, qu'on peindroit à demi-tourné, auroit le ſecond bras infiniment plus petit que le premier. Ainſi, on ne peut deſſiner à peu de diſtance que des objets qui ſoient ſur une même ligne également diſtante du verre; mais ce petit inconvénient, aiſé à réparer à la vue, n'exiſte plus à une certaine diſtance.

Juſqu'à préſent je n'ai parlé que de l'uſage de la première glace, & c'eſt après avoir deſſiné deſſus l'objet à repréſenter, qu'on ſe ſert de la ſeconde pour pouvoir rapporter ce deſſin ſur le papier; en conſéquence, on place la ſeconde glace enchaſſée dans la couliſſe qui lui eſt deſtinée, à un pouce de-là; on l'y aſſujettit avec les crochets & les pitons qui ſervent d'une glace à l'autre; & couvrant un des côtés de cette ſeconde glace d'un papier blanc bien tendu, & fermant les volets de la chambre, on poſe une lumière à une diſtance quelconque derrière ces glaces, de manière que l'objet vienne ſe repréſenter ſur le papier, & l'on en ſuit les traits avec un crayon ordinaire; & ſi l'on voit quelque choſe à rectifier ou ajouter, on peut le faire par la comparaiſon du deſſin avec l'objet qu'on a cherché à repréſenter.

On peut, à la place de cette ſeconde glace, ſe ſervir avantageuſement d'un pentographe dont on aura déviſſé deux roulettes; mais il faut alors un attirail que n'exige pas la ſimple appoſition de la ſeconde glace.

On pourroit rendre cette machine très-portative, en ajoutant une boîte où toutes les parties ſeroient renfermées, & faiſant un pied qui pût s'allonger ou ſe raccourcir au beſoin: mais mon but a été de faire connoître une machine auſſi ſimple que commode, & fort ingénieuſe, qui fait partie des agréables, intéreſſantes & nombreuſes découvertes de ſon auteur. *Extrait du Journal de Phyſique, mai* 1784.

Machine au moyen de laquelle une perſonne privée de la vue peut écrire.

La machine dont il s'agit conſiſte en une table d'un fort carton, ſurpaſſant de quelques lignes la grandeur du papier à mémoire ou du plus grand papier à lettres. On pratique dans tout ſon pourtour un rebord de la même matière, & ayant environ 2 lignes & demie de hauteur, & 2 lignes de largeur. Cette tablette eſt abſolument recouverte d'une peau de veau ou d'une ſimple baſane, comme la couverture d'un livre. Le rebord dont on vient de parler ſert à retenir le papier à lettres, qui ſe trouve encore aſſujetti par le moyen d'un cadre rectangulaire d'ébène, dont chaque côté a une ligne & demie d'épaiſſeur ſur 3 ou 4 lignes de largeur. Ce cadre doit entrer, par conſéquent, très-juſte dans l'eſpèce de tiroir que forme la petite planche de carton couverte de veau ou de baſane. Les longs côtés de ce cadre ont, 1°. diverſes échancrures quarrées, qui ſont ménagées dans l'épaiſſeur de leur partie externe, & éloignées les unes des autres de la diſtance qui doit ſe trouver entre chaque ligne d'écriture; 2°. une rainure dans leur partie latérale interne, ayant environ une ligne de profondeur ſur une demi-ligne de largeur.

Les échancrures ſervent à faire reconnoître au toucher la diſtance des lignes ou interlignes; & les rainures, à maintenir les extrémités d'une règle d'ébène qui doit couler entre les deux longs côtés du cadre de même matière parallèlement à ſes deux petits côtés.

La règle donc ſe termine vers ſes deux bouts par une petite lame de cuivre ou d'acier, logée dans le milieu de ſon épaiſſeur, & qui en occupe toute la largeur. L'épaiſſeur de cette lame eſt au plus d'un quart de ligne, & ſa ſaillie, hors de la règle, égale la profondeur des deux rainures ménagées dans l'épaiſſeur des deux longs côtés du cadre. Il faut avoir la précaution de laiſſer une échancrure dans la partie ſupérieure, & latérale de l'un de ces derniers, dont la longueur égalera la largeur de la règle, & la largeur, la ſaillie de l'une des deux lames qui terminent la règle. L'objet de cette échancrure eſt de faciliter à la règle les moyens d'entrer entre les deux longs côtés du cadre, & de permettre aux deux lames ſaillantes de ſe loger dans les rainures dont on a déjà parlé.

La règle eſt d'ébène; ſon épaiſſeur égale celle des côtés du cadre, & ſa largeur eſt un peu plus conſidérable que celle de ces derniers. Cette règle ſe termine en biſeau du côté qui regarde la partie ſupérieure du cadre, & le long duquel on doit tenir la plume.

Le côté de la règle oppoſé au biſeau a une feuillure d'environ 3 lignes de largeur, parallèle à ce dernier. Cette feuillure ſert à y placer le petit doigt, & à diriger la main ſur le même alignement, en allant de gauche à droite quand on écrit.

On adapte à chaque extrémité de la règle, deux reſſorts plats ſous leſquels ſe trouve une petite pointe mouſſe, & au-deſſus un petit bouton ſervant à la ſoulever. La petite pointe dont on vient de faire mention, ſe loge dans des trous pratiqués chacun dans la ligne qui partage par le milieu les longs côtés du cadre, & ſitués vis-à-vis des échancrures qui indiquent l'endroit où doivent ſe trouver les lignes.

On remarquera que l'on pourroit ſe paſſer à la rigueur de ces deux reſſorts qui ſervent d'arrêt, quand on a l'attention de ne pas laiſſer trop de jeu à la règle directrice entre les deux longs côtés du cadre.

Un petit curſeur de cuivre ou d'acier qui aura la facilité de pouvoir couler le long de la règle directrice, ſervira à indiquer l'endroit où l'on arrêtera ſon écriture.

Telle eſt en peu de mots l'idée de cette mécanique, auſſi ſimple qu'ingénieuſe & utile. Quoique la machine que j'ai imaginée rempliſſe tous ces différens objets, on ne peut ſe diſſimuler qu'elle ſuppoſe une table; au lieu que celle que je viens de décrire porte ſa table avec elle.

On doit ſe ſervir, dans le cas où l'on feroit uſage de la machine décrite ci-deſſus, d'une *plume ſans fin*, c'eſt-à-dire, de ces plumes qui ont leur proviſion d'encre pour toute la journée. On eſt alors diſpenſé d'écrire ſous les yeux d'un ſurveillant chargé d'avertir quand il eſt tems de prendre de l'encre. On ne doit pas non plus ſe diſſimuler que, malgré les avantages que procure cette machine, la perſonne aveugle ne ſauroit s'empêcher de recourir à un tiers pour lire les réponſes; mais on pourroit alors uſer d'allégories & d'emblêmes qui ne ſeroient connus que de ceux qui entretiendroient un commerce de lettres.

Uſage de la machine. On commence par placer ſon papier dans l'eſpèce de tiroir que forme la tablette de carton, & on l'aſſujettit enſuite en y appliquant le cadre d'ébène par-deſſus. Cette opération étant finie, on fait remonter la règle directrice, de manière que ſon biſeau touche le petit côté ſupérieur du cadre. On ſoulève enſuite les deux petits reſſorts adaptés aux deux extrémités de cette règle, afin que les pointes mouſſes qui ſont au-deſſous d'eux, quittent les trous où elles s'étoient logées, par la preffion du reffort. La règle directrice ayant alors la liberté de defcendre le long des côtés du grand cadre, on la retire en arrière jufqu'à ce que les deux pointes mouffes fe logent d'elles-mêmes dans les deux nouveaux trous. On a pour lors entre la règle & le côté fupérieur du cadre, un efpace fuffifant pour écrire une ligne. Si l'on veut laiffer deux lignes blanches, il faut laiffer fauter deux trous, & ainfi de fuite. On doit avoir grand foin de tenir la plume un peu écartée du bifeau de la règle, en allongeant les doigts. Cette pofition donne la facilité de tracer les queues de lettres, telles que celles des *p*, des *g* & des *q*. Lorfque la rencontre du côté du cadre indique la fin de la ligne, on foulève les deux refforts, & l'on fait defcendre la règle directrice.

Nota. Cette machine eft due à une dame de Paris, à qui les circonftances l'ont rendue néceffaire. La defcription ci-deffus eft de M. Pingeron.

DEVIN DE LA VILLE. Il y avoit à Londres, (dit M. Decremps) dans le *Strand*, une riche marchande de modes, nommée Mde Williams. Elle s'appercevoit depuis long-temps qu'on lui voloit journellement des marchandifes; mais elle ne favoit fur qui jetter fes foupçons, parce que fes filles de boutique qui étoient en grand nombre confervoient toutes également les dehors de la modeftie & de l'honnêteté. Cette dame s'étant trouvée un jour dans une maifon particulière où M. Hill faifoit, parmi fes amis, des tours qui confiftent à deviner la penfée d'autrui, ou à découvrir des chofes cachées, fut frappée d'étonnement de voir des opérations dont elle avoit entendu parler, mais qu'elle avoit regardées jufqu'alors comme fabuleufes. Elle pria très-inftamment M. Hill de vouloir bien fe tranfporter chez elle, pour tâcher d'y reconnoître la perfonne qui fe rendoit fi fouvent coupable de vol domeftique; M. Hill acquiefça à fa demande, & fe flatta même de découvrir la perfonne infidelle, pourvu qu'elle fût du nombre de celles qui demeuroient encore dans la maifon, & qu'on la fit paroître devant lui. Il promit à Mde Williams d'aller chez elle un certain jour; enfuite il lui parla fecrètement, & finit par la prier de ne point parler de lui à fes ouvrières, afin que fon arrivée n'étant point annoncée, il pût prendre les efprits au dépourvu.

Au jour marqué, M. Hill entra chez Madame Williams, dans un inftant où elle fe plaignoit à fes filles de boutique, de ce qu'une d'entre elles lui avoit volé depuis peu une montre d'or : fi elle fut furprife de voir M. Hill fous un coftume étranger, couvert d'un grand manteau, ayant une barbe longue & noire, & ne parlant que par fentences, les ouvrières ne le furent pas moins de voir un homme qui les regardoit en face avec des

yeux hagards, & qui, tournant de tous côtés fa tête ombragée d'un chapeau rabattu, fembloit vouloir lire dans tous les cœurs, & percer les murs par fes regards étincelans. Il remit une lettre à Madame Williams, qui lui dit, après l'avoir lue : Quoi, Monfieur, vous êtes donc cet homme fi célèbre, ce grand devin de la ville, dont on vante par-tout les talens & qu'on a tant de peine à trouver quand on en a befoin. Madame, répondit brufquement M. Hill, le temps que je perds à écouter vos complimens eft irréparable : congédiez-moi bien vîte, & donnez-moi la réponfe qu'on vous demande, pour que je m'acquitte promptement de ma commiffion.

De grace, lui dit Madame Williams, daignez vous arrêter un inftant pour me faire trouver ce qu'on m'a volé.

Madame, répondit M. Hill, en fe fâchant, puis-je vous indiquer le lieu où l'on a dépofé les chofes volées, fi vous ne me dites promptement en quoi confifte le larcin.

Hâtez-vous, le temps fuit & nous traîne avec foi,

Le moment où je parle eft déja loin de moi.

Madame Williams dit alors qu'on lui voloit tous les jours des rubans, de la mouffeline, de la gaze, des bijoux.

Il eft impoffible, dit M. Hill, que je découvre tout cela dans le même inftant, parce que chaque objet demande une opération particulière, par quoi voulez-vous donc que je commence ?

Hé bien ! dit Mde Williams, commencez par ma montre.

Votre montre, répliqua M. Hill, en lorgnant fucceffivement toutes les filles avec une grande lunette; votre montre n'eft point ici, elle n'eft point ici, vous dis-je; & tournant enfuite fa lunette vers le grand jour : Je la vois votre montre, continua-t-il, elle eft à répétition & à recouvrement; elle eft faite par *Davis*, horloger dans *Drury-Lane*, & porte le numéro 213. Elle ne va point parce qu'on ne la monte plus : bref, je la vois en gage depuis trois jours pour dix guinées.

Auffi-tôt après, M. Hill ordonna à toutes les demoifelles de détacher promptement de leur ceinture toutes leurs poches fans y fouiller, & de les dépofer dans une grande boîte. Il apporta cette boîte dans un cabinet particulier, & revint bientôt après, ayant dans fa main le billet d'emprunt, avec lequel on fut chez le prêteur fur gage pour retirer la montre.

Madame Williams pria M. Hill de dire dans quelle poche il avoit trouvé ce billet, pour reconnoître la perfonne qui avoit mis la montre en gage.

Madame, dit alors M. Hill, en prenant un air encore plus sévère qu'auparavant, qui êtes-vous, je vous prie, & pour qui me prenez-vous ? Me suis-je engagé à vous découvrir la coupable ? Ne vous ai-je pas promis tout simplement de vous trouver la chose volée ? Je tiens ma parole : ne me demandez rien au-delà.

Un instant après, M. Hill voulant examiner chaque personne en particulier, ordonna d'allumer un grand feu dans l'appartement voisin, qui êtes-vous, ayant ensuite fermé toutes les fenêtres, il se fit éclairer par quatre bougies, & demanda qu'on fit venir *Miss Radegonde* : celle-ci étoit toute surprise de voir que son nom étoit connu d'un homme qui ne devoit jamais avoir entendu parler d'elle, & refusa d'aller auprès de lui ; mais madame Williams lui observa qu'on pouvoit attribuer son refus à la crainte qu'elle avoit d'être trouvée coupable par M. Hill. Cette raison leva toutes les difficultés qu'on pouvoit opposer, & Miss Radegonde entra dans la chambre où M. Hill l'attendoit.

Aussi-tôt qu'elle y fut arrivée, M. Hill la pria de faire usage d'une lunette qu'il avoit posée au bout d'une table, & lui fit voir, à l'aide de cet instrument, les quatre bougies allumées qui étoient à l'autre bout, quoiqu'entre les bougies & la lunette, il y eût une grosse pierre très-massive pour intercepter les rayons.

C'est avec une pareille lunette, lui dit M. Hill, que je prétends lire toutes vos pensées. Ayant ensuite mêlé un jeu de cartes, il la pria d'en prendre une secrètement, & de la bien cacher dans un porte feuille : alors il lui donna une autre lunette, avec laquelle elle vit bien distinctement la carte qu'elle venoit d'envelopper. Vous voyez, ajouta M. Hill, que je peux connoître tous les secrets de votre cœur : ne vous rendez donc pas plus coupable, en cherchant à me cacher vos fautes, & souvenez-vous que si vous avez le courage d'avouer ingénûment votre inconduite, je récompenserai votre bonne foi par la plus grande discrétion.

Miss Radegonde ne voulant rien avouer, M. Hill entra dans une espèce de fureur, & d'un grand coup de hache, il fit sur une cloison, une ouverture qu'il boucha aussi tôt avec un verre : Ne croyez pas, dit-il, que j'aie besoin de votre aveu ; je saurai bien découvrir la vérité sans votre consentement. Alors la conduisant vers l'ouverture qu'il venoit de former, il lui fit voir à travers une glace, un tableau qui représentoit en grand la boutique de madame Williams ; on y voyoit le portrait de toutes les ouvrieres ; & Miss Radegonde reconnut le sien. Si vous êtes répréhensible, dit M. Hill, votre portrait va devenir noir comme un charbon, pour marquer la noirceur de votre ame. Aussi-tôt on vit une tache noire se former peu-à-peu sur le portrait de Miss

Radegonde ; mais comme elle ne voulut jamais avouer aucune espèce de larcin, M. Hill comprit qu'elle n'étoit point coupable à cet égard ; cependant la tache qui venoit de se former sur le portrait de cette demoiselle, sembloit prouver qu'il n'y avoit aucune certitude dans les opérations de M. Hill, & qu'il se trompoit dans ses prétentions ; mais il prouva bientôt le contraire en interprétant ses assertions de la manière suivante : Je n'ai pas assuré, dit M. Hill à Miss Radegonde, que vous eussiez volé madame Williams, j'ai prétendu seulement que si vous vouliez bien examiner le fond de votre conscience, vous y verriez quelque lourde faute à vous reprocher. Là-dessus il la pria de prendre secrètement une autre carte pour la mettre dans sa poche, & de regarder ensuite dans la glace où elle avoit vu son portrait. Le premier tableau avoit disparu, & l'on voyoit à sa place la représentation d'un vaste édifice avec une grosse boule qui, sans être attachée en aucune manière, sembloit monter, descendre, & remonter le long d'un mur contre les loix de la gravitation ; elle imitoit en roulant le bruit d'un carosse dans le lointain. A peine Radegonde eut-elle regardé pendant une minute que la boule disparut, & l'on vit à sa place les vers suivans écrits en lettres de feu :

Radegonde, tu tiens l'as de cœur dans ta poche,
Tu n'es donc pas toujours exempte de reproche.

La demoiselle bien surprise de ce qu'on connoissoit sans la voir la carte qu'elle avoit, s'imagina qu'on devoit connoître également une faute qu'elle avoit à se reprocher. Frappée de tous les objets qu'elle venoit de voir, elle révéla un secret qu'on ne lui demandoit point, en avouant les larmes aux yeux, qu'elle avoit cédé aux instances de M. Williams.

Heureusement pour le maître de la maison, madame Williams n'entendit point cet aveu, & M. Hill étant trop discret pour l'en informer ; Miss Radegonde, en s'en allant, reçut de M. Hill de très-sages conseils sur la manière dont elle devoit se conduire à l'avenir, après quoi l'on fit monter mademoiselle Fanny.

Celle-ci étoit une très-jolie brune, qui versa un torrent de larmes aussi-tôt qu'elle fut arrivée : elle n'attendit point pour faire sa confession, que M. Hill eût fait usage de ses lunettes, de son optique, de son mouvement perpétuel ; après avoir assuré qu'elle n'avoit pas volé la montre, elle avoua tout nettement qu'elle avoit pris, en différens temps, toutes sortes de marchandises, pour secourir un amant dans la détresse.

M. Hill lui promit de garder le secret, à condition qu'elle rendroit toutes les marchandises qui pouvoient lui rester, & que, dans huit jours, elle trouveroit un prétexte pour demander son congé. Avant de la renvoyer, il lui fit choisir secrètement une carte qu'elle cacha dans sa main, & la pria de regarder dans un petit verre d'optique, où elle lut les vers suivans :

Fanny, qui, dans ta main, caches le Roi de cœur,

Ne suis plus les conseils de ton recéleur ;

Méprises dès ce jour son amitié trompeuse,

Si tu veux éviter une fin malheureuse.

Les autres demoiselles qu'on fit venir successivement, ne firent aucun aveu qui mérite de trouver place ici. Il faut cependant en excepter Miss Molly qui, dans l'espèce d'interrogatoire que M. Hill lui fit subir, avoua qu'elle avoit envoyé & reçu plusieurs lettres amoureuses en Latin. M. Hill fut d'abord bien étonné qu'une demoiselle de quinze ans pût écrire en cette langue ; mais il le fut encore davantage, lorsqu'elle assura qu'elle l'écrivoit sans l'entendre.

Vous écrivez donc, mademoiselle sous la dictée de quelqu'un ?

Non, Monsieur, j'écris sans le secours de personne un latin que je compose moi-même, à l'aide d'un petit dictionnaire.

Mais ce Latin, puisque vous ne l'entendez point, ne signifie rien, & doit être rempli de fautes.

Je ne fais jamais de fautes en cette langue, & mon latin signifie plus que celui des auteurs du siècle d'Auguste, puisque je n'en écris jamais qui ne soit à double entente.

Vous faites donc choix d'expressions amphibologiques.

Je ne peux choisir les termes équivoques, puisque je ne les connois point.

De grace, mademoiselle, montrez-moi une de vos lettres.

Je ne peux, monsieur, vous montrer celles que j'ai envoyées, mais en voici une que j'ai reçue ce matin.

LETTRE A MISS MOLLY DRAPER,

Ouvrière en modes chez Madame WILLIAMS, dans le Strand.

Pater prædestinatorum qui triumphas in excelsis, ametur alloquium tuum, sanctificetur adjutorium tuum, observetur veneratio tua, qualiter in alto & in exilio, ornatum lucis saluberrimum da misellis indessenter & remittito nobis omissa nostra quia nos parcimus æmulis nostris, & ne mortales producito in obstinationem sed releves oratores tuos à delicto. Conservator universorum qui imperas in æternum, benedicatur consilium tuum, amplietur documentum tuum, exerceatur præceptio tua simul in excelso, & in terrâ; indumentum innocentiæ quotidianum concede postularentibus omni die, & resolve nobis delicta nostra qualiter nos compatimur læsoribus nostris, & ne bonos producas in peccatum sed præserva Sacerdotes tuos à maledictionibus, &c. &c. &c.

Ce latin, dit M. Hill, sans être des plus élégans, me paroit être très-conforme aux règles de la grammaire. J'y vois une espèce de thême en deux façons sur l'oraison Dominicale, mais je n'y trouve rien qui vous concerne.

Et moi, répondit Miss Molly, j'y vois très-clairement que je dois dîner demain chez ma tante, & que j'y suis invitée par mon cousin.

A ces mots l'étonnement de M. Hill fut presque aussi grand que celui qu'il avoit causé lui-même en entrant chez madame Williams sous un costume bizarre. Miss Molly souscrivant à sa demande, satisfit sa curiosité, en lui montrant par quel art une personne qui ne sait pas le latin, peut écrire en cette langue des lettres à double sens, dont le mystère ne peut être pénétré par aucun latiniste, ni même par ceux qui savent le même secret, lorsqu'ils n'ont pas la clef particulière de la personne qui en fait usage.

Voici présentement l'explication de tout le merveilleux rapporté dans cet article, 1°. L'opération que fit M. Hill en devinant d'abord chez madame Williams que sa montre étoit en gage, n'étoit qu'un tour préliminaire fait par collusion avec la maîtresse de la maison pour persuader aux filles de boutique qu'il étoit possible de découvrir une chose volée ; & pour arracher plus facilement l'aveu de sa faute à celle qui étoit coupable : M. Hill ayant reçu la montre de madame Williams pour la mettre en gage de son consentement, il lui fut facile de faire croire qu'il la voyoit avec sa lunette chez le prêteur sur gage ; d'une autre part, madame Williams se plaignant comme si la montre lui eût été volée, & M. Hill faisant semblant de ne pas connoître Mde Williams, toutes les circonstances concouroient à inspirer aux ouvrières la crédulité dont on avoit besoin dans ce moment. M. Hill auroit pu sans doute faire croire qu'il découvroit les choses volées, en faisant le tour des *trois bijoux* par les nouveaux moyens indiqués dans cet ouvrage ; mais il crut obtenir le même effet avec moins de peine & plus de certitude, en priant madame Williams de lui servir de commère dans ce premier tour.

2°. Madame Williams, dans l'entretien qu'elle avoit eu avec M. Hill, avant qu'il vînt chez elle, lui avoit enseigné le nom & dépeint la figure de quelques-unes de ses ouvrières ; par ce moyen

M. Hill pouvoit les appeller par leur nom en entrant dans la boutique, quoiqu'il les vît pour la première fois, ce qui, joint à la singularité de son costume, & à l'opération qu'il venoit de faire sur la montre, achevoit de persuader qu'il étoit un véritable devin.

3°. Pour prouver qu'il pouvoit lire dans tous les cœurs, M. Hill faisoit voir quatre bougies à travers une pierre très-massive, en faisant usage d'une lunette construite sur les mêmes principes que celle qui sert à voir à travers une muraille, & qui est décrite à l'article combinaison magique sur un vers latin, &c. (*fig.* 2, *pl.* 1, *de magie blanche,* tome *VIII des gravures*).

4°. Le tableau qui représentoit en grand la boutique de madame Williams n'étoit autre chose qu'une petite estampe enluminée, grossie par une bonne loupe, dans une boîte d'optique préparée d'avance; les figures qu'on y remarquoit étoient des morceaux de papier blanc découpés, formant des portraits à la Silhouette, fort ressemblans.

5°. Il étoit facile à M. Hill de noircir à son gré le portrait en blanc de Miss Radegonde; pour cela il n'avoit qu'à tirer un cordon pour secouer une houpe chargée de poudre noire.

6°. La grosse boule qu'on voyoit monter & descendre le long d'un mur, n'étoit qu'une boulette d'ivoire, grossie par un verre d'optique, & descendant en zig zag sur un carton incliné : on ne voyoit pas directement la boule à travers le verre, mais seulement son image, dans un miroir incliné, placé au fond d'une boîte. Par cette construction, la boule, quoiqu'elle allât de droite à gauche, & de gauche à droite, paroissoit aller de haut en bas & de bas en haut; il n'est pas facile de démontrer verbalement, ou avec des figures dessinées, par quel art on peut produire cette illusion; pour une pareille explication, il faudroit avoir sous les yeux la machine elle-même; cependant nous allons essayer de communiquer ici notre idée en peu de mots aux lecteurs intelligens qui voudront bien donner toute leur attention.

Supposez un petit carton incliné comme le toit d'une maison; concevez que ce plan incliné est tourné, par exemple, au midi, & qu'on y trace une espèce de rigole en zig zag, qui se porte en descendant du levant au couchant & du couchant au levant; si on pose une balle de plomb, ou une boulette d'ivoire, à l'extrémité supérieure de cette rigole, elle roulera, en suivant la pente de gauche à droite & de droite à gauche, jusqu'à ce qu'elle soit parvenue à l'extrémité inférieure de la rigole : maintenant supposez un miroir placé verticalement vers la partie occidentale de ce plan incliné méridional; si au lieu de regarder la boule elle-même, vous regardez son image dans la glace, elle vous paroîtra aller du levant au cou-

chant, quand elle ira du couchant au levant, & *vice versâ;* mais si au lieu de poser la glace verticalement, vous l'inclinez à l'angle d'environ 45 degrés, & que vous portiez votre œil au point nécessaire pour voir l'image de la boule dans la glace, cette boule paroîtra monter & descendre, quoiqu'elle aille toujours en descendant du levant au couchant, & du couchant au levant, &c.

Une machine construite d'après ces principes, & dans laquelle on fait paroître deux balles alternativement, (soit en employant un compère caché, soit à l'aide d'un mouvement d'horlogerie), produit le plus grand étonnement & donne une apparence de mouvement perpétuel.

7°. Il fut facile à M. Hill de deviner la carte choisie par Miss Radegonde, en lui faisant tirer une carte *forcée,* ou en lui donnant à choisir sur un paquet de cartes composé d'as de cœur : les vers que M. Hill fit lire à cette occasion dans une boîte d'optique, étoient écrits depuis un instant sur un carton percé à jour avec des emporte-pièces, recouvert ensuite d'un papier transparent, & placé avec des lampes, au fond d'une boîte, par un compere caché derrière la cloison.

Pour faire voir, avec une lunette, la carte qu'on venoit de cacher dans un porte-feuille, M. Hill employa le stratagème que voici; il mit au fond d'une lunette ordinaire, à tuyau demi-transparent, une carte en miniature, pareille à celle qu'on venoit de choisir; cette carte grossie par le verre de la lunette, sembloit être la même que celle qu'on venoit d'envelopper; & l'on ne pouvoit la voir ainsi sans croire que la lunette servoit à découvrir les objets les plus cachés.

8°. Miss Molly Draper, pour écrire ses lettres en latin, sans savoir cette langue, employoit le vocabulaire ci-joint, & en faisoit l'usage suivant : elle commençoit par écrire à part & en peu de mots, ce qu'elle vouloit dire, soit en françois, soit en anglois; ensuite, au lieu de la première lettre qui entroit dans son discours, elle prenoit, dans la première colonne du vocabulaire, le mot latin correspondant à cette lettre; au lieu de la seconde lettre de son discours, elle prenoit, dans la seconde colonne, le mot correspondant; elle exprimoit de même la troisième & la quatrième lettres par des mots de la troisième & de la quatrième colonne, & ainsi de suite.

Ce vocabulaire est fait avec tant d'art, qu'en prenant ainsi un mot quelconque de chaque colonne, on forme toujours un discours latin; & ces mots conservent à-peu-près le même sens, quoiqu'on les combine ainsi d'autant de manières que les lettres de l'alphabet pour former les mots & les discours de toutes les langues possibles, mortes ou vivantes; il seroit difficile de concevoir le nombre de ces combinaisons; l'imagination se perd dans cette multitude ; mais on peut exprimer ce nombre arithmétiquement, par l'u-rité suivie d'environ une trentaine de zéros de cette manière :

1,000,000,000,000,000,000,000,000,000,000.

Je suppose maintenant que je veuille écrire le mot *Madame*, je cherche dans la première colonne la lettre *m*, & je trouve à côté de cette lettre le mot *auxiliator*, que j'écris ; je cherche ensuite dans la seconde colonne la lettre *a*, qui répond aux mots *noster qui*, que j'écris à la suite du mot *auxiliator*; je choisis dans la troisième les mots *extas in*, qui répondent à la lettre *d*; dans la quatrième, le mot *cœlis*, qui répond à la lettre *a*; dans la cinquième, le mot *ametur*, qui répond à la lettre *m*; & dans la sixième, les mots *vocabulum tuum*, qui répondent à la lettre *e*; par ce moyen, j'écris d'une manière très-mystérieuse le mot proposé, en désignant les lettres *m, a, d, a, me*, par la phrase suivante : *Auxiliator noster qui extas in cœlis, ametur vocabulum tuum.*

Celui qui veut découvrir le sens caché dans ce discours, doit avoir un pareil vocabulaire, & chercher dans chaque colonne les lettres qui correspondent à chaque mot. Ainsi, pour lire la lettre écrite à Miss Molly Draper, il faut chercher dans la première colonne le premier mot qui est *Pater*. Ce mot répondant à la lettre *a*, on écrit d'abord cette lettre ; ensuite on cherche dans la seconde colonne le second mot, *prædestinatorum*; ce mot répondant à la lettre *i*, on écrit cette seconde lettre à côté de la première *a*; en cherchant de même les mots *triumphas in excelsis*, *ametur alloquium tuum*, &c. Dans les colonnes, 3, 4, 5, &c. on trouvera les lettres correspondantes *m,e,m,o,i,t,o,u,j,o,u,r,s*, &c.; ces lettres jointes aux deux premieres *a, i*, expriment le discours suivant : *Aime-moi toujours, ma chere Molly, & viens dîner demain. Adieu, chere Molly.*

La méthode que nous enseignons pour écrire en latin, sans savoir cette langue, paroîtra peut-être un peu longue, si on écrit de cette manière les lettres ordinaires ; mais on voudra bien faire attention que ce moyen ne doit être employé que pour des affaires importantes, qu'il faut d'ailleurs exprimer sa pensée d'une manière laconique, & qu'en général il y a peu de lettres qui ne puissent se réduire à très-peu de mots, si on retranche les pléonasmes, les expressions néologiques, les complimens fades, &c. &c.

Pour entretenir de cette manière une correspondance secrette, il faut donner à son corres-pondant un vocabulaire pareil à celui dont on fait usage ; mais pour que les lettres intercep-tées ne puissent pas être lues par d'autres person-nes qui auroient appris le même secret, il faut, au lieu de faire usage du vocabulaire imprimé ci-joint, employer deux copies manuscrites, où les mots de chaque colonne seront arrangées dans un ordre différent de celui que nous donnons. Par ce moyen, tels mots qui, dans notre vo-cabulaire, expriment les lettres *a* & *b*, pour-ront exprimer les lettres *c* & *d*, &c.

Il y a des hommes qui parviennent par des combinaisons, des réflexions & des suppositions, à lire les discours en chiffres, sans qu'on leur en donne la clef, c'est-à-dire, sans qu'on les aver-tisse que telle lettre est exprimée par tel ou tel signe arbitraire : mais on ne doit pas craindre que ces hommes soient assez pénétrans pour dé-couvrir le sens caché dans le latin dont nous venons de parler ; parce que dans les discours en chiffres, la même lettre, quand elle est répétée, se trouve ordinairement exprimée par le même signe ; ce qui peut servir à la faire connoître, eu égard au rang qu'elle occupe dans différens mots ; mais dans la méthode que nous donnons, une lettre peut se trouver trente fois dans une même phrase, & n'être jamais exprimée par le même mot latin ; circonstance qui déroutera tou-jours ceux qui tâchent de déchiffrer les écritu-res cachées, & par laquelle ils seront aussi em-barrassés que s'ils prétendoient deviner le quine qui doit sortir à la loterie royale.

Les mots qui sont en italique dans le catalogue, doivent être sous-lignés dans le discours ; parce que le même mot exprime différentes lettres, selon qu'il est en romain ou en italique.

Lorsque le discours qu'on veut cacher en fran-çois ou en toute autre langue, se termine par un mot latin qui, dans le catalogue ci-joint, n'est pas immédiatement suivi d'un point ou de deux points, ou d'un point & d'une virgule, il faut continuer de prendre un mot latin de chaque colonne jusqu'à ce qu'on trouve cette ponctuation, sans quoi le sens de la phrase latine seroit incomplet ; mais alors le premier de ces mots doit être marqué d'une étoile ou de quel-qu'autre signe pour avertir le correspondant que ces mots n'expriment aucun discours caché. Par exemple, je suppose que je veuille exprimer le mot *adieu*, selon la méthode que nous venons d'enseigner, je mettrai *Pater cunctorum qui do-minaris in excelsis, manifestetur nomen tuum*, où l'on voit qu'il faut faire abstraction des deux derniers mots.

VOCABULAIRE

VOCABULAIRE ÉNIGMATIQUE.

(1)
a PATER
b Factor
c Creator
d Conditor
e Amator
f Salvator
g Plasmator
h Redemptor
i Conservator
j Sanctificator
k Justificator
l Adjutor
m Auxiliator
n Opifex
o Autor
p Judex
q Rex
r Deus
f Rector
t Defensor
u Imperator
v *Imperator*
x Liberator
y Vivificator
z Consolator

(3)
a Es
b Ades
c Vivis
d Extas
e Exiſtis
f Manes
g Permanes
h Reſplendes
i Dominaris
j Luces
k Principaris
l Coruscas
m Triumphas
n Imperas
o Regnas
p Reluces
q Sedes
r Resides
f Refulges
t Habitas
u *Rutilas*
v Rutilas
x Splendes
y Splendescis
z Glorificaris

(5)
a Sanctificetur
b Magnificetur
c Glorificetur
d Benedicatur

(2)
a Noster
b Nostrum
c Omnium
d Cunctorum
e Universorum
f Universitatis
g Christianorum
h Christicolarum
i Prædestinatorum
j Supercœlestium
k Universalium
l Generalium
m Generis nostri
n Hominum
o Justorum
p Bonorum
q Piorum
r Mitium
f Fidelium
t Sanctorum
u Credentium
v *Credentium*
x Angelorum
y Spirituum
z Orthodoxorum

(4)
a Cœlis
b Cœlo ,
c Altis ,
d Alto ,
e Excelſis ,
f Excelſo ,
g Altiſſimo ,
h Altiſſimis ,
i Cœlestibus ,
j *Cœlestibus* ,
k Omnibus ,
l Universis ,
m Supernis ,
n Paradiso ,
o Jerusal. cœlesti ,
p Empireo ,
q Ævum ,
r Æviternum ,
f Æternum ,
t Perpetuum ,
u Sempiternum ,
v Æternitate ,
x Eminentissimo ,
y Eminentissimis ,
z Supremis ,

(6)
a Nomen
b Domicilium
c Ædificium
d Latibulum

(5)
e Honorificetur
f Superexaltetur
g Honoretur
h Exaltetur
i Laudetur
j Concelebretur
k Timeatur
l Diligatur
m Ametur
n Adoretur
o Colatur
p Invocetur
q Celebretur
r Collaudetur
f Clarificetur
t Beatificetur
u Manifestetur
v Amplificetur
x Agnoscatur
y Cognoscatur
z Notum esto

(7)
a Adveniat
b Conveniat
c Perveniat
d Proveniat
e Accedat
f Appropinquet
g Magnificetur
h Multiplicetur
i Sanctificetur
j Amplificetur
k Prosperetur
l Dilatetur
m Pacificetur
n Amplietur
o Prævaleat
p Convaleat
q Exaltetur
r Augeatur
f Firmetur
t Confirmetur
u Confortetur
v Crescat
x Veniat
y Veniens esto
z Crescens esto.

(9)
a Fiat
b Placeat
c Ametur
d Diligatur
e Impleatur
f Compleatur
g Adimpleatur

(6)
c Vocabulum
f Imperium
g Regnum
h Scabellum
i Consilium
j Sceptrum
k Diadema
l Eloquium
m Institutum
n Constitutum
o Alloquium
p Mysterium
q Testimonium
r Evangelium
f Cognomentum
t Cognomen
u Agnomen
v Prænomen
x Pronomen
y Templum
z Agnomentum

(8)
a Regnum
b Imperium
c Dominium
d Institutum
e Documentum
f Beneplacitum
g Repromissum
h Constitutum
i Promissum
j Eloquium
k Consilium
l Verbum
m Dogma
n Ovile
o Opus
p Placitum
q Complacitum
r Præmium
f Amuletum
t Adjutorium
u Remedium
v Domicilium
x Testimonium
y Sanctificium
z Sanctuarium

(10)
a Voluntas
b Institutio
c Constitutio
d Præceptio
e Dispositio
f Ordinatio
g Consultatio

Amusemens des Sciences.

E e e

(9)	(10)	(13)	(14)
h Perficiatur	h Providentia	m Mundanis :	m Paftum
i Prævaleat	i Prædeftinatio	n Humanis :	n Potum
j Proficiat	j Commiferatio	o Mundo :	o Cibum
k Formetur	k Mifericordia	p Infimis :	p Profectum
l Imperet	l Miferatio	q Infimo :	q Solatium
m Regnet	m Cogitatio	r Imis :	r Ornatum
n Regnans fit	n Intentio	f Imo :	f Subfidium
o Obfervetur	o Mens	t Nobis :	t Refrigerium
p Superet	p Divina mens	u Exilio :	u Alimentum
q Expleatur	q Juffio	v Fragilibus :	v Alimonium
r Operetur	r Lex	x Fidelibus :	x Commeatum
f Exerceatur	f Jufta lex	y Ecclefiâ militanti :	y Suftentaculum
t Dominetur	t Juftitia	z Inferioribus :	z *Suftentaculum*
u Confervetur	u Veneratio		
v Cuftodiatur	v Confolatio	(15)	(16)
x Manifeftetur	x Juftificatio	a Noftrum	a Quotidianum
y Complaceat	y Sanctificatio	b Juftorum	b Neceffarium
z Permaneat	z Illuminatio	c Bonorum	c Sempiternum
		d Electorum	d Præparatum
(11)	(12)	e Sanctorum	e Perpetuum
a Sicut	a Cœlo	f Angelorum	f Æviternum
b Sicuti	b Cœlis	g Archangelorum	g Æternum
c Velut	c Cœlicolis	h Supernorum	h Optatum
d Veluti	d Excelfis	i Supercœleftium	i Sanctum
e Simul	e Cœleftibus	j Beatitudinis	j Purum
f Pariter	f Paradifo	k Innocentium	k Lucidum
g Æqualiter	g Supernis	l Puritatis	l Sanctiffimum
h Tanquam	h Altiffimis	m Bonitatis	m Saluberrimum
i Quemadmodum	i Supremis	n Innocentiæ	n Vivificum
j Qualiter	j Supercœleftibus	o Pietatis	o Salutiferum
k Multùm	k Supremo	p Salutis	p Robuftiffimum
l Multò	l Superno	q Pacis	q Solidiffimum
m Semper	m Excelfo	r Vitæ	r Fortiffimum
n Jugiter	n Altis	f Lucis	f Suaviffimum
o Affiduè	o Alto	t Juftitiæ	t Magnificum
p Æquè	p Juftis	u Virtutis	u Maximum
q Uti	q Bonis	v Charitatis	v Optimum
r Ut	r Patriâ	x Felicitatis	x Candidum
f Et	f Angelis	y Sinceritatis	y Defideratum
t Perfectè	t Beatis	z Perfectionis.	z Jucundum
u Similiter	u Felicitate		
v Perpetuò	v Beatiffimis	(17)	(18)
x Continuè	x Archangelis	a Da	a Nobis
y Multifariè	y Seraphim	b Dona	b Miferis
z Multifariàm	z Cherubim	c Dones	c Mifellis
		d Concede	d Egenis
(13)	(14)	e Concedas	e Fidelibus
a Terrâ :	a Panem	f Concedito	f Egentibus
b Terris :	b Victum	g Impende	g Pauperibus
c Terrigenis :	c Veftitum	h Impendas	h Credentibus
d Terrenis :	d Amictum	i Impendito	i Poftulantibus
e Terreftribus :	e Poculum	j Diftribuas	j Supplicantibus
f Hominibus :	f Veftimentum	k Diftribue	k Expoftulantibus
g Peregrinatione :	g Operimentum	l Elargire	l Expectantibus
h Incolatu noftro :	h Nutrimentum	m Largire	m Deprecantibus
i Peregrinationibus :	i Indumentum	n Præfta	n Præftolantibus
j Exultantibus :	j Incrementum	o Confer	o Pœnitentibus
k Peccatoribus :	k Fomentum	p Offer	p Indigentibus
l Mortalibus :	l Edulium	q Infer	q Mortalibus

(17)
r Offeras
f Conferas
t Præbeas
u Præbeto
v Præbe
x Tribue
y Tribuas
ꝫ Ministra

(18)
r Orantibus
f Petentibus
t Optantibus
u Precantibus
v Exorantibus
x Rogantibus
y Poscentibus
ꝫ Miserrimis

(19)
a Hodie ;
b Hoc die ;
c Hac die ;
d Quotidie ;
e Omni die ;
f Continuè ;
g Incessanter ;
h Indesinenter ;
i Abundanter ;
j Sufficienter ;
k Clementer ;
l Perennè ;
m Misericorditer ;
n Perpetuò ;
o Jugiter ;
p Semper ;
q Assiduè ;
r Piè ;
f Affluenter ;
t Affatim ;
u Providè ;
v Gratiosè ;
x Gratuitò ;
y In æternum ;
ꝫ Gratis ;

(20)
a Dimitte
b Dimittas
℞ c Dimittito
d Remittas
e Remittito
f Remitte
g Indulge
h Indulgeas
i Emunda
℞ j Emundes
k Abstergas
l Abstergito
m Absterge
n Relaxa
o Relaxes
℞ p Condona
q Condones
r Resolvito
f Resolvas
t Aufer
u Resolve
v Auferas
℞ x Auferto
y Dissolve
ꝫ Dissolvas

(margin: nobis)

(21)
a Debita
b Scelera
c Delicta
d Crimina
e Facinora
f Demerita
g Maleficia
h Malefacta
i Peccamina
j Flagitia
k Peccata
l Occulta
m Vitia
n Mala
o Prava
p Neglecta
q Admissa
r Omissa
f Commissa
t Prætermissa
u Transacta
v Imperfecta

(margin: nostra;)

(22)
a Sicut
b Sicuti
c Velut
d Veluti
e Quia
f Quantum
g Quatenus
h Qualiter
i Quatinus
j Quoniam
k Quandocumque
l Quotiescumque
m Quemadmodum
n Dummodo
o Quàm citò
p Nempe
q Quippe
r Cùm
f Dum
t Uti
u Ut
v Si

(margin: nos)

(21)
x Occultiora
y Perpetrata
ꝫ Pessima

(margin: nostra;)

(22)
k Nam
y Etenim
ꝫ Quoties

(margin: nos)

(23)
a Dimittimus
b Remittimus
c Indulgemus
d Reconciliamur
e Compatimur
f Condonamus
g Concedimus
h Condolemus
i Miseremur
j Relaxamus
k Laxamus
l Bonum facimus
m Parcimus
n Bene agimus
o Benefacimus
p Boni sumus
q Largimur
r Elargimur
f Condescendimus
t Sucurrimus
u Subvenimus
v Consentimus
x Pacem damus
y Favemus
ꝫ Faventes sumus

(24)
a Debitoribus
b Debentibus
c Injuriantibus
d Malefactoribus
e Malefacientibus
f *Malefacientibus*
g Insultantibus
h Detractoribus
i Detrahentibus
j Adversantibus
k Adversatoribus
l Adversariis
m Inimicis
n Hostibus
o Æmulis
p Lædentibus
q Persecutoribus
r Læsoribus
f Insidiatoribus
t Calumniatoribus
u Calumniantibus
v Persequentibus
x Malevolis
y Malevolentibus
ꝫ Insidiantibus

(margin: nostris : & ne)

(25)
a Nos
b Pios
c Justos
d Homunculos
e Bonos
f Mites
g Fideles
h Fragiles
i Homines
j Infirmos
k Miseros
l Mortales
m Credentes
n Miserandos
o Miserabiles
p Christicolas
q Christianos
r Mansuetos
f Simplices
t Parvulos
u Humiles
v Pusillos
x Contritos
y Debiles
ꝫ Homunciones

(margin: nos)

(26)
a Inducas
b Induxeris
c Adduxeris
d Adducas
e Inducito
f Adducito
g Perducas
h Perducito
i Perduxeris
j Produxeris
k Conducas
l Producito
m Producas
n Conduxeris
o Conducito
p Abducito
q Abducas
r Præcipites
f Reduxeris
t Reducito
u Reducas
v Introducas
x Introduxeris
y Deducas
ꝫ Ducas

(margin: ne)

(27)
a Tentationem;
b Tentationes;
c Tentamentum;
d Tentamenta;
e Tentamina;
f Tentamen;
g Malevolentiam;
h Alienationem;
i Apostasiam;
j Aversionem;
k Defectionem;
l Calamitatem;
m Pravitatem;
n Malitiam;
o Peccatum;
p Interitum;
q Mortem;
r Vanitatem;
f Perditionem;
t Pertinaciam;
u Impœnitentiam;
v Superbiam;
x Displicentiam;
y Obstinationem;
z Desolationem;

(28) *Pej*
a Libera
b Liberes
c Liberato
d Releva
e Releves
f Relevato
g Reserva
h Reservato
i Reserves
j Præservato
k Præserves
l Præserva
m Conservato
n Conserves
o Conserva
p Custodias
q Custodi
r Serves
f Serva
t Defende
u Redime
v Defendas
x Redimas
y Liberans esto
z Servans esto

(29)
a Nos
b Omnes
c Cunctos
d Nos omnes
e Nos cunctos
f Inopes
g Egenos
h Miseros
i Misellos
j Pauperes
k Universos
l Sacerdotes
m Ministros
n Infirmos
o Famulos
p Servulos
q Supplices
r Fideles
f Humiles
t Oratores
u Amatores
v Christianos
x Christicolas
y Adoratores
z Confessores

(30) *à nos*
a Malo.
b Malis.
c Peccato.
d Peccatis.
e Malitia.
f Malitiis.
g Maleficio.
h Maleficiis.
i Periculo.
j Periculis.
k Perditione.
l Reatibus.
m Morbis.
n Morte.
o Reatu.
p Vitiis.
q Vitio.
r Culpa.
f Culpis.
t Delictis.
u Crimine.
v Delicto.
x Maledictione.
y Maledictionibus.
z Criminibus.

(31)
a A V E,
b Aveto,
c Salve,
d Salveto,
e Gaudeto,

(32)
a Maria,
b Virgo,
c Regina,
d Domina,
e Puerpera,

(31)
f Gaudeas,
g Gaude;
h Lætare,
i Congaude,
j Congaudeas,
k Congaudeto,
l Exultes,
m Exulta,
n Valeas,
o Valeto,
p Vale,
q Vive,
r Vivas,
f Vivito,
t Exultans esto,
u Gaudens esto,
v Hilaris esto,
x Hilaresce,
y Læta sis,
z Lætissima sis,

(32)
f Imperatrix,
g Dominatrix,
h Verbi Mater,
i Dei Mater,
j Mater Dei,
k Sancta Parens,
l Diva Parens,
m Pia Mater,
n Mater alma,
o Sancta Virgo,
p Intacta,
q Inviolata,
r Patrona,
f Deipara,
t Advocata,
u Incorrupta,
v Intemerata,
x Incontaminata,
y Benignissima,
z Castissima,

(33)
a Gratia
b Lætitia
c Justitia
d Pietate
e Pudicitia
f Castitate
g Munditia
h Innocentia
i Charitate
j Sanctitate
k Pulchritudine
l Benedictionibus
m Sanctimonia
n Integritate
o Castimonia
p Virtutibus
q Castitudine
r Puritate
f Divinitate
t Clementia
u Dulcedine
v Suavitate
x Sancto Spiritu
y Sanctitudine
z Spiritu Sancto

(34)
a Plena;
b Repleta;
c Impleta;
d Referta;
e Ornata;
f Exornata;
g Decorata;
h Plenissima;
i Refertissima;
j Locupletissima;
k Abundantissim
l Affluentissima;
m Ornatissima;
n Circonfusa;
o Sublimis;
p Sublimior;
q Sublimata;
r Ditissima;
f Locuples;
t Abundans;
u Affluens;
v Perfusa;
x Dives;
y Refulgens;
z Coruscans;

(35) *tecum:*
a Dominus
b Dominator
c Omnipotens
d Cunctipotens
e Cunctiparens
f Altitonans
g Altissimus
h Excelsus
i Conditor
j Creator

(36)
a Benedicta
b Laudabilis
c Venerabilis
d Laudata
e Laudatissima
f Gloriosissima
g Honoratissima
h Reverendissima
i Eminentissima
j Potentissima

(35)		(36)	
k Autor mundi		h Castissima	
l Summus opifex		l Maxima	
m Deus	tecum:	m Piissima	in
n Salvator		n Nobilissima	
o Rex summus		o Sanctissima	
p Maximus		p Pudicissima	
q Supremus		q Speciosissima	
r Redemptor		r Pulcherrima	
s Ineffabilis		s Excellentissima	
t Incommutabilis		t Prædicanda	
u Excellentissimus		u Mitissima	
v Incomprehensibi-		v Ornatissima	in
lis	tecum:		
x Sanctissimus		x Integerrima	
y Fortissimus		y Veneranda	
z Salus		z Clarissima	

(37)		(38)	
a Mulieribus ;		a Benedictus	
b Dominabus ;		b Semper benedic-	
		tus	
c Virginibus ;	&	c Superexaltatus	
d Matribus ;		d Superlaudatus	
e Genitricibus ;		e Nobilissimus	
f Parientibus ;		f Clarissimus	
g Parentibus ;		g Præclarissimus	
h Continentibus ;		h Amœnissimus	
i Paturientibus ;		i Gloriosissimus	
j Cœlo ;		j Laudabilis	
k Hominibus ;		k Excellentissimus	
l Angelis ;		l Benignissimus	
m Cœlicolis ;	&	m Præcellentissimus	
n Puellis ;		n Præeminentissi-	
		mus	
o Cœlis ;		o Eminentissimus	
p Superis ;		p Præpotens	
q Supernis ;		q Potentissimus	
r Altissimis ;		r Suavissimus	
s Creaturis ;		s Speciosissimus	
t Cœlestibus ;		t Dulcissimus	
u Sempiternum ;		u Venerandus	
v Æternum ;		v Adorandus	
x Omnibus ;	&	x Colendus	
y Sæcula ;		y Nobilis	
z Archangelis ;		z Maximè colendus	

(39)	(40)	
a Fructus	a Ventris	
b Conceptus	b Epigastri	in
c Unigenitus	c Abdominis	
d Primogenitus	d Ventriculi	
e Puer	e Habitaculi	
f Puerulus	f Umbraculi	
g Dominus	g Tabernaculi	
h Natus	h Corporis	
i Filius	i Corpusculi	
j Fœtus	j Uteri	in
k Infans	k Sacrarii	
l Infantulus	l Uberis	

(39)	(40)	
m Inhabitator	m Alvi	
n Præparator	n Seminis	in
o Fœcundator	o Sanguinis	
p Illuminator	p Visceris	
q Conservator	q Operis	
r Consecrator	r Lactis	
s Glorificator	s Pectoris	
t Fructus	t Ventris	
u Conceptus	u Epigastri	
v Unigenitus	v Abdominis	in
x Primogenitus	x Ventriculi	
y Puer	y Habitaculi	
z Puerulus	z Umbraculi	

(41)	(42)
a Jesus	a Christus
b Deus	b Optimus.
c Dominus	c Maximus.
d Dominator	d Excelsus.
e Imperator	e Gloriosus.
f Redemptor	f Altissimus.
g Vivificator	g Maximè pius.
h Sanctificator	h Præcelsus.
i Justificator	i Præpotens.
j Conservator	j Omnipotens.
k Fabricator	k Cunctipotens.
l Gubernator	l Dulcissimus.
m Moderator	m Clementissimus.
n Mediator	n Benignissimus.
o Salvator	o Magnificus.
p Opifex	p Misericors.
q Rex	q Mitissimus.
r Judex	r Altitonans.
s Rector	s Pius.
t Autor	t Benignus.
u Liberator	u Adorandus.
v Medicus	v Dei filius.
x Ordinator	x Summè potens.
y Pacificator	y Perjucundus.
z Creator	z Incommutabilis.

Si plura alia desideras , vide Trithemii Abbatis Poligraphiam necnon Steganographiam.

(DECREMPS).

DIOPTRIQUE. On considere dans la dioptrique les diverses réfractions que souffrent les rayons de lumiere lorsqu'ils passent d'un milieu dans un autre qui se trouve d'une densité , ou d'une nature différente ; elles ont lieu dans tous les cas où la direction de ces rayons tombe obliquement sur le plan qui sépare ces deux milieux.

Si un rayon de lumiere A B (*Fig.* 4 *planche* 6 *amusemens de catoptrique*) après avoir traversé l'air , tombe obliquement sur un verre plan F G , dont les deux surfaces soient paralleles entr'elles , il le pénetre et se réfracte de B en C , en s'approchant de la perpendiculaire A F : ce même rayon continuant sa route , et venant à passer du verre dans l'air, fe réfracte alors de C en D en s'éloignant de cette même perpendiculaire, & les lignes A B & C D étant prolongées vers H & I, font parallelles entr'elles : d'où il fuit que lorfqu'un rayon de lumiere entre d'un milieu rare dans un autre plus denfe, il s'approche de la perpendiculaire, & que s'il fort au contraire d'un milieu denfe pour entrer dans un milieu rare, il s'en éloigne.

Les rayons de lumiere qui font parallèles dans leur incidence, venant à traverfer un corps tranfparent, y confervent leur parallélifme, & fi les deux furfaces de ce corps font parallèles, ils le confervent encore en fortant de ce corps pour rentrer dans l'air ; comme il eft aifé de le voir par l'explication de cette premiere figure. C'eft par cette raifon qu'en regardant un objet à travers une glace tranfparente, on l'apperçoit de même grandeur que s'il ne fe trouvoit rien d'interpofé entre cet objet & l'œil ; il paroît feulement un peu plus abaiffé ou élevé, eu égard à l'obliquité des rayons & à l'épaiffeur de la glace au travers laquelle ils pénétrent (1).

Lorfque des rayons de lumiere tels que A B & C D (fig. 5 même planche) tombent parallèlement fur la furface d'un verre convexe H, ils fe réfractent ; & devenant convergents, ils s'approchent de la perpendiculaire E F, & fe réuniffent tous en un point G que l'on nomme foyer ; la diftance de ce point au verre, eft celle du diametre de la fphere dont fa furface convexe fait partie.

Si au contraire les rayons A B & C D (fig. 6 même planche) tombent parallèlement fur la furface du verre concave H, ils fe réfractent et deviennent alors divergents en s'éloignant de la perpendiculaire E F.

C'eft cette convergence & cette divergence des rayons en traverfant les verres convexes et concaves, qui rapportant à l'œil les objets fous des angles plus grands ou plus petits, nous les font paroître amplifiés ou diminués, & c'eft auffi par cette raifon qu'ils paroiffent renverfés lorfqu'ils viennent à fe croifer avant de parvenir jufqu'à notre œil.

Chambre obfcure.

Pratiquez une ouverture circulaire au volet d'une chambre qui donne fur la campagne, ou fur tout autre objet un peu éloigné, & faites enforte qu'il ne puiffe entrer aucun jour dans cette chambre, fi ce n'eft par l'ouverture faite à ce volet, à laquelle vous appliquerez un verre convexe de trois à quatre pieds de foyer (2) placez à cette même diftance & en face de ce verre, un carton couvert d'un papier très-blanc, lequel ait environ deux pieds & demi de longueur fur dix-huit à vingt pouces de hauteur ; courbez-le fur la longueur de manière qu'il faffe partie de l'intérieur de la furface d'un cylindre qui auroit pour diametre le foyer de ce verre ; ajuftez-le à cet effet fur un chaffis également courbé, & élevez-le fur un pied mobile, afin de pouvoir facilement l'avancer ou le reculer au devant du verre, & le placer exactement à la diftance où les objets paroîtront fe peindre avec le plus de régularité fur ce carton.

Effet.

Lorfque vous aurez difpofé exactement ce carton au foyer du verre placé à l'ouverture du volet de cette chambre, tous les objets extérieurs qui fe trouveront fitués en face de cette fenêtre fe peindront fur ce même carton avec les plus belles couleurs & la plus grande précifion. Ces mêmes objets paroîtront renverfés fur ce carton.

Si on a placé en dehors de la fenêtre un miroir mobile, on pourra, en le tournant plus ou moins, appercevoir fur ce carton tous les objets qui fe trouveront de côté ou d'autre.

Si au lieu de placer le miroir en dehors de la fenêtre, on le pofe en dedans de la chambre & au-deffous de cette ouverture, (qu'on aura pratiquée alors beaucoup plus élevée) on pourra recevoir l'image fur un carton placé horifontalement fur une table, & y deffiner à loifir les objets qui y feront peints.

Nota. Rien n'eft fi agréable à voir que l'effet de cette chambre noire, particulièrement lorfque les objets du dehors font éclairés du foleil ; c'eft la nature elle-même tranfportée fur ce carton, ornée de fes plus beaux effets & de fes plus belles couleurs ; c'eft auffi le plus beau modèle dont puiffent fe fervir les peintres, pour donner aux tableaux de payfages, vues & marines, toute l'entente admirable du coloris, & de la dégradation aërienne des teintes occafionées par l'interpofition de l'air, qui produifent dans

---

(1) Cet effet n'a plus lieu lorfqu'un rayon de lumiere tombe fur un corps tranfparent dont les deux furfaces oppofées ne font pas parallèles, comme il arrive lorfqu'on regarde à travers un prifme.

(2) On entend par la longueur du foyer d'un verre, celle du diametre de la fphere dont il fait partie lorfqu'il eft convexe d'un feul côté ; s'il eft lenticulaire, c'eft-à-dire convexe des deux côtés, fon foyer fe rapproche en proportion de cette feconde convexité.

quelques-uns de nos peintres modernes ces ouvrages admirables qu'ils ont rendus avec tant d'intelligence.

Il est essentiel que le carton ait une forme circulaire, afin que tous les objets y soient distinctement peints, sans quoi, lorsque le milieu du carton se trouve placé au foyer du verre, ses deux extrémités se trouvant alors situées au-delà du foyer, les images qui s'y peignent deviennent confuses ; et s'il étoit possible de donner à ce carton une figure sphérique, l'image n'en seroit que plus régulière, pourvu que le verre fût placé au centre de cette convexité.

Chambre obscure portative.

L'effet merveilleux que produit la chambre obscure, a fait découvrir les moyens de la rendre plus utile en la construisant d'une forme, qui étant portative, fût en même temps plus commode pour être placée sur le terrein, afin de pouvoir y dessiner les vues les plus agréables et les plus pittoresques. On n'entrera point ici dans le détail des diverses manières dont on les a construites, parmi lesquelles il en est assurément de fort ingénieuses ; on se contentera d'en enseigner une qui, à quelques égards, peut avoir quelque avantage.

Soit A B C D (*fig.* 7, *planche* 6 *amusemens de catoptrique.*) un chassis de bois ou table de deux pieds de long sur environ vingt pouces de large, dont les quatre traverses peuvent avoir deux pouces & demi de large, & être solidement assemblées par leurs angles ; ménagez une rainure dans ce chassis pour y placer une glace, ou simplement un verre de Bohême E (1).

Aux deux extrémités & en-dessous de cette table, ajustez à la charnière quatre pieds de bois F, fixés sur leurs traverses G ; disposez-les de manière qu'ils puissent facilement se reployer sous cette table ; ayez encore quatre ais de bois léger H, qui soient également mobiles à charnières sous les côtés intérieurs du chassis qui forme cette table, de sorte qu'ils puissent aussi s'y reployer sans tenir beaucoup de place ; & observez qu'étant déployés, comme le désigne cette figure première, ils doivent se joindre exactement au moyen de plusieurs petits crochets qu'il faut y ajuster, étant très-essentiel qu'il ne puisse pénétrer aucune lumière dans cette boîte (2).

---

(1) Si ce verre étoit convexe vers le dessus de ce chassis, cela seroit encore mieux.

(2) On peut couvrir cette boîte d'une espece de sac de toile noire, afin de rendre son intérieur le plus sombre qu'il est possible.

Cette table étant montée sur ses quatre pieds, & les ais H qui forment la boîte de dessous étant abaissés & fixés ensemble au moyen de leurs crochets, on ajustera à leur extrémité inférieure une boîte M contenant le miroir incliné N ; d'un des côtés de laquelle doit sortir le tuyau mobile O, de cinq à six pouces de long : ce tuyau doit être garni d'un verre convexe dont le foyer, par la reflexion du miroir, puisse aller jusqu'à la glace E qui est posée sur cette table.

Il faut avoir aussi une espèce de petit pavillon d'étoffe noire, bien opaque, qui soit porté sur quatre tringles de bois mobiles à sa partie supérieure, & qu'on puisse poser sur cette table, en faisant entrer (dans des trous faits aux angles de son chassis) les fiches de fer qu'on aura fixées aux extrémités inférieures de ces tringles : ce pavillon doit s'ouvrir du côté qu'il est tourné vers A B, au moyen d'un rideau assez ample pour empêcher la lumière extérieure d'éclairer en aucune façon la glace posée sur la table, lorsqu'on se sera placé sous ce pavillon ; il doit des trois autres côtés déborder de quelques pouces le dessous de la table.

Usage de cette Chambre noire pour dessiner toutes sortes d'objets.

Cette chambre obscure est à la vérité un peu plus embarassante à porter sur le terrein que celles qui ont été construites jusqu'à présent ; cependant si elle est faite comme il faut, elle ne pesera pas plus de quinze à vingt livres ; elle sera d'autre côté beaucoup plus commode, en ce que les rayons colorés des objets venant à se peindre par-dessous la glace posée sur cette table, on peut y dessiner sans avoir la main entre les rayons et leur image. Pour s'en servir, on placera cette table sur un terrein un peu élevé, afin que rien ne puisse intercepter les rayons de lumière qui tombent sur le verre placé au bas de la boîte qui est attachée sous la table, on mettra sur la glace une feuille de papier verni, transparente, & on la fixera par ses extrémités avec un peu de cire, afin qu'elle ne puisse se déranger ; & en s'enfermant sous le rideau qui couvre le pavillon posé sur la table, on tracera sur ce papier tous les contours des objets qui y seront représentés, & on pourra aussi en indiquer les ombres. Si on ne veut avoir que les traits de l'objet, on se servira d'une glace adoucie du côté qui forme le dessus de la table, & on les y indiquera avec un pinceau & du carmin ; de cette manière, lorsqu'on sera de retour, on fera tremper une feuille de papier, & lorsqu'elle sera bien imbibée d'eau, sans être cependant trop mouillée, on l'étendra sur cette glace légerement, & on tirera par ce moyen l'empreinte du dessin qu'on y aura tracé.

Nota. On peut, en employant l'un ou l'autre de ces deux méthodes se procurer ces dessins dans la même situation qu'ils sont effectivement, ou dans une situation contraire, ce qui peut avoir son avantage lorsqu'on veut faire graver ce que l'on a dessiné, & qu'il faut qu'après l'impression ils se trouvent sur l'estampe dans leur situation naturelle.

On doit avoir attention, en se servant de cette chambre obscure, à la placer de manière que le soleil donne de côté sur les objets dont on veut avoir l'image. Sans cette précaution, ils seroient bien moins agréables; la situation des ombres les faisant beaucoup valoir, & leur donnant un effet bien plus pittoresque. Il est cependant des circonstances où il faut s'écarter de cette regle, telle que celles où l'on voudroit peindre un soleil levant ou se couchant, &c.

Voyez aussi l'article CHAMBRE OBSCURE.

Une piece d'argent ayant été mise dans une assiette, en faire paroître deux, dont l'une soit beaucoup plus grande que l'autre.

Remplissez d'eau claire un gobelet de verre, & mettez-y une piece de monnoie, (par exemple une piece de vingt-quatre sols) posez une main sous l'assiette sur la gobelet, & renversez le tout promptement, afin que l'air n'ayant pas le temps d'entrer, l'eau ne puisse s'échapper.

Effet.

Si l'on regarde la piece qui se trouvera sur l'assiette, elle paroîtra de la grandeur d'un écu, & on la verra en outre dans la même grandeur, un peu élevée au-dessus de cette première; ce qui fera croire à ceux qui ne connoissent pas les effets singuliers de la refraction, qu'il y a effectivement sous le gobelet un écu & une piece de vingt quatre sols. Lorsqu'on sera assuré qu'on s'imagine qu'il y a deux pieces, on levera le gobelet, & l'illusion cessera.

Faire paroitre en relief les objets gravés en creux sur un cachet.

Ayez un cachet d'argent sur lequel soit gravé un chiffre; regardez-le attentivement avec un verre convexe d'un pouce au plus de foyer; vous en verrez d'abord la gravure enfoncée & telle que vous l'appercevriez avec vos seuls yeux. Si, sans changer de situation, vous continuez à la regarder, elle vous paroîtra en relief, & elle semblera être éclairée & ombrée du même côté qu'elle étoit avant que vous eussiez la sensation de cette dernière apparence.

Si on continue à observer ce chiffre avec la

même attention, ce qui paroissoit de relief paroîtra alors enfoncé comme il l'étoit auparavant, & ainsi de suite.

Il arrive aussi que si l'on cesse pendant quelques instans de regarder ce chiffre, & qu'on recommence la même expérience, au lieu de la voir d'abord enfoncée, elle paroît au contraire en relief.

Si pendant qu'on est tourné du côté que vient le jour, on le penche tout-à-coup en continuant de le regarder, ce qui paroissoit enfoncé semble encore devenir en relief; mais si on continue d'observer ce relief apparent, pendant qu'on se tourne comme il faut pour recevoir le jour du côté droit, on voit l'ombre du côté que vient le jour, ce qui ne surprend pas peu; & au contraire l'ombre sera à gauche, si le jour donne sur ce chiffre en venant du côté gauche.

Si au lieu d'observer un cachet, on observe une piece d'argent, cette illusion n'a plus lieu dans quelque situation qu'on se place, eu égard au jour qui éclaire cet objet.

Nota. M. Gmelin qui a aussi observé de son côté ce phénomene, soupçonne avec raison que cette illusion doit son origine aux ombres des corps; & effectivement, j'ai remarqué que si ayant une bougie à sa droite, on regarde un cachet, sa gravure paroît enfoncée; si on transporte la bougie à sa gauche, on la voit aussi-tôt en relief, & l'illusion est très-sensible; cependant il reste toujours à savoir pour quelle raison, sans changer de place, on la voit successivement en creux & en relief, sans que l'ombre change de lieu. C'est peut-être dans notre vue même qu'il faut chercher le principe de ce phénomene; ce qui paroît d'autant plus vraisemblable que tous ceux qui l'observent, ne voyent pas toujours ces effets tels qu'on vient de le rapporter (1).

Lanterne magique.

Cette ingénieuse invention (2), connue de tout le monde, & devenue commune dans tous

(1) Un phénomene tel que celui-ci ne paroîtra qu'une niaiserie à ceux qui ne sont pas instruits; mais lorsqu'un Physicien voudra en expliquer la cause il y trouvera des difficultés qu'il aura beaucoup de peines à résoudre. C'est en cherchant la solution de semblables observations, qui ne paroissoient d'abord que des bagatelles, qu'on a fait d'importantes découvertes. Lorsque le fameux Philosophe Anglois s'occupoit à souffler des bouteilles avec l'eau de savon, il nous apprenoit qu'un habile Physicien fait tirer avantage des choses qui ne paroissent qu'un simple amusement.

(2) On l'attribue au Pere *Kircher*, qui a donné sur toutes les parties des Sciences, des ouvrages sçavans & instructifs.

les

les pays, a caufé beaucoup d'étonnement dans fon origine ; on s'en amufe encore avec plaifir : fon effet eft de tranfporter en grand fur une toile tendue & placée dans un lieu obfcur l'apparence colorée de divers petits objets peints fur des lames de verre avec des couleurs tranfparentes.

Confiruction.

A B C D eft une boîte ou lanterne de fer-blanc, (*fig. 14, pl. 6, Amufemens de Catoptrique,*) ayant ordinairement fept à huit pouces de hauteur fur fix de longueur & cinq de largeur : au-deffous eft une cheminée E couverte d'un dôme F, laquelle donnant paffage à la fumée empêche en même-tems que la lumière ne fe répande dans la chambre.

Du côté A C de cette boîte eft une porte qui s'ouvre en-dehors, fur laquelle eft ajufté un miroir concave de métal (1) G, ayant cinq pouces de diamètre & faifant partie d'une fphère d'un pied & demi ; ce miroir doit avoir à fon centre une queue H qui entre dans une douille I foudée au milieu de cette porte, afin qu'on puiffe l'avancer ou le reculer felon qu'il eft befoin.

Au milieu & fur le fond intérieur de cette lanterne eft placée une lampe de fer-blanc L (2), dont le porté - mêche eft applati, afin qu'il ne puiffe faire beaucoup d'obftacle aux rayons que le miroir renvoie vers le côté BD ; il doit porter deux ou trois mêches, dont la lumière foit à la hauteur du centre du miroir & des verres ci-après.

Au côté BD de cette lanterne qui fait face au miroir, eft une ouverture de trois pouces & demi de largeur fur deux & demi de hauteur, & en avant eft foudée une pièce de fer-blanc à couliffe M, au travers de laquelle on fait couler les bandes de verre peintes ; cette même pièce porte un tuyau N, ayant la forme d'un quarré long (3), fur lequel s'ajuftent deux autres tuyaux Q & P de cinq pouces de longueur ; ces tuyaux entrent l'un dans l'autre. On ajufte à l'extrêmité du tuyau P un verre convexe de trois pouces de long fur

deux & demi de large (4) ayant trois pouces de foyer, & à l'extrêmité de celui P un autre verre de même forme & de cinq à fix pouces de foyer, & on met un diaphragme de carton à l'autre extrémité de ce même tuyau ; ces deux tuyaux fervent à difpofer les verres dans un éloignement convenable, eu égard à celui de la toile fur laquelle fe doivent repréfenter les objets.

Cette lanterne étant ainfi conftruite, on fe munira d'une quantité de bandes de verres blancs, qu'on enchaffera dans des petits cadres de bois qui puiffent entrer aifément dans l'ouverture qu'on a ménagée vers le côté extérieur BD.

Manière de peindre fur le verre les objets qui doivent être vus fur la toile.

Deffinez fur un papier le fujet que vous voulez peindre, & attachez-le par fes extrémités fous ce verre ; prenez enfuite un pinceau très-fin, & vous fervant d'un vernis gras dans lequel vous aurez détrempé un peu de noir de fumée, tracez-y bien légèrement les traits de ce deffin ; vous pouvez même en tracer certaines parties avec les couleurs qui leur font convenables, pourvu que ce foient les couleurs les plus foncées de leurs nuances : lorfque ce trait fera bien fec, vous colorerez & ombrerez vos figures avec les teintes qui leur font propres (5) & vous aurez attention de réferver les grands clairs fans y mettre de couleur, afin qu'ils faffent plus d'effet : gardez-vous de peindre ces figures feulement de quatre à cinq couleurs, telles que bleu, rouge, verd & jaune ; coupez au contraire vos couleurs pour donner à vos fujets un ton plus naturel, fans quoi ils reffembleroient à des images communes, qui pour être brillantes, n'en feroient affurément pas pour cela plus agréables.

Effet.

Lorfqu'on aura allumé la lampe de cette lanterne magique, & qu'en allongeant ou raccourciffant fon tuyau mobile l'image des verres peints fe trouvera bien nette & bien diftincte fur la toile placée vis-à-vis cette lanterne (6), on fera

---

(1) On peut faire ce miroir de cuivre argenté, de même que ceux qu'on emploie pour les reverbères, ou tout fimplement de fer-blanc bien battu & poli.

(2) Cette lampe doit être mobile, afin de pouvoir l'éloigner ou l'approcher des verres du miroir.

(3) On préfere de leur donner cette forme, afin que l'image fur la toile ait celle d'un tableau, ce qui eft préférable à la figure- circulaire qu'on lui donne ordinairement & qui empêche qu'on apperçoive les figures peintes en leur entier, avant qu'elles foient arrivées au centre.

(4) Comme il eft difficile d'avoir de la matiere affez épaiffe pour travailler ces verres, on peut mettre en leur place deux verres plans d'un côté & convexes de l'autre dont le foyer de chacun foit de fix pouces.

(5) Toutes les couleurs ne font pas propres pour peindre ces verres, il faut employer celles qui ne font pas terreftres, telles que le bleu de Pruffe, la laque fine, le vert de gris calciné, la gomme-gutte, le biftre, &c. après les avoir broyés avec le vernis gras le plus blanc.

(6) La toile fe place ordinairement à dix ou douze pieds de la lanterne, plus elle en eft éloignée, plus l'objet paroît grand ; mais il eft plus net & plus vif quand cette diftance eft moindre.

Amufemens des Sciences.   F f f

passer successivement les verres au travers de cette
coulisse, & tous les objets paroîtront de même
sur cette toile.

Nota. Pour rendre cet effet plus amusant, on
peut peindre les figures sur deux verres différens,
afin de les rendre mobiles & leur procurer par-
là divers mouvemens qui semblent les animer, ce
que chacun peut faire selon son génie; on peint
assez volontiers sur deux verres les objets qui
suivent.

Une femme qui ôte & met son masque.

Deux hommes qui scient une pierre.

Un menuisier qui rabotte.

Un oiseau qui sort de sa cage & va se mettre
sur la main d'une dame.

Deux béliers qui se heurtent à coups de tête.

Un chasseur tirant un liévre qui fuit dans sa
tanière.

Deux hommes qui se battent l'épée à la
main.

Un boulanger qui enfourne le pain.

Des vaisseaux qui traversent la mer, &c. &c.

En général, toutes les figures doivent être peintes de profil, attendu qu'elles sont censées traverser le tableau, à moins que ce ne soient des
portraits qu'on peint ordinairement en grotesques
& qui peuvent être vus de face.

On peut faire des changemens avec un seul
verre sur lequel on peint cinq à six figures semblables, mais dans des attitudes différentes, afin
de pouvoir substituer promptement l'une à l'autre, & quantité d'autres inventions qu'il est facile d'imaginer.

Lanterne magique par le moyen de l'ombre.

Au lieu de peindre les verres comme il a été
dit ci-dessus, on y applique des petites figures
découpées sur du carton très-mince, dont quelques parties du corps sont mobiles aux jointures;
& avec des petits fils de soie qui coulent le long
des chassis dans lesquels ces verres sont renfermés, on leur fait faire à son gré divers mouvemens en tous sens; les mouvemens de ces petites
figures étant bien disposés, sont bien plus naturels que ceux qu'on peut leur faire exécuter avec
deux verres mobiles, attendu qu'ils peuvent avoir
lieu en différens sens; ce qui produit alors beaucoup plus de variété & de vérité, & on occasionne par ce moyen plus de surprise & d'agrément; de cette manière on peut, pour exécuter
plusieurs scènes comiques, se servir de deux verres ainsi disposés.

Lanterne magique sur la fumée.

La lumière de la lanterne magique, de même
que la couleur des objets qui y sont renfermées,
peut non-seulement comme on l'a vu ci-dessus
se peindre sur une toile, mais elle peut aussi se
fixer sur la fumée; pour cet effet, on doit avoir
une boîte de bois ou de carton (*fig.* 9, *pl.* 6,
Amusemens de Catoptrique,) qui doit aller en diminuant de forme, de manière que vers le haut
elle donne une ouverture A B de huit à dix pouces
de long sur un demi pouce de large; il faut ménager au bas de cette boîte une porte C, qui
ferme exactement, afin d'y pouvoir placer un
réchaud de feu sur lequel on jettera de l'encens,
dont la fumée s'étendra en nappe en sortant par
l'ouverture A B: c'est sur cette nappe de fumée
qu'il faudra diriger la lumière qui sortira de la
lanterne magique, qu'on aura soin de rendre
bien moins étendue en allongeant son tuyau mobile. Les figures peintes peuvent servir à cet
effet; & ce qui paroîtra extraordinaire, c'est que
la fumée ne changera pas la forme du sujet qui y
sera représenté, & il semblera qu'on peut le saisir
avec la main.

Nota. Dans cette récréation la fumée n'arrêtant pas tous les rayons, la représentation est
bien moins vive, & elle paroîtroit même très-
peu, si on ne réduisoit pas l'étendue de la lumière à un petit espace, afin de lui donner plus
de clarté.

Faire paroître un phantôme sur un piédestal placé
sur une table.

L'effet de la lanterne magique sur la fumée,
dont on a donné ci-dessus la construction, peut
produire une illusion fort extraordinaire, si on en
masque entièrement la cause. On peut par son
moyen faire paroître tout à-coup & à volonté un
phantôme au-dessus d'une espèce de piédestal,
ou tout autre objet moins effrayant.

Construction.

Il faut avoir une lanterne magique fort petite,
& l'enfermer dans le piédestal A B C D, (*figure*
13, *pl.* 6, *Amusemens de Catoptrique*,) qui doit
être suffisamment grand pour contenir en outre le
miroir incliné M; ce miroir doit être mobile,
afin de pouvoir diriger convenablement le cône
de lumière que produit cette lanterne & qui
doit sortir par une ouverture faite à ce piédestal.

On ménagera dans ce piédestal un emplacement séparé F G H I, dans lequel on mettra le
réchaud L, afin de faire sortir par sa partie supérieure une lame de fumée, de même qu'il a été
dit ci-devant.

On aura un verre sur lequel sera peint un spectre, & qu'on pourra élever ou abaisser à volonté dans la coulisse (1) de cette lanterne, au moyen d'un petit cordon O qui communiquera par une poulie P au côté de cette boîte, on observera de peindre cette figure en raccourci, attendu que son image sur la nappe de fumée ne coupant pas à angle droit le cône de lumière, prendra alors une figure un peu allongée.

Effet.

Cet Amusement sera très-surprenant, attendu que les spectateurs ne connoissant pas la cause qui le produit, ne sauront à quoi attribuer l'apparition subite d'un spectre, dont la tête paroîtra d'abord & qui semblera s'élever au milieu de cette fumée, & disparoître de même en s'enfonçant en apparence dans ce piédestal ; il suffira pour produire cet effet de tirer doucement & lâcher de même le cordon, lorsqu'on verra la nappe de fumée suffisamment éclairée par la lanterne magique.

Nota. Il faut, pour exécuter cette récréation, qu'il n'y ait aucune lumière dans la chambre, & placer le piédestal dans une situation assez élevée pour qu'aucun des spectateurs ne puisse appercevoir son intérieur ; on peut couvrir l'ouverture par où sort le cône de lumière jusqu'au moment qu'on veut faire paroître le spectre. Cette pièce peut s'exécuter en grand, de manière qu'il paroisse dans une grandeur naturelle.

Un objet étant placé derrière un verre convexe, le faire paroître en avant de ce même verre.

Ayez un objet, tel (par exemple) qu'une petite fleche de bois blanc d'un pouce & demi de longueur ; attachez-la perpendiculairement sur un carton noir que vous suspendrez à une muraille à la hauteur de l'œil ; éclairez fortement ce carton & placez en avant un verre lenticulaire de deux à trois pouces de diamètre (2), de manière qu'il soit éloigné de cette fleche d'une distance double de son foyer ; placez ensuite une personne en face de ce verre à une distance convenable, & cette fleche lui paroîtra suspendue en deçà même du verre, il lui semblera qu'elle peut la prendre avec la main.

Nota. On peut sur ce principe former divers Amusemens fort agréables, en faisant construire une espèce de caisse (*fig.* 8, *pl.* 6, *Amusemens de*

---

(1) Cette coulisse doit être dans un sens vertical.

(2) Il est avantageux de renfermer ce verre dans un carton circulaire & noirci ayant un demi-pied de diamètre ; de cette manière l'illusion est plus parfaite.

Catoptrique) fermée de tous côtés, & divisée en deux parties inégales à l'endroit G, au moyen d'une séparation où l'on ménagera un trou circulaire I placé en face d'une lentille de verre L qu'on ajustera au côté A B C D de cette caisse : on placera dans sa plus petite division un carton circulaire (*fig.* 12, *même pl.*) qui tournant sur son centre, pourra présenter à l'endroit I (*fig.* 8,) une de ses quatre ouvertures M N O P ; on ajustera sur chacune de ces ouvertures un carton découpé couvert d'un papier fort transparent, peint & nuancé, représentant quatre objets différens tels qu'on voudra, & qu'on fera paroître à volonté en avant de ce verre I, au moyen d'une lumière R, renfermée dans cette caisse (3), & d'un petit bouton S, dont la tige sera fixée au centre de ce carton. Il est aisé de voir qu'il est facile d'appliquer cet effet singulier de la Dioptrique à quantité d'autres Amusemens dont il est superflu de donner ici le détail, afin de laisser à chacun la satisfaction de les composer à son gré.

Tableau magique.

Faites tailler par un lapidaire un verre à facettes de même forme que celui désigné par les *figures* 10 & 11, *pl.* 6, *Amusemens de Catoptrique* ; donnez-lui pour hauteur la moitié au moins de son diamètre, qui doit être d'un pouce & demi ou environ ; qu'il soit bien plan du côté C D, (*fig.* 10,) que toutes ces facettes soient bien régulières, bien planes, & que leurs angles soient vifs ; recommandez à l'ouvrier d'employer un morceau de verre blanc ou de crystal qui n'ait aucune bulle, & qu'il soit parfaitement poli.

Ayez un chassis quarré A B C D, (*fig.* 15, *même pl.*) de quinze à dix-huit pouces, & élevez-le verticalement sur une double potence C D E ; placez à l'extrémité E & à la distance d'un pied & demi de ce chassis, le pied ou support H lequel doit soutenir le tuyau G : c'est dans ce tuyau que doit être renfermé ce verre à facettes, au travers duquel on doit regarder le tableau difforme qui sera peint sur un carton placé dans le chassis A B C D, comme il sera ci-après expliqué ; ayez attention à placer ce tuyau en face du centre de ce carton, & de n'y laisser du côté F qu'un très-petit trou, afin que la position de l'œil qui regarde par cette ouverture ne puisse pas varier en aucune façon ; il est aussi fort essentiel que ce verre une fois logé dans ce tuyau à une distance convenable, soit solidement fixé sur son pied, afin que sa position ne puisse aucunement se déranger ; il est d'ailleurs assez indifférent que la pointe soit tournée du côté de l'œil ou du tableau.

---

(3) Cette lumière ne doit pas éclairer la plus grande des deux divisions de la caisse.

F f f 2

Lorſque le tout aura donc été ſolidement diſ-poſé, on poſera dans le chaſſis A B C D un carton bien uni & aſſez épais pour ne point voiler; on fera enſorte qu'il y entre bien juſte, c'eſt-à-dire, ſans aucun balotage. On tracera enſuite ſur un papier toutes les faces du plan de ce verre à facettes, & on y deſſinera le ſujet que l'on veut qui paroiſſe ſur ce carton.

Toutes ces précautions ayant été priſes avec la plus grande exactitude, on regardera par l'ouverture F; & appliquant une règle de cuivre fort mince (1) ſur le carton, on s'en ſervira pour y tracer la forme extérieure des triangles & des trapéſes qui compoſent chaque facette, & on remplira le plus exactement qu'il ſera poſſible dans chacune d'elles la partie du deſſin qui y correſpond ſur le plan *figure* 12, en obſervant que ces facettes paroiſſent ſur le tableau dans une ſituation diamétralement oppoſée à celle qu'elles ont ſur le verre; c'eſt pourquoi il ſera à propos de les numéroter pour reconnoître plus facilement le rapport.

Avant de terminer entièrement le trait du tableau, on accordera le deſſin vers les confins des angles, en regardant ſouvent au travers de l'ouverture F, & enſuite on le colorera avec les mêmes précautions, enſorte qu'on apperçoive ſur le tableau l'objet dans ſa plus grande régularité : cette opération faite, on remplira ce tableau en formant du tout un ſujet abſolument différent de ce qu'on apperçoit à travers le verre.

Nota. Au lieu d'un verre à facettes, on peut ſe ſervir d'un verre pyramidal de huit à dix côtés, ce qui procurera plus de facilité dans l'exécution; on peut encore faire un tableau magique très-agréable & avec peu de peine, en ſe ſervant d'un verre qui ait la forme d'une portion de priſme coupée parallèlement à ſon axe, lequel ſeroit ſuppoſé avoir en totalité trente-deux côtés égaux, dont cette portion en contiendroit huit; le tableau magique fait avec ce verre ſeroit alors diviſé en quinze bandes, dont huit ſeroient employées pour le ſujet & les ſept autres qui ſe trouveroient entre ces premières, ſerviroient à le déguiſer favorablement en formant du tout un autre ſujet, ce qui ſeroit fort aiſé à exécuter.

Les ombres (2).

Pratiquez à une cloiſon une ouverture d'une

grandeur quelconque, par exemple, de quatre pieds de long ſur deux pieds de haut, dont le côté inférieur ſoit élevé de cinq pieds au-deſſus du plancher, & couvrez-là d'une toile claire très-fine, ou de gaze d'Italie; ayez une quantité de chaſſis de même grandeur que cette ouverture, ſur leſquels vous tendrez de même une toile ou gaze; deſſinez au trait ſeulement ſur ces chaſſis ou tableaux, différens ſujets de payſages ou d'architecture, analogues aux ſcènes que vous devez faire repréſenter par les petites figures ci-après.

Ces tableaux doivent être ombrés par l'application de pluſieurs papiers fort minces & découpés : pour imiter les clairs, il ſuffit d'en appliquer ſur la toile un ou deux; pour les demi-teintes, on en emploie trois ou quatre, & cinq à ſix au moins pour les ombres : on prend la forme de ces papiers en les calquant ſur le trait même du tableau & on les y colle ſucceſſivement avec le plus de préciſion qu'il eſt poſſible : on peut, pour accélérer l'ouvrage & le rendre plus correct, réformer le tout avec un peu de biſtre (3). On juge de l'effet que doivent faire ces tableaux en les expoſant au grand jour.

C'eſt derrière & très-près de ces chaſſis qu'on fait mouvoir des petites figures d'hommes ou d'animaux, faites de carton & découpées, dont on rend diverſes parties mobiles, ſelon l'effet qu'on veut qu'elles produiſent par le moyen de leur ombre; pour les faire agir à volonté, on attache à ces parties mobiles de petits fils de fer qu'on dirige tous vers les pieds de la figure & qu'on termine en forme d'anneau, afin de pouvoir les paſſer dans les doigts de la main droite, pendant qu'on ſoutient cette même figure avec la gauche, au moyen d'un autre fil de fer : de cette manière, on peut les faire avancer, reculer & geſticuler, ſans qu'on apperçoive la manœuvre qui les fait agir ainſi; & comme on n'apperçoit ſur le tableau l'ombre de ces figures que lorſqu'elles ſont derrière les parties de ces tableaux qui ne ſont pas fort ombrées, cela procure l'avantage de les cacher & faire reparoître à propos, de les retourner pour les faire aller & venir, ou d'en ſubſtituer d'autres ſemblables en leur place. Toutes ces figures doivent être ſuppoſées vues de profil.

Il eſt eſſentiel, en les faiſant agir, de faire quelque dialogue qui ſuive exactement leurs geſtes, & on doit même imiter le bruit (lorſqu'il eſt convenable) c'eſt-à-dire, que ſi on fait tomber une figure à bas d'une échelle, il

---

(1) On ajuſte une petite queue coudée au milieu de cette règle, afin de pouvoir la tenir plus commodément.

(2) Ce petit ſpectacle a été vu à Paris, ſous le nom d'*Ombres Chinoiſes*, & il a été fort goûté.

(3) Cette couleur ſe fait avec la ſuie de cheminée qu'on fait bouillir dans de l'eau & qu'on paſſe au travers d'un linge.

faut imiter le bruit qu'une échelle fait en tombant, &c. Ces chaſſis s'éclairent par derrière, au moyen d'un fort reverbère qui doit en être éloigné de trois ou quatre pieds , on le place vis-à-vis le centre du tableau.

On peut repréſenter par ce moyen diverſes ſcènes amuſantes , en ſe ſervant de petites figures d'hommes & d'animaux , dont les mouvemens ſoient diſpoſés de manière à les exécuter le plus naturellement qu'il eſt poſſible , ce qui dépend auſſi de l'habitude & de l'adreſſe de ceux qui les font mouvoir. (*Voyez* CAPTOPTRIQUE , OPTIQUE).

DIVINATIONDENOMBRES ou de quelques autres objets cachés (*voyez* ARITHMETIQUE)

DIVISIONS ABREGÉES (*voyez* ARITHMETIQUE.)

DOMINO (*Jeu du*). On peut être trompé à ce jeu comme aux cartes , & voici quelques obſervations ſur un joueur de mauvaiſe foi.

Je remarquai d'abord que mon joueur clignant les yeux , & faiſant ſemblant d'être *myope* , baiſſoit ſouvent la tête pour voir ſes dés de plus près , comme un homme qui a la vue baſſe. Je penſai qu'il pouvoit bien profiter de l'occaſion pour jeter un coup-d'œil ſur les dés qui étoient à l'écart , afin de les diſtinguer à quelque petite marque extérieure , & de connoître par ce moyen le jeu de ſon adverſaire. Le joueur étoit d'autant moins ſoupçonné de cette induſtrie , qu'on le regardoit comme une eſpèce d'aveugle. Je fus entièrement confirmé dans mon idée , quand je le vis jouer preſque toujours auſſi bien que s'il eût vu clair , & il ne me reſta aucun doute lorſque je le vis brouiller les dés à ſon tour ; car en faiſant ſemblant de les mêler au haſard , il retenoit les meilleurs ſous un pouce , & les plus mauvais ſous l'autre , ayant bien ſoin de prendre les premiers pour lui , & d'examiner ſi ſon adverſaire s'emparoit des ſeconds. Cependant , il me reſtoit à expliquer comment le joueur pouvoit diſtinguer par le dos , des dés qui de ce côté-là paroiſſoient ſe reſſembler ; mais je fis attention qu'un homme n'a jamais ſur ſon habit deux boutons qui ſe reſſemblent parfaitement , & que ſur 50 écus de 6 liv. frappés au même coin , on trouvera ſur un certain nombre , quelques petits points ou quelques petites raies qui les feront diſtinguer de tous-les-autres , quand on les examinera avec attention. La choſe eſt encore plus facile avec les dés du domino ; car quand on les brouille , ſoit qu'on ſue de la main , ſoit qu'on l'ait mouillée tant ſoit peu avec la langue , on peut laiſſer ſur ceux qui n'ont aucune marque extérieure , une légère empreinte

qui ne ſera pas ſenſible pour celui qui tourne le dos au grand jour , mais qui ſera très-viſible pour celui qui ſe baiſſe afin de le voir de plus près , & ſous un jour favorable. Le fripon peut auſſi avoir un *compère* , qui ſe plaçant à côté du joueur dupé , pour regarder ſon jeu avec une indifférence ſimulée , le fait connoître à ſon-complice par des ſignes de doigts ; en un mot , ce jeu eſt ſuſceptible d'autant de friponneries, que beaucoup d'autres qui ſemblent ne dépendre que du ſavoir & du haſard. On pourroit faire un gros volume ſur les mille & une fraudes qui s'y commettent tous les jours, & le ſeul moyen bien aſſuré que je connoiſſe pour n'y être pas trompé quand on eſt avec des perſonnes d'une probité ſuſpecte, c'eſt de n'y pas jouer du tout , ou de ne jouer qu'une priſe de tabac. (DECREMPS).

DOUBLET. L'on donne ce nom à des morceaux de criſtal blanc , montés avec des lames de couleur qui les font reſſembler à des pierres précieuſes. Voici la manière de les bien diſpoſer : l'on prend un ſcrupule de maſtic en larmes bien pur , & un douzième de térébenthine de Veniſe ; on les fait fondre enſemble dans un petit vaiſſeau de métal : s'il y avoit trop de térébenthine, on y remettroit du maſtic juſqu'à proportion égale. On prend enſuite telle couleur que l'on veut , comme laque de Florence , ſang de dragon , verd-de-gris ou autre matière , ſuivant les couleurs qu'on veut faire paroître : on broie chaque choſe juſqu'à ce qu'elle ſoit réduite en une poudre très-fine , & on la joint ſéparément au mélange de maſtic & de térébenthine qu'on a fait fondre d'abord. La la laque de Florence donne le rubis ; le ſang de dragon , l'hyacinthe ; le verd-de-gris , la chryſolite , &c. Lorſqu'on veut avoir ces couleurs bien belles & bien pures , il ſe faut ſervir d'une boîte de bois ſec de tilleul , dont le fond ſoit mince au point d'être tranſparent : l'on prend pour lors une certaine quantité d'une des compoſitions ci-deſſus ; on la met dans la boîte que l'on ſuſpend ſur un feu de charbon , d'une chaleur modérée , ou que l'on expoſe au ſoleil pendant l'été ; la partie la plus déliée de la compoſition paſſe par les pores de la boîte , s'y filtre , y eſt tamiſée ; on l'enlève en raclant , & l'on conſerve ce qu'on a raclé ; c'eſt alors un couleur de la plus grande fineſſe. Pour faire des doublets , il faut prendre deux criſtaux , qui s'adaptent l'un ſur l'autre ; on chauffe la matière ci-deſſus filtrée auſſi bien que les criſtaux en leur donnant même degré de chaleur. On *enduit* ces criſtaux avec la couleur , à l'aide d'un petit pinceau ; on les ajuſte promptement l'un ſur l'autre , & on les preſſe pendant qu'ils ſont encore chauds ; on les laiſſe enſuite réfroidir , & l'ouvrage ſe trouve fait. Ces doublets , conſtruits avec art , ont été pris , même par des gens très-inſtruits , pour de véritables pierres précieuſes. On rapporte qu'un joaillier de Milan vendit un de ces doublets quatre-vingt dix mille livres, & que la tromperie fut très long-temps à se découvrir; cependant il est un moyen infaillible d'en connoître la fausseté. Lorsqu'on a des soupçons sur une pierre de couleur telle qu'elle puisse être, il suffit de la regarder de côté par un de ses angles, & on reconnoît à l'instant si c'est un doublet ou non: si c'en est un, le cristal ou le verre paroissent clairs, & sans couleur, & la fraude est découverte.

DRAGON VOLANT: (*voyez à l'article* AIR.)

E.

EAU : (*voyez à l'article* HYDRAULIQUES) [pièces].

ÉCHECS, [joueur d'] : (*voyez* AUTOMATE.)

ÉCHECS, [parties extraordinaires d'] (*voyez à l'article* COMBINAISONS MERVEILLEUSES).

ÉCHO : (*voyez* ACOUSTIQUE dans ce dictionnaire.)

ÉCLAIR.

Manière de représenter un éclair dans une chambre.

Il y a quelque temps que l'on croyoit encore que les éclairs étoient produits par l'inflammation de vapeurs sulfureuses. Mais les expériences modernes, qui démontrent une grande analogie entre la matière électrique & le tonnerre, donnent lieu de penser que l'éclair n'est que l'étincelle électrique dans les mains de la nature. Quoi qu'il en soit, si l'on veut imiter ce phénomène de la nature, il faut que la chambre soit petite, obscure & fermée de sorte que l'air n'y puisse entrer facilement. Cette chambre étant ainsi disposée, mettez dans un bassin de l'esprit-de-vin avec du camphre que vous ferez bouillir, jusqu'à ce qu'il ne reste plus rien dans le bassin. Si quelqu'un entre ensuite dans cette chambre avec une bougie allumée, il se formera tout-à-coup un éclair, qui ne sera pourtant nuisible ni à la chambre, ni aux spectateurs. Cet effet est produit par l'inflammation subite des particules volatiles du camphre, réduites en vapeurs subtiles par l'ébullition. Blaise de Vigenère, dans son traité du feu & du sel, prétend que si l'on fait cette expérience avec de bon vin vieux, du sel de nitre & du camphre, que l'évaporation se fasse dans une armoire bien fermée, de manière que l'air ne puisse plus y entrer, & que la vapeur ne s'évante pas, au bout de dix, vingt & trente ans, y introduisant une bougie allumée, on verra une infinité de petits feux voltiger comme ces éclairs qu'on apperçoit dans les chaleurs de l'été, & qui ne sont accompagnés ni de tonnerres, ni de pluies, ni de vents, ni d'orages.

Sur nos théâtres, lorsqu'on veut imiter les éclairs, on se sert d'un tuyau de fer blanc rempli de poix-résine ou d'arcanson pulvérisé, & percé de plusieurs petits trous par le bout le plus gros. Lorsqu'on secoue ce tuyau de fer blanc sur la flamme d'un flambeau allumé, il se fait une subite inflammation qui imite très-bien les éclairs ; il ne faut pas qu'on voie la flamme, mais seulement la réflection de la lumière.

Le lycopodium est préférable à la poix-résine, parce qu'il ne laisse aucune odeur.

Voyez à l'article ÉLECTRICITÉ.

ÉCLIPSES : (*voyez à l'article* ASTRONOMIE.)

ÉCLIPSE HORISONTALE.

Expérience qui rend raison de l'éclipse horisontale où l'on voit le soleil & la lune en même-temps.

Il est certain chez les astronomes que les vapeurs humides, soit de la terre ou de la mer, causent de grandes réfractions, & font voir beaucoup de choses autrement qu'elles ne sont en effet ; comme quand le soleil ou la lune paroissent quelquefois de figure ovale à leur coucher ou à leur lever, elles les font aussi voir sur l'horison avant qu'ils y soient montés, & par la raison de cette réfraction l'éclipse de lune qu'on nomme horisontale, paroît avant même que le soleil soit couché, & que la lune soit actuellement levée ; en sorte qu'on y voit ces deux astres en même-temps, ce qui ne se devroit pas, puisque l'éclipse de lune ne se fait que par l'interposition de la terre entre l'une & l'autre. Ce qui cause un effet si étrange est que les vapeurs humides font voir par réfraction l'un de ces deux astres, ou tous les deux, après leur coucher ou avant leur lever.

Cela se prouve par une expérience facile à faire. Prenez un verre à boire, mettez-y une pièce de vingt-quatre sols, & l'emplissez d'eau ; ensuite mettez sur une assiette un petit morceau de cuir, & posez ainsi cette assiette sur le verre : la main sur l'assiette, & tenant le tout bien fermé, renversez l'assiette & le verre ensemble, en sorte que l'assiette se trouve dessous & le verre dessus ; alors la pièce d'argent vous paroîtra sur l'assiette, & en même temps vous en verrez une autre de la grandeur d'une pièce de douze sous qui nagera sur l'eau, tellement bien faite, que, laissant l'eau en repos, il sera difficile à celui qui ne saura point quelle pièce on y aura mise, de savoir quelle est la véritable des deux.

ÉCRANS MAGIQUES. On a donné le nom emphatique de *Palingénésies-magiques* à des écrans sur lesquels d'abord on n'apperçoit par un artifice caché, que l'esquisse froide, sèche & dénuée de toute couleur d'une fleur quelconque ; mais qui au moment qu'on les approche du feu, se parent du plus brillant coloris de la nature, & présentent un riant camaïeu ou différentes couleurs, ce qui se fait par des encres sympathiques.

(*Voyez* ENCRE.)

ÉCRITURE. Il est diverses manières de s'entretenir secrettement par des écrits, sans que ceux entre les mains de qui ils peuvent se trouver puissent facilement y rien reconnoître. La plus usitée, & en même-temps la plus facile, consiste à employer au lieu d'encre, différentes liqueurs qui ne laissent aucune trace sensible sur le papier, & dont la vertu est néanmoins telle qu'en le présentant au feu, le trempant dans l'eau, ou y semant quelque poudre, l'écriture qui étoit invisible paroît aussitôt. L'autre est celle qu'on appelle ordinairement *écriture en chiffres*, elle peut se varier à l'infini, & si on ne peut démontrer qu'il soit impossible de la déchiffrer quelque cachée qu'elle soit, on peut rendre l'opération nécessaire pour y parvenir assez longue & assez pénible pour qu'on puisse moralement la regarder comme impossible.

En général, cette dernière methode consiste à substituer aux lettres de l'alphabet différents signes de convention entre ceux qui s'entretiennent : lorsque ces signes sont toujours les mêmes pour désigner les mêmes lettres, il est assurément assez aisé de les déchiffrer, particuliérement dans les langues que l'on connoît ; mais lorsque ces signes changent, & que le même peut désigner différentes lettres, ou que réciproquement une même lettre peut être indiquée par différens signes, l'accès à la combinaison qu'il faut faire pour connoître leur rapport, se trouve en quelque sorte fermé, ou du moins il est si difficile d'y parvenir, qu'on se trouve alors forcé d'y renoncer.

Ceux qui s'écrivent en chiffres, ont toujours chacun de leur côté un alphabet de ce genre, convenu entre eux, & qui leur sert réciproquement pour écrire leurs lettres & en transcrire les réponses : cet alphabet se nomme *clef*, & c'est cette clef qui est difficile à composer à celui qui n'en ayant aucune connoissance, veut neanmoins déchiffrer ce qui a été écrit ; ce qu'il ne peut faire sans une combinaison fort longue & souvent infructueuse.

En indiquant ici les différentes manières d'écrire en chiffres, on les appliquera, autant qu'il sera possible, à divers amusemens, suivant le plan qu'on s'est proposé dans cet ouvrage.

Ecrire une letre dont les caracteres invisibles ne puissent paroître qu'étant humectés d'eau ou de quelqu'autre liqueur.

Ayant fait dissoudre dans l'eau, du vitriol ou

de la couperose, filtrez-la au travers d'un papier gris que vous mettrez dans un entonnoir de verre, & gardez cette dissolution.

Faites pareillement dissoudre dans de l'eau ou dans du vin blanc, de petites noix de galle que vous aurez légerement concassées, et au bout de vingt-quatre heures, filtrez de même cette dissolution.

Les caracteres que vous aurez écrits sur du papier avec la dissolution de vitriol ci-dessus & que vous aurez même laissé sécher pendant plusieurs jours, paroîtront comme s'ils eussent été écrits avec de l'encre ordinaire, si vous passez dessus une éponge très légerement imbibée de la dissolution de noix de galle : il en sera de même ; si vous mettez cette écriture entre deux papiers dont un soit légerement imbibé de cette dernière dissolution, pourvu que le tout soit enfermé & serré pendant un instant dans un livre.

Plusieurs questions étant transcrites sur des cartes, faire trouver leurs réponses au bas de celle d'entr'elles qu'une personne aura choisie à son gré.

Ayez une certaine quantité de cartes, au revers de chacune desquelles vous écrirez avec de l'encre ordinaire (1) une question quelconque, dont la réponse puisse être faite en peu de mots, ou s'il se peut, en un seul mot. Transcrivez ces réponses au bas de ces questions, en vous servant à cet effet de la dissolution du vitriol ci-dessus.

Ayez deux cartes où il n'y ait pas de réponses transcrites, et qui ayent été légerement & également humectées avec la dissolution de noix de galles : à cet effet, renfermez-les un quart d'heure avant de vous en servir, & tenez-les en presse entre des papiers qui en ayent été eux-mêmes imbibés. Mettez ces deux cartes au-dessous du jeu, afin qu'elles ne communiquent pas leur humidité aux autres cartes ; observez encore que ces cartes soient des figures, afin que si elles viennent à se tacher un peu, lorsqu'elles seront posées sur les réponses qu'elles doivent faire paroître, on ne puisse pas s'en appercevoir.

Récréation qui se fait avec ces cartes.

On mêlera le jeu sans déranger les deux dernières cartes, & on le présentera à une personne, en lui disant d'y prendre une certaine quantité de questions, afin d'y choisir celle au bas de laquelle elle désire qu'on fasse paroître la réponse. Lorsqu'elle l'aura choisie, on lui demandera le

(1) Il faut employer de l'encre qui ne soit pas bien noire, ni luisante.

restant

restant des cartes qu'on mêlera de nouveau dans le jeu pour le préfenter de même à une deuxième perfonne, afin qu'elle y choififfe auffi pareillement une autre queftion ; on dira à ces deux perfonnes, de bien remarquer fur quelle carte font écrites les queftions qu'elles ont choifies, & coupant le jeu fur la table, on fera mettre la première queftion fous la carte humeâée qui étoit la dernière au-deffous du jeu, & coupant enfuite le jeu à l'avant dernière carte (1) également humeâée, & qui fe trouve alors vers le milieu du jeu, on y fera mettre la queftion choifie par la feconde perfonne ; au moyen de quoi elles fe trouveront placées de manière à recevoir l'humidité des deux cartes qui ont été imprégnées de la diffolution de noix de galles : on ferrera alors le jeu dans fa main pendant un moment, & on demandera à ces deux perfonnes, quelles font les cartes fur lefquelles étoient écrites leurs queftions, on retournera le jeu pour y chercher ces deux cartes, et on fera voir que les réponfes qui y font analogues s'y trouvent tranfcrites, & que ce font bien certainement celles qu'elles ont prifes, puifqu'il ne fe trouve aucune carte dans le jeu qui leur foit femblable.

Caractères qu'on ne peut appercevoir qu'en les trempant dans l'eau.

Faites diffoudre une quantité fuffifante d'alun dans de l'eau, & fervez-vous en pour écrire tels caractères que vous voudrez ; fi vous trempez dans l'eau le papier où ils ont été tracés, & qu'enfuite vous le préfentiez au jour, vous y diftinguerez très-bien ce qui étoit invifiblement écrit, attendu que ces caractères feront beaucoup plus obfcurs que le refte du papier, & qu'ils feront bien plus long-temps à s'imbiber ; cet effet aura lieu, quand même il y auroit long-temps qu'ils feroient tracés. Lorfqu'on fe fert de cette méthode, il faut écrire premièrement des chofes indifférentes, et enfuite dans les interlignes ce qu'on defire être fecret.

Nota. C'eft par ce même moyen qu'on empêche le papier de s'imbiber ou de boire la couleur ou l'encre ; à cet effet, on trempe dans cette eau les eftampes qu'on veut colorer, ou le papier dont on doit fe fervir.

Caractères qui paroiffent étant trempés dans l'eau.

Faites bouillir pendant deux heures, dans une pinte de vinaigre, deux onces de litarge réduite en poudre, & l'ayant laiffé repofer, verfez la par inclinaifon & paffez-la dans un linge (2) ; conservez cette liqueur dans une bouteille bien bouchée, & fervez-vous-en pour écrire ou tracer fur le papier ce que vous voudrez : les caractères étant fecs, ne paroîtront en aucune façon. Lorfque vous voudrez les rendre vifibles, trempez ce papier dans du jus de citron ou de verjus, & ils paroîtront d'un blanc de lait qui effacera celui du papier dont vous vous ferez fervi ; ils fubfifteront même encore, lorfque le papier fera feché. La litarge qui a été diffoute, étant une chaux de plomb qui fe précipite fur le papier au moyen de l'acide dans lequel on le trempe.

Autre manière.

Les caractères formés avec la liqueur faturée du bleu de pruffe, paroiffent d'un très-beau bleu, fi on les imbibe avec la diffolution acide de vitriol vert ; & réciproquement ceux écrits avec cette dernière diffolution paroîtront de même, fi on les trempe dans la liqueur faturée ci-deffus.

Caractères qui paroiffent étant expofés au feu.

Prenez du jus de citron, & fervez-vous-en pour tracer avec une plume neuve, quelques caractères fur du papier. L'ayant laiffé fécher, fi vous les expofez un peu au feu (3), ils paroîtront auffi-tôt d'une couleur brune, attendu que cet acide, concentré par la chaleur, brûlera un peu le papier aux endroits où la plume aura paffé. Ce même effet aura lieu en employant différens acides ou les fucs de divers fruits. Le jus de cerife donnera une couleur verdâtre, celui d'oignon une couleur noirâtre ; l'acide vitriolique affoibli dans une affez grande quantité d'eau, une couleur rouffe, le vinaigre une couleur rouge pâle, &c. Le degré de chaleur pour faire paroître les caractères écrits avec ces différens acides, n'eft pas le même ; le jus de citron eft celui qu'il faut le moins chauffer.

Caractères qui paroiffent étant expofés à l'air.

Faites diffoudre dans l'eau régale, autant d'or fin que vous pourrez ; affoibliffez enfuite cette forte diffolution en y mettant deux ou trois fois autant d'eau commune.

Cette diffolution d'or par l'eau régale, peut fervir à former fur du papier une écriture qui difparoîtra en fe féchant, fi on a foin de la tenir renfermée et de ne pas l'expofer au grand air ;

---

(1) On peut mettre cette dernière carte plus large, afin d'y couper avec plus de facilité.
Amufemens des Sciences.

(2) Cette diffolution fe trouve toute faite chez les droguiftes, fous le nom d'*Extrait de Saturne.*

(3) On peut également les expofer au feu long-temps après qu'ils ont été écrits.

& ces mêmes caractères paroîtront au bout d'une heure ou deux , si on les expose au soleil.

Si on fait diffoudre à part de l'étain fin dans l'eau régale , & qu'après que ce diffolvant fe fera bien chargé de cette fubftance métallique , on y ajoute une pareille quantité d'eau commune , on aura une liqueur propre à faire paroître fous une couleur purpurine , affez foncée , les caractères écrits avec l'encre fympatique d'or ci-deffus. Il fuffira d'y tremper un pinceau ou une petite éponge bien fine , et la paffer légérement fur le papier. (1)

Cette même diffolution d'étain pourra encore fervir à tracer des caractères fur le papier , qui paroîtront de même que ceux faits avec l'encre fympatique d'or , fi on les expose au foleil ou au feu.

Ecriture en caractères de feu.

Ce jeu électrique eft fondé fur cette obfervation connue de tout le monde, fçavoir: que fi l'on a plufieurs filets métalliques, difpofés enfemble de manière que leurs bouts , fans fe toucher , foient très-voifins , comme à une ligne ou une demi-ligne , lorfqu'on électrife le premier , pendant que le dernier communique à la maffe des corps non-électriques , il fe fait des étincelles continuelles entre les bouts de ces fils métalliques.

Pareille chofe arrive , fi le dernier de ces fils eft terminé en pointe ; car , perdant par-là fon électricité , il faut qu'il en afflue fans ceffe de nouvelle , & cela ne fe peut faire que par une étincelle dans chacun des petits intervalles qui féparent les bouts des fils.

Cela étant entendu , l'on fent que l'on produiroit une file d'étincelles formant un deffin quelconque , (à quelques limitations près qu'on verra) en rangeant des fils de fer le long des linéaments de ce deffin. Alors , en touchant le dernier des fils avec le doigt , ou , ce qui fera encore mieux , avec la garniture extérieure de la bouteille de Leyde , il fe formeroit tout-à-la fois , dans les intervalles de ces fils , des étincelles repréfentant le contour du deffin.

Mais comme ceci auroit des difficultés , on l'exécutera plus facilement ainfi. Il faut prendre une de ces feuilles d'étain battues & n'ayant que l'épaiffeur d'un papier, on la découpera en petits quarrés d'une ligne ou une demi-ligne de côté , ou en forme de rhombe un peu alongé ; on deffinera enfuite fur un papier les lettres qu'on veut exprimer ; & ayant mis une lame de glace , d'une ligne

(1) On peut effacer la couleur pourpre de cette encre , en la mouillant d'eau régale , & la laiffant enfuite fécher; on pourra la faire reparoître une feconde fois avec la diffolution d'étain.

environ d'épaiffeur fur ce deffin , on collera fur cette glace les petits quarrés ou rhombes décrits ci-deffus , felon les contours du deffin , en faifant enforte que les angles regardent les angles , & foient éloignés les uns des autres d'environ une demi-ligne , comme l'on voit dans le deffin de la lettre S (fig. 5 , pl. 4. Amufemens de Phyfique) ; on lie enfuite l'extrémité d'une lettre avec le commencement de la fuivante , par une petite lame circonflexe du même métal , terminée de côté & d'autre en pointe , comme on le voit dans la même figure ; enfin une petite lame femblable au commencement de la première lettre & une autre du bout de la dernière va au bord de la même glace & au-delà.

Préfentement , fuppofons que la première de ces petites lames communique au conducteur électrifé , & que l'on vienne toucher la feconde , ou au contraire , chaque angle des petits quarrés portera le feu électrique par une étincelle à fon voifin ; & fi l'expérience fe fait dans l'obfcurité , on appercevra ces deux lettres deffinées par une fuite d'étincelles de feu.

Si la dernière lame communique à une maffe de corps non-électrique , & que l'électricité foit forte , il fe fera entre chaque quarré une explofion qui rendra permanente cette écriture lumineufe.

Remarque.

Il faut obferver que toutes les lettres de l'alphabet ne peuvent pas fe repréfenter d'une manière auffi fimple que les deux que nous venons de donner en exemple. Ainfi l'O ne fe repréfenteroit point par ce moyen ; le fluide électrique , au lieu de faire le tour , fauteroit du premier au dernier quarré. De même l'A refteroit tronqué de fa partie fupérieure , le fluide électrique paffant par la traverfe. Il faut donc un artifice particulier pour obvier a cet inconvenient, qui fe rencontre dans un grand nombre d'autres lettres , comme l'E , l'F , l'H , &c.

Cet artifice confifte à écrire une moitié de la lettre fur un côté du verre , & l'autre moitié fur l'autre , & à les faire communiquer enfemble par une petite bande métallique , qui en paffant du deffus au deffous du verre , porte le feu électrique du dernier quarré de la première moitié de l'O , par exemple , au premier quarré de la feconde moitié de la même lettre ; enfuite on joint , par une femblable bande , le dernier quarré de cette feconde moitié , avec le premier quarré de la lettre fuivante. En examinant attentivement la fig. 6 pl. 4. (Amufemens de Phyfique) on reconnoîtra facilement ce mécanifme. Les lettres ou parties de lettre repréfentées fur le côté de deffus du verre , font ombrées fortement , & celle de deffous légérement. La propagation du feu électrique étant comme inftantanée , il ne s'enfuivra de ces renvois aucun inconvénient pour l'effet.

Il eft aifé de voir combien un pareil attifice auroit pu , dans des temps d'ignorance , contribuer à jeter la terreur dans les efprits. Si une foule d'hommes raffemblés dans un lieu obfcur , après un grand coup de tonnerre , voyoient écrit contre les murailles un ordre , une décifion prétendue de la divinité , de quoi ne feroient-ils pas capables ! à quel point de fanatifme ne les conduiroit-on pas ! De quelle terreur ne feroit pas frappé un homme qui , s'éveillant en furfaut , verroit écrit contre fa glace , *Tu mourras aujourd'hui !*

L'Ecriture dans la poche.

Prenez plufieurs petits quarrés de papier , en tête defquels vous écrirez (avec de l'encre ordinaire) diverfes queftions , & fervez-vous de l'encre fympathique d'or pour écrire au deffous d'elle leurs réponfes.

Confervez tous ces petits papiers en les tenant bien enfermés dans un livre ou dans un porte-feuille jufqu'à ce que vous vouliez vous en fervir ; préfentez-les alors à une perfonne , & dites-lui d'y choifir celle qu'elle voudra ; & lui ayant fait remarquer qu'il n'y a rien autre chofe écrit fur ce papier , dites lui de le mettre dans fa poche , de l'emporter chez elle , & de le mettre fur fa cheminée , ou dans tout autre endroit où il ne foit pas enfermé , afin que pendant la nuit vous trouviez le moyen de transcrire une réponfe au bas de cette queftion , qui fe trouvera effectivement vifible , dès le lendemain fi le papier a été mis dans un endroit fec.

Nota. Comme cette encre marque un peu le papier d'une petite teinte jaunâtre , il ne faut pas fe fervir d'un papier qui foit trop blanc , mais au contraire d'un blanc un peu fale , tel qu'eft le papier commun.

Caractères qui paroiffent en y répandant quelque poudre.

On peut tracer fur le papier des caractères invifibles , avec tous les fucs glutineux & non colorés des fruits & des plantes , ou bien avec la bierre , l'urine , le lait des animaux , & toutes les différentes liqueurs graffes & vifqueufes ; lorfque cette écriture eft féchée , on répand deffus quelque pouffiere colorée très fine , on fecoue enfuite le papier , & les caractères écrits reftent colorés , parce qu'ils font formés d'une efpece de glue qui retient cette poudre fubtile.

Faire voir le Simulacre d'un corps détruit.

Conftruifez un petit tamis de carton , (*fig. 2 , pl. 1 Traits occultes ou trompeurs,*) de 5 & 6

pouces de diametre , femblable pour la forme , à ceux dont on fe fert pour tamifer le tabac ; c'eft à-dire, qu'il foit compofé de trois parties ; favoir, de la partie B où fe met le tamis , du couvercle A , qui fert à le fermer par deffus , & du fond C qui emboîte fous le tamis , & fert à recevoir la chofe tamifée: ajuftez un tamis de foie au fond de la partie C , qui vienne prefqu'à fleur de la gorge D , & divifez le intérieurement en plufieurs petits compartimens (1) que vous difpoferez de maniere à pouvoir mettre dans chacun d'eux des poudres de diverfes couleurs , qui puiffent tomber fur différents endroits d'un papier mis au fond C de ce tamis , fur lequel vous aurez tracé (avec quelqu'une des encres indiquées dans la précédente récréation) la figure confufe d'une plante ou d'une fleur ; (*Voyez fig. 2e même planche*)

Ayez un deuxieme tamis ajufté fur un petit cercle de carton avec lequel vous puiffiez mafquer (en dedans de la partie B) ce premier tamis & fes compartiments. Mettez un papier entre ces deux tamis.

Lorfqu'avec l'encre ci-deffus vous aurez tracé fur un cercle de papier , la figure d'une plante & de fa fleur , de maniere qu'après l'avoir inférée au fond C de ce tamis , (2) fes fleurs & fes feuilles répondent aux féparations qui y font cachées ; & que d'un autre côté vous aurez mis dans les féparations qui répondent aux feuilles du deffin une poudre verte , & dans celles qui ont rapport aux fleurs , une poudre analogue à leur couleur ; fi vous fecouez un peu le tamis , ces différentes poudres venant à fe tamifer féparément , s'attacheront fur le papier , aux endroits qui ont été deftinés , & y traceront par conféquent l'image colorée (3) de cette plante : il fuffira pour l'appercevoir de fouffler fur le papier.

Récréation.

Vous prendrez une fleur naturelle , & vous la deffinerez fur un papier , le plus correctement que vous pourrez , quoique d'une maniere un peu confufe , en vous fervant à cet effet de l'encre ci-deffus , vous le laifferez fécher , & y ferez une marque pour reconnoître le côté qui a été deffiné , & la maniere dont il doit être placé fous le tamis ; vous mettrez ce cercle de papier parmi d'autres ,

---

(1) Ces compartiments fe font avec des petites-bandes de carton de 3 à 4 lignes de hauteur. Ils doivent être collés fur le tamis.

(2) Il faut que ce papier touche prefque le tamis , afin que les différentes poudres tombent & s'attachent fur les endroits convenables.

(3) Cette image pourra être nuancée , fi vous avez tracé cette plante en la chargeant plus légérement d'encre aux endroits qui doivent être les moins vifs en couleurs.

afin qu'on ne préfume pas qu'il s'y trouve quelque chofe de préparé (1) ; vous ferez brûler la fleur naturelle, & vous annoncerez que vous allez en faire paroître le fimulâcre, au moyen d'un tamis qui a la vertu de féparer & de raffembler toutes les parties que le feu a détruites: vous prendrez enfuite ou vous ferez choifir un papier que vous placerez convenablement au fond du tamis, & l'ouvrant en deffus, vous y jetterez la cendre de la fleur & quelqu'autre poudre que vous fuppoferez propre à revivifier toutes les parties de cette plante ; vous le refermerez & après avoir en apparence tamifé cette poudre, vous retirerez le papier le fecouerez, & ferez voir l'image de la plante qui aura été brûlée. (*Voyez* PALINGÉNÉSIE).

Papier préparé pour écrire des caractères invifibles.

Ayez de la graiffe de porc qu'on nomme communément faindoux, & l'ayent bien exactement mêlé avec un peu de térébenthine de Venife, prenez-en une petite partie, & étendez-la très également & bien-légérement fur du papier fort mince, fervez-vous à cet effet, d'une petite éponge très fine.

Lorfque vous voudrez faire ufage de cette préparation pour écrire fecrettement une lettre à un ami, pofez ce papier ainfi préparé fur celui que vous devez envoyer, & tracez ce que vous voulez écrire fur ce premier papier, en vous fervant d'un ftilet un peu émouffé ; de cette manière, il s'attachera une matiere graffe au deuxieme papier vers tous les endroits ou ce ftilet aura paffé, & celui qui recevra votre lettre, pourra la lire en y femant quelque pouffiere de couleur, ou du charbon tamifé très-fin.

Application du papier ci-deffus, pour tracer facilement toutes fortes de deffins.

Mêlez exactement dans la compofition ci-deffus un peu de noir de fumée bien fin, & fervez-vous-en pour en enduire fort légérement un papier très-mince, effuyez la bien également jufqu'à ce qu'en le pofant fur un papier blanc & appuyant la main deffus ce premier, il ne puiffe tâcher l'autre en aucune façon.

Effet

Lorfque vous aurez attaché fur ce papier, le deffin dont vous voulez former le trait, & pofé le tout fur un papier blanc, vous pourrez, en fuivant correctement avec le ftilet tous les traits de ce deffin, les tranfporter fur ce dernier papier. Il en fera de même fi au lieu de papier, vous employez de la toile un peu fine,

ou du tafetas ; de cette maniere il fera facile, fans fçavoir deffiner, de peindre des fleurs fur des étoffes ; il fuffira, après qu'elles feront tracées, de les enluminer & nuancer dans les couleurs les plus couvenables en employant des couleurs liquides fort légeres (2) afin quelles ne foient pas fujettes à s'ecailler, & même à s'étendre, fi les étoffes venoient à être un peu mouillées.

Nota. Si l'on fe fert de cette méthode pour peindre des robes, ou d'autres ajuftements, il faut avoir foin que le deffin dont on fe fert fe rapporte de tous les cotés ; fi l'on n'avoit point de deffin, on peut copier celui de quelqu'étoffe, en la couvrant d'un papier vernis fur lequel on en tracera tous les traits ; alors il fuffit d'en copier une partie, c'eft-à-dire, jufqu'aux endroits où fe part & d'autre le deffin fe repete.

Tracer des caractères qui paroiffent & difparoiffent à volonté.

Prenez du fafre en poudre, & faites-le diffoudre dans l'eau régale pendant 24 heures, avec un feu très-doux ; tirez enfuite la liqueur à clair par inclinaifon ; ajoutez-y autant & même deux fois plus d'eau commune (3), & gardez cette liqueur dans une bouteille bien bouchée.

Ce que l'on écrira avec cette encre fera invifible, & ne paroîtra que lorfqu'on expofera le papier à une chaleur modérée, ou aux rayons d'un foleil très-ardent ; les caractères feront d'une couleur verte & femblable à ceux qu'on pourroit former avec le verd-d'eau dont on fe fert pour laver les plans : ce qu'il y a de plus particulier dans cette encre, c'eft qu'auffi-tôt que le papier eft refroidi, & qu'il a pu être pénétré de l'humidité ordinaire de l'air ; les caractères que la chaleur avoit fait paroître, difparoiffent entièrement ; ce qui peut fe répéter même un affez grand nombre de fois, pourvû cependant qu'on ne chauffe pas trop le papier, attendu que fi, par une trop grande chaleur, l'écriture prend une couleur de feuille morte, elle ne difparoit plus.

Cette encre fe compofe auffi avec le cobalt ; voici le procédé tel qu'il eft enfeigné par M. Hellot, dans les mémoires de l'académie (4) des Sciences de 1737.

_____

(1) On peut deffiner cette fleur fur plufieurs papiers femblables, afin d'en donner le choix.

(2) Les meilleures couleurs à employer font le verd-d'eau, le carmin, la gomme gutte, le bleu de Pruffe liquide, la liqueur faite avec la fuie de cheminée, qu'on nomme biftre, le verd de veffie, & la pierre de fiel.

(3) Si cette encre corrodoit le papier, il faudroit y ajouter une plus grande quantité d'eau.

(4) Ce procédé eft embarraffant pour ceux qui n'ont pas un laboratoire de chimie, & d'un autre côté, il eft fort difficile d'avoir du cobalt qui eft très-rare en France : cette encre réuffit également bien avec le

Prenez une once de cobalt véritable, pilez-le dans un mortier, mettez-le dans un matras, & versez deffus deux ou trois onces d'eau-forte affoiblie par égale quantité d'eau. Après la première ébullition, mettez ce matras fur un feu de fable fort doux, & le tenez en digestion jufqu'à ce qu'ils ne paroiffe plus de bulles d'air qui s'élèvent au-deffus de la liqueur: faites-la alors bouillir pendant un quart d'heure, & cette diffolution prendra la couleur d'une bierre rouge; vous la laifferez refroidir & la tirerez à clair fans la filtrer: verfez-la enfuite dans une capfule de verre, & jettez-y une once de fel marin, mettez-la fur un feu de fable, & remuez-la avec une fpatule de bois, jufqu'à ce que tout le liquide foit évaporé; il reftera une maffe faline verdâtre que vous continuerez à remuer fans la fécher entièrement, & en féchant, elle deviendra d'une couleur rofe; vous mettrez ce fel dans une cucurbite, y ajouterez 7 à 8 fois autant d'eau diftillée prife au poids; vous la laifferez diffoudre au feu de fable, & lorfque l'eau aura une couleur de lilla, vous la décanterez & la conferverez dans une bouteille bien bouchée.

Encre pourpre.

Au lieu d'employer de l'eau régale pour diffoudre le falfre, fervez-vous d'eau forte, & jettez-y peu-à-peu du fel de tartre pour éviter une trop grande fermentation; laiffez-la repofer, & l'ayant tirée à clair, verfez-y une fuffifante quantité d'eau.

Ce que l'on écrira avec cette liqueur, ne fera vifible que lorfqu'on préfentera le papier au feu, & les caractères auront alors une couleur purpurine qui difparoîtra auffi-tôt que l'écriture fera refroidie.

Encre rofe.

Ayant fait diffoudre le falfre dans l'eau-forte, fi au lieu de fel de tartre, vous y mettez du falpêtre bien purifié, vous vous procurerez un encre rofe, qui difparoîtra en fe féchant, & renaîtra en le préfentant au feu.

Nota Ces trois fortes d'encres peuvent fe mêler enfemble, & produire des encres d'autres couleurs fans altérer leur vertu; en mêlant la pourpre avec la verte, on fera une encre bleue; en mêlant la pourpre avec la rofe, on aura une encre gris-de-lin. (*Voyez à l'article* ENCRE).

Tableau repréfentant l'hiver, lequel change & repréfente le Printems.

Ayez une eftampe repréfentant l'hiver, qui foit

très-peu chargée de gravure; peignez & ajoutez-y (avec l'encre fympathique verte & aux endroits convenables) des feuilles, en obfervant de vous fervir d'une encre plus foible pour feuiller les arbres qui font dans les lointains; employez les autres encres à peindre les objets auxquels leurs couleurs peuvent avoir quelque rapport; cette préparation étant faite, laiffez fécher le tout, & mettez votre eftampe fous un cadre garni d'un verre; couvrez-la par derrière d'un papier qui foit feulement collé fur cette bordure.

Lorfqu'on préfentera ce tableau à un feu modéré ou qu'on l'expofera pendant quelque tems à l'ardeur du foleil, tous les objets colorés qui étoient reftés invifibles paroîtront, les arbres fe garniront de feuilles, & ce tableau qui repréfentoit l'hiver, offrira tout-à-coup l'image du printems; auffi-tôt qu'il fera refroidi, il reprendra fon premier état, ce qui procurera la fatisfaction de répéter cet amufement autant de fois qu'on jugera à propos.

Vafes magiques.

Faites tourner deux vafes de bois femblables (*fig.* 3, *pl.* 1, *traits occultes ou trompeurs.*) d'environ 6 à 7 pouces de hauteur, & de telle forme que vous voudrez; faites-y ménager une ouverture B, dans laquelle vous puiffiez inférer un cylindre de cuivre AB, (*fig.* 4.) d'environ 3 pouces de hauteur fur deux lignes d'épaiffeur, & un pouce de diamètre; que fa partie fupérieure A foit recourbée, afin de pouvoir l'en retirer avec plus de facilité. Que ce vafe foit couvert d'une pièce tournée A.

Lorfqu'ayant fait chauffer le cylindre ci-deffus, vous l'aurez enfuite introduit dans l'un de ces deux vafes, fi vous y mettez un papier (1) fur lequel vous ayez écrit d'avance avec l'encre fympathique verte ci-deffus; quelques momens après, les caractères qui y auront été tranfcrits feront fuffifamment échauffés pour paroître d'une manière très-diftincte.

Si au contraire vous avez fait tremper pendant un demi-quart d'heure l'autre cylindre dans de l'eau qui foit fort froide ou à la glace, il acquerra un degré de fraîcheur fuffifant pour faire difparoître très-promptement ce qui ayant été écrit avec cette même encre viendroit d'être préfenté au feu.

Pour entendre & exécuter cette récréation, il faut examiner l'alphabet de la table fuivante, cet alphabet indique les lettres qu'on doit écrire avec

---

falfre qui eft une drogue qui contient toujours un peu de cobalt, & qui fe trouve chez prefque tous les droguiftes.

(1) Il faut rouler le papier, afin qu'en touchant les bords du cylindre, il acquierre alors plus de chaleur.

l'encre verte ordinaire (1) & les changemens qu'on y peut faire avec l'encre sympathique. On voit, par exemple, qu'ayant formé un *o* avec l'encre ordinaire, on peut en faire un *g* avec l'encre sympathique. La seconde table fait voit comment, d'un mot formé avec cette encre ordinaire, on peut de la même manière en former

---

(1) Cette encre n'est autre chose que le verd-d'eau qui se trouve chez tous les marchands, & dont la couleur est comme on l'a dit, parfaitement semblable à celle que produit l'encre sympathique verte.

un autre mot; d'après cela, il est aisé de concevoir que si l'on a écrit sur deux papiers différens, & avec l'encre ordinaire le mot *roi*, & qu'ensuite on ait employé l'encre sympathique pour en composer le mot *amour*, il arrivera que le papier étant sec, on n'appercevra que le mot *roi*, & que celui *amour* paroîtra lorsqu'on l'aura chauffé; & qu'au contraire, si le papier ayant été chauffé, on distingue le mot *amour*, il ne paroîtra plus que le mot *roi* lorsqu'il aura été réfroidi. Il en fera de même pour les différens mots portés dans la table ci-après.

ALPHABET

Lettres	Changemens dont Elles sont susceptibles
a	*d.g.q.*
b	*h.*
c	*a.e.d.g.o.q.*
e	*x.*
h	*b.*
i	*b.d.v.l.m.n.o.*
j	*g.p.*
l	*t.*
n	*m.*
o	*a.b.d.g.p.q.*
q	*g.*
r	*b.t.m.n.p.*
s	*x.*
t	*b.*
u	*n.il.li.ll.*
x	*v.*

Les Lettres d.f.g.m.p.v.x.y.z et &.ne peuvent changer.

TABLE

Des différens mots que l'on peut former avec un même mot en changeant et ajoutant des Lettres.

avec le mot *or* on peut former	avec le mot *roi* on peut former	avec le mot *air* on peut former
ancre	noix	argent
table	fanal	verdun
rome	canot	adonis
calon	mouton	gradin
argent	amiral	genisse
gradin	amour	agen
ecran	patte	caen
arme	rateau	gennes
arbre	argent	paon
grenoble	chat	auricule
amour	jardin	pain
paon	orge	legume
brebis	grenoble	dublin
ciceron	robe	atrée
ange	rome	argine

Les Lettres placées l'une sous l'autre sont les Lettres changées. Les autres sont celles substituées. Le mot en tête de la Colonne est celui qui souffre tous ces changemens.

Récréation qui se fait avec ces deux vases.

Ayant préparé d'avance (par exemple) deux papiers, sur lesquels le mot *roi* soit transcrit avec l'encre verte ordinaire, & ce qu'il faut pour en former le mot *amour* avec l'encre sympathique; on fera secrètement chauffer un de ces papiers, & on le donnera à voir, en observant que le mot *amour* s'y trouve écrit; on fera également voir l'autre papier en faisant remarquer que le mot *roi* y est désigné, & on proposera de faire réciproquement passer ces mots d'un papier sur l'autre;

& afin qu'on n'imagine pas qu'on substitue l'un à l'autre, on y fera faire telle remarque qu'on voudra ; alors apportant les deux vases sur la table, on prendra le papier où est écrit le mot *roi*, (on le fera voir) & après l'avoir un peu roulé, on le mettra dans le vase dont le cylindre aura été chauffé, afin de faire paroître en sa place le mot *amour* ; on posera de même l'autre papier dans le vase dont le cylindre aura été réfroidi (1) afin qu'il n'y paroisse plus que le mot *roi*. Quelques instans après on retirera ces deux papiers, & on fera voir que les mots qui y étoient transcrits, ont passé d'un papier sur l'autre, puisque les papiers qu'on a présentés conservent la marque qui y a été apposée.

Nota. Cet amusement ne laisse pas que de causer beaucoup de surprise, particulierement quand le rapport des lettres a été fait avec soin, & dans un caractère un peu gros.

On peut faire retrouver les mots tels qu'on les a présentés ; il ne s'agit que de les changer de vases pourvu néanmoins qu'ils conservent encore assez de chaleur & de fraîcheur.

Rose changeante.

Prenez une rose rouge ordinaire, & qui soit entièrement épanouie ; allumez de la braise dans un réchaud, & jettez-y un peu de souffre commun réduit en poudre ; faites-en recevoir la fumée & la vapeur à cette rose, & elle deviendra blanche : si on la met ensuite dans l'eau, peu d'heures après, elle reprendra sa couleur naturelle.

Portrait magique.

Ayez une glace, telle qu'on est d'usage de se servir pour couvrir le portrait d'un bracelet, c'est-à-dire, qui soit un peu concave, & une seconde glace ordinaire de même grandeur, qui soit fort mince ; remplissez le côté concave de la première, avec une composition faite avec du sain-doux, & une très-petite partie de cire fondue & mêlée ensemble ; appliquez ensuite bien exactement ces deux glaces l'une sur l'autre, afin de renfermer entre elles la composition ci-dessus ; & après en avoir bien essuyé les bords, joignez-les avec une petite bande de vessie de porc que vous collerez avec la colle de poisson ; laissez-la bien sécher, & après avoir nettoyé ces verres, appliquez sur le côté plat un portrait, ou tel autre sujet que vous jugerez à propos ; renfermez ensuite le tout dans un cadre qui cache la partie qui a été bordée.

_____

(1) On doit essuyer le cylindre en le tirant de l'eau, afin qu'il ne mouille pas le papier ; sa fraîcheur suffisant pour faire disparoître l'encre sympathique.

Lorsque vous chaufferez un peu ce petit tableau, la composition que vous avez introduite entre les deux verres, (qui masquant le portrait, produisoit le même effet que s'il y avoit au lieu d'elle un papier blanc) venant à se liquéfier, deviendra entièrement transparente & on appercevra assez distinctement ce portrait ; il disparoîtra aussitôt qu'elle sera réfroidie ; & on pourra le faire reparoître autant de fois qu'on voudra.

Nota. Si le verre est fort petit, comme seroit celui qu'on voudroit mettre sur une tabatière ou dans une bague ; il suffira, pour rendre liquide cette composition, de le frotter avec la main.

Tableau changeant.

Il faut peindre sur un papier un peu fin, & avec des traits & des couleurs fort légères, un sujet disposé de manière qu'en le peignant plus fortement de l'autre côté de ce papier, on le puisse déguiser entièrement ; on couvrira ensuite ce dernier côté d'un papier blanc, pour masquer ce second sujet, & on ajustera le tout dans une bordure en le renfermant, si l'on veut, entre deux verres.

Lorsqu'on regardera ce tableau au travers la jour, on appercevra un sujet tout différent de celui qui paroît lorsqu'on le regarde naturellement. La *fig. 5, pl. 1,* (*Traits occultes ou trompeurs*), peut donner une idée de ce tableau.

Cadran mystérieux, ou le Secrétaire discret.

Tracez sur un carton quarré ABCD (*fig. 6, pl. 1. Traits occultes ou trompeurs.*) le cadran EFGH, qu'il faut exactement diviser en six parties égales, dans chacune desquelles vous transcrirez les vingt-quatre lettres de l'alphabet, & les deux consonnes J & V ; ayez un autre cercle de carton ILMN, mobile au centre commun O, c'est-à-dire, qui puisse tourner librement sur ce centre ; divisez-le en un même nombre de parties égales que le premier, & transcrivez-y pareillement les lettres de l'alphabet, en observant seulement, qu'à ce dernier cadran, il n'est pas nécessaire qu'elles soient rangées par ordre alphabétique, comme au premier de ces cadrans.

Lorsqu'on aura fixé le cadran mobile ILMN, de manière qu'une des divisions ou lettres qui sont transcrites sur le premier de ces cadrans, réponde à une de celles de ce second cadran, chacune des vingt-six divisions d'un des cadrans, répondra exactement aux divisions de l'autre. (*Voyez la fig. 6, pl. 1.*)

Récréation.

Lorsque vous voudrez vous servir de ce cadran

pour écrire une lettre en chiffres à une personne, qui, de son côté doit avoir un cadran parfaitement semblable au vôtre, disposez à volonté son cercle mobile, de façon que toutes ces cases des ces deux cadrans se répondent exactement; considérant ensuite que la lettre A du cadran intérieur réponde à la lettre M du cadran extérieur, transcrivez en tête de la première ligne de la lettre que vous voulez écrire, les lettres AM qui doivent servir à indiquer à celui auquel vous écrirez, la disposition qu'il doit donner au cadran qu'il a par-devers lui pour se mettre en état de lire & déchiffrer votre lettre.

Cette indication étant faite, prenez la copie de la lettre que vous voulez transcrire en chiffres, laquelle doit être écrite à l'ordinaire sur un papier; & au lieu de chacune des lettres dont les mots en sont composés, mettez (sur la lettre que vous devez envoyer) celles qui y correspondent sur le cadran intérieur.

Si le premier mot de votre lettre est *Je*, vous mettrez au lieu de l'*J*, la lettre *o* qui y répond sur le cadran; & ensuite, au lieu de la lettre *e*, celle *r*, ce qui vous donnera alors les deux lettres *o r*, au lieu de *j e*, vous continuerez de même pour toutes les lettres dont sont composés tous les mots du discours que vous voulez transcrire, c'est-à-dire, écrire en chiffres.

Celui auquel on écrira, se servira de l'indication AM, (comme il a été dit) pour disposer son même cadran; & cherchant, sur celui EFGH, successivement toutes les lettres qui répondent à chacune de celles du cadran intérieur qui lui sont indiquées dans la lettre qu'il a reçue, il la déchiffrera avec beaucoup de facilité & fort promptement.

Nota. On déchiffre ces sortes de lettres, sans avoir aucune connoissance du cadran dont on s'est servi pour les écrire; comme on va l'expliquer ci-après; cependant on peut les rendre plus difficiles à déchiffrer sans clef, en changeant à diverses reprises & dans la même lettre la disposition du cadran mobile.

Manière de déchiffrer sans clef ces sortes de lettres.

Pour parvenir à déchiffrer assez promptement & sans clef ces sortes de lettres, le moyen le plus simple est de considérer, premièrement, que dans notre langue (1) la lettre *e* est celle qui est la

plus abondante, & que par conséquent les signes les plus fréquens de la lettre qu'on veut déchiffrer sans clef, désignent cette même lettre *e*.

Cette même lettre *e*, est encore fort reconnoissable en ce qu'elle est la seule qui soit répétée deux fois à la fin d'un mot.

Deuxièmement, que cette lettre *e* dans un mot de deux lettres, est toujours précédée des consonnes *c. d. j. l. m. n. s. t.* ou suivie de celles *n.* & *t.*

Troisièmement, qu'il n'y a que la voyelle *a*, & celle *y* qui puissent se trouver seules, & former un mot.

Quatrièmement, que cette voyelle *a* dans un mot de deux lettres est toujours précédée des consonnes *l. m. n. s. t.* ou suivie des voyelles *h. i. u.*

Cinquièmement, que les lettres qui terminent un mot ne sont presque jamais celles *b. f. g. p. q.*

Ces connoissances suffisent pour parvenir à déchiffrer facilement & sans clef, toutes les lettres auxquelles on est convenu de substituer d'autres lettres, ou signes quelconques : On doit donc chercher d'abord à découvrir quelque monosyllabe, & à s'assurer quels signes forment nécessairement trois ou quatre lettres; & lorsqu'on y sera parvenu, on examinera s'il se trouve quelques mots composés de trois ou quatre lettres, dont celles qui sont connues puissent exprimer une partie; & l'on y ajoutera celles qui paroîtront convenir pour en pouvoir former des mots.

Si l'on a découvert le monosyllabe *le*, & qu'on ait au moins un autre mot de trois lettres, dont les deux premières soient *l* & *e*, on jugera que la troisième est un *s*, attendu qu'elle est la seule, qui, dans un mot de trois lettres, puisse aller après le monosyllabe *le*, & former le mot *les* : dès que l'on sera parvenu à connoître ce mot *les*, s'il se trouve un mot de trois lettres, dont les deux premiers signes expriment *es*, on jugera que la troisième signe qui est inconnu désigne la lettre *t*, & que les trois signes expriment le mot *est*.

Ayant découvert la lettre *s*, on verra si elle ne se trouve pas précéder un mot de deux lettres, dont la seconde ne soit pas la lettre *e*, alors ce sera nécessairement un *a* ou un *i*; & pour s'en assurer, on verra si dans d'autres endroits ce dernier signe ne précède pas dans un autre mot de deux lettres la lettre *l*, auquel cas on sera assuré que c'est un *i*.

Après ces premières recherches, on connoîtra cinq signes ou lettres, savoir, les deux voyelles *e* & *i*, & les trois consonnes *l s* & *t*, qui conduiront à découvrir des mots composés d'un plus grand nombre, tel par exemple que le mot *lettré*,

ou

---

[1] Les combinaisons qu'il faudroit faire pour déchiffrer en d'autres langues, sont différentes, eu égard aux lettres qui en composent particulièrement les monosyllabes.

où tout se trouvera connu, excepté la lettre *r*; celui *cette*, où tout sera connu, excepté la lettre *c*; celui *ville*, où tout sera connu, excepté la lettre *v*: enfin, lorsqu'on sera parvenu à connoître sept à huit signes, on trouvera facilement les autres en examinant quelles sont les lettres qu'il convient mettre entre celles qui sont déjà connues, pour en former des mots; & en peu de temps on composera une clef qui servira à déchiffrer très-facilement toute la lettre.

Nota. Lorsque la lettre écrite en chiffres est composée d'un trop petit nombre de mots, il faut d'autant plus de temps pour la déchiffrer qu'il s'y trouve moins de combinaisons à faire; elle devient encore fort difficile, lorsque les signes changent pour exprimer une même lettre, ce qu'on reconnoît lorsqu'ils excèdent le nombre des lettres dont est composé l'alphabet.

Manière d'écrire en chiffres avec le chaffis.

Cette manière d'écrire en chiffres est aussi simple qu'elle est courte & facile, il ne s'agit que d'avoir un chaffis de papier découpé sur la longueur des lignes, comme le désigne la *fig. 7, pl. 1.* (*Traits occultes ou trompeurs.*) & dont celui à qui on écrit doit avoir un pareil: on pose ce chaffis sur une feuille de papier à lettre de même grandeur, & on transcrit dans les ouvertures ce qu'on desire demander: après avoir écrit la lettre suivant cette méthode, on lève le chaffis, & dans les intervalles qui se trouvent entre chacun de ces mots, on en écrit d'autres pour remplir les vuides, en observant de tâcher qu'ils puissent du moins former quelque sens avec ceux qui ont été transcrits à travers le chaffis.

Celui auquel on envoie cette lettre met au-dessus de chaque feuillet un chaffis pareil qu'il a par-devers lui, & lit aussi-tôt ce qu'on lui a mandé.

Il est assurément fort facile de déchiffrer ces sortes de lettres, quoiqu'on en ignore la clef; il ne s'agit, pour y parvenir, que d'en comparer successivement les premiers mots avec ceux qui suivent, jusqu'à ce qu'on découvre quels sont ceux qui, joints ensemble, forment un sens naturel & suivi. Lorsqu'on sera parvenu à déchiffrer ainsi la première page, on pourra, pour abréger, construire d'après cette même page, un chaffis semblable à celui dont on s'est servi, au moyen duquel on déchiffrera tout de suite les autres pages de la lettre.

Mufique parlante, ou écriture en mufique.

Divisez sur un quarré de carton ABCD (*fig. 1, pl. 2. Traits occultes ou trompeurs.*) le cadran EFGH, divisé en vingt-six parties égales entre elles, & dans chacune desquelles vous transcrirez les lettres de l'alphabet; ayez un autre cadran ILMN, mobile au point O, & concentrique à ce premier cadran; divisez-le en un même nombre de parties égales; ce dernier cadran doit être réglé circulairement comme un papier de mufique: marquez dans chacune de ces vingt-six divisions des notes de mufique, différentes les unes des autres, quant à leurs figures, ou à la position que vous leur donnerez. Tracez aussi dans l'intérieur du cadran les trois clefs de la mufique; & autour des divisions du cadran, les différens chiffres dont on est d'usage de se servir pour en exprimer le mouvement.

Lorsque vous aurez fixé une des divisions quelconques du cadran extérieur EFGH, de manière qu'elle se trouve parfaitement vis-à-vis une de celles du cadran intérieur ILMN, où sont placées les notes de mufique, chacune des lettres de ce premier cadran répondra exactement à une note différente, & à une des trois clefs à un des différens mouvemens de la mufique.

Ufage de ce cadran.

Prenez une feuille de papier réglé, tel que celui dont il est d'usage de se servir pour noter la mufique, & disposez à votre volonté les deux cadrans (qu'on suppose être comme le désigne la *fig 1. pl. 2. ibid.*) & vous vous en servirez alors pour transcrire votre lettre en cette sorte.

Placez d'abord en tête de la première ligne de cette lettre en mufique, celle des trois clefs qui correspond aux mouvemens indiqués, telle qu'ici la clef de *g re sol*, qui répond au mouvement $\frac{2}{4}$; afin que cette première indication serve de règle à celui auquel vous écrirez pour disposer de la même façon, (& avant de déchiffrer votre lettre) le cadran semblable qu'il a par-devers lui. Vous noterez ensuite sur ce papier réglé, toutes les notes qui sur ce cadran, répondent aux lettres dont sont composés les mots du discours que vous voulez transcrire; comme il est aisé de voir par la 2. *fig.* de cette même *pl* 2. où l'on a mis au-dessous de chaque note la lettre qui y a rapport, conformément à la disposition supposée donnée au cadran (*voyez fig. 1.*) Cette lettre étant entièrement transcrite suivant cette méthode, sera en état d'être envoyée à la personne pour laquelle elle est destinée, qui connoîtra par la clef de mufique qui sera en tête de la première ligne, & par le chiffre qui en désignera le mouvement, qu'elle est la disposition qu'elle doit donner au cadran semblable qu'elle a par devers elle, pour parvenir à déchiffrer & lire cette lettre; ce qu'elle fera très-aisément en substituant en place de chaque note qui s'y trouvera désignée, la voyelle ou consonne qui y répond.

Nota. Cette écriture en chiffres, peut se déchiffrer

frer fans clef par la même méthode que celle enfeignée ci-devant ; mais on peut la rendre beaucoup plus difficile en changeant de clef (1) à plufieurs reprifes.

Elle eft auffi plus cachée que la précédente ,
fur-tout fi on a attention à partager par mefure
cette *mufique parlante* ; comme on a fait à la figure
deuxième , on peut auffi indiquer les premières
lettres des mots en y ajoutant un *diefe* ou un *bemol*
qui ferve à les faire diftinguer ; cette précaution
facilitera beaucoup celui auquel on écrit , &
contribuera à donner à cette forte de lettre une
apparence de mufique réelle.

Singulière manière d'écrire en chiffres.

Il faut , premiérement , avoir un jeu de cartes,
& difpofer toutes les figures dont il eft compofé
dans un ordre quelconque , dont on foit convenu
avec celui auquel on doit écrire. Secondement,
on doit auffi déterminer avec lui l'ordre du mêlange qui doit fe faire de ces cartes.

Ces deux chofes ayant été réglées ; celui qui
aura quelque chofe à mander à l'autre , écrira à
l'ordinaire fa lettre fur un papier , & difpofant
enfuite le jeu de cartes dans l'ordre qui a été
convenu , il les mêlera , & écrira fur chacune
d'elles (à commencer par la première qui fe trouvera alors deffus le jeu) fucceffivement toutes les
lettres qui compofent ce qu'il a écrit fur ce papier ; & lorfqu'il aura placé une lettre fur chacune de ces cartes , il les mêlera de nouveau ,
toujours dans le même ordre & fans y rien changer ; après quoi il continuera de placer de même
toutes les lettres qui fuivent , réitérant cette
même opération , jufqu'à ce qu'il ait tranfcrit
toutes celles qui compofent ce qu'il a deffein de
mander. Il doit auffi avoir attention à mettre un
point après chacune des lettres qui terminent un
mot , afin de pouvoir indiquer par-là , à celui
auquel il écrit , la féparation de tous les mots
qui compofent fa lettre.

On fuppofe qu'on foit convenu de fe fervir
d'un jeu de piquet de trente-deux cartes , difpofé
dans l'ordre qui fuit , & de mêler ce jeu , en
mettant alternativement à chaque mélange trois
cartes au-deffus des trois premières , & trois au-
deffous. Le jeu étant remis dans fon premier
ordre , chaque carte fera chargée des lettres ci-
après.

On fuppofe encore que le difcours fuivant eft

celui dont eft compofé la lettre qu'on veut écrire
en chiffres.

*Je connois trop , monfieur , l'intérêt que vous pre-
nez à tout ce qui peut augmenter ma félicité , Four
retarder plus long-tems à vous confier le deffein que
j'ai formé de m'unir par les liens les plus facrés à la
famille de , &c.*

Ordre des cartes convenu entre ceux qui s'écrivent.	Lettres du difcours ci-deffus daus l'ordre qu'elles doivent fe trouver fur chacune des cartes.
Mélange.	1. 2. 3. 4. 5. 6.
As de Pique,....	n r t i l c
Dix de Carreau..	s e a n. u r
Huit de Cœur...	i n r q. s e
Roi de Pique....	p. p a n n é
Neuf de Trefle. ,	m e f f s s.
Sept de Carreau..	o u e i l a.
Neuf de Carreau.	e t. s. t t l
As de Trefle....	u a l e e a
Valet de Cœur..	r. u o m s. f
Sept de Pique....	t e i s. n a
Dix de Trefle.,..	r s. t c i m
Dix de Cœur....	o a. e o r, i
Dame de Pique..	l' u p s m. l
Huit de Carreau.	i s. o s e. l
Huit de Trefle...	n p u e d e
Sept de Cœur...	o q p u f d
Dame de Trefle..	t u l e. o e.
Neuf de Pique..	s. i. u j n. &
Roi de Cœur....	t g e e e.
Dame de Carreau..	e m r. r. m
Huit de Pique,...	r e m l. u
Valet de Trefle..	o t d- p. p
Sept de Trefle...	n o e. s. a
As de Cœur.....	n u r. a. r.
Neuf de Cœur...	e e. r. v l
As de Carreau....	s v r o i
Valet de Pique...	t. o e u e
Dix de Pique....	J. t. l e. e
Roi de Carreau...	e c i d s
Dame de Cœur...	c e. c e p
Roi de Trefle....	q n n a s
Valet de Carreau..	n t g y. a

Toutes les lettres qui compofent les mots de
la lettre qu'on veut écrire ayant été féparément
tranfcrites fur ces trente-deux cartes comme il
vient d'être enfeigné , on mêlera indiftinctement

(1) On entend ici par changer de clef, difpofer le
cadran, de façon qu'une des trois clefs de la mufique
réponde à un temps ou mouvement différent, ce qui
peut s'exécuter à plufieurs reprifes dans la même lettre,
en l'indiquant comme il a été dit.

ce jeu de cartes, & on l'enverra à celui auquel on écrit.

Manière de lire cette lettre.

Celui qui recevra cette lettre, ou plutôt ce jeu de cartes, le disposera d'abord (eu égard à la figure des cartes) dans l'ordre qui a été convenu; il en fera un premier mélange, & transcrira alors successivement & de suite, toutes les premières lettres qui se trouvent les premières en tête de chacune de ces trente-deux cartes, ayant attention de ne pas les déranger de leur ordre; après quoi il les mêlera de nouveau, & recommencera cette même opération, jusqu'à ce qu'il les ait toutes transcrites, & ces lettres formeront naturellement le discours contenu dans la lettre en chiffres qui lui a été adressée.

Nota. On peut écrire toutes les lettres portées sur ces cartes, avec une des encres sympathiques, décrites dans cet ouvrage, alors il ne sera pas facile de connoître que ce jeu de cartes est effectivement une lettre écrite en chiffres.

Il n'est assurément pas impossible de déchiffrer une lettre écrite suivant le principe ci-dessus, sans en connoître la clef; mais à coup sûr, il faudroit y employer beaucoup de tems: il en est de même de toutes les autres manières d'écrire en chiffres qui donnent toutes plus ou moins d'accès aux combinaisons que l'on peut faire pour parvenir à les déchiffrer sans clef.

Explication d'une écriture en chiffres, rapportée par M. Decremps.

Voici comme il s'exprime.

M. Laval écrivit secrettement avec des caractères de son choix un billet, dont lui seul connoissoit le sens. Deux jeunes-gens vinrent me voir, pour me prier de lire ce billet qui étoit écrit de cette manière (*fig.* 3 & 4. *pl.* 7. de magie blanche tome VIII des gravures.)

Je demandai une demie-heure pour y réfléchir; bientôt après M. Laval arriva avec d'autres jeunes gens qui avoient parié pour ou contre. J'ai pris la liberté, me dit M. Laval, de ne pas croire tout ce que la renommée publie de vos talens. Monsieur, lui dis-je, je fais le contraire à votre égard, car on dit seulement que vous pâlissez sur les livres de métaphysique, & cependant je vous regarde comme un amateur de la belle poésie. Comment le savez-vous, me dit M. Laval. N'importe comment je le fais, lui répondis-je, mais convenez que vous lisez quelquefois des vers anacréontiques. M. Laval qui avoit copié dans son billet une traduction de quelques vers d'Anacréon, comprit bien que j'avois déchiffré son écriture; il fut très-surpris

quand il m'entendit la lire de la manière suivante.

La nature pour partage
A tout petit animal
A donné quelque avantage
Pour le garantir du mal;
Les deux ailes aux oiseaux,
Les deux cornes aux taureaux,
A la biche la vitesse, &c.

M. Laval, pour m'embarrasser, ou peut-être pour me faire parler sur les moyens que j'avois employés pour lire son écriture & lui faire perdre son pari, me dit que ce n'étoit pas là ce qu'il avoit écrit, & que son billet contenoit une strophe de l'ode à la fortune, par Jean-Baptiste Rousseau:

Montrez-nous, guerriers magnanimes,
Votre vertu dans tout son jour, &c.

Mais je lui fis observer que c'étoit impossible, 1°. parce que cette strophe commence par un mot de sept lettres, & que le premier mot de son billet n'étoit composé que de deux caractères; 2°. parce que dans la strophe de Rousseau, le troisième & le quatrième mots commencent par des lettres différentes, tandis que le troisième & quatrième mots commençoient dans son billet par la même lettre.

En multipliant ainsi ces observations, je lui prouvai que rien ne pouvoit cadrer avec la combinaison de ses caractères, excepté le vers que je viens de citer; alors M. Laval, en avouant le fait, comprit bien que j'avois une marche certaine pour déchiffrer ces sortes d'écritures par des raisonnemens, des suppositions & des combinaisons.

Voici quelques-uns des raisonnemens que je fis pour lire cette écriture:

La lettre de l'alphabet qui, dans ce chiffre, est exprimée par un oiseau, est vraisemblablement une voyelle parce qu'elle est très-multipliée: d'ailleurs, comme elle est seule dans un mot, (*ligne* 4 & *ligne* 6) ce n'est pas une des voyelles, *e, i, u*: donc c'est un *a*, un *o*, ou un *y*; or ce n'est ni un *y*, ni un *o*, parce que ces deux voyelles ne se trouvent jamais (ou presque jamais) à la fin d'un mot de deux lettres, & cependant celle dont il s'agit est ainsi placée dans le premier mot au haut de la page: donc c'est un *a*; donc le premier mot est un des suivans, *ma, ta, sa, la*; & par conséquent la lettre exprimée par un serpent est une des suivantes *m, t, s, l*; or il n'est pas vraisemblable que ce soit une *m*, un *t* ou une *s*, parce qu'alors le dernier mot de la première page & le dernier de la cinquième ligne finiroient par *am*, *as* ou *at*, ce qui arrive rarement; il paroît donc plus naturel de supposer que ces deux mots finissent par *al*, & dans le cas, ce serpent exprime un *l*. Le dernier mot de la cinquième ligne, qui commence par *a* & finit par *al*, & qui a six lettres ne peut pas être *Annibal* ou *Asdrubal*, parce que ces deux mots ont plus de six lettres; ce ne peut pas être non plus le mot *amical*, quoique celui-ci n'ait que six lettres comme celui dont il s'agit, parce que le mot en question ayant ses trois dernières lettres qui seules forment un mot au bas de la page, si le mot dont il s'agit étoit *amical*, le dernier mot de la page seroit *cal* qui ne signifie rien; il est donc plus naturel de supposer que ces deux mots sont *mal* & *animal*. Par ce moyen je connois les deux voyelles *a*, *i*, & les trois consonnes *l*, *m*, *n*. La voyelle *e*, (exprimée par la tête du profil) n'est pas plus difficile à connoître, parce que c'est le signe le plus multiplié. Ces six premières lettres conduisent facilement à la connoissance des autres dans les mots où les connues sont combinées avec des inconnues; par exemple, le mot de cinq lettres qui finit la quatrième ligne & commence la cinquième est bien facile à lire; car, puisqu'on y voit la lettre *i* (exprimée par un verre à patte) précédée & suivie d'une même consonne, il est évident que cette consonne ne peut être une des suivantes *b*, *c*, *d*, *f*, *g*, &c. parce qu'alors le mot finiroit par *bib*, *cic*, *did*, *fif*, *gig*, &c. ce qui n'arrive point en françois; donc cette consonne ne peut être qu'une *n* ou un *t*; c'est-à-dire que le mot finit par *nin* ou par *tit*; mais le mot ne peut pas finir par *nin* comme *benin*, parce que je n'y vois pas la lettre *n* que je connois déjà; donc il finit par *tit*, & comme ces trois lettres sont précédées d'un *é* que je connois, comme d'ailleurs le mot est de cinq lettres, il s'ensuit de-là que c'est le mot *petit*.

Je ne crois pas devoir m'étendre davantage sur ces raisonnemens qui pourroient être insuffisans pour certains lecteurs, superflus pour d'autres & fastidieux pour tous; j'avertis seulement que l'art de déchiffrer est infiniment plus difficile quand le chiffre est à double clef, c'est-à-dire, lorsqu'on y a inséré des caractères inutiles auxquels il ne faut pas faire attention dans la lecture, ou quand on a changé d'alphabet à chaque mot, pour que chaque lettre fût exprimée successivement par différens signes.

Des signaux.

Il est une autre manière de se communiquer réciproquement & secrettement ses pensées à des distances même éloignées, par le moyen des signaux; celui dont on donne ci-après la description, peut être employé indifféremment le jour

ou la nuit; il est fort simple, en ce que six figures différentes, suffisent par leurs diverses positions, pour exprimer les vingt lettres les plus usitées de l'alphabet (1) : on peut se servir de ces signaux à la distance de deux ou trois lieues, & même fort au-delà, selon la disposition où l'on se trouve pour les placer. Cette invention peut aussi avoir son utilité dans des circonstances importantes où l'on voudroit donner des avis dans des endroits où il ne seroit pas possible d'aborder. Etant placés en nombre dans toute l'étendue d'un royaume, il seroit facile par leur moyen de faire parvenir en très-peu de tems des avis ou des ordres dans toutes les provinces, d'annoncer les grands événemens, & généralement tout ce qu'il seroit important de faire connoître promptement & secrettement.

Nota. Comme on ne s'est proposé dans cet ouvrage que des objets d'amusemens, on n'appliquera ici ce signal qu'à l'entretien secret que désireroient avoir entr'elles deux personnes éloignées de quelques lieues; d'ailleurs, cette description suffira pour faire connoître de quelle manière il faudroit l'employer pour la faire servir à des objets d'utilité.

Manière de s'entretenir secrettement à des distances éloignées.

Faites faire les six chassis quarrés & couverts de carton A, B, C, D, E, F, (*fig. 3. pl. 2 Traits occultes ou trompeurs*); donnez-leur un pied & demi pour la longueur de chacun des côtés ou même davantage, si la personne avec laquelle vous voulez vous entretenir, est éloignée de vous de plus d'une lieue.

Découpez sur chacun de ces six chassis les signes qui y sont désignés (*voyez fig. première, pl. 2*), & couvrez cette partie découpée d'un papier très-mince & huilé.

Désignez aussi sur chacun des côtés de ces six chassis, les vingt lettres de l'alphabet, comme il est indiqué.

Ayez un autre chassis A B C D. (*fig. 4. même planche*) qui soit ouvert en E, & sur lequel soient ajustées haut & bas les deux doubles coulisses A B & C D, entre lesquelles doivent couler de tous sens, les chassis découpés, ci-devant décrits.

Placez ce chassis A B C D, dans un endroit élevé, d'où il puisse être apperçu de la personne avec laquelle vous désirez vous entretenir, la-

---

[1] Toutes les lettres de l'alphabet pouvant être désignées par ces six chassis, cela abrège beaucoup l'opération.

quelle doit auſſi avoir de ſon côté un ſemblable chaſſis & ſix cartons également diſpoſés.

Ayez chacun une lunette de deux à trois pieds de long, ou un teleſcope de 6 à 8 pouces, monté ſur ſon pied, & qui ſoient fixés réciproquement vers les chaſſis A B C D.

Chacun des ſignes indiqués ſur ces ſix tablettes, pouvant prendre quatre diſpoſitions, eu égard aux diverſes manières de les placer entre les couliſſes A B & C D, du grand chaſſis A B C D, il en réſulte qu'ils ſuffiſent pour indiquer les lettres de l'alphabet, comme il eſt aiſé de voir par la *fig. cinquième de cette même planche*, où leurs différentes poſitions ſe trouvent toutes réciproquement indiquées.

Il ſuit auſſi, que ſi on place derrière ce grand chaſſis, vis-à-vis l'endroit E, & à un pied de diſtance, une forte lumière, le ſigne indiqué ſur le chaſſis qu'on placera en F, paroîtra dès-lors très-lumineux, & pourra être facilement & très-diſtinctement apperçu, au moyen de la lunette ou teleſcope que celui avec lequel on veut communiquer, dirigera vers cet endroit, comme il a été dit ci-devant.

On placera ſur le chaſſis A B C D, (*fig. 4.*) celui des ſix chaſſis, où ſe trouve le ſigne qui exprime la première lettre de l'avis qu'on veut donner, & on le laiſſera en cette place, juſqu'à ce que la perſonne avec laquelle on s'entretient, ait, par un ſignal convenu, fait connoître qu'elle eſt préparée à examiner les ſignaux. Alors on placera ſucceſſivement les chaſſis dans la diſpoſition néceſſaire pour lui indiquer tous les ſignes qui déſignent chaque lettre de l'avis qu'on doit avoir écrit d'avance ſur un papier. On obſervera de laiſſer un intervalle de temps ſuffiſant, entre le changement des chaſſis, afin que celui avec lequel on s'entretient, ait le temps de remarquer & de tranſcrire à chaque ſigne la lettre qu'il indique, ce qu'il peut faire connoître auſſi par quelque ſignal.

« Il eſt aiſé de concevoir, que, ſi on vouloit ſe ſervir d'un pareil ſignal pour faire paſſer un avis à une grande diſtance, il faudroit premièrement placer des ſignaux ſemblables entr'eux, ſur les hauteurs les plus à portée; deuxièmement, afin de les faire paſſer avec promptitude, il conviendroit d'avoir à chacun de ces endroits, deux ſignaux, l'un pour recevoir l'avis donné, & l'autre pour le tranſmettre de diſtance en diſtance; ce qu'on devroit faire, ſans attendre que dans chaque endroit l'avis eût été reçu en entier.

Il ſeroit même eſſentiel de les placer dans une eſpèce d'enfoncement ſuffiſant, pour que ces ſignaux ne puiſſent être apperçus que de ceux qui ſeroient chargés de les tranſmettre.

Ecriture myſtérieuſe par un ruban.

Les deux perſonnes qui ſont en correſpondance ſecrette doivent avoir chacune une règle diviſée & marquée *fig.* 2, *pl.* 10, *de Magie blanche, tome* 8 *des gravures.*

Celui qui voudra écrire à l'autre ſe ſervira d'un ruban, d'une ficelle ou d'un fil qu'il fixera aux deux extrémités de la règle, aux deux endroits marqués par des points vers le point *a* & le point Z; alors il marquera ſur le ruban ou ſur le fil, ſoit par un nœud, ſoit avec de l'encre, la première lettre qu'il voudra indiquer; enſuite il portera à l'extrémité de la règle vers le point *a* le nœud ou la marque qui exprime la première lettre; & le fil ou le ruban étant toujours tendu vers l'extrémité Z, on marquera de même la ſeconde lettre du diſcours qu'on veut annoncer.

On continuera de même juſqu'à ce qu'on ait marqué par des nœuds ou par des taches d'encre toutes les lettres dont on a beſoin.

Le correſpondant qui reçoit le fil ou le ruban lira facilement cette ſingulière lettre en appliquant le fil ou le ruban ſur une règle pareille, & en écrivant ſucceſſivement ſur le papier les lettres indiquées ſur la règle par les nœuds ou les taches d'encre.

Nota. Deux perſonnes qui ne veulent pas ſe donner la peine de faire de pareilles règles peuvent tout ſimplement ſe ſervir d'un pied-de-roi & prendre différentes longueurs du ruban pour exprimer chaque lettre; par exemple, un demi-pouce pour la lettre *a*, deux demi-pouces pour la lettre *b*, &c.; mais, ſi on vouloit, en ſe ſervant de deux pieds-de-roi faire une lettre indéchiffrable pour ceux même qui connoiſſent ce moyen d'écrire, il faudroit convenir d'indiquer chaque lettre par un nombre de pouces qui ne correſpondît pas au rang que la lettre occupe dans l'alphabet; par exemple, marquer le *c* troiſième lettre de l'alphabet, non par des nœuds éloignés de trois demi-pouces, mais de ſept à huit. Pour cela, il ſeroit bon d'avoir les lettres arrangées de cette manière avec des chiffres correſpondans au nombre de demi-pouces qui expriment chaque lettre:

n	r	v	q	k	i	o	m	h	f	t	ſ	u	x	y
1	2	3	4	5	6	7	8	9	10	11	12	13	14	15

l	e	a	d	c	z	b	p	g.
16	17	18	19	20	21	22	23	24.

Au reſte, cette manière d'écrire, quelque compliquée qu'elle paroiſſe & quelque difficile qu'elle ſoit à déchiffrer, ne ſeroit cependant pas indéchiffrable pour celui qui n'en auroit pas la clef, c'eſt-à-dire, qui n'auroit point les lettres numérotées comme ci-deſſus; il faudroit donc, dans une matière très-intéressante, convenir, avec le correspondant, d'exprimer, à chaque mot, par des nœuds, un certain nombre de lettres inutiles dont on feroit abstraction dans la lecture. (DEGREMPS).

Moyen d'apprendre aux enfans à lire, écrire, dessiner.

Voici un moyen très-simple d'enseigner, sans frais à ses enfans, à lire, écrire, dessiner, &c.

On coupe un quarré de verre de Bohême qu'on dépolit d'un côté en le frottant avec une pierre plate de grais & du sable bien humecté. Sous ce verre on place des exemples en gros & beau caractère; l'enfant trace avec un crayon ordinaire, sur le côté dépoli les lettres que l'on distingue encore parfaitement; on essuie ensuite les lettres & il recommence.

Après cela, on lui fait essayer de tracer sur le papier les mêmes lettres avec une plume & de l'encre. L'enfant apprend ainsi en même-temps à lire & écrire. Il pourra même apprendre à dessiner plusieurs objets, une carte de géographie, &c. Il prendra connoissance de la fable, de l'histoire naturelle, &c.

On a prouvé que par cette méthode un enfant pourroit en huit jours de temps fort bien connoître la position des principaux états du monde.

Moyen d'écrire pendant la nuit.

On a imaginé depuis quelque temps des tablettes d'ivoire pour écrire pendant la nuit: ces feuilles d'ivoire entrent sous un cadre, dont les espaces évidés servent à diriger la main, de manière que le crayon en écrivant ne puisse s'éloigner de la ligne droite.

ÉCRITURE EN OR : (voyez ENCRE D'OR.)

ÉCRITURE SUR VERRE. Faites enduire un verre avec des couleurs fondantes, par un peintre sur verre; quand il aura été ainsi préparé, vous pourrez écrire dessus avec une plume fine, comme vous feriez sur du parchemin; mettez ensuite votre verre au feu, l'écriture y restera pour toujours, sans que l'eau ni le feu puissent y faire la moindre altération.

ÉCRITURE BLANCHE ET DURABLE SUR DU VERRE. Prenez une dragme de blanc de céruse que vous délayerez dans de l'eau claire; formez avec cette pâte de petites tablettes que vous ferez sécher au soleil; mettez-les ensuite sur une pierre; ajoutez de bonne huile de lin, & trois gouttes de vernis; broyez le tout de manière que l'on puisse s'en servir pour écrire; formez des caractères autour d'un verre ou d'un autre vaisseau, rouges, bleus ou de toute autre couleur; cette

écriture durcira avec le temps, au point que l'eau ne pourra point l'effacer.

Encre avec laquelle on peut écrire sur un verre par le moyen des rayons du soleil.

Dissolvez de la craie dans l'eau forte jusqu'à consistance de lait; versez-y une bonne dissolution d'argent; gardez le tout dans une bouteille de verre blanc qui soit bien bouchée; lorsque vous voudrez vous en servir, découpez des lettres à jour sur un morceau de papier, & le collez sur un des côtés de cette bouteille; exposez la au soleil, de manière que ses rayons puissent passer au travers de l'ouverture des lettres sur la surface de cette liqueur; alors l'endroit éclairé où se trouvera la liqueur se noircira, & le reste demeurera blanc. Observez de ne point remuer la bouteille pendant le temps que dure cette opération.

Crayon sympathique pour écrire sur le verre.

Formez un crayon avec de la craie d'Espagne ou du vitriol de Chypre; servez vous-en pour écrire sur une glace ou morceau de verre, & effacez l'écriture avec un linge; lorsque vous voudrez la faire paroître, il suffira d'haleter dessus cette glace, cette écriture paroît & disparoît à plusieurs reprises. On peut en faire usage pour différentes récréations.

Moyen de faire revivre la vieille écriture.

Il est de vieux titres, de vieux actes, des chartes, des manuscrits de plusieurs siècles, qu'on veut consulter, soit par curiosité, soit pour s'éclaircir sur des affaires importantes, mais l'écriture en est quelquefois presque tout-à-fait effacée, il y a souvent des lignes entières qu'on ne peut parvenir à lire. Un bénédictin a imaginé une liqueur qui fait revivre ces anciens manuscrits, redonne aux caractères presque entièrement effacés leur forme, & les fait reparoître sous leur première fraîcheur. Cette liqueur est des plus faciles à faire & à appliquer sur l'écriture.

On choisit un pot qui puisse tenir trois chopines d'eau; on prend des oignons blancs dont on enlève l'enveloppe la plus épaisse; on les coupe en morceaux minces, on en emplit environ les trois-quarts du pot, que l'on achève de remplir avec de l'eau; on y met trois noix de galle concassées; on fait bouillir le tout pendant une heure & demie, & on y ajoute environ gros comme une noisette d'alun de glace; ensuite on passe le tout dans un linge, en exprimant fortement tout le suc des oignons, & on réserve cette liqueur qui, lorsqu'elle est froide, a le coup-d'œil de l'orgeat,

Lorsqu'on veut en faire usage, on la fait chauffer, & elle devient claire; on y trempe un linge ou un papier que l'on applique sur la feuille dont on veut faire revivre l'écriture; on approche ensuite l'écriture du feu pour que la liqueur pénètre mieux la premiere empreinte, & l'on a le plaisir de voir revivre les caractères avec tout leur éclat. Si on n'a que quelques mots d'effacés, on fait chauffer un peu de liqueur dans une cueiller d'argent, & on l'applique de la maniere qu'on vient d'expliquer.

Voici un autre procédé encore plus simple; il consiste à mettre dans un demi-poisson d'esprit-de-vin, 5 ou 6 petites noix de galles réduites en poudre; on présente ensuite le parchemin ou le papier dont on veut faire revivre l'écriture à la vapeur d'esprit-de-vin que l'on fait chauffer, & ensuite on passe sur l'écriture un pinceau ou du coton que l'on a trempé dans le mélange d'esprit-de-vin & de noix de galle. On peut encore si l'on a de vieux papiers ou parchemins dont on ne puisse plus lire l'écriture du tout, ou sans beaucoup de peine, les tremper totalement dans l'eau où l'on aura fait dissoudre de la couperose, & on les laissera sécher; la couperose en fera reparoître l'écriture avec un air neuf.

Il arriveroit la même chose si on les trempoit dans de l'eau où l'on auroit fait infuser de la noix de galle; l'une & l'autre de ces drogues ont le même effet pour faire ressortir l'écriture: mais il faut bien se donner de garde de tremper le papier ou le parchemin dans l'une & l'autre ensemble; car alors il deviendroit tout noir, & il seroit absolument perdu, parce que c'est le mélange des esprits de ces deux matieres qui fait la base de l'encre à écrire, & qui en forme la couleur.

L'eau simple quelquefois fait assez reparoître l'écriture pour la pouvoir lire. Mettez le parchemin effacé par le temps dans un seau d'eau de puits fraîchement tirée; au bout d'un instant retirez le titre; mettez-le sous presse entre deux papiers, pour l'empêcher de se raccornir en séchant; lorsqu'il sera bien sec, s'il n'est pas encore bien lisible, recommencez l'opération jusqu'à trois fois, l'encre revient dans son premier état, le parchemin ne change point de couleur, & en acquiert une uniforme. Ce secret est inséré dans le supplément à la diplomatique pratique de le Moine.

On dit s'être servi avec succès pour le même usage d'un oignon coupé par le milieu, & trempé dans le vinaigre; on ne fait qu'en imbiber légerement ce que l'on veut lire.

Maniere de faire disparoître l'écriture sur le papier & parchemin.

On prétend qu'il faut prendre deux dragmes

de chair de lievre brûlée, & pulvérisée, avec 4 dragmes de chaux vive aussi pulvérisée, mêler le tout ensemble, le mettre sur le papier ou parchemin, & l'y laisser pendant un jour & une nuit; toutes les lettres se trouveront effacées. Il y a lieu de croire que la chaux vive toute seule, ou peut-être mêlée avec une cendre animale quelconque ou des os calcinés réduits en poudre, produira le même effet. On sait aussi que les acides légerement affoiblis, dissolvant les particules métalliques du fer qui donnent la couleur noire à l'encre, ont la propriété de faire disparoître l'écriture. Il faut prendre, dit Kunkel, une demi-once d'ambre jaune ou gris, la broyer dans une once d'huile de vitriol ou d'eau forte; passer ensuite avec un pinceau de ce mélange sur chaque lettre qui sera aussi-tôt emportée: mais il faut ensuite y mettre un peu d'eau, sans quoi le papier deviendroit jaune.

ELECTRICITÉ.

Si les merveilles de l'*électricité* ont occupé depuis plus de cinquante années les plus habiles physiciens, elles ont été aussi pour quantité d'autres personnes un objet d'amusement aussi curieux qu'agréable & instructif. En effet, le spectacle étonnant de ces nouveaux phénomènes ne pourroit qu'exciter dans les uns le desir d'en pénétrer les causes, & dans ces derniers, celui d'en connoître les effets. Quoi qu'il en soit, on ne peut disconvenir que si cette partie intéressante de la physique doit beaucoup aux recherches approfondies & aux expériences multipliées des savans qui nous ont précédé, & qui existent actuellement; il n'est pas moins constant que ceux qui ont voulu seulement s'en récréer, ont contribué à la découverte de plusieurs effets qui ont conduit ces premiers à sonder plus avant dans des mystères qui sembloient passer l'étendue de leurs connoissances (1).

L'expérience la plus célebre (2), qui jettant un jour nouveau sur la cause de ces phénomènes, a pour ainsi dire fait sortir l'*électricité* de l'obscurité dont elle étoit encore enveloppée, n'a-t-elle pas été l'effet du hazard & ne peut-on pas en conclure que ceux qui cherchent à varier les effets de l'*électricité*, en les appliquant à des objets d'amusemens, pourront procurer (par les expériences qu'on leur voit journellement tenter) quel-

(1) Peut-être n'y a-t-il pas une seule branche de science où on ait si peu dû au génie & plus au hasard; de sorte que ceux qui donneront un peu d'attention à cette science ne doivent pas désespérer d'ajouter quelque chose de nouveau au fond des découvertes électriques.

(2) L'expérience de Leyde, découverte par M. de *Muschembroeck.*

ques nouvelles lumières , dont les physiciens plus initiés qu'eux dans les secrets de la nature , ne manqueront pas de profiter , pour développer des causes , qui , comme plusieurs d'entr'eux l'ont déja pensé, tiennent sans doute au système général.

Maximes générales pour les opérations électriques.

Le tems le plus sec , & particulièrement lorsqu'il est à la gelée , est le plus favorable pour toutes les opérations *électriques* où il est nécessaire d'une grande abondance de ce fluide; à défaut on peut s'en procurer , en allumant un bon feu dans la chambre où est placée la machine , & en faisant chauffer & sécher les coussins , & la machine même: on peut encore l'augmenter avec l'amalgame d'étain & de mercure , mêlé avec de la craie ou blanc d'Espagne.

Cet amalgame produit assez souvent sur le plateau des petites taches noires , & d'une substance raboteuse , qui , avec le tems, s'agrandissent & s'y amassent en assez grande quantité : il est essentiel de les ôter avec soin , à mesure qu'ils paroissent, sans quoi elles nuiroient aux effets de l'*électricité*.

Il se forme quelquefois une incrustation assez épaisse de cet amalgame , qui s'étend sur les coussins ; mais loin de leur nuire elle sert à les bonnifier : si on la gratte un peu , elle augmente encore beaucoup l'*électricité* & dispense par ce moyen d'y mettre de nouvel amalgame.

Comme la matière électrique est fournie au conducteur par les coussins , il semble nécessaire qu'ils communiquent à leur tour avec des corps qui soient bons conducteurs , & sur-tout avec le plancher , lorsqu'il n'est pas trop sec , afin qu'ils en puissent tirer une plus grande quantité d'*électricité* & la rendre au plateau.

Les coussins doivent être ronds , & avoir pour diamètre le quart ou même le tiers de celui du plateau ; il ne faut pas qu'ils serrent trop fortement , cela ne serviroit qu'à exposer le plateau à être brisé , sans obtenir pour cela un plus grand effet : les plateaux sont encore sujets à se briser lorsqu'ils ne tournent pas bien ronds.

Lorsqu'on charge une bouteille , & que son crochet ou bouton étant éloigné d'une petite distance du conducteur , ne reçoit plus d'étincelles , elle est chargée alors autant qu'elle le peut être , eu égard à sa grandeur , & elle n'en peut acquérir une plus grande quantité.

Afin qu'il ne se perde aucune partie du fluide électrique que le plateau fournit au conducteur , il est essentiel que la machine n'ait dans sa construction aucune partie anguleuse qui puisse l'at-

tirer , & le conducteur aucune partie de même qui puisse le laisser échapper. Il faut même éloigner à deux ou trois pieds de la machine tous corps qui étant électriques par communication , présenteront des parties pointues & anguleuses.

Plus le plateau d'une machine est grand , plus aussi (toutes choses d'ailleurs égales) elle produit de fortes et longues étincelles , son atmosphère étant alors plus considérable ; cependant la commotion produite par une petite machine est toujours beaucoup plus piquante & plus sensible que celles que produisent les plateaux qui sont d'un fort grand diamètre (3).

En supposant qu'on ait chargé séparément & autant qu'il est possible deux bouteilles garnies , de différentes grandeurs , l'explosion sera plus forte sur la bouteille dont la surface est plus grande ; si au contraire on les chargeoit très-peu , la plus petite de ces bouteilles pourroit produire alors l'explosion la plus considérable.

Lorsque les jarres ou bouteilles sont garnies trop haut , & qu'elles viennent à se charger d'une certaine abondance de fluide électrique , elles sont sujettes à se décharger d'elles-mêmes.

Il ne faut employer les batteries électriques que dans des tems favorables à l'*électricité* , autrement il pourroit arriver qu'elles ne se chargeassent pas du tout ; attendu que dans des tems d'humidité elles perdent une bonne partie de l'*électricité* qui leur est fournie par le plateau , qui , dans ces mêmes tems, n'en recueille pas beaucoup de son côté.

Lorsqu'on décharge une bouteille , il ne faut pas poser l'excitateur sur l'endroit le plus foible , ce qui pourroit faire casser la bouteille , si l'explosion étoit forte. Si une bouteille est fêlée , elle ne peut jamais se charger , & même dans une batterie , il suffit qu'il y en ait une pour empecher toutes les autres de se charger.

A défaut de support de verre , on peut employer du bois frit & séché au four , mais il y a du choix dans la qualité de ceux qui peuvent servir ; en général les plus durs sont les moins électriques (1) ; quoiqu'on puisse se procurer de cette manière d'assez bons supports , cependant comme ils peuvent prendre de l'humidité peu-à-peu & devenir par conséquent mauvais , il faut , autant

---

(3) Il est à présumer qu'une machine composée de plusieurs plateaux de moyenne grandeur , seroit beaucoup plus violente pour la commotion qu'une autre composée d'un seul plateau , lequel seroit d'une grandeur égale à ces premiers joints ensemble.

(1) Le sapin qui est résineux est un des meilleurs qu'on puisse employer.

qu'il

qu'il eſt poſſible employer leſoufre, le verre ou la ſoie ; le ſoufre paroît être la ſubſtance la plus propre à iſoler.

Lorſqu'on charge une bouteille & principalement une batterie, il faut bien prendre garde à ne pas s'expoſer à en recevoir l'exploſion par quelque inadvertance, & ne pas s'aviſer ſur-tout de toucher pendant la charge le conducteur de la machine, ou ce qui le fait communiquer à la batterie, attendu qu'il pourroit arriver que le fluide électrique retournât par ce moyen à l'extérieur des jarres qui la compoſent, en ſuivant un chemin qu'on n'auroit pas prévu, & dans lequel ſe trouveroit celui qui l'auroit touché auſſi imprudemment.

Deſcription de la machine électrique ou à électriſer.

Lorſqu'on commença à cultiver la théorie de l'*électricité*, on ſe ſervoit uniquement pour l'exciter, d'un tube de verre de 3 pouces environ de diamètre, & de 25 à 30 pouces de longueur. On le frottoit dans ſa longueur & dans le même ſens avec la main nue, pourvu qu'elle fût bien ſeche, ou enveloppée d'un morceau de flanelle ou de drap ; on préſentoit enſuite ce tube à un corps qu'on vouloit électriſer. C'eſt ainſi que les Gray, les Dufay, ont fait leurs premières expériences électriques.

On a enſuite ſubſtitué à ce moyen celui d'un globe ſuſpendu avec de la poix entre deux mandrins de bois qui lui ſervoient d'axe, & qu'on faiſoit tourner rapidement avec une manivelle ou une roue ; on appliquoit la main ſeche à ce globe ; ou on le faiſoit frotter par un couſſinet : cela y excitoit l'*électricité*, qu'on recueilloit, pour ainſi dire, au moyen d'une frange métallique qui pendoit ſur le globe, ou autrement.

A ces machines a ſuccédé celle que nous allons décrire, qui eſt beaucoup plus ſimple ; auſſi a-t-elle comme banni des cabinets des phyſiciens la machine précédente.

La nouvelle machine électrique (*fig.* 1, *pl.* 4. *Amuſemens de phyſique*) eſt compoſée d'un bâtis formé d'un pied A, ſur lequel ſont élevés & aſſemblés deux montans B & C, affermis par le haut au moyen d'une pièce circulaire D. Ces deux montans doivent être plus ou moins hauts, ſuivant que le plateau circulaire de verre ſera d'un plus ou moins grand diamètre ; car il faut que le bord n'approche pas trop près ni du haut de cet aſſemblage, ni du bas.

C'eſt cette pièce circulaire de verre E qui eſt la pièce eſſentielle de la machine. Elle eſt percée dans ſon centre d'un trou aſſez grand pour y paſſer & aſſurer ſolidement un axe d'acier qui porte ſur les deux montans, & cet axe du côté C eſt

Amuſemens des Sciences.

prolongé en dehors, & terminé quarrément pour y emmancher une manivelle qui ſert à faire tourner cette glace.

Les deux montans portent enfin dans le haut & dans le bas deux couſſinets de cuir remplis de crin, enſorte que la pièce circulaire de glace, en tournant, ſoit frottée par ces couſſinets, à quelques pouces de ſon bord.

Enfin, ſur la partie alongée de l'empatement, eſt établi le conducteur, ſur un pied de verre en forme de colonne. Ce conducteur eſt une pièce cylindrique de cuivre, terminée d'un côté par une boule G du même métal, & formée de l'autre côté en un arc à peu près demi-circulaire, portant à chaque extrémité deux eſpèces de demi-globes H & I, qui préſentent à la glace leur baſe circulaire. Cette baſe circulaire eſt garnie de quatre pointes d'acier, aiguës & de même longueur. Le pied de ce conducteur peut avancer & reculer ſur l'empatement qui le ſupporte, de manière à approcher ou éloigner à volonté les pointes ci-deſſus décrites de la ſurface de la glace de verre ; car ce ſont ces pointes, comme on le verra, qui attirent & pompent, pour ainſi dire, le fluide électrique excité & mis en mouvement par le frottement des petits couſſins ſur la glace circulaire.

Lors donc qu'on voudra produire l'*électricité*, on placera la machine ſur une table ſolide, & on l'aſſurera par des vis. On fixera le conducteur enſorte que ſes pointes approchent de très-près la glace circulaire, & on la mettra en mouvement, en faiſant tourner la manivelle. Le conducteur donnera preſque ſur le champ des marques d'*électricité*, ſoit en produiſant des étincelles à l'approche du doigt, ſoit en attirant & éloignant les corps légers qu'on en approchera.

Il y a quelques autres inſtrumens qui ſont néceſſaires pour les expériences électriques. Nous parlerons néanmoins uniquement ici de ceux dont l'uſage eſt le plus général, nous réſervant de décrire les autres à meſure que nous expoſerons les diverſes expériences où ils ſont néceſſaires.

I. On doit être pourvu de quelques marche-pieds enduits de réſine, quarrés ou circulaires. On leur donne 15 à 18 pouces de côté ou de diamètre, & pour plus de ſûreté de l'effet, on peut les faire porter ſur quatre corps de bouteilles de gros verre. Ils ſervent à iſoler les corps ou les perſonnes qu'on veut électriſer.

II. Comme il y a quelquefois du danger à tirer l'*électricité* avec le doigt, il faut être muni d'un inſtrument appelé l'*excitateur* (*fig.* 2, *pl.* 4). C'eſt un arc de cercle métallique, emmanché à ſon milieu à un manche de verre, ou de cire d'Eſpagne ; mais le premier eſt préférable & plus ſolide. En touchant avec l'une des boules de cet inſtrument le corps le plus fortement électrisé, on peut en tirer sans danger une étincelle, parce que le manche de verre intercepte le passage de l'*électricité*, de l'excitateur à la personne qui le tient.

III. On doit aussi avoir une chaîne de métal, ou de plusieurs fils de fer liés les uns aux autres. Elle sert à transmettre l'*électricité* loin du premier conducteur HGI ; ce qui se fait en faisant porter cette chaîne par des cordons de soie attachés au plancher, ou tendus entre deux traverses.

IV. Il est à propos d'être muni d'un long tube de métal, ou de carton doré, & de plusieurs pouces (3 ou 4) de diamètre. Ce tube se communiquant au premier conducteur par une chaîne, forme un second conducteur qui se charge de beaucoup d'*électricité*, & sert à quantité d'expériences. Plus ce tube est long & gros, plus l'*électricité* dont il se charge est considérable. Il est essentiel qu'il n'ait aucune pointe ni éminence aiguës, par les raisons qu'on verra plus loin.

V. On ne peut se passer de quelques espèces de soucoupes de verre, pour isoler les corps dont on veut conserver l'*électricité*.

VI. Il faut aussi être pourvu de quelques pièces de métal, les unes pointues, les autres terminées par une éminence sphérique ; les unes emmanchées à des manches de verre, les autres portées par des manches de matière transmettant l'*électricité*, comme on a dit plus haut.

VII. Les coussins ont besoin d'être de tems à autre saupoudrés d'un amalgame servant à y entretenir le frottement. Celui qui paroît le mieux réussir, est l'amalgame d'étain & de mercure, tel que celui qu'on met derrière les glaces, avec une moitié de craie ou blanc d'Espagne ; le tout mélangé & réduit en une poussière impalpable.

Telles sont les principales parties de l'appareil nécessaire pour les expériences électriques les plus communes. Nous allons passer à ces expériences, en allant du plus simple au plus composé.

Autre description de la machine électrique.

Quoiqu'à force de varier la construction des machines dont on s'est servi depuis qu'on a fait diverses expériences sur l'*électricité*, particulièrement lorsqu'on commença à se servir de globes de verre, on soit enfin parvenu à les simplifier & même à éviter une partie des inconvéniens dont les premières étoient susceptibles ; on a trouvé néanmoins depuis peu une nouvelle construction plus simple, en substituant aux globes dont on s'étoit servi jusqu'à présent, des plateaux de glace qui fournissent aux conducteurs une plus

grande affluence de matière électrique, sans qu'il soit nécessaire de les faire tourner avec la même rapidité ; cette construction a même un double avantage, en ce qu'elle occupe bien moins de place, & qu'on peut poser la machine sur une table & la renfermer dans une boîte lorsqu'on en a fait usage.

Ayant déterminé la grandeur du plateau de verre dont vous voulez vous servir, qui doit être de quinze pouces au moins de diamètre (1) & de deux lignes d'épaisseur, afin de pouvoir être employé avec succès à faire les expériences qui demandent une certaine abondance de fluide électrique ; faites-le percer en son centre d'un trou d'un pouce de diamètre, & polir sur ses bords qui doivent être arrondis.

Ayez une planche A, (*fig.* 2. *pl* 13. *Amusemens de physique*), d'un pied de long sur quatre pouces & demi de large & un pouce d'épaisseur, sur laquelle vous éleverez les deux montans F & G, de seize pouces de hauteur & deux pouces de largeur. Ces montans doivent s'élargir par le bas & entrer à mortaise dans la planche ci-dessus, sur laquelle on les assujettit avec des vis. Joignez ces deux montans par leurs extrémités supérieures avec un arc de bois H, qui puisse s'ôter à volonté, au moyen de quatre pointes de fer qui doivent entrer dans ces montans.

Percez ces deux montans de deux trous exactement placés l'un vis-à-vis de l'autre, afin d'y ajuster l'axe de cuivre B, sur lequel vous fixerez le plateau entre les deux hémisphères C & D, dont celui C doit entrer à vis dans cet axe ; observez de garnir de plomb ou de cuir les côtés applatis de ces hémisphères qui serrent & contiennent le verre : il est essentiel que cet axe soit mobile sur sa longueur, afin que le plateau cédant par ce moyen à la pression des coussins ci-après ; il ne soit pas en danger d'être cassé par leur résistance.

Ajustez sur les deux montans F & G les quatre coussins I L M & N ; qu'ils soient de même épaisseur, & posés à un demi-pouce de distance de la circonférence du plateau ; que ceux I & N, placés sur le montant G, y soient retenus à de-

_____

(1) Quoiqu'en général un plateau d'un plus grand diamètre fournisse davantage de matière électrique, cette quantité n'est pas proportionnée à la différence qui se trouve entr'eux, comme il paroît naturel de le penser ; il arrive même assez souvent qu'un plateau de 15 pouces donne autant qu'un de 20, en les faisant même tourner un égal nombre de tours, ce qui provient de la qualité de la glace qu'on a employée qui se trouve plus ou moins électrique. On a remarqué que les glaces soufflées, dont la matière est un peu verdâtre, sont ordinairement les meilleures que l'on puisse employer.

meure par deux vis, & que ceux placés sur l'autre montant F soient mobiles sur deux tiges ; afin de pouvoir les avancer plus ou moins sur le plateau au moyen des vis de pression O & P (1) ; ces coussins doivent être montés sur des plaques de cuivre ; on les garnit de crin & on les recouvre de peau de veau ou de maroquin bien séche ; on peut leur donner trois pouces & demi de hauteur sur un peu moins de largeur.

E, est une manivelle de cuivre de six pouces de longueur, elle entre quarrément à l'extrémité de l'axe B, & sert à faire tourner le plateau lorsqu'on fait usage de la machine ; toute cette pièce enfin doit se démonter pour pouvoir nétoyer les coussins & le verre, en cas de poussière ou d'humidité ; la sécheresse (2) & la propreté contribuant beaucoup à l'effet qu'elle produit.

Sur le côté de la planche A doit être ajustée, au moyen de deux charnières, la planche Q, qu'il faut creuser à l'endroit R, afin qu'elle puisse recevoir le support T ; ce support, composé d'un cylindre de verre massif de six à sept pouces de longueur, est mastiqué sur un pied de bois tourné, de cinq pouces de diamètre ; lequel entre dans l'ouverture R ; un petit verrouil V le retient & l'empêche de vaciller ; c'est sur ce cylindre de verre, qui est garni à son extrémité supérieure d'une forte virole de cuivre surmontée d'une vis, que se monte le conducteur de cuivre X : ce conducteur doit être creux, & on peut lui donner douze à treize pouces de longueur & un pouce & demi d'épaisseur ; il faut le terminer de part & d'autre par deux boules qui y soient vissées, & dont celle Y est traversée par un demi cercle de laiton, de trois lignes d'épaisseur : aux extrémités de ce cercle doivent être ajustées à vis, deux boîtes de cuivre Z & Z, du fond desquelles sortent plusieurs pointes qui viennent à fleur de ces mêmes boîtes ; ces pointes qui doivent se trouver placées très-près du plateau & à même

distance de son centre que les coussins, sont destinées à tirer l'*électricité* qu'il fournit au conducteur ; la boule Y doit se trouver placée vis-à-vis le centre du plateau. (*Voyez la fig. r.*)

Il faut éviter soigneusement, en construisant cette machine, d'y faire aucune moulure, attendu qu'il faut que tout conducteur d'*électricité* n'ait aucune partie anguleuse, qui laisseroit échapper continuellement une partie du fluide électrique dont on voudroit le charger.

La pièce I, (*fig 5*) est un électromètre composé d'un petit cylindre de cuivre l, de trois pouces de longueur & divisé en trente-six lignes ; il est terminé d'un côté par une petite boule N, de six lignes de diamètre & de l'autre par un bouton M, & il coule dans le pied L ; ce pied se pose sur la même planche qui porte le conducteur, & à l'endroit O est ajustée une vis qui le fixe : la boule de cet électromètre doit se trouver placée à la même hauteur que le conducteur, dont elle doit s'approcher tout-à-fait lorsqu'on pousse entièrement le bouton, & s'éloigner de deux pouces lorsqu'on le retire de même ; cet instrument sert à connoître à quelle distance se tire l'étincelle lorsqu'on charge le conducteur ; le pied de bois L qui le soutient doit être percé dans toute sa longueur & rempli d'un fil de métal, afin qu'il puisse se décharger plus promptement de l'*électricité* qu'il reçoit.

Cette machine se pose sur le bord d'une table, & s'y fixe au moyen de deux griffes de cuivre. (*Voyez fig 6*).

A, (*fig. quatrième*) est un grand vase de verre de huit à dix pouces de diamètre & de six à sept pouces de hauteur ; on le couvre extérieurement & intérieurement d'étain en feuilles, semblable à celui dont se servent les miroitiers pour mettre les glaces au teint (1), à la réserve d'un pouce & demi vers les bords.

A B, (*fig. 3*) est un excitateur, il est fait d'une tringle de laiton de dix à douze pouces de long, courbée & terminée par deux petits globes de cuivre de quatre à cinq lignes de diamètre : on en fait aussi de deux pièces & qui s'ouvrent comme un compas. (*Voyez la fig. 1*) ce qui ne laisse pas d'avoir son avantage dans plusieurs opérations.

Il faut avoir aussi un grand tuyau ou conducteur de fer blanc, ou de carton doré, terminé des deux extrémités par un hémisphère ; on le suspend au plancher au moyen de plusieurs cor-

---

(1) Afin de rendre le frottement du plateau plus doux, on peut mettre un ressort sous chacun des coussins I & M, aux endroits où appuient les vis.

(2) Dans les temps humides, il faut ôter les coussins & les faire sécher à un feu doux pendant quelques heures ; on peut aussi faire chauffer le plateau & l'essuyer à plusieurs fois avec un linge bien sec ; on doit aussi mettre sur les coussins un peu d'amalgame composé de blanc d'Espagne bien fin & bien sec, mêlé avec égale quantité de la poussière d'étain & de mercure qu'on ôte de derrière les glaces ; mais quoique cette précaution augmente de beaucoup l'électricité, on n'en peut obtenir qu'un effet très-foible, lorsque l'air est chargé d'humidité ; l'eau étant un excellent conducteur, absorbe le peu de matière électrique que fournit alors le plateau : le temps sec est le plus favorable, surtout lorsqu'il régne un vent du nord.

---

(3) Cet étain s'applique très-aisément sur le verre avec la gomme arabique, ou encore mieux avec la colle de poisson.

dons de foie afin de l'ifoler ; c'eft de la grandeur de ce conducteur que dépend la force de
l'*électricité* & de la commotion ; ce conducteur doit communiquer à celui de la machine
au moyen d'une chaîne qui les joigne l'un &
l'autre. On conçoit qu'ayant une furface fort
étendue, il fe charge d'une grande quantité de
matière électrique ; il faut un peu plus de tems
pour le charger entiérement.

On doit avoir auffi un tabouret (1) compofé
d'une planche d'environ un pied quarré, foutenu fur quatre pieds de verre ; il fert à ifoler
les perfonnes qu'on veut électrifer ; il faut joindre à ces pièces quelques bouteilles de différentes grandeurs, garnies de métal, & quelques plateaux de verre ou de foufre pour les
ifoler lorfqu'il eft befoin.

Nota. Les pièces ci-deffus font celles qui compofent en général la machine électrique ; celles
qui font relatives aux amufemens qui fuivent,
feront décrites à mefure que leur ufage fe préfentera.

Remarque.

Quelqu'ingénieufe que foit cette conftruction, j'ai cru (dit M. Guyot) devoir y faire
quelques changemens, non-feulement pour me
la rendre plus commode, mais encore pour obtenir une plus grande quantité d'*électricité* ; à
cet effet, au lieu des deux boîtes Z & Z, je
fais ajufter à charnière aux deux extrémités de
l'arc A, (*fig* 11 & 9 *pl* 13.) un double peigne
de cuivre qui reçoit l'*électricité* des deux furfaces du plateau ; j'incline cet axe de manière
que ces peignes fe trouvent proche des couffins, où j'ai remarqué que le fluide électrique
eft toujours beaucoup plus abondant. Au lieu
d'employer pour conducteur un tuyau de cuivre,
je me fers d'un globe D (*fig.* 11) de cuivre
creux, de cinq à fix pouces de diamètre,
ifolé fur un cylindre de verre, ce globe eft
furmonté d'un anneau qui s'y ajufte à vis, &
du côté G eft un trou taraudé dans lequel fe
viffent les pièces propres aux différentes expériences & amufemens : indépendamment de ces
changemens, je fais vernir à cinq à fix couches
la monture en bois qui porte le plateau, &
j'ifole la planche H avec quatre fupports de
verre qui y font maftiqués, ainfi que fur
la planche I. Cette dernière planche fe viffe
fur une table lorfqu'on veut faire ufage de cette
machine. On verra dans quelques-unes des récréations qui fuivent l'avantage que je tire de
cette nouvelle conftruction.

[1] On fe fert également d'un gâteau de réfine ou de
foufre de trois à quatre pouces d'épaiffeur.

Charger le conducteur de matière électrique, & l'en décharger en diverfes manières.

La machine électrique dont en vient de donner la conftruction étant bien fixée fur une
table folide, effuyez avec un linge fin & fec
(2) le plateau, les couffins & toutes les autres
parties qui en dépendent ; & ayant établi avec
la chaîne une communication à un conducteur
de fer-blanc (3) ifolé fur des cordons de foie,
& fufpendu au plancher ; mettez avec un petit
tampon de ferge de l'amalgame de vif-argent
& de blanc d'Efpagne (4) fur les deux faces du
plateau aux endroits qui frottent fur les couffins ; ferrez les vis qui les font appuyer fur le
plateau jufqu'à ce qu'en tournant la manivelle,
fon mouvement ne vous femble pas trop rude
(5) ; électrifez par ce moyen le conducteur.

Si vous faites cette expérience dans l'obfcurité, vous appercevrez une lumière fort vive
& blanchâtre qui fortira des couffins & entrera
par les pointes des boîtes ou peignes qui tranf-
mettent la matière électrique au conducteur ;
vous verrez ce même fluide fe répandre quelquefois fur toute la furface du plateau ; ce qui
fera d'autant plus fenfible, que le tems fera plus
favorable ; & dans un tems fec, il fe formera
même des éclairs continuels & fucceffifs fur toute
fa furface.

Le conducteur étant électrifé, fi vous en approchez le doigt à un endroit quelconque,
il en fortira une étincelle lumineufe & pétil-
lante, qui vous caufera une piqûre fort fenfible ; fi vous en approchez un corps de quelque métal que ce foit & dont l'extrémité foit
arrondie, l'étincelle s'élancera de même vers
ce corps, & dans l'un ou l'autre cas toute l'é-
lectricité accumulée fur le conducteur fera attirée (6), & fi l'on veut tirer une deuxième
étincelle, à peine fera-t-elle fenfible.

Si à une diftance plus ou moins grande du
conducteur, fuivant la force de l'*électricité* ;
on préfente une pointe de métal que l'on tient

(2) Si le temps étoit un peu à l'humidité, il faudroit faire chauffer le linge.

(3) On peut fe difpenfer de mettre ce deuxième
conducteur, lorfqu'on a pas befoin d'un grand effet.

(4) Il faut prendre du teint de derrière les vieilles
glaces, le bien mêler avec un peu de blanc d'Efpagne qu'on aura bien fait fécher, & le conferver bien
fec dans une boîte.

[5] Il ne faut pas trop ferrer les couffins, cela ne
fert qu'à donner de la fatigue, fans augmenter beaucoup la force de l'électricité.

[6] On fuppofe qu'on a ceffé de faire tourner le
plateau au moment qu'on tire l'étincelle.

dans la main ; on tirera de même une partie de la matière électrique dont il sera chargé ; avec cette différence qu'on ne la verra pas sortir de ce conducteur ; on appercevra seulement un petit point lumineux à l'extrémité de cette pointe par où se précipite ce fluide. Enfin si au lieu de tenir cette pointe dans sa main on la place sur le conducteur, ce même fluide s'échappera par cette pointe en forme d'aigrette lumineuse, ce qui aura lieu pendant tout le tems qu'on fera tourner le plateau, & à l'instant qu'on cessera, cette aigrette disparoîtra & le conducteur ne sera que très-peu chargé.

Les expériences ci-dessus font voir, premièrement, que l'atmosphère électrique, dont le conducteur est chargé, est également répandu sur toute sa surface, puisqu'à quelqu'endroit qu'on en approche le doigt ou quelqu'autre corps non électrique, l'étincelle part aussi-tôt & à la même distance. Secondement, que cet atmosphère, quelqu'étendu qu'il soit, s'échappe en entier dans un même instant, & se répand de proche en proche sur tous les corps non électriques qui communiquent à celui qui lui a été présenté, jusqu'à ce qu'il se rende aux corps mêmes qui l'ont fourni au plateau & au conducteur ; en supposant néanmoins que cette communication ne se trouvât pas interrompue par quelques corps non électriques ; car sans cela les corps qui auroient tiré l'étincelle seroient eux-mêmes surchargés de matière électrique au-delà de ce qu'ils en contiennent naturellement, & le conducteur ne seroit pas alors entièrement déchargé. Troisièmement, que ce fluide électrique entrant avant tant de facilité par les pointes qui se trouvent placées dans son atmosphère, on en peut conclure que le plateau ou plutôt le verre, a la propriété de pouvoir rassembler continuellement, autour de lui une quantité de matière électrique qui lui est fournie par les corps non électriques qui l'environnent, & que cette même matière lui est enlevée successivement, par les pointes que lui présente les boîtes du conducteur, de la même manière qu'une pointe présentée à ce même conducteur la lui enlève à son tour.

Attirer un corps léger nageant sur l'eau.

Une bouteille, ou un tube électrisé ayant la vertu d'attirer les corps légers qu'on lui présente ; ayez un flacon de cinq à six pouces de long ; garnissez-en l'extérieur jusqu'à un pouce de son ouverture avec de l'étain en feuilles dont on se sert pour mettre les glaces au teint (1) ;

fermez-le avec un bouchon de métal où soit ajusté un petit fil de laiton qui plonge dans l'eau dont vous devez emplir aux trois quarts ce flacon ; mettez ce flacon dans un étui, de manière que son couvercle ne touche pas & n'approche pas même trop près du bouchon ; électrisez cet étui en présentant son bouchon au conducteur de la machine électrique.

Si ayant jetté sur un bassin ou sur un plat rempli d'eau un corps léger quelconque qui puisse y nager, vous en approchez à quelque petite distance le bouchon de ce flacon, vous attirerez ce corps & le conduirez sur la surface de l'eau, avec la même facilité que vous attireriez une aiguille avec un aimant, ce qui paroîtra fort extraordinaire à ceux qui n'imagineront pas que ce flacon que vous tirez de votre poche a été électrisé.

Nota. Il faut électriser ce flacon très-peu de tems avant que d'en faire usage, attendu qu'il ne peut conserver long-tems sa vertu électrique, à cause de son peu de volume.

Pluie lumineuse.

Construisez un petit guéridon ou support de cuivre A B, (*fig* 7, *pl.* 13) ou simplement de bois mais dont la plaque A soit couverte de métal ; donnez à cette plaque deux à trois pouces de diamètre, & qu'elle soit montée sur une tige qui entre dans le pied B, afin de pouvoir commodément l'élever ou l'abaisser à volonté, au moyen de la vis F ; couvrez cette plaque d'un tube de verre C, de deux pouces de hauteur (2) ; ayez une autre plaque de cuivre D, dont le diamètre soit plus petit que celui de la plaque B, c'est-à-dire, qu'elle puisse entrer librement dans le tube C ; suspendez cette plaque au conducteur, au moyen d'un fil de métal ou d'une petite chaînette ; répandez sur la plaque B une pincée ou deux de limailles de cuivre ou des petites parcelles de cuivre dont on se sert pour dorer & que vous aurez découpé très-fin ; placez ce support sur la table, de manière que la plaque D entre plus ou moins dans le tube, suivant la force de la Machine électrique ; électrisez le conducteur.

Les petites parcelles de métal que vous aurez semées sur la plaque inférieure A, étant attirées & électrisées par la plaque B, sont repoussées aussi-tôt sur celle A, où s'étant dépouillées de leur électricité, elles sont attirées & repoussées de nouveau ; & comme à chaque contact toutes ces parcelles tirent une étincelle

---

(1) On peut, si l'on veut, se dispenser de le garnir d'étain.

(2) On peut pour cet effet faire couper la partie supérieure d'un gobelet de verre.

de la plaque D, il femble qu'il tombe continuellement dans l'intérieur de ce tube une pluie lumineufe : elle paroît dans tout fon éclat lorfqu'on exécute cet amufement dans l'obfcurité & par un tems favorable à l'*électricité*.

Cette pluie lumineufe difparoit à l'inftant où l'on ceffe d'électrifer le conducteur.

Soleil lumineux.

On affemble plufieurs petits tubes de verre privés d'air, que l'on monte fur une efpèce de roue de métal ; on embraffe l'extrémité extérieure des tubes avec un fil de fer ; on fait tourner fur elle-même cette roue ainfi montée ; on en approche alors un conducteur chargé d'électricité, & l'on jouit du fpectacle brillant d'un foleil lumineux.

On voit qu'il eft poffible de varier ces formes, de former des ferpentaux, & de préfenter ainfi des fpectacles très-variés & très-brillants.

Danfe électrique.

Faites faire deux plaques A & B, (*fig* 8 *pl.* 13) de même forme que celles décrites à la précédente récréation ; obfervez feulement qu'elles doivent avoir cinq à fix pouces de diamètre.

Ayez plufieurs petites figures de deux pouces de hauteur, peintes en tranfparent fur les deux côtés d'un papier fuffifamment mince, afin qu'elles foient plus légères ; faites-les deffiner de manière que le haut de la tête, ainfi que l'un des pieds, forme une pointe, (*voyez fig* 10) ; pofez le pied C *de la fig* 8 & fa plaque B fur la table, & fufpendez au conducteur la plaque A, deforte qu'elle fe trouve directement & parallèlement au-deffus & environ trois pouces de diftance de la plaque B ; électrifez enfuite le conducteur.

Suivant l'explication donnée à la précédente récréation, ces petites figures feront continuellement attirées & repouffées entre les deux plaques pendant tout le tems qu'on électrifera le conducteur ; ce qui formera une efpèce de danfe électrique qui fera fort récréative.

Nota. Si l'on vouloit faire danfer plufieurs petites figures enfemble, il faudroit alors que les plaques fuffent plus grandes, & au lieu de les faire rondes, on pourroit leur donner la figure d'un ovale fort alongé.

Carillon électrique.

Ayez trois petits timbres A B & C, (*fig* 13, *pl.* 13,) d'environ un pouce & demi de diamètre ; fufpendez-les à une petite règle de cuivre de fix pouces de longueur, en obfervant que ceux A & C doivent l'être avec une chaîne, & celui B avec un cordon de foie & qu'en outre le timbre B doit communiquer par une chaîne G à la table fur laquelle eft placée la machine électrique ; fufpendez encore avec un cordon de foie, dans les deux intervalles qui fe trouvent entre ces timbres, deux petits boutons eu globules de cuivre pour leur fervir réciproquement de battans ; faites communiquer le tout au conducteur, au moyen de l'anneau H.

Lorfque l'on électrifera le conducteur, les deux timbres A & C qui lui communiquent feront également électrifés, & ils attireront par conféquent les petits battans ; ces battans qui font ifolés fur des cordons de foie s'électriferont & feront auffi-tôt repouffés vers le timbre B qui n'eft point ifolé & fur lequel fe déchargeant par conféquent auffi-tôt de leur feu, ils feront de nouveau attirés par les timbres A & C, & frapperont alternativement ces timbres & celui B, ce qui produira un petit carillon qui durera pendant tout le tems qu'on électrifera le conducteur ; & fi l'on fait cet amufement dans l'obfcurité on appercevra un trait de lumière qui fe fuccédera continuellement entre ces timbres & leurs battans.

Nota. Si l'*électricité* eft forte, ces traits de lumière pafferont d'un timbre à l'autre, fans même que les battans les frappent, leur mouvement ne pouvant acquérir alors autant de viteffe que le fluide.

Autre defcription d'un carillon & d'un claveffin électriques.

Sufpendez au conducteur de l'*électricité*, trois timbres à diftances égales, d'environ un pouce, mais enforte que les deux latéraux le foient par un cordon ou fil de matière qui tranfmet l'*électricité*, & que celui du milieu le foit par un cordon de foie ou autre matière electrique. Ce timbre du milieu doit en même temps communiquer au pavé par une petite chaîne ou fil métallique.

A diftances égales entre ces trois timbres, foient encore fufpendus par des filets de foie, deux petits globes de métal, de manière qu'en s'écartant à droite ou à gauche, ils puiffent choquer les timbres.

Electrifez préfentement le conducteur ; & vous verrez auffi-tôt ces petits battans fe mettre en mouvement, & choquer alternativement les timbres ; ce qui formera un petit carillon dont la caufe feroit difficile à deviner, fi l'on cachoit la machine électrique.

Il eft facile d'appercevoir la caufe de ce jeu

ELE

ELE 439

continu; car, par la construction de cette petite machine, les deux timbres latéraux sont électrisés aussi-tôt que le globe électrique est mis en mouvement. Les petites boules pendantes entr'eux & celui du milieu, seront donc attirées par ces timbres, qu'elles n'auront pas plutôt touchés, qu'elles en seront repoussées, étant électrisées comme eux : alors elles seront portées contre le timbre du milieu, qui, communiquant au pavé, les privera sur le champ de leur *électricité*. Elles devront donc retomber vers les timbres électrisés, qui les attireront de nouveau ; & ce jeu se perpétuera tant qu'on continuera à faire agir la machine électrique.

Remarque.

D'après ce principe, on a imaginé ce qu'on appelle un *clavessin électrique*. Voici une idée de cette machine ingénieuse, dont l'invention est due au P. de la Borde, jésuite, qui en donna la description en 1759, dans un petit ouvrage particulier.

Qu'on conçoive une barre de fer portée sur des cordons de soie, & garnie de deux rangs de timbres, qui deux à deux sont propres à rendre le même son ; car il en faut deux pour chaque ton. L'un de ces timbres est suspendu à la barre par un fil d'archal, ensorte que quand elle est électrisée, ce timbre l'est aussi. L'autre n'est suspendu que par un cordon de soie. Entre chaque paire de timbres pend une petite boule d'acier, suspendue de cette première barre par un filet de soie.

Le timbre suspendu de la barre d'en haut par le cordon de soie, porte un fil d'archal qui descend, & est arrêté par un autre cordon de soie. Son extrémité inférieure porte un petit levier, qui, dans sa position ordinaire, repose sur une autre barre isolée, & communique, ainsi que la première, au conducteur de la machine.

Enfin, au dessous de cette seconde barre est un clavier tellement disposé, que quand on enfonce une de ses touches, elle fait lever par son autre extrémité le petit levier correspondant ; ce qui intercepte la communication du timbre avec le conducteur électrisé, & en établit une avec la masse générale des corps terrestres.

D'après cette description, on concevra que, si l'on enfonce une touche pendant que la machine électrique est en mouvement, un des timbres étant désélectrisé, la balle d'acier se portera sur le champ vers l'autre, en sera électrisée, repoussée contre le premier qui absorbe son *électricité* ; ainsi elle reviendra contre l'autre. Ce mouvement s'exécute en effet avec beaucoup de vitesse, & il en résulte un son ondulé, &

ressemblant au tremblement de l'orgue. Le levier retombe-t-il, les deux timbres se trouvent également électrisés, & dans un instant la balle d'acier s'arrête.

Le P. de la Borde ayant exécuté cette mécanique, étoit venu à bout de jouer avec assez de propreté des airs simples ; mais tout cela valoit-il bien la peine d'en faire l'objet d'un ouvrage à part, puisque ni la musique, ni la théorie de l'*électricité*, n'en recevoient aucun avancement ?

Course de chevaux électrique.

Ajustez sur une chape A, (*fig. 16. pl. 13.*) semblable à celles dont on se sert pour les aiguilles de boussole ; quatre petits fils de laiton pointus, & courbés par leurs extrémités dans des directions contraires ; donnez-leur à chacun deux à trois pouces de longueur ; couvrez ces fils d'un cercle de carton léger, sur lequel vous poserez quatre petites figures peintes & découpées sur du carton fort mince, représentant des chevaux courans, & disposez-les de manière que ce cercle venant à tourner ils paroissent se poursuivre successivement les uns les autres.

Suspendez ce cercle sur un pivot A, (*fig. 15, même planche.*) que vous isolerez sur le petit tube de verre B, soutenu par le piédestal C ; faites communiquer ce pivot au conducteur de la machine électrique, au moyen d'une petite chaînette, ou simplement un fil de fer qui n'en gêne pas le mouvement.

Lorsqu'on électrisera le conducteur, ce cercle tournera avec une vitesse proportionnée à la force de l'*électricité*, & à la résistance que l'air oppose vraisemblablement au passage du fluide électrique, qui pendant tout le tems de l'électrisation s'échappera par les pointes de ces fils de laiton ; ce qui formera une espèce de course de chevaux fort amusante.

Enflammer l'esprit-de-vin avec l'étincelle électrique.

Ayez une petite cuiller de cuivre A, (*fig. 12, pl. 13.*) dont le manche puisse entrer dans un trou fait au conducteur ; versez-y de bon esprit-de-vin que vous aurez fait un peu chauffer : électrisez ensuite le conducteur.

Si vous plongez brusquement & perpendiculairement le doigt dans cette cuiller jusqu'à une petite distance de la liqueur, & que le tems soit favorable à l'*électricité* (1), l'étincelle que

(1) Comme il est nécessaire d'avoir une forte étincelle, il faut faire communiquer le premier conducteur au grand conducteur de fer blanc.

vous tirerez alors de l'esprit-de-vin l'enflammera aussi-tôt. Cet effet aura également lieu, si une personne isolée sur le plateau & qu'on électrise, tient en sa main cette cuiller, & qu'une autre personne non isolée tire l'étincelle ; il en est de même lorsque la personne non isolée tient la cuiller, & que celle qu'on électrise tire l'étincelle.

Nota. On peut enflammer l'esprit-de-vin avec tous les corps non électriques, de même qu'avec le doigt, pourvû qu'on fasse particulièrement usage des métaux qui sont propres à tirer les plus fortes étincelles. Cette expérience semble prouver que le feu élémentaire ou la lumière, ont beaucoup de rapport avec la matière électrique.

Jet d'eau lumineux.

Ayez un petit entonnoir de fer-blanc, (*fig.* 18, *pl.* 13.) auquel vous ajusterez une anse A, afin de pouvoir le suspendre au conducteur ; que l'ouverture B, par où s'écoule l'eau, soit d'un très-petit diamètre, ensorte qu'elle ne puisse tomber que goutte à goutte : électrisez le conducteur.

L'eau au lieu de tomber goutte à goutte, formera un jet continu qui prendra la figure d'un cône, dont la pointe sera à l'extrémité du tube de cet entonnoir ; & si l'*électricité* est forte, ce jet dans l'obscurité paroîtra entièrement lumineux.

Si au lieu de tomber goutte à goutte, cette eau forme un filet continu qui soit reçu dans un vase de verre ou de métal, pourvu que ce dernier soit isolé sur un plateau de verre ou de soufre, on pourra alors en approchant le doigt de ce filet d'eau, en tirer une étincelle de même que si on l'approchoit du conducteur. On pourroit tirer de même l'étincelle du vase de métal.

Tirer du feu de toutes les parties du corps d'une personne.

Ayez un tabouret composé d'une planche A, (*fig.* 19, *pl.* 13.) d'environ quinze pouces de long, sur un pied de large, soutenue par quatre piliers ou pieds de verre massif BCD & E, de quatre à cinq pouces de hauteur ; ces pieds doivent entrer & être mastiqués dans quatre pièces de bois tournés, qui doivent être solidement ajustés sous cette planche (1).

---

[1] On est dans l'usage de construire ainsi ces tabourets, & effectivement ils sont plus propres & plus commodes que les gâteaux de résine dont on se servoit ; je crois cependant qu'un tabouret soutenu sur de simples pieds de bois & couvert d'un demi pouce de soufre fondu isoleroit encore mieux. *Voyez fig.* 17, *même planche.*

Faites monter une personne sur ce tabouret, de manière qu'aucune partie, soit de son corps ou de ses vêtemens, ne puisse toucher en aucune façon au plancher ou aux autres corps qui l'environnent & peuvent être placés auprès d'elle ; qu'elle tienne dans sa main une chaîne, dont l'autre extrémité communique au conducteur de la machine électrique.

Cette personne étant ainsi isolée, devenant elle-même partie du conducteur, en présentera aussi les mêmes apparences, & on pourra tirer des étincelles très-vives & très-piquantes de toutes les différentes parties de son corps, lorsqu'on en approchera le doigt, une épée, une pièce de monnoie, ou tout autre corps non électrique.

Si la personne ainsi isolée tient en main & dans une situation renversée, un faisceau de cheveux ou de fils de laiton extrêmement fins, liés ensemble par une de leurs extrémités, tous ces fils se sépareront & s'écarteront aussi-tôt qu'elle sera électrisée, ils se rapprocheront & retomberont aussi-tôt qu'une autre personne non isolée en approchera le doigt : le contraire arrivera, si une personne non isolée tient en main ce faisceau, & que celle qui est isolée en approche le doigt.

Si la personne isolée & fortement électrisée, est tête nue, les cheveux un peu courts & sans pommade, dès qu'une autre personne posera sa main, ou encore mieux une plaque de métal, à sept ou huit pouces au-dessus de sa tête, on verra aussi-tôt ses cheveux se dresser, & si cette expérience se fait dans l'obscurité, ils paroîtront même lumineux.

Nota. Il faut avoir attention à ne pas tirer d'étincelles des yeux ou des autres parties délicates du visage de ceux qu'on électrise, ni se laisser toucher par eux en ces mêmes endroits, les piquures qu'on ressentiroit de part & d'autre seroient trop sensibles & trop douloureuses pour en former un objet de divertissement qui ne seroit point agréable pour celui qui les ressentiroit.

Tableaux étincelans.

Pour réussir parfaitement dans l'exécution de ces sortes de tableaux, on doit considérer, premièrement, que quoique la matière électrique se répande également sur toutes les parties d'un conducteur qu'on électrise, de quelque forme & de quelqu'étendue qu'il soit, cependant cette même matière lorsqu'elle s'échappe à l'approche d'un corps non électrique qu'on lui présente, parcourt toujours le chemin le plus court. Secondement, que cette même matière ne paroît à nos yeux que lorsqu'il se trouve un intervalle, quelque petit qu'il soit, entre le corps électrisé & celui non électrisé qui l'approche, & qu'on apperçoit alors

entre

entre ces deux corps une étincelle très-vive & très-brillante ; d'où il suit que si l'on approche d'un corps électrisé une suite de petites parties de métal isolées & contiguës les unes aux autres, c'est-à-dire, séparées seulement par un petit intervalle, il paroîtra une étincelle entre chacun d'eux ; & comme le passage du fluide électrique a une rapidité en quelque sorte incommensurable, toutes ces étincelles s'appercevront au même instant.

Suivant les principes qu'on vient d'établir, si l'on applique (1) sur une lame de verre, telle que AB, (*fig.* 14; *pl.* 13.) des petits quarrés d'étain d'environ une ligne & demie de diamètre ou des petits cercles de métal & de même grandeur (2), contigus les uns aux autres, de manière qu'il n'y ait entr'eux qu'une demi-ligne d'intervalle, & qu'ils forment par leur continuité la ligne droite CD & la ligne courbe CED, lorsque tenant ce verre d'une main, les doigts appuyés vers D, on présentera l'endroit C au conducteur, l'étincelle s'élancera ordinairement par toutes les parties de métal qui composent la ligne CD & elle se distinguera à chacun des intervalles qui les séparent : elle passera rarement par les intervalles qui se trouvent dans l'étendue de la ligne CED, cette dernière ligne n'étant pas le plus court chemin que le fluide puisse parcourir pour aller de C en D.

Première construction.

Si on veut faire paroître sur la lame de verre AB CD, (*fig.* 3, *pl.* 14.) une petite anguille lumineuse telle que EF ; après en avoir tracé la figure sur un papier de même grandeur, on l'attachera sous ce verre avec quelques petits brins de cire molle ; on appliquera ensuite depuis le bord du verre G jusqu'en E, & depuis F jusqu'à l'autre bord opposé H, deux petits conducteurs de même métal GE & FH qui joindront la tête & la queue de cette petite figure, & on remplira l'intervalle EF, qui en forme le dessin, avec les petits quarrés ou cercles d'étain ci-dessus.

La matière électrique ne pouvant étinceler que dans les intervalles qu'on a laissé entre ces petites parties de métal, & n'ayant d'autre chemin plus court à parcourir que celui qu'ils lui tracent, cette petite figure d'anguille paroîtra entièrement lumineuse dans l'obscurité, lorsque tenant le verre des

doigts vers le petit conducteur GE, on approchera celui GH du conducteur de la machine électrique.

Deuxième construction.

Lorsque le trait qui forme la figure que l'on doit rendre sur le tableau est composé d'une seule ligne droite ou courbe, il suffit alors de placer tous les petits quarrés sur une des surfaces du verre ; mais si le sujet produit une courbe rentrante sur elle-même, où un cercle, il est alors absolument indispensable d'en mettre une portion sur une des surfaces & l'autre sur l'autre ; & afin d'en établir la continuité, on ajuste des petits conducteurs qui communiquent d'une surface à l'autre ; on doit aussi, en les plaçant, les ajuster de façon qu'il ne couvrent pas d'un côté du verre les étincelles qui doivent paroître de l'autre ; conséquemment si l'on veut représenter un cercle sur le carreau de verre, (*fig.* 2, *pl.* 14.) on appliquera sur une de ses surfaces les petits quarrés qui doivent former le demi-cercle BCD, & sur l'autre, ceux qui terminent l'autre partie FGH de ce cercle ; on fera communiquer le dernier quarré D de la première surface avec celui F de l'autre, au moyen du petit conducteur DEF, que l'on reployera sur le bord E du verre & on posera un petit conducteur (3) sur la première surface, depuis A jusqu'en B, & un autre sur l'autre surface, depuis H jusqu'en I.

Au moyen de cette disposition, lorsqu'on tiendra ce tableau par l'endroit I, & qu'on approchera l'endroit A du conducteur de la machine électrique, ce cercle paroîtra étincelant en toutes ses parties, ce qui doit avoir lieu, attendu qu'on a établi (suivant cette construction) une ligne continue de A en B, C, D, E, F, G, H & I, que le fluide électrique parcourra nécessairement.

Nota. La méthode qu'on a employée pour tracer les deux figures ci-dessus, peut servir d'exemple pour tous les sujets qu'on voudra exécuter, excepté néanmoins ceux où on ne peut établir une continuité de quarrés & de conducteurs, ce qui arrive lorsque plusieurs lignes du sujet viennent à se croiser ; on peut cependant rendre avec assez d'exactitude presque toutes les lettres de l'alphabet, comme on peut le voir dans la manière de représenter le mot *amour*, dont on donne ci-après une explication assez étendue.

Mot en lettres étincelantes.

Ayez une bande de verre blanc AB, (*fig.* 4;

---

(1) Ces petits quarrés se collent avec de la gomme ou de la colle de poisson.
(2) Quoiqu'il ne soit pas d'usage de construire les dessins de ces tableaux avec de petits cercles, je les préfère, attendu qu'ils sont plus commodes pour suivre les contours du sujet, & qu'il me paroît que leurs étincelles sont plus brillantes.
Amusemens des Sciences.

(3) Ces petits conducteurs doivent être terminés en pointe du côté où ils touchent les quarrés, ou arrondis si on emploie des petits cercles.

pl. 14.) d'environ fept à huit pouces de longueur fur deux pouces de largeur ; coupez un papier de même grandeur & tranfcrivez-y, en caractères italiques & majufcules, les cinq lettres qui forment le mot *AMOUR* ; donnez-leur un pouce & demi de hauteur ; pofez enfuite votre bande de verre fur ce papier, & ayant délayé dans de l'eau un peu de blanc de cérufe, fervez-vous en pour tracer avec un petit pinceau ces mêmes lettres fur le verre.

Examinez enfuite avec attention la figure des traits que forment ces lettres, & de quelle manière vous devez particulièrement difpofer les petits conducteurs qui doivent (en vous facilitant d'éviter les lignes courbes rentrantes) établir une continuité de petits quarrés, depuis le commencement de la lettre A jufqu'à la fin de la lettre R, & vous reconnoîtrez que les petits quarrés qui doivent repréfenter la lettre A, ne formant point de continuité, à caufe de la ligne *a b* qui la traverfe, ne peuvent par conféquent être appliqués fur la même face du verre, qu'ainfi il faut faire communiquer le premier conducteur A *a* au point *a* de cette traverfe *a b*, & pofer des petits quarrés fur cette même face fupérieure depuis *a* jufqu'en *b*, d'où on doit enfuite faire partir le petit conducteur *b c d*, qui fe reployant fur la face inférieure du verre, conduira fecrettement l'étincelle électrique au point *d* & procurera la facilité de terminer fur cette même face le reftant de la lettre A, au moyen des petits quarrés qu'on appliquera depuis *d* jufqu'en *e* ; vous verrez que la ligne qui forme la lettre M, offrant une continuité, peut être défignée en entier fur cette face inférieure, au moyen du petit conducteur courbe *e f*, qui doit alors être entièrement pofé fur cette même face : la lettre O ne pouvant être indiquée fur une même face du verre, vous verrez qu'il faut établir une communication de cette lettre à la précédente, au moyen du conducteur *g h*, afin de pofer (fur cette même face inférieure) la partie *h i* de cette lettre O, & terminer l'autre partie *m n* fur la face fupérieure, au moyen du conducteur reployé *i l m* ; vous placerez en *n* un autre conducteur qui joindra fur cette même face, fupérieure & au point *o* la lettre U, que vous ferez communiquer avec la partie *q r* de la lettre R, au moyen du conducteur *p q*, & alors le conducteur reployé *r f t* vous conduira au point *t*, & terminant cette dernière lettre, vous ajufterez à fon extrémité *u* le conducteur *u* B : de cette manière tous les quarrés qui forment le mot AMOUR, offrant au paffage du fluide électrique une ligne continue, feront défignés par l'étincele électrique qui la traverfera entièrement, lorfque tenant le verre à l'endroit A, vous préfenterez le petit conducteur B à celui de la machine électrique (1).

_____

(1) Si l'électricité eft forte, ce tableau étinceleroit

Quoique l'exécution de ces fortes de tableaux étincelans demande beaucoup d'attention & de précifion, particulièrement lorfqu'ils font chargés de lettres ; on peut néanmoins faire paroître plufieurs mots fur un même verre ; mais comme les étinceles paroiffent & difparoiffent prefque au même inftant, on n'a pour ainfi dire pas le temps de les lire, & il arrive même quelquefois que le tableau n'étincele pas en fon entier, fur-tout quand l'électricité n'eft pas affez forte.

Si on vouloit les faire paroître & difparoître à volonté, il faudroit alors ajufter le tableau fur un pied de bois AB (*fig.* 5, *pl.* 14.) fans que fa partie A touchât à aucuns des petits conducteurs, & le fituer de manière que le petit conducteur B, foit à très-peu de diftance de celui de la machine électrique, alors en faifant approcher le doigt d'une perfonne vers le petit conducteur A, le tableau étinceleroit auffi-tôt & même pendant tout le temps qu'elle y tiendroit le doigt & que le conducteur feroit électrifé.

Si celui qui fait cet amufement vouloit faire ceffer à fa volonté les étinceles, il fuffiroit qu'il touchât fecrettement, pendant cet intervalle, le conducteur ou feulement quelque fil ou partie de métal ifolé qui communiquât, ce qui pourroit produire un amufement affez extraordinaire fi la machine électrique étant placée dans une chambre voifine communiquoit fon électricité à un globe de fer-blanc fufpendu au-deffus de la table où l'on exécuteroit ces fortes de récréations. Pour y réuffir, il eft néceffaire que ce globe D (*fig.* 1, *pl.* 14.) foit fufpendu à un fil de laiton FB AE, coudé aux endroits A & B, & qu'il communiquât par fon extrémité E au conducteur de la machine électrique : un tube de verre C que ce fil traverferoit, ferviroit à l'ifoler à l'endroit où l'on auroit percé la cloifon G qui féparoit les deux chambres ; on ifoleroit en outre ce même fil aux endroits A & B, avec des cordons de foie H & I fufpendus au plancher : on pourroit encore mafquer la partie de ce fil CB, au moyen d'un ornement L, placé au-deffous de lui : avec pareille difpofition, le globe D devenant un conducteur, fe chargeroit d'électricité, & on pourroit s'en fervir pour exécuter fur la table M, (au-deffus de laquelle il feroit fufpendu) toutes fortes d'amufemens électriques, fans que les fpectateurs en apperçoivent la caufe, ce qui auroit certainement fon agrément vis-à-vis de ceux qui ne connoiffent pas encore les effets de l'électricité.

Voyez ÉCRITURE EN CARACTÈRES DE FEU.

_____

de même en le préfentant à quelque partie du corps d'une perfonne qu'on électriferoit.

Plusieurs questions ayant été librement & secrettement choisies, en faire paroître les réponses en lettres étincelantes.

Transcrivez sur dix-huit cartes blanches les questions énigmatiques (1) qui suivent & auxquelles trois mots différens peuvent servir de réponse.

I.

Quelle est souvent la cause de nos plaisirs & de nos peines ?

I I.

Nommez l'écueil où vient quelquefois échouer la sagesse ?

I I I.

En quoi consiste ordinairement l'amusement le plus agréable de la jeunesse ?

I V.

Quelle est la chose aussi commune aux rois qu'aux bergers ?

V.

Comment se nomme celui dont l'empire est le plus étendu ?

V I.

Quel est celui qui causa les malheurs des Troyens ?

Réponse.   L'Amour.

Autres Questions.

V I I.

Quel est celui auquel nos Narcisses modernes vont souvent rendre visite ?

V I I I.

Quel est celui qui ne flatte ni ne ment à la cour ?

I X.

Qui est assez hardi pour représenter aux rois ce qu'on n'ose leur dire ?

X.

Qui peut nous donner des conseils sans nous parler ?

---

(1) Ces questions ne sont mises ici que pour exemple, chacun pouvant en composer à son gré & auxquelles d'autres mots puissent servir de réponse.

X I.

Qui sait mieux rendre un portrait que le plus excellent peintre ?

X I I.

Quel est celui qui peut faire voir à chacun ce qu'il n'a pas lui-même ?

Réponse.   Le Miroir.

Troisièmes Questions.

X I I I.

Quelle est la chose qu'on ne vend point, qu'on donne encore moins, qu'on ne peut faire, & dont cependant on ne peut se passer ?

X I V.

Quel est l'objet qu'on aime ardemment & qu'on change néanmoins à chaque instant ?

X V.

Quel est celui qui, sans être roi, porte la couronne ?

X V I.

Que méprise le philosophe, & dont il a souvent grand besoin ?

X V I I.

Le moyen le plus sûr pour parvenir à se faire aimer des belles ?

X V I I I.

Quelle est la clef avec laquelle on ouvre toutes les serrures ?

Réponse.   L'Argent.

Les cartes sur lesquelles ces questions seront transcrites, doivent être rangées suivant l'ordre des numéros ci-dessus.

Sur trois bandes de verre, (*fig. 6, pl. 14.*) de huit à neuf pouces de long, sur deux pouces de large, disposez avec des petits cercles ou mouches d'étain les trois mots qui servent de réponses aux questions ci-dessus, & suivez à cet effet la méthode qui a été enseignée dans la précédente récréation, en évitant que les petits conducteurs, qu'on est obligé de reployer, ne se trouvent pas vis-à-vis les uns des autres lorsque ces bandes seront placées les unes à côté des autres & à deux lignes de distance entr'elles : Joignez ces bandes

(comme le défigne la figure) avec deux doubles lames de verre FG & HI de la largeur d'un demi pouce (1) ; remarquez que les petits conducteurs placés aux endroits AC & E qui reçoivent le feu, & ceux BD & F qui le laiffent échapper (lorfqu'il a traverfé & fait paroître le mot), doivent être collés par-deffus ces petites lames.

Lorfque tenant le verre ainfi conftruit à l'endroit B, vous préfenterez le petit conducteur A à celui de la machine électrique, le mot l'AMOUR paroîtra fur-le-champ en lettres lumineufes & étincelantes ; il en fera de même des deux autres mots, en tenant ce même verre aux endroits D & F, & en préfentant au conducteur de la machine les petits conducteurs C & E : d'où il fuit que vous ferez le maître de faire paroître de cette manière celui de ces trois mots que vous jugerez convenable : d'un autre côté, les cartes étant difpofées fuivant l'ordre des numéros ci-deffus, en donnant à une perfonne les fix premières, à une deuxième les fix qui fuivent, & à une dernière les fix qui reftent ; quelque choix que chacune d'elles puiffe faire dans les queftions qui y font tranfcrites, vous connoîtrez toujours très-facilement quel eft le mot qui doit leur fervir de réponfe.

On diftribuera ces dix-huit cartes (comme il vient d'être dit) à trois différentes perfonnes, & on leur dira de jetter un coup d'œil fur les queftions qui y font tranfcrites & d'en choifir fecrettement une à leur gré ; on reprendra le reftant des cartes, & on fera voir à chacune d'elles la réponfe à la queftion qu'elle aura choifie ; il fuffira, à cet effet, d'approcher du conducteur celui des petits conducteurs propres à la faire étinceler.

Nota. Il eft facile de rendre cette récréation plus fingulière, en difpofant ces dix-huit cartes, enforte qu'ayant été mêlées à une ou deux reprifes, elles fe trouvent toujours rangées fuivant l'ordre des numéros placés ci-deffus en tête de chaque queftion.

Si on veut les diftribuer après un premier mélange, il faut les difpofer avant de les mêler, ainfi qu'il fuit.

Numéros 8. 9. 6. 7. 10. 11. 12. 4. 5. 13. 14. 15. 2. 3. 16. 17. 18 & 1.

Si au contraire on veut les mêler deux fois avant de les diftribuer ; il faudra les difpofer dans l'ordre fuivant.

(1) On peut coller ces bandes avec de la gomme arabique, & on doit les choifir d'un verre bien blanc; il feroit encore mieux d'employer des glaces fort minces, tant pour les lames que pour les bandes.

Numéros 4. 5. 11. 12. 13. 14. 15. 7. 10. 2. 3. 16. 9. 6. 17. 18. 1 & 8.

Aigrettes lumineufes.

Afin que les pointes puiffent former de belles aigrettes, il ne faut pas qu'elles foient aiguës : celles qui font produites par de petits cylindres creux de deux à trois lignes de diamètre, s'étendent beaucoup plus loin.

Ayez un petit cercle de cuivre A, (*fig.* 7, *pl.* 14.) d'un pouce de diamètre & de 2 à 3 lignes d'épaiffeur ; ajuftez fur fa circonférence fix rayons ou petits tuyaux de cuivre creux d'un pouce de long & également efpacés entr'eux ; foutenez le tout dans une fituation verticale au moyen du fil de laiton courbe B (*fig.* 11, *même planche.*) & placez cette pièce fur l'extrémité du conducteur de la machine électrique.

On laiffe ordinairement un trou fur l'extrémité du conducteur de la machine pour y placer, felon le befoin, différentes pièces.

Pendant tout le temps qu'on électrifera le conducteur, il fortira de l'extrémité de chacun de ces petits tuyaux une aigrette dont les rayons feront divergens, & ils prendront, en fe joignant par les côtés, la forme défignée par cette Figure, ce qui fera affez agréable à voir, fi l'on fait cet amufement dans l'obfcurité.

Nota. On peut encore fe procurer avec ces aigrettes un amufement affez agreable, en appliquant fur une régle de bois arrondie vers les bords, couverte de métal, ifolée & fufpendue horifontalement au-deffous du conducteur, des lettres de deux pouces de hauteur, découpées avec du drap (2) ; alors, en préfentant le doigt à quelque diftance de cette plaque & fucceffivement vis-à-vis chacune de ces lettres ; on les verra entièrement couvertes de petites aigrettes lumineufes, & on fera par conféquent le maître de faire paroître l'une ou l'autre d'entre elles à volonté.

Moulinet à aigrettes électriques.

On peut multiplier le nombre des aigrettes, les faire voir en mouvement, & procurer par-là un fpectacle des plus curieux & des plus agréables.

On place vers le bout du conducteur de cuivre qui eft de forme cylindrique, & terminé par une pomme ronde, afin qu'il laiffe échapper le moins

(2) Toutes fortes de draps n'étant pas convenables pour obtenir cet effet, il faut en effayer plufieurs, fi l'on veut fe procurer cet amufement.

poſſible la matiere électrique, qui , comme nous l'avons dit , tend toujours à s'échapper par les pointes ; on place, diſons-nous à l'extrémité dans un trou pratiqué exprès une pointe de métal , qui ſert de pivot, ſur laquelle on met un moulinet de cuivre, compoſé de deux tiges recourbées par les extrémités, & dont on augmente le nombre quand on veut pour en former une étoile.

Dès qu'on a tourné la manivelle de la machine de rotation, la matiere électrique cherchant à s'é-chapper par les pointes , fait tourner le moulinet ſur ſon pivot ; il va avec tant de rapidité , que les aigrettes électriques qui ſortent par les deux pointes font l'effet d'un cercle de feu. Lorſqu'on en forme une étoile, il tourne moins rapidement , mais la matiere électrique ſortant par un grand nombre de pointes , préſente auſſi le même ſpectacle.

Il eſt eſſentiel d'obſerver que lorſqu'on veut faire naître de belles aigrettes , il faut émouſſer les pointes des branches du moulinet ; car on a re-marqué que quoique la matiere électrique cher-che toujours à s'échapper par les pointes & qu'elle y forme toujours de très belles aigrettes, cepen-dant à l'extrémité aiguë de la pointe on n'apper-çoit que des points lumineux , qui s'élancent trop peu au-delà de la pointe , pour que la divergence de leurs rayons devienne ſenſible. On prétend qu'on rend les aigrettes plus brillantes , en trem-pant l'extrémité des aiguilles du moulinet dans du ſoufre fondu. On peut auſſi rendre le cercle lumineux plus large en tenant l'un des côtés de l'aiguille plus court que l'autre , ſans préjudice à l'équilibre dans lequel il eſt néceſſaire de main-tenir le moulinet ; car alors les révolutions des aigrettes ſe faiſant concentriquement l'une à côté de l'autre , les apparences de leur lumiere ſeront du double plus larges.

Pyramide électrique.

Au lieu de diſpoſer les aiguilles du moulinet en étoile, ſi on a une tige droite à laquelle on adapte pluſieurs aiguilles en forme pyramidale , elles tourneront ſur elles mêmes , & cet aſſem-blage électriſé dans un lieu obſcur fera voir une pyramide compoſée de pluſieurs cercles lumi-neux , paralleles entre eux , & terminés par une aigrette qui ſortira de l'extrémité de la tige , ſur-tout ſi elle eſt ſoufrée.

Bouquet Electrique.

Il faut mettre enſemble ſept ou huit fils de fer dont la groſſeur ſurpaſſe un peu celle d'un épin-gle , & qui aient à-peu-près ſix à ſept pouces de longueur , en former un faiſceau qu'on lie avec du fil juſqu'à la moitié de ſa hauteur , l'établir ſur une petite plaque de plomb qui lui ſerve de

pied ; écarter ces fils par en haut , de maniere qu'ils forment autant de branches, que l'on cou-pera plus courtes les unes que les autres, & qu'on limera en pointes un peu mouſſes ; attachez-y des fleurs naturelles ou artificielles ; ayez attention que les pointes de métal les dépaſſent de quel-ques lignes. En électriſant ce bouquet dans l'obſ-curité , vous le verrez parſemé d'aigrettes lumi-neuſes ; & ces feux ſeront encore plus éclatants , ſi vous avez trempé les pointes de fer dans du ſoufre fondu.

Autre Cerf-volant électrique.

On a déjà parlé du cerf-volant électrique dont nous donnons ici une explication plus développée avec des figures relatives.

Faites un cerf-volant de taffetas (1) , de quatre à cinq pieds de hauteur , ſuivant la forme dé-ſignée par la fig. 8 , pl. 14 , que ſes deux branches A & B ſoient mobiles aux endroits C & D , afin de pouvoir le reployer & le tranſporter plus com-modément en ôtant la baguette EF qui doit ſou-tenir ces branches lorſqu'on en fait uſage ; atta-chez le long de la baguette G , une petite tringle de fil de fer pointue vers H , où elle doit excé-der le cerf-volant de trois ou quatre pouces, terminez-la vers G par une petite boule de cuivre ; mettez à ce cerf-volant une attache comme à l'ordinaire & quelle ſoit faite avec la ficelle ci-après.

Faites filer avec un brin de fil de laiton mince & délié , une bonne ficelle en trois brins , d'en-viron cent cinquante toiſes de longueur , & conſ-truiſez un devidoir porté ſur quatre roulet-tes , (fig. 17 , pl. 14.) ſur lequel cette corde puiſſe ſe devider elle-même lorſque votre cerf-volant prendra le vent & commencera à être un peu élevé : attachez au pied de ce devidoir un fort double cordeau de ſoie A , de deux toiſes de long , afin de pouvoir le rouler où vous jugerez à propos, & l'aſſujettir en place au moyen d'une cheville B , que vous enfoncerez en terre à l'ex-trémité de ce cordeau ; que cette ficelle ſoit ter-minée par un cordon de ſoie de dix pieds de long, qui doit être attaché au devidoir , afin que cette ficelle ſoit iſolée lorſque ce cerf-volant ſera entie-rement enlevé : ſuſpendez à la ficelle où la ficelle joint le cordon de ſoie , un petit conducteur ou globe de fer-blanc , de trois à quatre pouces de diametre.

Si on enleve ce cerf-volant par un tems un peu orageux & favorable à l'électricité , la pointe placée vers ſa tête attirera de l'électricité des nuages qui paſſeront au-deſſus de lui , de même

---

(1) On peut également ſe ſervir d'un cerf-volant de papier , tel qu'on les fait ordinairement ; mais on ne pourroit l'enlever dans les temps de pluie ou d'orage.

que le fait une pointe que l'on préfente au conducteur de la machine électrique : cette matière électrique fe répandra le long de la ficelle jufqu'au petit conducteur qui fe trouve ifolé entre l'extrémité inférieure de cette corde & le cordon de foie attaché au devidoir ; dans cet état, on tirera de ce conducteur des étincelles très-fortes & très-vives, on pourra même y charger des bouteilles & y faire diverfes expériences électriques.

On ne doit pas diffimuler ici qu'il faut faire ces expériences avec beaucoup de prudence & de précaution, attendu que quoiqu'ordinairement les étincelles ne foient pas plus fortes que celles d'une électricité ordinaire ; il peut arriver qu'il defcende le long de la ficelle une fi grande abondance de matière électrique, qu'il y ait du danger d'en approcher, ce qui pourroit même arriver avant que la ficelle fut entièrement devidée (1), & par conféquent ifolée : il ne faut donc pas approcher de la ficelle ni du devidoir, fans s'être affuré de la force de l'électricité ; ce qui arriva à M. de Romas (2) doit engager à être fur fes gardes en faifant de pareilles expériences.

Planétaire électrique.

Ayez un cerceau de métal, ou fimplement de carton, couvert de papier doré A (*fig.* 10. *pl.* 14), d'environ fix pouces de diamètre & d'un demi pouce de largeur ; ifolez-le fur cinq à fix petits tubes de verre (ou fimplement avec de la cire à cacheter), en l'élevant à un demi-pouce au-deffus d'un cercle ou plaque de carton C, également couverte de papier doré, & de 9 à 10 pouces de diamètre ; obfervez que ce cerceau foit placé concentriquement & parallèlement au-deffus de ce cercle de carton ; pofez cet appareil fur un pied de bois B, & faites communiquer ce cerceau au conducteur, au moyen d'un fil de fer D ; ayez encore deux petites boules de verre foufflées E & F, de dix à douze lignes de diamètre, & qu'elles foient fort minces & très-légères.

Si on électrife le conducteur de la machine électrique qui doit communiquer par le fil de fer à tout cet appareil, & que l'on place une de ces boules E fur la plaque intérieure & près du cerceau,

---

(1) C'eft pour éviter ce danger qu'on a ajouté au devidoir un cordeau de foie pour le traîner où l'on veut fans aucun inconvénient.

(2) M. de *Romas*, de Nérac, qui eft l'inventeur de cette machine, nous apprend que dans un tems orageux, les étincelles qui s'élançoient de fon appareil, avoient un pouce de groffeur, & qu'elles s'élançoient avec un grand bruit & à dix pieds de diftance fur les corps non électriques qui en étoient les plus proches.

elle en fera auffitôt attirée, & en conféquence de cette difpofition, la partie de cette boule qui le touchera recevant un peu de vertu électrique fera repouffée ; & comme l'électricité ne fe trouvera pas répandue dans toute la furface du verre, une autre partie fera de nouveau attirée, pendant que la première ira décharger fur la plaque l'électricité dont elle fe trouvoit chargée au premier contact. Ces attractions & répulfions réciproques, en fe fuccédant alternativement, produiront une révolution de ce petit globe de verre autour du cerceau qui durera pendant tout le tems que l'on continuera d'électrifer ; cette révolution fe fera indifféremment d'un côté ou de l'autre, felon qu'elle aura commencé d'abord, ou que celui qui fait cet amufement l'y aura d'abord déterminé : ce même effet aura également lieu, fi l'on pofe la boule F en-dehors du cerceau, & on pourra alors les faire tourner toutes deux, l'une en dedans, l'autre en dehors, dans un même fens ou dans un fens contraire. Si cet amufement fe fait dans un lieu totalement privé de lumière, ces petits globes paroîtront illuminés, ce qui rendra ce fpectacle fort amufant. On pourra mettre auffi fur le même cercle plufieurs cerceaux concentriques les uns aux autres, & faire tourner autour d'eux plufieurs boules, & en mettant au centre de ce cercle un petit globe de cuivre repréfentant le foleil, on imitera affez bien, par les différentes révolutions de ces globes de verre, le cours des planetes autour du foleil.

Nota. Cette pièce doit être placée bien de niveau, & il eft bon que la plaque aille un peu en pente du côté du cerceau ; cela contribue à la réuffite de cet amufement, dont l'exécution a fa difficulté.

Girouettes électriques.

Formez avec un morceau de liège une petite boule de fept à huit lignes de diamètre (*fig.* 9. *pl.* 14.), que vous traverferez d'une aiguille à coudre pour lui fervir d'axe : taillez quatre petites girouettes de papier doré ABC & D, de deux pouces de longueur & un pouce de largeur, & ayant fendu cette boule avec un canif ; ajuftez-y ces girouettes, de manière que leur plan foit incliné à cet axe ; fufpendez cette boule par la pointe de fon aiguille à l'extrémité E d'une lame aimantée ; préfentez cette boule à une petite diftance d'une pointe F, que vous aurez placée fur le conducteur de la machine électrique.

Les plans de ces petites girouettes étant inclinés à l'axe, lorfqu'elles font fufpendues à la lame aimantée, elles font pouffées par le courant de la matière électrique qui fort de cette pointe, & elles tournent avec beaucoup de rapidité pendant tout le tems de l'électrifation. Si cette pointe eft tournée en en-bas, elles tournent dans un fens contraire.

Il en est de même , lorsqu'on les fait tourner sur une pointe électrisée positivement ou négativement , la direction du fluide électrique prenant dans l'un ou dans l'autre cas une direction totalement opposée ; ce qui tend à prouver la doctrine de M. Franklin.

Gerbe électrique.

Si l'on électrise dans l'obscurité un conducteur ou une barre de fer , & qu'on les parsème de petites gouttes d'eau ; en promenant la main d'un bout à l'autre du conducteur , & à quelques pouces de distance de sa surface , on voit sortir de toutes les gouttes d'eau autant d'aigrettes bien enflammées & bien épanouies , qui font sur la peau l'impression d'un vent frais & humide.

Après avoir bien essuyé & bien séché la barre de fer , ou le conducteur de l'expérience précédente , que l'on arrange sur toute sa longueur plusieurs petits tas de son , de farine , ou de cette rapure de bois qu'on met sur l'écriture.

Dès que cette barre deviendra électrique , tout ce qui a été mis dessus sera enlevé , & l'on remarquera que les poussières forment toujours en s'élevant une espèce de gerbe qui indique visiblement que la matière invisible qui les chasse , s'épanouit de la même manière.

Œuf lumineux.

Prenez un œuf frais , dont la coquille soit très-mince , & le tenant entre vos doigts , présentez-le par un de ces bouts au conducteur de la machine électrique.

Pendant tout le tems qu'on électrisera le conducteur , les étinceles qui en sortiront s'élanceront continuellement sur la pointe de cet œuf , & pénétrant dans tout son intérieur , elles le feront paroître entièrement lumineux ; cet amusement se doit faire dans l'obscurité. Il en sera de même , si une personne isolée le tient dans sa main , & qu'une autre placée sur le plancher en tire l'étincele , ou si la personne non isolée le présente au doigt de celle qui est isolée.

Cheveux électrisés.

Le fluide électrique traverse les corps animés exposés à son action ; son cours devient sensible , même par la direction des substances légères qui font partie de ce corps. Qu'on électrise fortement un homme isolé sur le tabouret ; si cet homme porte ses cheveux ou une perruque sans pommade , à mesure qu'il s'électrisera , on verra ses cheveux se dresser en l'air en se tenant écartés les uns des autres ; & cet effet deviendra plus sensible encore , si quelqu'un des spectateurs tient la main étendue ,

ou une plaque de métal à sept ou huit pouces de distance au-dessus de lui. On peut suppléer aux cheveux par une poignée de filasse qu'on lui placera sur la tête , ou qu'on lui attachera sur l'épaule ou ailleurs.

Panache électrisé.

Si l'on attache une plume de panache droite sur l'extrémité du conducteur , ou sur un guéridon électrisé , ou qu'une personne électrisée la tienne dans sa main , on remarquera avec plaisir combien elle se gonfle , ses barbes s'étendant dans toutes les directions autour de sa tige ; & comment elle se retire de même que la sensitive , quand quelque corps non électrisé y touche , ou qu'on présente , soit au panache , soit au conducteur , la pointe d'une épingle ou d'une aiguille.

Rubans colorés électrisés.

Que l'on dispose horisontalement un tube de verre entre deux supports de bois , portés sur un pied , & qu'on attache sur la longueur du tube des rubans de même longueur et de même largeur , afin qu'ils posent tous également , autant qu'il est possible. Si ces rubans sont de différentes couleurs , dès qu'on présentera parallèlement au plan qu'ils forment , & à une distance convenable , un tube de verre récemment frotté , ou qu'on les approche d'un conducteur électrique , on observe à l'instant qu'ils sont attirés & repoussés ; mais plus ou moins suivant leurs couleurs : ceux qui sont teints en noir sont plus fortement attirés & repoussés que les autres , & les blancs sont ceux de tous qui cèdent le moins à l'impression de la matière électrique.

La première idée a été d'attribuer ces différences d'effets à la différence des couleurs , en tant que couleurs ; mais une expérience très-curieuse de M. Dufay démontre que ce n'est pas là la véritable cause.

Ce célèbre académicien imagina de décomposer un faisceau de rayons solaires , & d'imprimer par ce moyen différentes couleurs à un même corps. Il observa alors que ce corps demeuroit également propre à suivre les impressions de la matière électrique , sous quelque couleur qu'il le soumît à cette épreuve.

Une autre expérience de M. Nollet démontre que la couleur demeurant la même , on fait perdre à un corps la faculté qu'il a de se prêter plus aisément qu'un autre à l'action de l'électricité , & qu'il ne s'agit pour cela que de mouiller ce corps , & de le faire sécher ensuite.

En employant ce procédé , on rend plus susceptible des impressions de la vertu électrique celui qui paroît y résister davantage.

D'où il y a lieu de penfer que cette propriété des rubans colorés d'être attirés ou repouffés diverfement, ne dépend point de la couleur en elle-même, mais des ingrédiens qui ont fervi à les colorer; car il paroît que c'eft de l'affemblage plus ou moins ferré des parties d'un corps que dépendent fes propriétés attractives & répulfives plus ou moins confidérables.

Pantins & autres objets électrifés.

Pour faire cette expérience, qui tient à l'attraction & à la répulfion électrique, il faut fe procurer une petite machine fimple, qui confifte en une tige droite, fupportée fur un pied; dans la longueur de cette tige, on fixe horizontalement à la partie fupérieure un tube de verre auquel eft attaché auffi horifontalement une platine de métal vers la partie inférieure de la tige; on place auffi fur une tige de métal une autre platine de métal auffi horifontale, qui gliffe dans une efpèce de douille de bas en haut, afin de la pouvoir hauffer ou baiffer à volonté.

A l'aide d'un fil de métal qui communique au conducteur, on tranfmet la vertu électrique à la platine de métal fupérieure qui eft ifolée par un tube de verre auquel elle eft fixée, ainfi que nous l'avons dit: à l'inftant elle élève & attire les petits pantins qu'on avoit couchés fur la platine de métal inférieure, & ils font auffi-tôt repouffés vers la platine inférieure contre laquelle ils fe dépouillent de la vertu électrique qu'ils avoient reçus de la platine fupérieure; de forte que cette action fe répétant continuellement, on les voit voltiger entre ces deux platines.

Il arrive quelquefois que quelques-unes de ces figures demeurent fufpendues & comme immobiles entre les deux platines. Dans ce cas, la figure fufpendue fait l'office de conducteur, qui tranfmet continuellement la matière électrique de la platine fupérieure à la platine inférieure.

Avec des platines ainfi difpofées, on peut varier infiniment ce fpectacle d'attraction & de répulfion.

Watfon dit que rien n'eft plus agréable à voir que les mouvemens qu'on imprime de cette manière à des fils de verre filés d'un pouce de longueur, ou à de femblables fils de métal, ou à de petites boules de liège. Mufchembroeck vante pareillement de petites boules de verre foufflées, dont on fait ufage de la même manière.

Si l'on préfente beaucoup de graines de quelques efpèces qu'elles foient, comme les grains de fable, de la limaille de cuivre, ou d'autres fubftances légères dans une affiette de métal, ou plûtôt dans un vafe cylindrique de verre porté fur une plaque de métal à une autre plaque fufpendue au conducteur; les corps légers feront attirés &

repouffés avec une rapidité inconcevable, de façon à repréfenter une pluie qui, dans l'obfcurité, paroît toute lumineufe.

Si on met entre les deux plaques un duvet de plume ou un duvet de chardon, il fera attiré & repouffé avec une viteffe fi furprenante, que l'on ne pourra plus diftinguer ni la forme, ni le mouvement; la feule chofe que l'on appercevra fera fa couleur, qui remplira uniformément l'efpace dans lequel il fera des vibrations.

Poiffon d'or électrique.

Si l'on découpe un morceau de feuille d'or, ayant un affez grand angle à une extrémité, & un fort aigu à l'autre; il demeurera fufpendu par fon grand angle à une petite diftance du conducteur, & par le mouvement d'ondulation de fon extrémité inférieure, il aura l'apparence d'un poiffon ou de quelque chofe d'animé qui mord & ronge le conducteur.

Baifer électrique.

On fait que lorfqu'une perfonne eft ifolée fur le gâteau, l'on peut tirer des étincelles de toutes les parties de fon corps; ce qui peut donner occafion à quelques plaifanteries innocentes & propres à amufer les fpectateurs. On place, par exemple, une jeune demoifelle fur le tabouret, un jeune homme va pour l'embraffer, il eft puni de fa témérité par l'étincele piquante qui frappe fes lèvres. On doit fur-tout avoir attention que le jeune homme en approchant ne touche en aucune manière aux vêtemens de la demoifelle.

Lorfqu'un mari veut embraffer fa femme placée fur le gâteau, il eft aifé de lui faire éprouver à lui feul les étinceles électriques, tandis que tous les autres fpectateurs qui embrafferont fa femme n'éprouveront aucune fenfation défagréable. Ou fi l'on veut que les feux électriques foient l'emblême des feux de l'amour, le mari feul embraffera fa femme fans tirer d'étinceles, & tous les autres fpectateurs, au contraire, donneront des baifers enflammés. Ce petit jeu confifte à détourner, fans qu'on le apperçoive, le fluide électrique avant qu'il parvienne jufqu'à la perfonne ifolée; pour cet effet, il fuffit de mettre la main fur le conducteur.

Expérience de Leyde.

Suivant le fyftême de M. Francklin, le feul qui foit univerfellement reçu, il a été établi ci-devant, que tous les corps, foit qu'ils ayent, comme le verre, la vertu électrique, foit qu'ils puiffent, comme les métaux, l'acquérir par communication, en contiennent effentiellement en eux-mêmes une certaine quantité qui leur eft pro-

pre;

pre ; cette quantité peut être augmentée fur ces
derniers, mais il n'en est pas de même des premiers, & particulièrement du verre, il ne peut
s'en charger au-delà de ce qu'il en contient naturellement ; d'où il fuit, qu'on ne peut accumuler fur une de fes furfaces, que l'autre n'en
perde une égale quantité ; c'eſt auſſi ce qui arrive
dans l'expérience de Leyde, dont le réſultat
(après avoir chargé d'électricité une des furfaces
du verre) fe réduit à faire paſſer cet excès fur
l'autre furface qui s'en étoit d'autant dépouillée,
ce qui ne peut avoir lieu qu'en établiſſant une
communication d'une furface à l'autre, avec un
corps non électrique, c'eſt-à-dire, un corps conducteur capable de tranſmettre la matière électrique : ce tranſport qui fe fait avec une viteſſe &
une violence inexprimable, rétablit en un inſtant
l'équilibre auquel tend toujours cette matière.
Il fuit encore naturellement de ce principe,
qu'une des furfaces du verre ne peut être chargée
d'électricité, ſi l'autre n'eſt pas à même de s'en
dépouiller d'une égale quantité : il eſt donc néceſſaire, pour charger une bouteille ou un carreau
de verre, que leurs furfaces communiquent,
chacune féparément, avec un corps conducteur,
dont l'un étant iſolé fourniſſe à l'une d'elles un
excès d'électricité, pendant que l'autre en dépouille la furface oppoſée d'une égale quantité.

Pour faire les amuſemens qui ont rapport à
l'expérience de Leyde, il faut donc avoir pluſieurs bouteilles et carreaux de verre, préparés
comme il ſuit.

La bouteille (*fig.* 15. *pl.* 14.) eſt ſemblable à
celles qu'on nomme communément *bouteilles à
médecine* ; on l'emplit d'eau juſqu'aux deux tiers,
& après l'avoir bouchée, on y introduit, au travers du bouchon, un fil d'archal qui plonge dans
l'eau ; ſa partie ſupérieure B doit être terminée
en forme de crochet ou d'anneau.

L'autre bouteille (*fig.* 13. *même planche*) eſt un
eſpèce de bocal plus ou moins grand, dont l'ouverture doit être ſuffiſamment large, pour y
introduire la main, afin de pouvoir garnir d'étain
ſon intérieur juſqu'à un pouce & demi ou deux
pouces de ſon bord ; elle doit être garnie de
même à ſon extérieur. On couvre ſon ouverture
avec un petit cercle de bois D, qu'on y applique
avec de la poix, dans laquelle on a mêlé un peu
de cendre paſſée au tamis fin, on introduit au
centre de ce cercle un gros fil de laiton A, qui
eſt percé à ſon extrémité B, où l'on ajuſte quatre
fils de laiton, qui touchent le métal dont cette
bouteille eſt garnie intérieurement ; ſon extrémité
ſupérieure doit être terminée par une petite boule
de cuivre C : cette boule ſert à conſerver plus
long-temps dans la bouteille l'électricité dont on
doit la charger.

Le carreau de verre, ou la glace (*fig.* 12. *même
Amuſemens des Sciences,*

planche.), eſt garnie ſur chacune de ſes ſurfaces
d'une feuille d'étain ABCD, à la réſerve d'un
pouce & demi ou deux pouces vers ſes bords.
Les angles de cette garniture doivent être un peu
arrondis, afin qu'ils ne laiſſent pas échapper
l'électricité dont on charge ce carreau ; on les
fait de différentes grandeurs, et plus ils ont de
ſurface plus leur effet eſt violent.

Lorſqu'on emploie ces bouteilles, on ne ſauroit avoir trop d'attention à bien eſſuyer le verre,
afin d'en retirer toute humidité, ſans quoi on
n'en tireroit pas un grand effet.

La batterie (1) (*fig.* 21. *même planche.*) eſt
compoſée de ſeize jarres ou tubes de verre, de
trois pouces de diamètre ſur dix pouces de hauteur, & ils ſont ouverts par en haut ; en les
garniſſant d'étain juſqu'à deux pouces du haut,
elles ont alors chacune un demi-pied quarré de
garniture : ces jarres ſe mettent dans une caiſſe A,
dont le fond eſt auſſi garni de métal. Un fil de
fer tortillé à ſon extrémité inférieure, pour toucher
en plus d'endroits la garniture intérieure de chaque jarre, paſſe au travers un morceau de liège
qui empêche ces fils d'approcher trop près des
bords intérieurs de ces jarres, ce qui, ſans cela,
produiroit une décharge ſpontanée. Chacun de
ces fils eſt tourné vers ſa partie ſupérieure en
forme d'anneau, & on fait paſſer au travers les
anneaux de chacune rangée de ces jarres une
tringle de fer BC, terminée de part & d'autre
par deux petites boules d'un pouce de diamètre.

Lorſqu'on veut charger toute la batterie, on
établit avec une chaîne une communication entre
ces quatre tringles ; ſi on n'en veut charger qu'une
partie, on l'établit ſeulement ſur celles dont on
veut faire uſage ; de cette manière, on obtient
une exploſion proportionnelle à l'effet qu'on veut
ſe procurer.

On fait paſſer au travers d'un des côtés de la
caiſſe A, un fil de fer D, qui communique avec
ſa garniture intérieure, & on le termine en dehors

---

(1) La piece la plus formidable de la machine électrique, eſt une *batterie*, (*fig.* 3. *pl.* 4 *Amuſemens de
Phyſique*) ſur-tout lorſqu'elle eſt compoſée d'un grand
nombre de jarres, dont la garniture a un demi-pied
de ſuperficie ; ſoixante-quatre jarres de cette eſpèce,
ayant trente-deux pieds de verre garni, font un très-
grand effet, & il ſeroit dangereux de recevoir la
commotion qu'elles peuvent donner, puiſqu'on peut
tuer avec de telles batteries un chien, ou autre animal de même force. Il faut à la vérité une bien
bonne machine & un tems bien favorable pour les charger, attendu que comme il ſe diſſipe toujours une
certaine quantité du fluide, ſi cette quantité étoit
preſque équivalente à celle que fournit le plateau,
on ne pourroit entièrement la charger qu'en y employant un tems conſidérable.

par une petite boule de cuivre E, c'est en posant un des côtés de l'excitateur F, sur cette boule E, & en présentant ensuite l'autre côté à une des boules C qui terminent les tringles, qu'on produit l'explosion. Les corps qu'on veut soumettre à ce coup, doit être placé entre la boule E & l'excitateur.

Le support de verre (*fig.* 18. *même planche.*) sert pour isoler les bouteilles qu'on a électrisées & différens autres corps. L'autre support (*fig.* 16.) est un cylindre de soufre de cinq à six pouces de diamètre sur deux pouces de hauteur, qui sert au même usage.

Pour charger une bouteille intérieurement (ou positivement), on la pose sur une table; & par le moyen d'une tringle de laiton, on fait communiquer à son bouton le conducteur de la machine électrique (1). Lorsque les bouteilles ont beaucoup de surface, il faut un plus grand nombre de tours pour les charger, & elles acquèrent plus de force; & comme elles ne peuvent être chargées d'une quantité d'électricité au-delà de ce qu'elles peuvent naturellement en contenir, ou se dépouiller, il arrive qu'en les chargeant trop, elles se déchargent d'elles-mêmes avec explosion; si la bouteille étoit petite, eu égard à l'abondance de matière que lui fournit le conducteur, on la verroit se décharger d'elle-même d'un instant à l'autre (2).

Si on veut charger une bouteille extérieurement, c'est-à-dire, négativement, par rapport à son intérieur, il faut la tenir avec les doigts par son crochet ou bouton, & approcher sa garniture extérieure A du conducteur (*voyez fig.* 19. *pl.* 14.): pour lui conserver sa charge, il faut l'isoler aussi-tôt sur un plateau de verre ou de soufre (3).

Pour faire l'*expérience de Leyde*, c'est-à-dire, pour faire passer le fluide qui a été accumulé sur la surface intérieure d'une bouteille sur l'extérieure qui en a été dépouillée, on pose le bouton d'un des côtés de l'excitation sur la garniture extérieure de cette bouteille, & on approche son autre côté de ce bouton, & l'explosion se fait aussitôt; si, au contraire, on veut décharger une bouteille, dont l'intérieur est chargé en moins, on pose un des côtés de l'excitateur sur son bouton, & on approche l'autre bout vers la garniture extérieure de cette bouteille. (*Fig.* 22. *planche* 14.)

M. Francklin prétend qu'on ne peut charger positivement l'intérieur d'une bouteille, si son extérieur ne communique pas avec quelque corps non électrique sur lequel elle puisse se dépouiller d'une même quantité d'électricité : il est vrai, & l'expérience le confirme, qu'on ne peut charger une bouteille suspendue au conducteur, ou posée sur un gâteau de soufre (4), lorsqu'elle n'est pas garnie extérieurement. Il est aisé même de s'en convaincre en la voyant se dépouiller & lancer des étincelles lorsqu'on approche le doigt de son extérieur, & se trouver ensuite chargée; on ne peut même, en présentant à sa garniture extérieure le bouton d'une bouteille qu'on tient dans la main, la charger avec ces mêmes étincelles. Ces expériences paroissent assurément très-concluantes pour son système; mais en voici qui demandent d'y être conciliées.

Si l'on isole sur un plateau de verre une bouteille garnie, elle se charge & donne la commotion, sans qu'il semble que son extérieur ait pu se dépouiller.

Si on pose sur un plateau ou support de verre deux bouteilles garnies, & éloignées l'une de l'autre de cinq à six pouces, de manière que le bouton de la première communique avec le conducteur, & sa garniture extérieure avec celle de la deuxième bouteille, au moyen d'une petite lame de métal posée sur ce support, & qu'on charge ensuite la première bouteille, ayant attention de poser, pendant ce tems, le doigt sur le bouton de la deuxième bouteille, ces deux bouteilles seront chargées, la première intérieurement avec l'électricité du conducteur, & la deuxième, extérieurement avec celle dont la première s'est dépouillé; c'est ce qu'on pourra verifier, en levant d'une main, & par son bouton, la deuxième bouteille, & tirant l'étincelle sur sa garniture extérieure, & en faisant ensuite la décharge de la première. Dans cette expérience, si on touche d'une main le bouton de la deuxième bouteille, & de l'autre celui de la première, on reçoit également la commotion. Tout ceci s'accorde parfaitement avec le système ci-dessus; mais voici une expérience qui ne paroit pas s'y rapporter : au lieu de poser ces deux bouteilles sur un support de verre, si on les pose sur une table, toutes choses égales d'ailleurs & qu'après avoir chargé la première bouteille, on touche le bouton de la deuxième d'une main, & de l'autre le bouton de la première, on reçoit aussi la commotion.

_____

(1) Pour ne point perdre le feu dont on a chargé les bouteilles, on termine ces tringles de laiton avec de petits globes de cuivre; sans cette précaution, ces petites tringles fourniroient des aigrettes qui se laisseroient échapper.

(2) Ces décharges sont plus fréquentes lorsque les bouteilles sont garnies plus près de leurs bords.

(3) Les plateaux de soufre sont meilleurs pour isoler.

(4) Elle se charge un peu étant posée sur un support de verre.

Comment l'intérieur de la deuxième bouteille, a-t-il pu s'électriser en moins, ne communiquant avec aucun corps sur lequel il puisse se dépouiller ; & son extérieur a-t-il pu l'être en plus, n'étant pas isolé ? C'est ce qu'il me paroît difficile à expliquer, suivant ce systême, & que je ne doute pas cependant que les partisans de M. Francklin ne puissent résoudre.

Repas électrique.

En 1748 M. Francklin avec ses amis voyant approcher le temps chaud, saison où les expériences électriques ne sont plus si belles, voulut terminer le travail qu'il avoit fait cette année sur l'électricité par une partie de plaisir sur les bords du Skuylkil.

D'abord ils *allumèrent* des substances spiritueuses avec une *étincele* transmise d'un bord de la riviere à l'autre sans autre conducteur que l'eau.

Pour leur diner ils tuèrent un dindon par la *commotion électrique* ; le firent rôtir avec un *tourne-broche électrique* devant un feu allumé par la *bouteille électrique* ; ensuite ils burent à la santé de tous les électriciens célèbres d'Angleterre, de Hollande, de France & d'Allemagne dans des verres électrisés & au bruit d'une décharge d'une batterie électrique.

Bouteille électrique.

Servez-vous d'une bouteille à vin, de chopine, dont le verre à l'endroit du goulot soit très-peu transparent ; (*fig.* 14, *pl.* 14) emplissez-la jusqu'aux trois quarts, ajustez à un tire-bouchon A un fil de fer B & faites le passer au travers du bouchon de cette bouteille, de manière qu'il puisse plonger assez avant dans la liqueur : lorsque cette bouteille sera bouchée, prenez cette bouteille dans votre main par le bas, & présentez-en le tire-bouchon au conducteur de la machine électrique.

Les étinceles qui sortiront du conducteur chargeront intérieurement cette bouteille, comme on l'a expliqué ci-devant ; d'où il s'ensuit que si d'une main on touche son fond extérieur & qu'on approche du tire-bouchon le doigt de l'autre main, on recevra la commotion, & elle aura également lieu quand même il y auroit déja quelque tems que la bouteille seroit chargée (1).

Ayant secrettement chargé cette bouteille ;

on l'apportera sur la table, & on proposera à quelqu'un de la déboucher, sous prétexte de servir la liqueur qui y est contenue : cette personne prenant naturellement la bouteille par le côté, approchera l'autre main du tire-bouchon pour la déboucher, & recevra la commotion, qui sera plus ou moins forte, suivant la quantité d'électricité dont on l'aura chargée.

Nota. On peut se procurer cet amusement d'une autre manière, en mettant une cuiller dans un bocal, contenant des olives, ou des cerises à l'eau-de-vie, attendu que celui qui touchera l'extérieur du bocal d'une main & la cuiller de l'autre recevra de même la commotion.

Faire qu'une personne voulant ouvrir une porte, reçoive la commotion.

Ayant établi une communication du plancher de la chambre à celui du dehors, en le mouillant légerement à cet effet dans l'espace qui les sépare, chargez une bouteille garnie, & pour lui conserver son feu, posez-la sur un support de soufre.

A l'instant qu'une personne touchera la clef, afin d'ouvrir la porte, si de votre côté vous approchez de la serrure le bouton de la bouteille chargée, le fluide électrique passant par cette serrure, n'ayant d'autre chemin à parcourir pour se rendre à l'extérieur de la bouteille qu'au travers le bras & les jambes de cette personne, pour continuer son chemin par le plancher & se rendre au travers de vos jambes & de votre bras à l'extérieur de la bouteille, elle sentira, ainsi que vous, la commotion, mais avec d'autant plus de surprise pour elle, qu'elle ne s'y attendra pas.

Arbrisseau électrique.

Ayez une petite caisse de bois, de cinq à six pouces quarrés, (*fig.* 20, *pl.* 14) dont le fond intérieur A soit couvert de papier doré, de même que ses côtés intérieurs : ajustez-y un cylindre de carton, creux, & d'un pouce de hauteur ; couvrez-de même papier, que l'intérieur de ce cylindre soit de grandeur à contenir le fond d'un gobelet de verre, que vous aurez garni intérieurement & extérieurement de métal jusqu'à un pouce de son bord. Couvrez le dessus B de cette caisse d'une petite planchette, au centre de laquelle vous ménagerez un trou circulaire de deux pouces de diamètre, que vous remplirez de soufre fondu ou de résine, afin d'isoler le fil de fer C', qui doit passer par son centre & plonger dans ce gobelet : la partie supérieure D de ce fil doit servir de tige principale à un arbrisseau, auquel vous

---

(1) En posant cette bouteille sur un plateau de soufre, elle conservera longtems son électricité si le tems est sec.

donnerez la figure d'un petit oranger : ajuſtez à l'extrémité de cette tige une petite boule de bois ; couverte d'étain, & peinte de la couleur d'une orange ; arrangez autour de cette tige, des feuilles & d'autres petites oranges ſoutenues ſur des petits branchages de bois ; ou ſi vous vous ſervez de fil de fer, mettez alors à l'extrémité de chaque branche une petite orange de cire ; couvrez toutes ces petites branches, ainſi que la principale tige, avec de la ſoie, comme il eſt d'uſage pour les fleurs artificielles ; garniſſez le deſſous de la caiſſe d'une bande de papier doré qui communique à celui dont eſt couvert ſon intérieur.

Ayant placé cet arbriſſeau ſur une table ; ſi vous faites communiquer la chaîne du conducteur de la machine électrique à la tige de cet arbriſſeau, dont l'orange eſt couverte de métal, vous chargerez le vaſe de verre renfermé dans la caiſſe ; alors tenant cette caiſſe dans la main, de manière que vous touchiez le métal dont elle eſt garnie par-deſſous, ſi vous approchez le doigt de l'autre main vers l'orange garnie de ce métal, vous recevrez la commotion, & vous ne la reſſentirez pas ſi vous ne touchez que celles qui ont été formées avec de la cire.

Ayant ſecrettement électriſé cet arbriſſeau, donnez la caiſſe à tenir à la perſonne à laquelle vous déſirez faire ſentir la commotion, de manière qu'elle touche le métal dont la caiſſe eſt garnie en deſſous, dites-lui de fleurer les oranges, & lorſqu'elle s'adreſſera à celle qui eſt électriſée, elle recevra la commotion : ayez ſoin de votre côté de tenir la caiſſe, afin qu'elle ne puiſſe la laiſſer tomber ; remarquez que quoique vous touchiez la caiſſe, vous ne reſſentirez pas cette commotion, attendu que votre main ne ſe trouvera pas placée dans le paſſage du fluide électrique.

Roue électrique.

Sur une planche circulaire A, (fig. 5, pl. 15.) placée horiſontalement, & de dix à douze pouces de diamètre ; tracez du centre B le cercle C D E F G H, & l'ayant diviſé en ſix parties égales, élevez perpendiculairement ſur chacune d'elles les ſix piliers ou tubes de verre C D E F G & H ; (fig. première même pl.) donnez leur ſix à ſept pouces de hauteur : maſtiquez ſur le ſommet de chacun de ces piliers une petite boule de cuivre bien polie, d'environ huit à dix lignes de diamètre ; élevez deux ſupports de bois aux endroits I & L de cette planche qui ſe trouvent hors de ſon cercle ; donnez-leur deux à trois pouces de hauteur de plus qu'aux piliers. Ces ſupports doivent ſoutenir par leurs deux extrémités une lame de verre M N, d'un pouce de largeur, & percée en ſon milieu d'un trou : ce trou doit ſe trouver perpendiculairement

placé au-deſſus du centre B de la planche circulaire A, qui ſoutient toute cette machine : il doit encore être également diſtant des ſix petites boules de cuivre placées ſur les piliers.

Ayant un carreau de verre ou une glace taillée en cercle, dont le diamètre ſoit d'un demi pouce moins grand que la diſtance qu'il y a entre deux des boules ci-deſſus qui ſont diamétralement oppoſées ; couvrez-la d'étain ſur ſes deux faces, à la réſerve d'un pouce & demi vers ſes bords ; ne la percez pas à ſon centre, & ajuſtez-y deux petits hémiſphères de bois couvert de métal, qui doivent ſoutenir deux petites tringles de fer P & Q, ſervant d'axe à ce carreau, une de ces tringles P doit être très aiguë pour entrer dans un petit trou fait à une petite lame de verre R, placée au centre de la planche A ; l'autre tringle doit paſſer au travers le trou O, fait à la lame de verre M N ; toute la circonférence de ce cercle doit (lorſqu'il tourne ſon axe) paſſer à égale diſtance & très-près des petites boules.

Ajuſtez ſur le bord de la ſurface ſupérieure du carreau de verre deux petits dez de cuivre S & T, diamétralement oppoſés, & faites les communiquer par un fil de fer au métal dont il eſt garni ; diſpoſez-en de même deux autres V & X, ſur ſa ſurface intérieure, & que ces derniers ſoient ſitués à égales diſtances entre les premiers : ayez une attention particulière à ce que ces dez paſſent à égales diſtances & touchent preſque les ſix petites boules ; poſez enfin une petite boule de cuivre Z (1) ſur l'extrémité de la tringle ſupérieure ; établiſſez une communication de la garniture inférieure du carreau à la planche A.

Lorſque vous aurez, au moyen d'un fil de laiton, fait communiquer le conducteur de la machine électrique à la tringle ſupérieure, vous électriſerez poſitivement la ſurface ſupérieure du carreau de verre, ainſi que les dez R & S, & ſa ſurface inférieure ſe dépouillera d'une égale quantité d'électricité ; ces dez R & S étant électriſés, ſeront attirés par les petites boules qui en ſeront les plus proches, & venant elles-mêmes à s'électriſer (attendu qu'elles ſont iſolées) ces dez ſeront auſſi-tôt repouſſés & chaſſés en avant ; les dez T & V qui ſont placés ſur la ſurface inférieure de ce carreau de verre, en étant attirés & repouſſés à leur tour, reprendront l'électricité dont les boules ſe ſeront chargées, au moyen de quoi ce cercle de verre ſera contraint de tourner, juſqu'à ce que toute l'é-

---

(1) Cette boule ſert à empêcher cet axe de fournir une aigrette qui empêcheroit de charger ſuffiſamment le carreau.

lectricité accumulée sur la surface supérieure du carreau ait passé sur l'inférieure ; & comme à chaque contact ces boules n'enlèvent qu'une petite quantité d'électricité, cette roue tournera assez long-tems, même après qu'on aura cessé l'électrisation, & il paroîtra à chaque contact une étincele qui s'affoiblira peu-à-peu jusqu'à ce que le carreau soit entièrement déchargé.

Nota. La construction de cette pièce est assez difficile & demande bien du soin, particulièrement lorsqu'on l'exécute en petit, attendu qu'alors le carreau de verre ne peut se charger d'une assez grande quantité d'électricité; celui dont s'est servi M. Francklin inventeur de cette ingénieuse pièce, avoit dix sept pouces de diamètre & douze piliers, elle tournoit une demi-heure, faisant vingt tours par minute, ou six cent tours par heure, & donnoit dans cet intervalle 14400 étinceles. Les dez pendant cet espace de tems, parcouroient un espace de plus de 2400 pieds.

Araignée électrique (1).

Ayez une bouteille (*fig.* 2, *pl.* 15.) garnie intérieurement & extérieurement, dans laquelle vous ferez plonger un fil de laiton A (2), qui d'autre côté est terminé par une petite boule de cuivre B; prenez un même fil de laiton coudé C, également terminé par une même boule D, & joignez-le au dehors de la bouteille, de manière qu'il communique avec sa garniture extérieure; que les deux boules B & D soient placées en face l'une de l'autre & à quatre à cinq pouces de distance.

Taillez de la forme d'une araignée F, un petit morceau de liége brûlé de la grosseur d'un pois ; faites-lui des pattes avec du fil de lin, & introduisez-y un petit grain de plomb, afin de lui donner plus de poids : suspendez-la à un fil de soie très-fin E, de manière qu'elle se trouve placée à égale distance & entre les centres des deux boules de métal B & D : chargez la bouteille intérieurement.

Cette araignée étant ainsi placée entre ces deux boules, dont l'une B est électrisée en plus & l'autre D en moins, en sera alternativement attirée & repoussée, jusqu'à ce qu'elle ait reporté à cette bouteille le feu électrique accumulé dans son intérieur : ce mouvement lui faisant remuer les pattes, elle ressemblera assez bien à une véritable araignée, ce qui pourra surprendre ceux qui ne connoissent pas cette construction.

Nota. Cet amusement sert à confirmer le sentiment de M. Francklin, touchant l'expérience de Leyde. On peut se le procurer en plaçant cette araignée entre le crochet d'une bouteille électrisée à l'ordinaire & celui d'une autre, dont l'intérieur est électrisé négativement.

Cette dernière doit être isolée sur un support de verre.

Tirer du feu de l'eau contenue dans un vase de verre.

Ayant rempli d'eau jusqu'aux deux tiers un vase de verre A, (*fig.* 6, *pl.* 15.) prenez un autre vase de métal B, dans lequel vous mettrez la quantité d'eau nécessaire, afin que le vase A y étant plongé, l'eau contenue dans l'un & l'autre se trouve à la même hauteur; (3) faites plonger dans l'eau du vase A la chaîne du conducteur.

Lorsqu'ayant électrisé le conducteur; vous aurez par ce moyen chargé l'intérieur du vase A; si vous plongez dans le vase B le côté C de l'excitateur CD & qu'ensuite vous approchiez son autre côté D de la surface de l'eau contenue dans celui A; ce vase se déchargera en produisant une assez vive étincelle qui sortira de l'eau même; & si au lieu de plonger l'excitateur dans l'eau du vase B vous y mettez le doigt & qu'avec le doigt de l'autre main vous tiriez l'étincelle, vous recevrez la commotion.

Faire passer la moitié de l'électricité dont une bouteille est chargée, dans l'intérieur d'une autre bouteille.

Ayez deux bouteilles de même grandeur A & B, (*fig.* 4, *pl.* 15.) chargez l'une d'elles A, & la prenant dans la main, approchez son bouton C de celui D de l'autre bouteille B.

La moitié de l'électricité contenue dans l'intérieur de la bouteille A passera dans celui de la bouteille B, & si tenant ensuite l'une ou l'autre par leur garniture extérieure on approche de leur bouton le doigt de l'autre main, on recevra la commotion de moitié moins forte que celle qu'on auroit ressentie, si l'on avoit touché la bouteille A avant qu'elle eut communiqué à la bouteille B la moitié de son électricité.

Nota. Si les deux bouteilles étoient de grandeurs inégales, la commotion qu'elles donneroient leur seroit proportionnée, soit qu'on chargeât

---

(1) Cette invention est de M. Franklin.
(2) On assujettit ce fil en le faisant passer au travers d'un petit cercle de bois qui couvre cette bouteille & qu'on garnit de poix-résine.

(3) Il faut éviter que le vase A ne se mouille dans la partie qui se trouve au-dessus de l'eau, ce qui établiroit une communication entre ses deux surfaces.

d'abord la plus grande ou la plus petite, quoique moindre si l'on chargeoit d'abord cette derniere.

Soit (par exemple) 50, la surface de la bouteille A, 25 son degré d'électricité, & 10 la surface de la bouteille B, on pourra faire cette analogie :

Comme la surface de la bouteille A..... 50

Est à celle de la bouteille B............ 10

Ainsi la charge de la bouteille A........ 25

Est à............................... 10

Degré de force de la charge qu'elle a communiquée à celle B.

Soit au contraire 10, la surface de la bouteille B, 5 son degré d'électricité & 40 la surface de la bouteille A., on fera cette autre analogie :

Comme la surface des bouteilles A & B.. 50

Est à la surface de la bouteille A........ 40

Ainsi la charge de la bouteille B........ 5

Est à............................... 4

Degré de force qu'elle a communiquée à celle A.

Si on pose ces deux bouteilles sur un support de verre, leurs boutons s'approchant, & qu'on touche leur garniture extérieure avec l'excitateur ou autrement, la bouteille chargée A communiquera de même une partie de son électricité à celle B, & ces deux bouteilles seront chargées dans la même proportion, comme si on les eut approchées par leur bouton.

Faire passer le fluide électrique à travers une rivière ou un canal rempli d'eau.

Plantez deux piquets sur les bords opposés d'une rivière ou d'un canal, & attachez à chacun d'eux un cordon de soie de deux pieds de long, afin de soutenir & d'isoler (1) en même-tems un fil de fer qui doit le traverser. Placez une personne auprès d'un de ces piquets, qu'elle tienne d'une main l'extrémité de ce fil de fer, & que de l'autre main elle plonge dans l'eau une tringle de fer.

Ajustez dans un gros morceau de liège un fil de fer, de manière qu'étant soutenu verticalement sur l'eau, il se trouve à portée d'être touché d'une deuxième personne placée de l'autre côté

du canal ; chargez fortement une bouteille garnie.

Si cette deuxième personne tenant d'une main l'extrémité du fil de fer qui traverse le canal, & de l'autre cette bouteille ainsi chargée, en approche le bouton du fil de fer soutenu sur le liège, pendant que la première qui est placée de l'autre côté tient l'autre bout de ce même fil, & plonge dans l'eau la tringle qu'elle tient de l'autre main, la commotion aura lieu, & toutes deux la ressentiront également, ce qui ne peut se faire sans que le fluide électrique ne passe à travers le canal (2).

Nota. Ce même amusement peut se faire facilement dans un grand bassin.

Le petit chasseur.

Faites peindre une figure de bois ou de carton, (*fig.* 10 *pl.* 15). de cinq à six pouces de hauteur, représentant un chasseur, & disposez-la de manière qu'un fil de fer caché communique depuis ses pieds jusqu'à l'extrémité du fusil qu'elle doit tenir dans ses mains : posez-la sur un carreau de verre garni de métal A B C D. Electrisez la surface supérieure de ce carreau, en y faisant communiquer la chaîne du conducteur.

Ayez une petite pièce de gibier E., faite de même avec du bois ou du carton, & ajustez-la au bout d'un fil de fer.

Lorsque vous aurez chargé le carreau sur lequel est posée cette figure ; si quelqu'un touchant ou communiquant avec sa garniture inférieure, tient en main la petite pièce de gibier E, & l'approche de l'extrémité F du fil de fer, le carreau se déchargera aussi-tôt, & il semblera que cette figure tire sur l'objet qu'on lui présente. Si le carreau est un peu grand & qu'on l'ait fortement chargé, le coup se fera sentir avec beaucoup de violence, ce qui causera beaucoup de surprise à celui qui recevra cette commotion.

On peut donner cette commotion de même que plusieurs autres, à des personnes qui ne s'y attendent pas, en cachant sous un tapis placé sous la table, un fil de fer qui communique secrettement du carreau au plancher, ou bien avec quelqu'endroit de cette table qui soit à portée de cette personne & sur laquelle elle puisse poser le pied ou la main sans y penser. Si elle pose le pied sur le fil de fer, la commotion se fera sentir dans les jambes ainsi que dans les bras, & particulièrement à la cheville du pied. Il ne faut qu'un peu d'invention pour surprendre avec ces sortes de

---

(1) L'effet que produit cette expérience, peut avoir lieu sans que le fil de fer soit isolé.

(2) Cette expérience a été faite en Angleterre, où l'on a fait passer le fluide électrique au travers de la Tamise.

commotions , mais on doit éviter de les donner trop fortes indistinctement à toutes fortes de perfonnes ; ce qui est facile, puisqu'on peut charger ces carreaux aussi peu que l'on veut.

Faire qu'une personne voulant tirer le cordon d'une sonnette , reçoive la commotion.

Ayant humecté , comme il a été dit ci-devant, les deux côtés du plancher vers la porte de la chambre ; chargez une bouteille & posez-la à terre en dedans de cette chambre du côté où se trouve placé le cordon de la sonnette, qui va répondre à l'appartement ; faites pendre au-dessus du bouton de cette bouteille un fil de fer , à l'extrémité duquel soit attaché un petit poids de métal ; enfin que ce fil soit disposé de telle sorte , qu'en tirant le cordon , ce petit poids vienne à toucher le crochet de la bouteille.

Lorsque le tout aura été ainsi disposé , si une personne tire le cordon , elle recevra la commotion de même qu'à l'expérience citée, qui ne diffère de celle-ci , qu'en ce que la personne qui veut donner cette surprise ne reçoit pas elle-même la commotion.

Allumer une chandelle , avec l'étincelle électrique.

Faites communiquer la chaîne du conducteur ordinaire à un grand conducteur de fer-blanc (1), électrisez , & tandis qu'on continue à faire tourner le plateau , présentez le doigt à une partie du conducteur pour en tirer l'étincele , après avoir interposé entre votre doigt & ce conducteur le lumignon d'une chandele nouvellement éteinte.

Au même instant que l'étincele éclatera , si le trait de matière électrique qui part du conducteur traverse le jet de fumée qui sort du lumignon , la chandele se rallumera.

Tableau magique des conjurés (2).

Ayez une estampe encadrée ABCD, (*fig.* 3. *pl.* 15). représentant un portrait (par exemple celui du roi) de telle grandeur que vous voudrez ; ôtez cette estampe de dessus son verre , & coupez-en tout alentour une bande de deux pouces de largeur, faites ensorte , s'il se peut , que cette coupure se trouve à fleur de la gravure ; collez cette bordure autour du verre & sur la surface qui doit se trouver placée derrière le cadre , & couvrez l'espace E F G H qui se trouvera vuide avec de l'étain en feuilles que vous appliquerez sur ce verre avec de la gomme : établissez une communication depuis l'endroit L de cette feuille d'étain jusqu'au côté CD de la bordure : au moyen du petit conducteur ou lame d'étain L M ; collez de petites bandes d'étain sur le derrière du cadre , excepté au côté A B ; couvrez le tout d'un carton , & ce côté sera entièrement fini.

Couvrez ensuite la face intérieure du verre avec une feuille d'étain de même grandeur que celle que vous avez mis en-dessous , c'est-à-dire, qu'elle ne la déborde pas , & collez dessus cette feuille d'étain le portrait que vous avez coupé , ensorte que le tout paroisse être l'estampe telle qu'elle étoit avant cette opération , excepté qu'une partie est derrière le verre & l'autre devant ; ayez encore une petite couronne de papier doré.

Ce tableau magique n'étant autre chose qu'un carreau de verre , dont la garniture d'étain se trouve masquée par cette ingénieuse construction : si en laissant pendre sur le portrait la chaîne du conducteur , on charge la surface antérieure de ce verre , & qu'une personne tenant d'une main le dessous du cadre , à l'endroit où il se trouve garni de métal , touche avec le doigt de l'autre main le portrait , ou la couronne qui y est posée , elle ressentira la commotion.

On charge secrettement ce tableau ; & le tenant dans une situation horisontale , par le côté qui ne communique pas avec la garniture , on pose la petite couronne de papier doré sur la tête du roi , & présentant ce tableau à une personne , de manière que d'une main elle touche un des côtés garnis du cadre , on lui propose d'ôter la couronne de dessus la tête du roi , & à l'instant qu'elle en approche les doigts , elle reçoit la commotion ; on doit avoir soin de tenir de son côté le tableau , afin que la personne ne le laisse pas tomber.

Nota. Celui qui présente le portrait ne ressent pas le coup lors de la commotion , sa main ne se trouvant pas dans le chemin du fluide électrique qui passe de la surface antérieure du verre qui en a été chargée , à l'autre surface qui s'en est dépouillée : il peut même toucher la couronne sans la ressentir aucunement , ce qu'il donne pour un témoignage de sa fidélité.

Si plusieurs personnes forment une chaîne en se tenant par les mains , de manière que la communication entre les deux surfaces du verre ne soit pas interrompue ; c'est-à-dire que la première personne tienne le cadre d'une main & que la dernière touche la couronne , toutes ressentiront au même instant la commotion ; c'est par cette raison que M. *Francklin* a nommé cet amusement l'expérience des conjurés.

On prévient ici que si ce tableau avoit un pied

(1) On peut se passer de ce grand conducteur , lorsque le conducteur ordinaire donne de fortes étincelles.

(2) Cet amusement est de l'invention de M. *Francklin.*

quarré, & qu'il fut fortement chargé, la commotion seroit très-violente; dans ces fortes d'amusemens, il faut charger modérément, attendu qu'il est des personnes qui sont fort sensibles au coup qu'elle produit.

Faire qu'une personne voulant prendre une pièce de monnoie, reçoive la commotion.

Cet amusement, quant à l'effet, est le même que celui ci-dessus.

Ayez un carreau de verre garni de métal: posez sur sa surface supérieure que vous devez charger, une pièce de monnoie: établissez avec un fil de fer caché le long du pied de la table, une communication du dessous de ce carreau au plancher; faites approcher une personne de la table, de manière que son pied touche le fil de fer qui doit déborder sur le plancher; proposez-lui de prendre cette pièce de monnoie, & lorsqu'elle ira pour la toucher, elle recevra la commotion.

Nota. Cette manière de masquer une communication peut servir à donner la commotion à ceux qui n'osent pas se risquer à la recevoir, on peut la conduire en quel endroit on veut, & la cacher absolument, attendu qu'il n'est pas nécessaire qu'elle soit isolée.

Roue tournante entre deux bouteilles chargées d'électricité.

Faites tourner un petit essieu de bois F, (*fig.* 11, *pl.* 15.) d'environ un pouce & demi de diamètre, & percez-le de dix à douze trous de de deux à trois lignes de diamètre, dans lesquels vous ajusterez autant de petits tubes de verre de six pouces de longueur, à l'extrémité de chacun desquels vous mettrez une petite boule de cuivre de six à sept lignes de diamètre; percez cet essieu d'un trou de quatre lignes, & mettez au-dessus de sa partie supérieure D, une chape de cuivre, afin que cette roue puisse tourner librement & horisontalement (1) sur la pointe ou pivot C qui doit traverser cet essieu: que ce pivot soit supporté sur un pied E, afin que le tout soit ferme & solide.

Ayez deux bouteilles garnies A & B (même figure) que vous chargerez à l'ordinaire; placez la bouteille A sur un support de bois G. Ce support doit être assez élevé pour que la garniture extérieure de la bouteille A se trouve à la même hauteur que le bouton de celle B, à fleur duquel

---

(1) Il faut disposer cette roue de manière qu'elle soit dans un parfait équilibre, ce qui dépend de l'égalité de la pesanteur des petites boules.

doivent passer à trois ou quatre lignes de distance les boules de la roue ci-dessus.

La bouteille A n'étant pas mise en place, lorsqu'une des boules de cette roue se trouvera proche du bouton de la bouteille B, elle en sera attirée, & recevant une étincelle, elle se trouvera électrisée, & sera par conséquent aussi-tôt repoussée en avant, pendant que la boule suivante étant attirée à son tour, s'électrisera, & sera de même repoussée, & ainsi des autres, jusqu'à ce que cette roue ait achevé de faire un tour entier: alors la première de ces boules qui a été électrisée s'approchant du bouton, elle sera repoussée, & le mouvement cessera aussi-tôt; mais si la bouteille A, dont l'extérieur se trouve chargé négativement, est à sa place, elle attirera en passant la boule qui a été électrisée la première, & doublera par ce moyen la force qui fait tourner cette roue, & enlevant non-seulement le feu électrique qui lui a été communiqué par la bouteille B, mais lui en ôtant encore de celui qui lui est propre, elle la mettra en état, ainsi que toutes celles qui la suivent, d'être attirées & repoussées de nouveau par la bouteille B; par ce moyen, la roue continuera de tourner avec beaucoup de rapidité, jusqu'à ce que l'équilibre ait été rétabli entre l'électricité de la surface intérieure & extérieure de ces deux bouteilles, ce qui durera un certain tems, si les bouteilles ont été également & bien chargées: cette roue pourra fournir avec rapidité douze à quinze tours par minute, en tirant de la bouteille B & rendant à la bouteille A une étincelle au passage ou contact de chacune des boules, ce qui produira plus de cent étincelles en une seule minute de tems.

Nota. Si l'on charge une des bouteilles extérieurement & l'autre intérieurement, il ne sera pas nécessaire de la placer sur un support aussi élevé: il suffira de faire tourner la roue de manière que les boules passent auprès des boutons de ces deux bouteilles.

La torpille.

Ayez une jarre ou sceau de verre A, (*fig.* 19, *pl.* 15.) de telle grandeur que vous voudrez (par exemple de six à sept pouces de diamètre, sur trois pouces de profondeur), garnissez-la d'étain extérieurement jusqu'à un pouce de son bord, & emplissez-la d'eau aux deux tiers, posez la sur une table, de manière que son fond extérieur puisse communiquer, par quelque fil ou bande de métal caché, au pied de la table; ou à quelqu'autre endroit où une personne, sans y penser, puisse poser la main.

Faites avec du laiton très-mince un petit poisson B, creux, que vous lesterez de plomb, afin qu'il puisse facilement nager au-dessus de l'eau: ayez une

une ligne faite avec du fil de laiton, & dont la baguette soit couverte de métal ; ajustez au bout de cette ligne, & en place d'hameçon, une petite boule de cuivre C, de trois à quatre lignes de diamètre.

Si laissant pendre dans l'eau contenue dans ce vase une chaîne ou fil de métal qui coinmunique au conducteur qu'on électrise, on le charge intérieurement, & que touchant ensuite d'une main l'extérieur de la bouteille ou le métal qui y communique, & tenant de l'autre main cette ligne, on présente la petite boule qui y est suspendue au petit poisson qui se trouve ainsi électrisé, on recevra aussi-tôt la commotion.

Pour s'amuser agréablement avec cette récréation, il faut électriser secrettement le vase avant de l'apporter sur la table ; on doit aussi masquer avec un petit morceau de pain, la petite boule qui semble servir d'hameçon, de cette manière, & au moyen de la communication cachée qui répond à l'extérieur du vase, on pourra donner la commotion, sans que la personne que l'on voudra surprendre, puisse s'y attendre ; si le vase étoit grand & fortement électrisé, le coup ne laisseroit pas que d'être violent.

Percer une feuille de carton avec l'explosion électrique.

Ayez un carreau de verre garni de métal, posez-le sur une table, en faisant communiquer la garniture inférieure avec quelque fil ou lame de métal, qui déborde ce carreau ; laissez pendre sur sa garniture supérieure la chaîne du conducteur de la machine électrique.

Si vous chargez fortement ce carreau de verre, & qu'après avoir mis un carton ou plusieurs cartes sur la lame qui le déborde, vous y posez un des côtés de l'excitateur, & que de l'autre vous tiriez l'étincelle sur sa surface supérieure, le fluide électrique se rendra à la surface inférieure en produisant une explosion très-violente, qui percera & passera au travers de ce carton ; cette explosion sera d'autant plus forte, que le carreau dont vous vous servirez aura plus de surface.

Tuer un animal avec une explosion électrique.

Pour parvenir à tuer un animal, soit volatile, soit quadrupède, par le moyen d'une explosion électrique, il faut proportionner la grandeur des bouteilles, ou le nombre des jarres dont la batterie est composée, à la force de l'animal qu'on a dessein de soumettre à cette expérience : des petits animaux, tels que des oiseaux, des souris, &c. peuvent être tués assez facilement par *Amusemens des Sciences.*

la décharge d'une seule jarre (1) contenant environ un pied quarré de verre garni ; mais si l'on vouloit tuer de plus gros animaux, tels que des pigeons, de jeunes poulets, des petits chats nouvellement nés, il faudroit charger, dans une batterie, un nombre de jarres, dont la garniture soit équivalente à une surface de cinq ou six pieds quarrés, & toujours en proportion ; de manière qu'il faut employer une batterie d'environ trente pieds quarrés de verre garni pour tuer un chat, un lapin, ou tout autre animal de même force ; il arrive même assez fréquemment, lorsque l'explosion n'est pas assez violente, que l'animal ne meurt point, & qu'il reste seulement étourdi pendant quelques heures, sans donner aucun signe de vie (2). Il seroit possible sans doute de tuer un gros animal, tel qu'un bœuf, mais il faudroit nécessairement une machine très-grande, composée de plusieurs plateaux ou globes de verre capables de ramasser une quantité de matière électrique assez considérable pour charger facilement un très-grand nombre de jarres ; il n'y a pas de doute qu'une telle machine ne produisît une explosion semblable à un coup de tonnerre (3).

Pour tuer un animal, il faut l'assujettir avec quelques cordons auprès de la garniture extérieure de la jarre ou du bouton E, qui communique à la batterie, (*voyez fig.* 21, *pl.* 14.) & alors en posant un des côtés F de l'excitateur sur la tête de l'animal, on fait passer le coup au travers sa tête, en tirant l'explosion sur une des boules C de la batterie.

Nota. On pourroit assurément tenir l'animal pendant cette opération, même avec la main, sans qu'il y eût aucun danger, puisqu'il suffit qu'elle ne se trouve pas dans le passage du fluide électrique : mais pour éviter tout accident, je conseille de l'attacher. Si on vouloit cependant se servir d'une pince, il seroit prudent de l'isoler sur un tube de verre, qu'on tiendra dans sa main ; de cette manière on pourra facilement présenter, sans aucun danger, telle partie de l'animal qu'on voudra à cette explosion.

Fondre une feuille d'or au moyen d'une explosion électrique.

Faites faire une petite presse de bois, (*fig.* 17, *pl.* 15.) de cinq à six pouces de longueur, sur

(1) On peut se servir fort avantageusement d'un carreau de verre garni, si on le trouve plus commode pour l'opération.

[2] Quoiqu'il ne soit pas possible avec une telle batterie de tuer un gros animal, il seroit néanmoins fort imprudent & dangereux même d'exposer quelqu'un à recevoir une telle commotion.

[3] Quoiqu'il soit possible de tuer ainsi un gros animal, il n'a pas encore été construit de machine qui ait pu produire une pareille explosion.

M m m

trois de largeur, avec laquelle vous puifïiez, au moyen des deux vis & de leurs écrous A & B, ferrer affez fortement les deux plaques C & D dont elle eft compofée.

Coupez dans une feuille d'or battu une bande de quatre pouces de long, fur cinq à fix lignes de large, & l'ayant inférée entre deux cartes, de manière qu'elle les déborde de part & d'autre ; placez les cartes entre vos deux plaques, & preffez-les affez fortement.

Si après avoir placé cette preffe fur la table, de manière qu'un des côtés de la feuille d'or, qui déborde cette carte, touche la garniture d'une jarre (ou d'une batterie) bien chargée, on pofe l'excitateur fur l'autre extrémité de la feuille d'or & qu'on décharge la jarre, cette feuille d'or fe trouvera fondue par la force de l'explofion, & on n'appercevra plus que l'or qui fe fera incrufté entre les deux cartes, & dont la couleur pourpre fera juger qu'il a été réduit en chaux.

Donner au verre une teinte métallique par une explofion électrique.

Au lieu de placer entre deux cartes une bande d'or en feuille, comme il a été expliqué ci-deffus, mettez-la entre deux morceaux de verre, & liez-les enfemble le plus qu'il fera poffible.

Si vous faites paffer l'explofion électrique au travers de cette feuille d'or, elle fe trouvera, après cette opération, tellement adhérente & même incruftée dans le verre, que l'eau régale ne pourra la diffoudre & l'en féparer.

Nota. On peut, par un femblable moyen, incrufter un chiffre fur la furface d'un cachet de verre ou de criftal, en découpant une lame d'or fort mince (c'eft-à-dire de l'épaiffeur d'une feuille de papier tout au plus) fuivant la figure du chiffre, ou de tout autre fujet qu'on voudra repréfenter. Il fuffira d'appliquer cette découpure fur le cachet, & de la ferrer fortement avec un morceau de verre épais, afin qu'elle foit en contact immédiat avec le verre, pour y faire paffer enfuite une forte explofion électrique, produite par la charge de plufieurs jarres.

Enflammer la poudre à canon par une explofion électrique.

Ayez un petit tuyau cylindrique de carton, (*fig.* 18. *pl.* 15) dont l'ouverture ait environ trois lignes de diamètre ; faites entrer par chacune de fes extrémités deux fils de cuivre A & B arrondis par les bouts & entre lefquels vous laifferez un intervalle d'un quart de pouce pour y mettre un peu de poudre à tirer : faites paffer au

travers ce tuyau une forte explofion, & fi la poudre a été bien féchée au feu, elle pourra s'enflammer.

Nota. Il eft rare de réuffir dans cette expérience qui a été fouvent tentée fans fuccès ; je n'en aurois pas même fait mention ici, fi une perfonne ne m'avoit affuré qu'elle lui a réuffi ; ce qui me paroît d'autant plus difficile, qu'une partie des matières dont la poudre eft compofée & le tuyau de carton même étant conducteur de l'électricité, l'explofion ne doit pas naturellement fe faire à cet endroit. En employant un tube de verre, au lieu du petit tuyau de carton, il y auroit peut-être plus d'efpérance d'y réuffir.

Différentes manières de donner la commotion à plufieurs perfonnes enfemble.

Chargez une bouteille femblable à celle défignée par la *fig.* 13. *pl.* 14 ; pofez-la fur un fupport électrique (1), & ayant fait difpofer en rond un nombre de perfonnes quelconques, de manière qu'elles fe tiennent toutes par la main, excepté feulement la première & la dernière, donnez à la première perfonne la bouteille, en forte qu'elle la tienne par fa garniture extérieure, & dites à la dernière d'en toucher le bouton.

Ayant préparé par cette difpofition une communication, non interrompue, entre l'intérieur de la bouteille chargée & fon extérieur ; fi la dernière perfonne qui termine la chaîne touche avec le doigt le bouton ou le croc et de cette bouteille, le fluide électrique paffera auffi-tôt au travers les bras & la poitrine de toutes celles qui forment cette chaîne, pour fe rendre à l'extérieur de cette bouteille que tient la première perfonne, & la commotion fe fera fentir avec une même force à chacune d'elles (2), attendu qu'elles fe trouvent toutes dans le paffage de ce fluide électrique.

Autre manière.

Il faut avoir plufieurs tubes de verre d'environ fix pouces de longueur ; bouchez leurs deux extrémités avec du liége, au travers duquel paffe un fil de fer qui touche l'eau dont ils doivent être remplis, & que chaque perfonne tienne en main un des bouts de ces tubes.

[1] On la pofe ainfi afin qu'elle conferve fa charge pendant le temps qu'on difpofe les perfonnes pour leur donner la commotion.

[2] Si quelques-unes d'entr'elles en paroiffent moins affectées, cela vient de ce qu'elles y font naturellement moins fenfibles, le coup étant néceffairement égal pour toutes.

L'eau contenue dans ces tubes, & le fil de fer qui y plonge étant des corps capables de transmettre l'électricité : lorsque la dernière personne touchera la bouteille, toutes ressentiront la commotion. Tout ce qu'il y aura de plus dans cet amusement, c'est qu'on appercevra au même instant une lumière se répandre dans l'intérieur de ces tubes ; ce qui servira à le diversifier.

Autre manière.

Disposez autour d'une table plusieurs gobelets remplis d'eau, & formez la chaîne, en faisant mettre à toutes les personnes qui la composent un doigt de chaque main dans deux de ces gobelets.

L'eau étant conducteur d'électricité, la commotion aura également lieu lors du contact, & pour peu qu'elle soit forte, la secousse, qu'elle fera éprouver à chacun, fera immanquablement renverser les verres sur la table.

Autre manière.

On peut donner encore la commotion, sans qu'il soit nécessaire que les personnes se tiennent par la main, il suffit qu'elles posent réciproquement leurs pieds les unes auprès des autres (1) ; mais il est bon de prévenir que s'il se trouve de l'humidité sur le plancher, il arrivera alors qu'elles ne la ressentiront pas, attendu que le fluide électrique qui se rend toujours à l'extérieur de la bouteille par le chemin le plus court qu'il trouve à parcourir, passeroit alors sur le plancher ; c'est par cette raison que si (la chaîne étant fermée) une personne qui n'en dépend pas tient avec ses deux mains les bras de deux des différentes personnes qui la composent elle ne ressent pas la commotion.

Nota. Le nombre des personnes qui composent cette chaîne est indifférent ; cent personnes la ressentent de même que s'il n'y en avoit que trois ou quatre, & s'il arrive (particulièrement lorsqu'on se tient par la main, que l'électricité ne se transmette pas d'un bout à l'autre, cela vient de ce qu'au moment du contact, il y en a quelques-unes d'entre elles qui cessant de se tenir par la main en interrompent la continuité.

Changer positivement & négativement le même côté d'un plateau de verre.

Ayez un carreau de verre d'un pied & demi de long, sur neuf pouces de large ; garnissez-le de chaque côté avec deux feuilles d'étain de six

pouces quarrés, suivant la méthode ordinaire, excepté qu'ils doivent être séparés l'un de l'autre par un espace d'environ trois pouces, en sorte qu'ils forment deux carreaux sur un seul & même carreau de verre.

Si vous chargez positivement les deux côtés différens & opposés de ces carreaux, chacune des deux surfaces de ce verre sera alors électrisée positivement & négativement ; ce qu'il est facile de connoître en faisant l'expérience de Leyde, & tirant alternativement l'étincele sur chacune de ces deux surfaces ; d'où il semble qu'on peut conclure que la matière électrique ne peut entrer dans le verre, ou s'accumuler sur la surface à d'autres endroits qu'à ceux qui sont garnis ou couverts de métal (2), ou de toute autre matière capable de transmettre l'électricité.

Nota. Si sur la même surface de ce verre on pose un des côtés de l'excitateur sur le quarré d'étain qui est chargé négativement, & qu'on approche l'autre côté de celui qui est électrisé positivement, il n'y aura ni explosion ni étincele, à moins qu'on n'établisse une communication entre les deux quarrés d'étain qui ont été appliqués sur la surface opposée.

Si au lieu d'appliquer deux quarrés ou feuilles d'étain séparés sur chacune des deux surfaces de ce carreau de verre, on n'en mettoit que sur l'une d'elles, & que sur l'autre on en appliquât une seule feuille ; ayant chargé cette dernière surface, sa décharge ne se pourra faire qu'en deux fois, savoir, en posant l'excitateur sur chacun des deux quarrés d'étain pour tirer l'étincele sur la feuille entière à deux différentes reprises ; ces étinceles seront de même force si les deux quarrés séparés sont égaux, & de différente force s'ils sont inégaux.

Faire perdre à une personne une partie de l'électricité qui lui est propre.

Ayez une bouteille garnie, propre pour l'expérience de Leyde ; chargez-la, & ayant fait monter une personne sur le tabouret, afin de l'isoler, remettez-lui en main cette bouteille, ensorte qu'elle la tienne par sa garniture extérieure ; approchez ensuite le doigt à différentes reprises du crochet de cette bouteille.

A chaque fois qu'une personne non isolée, touchera le bouton de cette bouteille, elle en tirera une étincele ; & comme cette bouteille ne peut perdre une partie de l'électricité qui s'est accumulée dans son intérieur à moins que sa surface extérieure n'en puisse recevoir une égale quantité, & que d'un autre côté elle ne peut lui être fournie qu'aux dépens de celle qui est pro-

---

(1) La commotion se fait sentir alors aux chevilles des pieds.

(2) S'il en étoit autrement, les deux garnitures appliquées sur la même surface se seroient électrisée positivement.

M m m 2

pre à la personne isolée qui la tient dans sa main : il s'ensuit que cette personne sera électrisée négativement ; & effectivement, si une personne non isolée approche le doigt de quelque partie de son corps, elle lui rendra la portion d'électricité qu'elle a perdue, ce qui sera aisé d'appercevoir, si l'on fait attention à l'étincele électrique qui s'élancera du doigt de la personne non isolée à celle qui tient en main la bouteille.

Nota. Cette expérience sert à prouver que le verre n'est pas la seule substance qui puisse être électrisée négativement, mais celle qui ne peut l'être que de deux manières ensemble.

Bouquet lumineux.

Ayez un cylindre ou cerceau de verre de six pouces de diamètre, & de cinq pouces de largeur ; garnissez-le tout autour d'une bande d'étain de trois pouces de largeur, tant au dedans qu'au dehors, de manière qu'il reste de chaque côté un pouce de ce verre qui ne soit pas garni ; bouchez un des côtés de ce cerceau avec un cercle de carton mince & noirci, sur lequel vous aurez découpé à jour une fleur ; couvrez ce carton avec un papier extrêmement fin, sur lequel vous peindrez cette même fleur en transparent ; posez ce cercle verticalement sur un pied, sans qu'il soit isolé.

Si ayant fait communiquer, par le moyen d'un fil de fer, le conducteur de la machine électrique à la bande ou garniture intérieure de ce cercle, vous le chargez, & qu'ensuite posant un des côtés de l'excitateur sur la garniture extérieure vous tiriez l'étincele sur l'intérieur, elle répandra dans ce cercle une lumière assez vive pour éclairer un instant le bouquet qui a été peint en transparent.

Cascade électrique.

Ayez un récipient propre à mettre sur la platine d'une machine pneumatique, (*fig.* 21. *pl.* 15) d'environ un pied & demi de hauteur & de quatre à cinq pouces de diamètre, excepté qu'il doit être ouvert par le haut ; afin de pouvoir y introduire un tube de baromètre A B, que vous remplirez de mercure ; que l'extrémité inférieure B de ce tube soit à deux pouces de distance du fond C de ce récipient.

Mastiquez exactement ce tube au goulot D, afin que l'air ne puisse pas s'y introduire lorsqu'on le pompera avec la machine pneumatique ; ajustez le long de ce tube quatre ou cinq cercles de liége E F G H & I, percés à cet effet dans leur centre ; qu'ils soient de différens diamètres, & éloignez-les entr'eux de quatorze à quinze lignes.

Si ayant placé ce récipient ainsi disposé sur la platine de la machine pneumatique (1), & plongé dans le tube un fil de fer, qui d'autre bout communique au conducteur de la machine électrique, vous faites le vuide, & électrisez ; vous verrez une flamme violette & très vive qui parcourra toute la longueur du tube, & quantités de petites flammes électriques fort legéres, lesquelles tombant de liége en liége, imiteront fort agréablement une cascade de feu.

Nota. Si on touche d'une main la platine de la machine pneumatique, & de l'autre le fil de métal qui plonge dans le tube, toutes ces lumières & étinceles paroîtront beaucoup plus brillantes : cet amusement doit se faire dans l'obscurité.

Aurore boréale.

Ayez un tube de verre bien purgé d'air & bouché hermétiquement, d'environ deux pieds de longueur : tenez ce tube dans votre main par un bout, & présentez l'autre au conducteur de la machine électrique.

Aussi-tôt qu'on approchera ce tube du conducteur électrisé, il paroîtra illuminé dans toute sa longueur, & continuera même d'être fort lumineux pendant un assez long espace de tems, & si dans cet état on le frotte avec la main, il n'importe en quel sens, cette lumière se ranimera avec vivacité & sans la moindre interruption d'un bout à l'autre ; après cette opération, qui le décharge en grande partie, il jette encore des étinceles de tems à autre, sans qu'il soit besoin de le frotter & en le tenant simplement par un bout : dans cet état, si on le prend de l'autre main & par l'autre bout, il s'élance de nouveaux éclats de lumière d'une de ses extrémités à l'autre, & ces effets durent quelquefois vingt-quatre heures sans qu'il soit besoin d'une nouvelle électrisation.

Nota. On peut faire cette expérience avec des tubes beaucoup plus petits, & les varier en les faisant courber en différentes manières, ce qui peut alors produire des amusemens assez agréables.

Eclairs électriques.

Faites entrer, dans le goulot d'un récipient A, (*fig.* 20. *pl.* 15) de la hauteur d'environ un pied & ouvert par le haut, le col d'une petite bouteille ou matras B, ensorte que son extérieur se trouve dans le vuide : mastiquez le tout avec soin, afin que l'air n'y puisse pénétrer : emplissez cette bouteille aux trois quarts d'eau, &

[1] On se sert à cet effet de cire molle, au lieu de cuir mouillé, dont on fait usage ordinairement, afin qu'il ne puisse se répandre aucune humidité dans le récipient.

faites-y plonger un fil de fer, qui communique au conducteur de la machine électrique.

Lorsqu'ayant placé ce récipient sur la platine de la machine pneumatique, vous aurez fait le vuide, vous le verrez se remplir d'une quantité de jets de feu, qui imitant parfaitement les éclairs, se mouveront en tous sens & en serpentant, avec une vitesse extraordinaire, ce qui continuera d'avoir lieu pendant tout le tems de l'électrisation : tous ces différens jets de lumière auront une direction vers la platine de métal sur laquelle est placé le récipient; si après avoir cessé d'électriser, on touche avec le doigt pendant quelques instans le fil de fer qui plonge dans le matras, celui-ci deviendra alors lumineux dans tout son intérieur, & sa surface paroîtra toute hérissée de petits filets de lumière, dont l'éclat diminuera insensiblement jusqu'à ce qu'ils viennent à disparoître tout-à-fait.

Dans cette expérience, le récipient lui-même sera électrisé de manière à donner une commotion très-violente, si l'on vient à toucher d'une main ce vaisseau de verre & de l'autre la platine de métal sur lequel il est posé.

Nota. Comme il est indifférent que ce récipient soit garni en dedans d'étain, on peut se procurer avec cette expérience des amusemens assez agréables, en y appliquant intérieurement cette garniture après l'avoir découpée de diverses manières & y avoir représenté par ce moyen divers sujets, soit avec des lettres, des figures, &c. lesquelles paroîtront lumineuses pendant le tems de l'électrisation ; cette expérience demandant d'être faite dans l'obscurité, il sera encore facile d'en renouveller ou faire cesser les effets à volonté, en faisant cesser l'électricité que fournit le conducteur ; ce qui aura lieu aussi-tôt qu'on en approchera secrètement le doigt ou tout autre corps non isolé.

Fontaine de compression électrique.

Ayez une fontaine de compression, condensez l'air qui y est contenu, afin de la faire agir, & isolez-la sur un plateau de verre ; faites communiquer le conducteur à cette fontaine, & électrisez.

Aussi-tôt que cette fontaine sera électrisée, le jet se divisera en mille autres, qui se disperseront également de tous côtés sur un assez grand espace, & si vous posez le doigt sur le conducteur, il ne coulera plus qu'un seul jet. Dans l'obscurité ce jet paroîtra entièrement lumineux.

Nota. Comme on peut faire paroître plusieurs jets ou un seul à volonté en touchant le conducteur, & qu'on peut éviter qu'on ne s'en apperçoive à cause de l'obscurité, on pourra rendre cet amusement aussi agréable qu'extraordinaire.

Singuliers effets produits par une bouteille garnie extérieurement de deux zones de métal.

Ayez un bocal de verre de quinze à dix-huit pouces de hauteur, & de quatre à cinq pouces de diametre (*fig.* 7 & 13. *pl.* 15. *Amusemens de Physique.*), garnissez-le intérieurement jusqu'à deux pouces de son ouverture, assujettissez-y avec du mastic un petit globe ou bouton de cuivre A monté sur un fil de laiton B qui communique à la garniture intérieure de ce bocal ; garnissez-la extérieurement avec deux zones de métal C & D qui soient éloignées entr'elles de deux pouces ; couvrez aussi de métal son fond extérieur E ; faites en sorte que la surface de la zone D & du fond extérieur de la bouteille soit double de celle de la zone C.

Ayez un excitateur isolé, c'est-à-dire, dont le manche A soit de verre (*voyez fig.* 9), & un plateau de verre d'un diametre de quatre à cinq pouces plus grand que le fond de cette bouteille.

Si ayant chargé intérieurement cette bouteille en faisant communiquer son bouton A au conducteur de la machine électrique, la quantité de la charge est (par exemple) de quatre-vingt-un dégrés, & qu'on applique l'excitateur à la bande D & ensuite au bouton A, on produira l'explosion, & ces quatre-vingt-un dégrés d'électricité retourneront sur la zone D ; au moyen de quoi l'équilibre sera rétabli, & on ne pourra tirer aucune nouvelle explosion.

Si au lieu de toucher la zone D & le bouton A, on touche celle C, & ensuite ce même bouton, on ne produit aucune explosion, & la bouteille reste par conséquent chargée (1) ; ce qui fait voir que ces quatre-vingt-un dégrés sont totalement & intérieurement accumulés vers la zone D, & qu'aucune partie ne s'en peut dégager, tant que la zone extérieure D n'en peut recevoir.

Mais si l'on touche la zone D, & ensuite celle C, on produit l'explosion, attendu qu'alors on établit une communication entre les deux zones extérieures, au moyen de laquelle la partie intérieure C se charge en déchargeant d'une même quantité la partie intérieure D ; & d'un autre côté la zone C se décharge d'une même sur celle D : dans cette circonstance, la bouteille reste aussi chargée qu'elle étoit avant cette explosion ; & comme la surface de la zone C est par sa construction à celle de la zone D, comme 1 est à 2, cette première acquiert vingt-sept dégrés d'électricité, & l'autre en conserve cinquante-quatre ; & effectivement, si on applique l'excitateur de C en A, & ensuite de D en A, il est aisé de

_____

(1) Cette bouteille doit être isolée sur un plateau de verre.

voir que l'explosion qui est produite par la zone D, est deux fois plus forte que celle de la zone C: ces deux explosions déchargent entièrement la bouteille (1).

Si après avoir tiré l'explosion de C en A, on ne la tire pas de D en A, mais qu'on applique l'excitateur de D en C, on produit encore l'explosion, mais beaucoup moins forte, parce que la partie intérieure D ne contenant plus que cinquante-quatre dégrés d'électricité, celle de C n'en acquiert cette fois que dix-huit; & si après avoir déchargé de nouveau la bande C de ces dix-huit parties d'électricité, on réitère la même opération, elle n'en reçoit plus que douze, la partie intérieure D n'en ayant conservé que trente-six, & ainsi de suite jusqu'à ce que cette partie en ait conservé assez peu pour qu'elle ne soit plus sensible. Dans toutes ces différentes décharges, si on touche de C en A & de D en A, on s'appercevra toujours que celle qu'on tire de D en A est beaucoup plus forte.

Si on charge extérieurement la zone C & celle D en la tenant par le bouton, & en présentant alternativement les deux zones au conducteur, & que l'ayant posée & isolée sur un plateau, on touche le bouton A & la bande C, & ensuite ce même bouton A & la zone D, on produit deux explosions, & la bouteille est entièrement déchargée.

Si on ne charge que l'une des deux zones D, on ne produit pas l'explosion en touchant le bouton A & l'autre zone C, mais on la produit en touchant la zone C & celle D, & dans ce cas la bouteille reste toujours chargée : on peut ensuite les décharger séparément, ou n'en décharger qu'une pour la recharger à diverses reprises, comme on a fait lorsque la bouteille étoit chargée intérieurement.

Si ayant établi une décharge en D (2), on charge extérieurement la zone C, & qu'ayant ensuite isolé cette bouteille, on touche la zone D, & ensuite le bouton A, on produit l'explosion : dans cette circonstance, la partie d'électricité intérieure de la zone C, qui s'est dépouillée sur l'intérieure de celle D, a chargé en moins la zone extérieure D, & par cette explosion l'équilibre s'est rétabli entre ces deux surfaces opposées. Si donc on touche ensuite le bouton A & la zone C, on a

une autre explosion, rien n'ayant été changé à la charge de cette zone; & si au lieu de toucher le bouton A & la zone C, on eût touché la zone D & celle C, on auroit eu encore l'explosion, attendu que les deux tiers de l'électricité accumulée sur la zone C, auroit passé sur celle D.

Si on ajuste deux petites bandes d'étain arrondies A & B, communiquant avec chacune des zones, & qui soient entre elles à un pouce de distance (voyez fig. 13.) lorsqu'on chargera cette bouteille intérieurement, il partira de temps à autre plusieurs explosions entre les deux zones occasionnées par l'électricité qui se dépouillera de la zone C sur celle D : si cette communication se termine en pointe, cette zone C se déchargera de même, mais sans explosion, & on appercevra seulement le feu électrique sortir d'une de ces pointes, pour rentrer dans l'autre.

Bouteille lumineuse.

Au lieu de garnir une bouteille intérieurement & extérieurement avec du métal, garnissez-la avec de l'aventurine (1); ajustez-y une petite tringle terminée par un bouton; & qui communique dans son intérieur en passant au travers d'un bouchon que vous mastiquerez au goulot de cette bouteille; recourbez cette tringle, afin qu'elle puisse servir à la suspendre au conducteur de la machine électrique.

Cette bouteille étant suspendue au conducteur, si, pendant qu'on l'électrise, vous approchez à diverses reprises de sa surface extérieure le doigt, ou une petite tringle garnie d'un bouton, vous verrez très-distinctement l'extérieur de cette bouteille se dépouiller de son électricité, ce qui sera fort sensible par les traits de feu qui se rendront de tous côtés vers l'endroit que vous toucherez : aussi-tôt que cette bouteille sera totalement chargée, cet effet cessera, attendu qu'alors sa surface extérieure se trouve entièrement dépouillée. Dans cet état, si avec l'excitateur vous produisez l'explosion, la bouteille paroîtra remplie de lames de feu qui se répandront dans tout son intérieur, & qui seront occasionnées par le retour de la matière électrique.

Nota. On peut faire de cette bouteille un amusement, en garnissant seulement son intérieur d'aventurine, & en le couvrant extérieurement avec du métal découpé de telle figure

___

[1] Si, lorsqu'on applique l'excitateur de C en A, on tient la bouteille par la partie D, la bouteille sera entièrement déchargée, & on recevra les deux tiers du coup; on suppose qu'on ne se sert pas alors d'un excitateur isolé.

[2] On soutient à cet effet la bouteille en la tenant vers D; l'effet qui suit ne pourroit avoir lieu, si on la tenoit par le bouton.

[1] L'aventurine est une poudre composée avec de petites lames de cuivre très-minces & coupées par petites parties; on met dans la bouteille un peu de colle de poisson, on remue la bouteille de tout sens & ayant vuidé le superflu, on y jette un peu d'aventurine, & on tourne la bouteille de tout sens pour qu'elle s'attache de tout côté; on en garnit de même son extérieur.

qu'on voudra, afin qu'il n'y ait que les parties laissées à jour qui paroissent lumineuses lors de l'explosion.

Construire un petit navire dont le mât soit brisé par une explosion électrique.

Faites un petit navire très-léger de bois ou de cuivre, ayant environ trois pouces de longueur A B, (*fig.* 17, *n.º* 2, *pl.* 12, *Amusemens de physique.*) dont le mât soit formé d'un petit tube de verre C, semblable à ceux dont on se sert pour les baromètres; renfermez-y quelques gouttes d'eau; scellez-le par ses deux extrémités avec de la cire d'Espagne; après y avoir introduit par chacun de ses orifices un fil d'archal, dont un des bouts D soit dans ce tube éloigné d'une ligne de l'extrémité E; de l'autre, ajustez ce mât de manière que le fil d'archal qui entre du côté C puisse communiquer avec l'eau du bassin sur lequel vous devez le placer, & que le fil d'archal qui entre par l'autre bout, soit terminé par une petite boule creuse de métal F.

Ayez une planchette G H (même figure), que vous découperez dans la forme d'un nuage; couvrez-la de métal, ou tout simplement de papier argenté, & ajustez-y deux doubles tringles, au moyen desquelles vous puissiez la suspendre au conducteur de la machine électrique.

Ayez encore un bassin ou un plat de métal rempli d'eau, sur laquelle vous mettrez ce petit navire, de manière que la petite boule F se trouve à un pouce au-dessous du nuage G H.

Si après avoir fait communiquer à ce bassin la garniture extérieure d'un bocal de verre de grandeur médiocre, vous le chargez intérieurement; aussi-tôt que la charge aura acquis un certain degré de force, le bocal se déchargera de lui-même, attendu que la charge retournera à l'extérieur du bocal, en passant du nuage sur la petite boule, & de-là d'un fil d'archal à l'autre. L'explosion qui s'en fera dans le tube le brisera, & le mât tombera en plusieurs morceaux (1), ce qui imitera en petit l'effet que produit un coup de tonnerre tombant sur un vaisseau.

Nota. Le passage subit de la matière électrique qui occasionne l'explosion qui se fait dans le tube, dilate tout-à-coup l'air qui s'y trouve renfermé, cet air ne pouvant pénétrer ainsi qu'elle, ni le verre, ni la cire, fait un effort suffisant pour la briser avec violence. Si le tube étoit

trop gros; cet effet n'auroit pas lieu, à moins que d'un autre côté l'explosion ne fût plus forte.

Construire une petite maisonnette qui puisse être renversée par une étincelle électrique.

Faites faire une petite maisonnette de bois d'un demi-pied de hauteur (*fig.* 18, *pl.* 12, *Amusemens de Physique*), dont les quatre faces soient ajustées de manière qu'elles puissent s'abaisser au moyen de deux charnières placées au bas de chacune d'elles sur le plancher I L; que ces quatre faces étant relevées puissent aussi être retenues & jointes ensemble par le toît M, dans lequel elles doivent un peu s'emboîter.

Faites passer au travers une petite cheminée A que vous aurez placée au-dessus de ce toît, une tringle de cuivre N qui la traverse, & qui soit terminée d'un côté par une petite boule B de métal, que d'autre côté elle communique dans l'intérieur de ce petit édifice.

Placez sur le plancher I L deux supports de bois O & P qui se terminent en forme d'une petite fourche. Ces supports doivent servir à soutenir deux petites tringles de cuivre D & E qui entrent dans un petit tuyau de carton T; chacune d'elles doit avoir un anneau Q & R; celui R doit communiquer à la partie de la tringle N qui entre dans cet édifice, & l'autre au pied du plancher, au moyen d'une petite chaîne qui communique aussi en-dehors. Ayez une petite pointe (*fig.* 22, *même pl.*), que vous puissiez placer au-dessus de cette maisonnette.

Ménagez sur un des côtés de cet édifice une ouverture G H d'un pouce quarré, & de deux lignes de profondeur, dans laquelle vous puissiez introduire très-aisément la petite tablette (*figure* quatrième); cette tablette doit être traversée diagonalement d'une petite lame de métal A B. Mettez précisément à l'angle G de l'ouverture ci-dessus, un fil de laiton qui sorte en-dedans de l'édifice en forme d'anneau, & à l'autre angle H une petite tringle de cuivre qui descende le long de la muraille S jusques sur le plancher. Cette tringle doit communiquer à un fil de laiton ajusté sur ce plancher à l'endroit I, & elle doit sortir en-dehors de cet édifice.

Mettez dans le tuyau de carton T une petite pincée de poudre à tirer, que vous serrerez entre les deux petites tringles E D, de manière que leurs extrémités ne soient tout au plus qu'à deux lignes de distance; posez ensuite le tout sur les deux supports O & P, & faites communiquer l'anneau R à la tringle N, & celui Q à la chaîne V; suspendez au conducteur le nuage de la précédente récréation, & qu'il ne soit qu'à un pouce de distance de la boule B; faites communiquer la garniture extérieure d'un grand bo-

---

[1] Il faut coller sur ce tube un petit papier mince, non-seulement pour le masquer, mais aussi afin que les éclats ne puissent sauter aux yeux.

cal , ou d'une batterie à la chaîne V , & chargez-la intérieurement.

Aussi-tôt que ce bocal sera entièrement chargé, le fluide qui sera accumulé dans son intérieur , franchissant tout-à-coup l'intervalle qui se trouve entre le nuage & la boule B , retournera sur son extérieur, passant au travers des petits tuyaux E & D , il enflammera la poudre qui y aura été renfermée , son explosion suffira pour soulever le toît de cette maisonnette , & en écarter les côtés avec violence ; ce qui imitera très-bien l'effet d'un coup de tonnerre qui renverse un édifice.

Autre effet.

Si on place au-dessus de cette maisonnette la pointe (*fig.* 22) & qu'elle soit éloignée d'un pouce du nuage qu'on électrise , elle attirera succeflivement toute l'électricité que le plateau fournit au nuage, le bocal , dans cette circonstance , ne pourra pas se charger , & il n'y aura par conséquent aucune explosion. Cette expérience fait connoître le pouvoir qu'ont les pointes élevées sur les édifices pour les garantir du tonnerre.

Autre effet.

Si au lieu de faire communiquer la boule B aux petits tuyaux de carton , on la fait communiquer au petit conducteur qui aboutit à l'angle G de l'ouverture quarrée faite à cette maisonnette , & qu'on pose dans cette ouverture la tablette (*fig.* 19 , *pl.* 12.) , de manière que ces deux angles A & B soient en contact avec ceux G & H , & qu'ensuite on charge intérieurement le bocal en faisant communiquer son extérieur à l'endroit I, le fluide électrique passant au travers de la lame de métal qui traverse ce quarré lors de l'explosion , ne le dérangera pas de sa place.

Si au contraire on le met dans un sens contraire , c'est-à-dire , de manière que les angles C & D joignent les conducteurs qui se rendent à ceux G & H , l'explosion aura également lieu , attendu que la matiere électrique franchira l'intervalle G H ; mais alors cette explosion fera sauter la pierre , de même qu'un coup de tonnerre renverse celle d'un édifice sur lequel il tombe : cette expérience fait voir que l'électricité traverse plus facilement & plus promptement les métaux , que d'autres corps ; tels que le bois. *Voyez* TONNERRE ÉLECTRIQUE.

Electriser un verre par le mouvement de l'air.

Prenez un verre à boire fort mince , & le tenant par la patte , faites souffler avec force & à plusieurs reprises dans son intérieur (1) ; présen-

tez aussi-tôt ce verre à quelques petites feuilles d'or , ou à une poudre très-fine & très-legère.

La violence avec laquelle l'air a frappé le verre produit le même effet que si on l'avoit légèrement frotté , & il acquiert assez de vertu électrique pour attirer & repousser alternativement les petites parcelles de poudre légère ou de feuilles d'or qu'on lui présente , comme le feroit un tube qu'on auroit un peu frotté.

Electriser un tube de verre par communication.

Prenez un petit tube de verre de sept à huit pouces de longueur , & le tenant par une de les extrémités , posez l'autre sur le conducteur de la machine électrique.

Si vous présentez ce tube à de petites parcelles d'or , ou à quelque poussière fort légère , elles seront attirées. Quoique dans cette expérience ce tube ait acquis un peu de vertu électrique pour avoir été en contact avec le conducteur , il n'en faut pas conclure que le verre est électrique par communication , de même que les métaux & autres corps qu'on regarde comme conducteurs ; dans cette expérience , ce tube s'est chargé d'électricité vers l'endroit qui a touché le conducteur , de même qu'une bouteille s'en charge vers ceux qui sont couverts de métal , lorsque ce métal communique au conducteur qu'on électrise.

Expérience sur la grandeur & la force de l'étincelle électrique relativement à la grandeur des conducteurs.

Il faut construire l'électromètre (*Fig.* 21 , *pl.* 12 , *Amusemens de Physique*) ; il est composé d'un petit globe de cuivre A d'environ sept à huit pouces de diamètre , monté sur une tige B de même métal , qui passe au travers de la partie supérieure du pied ou support de bois C. Ce support est percé dans sa longueur pour y recevoir un fil de laiton qui touche d'un bout à cette tige B , & de l'autre sort en-dehors de ce support en forme d'anneau. E est une petite tête fixée sur l'autre extrémité de la tige B ; elle sert pour l'avancer ou la reculer. Cet électromètre se fixe sur la table où est posée la machine électrique , de manière que le petit globe A soit à portée d'en tirer des étincelles. On peut faire communiquer l'anneau D au plancher , au moyen d'une chaîne.

Si on électrise le premier conducteur , & qu'on en approche doucement l'électromètre jusqu'à ce qu'il en tire des étincelles , on pourra remarquer qu'elles se succèdent très-promptement les unes aux autres.

Si on ajoute ensuite un deuxième conducteur d'une

d'une étendue en surface beaucoup plus considérable que celle du premier, & qu'on ne change pas de place l'électromètre; il n'en tirera pas d'étincelles; mais si on l'approche du conducteur, il en tirera alors, avec cette différence, qu'elles seront bien plus fortes, mais beaucoup moins fréquentes, & un peu moins longues que dans l'expérience précédente.

Dans ces deux expériences, il faut, autant qu'il est possible, tourner le plateau avec une même vitesse.

Il semble qu'on pourroit conclure de ces deux expériences, que les grands conducteurs n'augmentent pas la quantité d'électricité; & effectivement, il est assez naturel de penser que le plateau n'en fournit pas plus dans une de ces circonstances que dans l'autre: s'il est ainsi, la différence de la force de l'étincelle vient de ce qu'on la tire lorsqu'il y a une plus grande quantité d'électricité accumulée sur le deuxième conducteur: & d'un autre côté, on ne la tire plus courte qu'à cause que cette même quantité occupant plus d'étendue, forme nécessairement autour de ce deuxième conducteur un atmosphère qui a alors moins d'épaisseur: il y a aussi lieu de croire que l'électricité se dissipe moins vîte sur un conducteur d'un gros volume, que sur un petit: s'il est ainsi, un grand globe de carton couvert de métal, seroit très-propre pour servir de second conducteur. Si le deuxième conducteur augmentoit l'électricité, on chargeroit plus promptement une bouteille, que lorsqu'il communique au premier: c'est cependant ce qui n'arrive pas; on peut même la charger aussi promptement en approchant son bouton du plateau, après avoir retiré le premier conducteur. (1)

Nota. On a découvert depuis peu un moyen fort ingénieux pour augmenter la force & la longueur de l'étincelle électrique par le secours d'une armure faite en forme d'un cylindre creux, dont on enveloppe le conducteur, & qui empêche la dissipation de la plus grande partie du fluide électrique qui s'y accumule; cette armure, qui doit communiquer au pied de la machine électrique, lui rendant la partie qui se dissipe, augmente successivement la quantité d'électricité que le plateau fournit. Cette augmentation d'appareil peut s'ajuster à toutes sortes de machines électriques.

[9] Dans cette dernière expérience, on pourra seulement remarquer qu'on la charge plus vîte en l'approchant plus près des coussins.
Amusemens des Sciences.

Electricité médicinale.

Parmi les phénomènes que nous présente l'électricité, l'expérience a appris qu'elle est un des meilleurs moyens pour augmenter la transpiration des animaux & des végétaux; on a reconnu que l'électrisation accéléroit le cours des liqueurs à travers les tuyaux capillaires; en sorte qu'un tuyau qui ne donnoit de l'eau que goutte à goutte, en donne par l'électrisation à fil continu.

D'après ces observations, & sachant que les rhumatismes sont entretenus par une limphe épaisse qui embourbe les tuyaux capillaires des membranes, on a essayé d'employer l'électricité pour dissiper les principes des douleurs rhumatismales, & rendre la liberté du passage au fluide nerveux à travers les nerfs. On en a éprouvé les plus heureux effets sur un grand nombre de personnes, & même sur des gens attaqués de paralysie. Dans quelques-unes, on a vu les parties du corps transpirer au point de rendre une sueur gluante; mais ces effets merveilleux qui, dans des rhumatismes invétérés sont produits quelquefois en un demi-quart-d'heure sur certaines personnes, exigent sur d'autres des électrisations réitérées pendant un mois.

On rapporte aussi des guérisons surprenantes opérées par l'électricité sur des paralytiques; mais ces remèdes physiques demandent beaucoup de connoissances, de lumières & de prudence de la part de celui qui les administre.

Electromètre pour l'électricité naturelle.

On apprend à connoître la pésanteur de l'air par le baromètre; le degré du chaud & du froid par le thermomètre; l'humidité ou la sécheresse de l'air par l'hygromètre; la pésanteur spécifique des liqueurs par l'aréomètre, &c. On a aussi imaginé des instrumens propres à mesurer la force de l'électricité: on les nomme *Electromètres*. On distingue sous ce nom deux espèces de machines différentes; les unes servent à connoître s'il y a actuellement de l'électricité dans l'air; ce qui se manifeste par des étincelles plus ou moins vives, par des commotions & répulsions plus ou moins fréquentes, selon que l'air est plus ou moins chargé de matière électrique; les autres servent à connoître & à mesurer la force électrique de la machine dont on fait usage. En un mot, celles-ci s'appliquent aux expériences de Physique; les premières ont pour objet l'étude de la nature en grand, l'histoire générale du fluide électrique répandu dans l'univers & devenu plus ou moins sensible. Commençons par les procédés relatifs à ce dernier point de vue.

Rien de plus simple que l'appareil des conducteurs ordinaires : un conducteur, ou un fil de fer isolé, avec du verre ou des cordons de soie, en voilà tout autant qu'il en faut pour observer la marche de la nature. Mais il faut que ce fil de fer soit assez gros, par exemple, comme une plume à écrire. On ne doit pas composer le conducteur d'un seul bout de fil, on le fera de plusieurs bouts, longs chacun d'un pied ou environ ; on en formera une espèce de chaîne, & à chaque anneau on aura soin de ménager une petite pointe saillante. Ce conducteur doit être fixé à la plus grande hauteur possible. On peut l'attacher à la flèche d'un clocher, & le faire aboutir à l'extrémité d'une cheminée ou d'un toit voisin. On attache vers le milieu de ce conducteur une petite chaîne que l'on peut conduire dans son appartement, afin d'être plus à portée de le consulter & d'en voir les effets. On suspend ordinairement à cette petite chaîne une grosse pomme de fer ou de cuivre, qui donnera des étincelles beaucoup plus vives que si on les tiroit immédiatement de la chaîne. Ces étincelles sont le plus souvent accompagnées de commotions insupportables & beaucoup plus fortes que celles qu'on éprouve dans l'expérience de Leyde. Il faut que le conducteur soit scrupuleusement isolé entre deux cordons de soie longs & gros. La soie, lorsqu'elle est mouillée, devient un peu électrique par communication ; elle absorbe alors une partie de l'électricité du conducteur, & la communique aux corps auxquels elle est attachée, de manière que le conducteur cesse d'être isolé. Pour éviter cet inconvénient, on enduit de résine les cordons de soie, ce qui sert aussi à les conserver en les préservant de la pourriture. Mais cette résine se mouille aussi à la longue, ou bien elle s'écaille. Le plus sûr est donc d'enfermer les cordons de soie dans de gros tubes de verre, ou bien d'établir au-dessus une platine de tôle ou de fer blanc qui les couvre entièrement. Un pareil conducteur ne manquera jamais de donner des signes d'électricité toutes les fois que le temps sera à l'orage ; il en donnera quelquefois même pendant un temps serein & exempt de nuages, comme l'ont éprouvé M. le Monnier & le P. Beccaria.

M. l'abbé Nollet & M. Franklin se sont servi pour électromètre d'une verge de fer élevée sur un toit ou sur une cheminée ; mais cette verge de fer doit être isolée, de manière que l'électricité ne puisse pas se communiquer aux corps voisins ; autrement c'est comme si l'on ne faisoit rien. En isolant donc cette verge de fer, soit avec du verre, soit avec des cordons de soie, lorsqu'il passe un nuage électrique au-dessus de cet appareil, l'électricité se communique d'abord à la pointe de la verge de fer, suit le conducteur qui y est adapté, & se rend sensible dans l'appartement où l'on a

fait entrer ce conducteur. Si l'on veut être averti du moment où l'électricité du nuage se communique à l'appareil, on peut fixer auprès du bout de ce conducteur dans la chambre un timbre d'horloge non isolé, & suspendre entre les deux une balle de plomb attachée à un cordon de soie, l'électricité ne manquera pas d'occasionner des attractions & des répulsions de la part du conducteur & du timbre ; & le petit battant, en obéissant alternativement à l'un & à l'autre, avertira l'observateur en frappant sur le timbre.

On ne peut apporter trop de précautions dans les expériences que l'on fait avec le conducteur électrique pour éviter les accidens. On n'y touchera pas immédiatement avec le doigt, mais on se servira, pour tirer les étincelles, d'un instrument de fer monté dans une manche de verre, de cire d'Espagne, ou de résine ; on évitera de tenir dans l'autre main du fer, ou d'autres corps électrisables par une communication : car si par mégarde on approchoit la main ainsi chargée, du conducteur dans le temps où l'on tire l'étincelle avec l'instrument ci dessus, on pourroit ressentir une forte commotion, qui dans certaines circonstances seroit dangereuse. On sera sur-tout attentif à tirer les étincelles au moment où on verra l'éclair, car elles sont beaucoup plus fortes alors que dans le temps où le tonnerre gronde. L'électricité augmente aussi à proportion que la pluie devient plus considérable, & elle ne cesse que lorsque le conducteur est entièrement mouillé, & que la pluie diminue ; si la pluie redevient forte, l'électricité reparoît aussi de nouveau. Lorsqu'on verra tomber une pluie d'orage, on consultera le conducteur qui donnera certainement des signes d'électricité, sans qu'il soit nécessaire que le tonnerre accompagne la pluie ; car il paroît que l'approche de la pluie, encore plus que le tonnerre, est ce qui détermine la matière électrique à se rendre sensible. On n'attendra pas toujours les temps de pluie ou d'orage pour essayer le conducteur puisqu'on lui a vu quelquefois donner des étincelles par un temps serein ; on l'interrogera donc plusieurs fois dans la journée pour saisir les momens qu'il sera chargé de matière électrique. Plus le conducteur aura été électrisé par les orages, plus il sera docile aux impressions de la matière électrique. Car on a remarqué sur mer que lorsqu'un mât d'un vaisseau a été une fois foudroyé, c'est toujours ce même mât qui éprouve l'action de la foudre toutes les fois qu'elle tombe sur un vaisseau. On ne peut les mettre à l'abri de cette préférence de la part du tonnerre, qu'en changeant tous les ferremens.

On n'oubliera pas d'observer l'aiguille aimantée toutes les fois que le conducteur électrique donnera des signes d'électricité, sur-tout dans les temps d'orage. Elle est sujette alors à des variations qu'il est intéressant de constater. Si l'on fait communiquer le conducteur de la machine électrique artificielle avec le conducteur destiné aux expériences d'électricité naturelle, dans un temps où il ne donne aucun signe d'électricité, & qu'on fasse jouer la machine pour faire l'électricité artificielle, les étincelles que l'on tire sont toujours dans ces cas accompagnées de commotions comme dans l'expérience d'électricité naturelle.

Les expériences semblent démontrer que la pluie d'orage est le véhicule de la matiere électrique, l'eau étant un milieu plus perméable à cette matiere que l'air. Cependant il n'en est pas moins vrai que lorsque la masse de l'air est suffisamment humectée, l'électricité disparoît pour un temps considérable.

M. le Monnier assure que le conducteur de son électromètre donnoit pendant plus de six semaines des signes d'électricité, qui diminuoient par degrés au coucher du soleil, disparoissoient tout-à-fait une heure ou deux après, & ne reparoissoient que vers huit ou neuf heures du matin. Il eut beau prendre pendant plusieurs nuits la précaution de changer les cordons de soie, & de bien sécher les tubes de verre qui isoloient le conducteur, il n'apperçut pas plus de marque d'électricité qu'auparavant; d'où il conclut que l'humidité de la nuit absorboit l'électricité en imbibant toute la masse de l'air. C'est pour cela que les signes de l'électricité sont bien plus sensibles par les vents secs du Nord & de l'Est, que par les vents humides du Sud & de l'Ouest.

Il résulte des observations faites par le P. Cotte, avec le secours de l'électromètre, ainsi qu'il le dit dans son traité de météorologie, qu'au moment de l'électricité, le calme qui précede ordinairement l'orage cesse, & qu'il lui succede un vent d'autant plus impétueux, que la matiere électrique a été plus abondante.

Cet habile observateur a eu occasion de remarquer que la présence du feu contribue beaucoup à développer les effets de la matiere électrique contenue dans l'air. Pendant l'hiver de 1771, étant auprès du feu, il passa par hasard une brosse sur les fils d'une frange de soie cousue au bord d'une bande d'étoffe destinée à arrêter la fumée, il vit aussi-tôt tous ces fils se redresser, s'attirer mutuellement, & s'attacher fortement à son doigt lorsqu'il le leur présentoit. Ce petit manége duroit plusieurs heures de suite, sans qu'il fût obligé de passer de nouveau la brosse. Lorsqu'il laissoit écouler un jour sans faire de feu, & qu'il réitéroit l'expérience, le même effet s'ensuivoit, mais moins vivement. La même expérience ne put réussir pendant l'été dans des temps d'orage, & lorsque le conducteur électrique donnoit de fortes étincelles; d'où il conclut que la présence du feu seule avoit la propriété de mettre ces petits fils en mouvement,

que le frottement de la brosse n'y influoit en rien; qu'elle ne servoit qu'à démêler & dégager les fils de la frange; ce qui leur permettoit de suivre l'impression que leur communiquoit le courant de la matiere électrique, dont ils étoient redevables à l'action du feu.

Electromètre pour l'électricité artificielle.

Passons maintenant aux électromètres de la seconde espèce, dont on fait usage pour mesurer la force de la machine électrique artificielle. Il seroit bien à souhaiter, dit M. l'abbé Nollet, que nous eussions quelque instrument propre, non-seulement à nous indiquer si un corps est électrique, mais de combien il l'est plus qu'un autre, ou plus qu'il ne l'a été lui-même dans un autre temps; ce seroit là véritablement l'électromètre que nous cherchons depuis long-temps, que quelques-uns se sont flattés d'avoir trouvé, mais que véritablement personne ne possede. Tout ce qu'on nous a offert pour mesurer l'électricité, ne vaut pas mieux que les deux bouts de fil qu'on laisse pendre à côté l'un de l'autre au corps qu'on électrise, & qui deviennent divergents entre eux en devenant électriques avec le corps auquel ils tiennent. L'angle plus ou moins ouvert qu'ils forment en s'écartant l'un de l'autre, nous dit-à-peu-près ce que nous devons penser de leurs degrés d'électricité, comparés entre eux; mais il nous laisse ignorer quelle est leur électricité absolue. Quoi qu'il en soit, nous croyons devoir donner ici la description d'un électromètre qui, en attendant mieux, peut être de quelque secours.

Les physiciens conviennent que la répulsion est le seul moyen sûr & général dont on puisse se servir pour mesurer la force électrique. L'électromètre dont il s'agit, peut en quelque sorte être comparé à l'aréomètre : c'est une boule de verre connue sous le nom d'œuf philosophique, lestée d'un peu de mercure, à laquelle on a adapté une verge de fer parfaitement cylindrique, d'une ligne de diametre & d'un pied de long. On plonge cet instrument dans un grand vase plein d'eau, de maniere qu'étant en repos il touche presque le fond du vase. Ce vase se recouvre d'une plaque de laiton, percée d'un grand trou à son centre, afin que la verge de fer puisse passer à travers très-librement; mais pour empêcher encore l'instrument de flotter, on le retient au centre avec des fils d'argent en croix double, formant cependant un petit quarré assez grand pour que la verge puisse monter & descendre sans éprouver aucun frottement sensible, & sans s'écarter du centre. Il ne manque plus alors que d'adapter à l'extrémité supérieure de la verge, une petite plaque circulaire de laiton de quatorze lignes un sixieme de diamètre. On met toute cette machine ainsi composée sur un récipient de verre ou toute autre matière qui ne laisse pas passer l'électricité. Lorsque toute la machine est électrisée, la grande plaque du vase, qui est fixée, repousse la petite plaque attachée à la verge de fer, ce qui fait élever l'instrument plongé dans l'eau : la verge est le véritable électromètre qui détermine, par le-nombre de ses parties élevées au-dessus de l'eau, la quantité de la force électrique. On ne pourroit approcher de l'électromètre pour observer ses mouvements, sans lui dérober de son électricité : en conséquence on dispose une lumière qui renvoie l'ombre de la verge sur un verre gradué avec de l'encre de la Chine & enchassé dans une planche, derrière laquelle se place l'observateur.

M. Sigaud de la Fond a cru pouvoir juger de l'intensité de matière électrique par la distance plus ou moins grande d'un corps chargé d'électricité pour en tirer une étincele.

ÉMERAUDE (fausse).

L'émeraude, cette pierre précieuse, est d'une couleur verte. Il n'est pas toujours facile de contrefaire les pierres précieuses avec le crystal, ni avec d'autres espèces de verre; l'émeraude est une de celles qu'il est le plus aisé d'exécuter en verre de plomb. Pour cet effet, on prend 20 liv. de fritte faite avec la roquette, seize livres de chaux de plomb tamisée : on les mêle avec soin, puis on les tamise. On met ce mélange dans un creuset à une chaleur modérée; en dix heures de temps toute la matière est bien fondue, on en fait l'extinction dans l'eau, en observant toujours d'ôter le plomb réduit, qui se trouvera, soit au fond du creuset, soit dans l'eau. On remettra ensuite la matière en fusion, & on la laissera pendant six ou huit heures dans le creuset : au bout de ce temps on en fera de nouveau l'extinction dans l'eau. Par ce moyen le verre sera dégagé de toutes les saletés de la chaux de plomb & du sel, & au bout de peu d'heures il sera parfaitement purifié : on y mettra pour lors six onces de cuivre jaune calciné, & mêlé avec vingt-quatre grains de safran de mars fait par le vinaigre; on ne mettra qu'un sixième de cette poudre à la fois, observant de remuer le verre, & de laisser entre chaque dose un intervalle de deux ou trois minutes. Le mélange reposera pendant une heure, au bout de laquelle on en fera l'épreuve; & si la couleur est telle qu'on la demande; on n'y touchera point pendant huit heures. Après ce second repos, on se mettra à travailler ce verre, & on en formera des ouvrages qui égaleront en beauté les émeraudes orientales, en substituant aux écailles de cuivre la même quantité de *caput mortuum*, de vitriol de Vénus préparé, l'on obtient encore un verre d'émeraude bien supérieur.

EMPREINTE.

Manière de tirer des empreintes, soit en plâtre, soit en soufre.

La curiosité peut exciter le désir de posséder, sinon en nature, du moins les empreintes des médailles, pierres gravées, & autres morceaux qui font l'ornement des cabinets. On peut se procurer ces suites ou collections à très-peu de frais par les procédés économiques qui suivent : ces procédés qui ne consistent que dans une manipulation très-simple & très-facile, en saisissant les traits des objets dans la plus grande vérité, en font sentir les creux, les saillans, les vives arrêtes; c'est l'image la plus parfaite du modèle.

Lorsqu'on veut tirer l'empreinte en plâtre, il faut avoir du plâtre pulvérisé, que l'on passe au tamis de soie très-fin. On noye ce plâtre tamisé dans de l'eau, que l'on agite assez doucement, pour ne pas exciter de bulles d'air. Ensuite on frotte la médaille ou la pierre gravée légèrement avec de l'huile qu'on essuie avec du coton, puis l'on entoure cette médaille ou pierre gravée d'un ruban de cire ou de plomb laminé, pour lui servir de caisse. Cela fait, on verse doucement son plâtre délayé sur le modèle préparé. On le laisse sécher & prendre; lorsqu'il est sec il se détache facilement, c'est un moule bien marqué dont on peut se servir pour tirer en relief, soit en plâtre, soit en soufre. Mais il est à observer que lorsqu'on tire souvent plâtre sur plâtre, les proportions se perdent, les objets s'agrandissent; ce qui est produit par l'action du plâtre, dont le propre est d'occuper en séchant un plus grand volume. Ce fait nous donne lieu de rapporter un évènement très-intéressant à connoître. Un peintre demanda à une pauvre femme de lui permettre de prendre l'empreinte des jambes de son enfant, qu'il trouvoit de la forme la plus belle : il fit mettre les jambes de cet enfant dans un baquet, versa son plâtre : dès qu'il commença à prendre de la solidité, l'enfant se mit à jeter les hauts cris, se sentant les jambes serrées comme dans des étaux. Le peintre à l'instant brise les cerceaux, rompt les plâtres pour débarrasser l'enfant de ces cruelles entraves. Le plâtre resserré par les douves n'avoit pu se dilater, toute la pression s'étoit faite sur les jambes de l'enfant.

Le procédé avec le soufre fondu est le même qu'avec le plâtre.

Il est cependant à observer que lorsque le moule sur lequel on tire est de marbre, il faut se servir de vieux oing & non pas d'huile, parce que l'huile pénétrant par les pores du marbre le tacheroit. Il y a encore d'autres manières de jeter en moule.

ENCRE D'OR.

L'écriture étant avant l'invention de l'imprimerie, la seule voie de transmettre à la postérité les ouvrages & les découvertes des hommes célèbres, elle fut dans les quatorzième & quinzième siècles un talent cultivé, dans lequel plusieurs personnes excellèrent. On voit des manuscrits de ce temps écrits avec une propreté & une régularité qui surprend. Les copistes savoient même alors orner ces lettres majuscules, & autres lettres en or, & l'appliquoient d'une manière qui lui conservoit tout son éclat. L'écriture devenue moins importante depuis la découverte de l'imprimerie, a dégénéré, & le secret d'appliquer l'or sur le papier & le parchemin s'est perdu, comme beaucoup d'autres, par le non-usage. Les bénédictins, en possession de nous transmettre ce qui est lié avec l'antiquité la plus reculée, ont retrouvé ce secret perdu. On a vu à l'abbaye Saint-Germain-des-Prés des essais de cette pratique, & des parchemins écrits en lettres d'or aussi brillantes que celles qu'on admire dans les plus anciens manuscrits. Cette découverte peut être très-utile & donner des vues pour quelqu'autre objet dans les arts qui se touchent entre eux & se prêtent un secours réciproque.

Voici un procédé traduit de l'allemand.

On prend une certaine quantité de gomme arabique, la plus blanche est la meilleure; on la réduit en poudre impalpable dans un mortier de bronze; ensuite on la fait dissoudre dans de forte eau-de-vie; on y ajoute un peu d'eau commune pour rendre la dissolution plus coulante. Il faut avoir de l'or en coquille, que l'on détache pour le remettre en poudre, on l'humecte avec la dissolution gommée, & on remue le tout avec le doigt ou avec un pinceau: on laisse reposer cela pendant une nuit, afin que l'or soit mieux dissous. Si pendant la nuit la composition s'étoit séchée, on la délayera de nouveau avec de l'eau gommée, dans laquelle on aura fait infuser du safran: on aura soin que cette infusion d'or soit assez coulante pour qu'on puisse l'employer avec la plume. Lorsque l'écriture est bien séche, on la polit avec une dent de loup.

Autre procédé traduit de l'anglois.

Vous prendrez des blancs d'œufs, que vous battrez jusqu'à-ce qu'ils ayent acquis une consistance pareille à celle de l'huile: mêlez-y une quantité suffisante de vermillon pour en composer une espèce de pâte; c'est avec cette matiere que vous formerez vos lettres ou ornemens de relief. Lorsque cette pâte commencera à sécher, humectez-la avec un pinceau trempé dans une eau de gomme très-forte, observant de ne pas vous écarter des bords des lettres. Quand cette eau gommée sera presque séche, appliquez-y une feuille d'or que vous comprimerez légérement avec du coton ou un morceau de drap: ces lettres ou ces ornemens étant bien secs, vous les brunirez avec la dent de loup pour leur donner un beau poli. Ce procédé suffit, lorsqu'on ne veut pas écrire avec beaucoup de relief. Dans le cas contraire, on réduit du cristal de roche en poudre impalpable; dont on forme une pâte en la mêlant avec de l'eau de gomme; on s'en sert pour tracer les lettres, que l'on frotte ensuite avec une piece d'or de ducats. On remarquera que ce mélange doit être bien sec, avant d'y appliquer l'or que l'on brunit ensuite avec la dent de loup. Si l'on veut un relief encore plus considérable, on découpe les lettres ou ornemens dans du parchemin d'une certaine épaisseur, que l'on humecte avec de l'huile; cette découpure s'applique ensuite sur le vélin ou sur le papier, & l'on en remplit la cavité avec la pâte que l'on vient de décrire, & dont parle Kunkel dans sa cinquantième expérience. Il est évident que ces lettres ou ornemens seront aussi épais que le parchemin de la découpure. Tel est en abrégé le procédé dont se servoient les Scribes des treizième, quatorzième et quinzième siècles, pour décorer leurs manuscrits. On conserve, dans le cabinet d'estampes du roi, le portrait de François I, fait en miniature par *Nicolo dell Albate:* les draperies y sont rehaussées d'or par des traits presque imperceptibles, qui n'ont pu être faits qu'avec un or très-liquide. Les allemands font encore aujourd'hui de très-belles pieces d'écriture en lettres d'or sur des fonds d'azur ou noirs, ce qui produit un très-bel effet.

Procédé donné par M. le B. de Bormes.

Prenez des feuilles d'or, ajoutez-y assez de miel blanc, pour en faire, sur une pierre à broyer, une pâte ni trop épaisse, ni trop humide, broyez cette pâte avec la mollette, de même qu'on broye les couleurs, jusqu'à-ce que l'or soit réduit dans la plus grande division possible; rassemblez alors cette pâte avec le couteau de peintre, mettez-la dans une grande tasse à café, de fayence, & versez-y à plusieurs reprises de l'eau bouillante pour faire dissoudre le miel; versez par inclinaison, quand l'eau sera reposée & l'or rassis au fond du vase par son propre poids. Votre miel étant entièrement séparé, faites sécher la poudre qui restera au fond, & qui sera très-brillante. Quand vous voudrez vous en servir pour écrire, ou pour encadrer des dessins, vous la délayerez dans une dissolution de gomme arabique; & votre encre sera faite; vous polirez ensuite avec la dent de loup.

Autre procédé.

Prenez de la gomme ammoniaque, que vous réduirez en poudre ; faites-la diſſoudre dans de l'eau, dans laquelle vous aurez eu la précaution de mettre un peu de ſuc d'ail, & de faire fondre un peu de gomme arabique. Cette eau ne diſſoudra point la gomme ammoniaque au point de former un fluide tranſparent, mais il en réſultera une liqueur laiteuſe. C'eſt avec cette liqueur que vous formerez vos lettres ou vos ornemens ſur le papier ou ſur le vélin par le moyen d'une plume ou d'un pinceau : lorſque vous deſirerez les dorer, laiſſez ſécher ces traits, & ſoufflez deſſus quelque temps après juſqu'à-ce qu'ils ſoient un peu humectés : appliquez-y ſur-le-champ quelques feuilles d'or coupées avec économie ſelon la forme de la lettre ; preſſez enſuite légérement ces feuilles avec une petite balle de coton ou avec un morceau de peau. Lorſque vous préſumerez que le tout ſera bien ſec, prenez une broſſe douce que vous paſſerez délicatement ſur vos lettres pour en enlever la dorure ſuperflue, ou frottez-les doucement avec un morceau de mouſſeline ; vous brunirez enſuite avec une dent de loup les parties que vous voudrez rendre luiſantes ou polies.

Encre blanche, propre à écrire ſur du papier noir.

Il y en a de deux eſpèces ; l'une plus ſimple, mais moins bonne ; l'autre un peu plus compoſée, mais meilleure. Pour faire la première, il ne s'agit que de mettre du blanc de plomb bien pulvériſé dans de l'eau gommée, & d'en faire ainſi une encre blanche, qui ne ſoit ni trop épaiſſe, ni trop fluide.

Quant à la ſeconde eſpèce, on prend pour la faire des coquilles d'œuf qu'on a eu ſoin de bien laver, & dont on ôte la pellicule intérieure ; on les broie ſous la molette de marbre ; on les met enſuite dans un petit vaſe rempli d'eau bien nette, & lorſque cette poudre de coquille s'eſt précipitée au fond du vaſe, on décante l'eau & on fait ſécher la poudre au ſoleil, que l'on garde dans une bouteille : veut-on en faire uſage, on prend un peu de gomme ammoniaque bien pure, que l'on met fondre pendant l'eſpace d'une nuit dans du vinaigre diſtillé, qui, le lendemain matin, ſe trouve être de la plus grande blancheur ; on le paſſe à travers un linge, & on y met la poudre de coquille en ſuffiſante quantité, ce qui produit une encre très-blanche.

Encres de couleur.

Rien de plus facile que de ſe procurer des encres de toutes ſortes de couleurs ; on le peut faire avec de fortes décoctions des diverſes ſubſtances colorantes que l'on emploie en teinture ; il ne s'agit que de la mêler avec un peu d'alun & de gomme arabique qui leur fournit l'adhérence néceſſaire pour s'attacher ſur le papier.

Encre rouge.

Pour faire l'encre rouge on prend quatre onces de bois de breſil qu'on fait bouillir pendant un bon quart-d'heure dans une pinte d'eau ; & enſuite on y ajoute un peu d'alun, de gomme arabique & de ſucre candi, laiſſant bouillir encore la liqueur l'eſpace d'un quart-d'heure. Cette encre ſe conſerve très-long-temps, & eſt d'autant plus rouge qu'elle eſt plus vieille.

Encre bleue.

On peut ſe la procurer en délayant de l'indigo & du blanc de céruſe dens une eau gommée.

Encre jaune.

Il ſuffit de prendre du ſafran, de la graine d'avignon ou de la gomme gutte, toujours délayée dans une eau gommée.

Encre verte.

Cette encre ſe fait avec de la graine de nerprun bouillie dans de l'eau, dans laquelle on fait diſſoudre un peu d'alun de roche.

Encres de diverſes couleurs avec le jus de violette.

Trempez un pinceau de poils de chameau dans quelqu'acide fort, comme l'eſprit de vitriol ; paſſez-le ſur une partie du papier, & quand il eſt ſec, écrivez deſſus avec une plume trempée dans le jus de violette, l'écriture paroîtra auſſi-tôt d'une belle couleur rouge.

Si vous écrivez ſimplement avec du jus de violette, l'écriture ſera d'un bleu tirant ſur le violet.

En frottant l'autre partie du papier avec un pinceau de cheveux trempé dans quelque ſel alkalin, tel que le ſel d'abſynthe diſſout dans de l'eau, & écrivant deſſus quand il eſt ſec avec du jus de violette, vous aurez une écriture d'une belle couleur verte.

En écrivant avec du jus de violette par-deſſus une teinture d'acier, vous aurez une écriture noire.

Ou bien ſi vous écrivez avec du jus de violette, & que, d'un côté de l'écriture, vous paſſiez de l'eſprit de vitriol, & de l'autre, de l'eſprit de corne de cerf ou de ſel d'abſynthe diſſous dans de l'eau, vous aurez du rouge & du verd.

En l'expoſant au feu, vous aurez une écriture jaune.

Si vous écrivez ſur du papier avec quelque

acide (le jus de limon est aussi propre pour cela que tout autre), & qu'ensuite vous le laissiez sécher, l'écriture restera invisible jusqu'à ce que vous l'approchiez du feu ; alors elle deviendra aussi noire que de l'encre. Le jus d'oignon produit le même effet.

Plus ces écritures vieillissent, plus la couleur en est belle ; de même aussi plus on a laissé de temps l'esprit de vitriol, le sel d'absynthe dissous, &c., sur le papier avant d'écrire par-dessus, plus les couleurs sont vives.

Encre de communication.

On donne ce nom à l'espèce d'encre que l'on employe pour l'écriture que l'on veut faire graver ; elle peut, par la pression, se transporter de dessus le papier, & se fixer sur la cire blanche que le graveur met sur la planche.

Pour composer cette encre, on prend la quantité que l'on veut de poudre à canon broyée en poudre très-fine, & on y ajoute autant du plus beau noir d'impression ; on met le tout dans l'eau avec un peu de vitriol romain ; on agite le mélange ; & on lui donne une consistance qui ne soit ni trop claire, ni trop épaisse : chaque fois que l'on reprend de l'encre pour écrire, on agite l'encre, parce que la couleur noire en est sujette à se déposer.

Encre de la Chine.

L'encre de la Chine est employée dans de petits desseins & pour faire des plans ; il est aisé de s'en procurer lorsqu'on vient à en manquer, ou que l'on n'a pas d'occasion d'en avoir.

Il faut prendre des noyaux d'abricots dont on ôte les amandes, les brûler de manière à pouvoir être réduits en poudre, mais sans qu'ils s'enflamment : pour cet effet, on peut les envelopper dans des feuilles de choux, dont on fait un paquet qu'on lie avec du petit fil de fer ; on met ce paquet dans un four échauffé au degré de chaleur auquel on fait cuire le pain ; les noyaux se réduisent en charbon lequel on fera une encre semblable à celle qui nous vient de la Chine. On pile ces noyaux dans un mortier, & on les réduit en une poudre fine & impalpable, que l'on obtient en la faisant passer par un tamis bien fin.

On a ensuite de l'eau dans laquelle on a fait dissoudre de belle gomme arabique ; on prend de cette eau un peu épaisse, que l'on mêle avec la poudre de noyaux d'abricots ; & avec une molette on broie cette poudre de la même manière qu'on prépare les couleurs. On met ensuite cette pâte dans de petits moules faits de cartes & frottés de cire blanche, de peur qu'elle ne s'y attache.

Quant à l'odeur qu'a l'encre de la Chine, elle ne lui vient que d'un peu de musc que les Chinois ajoutent dans l'eau gommée, ce qu'il est facile d'imiter : au défaut de musc, on peut communiquer à cette pâte la même odeur soit avec une crotte de fouine enveloppée dans un linge fin, soit avec un peu d'écorce de calebasse verte. Quant aux figures que l'on voit sur les morceaux de pâte d'encre de la Chine, ce sont les marques particulieres qu'y mettent chaque ouvrier chinois, comme dans tous les pays, pour distinguer ce qui sort de leurs mains.

S'il y a du choix dans l'encre qu'on fait à la Chine même, on doit s'attendre qu'il y en aura de même dans celle que l'on fera ici ; plus on manie une même matière, plus on la reconnoît diversifiée ; plus on la travaille, plus on découvre de près un certain point de manipulation qu'il est difficile de saisir, & plus difficile encore de saisir toujours avec la même justesse. Ainsi la texture & les qualités différentes des noyaux d'abricots, le degré de leur réduction en charbon, la finesse de la poudre qui en résulte, le broyage sur le marbre, la pureté de l'eau, la beauté & la quantité de la gomme, doivent occasionner de grandes différences dans les encres que l'on composera. C'est à ceux qui exécuteront cette recette à bien prendre leurs mesures pour réussir dans un ouvrage qui demande plus d'attention que de dépense.

Nous venons d'indiquer une manière de contrefaire l'encre de la Chine avec des noyaux d'abricots : mais les abricots, tout communs qu'ils sont, ne se trouvent pas par-tout, & leur saison est de courte durée. Voici un autre procédé qui demande moins de soins & d'attentions.

Il s'agit seulement d'avoir du noir, que l'on nomme indifféremment, de four ou de cheminée, matière aussi commune que de peu de valeur. Ce noir, à la vérité, est gras, & ne peut être employé même à l'huile qu'avec désagrément ; mais pour lui ôter cette mauvaise qualité, il suffit de le faire calciner dans un creuset ou dans un pot de terre non vernissé ; lorsque le feu commencera à le pénétrer, on le verra rougir, jeter des étincelles, & pousser de la fumée. Cette fumée est sa graisse qui s'évapore, ainsi quand on n'en verra plus sortir du pot, on pourra s'assurer que le noir est suffisamment dépouillé de son onctuosité ; on retirera le pot du feu, & on le laissera refroidir.

On doit s'attendre que la calcination diminuera la quantité de la matière. Quelques-uns conseillent pour éviter cette perte de mettre un couvercle au pot ou creuset, & de le luter avec un bon lut qui résiste au feu. Une semblable opération n'est qu'une bagatelle dans un laboratoire même médiocrement monté ; mais elle devient une affaire très-sérieuse & très-embarrassante pour des perfonnes qui font fans laboratoire, qui n'en ont jamais vu, & qui n'ont aucune teinture de chimie; d'ailleurs il eft douteux que la dépenfe du lut ne monte pas auffi haut que celle du noir qui fe perd: ainfi la méthode la plus fimple eft la meilleure à fuivre, puifque par elle le noir eft également bien calciné; nous pourrons en paffant affurer les Peintres que ce noir leur donnera une couleur agréable & très-fimple.

Lorfque la matière eft refroidie, on la jette fur un marbre, & avec la mollette on la broie, en y verfant de temps à autre un peu d'eau dans laquelle on a fait fondre de la gomme la plus claire & la plus belle, & qui en eft un peu épaiffe; ainfi on fait une pâte à laquelle on donne une jufte confiftance, pour lui en donner enfuite telle forme que l'on juge à propos, & on la laiffe fécher. Si l'on veut y faire quelque mélange, que ce ne foit qu'après-coup, c'eft-à-dire lorfque l'encre eft délayée pour deffiner. Nous avons vu des deffinateurs y mettre avec fuccès une pointe de carmin pour laver les chairs; on peut effayer pareillement de quelqu'autre couleur pour d'autres objets; mais on doit obferver fcrupuleufement, fous peine de perdre fa teinte, de ne faire ufage que de couleurs tranfparentes. Tout jaune fera une couleur fale. Le biftre peut réuffir; fa rouffeur plaît naturellement à l'œil, & il fait un très-bon effet dans les deffins au crayon noir; ce qui nous porte à croire qu'il s'allieroit avantageufement avec l'encre de la Chine véritable ou contrefaite.

Le docteur Lewis, d'après le Pere du Halde, penfe que l'encre de la Chine n'eft compofée d'autre chofe que de noir de fumée avec de la colle animale: en effet ayant fait bouillir un pain d'encre de la Chine dans plufieurs portions d'eau fraîche afin d'en pouvoir extraire toutes les parties folubles, &, ayant filtré les différentes liqueurs à travers le papier, il les fit évaporer dans un vafe de pierre. Ces liqueurs avoient la même odeur que la glu, & laifferent après l'évaporation une quantité affez confidérable de fubftance, tenace, qui ne paroiffoit différer en rien de la glu ordinaire.

Encre perpétuelle & indélébile.

Comme il eft de la plus grande importance de pouvoir lire en tout temps, ce qui eft écrit dans les actes, regiftres, papiers publics, & qu'il y a des encres qui, au bout d'un certain temps, font fujettes à perdre leur couleur. Nous allons indiquer ici deux procédés qui nous ont paru les meilleurs pour faire une encre qui réfifte à l'effet du temps.

Il faut mettre dans un flaccon d'environ trois chopines, pour conferver un vuide fuffifant qui laiffe à la liqueur la liberté du mouvement,

1°. une pinte de bon vin blanc; 2°. une demie livre de bonne noix de galle concaffée; 3°. quatre onces de couperofe bien calcinée & réduite en poudre; 4°. une demie-once de gomme arabique (cette gomme empêchera l'encre de jaunir & de percer le papier, & l'entretiendra noire & un peu luifante). Vous mettrez fur le champ un bouchon de liége au bocal, & vous l'agiterez pendant quelques momens, de façon à bien braffer le tout. Il faut réitérer la même chofe pendant trois ou quatre jours, après quoi l'on peut fe fervir de l'encre, & même plutôt fi l'on en étoit preffé; elle eft paffable du foir au matin. Pour conferver long-temps ce fonds d'encre, lorfqu'on en prend dans une petite fiole pour la provifion d'un mois, par exemple il faut avoir foin de remplacer autant de vin blanc, & de l'incorporer en agitant de nouveau la bouteille. Quand par la fuite elle deviendra foible après chaque rempliffage, on l'expofera d'abord une heure ou deux au foleil, & enfuite plus longtemps à proportion du befoin. Lorfqu'enfin, après quelques années, la vertu des drogues paroîtra épuifée, on ceffera de remplir; mais fi elle fe trouve alors manquer de force, on tiendra la bouteille débouchée pendant le temps néceffaire pour évaporer affez de liqueur, & donner au refte la confiftance defirée; le vin qu'on emploiera doit être bien net, & fans aucun foupçon de graiffe; plus il fera vif, plus il fera propre à la fermentation; s'il étoit plat ou vert, on auroit befoin de foleil dès le commencement. Il eft important de bien choifir la noix de galle: la bonne eft noire, dure, pefante & luifante; il faut rejetter abfolument celle qui eft blanchâtre, molle & légère, elle ne vaut rien. L'inftrument le plus commode pour calciner la couperofe, eft la cuiller de potier d'étain, c'eft l'affaire d'un moment avec un feu fuffifamment vif.

Encre double.

Voici la manière de faire celle qu'on nomme *encre double*. On prend fix onces de bonnes noix de galle des plus brunes: ajoutez-y quatre à cinq onces de couperofe verte, une once d'alun de roche, une once de gomme d'arabie ou du fénégal, une demi-once d'inde fin ou d'indigo en petits, pains, avec une once de fucre blanc ou de fucre commun. Faites bien écrafer le tout dans un mortier, le plus menu qu'il fera poffible; & verfez ces drogues enfemble dans une bouteille d'environ deux pintes & demie mefure de Paris. Verfez enfuite dans la même bouteille deux pintes ou quatre livres d'eau froide de neige, ou à fon défaut d'eau de pluie. Bouchez enfuite bien la bouteille, & la remuez fept à huit fois chaque jour pendant cinq à fix jours, vous aurez de la très-bonne encre, laquelle ne jaunira point; chaque fois qu'on y en puife, il faut auparavant bien remuer

remuer la bouteille. Lorsque l'encre sera épuisée, il ne faut pas jeter le marc, mais y remettre par-dessus la même quantité des différentes drogues & eau que ci-dessus ; on aura de l'encre dont l'écriture sera d'un plus beau noir que celle de la première ; mais cette encre ne devient très-noire, que le lendemain que l'on a écrit.

Ces deux procédés ne seront pas sans doute employés par certains fripons qui désireroient trouver des encres qui, en s'effaçant rapidement, ne laissassent aucune trace des actes qui peuvent déposer contre eux. Desperriers dans ses contes, dit ingénuement qu'un nommé Colin Brenot, homme riche & de mauvaise foi, avoit le secret d'une encre qui, en moins de 15 jours, s'effaçoit d'elle-même & tomboit en poudre ; qu'ayant donné pendant le cours d'une année, des quittances écrites de cette encre pour des sommes considérables, il s'en fit payer une seconde fois par ses débiteurs, qui, ne pouvant justifier du premier paiement, eurent tout le loisir de donner au diable Colin Brenot & ses quittances ; peut-être ne connoissoit-on pas alors la manière de faire revivre les vieilles écritures.

Encre ordinaire.

Dans la difficulté où on est quelquefois, & sur-tout en campagne, d'avoir de bonne encre, on trouvera ici avec plaisir ce procédé, au moyen duquel on peut se procurer soi-même une encre très-noire.

On prend une livre de noix de galle, six onces de couperose verte, de gomme arabique six onces, de bierre ou d'eau commune quatre pintes. On concasse la noix de galle dans un mortier ; on la fait infuser pendant vingt-quatre heures sans bouillir ; on y ajoute en même-temps la gomme concassée qui s'y dissout ; enfin on y met la couperose verte ou le vitriol verd réduit en poudre ; la liqueur à l'instant devient noire. On passe ce mélange par un tamis de crin sur lequel reste la matière concassée de la noix de galle, & on obtient une encre qui est très-bonne.

L'encre doit sa couleur noire qui se détache si bien sur le papier blanc, à la matière ferrugineuse de la couperose qui se trouve séparée de son acide par la noix de galle, matière végétale dont la propriété est de faire paroître le fer sous la couleur noire, en lui fournissant un phlogistique huileux.

On s'assure, par une expérience fort curieuse, que l'encre ne doit sa couleur noire qu'au fer. Pour cet effet, on verse de l'acide nitreux dans de l'encre ; à l'instant elle devient blanche, transparente, parce que cet acide dissout le fer. De l'arrangement différent des parties, résulte la transparence de la liqueur. Si on verse ensuite dans

Amusemens des Sciences.

l'encre de l'alkali, l'acide se joint à l'alkali, quitte le fer qui, alors, fait reparoître l'encre sous sa couleur noire.

Lorsqu'on veut écrire sur du papier d'impression, ou même sur du papier trop frais, il faut dissoudre un peu de gomme dans l'encre ordinaire.

Encre en poudre.

L'encre liquide dont nous venons de parler n'est pas d'un transport facile. Le moindre inconvénient est de se dessécher dans le cornet ; dans les bouteilles, elle se décompose & s'évapore ou s'enfuit si la bouteille n'est pas bien fermée, & l'on risque d'avoir ses habits ou ses effets entièrement perdus, si par accident la bouteille vient à se casser. On a donc imaginé, pour la commodité de ceux qui voyagent, soit à l'armée, soit au-delà des mers, *l'encre en poudre*, qui ne paroît être autre chose que les matières qui entrent dans la composition de l'encre ordinaire, mais concassée & pulvérisée. Pour en faire usage dans l'instant, il ne s'agit que de délayer cette poudre dans de l'eau.

Encres sympathiques ou de sympathie.

C'est le nom qu'on donne à toute liqueur avec laquelle on peut écrire sans que les caractères paroissent en aucune manière ; & lorsqu'ils ne sont lisibles qu'après avoir employé quelques moyens qui leur donnent une couleur différente de celle du papier. Ces espèces d'encre sont très-curieuses, & peuvent devenir utiles dans bien des occasions : par exemple, lorsqu'on craint que la lettre écrite à une personne ne soit interceptée par une autre à qui l'on veut cacher le secret, on écrit en caractères bien lisibles des choses tout-à-fait indifférentes ; mais dans les interlignes on écrit avec l'encre sympathique, ce qui ne doit être su que de la personne à qui la lettre ou le billet s'adressent. Cette personne intéressée à lire l'écriture invisible, & instruite en même tems du procédé, la fait paroître en caractères colorés qui la mettent en état de lire. L'encre de sympathie peut servir encore à une infinité de récréations physiques, qui surprennent ceux qui ignorent le procédé. (*Voyez* PALINGÉNÉSIE ; BOUQUET MAGIQUE ; ÉCRITURE SECRETTE) ; &c. Car si les sciences ont leurs épines, elles ont aussi leurs fleurs, leurs jeux & leurs amusemens. Les savans, presque toujours occupés de travaux sérieux, se permettent quelquefois de se délasser par des recherches sur des objets peu importans, & qui n'ont d'autre utilité que d'être récréatifs. Les chimistes ont toujours rangé les encres de sympathie dans cette dernière classe. C'est ainsi qu'en parle M. Hellot dans plusieurs mémoires qu'il a donnés sur cette matière. Il les appelle de petites curiofités ; & il avoue que tout fon but , en cher-chant des encres fympathiques de la nature de celles qui paroiffent au feu , étoit de trouver des variétés de couleur qui puffent , entre les mains d'un habile deffinateur, fervir à faire un payfage bien nuancé dans fes teintes , mais qui ne pût être vu qu'en le chauffant ; un hiver , par exem-ple , qui , dans l'inftant deviendroit un printems , ou fi l'on veut , un verger dont les arbres fe cou-vriroient tout-à-coup de fleurs ou de fruits.

C'eft ce que l'on verra lorfque nous parlerons de l'encre fympathique tirée de la mine de cobalt. Nous allons donner ici plufieurs procédés tirés de l'art des expériences de M. l'abbé Nollet , & d'autres bons ouvrages modernes.

Encre fympathique connue fous le nom d'impregna-tion de Saturne.

Dans un matras capable de contenir une cho-pine de liqueur mefure de Paris, où une livre d'eau commune. Mettez deux onces de chaux vive concaffée avec une once d'orpiment pulvé-rifé. (Les droguiftes vendent l'orpiment en mor-ceaux qui , étant caffés nouvellement , font d'un jaune verdâtre , & dans d'autres endroits d'un jaune tirant au rouge ; c'eft dans cet état qu'il faut le prendre pour l'expérience dont il s'agit ici). Mettez par-deffus, autant d'eau qu'il en fau-dra pour furmonter ces matieres d'environ trois doigts. Remuez d'abord ce mélange , & mettez-le en digeftion fur un bain de fable médiocrement chaud , pendant l'efpace de fept à huit heures : remuez-le deux ou trois fois dans les premie-res heures , & laiffez-le repofer pendant le refte du temps. La chaux & l'orpiment produiront enfemble une maffe tuméfiée & d'une couleur bleuâtre , d'où il s'exhalera une odeur très-péné-trante d'œuf corrompu , comme en produifent toutes les combinaifons que les Chymiftes appel-lent foie de foufre ; l'eau qui furnagera fera très-claire ; vous la décanterez en inclinant un peu le matras , & vous la conferverez dans un flacon de verre bien bouché. Si vous l'avez troublée en la tirant du matras , vous la filtrerez par le papier gris avant de la mettre en bouteille. Verfez en-fuite deux onces de bon vinaigre diftillé dans une petite cucurbite de verre ou dans un matras. Mettez le vaiffeau fur un bain de fable fort doux, & jettez dedans peu-à-peu de la litharge en pou-dre autant que le vinaigre en pourra diffoudre ; après quoi vous laifferez réfroidir & repofer la liqueur , jufqu'à ce qu'elle vous paroiffe bien claire. Si vous la pouvez décanter fans la trou-bler, vous la verferez dans un flacon de verre que vous boucherez bien, finon vous la filtrerez aupa-ravant. Mais en préparant ces deux liqueurs , prenez bien garde qu'elles n'aient aucune com-munication entre elles , foit par les vaiffeaux &

autres inftrumens , foit même par une trop grande proximité ; car pour le peu que la premiere fe mêle avec la feconde , ne fût-ce que par fa va-peur , elle lui fera perdre fa limpidité , & elle la mettra hors d'état de former des caracteres invi-fibles. Avec la premiere liqueur, on écrit ou l'on deffine ce que l'on veut fur un morceau de papier blanc. On met le papier qui ne porte aucune mar-que d'écriture quand il eft fec, dans les premieres feuilles d'un livre qui a 4 à 500 pages ; on étend enfuite avec une petite éponge fur la derniere feuille du livre , un peu de la deuxieme liqueur , & l'on tient le livre fermé pendant trois ou quatre minutes. Quand on retire le papier qu'on avoit mis dans le livre , on trouve coloré d'un brun noir tout ce qu'on y avoit écrit ou deffiné , & l'on ne rencontre rien de femblable dans tout le refte du livre. Cet effet eft produit par la vapeur de la liqueur qui , n'étant que la liqueur même divifée en très petites parties, pénetre à travers les feuil-lets du livre , va fe joindre à la premiere liqueur , & opere par ce mélange la couleur ci-deffus. Comme il entre dans la compofition de la pre-miere liqueur de l'orpiment , qui eft une matiere arfénicale , il ne faut pas la porter à la bouche, ni la laiffer manier imprudemment par des enfans ou autres perfonnes qui n'en connoîtroient pas la con-féquence. Les drogues de cette efpece doivent être gardées dans un lieu fermé à clef.

Encre fympathique tirée de la mine de cobalt.

Voici le procédé tel qu'il eft décrit par M. Hel-lot dans les mémoires de l'académie royale des fciences pour l'année 1737 , & qui réuffit parfai-tement toutes les fois qu'on veut préparer cette drogue foi-même.

Prenez une once de mine de cobalt. La plus belle vient de Saxe ; elle eft rare ; on la recon-noît lorfqu'en l'expofant au grand jour on voit à la furface des morceaux quelques efflorefcences couleur de lilas , ou de couleurs qu'on appelle communément gorge de pigeon. Pulvérifez-la grof-fierement , & mettez-la dans une capfule de verre ou dans un matras , avec deux onces & demie d'eau forte , affoiblie par une pareille quantité d'eau ; laiffez paffer la premiere ébullition que produira l'action du diffolvant ; après cela , vous mettrez le vaiffeau fur un bain de fable bien doux, & tenez-le en digeftion jufqu'à ce que vous ne voyiez plus de bulles d'air s'élever au travers de la liqueur ; vous augmenterez alors la chaleur pour la faire bouillir pendant un quart-d'heure ; fi la mine de cobalt eft de bonne qualité , la diffolution achevée aura la couleur d'une forte biere rouge ; laiffez-la réfroidir , & décantez-la deux ou trois fois pour l'avoir bien claire , mais ne la filtrez pas. Verfez cette diffolution clarifiée dans une cap-fule avec une once de fel marin naturellement blanc, ou lavé, si vous êtes obligé d'employer celui de la gabelle. Placez la capsule sur un bain de sable pour faire fondre le sel en le remuant un peu avec une spatule de bois ou avec un tube de verre, & pour évaporer la liqueur. Il restera au fond du vaisseau une masse saline presque sèche, que vous entretiendrez en poudre en la remuant. Si cette évaporation se faisoit en plus grande quantité, ou dans un lieu étroit & fermé, elle produiroit des vapeurs dangereuses; le plus sûr est d'en faire peu à la fois, & d'évaporer sous le manteau d'une cheminée ou dans un lieu découvert. Ne cherchez point à sécher parfaitement le sel qui reste au fond de la capsule, de peur qu'en lui donnant un trop grand degré de chaleur, vous ne lui faissiez perdre sa belle couleur d'émeraude, & qu'il ne passe au jaune sale; car alors l'opération seroit manquée; il faut qu'en se refroidissant il prenne la couleur des roses. Vous mettrez ce sel dans un vase de verre plus haut que large (dans une petite cucurbite, par exemple), avec sept à huit fois autant d'eau distillée prise au poids, & vous le laisserez se dissoudre peu-à-peu sur un bain de sable fort doux : l'eau prendra une belle couleur de lilas, & vous la décanterez doucement pour la garder dans un flacon bien bouché. Au fond du vaisseau où s'est fait la dissolution du sel couleur de rose, il restera une poudre qui ne sera plus propre à rien si elle est blanche : mais si elle a encore de la couleur, c'est une marque que vous n'aurez pas employé assez d'eau d'abord pour rendre la dissolution complette; vous y en remettrez de nouvelle autant que vous le croirez nécessaire pour enlever toute la partie colorante, & vous joindrez le reste de teinture à celle que vous aurez tiré en premier lieu. Vous ferez l'essai de cette préparation en écrivant avec sur du papier bien blanc & suffisamment collé, & en vous servant d'une plume neuve & bien lavée. Vous laisserez sécher les caractères qui deviendront invisibles. Après cela, vous chaufferez le papier en le tenant au-dessous d'un réchaud plein de braise ardente, l'écriture prendra une couleur verte, tirant sur le bleu, & la gardera tant qu'elle aura un degré de chaleur suffisant; mais elle disparoîtra, si vous faites réfroidir le papier; & cette alternative se répétera autant de fois que vous le voudrez : mais si par un degré de chaleur un peu trop grand, l'écriture devient d'un jaune feuille morte, elle ne disparoîtra plus.

Pour faire une application curieuse de cette encre sympathique tirée de la mine de cobalt, ayez quelques desseins gravés au trait seulement ou peu ombrés; enluminez-les dans certaines parties avec la liqueur couleur de rose. Le papier en séchant au frais ne gardera aucune marque sensible de cette enluminure, mais dès qu'on le chauffera médiocrement, le dessein paroîtra d'un beau verd bleu par-tout où le pinceau aura passé : l'habit d'un

cavalier, la robe d'une femme, un bouquet de fleur, &c. dessinés sur un écran, prendront couleur sous les yeux d'une personne qui s'en servira devant le feu. Ce petit artifice produira un effet encore plus joli, si l'on met l'encre sympathique en état de produire deux autres couleurs différentes dans de pareilles enluminures; & c'est ce que vous pouvez faire en suivant les procédés que voici.

Quand vous aurez dissous la mine de cobalt dans l'eau forte au lieu de sel marin, mettez-y en pareille dose du salpêtre bien purifié, & faites évaporer la liqueur. La masse saline en se desséchant prendra une couleur purpurine, qui blanchira dès que vous verserez l'eau dessus pour la fondre; mais cette eau deviendra une teinture couleur de rose, qui disparoîtra en se séchant sur le papier, & qui renaîtra lorsqu'elle sentira le feu.

Voulez-vous encore une autre couleur propre à enjoliver vos desseins : dans la dissolution de la mine de cobalt par l'eau forte, jettez peu-à-peu, de peur d'une trop grande fermentation, du sel de tartre, jusqu'à ce qu'il n'occasionne plus de mouvement dans la liqueur. Desséchez ce mélange par l'évaporation, vous aurez un sel d'une belle couleur pourpre tant qu'il sera chaud : il pâlira en se refroidissant; mais fondu dans l'eau, il donnera une teinture qui sera sur le papier un trait incarnat qui disparoîtra en se séchant, & qui reparoîtra dès qu'il sera chauffé; & si vous frottez un peu avec le crayon de mine de plomb l'endroit où vous voulez appliquer cette liqueur, au lieu de rouge incarnat, elle vous donnera une nuance entre le rouge & le violet, qu'on nomme communément *gorge de pigeon.*

Ainsi en préparant la mine de cobalt avec le sel marin, avec le nitre, & avec le sel de tartre, vous vous procurerez trois liqueurs qui auront la propriété de disparoître & de reparoître, & qui prendront quatre couleurs différentes dans vos enluminures.

Depuis que l'encre de sympathie a été publiée, les chimistes, en réfléchissant sur ses effets, ont trouvé qu'on pouvoit se la procurer d'une manière moins embarrassante & aussi sûre, en employant le safre tel qu'on le trouve dans le commerce, & dont on fait le smalt ou bleu d'émail. Cela est d'autant plus commode, qu'il est très-difficile d'avoir ici de la mine de cobalt telle qu'il la faut pour cette opération.

Encre sympathique tirée du safre.

Faites dissoudre du safre dans de l'eau régale autant qu'elle en pourra dissoudre à l'aide d'une douce chaleur; décantez cette dissolution autant de fois qu'il le faudra pour l'avoir bien claire, &

verfez-y de l'eau diſtillée en aſſez grande quantité pour empêcher que la liqueur brûle ou ne corrode le papier, quand vous l'emploierez avec la plume ou avec le pinceau : vous aurez les mêmes effets que ſi vous employez la diſſolution de la mine de cobalt préparée avec le ſel marin : ce que l'on écrira avec cette encre ſympathique ne paroîtra que lorſqu'on expoſera ce papier à une chaleur modérée, ou aux rayons d'un ſoleil très-ardent, & les caractères ſeront d'une couleur verte, ſemblable à ceux qu'on pourroit former avec le verd d'eau qui ſert à laver les plans. Ce qu'il y a de particulier dans cette encre, c'eſt qu'auſſi-tôt que le papier eſt refroidi, & qu'il a pu être pénétré de l'humidité ordinaire de l'air, les caractères que la chaleur avoit fait paroître diſparoiſſent entièrement; ce qui peut ſe répéter un grand nombre de fois, pourvu qu'on ne chauffe pas trop fort le papier; attendu que ſi par une trop grande chaleur l'écriture prend une couleur de feuille morte, elle ne diſparoîtra plus : ainſi, par exemple, on pourroit avoir une gravure repréſentant l'hiver, enluminer tous les objets, excepté la verdure, & peindre, avec l'encre ſympathique verte tirée du ſafre aux endroits convenables, des feuilles & terraſſes, obſervant de mettre l'encre plus foible aux arbres les plus éloignés; cette préparation faite, on met l'eſtampe dans un cadre ſous verre; & on la couvre par derrière d'un papier qui ſoit ſeulement collé ſur la bordure du tableau. En préſentant ce tableau à un feu modéré, ou en l'expoſant à la chaleur du ſoleil, les feuillages, verdures & terraſſes peints à l'encre ſympathique deviendront d'un très-beau verd; & ces verds ſeront même de différens tons, ſi l'on a artiſtement enluminés certains endroits avec une couleur jaunâtre : l'hiver ſe transformera tout-à-coup en un très-beau printems; mais ce tableau refroidi reprendra ſon premier état, & cet amuſement pourra ſe répéter plus d'une fois.

Encre ſympathique ſaline.

Un particulier vendoit, il y a quelques années dans les rues de Paris, de petits papiers ſur leſquels étoient écrites différentes deviſes avec une encre inviſible. Il ne s'agiſſoit pour faire paroître cette encre & pour rendre l'écriture très-liſible, que de mouiller le papier avec de l'eau commune; alors l'écriture ſe manifeſtoit en caractères de couleur griſe rembrunie, & quand on interpoſoit le papier entre l'œil & la lumière, ces caractères paroiſſoient transparens.

Dès que les chymiſtes ont eu connoiſſance de cet effet, ils n'ont pas eu de peine à trouver comment on pouvoit le produire. Ils ont bien-tôt imaginé que cette encre ne pouvoit être autre choſe que quelque matière ſaline fort avide de l'humidité. M. Macquer ayant ſous ſa main une diſſolu-

tien de *nitre à baſe de terre calcaire* (qui eſt un de ces ſels fort avides d'humidité), en a fait l'eſſai qui a très-bien réuſſi. M. Cadet, chimiſte, a étendu beaucoup l'expérience en faiſant voir qu'un grand nombre d'autres liqueurs ſalines, telles que les acides minéraux, vitrioliques, nitreux & marins affoiblis par l'eau, l'alkali fixe végétal & liqueur, & même le vinaigre diſtillé ſont toutes auſſi propres à produire le même effet.

Quand on ſe ſert de papier un peu fort & bien collé, & que les liqueurs ſalines qu'on emploie ſont ſuffiſamment affoiblies : par exemple, d'une once d'eau forte commune, mêlée avec trois onces d'eau, l'écriture ſe ſeche bien, devient abſolument inviſible, & ne ſe déforme point lorſqu'on la fait paroître en mouillant le papier; elle s'efface enſuite à meſure que le papier ſe ſeche, & peut ſe reproduire & diſparoître ainſi deux ou trois fois. Voilà donc une nouvelle eſpèce d'encre de ſympathie plus commode même que celle qu'on connoiſſoit déja, en ce qu'elle ſe peut préparer avec un grand nombre de liqueurs fort communes, & en ce qu'elle n'a beſoin, pour produire ſon effet, ni d'être chauffée, ni d'être aidée d'aucune vapeur ou liqueur particulière comme les anciennes, mais de l'eau ſeule qui eſt toujours ſous la main de tout le monde.

Encre ſympathique tirée du biſmuth.

Ce n'eſt autre choſe qu'une diſſolution de biſmuth dans l'acide nitreux; on écrit avec cette diſſolution des caractères inviſibles; expoſe-t-on le papier à la vapeur du foie de ſoufre, qui eſt un mélange d'alkali fixe & de ſoufre, l'écriture paroît de couleur noire. Ces vapeurs ſont ſi déliées, & ſi actives, qu'elles peuvent même produire leurs effets à travers un volume entier de papier. On écrit ſur une des feuilles de la tête d'un in-folio avec cette diſſolution de biſmuth; on met ſur la dernière feuille de ce livre un papier imbibé de la diſſolution du foie de ſoufre; les vapeurs pénètrent à travers toutes les feuilles du livre, & font paroître au bout de quelque temps l'écriture qui étoit inviſible ſous des traits noirs très-bien marqués.

Au reſte, il eſt aiſé de faire pluſieurs encres ſympathiques d'après le rapport que peuvent avoir entre elles pluſieurs ſubſtances.

En général les diſſolutions de ſel, les acides, tels que le jus de citron, d'oignons, &c, deviennent en quelque ſorte ſympathiques; lorſqu'on s'en ſert pour écrire ſur du papier, & qu'on l'approche du feu, les ſels ſe déſſechent, ſe calcinent, ſe brûlent, ſe réduiſent en charbon qui fait paroître l'écriture de couleur noire.

Nous ne parlerons point ici de diverſes diſſolutions métalliques, telles que le fer ou le plomb dans le vinaigre, le cuivre ou le mercure dans de l'eau-forte, l'étain dans l'eau-régale, l'émeri & certaines pyrites dans l'esprit-de-sel. De telles encres sympathiques ont le désagrément de ronger le papier, de manière qu'au bout de quelque temps les caractères se trouvent à jour, de même que s'ils avoient été formés avec des emporte-pièces.

Il peut donc y avoir une infinité d'encres sympatiques, dont plusieurs ont été même rapportées dans différens articles de ce Dictionnaire ; mais nous nous garderons bien d'insérer ici toutes celles qui se trouvent dans les livres de recette, les procédés sont, pour la plupart si mal décrits, & d'autres sont si peu vraisemblables qu'ils ne méritent pas notre attention. C'est dans les bons livres de Physique & de Chimie que l'on trouve différents moyens de former une écriture invisible, & de la faire paroître quand on le veut. Voici différents procédés curieux que nous en avons extrait.

1°. Écrivez sur du papier un peu fort avec une dissolution de vitriol de Mars nouvellement faite dans l'eau commune, à laquelle on a ajouté un peu d'acide nitreux, & laissez sécher l'écriture. Quand vous voudrez rendre lisible ce qui est écrit sur le papier, vous passerez dessus avec un pinceau de poils doux un peu d'infusion de noix de galle aussi nouvellement faite, & qui n'ait point bouillie. C'est avec ces deux liqueurs mêlées ensemble qu'on fait l'encre commune : quand elles sont réunies de quelque manière que ce soit, elles produisent du noir. La première en se séchant sur le papier y a déposé des parties de vitriol qui sont nécessaires à l'autre pour rendre l'écriture apparente. Si au lieu d'infusion de noix de galles on faisoit usage de liqueur saturée du bleu de prusse, l'écriture paroîtroit d'un très-beau bleu.

2°. Mettez un peu d'encre commune dans le fond d'un verre à boire ; versez dessus quelques goutes d'eau-forte, & remuez un peu le mélange ; le noir de l'encre disparoîtra, & la liqueur restera claire comme de l'eau pure : écrivez avec cette liqueur décolorée ; laissez sécher l'écriture, elle disparoîtra absolument ; vous la ferez reparoître en passant dessus avec un pinceau, un peu d'huile de tartre par défaillance, parce que cette dernière drogue absorbera l'acide de l'eau forte qui a éteint la couleur noire de l'encre.

3°. Écrivez sur un morceau de papier blanc un peu épais avec l'acide vitriolique affoibli par une suffisante quantité d'eau commune pour l'empêcher de corroder trop promptement le papier. Quand cette écriture sera seche, elle ne se verra point ; mais elle paroîtra sous une couleur rousse & rembrunie dès que vous la présenterez un peu au feu ; parce que l'acide concentré par la chaleur

brûlera le papier dans tous les endroits où la plume de l'écrivain aura passé.

4°. Faites une forte dissolution d'or fin par l'eau régale, & affoiblissez-la ensuite en y mêlant cinq ou six fois autant d'eau commune distillée. Faites à part une forte dissolution d'étain fît par l'eau-régale, & mêlez-la avec partie égale d'eau commune distillée ; écrivez sur du papier blanc, & en vous servant d'une plume neuve, ce qui vous plaira avec la première de ces deux liqueurs ; laissez sécher l'écriture sans l'exposer ni au feu ni au soleil ; pendant plusieurs heures, après, vous ne verrez aucune marque sur le papier : mais si avec un pinceau ou avec une très-petite éponge fine vous passez légèrement de la seconde liqueur sur le papier écrit, sur-le-champ les caractères prendront une belle couleur purpurine. Vous ferez disparoître ces caractères en les mouillant avec de l'eau-régale pure ; & quand le papier sera seché, vous les ferez reparoître une seconde fois, en passant dessus le pinceau chargé de dissolution d'étain.

5°. La dissolution d'or par l'eau régale, celle d'argent par l'esprit de nitre, quand elles sont affoiblies avec une suffisante quantité d'eau commune bien pure, peuvent servir à former sur le papier des caractères qui disparoissent en se séchant, & qui pourroient rester invisibles pendant plusieurs mois si on les tenoit renfermés dans un livre, & qu'on ne les exposât que rarement & pour peu de temps au grand air ; mais ils deviennent apparents en moins d'une heure si on les expose au soleil ou au feu.

6°. Écrivez avec du lait, de la biere forte ou quelqu'autre liqueur grasse ou gluante, telle que le suc visqueux de certains fruits, de certaines plantes, qui n'ait point de couleur, & jettez sur le papier quelque poudre fine & colorée, en remuant un peu afin qu'elle s'étende par-tout ; soufflez dessus ou secouez le papier pour faire tomber ce qu'il y a de trop, l'écriture en retiendra autant qu'il en faut pour la rendre apparente. De la cendre bien brune, de la poussière de charbon tamisée, &c, seront bonnes pour cet effet.

7°. Sur un papier blanc, mais lâche & peu collé, tel que celui qu'on nomme vulgairement papier d'office, formez des caractères avec une forte dissolution d'alun de roche que vous laisserez sécher. Quand vous voudrez rendre cette écriture lisible, vous étendrez le papier écrit sur une assiette, & vous verserez dessus de l'eau claire jusqu'à la hauteur d'un travers de doigt. Le fond du papier en se mouillant deviendra bis, & l'écriture restera blanche comme le papier l'étoit avant d'être mouillé, ce qui la rendra très apparente.

Encres sympathiques de différentes couleurs.

Nous avons dit que la diſſolution d'or formoit une encre ſympathique *purpurine* ; que la mine de cobalt préparée avec le ſel marin, le nitre, ou le ſel de tartre donnoit une encre *verte, roſe, purpurine* ; qu'on tiroit du ſafre une encre verte, & que la diſſolution de vitriol vivifiée par une liqueur ſaturée de bleu de Pruſſe donnoit une encre *bleue* ; que la diſſolution d'argent fournit une couleur *d'ardoiſe* : mais tous ces procédés ſont diſpendieux ; ceux qui ſuivent, ont l'avantage d'être peu coûteux & de fournir des couleurs très vives. Le développement des couleurs ſe fait par le moyen du ſuc végétal tiré par infuſion, trituration & expreſſion des violettes, des penſées ou des reines marguerites. Par exemple, veut-on que l'écriture paroiſſe *verte*, on fait diſſoudre dans une petite quantité ſuffiſante d'eau de riviere, du ſel de tartre bien blanc & le plus ſec que l'on peut ſe procurer ; on écrit avec cette diſſolution ; & l'eau de violette ci-deſſus donne à l'écriture une couleur verte : de même ſi l'on veut que les lettres paroiſſent *rouges* ; on prend, pour écrire, de l'eſprit-de-vitriol pur, ou bien de l'eſprit-de-nitre noyé dans huit à dix fois autant d'eau. Pour écrire en violet, on exprime le jus de citron que l'on conſerve dans une bouteille bien bouchée. L'encre ſympathique *jaune* ſe fait avec des feuilles de la fleur qu'on nomme communément *ſoucy*, qu'on met tremper ſept à huit jours au moins dans de bon vinaigre blanc diſtillé ; on preſſe le tout, & l'eau claire qu'on en tire ſe garde dans une bouteille bien bouchée. Pour donner au jaune une couleur plus pâle, on y met plus ou moins d'eau lorſqu'on en fait uſage. Tout ce que l'on aura écrit ou peint ſur du papier, de la toile ou de la ſoie avec ces différentes encres, prendra, comme nous l'avons dit plus haut, la couleur déſignée, lorſqu'on aura paſſé deſſus l'écriture ou le deſſin la liqueur de violette, de penſées ou de reine-marguerite ; cette liqueur n'eſt pas difficile à faire. On prend une ſuffiſante quantité de ces fleurs ; on les pile dans un mortier ; en y mettant de l'eau, & on en exprime le jus en les paſſant à travers un linge. Cette liqueur, conſervée dans une bouteille, ſert non-ſeulement pour l'écriture, mais à différentes récréations. *Voyez* entre autres BOUQUET MAGIQUE.

L'infuſion de tourneſol (drogue qui ſe trouve chez tous les marchands de couleurs) produit le même effet que la liqueur de violette, &c.

EOLIPYLE.

L'éolipyle eſt une poire creuſe de métal, dont la queue eſt un canal fort étroit. On la met vuide ſur le feu, l'air qu'elle contenoit ſe raréfie ; on plonge le bec de l'éolipyle dans de l'eau froide, à l'inſtant l'eau y entre par la preſſion de l'air extérieur, avec d'autant plus de facilité qu'on a formé dans l'éolipyle une eſpèce de vuide. On la remplit ainſi aux deux tiers de ſa capacité ; on la place enſuite, comme une cafetiere, ſur des charbons ardents ; on pouſſe le feu juſqu'à ce qu'elle ſouffle violemment par le petit canal de ſa queue. On renverſe enſuite l'éolipyle, en continuant de la chauffer avec le réchaud qu'on incline un peu, à l'inſtant l'eau s'élance en un jet d'eau de la hauteur de vingt-cinq pieds. Si au lieu d'eau, on met dans l'éolipyle de l'eau-de-vie, on jouit du ſpectacle le plus agréable, en préſentant un flambeau à la naiſſance du jet ; l'eau-de-vie s'enflamme, & forme un jet de feu de la plus grande beauté. Lorſqu'avec un tamis bien fin on ſeme ſur ces jets de feu de la limaille d'acier, elle s'enflamme & imite parfaitement l'effet & le brillant des feux d'artifice.

On conſtruit auſſi de petits éolipyles à recul, qui ſont très-jolis. C'eſt une petite boule de métal ronde, avec un bec ; on la remplit d'eau aux deux tiers, de la même manière que l'éolipyle en poire, dont nous venons de parler. On la place ſur une petite monture formée d'une petite lampe à eſprit-de-vin, & montée ſur trois roues ; le tout de cuivre. On allume la lampe, on place l'éolipyle entre deux pinces au-deſſus de cette lampe : l'eau s'échauffe, ſe réduit en vapeur ; à l'inſtant où la vapeur eſt arrivée à un certain degré de dilatation, elle ſort avec impétuoſité, chaſſe en dehors un petit bouchon qui bouchoit le bec de l'éolipyle. L'air, frappé avec trop de rapidité par la vapeur qui s'échappe de l'éolipyle, fait réſiſtance, devient point d'appui, & l'éolipyle recule très-loin avec une rapidité prodigieuſe. C'eſt ainſi qu'on explique le recul des armes à feu.

L'éolipyle peut ſervir à démontrer une expérience curieuſe ſur la raréfaction de l'air. Si on le tire quand il a rougi à un grand feu juſqu'à incandeſcence, il reçoit alors treize onces d'eau ; au lieu que quand il eſt froid, ou dans ſon état naturel, il en contient treize & une demi-dragme. Cette partie qui contient la demi-dragme eſt la différence des deux eſpaces, ce qui fait preſque la 70. partie de l'éolipyle. (*Voyez à l'article* AIR.)

ÉPOQUES & ERES CÉLEBRES. (*Voyez à l'article* ASTRONOMIE.)

ÉQUILIBRE, (*divers tours d'.*)

M. Miller tenant horiſontalement une baguette dont il appuyoit un bout ſur un chambranle, en ſoutenant l'autre bout avec ſa main, nous adreſſa ces mots : croyez-vous, messieurs, que cette baguette conserveroit sa position actuelle, si je cessois de la soutenir avec ma main ? elle feroit infailliblement la culbute, lui répliqua-t-on d'une commune voix. Croyez-vous, continua M. Miller, qu'elle se soutiendroit mieux, si le bout que je tiens devenoit plus pésant par l'addition d'un corps grave, qui ne s'appuieroit nulle part qu'au bout de la baguette où il seroit suspendu ? alors on lui répondit que la baguette ne pouvant pas se soutenir elle-même, ne pourroit pas à plus forte raison soutenir un poids qui seroit surajouté de cette manière. Vous allez bientôt voir le contraire, dit M. Miller en attachant une chaise au bout de la baguette dans la position que représente la *fig.* 1. *pl.* 4. *de magie blanche. Tom. VIII. des gravures.*

Alors on vit une expérience toute simple, contre laquelle, un instant auparavant, on auroit accepté des paris considérables, si M. Miller avoit été homme à les proposer. Il n'est pas étonnant, dit-on à M. Miller, que la chaise se soutienne ainsi, puisque faisant un seul corps avec la baguette, elle ressemble à une cuiller à pot suspendue à un clou par son crochet. M. Hill nous dit alors que cette expérience étoit expliquée dans différens ouvrages de physique, & qu'on voyoit même quelquefois des gens du peuple la proposer dans les tavernes de Londres, soit pour gagner de la bière, soit pour faire preuve de savoir.

La simple annonce de cette expérience, dit M. Miller, est un espèce de paradoxe physique pour tous ceux qui n'en ont jamais vu l'exécution ; mais aussi-tôt qu'on la voit, un fait qui, dans l'expression, sembloit contredire les loix de la nature, y paroit au contraire très-conforme, & chacun dit, *j'en ferois bien autant.* C'est pour rendre cette expérience plus frappante & beaucoup plus mystérieuse aux yeux de ceux même qui en sont les témoins, que j'y ai fait quelques changemens.

Alors il nous présenta un lustre à quatre branches, portant au haut de sa tige une boule, au milieu de laquelle étoit une ouverture cylindrique dans une direction horisontale ; il nous dit qu'en faisant entrer un bout de la baguette dans cette ouverture, & en appuyant l'autre bout sur le chambranle, comme auparavant, le lustre resteroit suspendu comme la chaise ; mais que cette expérience ne réussiroit qu'entre ses mains. En effet, M. Hill ne put point parvenir à suspendre le lustre, parce qu'une seule branche s'avançoit sous le point d'appui, tandis que les trois autres au dehors poussées par une plus grande force, & s'approchant du centre de la terre, en décrivant un arc, faisoit incliner & ensuite glisser la baguette sur le bord du chambranle.

Nous fûmes surpris de voir que ce même obstacle n'avoit pas lieu entre les mains de M. Miller, (*fig.* 2. *même pl.* 4), mais nous le fûmes encore davantage quand il nous dit que si nous voulions essayer nous-mêmes encore une fois, il feroit réussir ou manquer l'expérience à sa volonté sans toucher à rien. Je pris alors le lustre que je tâchai de suspendre, mais ce fut en vain. Deux minutes après, M. Miller me dit, *essayez encore une fois,* je veux maintenant que le lustre & la baguette se soutiennent en l'air, pourvu toutefois, ajouta-t-il en riant, que vous ayez été sage depuis vingt-quatre heures ; &, dès ce moment, je fis réussir l'expérience aussi bien que lui.

Je pense, s'écria M. Hill, que le lustre n'est point composé de matière homogène. Vous avez raison, dit M. Miller ; & ensuite, pour ne pas nous tenir plus long-tems en suspens, il nous donna l'explication que voici :

Quand je mets le lustre entre vos mains, la branche *A*, qui passe sous le chambranle, est du même poids que chacune des autres, & cède à l'effort réuni que les trois autres font pour s'approcher du centre de la terre ; elle s'élève donc en décrivant un arc, à mesure que les autres descendent, & la baguette qui se baisse dans la même proportion, glisse sur le chambranle & tombe à terre ; mais lorsque je veux faire moi-même l'expérience, je mets secrettement dans la bobeche, au bout de la branche *A*, une balle de plomb, qui, tendant vers la terre, avec autant de force que les trois autres branches, les empêche d'avancer sous le point d'appui. La baguette ne peut donc alors cesser d'être parallèle à l'horison, & par conséquent elle ne peut descendre.

Quand je veux faire manquer ou réussir l'expérience entre vos mains, sans toucher au lustre, j'en substitue un second au premier, les branches de ce nouveau lustre sont entr'elles du même poids comme celle du précédent ; l'expérience ne peut donc avoir lieu qu'en ajoutant un certain poids à celle qui s'avance sous le chambranle. Voici le moyen que j'emploie pour rendre cette branche plus pesante sans y toucher. (*fig.* 3. *même planche* 4).

Tandis que vous essayez de faire l'expérience, une certaine quantité de mercure, qui remplit la boule *A*, passe dans la boule *B*, dans l'espace d'environ trois ou quatre minutes. Aussi-tôt que le mercure est monté dans cette seconde boule jusqu'au point *C*, il s'écoule tout entier selon les loix de l'hydrostatique, par le syphon *B C D*, & passe en un instant dans la boule *E*, où il produit le même effet que la balle de plomb dans le premier lustre ; par ce moyen l'expérience réussit alors, quoiqu'elle n'ait pas pu avoir lieu 2 ou 3 minutes auparavant ; & comme j'ordonne en com-

mençant qu'elle ne puiſſe pas avoir lieu , & 3 minutes après , qu'elle réuſſiſſe parfaitement , chacun s'imagine que je peux faire manquer ou réuſſir l'expérience par ma ſeule volonté , & ſans employer aucun moyen phyſique. (DESCREMPS).

ÉQUINOXE.

Voici une expérience facile & peu diſpendieuſe ,
par laquelle on prétend que l'on peut découvrir
au juſte le moment de l'équinoxe , moment auquel certaines perſonnes attribuent de grandes
vertus.

On prend un verre de cryſtal bien blanc & bien
tranſparent : on le poſe dans la chambre ſur un
endroit bien fixe. On ſe munit auparavant de cendres de ſarment tamiſées extrêmement fines. Un
peu avant l'inſtant de l'équinoxe , on verſe de
l'eau bien pure dans le verre : on ferme les fenêtres , pour que le vent n'entre point dans la chambre , & ne donne lieu à aucun mouvement. On
met dans le gobelet deux cuillerées de cette
cendre de ſarment ; au bout de quelques inſtans la
cendre ſe précipite ; l'eau reſte claire & tranſparente ; mais à l'inſtant précis de l'équinoxe , ſoit
que le ſoleil s'élève ſur notre horiſon , ou qu'il
en deſcende , les cendres , dit-on , s'élèvent du
fond du verre , & troublent l'eau comme ſi on
l'avoit agitée. Nous ne garantiſſons point le fait
qu'il ſeroit d'abord queſtion de vérifier. Enſuite
les phyſiciens chercheront à découvrir , s'il eſt
poſſible , la cauſe de ce phénomène.

ESCAMOTAGE.

Différens tours ſubtils de cartes.

Pour être en état d'exécuter ces ſortes de récréations , il faut ſavoir faire paſſer la coupe : on
entend par-là , l'adreſſe avec laquelle on fait venir
deſſus le jeu une certaine quantité des cartes de
deſſous , ce qui doit s'exécuter de cette manière.

Il faut mettre le jeu de cartes dans la main
droite (1) , le pouce d'un des côtés du jeu ;
(voyez *fig.* 4 , *pl.* 2 , *Suite des nombres magiques &
cartes.*) les 2ᵉ , 3ᵉ. & 4ᵉ. doigts de cette même
main couvrant le jeu de l'autre côté , & le petit
doigt plié dans l'endroit où l'on veut faire paſſer
la coupe , en obſervant que la main gauche doit
couvrir le jeu, de manière que le pouce ſoit à l'endroit C , le ſecond doigt à l'endroit A , & les
autres doigts à l'endroit B. Les deux mains & le
jeu étant ainſi diſpoſés , on tire avec le petit doigt

---

[1] On peut , ſi on le trouve plus aiſé , mettre ce
jeu dans la main gauche , & faire avec la droite ce
qu'on indique ici avec la gauche.

& les deux autres doigts de la main droite , la
partie du jeu qui eſt deſſus , & on remet avec la
main gauche la partie du deſſous ſur ce deſſus du
jeu.

Il eſt très-eſſentiel , avant que de ſe hazarder à
exécuter aucune de ces récréations , de s'accoutumer à faire très-adroitement cette manœuvre ,
de ſorte que perſonne ne puiſſe aucunement s'en
appercevoir. Il faut obſerver de faire paſſer cette
coupe ſans que les cartes faſſent aucun bruit , &
ſans faire auſſi trop de mouvement ; l'habitude
donne cette facilité. Cette manière de faire ainſi
ſauter la coupe , procure l'avantage de faire quantité de tours de cartes avec le premier jeu qui
ſe préſente.

Il y a des récréations où il faut retirer un peu
en arrière la carte qui eſt au-deſſous du jeu , pour
ôter celle qui eſt au-deſſus , (c'eſt-à-dire l'avant-
dernière) , afin de faire croire que c'eſt la dernière
qu'on a ôtée ; il ne s'agit pour cela que de mouiller légèrement le doigt du milieu de la main dans
laquelle on tient le jeu , & de s'en ſervir à reculer
cette carte un peu en arrière , au même moment
qu'avec le doigt du milieu , & le pouce de l'autre
main on retire l'avant-dernière carte.

Il eſt une façon de préparer le jeu , qui eſt d'y
inſérer une ou pluſieurs cartes un peu plus larges
ou plus longues , pour les connoître facilement
ſoi-même au tact , ou afin de pouvoir couper ou
faire couper à cet endroit. Ces jeux ſervent à
quantités de récréations qui demandent moins de
ſubtilités.

Il eſt des cas où il faut faire paſſer la carte qui
ſe trouve la première ſur le jeu , dans le milieu
du jeu , qu'on tient alors ouvert comme un livre
à l'endroit où on veut la placer ; ce qui s'exécute
en prenant le jeu dans la main gauche , le pouce
placé d'un des côtés du jeu , & les autres doigts
de l'autre , le jeu ouvert ſeulement du côté du
pouce ; alors avec le doigt du milieu de cette
même main qu'on a légèrement mouillé , on appuye ſur la carte qui eſt au-deſſus du jeu , & on
retire avec la main droite la partie des cartes du
deſſus ; au moyen de quoi la première carte gliſſe ,
& vient ſe placer ſur la partie de deſſous ; cette
manœuvre doit ſe faire ſans que la partie de deſſus
faſſe trop de mouvement ; elle eſt beaucoup plus
facile que de faire ſauter la coupe , mais elle ne
ſert qu'à un petit nombre de récréations.

A l'égard de la manière de faire paſſer la coupe
d'une ſeule main , elle eſt la même qu'avec les
deux , excepté que le pouce de la main dont on
ſe ſert fait l'office de l'autre main , pendant que le
petit doigt & les autres doigts de cette première
main agiſſent comme il a été ci-devant expliqué ;
on prévient ici qu'il eſt fort difficile de faire ainſi
ſauter la coupe , & qu'on n'y parvient qu'avec
beaucoup

beaucoup d'exercice ; lorsqu'on a la main un peu grande & qu'on se sert de cartes plus petites qu'à l'ordinaire, cette manœuvre devient moins difficile.

Nommer quelle est la carte qu'une personne a tirée d'un jeu.

On fera tirer adroitement à une personne une carte plus large que les autres, qu'on aura mis dans le jeu, & que l'on connoît, on lui donnera le jeu à mêler après qu'elle y aura mis elle-même sa carte, & on lui proposera de nommer sa carte, ou de la couper, & selon sa réponse on agira en conséquence ; on peut aussi lui dire de mettre le jeu dans sa poche, & qu'on en tirera la carte qu'elle a choisie ; ce qui sera facile, puisqu'on pourra la distinguer au tact.

Nota. Si la personne tiroit une autre carte, on feroit alors la récréation qui suit.

Trouver dans le jeu, & au travers un mouchoir, une carte quelconque qu'une personne a tirée d'un jeu.

Donnez à tirer une carte dans un jeu, & partageant le jeu en deux, dites à la personne qui l'a choisie, de la mettre au milieu du jeu, faites sauter la coupe à cet endroit, & cette carte se trouvera alors la première au-dessus du jeu ; mettez-le alors sur la table, couvrez-le d'un mouchoir un peu fin, & prenez cette première carte à travers le mouchoir, en faisant mine de la chercher dans tout le jeu. Renversez le mouchoir & faites voir que cette carte est celle qui a été tirée.

Trouver dans un jeu mis dans la poche plusieurs cartes que différentes personnes ont librement choisies.

Faites tirer à deux différentes personnes telle carte que chacune d'elle voudra, & partagez (1) ensuite le jeu en deux parties, faites-y remettre ces deux cartes, & souvenez-vous à qui appartient celle qui a été mise au-dessus de l'autre ; faites passer la coupe à l'endroit où vous les avez fait placer, afin de les faire venir par ce moyen au-dessus du jeu. Mêlez-le sans déranger ces deux premières cartes de leur situation, & dites à une personne de les mettre dans sa poche ; proposez ensuite d'en tirer celle des deux cartes qu'on voudra choisir ; ce que vous ferez en tirant l'une ou l'autre de celles qui se trouvera au-dessus du jeu ; tirez ensuite celle de la seconde personne.

La carte changeante.

On fait tirer adroitement la carte longue à une personne, & après qu'elle l'a regardée, on lui dit de la mêler dans le jeu ; on reprend le jeu, & on fait tirer à une seconde personne (2) cette même carte, & même si l'on veut à une troisième ou quatrième ; on tire ensuite soi-même de différens endroits du jeu, autant de cartes qu'on en a fait tirer, ayant attention que parmi elles, se trouve cette même carte longue que chacun a séparément tirée ; on montre alors toutes ces cartes, en demandant en général si chacun y voit sa carte ; celles qui les ont tirées, répondent qu'*oui*, attendu qu'elles voient toutes cette même carte longue ; alors on les remet dans le jeu, & coupant à la carte longue, on montre à une d'elles la carte de dessous le jeu, en lui demandant si c'est sa carte, elle répond qu'*oui*, on donneur coup de doigt, & on la montre à une seconde personne qui répond de même, & ainsi à toutes les autres personnes qui croient que cette même carte change au gré de celui qui fait cette récréation, & ne s'imaginent pas qu'elles ont toutes tiré la même carte.

Si la première personne ne prenoit pas cette carte longue qu'on lui présente, il faut alors faire tirer toutes cartes indifférentes, & en coupant soi-même le jeu, les faire mettre sous la carte longue, en faisant semblant de battre à chaque fois ; on coupera ou on fera couper ensuite à la carte longue, & on rendra à chacun la carte qu'il a tirée, en observant de rendre la première au dernier & remonter ainsi jusqu'au premier.

Autre manière de faire cette récréation, sans faire usage de carte longue.

Mettez dessus votre jeu de cartes, une carte quelconque (par exemple) une dame de trefle ; faites sauter la coupe, & la faisant passer par ce moyen au milieu du jeu, faites-la tirer à une personne ; coupez ensuite, & faites remettre cette dame de trefle au milieu du jeu ; faites sauter la coupe pour la faire revenir sur le jeu, & mêlez les cartes sans la déranger de dessus le jeu ; faites sauter la coupe pour la faire revenir une seconde fois au milieu du jeu, & alors, présentez, & faites tirer cette même dame de trefle à une seconde personne, observant qu'elle soit assez éloignée de la première personne, pour qu'elle ne s'apperçoive pas qu'elle a tiré la même carte ; enfin, faites tirer cette même carte à cinq personnes différentes. Mêlez vos cartes sans perdre de vue votre dame de trefle, & étalant sur la table quatre

---

[1] On entend ici par partager le jeu, lever avec la main droite une partie du jeu qu'on tient dans la main gauche, en observant la position des mains & des doigts indiqués pour faire sauter la coupe.

[2] Il faut avoir attention que les deux personnes auxquelles on fait tirer ces deux mêmes cartes, ne soient pas l'une près de l'autre.

cartes quelconques, & la dame de trefle, demandez si chacun y voit sa carte; on répondra qu'*oui*,
attendu que chacun voit la dame de trefle ;
retournez vos cartes, retirez-en ensuite la dame
de trefle, & approchant de la première personne,
montrez-lui cette carte sans que les autres puissent la voir, & lui demandez si c'est-là sa carte,
elle dira que c'est elle ; soufflez dessus ou y donnez
un coup de doigt & la montrez à la seconde personne, & ainsi de suite.

Faire tirer des cartes à plusieurs personnes, qui les
mettront elles-mêmes dans le jeu, & retrouver les
cartes qu'elles auront tirées.

Il faut avoir un jeu de cartes préparé comme
le modèle (*fig. 5, pl. 2, suite des nombres magiques*
& cartes,) c'est-à-dire, qu'il faut que du côté AB,
il soit coupé plus étroit d'une ligne, que l'autre
côté CD. Vous ferez tirer à une première personne, une carte dans ce jeu, & vous observerez
attentivement si elle la retourne pas dans sa
main; si elle la remet comme elle l'a tirée; vous
retournerez le jeu, afin que la carte tirée se trouve
en sens contraire, si elle la retourne dans la main,
vous ne retournerez pas le jeu; la carte ayant été
remise, vous donnerez à mêler, après quoi vous
ferez tirer une seconde & même une troisième
carte, en observant les mêmes précautions; après
quoi prenant le jeu du côté le plus large entre
les deux doigts de la main gauche, vous tirerez
avec ceux de la droite, & successivement les cartes
qui ont été choisies par trois différentes personnes.

Nota. Cette récréation ne demande pas à être
exécutée devant ceux qui sont au fait de ces sortes
de tours, & il ne faut pas la répéter une seconde
fois, attendu qu'on pourroit s'appercevoir facilement que tout consiste à retourner le jeu.

Changer l'as de pique en trois de cœur, & en as de
cœur.

On prépare une carte (comme le désigne la *fig.*
6, pl. 2, suite des nombres magiques & cartes.) &
sur le point de cœur du milieu, on y cole avec
un peu de savon, un point de pique A. On pose
le doigt du côté B, & couvrant le point de cœur,
on fait voir l'as de pique ; on baisse ensuite la
carte, on retire avec le doigt le point de pique,
& couvrant du doigt l'endroit C, on fait voir le
trois de cœur; on baisse de nouveau la carte, &
couvrant de nouveau avec le doigt l'endroit B, on
fait voir l'as de cœur.

On peut changer de même l'as de pique en
cinq de cœur ; (*voyez la figure 7, même planche*).

Nota. Il ne faut pas se servir de cartes où l'on
ait effacé ces points, attendu que la carte perd à

cet endroit son poli ; il vaut mieux faire faire ces
sortes de cartes exprès par les cartiers, autrement
on s'appercevroit facilement de cette subtilité.

Faire changer le trois de pique en as de pique, &
en as de cœur.

Il faut préparer un as de cœur, en y collant
avec du savon trois points de pique que l'on découpe le plus mince qu'il est possible, en se servant pour cet effet d'une carte dédoublée, &
dont on forme un trois de pique ; (*voyez fig. 8,*
pl. 2. ibid.).

Cette préparation faite, on montre cette carte
à la compagnie ; on reprend la carte & on fait
glisser avec le doigt, le point de pique D, & couvrant avec le doigt le point de pique A, (*fig. 9.*)
on fait voir l'as de pique ; on met ensuite le doigt
à l'endroit A, (*fig. 10.*) & on dit, *voilà le trois*
de pique revenu; on fait glisser le doigt l'autre
pique, & on fait voir que l'as de pique est revenu ; (*voyez fig. 11.*) enfin on fait glisser le pique
qui couvre l'as de cœur, & on le fait changer en
as de cœur ; (*voyez fig. 12.*) on met ensuite cette
carte sur la table, afin qu'on puisse l'examiner.

Nota. Il faut faire tous ces changemens avec
beaucoup de subtilité, si l'on veut que ces
sortes de récréations paroissent agréables, & il
vaut mieux s'abstenir de les faire, que de laisser
appercevoir aux autres le moyen dont on se sert
pour y parvenir.

Les quinze mille livres.

Il faut avoir deux cartes pareilles à celle représentée par la *fig. 13, pl. 2, (suite des nombres magi-*
ques & cartes.) avec un cinq & un as de carreau à
l'ordinaire.

Disposez votre cinq de carreau & vos deux
cartes préparées, comme le désigne la *figure 14,* &
les faites voir en les tenant dans la main ; mettez
ensuite l'as sur la table & dites : « Voici un père
de famille qui a trois enfans, il leur laisse en
mourant 15000 liv. (ce que représentent ces trois
cinq). Les deux plus jeunes consentent de laisser
à leur aîné les 5000 livres qui leur reviennent,
afin qu'il les fasse valoir ». Pendant que vous
comptez cette histoire, vous mettez le cinq sur
la table, & l'as en place du cinq, & vous disposez
ces trois cartes de façon qu'elles se présentent
comme le désigne la *figure 16,* & vous ajoutez :
« l'aîné au lieu de faire valoir cet argent, a presque tout perdu au jeu, & il ne lui reste que
5000 liv. (ce que désignent ces trois as) ». Vous
remettez ensuite l'as sur la table & reprenez le
cinq, & continuant cette histoire; vous dites que,
« cet aîné fâché d'avoir dissipé cet argent, va aux
indes avec ces 5000 liv. qu'il fait un profit consi-

dérable, & rapporte à ses frères les 15000 liv. »
Vous montrez alors les trois cartes, comme il est
représenté par la *figure* 14. Cette récréation doit
être faite promptement & subtilement, afin de
récréer davantage; il ne faut pas la recommencer,
& remettre aussi-tôt ces quatre cartes dans sa poche; & comme on peut demander à les voir, il
est bon d'en avoir quatre autres qui ne soient pas
préparés, c'est-à-dire, trois cinq, & un as de
carreau.

Nota. On peut faire une autre récréation de ce
genre avec des cinq & des trois; (*voyez fig.* 17
& 18.)

*Deviner plusieurs cartes que deux personnes ont prises
dans un jeu.*

On dispose les cartes en deux parties qu'on
sépare l'une de l'autre, par une carte longue. La
première contient la quinte du roi de trefle &
celle de pique, les quatre huit, le dix de carreau,
& celui de cœur.

La seconde contient les deux quatrièmes majeures en carreau & cœur, les quatre sept & les
quatre neuf (1).

On bat le jeu, ayant attention à ne pas mêler
celles du premier tas, dont la dernière est la carte
longue, avec celles du second tas; on coupe
ensuite à cette carte, & on fait deux tas. On présente le premier tas à une personne, en lui disant
d'en prendre deux ou trois cartes, & on remet
ce tas sur la table; on présente de même le second
tas à une autre personne, & on remet (sans qu'on
s'en aperçoive) les cartes tirées du premier tas,
dans le second, & celles tirées du second dans le
premier: on bat les cartes, en ne mêlant pas
celles du tas de dessus avec celles de celui de dessous, & regardant le jeu, on nomme les cartes
que ces deux différentes personnes ont tirées, ce
qui est très-facile de reconnoître, en examinant
quelles sont celles qui se trouvent alors changées
dans chaque tas.

*Après avoir fait trois tas d'un jeu dans lequel on a
fait tirer une carte, la faire trouver dans celui
d'entr'eux qu'on voudra choisir.*

Il faut donner à tirer la carte longue, la faire
remettre dans le jeu, & sautant la coupe, la
mettre par ce moyen la première au dessus du jeu;
on fera ensuite trois tas, en observant de mettre
celui où est la carte tirée au milieu des deux autres,
attendu que c'est ordinairement pour celui-là
qu'on se détermine: on demandera alors dans lequel de ces trois tas on desire que se trouve la

carte tirée; si on répond, *dans celui du milieu;*
on la fera voir aussi-tôt, en la retournant; si au contraire on la demande dans l'un des deux autres tas,
pour lors on prendra le jeu dans la main, & on mettra
le tas dans lequel on l'a demandée, sur les deux autres, en observant de poser le petit doigt entre ce
tas & celui du milieu (au-dessus duquel est la carte
demandée) afin de pouvoir faire sauter la coupe
à cet endroit; on demandera de nouveau à quel
nombre on la veut dans le tas qu'on a choisi, &
si on répond *la sixième,* on comptera & on ôtera
cinq cartes de dessus le jeu, & faisant aussi-tôt
sauter la coupe, on montrera la carte qui a été
tirée, laquelle se trouvera être la sixième.

La carte pensée au nombre.

Mettez la carte longue la seizième dans un jeu
de piquet, étendez ensuite sur la table dix à douze
cartes du dessus, & proposez à une personne d'en
penser une, & de retenir le nombre où elle se
trouve placée; remettez ces cartes sur le jeu,
faites sauter la coupe à la carte longue, qui se
trouvera alors placée dessus; demandez ensuite
à cette personne à quel nombre est la carte qu'elle
a pensée, comptez secrettement d'après ce nombre
jusqu'à seize, en jettant les cartes l'une après
l'autre sur la table, & en les tirant du dessous,
arrêtez à ce nombre, la dix-septième étant la
carte pensée; demandez ensuite à la personne si
elle a vu passer sa carte, et e répondra que *non,*
vous lui demanderez alors à quel nombre elle
desire qu'elle se trouve; & reculant avec le doigt
la carte pensée, vous retirerez celles qui suivent jusqu'à ce que vous soyez arrivé au nombre
demandé.

Les cartes changeantes sous les mains.

Il faut avoir dans votre jeu une carte qui soit
double (par exemple, un roi de pique) que vous
placerez dessous le jeu; vous mettrez au-dessous
de ce roi, une carte quelconque, comme un sept
de cœur, & dessus le jeu votre second roi de
pique; vous mêlerez le jeu sans déranger ces trois
cartes, & montrant le dessous du jeu, vous faites
voir à une personne le sept de cœur, vous le
retirez avec le doigt que vous avez eu le soin de
mouiller, & feignant alors d'ôter ce sept de cœur,
vous ôtez le roi de pique, & le posant sur la
table, vous dites à cette même personne de couvrir avec sa main ce prétendu sept de cœur; vous
mêlez une seconde fois le jeu, sans déranger la
première & dernière carte, & ayant fait passer
sous le jeu, le second roi de pique, vous le montrerez à une autre personne, & en lui demandant
qu'elle est cette carte, vous la retirez avec le
doigt, & vous ôtez le sept de cœur que vous lui
faites couvrir de la main; vous commandez au sept
de cœur (qu'on croit être sous la main de la pre-

---

[1] On peut les partager de toute autre manière
dout on puisse se souvenir.

mière perfonne) de paffer fous celle de la feconde, & réciproquement au roi de pique (qui paroît avoir été mis fous la main de la feconde perfonne) de paffer fous celle de la première ; vous faites lever les mains & remarquer que le changement s'eft fait.

Nota. Les deux cartes femblables, & l'attention qu'on a de faire remarquer à la feconde perfonne, le roi de pique, fait paroître cette récréation affez extraordinaire.

Deviner les points des cartes de deffous trois tas que l'on a fait faire.

Dites à une perfonne de choifir à fa volonté, trois cartes dans un jeu de piquet, en la prévenant que l'as vaut onze points, les figures dix, & les autres cartes felon les points qu'elles marquent ; lorfqu'elle aura choifi ces trois cartes, dites-lui de les pofer fur la table, & de mettre au-deffus de chaque tas, autant de cartes qu'il faut de points pour aller jufqu'à quinze ; c'eft-à-dire, que dans l'exemple (*fig.* 19, *pl.* 2, *fuite des nombres magiques & cartes.*) elle doit mettre huit cartes au-deffus du fept, quatre cartes au-deffous de l'as, & cinq au-deffus du dix. Faites vous remettre le reftant des cartes, & comptez (en faifant femblant d'y examiner autre chofe) combien il en refte; ajoutez feize à ce nombre, & vous aurez le nombre des points de trois cartes de deffous, comme on le voit dans cet exemple, où il refte douze cartes, auquel nombre ajoutant feize, le total vingt-huit, eft le nombre des points portés fur les trois cartes.

Nota. Si on fait cette récréation avec un jeu de cadrille, il faut alors ajouter huit au nombre des cartes qui reftent.

Les vingt cartes.

Prenez vingt cartes & les mettant deux à deux fur la table, dites à plufieurs perfonnes d'en retenir fecrettement chacune deux ; c'eft-à-dire, les deux cartes d'un des dix tas que vous avez faits; reprenez enfuite tous ces tas, mettez-les l'un fur l'autre fans les déranger, & difpofez les cartes fur la table par la règle de ces quatre mots :

M	U	T	U	S
1	2	3	4	5
D	E	D	I	T
6	7	8	9	10
N	O	M	E	N
11	12	13	14	15
C	Œ	C	I	S.
16	17	18	19	20.

Le premier tas de deux cartes fe met aux numéros 1 & 13, le fecond aux numéros 2 & 4, le troifième aux numéros 3 & 10, & ainfi de fuite, fuivant l'ordre des deux lettres qui font femblables; & lorfqu'on déclare que les deux cartes que l'on a penfé, font, par exemple) au fecond rang, vous reconnoiffez que ce font celles placées aux numéros 6 & 8. Si on vous dit qu'elles font aux fecond & quatrième rangs, vous voyez de même que ce font celles placées 9 & 19, attendu que ces quatre mots font compofés de vingt lettres, dont chacune d'elles en a une femblable.

Les quatre rois indivifibles.

On prend quatre rois : deffous le dernier on met deux autres cartes indifférentes que l'on cache exactement ; enfuite on montre les quatre rois, & on met ces fix cartes fous le jeu ; on prend un roi que l'on met deffus ; une des cartes indifférentes que l'on met vers le milieu du jeu, l'autre que l'on place de même, & on fait voir qu'il refte un autre roi deffous ; on fait couper, & comme il eft refté trois rois deffous le jeu, les quatre rois fe trouvent alors réunis enfemble au milieu du jeu.

Faire changer une carte tirée d'un jeu en divers objets, & la faire revenir en fa première forme.

Ayez un jeu de cartes, au milieu duquel foit une carte plus large que les autres (par exemple) un valet de pique, placez fous ce valet un fept de carreau, & fous ce fept, un dix de trefle ; difpofez fur le deffus du jeu différentes cartes femblables à ces deux dernières, & d'autres fur lefquelles foient peints divers objets, en obfervant l'ordre indiqué ci-après:

Première carte. Un oifeau.

2 . . . . Un fept de carreau.

3 . . . . Une fleur.

4 . . . . Un autre fept de carreau.

5 . . . . Un oifeau.

6 . . . . Un dix de trefle.

7 . . . . Une fleur.

8 . . . . Un autre dix de trefle.

Sept à huit cartes indifférentes ; le valet de pique, carte large, le fept de carreau & dix de trefle, & le refte, toutes cartes indifférentes.

On fait tirer à deux perfonnes différentes, les deux cartes qui font fous la carte large ; c'eft-à-dire, le fept de carreau, & le dix de trefle ; on prend le jeu dans la main gauche, on l'ouvre à l'endroit de la carte large comme fi on ouvroit un livre, & on dit à celle qui a tiré le fept de carreau, de le placer dans l'endroit ouvert ; on la fait enfuite fouffler fur le jeu ; & fans le fermer, on fait au même inftant gliffer fur cette carte, la carte qui est sur le jeu & sur laquelle est peint un oiseau (1) ; on dit alors à cette personne de regarder sa carte , & on lui fait observer ce changement ; on la lui fait remettre , & la faisant souffler une seconde fois sur le jeu , on y fait repasser le sept de carreau qui est alors sur le dessus du jeu , & on lui fait voir que sa carte est revenue ; on agit de même pour la faire de nouveau changer en fleurs , & revenir dans son état naturel ; enfin , on fait la même chose avec la seconde personne qui a tiré le dix de trefle.

Nota. Tout l'artifice consiste à faire glisser avec le doigt mouillé la carte qui est au-dessus du jeu , & la mettre toujours sous la carte large , ce qui est très facile. On doit observer qu'il ne faut pas quitter la partie du jeu que l'on tient dans la main. Cette récréation demande très-peu d'adresse & se trouve par-là très-facile à exécuter.

Faire trouver une carte dans un œuf.

Roulez une carte le plus serré que vous pourrez , & introduisez-la vers A dans un petit bâton A B , (*fig. 9 , pl. 1, des tours de gibeciere tom.* 8, *des gravures*). Ce petit bâton est semblable à celui dont on se sert pour jouer des gobelets , excepté qu'il doit y avoir dans toute sa longueur un trou d'environ trois lignes de diametre , afin qu'une petite baguette C de même longueur , terminée par un bouton D semblable à celui A , puisse y couler librement.

Faites tirer par une personne une carte semblable à celle qui a été cachée dans ce bâton , & faites-lui remettre dans le jeu ; présentez-lui ensuite plusieurs œufs , & demandez-lui dans lequel elle souhaite que se trouve la carte qu'elle a tirée : prenez alors le bâton en le tenant par le côté B , cassez l'œuf choisi avec celui A , & enfonçant un peu le bâton dans l'œuf , poussez subtilement le bouton B avec la paume de la main , afin d'y faire glisser la carte ; ouvrez entièrement l'œuf , & déroulant la carte que vous y avez introduite , faites-lui voir que c'est celle qu'elle a choisi dans le jeu.

Nota. Il faut escamoter subtilement la carte qui a été tirée , afin de faire voir qu'elle n'est plus dans le jeu.

La carte dans une bague.

Faites faire une bague à deux chatons opposés entre eux A & B , (*fig.* 10 , *pl.* 1. *ibid.*), dont l'un & l'autre soient garnis d'une pierre ou crystal rectangulaire de même grandeur ; disposez l'une de ces deux pierres de façon qu'on puisse y appliquer par-dessous la figure d'une carte peinte en

petit sur un papier : que l'anneau de cette bague soit assez grand pour qu'elle puisse tourner facilement dans le troisième ou quatrième doigt de la main gauche.

On fait tirer par une personne une carte semblable à celle qu'on a introduite sous l'une des deux pierres de cette bague & on lui dit de la brûler à une bougie ; pendant cet intervalle , on fait voir cette bague qu'on a au doigt , en ne présentant que le côté où se trouve la pierre sous laquelle n'est point la petite carte ; on prend ensuite avec le doigt de la main droite un peu de cendre de la carte brûlée , & sous le prétexte d'en frotter la pierre ; on fait retourner la bague dans son doigt , on la montre ensuite du côté où est la petite carte , & on y fait remarquer la carte qui a été brûlée qu'on suppose avoir fait reparoître par le moyen de ces cendres.

Faire paroître dans une lunette plusieurs cartes qui ont été tirées d'un jeu.

Faites tourner une lunette d'yvoire transparente , de telle forme que vous voudrez , excepté qu'il faut que la place du verre objectif soit couverte , & que le verre oculaire n'ait que deux pouces de foyer , afin qu'une petite carte de huit à dix lignes de longueur étant mise au fond (2) de cette lunette , paroisse pour lors de la grandeur d'une carte ordinaire.

Ayez un jeu de cartes dans lequel il y ait une carte plus large , & semblable à celle que vous avez insérée dans la lunette ci-dessus : ayant mêlé le jeu , faites tirer cette carte qui sera facile à reconnoître & de présenter de préférence ; lorsque la personne aura vu sa carte , donnez-lui le jeu afin qu'elle y remette elle-même cette carte , & qu'elle mêle le jeu ; reprenez le jeu & faites encore tirer cette même carte à une autre personne (3) ; dites-lui de la remettre de même dans le jeu ; présentez ensuite la lunette à la première personne , & demandez-lui si elle y voit sa carte , elle répondra tout simplement *oui* ; montrez cette même lunette à la seconde personne , en lui faisant semblable question à laquelle elle répondra de même.

Nota. Il faut sur le champ amuser avec une autre récréation , afin d'éviter que ces deux personnes venant à nommer leurs cartes n'empêchent par là le reste des spectateurs de s'imaginer que les deux cartes qui ont été vues dans la lunette sont différentes l'une de l'autre.

---

[1] Pour la faire passer facilement , il faut mouiller le doigt du milieu de la main gauche , avec lequel on doit l'amener légèrement sur le jeu.

[2] Le fond de cette lunette doit être noir , afin que la carte soit plus apparente.

[3] Il ne faut pas la faire tirer à une personne qui soit placée auprès de celle qui a tirée la première carte.

Une personne ayant tirée une carte dans un jeu dont on a fait ensuite six tas, lui faire indiquer par le point d'un de₇ jetté sur la table, quel est le tas où elle doit se trouver.

Ayez un jeu composé de trente-six cartes dans lequel il y ait seulement six différentes cartes répétées six fois; disposez le jeu de manière que chacune de ces six différentes cartes soient rangées de suite, & que la dernière de chacune d'elles soit une carte large.

Le jeu étant ainsi disposé, on pourra faire couper tant de fois qu'on voudra sans en déranger l'ordre, pourvu qu'à la dernière fois on coupe à une des cartes larges, & si l'on en fait ensuite six tas en coupant aux endroits où sont les cartes larges, chacun d'eux contiendra des cartes semblables.

On donnera à tirer dans ce jeu une carte quelconque, & on la fera remettre adroitement dans celui de ces six tas où elle aura été choisie; on coupera le jeu en six parties pour en faire six tas comme il vient d'être dit, & présentant un de₇ à une personne, on la préviendra que le point qu'elle amenera doit indiquer celui de ces six tas dans lequel doit être sa carte, on levera le tas (1) qui se rapportera au point amené, & on lui fera voir sa carte.

Trouver à la pointe de l'épée, & les yeux bandés, une carte qui a été tirée d'un jeu.

On fait tirer une carte, & coupant le jeu, on la fait mettre sous la carte large & on a attention en le mêlant de la faire venir au-dessus du jeu; on pose le jeu à terre (2) & on étale les cartes de manière qu'on puisse remarquer l'endroit où se trouve la carte tirée : on se fait bander les yeux avec un mouchoir, ce qui n'empêche pas qu'on ne voye le jeu, attendu que la vue peut se porter en bas : on éparpille les cartes avec la pointe de l'épée, sans perdre de vue celle qui a été choisie, on la pique & on la fait voir : on peut également donner à tirer deux ou trois cartes qu'on fera mettre sous la carte large & ensuite revenir au-dessus du jeu (3), & alors on remettra à chaque personne la carte qu'elle aura tirée, en la lui présentant de même à la pointe de l'épée ; il suffit de se souvenir de l'ordre dans lequel elles ont été choisies.

La carte changeant sous les doigts.

Effacez un des points d'un trois de cœur (*fig.*

[1] Ces tas doivent être rangés de suite sur la table.

[2] On peut même jetter le jeu à terre, de manière que les cartes s'étalent d'elles mêmes.

[3] Si l'on fait faire sauter la coupe, il n'est pas besoin de carte large.

11, *pl.* I, *ces tours de gibecière*), & gardez cette carte dans votre poche de manière qu'en la prenant vous puissiez reconnoître le côté A.

Ayez un jeu de cartes de quadrille, au-dessous duquel soient l'as & le trois de cœur, faites sauter la coupe pour les faire revenir au milieu du jeu, & faites les tirer forcément à un cavalier & à une dame, auxquels vous donnerez ensuite le jeu pour qu'ils puissent y remettre eux-mêmes leurs cartes & le mêler : pendant ce tems, prenez adroitement la carte qui est dans votre poche, cachez-la sous votre main, & en reprenant le jeu, posez-la au-dessus ; faites sauter la coupe & tirez cette carte du milieu du jeu : présentez-la à celui qui a tiré le trois de cœur, (en cachant avec le doigt *index* l'endroit B, afin qu'il s'imagine voir le trois de cœur) & demandez-lui : *est-ce votre carte ?* il repondra *oui;* reprenez-la avec les deux doigts de la main gauche, & cachant le point A, montrez-la à la personne qui a tiré l'as & le cœur, en lui disant : *ce n'est donc pas la vôtre, madame ?* elle répondra, *c'est la mienne ;* vous direz alors, *cela ne se peut pas,* & vous ajouterez en la montrant de nouveau à la première personne : *monsieur dit que c'est la sienne ;* il répondra, *ce n'est plus elle :* vous ferez voir ensuite le trois de cœur à cette dame en disant : *je savois bien que c'étoit la carte de madame,* elle dira : *ce n'est plus la mienne ;* vous ajouterez, *vous voulez donc me tromper, moi qui trompe les autres,* & frappant avec le doigt sur la carte, vous leur ferez voir l'une après l'autre les deux cartes qu'ils ont tirées en disant : *voici votre carte & voilà la vôtre.*

Nota. On doit à chaque fois qu'on veut faire changer la carte, la prendre dans les doigts de l'autre main.

La carte dansante.

On fait tirer une carte à quelqu'un ; on la mêle avec les autres, & on lui ordonne de paroître sur le mur ; elle y paroît aussi-tôt : ensuite, avançant à mesure qu'on lui en fait le commandement, elle parcourt une ligne inclinée, en montant de droite à gauche : elle disparoît au haut du mur, pour reparoître un instant après, & parcourir une ligne horisontale, &c. &c.

Ce tour est fort simple. Il consiste d'abord à faire tirer une carte forcée, qu'on reconnoît au tact, parce qu'elle est plus large ; après l'avoir mêlée avec les autres, on l'enleve du jeu, pour faire voir ensuite qu'elle n'y est plus, & à l'instant qu'on lui commande de paroître sur le mur, le compère tire adroitement un fil au bout duquel est attachée une carte pareille ; qui sort de derrière une glace ; un autre fil fortement tendu, sur lequel elle peut couler, parce qu'elle y tient par de très-petits anneaux de soie, lui prescrit la route qu'elle doit tenir, & ressemble à cet égard, *si parva licet componere magnis,* au cable qui traverse la Seine , pour diriger le bac des invalides , d'une rive à l'autre. (DECREMPS).

Carte brûlée , qu'on fait trouver dans une montre.

On fait tirer une carte au hasard ; on demande trois montres à la compagnie ; on les fait envelopper par un des spectateurs , dans des cornets de papier ; on les dépose sur une table , & on les couvre d'une serviette ; on fait brûler la carte choisie , pour mettre les cendres dans une boîte ; bientôt après on ouvre la boîte , & les cendres n'y sont plus. On met les trois montres sur une assiette ; on en fait choisir une par une personne de la compagnie : cette même personne ouvre la montre , & trouve d'abord , sous le verre , un morceau de la carte brûlée , & dans l'intérieur , sous la boîte de la montre , une petite carte représentant en miniature celle qu'on a réduite en cendres.

On connoît d'abord la carte choisie , par l'arrangement du jeu , dont nous avons parlé au tour du Grand Sultan.

On dépose les montres , bien enveloppées de papier , sur la petite trappe dont nous avons parlé autour du mouchoir coupé. Quand on a fait savoir au compere quelle est la carte tirée , il allonge le bras dans l'intérieur de la table pour prendre une des montres , & y déposer ce qu'on veut y faire trouver ; il faut que les montres soient couvertes d'une serviette portée sur des bouteilles , ou sur d'autres objets semblables , sans quoi on verroit la main du compere , ou l'on verroit remuer la serviette.

On présente à quelqu'un les trois montres sur une assiette , en mettant devant lui celle où le compere a déposé la carte en miniature , & qu'il a marquée en déchirant un peu l'enveloppe. Si la personne est rusée , & qu'elle affecte , par malice , de ne pas prendre la montre la plus proche , on la prie de les bien brouiller ensemble , sous prétexte d'embellir le tour , & on use du stratagême dont nous avons aussi parlé autour du mouchoir coupé.

Quant au moyen employé pour faire disparoître dans une boîte les cendres de la carte brûlée , il consiste à mettre dans le couvercle une pièce de bois ou de carton , qui le remplisse exactement dans sa longueur & dans sa largeur , qui puisse tomber au fond de la boîte quand on la ferme. Cette pièce de bois ou de carton étant de la même couleur que l'intérieur de la boîte , forme par là un double fond , & cache les cendres aux yeux du spectateur ébloui , qui dans ce moment , est tenté de croire que les cendres sont sorties pour se combiner de nouveau , & pour produire la carte en miniature qu'on trouve dans la montre.

Carte clouée au mur d'un coup de pistolet.

On fait tirer une carte , & l'on prie la personne qui l'a choisie , d'en déchirer un petit coin , & de le garder pour la reconnoître. On prend la carte ainsi échancrée ; on acheve de la déchirer , & on la réduit en cendres. On fait charger un pistolet où les cendres se mêlent & se confondent avec la poudre ; au lieu d'une balle de plomb , on fait mettre dans le canon un clou marqué par quelqu'un de la compagnie ; ensuite on jette le jeu de cartes en l'air , on tire un coup de pistolet , & la carte brûlée se trouve clouée au mur. On y rapporte le morceau déchiré qui y cadre parfaitement , & le clou qui la tient est reconnu par celui qui l'a marqué.

Explication.

Quand le faiseur de tours voit qu'on a déchiré un coin de la carte choisie , il passe dans son cabinet , prend une carte pareille , & y fait une déchirure semblable. Revenu sur le théâtre , il demande la carte choisie , la fait passer subtilement sous le jeu , & y substitue adroitement celle qu'il vient de préparer , pour la brûler à la place de la première.

Quand le pistolet est entièrement chargé , il le prend pour la première fois , sous prétexte de montrer comment il faut l'armer , le tirer & le manier ; il profite de cette circonstance pour ouvrir un trou qui s'y trouve sous le canon , près de la lumière ; c'est alors & par ce moyen qu'il escamote le clou ; qui , par son propre poids , lui tombe dans la main : faisant ensuite glisser sur cette ouverture une espèce de virole de fer , il l'assujettit & la fixe dans cet endroit , pour qu'on ne s'apperçoive de rien : dans ce moment , il prie encore quelqu'un de remettre de la poudre & du papier dans le pistolet ; il profite de cet instant pour apporter la carte & le clou à son compere : celui-ci la cloue bien vîte sur un morceau de bois quarré , qui sert à boucher hermétiquement un trou pratiqué dans la cloison & dans la tapisserie , mais qu'on ne voit point , parce qu'il est couvert par un morceau de tapisserie pareille. Par ce moyen , la carte qu'on vient d'appliquer au mur ou à la cloison , ne paroît point encore ; le morceau de tapisserie qui la couvre est faiblement attaché , d'un côté , avec deux épingles , & de l'autre , il tient à un fil , dont le compere tient un bout dans sa main. Aussitôt que ce dernier entend le coup de pistolet , il tire le fil pour faire passer rapidement le morceau de tapisserie derrière une glace : la carte paroît , & comme c'est la même qu'on a marquée , avec le clou qu'on avoit mis dans le pistolet , il n'est pas étonnant que ce tour , difficile à déviner par sa complication , ait obtenu les applaudissemens du grand nombre.

Nota. Si quelqu'un soupçonne qu'on a escamoté le clou dans le pistolet, on proteste contre ses soupçons, & on le prie de revenir le lendemain pour voir le contraire ; alors on lui présente un pistolet, dont on démonte toutes les pieces, pour faire voir qu'il n'y a aucune preparation : on le fait charger avec un clou, qu'on fait marquer par une personne d'intelligence, ou on le montre à plusieurs personnes, en oubliant à dessein de le faire marquer. Dans ce cas, la carte se trouve clouée avec une autre clou ; mais pour persuader à la compagnie que c'est le même, on assure hardiment que le clou a été remarqué par plusieurs personnes, & on invite les spectateurs à venir le reconnoître.

Voyez la représentation de ce tour (*fig.* 1 *pl.* 1 *de la magie blanche dévoilée come l'lil, des gravures*). (DECREMPS).

Faire sortir une souris ou quelqu'autre chose d'un jeu de cartes.

Ayez un jeu dont les cartes soient collées les unes aux autres par leur bord, mais qui soient vides dans le milieu en façon de coffre. Il faut que ce coffre de cartes soit couvert par-dessus d'une carte entiere, collée tout-au-tour aux cartes inférieures qui forment le coffre ; & au-dessus de cette carte qui sert de couvercle au coffre, il en faut cinq à six autres entièrement détachées, lesquelles vous remuerez pour donner à croire que c'est un jeu complet que vous tenez entre les mains. Il faut ensuite que le coffre soit garni en dessous d'une carte entiere, qui lui serve de fond, & que n'étant collée aux autres cartes du coffre que par un seul de ses côtés, prête aisément ses autres côtés & cède au moindre poids qui seroit dessus. Enfin, il faut que cette carte de dessous soit comme une porte qui s'ouvre & se ferme aisément. Ayant un jeu de cartes ainsi préparé, vous ouvrirez le coffre, & après y avoir insinué une souris ou bien quelqu'autre chose, vous le fermez aussi-tôt prenant bien garde de tenir toujours la carte de dessous avec la main, afin qu'elle ne se meuve point. Vous dîtes ensuite à quelqu'un d'ouvrir ses deux mains & de les rapprocher l'une de l'autre ; & lui ayant mis sur les mains le jeu, vous dîtes que vous avez la vertu de métamorphoser le jeu de cartes en quelque chose d'extraordinaire, & pendant que vous lui tenez quelques propos pour l'amuser, vous faites semblant de chercher de la poudre dans votre gibeciere, & dans le même instant prenant le jeu par le milieu vous l'emportez aussi-tôt & le jettez dans votre gibeciere. Comme la carte qui est dessous, s'ouvre par le poids de la souris, il s'ensuit que la souris doit rester sur les mains de celui qui croyoit auparavant tenir un jeu de cartes.

Deviner une carte pensée par quelqu'un en écrivant à l'avance un numéro quelconque.

Tout l'appareil de ce tour consiste dans une combinaison mathématique, & voici comme il faudra s'y prendre pour réussir.

Vous prendrez un jeu de piquet, que vous présenterez à une personne de la compagnie, en lui recommandant de bien battre les cartes, & de les faire battre encore par qui bon lui semblera : vous les ferez couper ensuite par plusieurs personnes ; puis vous proposerez à quelqu'un de la compagnie de prendre le jeu, de penser une carte, de s'en ressouvenir, ainsi que du numéro où elle se trouvera placée, en comptant une, deux, trois, quatre, &c. jusques & compris la carte pensée. Vous offrirez de passer dans une autre piece pendant que cette opération se fera, ou bien de vous faire bander les yeux, ou en assurant à la compagnie que vous annoncerez à l'avance, si l'on souhaite, le numéro où devra se trouver la carte pensée.

Dans la supposition où la personne qui pensera la carte s'arrêtera au numéro 13, & que cette treizième carte soit une dame-de-cœur.

Supposant encore que le nombre que vous aurez marqué à l'avance soit le numéro 24, vous rentrerez dans la salle si vous en êtes sorti, ou vous vous ferez ôter le mouchoir, si l'on vous a couvert les yeux, & sans faire aucune question à la personne qui aura pensé la carte, vous demanderez seulement le jeu de cartes, sur lequel vous poserez le nez, comme pour le flairer ; puis portant les mains derriere le dos avec le jeu, ou les cachant sous la table, vous retirerez de dessous le jeu vingt-trois cartes, c'est-à-dire une de moins que le nombre que vous avez tracé à l'avance ; vous placerez ces vingt-trois cartes sur le restant ; vous observerez de prendre garde d'en mettre une de plus ou une de moins, ce qui vous empêcheroit de réussir. Cela fait, vous remettrez le jeu à la personne qui aura pensé la carte, en lui recommandant de compter les cartes en prenant de dessus le jeu, à partir du numéro de la carte pensée. Sa carte étant la treizième, il devra commencer à compter quatorze, & vous l'arrêterez quand il nommera vingt-trois, en l'avertissant que le numéro que vous avez désigné est le numéro 24, & que conséquemment la vingt-quatrième carte qu'il va lever, sera la dame-de-cœur ; ce qui se trouvera juste.

Combinaison pour deviner, dans un jeu entier composé de cinquante-deux cartes, combien de points porteront les cartes qui se trouveront sous chacun des paquets qui auront été faits par une personne de la compagnie.

Le jeu ayant été mêlé par une ou plusieurs personnes, vous le ferez couper encore par qui bon vous semblera, & autant de fois qu'il vous plaira.

Puis

Puis vous chargerez une perſonne de l'aſſemblée de compoſer les paquets de cartes qui tous doivent complettèr le nombre de treize, en partant de la première carte qu'elle levera.

Suppoſons que cette première carte ſoit un neuf, la ſuivante comptera dix, & ainſi de ſuite juſqu'au nombre treize; par conſéquent ce premier paquet ſera compoſé de cinq cartes, ci,.....5

Si la carte qui ſuit eſt un as, l'as ne devant compter que pour un, le ſecond paquet ſera donc compoſé de treize cartes; ci,......13

Suppoſant la carte ſuivante commencer par une figure ou un dix, cartes de-même valeur, pour aller juſqu'au nombre treize, ce troiſième paquet devra contenir quatre cartes; ci,...........4

Si celle qui ſuit eſt un cinq, pour compoſer le quatrième paquet, il faudra neuf cartes; ci,...........9

Si la carte ſuivante eſt un ſept, le cinquième paquet ſera compoſé de ſept cartes; ci...........7

Si le ſixième commence par une figure, il y aura quatre cartes; ci,.....4

Le ſeptième, pouvant commencer par un huit, ſera compoſé de ſix cartes; ci....6

Le huitième paquet ne peut avoir lieu, à moins qu'il ne commence par un dix ou une figure, puiſqu'il ne reſte que quatre cartes pour compoſer le nombre total des cartes, qui eſt de cinquante-deux, ci,.....4

TOTAL........52

Dans la ſuppoſition donc où ce huitième paquet commenceroit par un dix ou une figure, ce qui revient au même, il ne reſteroit point de cartes, & vous auriez huit paquets.

S'il commençoit par une autre carte quelconque n'en pouvant point compoſer le nombre treize, il reſteroit quatre cartes, qu'il faudroit étaler ſur la table, ſans les découvrir.

Pour parvenir à connoître le nombre des points contenus ſous chacun des paquets, ſoit qu'ils ſoient au nombre de huit, ſoit qu'il n'y en ait que ſept, & qu'il reſte quatre cartes; voici la manière d'opérer.

Sans toucher aux cartes, vous ſeparerez en vous-même quatre tas, & vous multiplierez tacitement par 14 les tas reſtans, ſoit qu'ils ſoient au nombre de quatre, ſoit qu'il n'y en ait que trois.

Dans le premier cas, vous direz donc à part vous: 4 fois 14 font 56; puis vous ajoûterez à ce nombre de 56 un point pour chacun des paquets

que vous aurez mis à part en vous-même, ce qui formera le nombre de 60. En faiſant retourner les 8 paquets & faiſant compter le nombre des points que portera chacune des cartes de deſſous, vous devrez trouver 60, en obſervant de ne compter les as que pour 1 point, & de compter les figures pour 10.

S'il n'y a que 7 paquets, il vous reſtera 4 cartes; vous en mettrez toujours 4 à part en vous-même, puis vous multiplierez les 3 paquets reſtans, par 14; & vous direz tout bas: 3 fois 14 font 42, & 4, pour les 4 paquets mis à part, font 46; à quoi vous ajoûterez pareil nombre de 4, pour les 4 cartes qui vous reſteront, ce qui formera le nombre de 50. Il devra donc ſe trouver ſous les 7 paquets en les retournant le nombre de 50.

Si par hazard chacun des paquets commençoit par un as, ce qui pourroit arriver, il n'y auroit pour-lors que 4 paquets, & comme ce ſeroient les 4 as qui ſe trouveroient deſſous, il n'y auroit que quatre points.

S'il arrivoit encore que 3 paquets commençaſſent chacun par un as, cela abſorberoit 39 cartes; il ſeroit poſſible pour lors qu'il n'y eût que 4 paquets en totalité, & qu'il reſtât quelques cartes: il faudroit alors ſe contenter de compter autant de points que de paquets; à quoi vous ajoûteriez un point pour chacune des cartes qui vous reſteroient, ce qui vous produiroit infailliblement le nombre juſte des points que porteroient les cartes qui ſe trouveroient ſous les 4 paquets retournés.

Déterminer la penſée de quelqu'un, en l'aſſurant que l'on écrira d'avance ſur un papier ce que comportera le tas de cartes qu'elle choiſira ſur les deux qu'on aura placées ſur la table.

Il faudra prendre un certain nombre de cartes, dont vous ferez deux tas, en obſervant que dans un il ne ſe trouve que 2 ou 3 ſept, & dans l'autre 7 cartes, toutes figures; vous demanderez une plume & de l'encre, & vous écrirez ſur un morceau de papier les 7; vous retournerez ce papier pour qu'on n'apperçoive pas ce que vous aurez écrit; puis vous direz à la perſonne de faire ſon choix. De telle façon qu'elle choiſiſſe, votre numero ſera bon, puiſque ſi c'eſt le paquet le plus gros, vous montrerez votre papier ſur lequel eſt en écrit les 7; vous lui recommanderez en comptant, ainſi qu'à toute l'aſſemblée, mais on reviendra facilement de ſa ſurpriſe, quand, relevant l'autre paquet, vous ferez voir qu'il n'y a deſſous que des 7; & que par conſéquent tel paquet qu'elle eût choiſi, votre nombre déſigné étoit bon, puisqu'un paquet contenoit 7 cartes, & l'autre tout uniment des sept.

Ce tour ne doit pas se recommencer deux fois devant les mêmes personnes, parce qu'il deviendroit fastidieux.

Mais en général, toutes les fois que vous ferez un tour devant une compagnie, il ne faudra jamais le recommencer.

Manière de changer une carte qui est dans la main d'une personne, en lui recommandant de la bien couvrir.

Vous découperez un trois de pique bien nettement ; cette carte étant découpée à jour, vous prendrez un as de carreau que vous poserez sous votre trois de pique découpé, en observant que votre as de carreau soit bien hermétiquement couvert par le pique, qui se trouve au milieu du trois découpé ; vous passerez légèrement un bâton de pommade sur les endroits découpés ; puis vous verserez doucement sur cette carte de la poudre de jayet, qui s'attachera facilement sur les endroits enduits de pommade, & formera par ce moyen un trois de pique, sur ce qui auparavant étoit un as de carreau.

Vous prendrez dans votre main un as de carreau, derrière lequel vous poserez en sens contraire un trois de pique.

La personne qui aura dans la main le trois de pique préparé, le fera voir à tout le monde ; vous montrerez à votre tour l'as de carreau, que vous tiendrez dans le vôtre, & vous direz à cette personne de poser sa carte sens-dessus-dessous sur le tapis qui couvre la table ; vous lui ferez poser la main dessus la carte, & vous lui demanderez si elle est bien sûre que ce soit un trois de pique qui soit sous sa main. Sur son affirmative, vous la plaisanterez & vous lui direz, en lui poussant la main sous laquelle est sa carte, qu'elle se trompe, & que c'est un as de carreau qu'elle tient. Le mouvement que vous lui ferez faire, en lui poussant la main, fera rester sur le tapis la poudre de jayet qui formoit un trois de pique sur son as de carreau ; elle sera fort étonnée de ne trouver réellement qu'un as de carreau, tandis que vous lui ferez le tour, en retournant votre main, où l'as de pique & le trois de carreau seront dos à dos ; vous montrerez le trois de pique & ferez accroire à la compagnie que vous l'avez escamoté à la personne sans qu'elle s'en apperçoive.

Ce tour doit être fait lestement, pour que l'on ne puisse découvrir la petite supercherie dont vous faites usage. (PINETTI).

Façon de préparer la poudre de jayet pour le tour ci-dessus.

Vous pilerez dans un mortier de cuivre votre jayet, déjà concassé avec un marteau ; quand il sera bien broyé, vous le passerez dans un tamis, après quoi il faudra encore le passer au travers d'une mousseline.

Vous mettrez dans une petite boîte cette poudre très-fine : quand vous voudrez vous en servir, vous en prendrez une pincée, soit avec les doigts, soit avec un peu de papier ; vous la répandrez sur votre carte : elle ne s'attachera qu'aux endroits touchés par le bâton de pommade, & elle s'enlèvera facilement par le frottement qui aura lieu sur le tapis lorsque vous pousserez la main de la personne qui la tiendra couverte, & sans que la carte soit maculée.

Manière de faire passer une carte d'une main dans une autre.

Vous prendrez deux as, l'un de pique, & l'autre de cœur ; vous appliquerez sur celui de pique un point de cœur, & sur celui de cœur un point de pique : ce qui se fera facilement par le moyen d'une carte de cœur & d'une de pique, que vous dédoublerez, & découperez ensuite avec dextérité, pour que le point soit bien net ; vous frotterez légèrement, soit avec un peu de savon, ou de pommade bien blanche ; le dessous de votre pique & de votre cœur découpé ; vous poserez le point de cœur sur l'as de pique, & le point de pique sur l'as de cœur ; vous aurez soin de les couvrir bien hermétiquement, & de faire tous ces préparatifs avant de commencer vos expériences.

Vous séparerez votre jeu de cartes en deux paquets, & vous poserez sous chaque paquet vos deux as ainsi préparés ; vous prendrez ensuite de la main droite le paquet sous lequel sera l'as de cœur, & de la gauche celui où se trouvera l'as de pique.

Vous ferez voir à toute l'assemblée que l'as de cœur est à droite, & l'as de pique à gauche ; quand tout le monde en sera convaincu, vous direz : messieurs & dames, je vais commander à l'as de cœur, qui est à droite, de passer à gauche, & à l'as de pique, de prendre sa place ; vous pouvez même proposer de vous faire attacher les bras de droite & de gauche, pour empêcher qu'ils ne puissent se joindre ni communiquer.

Tout le secret consiste donc, lorsque vous faites votre commandement, de faire un mouvement & de frapper du pied ; pendant ce mouvement & frappement de pied, vous passerez avec dextérité le petit doigt sur chacun de vos as pour enlever & faire toucher sans qu'on s'en appercoive, les points de pique & de cœur qui y tiennent par les moyens ci deſſus indiqués ; & vous faites voir à la compagnie, que les cartes ont exécuté votre commandement en paſſant de gauche à droite, & de droite à gauche ſans que vos mains ſe ſoient communiquées.

Ce tour fait promptement & ſubtilement paroîtra fort ſingulier, quoiqu'il ſoit fort ſimple.
(PINETTI).

Tours & avantures d'eſcamoteurs.

M. Decremps raconte ainſi quelques tours & aventures d'eſcamoteurs.

Jerôme Sharp & quelques autres voyageurs entrèrent dans une auberge pour s'y repoſer ; nous nous mîmes à table ; mais le ſouper étoit à peine commencé, qu'un étranger vint nous prier de l'admettre à notre compagnie. C'étoit une eſpèce de fou, richement couvert, qui écorchoit le françois ; il nous dit en langage ſavoyard, que ſon père l'avoit envoyé à Lyon pour y recevoir le montant d'une lettre de change, & qu'après l'avoir reçu, il avoit pris la route de Paris au lieu de celle de Chambéry, pour aller paſſer agréablement une quinzaine de jours de ſa jeuneſſe: *cependant*, ajouta-t-il, *mon bon homme de païré ſera pas content de ça, mais attendrai qu'il eſt mort pour aller chercher ſa réprimande.*

Il continua de parler ſur le même ton, en affectant de dire pluſieurs fois que les françois étoient auſſi dénués d'eſprit que d'argent, & qu'il falloit aller en Savoie pour voir des gens riches, & de bons lurons.

Vous êtes donc bien riche, vous-même, lui dit un des voyageurs, pour nous regarder tous comme des miſérables.

Il répondit, en tirant un gros étui de ſa poche, qu'il étoit le plus pauvre de la Savoie, mais qu'il tenoit dans ſa main un rouleau de cinquante doubles louis.

Alors, je lui dis qu'il étoit un imprudent, de montrer ainſi ſon or à des hommes qu'il ne connoiſſoit point, & que s'il continuoit ſes fanfaronades, il pourroit tôt ou tard rencontrer des gens mal-intentionnés, qui lui joueroient quelque mauvais tour.

Il répliqua qu'il avoit toute confiance en nous, parce qu'il croyoit voir ſur notre phyſionomie, que nous n'avions pas plus de mauvaiſe intention que d'eſprit, & plus d'eſprit que d'argent.

Piqué de cette impertinence, je lui dis qu'on pourroit bien avoir autant d'argent que lui, mais qu'on ſe garderoit bien de le faire voir ; quant à l'eſprit, lui dis-je, je crois que je peux vous en vendre.

Me ferez plaiſir, dit le ſavoyard, *vendez-moi z'en, zant ſeulement pour deux louis.*

Dans ce moment, nous étions au deſſert, & je mis un macaron ſous chacun de nos chapeaux, en diſant : je parie de manger ces trois macarons, & de les faire trouver un inſtant après, tous enſemble, ſous celui des trois chapeaux que vous voudrez.

Impoſſible dit le ſavoyard, d'un ton de mépris, & je parie un bouton de mon habit contre deux louis, que vous *ferez pas ça.*

Je n'ai rien à parier, lui dis-je, contre un de vos boutons, & je ne donne pas mon eſprit à ſi bon marché.

Quoi, dit mon homme, à ſi bon marché ; apprenez monſieur le françois, qu'un bouton de mon pays, vaut autant que tout ce que vous avez ſur le corps ; & donnant auſſi-tôt un coup de couteau à un de ſes boutons, il en tira un double louis d'or, qui lui ſervoit de moule.

Je fus auſſi ſurpris de ſon oſtentation, que choqué de ſes ſotiſes ; & pour lui donner une bonne leçon de prudence & de modération, j'acceptai ſon pari, ſans cependant exiger qu'il mit au jeu. Un inſtant après, je pris ſucceſſivement les macarons, & je les mangeai l'un après l'autre, en laiſſant les chapeaux ſur la table ; maintenant, lui dis-je, ſous quel des trois chapeaux voulez-vous que je faſſe trouver les trois macarons?

Sous le mien, me répondit-il.

Alors je pris ſon chapeau, & je le mis ſur ma tête, en diſant que les trois macarons étoient deſſous.

Vous avez raiſon, me dit-il, en me donnant le double louis, je ne l'aurois jamais deviné.

Sur le refus que je fis d'accepter cet argent, ſous prétexte que j'avois parié à coup ſûr, il me pria d'obſerver que j'avois tort, en alléguant pour ſes raiſons, qu'il gagnoit plus que moi, puiſque je lui apprenois pour une modique ſomme un tour ſubtil, qui devoit lui ſervir à attraper tous les gens d'eſprit de ſon pays.

Alors, je pris le double louis, & je le donnai à l'aubergiſte, en lui diſant que ce ſeroit pour payer la dépenſe de la compagnie, tant pour ce jour, que pour le lendemain.

Cependant le ſavoyard, continua ſes impertinences, & propoſa un pari pour me vendre de l'eſprit à ſon tour. Pour cela, il traça un grand carré ſur la table, avec de la craye ; enſuite, il en prolongea les quatre côtés, comme dans la figure 1ʳᵉ, ſuivante.

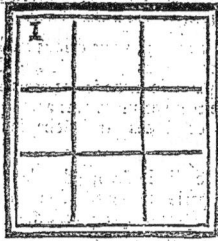

Après cela, il tira les petites diagonales, comme les lignes ponctuées de la figure II ci-après :

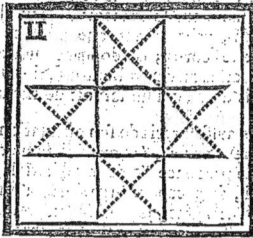

Enfin, le tout nous préfenta une figure régulière de feize angles, dont huit rentrans, & huit faillans, formés par huit lignes droites qui fe croifoient comme dans cette figure III.

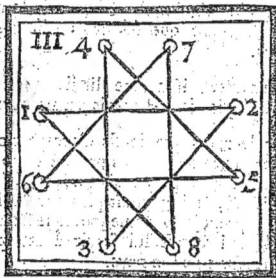

Il décrivit à chaque angle un petit cercle, dans lequel il propofa de placer un liard d'une certaine manière ; il faut, dit-il, avoir fept liards dans la main, & les pofer fucceffivement dans un rond différent, de manière que quand on pofe un liard, il n'y ait encore rien au bout d'une des deux lignes, qui vont aboutir à ce rond.

Enfuite, pour nous faire voir la poffibilité du fait, il fit lui-même le tour, en faifant voltiger fa main très-rapidement, & en difant : il n'y

a rien là, je le mets là ; il n'y a rien là, je le mets là, &c.

J'effayai cinq à fix fois de fuite, de faire ce tour comme lui ; mais il me reftoit toujours deux ou trois liards que je ne pouvois pas pofer à un bout de certaines lignes, parce qu'il y en avoit déja quelqu'autre à l'autre bout. Alors le favoyard fortit de la falle à manger, en difant que les françois mangeurs de macarons, n'avoient pas autant d'efprit que lui, & qu'il pourroit leur en vendre à fon tour.

Il ne fut pas plutôt forti, qu'un de nos compagnons, que deux femmes de la fociété appelloient leur coufin me dit : vous avez gagné deux louis, & je vais en gagner autant ; jugez, continua-t-il, fi je fais le tour qu'on nous propofe, puifque ma nourrice m'a bercé avec. Auffi-tôt il me fit voir effectivement, qu'il favoit le faire auffi bien que le favoyard. Quand ce dernier fut rentré, le coufin voulut parier deux louis qu'il feroit ce tour, fi on vouloit le répéter encore une fois devant lui ; mais le bourgeois de Chambéri, répondit qu'il ne montroit pas fon favoir à fi bon marché, & que dorénavant, il ne vouloit pas parier moins de dix louis.

Vous propofez une fi forte fomme, lui dit le coufin, pour éluder le pari, parce que vous penfez que je n'ai pas autant d'argent.

Le favoyard répondit, que fi on vouloit mettre dix louis au jeu, on verroit bientôt qu'il n'étoit pas homme à reculer, & enfuite il fortit pour la feconde fois.

Oh Dieux, me dit alors le coufin, fi j'avois reçu le montant de ma lettre-de-change, je punirois bien ce drôle de toutes fes impertinences. Si nous pouvions, ajouta-t-il, faire la fomme de dix louis à nous trois, nous gagnerions en un inftant trois louis & huit livres chacun.

Je lui répondis, que je n'étois pas homme à profiter de la bêtife d'un autre, pour lui attraper fon argent.

Vous avez tort, me dit M. Boniface, mon compagnon de voyage, qui jufqu'alors avoit gardé le filence ; cet homme nous a infultés gravement, & nous devons nous en venger ; s'il avoit parlé de cette manière à des grenadiers, on lui donneroit un coup de fabre ; s'il avoit infulté des procureurs, on lui déclareroit la guerre avec un exploit pour lui foutirer fes louis ; mais nous, continua M. Boniface, nous qui fommes des gens d'efprit, fervons-nous de cette arme là pour nous venger d'une injure.

Vous avez raifon, dit le coufin, d'ailleurs cet homme eft un imbécille qui perdra fon argent avec le premier gredin qu'il va rencontrer ; il vaut mieux que d'honnêtes gens comme nous, en profitent. Il me manque cinq louis, ajouta-t-il, pour pouvoir en parier dix ; veuillez me les prêter bien vîte, & je vous partagerai mon profit.

M. Boniface les lui prêta en effet, ou plutôt ils furent de moitié pour la gageure. Quand le savoyard fut rentré, le cousin paria dix louis, & les gagna en un clin d'œil, en faisant le tour avec toutes les conditions requises.

M. Boniface se félicitoit de ce premier succès, qui me surprit d'autant plus, que je m'attendois à une querelle, ou à quelque ruse de la part du savoyard ; mais il perdit son argent sans rien perdre de sa gaieté, & en disant, pour se consoler, qu'un homme comme lui, qui gagnoit quelquefois cinquante louis par jour, pouvoit bien perdre une fois dix louis sans pleurer. La suite nous fera voir, jusqu'à quel point il falloit ajouter foi à ces paroles ; mais avant de continuer mon récit, je crois devoir donner ici le moyen de faire ce tour.

En cherchant à le déviner, on ne le trouve pas aussi facile, qu'il paroît d'abord, parce que, quand une fois on a posé le premier liard dans un des cercles, il faut absolument suivre une certaine marche, pour poser les autres sans difficulté, & si peu qu'on s'en écarte, en posant le second ou le troisième, il en reste toujours sur sept, un ou deux qu'on ne peut poser avec la condition réquise ; mais il faut observer, pour la plus grande facilité, que la figure 3 composée de huit lignes, pourroit être formée avec un seul fil, qui partant du point 1, se plieroit au numéro 2, pour aller à l'angle 3, & de là, aux points 4, 5, 6, 7 & 8, pour retourner au numéro 1 : or, les points 1, 2, 3, 4, &c. sont ceux sur lesquels il faut poser successivement, selon l'ordre des nombres ; mais pour que les spectateurs ne s'apperçoivent point de cet ordre, il ne doit point y avoir de numéros sur la figure, quand on fait le tour, & il ne faut pas que la main en posant les liards, suive les lignes 1, 2 ; 2, 3 ; 3, 4 ; &c. Le tour paroîtroit alors trop facile à tous les spectateurs ; il faut donc, après avoir posé le premier liard au point premier, porter la main au point 3, en disant : *il n'y a rien ici* & ensuite *là* 5 ; & poser là, & poser au point 2 en disant : *je peux donc poser là*, & poser le second ; du point 2 il faut porter la main au point 4, en disant : *il n'y a rien là* 5 ; & ensuite au point 3, en disant : *je peux donc poser ici*, & poser effectivement le troisième. C'est par ce moyen, que l'œil de celui qui opère, peut suivre constamment le fil que je viens d'indiquer, sans que cette route soit indiquée par la main qu'on fait voltiger à droite ou à gauche, en avant ou en arrière, sous prétexte de montrer les lignes sur lesquelles on n'a encore rien posé.

Le savoyard proposa un nouveau jeu pour prendre sa revanche. Pour cela, il coupa un morceau de carton carré, en vingt petits morceaux triangulaires, & quand il les eut entassés pêle mêle, il défia la compagnie de les placer de nouveau les uns à côté des autres, de manière à former un carré comme auparavant ; chacun essaya son industrie sur ce nouveau défi, mais ce fut envain, car on avoit toujours quelque triangle de plus ou de moins qu'il ne falloit pour faire le carré parfait.

Tandis qu'on s'essayoit ainsi, le savoyard sortit encore une fois, en disant qu'il étoit malade ; & le cousin profita de son absence pour nous prouver qu'il pouvoit gagner ce nouveau pari. Je connois très-bien ce tour, dit-il, quoique j'aie fait semblant de l'ignorer, & alors il forma devant nous, un carré avec tous ces petits triangles ; mais il les brouilla aussi-tôt, afin que le savoyard qui rentroit dans cet instant, ne soupçonnât point qu'on étoit assez instruit pour lui gagner son argent.

J'avoue que les ruses & l'instruction de ce cousin, sous un habit simple me le firent regarder, dans ce moment, comme un homme à craindre ; le soi-disant savoyard, qui, sous un habit de velours faisoit le sot, en proposant des tours ingénieux, & qui sortoit de tems en tems comme pour nous donner le tems de nous concerter contre lui, ne me parut pas aussi honnête & aussi désintéressé qu'il auroit bien voulu le faire accroire. Il seroit possible, dis-je en moi-même, que ces deux aigrefins fussent d'intelligence pour nous tromper, & les cinq louis que M. Boniface vient de gagner pourroient bien n'être qu'un appât pour le leurrer & le mettre à sec ; que sait-on, ajoutai-je, si les deux femmes qui nous ont amenés à cette auberge, avec ce prétendu cousin, n'avoient pas prémédité quelque chose contre nous ? Les politesses dont on nous a comblés, & l'espérance qu'on nous a fait concevoir de contribuer à notre fortune, ne sont peut-être qu'une finesse de plus.

Je fis part à M. Boniface, de mes soupçons ; mais il me répondit que j'étois dans l'erreur, & que le cousin étoit un galant homme. Quant à vous, me dit-il, si vous craignez les feuilles ; vous pouvez ne pas aller au bois ; mais puisque j'ai le bonheur de trouver un fou qui jette l'argent par les fenêtres, je prétends être assez sage pour le ramasser.

Un instant après, le savoyard défia de nouveau toute la compagnie de faire un carré parfait avec les petits triangles, & ajouta que cette fois là il ne parieroit pas moins de cent louis.

Je lui fis observer qu'il commettoit une imprudence, parce que nous pouvions savoir ce tour aussi bien que lui, & feindre de l'ignorer pour lui attraper son argent.

Non, non, dit le Savoyard, vous pouvez pas savoir ça ; celui qui l'a r'inventé, ne l'a z'enseigné qu'à moi seul.

Double fripon, dis-je tout bas, tu fais le Savoyard & l'imbécile, & tu n'es peut-être qu'un adroit escroc de Paris.

Là-deſſus, on bourſilla pour parier contre lui la ſomme de cent louis d'or. Les deux femmes fournirent vingt louis, M. Boniface en donna auſſi vingt, ſur leſquels il en avoit cinq de bénéfice, & le couſin en compta dix, en dépoſant pour faire la ſomme totale, une lettre-de-change de douze cents livres qu'on regarda comme de l'argent comptant. Cette affaire, à ce que diſoit M. Boniface, étoit une ſociété en commendite, dans laquelle chaque aſſocié devait retirer des profits en proportion de ſa miſe ; mais ſon entrepriſe n'eut pas le ſuccès qu'il attendoit, car quand le couſin eut arrangé les triangles, le Savoyard lui prouva qu'il n'avoit fait autre choſe qu'un parallélogramme oblong, au lieu de faire un carré parfait comme on en étoit convenu. Il fit voir qu'on pouvoit faire ce carré en arrangeant les triangles de cette manière :

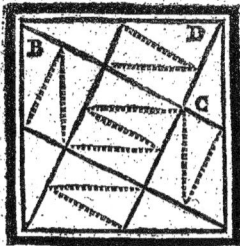

Nota. Pour pouvoir ſe rappeller cet arrangement, on doit conſidérer cette figure comme compoſée d'un carré qui eſt dans le milieu, & de quatre grands triangles, tels que BCD, formés d'un triangle & d'un trapèze. On peut obſerver auſſi, que ce triangle & ce trapèze placés différemment, peuvent former un petit carré, & que par conſéquent on peut faire conſiſter ce problême à faire un grand carré avec 5 petits, &c.

Enſuite il empocha l'argent avec froideur & indifférence, comme ſi la ſomme qu'il venoit de gagner n'eût été pour lui qu'une bagatelle. M. Boniface beugloit de déſeſpoir, & le couſin, pour le conſoler, lui dit : vous êtes bien heureux de ne perdre que quinze louis, tandis que j'en perds moi-même, cinquante cinq.

Coquin, lui dis-je, tu ſais bien qu'on te rendra ce que tu as perdu, & que tu dois partager avec ton complice la dépouille de ce malheureux ; ſans cela, au lieu de conſoler les autres, tu aurois toi-même beſoin de conſolation ; mais nous allons ſavoir ſi tu as gagné de franc jeu. Là-deſſus, je crie au voleur, les gens de l'auberge arrivent en foule, & je demande qu'on faſſe venir les cavaliers de maréchauſſée pour viſiter nos paſſe-ports, & ſavoir quel rôle chacun de nous joue dans ce monde ; on ſaura, m'écriai-je, ſi la lettre-de-

change dépoſée au jeu, valoit autant que de l'argent comptant, ou ſi l'on doit la regarder comme de la fauſſe monnoie ; nous avons eu le malheur, continuai-je, de nous trouver encaillés à Auxerre, & parce qu'on s'eſt apperçu que nous avions plus d'argent que d'expérience, on nous a fait ſuivre par deux friponnes ; qui nous ont conduit dans ce coupe-gorge, & le tour qu'on vient de nous jouer eſt un de ceux qu'on ne voulut pas expliquer en notre préſence, parce qu'on ſe réſervoit d'en faire uſage contre nous-mêmes. Meſdames, dis-je aux deux couſines, nous ſaurons ſi vous allez recueillir une ſucceſſion à Saint-Germain-en-Laye ; nous verrons ſi vous n'êtes pas de la bande avec laquelle nous avons ſoupé à Auxerre, & ſi comme vous l'avez aſſuré, c'eſt par un pur haſard que vous vous trouviez en ſi mauvaiſe compagnie.

Tout ce que je dis en cette occaſion, fut d'autant mieux accueilli par les gens de l'auberge, qu'ils ſurent que je ne parlois pas pour moi-même, parce que je n'avois rien-perdu : cependant, les deux couſines trembloient de peur, & le Savoyard, qui juſqu'alors avoit fait le comédien & joué le rôle de niais, me dit en bon françois ; je vois bien, Monſieur, que je n'ai pas l'honneur d'être connu de vous ; je rends à votre ami, l'argent qu'il regrette, & ne nous fâchons pas. Auſſi-tôt il prit ſa canne & ſon chapeau, & s'eſquiva parmi les huées. Le ſoi-diſant couſin & les prétendues couſines, le ſuivirent de près pour aller ailleurs chercher des dupes moins revêches, après quoi, l'aubergiſte chez qui nous avions dépenſé dix-huit livres, voulut me rendre dix écus ſur les deux louis que j'avois dépoſé entre ſes mains, quand on m'avoit laiſſé gagner pour mieux m'attraper ; mais je le priai de diſtribuer ce reſte aux pauvres, ou de le garder pour des voyageurs dans la détreſſe.

Autres tours d'eſcamoteur.

Pilferer, Bohémien, grand eſcamoteur, fit coudre & cacheter ſur ſes jambes deux morceaux de drap portant chacun un anneau de fer, où il fit paſſer une chaîne, comme la repréſente la *fig.* 3, *pl.* 1, *de magie blanche*, tome *VIII des gravures.* Les bouts de la chaîne alloient aboutir à un cadenas qui tenoit à une colonne ; après quoi, ſans toucher le cadenas, & ſans caſſer la chaîne, il ſe détacha en un inſtant, & profitant auſſi-tôt de la ſurpriſe où nous étions, il nous régala de cette anecdote.

Quand j'étois priſonnier de guerre à Calcutta, nous dit-il d'un air de naïveté qui en impoſa au grand nombre, on m'avoit enchaîné au fond d'un cachot, parce qu'on craignoit une évaſion de ma part, tant on étoit convaincu de mon adreſſe à ſubtiliſer les guichetiers ; mais le geolier, qui, dans ce moment, se croyoit plus fin que moi, fut bien attrapé; car il ne m'eut pas plutôt perdu de vue, que je me trouvai absolument libre des fers dont il m'avoit chargé.....

Sans doute, lui dit M. Hill, en l'interrompant, qu'on vous avoit attaché de la même manière que vous l'étiez ici, il n'y a qu'un instant; car si on vous avoit enchaîné comme un forçat, vous auriez eu bien de la peine à vous détacher sans employer une lime ou de l'eau forte.

Alors M. Hill nous fit voir que pour se détacher dans le cas proposé, il n'y avoit qu'à prendre le chaînon A, (*même fig. 3, de ladite pl.* I.) le faire passer dans l'anneau B, le porter ensuite sur la tête C & sous les pieds D, (*fig. 4.*) & qu'après cette petite manipulation, il n'y avoit qu'à tirer un peu fort pour que la chaîne se dégageât d'elle-même des anneaux attachés aux jambes (1).

Mais ce moyen de se délivrer des fers, continua M. Hill, ne peut servir que quand on est enchaîné d'une certaine façon; & heureusement, pour la tranquillité publique, ce n'est point de cette manière qu'on enchaîne les furieux & les forçats.

De quelque manière qu'on les enchaîne, répondit Pilferer, ils obtiendroient bientôt leur liberté s'ils possédoient mon secret. Alors il s'attacha lui-même comme on attache les galériens. (*Voyez la fig. 2, pl. 2 de la magie blanche, tome VIII des gravures.*) Des négocians françois & anglois furent priés de s'approcher pour visiter la chaîne, & ils convinrent tous qu'on ne pouvoit pas mieux enchaîner les fous de Bicêtre & de Bedlam; cependant, après s'être couvert d'un manteau pendant une demi-minute pour cacher son opération, comme dans l'expérience précédente, l'escamoteur parut entièrement dégagé comme la première fois; profitant alors de l'enthousiasme de la compagnie pour réfuter M. Hill, il lui adressa ces mots:

Vous voyez, Monsieur, que je me dégage toujours avec la même facilité, de quelque manière que je sois attaché; & que vous induisez l'assemblée en erreur, puisque le moyen que vous indiquez, n'est point celui dont je me sers.

Cependant voici comme M. Hill expliqua ce tour.

_____

[1] Cependant il est bon de soutenir & même de pousser un peu la chaîne pour éviter les frottemens. Pour bien comprendre cette explication, il ne suffiroit pas de lire couramment le discours, & de jeter un coup-d'œil rapide sur la figure; il faut lire posément, & pratiquer ensuite pas à pas ce qui est annoncé. Dans ce cas-ci, il suffit de s'exercer à détacher des ciseaux attachés comme dans la figure 1 *pl.* 2 *de la Magie blanche.*

L'arganeau attaché aux jambes & cousu sur un morceau de drap, étoit formé d'une pièce de fer reployée sur elle-même, de manière que ses deux extrémités se touchant immédiatement, & s'appuyant même l'une sur l'autre, ne présentoient à l'œil aucune ouverture; cet arganeau, ajouta M. Hill, ne diffère que par la grandeur de ces petits anneaux d'acier qu'on voit quelquefois au bout des chaînes de montre pour y suspendre des breloques; un léger effort suffit pour en écarter les extrémités, quand on veut en dégager un cachet ou une cassolette, & bien-tôt après son élasticité naturelle lui fait reprendre sa première forme; c'est par ce second moyen que le faiseur de tours a pu se déchaîner sans employer le procédé dont il s'est servi la première fois. On ne s'est pas apperçu de cette tricherie, continua M. Hill, quand on a visité la chaîne; 1°. parce qu'on ne la soupçonnait pas, & qu'on ne pouvoit chercher un moyen dont on n'avoit pas l'idée dans cet instant; 2°. parce qu'il y a des anneaux si bien faits, qu'il faudroit un microscope pour appercevoir la petite fente que laissent entr'elles les deux extrémités rapprochés.

Secrets pour tirer en apparence des écus d'une bourse sans l'ouvrir.

L'escamoteur fit voir une bourse dans laquelle étoient des écus de 6 livres, qu'il faisoit sonner en la secouant. Il proposa d'en tirer ces écus sans ouvrir la bourse.

Il la fit alors manier par différentes personnes, & l'on vit qu'elle étoit formée de douze morceaux de drap, si bien cousus par-tout, qu'on n'apperçevoit aucune ouverture; cependant, un instant après, en la tenant dans ses mains, qu'il couvroit d'un chapeau, il ôta les écus, & fit observer que la bourse étoit aussi bien fermée qu'auparavant. M. Hill en examina les coutures, & n'y vit aucune espèce de supercherie; une personne de la compagnie nous dit qu'il n'y avoit, dans ce tour, qu'un peu d'escamotage; que Pilferer avoit mis subtilement dans sa poche la première bourse où étoient les écus pour y substituer une bourse vuide parfaitement semblable, & que tous les spectateurs prenant celle-ci pour la première, on s'imaginoit naturellement que les écus en étoient sortis, quoiqu'ils fussent toujours dans la même; au reste, ajouta la même personne en parlant à Pilferer, pour achever de le convaincre, la première bourse & les écus sont actuellement dans la poche droite de votre habit; car c'est-là que vous avez porté rapidement la main sous prétexte de prendre de la poudre de sympathie.

La meilleure manière de réfuter cette objection, étoit pour le Bohémien de faire voir qu'il n'avoit aucune bourse dans la poche droite de son habit, & de permettre qu'on y mît la main; mais il ne jugea pas à propos d'employer cette réponse, ce qui fit croire pour un moment qu'il étoit pris au trébuchet. Cependant cet homme, pétri de rufes, ne manqua pas de reffources; il tendit un piège qui lui réuffit parfaitement; il éluda la difficulté par une défaite, que la plupart des spectateurs regardèrent comme une réponse triomphante : il exifte, dit-il, un moyen bien fimple & bien certain de vous prouver que je n'efcamote point la bourfe où font les écus; c'eft d'y fondre de la cire, d'y faire appofer le cachet de plufieurs perfonnes, & de faire vérifier ces cachets avant & après l'opération, pour démontrer que c'eft la même bourfe, qui, fans avoir aucune ouverture, peut fe trouver tantôt pleine & tantôt vuide. On accepta la propofition. Pilferer paffa pour un moment derrière la toile, & reparut bientôt après avec une bourfe pleine d'écus conftruite en apparence comme la première; on y pofa deux cachets; Pilferer la couvrant d'un chapeau, en tira fucceffivement quinze écus de 6 liv. qu'il jettoit un à un fur le théâtre à mefure qu'il les ôtoit. Quand il eut fini, on vérifia les cachets; & il fut généralement reconnu que la bourfe qui étoit actuellement vuide, étoit la même que celle où étoient auparavant les écus de 6 liv. On fut fi occupé à vérifier les cachets, qu'on ne porta aucune attention fur le point effentiel, qui faifoit, dans ce moment, le vrai nœud de l'affaire. Quoique la bourfe reffemblât extérieurement à celle dont on avoit examiné les coutures, elle en était cependant bien différente. Une de fes douze coutures étoit faite de façon qu'on pouvoit facilement en écarter les bords : quand on pinçoit le drap pour tirer d'une certaine manière, deux fils différens qui la formoient, cédant alors à l'effort des doigts, préfentoient une efpèce de petite grille à barreaux parallèles, à travers lefquels on pouvoit faire paffer un écu de 6 liv. Une autre manière de tirer les morceaux de drap rapprochoit les bords de la couture, & faifoit difparoître les fils.

Cette conftruction étant connue de beaucoup de perfonnes, le Bohémien s'imagina que ce coup ne produiroit pas beaucoup de furprife, & qu'il étoit néceffaire de porter l'attention des fpectateurs fur un nouvel objet; il s'en tira par une rufe nouvelle qui prouve en même-temps combien cet homme étoit fécond en reffources; il parla lui-même du moyen qu'il venoit d'employer; & quoiqu'il s'en fût réellement fervi, il fit croire qu'il n'en avoit jamais fait ufage : Je fais, dit-il hardiment, qu'on vend des livres où l'on explique la manière de faire des coutures qu'on peut ouvrir & fermer à volonté; mais les auteurs de ces fortes d'ouvrages ne connoiffent point les vrais fecrets de mon art; je n'ai jamais employé de ftratagèmes auffi groffiers que ceux qu'ils prétendent enfeigner

au public. Voici, continua-t-il en montrant une bourfe de tricot, une pièce qu'on ne foupçonnera fûrement pas d'être mal coufue; je vais m'en fervir pour faire le même tour, & vous conviendrez bientôt que je n'emploie point les fauffes coutures pour tirer les écus d'une bourfe; mais, ajouta-t-il, je fais attention qu'en exécutant le tour, avec une bourfe que je fournirai moi-même, on m'accufera peut-être d'y avoir fait quelques préparatifs : qu'on me fourniffe donc une bourfe telle qu'on jugera à propos; qu'on préfère fi l'on veut un bas de foie ou de laine : quelqu'un en tiendra l'embouchure bien ferrée, tandis que j'en tirerai un écu. Alors on lui donna un bas de foie dans lequel il mit un écu. Il en lia fortement l'embouchure, qu'il donna d'ailleurs à tenir à une perfonne de la compagnie; cependant l'ayant couvert d'un chapeau, comme il avoit couvert la bourfe dans les deux tours précédens, il en tira l'écu, & fit remarquer un inftant après qu'il n'avoit pas fait la moindre ouverture au pied du bas où il avoit d'ailleurs attaché particulièrement l'écu en le liant avec un peu de ficelle. (Voyez la fig. 7, même pl. 2, de Magie blanche.)

L'adreffe avec laquelle ce tour fut exécuté, & le difcours qui fut prononcé en même-temps, paroiffoient réunir tous les fuffrages. Lorfqu'un de fpectateurs qui étoient à côté de M. Hill lui demanda s'il pourroit expliquer le dernier tour qu'on venoit de faire trois fois; M. Hill lui répondit qu'il n'avoit pas vu faire trois fois le même tour. Excufez-moi, dit le voifin, puifqu'on a tiré trois fois les écus d'une bourfe ou d'un bas de foie. Pardonnez-moi, répliqua M. Hill, puifque dans le premier de ces trois tours on n'a rien tiré de la bourfe, & qu'on a feulement fubftitué une bourfe vuide à une bourfe pleine. Quant à l'expérience du bas de foie, on n'a pas pu en tirer un écu, puifqu'il n'y en avoit point. Cependant, dit le voifin, j'ai vu mettre l'écu de 6 liv. dans le bas de foie, & quand on a eu attaché le bas par l'embouchure, l'écu paroiffoit y être encore par la forme ronde qu'il donnoit à la partie du bas qui lui fervoit d'enveloppe. Je fais bien, répondit M. Hill, qu'on a commencé par mettre l'écu de 6 liv. dans le bas; mais je fais auffi qu'après l'en avoir fait fortir, en fecouant le bas comme par mégarde & par diftraction, on s'eft contenté de faire femblant de l'y remettre, & qu'on a réellement mis alors une longue aiguille ployée en rond, qui donnoit à fon enveloppe la même forme qu'auroit pu lui donner l'écu de 6 liv. Cette aiguille ainfi ployée a paffé en tournant entre les fils, & n'y a pas laiffé plus de traces de fon paffage que fi elle avoit été bien droite. (fig. 8, même pl. 2.)

Le faifeur de tours laiffant tomber l'écu de 6 liv. qu'il tenoit ferré entre la naiffance du pouce & celle du petit doigt, a fait voir qu'il n'y avoit
plus

plus rien dans le bas, tout le monde a cru & croit encore que l'écu étoit forti par un trou infiniment petit. Cette explication parut très-fatisfaisante & très-judicieuse à tous ceux qui l'entendirent; mais comme elle ne fut entendue que d'une douzaine de perfonnes, le grand nombre fe retira tout émerveillé, & crut pofitivement que fi Pilferer n'étoit pas un peu forcier, il avoit au moins découvert dans la nature de nouvelles loix inconnues à toutes les académies.

Moyen de fe faire lier les pouces & de fe délier en un inftant; & prétendue métamorphofe d'un verre en morceaux de papier.

Pilferer, efcamoteur, fe fit lier fortement les deux pouces avec une jarretière, & faifant couvrir d'un chapeau fes mains ainfi attachées, il fit voir auffi-tôt fa main droite dégagée de la main gauche, qui feule reftoit fous le chapeau : verfant enfuite du vin dans un verre, il prononça ces mots : *Quand j'ai les mains bien garottées, je commence toujours par déboucher une bouteille pour boire un coup à la fanté de celui qui m'a lié.....*

Immédiatement après avoir bu, il porta gravement fes regards vers le plafond, & parut faifi d'étonnement, comme s'il avoit apperçu quelque phénomène très-fingulier; toute l'affemblée levant alors les yeux, il faifit ce moment pour jeter en l'air le verre dans lequel il venoit de boire; mais ce verre parut alors métamorphofé en papier, car on ne vit defcendre que des morceaux de cartes.

On alloit lui faire quelques obfervations fur cette dernière circonftance, lorfque, préfentant à fon voifin fes deux mains bien attachées comme auparavant, il lui dit : Je vous prie, monfieur, dénouez bien vite cette jarretière, car mes deux pouces font tellement ferrés, qu'après avoir fenti la plus vive douleur, je craindrois que la circulation du fang ne fût arrêtée, ce qui pourroit produire la gangrene, dégénérer en fphacele, & caufer la mort. Les idées de mort & de gangrene achevant d'abforber l'attention de la compagnie, empêcherent de voir le moyen groffier qu'il venoit d'employer dans ce dernier tour. Quand on eut dénoué la jarretière, fon empreinte, qui paraiffoit bien marquée fur les deux pouces, caufa cependant la plus grande furprife, en démontrant aux plus incrédules qu'on venoit de défaire des nœuds bien réels & bien ferrés; d'ailleurs il n'étoit guère poffible de fuppofer que c'étoit des nœuds fimulés, parce que celui qui les avoit faits étant un peu l'antagonifte du faifeur de tours, ne devait pas être d'intelligence avec lui, & n'étoit guère propre à lui fervir de compere. Ajoutons à tout cela que la rapidité avec laquelle les trois derniers tours venoient de fe

Amufemens des Sciences.

fuccéder, n'avoit laiffé à perfonne le tems de réfléchir.

L'efcamoteur après avoir reçu les louanges les plus exagérées, voyant que perfonne ne propofait aucune difficulté, il crut que, pour mieux triompher, il devoit demander des objections.

Explication.

Mais M. Hill profitant de l'invitation de Pilferer, donna à la compagnie *l'explication du tour* qui venoit de produire un fi grand effet.

On commence, dit M. Hill, par fe faire attacher avec un ruban de fil le pouce de la main gauche; quand on a fait faire un double nœud, on prend la partie du ruban tournée vers la main droite; on la fait paffer entre l'index & le pouce de cette dernière main pour prier la même perfonne de bien lier les deux pouces enfemble par deux autres nœuds; & dans l'inftant où on lui préfente les deux mains ainfi rapprochées, quatre doigts de la main droite s'entrelâcent dans cette partie du ruban qui doit lier le fecond pouce : par ce moyen, quelque ferrés que foient les deux nœuds qu'on fait fur ce dernier, on peut toujours le dégager en lâchant ce qu'on a retenu avec les quatre autres doigts, & qu'on cachoit adroitement en tenant la main droite dans la main gauche. *Voyez les fig.* 3. 4. 5. *pl.* 2. *de la magie blanche tome VIII. des gravures.*

On fent que par le même moyen, on peut donner à la main droite fa première pofition, pour qu'elle paroiffe attachée à la main gauche comme auparavant. Quant à la métamorphofe du gobelet, continua M. Hill, c'eft ici le plus fimple & le plus facile de tous les tours d'efcamotage; on fait avec le bras droit deux mouvemens, l'un vers la terre comme pour prendre l'élan, & l'autre vers le ciel comme pour jeter le gobelet; on profite du premier de ces mouvemens pour lâcher le gobelet fur une ferviette qu'on tient fur fes genoux, & l'on emploie le fecond à jeter vivement vers le plafond, des morceaux de cartes qu'on tenoit cachés dans les deux petits doigts de la main, & qu'on avoit pris un inftant avant de verfer à boire. Lorfqu'on fait le fecond mouvement, le fpectateur eft déja frappé des tours précédens, & voyant dans cet inftant un tour auquel il ne s'attendoit point, il n'eft pas étonnant qu'il foit un peu plus crédule qu'à l'ordinaire; d'ailleurs, comme il vient de voir le verre dans la main du faifeur de tours, & que la rapidité des cartes dans leur afcenfion ne lui permet pas de les diftinguer, il croit naturellement, dans fa première idée, qu'on a jeté le verre en l'air; mais comme les cartes defcendent enfuite avec affez de lenteur pour qu'on

R r r

puiffe les appercevoir diftinctement ; il eft fi ftupé-fait de ne pas voir defcendre le gobelet, & fi ébloui des tours précédens, qu'il s'imagine na-turellement que le verre eft métamorphofé en morceaux de papier.

Je ne peux, dit l'efcamoteur, réfuter en détail tout ce qu'on vient de dire contre moi ; mais je m'en vais répéter le dernier tour, & le dé-voiler moi-même à la compagnie, pour faire voir qu'on ne connoît rien à mes opérations ; auffi-tôt il fe fit lier les deux pouces, & ouvrant en-fuite les deux mains, il les fit examiner de tous côtés, pour prouver qu'il n'avoit pas retenu, comme le prétendoit M. Hill, une partie du ruban entre fes doigts. M. Hill voulut parler pour dé-voiler cette nouvelle fuperchérie ; mais le jon-gleur lui coupa la parole, & fit obferver lui-même à la compagnie, qu'il faifoit ufage de deux rubans tenant enfemble par un petit crochet qu'il cachoit adroitement entre le pouce & le méta-carpe de la main gauche. Ce crochet étoit affez court, pour qu'en le preffant de l'index de la main droite, on pût facilement dégager la main gauche en défuniffant les deux rubans. *Voyez la fig. 6. même pl. 2 de la magie blanche.*

Pièce de monnoie enfermée dans une boîte, d'où elle fort fans qu'on y touche.

On prie une perfonne de tenir une boîte dans laquelle on met en fa préfence une pièce de mon-noie ou un anneau : on s'éloigne de la perfonne ; on la prie de remuer un peu la boîte, & l'on entend la pièce qui balotte en dedans ; on prie une feconde fois de remuer & la pièce ne fe fait plus entendre ; à la troifième fois on l'entend encore, mais à la quatrième fois, elle n'y eft plus & on la fait trouver dans le foulier d'une per-fonne de la compagnie.

Explication.

Il faut avoir une boîte faite de manière qu'en la fecouant tout doucement de haut en bas, elle fait entendre la pièce qu'elle renferme : en la fecouant, au contraire, fortement dans une direction horifontale, un petit reffort qui tombe fur la pièce l'empêche de fe faire entendre ; ce qui fait croire qu'elle n'y eft plus. Celui qui fait le tour touche alors la boîte, fous prétexte de montrer à la fecouer ; & quoiqu'elle foit fermée à clef, il en tire facilement la pièce parce qu'il y a une petite fente qui s'ouvre à fecret : profi-tant du même inftant pour y mettre une fauffe pièce, il laiffe la boîte à la même perfonne, & fait accroire encore que la pièce n'y eft point où qu'elle y eft, felon la manière de fecouer la boîte. Enfin, il fait trouver la pièce dans le foulier d'une perfonne, foit parce que cette

perfonne eft d'intelligence avec lui, en lui four-niffant une pièce pareille, foit parce qu'il en-voye quelqu'un la gliffer adroitement fur le plan-cher. Dans ce dernier cas, on la trouve tout fimplement par terre, & l'on fait accroire à la perfonne qu'elle l'a fait tomber, en ôtant le pied de fon foulier.

La tête d'or fautant & danfant dans un verre, pour répondre à diverfes queftions.

Pour faire voir que cette tête eft bien ifolée, on met quelques écus de fix livres au fond du verre, & un couvercle par-deffus tout ; cela n'em-pêche pas cette tête, qu'on dit être d'or maffif, de fauter dans le verre, pour répondre par nom-bres, & par oui, ou non, à quelques quef-tions qu'on lui propofe. Dans ce même tems un paquet d'anneaux qu'on voit à côté, dans un autre verre, fait les mêmes mouvemens, comme par fympathie.

A la première tête qu'on a fait voir à la com-pagnie, on en fubftitue une feconde qu'on prend fur la table où doit fe faire l'opération. Cette feconde tête eft attachée à un fil de foie qui paf-fant à travers la table va aboutir fous ce théâtre entre les mains du compère ; ce fil aulieu d'être appuyé fur le bord du verre où le couvercle l'empêcheroit de gliffer, paffe dans une petite fente dont les bords & l'extrémité font bien liffes & bien polis, afin qu'il puiffe avoir un jeu facile fans fe caffer.

Nota. Les écus qu'on met au fond du verre fous prétexte d'empêcher la communication entre la tête d'or & les machines qu'on pourroit foup-çonner dans la table ne font point tout-à-fait inutiles ; car ils fervent de left & empêchent le verre de s'incliner quand on tire le fil.

L'écriture cachée dans une tabatière d'où on la tire fans la toucher, pour la faire trouver dans une bougie.

On demande une boîte à quelqu'un de la com-pagnie d'où l'on ôte le tabac, & on prie une perfonne d'écrire une phrafe à fon gré fur un petit morceau de papier ; on fait mettre cet écrit dans la boîte ; bientôt après on le fait tirer par une autre perfonne ; on le fait réduire en cen-dres, & enfin, on le fait trouver dans une bougie, au choix d'un des fpectateurs.

La boîte qu'on emprunte ne doit être ni d'or, ni d'argent, ni à charnière ; il faut tout fimplement une boîte ronde de carton, dont l'intérieur foit noirâtre, dont on puiffe enlever le couvercle. Tandis que le fpectateur écrit la phrafe qu'on vient de lui demander, on emporte le couvercle, comme par diftraction, dans le cabinet voisin, on l'applique promptement fur une feuille de plomb qu'on coupe avec des cifeaux pour faire un double fond pareil à celui dont nous avons parlé au *tour de la carte brulée* ; on le met dans le couvercle avec un petit papier plié en quatre, caché par-deſſous ; on revient ſur le théâtre, & l'on fait plier le papier qui vient d'être écrit, comme celui qu'on tient caché dans le couvercle ; on prie le ſpectateur de mettre ſon écriture dans la tabatière, on la couvre, & le double fond qui eſt dans le couvercle, tombant dans la boîte, cache l'écriture, pour ne laiſſer paroître que l'autre papier.

En prenant ce dernier pour le brûler, le ſpectateur prend le change, & laiſſe, ſans le ſavoir, ſon écriture dans la boîte. On le prie alors de mettre ce faux papier dans un cornet, de le préſenter à la flamme pour le brûler, & de le tenir auparavant à une certaine diſtance pour le faire chauffer lentement ; cette dernière circonſtance n'eſt qu'un prétexte pour gagner du tems. Sur ces entrefaites le faiſeur de tours emporte dans ſon cabinet la boîte avec l'écriture ; il a une bougie préparée, dont un bout, pareil à ceux des cierges d'égliſe, a été percé d'un fer de figure conique ; c'eſt dans ce cône creux qu'il met, à la hâte, l'écriture en queſtion ; il remplit le vuide avec une cône de cire, qu'il fait chauffer un inſtant pour le bien incorporer avec la bougie ; il mêle cette bougie avec d'autres, & la fait choiſir de préférence, en employant la ruſe uſitée.

Nota. 1°. Qu'on ſe ſert à peu-près des mêmes moyens pour faire trouver l'écriture dans une orange ; 2°. que pour rendre ce tour plus étonnant, il faut le faire double, c'eſt-à-dire, qu'il faut employer en même-tems deux tabatières & deux écrits, dont l'un ſoit fourni par une perſonne d'intelligence. Cette perſonne ayant fourni d'avance cinq ou ſix écrits pareils, on peut préparer cinq à ſix bougies, & en faire choiſir une en toute liberté. Cette circonſtance rend le tour preſque miraculeux aux yeux des plus clair-voyans. Si on eſt accuſé d'être d'intelligence, on prouve le contraire en diſant, qu'on a fait le tour avec la tabatière d'un homme qu'on ne connoît point, & qu'on peut en faire autant vis-à-vis d'une perſonne quelconque. Si on eſt ſoupçonné d'avoir fait un double fond en emportant le couvercle, on répond qu'on a fait auſſi le tour avec un autre couvercle qu'on n'a point emporté ; c'eſt par cette complication & par cette multiplicité de moyens qu'on déroute les eſprits les plus pénétrans. (DECREMPS).

Mouchoir marqué, coupé, déchiré, & racommodé.

Deux perſonnes de la compagnie ſont priées d'avancer ſur le théâtre. On leur met entre les mains un mouchoir qu'elles doivent tenir par les quatre coins ; on demande pluſieurs autres mouchoirs à la compagnie, & à meſure qu'on les reçoit, on les met dans le premier pour en faire un paquet. Quand on en a entaſſé une douzaine, les deux perſonnes qui tiennent le paquet en font tirer un, au haſard, par un troiſième ſpectateur ; ce dernier eſt prié d'examiner la marque & le numéro, s'il y en a, & d'en couper un petit coin avec des cifeaux ; d'autres perſonnes peuvent en couper, ſi elles le déſirent : après quoi, le mouchoir eſt totalement déchiré & mis en pièces. On en raſſemble tous les lambeaux, ſur leſquels on jette des drogues ou des liqueurs, on les plie, on les attache fortement avec un ruban, pour les réduire à un petit volume, on les met ſous un verre qu'on échauffe avec les mains ; enfin, après quelques inſtans, on reprend le mouchoir pour le plier : tout le monde reconnoît la marque, & le ſpectateur étonné, n'y voit pas la moindre déchirure.

Cette opération, qui a produit une illuſion ſi générale, eſt fort ſimple. On eſt d'intelligence avec une perſonne de la compagnie, qui, ayant deux mouchoirs parfaitement ſemblables, en a déja mis un entre les mains du compere caché derrière la toile, & jette l'autre ſur le théâtre pour faire le tour. On affecte de mettre celui-ci ſur tous les autres, en faiſant le paquet, quoiqu'on faſſe ſemblant de les mêler au haſard ; la perſonne à laquelle on s'adreſſe pour faire tirer un mouchoir, prend naturellement celui qui eſt deſſus, & ſi on voit qu'elle en prenne un autre, on la prie de les remuer ſens deſſus deſſous, ſous prétexte d'embellir l'opération, & après avoir remué ſoi-même, pour remettre par-deſſus, celui qu'on veut faire prendre, on s'adreſſe à quelqu'un moins clair-voyant, dont la mine annonce la bonhommie, & qui, en mettant la main dans le paquet de mouchoirs, y prend tout bonnement le premier venu.

Quand le mouchoir a été déchiré & bien plié, on le met ſous un verre, ſur une table, auprès d'une cloiſon : à l'endroit de la table où il eſt poſé, il ſe trouve une petite trappe, qui s'ouvre pour le laiſſer tomber dans un tiroir : le compere caché derrière la toile, paſſe ſon bras dans l'intérieur de la table, pour ſubſtituer un ſecond mouchoir au premier ; enſuite il ferme la trappe, qui, cadrant parfaitement avec le trou qu'elle bouche, ſemble ne faire qu'une ſeule pièce avec le deſſus de la table, & trompe par ce moyen les yeux du ſpectateur le plus incrédule & le plus clair-voyant.

Montre pilée dans un mortier.

On prie quelqu'un de la compagnie de prêter une montre, & on la met auſſi-tôt dans un mor-

tier : quelques momens après , on la fait briser
à coups de pilon par une autre personne ; on
en fait voir les rouages , la fusée , le ressort & le
barillet brisés & fracassés ; & enfin , après quelques minutes , on rend la montre toute entière
à son propriétaire , qui la reconnoît.

Après tout ce que nous avons dit , il est facile de
voir qu'il faut mettre le mortier près de la trappe
dont nous avons parlé à l'article MOUCHOIR , &
le couvrir d'une serviette , pour que le compere
puisse , sans être apperçu , y substituer une autre
montre.

Si on veut réussir à produire l'illusion dans
ce cas-ci , il faut avoir soin de faire mettre dans
le mortier une seconde montre , dont les aiguilles ,
les breloques & la boîte ressemblent un peu à
celles de la première ; ce qui n'est pas absolument bien difficile , soit parce qu'on peut être
d'intelligence avec celui qui prête ce bijou pour
un instant , soit parce qu'on peut s'adresser tout
simplement à quelqu'un qu'on a eu occasion de
voir ailleurs & dont on a bien examiné la montre
quelques jours auparavant , pour s'en procurer une
à peu près pareille.

Après avoir remis tous les morceaux dans le
mortier , il faut les couvrir une seconde fois
d'une serviette & amuser un instant la compagnie
par quelques rébus , ou par quelques tours nouveaux pour donner au compere le temps de ramasser tous ces débris , & de remettre la première
montre dans le mortier.

Omelette cuite dans un chapeau à la flamme d'une chandelle.

Un escamoteur dit qu'il alloit faire une omelette , cassa quatre œufs dans un chapeau ; posa ,
pour un instant le chapeau sur la flamme d'une
chandelle & bientôt après il montra une omelette toute cuite & toute chaude : bien des personnes crurent qu'à l'aide de quelques ingrédiens ,
on avoit pû faire cuire les œufs presque sans
feu ; mais il n'en étoit rien L'omelette étoit
cuite d'avance dans le chapeau , mais on ne la
voyoit pas , parce que le faiseur de tours tenoit
son chapeau à une certaine hauteur ; les œufs
qu'il cassoit dans son chapeau n'étoient que des
œufs vuides ; mais ce qui faisoit croire le contraire c'est qu'en cassant ces œufs il en laissoit
tomber , comme par mégarde , un qui étoit plein :
le jaune qui se répandoit alors sur la table ,
faisoient croire que les autres n'étoient pas vuides.

Balle jettée dans la petite maison à trois portes & sortant par l'une des trois à volonté.

Explication.

Un tuyau incliné dans lequel la balle roule
en descendant a dans sa partie inférieure à des

hauteurs différentes deux trous qui se ferment par
des soupapes , & que le compere peut ouvrir
par le jeu des bascules. Ces deux trous forment
l'ouverture & l'extrémité de deux autres tuyaux
qui vont aboutir , l'un à droite , l'autre à gauche , à deux portes différentes ; le premier tuyau
répond à la porte du milieu.

Si l'on exige que la balle sorte par la porte
qui est à droite , le compere pousse une bascule pour ouvrir la première soupape que la balle
doit rencontrer en descendant ; cette soupape
étant ouverte , la balle ne peut pas passer dans
cet endroit sans tomber , par sa propre gravité ,
dans le second tuyau , qui la conduit à la porte
qui est à droite.

Si l'on demande que la balle passe par la porte
qui est à gauche , le compere , à l'aide d'une
autre bascule , ouvre la seconde soupape , &
la balle passant alors sur la première qui est fermée , tombe nécessairement dans le troisième
tuyau , qui la conduit à la porte demandée ,
enfin , si l'on exige que la balle sorte par le
milieu , le compere n'a rien à faire , parce que
la balle y aboutit directement , en suivant toujours le premier tuyau , sans pouvoir tomber dans
les deux autres.

La boîte aux œufs ou à la muscade.

A B est une boîte ovale qui se divise en deux
parties , C , D ; le couvercle D contient trois
parties , E , F , G , qui représentent la moitié d'un
œuf & qui entrent l'une dans l'autre comme des
gobelets , (fig. 24 , pl. 9 , de magie blanche , tom.
VIII , des gravures. Le faiseur de tours peut donc
montrer la boîte vuide comme au point C , lorsqu'il enlève ces trois parties dans le couvercle
D ; mais , s'il en laisse quelqu'une sur la boîte ,
cette boîte paroîtra contenir un œuf comme au
point H ; &, comme ces parties sont de différentes couleurs , l'œuf pourra paroître blanc ,
rouge ou vert , suivant qu'on en laissera sur la
boîte une , deux ou trois ; par ce moyen , si le
faiseur de tours tient dans la main droite le couvercle D , & dans la gauche , la boîte contenant
un œuf en apparence comme au point H , & qu'il
rapproche cet œuf de la bouche comme pour le
manger ; si , dans ce même tems , il fait passer subtilement cet œuf dans le couvercle D , un instant après , il n'aura dans sa main que le couvercle D & la boîte vuide telle qu'elle est au point
C ; de cette manière , il semblera avoir mangé
l'œuf ; dans ce cas-là , il est essentiel qu'il contribue à l'illusion par le mouvement des mâchoires ;
cependant le tour ne consiste pas directement à
manger un œuf , car il n'est rien de plus simple &
de plus naturel ; mais il consiste à persuader qu'on
l'a mangé ; pour le faire retrouver ensuite dans la
même boîte.

Theophraſtus Paracelſus , ou le pigeon tué d'un coup
d'épée donné à ſon ombre ou à ſon image.

On donne à ce tour le nom de *Theophraſtus Pa-*
racelſus , parce qu'on prétend qu'un homme de ce
nom tua ſon frère en donnant un coup de poignard
à ſon portrait. Cette anecdote qui ſans doute
n'eſt point rapportée par les hiſtoriens contemporains , & moins encore par des témoins oculaires , doit être regardée ſans contredit comme
apocryphe. Quoi qu'il en ſoit de cette idée , le
tour dont il s'agit , conſiſte à attacher le cou d'un
pigeon à un double ruban bien tendu & ſoutenu
par deux colonnes , & à décapiter cet animal
ſans le toucher , dans l'inſtant où l'on donne un
coup d'épée à des oiſeaux peints ſur un carton.

Les deux rubans auxquels on attache le pigeon ,
cachent une petite lame d'acier bien tranchante,
& recourbée en forme de faucille ; cette lame eſt
attachée à un cordon de ſoie , qui , paſſant entre
les deux rubans , & dans l'une des colonnes , va
aboutir entre les mains du compère.

Le cou du pigeon doit être aſſujetti à une eſpèce d'anneau de ſoie , pour qu'il ne puiſſe ni
avancer ni reculer. Celui qui fait le tour , tirant
ſon épée ſur des oiſeaux en peinture , donne un
grand coup de pied , qui ſert de ſignal ; alors le
compère tire le cordon , & la faucille qui em-
braſſe le cou du pigeon , lui tranche la tête dans
ce même inſtant. (Decremps).

Enfoncer un couteau dans la tête d'un coq ou d'une
poule , ſans les tuer,

Un charlatan , pour prouver l'efficacité de ſon
élixir , ſe flattoit modeſtement de pouvoir reſſuſ-
citer un mort. Voilà un animal, diſoit-il , en
montrant un coq , qui ſera bientôt rayé du nombre des vivans ; je vais lui couper la tête , & vous
lui verrez la cervelle ; cela ne l'empêchera pas de
chanter cette nuit dans ſon poulailler , & de ſe
promener demain au milieu de ſa cour , comme un
grand perſonnage.

Qui fait pour les plaiſirs , & l'amour , & la gloire ,
Aime , combat , triomphe , & chante ſa victoire.

Un inſtant après , il lui planta un couteau dans
la tête , & le préſenta à la compagnie ſuſpendu
comme dans la *fig.* 5 *, pl.* 8 *, de magie blanche ,*
tom. VIII , des gravures. Dans le commencement ,
on vit l'animal ſe débattre en remuant ſes aîles &
ſes pieds : mais , un inſtant après , il parût ſans
mouvement , ſes yeux ſe fermèrent , & on le crut
mort. Le charlatan ayant ôté le couteau , le coq
tomba ſur la table , & reſta comme une maſſe
inanimée. On remplit d'élixir , ou peut-être d'eau
de rivière , une petite ſeringue , & on en fit deux

ou trois injections dans la cervelle de l'animal ;
auſſi-tôt il parut ſe ranimer peu-à-peu ; bientôt
après il ſe leva ſur les pieds , hauſſa le col , bat-
tit des aîles , & s'enfuit en chantant.

On ne peut pas expliquer ce fait , en diſant
que la tête du coq étoit cachée ſous ſon aîle , &
que le charlatan n'avoit percé de ſon couteau
qu'une tête poſtiche attachée au col de l'animal ;
ſi le tour ſe fut opéré de cette manière , on n'auroit pas pu voir le bec & les yeux du coq ſe remuer dans l'inſtant où on lui perça la tête ; la
prétendue tête poſtiche auroit été immobile , &
la vraie tête auroit paru quand le coq fut ſuſpendu
au couteau , & ſur-tout lorſque l'animal agita ſes
aîles pour exprimer ſa douleur.

Ce tour s'explique mieux de la manière ſuivante.

La cervelle du coq & la poule étant placée ſur
le derrière de la tête du côté du col , il y a , entre la cervelle & le bec , une partie de la tête que
l'on peut percer d'un couteau ſans tuer l'animal ,
& ſi ſa tête a été percée d'avance vers cet endroit , on pourra le ſuſpendre au couteau ſi ſouvent qu'on voudra , ſans lui faire aucun mal ,
pourvu que le couteau ne ſoit pas bien tranchant,
& alors l'animal commencera toujours par ſe débattre en remuant les aîles & les pieds pour exprimer le déſagrément de cette poſition. Quant à
ſa mort apparente , à ſa réſurrection ſubite & à ſa
fuite précipitée , c'eſt de ſa part , un effet de l'é-
ducation & de l'habitude.

Se percer le bras & le ventre à coups de couteau , ſans
ſe faire de mal.

Mon élixir eſt ſi bon , continua l'opérateur ,
que je ne crains pas de recevoir moi-même des
coups de couteau. Alors il fit des contorſions &
des grimaces , comme s'il eût ſenti les douleurs
les plus aiguës , & montra ſon bras percé comme
dans la *fig.* 6 *, pl.* 8 *: de magie blanche , tom. VIII ,*
des gravures.

Ce tour eſt auſſi facile que ſimple , puiſqu'il
conſiſte ſeulement à adapter au bras un couteau
fait exprès : comme celui de la *fig.* 7 *ibid,* dont
la lame eſt diviſée en deux parties réunies enſemble par un reſſort en fer à cheval. Quand le bras
eſt placé entre les deux moitiés de la lame , &
que le reſſort eſt caché ſous la manchette ; il ſemble que le bras eſt percé comme dans la *fig.* 6.

Quelqu'un de la compagnie obſerva à l'opérateur , que , pour ſe percer le bras de cette manière , il lui falloit un couteau deſtiné à cet uſage,
& que la bleſſure qu'il ſe faiſoit dans cette occaſion , étoit ſi petite qu'il n'avoit pas beſoin d'é-
lixir pour la guérir ; il répondit qu'il en feroit de
même , & peut-être pire avec le premier couteau

qu'on voudroit bien lui procurer. En effet, ayant emprunté celui d'une perfonne de la compagnie, il s'en donna trois ou quatre coups dans l'eftomac, & bientôt l'on vit le fang rejaillir fur les voifins & ruifeler fur les planches.

Confolez-vous, dit alors l'opérateur, je vais paffer dans mon cabinet, & me mettre un emplâtre de poudre anti-hémorrhagique qui m'aura bientôt guéri.

Se planter des épingles & des aiguilles dans les jambes.

Quand le charlatan fut derrière la toile, quelqu'un de la compagnie croyant qu'il y avoit dans fon opération un peu de fupercherie, obferva qu'il n'auroit pas pu fe donner de pareils coups fur les jambes ou fur quelqu'autre partie du corps, qui n'auroit pas été couverte d'avance d'un plaftron de fer, & enveloppée d'un fac de peau un peu applati & rempli d'eau rougie avec du bois de Bréfil. Quand on perce le fac, dit-il, l'eau s'écoule, & par fa rougeur elle femble du fang, tandis que le plaftron, qui eft deffous, empêche le couteau d'offenfer l'eftomac. Cette explication parut très-vraifemblable, mais l'efcamoteur, à fon retour fur le théâtre, la détruifit en faifant voir qu'il s'étoit planté dans la jambe un clou long d'un pouce. Il pria quelqu'un de l'arracher, & quand ce fut fait, on vit bien que c'étoit un clou réel qui ne rentroit pas en lui-même, comme le poignard & l'alêne, dont nous parlerons dans la fuite. On vit auffi que l'opérateur n'avoit pas une jambe de bois par la manière dont il remuoit les pieds en battant des entrechats; d'ailleurs, comme le clou étoit un peu long & la jambe mince, il n'étoit pas poffible de fuppofer que la jambe étoit enveloppée, comme l'eftomac, d'un plaftron & d'un fac de peau.

De cette opération, toute la compagnie conclut que le charlatan pouvoit fe donner impunément des coups de couteau, tant fur les jambes que dans l'eftomac; cependant ce raifonnement n'étoit pas jufte, car, vers le milieu de la jambe, entre le tibia & le péroné, eft une efpèce de petite fente couverte de l'épiderme, dans laquelle on peut inférer, fans douleur bien fenfible, des épingles, des aiguilles, & même de petits cloux. Je ne fais fi c'eft l'abfence des chairs, des nerfs & des mufcles qui rend cette partie auffi infenfible que les ongles & les cheveux, mais les anatomiftes peuvent rendre raifon de cette expérience, & je ne leur demande pas ici l'explication d'un fait chimérique; car, ai vu plufieurs jeunes gens fe planter ainfi une aiguille dans la jambe, & la fingularité du fait m'a engagé à faire l'expérience fur moi-même, quoique je la regardaffe d'abord comme un peu dangereufe, *fig.* 8. *ibid*, *pl. VIII. de magie blanche.* Decremps)

Faire revivre un oie ou un dindon après leur avoir coupé la tête.

Nous vîmes fur ce même théâtre une autre opération également amufante. On coupa la tête à un dindon, après quoi on la remit à fa place, & le dindon courut comme auparavant; ce qu'il y a de remarquable dans ce tour, c'eft qu'on coupa réellement une tête vivante, & non une tête poftiche; voici par quel moyen.

On fait voir un dindon fur une table, & dans le même inftant où on pofe fa tête fous l'aile pour la cacher, on fait paffer par un trou qui eft au milieu de la table, la tête d'un autre dindon caché dans le tiroir. La tête que l'on montre enfuite aux fpectateurs, appartient donc au dindon caché, & femble appartenir à celui qui eft fur la table, & comme cette tête fe remue en criant, tout le monde s'imagine qu'il eft impoffible de couper cette tête fans tuer le dindon qu'on a fous les yeux, & l'on eft bien étonné de le voir marcher un inftant après, quand la tête du dindon caché eft efcamotée. (*Voyez* fig. 9, *pl.* 8, *de magie blanche, tom. VIII*, *des gravures*.

Couper les bras à un homme fans le rendre manchot, & lui crever les yeux fans le rendre aveugle.

Comme l'efcamoteur finiffoit le tour précédent, fon domeftique, en habit d'arlequin, vint lui appliquer, fur les épaules, deux ou trois coups de plats de fabre. Le maître fâché de cette infulte, ou feignant de l'être, pourfuivit arlequin avec un couteau de chaffe, en le menaçant de lui couper la tête comme à un dindon. Arlequin fuyoit de toutes fes forces; mais il fut bientôt pris. Voilà les deux champions qui fe prennent au collet, qui fe pouffent & fe repouffent à forces égales; un inftant après, arlequin femble avoir l'avantage, & en tâchant de s'échapper, il entraîne fon maître dans la couliffe; enfuite fon maître le ramène fur le théâtre; arlequin, pour mieux réfifter à celui qui le tiraille ainfi, embraffe une colonne, & fe tient ferme à ce point d'appui. Le maître qui ne peut lui faire lâcher prife, prend une corde & attache les bras & les jambes d'arlequin à la colonne. Arlequin l'infulte; le maître perdant patience, le frappe de fon couteau de chaffe, lui coupe les poings & jette fes deux mains à terre; (*fig.* 10, *pl.* 8, *de magie blanche*): en même-tems, il lui crève les deux yeux, en difant: Je te confeille de vendre tes lunettes & de ne pas accepter de lettres-de-change payables à *vue*. Je peux auffi, répondit arlequin, vendre ma paire de gands, & ne pas m'obliger, envers qui que ce foit, de lui prêter *main forte*; cependant, continua-t-il, je fuis fâché que vous ayez fait *main-baffe* en tombant fur moi à *bras racourci*, parce que je ne pourrai plus jouer à *la main chaude*; mais ce qui me console, c'est qu'on ne m'accusera pas d'avoir les doigts crochus.

Tu te repentiras, dit le maître, d'avoir été si infolent.

Je pourrai bien m'en repentir, répond arlequin, mais, à coup sûr, je ne m'en mordrai point les doigts : au reste, continua-t-il, vous m'avez rogné les ongles si près du poignet, que je ne peux plus me gratter. Je te gratterai moi-même, répond le maître, s'il arrive que la main te démange ; mais, quoi que je fasse pour toi, ce ne sera pas pour tes beaux yeux.

Ce dialogue prouvoit suffisamment qu'arlequin n'étoit pas bien malade ; aussi le maître s'avança sur le bord du théâtre, en disant : Ne croyez pas, messieurs, que j'aie voulu rendre manchot un homme qui gagne pour moi de l'argent à pleines mains ; mon but étoit seulement de vous faire sourire ; je pense qu'il est inutile de vous dire que je n'ai crevé que des yeux d'émail enchâssés dans une tête de bois, & qu'en coupant des bras de carton, je n'ai perdu, tout au plus, que deux mains de papier. Cependant arlequin, qui s'étoit détaché de la colonne, vint sur le bord du théâtre avec une emplâtre sur les yeux & ses deux bras racourcis (c'étoit deux bras postiches, car les deux autres étoient cachés sous son habit) ; après avoir poussé un profond soupir, comme un homme qu'on vient de mutiler, il dit : Ne l'écoutez pas, messieurs, car il voudroit vous faire croire qu'il n'est pas sorcier ; cependant, il est certain que par le sortilège de son maître, arlequin, que voilà, sera bientôt guéri.

Et tout manchot qu'il est, si vous venez demain,
Il peut vous faire voir quelqu'autre tour de main.

(Decremps.)

Soustraction merveilleuse.

On applique sur la lame d'un couteau six petits morceaux de papier mouillés, savoir, trois d'un côté & trois de l'autre. Un instant après, on en ôte un seul, & il n'en reste que quatre ; ensuite on fait la soustraction d'un second, & il n'en reste que deux ; enfin, on en retranche un troisième, & il ne reste plus rien. Bientôt après, les six petits morceaux de papier reparoissent tout-à-coup sur la lame du couteau sans qu'on se soit donné la peine de les y appliquer une seconde fois, & l'on recommence l'opération comme auparavant. La merveille de cette soustraction vient de ce qu'on montre toujours au spectateur le même côté de la lame, lorsqu'on semble lui montrer les deux côtés différens. Par ce moyen, il croit voir deux morceaux de papier de chaque côté, lorsqu'il y en a deux dessus & trois dessous. Pour cela, il faut d'abord présenter le couteau

comme au point A, (fig. 5, pl. 5, de Magie blanche tome VIII des gravures.) ensuite comme au point B, en tournant la main & en faisant un peu tourner le couteau avec le pouce, pour présenter le même côté de la lame.

Lorsque, par ce moyen, on a ôté successivement les trois morceaux de papier d'un côté de la lame, & qu'on a fait voir qu'ils se sont évanouis de l'autre côté, en montrant toujours le même, il est facile puisqu'il en reste réellement trois d'un côté, d'employer le même moyen pour faire croire d'abord qu'il y en a trois dessus & trois dessous, & pour les ôter ensuite l'un après l'autre comme auparavant, en faisant voir à chaque fois qu'il y en a deux de moins.

L'Entonnoir.

Faites faire un double entonnoir de fer blanc, (fig. 12 ; pl. 1. Tours de Gibecière.) dont la surface intérieure A & l'extérieure B, soient soudées ensemble de manière que l'eau contenue entre elles ne puisse s'écouler que par une petite ouverture faite vers C, où la surface intérieure joint l'ajustage D. Ajustez-y une anse vers le haut de laquelle vous ménagerez un très-petit trou E qui doit communiquer au vuide intérieur de cet entonnoir.

Lorsque vous emplirez d'eau cet entonnoir, en en bouchant avec le doigt l'extrémité de l'ajustage D, l'eau se répandra aussi entre les deux surfaces A & B, & si ayant bouché ensuite le trou E avec le doigt, vous débouchez celui D, l'eau contenue dans la partie A & B s'écoulera, & celle renfermée entre ces deux surfaces y restera jusqu'à ce qu'en élevant le doigt pour déboucher le trou E vous y laissiez introduire l'air, alors l'eau contenue entre les deux surfaces s'écoulera jusqu'à ce que vous l'arrêtiez en posant de nouveau le doigt sur ce même trou.

Vous emplirez cet entonnoir d'eau ou de vin, & le tenant par l'anse vous boucherez avec le pouce le trou E, & laisserez écouler la liqueur dans un verre & la boirez ; prenant une espèce d'alène dont la pointe rentre dans le manche, vous feindrez de vous en percer le front, & y posant aussi-tôt l'ouverture de cet entonnoir, vous déboucherez le trou E & il semblera que le vin que vous venez de boire sort par la piquure que vous vous êtes faite.

Autre explication sur l'entonnoir.

Dans le même instant que l'escamoteur ôte l'alène du front, il porte vers ce même endroit un petit entonnoir d'où on voit sortir du vin qui cesse ou continue de couler au commandement. Le secret consiste à avoir un entonnoir double, c'est-à-dire, deux entonnoirs soudés l'un dans l'autre.

Le vuide qui reste entre deux sert à cacher le vin jusqu'à ce que pour le faire couler, ou lui donne de l'air par le petit trou A, en cessant d'y appuyer le pouce. (*fig.* 16, *pl.* 9, *de Magie blanche.*)

L'alêne enfoncée dans le front.

Cette alêne est composée d'un manche creux & d'un fil d'archal bien droit dans sa partie extérieure AB, mais tourné en vis dans la partie qui est cachée dans le manche. (*fig.* 14, *pl.* 9 *de Magie blanche, tome VIII des gravures.*)

Lorsque la pointe AB est appuyée contre le front du faiseur de tours, elle entre dans le manche, (*fig.* 15, *pl.* 9, *de la Magie blanche.*) Le spectateur ne connoissant point ce mécanisme, s'imagine qu'elle est entrée dans le front; lorsqu'ensuite on cesse de la pousser contre la tête, l'élasticité du fil d'archal lui fait reprendre sa première position en la repoussant au dehors.

Les petits piliers.

Faites tourner deux petits piliers A & B, (*fig.* 13, *pl.* 1, *Tours de Gibecière.*) qui soient percés dans toute leur longueur, c'est-à-dire, depuis A jusqu'en B; percez-les encore à leur extrémité, afin de pouvoir y introduire un cordon qui communique de l'un à l'autre par ses deux trous. Introduisez vers E & E un petit bout de ce même cordon, ensorte qu'il semble que le cordon ci-dessus (que vous supposez passer à l'extrémité, soit coupé.

Ces deux petits piliers étant appliqués l'un auprès de l'autre, on les joint par les côtés B, & tirant le cordon vers F, & le ramenant vers G, on donne à présumer qu'il passe au travers les endroits A & A; on feint ensuite de le couper entre ces deux endroits, & on fait voir les deux petits-bouts de cordons E & E: on applique de nouveau ces deux piliers l'un contre l'autre, & on suppose que le cordon s'est repris à l'endroit qui a été coupé.

Pièce de deux liards changée en pièce de vingt-quatre sols, & vice versâ.

On fait, avec une pièce de deux liards, un tour d'adresse très-amusant, quand il est exécuté. On montre la pièce de deux liards dans la main, on ne fait ensuite que fermer & ouvrir la main, & c'est une pièce de vingt-quatre sols. On n'a besoin que de fermer & ouvrir la main une seconde fois pour la rechanger en pièce de deux liards; à la troisième fois elle n'y est plus, & à la quatrième fois elle y est encore. Ces quatre tours doivent se faire en moins d'une demi-minute.

Pour cela, il faut avoir une pièce de deux liards limée & applatie de moitié, à laquelle on soude une

pièce de vingt-quatre sols également limée & applatie; ces deux pièces jointes ensemble de cette manière n'en font qu'une qui paroît être de cuivre ou d'argent, selon le côté qu'on fait voir. On commence par montrer la pièce de deux liards sur le bout des doigts, comme dans la *fig.* 27, *pl.* 9, *de Magie blanche, tome VIII des gravures.*)

En fermant la main, on renverse naturellement la pièce sens-dessus-dessous pour la faire paroître en pièce de vingt-quatre sols vers le milieu de la main, comme dans la *fig.* 18, *ibid.*

Alors, si on la fait glisser de nouveau sur le bout des doigts, il est clair qu'on n'aura qu'à fermer & ouvrir une seconde fois la main pour la faire reparoître en pièce de deux liards.

Pour la faire disparoître, il faut faire semblant de la mettre dans la main gauche en la retenant dans la main droite. Si on ouvre la main gauche un instant après, en priant le spectateur de souffler dessus, la pièce semblera s'être évanouie. (*fig.* 19, *ibid.*)

Dans cet instant on passe la main droite sur la main gauche, comme pour mieux indiquer au spectateur l'endroit où on le prie de souffler une seconde fois. C'est un prétexte pour avoir l'occasion de laisser tomber la pièce dans la main gauche qu'on ferme aussi-tôt; & quand on ouvre cette main pour la dernière fois, le spectateur est tout surpris d'y retrouver la pièce.

Boîtes magiques.

Faites tourner sept à huit boîtes de buis, de la forme d'une tabatière, & de différentes grandeurs, ensorte qu'elles puissent se renfermer & entrer successivement les unes dans les autres; que la plus petite de toutes ces boîtes soit seulement de grandeur à pouvoir contenir une petite pièce de monnoie ou une bague. Observez qu'il est nécessaire qu'elles ferment toutes assez aisément, & que tous leurs fonds puissent s'insérer successivement dans celui de la plus grande, de même que tous leurs couvercles dans le plus grand d'entr'eux.

Les fonds & les couvercles de toutes ces boîtes ayant été insérés les uns dans les autres, si on prend tous les couvercles en les soutenant avec le doigt, & qu'on les pose sur les fonds ainsi assemblés, on fermera par ce moyen toutes ces boîtes aussi facilement que s'il n'y en avoit qu'une seule.

Ayant mis dans sa poche, ou dans une gibecière, ces fonds & leurs couvercles ainsi disposés; & de manière qu'ils ne puissent pas se déranger de leur situation, on demandera à une personne un anneau ou une pièce de monnoie, dont on aura par devers soi une semblable, que l'on tiendra cachée dans sa main & qu'on substituera

tiera adroitement à celle qui aura été donnée ;
fouillant ensuite dans sa poche sous prétexte d'en
tirer cette tabatière, on placera promptement cette
bague ou cette pièce dans la petite boîte, & on
refermera aussi-tôt le tout ; & tirant à l'instant
cette boîte de la poche, on proposera d'y faire
passer la bague ou la pièce semblable que l'on supposera tenir dans les doigts de l'autre main ; on
fera semblant de la faire passer au travers de la
boîte, & on l'escamotera subtilement ; on dira
ensuite à la personne qui l'a donnée, d'ouvrir elle-
même cette boîte pour y prendre cette pièce,
ce qui lui causera d'autant plus de surprise, que
ne pouvant alors les ouvrir que les unes après
les autres, elle ne concevra pas ; quand même
elle supposeroit que ce tour n'est qu'adresse, comment on aura pu, en si peu de temps, ouvrir &
fermer toutes ces différentes boîtes.

Les boîtes au millet.

Faites tourner une petite boîte, (fig. 14, pl. 1,
Tours de Gibecière.) de deux pouces de hauteur,
composée des trois parties séparées AB & C, en
telle sorte que vous puissiez l'ouvrir en levant le
couvercle A, ou avec lui le deuxième couvercle
B (1) qui doit avoir un petit rebord vers sa partie
supérieure, afin d'y pouvoir mettre une petite
couche de millet, & qu'il semble alors que toute
la boîte en est remplie ; qu'au contraire elle paroisse n'en plus contenir lorsqu'on lève ensemble
les deux couvercles A & B.

Ayez une autre boîte d'environ trois pouces
de hauteur, (fig. 15, pl. 1. ibid.) composée des
trois parties AB & C ; qu'au couvercle A soit
ajustée une espèce de petite trappe D qui puisse
s'abaisser en appuyant sur le bouton E, & laisse
échapper par ce moyen, dans le premier fond G
de cette boîte, le millet renfermé dans l'intervalle vuide F de ce couvercle ; que la partie B
en s'élevant un peu puisse laisser couler ce même
millet dans l'intervalle H, (voyez la coupe des
trois parties séparées de cette boîte, fig. 16) en
sorte qu'il paroisse alors qu'il n'y en a plus dans
la boîte. Ayez encore un petit sac dans lequel
vous mettrez du millet.

Ouvrez la première boîte, (fig. 14.) à l'endroit convenable, & faites voir qu'elle est pleine
de millet, prenez-en même encore un peu dans
le sac, comme si vous vouliez l'emplir entièrement ; fermez-la avec son couvercle, & posez-
la sur la table ; ouvrez ensuite l'autre boîte, (fig.
15.) & faites voir qu'elle n'en contient point ;
refermez-la, & en la posant sur la table, abaissez
adroitement le bouton E, afin d'y faire tomber le

millet qui a dû être renfermé d'avance dans son couvercle : annoncez alors que vous allez faire passer
dans cette deuxième boîte le millet dont vous
avez rempli la première boîte. Ouvrez cette première boîte, & faites remarquer qu'il n'y est déjà
plus & levant le couvercle de la deuxième boîte,
faites voir qu'il y a passé. Proposez ensuite de le
faire retourner dans la première : à cet effet,
couvrez-la en levant un peu la partie B ; ouvrez
ensuite la première boîte pour y faire voir le
millet & la deuxième en faisant observer qu'il
n'y est plus.

*Autre explication du tour de passe-passe, avec du
millet.*

On présente à la compagnie un petit sac rempli de millet avec un petit boisseau de fer-blanc,
d'environ deux pouces de haut sur un pouce de
large ; on remplit le boisseau de millet, &,
après l'avoir posé sur la table, on le couvre d'un
chapeau ; ensuite, on ordonne que le millet
sorte du boisseau ; pour aller sous un gobelet
qui reste sur la table, après quoi on lève le
chapeau & le gobelet, pour faire voir que
le millet a quitté le premier pour passer au
second.

Pour cet effet, il faut avoir un boisseau &
un gobelet destinés à cet usage. *Voyez la fig. 13
pl. 9., de la magie blanche. Tom VIII des
gravures.*

Le gobelet doit contenir intérieurement un
double fond A, B, C, D, soudé au gobelet,
aux points A, B, C ; mais la partie A, D, C,
est mobile sur sa charnière A C. Le point D
serré contre la parois du gobelet, soutient,
par cette pression, la petite porte mobile A,
D, C, mais cette porte s'ouvre d'elle-même,
quand on frappe fortement le gobelet contre
la table.

Le petit boisseau de fer-blanc doit avoir du
millet collé avec de l'empois, sur la surface
extérieure du fond ; par ce moyen, quoiqu'il
soit vuide, il peut paroître plein lorsqu'on le
place sur la table, le fond en haut, & l'ouverture
en bas.

On le remplit réellement de millet, à différentes reprises, en le plongeant dans le sac,
& on le vuide en l'inclinant-peu-à-peu sous les
yeux du spectateur ; mais, lorsqu'on le plonge
pour la dernière fois dans le sac, on le tourne
sens-dessus dessous, &, par ce moyen, il semble,
quand il sort qu'il soit rempli de grains, quoiqu'il n'y ait alors que le millet collé au fond,
& quelques autres grains qui forment sur celui-
là une espèce de petite pyramide.

On le pose ainsi sur la table, & on passe la

---

(1) Cette boîte doit être faite de manière qu'on
n'apperçoive pas ces différentes ouvertures.

Amusemens des Sciences.   S s s

baguette par deſſus en raclant ſur les bords, pour faire tomber tous les grains ſur la table, à l'exception de ceux qui ſont collés ſur le fond du boiſſeau, & le boiſſeau ſemble toujours plein.

Quand on le couvre avec un chapeau, on profite de l'occaſion pour le retourner ſens-deſſus deſſous, ſans que perſonne s'en apperçoive, afin qu'il paroiſſe vuide lorſqu'il ſera mis à découvert.

Le gobelet qui contient le millet doit être mis ſur la table, ſans que perſonne y faſſe attention; pour cela, il faut, quand on exécute la dernière métamorphoſe des groſſes balles, renverſer un gobelet en le faiſant tomber ſur ſes genoux; comme par mégarde; alors, au lieu de remettre ſur la table le gobelet qui vient de tomber, on y met celui qui contient le millet, & qui reſſemble extérieurement au premier.

Manière de faire changer de main un anneau, & de le faire venir ſur tel doigt que l'on voudra de la main oppoſée.

Vous demanderez à une perſonne de la compagnie un anneau d'or; vous lui recommoderez en même temps d'y faire une marque pour le reconnoître.

Vous aurez ſoin d'avoir de votre côté un anneau d'or, que vous attacherez par le moyen d'une petite corde à un petit tambour de montre, que vous ferez coudre dans la manche de votre habit, du côté gauche.

Vous prendrez de la main droite l'anneau qu'on vous préſentera; puis prenant avec dextérité à l'entrée de votre manche, l'autre anneau attaché au barillet, vous le tirez juſqu'au bout des doigts de votre main gauche, ſans que l'on s'en apperçoive: pendant cette opération, vous cacherez entre vos doigts de la main droite l'anneau que l'on vous aura donné, & le poſerez adroitement ſur un petit crochet attaché ſur votre veſte près de la hanche, & caché par votre habit; vous montrerez enſuite l'anneau que vous tiendrez de la main gauche; puis vous demanderez à la compagnie, à quel doigt de l'autre main l'on deſire qu'il paſſe. Pendant cet intervalle, & auſſi-tôt la réponſe faite, vous mettrez le doigt indiqué ſur votre petit crochet afin d'y placer l'anneau; dans le même inſtant vous lâcherez l'autre anneau, en ouvrant les doigts: le reſſort qui eſt dans le barillet n'étant plus contraint, ſe contractera & fera rentrer l'anneau ſous la manche, ſans que perſonne le voie, pas même ceux qui vous tiennent les bras, qui n'ayant attention qu'à empêcher vos mains de ſe communiquer, vous laiſſerons faire les mouvemens

qui vous ſeront néceſſaires. Ces mouvemens devront être précipités, & toujours accompagnés d'un frappement de pied.

Après cette opération, vous ferez voir à l'aſſemblée que l'anneau eſt venu ſur l'autre main, vous ferez remarquer auſſi que c'eſt bien le même que l'on vous a donnée, & où la marque faite doit ſe trouver.

Il faut employer beaucoup de célérité & d'adreſſe pour réuſſir dans ce tour récréatif, afin que l'on ne puiſſe ſoupçonner votre ſupercherie.
(Pinetti)

Bougies éteintes & allumées par un coup de piſtolet.

Rien n'eſt plus ſimple que l'opération qui produit cet effet, qui paroît tenir du merveilleux.

Il faut 1°. que les bougies ſoient entières & récemment éméchées.

2°. Vous mettrez au milieu de la mêche de celles qui devront s'allumer, & que vous partagerez, ſoit avec une épingle, ſoit avec un curedent, gros comme un grain de millet de phoſphore d'Angleterre, que vous y introduirez avec la pointe d'un couteau.

Vous vous placerez enſuite à 5 ou 6 pieds de diſtance; puis vous tirerez votre coup de piſtolet ſur les bougies allumées que la bougie éteindra, tandis qu'elle fera prendre feu au phoſphore qui allumera les deux autres.

On peut de même allumer une bougie, ſur la mêche de laquelle on a auſſi mis du phoſphore, par le moyen d'une épée que l'on aura bien fait chauffer dans une chambre voiſine. Il ſuffit pour cela de préſenter la pointe de l'épée à la mêche de la bougie, en lui commandant de s'allumer.

Nota. Il faut avoir attention de ne point ſe ſervir de ſes doigts pour toucher le phoſphore, on peut ſe ſervir de la pointe d'un couteau, ou d'une petite pince. Il faut également avoir ſoin d'attendre que la mêche de la bougie que vous venez d'émécher ſoit refroidie, avant d'y poſer le phoſphore; ſans quoi il s'enflameroit ſur-le-champ. (Pinetti).

Figures diſpoſées de façon que l'une éteindra une bougie, & que l'autre la rallumera.

Vous prendrez deux petites figures de bois ou de terre, ou de telle autre matière que vous voudrez; vous aurez ſeulement attention qu'il ſe trouve un petit trou à la bouche de chacune. Vous mettrez dans la bouche de l'une quelques grains de poudre, & un petit morceau de phoſphore d'Angleterre dans la bouche de l'autre:

vous aurez soin que ces préparations soient faites à l'avance.

Vous prendrez une bougie, que vous présenterez à la bouche de la figure où est la poudre qui, prenant feu, l'étindra : présentant ensuite votre bougie, dont la mèche sera encore chaude, elle se rallumera sur-le-champ, par le moyen du phosphore.

Vous pourrez proposer de faire produire le même effet par deux figures dessinées sur un mur avec du charbon, en appliquant de même avec un peu d'empois, quelques grains de poudre à bouche de l'une, & du phosphore à celle de l'autre. (PINETTI)

Faire tomber une hirondelle pendant son vol, par le moyen d'un coup de fusil, chargé avec de la poudre comme à l'ordinaire, & ensuite trouver le moyen de la rappeller à la vie.

Vous prendrez, pour faire cette expérience, un fusil ordinaire ; vous y mettrez la charge de poudre accoutumée, en observant seulement de mettre ensuite au lieu de plomb une demi-charge de vif-argent.

Vous amorcerez pour être prêt à tirer votre coup de fusil quand il se présentera une hirondelle : pour peu que vous approchiez d'elle, car il n'est pas nécessaire de la toucher ; cet oiseau se trouvera étourdi & engourdi au point de tomber à terre asphyxié. Comme il doit reprendre ses sens au bout de peu de minutes, vous saisirez cet instant pour dire que vous allez lui rendre la vie, ce qui étonnera beaucoup : les dames ne manqueront pas de s'intéresser en faveur de l'oiseau, & de demander sa liberté ; vous vous ferez encore un mérite auprès d'elles, en l'accordant à leurs sollicitations. (PINETTI)

Manière d'éteindre une bougie à quatre cent pas de distance par le moyen d'un coup de fusil chargé à balle.

On peut s'amuser facilement avec cette expérience à la campagne, ou même à la ville, dans un jardin un peu grand : l'on peut faire défi au plus adroit tireur, & être sûr de remporter la victoire.

Vous prendrez un fusil ; vous y mettrez la charge ordinaire de poudre, & une balle de plomb. Votre adversaire en fera autant de son côté ; vous le laisserez tirer le premier, pour lui voir manquer son coup, attendu qu'il est très-difficile à une pareille distance d'avoir l'œil assez juste pour parvenir à éteindre une bougie.

Après l'avoir badiné sur son adresse prétendue, vous vous mettrez en devoir de tirer votre coup ;

& vous éteindrez la bougie au grand étonnement des spectateurs qui vous auront vu charger votre fusil à l'ordinaire, avec poudre & balle, mais qui ne se seront point apperçus que votre balle étoit percée de part en part en forme de croix, comme le représente la *fig.* 7, (*pl.* II, *de magie blanche*, *tom.* VIII *des gravures*).

Tout le merveilleux de cette expérience consiste dans cette balle percée, où l'élasticité de l'air qui la chasse acquiert une force divergente en passant par les trous de cette balle, & lui donne les moyens de produire cet effet surprenant.

Manière d'enlever la chemise à quelq'un sans le deshabiller.

Ce tour n'exige que de l'adresse, & cependant, dit M. Pinetti, lorsque je l'ai exécuté sur le théâtre des menus plaisirs, tout le monde a été persuadé que la personne à qui j'avois ôté la chemise, étoit d'intelligence avec moi.

Voici le moyen de faire ce tour : il faut seulement observer que la personne à qui l'on ôtera la chemise soit habillée largement.

Vous ferez ôter simplement le col de mousseline, puis déboutonner la chemise, ensuite ôter les boutons de manche, & vous attacherez un petit cordon à une des boutonnières de la manche gauche ; ensuite, passant la main dans le dos de la personne, vous tirerez la chemise de la culotte, & vous lui ferez passer ensuite par-dessus la tête ; puis, la tirant également par devant, vous la laisserez sur l'estomac : vous passerez ensuite à la main droite ; vous tirerez cette manche en avant, de façon à en faire sortir le bras : la chemise se trouvant alors en tapon, tant dans la manche droite que sur le devant de l'estomac, vous faites usage du petit cordon que vous avez attaché à la boutonnière de la manche gauche, pour ratraper la manche qui doit être remontée, & pour tirer la totalité de ce côté.

Quand vous voudrez cacher votre façon d'opérer à la personne à qui vous enleverez la chemise, & à l'assemblée, vous lui mettrez un mantelet sur la tête, dont vous tiendrez un bout entre les dents. Pour être plus à votre aise, vous monterez sur une chaise, & ferez tout votre manège sous le mantelet. Tel est le moyen dont je me suis servi en faisant ce tour publiquement.
(PINETTI).

Trois canifs ayant été mis dans un gobelet d'argent, faire sauter l'un des trois au commandement du spectateur.

On demande trois canifs à différentes personnes de la compagnie, on les met dans un gobelet sur une table ; on fait remarquer que la table n'a au-

une communication avec le gobelet & que dans
ce dernier, il n'y a aucune préparation; cependant
à l'inftant defiré, celui des canifs qu'un des fpec-
ateurs a choifi librement faute par terre & les
autres reftent immobiles.

Quand on a pofé le gobelet fur la table, on
gliffe au fond un petit écu attaché par le milieu à
un petit fil de foie noire ; ce fil monte perpendiculairement jufqu'au plancher, & va aboutir aux
mains du compere : celui-ci tire le fil à l'inftant
defiré, & fait fauter adroitement le canif du milieu, qui eft le feul appuyé fur le petit écu, les
autres touchant immédiatement le fond du gobelet.

Nota. Si le fpeótateur, par malice ou par hazard, demandoit qu'on fît fauter un des autres
canifs, on feroit femblant de ne pas entendre duquel des deux il vient de parler ; on toucheroit
alors les deux canifs, comme pour les montrer
au doigt, & pour demander fi c'eft le premier ou
le fecond : on profiteroit du moment pour appuyer promptement fur le petit écu, le feul canif défigné par le fpeótateur, & le tour réuffiroit
comme à l'ordinaire ; mais on a rarement befoin
de cette reffource ; parce qu'il confte par expérience, que la compagnie choifit prefque toujours
celui du milieu.

Second moyen d'exécuter ce même tour.

Il faut prendre un gobelet d'argent, parce que
fon opacité cachera le moyen que vous emploierez pour faire fauter ce canif au defir de l'affemblée.

Ce moyen confifte en un petit reffort d'un pouce
de large, fur deux pouces un quart de long.

Vous aurez foin d'affujettir ce reffort à l'avance
avec un petit morceau de fucre, qui, fe trouvant comprimé entre les deux parties du reffort,
l'empêchera de fe détendre.

Vous demanderez enfuite à la compagnie, en
lui montrant vos trois canifs, dont les manches
devront être de couleurs différentes, quel eft celui que l'on defire faire fortir hors du gobelet.

Vous mettrez enfuite vos trois canifs dans le
gobelet en obfervant de pofer la pointe du manche de celui défigné dans un petit trou rond, qui
fe trouve fur la partie fupérieure du reffort arrêté
par le morceau de fucre ; & avant de retirer
votre main du gobelet dans le fond duquel il devra y avoir quelques goutes d'eau, vous en prendrez un peu avec le bout du doigt, & la poferez
adroitement fur le fucre, qui, venant à fe fondre, donnera la liberté au reffort de fe détendre &
de faire fauter le canif.

Pendant que le fucre fe fondra, vous vous tien-

drez éloigné du gobelet, & vous appellerez le
canif, en lui commandant de fauter hors du vafe ;
ce qu'il exécutera au grand étonnement des fpectateurs.

Cependant, rien de fi fimple que le moyen qui
fait réuffir cette expérience, pour laquelle il n'eft
nullement befoin de compere. (PINETTI).

*Autres procédés pour faire fauter un des trois canifs à
volonté.*

M. Hill, fuivant le recit de M. Decremps, fit
neuf fois le tour des trois canifs, toujours par un
procédé différent : d'abord il dit que pour faire
ce tour on n'avoit employé jufqu'alors que des
moyens indignes d'un phyficien, favoir un fil &
un fimple reffort. Je vais, ajouta-t-il, appuyer les
canifs fur les bords du gobelet, afin que tout le
monde puiffe voir qu'ils ne font appuyés ni fur
un reffort, ni fur un petit écu tiré par un fil.
Ayant enfuite mis fur les bords du gobelet les
trois canifs, il fit fauter par terre, fans le toucher celui des trois qu'on avoit choifi, & à l'inftant que l'on defira. Je penfe, dit l'efcamoteur
Pilferer, qu'il y a ici un peu de compérage !
comment cela fe peut-il, dit M. Hill, puifqu'en
vous approchant du gobelet, vous ne pouvez
voir ni fil, ni petit écu ? Ce n'eft pas ainfi que
je l'entends, dit Pilferer ; il peut y avoir dans
la table, fur laquelle vous pofez le gobelet, un
aimant caché mis en mouvement par un fil tiré
par un compere ; dans ce cas, le fil eft caché
dans les pieds de la table, & je ne peux l'appercevoir ; mais l'aimant, qui, par ce moyen, s'approche du canif mis en équilibre fur les bords
du verre, peut très-bien le mettre en mouvement
par fon attraction & lui faire faire la culbute.
Pilferer avoit deviné jufte ; mais cela n'empêcha
pas M. Hill de faire croire pour un moment à toute
la compagnie que Pilferer s'étoit trompé. Vous
voyez bien, dit M. Hill, ôtant la table de l'endroit où elle étoit, pour la tranfporter au milieu
de la chambre, que cette table ne tient à rien,
& que par conféquent il ne peut pas y avoir
dans fes pieds un fil tiré par un compere ; enfuite
pour perfuader à l'affemblée que Pilferer étoit
dans l'erreur, il répéta la même opération avec
les mêmes circonftances. Tout le monde crut que
Pilferer avoit donné une fauffe explication, &
l'on auroit fans doute perfévéré dans cette erreur
fi Pilferer avoit été obligé de garder le filence ;
mais fur la permiffion qu'il obtint de parler,
on fut bientôt détrompé. Maintenant, dit-il à
M. Hill, ce n'eft plus le compere qui a tiré le
fil, c'eft vous-même : d'abord en ôtant la table
de fa première place, vous avez caffé le fil à
l'endroit où la table touchoit le plancher, pour
ne pas faire appercevoir ce fil en la traînant dans
la chambre ; enfuite vous avez approché votre
pied de celui de la table : vous l'avez appuyé à

l'inftant requis fur une bafcule, qui, par fon mou-vement, a fait remuer l'aimant caché dans la table.

Nous joignons ici pour plus grande clarté une figure qui doit rendre la chofe palpable, (*voyez fig. 9, pl. 2, de Magie blanche, tome VIII des gravures.*)

Le faifeur de tours avec fon pied A, pouffe la bafcule B; par ce moyen il tire le fil C, à l'aide de la poulie G, il fait tourner l'axe EF fur lequel le fil eft entortillé; par ce moyen l'aimant H, tourne autour de fon pivot, comme l'aiguille d'une montre, & quand il arrive fous le canif I, dont la lame eft en dehors, il lui fait faire la culbute par fon attraction.

M. Hill, qui avoit prévu qu'on pourroit donner cette explication, ne fut guère embarraffé, parce qu'il avoit en même-temps préparé la réponfe. Je n'ai pas befoin, dit-il, pour faire fauter un canif, d'avoir de l'aimant caché dans une table. Pour vous en donner une preuve fans réplique, je vais mettre le canif & le gobelet fur une chaife, & vous verrez que l'expérience réuffira comme auparavant; il exécuta enfuite la même récréation fur une chaife, & Piferer en donna l'explication fuivante: vous avez, dit-il, choifi exprès une chaife délabrée & inclinée, qui n'étoit point propre à donner au gobelet une affiette perpendi-culaire. Vous faviez bien que pour remédier à cet inconvénient, vous feriez obligé de faire ufage d'une petite planche que vous avez pofée fur la chaife fous le gobelet. Vous aviez caché dans l'épaiffeur de cette planche, le mouvement d'une groffe montre, qui, portant un morceau de fer aimanté au bout d'une aiguille à fecondes, l'a fait paffer fous le canif en moins d'une minute, & a produit, par ce moyen, le même effet que l'aimant caché dans la table, quand vous le remuez avec votre pied, à l'aide d'une bafcule. M. Hill répondit un autre moyen; & pour prouver que l'aimant étoit inutile dans cette expé-rience, il employa tout fimplement une table de verre, portée fur des pieds de cryftal; dans ce cas-là, il eft évident qu'il n'y avoit point d'ai-mant; mais la table étoit formée de deux glaces parallèles. Elle étoit adaptée & fixée fur une planche où alloit aboutir un porte-vent: M. Hill paffant fur une autre planche du parquet de fa chambre, faifoit remuer un foufflet qui étoit def-fous; le vent entrant dans les pieds de la table, paffoit entre les deux glaces, & fortoit par un petit trou fur lequel on avoit pofé un gobelet percé dans le fond, pour donner paffage au vent. Le canif qu'on vouloit faire fauter étant en équi-libre fur le bord du verre, s'en alloit au moindre vent; mais les autres canifs, fixés fur le verre, par des entailles qui en ferroient le bord, reftoient parfaitement immobiles.

Nota. 1°. Le bord du verre doit être plat & large au moins d'une demi-ligne, pour qu'on

puiffe facilement y appuyer le canif qu'on veut faire fauter; d'un autre côté, ce canif doit être marqué d'avance à l'endroit qui doit toucher le bord du verre, pour qu'on puiffe facilement le mettre en équilibre dès le premier inftant, & fans tâtonner. 2°. On peut employer, fi l'on veut, des canifs fournis par la compagnie; mais comme ils n'ont point les entailles dont nous venons de parler, pour les fixer fur le bord du gobelet, on emploie alors un autre moyen pour leur donner l'immobilité néceffaire. Le bord du gobelet eft enduit de colle à bouche dans deux endroits; & dans l'inftant où on y pofe les deux canifs qu'on veut rendre immobiles, on y paffe le doigt qu'on a mouillé un inftant auparavant, à l'infu du fpectateur, foit en le portant à la bou-che, pour y mettre un peu de falive, foit en mettant la main dans fa poche, où l'on tient de l'eau dans une éponge. 3°. On peut auffi fournir foi-même trois canifs, & faire accroire à toute la compagnie que ce font des canifs fournis par elle; pour cela on en demande un grand nombre: on les met tous fur une table, & on y mêle adroitement les trois qu'on veut faire fervir à l'expérience. Chacun de ceux qui ont fourni des canifs, s'imagine alors que le fien refte fur la table, & que c'eft celui de fon voifin qui eft appuyé fur le bord du verre; cette idée lui vient très-naturellement, parce que quand même il fup-poferoit que ce font des canifs fubftitués par le faifeur de tours, cette fuppofition feroit en elle-même très-infuffifante pour rendre raifon de l'ex-périence.

M. Hill, ayant dévoilé lui-même le dernier procédé qu'il venoit d'employer, fe fervit d'un autre, que tout le monde trouva fort ingénieux, & qu'il nous expliqua lui-même auffi-tôt qu'il l'eût mis en pratique; il faut, dit-il, pofer le canif de manière que fa partie la plus pefante foit hors du verre; & pour faire l'équilibre, on y joint une longue épingle à frifer, foudée au point A, avec de la cire à cacheter. (*Voyez la figure 10, même planche 2 de Magie blanche.*) & portant à l'autre extrémité une balle de plomb B, qui fert de contre-poids: on laiffe négligemment une chandelle allumée fous le point A du canif qu'on veut faire fauter, & la chaleur faifant alors fondre la cire, l'épingle entraînée dans le go-belet, par le plomb B, laiffe tomber le canif au dehors.

Après cette explication, M. Hill remit le canif & l'épingle fur le bord du gobelet, comme auparavant: Vous croyez, dit-il, que c'eft le feu de la chandelle qui fait fondre la cire; foyez fûr que je n'ai pas befoin de cet agent; il foufla auffi-tôt la chandelle, & au bout d'une minute le canif fauta: Pifeter dit à M. Hill qu'en ôtant la chandelle, il avoit laiffé négli-gemment fur la table trois volumes, fur lefquels le chandelier étoit appuyé auparavant. Ces volumes, dit Pilferer, ne font peut-être des livres qu'en apparence ; au lieu d'avoir été faits à l'imprimerie & chez le relieur, ils pourroient bien avoir reçu l'exiſtence dans la boutique d'un ferblantier ; ce feroit alors une ſimple boîte de fer-blanc, formant une lanterne fourde, dans laquelle il y auroit une lampe allumée, qui produiroit l'effet de la chandelle. M. Hill, quoiqu'attaqué par ſon foible, ne fut pas encore vaincu ; il ôta d'abord les volumes & ſe garda bien de les montrer de près, ou de les ouvrir, pour en faire voir les feuillets ; enſuite il poſa lui même le canif ſur un grand gobelet d'argent, & ſans y mettre ni plomb ni épingle, & ſans approcher la chandelle ni la lanterne fourde, il fit ſauter le canif pour la ſeptième fois. Perſonne n'ayant pu pénétrer ce myſtère, M. Hill nous dit qu'il venoit d'employer trois fois le même agent ; & que cette dernière fois, au lieu de faire uſage d'une lanterne fourde, il avoit mis tout ſimplement une lampe dans la patte du gobelet ; qu'un très-petit morceau de ſuif, attaché au bout du canif, commençoit à fondre par la plus légère chaleur, & que la chûte de la première goutte faiſoit perdre au canif ſon équilibre & le laiſſoit tomber au dehors. *Fig* 11 *même planche 2. de magie blanche.*

M. Hill prit un autre verre, & après avoir fait remarquer qu'il n'y avoit aucune lampe, il appuya ſur ſes bords le même canif, ſans y ajouter aucune matière capable d'entrer en fuſion par la chaleur ; il ne manqua point de faire obſerver qu'il ſe mettoit à tous égards dans l'impoſſibilité d'employer aucun des procédés dont nous avons parlé juſqu'ici ; cependant il nous dit que le canif ſauteroit à la deuxième, troiſième ou quatrième minute, ſelon nos deſirs. On choiſit la troiſième minute, & le canif ſauta, dans ce moment, comme on l'avoit demandé ; Pilferer, pour expliquer ce tour, eut recours à l'aimant qu'il prétendit être caché dans un chandelier voiſin, & ne put rien imaginer de plus vraiſemblable pour rendre raiſon de cette expérience, avec les circonſtances qui l'accompagnoient ; mais M. Hill le fit bientôt déſiſter de ſes prétentions, & prouva que le magnétiſme n'y entroit pour rien, en nous donnant l'explication que voici. (*Voyez fig.* 12 *pl. 2 de magie blanche.*) J'ai mis, dit-il, près le verre, un chandelier de tôle, qui porte, dans ſa partie A, du ſable coulant, qui s'échappe par le trou B, pour deſcendre dans la partie C. A meſure qu'il arrive dans la partie inférieure, le petit tas augmente dans cette partie ; & quand il eſt monté juſqu'au trou D, le ſable ſort du chandelier par cette ouverture ; & tombant ſur la lame du canif, lui fait perdre l'équilibre, ce ſable arrive plus ou moins tard au paſſage D, parce qu'en hauſſant ou

baiſſant le fond E de deux ou trois crans, ſelon le beſoin, la capacité du creux qui reçoit le ſable, ſe trouve remplie plutôt ou plus tard dans la même proportion.

Cette explication, bien différente de celle que Pilferer avoit voulu donner par l'aiman caché dans le chandelier, attira à M. Hill des applaudiſſemens d'autant plus mérités, qu'il ne faiſoit pas ſes tours pour éblouir le peuple, & pour avoir ſon argent, mais ſeulement pour avoir le plaiſir de les dévoiler à ſes amis, & de faire voir que l'admiration aveugle qui ne veut jamais attribuer des effets merveilleux, en apparence, à une très-petite cauſe, eſt toujours fille de l'ignorance & de la crédulité.

M. Hill ne voulant pas épuiſer la matière en démontrant tous les moyens poſſibles de faire le même tour, ſe contenta de l'exécuter pour la neuvième fois, mais d'une manière qui lui procura la plus grande ſatisfaction. Il remit un canif ſur le bord d'un verre, dit qu'il tomberoit au bout d'une minute, & après avoir aſſuré qu'il défioit le plus ruſé de dire le fin mot, il entr'ouvrit une armoire, où il remua quelque choſe qu'on ne pouvoit pas bien diſtinguer, parce qu'il ſembloit vouloir ſe cacher. Cependant Pilferer crut voir une machine électrique ; il ſe félicita de l'avoir apperçue, & s'imagina qu'à l'aide de quelques conducteurs cachés derrière la tepiſſerie, on électriſoit le canif pour le faire ſauter à terre. Ravi d'avoir découvert un moyen que M. Hill ſembloit vouloir cacher, il s'écria auſſi-tôt que le canif fut tombé à terre : c'étoit bien la peine d'annoncer comme incompréhenſible, un tour que vous faites par l'électricité. Par l'électricité, dit M. Hill, en faiſant ſemblant d'être embarraſſé ! Oui ſans doute, dit Pilferer, ceux qui connoiſſent le fluide électrique, ſavent bien que cet agent a comme l'aimant, la vertu d'attirer & de repouſſer ; & ceux qui, ſans être Phyſiciens, ont éprouvé la commotion dans l'expérience de Leyde, ou qui ont ſeulement vu le carillon électrique, ne peuvent douter que l'électricité n'ait la force de faire tomber un canif mis en équilibre ſur le bord d'un verre. Je ſais, répondit M. Hill, que cela eſt poſſible ; mais je penſe que vous ne prétendez pas conclure de la poſſibilité à la réalité. Je ne prétends pas tirer une pareille concluſion, répliqua Pilferer ; mais après avoir aſſuré que la choſe eſt poſſible, je ſuis prêt à parier qu'elle eſt réelle. Vous riſqueriez de faire un tel pari, dit M. Hill ! vous voyez bien que je n'ai ni conducteur, ni machine électrique. Les conducteurs, dit Pilferer, peuvent être cachés entre le mur & la tapiſſerie ; & la machine électrique peut être dans votre armoire. M. Hill, faiſant encore ſemblant d'être embarraſſé, dit qu'il n'y avoit chez lui aucune machine électrique, & ſortit pour un moment de la chambre, sous prétexte d'aller quérir quelque chose. Pilferer profita de l'occasion pour regarder promptement dans l'armoire par un trou qui sembloit destiné à donner de l'air aux objets qui s'y trouvoient renfermés. Il apperçut une forme de machine électrique avec tout son appareil, & regagna aussi-tôt sa place pour que M. Hill ne soupçonnât point d'avoir eu tant de curiosité. Cependant M. Hill étoit dans l'appartement voisin où il observoit tous les mouvemens de Pilferer à l'aide d'un polémoscope. (Les polémoscopes sont des miroirs cachés, & disposés de manière, que par leur secours on peut voir différens objets sans être soupçonné de les regarder.) M. Hill fut bien satisfait de voir que Pilferer regardoit dans l'armoire : il étoit même sorti exprès pour lui en donner le temps & l'occasion, afin qu'il achevât de se persuader à lui-même que la machine électrique avoit influé sur le dernier tour.

Pilferer, au retour de M. Hill, lui dit : Vous ne voulez donc pas avouer, monsieur, que vous avez employé la machine électrique ? Je ne peux, dit M. Hill, toujours en hésitant, faire un aveu contraire à la vérité, dans la seule vue de vous faire plaisir ; mais je parie cinquante ducats, ajouta M. Hill, que je n'ai pas employé ce moyen. On vous attraperoit bien, dit Pilferer, si on acceptoit le pari. Je serois si peu attrapé, dit M. Hill, qu'il n'y a rien dans cette chambre qui puisse mettre en action le fluide électrique.— Vous comptez donc pour rien la machine qui est dans l'armoire. — Je vous ai dit qu'il n'y en avoit aucune. — Je ne l'ai pas vue, dit Pilferer en mettant cinquante ducats sur la table, mais je perds tout cet argent, s'il est vrai qu'il n'y en ait pas une. Je suis bien sûr que vous n'avez pas regardé dans l'armoire, dit M. Hill, qui savoit bien le contraire ; car si vous y aviez regardé, vous sauriez qu'il n'y a rien. Pilferer crut qu'on prononçoit ces dernières paroles pour l'empêcher de parier ; mais c'étoit bien le contraire, car M. Hill ne feignoit de craindre le pari que pour donner plus de courage à son adversaire.

Les conventions de la gageure furent écrites & signées de part & d'autre ; & Pilferer pour mieux s'assurer de gagner, y ajouta une seule condition : c'étoit que le pari seroit nul, dans le cas où il y auroit dans l'armoire quelque passage caché pour escamoter la machine & la faire passer dans le cabinet voisin. M. Hill ayant souscrit à cette condition, ouvrit l'armoire, & fit voir qu'il y avoit tout simplement au fond d'une boîte obscure, à demi-ouverte, un miroir concave à facettes, qui réfléchissoit l'image d'un carton situé horisontalement sur une tablette voisine, & qui représentoit en peinture découpée une machine électrique dont le plateau verdâtre imitoit la couleur du verre commun.

L'illusion d'optique qui avoit fait voir aux yeux de Pilferer une machine électrique, là où il n'y en avoit point, furent autant de circonstances qui le conduisirent dans le panneau qu'on lui tendoit ; & pour cacher son mécontentement, il prit familièrement la main de M. Hill, ensuite la serrant & la secouant à la manière anglaise, comme pour lui démancher le bras, il lui dit avec un sourire forcé :

Vous êtes un bon Sorcier.

Pour vous témoigner ma reconnoissance d'un si beau compliment, dit M. Hill, en mettant dans sa poche les 50 ducats qu'il venoit de gagner, je veux vous montrer l'agent que j'ai employé pour faire le tour ; j'ai cru, dit Pilferer en l'interrompant, que vous alliez me rendre les 50 ducats. Vous les rendre, dit M. Hill ! ce seroit vous faire un don, & vous ne l'accepteriez pas de ma part ; ce seroit, dit Pilferer, me donner seulement une partie de ce qui m'appartient. Comment donc cela, dit M. Hill ?— C'est, répondit Pilferer, parce que j'ai gagné le pari, puisqu'il y avoit réellement dans l'armoire une machine électrique en peinture, & que vous ne devez avoir gagné que dans le cas où l'armoire n'auroit contenu de machine électrique en aucune manière. — Dans ce cas, dit M. Hill, qui avoit prévu toutes les ruses de la chicane la plus aguerrie, j'aurois encore gagné, parce que le carton peint que vous avez vu dans le miroir, n'est pas dans cette armoire ; il est dans l'armoire voisine, & l'image en est portée sur le miroir par un trou de communication. Le bohémien ne pouvant prouver qu'il avoit gagné le pari, auroit au moins voulu le rendre nul, en y trouvant des équivoques ; c'est pourquoi il répliqua de cette manière : mais à cause de cette communication dont vous venez de parler, les deux armoires doivent être considérées comme n'en faisant qu'une & sous le point de vue, je peux prétendre avec raison, qu'il y avoit une machine électrique en peinture dans cette armoire. Je passe encore condamnation là-dessus, dit M. Hill : prenez, si vous voulez deux armoires pour une ou pour la moitié d'une, peu m'importe ; mais vous conviendrez au moins que vous avez perdu le pari, si on ne trouve ni dans l'une ni dans l'autre aucune machine électrique même en peinture.

M. Hill fit voir dans ce moment un carton sur lequel on avoit peint une infinité d'objets entassés sans aucun ordre, savoir : dans le milieu une pendule, un groupe d'enfans, un chat avec un morceau de lard, un mouchoir & un paquet de linge ; dans les quatre coins c'étoit une bouteille, des livres, des jumelles de bois, du fil d'archal, une lunette d'opéra, des tuyaux de cuivre, des jarres, une écritoire, un plateau de verre, une roue de coutelier, des cylindres de cryſtal, un ſourcier avec une baguette divinatoire, des ſabots élaſtiques & une mâchoire d'âne.

Je vous demande, dit M. Hill, ſi vous découvrez ſur ce carton une machine électrique en peinture. Tout le monde répondit que non. Cependant continua M. Hill, vous pouvez y voir toutes les parties d'une pareille machine, car ces jarres, cette manivelle, ces fils d'archal, ce plateau & ces tuyaux de cuivre en formeroient une avec ſon appareil, ſi toutes ces pièces étoient arrangées chacune à ſa place; mais ces différens morceaux ainſi déplacés, méritent auſſi peu le nom de machine électrique, que des tas de ruines de pierre ou de charpente méritent celui d'une maiſon; ce ſont cependant toutes ces pièces déſunies, qui, réfléchies par un miroir concave à facettes, préſente l'image d'une véritable machine électrique. Les facettes ſont autant de petits miroirs qui repréſentent chacun ſa partie; & leur inclinaiſon reſpective eſt telle, qu'elles donnent à l'image partielle qui s'y trouve repréſentée, la vraie poſition qu'elle doit avoir pour paroître réunie avec les autres, & former une machine complette, ſans repréſenter à l'œil les objets étrangers & paraſites qu'on y a entremêlés, tels que le ſourcier & la mâchoire.

Pilferer ne pouvoit, ſans ſe rendre ridicule, donner le nom de machine électrique à des parties éparſes peintes ſur un carton. Il ſentoit auſſi au fond de ſon cœur que l'armoire où ce carton étoit placé, n'étoit pas la même que celle où il avoit prétendu trouver une machine électrique, & qu'il s'agiſſoit auſſi d'une machine réelle & non en peinture, puiſque, ſelon lui, elle devoit avoir ſervi à électriſer un canif. C'eſt pourquoi il prit le parti de ſe taire, & parut néanmoins très-humilié d'avoir été vaincu par un ſimple bourgeois qui ne faiſoit ſes tours que pour amuſer ſes amis. M. Hill lui rendit les cinquante ducats, & lui dit, pour lui épargner la confuſion de les recevoir : Ce n'eſt pas à vous, monſieur, que je les donne, c'eſt aux pauvres : je vous charge d'en faire vous-même la diſtribution, à condition toutefois que vous ne ferez point afficher cette aumône. Cette condition eſt inutile, dit Pilferer, vous ſavez bien que je ne ſuis pas un charlatan en fait de bienfaiſance......

M. Hill ne nous congédia point ſans nous enſeigner le dernier moyen qu'il avoit employé pour faire ſauter le canif.

Le manche du canif eſt creux & diviſé en trois compartimens. Dans le premier A, j'ai mis du vif-argent qui s'écoule par le trou B dans la partie C, fig. 13 même pl. 2, de la magie blanche.

Tant que le mercure peut être contenu dans la partie C, le canif reſte en équilibre, parce qu'alors le mercure ſe diſtribue avec égalité des deux côtés du point d'appui; mais à force de couler, il monte enfin juſqu'à l'ouverture D, & paſſe dans la capacité G. Cette partie devenant alors plus lourde, il n'eſt pas étonnant que le canif change de place. (DECREMPS).

Tour de paſſe-paſſe avec des jetons.

Ce tour eſt, ſans contredit, un des plus beaux qu'on ait jamais inventés; il eſt, en quelque façon, compoſé de ſix tours différens, qui, étant pour ainſi dire, opérés dans le même inſtant, ne peuvent que faire la plus grande impreſſion tant ſur les yeux que ſur l'eſprit du ſpectateur; en effet, n'eſt-il pas ſurprenant, 1°. d'être pour ainſi dire, unique un dez à jouer s'évanouit & diſparoît dans un lieu d'où perſonne n'a pu le ſouſtraire; 2°. que des jetons ſortent inviſiblement d'une main où on les a vu placer; 3°. de trouver ces jetons-là où on n'avoit vu qu'un dez à jouer; 4°. de trouver enſuite ces mêmes jetons dans une main qui étoit vuide (en apparence); 5°. de ne pas trouver ces mêmes jetons ſous un cornet où on les avoit placés, & auquel perſonne n'a touché; 6°. de trouver le dez à jouer à ſa première place, d'où il avoit diſparu?

Pour faire ce tour, il faut d'abord ſe procurer un petit dez à jouer, avec une vingtaine de liards ou de jetons, ou ſimplement des pièces de fer blanc taillées en rond comme des pièces de 24 ſols.

1°. Il faut avoir un petit cornet cylindrique de cuivre, de carton, ou de fer-blanc. Il doit avoir un calibre ſuffiſant pour que les jetons puiſſent y entrer; il doit, de plus, être élaſtique & aſſez flexible pour qu'en le ſerrant entre deux doigts, on puiſſe empêcher de tomber les jetons qu'on mettra dedans, quoique l'embouchure du cornet ſoit tournée vers la terre.

2°. Une quinzaine de liards ou de jetons percés d'un gros trou dans le milieu & ſoudés enſemble les uns ſur les autres, de manière qu'étant ſurmontés d'un liard ou d'un jeton non percé, ils repréſentent une pile de liards ou de jetons ordinaires; on peut auſſi ſe procurer une pareille pile creuſe, avec un cornet entouré de fil de fer ou de cuivre, & ſurmonté d'un liard ou d'un jeton. (Voyez fig. 20, pl. 9, de Magie blanche tome VIII des gravures.)

3°. On jette un écu de ſix livres ſur la table; on met le petit dez dans un cornet & on le jette pareillement ſur la table, après l'avoir ſecoué un inſtant inftant; enfuite on donne le cornet & le dez à une perfonne de la compagnie, en la priant de jetter le dez à fon tour pour favoir à qui appartiendra l'écu de fix livres. Ceci n'eft qu'un prétexte pour faire remarquer, fans affectation à la compagnie, que le cornet eft fimple & fans apprêt, & qu'il n'y a dedans aucune pièce preparée d'avance pour jouer quelque tour.

4°. Quand on a ainfi jetté le dez plufieurs fois de fuite, on s'empare du cornet, & l'on prie quelqu'un de placer le dez fur l'écu de fix livres, comme dans la *fig.* 21, *ibid.*

5°. Tandis que le fpectateur place ainfi le dez fur l'écu de fix livres, on porte la main droite le cornet fur le bord de la table, & de la main gauche on prend la fauffe pile de jetons pour la mettre fecrettement dans le cornet.

6°. On place, pour un inftant, fur la table, la pile creufe & le cornet qui feul eft vu du fpectateur.

7°. On fouléve le cornet en le ferrant un peu entre les doigts pour empêcher la pile de tomber, & on place l'un & l'autre fur le dez, comme dans la *fig.* 22, *ibid.*

8°. On prend, de la main droite, une quinzaine de liards, ou de jetons qu'on tient d'abord au bout des doigts, & qu'on fait enfuite paffer vivement au fond de la même main, en la rapprochant de la main gauche. Cette dernière main fe fermant dans le même inftant, le bruit que font les liards par la fecouffe qu'on leur donne, fait croire, pour un inftant, au fpectateur, que les liards ont changé de main, & que, par conféquent, ils ne font plus dans la main droite.

9°. Pour que la main droite ne paroiffe pas gênée, en reftant fermée, pour tenir les jetons, on prend de cette main une baguette dont on appuie le bout fur la main gauche, comme pour ordonner aux jetons d'en fortir.

10°. On ordonne effectivement aux jetons de fortir pour paffer dans le cornet qui eft fur l'écu de fix livres, & d'en chaffer le dez pour fe mettre à fa place.

11°. On ouvre auffi-tôt la main pour faire voir que les jetons font partis; &, dans ce même inftant, pour ne pas donner aux fpectateurs le temps de réfléchir que les jetons font dans la main droite, on lève le cornet fans le ferrer, en laiffant fur l'écu de fix livres la fauffe pile de jetons, comme dans la *fig.* 23, *ibid.*

12°. Si l'on a eu foin de mettre d'avance fur cette pile deux ou trois jetons non foudés, on peut les tirer & les jetter fur la table l'un après l'autre, en difant : *En voilà un pour le garçon d'écurie, l'autre pour la fervante, & celui-ci pour le marmiton. Il faut que les honnêtes gens vivent, & les Normands auffi.* Cette circonftance fait croire que la pile eft compofée de véritables jetons, qu'elle n'eft point creufe, & qu'il n'y a point de dez caché en-dedans.

13°. On remet le cornet fur l'écu de fix livres en couvrant la fauffe pile, & on ordonne aux jetons de traverfer la table & de fortir invifiblement du cornet, pour que le dez puiffe reprendre fa place.

14°. On porte la main droite fous la table, &, en fecouant les jetons, on les fait fonner pour faire croire qu'ils font déjà paffés.

15°. On les jette fur la table, & on prend le cornet en le ferrant entre les doigts, pour enlever la pile; les fpectateurs voyant alors reparoître le dez, s'imaginent que les jetons font partis pour lui faire place.

16°. On porte le cornet fur le bord de la table, on laiffe tomber la pile creufe fur fes genoux; après quoi on jette négligemment le cornet fur le tapis, pour que chacun puiffe voir qu'il n'y a rien dedans. Dans ce moment, il faut bien fe garder d'obferver au fpectateur qu'il n'y a rien dans le cornet; une pareille obfervation de votre part, pourroit lui donner des foupçons, & faire naître dans fon efprit une idée qu'il n'auroit jamais eue. Il vaut mieux que le fpectateur faffe cette remarque de lui-même.

ESCAMOTAGE : (*voyez encore aux articles* AIMANT, ANNEAUX, AUTOMATES, CADRAN, CARTES, CIGNE, COMBINAISONS, DÉS, DEVINERESSE, ÉCRITURE, ÉLECTRICITÉ, ENCRE SYMPATHIQUE, FARCEUR, FIGURES, GOBELETS ET GIBECIÈRE, LETTRES MAGIQUES, LUNETTE MAGNÉTIQUE, MÉCANIQUE, NOMBRES MAGIQUES, PALINGÉNÉSIE, PHYSIQUE, SIRÉNE, TABLEAU MAGIQUE, &c. &c.

ESCAMOTEUR PEINTRE: (*voyez à l'article* DESSIN).

ÉTOILES : (*voyez à l'article* ASTRONOMIE).

EXPLOSION ÉLECTRIQUE : (*voyez* ÉLECTRICITÉ).

F.

FARCEUR. Voici le conte que fit un farceur en amusant une compagnie. Il arriva, dit il, dans Yorck un événement extraordinaire. On avoit mis en prison un vieux cordonnier accusé d'homicide. La justice entendit contre lui les dépositions de cinquante-deux témoins. Les uns déclaroient l'avoir vu jeter un enfant dans la rivière ; les autres disoient avoir entendu les cris de l'enfant noyé ; d'autres enfin, déposoient qu'ils avoient vu l'accusé se mettre en colère & frapper horriblement cet enfant avant de le jeter dans l'eau. Le vieillard se défendoit, en disant que, dans cette accusation, il n'y avoit point de corps de délit, puisqu'aucun citoyen ne se plaignoit d'avoir perdu son enfant, & qu'on ne pouvoit lui présenter le corps d'un enfant tué. Cette réflexion embarrassoit un peu les juges, qui n'étoient pas des gens de loi, mais simplement douze cordonniers, parce que, dans ce pays-là, chacun est jugé par ses pairs, & que la province d'Yorck fourmille de cordonniers, comme le limousin de tailleurs de pierres. Ne pouvant confronter l'accusé avec le corps noyé que le courant de la rivière avoit emporté jusqu'à la mer, les juges avoient envie d'envoyer leur confrère aux petites-maisons de ce pays-là, & cela avec d'autant plus de raison que, dans l'interrogatoire, on voyoit l'accusé rire comme un fou, & donner plusieurs autres signes de folie : cependant comme il avoit de longs intervalles de raison, & que les symptômes de démence étoient un peu équivoques, on n'osoit lui faire grace de la vie ; la déposition des témoins étoit d'ailleurs très-précise, & sembloit exiger une punition exemplaire.

Vous êtes bien embarrassés, dit le vieillard, permettez-moi de recevoir ici tout-à-l'heure la visite d'un de mes amis, & je ferai bientôt cesser votre irrésolution. Sur la permission qu'il obtint de recevoir cette visite, il manda son ami, qui vint bientôt après, avec une grande malle, dans laquelle étoit un petit berceau ; l'accusé en tira un grand sabre, & puis un enfant qu'il prit entre ses bras, en lui disant : « Adieu, mon cher fils, je vais mourir aujourd'hui pour avoir tué ton frère ». Cependant l'enfant pleuroit & paroissoit sensible aux adieux du vieillard. Les juges étoient surpris du premier aveu qui venoit d'échapper à l'accusé, lorsque celui-ci continua de cette manière : « Que deviendras-tu, mon cher enfant, quand tu n'auras plus auprès de toi celui qui t'a donné l'existence ? L'abandon & le mépris, voilà ta perspective ; la misère & l'opprobre, voilà ton partage ; mais, non, dit-il, tu n'auras point un pareil sort, c'est à présent pour la dernière fois que tu fais entendre tes gémissemens ». Ensuite le vieillard, insensible aux cris de l'enfant, parut entrer en fureur contre lui, & fit un mouvement pour lui donner un coup de sabre : *arrête, malheureux*, s'écrièrent les juges d'une commune voix ; mais il n'étoit plus temps : le coup étoit parti, & la tête de l'enfant rouloit déjà sur le parquet.

Les juges furent tous aussi étonnés que le lecteur va l'être dans un instant, quand ils virent qu'il n'y avoit pas de sang répandu, quoiqu'il y eût un enfant décapité : ils s'apperçurent bientôt qu'on n'avoit coupé qu'une tête de bois ; ils se plaignirent d'abord de cet excès de mauvaise plaisanterie qui venoit de les soumettre à une si rude épreuve. C'est pour conserver ma vie, dit le vieillard à ses confrères, c'est pour vous prouver que l'enfant qu'on m'accuse d'avoir jeté dans la rivière peut être semblable à tous égards à celui que j'ai décapité sous vos yeux. Vous voyez maintenant, ajouta-t-il, qu'il ne faut pas toujours juger un homme d'après les bruits populaires, & qu'on peut mettre une petite restriction à la maxime, *vox populi, vox Dei*.

Les juges, ravis de voir qu'ils ne s'étoient assemblés ce jour-là que pour un crime imaginaire, prièrent leur confrère de dire par quel art il avoit pu tromper les yeux & les oreilles jusqu'au point de faire une illusion générale. Vous le saurez bientôt, dit le vieillard ; écoutez mon histoire.

J'ai passé une partie de ma jeunesse avec une troupe ambulante de bateleurs, composée de toutes sortes de gens à talens ; l'un savoit imiter au naturel le chant du merle, de l'alouette, de la grive & du rossignol ; l'autre contre-faisoit la chouette, & faisoit entendre le miaulement d'un chat ; un troisième imitoit assez bien le chant du coq, le roucoulement d'un pigeon & le glouissement d'une poule ; mais il excelloit sur-tout à jouer le rôle de dindon ; un quatrième, (& c'étoit moi-même), avoit porté si loin l'art d'aboyer & de ricaner, que par-tout où nous passions, les chiens & les baudets du voisinage accouroient de toutes parts pour se mettre à l'unisson. Nous étions errans de village en village, & le public appelloit notre troupe la *ménagerie*. Piqué de ce qu'on nous donnoit un nom satyrique, je conçus le noble dessein d'obliger en quelque façon le public à faire en ma faveur une exception honorable ; l'amour de la gloire me fit créer pour moi-un rôle nouveau, pour n'être plus désigné sous la dénomination commune. J'osai me flatter que je pourrois parvenir un jour à imiter la voix d'un enfant à la mamelle. Mes espérances furent bientôt accomplies ; car les leçons que j'allois prendre journellement à l'hôpital des enfans-trouvés, & les fréquens exercices que je faisois en mon particulier, me valurent bientôt de grands applaudissemens, en portant au plus haut point un talent pour lequel la nature sembloit m'avoir formé. Je n'ai jamais regretté les peines que je m'étois données pour m'instruire dans ce nouvel art ; mon savoir m'a servi plus d'une fois à voyager sans argent, & à jouer des comédies où il n'y avoit d'autre acteur que moi ; mais il est dans ma vie une époque remarquable, où mon talent m'a servi à jouer une scène bien plus intéressante ; depuis trois mois je soupirois en vain pour une ingrate, que je ne pouvois fléchir ; entré en tapinois dans la chambre de cette belle inhumaine, je me tapis un jour au fond de sa ruelle, & je fis entendre ma voix enfantine ; elle crut entendre les cris d'un enfant nouveau-né, & accourut aussi-tôt par pitié, pour me bercer & pour sécher mes pleurs ; mais quelle fut sa surprise, lorsque s'appercevant du tour qu'on lui jouoit, elle ne trouva, derrière le rideau, que cet enfant malin dont l'empire s'étend dans toute la nature ! Le dieu d'amour qui l'attendoit, la blessa cruellement ; mais il ne la renvoya point sans adoucir ses maux, en la couronnant de roses, pour la recompenser du tendre sentiment qui l'avoit amenée.

Quelque habile que je fusse à m'acquitter de mon nouvel emploi, je m'apperçus bientôt que j'étois obligé de me cacher, ou de jouer devant des aveugles, pour produire l'illusion dans l'art nouveau que j'avois inventé. C'étoit en vain que je faisois entendre la voix d'un enfant à ceux qui ne voyoient aucun enfant auprès de moi, & qui voyoient remuer mes lèvres ; ils s'appercevoient à l'instant du déguisement de ma voix, & se plaignoient de ce qu'ils avoient deviné trop tôt & trop facilement le mot de l'énigme. Alors j'imaginai de porter dans mes bras une poupée emmaillotée, couverte d'un voile ; & pour persuader aux spectateurs que certaines paroles ne sortoient pas de ma bouche, je résolus de prononcer d'une voix enfantine des mots qui n'exigent point le mouvement des lèvres : je m'apperçus qu'avec un certain effort & un peu d'exercice, je pourrois parvenir à prononcer, sans aucun mouvement apparent de mes lèvres, tous les mots où il n'entre que des consonnes dentales, linguales ou gutturales, c'est-à-dire, des consonnes, telles que *d*, *l*, *k*, qu'on prononce des dents, de la langue ou du gosier, par exclusion aux consonnes labiales, qu'on prononce des lèvres, telles que *b*, *m*, *p*. Il y a une infinité de ces mots qu'on peut prononcer ainsi sans remuer les lèvres, sur-tout quand on parle d'une voix enfantine, parce que cette voix demande une prononciation gênée. Je don-

nerai pour exemple les mots suivans en quatre langues différentes : *ce qu'on dit est certain ; quelle heure est-il ? il est cinq heures. Nannette, sonne la cloche ; il est déja temps ; si Signora. Nonne serià dixisti.* I DID IT IN JEST.

Quand je fus bien exercé devant un miroir à jouer la partie enfantine de mon rôle sans remuer mes lèvres, je parus sur un théâtre dans un pays où j'étois inconnu ; je portai entre mes bras une poupée couverte d'un voile, avec laquelle j'entrais en conversation : elle me répondoit, toussoit, chantoit, pleuroit & crachoit ; & comme je l'interrogeois avec ma voix naturelle, qui est très-grave, on étoit naturellement persuadé que la voix enfantine, qui se faisoit entendre aussi-tôt pour donner la réponse, ne devoit pas provenir de la même bouche. La présence d'un corps emmailloté, & l'immobilité de mes lèvres, achevoient l'illusion. Cependant je prononçois quelquefois, d'une voix enfantine, toutes sortes de mots, sans aucun choix ; mais alors, crainte qu'on ne vît le mouvement de mes lèvres, j'avois soin de baisser ma tête vers la poupée, & d'appliquer mon visage contre son voile, comme pour la caresser & pour lui parler de plus près.

Maintenant je vous ai fait entrevoir les premiers principes de mon art, vous voyez, Messieurs, que les témoins oculaires que vous avez entendus contre moi, peuvent avoir mal vu ; je suis peut-être coupable, dans ce moment ci, de vous en avoir donné une preuve trop frappante, & de vous avoir tenus trop long-temps en suspens ; mais je vous prie de pardonner ma faute en faveur de ma leçon.

Au reste, ajouta le vieillard en finissant, j'oubliois de vous dire que lorsque je paroissois sur un théâtre, pour jouer moi seul un comédie à deux rôles, j'étois obligé de faire un petit aveu à toute l'assemblée. Si la compagnie s'étoit séparée en croyant que j'avois toujours eu dans mes bras la personne réelle d'un enfant, on n'auroit eu d'autre plaisir que celui d'entendre un petit dialogue amusant, & l'on seroit sorti du spectacle dans l'idée qu'on venoit de voir & d'entendre une chose fort ordinaire ; j'étois donc obligé, pour faire preuve d'industrie, de faire voir sur la fin que je n'avois dans mes bras qu'une poupée de carton. Cet aveu produisoit la plus grande surprise ; il se trouvoit alors des personnes qui prétendoient expliquer ce phénomène en disant que je parlois du ventre ; quelque-temps après, la gazette & le public me donnerent le nom de VENTRILOQUE.

(DECREMPS.)

Fausse expérience de Magdebourg.

M. Hill dans un repas, voulant amuser une compagnie, & interrompre des chanteurs importuns, commença de chanter lui-même d'une voix

aigre & difcordante, mais en même-temps il
allongeoit le bras comme pour trinquer avec fes
convives, en tenant fon verre d'une manière affez
remarquable, puifqu'il fembloit l'avoir collé fous
fa main, ouverte comme dans la *fig.* 6, *pl.* 6, *de
Magie blanche, tome VIII des gravures.*

Cependant il pofoit de temps en temps ce verre
fur la table, en continuant de chanter, & le repre-
noit de la même manière, après avoir montré qu'il
n'avoit dans fa main aucune matière vifqueufe.
Dans ce moment, un des chanteurs, frappé de
cette expérience, ceffa de fredonner pour
dire qu'elle étoit fondée fur l'attraction Newtonienne, & qu'elle démontroit affez clairement le
fyftême du philofophe anglois. Il eft également
clair, dit-il, en parlant à M. Hill, que vous faites
l'expérience de Magdebourg, dans laquelle deux
hémifphères concaves, réunis pour former une
boule dont on a pompé l'air, deviennent, infé-
parables jufqu'à un certain point, par la preffion
de l'air extérieur, &c. (Otto de Guerike, Bourgmeftre de Magdebourg, eft le premier qui ait
fait conftruire de ces hémifphères, d'où leur eft
venu le nom qu'ils portent.)

D'autres convives ceffant de chanter, continuèrent de crier pour foutenir la même opinion;
& dès-lors ces mêmes hommes, qui n'avoient pu
s'accorder en mufique, déraifonnèrent à l'uniffon.
Cependant une perfonne de la compagnie fit remarquer que cette prétendue expérience merveilleufe, qu'on vouloit expliquer par l'attraction,
confiftoit tout fimplement à pincer adroitement le
bord du verre, & à le tenir bien ferré entre le
pouce & la naiffance de l'index. (*fig.* 7, *ibid.*)

Tours des couteaux.

M. Hill voulant amufer un inftant la compagnie,
ne foufcrivit pas d'abord à cette explication; il
dit, en riant, que cette expérience fe faifoit par
la roideur des nerfs. La preuve que j'en donne,
ajouta-t-il, c'eft qu'en ferrant bien fort mon bras
droit avec ma main gauche, je peux tenir un
couteau fous ma droite fans le pincer en aucune
manière; alors il tint & préfenta un couteau comme
dans la *fig.* 8, *ibid.* Enfuite tournant fa main fens-
deffus-deffous, il fit voir, à différentes reprifes,
que le couteau n'étoit foutenu par rien. (*fig.* 9,
ibid.)

Pour expliquer ce fait, on revint alors à l'attraction & à l'expérience de Magdebourg; mais une
jeune fille, que M. Hill avoit regardée jufqu'alors
comme un enfant fans conféquence, & dont la
pénétration ne paroiffoit point à craindre, fe
baiffa, dans l'inftant même de l'expérience, & vit
que M. Hill allongeoit l'index de la main gauche
fur le couteau, pour le foutenir, & qu'il le retiroit adroitement, dans l'inftant où il tournoit le
dedans de la main vers le ciel, pour faire voir

qu'auparavant le couteau n'étoit foutenu par rien
(*fig.* 10, *ibid.*)

Nota. Que pour rendre cette expérience digne
d'attention, il faut tourner rapidement le dedans
de la main, tantôt vers la terre, tantôt vers le ciel,
comme dans les *fig.* 8 & 9; mais, crainte de laiffer
tomber le couteau par terre, ou de le jetter mal-
adroitement au vifage de quelqu'un, il faut, en
prenant la première de ces deux pofitions, le foutenir avec le pouce de la main droite, jufqu'à ce
que l'index de la main gauche vienne au fecours;
de même, quand on paffe de la première pofition
à la feconde, il faut, avant d'ôter l'index de la
main gauche, mettre un feul inftant à fa place,
le pouce de la main droite. Toute cette manipulation fuppofe une petite adreffe qui, n'étant
point foupçonnée du fpectateur, l'empêche de connoître la vérité; tandis que les apparens efforts, que
l'on fait pour ferrer le bras, femblent démontrer
que la roideur des nerfs fert à quelque chofe dans
cette opération.

La petite rufe de M. Hill fut bientôt dévoilée,
& auffi-tôt tout le monde avoua d'un commun
accord que l'attraction & la preffion de l'air ne
jouoit aucun rôle dans cette expérience; cependant M. Hill foutint que fon index n'avoit aucune
part à l'opération; &, pour prouver qu'elle étoit
entièrement fondée fur la roideur des nerfs, il la
répéta, en ferrant fon bras vers le coude, comme
dans la *fig.* 11, *ibid.*

On voyoit ici que l'index de la main gauche
ne fervoit à autre chofe qu'à ferrer le bras droit,
& que ce doigt étoit d'ailleurs trop éloigné du
couteau, pour lui fervir de foutien; c'eft pourquoi l'indifférence des fpectateurs fe changea tout-
à-coup en admiration, & la jeune demoifelle,
qui n'avoit pu retenir fon flux de bouche dans le
tour précédent, fe trouva dans ce moment réduite au filence. Heureufement pour M. Hill,
elle ne favoit pas qu'il avoit gliffé dans fa manche
un fecond couteau pour foutenir le premier, *fig.*
12. *ibid.*

Ce dernier tour plut beaucoup à la compagnie,
parce qu'il fut fait avec la plus grande adreffe
par un homme qui favoit faifir l'à-propos; cependant il étoit trop fimple pour échapper à l'attention des fpectateurs éclairés; c'eft pourquoi
M. Hill chercha à les diftraire, en difant qu'il
alloit manger une douzaine de couteaux pour fon
deffert. « Ne croyez pas, dit-il, que je cherche à
vous faire illufion : j'ai un eftomac d'autruche, &
vous verrez bientôt que je digère le fer & l'acier.

« Ayant eu autrefois le malheur de faire naufrage dans un voyage aux ifles Philippines, je fus
jeté par les vagues dans une île déferte, où je
me trouvai réduit à brouter de l'herbe & à boire
de l'eau de la mer; cette boiffon donna à toutes

mes humeurs, & sur-tout à ma salive & à mon
suc pancréatique, la propriété d'un véritable dissolvant : j'ai vécu quinze jours sans manger autre chose que des cailloux, & c'est pour cela
que l'académie des sciences, après un mûr examen, m'a donné le nom de Lithophage, ou mangeur de pierres ». M. Hill prononçoit ces paroles
d'un air grave, comme s'il eût dit des vérités in-
contestables, & en même tems il tenoit dans ses
mains un couteau qu'il portoit à sa bouche comme
pour l'avaler : cependant il le retiroit un instant
après, en attendant, pour l'avaler, qu'il eût fini son discours : enfin il cessa de parler, & aussi-
tôt il reporta le couteau à sa bouche, & lui donna
plusieurs coups de poing pour l'enfoncer comme
un clou ; dans ce moment le couteau disparoît,
M. Hill souffre des douleurs affreuses, ses yeux se
baignent de larmes, son teint pâlit, sa gorge s'enfle, & il fait entendre une voix rauque qui ressemble au râle d'un agonisant. La jeune demoiselle, qui avoit indiscrettement révélé un des secrets de M. Hill, crut que le couteau l'empêchoit
de respirer, & lui présenta un verre d'eau, en
lui disant : *buvez, monsieur le couteau m'appartient ;
mais je le perdrai sans regret, s'il ne vous étouffe
point*. M. Hill qui jusqu'alors avoit joué son rôle
en vrai comédien, fut si frappé de cette naïveté
à laquelle il ne s'attendoit point, qu'il ne put
continuer jusqu'à la fin ; c'est pourquoi il tira de
sa poche le couteau qu'on croyoit dans son gosier,
& partit d'un éclat de rire, qui se communiqua
à toute la compagnie, excepté à la jeune causeuse
qui venoit de montrer un peu plus de crédulité
que de pénétration.

M. Hill avoit profité de l'instant où il tenoit ses
mains appuyées sur le bord de la table, *fig*. 13,
pl. 6, *ibid*. pour laisser tomber le couteau sur ses
genoux, couverts d'une serviette, & les spectateurs ne s'étoient point apperçus de cet escamotage ; 1°. parce que la plupart croyoit, d'après
le discours qu'il venoit de prononcer, qu'il pouvoit le manger & le digérer ; 2°. parce qu'ils étoient
confirmés dans cette idée par les contorsions &
les grimaces dont on étoit témoin, & qu'on attribuoit aux souffrances de M. Hill, causées par
la grosseur du couteau arrêté au gosier ; 3°. parce
que les plus incrédules, quoique persuadés que
le couteau seroit escamoté, ne furent pas saisir
l'instant où se fit ce tour de passe-passe, tant ils
furent distraits par les circonstances.

Pour faire ce tour, il est un moyen plus subtil
& plus imposant, c'est d'avoir deux morceaux de
bois représentant les deux extrémités d'un couteau fermé, & attachés ensemble par un fil d'archal, tourné en spirale, *fig*. 14, *ibid*.

On laisse tomber sur ses genoux un vrai couteau
qu'on a fait semblant de vouloir manger, & on
prend à sa place ces deux morceaux de bois, qui

représentent un couteau entier, quand on les tient
dans les deux mains, comme dans la *fig*. 13. Le
faiseur de tours en les portant à sa bouche, les
rapproche l'un de l'autre, & par ce moyen il les
cache facilement dans sa main droite. Alors il
tient cette main fermée, sous prétexte d'enfoncer le couteau dans le gosier, en donnant des
coups de poing sur la main gauche, qui est appliquée sur les levres : (pour cacher l'absence du
couteau dans la bouche). Le spectateur, qui a
pris ces deux morceaux de bois pour un vrai couteau, ne peut guère s'imaginer qu'on cache le
tout dans une seule main, & se trouve naturellement obligé de croire que ce corps est entré dans
la bouche du faiseur de tours ; les contorsions &
les grimaces achevent l'illusion.

L'homme sauvage, mangeur de pierres.

Je crois devoir dire un mot ici d'un sauvage,
mangeur de pierres, que j'ai vu, il y a sept ans,
à la foire de Caen, en Basse-Normandie. On voyoit
à la porte de sa loge, un tableau qui représentoit
sa figure hideuse, avec une inscription qui invi-
toit les curieux à le voir pour deux sols : j'entrai
avec un de mes amis, & je trouvai une espèce
d'orang-outang, accroupi sur un tabouret, où il
tenoit ses jambes croisées comme un garçon tailleur à l'ouvrage. La couleur noirâtre de sa peau
annonçoit qu'il étoit né dans un climat brûlant &
lointain, & son conducteur disoit l'avoir trouvé
aux isles Moluques. Cependant il paroissoit insensible à la fraîcheur de la zone tempérée, puisque
son corps étoit toujours nud depuis la tête jusqu'aux
hanches, où il avoit une chaîne qui lui servoit de
ceinture. Cette chaîne, longue de 7 à huit pieds,
étoit attachée à un pilier, & lui permettoit de
rôder tout autour, sans s'approcher des spectateurs, dont il étoit d'ailleurs séparé par une bar-
rière ; ses gestes étoient menaçans, & ses regards
effroyables ; sa mâchoire inférieure ne cessoit de
trembloter que lorsqu'il poussoit des cris aigus &
perçans, qu'on disoit être les symptômes d'une
faim canine. Quoiqu'il mangeât quelquefois des
pierres, cette nourriture n'étoit guère de son
goût ; il préféroit ordinairement de la viande crue
& sur-tout des cœurs de bœufs, qui, seuls, à ce
qu'on prétendoit, pouvoient entretenir dans ses
entrailles cette chaleur naturelle à laquelle il étoit
habitué dans son pays natal, & que la température
de notre climat ne pouvoit guère lui donner. Dès
qu'on lui jetoit un morceau, il tâchoit de le hap-
per à la volée, comme un chien affamé ; il ne s'en
étoit pas plutôt emparé, qu'il menaçoit de donner
des coups de griffes à quiconque voudroit le reprendre ; cependant il s'enfuyoit aussi-tôt derrière
son pilier, pour être moins exposé au risque de
perdre sa proie ; un instant après il revenoit avec
ses mâchoires ensanglantées, & ne finissoit de
manger son morceau, qu'en recommençant ses

cris pour en demander autant ; quand on lui refuſoit de la viande , il mettoit dans ſa bouche de petits cailloux qu'il avaloit bientôt après ; ſi on lui jetoit de la viande avant qu'il eût avalé les cailloux , il les rejetoit auſſi-tôt , pour prendre la viande ; mais on faiſoit remarquer qu'ils étoient déja réduits en pouſſiere par l'âcreté de ſa ſalive , qu'on diſoit avoir la propriété d'un diſſolvant ; au reſte , quand ce ſauvage ſautoit du haut de ſon tabouret ſur le plancher , on entendoit remuer les cailloux dans ſon ventre , parce qu'il en avaloit ſouvent , ſans attendre qu'ils fuſſent mis en diſſolution dans ſa bouche ; ce phénomène parut ſi merveilleux , que pluſieurs ſavans ſe mirent l'eſprit à la torture , & firent gémir la preſſe pour en rendre raiſon. Je ne parlerai point ici de toutes les obſervations ſcientifiques & des divers ſyſtêmes qu'on vit éclore en cette occaſion ; je me contenterai de rapporter l'explication la plus ſimple , parce qu'elle eſt la plus vraie.

Le prétendu ſauvage Moluquois étoit un ruſé Franc-Comtois , natif d'un hameau , près de Beſançon , il avoit comme les négres d'Afrique , de la laine , au lieu de cheveux , & une phyſionomie de ſinge ; cette difformité qu'un homme vulgaire auroit regardée comme un préſent funeſte de la nature marâtre , lui parut un don du ciel , qui devoit un jour lui procurer des rentes ; il apprit de bonne heure à imiter les cris & les geſtes des animaux ſauvages , auxquels il reſſembloit déja par les traits de ſa figure ; ſe frottant enſuite le corps avec une diſſolution d'écorce de noix , il donna à toute ſa peau une couleur noirâtre & livide , que le tems ſeul pouvoit effacer ; il eut même dans cette opération , plus de bonheur qu'il ne s'en étoit propoſé ; car , ne pouvant frotter ſes paupieres , crainte de ſe faire mal aux yeux , il fut obligé de laiſſer , au milieu de ſon viſage , deux cercles blancs qui le firent regarder des naturaliſtes comme un négre très-ſingulier. Lorſqu'enſuite il ſe montra au public pour de l'argent , le monde ſe porta en foule chez lui , & la preſſe fut ſi grande dans ſon ſpectacle à deux ſols , qu'il lui arriva ſouvent de gagner dix louis par jour. Ses geſtes , ſes cris , la difformité de ſes traits , la chaîne qu'il traînoit avec fracas , & ſa nudité , étoient autant de circonſtances qui empêchoient de ſoupçonner en lui le moindre menſonge. Quant aux cailloux & à la viande crue qu'il mangeoit , c'étoit moitié vérité , moitié illuſion. Dès qu'on lui jetoit un morceau de viande , il lui donnoit un coup de dent en grognant , & en avaloit une très-petite partie ; mais il alloit dépoſer le reſte derriere ſon pilier , où il prenoit du ſang pour rougir ſes lèvres ; il revenoit , ayant dans ſa bouche un morceau de rôti , que les ſpectateurs prenoient pour le reſte de la viande crue dont il s'étoit emparé avec tant d'avidité : cette ſubſtitution de ſa part n'étoit point ſoupçonnée , parce qu'il

avoit l'apparence d'un animal extraordinairement carnivore. Le penchant qu'il ſembloit avoir à ſe cacher derriere ſon pilier paroiſſoit d'autant plus naturel qu'on ſait en général que les animaux ſauvages , peu accoutumés aux regards de l'homme , & réduits en captivité , n'oſent manger devant leur maître : la faim les oblige quelquefois d'accepter le morceau qu'on leur donne ; mais ils l'emportent auſſi-tôt dans un coin pour le dévorer en cachette. Tel étoit (en apparence) notre Comtois , quand il paſſoit derriere ſon pilier. Sa maniere de manger les pierres étoit un peu différente ; il tenoit ſur une aſſiette des cailloux de différente groſſeur ; il choiſiſſoit les plus petits , les plus ronds , & les plus polis , qu'il avaloit tout entiers , après avoir fait ſemblant de les pulvériſer dans ſa bouche ; mais il ne les digéroit pas mieux que certains Savoyards ne digerent les noyaux de ceriſe qu'ils avalent. . . . Le public ne voyoit jamais manger les gros cailloux ; mais en voyant avaler les petits , il ſuppoſoit naturellement que les gros auroient leur tour , & qu'étant mis ſur la même aſſiette , ils devoient avoir la même deſtination. Lorſque , pour compléter l'illuſion , le Lithophage , après avoir mis un caillou dans ſa bouche , faiſoit ſemblant de le cracher pour le faire voir en pouſſiere ; ce n'étoit point la poudre du même caillou ; ce n'étoit même pas toujours de la pierre pulvériſée qu'il faiſoit voir : c'étoit tout ſimplement les débris d'une boulette de poudre griſe qu'il avoit cachée auparavant dans une breche faite à ſa mâchoire par un arracheur de dents. Ce fait , auquel je n'ai point ajouté un iôta , peut-être atteſté par pluſieurs témoins oculaires , qui l'ont examiné avec aſſez d'attention , & aſſez ſouvent pour s'aſſurer de la vérité.
(DECREMPS).

Moyen de défaire un double nœud ſans le toucher.

M. Hill fit un double nœud à un mouchoir & le dénoua , ou parut le dénouer ſans y toucher ; voici par quel moyen :

Après avoir commencé le nœud comme dans la *fig.* 15, *pl.* 6 *de Magie blanche*, on le ſerre un peu , en tirant foiblement les deux bouts ſupérieurs A & B ; enſuite on continue de ſerrer bien fort , en tirant vigoureuſement le bout B & la partie C , premier coin du mouchoir ; & comme cette extrémité B & la partie C appartiennent à un ſeul & même coin du mouchoir , elles ne peuvent être ainſi tiraillées ſans perdre la route tortueuſe qu'elles avoient commencé de prendre dans le nœud , pour ne ſuivre alors que la ligne droite. Cependant la partie D , qui , avec l'extrémité A , forme le ſecond coin du mouchoir , fait , autour du premier coin , une eſpèce de nœud coulant , que l'on peut faire gliſſer facilement avec le pouce & l'index de la main droite , dans l'inſtant où on l'enveloppe avec le milieu du mouchoir. Pour que la compagnie ne pense point qu'il y ait un nœud coulant, on commence, quand on veut exécuter ce tour, par faire deux ou trois nœuds bien réels & bien serrés ; on les enveloppe dans le milieu du mouchoir, & on se vante de pouvoir les défaire sans y toucher, en défiant les plus adroits d'en faire autant. Si quelqu'un accepte le défi, on lui prouve alors son imprudence, en lui faisant voir que, pour défaire ces nœuds, une main ne lui suffit pas ; mais si tout le monde convient de la difficulté ou de l'impossibilité, on apostrophe quelqu'un de la compagnie, en disant : « Vous croyez » peut-être, Monsieur, que le nœud n'y est » déjà plus ; je vais vous prouver le contraire. « Alors on desserre soi-même les nœuds, & la difficulté qu'on a à y parvenir, prouve que, dans le premier cas, ce n'étoit pas un nœud simulé. L'espèce de nœud coulant que l'on fait ensuite en recommençant le tour, ressembloit extérieurement au premier nœud qu'on vient de défaire, est, aux yeux du spectateur, un véritable nœud gordien, il n'est donc pas étonnant que celui qui le défait en un clin-d'œil, & d'un coup de pouce, dans l'instant même où il paroît l'envelopper dans le milieu du mouchoir, obtienne les applaudissemens de toute une compagnie, lorsqu'ensuite il se vante de le défaire sans y toucher, & qu'il se contente de faire secouer le mouchoir pour faire disparoître toutes les traces du faux nœud coulant.

Tour de l'Ecu sur une table.

Après ce tour, M. Hill mit sur une table un petit écu, qu'il couvrit d'un mouchoir, & le fit passer invisiblement, & au grand étonnement de la compagnie, dans un gobelet à travers la table.

Pour faire ce tour, il substitua au premier écu qu'il avoit montré à la compagnie, un autre écu attaché d'avance à un fil, au bout duquel étoit une épingle pliée en crochet, *fig.* 16, *pl. 6 de Magie blanche, tome VIII des gravures.*

Ayant accroché l'épingle sous le mouchoir, il tenoit sa main gauche à six pouces au-dessus de la table, en pinçant l'écu substitué, dont on voyoit la forme à travers le mouchoir, tandis que l'autre main tenoit, sous la table, le premier écu sur le bord d'un verre, *fig.* 17, *ibid.*

Laissant alors tomber l'écu de sa main gauche, sur une assiette, qui étoit sur la table, il lâcha presque dans le même instant l'écu de sa main droite, dans le gobelet. Le spectateur, ayant l'oreille frappée par la chûte d'un écu sur l'assiette, & entendant, immédiatement après, le son d'un écu, tombant dans un verre, s'imagina naturellement que c'étoit le même écu ; d'où il conclut qu'il avoit traversé

la table & l'assiette, par des moyens merveilleux & surnaturels. Les plus incrédules, qui, jusqu'à ce moment, avoient au moins douté du fait, furent obligés de bannir leur septicisme, & de crier merveille comme les autres, lorsqu'ils virent que M. Hill prenoit le mouchoir par deux bouts, pour faire voir, en le secouant, qu'il n'y avoit aucun écu ni dans le mouchoir, ni sur l'assiette ; ils ignoroient que l'écu, tombé sur l'assiette, tenoit au mouchoir par un fil ; ils ne faisoient pas attention qu'on l'avoit soulevé doucement & très-délicatement, pour l'empêcher de sonner une seconde fois, & qu'en secouant le mouchoir, on ne le montroit que d'un côté, pour cacher l'écu, qui pendoit par derrière, &c.

M. Hill métamorphosa ensuite l'écu en une médaille par le premier moyen que nous avons indiqué pour la substitution de la jarretière (*fig.* 10, 11 & 12, *pl. 4 de Magie blanche*). Un des spectateurs s'apperçut de l'escamotage, & voulut faire part à M. Hill de ce qu'il avoit vu. Pour le distraire d'une observation trop bien fondée, M. Hill le pria d'examiner avec beaucoup d'attention l'empreinte de cette médaille, & de plusieurs autres toutes pareilles.

Puisque vous êtes si pénétrant, dit M. Hill, devinez en quel siècle & en l'honneur de qui elles ont été frappées. Le spectateur, les examinant de près, n'y trouva aucune inscription ; elles étoient polies & sans aucun bas-relief d'un côté, & la figure qu'on voyoit de l'autre étoit presque régulière ; les médailles, au lieu d'être rondes comme les autres, avoient la forme d'un quadrilatère oblong, dont les angles étoient cependant un peu arrondis (*fig.* 18, *pl. 6, de Magie blanche.*)

Elles étoient noires, &, parmi les métaux dont elles étoient composées, il y avoit à-peuprès un cinquième d'argent. Ces circonstances déconcertèrent un peu le spectateur, qui avoua son incapacité ; cependant, pour donner à entendre qu'il avoit autant de pénétration qu'un autre, il ajouta qu'il déficoit le plus savant antiquaire de dire d'où venoient ces médailles.

Je ne suis ni savant ni antiquaire, répliqua M. Hill, & cependant je vais vous dire d'où elles viennent : elles viennent d'une île sauvage, où j'ai séjourné quelque temps sur la côte d'Afrique.

Quelqu'un ayant donné à entendre à M. Hill qu'il n'avoit jamais été sur la côte d'Afrique, & qu'il ne lui étoit point arrivé autant d'aventures qu'il vouloit bien le donner à entendre dans certaines occasions ; il répondit qu'il avoit fait, au contraire, des choses extraordinaires & incroyables, dont il n'avoit jamais fait aucune mention : « Par exemple, dit-il, je suis bien sûr que vous ne me croirez pas, si je vous dis que j'ai tué une fois d'un seul coup de manche à balai, quatre faucheurs dans une prairie, & que, le même jour, j'ai mangé à mon souper quatre anguilles avec trois serpens ». Ceci parut une fable. Mais M. Hill, s'adressant à un vieillard de la compagnie, lui dit à l'oreille, que les faucheurs qu'il avoit tués, étoient des araignées d'une espèce qui porte ce nom, & que les trois serpens, dont il venoit de parler, étoient des muficiens jouant du ferpent dans les concerts fpirituels ; c'eft avec ces trois-là, dit-il tout bas, que j'ai mangé quatre anguilles : vous voyez que nous en avions une pour chacun.

M. Hill, ayant enfuite prié le vieillard de ne pas dire le fin mot, lui demanda s'il croyoit à l'hiftoire des faucheurs & des ferpens ; la chofe eft fi croyable, dit le vieillard, & en même temps fi facile, que je fuis prêt à en faire autant. On entendit cette réponfe avec la plus grande furprife ; & comme le vieillard avoit la réputation d'un homme extrêmement véridique, on fuppofa auffi-tôt qu'il y avoit là-dedans quelque chofe d'extraordinaire, fans faire attention qu'il s'agiffoit d'un fimple jeu de mots.

M. Hill avoua, en riant, que les médailles avoient été jetées au moule par lui-même, & que c'étoit un tour de fon invention pour embarraffer, dans l'occafion, les queftionneurs.

Nombre deviné.

Après cela, M. Hill devina (en apparence) combien de clefs une dame de la compagnie avoit dans fa poche ; pour cela il fit mêler des cartes par un autre, en retenant dans fa main la quinte-majeure en trefle. *Faites deux paquets*, dit-il enfuite, *prenez-en un au hafard, & fous le paquet que vous choifirez, il fe trouvera autant de cartes de la quinte-majeure en trefle, que vous avez de clefs dans votre poche.*

La dame, à qui on s'adreffoit, voulut auffi-tôt prendre un paquet, pour favoir, en regardant les cartes, fi M. Hill avoit dit la vérité ; mais M. Hill l'en empêcha, en difant : « Ne regardez pas les cartes, Madame, avant d'avoir montré vos clefs ; car, fi vous faviez trop tôt ce que les cartes indiquent, vous pourriez bien fouftraire & cacher une clef ou deux, pour avoir le plaifir de dire que je me fuis trompé. »

Alors cette dame fit voir qu'elle avoit trois clefs ; & M. Hill, prenant auffi-tôt le paquet de cartes qui venoit d'être choifi, y pofa la quinte-majeure en trefle. Enfuite il fit fauter la coupe, pour faire paffer par-deffous, les trois cartes qui, felon fa promeffe, devoient s'y trouver, pour correfpondre au nombre de clefs qu'on venoit de montrer.

Nota. 1º. Que fi la perfonne à qui on s'adreffe, avoit dans fa poche plus de cinq clefs, il faudroit répéter l'opération, pour faire enfuite une fomme totale de toutes les cartes de la quinte en pique, qu'on auroit fait paffer à chaque fois fous le paquet choifi.

Nota. 2º. Qu'on peut appliquer ce tour à une infinité d'objets, & s'en fervir, par exemple, pour deviner (en apparence) combien une femme a eu d'enfans, &c. (DECREMPS.)

Le coureur invifible.

M. Hill parla en ces termes, en préfentant à la compagnie une petite figure de bois, haute d'environ quatre pouces. (*fig.* 19, *pl.* 6, *de Magie blanche*, *tome VIII des gravures.*)

Voici, dit-il ; le petit coureur invifible que je dépêche pour toutes mes affaires importantes, c'eft un commiffionnaire fi difcret, qu'il ne divulgue jamais un mot des fecrets qu'on lui confie ; c'eft un ferviteur défintéreffé qui n'importune jamais fon maître, en demandant fes gages ; c'eft un efpion d'autant moins fufpect, que dans toutes les compagnies où il eft admis, il paffe pour être fourd & aveugle.

Enfuite il apoftropha la petite figure de la manière fuivante : « Courage, M. Jean de la vigne, allez à Dijon me chercher de la moutarde ; paffez par Venife, pour voir fi le Doge a confommé fon mariage avec la Mer Adriatique ».

M. Hill, ayant porté la petite figure à fon oreille, comme pour écouter fa réponfe, la pofa bientôt fur la table, en lui difant : « Vous avez raifon de me demander votre robe de foie, elle vous procurera les politeffes de ces gens à préjugés, qui ne refpectent que l'habit, & qui ne reconnoiffent jamais le mérite fous des haillons ». Ici il parut faire une converfation avec la figure, qu'il reportoit de temps en temps à l'oreille ; enfuite il la couvrit de fa robe, en lui difant : « C'eft bien parlé, je vous entends ; je fais qu'un voyageur fans argent eft comme un apothicaire fans fucre, ou comme un poëte fans un grain de folie ».

Alors il porta deux fois la main dans fon gouffet, comme pour prendre de l'argent, & pour en donner à fa poupée, & nous difant : « Si vous ne voyez rien, Meffieurs, n'en foyez point furpris, je donne de l'argent invifible à Jean de la Vigne, parce qu'il va voyager invifiblement » ; en même temps il fit monter la robe fur la tête de la petite figure, & montrant fes mains, pour prouver qu'il n'emportoit rien, il retourna enfuite la robe fens deffus-deffous & fens devant-derrière, pour faire voir que le petit nain étoit parti invifiblement. Enfin, pour ôter tout foupçon fur la préfence du petit nain, il ploya la robe

robe, & la tortilla jufqu'à ce qu'elle fut réduite au volume ordinaire d'une petite noix.

Ce tour eft ordinairement employé pour attirer les curieux, par ces guériffeurs ambulans, qui vendent de l'orviétan dans les foires & les marchés. Les moyens en font fimples, & l'exécution en eft fi facile, qu'il ne demande aucune adreffe des mains ; mais auffi il n'amufe guère que par le grand babil de l'opérateur.

M. Hill imitoit fi bien le ton, l'accent & l'éloquence verbeufe des charlatans, qu'on l'auroit pris lui-même pour un bateleur, s'il avoit pu fe défaire de fes manières extrêmement honnêtes, pour endoffer un habit galonné d'oripeau.

« Meffieurs & dames, difoit-il, y a-t-il quelqu'un parmi vous qui fente des douleurs, des vapeurs, des fadeurs ? Avec mon baume je m'en moque. Etes-vous afthmatique, colérique ou famélique ? Avec mon baume je m'en moque. Etes-vous poffédé d'une paralyfie, de l'hydrophobie ou de la métromanie? Avec mon baume je m'en moque. Y a-t-il ici des mâchoires fans dents, des hommes fans cœur, des femmes fans têtes, ou des têtes fans cervelle ? Avec mon baume je m'en moque. Tous ceux qui acheteront de mon baume, recevront de moi un joli préfent, pour fe réjouir à peu de frais. Je leur donnerai ».

     Une chanfon burlefque,

     Dont le plan eft grotefque ;

     Un couplet gigantefque,

     D'un langage tudefque ;

     Un récit romanefque,

     D'un ftyle pédantefque ,

     Sur un air foldatefque.

Ici , M. Hill interrompit fon difcours, pour porter fixement fes regards étonnés vers le toit de la maifon voifine ; tout le monde fe mit aux fenêtres pour appercevoir l'objet de fon attention, cependant on ne vit rien ; mais M. Hill fembloit toujours regarder quelqu'un, & faire une converfation par figne ; enfuite, donnant à entendre que fon petit coureur, *Jean de la vigne*, fe promenoit fur les toits, il lui dit :

     Te voilà, malheureux, tu rôdes fans chemife,

     Au lieu de t'habiller pour aller à Venife.

     Viens ici tout-à-l'heure, ou je te magnétife.

Enfuite il fit reparoître dans fes mains la petite figure, qui, bientôt après, s'évanouit comme auparavant.

Ce tour confifte dans la conftruction de la figure *Amufemens des Sciences.*

de bois. Cette figure fe divife en trois parties qui tiennent enfemble par des chevilles , fig. 20 *ibid*).

Lorfque ces trois parties, réunies enfemble, comme dans la *figure 19*, font couvertes de la petite robe, comme dans la *fig. 21 ibid*, le faifeur de tours peut facilement les détacher l'une de l'autre, & en mettre deux dans fa poche, quand il fait femblant de prendre de l'argent, pour en donner au petit voyageur : le fpectateur voyant toujours la tête de la poupée, ne penfe pas que le tronc vient d'en être féparé, parce que la robe de foie cache aux yeux cette amputation ; lorfqu'enfuite on met cette tête dans un petit gouffet caché dans les plis de la robe, on peut retourner cette robe de toutes les façons, fans que la tête paroiffe ; la ployer enfuite pour la réduire à un très-petit volume, & faire enfin reparoître la tête, qui annoncera aux fpectateurs la préfence de la figure entière.

     Monorime.

M. Hill, après avoir fait difparoître fa poupée pour la dernière fois, fe promena dans la chambre en gefticulant & en prononçant ces mots :

     Avez-vous quelque refte

     Du virus de la pefte ;

     Meffieurs, je vous protefte

     Que mon talent célefte

     Guérira d'un feul gefte

     Votre poifon funefte.

Une dame de la compagnie, frappée de ce que M. Hill employoit fouvent la même rime, lui dit, par une efpèce de défi : « Ce feroit un beau tour, monfieur, fi, pour nous diftraire fur vos opérations, vous pouviez faire un monorime d'une centaine de vers ».

Cent vers, répliqua M. Hill, c'eft trop peu ; le moins que je puiffe en faire fur la même rime, c'eft une groffe, c'eft-à-dire, douze douzaines : ce qu'il exécuta fur le champ.

     Coup de tête contre une porte.

Après ce tour de force, M. Hill dit : Voulez-vous mefdames, que je vous enfeigne mon fecret pour faire des vers impromptu ; c'eft de fe bien frotter le front, non avec la main, comme faifoit Horace ; mais en donnant de grands coups de tête contre un mur. Alors M. Hill fe donna trois ou quatre coups de tête contre une porte, & mit auffi-tôt fa main au front comme pour appaifer la douleur occafionnée par la violence des coups. Ceci n'étoit qu'un jeu, comme les autres tours ;

car M. Hill n'avoit feulement pas touché la porte avec fa tête, quoiqu'on le crût bleffé à cette partie. Dans le même inftant où il avoit fait des mouvemens comme pour fe frapper, il avoit efquivé le coup, en retenant fa tête, à l'aide de la main gauche appliquée fur la porte vers l'endroit où il fembloit heurter, tandis que le bras droit, caché aux yeux du fpectateur, frappoit la porte à main fermée. La correfpondance des mouvemens de la tête avec le bruit occafionné par ces coups de poing, produifoit une illufion complette, *fig.* 22, *pl.* 6 *de magie blanche.*

Pour empêcher la compagnie de réfléchir fur ce moyen, M. Hill parla en ces termes : Vous croyez peut-être, meffieurs, que, pour faire ce dernier tour, il faut avoir une tête fans cervelle ; mais ce feroit une erreur de votre part ; voici mon fecret : Il fe réduit à deux mots ; il fuffit d'être invulnérable ; & d'avoir un crâne de fer. Y a-t-il quelqu'un parmi vous qui veuille lutter contre moi à coups de tête comme les béliers ? (DECREMPS.)

(*Voyez* CHARLATAN, DEVIN, DEVINERESSE, ESCAMOTAGE, GIBECIERE, GOBELETS (tour des) &c. &c.

FEU. Le feu peut être confidéré comme une matière particulière, généralement répandue dans tous les corps (1) ; fes parties dures, tranchantes & néanmoins fluides, s'agitent en tous fens avec une extrême rapidité, foit par l'effet de la matière fubtile, foit par celui de quelqu'autre agent : le mouvement violent de cette matière, la met alors en état de pénétrer, divifer, détruire tous les corps combuftibles, & de fondre, liquéfier & calciner les métaux & les corps les plus durs.

Le choc, le frottement, ou le mouvement violent des corps, accélérant néceffairement celui des parties du feu qui y font renfermées ; & leur donnant alors de nouveaux dégrés de force & d'activité, produit & communique la chaleur, & occafionne à certain dégré l'inflammation (2).

Lorfqu'il n'y a dans les corps qu'une fimple communication de chaleur, le corps échauffé ne peut avoir une chaleur plus forte que celle de celui

dont il l'a reçue, & le plus fouvent même elle eft moindre ; c'eft par cette raifon que dans cette circonftance ces corps fe refroidiffent auffi-tôt qu'ils font féparés de ceux qui la leur ont communiquée.

Si le mouvement rapide de la matière du feu eft au dégré fuffifant pour produire l'inflammation, ce qui arrive plus aifément aux corps qui font poreux ; cette matière alors excite & ranime toutes les parties de même nature qui s'y trouvent renfermées, & ces parties venant à pénétrer & à s'étendre de tous côtés pour fe mettre en liberté, brûlent & détruifent ces corps de toutes parts en rompant les cellules où ce feu fe trouvoit en quelque forte renfermé, ce qui produit alors ce qu'on nomme embrafement, qui gagnant de proche en proche avec plus ou moins de violence ou de facilité, felon la nature de ces mêmes corps, augmente confidérablement, & ne ceffe que lorfqu'il ne fe trouve plus de matière qu'il puiffe détruire & attaquer.

L'effet du feu fur tous les corps n'eft pas le même, il dépend prefque toujours de leur nature, le feu divife, fépare & détruit toutes les parties des bois, il calcine les pierres, & il fond les métaux les plus durs.

Plus les corps contiennent en eux-mêmes de parties fulfureufes, plus auffi ils font combuftibles ; ceux qui n'en contiennent point ou très peu, font, pour ainfi dire, infenfibles à l'action du feu. Le diamant & certaines pierres précieufes peuvent refter plufieurs jours dans le feu fans aucune altération, & fans qu'il réfulte aucune défunion des parties dont il eft compofé ; a vu de la toile faite avec de la racine d'un arbre qui croit dans les indes, ne fouffrir aucune altération, après avoir été expofée à un feu fort ardent, & quoiqu'on l'eût même trempée dans l'huile, pour en augmenter l'activité.

Le feu a la propriété d'enlever par l'évaporation l'eau dont toutes les différentes matières peuvent être pénétrées : il augmente le volume des corps (3), même des métaux, ce qui eft néceffairement occafionné par la dilatation de l'air qui fe trouve renfermé dans ces corps ; mais lorfque ces corps font affez poreux pour laiffer échapper cet air à mefure qu'il fe dilate, il n'en réfulte aucune augmentation fenfible, il arrive même quelquefois qu'ils diminuent de volume, lorfqu'ils font refroidis ; attendu que l'air qui en étoit forti, n'y rentrant pas en égale quantité, & s'y trouvant par conféquent condenfé, en reflerre les

---

(1) Le feu élémentaire eft univerfellement répandu dans la terre, dans l'eau & dans l'air ; il n'eft aucun corps où fa préfence & fon action ne fe faffe fentir plus ou moins, & rien ne prouve mieux cette préfence que les expériences de l'électricité.

(2) Si on frappe un caillou avec un morceau d'acier trempé, il s'échappe de petites parties d'acier que les étinceles qui fortent de ce caillou fondent à l'inftant, & réduifent en petits globules, comme il eft aifé de fe convaincre à l'aide d'un bon microfcope.

---

(3) Une tringle de fer de 4 à 5 pieds de long, fortement chauffée, s'allonge de quelques lignes, & reprend fa première dimenfion étant refroidie.

pores, comme il arrive au bois qui diminue de largeur étant féché au four.

De tous les élémens, le feu est celui dont les parties font les plus fluides & les plus pénétrantes. On peut bien conserver l'air & les liqueurs les plus spiritueuses dans un vase bien fermé, mais on n'y peut conserver le feu ; il n'est aucun moyen de le fixer & de l'assujétir dans aucun corps, ou d'empêcher qu'il ne s'étende au dehors ; & si par quelque moyen, on parvient à retarder sa marche, l'obstacle qu'on lui oppose le laisse enfin échapper, & felon les circonstances, il se dissipe peu-à-peu, ou il éclate avec violence.

Inflammation extraordinaire.

Il faut avoir trois parties d'huile de gayac, de gérofle, ou de térébenthine (1), une partie d'esprit-de-nitre & autant d'huile de vitriol concentrée.

Si ayant versé dans un grand verre à bierre les trois parties d'huile de gayac, on met dans un autre vase l'esprit-de-nitre & l'huile de vitriol ci-dessus, & qu'on les verse à deux ou trois reprises, & à peu de distance l'une de l'autre dans l'huile de gayac ; on appercevra une violente fermentation dans le vase qui contiendra ces trois liqueurs, & il s'en elevera aussi-tôt une fumée très-épaisse où l'on verra briller une flamme qui s'élevera au-dessus du verre, à la hauteur de plus d'un pied. (2) Il se répandra dans la chambre une odeur aromatique très-forte.

Nota. Les matières fulfureuses contenues dans l'huile ci-dessus, qui se trouvent pénétrées de toutes parts & avec promptitude par les acides violens qu'on y mêle, se degageant des lieux qui les retenoient, se mettent en liberté, éclatent de toutes parts, & dissipent en flamme les parties les plus fubtiles de ce mélange ; celles qui font les plus grossières s'exhalent en odeur & en fumée.

Fondre une pièce de monnoie dans une coquille de noix, fans l'endommager.

Prenez une pièce de dix-huit deniers, & l'ayant ployée, mettez-la dans une demi-coquille de noix que vous poserez fur un peu de sablon, afin qu'elle ne se renverse point ; remplissez cette coquille avec un mélange fait de trois parties de

___

[1] On doit choisir la plus nouvelle, pour ne pas manquer l'opération.

[2] Une once de nitre fumeux, autant d'huile de vitriol concentré, ayant été mise dans un verre, si on verse fur ces deux liqueurs une égale quantité d'huile de térébenthine, ce mélange produit une flamme, qui s'annonce par une explosion & un tourbillon de fumée.

nitre bien pulvérisé que vous aurez bien fait fécher dans une cuiller que vous ferez chauffer ; ajoutez-y une partie de fleur de soufre, & quelque peu de rapure de bois tendre, bien tamisée : mettéz le feu à cette composition.

Aussi-tôt que ce mélange aura été enflammé & qu'il se sera mis en fusion, on verra au fond de la coquille le métal qui compose cette pièce entièrement fondu & très-ardent, fous la forme d'un petit bouton, qui se durcira dès que la matière qui brûle autour de lui sera consommée. La coquille qui aura servi à cette opération sera très-peu endommagée.

Le feu qui occasionne la fonte de ce métal est d'autant puissant, qu'agissant fur une partie de ce métal extrêmement mince, il est encore aidé par un acide capable de diffoudre le cuivre & l'argent dont cette forte de monnoie est composée.

Poudre fulminante.

Prenez trois parties de salpêtre bien féché, une partie de sel de tartre & une de fleur de soufre, & broyez bien le tout dans un mortier. Mettez deux ou trois gros de cette composition dans une cuiller que vous poserez fur un petit feu de charbon.

Ce mélange deviendra d'abord liquide ; peu après on appercevra de petites flammes bleues fur sa superficie, & un moment après il se diffipera entièrement & tout-à-coup avec un bruit effroyable.

Nota. Il faut user de beaucoup de précaution lorsqu'on fait ces fortes d'expériences ; & on doit se tenir éloigné autant qu'il est possible, de crainte que quelque partie de la matière enflammée ne vienne frapper au visage.

Faire paroître fur un papier des caractères lumineux.

Prenez une plaque de cuivre AB, (fig. 2 & 4, pl. 2, pièces d'artifices), d'une épaisseur convenable, & faites-y ajuster & river des lettres, ou tous autres caractères & figures découpés de même matière que vous voudrez, & auxquels vous donnerez 2 lignes d'épaisseur, afin que cette plaque étant chauffée, puisse conserver une chaleur très-forte : ajustez à cette plaque une tige de fer C (fig. 2), & un manche de bois D ; faites chauffer cette plaque pendant quelque tems, & appliquez-la fortement fur un papier blanc bien sec, que vous aurez posé fur un morceau de drap ployé en deux.

Si on porte aussi-tôt ce papier dans l'obscurité, l'empreinte de ses lettres formera des caractères lumineux & très-distincts qui continueront à briller jusqu'à ce que le papier foit entièrement refroidi.

On peut faire paroître des caractères beaucoup plus lumineux en se servant du phosphore de *Kunckel* : prenez un petit bâton de ce phosphore, & écrivez sur un carton noir tels figures ou caractères que vous voudrez ; portez ensuite ce carton dans un lieu fort obscur.

Les caractères que l'on a ainsi formés paroissent très-lumineux. Si cette expérience se fait dans un tems chaud, leur lumière sera plus vive & se dissipera plus promptement ; elle durera davantage si le tems est froid ou humide : si on souffle sur ces caractères, on les fait disparoître, mais un instant après, ils reparoissent d'eux mêmes ; lorsqu'il semble que ces caractères vont cesser de briller, on peut les ranimer à plusieurs reprises, en les frottant légèrement avec la main : pendant toute cette opération, on voit une fumée blanchâtre & fort légère qui s'élève de tous les endroits où ces caractères ont été tracés.

Faire paroître en caractères lumineux le nom d'une carte qu'une personne a choisie librement dans un jeu.

Ayez un jeu de cartes disposé comme il est indiqué au tour & à l'ordre des cartes à l'effet de les nommer toutes ; & après avoir donné à couper à plusieurs personnes, étalez ce jeu sur la table, dites à une personne d'y choisir librement & au hazard, telle carte qu'elle voudra ; lorsqu'elle aura pris cette carte, reprenez le jeu, & en le relevant, partagez-le en deux à l'endroit où la carte a été tirée, & mettez celle qui la précédoit au-dessous du jeu, renversez le jeu, & sous prétexte de faire voir que ce sont bien toutes cartes différentes, tenez le jeu de manière qu'une personne cachée dans un cabinet voisin puisse appercevoir cette dernière carte, & connoître par conséquent celle qui a été tirée ; donnez-lui le tems d'en écrire le nom en grand caractère sur un carton noir qui doit être placé vis-à-vis un trou communiquant à ce cabinet, dites alors à cette personne de regarder par ce trou, & qu'elle verra sa carte. Sa surprise sera fort grande de l'appercevoir écrite en caractères lumineux, particulièrement si la chambre est bien obscure, attendu qu'alors elle n'appercevra rien autre que ce qui aura été ainsi écrit.

Inflammation extraordinaire.

Prenez une bouteille de verre fort, de la contenance d'environ un poisson, versez-y une once de vitriol concentré, & jettez par-dessus deux gros de limaille de fer.

Si, aussi-tôt qu'on a fait ce mélange, on agite un peu la bouteille, & qu'ayant ôté son bouchon, on présente une bougie allumée à l'ouverture de cette bouteille qu'on doit à cet effet un peu incliner, il se formera aussi-tôt une inflammation subite accompagnée d'un bruit assez considérable. Pour faire cette expérience, il faut laisser la bouteille bouchée pendant quelques instans, afin qu'il s'y amasse une plus grande quantité de vapeurs. Si l'on craignoit que l'effet fût trop violent, il faudroit envelopper la bouteille d'un linge, pour éviter d'être blessé par ses éclats, si elle venoit à se briser par la force de cette explosion. On peut même la poser à terre & enflammer les vapeurs qui en sortent avec une petite bougie attachée au bout d'une baguette.

Imitation des éclairs.

Ayez un tuyau de fer-blanc de la forme d'un flambeau, (*fig.* 3, *pl.* 1 *pieces d'artifice*) dont le côté A qui doit être plus gros, soit percé de plusieurs petits trous, & puisse s'ouvrir ; mettez y de la poix-résine réduite en poudre.

Si on secoue cette poudre sur la flamme d'un flambeau allumé, il se fera une inflammation subite, qui, répandant une lumière considérable, imitera très-bien les éclairs. *Voyez* FLAMBEAUX DES FURIES.

Maniere d'imiter au naturel les feux d'artifice réels, par la seule interposition de la lumière & de l'ombre.

Pour parvenir à construire ces diverses pièces apparentes d'artifice, de manière que l'art puisse (autant qu'il est possible) imiter (1) l'effet des feux d'artifice réels, il est plusieurs choses très-essentielles à rendre avec précision.

Premièrement, la couleur dont les feux d'artifice réels sont susceptibles.

Secondement, la forme & la figure de leurs jets de feu.

Troisièmement, leurs différens mouvemens lents ou vifs, directs ou circulaires.

Maniere d'imiter les différentes couleurs.

On peut réduire les différentes couleurs qu'offrent aux yeux les feux d'artifice réels, à quatre principales.

La première est celle du feu de lance, qui s'emploie dans les pièces d'illuminations & dans quelques autres pièces, telles que les colonnes, pyramides & globes tournans. Ce feu est très-éclatant & légèrement bleuâtre. Les transparens qui doivent désigner ces sortes d'objets, doivent

(1) Les imitations qui se font en petit, peuvent s'insérer dans des boîtes d'optique.

par conséquent être colorés d'une foible teinte de bleu (1).

La deuxième, celle des jets de feu brillant, qui est d'un blanc très-vif, & où l'on n'emploie aucune couleur.

La troisième, celles des jets de feu ordinaire, qui sont d'une couleur plus ou moins jaunâtre (2).

La quatrième, celle des jets de feu dont la couleur tire sur le rouge, qui s'emploie assez ordinairement dans les pièces d'artifice qui représentent des cascades (3).

Il est encore un feu de couleur bleuâtre assez vive, qui s'emploie pour représenter en feu tranquille, des chiffres & emblèmes, ou autres figures qui se mettent au centre des soleils ou autres pièces tournantes.

La vivacité du feu représentée par ces différentes couleurs, n'étant imitée (comme on le verra ci-après) que par le moyen des rayons de lumières qui éclairent & s'arrêtent sur des papiers mobiles & transparens (4), ainsi diversement colorés, il est-indispensable de placer derrière eux plusieurs bougies allumées, également espacées entr'elles, qui n'en soient pas trop proches, sans quoi les objets qu'on veut représenter, ne seroient pas éclairés convenablement, attendu que chaque lumière produiroit alors une tache lumineuse à l'endroit du papier qui en seroit le plus près (5).

Si, parmi les pièces qu'on se proposeroit de construire, il y avoit quelques parties qu'on voulût faire paroître en transparent, & au travers desquelles on dût néanmoins découvrir de l'artifice, il faudroit y employer du papier plus épais, & des couleurs plus vives, quoique transparentes, afin que les parties qui imitent l'artifice ne perdent rien de leur éclat, attendu que, dans ces sortes de pièce, ce sont les ombres artistement opposées aux lumières, qui produisent les effets agréables qu'on doit en attendre.

Manière d'imiter la figure des pièces d'artifice.

Pour imiter les *jets de feu ordinaire*, on les découpera sur du papier très-fort, noirci des deux côtés (6), afin qu'il soit très-opaque : ces découpures doivent être suivant la forme qui est désignée par les *figures cinquième & sixième, planche 2, pièces d'artifice*; c'est-à-dire qu'on découpera avec un canif, & au bas de chaque jet, trois ou cinq ouvertures B, très-étroites, de la moitié environ de la longueur dont on voudra faire le jet, & allant un peu en pointe vers chacune de leurs extrémités; on y ajoutera ensuite, avec de petits emporte-pièces, des trous un peu oblongs & de différentes grandeurs, qu'on piquera (7) sans affecter aucune égalité entr'eux, en observant néanmoins que ceux qui sont les plus éloignés des points A d'où sont supposés partir les jets de feu, doivent être plus espacés entr'eux, attendu que dans les feux d'artifice naturels, les étincelles les plus éloignées d'où sort le feu, sont plus écartées & moins garnies. Une autre attention qu'il faut avoir, c'est que tous ces petits trous soient dirigés vers les points A, c'est-à-dire vers le centre commun d'où doit s'élancer le feu; le tout enfin comme il est suffisamment désigné par les figures quatrième & cinquième, ou les parties gravées sont celles qu'on doit découper & laisser à jour.

Pour imiter les *jets de feu brillans*, on découpera de même à chaque jet, trois ou cinq ouvertures, mais au lieu d'y ajouter des trous longs & étroits, comme aux jets de feu ordinaire ci-dessus (8), on se servira de plusieurs petits emporte-pièces formant des traits courbés en différens sens, dont quelques-uns doivent avoir à leurs extrémités de petites étoiles : on observera qu'à ces sortes de jets, il n'est pas nécessaire d'aligner ces trous ainsi découpés, de manière qu'ils tendent bien exactement aux points A : voyez la figure de ces jets, figures 7 & 8. même planche.

Pour imiter les jets d'artifice qui forment des cascades, on découpera les premières ouvertures

---

(1) On emploie à cet effet le bleu de Prusse liquide affoibli avec une quantité suffisante d'eau : si on huile le papier dont on se sert, il faut que cette teinte soit beaucoup plus forte.

(2) On applique à cet effet, sur le papier, une légère teinte de jaune faite avec le safran.

(3) On se sert d'un peu de carmin délayé dans l'eau : toutes ces couleurs s'étendent sur le papier avec une petite éponge, lorsqu'on a de grandes places à remplir.

(4) Il faut se servir d'un papier que l'on nomme *Papier de soie* ou de *Serpente*.

(5) On peut se servir de plusieurs petits réverbères qui produiront une lumière beaucoup plus égale.

---

(6) On peut, au lieu de le noircir, lui donner une couleur bleue très-foncée, ce qui fera valoir davantage celle qu'on doit appercevoir au travers des parties de ce papier qui seront découpées.

(7) On pique & découpe ces trous avec de petits emporte-pièces d'acier, & on pose sur une plaque de plomb épaisse & unie, le papier qu'on veut découper.

(8) On nomme ordinairement cette sorte d'artifice, *feu chinois.*

dans une forme un peu courbe, & on y ajoutera de petits trous qui doivent fuivre la même
courbure : on emploiera à cet effet différens autres
emporte - pièces (1). (*Voyez figure neuvième
même planche*. Il eft très effentiel de répandre
de l'inégalité dans les différens traits découpés
qui forment les chûtes d'eau, c'eft par cette
raifon qu'il ne faut pas, pour abréger l'ouvrage, fe fervir d'un même emporte-pièce dont
la découpure uniforme ne manqueroit pas de
produire un très-mauvais effet. Autant ces cafcades artiftement découpées font un effet très-
agréable à la vue, autant elles font défagréables, lorfqu'elles font mal découpées. Ces fortes
de pièces font ce qu'il y a de plus difficile à bien
imiter.

Pour repréfenter les feux d'artifice en *feu de
lance* (2), on fe fervira d'emporte-pièces, formant
des petits trous un peu ovales, qu'on efpacera
entr'eux à des diftances & dans des figures convenables aux fujets qu'on voudra repréfenter. Ces
fujets font ordinairement des palais, des berceaux,
des vafes, des pyramides, &c. On entoure encore
avec ces fortes de feux, des médaillons (3), des
emblêmes, &c. On forme auffi avec ces feux de
lance, des chiffres entrelacés, en fe fervant d'un
petit emporte-pièce en forme d'étoile.

Lorfqu'on veut repréfenter en feu de lance des
pièces tournantes, telles que des colonnes, des
globes, des pyramides, &c. Il ne faut pas fe
fervir des emporte-pièces ci-deffus; mais découper alors ces pièces fuivant les traits indiqués par
les *figures dixième, onzième & douzième, même
planche*, attendu que c'eft alors le tranfparent mobile placé derrière ces pièces découpées, (comme
on le verra ci-après) qui, en divifant ces traits,
leur donne la forme & l'apparence du mouvement.

On peut embellir beaucoup ces fortes de pièces
en artifice, en y joignant différens objets analogues & peints en tranfparent; ce qui dépend du
goût de ceux qui s'amufent à les exécuter : elles
peuvent l'être dans une grandeur propre à être
inférées dans des boîtes d'optique, ou beaucoup
plus grandes (4); mais alors il faut, pour faire
illufion, qu'elles foient vues de plus loin.

*Manière de donner aux différentes pièces ci-deffus, les
mouvemens qui leur font propres.*

Avant de conftruire les tranfparens mobiles qui
donnent aux pièces ci-deffus découpées, l'apparence du mouvement naturel aux étinceles qui
fortent des jets de feu dont ils doivent être l'imitation, il faut déterminer la figure que l'on veut
donner à l'affemblage de ces mêmes jets.

Si l'on a (par exemple) formé & découpé le
foleil, (*fig*. 14, *pl*. 2, *pièce d'artifice*.) ou la croix
de chevalier, (*fig*. 15.) ou bien la cafcade; (*fig*.
13.) on conftruira une roue de fil de fer, quant à
fa circonférence & fes rayons. (*Voyez fig*. 16.)
Et d'un diamètre un peu plus grand que les trois
pièces ci-deffus qu'on fuppofe comprifes dans des
cercles de même grandeur; on y appliquera un
cercle de papier très-fin, fur lequel on aura tracé
avec de l'encre fort épaiffe & très-noire, l'efpèce
de fpirale, (*fig*. 17.) on placera cette roue derrière ces tranfparens (5); de manière que l'axe
fur lequel elle doit tourner, foit placé vis-à-vis le
centre de ces pièces découpées; & on emploiera,
pour la faire tourner, quelques-uns des moyens
ci-après indiqués.

Cette roue tranfparente ayant été placée derrière & très-proche du foleil découpé, (*fig*. 14.)
fi on l'éclaire fortement au moyen de quelques
bougies (6), & qu'on la faffe tourner également
fur fon axe avec une vîteffe convenable, les lignes
qui forment cette fpirale paroiffant alors (au travers des jets de feu découpés) aller du centre de
ce foleil à fa circonférence, il femblera que ce
font des étinceles de feu qui s'élancent continuellement de ce même centre. Ce même effet
aura lieu à l'égard des pièces, (*fig*. 13 & 15.) ou
pour toutes autres, dont les jets de feu découpés, auront été dirigés vers la circonférence de
cette fpirale.

Si, pour diverfifier ces fortes de feux, & imiter, autant qu'il eft poffible, les différentes variétés
des pièces pyriques des feux d'artifice ordinaires,
on avoit formé des découpures, de manière
qu'une partie des jets de feu fût dirigée du centre

---

(1) Il faut être muni d'emporte-pièces de différentes
groffeurs, afin de les employer à découper les jets qui
font plus ou moins grands.

(2) Dans les feux d'artifices réels, ces pièces font
des illuminations d'un feu très-vif & très brillant : il y
en a de fixes & de mobiles.

(3) Ces médaillons doivent être peints en tranfparens.

(4) Si on vouloit exécuter ces fortes de feux en
grand, il feroit très-avantageux d'imiter les ombres
des tranfparens peints, en appliquant l'un fur l'autre
des papiers colorés, qui feront un effet qu'on ne peut

attendre des tranfparens peints à l'ordinaire : cinq ou
fix de ces papiers collés l'un fur l'autre, aux endroits
où les ombres doivent être les plus fortes, fuffiront
pour en rendre l'effet.

(5) Ces tranfparens doivent être collés fur des chaffis, afin qu'ils puiffent entrer à couliffe fur le devant
de la boîte où fe renferment toutes les pièces dont ces
feux font compofés.

(6) Il faut multiplier les lumières, & les mettre plus
foibles, afin que cette roue tranfparente fe trouve plus
également éclairée; il ne faut pas auffi qu'elles en
foient trop proches.

à la circonférence, & l'autre partie de la circonférence vers le centre, comme l'indique pour
exemple la *fig.* 18, *même planche*, il faudroit alors
diviser & construire la double spirale, (*fig.* 19.)
& si l'on vouloit que les jets de feu AA, &c.
qui forment le soleil placé au centre de cette *fig.*
18, eussent un mouvement plus prompt que ceux
BB, &c. Il faudroit incliner davantage (1) les
traits qui forment la partie B de la spirale qui est
excentrique. (*Voyez fig.* 19.)

À l'égard de la couleur qu'on veut donner aux
jets de feu, elle est produite par la légère teinte
de couleur qu'on donne à la spirale ; & la couleur
la plus brillante doit être réservée pour les jets,
dont le mouvement est le plus prompt.

Autres pièces d'artifices plus composées.

On peut encore diversifier ces sortes d'imitations
d'artifice, en y ajoutant (comme on le voit assez
souvent aux feux d'artifice réels) des pièces en feu
de lance, formant des pyramides tournantes.(*Voyez*
AA, &c. *fig.* 20, *pl.* 2, *pièces d'artifice.*) À cet
effet, on en découpera suivant les traits indiqués
sur cette figure, & comme il a été enseigné ci-
dessus, page 39.

Il est aisé de voir que la spirale placée derrière
ces pyramides (2), ainsi découpée, on laissera
appercevoir, en tournant, des traits de feu qui
s'avançant successivement le long des parties découpées de ces pyramides, produiront une illusion qui fera juger naturellement qu'elles tournent sur leur axe. Il est essentiel que les traits
de la partie de la spirale qui passent derrière
ces pyramides, soient plus inclinés que ceux
de celle qui est concentrique, afin que le feu du
soleil placé au centre, (*voyez fig.* 1.) ait de la
rapidité, & que ces pyramides aient un mouvement assez modéré, pour qu'on puisse distinguer
séparément toutes ces lames de feu qui se succèdent les unes aux autres.

Nota. Il est aisé de voir qu'on peut faire ces
spirales en trois ou quatre parties, afin de pouvoir
les placer derrière des pièces plus composées ; &
que d'un autre côté, il est fort facile de découper
différentes figures de feu, de manière qu'elles
puissent faire leur effet, étant placées au devant
d'une même spirale.

Cascades de feu.

Pour rendre agréablement & avec ressemblance
ces sortes de cascades (3), il faut, au lieu de
tracer une spirale sur du papier, avoir un rouleau
de fort papier ABCD, (*fig.* 1, *pl.* 3, *pièces d'artifice.*) de telle longueur qu'on jugera convenable ;
on le noircira avec du noir de fumée, & on le
percera à jour de quantité de trous irrégulièrement placés les uns près des autres (4) ; on laissera
aux deux extrémités de ce rouleau une partie sans
être découpée, qui doit être de grandeur suffisante pour couvrir la cascade, (*fig.* 3.) qu'on doit
mettre au-devant de lui. Vers cet endroit, on
aura soin que les trous soient plus distans entr'eux.
(*Voyez la fig.* 1.) On couvrira ces trous en y
collant un papier de serpente bien fin. On attachera ce rouleau sur les deux cylindres A & B,
(*fig.* 2.) & on ménagera sur l'extrémité de leurs
axes, un quarré pour y adapter la manivelle D.

Ce rouleau étant bien éclairé par derrière, si
on place au-devant de lui la cascade (*fig.* 2.) découpée, la partie du rouleau qui est entre C &
A, (*fig.* 1.) ou entre A & B, (*fig.* 2.) étant
entièrement opaque, on n'appercevra pas cette
cascade ; mais à mesure que l'on tournera doucement & également la manivelle D, (*fig.* 2.) le
rouleau transparent allant de A vers B, donnera
aux parties découpées à cette cascade, l'apparence d'un mouvement de feu qui commencera à
paroître foiblement & augmentera en descendant
du même sens. Si cette cascade a été découpée
avec intelligence, l'illusion que cette pièce produira, ira jusqu'au point qu'on s'imaginera voir
une nappe de feu naturel, qui cessera insensiblement de couler, lorsque ce rouleau se sera entièrement développé de dessus le cylindre.

On peut laisser d'une légère transparence la
partie de cette cascade qui représente les bassins
dans lesquels l'eau est supposée tomber successivement.

Arc de triomphe en artifice, avec colonnes tour-
nantes.

Cet arc de triomphe, (*fig.* 4, *pl.* 3, *pièces d'artifice.*) peut s'exécuter agréablement avec le rouleau, (*fig.* 5. *même pl.*) en suivant exactement ce
qui est enseigné ci-après.

On commencera par dessiner sur un fort papier
bien battu & bien collé, le morceau d'architecture, (*fig.* 4.) ou tout autre qu'on desirera :

---

[1] Plus les traits de la spirale sont inclinés, plus,
à mouvement égal, les jets de feu paroissent s'élancer
avec moins de rapidité.

(2) On a désigné sur la planche par des points, les
traits de cette spirale.

[3] Les cascades qui se font par le moyen de la spirale, [*voyez fig.* 3, *pl.* 3.] ne sont pas si bien repré-
sentées que celles qui s'imitent par le transparent placé
sur un rouleau.

[4] On se servira à cet effet d'emporte-pièces de
différentes grosseurs, formant des trous depuis une
jusqu'à deux lignes de diamètre, c'est-à-dire, pour
les pièces qu'on exécute en petit.

celui-ci, qui n'est que pour servir d'exemple, représente un arc de triomphe orné de huit colonnes. Ces colonnes étant découpées à jour par des traits inclinés, paroîtront être en feu de lance, & tourneront en apparence sur leur axe, si après avoir divisé le rouleau, (*fig.* 5.) suivant les espaces que contiennent ces colonnes, on a découpé de même par bande (1) les parties DD, &c. de ce rouleau qui doivent passer derrière ces colonnes, au lieu de les découper par trous, comme le reste de ce rouleau.

Les jets de feu qui se trouvent ici placés entre les colonnes, doivent être découpés comme il a été précédemment enseigné, & il produiront leur effet au moyen des trous faits au rouleau dans les espaces A & B; & si l'on veut que ces jets de feu, ainsi que les deux pièces d'artifices C & D, soient d'une couleur différente, il suffira de donner une légère teinte de couleur aux bandes séparées A & B différentes de celle qu'on appliquera sur la bande C.

On peut aussi changer la couleur de ces mêmes bandes, c'est-à-dire, une fois ou deux sur toute la longueur du rouleau, afin de faire changer par ce moyen, & de temps à autre, la couleur du feu que paroissent lancer ces jets.

A l'égard des chiffres qui se trouvent au-dessus des colonnes, il faut les découper avec un emporte-pièce en forme d'étoile. Si on laisse ces étoiles entièrement à jour, elles paroîtront très-vives. On peut aussi les couvrir par derrière d'un papier légèrement peint en bleu; il en est de même des lettres découpées qui doivent former en transparent le mot *vive le roi*. (*fig.* 4.)

Le surplus de cet arc de triomphe doit être peint en transparent sur le papier même sur lequel il a été dessiné, & les parties de ce papier qui ne dépendent pas de ce dessin, doivent être couvertes de couleur noire fort opaque; on peut cependant laisser la partie du ciel d'une couleur bleue très-foncée.

Cette pièce produit son effet en faisant monter doucement & également le rouleau; il faut avoir soin de le placer derrière & très-près du sujet. Le tout se met dans une boîte où l'on ménage des coulisses pour y faire entrer différentes pièces montées sur leurs chassis; & lorsqu'on veut changer, il faut abaisser un rideau fort opaque au-devant de la boîte, afin de ne pas laisser appercevoir d'où provient l'illusion de cette pièce d'artifice.

_____

(1) Ces bandes doivent être découpées par des traits d'une ligne de large, & doivent incliner dans un sens contraire à ceux des colonnes; de cette manière, elles paroîtront tourner autour de leur axe.

Pièce d'artifice avec cascade de feu.

Cette pièce devant produire son effet par le moyen du même rouleau, qui, ayant monté pendant la représentation de la précédente, doit descendre pour celle-ci, il est nécessaire qu'elle soit dessinée, eu égard à la division faite sur ce même rouleau. Il en est de même pour toutes les autres pièces qu'on voudroit adapter à cette boîte.

La cascade, (*fig.* 6, *pl.* 3, *pièces d'artifice.*) fera donc son effet par la descente de la bande C. (*fig.* 5, *même planche.*) Les quatre pyramides BB, (*fig.* 6,) &c. paroîtront tourner par l'effet des bandes découpées & inclinées DD, &c. & les deux nappes d'eau CC, par l'effet des deux bandes A & B.

Il est encore un moyen d'augmenter l'illusion de ces pièces d'artifice, en laissant sur certaines bandes des espaces sans être découpés, afin que les jets de feu paroissent s'éteindre & se rallumer; mais alors, il faut préparer les sujets, de manière que ces parties de rouleau, qui ont été rendues opaques par intervalle, ne passent pas derrière des parties qui ayent été peintes en transparent. Il y a enfin diverses manières de varier agréablement ces sortes d'imitations de feux, dont le détail seroit superflu, le génie de ceux qui s'amuseront à les construire, pouvant y suppléer.

Manière de faire tourner la spirale.

On pourra faire tourner la spirale en mettant à son centre, une poulie A (*fig.* 7, *pl.* 3,) sur laquelle passera un cordon de soie qui roulera sur une autre poulie B. Cette poulie doit entrer quarrément sur l'axe de la deuxième roue d'un mouvement d'horlogerie, composé de son barillet, des trois roues C, D & E, & d'un volant F. Ce mouvement doit être placé au fond de la boîte GHIL, & se monter par le côté HL.

Cette spirale doit tourner sur l'extrémité d'une tringle d'acier, solidement fixée sur le derrière de la boîte. Cette tringle doit être platte & faire un peu ressort, afin que remédiant à l'alongement du cordeau, il soit toujours légèrement tendu sur ces deux poulies.

Les lumières doivent être placées & espacées dans la boîte, vers les endroits OO; toutes les pièces découpées doivent être collées sur des chassis; & entrer à coulisse au-devant de la spirale; & le centre de ces pièces doit alors se trouver placé vis-à-vis celui de cette spirale.

Manière de faire mouvoir le rouleau.

On peut le faire mouvoir au moyen d'une manivelle qui sorte en dehors de la boîte qui serve d'axe d'axe au cylindre sur lequel il se roule; mais il n'est pas aisé de le tourner aussi également qu'il est nécessaire; c'est pourquoi on doit préférer d'adapter sur l'axe du cylindre A, une roue B (*fig.* 8, *même pl.*), & d'y faire engréner le pignon C, sur l'axe duquel on fixera la manivelle D; on mettra un semblable mouvement sur les deux cylindres, afin de pouvoir, en faisant agir l'un ou l'autre, faire monter ou descendre le rouleau, suivant que le demande la pièce qui se trouve placée au-devant de lui.

FEUX D'ARTIFICE par l'air inflammable. (*Voyez* AIR, PYROTECHNIE.)

FIGURES D'ÉMAIL *qui montent & descendent dans l'eau*. On voit quelquefois avec surprise dans les mains des charlatans de petites phioles remplies d'eau où sont renfermées des figures d'émail qui montent & descendent à leur volonté; tout le mystère de leur adresse consiste à presser un peu le morceau de vessie mouillé dont la bouteille est couverte. Ces figures sont creuses ou massives. Ces dernières ont une boule de verre creuse attachée à la tête; elles ne surnageroient pas sans cela, étant d'un matière un peu plus pesante que l'eau. En pressant la vessie, l'eau est forcée de s'insinuer dans les figures creuses par un trou qu'elles ont à un pied, ou d'entrer dans les boules par un petit tuyau qu'elles ont toutes. Les figures, devenues plus pesantes lorsque l'eau y entre, vont au fond les unes plus promptement que les autres, selon l'excès de leur poids. Dès que la pression cesse, elles remontent; l'air intérieur des figures ou des boules qui a été comprimé par l'eau, se dilate & chasse le fluide qui occupoit la place. Il est facile de les arrêter à une profondeur arbitraire, en modérant le degré de pression. Si vous faites éprouver à la vessie une pression alternative de vos doigts, en les mouvant rapidement, les colonnes d'eau iront de haut en bas, & de bas en haut. Les extrémités du corps de ces figures qui recevront ce mouvement seront portées l'une vers le haut, l'autre vers le bas, & elles paroîtront danser. Les effets sont les mêmes quand on renverse la bouteille, & que la pression se fait de bas en haut. On peut donner un air de sorcellerie à ces jeux, en arrangeant plusieurs tuyaux dans un chassis, & en faisant la pression nécessaire sur leurs orifices, d'une manière cachée aux yeux des spectateurs, soit par des leviers de renvoi, soit par des cordons cachés dans l'épaisseur des bois, ou autrement. Les charlatans ne manquent pas de faire servir cette expérience, soit à attirer les passants par le motif de curiosité, soit à prouver la bonté de leurs remèdes, soit à remercier les acheteurs.

FIGURE DIFFORME, *qui paroîtra bien proportionnée d'un certain point de vue.*

Dessinez sur un carton blanc & mince, un *Amusemens des Sciences.*

dessin quelconque, & piquez-le; placez ensuite le carton piqué sur une surface horisontale, que nous supposons être un autre carton. Mettez une bougie allumée derrière le carton piqué, & dessinez sur la surface horisontale les traits donnés par la lumière: cela vous fournira des traits difformes. Cette opération faite, rétirez le carton piqué & la bougie; placez ensuite votre œil où étoit la lumière, & vous verrez votre dessin reprendre une forme régulière. (PINETTI.)

FIGURES difformes qui deviennent régulières. (*Voyez à l'article* CATOPTRIQUE.)

FIGURE aimantée dans une bouteille d'eau.

FIGURES qui se poursuivent & s'évitent. (*Voyez à l'article* AIMANT.)

FIGURE en équilibre sur un filet d'eau. (*Voyez* JET D'EAU.)

FIGURES qui allument & éteignent une bougie. (*Voyez* ESCAMOTAGE.)

FLAMBEAUX DES FURIES.

On est surpris dans certains opéras, tel que Castor & Pollux, de voir des furies lancer loin d'elles avec leurs flambeaux, de longues traînées de feu, & menacer d'embraser pour ainsi dire, l'objet de leurs poursuites.

Chaque flambeau de fer blanc, contient une forte mêche trempée dans de l'esprit-de-vin & un petit tuyau à côté rempli de poix résine, d'arcanson, ou plutôt de licopodium (cette dernière substance ne donnant pas d'odeur).

Comme ce tuyau est par l'extrémité percé d'une multitude de trous, en secouant le flambeau, la poudre s'enflamme & offre aux yeux du spectateur ces lames de feu plus effrayantes que dangereuses.

Cette inflammation subite ne dure qu'un moment & ne s'attache pas.

FLEURS.

Moyens d'obtenir des variétés.

On obtient ordinairement des variétés de fleurs, en semant ensemble dans la même planche des graines recueillies de diverses fleurs; il y a lieu de penser que cette variété de couleurs n'est occasionnée que par la poussière des fleurs diversement colorées, qui se fécondent mutuellement.

Pour obtenir des couleurs constantes & à volonté, mais assujetties cependant aux loix de la
X x x

nature du mélange des couleurs, il ne s'agiroit que de faire les expériences suivantes. Il faudroit faire fleurir ensemble, dans un lieu écarté, des fleurs simples de même espèce, mais de couleur pure ; savoir, les unes rouges, les autres jaunes ; semer les graines qui proviendroient de ces fleurs. Les plantes qui en viendroient, devroient produire des fleurs de couleur rouge, jaune & orangée, puisque l'orangé est produit par le mélange du jaune & du rouge. Il s'en trouvera même parmi le mélange, produit de ces deux premières couleurs, qui seront bigarrées d'orangé & de rouge.

Pour faire cette expérience avec plus de précision, il est bon de tâcher que les plantes fleurissent en même tems & dans les mêmes jours. Pour y réussir on retranche des fleurs de la plante qui en donneroit en plus grande quantité que l'autre. On peut faire ces expériences sur des oreilles d'ours, des renoncules, des œillets, ou autres fleurs. On doit observer que cette fécondation ne peut avoir lieu qu'en mêlant simplement ensemble les fleurs de même espèce : il faut avoir un certain nombre de plantes simples, & portant graines, de couleur primitive, tels que le rouge, le blanc, l'orangé, le jaune, le violet, d'une part, & de l'autre le bleu, le violet le cramoisi, le blanc & le brun, pour obtenir des couleurs plus ou moins claires ou foncées. Si on veut obtenir des renoncules couleur de soufre, on plantera dans une caisse des renoncules jaunes & blanches, & l'on semera la graine, laquelle doit donner des renoncules couleur de soufre, ou panachées de blanc : on obtiendra des renoncules aurores par le moyen des renoncules jaunes & rouges & ainsi diverses couleurs, suivant les loix naturelles du mélange des couleurs.

On peut, par contre-expérience faire fleurir séparément, & éloignées les unes des autres, les fleurs des couleurs ci-dessus, en recueillir les graines & les semer à part : il y a lieu de présumer qu'elles donneront chacune des fleurs de leurs mêmes couleurs.

Nous venons de dire que la manière d'obtenir des variétés en fleurs est de semer des graines ; ces graines, quoique cueillies sur une même plante, en produisent d'autres qui sont variées en couleur.

Telle est la voie que présente la nature, mais il est, dit-on, un moyen artificiel de se procurer des variétés de couleur dans les fleurs. Il faut choisir une plante qui produise des fleurs blanches, & l'on parviendra à lui donner telle couleur que l'on voudra. On la plante dans un pot que l'on remplit d'excellente terre ; on arrose la plante soir & matin avec une eau colorée, & on a soin de la garantir toutes les nuits des impressions de la rosée, qui détruiroit la couleur que la plante doit acquérir par les sucs colorés qui monteront dans la tige. Si on a arrosé la plante, par exemple, avec de l'eau

colorée par du bois de Bresil rouge, la fleur tiendra de cette couleur, & de sa couleur blanche naturelle.

Manière d'obtenir des fleurs doubles.

Le nombre des pétales rend les fleurs bien plus garnies & plus belles : le hazard offre des plantes dont les fleurs deviennent doubles ; mais il y en a quelques-unes qui ne le font que très-peu, comme on le voit parmi les giroflées. Il est cependant un moyen de les faire venir plus doubles ; il ne s'agit que de transplanter la plante plusieurs fois, comme au printems, à l'automne, à la première & à la seconde année sans la laisser fleurir : on parvient même par ce moyen à faire porter des fleurs doubles à des giroflées qui sont simples.

Le docteur Hill a publié aussi un procédé pour convertir des fleurs simples en fleurs doubles, par un cours régulier de culture. Lorsque ce sont des plantes à oignon, il faut les planter de nouveau chaque automne, & on doit ajouter de la marne au terreau que l'on mêle à la terre naturelle pour la rendre plus abondante en sucs nutritifs. La substance marneuse augmente, dit-on, la partie du bois des arbres, qui forment les filamens dans les fleurs. Chaque plante doit occuper trois pieds de terre en quarré que l'on tient nets de toute autre plante ; il faut en couper annuellement les tiges, aussi-tôt qu'elles commencent à fleurir, arroser tous les jours légèrement la racine pendant un mois, après qu'on a coupé la tige : cela remplit le bourgeon pour l'année suivante, & lui donne une substance abondante qui fait doubler les fleurs.

Comme en prenant ces soins on parvient à faire porter des fleurs doubles à plusieurs plantes ; de même, lorsqu'on les néglige, on voit d'année en année une plante qui donnoit des fleurs doubles n'en donner plus que de simples.

Procédé pour obtenir sur le même pied des fleurs de la même espèce & de différentes couleurs.

On prend un petit morceau de sureau, que l'on vuide de sa moelle ; on le coupe en deux dans sa longueur, & on y met des graines, par exemple, de giroflée de diverses couleurs. On met cet bâton, dont on réunit les deux parties avec de la soie, & qui contient les graines entourées de terre, on le met dans un pot rempli de terre, telle qu'on l'emploie pour les fleurs, que l'on a soin d'arroser un jour l'un. Ces graines germent, montent le long du sureau, les jeunes tiges s'unissent, s'entortillent entre elles, ensorte qu'elles ne présentent à l'œil qu'un seul & même pied ; les branches s'entremêlent de part & d'autre ; & chaque graine produisant les fleurs qui lui sont propres, la touffe présente un mélange agréable de fleurs de diverses couleurs , qui paroiſſent toutes partir de la même tige. En choiſiſſant des graines de plan-tes qui germent dans le même tems , & des plan-tes qui aient de l'analogie pour la conſiſtance des tiges , le tems de la floraiſon , quoique d'eſpèce différente , on en formeroit de petits arbriſſeaux artificiels très-curieux.

On peut , en ſuivant un autre procédé , ſe pro-curer un pied de giroflée , chargé de fleurs de di-verſes couleurs , mais dont les tiges ſeront telle-ment confondues , qu'elles pourront même trom-per des yeux très-attentifs. Il faut prendre des branches de giroflée double d'autant de couleurs différentes qu'on en veut allier enſemble ; on les coupe par le bas en pied de biche ; on enlève d'un côté à chacune la pellicule ou écorce tendre qui la couvre ; on applique ces côtés ainſi pelés les uns contre les autres , en les liant fortement avec une feuille de porreau. On paſſe ces bran-ches ainſi unies dans un tuyau de ſureau ; de ſor-te qu'elles ſortent par-deſſous de la longueur d'un pouce , on les plante enſuite en terre. La ſève de ces branches ſe confondant du côté qu'elles ſont pelées , les unit intimement , & l'on n'apperçoit plus qu'une ſeule tige.

FLEURS DE THÉATRE ET DE PARTERRE. Le goût de la culture des fleurs reprend faveur plus que jamais. Les ſept plantes favorites des fleuriſtes préſentent un ſpectacle varié ſucceſſivement de trois décorations & quatre belles planches.

Les prime-veres ſont le premier ornement du théatre-fleuriſte. On ſeme la graine tous les ans : la graine ſe tire de Hollande.

Le théatre eſt enſuite chargé d'oreilles d'ours ; les plus belles viennent de Liege & de Flandre.

L'oreille d'ours paſſée , le théatre reſte vuide ; le jardin eſt décoré par une planche de jacinthes doubles , bordées , panachées , &c. La Hollande en fournit les plus beaux oignons.

Cette planche eſt remplacée par les anémones : celles de Bayeux ſont les plus en réputation. A cette planche ſuccèdent les tulipes : on n'obtient des variétés qu'en plantant.

La quatrième & dernière planche eſt celle des renoncules ſemi-doubles.

Enfin le théatre reparoît orné d'œillets : les plus beaux ſe tirent de Lille ou d'Arras. Le grand œillet ſe cultive à Paris , mais il eſt ſujet à crever , il faut le carter & le ſoutenir avec des baguettes de fil de fer peint , & ne laiſſer qu'un œillet par tige.

Le petit œillet eſt celui du pareſſeux , & n'exi-ge pas une ſi grande toilette : il a l'avantage de ne pas crever. On le tire de Lille , où l'on choiſit les plus grands de cette petite eſpèce , que l'on pouſ-ſe à la hauteur de quatre pieds. On laiſſe ſix à huit œillets ſur un ſeul pied : on préfere l'œillet qui ſe ſoutient ſans baguette ; on eſtime le blanc , bleu & les panachés feu ; point de ſaleté , de déchi-queté , de dentelé , d'imbibé , de coſiné , une feuille de chou large & épaiſſe , un blanc pur , les pièces de couleur larges juſqu'à la moitié de la feuille ; une pièce ronde , point d'œillet bédaudé : voilà les conditions qui font attacher du prix à un œillet ; & c'eſt un miracle que la nature fait en faveur de quelques curieux.

Les parterres ſur la fin de l'automne devenant un peu triſtes , à cauſe des fleurs jaunes qui s'y trouvent un peu trop multipliées , & qui ſem-blent être la couleur naturelle des fleurs de l'ar-rière-ſaiſon , il eſt bon de faire ſuivre les reines marguerites & les balſamines de quelqu'autre fleur d'un coloris vif qui puiſſe couper la trop grande uniformité des fleurs à pétales jaunes. La zinnia , ainſi nommée de M. Zin , profeſſeur de botanique à Gottingue , qui le premier l'a cultivée , eſt très-propre à cet uſage. Elle pouſſe beaucoup du pied & garnit ; elle a un ton de couleur ſingulier , & peut ſe varier par la culture : ſes feuilles ſont oppo-ſées entières d'un rouge éclatant à leur naiſſance , & dégradant de couleur juſqu'à leur extrémité , où elles deviennent d'un pourpré tirant ſur la feuille morte ; ſemée , elle forme des bouquets , & réuſſit parfaitement en pleine terre.

Pour avoir des fleurs en toutes ſaiſons.

La vue des fleurs eſt un ſpectacle ſi agréable , qu'on ſaiſit avec plaiſir tous les ſecrets qui pro-mettent de nous en faire jouir pendant l'hiver.

On propoſe un moyen pour avoir dans un ap-partement des fleurs de toute eſpèce au plus fort de l'hiver. Ces fleurs ſeront dans des caiſſes qui pourront ſe placer ſur des chambranles de chemi-nées , des commodes , &c. & auxquelles on don-nera telles formes que l'on jugera à propos , ſui-vant la place qu'on voudra leur faire occuper. Ces parterres factices , que l'auteur appelle *parterres phyſiques* , ſeront , dit-il , cultivés par deux mo-yens analogues. Le premier conſiſte dans une terre de compoſition ; le ſecond dans le dégré de cha-leur qu'on donnera à l'eau qui remplira une partie de la caiſſe pour imiter l'action du ſoleil. La caiſſe aura donc deux parties , l'une extérieure , qui contiendra la terre compoſée dans laquelle ſeront les oignons des fleurs ; l'autre intérieure , qui re-cevra l'eau chaude. La conſtruction des caiſſes ſera telle qu'on évitera de rien ſalir dans l'appar-partement , ſoit en vuidant leur eau , ſoit en les arroſant. Chacune de ces caiſſes pourra recevoir un dégré de chaleur différent , ſavoir , celui de l'eau bouillante , celui de l'eau bien chaude , ou celui de l'eau ſimplement tiède. D'où il réſulte que , malgré la rigueur de la faifon , il fera facile de raffembler dans le même tems les fleurs qui ne font naturellement produites que dans leur tems propre. Ainfi , dit l'auteur , l'art pourra donner un fpectacle que refufe la nature elle-même. Il affure même que fon fecret pourra procurer des fruits auffi-bien que des fleurs ; mais ce fecret eft-il plus efficace que les moyens connus ?

Au refte , fans entrer dans la difcuffion de ce procédé , la nature nous indique elle-même la manière d'avoir des fleurs pendant l'hiver. Nous avons remarqué qu'un jafmin d'Efpagne , dont les premières fleurs avoient été gelées au printems en a repouffé de nouvelles vers la fin de l'automne , & donné des fleurs pendant l'hiver. Il ne s'agiroit donc que de retarder la floraifon , foit en coupant les premiers boutons, foit en tranfplantant les pieds.

Pour fe procurer en hiver des fleurs naturelles éclofes le jour que l'on veut , il faut choifir fur la tige , dans le temps que les dernières fleurs que l'on veut conferver paroiffent , les boutons les mieux formés & prêts à s'ouvrir ; on les coupera avec des cifeaux , en obfervant s'il eft poffible de leur laiffer une queue longue de trois pouces : on couvrira l'endroit coupé avec de la cire d'Efpagne ; & après avoir laiffé faner les boutons , on les enveloppera chacun à part dans un morceau de papier bien fec ; on les mettra dans une boîte ou un tiroir, dans un endroit fec, où ils fe conferveront fans fe gâter.

Dans quelque temps de l'hiver que ce foit , qu'on veuille les faire éclore , on les prend , & après avoir coupé le bout où eft la cire d'Efpagne , on les met tremper dans de l'eau, où l'on fait bien de faire fondre un peu de nitre ou de fel. On prétend qu'on a alors le plaifir de voir les boutons de fleurs s'ouvrir, s'épanouir, briller de leurs plus vives couleurs & répandre leurs agréables parfums.

Pour avoir des fleurs pendant l'hiver.

On feme la graine des fleurs vers la fin de feptembre ; on en met les oignons en terre ; on place les pots dans une cuifine ou endroit chaud ; on les arrofe avec de l'eau dans laquelle on fait diffoudre un peu de fel ammoniac ; on a le plaifir de voir ces plantes fleurir vers Noël.

Si l'on veut avoir des giroflées pendant l'hiver , on choifit des pieds de giroflées vivaces , dont les boutons commencent à paroître vers la fin de l'automne ; on met ces plantes dans une chambre chaude ; & on les voit fleurir pendant l'hiver. Si ce font des giroflées qui foient à leur feconde année , on les tranfplante dans des pots à la fin d'août ; on retarde par-là leur végétation , & on fe procure le plaifir de jouir de ces fleurs au milieu de l'hiver.

Pour conferver dans les caves les pieds de giroflées pendant l'hiver , il faut décharger d'une partie de leurs feuilles celles qui en ont , y enfermer ces fleurs lorfqu'elles ne font point humides , ne point mettre les pots à terre , mais élevés fur des planches , afin qu'ils n'aient pas tant d'humidité , ouvrir la cave dans des temps doux & de dégels , pour renouveller l'air , ne les arrofer que très-peu , & point autour de la tige , de peur de la faire pourir.

Manière de changer la couleur des fleurs.

Les fleurs fervent d'ornement ou dans les églifes , ou fur les tables dans les defferts , ou pour la parure des femmes dans leurs cheveux. A l'aide des acides on peut donner aux fleurs de plus belles couleurs , ou varier celles qui en font fufceptibles, telles que les blanches , les violettes & les bleues. L'efprit-de-nitre change les blanches en un beau jaune citron , les violettes en un bel incarnat , & les bleues, telles que l'aconit , le pied d'alouette , & diverfes gentianes en un beau rouge cramoifi. Si donc l'on veut changer entièrement la couleur des fleurs , on les plonge renverfées dans l'eau forte , fans y enfoncer la queue qui en feroit amollie & brûlée. On les retire pour les fufpendre & les laiffer égoutter pendant quelques minutes , jufqu'à ce qu'elles aient pris affez de couleur : alors on les plonge dans l'eau claire pour leur enlever toute l'eau forte , & on les fufpend encore pour les fécher entièrement. Si l'on ne veut que les panacher , on paffe deffus un pinceau trempé dans l'eau forte : mais il faut bien obferver que l'eau forte ne leur cauferoit aucun changement , fi elles étoient defféchées. La plupart des plantes ainfi préparées fe deffechent naturellement , & confervent leur foupleffe. Il y a cependant des fleurs qui fe terniffent & perdent à être ainfi trempées dans l'efprit-de-nitre , telles que l'immortelle citron , la blanche , le fouci d'octobre & novembre , le bleuet , l'œillet d'Inde , la bruyère , le *léonurus* du Cap , l'amaranthe , les renoncules , le kolupa , la ravenelle. Il y en a auffi que l'humidité de l'air ou de la terre fait épanouir, telles que la xeranthemon , l'élichrifon , le kolupa.

Il y a encore un autre procédé pour falfifier la couleur des fleurs ; il y en a quelques-unes , & fur-tout l'immortelle blanche ou bouton blanc , qui fe prêtent à cette fophiftication. Il s'agit de les tremper dans une eau de gomme épaiffe pour les poudrer enfuite de diverfes couleurs , telles que le carmin , le vermillon , la laque colombine pour le rouge ; pour le bleu , l'azur , la cendre bleue , & le tournefol qui s'y applique liquide ; pour le jaune , la gomme-gutte liquide ou la poudre d'or, auffi faupoudrées : on les feche au foleil, enfuite on les retrempe dans l'eau de gomme arabique la plus blanche, ou dans le vernis de blanc d'œuf.

Les vapeurs fulfureufes ont, comme on fait, la propriété de détruire les couleurs ; fi donc on prend une rofe rouge ordinaire entièrement épanouie, & qu'on l'expofe à la fumée & à la vapeur du foufre, elle deviendra blanche ; fi on la met dans l'eau, elle reprend, cinq ou fix heures après, fa couleur rofe ; effet produit, fans doute, par l'expanfion du refte de feve que la tige conferve encore. Veut-on, à cette expérience, donner un petit air de myftère, on met la rofe foufrée dans un gobelet plein d'eau, qu'on remet entre les mains d'une perfonne en lui difant de l'enfermer dans une armoire, & d'en rendre la clef, afin que perfonne n'y touche ; fix heures après, on rend cette clef ; la perfonne ouvrant elle-même l'armoire, fera fort furprife de trouver une rofe rouge au lieu de la blanche qui avoit été mife dans le vafe. Il eft, fans doute, poffible de faire la-même expérience avec d'autres fleurs colorées.

Moyen de décorer les appartements avec des branches d'arbres fruitiers qui feront couvertes de feuilles & de fleurs pendant les plus grands froids de l'hiver.

Ceux qui voyagent en Allemagne ont quelquefois vu avec une furprife agréable au milieu de l'hiver des appartements décorés par des vafes d'où fortent des branches chargées de feuilles & de fleurs. Pour fe procurer ce coup d'œil, coupent vers le milieu de l'automne les branches les plus droites des pommiers, cerifiers, pruniers, poiriers où ils apperçoivent des boutons à fruits ; ils en forment des efpèces d'éventails qu'ils mettent dans des vafes remplis d'eau. Ils ont foin de placer ces vafes dans une chambre où il y a un poële, & dont la température eft toujours la même, & de changer l'eau au moins tous les deux jours. Vers Noël, ou quelques jours plus tard, toutes les branches fe couvrent de feuilles & de fleurs : la variété qui réfulte de celles de pommiers, de pruniers, de cerifiers produit l'afpect le plus riant. Cette décoration feroit, fans doute, plus riche que celle qui réfulte d'une rangée d'oignons placés avec une trifte uniformité dans des carafes.

Un amateur des arts pourroit adopter en France cette forme de décoration ufitée en Allemagne ; afin de placer avec avantage dans fes appartements de beaux vafes d'une forme antique : on en voit de très riches collections en Italie.

Moyen pour conferver des fleurs dans du fable.

On a trouvé un fecret bien fimple pour conferver les fleurs, ces beautés éphémères de la nature, & qui en font un fi bel ornement : cette découverte peut auffi fervir à conferver, dans leur entier, des plantes étrangères avec leurs fleurs dont on ne peut voir dans nos climats que les images en peinture : il y en a qui feroient d'autant plus intéreffantes à connoître, qu'elles font d'ufage dans la médecine.

Voici le procédé : on choifit du fable de rivière, que l'on paffe au tamis pour n'en prendre que le plus fin ; on peut y fubftituer du fablon fin ; on le lave bien pour enlever toutes les ordures étrangères ; enfuite on les fait bien fécher : on fait choix d'un vafe de forme convenable pour contenir la plante & la fleur que l'on veut conferver ; on met dans le fond du vafe de ce fablon bien fec, pour affujettir la queue de la fleur ; enfuite on verfe doucement fur la fleur avec un tamis, & entre les pétales, du même fablon, en étendant & arrangeant bien les feuilles & les fleurs de la plante, que l'on doit avoir eu foin de cueillir dans un tems bien fec ; on la recouvre de ce fable fin de l'épaiffeur d'un travers de doigt, & on met le vafe dans une étuve échauffée à-peu-près à cinquante dégrés ; on l'y laiffe plus ou moins, fuivant que la plante eft plus fucculente & plus difficile à fécher ; on la retire enfuite du fable, en verfant ce fable légèrement, & on l'enferme dans un vaiffeau ou une boîte de verre où elle foit garantie du contact de l'air ; la fleur conferve fa beauté & fon éclat primitif lorfqu'elle a été ainfi defféchée à une chaleur convenable.

Il y a des efpèces de fleurs qui demandent certaines précautions pour être defféchées ; par exemple, il faut enlever à la *tulipe* ce fruit triangulaire qui s'élève au milieu de la fleur avant de l'enterrer dans le fable ; les pétales de la fleur reftent alors bien plus adhérents.

Quant aux rofes, & aux autres fleurs d'une couleur auffi délicate, elles la reprennent en les expofant à une vapeur modérée de foufre : celles de ponceau & de cramoifi reviennent à la vapeur de la folution d'étain dans l'efprit-de-nitre. La vapeur de la folution de la limaille de fer dans l'efprit-de-vitriol rend le verd aux feuilles & aux tiges. Cette méthode réuffit parfaitement dans les fleurs fimples. Il y a quelques difficultés par rapport aux œillets & aux autres fleurs doubles. On réuffit dans les œillets en fendant le calice dès les deux côtés, & en le collant enfuite après avoir féché la fleur, ou en le trouant avec une épingle en différents endroits.

Toutes les plantes qui font tant foit peu charnues, comme l'amaranthe, ou dont les fleurs font fujettes à fe frifer & à fe chiffonner, comme le bleuet, l'œillet d'Inde, les renoncules, la ravenelle, ont befoin de paffer au four, ce qui les rend fouvent caffantes lorfqu'on ne ménage pas la chaleur par degré , & qu'on les y expose à nud.

Si l'on fait deffécher l'amaranthe au four fans fablon & à nud , cette exficcation vive ternit fa couleur , qu'on peut lui rendre en la plongeant dans l'eau chaude & la faifant fécher enfuite à l'air.

Lorfqu'on veut donner un vernis à la plante , on l'enduit fraîche d'une eau de gomme épaiffe , puis on la met fécher au four. Mais la gomme prend la pouffière dans les temps humides , il feroit mieux de fe fervir du vernis de blanc d'œuf , qui eft plus tranfparent que tout autre , lorfqu'on lui a donné la limpidité de l'eau , en le battant bien avec quelques gouttes de lait de figuier ou de tithimale , efpèce de gomme-réfine qui facilite & augmente fa limpidité.

Quant à l'odeur des fleurs , qui fe paffe en grande partie , on peut la leur rendre en laiffant tomber au milieu de la fleur une goutte de quelque huile diftillée ; par exemple , de l'huile de rofes fur les rofes , de l'huile de girofle fur les œillets.

Manière de tirer les effences des fleurs.

La plupart des fleurs réuniffent le double avantage de flatter l'œil & l'odorat , mais leur odeur difparoît avec leur beauté fugitive : on a trouvé le fecret de conferver aux fleurs leur forme & leur couleur , comme nous venons de le dire il n'y a qu'un moment ; nous allons indiquer ici la manière de conferver leur parfum & leur efprit-recteur que l'on peut rendre à la fleur deffé-chée ; la réunion de ces deux procédés les fait re-vivre avec leur odeur & leurs couleurs. Pour cet effet , ayez une caiffe dont le dedans foit garni de fer-blanc , afin que le bois ne communique aucune odeur aux fleurs , & ne boive pas l'effence ; faites faire des chaffis qui puiffent aifément en-trer fur leur plat dans la caiffe ; leur bois doit être de deux doigts d'épaiffeur , & garni de poin-tes d'aiguilles tout autour ; ajoutez à chaque chaffis une toile qui puiffe être tendue deffus : cette toile fera de coton ; & vous aurez foin de la faire paffer à une bonne leffive , laver enfuite dans de l'eau claire , & bien fécher avant de vous en fervir. Après avoir bien fait imbiber les toiles dans l'huile de ben , vous les prefferez un peu ; enfuite vous les étendrez fur des chaffis , & vous les attacherez aux aiguilles , puis vous met-trez un chaffis au fond de la caiffe , & deffus la toile vous femerez également les fleurs dont vous voudrez tirer l'effence ; vous les couvrirez d'un autre chaffis , fur la toile duquel vous femerez encore des fleurs , & continuerez ainfi jufqu'à ce que la caiffe foit pleine. Le chaffis étant épais de deux doigts , les fleurs ne font pas preffées ; & il y en a deffus & deffous les toiles. Douze heu-res après , vous y remettrez d'autres fleurs ; &

continuerez de même pendant quelques jours. Quand l'odeur vous paroîtra affez forte , vous leverez les toiles de deffus les chaffis ; vous les plierez en quatre ; puis les ayant pliées & rou-lées de plufieurs tours avec une ficelle , afin de les contenir , & d'empêcher qu'elles ne s'éten-dent trop , vous les mettrez à la preffe pour ex-primer l'huile. Cette preffe doit être de fer-blanc , afin que le bois ne s'imbibe pas d'huile. Vous mettrez deffous des vaiffeaux bien nets pour recevoir l'effence que vous ferrerez dans des phioles bien bouchées pour les conferver.

On ne peut faire , dans une caiffe , que l'ef-fence d'une fleur à-la-fois , car l'odeur de l'une gâteroit l'autre ; par la même raifon les toiles qui auront fervi à tirer l'effence d'une autre , à moins qu'on ne les ait mifes à la leffive & lavées dans de l'eau claire & bien fait fécher. Ce moyen eft d'ufage pour obtenir l'odeur de fleurs qui ne donnent pas d'huile effentielle par la diftilla-tion , telles que la tubéreufe , le jafmin & plu-fieurs autres.

FLUIDE ÉLECTRIQUE. (*Voyez* ÉLECTRI-CITÉ.

FLUTE (Joueur de). (*Voyez* AUTOMATE.)

FONTAINES ARTIFICIELLES.

Deux moyens font employés avec un égal fuc-cès pour fe procurer des jets d'eau agréables dans un appartement : la *condenfation de l'air* , & fa *dilatation*.

A l'égard du premier moyen , on fe fert d'une petite pompe foulante , conftruite exprès pour introduire l'air dans la fontaine remplie d'eau juf-qu'aux trois quarts ; la quantité d'air qu'on force d'entrer dans le vaiffeau , acquiert par *compreffion* une force élaftique confidérable , qui , fe dé-ployant fur la furface de l'eau , la chaffe par le canal qui eft ouvert , avec d'autant plus de vi-teffe qu'il y a de différence entre la denfité de l'air renfermé dans le vaiffeau & celle de l'air extérieur ; enforte que le reffort du premier s'affoibliffant de plus en plus à mefure qu'il trouve plus d'efpace pour fe mettre au large , le jet en devient moins élevé vers la fin. On emploie auffi , comme nous avons dit , la *dila-tation* de l'air pour former des fontaines qui amufent les curieux : pour cet effet , on fait , par le moyen du feu ou de l'eau bouillante , dilater l'air contenu dans un ballon de cuivre qui communique par un tuyau au vaiffeau rempli d'eau jufqu'aux trois-quarts. L'air échauffé du ballon fe porte à la furface de l'eau qu'il preffe par fon reffort & fait fortir en forme de jet par le petit canal terminé en pointe comme un ajuf-tage. Comme l'air ne fe dilate que d'un tiers par la chaleur de l'eau bouillante , il faut que le ballon d'air foit deux fois auffi grand que le vaiſſeau qui contient l'eau jailliſſante. Voulez-vous faire un jet de feu , au lieu d'eau , ſervez-vous d'eſprit-de-vin ou de bonne-eau-de-vie ; tenez quelques minutes l'orifice du vaiſſeau bouché avec le bout du doigt ou autrement , pour donner à la liqueur le temps de s'échauffer un peu ; & avec la flamme d'une bougie , on allumera le jet lorſqu'il partira. Il eſt un moyen de ſe procurer à peu de frais , & ſans ſe ſervir de fontaines , un jet de feu , petit à la vérité , mais dont l'effet eſt fort joli. On fait ſouffler par un émailleur une boule creuſe un peu plus groſſe qu'un œuf de poule , qui ait d'un côté une queue ſcellée par le bout , & de l'autre un bec recourbé en haut dont l'orifice ſoit capillaire. On plonge pendant quelques ſecondes , toute la boule dans une cafetière remplie d'eau bouillante , ayant ſoin que l'orifice du bec ſoit en dehors. On la retire & l'on trempe ſur-le-champ le bout du bec dans un verre à boire , qui contienne de l'eſprit-de-vin. Quand il en ſera entré dans la boule autant que le poids de l'atmoſphère y en peut porter , vous la replongerez de nouveau dans l'eau bouillante , & vous allumerez le jet en tenant la bougie à un pouce près du bec. C'eſt une eſpèce d'éolipile , & tous les éolipiles peuvent faire l'effet des fontaines artificielles. Au reſte quelque forme que l'on donne à ces fontaines jailliſſantes & que l'on peut varier à l'infini , elles n'agiſſent que par le reſſort d'un air ſoit comprimé, ſoit dilaté. (Voyez EOLIPILE).

FONTAINE D'HÉRON. Cette fontaine , ainſi appellée du nom de ſon inventeur , a pour objet de faire jaillir l'eau par le reſſort de l'air comprimé. On a depuis varié ces fontaines artificielles où l'eau reçoit ſon mouvement de l'élaſticité de l'air. On peut leur donner cent formes différentes plus curieuſes & plus agréables les unes que les autres. On en fait de métal , ou moins compliquées ; on en peut faire auſſi de verre d'une ſeule pièce , ainſi que l'indique M. l'abbé Nollet page 2 du tome III de l'art des Expériences. L'inſpection de ces machines miſes en jeu , ſuffit pour faire connoître la cauſe phyſique des effets qu'elle produit pour l'amuſement & pour l'inſtruction ; mais pour en donner une légère idée , nous dirons qu'une certaine quantité d'air retenue dans la machine & entre deux eaux , fait effort pour s'échapper , preſſe l'eau de la partie ſupérieure de la machine qui lui fait obſtacle , la force de ſortir par le tuyau qui y eſt plongé ; le jet part d'abord avec vivacité , mais ſa hauteur diminue peu-à-peu à meſure que l'eau jaillit. La maſſe d'air trouvant à ſe loger avec plus de liberté par le vuide que l'eau laiſſe , perd ſon état de compreſſion , devient enfin de la même denſité que l'air extérieur ; & le jet d'eau ceſſe. On donne ſi l'on veut à ce jet d'eau la forme d'une gerbe ; le petit canal par où l'eau ſort eſt percé de pluſieurs trous. (Voyez à l'article AIR).

FONTAINE INTERMITTENTE. Cet inſtrument dont les Empiriques ſe ſervent pour éblouir les yeux du vulgaire ignorant , cette fontaine intermittente qu'ils font obéir à leur commandement , ſert en phyſique à prouver la réſiſtance , & par conſéquent la ſolidité de l'air. On donne à cette fontaine telle figure que l'on juge à propos ; ſuppoſons un vaſe de-fer-blanc de quatre pouces de diamètre , & de cinq pouces de hauteur , fermé vers le haut , c'eſt le réſervoir qui contient l'eau. On fait ſouder vers le fond un tuyau de dix pouces de long & demi-pouce de diamètre , ouvert par ſes deux extrémités. Ce tuyau , qui n'eſt deſtiné qu'à ſervir de paſſage à l'air & non à l'écoulement de l'eau , doit traverſer ce réſervoir & toucher preſqu'au ſommet du réſervoir , c'eſt-à-dire , à trois ou quatre lignes près. Au fond du vaſe l'on fait ajuſter cinq à ſix petits tuyaux par où l'eau renfermée dans le vaſe puiſſe s'écouler lentement : on donne à ces ouvertures une ligne & demie de diamètre ; ce vaſe doit être ſoutenu par des ſupports au-deſſus d'une coquille de fer-blanc , de manière que l'ouverture du long tuyau ſoit à trois ou 4 lignes du fond de cette cuvette , percée en ſon milieu d'un trou de 2 à 3 lignes de diamètre par lequel l'eau s'écoule. Voici maintenant l'explication phyſique de la fontaine intermittente dont on vient de donner la deſcription. La preſſion intérieure de l'air qui paſſe par le canal de la fontaine intermittente lorſqu'il eſt ouvert , fait ſon effet ſur la ſurface de l'eau du réſervoir : or comme cette preſſion, jointe au poids de l'eau , eſt plus forte que la preſſion que l'air extérieur exerce ſur les orifices des petits canaux ; celui-ci eſt obligé de céder à une force ſupérieure & l'eau s'écoule par les petits canaux. Mais comme la quantité d'eau que les petits canaux fourniſſent dans la cuvette eſt plus grande que celle qui peut en ſortir , elle s'élève & bouche l'ouverture inférieure du long tuyau qui ſert de paſſage à l'air intérieur. Alors l'air extérieur qui preſſe avec avantage contre les orifices des petits canaux empêche l'écoulement , qui ne recommence que quand l'eau de la cuvette s'eſt écoulée , l'air extérieur peut s'introduire par le long tuyau , & aller de nouveau preſſer l'eau du réſervoir. Ainſi lorſque le bout inférieur du grand canal par où paſſe l'air dans l'intérieur ſe trouve bouché , l'air extérieur exerce toute ſa force & réſiſte à l'écoulement de l'eau par les orifices des petits canaux ; cet obſtacle ceſſe toutes les fois que la cuvette ſe vuide, renaît chaque fois que l'eau remplit l'ouverture inférieure du grand tuyau. C'eſt ce qui cauſe l'intermittence. Comme il eſt facile de connoître , par l'élévation de l'eau qui ſe trouve dans la cuvette , l'inſtant où les petits tuyaux doivent ceſſer de couler , & celui auquel l'eau doit s'échapper de nouveau ; on peut ſuppoſer que cette fontaine coule ou s'arrête au commandement & à la volonté de celui qui fait cette récréation. L'habitude d'ailleurs fait connoître le temps qui s'écoule entre ces deux différens effets. (*Voyez* HYDRAULIQUE.)

FONTAINE ÉLECTRIQUE. (*Voyez* ÉLECTRICITÉ.)

FRUITS.

Méthode pour conserver au milieu de l'hiver un prunier tout couvert de feuilles & de fruits.

On choisit un prunier dont le fruit ne soit point encore parfaitement mûr ; on l'entoure d'un petit treillis de bois qu'on recouvre avec de la paille, à l'épaisseur de huit ou dix pouces ; on ménage en bas une petite ouverture pour pouvoir y entrer ; on la tient fermée avec des planches. Si la petite cabane est couverte de neige, elle entretient mieux la chaleur intérieure, & l'arbre s'en conserve plus frais. On jouit au milieu de l'hiver, en entrant sous cette cabane, du plaisir de cueillir des prunes toutes fraîches sur leurs rameaux verds. Quelle surprise ne peut-on pas procurer, si l'arbre étant entièrement découvert; on fait entrer quelqu'un dans son jardin, on voit cet arbre orné de toutes les graces de l'été attirer les yeux, & se détacher au milieu d'une terre toute couverte de neige & de frimats.

Pour avoir des fruits sur l'arbre en carême.

Arrachez les arbres avec leurs racines dans le printemps, dans le temps où ils commencent à pousser leurs boutons, ayant soin de conserver autour de leurs racines quelque peu de leur terre naturelle : serrez-les droits dans une cave jusqu'à la saint-Michel ; alors encaissez-les en y mettant de la terre, & mettez-les dans une étuve ; ayez soin d'humecter la terre tous les matins avec de l'eau de pluie, dans laquelle vous aurez fait dissoudre sur une carte, gros comme une noix, de sel ammoniac ; vos arbres vous donneront du fruit autour du carême.

Moyen que l'on peut tenter pour se procurer des nouvelles espèces de fruits, & des fruits dont les quartiers soient de diverses espèces.

Il est certain que par la découverte ingénieuse que l'on a fait de la greffe, on faite rapporter à des sauvageons des fruits très agréables, très-doux, mais qui cependant ne font jamais que la même espèce de fruit dont on a tiré la branche que l'on a greffée. Pour se procurer de nouvelles espèces, il faudroit rassembler dans un même jardin un grand nombre d'espèces d'arbres différents, & assez voisins les uns des autres. La poussière des étamines, qui est la semence masculine

fécondante des plantes, peut être portée sur les pistiles d'autres espèces de fleurs, pistiles qui font les parties féminines des plantes : il est vrai qu'il ne s'ensuit pas de-là que toutes sortes de poussières portées sur toutes sortes de pistiles doivent produire de nouveaux fruits ; il faut un certain rapport d'organisation entre la poussière & le pistile étranger, afin que l'une féconde l'autre ; il faut de plus un rapport de temps, c'est-à-dire que la poussière ayant la maturité nécessaire pour féconder, le pistile ait aussi celle qui lui est nécessaire pour être fécondé. Sans compter qu'il peut y avoir des plantes plus ou moins susceptibles de variétés, ainsi que nous le voyons dans certaines espèces d'animaux : en semant les pépins ou les noyaux de ces fruits ainsi heureusement fécondés, il peut s'élever des espèces nouvelles : aussi est-ce toujours de ces sortes de jardins qu'on a vu sortir de nouvelles espèces. C'est ainsi que les fleurs que l'on cultive de préférence, & qu'on réunit ensemble dans des planches, fourniffent tant de variétés. *Voyez* au mot FLEUR.

On connoit des variétés dans les fruits, qui font très-curieuses : telles font une espèce de raisin qui produit sur le même sep des grappes rouges & blanches, & sur une même grappe des grains rouges & blancs, ou dont les pépins font les uns rouges, les autres blancs. Il y a encore un phénomène de botanique bien plus surprenant : ce font des citrons ou oranges, dont une côte est parfaitement citron, la suivante parfaitement orange, la troisième redevient citron, & ainsi de suite. Ces phénomènes de la végétation font un produit de l'industrie que l'on pratique en Italie : on peut, à leur exemple, se procurer de même des pommes & des poires dont les quartiers soient de diverses espèces. On choisit des greffes sur différents pommiers ou poiriers ; on doit avoir attention que ces arbres soient de nature à fleurir en même temps. On lève, par exemple, un écusson sur un bon-chrétien & un autre sur un beurré. On fend la peau du sauvageon ; l'on coupe la peau de chaque écusson tout près de l'œil, on les insinue alors, le plus proprement qu'il est possible, dans la fente que l'on a faite au sauvageon ; ensorte que les deux yeux se touchent, & qu'en s'unissant ils ne fassent qu'un seul jet. On peut pratiquer le même procédé sur les pommiers, & sur les fruits tant d'hiver que d'été. Cet arbre ainsi greffé donne, dit-on, des fruits qui participent distinctement des diverses espèces de fruits que l'on a greffés & confondus ensemble.

Procédé pour empreindre sur les fruits tels desseins que l'on voudra.

On applique sur des pêches, des pommes d'apis ou autres fruits susceptibles de se colorer, des pa'
piers-

piers dont les contours ont le deſſin que l'on deſire ; on les attache avec de la gomme ou du blanc d'œuf ſur ces fruits , lorſqu'ils ſont encore verds. Les endroits recouverts de papier ne ſe colorent point ; le reſte devient d'un beau pourpre, effet produit par les rayons du ſoleil.

On ſe procure ainſi des fruits très variés , qui paroiſſent être des jeux de la nature. Il eſt bon d'avoir toujours un papier découpé ſemblable au premier que l'on a employé, parce que ſi celui-ci ſe décolle , on y en ſubſtitue un autre. On pourroit pratiquer au-deſſus de ces fruits de petits auvents, qui , ſans les empêcher de jouir des rayons du ſoleil , les miſſent à l'abri des brouillards & de la pluie.

FUSIL A VENT. (*Voyez à l'article* AIR.)

G.

GALERIE PERPÉTUELLE. (*Voyez* CATOP-
TRIQUE.)

GALONS.

Manière de tirer l'or & l'argent du galon, sans le brûler.

Il faut couper le galon en petits morceaux, les envelopper dans un linge, & mettre le paquet dans de la lie de favon fondue dans de l'eau, qu'on laisse bouillir, jusqu'à ce qu'on apperçoive une diminution dans le paquet. Ceci demande peu de temps, à moins que la quantité de galon ne foit confidérable. On tire enfuite le linge, & on le lave avec de l'eau froide, en le preffant forte-ment avec le pied ou en le battant avec un mar-teau, pour en exprimer la lie du favon; alors on délie le paquet, & on trouve la fubftance métal-lique du galon pure & entière, fans être altérée dans fa couleur, ni diminuée de fon poids.

Cette méthode eft beaucoup plus commode & moins difficile que la manière de brûler l'or. Comme il ne faut qu'une très-petite quantité de lie, & qu'on peut fe fervir plufieurs fois de la même, la dépenfe eft très-peu de chofe. Le vaif-feau dont on fe fervira, peut être de cuivre ou de fer.

La raifon de cette opération eft fenfible pour ceux qui favent un peu de chimie.

La foie fur laquelle tous nos galons font tiffus, eft une fubftance animale, & toutes les fubftan-ces animales font folubles dans les alkalis, mais la toile daus laquelle on enveloppe le galon, étant une fubftance végétale, réfifte à leur ac-tion & n'en eft point altérée.

GÉOMÉTRIE. La Géométrie eft une fcience qui nous apprend à connoître l'étendue, la fitua-tion & la folidité des corps: fes principes font fondés fur des vérités fi évidentes, qu'il n'eft pas poffible de les contefter; c'eft par leur enchaine-ment fucceffif qu'on eft parvenu à découvrir l'or-dre auffi fimple qu'admirable qui règne dans l'uni-vers. Cette fcience, la feule qui foit abfolument certaine, jointe aux expériences, donne à celles de la phyfique un degré d'évidence dont elles fe-roient privées fans fon fecours.

Définitions.

Ce qu'on confidère comme n'ayant aucune di-menfion, fe nomme *Point*.

L'étendue, confidérée feulement fuivant fa longueur, eft ce qu'on nomme *Ligne*.

Si on la confidère, eu égard à fa longueur & à fa largeur, elle fe nomme *Surface*.

En la confidérant enfin fuivant fes trois dimen-fions, longueur, largeur & profondeur, on la nomme *Solide*.

Des Lignes.

La ligne *droite* eft la plus courte de toutes celles qu'on peut tirer d'un point à un autre.

Les *lignes parallèles* font celles qui, étant pro-longées, ne peuvent fe rencontrer étant toujours à égales diftances l'une de l'autre.

La *ligne perpendiculaire* eft celle qui, tombant fur une autre ligne, ne s'incline pas plus d'un côté que de l'autre.

Si la ligne A B, (*fig. première, pl. première, Amufemens de Géométrie*) tombe perpendiculai-rement fur celle CD, les deux angles ABC & ABD font *droits*. Si elle tombe obliquement, elle forme deux angles dont le plus petit A C, (*fig. 2*), eft *aigu*, & le plus grand AD, eft *obtus*.

Un *angle* eft formé par le concours de deux li-gnes droites qui fe rencontrent en un feul point. C'eft leur ouverture, & non la longueur des li-gnes dont il eft formé, qui détermine la grandeur de l'angle; ainfi l'angle ABC, (*figure quatrième*), eft plus grand que l'angle DEF, (*figure troifiè-me*), quoique les lignes de ce dernier foient plus longues, attendu qu'il eft plus ouvert.

La mefure d'un angle eft celle d'un arc de cer-cle quelconque décrit de fon fommet & terminé par les lignes qui forment cet angle. (*Voyez fi-gures troifième & quatrième*). En quelque fitua-tion que foient deux lignes fur un plan, ou elles font parallèles, ou étant prolongées, elles for-meront un angle.

Des furfaces.

Le *triangle* eft une furface terminée par trois lignes droites, & par conféquent par trois angles; on le nomme *équilatéral* lorfque les trois lignes qui terminent fes côtés font égales entr'elles. (*Voyez figure cinquième*). Il eft *ifocèle* s'il a deux côtés égaux. (*Voyez figure fixième*). On le nom-me *fcalene* lorfque les trois côtés font inégaux. (*Voyez figure feptième*).

Le *triangle rectangle* est celui qui a un angle droit, (*Voyez figure huitième*). Il peut être en même tems *isocèle & scalène*.

Dans tout triangle, les trois angles joints ensemble forment deux angles droits.

Une propriété particulière au *triangle rectangle*, est que les deux quarrés construits sur chacun des deux côtés qui forment l'angle droit, sont égaux en superficie à celui qu'on peut former sur le côté opposé à cet angle droit ; ce dernier côté se nomme *hypoténuse*.

Le *cercle* est une figure plane, terminée par une seule ligne courbe, dont tous les points sont également éloignés d'un point qu'on nomme *centre*. (*Voyez figure neuvième*).

Le *diamètre* d'un cercle est une ligne droite quelconque, qui passe par son centre & se termine de part & d'autre à sa circonférence. (*même figure*).

Le *rayon* d'un cercle est une ligne droite quelconque, qui va du centre à la circonférence. Le diametre d'un cercle est à sa circonférence comme 7 est à 22, & sa superficie est à celle du quarré de son diametre, comme 11 est à 14, c'est-à-dire, par approximation jusqu'à ce qu'on ait trouvé (ce qu'on cherche en vain) *la quadrature du cercle*.

Un *arc de cercle* est une partie de la circonférence d'un cercle.

La *corde* d'un arc de cercle est une ligne droite qui touche par ses deux extrémités sa circonférence sans passer par son centre.

Un *segment* de cercle est une portion de cercle comprise entre une corde & un arc.

De quelque grandeur que soit un cercle, on suppose sa circonférence divisée en 360 parties égales qu'on nomme *degrés*, & la grandeur d'un angle dépend du nombre des degrés de l'arc de cercle qu'on peut décrire de son sommet & qui se trouve renfermé entre les lignes qui le terminent.

Un *quarré* est une surface plane terminée par 4 côtés égaux & dont les angles sont égaux. (*Voyez figure dixième*). La ligne A B qui va de l'angle A à celui opposé B, se nomme *diagonale*.

Un *parallélogramme rectangle* est une surface terminée par quatre lignes droites, formant quatre angles droits, & dont celles qui sont opposées sont parallèles entr'elles (*figure onzième*) : si les angles ne sont pas droits, il se nomme simplement *parallélogramme* ; le produit de la multiplication des deux différens côtés d'un parallélogramme rectangle en donne la surface.

Le *lozange* est une surface terminée par quatre côtés égaux, mais dont les angles ne sont pas

droits, il a toujours deux angles aigus & deux angles obtus, (*figure douzième*).

L'*ovale* est une surface terminée par une ligne circulaire dont tous les points ne sont pas également éloignés du centre, en sorte qu'il s'y trouve deux diametres d'inégales longueurs (*figure treizième*.

Le *trapese* est une surface terminée par quatre lignes droites inégales, & dont deux côtés sont parallèles ; s'il ne s'y trouve aucun côté de parallèle, on le nomme *trapesoïde*.

Toutes surfaces qui se trouvent terminées par plus de quatre lignes droites, se nomment *poligones*. Ils sont réguliers lorsque tous les angles peuvent toucher la circonférence du cercle où ils peuvent être inscrits, & que d'ailleurs les lignes qui les terminent sont égales entr'elles.

Le *poligone* qui a cinq côtés égaux se nomme *pentagone*, celui qui a six côtés se nomme *hexagone*, celui qui en a sept *heptagone*, s'il en a huit *octogone*, s'il en a dix *decagone*, & s'il en a douze *dodecagone*, (*Voyez figures* 14, 15, 16, 17, 18 & 19, (*même planche*).

Le *périmètre* d'un poligone est une ligne droite dont la longueur est égale à celle de tous ses côtés.

Des solides réguliers.

La *sphère* ou *globe* est un corps solide terminé par une seule surface courbe, dont tous les points sont également éloignés d'un autre point qui en est le centre, (*figure* 20, *même planche* I).

Le *cube* ou l'*exaèdre* est un solide terminé par six surfaces quarrés qui sont réciproquement parallèles. (*figure* 21).

Le *tétraèdre* est un solide terminé par quatre triangles équilatéraux. (*figure* 22).

L'*octaèdre* est un solide terminé par huit triangles équilatéraux (*figure* 23).

Le *dodecaèdre* est un solide terminé par dix pentagones (*figure* 24).

L'*isocaèdre* est un solide terminé par vingt triangles équilatéraux (*figure* 25).

Tous ces polièdres peuvent s'inscrire dans une sphère, de manière que tous leurs angles en touchent la superficie.

Des solides irréguliers.

Le *parallépipede* est un solide terminé par six surfaces parallélogrammes, dont celles qui sont réciproquement opposées sont semblables & parallèles (*figure* 26). Le produit de sa base multipliée par sa hauteur en donné la solidité ; il en est de même d'un cube & d'un cylindre.

Le *prisme* est un solide terminé par deux surfaces parallèles & semblables, dont l'une est considérée comme sa base (1); ses côtés sont terminés par des surfaces parallélogrammes, (*fig.* 27).

La *pyramide* est un solide dont la base est une surface régulière & dont les côtés sont terminés par des triangles dont les sommets viennent se rencontrer tous au même point. (*fig.* 28). Le produit de sa base multipliée par le tiers de sa hauteur en donne la solidité, il en est de même d'un cône.

Le *cylindre* est un solide terminé par deux cercles égaux, dont l'un d'eux lui sert de base, & ses côtés sont formés par une surface circulaire de même diamètre que ces cercles. (*fig.* 29).

Le *cône* est un solide qui a pour base un cercle & dont les côtés sont bornés par une seule surface qui se joint en un seul point qu'on nomme la pointe du cône, & duquel on peut abaisser une perpendiculaire au centre de ce cercle. (*fig.* 30).

Toutes ces figures irrégulières peuvent aussi s'inscrire dans une sphère, & alors leurs angles & les lignes circulaires qui joignent leurs différentes surfaces toucheront celles de cette sphère.

Usage des instrumens de mathématiques nécessaires pour tracer & mesurer les différentes figures de géométrie dont il sera question dans cet ouvrage.

On doit se pourvoir d'un étui de mathématiques, composé de deux *compas* de différentes grandeurs, dont le plus grand soit à pointe changeante, c'est-à-dire, dont on puisse ôter une d'elles pour y mettre en place une autre pointe en forme de plume ou de porte-crayon. Le plus petit de ces compas sert à prendre des mesures, à diviser des lignes; l'autre est employé à tracer des cercles à l'encre ou au crayon.

D'un *porte-crayon* garni d'un crayon de mine de plomb & d'un tire-ligne pour tracer des lignes plus ou moins fortes.

D'une *équerre* dont chaque côté est divisé en pouces & lignes; elle sert pour abaisser ou élever des lignes perpendiculaires, & à tracer des lignes qui les coupent à angles droits.

D'une *règle* pour tirer des lignes d'un point à un autre.

Et d'un *rapporteur* (2) pour mesurer, diviser ou former des angles de telle grandeur & de tel

nombre de degrés qu'on peut avoir besoin (3), ou pour tracer différens poligones.

Il faut avoir attention lorsqu'on tire une ligne sur le papier de ne point pencher plus d'un côté que de l'autre la plume ou le crayon dont on se sert, afin que la ligne tombe seule sur les points qui gouvernent sa direction; il faut aussi en traçant les cercles manier légèrement le compas, afin d'éviter qu'il ne vienne à se déranger en se refermant.

Le détail qu'on a donné ci-dessus concernant la figure des corps, & les termes qu'on doit employer pour les désigner, suffisent pour l'intelligence ou l'exécution des problèmes qui suivent, auxquelles on prévient ici qu'on ne joindra aucune démonstration géométrique, afin de ne point s'écarter du plan qu'on s'est proposé.

PROBLÊMES DE GÉOMETRIE.

Un point étant donné sur une ligne droite y élever une perpendiculaire.

Soit la ligne AB, (*figure* 31, *même planche*) sur laquelle on veut élever une perpendiculaire au point C; de ce point comme centre décrivez à volonté avec le compas le demi-cercle D E F qui coupe la ligne A B, aux points D & F également distans de celui C, décrivez à volonté des points D & F les deux arcs de cercle G & H, & tirez de leur point de section à celui C, la ligne I C, qui sera perpendiculaire à A B.

Elever une perpendiculaire à l'extrémité d'une ligne.

Soit le point B (*fig.* 32. *pl.* 1. *ibid.*) sur lequel il faut élever la perpendiculaire; prenez un point D au-dessus de la ligne A B, & de l'intervalle D B décrivez la portion de cercle EBC qui coupe la ligne AB aux points E & B; tirez du point E la ligne E C, la faisant passer par le point D, & couper l'arc de cercle au point C, menez de ce point la ligne C B qui sera perpendiculaire à A B.

Un point étant donné hors d'une ligne y abaisser une perpendiculaire.

Soit A B (*figure* 33, *même planche* 1.), la ligne sur laquelle on veut abaisser une perpendi-

---

[1] La base d'un prisme peut être une surface triangulaire, hexagonale, ou tout autre quelconque terminée par des lignes droites.

[2] Le rapporteur est un demi-cercle de cuivre divisé en 180 degrés, & en demi-degrés.

[3] Pour s'en servir à former un angle, on pose son diamètre sur une ligne, desorte que le point qui doit être le sommet de l'angle se trouve au centre de ce rapporteur, & on compte sur sa circonférence le nombre des degrés qu'il doit avoir. On marque un point à cet endroit, d'où on tire une ligne droite à celui destiné à commencer l'angle; on connoît de la même manière de combien de degrés est formé un angle donné, si un angle est droit, obtus ou aigu, c'est-à-dire, s'il a plus ou moins de 90 degrés; l'angle droit est celui qu'elles ouvriers appellent *trait quarré*, *d'équerre* ou *à plomb*.

culaire du point C ; de ce point comme centre, décrivez à discrétion l'arc de cercle DFE qui coupe la ligne AB aux points D & E, desquels & d'un même intervalle de compas (1) pris à volonté, vous décrirez es arcs G & H qui se croisent au point I ; tirez de ce point I au point C la ligne CI qui sera perpendiculaire à celle AB.

Nota. Lorsqu'on trace des lignes sur le papier, on peut se dispenser de ces opérations, en se servant de l'équerre pour élever ou abaisser des perpendiculaires : pour les élever, on pose un des deux côtés de l'équerre sur la ligne donnée, de manière que son angle réponde au point donné. Pour l'abaisser on la pose de même en la faisant couler jusqu'à ce que l'autre côté se trouve précisément sur le point pris, & on tire une ligne le long de cet autre côté de l'équerre.

Tirer une ligne parallèle à une ligne donnée.

Soit la ligne AB (*figure 34, planche* 1) à laquelle on veut tirer une ligne parallèle ; élevez les deux perpendiculaires de même longueur FE, HG, & tirez par leurs extrémités E & G la ligne CD qui sera parallèle à AB ; ou bien des points F & H, comme centre & à l'ouverture du compas convenable à la distance que vous voulez donner à ces parallèles, décrivez deux arcs de cercle & tirez la parallèle CD qui touche ces deux arcs.

Nota. On peut, suivant cette méthode, tracer un quarré sur une ligne donnée, en élevant à ses extrémités deux perpendiculaires de même hauteur que la longueur de la ligne donnée & en les joignant par une ligne droite.

Diviser une ligne droite en deux parties égales.

Soit la ligne AB (*figure 35, planche* 1) que l'on veut diviser en deux parties égales ; ayant ouvert le compas à discrétion, placez sa pointe à l'extrémité A de cette ligne & décrivez les arcs de cercles G & E ; décrivez de même du point B les arcs G & I, & de leurs points de section tirez la ligne MN qui partagera au point O la ligne AB en deux parties égales.

Nota. Ce qui se pratique sur le papier avec le compas s'exécute sur le terrein avec un cordeau.

Trouver le centre d'une portion de cercle donnée.

Soit ABC (*figure 36 planche* 1), un arc ou portion de cercle dont il faut trouver le centre ; tirez les deux lignes ou cordes AB & BC, ouvrez à discrétion le compas, partagez ces deux

lignes en deux parties égales comme il a été enseigné au précédent problème, & le point G où se rencontrent les deux lignes EF & CD sera le centre du cercle dont ABC est une partie.

Nota. Ce problème peut servir à achever de tracer un cercle dont on n'a qu'une partie.

Faire passer un cercle par le sommet des angles d'un triangle donné.

Soit ABC (*figure* 1, pl. 2, *Amusemens de géométrie*) le triangle donné, partagez en deux parties égales deux de ses côtés quelconques ; tels que AB & AC, & décrivez du point E où se coupent les lignes FG & HI, le cercle ABCD qui passera alors par le sommet des trois angles du triangle donné.

On a dit ci-devant que les trois angles d'un triangle étoient égaux à deux angles droits, c'est-à-dire qu'ils composoient toujours 180 degrés ; on ajoute ici que chaque angle de tout triangle inscrit dans un cercle, a pour mesure la moitié du nombre des degrés compris dans l'arc qui lui est opposé ; d'où il suit, 1°. que tout triangle peut s'inscrire dans un cercle.

2°. Que dans tout triangle *rectangle* le côté opposé à l'angle droit qu'on nomme *hypoténuse*, est toujours le diamètre du cercle dans lequel il peut être inscrit. (*Voyez fig.* 2 *même planche*).

3°. Que si un triangle a un angle *obtus*, son plus grand côté qui est opposé à cet angle, est toujours plus petit que le diamètre du cercle dans lequel il peut être inscrit, & que le centre de ce cercle se trouve alors hors du triangle (*figure troisième*).

4°. Que si le triangle inscrit a tous les angles aigus, le centre du cercle dans lequel il peut être inscrit se trouve placé dans le triangle. (*figure quatrième*).

Il suit encore que si dans un cercle, on prend la corde d'un arc pour le côté d'un triangle, tous ceux qu'on y pourra inscrire auront les angles opposés à ce côté égaux entr'eux, c'est-à-dire, que la corde étant AB (*fig.* 5), les angles AEB, ADB, ACB seront égaux.

Tous les angles qui peuvent se former autour d'un même point, étant joints ensemble valent 360 degrés.

Soient les angles ADB, BDC, CDB (*fig.* 6) décrivez de leur centre commun D le cercle ABC, il sera la mesure totale de ces angles, qui contiennent par conséquent 360 degrés.

Nota. C'est par cette raison qu'il n'y a que trois sortes de surfaces régulières & semblables qui puissent se joindre ensemble sur un même plan ; savoir, le quarré, dont chaque angle est de 90 degrés ; le triangle équilatéral, dont chaque angle en contient 60 , & l'hexagone , dont chacun en contient 120.

Faire un angle égal à un angle donné.

Soit l'angle ABC , (*fig. 7. Pl. 2.*) qu'il faut imiter ; à telle ouverture de compas que vous voudrez , & du point B comme centre décrivez l'arc DE ; décrivez avec la même ouverture , & de l'extrémité F de la ligne FG l'arc IL , prenez la distance DE & la portez de I en L , tirez la ligne HG , & l'angle HFG sera égal à l'angle donné ABC.

Nota. Sur le papier il suffit de se servir du rapporteur.

Les superficies des triangles qui ont même base & même hauteur , sont égales entr'elles.

Soit le triangle ABC , (*fig. 8 , même pl. 2.*), dont la base est supposée AB ; tirez par son sommet la ligne DE parallele à AB , & des points D & E pris à volonté sur cette parallele , menez les lignes DA & DB pour former le triangle ABD , & celles EA & EB pour former le triangle EAB : l'aire de chacun de ces triangles sera alors égal à celui du triangle ABC.

« Il suit de ce problème , premièrement , qu'on ne peut élever sur une même base un triangle quelconque , égal en superficie à un triangle donné , sans lui donner une même hauteur ; deuxièmement , qu'en partageant en deux parties égales un des côtés d'un triangle , & menant une ligne de ce point de partage à l'angle opposé à ce côté , cette ligne partagera ce triangle en deux parties dont les superficies seront égales entr'elles. »

La superficie de deux triangles faits sur une même base est proportionnée à leur hauteur réciproque.

Soit la base BC , (*fig. 9 , même pl. 2.*) sur laquelle sont formés les deux triangles ABC & DBC , dont la hauteur DE est double de celle AE , il s'en suit que la superficie du triangle DBC est double de celle du triangle ABC ; ce qui paroîtra conforme au précédent problème , si on considère la ligne DE partagée en deux parties égales au point A , comme étant la base des quatre triangles DAB , DAC , AEB & AEC.

« Il suit de ce problème que l'aire des triangles qui sont de même hauteur est en raison réciproque de la grandeur de leur base. »

Une ligne étant donnée , y construire un triangle dont la superficie soit égale à celle d'un triangle aussi donné.

Soit la ligne donnée AB , (*fig. 10 pl. 2*), sur la-

quelle on veut construire un triangle dont la superficie soit semblable à celle du triangle DCE ; faites la ligne BC (*fig. 11.*) semblable à celle DE du triangle donné ; & à la hauteur CF de ce triangle menez au-dessus de la ligne BC la parallele indéfinie DE ; prenez avec le compas la longueur de la ligne donnée AB , & la portez de B en A , en sorte que son extrémité A touche cette parallele ; tirez une ligne du point A au point C , alors le triangle ABC sera égal en superficie à celui DCE , & son côté AB égal à la ligne donnée ; ces deux triangles ayant , suivant cette construction , une même base & une même hauteur.

« On peut construire de la même manière sur une ligne donnée un triangle dont la superficie soit double ou moitié , & , d'un triangle donné , il suffira de mener un parallele à la ligne DE à une distance double ou moitié plus petite que la hauteur du triangle donné. »

Les triangles équiangles ont leurs côtés semblables réciproquement proportionnels.

Soient les deux triangles équiangles ABC & ADE , (*fig. 12 , pl. 2.*) dont les trois angles sont réciproquement égaux ; il suit que si la ligne AC est double de celle AE , la ligne BC sera aussi double de la ligne DE , & celle AB double de la ligne A , ce qu'il est facile de concevoir en menant la ligne DF parallele à AC , & en remarquant qu'alors les deux triangles ADE & DBF ont leurs côtés réciproquement égaux entr'eux.

Mesurer une distance accessible seulement par ses extrémités.

Soit AB (*fig. 13 , pl. 2.*) la largeur d'un étang qu'on veut connoître & qui n'est accessible que par ses extrémités A & B ; plantez un piquet à chacun des endroits A & B , & disposez-en un autre C à une distance quelconque , de manière que ces trois piquets CA & B se trouvent dans une même ligne droite CB ; élevez au moyen d'un cordeau , & sur le point C la perpendiculaire indéfinie CD , & sur le point A celle AE : ayant pris ensuite le point E à discrétion sur cette ligne AE , plantez-y un piquet , & cherchez sur celle CD un point où vous puissiez placer un autre piquet qui se trouve en ligne droite avec ceux E & B ; mesurez ensuite les distances CA , DE , & EB ; & faites cette analogie :

Comme la longueur de la ligne DE ,
est à celle E B ;
ainsi celle de la ligne CA ,
est à celle de la ligne AB.

Le résultat donnera la longueur de la distance

AB qu'on veut connoître, les côtés des triangles CBD & ABE étant réciproquement proportionels comme il a été expliqué au précédent problème.

Si la distance AB qu'on veut connoître n'étoit accessible que par son extrémité A, on mesurera les deux distances CD & AE, & on soustraira celle AE de celle CD pour avoir la longueur DF; on fera ensuite cette analogie :

Comme la distance DF
est à celle CA *ou* FE,
ainsi la distance AE
est à la distance inaccessible AB.

Le résultat donnera de même la longueur de la ligne AB.

Mesurer la hauteur d'une tour accessible à son pied.

Soit AB, (*fig. 14, pl. 2.*) une tour, ou un objet quelconque dont on veut connoître la hauteur; construisez en bois ou en carton un petit triangle isocele rectangle dont les côtés *dc* & *ec* aient sept à huit pouces de longueur; tracez vers un des côtés de ce triangle une ligne qui lui soit parallele, & ajustez vers son extrémité E un fil de soie auquel soit suspendu un petit plomb; prenez ce triangle & le tenant dans la main, ensorte que le fil de soie couvre exactement la ligne que vous avez tracée, avancez ou reculez devant cette tour jusqu'à ce que regardant le long de la ligne *d e* sa partie la plus élevée A se trouve dans la même direction que cette même ligne; mesurez ensuite la distance de *d* à B, ajoutez-y cinq pieds pour vôtre hauteur & la somme sera la hauteur de cette même tour, conformément à ce qui a été expliqué ci-devant.

Nota. On suppose ici que celui qui fait cette observation est placé dans un endroit qui soit de niveau avec le pied de la tour, sans quoi il faudroit encore (si on se trouvoit plus haut ou plus bas) en retrancher ou y ajouter la différence.

Mesurer une hauteur par le moyen de son ombre.

Soit AB [*fig. 15, pl. 2.*] la hauteur d'un obélisque qu'on veut connoître par le moyen de son ombre BC dont l'extrémité est C : ajustez perpendiculairement un petit bâton DE sur une petite planche F; placée horisontalement, & faites cette analogie :

Comme l'ombre EG *du bâton*
est à sa hauteur DE;
ainsi la distance CB *de l'extrémité de l'ombre de*
l'obélisque à sa base
est à sa hauteur AB.

Les parallélogrammes de même base & de même hauteur sont égaux en superficie.

Soit le parallélogramme ABCD, [*fig. 16. pl. 2.*] & celui BCDE qui sont de même hauteur & ont pour base la ligne CD; il est évident qu'ils ont la même superficie, puisque les trois triangles ABC, BCD & BED ont leurs côtés réciproquement égaux, & que d'un autre côté la superficie de chacun de ces parallélogrammes est égale à celle de ces deux triangles.

La superficie de tout parallélogramme de même base & de même hauteur qu'un triangle est double de celle du triangle.

Soit le parallélogramme ABCD ou celui EFGH, [*fig. 19, pl. 2.*] tirez les deux diagonales BC & FG, vous partagerez par-là chacun d'eux, en deux triangles qui ayant tous les côtés réciproquement égaux, seront aussi égaux en superficie : donc l'aire d'un parallélogramme est le double de celle du triangle qui a même base & même hauteur.

Nota. Cette proposition sert à démontrer le problême qui suit.

La superficie d'un quarré construit sur l'hypoténuse d'un triangle rectangle est égale à celle de ceux faits sur chacun des deux autres côtés de ce même triangle.

Soit ABC, (*fig. 17, pl. 2.*) le triangle rectangle sur les côtés duquel on a formé les trois quarrés EA, FC, AI; menez la ligne BL parallèle à AH & tirez les lignes BH & CD : les angles DAB & BAH étant droits sont égaux, d'où il suit que si on ajoute à chacun d'eux l'angle BAC, les angles DAC & BAH seront encore égaux; mais le côté AB est égal au côté DA, & celui AC au côté AH; donc les triangles DAC & BAH sont égaux; & comme suivant le problême précédent, ces triangles sont moitié, l'un DAC du quarré EA, & l'autre ABH du parallélogramme AL, il s'ensuit que leurs doubles sont égaux, & que par conséquent la superficie du parallélogramme AL est égale à celle du quarré EA, & comme on peut démontrer de même que le parallélogramme CL est égal au quarré FC; il est évident que le quarré fait sur le plus grand côté (*l'hypoténuse*) est égal aux deux autres quarrés joints ensemble (1).

Deux quarrés étant donnés, les réduire en un seul.

Soient ABCD & BEFG, (*fig. 18, pl. 2.*) les

[1] La découverte de ce fameux problême est dûe à Pithagore, qui en reconnoissance fit aux dieux un sacrifice de cent bœufs.

deux quarrés; placez-les l'un auprès de l'autre, enforte que leurs côtés AB & BE ne forment qu'une feule ligne AE; prenez fur la ligne AB la partie AH égale au côté BE, & tirez les lignes HG & HC; imaginez enfuite que le triangle GEH fe meut au point G, & qu'il vient fe placer en GFI; concevez de même que celui HAC fe meut au point C & fe place en IDC, & vous aurez le quarré HGCI égal aux deux quarrés propofés.

Nota. Cette ingénieufe démonftration du précédent problême, peut s'exécuter en carton, il fuffit d'y tracer les deux quarrés joints enfemble & découper les deux triangles CAN & HEF, afin de pouvoir les changer de place.

Former un quarré dont la fuperficie foit moitié de celle d'un autre quarré donné.

Soit le quarré donné ABCD, (*fig.* 19, *bis. pl.* 2.) tirez les deux diagonales AD & BC, la ligne AE fera le côté d'un quarré qui doit être moitié de celui ABCD: ce qu'il eft aifé de voir en élevant à l'extrémité des lignes EC & ED les perpendiculaires CE & DF.

Si on vouloit que le quarré fut double du quarré donné ABCD, (*fig.* 20.) on formeroit le quarré CBEF fur la diagonale BC.

Trouver un quarré dont la fuperficie foit égale à la différence de celle de deux autres quarrés donnés.

Soient les deux quarrés donnés ABCD & EFG H, (*fig.* 21, *pl.* 2.) partagez en deux parties égales le côté AB du plus grand, & décrivez l'arc de cercle AIB, portez la longueur EF du plus petit quarré donné, depuis A jufqu'au point I, & tirez la ligne IB; les deux quarrés ONAI & LMNB étant égaux au quarré donné ABCD, & celui ONAI au quarré EFGH, il s'enfuit que la fuperficie du quarré LMCB eft égal à la différence de celle des deux quarrés donnés.

Tracer un parallélogramme dont la fuperficie foit égale à celle d'un triangle donné.

Soient le triangle ABC, (*fig.* 26, *pl.* 2.) qu'on veut réduire en un parallélogramme; menez la ligne AD parallèle à la bafe du triangle CB, partagez cette même bafe en deux parties égales au point F; menez la ligne FE parallèle à AC, & le parallélogramme AECF, fera de même fuperficie que le triangle donné ABC: cette figure 26 (ainfi que quelques-unes de celles qui précédent) peut s'exécuter en carton, les deux triangles GFB & GEA étant femblables.

Former un quarré dont la fuperficie foit femblable à celle d'un parallélogramme rectangle donné.

Soit ABCD, (*fig.* 22, *pl.* 2.) le parallélogramme donné; prolongez fon plus petit côté AB jufqu'en E, enforte que la ligne AE foit égale à la ligne AC; du milieu F de cette ligne comme centre, décrivez l'arc de cercle AGE, & prolongez le côté DB jufqu'à ce qu'il touche cet arc au point G, tirez du point G au point A la ligne AG, fur laquelle vous conftruirez le quarré HI GA, qui fera égal en fuperficie au parallélogramme donné.

« On peut au moyen de ce problême & de celui qui précède, former un quarré dont l'aire foit égale à celle d'un triangle donné, puifqu'il fuffit d'en former d'abord un parallélogramme & enfuite un quarré ».

Changer un quarré en un parallélogramme rectangle, dont le plus grand des côtés eft déterminé.

Soit ABCD, (*fig.* 24, *pl.* 2.) le quarré donné; prolongez un de ces côtés AC jufqu'en E, enforte que CE foit égal à AC; tirez par les points D & E la ligne indéfinie DH; abaiffez fur l'extrémité D de cette ligne la perpendiculaire FD égale à DE; menez les lignes FG & CG parallèles aux lignes DE & DF; prenez enfuite avec le compas la longueur donnée pour côté du parallélogramme & portez-la depuis le point F jufqu'en I où elle rencontre la ligne DH; menez du point G la ligne GL parallèle à FI, & prolongez vers L; abaiffez fur cette dernière ligne, & des points F & I les deux perpendiculaires FN & IM; cette opération finie, vous aurez le parallélogramme FINM égal au quarré donné ABCD, ce qu'il eft aifé de concevoir fuivant les principes établis aux précédens problêmes, le parallélogramme rectangle FINM étant femblable à celui FGIL à caufe de l'égalité de deux triangles ILM & FGN ainfi qu'à celui DOFG dont la fuperficie eft égale à celle du quarré donné.

Transformer un quarré en un triangle, dont la longueur quelconque d'un des côtés eft déterminée.

Soit ABCD, (*fig.* 25, *pl.* 2.) le quarré donné; prolongez fon côté AC jufqu'en E, enforte que AC foit égal à CE, tirez par les points D & E la ligne indéfinie DH; formez fur la ligne DE le quarré DEFG; prenez enfuite avec le compas la longueur du côté du triangle qui a été déterminée, & portez-la depuis F jufqu'en H, tirez la ligne GH, vous aurez alors le triangle HFG égal en fuperficie au quarré donné, & fon côté FH fera femblable à la longueur auffi donnée; ce qu'il eft aifé de voir, attendu que ce triangle eft moitié du quarré DEFG qui eft lui-même double du quarré donné ABCD.

Nota.

Nota. Ce problême & ceux qui précèdent font le fondement de l'arpentage, & peuvent s'appliquer à quantité d'autres opérations qui font trop fenfibles pour qu'il foit néceffaire d'en donner ici le détail.

Conftruire un cercle dont l'aire foit égal à celui de deux cercles donnés.

Soient AB & CD, (*fig.* 27 , *pl.* 2.) les diamètres des deux cercles donnés; formez-en les deux côtés EF & FG du triangle rectangle EFG; divifez en deux parties égales la ligne EG & décrivez du point I comme centre le cercle EFGH, dont l'aire fera femblable à celle des deux cercles donnés.

La fuperficie des cercles eft en même raifon que les quarrés de leur diamètre, d'où il fuit qu'un diamètre double donne une furface quadruple.

La circonférence des cercles eft en même raifon que leur diamètre, d'où il fuit qu'un diamètre double donne une circonférence double.

Transformer un cercle donné en un triangle de même fuperficie.

Soit ABCD, (*fig.* 23 , *pl.* 2.) le cercle donné, tirez la tangente (1) indéfinie BE & le diamètre AB ; divifez ce diamètre en fept parties égales, & portez vingt-deux de ces mêmes parties depuis B jufqu'en F ; tirez du centre G la ligne GF, alors le triangle rectangle GBF fera égal en fuperficie au cercle donné CD ; ce qu'il eft aifé de concevoir ; fi après avoir remarqué que le diamètre du cercle étant à fa circonférence comme 7 eft à 22, la ligne BF a été faite égale à cette circonférence ; on fuppofe ici le cercle & le triangle comme étant compofés d'une infinité de petits triangles qui ont tous même bafe & même hauteur.

Nota. On peut également transformer ce cercle en un quarré, en changeant le triangle ci-deffus en un parallélogramme, dont on formera enfuite un quarré ; cette transformation fera voir qu'un quarré dont la fuperficie eft égale à celle d'un cercle, eft au quarré fait fur le diamètre de ce même cercle, comme 11 eft à 14.

La furface du quarré AB, (*fig.* 1 , *pl.* 3.) infcrit dans le cercle CD étant moitié de celle du quarré EF circonfcrit autour de ce même cercle, il s'enfuit que la furface d'un quarré infcrit dans un cercle, eft à celle de ce même cercle, comme 7 eft à

11, & que le fegment d'un cercle dont l'arc eft de 90 degrés, eft la onzième partie du quarré circonfcrit.

Changer la fuperficie d'un polígone en celle d'un triangle.

Ce problême fe réfout de même que le précédent, en obfervant de faire la bafe BF [*fig.* 23, *pl.* 2.] du triangle GBF égale au *périmètre* du polígone [2], auquel il fe trouvera alors abfolument égal, au lieu que dans le problême ci-deffus, il n'eft égal au cercle que par approximation, le diamètre d'un cercle étant abfolument incommenfurable avec fa circonférence.

Manière de tracer & former d'une feule feuille de carton tous les differens poliedres réguliers.

Pour le tétraedre, tracez fur un carton quatre triangles équilatéraux, fe joignant par un de leurs côtés, comme le défigne-la *fig.* 2, *pl.* 3.

Pour l'exaedre, tracez fix quarrés égaux, (*voyez fig.* 3.)

Pour l'octaedre, tracez huit triangles équilatéraux ; (*voyez fig.* 4.)

Pour le dodécaedre, tracez dix pentagones, fuivant la difpofition indiquée par la *fig.* 5.

Pour l'ifocaedre, tracez les vingt triangles équilatéraux de la *fig.* 6.

Pour en former ces différens poliedres, découpez d'abord le contour de vos figures & coupez enfuite avec une règle & un canif la moitié de l'épaiffeur du carton le long des lignes qui féparent chaque furface, reployez le tout & le joignez, comme il eft convenable, en les collant par les côtés où elles doivent fe toucher.

On peut conftruire ces poliedres d'une autre manière, en élevant fur chacune de leurs furfaces une pyramide dont les côtés foient de même longueur que le rayon de la fphère dans laquelle ils peuvent être infcrits ; alors on colle la bafe de ces pyramides fur une peau mince, en obfervant de les placer dans l'ordre défigné par les *fig.* 3, 4, 5, 6, ci-deffus ; on replie le tout pour en former ces corps réguliers ; ce qui fert à faire connoître qu'ils font compofés d'autant de pyramides femblables qu'ils ont de furfaces & que leurs fommets fe joignent tous au même centre.

Pour connoître la furface de ces différens poliedres, il faut multiplier celle d'un de leurs côtés par leur nombre.

---

[1] Une ligne fe nomme *tangente* lorfqu'elle touche la circonférence d'un cercle fans le couper étant prolongée ; le rayon qui touche le cercle au même point eft toujours perpendiculaire à cette ligne.

Amufemens des Sciences.

---

[2] Le périmètre d'un polígone eft une ligne égale à tous ces côtés.

Pour en avoir la folidité, il faut multiplier une de leurs furfaces par le tiers de la hauteur des pyramides, dont on a fuppofé ci-deffus qu'ils étoient formés; & multiplier de nouveau ce produit par le nombre de leurs côtés.

Nota. Si on veut exécuter en bois ces fortes de corps réguliers, de manière qu'ils foient compofés de l'affemblage de leurs pyramides, il faut, en les taillant, leur donner pour hauteur la moitié de l'épaiffeur de ces corps prife du centre d'une de fes furfaces au centre de celle qui lui eft diamétralement oppofée, ce qui demande beaucoup d'exactitude & de précifion.

Trouver la fuperficie d'une fphère dont on connoît le diamètre.

La fuperficie d'une fphère de fix pouces étant égale à celle de quatre cercles qui auroient ce même diamètre, & le rapport du cercle au quarré qui y eft circonfcrit étant comme 11 eft à 14, on la trouvera en faifant cette analogie :

Comme la furface 14 *d'un quarré eft à la furface* 11 *du cercle qui y eft infcrit; ainfi* 144 *pouces quarrés, montant de la furface des quatre cercles, eft à* 111 ⅗ *qu'en contient en fuperficie la fphère fuppofée de* 6 *pouces de diamètre.*

Pour trouver la folidité d'une fphère, on peut la concevoir comme étant compofée d'une infinité de petites pyramides dont les bafes étant hexagones couvrent toute fa furface, & dont tous les fommets fe joignent à fon centre; d'où il fuit qu'en multipliant la fuperficie d'une fphère par le tiers de la longueur de fon rayon, on aura fa folidité.

La furface d'une fphère eft égale à la fuperficie convexe du cylindre qui lui eft circonfcrit.

On a vu précédemment que la furface d'un cercle eft égale à celle d'un triangle qui a pour bafe la circonférence de ce cercle, & pour hauteur fon rayon; qu'un parallélogramme de même bafe & de même hauteur qu'un triangle lui eft double en fuperficie; il fuit de là que le parallélogramme formé par le développement de la furface convexe d'un cylindre circonfcrit autour d'une fphère étant égal à quatre de ces triangles, eft égal auffi à la fuperficie de cette fphère.

Déterminer quelle eft la folidité a un cylindre.

Soit un cylindre qui ait 6 pouces de diamètre pour bafe, & 8 pouces de hauteur, on connoîtra en cette forte fa folidité. Multipliez par lui-même

fon diamètre qui donnera 36 pouces quarrés pour la furface du quarré dans lequel fa bafe peut être infcrite; multipliez de nouveau cette bafe 36 par la hauteur 8 du cylindre, le produit 288 pouces cubiques fera celui de la folidité d'un prifme, dont la bafe quarrée auroit pour côtés 6 pouces, & pour hauteur 8 pouces; faites enfuite cette analogie :

Comme 14, *furface d'un quarré quelconque, eft à* 11, *furface du cercle qui y eft infcrit; ainfi* 288 *pouces cubes, folidité du prifme, eft à* 226 ¾, *folidité du cylindre fuppofé.*

Nota. On entend par folidité la grandeur de l'efpace contenue dans les corps, fans avoir égard en aucune façon à la différence de pefanteur qui fe trouve entre ceux qui font de différente nature.

Déterminer la folidité d'un cône, dont on connoît la bafe & la hauteur.

La folidité d'un cône eft à un cylindre de même bafe & de même hauteur, comme 1 eft à 3; d'où il fuit qu'ayant reconnu cette bafe, il faut la multiplier par le tiers de la hauteur du cône; foit donc fa bafe de 10 pouces cubes, & fa hauteur 18 pouces, multipliant 12 par 6, on aura 72 pouces cubes pour fa folidité.

Nota. La même règle ci-deffus fert pour connoître le rapport de la folidité d'une pyramide à un prifme de même bafe & de même hauteur.

Transformer la folidité d'un cylindre donné, en celle d'un cône dont la hauteur eft déterminée.

Soit ABCD, (*fig.* 7. *pl.* 3.) le cylindre donné, qu'on veut transformer en un cône, dont la hauteur déterminée eft la ligne AB (*fig.* 8.) tirez à fon extrémité B la perpendiculaire BC, égale au rayon du cercle qui fert de bafe au cylindre AB CD; prenez fur la ligne AB (*fig.* 8.) le point D diftant de celui B du triple de la hauteur du cylindre donné; mefurez les lignes BA, BD & BC; & faites cette analogie :

Comme la ligne BA, *hauteur déterminée du cône eft à celle* BC, *rayon du cercle qui fert de bafe au cylindre donné; ainfi la ligne* BD, *triple de la hauteur du cylindre donné eft à la ligne* BE, *rayon du cercle qui doit former la bafe du cône que l'on cherche.*

Changer la folidité d'un cône donné en celle d'un cylindre, dont le diamètre de la bafe eft déterminé.

Soit ABC, (*fig.* 9. *pl.* 3.) le cône dont on veut

changer la folidité en celle du cylindre ABCD, (*fig.* 10.) dont le diametre de la bafe donnée eft CB; prolongez le rayon du cercle qui forme la bafe du cône jufqu'en E, en faifant DE triple de DC, rayon du cylindre; divifez la hauteur du cône AD en trois parties égales, & prenez une de ces parties pour former la hauteur FE du cylindre propofé.

La folidité des cônes qui ont une même bafe étant en raifon de leur hauteur, & réciproquement ceux de même hauteur ayant une folidité proportionnée à leur bafe, fert de principe aux deux précédens problêmes.

Déterminer la folidité d'une fphère donnée.

La folidité d'une fphère étant à celle du cube de fon diametre, comme 11 eft à 21 (1), il faut faire cette analogie:

Comme 21, *cube du diamètre d'une fphère quelconque,*
eft *à* 11, *folidité d'une fphère de même diamètre;*
ainfi 144. *cube du diamètre* 12 *de la fphère donnée,*
eft à 75 $\frac{9}{21}$, *folidité de cette même fphère.*

Tous les problêmes dont on a donné ci-deffus la folution, font d'un ufage fi fenfible dans une infinité d'opérations journalières, foit pour parvenir à connoître les différentes dimenfions des corps, foit pour les transformer en d'autres de même furface ou folidité, qu'on a cru qu'il n'étoit pas néceffaire de les indiquer ici, chacun pouvant facilement en faire l'application, fuivant les circonftances où il jugera qu'ils doivent être employés.

RÉCRÉATIONS GÉOMÉTRIQUES.

Cinq quarrés égaux étant donnés, en former un feul quarré.

Soient cinq quarrés égaux à celui ABCD, (*fig.* 11, *pl.* 3.) dont on fe propofe de faire un feul & même quarré; partagez le côté AC de ce quarré en deux parties égales, & tirez la ligne BE, ce qui donnera le triangle ABE & le trapèfe EBDC. Si on difpofe ce trapèfe & ce triangle, enforte qu'on en forme le triangle ABC (*fig.* 12.) fon hypoténufe AB fera le côté d'un quarré égal aux cinq quarrés qui ont été donnés, ce qu'on fera voir fenfiblement en affemblant ces dix pièces comme le défigne la *fig.* 13.

Pour s'amufer avec ces quarrés, il faut donner ces dix triangles & trapèfes (2) à une perfonne, en lui propofant de les arranger de manière à en former un feul quarré, (*fig.* 13.) ce qui eft affez difficile pour ceux qui ne favent pas l'ordre dans lequel ils doivent être affemblés.

Nota. Si au lieu de partager chacun de ces cinq quarrés en deux parties égales, on divife encore le trapèfe EBCD en deux parties égales par la ligne ponctuée CF, (*fig.* 11.) parallèle à EB, on aura quinze pièces au lieu de dix, & il fera alors beaucoup plus difficile de les affembler pour en former un feul quarré.

Or géométrique.

Tracez fur un carton le parallélogramme rectangle ABCD, (*fig.* 14, *pl.* 3) dont le côté AC ait trois pouces de longueur, & celui A B dix pouces; partagez ces mêmes côtés fuivant cette divifion, & tirez les parallèles défignés fur cette figure, lefquelles partageront ce rectangle en trente quarrés égaux.

Conduifez du point A à celui D la diagonale AD, & coupez ce carton en deux triangles égaux ADC & DAB; coupez encore ces deux triangles fuivant les lignes EF & G H, & vous aurez deux triangles & deux trapèfes; lefquels étant affemblés, comme le défigne cette figure 14, formeront trente quarrés: prenez les deux trapèfes, & joignez-les, comme l'indique la *figure* 17, *même planche*; affemblez de même les deux triangles (*voyez fig.* 18), & vous pourrez compter fur ces deux nouveaux parallélogrammes trente-deux quarrés égaux en apparence aux trente quarrés que contenoit la même furface.

Ayant partagé ce rectangle de carton, comme il vient d'être dit, on peint dans chacun de ces quarrés une pièce de monnoie (3), en déguifant un peu celles qui font aux endroits F & H, alors en affemblant ces quatre cartons, comme le défignent les *figures neuvième* & *dixieme*, on fait voir que le nombre des pièces qui font peintes fur ces cartons font au nombre de trente-deux.

Nota. Ce problême, quelque frefle qu'il foit aux yeux du géométre éclairé, eft une critique affez ingénieufe de l'alchimie, & la fatyre la mieux imaginée contre les fourbes qui fe difent adeptes.

Conftruire un parallélogramme qu'on puiffe transformer en deux triangles ou en un hexagone, & les infcrire dans un cercle donné.

Soit le cercle donné ABCDEF, (*fig.* 15, *pl.*

[1] Ce rapport, ainfi qu'on l'a dit ci-devant, n'eft que par approximation; la folidité, ainfi que la circonférence d'une fphère, étant géométriquement incommenfurable avec fon diametre.

[2] On fait ces pièces avec du carton.

[3] Il faut effacer les divifions après avoir peint ces pièces.

3). ayant tiré fur un carton la ligne indéfinie A B (*fig.* 19) , tirez de fon extrémité A la ligne AC égale au rayon du cercle donné , & inclinée fur A B , de manière que l'angle CAB (*fig.* 15) foit de 120 degrés ; tirez la parallèle indéfinie CD , & portez trois fois la longueur du rayon de A en B & de C en D ; menez par les points de divifions les lignes EF , GH & DB , qui diviferont le parallélogramme ABCD en fix triangles femblables & ifocèles , dont chacun des deux côtés égaux oppofés à la bafe , fera égal au rayon du cercle donné : coupez ce carton , & en les raffemblant vous en formerez deux triangles équilatéraux , femblables à celui BFD , (*fig.* 15) ou un hexagone femblable à celui ABCDEF (*même figure.*)

Cet amufement fert à faire voir , premièrement , que la furface d'un triangle équilatéral eft la moitié de celle d'un hexagone , lorfque l'un & l'autre font infcrits dans un même cercle.

Secondement , qu'on peut connoître la furface d'un hexagone régulier , en multipliant la moitié de fon *périmètre* par la longueur de la perpendiculaire abaiffée du centre où il eft infcrit , fur un de fes côtés.

Pour exercer la patience d'une perfonne , il faut tracer fur le même carton (*voyez fig.* 16) les perpendiculaires AE , BF & CG , qui diviferont ce parallélogramme en neuf triangles & en trois trapèfes , & tranfporter le triangle IAE en CDH ce qui formera le parallélogramme rectangle AD EH ; & donnant ces douze morceaux de carton , que l'on aura foin de bien déranger de cet ordre , on lui propofera de les affembler , & en les joignant les uns auprès des autres , de manière à en former un hexagone ou deux triangles équilatéraux , ce qui fera fort long , particulièrement fi cette perfonne retourne quelques-uns de ces petits cartons ; ce qui ne lui manquera pas d'arriver.

Faire paffer un cylindre par trois trous différens , en forte qu'il les rempliffe entièrement.

Soit A (*fig.* 20 , *pl.* 3 , *Amufemens de géométrie*) le cylindre ; découpez fur le carton D (*fig.* 21) le cercle A égal à fa bafe , le parallélogramme B égal à fa hauteur & à fon diamètre , l'ovale C , dont le plus petit diamètre foit égal à celui de ce même cylindre , & alors préfentant ce cylindre en différens fens , c'eft-à-dire , droit , de côté ou incliné , il paffera indifféremment au travers de ces trois ouvertures , en les rempliffant exactement comme il a été propofé.

Nota. On peut de même faire paffer un cône par une ouverture circulaire ou triangulaire , comme il eft aifé de voir par la feule infpection des figures 22 & 23 , même planche.

Tracer d'un feul morceau de carton une pyramide , dont le côté foit égal au diamètre de fa bafe.

Ayant déterminé le diamètre que vous voulez donner à cette pyramide , prenez-en la longueur avec le compas , & décrivez fur un carton le demi-cercle ABC (*fig.* 27 , *pl.* 3) ; divifez l'arc A CB en autant de parties égales que la bafe de cette pyramide (qu'on fuppofe être ici un hexagone) contient de côtés ; tirez les cordes AD , DE , EC , CF , FG & GB ; menez les rayons HD , HE , HC , HF & HG ; découpez enfuite votre carton le long du diamètre AB & des cordes tracées , & ouvrez-le avec un canif le long des rayons fans le couper entièrement ; ployez le tout & joignez exactement les deux rayons AH & HB.

Décrivez un cercle à l'ouverture d'une des cordes ci-deffus ; & y ayant infcrit un hexagone , découpez-le pour fervir de bafe à cette pyramide ; collez le tout & couvrez-la d'un papier.

Si l'on veut que le côté de cette pyramide foit plus long que le diamètre qui lui fert de bafe , on divifera en fix parties égales un arc moindre qu'un demi cercle ; & fi au contraire on veut qu'il foit plus court , on divifera un arc plus grand qu'un demi-cercle.

Nota. On peut former de même un cône plus ou moins aigu , en ne divifant pas l'arc du cercle qu'on aura déterminé , & en prenant pour rayon du cercle qui doit lui fervir de bafe la fixième partie de cet arc. Si on vouloit que cette pyramide ou ce cône fuffent tronqués , on décrira du centre H & à la diftance convenable , un autre demi-cercle (tel par exemple que celui *ILM* , (*même figure*) on le découpera , & pour les couvrir en deffus , on tracera un hexagone ou un cercle , en lui donnant pour rayon une des cordes de ce même demi-cercle.

Réduire la fuperficie d'un quarré donné en une figure plane terminée par deux lignes circulaires.

Soit ABCD (*fig.* 28 , *pl.* 3) le quarré donné ; tirez la diagonale BC & du point C comme centre , & à l'ouverture de compas CB , tracez le cercle EBFG ; prolongez la diagonale BC jufqu'en G , & les deux côtés AB & BD du quarré donné jufqu'en E & F : du point D comme centre décrivez le demi-cercle BHF , & tirez des points B & F le diamètre BF.

La fuperficie du demi-cercle EBF ayant pour diamètre l'hypoténufe du triangle rectangle EBF eft double du demi-cercle BHF qui a pour diamètre (fuivant la conftruction ci-deffus) le côté BF de ce même rectangle ; par conféquent , le quart de cercle CBF eft égal au demi-cercle BH F ; d'où il fuit que fi l'on ôte de ce quart de cercle EBF & du demi-cercle BHF le segment de cercle BFI qui leur eſt commun, le triangle CB F, ou ce qui eſt la même choſe, le quarré ABC D ſera égal en ſuperficie à la *lunule* (1) BIFG terminée par les deux arcs BIF & BHF.

Nota. Cet ingénieux problême, que du nom de ſon inventeur on appelle *Lunule quarrable d'hippocrate*, eſt fort célèbre ; pluſieurs géomètres y ont trouvé des propriétés fort ſingulières, particulièrement pour parvenir à trouver par approximation la quadrature du cercle ; on peut voir à ce ſujet les amuſemens philoſophiques du père Abat.

Diviſer une ligne donnée en un nombre de parties proportionnelles à celles d'une autre ligne donnée.

Soit la ligne AC (*fig.* 29, *pl.* 3) diviſée en différentes parties aux points D & E, & AB celle qu'il faut diviſer dans la même proportion ; placez ces deux lignes de manière qu'elles ſe touchent par une de leur extrémité A ; tirez la ligne CB, & menez à cette ligne les parallèles DF & EG qui partageront celle AB en trois parties proportionnées aux diviſions de la ligne AC, ce qui réſulte de ce que les triangles AEG, ADF & ACB étant équiangles par cette conſtruction, ont leurs côtés réciproquement proportionnels. C'eſt ſur ce principe que ſont conſtruites les deux règles de réduction ci-après, qui peuvent ſervir à copier & réduire toutes ſortes de deſſins.

Règles de réductions, propres à deſſiner une figure dans une grandeur proportionnée à une figure donnée.

Soit I (*fig.* 24, *pl.* 3) un quarré de papier ſur lequel eſt deſſiné la figure ou le ſujet qu'on veut réduire ſur un autre quarré (on le ſuppoſe ici moitié plus petit) tel que L (*fig.* 25) ; décrivez ſur l'un & l'autre les deux cercles ABCD & EF GH ; diviſez la circonférence de chacun d'eux en un même nombre de parties égales (2), tel que vous jugerez être convenable : conſtruiſez deux règles de cuivre ou ſimplement de carton MN & OP, de même grandeur que le rayon de ces cercles ; diviſez celle MN en un certain nombre de parties égales, & la moitié OP de celle OP en un même nombre de parties qui ſeront par conſéquent moitié plus petites ; diſpoſez-les de manière qu'elles puiſſent tourner ſur l'extrémité

où ſe trouve tracée leur première diviſion, & ce au moyen d'une petite pointe placée au centre des cercles, & d'un petit trou fait à cette même extrémité A. (*Voyez fig.* 26, *même planche*).

Uſage.

Ayant attaché ſur le cercle ABCD le papier ſur lequel eſt tracé le ſujet I que vous voulez réduire ſur celui L, qui doit être auſſi fixé ſur le cercle EFGH ; placez les régles MN & OP ſur les pointes ou pivots mis au centre de ces deux cercles ; faites enſuite tourner autour de ſon pivot la régle MN, juſqu'à ce qu'une de ces diviſions ſe trouve ſur le 1er point de celui des traits du ſujet par lequel vous voulez commencer à opérer, & remarquant à quelle diviſion de la circonférence du cercle ABCD répond l'extrémité M de cette régle, placez l'autre régle ſur ſon cercle à cette même diviſion ; voyez à quel point de diviſion de la première régle MN répond le commencement du trait pris ſur le ſujet donné, & indiquez-le ſur le papier L, à l'endroit où correſpond ce même point de diviſion ſur la régle OP (3) ; faites la même opération pour une certaine ſuite de points pris à diſcrétion ſur ce premier trait, & faiſant paſſer une ligne par tous ces points, elle ſe trouvera alors abſolument ſemblable (quoique moitié plus petite) à celle qui ſe trouve tracée ſur le ſujet I ; continuez de même pour tous les traits qui compoſent le ſujet donné.

Nota. Cette méthode peut s'employer avantageuſement pour réduire une carte de géographie de grand en petit, attendu que la poſition des endroits ſe trouvera indiquée par ſon moyen dans une exacte proportion, ce qui eſt fort eſſentiel dans ces ſortes d'opérations : on conçoit que ſi l'on veut réduire le ſujet donné au tiers ou au quart de ſa grandeur, il faut conſtruire les régles de réduction ci-deſſus ſuivant ces mêmes proportions.

Réduire un poligone régulier ou irrégulier en un triangle de même ſuperficie.

Soit le poligone irrégulier ABCDE (*fig.* 30, *pl.* 3) qu'on veut réduire en un triangle ; prolongez de part & d'autre un de ſes côtés DE ; tirez les lignes ou diagonales BD & BE, & menez leur par les points A & C les parallèles HF & IG qui couperont la ligne prolongée FG aux points F & G ; tirez du point B au point F la ligne BF & du point B au point G celle BG & elles formeront avec celle FG le triangle BFG qui ſera égal en ſuperficie au poligone ABCDE, attendu que les triangles ABF & AFD qui ſont de même

---

[1] Toute figure plane terminée par deux arcs de cercle, ſe nomme *Lunule*.

[2] Les diviſions de ce cercle doivent être fort petites, ſi l'on veut que le ſujet puiſſe être rendu avec beaucoup de préciſion.

[3] Les diviſions faites ſur ces régles doivent être ſemblablement numérotées.

bafe & de même hauteur font égaux , & qu'en en retranchant le triangle AFL qui leur eft commun , le triangle LFD fera égal au triangle ALB ; ce qui aura également lieu pour le triangle CMG qu'on peut auffi retrancher des deux triangles égaux BCG & CEG.

Divifer une ligne quelconque en tel nombre de parties égales qu'on voudra , fans fe fervir de compas.

Soit AB (*fig.* 31 , *pl.* 3) la ligne qu'on veut , par exemple , divifer en trois parties égales ; menez à difcrétion par ces deux extrémités A & B les lignes parallèles & indéfinies AC & BD ; prenez fur la ligne AC un point quelconque & menez la ligne EH parallèle à AC (1) ; tirez la ligne E B ; & menez-lui la parallèle FH ; faites FG parallèle à EH , & CG parallèle à FH ; tirez la ligne GB , & menez-lui les parallèles FI & EL qui partageront la ligne propofée AB en trois parties égales , attendu qu'au moyen de cette conftruction les triangles AEL , AFI & ACB font équiangles.

Nota. Cette ingénieufe méthode peut s'employer particulièrement lorfqu'on veut partager une ligne en certains nombres de parties qui n'ont point de divifeurs , ce qu'on ne peut faire avec le compas qu'en tâtonnant ; elle peut fervir auffi fur le terrein , lorfque l'efpace qu'on veut partager eft entrecoupé par des objets qui en rendroient la divifion fort difficile.

Connoiffant dans deux différens triangles un de leurs côtés & l'angle qui eft oppofé à chacun d'eux , trouver les deux autres côtés.

Suivant les principes de la trigonométrie , on ne peut trouver les deux côtés inconnus d'un triangle fans connoître l'autre côté & deux de fes angles ; voici cependant une circonftance où il femble qu'il fuffit d'en connoître un côté & un angle : il y a , il eft vrai , une petite fupercherie dans cette récréation , (qui eft d'ailleurs fort ingénieufe) , en ce qu'on fuppofe , premièrement , que les deux côtés connus de ces triangles forment une feule ligne droite ; fecondement , en ce que cette propofition ne défignant qu'un angle , ne peut déterminer la longueur des côtés inconnus , puifqu'il eft aifé , fans s'écarter de la condition qu'elle impofe de former une infinité de triangles différens , dont tous les angles oppofés au côté connu feront égaux.

Soit donc AB & BC , les deux côtés du triangle qui ne forment ici (*fig.* 32 , *pl.* 3) qu'une

(1) Pour mener ces parallèles on fe fert d'une double règle appellée *Parallèle.*

feule & même ligne droite ; l'angle oppofé à la ligne AB de 35 degrés , & celui oppofé à la ligne BC de 20 degrés ; élevez aux deux extrémités A & B de la ligne AB les deux perpendiculaires indéfinies AE & BG ; faites avec le rapporteur l'angle EAI , & celui IBG chacun de 35 degrés ; & du point I où les lignes AI & BI fe croifent , & de l'intervalle AI décrivez le cercle ABD ; élevez à l'extrémité C de la ligne BC la perpendiculaire CH ; faites l'angle GBL & celui LCH , chacun de 20 degrés ; du point L où les lignes LB & LC fe croifent , & de l'intervalle LB décrivez le cercle BCD ; tirez du point D où ces deux cercles fe coupent les lignes DA , DB & D C qui formeront avec les lignes AB & BC deux triangles , dont celui DAB aura l'angle ADB de 35 degrés , & celui DBC l'angle BDC de 20 degrés , attendu que ce premier angle (fuivant la conftruction) s'appuie fur un arc de 70 degrés , & l'autre fur un de 40:

Nota. Ce problème fe réfoudroit fans aucun équivoque , fi on le propofoit en cette manière. *Etant donné un côté dans chacun de deux triangles , (dont un des côtés inconnus de l'un deux peut être commun à l'autre) , la valeur de chacun des angles oppofés à ces côtés donnés , trouver leurs autres côtés.*

Il eft fort effentiel , particulièrement pour ceux qui s'amufent par eux-mêmes à conftruire les pièces de récréations qui leur paroiffent les plus agréables , de favoir tracer géométriquement toutes les figures ci-deffus , puifqu'il n'eft prefque point de conftruction où l'on puiffe fe difpenfer de manier la régle & le compas ; & que rien ne peut enfeigner à le faire avec plus de jufteffe que la connoiffance exacte des problèmes ci-deffus décrits , dont l'application fe rencontre néceffairement dans la plupart des opérations qu'on eft obligé de faire ; fans ces principes on ne travailleroit qu'en tâtonnant & conféquemment avec fort peu de précifion.

Autres Problêmes amufans de Géométrie.

A l'extrémité d'une ligne droite donnée , élever une perpendiculaire fans prolonger la ligne , & même , fi l'on veut , fans changer d'ouverture de compas.

Soit la ligne donné AB , (*fig.* 1 , *pl.* 4 , *Amufemens de géometrie*) qu'il n'eft pas permis de prolonger du côté A , & fur l'extrémité A de laquelle il eft queftion d'élever une ligne perpendiculaire.

De A vers B , prenez cinq parties égales , à volonté ; puis , du point A à l'ouverture de trois de ces parties , tracez un arc de cercle ; enfuite , de l'extrémité *b* de la quatrieme partie , tracez-en un autre avec une ouverture égale aux cinq parties : ces deux arcs fe couperont nécefffairement en un point tel que C ; duquel tirant une droite au point A , on aura CA perpendiculaire à AB.

Car le quarré de CA , qui est 9 , plus le quarré de A*b* qui est 16 , font ensemble égaux au quarré 25 de C*b* : le triangle C A*b* est donc rectangle en A.

On pourroit également prendre pour rayon de l'arc à tracer du point A , une ligne égale à cinq parties ; pour la base A*b* , 12 , & pour l'autre rayon *b*C , 13 ; car 5 , 12 , 13 , forment un triangle rectangle. Enfin , tous les triangles rectangles en nombres , & il y en a une infinité , peuvent servir à la résolution du problème.

Sur une partie quelconque AB (*fig.* 2 , *même planche* 4) de la ligne proposée, décrivez un triangle isocèle quelconque ACB , ensorte que les côtés AC , CB , soient égaux ; prolongez ensuite AC en D , ensorte que CD soit égale à CB : la ligne tirée de D en B sera perpendiculaire à AB ; ce dont la démonstration est si aisée , que nous la laissons chercher au lecteur qui ne l'appercevroit pas tout de suite.

Diviser une ligne droite donnée en tant de parties égales qu'on voudra , sans tatonnement.

On propose , par exemple , de diviser la ligne AB (*fig.* 3 , *pl.* 4) en cinq parties égales. Faites-en la base d'un triangle équilatéral ABC ; puis , du point C sur le côté CB , prolongé s'il le faut , portez cinq parties égales quelconques , que nous supposons se terminer en D : faites CE égale à CD ; enfin prenez , par exemple , DF égale à une de ces cinq parties de CD , & tirez CF , qui coupera AB en G : il est évident que BG sera la cinquieme partie de AB.

Si D*f* étoit égale aux ⅘ de CD , on auroit , en tirant C*f* , le point d'intersection *g* de C*f* avec AB , qui donneroit B *g* égale aux ⅘ de AB.

Sans aucun instrument que quelques piquets & un bâton , exécuter sur le terrain la plupart des opérations géométriques.

On sçait que la plupart des opérations géométriques s'exécutent sur le terrain au moyen du graphometre ; il semble même que cet instrument est d'une nécessité indispensable dans la géométrie pratique.

On peut néanmoins concevoir un géometre dans de telles circonstances qu'il sera absolument dépourvu de tout instrument, & même privé du moyen de s'en procurer. Nous le supposons , par exemple , dans les forêts de l'Amérique , où il ne lui est possible de se procurer avec son couteau que

quelques jalons , & un bâton pour lui servir de mesure : il se présente diverses opérations géométriques à faire , des grandeurs même inaccessibles à mesurer : on demande comment il s'y prendra.

Nous supposons d'abord que l'on sçait de quelle manière on trace sur le terrain une ligne droite , dont l'alignement est donné par deux points ; comment on la prolonge indéfiniment de côté & d'autre , &c. Cela étant , voici quelques-uns des problèmes de géométrie élémentaire , qu'il s'agit de résoudre sans employer d'autre ligne que la droite , & même en excluant l'usage du cordeau , avec lequel on pourroit tracer un arc de cercle.

1. *Par un point donné , mener une parallele à une ligne donnée.*

Soit la ligne donnée AB , (*fig.* 4 , *pl.* 4) & C le point duquel doit être tracé la parallele , par ce point menez une ligne quelconque à un point B de AB , & partagez CB en deux également en D ; à ce point placez un jalon ; & , d'un point quelconque A de la ligne donnée , menez par le point D une ligne indéfinie ADE , sur laquelle on prendra DE égale à AD : la ligne tracée par les points C & E sera parallele à AB.

2. *A un point donné d'une ligne donnée , lui élever une perpendiculaire.*

Prenez , sur la ligne donnée , (*fig.* 5 , *même pl.*) les parties AC , CB égales ; & , du point C , menez comme vous voudrez la ligne C*d* , sur laquelle vous prendrez la portion CD égale à CA ; tirez la ligne DA*h* , sur laquelle faites AE égale à AC , & AF égale à AD : par les points EF tirez la ligne FEG , sur laquelle , si vous prenez EG égale à FE , vous aurez le point G , qui , avec le point A , déterminera la position de la perpendiculaire AG.

Car , dans le triangle CAD , les côtés AD , AC , étant respectivement égaux à AF & AE dans le triangle EAF , ces deux triangles sont égaux ; & , dans le triangle DCA , les côtés CD , CA , étant égaux , on aura aussi dans l'autre les côtés EA , EF , égaux : dont l'angle EFA sera égal à EAF , & conséquemment à CAD. Mais , dans le triangle FGA , le côté FG est égal à AB , puisque FG est double de FE par la construction , & que FE ou AE est égal à AC qui est la moitié de AB : donc les triangles FAG , ADB , sont égaux , puisque les côtés FG , FA , sont égaux aux côtés AB , AD , & que les angles compris sont égaux , donc l'angle FAG sera égal à ADB. Mais celui-ci est droit , parceque les lignes CB , CD , CA , étant égales , le point D est dans la circonférence d'un demi-cercle tracé sur le diametre AB : donc l'angle FAG est droit, & GA est perpendiculaire sur AB.

3. *D'un point donné A, mener sur une ligne donnée une perpendiculaire.*

Prenez un point quelconque B dans la ligne indéfinie BC, (*fig.* 6, *pl.* 4 ;) & mesurez BA ; faites ensuite BC égale à BA, & tirez AC, que vous mesurerez pareillement ; enfin faites cette proportion : comme BC est à la moitié de AC, ainsi AC est à une quatrième proportionnelle, qui sera CE : il n'y a qu'à prendre CE égale à cette quatrième proportionnelle, & l'on aura le point E, duquel menant par A la ligne AE, elle sera la perpendiculaire cherchée.

4. *Mesurer une distance AB, accessible seulement par une de ses extrémités, comme la largeur d'une riviere, d'un fossé, &c.*

On commencera par planter un jalon en A ; (*fig.* 7, *pl.* 4) puis, ayant pris un point quelconque C, où l'on en plantera pareillement un, on en fixera un troisième en D, dans l'alignement des points B & C ; on prolongera indéfiniment les lignes CA, DA, au-delà de A, & l'on fera les lignes AE, AF égales respectivement à AC, AD ; enfin l'on plantera un jalon en G ; de manière qu'il soit à la fois en ligne droite avec A & B & avec F, E : on aura alors la distance AG égale à AB.

Si l'on prévoyoit ne se pouvoir retirer assez dans l'alignement AB, l'on pourroit ne prendre sur AE, AF, que la moitié ou le tiers de AC, AD, par exemple A*e*, A*f* : alors, plantant en *g* un jalon qui fût à la fois dans les deux alignements BA & *ef*, on auroit A*g*, la moitié ou le tiers de AB.

5. Soit maintenant la distance AB inaccessible par ses deux extrémités. (*fig.* 8, *pl.* 4) La solution du cas précédent donnera aisément celle de celui-ci ; car, soit planté un jalon en C, & ayant prolongé par une suite de jalons les alignements BC, AC, qu'on prenne, par le moyen ci-dessus, sur ces lignes, les parties CE, CF, respectivement égales à BC, CA, ou la moitié ou le tiers de ces mêmes lignes : il est facile de voir que la ligne qui joindra les points E, F, sera égale ou bien la moitié ou le tiers de la ligne cherchée ; & que, dans l'un & l'autre cas, elle lui sera parallele ; ce qui résoud le problème de *tirer une parallele à une ligne inaccessible.*

Ces exemples suffisent pour montrer comment, avec un peu de connoissance de géométrie, on pourroit, sans l'aide d'aucun autre instrument que de ceux qu'on peut se procurer avec son couteau

& au milieu d'un bois, exécuter une grande partie des opérations géométriques. On doit néanmoins convenir qu'on ne peut que par un cas très-extraordinaire se trouver dans des circonstances semblables ; mais, quelqu'éloignée qu'elle soit, quand on est doué de l'esprit géométrique, on goûte une certaine satisfaction à voir comment on pourroit s'y prendre.

Une chose singulière, c'est qu'il n'est peut-être pas possible de résoudre de cette manière, c'est-à-dire sans employer un arc de cercle, le problème très-simple, & l'un des premiers de la géométrie élémentaire, sçavoir, de *tracer un triangle équilatéral*. Je l'ai du moins cherché en vain, m'étant amusé à voir jusqu'où l'on pourroit parvenir dans la géométrie, au moyen de simples lignes droites.

Tracer un cercle ou un arc de cercle déterminé, sans en connoître le centre & sans compas.

Ceci paroîtra d'abord, aux yeux de ceux à qui la géométrie est peu familière, une sorte de paradoxe ; mais la proposition où l'on démontre que, dans tout segment de cercle, les angles dont le sommet est appuyé sur la circonférence, & dont les côtés passent par les extrémités de la corde, sont égaux ; cette proposition, dis-je, donne la solution du problème.

Soient donc les trois points du cercle ou de l'arc de cercle cherché, A, C, B, (*fig.* 9, *pl.* 4) les lignes AC, CB, étant tirées, faites un angle égal à ACB, que vous couperez dans quelque matière solide, & plantez en A & B deux arrêts ou pointes : alors, en faisant couler les côtés de l'angle déterminé entre ces arrêts, l'angle C décrira la circonférence du cercle, ensorte que si cet angle C est garni d'une pointe ou d'un crayon, il tracera, en tournant entre les points A & B, l'arc cherché.

Si l'on faisoit un autre angle pareil, qui fût le restant de l'angle ACB à deux droits, & qu'on le fît tourner en touchant toujours de ses côtés, les points A, B, mais de manière que son sommet fût du côté opposé à celui du point C, il décriroit l'autre segment de cercle, qui, avec l'arc AC B, complette le cercle entier.

Il pourroit arriver que l'on fût obligé de tracer par deux points donnés un arc de cercle déterminé, dont le centre est extrêmement éloigné, ou inaccessible par des causes particulières. Si l'on avoit, par exemple, à tracer sur le terrain un cercle ou un arc de cercle dont le rayon fût de 2, 3 ou 4 cents toises, il est aisé de voir qu'il seroit impraticable de le décrire au moyen d'un cordeau : il faudroit alors opérer ainsi. Plantez des jalons en A & B (*fig.* 11, *pl.* 4), extrémités de la ligne que je suppose être la corde de l'arc cherché,

ché, dont on connoît l'amplitude ou l'angle qu'il soutend; cherchez ensuite, avec le graphomètre ou la planchette, un point tel que *c*, d'où mirant en A & B, l'angle A*c*B soit égal à l'angle donné, & plantez-y un jalon; cherchez pareillement un autre point *d*, d'où mirant aux points A & B, on ait encore l'angle A*d*B égal au premier; que les points *c*, *f*, soient trouvés de la même manière: il est évident que les points *c*, *d*, *e*, *f*, seront dans un arc de cercle capable de l'angle donné. Si vous cherchez ensuite de l'autre côté de AB, les points *g*, *h*, *i*, *k*, d'où mirant aux points A & B, l'angle A*g*B ou A*h*B soit le supplément du premier, les points *c*, *d*, *e*, *f*, *g*, *h*, *i*, *k*, seront évidemment dans un cercle.

Trois points étant donnés, qui ne soient pas dans une même ligne droite, tracer un cercle qui passe par ces trois points.

Que ces trois points soient ceux qui sont marqués 1, 2, 3 (*fig.* 15, *pl.* 4); de l'un d'eux, par exemple 2, comme centre, avec un rayon quelconque, soit décrit un cercle; ensuite, d'un des deux autres points pris pour centre, par exemple 1, soient faites avec le même rayon deux intersections avec la circonférence du premier cercle, comme A & B; & soit tirée la ligne AB; enfin, prenant le troisième point 3 pour centre, soient faites avec le même rayon deux intersections avec la circonférence du premier cercle, lesquelles soient D, E, & soit menée DE: elle se coupera avec la première AB, dans un point C qui sera le centre du cercle cherché. Prenant donc ce point pour centre, & décrivant un cercle par l'un des points donnés, sa circonférence passera par les deux autres.

Il est facile de voir que cette construction est au fond la même que la vulgaire, enseignée par Euclide & tous les auteurs élémentaires; car il est évident que, par la construction qu'on vient de voir, on a les lignes 1A, 2A, 1B, 2B, égales entr'elles: conséquemment la ligne AB est perpendiculaire à celle qu'on doit concevoir joindre les points 1, 2, ou à la corde 1, 2, du cercle cherché: d'où il suit que le centre de ce cercle est dans la ligne AB: par la même raison ce centre est dans la ligne DE, & par conséquent il est dans leur intersection.

Si les trois points donnés étoient dans une ligne droite, alors les lignes AB, DE, deviendroient parallèles; & conséquemment il n'y auroit point d'intersection, ou elle seroit infiniment éloignée.

Un ingénieur, en levant une carte, a observé d'un certain point les trois angles sous lesquels il voit les distances de trois autres objets dont il a déja déterminé les positions: on demande la position de ce point, sans autre opération.

Le problème, réduit à l'énoncé purement géo-
Amusemens des Sciences.

métrique, se proposeroit ainsi: « Etant donné un triangle dont les côtés & les angles sont connus, déterminer le point duquel les trois lignes menées aux trois angles feront entr'elles des angles donnés ».

Il y a un assez grand nombre de cas dans ce problème; car, ou les trois angles sous lesquels on apperçoit les distances des trois points donnés occupent toute l'étendue de l'horison ou les quatre angles droits, ou bien seulement la moitié, ou moins de la moitié. Dans le premier cas, il est évident que le point cherché est situé au dedans du triangle donné; dans le second, il est situé sur un des côtés; & dans le troisième, il est dehors. Mais, pour abréger, on se bornera au premier cas, indiqué par la *fig.* 11.

Soit donc à déterminer entre les points A, B, C, (*fig.* 12 *pl.* 4.) dont les distances sont données, le point D, tel que l'angle ADB soit égal à 160 degrés, l'angle CDB égal à 130°, & CDA égal à 70°. Sur le côté AB, décrivez un arc de cercle capable d'un angle de 160°; & sur le côté BC, un autre capable d'un angle de 130°: leur intersection donnera le point cherché.

Car il est évident que ce point est sur la circonférence de l'arc décrit sur le côté BA, & capable de l'angle de 160°, puisque, de tous les points de cet arc & de nul autre, la distance AB est vue sous un angle de 160°. De même le point D doit se trouver sur l'arc décrit sur le côté AC, & capable de l'angle de 160°, & conséquemment il faut qu'il soit sur leur intersection, & nulle autre part.

Deux lignes concourant en un point inaccessible, ou qu'on ne peut même appercevoir, on propose de mener d'un point donné une ligne qui tende au même point.

Soient les lignes AO & BO, (*fig.* 13, *pl.* 4.) qui concourent en un point inconnu & inaccessible O, & que le point E soit celui duquel il faut diriger au point O une ligne droite.

Par le point E tirez la droite quelconque EG, qui coupe AO & BO dans les points D & C, & par un point F, pris à volonté, soit tirée sa parallèle FG, soit faite ensuite cette proportion: comme CD est à DE, ainsi FG est à GH; enfin, par les points E, H, tirez la ligne indéfinie HE; ce sera la ligne cherchée.

Ou bien, si c'est le point *e* qui est donné, soit fait, comme CD à C*e*, ainsi FG à FH, la ligne *eh* sera celle qu'on demande.

La démonstration en sera facile pour tous ceux qui sçavent que si dans un triangle on tire des parallèles à la base, toutes celles qui seront tirées

A a a a

du fommet du triangle les diviferont proportionnellement.

Même fuppofition faite que ci-deffus, on demande
de retrancher des lignes BO, AO, deux portions
égales.

Pour cet effet, foit abaiffée du point A fur
BO la perpendiculaire AC, (*fig.* 10, *pl.* 4.) &
fur le même point A foit élevée, perpendiculairement à AO, la ligne AD, rencontrant la
ligne BO en D; divifez enfuite en deux également
l'angle CAD par la ligne AE: cette ligne, en rencontrant BO en E, déterminera les lignes AO,
EO, égales.

Il eft facile de le démontrer, en faifant voir
que, par cette conftruction l'angle OAE devient
égal à OEA. En effet l'angle OAE eft égal à
l'angle OAC plus CAE, & l'angle OEA eft égal
à ODA ou OAC plus EAD ou EAC, fon égal:
donc l'angle OAE eft égal à OEA, & le triangle
OAE eft ifocele: donc, &c.

Même fuppofition encore que ci-deffus, divifer l'angle
AOE en deux parties égales.

Faites la même conftruction que dans le problème précédent; puis, à la ligne AE, (*même fig.*
10.) tirez une parallèle quelconque FG entre les
deux lignes données; après cela divifez les lignes
AE, FG, en deux également en H & I: la
ligne HI divifera l'angle AOE en deux également; ce qui eft trop facile à démontrer pour s'y
arrêter.

Ces opérations font, comme l'on voit, des
opérations de géométrie pratique affez utiles dans
certains cas, s'il s'agiffoit de percer
des routes dans une forêt, où bien fi l'on vouloit
qu'elles circulaffent à l'entour d'un centre commun extrêmement éloigné, ou qu'elles aboutiffent à ce centre.

Deux côtés d'un triangle rectiligne étant donnés, &
l'angle compris, trouver fon aire.

Multipliez un de ces côtés par la moitié de
l'autre, & le produit par le finus de l'angle compris; ce nouveau produit fera l'aire.

On démontre en effet aifément que l'aire de
tout triangle rectiligne eft égale à la moitié du
rectangle de deux de fes côtés quelconques, multiplié par le finus de l'angle compris.

Car, foit le triangle ABC, (*fig.* 16, *pl.* 4.)
dont l'angle A eft aigu; qu'on conçoive le triangle
AFC, dont l'angle FAC foit droit, & AF égale
à AB: foit un quart de cercle décrit du centre A
par F & B, & enfin la perpendiculaire BD fur la
bafe.

Il eft évident que les deux triangles FAC,
BAC, font entr'eux comme AF à BD, c'eft-à-
dire, dans la raifon du finus total au finus de
l'angle BAC, ou de l'unité au nombre qui exprime
ce finus: donc, le triangle FAC étant égal au
demi-rectangle de FA par AC, le fecond fera égal
à ce demi-rectangle multiplié par le finus de l'angle
BAC.

Cette propriété évite un circuit, qu'on eft
obligé de prendre pour trouver d'abord la grandeur de la perpendiculaire abaiffée de l'extrémité
d'un des côtés connus fur l'autre, afin de multiplier enfuite ce dernier côté par cette perpendiculaire.

Soient, par exemple, les deux côtés AB, AC,
refpectivement de 24 & 63 toifes, & l'angle compris de 45°. Le produit de 63 par 12 toifes eft
756; le finus de 45° eft 0,70710: multipliez donc
756 par 0,70710 fuivant la méthode des fractions
décimales; le produit fera 534 $\frac{56}{100}$.

Mefurer la furface d'un quadrilatère ou trapèze quel-
conque, fans la connoiffance de fes côtés.

La folution de ce problème eft une fuite du
précédent. Un trapèfe ABCD (*fig.* 14, *pl.* 4.)
étant donné, mefurez les diagonales AC, BD,
ainfi que l'angle qu'elles font à leur interfection
en E; multipliez-les enfemble, & la moitié du
produit par le finus de l'angle ci-deffus: ce produit fera l'aire; ce qui eft incomparablement plus
court, que fi on le réduifoit en triangles pour
mefurer chacun d'eux.

On tire de-là un théorème affez curieux, &
qui n'a, je crois, point encore été remarqué.
C'eft que, « Si deux quadrilatères ont des diagonales égales & faifant le même angle, quelle
que foit d'ailleurs la manière dont elles fe coupent
l'une l'autre, ils font égaux entr'eux ».

Ainfi, le quadrilatère ABCD, (*fig.* 14.) eft
égal au parallélogramme *abcd*, (*fig.* 18, n°. 1.)
qui a les mêmes diagonales, & également inclinées
l'une à l'autre.

2°. Ce même quadrilatère ABCD eft égal au
triangle BAC, (*fig.* 18, n°. 2.) formé par les
deux lignes AC, AB, égales aux diagonales AC,
DB, & inclinées dans le même angle.

3°. Ce même quadrilatère eft encore égal au
triangle ABC, (*fig.* 17, n°. 3.) fi les lignes AC,
DB, de ce triangle font égales aux diagonales du
quadrilatère, & également inclinées.

4°. Enfin ce quadrilatère ABCD, (*fig.* 14.) eft
égal au quadrilatère *abcd*, (*fig.* 18, n°. 3.) dont
les diagonales même ne fe coupent pas, fi *ac*, *db*,
font égales à AC, DB; & l'angle *b e c* égal à
l'angle BEC.

Deux cercles qui ne sont pas entièrement compris l'un dans l'autre, étant donnés, trouver le point d'où tirant une tangente à l'un, elle soit aussi tangente à l'autre.

Par les deux centres A & B des deux cercles, (fig. 17, n°. 2, pl. 4.) menez la droite indéfinie ABI; puis, du centre A, un rayon quelconque AC, & par le centre B le rayon BD, parallèle au premier & dans le même sens. Les points C & D étant joints par la ligne CD, elle rencontrera AB dans un point I qui sera le point cherché; c'est-à-dire, que si du point I on tire une tangente IE, à l'un des cercles, elle sera tangente à l'autre.

Le point I (fig. 17, n°. 1.) pourroit se trouver entre les deux cercles, lorsqu'ils ne se coupent point l'un l'autre. Pour le trouver, il n'y a qu'à tirer le rayon BD parallèle à AC, en sens contraire à celui de la fig. 17, n°. 2, l'intersection de AB avec BD donnera un point I, qui jouira de la même propriété.

Nous ne pouvons nous empêcher d'observer ici que si l'on tire du point I, (fig. 17, n°. 2.) à travers les deux cercles, une sécante quelconque, comme IDH ou Idh, le rectangle de ID par IH, ou Id par Ih, sera toujours le même, savoir, égal à celui des deux tangentes IE, IF. Pareillement le rectangle de IC par IG, ou Ig par Ic, sera égal au rectangle des mêmes tangentes: ce qui est une extension très-remarquable de la propriété si connue du cercle, par laquelle le rectangle des deux segmens ID, IG, est égal au quarré de la tangente IE.

Un père de famille laisse en mourant, à deux enfans, un champ triangulaire, & ordonne qu'il leur sera partagé également. Il y a un puits dans ce champ, qui sert à l'arroser; il faut conséquemment que la ligne de division passe par son centre, afin qu'il soit commun aux deux héritiers. On demande la manière de mener par ce point la ligne qui partage ce champ en deux également.

Solution.

Soit le triangle proposé CAB, & E le point donné: (fig. 1, pl. 5. *Amusemens de Géométrie.*) Tirez du point E les lignes ED, ER, parallèles à la base AC & au côté CB respectivement, jusqu'à leur rencontre en R & D; que la base CA soit divisée en deux également en M; &, ayant du point D tiré la ligne DM, que BN lui soit menée parallèlement, & la ligne CN divisée également en I; sur IR soit décrit le demi-cercle IKR, dans lequel appliquez RK=RC, & tirez IK, à laquelle vous ferez IF égale: ce point F & le point E détermineront la ligne FEG.

Il est évident qu'il faut que CI soit au moins double de CR; car, autrement, CR ne pourroit être adaptée dans le demi-cercle décrit sur RI: ce qui rendroit dans ce cas le problème impossible.

En nombres. Soit BA=48 toises, BC=42, CA =30, CD=18, & DE ou CR=6; conséquemment CM sera=15. Or CD:CM::CB:CN, c'est-à-dire que 18:15::42:35; d'où il suit que CN=35 & CI=17½: conséquemment CR étant égale à 6, on aura IR=11½. Or le triangle IKR étant rectangle, on aura IK=$\sqrt{IR^2-RK}=\sqrt{132\frac{1}{4}-36}=\sqrt{96\frac{1}{4}}$, ou $9^{t}\frac{81}{100}$: ce qui donne CF de $27^{t}\frac{31}{100}$.

La démonstration de cette construction est trop prolixe pour trouver place ici: il y a même une multitude de cas qu'il seroit trop long de développer. En voici seulement un des plus simples; savoir, celui où le point E est sur un des côtés.

La construction est dans ce cas très-simple; car, ayant divisé AC [fig. 2, pl. 5.] en deux également en M, & tiré EM, puis sa parallèle BN, si le point N tombe au dedans du triangle; en tirant la ligne EN le problème sera résolu: mais si le point N tombe au dehors, il faudra tirer la ligne AE, & ensuite par le point N sa parallèle NO; enfin par le point O la ligne OE: cette ligne résoudra le problème.

Car, à cause des parallèles EM, BN, le triangle MBE=MNE; donc, ajoutant à chacun le triangle CME, on aura les triangles CBM, CEN égaux. De plus à cause des parallèles EA & NO, on a les triangles ANE, AOE égaux: conséquemment, ôtant de part & d'autre le triangle commun AGE, le triangle ANG=GOE: d'où il suit qu'ajoutant à l'espace CAGE ce triangle GOE, on aura l'espace CAOE=au triangle CEN, qu'on a déjà vu être égal à la moitié de CBA.

« Mais supposons que le même particulier eût trois enfans, & qu'il fallût leur diviser entr'eux également le même champ, en faisant partir toutes les lignes du point donné E, & en supposant déjà une ligne de division EB, »

Soit pour cela divisée la base AC (fig. 5, pl. 5) en trois également, & que les points de division soient D & G; soit tirée la ligne ED & sa parallele BF, & du point E la ligne EF: si le point F n'est pas hors du triangle, le trapeze BEFAB sera un des tiers cherchés.

Mais si le point F tombe hors du triangle, on opérera comme on a vu plus haut, c'est-à-dire qu'on tirera à l'angle A la ligne EA, & du point F sa parallele FO, jusqu'au côté BA, que je suppose être rencontré en O: la ligne EO donnera le triangle BOE égal au tiers du triangle proposé.

On trouvera de la même manière l'autre tiers

du triangle proposé BEICB ; & , & conséquemment, le restant de la figure en sera aussi le tiers ; & les trois lignes EO, EI, EB, partant du point E, diviseront le triangle proposé en trois parties égales.

On pourra, par la même méthode, le diviser en 4, 5, 6, &c. parties égales, par des lignes partant toutes d'un point donné : ce point pourroit même être pris au dehors du triangle.

Deux points étant donnés, & une ligne droite qui ne passe point entr'eux, trouver un cercle qui touche la ligne droite, & qui passe par les deux points donnés.

Soit la ligne donnée AB, (*fig.* 3, *pl.* 5.) & les points donnés C & D. Joignez ces deux points, & , sur le milieu E de la ligne CD, élevez la perpendiculaire EF, qui rencontre en F la droite donnée, & abaissez la perpendiculaire EH sur cette même ligne ; tirez FC, & décrivez du point E au rayon EH un cercle qui coupe FC prolongée en I ; menez IE, & par le point C sa parallèle CK : le point K sera le centre, & KC le rayon du cercle cherché.

Car, si du point K on abaisse la perpendiculaire KL sur la ligne AB, elle sera égale à KC, qui l'est elle-même à KD. En effet, FE est à FK comme EH est à KL comme EI est à KC: donc EH est à KL comme EI est à KC ; & conséquemment, EI étant égal à EA, KL le sera à KC : donc, &c.

Il est aisé de voir que si la ligne donnée passoit par un des points donnés, le centre du cercle cherché seroit dans l'intersection K de la perpendiculaire CK sur AB (*fig.* 6), & de la perpendiculaire EK sur la ligne CD, coupée en deux également en E.

On pourroit résoudre, dans le premier cas, le problème d'une autre maniere ; savoir, en prolongeant la ligne CD *fig.* 3 jusqu'à sa rencontre en M, avec AB ; puis prenant une moyenne proportionnelle entre MC & MD, & lui faisant ML égale, enfin, par les points C, D, L, traçant un cercle, il résoudroit le problème. Mais cette solution seroit embarrassante lorsque le point M se trouveroit fort éloigné, au-lieu que cela est indifférent dans la première.

Deux lignes AB, CD, étant données, & un point E entre deux, tracer un cercle passant par ce point & touchant ces deux lignes.

Si les deux lignes concourent ensemble, comme en F (*fig.* 4, *pl.* 5), tirez la ligne FH, qui partage en deux également l'angle BFD, ou, si elles sont parallèles, celle qui, comme FH, est également éloignée de l'une & de l'autre ; ensuite tirez du point E (*fig.* 7) la perpendiculaire EGL à

FH ; faites GL égale à GE : les points L & E seront tels que, traçant par ces deux points un cercle qui touche l'une des lignes données, il touchera aussi l'autre : ce qui réduit le problème au précédent.

Diverses démonstrations de la quarante-septième du premier livre d'Euclide, par de simples transpositions de parties.

La beauté de cette proposition élémentaire, & la difficulté que trouvent souvent les commençans à en comprendre la démonstration, a engagé quelques géomètres à en chercher de plus simples, parmi lesquelles il y en a de fort ingénieuses, & qui sont remarquables en ce que l'on voit, presque du premier coup d'œil, que le quarré de l'hypoténuse est composé des mêmes parties que les quarrés des deux côtés ; à cela près qu'elles sont différemment arrangées. En voici quelques-unes.

1. Soit le triangle rectangle ABC (*fig.* 8, *pl.* 5), sur les deux côtés duquel, AC, CB, soient construits les quarrés CG, CD ; sur la base AB soient élevées les deux perpendiculaires AI, BH, la première terminée à la rencontre de GF prolongée, l'autre à celle de ED ; & soit tirée la ligne IH. On démontre d'abord aisément que AI & BH sont égales à AB, ensorte que AJHB est le quarré de la base AB. Car il est aisé de voir que le triangle BHD est égal & semblable au triangle BAC, ainsi que le triangle IGA au même triangle BAC ; ensorte que BH & AI sont chacune égales à AB.

On fait voir aussi facilement, que le petit triangle KEH est égal à IFO ; enfin, que le triangle IKL est égal à AOC.

Or les parties composantes des deux quarrés sont le quadrilatère CBHK, le triangle BDH, le triangle KHE, le quadrilatère GAOF, & le triangle ACO, qu'on va voir être les mêmes que celles qui composent le quarré ABHI ; car le quadrilatère CBHK est commun : le triangle BHD est égal à BCA, & peut être substitué & transposé à sa place. Concevez pareillement le triangle ACO porté en IKL ; il restera dans le quarré de l'hypoténuse le vuide ILA, & nous aurons pour le remplir le quadrilatère FOAG, avec le triangle KEH : que ce triangle KEH soit porté en OFI, qui lui est égal, il complettera le triangle IAG, qui est égal & semblable à IAL : d'où il suit que le quarré de l'hypoténuse est composé des mêmes parties qui composent les deux quarrés des côtés.

On pourroit conséquemment découper ces parties sur du carton, & en composer d'abord les deux quarrés, puis un seul ; ce qui seroit une sorte de jeu de combinaison.

2. La seconde maniere, qui est à peu de chose près la même que la précédente, paroîtra peu-

être encore plus claire. Soient les deux quarrés CD, CF (*fig.* 9), des deux côtés, à l'entour de l'angle droit du triangle ACB : ayant prolongé FA jusqu'à ce que AH égale CB, sur le côté FH formez le quarré FHDG, & sur l'hypoténuse AB le quarré AE ; il sera aisé de prouver que les angles E, N, seront dans les côtés du premier, & que AH, BD, EG, NF, seront égales, ainsi que FA, BH, DE, GN.

Or l'on voit d'un coup d'œil qu'en tirant la ligne NI parallèle à FH, les deux quarrés CD, CF, sont composés des parties 1, 2, 3, 4, 5 ; & le quarré AE l'est des parties 1, 5, 6, 7, 8. Mais les parties 1 & 5 sont communes, les parties 6 & 2 sont visiblement égales : il reste donc que les parties 4 & 3 soient égales à 7 & 8. Or cela est encore évident, car la partie 3 est égale à 9, & la partie 8 est égale à 5 : conséquemment les parties 4 & 3 ou 4 & 9 sont égales aux parties 7 & 8 ou 7 & 5, puisque le rectangle FI est partagé en deux également par la diagonale : donc les quarrés des côtés sont composés des mêmes parties que le quarré de l'hypoténuse ; &, par conséquent, il y a égalité de part & d'autre.

3. En retenant la même construction, il est clair que le quarré FD est égal aux quarrés des deux côtés AC, CB, du triangle rectangle ACB, plus les deux rectangles égaux AB, CG. Or le quarré AE de l'hypoténuse est égal au même quarré moins les quatre triangles égaux ABH, BED, EGN, NFA, qui, pris ensemble, sont égaux aux deux rectangles ci-dessus, puisque chacun de ces triangles est la moitié d'un de ces rectangles. L'excès du quarré FD sur les deux quarrés des côtés du triangle rectangle ACB, est donc le même que sur le quarré de l'hypoténuse : donc ce quarré & celui de l'hypoténuse sont égaux ; car des quantités qu'une troisième excède également, sont égales entr'elles.

Si, sur chacun des côtés d'un triangle ABC, (fig. 10 & 14, pl. 5, Amusemens de géométrie) on décrit un quarré ; que d'un des angles, comme B, on abaisse une perpendiculaire BD, sur le côté opposé AC ; qu'on tire ensuite les lignes BE, BF, de manière que les angles AEB, CFB, soient égaux à l'angle B ; enfin, que des points F & E on mène les parallèles EI, FL, au côté CG du quarré, on aura le quarré sur AB égal au rectangle AI, & le quarré sur BC égal au rectangle CL : par conséquent la somme des quarrés sur AB & BC sera égale au quarré de la base, moins le rectangle EL si l'angle B est obtus, & plus ce même rectangle si l'angle B est aigu.

Démonstration.

Le triangle AEB est semblable au triangle ABC, puisque l'angle A est commun, & que l'angle AE

B est égal à l'angle ABC : conséquemment on a cette proportion entre les côtés homologues, AC : AB : AB : AE ; d'où il suit que le rectangle de AC×AE, ou de AE×AH qui est le même, puisque AH=AC, est égal au quarré de AE.

On prouve de même que le quarré de BC est égal au rectangle CL.

Mais il est aisé de voir que si l'angle B est obtus, la ligne BE tombe entre les points A & D, & la ligne BF entre C & D ; que c'est le contraire s'il est aigu, & que ces deux lignes se confondent avec la perpendiculaire BD, lorsque l'angle B est droit.

Donc, dans le premier cas, il est évident que la somme des quarrés des côtés est moindre que le quarré de la base, savoir de la quantité du rectangle EL ;

Que, dans le second, ils le surpassent de la quantité du rectangle EL ;

Enfin que, dans le cas du triangle rectangle en C, le rectangle EL devenant nul, la somme des quarrés des côtés est égale à celui de la base : ce qui est une généralisation très-ingénieuse du fameux théorème de Pythagore.

Soit un angle quelconque ABC (fig. 11, pl. 5), & sur le côté AC soit décrit le parallélogramme quelconque CE, & sur le côté AD le parallélogramme aussi quelconque BF ; que les côtés DE, KF, soient prolongés jusqu'à leur concours en H, duquel point soit tirée la ligne HAL, & prise LM égale à HA ; qu'on finisse enfin le parallélogramme CO, sur la base BC &dans l'angle CLM : ce parallélogramme sera égal aux deux CE, BF.

Prolongez NC & OB jusqu'à leur rencontre en R & P, avec les côtés KF & DE des parallélogrammes décrits sur les côtés, & tirez PR.

Cela fait, puisque CR & HA sont parallèles & comprises entre mêmes parallèles, savoir CA & DH, elles sont égales : conséquemment CR est égale à LM : de même on prouvera que BP est égale à LM ; donc CR & CP sont égales, & la figure CRPB est un parallélogramme égal à BN.

Maintenant il est évident que le parallélogramme RL, sur la base RC, est égal au parallélogramme RCAH, comme étant sur même base & entre mêmes parallèles : de même le parallélogramme ACDE=ACRH, comme étant sur même base entre mêmes parallèles : donc le parallélogramme ACDE=RCLG.

On prouvera de même que le parallélogramme BKFA=PGLB : conséquemment les deux parallélogrammes CE, BF, sont égaux ensemble à BPRC, ou son égal CNOB.

Il fera aifé à tout lecteur un peu géomètre, de voir que cette propofition affez ingénieufe, n'eft qu'une généralifation de la fameufe propofition fur les quarrés des deux côtés du triangle rectangle, comparés au quarré de l'hypoténufe. En effet, fuppofons le triangle BAC rectangle en A, & que les deux parallélogrammes CE, BF, foient deux quarrés; on trouvera bien aifément que le troifième parallélogramme BN fera auffi un quarré, favoir, celui de l'hypoténufe: donc en vertu de la démonftration précédente, ces deux premiers quarrés feront égaux au troifième.

Dans tout parallélogramme, la fomme des quarrés des quatre côtés eft égale à celle des quarrés des diagonales.

Il n'y a aucune difficulté à le prouver pour les parallélogrammes rectangles; c'eft une fuite évidente de la fameufe propriété du triangle rectangle.

Soit donc le parallélogramme oblique ABCD (*fig. 15, pl. 5*), dont les diagonales font AD, BC; d'un angle A abaiffez fur la diagonale CB la perpendiculaire AF, vous aurez par la douzième propofition du livre II d'Euclide, le quarré de AB égal au quarré de AE, plus le quarré de BE, plus deux fois le rectangle de FE par EB : on a auffi le quarré de AC égal à la fomme des quarrés de AE, EC, moins deux fois le rectangle de FE par EC, qui eft égal à celui de FE par EB, à caufe que EB eft égale à EC : donc la fomme des quarrés de AC, AB, eft égale à deux fois le quarré de AE, plus celui de EB, plus celui de EC, ou deux fois le quarré de AE, plus deux fois celui de BE.

Mais les quarrés de BD, DC, font égaux à ceux de AB, AC, à caufe de l'égalité des lignes CD, BD à AB, AC respectivement : ainfi les 4 quarrés des quatre côtés feront égaux à quatre fois le quarré de BE, plus quatre fois celui de AE. Or quatre fois le quarré de BE forment le quarré de BC, & quatre fois le quarré de AE égalent celui de AD : donc, &c.

Dans tout quadrilatère, quel qu'il foit, la fomme des quarrés des côtés eft égale à celle des diagonales, plus quatre fois de la ligne qui joint les milieux de ces diagonales.

Soit le quadrilatère ABCD, (*fig. 16, pl. 5*) dont les deux diagonales font AC, BD; qu'on les fuppofe coupées en deux également en E & en F, & qu'on tire la ligne EF : on fait voir que les quarrés des quatre côtés, pris enfemble, font égaux aux deux quarrés des diagonales, plus quatre fois le quarré de EF.

On fe borne ici à l'énoncé de ce théorème,

très-élégant & très-curieux, qu'on doit, je crois, au célèbre M. Euler. On en trouve la démonftration dans les nouveaux mémoires de Pétersbourg, tom. V; mais elle feroit trop prolixe pour ce lieu-ci.

Remarquons feulement que quand le quadrilatère ABCD devient un parallélogramme, alors les deux diagonales fe coupent en deux également; ce qui fait que les points E & F tombent l'un fur l'autre, & la ligne EF s'anéantit. Ainfi le théorème précédent n'eft qu'un cas de celui-ci.

Les trois côtés d'un triangle rectiligne étant donnés, en mefurer la furface, fans rechercher la perpendiculaire abaiffée d'un des angles fur le côté oppofé.

Prenez la demi-fomme des trois côtés du triangle, & retranchez de cette demi-fomme chacun des trois côtés : cela donnera trois reftes, qui, étant multipliés enfemble, & le produit par cette demi-fomme, formeront un nouveau produit, dont la racine quarrée fera l'aire cherchée.

Que les trois côtés foient, par exemple, 50, 120, 150 toifes; la demi-fomme eft 160, la première différence eft 110, la feconde 40, la troifième 10; le produit de ces quatre nombres eft 7040000, dont la racine quarrée eft 2653, & près de $\frac{3}{10}$.

Il eft aifé de prouver que, fi l'on procédoit par les voies ordinaires, c'eft-à-dire en cherchant la perpendiculaire tirée d'un angle fur le côté oppofé on auroit eu beaucoup plus de calculs à faire.

Cette méthode fournit un moyen facile de trouver le rayon du cercle infcrit dans un triangle dont les trois côtés font donnés : il n'y a qu'à faire le produit des trois différences de chaque côté avec la demi-fomme, puis divifer ce produit par cette demi-fomme, & du quotient extraire la racine quarrée; elle fera le rayon cherché.

Ainfi, dans l'exemple ci-deffus, le produit des différences eft 44000; ce qui, divifé par 160, donne 275, dont la racine quarrée eft 16 $\frac{58}{100}$: c'eft le rayon du cercle infcrit dans le triangle propofé.

Avec cinq quarrés égaux, en former un feul.

Divifez un côté de chacun des quatre quarrés, A, B, C, D (*fig. 3, n°. 1 & 2 planches 10, Amufemens de Géométrie*), en deux également, & tirez, d'un des angles contigus au côté oppofé, une ligne droite à ce point de divifion; coupez enfuite ces quatre quarrés par cette ligne, ce qui les partagera chacun en un trapeze & un triangle, comme l'on voit dans la *fig. 3, n°. 1*.

Arrangez enfin ces quatre trapezes & ces quatre triangles autour du quarré entier E, comme vous le voyez dans la *fig.* 3, n°. 2 ; vous aurez un quarré évidemment égal aux cinq quarrés donnés.

Au moyen de la solution du problême suivant, on pourra former un seul & unique quarré de tant de quarrés que l'on voudra. Car, de tant de quarrés qu'on voudra, on peut former un quarré long ; or on va enseigner dans le problême qui suit, comment un quarré long quelconque peut être résolu en plusieurs parties qui soient susceptibles d'être arrangées de manière à former un quarré.

Un rectangle quelconque étant donné, le transformer, par une simple transposition de parties, en un quarré.

Soit le rectangle ABCD (*fig.* 4, n°. 1, *pl.* 10). Pour le recouper en plusieurs parties qui puissent s'arranger en un quarré parfait, cherchez d'abord la moyenne proportionnelle géométrique entre les côtés BA, AD de ce rectangle ; faites AE égale à cette moyenne proportionnelle, & tirez EF perpendiculaire à AE : cette ligne EF coupera AD en un point F, lequel tombera ou au-delà de D, à l'égard du point A, ou sur le point D même, ou entre D & A : ce qui forme trois cas, dont le dernier même se subdivise en deux ; mais l'un d'eux étant bien compris, ne laisse plus aucune difficulté pour les autres.

Premier cas. Soit donc premièrement le point F au delà de D, comme l'on voit dans la *fig.* 4, n°. 1 ; la ligne EF coupera CD en un point L : faites AG égale à DL, & tirez GH perpendiculaire à AE ; elle retranchera du triangle ABE le petit triangle AGH : coupez enfin le rectangle donné AC en quatre parties, suivant les lignes AE, EL & GH ; il en résultera quatre parties, savoir le trapeze AELD, le triangle ECL, le trapeze GB EH, & le petit triangle AGH, que nous nommérons respectivement *a, b, c, d* : arrangez enfin ces quatre morceaux comme vous voyez dans la *fig.* 4, n°. 2, & vous aurez un quarré parfait.

La démonstration est facile à trouver, en considérant, dans la *fig.* 4, n°. 1, le quarré fait sur AE, savoir : AEKI ; mais, avant tout, il faut démontrer que si l'on tire AI parallèle à EF, & par le point D la parallèle KI à AE, le rectangle qui en résultera, AEKI, sera un quarré. Or c'est ce qui est très-facile ; car, prolongeant IK jusqu'à sa rencontre en P avec BC prolongée, on a évidemment le rectangle AEKI égal au parallélogramme ADPE, lequel est égal au rectangle ABCD, ou AB par AD ; d'où il suit que AE par AI est égal à AB × AD : mais le quarré de AE est égal à AB par AD ; conséquemment AE par AI est la même chose que le quarré de AE.

Cela étant démontré, tirez LG parallèle à

AD, & LM parallèle à AE ; puis, des points M & G, tirez à AD & AE les perpendiculaires MN & GH : il est évident que le triangle AMN est égal & semblable à ELC : de même le triangle AGH est égal & semblable à DLK : enfin le trapeze BEHG est égal & semblable à NDIM ; car BE est parallèle & égale à DN, BG à MN, DI à EH, & MI à GH. Les quatre parties AELD, ECL, BEHG, AGH, qui composent le rectangle AC, sont donc égales aux quatre, AELD, AMN, NDIM, DLK, qui composent le quarré AEKI, ou son égal, celui de la même figure, n°. 2 : donc, &c.

Second cas. Si le point F tomboit sur le point D, la solution du problême seroit extrêmement facile ; car alors le triangle *d* deviendroit nul, puisque DL seroit nulle ; ainsi le quarré égal au rectangle seroit composé du triangle AED rectangle & isocele (*fig.* 4 n°. 3), & de deux autres triangles aussi rectangles & isoceles, ABE, CDE, égaux entr'eux & la moitié du premier : ce qui ne présente aucune difficulté pour être arrangé en quarré. Ce cas en effet ne peut avoir lieu, que quand le côté AB est précisément la moitié de AD : le rectangle AC est donc alors composé de deux quarrés égaux. Or on sçait comment de deux quarrés égaux on en forme un seul.

Troisième cas. Supposons présentement le point F tomber entre A & D (*fig.* 6, n°. 1), mais en telle sorte que FD soit moindre que EB. Faites, dans ce cas, EG égale à FD, & tirez GH perpendiculaire à AE ; vous aurez le rectangle AC partagé en quatre parties, sçavoir, le triangle AEF, le trapeze EFDC, le trapeze ABGH, & enfin le triangle EGH, que nous nommerons encore respectivement *a, b, c, d*. Le rectangle étant découpé en ces quatre parties, on les arrangera comme on voit dans la (*fig.* 6, n°. 2) & l'on aura un quarré parfait : ce qui est encore facile à démontrer.

Si FD étoit précisément égale à EB, il est évident qu'au lieu du trapeze ABGH, on auroit un triangle, AB*h* ; ensorte que le quarré à composer seroit formé de trois triangles & d'un trapeze ECDF, comme on le voit dans la *fig.* 6, n°. 2.

Si FD excédoit EB, & étoit précisément égale à AF, alors il faudroit tirer DM parallèle à EF ; & le rectangle étant coupé selon les lignes AE, EF & MD, qui formeroient trois triangles & un parallélogramme ED, on les arrangeroit comme l'on voit dans la *fig.* 6, n°. 3, pour en former le quarré AIKE.

On peut supposer enfin que la hauteur AD *fig.* 8, du rectangle proposé, soit telle qu'ayant

fait la conſtruction générale enſeignée au commencement de la ſolution, la ligne FD excède
la ligne AF, ou en ſoit multiple tant de fois qu'on
voudra, avec ou ſans reſte. Dans ce cas, pour
reſoudre le problème, prenez autant de fois
que vous le pourrez, la ligne AF ſur FD. Pour
ſimplifier, nous ſuppoſerons ici que la première
n'eſt contenue dans la ſeconde qu'une fois avec
le reſte LD. Tirez LM parallèlement à EF;
vous aurez le parallélogramme LMEF, que vous
pourrez ranger en FANO : faites enſuite EG
égale à DL, & tirez GH perpendiculaire à AE;
coupez enfin le rectangle ABCD par les lignes
AE, EF, ML, GH, dans ces cinq parties,
ſçavoir, le triangle AEF; le parallélogramme FL
ME, les trapezes LDCM, AHGB, & le triangle GHE, que nous déſignerons reſpectivement
par a, b, c, d, e : ces cinq parties s'arrangeront
en un quarré parfait; ainſi qu'on le voit dans
le quarré AIKE, (fig. 6, n°. 3) formé du triangle a, du parallélogramme b, des trapezes e &
d, & du petit triangle c.

Il faudroit ſix parties, dont deux parallélogrammes, comme b, ſi AF étoit contenu deux
fois en FD.

On pourra, vice verſâ, & par une ſorte
de marche rétrograde, réſoudre le problème
ſuivant.

*Un quarré étant donné, le couper en 4, 5, 6,
&c. parties diſſemblables entr'elles, & qui puiſſent
par leur arrangement former un rectangle.*

Qu'il s'agiſſe d'abord de diviſer ce quarré,
par exemple (fig. 6, n°. 1) AEKI, en quatre
parties ſuſceptibles d'un pareil arrangement. Pour
cet effet, ſur le côté EK de ce quarré, prenez
EF plus grande que la moitié du côté EK; &
tirez AF, faites AO égale à EF, tirez OM
parallèle à AF; enfin, du point où OM rencontre IK, tirez MN perpendiculaire à AF : les
quatre parties cherchées ſeront les triangles
OMI, & les deux trapezes AOMN, MNFK,
qui s'arrangeront, ſi on le veut, de manière
à former le rectangle ABCD; ce qui ſera évident
à quiconque aura compris la ſolution du problème
précédent.

Si vous voulez cinq parties, prenez EF telle
qu'elle ſoit contenue dans EK deux fois, avec
un reſte quelconque; que ces parties de la ligne
EK ſoient EF, FO, & le reſte OK; tirez AF,
&, prenant AN, NP, égales chacune à EF,
(fig. 8) tirez NO, PQ, parallèles à AF, dont
la dernière rencontrera le côté KI en Q; de
ce point menez la perpendiculaire QR ſur NO :
vous aurez deux triangles, un parallélogramme
& deux trapezes, qui ſeront évidemment ſuſceptibles de former un quarré long tel que ABCD,

puiſque ce ſont les mêmes parties dans leſquelles
on pourroit partager ce quarré long, pour en
former, par leur tranſpoſition, le quarré AEKI :
donc, &c;

Diviſer une ligne en moyenne & extrême raiſon.

Une ligne eſt diviſée en moyenne & extrême
raiſon, lorſque la ligne entière eſt à un des ſeg-
ments de ſa diviſion, comme ce ſegment eſt au
reſtant de la ligne. Un grand nombre de problèmes
de géométrie ſe réduiſent à cette diviſion; ce
qui lui a fait donner par quelques géometres du
ſeizième ſiècle, le nom de *ſection divine*. Sans
adopter une dénomination auſſi emphatique,
voici la ſolution du problème.

Soit la ligne AB (fig. 19, pl. 5, *Amuſemens
de géométrie*) à diviſer en moyenne & extrême
raiſon, Faites BC perpendiculaire à ſon extrémité, & égale à la moitié de AB; tirez AC,
& prenez CD égale à CB; faites enſuite AE
égale au reſtant AD : la ligne AB ſera diviſée
comme on le demande, & on aura ce rapport,
AB eſt à AE, comme AE à EB.

ab (fig. 20, n°. 1, *ibid*) étant diviſée en
moyenne & extrême raiſon, ſi on lui ajoute ſon
grand ſegment, alors on a une ligne *bc* pareillement diviſée en moyenne & extrême raiſon en
a, enſorte que *bc* eſt à *ba* comme *ba* à *ac*.

Si, *ba* (fig. 20 n°. 2, *ibid*) étant diviſé,
comme on l'a dit, en *c*, on fait *cd* égale au
petit ſegment *bc*, alors on aura *ca* diviſé de la
même manière, c'eſt-à-dire que *ca* ſera à *cd* comme
cd à *da*.

*Sur une baſe donnée, décrire un triangle rectan-
gle tel que les trois côtés ſoient en proportion
continue.*

Sur la baſe AB (fig. 12 pl. 5,) ſoit décrit
un demi-cercle; puis ſoit AB diviſée en moyenne
& extrême raiſon en C, & ſoit élevée la per-
diculaire CD, juſqu'à ſa rencontre avec le cercle
en D; qu'on tire enfin les lignes AD & DB :
le triangle ABD ſera celui qu'on cherche; &
il y aura même rapport de AB à AD, que de
AD à DB. Ce qui eſt aiſé à démontrer.

*Deux hommes qui courent également bien, partent
à qui arrivera le premier de A en B, après
avoir été toucher le mur CD. On demande quelle
route on doit tenir pour gagner le pari.*

Il eſt aiſé de voir qu'il faut pour cela trouver
la poſition des lignes AE, EB, (fig. 12 pl. 5
Amuſemens de géométrie) telles que leur ſomme
ſoit moindre que celles de toutes autres, comme
AE, eB. Or on démontre que cette ſomme eſt
la

la moindre possible, lorsque l'angle AEC est égal à l'angle BED.

Car concevez la perpendiculaire AC menée sur CD, & prolongée ensorte que CF soit égale à AC, & tirez EF, EB; les angles AEC, CEF, seront égaux. Mais AEC est égal à BED par la supposition : donc les angles CEF & BED le seront aussi : d'où il suit que CD étant une ligne droite, FEB en sera aussi une. Mais BEF est égale à BE, EA, prises ensemble, comme Be & eF le sont à Be & eA : le chemin BEA sera donc plus court que tout autre BeA, par la même raison que BF est plus courte que les lignes Be, eF.

Pour trouver donc le point E, il faudra tirer les perpendiculaires AC, BD, à la ligne CD; ensuite diviser CD en E, de sorte que CE soit à ED comme CA à DB.

Un point, un cercle & une ligne droite étant donnés de position, décrire un cercle passant par le point donné, & tangent au cercle & à la ligne droite.

Par le centre du cercle donné soit tirée la perpendiculaire BE (*fig.* 13, *pl.* 5) à la ligne donnée, & qu'elle coupe le cercle en B & F, soit encore tirée BA au point donné A; qu'on prenne ensuite BG, quatrieme proportionnelle à BA, BE, BF : par les points A & G, soit décrit un cercle qui touche la ligne CD : il touchera aussi le cercle donné.

La construction sera la même, si le point A est au dedans du cercle; dans lequel cas il est évident que la ligne qui doit être touchée par le cercle cherché, doit aussi entrer dans le cercle donné : il y aura même, dans ce cas, deux cercles qui résoudront le problème, comme on le voit dans la (figure 21 *pl.* 5 *ibid*).

Deux cercles & une ligne droite étant donnés, tracer un cercle qui les touche tous.

Ce problème est évidemment susceptible de plusieurs cas, car le cercle tangent à la ligne droite peut renfermer les deux cercles, ou un seul, ou les laisser tous deux dehors; mais, pour abréger, nous nous bornerons au dernier cas, laissant les autres à la sagacité de nos lecteurs, qui n'auront pas beaucoup de peine à les résoudre, après avoir bien conçu la solution du dernier.

Soient donc les deux cercles, (*fig.* 17, *pl.* 5, *Amusemens de géométrie*) dont les rayons sont CA, *ca*, donnés, ainsi que la ligne DE, de position. Prenez, dans le cas que nous traitons ici, sur le rayon CA, la portion AO égale à
Amusemens des Sciences.

ca, & tracez du rayon CO un nouveau cercle; tirez aussi au-delà de DE une ligne *de* parallèle à DE, & qui en soit éloignée d'une quantité égale à *ca*; tracez ensuite par le problème ci-dessus un cercle qui passe par *c*, & qui touche le cercle au rayon CO & la ligne droite *de*; que le centre de ce cercle soit B; diminuez son rayon de la quantité AO ou *ca* : le cercle décrit avec ce nouveau rayon sera évidemment tangent aux cercles donnés, ainsi qu'à la droite DE.

De l'inscription des polygones réguliers dans le cercle.

On lit dans plusieurs livres de géométrie pratique, une méthode générale pour l'inscription des polygones réguliers au cercle, que voici. Sur le diametre AB du cercle donné, (*fig.* 1, *pl.* 6, *Amusemens de Géométrie.*) décrivez un triangle équilatéral, & partagez ce même diametre en autant de parties égales que le polygone demandé doit avoir de côtés; ensuite, du sommet E du triangle par l'extrémité *c* de la seconde division, tirez la ligne E*c*, que vous prolongerez jusqu'à la circonférence du cercle en D : la corde AD sera, disent-ils, le côté cherché du polygone à inscrire.

On ne parle ici de cette prétendue méthode, que pour dire qu'elle est défectueuse, & n'a jamais pu être l'ouvrage que d'un ignorant en géométrie; car il est aisé de démontrer qu'elle est fausse, même lorsqu'on l'applique à la recherche des polygones les plus simples, de l'octogone, par exemple. En effet, on trouve aisément, par le calcul trigonométrique, que l'angle DCA, qui devroit être de 45°, est de 48° 14'; d'où il suit que la corde AD n'est pas le côté de l'octogone inscrit.

Il n'y a de polygones réguliers inscriptibles géométriquement & sans tâtonnement, au moyen de la règle & du compas, que le triangle, & les polygones qui en dérivent en doublant le nombre des côtés, comme l'hexagone, le dodécagone, &c.

Le quarré, & les polygones qui en dérivent de la même maniere, comme l'octogone, le sédécagone, &c.

Le pentagone, & ceux qui en dérivent, comme le décagone, le 20-gone, &c.

Le pentédécagone & ses dérivés, comme le polygone de 30 côtés, &c.

Les autres, tels que l'eptagone, l'ennéagone, l'endécagone, &c. ne sçauroient être décrits par le moyen seul du compas & de la règle, sans tâtonnement; & tous ceux qui ont cherché à le faire y ont échoué, ou n'ont enfanté que des paralogismes ridicules.

Voici en peu de mots la manière de décrire géométriquement dans le cercle les cinq polygones primitifs qu'on peut y inscrire avec la règle & le compas.

Soit le cercle ABDE, (*fig.* 2, *même pl.* 6.) partagé en quatre parties égales par les deux diamètres perpendiculaires AB, DE; soit partagé le rayon CD en deux également en F, & soit tirée OG parallèle à AB : la ligne EG sera le côté du triangle inscrit, ainsi que GO & OE.

La ligne EB sera, comme tout le monde fait, le côté du quarré.

Si l'on fait EH égale au rayon, on sçait aussi que ce sera le côté de l'hexagone.

Partagez en deux également au point I le rayon CA, & tirez EI; faites IK égale à IC, & la corde EL égale au restant EK : ce sera le côté du décagone; & en prenant l'arc LM égal à l'arc EL, on aura EM pour le côté du pentagone.

Divisez enfin en deux également en N l'arc OM, qui est la différence de l'arc du pentagone avec celui du triangle, & tirez la droite ON; ce sera le côté du pentédécagone ou du polygone de 15 côtés.

L'eptagone est susceptible d'une construction non-géométrique, mais approximée, qui est assez heureuse, & qui mérite par cette raison d'être connue : la voici. Pour inscrire dans un cercle donné un eptagone, décrivez d'abord un triangle équilatéral, ou du moins déterminez-en un côté : la moitié de ce côté sera à très-peu de chose près le côté de l'eptagone inscriptible. On trouve en effet, par le calcul, le côté du triangle, le rayon étant l'unité, égal à 0,86602, dont la moitié est de 0,43301, & le côté de l'eptagone est 0,43387; ce qui ne diffère de la moitié du côté du triangle que de moins qu'un 1000e. Toutes les fois donc qu'un millième du rayon du cercle donné sera une quantité insensible, la construction ci-dessus différera insensiblement de la vérité.

Il seroit à souhaiter qu'on trouvât, pour tous les autres polygones, des constructions aussi simples & aussi approchantes de la vérité. Cela n'est pas impossible.

Connoissant le côté d'un polygone d'un nombre de côtés donné, trouver le centre du cercle qui lui est circonscriptible.

Ce problème est en quelque sorte l'inverse du précédent, & est facile à résoudre pour les mêmes polygones.

Nous passons sous silence le triangle, le quarré & l'hexagone, parce que les premiers élémens de géométrie suffisent pour savoir comment trouver le centre d'un triangle équilatéral, d'un quarré,

& que le côté de l'hexagone est égal au rayon même du cercle qui lui est circonscriptible.

Ainsi nous commencerons par le *pentagone*. Soit donc AB, (*fig.* 3, *même pl.* 6.) le côté du pentagone cherché. A l'extrémité de AB élevez la perpendiculaire AC, égale à ½ AB; puis tirez BC, dont vous ôterez CE=AC; faites ensuite BF=BE; après cela, du centre A au rayon AF, décrivez un arc de ce cercle, & du point B en BA, un autre arc qui coupera le premier en G : la ligne BG sera la position du second côté du pentagone, & les deux perpendiculaires sur les milieux de ces côtés, donneront par leur intersection la position du centre *h*.

Pour l'octogone. Soit AB, (*fig.* 4, *pl.* 6, *ibid.*) le côté donné. Décrivez sur cette ligne un demi-cercle, & élevez le rayon CG perpendiculaire & indéfiniment prolongé; tirez le côté du quarré BG, & faites CF égale à la moitié de BG; tirez la perpendiculaire FE au diametre; & par le point E, où elle coupera le demi-cercle, tirez AE, qui rencontrera CG prolongée en D : ce point D sera le centre du cercle cherché.

Pour le décagone. AB, (*fig.* 3, *pl.* 6, *ibid.*) étant le côté donné, cherchez, comme si vous aviez à construire un pentagone, la ligne BF, &, des points A & B avec le rayon AF, décrivez le triangle isoscele A*h*B : le point *h* sera le centre du décagone.

Pour le dodécagone & les polygones quelconques. Soit la ligne AB, (*fig.* 5, *pl.* 6.) donnée pour le côté du polygone. Avec un rayon quelconque CD décrivez un cercle, dans lequel vous décrirez le dodécagone ou le polygone demandé : supposons que DE en soit le côté; prolongez DE en F, (si AB excède DE) ensorte que DF soit égale à AB, tirez CE & sa parallèle FG : le point où cette dernière rencontrera le diametre DH prolongé, sera évidemment le cercle, auquel le polygone cherché est inscriptible.

Quoique nous ayons donné des méthodes particulières pour le pentagone, l'octogone & le décagone, il est suffisamment clair que ce dernier moyen leur est également applicable.

Terminons cet article des polygones par deux tables utiles; l'une, qui donne les côtés des polygones, le rayon du cercle étant donné, l'autre, qui présente la longueur du rayon, le côté même du polygone étant connu. Soit donc le rayon du cercle exprimé par 100000, le côté du triangle inscrit sera, à une unité près, de..... 173205, celui du quarré................. 141421, du pentagone.............. 117557, de l'hexagone............. 100000, de l'eptagone............. 86777, de l'octogone............. 76536, de l'ennéagone............. 68404,

du décagone................ 61803,
de l'endécagone............ 56347,
du dodécagone............. 51763,
du trédécagone............. 47844,
du 14-gone................. 44503,
du quindécagone........... 41582,

Au contraire, que le côté du polygone soit
100000, le rayon du cercle sera,
dans le cas du triangle.......... 57735,
dans celui du quarré............ 70710,
dans le cas du pentagone........ 85065,
dans le cas de l'hexagone........ 100000,
    de l'eptagone........... 115237,
    de l'octogone........... 130657,
    de l'ennéagone.......... 146190,
    du décagone........... 161804,
    de l'endécagone........ 177470,
    du dodécagone......... 193188,
    du trédécagone........ 209012,
    du 14-gone........... 224703,
    du quindécagone....... 240488.

Former les différens corps réguliers.

Il y a long-temps qu'on a démontré en géométrie, qu'il ne peut y avoir que cinq corps terminés par des figures régulières, toutes égales
entre elles, & formant ensemble des angles égaux.
Ce sont;

Le tétraedre, qui est formé par quatre triangles
équilatéraux;

Le cube ou exaedre, formé de six quarrés
égaux;

L'octaedre, formé de huit triangles équilatéraux égaux;

Le dodécaedre, formé de douze pentagones
égaux;

L'icosaedre enfin, qui est formé de vingt triangles équilatéraux.

On peut se prendre de deux manieres pour former un de ces corps réguliers quelconques. La
première est de former d'abord une sphère, &
d'en retrancher les parties excédentes, ensorte
que le restant forme le corps régulier cherché:
l'autre, dont le procédé ressemble à celui qui est
usité dans la coupe des pierres, consiste à tracer
d'abord, sur un plan fait au hasard, une des
faces du corps qu'on veut former; ensuite à
adapter sous des angles déterminés les faces adjacentes.

Pour résoudre donc le problême dont il s'a-
git, nous résoudrons d'abord les questions suivantes.

1°. Le diametre d'une sphère étant donné,
trouver les côtés des faces de chacun des corps
réguliers.

2°. Trouver les diametres des petits cercles de
cette sphère, où sont inscriptibles les faces de
chacun de ces corps.

3°. Déterminer l'ouverture de compas dont
chacun de ces cercles peuvent être décrits sur la
surface de la même sphère.

4°. Déterminer les angles que font entr'elles
les faces contiguës dans leur commune intersection.

1. Une sphère étant donnée, trouver les côtés des
   faces de chacun des cinq corps réguliers.

Soit ABC, (fig. 6, pl. 6. Amusemens de Géométrie.) la moitié du grand cercle de la sphère
donnée, & AC un de ses diametres. Divisez-le
en trois parties égales, & que AI en soit les deux
tiers; que IE soit perpendiculaire à ce diametre,
& coupe le cercle en E : la ligne AE sera le côté
d'une des faces du tétraedre, & l'on aura pour
celui du cube ou de l'exaedre la ligne EC.

Tirez ensuite par le centre F le rayon FB, perpendiculaire à AC, qui coupe le cercle en B, &
menez la ligne AB; ce sera le côté de l'octaedre
inscrit dans la même sphère.

Le côté du dodécaedre se trouvera, en partageant EC, celui de l'exaedre, en moyenne &
extrême raison, & en prenant pour le côté du
dodécaedre le grand segment CK.

Enfin soit tirée à l'extrémité A du diametre la
perpendiculaire AG, égale à AC, & menez du
centre F la ligne FG, qui coupera le cercle en H;
la ligne AH sera le côté de l'icosaedre.

Le rayon de la sphère étant 10000, on trouve,
par le calcul, le côté du tétraedre égal à 16329;
celui de l'exaedre ou du cube, égal à 11546; celui
de l'octaedre, 14142; du dodécaedre, 77136; de
l'icosaedre, 10514.

2. Trouver le rayon du petit cercle de la sphère,
   auquel la face du corps régulier proposé est inscriptible.

On a déja enseigné la manière de trouver le
rayon du cercle circonscriptible au triangle, au
quarré & au pentagone, qui sont les seules faces
des corps réguliers : ainsi le problême est résolu
par-là.

Pour les exprimer en nombres, on sait que le
côté du triangle équilatéral étant 10000, le rayon
du cercle circonscriptible est 5773; ainsi le côté
du tétraedre étant 16329, il n'y aura qu'à faire
comme 10000 est à 5773, ainsi 16329 à une quatrième proportionnelle, qui sera 9426.

On trouvera de même, que le rayon du petit

cercle où est inscriptible la face de l'octaedre, est 8164.

Enfin un calcul semblable montrera que celui du cercle de la face de l'icosaedre est 6070.

Le rayon du cercle circonscriptible autour du quarré dont le côté est 10000, est, comme l'on sçait, 7071 ; ce qui donnera pour le rayon de la face de l'exaedre, 8164.

Enfin, le côté d'un pentagone étant 10000, on a pour le rayon du cercle circonscriptible, 8506; ce qui donne pour le rayon de la face du dodécaedre, 6070.

3. Trouver l'ouverture de compas dont doit être décrit sur la sphère le cercle capable de recevoir la face du corps régulier.

Cela est encore facile ; car, EF, (*fig.* 7, *pl.* 6, *Amusemens de Géométrie.*) étant le rayon du petit cercle de la sphère capable de recevoir cette face, il est évident que FD est l'ouverture du compas propre à décrire ce cercle sur la surface de la sphere. Or FE est le sinus de l'angle FCD, qui sera conséquemment moitié, & FD est le double du sinus de la moitié de ce premier angle ; ainsi l'on trouvera FD, en cherchant d'abord dans les tables l'angle FCD, le partageant par la moitié, cherchant le sinus de cette moitié, & doublant ce sinus.

Ce procédé donnera la valeur de FD ; pour le cas du tétraedre, 11742 ; pour ceux de l'exaedre & de l'octaedre, 9192 ; pour ceux du dodécaedre & de l'icosaedre, 6408.

4. Trouver l'angle formé par les faces des corps réguliers.

Tracez un cercle aussi grand que vous pourrez, & déterminez dans ce cercle le côté du corps régulier demandé; abaissez ensuite du centre la perpendiculaire sur ce côté : ce sera le diamètre d'un second cercle que vous décrirez. Je suppose que ce diamètre soit AB. (*fig.* 8. *pl.* 6.)

Décrivez après cela, sur le côté du corps régulier trouvé, le polygone convenable, ou du moins cherchez le centre du cercle circonscriptible à ce polygone, & de ce centre, abaissez sur le côté trouvé une perpendiculaire ; faites dans le second cercle ci-dessus, les lignes AD, AC, égales à cette perpendiculaire : vous aurez l'angle DAC égal à l'angle cherché.

On trouve au reste, par le calcul, que cet angle est pour le tétraedre, de 70° 32'. pour l'exaedre, de 90; (ce qu'on savoit déjà, car les faces du cube sont perpendiculaires les unes sur les autres) pour l'octaedre, de 109° 28'; pour le

dodécaedre, de 116° 34'; pour l'icosaedre, de 138° 12'.

Réunissons toutes ces dimensions dans une table, où nous supposons le rayon de la sphère de 10000 parties.

NOMS des Corps réguliers.	Côtés des Faces	Rayons des cerc. circonf.	Distan. au Pôle.	Angles des Faces contig.	
Tétraedre	16329	9426	11742	70°	32'
Exaedre	11546	8164	9192	90°	
Octaedre	14142	8164	9192	109°	28'
Dodécaedre	77336	6070	6408	116°	34'
Icosaedre	10514	6070	6408	138°	10'

Il est maintenant facile de tracer, de l'une ou de l'autre manière, un corps régulier quelconque demandé.

Première manière. Qu'on ait, par exemple, une sphère dont on veut former un dodécaedre. Décrivez un cercle dont le diamètre soit égal à celui de la sphère, & déterminez-y le côté du dodécaedre, ou le côté du pentagone qui est une de ses faces; le rayon du cercle circonscrit à ce pentagone, & l'ouverture du compas propre à le décrire sur la sphère. Cela est facile, par les déterminations géométriques ci-dessus.

Ou bien, supposant le rayon de la sphère proposée de 10000 parties, prenez, sur une échelle, 6408 de ces parties, qui seront l'ouverture du compas avec lequel vous décrirez sur la surface de la sphere un cercle, sur la circonférence duquel vous déterminerez les cinq angles du pentagone inscriptible ; de deux points voisins, avec la même ouverture de compas que ci-dessus, décrivez deux arcs, dont l'intersection sera le pôle d'un nouveau cercle égal au premier ; faites-en ainsi de deux en deux points ; & vous aurez les cinq pôles des cinq faces qui s'appuient sur la première. Vous déterminerez de même facilement les autres pôles, dont le dernier, si l'opération est exacte, doit être diamétralement opposé au premier. Enfin, de ces douze pôles, décrivez deux cercles égaux, qui se trouveront tous coupés en cinq parties égales ; ils détermineront douze segments de la sphère, qui, étant abattus, laisseront à découvert les douze faces du dodécaedre cherché.

Seconde manière. Pour opérer de cette seconde manière, il faut commencer à découvrir dans le bloc proposé une face plane, sur laquelle on décrira le polygone qui convient au corps régulier demandé ; on abattra ensuite sur chaque côté de ce polygone un nouveau plan, incliné suivant l'angle déterminé dans la table ci-dessus, ou qui aura été tracé par le moyen de la construction géométrique qu'on a aussi donnée plus haut : on a aura autant de faces planes, fur lefquelles on décrira de nouveaux polygones, qui auront avec le premier un côté commun. Faifant la même chofe fur ces polygones, vous arriverez enfin au dernier, qui doit être parfaitement égal au premier, fi l'on a opéré avec exactitude.

Obfervons néanmoins que la première méthode eft celle qui conduira plus fûrement à la parfaite exactitude.

§. *Former les mêmes corps avec du carton.*

Si l'on vouloit former ces corps avec du carton ou du papier fort, il faudroit s'y prendre de la manière fuivante, qui eft la plus commode.

Tracez d'abord fur le carton toutes les faces du corps demandé (*fig. 9, pl. 6,*) fçavoir, les quatre triangles pour le tétraedre, les fix quarrés du cube, les huit triangles équilatéraux de l'octaedre, les douze pentagones du dodécaedre, *fig. 5, & 6, pl. 3*) les douze triangles équilatéraux enfin: vous en découperez enfuite les bords; après quoi il fera aifé de plier les faces dans leurs côtés communs, de manière qu'elles fe réuniffent toutes: puis, en collant avec du papier fin les côtés qui fe touchent fans fe tenir, vous aurez un corps régulier exécuté.

Les anciens géometres avoient entaffé beaucoup de fpéculations géometriques fur ces corps: les derniers livres des *élémens d'Euclide* n'ont prefque que cet objet. Un commentateur moderne d'Euclide (M. de Foix Candalle) a même encore enchéri fur l'ces fpeculations, en infcrivant ces corps les uns dans les autres, & en les comparant fous divers afpects; mais tout cela n'eft plus regardé aujourd'hui que comme de vaines recherches. Elles furent fuggérées aux anciens, par la perfuafion où ils étoient que ces corps avoient des propriétés myftérieufes, de la découverte defquelles dépendoit l'explication des phénomènes les plus cachés de la nature. Ils comparoient avec ces corps les éléments, les orbes céleftes, que fais-je encore? Mais depuis que la faine phyfique a pris le deffus, l'énergie prétendue des nombres, & celle des corps réguliers dans la nature, ont été reléguées parmi les vifions creufes de l'enfance de la philofophie & du platonifme. Nous pafferons, par ces raifons, fous filence ces fpéculations; & nous nous bornerons à un problème affez curieux fur le cube ou l'exaedre.

Percer un cube d'une ouverture, par laquelle peut paffer un autre cube égal au premier.

Si l'on conçoit un cube élevé fur un de fes angles, de forte que la diagonale paffant par cet angle foit perpendiculaire au plan qu'il touche & que, de chacun des angles qui font en l'air,

on conçoive une perpendiculaire abaiffée fur ce plan, la projection qui en réfultera fera un exagone régulier, dont chaque coté & chaque rayon fe trouvera ainfi.

Sur une ligne verticale AB (*fig. 10, pl. 6 Amufemens de Géométrie*) égale à la diagonale du cube, ou dont le quarré foit triple de celui du cube, foit décrit un demi-cercle, dans lequel foit faite AC égale au côté du cube, & AD égale à la diagonale d'une de fes faces; &, du point C, foit abaiffée fur l'horizontale tangente du cercle en B, la perpendiculaire CE, qui paffera par le point D: vous aurez BE pour le côté & le rayon de l'hexagone cherché *abcd,* (*fig. 11., pl. 6 ibid.*

Cela étant, qu'on décrive fur cette projection hexagonale, & autour du même centre, le quarré qui eft la projection du cube propofé mis fur une de fes bafes, enforte que fes côtés foient l'un parallèle & l'autre perpendiculaire au diamètre *ac*; on peut démontrer que ce quarré fera contenu dans l'hexagone, de manière à ne toucher par fes angles aucun des côtés: donc on peut percer dans le cube, & dans le fens parallèle à une de fes diagonales, un trou quarré égal à une des bafes du cube, & cela fans folution de continuité d'aucun côté; & par conféquent on pourra faire paffer dans ce cube un autre cube égal, pourvu qu'il fe meuve dans le fens de la diagonale du premier.

D'un trait de compas, & fans en changer l'ouverture ni varier le centre, décrire une ovale.

Cette efpèce de problème n'eft qu'une furprife, car on ne fpécifie point fur quel genre de furface on doit tracer la courbe cherchée. Celui à qui l'on propofe le problème fonge à une furface plane, & le juge impoffible, comme il l'eft en effet; tandis qu'il eft queftion d'une furface courbe, fur laquelle il eft aifé à exécuter.

En effet, qu'on étende fur une furface cylindrique une feuille de papier, & qu'appuyant fur un point quelconque le compas, on trace fur cette furface une efpèce de cercle; qu'on déploie enfuite en plan cette feuille: il eft évident qu'on aura une figure alongée, dont le plus court diamètre fera dans le fens qui répondoit à celui de l'axe du cylindre.

Mais on fe tromperoit, fi l'on prenoit cette courbe pour la vraie ovale, fi connue des géometres.

Voici la defcription de cette dernière.

Décrire l'ovale ou l'ellipfe géométrique.

L'ovale géométrique eft une courbe qui a deux axes inégaux & qui a fur fon grand axe deux points tellement placés, que si, de chaque point de la circonférence, on tire deux lignes à ces deux points, la somme de ces deux lignes est toujours la même.

Soit donc AB le grand axe de l'ellipse à décrire; (*fig.* 12, *pl.* 6, *amusemens de géométrie*) DE, qui le coupe à angles droits & en deux parties égales, le petit axe, qui est aussi coupé en deux parties égales en C : du point D, comme centre, avec un rayon égal à CA, décrivez un arc de cercle qui coupe le grand axe en F & *f* : ces deux points sont ce qu'on nomme *les foyers* : plantez à chacun une pointe, ou, si vous opérez sur le terrain, un piquet bien droit ; puis prenez un fil, ou, si c'est sur le terrain, un cordeau dont les deux bouts soient noués, & qui ait en longueur la ligne AB, plus la distance F*f*; passez ce fil ou ce cordeau à l'entour des piquets F, *f*, de manière qu'ils soient dans l'intérieur de l'anneau, & tendez-le, comme vous voyez en FG*f*, avec un crayon une pointe que vous ferez tourner de B par D en A, & revenir par E en B, en appliquant toujours la pointe ou le crayon avec la même force : la courbe que décrira cette pointe sur le papier ou sur le terrain dans une révolution entière, sera la courbe cherchée.

On appelle cette el'ipse *l'ovale des jardiniers*, parceque, lorsqu'ils ont à décrire une ellipse, ils s'y prennent de cette manière.

On voit par-là que l'ellipse ou l'ovale géométrique est, pour ainsi dire, un cercle à deux centres ; car, dans le cercle, l'allée du centre à un point quelconque de la circonférence, & le retour de ce point au centre, font toujours la même somme, sçavoir le diamètre. Dans l'ellipse où il y a deux centres, l'allée d'un d'eux à un point quelconque, & le retour de ce point à l'autre centre, font aussi constamment la même somme ou son grand diamètre.

Aussi un cercle n'est-il encore qu'une ellipse dont les deux foyers, en se rapprochant l'un de l'autre, se sont enfin confondus.

Voici une autre manière de décrire l'ellipse, qui peut avoir quelquefois son application.

Soit ABC une équerre, (*fig.* 13, *pl.* 6,) & BH, BI, les deux demi-axes de l'ellipse à décrire. Ayez une regle, comme DE, égale à la somme de ces deux lignes ; &, ayant pris EF égale à BH, soit fixée (par un méchanisme qu'il est aisé d'imaginer) au point F une pointe ou crayon propre à laisser une trace sur le papier ou le terrain ; faites ensuite tourner cette règle dans l'angle droit donné, de manière que ses deux extrémités s'appliquent toujours aux côtés de cet angle : la pointe fixée en F décrira dans ce mouvement une ellipse véritable & géométrique.

Il est aisé de voir que si la pointe ou le crayon eût été fixé au point G, qui coupe DE en deux également, la courbe décrite eut été un cercle.

Il y a une autre ovale fort employée par les architectes & les ingénieurs, lorsqu'ils ont à former des arcs surbaissés ou surhaussés, qu'on appelle *anses de panier*. Elle est composée de plusieurs arcs de cercle de différents rayons, qui se touchent mutuellement, & qui représentent assez bien l'ellipse géométrique : mais elle a un défaut, qui consiste en ce que, quelque bien que se touchent ces arcs de cercle, un œil un peu délicat apperçoit toujours à leur jonction un jarret, qui est l'effet du passage subit d'une courbure à une autre plus grande. C'est pour cela qu'un arc quelconque qui monte sur son pied-droit sans imposte, paroît y faire un jarret, quoique l'arc, à sa réunion avec le pied-droit, lui soit exactement tangent.

Cet inconvénient néanmoins est compensé par la commodité de n'avoir besoin, pour les voussoirs de l'arc, que de deux panneaux si le quart de l'ovale est formé de deux arcs, ou de trois s'il est formé de trois ; au lieu que, s'il étoit formé en véritable ellipse, il faudroit autant de panneaux que de voussoirs. Si cependant quelqu'un avoit le courage (& il n'en faudroit pas beaucoup) pour surmonter cette difficulté, nous ne doutons point que la véritable ellipse n'eût plus de graces que cette ovale bâtarde.

Sur une base donnée, décrire une infinité de triangles, où la somme des deux côtés sur la base soit toujours la même.

Ce n'est là qu'un corollaire du problême précédent. Car, sur la base donnée, soit décrite une ellipse dont les deux extrémités de cette base soient les foyers ; tous les points de l'ellipse (*fig.* 12, *pl.* 6) seront les sommets d'autant de triangles sur la base donnée FG*f*, F*gf*, & la somme de leurs côtés sera la même ; ils auront conséquemment tous le même contour ; & le plus grand sera celui qui aura ses deux côtés égaux, car c'est celui dont le sommet est au point le plus élevé de l'ellipse.

De toutes les figures isopérimetres ou de même contour, & ayant un nombre de côtés déterminé, la plus grande est celle qui a tous ses côtés & ses angles égaux.

On commencera à démontrer ce théorême à l'égard des triangles. Soit donc d'abord sur la base AB (*fig.* 19, *pl.* 6) le triangle ACB, dont les côtés AC, CB, sont inégaux. On a fait voir plus haut que si l'on construit le triangle AFB, dont les côtés égaux AF, FB le soient ensemble à AC, CB, ce triangle AFB sera plus grand que ACB.

Par la même raison, si, sur AF, comme base,

on fait le triangle A*b*F, dont les côtés A*b*, *b*F, égaux entr'eux, soient égaux ensemble à AB, BF, ce triangle A*b*F sera plus grand que AFB. Pareillement, en supposant l'*a*, *a*B égaux, & leur somme égale à FA, AB, ce dernier triangle F*ab* sera encore plus grand que AFB, qui a le même contour, &c. Or il est aisé de voir, par cette opération, que les trois côtés du triangle se rapprochent toujours de l'égalité ; & qu'en la concevant continuée à l'infini, le triangle deviendroit enfin équilatéral, &, conséquemment, que le triangle équilatéral sera le plus grand de tous.

Par exemple, si les trois côtés du premier triangle étoient 12, 13, 5, les côtés du second seroient 12, 9, 9 ; du troisième, 9, 10 $\frac{1}{2}$, 10 $\frac{1}{2}$; du quatrième 10 $\frac{1}{2}$, 9 $\frac{3}{4}$, 9 $\frac{3}{4}$; du cinquième, 9 $\frac{3}{4}$, 10 $\frac{1}{8}$, 10 $\frac{1}{8}$; du sixième ; 10 $\frac{1}{8}$, 9 $\frac{11}{16}$, 9 $\frac{15}{16}$; du septième 9 $\frac{15}{16}$, 10 $\frac{1}{32}$, 10 $\frac{1}{32}$; & ainsi de suite : par où l'on voit que la différence décroît toujours ; de sorte qu'à la fin les trois côtés deviendront 10, 10, 10 ; & alors le triangle sera le plus grand de tous.

Qu'on prenne à présent un polygone rectiligne, tel que ABCDEF (*fig.* 16, *pl.* 6) dont tous les côtés sont inégaux : tirez les lignes AC, CE, EA : par ce que l'on a montré plus haut, on verra que, si sur AC l'on fait le triangle isocele A*b*C, tel que A*b*, *b* C, soient égaux ensemble à AB, BC ; le polygone, quoique de même contour, deviendra plus grand de l'excès du triangle A*b*C sur ABC. En faisant la même chose tout à l'entour, le polygone augmentera continuellement en surface, tous ses côtés & ses angles approcheront de plus en plus de l'égalité : conséquemment le plus grand de tous sera celui ou tous les côtés & les angles seront égaux.

Nous allons maintenant démontrer que, de deux polygones réguliers de même contour, le plus grand est celui qui a le plus de côtés. Pour cet effet, soit un polygone, par exemple le triangle équilatéral circonscrit au cercle, & que KFHI (*fig.* 18, *pl.* 6) soit l'exagone circonscrit au même cercle ; il est évident que son contour sera moindre que celui du triangle, car les parties FE, GH, IK, sont communes, & le côté GF est moindre que FB plus BG, &c : l'exagone concentrique au premier, & d'égal contour avec le triangle, que je suppose MNO, sera donc extérieur à l'exagone KFH ; conséquemment la perpendiculaire K*l* sera plus grande que KL. Or le triangle ayant même contour que l'exagone MNO, leurs aires seront comme les perpendiculaires CL, C*l*, abaissées du centre du cercle ; conséquemment l'exagone isopérimetre le triangle sera le plus grand.

Ce qu'on vient de démontrer à l'égard du triangle & de l'exagone isopérimetres, est évidemment applicable à tout autre polygone dont l'un a un nombre de côtés double de l'autre ; par conséquent plus un polygone d'un contour déterminé a de côtés ; plus son aire est grande.

Les alvéoles des abeilles.

Les anciens admiroient les abeilles, à cause de la forme exagone de leurs alvéoles. Ils remarquoient que, de toutes les figures régulières qui peuvent s'adapter sans laisser aucun vuide, l'exagone est celle qui approche le plus du cercle, & qui ; avec même capacité, a le moins de contour : d'où ils inféroient en cet insecte une sorte d'instinct qui lui avoit fait choisir cette figure, comme celle qui, en contenant la même quantité de miel, exigeoit le moins de cire pour en former les parois. Car il paroit que les abeilles ne travaillent pas la cire pour elle-même, mais uniquement pour en former leurs alvéoles, qui doivent être leurs magasins de miel, & les nids des petits vers destinés à devenir un jour abeilles.

Il s'en faut cependant bien que ce soit là la principale merveille du travail des abeilles ; si l'on peut appeler merveille, un travail qu'une organisation particulière détermine aveuglément. Car on pourroit d'abord remarquer qu'il n'est pas absolument merveilleux que des petits animaux, tous doués de la même force, de la même activité, pressans de dedans en dehors de petites loges arrangées les unes à côté des autres, du reste égales & également flexibles, leur donnent, par une sorte de nécessité méchanique, la forme exagone. En effet, si l'on supposoit une multitude de cercles ou de petits cylindres infiniment flexibles & un peu extensibles, à côté les uns des autres, & que des forces agissantes intérieurement, & toutes égales, tendissent à appliquer leurs parois, en remplissant les vuides qu'ils laissent entr'eux, la première forme qu'ils prendroient, seroit l'exagone ; après quoi, toutes ces forces restant en équilibre, rien ne tendroit à changer cette forme.

On pourroit cependant, pour réintégrer les abeilles dans la possession où elles sont d'être admirées à ce sujet, remarquer que ce n'est pas ainsi qu'elles travaillent. On ne les voit pas commencer à faire des alvéoles circulaires, puis, à force de les pêtrir & de les étendre en travaillant ensemble, les transformer en exagones. Les alvéoles qui terminent un gâteau imparfait sont également à pans, inclinés à peu de chose près sous l'angle que demande la forme exagone. Mais passons à l'autre singularité plus merveilleuse du travail des abeilles.

Cette singularité consiste dans la manière dont le fond de leurs alvéoles est formé. En effet, on ne doit pas s'imaginer qu'ils soient tout uniment terminés par un plan perpendiculaire à l'axe : il y avoit une manière de les terminer qui employoit moins de cire, & qui en employoit le moins qu'il

GEO

étoit possible, en laiffant toujours à l'alvéole la même capacité ; &, le croiroit-on ? c'eft celle que ces infectes ont adoptée, & exécutent avec une affez grande précifion.

Pour exécuter cette difpofition, il falloit, 1°. que les deux rangs d'alvéoles qu'on fait former les gâteaux de miel, & qui font adoffés les uns aux autres, ne fuffent pas arrangés de manière que leurs axes fe répondiffent, mais encore que l'axe de l'un s'alignat avec la jointure commune des trois poftérieurs. Comme l'on voit, dans la (fig. 15, pl. 6,) l'hexagone en ligne pleine répondre aux trois hexagones en lignes ponctuées, qui repréfentent le plan des cellules poftérieures, c'eft ainfi que les cellules des abeilles font arrangées pour donner lieu à la difpofition de leurs fonds communs.

2°. Pour donner une idée de cette difpofition, qu'on fe repréfente un prifme héxagone dont la bafe fupérieure foit l'héxagone ABCDEF (fig. 14, pl. 6), avec le triangle infcrit AEC ; que l'axe GO foit prolongée en S, & que, par ce point S & le côté AC, on mene un plan qui abattra dans le prifme l'angle B, en formant une face rhomboïdale ASCT : tel eft un des fonds de l'alvéole ; & deux autres plans, femblablement menés par S & les côtés AE, EC, forment les deux autres, enforte que le fond eft terminé en une pyramide triangulaire.

Il eft aifé de voir que, quel que foit le point S, comme la pyramide ACOS (même fig. 14) eft toujours égale à ACBT, & ainfi des deux autres, la capacité de l'alvéole ne variera point, quelle que foit l'inclinaifon du fond tournant fur AC. Mais il n'en eft pas ainfi de la furface ; il y a une inclinaifon telle que la furface totale du prifme & de fes fonds fera plus petite que dans toute autre inclinaifon. Les géomètres l'ont recherchée, & ont trouvé qu'il falloit pour cela que l'angle formé par ce fond avec l'axe, fût de 54° 44' ; d'où réfulte le petit angle du rhombe, ATC ou ASC, de 70° 32', & l'autre SAT ou SCT, de 109° 28'.

Or telle eft précifément l'inclinaifon des côtés du parallélogramme que forme chacun des trois plans inclinés des fonds des cellules des abeilles ; c'eft ce qui réfulte des dimenfions prifes fur une multitude de ces alvéoles. D'où l'on doit conclure que les abeilles forment les fonds de leurs cellules de la manière la plus avantageufe pour qu'elles aient le moins de furface poffible, d'une manière enfin que la géométrie moderne feule eût pu déterminer.

Le pentagone régulier, infcrit au cercle, eft auffi la plus grande de toutes les figures à cinq côtés qu'on peut lui infcrire ; & la même figure circonfcrite eft la moindre de tous les pentagones circonfcriptibles, &c.

La ligne A B (fig. 17, pl. 6) eft la féparation de deux plaines, l'une A G B, qui eft d'un fable mouvant, où un cheval vigoureux peut feulement faire une lieue par heure ; l'autre eft une belle peloufe, où le même cheval peut faire, fans fe fatiguer davantage, cette lieue en une demi-heure : les deux lieux C & D font donnés de pofition, c'eft-à-dire qu'on connoît tant les diftances CA, DB, où ils font de la limite AB, que la pofition & le grandeur de AB : enfin un voyageur doit aller de D en C. On demande quelle route il tiendra pour y mettre le moins de temps poffible.

Il eft peu de perfonnes qui, jugeant de cette queftion par les lumières ordinaires, ne penfaffent que le chemin que doit tenir le voyageur en queftion eft la ligne droite. Elles fe tromperoient néanmoins, & il eft aifé de le faire fentir ; car, en tirant la ligne droite CED, on concevra facilement qu'il doit y avoir davantage à gagner, de faire dans la première plaine, où, l'on marche plus difficilement, un chemin CF un peu moindre que CE, & d'en faire au contraire dans la feconde, où l'on peut aller le plus vite, un tel que FD, plus long que DE, c'eft-à-dire que celui qu'on auroit fait en allant directement de C & D ; enforte qu'on emploie réellement moins de temps à aller de C en D par CF, FD, que par CE, ED, quoique le chemin par ces dernières foit plus court.

C'eft effectivement ce que démontre le calcul : on trouve, par fon moyen, que l'on ira de C en D dans le moins de temps poffible, quand, ayant tiré par le point F la perpendiculaire HG à AB, les finus des angles CFG, DFH, feront entr'eux refpectivement en raifon inverfe des vîteffes avec lefquelles le voyageur en queftion peut aller dans les plaines CAB, ABD, c'eft-à-dire, dans le cas préfent, comme 1 à 2. Ainfi il faudra, dans le cas particulier, que le finus de l'angle CFG, foit la moitié de celui de l'angle DFH.

Sur une bafe donnée, décrire une infinité de triangles, tels que la fomme des quarrés des côtés foit conftamment la même, & égale à un quarré donné.

Soit AB (fig. 1 & 2 pl. 7, amufemens de géométrie) la bafe donnée, que vous diviferez en deux également en C, puis des points A & B, avec un rayon égal à la moitié de la diagonale du quarré donné, décrivez un triangle ifofcèle dont le fommet foit F. ; tirez CF, & du point C avec le rayon CF, décrivez un demi-cercle fur AB, prolongé s'il en eft befoin : tous les triangles ayant AB pour bafe, & leurs fommets F, f, φ, dans la circonférence de ce demi-cercle, auront la fomme des quarrés de leurs côtés égale au quarré donné.

Tout

Tout le monde sait que, lorsque la somme des quarrés des côtés est égale à celui de la base, le triangle est rectangle, & a son sommet dans la circonférence du demi-cercle décrit sur cette base. Ici l'on voit que, si la somme des quarrés des côtés est plus grande ou moindre que le quarré de la base, les sommets des triangles, qui dans le premier cas sont acutangles, & dans le second obtusangles, sont aussi toujours dans un demi-cercle, ayant le même centre, mais sur un diamètre plus grand ou moindre que la base du triangle, ce qui est une généralisation fort ingénieuse de la propriété si connue du triangle rectangle.

Sur une base donnée, décrire une infinité de triangles, tels que le rapport des deux côtés sur cette base soit constamment le même.

La base donnée étant AB, (*fig. 3, pl. 7, amusemens de géométrie*) divisez-la en D, de manière que AD soit à DB dans le rapport donné. Supposons-le ici à 2 à 1. Faites ensuite comme la différence de AD & DB est à DB, ainsi AB à BE, laquelle BE se prendra dans le sens ABE, si AD excède DB ; partagez enfin DE en deux également en C, &, du centre C, décrivez avec le rayon CD ou CE un demi cercle sur le diamètre DE : tous les triangles, comme AFB, AƒB, AϕB, &c. ayant la même base AB, & leurs sommets F, ƒ, ϕ, dans la circonférence de ce demi-cercle, auront leurs côtés AF, FB, Aƒ, FB; Aϕ, ϕB, dans le même rapport, savoir, celui de AB à DB, ou AE à EB, qui est le même.

Mais on trouvera plus facilement le centre C par la construction suivante. Sur AD décrivez le triangle équilatéral AGD, & sur DB le triangle pareillement équilatéral DAB : par leurs sommets G, H, menez une ligne droite qui, étant prolongée, coupera la prolongation de AB en un point C, qui sera ce centre cherché.

Dans un cercle, si deux cordes AB, CD, (fig. 4, pl. 7.) se coupent à angles droits, la somme des quarrés de leurs segmens CE, AE, ED, EB, sera toujours égale au quarré du diamètre.

La démonstration de ce théorème, qui est assez curieux & élégant, est néanmoins fort facile ; car il est aisé de voir, en tirant les lignes BD, AC, que leurs quarrés sont ensemble égaux aux quarrés des quatre segmens dont il s'agit. De plus, en prenant l'arc FC égal à AD, on aura l'arc FD égal à AC, & conséquemment l'angle FDC égal à ACE, qui est lui-même égal à ABD : donc l'angle FDB sera droit, puisqu'il est égal à EDB & DBE, qui ensemble font un droit : par conséquent les quarrés de FD, DB, sont égaux au quarré de l'hypothénuse, qui est le diamètre : donc, &c.

Amusemens des Sciences.

Il faut remarquer qu'il en seroit de même, si l'on supposoit le point de rencontre *e* des deux cordes hors du cercle : on auroit, dis-je, également, dans ce cas, les quatre quarrés de *ea*, *eb*, *ec*, *ed*, égaux ensemble au quarré du diamètre ; ce que nous ne démontrons pas ici, pour laisser à nos lecteurs le plaisir de se le démontrer eux-mêmes.

Les cercles étant comme les quarrés de leurs diamètres, il est évident que si, sur EB, EB, EC, ED, comme diamètres, on décrit quatre cercles, ils seront égaux ensemble au cercle ACBD, &, de plus, ces quatre cercles seront proportionnels ; car on sait que BE est à EC, comme ED à EA. Or, si quatre grandeurs sont en proportion, leurs quarrés le sont aussi. De plus, il est évident que, quelle que soit la position de ces deux cordes, leur somme sera toujours tout au plus égale à deux diamètres, savoir, si elles passent toutes deux par le centre ; & au moins égale à un, savoir, si l'une passe par le centre, & l'autre presque à la distance d'un rayon. On pourra donc, au moyen du théorème ci-dessus, résoudre facilement le problème suivant.

Trouver quatre cercles proportionnels qui, pris ensemble, soient égaux à un cercle donné, & qui soient tels que la somme de leurs diamètres soit égale à une ligne donnée.

Il est évident, par les raisons ci-dessus, qu'il faut que la ligne donnée soit moindre que deux fois le diamètre du cercle donné, & plus grande que ce diamètre, ou, ce qui est la même chose, que la moitié de cette ligne soit moindre que le diamètre du cercle donné, & plus grande que son rayon.

Cela posé, que la ligne donnée, ou la somme des diamètres des cercles cherchés, soit *ab*, dont la moitié soit *ac* ; (*fig. 5, pl. 7.*) que ABDE soit le cercle donné, dont AB, DE, sont deux diamètres perpendiculaires l'un à l'autre ; prenez sur les rayons CA, CE, prolongés, les lignes CF, CG, égales à *ac*, & tirez FG, qui coupera nécessairement le quarré CH du rayon du cercle ; sur la partie IK de cette ligne comprise dans ce quarré, soit pris un point quelconque L, duquel soient menées les lignes LM*q*, LN*r*, l'une parallèle, l'autre perpendiculaire au diamètre AB ; par les points M & N d'intersection avec la circonférence du cercle, soient tirées MR, NQ, l'une perpendiculaire & l'autre parallèle à AB : les cordes NS, MT, seront les deux cordes cherchées.

Car il est clair que NQ & MR sont égales à L*q* & L*r*, qui sont ensemble égales à CG ou CF, ou à la moitié de *ab* : donc les cordes entières sont ensemble égales à *ab* : donc, par la précédente, elles résolvent le problème ; & les quatre cercles décrits sur les diamètres NO, OM, OS, OT, seront égaux au cercle ADBE.

La ligne FG peut seulement toucher le cercle, dans lequel cas, tout autre point que le point de contact résoudra également le problème.

Mais si FG coupoit le cercle, comme on le voit dans la *fig.* 10, *pl.* 7, il ne faudra prendre le point L que dans la partie de la ligne IK qui est hors du cercle, comme on le voit dans cette même figure.

Cette solution vaut mieux que celle que donne M. Ozanam, qui est sujette à un tâtonnement défectueux ; car il ordonne de prendre sur *ac* (*fig.* 5) une portion moindre que le rayon, & de la porter comme de C en *q*, ensuite de tirer les lignes *q*M, MR, puis de porter le restant de *ac* de C en *r* : mais il faut que le point *r* tombe au-delà de R, sans quoi les deux demi-cordes ne se couperont pas. Il y a enfin, suivant la grandeur de *ac* relativement au rayon, une certaine grandeur qu'il ne faut pas excéder, & que M. Ozanam ne détermine point, ce qui rend sa solution vicieuse.

De la trisection & multisection de l'angle.

Ce problème est célèbre par les efforts infructueux faits dans tous les temps pour le résoudre géométriquement, à l'aide de la règle & du compas, & par les paralogismes & fausses constructions données par de prétendus géomètres. Mais il est aujourd'hui démontré que sa solution dépend d'une géométrie supérieure à la géométrie élémentaire, & qu'aucune construction où l'on n'emploiera que la règle & le compas, ou le cercle & la ligne droite, ne sauroit le résoudre, si ce n'est dans un petit nombre de cas, comme ceux où l'arc qui mesure l'angle proposé est le cercle entier, ou sa moitié, ou son quart, ou sa cinquième partie. Il n'y a plus, en conséquence, que des ignorans qui cherchent aujourd'hui la solution générale de ce problème par la géométrie ordinaire.

Mais quoique l'on ne puisse, par la règle & le compas seuls, résoudre ce problème sans tâtonnement, il y a néanmoins quelques constructions méchaniques où le tâtonnement qui méritent d'être connues, à cause de leur simplicité : les voici.

Soit l'angle ABC, (*fig.* 7, *pl.* 7) qu'on propose de partager en trois parties égales. Du point A, abaissez sur l'autre côté de l'angle la perpendiculaire AC, &, par le même point A, tirez à BC la parallèle AE indéfinie ; ensuite, du point B, menez à AE une ligne BE, telle que sa partie FE, interceptée entre les lignes AC & AE, soit égale à deux fois la ligne AB ; ce qui peut se faire par un tâtonnement fort simple, & très-facile à exécuter : vous aurez l'angle FBC égal au tiers de ABC.

En effet, divisez FE en deux également en D, & tirez AD ; le triangle FAE étant rectangle, D sera le centre du cercle passant par les points F, A, E : conséquemment DA, DE, DF, seront égales entr'elles & à la ligne AB : donc le triangle ADE sera isocele, & les angles DAE, DEA, seront égaux ; l'angle ADF extérieur, qui est égal aux deux intérieurs DAE, DEA, sera donc double de chacun. Or, le triangle BAD étant isocele, l'angle ABD est égal à ADB : donc l'angle AED, ou son égal FBC, est la moitié de l'angle ABD : conséquemment l'angle ABC est divisé par BE, de manière que l'angle EBC en est le tiers.

Autre manière. Soit l'angle ACB, (*fig.* 6, *pl.* 7.) du sommet duquel on décrira un cercle ; on prolongera ensuite le rayon BC indéfiniment en E ; puis on tirera la ligne AE, de manière que la partie DE, interceptée entre BE & la circonférence de ce cercle, soit égale au rayon BC ; par le centre C, tirez CH parallèle à AE : l'angle BCH sera le tiers de l'angle donné BCA.

Pour le démontrer, tirez le rayon CD ; cela fait, il est aisé de voir que l'angle HCA est égal (à cause des parallèles) à CAD ou CDA. Or ce dernier est égal aux angles DCE, DEC, ou double de l'un d'eux, puisque CD & DE sont égales par la construction : de plus l'angle HCB est égal à DCE ou DEC : conséquemment l'angle ACH est double de HCB, & ACB triple de HCB.

La duplication du cube.

Il est aisé de doubler une surface rectiligne ou courbe quelconque, comme un cercle, un quarré, un triangle, &c. ; c'est-à-dire, étant donnée une de ces figures, il est aisé d'en construire une semblable qui en soit le double, ou un multiple quelconque, ou dans une raison donnée telle qu'on le voudra : il n'est question pour cela, que de trouver la moyenne proportionnelle géométrique entre un des côtés de la figure donnée, & la ligne qui est à ce côté dans la raison demandée : cette moyenne sera le côté homologue à celui de la figure donnée. Ainsi, pour décrire un cercle double d'un autre, il faut prendre une moyenne proportionnelle entre le diametre du premier & le double de ce diametre ; ce sera celui du cercle double, &c. Il en est de même de toute autre raison. Tout cela appartient à la géométrie la plus élémentaire.

Mais, construire une figure solide double, ou en raison donnée d'une autre semblable, est un problème bien plus difficile, & qui ne peut être résolu par le moyen du cercle & de la ligne droite, ou de la regle & du compas, à moins qu'on n'emploie un tâtonnement que la géométrie réprouve : c'est ce qui est aujourd'hui démontré ; mais la démonftration n'eft pas fufceptible d'être fentie de tout le monde.

On fait une hiftoire affez comique fur l'origine de ce problème : on dit que la pefte régnant à Athènes, & y faifant beaucoup de ravage, on envoya à Delphes confulter Apollon, qui promit de faire ceffer le fléau; quand on lui auroit fait un autel double de celui qu'il avoit. Auffi-tôt des entrepreneurs furent envoyés pour doubler l'autel. Ils crurent n'avoir qu'à doubler toutes fes dimenfions pour remplir la demande de l'oracle, & par-là le firent octuple; mais le dieu, plus géomètre, ne le vouloit que double. La pefte ne ceffa point. On envoya de nouveaux députés, qui reçurent pour réponfe, que l'autel étoit plus que double. Il fallut alors recourir aux géomètres, qui s'évertuèrent à chercher la folution du problème. Il y a apparence que le dieu fe contenta d'une approximation ou d'une folution méchanique. Les peuples d'Athènes auroient été à plaindre, s'il avoit été plus exigeant.

Il n'étoit rien moins que néceffaire d'immifcer une divinité dans cette affaire. Quoi de plus naturel aux géomètres, que de chercher à doubler un folide, & le cube en particulier, après avoir trouvé la manière de doubler le quarré & les autres furfaces quelconques? C'eft là la marche de l'efprit humain dans la géométrie.

Les géomètres apperçurent bientôt que, tout comme la duplication d'une furface quelconque fe réduit à trouver une moyenne géométrique entre deux lignes, dont l'une eft double de l'autre, de même la duplication du cube, ou d'un folide quelconque, fe réduit à trouver la première des deux moyennes proportionnelles continues entre ces mêmes lignes. On doit cette remarque à Hippocrate de Chio, qui, de marchand de vin ruiné par un naufrage, ou par les commis des aides d'athènes, devint géomètre. Depuis ce temps, tous les efforts des géomètres fe font réduits à trouver deux moyennes proportionnelles géométriques, & continues entre deux lignes données; & ces deux problèmes, favoir, celui de la duplication du cube, ou, plus généralement, de la conftruction d'un cube en raifon donnée avec un centre, & celui des deux moyennes proportionnelles continues, font devenues fynonymes.

Voici différentes manières de réfoudre ce problème, les unes qui exigent un tâtonnement, les autres qui emploient un inftrument autre que la regle & le compas.

1. Soient les deux lignes AB, AC, (*fig. 11, pl. 7.*) entre lefquelles il s'agit de trouver deux moyennes proportionnelles continues. Formez-en le rectangle BADC, & prolongez indéfiniment les côtés AB, AC; tirez les deux diagonales du rectangle qui fe coupent en E : vous aurez la folution

du problème, fi, tirant par l'angle D la ligne FDG, terminée entre les côtés de l'angle droit FAG, les points G & F font également éloignés du point E. Car alors les lignes AB, CG, BF, AC, feront en proportion continue.

Ou bien, Tracez du centre E un arc de cercle tel que FIG, qui foit tel qu'en tirant FG, cette ligne paffe par l'angle D; vous aurez encore la folution du problème.

Ou bien encore, Circonfcrivez au rectangle BACD, un cercle; enfuite, par l'angle D, tirez la ligne FG, de forte que les fegmens FD, GH, foient égaux : vous aurez encore les lignes CG, BF, moyennes proportionnelles continues entre AB, AC.

2. *Autre Solution.* Faites un angle droit avec les deux lignes AB, BC données; (*fig. 8, pl. 7.*) & ayant indéfinement prolongé BC & AB, du point B comme centre, décrivez le demi-cercle DEA; tirez auffi la ligne AC, &, fur la prolongation, trouvez un point G, tel que, tirant la ligne DGHI, les fegmens GH, HI, foient égaux entr'eux : la ligne BH fera la première des deux moyennes.

3. Soit CA, (*fig. 13, même pl. 7.*) la première des données; du point C décrivez un cercle avec le rayon CB, égal à la moitié de CA; prenez dans ce cercle la corde BD égale à la feconde des données, que vous prolongerez indéfiniment; tirez la ligne ADE indéfinie; enfin, du point C, tirez la ligne CEF, de manière que la partie EF, interceptée dans l'angle EDF, foit égale à CB : alors la ligne DF fera la première des moyennes proportionnelles cherchées; & CE fera la feconde. Cette conftruction eft de Newton.

Conftructions géométriques fort approchées d'un quarré égal à un cercle, ou d'une ligne droite égale à la circonférence circulaire.

1. Soit le cercle BADC, (*fig. 15, pl. 7. Amufemens de Géométrie.*) dont AC eft un diametre, & AB un quart de cercle; foient des cordes égales au rayon AE, ED, DC, & que du point B on tire aux points E, D, les lignes BE, BD, qui couperont le diametre en F & G : la fomme des lignes BF, FG, fera égale au quart de cercle, à une 5000e près.

2. Soit le cercle dont le diametre eft AD; (*fig. 9, pl. 7.*) le centre C, & CB le rayon perpendiculaire à ce diametre. Soit prife dans la prolongation de AD, la ligne DE égale au rayon; foit enfuite tirée BE, à laquelle on fera, dans la prolongation de AE, la ligne EF égale; enfin ajoutez à cette ligne fa cinquième partie FG : la ligne AG fera, à moins d'une 17000e près, égale à la circonférence du cercle décrit du rayon CA.

Car, en supposant DA égale à 100000, on trouve cette ligne égale à 314153, avec moins d'une unité d'erreur : or la circonférence répondante à ce diametre est, à moins d'une unité près, 314159, ainsi l'erreur est tout au plus de $\frac{6}{100000}$ du diametre, ou environ $\frac{1}{17000}$.

3. Le demi-cercle ABC étant proposé; (*fig.* 12, *pl.* 7.) aux extrémités A & C de son diametre soient élevées deux perpendiculaires; l'une CE, égale à la tangente de 30°; l'autre AG, égale à trois fois le rayon; enfin, qu'on tire la ligne CE : elle sera égale à la demi-circonférence du cercle, à une cent millième près du diametre.

Car on trouve, au moyen de cette construction, le rayon étant supposé 100000, la ligne EG égale, à moins d'une unité près, à 314162; la demi-circonférence seroit, à moins d'une unité près, 314159 : l'erreur est d'environ $\frac{3}{100000}$ du rayon, ou moins d'une cent millième de la circonférence.

4. Soit le cercle, dont le centre est A, (*fig.* 18, *pl.* 7.) avec ses deux diametres perpendiculaires l'un à l'autre. Sur un rayon tel que AD, prenez AF égale à la moitié du côté EC du quarré inscrit; tirez BFI indéfinie; menez FH au point H, qui coupe AC en moyenne & extrême raison, AH étant le moindre segment; par le point C, soit menée CI parallèle à FH : le quarré BKLI, construit sur BI, sera à tres-peu de chose près égal au cercle dont BC est le diametre.

Car on trouve, par le calcul, que BF & BH sont égales à 69098 & 61237 respectivement, le rayon étant 100000 : donc BI se trouve de 88623, dont le quarré est 78540, le quarré du diametre étant 100000, tandis que le cercle est 78539.

5. Inscrivez dans un cercle donné un quarré, &, à trois fois le diametre, ajoutez un cinquieme du côté du quarré : vous aurez encore une ligne qui ne différera de la circonférence que d'une 17000ᵉ environ.

Quelques manieres tres-approchées de déterminer, soit numériquement, soit géométriquement, une ligne droite égale à un arc de cercle donné.

1. Soit l'arc BG, (*fig.* 14, *pl.* 7.) partie du demi-cercle, qui doit néanmoins ne guere excéder 30°. Pour en avoir la longueur approchée en une ligne droite, soit BH, perpendiculaire au diametre AB, & soit ce diametre prolongé en AD, de sorte que AD soit égale au rayon : si l'on tire DG, elle retranchera de BH la ligne BE un peu moindre, mais tres-approchante de la grandeur de l'arc BG.

Mais si l'on tiroit la ligne *dfGe*, ensorte que le segment *df*, intercepté entre le cercle & le diametre prolongé, fût égal au rayon, alors la droite Be seroit un peu plus grande que l'arc BG, mais extrêmement approchante, quand cet arc n'excédera guere 30°.

Décrire géométriquement un cercle, dont la circonférence soit tres-approchante de celle d'une ellipse donnée.

C'est M. Jean Bernouilli qui a enseigné ce moyen simple & ingénieux de décrire un cercle isopérimetre à une ellipse donnée.

Soit donc une ellipse dont les deux axes sont donnés. Faites-en une seule ligne droite, comme AD, dans laquelle AB est égale au grand axe, & BD au petit; (*fig.* 10, *pl.* 10. *Amusemens de Géométrie.*) que cette ligne AD soit le diametre d'un demi-cercle AED, que vous diviserez en 4, ou 8, ou 16, ou 32 parties, &c. comme vous voudrez, & selon que vous aspirerez à une plus grande précision. Nous supposons ici ce nombre de parties égal à 16. Menez du point B à chaque point de division, des lignes droites; prenez ensuite la seizieme partie de la somme de toutes ces lignes, BA, B_1, B_2, B_3, &c. jusqu'à BD inclusivement; enfin, avec la ligne qui en proviendra comme rayon, décrivant un cercle, vous aurez une circonférence circulaire tellement approchante de celle de l'ellipse donnée, qu'elle n'en différera pas d'une cent millieme partie dans les cas même les plus défavorables, comme si le rapport des axes de cette ellipse étoit de 10 à 1.

Il est aisé de voir que, si l'on n'avoit divisé le demi-cercle qu'en 8 parties, il ne faudroit prendre que la huitieme partie de la somme de toutes les lignes tirées au point de division, y compris les points B & A.

Si l'on exécutoit cette opération sur un cercle d'un pied de rayon, on parviendroit à un degré de précision tres-approchant de la vérité; &, par le moyen d'une échelle géométrique subtilement divisée, on trouveroit sans calcul des approximations numériques tres-satisfaisantes.

Etant donné un cercle dans lequel est inscrit un quarré, trouver le diametre du cercle, où l'on puisse inscrire un octogone d'égal contour avec ce quarré.

Soit AB le diametre du cercle donné, (*fig.* 16, *pl.* 7.) & AD le côté du quarré inscrit. Divisez AD en deux également en E, & élevez la perpendiculaire EF à AD, rencontrant le cercle donné en F; tirez AF : ce sera le diametre du cercle où l'octogone inscrit sera égal en contour au quarré donné.

Car il est évident que le cercle décrit sur le diametre AF passera par le point E, puisque l'angle AEF est droit. Il est de plus évident que la ligne menée du centre J du second cercle au point E, sera parallèle à DF. Or l'angle AFD est demi-droit, étant la moitié de l'angle DCA qui est droit, puisque la corde du quarré inscrit soutend un arc de 90° : conséquemment l'angle AIE est de 45° : d'où il suit que AE est le côté de l'octogone inscrit dans le cercle du diametre AF. Or il est évident que huit fois AE égalent quatre fois AD.

Si l'on partage de même AE en deux également en G ; qu'on élève au point G la perpendiculaire GH, jusqu'à la rencontre du second cercle ; enfin qu'on mene AH ; cette ligne AH sera le diametre d'un troisième cercle ; ou, si l'on inscrit un polygone de 16 côtés, il sera isopérimetre au quarré donné, ou à l'octogone ci-dessus.

D'où il suit que, si l'on continuoit cette opération à l'infini, on parviendroit à un cercle ou à un polygone d'une infinité de côtés, isopérimetre au quarré donné. Ainsi la circonférence de ce cercle seroit égale au contour de ce quarré, & l'on auroit la quadrature du cercle.

Les trois côtés d'un triangle rectangle étant donnés, trouver sans table trigonométrique la valeur de ses angles.

On suppose d'abord que le rapport de l'hypoténuse au plus petit côté est le plus grand ou n'est guere moindre que de 2 à 1, afin que l'angle opposé à ce côté soit au plus d'environ 30° ; car l'erreur d'autant moindre, que cet angle sera davantage au-dessous de 30°.

Cela posé, supposons, par exemple, l'hypoténuse du triangle égale à 13, le plus grand des côtés autour de l'angle droit 12, & le plus petit 5. Faites proportion, comme deux fois l'hypoténuse, plus le grand côté ou 38, au petit côté ou 5, ainsi 3 fois l'unité ou 3, à une quatrieme proportionnelle $\frac{15}{38}$. Or $\frac{15}{38}$, réduits en fraction décimale, sont 0.39473 : divisez ce nombre par 0.1745, le quotient sera le nombre des degrés & parties de degrés de l'angle opposé au petit côté ; ce quotient est 22.$\frac{621}{1000}$; ce qui fait 22° 37' 15''. Or, en le cherchant au moyen des tables, on le trouve de 22° 37' 28''.

Si les côtés du triangle approchoient de l'égalité, par exemple, s'ils étoient 3, 4, 5, il faudroit imaginer une ligne CD dans le triangle, (*fig.* 20, *pl.* 7.) partageant également l'angle opposé au côté AB ou 3. Or on sait, que dans ce cas, le côté opposé AB, sera partagé dans la même raison que les côtés adjacens ; par conséquent on trouvera le segment en faisant cette analogie.

Comme la somme des deux autres côtés ou 9 est au troisieme 3, ainsi CB ou 4 est à BD, qui sera $\frac{4}{3}$: ajoutez ensuite les quarrés de $\frac{4}{3}$ & de 4, ou de CD & BD ; & tirant la racine quarrée de la somme qui est en fractions décimales 17777,

on aura pour cette racine 4.21637, qui sera la valeur de CD. En appliquant enfin la règle ci-dessus au triangle BCD, on trouvera l'angle BCD de 18° 26' 7'', & conséquemment son double, ou l'angle ACB, de 36° 52' 14''. Les tables trigonométriques l'eussent donné de 36° 52' 15'', ensorte que la différence n'est que d'une seconde.

Un cercle étant donné & deux points, tracer un autre cercle passant par ces deux points, & qui touche le premier.

Il est évident qu'il faut que ces deux points soient tous deux au dedans, ou tous deux au dehors du cercle donné.

Soient donc les deux points donnés A & B, comme dans les deux *fig.* 19 & 17, *pl.* 7, *Amusemens de Géométrie.* Joignez-les par une ligne droite AB. Par l'un de ces points, par exemple A, & le centre du cercle donné, tirez la droite AIH qui le coupe dans les deux points H, I ; prenez ensuite AD quatrieme proportionnelle à AB, AH, AI ; du point D tirez les deux tangentes DE, De ; enfin, du point A, menez par les deux points de contact les deux lignes EAF, eAf, qui couperont le cercle en F & f : le cercle tracé par les deux points A &B & par F, touchera le cercle donné en F ; & si vous en tracez un par les points A, B, f, il touchera le même cercle donné en f.

Deux cercles étant donnés & un point, en tracer un troisième, passant par le point donné, & touchant les deux premiers.

Que les deux cercles donnés aient pour centres les points A & C (*fig.* 1, *pl.* 8, *Amusemens de Géométrie*), & les rayons AB, CD. Sur la ligne qui joint les centres A, C, prolongée, cherchez le point F, qui est celui d'où la tangente à l'un des deux seroit tangente à l'autre, & joignez le point F avec le point E donné ; faites ensuite FG quatrieme proportionnelle à FE, FB, FD ; enfin, par le problème précédent, tracez par les points G & E un cercle qui touche l'un des deux cercles AB ou CD : ce troisième cercle touchera également l'autre.

Trois cercles étant donnés, en tracer un quatrième qui les touche tous.

Il est facile de voir que ce problème est susceptible d'un grand nombre de cas & de solutions différentes, car le cercle demandé peut renfermer les trois cercles donnés, ou deux seulement, ou un seul, ou enfin les laisser tous au dehors. Mais afin d'abréger, nous nous bornerons à un de ces cas, celui où le cercle à décrire doit laisser en dehors les trois autres.

Soient donc les trois cercles donnés désignés

par A, B, C *fig.* 2 *pl.* 8, & que leurs rayons foient A*a*, B*b*, C*c*; que A foit le plus grand, B le moyen, & C le plus petit. Sur le rayon A*a* prenez *ad* égale à C*c*, ou au rayon du plus petit cercle, & du centre A au rayon A*d* décrivez un nouveau cercle. Sur le rayon B*b* prenez *be* égales à C*c*, & du centre B au rayon B*e* décrivez un autre cercle; enfuite, par la propofition précédente, tracez par le centre de C un cercle qui touche les deux nouveaux cercles ci-deffus; que fon centre foit E & fon rayon EG; diminuez ce rayon du rayon C*c*, & du même centre E décrivez un nouveau cercle: il eft évident qu'il touchera les trois premiers cercles donnés.

Car puifque le cercle décrit du centre A au rayon A*d* eft en dedans du cercle propofé A, de la quantité *ad* ou C*c*, il eft évident que fi l'on diminue le rayon EG de cette même quantité, le cercle décrit de cë nouveau rayon touchera, au lieu du cercle intérieur au rayon A*d*, le cercle propofé dont A*a* eft le rayon.

Il eft également facile de voir que ce même cercle décrit du rayon EG moins C*c*, touchera extérieurement le cercle au rayon B*b*. Enfin il touchera extérieurement le cercle au rayon C*c*: donc il les touchera extérieurement tous trois.

Ce problême a eu de la célébrité parmi les anciens, & ne laiffe pas d'avoir en effet un certain degré de difficulté. Il terminoit un traité d'Apollonius, intitulé *de contactibus*, qui ne nous eft pas parvenu, mais que M. Viete, célèbre géomètre de la fin du feizieme fiécle, a rétabli, & que l'on trouve dans fes œuvres imprimées en latin, à Leyde en 1646, in-fol. Il l'a intitulé: *Apollonius Gallus feu exfufcitata Apollonii Pergæi de Tactionibus geometria.*

M. Newton a donné une belle & tout-à-fait ingénieufe folution de ce problême; mais celle de Viete nous a paru préférable pour ce lieu ci, étant fondée fur une géométrie plus élémentaire. Je crois pouvoir ajouter que ce petit morceau de géométrie de Viete eft un des plus élégans morceaux de géométrie traitée à la manière des anciens.

Le dodécagone infcrit au cercle eft les ⅞ du quarré du diametre; ou égal au quarré du côté du triangle infcrit.

Ce théorême qui eft affez curieux, a été remarqué pour la première fois par Snellius, géomètre Hollandois.

Soit AC le rayon d'un cercle où foit infcrit le côté AB de l'hexagone (*fig.* 3, *pl.* 8) que AD, DB, foient les côtés du dodécagone régulier: d'où il fuit que, tirant le rayon DC, il coupera en deux également & perpendiculairement le côté AB. Or

il eft aifé de voir que l'aire du dodécagone eft égale à douze fois l'un des triangles ADC ou DCB. Mais le triangle D C eft égal au produit du rayon par la moitié de AF ou par le quart du rayon, c'eft-à-dire égal à un quart du quarré du rayon: donc les douze feront égaux à trois fois le quarré du rayon, ou aux trois quarts du quarré du diametre.

D'un autre part, le côté du triangle équilatère infcrit au cercle, le diametre étant l'unité, eft égal à $V \frac{3}{4}$: conféquemment fon quarré eft égal à ¾ du quarré du diametre, ou au dodécagone.

Il n'y a parmi les polygones infcrits, que le quarré & le dodécagone qui aient cette propriété d'avoir un rapport numérique avec le quarré du diametre, car le quarré infcrit en eft précifément la moitié; mais parmi les polygones réguliers circonfcrits, il n'y a que le quarré lui-même.

On pourroit au refte infcrire dans un cercle donné, des polygones irréguliers, & même une infinité, qui feroient commenfurables avec le quarré du rayon.

Soient par exemple, un cercle d'un diametre égal à 1, & que les quatre côtés du quadrilatère infcrit foient $\frac{6}{10}, \frac{8}{10}, \frac{11}{13}, \frac{5}{13}$; fa furface fera rationnelle, & égale aux $\frac{3018}{3450}$ du quarré du diametre.

Le diametre AB d'un demi-cercle ACB (fig. 4, pl. 8,) étant divifé en deux parties quelconques AD, DB, fur ces parties, comme diametres, foient décrits deux demi-cercles AED, DFB. On demande un cercle égal au reftant du premier demi-cercle.

Elevez au point D la perpendiculaire DC à AB, jufqu'à la rencontre du demi-cercle ACB; que DC foit le diametre d'un cercle: ce fera celui que l'on cherche.

On en tire la démonftration, de cette propofition fi connue du 2e. Livre des éléments d'Euclide, fçavoir, que le quarré de AB eft égal aux quarrés de AD & de DB, plus deux fois le rectangle de AD par DB; rectangle auquel eft égal par la propriété du cercle, le quarré de DC. A ces quarrés fubftituez des demi-cercles qui font dans le même rapport, & la propofition fera démontrée.

Un quarré étant donné, en recouper les angles de manière qu'il foit transformé en un octogone régulier.

Soit le quarré donné ABCD. (*fig.* 5 *pl.* 8) Prenez fur les deux côtés DC, DA, qui fe rencontrent en D deux fegments quelconques égaux, DI, DK, & tirez la diagonale IK; faites enfuite DL égale à deux fois DK, plus une fois la diagonale IK, &

tirez LI ; enfin , par le point C , menez CM parallele à LI : cette ligne recoupera fur le côté du quarré une quantité DM telle que , lui faifant DN égale ; la ligne NM fera le côté de l'octogone cherché.

Prenant donc AE , AF , BG , BH , CN , CO , &c. égales à DM ; & tirant EF , GH , ON , on aura l'octogone demandé.

Un triangle ABC étant donné , (fig. 7 , pl. 8 ,) lui inscrire un rectangle , tel que FH ou GI , égal à un quarré donné.

Faites d'abord fur la bafe BC le rectangle BD égal au quarré donné , & que E foit le point où AC eft coupé par le côté de ce rectangle parallèle à CB ; fur AC décrivez un demi-cercle ; & , ayant élevé la perpendiculaire EL jufqu'à la rencontre de fa circonférence , tirez CL : fur KC égale à la moitié de AC décrivez auffi un demi-cercle , dans lequel vous prendrez CM égale à CL ; faites enfuite KF égale à KM , ainfi que KG : vous aurez les points F & G , defquels menant les parallèles à la bafe jufqu'à la rencontre de AB , & de ces points de rencontre les perpendiculaires à la bafe , on aura les rectangles FH , GI , égaux entr'eux , ainfi qu'au rectangle DB qui étoit égal au quarré donné : donc , &c.

Dans un angle BAC (fig. 8 , pl. 8 ,) par un point donné D , tirer une ligne HI , telle que le triangle IHA foit égal à un quarré donné.

Par le point donné D , tirez la parallèle LE à un des côtés AC de l'angle propofé , & faites le rhombe LEGA égal au quarré donné ; puis , fur la ligne DE décrivez un demi-cercle , dans lequel vous ferez DF égal à DL , & vous tirerez EF ; enfin prenez GH égale à EF , & par le point H tirez HDI : ce fera la ligne cherchée.

De la lunulle d'Hippocrate de Chio.

Quoique la quadrature du cercle foit probablement impoffible , on n'a pas laiffé de trouver des portions de cercle qu'on démontre égales à des efpaces rectilignes. Le plus ancien exemple de portion circulaire ainfi quarrable , eft celui des lunulles d'Hippocrate de Chio : en voici la conftruction.

Soit le triangle rectangle ABC , (fig. 9 , pl. 8) fur l'hypoténufe duquel foit décrit le demi-cercle ABC , qui paffera par l'angle droit B ; fur les côtés AB , BC , foient auffi décrits des demi-cercles : les efpaces en forme de croiffant , AEB HA , BDCGB , feront enfemble égaux au triangle ABC.

Car il eft aifé de voir que le demi-cercle fur la bafe AC eft égal à la fomme des demi-cercles AEB , BDC : donc , fi l'on retranche de part & d'autre les fegments AHB , BGC , il reftera d'un côté le triangle ABC , & de l'autre les deux efpaces en croiffant AEBH , BDCG , & ces reftants feront égaux : donc , &c.

Si les côtés *ab* , *bc* , font egaux comme , dans la (*fig. 6 , pl. 8* ,) les deux lunulles feront évidemment égales , & feront chacune à la moitié du triangle *abc* , c'eft-à-dire au triangle *bea* ou *bfc.*

Ceci donne une conftruction plus fimple de la lunulle d'Hippocrate. Que ABC (*fig. 10 , pl. 8* ,) foit un demi-cercle fur le diametre AC , & AFC le triangle ifocele rectangle. Sur cette bafe AC , du point F comme centre , foit décrit par A & C l'arc de cercle ADC : la lunulle ABCD fera égale au triangle CAF.

En effet , puifque le quarré de FC eft double du quarré de EC , le cercle décrit du rayon FC fera double du cercle décrit du rayon EC : conféquemment un quart du premier ; ou le quart de cercle FADC , fera égal à la moitié du fecond , ou au demi-cercle ABC. Otant donc le fegment commun ADCA , les reftants , fçavoir , d'un côté le triangle AFC , & de l'autre la lunulle ABCDA, feront égaux.

C'eft ici le lieu de faire connoître diverfes remarques curieufes , ajoutées par les géometres modernes à la découverte d'Hippocrate.

1. Si du centre F on mène une droite quelconque FE , (*fig. 11 , pl. 8* ,) qui rettanche une portion de la lunulle AEGA , cette portion fera encore quarrable , & égale au triangle rectiligne AHE rectangle en H.

Car il eft facile de démontrer que le fegment AE fera égal au demi-fegment AGH.

2. Si du point E on abaiffe fur AC la perpendiculaire EI , & qu'on tire FI & FE , la même portion de lunulle AEGA fera égale au triangle AFI.

Car on démontre aifément que ce triangle AFI eft égale au triangle AHE.

3. On peut donc divifer la lunulle en raifon donnée , par une ligne tirée du centre F : il n'y a qu'à partager le diametre AC de manière que AI foit à CI dans cette raifon , élever la perpendiculaire EI AC , & mener la ligne FE : les deux fegments de la lunulle AGE , GEC , feront dans la raifon de AI à IC.

Toutes ces chofes ont été rémarquées pour la première fois par un prélat géometre , M. Artus de Lionne , évêque de Gap , dans fon livre intitulé *Curvilineorum amœnior contemplatio* , &

4°, 1654 ; & enfuite par divers autres géometres.

Si les deux cercles qui forment la lunulle d'Hippocrate font achevés, il en réfultera une autre lunulle qu'on pourroit appeller conjuguée, & où l'on pourra trouver des efpaces mixtilignes abfolument quarrables.

Soit tiré en effet du point F un rayon quelconque FM, coupant les deux cercles en R & M ; (fig. 11, ibid.) on aura l'efpace mixtiligne RAMR égal au triangle rectiligne LAR : ce qui eft aifé à démontrer ; car il eft facile de faire voir que le fegment AR du petit cercle, eft égal au demi-fegment LAM du grand.

Et de-là il fuit que fi le diamètre m O touche en F le petit cercle, l'efpace triangulaire mixte ARF m A fera égal au triangle ASF rectangle en S, où à la demi-lunulle AGCBA.

5. Voici enfin quelques portions abfolument quarrables de la lunulle d'Hippocrate, que je ne crois pas qu'on ait encore remarquées.

Soit cette lunulle, & que AB foit tangente à l'arc intérieur. (fig. 14, pl. 8) Tirez les lignes EA, eA, faifant avec AB des angles égaux ; du point B tirez les cordes BE, Be, qui feront égales : vous aurez l'efpace mixtiligne terminé par les deux arcs de cercle EBe, AGF, & par les droites Ae, FE, égal à la figure rectiligne eAEBe.

Cela feroit même encore vrai quand la figure ABCFA ne feroit pas abfolument quarrable, c'eft-à-dire que ABC ne feroit pas un demi-cercle, pourvu que les deux cercles fuffent toujours dans le rapport de 2 à 1.

Conftruire d'autres lunulles abfolument quarrables, que celle d'Hippocrate.

La lunulle d'Hippocrate eft abfolument quarrable, parceque les cordes AB, BC & AC, (fig. 10, pl. 8) font telles que le quarré de cette derniere eft égal aux quarrés des deux premieres, enforte que, décrivant fur la derniere un arc de cercle femblable à ceux foutendus par AB & BC, les deux fegments AB, BC, font égaux à ADC.

Cette manière de confidérer la lunulle d'Hippocrate, conduit à des vues plus générales. En effet, on peut concevoir dans un cercle tant de cordes égales qu'on voudra, quatre, par exemple, comme AB, BC, CD, (fig. 13, pl. 8) telles que, tirant la corde AE, fon quarré foit quadruple de l'une d'elles ; ou, plus générale-ment, le nombre de ces cordes étant n, le quarré de AE peut-être à celui de l'une AB, comme n à 1. Ainfi, décrivant fur AE un arc femblable à

ceux que foutendent ces cordes AB, &c. le fegment AE fera égal aux fegments AB, BC, &c. enfemble : donc ôtant de la figure rectiligne ABCDE le fegment AE, & lui ajoutant les fegments AB, BC, &c. il en réfultera une lunulle formée des arcs ACE & AE, qui fera égale au polygone rectiligne ABCDE.

Il eft donc queftion de réfoudre ce problème de géométrie : *Dans un cercle donné, infcrire une fuite de cordes égales, AB, BC, CD, DE, &c. telle que le quarré de la corde AE, qui les foutend toutes, foit au quarré de l'une d'elles comme leur nombre à l'unité ; triple s'il y en a trois, quadruple s'il y en a quatre, &c.* Mais nous nous bornerons aux cas conftructibles par la géométrie élémentaire ; ce qui nous donnera encore deux lunulles femblables à celle d'Hippocrate, l'une formée par des cercles dans le rapport de 1 à 3, & l'autre par deux cercles dans celui de 1 à 5, indépendamment de deux autres lunulles formées par des cercles dans le rapport de 2 à 3, & de 3 à 5.

Conftruction de la première lunulle.

Soit AB le diamètre du plus petit des cercles dont la lunulle doit être conftruite (figure 2, pl. 8). Soit prolongé AB en D de la longueur du rayon, & décrit fur AD, comme diamètre, le demi-cercle AED, qui coupe en E la perpenculaire BE à AD ; tirez DE, & faites-lui DF égale ; fur AF décrivez encore un demi-cercle AHF, qui coupe en H le rayon CG perpendicu-laire à AB ; menez AH, & faites dans le cercle donné la corde AI égale à AH, ainfi que les cordes IK & KL ; tirez enfin AL, & fur cette corde, avec un rayon égal à DE, tracez un arc de cercle AL : vous aurez la lunulle AGBLA égale à la figure rectiligne AIKLA.

Conftruction de la deuxième lunulle, où les cercles font comme 1 à 5.

Prolongez le diamètre du cercle donné, favoir le plus petit de la quantité PD égale à un demi-rayon (figure 17, pl. 8) & que DE indéfinie foit perpendiculaire à AD ; puis du point E coupant le rayon AC en deux également, avec un rayon égal à 3 AC, foit tracé un arc de cercle coupant la perpendiculaire ci-deffus en E ; faites EF égale à AC, & DH égale au rayon ; partagez HF en deux également en G, duquel point, comme centre, & avec un rayon égal à GH, foit décrit un arc de cercle coupant en I la droite AD ; foit faite enfuite DK égale à HI, & menée la perpendiculaire KR au diamètre, qui coupe en L le demi-cercle décrit fur AC ; enfin foit tirée AL, & que les cordes AM, MN, NO, OP, PQ, lui foient faites égales ; fur la corde AQ foit, d'un rayon égal à DE, décrit un arc de cercle : la lunulle ANPQA fera égale à figure rectiligne AMNOPQA.

Q *u*

On peut donc former des lunulles absolument quarrables, avec des cercles qui sont entr'eux dans ces rapports, de 1 à 2, 1 à 3, & de 1 à 5. Il n'y en a pas d'autres formées par des cercles en raison multiples ou sous-multiples simples, qui soient constructibles uniquement par la regle & le compas : celles qu'on formeroit par des cercles en raison de 1 à 4, de 1 à 6, à 7, &c. exigent une géométrie plus relevée ; c'est un problême de la même nature & du même degré que celui de la trisection de l'angle ou des deux moyennes proportionnelles, & uniquement résoluble par les mêmes moyens. Mais il y en a encore deux constructibles au moyen de la géométrie simple, & formées par des cercles en raison de 2 à 3 & de 3 à 5. Nous nous bornons, pour abréger, à en indiquer la construction.

Pour la 1ere, Soit un cercle quelconque, dont le rayon soit supposé 1 ; inscrivez-y une corde AB (*fig.* 15, *pl.* 8) égale à $\sqrt{\frac{9}{4}-\sqrt{\frac{11}{16}}}$; cette corde étant portée encore deux fois en BC & CD, qu'on tire la corde, qu'on décrive sur AB un arc semblable à l'arc ABC ; qu'on tire enfin les deux cordes égales AE, ED : la lunulle ABCDEA sera égale au polygone rectiligne ABCDEA.

Pour la 2e. Dans un cercle dont le rayon est 1, inscrivez une corde égale à $\sqrt{\frac{1}{3}-\sqrt{\frac{1}{3}-\sqrt{\frac{5}{3}-\frac{5}{4}\sqrt{\frac{1}{3}}}}}$, & portez-la cinq fois ; tirez la corde le cinq quintuple, & décrivez sur elle un arc avec un rayon $=\sqrt{\frac{1}{3}}$: dans cet arc inscrivez les trois cordes de ses trois parties égales ; ce qui sera toujours possible par la géométrie ordinaire, parce que chacun de ces tiers est semblable à un cinquieme du premier arc qui est déjà donné : vous aurez une lunulle égale à la figure rectiligne, formée par les cinq cordes du petit cercle & les trois du plus grand.

Une lunulle étant donnée, y trouver des portions absolument quarrables, pourvu néanmoins que les cercles qui la forment soient entr'eux dans certains rapports de nombre à nombre.

Soit la lunulle ABCDA (*fig.* 18, 19 & 20, *pl.* 8), formée de deux cercles dans un rapport quelconque de ceux ci-dessus, ABC étant portion du moindre cercle, & ADC du plus grand. Tirez la tangente AE à l'arc ADC ; ensuite menez une ligne AF, telle que l'angle EAC soit à l'angle FAC dans le rapport du petit cercle au grand : alors il arrivera une de ces trois choses ; ou AF sera tangente au cercle ABC (*fig.* 18, ou elle le coupera comme en F (*fig.* 19) ou comme en φ. (*fig.* 20).

Dans le premier cas, la lunulle sera absolument quarrable, & égale à la figure rectiligne KALC (*fig.* 18).

Amusemens des Sciences.

Dans le second, cette lunulle, moins le segment circulaire Af, sera égale à la figure rectiligne AfKCLLA, ou à l'espace AKCL, plus le triangle AKf (*fig.* 19).

Dans le troisieme, la même lunulle, plus le segment circulaire Aφ, sera égale à l'espace rectiligne aφKcla, ou à l'espace aKcl, moins le triangle aKφ (*fig.* 20).

Nous en supprimons la démonstration, tant pour abréger, que parce qu'elle est assez facile d'après les principes ci-dessus.

Il est donc aisé de voir que, si les cercles donnés sont dans certains rapports qui permettent de construire, avec la regle & le compas, l'angle FAC, qui soit à l'angle EAC dans le rapport réciproque de ces cercles (*fig.* 19 & 20) on pourra tirer la ligne FA, qui retranchera de la lunulle la portion ADCBfA égale à un espace rectiligne assignable. Or cela arrivera toutes les fois que le petit cercle sera au grand dans le rapport de 1 à 2, ou à 3, ou à 4, ou à 5, &c. car alors l'angle FAC devra être, ou double, ou triple, ou quadruple, ou quintuple de ECA ; ce qui n'a aucune difficulté. Il en seroit de même si le petit cercle étoit au grand dans le rapport de 2 à 3, ou 2 à 5, ou 2 à 7, &c. ou si l'arc ADC, étant susceptible de trisection géométrique, comme il y en a plusieurs, le grand cercle étoit au petit comme 3 à 4, ou 3 à 5, ou 3 à 7, &c.

Autre maniere. Que AF soit tangente au cercle ABC en A, & AE tangente à l'arc ADC dans le même point. Tirez la ligne AG, en sorte que l'angle FAG soit à l'angle EAG comme le grand cercle est au petit (*fig.* 16, *pl.* 8), c'est-à-dire, que l'angle FAE soit EAG comme le grand cercle moins le petit est à ce dernier ; alors, ou la ligne AG tombera sur AC, ou au dessus comme en AG, ou en dessous comme en Ag.

Or, dans le premier cas, il est aisé de démontrer que la lunulle est absolument quarrable.

Dans le second, on peut aussi faire voir que la même lunulle, moins le triangle mixtiligne MG CM, est égale à un espace rectiligne assignable.

Dans le troisieme enfin, on fera voir aussi que la même lunulle, si on y ajoute le triangle mixtiligne Cmg, sera égale à cet espace rectiligne.

Enfin, soit tirée dans chacune des figures précédentes, entre AC, AE, une ligne quelconque AN, formant avec la tangente AE un angle quelconque NAE ; puis soit tirée dans l'angle FAE une autre ligne An, telle que l'angle nAE soit à EAN comme FAE à CAE (*fig.* 18, 19, 20 & 16). On peut encore démontrer que la figure mixtiligne formée des deux arcs Nn, AP, & des deux lignes AN, PN, sera égale à un espace rectiligne, espace qui se trouvera en partageant l'arc Nn en

D d d d

autant de parties femblables à l'arc AP, que le petit cercle eft contenu de fois dans le grand; ce qui fera toujours fufceptible d'exécution géométrique, fi la raifon d'un cercle à l'autre eft comme de 1 à 2, ou à 3, ou à 4, &c. La fuppofant, par exemple, ici de 1 à 3, on aura les trois cordes égales, *no*, *oE*, EN, & la portion de lunule en queftion fera égale à la figure rectiligne A *no*, EN A, puifque les trois fegments fur *no*, *oE*, &c. font égaux enfemble au fegment AP.

De divers autres efpaces circulaires abfolument quarrables.

1. Soient deux cercles concentriques, au travers defquels foit tirée la ligne *b* B, tangente ou fécante au cercle intérieur (*fig.* 1. *pl.* 9. *Amufemens de Géométrie*). Que l'on tire CA, CB, faifant l'angle ACD; qu'on faffe enfuite l'arc DF à l'arc DA, comme le quarré de CD à la différence des quarrés de CB, & CD, & qu'on tire CE: on aura l'efpace mixtiligne ABFE égale au triangle rectiligne ACB.

Il eft évident que, pour que la pofition de CE foit déterminable au moyen de la géométrie ordinaire, il faut que la raifon entre les arcs AD, DF, foit celle de certains nombres, comme de 1 à 1, 1 à 2, 1 à 3, &c. ou 2 à 1, 2 à 3, &c. Il faut, par conféquent, que la différence des quarrés de rayons des deux cercles foit au quarré du moindre, comme 1 à 1, ou 2 à 1, ou 3 à 1, &c. Alors les fecteurs de différens cercles étant en raifon compofée des quarrés de leurs rayons, & de leurs amplitudes, on aura le fecteur BCE égal à ACF: donc, ôtant le fecteur commun DCF, & ajoutant de part & d'autre l'efpace ADB, on aura le triangle rectiligne ACB égal à l'efpace AFEB.

2. Soit un fecteur quelconque, comme ACB GA dont la corde eft AB (*fig.* 2, *pl.* 9). Dans un cercle double, ou quadruple, ou octuple, prenez un fecteur *acbga* dont l'angle foit la moitié ou le quart, ou la huitieme partie de l'angle ACB, ce qui eft toujours poffible avec la regle & le compas; que ce fecond fecteur foit difpofé comme l'on voit dans la figure, c'eft-à-dire de maniere que l'arc *agb* porte fur la corde AB: vous aurez l'efpace *Aagb* BGA égal à la figure rectiligne ECF*c*, moins les deux triangles A*a*, E*b*BF.

Cela eft prefque évident; car, par la conftruction ci-deffus, le fecteur ACBG eft égal à *acbg*: donc, ôtant ce qui leur eft commun, il y aura égalité entre ce qui refte d'un côté, favoir, l'efpece de lunule A G B*bga*, plus les deux triangles A*a*E, B*b*F, & ce qui refte de l'autre ou la figure rectiligne E*c*FC: donc cette efpece de lunule eft

égale à la figure rectiligne ci-deffus, diminuée des deux triangles.

3. Si deux cercles égaux fe coupent en A & B (*fig.* 3 *pl.* 9), & qu'on mene une ligne quelconque AC, coupant l'arc intérieur en E & l'extérieur en C, il eft évident que l'arc EB fera égal à l'arc BC, conféquemment le fegment EB au fegment BC: d'où il s'enfuit que le triangle formé des deux arcs EB, BC, & de EC, fera égal au triangle rectiligne EBC; enfin, que fi AD eft tangente en A à l'arc AEB, le mixtiligne AEBCDA fera égal au triangle rectiligne ADB.

4. Si deux cercles égaux fe touchent en C (*fig.* 6, *pl.* 9) & que par le point de contact on mene un troifieme cercle égal aux premiers, l'efpace courbe AFCEDBA fera égal au quadrilatere rectiligne ABDC.

Car, menez la tangente CB aux deux cercles. On a fait voir plus haut que l'efpace compris par les arcs CA, AB, & la droite CB, eft égal au triangle rectiligne CAB. Il en eft de même de l'efpace mixtiligne CEDB, eu égard au triangle CDB: donc, &c.

5. M. Lambert a fait, dans les *Acta Helvetica*, tom. III, la remarque ci-deffus; mais on peut encore trouver d'autres efpaces de la même forme, égaux à des figures rectilignes, quoique bornés par des arcs de cercles dont deux feulement font égaux.

Soit ABCD le cercle duquel doit être retranché par deux autres arcs de cercles un efpace abfolument quarrable de l'efpece ci-deffus. Prenez fur une droite indéfinie les parties CE, EF, FH, égales chacune au côté du quarré infcrit dans le cercle donné (*fig.* 4, *pl.* 9), & que la troifieme FH foit divifée en deux également en G; fur l'extrémité de CE foit élevée la perpendiculaire EI, laquelle foit coupée en I par le cercle décrit du centre G au rayon GC; tirez CI, & que CK lui foit égale; enfin foit fur FG un demicercle coupant en L la perpendiculaire KL à FG; qu'on tire la ligne HL, & qu'on lui faffe, dans le cercle propofé, les cordes AB, AD, égales. Si vous tracez avec un rayon égal à CE, les arcs paffant par les points A & B, A & D, tournant leur convexité vers C, vous aurez l'efpace borné par les arcs AB, AD & BCD (*même fig.* 4) égal à l'efpace rectiligne formé par les cordes AB, AD, & des quatre cordes DM, MC, CN, NB, des quatre portions égales de l'arc BCD.

De la mefure de l'ellipfe ou ovale géométrique, & de fes parties.

On démontre facilement que l'ellipfe (*fig.* 5, *pl.* 9), eft au rectangle de fes axes AB, DE, comme le cercle rectangle des fiens, ou au quarré de son diamètre AB, puisque chaque axe est égal au diamètre.

Ainsi le cercle étant les $\frac{11}{14}$, à peu de chose près, du quarré de son diamètre, l'ellipse est aussi les $\frac{11}{14}$ du rectangle de ses axes.

Il n'y a donc qu'à multiplier le rectangle des axes de l'ellipse donnée par 11, & diviser le produit par 14, le quotient donnera l'aire.

Ajoutons que chaque segment ou secteur d'ellipse, est toujours en raison donnée avec un secteur ou segment de cercle facile à déterminer. Etant donné, par exemple, le secteur elliptique FCG (fig. 7, pl. 9) où le segment FBG, sur l'axe AB soit décrit un cercle du centre C; en prolongeant GF en D &E, on aura le secteur elliptique FCGB au secteur circulaire DCEB, comme FG à DE, ou comme le petit axe de l'ellipse au grand: le segment elliptique BFG sera aussi au segment circulaire DBE, comme FG à DE, ou comme le petit axe de l'ellipse au grand axe.

Soit encore dans l'ellipse un segment quelconque, comme nop. Soient abaissées de n & p deux perpendiculaires à l'axe, qui soient prolongées jusqu'au cercle N & P, & qu'on tire N P; on aura le segment nop au segment circulaire NOP, dans la même raison du petit axe au grand axe.

De-là suit la solution du problême suivant.

Diviser un secteur d'ellipse en deux également.

Soit, par exemple, le secteur d'ellipse DCB, à diviser en deux également par une ligne, comme CG.

Décrivez sur le diamètre AB un cercle (fig. 8 pl. 9) & ayant tiré DI perpendiculaire à AB, prolongez-la en E, & tirez EC; ce qui vous donnera le secteur circulaire ECB; divisez en deux également l'arc EB en F, & tirez FH perpendiculaire à l'axe AB; tirez enfin du centre C au point G, où cette perpendiculaire coupe l'ellipse, la ligne GC: on aura le secteur elliptique BCG égal à GCD, comme le secteur circulaire BCF l'est à FCE.

Ce seroit la même chose si le secteur étoit égal au quart d'ellipse, ou plus grand; comme aussi si c'étoit un secteur compris entre deux demi-diametres quelconques de l'ellipse, comme DC, d C.

Alors, des points D & d, abaissez sur l'axe les perpendiculaires DI, di, qui prolongées, coupent le demi-cercle AEB en E, & e; divisez l'arc E e en deux également en f, & menez la perpendiculaire fh à AB, qui coupe l'ellipse en g: la ligne Cg divisera le secteur DCd en deux également.

Un charpentier a une pièce de bois triangulaire, & voulant en tirer le meilleur parti possible, il cherche le moyen d'y couper la plus grande table quadrangulaire rectangle qu'il se puisse. Comment doit-il s'y prendre?

Soit ABC le triangle donné. (fig. 12, pl. 9.) Divisez les deux côtés BA, BC, en deux également en F & G, & tirez FG; puis des points F, G, menez les perpendiculaires à sa base FH, GI: le rectangle FI sera le plus grand possible qu'on puisse inscrire dans le triangle, & en sera précisément la moitié.

Si le triangle est rectangle en A, il y aura deux manières de satisfaire à la question, & l'on pourra avoir les deux tables rectangles F i & FI (fig. 9, pl. 9), qui sont chacune les plus grandes inscriptibles dans le triangle donné, & toutes de ix égales.

Si le triangle a tous ses angles aigus, suivant qu'on prendra pour base un des côtés, on aura une solution différente. Il y en aura conséquemment trois, & chacune donnera une table plus ou moins allongée, & toujours de même étendue, sans quoi la plus grande résoudroit le problême à l'exclusion des autres, tels sont les rectangles FI, GL, KM (fig. 11, pl. 9).

Mais notre charpentier ayant consulté un géomètre, celui-ci lui observe qu'il y aura encore un plus grand avantage à tailler dans sa pièce de bois une table ovale. *On demande en conséquence comment il faudra s'y prendre pour y tracer la plus grande ovale possible.*

Soit donc le nouveau triangle ABC (fig. 10, pl. 9) la planche de bois proposée. Divisez d'abord chaque côté en deux également en F, D, E; ces trois points seront les points de contact de l'ellipse avec les deux côtés du triangle: tirez aussi les lignes AE, CF, BD, qui se coupent en G; ce sera le centre de l'ellipse.

Faites ensuite GL égale à GE, & tirez par G la parallèle GQ à BC, & par le point D la parallèle DQ à AE; prenez enfin GP, moyenne géométrique entre GQ & GO: les lignes GL, GP, seront les demi-axes de l'ellipse, si le triangle BAC est isocèle. Or on a vu plus haut comment on peut décrire une ellipse dont les deux axes sont donnés.

Mais si l'angle LGP est aigu ou obtus, on pourra encore décrire l'ellipse par un mouvement continu, car il importe peu que l'angle des deux diametres donnés soit droit ou non. Le moyen décrit réussit toujours également, avec cette seule différence que, lorsque cet angle n'est pas droit, les portions d'ellipse décrites dans les angles de suite LGP, LGR, ne sont pas égales & semblables.

On peut aussi déterminer directement les deux axes : on en trouve la méthode dans les traités des sections coniques ; mais la nature de cet ouvrage ne permet que d'effleurer la matière, & de renvoyer tout au plus aux sources.

Les points B & C (fig. 7, pl. 10, Amusemens de Géométrie) sont les adjutoirs des deux bassins d'un jardin, & A est le point qui donne entrée à une conduite qui doit se partager en deux pour mener l'eau en B & C. On demande où doit être le point de partage, pour que la somme des trois conduites AD, DB, DC, & conséquemment la dépense en tuyaux, soit la moindre possible.

Ce problème, qui appartient à l'art du fontainier étant réduit en langage géométrique, se réduit à celui-ci : *Dans un triangle ABC, trouver le point duquel menant aux trois angles autant de lignes, la somme de ces lignes soit la moindre possible.* Or il est visible qu'il peut y avoir un pareil point, & que, sa position étant trouvée, la dépense en tuyaux sera moindre qu'en établissant le point de partage à tout autre point quelconque.

Il seroit long de développer ici le raisonnement au moyen duquel on résoud ce problème, auquel il seroit difficile d'appliquer le calcul, sans tomber dans une prolixité extrême. Il nous suffira de dire qu'on démontre que le point D cherché doit être tel que les angles ADC, BDC, CDA, soient égaux entr'eux, & conséquemment chacun de 120°.

Pour construire donc ce problème, décrivez sur le côté AC, comme corde, un arc de cercle comme ADC, capable d'un angle de 120°, ou qui soit le tiers du cercle dont il fera partie ; faites la même chose sur un autre des côtés, comme BC : l'interection de ces deux arcs de cercle déterminera le point D que l'on cherche : c'est à ce point que la conduite doit se partager, pour aller de-là en B & C.

Telle seroit du moins la solution du problème, si les trois tuyaux AD, DC, DB, devoient être tous les trois du même calibre. Mais un fontainier intelligent se gardera bien de faire ces trois tuyaux égaux : il sentira que, pour la plus grande hauteur du jet, il convient que les tuyaux DB, DC, n'admettent pas ensemble une plus grande quantité d'eau que le tuyau AD ; car autrement, l'eau seroit dans ces tuyaux comme stagnante après être sortie du tuyau AD, & ne recevroit pas toute l'impression dont elle a besoin pour jaillir à sa plus grande hauteur.

Voici donc encore la solution du problème, dans ce nouveau cas. Nous supposerons que le calibre du tuyau AD, ou sa capacité, est précisément double de celui de chacun des deux autres,

c'est-à-dire que les diamètres sont dans le rapport de 10 à 7 ; car, par ce moyen, l'eau sera toujours également pressée dans le premier & dans les deux derniers. Nous supposons aussi que le prix de la toise de chaque espèce de ces tuyaux est dans le même rapport ; car, dans cette sorte de problème économique, c'est principalement le rapport des prix qu'il faut considérer.

Cela étant donc ainsi supposé, nous trouvons que le point de séparation des tuyaux de conduite doit être en un point d, tel que les angles C d A, B d A, soient égaux, & soient tels que, dans chacun, son sinus soit au sinus total comme 10 est à 14, ou, plus généralement, comme le prix de la toise du gros tuyau est au double de celui du plus étroit. D'après cela, il est facile, dans notre hypothèse, de déterminer cet angle. On le trouvera de 132° 56', ou 133°.

Si donc l'on décrit sur les côtés CA, BA, du triangle ABC, les deux arcs de cercle capables d'un angle de 133° chacun, leur point de section donnera le point d, où la principale conduite doit se partager pour mener l'eau en B & C, en faisant la moindre dépense possible en tuyaux.

On peut, en étendant le problème ci-dessus, supposer que la conduite principale doit porter l'eau à trois points donnés, B, C, E (fig. 9, pl. 10). Dans ce cas, on démontre que si les quatre tuyaux de conduite étoient égaux, le point de partage ne sauroit être placé plus avantageusement, au moins pour diminuer la quantité de tuyaux, que dans l'intersection même des lignes AE, BC ; mais ce ne seroit probablement pas la disposition la plus avantageuse pour que l'eau jaillît avec le plus de force.

D'ailleurs, on peut faire ici la même observation que sur la première solution du problème précédent. Il conviendra, pour la force du jet, que le calibre du principal tuyau soit à peu près triple de celui de chacun des autres. Supposons de plus que le prix de la toise du premier soit à celui de la toise des autres, comme m à n ; & enfin, pour simplifier le problème, dont la solution seroit autrement fort compliquée, nous supposerons que les lignes AE, BC, se coupent à angles droits : cela étant, je trouve que l'angle EFC doit être tel que son sinus de complément soit $\frac{1}{2} n \sqrt{4nn - m - 1^2}$, le sinus total étant l'unité ; ou, ce qui revient au même, il faut que le sinus de l'angle DCF soit égal à la quantité ci-dessus.

Si donc on suppose, par exemple, m à n comme 5 à 3, on aura l'expression ci-dessus égale à 0.71496 ; ce qui est le sinus d'un angle de 45° 38'. Faites donc l'angle DCF de 45 à 46°, & vous aurez, dans cette supposition, le point F où la conduite principale doit se partager.

Si *m* étoit à *n* comme 2 à 1, l'expression ci-dessus deviendroit égale à 0.86600; ce qui est le sinus de l'angle de 60°: c'est pourquoi il faudroit dans ce cas faire l'angle DCF de 60°, ou chacun des angles DFC, DFB, de 30°.

Il est évident qu'afin que le problême soit susceptible de solution, il faut que *m* & *n* soient tels que l'expression ci-dessus ne soit ni imaginaire, ni plus grande que l'unité. Dans l'un & l'autre cas, il n'y auroit aucune solution; & cela indiqueroit tout au plus que la division devroit se faire au point A même, ou le plus loin possible de la ligne BC. Il faut aussi que cette expression ne soit pas égale à zéro; ou si cela arrivoit, on devroit en conclure que la division doit être prise au point D.

Paradoxe géométrique des lignes qui s'approchent sans cesse l'une de l'autre, sans néanmoins pouvoir jamais se rencontrer & concourir ensemble.

Il n'est aucun commençant dans la géométrie, qui ne sache que si deux lignes droites dans un même plan s'approchent l'une de l'autre, elles concourront nécessairement dans un point d'intersection commune. Nous disons *dans un même plan*, car si elles étoient dans des plans différens, il est clair qu'elles pourroient s'approcher jusqu'à un certain terme sans se couper, & que de-là elles s'écarteroient de plus en plus l'une de l'autre. Supposons en effet deux plans parallèles & verticaux, par exemple, & que dans l'un soit tracée une ligne horizontale, & dans l'autre une inclinée à l'horizon; il est évident qu'elles ne feroient pas parallèles, & néanmoins qu'elles ne sauroient jamais se couper l'une l'autre, leur moindre éloignement étant de nécessité la distance de deux plans. Ainsi voila deux lignes non parallèles, & cependant qui ne concourent point. Mais ce n'est pas dans ce sens que nous l'entendons.

Il y a en effet, & dans le même plan, plusieurs lignes qu'on démontre s'approcher sans cesse l'une de l'autre, sans néanmoins pouvoir jamais se rencontrer. Ce ne sont pas à la vérité des lignes droites, mais une courbe combinée avec une ligne droite, ou deux lignes courbes ensemble. Rien n'est plus familier à ceux qui sont versés dans une géométrie un peu relevée: en voici quelques exemples.

Sur une ligne droite AG indéfinie (*fig.* 13, *pl.* 9, *Amusemens de Géométrie*,) prenez des parties égales AB, BC, CD, &c; & sur les points B, C, D, &c. soient élevées des perpendiculaires B*b*, C*c*, D*d*, E*e*, &c. qui décroissent suivant une progression dont aucun terme ne puisse devenir zéro, quoiqu'il puisse devenir aussi petit qu'on voudra: que ces termes, par exemple, décroissent suivant cette progression, 1, $\frac{1}{2}$, $\frac{1}{3}$, $\frac{1}{4}$, $\frac{1}{5}$, $\frac{1}{6}$, &c; il est évident que la courbe, passant par le sommet des lignes décroissantes suivant cette progression, ne sauroit jamais rencontrer la ligne AG, quelque prolongée qu'elle soit, puisque jamais sa distance à cette ligne ne peut devenir zéro: elle s'en approchera néanmoins de plus en plus, & de manière à en être plus près qu'aucune quantité, quelque petite que ce soit. Cette courbe est, dans ce cas-ci, celle si connue des géomètres sous le nom d'*hyperbole*, qui a la propriété d'être renfermée entre les branches des deux angles rectilignes opposés par le sommet, vers lesquelles elle s'approche de plus en plus sans jamais les atteindre.

Si la progression suivant laquelle décroissent ces lignes B*b*, C*c*, D*d*, &c. étoit celle-ci, 1, $\frac{1}{2}$, $\frac{1}{4}$, $\frac{1}{8}$, $\frac{1}{16}$, &c. la ligne passant par les points *b*, *c*, *d*, *e*, &c. s'approcheroit encore de plus en plus de la droite AG, sans jamais la rencontrer, puisque, quelqu'éloigné que soit un terme quelconque de cette progression, il ne peut jamais être égal à zéro.

Autre exemple. Hors de la ligne AF indéfinie, (*fig.* 14, *pl.* 9) soit pris un point P, duquel soit tirée PA perpendiculaire à AF, & tant d'autres lignes que l'on voudra, PB, PC, PD, &c. de plus en plus inclinées, sur la prolongation desquelles on prendra les lignes A*a*, B*b*, C*c*, &c. toujours égales; il est clair que la ligne passant par les points *a*, *b*, *c*, *d*, &c. ne sauroit jamais rencontrer la ligne AF: cependant elle s'en approchera de plus en plus, & de plus près qu'aucune quantité déterminée, puisque F*f* s'incline de plus en plus. Cette courbe est celle qui est connue des géomètres sous le nom de *Conchoïde*, & qu'inventa un géomètre grec nommé *Nicomede*, pour servir à la solution du problême des deux moyennes proportionnelles.

Nous n'en donnerons pas d'autre exemple, attendu qu'il y en a une infinité dans la géométrie un peu relevée.

Il y avoit dans l'île de Déles un temple consacré à la Géométrie. (fig. 16, pl. 9) *Il étoit élevé sur une base circulaire, & surmonté d'un dôme hémisphérique, percé de quatre fenêtres dans son contour & d'une ouverture circulaire au sommet, tellemen combinées, que le restant de la surface hémisphérique de la voûte étoit égal à une figure rectiligne. Quant au tambour du temple, il étoit percé d'une porte qui, elle-même, étoit absolument quarrable, ou égale à un espace rectiligne. On demande comment s'y étoit pris l'architecte géomètre qui avoit élevé ce monument.*

Tout le monde, du moins géomètre, sait que la mesure de la surface d'un hémisphère dépend de la mesure du cercle, cette surface étant égale à celle d'un cylindre de même base & même hauteur. L'artifice de cette construction étoit donc, 1°. d'avoir retranché du dôme, par les ouvertures ci-deſſus décrites, des portions ſphériques telles que le reſtant fût égal à une figure purement rectiligne, & 2°. d'avoir décrit ſur le tambour ou mur circulaire du temple une autre figure qui, elle-même, fut auſſi quarrable. Or voici comment on a pu s'y prendre.

Soit d'abord un quart de la voûte hémiſphérique du temple, dont la baſe ſoit le quart de cercle ACB (*fig.* 15, *pl.* 9). Soit pris l'arc BD égal à un quart de l'arc AB, pour la largeur de l'arc doubleau qui doit ſéparer les fenêtres; tirez la corde du reſtant AD. Maintenant que SCE ſoit une coupe quelconque par l'axe SC du dôme, dont l'interſection avec AD ſoit F; faites CE, CF, CG, continuellement proportionnelles; prenez dans l'axe CS la ligne CH égale à EG, & tirez HI parallèle à CE, qui coupera en I le quart de cercle SE: le point I ſera un de ceux de la fenêtre cherchée. Ainſi la ſuite des points I déterminés de cette manière, donnera le contour de cette fenêtre, dont la ſurface ſera égale à deux fois le ſegment AED, tandis que la portion ſphérique SAIDS ſera égale à deux fois le triangle rectiligne CAD.

La ſurface entière de ce quart de voûte ſera donc égale à deux fois ce triangle, plus le ſecteur ſphérique SDB, lequel eſt égal à deux fois le ſecteur circulaire CDB, ou au quart du ſecteur ſphérique SAEB: donc, ſi de ce ſecteur on retranche le quart SLM par un plan parallèle à la baſe, éloigné du ſommet S d'un quart du rayon SC, le reſtant de ce quart d'hémiſphère, c'eſt-à-dire, la ſurface AIDBMLA, reſtera égale au double du triangle rectiligne CAD. Faiſant enfin chaque autre quart de la voûte hémiſphérique ſemblable à celui-ci, on aura toute la voûte, les ouvertures ôtées, égale à huit fois le triangle ACD.

Pour l'ouverture à faire dans le mur circulaire du temple, & qui doit être elle-même égale à un eſpace rectiligne, rien n'eſt plus facile, quoique cette ouverture ſoit partie d'une ſurface cylindrique. Pour cet effet, que ABDEF (*fig.* 1, *pl.* 10) repréſente une moitié de cette ſurface. Prenez pour la largeur de la porte à former, la corde GH parallèle au diamètre AD; faites HK, GI, qui ſont perpendiculaires à la baſe, de la grandeur convenable pour que cette porte ait la proportion qu'exigent le bon goût & le caractère de l'ouvrage; faites enfin paſſer par les points I & K, & par la ligne AD, un plan qui déterminera, par ſon interſection avec la ſurface cylindrique, la courbe ILK: vous aurez l'ouverture cylindrique un peu cintrée par le haut GBHKI, qui ſera au rectangle de CB par GH, comme le ſinus de l'angle LCB au ſinus de l'angle demi-droit.

Donc le problème du géomètre grec eſt réſolu. On pourroit varier ce problème de beaucoup

de manières; & pendant le triſte ſéjour que j'ai fait, en 1758, dans un poſte du Canada, je me ſuis amuſé à varier la queſtion de bien des manières. Je l'ai réſolue en faiſant la totalité de la ſurface du temple abſolument quarrable. Je ne perçois le dôme que d'un trou au ſommet, comme celui du panthéon, & je prenois les quatre fenêtres ſur la ſurface cylindrique du temple, &c. Tout cela eſt, au reſte, facile pour quiconque eſt un peu géomètre.

1. Ce problème eſt, à peu de choſe près, celui que Viviani propoſa, en 1692, ſous le titre de *Ænigma Geometricum*. Il fut facilement réſolu par les Leibnitz, les Bernoulli, les l'Hôpital. La ſolution de Viviani lui-même eſt tout-à-fait ingénieuſe & élégante; mais comme, ſuivant cette ſolution, la voûte ne ſeroit pas ſuſceptible de conſtruction, parce qu'elle porteroit ſur quatre points, ce qui eſt abſurde en architecture, nous avons fait quelques changemens à l'énoncé, en ajoutant l'ouverture circulaire du ſommet; au moyen de quoi notre voûte porteroit ſur des parties ayant quelque ſolidité, chaque fenêtre étant ſéparée de ſa voiſine par un arc, qui eſt un ſeizième de la circonférence totale.

2. Le père Guido-Grandi a remarqué que ſi l'on a un cône droit ſur la baſe circulaire; qu'on inſcrive un polygone dans cette baſe, par exemple, un triangle ABC; (*fig.* 2, *pl.* 10) que l'on élève ſur chaque côté de ce polygone un plan perpendiculaire à la baſe; la portion de la ſurface conique, retranchée du côté de l'axe, eſt égale à un eſpace rectiligne : car il eſt aiſé de démontrer que cette ſurface eſt à celle du polygone rectiligne ABC qui lui répond perpendiculairement au-deſſous, comme la ſurface du cône au cercle de ſa baſe, c'eſt-à-dire, comme le côté incliné du cône SD au rayon ED de cette baſe.

Les portions de cône retranchées par les plans ci-deſſus vers la baſe, ſont auſſi viſiblement dans le même rapport avec les ſegmens de cercle ſur leſquels ils s'appuient. Enfin, quelque figure qu'on décrive dans la baſe, ſi ſur la circonférence de cette figure on conçoit élevée une ſurface cylindrique droite, elle retranchera de la ſurface conique une portion qui lui ſera dans le même rapport.

Ce géomètre italien, qui étoit de l'ordre des Camaldules, s'eſt aviſé de nommer cette portion conique abſolument quarrable; *Velum Camaldulenſe.* Il eût pu ſe diſpenſer de lui donner cette dénomination de mauvais goût. C'eſt ainſi qu'un bon religieux franciſcain s'eſt aviſé de faire un cadran ſolaire ſur un corps aſſez reſſemblant à une ſandale, & d'en faire imprimer la deſcription ſous le titre de *ſandalion gnomonicum.*

Un polygone quelconque irrégulier A B C D E A *étant donné*, (fig. 5, pl. 10) *qu'on divise chacun de ses côtés en deux également, comme en* a, b, c, d, e, *& qu'on joigne les points de division des côtés contigus: il en résultera un nouveau polygone* a b c d e a. *Qu'on fasse même opération sur ce polygone, puis sur celui qui en résultera, & ainsi à l'infini. On demande le point où se termineront ces divisions.*

Ce problème, impossible peut-être à résoudre par des considérations purement géométriques, est susceptible d'une solution fort simple, tirée d'une autre considération. Nous la donnerons à l'article MÉCHANIQUE, en expliquant le problème où il s'agit *de trouver le centre de gravité de plusieurs poids.* (*Extraits des Récréations Mathématiques d'Ozanam.*)

GÉOGRAPHIE. C'est par les sens assez généralement que nous acquérons les connoissances. L'observation journalière démontre que l'esprit est plus prompt à saisir les idées qui viennent par nos sens que celles d'une simple théorie fondée sur le raisonnement.

Seguius irritant animos demissa per aures,
Quàm quæ sunt oculis subjecta fidelibus.

On peut donc employer avec succès des procédés méchaniques pour fixer la mémoire des enfans. Cette méthode a deux avantages; l'un de rendre le précepte plus sensible, l'autre d'instruire en amusant. On a imaginé différents jeux pour exercer l'esprit des enfans & leur apprendre les élémens de l'histoire, de l'architecture, du génie, de l'artillerie, &c. Nous connoissons une manière de leur montrer la géographie, qui nous a paru très-ingénieuse; elle consiste à découper des cartes géographiques par continents, royaumes, provinces, &c. à les coller ensuite sur des cartons pareillement découpés. On les donne aux enfans qui sont obligés de rapprocher les angles saillans & rentrants pour rassembler ces pieces & n'en former qu'une seule carte. De cette manière la position respective des royaumes, Etats & provinces se fixe dans leur imagination d'autant plus vivement qu'ils ont plus de peine à résoudre ce petit problème. On leur apprend pareillement, par ce méchanisme, à observer le cours des fleuves & des rivières. Cette méthode nous paroît préférable à celle de M. Pingeron, qui proposoit de leur faire entourer chaque division géographique avec de petites balles de plomb applaties.

GÉOGRAPHIE. (*Voyez* à l'article ASTRONOMIE).

GIBECIERE (Tours de). (*Voyez* à l'article GOBELETS.)

GIROUETTES ÉLECTRIQUES; (*Voyez* ÉLECTRICITÉ.)

GLACE DISCRETTE. On a très-bien désigné sous ce nom de nouvelles glaces très-propres à être mises aux carrosses, aux salles de bain, aux croisées exposées trop en vue; elles ont l'avantage de laisser voir tout ce qui se passe au-dehors, sans que l'on puisse être vu. L'industrie qu'on y emploie consiste à y tracer des lozanges; en sorte qu'une partie de la glace étant terne & dépolie, il n'en reste plus que de petits quarrés transparens, à travers desquels on apperçoit distinctement les objets. Il est aisé de sentir que l'œil étant près de la glace, le rayon visuel n'a pas souffert une grande divergence avant de passer par un des points transparens. La raison au contraire pour laquelle on n'est point vu par ceux qui passent, c'est qu'étant éloignés de la glace, l'angle du rayon visuel est trop ouvert pour embrasser un objet caché derrière cette glace divisée par des surfaces dépolies.

GLACE INDISCRETE. C'est le nom que l'on donne à un miroir préparé pour l'espèce de récréation dont nous allons parler. Il faut avoir un cadre de miroir, de trois pouces de diamètre, dont la bordure, d'un pouce de large, soit découpée à jour, & couverte en-dessous d'un ou plusieurs morceaux de glace très-mince: entre le cadre & le carton qui le couvre par derrière, est une glace mobile, de manière qu'en penchant le miroir d'un côté ou de l'autre, la glace puisse couler facilement & sans bruit, & faire paroître à volonté par une des ouvertures du cadre l'une ou l'autre partie de la glace où sont écrits invisiblement avec le crayon sympathique, dont il est question à l'article ÉCRITURE SUR VERRE, les mots, *oui* & *non.* On propose à une personne de faire une question à laquelle il y ait à répondre oui ou non; & lorsque cette question aura été faite, penchez le miroir du côté convenable, eu égard à la réponse que vous voulez faire; & affectant de répéter tout bas au miroir la question qui a été faite, approchez la bouche très-près du miroir, & faites voir aussi-tôt la réponse qui se trouvera écrite sur le miroir.

GLACE ARTIFICIELLE. Comme il n'y a presque pas de corps, quelque solide qu'il soit, qui ne se fonde & ne se vitrifie par un feu violent, je crois aussi, dit M. de Mairan, qu'il n'y a point de liquide qui ne puisse, à la rigueur, être fixé ou changé en glace par un froid extrême. Si l'on trouvoit jamais le moyen de ramasser en un seul point tout le froid d'un grand espace, comme on a déjà eu l'art de rassembler en un foyer les rayons du soleil, si l'on trouvoit, dis-je, une machine pour augmenter le froid équivalente aux miroirs dont on se sert pour augmenter la chaleur, je ne doute pas qu'on ne vît en ce genre des phénomènes aussi curieux & aussi surprenans que ceux qu'on a vus au miroir ardent du palais-royal. Il est rapporté, dans les expériences de Florence, qu'un miroir concave de réflexion ayant été ajusté auprès d'un tas de glace de 500 livres pesant, l'esprit-de-vin d'un thermomètre exposé à son foyer commença à descendre ; mais rien n'est plus incertain que cette expérience, de l'aveu même de ceux qui l'exécutèrent. M. de Réaumur nous a fourni sur ce sujet, & par une voie bien différente, tout ce que l'industrie & l'art ont donné jusqu'ici de plus curieux & de plus utile, en augmentant par degrés, & de plus en plus par le moyen des sels & des esprits acides tirés de ces sels, la froideur d'une glace qui sert à son tour à rendre la suivante plus froide, & ainsi de suite, sans qu'on sache où s'arrêtera la progression. Il a poussé l'augmentation du froid dans ces expériences jusqu'à 25 degrés de son thermomètre au-delà du terme de la simple congélation. C'est ainsi que les physiciens, en interrogeant la nature par les expériences, parviennent à faire des découvertes ou utiles ou curieuses. M. Boerhaave a su faire de la *glace artificielle* sans le secours de glace étrangère. On sait que les sels, principalement le sel ammoniac, ont la propriété de refroidir l'eau dans laquelle on le fait dissoudre sans la glacer.

Que l'on prenne de l'eau déjà froide à un degré voisin de la congélation, il sera facile d'en augmenter la froideur de plusieurs degrés, en y faisant dissoudre un tiers de sel ammoniac. Ce mélange servira à rendre plus froide une seconde masse d'eau déjà refroidie au degré où l'étoit d'abord la première qu'on a employée. On fera encore dissoudre du sel ammoniac dans cette nouvelle eau : en continuant ce procédé, & en employant ainsi des masses d'eau successivement refroidie, on aura enfin un mélange de sel & d'eau beaucoup plus froid que la glace ; d'où il suit évidemment que lorsqu'on vient à plonger dans ce mélange une bouteille d'eau pure, moins froide que la glace, cette eau y gelera.

Tous les sels n'agissent pas avec la même célérité & la même efficacité pour le refroidissement des liqueurs. Le sel ammoniac, qui dissout la glace plus promptement que le salpêtre & un peu plus tard que le sel marin, parut à M. de Mairan celui qui donnoit la congélation artificielle la plus prompte, ensuite le salpêtre ; & le sel marin qui fait fondre la glace le plus vîte, & qui produit le plus grand refroidissement dans la glace qu'il fond, fut celui de tous qui donna la congélation artificielle la plus lente. Le sucre ordinaire qu'on pourroit employer au défaut des autres sels, fait descendre la liqueur du thermomètre de quatre degrés au-dessous du point de la

congélation ; les cendres de bois verd de trois degrés, l'alun d'un & demi, la chaux vive d'un & un quart ; le sel gemme purifié, plus puissant que tous les autres, la fait descendre de 17 degrés. Les esprits acides font d'ordinaire plus d'effet que les sels dont ils sont tirés. Le sel ammoniac ou le sel marin font, en deux ou trois minutes, descendre l'esprit-de-vin de quatre, cinq ou six degrés, plus ou moins, selon le degré de froideur qu'avoit l'eau avant qu'on y eût mis les sels. Le soufre, les cendres même encore chaudes, & généralement toutes les matières qui contiennent une certaine quantité de sel rafraîchissent l'eau, & font baisser la liqueur du thermomètre qu'on y a plongé à raison de cette quantité & des principes qui les modifient. Les autres matières, telles que le sable fin, le limon, mêlées dans l'eau, rendent seulement la congélation plus tardive, moins ferme & moins compacte ; & l'effet en est d'autant moindre en général, qu'elles se dissolvent moins dans l'eau, & contiennent moins de sel ; car il est peu de matières qui n'en contiennent.

C'est d'après les propriétés qu'on a reconnues aux sels, de rendre la glace plus froide en la faisant fondre, qu'on a imaginé la petite industrie que l'on emploie pour faire glacer les jus de fruits, les crêmes, & procurer ainsi au milieu des chaleurs de l'été des moyens si agréables de se désaltérer.

Lorsqu'on veut faire des *glaces* ou *des fromages à la crême glacée*, on prend des jus de fruits, tels que ceux de groseilles, de verjus, de framboises, de cerises, que l'on mêle avec la quantité de sucre nécessaire. Si ce sont des crêmes que l'on veut faire, on commence par faire bouillir la crême, & après l'avoir laissé refroidir, on la met dans un vase ou moule de fer blanc ou d'étain, avec la quantité de sucre suffisant : on écrase, si l'on veut, dans ce mélange quelques massepains, & on y ajoute de l'eau de fleur d'orange. On concasse de la glace qu'on mêle avec du sel commun, & on mêle le tout dans un seau, pour lors on plonge ce moule dans le mélange de glace & de sel ; & au moyen d'une anse qui est au couvercle du moule, on l'agite continuellement ; & la crême ou le jus des fruits se glace sous une forme légère, & procurent ainsi ces glaces si agréables à prendre dans les chaleurs de l'été.

Les glaces ne doivent être faites précisément que dans le temps où elles doivent être servies ; mais souvent on est forcé de les garder plusieurs heures : alors il est préférable de faire usage des matières qui, donnant un moindre degré de froid, le conserveroient plus long-temps. La soude à ces deux avantages ; elle maintient mieux que le sel marin le degré de froid suffisant pour empêcher les liqueurs qu'on a glacées de se fondre. La moins chère est même la meilleure ; si la soude manque,

on

on peut employer, lorsqu'on n'est pas pressé, la cendre ordinaire, c'est-à-dire, la cendre de bois neuf. En la mettant à poids égal avec la glace, elle donne un degré de froid suffisant pour geler les liqueurs, & si le refroidissement qu'elle occasionne n'est pas subit, elle le conserve long-temps, dans le cas même où l'on voudroit avoir des glaces en cinq ou six minutes, la potasse, moins chère que le sel marin, opère aussi promptement.

GLACE INFLAMMABLE. Parmi les procédés curieux de physique, en voici un fort intéressant, car il s'agit de former une espèce de glace qui a cependant la propriété d'être inflammable. On prend de l'huile essentielle de térébenthine distillée ; on la met dans un vaisseau sur un feu doux ; on y fait fondre du *sperma ceti*, ou *blanc de baleine* ; la liqueur reste claire, transparente ; on la met dans un lieu frais, &, au bout de 2 ou 3 minutes, elle est glacée. Si cependant la liqueur se glaçoit trop difficilement, il faudroit y faire fondre de nouveau un peu de blanc de baleine ; mais la seule circonstance essentielle à observer est de ne le point piler, mais de le mettre fondre en assez gros morceaux ; faute de quoi la glace auroit moins de transparence. Si la saison est trop chaude, alors il faut mettre le vase dans de l'eau froide : la liqueur se congèle en moins d'une minute ; mais cette glace faite si rapidement n'est jamais si belle ni si transparente que celle qui se forme dans le vase placé simplement dans un lieu assez frais.

Voilà une espèce de glace qui est inflammable, mais qui ne reste sous cet état de glace que peu de temps ; dès que la liqueur commence à se dégeler, & pendant qu'il y a encore des glaçons flottans dessus, il faut y verser du bon esprit de nitre, alors la liqueur & la glace s'enflammeront & se consumeront dans l'instant. C'est ici le phénomène de *l'inflammation des huiles essentielles.* Voyez ce mot ; mais l'art consiste à charger l'huile essentielle d'une matière capable de la réduire en glace, sans altérer sa transparence & son inflammabilité.

GLOBE ÉLECTICQUE ; (*Voyez* ÉLECTRICITÉ.)

GLOBE HYDRAULIQUE. (*Voyez* HYDRAULIQUES.)

GLOBES CÉLESTES ET TERRESTRES *portatifs.* Un particulier proposoit une invention qui pourroit être utile à beaucoup de personnes. Les globes célestes & terrestres, tels qu'on les fabrique ordinairement en bois ou en carton, ne peuvent être d'usage que dans un lieu stable : les voyageurs qui seroient curieux de consulter ces machines, soit à l'occasion des phénomènes, soit pour s'assurer de certaines positions, sont privés

nécessairement du plaisir de satisfaire leur curiosité, parce qu'on ne se charge pas d'un meuble aussi embarrassant en voyage. Il imagina donc qu'il seroit aisé de suppléer à ces globes solides par des globes à vent qui seroient certainement portatifs. Auroit-on envie de parcourir le ciel ou la terre, le globe s'enfleroit sur-le-champ comme on enfle un ballon, & ce qui n'occupoit pas six pouces cubes d'espace dans une malle, prendroit un volume de 18, 20, 30 pouces de diamètre. On pourroit poser ce globe sur un pied de fil d'archal au moyen d'une petite planche de quelque bois fort léger : il faudroit que ce globe céleste ou terrestre fût exactement tracé & bien imprimé sur une peau apprêtée exprès pour recevoir tous les traits, toutes les figures qui représentent les constellations ou les divisions de la terre.

Depuis que l'étude de la géographie & celle des mathématiques entrent dans l'éducation des personnes opulentes, on a vu faire un objet de luxe des instrumens dont ces deux sciences empruntent les secours. On fait aujourd'hui, dans quelques verreries, des globes de verre d'un assez grand diamètre, de différentes couleurs ; sur la surface des uns, qui sont intérieurement étamés, sont peintes les quatre parties du monde avec les principales îles : les terres sont en couleur naturelle, rehaussées d'or ; les fleuves sont représentés par le fond de la glace. Les globes célestes sont d'un bleu très-foncé, étamé ; & les étoiles, qui forment les principales constellations, sont peintes en or. Ces globes sont très-propres à décorer des appartemens & des cabinets de physique.

GLOBES DE CRYSTAL.

Manière de faire produire à une bougie ou à une chandelle autant de lumière que deux ou trois bougies de la même grosseur, tirée des manuscrits de M. Pingeron.

Faites souffler, dans une verrerie, un grand vase double, de forme sphérique, qui soit d'un crystal très-blanc. Ce vase représentera deux globes l'un dans l'autre, avec cette différence qu'il doit être percé d'un large trou circulaire dans sa partie supérieure, & que les bords du globe intérieur seront réunis avec ceux du globe extérieur par une portion circulaire du verre, qui sera convexe dans son élévation.

Mettez dans le globe extérieur une bobèche mobile, dont la base sera convexe & d'un certain poids. Cette bobèche relevera ensuite la bougie, qui doit toujours être dans l'axe de l'ouverture circulaire dont on a parlé ci-dessus.

On ménagera ensuite dans le bourrelet de ce

vafe double, une tabatière ou petit trou, pour remplir ce vaiffeau avec de l'efprit-de-vin ou de l'eau diftilée, ou toute autre liqueur très-claire, qui ne foit pas fujette à fe corrompre. La bougie étant alors allumée, donnera une lumière très-éclatante, qui reffemblera en quelque façon aux rayons du foleil.

Si fon éclat étoit trop vif, on pourroit le tempérer en environnant le globe de lumière d'une zône formée avec de la gaze blanche de Bologne, en Italie, qui feroit fortement tendue fur une petite monture en baleine ou bois léger. Ce globe doit être au centre de la zône.

Les globes dont on vient de parler font communs en Allemagne, mais leur deftination eft différente. On met un lapin, ou un oifeau vivant, dans le globe intérieur, & de petits poiffons dorés, ou des fang-fues, dans l'eau qui l'environne: on croiroit alors que le lapin vit dans l'eau. On ferme l'ouverture avec un couvercle percé de petits trous.

GNOMONIQUE. (amufemens de)

La gnomonique eft la fcience de tracer fur un plan, ou même fur une furface quelconque, un cadran folaire, c'eft-à-dire une figure dont les différentes lignes marquent au foleil, par l'ombre d'un ftyle, les différentes heures de la journée. Cette fcience eft par conféquent dépendante de la géométrie & de l'aftronomie, ou du moins fuppofe les connoiffances de la fphère.

Il y a beaucoup de gens qui font des cadrans folaires, fans avoir une idée nette du principe qui fert de bafe à cette partie des mathématiques: c'eft pourquoi il eft à propos de commencer par l'expliquer ici.

Principe général des cadrans folaires.

Concevez une fphère avec fes douze cercles horaires ou méridiens qui divifent l'équateur, & conféquemment tous fes parallèles, en vingt-quatre parties égales. Que cette fphère foit placée dans fa pofition convenable pour lieu du cadran; c'eft-à-dire que fon axe foit dirigé au pôle du lieu, ou élevé de l'angle égal à la latitude. Imaginez préfentement un plan horizontal coupant cette fphère par fon centre. L'axe de la fphère fera le ftyle, & les différentes interfections des cercles horaires avec ce plan feront les lignes horaires, car il eft évident que fi les plans de ces cercles étoient infiniment prolongés, ils formeroient dans la fphère célefte tous les cercles horaires qui divifent la révolution folaire en vingt-quatre parties égales. Conféquemment, lorfque le foleil fera arrivé à un de ces cercles, par exemple à celui de trois heures après midi, il fera dans le plan du cercle fem-

blable de la fphère ci-deffus, & l'ombre du ftyle ou de l'axe tombera fur la ligne d'interfection de ce cercle avec le plan horizontal: c'eft pourquoi ce fera la ligne de 3 heures, & ainfi des autres.

Tout ceci eft expliqué dans la *fig.* 1, *planche première*, (*Amufemens de Gnomonique*) qui repréfente une partie de la fphère avec fix des cercles horaires. P *p* eft l'axe dans lequel tous ces cercles s'entre-coupent; AHB*h* le plan horizontal, ou l'horizon de la fphère prolongé indéfiniment; AB la méridienne, DE le diamètre de l'équateur qui eft dans le méridien, & DHE*n* la circonférence de l'équateur, dont DHE eft une moitié, & DH le quart. Ce quart de l'équateur eft divifé en fix parties égales, D 1, 1 2, 2 3, 3 4, 4 5, 5 6, par lefquels paffent les cercles horaires; dont les plans coupent évidemment l'horizon dans les lignes C1, C2, C3, C4, C5, C6: ces lignes font les lignes horaires, lefquelles, en les fuppofant prolongées jufqu'à AF, qui eft perpendiculaire à la méridienne CA, donnent les lignes horaires C 1, C 11, C 111, C 1v, C v, C v1. Le ftyle fera une portion CS de l'axe de la fphère, lequel doit conféquemment faire avec la méridienne CA fon plan un angle SCA, égal à celui de la hauteur du pôle ou PCA.

Si l'imagination du lecteur eft fatiguée de ce raifonnement, & c'eft fans doute ce qui arrivera à plufieurs, il lui fera aifé de la foulager avec une figure folide: car on peut faire une fphère divifée par fes douze cercles horaires: coupez-là enfuite de manière que l'un de fes pôles foit éloigné du plan de la coupe, d'un angle égal à la hauteur du pôle du lieu. Placez enfin cette fphère ainfi coupée, fur un plan horizontal, enforte que le pôle foit dirigé vers celui de ce lieu. Vous verrez facilement fur ce plan horizontal les lignes d'interfection des cercles horaires avec lui; & la coupe commune de tous les cercles, qui eft l'axe, défignera la pofition du ftyle.

Nous avons fuppofé la coupe de la fphère faite par un plan horizontal, afin de fixer les idées. Si ce plan eft vertical, la chofe fera la même, & les lignes d'interfection feront les lignes horaires d'un cadran vertical. Si ce plan déclinant ou incliné, on aura un cadran déclinant ou incliné: il eft même aifé de voir que cela eft vrai de toute furface, quelle que foit fa forme, convexe, concave, irrégulière, & quelle que foit fa pofition.

On appelle *ftyle*, la ligne ou la verge de fer, ordinairement inclinée, dont l'ombre fert à montrer les heures. C'eft, comme nous l'avons dit, une partie CS de l'axe de la fphère, & alors il montre l'heure par l'ombre de toute fa longueur.

On pofe néanmoins quelquefois à des cadrans un ftyle droit, comme SQ; mais alors il n'y a que l'ombre du fommet S qui montre l'heure, parce que ce fommet eſt un point de l'axe de la fphère.

Le centre du cadran eſt le point, comme C, où concourent toutes les lignes horaires. Il arrive quelquefois néanmoins que ces lignes ne concourent point : c'eſt le cas des cadrans dont le plan eſt parallèle à l'axe de la fphère ; car il eſt évident que, dans ce cas, les interſections des cercles horaires doivent être des lignes parallèles. On nomme ces cadrans, *ſans centre*. Les verticaux, orientaux & occidentaux, les cadrans tournés directement au midi, & inclinés à l'horizon d'un angle égal à celui de la latitude, ou qui prolongés paſſeroient par le pôle, ſont de ce nombre.

La méridienne eſt, comme tout le monde ſait, l'interſection du plan du méridien avec celui du cadran. Elle eſt toujours perpendiculaire à l'horizon, lorſque le plan du cadran eſt vertical.

La ligne ſouſtylaire eſt celle ſur laquelle tombe le plan perpendiculaire au plan du cadran, & mené par le ſtyle. Comme cette ligne eſt une des principales à conſidérer dans les cadrans déclinans, il eſt néceſſaire de s'en former une idée très-diſtincte. Pour cet effet, concevez que, d'un point quelconque du ſtyle, ſoit abaiſſée une perpendiculaire au plan du cadran ; que par le ſtyle & par cette perpendiculaire, ſoit mené un plan qui ſera néceſſairement perpendiculaire à celui du cadran ; il le coupera dans une ligne paſſant par le centre & par le pied de cette perpendiculaire : ce ſera la ligne ſouſtylaire.

Cette ligne eſt la méridienne du plan, c'eſt-à-dire qu'elle donne le moment auquel le ſoleil eſt le plus élevé ſur l'horizon de ce plan. Cette méridienne du plan doit bien être diſtinguée de celle du lieu, ou de la ligne de midi du cadran ; car cette dernière eſt l'interſection du plan du cadran avec le méridien du lieu, qui eſt le plan paſſant par le zénith du lieu & par le pôle ; au lieu que la méridienne du plan du cadran eſt l'interſection de ce plan avec le méridien, ou le cercle horaire paſſant par le pôle & par le zénith du plan.

Dans le plan horizontal, ou tout autre qui n'a aucune déclinaiſon, la ſouſtylaire & la méridienne du lieu ſe confondent ; mais dans tout plan qui n'eſt pas tourné directement au midi ou au nord, ces lignes font des angles plus ou moins grands.

L'équinoxiale enfin eſt l'interſection du plan de l'équateur avec le cadran ; on peut aiſément ſe démontrer que cette ligne eſt toujours perpendiculaire à la ſouſtylaire.

Trouver ſur un plan horizontal la ligne méridienne.

L'invention de la ligne méridienne eſt la baſe de toute la ſcience des cadrans ſolaires ; mais, comme elle eſt en même tems la baſe de toute opération aſtronomique, & que, par cette raiſon, nous en avons traité dans la partie de cet ouvrage qui a l'aſtronomie pour objet, nous ne nous répéterons pas ici, & nous y renverrons notre lecteur. Nous nous bornerons à enſeigner ci-deſſous une pratique ingénieuſe & peu connue.

Nous donnerons auſſi plus loin une manière de déterminer en tout tems, & par une obſervation unique, la poſition de la ligne méridienne, pourvu que la latitude du lieu ſoit connue.

Comment on peut trouver la méridienne par trois obſervations d'ombres inégales.

On trouve ordinairement la ligne méridienne ſur un plan horizontal, au moyen de deux ombres égales d'un ſtyle perpendiculaire, l'une priſe avant, l'autre après midi. C'eſt pour cette raiſon qu'on décrit au pied du ſtyle pluſieurs cercles concentriques ; mais, malgré cette précaution, il peut arriver, & ſans doute il eſt arrivé ſouvent, qu'on n'aura pu avoir deux ombres égales l'une à l'autre. Dans ce cas, doit-on regarder ſon opération comme manquée ? Non, pourvu qu'on ait trois obſervations au lieu de deux. Voici comment, dans ce cas, on devra opérer. On doit cette méthode, qui eſt ingénieuſe, à un aſſez ancien auteur de gnomonique, appellé *Muzio oddi da Urbino*, qui l'a donnée dans un traité intitulé, *gli Orologi ſolari nelle ſuperficie plane*. C'étoit un auteur très-dévot ; car il remercie pieuſement N. D. de Lorette de lui avoir inſpiré les pratiques enſeignées dans ſon ouvrage.

Soit P le pied du ſtyle, & PS ſa hauteur ; (*fig.* 4, *pl.* 1, *Amuſemens de gnomonique*.) que les trois ombres projetées ſoient PA, PB, PC, que nous ſuppoſons inégales, & que PC ſoit la moindre. Au point P, élevez ſur PA, PB, PC, les perpendiculaires PD, PE, PF, égales entr'elles & à PS, & tirez DA, EB, FC ſur les deux plus grandes deſquelles, ſavoir DA, EB, vous prendrez DG, EH, égales à FC ; de G & H menez ſur PA, PB, les perpendiculaires GI, HK, & joignez les points I & K par une ligne indéfinie ; faites IM & KL perpendiculaires à IK, & égales à GI, KH, & tirez ML, qui concourra avec IK dans un point N, par lequel & par C, menez CN ; ce ſera la perpendiculaire à la méridienne : conſéquemment, en menant de P la ligne PO, perpendiculaire à CN, ce ſera la méridienne cherchée.

Trouver la méridienne d'un plan, ou la ligne ſouſtylaire.

Cette opération eſt facile, d'après ce que nous

avons dit plus haut fur la ligne fouftylaire; car, puifque cette ligne eft la méridienne du plan, il n'y a qu'à le confidérer comme s'il étoit horizontal, & y tracer la méridienne par la même opération : la ligne qui en réfultera fera la fouftylaire, dont la connoiffance eft très-néceffaire pour la defcription des cadrans inclinés ou déclinans, & ceux qui font à-la-fois l'un & l'autre.

Trouver un cadran équinoxial.

D'un point C comme centre, (*fig.* 2, *pl.* 1, *de gnomonique.*) décrivez un cercle AEDB; menez les deux diamètres AD, EB, qui fe coupent à angles droits au centre C; divifez enfuite chaque quart de cercle en fix parties égales, & menez les rayons C1, C2, C3, & les autres que vous voyez dans la figure. Ces rayons feront les lignes qui marqueront les heures, par le moyen d'un ftyle que l'on plantera à plomb fur le plan du cadran, qui fera placé dans le plan de l'équateur. La ligne AD doit concourir avec le plan de la méridienne, & le point A doit être tourné du côté du midi.

1°. Ce cadran équinoxial étant placé, fi les lignes horaires regardent le ciel, il eft appelé *fupérieur*; mais fi elles regardent la terre, il eft nommé *inférieur.*

2°. Le cadran équinoxial fupérieur ne montre les heures du jour que dans le printemps & l'été; & le cadran inférieur ne les montre que pendant l'automne & l'hiver; mais dans les équinoxes, lorfque le foleil eft dans l'équateur, ou qu'il en eft fort près, les cadrans équinoxiaux ne font d'aucun ufage, puifqu'ils ne font point éclairés du foleil.

3°. On fait qu'à Paris l'élévation du plan de l'équateur eft de 41 degrés, qui eft le complément de l'élévation du pôle : ainfi l'angle du plan du cadran avec l'horifon doit être, à Paris, de 41°.

4°. D'où l'on voit qu'il eft aifé de conftruire un cadran équinoxial univerfel, que l'on ajuftera à telle élévation de pôle que l'on voudra. Il ne faut que joindre deux pièces d'ivoire ou de cuivre ABCD, & CDEF, (*fig.* 3, *pl.* 1 *de gnomonique.*) qui s'ouvriront à difcrétion par une charnière mife en CD; décrire fur les deux furfaces de la pièce ABCD deux cadrans équinoxiaux, & mettre un ftyle qui traverfera à plomb par le centre I la pièce ABCD. On ménagera au milieu G de la pièce CDEF, une petite boîte pour y placer une aiguille aimantée, que l'on couvrira d'un verre. On attachera à cette même pièce un quart de cercle HL, divifé en degrés, que l'on fera paffer par une ouverture faite en H, dans la pièce ABCD. Les degrés & minutes doivent commencer à fe compter du point L.

Quand on voudra fe fervir de ce cadran pour quelque lieu que ce foit, on mettra l'aiguille aimantée dans la méridienne, ayant pourtant égard à fa déclinaifon dans ce lieu, & l'on fera faire aux deux pièces ABCD, & CDEF un angle BCF, qui foit égal à l'élévation de l'équateur du lieu où l'on fe trouve. On obfervera de tourner le quart de cercle du côté du midi. L'un ou l'autre des cadrans équinoxiaux montrera l'heure de ce lieu, à l'exception du jour de l'équinoxe.

Trouver les divifions horaires fur un cadran horizontal, avec deux ouvertures de compas feulement.

Menez la méridienne SM, (*fig.* 5, *pl.* 1 *de gnomonique.*) & du point C, pris vers le milieu comme centre, décrivez le cercle ETOP, avec un rayon CE, première ouverture de compas; puis, du centre O & avec un rayon égal au diamètre OE du premier cercle, décrivez le cercle EAMB; & du point E comme centre, avec le même rayon EO, le cercle AOBS : ces deux cercles fe couperont en A & B, qui feront les centres de deux autres cercles égaux XIEF, ZLEG. Obfervez les interfections F & G, afin de tirer les lignes EG, EF. Cela étant fait, par les points A, B, menez la droite XACBZ, qui fera l'équinoxiale, & qui fera coupée, tant par les cercles décrits ci-deffus que par les lignes EG, EF, & le centre C du premier cercle, en 11 points, qui feront ceux des heures : c'eft pourquoi on y infcrira les nombres 7, 8, 9, 10, 11, 12, 1, 2, 3, 4, 5.

Il faut maintenant trouver le centre du cadran, dont les points ci-deffus font les divifions horaires, ce que vous ferez ainfi.

Pour cet effet, du point E fur le cercle ETOP, prenez vers T ou P un arc EK égal au complément de la hauteur du pôle, par exemple, de 40 degrés, fi la hauteur du pôle étoit de 50 degrés; tirez CK, & faites KN perpendiculaire à CK : elle coupera la méridienne en V, qui fera le centre du cadran; enforte que, tirant de ce point V les lignes V7, V8, V9, &c. on aura les lignes horaires depuis 7 heures du matin jufqu'à 5 du foir. Enfin, par le point V, on tirera une parallèle à la ligne équinoxiale, ce fera la ligne de 6 heures. Les 7 & 8 heures du matin, prolongées au-delà du centre V, donneront les 7 & 8 heures du foir; comme les 4 & 5 heures du foir donneront, étant pareillement prolongées, les 4 & 5 heures du matin. Du point V enfin, ou de quelque autre pris à difcrétion, on décrira une ou deux circonférences de cercle qui ferviront à terminer les lignes horaires auxquelles on infcrira les nombres des heures.

Conftruire le même cadran par une feule ouverture de compas.

Menez par un point C deux lignes SM, 7 5,

(fig. 6, pl. 1, *Amusemens de Gnomonique*) perpendiculaires l'une à l'autre ; de ce même point O,
décrivez le cercle ETOP, de quelque ouverture
de compas que ce soit ; puis, l'ouverture de compas étant la même, portez une pointe sur O, l'autre sur Q ; de Q détournez au point 4, & de 4
par deux tours sur 5 ; de 5 revenez par quatre
tours sur 1 1.

Mettez encore le compas sur O & sur N ; de
N détournez sur 8, & de 8 par deux tours sur 7 ;
de 7 revenez par quatre tours sur 1. Ensuite vous
tirerez les lignes EN, EQ, qui donneront sur la
ligne 7 5, 2 heures & 10 heures, & le cadran
sera fait. Le centre du cadran se trouvera, comme
on a dit dans le problème précédent.

Construction des autres cadrans principaux & réguliers.

J'appelle cadrans réguliers, ceux dans lesquels
les lignes horaires, de côté & d'autre de la méridienne, font des angles égaux. Ces cadrans
font conséquemment l'équinoxial, l'horizontal,
les deux verticaux, l'un méridional, l'autre septentrional, & le polaire. Nous avons parlé de
l'équinoxial & de l'horizontal ; nous allons parler des verticaux, soit méridional, soit septentrional.

Du cadran vertical méridional.

Si le cadran vertical est tourné directement au
midi, il n'y a qu'à faire l'angle ECK (fig. 5, pl. 1)
ou l'arc EK égal à la hauteur du pôle : ensuite,
ayant fait l'angle CKV droit, le point V sera pareillement le centre du cadran ; & l'angle CVK,
qui se trouvera alors égal au complément de la
hauteur du pôle, désignera l'angle que le style
doit faire avec le plan du cadran dans celui du
méridien.

Du cadran septentrional.

Si le cadran vertical est septentrional, il n'y aura
qu'à faire comme ci-dessus l'angle OCk égal à la
hauteur du pôle, (même fig. 5) & l'angle CkH
droit : le point H sera le centre du cadran, &
l'angle CHR sera l'angle du style avec le méridien.
Ce style, au lieu d'être incliné vers le bas avec
la méridienne, regardera au contraire en haut,
comme il est aisé de le concevoir, vu la position du pôle à l'égard d'un plan vertical tourné
directement an nord.

Des cadrans polaires.

Pour faire un cadran polaire, décrivez, comme
on l'a enseigné, la méridienne 12, 12, & menez-lui une perpendiculaire XZ (fig. 3, pl. 2,
Amusemens de Gnomonique) sur cette ligne, faites de part & d'autre du point M la construction

enseignée dans le problème V ; puis par les points
de division menez des lignes parallèles : ce feront
les lignes horaires. Car il est aisé de voir que le
pôle étant dans la prolongation de ce plan, elles
ne doivent concourir qu'à une distance infinie,
ou que le centre du cadran est infiniment éloigné ;
d'où il suit que les lignes doivent être parallèles.

On élevera le style perpendiculairement au point
M, & de la longueur de la ligne 12, 3 ; ou bien
l'on placera à cette distance de la méridienne 12,
12, & parallèlement à cette ligne, une verge
de fer, qui en soit éloignée de la longueur de la
ligne 12, 3 : elle montrera l'heure de toute sa
longueur.

Des cadrans verticaux, orientaux & occidentaux.

Après les cadrans qu'on vient d'enseigner à
construire, les plus simples font les cadrans tournés directement au levant ou au couchant. Leur
construction tient encore à la même division enseignée ci-devant à l'article des *divisions horaires*,
&c.

Menez une verticale, telle que AB, le long
du plan, au moyen d'un fil à plomb (fig. 1, pl. 2,
Amusemens de Gnomonique) ; puis ayant pris vers
le bas un point I, faites, à main droite pour le
cadran oriental, & à main gauche pour l'occidental, l'angle AIL égal au complément de la hauteur
du pôle, par exemple, de 41° pour Paris ; ensuite, ayant pris un point F à discrétion sur cette
ligne, tirez-lui la perpendiculaire SM, & appliquez sur la ligne IFL les points des heures trouvés par la construction ci-dessus, le point F étant
réputé celui de midi ; mais vous aurez attention
de ne marquer en dessus que deux de ces points
de division ; vous tirerez enfin par tous ces points
de divisions autant de parallèles à la ligne SM : ce
feront les lignes horaires. La ligne passant par F,
sera celle de 6 heures ; les deux au dessus feront,
dans le cadran oriental, 5 & 4 heures du matin,
& les lignes au dessous feront, 7, 8, 9, 10, 11
heures du matin. Dans les cadrans occidentaux
(fig. 2, pl. 2), les lignes au dessus de F marqueront
8 & 7 heures du soir ; & au dessous vers le bas,
ce feront les lignes de 5, 4, 3, 2, 1 heures du
soir. Il est aisé de voir que ces cadrans ne sauroient
marquer midi, car le dernier ne commence qu'à
cette heure à être éclairé du soleil ; & le premier
cesse à la même heure de l'être. L'aiguille ou le
style s'y place parallélement à la ligne SM, sur
un ou deux supports perpendiculaires au plan du
cadran, & à une distance égale à celle de 6 heures
à 3 ou 9.

*Décrire un cadran horizontal, ou vertical méridio-
nal, sans avoir besoin de trouver les points horaires sur l'équinoxiale.*

Que la ligne AB soit la méridienne du cadran ;

que nous suppoferons horizontal, & C fon centre; (*fig.* 4. *pl.* 2, *Amufemens de Gnomonique*); faites l'angle HCB égal à celui de l'élévation du pôle, pour avoir la pofition du ftyle, en imaginant le plan du triangle relevé verticalement au deffus de celui du cadran. Du point B pris à volonté, mais cependant enforte que CB foit d'une grandeur raifonnable, menez la perpendiculaire BF à CH.

Maintenant du point C décrivez, avec le rayon CB, un cercle BDAE; & du même centre, avec le rayon BF, foit décrit un autre cercle MQNP; divifez enfuite toute la circonférence du premier cercle en 24 parties égales, BO, OO, CO, &c; que la circonférence du fecond le foit pareillement en 24 parties égales, NR, RR, &c; enfin des points O de divifion du grand cercle, tirez des perpendiculaires à la méridienne, & des points R, correfpondans du petit cercle, tirez des parallèles à cette méridienne: ces parallèles & perpendiculaires fe rencontreront dans des points qui ferviront à déterminer les lignes horaires. Par exemple, les lignes O 3, R 3, qui partent des troifièmes points de divifion correfpondans O & R, fe rencontrent en un point 3, par lequel menant C 3, ce fera la pofition de la ligne de 3 heures; & ainfi des autres.

Il eft évident que plus les cercles feront grands, plus les lignes tirées des points de divifion O & R donneront leurs interfections diftinctes.

Il eft remarquable que tous ces points d'interfection fe trouvent dans la circonférence d'une ellipfe, dont le grand axe eft égal à deux fois CB, & le petit PQ égal à deux fois CN ou deux fois BF.

Tracer un cadran fur un plan quelconque, vertical ou incliné, déclinant ou non, enfin fur une furface quelconque, & même dans l'abfence du foleil.

Ce problême comprend, comme l'on voit, toute la gnomonique; & il n'eft perfonne qui ne foit en état de le mettre en pratique, pourvu qu'il fache trouver la méridienne, & faire un cadran équinoxial. En voici la folution. (*Voyez fig.* 5, *pl.* 2, *Amufemens de Gnomonique*).

Après avoir échaffaudé, s'il eft néceffaire, tracez une méridienne fur une table, de la manière qu'on l'a enfeigné dans le premier problême; pofez, au moyen de cette méridienne, dans la fituation convenable, un cadran équinoxial, enforte que le plan de ce cadran foit élevé de l'angle néceffaire, c'eft-à-dire de la hauteur de l'équateur, & que fa ligne de midi fe rapporte avec celle ci-deffus tracée; ajuftez le long de l'axe un fil, ou ficelle qui, étant tendue, aille rencontrer le plan où le cadran doit être décrit: le point où

elle rencontrera ce plan, eft le lieu où doit être pofé le ftyle ou l'axe, enforte qu'il foit en ligne droite ou qu'il n'en faffe qu'une avec la ficelle, & avec le ftyle du cadran équinoxial.

Cela fait, & l'axe du cadran étant fixé, pour tracer toutes les lignes horaires, prenez une bougie ou un flambeau, & préfentez-le au cadran équinoxial, enforte que fon ftyle marque midi: l'ombre que jettera en même tems la ficelle ou l'axe du cadran à décrire, fera la ligne de midi. Ainfi vous en prendrez un point qui, avec le centre, fervira à déterminer cette ligne. Faites changer de pofition à la bougie, enforte que le cadran équinoxial marque une heure; l'ombre que jettera la ficelle, ou l'axe du cadran que vous décrivez fera la ligne d'une heure, & ainfi de toutes les autres.

Si le plan fur lequel on a propofé de décrire un cadran étoit tellement fitué qu'il ne pût être rencontré par l'axe prolongé, fuivant la méthode précédente, il faut attacher fur ce plan deux foutiens pour arrêter une verge de fer, enforte qu'il faffe une même ligne avec la ficelle, & vous opérerez du refte comme on vient de le dire.

Au lieu d'un cadran équinoxial, rien n'empêche de fe fervir d'un cadran horizontal, qu'on placera enforte que la ligne de midi réponde à la méridienne tracée.

On peut faire auffi cette opération pendant le jour, & le foleil luifant. Alors vous vous fervirez d'un miroir, dont la réflexion fera le même effet que le flambeau employé ci-deffus.

Décrire dans un parterre un cadran horizontal avec des herbes.

On pourroit décrire, par les méthodes ordinaires, un cadran horizontal dans un parterre, en marquant les lignes des heures avec du buis ou autrement, & en faifant fervir de ftyle quelque arbre planté bien droit fur la ligne méridienne, & terminé en pointe, comme un cyprès ou un fycomore.

Au lieu d'un arbre, une perfonne pourra auffi fervir de ftyle, en fe plaçant bien droite au lieu marqué fur la méridienne, relativement à fa hauteur; car, fuivant cette hauteur, la place doit varier. Elle fera plus voifine du centre du cadran pour une perfonne moins élevée, & au contraire. Une figure placée fur un piédeftal, ferviroit à-la-fois, dans un femblable parterre, et d'ornement & de ftyle.

Décrire un cadran vertical fur un carreau de vitre, où l'on puiffe connoître les heures aux rayons du foleil, & fans ftyle.

M. Ozanam rapporte qu'il fit autrefois un cadran vertical déclinant, sur un carreau de vitre d'une fenêtre, où l'on pouvoit sans style connoître les heures au soleil.

Je détachai, dit-il, un carreau de vitre, collé en dehors contre le chassis de la fenêtre; j'y traçai un cadran vertical, selon la déclinaison de la fenêtre & la hauteur du pôle sur l'horizon, ayant. pris pour longueur du style l'épaisseur du chassis de la même fenêtre. Je fis ensuite recoller ce carreau de vitre en dedans contre le chassis, ayant donné à la ligne méridienne une situation perpendiculaire à l'horizon, telle qu'elle doit être dans les cadrans verticaux. Je fis coller en dehors contre le même chassis, vis-à-vis du cadran, un papier fort, qui n'étoit point huilé, afin que les rayons du soleil le pénétrant moins, la surface du cadran en fût plus obscure. Et pour pouvoir connoître les heures au soleil sans l'ombre d'un style, je fis un petit trou avec une épingle dans le papier, vis-à-vis le pied du style, que j'avois marqué dans le cadran. Le trou représentant le bout du style, & les rayons du soleil passant au travers, faisoient sur la vitre une petite lumière, qui montroit agréablement les heures dans l'obscurité du cadran.

Décrire trois cadrans, & même quatre, sur autant de plans différens, où l'on puisse connoître l'heure par l'ombre d'un seul axe.

Préparez deux plans rectangulaires ABCD, CDEF, (*fig.* 1 *et* 2, *pl.* 3. *Amusemens de Gnomonique.*) d'une largeur égale; joignez-les selon la ligne CB, ensorte qu'ils fassent un angle droit: ainsi l'un étant horizontal, l'autre sera vertical.

Partagez après cela leur commune largeur BC, en deux également en I, & tirez les perpendiculaires IG, IH, qui seront prises pour les méridiennes des deux plans; prenez ensuite le point G à volonté pour le centre du cadran horizontal; & faisant GI la base d'un triangle rectangle GIH, dont l'angle en G soit égal à la hauteur du pôle, vous aurez le point H pour le centre du cadran vertical méridional, de la même latitude. Tracez donc ces deux cadrans, qui auront les mêmes points de division sur leur commune section BC.

Vous placerez ensuite un fil de fer servant d'axe, & allant du soleil au point G: ce sera l'axe & le style commun des deux cadrans.

Enfin, d'un rayon à volonté, tracez un cercle, sur lequel vous décrirez un cadran équinoxial, que vous placerez sur l'axe HG, ensorte que cet axe passe par son centre, & qu'il soit perpendiculaire à son plan, & enfin que la ligne de douze heures soit dans le plan du triangle GIH.

Ce triple cadran étant exposé au soleil, de manière que la ligne GI soit horizontal & dans le plan de la méridienne, il est évident que le même axe GH montrera l'heure sur les trois cadrans à-la-fois.

Si vous voulez un quatrième cadran montrant l'heure à-la-fois au moyen du même style, menez dans le plan du triangle GIH une parallèle à GH, & par cette ligne un plan perpendiculaire à celui de la méridienne, lequel coupera le plan vertical dans la ligne LK, & l'horizontal dans la ligne MN, les lignes horaires de l'un & l'autre cadran seront coupées par ces deux lignes dans des points dont on joindra les correspondans; par exemple, le point de section de 11 heures sur l'une, avec le point de section de 11 heures sur l'autre; ce qui donnera sur ce plan les lignes horaires parallèles, comme cela doit être dans un cadran polaire sans déclinaison : ces quatre cadrans montreront en même tems l'heure, au moyen du même style ou axe GH.

Autre manière.

Prenez un cube ABCD, (*fig.* 4, *pl.* 3. *Amusemens de Gnomonique.*) dont ayant divisé les côtés AB, CE, FD, en deux également en H, G, I, vous mènerez les lignes GH, GI; puis prenant ces lignes pour méridiennes du plan horizontal CD, & du vertical CA, & le point G pour centre, vous décrirez sur l'un & l'autre les cadrans, l'un horizontal, l'autre vertical, qu'exige la latitude du lieu; prenez ensuite les lignes EM, EN, ensorte que l'angle ENM soit égal à la latitude du lieu; que CP, CO, leur soient égales, & menez par MN, OP, un plan qui recoupera cet angle du cube : ce même plan coupera les lignes horaires des deux cadrans, déjà tracés dans des points dont les correspondans donneront les lignes horaires du troisième cadran.

Il ne reste qu'à placer l'axe ou le style, ce qui est facile; car menez EQ perpendiculaire à MN, puis fichez perpendiculairement sur la méridienne LK, & dans son plan, deux supports égaux à EQ, & portant le style RS un peu allongé, lequel sera parallèle à LK, ce style montrera les heures sur les trois cadrans à-la-fois.

Trouver la méridienne sous une latitude donnée, par une seule observation faite au soleil, & à une heure quelconque de la journée.

Ayez un cube bien dressé, & dont le côté soit d'environ 8 pouces. Chacune de ses faces étant bien applanie, prenez-en une pour celle de dessus, qui doit être horizontale, & décrivez sur cette face un cadran horizontal pour la latitude du lieu; sur la face verticale que traverse la méridienne de ce premier cadran, soit décrit un cadran vertical; enfin, sur la face adjacente à gauche, décrivez un cadran oriental, & sur l'opposée un occidental, que vous garnirez de leur style, ainsi que les précédens.

Cela fait, voulez-vous trouver la méridienne sur un plan horizontal; placez sur ce plan votre triple ou quadruple cadran, enforte que le cadran vertical méridional regarde à-peu-près le midi; puis tournez-le infensiblement, jufqu'à ce que trois de ces cadrans montrent à-la-fois la même heure: lorfque vous y ferez parvenu, vous ferez affuré que vos trois cadrans font dans leur vraie pofition, Ainfi tracez avec un crayon une ligne le long d'un des côtés lateraux du cube; ce fera la direction de la méridienne.

Il eft en effet évident que ces trois cadrans ne fauroient montrer la même heure, fans avoir tous les trois la pofition convenable, relativement à la méridienne: ainfi leur concordance indiquera qu'ils font placés convenablement, & que leur méridienne commune eft la méridienne du lieu.

Tailler une pierre à plufieurs faces, fur lefquelles on puiffe décrire tous les cadrans réguliers.

Soit le quarré ABCD (*fig.* 3, *pl.* 3) le plan de la pierre qu'il faut préparer & difpofer pour recevoir tous les cadrans réguliers. Suppofant que cette pierre repréfente un cube imparfait, ou quelqu'autre folide, il faut la bien unir dans toutes fes faces, la mettre d'équerre, & lui donner une égale épaiffeur par-tout; enfuite, ayant décrit fur le plan de la pierre ABCD le cercle HELF, auffi grand que la pierre le pourra permettre, tirez les deux diamètres FE, HL à angles droits; puis faites l'angle FOI de 41 degrés, & menez le diamètre IOM; faites enfuite l'angle EOG de 49 degrés, & tirez le diamètre GOK; par les points I, G, M, K, menez des tangentes au cercle HELF, qui rencontreront les autres tangentes qui paffent par les points H, E, L, F, & font partie des côtés du carré ABCD, qui repréfente le plan de la pierre; coupez carrément la pierre félon ces tangentes, afin d'avoir des plans ou des faces perpendiculaires au plan de la pierre ABCD, & la pierre fera preparée pour recevoir dans tous fes plans les cadrans qui leur conviennent.

Sur la face ou fur le plan qui paffe par la ligne VX, on décrira un cadran horizontal; fur le plan qui paffe par XN, on décrira l'équinoxial fupérieur; & fur le plan oppofé qui paffe par RS, on aura l'équinoxial inférieur: le polaire fupérieur fe fera fur le plan qui paffe par VT, & le polaire inférieur fur le plan qui paffe par QP. Sur le plan paffant par TS, on aura le vertical auftral, & fur le plan NP, qui eft fon oppofé, on aura le vertical boréal. Sur le côté de la pierre IM, on aura le vertical oriental, & fur le côté oppofé, on décrira le vertical occidental.

Si on veut que la pierre foit creufe, ou plutôt percée à jour, on n'aura qu'à tirer des lignes parallèles à ces tangentes, & couper carrément la pierre félon ces lignes, afin d'avoir en-dedans de la pierre des furfaces parallèles à celles qui font tracées par-dehors; & fur les furfaces intérieures de la pierre, vous décrirez les cadrans que vous avez décrits fur les faces extérieures de la pierre, qui font parallèles & oppofées de tout le diamètre de la pierre.

Remarquez que, creufant la pierre, vous n'y fauriez décrire le cadran oriental ni l'occidental; mais fi l'on fait à cette pierre un piédeftal qui foit un octogone régulier, dont une des faces foit directement tournée au midi, vous pourrez encore tracer à l'entour de ce piédeftal divers cadrans verticaux, favoir, un méridional, un feptentrional, un occidental & un oriental, avec quatre verticaux déclinans; enforte que vous pourrez avoir fur cette pierre & fon piédeftal vingt ou vingt-cinq cadrans.

Si vous expofez directement au midi le cadran vertical méridional, & que l'horizontal foit bien de niveau, tous ces cadrans montreront à-la-fois la même heure.

Former un cadran fur la furface convexe d'un globe.

Ce cadran, qui eft le plus fimple & le plus naturel de tous, confifte dans la divifion du cercle de l'équateur en fes vingt-quatre parties. Pofez un globe fur un piédeftal (*fig.* 7, *pl.* 3), enforte que fon axe foit dans le plan du méridien, & précifément élevé de la hauteur du pôle du lieu. Cela fait, divifez fon équateur en 24 parties égales, & vous aurez votre cadran conftruit.

Vous pourriez vous en fervir fans rien de plus; car, la moitié de ce globe étant continuellement éclairée par le foleil, la limite de l'illumination fuivra précifément fur l'équateur le mouvement du foleil d'orient en occident. Quand il fera midi, elle tombera fur les points de l'équateur tournés directement à l'orient & à l'occident; quand il fera une heure, elle aura avancé de 15°, &c. Si donc on vouloit fe fervir de ce globe comme cadran, il faudroit inscrire le nombre VI à la divifion qui fe trouve dans le méridien, VII à la fuivante, & ainfi de fuite, enforte que la douzième fe trouvât précifément au point tourné à l'occident; puis I, II, III, &c. fous l'horizon. Il fuffiroit alors de faire attention à quelle divifion repond la limite de la lumière & de l'ombre; le nombre répondant à cette divifion feroit celui de l'heure.

Ce cadran a néanmoins une grande incommodité; c'eft que la limite de la lumière & de l'ombre y eft toujours indécife dans la largeur de plufieurs lignes, enforte qu'on ne fait précifément où elle fe termine: c'eft pourquoi il vaut mieux fe fervir de cette horloge de la manière fuivante.

Joignez

Joignez à ce globe un demi-méridien, fait d'une lame plate de laiton, qui ait 7 à 8 lignes de largeur, sur une demi-ligne d'épaisseur, & qui soit mobile à volonté autour de son axe, le même que celui du globe : alors, lorsque vous voudrez connoître l'heure, vous n'aurez qu'à faire mouvoir ce demi-méridien de manière qu'il donne la moindre ombre possible au soleil ; cette ombre marquera sur l'équateur l'heure qu'il est. Il est évident que nous entendons qu'on aura, dans ce cas, inscrit aux points de division de l'équateur, les nombres qui leur conviennent naturellement, savoir, XII à celui qui est dans le méridien, I à celui qui suit en allant vers l'occident, &c.

Autre cadran dans une sphère armillaire.

Ce cadran n'est pas moins simple que le précédent, s'il ne l'est même encore plus ; & il a l'avantage de pouvoir faire décoration dans un jardin.

Imaginez une sphère armillaire (*fig. 5, pl. 3*) composée seulement de ses deux colures, de son équateur & de son zodiaque, avec son axe qui la traverse ; que cette sphère soit placée sur un piédestal, ensorte qu'un de ses colures fasse l'office du méridien, & que son axe soit dirigé au pôle du lieu : il est évident que l'ombre de cet axe montrera l'heure par sa marche uniforme sur l'équateur. Ainsi, si l'on divisoit l'équateur en 24 parties égales, & qu'on inscrivît à ces divisions les nombres des heures, on auroit son cadran construit.

Mais comme l'équateur n'a pas ordinairement une épaisseur suffisante, c'est sur la zone que forme le zodiaque, & qu'on peint intérieurement en blanc, que l'on marque ces heures. Or, dans ce cas, il faut avoir l'attention de ne pas diviser chaque quart du zodiaque en parties égales ; car, tandis que l'ombre de l'axe parcourt des arcs égaux sur l'équateur, elle n'en parcourt pas d'égaux sur le zodiaque : ces divisions sont plus resserrées vers les points de la plus grande déclinaison de ce cercle ; ensorte qu'au lieu de 15°, qui répondent à un intervalle horaire sur l'équateur, la division dans le zodiaque, la plus voisine du colure des solstices, n'en doit comprendre que 13° 45′, la secon 14° 15′, la troisième 15° 20′, la quatrième 15° 25′, la cinquième 15° 55′, la sixième, & plus voisine des équinoxes, 16° 20′. C'est donc de cette manière qu'on doit diviser la bande zodiacale où les heures sont marquées, sans quoi il y aura plusieurs minutes d'erreur. On pourra ensuite, sans erreur sensible, diviser chaque intervalle en quatre parties égales. Enfin, si par les points de division on tire des lignes transversales dans la largeur du zodiaque, il faudra aussi avoir l'attention de les faire concourir au pôle.

Amusemens des Sciences.

Faire un Cadran solaire auquel un aveugle puisse connoître les heures.

Voici un singulier paradoxe. Nous allons néanmoins faire voir qu'on pourroit établir aux Quinze-Vingts, pour l'usage des aveugles qui l'habitent, un cadran solaire où, par le moyen du tact, ils reconnoîtroient l'heure.

Soit, pour cet effet, un globe de verre de 18 pouces de diamètre & plein d'eau ; il aura son foyer à 9 pouces de sa surface, & la chaleur que ce foyer produira sera assez considérable pour être très-sensible à la main sur laquelle il tombera. D'un autre côté, il est facile de voir que ce foyer suivra absolument le cours du soleil, puisqu'il lui sera toujours diamétralement opposé.

Soit donc ce globe environné d'une portion de sphère concentrique, éloignée de sa surface de 9 pouces, & comprenant seulement les deux tropiques avec l'équateur, & les deux méridiens ou colures ; & que cet instrument soit exposé au soleil dans la position convenable, c'est-à-dire son axe parallèle à celui de la terre.

Que chacun des tropiques & l'équateur soient divisés en 24 parties égales, & que les parties correspondantes soient liées par une petite barre qui représentera une portion de cercle horaire, comprise entre les deux tropiques : on aura, par ce moyen, tous les cercles horaires, représentés de manière qu'un aveugle pourra les compter, depuis celui qui représentera le midi, qu'il sera facile de désigner par une forme particulière.

Lors donc qu'un aveugle voudra connoître l'heure à ce cadran, il commencera par porter la main sur le méridien, & il comptera les cercles horaires par les barres qui les représentent. Lorsqu'il sera arrivé à la barre où se trouve le foyer du soleil, il en sera averti par sa chaleur : ainsi il connoîtra par cet artifice, combien d'heures sont écoulées depuis midi, ou combien restent à s'écouler jusqu'à midi.

Il sera facile de diviser chaque intervalle entre les barres principales qui marquent les heures, par d'autres plus petites, pour avoir les demies & les quarts. Ainsi notre problème est résolu.

Rendre un Cadran horisontal, décrit pour une latitude particulière, propre à indiquer l'heure dans tous les lieux de la terre.

Il n'est point de cadran, quel qu'il soit & pour quelque latitude qu'il ait été construit, qui ne puisse être disposé de manière à montrer exactement l'heure dans un lieu donné ; mais nous nous bornerons ici au cadran horisontal, & à faire voir comment on peut le faire servir pour un lieu quelconque.

Ffff

1. Si la latitude du lieu est moindre ou plus grande que celle du lieu pour lequel étoit le cadran, après l'avoir exposé convenablement, c'est-à-dire sa méridienne sur celle du lieu, & l'axe ou le style oblique tourné du côté du nord, il n'y a qu'à l'incliner de manière que cet axe fasse avec l'horison l'angle égal à la latitude du lieu auquel on veut faire servir le cadran. S'il a été, par exemple, construit pour une latitude de 39° & qu'on veuille le faire servir à Paris où la latitude est de 49° 50′, la différence est de 10° 50′ : c'est l'angle que le plan du cadran doit faire avec l'horison, comme on voit dans la *fig. 6. pl. 3*, où NN est la méridienne, ABCD le plan du cadran, & ABE ou *abe* l'angle d'inclinaison de ce plan à l'horison. Si la latitude du lieu primitif du cadran eût été moindre, il auroit fallu l'incliner dans le sens contraire.

2. Pour la seconde manière de rendre un cadran horifontal univerfel, il ne faut pas que les lignes horaires foient tracées, mais feulement les points de divifion de la ligne équinoxiale, comme on l'a enfeigné au problème V. A l'égard du style, il doit être mobile de la manière fuivante (*fig. 3, pl. 4*). Que ABC repréfente le triangle dans le plan du méridien où NBC eft l'axe ou le style oblique, & AB le rayon de l'équateur. Il faut que le style foit mobile, quoique reftant toujours dans le plan du méridien; de forte que le rayon AB de l'équateur, tournant autour du point A, puiffe former l'angle BAC égal à un angle donné, favoir celui du complément de la latitude : c'eft pourquoi il faudra pratiquer dans la méridienne une rainure qui permette à ce triangle de fe hauffer & fe baiffer, en reftant toujours dans le plan du méridien.

Cela étant donc ainfi préparé, pour adapter ce cadran à une latitude donnée, par exemple de 40°, prenez le complément de 40°, qui eft 50°; faites l'angle BAC de 50° : le style fera dans la pofition convenable; &, le cadran étant expofé au foleil de manière que fa méridienne coincide avec la méridienne du lieu, l'ombre du ftyle, qui doit être un peu long, montrera l'heure par l'endroit où elle coupera l'équinoxiale.

Conftruction de quelques Tables néceffaires pour les Problêmes fuivans.

Il y a trois tables qui font d'un ufage fréquent en gnomonique, & dont nous nous fervirons fouvent dans la fuite. Ce font :

1°. La table des angles que font fur un cadran horifontal les lignes horaires, fuivant les différentes latitudes;

2°. Celle des angles que font avec le plan du méridien, les verticaux occupés par le foleil aux différentes heures du jour, felon les latitudes différentes, & le lieu du foleil dans l'écliptique;

3°. Enfin, celle des hauteurs du foleil aux différentes heures d'un jour donné, & dans un lieu de latitude donnée.

De celle-ci dérive celle des diftances du foleil au zénith, aux différentes heures du jour, pour un lieu & un jour donnés; car ces diftances font les complémens des hauteurs du foleil aux mêmes momens.

La première de ces tables eft aifée à calculer, car on démontre facilement que l'on a cette proportion;

Comme le finus total

Eft au finus de la latitude du lieu,

Ainfi la tangente de l'angle qui mefure la diftance du foleil au méridien, à une heure donnée,

A la tangente de l'angle que fait la ligne horaire avec la méridienne.

D'après cette analogie, on a calculé la table fuivante, qu'on a jugé fuffire ici, attendu qu'elle comprend toute l'étendue de la France, & fpécialement la latitude de Paris.

Table des Angles des lignes horaires d'un Cadran horifontal avec la méridienne, & pour des latitudes depuis 42 degrés jufqu'à 52.

LATIT.	S. M. I. XI.	S. M. II. X.	S. M. III. IX.	S. M. IV. VIII.	S. M. V. VII.	S. M. VI. VI.
42°	10. 7	21. 7	33.47	49.13	68.11	90. 0
43	10.21	21.29	34.18	49.46	68.33	90. 0
44	10.33	21.51	34.47	50.16	68.54	90. 0
45	10.44	22.12	35.16	50.46	69.15	90. 0
46	10.55	22.33	35.44	51.15	69.34	90. 0
47	11. 6	22.53	36.11	51.43	69.53	90. 0
48	11.16	23.13	36.37	52. 9	70.10	90. 0
48.50	11.24	23.29	36.59	52.31	70.25	90. 0
49	11.26	23.33	37. 3	52.35	70.27	90. 0
50	11.36	23.52	37.27	53. 0	70.43	90. 0
51	11.46	24.10	37.51	53.23	70.59	90. 0
52	11.56	24.28	38.14	53.46	71.13	90. 0

On n'a point marqué dans cette table les angles des lignes de V heures du matin & VII heures du foir, IV heures du matin & VIII heures du foir, parce que ces lignes ne font que la prolongation d'autres; par exemple, celle de IV heures du matin, eft la prolongation de celles de IV heures du foir ; celle de VIII heures du foir, eft de même la prolongation de celle de VIII heures du matin, &c.

L'ufage de cette table eft facile. Si le lieu où il s'agit de conftruire un cadran horifontal eft fous une latitude qui fe trouve dans la table, par exemple 45°, on voit d'un coup d'œil que les lignes de XI & I heures doivent faire avec la méridienne, des angles de 10.44' au centre du cadran ; celles de X & II heures, des angles de 22.12'.

Si la latitude ne fe trouve pas dans la table, on peut prendre fans erreur fenfible des parties proportionnelles : ainfi, par exemple, pour la latitude de 48° 50', qui eft celle de Paris, on prendra les ⅚ de la différence qui fe trouve entre les angles de la même ligne horaire pour 47°. & 49°., & on ajoutera cette partie proportionnelle à l'angle répondant à la latitude de 48°. On a, par exemple, 10 minutes pour la différence des angles de la ligne de XI heures dans ces dernières latitudes ; les ⅚ de cette différence font 8'. & ⅓ : ajoutez donc 8' à l'angle de 11° 16', qui répond à la latitude de 48°, & vous aurez 11° 24' pour l'angle cherché.

Il eft néceffaire d'obferver que cette table, annoncée pour les cadrans horifontaux, eft également propre à fervir aux cadrans verticaux méridionaux ou feptentrionaux ; il fuffit de faire attention qu'un cadran vertical méridional, pour un certain lieu, eft le même que l'horifontal d'un lieu, dont la latitude feroit le complément de la fienne. Ainfi un cadran vertical méridional, pour le 42° degré de latitude, eft le même qu'un horifontal pour le 48° degré, & vice verfâ.

C'eft fur-tout dans la conftruction de ces cadrans verticaux que fe manifefte l'utilité de cette table ; car ces cadrans étant d'ordinaire très-grands, on ne peut y pratiquer facilement les règles ordinaires de la gnomonique. Pour y fuppléer, après avoir fixé le centre du cadran & l'équinoxiale, on prend pour finus total la partie de la méridienne comprife entre l'équinoxiale & le centre, & on la fuppofe divifée, ou on la divife en 1000 parties ; puis on cherche dans la table & pour la latitude donnée, c'eft-à-dire fon complément pour un cadran vertical, les tangentes des angles des lignes horaires avec la méridienne, pour I, II, III, IV, &c. & on les porte de côté & d'autre fur l'équinoxiale : les points où elles fe terminent font les points horaires de I & XI heures, II & X heures, &c.

Sous la latitude de 42°, par exemple, on a à conftruire un cadran vertical méridional ; le com-

plément de 42° eft 48°. On confidérera donc ce cadran comme un cadran horifontal pour le 48° degré. Or l'on trouvera pour les angles des lignes horaires avec la méridienne, pour cette latitude 11° 16', 23° 13', 36° 37', 52° 9', 70° 10', 90° 0' dont les tangentes (le rayon étant feulement divifé en 1000 parties) font refpectivement 199, 428, 743, 1186, 2772, infin. ; ainfi divifant en 1000 parties la portion de méridienne comprife entre le centre & l'équinoxiale, vous porterez fur cette équinoxiale, de part & d'autre de la méridienne, 199 parties, vous aurez les points de XI & I heures ; portez enfuite, de part & d'autre de la méridienne, 428 parties, vous aurez les points de X & II heures, & ainfi des autres ; tirez enfin du centre à chacun de ces points des lignes droites, ce feront les lignes horaires.

La dernière tangente, qui répond à VI heures, étant infinie, cela annonce que la ligne horaire qui lui répond, doit être parallèle à l'équinoxiale, ainfi qu'on le fait d'ailleurs.

Pour peu qu'on foit géomètre, tout cela n'a pas la moindre difficulté.

Afin de donner une idée de la conftruction de la feconde table, que le cercle MBND (fig. 2, pl. 4.) repréfente l'horifon d'un lieu, Z fon zénith, P le pôle, ZB le vertical où fe trouve le foleil, & PSA le cercle horaire où fe trouve le même aftre : il eft évident que, l'heure étant donnée, l'angle ZPS eft connu ; que, le jour de l'année étant donné, on connoît la diftance du foleil à l'équateur, & par conféquent l'arc PS, qui n'eft autre chofe, pour notre hémifphère, que le quart de cercle, moins la déclinaifon du foleil, fi elle eft boréale, ou plus cette déclinaifon, fi elle eft auftrale ; enfin, la hauteur du pôle étant donnée, on connoîtra l'arc PZ, qui eft fon complément : on connoîtra donc dans le triangle fphérique ZPS, les arcs ZP & PS, avec l'angle compris ZPS : on pourra donc trouver l'angle PZS, dont le reftant à 180°, fera l'angle MZB ou M CB, que fait avec le méridien le vertical du foleil.

Enfin dans le même triangle, on trouvera le côté ZS, complément de la hauteur du foleil fur l'horifon au même inftant, & par conféquent cette hauteur même.

C'eft par ce procédé qu'on a conftruit les tables fuivantes, que nous ne donnons que pour la latitude de 49°, qui eft, à 9' près, celle de Paris. Elles exigeroient trop d'étendue, fi nous entreprenions de les donner pour tous, ou même feulement pour quelques degrés de latitude.

TABLE des Verticaux du soleil à chaque heure du jour & au commencement de chaque signe, pour la latitude de Paris, 48 degrés 50 minutes.

	XI. I.	X. II.	IX. III.	VIII.IV	VII. V.	VI. VI.	V. VII.	IV.VIII
♋	30..25	53..49	70..49	84.. 2	95..23	105.58	116.28	
♊ ♌	29.. 6	50..40	67..40	81..10	92..48	103.36	114.20	
♉ ♍	23..34	44.. 0	60..36	74..21	86..23	97..38		
♈ ♎	19..36	37..30	53.. 2	66..30	78..36	90.. 0		
♓ ♏	16..45	32..30	46..42	59..30	71..12			
♒ ♐	14..57	29..15	42..24	54..28				
♑	14..20	28.. 5	40..50	52..35				

On s'est borné ici au commencement des signes, pour abréger.

TABLE des hauteurs du Soleil à chaque heure du jour, pour le commencement de chaque signe, & pour la latitude de Paris, de 48 degrés 50 minutes.

	XII.	XI. I.	X. II.	IX. III.	VIII.IV	VII. V.	VI. VI.	V. VII.	IV.VIII
♋	64°	62.. 1	55,.22	46..38	37 ..00	27..11	17..32	8..22	
♊ ♌	61..21	58..55	52..38	44..10	34..40	24..51	15.. 6	5..54	
♉ ♍	52..40	50..38	45.. 8	37..20	28..14	18..32	8..45		
♈ ♎	41..10	39..29	34..46	27..45	19..16	9..55	0..33		
♓ ♏	29..40	28..14	24.. 9	17..52	10.. 2	1..30			
♒ ♐	21.. 1	19..45	16.. 2	10..18	3 ..10				
♑	17..45	16..30	12..57	7..25	0..40				

Autre manière de construire un cadran solaire horizontal & universel.

Dans une des deux constructions précédentes, on a rendu la ligne équinoxiale propre à montrer les heures pour toutes les latitudes, en éloignant ou rapprochant le centre du cadran ; mais ici nous supposerons que ce centre soit fixe, & qu'on puisse seulement faire varier à ce point l'inclinaison du style, qui doit toujours regarder le pôle. Voici la construction d'un cadran horizontal de ce genre.

Soient tirées par le centre déterminé du cadran C, (*fig.* 5, *pl.* 4) les deux lignes perpendiculaires AB, EF, dont la première étant prise pour la ligne de 6 heures, la seconde sera la méridienne : du point B, pris à discrétion, comptez sur la méridienne autant de parties égales qu'il vous plaira, par-exemple six ; & décrivez par les points de division sept cercles concentriques, qui représenteront les cercles de latitude de 5 en 5 degrés, depuis 30° jusqu'à 70, afin que ce cadran puisse servir dans la plus grande partie de l'Europe. Cette division de 5 en 5 degrés est suffisante, parce qu'on peut facilement juger à l'œil des points intermédiaires. On supposera donc que le plus petit cercle, passant par le point D, représente le cercle de latitude de 60°. Prenez sur ce cercle, à compter de la méridienne & de chaque côté, les arcs ou angles marqués dans la première des tables ci-dessus pour les lignes horaires de I & XI heures, II & X heures, &c. & pour la latitude de 60°.

Faites la même opération pour le cercle suivant, qui répond à la latitude de 55°; & ainsi successivement pour tous les autres. Joignez enfin par une ligne courbe les points de division semblables, vous aurez votre cadran construit.

Vous y connoîtrez l'heure, en élevant le style de l'angle convenable à la latitude du lieu; &, ayant orienté le cadran de manière que sa méridienne coïncide avec la méridienne du lieu, & que l'axe regarde le nord, vous examinerez où tombe l'ombre de cet axe ou style sur le cercle répondant à la latitude de ce lieu, & vous aurez l'heure.

On oriente ordinairement ces cadrans portatifs, au moyen d'une petite boussole placée dans un renfoncement circulaire, creusé quelque part dans l'épaisseur du cadran. Mais on se tromperoit beaucoup si l'on se bornoit à faire tomber l'aiguille aimantée sur la méridienne du cadran, car il n'est presque aucun endroit de la terre où cette aiguille ne décline plus ou moins vers l'est ou l'ouest. A Paris, par exemple, elle décline actuellement vers l'ouest de 19° 30'. Il faudroit donc, pour orienter à Paris ce cadran, le placer de manière que l'aiguille aimantée de sa petite boussole fît avec sa méridienne un angle de 19° 30', & fût placée du côté de l'ouest: alors la méridienne du cadran coïncideroit avec celle de Paris. Cet exemple suffit pour faire concevoir comment on devroit se conduire à cet égard dans un lieu où la déclinaison seroit plus grande ou moindre, ou dans un sens contraire, c'est-à-dire à l'est, comme elle étoit à Paris il y a un siècle & demi.

Étant donnés la hauteur du soleil, le jour de l'année, & la hauteur du pôle du lieu, trouver l'heure par une construction géométrique.

Nous ne donnons cette opération que comme une sorte de curiosité géométrique; car il faut convenir que le calcul donnera une toute autre précision. Cependant, comme la solution de ce problème présente un exemple assez ingénieux de résolution graphique d'un des cas les plus compliqués de la trigonométrie sphérique, nous avons cru que nos lecteurs, ceux du moins qui sont assez géomètres pour cela, la verront avec plaisir.

Reprenons donc la *fig. 2, pl. 4*, dans laquelle PZ représente le complément de la hauteur du pôle; ZS le complément de la hauteur du soleil, lequel est connu, cette hauteur étant donnée par la supposition; PS enfin, la distance du soleil au pôle, qui est aussi donnée chaque jour, puisque chaque jour on connoît la déclinaison du soleil ou son éloignement de l'équateur: on connoît donc dans ce triangle ZPS les trois côtés, & l'on demande l'angle ZPS, qui est l'angle horaire, ou l'angle du cercle horaire occupé par le soleil avec

le méridien. Ce cas est donc un de ceux de la trigonométrie-sphérique, où les trois côtés d'un triangle non-rectangle étant donnés, on demande un des angles.

On le résoudra ainsi graphiquement. Dans un cercle assez grand, pour avoir les demi-quarts de degrés, prenez sur sa circonférence un arc égal à l'arc PZ, & tirez les deux rayons CP, CZ; (*fig. 2 & 4, pl. 4*) d'un côté de cet arc, prenez PS égal à l'arc PS, & de l'autre ZR égal à l'arc ZS: des points R & S abaissez deux perpendiculaires, ST, RV, sur les rayons PC, CZ, lesquelles se couperont en un point quelconque X: alors, si ST est le sinus total, on aura TX pour le cosinus de l'angle cherché: ce qu'on construira géométriquement de cette manière.

Du centre T, avec le rayon TS, ou son égal Tʃ, décrivez un quart de cercle compris entre TP & TX prolongées; tirez XY parallèlement à TP; l'arc YS sera l'arc cherché, ou la mesure de l'angle horaire SPZ; ainsi l'angle YTX sera égal à cet angle.

On pourroit, par une construction semblable, trouver l'angle en Z, dont le complément est l'azimuth du soleil.

Construire un cadran solaire horizontal qui montre les heures au moyen d'un style vertical immobile à son centre.

La construction de ce cadran exige l'usage de la table des verticaux ou azimuths du soleil, qu'on a donnée ci-devant. Cette table supposée construite, on opérera ainsi. (*Voyez fig. 1, pl. 4; Amusemens de Gnomonique*).

Tirez par le pied du style la ligne méridienne AB, d'une longueur à volonté, & décrivez du centre C, par l'extrémité B, un arc de cercle, que vous prendrez pour le tropique du Cancer (♋). Ayant fait ensuite CD environ le tiers de CB, divisez l'intervalle DB en trois parties égales, par lesquelles, du centre, vous tracerez des cercles concentriques au premier: le plus petit représentera le tropique du Capricorne (♑); les autres représenteront les parallèles des signes moyens.

Cela fait, sur le cercle extérieur, en commençant du point B, prenez les angles ou les arcs BI, BII, égaux à ceux qui sont donnés par la table pour I & II heures, lorsque le soleil est dans (♋), & marquez ces points de I & II heures; faites-en autant pour les II & X heures, &c.

Vous prendrez pareillement, au moyen de la même table, les angles ou les arcs compris entre la méridienne pour XI & I heure; X & II, IX &

HI, &c. lorſque le ſoleil entre dans les Gemeaux & le Lion (♓ ♌). Vous en ferez de même ſur le troiſième cercle, qui répond à l'entrée du ſoleil dans le Taureau & la Vierge (♉ ♍); & ainſi des autres: ce qui vous donnera ſur chaque cercle les points de chaque heure. Vous réunirez enfin tous les points des heures ſemblables par une ligne courbe, & vous aurez votre cadran conſtruit. Vous y reconnoîtrez l'heure, en examinant l'ombre ſur le cercle qui déſigne le lieu du ſoleil dans le zodiaque au jour donné. On pourra, pour plus de préciſion, diviſer en trois parties égales les petits intervalles que ces cercles laiſſent entre eux, & y faire paſſer des cercles ponctués, qui ſerviront pour les jours où le ſoleil occupe dans le zodiaque des poſitions moyennes.

On pourroit, par ce moyen, faire ſervir dans une chambre le bord de l'ombre du montant d'une croiſée, pour déſigner les heures; car ſi ce montant eſt bien à plomb, il repréſentera un ſtyle vertical indéfini; & l'on pourroit, par le procédé ci-deſſus, tracer ſur le carreau de la chambre les cercles répondants aux ſignes du ſoleil & les lignes horaires. On y connoîtra l'heure, en examinant ſur le cercle qui répond au lieu que le ſoleil occupe dans le zodiaque, l'interſection de l'ombre avec ce cercle.

Conſtruction d'un autre cadran ſolaire horizontal & mobile, montrant les heures par les ſeules hauteurs du ſoleil.

Ce cadran nous a paru fort ingénieux, & d'un uſage fort commode, vu qu'il n'exige ni méridienne tracée, ni bouſſole, mais ſeulement la connoiſſance du ſigne & du degré qu'occupe le ſoleil; ce que nous rendons même plus facile, en ſubſtituant à cette connoiſſance celle du jour du mois, qui n'eſt ignoré de perſonne. Il eſt ſeulement ſujet à cet inconvénient, que les heures approchantes & voiſines du lever ou du coucher du ſoleil, ne ſauroient y être marquées. Nous enſeignerons pourtant le moyen d'y remédier.

Ayant pris A pour le ſommet d'un ſtyle A B, d'un pouce, par exemple, de hauteur, ſoit tirée la ligne indéfinie DAC, & ſa perpendiculaire AG, (*fig.* 1, *pl.* 5); ſoient auſſi tirées les lignes AI, AH, AF, AE, faiſant les angles CAI, IAH, HAG, &c. égaux; puis, ayant pris la ligne AC pour celle qui répondra au 21 décembre, jour du ſolſtice d'hiver, vous prendrez, au moyen de la 3ᵉ table donnée ci-deſſus, les diſtances du ſoleil au zénith pour chaque heure du jour, lors de l'entrée du ſoleil dans le Capricorne, & vous ferez les angles AB 12, AB 11, AB 10, &c. égaux aux angles que vous aurez trouvés.

Sur la ligne AD, deſtinée au 21 juin, jour du ſolſtice d'été, prenez A 12, A 1, A 2, A 3, A 4,

A 5, &c. telles que les angles AB 12, AB 1, AB 2, AB 3, &c. ſoient égaux aux diſtances du ſoleil au zénith lorſqu'il eſt midi, une heure ou 11 heures, 2 heure ou 10 heures, &c.

Pareillement ſur la ligne AI, ayant élevé une perpendiculaire égale à la hauteur du ſtyle A B, faites les angles AKL, AKM, AKN, &c. égaux aux diſtances du ſoleil au zénith, à midi, une heure, deux heures, &c. lorſque le ſoleil dans le Verſeau ou le Sagittaire, & marquez ſur cette ligne les points L, M, N, &c: ce ſeront ceux de midi, une heure ou 11 heures, 2 heures ou 10 heures, &c.

Sur chacune des lignes AH, AG, AF, &c. faites une conſtruction ſemblable; vous aurez ſur chacune de ces lignes les heures de la journée. Joignez enfin par une ligne courbe les points horaires ſemblables, comme les points de midi, les points d'une heure ou 11 heures, &c; vous aurez votre cadran conſtruit, & vous y trouverez l'heure de la manière ſuivante.

Suppoſons, par exemple, que le jour donné ſoit le 21 octobre, vous prendrez la ligne AH, & vous expoſerez ſur un plan horizontal le cadran au ſoleil, enſorte que l'ombre du ſtyle tombe ſur cette ligne AH: l'endroit où ſe terminera cette ombre donnera l'heure.

Si le jour donné eſt un jour autre que l'un de ceux auxquels conviennent les lignes AC, AH, AI, &c. on trouvera facilement la ligne intermédiaire, ſur laquelle on doit faire tomber l'ombre du ſtyle, en comptant le nombre des jours écoulés depuis le 21 du mois le plus prochain. Que ce ſoit, par exemple, le 10 avril. Il y a du 21 mars au 10 avril 19 jours; ainſi il faudroit que la ligne de l'ombre fît avec la ligne A, un angle de 19 degrés. Si donc du centre A on décrit un demi-cercle diviſé en degrés, & qu'on tire des lignes ponctuées de 5 en 5 degrés, il n'y aura aucune difficulté à diriger l'ombre ſur la ligne convenable.

Il eſt aiſé de voir que, dans les heures voiſines du lever ou du coucher du ſoleil, la longueur de l'ombre la fera tomber hors du cadran. Mais ſi l'on veut remédier à cet inconvénient, on le pourra ainſi: il n'y aura qu'à ajuſter au cadran un rebord circulaire, concentrique au ſtyle, & de même hauteur: il ſera facile de trouver ſur ce rebord les points où ſe terminera l'ombre aux différentes heures, juſqu'au moment du coucher du ſoleil.

On pourroit auſſi donner au cadran une concavité qui fût une portion de ſurface ſphérique, aſſez creuſe pour que le ſommet du ſtyle ſe trouvât à même hauteur que le rebord. On trouvera, par la méthode indiquée ci-deſſus, les points horaires, ſans en excepter les plus voiſins du coucher & du lever du ſoleil; car il eſt évident que l'ombre du ftyle ne fortira jamais de l'étendue de cette furface fphérique-concave.

Décrire un cadran horizontal, qui montre les heures au foleil fans l'ombre d'aucun ftyle.

L'invention de ce cadran eft fort ingénieufe ; mais M. Ozanam n'a pas fait attention à une circonftance très-effentielle ; favoir la déclinaifon de l'aiguille aimantée, qui étoit de fon tems déja confidérable, & qui, étant aujourd'hui de de 19 degrés & demi, cauferoit une erreur énorme, fans l'expédient que nous ajouterons à fa conftruction. Mais nous commencerons par fuppofer cette aiguille fans déclinaifon.

Cette conftruction fuppofe la table des azimuths, ou verticaux du foleil, que nous avons donnée ci-devant. Décrivez fur un plan horizontal mobile, le parallélogramme rectangle ABCD (*fig. 2, pl. 5.*); que chacun des deux côtés oppofés, AB, CD, foit auffi divifé en deux également aux points E, F, que vous joindrez par la droite EF, qui fera la méridienne ; fur cette ligne prenez à difcrétion le point G pour le pied du ftyle, & les points F & H pour les points folfticiaux du Cancer & du Capricorne, comme lefquels vous décrirez du point G, comme centre, deux circonférences de cercles qui repréfenteront les tropiques ou les commencemens de ces fignes.

Vous diviferez enfuite l'efpace HF en fix parties égales, par les extrémités defquelles vous décrirez cinq autres cercles, qui repréfenteront par ordre les cercles de déclinaifon des commencemens des autres fignes deux à deux ; car la déclinaifon du premier degré du Lion, eft la même que celle du premier degré des gémeaux ; celle du premier degré du Taureau, la même que celle du premier degré de la Vierge, &c.

Prenez après cela, fur le cercle repréfentant le tropique du cancer, les arcs qui répondent aux azimuths du foleil à 11 h. & 1 h., à 10 h. & 2 h., à 9 h. & 3 heures, &c. tels qu'ils font marqués dans la table indiquée ci-deffus, & portez-les fur ce cercle d'un côté & de l'autre de la ligne GH ; faites-en autant pour le cercle qui convient aux commencemens des Gémeaux & du Lion, & ainfi des autres ; liez enfin, par une ligne qui fera néceffairement courbe (fi ces cercles font également efpacés), les points des mêmes heures ; vous aurez votre cadran tracé.

Afin de fuppléer au ftyle, élevez au point G une petite pierre, fur laquelle vous poferez une aiguille aimantée, enforte qu'elle puiffe librement tourner, & prendre fa direction naturelle.

Pour connoître l'heure, il fuffira de préfenter ce cadran au foleil, le côté HB étant du côté oppofé à cet aftre, & de telle manière que les côtés

CB, DA, ne jettent aucune ombre : alors l'aiguille aimantée montrera, par fon interfection avec l'arc du figne où fe trouve alors le foleil, l'heure qu'il eft. Dans la figure, fi l'on fuppofe le foleil au commencement du Cancer, elle indiqueroit qu'il eft environ 9 heures ½ du matin.

Mais nous avons déja obfervé plus haut que cela feroit feulement vrai, fi l'aiguille aimantée n'avoit point de déclinaifon : or elle en a une, à Paris qui eft actuellement de 19° ½ à l'oueft. Ceci exige donc une correction, & la voici.

L'aiguille fe trouvant toujours trop avancée vers l'oueft de 19° ½, au lieu de faire les angles C, B, A, D, droits, recoupez votre planchette de manière que les angles B & D foient de 109° ½, & les angles C & A de 70° ½ feulement : cela rectifiera l'erreur de la déclinaifon ; & il fuffira d'expofer le cadran au foleil, comme on l'a dit ci-deffus, enforte que les côtés CB, AD, ne jettent point d'ombre.

Décrire un cadran qui montre les heures par réflexion.

On peut décrire fur une muraille obfcure, ou bien fur un plafond, un cadran où l'on puiffe connoître les heures par réflexion, en cette forte. Décrivez un cadran fur un plan horizontal, qui puiffe être éclairé des rayons du foleil, par exemple fur l'appui d'une fenêtre, enforte que le centre du cadran foit du côté du feptentrion, & l'équinoxiale du côté du midi ; ce qui donnera aux lignes horaires une pofition contraire à celle qu'elles doivent avoir dans les cadrans horizontaux ordinaires. Ce cadran étant ainfi conftruit avec un petit ftyle droit, appliquez un filet fur quelque point que vous voudrez d'une ligne horaire, & étendez-le fortement, jufqu'à ce que, paffant par le bout du ftyle, il rencontre la muraille ou le plafond en un point : ce fera un de ceux de l'heure fur laquelle le filet aura été appliqué. On trouvera de cette manière, pour chaque ligne horaire, quatre ou cinq points, par lefquels on mènera une ligne qui fera celle que l'on cherche. En répétant cette conftruction pour toutes les lignes horaires, le cadran fera tracé.

Enfin, pour connoître les heures par réflexion, on adaptera au fommet du ftyle un petit miroir d'un pouce ou deux de diamètre, fixé bien horizontalement : la lumière qu'il réfléchira donnera l'heure.

Au lieu d'un miroir, on pourra adapter à ce fommet un petit godet d'un pouce ou deux de diamètre, qu'on remplira d'eau, jufqu'à ce que fa furface foit à la hauteur précife de la pointe du ftyle : fa lumière réfléchie marquera également les heures, & fera plus facile à difcerner dans les tems nébuleux , ou le soleil paroît à peine , parce que la surface de l'eau a d'ordinaire un petit mouvement qui , en faisant tremblotter cette lumière , la rend perceptible malgré sa foiblesse.

Autre manière.

Placez dans un endroit déterminé de l'appui d'une croisée , un petit godet que vous remplirez d'eau jusqu'à une hauteur donnée ; ayez à proximité , sur ce même appui , un cadran solaire ; & , lorsque vous verrez l'ombre du style tomber sur l'heure de midi , marquez sur le plafond ou le mur qui reçoit la lumière réfléchie du soleil , le point du milieu de l'image de cet astre ; faites la même chose à l'égard de toutes les autres heures , & notez ces points de l'heure à laquelle ils répondent.

Deux ou trois mois après , lorsque le soleil aura considérablement changé de déclinaison , faites la même opération : vous aurez deux points de chaque ligne horaire : c'est pourquoi , si la surface où ils sont tracés est plane , en les joignant par une ligne droite , on aura la ligne horaire cherchée.

Mais si la surface qui reçoit la lumière réfléchie , étoit une surface courbe ou irrégulière , il faudroit un plus grand nombre de points pour avoir la ligne horaire. Pour la tracer exactement , il faudroit réitérer l'opération de trouver un point de chacune pendant cinq à six mois , depuis un solstice jusqu'à l'autre ; en joignant tous ces points par une courbe , on auroit la ligne horaire.

Troisième manière.

Ayant décrit sur un plan horizontal , comme ABCD (fig. 3 , pl. 5.) les heures à la manière ordinaire , tournez ce cadran en sens contraire de celui où il devroit être ; & sur la ligne méridienne élevez en un point E un style droit , de la hauteur dont il devroit être pour marquer les heures , garnissez ce style d'un petit miroir plan , fis de telle manière qu'il soit bien vertical ; que son plan soit perpendiculaire à celui de la méridienne , & que son centre enfin réponde au sommet du style ; comme on voit dans la figure ; la lumière réfléchie du soleil marquera les heures sur ce cadran.

Quatrième manière.

On pourroit , par un moyen semblable , tracer un cadran solaire contre un mur exposé au nord ; & qui montreroit les heures par la réflexion du soleil contre un petit miroir vertical placé contre un mur exposé au midi.

Tout cadran solaire , quelque exactement construit qu'il soit , est faux , & même sensiblement , dans les heures voisines du coucher du soleil.

Les astronomes qui connoissent l'effet de la ré-

fraction , n'auront pas de peine à sentir aussi-tôt la vérité de ce que nous avançons. Nous allons la rendre sensible pour tous nos lecteurs.

C'est un fait connu aujourd'hui de tous les physiciens , que les astres paroissent toujours plus élevés qu'ils ne le sont réellement , à moins qu'ils ne soient au zénith. Ce phénomène est produit par la réfraction qu'éprouvent leurs rayons dans l'atmosphère , & l'effet en est assez considérable dans le voisinage de l'horizon ; car , lorsque le centre du soleil est réellement dans l'horizon , il paroît encore élevé de plus d'un demi-degré , ou de 33 minutes qui font , dans nos climats , la quantité de la réfraction horizontale. Le centre du soleil est donc réellement dans l'horizon , & astronomiquement couché , lorsque son bord inférieur ne touche pas même l'horizon , mais qu'il en est encore éloigné d'un demi - diamètre apparent du soleil.

Supposons donc que le jour de l'équinoxe , par exemple , on observe l'heure que nous montre un cadran solaire vertical tourné au couchant , lorsque le soleil est prêt à se coucher. Au moment où une pendule bien réglée sonneroit six heures , l'ombre du style devroit être sur la ligne de six heures , & elle y seroit effectivement , si le soleil étoit dans l'horizon ; mais , étant élevé sur l'horizon de 32' , l'ombre du style restera au-dessous de 6 heures , car c'est par l'image apparente du soleil que cette ombre est formée : elle n'arrivera même à cette ligne que lorsque le soleil aura encore descendu de 32' ; ce à quoi il emploiera , sous la latitude de Paris , plus de 3'. Or , dans un grand cadran solaire , une erreur de 3' & plus est très-sensible.

Si le soleil est dans le solstice d'été , comme il met , sous la latitude de Paris , plus de 4' à descendre verticalement de 33' environ , à cause de l'obliquité avec laquelle le tropique coupe ce cercle , & de la place que son diamètre occupe sur le tropique , la différence sera encore plus sensible , & d'autant plus , que le chemin que parcourt l'ombre entre 7 & 8 heures , est assez grand pour qu'un douzième ou un quinzième d'erreur soit très-perceptible. J'ai vu , dans un cadran de cette espèce , le point d'ombre qui devoit tomber sur la ligne de 7 heures , en être encore éloigné de plus d'un pouce , quoique à toutes les autres heures du jour ce cadran fût fort exact , & s'accordât avec une excellente horloge qui lui étoit placé en regard. Nous allons en conséquence enseigner une construction de cadran , par laquelle on remédie à cet inconvénient.

Tracer un Cadran solaire qui montre exactement l'heure , nonobstant la réfraction.

Nous nous bornerons à l'exemple d'un cadran
vertical

vertical sans déclinaison, & directement tourné
au midi, pour un lieu dont la latitude est, comme
celle de Paris, de 48° 50'. Ce que nous allons
dire pourra facilement s'appliquer à tout autre
cadran vertical, même déclinant.

Soit donc C le centre du cadran qu'on veut
tracer, (*fig.* 1, *pl.* 6, *Amusemens de Gnomonique.*)
CXII la ligne du midi. A un point P de cette ligne,
fichez un style droit, formé d'une simple verge
de fer perpendiculaire au plan du cadran, & terminée par un bouton rond de 7 à 8 lignes de diamètre, en sorte que le centre de ce bouton fasse
avec celui du cadran une ligne parallèle à l'axe
céleste.

Portez ensuite la longueur de ce style, comptée
du centre du bouton, de P en A; par le point P
tirez l'horizontale QR.

Qu'il faille présentement tracer, par exemple,
la ligne de 4 heures après midi. Considérez AP
comme sinus total, & décrivez du centre A au
rayon AP un quart de cercle. Cherchez dans la
table des verticaux du soleil, aux différentes heures du jour (nous supposons la latitude de Paris),
le vertical du soleil à 4 heures du soir, lors de
l'entrée du soleil dans le Capricorne; ce même
vertical à la même heure lors de l'entrée du soleil
dans le Verseau ou le Sagittaire, dans la Balance
ou le Bélier, & enfin dans le Taureau ou la Vierge:
ces quatre verticaux serviront à donner quatre
points de la ligne horaire de 4 heures, & seront
suffisantes. Ainsi vous trouverez d'abord le vertical
du soleil à 4 heures du soir, lors de son entrée dans
le Capricorne, de 52° 35'; c'est pourquoi vous
tirerez AK, faisant l'angle KAP égal à cet angle
trouvé; c'est-à-dire que vous prendrez cet angle
avec le rapporteur, ou en faisant l'arc P k du
nombre de degrés trouvés. Vous tirerez de même
pour les trois autres signes, les lignes AL, AM,
AN, faisant les angles PAL, PAM, PAN, respectivement de 54° 28', 66° 30', 74° 21', &
vous menerez les verticales indéfinies, KL, LG,
MH, NI.

Après cela, cherchez pour le moment de l'entrée du soleil dans le Capricorne, sa hauteur sur
l'horizon à 4 heures; vous la trouverez de 40', à
quoi répond une tangente de 1153, dont le rayon
en contient 100000. Or 1153 est la 86e partie de
100000; c'est pourquoi, divisant la ligne AK en
86 parties, portez en une de K en f: le point f
sera un des points cherchés de la ligne horaire de
4 heures.

Pareillement, pour trouver le point g, vous
chercherez la hauteur du soleil à la même heure,
lors de son entrée dans le Verseau, & vous la
trouverez de 3° 10', à quoi répond une tangente
de 552 parties; ce qui est la 18e partie du rayon.
Divisant donc AL en 18 parties, & en portant

Amusemens des Sciences.

une de L en g, vous aurez le second point cherché.

Vous trouverez de même les deux autres; ensuite vous ferez passer par ces quatre points une
ligne qui sera un peu courbe, & vous aurez la
ligne horaire de 4 heures.

Faites une semblable opération pour les autres
lignes horaires, & vous aurez votre cadran tracé.

Si l'on fait passer une courbe par les points de
chaque ligne horaire, qui répondent au commencement du même signe, on aura ce qu'on appelle
les arcs des signes, tracés beaucoup plus exactement que par la méthode ordinaire, où l'ombre
du sommet du style doit s'écarter de la trace qu'on
lui a marquée, lorsque le soleil est voisin de l'horizon.

Il est à propos de commencer par tracer, mais
seulement en lignes occultes, les lignes horaires
par la méthode ordinaire; car on s'appercevra
mieux par-là de la différence des lignes horaires
tracées par l'un & l'autre moyen.

*Décrire un cadran sur la surface convexe d'un cylindre
perpendiculaire à l'horizon, & immobile.*

Ce cadran est un des plus ingénieux, & a cela
de particulier, qu'au lieu d'un style, c'est un point
d'un cercle horizontal qui sert à montrer l'heure
par son intersection avec le parallèle du soleil. Il
est propre à faire décoration dans un jardin ou
une cour, en servant de piédestal à une figure ou
à un autre cadran, sphérique, par exemple, comme
celui qu'on a décrit & enseigné à construire ci-
devant; tel est celui que représente la (*fig.*
8, *pl.* 6). On pourroit arranger les choses de
manière que la corniche circulaire, régnant à
l'entour de ce piédestal, lui servît de ce style
circulaire; ce qui feroit beaucoup meilleur effet
que ce cercle horizontal détaché. On voyoit autrefois un semblable cadran, exécuté avec soin,
en pierre & en marbre, dans le jardin des RR. PP.
bénédictins de l'abbaye Saint-Germain des-Prés.
Il étoit l'ouvrage du P. Quesnet, religieux de cet
ordre, qui a perfectionné à plusieurs égards ce
que Kircher & Benedictus avoient déjà enseigné
sur ce genre de cadran.

On fait usage, pour cette construction, de la
table des verticaux & des hauteurs apparentes du
soleil, qu'on a donné plus haut. Nous disons des
hauteurs apparentes; car il est évident que ce que
nous avons dit des réfractions est applicable ici,
& il n'en coûte d'ailleurs pas plus de peine d'employer les hauteurs apparentes que les hauteurs
réelles, comme on a fait jusqu'à présent.

Avec cette double table, on opérera comme on
va l'enseigner.

Soit AB le diametre du cylindre sur lequel on
veut décrire le cadran (*fig.* 6, *pl.* 6). De l'une de

fes extrémités, comme ... ayant mené la tangente AE égale au demi-diametre ?, on tirera la sécante GE, qui coupera le cylindre en , la ligne DE fera la longueur du style. Ce n'est pas qu'on ne pût le faire plus long ou plus court, mais la longueur DE nous a paru une des plus convenables. Enfuite du centre C, on décrira par le point E, un cercle qui fera concentrique au premier, & qui représentera l'extrémité de tous les styles qu'on fuppofe implantés à l'entour de ce cylindre. Sur grandeur de ce cercle, on en fait un de fer, que l'on foutient par des ténons qui l'entretiennent à égale diftance du cylindre, & qui fert à marquer les heures. Il vaudroit mieux couronner ce piédeftal cylindrique par une tablette de marbre propre, & ayant la faillie convenable, enforte que fon bord inférieur marquât l'heure.

Cela fait, fur KF (*fig. 99. ibid.*) égale à la ligne DE, ayant décrit le quart de cercle EN, & d'ayant divifé en fes degrés, on comptera depuis F vers N la plus grande hauteur du foleil fur l'horizon du lieu, laquelle étant à Paris de 64° 39', on donnera l'arc FM de autant de degrés & de minutes. On tirera par le point M la fécante KI, laquelle rencontrant le cylindre au point I, on aura FI, tangente de 64° 39' pour la hauteur du cadran, que l'on doit néanmoins prendre un peu plus grande, pour de laiffer entre la plus baffe ombre & le pied quelque diftance, pour y infcrire les heures & les fignes. Il faut auffi que le cylindre foit de telle groffeur que les heures puiffent être marquées diftinctement fur fa furface.

Comme l'opération fur le corps cylindrique fe fait de même qu'fur le plan, mais moins commodément, il faut développer la furface du cylindre en un rectangle FHLTS dont la longueur foit égale à fa circonférence ADBF, & la hauteur LT égale au moins à la tangente ci-deffus.

Ayant divifé FH par le milieu en G, tirez-lui par ce point la perpendiculaire GXII; après quoi divifez chacun des deux efpaces HG, GF, en 180 parties ou degrés, qui commenceront à fe compter de part & d'autre du point G, qui eft le point de midi: les points de 90 degrés, qui partagent en deux également chacun des intervalles HG, GF, en deux parties égales, font les points de 6 heures du matin & du foir, qui fe trouvent diamétralement oppofées fur le cylindre, comme la ligne GXII de midi eft diamétralement oppofée à la ligne FI ou HL, qu'il faut imaginer réunies, & n'en faire qu'une fur le cylindre.

Enfuite, par chaque degré de l'arc FM, tirez des fécantes; elles marqueront fur FI les tangentes fucceffives de 1, 2, 3°, &c. jufqu'à celle de 64° 39', au-delà de laquelle il eft fuperflu de paffer, puifque l'on ne fauroit en employer de plus grande.

Ces préparations faites, pour avoir les heures fur ce cadran, & y marquer par exemple le point de X heures du matin ou de II heures du foir, pour le temps de l'entrée du foleil dans le figne des ♋, vous trouverez dans la table des verticaux du foleil donnée plus haut, fous X, II, le nombre 53° 49' pour le vertical du foleil à X ou II heures, au commencement de ♋. Vous trouverez auffi dans la table des hauteurs, que celle du foleil, pour la même heure, & le même parallèle, eft de 55° 22'. Avec ces deux nombres, vous irez au cadran, où vous compterez fur l'horizontale FH, depuis le point G de midi vers E, 53° 49' pour le vertical du foleil, & fur FI, vous compterez, depuis F, 55° 22'. Par les deux points où fe termineront ces nombres, tirez deux parallèles aux côtés refpectifs du rectangle: leur interfection donnera le point horaire cherché.

Remarquez que les heures du foir doivent être à la droite de celle de midi, & celles du matin la gauche.

Je fuppofe encore, pour inftruire le lecteur par plus d'un exemple, qu'on veuille marquer le point de VII heures du matin ou V heures du foir, pour l'entrée du foleil aux fignes de ♍ & de ♒, on confultera les deux tables ci-deffus, & l'on trouvera qu'à VII heures du matin ou V heures du foir, le vertical du foleil eft éloigné du méridien de 86° 23', & que fa hauteur eft de 18° 29'. Avec ces deux nombres, on viendra au cadran, & l'on comptera fur FH 86° 23' pour le vertical du foleil, & fur la ligne FI, on comptera, depuis F, 18° 29': l'interfection des deux lignes tirées parallèlement aux côtés du rectangle, donnera le point de VII heures du matin ou V heures du foir, lors de l'entrée du foleil dans les fignes ♍ ou ♒.

Par tous les points ainfi trouvés pour une même heure, à l'entrée du foleil dans chaque figne du zodiaque, ce qui donne fept opérations feulement, on tracera une ligne qui fera la ligne horaire: on joindra auffi par une ligne courbe toutes les heures du jour, lorfque le foleil occupe le commencement de chaque figne, & l'on aura fept autres lignes, qui couperont les lignes horaires, & qui feront les parallèles des commencements des fignes.

Pour connoître l'heure fur ce cadran, il faut favoir premièrement dans quel parallèle eft le foleil, & obferver l'interfection de l'ombre avec ce parallèle: la ligne horaire qui paffera par ce point, fera celle qui défignera l'heure. Par exemple, fuppofons que l'ombre du ftyle coupe, le jour de l'entrée du foleil dans le figne de la Vierge, le parallèle de ce figne, PQR, dans le point O, qui eft à moyenne diftance des points où ce parallèle est coupé par les lignes de VIII & IX heures, on en conclura qu'il est VIII heures & demie.

On pourra aussi connoître l'heure par l'intersection du parallèle du soleil avec la ligne d'ombre du cylindre, comme l'enseigne M. Ozanam ; mais cette ligne étant toujours mal terminée, comme on l'a observé à l'égard des cadrans faits d'un globe, on ne doit point se servir de cette manière.

L'usage de ce cadran deviendra plus commode, si, au lieu des signes du zodiaque, on emploie les mois de l'année ; car presque tout le monde fait chaque jour quel mois & quel quantième du mois court ; mais, à l'exception des astronomes, peu de personnes savent quel signe répond à chaque mois, & dans quel tiers ou quart de chaque signe on est à chaque jour. Il faut consulter pour cela un almanach.

Cette innovation à ce genre de cadran solaire est facile à faire ; car on peut prendre pour vrai, sans erreur sensible, que le 10e degré de chaque signe répond à chaque premier du mois ; attendu que l'équinoxe tombe ordinairement, & le plus souvent au 21 mars. Au lieu donc de prendre le vertical & la hauteur du soleil pour le commencement d'un signe quelconque du zodiaque, il n'y a qu'à prendre ce vertical & cette hauteur pour le 10e degré de chaque signe ; & l'opération étant faite comme on l'a enseignée. & ayant joint tous les points appartenans au premier du même mois, on aura les parallèles de chaque commencement du mois, & l'on reconnoîtra l'heure avec beaucoup plus de facilité.

On fait de petits cadrans cylindriques portatifs, où l'on reconnoît l'heure au moyen d'un style attaché au chapiteau mobile de ce cylindre. On place ce style sur le signe courant ; & on tourne directement au soleil : la longueur de l'ombre sur la verticale parallèle à l'axe du cylindre montre l'heure.

Décrire un cadran portatif dans un quart de cercle.

La description de ce cadran dépend encore de la connoissance des hauteurs du soleil à chaque heure du jour, pour une latitude déterminée, suivant le degré du zodiaque qu'occupe le soleil. Ainsi on fera usage de la table donnée plus haut.

Soit donc le quart de cercle dont le centre est A. (*fig. 2, pl. 6. Amusemens de gnomonique*). Décrivez à volonté, du centre A, sept quarts de cercle, également éloignés entr'eux ; vous les prendrez pour les commencemens des signes du zodiaque, le premier & le dernier étant pris pour les tropiques, & celui du milieu pour l'équateur ; vous marquerez sur chacun de ces parallèles des signes les points des heures, selon la

hauteur que le soleil doit avoir à ces heures, d'après la table dont nous avons parlé. Pour trouver, par exemple, le point de 2 heures du soir ou 10 heures du matin, pour la latitude de Paris, lorsque le soleil entre dans le signe du Lion, ayant trouvé dans la table que le soleil a 52° 54' de hauteur, faites dans le quart de cercle proposé à l'angle BAO de 52° 54', & l'intersection du parallèle du commencement du Lion avec la ligne AO, sera le point cherché de 2 h. du soir ou 10 h. du matin, le soleil ayant la latitude du commencement de ce signe.

Ayant fait pareille construction pour toutes les autres heures, & pour le jour de l'entrée du soleil dans chaque signe, il n'y aura plus qu'à joindre ensemble, par des lignes courbes, tous les points d'une même heure, pour avoir le cadran achevé. Elevez ensuite au centre A un petit style perpendiculairement, ou, au lieu de style, placez deux pinnules dont les trous répondent perpendiculairement & à hauteur égale sur le rayon AC, ou une autre ligne qui lui soit parallèle ; enfin suspendez au centre A un petit fil ou une soie garnie d'un petit plomb.

Pour vous servir de cet instrument, dirigez-en le plan de manière qu'il soit dans l'ombre, & placez le rayon ensorte que l'ombre du petit style tombe sur la ligne AC, ou que le rayon solaire enfile les deux trous des pinnules : alors le fil à plomb, par son intersection avec le parallèle du soleil, marquera l'heure qu'il est.

Pour connoître l'heure plus facilement, on a coutume d'ajouter au filet pendant du centre A une petite perle enfilée qui n'y coule pas trop librement ; on avance cette perle sur le signe & degré du soleil marqués sur la ligne AC ; & dirigeant ensuite l'instrument au soleil, comme on l'a dit plus haut, cette perle montre l'heure sur la ligne horaire qu'elle touche.

Pour rendre ce cadran plus commode, & par les raisons que j'ai dites en parlant du cadran cylindrique, je voudrois qu'au lieu de marquer les signes du zodiaque, on marquât les jours des mois où le soleil y entre ; par exemple, au lieu de marquer à côté du plus petit cercle ♑, on mît 21 décembre ; à côté du second, d'un côté 21 janvier, au lieu de ♒, signe des Verseaux, & de l'autre 21 décembre au lieu de ♐, signe du Sagittaire, &c ; car, en supposant les équinoxes invariablement fixés au 21 mars & 21 septembre, les jours où le soleil entre dans chacun des signes du zodiaque, sont, à peu de chose près, les 21 de chaque mois ; il ne seroit plus ensuite besoin que de connoître le quantième du mois pour se servir de ce cadran.

Décrire un cadran portatif sur une carte.

Le cadran que nous allons décrire est ordinairement appellé le *capucin*, parce qu'il ressemble à la tête d'un capucin qui a son capuchon renversé. Il se peut décrire sur une petite pièce de carton, ou bien sur une carte, en cette sorte.

Ayant décrit à volonté une circonférence de cercle, dont le centre est A, & le diamètre B 12, (*fig. 3, pl. 6. Amusemens de Gnomonique*), divisez cette circonférence en 24 parties égales, ou de 15 degrés en 15 degrés, en commençant depuis le diamètre B 12. Joignez les deux points de division également éloignés du diamètre B 12, par des lignes droites parallèles entr'elles, & perpendiculaires à ce diamètre B 12 : ces parallèles seront les lignes horaires, dont celle qui passe par le centre A, sera la ligne de 6 heures.

Après cela, faites au point 12, avec le diamètre B 12, l'angle B 12 ♈ égale à l'élévation du pôle; & ayant mené par le point ♈, où la ligne 12 ♈ coupe la ligne de 6 heures; la ligne indéfinie ♋♑, perpendiculaire à la ligne 12 ♈, vous terminerez cette ligne ♋♑ aux points ♋♑, par les lignes 12 ♋, 12 ♑, qui feront avec la ligne 12 ♈, chacune un angle de 23 degrés & demi, telle qu'est la plus grande déclinaison du soleil.

On trouvera sur cette perpendiculaire ♋♑, les points des autres signes, en décrivant du point ♈, comme centre, par les points ♋, ♑, une circonférence de cercle, & en la divisant en 12 parties égales, ou de 30 degrés en 30 degrés, pour les commencemens des douze signes du zodiaque. Joignez deux points de division opposés & également éloignés des points ♋, ♑, par des lignes parallèles entr'elles & perpendiculaires au diamètre ♋♑, qui donneront sur ce diamètre les commencemens des signes, d'où, comme centres, on décrira par le point 12 des arcs de cercle, qui représenteront les parallèles des signes, auxquels par conséquent on ajoutera les mêmes caractères, comme vous voyez dans la figure.

Il faut enfin pratiquer le long de la ligne ♋♑, une fente qui permette d'y faire couler, mais pas trop librement, un filet garni d'un petit poids suffisant pour le tendre, ensorte qu'on puisse placer son point de suspension à celui de la ligne ♋♑ qu'on voudra.

Ces arcs des signes serviront à connoître les heures aux rayons du soleil, en cette sorte : ayant tiré à volonté la ligne C♋ parallèle au diamètre B 12, élevez à son extrémité C un petit style bien droit, & tournez le plan du cadran au soleil, ensorte que l'ombre de ce style couvre la ligne C♋ : alors, le filet pendant librement avec son plomb du point du degré du signe courant du soleil, marqué sur la ligne ♋♑, montrera en bas, sur l'arc du même signe, l'heure cherchée.

On pourroit garnir ce filet d'une petite perle, pour s'en servir au même usage que dans le problème précédent.

Construction d'un anneau qui marque l'heure pendant toute l'année.

On débite chez les facteurs ordinaires d'instrumens de mathématiques, des anneaux servant de cadrans portatifs, qui sont défectueux. Les heures sont marquées dans l'intérieur sur une seule ligne, & il y a une petite bande mobile portant un trou qu'on arrête sur le signe du soleil courant, qui est marqué extérieurement. Ces cadrans, disons-nous, sont défectueux; car, rendant ce trou commun à tous les signes du zodiaque marqués sur la circonférence de l'anneau, on ne peut avoir que l'heure de midi juste, & les autres seront indiquées infidélement. Il faut, au lieu de cela, décrire dans la concavité de l'anneau, sept cercles séparés, pour représenter autant de parallèles de l'entrée du soleil dans les signes, & sur chacun desquels on doit marquer séparément les hauteurs du soleil, à son entrée dans le signe qui appartient au parallèle pour lequel le cercle a été tracé. Ces points ainsi notés, doivent être réunis par des lignes courbes, qui seront les véritables lignes horaires, ainsi que l'a remarqué le P. Deschales.

Soit donc préparé un anneau, ou plutôt soit décrit un cercle de la grandeur de l'anneau que l'on veut diviser : ensuite ayant choisi le lieu B de suspension (*fig. 4, pl. 6, Amusemens de Gnomonique*) soient pris en A & O, à droite & à gauche de B, 49 degrés pour la latitude de Paris; c'est-à-dire pour la distance du zénith à l'équateur; & par les points A & O soit menée AO, & la perpendiculaire AD à AO : soit enfin menée par A & le centre la ligne A 12, qui désignera l'équateur : le point 12 sera l'heure de midi pour le jour de l'équinoxe.

Afin de trouver les autres points horaires du même jour au commencement du Bélier & de la Balance, décrivez du centre A le quart de cercle OD, & prenez du point O, en comptant vers P, les hauteurs du soleil aux diverses heures du jour comme à 1 & 11 heures, à 2 & 10 heures, &c; les lignes tirées par le centre A & ces points de division, étant prolongées jusqu'à la circonférence du cercle B 12 D , &c. y donneront les points ho- raires pour le jour de l'équinoxe.

Pour avoir les divisions horaires des cercles cor- respondans aux autres signes , vous procéderez ainsi. Prenez d'abord , à droite & à gauche du point A , (*fig.* 5 , *ibid.*) la double déclinaison des signes, savoir les arcs AE , AI , de 23 degrés , pour le commencement du Taureau , ou de la Vierge , du Scorpion ou des poissons ; AF de 40°. 26' , pour le commencement des Gémeaux & du Lion , & son égale AK , pour celui du Sagittaire & du Verseau ; enfin AG & AL , de 47°, pour le commencement du Cancer & du Capricorne.

Qu'il soit question maintenant de trouver sur le cercle les points horaires, par exemple , répon- dans au commencement du Verseau. Par le point K , qui répond à l'entrée du Verseau , menez la parallèle KP à AO , & la ligne K 12 ; de ce même point K , décrivez , entre K 12 & l'horizontale KP , l'arc de cercle QR , sur lequel vous prendrez , en comptant de R vers Q les hauteurs du soleil aux différentes heures de la journée , lorsque le soleil entre dans le commencement du Sagittaire & du Verseau , comme l'on voit dans la figure ; & en tirant de K des lignes à ces points de divi- sion , vous aurez les divisions horaires des deux cercles répondans au commencement du Sagit- taire & du Verseau. En procédant de même à part pour chaque autre entrée de signe , vous aurez les points horaires des cercles qui leur ré- pondent.

Vous tracerez enfin , dans la concavité de l'an- neau , sept cercles parallèles ; (*fig.* 7 , *pl.* 6) celui du milieu pour les équinoxes ; les deux à côté , pour le commencement des signes du Taureau & de la Vierge , du Scorpion & des Poissons ; les deux suivans à droite & à gauche , pour les signes des Gemeaux & du Lion , du Sagittaire & du Ver- seau ; les deux extérieurs enfin , pour le Cancer & le Capricorne : vous joindrez les points horaires semblables par une ligne courbe , & vous aurez votre anneau décrit.

Il reste à placer convenablement le point qui admettra le rayon solaire ; car il doit être mobile , ensorte qu'au jour de l'équinoxe il soit au point A , au jour du solstice d'été en G , en L le jour du solstice d'hiver , & dans les positions intermédiai- res pendant les autres jours de l'année. Il faut , pour cet effet , pratiquer dans la partie CBD de l'an- neau & dans son milieu , une rainure dans laquelle soit mobile une petite plaque circulaire , portant sur elle le trou qui doit laisser entrer le rayon du soleil ; on marquera sur l'extérieur de cette partie de l'anneau , par des lignes parallèles , les divi- sions L, K, I , A , E, F , G , en plaçant d'un côté les marques des signes ascendans , & de l'au- tre celles des signes descendans. Il sera facile après cela d'arrêter le point mobile A sur la division con-

venable , ou dans l'entre-deux ; car , pour peu que l'anneau soit grand , on pourra facilement di- viser chaque signe en trois ou quatre parties.

Pour connoître l'heure , on commencera par placer le point A de la manière convenable , sui- vant le degré du signe occupé par le soleil le jour du mois où l'on est : on tournera ensuite l'instru- ment de manière que le rayon solaire , admis par le point A , tombe sur le cercle du signe où est le soleil : la division sur laquelle il tombera , mar- quera l'heure.

Pour rendre l'usage de cet instrument plus fa- cile , on pourroit , au lieu des divisions des si- gnes , y marquer les jours de leur commencement ; par exemple , au lieu de ♋ , marquer 21 juin ; au lieu de ♉ & ♍ , marquer 20 avril , 20 août , &c.

On pourroit rendre le point A immobile , & alors sa position la plus convenable seroit à la dis- tance que nous lui avons donnée primitivement pour le jour de l'équinoxe ; mais alors , au lieu que l'heure de midi , suivant la méthode précé- dente , se trouve pour tous les cercles des signes sur une ligne horizontale , ce sera une ligne courbe, & toutes les autres lignes des heures seront aussi des courbes assez contournées ; ce qui est sujet à embarras & difficulté ; c'est pourquoi il vaut mieux faire le point A mobile.

Comment l'ombre d'un style peut rétrograder sur un cadran solaire sans miracle.

Ce phénomène , qui présente d'abord une im- possibilité physique , n'a néanmoins rien que de très-naturel , comme on va le voir. On en doit la remarque au géomètre portugais Monius ou Nu- gnez , qui vivoit sur la fin du seizième siècle. Il est fondé sur le théorème suivant.

» Dans tous les pays dont le zénith est situé » entre l'équateur & le tropique , tant que le so- » leil passe au-delà du zénith du côté du pôle » apparent , il arrive deux fois avant midi au » même vertical , & pareille chose se répète après » midi ».

Soit , dans la (*fig.* 1 , *pl.* 7. *Amusemens de Gno- monique*) Z le zénith d'un lieu situé entre le point E de l'équateur , & T le point où passe le soleil le jour du solstice d'été ; que le cercle HAQCKH, représente l'horizon , REQ une moitié de l'équa- teur ; TF la portion orientale du tropique extante sur l'horizon , & GT la portion occidentale. Il est évident que du zénith Z on peut mener un verti- cal , comme ZI , qui touchera le tropique en un point O , par exemple , & qui tombera sur l'ho- rizon en un point I , situé entre les points Q & F , qui sont ceux où l'horizon est coupé par l'équa- teur & le tropique ; & , par la même raison , on peut mener aussi un autre vertical , comme ZH , qui touchera en o l'autre portion du tropique.

Suppofons préfentement le foleil dans le tro-pique , & fe levant conféquemment au point F , & foit un ftyle vertical d'une longueur indéfinie élevée en C. Soient tirées les lignes ICK , FCN : il eft clair qu'au moment du lever du foleil , l'om-bre du ftyle fera projetée en CN , & que , lorf-que le foleil fera arrivé au point de contact O , cette ombre fera projetée en CK : elle marchera donc pendant que le foleil parcourra FO , elle marchera , dis-je , de CN en CK : mais que le foleil foit parvenu au méridien en T , cette om-bre fera dans la ligne CB : elle fera donc revenue de CK en CB : elle aura donc été , depuis le lever du foleil jufqu'à midi , de CN en CK , & de CK en CB : elle aura conféquemment marché en fens contraire , ou rétrogradé dans cet intervalle de tems , puifqu'elle a d'abord marché du midi vers le couchant , & enfuite du couchant au midi.

Pareille chofe arrivera après midi ; l'ombre marchera d'abord du midi vers l'orient. Parvenue à un certain terme , elle rebrouffera chemin vers le midi , jufqu'au coucher du foleil.

Suppofons préfentement que le foleil fe leve entre les points F & I ; alors le parallèle qu'il dé-crira avant midi , coupera évidemment le vertical ZI en deux points. Ainfi , dans la durée d'une journée , l'ombre commencera par tomber dans l'angle KCL , puis elle marchera vers CK , & la dépaffera même en fortant de cet angle ; puis elle y rentrera , & marchera vers la méridienne , & de-là vers l'orient , jufques au-delà de la ligne CD , où elle reviendra , pour finir avec le coucher du foleil dans l'angle LCB.

Nous avons trouvé que , fous la latitude de 12 degrés , le foleil étant au tropique du même côté , les deux lignes CN , CK , font un angle de 9° 48' , que l'ombre met 2 h. 7' à parcourir.

Sous une latitude quelconque , tracer un cadran où la rétrogadation de l'ombre ait lieu.

Inclinez , pour cet effet , un plan directement tourné au midi , de manière que fon zénith tombe entre le tropique & l'équateur , & à peu-près vers le milieu de la diftance entre ces deux cercles ; par exemple , fous la latitude de Paris , qui eft de 49° 50' , ce plan devra faire un angle d'environ 38°. Fichez au milieu de ce plan un ftyle droit & un peu long , enforte que fon ombre déborde le plan ; tracez plufieurs lignes angulaires du pied de ce ftyle , du côté du midi : vous verrez aux environs du folftice l'ombre du ftyle éprouver les deux rétrogadations décrites plus haut.

Cela eft évident , puifque ce plan eft parallèle au plan horizontal qui auroit fon zénith fous le même

méridien , à 12 degrés de l'équateur du côté du nord : les deux ombres des deux ftyles doivent conféquemment marcher de la même manière dans l'une & dans l'autre.

Déterminer la trace de l'ombre du fommet du ftyle fur un plan.

On fuppofe ici que le foleil , pendant une révo-lution diurne , ne change point fenfiblement de déclinaifon ; car s'il en changeoit , la courbe en queftion deviendroit d'une nature très-compli-quée , & d'une détermination très-difficile.

Soit donc le foleil dans un parallèle quelcon-que. Il eft aifé de voir que le rayon folaire cen-tral , mené à la pointe du ftyle , décrit une furface conique , à moins que le foleil ne foit dans l'é-quateur : conféquemment l'ombre projetée par cette pointe , qui lui eft toujours directement oppofée , parcourt dans fa révolution la furface du cône oppofé par le fommet. Il n'eft donc queftion que de connoître la pofition du plan qui coupe ces deux cônes , car fon interfection avec la furface conique décrite par l'ombre , fera la courbe cherchée.

Il ne faut plus être qu'initié dans la connoif-fance des fections coniques pour réfoudre le pro-blème ; car 1° qu'on propofe un lieu fous l'équa-teur , & que le plan foit horizontal ; il eft évident que ce plan coupe les deux cônes oppofés par le fommet : conféquemment la trace de l'ombre fera une hyperbole BCD , (*fig.* 4 , *pl.* 7) dont le fom-met fera tourné vers le pied du ftyle.

Il eft aifé de voir qu'à mefure que le foleil s'ap-proche de l'équateur , cette ligne hyperbolique s'applatit de plus en plus , & dégénère en une ligne droite le jour de l'équinoxe ; qu'enfuite elle paffe de l'autre côté , en fe courbant de plus en plus , jufqu'à ce que le foleil foit arrivé au tro-pique , &c.

J'ajouterai ici que le foleil fe leve chaque jour dans une des afymptotes de l'hyperbole , & qu'il fe couche dans l'autre.

2°. Dans tous les lieux fitués entre l'équateur & les cercles polaires , la trace de l'ombre fur un plan horizontal eft encore une hyperbole ; car il eft facile de voir que le plan coupe les deux cônes oppofés par le fommet que décrit le rayon folaire , paffant par la pointe du ftyle , puifque , dans toutes ces latitudes , les deux tropiques font cou-pés par l'horizon.

3°. Dans les lieux fitués fous un cercle polaire , le jour que le foleil eft dans le tropique , l'ombre décrit fur le plan horizontal une ligne parabolique : les autres jours elle décrit des hyperboles.

4°. Dans les lieux fitués entre le cercle polaire

& le pôle, tant que le ſoleil ſe lève & ſe couche, la trace de l'ombre du ſommet du ſtyle eſt une hyperbole : lorſque le ſoleil eſt parvenu à une latitude aſſez grande pour ne faire que toucher l'horizon au lieu de ſe coucher, cette trace eſt une parabole : lorſqu'enfin le ſoleil reſte toute la journée ſur l'horizon, elle eſt une ellipſe plus ou moins allongée.

5°. Enfin ſous le pôle, il eſt aiſé de voir que la trace de l'ombre du ſommet d'un ſtyle, eſt toujours un cercle, puiſque le ſoleil ſe tient pendant la journée à la même hauteur.

Les arcs des ſignes n'étant autre choſe que la trace de l'ombre du ſommet du ſtyle, lorſque le ſoleil parcourt le parallèle du commencement de chaque ſigne, il s'enſuit que ces arcs ne ſont autre choſe que des ſections coniques, ayant leur axe dans la méridienne ou la ſouſtylaire. Ce ſont en particulier des hyperboles dans tous les cadrans horizontaux de lieux entre l'équateur & les cercles polaires, & dans tous les verticaux de la zone tempérée, tant méridionaux ou ſeptentrionaux, qu'orientaux ou occidentaux. C'eſt ce qu'il eſt aiſé d'appercevoir du premier coup-d'œil, à la forme de ces lignes, dans la plupart des cadrans de nos contrées.

Connoître les heures à un cadran ſolaire éclairé par la lune.

Ce problême ne paroîtra pas bien difficile à qui ſait que la lune retarde tous les jours ſon paſſage par le méridien d'environ 48′ ; qu'elle paſſe au méridien préciſément avec le ſoleil lorſqu'elle eſt nouvelle, & 12 heures après lorſqu'il eſt pleine lune.

Sachez donc quel eſt l'âge de la lune ; ce que vous pourrez toujours apprendre facilement au moyen des calendriers les plus ordinaires, où les jours & heures de la nouvelle & de la pleine lune ſont toujours marqués. Suppoſons qu'au moment où l'on veut ſavoir l'heure qu'il eſt, il y ait 6 jours & demi écoulés depuis la nouvelle lune. Multipliez $\frac{4}{5}$ d'heure par $6\frac{1}{2}$, ce qui vous donnera $\frac{26}{5}$, ou 5 h. $\frac{1}{5}$, ou 5 h. 12′, qu'il faudra ajouter à l'heure montrée par le cadran. Ainſi, ſi le cadran marquoit à la lune 4 heures, il ſeroit 9 h. 12′.

Mais on pourra trouver l'heure beaucoup plus exactement de la manière ſuivante. Il faut, pour cela, ſavoir à quelle heure de la journée la lune a paſſé ou doit paſſer par le méridien. On pourra le ſavoir au moyen des almanachs, où le lever & le coucher de la lune ſont marqués jour par jour ; car ſi on partage l'intervalle du lever au coucher en deux également, on aura à peu de choſe près le paſſage au méridien.

Suppoſons donc qu'aujourd'hui la lune ait paſſé au méridien à 3 h. 30′ du ſoir. La différence d'heure avec le ſoleil ſeroit, ſi la lune eût été immobile, de 3 h $\frac{1}{2}$, dont l'heure à la lune retarderoit ſur celle du ſoleil. Maintenant que la lune marque ſur le cadran ſolaire $7\frac{1}{2}$ du ſoir, on en concluroit donc qu'il eſt préciſement 10 h. du ſoir, dans l'hypothèſe que la lune eût été immobile. Mais comme, dans cet intervalle de 7 h. $\frac{1}{2}$, la lune a eu un mouvement rétrograde vers l'orient, dont la quantité opère ſur ſon paſſage par le méridien, ou un cercle horaire quelconque, un retard de 48′ par jour, à raiſon de 2 minutes par heure, on aura pour 7 h. $\frac{1}{2}$ la quantité de 15′, qu'il faudra ajouter à l'heure indiquée par la lune, en ſus de ce dont ſon paſſage par le méridien a retardé ſur celui du ſoleil.

Si la lune avoit paſſé la première par le méridien, il faudroit ôter de l'heure marquée par la lune, ce dont elle a devancé le ſoleil, & ajouter à ce qui en proviendroit autant de fois 2 minutes qu'elle marqueroit d'heures. Mais voici une petite machine qui peut éviter ce calcul, quelque léger qu'il ſoit.

Cette machine eſt compoſée de deux plaques faites de cuivre, de laiton, ou de carton. (*fig.* 2, *pl.* 7, *Amuſemens de Gnomonique*.) L'une AHGI, eſt fixe & immobile ; l'autre *befl* eſt mobile. Sur la plaque immobile il y a un cercle *ahgi*, diviſé en 24 parties égales, qui ſervent à repréſenter les 24 heures du jour, dont chacune doit être diviſée en demies & quarts d'heure ; ſur le centre C de ce cercle, on applique l'autre plaque ronde & mobile *befl*, dont le bord eſt diviſé en parties qui repréſentent les heures que la lune fait par ſon ombre ſur un cadran au ſoleil. Ces heures ne ſont point égales à celles du ſoleil, décrites ſur le cercle immobile ; mais elles doivent être plus grandes de la valeur de 2 minutes par heure, puiſque la lune retarde d'environ 48 minutes par jour, & de 12 minutes en ſix heures. Ainſi, puiſqu'un degré de ſigne vaut 4 minutes de temps, il eſt clair que 3 degrés valent 12 minutes de temps. C'eſt pourquoi ayant tiré la ligne de midi ACG, il faut prendre pour ſix heures 93 degrés de part & d'autre, depuis le point *b* juſqu'aux points *e*, *l*, & diviſer chacun de ces eſpaces en ſix parties égales pour ſix heures, puis en demies & en quarts, comme on le voit dans la figure.

Uſage. Placez l'index *nb* de la plaque mobile ſur l'heure du paſſage par le méridien du jour auquel vous voulez trouver l'heure. La machine étant ainſi diſpoſée, obſervez quelle heure marque l'ombre de la lune ſur un cadran horiſontal : la même heure ſur la plaque mobile vous montrera vis-à-vis ſur la plaque immobile, la vraie heure au ſoleil.

Conſtruire un cadran qui marque l'heure à la lune.

Pour ſe ſervir de ce cadran, il eſt néceſſaire de

connoître l'âge de la lune ; ce qu'on peut toujours savoir au moyen d'un almanach des plus communs, ou au moyen de quelqu'une des pratiques dont nous avons parlé en traitant de l'astronomie.

Afin donc de décrire un cadran lunaire sur quelque plan que ce soit, par exemple un plan horisontal, tracez sur ce plan un cadran horisontal solaire pour le lieu où vous êtes ; tirez à volonté les deux lignes 5 7, 3 9 parallèles à l'équinoxiale, dont la première étant prise pour le jour de la pleine lune, la seconde représentera le jour de la nouvelle, où les heures lunaires conviennent avec les solaires : ce qui fait que les points horaires, marqués sur ces deux parallèles par les lignes qui partent du centre du cadran A, sont communs au soleil & à la lune. (*Voyez fig.* 5. *pl.* 7).

Cette préparation étant faite, divisez l'espace terminé par les deux lignes parallèles 3 9, 5 7, en douze parties égales ; menez à ces deux mêmes lignes, par les points de division, autant de lignes parallèles, qui représenteront les jours de la lune, auxquels elle s'éloigne successivement d'une heure, par son mouvement propre vers l'orient, & auxquels par conséquent elle passe au méridien d'une heure plus tard chaque jour : ainsi la première parallèle 4, 10, étant le jour auquel la lune passe au méridien une heure plus tard que le soleil, le point B, de 11 heures à la lune, sera le point de midi au soleil ; la suivante 5, 11, représentant le jour auquel la lune passe au méridien 2 heures après le soleil, le point C, de 10 heures à la lune, sera le point de midi au soleil ; & ainsi des autres.

Il est évident que si l'on joint les points 12, B, C, & tous les autres qui appartiendront à midi, & que l'on peut trouver par un raisonnement semblable au précédent, par une ligne courbe : cette ligne courbe sera la ligne méridienne lunaire. C'est de la même façon qu'on tracera les autres lignes horaires à la lune ; & il ne faut que regarder la figure pour le comprendre.

Parce que la lune emploie environ quinze jours depuis sa conjonction avec le soleil jusqu'à son opposition, c'est-à-dire depuis qu'elle est nouvelle jusqu'à ce qu'elle soit pleine, ou diamétralement opposée au soleil, ensorte qu'elle se lève quand le soleil se couche ; on effacera toutes les parallèles précédentes, excepté les deux premières, 5 8, 3 9 ; & au lieu de diviser leur intervalle en douze parties égales, on le divisera en quinze, pour tirer par les points de division d'autres parallèles, qui représenteront les jours de la lune, auxquels par conséquent on ajoutera les chiffres convenables, comme nous avons ici fait le long de la ligne méridienne, par le moyen desquels on connoîtra de nuit l'heure du soleil aux rayons de la lune, en cette sorte.

Appliquez au centre du cadran A un axe, c'est-à-dire une verge qui fasse à ce centre A, avec la méridienne A 12, un angle égal à l'élévation du pôle sur le plan du cadran, que nous supposons horisontal : cet axe montrera, par son ombre sur le jour courant de la lune, l'heure qu'on cherche.

Décrire les arcs des signes sur un cadran solaire.

Parmi les accessoires qu'on a imaginé d'ajouter aux cadrans solaires, les arcs des signes ne sont pas un des moins agréables ; car on voit avec plaisir, par leur moyen, dans quel signe est le soleil, & l'on suit, pour ainsi dire, sa marche dans le zodiaque : c'est pourquoi nous croyons ne pas devoir omettre dans cet ouvrage la manière de tracer ces arcs.

Nous supposons, pour abréger, que le plan est horisontal. On commencera donc par y décrire un cadran tel que l'exige la position de ce plan, c'est-à-dire horisontal : on y placera de la manière convenable un style droit, & terminé ou par un bouton sphérique, ou par une plaque circulaire, ayant à son centre un trou d'une ligne ou deux de diamètre, suivant la grandeur du cadran. Cela fait, vous opérerez ainsi :

Qu'il s'agisse, par exemple, de décrire l'arc qui répond au commencement du signe du Scorpion ou des Poissons. Vous trouverez d'abord ainsi le point de méridienne où cet arc la coupe, en cherchant dans la table des hauteurs du soleil à chaque heure du jour (pour la latitude de Paris, où nous supposons le cadran décrit), en cherchant, dis-je, dans cette table la hauteur méridienne du soleil. Lorsqu'il entre dans le Scorpion ou les Poissons, elle est de 29° 40'. Faites donc le triangle STE (*fig.* 3. *pl.* 7. *Amusemens de Gnomonique*), dans lequel ST est la hauteur du style, tel que l'angle SET soit de 29° 40' : le point E sera le premier point de l'arc de ces deux signes.

Cherchez ensuite dans la même table la hauteur du soleil à une heure après midi, le même jour ; vous la trouverez de 28° 14' ; ainsi faites le triangle STF, tel que l'angle F soit de 28° 14' ; puis du pied du style S, comme centre, tracez avec le rayon SF, l'arc de cercle qui coupe les lignes de I & XI heures dans les deux points G & H : ce seront les points de l'arc de ces signes sur les lignes de XI & I heure.

Si vous faites la même opération pour toutes les autres heures, vous aurez autant de points par lesquels vous menerez, au moyen d'une règle bien flexible, une ligne courbe : ce sera l'arc des signes du Scorpion & des Poissons.

La même construction, pour les autres signes, vous donnera les autres arcs qui leur conviennent.

Autre

Autre manière.

Cette seconde manière n'exige point le secours de la table des hauteurs du soleil aux diverses heures du jour; une simple opération graphique est suffisante, & l'on y emploie une figure qu'on appelle le *triangle des signes*, & qu'il faut d'abord enseigner à décrire.

Soit une ligne A B, d'une grandeur indéterminée (*fig.* 1. *pl.* 8.); & du point A pris comme centre, au rayon arbitraire AB, tracez un arc de cercle indéfini; prenez de B en E & en *e*, des arcs de 11° 30′, qui sont les déclinaisons des signes du Taureau & de la Vierge, du Scorpion & des Poissons, l'une boréale, l'autre méridionale; & tirez les lignes AE, A *e*, dont la première conviendra aux deux premiers signes, & la seconde aux deux autres.

Faites de même BF, B*f*, de 20° 12′, & tirez AF, A*f*, dont la première répondra aux signes des Gemeaux & du Lion, & la seconde à ceux du Sagittaire & du Verseau.

Que BG, B*g*, soient enfin de 23° 30′; les lignes AG, A*g*, répondront, la première au Cancer, & la seconde au Capricorne.

Cela fait, nous supposons qu'on veuille décrire les arcs des signes sur un cadran horisontal. Après avoir, comme ci-dessus, fixé dans la place convenable un stile droit ST (*fig.* 4. *pl.* 8.), tiré l'équinoxiale, & les lignes horaires, élevez sur AA une perpendiculaire AD, égale à la distance TP, sommet du stile, au centre du cadran P.

Maintenant voulez-vous avoir sur la méridienne les sept points de division des arcs des signes, faites sur la *fig.* 1. AC égale à la distance RT du sommet du stile à l'équinoxiale, & tirez la ligne DC, qui coupera les lignes des signes dans les points 6, 4, 2, C, 1, 3, 5; transférez ces points sur la méridienne dans le même ordre, en faisant R 6 égale à C 6, R 4 égale à C 4, R 2, égale à C 2, R 1 égale à C 1, &c.; vous aurez les points par lesquels passe le soleil à midi, les jours de son entrée dans les signes.

Qu'il s'agisse à présent de trouver les mêmes points sur une des lignes horaires, celle, par exemple, de 3 heures ou 9 heures. Du pied du stile droit S, abaissez sur cette ligne horaire PM une perpendiculaire SV que vous prolongerez jusqu'à la rencontre N du demi-cercle décrit sur PM, comme diamètre; faites ensuite AH égale à PN, (*fig.* 1. *pl.* 8.), & AI égale à PM, & tirez HI à travers le triangle des signes: elle sera coupée par les sept lignes des signes, en sept points, lesquels étant transportés dans le même ordre sur l'horaire proposée, y donneront ceux où elle sera rencontrée par l'ombre du sommet du stile,

Amusemens des Sciences.

à l'entrée de cet astre dans chacun des signes du zodiaque.

Vous joindrez enfin tous les points répondans au même signe sur les lignes horaires, en y faisant passer une ligne courbe: ce sera le parallèle de ce signe.

Des diverses espèces d'heures.

Dans tout ce qu'on a dit jusqu'à présent, il n'a été question que des heures équinoxiales & égales, telles que nous les comptons en France, le jour étant censé commencer à minuit, d'où on la compte au nombre de 24 ou deux fois 12, jusqu'au minuit suivant. C'est aussi la manière la plus commune de compter les heures en Europe. Les heures astronomiques n'en diffèrent qu'en ce qu'on les compte au nombre de 24, du midi d'un jour au midi du jour suivant.

Mais il y a quelques autres espèces d'heures qu'il convient de faire connoître; parce qu'on en trace quelquefois sur les cadrans solaires; telles sont les heures naturelles ou judaïques, les babyloniques, les italiques modernes, celles de Nuremberg.

Les heures naturelles ou judaïques commencent au lever du soleil, & on en compte 12 depuis ce lever jusqu'au coucher de cet astre; d'où l'on voit qu'elles ne sont égales en durée que le jour de l'équinoxe: dans tout autre temps elles sont inégales. Celles du jour sont les plus grandes depuis l'équinoxe du printemps jusqu'à celui d'automne (dans notre hémisphère) celles de la nuit sont au contraire les plus grandes, pendant que le soleil parcourt l'autre moitié du zodiaque.

Celles de Babylone étoient égales, & commençoient au lever du soleil: on en comptoit 24 jusqu'au lever du jour suivant.

Les italiques modernes (car les Romains comptoient à-peu-près comme nous de minuit à minuit) se comptent du coucher du soleil au coucher du jour suivant, au nombre de 24; ensorte que, les jours des équinoxes, le midi tombe à la 18ᵉ heure, & qu'ensuite, à mesure que les jours s'allongent, le midi astronomique arrive à 17 h. ¾, 17 h. ½, &c; & au contraire. Cette manière, assez bizarre & incommode, n'a pas laissé d'avoir des défenseurs, & même dans les François, qui ont trouvé qu'on pouvoit fort bien, avec un crayon & un petit calcul astronomique, fixer tous les jours l'heure de son dîner, & que cela n'étoit pas trop embarrassant.

Quoi qu'il en soit, comme ces heures sont encore en usage dans presque toute l'Italie, nous croyons devoir donner la manière de les tracer, comme une curiosité gnomonique pour ces pays-ci.

Tracer sur un cadran les heures italiques.

Décrivez d'abord sur le plan proposé , que nous supposons horizontal , un cadran horizontal ordinaire , avec les heures aftronomiques ou européennes ; marquez-y aufli les arcs des fignes folfticiaux , du Cancer & du Capricorne , ainfi que la ligne équinoxiale , qui eft l'arc des fignes équinoxiaux.

Cela fait , obfervez que , les jours des équinoxes , le midi arrive à la fin de la 18e heure italique , & que , le jour du folftice d'été , il arrive à la fin de la 16e heure , pour un cadran conftruit à Paris. Ainfi le midi compté par les heures aftronomiques ou 12 h. , répond , le jour de l'équinoxe , à la 18e heure italique , & le jour du folftice d'été , à la 16e ; conféquemment la 18e heure italique au jour du folftice d'été , répondra à la 2e après midi comptée aftronomiquement. Ainfi il faudra joindre par une ligne droite le point de midi marqué fur la ligne équinoxiale , avec celui de 2 heures fur le tropique ou l'arc du figne de Cancer , & vous y infcrirez 18 heures. Vous joindrez pareillement par des tranfverfales , 1 h. fur la ligne équinoxiale , avec 3 h. fur l'arc du Cancer ; 2 h. avec 4 h. &c ; & avant midi , 11 h. avec 1 h. , 10 h. avec 12 h. , 9 h. avec 11 h. , &c : vous effacerez enfuite les lignes aftronomiques , que nous avons fuppofé ne devoir pas fubfifter ; vous prolongerez toutes tranfverfales ci-deffus , jufqu'à la rencontre du parallele du Capricorne , en y infcrivant à leurs extrémités les nombres convenables , & vous aurez votre cadran tracé , comme on le voit *fig. 3 , pl. 8.*

Il eft aifé de voir , par l'exemple ci-deffus , quel calcul il faudroit faire fous une latitude différente de celle de Paris , où le jour a 16 h. au folftice d'été , & 8 h. feulement celui d'hiver. Dans une autre latitude , où le plus long jour n'auroit que 14 h. , & le plus court 10 , le midi arriveroit , le jour du folftice d'été , à 17 heures. Ainfi le midi ou la 12e heure comptée aftronomiquement , répond , le jour du folftice , à la 17e heure italique ; conféquemment la 18e heure italique , le jour du folftice , répondra à la première après midi , comptée aftronomiquement. Ainfi il n'y aura qu'à joindre le point de 1 heure après midi fur l'arc du Cancer , avec le point de midi de l'équinoxiale , on aura la ligne horaire italique de 17 heures , & ainfi des autres.

Tracer fur un cadran les lignes des heures naturelles du jour.

Nous avons dit plus haut , qu'on appelloit heures naturelles , les heures égales & au nombre de 12 , que l'on peut compter d'un lever du foleil à fon coucher ; car c'eft cet intervalle de temps qui forme vraiment le jour naturel.

On tracera facilement fur un cadran , que nous fuppoferons horizontal , les heures de cette efpece. Il faut , pour cet effet , tracer la ligne équinoxiale & les deux tropiques , par les méthodes précédentes.

Cela fait , vous obferverez que , puifque fous la latitude de Paris , le foleil fe lève à 4 heures du matin , le jour du folftice d'été , & fe couche à 8 h. , cet intervalle eft de 16 h. aftronomiques ; conféquemment , fi nous divifons cette durée en 12 , chacune de ces parties fera de 1 h. $\frac{1}{3}$: c'eft pourquoi vous tirerez du centre du cadran , des lignes aux points de divifion de la ligne équinoxiale , qui répondent à 5 h. $\frac{1}{3}$, 6 h. $\frac{2}{3}$, 8 h. , 9 h. $\frac{1}{3}$, 10 h. $\frac{2}{3}$, 12 h. 1 h. $\frac{2}{3}$, &c. mais en vous bornant à marquer fur le tropique du Cancer les points de fection de ces heures avec lui.

Vous obferverez de même que le jour du folftice d'hiver , le foleil fe levant à 8 h. & fe couchant à 4 , la durée totale du jour n'eft que de 8 h. ; ce qui , étant divifé en 12 parties égales , donne pour chacune $\frac{2}{3}$ d'heure aftronomique. Vous tirerez donc les lignes horaires répondantes à 8 h. $\frac{2}{3}$, 9 h. $\frac{1}{3}$, 10 h. , &c. en marquant feulement leur fection avec le tropique du Capricorne. Enfin , fi vous joignez par une ligne courbe , au moyen d'une régle flexible , les points correfpondans de divifion fur les deux tropiques & la ligne équinoxiale , vous aurez votre cadran tracé comme on le voit *fig. 3 , pl. 9.*

Si on vouloit plus d'exactitude , il faudroit tracer deux autres parallèles des fignes , par exemple celui du Taureau & celui du Scorpion , & trouver fur chacun les points répondans aux heures naturelles , par un procédé femblable à celui ci-deffus : on feroit alors paffer les lignes horaires naturelles par cinq points , ce qui les donneroit beaucoup plus exactement.

Trouver l'heure par quelqu'une des étoiles circompolaires.

Il y a des méthodes aftronomiques pour connoître l'heure par le paffage au méridien , ou même par la hauteur de chaque étoile ; car , au moyen des Ephémérides , comme la *Connoiffance des Temps* , publiée chaque année par l'académie royale des fciences , on trouve , par un très-petit calcul , combien chaque étoile devance le foleil au méridien , ou y paffe après lui ; & par cette connoiffance & celle de fa déclinaifon , on peut , par la fimple obfervation de fa hauteur , déterminer l'heure. Mais tout ceci feroit peut-être trop compliqué pour la plupart de nos lecteurs. Nous nous bornerons donc , à la folution du problème ci-deffus , pour la facilité duquel on a imaginé un petit inftrument appelé *nocturlabe* , dont voici la conftruction. Elle eft adaptée pour employer la brillante des deux dernières, qu'on appelle les gardes de la petite Ourse.

Décrivez & coupez fur quelque matière folide, comme du bois ou du métal, un cercle de la grandeur d'un écu de fix livres, (fig. 2 , pl. 8), dont vous diviferez la circonférence en 365 parties, pour marquer les jours de l'année, que vous diftribuerez enfuite de mois en mois, fuivant le nombre que chacun en contient.

A ce cercle en foit ajouté un autre concentrique & mobile, dont vous diviferez la circonférence en 24 parties égales, pour défigner les 24 heures du jour : chacune de ces divifions portera une petite dent, afin qu'on puiffe dans les ténébres compter ces parties par le tact. Une de ces dents doit être plus longue, pour fervir à l'ufage qu'on dira.

Attachez enfuite un petit manche au bord du cercle extérieur. Le centre de ce petit manche doit être avec le centre de l'inftrument, dans une ligne paffant par le 7 novembre, parce que c'eft le jour où à midi l'étoile ci-deffus paffe par le méridien en même temps que le foleil, favoir : à midi au-deffus du pôle, & à minuit au-deffous.

Enfin foit attachée encore à l'inftrument une alidade mobile, tournant autour de fon centre, qui fera percé pour y appliquer l'œil.

On s'en fervira ainfi. On amenera d'abord la pointe de la dent la plus longue fur le jour du mois : enfuite, prenant l'inftrument à la main, & appliquant l'œil à fon centre, on fe tournera du côté du nord, & on confidérera l'étoile polaire, en tenant le plan de l'inftrument autant perpendiculaire qu'on pourra au rayon vifuel, & le manche de l'inftrument dans le plan vertical. Cela fait, conduifez l'alidade enforte que fon bord, qui va au centre de l'inftrument, efleure l'étoile ci-deffus, ou la plus claire des gardes de la petite Ourfe ; comptez enfin le nombre des dents qui fe trouvent entre cette alidade & la plus longue dent : ce fera le nombre des heures écoulées depuis minuit.

Il feroit facile d'adapter l'inftrument à une autre étoile quelconque. Il fuffiroit que le petit manche de l'inftrument regardât le jour du mois où cette étoile paffe au méridien fupérieur avec le foleil : tout le refte feroit abfolument le même.

Trouver l'heure du jour au moyen de la main gauche.

On fent aifément qu'il ne peut pas y avoir de précifion dans une pareille méthode : on ne la donne ici que pour ce qu'elle vaut.

Il faut d'abord étendre la main gauche, & la pofer horizontalement, enforte que le dedans foit tourné vers le ciel ; puis on prendra un brin de paille ou de bois, qu'on placera à angles droits à la jointure, entre le pouce & le doigt index, & qu'on tiendra élevé au-deffus de la main, de la longueur qui eft depuis cette jointure jufqu'à l'extrémité du doigt index, comme on le voit repréfenté dans la figure en A, (fig. 4 , pl. 9.) : ce brin de paille fert de ftyle. Enfuite on tournera la racine du pouce vers le foleil, la main étant toujours étendue, jufqu'à ce que l'ombre du mufcle qui eft au-deffous du pouce fe termine à la ligne de vie marquée C. Alors l'extrémité de l'ombre du brin de paille montrera l'heure, en tournant le poignet ou la racine de la main vers le foleil, & tenant les doigts également étendus. L'ombre tombante au bout du doigt index, marquera 5 heures du matin ou 7 heures du foir ; au bout du doigt du milieu, 6 heures du matin & du foir ; au bout du doigt fuivant, 7 heures du matin & 5 heures du foir ; au bout du petit doigt, 8 heures avant midi & 4 heures du foir ; à la jointure prochaine du même petit doigt, 9 heures du matin & 3 heures après midi, à la jointure fuivante du petit doigt, 10 heures avant midi & 2 heures après midi ; à la racine du même doigt, 11 heures du matin & 1 heure après midi ; enfin l'ombre tombante fur la ligne de la main marquée D, dite *ligne de la table*, marquera 12 heures ou midi.

Méthode générale pour la defcription des cadrans folaires, quelle que foit la déclinaifon ou l'inclinaifon du plan.

Cette méthode eft fondée fur cette confidération ingénieufe, favoir, qu'un plan quelconque eft toujours un plan horizontal pour quelque lieu de la terre ; car un plan quelconque étant donné, il eft évident qu'il eft quelque point de la terre dont le plan tangent ou le plan horizontal lui eft parallèle. Il eft encore évident que deux plans ainfi parallèles, montrent en même temps les mêmes heures. Ainfi, par exemple, foit fuppofé à Paris un plan tellement incliné & déclinant, qu'il fût parallèle au plan horizontal d'Ifpahan ; en traçant fur ce plan un cadran tout comme s'il étoit horizontal, on auroit les heures d'Ifpahan, Quand ce plan montreroit midi, par exemple, l'ombre tombant fur fa foustylaire, on pourroit dire il eft midi à Ifpahan ; quand cette ombre tomberoit fur la ligne d'une heure, on pourroit dire que les habitans d'Ifpahan comptent une heure, &c.

Mais comme ce ne font point les heures d'Ifpahan dont nous avons befoin à Paris, il faut trouver le moyen de marquer celles de Paris. Or cela ne fera pas difficile ; dès qu'on connoîtra la différence de longitude entre ces deux villes. Suppofons qu'elle foit précifément de 45 degrés ou de 3 heures. Ainfi donc, lorfque l'on comptera midi à Paris, il fera 3 heures du foir à Ifpahan, & il y

Hhhh 2

fera 2 heures après midi, lorfqu'on comptera 11 heures à Paris, &c. Si donc, fur ce cadran fuppofé horizontal, nous prenons la ligne de 3 heures pour la ligne de midi, & que nous y marquions midi, & les autres à proportion, nous aurons à Paris le cadran horizontal d'Ifpahan, lequel marquera, non les heures d'Ifpahan, mais celles de Paris dont nous avons befoin.

Nous croyons avoir énoncé le principe affez clairement pour le rendre fenfible à nos lecteurs un peu géomètres ou aftronomes; mais il eft à propos de donner un exemple fuivi & détaillé, pour en faire mieux fentir l'application.

Suppofons donc ici à Paris, un plan faifant avec l'horizon un angle de 12 degrés, & déclinant vers l'oueft de 22 degrés & demi.

La première opération à faire, eft de trouver la longitude & la latitude du lieu de la terre; dont le plan horizontal eft parallèle au plan donné.

Pour cela, imaginons un vertical AI perpendiculaire à ce plan donné, (*fig.* 2, *pl.* 9,) & fur ce vertical, que nous fuppofons tracé fur la furface de la terre, prenons, du côté qui regarde la partie fupérieure du plan, un arc AH, égal à l'inclinaifon de ce plan avec l'horizon: l'extrémité de cet arc H fera le point de la terre dont l'horizon fera parallèle au plan donné. Cela eft fuffifamment fenfible fans l'appareil d'une démonftration. Concevons enfuite un méridien PH, mené du pôle P à ce point: il eft évident que ce fera le méridien du plan donné, & que l'angle APH de ce méridien avec celui de Paris, donnera la différence de longitude des deux lieux. Il faudra donc trouver cet angle; &, pour le trouver, nous avons un triangle fphérique APH, où trois chofes font connues, favoir; 1°. la diftance AP de Paris au pôle, laquelle eft de 41 d. 9′; 2°. la diftance AH de Paris au lieu dont le plan horizontal eft parallèle au plan donné, qui eft de 12 d.; 3°. l'angle PAH, compris entre ces deux côtés, & qui eft égal à l'angle droit HAL, plus celui du plan avec la méridienne PAL.

On trouvera, en réfolvant ce triangle fphérique, que l'angle au pôle APH, ou celui des deux méridiens, eft de 5 d. 41′; c'eft la différence de longitude des lieux A & H.

La latitude du lieu H fe trouvera auffi par la réfolution du même triangle; car cette latitude eft mefurée par le complément de l'arc PH dans le triangle PAH, & le calcul donné de 36 d. 42′ (1).

Ainfi le plan incliné de 12 d. à Paris, & déclinant de 22 d. ½ à l'oueft, eft parallèle au plan horizontal d'un lieu qui a 5 d. 41′ de longitude à l'occident de Paris, & 36 d. 42′ de latitude. Ce dernier angle eft auffi celui que doit faire le ftyle avec la fouftylaire, car l'angle que fait l'axe de la terre avec le plan horizontal, eft toujours égal à la latitude.

Enfin il eft évident que, lorfqu'on comptera midi au lieu H, on aura 22′ 44″ après midi au lieu A; car 5 d. 41′ en longitude, répondent à 22′ 44″ d'heure: conféquemment, lorfque au lieu A l'ombre du ftyle tombera fur la fouftylaire du plan, il fera dans ce lieu A 22′ 44″ après midi, ou il y aura ce temps que midi eft paffé. Pour trouver donc l'heure de midi, il faudroit tirer à l'oueft de la fouftylaire une ligne horaire, répondante à 11 h. 37′ 16″, ou 11 h. 37′. Par un même raifonnement, on verra que les 11 heures du matin du lieu A répondront à 10 h. 37′ du lieu H, les 10 heures à 9 h. 37′; &c. De même après midi, la ligne d'une heure, pour le lieu A, répondra à celle de midi & 37 minutes du lieu H; 2 heures, à 1 heure 37 minutes; 3 heures, à 2 heures 37 minutes, &c.

Ainfi, en fuppofant la fouftylaire du plan fur lequel le cadran doit être tracé, être la méridienne, il faudra décrire un cadran qui marque, avant midi, 11 h. 37′, 10 h. 37′, 9 h. 37′, 8 h. 37′, &c. & après midi, midi 37″, 1 h. 37′, 2 h. 37′; 3 h. 37′, 4 h. 37′, &c.

Tous ces calculs faits, nous tracerons notre cadran avec facilité. Pour cet effet, on cherchera d'abord, par le problème III, la fouftylaire qui eft la méridienne du plan. Je fuppofe, dans la *fig.* 1, *pl.* 9, qu'elle foit PE, & P le centre du cadran. Ayant pris PB de la longueur convenable, tirez par le point B la perpendiculaire ABC à PE; que A foit le côté de l'oueft : la ligne P*d* qui répond à 11 heures 37 minutes, ou qui eft éloignée de la méridienne de 23 minutes d'heure, fe trouvera en faifant cette analogie :

Comme le finus total

Au finus de complément de la hauteur du pôle fur le plan, qui eft de 36° 42′.

---

[1] On peut s'éviter le calcul trigonométrique, au moyen d'une opération graphique qui eft fort fimple, & qui eft une fuite de celle qu'on a enfeignée ci-devant. Dans un cercle de la grandeur convenable, prenez un arc *p a* égal à PA, (*fig.* 2 & 5, *pl.* 9,) prenez *ah* égal à AH, & du point *h* abaiffez une perpendiculaire *hi* fur le rayon *ca* ; fur *hi* décrivez un quart de cercle, où vous ferez *hk* égal à *ah* qui mefure l'angle de la déclinaifon du plan, ou au fupplément de l'angle PAH; tirez *kl* perpendiculaire à *hi*, & enfin, du point *l*, la perpendiculaire *lm* au rayon *cp*, laquelle foit prolongée jufqu'au cercle, en *n* : l'arc *pn* fera égal à PH, & fi fur *mo* on décrit un arc de cercle, qu'on mene *lp* perpendiculaire à *ml*, rencontrant en *p* cet arc de cercle : l'angle *pml* fera égal à l'angle cherché P du triangle APH.

Ainſi la tangente de l'angle horaire qui répond à 23ᵈ d'heure, ou la tangente de 5° 45′,

A un quatrième terme, qui ſera la tangente de l'angle BP d.

On la trouve, par cette analogie, égale à 81 parties, dont PD en contient 1000 : prenant donc avec une échelle 81 de ces parties, & les portant de B en d, & tirant Pd, on aura la ligne horaire de 11 heures 37 minutes pour le plan du cadran ou le lieu H.

De même on trouvera la ligne Pe de 10 heures 37 minutes, en faiſant cette analogie ;

Comme le ſinus total

Au ſinus de complément de 36° 42′,

Ainſi la tangente de l'angle horaire répondant à 10 h. 37′, ou la tangente de 20°. 45′,

A la tangente de l'angle BP e.

On la trouve de 319 des parties ci-deſſus.

Ainſi, prenant ſur la même échelle de ce nombre de parties, & le tranſportant de B en e, on aura la ligne horaire P e, répondante à 10 heures 37 minutes.

On trouvera de même les autres lignes avant midi. Les deux premiers termes de l'analogie ſont les mêmes ; le troiſième terme eſt toujours la tangente d'un angle qui augmente ſucceſſivement de 15° : ainſi ces tangentes ſeront celles des angles de 5° 45′, 20° 45′, 35° 45′, 50° 45′ 65° 45′, dont il faudra ajouter ſucceſſivement les logarithmes au logarithme du ſinus de complément de 36° 42′ : on en ôtera le logarithme du ſinus total, & les reſtans ſeront les logarithmes des tangentes des angles des lignes horaires ; & ces tangentes elles-mêmes ſeront ſucceſſivement, pour B d, B e, B f, &c. 81, 319, 576, 979, 1775, 5114, &c. en parties dont le rayon, ou PD, contient 1000.

Pour les heures après midi, on opérera de même. Comme 37ᵈ d'heure répondent à 9° 15′, le premier angle horaire ſera de 9° 15′ ; le ſecond, en y ajoutant 15°, ſera de 24° 15′ ; le troiſième, de 39° 15′ ; le quatrième, de 54° 15′, &c. On aura donc ſucceſſivement ces proportions à faire ;

Comme le ſinus total

Eſt au ſinus de complément de 36° 42′,

Ainſi la tangente de 9° 15′, ou de 24° 15′, ou de 39° 15′, &c.

A un quatrième terme.

Ce ſera la tangente de l'angle BP l, ou BP m, ou BP n, &c.

Ainſi, ajoutant ſucceſſivement au logarithme du ſinus de 53° 18′, les logarithmes des tangentes de 9° 15′, 24° 15′, 39° 15′, &c. & des ſommes retranchant le logarithme du ſinus total, on aura les logarithmes de tangentes des angles que font avec la ſouſtylaire les lignes horaires P l, P m, P n, &c. & ces tangentes mêmes, qui ſeront reſpectivement de 131, 361, 656, 1115, 2121, 8028 parties, dont PB en contient 1000. Qu'on prenne donc avec le compas, ſur une échelle convenable, ces grandeurs ſucceſſivement ; qu'on les porte de B en l, de B en m, de B en n, &c. ; qu'on tire les lignes P l, P m, P n, P o, &c. ; enfin, en marquant le point d de XII heures, parce que Pd eſt la méridienne du lieu A, qu'on marque les autres points horaires de nombres convenables, comme on le voit dans la figure : le cadran ſera tracé.

Il eſt à propos encore, pour ne pas tracer plus de lignes horaires qu'il ne faut, de déterminer à quelle heure, dans le plus long jour d'été, le ſoleil ſe lève & ſe couche ſur le plan propoſé. Cela ſe fera facilement au moyen de la conſidération ſuivante.

Il eſt aiſé de voir que, ſi l'on ſuppoſe deux plans parallèles en deux lieux différens de la terre, le ſoleil commencera à les éclairer tous les deux au même inſtant, & que pareillement il ſe couchera en même temps pour tous les deux : ainſi le plan de notre cadran étant parallèle au plan horizontal d'un lieu qui a 36° 42′ de latitude ſeptentrionale, il n'eſt queſtion que de ſavoir quelle eſt l'heure à laquelle, dans les plus longs jours d'été, le ſoleil ſe levera à l'égard de ce plan. Or l'on trouve que, pour une latitude de 36° 42′, le plus long jour eſt de 14 heures & demie, ou que le ſoleil ſe leve ce jour-là à 7 heures ¼ avant midi ; & ſe couche à 7 heures ¼ : il ſuffira donc ſur le cadran en queſtion, de marquer la ligne horaire qui précède la méridienne du plan, de 7 heures ¼, c'eſt-à-dire, à bien peu de choſe près, la ligne de 5 heures du matin pour le lieu A ; car, à quelque heure que cet aſtre ſe lève, il ne commencera que vers cette heure-là à éclairer le plan, & quant aux heures après midi, la dernière devra être 7 heures ¼ ; car, à cette heure-là, quelque tems que le ſoleil reſte encore ſur l'horizon, il ſe couchera pour le plan. Voyez à l'article CADRANS.

GOBELETS & GIBECIÈRE (Tours de).

Le jeu des gobelets, auſſi ancien que ſimple & ingénieux, eſt auſſi de tous les tours d'adreſſe le plus amuſant & le plus facile à exécuter.

On ſe ſert ordinairement de trois gobelets de fer-blanc poli A B & C, (fig. 1. pl. 1. Tours de Gibecière, tome VIII des gravures.) ils doivent être de la forme d'un cône tronqué, ayant un double rebord D vers le bas (1), d'environ un demi-pouce ; le deſſus E doit être creux & de figure ſphérique, afin de pouvoir contenir les muſcades (2) ſans qu'elles excèdent le bord ſupérieur du gobelet ; il faut ſe munir auſſi d'une petite baguette qu'on nomme *bâton de Jacob* : elle ſe fait ordinairement d'ébene, & on la garnit d'yvoire par ſes deux bouts ; on s'en ſert pour frapper ſur les gobelets, & comme on la tient fréquemment dans la main où l'on cache les muſcades, elle procure l'avantage de tenir ſouvent la main fermée & d'en varier la ſituation, ſans quoi, pour éviter qu'on ne les apperçoive, elle ſe trouveroit quelquefois un peu gênée.

Toute l'adreſſe de ce jeu conſiſte principalement à cacher ſubtilement une muſcade dans la main droite & à la faire paroître de même dans les doigts de cette même main.

Toutes les fois qu'on la cache entre ſes doigts, ce qu'on appelle *eſcamoter la muſcade*, il faut que le ſpectateur juge qu'on la met dans l'autre main ou qu'on la fait paſſer ſous un gobelet ; ſi au contraire on la fait reparoître lorſqu'on la tient cachée dans ſa main, il faut qu'il croie qu'on la fait ſortir de l'endroit qu'on touche alors du bout des doigts.

Manière d'eſcamoter la muſcade.

On prend la muſcade, & l'ayant miſe dans la main droite entre l'endroit du pouce A (*fig.* 2 *ibid*) & le bout du doigt B, on la conduit avec le pouce en la faiſant rouler ſur les doigts le long de la ligne BC, on écarte un peu le doigt du milieu D & celui E, & on la place à leur jonction C ; (*Voyez fig.* 3) ſa légéreté ſuffit pour l'empêcher de tomber, pour peu qu'on la ſerre entre ces deux doigts.

Pour la faire paroître, on la ramène de même avec le pouce depuis C juſqu'en B (*fig.* 2). Toutes les fois qu'on l'eſcamote ou qu'on la fait paroître, le plat de la main doit être tourné du côté de la table ſur laquelle on joue.

Lorſqu'on cache la muſcade dans ſa main, on donne à entendre qu'on la fait paſſer ſous un gobelet ou dans une autre main ; dans le premier cas on fait un mouvement avec la main comme ſi on la jettoit au travers du gobelet, (*Voyez fig.* 4) & du même temps on l'eſcamote : dans le ſecond on l'eſcamote & on approche les deux

(1) Ce rebord ſert à lever facilement le gobelet & à y placer avantageuſement la main pour faire paſſer une petite boule de liège, que l'on nomme *muſcade*.

(2) On les fait avec du liège & on les noircit en les brûlant un peu à la chandelle.

doigts de la main droite vers la main gauche qu'on tient ouverte, on fait un petit mouvement pour feindre qu'on y place la muſcade, & on ferme auſſitôt la main gauche.

Lorſqu'on feint de mettre une muſcade ſous un gobelet, on ſuppoſe toujours qu'elle eſt alors dans la main gauche ; on lève le gobelet avec la main droite (*Voyez fig.* 5), & ouvrant la main gauche, on la poſe à l'inſtant ſur le creux de cette main & on le fait gliſſer le long des doigts.

Lorſqu'on la veut mettre ſecretement ſous le gobelet, elle doit être alors entre les deux doigts de la main droite (*fig.* 6), on lève le gobelet de cette même main, & en le repoſant ſur la table on lâche la muſcade, qui ſelon la poſition (*fig.* 7) doit ſe trouver au bord & un peu au-deſſous du gobelet qu'on prend dans ſa main.

Si on veut mettre ſecretement la muſcade entre deux gobelets, il faut en la lâchant la faire ſauter vers le fond du gobelet qu'on tient & le poſer promptement au-deſſus de celui ſur lequel on veut qu'elle ſe trouve placée.

Lorſque la muſcade eſt placée entre deux gobelets & qu'on la veut faire diſparoître, il faut élever avec la main droite les deux gobelets au-deſſus de la table, & retirant précipitamment avec la main droite celui de deſſous ſous lequel eſt la muſcade, au même inſtant on abaiſſe avec la main gauche l'autre gobelet ſous lequel elle ſe place alors.

Nota. Pour l'intelligence des tours qui ſuivent, on prévient qu'on ſe ſervira des termes ci-après pour expliquer ſi ce qu'on annonce eſt feint ou véritable, & qu'on adaptera leurs numéros à l'explication des différentes récréations qui ſuivent :

Nᵒ. I.

Poſer la muſcade ſous le gobelet, c'eſt la mettre effectivement ſous ce gobelet avec les deux doigts de la main droite ou de la main gauche.

Nᵒ. II.

Mettre la muſcade ſous le gobelet ou dans la main, c'eſt l'eſcamoter, en feignant de la renfermer dans la main gauche qu'on entr'ouvre enſuite pour ſuppoſer qu'on la met ſous ce gobelet ou ailleurs, (*Voyez fig.* 3).

Nᵒ. III.

Faire paſſer la muſcade ſous le gobelet, c'eſt y introduire ſecretement celle qu'on a eſcamoté entre les doigts (*Voyez fig.* 6).

Nᵒ. IV.

Faire paſſer la muſcade entre les gobelets, c'eſt la

même chofe , excepté qu'on la place entre deux gobelets.

N°. V.

Faire difparoître la mufcade qui eft entre deux go-belets , c'eft retirer avec beaucoup de précipita-tion & d'agilité celui fur lequel elle eft placée , & abaiffer en même-temps fur la table celui qui fe trouve au-deffus , fous lequel alors elle fe trouve cachée.

N°. VI.

Prendre la mufcade , c'eft la prendre entre les deux doigts de la main droite , & la faire voir avant de l'efcamoter.

N°. VII.

Oter la mufcade de deffous un gobelet , c'eft l'ôter effectivement avec les doigts à la vue des fpec-tateurs.

N°. VIII.

Tirer la mufcade , c'eft feindre de la retirer du bout du bâton , du gobelet ou de tout autre endroit , en ramenant dans les doigts celle qui eft cachée dans la main.

N°. IX.

Jetter la mufcade au travers le gobelet , c'eft l'ef-camoter en feignant de la jetter.

N°. X.

Lever les gobelets. Se fait de trois manières : favoir , de la main droite lorfqu'on veut en le re-mettant à fa place y inférer fecrettement une muf-cade ; ou avec la baguette qu'on pofe fur le def-fus des gobelets pour les abaiffer afin de faire voir les mufcades qu'on y a fait paffer ; ou avec les deux doigts de la main gauche lorfqu'on veut faire voir qu'il n'y a point de mufcades , ou qu'il y en a qui y font paffées.

N°. XI.

Couvrir un gobelet , c'eft prendre de la main droite celui qu'on veut mettre au-deffus de lui & introduire en même-temps la mufcade entre les deux.

N°. XII.

Recouvrir un gobelet , c'eft prendre de la main gauche le gobelet qu'on veut mettre au-deffus , fans rien introduire.

Avec une feule mufcade , mettre une mufcade fous chaque gobelet & les retirer.

Les trois gobelets & le petit bâton étant mis fur la table comme l'indique la *figure* 1 , *planch.* 1 (*Tours de Gibecière, tome VIII des gravures*) ; on commencera ce jeu en faifant un difcours plaifant & tel qu'on voudra fur l'origine de cette baguette & des gobelets (1) ; on dira , par exemple.

Il y a bien des perfonnes qui fe mêlent de jouer des gobelets , & qui n'y connoiffent rien ; cela n'eft pas fort extraordinaire , puifque moi-même , qui me hafarde à jouer devant vous , je n'y con-çois pas grand'chofe : je ne rougis pas de vous avouer , que j'étois fi novice il y a quelque tems , que je m'avifai de jouer devant une nombreufe affemblée avec des gobelets de verre ; vous jugez que je ne fus pas fort applaudi : je n'emploie ac-tuellement cette méthode que vis-à-vis des aveu-gles : je ne joue pas non plus avec les taffes de porcelaine , de crainte que par mal-adreffe , vou-lant feindre d'en caffer les anfes , je ne les caffe tout de bon ; voici les gobelets dont je me fers : ils font compofés de métaux que les Alchi-miftes attribuent à Jupiter & à Mars , c'eft-à-dire , pour parler plus humainement & plus in-telligiblement qu'ils font de fer-blanc ; voyez & examinez ces gobelets , (*on fait voir les gobe-lets aux fpectateurs , & on les remet fur la table*) toute ma fcience , & c'eft en cela qu'elle eft ad-mirable , confifte à vous fafciner les yeux & à y faire paffer des mufcades fans que vous vous en apperceviez : je vous avertis donc de ne point faire attention à mes paroles , mais de bien exa-miner mes mains : *on montre fes mains*) s'il y a dans cette compagnie quelqu'un qui ait le mal-heur de fe fervir de lunettes , il peut fe retirer , attendu que les plus clairs-voyans n'y verront rien.

Voici le petit bâton de Jacob : (*on montre le bâton de la main gauche*) c'eft-à-dire , le magafin d'où je tire toutes mes mufcades (2) , il n'y en a pas un feul à Amfterdam qui en foit fi bien four-ni , attendu que plus on en ôte , plus il en refte ; j'en tire (VIII.) cette mufcade ; (*on la fait voir & on la pofe.* (I) *fur la table*) remarquez qu'il n'y a rien fous ces gobelets , (*on fait voir l'intérieur des gobelets*) & que je n'ai aucune autre mufcade dans mes mains : (*on fait voir fes mains*) je prends (VI) cette mufcade , je la mets (II) fous ce pre-mier gobelet : je tire (VIII) une feconde muf-

---

(1) Il faut beaucoup difcourir dans cette forte d'a-mufement , afin d'occuper l'œil quelquefois trop attentif du fpectateur.

(2) On prend fecrettement de l'autre main une muf-cade dans fa gibecière , ou dans le vafe *fig.* 8 , n°. 1 & 2 , *pl.* 1 , *ibid.* On cache cette mufcade entre fes doigts.

cade de mon petit bâton , & je la mets fous ce deuxième gobelet. (*On la met effectivement.* (Il eſt bon de vous prévenir que la plupart de ceux qui jouent des gobelets font femblant d'y mettre les muſcades; mais pour moi , je ne vous trompe pas , & je les y mets effectivement. (*on lève le gobelet* B , *& prenant la muſcade qu'on y a mis dans les doigts de la main droite , on la fait voir*) ; je la remets (II) fous ce deuxième gobelet : je tire (VIII) cette troiſième , & la mets (II) de même fous ce dernier gobelet. Vous allez dire que cela n'eſt pas fort extraordinaire & que vous en feriez autant ; j'en conviens ; mais la difficulté conſiſte à retirer ces muſcades au travers les gobelets ; (*on frappe le premier gobelet de la baguette.*) je tire (VIII) cette première muſcade (*on la fait voir*) je la mets (II) dans ma main , & je l'envoie à Conſtantinople. (*On ouvre la main gauche.*) Je tire (VIII) celle-ci , (*on frappe avec la baguette fur le deuxième gobelet.*) je la mets (II) dans ma main , & je l'envoie aux grandes Indes , (*on ouvre la main gauche;*) je tire (VIII) la dernière , & je la poſe (I) fur la table ; remarquez qu'il n'y a plus rien fous aucun de ces gobelets , (*on abaiſſe les gobelets*).

2°. *Avec cette feule muſcade reſtée fur la table , faire paſſer une muſcade au travers chacun des gobelets & la tirer de même.*

Je remets ces gobelets à leur place ; je prends (VI) cette muſcade , & je la mets (II) fous ce premier gobelet ; je la retire (VIII) ; remarquez qu'elle n'y eſt déjà plus ; (*on lève* (X) *le gobelet de la main gauche*) je la mets (II) fous cet autre gobelet ; je la retire (VIII) de même ; (*on lève* (X) *le gobelet*) ; je la mets (II) fous ce dernier gobelet , & la retire (VIII) encore , (*on lève le dernier gobelet avec la main gauche , & on met la muſcade fur la table*).

3°. *Avec cette feule muſcade reſtée fur la table , retirer une muſcade au travers de deux & trois gobelets.*

Je n'ai jamais aucune muſcade cachée dans mes mains , comme font la plupart de ceux qui jouent des gobelets , (*on montre fes mains*). Je prends (VI) cette muſcade & je la mets (II) fous ce gobelet B (1) ; je le recouvre (XII) avec celui-ci C , & je retire (VIII) cette muſcade au travers les deux gobelets ; (*on la fait voir en la poſant fur la table , on remet le gobelet* C *à fa place , & on lève* (X) *le gobelet* B *pour faire voir qu'il n'y a plus rien*). Je reprends (VI) cette même muſcade , je la mets (II) fous ce même gobelet B ; je le recouvre (XII) des deux autres gobelets C

& A , & je retire (VIII) cette muſcade au travers les trois gobelets. (*On la fait voir & on la poſe fur la table.*

4°. *Avec cette feule muſcade reſtée fur la table , faire paſſer une même muſcade de gobelet en gobelet.*

Maintenant , je vous prie d'avoir beaucoup d'attention , & vous verrez très-diſtinctement cette muſcade paſſer ſucceſſivement d'un gobelet dans l'autre ; (*on éloigne davantage les gobelets* ,) je prends (VI) cette muſcade , & je la mets (II) fous ce gobelet C ; il n'y a rien fous celui-ci B ; (*on le lève , on introduit la muſcade & on prend le bâton dans fa main*). Je commande à celle que j'ai mis fous ce gobelet C de paſſer fous celui-ci B : vous la voyez , (*on conduit le bout du bâton d'un gobelet à l'autre , comme ſi on ſuivoit la muſcade ,*) remarquez qu'elle eſt paſſée ; (*on lève le gobelet de la main gauche , & prenant la muſcade dans la main droite , on la fait voir*). Je la remets (II) fous ce gobelet B ; il n'y a rien fous celui-ci A. (*On lève ce gobelet de la main droite & on y introduit la muſcade*) ; je vais la faire paſſer fous ce dernier gobelet A ; ouvrez bien les yeux , approchez-vous , (*on fait comme ſi en la voyant on indiquoit avec le bout du bâton le chemin qu'elle tient*) ; vous ne l'avez pas vu paſſer ? ... je n'en fuis pas fort ſurpris , je ne la vois pas moi-même ; la voici cependant fous le gobelet. *On lève le gobelet* A , & on la poſe fur la table).

5°. *Avec cette même muſcade poſée fur la table , les gobelets étant couverts , faire paſſer une muſcade de l'un dans l'autre , fans les lever.*

J'avois bien raiſon de vous dire que les plus clair-voyans n'y verroient pas grand-choſe ; mais conſolez-vous : voici un tour où vous ne verrez rien du tout. Je prends cette muſcade & je la mets (II) fous ce gobelet B ; je le couvre (XI) avec ces deux autres gobelets ; (*on en prend un dans chaque main* , & *on introduit la muſcade fur le gobelet* B) ; faites attention qu'il n'y a abſolument rien dans mes mains ; (*on les fait voir*) je commande à cette muſcade de monter fur le premier gobelet , (*on lève les deux gobelets qu'on remet à leur place , & on fait voir qu'elle eſt montée*). Je remets (II) cette muſcade fous ce même gobelet B , je le couvre de même. (*on le couvre en prenant un gobelet dans chaque main , & on introduit la muſcade entre le deuxième & le troiſième gobelet*). Je tire (2) la muſcade qui eſt fous ces trois gobelets , & je la jette au travers le premier gobelet ; (*on feint de*

---

(1) On diſtinguera par la fuite les trois gobelets par A , B & C , comme il eſt indiqué par la figure première , planche 1.

(2) La feule muſcade avec laquelle on joue étant fous le troiſième gobelet , on ne peut la faire voir effectivement , mais on fait comme ſi on l'avoit retirée & miſe dans les doigts de la main gauche qu'on tient en l'air en conduiſant la main de côté & d'autre.

la

la jetter) remarquez que je n'ai point efcamoté la mufcade, n'ayant rien dans mes mains, (*on les fait voir*) ; la voilà cependant paſſée, (*on lève le premier gobelet de la main gauche, & on met la muſcade ſur la table, & les gobelets à leur place*).

6°. Avec cette même muſcade poſée ſur la table, faire paſſer une muſcade au travers de la table & de deux gobelets.

Vous êtes ſans doute ſurpris que n'ayant effectivement qu'une ſeule muſcade, j'aie pu, après vous l'avoir fait voir, la faire paſſer ſous ce gobelet ſans le lever ; mais que cela ne vous étonne pas, j'ai des ſecrets bien plus merveilleux ; je tranſporte, par exemple, un clocher d'un village dans un autre ; j'ai des cadrans ſympathiques avec leſquels on peut s'entretenir à deux cents lieues de diſtance ; j'ai un char volant qui peut me conduire à Rome en trois jours. Je vous ferai voir toutes ces choſes auſſitôt que mes machines ſeront totalement perfectionnées, c'eſt-à-dire, dans quelques ſiècles : en attendant que je vous ſurprenne avec tous ces prodiges, je vais continuer à vous amuſer ; je mets (II) cette muſcade ſous ce gobelet A, je la retire (VIII). (*on la fait voir & on feint de la mettre dans les doigts de la main gauche*) je couvre (XI) ce gobelet avec les deux autres B & C, (*on introduit la muſcade entre ces deux gobelets en ſe ſervant toujours de la main droite, & feignant de la tenir encore dans la main gauche*), & je fais paſſer cette muſcade au travers de la table & les deux gobelets, (*on met la main gauche ſous la table*) ; la voilà paſſée, (*on lève le premier gobelet*).

7°. Avec cette même muſcade ; une muſcade ayant été miſe ſous un gobelet, l'en retirer & la faire paſſer entre les deux autres.

Voici encore un fort joli tour : je prends cette muſcade & je la mets (II) ſous ce gobelet A ; remarquez qu'il n'y a rien ſous les autres, (*on le fait voir & on introduit la muſcade ſous celui C*) ni dans mes mains ; je tire la muſcade qui eſt ſous ce gobelet A ; (*on feint de la retirer & on montre le fond du gobelet, afin que l'attention du ſpectateur ne ſe porte pas ſur les doigts*) : je couvre ce gobelet C avec les deux autres A & B, & je la jette (IX) au travers de ces deux gobelets ; (*on les lève & on fait voir que la muſcade y eſt paſſée*).

8°. Avec cette même muſcade & une pièce de douze ſols, faire paſſer une muſcade d'une main dans l'autre.

Je prends cette muſcade, je la mets (II) dans cette main, & je mets dans celle-ci cette pièce de douze ſols ; dans quelle main croyez-vous que ſoit la pièce de douze ſols : (*Quelque réponſe que*

Amuſemens des Sciences.

---

le ſpectateur faſſe, on fera voir qu'il ſe trompe, & que le tout eſt dans la main droite : ce coup ſert de prétexte pour prendre une muſcade dans la gibecière, en y remettant cette pièce) (1).

9°. Avec la muſcade reſtée ſur la table & celle qu'on a priſe ſecretement dans la gibecière, faire paſſer ſous un gobelet les deux muſcades miſes ſous les autres.

Pour continuer à vous amuſer, il me faut une ſeconde muſcade ; je prends cette muſcade & je la coupe en deux ; (*on la prend dans la main gauche, & tenant le bâton de la main droite, on feint de la couper, on remet enſuite le bâton ſur la table, & on ramène au bout des doigts celle qu'on a pris dans ſa gibecière*). Rien n'eſt ſi commode que de pouvoir ainſi multiplier les muſcades ; quand j'ai beſoin d'argent, je les coupe & recoupe juſqu'à ce que j'en aye cinq à ſix boiſſeaux, & je les vends à l'épicier ; [*on poſe les deux muſcades ſur la table*], remarquez qu'il n'y a rien ſous ce gobelet A ; j'y mets (II) cette première muſcade, il n'y a rien non plus ſous les deux autres gobelets ; (*on introduit la muſcade ſous le gobelet B*) ; je prends cette deuxième muſcade & je la mets (II) ſous ce gobelet C ; il y a maintenant une muſcade ſous ces deux gobelets A & C ; je tire (VIII) de ce gobelet C cette muſcade, & je la jette (IX) à travers le gobelet du milieu B ; obſervez qu'elle eſt paſſée ; (*on lève le gobelet B, & on y introduit la ſeconde muſcade*) ; je commande à celle qui eſt ſous cet autre gobelet A de paſſer ſous ce même gobelet B. (*On lève ce gobelet, on fait voir qu'elles y ſont toutes deux, & on les poſe ſur la table*).

10°. Avec les deux muſcades qui ſont reſtées ſur la table, deux muſcades ayant été miſes ſous un même gobelet, les faire paſſer ſous les deux autres.

Lorſque j'étois au collège, le régent me diſoit toujours qu'il falloit ſavoir faire ſon thême en deux façons ; je viens de faire paſſer ces deux muſcades dans le gobelet du milieu ; je vais maintenant les en faire ſortir, l'un ne m'eſt pas plus difficile que l'autre ; je prends donc ces deux muſcades & je les poſe ſous ce gobelet B ; (*on n'y met effectivement qu'une ſeule muſcade & on eſcamote l'autre, en feignant de la mettre avec celle qu'on a pris de la main gauche*) ; remarquez qu'il n'y a rien ſous ce gobelet A, ni ſous l'autre C ; (*on introduit dans ce dernier la muſcade qu'on a eſcamoté*). Je commande à l'une des muſcades qui ſont dans le gobelet du milieu de paſſer ſous l'un ou l'autre

---

(1) On peut, ſans rompre la chaîne qui lie toutes ces récréations, ſupprimer celle-ci & feindre de laiſſer tomber à terre la muſcade avec laquelle on joue, afin d'avoir prétexte d'en prendre une autre.

de ces deux gobelets A & C , la voilà déjà partie ; (on lève le gobelet B pour faire voir qu'il n'y a plus qu'une muscade ; & prenant de la main droite la muscade qui est dessous , on la fait voir & on la remet (II) sous ce même gobelet B) : voyons dans quel gobelet elle est passée ; (on lève d'abord le gobelet A , & on y introduit la muscade qu'on a ôtée du gobelet B) ; la voici sous celui-ci C , (on lève ce gobelet) ; je commande à l'autre muscade de passer sous le gobelet A ; (on le lève , & on fait voir qu'elle y est passée) (1).

11º. *Avec ces deux muscades , une troisième qu'on fait voir & une quatrième cachée dans la main , faire passer trois muscades sous un même gobelet.*

Tout ceci n'est que bagatelle , je vais vous faire voir bien autre chose avec trois muscades ; (on tire une troisième muscade de sa gibecière , on la pose sur la table , & on en cache une quatrième dans sa main) ; faites attention qu'il n'y a rien sous aucun de ces gobelets ; (on les lève & on introduit la muscade sous le gobelet C) ; je prends cette première muscade & je la jette (IX] à travers ce gobelet C ; remarquez qu'elle est passée ; (on lève (X) le gobelet de la main droite) ; je prends cette deuxième muscade , & je la jette (IX) à travers ce même gobelet , la voilà passée ; (on lève (X) encore le gobelet) ; je prends la troisième & la fais passer de même ; (on élève (X) le gobelet , & on fait voir qu'elles sont passées toutes les trois.

12º. *Avec les trois muscades restées sous le gobelet & celle qu'on tient cachée dans sa main , faire passer deux muscades d'un gobelet dans un autre , au choix d'une personne , sans toucher aucun des gobelets.*

En voici un autre où je n'ai jamais pu rien comprendre , & qui va bien vous étonner ; (on lève le gobelet C , & on ôte-les-trois muscades qui y sont restées , on les pose sur chaque gobelet ; & en levant ce gobelet C , on y introduit la quatrième muscade qu'on tenoit cachée dans sa main) ; je prends cette muscade , (celle qui est sur le gobelet B) , & je la mets (II) sous ce même gobelet ; je prends celle-ci , (celle du gobelet A) , & je la pose (I) sous ce même gobelet ; (on y met aussi celle qu'on tient cachée dans sa main) ; je prends cette dernière & je la jette (IX) au travers du troisième gobelet C , & pour vous faire voir que je ne vous trompe point , la voilà passée ; (on lève (X) le gobelet C , & on y introduit la muscade qu'on a dans la main & qu'on vient d'escamoter) : remarquez bien qu'il y en a actuellement une sous chaque gobelet , dans lequel de ces deux gobelets A & C voulez-vous que passe celle qui est dans celui du milieu ? (on

lève le gobelet que l'on a choisi , qu'on suppose être celui C , & on fait voir qu'il y en a deux) : je reprends ces deux muscades & les remets sous ce gobelet C , (on n'en met effectivement qu'une) : remarquez qu'il n'y en a plus sous ce gobelet B ; (on y introduit la muscade qu'on vient d'ôter , & on fait voir qu'on n'en a aucune dans ses mains). Je commande à une des deux qui sont sous ce gobelet C , d'aller joindre celle qui est sous celui-ci A ; remarquez qu'elle y est passée ; (on lève le gobelet C , & on remet ces deux muscades sur ce même gobelet , on lève celui C pour faire voir qu'il n'y en a plus qu'une seule , & on la remet sur ce même gobelet ; on ne lève pas le gobelet B sous lequel reste une muscade.

13º. *Avec les trois muscades qu'on a posées sur les gobelets & celle qui est restée cachée sous le gobelet du milieu , faire passer sous un même gobelet les muscades mises sous les autres.*

Je prends cette muscade , (celle qui est sur le gobelet C) , je la mets (II) sous ce même gobelet : je lui ordonne de passer dans celui du milieu ; la voilà passée ; (en levant ce gobelet B , on y introduit la muscade qu'on vient d'escamoter) ; je prends celle-ci , (une des deux mises sur le gobelet A) , je la mets (II) sous ce même gobelet C , & je lui ordonne de passer dans ce gobelet B ; la voilà passée : (en levant ce gobelet , on y introduit une troisième muscade) ; je prends cette troisième muscade , je la mets (II) sous ce gobelet C , & je lui commande de passer dans ce gobelet B , le long de la table & à la vue des spectateurs ; (on prend la baguette dans la main gauche pour feindre d'indiquer le chemin qu'elle tient entre ces deux gobelets) ; vous ne la voyez donc pas ? la voici ; (on la tire (VIII) du bout du bâton qui semble l'indiquer) : allons , passez vite ; (on la jette (IX) à travers le gobelet B , & on fait voir qu'elles y sont toutes les trois , & qu'il n'y a rien sous les deux autres ; on pose ensuite les trois muscades sur la table , & on tient l'autre cachée dans sa main.

14º. *Avec les trois muscades restées sous la table & celle qu'on tient cachée dans la main , multiplication des muscades (2).*

S'il y a dans cette compagnie quelques personnes qui croient aux sorciers , je leur conseille de n'en pas voir davantage , ce que je vais faire étant beaucoup plus surprenant.

---

(1) Ce tour se fait ordinairement avec trois muscades , mais il est plus extraordinaire avec deux.

(2) Pour faire cette récréation , il faut avoir un vase de fer-blanc , au fond duquel il y ait une bascule qui puisse tomber à volonté , c'est-à-dire , en le renversant sur la table , au moyen d'une petite détente placée au bas d'une de ses anses on introduit d'avance , entre son fond & cette bascule , une douzaine de muscades ;

Je pose (I) ces trois muscades sous ces trois gobelets ; j'ôte (VII) cette premiere muscade (celle qui est sous le gobelet G), & je la mets (II) dans ce vase ; j'ôte celle-ci & je la mets (II) dans ce même vase ; j'ôte (VII) cette troisième, (celle qui est sous le gobelet A), & je la mets (II) de même ; (à chaque fois qu'on lève un des gobelets pour ôter la muscade, on y introduit celle qui reste toujours cachée dans la main droite, desorte qu'après avoir feint de jetter ces trois muscades dans le vase, il s'en trouve encore une sous chaque gobelet, au moyen de quoi on lève de nouveau le gobelet C, & on ôte la muscade qui est dessous, & ainsi de suite jusqu'à ce qu'on ait feint d'en ôter une douzaine), vous vous imaginez peut-être que je me sers toujours des mêmes muscades ; mais afin de vous prouver le contraire, les voici toutes ; (on renverse le vase, afin d'en faire sortir les douze muscades qui y ont été cachées).

Nota. Si ce vase est bien fait, on peut le faire voir intérieurement & le renverser même sur la table avant de faire cette récréation, afin qu'on ne soupçonne pas qu'on les y ait insérées d'avance.

15°. Avec les trois muscades restées sous chacun des gobelets, & celle qui est cachée dans la main, faire passer une muscade sous chacun des trois gobelets.

Je mets toutes ces muscades dans ma poche ; je prends (VI) celle-ci, (celle qu'on tenoit cachée dans sa main.), & je la fais passer au travers de la table sous ce premier gobelet C ; (on l'escamote) ; j'en prends une autre dans ma gibecière ; (on montre cette même muscade), je la fais passer de même au travers de celui-ci B ; (on l'escamote encore) ; j'en prends une troisième ; (on montre encore cette même muscade), & je la fais passer sous ce dernier gobelet A ; (on l'escamote) ; les voici passées toutes les trois ; (on abaisse les gobelets, & en les relevant, on introduit la muscade qu'on a dans la main sous le gobelet B, on remet les trois muscades sur les trois gobelets).

16°. Avec les trois muscades mises au-dessus de chaque gobelet & celle qu'on a introduite sous le gobelet du milieu, retirer deux muscades au travers du même gobelet (1).

N'employons plus que deux muscades ; (on prend celle qui est sur le gobelet C & on la met (II) dans sa gibecière ; on prend dans les doigts de la main gauche celle qui est sur le gobelet B, on la montre, & de l'autre main, on couvre du même temps le gobelet B avec celui C, en y faisant passer (IV) celle qu'on a feint de mettre dans sa gibecière ; on prend la muscade

_____
(1) Ce coup ne sert que de préparation à celui qui suit.

qui est sur le gobelet A avec la main droite ; & montrant de chaque main ces deux muscades, on dit : (voici donc deux muscades, je les mets (II) sous ce gobelet A ; (on n'y met effectivement que celle qu'on tient de la main gauche) : je tire une de ces deux muscades à travers ce même gobelet A ; (on la fait voir & on la met au-dessus du gobelet C, on lève le gobelet A, & on prend la muscade qui est au-dessous avec la main droite, & on ajoute) : il n'en reste plus qu'une ; (on la remet (II) sous le gobelet) ; je tire (VIII) cette autre muscade ; (on lève le gobelet & on fait voir qu'elle n'y est plus : on prend ensuite une des deux muscades qui semblent rester seules, & on la met (II) dans sa gibecière, en disant) : je remets celle-ci dans ma gibecière.

17°. Avec une muscade qui se trouve cachée sous le gobelet du milieu, une autre qui se trouve sous celui qui le couvre, celle qui est restée dans la main, & une quatrième qui est sur la table, faire passer une même muscade successivement au travers des trois gobelets.

Je vais maintenant faire un très-joli tour avec cette seule muscade (2) ; j'avois oublié de vous le faire voir au commencement du jeu ; je couvre (XI) ces gobelets ; (on met le gobelet A sur ceux C & B ; je prends (VI) cette même muscade & je la jette (IX) à travers ce premier gobelet ; (on lève (X) le gobelet A avec la main droite, on fait voir qu'elle est passée entre celui C & celui A, & on remet à sa place en y introduisant celle qu'on a dans sa main ; je prends (VI) cette même muscade, & je la jette (IX) au travers cet autre gobelet C ; (on lève (X) le gobelet C, on fait voir qu'elle est passée, on y introduit celle qu'on a dans sa main, & on le remet à sa place) ; je reprends (VI) encore cette même muscade, & je la jette (IX) au travers de ce dernier gobelet B ; (on lève (IX) ce gobelet B, on ôte la muscade qui est au-dessous avec la main gauche, on la pose sur la table, & remettant le gobelet à sa place, on y introduit la muscade qu'on a dans sa main.

18°. Avec les trois muscades qui sont sous les gobelets, celle qu'on a mis sur la table, & deux qu'on prend dans sa gibecière, faire passer sous un gobelet les muscades mises sous les deux autres, sans lever ces derniers.

Reprenons à présent la suite du jeu que j'ai interrompu, & continuons à jouer avec trois muscades ; (on prend à cet effet deux muscades dans sa gibecière (3), & on les met avec celle qui est restée

_____
(2) Le coup qui précède a dû faire penser aux spectateurs qu'on ne joue plus qu'avec une seule muscade.
(3) On joue ce coup avec six muscades, quoiqu'on fasse entendre qu'on ne joue qu'avec trois.

Iiii 2

fur la table au-deffus de chaque gobelet) ; je prends
(VI) cette mufcade , (*celle qui eft fur le gobelet
C*) , je la jette (IX) à travers ce gobelet C ;
la voilà paffée ; (*on lève* (X) *le gobelet , on la fait
voir , & on y introduit celle qu'on a dans la main*) ;
je prends (VI) celle-ci , (*celle qui eft fur le gobelet B*) , je la jette (IX) à travers ce gobelet B ;
(*on lève ce gobelet de la main gauche , on fait voir
qu'elle eft paffée , & on la recouvre* ; je retire (VIII)
cette mufcade de ce même gobelet B , & je la
jette (IX) à travers celui-ci C ; remarquez qu'elle
eft paffée ; (*on lève* (X) *le gobelet C , on fait voir
qu'il y en a alors deux , & on y introduit celle qu'on
a dans la main*) ; je prends (VI) cette mufcade ,
(*celle qui eft fur le gobelet A*) , & je la jette (IX)
à travers ce même gobelet A ; la voilà paffée ;
(*on lève ce même gobelet de la main gauche , on la
fait voir & on la recouvre*) ; je tire (VIII) cette
mufcade de ce gobelet A , & je la jette (IX) à
travers celui-ci C ; la voilà paffée ; (*on lève* (X)
ce gobelet C ; *on fait voir les trois mufcades , on
y introduit celle qu'on a dans la main* ; *on met ces
trois mufcades fur la table.*

19°. *Avec les trois mufcades qui font reftées fous les
gobelets , & les trois autres qui font fur la table ,
faire paffer féparément les trois mufcades au travers
de chaque gobelet.*

(*On met de nouveau les trois mufcades qui font fur
la table au-deffus de chaque gobelet*) ; je prends celle-
ci , (*celle qui eft fur le gobelet C* , je la jette (IX) à
travers ce même gobelet ; la voilà paffée ; (*on
lève* (X) *ce gobelet , on ôte* (VII) *la mufcade , en
faifant voir qu'elle eft paffée , on y introduit celle
qu'on a dans fa main* ; *on remet cette mufcade fur le
même gobelet*) ; je prends celle-ci , (*celle qui eft fur le
gobelet B*) , & je la jette (IX) à travers ce même
gobelet ; (*on lève voir qu'elle eft paffée , on l'ôte*
(VII) , *& on introduit fous ce gobelet la mufcade
qu'on a dans fa main* ; *on met de même cette mufcade
fur ce gobelet*) ; je prends cette dernière , (*celle
qui eft fur le gobelet A*) , & je la jette (IX) à
travers ce troifième gobelet A ; la voilà paffée ;
(*on lève ce gobelet A* ; *on ôte* (VII) *& on fait voir
la mufcade , on y introduit de même celle qu'on a dans
fa main* ; *on met cette première au-deffus du gobelet A ,
& il n'en refte pas dans la main*) ; remarquez que
je n'ai que ces trois mufcades ; (*on fait voir fes
mains*).

20°. *Avec les trois mufcades reftées fur la table , &
celles qui font fous chaque gobelet , les mufcades
ayant été remifes dans la gibecière , les faire retourner fous les gobelets.*

Je prends ces trois mufcades & je les remets
dans ma gibecière ; (*on en garde une dans fa main*).
Voilà à quoi fe réduit tout ce que j'avois à vous
faire voir pour vous amufer : je favois encore quel-

ques tours fort jolis, mais je les ai oubliés ; (*on feint
de rêver un moment*) : ah ! je m'en rappelle encore
deux ou trois fort plaifans ; allons , mefdemoifelles
les mufcades , revenez fous les gobelets ; (*on
abaiffe les gobelets*) ; voyez comme elles font aler-
tes & obéiffantes en même tems ; (*on les recouvre
avec leurs gobelets*).

21°. *Avec les trois mufcades qui font fous les gobelets & celle qu'on a dans fa main , faire paffer les
mufcades au travers de deux gobelets.*

J'ôte (VII) cette mufcade , (*celle qui eft fous
le gobelet C*) ; je le couvre (*avec celui B , & en
faifant paffer* (III) *l'autre mufcade qu'on a dans la main
droite entre ces deux gobelets*) ; je prends cette mufcade , (*celle qu'on tient dans la main gauche*) , &
je la jette (IX) entre ces deux gobelets B & C ;
la voilà paffée) ; *on lève* (X) *le gobelet , on fait
voir qu'elle eft paffée , & on introduit celle qu'on a
dans fa main*) ; je prends cette autre mufcade ,
(*celle qui étoit fous le gobelet B*) , & je la jette
(IX) de même à travers ces deux gobelets C
& B ; la voilà encore paffée ; (*on lève* (IX)
*encore le gobelet , & faifant voir qu'il y a deux muf-
cades , on y introduit* (III) *la troifième*) ; je prends
cette dernière mufcade , (*celle qui eft fous le gobelet A*) ; je recouvre (*avec la main gauche*) ces
deux gobelets B & C , & je jette (IX) cette
troifième mufcade au travers ces deux gobelets ;
les voici paffées toutes les trois ; (*on lève les deux
gobelets , & on fait voir les trois mufcades ; on recouvre le gobelet C avec les deux autres*).

22°. *Avec les trois mufcades qui font fur le gobelet C ,
celle qu'on a dans la main , retirer trois mufcades au travers de deux gobelets.*

Je tire (VIII) la première mufcade , & je la
mets (II) dans la gibecière ; je tire (VIII) de
même la deuxième , & je la mets (II) auffi dans
ma gibecière ; je tire (VIII) la troifième , & je
la mets dans ma gibecière ; (*on y met effectivement
celle qu'on avoit dans la main*) ; obfervez qu'elles
ne font plus fous les gobelets ; (*on lève le gobelet
A de la main gauche , & on le met à fa place ; on
élève avec la main droite le gobelet C , en le foutenant avec le gobelet B qu'on tient de la main gauche ;
on abaiffe précipitamment & un peu de côté celui B ,
& en même tems on pofe celui C fur la table , fous lequel fe trouvent auffitôt les trois mufcades qui n'ont
pas eu le temps de fe répandre*).

23°. *Avec les trois mufcades reftées fous le gobelet du
milieu & trois autres qu'on prend dans fa gibecière ,
faire paffer d'un même coup trois mufcades au travers d'un gobelet.*

Je reprends encore trois mufcades ; (*on les prend
dans fa gibecière , & on les met au-deffus du gobelet B*

qu'on recouvre avec le gobelet A); je leur ordonne de disparoître & de passer sous cet autre gobelet C ; (on retire précipitamment avec la main gauche le gobelet B, comme on a fait à la récréation précédente, en laissant au milieu du jeu le gobelet C, sous lequel se trouvent trois muscades); les voici déja sous ce gobelet; (sous celui C qui se trouve au milieu des autres. On les ôte, & les remettant sur ce même gobelet, on les fait retourner de la même manière sous le gobelet C; on prend enfin les trois muscades, & les mettant dans la gibecière ; on feint de les faire passer à travers la table sous le gobelet où sont restées les trois autres ; on remet encore deux de ces trois dernières muscades dans sa gibecière, & on y prend deux muscades blanches qu'on met sur la table.

24°. Avec la muscade noire restée sur la table, deux autres muscades blanches (1) & une noire qu'on tient cachée dans sa main, faire passer trois muscades d'un gobelet dans un autre.

Faisons maintenant un tour pour prouver que je n'escamote pas les muscades : il n'y a rien sous ce gobelet C ; (on y introduit la muscade noire qu'on a dans sa main) ; il n'y a pas grand chose sous celui-ci B, j'y pose ces trois muscades; (les trois muscades qui sont sur la table dont on escamote une blanche) ; il n'y a rien non plus sous ce troisième gobelet A ; (on y introduit cette muscade blanche ; j'ordonne à une des deux muscades blanches qui sont sous ce gobelet B de passer sous celui-ci A ; (on lève le gobelet B, & on prend la muscade blanche dans les doigts de la main gauche, & la noire dans ceux de la droite ; on les fait voir en disant) : remarquez qu'il n'y a plus qu'une blanche; je remets ces deux muscades sous ce gobelet B ; on n'y met effectivement que la blanche, & on escamote la noire en feignant de la mettre avec celle de la main gauche) ; & la voilà passée sous ce gobelet A ; (on lève le gobelet B, & on y introduit cette muscade noire) : je commande maintenant à la muscade noire de passer sous ce gobelet A ; (on lève le gobelet B ; on prend dans les doigts de la main droite la muscade qui y est, & on la fait voir) ; je la remets (II) sous ce gobelet ; (on l'escamote), & je vous fais voir qu'elle est passée sous celui-ci A ; (on y introduit la muscade blanche) ; j'ordonne enfin à la muscade blanche qui est sous ce gobelet B de passer dans celui-ci A ; la voilà pareillement passée (on lève le gobelet A, & on met les trois muscades sur chaque gobelet, la noire sur celui du milieu).

25°. Avec les trois muscades mises au-dessus des gobelets, & celle qui a été insérée sous un d'eux au coup précédent ; faire changer la couleur des muscades.

S'il y a ici quelqu'un qui sache jouer des gobelets, il doit bien voir qu'il n'est pas possible de faire ce tour par la méthode ordinaire ; & avec seulement trois muscades ; cependant je n'en ai pas davantage ; (on montre ses mains) ; je prends cette muscade blanche, (celle qui est sur le gobelet C) & je la jette (IX) à travers ce gobelet ; (le même gobelet C sous lequel on a laissé une muscade noire à la récréation précédente ;) je prends cette muscade noire (des doigts de la main gauche) ; il n'y a rien sous ce gobelet B ; (on y introduit la muscade blanche) ; je la jette (IX) à travers ce gobelet B ; (on reprend à cet effet cette muscade dans les doigts de la main droite) ; je prends cette autre muscade blanche (avec les doigts de la main gauche) ; il n'y a rien sous ce gobelet A ; (on y introduit la muscade noire) ; je la jette (IX) à travers ce gobelet A ; (on la reprend dans les doigts de la main droite pour l'escamoter) ; remarquez qu'elles ont toutes changé de couleur ; (on recouvre chacune des trois muscades avec leurs gobelets).

26°. Avec les trois muscades qui sont restées sous les gobelets, deux boules blanches & une noire qu'on prend tour-à-tour dans sa gibecière ; faire changer les muscades de grosseur.

J'ôte la muscade blanche qui est sous ce gobelet C ; (on la prend avec les doigts de la main gauche, & on lève le gobelet avec la droite, en y introduisant (2) une boule blanche qu'on a prise dans sa gibecière) ; je la fais repasser au travers de la table sous ce même gobelet ; (on reprend cette muscade dans la main droite, & en mettant la main sous la table, on la met aussi dans sa gibecière où l'on prend une boule noire) ; j'ôte celle-ci, (celle du gobelet B, dans lequel on introduit cette même boule noire, & je la fais repasser aussi au travers de la table) ; (on prend une boule blanche) ; j'ôte celle qui est sous ce dernier gobelet A ; (on introduit cette boule) ; je la fais repasser de même au travers de la table, & les voici toutes les trois ; (on les fait voir, & on les recouvre de leurs gobelets).

---

(1) On ne noircit pas celles-ci à la chandelle, on les frotte avec un peu de craye.

(2) On retient cette boule dans sa main avec le quatrième & le petit-doigt, on lève le gobelet de même que lorsqu'on y introduit les muscades ; en abaissant ensuite le gobelet, on avance en même temps le poignet pour y introduire cette boule. Ces boules doivent être remplies de crin ou de carton, afin qu'elles ne fassent pas de bruit.

27°. Avec les trois boules qui sont sous les gobelets, deux autres boules noires & une blanche qu'on prend tour-à-tour dans sa gibecière, faire passer les boules d'un gobelet dans l'autre.

Remarquez bien qu'il y a deux boules blanches sous ces deux gobelets A & C, & une noire sous celui-ci ; (on lève les gobelets) ; je recouvre ces trois boucles ; (on les recouvre chacune de leurs gobelets) ; je fais sortir à travers la table la boule blanche qui est sous ce gobelet C ; (on prend une boule blanche dans sa gibecière (1) : la voici ; (on la montre) ; je remets cette première boule dans ma gibecière ; (on la met effectivement), & il n'y a plus rien sous ce gobelet C ; (on le lève en retenant la boule avec le petit doigt) ; j'ôte cette boule) (celle qui est sous le gobelet A), & je la fais passer au travers de la table sous ce gobelet C ; (on prend une boule noire dans sa gibecière) ; la voilà passée ; (on lève le gobelet C pour l'ôter & la faire voir & on y introduit cette boule noire) ; je remets cette autre boule blanche dans ma gibecière, & je commande à la noire qui est sous ce gobelet B, de passer sous celui-ci ; elle n'est plus sous ce gobelet, (on lève le gobelet B, en soutenant la boule qui y est restée avec le petit doigt) & la voilà déjà passée ; (on lève le gobelet C, & on fait voir la boule ; on prend ensuite cette boule dans sa main gauche, on la jette en l'air ; on la retient dans sa main droite, & feignant de la jetter en l'air une deuxième fois en la laissant tomber dans sa gibecière ; on lève les yeux en haut & on les abaisse, comme si on la voyoit retomber sur le gobelet sous lequel étoit une boule noire, & on dit : la voici qui est encore passée à travers ce gobelet. (GUYOT).

Autres principes du jeu des Gobelets.

Faire semblant de tirer une muscade ou petite balle du bout du doigt, ou du bout d'une baguette.

1°. La balle doit être cachée dans la main droite, entre le doigt annullaire & celui du milieu, (fig. 17, pl. 8 de magie blanche, tome VIII des gravures.)

2°. On ne montre aux spectateurs que le dehors de la main, en tenant négligemment une baguette, comme dans la fig. 18, ibid.

3°. Avec l'index & le pouce de la main droite, on serre l'index de la main gauche, fig 1, pl. 9 de magie blanche, tome VIII des gravures.

4°. Un instant après, l'index de la gauche frappe sur la table, tandis que la main droite s'élève en l'air de 12 à 15 pouces ; ce double mouve-

(1) Pour ne pas se tromper, on doit avoir mis dans une poche séparée de sa gibecière les boules noires, & dans une autre les blanches.

ment fait croire aux spectateurs qu'on vient de faire un effort pour tirer quelque chose du doigt.

5°. On profite de l'instant où la main gauche est élevée en l'air, pour tirer la muscade de la position où elle est, & pour la présenter aux spectateurs dans la position de la fig. 2, ibid.

6°. En présentant ainsi la muscade, rabaissez la main en la portant précisément au point où elle étoit auparavant, afin que les yeux du spectateur puissent voir l'expérience sans cesser d'être fixés vers le même point.

N. B. Le faiseur de tours ne doit pas manquer d'étourdir un peu les oreilles des spectateurs par son verbiage ; par exemple, il peut dire : Vous allez voir, Messieurs, des merveilles aussi grandes que celle du roi d'Angleterre, quand il met 50 vaisseaux de ligne dans sa Manche, ou que celle de l'empereur qui tient plus de 60 mille hommes dans son Gand, ou que celle des Turcs lorsqu'ils jettent un seau dans la mer noire, pour n'y puiser que de l'eau claire, &c.

Faire évanouir une muscade.

1°. Prenez la balle sur la table, & montrez-la aux spectateurs en la tenant comme dans la fig. 2, pl. 9, ibid.

2°. Faites semblant de la mettre dans la main gauche, comme dans la fig. 3, ibid.

3°. Au lieu de la placer dans la main gauche, faites la rouler subtilement pour la placer avec le pouce entre l'annulaire & le doigt du milieu de la main droite, comme dans la fig. 17, pl. 8.

4°. Fermez la main gauche comme si la muscade y étoit ; &, pour la cacher sans gêne dans la main droite, prenez la baguette, fig. 4, pl. 9 de magie blanche.

5°. Frappez sur la gauche avec la baguette, en disant : J'ordonne à la muscade d'aller dans le pays où les chiens portent des béquilles & de passer par l'Angleterre ; c'est un beau pays que l'Angleterre, je n'y ai jamais été, mais je fais qu'on s'y amuse beaucoup, parce que les Anglais sont gais comme des catafalques. Si, dans ce moment, vous ouvrez la main gauche, il semblera que la muscade est partie pour obéir à vos ordres.

Faire trouver une muscade sous un gobelet sous lequel il n'y avoit rien un instant auparavant.

1°. Prenez une muscade que vous cacherez dans la main droite, comme dans la fig. 17, pl. 8, en tenant la main, comme dans la fig. 18, ibid.

2°. Priez le spectateur d'observer qu'il n'y a rien sous un gobelet, en l'élevant à deux ou trois pouces au-dessus de la table, & en le tenant comme dans la *fig.* 5 *, pl. 9 de magie blanche.*

3°. Dans cet instant, poussez sous le gobelet les deux petits doigts ; par ce mouvement, vous donnerez une impulsion subite à la balle qui tombera sur la table ; mais vous la couvrirez aussitôt, sans que personne s'en apperçoive, en remettant le gobelet à sa place.

Apres ce préparatif, si on fait usage du second principe pour faire évanouir une muscade, en lui ordonnant de passer sous le gobelet ; le spectateur sera frappé d'une double surprise ; car, d'une part, il ne verra rien dans la main gauche, où il aura vu poser une petite balle ; &, d'une autre part, il trouvera la petite balle sous un gobelet où il n'y avoit rien un instant auparavant.

Faire croire qu'il n'y a aucune muscade sous un gobelet quoiqu'il y en ait plusieurs.

Quelquefois on se sert du troisième principe pour faire trouver une ou plusieurs muscades, non immédiatement sur la table, mais entre deux gobelets qui sont posés l'un dans l'autre ; alors on peut, par une opération qui suppose beaucoup d'adresse, faire croire que les muscades n'y sont plus, quoiqu'elles y soient. Pour cela, il faut, 1°. que les muscades soient placées sur le fond supérieur du premier gobelet, & que celui-ci soit couvert du second & du troisième, comme dans la *fig.* 6 *, pl. 9 de magie blanche.*

2°. Posez à part, sur la table, le troisième gobelet qui est dessus ; prenez les deux autres entre les mains, en les laissant, pour un instant, l'un dans l'autre ; ensuite faites glisser rapidement le second sur le troisième, en inclinant un peu le premier ; par ce moyen, les trois muscades passent du premier au troisième, & sont couvertes par le second.

3°. Posez à part sur la table le premier gobelet, & faites repasser adroitement les trois muscades sur le premier, en les couvrant toujours du second ; cette opération répétée subtilement cinq à six fois de suite, fait croire aux spectateurs que les muscades se sont évanouies, & l'on peut les surprendre de nouveau, en leur faisant voir qu'elles y sont encore ; c'est-là ce qu'on appelle, en termes de l'art, *courir la poste*, parce que le cliquetis des gobelets frappe à l'oreille, en suivant une mesure à trois temps, comme un cheval qui court au grand galop.

Faire passer deux gobelets l'un dans l'autre.

1°. Prenez deux gobelets, le premier dans la main droite, & le second dans la main gauche, *fig.* 7 *, pl. 9 de magie blanche*, tome VIII des gravures.

2°. Jettez avec force le premier dans le second, *fig.* 8 *, ibid.*

3°. Laissez tomber le second sur la table, & retenez le premier entre les doigts, *fig.* 9 *, ibid.*

Par ce moyen, il semblera que le second gobelet reste toujours entre les doigts de la main gauche, & que, par conséquent, le premier doit avoir passé à travers celui-là ; cependant, pour empêcher de parler ceux qui savent le contraire, on les amuse par des mots, en disant : *Messieurs, quand vous voudrez faire ce tour, n'oubliez pas de retenir un gobelet, & de laisser tomber l'autre par terre ; & sur-tout, exercez-vous pendant quinze jours avec des verres de crystal.*

Comment peut-on faire disparoître, sans les toucher, des balles qui étoient sous un gobelet.

1°. Ayez un morceau de bois qui ait la figure d'un cône tronqué, & auquel vous adapterez plusieurs aiguilles à coudre, comme dans la *fig.* 10 *, pl. 9 de magie blanche.*

2°. Que ce morceau de bois soit adapté intérieurement au fond d'un gobelet, de manière que la pointe des aiguilles touche presque la table quand le gobelet est dans sa position ordinaire.

3°. Dans l'instant où vous devez lever quelque gobelet pour faire voir des muscades, renversez-le en le jettant sur vos genoux, comme par mégarde.

4°. Au lieu de reporter sur la table le gobelet qui vient de tomber, placez-y celui qui contient les aiguilles.

5°. Couvrez les muscades avec ce gobelet, en frappant avec un peu de force ; il est clair que les aiguilles entreront dans les muscades qui sont de petites boules de liège noircies à la flamme d'une chandelle, & que, quand vous leverez perpendiculairement le gobelet, elles ne paroîtront plus sur la table.

Faire trouver une grosse balle sous un gobelet.

1°. On prend de la main droite une grosse balle qu'on tient avec le pouce, comme dans la *fig.* 11 *, pl. 9 de magie blanche.*

2°. Pour que la balle ne soit point apperçue du spectateur, on tient la main négligemment appuyée sur le bord de la table, *fig.* 12 *, ibid.*

3°. On lève le gobelet de la main gauche, en priant le spectateur d'observer qu'il n'y a rien dessous, & l'on prend subitement le même gobelet de la main droite, en y insérant la grosse balle ; le spectateur ne doit pas la voir entrer, à cause de la rapidité du mouvement, & parce que ses yeux fe portent naturellement fur la table , pour obferver qu'il n'y avoit rien fous le gobelet.

4°. On tient un inftant le gobelet en l'air avec la main droite , en foutenant avec le petit doigt la groffe balle qui eft dedans.

5°. On pofe le gobelet fur la table , en priant le fpectateur de fe fouvenir qu'il n'y a rien deffous.

Quand on a mis , par ce moyen , une groffe balle fous un gobelet , à l'infçu du fpectateur , il eft bien facile de le furprendre en lui montrant cette balle qui femble être arrivée par une vertu magique.

Faire croire qu'il n'y a rien fous les gobelets , quoiqu'il y ait fous chacun une groffe balle.

L'art confifte à lever les gobelets fucceffivement en foutenant la balle avec le petit doigt ; mais le meilleur moyen de produire cet effet , eft d'avoir des balles remplies de crin , afin qu'elles foient un peu élaftiques , & de les faire précifément affez groffes , pour qu'étant un peu ferrées dans la partie fupérieure du gobelet , elles s'y foutiennent d'elles-mêmes par cette preffion. Alors on peut prier le fpectateur de voir qu'il n'y a rien fous le gobelet , en le levant perpendiculairement de la main gauche , fans mettre le petit doigt par-deffous ; mais , en le pofant fur la table , il faut frapper un peu fort , afin que la balle fe détachant par cette fecouffe , tombe fur la table , & qu'elle puiffe furprendre les fpectateurs , par fa préfence , quand on relevera le gobelet.

Métamorphofe des groffes balles , en éponges , perruques & bonnets de nuit.

Rien de plus facile que de faire trouver ces divers objets fous un gobelet ; on les tient bien ferrés dans la main droite , & on les met fous le gobelet comme de groffes balles , dans l'inftant même où on prie le fpectateur de remarquer de groffes balles qui viennent d'arriver ; il eft fi occupé de la merveille qu'on lui préfente dans ce moment , qu'il ne fait point attention qu'on lui en prépare de nouvelles.

Après ce préparatif , on prend une groffe balle qu'on porte fous la table , en lui ordonnant de paffer dans un gobelet & de fe métamorphofer ; on la laiffe fur fes genoux , & le fpectateur ne le foupçonne feulement pas , tant il eft furpris de voir fous le gobelet les nouveaux objets qu'il n'a pas vu entrer. (DECREMPS.)

Le fac aux œufs.

Ce tour eft un des plus fimples & des plus fa-

ciles ; il fe réduiroit prefque à rien , fans le babil de l'efcamoteur ; il confifte à faire trouver des œufs dans un fac où il n'y avoit rien un inftant auparavant ; pour prouver qu'il n'y a rien & qu'on n'y met rien , on le tourne & retourne plufieurs fois en mettant le dedans du fac en-dehors , & le dehors en-dedans. Rien de plus commode qu'un pareil fac , dit l'efcamoteur , lorfqu'en voyageant on arrive dans des auberges où il n'y a rien à manger ; on prie la poule invifible de pondre deux ou trois douzaines d'œufs , & bientôt après , on mange des omelettes , des œufs à la braife , à la coque , au miroir , des œufs pochés au beurre noir comme font les yeux de ma femme : à propos de ma femme , je vous dirai qu'elle eft fi méchante , & fi querelleufe que j'ai été obligé de lui cafter *les bras* pour l'empêcher d'en venir *aux mains*. Elle eft fi prodigue qu'il faut la faire coucher à la belle étoile , pour l'empêcher de jetter l'argent par les fenêtres ; fi elle continue d'être obftinée , je lui couperai l'oreille pour qu'elle foit moins entière : ah ! que j'ai été dupe

De faire avec ma langue , en dépit du bon fens ,

Un nœud que je ne peux défaire avec les dents !

mais , tandis que je vous conte ceci , la poule a pondu.

Alors il tire un œuf du fac ; & , tournant le dedans en-dehors , il fait voir qu'il n'y a plus rien ; enfuite il continue de cette manière :

Connoiffez-vous dans la rue Saint-Denis ce gros marchand qui a été condamné à l'*amende* pour avoir mal auné (au nez) ; l'*amende* qu'il paya n'étoit pas une *amande douce* ; il m'invita l'autre jour à boire une bouteille de vin rouge qui étoit *vert* , (il vaut mieux avoir du vin *vert* que de n'en avoir d'aucune couleur) ; nous mangeâmes enfemble une paire de poulets ; mais ils étoient fi *maigres* , qu'on auroit pu les manger en carême ; d'une autre part , la moutarde étoit *impertinente* , car elle prit le monde par le nez : au refte , Meffieurs , foyez à vos treize ; mais ne reftez point à fix (foyez à votre aife , mais ne reftez point affis) car je vous dis un conte à dormir debout : ..... ah , ah ! voilà la poule qui a pondu.

Il tire un autre œuf du fac & fait voir qu'il n'y refte plus rien.

Enfuite il continue fur le même ton jufqu'à ce qu'il ait fait paroître cinq à fix œufs.

L'art confifte à avoir un fac double compofé de deux facs coufus enfemble par le bord ; par ce moyen , on peut le retourner fans faire paroître les œufs cachés entre les deux pièces de toile ; on les fait paroître à volonté , en les faifant fortir par une petite ouverture laiffée à ce deffein. Les œufs doivent être vuides , pour qu'on foit moins exposé

xposé à les casser, & afin qu'étant plus légers, ils puissent se tenir au fond du sac sans le rendre plus tendu. (Decremps).

GRENAT (faux). Le grenat est une pierre précieuse, de couleur rouge foncée, mais dont l'éclat ne brille qu'au jour; à la lumière elle paroît noire. Les grenats d'Orient contiennent, dit-on, un peu d'or, & les Occidentaux du fer & de l'étain. On voit à Fribourg des moulins & des machines employées à tailler, percer & polir le grenat.

Le verre de plomb est plus propre que tout autre à contrefaire cette pierre. Vous prendrez vingt livres de frite de crystal, seize livres de chaux de plomb; joignez-y trois onces de magnésie du Piémont, une demi-once de safre; mettez tout le mélange dans un creuset un peu chaud; au bout se douze heures, on place le creuset dans le fourneau, & on l'y laisse pendant dix heures. Ce procédé donne un verre d'une belle couleur de grenat.

H.

HARMONICA (inftrument de mufique). *Voyez* ACOUSTIQUE dans ce dictionnaire.

HÉMISPHERES DE MAGDEBOURG. Nom

donné à deux moitiés de boule que l'on ajufte à la machine pneumatique. Ces deux calottes fe joignent en forme de globe. On fait le vuide dans cette boule creufe, & l'on ferme le robinet pour la tenir en cet état. Lorfqu'elle eft détachée de la machine pneumatique on joint au robinet un crochet de métal capable de porter un poids plus ou moins fort, & l'on attache l'anneau à quelque point fixe. Quand ces deux hémifphères font ainfi fufpendus, le poids n'eft pas capable de les féparer l'un de l'autre ; & quand on ouvre le robinet pour laiffer rentrer l'air, la moindre force les défunit. Les deux hémifphères ne s'attachent point enfemble tant que l'air qui s'y trouve renfermé demeure dans fon état naturel, c'eft-à-dire, auffi denfe que celui du dehors, parce que chacune d'elles fe trouve en équilibre entre deux puiffances de même valeur ; mais quand cet air intérieur fe trouve raréfié par l'action de la pompe, la force de fon reffort en eft d'autant affoiblie, l'équilibre eft rompu, & l'adhérence des deux hémifphères eft proportionnelle à la différence qu'il y a entre la denfité de l'air qui preffe extérieurement & celle de l'air qui réfifte en dedans ; de forte que fi celui-ci pouvoit être réduit à zéro, il faudroit employer pour féparer ces deux pièces un effort un peu plus grand que le poids d'une colonne entiere de l'atmofphère dont la bafe auroit fix pouces de diamètre, ce qui feroit plus de quatre cents livres, en fuppofant feulement, fuivant l'évaluation commune, qu'une colonne de l'atmofphère fait une preffion de douze livres fur une efpace circulaire d'un pouce de diamètre. Lorfqu'on place la boule vuide fous un récipient qui lui ôte toute communication avec l'atmofphère, ce n'eft plus à la vérité le poids de cet atmofphère qui retient les deux hémifphères l'une contre l'autre ; mais c'eft la réaction d'une maffe d'air comprimé précédemment par ce poids, & qui eft capable des mêmes effets, C'eft pourquoi ces deux pièces ne fe féparent facilement que quand on a détendu le reffort de l'air environnant, en diminuant fa denfité par plufieurs coups de pifton jufqu'à ce qu'il foit autant raréfié que celui qui refte dans la boule, & que l'équilibre fe rétabliffe. Si l'air en rentrant dans le récipient trouve les deux hé-

mifphères rejoints, & qu'il ne puiffe pas s'y introduire & s'y étendre comme dans le refte du vaiffeau, il les preffe de nouveau l'un contre l'autre par la même raifon qu'ils avoient été d'abord attachés, & avec autant de force s'il y a la même différence entre les deux airs, celui du dehors & celui du dedans.

Sans machine pneumatique il eft poffible de faire à-peu-près la même expérience : faites faire une petite cloche de cuivre d'environ trois à quatre pouces de hauteur & de diamètre, & furmontée d'un anneau. Ayez en outre un cercle de bois d'un pouce d'épaiffeur & de cinq à fix pouces de diamètre, qui foit couvert en deffus d'un double morceau de peau de mouton, cloué fur les côtés du cercle ; que ce cercle ait en deffous un crochet de fer. Lorfque vous aurez fait chauffer cette cloche, ou que vous aurez brûlé un morceau de papier dans fon intérieur ; fi vous l'appliquez fur-le-champ du côté de fon ouverture fur cette peau de mouton que vous aurez mouillée auparavant, vous pourrez, auffi-tôt que cette cloche fera réfroidie, foulever un poids affez confidérable attaché au crochet qui fe trouve fous ce cercle. Cet effet extraordinaire provient de ce que la chaleur a beaucoup dilaté & conféquemment diminué le volume d'air contenu dans la cloche ; & que ne pouvant y en entrer de nouveau, le peu qu'il y en eft refté n'a pas affez de force & de reffort pour faire équilibre avec celui qui eft extérieur. Si on a fait un trou bien grand & bien uni au centre de ce cercle de bois ; & qu'on y ait enfermé un bouchon qui le ferme bien exactement, il en fort fouvent avec violence étant pouffé par l'air extérieur.

C'eft encore à caufe de la preffion d'air extérieur qu'il eft fi difficile de féparer deux marbres bien polis que l'on a appliqués l'un contre l'autre, après avoir mouillé leur furface. Alors il n'y a point d'air entre les deux marbres qui feconde leur féparation perpendiculaire, mais en les faifant gliffer l'un fur l'autre, l'air poftérieur feconde l'effort autant à-peu-près que l'air antérieur y réfifte ; de là peu d'obftacle à la féparation horizontale.

HORLOGE MAGNÉTIQUE. (*Voyez* à l'article AIMANT).

HYDRAULIQUES. (Pièces).

Propriétés de l'eau considérées, eu égard aux récréations qui suivent.

L'eau est un corps fluide dont toutes les parties sont dans une agitation continuelle (1) & cédent sans une résistance fort sensible aux différents efforts qu'on peut faire pour les séparer.

Cette extrême fluidité de l'eau vient de la matière du feu qui la pénétre, & qu'elle contient, laquelle venant à émouvoir & à agiter les petits globules imperceptibles dont il paroît qu'elle est composée, les met dès-lors en état de rouler en tous sens les uns sur les autres, & de céder par conséquent à toutes sortes d'impressions : il en résulte encore que toutes les parties de l'eau étant homogènes & de même pesanteur, elles se mettent toujours en équilibre dans l'étendue où elles se trouvent renfermées. Cet équilibre occasionné par l'égalité des parties de l'eau, a nécessairement lieu lorsque deux ou plusieurs vases se communiquent par un conduit placé plus bas que l'eau ; il en résulte encore que l'eau d'un réservoir élevé, descendant le long d'un tuyau ouvert vers le bas & courbé de façon à rejetter l'eau dans une situation verticale, en sort avec rapidité, & s'élève à peu de chose près à la même hauteur que ce réservoir (2), c'est-à-dire, jusqu'à ce qu'elle soit à son tour en équilibre avec le poids de l'air.

Si on plonge dans l'eau un corps quelconque, qui, à égal volume, soit plus léger que l'eau, tel que le liége, certains bois &c, ils surnagent sur l'eau ; s'il est de même pesanteur, il y reste en équilibre, & entièrement plongé ; s'il est plus pesant, il descend au fond de l'eau. Les corps légers surnagent, parce que l'eau qui est plus pesante, ne peut descendre sans qu'ils lui fassent place, & qu'une force moindre doit, selon les loix du mouvement, céder à une plus grande. Celui qui est d'égale pesanteur reste suspendu dans l'eau à l'endroit où on le place, sans descendre ni monter, attendu que ni l'un ni l'autre ne peut céder à cause de l'égalité des forces opposées. Le plus pesant descend, parce que pouvant s'insinuer dans l'eau, qui est plus

légère que lui, il la soulève, & se met en sa place ; une force supérieure en liberté d'agir devant, de nécessité, l'emporter sur une plus foible.

Un corps solide plongé & suspendu dans l'eau ou dans toute autre liqueur, pèse moins par rapport à celui qui le soutient ; son poids dans l'air étant supposé de six livres, il ne faut qu'une force de quatre livres pour le soutenir dans l'eau, si un égal volume d'eau pèse deux livres, attendu que l'eau soutient la valeur de ces deux livres.

L'eau a encore la propriété de se raréfier extraordinairement, la chaleur pouvant la diviser en une infinité de petites particules (3) ; le froid au contraire la condense jusqu'au point d'en former de la glace : elle n'est pas susceptible d'être comprimée de même que l'air, & elle n'a conséquemment point de ressort.

Les propriétés de l'eau ci-dessus suffisent pour l'intelligence des récréations qui suivent ; on ajoutera seulement que l'eau qui sort d'un tuyau s'élève verticalement s'il est perpendiculaire à l'horison, & qu'elle décrit une ligne parabolique si le tuyau est incliné à l'horison.

Horloge à eau.

Ayez un bocal de verre, ou seulement un vase cylindrique de fayence ABCD (*fig.* 1, *Pl.* 1. *Pièces Hydrauliques*) d'environ un pied de hauteur, sur quatre pouces de diamètre ; percez ce vase vers le bas, & mastiquez-y un petit tuyau de verre E de quatre à cinq lignes de diamètre, & dont le bout ait été diminué de grosseur à la lampe d'un émailleur, de manière qu'il ne laisse échapper l'eau contenue dans le vase que goutte à goutte & très-lentement.

Couvrez ce vase d'un cercle de bois F, au centre duquel vous ménagerez une ouverture circulaire de cinq à six lignes de diamètre.

Ayez un tube de verre H, d'un pied de hauteur & de trois lignes de diamètre, ayant à une de ses extrémités un petit globe de même matière, au-dessous duquel vous mettrez un petit poids L qui le tienne en équilibre sur l'eau ; ou bien insérez-y par l'ouverture supérieure du tube, un peu de vif-argent ; remplissez le vase d'eau, mettez-y ce tube, & couvrez-le de son

---

(1) Le mélange de l'eau avec le vin qui sont des corps liquides dont la pesanteur diffère très-peu, se fait avec tant de célérité, qu'il semble qu'en un seul instant l'eau s'est changée en vin.

(2) La résistance de l'air est cause que l'eau ne peut dans cette circonstance s'élever précisément à une hauteur égale à celle du réservoir ; la différence de grosseur du tuyau par où elle descend, y peut aussi contribuer, ainsi que les gouttes d'eau qui tombent continuellement sur celles qui s'élèvent.

(3) La chaleur du soleil enlève continuellement de dessus la surface des mers & des rivières une quantité immense de petites particules d'eau dont sont formés les nuages, & qui venant à se rassembler, occasionnent les pluies & les orages.

chapiteau Y, au travers duquel il doit paffer & couler librement.

Lorfque ce vafe aura été rempli d'eau, elle s'écoulera infenfiblement par le petit tuyau ou robinet E, & le tube de verre qui y eft renfermé defcendra imperceptiblement, jufqu'à ce qu'il foit parvenu au fond de ce vafe.

Ayant collé un papier le long de ce tube, le vafe étant plein d'eau & pofé fur un autre vafe dans lequel elle puiffe tomber, on mettra une montre bien réglée fur l'heure de midi, & on marquera un trait fur ce papier à l'endroit où il touche le bord fupérieur du couvercle ; à chaque heure on fera pareille marque jufqu'à ce qu'on ait indiqué fur ce papier douze ou vingt-quatre heures, felon la groffeur qu'on aura donnée au vafe, ou eu égard à la petiteffe de l'ouverture par laquelle l'eau s'échappera ; ce qui formera une horloge à eau affez exacte, & qui fera d'un ufage continuel, en ayant foin tous les jours de la remplir d'eau jufqu'à la hauteur néceffaire pour que le tube ainfi divifé, indique la même heure à laquelle on la montera en cette forte, ce que cette même horloge enfeignera.

Nota. Il faut avoir attention de mettre dans ce vafe de l'eau bien filtrée & bien nette, afin qu'elle ne dépofe pas de limon, qui viendroit alors à embarraffer le petit trou par où l'eau s'écoule, & la feroit arrêter, ou tout au moins couler irrégulièrement, & defcendre par conféquent de même le tube de verre. Cette pièce peut auffi fe conftruire en fer-blanc ; mais il faut que le tuyau par où l'eau s'échappe foit de verre, afin que l'ouverture ne foit pas fujette à s'agrandir.

On ne doit pas, ayant réglé la diftance d'une heure fur le tube, fe fervir de cette même mefure pour tracer toutes les autres, attendu que l'eau ne s'écoule pas avec la même quantité dans un même intervalle de tems, & que d'ailleurs le vafe peut bien n'être pas parfaitement cylindrique ; on peut feulement divifer chaque heure en quatre parties égales, pour avoir les demies & les quarts, fans qu'il fe trouve de différence fort fenfible.

Jet-d'eau fur lequel une figure monte, defcend & fe foutient en équilibre.

Ayez une petite figure de liége AB (*fig.* 2, *pl.* 1, *Pièces Hydrauliques*) que vous peindrez ou habillerez d'une petite étoffe légère comme vous jugerez à propos, & dans l'intérieur de laquelle vous ajufterez le petit cône creux & renverfé C, que vous formerez avec du laiton en feuille très-mince.

Lorfque cette petite figure fera pofée fur un filet ou jet-d'eau s'élevant perpendiculairement, elle reftera en équilibre fur l'eau, & elle tournera, montera & defcendra en faifant divers mouvemens.

Nota. Si on pofe fur un pareil jet-d'eau une boule de cuivre creufe d'un pouce de diamètre très-mince & fort légère, elle y reftera en équilibre & tournera continuellement fur fon centre en répandant l'eau autour de fa furface.

Conftruction de diverfes pièces hydrauliques produifant des effets agréables & variés.

Quoiqu'on ait beaucoup perfectionné jufqu'ici l'art d'embellir les jardins par différentes pièces d'eau formant pour la plupart des jets-d'eau & cafcades qui produifent une variété des plus agréables, la nature étant en quelque forte inépuifable dans les formes qu'elle peut donner aux corps, il eft conféquemment quantité de moyens qui doivent produire de nouveaux effets, & augmenter par-là l'agrément que nous recevons des eaux que nous pouvons nous procurer ; ceux dont on va donner la defcription peuvent être appliqués avec une légère dépenfe à ceux qu'on poffede déjà, puifqu'il ne s'agit que d'ajufter un des tuyaux, ou pièces ci-après, aux ajuftages des jets-d'eau qui font dans les baffins ; on peut auffi exécuter ces pièces en petit, pour les placer dans des fallons & dans des volières où elles produiront également le même effet, ne s'agiffant alors que d'avoir quelque petit réfervoir d'eau dans un endroit un peu plus élevé.

Globe hydraulique.

Faites faire un globe creux A de cuivre ou de plomb d'une groffeur proportionnée à la quantité d'eau qui fort du jet-d'eau fur lequel vous voulez pofer cette pièce ; donnez-lui quelque épaiffeur, & le percez d'une quantité de petits trous (1) qui foient dans la direction des rayons de ce globe (*voyez fig.* 4, *pl.* 1. *Pièces Hydrauliques*) ajuftez-y un tuyau B de telle hauteur que vous jugerez convenable, & obfervez qu'il doit entrer à vis dans l'extrémité du tuyau ou ajuftage d'où part le jet-d'eau.

L'eau qui formoit ce jet-d'eau fe répandra dans tout l'intérieur de ce globe, & s'élançant par tous les petits trous qui y ont été faits, elle en fuivra la direction, & produira un globe d'eau très-agréable à voir.

(1) Si le jet d'eau ou ajuftage fur lequel on doit adapter ce globe a un pouce à fon ouverture, il faut que la totalité de ces trous ne puiffe donner paffage qu'à une quantité d'eau moindre ou tout au plus égale.

Champignon & vase hydrauliques.

Faites conſtruire un cône de plomb (1) creux (*fig.* 3, *pl.* 1, *Pièces Hydrauliques*) dont le cercle qui lui ſert de baſe ſoit entr'ouvert dans tout ſon contour ; que cette ouverture ſoit proportionnée au volume d'eau qui doit ſortir du jet ſur lequel cette pièce doit être placée, afin qu'il en puiſſe ſortir également de tous côtés ; ajuſtez ſur ce cône le tuyau qui doit non-ſeulement ſervir de ſoutien à la baſe & au-deſſus de ce cône, mais auſſi être percé de pluſieurs trous dans la partie de ce même tuyau qui s'y trouve enfermée, afin que l'eau puiſſe s'y répandre librement & en quantité ſuffiſante. Faites entrer ce tuyau au moyen d'une vis dans l'extrémité de celui ſur lequel vous devez le placer.

L'eau pénétrant avec rapidité dans l'intérieur de ce cône, s'élancera par l'ouverture circulaire, & formera une eſpèce de caſcade ou nappe d'eau de la figure d'un demi-globe ou champignon. Cette pièce ne demande pas d'être beaucoup élevée au-deſſus du baſſin d'où ſort le jet-d'eau.

Nota. Cette même pièce étant conſtruite de façon qu'on la puiſſe placer dans une ſituation renverſée, produira une nappe d'eau qui aura la figure d'un vaſe.

On peut ſur un même tuyau (pourvu qu'il fourniſſe aſſez d'eau) mettre différentes pièces dans une ſituation renverſée, & ajuſter un peu au-deſſous le globe précédent ; cette pièce fera un très-bel effet par ſa variété (2).

Soleil hydraulique.

Faites conſtruire deux portions de ſphère creuſes très-plates, (*voyez figure* 5, *planche* 1, *Pièces Hydrauliques*), & les appliquez l'une contre l'autre, de manière qu'il y reſte une ouverture circulaire fort étroite ; ajuſtez-y un tuyau qui puiſſe communiquer l'eau dans leur intérieur, & ſur lequel ces deux portions de ſphère ſoient élevées verticalement ; que ce tuyau entre à vis ſur l'extrémité de celui par où s'élance le jet-d'eau du baſſin ſur lequel vous voulez placer cette pièce.

Cette pièce formera un ſoleil d'eau, particulièrement, ſi on l'a conſtruite de façon que l'eau puiſſe y pénétrer abondamment, & en ſortir avec rapidité.

Nota. On peut diſpoſer pluſieurs pièces de cette dernière forme dans une ſituation horizontale en les traverſant d'un même tuyau, & les élevant les unes au-deſſus des autres ; il faut obſerver qu'il eſt eſſentiel que les plus baſſes aient un diamètre beaucoup plus conſidérable que celles qui ſont le plus élevées, qui doivent ſucceſſivement diminuer de grandeur.

Soleil d'eau tournant.

Faites conſtruire un cercle creux A (*fig.* 6 *pl.* 1, *Pièces Hydrauliques*), qui ait une certaine épaiſſeur vers ſes bords, que vous percerez de douze à quinze trous inclinés, ou à l'entour duquel vous mettrez égal nombre de petits tuyaux (3) ; ajuſtez-y un tuyau qui puiſſe communiquer l'eau dans ſon intérieur, & ſur lequel ce cercle puiſſe tourner librement.

Lorſque l'eau ſe portera avec rapidité vers les trous inclinés faits à ce cercle, ou par les petits tuyaux qu'on y aura ajuſtés, l'effort qu'elle fera pour s'échapper, fera tourner ce cercle, & produira un effet différent de celui dont on a donné ci-devant la deſcription.

Il paroît inutile d'entrer dans un plus grand détail ſur l'ordre & l'arrangement qu'on peut donner, non-ſeulement aux différentes pièces ci-deſſus, mais encore à celles qu'on peut facilement compoſer ſur ces principes ; on conçoit aiſément qu'on peut former par l'aſſemblage de tous ces différens jets-d'eau, diverſes pièces & pyramides d'eau qui peuvent ſe varier en mille manières différentes ; c'eſt ainſi qu'on a vu dans ces derniers temps des artificiers célèbres faire produire à des jets de feu artiſtement diſpoſés & inclinés, des effets auſſi extraordinaires qu'agréablement variés. On ne prétend pas avancer que l'eau puiſſe donner les mêmes diverſités, non-ſeulement à cauſe de l'impoſſibilité de lui faire produire des formes différentes qui ſe ſuccèdent, mais auſſi parce qu'elle ne peut en aucune façon imiter le vif éclat du feu, & tous les changemens dont les différentes compoſitions de l'artifice le rendent ſuſceptible : s'il y a quelqu'avantage, c'eſt que le plaiſir que l'eau peut procurer eſt plus durable, & que la dépenſe qu'on peut faire à cet égard ne s'exhale pas en fumée.

Connoître la peſanteur reſpective de différentes liqueurs.

On nomme *Aréomètres* tous les différens inſtrumens dont on ſe ſert pour connoître de quelle quantité une liqueur eſt plus peſante ou plus lé-

---

(1) Son axe doit avoir le tiers de diamètre de ſa baſe.

(2) On peut encore les varier en faiſant la baſe de ce cône plus grande, eu égard à ſa hauteur.

(3) De cette manière il ſera plus léger & tournera avec plus de facilité ; on doit faire toute cette pièce de cuivre.

gère qu'une autre, à laquelle on la compare à égal volume. Pour conſtruire celui-ci, prenez une bouteille de verre de deux pouces de diamètre, dont le col ſoit long & étroit, & appliquez-y une petite bande de papier diviſée par pluſieurs lignes (1); peſez exactement cette bouteille, & empliſſez-la (juſqu'à la hauteur d'une de ces diviſions) avec une des deux liqueurs dont vous voulez comparer la peſanteur; peſez-la une deuxième fois: vuidez enſuite cette première liqueur, & verſez-y la deuxième, obſervant d'en mettre exactement juſqu'à la même hauteur; peſez-la de même, & ayant ſouſtrait de ces deux quantités le poids de la bouteille, faites-en la comparaiſon.

Exemple.

Soit la peſanteur de la bouteille & de la première liqueur, . . . 1810 gr.

Celle de la bouteille, . . . 1120

Reſte pour celle de la première liqueur, . . . 690

Soit la peſanteur de la bouteille & de la deuxième liqueur, . . . 1798

Celle de la bouteille, . . . 1120

Reſte pour la peſanteur de la deuxième liqueur à égal volume que la première, . . . 678

D'où il ſuit que la peſanteur ſpécifique de la première liqueur eſt à la deuxième comme 690 eſt à 678, ou, ce qui eſt la même choſe, comme 230 à 116. On peut, par ce moyen, connoître la différence qui ſe trouve entre toutes les liqueurs, & par conſéquent quelles ſont les eaux les plus légères & les plus peſantes, cette règle pouvant indiſtinctement s'appliquer à tous les fluides.

Une bouteille remplie de vin, étant entièrement enfoncée dans un vaſe plein d'eau, faire que ce vin ſorte entièrement de la bouteille, ſurnage l'eau, & que cette bouteille ſe rempliſſe de l'eau contenue dans ce vaſe.

Ayez une petite bouteille AB (*fig.* 7, *pl.* 1, *Pièces Hydrauliques*), dont le goulot ſoit très-étroit (2), & un vaſe de verre CD, qui excède la hauteur de cette bouteille d'un pouce ou deux; ayez auſſi un petit entonnoir avec lequel vous puiſſiez y verſer du vin.

(1) Une marque tracée ſur bande ſuffit également.

(2) L'ouverture du goulot de cette bouteille ne doit pas avoir plus de deux lignes de diamètre.

Cette bouteille ayant été entièrement remplie de vin, ſi on la poſe dans le vaſe CD, également rempli d'eau, de manière qu'elle ſoit plus élevée que le deſſus du goulot de cette bouteille, on verra auſſitôt le vin ſortir par ce goulot, & s'élever en forme d'une petite colonne ſur la ſurface de l'eau, on appercevra en même tems au fond de la bouteille, l'eau qui prend la place du vin. Ce déplacement vient de ce que les parties de l'eau, plus peſantes que celles du vin, s'inſinuant dans la bouteille, élèvent alors & déplacent celles du vin qui ſont plus légères, & les forcent à remonter naturellement au-deſſus de la ſurface de l'eau. Ce même effet a lieu avec pluſieurs autres liqueurs lorſqu'elles ſont d'inégales peſanteurs.

Il en eſt de même, ſi au lieu de remplir cette bouteille de vin, on la remplit d'eau & qu'on la plonge dans un verre plein de vin rouge, le vin monte alors dans la bouteille, & l'autre deſcend & va ſe placer au fond du verre.

Vaſe dont l'eau s'échappe par-deſſous auſſitôt qu'on le débouche.

Faites faire un vaſe de fer-blanc de deux ou trois pouces de diamètre, & de cinq à ſix pouces de hauteur, (*fig.* 8, *pl.* 1, *Pièces Hydrauliques*) dont le goulot ait ſeulement trois lignes d'ouverture; percez le fond de ce vaſe d'une grande quantité de petits trous de groſſeur à y paſſer une aiguille à coudre.

Ce vaiſſeau ayant été plongé dans l'eau, le goulot étant ouvert & s'en étant rempli, ſi on bouche exactement cette ouverture, & qu'on le retire de l'eau, elle ne ſortira en aucune façon; mais ſi on la débouche, l'eau s'échappera auſſitôt par les petits trous faits au fond du vaſe.

Nota. Si les ouvertures faites au fond du vaſe excédoient une ligne de diamètre, ou qu'elles fuſſent en trop grande quantité, l'eau s'échapperoit, quoique ce vaſe fût bouché, l'air qui preſſe de tous côtés la bouteille trouvant alors le moyen d'y pénétrer.

On fait une expérience à-peu-près ſemblable avec un verre qu'on remplit d'eau, & ſur lequel on poſe une feuille de papier, & en renverſe ce verre en ſoutenant ce papier avec la main qu'on retire auſſi-tôt, & l'eau y reſte ſuſpendue.

Fontaine intermittente.

Faites faire un vaſe de fer blanc ABC, (*fig.* 9, *pl.* 1, *Pièces Hydrauliques*) de quatre pouces de diamètre, & de cinq pouces de hauteur; qu'il ſoit fermé vers le haut; faites-y ſouder vers le fond AB, le tuyau DE de dix pouces de long & demi-pouce de diamètre; obſervez qu'il ſoit ouvert par ſes deux extrémités : faites ajuſter à ce même vaſe AB, cinq à ſix petits tuyaux F par où l'eau qui s'y trouve renfermée puiſſe s'écouler lentement ; donnez à leurs ouvertures une ligne & demie de diamètre.

Placez ce vaſe ſur une eſpèce de vaiſſeau plat de fer-blanc GH, qui ſoit percé en ſon milieu d'un trou de quatre à cinq lignes de diamètre ; faites ſouder au bas du tuyau DE quelques ſupports pour ſoutenir le vaſe ci-deſſus ſur ce vaiſſeau, & obſervez exactement que l'ouverture D du tuyau DE doit être diſtante de deux à trois lignes ſeulement du trou fait au vaiſſeau GH ; ayez auſſi un autre vaſe ſur lequel vous poſerez la pièce ci-deſſus, ſans qu'elle y ſoit fixée à demeure.

Les petits tuyaux F qui ſont placés aux bas du vaſe laiſſant échapper plus d'eau qu'il n'en peut ſortir dans un même intervalle de tems par le trou fait au vaiſſeau GH, l'eau s'y élève, & couvrant l'ouverture inférieure du tuyau DE, elle empêche qu'il n'entre de nouvel air dans la baſe ABC, ce qui fait ceſſer alors (un inſtant après) l'eau de couler par les petits tuyaux ; cette eau contenue dans le vaiſſeau GH continuant à couler, s'abaiſſe & découvre le bas du tuyau DE, où l'air pénétrant, fait échapper de nouveau par les petits tuyaux l'eau contenue dans le vaſe ABC, & cette alternative continue tant qu'il s'y trouve de l'eau.

Comme il eſt facile de connoître par l'élévation de l'eau qui ſe trouve dans le vaiſſeau, l'inſtant où les petits tuyaux doivent ceſſer de couler, & celui auquel l'eau doit s'échapper de nouveau, on peut ſuppoſer que cette fontaine coule où s'arrête au commandement & à la volonté de celui qui fait cette récréation ; l'habitude d'ailleurs fait connoître le tems qui s'écoule entre ces deux différens effets.

Inſtrument pour connoître combien il tombe d'eau pendant une pluie ou un orage, dans un eſpace déterminé.

Faites faire un baſſin de fer-blanc AB, *fig.* 10, *pl.* 1, *Pièces Hydrauliques*), de vingt pouces de diamètre, & dont les rebords aient deux pouces ; ajuſtez à ſon centre C un tuyau de verre de deux pouces de diamètre en-dedans, & d'un pied & demi de longueur ; qu'il ſoit exactement bouché vers le bas ; ſoutenez le tout ſur le bâtis & les pieds EE, comme le déſigne la figure.

Appliquez ſur le dehors du tuyau de verre C, & dans toute ſa longueur, une bande de papier exactement diviſée en dix-huit pouces, & chaque pouce en lignes.

La ſurface du diamètre du baſſin à celle du tuyau étant comme un eſt à cent, eu égard à la dimenſion qui leur a été donnée, il s'enſuit que ce baſſin ayant été expoſé à une pluie ou à un orage ; s'il eſt tombé ſur ſa ſurface une ligne d'eau, cette eau s'étant écoulée dans le tuyau, y aura monté à la hauteur de 100 lignes. On peut donc, en laiſſant ce baſſin expoſé à la pluie & en plein air, connoître quelle quantité d'eau eſt tombée dans une année, pourvu qu'on ait ſoin d'ôter l'eau auſſi-tôt que la pluie eſt ceſſée, & de tranſcrire à chaque fois la hauteur à laquelle elle s'eſt trouvée dans le tuyau : le réſultat de toutes ces hauteurs diviſé par cent, devant donner le nombre des lignes d'eau tombées pendant le tems de l'obſervation.

Cette expérience étant faite exactement en divers lieux & pendant une même année, on pourroit facilement, par un calcul fort ſimple, connoître aſſez préciſément la quantité d'eau qui peut tomber dans une année ſur toute la ſurface de la terre.

Multiplication des malheurs par un diable qui met la diviſion dans le ménage.

Le palais infernal des enchantemens eſt un petit édifice carré, ſoutenu ſur douze colonnes de verre, dont trois à chaque angle (*fig.* 6, *pl.* 11 *de Magie blanche*, tome VIII des gravures).

Au milieu de la partie inférieure ou ſoubaſſement au point A, eſt un petit monticule rocailleux qui ſert de trône à Pluton & à Proſerpine, & autour de ce rocher eſt un baſſin circulaire. Au centre du palais H, eſt ſuſpendue une principale lampe de cryſtal à quatre branches. Les colonnes ſont remplies de fluides de diverſes couleurs, & l'on voit en-dedans une petite figure de diable qui ſe remue au commandement par des moyens hydrauliques inuſités juſqu'à ce jour. Voici comment j'ai vu exécuter ce tour par un phyſicien ingénieux, qui, ſe livrant à la gaîté de ſes idées, contrefaiſoit aiſément le ton emphatique des prétendus magiciens. Meſſieurs & dames, diſoit-il, vous allez voir courir à mes ordres un animal qui n'a ni père ni mère, & dont il n'eſt point parlé dans l'hiſtoire naturelle, quoiqu'il ait toutes les bonnes & mauvaiſes qualités au ſuperlatif ; car il a, dit-on, de l'eſprit comme un diable ; il eſt méchant, hardi & gourmand comme un diable ; je lui ai rendu ſervice en le tirant du feu, mais il eſt tombé de fièvre en chaud mal ; car, en le mettant dans l'eau, je l'ai rendu mon eſclave.

Notre magicien, armé d'un tube de verre, pria quelqu'un de la compagnie de faire des queſtions au petit diable, & répétant enſuite ces queſtions dans ſon tube, il ordonna à la petite figure de répondre ; ce qu'elle fit en montant & en deſcendant, plus ou moins vite, dans des co-

lonnes rouges, bleuës ou violettes, felon la diverfité des objets fur lefquels rouloit la queftion.
Le magicien, harcelé par un favant de la compagnie, eut avec lui une longue converfation
dans laquelle il démontra, tant par l'expérience
que par le raifonnement, 1°. que le mouvement de
cette petite figure ne provenoit point de l'air contenu dans quelqu'une de fes parties, & comprimé
avec le pouce pour la faire defcendre en la rendant plus pefante; 2°. que ce mouvement ne
provenoit point de l'aimant, parce que la figure
ne contenoit aucun morceau de fer ou d'acier,
&c. 3°. qu'elle n'étoit attachée à aucun crin, &
qu'elle étoit parfaitement ifolée; 4°. qu'il n'y
avoit aucun mouvement d'horlogerie pour donner
quelqu'impulfion à la figure, & qu'elle continuoit fes mouvemens fi fouvent que fon maître le
lui ordonnoit de près ou de loin, &c.

Cette difcuffion fut terminée par de nouvelles
expériences qui continuèrent d'amufer la compagnie, parce qu'on ne chercha plus à les approfondir; on fit paroître dans une même colonne trois
petites figures qui repréfentoient le mari, la
femme & l'amour; vous voyez, dit le magicien,
que lorfque l'amour eft entre les deux époux, il y
a un accord parfait entr'eux; c'eft un plaifir de
voir marcher enfemble le mari, la femme & l'a-
mour qui les conduit; un inftant après l'amour
difparut, & le diable vint prendre fa place; mais,
continua le magicien, fi-tôt que le diable fe mêle
du ménage & s'empare de l'efprit de la femme,
ces deux derniers vont enfemble, & le mari en fens
contraire.

Tout le monde fe mit à rire en voyant la fingulière antipathie du mari pour fa femme, quand
elle étoit fymphatique avec le diable. La rifée
générale fut aux dépens des femmes; mais, Meffieurs, dit le magicien, ne croyez pas que les
hommes vaillent mieux; alors on vit le mari qui
fuivoit le diable, & la femme fuyant à fon tour.
Nouveaux éclats de rire, mais, aux dépens des
hommes pour cette fois. Tout le monde crut que
l'expérience étoit finie; mais le magicien la continua, en la préfentant fous différentes formes, &
dit enfin à la petite figure: Vous avez fait le
diable dans les douze colonnes pour plaire à la
compagnie; mais à préfent, pour honorer Pluton
& Proferpine, vos feigneurs & maîtres, & pour
juftifier aux yeux du public le nom qu'il vous
donne, il faut que vous faffiez *le diable à quatre*;
alors ce diable difparut, & l'on vit s'élever aux
quatre coins du palais infernal quatre diablotins
qui, lançant des jets de feu fur Pluton & Proferpine, enflammèrent les eaux du baffin circulaire
qui entouroit leur trône. (DECREMPS).

Palais hydraulique.

Quatre tuyaux de verre difpofés en colonnade

& furmontés d'un fronton repréfentent le frontif-
pice d'un palais. Ces colonnes tranfparentes &
remplies d'eau, laiffent appercevoir de petites
figures de cire qui nagent dans l'intérieur, &
dont deux montent & defcendent alternativement, tandis que les deux autres ont le mouvement contraire, & le tout fans aimant, fans roue,
& fans levier. Voici, en deux mots, par quel
moyen on exécute cette petite merveille.

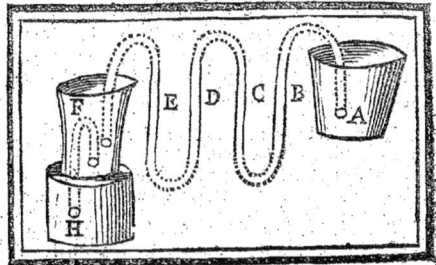

Au point A eft un baffin caché dans le corps
du bâtiment, les quatre colonnes ne font qu'un
feul & même tuyau de verre recourbé, comme
le repréfente la figure; c'eft à proprement parler,
un fyphon par où l'eau s'écoule du baffin A au
baffin F, qui eft pareillement caché dans le corps
du bâtiment.

L'eau ne peut ainfi paffer d'un baffin à l'autre,
fans defcendre par la première colonne B, &
monter par la feconde C, pour redefcendre enfuite par la troifième D, & rèmonter par la quatrième E; mais comme on ne voit pas alors l'eau
fe remuer, fi elle eft bien claire, les figures font
entraînées par le courant, & ont des mouvemens
oppofés, dont on n'apperçoit pas la caufe. Ces mouvemens cefferoient bientôt, quoique l'eau continuât
de couler, parce que les figures étant parvenues
aux extrémités fupérieures ou inférieures des
colonnes, font trop groffes & trop longues pour
fuivre le courant dans les contours du tuyau (où
l'on peut d'ailleurs pofer un diaphragme pour empêcher les figures de paffer); mais l'eau ceffant
un inftant de couler rapidement, par le moyen
que nous indiquerons ci-deffous, les figures reçoivent par leur gravité ou légèreté fpécifique,
un mouvement oppofé à celui qu'elles avoient
auparavant, car la première qui étoit defcendue
dans la colonne B, remonte d'elle-même quand
l'eau s'arrête, parce qu'ayant à fa tête un petit
morceau de liège, elle tend à furnager: la feconde, au contraire, qui étoit montée dans la
colonne C, defcend quand l'eau eft immobile,
parce qu'ayant à fes pieds une épingle de fer, fa
gravité l'entraîne vers le fond; la troifième & la
quatrième

quatrième font comme la première & la seconde, par la même raison.

Mais si un instant après, l'eau continue de couler avec rapidité, ces figures quitteront encore leur place, étant entraînées par le courant, pour la reprendre ensuite, quand l'eau s'arrêtera ou lorsqu'elle coulera très-lentement. Tout le secret se réduit donc, à présent, à faire que l'eau coule & s'arrête alternativement. Voici le moyen que l'on emploie pour produire cette intermittence.

L'eau ne coule du bassin A au bassin F, que parce que ce dernier est plus bas ; si donc, on fait celui-ci assez petit pour qu'il se remplisse en peu de tems, l'eau s'y trouvant bientôt élevée presque à la même hauteur que dans le bassin A, ne pourra plus couler que très-lentement ; voilà donc le courant arrêté pour un instant ; mais si le bassin F se vuide enfin tout-à-coup dans un autre H, qui sera encore plus bas, son eau descendra par ce moyen, & permettra à celle du bassin A de couler rapidement. Or, quand l'eau est enfin parvenue à une certaine hauteur, ce bassin F se vuide réellement tout-à-coup, à l'aide du syphon FH ; par ce moyen, l'écoulement rapide & son interruption, auront lieu alternativement jusqu'à ce que le premier bassin soit entièrement vuide. (DÉCREMPS).

HYGROMÈTRE. L'air qui nous environne est un fluide susceptible d'une multitude de modifications. La sécheresse ou l'humidité occasionnent différentes variations plus ou moins sensibles qu'il seroit quelquefois important de connoître & de mesurer.

On a imaginé diverses espèces d'hygromètre qui avertissent des changemens qui arrivent dans son état ; mais l'on n'est pas encore parvenu à en construire qui puissent être de comparaison comme le thermomètre. Nous en allons cependant indiquer quelques-uns pour en donner l'idée. Il seroit sans doute bien important d'avoir un instrument météorologique qui déterminât d'une manière précise de combien l'humidité ou la sécheresse augmente ou diminue d'un tems à l'autre : mais tous les hygromètres qu'on a imaginé jusqu'à présent ne remplissent pas cet objet ; ils n'apprennent rien autre chose, sinon que la corde qui fait la partie essentielle de l'hygromètre est sèche ou mouillée, & jamais il ne faut s'attendre qu'ils fassent connoître l'état actuel de l'atmosphère, qui souvent a perdu une grande partie de son humidité avant que la corde ait rien perdu de la sienne. L'hygromètre le plus simple est celui qui se fait avec une longue corde tendue foiblement dans une situation horizontale & dans un endroit à couvert de la pluie, quoique exposé à l'air libre. On attache au milieu un fil de laiton, au bout duquel on fait pendre un petit poids qui sert d'index, & qui marque sur une échelle divisée en pouces & en

lignes les degrés d'humidité en montant, & ceux de la sécheresse en descendant. Les marchands de baromètre vendent des cadrans dont l'aiguille indique les degrés de sécheresse & d'humidité : ce qui fait mouvoir cette aiguille est un bout de corde de boyaux qui, sensible à la sécheresse & à l'humidité, se tord ou se détord, & met l'aiguille en mouvement. La même cause produit le même effet dans ces petites maisons à double portique, avec deux petites figures d'émail, dont l'une sort & l'autre rentre, si l'air est humide, c'est l'homme qui sort ; s'il est sec, c'est la femme : mais ces hygromètres sont très-imparfaits ; parce que la corde renfermée comme dans un étui, pour leur donner un air de mystère, ne peut pas recevoir directement les impressions de l'air : d'ailleurs, combien de gens tiennent ces petits instrumens enfermés dans leur appartement ; & dans ce cas, la variation qu'ils éprouvent, indique non l'état de l'air extérieur, mais celui de l'appartement. Ce seroit un objet très-curieux de recherches que la découverte d'un hygromètre, tel que nous l'avons indiqué au commencement de cet article ; mais il ne faut pas se promettre d'en venir à bout simplement avec des cordes, par les raisons que nous avons exposées.

Nous croyons cependant devoir dire un mot des hygromètres inventés par le père Lana. Cet auteur dit qu'il faut prendre une grosse corde à boyau semblable à celle dont on se sert pour les luths ; attachez-la par un bout à un clou que vous enfoncerez dans un poteau ; faites ensuite faire une révolution à cette corde sur une petite poulie qui se mouvra autour d'un bouton de fer planté dans un poteau parallèle au premier. Cette poulie doit être jointe à une plus considérable, à la circonférence de laquelle sera attaché un poids capable de tendre la corde à boyau ; vous mettrez ensuite une petite dent ou languette sur la circonférence de cette dernière poulie. Cette dent doit atteindre la queue d'un petit marteau suspendu presqu'en équilibre par le milieu de son manche, & traversé pour cela par un bouton de fer. Ce marteau frappera sur un petit timbre, & avertira par sa chûte du changement de tems. Si l'on veut savoir, par le même moyen, lorsque le tems devient plus sec ou plus humide, il faut avoir deux hygromètres construits de la même manière, dont l'un fasse aller le marteau quand la corde de luth se resserre, & l'autre quand elle se dilate. On peut cacher cette méchanique, & mettre deux cadrans, dont l'un marquera la sécheresse & l'humidité de l'air, de même que les deux timbres.

Si vous attachez deux cordes de luth parfaitement égales en grosseur & en longueur sur une longue planche de sapin, & que vous les souleviez par deux chevalets de même hauteur, il est évident qu'elles feront à l'unisson ; si vous tendez l'une plus que l'autre, elle produira un son plus aigu. D'après ces principes de physique, on conftruit un hygromètre très-fimple, qui peut fervir pour les aveugles. On attache une de ces cordes de même longueur & de même groffeur à un anneau ovale, d'un bois très-poreux, dans le fens de fon grand diamètre, auprès d'un chevalet. Il eft évident que le bois venant à fe gonfler, il doit tendre la corde à boyau; lorfqu'on veut favoir fi le tems eft humide, il n'eft queftion que de pincer les deux cordes. Si la corde où eft l'anneau rend un fon plus aigu, il eft certain que l'air eft plus humide que le jour qu'elles étoient à l'uniffon. On doit préparer cet hygromètre, qui eft très-fimple, pendant un très-beau tems.

Voyez la defcription d'un hygromètre à l'article Air.

HYGROMÈTRE VÉGÉTAL. On peut faire avec les femences de plufieurs efpèces de géranium des hygromètres; les mouvemens dans les unes, telles que dans le géranium rampant à feuilles de ciguë font trop petits; la groffeur & l'épaiffeur des femences des géranium à larges feuilles les rend moins fufceptibles des variations de l'air. Les plus propres à cet ufage font celles du géranium odoriférant à feuilles de ciguë; elles forment plufieurs circonvolutions. Il faut fixer cette capfule ou femence fur un petit cercle, ou encore mieux fur un corps convexe, parce que la pointe de la femence s'allongeant lorfqu'il fait humide, ne refte point parallèle à l'horizon, mais touche le plan lorfqu'elle s'arrête & ceffe de fe mouvoir. Cet hygromètre fe meut par un tems fec; il fait jufqu'à neuf à dix tours; lorfque le tems devient humide il fe déroule, l'extrémité de la femence ne fe roule jamais autant que fa par-

tie inférieure, quelque grande que foit la féchereffe; reftant toujours allongée, elle tient lieu d'aiguille; de manière que l'on connoît au nombre des tours ou des fpirales de la bafe ceux que la pointe a fait, en même tems qu'elle marque le degré du cercle fur lequel elle s'eft arrêté. On divife le cercle en vingt-quatre degrés; l'hygromètre, par ces circonvolutions, indique les degrés de féchereffe, & en fe déroulant les degrés d'humidité; il eft fi fenfible aux variations de l'air, qu'il ne ceffe jamais de fe mouvoir, tantôt dans un fens, tantôt dans un autre, felon que l'air eft plus ou moins chargé de nuages; le foleil même ne peut fe cacher qu'il ne produife une altération dans la femence; l'haleine feule y produit des impreffions fenfibles. Il eft de peu de durée; mais comme cette plante vient très-bien de graine, on peut s'en procurer facilement.

Quelques perfonnes font auffi des hygromètres avec le grain d'une efpèce d'avoine garnie de fa barbe très-longue, torfe & articulée. On forme fur une carte une efpèce de cadran qu'on divife fuivant les différens tems des vents; ce qui fert à indiquer les différens degrés d'humidité & de féchereffe. Les vents du midi & du couchant marquent le tems humide, ceux du nord & du levant indiquent le tems fec: on fait dans la carte un trou au centre du cadran, dans lequel on enfonce le grain d'avoine par l'extrémité où il tient à la plante; on plie enfuite la barbe à l'articulation pour fervir d'index, qui tourne exactement fuivant le degré de féchereffe ou d'humidité. Mais pour le rendre utile, il faut commencer à le placer par un tems décidément fec ou humide.

J.

JARRETIERE COUPÉE (tour de la) *Voyez* à l'article MAGICIENNE.

JETS D'EAU formés par l'air. *Voyez* à l'article AIR.

JETS D'EAU SUR LEQUEL UNE FIGURE SE SOUTIENT EN EQUILIBRE. *Voyez* à l'article HIDRAULIQUE.

JET D'EAU LUMINEUX, *Voyez* ELECTRICITÉ.

JEU , questions & probabilités sur le jeu. *Voyez* ARITHMETIQUE.

IMMORTELLE. Cette fleur , qui tire son nom de l'avantage qu'elle a de conserver ses pétales toujours adhérens & colorés , est aussi susceptible de pouvoir être colorée artificiellement , & de paroître sous mille couleurs diverses. Les couleurs naturelles de ces fleurs sont blanches ou rouges ; les lieux où elles se plaisent le mieux , sont les terres légères , sablonneuses , bien fumées. Quoique les pétales de ces fleurs soient naturellement secs , cependant lorsqu'on veut les colorer , il est bon , aussi-tôt qu'on les a cueillies , de les friser ; c'est-à-dire de prendre un couteau ou canif , de passer chaque feuille entre le pouce & le tranchant d'un couteau ou du canif , en donnant toujours une figure d'S aux pétales ; par ce moyen on ôte le peu de fluide qui est contenu dans ces fleurs : elles ne se croquevillent point en séchant , mais s'épanouissent comme une petite rose. On emploie diverses substances suivant la couleur qu'on veut leur donner. Pour les teindre en vert , on les met tremper pendant douze ou quinze heures dans un vaisseau de cuivre où l'on a mis du vinaigre avec une poignée de sel , ou on les laisse pendant quelque temps dans de l'huile de tartre. On observe en toutes circonstances que les tiges ne plongent point du tout dans les liqueurs , car alors elles sont sujettes à se détacher. En les retirant de ces liqueurs , on les lave dans de l'eau & on les laisse sécher en les plaçant sur un tamis la queue en haut : si au lieu de ne laisser ses immortelles dans l'huile de tartre que quelques demi-heures , on les y laisse deux jours , elles deviennent d'un beau jaune paille. On peut donner aux immortelles violettes la couleur de citron , en les exposant à la fumée de soufre , ou en les trempant dans les acides nitreux , vitrioliques ou marins affoiblis avec de l'eau : il

faut avoir soin de les bien laver tout de suite dans de l'eau ; car si les acides agissoient avec trop d'activité , ils rongeroient les feuilles & elles se détacheroient. Si on met les immortelles dans un pot rempli de chaux vive , qu'on y jette quelques gouttes d'eau & qu'on le couvre , elles deviendront tantôt jaunes , tantôt vertes. Veut-on leur donner une couleur grise , on fait tremper les blanches ou les violettes dans du vinaigre où l'on a mis une fois autant d'encre & du noir à noircir ; la couleur noire , couleur singulière dans des fleurs , s'obtient en mettant des immortelles tant violettes que blanches , dans un boisseau percé de trous. On passe les immortelles blanches ou violettes dans ces trous ; ensorte que les fleurs soient en dedans , on met sous le boisseau un petit godet dans lequel il y ait du soufre : on l'allume ; les vapeurs rendent d'abord les fleurs blanches ; elles se roussissent & deviennent ensuite noires comme du jayet. Lorsqu'on veut panacher ces fleurs , il faut y appliquer avec un pinceau quelques gouttes de diverses liqueurs propres à changer leurs couleurs.

Lorsque les fleurs sont ainsi colorées , on leur donne du brillant & de l'éclat , en les enduisant d'un vernis fait avec de la colle de Flandre bien fondue dans de l'eau & passée dans un linge ; on l'applique avec un pinceau doux , & on laisse sécher les fleurs , dans un lieu sec à l'abri de la poussière ; on en peut faire ensuite des bouquets qu'on peut nuancer très-agréablement en alliant avec art ces diverses couleurs. On pourroit leur donner de l'odeur en les arrosant d'huile essentielle odorante de diverses espèces de fleurs.

IMPROVISATEUR. Quand un soi-disant improvisateur s'est fait une grande provision de passe-partouts , ou de phrases communes & de locutions vagues , il ne doit pas craindre d'être embarrassé pour chanter les personnes inconnues , qui peuvent survenir sans être attendues dans une assemblée ; car si ces personnes ont un nom qui rime avec un de ceux insérés dans les passe-partouts , leur chanson est faite d'avance , & il n'y a qu'un nom à changer : leur chanson est également toute prête , si elles professent un art liberal ou méchanique ; & comme on a plusieurs passe-partouts , qui peuvent , au besoin , s'appliquer au même nom , à la même science , ou au même art , on peut , en chantant différentes personnes du même nom & du même état , éviter des répétitions fastidieuses. Ces répétitions seroient d'ailleurs nuisibles, en ce quelles feroient connoître, tôt ou tard, qu'on a des couplets préparés.

Si le nom des personnes qu'on veut célébrer, ne rime point avec un de ceux qui sont insérés dans les passe-partouts, leur chanson est également toute faite, à l'exception d'un vers qu'il faut faire & substituer en un instant; ce qui est très-facile, quand on a l'art de trouver la rime impromptu.

Pour trouver la rime en un instant, il faut prononcer intérieurement toutes les lettres finales qui forment cette rime, & les faire précéder successivement de diverses consonnes. Vous entendrez alors des sons, qui seront eux-mêmes les mots que vous cherchez, ou qui vous rappeleront des mots plus longs dont vous avez besoin. Par exemple, s'agit-il de rimer impromptu à *vire*, prononcez intérieurement *oire*, & faites précéder ce son de diverses consonnes, en disant rapidement *boire, croire, doire, foire, goire, loire, moire, noire, poire*, &c. par ce moyen, vous prononcerez plusieurs mots français qui formeront votre rime, tels que *boire, loire, noire*, & les autres mots, qu'ils soient françois ou non, vous rappeleront d'autres mots plus longs; car *doire* rappelle naturellement le mot de *lardoire*; *moire* rappelle celui d'*armoire* & de *grimoire*; & *loire* rappelle *gloire*.

Quand ces mots ne présentent pas le sens dont vous avez besoin, prononcez-les chacun en particulier, en les faisant précéder des voyelles, *a, e, i, o, u*. Par exemple, sur le mot *boire*, dites *aboire, éboire, iboire*. Ces nouveaux mots, quoiqu'ils ne soient pas françois, vous rappelleront d'autres mots; car *éboire* rappelle *déboire, iboire* rappelle *ciboire*.

Lorsque, parmi ces mots, vous en verrez un qui présente une idée gracieuse, analogue à votre sujet, perdez de vue tous les autres, & celui-là se placera presque naturellement & de lui-même, au bout du vers dont vous avez besoin.

Il est un autre moyen plus ignoble de trouver la rime impromptu; c'est d'avoir un compère caché derrière une cloison; ce compère a sous ses yeux, le dictionnaire des rimes de Richelet, & vous souffle, en un instant, le mot dont vous avez besoin; on a vu des poëtes improvisateurs, qui employoient ce moyen sur des théâtres de provinces; mais il y a des inconvéniens que voici : Ce dictionnaire est destiné aux auteurs sans génie, qui composent à tête reposée, & ne peut guère servir qu'à eux; les expressions poétiques y sont mêlées avec une infinité de mots techniques, burlesques ou inusités. Un improvi-

sateur, qui emploieroit cet ouvrage, pourroit donc lire quelquefois vingt ou cinquante mots qui seroient tous excellens pour la rime, sans qu'il y en eût un seul de passable pour le sens de la phrase; & le temps qu'il emploieroit à les parcourir, l'empêcheroit d'atteindre son but, qui est la promptitude de l'exécution dans ses ouvrages; il faut donc, ou qu'il emploie le premier moyen que nous avons indiqué, pour trouver la rime; ou qu'il se fasse un petit dictionnaire particulier, dans lequel il ne mettra que les mots dont il peut faire usage dans ses complimens; à l'aide d'un vocabulaire fait d'après ce principe, il gagnera beaucoup de temps; & quand il voudra faire l'éloge de Julie, il ne sera pas obligé de lire les mots *boucherie, ladrerie, horlogerie, hémorrhagie, harpie, dyssenterie, apothicairerie, amphibie, pâtisserie, vessie*, & cent autres qui ne peuvent guère entrer dans l'éloge d'une femme, il trouvera, au contraire, en un seul instant, les mots, *jolie, amie, ravie, attendrie, sympathie*, & quelques autres, par lesquels on peut aisément terminer un vers en l'honneur d'une jeune personne.

L'improvisateur en latin.

Je crois devoir dire un mot ici d'un jeune poëte qui improvisoit en latin, & qui, à ce que je crois, ne faisoit point usage de passe-partouts. On le pria dans une compagnie où j'étois, de traduire en un vers hexamètre, le premier vers du fameux sonnet de Desbarreaux,

Grand Dieu tes jugemens sont remplis d'équité.

Il répondit aussi-tôt de trois manières :

O Deus omnipotens, justissimus arbiter æqui,

. . . . scelerum justissime vindex,

. . . . justissimus ultor.

Ensuite on lui donna pour sujet d'un vers pentamètre, la phrase que voici : *Je vous souhaite le bon soir.* Voici sa réponse :

Sit tibi fausta salus, nox tibi fausta fluat.

Quelqu'un ayant observé que le poëte venoit d'improviser sur des sujets très-connus, & qu'il pouvoit s'y être exercé d'avance, on chercha des phrases singulières, & parmi plusieurs autres, on proposa les six suivantes, auxquelles il répondit presque sans hésiter.

1°. J'ai mis mes papillottes.

Rép. *Est mea cæsaries crasso revoluta papyro.*

2°. Saint-Jean, donne la clef du vin:

Rép. *Da clavem vini, da, quæso, Sancte Joannes.*

3°. Ne vous laissez pas souffler; conservez le pion du milieu; rassemblez vos pions:

Rép. *Sumere sis cautus, clavim servare memento.*

Tytire, coge pecus. . . . . . .

4° A la saint-Barnabé, la faux au pré.

Rép. *Festo Barnabæ resecantur gramina falce.*

5°. Il n'y a pas de bénéfice sans cure :

Rép. *Commoda si sentis, jungas onus emolumentis.*

6°. Attendez que votre femme soit morte, pour en épouser une autre :

Rép. *Non aliam ducas uxorem superstite primâ.*

Je dis alors au jeune poëte que son vers (*festo Barnabæ, &c.*) étoit tiré d'un vieux dictionnaire de proverbes françois & latins; que j'avois vu l'avant-dernier, (*Commoda si sentis, &c.*) dans un ancien commentaire sur les institutes de Justinien; & que le vers (*Non aliam ducas &c.*) étoit cité par P. Pithou, dans ses notes sur le décret de Gratien. Quant à l'hémistiche (*Tytire, coge pecus*) vous savez, lui dis-je, dans quelle églogue on le trouve depuis dix-huit cens ans.

Hé! pourquoi voulez-vous, me dit-il, que je vous donne des expressions neuves sur des pensées communes, qui ont été exprimées de mille manières avant moi.

Il me dit alors qu'il avoit lu beaucoup d'ouvrages de littérature, & en particulier, de poésie latine.

Non-seulement, ajouta-t-il je sais par cœur la plupart des poëtes lyriques, satyriques, comiques, épigrammatistes, ou macaroniques (1); mais j'ai appris encore, pour mes menus plaisirs, un livre entier, tout rempli de chiffres. Alors il tira de sa poche un petit *in-12*, rempli de nombres, comme les comptes-faits de Barrême, ou comme les tables des Logarithmes. Ouvrez au hasard, me dit-il, je suis prêt à vous réciter telle page que vous voudrez; je le priai aussi tôt de

(1) Le Poëme Macaronique est composé de vers burlesques, où les mots d'un langage vulgaire, sont travestis & latinisés comme dans le vers suivant :

Enflabo omnes scadrones & regimentos.

reciter la page 95, & il me dit, en effet, tous les nombres que j'avois sous les yeux. Je lui demandai ensuite quel étoit le quatrième nombre de la seconde ligne, page 15; il me répondit que c'étoit 1231. Sa réponse, qui étoit vraie, fut d'autant plus étonnante pour moi, que tous les nombres me parurent entassés sans aucun ordre, & que je ne voyois aucun fil qui pût le guider dans ce labyrinthe : cependant je suis parvenu, depuis peu, à faire le même tour devant mes amis. Voici mon moyen.

J'ai écrit cent pages de chiffres, qui correspondent, dans mon esprit, à des mots que je sais par cœur. Chaque page répond à un ou deux petits poëmes; chaque ligne à un vers, chaque nombre à un mot, chaque chiffre à une voyelle; & les voyelles *a, e, i, o, u,* expriment les chiffres 1, 2, 3, 4, 5. Par ce moyen je n'ai qu'à réciter intérieurement les vers que je conçois à chaque page, pour me rappeler les nombres qui la composent, j'expliquerai ceci plus clairement, en appliquant cette opération à une page de mon livret.

La page 15 contient les nombres que voici :

24. 4334. 45. 4134. 32.

55. 3131. 3. 44. 312. 421.

3. 3. 133. 3. 42. 432. 233.

3. 532. 3. 11. 44. 2. 231. 54.

3. 143. 2. 533. 23. 12231. 23.

12. 1321. 21. 4551. 11. 241.

3. 22. 153. 2122. 335. 24.

3. 12. 231. 3. 1231. 23.

122. 455. 3. 231. 15. 5345.

333. 152. 2. 12. 3331.

3. 223. 15. 12. 3. 2. 1. 42. 223.

2132. 22. 2. 4322. 13.

3. 34. 2535. 3322. 532. 125.

4. 4445. 331. 3. 223.

Cette page de chiffres répond, dans mon esprit, aux quatorze vers suivans; les six premiers, tirés de la théologie de Collet, *Tract. de Matrimonio,* expriment les quatorze empêchemens dirimans du mariage, selon les loix canoniques. Les huit derniers annoncent les quatorze raisons pour lesquelles un père peut desheriter ses enfans, selon les loix romaines. Voyez l'ouvrage intitulé, *theophilus renovatus.*

Error, conditio, votum, cognatio, crimen.

Cultûs disparitas, vis, ordo, ligamen, honestas,

Si fis affinis , fi forte coire nequibis ,

Si mulier fit rapta loco nec reddita iuto ,

Si Parochi & duplicis defit præfentia teftis :

Hæc facienda vetant connubia , facta retractant.

BIS SEPTEM caufis exhæres filius efto ;

Si patrem feriat , fi maledicat ei ,

Carcere conclufum fi negligat , aut furiofum ,

Criminis accufet , vel paret infidias ,

Si dederit damnum grave , fi nec ab hofte redemit ,

Teftarive vetet , fe focietve malis ,

Si mimos fequitur , vitietve cubile paternum ,

Non orthodoxus , filia fi meretrix.

Si on me demande quel eft , dans cette page de chiffres , le premier nombre de la troifième ligne , je ne fuis pas en peine de dire que c'eft un 3 , parce que je fais que le troifième vers , que je conçois à cette page , commence par le mot *Si* , où la voyelle *i* marque le chiffre 3. Par là même raifon , je dois voir que le dernier nombre de la première ligne doit être 32 , puifque le premier vers finit par le mot *crimen* , dont les voyelles *i* , *e* , répondent aux chiffres 3 & 2. C'eft ainfi que le mot *præfentia* , qui eft le pénultième du cinquième vers , m'annonce que le fixième nombre de la cinquième ligne doit être 12231.

Il eft d'autres moyens , à-peu-près femblables , à l'aide defquels on fe fait une mémoire artificielle , & par lefquels on peut fouvent étonner les perfonnes qui n'en ont pas connoiffance. Par exemple , j'ai vu un homme qui , entendant parler de l'épitre de faint Paul aux galates , faifit cette occafion , pour dire que la Galatie étoit autrefois une des quinze parties de l'Afie Mineure ; qu'elle étoit limitrophe avec la Cappadoce & la Lycaonie ; & que ce dernier pays étoit féparé de la Cilicie par l'Ifaurie. Là-deffus , tout le monde le prit pour un favant géographe , & on fut étonné d'apprendre , un inftant après , qu'il n'avoit jamais jeté les yeux fur aucune carte. En effet , fon précepteur s'étoit contenté de lui apprendre le vers hexamètre fuivant , avec fon explication :

Pa, Po, Bi,-Hel, Phryg,-Lyd, Ca, Ly,-Pam, Cil,-Is,
　　Ly , Ga,-Ca , Pi.　　BUFFIER.

Ce vers eft compofé des premières fyllabes des noms qu'on donnoit autrefois aux parties de l'Afie Mineure ; & ces fyllabes rappelent ces parties à-peu-près dans le même ordre qu'elles ont fur les anciennes cartes. Ce vers fuffit donc pour faire connoître les noms & les pofitions de ces diverfes contrées.

Je joins ici le nom de ces quinze pays , avec la fyllabe qui les indique.

Pa—la Paphlagonie.	Pam—la Pamphilie.
Po—le Pont.	Cil— la Cilicie.
Bi—la Bithynie.	Is—l'Ifaurie.
Hel—l'Hellefpont.	Ly—la Lycaonie.
Phry—la Phrygie.	Ga—la Galatie.
Lyd—la Lydie.	Ca—la Cappadoce.
Ca—la Carie.	Pi—la Pifidie.
Ly—la Lycie.	

C'eft ainfi qu'on peut fe rappeler fans effort le nom & l'ordre chronologique des dix-huit conciles œcuméniques convoqués en différens pays & à différentes époques. Il fuffit de favoir par cœur les mots fuivans , qui forment une efpèce de vers de fept pieds.

*Ni , co , e, -cha , co , co , -ni , co , co , ro , tu , la , -la,lu,
　　vi , -con , ba ; flo , -la , tri.*

Dans ce vers , chaque fyllabe rappelle le nom de la Ville où chaque concile a été tenu , felon le rang qu'il occupe dans la chronologie , comme on le voit dans le catalogue fuivant.

Ni—*Nicænum I.*

Co— *Conftantinopolitanum I.*

E—*Ephefinum.*

Cha—*Chalcedonenfe.*

Co—*Conftantinopolitanum II.*

Co—*Conftantinopolitanum III.*

Ni—*Nicænum II.*

Co—*Conftantinopolitanum IV.*

Co—*Conftantinopolitanum V.*

Ro—*Romanum.*

Tu—*Turonenfe.*

La—*Lateranenfe I.*

La—*Lateranenfe II.*

Lu—*Lugdunenfe.*

Vi—*Viennenfe.*

Con—*Conftantienfe.*

Ba—*Bafilienfe.*

Flo—*Florentinum.*

La—*Lateranenfe III.*

Tri—*Tridentinum.*

On peut pareillement se rappeler l'arrangement des corps célestes, dans le système de Ptolémée, à l'aide d'un vers pentamètre, que voici :

Em, mo, -cri, cri, -fi; -sa, ju, ma, -sol, ve, me, -lu.

Voici l'explication de ce vers.

Em—l'Empyrée.

Mo—le Mobile.

Cri—le premier Cryſtallin.

Cri—le ſecond Cryſtallin.

Fi—le Firmament.

Sa—Saturne.

Ju—Jupiter.

Ma—Mars.

Sol—le Soleil.

Ve—Venus.

Me—Mercure.

Lu—la Lune.

Enfin, on peut connoître très-facilement quelle eſt la lettre qui, dans les calendriers, répond au premier jour de chaque mois, en ſe rappelant les mots ſuivans : *Adieu donc digne Gaſton, brave & généreux chevalier, fidèle appui des françois.* Ces mots, que je trouve dans un ancien traité de navigation de M. Bouguer, répondent aux différens mois de l'année, & commencent par la lettre qui répond aux premiers de chaque mois. Par conſéquent, le mot *digne* qui eſt le troiſième, ſignifie que la lettre *d* répond au premier de mars. Le mot *appui*, qui eſt le dixième, ſignifie que le mois d'octobre commence par la lettre *a.* Par conſéquent, ſi on ſait que, telle année la lettre *a* ſera Dominicale, on en conclud que, cette année-là, le premier, le 8, le 15, le 22 & le 29 octobre ſeront un dimanche. On peut, par ce moyen, ſavoir quel jour de la ſemaine répond à un tel jour du mois, pour une année quelconque. J'omets ici d'autres moyens pareils, ſur les phaſes de la lune, à l'aide deſquels il ne ſeroit peut-être pas impoſſible de faire croire à certaines perſonnes qu'on ſait le calendrier par cœur. (DECREMPS)

INSTRUMENS de muſique à cylindre & autres. (*Voyez* ACOUSTIQUE).

§ JONGLEUR ou faiſeur de tours.

Voici les bons avis que M. Decremps donne aux jongleurs dans le teſtament de Jérome Sharp dit le ſubtil.

1°. N'averiſſez jamais du tour que vous allez faire, crainte que le ſpectateur, prévenu de l'effet que vous voulez produire, n'ait le temps d'en deviner la cauſe.

2°. Ayez toujours, autant qu'il ſera poſſible, pluſieurs moyens de faire le même tour, afin que ſi on en devine un, vous puiſſiez recourir à un autre, & vous ſervir de ce dernier pour prouver qu'on n'a rien deviné.

3°. Ne faites jamais deux fois le même tour à la prière des ſpectateurs, car alors vous manqueriez contre le premier précepte que je viens de donner, puiſque le ſpectateur ſeroit prévenu de l'effet que vous voudriez produire.

4°. Si on vous prie de répéter un tour, ne refuſez jamais directement, parce que vous donneriez alors mauvaiſe opinion de vous, en faiſant ſoupçonner la foibleſſe de vos moyens ; mais pour qu'on n'inſiſte point à vous faire la même demande, promettez de répéter le tour ſous une autre forme, & cependant faites-en un autre qui ait un rapport direct ou-indirect avec celui qu'on vous demande ; après quoi vous direz que c'eſt le même tour dans lequel vous employez le même moyen préſenté ſous un autre point de vue. Cette ruſe ne manque jamais de produire ſon effet.

5°. Si vous faiſiez toujours des tours d'adreſſe ; comme ils dépendent tous de l'agilité des mains, le ſpectateur, continuant de voir les mêmes geſtes, pourroit enfin deviner vos mouvemens : faites donc ſucceſſivement des tours d'adreſſe, de combinaiſons, de colluſion, de phyſique, &c., deſorte que le ſpectateur ſe trouve dérouté en voyant preſque toujours les mêmes effets, quoiqu'ils appartiennent à des cauſes diſparates.

6°. Quand vous employerez un moyen quelconque, trouvez toujours une ruſe pour faire croire naïvement, & ſans affectation de votre part, que vous employez un autre moyen. S'agit-il par exemple d'un tour de combinaiſon, faites, s'il y a lieu, comme s'il dépendoit de la dextérité des doigts ; & ſi au contraire c'eſt un tour d'adreſſe, tâchez alors de paroître mal-adroit.

7°. Si vous faites des tours dans un petit cercle compoſé de demi-ſavans, ou de gens trop pareſſeux pour ſe donner la peine de réfléchir, il n'y aura pas grand inconvénient à faire indiſtinctement les nouveaux tours & les anciens, les ſimples & les compliqués ; mais s'il s'agit d'amuſer une grande aſſemblée, & de paroître ſur un grand théâtre, où il y aura vraiſemblablement des gens inſtruits & des furets de bibliothèques, gardez-vous de donner comme inconnus des tours expliqués dans des livres ; & ſouvenez-vous qu'il eſt abſurde d'intituler un livre, *recueil de ſecrets*, parce qu'un ſecret quelconque ceſſe de l'être quand il eſt imprimé.

8°. Ne lisez donc les livres que pour vous mettre au pair de vos contemporains, & pour savoir si ce que vous inventez a déja été inventé par d'autres; sans cette dernière précaution, les gens de génie présentent souvent comme nouvelles des inventions très-anciennes, parce qu'ils ne font pas attention que les idées dont ils font créateurs ont pu germer dans d'autres têtes.

9°. Si vous ne pouvez rien inventer, quant au fond, soyez du moins inventeur quant à la forme, en rajeunissant les anciens tours par des circonstances neuves; & sur-tout ne finissez jamais une séance sans en faire quelqu'un qui, par ses effets, sa complication & sa nouveauté, soit impénétrable à la perspicacité des plus grands connoisseurs; par ce moyen ils vous applaudiront au moins une fois; & leur suffrage, quoique modéré, entraînera la multitude, qui vous donnera le sien sans réserve.

10°. Quand vous ferez des tours dans une compagnie de gens éclairés, gardez-vous bien de vous attribuer un pouvoir merveilleux & surnaturel; cette prétention, trop exagérée, vous feroit passer pour un imposteur, & l'on refuseroit de vous croire dans d'autres cas où vous pourriez dire la vérité: contentez-vous de faire entendre que l'effet dont il s'agit, dépend d'une cause non commune; l'extraordinaire, quoique naturel, sera aussi amusant pour des gens d'esprit, que le merveilleux pour le vulgaire.

11°. Ne faites jamais un tour sans avoir préparé des subterfuges & des réponses captieuses, pour les argumens solides qu'on pourroit vous opposer: je dis pour les argumens *solides*, parce que les objections mal fondées, n'ont pas besoin d'être prévues pour être faciles à résoudre.

12°. Profitez adroitement de tous les hasards, & des différens degrés de crédulité qui vous tomberont pour ainsi dire sous la main. Les hasards favorables se présentent souvent; mais il n'y a que les gens d'esprit qui sachent les mettre à profit.

13°. Si on vous donne à deviner des tours dont vous n'avez pas été témoin, tâchez d'en élaguer toutes les circonstances que la renommée & la crédulité ont pu y entasser; mais si vous voyez faire un tour qui vous soit inconnu, ne cherchez pas à le deviner, en supposant que vous venez de voir des effets réels; car puisque les tours consistent toujours en des apparences trompeuses vous vous écarteriez du but en cherchant la réalité.

(*Voyez* CHARLATAN, ESCAMOTAGE, FARCEUR, GOBELETS &c).

L.

LAMPES PERPÉTUELLES.

Avant que la phyſique eût éclairé ſur la poſſibilité d'un feu actuel & inextinguible, les ſavans ont été aſſez partagés ſur ce qu'on devoit en croire. Mais de tous les champions des lampes perpétuelles, aucun n'a fait plus d'efforts pour en établir l'exiſtence, que *Fortunio Liceti*, dans ſon livre intitulé *de reconditis antiquorum Lucernis*.

Si l'on en croit ce ſavant, rien n'étoit plus commun chez les anciens que les lampes perpétuelles ; il en voit par-tout. La lampe de Démoſthènes, celle qui brûloit dans le temple de Minerve à Athènes, le feu de Veſta à Rome, tout cela lui fournit autant de preuves de la poſſibilité d'un feu inextinguible. On ne peut s'empêcher de rire d'une érudition ſi mal digérée ; car qui ne ſait que ces feux n'étoient appelés perpétuels, que parce que c'étoit un point de religion de ne les laiſſer jamais éteindre, & qu'on leur fourniſſoit un aliment continuel ?

A la vérité, les autres partiſans des lampes perpétuelles, en riant de la bonhomie de Liceti, s'appuient, ainſi que lui, de faits plus ſéduiſans. Les voici.

1. La lampe de Tulliola.

Sous le pontificat de Paul III, on trouva, dit-on, le tombeau de Tulliola, cette fille chérie de Cicéron, à la perte de laquelle il donna tant de larmes. On prétend qu'il y avoit dedans une lampe actuellement brûlante, & qui s'éteignit auſſitôt que l'air y pénètre.

2. La lampe d'Olybius.

Mais c'eſt ſur-tout la lampe du tombeau d'Olybius qui fournit aux partiſans des lampes perpétuelles un de leurs forts argumens.

On raconte qu'en 1500, des payſans fouillant un peu profondément à Ateſte près de Padoue, on parvint à un tombeau dans lequel on trouva deux urnes de terre l'une dans l'autre. Celle-ci contenoit, ajoute-t-on une lampe ardente, ſituée entre deux fioles, l'une pleine d'un or liquide, l'autre d'un argent fluide.

Sur la grande urne on liſoit ces vers :

Plutoni ſacrum munus ne attingite, fures,
Ignotum eſt nobis hoc quod in orbe latet ;
Amuſemens des Sciences.

Namque elementa gravi clauſit digeſta labore,
Vaſe ſub hoc modico, maximus Olybius.
Adſit fecundo cuſtos ſibi copia cornu,
Ne tanti pretium depereat laticis.

La ſeconde portoit, à ce qu'on dit, cette inſcription :

Abite hinc, peſſimi fures ;
Vos quid vultis veſtris cum oculis emiſſitis ?
Abite hinc veſtro cum Mercurio
Petaſato caduceatoque.
Maximus maximum donum Plutoni hoc ſacrum
fecit.

C'eſt à peu près ainſi que Geſner raconte cette curieuſe découverte. Mais voici quelque choſe de plus fort. On lit dans Liceti une lettre d'un certain Maturantius, qui écrit à ſon ami Alphène que ce curieux tréſor eſt venu en ſa poſſeſſion. « L'un & l'autre vaſe, dit-il, avec les inſcriptions, la lampe & les fioles d'or, ſont venus en mes mains, & je les poſſède : vous en ſeriez émerveillé ſi vous les voyiez. Je ne donnerois pas tout cela pour mille écus d'or ». Voilà bien le langage d'un homme convaincu de poſſéder la plus précieuſe rareté. Je ne ſache cependant pas qu'elle ait paſſé dans aucun cabinet connu.

Au reſte, il paroît qu'ici, comme au tombeau de Tulliola, un accident empêcha les gens un peu inſtruits d'être témoins du phénomène ; car on lit dans le crédule Porta, que les payſans qui trouvèrent ce tréſor le maniant trop rudement, la lampe ſe briſa entre leurs mains, & s'éteignit.

3. La lampe de Pallas, fils d'Evandre.

On raconte encore que, vers l'an 800 de J. C., on trouva à Rome le tombeau du fameux Pallas, fils d'Evandre, tué, comme l'on ſait, par Turnus. On reconnut que c'étoit ce Pallas par ces vers :

Filius Evandri Pallas quem lancea Turni
Militis occidit, more ſuo jacet hic.

Il y avoit une lampe ardente, qui devoit conſéquemment avoir brûlé près de 2000 ans,

M m m m

puifque cet événement arriva vers l'an 1170 avant l'ere chretienne.

4. La lampe du temple de Vénus.

C'eft S. Auguftin lui-même qui parle de cette lampe, & du temple de Vénus dans lequel elle brûloit. Il dit qu'elle étoit perpétuellement ardente, & que la flamme étoit fi folidement attachée à la matière combuftible, que ni vent, ni pluie, ni tempête ne pouvoit l'éteindre, quoiqu'elle fût perpétuellement expofée à l'air & à l'inclémence des faifons. Ce Père fe travaille merveilleufement à expliquer l'artifice de cette lampe inextinguible; & après avoir propofé une idée affez jufte en partie, favoir, que peut-être on y avoit employé une mèche d'amiante, il finit par dire que ce pourroit bien être un ouvrage des démons, fait dans la vue d'aveugler de plus en plus les payens, & de les attirer au culte de l'infâme divinité adorée dans ce temple.

Voilà donc, fuivant les partifans des lampes perpétuelles, un feu inextinguible, dont l'exiftence eft bien conftatée par le témoignage d'un homme auffi éclairés de fon fiècle, & qui, malgré fes lumières, eft obligé de recourir à l'artifice des démons pour expliquer ce phénoméne.

5. Les lampes de Caffiodore.

Le célèbre Caffiodore étoit, comme l'on fait, un homme auffi refpectable par fes emplois que par fes lumières. Or, il raconte lui-même avoir fait pour fon monaftère de Viviers, des lampes perpétuelles. Chaque moine avoit peut-être la fienne. Ecoutons fes propres paroles. *Paravimus etiam nocturnis vigiliis mecanicas lucernas confervatrices illuminantium flammarum, ipfas fibi nutrientes incendium, quæ humano minifterio- ceffante prolixè cuftodiant uberrimi luminis abundantiffimam claritatem ubi olei pinguedo non deficit, quamvis jugiter flammis ardentibus torreatur.*

Peut-on, dira quelque partifan des lampes perpétuelles, fe refufer à un témoignage auffi authentique, auffi clair & auffi refpectable?

Tels font les faits principaux qu'on allègue en faveur des lampes perpétuelles. Mais nous ne craignons pas de dire qu'ils s'évanouiffent entièrement au flambeau d'une critique éclairée. En effet, d'abord à l'égard des trois premiers, quel fond peut-on faire fur des faits rapportés d'une manière auffi vague, & accompagnés de circonftances incohérentes ou romanefques? Il n'eft aucun de ces faits qui ait d'autres garans que ces auteurs qui ont vécu long-temps après; aucun témoin oculaire de quelque poids, ne dépofe en avoir été témoin. Or, quand il eft queftion de chofes qui contredifent les loix ordinaires de la nature, au moins faut-il qu'elles foient certifiées par des hommes inftruits, & au-deffus du foupçon de crédulité ou d'ignorance.

L'hiftoire du tombeau de Tulliola date de l'année 1345: c'étoit alors le moment de l'ignorance la plus profonde qui ait régné en Europe. On dit qu'on y trouva un corps. Dans ce cas, ce n'étoit pas celui de Tulliola; car les romains, à l'époque de Cicéron, brûloient leurs corps morts. Auffi quelques auteurs ont-ils conjecturé, d'après quelques circonftances, que le tombeau dont il s'agit étoit celui de la femme de Stilicon: mais les chrétiens ne mirent jamais de lampes dans leurs tombeaux. La circonftance de la lampe trouvée dans ce tombeau, a conféquemment tout l'air d'une fiction.

Que dirons-nous du tombeau d'Olybius, de fa lampe, & de fes deux fioles, remplies l'une d'or, l'autre d'argent fluides? Ce furent des payfans qui trouvèrent cette double urne. Suivant les uns, ils manièrent la lampe renfermée dans la feconde urne fi mal-adroitement, qu'ils la brifèrent. Cependant Maturantius prétend l'avoir en fa poffeffion. Quel homme a vu cette lampe brûler? Où font les témoignages qui conftatent que ces payfans l'ont vu en cet état: & ces témoignages mêmes feroient-ils bien admiffibles? Une vapeur exhalée d'un lieu clos depuis plufieurs fiècles, peut facilement en impofer à des hommes groffiers & ignorans.

Que fignifie encore cette infcription? Où trouve-t-on qu'il foit queftion de feu perpétuel? Un don facré à Pluton eft-il néceffairement une lampe ardente? A tout prendre, fi la découverte de ce tombeau a quelque réalité, on pourroit feulement penfer que c'étoit celui de quelque fouffleur d'un fiècle peu reculé; car d'ailleurs on fait que les romains ne fe doutèrent jamais de chimie; il n'a jamais été queftion parmi eux de chercher à tranfmuer les métaux. Si cette folie eût exifté alors, on en trouveroit certainement des traces chez leurs écrivains; mais tout garde le plus profond filence fur cela. Cette folie nous a été amenée par les arabes, avec quelques connoiffances folides de chimie.

Or, fi les romains ne connoiffoient pas la chimie, comment veut-on qu'ils aient fait des lampes perpétuelles, qui feroient le chef-d'œuvre de cette fcience?

L'hiftoire du tombeau de Pallas, fils d'Evandre, mérite à peine d'être réfutée. Quel homme fera affez imbécille pour croire que les vers cités ci-deffus foient du temps d'Enée? Il ne faut qu'avoir vu le langage des douze tables, pour juger combien l'ancienne langue des romains, & conféquemment celle du temps des rois d'Albe, reffembloit peu au latin de ces vers, tout plats & mauvais qu'ils sont.

Quant à la lampe du temple de Vénus, qui cause tant d'embarras à S. Augustin, remarquons que ce père ne dit nullement qu'on ne lui fournît pas un nouvel aliment. Ce qui paroît l'intriguer principalement, c'est que ce feu étoit inextinguible au vent & à la pluie. Mais cela n'a rien de merveilleux, puisque nos épiciers font aujourd'hui des flambeaux qui ont cette propriété. Tous les livres de chimie enseignent à faire un pareil feu. D'ailleurs, en admettant que cette lampe fût perpétuelle comme inextinguible, qui ignore combien les prêtres payens étoient imposteurs, & combien d'artifices ils pouvoient mettre en œuvre pour faire couler dans cette lampe un aliment nouveau?

Les lampes de Cassiodore ne sont pas plus embarrassantes: c'étoient des lampes qui, semblables à celles de Cardan, se fournissoient elles-mêmes d'huile, au moyen d'un réservoir. Aussi Cassiodore se sert-il uniquement du mot *prolixè*, qui signifie seulement que ces lampes duroient long-temps, plusieurs nuits, par exemple, à la différence des lampes ordinaires de temps, qui avoient fréquemment besoin qu'on y versât de l'huile. Voilà certainement tout ce qu'a voulu dire Cassiodore.

Toutes ces réflexions n'avoient pas échappé à divers auteurs raisonnables, tels que M. Arési, évêque, auteur des *symbola feu emblemata sacra*, M. Buonamici, physicien contemporain de Licéti, & sur-tout M. Ottavio Ferrari, auquel est dû le curieux & savant ouvrage *de veterum lucernis sepulcralibus*. Tous ces auteurs, & sur-tout le dernier, battent en ruine le bon Licéti; ils font voir fort au long le peu de solidité de tous les faits allégués à l'appui des lampes perpétuelles, & les circonstances absurdes ou contradictoires dont ils fourmillent; ils tournent même en ridicule la crédulité & la bonhomie de ce savant, qui, par un excès incroyable de pédantisme, trouve jusque dans la lampe du tombeau de l'enchanteur Merlin, décrit par l'Arioste, une preuve de l'existence des lampes perpétuelles.

Terminons ceci par quelques réflexions fort justes de M. Ferrari, qui se présentent assez naturellement. Si le secret de se procurer un feu perpétuel & inextinguible eût été connu des anciens, un secret aussi utile eût-il pu rester dans la profonde obscurité qui le couvre? Nous admettons que le secret se fût perdu faute de connoissances physiques & chimiques: mais seroit-il possible que Pline, qui a dénombré les inventions les plus communes comme les plus belles, n'eût rien dit de ce feu perpétuel & si merveilleux? Comment Plutarque, faisant mention de la lampe de Jupiter Ammon, parce qu'elle brûloit un an entier, comment, dis-je, Plutarque auroit-il gardé le silence

sur des lampes en comparaison desquelles cette première n'étoit qu'une méprisable & vile bagatelle? Personne ne se le persuadera.

Disons donc que l'histoire & la saine critique s'opposent à ce qu'on pense qu'une pareille invention ait jamais existé. Nous allons voir comment elle s'accorde avec la physique.

Examen de la possibilité physique de faire une lampe perpétuellement ardente.

Après avoir démontré le peu de solidité de toutes les preuves de fait alléguées en faveur des lampes perpétuelles, il nous reste à discuter leur possibilité, d'après les principes de la saine physique.

Pour avoir une lampe perpétuelle, il faut avoir,

1° Une mèche qui ne se consume point;

2°. Un aliment qui ne se consume point, ou une substance qui, après avoir servi d'aliment au feu, puisse retourner dans le vase sans avoir perdu sa qualité inflammable;

3°. Il faut qu'une flamme puisse subsister long-temps dans un lieu absolument clos & de fort petite dimension; car tels étoient les tombeaux dans lesquels on dit qu'ont été trouvées ces lampes perpétuelles.

Or toutes ces choses sont impossibles, ainsi qu'on va le voir dans les paragraphes suivans.

§. I. *Impossibilité d'avoir une mèche perpétuelle; Histoire de l'Amiante.*

Nous n'ignorons point toutes les belles propriétés qu'on attribue à l'amiante, & qui sont en partie fondées. (*Voyez l'article* AMIANTE).

Nous ne contesterons même pas qu'on ne puisse faire une mèche de très-longue durée au moyen de l'amiante; mais ce que nous nions, c'est qu'elle fût perpétuelle: car, quoique l'on vante l'incombustibilité de l'amiante, cette propriété n'est pas absolue: nous voulons dire qu'à la longue le feu anéantit l'amiante comme tout autre corps. Il est bien vrai qu'un linge d'amiante, jetté dans le feu, en est retiré sain & entier, mais pas absolument: on remarque qu'il perd quelque peu de son poids, & ainsi à chaque fois qu'on l'expose au feu. Il se détruiroit donc à la longue, & peut-être même dans un temps assez court, comme de quelques jours de suite, si l'on ne faisoit autre chose que le faire rougir & le laisser refroidir, ou si on laissoit tout ce temps dans un feu très-vif. Ainsi, une mèche d'amiante souffriroit de même au bout d'un temps une entière destruction.

On a tenté de faire des mèches avec des faisceaux de fils d'or trait, de la plus grande finesse;

Ce feroit peut-être là le moyen d'avoir une mèche d'une durée presque perpétuelle ; mais on n'a pu venir à bout d'allumer ces mèches ; & quand même on eût pu le faire , un autre inconvénient eût bientôt nui au succès de ce moyen : c'est que les filets d'or se feroient fondus dans la flamme , & feroient devenus des-lors incapables de remplir cet objet ; car on sait qu'il suffit de présenter à la flamme d'une bougie un fil d'argent trait , pour qu'il se liquéfie tout de suite. Il en sera donc de même d'un fil d'or ; car ce métal est encore plus fusible que l'argent.

Impossibilité de se procurer un aliment indestructible pour les lampes perpétuelles : Prétendues recettes pour faire une huile incombustible.

Mais supposons qu'on eût trouvé une mèche absolument inaltérable, & qui ne s'engorgeât pas des fuliginosités de la matière combustible qu'elle aspireroit, ce ne seroit encore qu'une petite partie de ce qu'il faudroit trouver pour se procurer une lampe perpétuelle : il lui faudroit un aliment qui n'éprouvât aucune diminution, ou qui ayant servi à la flamme , & n'y ayant éprouvé aucune altération , retournât par une circulation perpétuelle , dans le vase duquel elle seroit sortie. Tout cela est-il possible.

Ecoutons néanmoins les alchimistes , ou les partisans des lampes perpétuelles ; ils vont nous amuser par leurs idées sur la manière dont on pourroit se procurer une huile telle que l'exigeroient ces lampes.

Les uns, voyant que l'amiante est indestructible au feu , ont tenté ou proposé de tirer l'huile de cette pierre : mais malheureusement les pierres n'ont pas une atôme d'huile.

D'autres remarquant que l'or & l'argent, surtout le premier de ces métaux , sont indestructibles, ont eu l'idée d'y chercher l'huile précieuse qui doit mettre en possession des lampes perpétuelles. C'est-là le beau secret dont Licéti veut que le grand Olybius fut en possession. Mais il n'y a pas plus d'huile dans les métaux que dans les pierres. Il y a dans les premiers un principe inflammable, appelé le phlogistique ; mais, outre que ce phlogistique est le même dans tous les métaux, on ne peut l'obtenir isolé ; & dans l'or sur-tout, il est si étroitement lié avec sa base ou la terre métallique de l'or, qu'on n'a jamais pu les séparer. Le projet de tirer de l'or une huile incombustible , est donc une chimère absurde.

Mais, dit un autre , si nous pouvions réduire l'or en une liqueur , peut-être aurions-nous une huile incombustible , puisque l'or est inaltérable au feu. Ceci est vrai ; mais, indépendamment de l'impossibilité de réduire l'or en liqueur qui nous

est garant qu'il en résultât une liqueur inflammable comme l'huile ?

L'abbé Trithême , ou celui qui a mis sous son nom beaucoup d'impostures , a néanmoins prétendu nous donner deux moyens pour faire l'huile incombustible. Nous allons en faire connoître un , avec tout le procédé d'une lampe perpétuelle.

Mêlez , dit ce visionnaire célèbre , quatre onces de soufre , & quatre onces d'alun ; sublimez-les, & en faites des fleurs. Prenez deux onces & demie de ces fleurs ; joignez-y demi-once de borax & de cristal de Venise , & pulvérisez le tout dans un mortier de verre ; mettez le tout dans une fiole ; versez dessus de bon esprit de vin quatre fois rectifié , & faites digérer cela ; retirez l'esprit de vin , & remettez-en de nouveau , & répétez la même chose trois ou quatre fois , jusqu'à ce que le soufre coule sans fumée comme de la cire , sur des plaques d'airain chaudes. Voilà la nourriture de votre feu éternel. Ensuite il faut préparer une mèche convenable ; & la chose se fait ainsi : Prenez des filamens de la pierre *asbestos* , de la longueur du doigt auriculaire & de la grosseur d'un demi-doigt , & liez-les avec de la soie blanche. Votre mèche étant ainsi faite , couvrez-la du soufre ci-devant préparé , dans lequel vous l'envelierez en un vase de verre de Venise ; & vous mettrez le tout cuire sur un feu de sable bien chaud durant vingt-quatre heures , ensorte que vous voyez toujours le soufre bouillir. Par ce moyen , la mèche étant bien pénétrée & imprégnée de cet aliment , se met dans un petit vaisseau de verre , dont l'ouverture soit large. Il faut que la mèche s'élève un peu au-dessus. Puis remplissez ce vase de verre de votre soufre préparé ; mettez le vase dans du sable chaud , afin que le soufre fonde & engloutisse la mèche. Allumez-là , & elle brûlera d'un feu perpétuel. Mettez où vous voudrez cette petite lampe , elle sera inextinguible.

Tel est le premier feu de l'abbé Trithême. Il ne faut qu'avoir les plus légères connoissances de chimie , pour voir clairement qu'il n'y a pas de bon sens à espérer de-là un feu inextinguible & perpétuel. Aussi aucun des partisans des lampes perpétuelles , pas même Licéti , n'a-t-il confiance à un pareil procédé , ni même au second ; d'où il conclud qu'aucun des modernes ne possède ni n'a possédé ce secret précieux.

Il y a des alchimistes qui promettent une huile incombustible, tirée par un autre procédé. Ils prétendent que de l'huile de vitriol édulcorée sur de l'or, & qu'ils appellent *oleum vitrioli aurificatum* , donnera cette liqueur précieuse. Mais qui ne sait que l'huile de vitriol n'est appelée ainsi que fort improprement ? car elle n'a rien de véritablement huileux ou inflammable ; & nous croirons aux lampes perpétuelles , quand un alchimiste nous aura montré une lampe ordinaire , garnie d'huile de vitriol & d'une mèche quelconque, où le feu ſubſiſte ſeulement une ſeconde.

Impoſſibilité d'entretenir un feu brûlant ſans ceſſe dans un lieu abſolument clos.

C'eſt un fait connu depuis qu'on obſerve en phyſique, qu'une flamme ne peut ſubſiſter dans un lieu clos. Qu'on renferme une bougie ſous un récipient de verre, & que tout accès de l'air extérieur lui ſoit interdit ; on verra peu-à-peu ſa flamme diminuer, s'obſcurcir, s'allonger, & enfin s'éteindre. Le célèbre Hales a même calculé quelle quantité d'air une bougie d'une certaine dimenſion rendoit, dans un temps donné, incapable de ſervir à entretenir ſa flamme, enſorte qu'on peut prédire en combien de temps cette flamme s'éteindra infailliblement.

Peut-être néanmoins dans un lieu vaſte, quoique hermétiquement clos, une flamme pourroit-elle perpétuellement brûler ; mais on ſait que les caveaux des tombeaux étoient extrêmement petits : & pour augmenter la difficulté, on dit que les lampes perpétuelles brûloient dans des vaſes où elles étoient renfermées. Telle étoit du moins celle d'Olybius. Or, la cruche d'Olybius eût-elle été de trois pieds de diamètre, ce qui ne paroît nullement, il eſt certain qu'une lampe n'eût pu y ſubſiſter ſeulement deux heures ſans vicier tout l'air intérieur & ſans s'éteindre.

Nous n'en dirons pas davantage ſur cette matière ; ce ſeroit ſe mettre en frais de raiſonnemens ſuperflus, que d'en entaſſer un plus grand nombre pour combattre la chimère des lampes perpétuelles ; car nous préſumons qu'il n'y a plus aujourd'hui aucun phyſicien inſtruit qui n'en porte le même jugement. (*Récréations mathématiques* d'Ozanam).

LAMPE SYMPATHIQUE. On met cette lampe ſur un établi ; on s'en éloigne pour ſouffler dans un tuyau, ſans diriger le vent vers l'endroit où elle ſe trouve, & cependant elle s'éteint auſſi-tôt comme ſi on ſouffloit deſſus.

Explication.

Le chandelier qui porte cette lampe, a dans ſa patte un ſoufflet, dont le vent eſt porté vers la flamme par un petit tuyau. Le compère, en remuant les baſcules cachées ſous le tapis, fait jouer le ſoufflet pour éteindre la lampe à l'inſtant convenable.

Nota. On pourroit faire cette expérience ſans mettre un ſoufflet dans la patte du chandelier ; il ſuffiroit d'y mettre un petit méchaniſme qui feroit noyer la mèche dans l'huile, quand on agiteroit les baſcules cachées dans la table ; mais ce dernier

moyen doit être rejetté, parce que la mèche ſe trouvant imbibée d'huile, on n'auroit pas la facilité de la rallumer promptement, pour répéter l'expérience, en cas de beſoin, (Decremps).

LANTERNE MAGIQUE. La lanterne magique eſt un de ces inſtrumens qu'une trop grande célébrité a preſque rendu ridicule aux yeux de bien des gens. On la promène dans les rues ; on en divertit les enfans & le peuple ; cela prouve, avec le nom qu'elle porte, que ſes effets ſont curieux & ſurprenans. Cet inſtrument de dioptrique, inventé par le père Kircker, a la propriété de faire paroître en grand ſur une muraille blanche des figures peintes en petit ſur des morceaux de verre minces, & avec des couleurs bien tranſparentes. Dans la lanterne magique, on éclaire fortement par derrière le verre peint, ſur lequel eſt placée la repréſentation de l'objet, & on place par devant, à quelque diſtance de ce verre, deux autres verres lenticulaires qui ont la propriété d'écarter les rayons qui partent de l'objet, de les rendre divergens, & par conſéquent de donner ſur la muraille ou ſur la toile blanche oppoſée, une repréſentation de l'image beaucoup plus grande que l'objet.

On place ordinairement ces deux verres dans un tuyau où ils ſont mobiles, afin que l'on puiſſe les approcher ou les éloigner l'un de l'autre ſuffiſamment pour rendre l'image diſtincte ſur la muraille. On peut éclairer la lanterne magique ou par le ſoleil ou par la lumière : dans le premier cas, ſes effets ſont ſemblables à ceux du *microſcope ſolaire*. Dans le ſecond cas, il y a dans la lanterne un miroir ſphérique, qui réfléchit vivement la lumière, & éclaire les objets deſſinés ſur le porte-objet ; leur image paſſant à travers ces différens verres lenticulaires, va ſe peindre avec netteté ſur la muraille ou ſur une toile ou carton qu'on a diſpoſé dans la chambre. Les objets dans quelques-unes y ont une ſorte de vie & de mouvement. Cette petite méchanique s'exécute par le moyen de deux morceaux de verre, dont l'un enchaſſé dans un morceau de planche percée à jour, porte une partie de la figure, & l'autre placé par-deſſus, & qui n'eſt chargé que de la partie mobile, ſe met en mouvement par le moyen d'un cordon ou d'une petite règle qui gliſſe dans une couliſſe pratiquée dans l'épaiſſeur de la planche ; c'eſt ainſi qu'on y voit un moulin à vent dont les aîles tournent, une femme qui fait la révérence en paſſant, un cavalier qui ôte ſon chapeau & qui le remet. La théorie de la *lanterne magique* eſt fondée ſur une propoſition bien ſimple ; ſi on place un objet un peu au-delà du foyer d'une lentille, l'image de cet objet ſe trouvera de l'autre côté de la lentille, & la grandeur de l'image ſera à celle de l'objet, à-peu-près comme la diſtance de l'image à la lentille eſt à celle de l'objet à la lentille, c'est-à-dire que le rapport des grandeurs est en raison des distances : ainsi on pourroit faire des lanternes magiques avec un seul verre lenticulaire, la multiplication des verres ne sert qu'à augmenter l'effet.

Quant à la construction de la lanterne magique, voyez à l'article *Dioptrique.*

On peut rendre cette pièce d'optique plus amusante, & en même tems plus extraordinaire, en préparant les figures de manière à leur procurer des mouvemens naturels qui semblent les animer, ce que l'on exécute par le moyen de deux verres sur lesquels on peint séparément différentes parties du même objet, & l'on fait passer ces verres l'un devant l'autre dans la même coulisse. Par ce moyen un homme ôtera son chapeau & le remettra, une figure grotesque branlera la mâchoire, un forgeron frappera sur une enclume ; on verra tourner un moulin ; une femme paroîtra faire la révérence ; un danseur de corde marchera sur la corde de l'un à l'autre bout. Pour empêcher que le frottement ne gâte la peinture, l'on aura attention d'interposer une forte bande de papier pour tenir les surfaces des deux verres respectivement éloignées l'une de l'autre.

Pour donner une idée de cette petite méchanique, nous allons indiquer la manière d'imiter une tempête. On prend deux bandes de verre d'environ quinze pouces de longueur, qui soient encadrées dans des chassis assez minces pour que toutes deux puissent entrer ensemble, & glisser facilement dans la coulisse. On défigurera sur toute la longueur d'une de ces bandes de verre les effets de la mer, depuis la plus légère agitation, jusqu'à la tempête la plus horible. On divisera, pour cet effet, son dessin en cinq parties ; la première représentera un tems calme & des nuages tranquilles ; la seconde une légère agitation & quelques nuages ; la troisième une agitation des vagues plus sensibles ; la quatrième une mer plus agitée & des nuages qui s'obscurcissent ; & la cinquième un tems très-sombre, & un soulevement général des flots. Il faut avoir attention à ne pas trancher tout-à-coup les différens effets contenus dans ces espaces, & à les amener, au contraire, par degrés ; c'est de-là que dépend l'effet pittoresque de ce tableau. Sur l'autre verre, on peindra des vaisseaux de diverses formes & grandeurs, & à différens éloignemens. Il ne faut peindre sur ce verre que la partie des vaisseaux qui doit paroître hors de l'eau. Si on fait passer doucement le verre dans sa coulisse, & qu'à l'endroit où commence la tempête on lui fasse faire quelque balancement, on produira, par ce moyen, les effets d'une mer qui, peu-à-peu, devient agitée, & forme enfin une tempête. La manière dont on a peint les nuages

contribuera aussi à augmenter beaucoup l'illusion ; à mesure qu'on retirera ce verre, ces effets cesseront, & la mer paroîtra s'appaiser petit à-petit. Si, dans le même tems, on fait couler très-doucement le verre sur lequel sont peints les navires, il semblera qu'ils traversent le tableau, & en les agitant un peu lors de la représentation de la tempête, ils paroîtront alors être battus par les flots. On peut, au moyen de deux verres ainsi disposés, représenter une bataille, un combat naval, & mille autres choses que chacun peut imaginer à son gré ; ils peuvent aussi servir pour représenter quelques actions singulières ou grotesques entre plusieurs personnages, & quantité d'amusemens qu'un génie industrieux pourra facilement imaginer.

LANTERNE MAGIQUE SUR LA FUMÉE. La lumière de la lanterne magique, ainsi que la couleur des objets peints sur les verres, peut non-seulement se porter sur une toile, mais on peut aussi la fixer sur la fumée. Pour cet effet, il faut avoir une boîte de bois ou de carton d'environ quatre pieds de haut, & qui ait sept à huit pouces quarrés à sa base ; elle doit aller en diminuant de figure & de forme, de manière que vers le haut elle donne une ouverture de six pouces de long sur un demi-pouce de large. Il faut ménager au bas de cette boîte une porte qui ferme exactement, afin d'y pouvoir placer un réchaud de feu sur lequel on jettera de l'encens, d'où la fumée s'étendra en nappe en sortant par l'ouverture de ce tuyau. C'est sur cette nappe de fumée qu'on dirigera la lumière qui sort de la lanterne magique, qu'on aura soin de rendre moins étendue, en allongeant son tuyau mobile. Les figures ordinaires peuvent servir à cet effet ; & ce qui paroîtra extraordinaire, c'est que le mouvement de la fumée ne change point la forme de la figure, & qu'il semblera qu'on peut la saisir avec la main. Dans cette récréation la fumée n'arrêtant pas tous les rayons de lumière, la représentation est bien moins vive, & elle paroîtroit même peu, si on ne réduisoit pas l'étendue de la lumière à son plus petit foyer, afin de lui donner plus de clarté. Par ce même procédé l'on peut faire paroître un fantôme sur un piédestal placé au milieu d'une table : mais l'illusion deviendra bien plus piquante si la cause n'en est pas connue. Il faut avoir une lanterne magique ordinaire des plus petites qui se vendent ; on l'enferme dans une boîte suffisamment grande pour contenir un miroir incliné mobile dont l'effet est de renvoyer le cône de lumière qu'il reçoit de la lanterne magique placée vis-à-vis de lui. L'endroit de la boîte qui se trouve au dessus de la cheminée de cette lanterne doit être percé à jour par quelques trous, pour laisser échapper la fumée de la lampe ; & on doit mettre sur cet endroit un petit réchaud de figure oblongue, & de grandeur à

pouvoir y mettre quelques petits charbons. L'ouverture faite en-deſſus de la boîte, pour laiſſer
paſſer l'objet réfléchi par le miroir, doit être cachée autant qu'il eſt poſſible aux yeux des ſpectateurs. Le verre qui doit entrer dans la couliſſe
pratiquée au tuyau de la lanterne magique doit
être mis en mouvement verticalement par un
petit cordon qui, porté ſur deux poulies de
renvoi, ſortira par un des coins de la boîte, afin
qu'on puiſſe facilement le faire deſcendre ou l'é-
lever par ſon propre poids. On peindra ſur ce
verre un ſpectre, ou telle autre figure plus agréable qu'on jugera à propos, en obſervant qu'il
doit être deſſiné en raccourci, attendu que la
nappe de fumée occaſionnée par l'encens qu'on
doit mettre dans le réchaud, & qui s'élève au-
deſſus de lui, ne coupe pas à angle droit le cône
de lumière que produit la lanterne, & que dès-
lors la figure du ſpectre doit paroître plus alongée ſur cette fumée qu'elle ne l'eſt ſur le verre.
Voici maintenant la manière d'exécuter cette récréation. Après avoir allumé la lampe de la lanterne magique, & diſpoſé le miroir comme il
convient, on apportera un piédeſtal bien ferme;
on le poſera ſur la table, en avertiſſant les ſpectateurs de ne pas s'effrayer. On placera le réchaud
de feu comme nous l'avons dit, & on répandra
ſur les charbons un peu d'encens en poudre,
auſſi-tôt on levera la trappe dont il eſt parlé
ci-deſſus, & on abaiſſera doucement le cordon.
Lorſqu'on s'appercevra que la fumée eſt prête
à ceſſer, on levera le cordon pour faire diſparoître la figure, & on refermera la trappe. Il
faut pour faire cette récréation, éteindre toutes
les lumières qui ſont dans la chambre, & placer
le piédeſtal ſur une table élevée, afin que l'œil
des ſpectateurs ne puiſſe pas appercevoir l'ouverture qui traverſe le cône de lumière. Pour plus
d'illuſion, on pourroit exécuter en grand la lanterne magique de manière que le ſpectre parût
dans ſa hauteur naturelle. On peut, avec cette
même conſtruction, en employant des verres ſur
leſquels ſoient peints divers objets agréables,
faire paroître, par exemple, une fleur, une
carte, &c. ſemblable à celle qu'on auroit brûlée,
& dont on auroit jeté les cendres avec l'encens
dans ce réchaud, ſous prétexte d'en faire renaître
l'image. Une telle palingénéſie ſeroit certainement plus curieuſe aux yeux de ceux qui ne ſont
pas inſtruits, que toutes celles qu'on nous a donné
juſqu'à préſent.

LARMES BATAVIQUES. Ces larmes ſe font
avec un verre vert & bien purifié; ſi la fritte du
verre n'a pas été ſuffiſamment cuite, elles ne
valent rien, & ſe rompent auſſi-tôt qu'elles viennent à tomber dans l'eau.

Voici la meilleure façon de les faire: on tire
des creuſets, avec une baguette de fer, un peu

de la fritte ou matière de verre; on la fait dégout-
ter dans de l'eau froide, où on la laiſſe quelques
temps, juſqu'à ce qu'elle ſoit refroidie; ſi la
matière étoit trop chaude, il n'eſt point douteux
que la larme en tombant dans l'eau ne rompe, &
ne s'en aille en morceaux. On eſt ſûr que le verre
eſt bon, lorſqu'en tombant il ne ſe briſe point
avant que d'être refroidi. L'ouvrier le plus expé-
rimenté ne connoît point le vrai degré de chaleur qui convient en pareil cas, & ne peut ſe
flatter de pouvoir toujours former une larme qui
ſoutienne les épreuves. Il y a grand nombre de
ces larmes qui ſe briſent en les faiſant, & l'on
en manque deux ou trois avant que de réuſſir à
une : ou ſaiſies par le froid, elles ſe fendent
ſans ſe caſſer, ou elles ſe rompent ſans beaucoup
de bruit, ſuivant le plus ou le moins de chaleur qu'elles ont; ou elles ne ſe briſent avec
bruit qu'après être entièrement refroidies; ou
elles demeurent entières tant qu'elles reſtent
dans l'eau, & ſe rompent d'elles mêmes avec
bruit auſſi-tôt qu'elles en ſont ſorties; ou elles
ſe caſſent au bout d'une heure; ou après avoir
réſiſté pluſieurs jours ou même pluſieurs ſe-
maines, elles ſe briſent ſans que perſonne y
touche.

Si on ôte de l'eau une de ces larmes, tandis
qu'elle eſt encore chaude, la partie du col la plus
mince, & tout le filet qui tient au col & qui a
été dans l'eau, ſe briſent en petits morceaux, ſans
que le corps de la larme ſoit endommagé, quoiqu'il y ait des cavités auſſi grandes qu'à la partie
qui s'eſt caſſée. Les larmes qui ſe refroidiſſent à
l'air, ſuſpendües à un fil, ou par terre, acquièrent
la même ſolidité qu'un autre verre.

La larme, en tombant dans l'eau, fait une
eſpèce de ſifflement; le corps demeure chaud pendant quelques temps; il en ſort pluſieurs étincelles avec un pétillement qui ſoulève & donne
du mouvement à la larme de verre, & il ſe forme
ſur l'eau pluſieurs bouteilles ou bulles pendant
qu'elle refroidit. Si l'eau a dix ou douze pouces
de profondeur, ces bulles diſparoiſſent avant que
d'être parvenues à la ſurface; & dans ce cas, l'on
n'entend qu'un très-petit bruit.

La ſurface extérieure de la larme de verre eſt
unie & liſſe comme celle des autres verres, mais
le dedans en eſt ſpongieux & rempli de petites
cavités & de bulles; le fond eſt, la plupart du
temps, rond, & fait en poire comme certaines
perles, & il va ſe terminer en un long col, deſorte qu'aucune de ces larmes n'eſt droite; elles
ſont toutes courbées en forme d'arcs, & terminées
par un petit bouton.

La plupart des larmes qui ſe font dans l'eau
ont une boſſe ou éminence au-deſſus de la partie
la plus groſſe; cette boſſe penche ordinairement
du côté où le col ſe termine; cependant elle eſt

disposée de manière à occuper la partie de la larme qui se trouve en-dessus dans le vase où elle a été faite.

Si la larme de verre vient à tomber dans de l'eau chaude, elle ne manquera pas de se briser avec bruit avant que de se refroidir, ou un moment après : si on la fait tomber dans de l'huile d'olive, il y a moins de danger que dans l'eau froide. Les larmes faites dans l'huile auront un plus grand nombre de bulles ; ces bulles seront plus grandes, l'ébullition durera plus long-temps, & les sillons seront moins spacieux qu'à celles qui se font dans l'eau : il y en a quelques-unes qui sont même tout-à-fait unies, & qui n'ont point de bosses.

Il y en a aussi entre les mêmes, je veux dire celles qui se font dans l'huile, dont une partie du fil du col se casse comme du verre ordinaire ; mais si l'on vient à casser le col près du corps, en retenant le corps dans le creux de la main, elles se brisent entièrement, toutes fois sans un effort & sans un bruit aussi considérable que si elles avoient été faites dans l'eau ; elles ne se réduisent pas non plus en parties si petites : leurs parties, quoique brisées, tiennent les unes aux autres ; on y apperçoit des traits ou fentes longues qui se réunissent au centre du corps, & qui coupent transversalement les creux ou cavités ; ces fentes sont moindres en nombre & moins grandes que dans les larmes faites dans l'eau. Si les larmes se font dans du vinaigre, elles produiront du bruit, & se briseront même avant que de se refroidir. Le bruit excité en tombant dans le vinaigre sera plus grand, & le bouillonnement moindre qu'en tombant dans l'eau.

Dans le lait, elles ne font aucun bruit ni aucun bouillonnement dont on puisse s'appercevoir ; cela n'empêche pas qu'elles ne se rompent avant que de se refroidir.

Dans l'esprit-de-vin, elles excitent un plus grand bouillonnement ; elles y sont plus agitées & plus contournées que dans toute autre liqueur, & quelquefois elles s'y brisent & s'y réduisent en morceaux. Si on fait tomber cinq ou six larmes à la fois dans l'esprit-de-vin, il prendra feu & s'enflammera, mais sans contracter aucun goût particulier.

L'opération ne réussit pas mieux dans l'esprit-de-nitre ou de sel ammoniac que dans le vinaigre. Dans l'huile de térébenthine une larme se brise comme dans l'esprit-de-vin ; une seconde larme enflamme l'huile de térébenthine, de manière qu'elle ne peut être davantage de quelque usage.

En laissant tomber une pareille larme dans le vif-argent, & la forçant d'aller au fond avec un petit bâton, elle devint rude à la surface,

& s'applatit ; mais l'expérience ne fut pas conduite à perfection, faute de pouvoir tenir la larme sous le vif-argent, jusqu'à ce qu'elle fût refroidie.

L'expérience tentée dans un verre cylindrique rempli d'eau froide, réussit une fois sur six ou sept qu'elle manqua & que la larme se cassa.

L'on a aussi observé qu'aussi-tôt que la larme tomboit dans l'eau & quelquefois un moment après qu'elle y étoit tombée, elle jettoit des étincelles ; & qu'incontinent, il se formoit des bouteilles sur l'eau qu'on pouvoit aisément remarquer. Ces sortes de larmes, non-seulement se brisoient avec bruit, mais encore étoient mises en mouvement & sautoient en l'air : la même chose arrivoit aussi à celles qui ne se brisoient point.

Si l'on vient à frapper ces larmes sur le gros bout avec un petit marteau ou un autre instrument dur, elles ne se cassent point pourvu qu'on ne les touche point en un autre endroit.

Il arrive à la larme dont on n'a cassé que le bout le plus délié, ou de se réduire en particules très-subtiles sans effort & sans beaucoup de bruit, ou de se mettre en morceaux qu'on peut aisément réduire en poudre. Si les morceaux de la larme qu'on casse ont par-tout un espace égal pour s'étendre, ils se disposeront circulairement & précisément de la même manière que les artifices qu'on nomme *grenades*.

Il y a de ces larmes qui se brisent aussi-tôt qu'on en a frotté le gros bout avec une brique sèche, & d'autres ne se brisent que lorsqu'elles sont à moitié usées.

Il s'en est trouvé parmi celles dont on avoit usé la moitié par le frottement qui, mises à part, se cassoient sans que personne y touchât ; tandis que d'autres qu'on avoit usées jusqu'au col, en les frottant sur une pierre avec de l'eau & de l'émeri, demeuroient entières & se conservoient.

Si on casse une de ces larmes en tenant la main sous l'eau, elle fait plus de bruit & d'effort contre la main que si on la cassoit en plein air ; & si on la casse loin du fond, près de la surface de l'eau, aucune des particules cassées ne sort de l'eau ; il arrive le contraire de ce qui se passe dans l'air, & les particules tombent au fond sans se disperser. Si on met une de ces larmes dans la machine de Boyle, & qu'on vienne à la casser, après avoir bien pompé l'air du récipient, les parties s'en dispersent de tous côtés comme il arriveroit dans l'air libre. Si on brise une de ces larmes dans l'obscurité, on voit une espèce de lueur dans le moment de la rupture.

Si

Si on fait chauffer une de ces larmes de verre dans le feu, elle devient comme un verre ordinaire, excepté qu'elle est plus flexible & plus propre à être pliée qu'auparavant, sans danger d'être cassée.

Si on enduit une de ces larmes de colle-forte, & qu'on en rompe le bout, elle fait du bruit, mais moins que dans la main ; le dedans en est évidemment brisé ; la couleur en devient bleuâtre ; la surface extérieure en demeure unie & lisse, mais divisée ; en en séparant les particules, on les trouve en floccons, quelquefois de figure conique, & toujours si friables, qu'il est facile de les réduire en poudre. En enduisant une pareille larme de verre de colle-forte, à l'épaisseur d'un pouce de tous côtés ; si on vient à rompre le bout, toute la colle est mise en morceaux, comme il arrive à une grenade dont on se sert à la guerre.

On avoit envoyé deux ou trois de ces larmes à un jouailler pour les faire percer, comme cela se pratique sur les perles ; mais lorsque le foret vint à entrer, elles se rompirent de la même façon que celles dont on casse le bout.

On a tenté d'expliquer ce phénomène de différentes manières, nous nous en tiendrons à l'explication qu'on trouve dans M. l'abbé Nollet : la raison qu'il en donne, c'est que ces larmes, à cause du refroidissement subit, n'ayant pris qu'une consistance imparfaite faute de liaison entre les molécules qui les composent, la rupture donne lieu aux parties internes de se quitter. Les couches extérieures qu'elles tenoient en contraction se débandent comme autant de ressorts, & toutes ces larmes élastiques se brisent en se débandant. VOYEZ LARMES DE VERRE, à l'article AIR.

LATITUDES ET LONGITUDES. *Voyez à l'article* ASTRONOMIE.

LETTRES ÉTINCELANTES. *Voyez* ÉLECTRICITÉ.

LETTRE MAGIQUE. Les récréations qui se font avec *l'encre sympathique* se varient d'une infinité de manières. En voici une assez plaisante : on écrit avec de l'encre ordinaire sur de petites feuilles de papier différentes questions, telles qu'on juge à propos, qui puissent être répondues d'un seul mot. Cette réponse s'écrit avec une forte dissolution de vitriol dans l'eau commune, ou avec du jus de citron ou celui d'oignon. On présente ces différentes questions à une personne pour en choisir une à son gré : on plie ce papier en forme de lettre, en sorte que la réponse se trouve directement sous l'endroit du cachet. La cire qui est chaude anime l'écriture, & lorsqu'on *Amusemens des Sciences.*

décachete la lettre on trouve la réponse écrite. (*Voyez à l'article* ÉCRITURE OCCULTE).

LIMAÇONS.

On ne doit pas toujours, dans les animaux, regarder comme la tête ce qui en a les apparences extérieures, mais seulement ce qui renferme la substance du cerveau, lequel est l'organe universel auquel aboutissent toutes les parties sensibles qui concourent à la vie animale. Il est en effet des animaux qui présentent des organes qu'on prendroit pour leurs têtes, & qui n'en ont pourtant que les apparences : tels sont tous les insectes dans l'état de larve : la nature a mis à l'extrémité antérieure de leur corps un anneau rond, en forme de tête, dont ils se servent, tout le temps qu'ils sont dans cet état, pour prendre & mâcher leurs alimens, vu que cet organe est armé de deux espèces de tenailles, de même que la tête véritable des scarabées. Cet anneau se détache entièrement de l'animal, lorsqu'il se transforme en chrysalide ; & l'on voit alors que ce n'étoit pas une vraie tête, mais seulement une tête postiche, jointe par la nature, à la constitution physique de l'insecte, en état de larve. Il en est de même des têtes de limaçons : dans cet étonnant animal, le cerveau d'où partent les nerfs, se trouve placé dans la partie postérieure du cou, sous la forme d'un anneau, de couleur grise ; & la tête apparente, qui, dans la position naturelle du limaçon, est éloignée de cet anneau d'environ cinq lignes, n'est autre chose qu'une prolongation du cou même, ou l'extrémité antérieure de l'animal, dans laquelle la nature a placé les organes de la mastication, de la vue & du tact.

D'après ces principes, qui sont le fruit d'une étude réfléchie de la structure interne des limaçons, la reproduction de l'extrémité susdite, découverte par M. le marquis Vincenzo Frosini, n'a plus, relativement aux phénomènes des reproductions, cette singularité, ni cette importance que le fameux naturaliste lui attache ; puisqu'il est constant que les animaux à sang froid ont tous, du plus au moins, la propriété de reproduire leurs extrémités organisées, comme on l'a remarqué il y a long-temps dans les salamandres. Il ne s'agit donc ici que d'une extrémité qui, bien qu'aux yeux du vulgaire elle ressemble à une tête, n'est rien moins que cela aux yeux des philosophes observateurs. Ainsi, couper l'extrémité antérieure des limaçons, est, relativement au siège de la tête, la même chose que de couper l'extrémité postérieure, ou le bout de la queue aux salamandres.

Mais, qu'on éprouve de couper cette même espèce de tête lorsque l'animal se contracte, &

Nnnn

qu'il la retire en dedans : alors le cerveau se trouvant moins éloigné de l'extrémité, & pour ainsi dire, dans sa place, il arrivera facilement qu'il soit offensé par le tranchant ; &, dans ce cas, l'animal, au lieu de reproduire la partie coupée, perdra la vie en peu d'instans. Voilà pourquoi de cent limaçons auxquels une main mal-droite essaie de couper la tête quand elle se retire, il y en a très-peu qui la reproduisent ; parce que découpant l'extrémité qui reste, on emporte une partie du cerveau, lequel constitue véritablement la tête du limaçon, & qui ne peut être offensé sans que l'animal doive périr. Au contraire, si l'on fait l'opération lorsque la tête apparente est entièrement développée, elle réussit, & la reproduction a lieu.

Il résulte de cet exposé : 1°. que généralement, dans les corps organisés, tant animaux que végétaux, la reproduction, ne s'opère que dans les parties purement nécessaires, & jamais dans celles qui ont une connexion immédiate avec leur existence, ou qui sont essentielles à la vie, parce qu'en coupant ces dernières, on détourne les sources de leur reproduction ; 2°. qu'à l'égard des êtres mixtes, la faculté de reproduire est constamment en raison inverse de leur perfection & de leur sensibilité ; c'est-à-dire, que plus l'animal a de parties organiques compliquées & de force de sentiment, moins il a de moyens pour la reproduction. De là vient que les oiseaux, qui sont d'une grande perfection & d'une extrême sensibilité, ne reproduisent que les parties privées de sentiment, telles que les ongles, les plumes, &c. & comme il y a peu de perfection animale dans les vers & dans les limaçons, dont le défaut des sens n'est suppléé que par l'irritabilité musculaire, ils ont la propriété de reproduire les extrémités même irritables, pourvu que le cerveau, qui est la source de toutes les parties sensibles, reste intact. Enfin les animaux tout à fait simples, & qui ne consistent que dans une répétition de parties similaires, beaucoup plus irritables que sensibles, se reproduisent en entier dans quelques parties du corps qu'on les coupe, & renaissent de chacun de leurs morceaux, comme il arrive dans les polypes & dans les zoophytes.

A l'aide de ces principes, qui dérivent de la vraie théorie générale & particulière des reproductions, chacun se convaincra que si un animal ne peut reproduire celles de ses parties qui sont immédiatement liées avec le principe des sens, à plus forte raison ne reproduira-t-il pas une vraie tête, c'est-à-dire, l'organe du cerveau, d'où naissent toutes les parties sensibles qui constituent l'essence de la vie animale.

LIQUIDE rendu solide, (*voyez* à *l'article* COAGULATION).

LE LIVRE DE LA BONNE FEMME.

Il se fait un livre que l'on appelle *le Livre de la Bonne Femme*. Pour le construire, il faut en couper les feuillets à une certaine hauteur, ensorte qu'après quatre découpés suive un plein. De cette manière, en passant le pouce sur les bords, il s'arrête à tous les feuillets entiers, sur lesquels on a peint tout un même sujet, par exemple des fleurs. Vous découpez ensuite un cran plus bas, & vous comptez de même quatre feuillets toujours suivis d'un plein, où sont peintes d'autres figures. Lorsque vous avez fait ainsi quatre sujets différens dans quatre crans bien gradués, vous retournez le livre de haut en bas, & vous faites encore quatre autres sujets par la même méthode. Il est bon d'avoir une suite toute noire, & d'en laisser une toute blanche.

LOGOGRYPHE, (*voyez* à *l'article* COMBINAISONS).

LOTERIE INSIDIEUSE. Depuis qu'on a vu d'abord le sieur Comus, & ensuite le sieur Jonas faire les tours de cartes les plus adroits & les plus subtils, les gens sages n'osent plus jouer indifféremment avec toutes sortes de personnes qu'elles ne connoissent pas ; & quand ces Virtuoses n'auroient rendu d'autre service à la société que de lui faire connoître la filouterie de certains egrefins habiles à corriger au jeu les disgraces de la fortune, on devroit leur avoir encore beaucoup d'obligation.

Si les tours de cartes inspirent de la défiance contre des joueurs inconnus, on ne doit pas moins être en garde, en général, contre toute espèce de loterie, quoique leur sort paroisse dépendre du hasard.

En voici une d'une espèce singulière. On joue avec sept dez marquant chacun depuis 1 jusqu'à 6 ; il y a trois ou quatre pièces de prix destinées à être l'une après l'autre la récompense de ceux qui seront assez heureux pour amener une des six rafles, le reste des lots consiste en merceries usuelles étiquetées par les points gagnans ordinaire : « vous savez, dit le maître loteur, que depuis sept jusqu'à quarante-deux, on peut amener quarante points effectifs, eh bien, de ces quarante points j'en abandonne vingt-neuf à l'avantage des joueurs, & je ne m'en réserve que onze qui commencent à vingt, & finissent à trente inclusivement, tous les autres sortent à profit pour les joueurs » ; mais ces belles apparences s'évanouissent lorsque d'après des calculs faits, on voit que les onze points que se réserve le maître loteur, produisent 173272 combinaisons qui sont en gain pour lui, tandis que les autres points, y compris les six rafles, ne donnent que 106664 combinaisons en gain pour le joueur, ce qui fait par conséquent une différence de 66608 ; ce n'eſt pas tout, il n'y a de lots véritablement gagnans que les ſix rafles, les autres lots ſont communément proportionnés à la miſe ; il eſt clair qu'elles ont chacune en but la ſixième partie de la totalité des combinaiſons, & cette ſixième partie eſt préciſément avec ſept dez de 46656 coups, puiſque la ſomme totale eſt de 279936 ; la miſe de ces loteries eſt ordinairement de douze ſols, & quelquefois de ſix pour échauffer davantage le joueur : l'on a ſu faire de ce jeu, où l'on perd preſque toujours, un jeu où l'on croit preſque toujours gagner ; ce rafinement d'induſtrie conſiſte à attacher des demi-lots à tous les points perdans, afin que ceux qui commencent par gagner ces bagatelles s'engagent plus avant ; mais les maîtres loteurs en-établiſſant des demi-lots, ont doublé la miſe, qui de douze ſols eſt monté à vingt-quatre ſols, ce qui revient pour eux au même que s'ils euſſent laiſſé les lots en pure perte & la miſe à douze ſols ; d'ailleurs les demi-lots ne valent pas toujours la demi-valeur de la miſe, & c'eſt encore un petit profit payé par le joueur. Quoique ce qu'on vient de lire ſemble ne s'appliquer qu'à la loterie dont il s'agit ici, cependant on peut en tirer des lumières pour ſe prémunir contre les illuſions ſpécieuſes préſentées avec art par des gens adroits, & ſaiſies trop avidement par des perſonnes plus aveugles encore que la fortune après laquelle elles courent. (*Voyez à l'article* ARITHMETIQUE).

LUNETTES INCOMPRÉHENSIBLES. Nous allons donner ici la conſtruction de lunettes avec leſquelles il paroît qu'on découvre les objets à travers même les corps opaques, & nous parlerons enſuite d'un jeu qui ſe fait avec trois *lunettes magiques*. Au ſurplus, tout le jeu de ces lunettes, comme on le verra, conſiſte dans les miroirs de réflexion qui-y-ſont renfermés. Commençons par la deſcription d'une *lorgnette ſingulière.* L'on fera faire un tuyau de carton, de forme quarrée d'environ deux pouces & demi de long, ſur huit lignes de large ; on diviſe ſa longueur en trois parties égales, Dans chacun des eſpaces des extrémités l'on place un miroir plan, inclinés à 45 degrés, & oppoſés l'un à l'autre ; l'eſpace du milieu eſt percé en-deſſus & en-deſſous d'une ouverture circulaire correſpondante ; en face de chacun des miroirs inclinés, on fait une pareille ouverture circulaire, mais du côté ſeulement où correſpond la ſurface du miroir. L'on adaptera un manche à cette petite boîte, & pour la déguiſer ſous la forme d'une lorgnette, l'on aura un cercle de bois d'un pouce d'épaiſſeur, creux en-dedans, ſur ſa largeur & ſur ſon épaiſſeur, afin que la pièce ou tuyau ci-deſſus puiſſe y couler librement : le diamètre de ce cercle ſera de même longueur que le tuyau ; l'on ménagera au centre & des deux côtés de ce cercle un trou cir-

culaire, que l'on couvrira d'un verre convexe d'un pouce & demi de diamètre, ſous lequel on mettra un diaphragme pour en réduire l'ouverture de cinq ou ſix lignes. Lorſque le tuyau, garni de ſes deux miroirs, ſera entièrement enfoncé dans le cercle ; ſi on regarde quelque objet au travers de cette lunette, on le verra de même que ſi on le regardoit avec les lorgnettes ordinaires. Si, au contraire, on retire le tuyau de manière que l'ouverture du cercle ſoit vis-à-vis de l'ouverture de l'extrémité de la boîte, l'objet apperçu paroiſſant toujours être vis-à-vis de l'œil, ſi l'on poſe alors la main, ou quelque corps opaque de l'autre côté de ſon ouverture, il ſemblera qu'on apperçoit les objets au travers de ſa main, & qu'elle ſe trouve percée à jour. Lorſqu'on veut s'amuſer, il faut d'abord donner la lorgnette à voir, & la reprendre enſuite, afin qu'en la repréſentant ſoi-même vis-à-vis l'œil de la perſonne, on puiſſe reculer ſubtilement le tuyau. Il eſt néceſſaire auſſi, afin que d'autres perſonnes ne puiſſent découvrir le trou qui eſt alors démaſqué, de faire regarder un objet poſé à plat ſur une table. Cependant s'il n'y avoit perſonne au-devant de la lunette, on pourroit alors la préſenter à l'œil dans une ſituation verticale. Telle eſt la lorgnette incompréhenſible. Paſſons à la deſcription d'une lunette qui ne l'eſt pas moins, quand on en ignore le méchaniſme.

Vous ferez faire un tuyau long & quarré, à chaque extrémité duquel on placera intérieurement & en oppoſition un miroir incliné de 45 degrés ; au-deſſus de ces miroirs on ajuſtera deux portions de tuyau, de forme cubique, mais de la dimenſion du tuyau ci-deſſus : chaque portion renfermera un miroir pareillement incliné de 45 degrés ; de manière que chacun d'eux correſponde & ſe réfléchiſſe dans le miroir du long tuyau, qui ſera au-deſſous : à l'une des portions de tuyau, faiſant coude avec le tuyau long, on pratiquera vis-à-vis du miroir, une ouverture circulaire à laquelle on adaptera un bout de lunette portant un verre objectif. On fera une pareille ouverture à l'autre tuyau cubique, où l'on diſpoſera auſſi vis-à-vis du miroir un autre bout de lunette portant l'oculaire concave. On fera auſſi derrière les miroirs de ces deux tuyaux cubiques une ouverture circulaire, à laquelle on fixera un autre bout de lunette avec un verre quelconque. Ces quatre tuyaux ne doivent pas entrer au-dedans du tuyau coudé, afin de ne pas gêner l'effet des miroirs. L'effet de cette lunette ſera mieux entendre encore ſa conſtruction. Les rayons de lumière émanés de l'objet qui fait face à l'objectif vont ſe peindre dans le miroir vis-à-vis duquel il eſt placé, ſe réfléchit de-là dans le miroir qui eſt au-deſſus ; celui-ci renvoie l'image à un troiſième miroir placé au fond du tuyau long ; de ce miroir elle remonte au quatrième miroir placé en face de l'oculaire, & ſe peint à l'œil de celui qui regarde dans cette lunette incompréhenſible. En un mot, ce n'eſt autre chose qu'une lunette dont l'objectif est entièrement isolé de l'oculaire, & qui fait son effet par le moyen de quatre miroirs de réflection; en forte que si entre les deux tuyaux cubiques on interposoit un corps opaque, l'objet n'en seroit pas moins visible; aussi les deux autres bouts de lunette ne sont que des tuyaux postiches, servant seulement à déguiser davantage l'illusion, attendu qu'étant mobiles ils peuvent se rapprocher l'un de l'autre; lorsqu'ils sont rapprochés, on croit regarder dans une longue lunette; l'on ne se doute pas de la communication des miroirs de réflection; & la pièce coudée ne paroît être faite dans cette forme que pour soutenir les deux parties de la lunette que l'on sépare à volonté. Il faudra poser cette lunette sur un pied, de manière qu'étant mobile elle puisse s'élever, s'abaisser & se diriger de tous sens. Pour régler les foyers de l'oculaire & de l'objectif, eu égard à la longueur de la lunette, il faut la supposer égale à la longueur du rayon qui, entrant par l'objectif, va se rendre par diverses réflections à l'oculaire.

Les *trois lunettes magiques* consistent dans un jeu combiné de l'aimant avec le miroir de réflection. En voici le mécanisme. La base de cette pièce est une boîte à sept pans, d'environ huit pouces de diamètre, & de pied & demi de profondeur, dans laquelle on placera un cercle de carton de cinq pouces & demi de diamètre, bien léger, & mobile sur un pivot placé au centre de la boîte: renfermez dans ce cercle de carton une bonne aiguille aimantée; vous diviserez ce cercle en 21 parties égales pour l'usage que nous indiquerons dans un moment. La boîte sera recouverte d'une glace sur laquelle on aura collé une feuille de papier très-mince, de la couleur de la boîte, & vernie; afin que la lumière puisse passer dans son intérieur, & éclairer le carton. On ménagera sur la glace qui couvre le dessus de la boîte, & à égale distance entre elles, trois ouvertures circulaires de trois quarts de pouces de diamètre, sur chacune desquelles on placera une lunette semblable à celle que nous allons décrire.

Pour la construction de cette lunette, il faut d'abord faire tourner un pied de bois, percé dans toute sa longueur d'un trou de trois quarts de pouce de diamètre; sur ce pied l'on posera une lunette composée de deux tuyaux comme les lunettes ordinaires; dans le plus gros tuyau l'on renfermera un petit miroir ovale qui puisse s'élever ou s'incliner lorsqu'on avancera ou retirera le second tuyau intérieur. L'on fera un trou circulaire à l'endroit du tuyau extérieur qui pose sur le pied, afin de pouvoir, lorsque le miroir sera incliné, distinguer au travers le pied de cette lunette l'objet qui sera placé dans la boîte au-dessous de la lunette. Il faut avoir trois lunettes construites de cette sorte, & les poser à demeure au-dessus des trois ouvertures faites à la glace qui couvre le dessus de la boîte.

Sur cette même glace & au centre, on élevera une colonne posée sur son piédestal & couverte de son chapiteau.

Il reste à parler du cercle de carton divisé en vingt & une parties égales; chacune de ces divisions doit se trouver placée au-dessous des lunettes lorsque ce cercle tourne sur son pivot. On peut varier les objets que l'on veut faire paroître dans chacune de ces lunettes. Ces objets peuvent être des nombres, des fleurs, des cartes, des questions, des énigmes, &c.; il ne faut que les transcrire ou peindre sur des cartes, & avoir attention de mettre dans la boîte un cercle dont les divisions soient peintes des mêmes objets. On peut même avoir plusieurs cercles de carton différens pour varier cette récréation, qu'on peut recommencer d'une autre manière un instant après, en changeant secrettement le cercle de carton. Supposons ici, pour exemple, qu'on ait pris les chiffres 1, 2 & 3, on verra que ces trois chiffres sont susceptibles de six permutations ou changemens d'ordre, tels que 1, 2, 3; 1, 3, 2; 2, 1, 3; 2, 3, 1; 3, 2, 1; 3, 1, 2; 3, 2, 1. Alors on placera ces nombres, ou les objets qu'ils représentent, de manière que le premier chiffre de la première permutation se trouve transcrit dans la première division de ce cercle; que le second 2 soit placé dans la huitième; & le troisième 3 dans la quinzième; que le premier chiffre 1 de la seconde permutation soit dans la division qui suit le premier chiffre de la première permutation, le second 3 à la neuvième division, & le troisième 2 à la seizième; &c. Ayant rempli dix-huit de ces divisions avec les chiffres de ces six permutations, on laissera vuides les trois divisions restantes. Ce cercle ainsi préparé, on le posera sur son pivot, & on ajustera à un des côtés de la boîte une petite bascule, qui s'abaissant sur le cercle, lorsqu'on voudra, puisse l'empêcher de tourner. Telle est la construction de la pièce entière, qui se posera sur une table dans laquelle on aura secrettement renfermé un barreau aimanté, de six pouces de longueur, assez fort pour faire tourner le cercle de carton. Comme celui qui fait l'expérience connoît la direction de son barreau aimanté, il fera paroître, à la volonté, les trois objets dans tous leurs changemens d'ordre; puisque pour y parvenir, il ne faut que placer la boîte suivant un repaire qu'on peut mettre à la table, & vis-à-vis duquel on placera un des sept pans ou côtés de la boîte.

Pour donner une idée des amusemens qu'on peut se procurer avec ces trois lunettes; voyons la manière dont on doit s'en servir. Ce que nous allons dire ici pour les nombres, peut s'appliquer à tout autre objet que l'on voudroit peindre sur le carton. L'on fixera d'abord secrettement, & avant d'apporter la pièce sur la table, par le moyen de la bascule, le cercle du carton ; de sorte que les trois divisions sur lesquelles il n'a rien été tracé, se trouvent placées directement au-dessous du pied des lunettes ; & on disposera le tuyau intérieur de ces lunettes, de façon que les miroirs qui y sont insérés se trouvent inclinés à 45 degrés, & puissent réfléchir à l'œil les objets placés au-dessous dans l'intérieur de la boîte. Cette pièce ainsi préparée, on la placera sur la table, & on laissera, si l'on veut, la liberté aux personnes de regarder dans ces lunettes, elles n'y appercevront aucun objet. On présentera ensuite à trois différentes personnes trois objets, tels que l'on voudra, que l'on suppose ici être les nombres 1, 2 & 3 : lorsque chacune de ces trois personnes aura pris, à sa volonté, un de ces nombres, on roulera toutes ensemble les trois cartes sur lesquelles ils sont transcrits, on les mettra dans la colonne à l'endroit vis-à-vis duquel sont dirigées les trois lunettes, & on leur laissera la liberté de choisir celle dans laquelle chacune desire appercevoir l'objet qu'elle a pris, ou ce qui doit y avoir rapport. Lorsque ces trois personnes auront fait leur choix, on mettra cette pièce de récréation sur la table à l'endroit où est caché le barreau, ayant beaucoup d'attention à placer son pied dans la direction nécessaire pour que le cercle de carton présente au-dessous du pied des lunettes les 3 divisions du cercle qui ont rapport au choix qui a

été fait. On laissera à ce cercle le temps de se fixer ; & abaissant la bascule, sans qu'on s'en apperçoive, on l'arrêtera à ce point : on ôtera alors cette pièce de récréation de dessus la table, & la présentant successivement à chacune de ces trois personnes, on lui fera voir dans celle des lunettes qu'elle a demandée, le nombre qu'elles ont choisi, & il leur paroîtra naturellement placé dans l'endroit de la colonne où les trois cartes ont été mises, ce qui leur semblera fort extraordinaire. On peut proposer ensuite de faire voir ces trois nombres dans une autre lunette que celle choisie. Il suffira de lâcher la détente & de remettre la pièce sur la table à l'endroit où est le barreau. Il faut de la mémoire pour exécuter facilement cette récréation, car il faut se ressouvenir des six changemens d'ordre que peut produire le choix qu'on laisse à ces trois personnes de voir dans l'une ou l'autre de ces trois lunettes l'objet qu'elles ont pris. On peut cependant, pour éviter de se charger la mémoire de cette combinaison, tracer sur la boîte quelques signes indifférens en apparence, tels que les signes du zodiaque, par exemple, qui ne paroissant servir que d'ornement, puissent suffire pour indiquer sur-le-champ la situation dans laquelle la boîte doit être placée sur la table. (*Voyez anx articles* CA-TOPTRIQUE & AIMANT).

M.

MACHINES.

Machine électrique exprimant le mouvement de la terre autour du soleil, & celui de la lune autour de la terre.

A l'extrémité du conducteur A, adaptez une pointe de fer de cuivre AB ; cette pointe doit être vissée au conducteur, & avoir une direction perpendiculaire, (*fig. 5, pl.* 10, *de Magie Blanche tom. VIII des gravures*) à l'extrémité B, posez en équilibre une longue aiguille de fer ou de cuivre D, C, E, recourbée en C, portant d'un côté le globe D attaché à l'aiguille près du point d'appui B, & de l'autre côté les deux globe G, F qui, quoique très-petits, feront en équilibre avec le globe D, comme étant beaucoup plus éloignés du point d'appui ; le globe G fera lui-même en équilibre avec le globe F par la même raison. La machine étant ainsi disposée, si on tourne le plateau électrique, le fluide s'échappera par les pointes H, I, & par ce moyen le globe D exprimant le soleil, tournera autour du point d'appui B, comme fait le soleil autour du centre de gravité de notre système planétaire, tandis que le globe G qui représente la lune, tournera autour du globe F qui représentera la terre, & que le globe F tournera lui-même autour du globe D.

Nota. Que sans les points H, I, ces globes seroient immobiles, & que les globes GF doivent être très-légers, afin que le frottement au point E étant beaucoup moindre qu'au point B, ces deux globes tournent environ douze fois plus vîte que le globe D.

Cette machine peut donner une légère idée du mouvement de la lune, de la terre & du soleil.

Autre machine pour exprimer, sur un grand théâtre, le mouvement respectif des planetes dans le système de Copernic.

Cette machine qui a été construite à Londres, représente le système solaire dans un espace de dix-huit pieds de diamètre, *fig.* 6, *pl.* 10, *de Magie Blanche tom. VIII des gravures.*

Le soleil étoit exprimé par un globe radieux A, de trois pieds de circonférence ; tournant sur lui-même en 27 secondes, pour exprimer le mouvement du soleil sur son centre en 27 jours.

Le petit globe B tournant autour du globe A

dans l'espace d'environ une minute & demie, exprimoit le mouvement de Mercure autour du soleil en 3 mois.

La planete de Vénus plus grosse que Mercure, étoit exprimée par le globe C qui tournoit en trois minutes & demie.

Le globe I tournant autour du globe T en 28 secondes, tandis que le globe T tournoit en six minutes autour du globe A, exprimoit le mouvement de la lune autour de la terre, tandis que celle-ci se meut autour du soleil.

Enfin, les globes G, H, K, tournoit dans l'espace de 12 minutes, de 5 quarts d'heure & de trois heures ; pour exprimer le mouvement respectif des planetes de Mars, de Jupiter & de Saturne.

Quelques-unes des étoiles fixes étoient marquées aux quatre coins. Telle étoit la machine vue en face : pour donner en abrégé une idée du méchanisme qui produisoit tous ces mouvemens, elle a été dessinée ici de profil, *fig.* 7, *pl.* 10, *ibid.*

En tournant la manivelle AB en 27 secondes, la corde FG tournant autour du cylindre BE, faisoit tourner en même temps le globe solaire GH, adapté à un cylindre creux & mobile sur le cylindre immobile I, K, L.

La corde OP faisoit tourner un autre cylindre creux ; mais comme ce cylindre creux étoit d'un diamètre une fois & demi plus grand que le cylindre BE sur lequel la corde se dévidoit, le cylindre creux tournoit une fois & demie plus lentement que le cylindre BE, & par conséquent le globe Q attaché à ce cylindre creux & représentant Mercure, ne pouvoit faire son tour que dans l'espace d'une minute & demie.

Par une raison semblable, le globe R représentant Vénus, ne devoit faire son tour que dans l'espace de trois minutes & demie.

La corde UX faisoit tourner autour du cylindre immobile la lune f & la terre, attachées à la même roue & au même cylindre creux ; mais pour savoir comment la terre tournant autour du soleil, pouvoit en même temps avoir un mouvement de rotation sur son centre, tandis que la lune tournoit autour de la terre, il faut observer que la lune S tenoit elle-même à un cylindre creux Y mis en mouvement de rotation par un cordon particulier YZ, & que la terre T recevoit le mou-

vement de rotation par le cordon 6 , 7 , attaché d'une part au cylindre creux & mobile 6,
& se dévidant de l'autre côté sur le cylindre immobile 7.

Les trois autres globes étoient mis en mouvement par le même moyen ; on voit que ces
globes étoient plus éloignés les uns que les autres de la toile transparente, à travers laquelle
on les regardoit en face ; mais cette différence
n'étoit point sensible, eu égard à la distance des
spectateurs. Au reste ces globes n'étoient tels qu'en
peinture, c'étoient des cercles de carton peint,
découpé & demi-transparent. Ils étoient éclairés
par derrière avec des lampions suspendus au carton, de manière que le carton pouvoit tourner lui-
même sans renverser les lampions.

Les anglois se transportoient en foule chez
les propriétaires de cette machine pour la voir ;
les demi-savans la regardoient comme très-ins-
tructive, & les gens instruits croyoient avec raison,
qu'elle pouvoit inspirer des préjugés : Cette
machine, disoient-ils, est d'autant plus propre
à inculquer des erreurs qu'elle n'exprime ni les
apparences célestes, ni le mouvement réel des
planètes ; elle n'exprime pas les apparences,
puisqu'on n'y voit jamais les planètes rétrogrades
ou stationnaires, comme on les voit dans le ciel,
& puisque le soleil semble parcourir les douze
signes du zodiaque dans le ciel, tandis que dans
la machine il ne se meut que sur son centre. Elle
n'exprime pas non plus le mouvement réel des
planètes, puisqu'elles se meuvent réellement dans
des ellipses excentriques, tandis que des cercles
presque concentriques sont décrits par les globes
de la machine ; d'une autre part, les globes de la
machine semblent se mouvoir sur le même plan,
& se meuvent réellement sur des plans parallèles,
tandis que les planètes parcourent dans le ciel,
des orbites qui se coupent sur différentes lignes
& sous différens angles ; ajoutez à cela que les
globes de la machine ont un mouvement uniforme
que les planètes n'ont pas, & que d'ailleurs, les
distances & les grandeurs respectives des planetes
ne sont pas exprimés dans la machine, car il
auroit fallu, pour cela, faire le soleil & la terre
extraordinairement petits, &, pour ainsi dire,
invisibles, eu égard aux orbites de Mars, de
Jupiter & de Saturne, ou faire la machine extraordinairement grande, pour donner aux orbites
de ces dernières planètes l'étendue respective
qu'elles ont dans le ciel ; une pareille machine
ne peut donc plaire qu'aux spectateurs vulgaires,
mais ils sont en grand nombre ; cependant il faut
convenir que l'Angleterre est le pays du monde
où l'astronomie est le plus en honneur, & qui
abonde le plus en excellens connoisseurs dans cette
partie.

*Machine électrique pour exprimer seulement le mouve-
ment diurne de la terre & l'âge de la lune avec
ses phases, fig. 8, pl. 10, de Magie Blanche
tom. VIII des gravures.*

A est la planche horizontale sur laquelle est
posée toute la machine, & B la grande roue
avec 18 ailes ou palettes mises en mouvement
par le courant électrique ; sur l'axe de cette roue
est un pignon C à huit ailes pour tourner la roue
F de 32 dents. L'axe de cette derniere roue porte
un pignon G de 8 ailes pour tourner la roue H
de 59 dents, qui fera une fois le tour, tandis
que la grande roue en fera 29 & demi. Un petit
globe creux D représentant la terre avec ses méridiens, l'équateur, les tropiques & les cercles
polaires, est posé au haut de l'axe de la grande
roue A ; & sur le même axe est une aiguille E
qui tourne autour d'un petit cadran divisé en 24
heures, tandis que la terre D tourne sur elle-
même. Une boulette d'ivoire I est placée au haut
de l'axe de la roue H, cette boulette est moitié
noire & moitié blanche pour représenter la lune.
Au-dessous sur le même axe, est une aiguille K
qui tourne autour d'un petit cadran divisé en
29 parties & demi pour marquer le jour de la
lune. Tandis que la grande roue A, la terre D
& l'aiguille E font 29 tours & demi, la lune
I, avec son aiguille K, n'en fait qu'un, &
dans ce même tems, elle se montre aux spectateurs avec toutes ses phases comme dans le
ciel.

Pour mettre cette machine en mouvement,
il faut conduire un fil d'archal depuis le conducteur jusques sur les palettes de la grande roue A.
Alors, si l'on tourne le plateau de la machine électrique, un courant de fluide sera porté par le
fil d'archal sur la grande roue pour mettre le tout
en mouvement. (*Voyez* ÉLECTRICITÉ).

Machine hydraulique & physique.

Un faiseur de tours nous fit voir deux petites
colonnes d'ordre toscan, d'environ deux pieds
de haut, fixées par leur base à la distance de huit
pouces sur une planche oblongue ; deux petits
tuyaux de verre passoient d'une colonne à l'autre, en suivant une direction inclinée à l'horizon, comme le démontre la *fig.* 6, *pl.* 3 de *Magie Blanche, tom. VIII des gravures.*

On voyoit distinctement une liqueur rouge
couler en montant par le tuyau inférieur pour
aller d'une colonne à l'autre, & de celle-ci revenir à la première en montant par le tuyau supérieur. Cette liqueur récréoit la vue par la vivacité de sa couleur, & par la régularité de ses
mouvemens, qui, se renouvellant à chaque seconde, exprimoient assez bien le battement du
pouls. Tandis que cette espèce de circulation

amusoit nos yeux, notre esprit étoit dans la perplexité pour en deviner la cause ; les deux colonnes étoient d'un trop petit diamètre, pour nous permettre de croire qu'elles contenoient des pompes foulantes avec des pistons mis en jeu par des mouvemens d'horlogerie ; d'ailleurs l'offre qu'on nous fit de nous donner cette machine à un prix modique, prouvoit assez bien que le méchanisme n'en étoit pas compliqué.

Les deux tuyaux de verre, nous dit M. Hill, sont ce que les marchands de baromètres vendent sous le nom de *Tâte-pouls*. Ils sont terminés par deux petites boules qui contiennent de l'esprit-de-vin coloré, & construits de manière que, quand on tient une boule dans sa main, en donnant à ces tuyaux une certaine inclinaison, la chaleur du corps produit, dans cette liqueur, une espèce de bouillonnement, qui la chasse continuellement d'une boule à l'autre.

Quand on est sur le point de faire voir la machine, on met secrettement, dans les deux colonnes, du sable chaud, qui produit sur la liqueur des tâte-pouls le même effet que la chaleur de la main. On a soin de ne laisser la machine sous les yeux du spectateur qu'environ une demi-heure, parce que le sable se refroidissant insensiblement, les mouvemens de la liqueur se ralentissent peu-à-peu, comme la chaleur qui les produit ; & le repos parfait qui doit succéder, diminueroit l'admiration du spectateur, tandis qu'on cherche au contraire à l'augmenter en disant que la machine va toujours, mais en la serrant aussi-tôt, sous prétexte de montrer des pièces plus intéressantes.

Nota. On peut faire de ces machines, dont le mouvement dure douze & même vingt-quatre heures, à l'aide de deux petites lampes, au lieu de sable chaud ; mais la nécessité de faire ces colonnes plus grosses & plus longues, pour contenir ces lampes, l'odeur de l'huile & l'inconvénient qu'elle a de répandre beaucoup de fumée lorsqu'elles viennent à s'éteindre, doivent faire abandonner ce moyen, parce qu'il tend à faire connoître au spectateur une cause qu'on veut lui cacher avec soin.

Essayons d'expliquer physiquement le bouillonnement de la liqueur dans les tâte-pouls, (*fig.* 7, *même pl.* 3 *de Magie Blanche*).

La chaleur de la main dilate & grossit la bulle d'air A B. Par cette dilatation, la liqueur est forcée de céder une partie de l'espace qu'elle occupe dans la boule inférieure, & de monter du point E au point F. Quand la bulle d'air est assez raréfiée pour occuper toute la partie supérieure de la boule jusqu'au point C, elle peut s'échapper en partie par le tuyau, parce qu'alors sa légèreté spécifique la porte sans obstacle vers la boule supérieure. Elle ne peut monter ainsi sans pousser

devant elle une partie de la liqueur, ce qui diminue un peu sa vitesse, & donne le tems de la suivre des yeux dans sa marche ; mais comme sa légèreté l'oblige de monter le long de la paroi supérieure du tuyau ; la liqueur qui vient d'être poussée en haut, descend en même tems par sa propre gravité le long de la paroi inférieure pour s'emparer de l'espace que la bulle d'air vient de quitter : en descendant assez rapidement pour qu'on ne fasse pas attention à son passage, cette liqueur apporte avec elle de l'air condensé par la fraîcheur respective de la boule supérieure, qui, dans notre supposition, ne reçoit d'autre chaleur que celle de l'atmosphère. Cet air étant raréfié de nouveau par la chaleur de la main ou du sable qui touche la boule inférieure, est bientôt obligé de remonter comme le premier, & par la même raison jusqu'à ce qu'on ôte la main, ou jusqu'à ce que le sable soit refroidi. (DECREMPS).

MACHINE PNEUMATIQUE. (*Voyez à l'article* AIR).

MACHINE A DESSINER. (*Voyez à l'article* DESSIN).

MAGICIEN, (le petit). (*Voyez à l'article* AIMANT).

MAGICIENNE, *Devineresse*, *Tireuse de Cartes*.

Un jour (dit M. Decremps dans le testament de Jérôme Sharp) j'eus occasion de parler à un joaillier, qui montroit dans une compagnie un écrin richement garni. Il fit voir, entr'autres bijoux, une rose de diamans faux, qu'on vouloit lui acheter ; mais il répondit qu'il n'avoit pas le droit de la vendre, & qu'elle appartenoit à une *Tireuse de Cartes*. On lui demanda ce qu'il entendoit par *une Tireuse de Cartes* ? C'est, dit-il, une espèce *d'aventurière* qui fait profession de tirer les cartes pour dire la bonne aventure. Dès ce moment, plusieurs personnes de la compagnie desirèrent faire connoissance avec cette devineresse. Le bijoutier nous conduisit chez la Pythie, que nous trouvâmes logée dans un cul-de-sac, au cinquième étage au-dessus de l'entre-sol. Nous vîmes dans ce galetas une vieille édentée, au menton de galoche, dont l'accoutrement & les meubles ne répondoient pas parfaitement à l'idée qu'on s'en étoit formée d'après la rose de diamans.

Tour du Ruban.

La magicienne nous fit asseoir sur des bancs autour d'un établi de menuisier, qui servoit de table. Voulant ensuite donner un échantillon de ses talens, elle tira d'une boîte une demi-aune de ruban à fleurs d'or, qu'elle fit couper en plus de vingt morceaux, & qu'elle mit aussi-tôt dans une

autre

autre petite boîte ronde & plate comme un écu de 6 livres, en difant : « Vous voyez fans doute, » Meffieurs, que je n'aurois pas la folie de cou- » per ainfi un ruban précieux, fi je n'étois en » état de le raccommoder fans qu'il paroiffe avoir » été coupé ». Un inftant après, elle pria quel- qu'un de tenir la petite boîte, pour qu'on ne pût pas l'accufer d'avoir fubftitué un autre ruban; & nonobftant cette précaution, le ruban fe trouva tout entier quand on ouvrit la boîte. Cette boîte étoit d'une fimple feuille de fer-blanc, & l'on re- marqua bien qu'elle n'avoit pas de double fond; d'où il s'enfuit qu'elle n'étoit pas conftruite de manière à cacher un premier ruban coupé, pour en faire paroître un fecond tout entier.

Pour prouver qu'elle ne changeoit point le ru- ban, la Pythoniffe fit une feconde expérience de la manière fuivante : elle montra un fecond ruban qui enfiloit deux pièces de bois (*Voyez fig. 4, pl. 4 de Magie Blanche, tome VIII des gravures*).

Elle tira alternativement les deux extrémités A & B; & quand une de ces extrémités étoit tirée à droite ou à gauche, l'autre la fuivoit tou- jours, comme appartenant à un feul & même ru- ban : enfuite elle fépara l'un de l'autre les deux morceaux de bois, comme dans la *fig. 5, même pl.* & coupa le ruban par le milieu, comme dans la *fig. 6, ibid.* Cependant, après avoir rapproché les deux morceaux de bois, comme dans la *fig. 4,* elle tira le ruban tout entier par l'extrémité A, & le fépara totalement des morceaux de bois (fig. 7, *ibid*).

Ne croyez pas, dit-elle, que je me ferve de ces deux pièces de bois pour vous fafciner les yeux : je vais couper une jarretière par le milieu, en la tenant fimplement dans mes mains, fans au- cun inftrument qui puiffe concourir à vous faire illufion, & vous verrez toujours le même fuccès de ma part : alors elle fit couper le ruban en deux parties, dont on vit auffi-tôt les quatre bouts. Elle noua enfemble les deux moitiés, dont elle fit tenir les extrémités par deux perfonnes pour empêcher la fubftitution : cependant, après avoir tenu le nœud un inftant dans fa main, elle le fit difparoître en remettant la jarretière dans fon premier état. Ici on foupçonna de n'avoir coupé qu'un petit bout de la jarretière, & de l'avoir, par ce moyen, un peu raccourcie; mais elle eut bientôt détruit ce foupçon, en fai- fant mefurer la jarretière pour la couper & la raccommoder une feconde fois, & la rendre en- fuite dans fa même longueur.

Après cette quatrième preuve de talent, que nous expliquerons à la fin de cet article, la for- cière commença fon tirage de cartes, dans lequel elle dit des chofes étonnantes pour toute la com- pagnie, fans en excepter M. Hill; quoiqu'il m'eût dit un inftant auparavant que cette femme

ne devoit pas être bonne forcière, puifqu'elle étoit pauvre. Elle prononça plus de deux cens propofitions fur les affaires préfentes, paffées & à venir des différentes perfonnes de la compagnie. Parmi toutes affertions, il y en eut un grand nombre de vraies, & l'on n'en trouva pas une dont on pût démontrer la fauffeté. Elle dit à un jeune homme qu'il avoit aimé une blonde fort jolie; que cette affaire lui avoit occafionné des tracafferies; qu'il avoit eu des rivaux en grand nombre, qu'ils avoient écrit contre lui des lettres anonymes; qu'il avoit encore d'autres peines à effuyer, mais qu'il finiroit par être heu- reux. Elle dit à M. Hill une bonne partie de fes aventures paffées, en lui en prédifant de nouvelles & de plus fingulières, & en lui difant, fans l'avoir jamais vu & fans l'avoir connu directement ou indirectement, qu'il avoit dans fon gouffet une bourfe pleine de louis, parmi lefquels fe trou- voient trois écus de 6 livres & deux pièces de 24 fols. Le fait s'étant trouvé vrai, M. Hill, étonné, demanda par quelle pénétration ex- traordinaire elle pouvoit connoître des chofes fi myftérieufes ? Ce n'eft point par ma pénétration, répondit-elle, que je dévoile les plus grands myftères, ce font les cartes qu'on tire, felon les loix du fort, qui m'inftruifent de tout : les pièces de 24 fols font toujours défignées par les carreaux, les écus de 6 livres par les trefles, & les louis par les cœurs : or vous voyez auffi bien que moi, continua-t-elle en parlant à M. Hill, que vous avez tiré plufieurs cartes au hafard, parmi lefquelles il y a deux carreaux, trois trefles & beau- coup de cœurs; par conféquent vous devez avoir dans votre bourfe deux pièces de 24 fols, trois écus de 6 livres & beaucoup de louis.

Alors on lui demanda fi M. Hill avoit eu des enfans : elle répondit qu'elle n'en favoit rien, & que les cartes n'en faifoient pas mention, puif- qu'il n'étoit forti aucune carte de la quatrième mineure en pique. Cette réponfe auroit pu paroî- tre un fimple prétexte de la vieille, pour cacher fon ignorance fur les faits dont elle n'étoit point affurée, & fur lefquels on auroit pu facilement la contredire; mais on n'ofoit dans ce moment la foupçonner d'incapacité, à caufe de l'opération fingulière qu'on venoit de voir, & dans laquelle le nombre des carreaux, des trefles & des cœurs, tirés au hafard, correfpondoit fi merveilleufement au nombre des pièces de 24 fols, des écus de 6 l. & des louis cachés dans le gouffet de M. Hill.

Cependant M. Hill voulant la pouffer à bout, la pria de tirer les cartes une feconde fois, pour deviner s'il avoit eu des enfans. Puifqu'il faut vous le dire, répondit la vieille, l'abfence complette de la quatrième mineure en pique prouve que vous n'avez jamais eu les honneurs de la paternité. Votre prétention eft fauffe, dit M. Hill, car ma femme vient d'accoucher. Je le fais, & je le vois par les cartes ; répliqua la vieille ; mais je perſiſte dans mes prétentions , & je ſoutiens que vous n'avez jamais eu d'enfans.

Cette réponſe adroite & piquante ayant occaſionné quelques éclats de rire , qui ne plurent pas beaucoup à M. Hill , on demanda à la vieille ſi une certaine femme de la compagnie avoit eu des enfans ; la vieille répondant que c'étoit très-facile à connoître , tira de ſa poche une petite figure d'enfant , qui ne paroiſſoit autre choſe qu'un petit morceau de vélin peint & découpé , *fig.* 8 *même planche* 4 *de Magie blanche.*

Elle pria cette dame de mettre cette découpure ſur ſa main , en lui diſant : « Madame , ſi vous n'avez point eu d'enfans, cette figure va reſter couchée & parfaitement immobile ; mais ſi vous avez goûté , ne fût-ce qu'un inſtant , le bonheur d'être mère , cet enfant va ſe remuer , ſe remettre ſur ſon ſéant , & exprimer , par ſes mouvemens , la ſenſibilité de votre cœur , & cela en moins d'une minute , ſans que perſonne y touche ». En même temps la vieille mit une figure pareille ſur la main d'une jeune demoiſelle de la compagnie : cette ſeconde figure reſta ſans mouvement ; mais la première frétillant comme une carpe , prit & quitta pluſieurs fois de ſuite la poſition qu'on avoit annoncée : ſes mouvemens étoient ſi vifs , qu'elle ſeroit tombée par terre ſi on n'avoit penſé à la retenir , en la remettant différentes fois vers le milieu de la main. La dame , pour laquelle on faiſoit cette opération , avoua qu'elle avoit eu des enfans ; & la vieille , en opérant ainſi , réunit tous les ſuffrages , tant par la vérité de ſon aſſertion , que par la ſingularité de ſon expérience.

La même dame , ſurpriſe plus que perſonne , fit de nouvelles queſtions : « Apprenez-moi , dit-elle , ſi mon mari reviendra bientôt de la campagne ». *Il reviendra bientôt* , répondit la vieille ; *ſon retour vous cauſera le plus grand plaiſir* , & vous lui direz , MON CHER AMI GEORGE..... Quoi , répliqua la dame en l'interrompant , eſt-ce que vous ſavez ſon nom ? — Sans doute , dit la vieille ; car les lettres *g* , *e* ſont toujours déſignées par le roi de cœur & la dame de carreau ; & le ſept de pique & le huit de trefle marquent les lettres *o* , *r* : or vous avez tiré les ſuſdites cartes dans l'ordre que je viens d'annoncer ; par conſéquent les quatre premières lettres du nom de votre mari ſont *g* , *e* , *o* , *r* ; ce qui me fait préſumer qu'il s'appelle *George* ». Ce raiſonnement parut démonſtratif pour deux raiſons , 1°. parce qu'il étoit inintelligible , & qu'une infinité de gens admirent ce qui eſt au-deſſus de leur intelligence ; 2°. parce que la concluſion annonçoit le vrai nom de monſieur & de madame George , & qu'un raiſonnement ſemble toujours bon aux yeux du vulgaire , quand il tend à prouver une vérité ; comme ſi on ne voyoit jamais de faux rai-

ſonneurs qui cherchent à étayer la vérité ſur des ſophiſmes.

Ce nouveau trait de la part de la devinereſſe , joint à ce qu'elle avoit fait à M. Hill , mit dans l'enthouſiaſme tous ceux qui ſavoient que la vieille n'avoit pas été prévenue de notre viſite , & que par conſéquent elle n'avoit pu faire aucune information ſur notre compte pour préparer ſes oracles.

Avant de prendre congé de notre magicienne , nous lui demandâmes quel étoit le nom d'une jeune demoiſelle de la compagnie que nous avions amenée avec nous ; auſſi-tôt elle conſulta les cartes en les tirant & en les combinant à ſa manière , & finit par nous dire qu'elle ne pouvoit pas découvrir le nom tout entier , mais que le nom commençoit par une *r* , & finiſſant par un *e* ; cependant , ajouta-t-elle , je ne ſais ſi mademoiſelle s'appelle Roſe , Raimonde ou Roſalie. La demoiſelle , qui portoit ce dernier nom , fut auſſi ſurpriſe que nous d'une pareille réponſe ; non-ſeulement parce que cette réponſe , quoiqu'incertaine , touchoit réellement au but , mais encore parce que l'incertitude & l'eſpèce de méfiance avec laquelle elle étoit prononcée , prouvoit la bonne foi & la bonhommie de la perſonne qui nous répondoit.

Je demandai enſuite à la vieille ſi je me marierois avec la même jeune perſonne dont elle venoit de deviner le nom : elle me répondit qu'elle n'en ſavoit rien , mais qu'elle alloit interroger le ſort : alors elle mit un roi de cœur dans une boîte , qu'elle me donna , en me priant de la tenir bien ſerrée dans ma main droite : elle mit enſuite la dame de trefle dans une autre boîte qu'elle donna à la demoiſelle , en la priant de tenir cette boîte dans ſa main gauche ; après quoi , elle me pria de prendre avec ma main gauche la droite de la demoiſelle. Maintenant , dit-elle en geſticulant , & en nous lançant un regard effroyable : « Je vous magnétiſe par l'influence de Jupiter & de Saturne , & je vous annonce que ſi le ſort doit vous ſéparer pour toujours , les deux cartes que je viens d'enfermer reſteront chacune dans ſa boîte pour exprimer votre ſéparation par leur éloignement : mais ſi vous devez vous unir ſous les loix de l'amour & de l'hymen vous allez d'abord ſentir dans votre cœur une palpitation extraordinaire ; & le roi de cœur , qui eſt dans la main de monſieur , va ſortir inviſiblement de ſa boîte pour aller joindre la dame de trefle dans la main de mademoiſelle. Ceci n'eſt point un badinage » , continua-t-elle en regardant fixement la jeune perſonne , & en lui tâtant le pouls : « Je ſens déjà que votre cœur palpite , & que le roi de cœur eſt dans votre boîte ». La demoiſelle avoua qu'elle venoit de ſentir une oppreſſion , un affaiſſement & un battement de cœur extraordinaires : & moi , impatient de ſavoir la vérité touchant une expérience ſi ſingulière , j'ouvris ma boîte avec précipitation , & je n'y trouvai rien , quoiqu'elle n'eût pas été ouverte depuis qu'on y avoit mis le roi de cœur. Les deux cartes se trouvèrent réunies dans la boîte où la dame de trefle étoit seule un instant auparavant.

Quoique cette opération étonnante parût être d'un heureux présage pour moi, je voulus contredire la vieille sur sa prédiction, en feignant d'être marié, pour lui prouver que je ne pouvois pas épouser mademoiselle Rosalie; mais elle répliqua qu'elle étoit bien assurée que je ne l'épouserois pas en premières noces. Un instant après, quelqu'un lui dit à l'oreille que j'étois célibataire, & que je m'étois dit marié pour le seul plaisir de la contredire. Je m'en suis apperçue, dit-elle tout bas, & j'ai voulu lui prédire un évènement fâcheux pour lui rendre la monnoie de sa pièce. Au reste, continuat-elle tout haut, « j'ai non-seulement l'art de prévoir les évènemens, mais je possède quelquefois dans mes mains les causes qui peuvent les avancer ou les retarder ». Ici je la priai de détruire, s'il étoit possible, tout ce qui pourroit retarder mon bonheur; mais elle me dit que cette partie de son talent ne pouvoit être exercée ni dans tous les temps, ni dans tous les lieux.

Ensuite on lui demanda si une autre demoiselle de la compagnie avoit toujours été bien sage. La vieille, pour répondre, fit choisir, dans un jeu ordinaire, des cartes, sur le dos desquelles on ne voyoit d'abord aucune écriture, mais où on lisoit, après les avoir jettées pour un instant dans un bocal, une réponse très-anologue à la question proposée: la jeune personne, sur la sagesse de laquelle on faisoit des informations, parut enorgueillie de la réponse favorable qu'elle obtint d'abord; c'est pourquoi la vieille, pour la punir de son orgueil, & sous prétexte de savoir si les cartes diroient toujours la même chose, fit paroître sur une autre carte une seconde réponse, qui, en interprétant la première, lui donnoit un sens tout opposé. Cette seconde réponse humilia la jeune demoiselle au point qu'il fallut en donner une troisième pour la consoler; c'est ainsi que la vieille donna successivement six réponses, qui, sans se contredire directement, annonçoient le pour & le contre touchant la sagesse de la personne en question, & qui faisoient paroître alternativement le chagrin & la sérénité sur son front. Voici les six réponses telles qu'on les lut à mesure qu'elles sortoient du bocal.

Première réponse.

L'Amant qui te demande un bonheur attendu,
Par ta sévérité se trouve confondu.

Seconde réponse.

Ton amant par hasard se trouve confondu,
Car je connois ton goût pour le fruit défendu.

Troisième réponse.

Je connois ton penchant pour le fruit défendu,
Mais aux soins de Colin tu n'as point répondu.

Quatrième réponse.

Au fidèle Colin si tu n'as répondu,
A la grappe d'ailleurs tu peux avoir mordu.

Cinquième réponse.

Tu pourrois à la grappe avoir un peu mordu,
Mais tu tiens ce bijou que d'autres ont perdu.

Sixime & dernière réponse.

Oui tu tiens ce bijou que d'autres ont perdu,
Du moins tu dois l'avoir, car on te l'a rendu.

Cette dernière réponse fut donnée à la jeune personne d'une manière mystérieuse. Elle n'étoit point comme les autres sur une carte à jouer, mais sur une feuille de papier où on ne voyoit que des notes de musique formant des airs connus. (*Voyez* fig. 9, pl. 11 de *Magie blanche*, tome *VIII* des gravures.

Cette feuille, courut de main en main sans que personne pût en déchiffrer l'écriture mystique, excepté la jeune personne à qui la réponse s'adressoit. « Tel est le pouvoir de mon art, dit la vieille, que quoique cette écriture soit indéchiffrable aux yeux des hommes les plus pénétrans, je peux en un instant, & sans prononcer un seul mot, mettre qui que ce soit en état de la lire, & d'en faire une pareille » La devineresse, après avoir donné par ces divers moyens la plus haute opinion de ses talens ou des dons merveilleux qu'on lui croyoit, fit une infinité de prédictions en vers, auxquelles tout le monde parut ajouter foi.

Frappé des prestiges dont j'avois été témoin, je tâchai de faire prolonger la séance chez la devineresse pour avoir occasion de lui arracher quelques-uns de ses secrets; mais autant elle étoit habile dans l'art de faire illusion, autant elle possédoit celui d'éluder toutes les demandes indiscrettes qu'on pouvoit lui faire: c'est pourquoi, quand je la priai de me dire comment elle avoit pu deviner le nom de madame George & de mademoiselle Rosalie; elle me répondit de cette manière: « Croyez-vous, Monsieur, que je puisse vous enseigner en un instant ce que je n'ai pu apprendre que par une application continuelle pendant un demi-siècle. Savez-vous la physique, la chimie? Avez-vous étudié la cabalistique & l'astrologie? Après cela, elle me demanda si je connoissois la vraie cause qui fait tourner la lune autour de la terre, & la terre autour du soleil; je lui répondis que je croyois la connoître : & comme j'entamois une longue differtation pour lui prouver mes connoiffances à cet égard, elle m'interrompit pour me demander fi je favois ce qui fait circuler le fang dans nos veines. J'allois lui expofer fur ce point mon opinion & mes doutes, quand elle me montra une machine fort fingulière, qui exprimoit, à quelques égards, la circulation du fang.

Fontaine de circulation.

C'étoit un inftrument de verre compofé de deux boules & de deux tubes. (*Voyez* la *fig.* 9, qui repréfente cet inftrument vu de profil, *pl.* 4 *de Magie blanche, tome VIII des gravures*).

La liqueur defcendoit lentement & infenfiblement par un gros tuyau de la boule A à la boule B, & remontoit rapidement & vifiblement de la boule B à la boule A par un petit tube tortu & prefque capillaire. Les gouttes de la liqueur montante étoient féparées entr'elles par de petites bulles d'air; ce qui permettoit de diftinguer plus particulièrement leur mouvement, qui fe faifoit par petites fecouffes.

Explication des tours de la magicienne.

La magicienne dut fon fuccès, dans la féance dont je viens parler, partie à fon induftrie, partie au hafard, dont elle avoit adroitement profité.

La première fois qu'elle racommoda la jarretière coupée, elle ne fit qu'en fubftituer une feconde dans une autre boîte de la manière que voici:

Auffi-tôt qu'elle eut mis les morceaux de la première jarretière dans une petite boîte, qui, comme nous l'avons dit, avoit la forme d'un écu de 6 livres; elle prit cette boîte, qu'elle avoit laiffée un feul inftant fur la table, & la tint dans fa main droite, comme dans la (*fig.* 10 *pl.* 4 *de Magie blanche, tome VIII des gravures*). Dans ce même temps elle tenoit la feconde boîte cachée dans la même main entre la naiffance du pouce & de l'annulaire, (*fig.* 11 *même pl.*) mais on ne voyoit pas cette feconde boîte, parce que la vieille ne tournoit vers la compagnie que le dehors de la main, comme dans la *fig.* 10.

Après ce premier préparatif, elle pria quelqu'un de garder la boîte, en décrivant un demi-cercle avec fa main, comme pour préfenter la boîte avec plus de politeffe : c'eft en décrivant ce demi-cercle qu'elle laiffa tomber dans fon tablier la première boîte qu'elle tenoit au bout des doigts pour ne laiffer paroître que la feconde, que tout le monde prit pour la première quand elle fut préfentée, comme dans la *fig.* 12 *même pl.*

Cette fupercherie réuffit avec d'autant plus de facilité, qu'on n'avoit point prévu que la

fubftitution feroit faite dans cet inftant, parce qu'on croyoit que le moyen de fubftituer, confiftoit dans la conftruction même de la boîte.

Le fecond moyen de raccommoder la jarretière coupée confiftoit dans la conftruction des deux morceaux de bois employés pour cet effet. La devinereffe, en coupant en apparence la jarretière au point A, (*fig.* 13 *même pl.*) n'étoit point embarraffée pour la faire paroître toute entière, puifque le morceau coupé ne faifoit point partie de la jarretière, qui, au lieu de traverfer directement les morceaux de bois comme le croyoit le fpectateur, les parcouroit dans leur longueur en fuivant les directions B, D, C.

Quant aux deux autres moyens de raccommoder la jarretière coupée, les voici :

1°. Ployez-la comme dans la (*fig.* 14 *même pl.*), tenez-la de la main droite au point C, de la main gauche au point A, & faites remarquer que le point B eft celui du milieu & que par conféquent fi on la coupe à ce point, elle fera partagée en deux parties égales.

2°. Quand vous ferez fur le point de la faire couper, portez-la un peu vers vous en l'éloignant du couteau ou des cifeaux, fous prétexte de faire voir que vous n'avez point dans les mains une feconde jarretière que vous puiffiez fubftituer à la première quand elle fera coupée.

3°. Préfentez-la en faifant un mouvement des deux bras pour la porter en avant, & faififfez cet inftant pour faire paffer le point B dans la main gauche, & le retenir avec l'annulaire & le petit doigt de cette main, tandis que les autres doigts de la même main continueront de tenir la jarretière au point A, & que vous faifirez le point D avec le doigt du milieu & le pouce de la main droite.

Si vous fuivez de point en point ce que je viens de dire, vous pourrez, après une demi-heure d'exercice, le faire avec affez d'adreffe pour que le fpectateur croie qu'on lui préfente à couper le point du milieu quoiqu'on lui préfente réellement un bout ; parce que la jarretière fe trouvera alors ployée comme dans la *fig.* 15 *même pl.*

On voit dans cette figure que le point B & le point D ont pris la place l'un de l'autre, & que la fupercherie doit être cachée par les deux mains qui tiennent toujours la jarretière, l'une au point C, & l'autre au point A.

4°. Quand la jarretière fera coupée au point D, fi vous abandonnez ce que vous tenez dans la main droite, les deux parties de la jarretière feront arrangées entre elles comme dans la *fig.* 16; cet arrangement découvriroit au fpectateur ce qu'il faut lui cacher, s'il étoit tel qu'il eft dans la *fig.* 16; mais en pofant le pouce au point A, on cache la tricherie comme dans la *fig.* 17.

Par ce moyen, non seulement le spectateur pense avoir vu couper la jarretière par le milieu, mais encore il croit en voir clairement les deux moitiés & les quatre bouts.

5°. Prenant avec la main droite les deux bouts E, F de la *fig.* 17, il faut les entrelacer comme dans la *fig.* 18.

6°. Achevez de serrer ce nœud, en tirant un bout avec les dents, & l'autre avec la main droite, jusqu'à ce que la jarretière ait la forme de la *fig.* 19.

La jarretière vue dans cette dernière forme fera croire au spectateur que vous venez de nouer ensemble les deux moitiés ; & cependant il verra réellement toute la jarretière dans sa longueur, à l'exception d'un petit bout qui s'y trouve attaché vers le milieu par un nœud coulant.

7°. Donnez à tenir à un des spectateurs le bout H, & prenant alors le milieu de la jarretière avec les deux mains, faites semblant de cacher le nœud dans la main droite, tandis qu'avec la main gauche vous le ferez glisser vers l'extrémité G.

8°. Priez quelqu'un de la compagnie de prendre le bout G, après avoir emporté de la main gauche le nœud que le spectateur croit toujours caché dans la main droite.

9°. Portez le nœud dans votre poche, sous prétexte de prendre un mouchoir ou de la poudre de sympathie ; vous pouvez aussi cacher tout simplement le nœud dans votre main, que vous porterez sur le côté, en tenant négligemment le bras en anse de panier, &c. &c.

10°. Avertissez la compagnie que le nœud qui a été fait au milieu de la jarretière y sera toujours très-visible, mais qu'il est actuellement assez serré pour que la jarretière puisse servir comme auparavant.

11°. Priez la compagnie de redoubler son attention, & dans ce moment ouvrez brusquement la main droite, pour faire voir au spectateur étonné que vous faites beaucoup plus que vous ne venez de lui promettre, puisque la coupure & le nœud ont totalement disparu, & qu'il n'en reste aucune trace.

12°. Faites mesurer la jarretière, & profitez de cette occasion pour vous mettre un instant à l'écart, & dénouer le petit bout retranché.

13°. Mettez en double la jarretière qu'on vient de mesurer, & posez-la dans la main gauche avec le petit bout également doublé. La jarretière & le bout doivent être dans la main comme dans la *fig.* 20, & paroître comme dans la *fig.* 21.

14°. Coupez le petit bout par le milieu au point A ; alors la jarretière paroîtra comme dans la *fig.* 17, & chacun croira voir les quatre bouts des deux moitiés de la jarretière.

15°. Faites tenir comme auparavant les deux bouts de la jarretière à deux personnes différentes, & faites semblant de garder dans la main droite les autres bouts que vous avez fait paroître en donnant, en apparence, un coup de ciseau par le milieu de la jarretière : escamotez ces petits bouts qui sont les deux moitiés du premier bout retranché, comme vous avez escamoté le nœud de la *fig.* 19.

16°. Dites à la compagnie que le nœud ne paroîtra point cette fois-ci, mais qu'en compensation la jarretière sera racourcie de trois pouces.

17°. Otez la main droite pour surprendre le spectateur, en lui faisant voir non-seulement qu'il ne reste aucun nœud, mais encore que la jarretière à toujours sa même longueur.

Nota. 1°. Un de mes amis venoit de faire ce tour dans une compagnie, lorsqu'une dame le pria de le répéter sur une jarretière qu'elle fourniroit & qu'elle couperoit elle-même : Madame, lui répondit, mon ami, si j'avois le talent de vous amuser en jouant de la flûte ou du violon, pourriez-vous exiger raisonnablement que j'en jouasse également bien en faisant tenir mon instrument par une autre personne ? Cette réponse, à laquelle on ne s'attendoit point, resta sans réplique, quoiqu'elle ne fût qu'un subterfuge.

Nota. 2°. Que ce tour doit être immédiatement suivi de quelques autres pour distraire l'attention des spectateurs ; & qu'avant de le commencer par le dernier moyen, il est bon de donner naïvement à entendre qu'il consiste à substituer une jarretière entière à celle qu'on doit couper en deux parties égales. Cette ruse seroit une raison de plus pour empêcher le spectateur de croire qu'on ne coupe qu'un bout ; & comme il porteroit alors son attention à s'appercevoir d'une substitution qui ne doit pas avoir lieu, il se trouveroit infailliblement surpris de ne l'avoir point apperçue, & de voir un effet qui semble la supposer nécessairement. Passons maintenant aux autres opérations de la devineresse.

Ce qu'elle dit à un jeune homme, touchant ses affaires de cœur, n'étoit pas bien difficile à deviner, puisqu'il n'y a guère de jeunes gens de 25 ou 30 ans qui n'aient éprouvé quelquefois les tourmens délicieux de l'amour, qui voltigeant de la blonde à la brune, n'aient été épris de quelque objet charmant, où prétendu tel, & qui n'aient eu un certain nombre de rivaux réels ou imaginaires.

Elle put aussi dire à M. Hill une partie de ses aventures d'une manière générale : quand un homme a voyagé, on peut connoître fort souvent à fa première converfation qu'il a été bien loin fans qu'il le dife explicitement : on peut diftinguer très-facilement par fon coftume, fon teint, fon accent & fes expreffions s'il vient de l'Efpagne ou de la Ruffie ; alors fi on lui dit qu'il a été dans des pays lointains qu'on ne défigne point, mais qu'on appelle fimplement méridionaux ou feptentrionaux, felon la couleur de fon vifage ; & fi on ajoute à cela qu'il lui eft arrivé des aventures plus ou moins agréables, felon que la beauté de fa taille & de fa figure paroiffent lui en avoir donné occafion, fes réponfes peuvent donner lieu à de nouvelles affertions, que l'on peut détailler ou rétracter à moitié en les interprétant felon le befoin. Les propofitions fur l'avenir peuvent être annoncées d'une manière plus détaillée & moins générique : elles ne demandent prefque aucune circonfpection de la part du devin ou de la devinereffe, parce qu'il eft impoffible d'en démontrer fur le champ la fauffeté.

La vieille devina le nombre d'écus de 6 livres & de pièces de 24 fols que M. Hill avoit dans fa bourfe par un hafard que voici : Une de fes voifines, qui lui fervoit de commere en lui prêtant fes fecours dans l'occafion, avoit vu par hafard M. Hill dans une boutique de mercier, un demi-quart-d'heure avant qu'il entrât chez la vieille ; M. Hill avoit acheté dans cette boutique quelques merceries, & pour les payer il avoit tiré de fa poche une bourfe à moitié pleine de louis : la commere voifine, dont nous venons de parler, s'étoit apperçue, fans faire femblant de rien, que M. Hill payoit pour 3 livres 12 fols de marchandife, & que fur un louis on lui rendoit trois écus de 6 livres & deux pièces de 24 fols : voyant un inftant après que M. Hill entroit chez la devinereffe, elle préfuma que c'étoit pour faire tirer les cartes ; en conféquence, elle envoya à la forcière un petit écrit qui l'avertiffoit de ce que M. Hill avoit dans fa bourfe. Ce fait eft arrivé tel que je viens de le raconter : la vieille me l'a avoué, & m'a dit en même temps que lorfque les gens venoient la confulter pour la première fois, elle les renvoyoit ordinairement fous prétexte d'occupations importantes, & que fa voifine fuivoit alors fecretement les perfonnes renvoyées pour favoir leur demeure & s'informer enfuite de leur nom & de leurs affaires. Elle a ajouté qu'elle nous auroit également renvoyé à notre arrivée, fi elle n'avoit reçu par hafard, de la part de fa voifine une inftruction qui lui fuffifoit dans ce moment pour nous donner la plus haute idée de fes talens dans l'art des devins. Elle m'a dit enfin qu'elle avoit employé l'efcamotage & les faux mélanges pour mettre, comme par hafard, dans une rangée des cartes deux carreaux & trois trefles parmi beaucoup de cœurs, pour nous faire croire par-là que l'arrangement

de ces cartes exprimoit deux pièces de 24 fols, trois écus de 6 livres & le grand nombre de louis que M. Hill avoit dans fa bourfe.

La réponfe que la vieille fit à M. Hill, en lui difant au hafard qu'il n'avoit point d'enfans, ne pouvoit jamais la mettre dans l'embarras, puifqu'on auroit admiré la vérité & la juftefle de cette réponfe dans le cas où M. Hill n'auroit réellement pas eu d'enfans ; & que dans le cas contraire, elle pouvoit donner une ombre de vraifemblance à fa propofition.

La petite découpure mife fur la main d'une femme pour deviner fi elle étoit mère, ou pour faire croire qu'on pouvoit deviner par ce moyen, n'étoit autre chofe que de la raclure de corne faite avec un morceau de verre ou un rabot : cette fubftance animale, quand elle eft mince comme du papier de ferpente & longue d'un pouce fur environ fix lignes de large, fe remue très-vifiblement fur la main, tant elle eft fenfible au nouveau degré de chaleur qui la pénètre. On lui donne avec les cifeaux & le pinceau la figure d'un enfant emmailloté, pour la rendre plus myftérieufe & plus analogue à la queftion propofée, quand il s'agit de deviner la fécondité d'une femme. Si c'eft une fille qui propofe la queftion, on met fur fa main une figure de tafetas qui refte parfaitement immobile. Si on fait au contraire que c'eft une femme & qu'elle a des enfans, on lui donne la corne découpée dont les mouvemens frappent les yeux, tandis que la réponfe affirmative étonne l'efprit par fa juftefle.

La vieille fut facilement que la dame qui tenoit fur fa main la découpure de corne étoit mère, & que la jeune fille qui tenoit fur fa main la découpure de tafetas s'appeloit Rofalie, parce qu'elle avoit trouvé dans le billet apporté par fa voifine la note fuivante : « Faites bien attention que la dame au jupon noir eft la mère de la jeune demoifelle au ruban bleu. J'ai entendu que l'une difoit à l'autre avant d'arriver chez vous : *fouviens-toi Rofalie de ne pas me nommer, & de ne pas m'appeller ta mère* ; & l'autre a répondu, *oui maman* ».

On voit par-là qu'une précaution prife pour embarraffer la vieille a fervi à la faire triompher.

La vieille devina par hafard que le mari de la même dame s'appelloit George ; mais dans cette circonftance très-fortuite, elle mit beaucoup d'adreffe. Voici comment : on avoit chanté depuis peu chez elle une chanfon dont les verfets finiffent par ce refrain :

George, George
Donne-moi de ton fucre d'orge.

Elle avoit les oreilles & l'imagination fi frappées de ce refrain, qu'elle le répétoit fans ceffe ;

de forte que quand la dame au jupon noir demanda fi fon mari reviendroit bientôt de la campagne, la vieille alloit répondre, *oui madame, & vous lui direz à fon retour : George, George, donne moi de ton fucre d'orge :* mais fe voyant interrompue, & n'ayant pas le temps de prononcer fon refrain jufqu'au bout, parce qu'on lui demandoit comment elle pouvoit connoître le nom de M. *George*, elle comprit auffi-tôt qu'elle avoit prononcé le nom de la perfonne en queftion, & profita de cette circonftance pour faire croire qu'elle avoit deviné par des moyens merveilleux & magiques, ou par la fimple combinaifon des cartes auxquelles on fait fignifier tout ce qu'on veut comme au fon des cloches.

Mais me dira-t-on, fi l'homme en queftion n'avoit pas eu le nom de *George*, la vieille fe feroit réellement trompée en lui donnant un nom qu'il n'avoit pas : comment auroit-elle fait pour cacher cette erreur ?

Je réponds qu'il n'y auroit même pas eu d'erreur, parce que la vieille ne prétendoit pas nommer la perfonne par fon nom ; le mot de *George* n'étoit donc dans fa bouche qu'une façon de parler.

En faifant couper le jeu de cartes de la main gauche, en joignant à cela plufieurs autres cérémonies vaines en apparence, la vieille étoit plus adroite qu'il ne paroit d'abord, parce que les cérémonies dans les tours, quelqu'inutiles qu'elles paroiffent, frappent toujours les yeux & l'imagination, partagent l'attention du fpectateur, fervent fouvent de moyen pour cacher des manipulations, & de prétexte pour excufer des erreurs.

En ne devinant que la première & la dernière lettre du nom de Rofalie, quoiqu'elle fût le nom tout-entier, c'étoit encore de fa part un tour d'adreffe, par l'ignorance apparente des cinq autres lettres, elle fembloit prouver évidemment aux fpectateurs que les deux lettres devinées n'étoient point connues par des moyens ordinaires.

Pour faire trouver le roi de cœur & la dame de trefle, quand il fallut prédire mon mariage, la devinereffe employa les boîtes à double fond de la manière fuivante : elle préfenta d'abord la première boîte comme dans la *fig.* 22, *même pl.* 4, *de Magie blanche tom VIII des gravures*, pour faire voir qu'il y avoit dedans un roi de cœur : elle tenoit dans ce moment dans le couvercle un carré de carton, qui cacha enfuite le roi de cœur en tombant au fond de la boîte quand on la ferma ; & comme ce carton étoit de la même couleur de l'intérieur de la boîte, on crut que le roi de cœur en étoit forti. En préfentant la feconde boîte de la même manière pour faire voir qu'il y avoit une dame de trefle, la vieille tenoit dans le couvercle un pareil

carton qui cachoit une dame de trefle & un roi de cœur ; ce carton tombant au fond de la boîte quand on la ferma, cacha la première dame de trefle, & laiffa paroître la feconde, qu'on prit pour la première, avec le roi de cœur, qu'on prit pour celui qui avoit difparu dans la première boîte.

Si la demoifelle pour qui on faifoit cette expérience a fenti dans ce moment une grande palpitation de cœur, c'eft qu'elle penfoit à une affaire affez importante pour avoir le cœur agité entre la crainte & l'efpérance : l'imagination & la crédulité ont pu d'ailleurs contribuer à cette crife comme dans les expériences du magnétifme animal.

Les réponfes données à la jeune perfonne fur fa conduite paffée, étoient, comme on l'a vu, fufceptibles d'être interprétées en bien ou en mal, de forte que la vieille devoit toujours paroître avoir raifon. Ces réponfes étoient écrites d'avance avec de l'encre fympathique invifible faite avec du vinaigre diftillé & de la litharge. Pour rendre l'encre vifible, il fuffifoit de mettre les cartes dans un bocal où on avoit mis de l'eau, de la chaux-vive & de l'orpin. La feule vapeur de cette compofition chimique fuffifoit pour produire l'effet defiré. Ce qu'il y avoit de plus frappant dans cette opération, c'eft que la vieille, fachant fur quelles cartes étoient les réponfes contraires ou favorables, faifoit toujours tirer celles qu'elle jugeoit à propos, quoique cela parût fait au hafard, & cela par les moyens employés à faire choifir une carte forcée.

MAGNÉTISME ANIMAL.

Extrait du rapport des commiffaires chargés par le roi de l'examen du Magnétifme Animal.

» Le roi a nommé, le 12 mars 1784, des médecins choifis dans la faculté de Paris, MM. Borie, Sallin, d'Arcet, Guillotin, pour faire l'examen & lui rendre compte du magnétifme animal, pratiqué par M. Deflon ; & fur la demande de ces quatre médecins, fa majefté a nommé, pour procéder avec eux à cet examen, cinq des membres de l'académie royale des fciences, MM. Franklin, le Roi, Bailly, de Bory, Lavoifier. M. Borie étant mort dans le commencement du travail des commiffaires, fa majefté a fait choix de M. Majault, docteur de la faculté, pour le remplacer.

Expofition de la doctrine du Magnétifme Animal.

» L'agent que M. Mefmer prétend avoir découvert, qu'il a fait connoître fous le nom de *Magnétifme Animal*, eft, comme il le caractérife lui-même, & fuivant fes propres paroles, un fluide univerfellement répandu ; il eft le moyen d'une influence mutuelle entre les corps céleftes, la terre & les corps animés; il est continué de manière à ne souffrir aucun vuide; sa subtilité ne permet aucune comparaison; il est capable de recevoir, propager, communiquer toutes les impressions du mouvement; il est susceptible de flux & dereflux. Le corps animal éprouve les effets de cet agent; & c'est en s'insinuant dans la substance des nerfs, qu'il les affecte immédiatement. On reconnoît particulièrement dans le corps humain, des propriétés analogues à celles de l'aimant; on y distingue des pôles également divers & opposés.

» L'action & la vertu du magnétisme animal peuvent être communiquées d'un corps à d'autres corps animés & inanimés, cette action a lieu à une distance éloignée, sans le secours d'aucun corps intermédiaire; elle est augmentée, réfléchie par les glaces; communiquée, propagée, augmentée par le son; cette vertu peut être accumulée, concentrée, transportée. Quoique ce fluide soit universel, tous les corps animés n'en sont pas également susceptibles; il en est même, quoiqu'en très-petit nombre, qui ont une propriété si opposée, que la seule présence détruit tous les effets de ce fluide dans les autres corps.

» Le magnétisme animal peut guérir immédiatement les maux de nerfs, & médiatement les autres; il perfectionne l'action des médicamens; il provoque & dirige les crises salutaires, de manière qu'on peut s'en rendre maître. Par son moyen, le médecin connoît l'état de santé de chaque individu, & juge avec certitude l'origine, la nature & les progrès des maladies les plus compliquées; il en empêche l'accroissement, & parvient à leur guérison, sans jamais exposer le malade à des effets dangereux ou à des suites fâcheuses, quels que soient l'âge, le tempérament & le sexe. La nature offre dans le magnétisme un moyen universel de guérir & de préserver les hommes.

» Tel est l'agent que les commissaires ont été chargés d'examiner, & dont les propriétés sont avouées par M. Deslon. Ce médecin, en instruisant les commissaires, de la doctrine & du procédé du magnétisme, leur en a enseigné la pratique, en leur faisant connoître les pôles, en leur montrant la manière de toucher les malades, & de diriger sur eux ce fluide magnétique.

Description du traitement.

» Après avoir pris cette connoissance de la théorie & de la pratique du magnétisme animal, il falloit en connoître les effets: les commissaires se sont transportés, & chacun d'eux plusieurs fois, au traitement de M. Deslon. Ils ont vu au milieu d'une grande salle, une caisse circulaire, faite de bois de chêne, & élevée d'un pied ou d'un pied & demi, que l'on nomme le baquet;

ce qui fait le dessus de cette caisse est percée d'un nombre de trous, d'où sortent des branches de fer coudées & mobiles. Les malades sont placés à plusieurs rangs autour de ce baquet, & chacun a sa branche de fer, laquelle, au moyen du coude, peut être appliquée directement sur la partie malade; une corde passée autour de leur corps les unit les uns aux autres; quelquefois on forme une seconde chaîne en se communiquant par les mains, c'est-à-dire, en appliquant le pouce entre le pouce & le doigt index de son voisin; alors on presse le pouce que l'on tient ainsi; l'impression reçue à la gauche se rend par la droite, & elle circule à la droite.

» Un *piano forte* est placé dans un coin de la salle, & on y joue différens airs sur des mouvemens variés; on y joint quelquefois le son de la voix & le chant.

» Tous ceux qui magnétisent ont à la main une baguette de fer, longue de dix à douze pouces.

» M. Deslon a déclaré aux commissaires, 1°. que cette baguette est conducteur du magnétisme; elle a l'avantage de le concentrer dans sa pointe, & d'en rendre les émanations plus puissantes. 2°. Le son, conformément au principe de M. Mesmer, est aussi conducteur du magnétisme, & pour communiquer le fluide au *piano forte*, il suffit d'en approcher la baguette de fer; celui qui touche l'instrument en fournit aussi, & le magnétisme est transmis par les sons aux malades environnans. 3°. La corde dont les malades s'entourent, est destinée, ainsi que la chaîne des pouces, à augmenter les effets par la communication. 4°. L'intérieur du baquet est composé de manière à y concentrer le magnétisme; c'est un grand réservoir d'où il se répand par les branches de fer qui y plongent.

» Les commissaires se sont assurés dans la suite, au moyen d'un électromètre & d'une aiguille de fer non aimantée, que le baquet ne contient rien qui soit ou électrique ou aimanté; & sur la déclaration que M. Deslon leur a faite de la composition intérieure de ce baquet; ils n'y ont reconnu aucun agent physique, capable de contribuer aux effets annoncés du magnétisme.

Manière d'exciter & de diriger le Magnétisme.

» Les malades rangés en très-grand nombre, & à plusieurs rangs autour du baquet, reçoivent donc à-la-fois le magnétisme par tous ces moyens: par les branches de fer qui leur transmettent celui du baquet; par la corde enlacée autour du corps; & par l'union des pouces qui leur communiquent celui de leurs voisins; par le son du *piano forte*, ou d'une voix agréable qui le répand dans l'air. Les malades sont encore magnétisés directement, au moyen du doigt & de la baguette de fer promenés

menés devant le visage, dessus ou derrière la tête & sur les parties malades, toujours en observant la distinction des pôles ; on agit sur eux par le regard & en les fixant. Mais sur-tout ils sont magnétisés par l'application des mains & par la pression des doigts sur les hypochondres & sur les régions du bas-ventre ; application souvent continuée pendant long-tems, quelquefois pendant plusieurs heures.

Effets observés sur les malades.

» Alors les malades offrent un tableau très-varié par les différens états où ils se trouvent. Quelques-uns sont calmes, tranquilles, & n'éprouvent rien ; d'autres toussent, crachent, sentent quelque légère douleur ; une chaleur locale ou une chaleur universelle, & ont des sueurs ; d'autres sont agités & tourmentés par des convulsions. Ces convulsions sont extraordinaires par leur nombre, par leur durée & par leur force. Dès qu'une convulsion commence, plusieurs autres se déclarent. Les commissaires en ont vu durer plus de trois heures ; elles sont accompagnées d'expectorations d'une eau trouble & visqueuse, arrachée par la violence des efforts. On y a vu quelquefois des filets de sang ; & il y a, entr'autres, un jeune homme malade, qui en rend souvent avec abondance. Ces convulsions sont caractérisées par les mouvemens précipités, involontaires de tous les membres & du corps entier, par le resserrement à la gorge, par des soubresauts des hypochondres & de l'épigastre, par le trouble & l'égarement des yeux, par des cris perçans, des pleurs, des hoquets & des rires immodérés. Elles sont précédées ou suivies d'un état de langueur & de rêverie, d'une sorte d'abattement & même d'assoupissement. Le moindre bruit imprévu cause des tressaillemens ; & l'on a remarqué que le changement de ton & de mesure dans les airs joués sur le *piano forte*, influoit sur les malades, ensorte qu'un mouvement plus vif les agitoit davantage, & renouvelloit la vivacité de leurs convulsions.

» Il y a une salle matelassée & destinée primitivement aux malades tourmentés de ces convulsions, une salle nommée des *crises* ; mais M. Deslon ne juge pas à propos d'en faire usage, & tous les malades, quels que soient leurs accidens, sont également réunis dans les salles du traitement public.

» Rien n'est plus étonnant que le spectacle de ces convulsions ; quand on ne l'a point vu, on ne peut s'en faire une idée ; & en le voyant, on est également surpris, & du repos profond d'une partie de ces malades, & de l'agitation qui anime les autres ; des accidens variés qui se répètent ; des sympathies qui s'établissent. On voit des malades se chercher exclusivement, &, en se précipitant

Amusemens des Sciences.

l'un vers l'autre, se sourire, se parler avec affection, & adoucir mutuellement leurs crises. Tous sont soumis à celui qui magnétise ; ils ont beau être dans un assoupissement apparent, sa voix, un regard, un signe les en retire. On ne peut s'empêcher de reconnoître, à ces effets constans, une grande puissance qui agite les malades, les maîtrise, & dont celui qui magnétise semble être le dépositaire.

Conclusion.

» Les commissaires ayant reconnu que ce fluide magnétique animal ne peut être apperçu par aucun de nos sens, qu'il n'a eu aucune action, ni sur eux-mêmes, ni sur les malades qui lui sont soumis ; s'étant assurés que les pressions & les attouchemens occasionnent des changemens rarement favorables dans l'économie animale, & des ébranlemens toujours fâcheux dans l'imagination ; ayant enfin démontré par des expériences décisives, que l'imagination sans magnétisme produit des convulsions, & que le magnétisme sans l'imagination ne produit rien ; ils ont conclu, d'une voix unanime, sur la question de l'existence & de l'utilité du magnétisme, que rien ne prouve l'existence du fluide magnétique animal ; que ce fluide sans existence est par conséquent sans utilité ; que les violens effets que l'on observe au traitement public, appartiennent à l'attouchement, à l'imagination mise en action, & à cette imitation machinale, qui nous porte malgré nous à répéter ce qui frappe nos sens. Et en même tems ils se croient obligés d'ajouter, comme une observation importante, que les attouchemens, l'action répétée de l'imagination, pour produire des crises, peuvent être nuisibles ; que le spectacle de ces crises est également dangereux, à cause de cette imitation, dont la nature semble nous avoir fait une loi ; & que par conséquent tout traitement public où les moyens du magnétisme seront employés, ne peut avoir à la longue que des effets funestes.

A Paris, ce 11 août 1784. (*Signé* , B. FRANKLIN, MAJAULT, LE ROI, BAILLY, D'ARCET, GUILLOTIN, LAVOISIER).

MALACHITE ARTIFICIELLE. La malachite est une pierre verte, opaque, qui est susceptible d'un très-beau poli. Cette pierre se trouve particulièrement en Sibérie. Elle ressemble, quant à sa contexture, à la mine de cuivre soyeuse de la Chine. Les naturalistes l'ont regardée elle-même comme une espèce de mine de cuivre. M. le Sage ayant eu occasion de faire l'examen chymique & l'analyse de cette pierre, a trouvé qu'on en peut tirer en effet jusqu'à 72 livres de très-beau cuivre par quintal. Mais ce que ses expériences lui ont appris de plus curieux sur cette matière, c'est que le cuivre contenu dans la malachite a été réduit dans l'état où il se trouve par la dissolution qu'il a éprouvée d'abord par l'action d'un alkali volatil, qui, s'étant exhalé ensuite, l'a laissé imprégné d'une matière grasse. D'après ces connoissances, il a composé lui-même une espèce de malachite, en faisant dissoudre du cuivre dans de l'alkali volatil, ou sel ammoniac, dégagé par l'alkali fixe. Il a obtenu de cette dissolution des crystaux d'un beau bleu, qui, ayant été exposés à l'air pendant un certain temps, ont pris une belle couleur verte, semblable à celle de la malachite. M. le Sage, qui a fait part de ses expériences à l'académie des sciences, regarde cette préparation comme une espèce de malachite artificielle : elle ressemble en effet beaucoup à la naturelle. Il est bien rare qu'on puisse imiter parfaitement la nature dans ses productions : aussi la préparation que M. le Sage a faite pour imiter la malachite, n'en a-t-elle que l'éclat, sans en avoir la dureté.

MANGEUR DE PIERRES. Il n'est sorte d'idée qui n'ait passé dans la tête de quelques hommes, pour tâcher de trouver le moyen de gagner de l'argent, en pouvant faire voir des choses extraordinaires. On a vu des hommes avaler plusieurs petites pierres ; en sorte qu'en leur remuant l'estomac, on entendoit très-sensiblement leur frottement, même d'assez loin. On sent bien que ces matières sont bien éloignées de pouvoir être digérées, mais elles passent simplement dans les intestins, & sont ensuite rejettées. On voit la même chose arriver aux oiseaux & aux animaux voraces, qui avalent quelquefois de petits cailloux, soit par l'effet d'une trop grande avidité, soit pour faciliter leur digestion par la trituration. C'est à quoi se réduit toute la prétendue digestion de l'autruche.

MANGEUR DE FEU. Les bateleurs font voir tous les jours des choses qui surprennent, mais dont on peut aisément reconnoître les causes, lorsqu'on vient à y réfléchir. On a vu, par exemple, un anglois mangeur de feu, nommé Richardson, faire rôtir un morceau de viande sur sa langue, allumer un charbon dans sa bouche avec un soufflet, l'enflammer par un mélange de poix noire, de poix résine, de soufre enflammé. Ce mélange allumé produisoit dans sa bouche le même frémissement que l'eau dans laquelle les forgerons éteignent le fer, & bien-tôt après il avaloit ce charbon enflammé, cette poix, ce soufre & cette résine. Il empoignoit un fer rouge avec sa main, qui n'étoit cependant pas plus calleuse que celle d'un autre homme. Enfin il tenoit un autre fer rouge entre ses dents.

Ce n'est que par une habitude, d'abord très-douloureuse, & une disposition dans les organes, qu'un tel homme est parvenu à les rendre insensibles. Le valet de cet anglois publia, en 1667, le secret de son maître, le *mangeur de feu*. Ce secret consiste à se frotter les mains, la bouche, les lèvres, le palais avec de l'esprit-de-soufre, vraisemblablement affoibli dans les commencemens, & que l'on emploie ensuite plus actif. Cet acide corrode l'épiderme, & le rend aussi dur qu'un cuir. En répétant cette opération, l'épiderme devient si dur, qu'il gêne les mouvemens de la bouche : les bateleurs se la lavent avec du vin bien chaud, & enlèvent la peau racornie, qui se détache. Ils endurcissent la nouvelle peau de la même manière, & avec le temps la rendent sans sensibilité. De quoi certains individus ne sont-ils pas capables, soit pour gagner de l'argent, soit pour tromper les autres hommes ? Lorsqu'ils ont avalé ces charbons, que leur salive éteint auparavant dans leur bouche, ils ont grand soin d'avaler de l'huile ou de l'eau chaude pour rejetter ces matières.

Tout le monde sait que dans ces siècles où la superstition & l'ignorance ont régné (empire dont malheureusement la nature est la plus aveugle & la plus durable) on sait que l'on faisoit usage des épreuves de l'eau chaude & du fer chaud, pour distinguer le coupable de l'innocent.

On appelloit ces jugemens, *jugemens de Dieu*, dans la folle persuasion que Dieu faisoit un miracle pour sauver l'innocent. Ces épreuves se faisoient dans une église. L'accusé étoit obligé de jeûner trois jours au pain & à l'eau, entendoit la messe, y communioit, faisoit serment de son innocence, recevoit de l'eau bénite par aspersion & même en avaloit ; puis il étoit conduit au lieu de l'épreuve. Celle de l'eau bouillante se faisoit en plongeant la main dans une cuve, pour y prendre un anneau qui y étoit suspendu plus ou moins profondément. Celle de l'eau froide consistoit à jetter le patient dans l'eau, après lui avoir lié la main gauche au pied droit, & la main droite au pied gauche. L'accusé ne devoit pas aller au fond, parce que l'eau, qu'on avoit eu la précaution de bénir, n'auroit eu garde de le recevoir. L'épreuve par le feu étoit réservée pour les nobles, les prêtres & autres personnes libres.

L'accusé étoit obligé de lever de terre deux ou trois fois une barre de fer rouge, ou de la porter à quelques pas : ensuite il mettoit sa main dans un sac, sur lequel le juge & l'accusateur mettoient leur cachet. Au bout de trois jours, on examinoit la main, & l'on étoit absous s'il ne paroissoit pas de brûlure. Mais heureusement la loi salique permettoit à l'accusé de mettre à sa place un substitut. Des gens tels que notre mangeur de feu, pouvoient seuls les faire absoudre, tandis que l'innocent qui s'y soumettoit, étoit condamné coupable, puisqu'il est de la nature de ne jamais s'écarter de ses loix.

Quant à l'épreuve de l'eau froide, il y a lieu de croire que le coupable étoit toujours sauvé, puisqu'il est impossible qu'un homme jetté dans l'eau pieds & mains liés, n'aille au fond, à moins qu'il n'ait le malheur d'être comme le fameux physicien Desaguilliers, dont le corps étoit si gras, qu'il surnageoit & n'alloit jamais au fond de l'eau.

A l'égard de l'épreuve par l'eau bouillante, il est peut-être possible de faire bouillonner de l'eau froide par un air comprimé, qui, cherchant à se dilater, occasionne des bulles à la surface de l'eau, comme si elle étoit sur le feu.

Si le fait suivant est vrai, nos mangeurs de feu sont encore bien éloignés de l'impassibilité d'un esclave que Tavernier dit avoir vu dans ses voyages, qui, pour quelque petite récompense, se laissoit charger de chaînes rouges, qu'il portoit jusqu'à ce qu'elles fussent refroidies.

MANGEUR DE CHANDELLES. Le domestique d'un faiseur de tours se présenta en habit de paillasse pour moucher les chandelles, dont quelques unes étoient aux trois quarts usées. Il en substitua d'entières après quoi il mangea tous les petits bouts de chandelle avec autant de plaisir que s'il eût mangé d'excellent fromage; on lui demanda si c'étoit là son régal ordinaire, il répondit qu'oui & qu'il en étoit très-satisfait, quoique la mèche fût un peu indigeste.

Ceci n'étoit qu'un petit tour pour amuser la compagnie. On avoit taillé de grosses pommes en forme de bouts de chandelles, & l'on y avoit planté une cuisse de noix qui brûloit comme une mèche ordinaire; par ce moyen paillasse sembloit manger du suif & du coton, quoiqu'il ne mangeât que des noix & des pommes. (DECREMPS)

MARCHEUR SUR L'EAU. Un homme se fit annoncer dans Paris, disant qu'il passeroit la Seine à pied sec avec des sabots élastiques. Ces sabots étoient de liége, & avoient environ huit pouces de long sur quatre de large, & deux d'épaisseur. (Voyez la fig. 9, pl. 3, de Magie blanche, tome VIII des gravures. Cet homme ne s'étant point sans doute assez exercé remplit mal ses promesses.

MARTEAU D'EAU. Le marteau d'eau est un instrument de physique, dont les effets sont curieux, & qu'il est facile de se procurer. Il ne s'agit que de prendre un tube de verre, d'y faire bouillir de l'eau colorée en rouge par de l'orcanette, & de sceller le tube lorsqu'il est bien purgé d'air. Lorsqu'on le secoue, à l'instant la liqueur s'élève, retombe & frappe le fond comme un corps solide. Cette expérience démontre que l'eau tomberoit & occasionneroit un choc semblable à celui d'un corps dur & solide, si ses particules fluides n'étoient divisées par l'air; & la pluie deviendroit elle-même une grêle de pierres.

MATELAS DE MOUSSE. Voici un procédé qui peut fournir à une classe malheureusement trop nombreuse de la société un coucher très-économique, très-durable, & infiniment supérieur & plus sain que la botte de paille que l'indigence étend sur son grabat.

Au mois d'août ou de septembre, lorsque la mousse des bois est, dans sa plus grande force, choisissez un jour serein & sec, faites ramasser de cette mousse, la plus longue & la plus douce, que vous séparerez de la terre & de ses racines ligneuses : faites-la sécher ensuite à l'ombre, assez pour que le reste de la terre attachée à ses racines, puisse aisément s'en séparer; mais pas assez pour rendre cette mousse cassante; mettez-la alors sur des claies, & battez-la légèrement avec des baguettes pour la nettoyer : en même temps on coupera ce qui s'y trouveroit de dur. La mousse ainsi préparée, faites-en des matelas de huit pouces d'épaisseur ou environ, de la même manière que se font les matelas de crin : on les piquera bien d'espace en espace, pour empêcher que cette mousse, qui est moins longue que le crin ne se rassemble pas par petits paquets. Si l'on s'apperçoit qu'à force de coucher dessus, les matelas s'applatissent, battez-les de temps à autre avec des baguettes, ils reprendront bien-tôt leur première épaisseur, & seront aussi mollets que quand ils étoient neufs. On s'en peut servir au moins vingt années sans renouveler la mousse.

MÉCANIQUE.

Principes généraux.

La mécanique est l'art de construire des machines, dont l'ordre & l'arrangement puissent mettre en équilibre des forces égales ou inégales, ou faire en sorte que l'une emporte & surmonte l'autre.

Les machines simples qui entrent dans la construction de celles qui sont composées, sont de plusieurs espèces; savoir, les *leviers*, les *poulies*, les *plans inclinés*, les *vis*, les *coins*, &c. dans lesquelles on doit considérer quatre choses. 1°. La *puissance* (1) ou la *force motrice* (2) qui les met en mouvement; 2°. la *résistance*; (3) 3°. le *point d'appui*. (4); 4°. la *vitesse* ou le chemin

---

(1) Tel est l'effort d'un homme, d'un animal, d'un poids, d'un ressort, d'un coup de marteau; la force de l'eau, de l'air, du vent, &c.

(2) Les deux termes *puissance* & *force motrice*, expriment la même action.

(3) Un poids ou un corps qu'on veut soulever ou détacher; un ressort qu'on veut tendre; la force enfin qu'oppose à la puissance, le corps auquel on veut donner du mouvement.

(4) Tel est dans une balance le point auquel ses bras sont suspendus; le centre d'une poulie.

que parcourent dans un même intervalle de temps, la force motrice & la résistance.

Des leviers.

Les leviers sont d'un usage presque universel dans tous les arts, ils se rencontrent par-tout dans le mécanisme admirable de la nature. On en distingue de trois genres.

Ceux du premier genre, (*fig.* 1, *pl.* 1. *Amusemens de mécanique, tome VIII des gravures*) ont le point d'appui ou centre commun C, placé entre la force motrice F, & la résistance R.

Ceux du second genre, (*fig.* 2 *même pl.*) ont la résistance R, placée entre le point d'appui C, & la force motrice F.

Ceux du troisième genre, (*fig.* 3 *même pl.*) ont la force motrice F, placée entre le point d'appui C, & la résistance R.

Dans les leviers du premier genre, l'effort que fait la force motrice pour être en équilibre avec la résistance, est à la résistance, comme l'éloignement de cette même résistance au point d'appui, est à celui du point d'appui à cette force motrice : en sorte que dans le levier, (*fig.* 1) si le poids R, considéré ici comme résistance, pese deux livres, & la force motrice F une livre, l'une & l'autre seront réciproquement en équilibre (1) si la distance F C, est double de la distance R C : d'où il suit encore que si la force motrice F se meut, elle fera dans le même intervalle de temps, deux fois plus de chemin que la résistance R, & par conséquent ce qu'on gagne du côté de la force, on le perd toujours en vitesse (2).

Dans les leviers du second genre (*fig.* 2) l'effort que fait la force motrice pour être en équilibre avec la résistance, est au poids de cette résistance, comme la distance du point d'appui C, à la résistance R, est à celle de ce même point d'appui à la force motrice F ; en sorte que si la résistance CR est d'un pied, & celle CF de trois pieds, une puissance F d'une livre sera en équilibre avec un poids, ou résistance R de trois livres (3). Il est aisé de voir que dans cette

(1) Deux corps font en équilibre quand ils résistent également tous deux à l'effort qu'ils font l'un contre l'autre.

[2] C'est sur principe incontestable, & qui peut se démontrer géométriquement, qu'est fondée l'impossibilité de parvenir à composer par machines le mouvement perpétuel, que tant de personnes peu instruites, des vrais principes, ont aussi souvent qu'inutilement cherchés.

[3] Puisque deux corps restent en équilibre lorsqu'ils sont en raison réciproque de poids & de distance au point d'appui, il s'ensuit qu'ils ne sont plus en équilibre, s'ils ne sont pas en raison réciproque.

circonstance la force motrice F, parcourant l'arc de cercle F G, fait trois fois plus de chemin que ne fait la résistance R, en parcourant l'arc de cercle R S.

Dans les leviers du troisième genre, (*fig.* 3) la force motrice F, fait effort sur la résistance R, comme la distance du point d'appui C, à cette force motrice F, est à celle de ce même point d'appui à la résistance R ; d'où il suit que si la force motrice est à un pied du point d'appui, & la résistance à quatre pieds, il faut une force F de quatre livres pour tenir en équilibre un poids ou résistance R d'une livre, l'arc F G que parcourt la force motrice, n'étant que le quart de celui H I, que dans le même intervalle, parcourt la résistance R. Il est aisé de voir que dans cette supposition on perd en force ce qu'on gagne en vitesse.

Il est essentiel d'observer que le rapport de la force motrice à la résistance dans les leviers dont on vient de donner la description, n'a précisément lieu, qu'au moment où la force motrice & la résistance appuyent perpendiculairement sur les deux bras d'un levier ; ce n'est que dans les poulies & les rouages que cet effet a toujours lieu.

Des poulies.

Une poulie simple est un cercle creusé sur sa circonférence pour y recevoir une corde, & percé par son centre au travers duquel passe l'axe sur lequel elle tourne ; on doit la considérer comme un levier du premier genre dont les bras sont égaux : d'où il suit que, si on suspend sur la poulie A (*fig.* 4 *pl.* 1. *Amusemens de mécanique*) les deux poids B & C d'égale pesanteur, ils resteront nécessairement en équilibre.

Si cette poulie au lieu d'être simple, est composée de deux plans circulaires A & B, (*fig.* 5) de différens diamètres, également creusés sur leur circonférence, & que le rayon de la poulie B, soit double de celui de la poulie A ; cette poulie sera alors un levier du second genre, en sorte que le poids C, suspendu à la poulie B, sera en équilibre avec le poids D, suspendu à la poulie A ; quoique ce dernier soit deux fois plus pesant.

Si sur cette même poulie (*fig.* 6) la force motrice au lieu d'être suspendue en E, est placée en D, toutes les choses égales d'ailleurs, il en résultera même équilibre, & ce sera un levier du troisième genre : d'où l'on peut conclure qu'il n'y a d'autre différence entre les leviers du second & du troisième genre, sinon qu'à ce dernier la force motrice est à la place de la résistance.

Dans plusieurs circonstances des poulies ont beaucoup d'avantage sur les leviers, en ce qu'elles

rendent le mouvement continuel, & que la puiffance fe trouve toujours avoir la même force &
la même direction.

Des roues.

Les roues, de même que les poulies, font des
leviers du premier genre, dont l'avantage confifte à perpétuer le mouvement, & à mettre en
équilibre entr'elles des puiffances de différens
poids ; elles font ordinairement dentées : lorfque
ces roues n'ont qu'un très-petit nombre de dents,
on les nomme pignons.

Les deux dents diamétralement oppofées A & B
de la roue R , (*fig. 7 pl. 1. Amufemens de mécanique*) ne font autre chofe que les deux extrémités d'un levier partagé en deux parties égales,
par l'axe fur lequel elle tourne ; & fi la poulie C,
qui eft fixée fur cette roue, n'a pour diamètre
que le tiers de celui de cette même roue, la
force qu'on pourra appliquer en B, ne fera qu'un
effort de 10 livres pour tenir en équilibre le
poids D de 30 livres. Si l'on fait engrener dans
les dents de cette roue R le pignon E, dont
le nombre des dents foit dix fois moindre que
celui de cette roue ; & que d'un autre côté la
roue F, fur lequel ce pignon eft fixé, ait un
diamètre dix fois plus grand que celui de ce pignon ; il s'enfuivra que cette roue F fera dix
tours, pendant que la roue R n'en fera qu'un,
& que la puiffance appliquée à la circonférence G
de cette roue, ne fera qu'un effort d'une livre
pour foutenir le poids D de 30 livres. Si l'on
ajoute en outre à cette puiffance G, une vis fans
fin H, qu'on puiffe faire tourner avec la manivelle I ; il faudra alors en I une puiffance beaucoup plus foible pour foutenir tout le poids D.

Il eft donc conftant qu'en multipliant les roues
& pignons, on peut foutenir un poids fort confidérable avec une force très-légère. Mais de
quelque manière qu'on y parvienne, le chemin
que fera l'endroit où fera appliqué la force motrice, fera celui que dans le même-temps fera la
réfiftance, en raifon de l'effort de la réfiftance
à celui de la puiffance (1).

Dans plufieurs machines, telles que les pendules, les horloges, &c. le reffort ou le poids
qui les fait agir, doit être plus fort que la réfiftance ; & comme ces pièces doivent marcher
dans un intervalle de temps déterminé ; on ajufte

sur le dernier mobile, un balancier ou échappement qui en ralentit le mouvement.

Des plans inclinés.

Une furface plane, plus ou moins inclinée à
l'horifon, eft ce qu'on doit confidérer comme
un plan incliné, tels font les deux plans B C,
(*fig. 8 pl. 1. Amufemens de mécanique*) dont l'un
eft plus incliné que l'autre. Le poids R, placé
fur un de ces plans quelconque, en étant néceffairement foutenu en partie, puifqu'il tend naturellement à defcendre fur la ligne horifontale
B D, en fuivant la ligne verticale R E ; il en
réfulte qu'une force plus foible que ce poids
doit le foutenir en partie fur quelque plan incliné que ce foit, & qu'il en faudroit d'autant
moins que ce plan feroit plus incliné à l'horifon ;
en forte que fi le plan incliné B C, fe confondoit
avec le plan horifontal B C, cette force dévien-
droit nulle, & fupporteroit au contraire tout le
poids s'il devenoit vertical. D'où on peut en-
conclure que le poids R, placé fur le plan incliné A B, eft à celui qui le foutient F, comme
fa hauteur C D, eft à fa longueur B C, & que
par conféquent fi la hauteur C D eft d'un pied,
& la longueur B C de trois pieds, le poids F
d'une livre, foutiendra le poids R fuppofé de trois
livres. (2).

De la vis.

La vis eft un plan incliné, & placé autour
d'un cylindre ; moins fon inclinaifon eft grande
à la bafe de ce cylindre & plus fes pas (3) font
proches l'un de l'autre, moins auffi il faut employer de force pour lui faire produire un effet
confidérable ; on forme un égal plan incliné dans
un trou cylindrique qui fe nomme écrou, & c'eft
dans cette partie que doit tourner la vis. (*Voyez
fig. 9 pl. 1. Amufemens de mécanique*).

Lorfque la vis tourne dans fon écrou, ce font
alors deux plans inclinés qui tournent l'un fur
l'autre en fens contraire, dont la hauteur eft déterminée par la diftance qu'il y a d'un pas à l'autre, & la longueur par la circonférence du cylindre fur lequel cette vis eft creufée. L'effort
de cette vis devient infiniment plus confidérable
fi l'on y joint le levier A B, attendu qu'alors
la force motrice qui agit en B, fait beaucoup
plus de chemin que fi elle agiffoit en A ; & que ce
n'eft plus la circonférence du cylindre qui exprime la viteffe, mais celle du levier, dont A B

---

(1) On fuppofe ici qu'il n'y a aucuns frottemens dans
les machines, & qu'il ne s'agit que de mettre en équilibre la puiffance & la réfiftance ; on conçoit aifément
qu'il s'agit de foulever la réfiftance, il faut augmenter la puiffance, & avoir d'ailleurs égard aux frottemens, qui, felon les circonftances ne laiffent pas que
d'être un objet.

(2) On ne donne point ici de démonftrations fur
ces proportions, ce feroit paffer les bornes qu'on s'eft
preforites dans l'explication fuccinte de ces principes.

(3) La diftance qu'il y a d'un filet à l'autre, eft ce
qu'on nomme pas.

eſt le rayon ; il en réſulte que dans cette circonſtance la force motrice en cas d'équilibre eſt à la réſiſtance du corps qu'on veut preſſer ou ſoulever, comme la hauteur de cette vis eſt à la circonférence entière du cercle décrit par l'extrémité B de ce levier, c'eſt-à-dire, en raiſon inverſe, ou réciproque des viteſſes.

Les balanciers dont on ſe ſert pour frapper les monnoies ou les médailles, ſont d'une conſtruction ſemblable à la vis & au levier ci-deſſus ; excepté que leurs leviers ont deux bras fort longs, aux extrémités deſquels eſt une forte maſſe de plomb : lorſque ces leviers ſont mis en mouvement avec force, les maſſes de plomb en accélèrent les viteſſes, & la vis appuyant avec une force énorme ſur les deux creux d'acier, force le cercle de métal qui a été poſé entr'eux deux, d'en prendre exactement l'empreinte.

Du coin.

Le coin, (*fig.* 10 *pl.* 1. *Amuſemens de mécanique*) eſt un corps dur fait en forme de priſme, terminé par les deux triangles iſoceles A B C & D E F ; la partie A D, eſt celle qu'on nomme le tranchant du coin ; on peut le conſidérer comme un double plan incliné dont les baſes ſe touchent, & qu'on peut faire entrer ou avancer dans les différens corps qu'on veut écarter, ſéparer, preſſer ou ſoulever ; ce qui ne peut ſe faire néanmoins que par la percuſſion d'un maillet, d'un marteau ou autre force quelconque toujours équivalente à une preſſion plus ou moins conſidérable, qu'il eſt fort difficile d'évaluer, attendu qu'elle dépend d'une infinité de circonſtances qu'on ne peut trop apprécier.

Plus l'angle du coin eſt aigu, moins il faut de force pour le faire entrer dans les corps qu'on veut ſéparer, & plus par conſéquent ſon action eſt puiſſante.

Les couteaux, les bêches, les haches, les vrilles, les cloux, les aiguilles, & généralement tous les outils & inſtrumens tranchans, ſont autant de coins ſous différentes formes (1) ; d'où on peut conclure que le coin eſt d'un uſage preſque univerſel dans tous les arts & métiers, dans leſquels on eſt forcé à chaque inſtant de l'employer.

Des machines compoſées.

Pluſieurs des machines ſimples ci-deſſus décri-

tes, étant jointes enſemble pour concourir à produire un même effet, forment une machine compoſée avec art, 1°. lorſqu'on a trouvé le moyen de les réduire à leur plus grande ſimplicité (2), 2°. d'éviter autant qu'il eſt poſſible, la trop grande quantité de frottemens (3) ; 3°. de mettre la force motrice en état d'agir avec facilité (4).

Il eſt cependant vrai de dire qu'en fait de machines un peu compliquées, il eſt difficile même aux meilleurs mécaniciens, de parvenir d'abord à leur entière perfection. Celui qui le premier inventa une horloge à poids, ne prévit certainement pas qu'on trouveroit le moyen d'en faire de ſemblables qui puſſent être renfermées dans un très-petit eſpace, & qu'on y ajouteroit l'ingénieuſe mécanique, au moyen de laquelle on lui fait répéter l'heure à chaque inſtant. Ces ſortes de perfections ſont le fruit de l'étude de différentes perſonnes, & le tems ſeul peut les faire éclore.

Problêmes de Mécanique.

Faire qu'une boule rétrograde ſans aucun obſtacle apparent.

Placez ſur le tapis d'un billard une bille, & frappez-la, ſur le côté, d'un coup perpendiculaire au billard & avec le tranchant de la main ; vous la verrez marcher quelques pouces du côté où doit la porter ce coup ; puis rétrograder en roulant, ſans avoir rencontré aucun obſtacle, & comme d'elle-même.

Cet effet n'eſt point contraire au principe de mécanique ſi connu, ſavoir, qu'un corps mis une fois en mouvement dans une direction, continue de s'y mouvoir tant qu'aucune cauſe étrangere ne l'en détourne. Car, dans le cas propoſé, voici comment ſe paſſent les choſes.

Le coup imprimé, comme on vient de dire, à la bille, lui donne deux mouvements, un de rotation autour de ſon centre, & un autre direct, par lequel ſon centre ſe meut parallélement au tapis, dans la direction du coup. Ce dernier mouvement ne s'exécute qu'en frottant ſur le tapis ; ce qui l'anéantit bientôt. Mais le mouvement de rotation autour du centre ſubſiſte ; &, le

---

(1) Il ſuffit qu'ils ſoient terminés par pluſieurs ſurfaces aiguës, pour être regardés comme des coins, puiſqu'ils ont la même propriété. Les liqueurs acides, le feu, les ſels, ſont compoſés d'une infinité de petits coins, parmi leſquels il en eſt qui ſont capables de diſſoudre & diviſer les métaux les plus durs.

[2] La multiplicité des machines en impoſe ſouvent à ceux qui ne connoiſſent pas toutes les reſſources de la mécanique, ne ſont pas en état d'appercevoir que c'eſt par cela même qu'elles ſont défectueuſes.

[3] Les frottemens, lorſqu'ils ſont conſidérables, obligent d'augmenter de beaucoup la force motrice, & occaſionnent d'ailleurs de fréquentes réparations.

[4] Cela eſt fort eſſentiel, particulièrement lorſqu'on emploie pour puiſſance la force d'un homme ou celle d'un animal.

premièr une fois ceffé , il fait rouler la bille comme pour revenir fur elle-même. Ainfi il n'y a , dans cet effet , rien que de très-conforme aux loix connues de la mécanique.

Faire une boule trompeufe au jeu de Quilles.

Prenez une boule de jeu de quilles , & faites-y un trou qui n'aille point jufqu'au centre ; mettez-y du plomb , & bouchez-le fi bien qu'il ne foit pas aifé de le découvrir. Quoiqu'on roule cette boule en la jettant droit vers les quilles , elle ne manquera pas de fe détourner , à moins qu'on ne la jette , par hafard ou par adreffe , de telle forte que le plomb fe trouve deffus ou deffous en faifant rouler la boule.

C'eft-là le principe du défaut qu'ont toutes les billes de billard ; car comme elles font faites d'ivoire , & que dans une maffe d'ivoire il y a toujours des parties plus folides les unes que les autres ; il n'y a peut-être pas une bille dont le centre de gravité foit au centre de figure. Cela fait que toute bille fe détourne plus ou moins de la ligne dans laquelle elle eft pouffée , lorfqu'on lui imprime un petit mouvement , comme pour donner fon acquit vers le milieu de l'autre moitié du billard , à moins que l'endroit le plus lourd (qu'on appelle *le fort*) ne foit mis deffus ou deffous. J'ai ouï dire à un grand fabricateur de billards , qu'il donneroit deux louis d'une bille qui n'eût ni fort ni foible , mais qu'il n'en avoit jamais trouvé qui fût parfaitement exempte de ce défaut.

De-là il fuit que , lorfqu'on tire fur une bille fort doucement , on s'impute fouvent de l'avoir mal prife & d'avoir mal joué , tandis que c'eft la fuite du défaut de la bille qu'on a pouffée. Un bon joueur de billard doit conféquemment , avant de s'engager dans une forte partie , avoir adroitement éprouvé fa bille , pour connoître le fort & le foible. Je tiens cette regle d'un excellent joueur de billard.

Comment on peut conftruire une balance qui paroiffe jufte étant vuide , auffi-bien que chargée de poids inégaux.

Notre deffein n'eft affurément pas d'enfeigner une fupercherie auffi condamnable , mais uniquement de montrer qu'on doit être en garde contre les balances qui paroiffent les plus exactes , & qu'en achetant des matieres précieufes , fi on ne connoît pas le vendeur , il eft à propos de faire l'effai de la balance. Il eft en effet poffible d'en faire une qui , étant vuide , fera parfaitement en équilibre , & qui néanmoins fera fauffe. Voici comment.

Soient deux baffins de balance inégaux en

péfanteur ; le plus pefant A , & le plus léger B. Si l'on donne aux bras de la balance des longueurs inégales dans la même raifon , & qu'on fufpende le baffin le plus pefant A , à l'extrémité du bras le plus court , & le plus léger B , à celle du bras le plus long , ces baffins , étant vuides , refteront en équilibre. Mais ils y feront encore quand on y mettra des poids qui feront entr'eux dans la même raifon que les baffins. Ainfi celui qui ignorera l'artifice croira que ces poids feront égaux , & il fera trompé.

Si , par exemple , un des baffins pefoit 15 & l'autre 16 , & que , réciproquement , les bras d'où ils feroient fufpendus euffent l'un 16 pouces & l'autre 15 de longueur , il y auroit équilibre les baffins étant vuides , & ils y refteroient lorfqu'on y mettroit des poids qui feroient entr'eux dans le rapport de 15 à 16 , le plus pefant étant mis dans le baffin le plus lourd. Il feroit même difficile de s'appercevoir de cette inégalité des bras de la balance : A chaque pefée donc qu'on feroit avec cette balance , en mettant le poids dans le baffin le plus pefant & la marchandife dans l'autre , l'acheteur feroit trompé d'un feizieme ou d'une once par livre.

Mais il y a un moyen facile de démêler la tromperie , c'eft de tranfpofer les poids ; car , s'ils ne font plus en équilibre , c'eft une preuve que la balance eft infidelle.

Trouver le centre de gravité de plufieurs poids.

La folution de divers problèmes de mécanique dépend de la connoiffance de la nature du centre de gravité. C'eft pourquoi nous allons expofer ici les premiers traits de cette théorie.

On appelle centre de gravité dans un corps , le point autour duquel toutes fes parties fe balancent , de maniere que s'il étoit fufpendu par-là , il refteroit indifféremment dans toutes les fituations où on le mettroit autour de ce point.

Il eft aifé de voir que , dans les corps réguliers & homogenes , ce point ne peut-être autre que celui de figure. Ainfi , dans un globe , dans un fphéroïde , c'eft le centre ; dans un cylindre , c'eft le milieu de l'axe.

On trouve le centre de gravité entre deux poids ou corps de différente péfanteur , en divifant la diftance de leurs points de fufpenfion en deux parties qui foient comme leurs poids , enforte que la plus courte foit du côté du plus pefant , & la plus longue du côté du plus léger. C'eft-là le principe des balances à bras inégaux , où , avec un même poids , on pefe plufieurs corps de différentes péfanteurs.

Lorfqu'il y a plufieurs poids , on cherche par la regle précédente le centre de péfanteur de deux ; on les suppose ensuite réunis dans ce point, & l'on cherche le centre de gravité commun avec le troisieme poids, & les deux premiers réunis dans le point premierement trouvé ; & ainsi de suite.

Soient, par exemple, les poids A, B, C, (*fig.* 1, *pl.* 4. *amusemens de mécanique.*) suspendus des trois points D, E, F, de la ligne ou balance D F, que nous supposons sans pesanteur. Que le point A soit de 108 livres, B de 144, & C de 180; la distance DE de 11 pouces, & EF de 9 pouces.

Cherchez d'abord entre les poids B & C, le centre commun de gravité; ce que vous ferez, en divisant la distance EF ou 9 pouces en deux parties, qui soient comme 144 & 180, ou 5 & 4. Ces deux parties sont 5 & 4 pouces, dont la plus grande doit être placée du côté du plus foible poids: ainsi, le poids B étant le moindre, ou aura EG de 5 pouces, & FG de 4; conséquemment, DG sera de 16.

Supposez à présent au point G les deux poids B & C réunis en un seul, qui sera par conséquent de 324 livres; divisez la distance DG, ou 16 pouces, dans la raison de 108 à 324, ou de 1 à 3 : l'une de ces parties sera 12, & l'autre 4. Ainsi, le poids A étant moindre, il faut prendre DH égale à 12 pouces, & le point H sera le centre de gravité commun des trois poids.

On eût trouvé la même chose, si l'on eût commencé à réunir les poids A & B.

La regle est enfin la même, quel que soit le nombre des poids; & quelle que soit leur position dans une même ligne droite ou dans un même plan, ou non.

En voilà assez, pour cet ouvrage, sur le centre de gravité : on doit recourir aux livres de mécanique, pour diverses vérités curieuses auxquelles cette considération donne lieu. Nous nous bornerons à observer un beau principe de mécanique qui en découle : le voici.

Si plusieurs corps ou poids sont tellement disposés entr'eux, qu'en se communiquant leur mouvement, leur centre de gravité commun reste immobile, ou ne s'écarte point de la ligne horizontale, c'est-à-dire ne hausse ni ne baisse, alors il y aura équilibre.

Ce principe porte presque sa démonstration avec son énonciation; & nous pourrions nous en servir pour démontrer toutes les propriétés des machines : mais nous laissons au lecteur le soin de faire cette application.

C'est ici le lieu de remplir la promesse que nous avons faite, de résoudre le problème géométrique, dont nous avons dit que la solution ne nous paroissoit pouvoir se déduire que de la propriété du centre de gravité.

Soit donc le polygone irrégulier proposé ABCDEA, (*fig.* 4. *pl.* 4 *amusemens de mécanique.*) dont les côtés soient divisés pareillement en a, b, c, d, e, d'où résulte le nouveau polygone $a b c d e a$; que ses côtés soient divisés pareillement en deux parties égales par les points a', b', c', d', e', qui, réunis, donneront un troisieme polygone $a' b' c' d' e' a'$; & ainsi de suite. Nous demandons dans quel point se terminera cette division.

Pour le trouver, imaginez aux points a, b, c, d, e, &c. des poids égaux, & cherchez-en le centre de gravité; ce sera le point cherché.

Or, pour trouver ce centre de gravité, on s'y prendra de la maniere suivante, qui est très-simple. (*fig.* 4. n° 2. *même pl.* 4.) Tirez d'abord $a b$, & que son milieu soit le point f, ensuite tirez $f c$, & partagez-la en g, de sorte que $f g$ en soit le tiers; menez encore $g d$, & que $g h$ en soit le quart; ayant enfin mené $h e$, que $h i$ en soit la cinquieme partie : le poids e étant le dernier; le point i sera, comme on peut se le démontrer par ce qu'on a dit plus haut, le centre de gravité des cinq poids égaux placés en a, b, c, d, e, & résoudra le problème proposé.

Trouver les parties d'un poids que deux personnes soutiennent à l'aide d'un levier ou d'une barre qu'elles portent par ses extrémités.

Il est aisé de voir que si le poids C étoit précisément au milieu de la barre AB, (*fig.* 3, *pl.* 4. *Amusemens de Mécanique*) les deux personnes en porteroient chacune la moitié. Mais si le poids n'est pas au milieu, on démontre, & il est aisé de se le démontrer, que les parties du poids soutenu par les deux personnes, sont en raison réciproque de leur distance au poids. Il est donc question de le diviser en raison des distances; & la plus grande portion sera celle que soutiendra la personne la plus voisine du poids, & la moindre sera celle que soutiendra la plus éloignée. Ce calcul se fera par la proportion suivante.

Comme la longueur totale du levier AB est à la longueur AE, ainsi le poids total est au poids soutenu par la puissance qui est à l'autre extrémité B ; ou comme AB est à BE, ainsi le poids total est à la partie soutenue par la puissance placée en A.

Soient, par exemple, AB de 6 pieds, le poids C de 150 livres, AE de 4 pieds, & BE de deux; vous aurez cette proportion, comme 6 est à 4, ainsi 150 à un quatrième terme, qui sera 100. Ainsi le porteur placé à l'extrémité B portera 100 livres ; conséquemment la puissance placée en A ne sera chargée que de 50 livres.

La solution de ce problème donne le moyen de répartir un poids proportionnellement à la force des agens qu'on emploie à le soulever. Car, si l'un

des

des deux est, par exemple, de la moitié moins fort que l'autre, il n'y aura qu'à le placer à une distance du poids double de l'autre.

Comment on peut distribuer commodément 4, 8, 16, 32 hommes, à porter un fardeau considérable sans s'embarrasser.

Si le fardeau peut être porté par quatre hommes; après l'avoir attaché au milieu d'un grand levier AB, (fig. 8, pl. 4, *Amusemens de Mécanique*,) faites porter les extrémités de ce levier sur deux autres plus courts CD, EF, & à chacun des points C, D, E, F, appliquez un homme : il est évident que le poids sera distribué également entre les quatre.

S'il faut huit hommes, faites à l'égard de chacun des leviers CD, EF, ce que vous avez fait à l'égard du premier, c'est-à-dire, que les extrémités du levier CD soient portées par les leviers plus courts *ab, cd*, & celles du levier EF par les leviers *ef, gh* ; enfin mettez un homme à chacun des points *ab, cd, ef, gh* : vous aurez huit hommes également chargés.

On peut de même porter les extrémités des leviers ou barres, *ab, cd, ef, gh*, par de nouvelles barres disposées à angles droits avec celles-là ; &, au moyen de cet artifice, le poids sera distribué entre seize hommes; & ainsi de suite.

J'ai ouï dire qu'on emploie à Constantinople cet artifice pour enlever les plus grands fardeaux, comme des canons, des mortiers, des pierres énormes, &c. On m'a ajouté que c'est une chose remarquable que la vitesse avec laquelle on transporte ces fardeaux d'un lieu à un autre.

Une corde ACB; (fig. 2 pl. 4, Amusemens de Mécanique,) d'une longueur déterminée, étant attachée lâche par ses deux bouts, à deux points d'inégale hauteur A & B, on demande quelle position prendra le poids P, attaché par un cordon à une poulie qui roule librement sur cette corde.

Des points A & B soient abaissées les verticales indéfinies AD, BE ; puis du point A, avec une ouverture de compas égale à la longueur de la corde, soit décrit un arc de cercle coupant la verticale BE en E, & du point B soit décrit un pareil arc de cercle coupant la verticale AD en D ; soient enfin tirées les lignes AE, BD : leur intersection en C donnera la position de la corde ACB, lorsque le poids aura pris la situation où il doit rester, & le point C sera celui où s'arrêtera la poulie. Car on peut facilement se démontrer que, dans cette situation, le poids P sera le plus bas qu'il est possible.

Amusemens des Sciences.

l'aire soutenir un seau plein d'eau, par un bâton dont une moitié au moins repose sur le bord d'une table.

Pour bien faire entendre la manière d'exécuter ce tour d'équilibre, qui est tout-à-fait mal expliqué dans les anciennes Récréations Mathématiques, soit dans les discours, soit dans la figure qui est absurde, nous représenterons seulement, dans la figure sixième, la coupe de la table & du seau.

Dans cette (*fig. re 6, pl. 4, Amusemens de Mécanique,*) soit le dessus de la table AB, sur lequel est posé le bâton CD. Sur ce bâton on passe l'anse du seau HI, enforte que son plan soit incliné, & que le milieu du seau soit en-dedans du rebord de la table. Pour fixer enfin les choses dans cette situation, on place un autre bâton GFE, qui appuie d'un bout contre l'angle G du seau, de son milieu contre le bord F, & par son autre extrémité contre le premier bâton CD en E, où doit être une entaille pour le retenir. Par ce moyen, le seau reste fixe dans cette situation, ne pouvant s'incliner ni d'un côté ni de l'autre; & l'on peut, s'il n'est pas déjà plein d'eau, le remplir avec assurance : car, son centre de gravité étant dans la verticale passant par le point I, qui rencontre elle-même la table, il est évident que c'est la même chose que si le seau étoit suspendu du point de la table où elle est rencontrée par cette verticale. Il est également visible que le bâton ne sauroit couler le long de la table, ni prendre un mouvement sur son bord, sans faire monter le centre de gravité du seau & de l'eau qu'il contient. Plus enfin il sera lourd, plus la stabilité sera grande.

On peut exécuter, d'après le même principe, divers autres tours du même genre, qu'on propose vulgairement dans les livres de mécanique.

Ayez, par exemple, un crochet recourbé DFG, comme on le voit dans la même figure; faites entrer la partie FD dans le trou de la tige d'une clé CD, que vous poserez sur le bord d'une table; suspendez au crochet G un poids; disposez le tout enforte que la verticale GH rencontre le rebord de la table quelque peu en-dedans : ce poids ne tombera point, ni la clé, qui peut-être sans cela eût tombé : ce qui résout cette sorte de problème mécanique proposé en forme de paradoxe : *Un corps tendant à tomber, par son propre poids, l'empêche de tomber, en lui ajoutant un poids précisément du même côté qu'il tend à tomber.* Le poids paroît en effet ajouté de ce côté; mais, dans la réalité, il l'est du côté opposé.

Faire tenir un bâton droit sur le bout du doigt, sans qu'il puisse tomber.

Attachez deux couteaux, ou autres corps,

à l'extrémité du bâton, (*fig. 5, pl. 4*) de manière que l'un penche d'un côté & l'autre de l'autre, en forme de contre-poids, comme on le voit dans la figure ; mettez cette extrémité deffus le bout du doigt : alors le bâton fe tiendra fans tomber ; & fi vous le faites pencher, il fe redreffera & fe remettra dans fa fituation.

Il faut, pour cet effet, que le centre de gravité des deux poids ajoutés & du bâton, fe trouve au-deffous du point de fufpenfion de l'extrémité du bâton, & non à l'extrémité, comme le dit M. Ozanam ; car alors il n'y auroit aucune ftabilité.

C'eft par le même principe que fe tiennent droites ces petites figures garnies de deux contre-poids, qu'on fait tourner & fe balancer fur une efpèce de guéridon, portée fur une petite boule ou fur la pointe de leur pied. Telle eft la petite figure DE, portée fur le guéridon I, (*fig. 9, pl. 4*) & garnie de deux balles de plomb attachées par des fils de fer courbés. Le centre de gravité du tout, qui fe trouve fort au-deffous du point d'appui, foutient la figure droite, & la redreffe lorfqu'on la fait pencher ; car ce centre tend à fe placer le plus bas poffible, ce qu'il ne peut faire fans redreffer la figure.

C'eft enfin par le même mécanifme qu'on difpofe trois couteaux de manière à tourner fur la pointe d'une aiguille (*fig. 12, même pl. 4*) ; car, ces trois couteaux étant difpofés, comme on le voit dans la figure neuvième, & les ayant mis en équilibre fur la pointe d'une aiguille qu'on tient à la main, ils ne fauroient tomber, parce que leur centre de gravité commun eft fort au-deffous de la pointe de l'aiguille qui eft fur le point d'appui.

Conftruction d'une figure qui, fans contre-poids, fe relève toujours d'elle-même & fe tient debout, quoi qu'on faffe.

Taillez une petite figure humaine de quelque matière extrêmement légère, par exemple, de moëlle de fureau, qui fe coupe avec facilité & fort proprement.

Faites lui enfuite une bafe de forme hémifphérique & d'une matière fort pefante, telle que du plomb. (*fig. 10, même pl. 4*). Une demi-balle de plomb, bien unie dans fa partie convexe, fera ce qu'il faut. Vous collerez la figure fur la partie plane de cet hémifphère.

Quoique vous faffiez alors, cette petite figure, auffi-tôt qu'elle fera laiffée à elle-même, fe relèvera, parce que le centre de gravité de cette bafe hémifphérique étant dans l'axe, tend à s'approcher du plan horizontal autant qu'il fe peut ; & cela ne peut arriver, fans que cet axe devienne

perpendiculaire à l'horizon ; car la petite figure qui eft deffus le dérange à peine de fa place, à caufe de la difproportion de fa pefanteur avec celle de la bafe.

C'eft de cette manière qu'étoient formées ces petites figures qu'on appelloit *des Pruffiens*, & qu'on vendoit à Paris au commencement de la dernière guerre. On en formoit des bataillons, qu'el'on renverfoit en paffant deffus une baguette, & auffi-tôt on les voyoit relevés.

On a imaginé, depuis peu, de faire des para-vents de cette forme, qui fe relèvent toujours d'eux-mêmes.

Sur les deux points A, B, (fig. 13, pl. 4) paffe une corde A C B, aux extrémités de laquelle font fufpendus les poids P & Q donnés ; au point C eft fixé le point R par le cordon R C noué en C. On demande quelle fera la pofition que prendront les trois poids & la corde ACB.

Sur une perpendiculaire, *ab*, à l'horizon, prenez une ligne quelconque *a c*, & fur cette ligne, comme bafe, faites le triangle *a d c* tel que foit à *c d* comme le poids R au poids P, & *a c* à *a d* comme R à Q ; tirez enfuite par A la parallèle AC indéfinie à *c d*, & par B la parallèle BC à *a d* : le point C d'interfection fera le point cherché, & donnera la pofition ACB de la corde.

Car, fi fur R C prolongé, on prend CD égale à *a c*, & qu'on décrive le parallélogramme EDFC, il eft vifible qu'on aura CF & CE égales à *c d*, *a d* ; par conféquent les trois lignes EC, CD, CF, feront entr'elles comme les poids P, R, Q : conféquemment les deux forces tirant de C en F & de C en E, ou felon les lignes CA, CB, feront en équilibre avec la force tirant de C en R.

1. Si le rapport des poids étoit tel que le point d'interfection C tombât fur la ligne AB ou au-deffus, cela défigneroit que le problème eft impoffible. Le poids Q ou le poids P entraînera les deux autres, de manière que le point C tombe en B ou A ; enforte que la corde ne fera aucun angle.

Ces poids pourroient encore être tels qu'il fût impoffible de conftruire le triangle *a c d* ; comme fi l'un des deux étoit égal ou plus grand que les deux autres à-la-fois ; car, pour faire un triangle de trois lignes, il faut que chacune foit moindre que les deux autres enfemble. Alors on devroit en conclure que le poids, égal ou fupérieur aux deux autres, les entraîneroit tous deux, fans pouvoir s'arranger en équilibre.

2. Si, au lieu d'un nœud C, on fuppofoit le poids R pendre à une poulie capable de rouler fur la corde ACB, la folution feroit la même ; car il eft vifible que les chofes étant dans l'état du premier cas, fi, au lieu du nœud en C, on y fubfti-

tuoit une poulie, l'équilibre ne feroit pas troublé. Mais il y auroit une limitation de plus que dans le cas précédent. Il faudroit que le point d'interſection C, déterminé comme ci-deſſus, tombât au-deſſous de l'horizontale menée par le point B ; car, autrement, la poulie rouleroit juſqu'au point B, comme ſur un plan incliné.

Avec une très-petite quantité d'eau, comme de quelques livres, produire l'effet de pluſieurs milliers de livres.

Il faut dreſſer un tonneau ſur un de ſes fonds ; (*fig.* 7, *pl.* 4, *Amuſemens de Méchanique*) après quoi vous percerez l'autre d'un trou propre à recevoir un tuyau d'un pouce de diamètre, que vous y adapterez enſorte qu'il joigne bien, au moyen de la poix ou de la filaſſe. Ce tuyau doit avoir 12 à 15 pieds de hauteur. Vous chargerez enſuite le fond ſupérieur du tonneau de pluſieurs poids, enſorte qu'il ſoit ſenſiblement bombé en bas ; rempliſſez enfin votre tonneau d'eau, &, quand il ſera plein, continuez d'en verſer par le tuyau : l'effort de ce petit cylindre d'eau ſera tel que, non-ſeulement les poids qui tenoient le fond ſupérieur bombé en bas ſeront ſoulevés, mais le plus ſouvent, ce fond ſera relevé & arqué en ſens contraire.

Il faut avoir ſoin que le fond d'en bas poſe ſur la terre, ſans quoi le premier effort de l'eau ſe portera de ce côté, & l'expérience paroîtra manquer.

On pourroit certainement, en donnant plus de hauteur au tuyau, faire crever le fond ſupérieur du tonneau.

La raiſon d'un pareil phénomène ſe déduit & eſt à-la-fois une démonſtration oculaire d'une propriété particulière des fluides ; ſavoir, que lorſqu'ils portent ſur une baſe, ils font ſur elle un effort proportionnel à la largeur de cette baſe multipliée par la hauteur. Ainſi, quoique dans cette expérience il n'y ait dans le tuyau qu'environ 150 ou 180 pouces cylindriques d'eau, l'effort eſt le même que ſi ce tuyau avoit toute la largeur du tonneau ſur les 12 à 15 pieds de hauteur.

Autre manière.

Attachez fixement contre une muraille ou un autre appui ferme, un corps peſant 100 livres ou davantage (*fig.* 11, *pl.* 4, *Amuſemens de Méchanique*;) ayez enſuite un vaſe de telle dimenſion qu'entre ce corps & ſes parois il n'y ait que la place d'une livre d'eau, & que ce vaſe ſoit ſuſpendu à un des bras d'une balance, dont l'autre baſſin ſoit chargé de 100 livres. Verſez dans le premier baſſin une livre d'eau, elle ſoulevera le baſſin chargé de 100 livres.

On n'aura pas de peine à concevoir la cauſe & la néceſſité de cet effet, ſi l'on a bien conçu l'explication du précédent, car elles ſont les mêmes. Il y a ſeulement ici cette différence, que l'eau, au lieu d'être raſſemblée dans un tuyau cylindrique, l'eſt dans l'intervalle étroit entre le corps L & le vaſe qui l'environne ; mais cette eau n'en peſe pas moins ſur le fond du vaſe, que ſi l'étoit entièrement plein d'eau.

Autrement.

Ayez un pied cube de bois de chêne bien ſec, qui peſe environ 60 livres, & un vaſe cubique qui ne l'excède que d'une ligne ou deux dans chacune de ſes dimenſions. Ce pied cube de bois étant plongé dans le vaſe, verſez-y de l'eau ; lorſqu'elle ſera parvenue à-peu-près aux deux tiers de la hauteur, le cube de bois ſe détachera du fond & ſurnagera. Ainſi l'on voit ici un poids de 60 livres céder à une demi-livre d'eau & même moins.

On voit par-là que le vulgaire eſt dans l'erreur, lorſqu'il penſe qu'un corps ſurnage plus facilement dans une grande quantité d'eau que dans une petite ; il y ſurnagera toujours pourvu qu'il y en ait ſuffiſamment pour que le corps ne touche pas le fond. Si l'on a vu des vaiſſeaux périr à l'embouchure d'une rivière, ce n'eſt pas parce qu'il n'y avoit pas aſſez d'eau, mais parce que le vaiſſeau étoit chargé au point d'être prêt à couler bas dans l'eau de mer. Or l'eau de mer étant plus peſante de près d'un trentième que l'eau douce, lorſque le vaiſſeau a paſſé de l'une dans l'autre, il a dû s'enfoncer davantage & couler bas. C'eſt ainſi qu'un œuf qui s'enfonce dans l'eau douce, ſe ſoutient ſur de l'eau qui tient beaucoup de ſel en diſſolution.

Trouver la peſanteur d'un pied cube d'eau.

La connoiſſance du poids d'un pied cube d'eau eſt un des élémens les plus eſſentiels de l'hydroſtatique & de l'hydraulique ; c'eſt pourquoi nous allons enſeigner comment on le meſure avec préciſion.

On pourroit préparer un vaſe dont la capacité fut préciſément d'un pied cube, le peſer vide, & enſuite le peſer plein d'eau. Mais comme les liquides ſurmontent toujours les bords d'un vaſe aſſez conſidérablement, on n'auroit par-là qu'un réſultat aſſez peu exact. Il y auroit à la vérité moyen d'y remédier ; mais l'hydroſtatique va nous en fournir d'une grande préciſion.

Ayez un cube de matière bien homogène, de métal, par exemple, de quatre pouces de côté bien exactement ; peſez-le à une bonne balance, pour connoître ſon poids ; à quelques grains près, attachez-le enſuite avec un crin, ou un fil de ſoie

affez fort, au baffin de la même balance, & mefurez de nouveau fa pefanteur, pendant qu'il eft
plongé dans l'eau : l'hydroftatique apprend qu'il
perdra précifément autant de poids que pefe un
pareil volume d'eau. Ainfi la différence de ces
deux poids fera la pefanteur d'un cube d'eau de
quatre pouces de côté, ou de la vingt-feptième
partie du pied cube : d'où il fera aifé de déduire
la pefanteur du pied cube.

Si vous ne vous piquez pas d'une auffi grande
précifion, préparez un cube ou un parallélépipède
rectangle (*fig.* 1, *pl.* 5, *Amufemens de Méchanique*)
d'une matière homogène & plus légère que l'eau,
comme de bois ; pefez-le auffi exactement que
vous le pourrez ; plongez-le dans l'eau avec précaution, de manière que l'eau ne le mouille pas
au-deffus du point où il doit furnager. Je fuppofe
que ABC eft la ligne qui marque jufqu'où il s'eft
plongé dans l'eau. Mefurez le folide ABCDMI,
en multipliant fa bafe par la hauteur ; ce fera le
volume d'eau déplacé par le corps lui-même,
fuivant les principes de l'hydroftatique. Que ce
volume d'eau foit de 720 pouces cubes, & que
le corps pefe 29 livres 3 onces, on faura conféquemment que 720 pouces cubes d'eau pefent 29
livres 3 onces : d'où l'on tirera aifément ce que
doit pefer le pied cube, qui contient 1728 pouces cubes. Car il n'y aura qu'à faire cette proportion ; comme 720 pouces cubes font à 1728,
ainfi 29 lignes 3 onces à un quatrième terme, qui
fera 70 livres 4 onces.

Connoître de deux liqueurs laquelle eft la plus légère.

Ce problème fe réfoud ordinairement au moyen
d'un inftrument affez commun & affez connu,
qu'on appelle *Aréomètre* ou *pefe-liqueur*. Il n'eft
autre chofe qu'une petite boule furmontée d'un
tube de 4 à 5 pouces de longueur ; *fig.* 4, *même
pl.* 5) il y a dans la boule quelques grains de
plomb ou un peu de mercure ; & le tout eft
tellement combiné, que, dans une eau d'une pefanteur moyenne, la petite boule & partie du
tuyau font plongées dans l'eau.

On conçoit préfentement avec facilité que fi
cet inftrument eft plongé dans un fluide, par
exemple de l'eau de rivière ; qu'on remarque jufqu'où il s'y enfonce, & qu'on le plonge enfuite dans
une autre eau, par exemple de l'eau de mer,
il s'y enfoncera moins ; & fi, au contraire, on
le plonge dans une liqueur plus légère que la première, dans de l'huile, par exemple, il s'y plongera davantage. Ainfi, l'on connoîtra aifément
laquelle des deux liqueurs eft la plus pefante ou
la plus légère, fans aucune balance. Ces inftrumens ont d'ordinaire dans leur tuyau une échelle
numérotée, pour reconnoître jufqu'à quel point
il eft plongé.

Mais cet inftrument eft une machine groffière,
en comparaifon de celui que M. de Parcieux a

donné en 1766 à l'académie royale des fciences.
Rien n'eft cependant plus fimple.

Cet inftrument eft formé d'une petite bouteille
de verre, de deux pouces ou deux pouces &
demi au plus de diamètre, & de fix à huit pouces
de long. La partie inférieure ne doit pas être
renfoncée en dedans, afin d'éviter qu'il ne s'y
loge de l'air quand on la plongera dans l'eau. On
la bouche avec un bouchon de liége fort ferré,
dans lequel on implante, fans le traverfer, un
fil de fer bien droit, de 25 ou 30 pouces de longueur, & d'environ une ligne de diamètre. On
charge enfin la bouteille en y introduifant du petit
plomb, en telle forte que l'inftrument, plongé dans
la liqueur la plus légère de celles que l'on veut comparer, s'enfonce au point de ne laiffer au-deffous
de fa furface qu'un bout de fil de fer, & que, dans
la plus pefante, ce fil de fer n'y foit plongé que de
quelques pouces. C'eft un point que l'on atteindra en augmentant ou diminuant, foit le poids
qui charge la bouteille, foit le diamètre du fil
de fer, foit l'un & l'autre à-la-fois. On aura,
par ce moyen un inftrument qui rendra extrêmement fenfibles les moindres différences de pefanteur fpécifique qui fe trouveront dans les liqueurs
différentes, ou que la même liqueur pourra
éprouver par des circonftances, comme par l'effet
de la chaleur, ou par le mélange de divers fels,
&c.

Deux plans inclinés, A B, A D, *étant donnés, &
deux fphères inégales,* P & p, *les mettre en équilibre dans cet angle, comme l'on voit dans la* (fig.
2, pl. 5, *Amufemens de Méchanique*).

Les globes P & p feront en équilibre, fi les forces avec lefquelles ils fe repouffent mutuellement
dans la direction de la ligne C c, qui joint leur centre, font égales.

Or, la force avec laquelle le globe P tend à
rouler le long du plan incliné B A, (qui eft connue, l'inclinaifon du plan étant donnée), eft à la
force avec laquelle il agit fuivant C c, comme le
finus total eft au co-finus (1) de l'angle C c F ; & de
même la force avec laquelle le poids p roule le
long de D A, eft à celle felon laquelle il preffe dans
la direction c C, comme le finus total eft au co-
finus de l'angle C c f : d'où il fuit que ces fecondes
forces devant être égales, il doit y avoir même
raifon du co-finus de l'angle c au co-finus de l'angle C, que de la force du globe P pour rouler le
long de B A, à celle de p pour rouler le long de
D A. Ainfi le rapport de ces co-finus eft connu ; &

[1] On donne, pour abréger, à l'exemple des géomètres modernes, le nom de *co-finus,* à ce que, dans
les livres anciens de géométrie, on nommoit *finus de
complément.* Le lecteur à qui ce mot ne feroit pas familier, doit faire attention à cette note.

comme, dans le triangle CG*c*, l'angle G eſt connu ; puiſqu'il eſt égal à l'angle DAB, il s'enſuit que le problême ſe réduit à diviſer un angle connu en deux parties telles que leurs co-ſinus ſoient en raiſon donnée ; ce qui eſt un problême de pure géométrie.

Mais, pour nous borner au cas le plus ſimple, nous ſuppoſerons l'angle A droit. Il ne ſera donc plus queſtion que de diviſer le quart de cercle en deux arcs, dont les co-ſinus ſoient en raiſon donnée ; ce qui eſt facile.

Soit donc la force de P, pour rouler le long de ſon plan incliné, égale à M ; & celle de *p*, pour rouler le long du ſien, égale à *m* : tirez au plan AB une parallèle à la diſtance du rayon du globe P, & au plan DA une autre à la diſtance du rayon de *p*, qui ſe couperont en G : faites enſuite G L à G*l*, comme *m* à M, & tirez L*l* ; enſuite faites cette proportion : comme L*l* eſt à EG, ainſi la ſomme des rayons des deux globes eſt à GC ; & du point G tirez une parallèle C*c* à L*l* : les points C & *c* ſeront les lieux des centres des deux globes, & dans cette ſituation, ils ſeront en équilibre à l'excluſion de toute autre.

Deux corps P & Q partent en même tems de deux points A & B, de deux lignes données de poſition, & ſe meuvent vers a & b avec des vîteſſes données. (fig. 3, pl. 5). *On demande leur poſition lorſqu'ils ſeront le plus près l'un de l'autre qu'il eſt poſſible.*

Si leurs vîteſſes étoient dans le rapport des lignes BD, AD, il eſt clair que les deux corps ſe rencontreroient en D. Mais ſuppoſant ces vîteſſes différentes, il y aura un certain point où, ſans ſe rencontrer, ils ſeront à la moindre diſtance où ils peuvent être, & enſuite ils s'éloigneront continuellement l'un de l'autre. Ici, par exemple, les lignes BD, AD, ſont à-peu-près égales. Suppoſons donc la vîteſſe de P à celle de Q en raiſon de 2 à 1. On demande le point de la plus grande proximité.

Pour cet effet, ſoit tirée par un point quelconque R de AD, la ligne RS parallèle à BD, & telle que AR ſoit à RS, comme la vîteſſe de P à celle de Q, c'eſt-à-dire, dans le cas préſent, comme 2 à 1 ; tirez AST indéfinie, & du point B menez BC perpendiculaire ſur AT ; enfin, par le point C menez CE parallèle à BD, juſqu'à la rencontre de AD en E ; tirez enfin EF parallèle à CB, qui rencontre BD en F : les points F & E ſont les points cherchés.

Faire qu'un cylindre ſe ſoutienne de lui-même le long d'un plan incliné à l'horizon, ſans rouler en bas, & même qu'il monte quelque peu le long de ce plan.

Si un cylindre eſt homogène, & qu'on le place

ſur un plan incliné, ſon axe étant dans la ſituation horizontale, il eſt évident qu'il roulera en bas, parce que ſon centre de gravité étant le même que celui de figure, la verticale tirée de ce centre paſſera toujours hors du point de contact, du côté le plus bas ; conſéquemment le corps doit néceſſairement rouler de ce côté.

Mais ſi le cylindre eſt hétérogène, enſorte que ſon centre de gravité ne ſoit pas le même que celui de figure, il pourra ſe ſoutenir le long d'un plan incliné, pourvu que l'angle de ce plan avec l'horizon n'excède pas certaines limites.

Soit, par exemple, le cylindre dont la coupe perpendiculaire à l'axe eſt le cercle HFD. (fig. 5, pl. 5). Pour faire ſortir ſon centre de gravité hors du centre de figure, on lui fera une rainure parallèle à l'axe & en forme de demi-cercle, qu'on remplira d'une manière beaucoup plus lourde ; que ce corps ſoit F, enſorte que le centre de gravité du cylindre ſoit porté en E ; que le plan incliné ſoit AB, & que BG ſoit à AG en moindre raiſon que CF à CE : le cylindre pourra ſe ſoutenir ſur le plan incliné ſans rouler en bas, & même, ſi on l'écarte de cette poſition dans un certain ſens, il la reprendra en roulant quelque peu vers le haut du plan.

Car, ſuppoſons le cylindre placé ſur le plan, ſon axe horizontal, & ſon centre de gravité dans la parallèle au plan incliné, paſſant par le centre ; & enſorte que le centre de gravité ſoit du côté aſcendant du plan, (fig. 6, même pl. 5) ; qu'on mène par le point de contact D, les perpendiculaires au plan incliné & à l'horizon CDH. De : on aura BG à GA, ou BI à ID comme DI à IH, ou DC à C*e*. Et puiſqu'il y a moindre raiſon de BG à GA que de CF ou CD à CE, il ſuit que C*e* eſt moindre que CE ; & conſéquemment, la verticale abaiſſée du point E, paſſera hors du point de contact du côté de A : le corps tendra donc à tomber de ce côté, & il y roulera en remontant quelque peu, juſqu'à ce que le centre de gravité ait pris une poſition comme dans la (fig. 5) ; où il tombe dans la verticale paſſant par le point de contact. Arrivé à cette ſituation, le cylindre s'y tiendra, pourvu que ſa ſurface ne ſoit pas aſſez polie ou le plan, pour qu'il puiſſe gliſſer parallèlement à lui-même. Il aura une ſtabilité d'autant plus grande dans cette ſituation, que le rapport de BG à GA ſera moindre que celui de CF ou CD à CE, ou que l'angle ABG ou CC*e* ſera moindre que CDE.

C'eſt encore ici une vérité qu'il faut démontrer. Pour cela, il faut remarquer que le centre de gravité du cylindre, E, décrit, en roulant le long du plan incliné, une courbe telle qu'on voit dans la (fig. 8, même pl. 5), qui eſt ce que les géomètres appellent une *cycloïde allongée*, laquelle monte & deſcend alternativement au-deſſous de la parallèle au plan incliné , menée par le centre du cylindre. Or , le cylindre étant dans la position où le préfente la (*fig.* 8) , fi l'on mène la ligne E D du centre de gravité au point de contact ; on démontre d'ailleurs que la tangente au point E de cette courbe eſt perpendiculaire à D E : donc , fi l'inclinaiſon du plan eſt moindre que l'angle C D E , cette tangente concourra avec l'horizontale du côté où monte le plan : le centre de gravité du cylindre ſera, donc là comme ſur un plan incliné I K ; il doit , conféquemment, deſcendre juſqu'au point L du creux de la courbe qu'il décrit, où cette courbe eſt touchée par l'horizontale.

Arrivé enfin à ce point, il ne ſauroit s'en écarter , ſans monter d'un côté ou de l'autre : fi donc on l'en écarte un peu , il retournera à ſa première poſition.

Conſtruction d'une horloge qui montre les heures , en roulant le long d'un plan incliné.

Cette petite machine , qui eſt de l'invention de M. Wheeler , anglois , eſt tout-à-fait ingénieuſe : elle a pour principe la ſolution du problême précédent.

Qu'on ſe repréſente une boîte cylindrique de laiton , de quatre à cinq pouces de diamètre , portant d'un côté un cadran diviſé en 12 ou 24 heures. Dans l'intérieur, qui eſt repréſenté par la (*fig.* 13 , *pl.* 5), eſt une roue centrale , qui mène , au moyen d'un pignon , une ſeconde roue , laquelle en mène une troiſième , &c. juſqu'à un échappement garni de ſon balancier ou reſſort ſpiral qui ſert de modération , comme dans les montres ordinaires. A la roue centrale , eſt attaché fixement un poids P , qui doit être ſuffiſant pour que , dans une inclinaiſon médiocre , comme de 20 à 30°, il puiſſe faire marcher cette roue & celles qui doivent en recevoir le mouvement. Mais , avant tout , comme la machine doit être parfaitement en équilibre autour de ſon axe central , il faut placer du côté diamétralement oppoſé au petit ſyſtême de roues , 2, 3 , 4 , &c. un contre-poids tel que la machine ſoit abſolument indifférente à toute poſition autour de cet axe. Ayant donc obtenu cette condition , on placera le poids moteur P , dont l'effet ſera de faire tourner la roue centrale I, & par ſon moyen le mouvement d'horloge 2 , 3 , 4 , &c : mais , en même tems que cela ſe fera , le cylindre roulera un peu en bas , ce qui ramenera le poids P dans ſa poſition primitive , enſorte que l'effet de cette preſſion continuelle ſera de faire rouler le cylindre, tandis que le poids P ne changera de poſition que relativement au cylindre , mais non à l'égard de la verticale. On modérera enfin le poids P ou l'inclinaiſon du plan , de telle manière que la machine faſſe une révolution entière en vingt-quatre ou douze heures. On fixera l'aiguille à l'eſſieu commun de la roue centrale &

du poids P , enſorte qu'elle regarde ſans ceſſe le zénith ou le nadir ; ou , fi l'on veut plus d'ornemens , ce même eſſieu pourra porter un petit globe , ſurmonté d'une figure montrant les heures avec un doigt élevé verticalement , &c.

On ſent aiſément que la machine parvenue au plus bas du plan incliné , il ſuffira de la remonter au plus haut pour qu'elle continue à marcher. Si elle retarde un peu , on accélerera ſon mouvement en élevant le plan incliné ; & au contraire.

Il y a actuellement à Paris des horlogers qui font des pendules ſur ce principe.

Faire qu'un corps monte comme de lui-même le long d'un plan incliné , en vertu de ſa propre peſanteur.

Ayez un double cône , c'eſt-à-dire fait de deux cônes droits réunis par leur baſe , enſorte qu'ils aient un axe commun. (*fig.* 7. *pl.* 5.)

Faites enſuite un ſupport compoſé de deux branches A C , B C , (*fig.* 11. *ibid.*) réunies en angle au point C , que vous placerez en ſorte que le ſommet C ſoit au deſſous de l'horizontale , & que les deux jambes ſoient également inclinées à l'horizon. Il faut que la ligne A B ſoit égale à la diſtance des ſommets du double cône , & la hauteur A D un peu moindre que le rayon de la baſe. Cela étant ſuppoſé , fi vous placez entre les jambes de cet angle ce double cône , vous le verrez rouler vers le haut , enſorte que ce corps ſemblera, au lieu de deſcendre, monter contre l'inclinaiſon de la peſanteur.

Nous diſons qu'il ſemblera monter , car , dans la réalité , il ne montera pas ; au contraire il deſcendra. En effet, ſon centre de gravité deſcend , comme on va le voir.

Soit *ac* , (*fig.* 10. *pl.* 5.) le plan incliné dans lequel ſe trouve l'angle A C B , *ce* la ligne horizontale paſſant par le ſommet *c* ; *e a* ſera , par conféquent , l'élévation du plan au deſſus de l'horizontale, laquelle eſt moindre que le rayon du cercle , baſe du double cône. Il eſt évident que lorſque ce double cône ſera au ſommet de l'angle , il ſera comme on le voit en *c d* ; & lorſqu'il ſera parvenu au plus haut du plan , il ſera poſé comme on voit en *a f* : ſon centre aura donc paſſé de *d* en *a* ; & puiſque *d c* eſt égal à *a f*, & que *c e* eſt l'horizontale , *c f* ſera une ligne inclinée à l'horizon , & par conféquent auſſi ſa parallèle *d a* : le centre de gravité du cône aura donc deſcendu , tandis que le cône aura paru monter. Or c'eſt , comme on l'a dit, la chûte ou la montée du centre de gravité qui détermine la véritable deſcente ou aſcenſion d'un corps. Tant que le centre de gravité peut deſcendre , le corps ſe meut dans ce ſens , &c.

On trouve que , dans le problême préſent, le

chemin du centre de gravité, dans toute sa descente, est une ligne droite. Mais on pourroit situer d'une maniere semblable une parabole, une hyperbole, le sommet en bas, & alors le chemin du centre de gravité du double cône seroit une courbe.

Construire une horloge avec de l'eau. (fig. 15. pl. 5.) Amusemens de Méchanique.

Si l'eau qui s'écoule d'un vase cylindrique par un trou pratiqué à son fond, s'écouloit uniformément, rien ne seroit plus facile que de faire une horloge qui marquât les heures avec de l'eau; mais l'on sait que plus l'eau est haute au-dessus du trou par lequel elle s'écoule, plus elle coule rapidement, ensorte que les divisions verticales ne doivent pas être égales. Quel doit être leur rapport? C'est en quoi consiste la solution du problème.

On démontre dans l'hydraulique, que la vitesse avec laquelle l'eau s'écoule d'un vase par une ouverture très petite, est comme la racine quarrée de la hauteur de l'eau au-dessus de cette ouverture; d'où l'on a tiré la règle suivante pour les divisions de la hauteur du vase, que nous supposons cylindrique.

En supposant que toute l'eau s'écoule en douze heures, divisez toute la hauteur en 144 parties égales; il s'en vuidera 23 dans la première heure, ensorte qu'il en restera 121 pour les onze restantes: de ces 121 il s'en vuidera 21 pendant la deuxième heure; & ainsi de suite dans la troisième 19, dans la quatrième 17, &c. Ainsi la 144e division répondant à douze heures; le 121e répondra à onze, la 100e à dix, la 81e à neuf, &c. jusqu'à la dernière heure, qui n'épuisera qu'une division. Enfin ces mêmes divisions comprendront par ordre rétrograde, en commençant du bas, la première une partie, la deuxième 3, la troisième 5, la quatrième 7, &c; ce qui est précisément le rapport des espaces parcourus par un corps tombant librement, en vertu de sa pesanteur, dans des temps égaux.

Mais si l'on vouloit que *les divisions, dans le sens de la verticale, fussent égales en temps égaux, quelle figure faudroit-il donner au vase?*

Nous répondrons que le vase en question devroit être un paraboloïde formé par la circonvolution d'une parabole du quatrième degré, où les quarrés des ordonnées seroient comme les abcisses. Ce paraboloïde étant renversé le sommet en bas, & percé à ce sommet d'un trou convenable, l'eau s'écoulera de sorte qu'en des temps égaux elle baissera également dans la verticale.

Mais comment décrire cette parabole? Le voici. Soit une parabole ordinaire ABS, (*fig. 12. pl. 5.*)

dont l'axe est PS, & le sommet S. Tirez, comme vous le voudrez, une parallele à cet axe R r T; abaissez ensuite une ordonnée quelconque de la parabole A P; qui coupe RT en R; faites PQ moyenne proportionnelle entre PR, PA; que pq le soit de même entre pr, pa, &c: la courbe passant par les points Q, q, &c. sera la courbe cherchée, dont on fera un calibre qui servira à donner au vase la concavité cherchée. A quelque hauteur qu'on le remplisse de fluide, il se vuidera toujours en temps égaux, d'une hauteur égale.

On pourroit aussi trouver le moyen de faire écouler d'un vase d'une forme quelconque, la même quantité d'eau dans des temps égaux. Mais cela tient à la propriété du syphon, qui doit trouver sa place ailleurs.

Un point étant donné, & une ligne qui n'est pas horizontale, trouver la position du plan incliné, par lequel un corps partant du point donné, & roulant le long de ce plan, parviendra à cette ligne dans le moindre temps.

Ce petit problème de méchanique est assez curieux, d'autant qu'il admet une solution très-élégante. Soit donc A le point donné, (*fig. 14. pl. 5.*) & la ligne donnée BC. Menez du point A la verticale AD, & la perpendiculaire AE à la ligne donnée; puis du point D, où la verticale rencontre cette même ligne, menez DG parallele à AE, & égale à AD; enfin tirez AG, qui coupe BC en F: la ligne AF sera la position du plan par lequel un corps partant du point A, & roulant de lui-même, & par un effet de sa pesanteur, le long de ce plan, arrivera en moins de temps à la ligne BC, que partout autre plan incliné différemment.

Pour le démontrer, tirez FH parallele à AE ou DG, jusqu'à sa rencontre H avec la verticale AD. On aura donc, à cause des triangles semblables, AD à DG comme AH à HF; &, conséquemment, DG étant égale à AD, AH le sera à HF; qui est d'ailleurs perpendiculaire à BE, puisqu'elle est parallele à AE: donc le cercle décrit du point H, comme centre, par le point A, passera par F, & touchera la ligne BC.

Or l'on a démontré que, dans un cercle, si l'on mene un diametre vertical, comme AHI, & des cordes quelconques AF, AK, ces cordes ainsi que ce diametre seront parcourus dans le même temps par un corps livré à sa pesanteur, qui tomberoit le long d'elles. Puis donc que le temps employé à tomber le long de AK ou de AI, est égal à celui qui est employé à tomber le long de AF, celui qu'il faudra pour tomber le long de AD ou AE, sera plus long que celui qui sera employé à tomber le long de AF; & le même raisonnement

ayant lieu à l'égard de toutes les autres lignes qu'on pourroit tirer de A à la ligne BC, il s'enfuit que AF eſt la ligne le long de laquelle le corps arrivera dans le moindre temps à cette ligne BC.

Si la ligne BC étoit verticale, alors AE feroit horizontale ainſi que DG; enfin AD & DG feroient toutes deux infinies & égales, ce qui donneroit l'angle FAD de 45°: d'où il ſuit que, dans ce cas, ce feroit par le plan incliné de 45° que le corps, livré à lui-même, arriveroit à la verticale dans le moindre temps poſſible.

Les points A & B étant donnés dans la même horizontale, on demande la poſition des deux plans AC, CB, tels qu'un corps roulant d'un mouvement accéléré de A en C, puis remontant avec ſa vîteſſe acquiſe le long de CB, cela ſe faſſe dans le moindre temps poſſible.

Il eſt évident qu'un corps placé en A ſur la ligne horizontale AB, (fig. 9. pl. 5.) y reſteroit éternellement ſans ſe mouvoir du côté de B. Il faut donc, pour qu'il aille par un effet de ſon poids de A en B, qu'il y ait une chute le long d'un plan incliné ou d'une courbe, en ſorte qu'après avoir plus ou moins deſcendu, il remonte le long d'un ſecond plan ou du reſtant de la courbe juſqu'en B. Mais nous ſuppoſerons ici que cela s'exécute au moyen de deux plans. On doit encore ſentir que le temps employé à deſcendre & à remonter doit être plus ou moins long, ſuivant l'inclinaiſon & la longueur de ces plans. Il s'agit de déterminer quelle eſt leur poſition la plus avantageuſe pour que ce temps ſoit le moindre.

Or on trouve que la poſition cherchée eſt telle que les deux plans doivent être égaux & inclinés à l'horizon de 45°, c'eſt-à-dire que le triangle ACB doit être iſocèle & rectangle en C.

Cette ſolution ſe déduit de celle du problême précédent; car ſi l'on conçoit menée par le point C une verticale, on a fait voir que le plan AC, incliné de 45° degrés, étoit le plus favorablement diſpoſé pour que le corps, roulant le long de ce plan, arrivât à la verticale dans le moindre tems; mais le temps de la montée par CB, eſt égal à celui de la deſcente: d'où il ſuit que leur ſomme, ou le double du premier, eſt auſſi le plus court poſſible.

Lorſqu'on a un puits extrêmement profond, avec une chaîne garnie de deux ſeaux, faire enſorte que, dans toutes les poſitions des ſeaux, le poids de la chaîne ſoit nul, de manière qu'on n'ait jamais à élever que le poids dont le ſeau montant eſt rempli. (Voyez fig. 8. pl. 6 Amuſemeus de Méchanique.)

Lorſqu'on a deux ſeaux ſuſpendus aux deux

bouts d'une corde ou d'une chaîne, qui montent & deſcendent alternativement, pendant que la corde s'enroule autour de l'eſſieu du tour qui ſert à les enlever, il eſt évident que quand un ſeau eſt au plus bas, & qu'on commence à l'élever, on a à non-ſeulement le poids du ſeau à enlever, mais encore celui de toute la chaîne depuis l'ouverture juſqu'au fond du puits: & il eſt des cas, comme dans des mines de trois à quatre cents pieds de profondeur, où l'on aura à ſoulever pluſieurs quintaux pour n'élever qu'un poids de cent ou de deux cents livres, à la bouche du puits. Telles étoient celles de Pontpéan, avant que M. Loriot eût ſuggéré le remède à cet inconvénient.

Ce rémède eſt fort ſimple, & ſi ſimple, qu'il eſt étonnant qu'on ne l'ait pas imaginé plutôt. Il n'y a en effet qu'à faire faire à la corde ou à la chaîne un anneau entier, dont un des bouts deſcende juſqu'à la profondeur où l'on doit puiſer l'eau ou charger les matières, & attacher les ſeaux à deux points de cette corde, tels que lorſqu'un des ſeaux ſera au plus haut, l'autre ſoit au plus bas; car il eſt viſible qu'y ayant toujours autant de chaîne en deſcente qu'en montée, ces deux parties ſe contrebalanceront; & il n'y aura, dans la réalité, que le poids aſcendant à élever, le puits eût-il pluſieurs centaines de toiſes de profondeur.

Il en ſeroit évidemment de même, s'il n'y avoit qu'un ſeau; on n'auroit, dans toutes les poſitions, que le poids du ſeau & des matières miſes dedans à élever: mais, dans ce cas, ce ſeroit perdre la moitié de l'avantage de cette machine, que de ne pas mettre deux ſeaux, puiſqu'il y auroit de temps perdu tout celui que le ſeau qu'on viendroit de décharger emploieroit à deſcendre.

M. le Camus a donné dans les Mémoires de l'Académie, année 1731, une autre manière de remédier à l'inconvénient ci-deſſus. Il conſiſte, lorſqu'il n'y a qu'un ſeau, à faire enrouler la corde ſur un axe à peu près de forme conique tronquée, en ſorte que lorſque le ſeau eſt au plus bas, la corde s'enroule ſur la partie du moindre diamètre, & ſur celle du plus grand diamètre lorſque ce ſeau eſt au plus haut. Par ce moyen, on emploie toujours la même force. Mais il eſt évident que, dans tous les cas, on eſt obligé d'en employer plus qu'il ne ſeroit néceſſaire.

Lorſqu'il y a deux ſeaux, M. le Camus fait enrouler une moitié de la corde ſur une moitié de l'axe, qu'il diviſe en deux parties égales, enſorte que l'une eſt toute couverte de la corde dont le ſeau eſt en haut, pendant que l'autre moitié eſt découverte, le ſeau qui lui répond étant au plus bas. Par ce moyen, les deux efforts ſe combinent de manière qu'il faut toujours à peu près la même force pour le ſurmonter. Mais ces inventions, quoiqu'ingénieuſes, ne valent pas celle de M. Loriot.

Conſtruction

Construction d'un tournebroche qui marche au moyen même du feu de la cheminée (fig. 2, pl. 6, Amusemens de Mécanique.

Cette espèce de tournebroche est assez commune en Languedoc, & est assez ingénieuse. Au milieu du foyer, & environ à un pied du contre-cœur de la cheminée, est fixée solidement une barre de fer qui sert de support à un essieu perpendiculaire, dont la pointe tourne dans une cavité en forme de crapaudine : l'autre extrémité porte dans un anneau délié qui lui sert de collet; cet axe est garni tout à l'entour d'une hélice en tôle ou en fer-blanc, qui fait une couple de révolutions, & qui a environ un pied de saillie; il suffit même de plusieurs plaques de tôle, taillées en secteur de cercle, & implantées à cet axe, ensorte que leur plan fasse avec lui un angle d'environ 60° : on les mettra en plusieurs étages les unes sur les autres, ensorte que les supérieures soient au-dessus du vuide laissé par les inférieures. Cet axe enfin porte vers son sommet une roue de champ horizontale, qui engrène avec un pignon dont l'essieu est horizontal, & porte à son extrémité la poulie à l'entour de laquelle s'enroule la chaîne sans fin qui sert à faire tourner la broche. Telle est la construction de la machine, dont voici le jeu. Lorsqu'on allume le feu à la cheminée, l'air qui, par sa raréfaction, tend aussi-tôt à monter, rencontre cette surface hélicoïde, ou ces espèces d'aubes inclinées; il fait tourner par conséquent l'axe auquel elle est attachée, & enfin la broche où est enfilée la pièce de viande à rôtir. Plus le feu s'anime, plus la machine va vîte, parce que l'air monte avec plus de rapidité.

On peut, si l'on veut, démonter la machine, lorsqu'on ne doit pas s'en servir, en soulevant un peu l'axe vertical, & retirant sa pointe de dessus son appui, ce qui permet de dégager le sommet de son essieu du collet qui l'embrasse. On la peut remonter avec la même facilité, quand on en a besoin.

Autres inventions amusantes & utiles.

1. Voici un petit jeu mécanique, fondé sur le même principe. Coupez dans une carte un cercle de la largeur de la carte; puis tracez & coupez dans ce cercle une spirale qui fasse trois ou quatre révolutions, & qui aboutisse à un petit cercle réservé autour du centre, & d'une ligne ou deux de diamètre; étendez cette spirale en élevant le centre au-dessus de la première révolution, comme si elle étoit coupée dans une surface conique ou paraboloïde; ayez ensuite une petite broche de fer terminée en pointe & portée sur un support; & qui appliquerez le centre ou le sommet de votre hélice sur cette pointe; mettez enfin le tout sur la table d'un poële un peu chaud : vous verrez votre machine

Amusemens des Sciences.

se mettre peu à peu en mouvement, & tourner avec rapidité, sans aucun agent apparent. Cet agent est néanmoins l'air qui est raréfié par le contact d'un corps chaud, & qui en montant forme un courant.

2. Il n'y a nul doute qu'on ne pût appliquer une pareille invention à des ouvrages utiles : on pourroit, par exemple, s'en servir à former des roues qui seroient toujours plongées sous l'eau, leur axe étant placé parallélement au courant : on pourroit même, pour donner à l'eau plus d'activité, renfermer cette roue hélicoïde dans un cylindre creux, où l'eau une fois entrée, & poussée par le courant supérieur, agiroit, je crois, avec beaucoup de force.

Si l'on redressoit ce cylindre, ensorte qu'il reçût, par son ouverture supérieure, une chûte d'eau, cette eau feroit tourner la roue & l'axe auquel elle seroit attachée, & pourroit mener une roue de moulin ou quelqu'autre machine. Tel est le principe du mouvement des roues du Basacle, fameux moulin de Toulouse.

Quelle est la position la plus avantageuse des pieds pour se soutenir solidement debout?

C'est un usage parmi les personnes bien élevées, de porter les pieds en dehors, c'est-à-dire, ensorte que la ligne du milieu de la plante des pieds soit plus ou moins oblique à la direction vers laquelle on est tourné : cela m'a donné lieu de rechercher s'il y a quelque raison physique ou mécanique qui vienne à l'appui de cet usage, auquel on attache une idée de grace. Voyons donc, examinons ceci, suivant les principes de la mécanique.

Un corps quelconque est d'autant plus solidement porté sur sa base, que, par la position du centre de gravité & la grandeur de cette base, ce centre est moins exposé à en sortir par l'effet des chocs extérieurs. Cette considération fort simple réduit donc le problème à déterminer si, selon la position des pieds, la base dans l'intérieur de laquelle doit tomber la perpendiculaire à l'horizon, abaissée du centre de gravité du corps humain, est susceptible d'augmentation & de diminution, & quelle est la position des pieds où cette base a la plus grande étendue. Or ceci devient un problème de pure géométrie, dont l'énoncé seroit celui-ci. (*Voyez fig.* 1, pl. 6, *Amusemens de Mécanique*). Deux lignes A D, BC, égales & mobiles sur les points A & B comme centres, étant données, déterminer leur position lorsque le quadrilatere ou trapeze ABCD sera le plus grand possible. Ce problème se résout avec la plus grande facilité, par les méthodes connues des géométres sur les problèmes de ce genre, & l'on déduit de cette solution la construction suivante.

Sur la ligne A *d*, égale à AD ou BC, (*fig.* 3, *pl.* 6) faites le triangle ifocèle A H *d* rectangle en H, & faites AK égale à AH; enfuite, ayant pris AI égale à ½ AG, ou un quart de AB, tirez la ligne KI, & prenez IE égale à IK ; puis fur GE élevez une perpendiculaire indéfinie, qui coupe en D le cercle décrit de A, comme centre, avec le rayon. A *d* : l'angle DAE fera l'angle cherché.

Si la ligne AB, & conféquemment AG ou AI, eft nulle, on trouvera que AE fera égale à AH, & que l'angle DAE fera demi-droit. Ainfi, lorfqu'on a les talons abfolument appliqués l'un contre l'autre, l'angle que doivent faire enfemble les lignes longitudinales de la plante des pieds, eft demi-droit, ou bien approchant de demi-droit, à caufe de la petite diftance qu'il y a alors entre les deux points de rotation qui font au milieu des talons.

Suppofons maintenant que la diftance AB eft égale à AD, on trouveroit, par le calcul, que l'angle DAE devroit être de 60 degrés.

En fuppofant AB égale à deux fois AD, ce calcul donnera l'angle DAE de 70 degrés bien près.

En faifant AB égale à trois fois la ligne AD, l'angle DAE fe trouvera devoir être bien près de 74° 30'.

On voit donc par-là, qu'à mefure que les pieds feront plus écartés l'un de l'autre, leur direction devra, pour la plus grande folidité du corps, approcher davantage du parallélifme. Mais, en général, les principes mécaniques font d'accord avec ce que l'ufage & ce qu'on appelle *la bonne grace* enfeignent, favoir, de porter les pieds en dehors.

Du jeu de billard.

Il eft inutile d'expliquer ici ce que c'eft que le jeu de billard. On fait affez que c'eft une table couverte d'un tapis bien tendu, & garnie de rebords bien rembourrés, dont l'élafticité renvoie les billes ou les balles d'ivoire qui les rencontrent; que les coups de ce jeu qui donnent du gain, font ceux où, par le choc de fa bille, on envoie celle de fon adverfaire dans quelqu'un des trous fis aux angles & au milieu des grands côtés, qu'on nomme *beloufes*, &c.

Tout confifte donc, dans ce jeu, à reconnoître de quelle manière il faut frapper la bille de fon adverfaire avec la fienne, pour que celle-là aille tomber dans une des beloufes, fans s'y perdre foi-même. Ce problème, & quelques autres propres au jeu de billard, reçoivent leur folution des deux principes fuivants :

1°. Que l'angle d'incidence de la bille contre une des bandes ou rebords, eft égal à l'angle de réflexion ;

2°. Que lorfqu'une bille en rencontre une autre, fi l'on tire une ligne droite entre leurs centres, laquelle conféquemment paffera par le point de contact, cette ligne fera la direction de la ligne frappée après le coup.

Cela fuppofé, voici quelques-uns des problèmes que ce jeu préfente.

I. *La pofition de la beloufe & celles des deux billes* M, N, *étant données, frapper celle* M *de fon adverfaire, enforte qu'elle aille dans cette beloufe.* (Fig. 4, pl. 6, Amufemens de Mécanique).

Par le centre de la beloufe donnée, & celui de cette bille, menez ou concevez une ligne droite ; le point où elle coupera la furface de la bille du côté oppofé à la beloufe, fera celui où il faudra la toucher pour lui donner la direction cherchée. En concevant donc la ligne ci-deffus prolongée d'un rayon de la bille, le point O où elle fe terminera, fera celui par lequel devra paffer la bille choquante. On fent aifément que c'eft en quoi confifte l'habileté dans ce jeu : il ne s'agit que de frapper la bille convenablement ; & il eft facile de voir ce qu'on doit faire ; mais il ne l'eft pas autant de l'exécuter.

On voit au refte, parce qu'on a dit plus haut, que, pourvu que l'angle NOB excède tant foit peu l'angle droit, il eft poffible d'envoyer la bille M dans la beloufe.

II. *Frapper une bille de bricole* (fig. 5, pl. 6).

La bille M eft cachée ou prefque cachée derrière le fer à l'égard de la bille N, enforte que cherchant à la toucher directement, il feroit impoffible de le faire, ou qu'il y auroit grand danger de rencontrer le fer & de la manquer : il faut alors chercher à toucher la bille de bricole ou par réflexion. Pour cela, concevez du point M fur la bande DC, la perpendiculaire MO prolongée en *m*, de forte que O *m* foit égale à OM. Vifez à ce point *m* ; la bille N, après avoir touché la bande DC, ira choquer la bille M.

Si l'on vouloit frapper la bille M par deux bricoles ou après deux réflexions, en voici la folution géométrique. (fig. 6, pl. 6) Du point M, concevez fur la bande BC la perpendiculaire MO prolongée, enforte que O *m* foit égale à MO ; du point *m* foit conçue fur la bande DC prolongée, la perpendiculaire *m* P prolongée en *q*, de forte que *q* P foit égale à P *m* : la bille N dirigée à ce point *q*, ira, après avoir frappé les bandes DC, CB, choquer la bille M.

La démonstration en est facile pour quiconque est tant soit peu géomètre.

III. *Une bille venant d'en choquer une autre selon une direction quelconque ; quelle est, après ce choc, la direction de la bille choquante ?*

Il est important, dans le jeu de billard, de reconnoître quelle sera, après avoir tiré sur la bille de son adversaire & l'avoir choquée obliquement, la direction de sa bille propre ; car tout le monde sçait qu'il ne suffit pas d'avoir touché la première ou l'avoir poussée dans la belouse ; il faut ne pas y tomber soi-même.

Soit donc les billes, M, N, dont la dernière va choquer la première en la touchant au point O (*fig.* 7 , *pl.* 6.) Par ce point O soit tirée la tangente OP ; & par le centre *n* de la bille N arrivée au point de contact, soit menée ou conçue la parallèle *n p* à *o* P : la direction de la bille choquante sera, après le choc, la ligne *n p*. On iroit ici se perdre infailliblement, & c'est en effet ce qui arrive fréquemment dans cette position des billes. Les joueurs qui sentent avoir a faire à des novices dans ce jeu, leur donnent même souvent cet acquit captieux, qui les fait perdre dans une des belouses des coins. Il faut, dans ce cas, se bien garder de prendre la bille de son adversaire de moitié, suivant le terme du jeu, pour la faire à un des coins de l'autre bout du billard ; car, en l'y faisant, on ne manque guère de se perdre soi-même dans l'autre coin.

Construction d'une pendule d'eau

On appelle *pendule d'eau*, une montre ou horloge d'eau, qui a la figure d'un tambour ou un barillet de métal bien soudé, comme ABCD, (*fig.* 6 , *pl.* 7 , *Amusemens de Méchanique*) à laquelle le mouvement est donné par une certaine quantité d'eau renfermée dans l'intérieur. Cette horloge marque les heures le long de deux montans verticaux, contre lesquels elle est suspendüe par deux filets ou cordes fines, entortillées autour d'un essieu par-tout également épais, & qui traverse le tambour de part & d'autre par le milieu. Le méchanisme intérieur est extrêmement ingénieux, & mérite d'être développé, mieux qu'on ne le voit dans les éditions précédentes des *récréations mathématiques*, où M. Ozanam n'explique même pas comment cette machine marche & se soutient, pour ainsi dire, en l'air, sans tomber tout-à-coup, comme il semble qu'elle devroit faire.

Soit le cercle 1 2 3 4 , (*fig.* 4 , *pl.* 7.) qui représente la coupe du barillet ou tambour, par un plan perpendiculaire à son axe. Nous le supposons de cinq à six pouces de diamètre. Les lignes A , B , C , D , E , F , G , représentent sept cloisons du même métal que le barillet, & soudée exactement tant aux deux fonds qu'à la bande circulaire qui en fait le contour ; ces sept cloisons ne doivent pas aller du centre à la circonférence, mais être un peu transversales & tangentes à un cercle intérieur, d'environ un pouce & demi de diamètre. Le petit quarré H est la coupe de l'essieu qui doit être quarré en cette partie, & traverser les deux fonds du tambour, en s'encastrant très-juste dans deux trous semblables faits autour de leur centre. Ajoutons encore que chaque cloison doit être percée le plus près qu'il se pourra de la circonférence du tambour, d'un petit trou rond, pratiqué avec la même aiguille, afin qu'il n'y ait aucune différence.

Supposons maintenant qu'on ait mis dans le tambour une certaine quantité d'eau, environ huit ou neuf onces, & qu'elle se soit déjà distribuée comme l'on voit dans la *fig.* 4 ; que la longue ligne représente le double cordon GH , EF , (*fig.* 6 ,) enroulé autour de l'essieu cylindrique : il est facile de voir que, si la machine étoit vuide, le centre de gravité, qui seroit le centre même de la figure, étant hors de la ligne de suspension, & du côté où la machine tend à tomber, elle tomberoit en effet ; mais l'effet de l'eau contenue derrière la cloison D, est de retirer ce centre de gravité en arrière, ensorte que s'il étoit en deça de la verticale prolongée, le tambour tourneroit de D en E pour atteindre cette verticale ; &, dans cette position, la machine resteroit en équilibre si l'eau ne pouvoit passer d'une cavité à l'autre ; car le tambour ne sçauroit rouler dans le sens AGF, sans faire remonter le centre de gravité du côté de D : de même il ne sçauroit rouler davantage dans le sens BCD ; sans que le même centre remontât du côté opposé. La machine doit donc rester en équilibre, & y persister tant que rien ne sera changé.

Mais si, par le trou de la cloison D, l'eau s'écoule peu à peu entre les cloisons D , E , il est clair que le centre de gravité s'avancera tant soit peu en delà de la ligne prolongée, & la machine roulera imperceptiblement dans le sens AGF ; & comme en descendant ainsi, le centre de gravité est retiré vers la verticale prolongée, l'équilibre se rétablira en même temps, & ce mouvement continuera tant que la corde soit toute désenroulée de dessus l'essieu. Ce mouvement, à la vérité, ne sera pas tout-à-fait uniforme, car il est évident que, lorsque l'eau sera presque en entier derrière la cloison D, le tambour roulera plus vîte que lorsqu'elle sera presque écoulée ; & les périodes de ces inégalités seront dans une révolution totale du tambour, en même nombre que celui des cloisons, & ce que ne paroissent pas avoir apperçu ceux qui ont traité de ces sortes d'horloges.

C'eſt pourquoi, pour avoir une diviſion exacte du temps par ce moyen, il faut faire une marque à la circonférence du barillet; après quoi, ayant monté la machine au plus haut, & l'avoir diſpoſée de manière que la marque en queſtion ſoit au plus haut du barillet, vous aurez une bonne montre, avec laquelle vous marquerez, pendant une révolution entière, les points des heures écoulées. Il faut faire enſorte que ce nombre d'heures ſoit un nombre entier, comme 2, 4, 6, &c; &, pour cet effet, retarder ou accélérer le mouvement de la machine, juſqu'à ce que l'on ait atteint certe préciſion; ſans quoi on pourra fort bien ſe tromper de pluſieurs minutes, peut-être d'un demi-quart d'heure. On verra plus bas comment on peut accélérer ou retarder ce mouvement.

Enfin, lorſqu'on remontera la pendule, il faudra avoir attention que l'eſſieu, étant placé contre la première diviſion, la marque faite au barillet ſoit dans la même poſition: ſans quoi, je le répete, il ne faut compter ſur l'heure qu'à pluſieurs minutes près. Voici maintenant quelques obſervations utiles, relativement à cet objet.

Il eſt de toute néceſſité que l'eau qu'on employera ſoit diſtillée, ſans quoi elle contractera bientôt des vices qui lui feront obſtruer les trous par leſquels elle doit couler, & la machine s'arrêtera.

II. La matière la plus propre à faire le barillet de ces montres, eſt l'or, ou l'argent, ou, ce qui eſt moins coûteux, le cuivre rouge bien étamé en dedans, ou enfin l'étain.

III. Cette machine eſt ſujette à aller un peu plus vîte en été qu'en hiver; c'eſt pourquoi il eſt à propos de la régler de temps en temps, & de la retarder ou accélérer. Pour cet effet, il eſt bon de lui ajouter un petit contre-poids (fig. 3, pl. 7,) tendant à la faire rouler en-dehors. Ce petit contre-poids doit être en forme de ſeau, & de quelque matière légère; enſorte qu'on puiſſe le charger plus ou moins, au moyen de petits grains de plomb. Veut-on accélérer la machine, on y ajoutera un, ou deux, ou plus de grains; veut-on la retarder, on en ôtera; ce qui ſera beaucoup plus commode que d'ajouter de l'eau ou d'en ôter.

IV. Il faut que l'endroit de l'inſertion de l'eſſieu dans le tambour ſoit hermétiquement clos, ſans quoi l'eau s'évaporera peu à peu, la machine retardera continuellement, & enfin s'arrêtera.

V. Avec toutes ces précautions, il eſt aiſé de ſentir qu'une machine de cette eſpèce eſt plus curieuſe que propre à meſurer le temps avec préciſion. Cela peut être bon dans la cellule d'un religieux, ou dans un cabinet de curioſités méchaniques; mais l'aſtronomie n'en fera certainement pas uſage.

Comment, dans une balance, des poids égaux placés à quelque diſtance que ce ſoit du point d'appui, ſe tiennent en équilibre.

Faites un chaſſis quarré, tel que DEFG, (fig. 5, pl. 7, amuſemens de méchanique) de quatre petites règles de bois tellement aſſemblées, qu'elles puiſſent ſe mouvoir librement ſur les angles, enſorte que ce chaſſis puiſſe paſſer de la forme de rectangle à celui de parallélogramme, comme e f g d. Les longs côtés doivent être environ doubles des autres. Dans le montant perpendiculaire EC, de la groſſeur convenable, eſt pratiquée une fente, dans laquelle eſt inſéré ce chaſſis, de manière qu'il ſoit mobile ſur les deux points I, H, où il eſt attaché au montant perpendiculaire par deux petits axes; enfin les petits côtés ED, FG ſont traverſés chacun par une pièce de bois, telles que MN, KL, qui leur ſont attachées fixement; le tout eſt porté ſur un pied tel que A B.

Maintenant, qu'on ſuſpende le poids P au point M, qui eſt preſque à l'extrémité du bras M N, la plus éloignée du centre ou des centres de mouvement; qu'on ſuſpende le poids Q égal au premier, d'un point R quelconque de l'autre bras KL, plus près du centre, & même en dedans du chaſſis: ces deux poids ſe feront toujours équilibre, quoiqu'inégalement éloignés du point d'appui ou de mouvement de cette eſpèce de balance; & ils y reſteront auſſi, quelque ſituation qu'on donne à la machine, comme e d f g.

La raiſon de cet effet, qui ſemble d'abord contredire les principes de la ſtatique, eſt cependant aſſez ſimple; car deux corps égaux ſont en équilibre, lorſque la machine à laquelle ils ſont ſuſpendus étant ſuppoſée prendre quelque mouvement, les deſcentes de ces deux poids ſont égales & ſemblables. Or il eſt aiſé de voir que cela doit néceſſairement arriver ici, puiſque les deux poids, quelle que ſoit leur poſition, ſont néceſſités à décrire des lignes égales & parallèles.

On voit auſſi avec facilité que, dans une pareille machine, quelle que ſoit la poſition des poids le long des bras MN, KL, c'eſt la même choſe que s'ils étoient ſuſpendus au milieu des petits côtés du chaſſis mobile, ED, FG. Or, dans ce dernier cas, des poids égaux ſeroient en équilibre; donc, &c.

Conſtruction d'un anémoſcope & d'un anémomètre.

Ces deux machines, qu'on confond vulgairement, ne ſont pourtant pas la même choſe. L'anémoscope est celle qui sert à reconnoître la direction du vent ; ainsi, à proprement parler, une girouette est un anémoscope. On entend au reste ordinairement par-là, une machine plus composée, & qui marque sur une espèce de cadran, soit intérieur, soit extérieur à une maison, la direction du vent qui souffle. Quant à l'anémomètre, c'est un instrument qui sert à marquer non-seulement la direction, mais la durée & la force du vent.

Le mécanisme d'un anémoscope est fort simple. Qu'on imagine une girouette élevée au-dessus du comble d'une maison, (*fig. 7, pl. 7*), & portée sur un axe qui, traversant le toit, s'appuie par sa pointe sur une crapaudine ; le mouvement doit en être assez facile pour obéir à la moindre impulsion du vent. Cet axe vertical porte une roue dentée, horizontale, à dents posées de champ ; & cette roue s'engrene avec une autre précisément égale & verticale, qui est attachée à un axe horizontal, lequel porte à son extrémité l'aiguille d'un cadran. Il est visible que la girouette ne sauroit faire un tour, que l'aiguille ci-dessus n'en fasse un précisément. Ainsi, si l'on fixe la position de cette aiguille de manière qu'elle soit verticale quand le vent est nord, & qu'on observe dans quel sens elle tourne quand il passe à l'ouest, il sera facile de diviser le cadran en ses trente-deux airs de vent.

On peut aussi se procurer assez facilement un anémomètre, s'il n'est question que de mesurer l'intensité ou la force du vent. En voici un que nous proposons. La figure huitième représente encore une girouette attachée fixement à un axe vertical. Transversalement au plan de la girouette, est fermement implantée une barre de fer horizontale, AB, dont les extrémités recourbées à angles droits, servent à soutenir un essieu horizontal, autour duquel tourne un chassis mobile ABCD, d'un pied de hauteur & d'un pied de largeur. Au milieu du côté inférieur de ce chassis, soit attaché un fil de soie délié & assez fort, qui passe sur une poulie adaptée en F, dans une fente pratiquée dans l'axe vertical, d'où il descend le long de cet axe jusques dans l'étage au-dessous du toit. La distance GF doit être égale à GE. Le bout de ce fil soutiendra un petit poids, seulement suffisant pour le tendre. Quand le chassis, que la girouette présentera toujours directement au vent, est soulevé, (& il le sera plus ou moins, suivant la force du vent), le petit poids ci-dessus sera aussi soulevé, & marquera, contre une échelle appliquée à l'axe de la girouette, la force de ce vent. On sent aisément qu'elle sera nulle lorsque le petit poids sera au plus bas, & la plus grande possible lorsqu'il sera au plus haut, ce qui indiqueroit que le vent tiendroit le chassis horizontalement.

On pourra, si l'on veut, déterminer avec plus de précision la force du vent, selon les différentes inclinaisons du chassis ; car on trouve que cette force sera toujours égale au poids absolu du chassis qui est connu, multiplié par le sinus de l'angle qu'il fait avec la verticale, & divisé par le quarré du même angle. Il ne s'agira donc que de connoître, par le mouvement du petit poids attaché au filet EFP, l'inclinaison du chassis. Or, c'est ce qui est facile ; car il est aisé de voir que la quantité dont il sera élevé au-dessus du point le plus bas, sera toujours la corde de l'angle du chassis avec le plan vertical, ou le double du sinus de la moitié de cet angle. Ainsi l'on pourroit marquer le long de l'échelle la grandeur de cet angle, & de l'autre la force du vent, calculée d'après la règle précédente.

On lit dans les mémoires de l'académie royale des sciences, pour l'année 1734, la description d'un anémomètre inventé par M. d'Ons-en-Bray, pour marquer à-la-fois la direction du vent, sa durée dans cette direction, & sa force. Cet anémomètre mérite que nous en donnions ici une idée.

Il est composé de trois parties, savoir ; d'une pendule ordinaire, qui sert aux usages que l'on indiquera, & de deux machines ; l'une qui sert à marquer la direction du vent & sa durée, l'autre à marquer sa force.

La première de ces machines est composée, comme l'anémoscope ordinaire, d'un axe vertical portant une girouette, & qui, au moyen de quelques roues dentées, marque d'abord sur un cadran le nom du vent qui souffle ; le bas de cet axe enfile un cylindre, sur lequel sont implantées trente-deux pointes sur une ligne spirale. Ce sont ces pointes qui, par la manière dont elles se présentent, appuient contre un papier préparé, & tendu entre deux colonnes ou axes verticaux, sur l'un desquels il s'enroule pendant qu'il se déenroule de dessus l'autre. Ces roulemens & déenroulemens sont exécutés par le mouvement simultané des deux axes, qui leur est communiqué par la pendule dont nous avons parlé. On sent maintenant que, suivant la position de la girouette, une pointe se présentant contre le papier préparé, & qui coule au devant en appuyant légèrement contr'elle, elle y laisse une trace, & la longueur de cette trace indique la durée du vent. Si deux pointes voisines marquent à-la-fois, c'est une preuve que le vent tenoit une direction moyenne.

La partie de l'anémomètre qui marque la force du vent, est composée d'une espèce de moulin à la polonoise, qui tourne d'autant plus vîte que le vent est plus fort. Son axe vertical porte une roue qui mène une petite machine dont l'effet est, après un certain nombre de tours, de frapper avec une pointe sur une bande de papier, qui a un mouvement semblable à celui de la partie de l'anémomètre qu'on a décrite plus haut. Le nombre de ces coups, dont chacun eft marqué par un trou, leur nombre, dis-je, fur une longueur déterminée de ce papier mobile, fert à défigner la force du vent, ou plutôt la viteffe de la circulation du moulin, qui lui eft à-peu-près proportionnelle. Mais on doit voir dans les mémoires de l'académie cités, le développement de tout ce mécanifme, dont le peu de place que nous avons ne nous permet de donner qu'une legere idée.

Conftruction d'un pefon, au moyen duquel on puiffe fans poids mefurer la pefanteur des corps.

Nous allons donner ici les defcriptions de deux inftrumens de ce genre, l'un portatif, & deftiné à mefurer des poids médiocres, comme de 1 à 25 ou 30 livres; le fecond fixe, pour des poids beaucoup plus confidérables, & même de plufieurs milliers. On en voyoit un de ce dernier genre à la Douane de Paris, où l'on s'en fervoit avec beaucoup de commodité pour les poids qui font entre 1000 & 3000 livres.

Le premier de ces pefons eft repréfenté par la fig. 10, pl. 7. Il eft compofé d'un tuyau ou canon de métal AB, auquel on peut donner environ 6 pouces de longueur & 8 lignes de diametre. Ce tuyau eft repréfenté ouvert dans la plus grande partie de fa longueur, pour laiffer voir au-dedans un reffort d'acier en fpirale. Il y a au bout d'en haut A, un trou quarré qui laiffe paffer une verge de cuivre auffi quarrée, dont le reffort eft traverfé, enforte qu'on ne peut la retirer fans comprimer le reffort contre le fond fupérieur du canon. Le bas de ce canon porte enfin un crochet, pour y fufpendre les corps que l'on veut pefer.

Il eft maintenant fenfible que fi l'on applique à ce crochet, pendant que le pefon eft retenu par fon anneau, des corps de différente pefanteur, ils entraîneront plus ou moins du canon, en forçant le reffort contre fon fond fupérieur. Ainfi l'on divifera la verge, en fufpendant fucceffivement au crochet des poids de différente pefanteur, comme une livre, deux livres, &c. jufqu'au plus grand qu'on puiffe pefer; l'on examinera & marquera d'un trait, accompagné du numéro du poids, la partie de la verge qui fortira du canon; & l'inftrument fera préparé. Lorfqu'enfin on voudra s'en fervir, on n'aura qu'à paffer le doigt dans l'anneau de la verge, foulever le poids attaché au crochet, & regarder fur la face divifée de la verge la divifion qui eft jufte contre le trou; elle indiquera le nombre de livres que pèfe le corps propofé.

Le fecond pefon annoncé plus haut, eft formé de deux barres adoffées l'une à l'autre, ou d'une feule, ABCDE, courbée comme l'on voit dans la (fig. 9, pl. 7). La partie AB eft fixement attachée à une poutre, & la partie DE eft terminée

en E par un crochet propre à fufpendre les poids qu'on veut pefer. Cette partie ED porte dans fon prolongement une verge de fer dentelée en crémaillère, qui engrène dans un pignon, lequel porte une roue dentée, & cette roue dentée s'engrène dans un autre pignon, dont l'axe porte une aiguille, qui fait une révolution jufte, quand au crochet F, eft fufpendu un poids de trois milliers. Car il eft aifé de voir que l'on ne peut fufpendre en E un poids, fans que le reffort DCB foit ouvert plus ou moins; ce qui donne à la crémaillère DF un mouvement qui fait tourner le pignon auquel elle s'engrène, &, par fon moyen, la roue dentée & le fecond pignon auquel l'aiguille eft attachée. Il n'eft pas moins facile de fentir qu'on peut, en conftruifant la machine, donner à fon reffort une telle force, ou combiner fes roues de manière qu'un poids déterminé, comme de 3000 livres, faffe faire à l'aiguille une révolution complette. Le centre du mouvement de cette aiguille eft enfin celui d'un cadran circulaire, qui fert à porter les divifions & indiquer les poids. Ces divifions doivent être faites en fufpendant fucceffivement des poids moindres que le plus grand, en progreffion arithmétique, comme 29 quintaux, 28, 27, &c. cela donnera les divifions principales, qu'on pourra du refte, fans erreur confidérable, fubdivifer en parties égales.

Cette conftruction faite, pour pefer un poids au-deffous de trois milliers, il n'y a qu'à le fufpendre au crochet E, & l'aiguille marquera fur le cadran fa pefanteur en quintaux & en livres.

Il eft bon d'obferver qu'une pareille manière de pefer ne fauroit être entièrement exacte, qu'en fuppofant la température de l'air la même; car dans le froid les refforts font plus roides, & dans la chaleur ils le font moins. Je ne doute point, par cette raifon, que le même poids pefé en hiver & en été au pefon de la douane de Paris, ne préfentât des différences. Il doit paroître pefer moins en hiver qu'en été.

Fabriquer une voiture dont un goutteux puiffe fe fervir pour fe promener, fans fecours d'hommes ou de chevaux.

La (fig. 1er, pl. 7, Amufemens de Mécanique), repréfente le deffin d'une femblable voiture. On y reconnoîtra facilement,

1°. Deux grandes roues, qui doivent avoir environ 44 pouces de diametre, avec une jante d'une feule pièce, recouverte auffi d'une bande de fer d'une feule pièce. Cette jante doit être un peu large, pour moins enfoncer.

2°. Vers les deux tiers de chaque raie, eft appliqué un rouleau d'un pouce d'épaiffeur, & de 3 pouces 4 lignes de diametre, tournant fur fon axe, qui est implanté par un bout dans le rais, & de l'autre dans un cercle de fer plat, qui sert à les retenir tous au moyen de vis & écroux.

3°. Sur chaque brancard, au-dessus de l'endroit où il est traversé par l'essieu des deux roues, est implanté un support en forme de fourchette, servant à soutenir l'axe d'une manivelle, lequel porte à son extrémité une roue à quatre dents taillées en épicycloïde, lesquelles s'engrènent avec les rouleaux ci-dessus, & servent à faire tourner la roue. Le bras de la manivelle doit avoir seulement 8 à 9 pouces de longueur.

4°. On voit dans la (fig. 2ᵉ), qui représente les mêmes choses en plan, la forme du brancard, qui est composé de deux pièces de bois parallèles, un peu concaves en enhaut; que tient par derrière une barre de bois tournée, & par-devant une pièce de fer. Ces deux traverses servent à soutenir les deux soupentes destinées à porter un petit fauteuil garni de son dossier & de son marche-pied. On pourra, si l'on veut, le surmonter d'un parasol en impériale. Il doit être, comme on voit, un peu en arrière, pour que le poids de la personne ne fasse pas tomber la voiture en-devant. Le dessous du marche-pied, qui est fermement attaché à l'essieu des roues, est au surplus garni d'une pièce de fer recourbée, qui, dans le cas où la machine pencheroit en-devant, sert à la retenir en s'appuyant sur le pavé. Pour retenir la machine par-derrière, il y a une roue plus petite, attachée au milieu de la traverse de derrière, par un mécanisme semblable à celui des roulettes qu'on met sous les pieds des lits, & dont l'axe vertical est embrassé, pour plus de solidité, par une barre de fer attachée à l'essieu des grandes roues. Enfin les extrémités des brancards sont garnies par-derrière de deux mains, pour faciliter à un domestique le moyen de pousser dans les endroits plus difficiles; & au-devant il y a deux étriers, servant à y passer & assujettir les deux bras d'un brancard ordinaire, pour atteler un cheval à la voiture, si on le juge à propos.

Construction d'une petite figure qui, livrée à elle-même, descend sur ses pieds & ses mains le long d'un petit escalier.

On a apporté des Indes, il y a quelques années, cette petite machine qui est fort ingénieusement imaginée, & à laquelle on donne le nom de *sautriau*, parce que son mouvement est assez ressemblant à celui de ces sauteurs qui se renversent en arrière sur leurs mains, relèvent leurs pieds, & achèvent le tour en se remettant debout. Mais le sautriau ne peut exécuter ce mouvement qu'en descendant, & le long d'une sorte d'escalier. Voici l'artifice de cette petite machine.

AB est une planchette de bois léger (fig. 1, pl. 8, *Amusemens de Mécanique*, d'environ 10 lignes de longueur, 2 d'épaisseur, & 6 de hauteur. Vers ses deux extrémités sont percés les deux trous C & D, qui servent à y placer deux petits axes, autour desquels doivent tourner les bras & les jambes du sautriau. Aux deux extrémités de cette planchette, sont deux petits réceptacles, de la forme que l'on voit dans la figure, c'est-à-dire à-peu-près concentriques aux trous C & D, avec un prolongement oblique vers le milieu de la planchette. Des extrémités de ces deux prolongemens F & G, partent deux canaux Gg, Ff, percés dans l'épaisseur de la planchette, & d'une ligne à-peu-près de diamètre.

On bouche ensuite les deux réceptacles par deux feuilles de carton très-léger, appliquées sur les côtés; & l'on met dans l'un d'eux du mercure, ensorte qu'il soit, à peu de chose près, rempli. On place sur l'axe qui passe par un des trous, C, deux supports recoupés en forme de jambe, avec des pieds un peu allongés, pour leur donner plus d'assiette; & sur l'axe passant par l'autre trou D, on place deux supports figurés en bras, avec leurs mains dans la situation propre à servir de base lorsque la machine est retournée en arrière. On applique enfin à la partie GH, une espèce de masque de moëlle de sureau, que l'on coiffe à la manière des sauteurs: on figure au-dessous un ventre avec de la même matière; & l'on revêt cette figure d'une espèce de jaquette de taffetas, descendant jusqu'au milieu des cuisses. Voilà la petite machine à peu de chose près construite. En voici le jeu.

Concevons d'abord la figure posée debout sur ses jambes, comme on voit (fig. 2, pl. 8, ou dans la fig. 3, n° 1). Tout le poids étant d'un même côté de l'axe de rotation C, à cause du réceptacle de ce côté est rempli, la machine doit trébucher de ce côté, & se renverseroit totalement en arrière, si les bras ou les supports tournans autour de l'axe D, ne se présentoient verticalement; mais, comme ils sont plus courts que les jambes, la machine prend la position de la (fig. 3, n° 2) & alors le mercure trouvant le petit canal Gg incliné à l'horizon, coule avec impétuosité dans le réceptacle placé du côté D.

Supposons donc qu'à cet instant la machine repose sur les appuis ou bras DL, tournans autour de l'axe D; il est évident que si la machine vuide est fort légère, le mercure, qui se trouvera tout au-delà du point de rotation D, l'emportera par sa prépondérance considérable, & fera tourner la machine autour de l'axe D, ce qui la relèvera, & la fera retourner de l'autre côté. Mais comme les appuis CK doivent nécessairement être plus longs que les autres DL, afin que la ligne CD ait l'inclinaison convenable pour que le mercure puisse couler par le petit canal Ff d'un réceptacle à l'autre, il faut que la base fasse un ressaut double en hauteur de la différence de ces supports, sans quoi la ligne F f, non-feulement n'atteindroit pas l'horizontale, mais refteroit inclinée dans le fens-contraire à celui qu'elle devroit avoir.

La machine étant donc arrivée à la fituation DL (fig. 3, n° 3 & 4), & le mercure ayant repaffé dans le réceptacle du côté C, il eft évident que le même mécanifme que deffus la relevera, en la faifant tourner autour du point C, & la renverfera de l'autre côté, où les deux appuis tournants fur l'axe C, lui préfenteront une bafe, ce qui la remettra dans la pofition de la (fig. 3, n° 2), & ainfi de fuite: c'eft pourquoi ce mouvement fera perpétuel, tant qu'il fe trouvera des marches comme la première.

Afin que les fupports ou jambes & bras de la petite figure fe préfentent convenablement pour la foutenir à mefure qu'elle tourne, il faut quelques attentions particulières.

1°. Il eft néceffaire que les grands fupports ou jambes, lorfqu'elles font arrivées au point où la figure, après s'être renverfée, repofe fur elles, il faut, dis-je, qu'elles rencontrent un arrêt qui ne leur permette pas de tourner davantage, ou à la figure de tourner; ce qui fe fait au moyen de deux petites chevilles qui rencontrent une prolongation des cuiffes.

2°. Il faut que, tandis que la figure fe relève fur fes jambes, les bras faffent fur leur effieu une demi-révolution, pour fe préfenter perpendiculairement à l'horizon & d'une manière ferme, lorfque la figure eft renverfée en arrière. On y parvient, en garniffant les bras de la figure de deux petites poulies concentriques à l'axe du mouvement des bras, à l'entour defquelles s'enroulent deux filets de foie qui fe réuniffent fous le ventre de la figure, & vont s'attacher à une petite traverfe qui joint les cuiffes vers leur milieu; ce qui contribue à leur ftabilité. On allonge ou l'on raccourcit ces filets, jufqu'à ce que cette demi-révolution des bras s'accompliffe exactement, & que la figure pofée fur les quatre fupports, la face en haut ou en bas, ne vacille point; ce qu'elle feroit fi ces fupports n'étoient pas liés enfemble de cette manière, & fi les grands ne rencontroient pas un arrêt qui les empêche de s'incliner davantage.

On trouve de ces petites figures à Paris chez les tablettiers, & autres marchands qui débitent des bijoux d'étrennes.

Difpofer trois bâtons fur un plan horizontal, de forte que chacun s'appuie fur ce plan par l'une de fes extrémités, & que les trois autres fe foutiènnent mutuellement.

Ceci n'eft qu'un petit jeu de mécanique, mais qu'on feroit peut-être étonné de ne pas trouver ici.

Prenez le premier bâton AB, (fig. 4, pl. 8), & appuyez le bout A fur la table, en tenant l'autre élevé, le bâton étant incliné à angle fort aigu; appliquez deffus le fecond bâton CD, enforte que le bout C foit celui qui pofe fur la table; enfin difpofez le bâton EF, enforte qu'il pofe par fon bout E fur la table, qu'il paffe au-deffous du bâton AB du côté du bout élevé B, & s'appuie fur le bâton CD; ces trois bâtons fe trouveront par-là engagés de telle manière que leurs bouts D, B, F, refteront néceffairement en l'air, en fe fupportant circulairement les uns les autres.

Conftruire un tonneau contenant trois liqueurs, qu'on pourra tirer à volonté par la même broche, fans fe mêler.

Il faut que le tonneau foit divifé en trois parties ou cellules A, B, G, (fig. 5, pl. 8), qui contiennent les trois liqueurs différentes, par exemple, du vin rouge, du vin blanc, & de l'eau, que l'on fera entrer chacun dans fa cellule par le même bondon, en cette forte.

En conftruifant le tonneau, on aura ajufté dans le bondon un entonnoir D, avec trois tuyaux E, F, G, qui aboutiffent chacun à fa cellule; ajoutez à cet entonnoir un autre entonnoir H, percé de trois trous qui puiffent répondre, quand on voudra, aux ouvertures de chaque tuyau. Si l'on fait répondre, en tournant l'entonnoir H, chaque trou fucceffivement à l'ouverture de fon tuyau correfpondant, la liqueur que l'on verfera dans l'entonnoir H, entrera dans ce tuyau. De cette manière, on remplira chaque cellule de fa liqueur, fans que l'une fe puiffe mêler avec l'autre, parce que quand un tuyau eft ouvert, les deux autres fe trouvent bouchés.

Mais, pour tirer auffi fans confufion chaque liqueur par le bas du tonneau, il doit y avoir trois tuyaux K, L, M, qui répondent chacun à une cellule, & une efpèce de robinet IN, percé de trois trous, qui doivent répondre chacun à fon tuyau, afin qu'en tournant la broche I, jufqu'à ce que l'un de ces trous réponde vis-à-vis d'un tuyau, la liqueur de la cellule par où paffe ce tuyau, forte toute feule par le même tuyau.

Examen du Mouvement Perpétuel.

Le mouvement perpétuel eft l'écueil de la mécanique, comme la quadrature du cercle, la trifection de l'angle, &c. font ceux de la géométrie; &, comme ceux qui prétendent avoir trouvé la folution de ces derniers problèmes font ordinairement des gens à peine initiés dans la géométrie, de même ceux qui cherchent ou croient avoir trouvé le mouvement perpétuel font prefque toujours des hommes à qui les vérités les plus conftantes de la mécanique font inconnues.

En

En effet, on peut démontrer, pour tous ceux qui sont capables de raisonner sainement sur ces matières, que le mouvement perpétuel est impossible ; car, pour qu'il fût possible, il faudroit que l'effet devînt alternativement la cause & la cause l'effet. Il faudroit, par exemple, qu'un poids élevé à une certaine hauteur par un autre poids, élevât à son tour cet autre poids à la hauteur dont il étoit descendu. Mais, selon les loix du mouvement, & dans une machine la plus parfaite que l'esprit puisse concevoir, tout ce que peut faire un poids descendant, seroit d'en élever un autre dans le même tems, à une hauteur réciproquement proportionnelle à sa masse. Or il est impossible que, dans une machine quelle qu'elle soit, il n'y ait ni frottement, ni résistance du milieu à éprouver : ainsi il y aura toujours, à chaque alternative de montée & de descente, des poids qui agissent alternativement, une portion si petite qu'on voudra, du mouvement, qui sera perdue : ainsi, à chaque fois, le poids élevé montera moins haut, le mouvement se rallentira, & enfin cessera.

On a cherché, mais infructueusement, des remontoires dans l'aimant, dans la pesanteur de l'air, dans le ressort des corps, mais sans succès. Si un aimant est disposé de manière à faciliter l'ascension d'un poids, il nuira ensuite à sa descente. Les ressorts, après s'être débandés, ont besoin d'être tendus de nouveau par une force égale à celle qu'ils ont exercée. Le poids de l'atmosphère, après avoir entraîné un côté de la machine au plus bas, a besoin d'être remonté lui-même comme un poids quelconque, pour agir de nouveau.

Nous croyons pourtant à propos de faire connoître quelques tentatives de mouvement perpétuel, parce qu'elles peuvent donner une idée de l'illusion que se sont faite quelques personnes sur ce sujet.

La *fig.* 6, *pl.* 8, représente une roue garnie, à distances égales dans sa circonférence, de leviers portants chacun à son extrémité un poids, & qui sont mobiles sur une charnière, de sorte que dans un sens ils puissent se coucher sur la circonférence, & du côté opposé, étant entraînés par le poids qui est à leur extrémité, ils soient contraints à se ranger dans la direction du rayon prolongé. Cela supposé, on voit que la roue tournant dans le sens *abc*, les poids A, B, C, s'écarteront du centre ; & conséquemment, agissant avec plus de force, entraîneront la roue de ce côté : & comme, à mesure qu'elle se mouvera, un nouveau levier se développera, il s'ensuit, disoit-on, que la roue continuera sans cesse de marcher dans le même sens. Mais, malgré l'apparence séduisante de ce raisonnement, l'expérience a montré que la machine ne marchoit pas ; & l'on en effet démontrer qu'il y a une po-

Amusemens des Sciences.

sition où, le centre de gravité de tous ces poids étant dans la verticale menée par le point de suspension, elle doit s'arrêter.

Il en est de même de celle-ci, qui sembleroit aussi devoir marcher sans cesse. Dans un tympan cylindrique & parfaitement en équilibre sur son axe, on a creusé des canaux, comme on le voit dans la *fig.* 7, *pl.* 8, qui contiennent des balles de plomb, ou, si l'on veut, du vif-argent. Par une suite de cette disposition, ces balles ou ce vif-argent doivent, d'un côté, monter en se rapprochant du centre ; & de l'autre côté, au contraire, elles roulent à la circonférence. La machine doit donc tourner sans cesse de ce côté-là.

En voici une troisième. Soit une espèce de roue, formée de six ou huit bras partant d'un centre où est l'axe du mouvement. Chacun de ces bras est garni de deux réceptacles en forme de soufflet, & en sens opposé, comme on voit dans la *fig.* 8, *pl.* 8. Le couvercle mobile de chacun est garni d'un poids propre à le fermer dans une situation & à l'ouvrir dans l'autre. Enfin les deux soufflets d'un même bras communiquent par un canal, & l'un d'eux est rempli de vif-argent.

Cela supposé, on voit que d'un côté, par exemple A, les soufflets les plus éloignés du centre doivent s'ouvrir & les plus proches se fermer ; d'où doit résulter le passage du mercure des derniers dans les premiers, tandis que le contraire se passera du côté opposé. La machine doit donc tourner continuellement du même côté.

Il seroit assez difficile de montrer en quoi pèche ce raisonnement ; mais quiconque connoîtra les vrais principes de la mécanique, n'hésitera pas à parier cent contre un que la machine, étant exécutée, ne marchera pas.

On voit dans le journal des sçavants, de l'année 1685, la description d'un mouvement perpétuel prétendu, où l'on employoit à peu près ainsi le jeu d'un soufflet qui devoit alternativement se remplir & se vuider de mercure. Il fut réfuté par M. Bernoulli & quelques autres, & occasionna une assez longue querelle. La meilleure manière dont son auteur eût pu défendre son invention, étoit de l'exécuter & de la faire voir en mouvement ; mais c'est ce qu'il ne fit point.

Remarquons néanmoins un trait assez curieux à cet égard. Un M. Orffyreus annonça en 1717, à Leipsick, un mouvement perpétuel ; c'étoit une roue qui devoit toujours tourner. Il l'exécuta pour le Landgrave de Hesse-Cassel, qui la fit renfermer dans un lieu sûr, & apposa son sceau sur l'entrée. Après 40 jours, on y rentra, & on la trouva en mouvement. Mais cela ne prouve rien pour le mouvement perpétuel. Puisque l'on fait fort bien une pendule qui peut marcher un an sans être remontée, la roue de M. Orfyreus pouvoit bien aller 40 jours & plus. On ne voit pas la fuite de certe prétendue découverte : un journal nous apprend, qu'un anglois offrit 80000 écus à M. Orfyreus pour avoir fa machine ; mais M. Orfyreus refufa de la donner à ce prix, en quoi il eut fûrement grand tort, car il n'a rien eu, ni argent, ni l'honneur d'avoir trouvé le mouvement perpétuel.

L'académie de peinture à Paris a une pendule qui n'a pas befoin d'être remontée, & qu'on pourroit regarder comme un mouvement perpétuel ; mais ce n'en eft point un. Expliquons-nous. L'auteur ingénieux de cette pendule s'eft fervi des variations de l'état de l'athmofphère pour remonter fon poids moteur. Or on peut imaginer à cet effet divers artifices ; mais ce n'eft pas plus le mouvement perpétuel, qu'une machine où le flux & reflux de la mer feroit employé à la faire aller continuellement, car ce principe de mouvement eft extérieur à la machine, & n'en fait pas partie.

Mais en voilà affez fur cette chimère de la mécanique. Nous fouhaitons qu'aucun de nos lecteurs ne donne dans le travers ridicule & malheureux d'une pareille recherche.

Il eft au refte faux qu'il y ait aucune récompenfe promife par les puiffances, pour qui trouveroit le mouvement perpétuel, non plus que pour la quadrature du cercle C'eft-là fans doute ce qui encourage tant de gens à chercher la folution de ces problèmes ; & il eft à propos qu'ils en foient défabufés. (*Voyez* MOUVEMENT PERPÉTUEL).

AMUSEMENS DE MÉCANIQUE.

Le cigne magique.

Ayez une planche de bois de noyer bien veiné & fort fec, épaiffe de 15 lignes, & qui ait 14 à 15 pouces de longueur, fur 8 à 9 de large : faites-la fcier en deux parties fur fon épaiffeur pour en former les deux planches A & B (*fig.* 12 & 13, *pl.* 1, *Amufemens de Mécanique*) de même grandeur, que vous ferez enfuite dreffer le plus exactement qu'il fera poffible, afin qu'étant appliquées l'une fur l'autre dans le même fens qu'elles étoient avant d'être fciées, elles paroiffent ne former qu'une feule & même planche. Cependant, comme il eft difficile qu'elles foient jointes auffi parfaitement qu'il feroit néceffaire pour empêcher qu'on ne préfume qu'il peut y avoir quelque chofe de renfermé entr'elles ; vous pourrez faire pouffer une moulure autour de celle de deffous B, & diminuer d'autant les côtés

de la planche A, afin qu'étant pofées l'une fur l'autre, leur féparation fe confonde dans cette moulure. Vous fixerez ces deux planches, au moyen des quatre vis C, (*voyez fig.* 11, *pl.* 1, *ibid*) dont le pas doit fe viffer dans la planche A (*fig.* 12) ; leurs têtes doivent excéder d'un demi-pouce le deffous de la planche, & être figurées de manière à faire juger que ce font des pieds deftinés à la foutenir ou à lui fervir d'ornemens.

Tracez fur le côté extérieur de la planche A (*fig.* 12), le cercle B de 6 à 7 pouces de diamètre, & ajuftez à demeure autour de lui, & à égale diftance huit petites boîtes de même forme qu'une petite tabatière, ou de telle autre que vous jugerez à propos.

Faites tourner un petit vafe d'ivoire de 2 pouces & demi de hauteur, (*fig.* 11, *pl.* 1, *ibid.*) compris fon couvercle qui doit s'ouvrir à charnière, & fe fermer au moyen du petit bouton E, & de fon reffort F, vous lui donnerez la forme que vous voudrez à l'extérieur ; mais il eft effentiel qu'il foit creufé dans fon intérieur en forme d'œuf.

Ce vafe dont le fond doit être percé d'un trou de 4 à 5 lignes de diamètre, doit entrer à vis fur le piedeftal G, qui eft également percé d'un même trou cylindrique dans toute fa longueur.

Ayez un petit rouleau d'ivoire I, qui puiffe facilement couler dans ce trou, & paffer au travers la planche A, (*fig.* 12) à l'endroit H, où ce vafe & fon piedeftal doivent être folidement placés.

Creufez la planche B (*fig.* 13), autant qu'il faudra pour y placer la pièce de mécanique ci-après ; faites-en de même fur le côté intérieur de la planche A, aux endroits où il fera néceffaire, & particulièrement à celui fous lequel le cercle d'acier aimanté dont il va être queftion, doit fe trouver placé, & fe mouvoir, c'eft-à-dire, fous le cercle que vous avez tracé fur la planche A.

A B (*fig. prem. pl.* 2), eft un petit pilier en cuivre, d'un demi-pouce de hauteur, élevé verticalement fur le côté C, de la planche B, (*fig.* 13, *pl.* 1) dans laquelle il entre à vis : fon extrémité fupérieure A (*fig.* 1, *pl.* 2) foutient le levier EG, qui doit avoir un pouce & demi de long, & dont le point d'appui eft en E. C'eft fur la partie F de ce levier que doit appuyer le rouleau I, (*fig. deuxième, pl.* 2) qui, comme on l'a dit ci-deffus, fe trouve renfermé dans le piedeftal G du vafe. Il eft un autre pilier de dix lignes de hauteur, fixé de la même manière à l'endroit L ; deux petites poulies M & N de trois lignes de diamètre, bien mobiles fur leur axe, y font ajuftées, & fervent à conduire le petit cordeau Y, qui eſt attaché d'un bout à l'extrémité G du levier C G, & de l'autre ſur le cylindre de cuivre Q; ce cordeau ſe trouve ſéparé par la vis O, & la pièce P dans lequel elle tourne : cette vis ſert à remédier au dérangement que peut occaſionner dans ſa longueur la ſéchereſſe ou l'humidité de l'air. La pièce P eſt une eſpèce de cage de ſix lignes de hauteur dans laquelle roule ce cylindre G; elle eſt fixée par deux vis ſur la planche B (fig. 13, pl. 1) de manière qu'il ſe trouve ſous le centre du cercle tracé ſur la planche A (fig. 12, ibid); ce cylindre excède cette cage en deſſus de trois lignes; afin de recevoir le canon Z (fig. 1. pl. 2); ce canon eſt rivé ſur une règle de cuivre qui ſoutient le cercle aimanté T; un autre cordeau eſt fixé d'un bout ſur le cylindre Q, de l'autre ſur le reſſort X; ſon effet eſt de faire relever le levier, lorſque le rouleau qui l'a fait abaiſſer ſe relève lui-même; le cercle d'acier T, (1) doit avoir quatre lignes de large, ſur une ligne d'épaiſſeur; (voyez fig. troiſième, pl. 2, ibid.), il doit être trempé, poli & bien aimanté.

Il eſt aiſé de concevoir, par cette conſtruction, que ſi on appuye plus ou moins ſur le levier E G (fig. 1, pl. 2), à l'endroit F, le cordeau qui eſt attaché à ſon extrémité G, s'abaiſſant, fera néceſſairement tourner le cercle aimanté, & qu'il pourra préſenter ſes poles, à tel point de la circonférence qu'on jugera à propos; on voit auſſi que ſi l'on ceſſe d'appuyer, le reſſort X faiſant tourner le cylindre Q en ſens contraire, le levier E G remontera à ſa place.

Cette mécanique étant ainſi diſpoſée, & enſuite renfermée entre les deux planches A & B (pl. 1) (qu'on aura creuſé aux endroits où l'on a dû placer toutes les différentes pièces qui la compoſent) on les joindra exactement au moyen des quatre vis ci-deſſus, & l'ayant miſe ſur une table, de manière que ces vis lui ſervent de pieds, on placera un baſſin de cuivre mince (2), rempli d'eau à l'endroit de la planche A où l'on a tracé un cercle, c'eſt-à-dire, au milieu des huit petites boîtes dont on a parlé ci-deſſus : on prendra un petit cigne d'émail ou de liége ſous lequel on a ajuſté, avec de la cire à cacheter, un petit barreau aimanté de 4 à 5 lignes de long, dont on diſpoſera les pôles comme il convient, afin que la tête de ce cigne ſe trouve tourné vers les bords du baſſin, lorſque ce petit barreau ſe trouvera au-deſſus des deux pôles du cercle

aimanté (3) caché dans l'intérieur de ces deux planches.

Le tout étant ainſi préparé, on prendra huit petits étuis arrondis par le bout, de même groſſeur que le rouleau I, & un demi-pouce plus long que la hauteur intérieure du vaſe, & y ayant inſéré un d'eux, on le fermera; on examinera ſi le cigne vient ſe placer vis-à-vis la première des petites boîtes A; & on en diminuera peu-à-peu la longueur, juſqu'à ce qu'il s'y trouve parfaitement dirigé; on fera de même pour les autres étuis, relativement à chacune des ſept autres boîtes : cette opération faite, la pièce ſera en état de produire l'amuſement ci-après.

Nota. On obſerve ici que, lorſque les étuis auront été bien ajuſtés de longueur, il n'y faut plus toucher, quand même par la ſuite le cigne ne ſe dirigeroit pas ſelon l'étui inſéré dans le vaſe, attendu qu'il ſuffira alors de tourner la petite vis O, pour racourcir ou ralonger le cordeau qui auront ſeul occaſionné ce dérangement.

Lorſqu'on aura mis dans le vaſe un des huit étuis, placé de façon que le bout d'en-bas entre dans le bord de l'ouverture faite au fond du vaſe, & qu'il poſe ſur le rouleau mobile dans ſon pied; ſi l'on ferme alors ce vaſe, ſon couvercle appuyant ſur l'étui, fera deſcendre le rouleau, lequel appuyant à ſon tour ſur le levier, en proportion de la longueur de cet étui, fera tourner plus ou moins le cylindre & le cercle aimanté placé ſur ſon axe, qui alors préſentera ſes pôles vis-à-vis la boîte où l'on aura renfermé la réponſe analogue à la queſtion miſe dans l'étui; mettant enſuite le cigne dans le baſſin que l'on aura rempli d'eau, il ira lui-même ſe diriger du côté de la boîte où eſt inſérée cette réponſe.

Récréation.

On préſente à une perſonne les huit étuis, en lui laiſſant la liberté de choiſir celui qu'elle deſire, & on lui recommande de cacher les autres, ou de les préſenter elle-même à pluſieurs perſonnes; on dit à ceux qui en ont choiſis de lire les queſtions qui y ſont inſérées, de s'en ſouvenir, & de les remettre dans l'étui; on reprend ces étuis, & les inſérant les uns après les autres dans le vaſe, on leur fait remarquer que le cigne va à chaque fois indiquer les réponſes; on ouvre les boîtes où il ſe dirige, & on préſente les réponſes qui y ſont contenues.

---

(1) Ce cercle ne doit pas être entier, il doit s'y trouver une ſéparation de 5 à 6 lignes, les deux extrémités N & S, en ſont les poles.

(2) Ce baſſin doit avoir 6 à 7 pouces de diamètre, & un pouce de profondeur.

(3) En quelqu'endroit que l'on mette ce petit cigne ſur le baſſin, il ira toujours ſe placer ſur les poles du cercle aimanté, & ſi l'endroit où on le place eſt diamétralement oppoſé à celui où ſont ces poles, il ſe retournera & traverſera le baſſin pour aller s'y poſter.

Nota. On peut faire, avec cette pièce, diverses récréations fort amusantes ; il suffit d'avoir des cercles de cartons divisés comme il convient, & sur lesquels on aura transcrit des chifres, lettres ou cartes, dont huit seulement doivent servir à l'usage qu'on voudra en faire ; on ne donne point ici de détail à ce sujet, chacun pouvant facilement imaginer à son gré ce qui lui paroîtra de plus agréable.

Les trois nombres magiques.

ABCD, (*fig. quatrième, planche deuxième, Amusemens de Mécanique*) est une petite boîte de bois de noyer de 7 à 8 pouces de longueur, deux pouces & demi d'épaisseur, & de 4 à 5 lignes de profondeur, son fond est divisé en trois parties égales au moyen de trois petites traverses. EFGH, est son couvercle ; cette boîte est à charnière, & porte en devant une petite plaque, ayant la forme d'une serrure, & deux petits crochets qui servent à la faire exactement fermer. ILM, sont trois petits ressorts de 8 à 9 lignes de long, très-minces & très-flexibles, ils sont logés chacun dans une mortaise de deux lignes de profondeur, faites au-dessus de ce couvercle qui doit avoir environ trois lignes d'épaisseur. NOP sont trois tablettes de bois de même grandeur, sur lesquelles on a transcrit les chifres 3, 4 & 5 ; ces tablettes sont de différentes épaisseurs, mais très-peu sensible.

Cette boîte est couverte extérieurement de peau ou de maroquin, & le dedans est garni de taffetas ; cette précaution est absolument nécessaire pour masquer avec plus d'avantage les trois ressorts ci-dessus.

Les deux charnières E & F sont recourbées en dessus du couvercle ABCD, (*voyez fig. cinquième, même planche, où le dessus de cette boîte est représenté*). La pièce de cuivre G semble être une serrure faite pour la fermer, & elle est également recourbée : un petit bout de fil de laiton rivé sur l'extrémité de chacun des ressorts insérés & cachés dans le couvercle, passe au travers l'endroit recourbé de chacune de ces charnières & serrures, & semble au-dehors être la tête d'un des petits cloux qui servent à les attacher ; ces petits cloux peuvent s'élever plus ou moins, eu égard aux différentes épaisseurs des tablettes qu'on peut renfermer dans chacune des cases sur lesquelles ils peuvent se trouver placées, de manière que la tablette N les élève moins que celle O, & la tablette O moins que celle P ; ces élévations sont peu sensibles, mais suffisantes pour pouvoir les distinguer à la vûe ou au tact, c'est en quoi consiste tout le mécanisme de cette boëte.

Dans quelqu'ordre qu'ayent été placées les trois tablettes dans cette boîte, on pourra toujours le reconnoître quoiqu'elle soit fermée ; il suffira d'examiner avec attention les différentes élévations des

petits cloux, & on pourra conséquemment nommer le nombre qui y aura été renfermé.

Récréation.

Ayant remis cette boîte à une personne, on lui laissera la liberté de former secrettement avec les trois tablettes qui y sont contenues, le nombre qu'elle jugera à propos ; on lui recommandera de la rendre bien fermée ; alors prenant la boîte on la touchera, ou plutôt l'on examinera sans aucune affectation les différentes élévations des trois petits cloux, & reconnoissant le nombre qu'elle a formé, on le lui nommera, ce qui paroîtra certainement fort extraordinaire ; on pourra si l'on veut affecter de se servir d'une lunette ordinaire, ou singulièrement figurée, avec laquelle on fera entendre qu'on apperçoit au travers de la boîte le nombre caché.

Nota. Si cette personne retournoit les tablettes sens dessus dessous, les mettoit du haut en bas, ou même en supprimoit quelques-unes, croyant par-là mettre en défaut celui qui fait cette récréation, on pourra également le connoître, particulièrement si l'on a eu attention en construisant cette boîte, de la faire de façon que les cloux soient à fleur des charnières, lorsqu'il n'y a aucune tablette sous les cases au-dessous desquelles les ressorts se trouvent cachés.

Une petite figure étant posée sur un miroir placé verticalement, & autour duquel est tracé un cadran, lui faire indiquer l'heure qu'une personne aura désignée.

Ayez une glace très-peu épaisse qui soit ronde, & ait environ un pied & demi de diamètre ; collez-y d'un côté un cercle de papier sur lequel vous aurez transcrit les heures, comme il se pratique sur les cadrans d'horloges ; faites mettre cette glace au teint de ce même côté, c'est-à-dire, à l'endroit où ne sont pas tracées ces heures. Placez-le ensuite dans sa bordure à fleur de laquelle il doit entrer ; couvrez cette glace du côté du teint avec un fort papier, collé seulement sur le dos de la bordure, afin qu'il puisse retenir la glace, & empêcher le teint de se gâter.

Ouvrez dans une cloison un trou circulaire de la grandeur de cette glace (1), & couvrez-le ainsi que le reste de la cloison d'une étoffe fort légère.

Cachez dans cette ouverture une bonne pierre d'aimant armée A, (*voyez fig. 7, pl. 2. Amusemens de Mécanique*) qui soit supportée sur une règle de bois BC, à l'extrémité de laquelle vers C vous

---

[1] Si la cloison est de plâtre, on y pourra creuser un enfoncement circulaire de trois pouces de profondeur.

mettrez un morceau de plomb D, qui foit un peu plus pefant que cette pierre, afin que le tout étant libre fur le pivot F, cette pierre fe trouve placée fous l'heure de midi indiquée par le cadran. Obfervez que ce pivot réponde au centre du cadran tracé fur le miroir, lorfqu'il fe trouve accroché à la cloifon dont il doit couvrir exactement l'ouverture ; faites en forte que les pôles de cet aimant fe trouvent auffi le plus près qu'il fera poffible de la glace fans cependant la toucher, c'eft-à-dire, qu'il n'y ait pour ainfi dire que la tapifferie entre deux.

Fixez fur ce pivot une double poulie d'un pouce & demi de diamètre, & attachez-y un cordeau I, lequel par plufieurs renvois puiffe communiquer à un endroit de la chambre éloigné de ce miroir, ajuftez fur la même poulie le cordeau G, & fon poids H.

Ménagez à l'extrémité où doit aboutir ce cordeau, une bafcule cachée, au moyen de laquelle vous puiffiez fans qu'on s'en apperçoive faire agir ce cordeau avec le pied, de manière que la poulie ci-deffus puiffe faire un tour entier.

Ayez une petite figure de 3 à 4 pouces de longueur, peinte fur un carton très-léger, telle par exemple qu'un petit amour qui tient une flèche dans fa main, dans lequel vous aurez inféré une petite lame d'acier bien aimantée très-mince ; donnez à cette lame la direction convenable pour que la flèche que tient en main cette petite figure, fe trouve tournée vers les heures du cadran.

Lorfque vous placerez cette figure fur ce miroir ou plan vertical, à l'endroit fous lequel fe trouve placée la pierre d'aimant, elle y demeurera fufpendue, & fi vous faites tourner doucement cette pierre au moyen de la bafcule & du cordeau qui communique à la poulie, cette figure en fuivra la direction en quelqu'endroit qu'elle aille fe placer, & vous ferez par conféquent le maître de lui faire indiquer fur ce cadran l'heure que vous jugerez à propos.

Récréation.

Etant placé dans la chambre à l'endroit d'où l'on peut faire agir fecrettement le cordeau ; on propofera à une perfonne d'ordonner à cette figure de lui indiquer telle heure qu'elle defirera, & on fera agir le cordeau pour la faire aller vers l'heure demandée.

Nota. On peut en mettant fous cette glace d'autres cadrans, faire diverfes autres récréations femblables à celles qu'on exécute par le moyen de la firene. Il faut avoir beaucoup d'attention à faire mouvoir la pierre d'aimant avec beaucoup de lenteur, fans quoi la figure ne fe foutiendroit pas fur la glace ; un verre blanc fort mince feroit encore meilleur qu'une glace, attendu qu'il eft effentiel que la pierre d'aimant foit très-près de la figure.

Le petit Bacchus.

AB (*fig.* 8, *pl.* 2. *Amufemens de Mécanique*) eft un petit tonneau de bois de 7 à 8 pouces de longueur, & de 4 de diamètre, fur lequel on met une petite figure de Bacchus ; il eft foutenu fur le chaffis CD, afin qu'il ne puiffe rouler ni pencher de côté ou d'autre ; fon fond A s'ouvre à l'endroit où les cercles C & D fe touchent, ce qui contribue à mafquer cette ouverture : E eft une fontaine de cuivre placée vers le bas de ce tonneau, & dont la partie qui y entre a deux ouvertures différentes, percées l'une au deffus de l'autre à deux lignes de diftance ; ces ouvertures aboutiffent à deux entonnoirs H & I qui y font foudés. L eft un robinet percé de deux trous M & N, qui répondent exactement aux deux ouvertures F & G de cette fontaine ; ces trous font placés de manière que fi celui M, répond à l'ouverture F, & donne iffue à la liqueur contenue dans l'entonnoir A, celui N ne répond pas alors à l'ouverture G, & pareillement lorfque ce dernier répond à cette ouverture, celui M ne répond plus à l'ouverture F ; au moyen de quoi on peut donner iffue à l'une ou l'autre des deux liqueurs contenues dans les entonnoirs, comme il eft aifé de le voir par la conftruction de ce robinet.

Récréation.

Pour la préparer, on ouvre le côté A de ce tonneau, auquel tient la fontaine & les deux entonnoirs H & I, & on verfe du vin blanc dans l'un des deux entonnoirs, & du vin rouge dans l'autre ; on ferme le robinet de manière qu'aucune des deux liqueurs ne puiffe fortir, & qu'en le tournant à droite ou à gauche on puiffe faire couler l'une ou l'autre à fa volonté.

Cette pièce ayant été ainfi fecrettement difpofée, on la met fur une table, & on annonce que c'eft un petit Bacchus, qui felon la volonté des perfonnes donne d'un même tonneau, & par un même robinet du vin de telle couleur qu'on fouhaite rouge ou blanc, ce qu'on lui fait exécuter conformément à ce qui eft demandé.

Nota. On peut en faifant deux petits trous à un autre endroit de ce même robinet, qui répondent enfemble aux deux ouvertures de la fontaine, faire couler par ce moyen du vin blanc & du vin rouge qui fe mêlant enfemble avant de fortir par le robinet, produiront du vin clairet, ce qui augmentera davantage l'agrément que peut procurer cette récréation.

Vafe magique.

Faites faire un vafe de bois ou de carton A B (*fig.* 6, *pl.* 2. *Amufemens de Mécanique*) que vous placerez à demeure fur une confole L, appliquée à la cloifon M; que ce vafe foit creux dans fon intérieur, & que cette ouverture foit divifée en cinq parties CDEF & G, en forte que dans chacune de celles C & D, vous puifliez y inférer un jeu de cartes, & dans celles EF & G une feule carte, qui néanmoins puiffe y entrer fort aifément.

Attachez un gros fil ou cordon de foie à l'endroit H, lequel paffant de l'autre bout par l'ouverture D, & de-là fur la poulie I, traverfe l'intérieur de la confole L, & forte par derriere la cloifon M.

Prenez enfuite trois cartes dans un jeu de piquet, & placez-le dans chacune des ouvertures EF & G (1), ayant foin de faire paffer par deffous chacune d'elles le cordon de foie ci-deffus, de maniere qu'en le tirant par derriere la cloifon, ces cartes puiffent fortir l'une-après l'autre de ce vafe; mettez dans l'ouverture C, le jeu dans lequel vous avez ôté ces trois cartes.

Ayez auffi un autre jeu de piquet où les trois cartes femblables à celles inférées dans le vafe fe trouvent placées les premieres, & que la derniere carte de ce jeu (c'eft-à-dire celle qui eft deffous) foit plus large que toutes les autres.

Récréation.

Vous mêlerez ce jeu de cartes de maniere que les trois cartes de deffus, & celles de deffous ne foient pas dérangées de leur pofition, & après avoir donné le jeu à couper à une perfonne, vous étalerez les cartes, & lui donnerez à tirer celle qui fe trouve alors au deffous de la carte large (2); vous ferez tirer à une autre la deuxieme carte, & à une troifieme perfonne l'autre carte.

Ces cartes, qui font femblables à celles placées fous le cordon du vafe, ayant été ainfi tirées par ces trois différentes perfonnes, vous leur donnerez le reftant du jeu, afin qu'elles puiffent, en les y remettant elles-mêmes, les mêler à leur fantaifie; vous placerez enfuite le jeu dans l'ouverture D du vafe, & vous préviendrez que ces trois cartes vont fortir d'elles-mêmes du jeu les unes après les autres, ce qu'exécutera la perfonne cachée derriere la cloifon en tirant lentement le cordon; ces trois cartes étant forties vous retirerez du vafe le jeu que vous aviez placé

---

(1) Ces ouvertures doivent avoir un peu plus de 3 pouces de profondeur, afin que ces cartes y foient entiérement cachées.

[2] Cette carte fert à faire connoître quelles font les trois cartes qu'on doit faire tirer; on les préfente de préférence vis-à-vis les doigts des perfonnes qui doivent les prendre, un peu d'adreffe fuffit.

dans l'ouverture C, & vous ferez voir que ces trois cartes n'y font plus, afin de perfuader davantage que ce font effectivement celles qu'on a tirées qui font forties du jeu que vous ayez mis en leur préfence dans le vafe.

Nota. Il faut que ce vafe foit placé au-deffus de la hauteur de l'œil des fpectateurs. On peut difpofer derriere la cloifon M le volant N, en forte que le cordon P, qui pafferoit fur la poulie Q, fe roule fur l'axe O, auquel on fufpendra le cordon S & fon poids R, de cette maniere on fe pafferoit d'un fecond, & il fuffiroit alors de lâcher une détente qui fît marcher ce mouvement.

Pendule magnétique.

Faites faire une boîte ou cage de bois (*fig.* 11, *pl.* 2. *Amufemens de Mécanique*) dont fa longueur AB, & fa largeur foit d'environ 8 à 9 pouces; que fa hauteur ait trois pouces & demi: ajuftez-y un tiroir G, d'un pouce & demi de profondeur qui puiffe couler entre le fond de cette boîte, & un faux fond d'une ligne d'épaiffeur qui doit être placé en A, c'eft-à-dire, directement au-deffus de ce tiroir; au fond de ce tiroir, & vers fon centre, une ouverture d'un pouce de diametre; que le deffus ABCD de cette boîte ait un ouverture circulaire de fix pouces de diametre, dans laquelle on puiffe placer un baffin de cuivre de même grandeur, dont le deffous pofe fur le faux fond H. Tracez le cadran LM fur la partie du deffus de cette boîte qui eft autour du baffin, & mettez au fond du tiroir un femblable cadran dont les heures y répondent exactement. Couvrez cette boîte d'un chaffis de verre OPQ d'un pouce de hauteur.

Ayez un mouvement provenant d'une groffe montre ancienne AB (*fig.* 12, *même pl.*) qui ne foit pas à minute; ôtez-en l'aiguille & le cadran, & ajuftez-y du côté où eft le balancier les trois petits pieds de cuivre CD & E, afin de pouvoir au moyen de trois petites vis, l'attacher fur le fond du tiroir au-deffus de l'ouverture qui doit être ménagée à fon centre pour pouvoir commodément remonter tous les jours ce mouvement.

Faites forger un cercle d'acier ABC, (*fig.* 10, *même pl.*) de 4 pouces & demi de diametre, & une ligne d'épaiffeur; qu'il foit ouvert d'un demi pouce vers AC; trempez-le, & après l'avoir bien poli aimantez-le: montez ce cercle fur la regle de cuivre DE, qui doit porter à fon extrémité E l'aiguille F; ajuftez fur cette regle un petit canon G, qui puiffe entrer facilement, & néanmoins avec un peu de frottement, fur la tige de ce mouvement qui portoit l'aiguille des heures; enfin, difpofez le tout de maniere que ce mouvement étant monté faffe tourner ce cercle en douze heures, de même qu'il faisoit tourner son aiguille, ce qui ne pourra manquer de réussir, sans y faire rien autre, si le cercle aimanté & la règle qui le soutient, ne pesent pas plus d'une once & demi; un plus grand poids pouvant la faire un peu retarder.

Ayez en outre une petite tortue de liége, (*fig. 9, même pl.*) dans laquelle vous insérerez une petite lame aimantée de six lignes de longueur, & d'une ligne quarrée.

Le bassin étant rempli d'eau, si on y met cette petite tortue, le barreau qui s'y trouve contenu étant attiré vers les poles du cercle aimanté, la dirigera exactement au-dessus de l'aiguille F, dont il suit qu'elle indiquera sur le cadran supérieur, la même heure qu'indique cette aiguille F, sur le cadran intérieur renfermé dans le tiroir.

Manière de se servir de cette pendule.

Après avoir monté le mouvement, on mettra sur l'heure l'aiguille F, & on fermera le tiroir; versant ensuite de l'eau dans le bassin, on y jettera cette petite tortue qui ira aussi-tôt se placer sur cette même heure, & suivra successivement cette aiguille, de manière à indiquer exactement l'heure sur le cadran supérieur, de même que l'indiquera l'aiguille F, sur le cadran intérieur, ce qui paroîtra fort étrange à ceux qui ne connoîtront pas le moyen dont on se sert pour la faire agir ainsi.

Nota. Il faut que cette pendule soit posée sur un endroit stable, & on doit avoir soin de la tenir toujours couverte de sa cage, afin d'éviter que la poussière ne trouble & n'épaississe l'eau, ce qui lui ôtant sa fluidité, suffiroit pour empêcher la régularité du mouvement de cette tortue; il faut aussi avoir soin de changer l'eau de temps en temps; & si l'on pouvoit se procurer un bassin de verre, cela seroit plus avantageux.

On peut faire cette pendule d'une autre manière, en supprimant le bassin, & en y substituant en sa place un cadran de verre fort mince, dont les heures fussent peintes en dessous, & sur lequel on poseroit une mouche d'acier aimantée, qui indiqueroit & suivroit également l'heure, pourvu néanmoins que la pièce aimantée fût très-près du cadran; on doit prévenir cependant que l'exécution de cette pièce est beaucoup plus difficile.

Coffre qui s'ouvre à volonté.

Il y a dans ce coffre une poupée dont la carcasse est un ressort à boudin; c'est-à-dire, un fil-d'archal ployé en spirale; par ce moyen, la petite figure, quoique plus haute que le coffre, peut s'y tenir debout quand on le ferme, parce

que son corps se resserre & se raccourcit au besoin. Le coffre est appuyé sur les bascules qui communiquent leurs mouvemens au pêne de la serrure. Aussi-tôt que la gâche en est dégagée, le ressort dont nous venons de parler ne trouvant plus d'autre résistance que le poids du couvercle, le force facilement à s'élever.

MÉCANISME DE SURETÉ. Plusieurs marchands & habitans de Londres, en garde contre les voleurs qui y sont nombreux, font doubler leurs portes en fer; & pour les empêcher d'entrer par la fenêtre avec une échelle, ils y font adapter des sonnettes ou des cordons qui aboutissent à un battant d'une cloche au haut de la maison; mais les voleurs qui savent qu'on prend contre eux cette précaution, font quelquefois un trou au mur pour entrer par cet endroit sans mettre les cloches en branle, & c'est encore pour s'en défendre que des bourgeois placent dans divers endroits de leur maison des fusils & des pistolets qui, par des cordons de renvoi, partent d'eux - mêmes sur les voleurs, quand ils essaient d'ouvrir des bureaux & des armoires. (*Voyez fig. 3, pl. 10, de Magie blanche, Tome VIII des gravures*). (DÉCREMPS).

MÉMOIRE ARTIFICIELLE. (*Voyez à l'article* COMBINAISON).

MÉRIDIENNE. (*Voyez à l'article* ASTRONOMIE).

MESURE.

Mesurer la hauteur d'une tour & la largeur d'une rivière.

Voici deux procédés simples qui peuvent être compris de tout le monde, & par lesquels on peut gagner un pari dans certains cas, en mesurant, pour ainsi dire, d'un coup-d'œil, la hauteur d'une tour & la largeur d'une rivière. Pour cela, il ne faut d'autre appareil qu'un carré parfait, tracé sur un morceau de carton ou de bois, ou tout simplement sur la couverture d'un livre.

On y trace la diagonale A D, & on attache au point A un fil portant une balle, (*fig. 16, pl. 10 de Magie blanche, Tome VIII des gravures.*) Ce carré doit être porté sur un bâton qu'on plante à terre; le fil tendu par la balle doit descendre le long de la ligne A O; on s'éloigne de la tour jusqu'à ce que l'œil placé au point D puisse voir le sommet H, de manière que le rayon visuel passe dans la ligne A D; alors on peut être assuré que la distance du point D à la tour est égale à la hauteur de la tour; cependant, pour plus de précision, il faut ajouter à cette distance la longueur de la ligne B E, qui sur un terrain horizontal eſt égale à la hauteur des yeux de celui qui fait l'opération ; il faut remarquer le point B ſur le mur de la tour, en regardant dans la ligne D O du carré de bois ou de carton.

Ceux qui ſavent la règle de trois, peuvent trouver la hauteur de la tour, par l'ombre de la tour & d'un bâton vertical, en faiſant cette proportion : l'ombre du bâton eſt à la longueur du bâton, comme l'ombre de la tour eſt à ſa hauteur, c'eſt-à-dire, qu'en multipliant l'ombre de la tour par la longueur du bâton, & en diviſant le produit par l'ombre du bâton, le quotient exprimera la hauteur de la tour.

Pour meſurer la largeur d'une rivière, il faut employer le même carré de bois ou de carton, avec la différence qu'au lieu de le placer dans un plan vertical, il faut le poſer horizontalement. (fig. 1, pl. 11 de Magie blanche, Tome VIII des gravures.) Ayant planté un jallon au point A, on regarde dans le côté A I du carré un objet G ſur l'autre bord de la rivière ; enſuite, en regardant dans le côté A F, on fait planter dans la même ligne les jallons D, E, enſuite on avance dans cette ligne vers le point B ; & quand on eſt aſſez éloigné du point A pour qu'on puiſſe voir le jallon A par le côté du carré B L, & l'objet C par la diagonale B S, la diſtance du point B au jallon A, eſt alors égale à la largeur de la rivière ; nota que pour plus de préciſion, quand le jallon A eſt un peu éloigné de la rivière, il faut retrancher de la largeur trouvée la diſtance I A de la rivière au jallon.

Ceux qui voudroient ſavoir la raiſon de cette opération, ſeront peut-être bien aiſes qu'on obſerve ici que le grand triangle A, G, B, a les mêmes angles que le petit triangle formé ſur le quarré de bois S, L, B ; d'où il s'en ſuit que les côtés du grand triangle doivent avoir entr'eux la même proportion & le même rapport que les côtés du petit triangle ; or, dans ce petit triangle, les deux côtés S L & B L ſont égaux, puiſque ce ſont les deux côtés d'un carré parfait ; donc dans le grand triangle la diſtance A B doit être égale à la largeur A G de la rivière.

(DÉCREMPS.)

MÉTAUX.

Métal compoſé qui ſe fond à la chaleur de l'eau bouillante.

Prenez deux parties de biſmuth, une de plomb & une d'étain, faites les fondre enſemble ; ce mélange métallique réduit en lames minces, ſe fond à la chaleur de l'eau bouillante, & eſt très-commode pour mouler, pour imprimer en polytipe, & prendre des empreintes.

Manière de fondre toutes ſortes de métaux & pluſieurs minéraux à la lumière d'une bougie ou lampe.

On n'a qu'à prendre un gros charbon, y faire un trou ou une eſpèce de baſſin, avoir une chandelle, une lampe ou une bougie, & un chalumeau courbé comme ceux dont les orfèvres ſe ſervent pour ſouder, mettre quelques grains de minérai ou de limaille de métal dans le trou pratiqué au charbon, ſouffler avec le chalumeau, & porter la flamme de la lumière ſur le métal qu'on a mis dans le creux du charbon que l'on tient expoſé avec les doigts ; il s'allumera par ce côté, & le métal entrera parfaitement en fuſion : on peut faire de cette manière une infinité d'épreuves en petit.

Si dans une demi-coquille de noix on met une pièce de ſix liards, & un mélange fait de trois parties de nitre ou ſalpêtre fin bien pulvériſé & ſéché ſur une pelle de fer qu'on fait chauffer, auxquelles on joint deux parties de fleur de ſoufre, & autant de rapure de quelque bois tendre ; quand on y met le feu avec une allumette, la pièce ſe fond ſans que la coquille ſoit fort endommagée ni même percée, par la raiſon que l'action du feu, qui n'a eu qu'une petite durée, en a pourtant eu aſſez pour pénétrer & ébranler juſques dans ſes moindres parties une pièce très-mince qu'elle attaquoit en même tems de toutes parts. Car on a mis cette monnoie au milieu du mélange ; mais à l'égard de la coquille le feu n'a eu le tems que d'agir ſur la ſuperficie intérieure qu'il a brûlée ; ou s'il a pénétré dans ſon épaiſſeur, une trop grande poroſité lui a laiſſé le paſſage libre, enſorte qu'il s'eſt diſſipé ſans animer les parties de ſon eſpèce qui pouvoient y être, au point de cauſer l'embraſement total.

Voici quelque choſe encore de plus ſurprenant : une balle de plomb exactement ronde, bien enveloppée dans du papier, ſans ride autant qu'il ſe peut, & miſe ſur la flamme d'une lampe, ſe fond & tombe goutte à goutte par un petit trou qui ſe fait au papier ſans que le papier brûle. Cela vient de ce que l'action de la chaleur, qui paſſe librement par les larges interſtices du papier, dont les parties ſont entrelacées, n'y fait nulle violence ; trouvant des obſtacles dans les parties du plomb ſerrées, elle s'y fait ſentir & fond le plomb, tandis qu'elle épargne le papier.

Le ſoufre ſeul ſuffit pour diviſer une pièce de monnoie, & faire deux pièces d'une ſeule : c'eſt une petite expérience de phyſique à laquelle s'amuſent quelquefois les jeunes gens, & dont des gens mal-intentionnés abuſent pour altérer la monnoie. On ſuſpend la pièce ſur trois épingles, & on allume de la fleur de ſoufre deſſus & deſſous. La partie la plus ſubtile du ſoufre ſe développe en brûlant, s'inſinue de part & d'autre entre

tre ses parties du métal dilaté par le feu, forme dans l'intérieur de la pièce & selon son plan une couche de matière étrangère au métal, qui cause la division, & qu'on apperçoit quand les parties sont séparées. En exposant une pièce d'or au milieu d'une flamme continuée de fleur de soufre, on parvient à enlever pour douze sols six deniers d'or en consommant pour quarante deux sols trois deniers de soufre. Il est à croire que ceux qui altèrent la monnoie de l'état, n'auront pas recours à l'expédient dont nous parlons ici pour faire fortune.

Si l'on veut faire fondre sans feu du régule d'antimoine, il faut en prendre quatre onces, le réduire dans un mortier de verre ou de marbre en poudre *impalpable* (de-là dépend le succès de l'expérience). On met cette poudre à part dans un papier bien net ; ensuite il faut nétoyer le mortier pour y piler douze onces de sublimé. On mêle ces deux poudres en gros sur un papier avec un bâton de bois de chêne ou de hêtre. On les met dans une petite fiole quarrée qui ait le col étroit, & l'on continue de les presser fortement, avec le bout le plus gros du bâton, jusqu'à ce que leur surface reste parfaitement unie. Cette poudre se maintient froide, quoiqu'on la presse pendant un quart-d'heure ; mais si l'on continue la pression un quart-d'heure de plus, tout-à-coup la masse cède & le bâton s'enfonce jusqu'au fond du vaisseau : il s'élève sur-le-champ des fumées épaisses ; la fiole s'échauffe, la matière enfle, écume, fermente, sort du vaisseau, & répand une odeur extrêmement désagréable. Il faut promptement la porter sur une fenêtre pour observer avec plus de sûreté l'issue de cette expérience.

MIRACLE CHIMIQUE. (*Voyez* à *l'article* COAGULATION).

MIROIR, *Plan, Concave, Convexe, Magique, Trompeur, Sphèrique*. (Voyez CATOPTRIQUE).

MONTGOLFIERE *dans une île prétendue nouvelle vers la côte d'Afrique*.

M. Decremps, dans un supplément à sa *Magie Blanche*, donne ainsi la description de cette île nouvellement découverte. Ayant, dit-il, quitté le Cap de Bonne-Espérance, nous fûmes surpris par la tempête qui nous obligea de quitter un peu notre route pour nous rapprocher de la ligne. Nous trouvâmes une île qui, quoiqu'habitée sembloit avoir été vomie depuis peu par l'Océan. On trouvoit par-tout des coquillages, des squelettes de poissons, des volcans éteints.

Après avoir fait connoissance avec les naturels du pays, nous vîmes, en faisant le tour de l'île, que la mer, en rongeant les parties molles,

Amusemens des Sciences.

avoit formé de grandes excavations, & qu'il n'y avoit que les parties dures qui eussent résisté aux efforts des vagues, ce qui donnoit à la partie méridionale la forme irrégulière d'une feuille de chou rongée par des chenilles ; nous passâmes quarante-cinq jours à en lever la carte ; & quand nous l'eûmes dessinée, nous remarquâmes avec surprise que la partie septentrionale avoit presque la figure d'une tête de chien, vue de profil ; les deux oreilles étoient exprimées par deux promontoires de même largeur, qui s'avançoient à une égale distance dans la mer ; l'œil étoit représenté par un lac, & la gueule béante par un golfe. (*Voyez fig*. 14, *pl*. 2 *de Magie Blanche, tom. VIII des gravures*).

Quant à l'insulaire, il est représenté dans la *fig*. 3, *pl*. 3 *de Magie Blanche*).

Description d'une Montgolfiere merveilleuse.

Le capitaine de notre vaisseau, continue M. Decremps, alloit de tems en tems chez les naturels de cette île, pour leur demander du bois, des fruits & de la viande fraîche, & pour leur donner en échange des couteaux, des paquets de ficelle, des miroirs & des haches. M. Hill, qui l'accompagnoit dans ses courses, profita de cette occasion pour faire connoissance, & lier une étroite amitié avec différentes personnes. Comme il avoit beaucoup d'esprit & de mémoire, il apprit, en six semaines, la langue du pays. Parmi les habitans, dont M. Hill avoit acquis l'estime, il y avoit un jeune homme nommé Orvan, très-intéressant par les qualités de l'esprit & du cœur, mais qui paroissoit toujours rêveur & chagrin, quoique jouissant d'une grande fortune & d'une bonne réputation. M. Hill lui demandoit de tems en tems le sujet de ses peines ; & le jeune homme qui avoit souvent éludé la question, répondit enfin qu'il étoit éperdument amoureux, sans pouvoir espérer de posséder un jour l'objet de son amour. Pourquoi cela, dit M. Hill ? Est-ce que votre père s'oppose à votre bonheur ? Ce n'est pas le mien, dit Orvan, c'est Guster ; c'est le père de Mélissa, qui, condamnant sa fille au célibat, me réduit pour toujours à la plus affreuse solitude.

M. Hill demanda alors quelle étoit la passion dominante de Guster, & on lui fit entendre que le père de Mélissa étoit une espèce d'astronome, de minéralogiste & d'insectologiste ; qu'il avoit chez lui des tas de cailloux, de sable & de coquillages pétrifiés ; qu'il passoit quelquefois la nuit à observer les étoiles, & le jour à chercher dans les bois des mouches, des fourmis, des chenilles, des papillons ; qu'il employoit une partie de son tems à la méditation, & que, selon lui, on ne pouvoit obtenir le vrai bonheur que par l'étude de la nature.

Tttt

Tant mieux, dit alors M. Hill! je vois qu'il est curieux; je vous enseignerai de quoi piquer sa curiosité; vous aurez infailliblement de quoi satisfaire sa passion pour les sciences, & je vous réponds que dans peu Mélissa sera votre épouse.

Le jeune homme reçut avec transport une promesse aussi flatteuse. M. Hill s'introduisit chez Guster sous divers prétextes, & ne put voir Mélissa sans approuver le choix de son ami, & sans admirer la taille de cette belle négresse.

M. Hill ayant préparé l'esprit de Guster, & obtenu de lui ce dont il avoit besoin pour le moment, alla trouver son ami Orvan, lui donna quelques connoissances préliminaires, & fit tirer de notre vaisseau trois mille aunes de toile des Indes, & deux mille mouchoirs de Masulipatan. On en construisit une *Montgolfiere*, qui, dans sa partie supérieure, avoit presque la forme & la grosseur du dôme des Invalides. Elle fut lancée du haut d'une montagne, où l'on n'employa pour la manœuvre, comme pour la construction, que des ouvriers européens, qu'on devoit faire embarquer le lendemain, pour leur ôter toute occasion d'instruire Guster avant le moment favorable. On choisit pour l'expérience un tems parfaitement calme, pour trouver moins d'obstacle à diriger horizontalement la machine à l'aide de vingt-quatre rames qui se déployoient en patte d'oie. Orvan, averti de l'heure du départ, & de la route que devoient tenir les voyageurs aériens, invita Guster, & tous les peuples voisins, à se rendre dans une plaine où ils devoient être témoins d'une expérience qui devoit passer dans l'esprit des plus incrédules pour un prodige éclatant: Ses espérances furent pleinement accomplies, car la terreur s'empara de tous les individus, quand on vit floter en l'air une superbe tour à quatre étages avec trente-deux fenêtres.

Orvan, pour rassurer le peuple, dit qu'il avoit prévu cet événement; & que ce n'étoit point un mauvais présage; ces paroles volant de bouche en bouche, porterent quelque consolation dans tous les cœurs.

Tout le monde vit arriver la Montgolfiere au milieu de la plaine à la hauteur d'un quart de lieue; mais voici une circonstance qui ne fut apperçue que d'un petit nombre, parce que les uns se prosternoient contre terre, n'ayant plus la force de regarder, & que les autres, en ouvrant les yeux pour regarder vers le ciel, ne pouvoient plus rien voir, tant ils étoient éblouis!

Tandis que la machine volante continuait sa route vers l'occident, on vit sortir par une de ses fenêtres trois grandes statues qui représentoient trois Divinités; savoir, Junon, Vénus & Minerve: elles descendirent lentement & majestueusement jusqu'à terre. Orvan ayant prié le peuple de s'éloigner pour laisser une place vuide, s'approcha des trois déesses avec cent soldats, qui formerent autour de lui un grand cercle, firent ensuite un demi-tour à droite, & se tournerent vers le peuple en présentant les armes. Le but de cette cérémonie étoit d'empêcher le Peuple d'approcher, & de rendre en même temps l'opération plus majestueuse & plus imposante.

Orvan s'approcha respectueusement des trois statues, que le peuple regardoit comme trois divinités aériennes. Après une conversation apparente d'environ deux minutes, Orvan s'éloigna de quelques pas, leur fit signe de partir, & dans ce même instant, on vit les trois Divinités remonter vers le ciel. (*Voyez la fig. 1. pl. 3. de Magie Blanche Tome VIII des gravures.*)

A peine étoient elles parvenues à la hauteur de deux cents toises, que Junon & Minerve se séparerent de Vénus, & monterent avec une rapidité qui les cacha bientôt dans les nuages. La Déesse des amours, propice à la priere d'Orvan, redescendit alors vers la terre; & quand elle fut parvenue à la hauteur d'environ dix toises, elle laissa tomber une boîte sur laquelle elle avoit paru s'appuyer comme sur un piédestal: ensuite exauçant la priere d'Orvan pour la troisieme fois, elle remonta rapidement pour aller joindre ses compagnes.

Orvan prit aussi-tôt la boîte dont Vénus venoit de lui faire présent; il l'apporta aux pieds de Guster, & en tira devant lui deux rouleaux de papier qui étoient autant de tableaux.

Le premier représentoit Guster entouré de tous les objets de curiosité dont il faisoit son étude. Le second représentoit, dans une attitude respectueuse, Orvan & Mélissa demandant à Guster la permission d'être heureux.

Qu'on s'imagine, s'il est possible, l'effet que la magie de la peinture dut produire sur un homme qui venant d'admirer une expérience sublime, vit un tableau pour la premiere fois, & qui ne savoit pas encore qu'il y eût au monde des Peintres & des Dessinateurs. Les trois portraits qui avoient été faits par un de nos compagnons de voyage, furent regardés comme un ouvrage divin, & comme un présent du ciel. Qu'on juge maintenant si Guster put refuser sa fille à Orvan, quand celui-ci lui promit de lui donner l'explication de toutes ces merveilles.

Il n'est pas dans notre plan d'expliquer ici l'art de construire une *Montgolfiere*. Nous dirons seulement, que la machine de M. Montgolfier consiste en une vaste enveloppe de toile, que l'on remplit de fumée en brûlant de la paille mouillée. Cette vapeur, seize mille fois moins pesante que l'eau

potable, s'élevant en l'air par sa légereté spécifique, emporte la toile qui lui sert d'enveloppe.

On attache toujours à cette machine une galerie
qui lui sert de lest & l'empêche de se renverser.
Au centre de la galerie est un réchaud, avec des
charbons allumés sur une grille de fer. Les Aéro-
nautes, placés autour de la galerie, sont occupés,
les uns à faire des observations astronomiques,
géographiques & météorologiques; les autres, à
jeter dans le réchaud de l'eau ou de la paille, pour
entretenir, diminuer, rallumer ou éteindre le feu,
selon qu'ils veulent monter ou descendre avec plus
ou moins de rapidité.

On fait aussi des ballons avec du taffetas gommé,
rempli de gaz ou d'air inflammable qu'on fait par
la dissolution du fer dans l'huile de vitriol. Ces
ballons peuvent être plus petits que les Montgol-
fieres dont nous venons de parler, parce que le
taffetas est moins pesant que la toile, & le gaz
qu'on y emploie quatre fois plus léger que la fumée de paille.

Ceux qui veulent faire un *minimum* en fait de
ballons, se servent de baudruche proprement collée; c'est une peau si mince & si legere, qu'il suffit
de donner au ballon la grosseur d'une petite vessie:
on en a fait dans ce genre de ronds, d'ovales &
de cylindriques; mais la forme la plus frappante
est celle qui représente la figure humaine. J'en ai
fait dans cette forme, qui, à la vérité, m'ont
coûté beaucoup d'industrie, de temps & de patience; mais j'en ai été bien dédommagé par
le plaisir que j'ai eu de faire accroire pendant
quelque temps, à tout un Village, qu'un homme
pouvoit s'élever en l'air sans le secours d'aucune
machine, & même sans remuer les bras ou les
jambes. Les trois figures, dont nous avons parlé
ci-dessus, étoient construites d'après ce principe.
Voici le moyen qu'on avoit employé pour les faire
monter & descendre pour ainsi-dire à volonté,
(*fig. 2. pl. 3. de Magie Blanche tome VIII des
gravures.*)

Les trois figures étoient attachées à une boîte
A, B, C, D, sous laquelle étoit une petite plaque
de plomb *E F*, attachée à la boîte; avec des
étoupes saupoudrées de fleur de soufre; *G, H,
K, L*, étoit une mêche de corde, qui, étant
allumée au point *G*, se brûloit toute entiere jusqu'au point *L*, dans l'espace de cinq minutes. A
l'instant où on lança les trois figures du haut de
la Montgolfiere, M. Hill, qui en étoit le pilote,
alluma la mêche au point *G*; & aussitôt la petite
plaque de plomb attachée sous la boîte, fit descendre lentement les trois figures jusqu'à terre,
où elles resterent environ deux minutes comme
pour entendre la priere d'Orvan. Celui-ci ne fut
pas plutôt éloigné de trente pas, qu'il ordonna
aux trois figures de s'élever. Elles obéirent comme
feroit une horloge à laquelle on ordonneroit de

sonner trois heures quand on sait qu'il est deux
heures cinquante-neuf minutes & quelques secondes. Orvan savoit que dans l'espace de trois minutes le feu de la mêche devoit parvenir au point
H pour y brûler les étoupes qui attachoient la
plaque de plomb à la boîte. Les trois figures,
détachées de la plus lourde partie de leur lest,
s'éleverent donc dans l'atmosphere, comme feroient, dans un bassin rempli d'eau, un bouchon
de liege qui se détacheroit d'un gros clou auquel
il étoit auparavant lié. Une minute après les trois
figures étoient parvenues à la hauteur de deux
cents toises. Orvan pria Vénus de descendre; &
le feu de la mêche, qui, pendant ce temps-là,
avoit fait des progrès jusqu'au point *K*, brûla
aussitôt les étoupes qui tenoient les deux figures
collatérales attachées à la boîte. Ces deux figures,
délivrées du poids de la boîte, furent portées,
par l'air inflammable, au-dessus des nuages;
mais la boîte qui, un instant auparavant, avoit
été enlevée par les efforts réunis des trois figures,
se trouva assez forte pour entraîner vers la terre
la seule qui lui restoit. Pendant cette seconde descente, le feu qui consumoit toujours la meche,
parvint peu à peu au point *L*, où il brûla les
étoupes qui attachoient à la boîte la troisième
figure. Orvan voyant la boîte se détacher, ordonna à la troisieme figure de remonter, & l'on
voit qu'il dût être complettement obéi.

M. Hill descendit à terre dans une forêt voisine,
à l'insu du peuple; mais il ne fit pas embarquer
aussitôt les matelots qui avoient servi à la direction & à la construction de la machine, parce
qu'il n'étoit plus intéressé à garder le secret,
sachant qu'Orvan venoit d'obtenir sa chere
Mélissa.

MONTRE PILÉE. (*Voyez* ESCAMOTAGE).

MOUCHE SAVANTE (la) (*Voyez à l'article*
AIMANT.).

MOULINET à AIGRETTES. (*Voyez* ÉLEC-
TRICITÉ).

MOUVEMENT PERPÉTUEL. Le *mouvement
perpétuel*, comme on vient de le prouver, la quadrature du cercle, la pierre philosophale sont
des écueils où vient échoir l'ambition du chimiste, du géometre & du mécanicien, nous donnerons cependant ici par forme de récréation, l'idée
d'un mouvement perpétuel, ou plutôt perpétué,
opéré par la force attractive de l'aimant. D'a-
bord, pour nous mieux faire entendre, si l'on
dispose autour d'un guéridon cinq ou six petites
consoles de cuivre, portant chacune un pivot
& une aiguille aimantée, on verra toutes ces
aiguilles se diriger du même sens, c'est-à-dire du

nord au fud tant qu'elles feront libres. Si vous préfentez au milieu d'elle un aimant armé, ou une verge de fer aimanté, tantôt par un pôle, & tantôt par l'autre, on verra qu'elles lui préfenteront toujours un de leurs pôles, qui fera différent de celui de l'aimant. D'après ces faits bien connus, fuppofons un certain nombre d'aiguilles aimantées difpofées en rond, fixées d'une manière immobile, & préfentant toutes le pôle nord; dans le centre s'élevera un pivot fur lequel pourra librement tourner, à la même hauteur que les aiguilles ci-deffus, une aiguille aimantée, de manière que les deux pôles foient nord, chaque pôle de cette aiguille fuyant le pôle qui lui eft oppofé tournera fans ceffe; ce mouvement circulaire fubfiftera tant que la caufe durera.

Apparence de mouvement perpétuel.

M. Wilfon intime ami de M. Hill montra dans fon cabinet à Yorck une aiguille de bouffole, qui, pofée fur un pivot au centre d'une planche & entourée de crochets de fer rangés en cercle, tournoit continuellement, fans qu'on pût appercevoir la caufe de ce mouvement circulaire.

Cette caufe eft pourtant bien vifible, dit M. Wilfon, les crochets de fer étant aimantés, attirent l'aiguille tour à tour; le fecond l'enlève au premier pour la céder au troifième; le quatrième & le cinquième la renvoient au fixième qu'elle quitte auffi-tôt pour l'attraction du premier; & comme ces caufes d'attraction font permanentes, il n'eft pas étonnant que l'aiguille foit toujours en mouvement.

M. Wilfon renverfa un des crochets en le tournant fens devant derrière, & alors l'aiguille s'arrêta : il eft fi vrai, dit-il, que la bouffole eft mife en mouvement par l'attraction des crochets, que quand un fe dérange, l'aiguille ne va plus, M. Hill, qui ne croyoit pas au mouvement perpétuel confidéré comme production de l'art, s'apperçut bientôt de la fauffeté de cette théorie, & de la tricherie qu'on mettoit en ufage dans cette expérience. Ce ne font pas les crochets, dit-il, qui peuvent ainfi faire tourner la bouffole; car fi leur attraction eft égale, elle doit bientôt produire l'équilibre & le repos; & s'il y a de l'inégalité dans leurs forces, les plus foibles ne fauroient arracher l'aiguille au plus fort. Votre explication, toute fauffe qu'elle eft, continua M. Hill, quand elle eft donnée par un habile faifeur de tours, & appuyée fur l'expérience trompeufe que vous venez de faire, en impofe quelquefois aux favans mêmes : car un auteur célèbre qui avoit vu faire ce tour dans un cabinet de phyfique, a cru tout bonnement, & a même inféré dans fes ouvrages

que des crochets de fer autour d'une aiguille de bouffole devoient la faire tourner. Cependant n'ofant point donner le nom de *mouvement perpétuel* à cette rotation, il s'eft contenté de dire que les crochets produifoient dans ce cas-là une efpèce de mouvement *continuel*. Il ne favoit pas que pour faire illufion dans cette expérience, on pofe l'aiguille fur une petite planche qui cache un mouvement d'horlogerie, dont le volant aimanté ne peut tourner fans entraîner la bouffole; il ne favoit pas qu'il faut de temps en temps monter ce mouvement d'horlogerie, fans quoi le prétendu *mouvement perpétuel* ne dureroit qu'environ une demi-heure. Il ignoroit que les crochets mis autour de cette planche, ne font-là que pour tromper les yeux de l'efprit & du corps. Ayant vu une bouffole s'arrêter quand on dérangeoit un des crochets de fa place, il en avoit conclu que l'attraction du crochet devoit entrer pour quelque chofe dans cette expérience; & cependant la bouffole ne ceffoit alors de tourner, que parce que le crochet qui tournoit comme une clef en dedans & en dehors, arrêtoit dans cet inftant le mouvement d'horlogerie, & empêchoit le volant aimanté de produire fon effet.

Autre apparence du mouvement perpétuel.

M. Wilfon voyant que fon *mouvement perpétuel* étoit trop connu de nous pour que nous puffions lui donner ce nom, nous en fit voir un autre, confiftant en deux baguettes en croix portées fur un pivot & fituées dans un plan vertical. Elles portoient à leurs extrémités des étuis inclinés avec des balles de plomb, comme on voit dans la *fig.* 4, *pl.* 3, de *Magie Blanche tome VIII des gravures.*

Cette machine, dit M. Wilfon, eft auffi fimple qu'ingénieufe; elle produit le *mouvement perpétuel*, & ne coûte prefque rien; elle eft attachée par une ficelle, fans quoi vous la verriez tourner continuellement par la raifon que voici.

Les balles A & B font en équilibre, parce qu'elles font à égale diftance de la ligne verticale qui paffe par le point d'appui E. Par la conftruction de la machine, la balle D étant au contraire plus éloignée du point d'appui que la balle C, doit prévaloir fur cette dernière & rompre l'équilibre. Elle doit donc defcendre jufqu'au point B & faire faire à la machine un quart de tour : or, ce quart de tour ne peut avoir lieu fans que la baguette AB, qui étoit fituée verticalement, ne prenne une pofition horifontale; & alors les balles A & B font entr'elles comme étoient auparavant les balles D & C : l'une doit donc emporter l'autre, & faire faire à la machine un autre quart de tour. Ce second quart de tour ne peut avoir lieu, sans être suivi d'un troisième, par la nouvelle position que prennent les balles A & B, &c. La machine est donc construite de manière qu'elle doit tourner continuellement jusqu'à ce que le pivot soit usé, & qu'elle tombe par le défaut du point d'appui.

Ensuite M. Wilson dénoua les cordons qui retenoient la machine, & on la vit tourner aussi-tôt. M. Hill l'arrêta bientôt après pour prouver théoriquement, contre l'expérience, qu'une cause cachée produisoit son mouvement, ou qu'elle devoit s'arrêter avant d'avoir fait le premier quart de tour. En effet, dit-il, quand elle a fait seulement un douzième de tour, *figure 5 même planche*, la balle D, plus éloignée du point d'appui que les balles C, tend encore à l'emporter ; mais la balle B, qui, dans ce moment, est plus loin du point d'appui que la balle A, tend à faire tourner la machine en sens contraire. Ces deux efforts opposés doivent donc empêcher la machine de continuer son premier mouvement.

M. Wilson avoua que M. Hill avoit raison, & que les branches de la machine contenoient de l'aimant mis en mouvement comme dans la récréation précédente, par un volant aimanté caché dans la planche verticale qui portoit le pivot. Cependant, ajouta M. Wilson, cette expérience trompeuse, présentée avec art, & appuyée d'une fausse théorie, doit être bien séduisante, puisque vous êtes les premiers à qui je n'ai pas pu faire accroire que j'ai trouvé le *mouvement perpétuel*.

(DECREMPS)

MOUVEMENT de rotation & de translation.

Un faiseur de tours fit voir une boule de bois qui tournoit d'elle-même sur le bord d'une table, on lui observa qu'il y avoit dedans une certaine quantité de vif argent, mais il fendit la boule & la partagea en quatre pour faire voir qu'elle étoit creuse & vuide ; on lui dit qu'il y avoit eu du mercure, mais qu'on l'avoit escamoté en ouvrant la boule, il fit poser sur la table une bille ordinaire d'ivoire, elle tourna comme la boule précédente, & alors la compagnie observa qu'il pouvoit y avoir dans la table quelque mécanisme pour imprimer à la bille un mouvement de rotation & de translation ; pour réponse il posa la bille dans un grand pot de fayence couvert, qui étoit sur une chaise ; & le bruit qu'elle fit en roulant, ne permit pas de douter qu'elle n'eût en elle-même un principe de mouvement. Cependant, on prétendit que la boule étoit immobile dans le pot de fayence, & que quelqu'un, pour faire illusion, en remuoit une autre derrière la cloison dans un autre pot. Alors, le faiseur de tours reprit la bille & la jetta de toute sa force contre le mur ; elle parut un instant s'y être collée & rester immobile, mais peu-à-peu

elle se mit en mouvement en décrivant une ligne irrégulière pareille à ce que les géomètres appellent des *épicycloïdes* ; l'irrégularité de cette ligne avec ses gances sembloit prouver que la boule n'étoit pas attachée au mur, & que son mouvement venoit d'elle-même, *fig. 9, pl. 10 de Magie blanche, tome VIII des gravures*.

Alors, un amateur crut expliquer le tour, en disant que la boule avoit en elle-même & dans son essence une certaine mobilité qui produisoit un mouvement perpétuel. Voici une meilleure explication. La boule qu'on fit semblant de jetter sur le mur fut escamotée, mais en même-temps on en fit paroître une autre sur le mur en faisant tomber un morceau de toile qui la couvroit. Cette seconde boule, que tout le monde prit pour la première étoit attachée au bout d'une verge de fer qui tournoit sur son pivot comme l'aiguille d'un cadran ; on voyoit mouvoir la bille & non la verge, parce que la bille étoit blanche & la verge noire, comme le lambris sur lequel elle se remuoit.

Mais, me dira-t-on, comment la boule attachée au bout d'une aiguille de cadran pouvoit-elle paroître décrire des *épicycloïdes* ? Je réponds que la boule B attachée au bout de l'aiguille G B tournoit autour du petit cadran A, C, B, tandis que le grand cadran F, H, I, tournoit sur son centre D & emportoit dans son mouvement le petit cadran tout entier, *fig. 10, pl. 10, ibid.*

Par ce moyen, la boule avoit un mouvement circulaire autour du centre G & un autre mouvement autour du centre D, & de ces deux mouvemens combinés ensemble il en résultoit la direction dont nous avons parlé.

Ceci nous donne occasion de dire un mot en passant, sur certains mouvemens composés.

Les cloux qui sont autour d'une roue de carrosse, décrivent un cercle autour de l'essieu par le mouvement circulaire de la roue, mais ils parcourent une ligne droite, par le mouvement direct de la voiture. Ces deux mouvemens combinés ensemble, forment pour les cloux une direction fort singulière qui n'est, ni une ligne droite, ni une ligne circulaire ; car lorsqu'une voiture passe près d'une muraille, si on pouvoit attacher bien vîte près des cloux, quelques crayons placés parallèlement à l'essieu autour de la roue, ces crayons dessineroient sur le mur la route que parcourent les cloux, & cette route seroit exprimée par la ligne que voici, *fig. 11, ibid.*

Il ne faut pas conclure de-là, que toutes les fois qu'un corps tourne autour d'un centre, tandis que ce centre est transporté d'un lieu à un autre, le corps décrive le feston dont nous venons de parler ; car si le corps avoit un mouvement circulaire un peu rapide, & que le centre se mît lentement, alors le corps décriroit la ligne que voici, *fig. 12, ibid.* Au contraire, fi le mouvement circulaire du corps eſt lent & le mouvement du centre très-rapide, la direction réelle du corps s'écarte fort peu de la ligne droite ou courbe décrite par le centre. Voilà pourquoi la lune étant très-près de la terre, eu égard à la diſtance de la terre au ſoleil, & la terre ſe mouvant très-vîte, eu égard au mouvement particulier de la lune, la ligne que la lune parcourt dans l'eſpace, diffère très-peu de l'orbite de la terre. Cette ligne n'a ni les feſtons de la *fig.* 11, ni les crochets de la *fig.* 12. Mais à cauſe de l'inclinaiſon de l'orbite de la lune à l'orbite de la terre, elle eſt à cette orbite, ce que la ligne étroite eſt à la ligne large dans la *fig.* 13, *ibid.*

Pour ſe faire une idée juſte de la route de la lune dans l'eſpace, il faut avoir du fil d'archal d'environ deux lignes d'épaiſſeur, en faire un cerceau de ſix pieds de diamètre, & tortiller un fil de ſoie tout-autour (comme la ligne étroite eſt à la ligne large dans la figure ci-deſſus) de manière que la ſoie faſſe environ douze fois & demi le tour du fil d'archal dans toute l'étendue du cerceau; on verra alors que la courbe que décrit la lune (exprimée par la ſoie) n'eſt point rentrante comme la ligne étroite de la *fig.* 13.　　(DECREMPS).

MULTIPLICATION (par les doigts) (*Voyez* ARITHMÉTIQUE).

MUSCADES. (Tour des) (*Voyez* GOBELETS jeu des

MUSIQUE PARLANTE. (*Voyez* à l'article ÉCRITURE),

MUSIQUE VOCALE. La muſique eſt peut-être de tous les beaux arts le ſeul dont les premiers principes ne ſont pas encore développés d'une manière claire & méthodique à la portée des commençans.

Quelques auteurs ont traité cette partie d'une manière tellement ſcientifique, qu'il faut être algébriſte & géomètre pour les entendre; encore ne trouve-t-on dans ces auteurs que des notions purement ſpéculatives ſur l'harmonie, la propriété des ſons & la vibration des cordes.

D'autres auteurs en ont écrit les principes d'une manière également inintelligible & rebutante; comme ils n'étoient ni grammairiens, ni logiciens, leurs expreſſions ſont barbares, leurs définitions ſont équivoques, & leur méthode eſt nulle. Le P. Buffier, dans ſon cours de ſciences, ſe plaint avec raiſon de ce qu'aucun muſicien, homme de lettres, n'a entrepris un traité raiſonné, mais élémentaire de muſique.

Pour moi, je voudrois qu'un pareil traité fût compoſé par trois perſonnes différentes; ſavoir, un muſicien, un philoſophe & un homme de lettres.

Le premier fourniroit le fonds des idées; le ſecond réduiroit ces idées à un ſyſtême méthodique, & le troiſième retrancheroit de l'ouvrage des deux premiers tout ce qu'il y auroit de ſcientifique & de pédanteſque. J'exigerois que le muſicien fût un maître de chant, plutôt qu'un habile compoſiteur, & que le philoſophe fût un profeſſeur de philoſophie, plutôt qu'un profond mathématicien, parce que les perſonnes accoutumées à enſeigner, donnent en général des démonſtrations plus palpables, tandis que les vrais ſavans, accoutumés à entendre à demi-mot, ſuppoſent trop ſouvent dans leurs lecteurs le même degré d'intelligence, & ſemblent n'écrire que pour propoſer des énigmes. En attendant la publication d'un pareil ouvrage, nous allons donner ici quelques avis utiles à ceux qui voudroient apprendre à chanter ſans maître, ou s'exercer loin du maître, ſans contracter de mauvaiſes habitudes.

Il paroît d'abord merveilleux, pour ne pas dire impoſſible, qu'un homme apprenne la muſique lui ſeul; les notes de muſique, dira-t-on, différentes dans leur forme & leur poſition, ne peuvent avoir qu'une valeur arbitraire comme les lettres de l'alphabet; or, une perſonne ne pourroit, par aucun moyen, deviner ſeule la prononciation des lettres de l'alphabet; donc, par la même raiſon, un homme qui n'a jamais reçu aucune leçon de muſique, ne pourra jamais trouver le ton & la meſure des différentes notes.

Je réponds qu'il y a une grande différence entre les deux objets de comparaiſon; il eſt bien vrai que l'écriture préſente aux yeux des ſignes pour exprimer des ſons de même que la muſique; mais les ſons exprimés par des lettres n'ont guère frappé une oreille juſqu'à préſent, que lorſqu'ils ont été prononcés par des hommes; il n'eſt donc pas étonnant qu'un homme, pour connoître la valeur des lettres, ait beſoin d'un autre homme qui en articule la prononciation; il n'en eſt pas de même des ſons exprimés par les notes de muſique; ces ſons peuvent être rendus par des inſtrumens, & ces inſtrumens peuvent, en certains cas, non-ſeulement tenir lieu de maître, mais encore corriger ſes erreurs.

On me dira peut-être que le même inſtrument qui, quand il eſt d'accord, montre au commençant la valeur d'une note de muſique, peut, en perdant ſon accord, devenir inutile ou pernicieux; l'élève qui ne peut l'accorder, & qui ignore ſi l'inſtrument en a beſoin, peut, en ce cas, acquérir de fauſſes notions, & contracter de mauvaiſes habitudes.

Je réponds qu'il s'agit ici d'un inſtrument qui, étant compoſé d'une ſeule corde, ne peut jamais manquer d'être d'accord avec lui-même, comme on va le voir.

Construction d'un Monochorde.

Ayez une planche A B, bien droite & bien rabotée, de 30 pouces de long sur 3 de large, & un d'épaisseur, (*fig.* 25, *pl.* 9, *de Magie blanche, tome VIII des gravures*). Écrivez les lettres *ut* au bas de la planche comme dans la *fig.* 3; 3 pouces au-dessus, tracez la ligne transversale marquée *re* ; trois pouces au-dessus de la ligne *re*, marquez la ligne *mi* ; à un pouce six lignes au-dessus de *mi*, c'est-à-dire, à la hauteur d'un quart de la planche entière, marquez la ligne *fa* ; deux pouces six lignes au-dessus de *fa*, c'est-à-dire, à un tiers de la hauteur, marquez la ligne *sol* ; deux pouces plus haut, marquez la ligne *la* ; deux pouces & une demie ligne au-dessus de *la*, marquez la ligne *si* ; &, à la moitié de la planche, marquez la ligne *ut*.

Entre ces premières lignes, placez-en d'autres ponctuées aux distances suivantes, savoir: une à quatorze lignes & demie au-dessus de l'*ut* inférieur ; la seconde, de deux pouces au-dessus de *re* ; la troisième, dix lignes au-dessus de *fa*, ou huit pouces quatre lignes au-dessus de l'*ut* inférieur ; la quatrième, sept lignes & un quart au-dessus de *sol*, & la cinquième, un pouce quatre lignes au-dessus de *la*.

Au-dessus de l'*ut*, qui est au milieu de la planche, vous mettrez de nouvelles lignes transversales marquées *re*, *mi*, *fa*, *sol*, &c. mais, en leur donnant seulement la moitié de la distance respective qu'elles ont dans la rangée inférieure, de sorte que le troisième *ut* doit se trouver justement aux trois quarts de la hauteur de la planche, ou à sept pouces & demi de l'extrémité supérieure.

Dans l'épaisseur de la planche vers le point A, faites un trou auquel vous mettrez une cheville comme une clef de violon.

Du côté opposé B, mettez un clou auquel vous attacherez un fil d'archal très-mince.

Ce fil d'archal traversant la planche dans sa longueur, & attaché à la cheville, sera plus ou moins tendu, selon que la cheville sera plus ou moins tournée ; & si, vers le point B, vous posez transversalement sous le fil d'archal une petite pièce de bois ou de fer, alors le fil d'archal ne touchera point la planche, & produira un son quand vous le pincerez vers le milieu (avec le pouce de la main droite) ; vous pourrez imiter ce son avec votre voix, en prononçant la syllabe *ut*, écrit au bas de la planche ; mais si, en pinçant ainsi la corde du pouce de la main droite, vous rendez la partie sonore plus courte d'un dixième, en appuyant le pouce de la main gauche trois pouces au-dessus de ce premier *ut* sur la ligne marquée *re*, la corde ainsi raccourcie donnera un son différent du premier que vous pourrez imiter de la voix, en prononçant la syllabe *re*.

Maintenant, si vous pincez plusieurs fois la corde pour lui faire prononcer successivement les sons *ut*, *re*, *ut*, *re*, selon que vous la pincerez toute entière, ou que vous la raccourcirez d'un dixième, vous pourrez exercer votre voix sur deux sons qui ont entre eux la différence d'un ton ; mais si, en pinçant la corde, vous appuyez successivement le doigt sur les lignes transversales *ut*, *re*, *mi*, *fa*, *sol*, *la*, *si*, *ut*, soit en montant, soit en descendant, vous pourrez monter & descendre la gamme en prononçant ces monosyllabes, & vous exercer sur tous les sons dont les combinaisons, infiniment variées, produisent des airs à l'infini.

Nota. 1°. Que chaque note *ut*, *re*, *mi*, &c. est éloignée d'un ton de celle qui la précède ou qui la suit immédiatement, à l'exception du *mi* qui n'est éloigné du *fa* que d'un demi-ton, & de l'*ut* qui n'est éloigné de *si* pareillement que d'un demi-ton ; 2°. que les notes de la première gamme ont le même nom & le même rapport entre elles que les notes de la gamme supérieure ; 3°. que lorsque deux notes n'ont entre elles un ton de différence, on peut prononcer un son moyen qui est éloigné de chacune d'un demi-ton. Ces sons moyens sont marqués sur l'instrument, par les lignes transversales ponctuées, & prennent le nom de la note voisine, &c.

Il faut exercer sa voix sur tous ses tons & demitons, en les combinant de diverses manières. On trouve ces combinaisons dans les cahiers élémentaires de musique ; c'est-là qu'il faut apprendre la valeur des notes & des clefs, la différence des tierces & des quintes majeures ou mineures, la définition de dièze, de béquarre ou de bémol, & la durée des soupirs, demi-soupirs & quart de soupirs.

Notre but n'étant point d'enseigner les élémens de musique, en répétant ici des notions communes, nous nous contenterons, pour faciliter l'étude du chant, de donner d'abord une première observation qui se trouve dans très-peu d'ouvrages, & d'en ajouter quelques autres qu'on ne trouve nulle part.

Lorsque la clef d'une ligne de musique est accompagnée d'un ou de plusieurs dièzes, d'un ou plusieurs bémols, toutes les notes qu'on trouve sur la ligne ou entre deux lignes où sont ces dièzes & ces bémols, doivent être chantées d'un demi-ton plus haut ou plus-bas ; l'observation de ce précepte est une très-grande difficulté pour les commençans, difficulté que quelques auteurs font évanouir par l'observation d'une douzaine de règles ; mais, comme l'explication de toutes ces règles seroit peut-être ennuyeuse pour nos lecteurs, & trop longue pour le seul article que nous destinons à cette matière, nous nous contenterons de donner ici un principe général qui contient toutes ces règles.

Quand il y a un seul dièze à la clef, ce dièze tombe toujours sur un *fa* ; il n'y a qu'à changer ce *fa* en *si*, & changer les noms respectifs de toutes les autres notes, comme si le dièze étoit une clef de *si* ; par ce moyen, on peut chanter toutes les notes sans aucun égard au dièze qui est à la clef ; la raison en est simple. Le *fa* qui, de lui-même, n'est éloigné de *mi* que d'un demi-ton, doit être par-tout haussé d'un demi-ton à cause du dièze qui est à la clef, &, par conséquent, être chanté à un ton entier au-dessus de la note inférieure ; or, en changeant le *fa* en *si*, il se trouve précisément à un ton de distance de la note inférieure, puisque le *si* est naturellement placé à un ton entier au-dessus de *la*. S'il y a deux dièzes à la clef, le premier tombe sur la note *fa*, comme nous l'avons dit, & le second sur la note *ut*, ou, pour parler plus généralement, le second tombe sur la note qu'on appelleroit *fa*, d'après la transposition des notes indiquée pour un seul dièze ; dans ce cas, c'est *ut* ce *fa*, qui doit être changé en *si*, comme si une clef de *si* se trouvoit à cet endroit.

Mais, quand il y a trois dièzes, le troisième se trouve sur la note *sol*, ou, pour mieux dire, sur la note qui s'appelleroit *fa*, si on suivoit la transposition indiquée pour deux dièzes ; & c'est alors ce *fa* qu'on doit changer en *si*, & le reste à proportion.

En général, le premier, le second & autres dièzes, de la clef tombent sur les notes *fa*, *ut*, *sol*, *re*, &c. éloignées l'une de l'autre, de la quinte en montant ou de la quarte en descendant, mais toujours sur une note qu'on change en *si*, & qui s'appelleroit *fa* s'il y avoit un dièze de moins.

Les bémols à la clef suivent une marche à-peu-près pareille en sens opposé. Un seul bémol tombe sur la note *si* qu'il faut changer en *fa* ; le second tombe sur la note *mi*, ou, pour parler plus généralement sur la note qui, en suivant le changement indiqué pour un seul bémol, s'appelleroit *si* ; c'est alors ce *mi* ou ce *si* qu'il faut changer en *fa*. En général, le premier, le second & autres bémols à la clef tombent sur les notes *si*, *mi*, *la*, *re*, &c. éloignées l'une de l'autre de la quarte en montant, & de la quinte en descendant, mais toujours sur une note qu'il faut changer en *fa*, & qui s'appelleroit *si* s'il y avoit un bémol de moins.

Cette règle générale expliquée ainsi en abrégé, paroîtra peut-être un peu difficile ; mais quand une fois on l'aura comprise, soit en la lisant ici avec la plus grande attention, soit en se la faisant expliquer plus au long par un connoisseur ; on

doit être, j'ose le dire, en état de faire soi-même des progrès rapides.

Quand on connoît une fois ce principe, on ne trouve plus de difficulté dans l'intonation que pour les dièzes ou bémols accidentels ; mais cette difficulté est bientôt levée, soit en solfiant à l'aide du monochorde, soit par l'observation suivante.

Je suppose que, dans un air, je trouve les notes suivantes, *re*, *mi*, *fa* ✕, *sol*, *sol*, *fa* ✕, *mi*, *re*.

j'observe que le dièze du *fa* l'éloigne du *mi* & le rapproche du *sol*, & que ce *fa* ainsi haussé, est un demi-ton au-dessous du *sol*, & à un ton au-dessus de *mi* ; j'observe encore qu'il y a dans la gamme naturelle des notes *sol*, *la*, *si*, *ut*, *ut*, *si*, *la*, *sol*, qui, sans aucun dièze, ont entr'elles le même rapport que les susdites notes *re*, *mi*, *fa* ✕, *sol*, *sol*, *fa* ✕, *mi*, *re* ; donc le chant des premieres que je connois déjà, étant commencé sur le ton du *re*, me donnera le chant des autres auquel mon oreille n'est pas encore accoutumée.

Pour les bémols, je suppose que je trouve dans le courant d'un air les notes suivantes, *ut*, *re*, *mi*, ♭*fa*, *mi*, ♭*re*, ♭*ut* ;

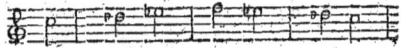

j'observe que ces notes ont entr'elles le même rapport que les notes de la gamme naturelle, *mi*, *fa*, *sol*, *la* ; *sol*, *fa*, *mi*, où il n'entre aucun bémol ; &, comme je sais chanter celles-ci sans difficulté, elles m'apprendront facilement l'intonation des premieres qui paroissent d'abord plus difficiles qu'elles ne le sont.

Les commençans, pour ne pas multiplier les difficultés, peuvent chanter avec mesure sans s'embarrasser de la mesure à deux, à trois ou à quatre tems ; il doit leur suffire de frapper sur la table ou sur les genoux une fois pour une noire, deux fois pour une blanche, & une fois pour deux croches, ou quatre doubles croches. Pour frapper à tems égaux, il faut s'exercer en commençant à suivre avec la main le mouvement d'une balle suspendue à un fil, comme dans la *fig.* 1, *pl.* 10 *de Magie blanche, tome VIII des gravures*.

Les vibrations de cette balle étant isochrones, c'est-à-dire, faites en tems égaux, on ne peut pas avoir une règle plus certaine & de meilleur guide pour la mesure ; il faut seulement allonger

ou

ou raccourcir le fil selon qu'on veut chanter plus ou moins lentement.

Pour terminer ce chapitre, il reste à expliquer comment l'auteur, sans jamais avoir reçu aucune leçon de musique, parvint à chanter par principes l'air suivant, qui est très-joli, quoique peu connu en France, mais qui est bien connu des buveurs Anglais :

Dear Tom, this brown jug that now foams with

mild ale, (in which j' will Drink to sweet

Nan of the vale,) was once To--by

Fil-pot, a thirsty old soul as e'er drank

a bottle or fathom'd a bowl in boozing

a-bout'twas his praise to excel, and as

mong jol--ly topers he bore off the bell --

he bore off the bell.

1°. Par la règle de la transposition, la clef de *sol* avec un dièze fut regardée comme une clef d'*ut* sans dièze.

2°. Il chercha avec le monochorde le ton de toutes les notes, sans s'embarrasser de la mesure, comme si c'eût été du plain-chant.

3°. Le *fa* dièze qui tombe sur le mot *drank* ne l'embarrassa point, parce qu'il chanta les notes *re*, *mi*, *fa*⋕, *sol*, comme s'il y eût eu *sol*, *la*, *si*, *ut*; bien entendu qu'il supposa ces quatre dernières commencer à la hauteur du *re*.

Amusemens des Sciences.

Le béquarre qui tombe sur le mot *about*, & qui tient ici lieu d'un bémol accidentel, ne fut pas plus difficile, parce qu'on chanta les notes, *sol*, *si* ♭, *la* comme s'il y eût eu *la*, *ut*, *si*, en supposant ces trois dernières commencer sur le ton du *sol*.

4°. Quand on sut par cœur les notes avec leur intonation, il ne fut pas bien difficile de trouver la mesure en observant de frapper sur la table une fois pour chaque croche, deux fois pour une noire, deux fois pour la croche pointée, suivie d'une double croche, & une seule fois pour deux doubles croches; voici, avec leur numéro, les coups qu'on frappoit sur la table, à mesure qu'on prononçoit les notes du premier vers :

ut, so, ol-fa, mi, re, e-ut, si, ut, re-ut, si-la, so, ol.
   1   2   3   4   5   6   7   8   9   10   11 12.

Il faut bien se garder de croire que, par ce moyen, un commençant ait pu, dans un instant, trouver la mesure d'un air entier; il a fallu, au contraire, s'exercer plusieurs fois sur chaque ligne en particulier, en prenant les notes trois à trois ou quatre à quatre.

Quand on sut solfier avec mesure, il n'y eut qu'un pas à faire pour l'application des paroles; mais il faut avouer que le desir de réussir, le travail & la patience entrèrent pour quelque chose dans ce premier succès; c'est par un moyen semblable qu'on pourroit applanir bien des difficultés dans les sciences; il n'est point de problême d'algèbre qu'un enfant ne puisse apprendre à résoudre, en avançant à petit pas; les sciences sont comme une haute montagne, au sommet de laquelle il s'agit de parvenir; au lieu de la prendre par le côté escarpé, il faut suivre une pente douce; ou si l'on emploie une échelle, multiplier les échelons, &c.   (DECREMPS.)

Voyez à l'article ACOUSTIQUE.

Musique des verres.

Un faiseur de tours, pour faire preuve d'adresse, posoit sur table huit verres de même grandeur qui avoient tous le même son. Il se flattoit de jouer un air sur ces verres, & de les accorder en un instant, en y versant de l'eau. Ceux qui accordent les orgues, les violons ou les clavecins, disoit-il, ne sont pas si adroits que moi, puisqu'ils tâtonnent un quart d'heure, & qu'ils essaient vingt fois de suite le même tuyau ou la même corde pour lui donner le ton qui lui convient. En prononçant ces paroles, il versoit, d'un seul trait, de l'eau dans les huit verres, & faisoit voir aussitôt, en les frappant l'un après l'autre avec une baguette, qu'ils donnoient, avec justesse, les sons de la gamme, *ut*, *re*, *mi*, *fa*, *sol*, *la*, *si*, *ut*; & comme il amusoit ensuite la compagnie par un

V v v v

petit carillon qu'il accompagnoit de fa voix, on lui favoit bon gré de la fupercherie qu'il venoit d'employer pour accorder fon inftrument *impromptu*.

Les verres avoient chacun un petit trou à des hauteurs différentes, de manière que, quand on les rempliffoit tous jufqu'au bord, l'eau s'é-

couloit par ce petit trou jufqu'à ce qu'il en reftât précifément affez pour donner au verre le ton néceffaire. Par ce moyen, l'inftrument s'accordoit de lui-même en un inftant, & le muficien n'avoit pas befoin de verfer ou de tirer de l'eau à différentes reprifes, pour rendre le fon plus grave ou plus aigu.

(*Voyez* à *l'article* HARMONICA.)

N.

NATATION.

Méthode sûre pour apprendre à nager en peu de jours, par M. Nicolas Roger, plongeur de profession.

A l'âge de six ans j'étois plongeur. Parmi les personnes à qui j'ai montré à nager, quelques-unes m'ont à peine coûté quatre leçons : voilà, je crois, des titres suffisans pour être lu.

On ne peut être bon nageur sans être plongeur ; & il est rare de trouver des personnes qui n'ayant appris qu'à nager, ne conservent toute leur vie pour l'action de plonger une répugnance trop souvent funeste. Je conseille donc de commencer par-là : c'est le seul moyen de se familiariser véritablement avec l'eau.

Choisissez un endroit où vous ayez de l'eau jusqu'aux genoux. Asseyez-vous, & tendez les bras à un compagnon qui sera debout vis-à-vis de vous, les jambes écartées, afin de laisser aux vôtres qui seront jointes, la facilité de se placer entr'elles. Il vous tiendra par les poignets ; tandis que vous vous inclinerez en arrière : dès que l'eau aura couvert votre visage, votre compagnon vous retirera. Il faut répéter cet exercice jusqu'à ce qu'on soit en état de se renverser ainsi, & de se relever seul à l'aide de ses mains, ce qui arrive quelquefois à la première leçon.

Mais gardez-vous bien de vous faire plonger l'un l'autre par surprise, ou même de vous jetter de l'eau au visage, tant que vous ne serez pas familiarisés avec cet élément. Ces sortes de plaisanteries font naître des craintes que l'on ne surmonte pas toujours, même à l'aide d'une raison éclairée.

Vous vous accoutumerez ensuite à plonger sur le ventre, observant d'avoir les reins tendus, le corps droit, les bras en avant & dans la direction du corps, le visage exactement tourné contre terre. Pour vous relever, vous vous appuyerez sur les mains, en soulevant le corps sans précipitation, de manière que vos bras forment avec votre tronc un angle qui diminue peu à peu de grandeur.

L'usage de se boucher le nez est fort mauvais : il suffit qu'on retienne sa respiration, & chacun sait la retenir. On n'est point incommodé de la petite quantité d'eau qui entre dans les narines ; on s'apperçoit pas même s'il y en entre. Il n'en est pas ainsi des oreilles : l'eau qu'elles reçoivent

causent une petite surdité, mais qui ne tire point à conséquence ; au moment où l'on ne s'y attend pas, elle sort d'elle-même, & rend à l'ouie sa première finesse. Cependant les personnes délicates ne feront pas mal de s'introduire dans les oreilles du coton qu'elles auront fortement exprimé après l'avoir imprégné d'huile.

Si l'on ouvre les yeux dans une eau sablonneuse, on éprouvera une légère cuisson lorsqu'on sera à l'air ; si l'eau est claire, on n'en ressentira aucune. Dans tous les cas, on aura soin de refermer les yeux, tandis qu'ils seront encore dans l'eau, pour les r'ouvrir lorsqu'ils seront à l'air, afin d'empêcher que les cils ne se replient entre l'œil & la paupière ; ce qui suffiroit pour rebuter un écolier.

Si l'on se tient dans l'eau de la manière que je viens de dire, on s'appercevra que le corps tendra à surnager. Choisissez alors un endroit qui ait à-peu-près un pied d'eau de plus que celui où vous êtes ; vous ne pourrez réellement pas toucher le fond. Agitez vos membres comme pour nager *en grenouille* (ce que j'enseignerai plus loin) vous ferez ce qu'on appelle proprement *nager entre deux eaux.*

La difficulté consiste à se relever, & l'on reconnoîtra sans peine cette difficulté, si l'on fait attention que la tête ne peut sortir de l'eau sans augmenter le poids de la partie du corps : que par cette augmentation elle s'enfonce, & s'enfonce avec elle, jusqu'à ce que le tout ait repris son équilibre. Pour obvier à cet inconvénient, le compagnon présentera au plongeur un gros bâton, duquel il appuyera un bout en terre : celui-ci saisira le bâton, le suivra des mains en l'empoignant alternativement de chacune, & parviendra ainsi à mettre la tête hors de l'eau.

Si l'on s'exerce dans un lieu dont le fond est inégal, on sent que ce moyen de se relever devient inutile.

Que mon lecteur ne s'épouvante pas de voir que je commence par le faire plonger, tandis qu'il passe pour constant que c'est-là le terme des travaux du nageur. J'ai pour moi l'expérience ; & ceux qui ne sont pas de mon avis, s'y rangeront bientôt, s'ils raisonnent sans prévention. Néanmoins, comme je veux que personne ne se croie en droit de m'accuser de mensonge, j'avertis qu'on trouvera plus loin la manière de nager

promptement fans être obligé de plonger ; mais
j'avertis en même tems que le plus beau nageur,
s'il ne fait plonger, n'est guère plus à l'abri des
accidens que celui qui ne fait rien du tout. Sur
cent nageurs qui fe noyent, quatre-vingt-dix-
huit ne périffent que faute d'avoir fu plonger.
Revenons à mon écolier docile.

Nos corps ne furnagent que parce qu'ils font
plus légers qu'un égal volume d'eau : fans cela,
tout l'art du monde n'y feroit rien, & nous irions
toujours au fond. C'eft ce qui arrive aux noyés
dont les poumons fe refferrent, dont le corps fe
flétrit, & qui ne reviennent fur l'eau que lorfqu'au
bout de plufieurs jours, l'air contenu dans leur
corps, cherche à s'ouvrir un paffage en tout fens,
& par fon élafticité groffit le cadavre fans augmenter fon poids.

Mais tous les hommes ne font pas également
légers par rapport à leur volume. Il eft des noyés
dont le corps n'éprouve pas la révolution dont je
viens de parler, & qui reftent fur l'eau jufqu'à
une décompofition totale. Il eft même des gens
qui fe noyent, fans que leur corps foit entièrement couvert d'eau : ceux-ci font chargés de
graiffe ; & de même que la chair pèfe moins que
l'eau, la graiffe pèfe moins que la chair. Comment font-ils donc pour fe noyer, direz-vous ?
Hélas ! ils fe trémouffent beaucoup, parce qu'ils
ont peur : s'il leur étoit poffible de raifonner, ils
fe tourneroient fur le dos, & conferveroient ainfi
la liberté de refpirer.

De plus, il eft des perfonnes qui, fans paroître
graffes, font beaucoup plus légères que d'autres
qui font de leur taille ; & chez tous les hommes,
les jambes feront plus ou moins légères dans l'eau,
relativement à leur forme, à leur longueur, à la
capacité du tronc, à la groffeur de la tête. C'eft
pourquoi les uns ont befoin de nager dans une
fituation peu inclinée à l'horizon pour diminuer
le poids de leurs jambes & de leurs cuiffes, d'autres de s'incliner davantage pour l'augmenter,
d'autres enfin de fe tenir entièrement debout. Le
véritable nageur eft celui qui nage dans toutes les
fituations, qui ne fe repofe d'une manière que par
une autre, qui, ayant beaucoup de chemin à
faire, & craignant d'être faifi d'une crampe, variera fes attitudes pour donner de l'action aux mufcles qu'il fent près de fe roidir.

Si mon écolier a le corps tendu, les cuiffes &
les jambes ferrées, les talons joints, les pieds
en-dehors, les bras tendus, les doigts de chaque
main ferrés les uns contre les autres & bien tendus, les mains au niveau de l'épaule, & la paume
des mains tournée contre le fond, il aura la légèreté néceffaire pour furnager : fon corps arrivera à fleur d'eau ; les feffes & fa tête fe préfenteront en même tems.

Mais fa tête ne pourra pas fortir toute entière ;
le fpectateur n'en verra que la moitié. Ce n'eft
pas que la force manque à l'eau pour foutenir le
tout ; car j'ai vu des gens dans cette fituation porter un morceau de plomb de trente livres & plus,
qu'on leur mettoit fur le dos. C'eft donc le défaut
d'équilibre qui s'oppofe à ce que la tête puiffe
fortir ; & cela eft fi vrai, que fi, au lieu de placer
fur le dos le morceau de plomb dont je parle, on
en mettoit feulement quelques onces fur une feffe,
le plongeur ne pourroit les foutenir, & enfonce-
roit du côté qu'on les auroit mifes.

Il ne manque donc à mon écolier qu'un contre-
poids pour qu'il parvienne à mettre la tête hors
de l'eau : il eft néceffaire que ce contrepoids foit
placé à l'autre extrémité de fon corps, & qu'il
foit le maître de l'augmenter ou de le diminuer à
volonté. Ce contrepoids fe trouve dans fes jambes : elles acquerront plus ou moins de pefanteur,
felon qu'il les rapprochera ou les éloignera de la
ligne verticale.

Les deux mouvemens doivent être faits à-la-
fois, celui d'élever la tête, & celui d'abaiffer les
jambes. Vous ferez ce dernier par gradation, à
mefure que vous fentirez votre tête s'appefantir.
Pendant cette double opération, vos bras feront
tendus horizontalement & en avant. Si vous
les abaiffiez, cela fuffiroit pour vous faire perdre
l'équilibre : à plus forte raifon fi vous tentiez de
les fortir de l'eau.

Vous avez la tête à l'air, vos pieds touchent
la terre ; mais cela ne fuffit pas : il faut encore
une petite manœuvre pour vous relever, la
voici.

Vos bras forment, en avant de votre corps, un
poids qui vous eft devenu nuifible, & qui vous
fera utile par-derrière : il faut les y porter, mais
de façon à diminuer leur pefanteur dans leur route,
plutôt que de l'augmenter. Vous réuffirez pleinement, fi vous leur faites décrire fans vous pref-
fer, une portion de cercle autour de votre corps ;
obfervant que les mains ne ceffent d'être tendues,
que la paume foit fixée invariablement contre
terre, que la main foit auffi élevée que le coude,
& le coude auffi élevé que l'épaule. Lorfqu'ils feront affez en-arrière pour augmenter le contre-
poids que forment vos jambes, vous tournerez
vos mains comme fi vous vouliez les joindre derrière le dos. Les doigts garderont la même difpofition les uns à l'égard des autres ; mais les
mains feront difpofées de manière que les deux
paumes fe feront face : abaiffez un peu les bras.

Enfuite pliez les genoux, portez les feffes en-
arrière, & vous ferez le maître de vous redreffer.

Cette manœuvre doit fe faire avec beaucoup
de lenteur, parce qu'en agiffant avec précipita-

tion, il pourroit arriver que le poids de derrière devint trop considérable : ce qui exposeroit l'écolier à tomber à la renverse, s'il n'avoit soin, aussi-tôt qu'il se sentiroit chanceler, de rejeter ses bras en-avant, en leur donnant une direction plus ou moins oblique.

C'est ici que l'on commence à éprouver l'avantage de savoir plonger. Mais mon écolier tombe-t-il à la renverse ? il s'étend aussi-tôt, met la main gauche sur le ventre, élève le bras droit & la jambe droite, & son corps se trouve tourné sur le côté droit. Qu'il rapproche la jambe droite de la gauche, qu'il étende le bras droit le long du corps, & en portant le bras gauche en-avant, il achevera de se tourner sur le ventre.

Ensuite il emploie, pour mettre le nez à l'air, les moyens indiqués plus haut.

Veut-il respirer sans changer la position renversée dans laquelle il est tombé ? je le reprends au moment de sa chûte. Qu'il joigne les talons, écarte la pointe des pieds, étende le bras de chaque côté le long de son corps, la paume de la main tournée contre le fond, & l'articulation du pouce appuyée contre la hanche ; qu'il se roidisse bien : son corps montera au même instant : son nez & sa bouche seront au-dessus de la surface de l'eau. Mais il faut se garder de soulever la tête.

Quand il aura respiré tout à son aise, il pourra facilement nager dans cette posture. Il faut pour cela que les jambes, pendant le mouvement, ne s'écartent guère du plan horizontal. Ce mouvement consiste à rapprocher les talons des fesses, en écartant les genoux, & à roidir les jambes & les cuisses, en les étendant avec promptitude. La plante des pieds éprouvera une résistance en raison de laquelle le nageur avancera sur le dos.

Nous n'avions encore parlé que du poids de l'eau, & nous venons d'y joindre sa résistance. On peut employer la résistance de l'eau avec succès, pour se relever lorsqu'on est plongé sur le ventre. Je reprends mon écolier à l'instant où sa tête étoit à moitié dans l'eau.

Inclinez vos jambes vers le fond, mais lentement & en pliant les reins. Eloignez un peu les coudes, en rapprochant les mains l'une de l'autre (mais que la position horizontale subsiste toujours) : donnez à vos mains la forme qu'elles prendroient, si vous les appuyiez sur un globe de sept à huit pouces de diamètre, en observant néanmoins de tenir les doigts bien serrés les uns contre les autres. Pressez avec vigueur & d'un seul coup l'eau qu'elles rencontreront dans leur chemin, comme si vous vouliez la faire passer entre vos cuisses, & faites un saut par-dessus, les jambes écartées. L'appui sera plus que suffisant pour vous remettre debout.

Passons à la manière simple d'apprendre à nager.

La plûpart de ceux qui se mêlent de donner des leçons, prétendent qu'il est essentiel de ne pas chercher un appui dans un corps léger, sous prétexte que lorsqu'on est parvenu à déployer ses propres forces, on enfonce trop dans l'eau, & que cela se convertit en habitude. Il ne faut que réfléchir un moment pour reconnoître l'absurdité de cette prétention. Ce n'est point une erreur de leur part, c'est une petite supercherie qui leur rapporte de l'argent. Ils dirigent leurs écoliers plusieurs mois de suite, plusieurs années même, en leur tenant la main sous le menton, sous le ventre, ou enfin en les attachant à une corde qu'ils tirent par un bout : delà vient peut-être que des gens d'esprit qui n'ont jamais pu réussir à nager, en prenant de ces sortes de leçons, se sont persuadés que *la natation est un art rempli de difficultés.*

Mais tous les appuis ne sont pas également sûrs, & toutes les manières de s'en servir ne sont pas également bonnes.

Les bottes de jonc empêchent les bras de se mouvoir avec facilité.

Les vessies sont sujettes à crever. Les calebasses ou *bouteilles de pélerin*, ont aussi leur inconvénient : la chaleur du soleil dilate l'air qu'elles contiennent, le bouchon saute, & l'eau y pénètre ; d'ailleurs, un choc peut les casser, de même que les boîtes de fer blanc ou d'autre métal. J'ai été témoin de plusieurs accidens occasionnés par toutes ces machines à vent. On verra plus bas qu'il faudroit encore les rejetter, quand même elles ne seroient pas dangereuses.

Je ne connois que le liège qui puisse être employé par les commençans. Les uns s'en font une double cuirasse qu'ils attachent par les côtés avec des cordes : d'autres se servent d'une seule planche qui leur couvre la poitrine & le ventre : d'autres mettent la planche par derrière, & laissent le devant à nud. Cette manière est moins mauvaise que la précédente. J'ai vu un jeune homme qui, s'étant cuirassé par-devant, s'avisa de se tourner sur le dos ; tous les efforts qu'il fit pour se mettre sur le ventre furent vains, & il seroit péri s'il n'eût été secouru.

On se sert, le long du Rhône & ailleurs, de vestes de toiles piquées de liége, & fixées par une bande qui passe entre les cuisses, ou simplement de corcelets fabriqués avec des bouchons de grosseur inégale, dont on fait une espèce de tissu avec de la ficelle : ces instrumens sont commodes pour aller sur l'eau, & je suis fort aise qu'on les ait fait connoître à Paris ; mais je ne voudrois pas qu'on lui eût donné un nom grec. Cependant leur utilité se borne au moment préfent, & l'on ne parvient pas plus à devenir na-geur en en faisant usage, qu'on n'y parviendroit en se promenant dans une barque.

Voici la manière qui me paroît la plus sûre, la plus commode, la moins coûteuse, & la seule capable de mettre un homme d'une conforma-tion ordinaire en état de nager seul au bout de huit jours. Je ne me donne pas pour en être l'inventeur ; le petit nombre de combinaisons qu'on peut faire sur cette matière, est sans doute épuisé depuis bien des siècles.

Enfilez à une corde grosse comme le petit doigt, & longue de deux pieds & demi, plus ou moins, un morceau de liége coupé en rond, & qui ait un pouce & demi de diamètre sur neuf à dix lignes d'épaisseur; qu'un autre morceau d'un dia-mètre plus considérable vienne après; que celui-ci soit suivi d'un troisième, & ainsi de suite jusqu'à ce que vous ayez formé une espèce de cône ou *pain-de-sucre* de cinq à six poutes de hauteur sur neuf à dix pouces de base.

Ce cône sera arrêté à son sommet par un double nœud que vous ferez à l'extrémité de la corde, & à travers lequel vous planterez une cheville que vous assujettirez avec de la ficelle pour plus de solidité.

L'autre extrémité de la corde sera garnie d'un autre cône disposé comme celui-là.

Etendez cette corde sur l'eau, & mettez-vous dessus en travers; vous vous sentirez surnager au point que ce ne seroit qu'avec effort que vous parviendriez à mettre le visage dans l'eau. Cependant, si vous êtes mince, il faudra rac-courcir la corde : & dans tous les cas, vous la disposerez de manière que vos liéges ne flot-tent pas trop près des aisselles, ce qui pourroit gêner le mouvement de vos bras.

Ici vous avez un seul accident à craindre, mais il est si grave, que le plongeur le plus exercé n'auroit que de foibles ressources à y opposer. La corde peut abandonner la poitrine, glisser le long du ventre, s'arrêter à la naissance des cuisses; la tête plonge; le tronc la suit; les jambes de-meurent suspendues, & la mort se présente.

J'ai vu des maîtres imbécilles faire faire cette culbute à leurs écoliers, pour avoir le plaisir de les relever un instant après. Si l'on se persuade qu'on accoutumera un homme à l'eau en le traitant de la sorte, on se trompe lourdement : il est certain au contraire qu'il n'y auroit pas de moyen plus assuré de le lui faire prendre en horreur.

Voici le remède. Préparez deux anneaux de cordes qui aient le double de la grandeur dont vous auriez besoin pour y faire entrer vos bras jusqu'aux épaules. Fixez ces anneaux à la corde princi-pale avec de la ficelle, en laissant entre deux

la largeur nécessaire pour asseoir commodément votre poitrine. Avant de vous abandonner à l'eau sur cet instrument, vous aurez soin de passer un bras dans chaque anneau jusqu'à l'épaule.

Pour ménager la poitrine des dames, je leur fais passer sur le dos la corde principale, & je fabrique les anneaux avec de fortes tresses de laine garnies de velours : ainsi l'articulation de l'épaule est la seule partie de leur corps qui éprouve quelque frottement, & encore ce frottement est-il presque insensible : j'appelle cela *nager à la lisière*. Je ne sais si les grecs ou les romains ont connu ce moyen de faciliter au beau sexe un exercice aussi utile qu'agréable : mais je me sais bon gré de le lui avoir fait connoître dans ce siècle.

Si l'on vouloit faire nager à la lisière un in-dividu chargé d'une bosse (car il est bon de tout prévoir, afin que le public ne soit pas étourdi des prétendues découvertes de certains perfec-tionneurs), on substitueroit à la corde un mor-ceau de bois courbé en arc, aux deux bouts du-quel on attacheroit les anneaux & les *pains-de-sucre*.

Pour vous préparer à vous porter en avant, vos bras doivent être pliés, & vos mains bien tendues; la paume tournée contre le fond; elles seront rapprochées de sorte que les deux pouces & les doigts qui les suivent (*index*) se touche-ront mutuellement par le bout. Ayez les coudes au niveau des épaules, & les mains au niveau des coudes (1); & que vos mains soient rappro-chées de votre corps, de manière que la main droite forme en dehors un angle rentrant d'en-viron 145 degrés avec l'avant-bras droit, & réci-proquement.

Que vos talons se touchent, ou à-peu-près, & qu'ils soient rapprochés de vos fesses; que vos genoux soient éloignés l'un de l'autre le plus qu'il sera possible.

Tenez-vous prêt à chasser vigoureusement de la plante des pieds l'eau qui se trouvera dans leur direction, & retenez bien ceci :

Comme si un même ressort faisoit partir à la fois vos pieds & vos mains, que vos bras & vos jambes se déploient au même instant. Vos mains se porteront en avant & à la hauteur des épaules, & ne cesseront de se toucher même lorsque vos bras seront déployés dans toute leur longueur.

_____

(1) J'insiste sur ce précepte, parce que c'est celui dont les écoliers se ressouviennent le moins dans l'action. L'habitude où nous sommes de porter les mains à terre pour nous retenir lorsque nous faisons une chûte, me paroît être la cause de ce mécanisme qui, à la moindre peur, dispose les membres d'un écolier comme pour marcher à quatre pattes.

Cet élan, auquel vos membres feuls doivent avoir participé, vous a fait avancer en raifon de la promptitude que vous y avez mife. Il ne faut pas vous hâter de raffembler vos membres, parce que votre mouvement fubfifte encore, quoique la caufe qui l'a produit ne fubfifte plus. Attendez, pour changer de pofture, qu'il foit prefque fini : ce que vous connoîtrez à l'augmentation de votre poids, qui vous fera un peu enfoncer.

Alors vous difpoferez vos membres comme ils étoient avant de faire l'élan; mais il faut tirer parti de ce nouveau travail, en l'employant à avancer encore : vos cuiffes, vos jambes ni vos pieds ne peuvent vous fervir pour cela; vos bras & vos mains y fuppléeront.

Eloignez d'abord très-lentement vos mains l'une de l'autre, obfervant de tenir les bras bien tendus; &, lorfque les mains feront éloignées entr'elles d'environ deux pieds & demi (1), inclinez-les de forte que le côté du petit doigt de chacune foit un peu plus élevé que celui du pouce. Mettez alors de la vigueur à la continuation du mouvement de vos bras : vous avancerez. Vos mains n'ont pas encore ceffé d'être au niveau des épaules; mais, lorfqu'elles feront diamétralement oppofées, il faudra que l'extrémité des bras, fans qu'ils ceffent d'être tendus, pénètre plus avant dans l'eau à mefure que vous aggrandirez la portion de cercle qu'ils décriront. Ici le mouvement doit être rapide; car ce n'eft que par la réfiftance de l'eau, non-feulement que vous continuez d'avancer, mais encore que vous vous foutenez fans faire la culbute (2). Cependant, fi tous vos mouvemens ont été bien ménagés, vous aurez du temps de refte pour plier vos bras, les rapporter devant votre poitrine (obfervant de leur faire reprendre, ainfi qu'aux mains, leur pofition horizontale pendant ce trajet); & vous élancer une feconde fois.

Malgré les efforts que j'ai faits pour me rendre intelligible, je ne me flatte pas d'être entièrement compris à la première lecture : mais j'efpère qu'en me lifant avec attention une feconde fois, on entendra facilement tout ce qui n'aura pas été entendu la première. Cependant, fi l'on ne trouvoit pas mes explications également claires, il ne faudroit point fe rebuter pour cela. Il fuffira d'en avoir compris quelques-unes pour être en état de fuppléer foi-même les autres avec un peu d'attention, puifqu'elles portent toutes fur un petit nombre de principes fimples & faciles à retenir; favoir, que nos corps font plus légers que l'eau; que nos corps ne font pas

___

(1) Pour un homme de cinq pieds fix pouces.

(2) Je fuppofe dans cet inftant qu'on n'a pas de lièges, & qu'on veut nager dans une fituation horifontale.

par-tout également légers; qu'il faut donner aux parties les plus légères un poids capable de les tenir en équilibre avec les plus pefantes; que les différentes parties de notre corps ne peuvent acquérir cette variété de poids que par la diverfité de leur pofition, ou par la réfiftance de l'eau.

En s'exerçant à la lifière une heure par jour, il faudra retrancher à chaque fois une portion égale des deux cônes, pour les diminuer de volume en raifon des forces qu'on aura acquifes. L'homme le plus ftupide fur l'eau, c'eft-à-dire, le plus craintif, nagera fans aucun fecours avant la quinzaine.

Ceux qui auront d'abord préféré de plonger, pourront également s'exercer à la lifière, lorfqu'ils voudront commencer à nager. Mais j'ai vu des perfonnes qui n'avoient pas befoin de cette reffource, & qui, après avoir plongé quatre ou cinq jours au plus, effayoient leurs forces en fortant de tête de l'eau, & ne les effayoient pas en vain. Il eft vrai que j'attribuois une partie de leurs fuccès à la confiance qu'elles avoient en moi.

Lorfque vous ne ferez plus à la lifière, vous vous accoutumerez à donner à vos membres divers mouvemens pour vous faire avancer. On nage *en chien*, on nage *en grenouille*, on *coupe l'eau*, on nage *en griffon*, on nage *à coups de poings*, on nage *à coups de pieds*, &c. Je vous ai fait nager en grenouille. Mes leçons vous feroient inutiles pour nager autrement; il vous fuffira de regarder un nageur une fois : mais fouvenez-vous que celui qui ne nage que d'une manière eft bientôt fatigué, & que celui qui plonge ne l'eft jamais.

Jufqu'ici j'ai fuppofé que vous nagiez dans une eau morte; mais, lorfque vos forces vous le permettront, ne négligez pas de vous exercer dans les eaux courantes. C'eft-là feulement qu'on peut déployer toutes les reffources dont on aura befoin dans les grands dangers. Le philofophe qui vouloit apprendre à fon difciple à traverfer l'Hellefpont dans les canaux de fon jardin, n'étoit pas nageur.

Je ferois graver beaucoup de planches & de figures, qu'elles n'enfeigneroient point comment on peut garder fur l'eau certaines poftures. Les moyens qu'on y emploie dépendent du poids du corps, de fa conformation, du poids de l'eau, de fa profondeur, de fa rapidité, de fon agitation; enforte que le plus habile nageur emploie d'autres moyens fur la Seine, fur le Rhin, fur le Rhône & dans l'Océan. Mais il ne faut pas croire que la découverte de ces différens moyens exige de profondes réflexions; le nageur le plus borné en fait autant là-deſſus que le na-geur qui profeſſe la phyſique.

Il eſt cependant deux ou trois préceptes géné-raux qui épargneront à mon lecteur diverſes ten-tatives : les voici.

Pour nager debout, ſans le ſecours des bras, il faut écarter les jambes le plus qu'on pourra, & marcher dans cette ſituation. Si, malgré cet écart, on enfonçoit, il faudroit plier les jambes & marcher à genoux.

Si l'on veut nager debout dans une rivière, il faut ſe préſenter incliné contre le courant, afin de n'être pas culbuté par l'eau, dont la rapi-dité augmente à meſure qu'elle eſt éloignée du fond.

Si, en nageant dans une eau morte, on ſe trouve arrêté par des herbes, il ne faut point batailler pour s'en débarraſſer de force, mais s'arrêter tout de ſuite, dégager d'abord les bras ſans les ſortir de l'eau ; charger ſes poumons de beaucoup d'air, ſi l'on a de la peine à ſe ſoutenir ; & pour reprendre ſa reſpiration, poſer les mains hori-zontalement, ainſi que les bras. On répétera la choſe auſſi ſouvent qu'on en aura beſoin.

Les bras étant dégagés, on ôte les herbes qui peuvent s'être entortillées autour du cou : enſuite on ſe met debout, & d'une ſeule main, tandis que l'autre eſt à la ſurface de l'eau, on tire déli-catement & brin à brin, toutes les herbes qui ſont autour des jambes & des cuiſſes.

Votre corps étant bien nettoyé, le plus ſûr, pour vous tirer de ce mauvais pas, eſt de vous étendre ſur le ventre, les cuiſſes & les jambes jointes & immobiles. Vous vous coulerez à travers les herbes en nageant des bras ſeulement. Si l'eſ-pace vous manque pour les déployer autour de vous, il faudra les mouvoir en *chien*, & vous êtes hors de danger.

Je viens de parler, pour la première fois, du parti qu'un nageur peut tirer de l'air, en l'accu-mulant dans ſes poumons. Ce moyen d'alléger le corps, toutes les fois que les autres ne ſuffiſent pas, eſt ſi naturel, que la plupart des écoliers ſe gonflent dans l'eau dès la première leçon, ſans qu'ils s'en apperçoivent eux-mêmes.

Il me reſte à donner quelques avis aux plon-geurs.

Puiſque tous les hommes ne ſont pas égale-ment lourds, relativement à leur volume, tous n'ont pas la même facilité de pénétrer dans le ſein des eaux. Bien plus, il en eſt qui éprouvent une impoſſibilité abſolue de plonger. J'ai vu à Naples un eccléſiaſtique ſi chargé de graiſſe, qu'il ſe promenoit dans la mer ſans ſe mouiller plus

haut que la ceinture, quelques efforts qu'il fît pour enfoncer (1).

L'expérience apprend bientôt à un plongeur les moyens qui lui ſont les plus propres : cepen-dant on peut établir quelques règles générales.

Pour diſparoître tout-à-coup, qu'on ſe mette debout, les jambes jointes, les pieds tendus, les bras élevés ou abaiſſés, & appliqués le long du corps. Pour remonter, on ſe mettra ſur le ventre ou ſur le dos, ou ſeulement on écartera les jambes & les bras en ſe tenant debout.

On peut auſſi entrer la tête la première en abaiſ-ſant les bras & en élevant les jambes, de ſorte que les pieds ſoient la dernière partie du corps qui diſparoiſſe. Cette manière de plonger cauſe plus d'étonnement que les autres à ceux des ſpec-tateurs qui ne ſont pas initiés.

Si l'on veut ſe jetter dans l'eau d'un lieu élevé, il faut ſe tenir bien droit, les bras collés le long du corps, les jambes croiſées dans leur lon-gueur, les pieds tendus, & préſenter les or-teils les premiers. Mais je conſeille aux gens du métier d'abandonner cet exercice dangereux.

Quoique l'air dont on remplit ſes poumons rende moins lourd, & paroiſſe aller contre le but qu'on ſe propoſe en plongeant, je ſuis d'avis qu'on s'en muniſſe d'une bonne doſe s'il ſe peut. C'eſt le moyen de conſerver plus long-temps ſes forces lorſqu'on a du chemin à faire dans l'eau.

Habit de liége pour ſe ſoutenir ſur l'eau.

M. l'abbé de la Chapelle, s'étant trouvé ſur le point de faire un voyage de long cours, s'eſt occupé de l'invention d'un moyen qui mette les mariniers en état de ſe ſauver, lorſque, par des malheurs trop communs ſur mer, ils ſont obligés d'abandonner leur vaiſſeau & de ſe livrer aux flots, pour eſſayer de gagner la terre à la nage.

Ce ſavant, pour y réuſſir, a fait faire un habit à nager, qu'il appelle un *ſcaphandre*. C'eſt une ſorte de caſaque formée par des pièces de liége couſues entre deux toiles, & qui s'appliquent parfaitement ſur le dos & ſur la poitrine, par le moyen des courroies que l'on fait paſſer entre les cuiſſes & ſur les épaules. Il faut y employer environ dix livres de liége, pour que le corps du nageur ſe trouve en équilibre avec un pareil volume d'eau.

---

(1) Je ſuis perſuadé que ſi une maladie le maigriſ-ſoit au point de lui enlever cette faculté, il n'oſeroit plus ſe confier à l'eau ſans avoir appris à nager ; il ſe-roit dans le cas d'un homme qui, ayant toujours fait uſage d'un corſet de liége, ſe trouveroit tout-à-coup privé de cet inſtrument.

L'inventeur.

L'inventeur en a fait l'effai dans la Seine, pendant la faifon des bains. Au moyen de cet habit il s'eft abandonné fans crainte au plus fort de la rivière, où il fe tenoit debout, la tête hors de l'eau, fi fort à fon aife; qu'il a pu faire ufage d'une bouteille & d'un verre qu'il tenoit dans fes mains. M. l'abbé de la Chapelle a continué quelques années de faire ufage de fa méthode dans la belle faifon.

Cette invention heureufe en doit rappeler une autre à-peu-près femblable, faite par un officier qui fe propofoit de procurer à l'infanterie le moyen de paffer les rivières fans pont & fans gué. L'habit qu'il avoit imaginé pour cela foutenoit très-bien le foldat dans l'eau; mais, pour lui donner la facilité de marcher & d'agir fans toucher le fond, il y ajouta une chauffure avec des feuilles de plomb; il en fit l'effai lui-même; &, s'étant fait tranfporter à une affez grande diftance en mer, il defcendit dans les flots, & regagna la terre en marchant dans l'eau prefque auffi facilement qu'il eût pu marcher à terre.

NAVIGATION. La navigation peut être confidérée fous deux afpects. Sous l'un, c'eft une fcience dépendante de l'aftronomie & de la géométrie. Envifagée de cette manière, on l'appelle le *Pilotage*, qui eft l'art de déterminer la route qu'on doit tenir pour aller d'un lieu dans un autre; de reconnoître à chaque moment le lieu du globe auquel on eft parvenu, &c. Sous l'autre afpect, c'eft un art fondé fur la mécanique & la connoiffance des puiffances motrices du vaiffeau : on l'appelle alors la *Manœuvre*, qui enfeigne à donner à cette lourde maffe qui fend les flots, la direction convenable, au moyen des voiles & du gouvernail. Nous nous bornerons ici à quelques problèmes qui peuvent piquer la curiofité.

De la ligne courbe que décrit un vaiffeau fur la furface de la mer, en fuivant un même rhumb de la bouffole.

Il eft néceffaire, lorfqu'on eft fur le point de mettre à la voile, d'orienter fa route, c'eft-à-dire de déterminer la direction que l'on doit tenir pour arriver le plus promptement & le plus fûrement au lieu où l'on veut aller; & lorfqu'on a une fois déterminé cette direction, ou l'angle qu'elle fait avec le méridien, on la fuit tant que des circonftances particulières ne s'y oppofent pas. En fe dirigeant ainfi continuellement pendant plufieurs jours fur le même rhumb de la bouffole; on décrit une ligne qui fait conftamment avec les méridiens un même angle : c'eft-là ce que l'on nomme une *loxodromie* (ou courfe oblique) & il en réfulte fur la furface du globe une courbe particulière, dont la nature & les propriétés ont excité l'attention des mathémati-

Amufemens des Sciences.

ciens. C'eft d'après elles qu'ils ont donné les règles pratiques de la navigation; & comme ces proffriétés font affez remarquables, il nous a paru à propos de les développer ici.

Nous préfumons, au refte, que notre lecteur fçait ce que c'eft qu'une bouffole, un rhumb de vent, &c. enfin ces premiers éléments de la navigation; car il ne nous feroit pas poffible d'entrer ici dans ces détails abfolument élémentaires.

Suppofons donc maintenant que le fecteur A CB (*fig. A, pl. 1. Amufemens de navigation*), repréfente une portion de la furface fphérique de la terre, dont C eft le pôle & AB l'équateur, ou feulement l'arc d'un parallèle compris entre deux méridiens, comme AC, BC; que CD, CE, CF, repréfentent autant d'arcs du méridien, très-voifins l'un de l'autre.

Qu'un vaiffeau parte du point A de l'arc AB, dont le méridien eft AC, en faifant avec ce méridien un angle CAH moindre qu'un droit, par exemple de 60 degrés; il décrira un chemin AH, au moyen duquel il changera continuellement de méridien : qu'après cette courfe AH, il foit arrivé en H fous le méridien AD, & qu'il continue de fe diriger en faifant l'angle CHI égal au premier, & ainfi de fuite; la direction de fa route, étant conftamment inclinée de 60 degrés au méridien; il eft aifé de voir que la ligne AHIK ne fera point un arc de grand cercle fur la furface de la fphère. Car on démontre dans les fphériques, que fi AHK étoit un pareil cercle, l'angle CHI feroit plus grand que CAH, & CIK plus grand que CHI. Il en feroit de même fi la courbe AHIK étoit un arc d'un petit cercle de la fphère; d'où il eft aifé de conclure que la courbe que décrit un navire, en fe dirigeant toujours fuivant un même rhumb, eft une courbe particulière qui va toujours en s'approchant du pôle.

I. Il eft vifible que fi l'angle loxodromique eft nul, c'eft-à-dire fi le vaiffeau cingle nord ou fud, la ligne loxodromique eft un arc du méridien.

Mais fi cet angle eft droit, & que le vaiffeau foit fous l'équateur, il décrira un arc de l'équateur. Enfin, s'il eft hors de l'équateur, il décrira un parallèle.

II. Si l'on divife la ligne loxodromique AKL en plufieurs parties égales, fi petites qu'elles puiffent paffer pour des lignes droites, & que, par les points de divifion H, I, K, &c. on faffe paffer autant de parallèles au cercle de latitude, tous ces cercles feront égaux & également éloignés entr'eux, enforte que, faifant paffer des arcs de méridiens par les mêmes points, les portions de ces méridiens, comme DH, MI, NK, &c. feront égales entr'elles, auffi bien que les arcs correspondants AD, HM, IN, &c. Toutefois cette égalité ne sera pas en degrés, mais en lieues ; ce qui est facile à démontrer : car les triangles ADH, HMI, INK, &c. sont évidemment semblables ; ainsi les hypothénuses AH, HI, IK, &c. étant égales en longueur, les autres côtés des mêmes triangles seront aussi égaux respectivement. D'un autre côté il est visible que si AD, qui est partie d'un plus grand cercle, est égale en longueur ou en lieues à HM, qui est partie d'un plus petit cercle, cette dernière doit contenir un plus grand nombre de minutes ou de degrés que la première.

III. Quand on a parcouru une portion de loxodromie très-petite, comme AH, en suivant un même rhumb, & qu'étant arrivé en H on connoît, par l'observation, la différence de latitude ou l'arc DH, il est aisé de connoître le chemin AH, puisque DH est à AH, comme le sinus de l'angle HAD connu est au sinus total. Que l'angle CAH soit, par exemple, de 60 degrés, & par conséquent HAD de 30 degrés ; que DH soit égal à un demi-degré ou 10 lieues marines : le chemin AH sera de 20 lieues marines, car le sinus de 30 degrés est précisément la moitié du rayon.

IV. On connoîtra *vice versâ* la différence de latitude, si l'on connoît le chemin parcouru, & le rhumb sous lequel il a été parcouru.

V. L'angle de la loxodromie CAH ou HAD étant connu, ainsi que la différence de latitude DH, on connoîtra la valeur de l'arc AD ; car DH est à AD, comme le sinus de l'angle HAD est à son co-sinus. Or, connoissant la longueur ou le nombre des lieues d'un arc d'un parallèle, on connoit combien de degrés & minutes contient cet arc : Ainsi l'on a par ce moyen le changement en longitude opéré pendant que le vaisseau parcourt le petit arc de loxodromie AH ; & faisant la même opération sur les autres petits arcs HM, IN, &c. on aura le changement total de longitude, pendant que le vaisseau aura parcouru l'arc loxodromique quelconque AK.

La difficulté de cette opération vient de ce que tous les arcs AD, HM, IN, &c. quoique égaux en longueur, sont des arcs dissemblables. Mais les géometres ont trouvé les moyens d'éviter ces calculs par des tables ingénieuses ou d'autres opérations, & dont l'explication ne peut trouver place ici.

VI. Cette ligne courbe a une propriété fort singulière ; c'est qu'elle s'approche sans cesse du pôle sans y arriver jamais. Cela suit évidemment de sa nature ; car, en supposant qu'elle arrivât au pôle, elle couperoit tous les méridiens dans ce même point : donc, puisqu'elle coupe chaque méridien sous le même angle, elle les couperoit

tous au pôle sous la même inclinaison ; ce qui est absurde, puisqu'ils sont tous inclinés dans ce point les uns aux autres. Elle s'approchera donc de plus en plus du pôle, & en faisant autour de lui une infinité de circonvolutions, sans cependant jamais l'atteindre. Ainsi, dans la rigueur mathématique, un vaisseau qui suivroit continuellement un même rhumb de vent, autre que celui de nord ou sud, ou est & ouest, s'approcheroit sans cesse du pôle, mais n'y arriveroit jamais.

VII. Quoique la loxodromie, lorsqu'elle fait un angle aigu avec les méridiens, doivent faire une infinité de circonvolutions autour du pôle avant de l'atteindre, sa longueur est néanmoins finie ; car on démontre que la longueur de la loxodromie, comme AKL, est à la longueur de l'arc du méridien qui indique le changement de latitude, comme le sinus total au co-sinus, ou sinus de complément, de l'angle fait par la loxodromie avec le méridien : conséquemment *vice versâ*, le changement de latitude est au chemin parcouru loxodromiquement, comme le co-sinus de l'angle ci-dessus au sinus total.

La remarque précédente est principalement pour les géometres, & présente une espece de paradoxe qui étonnera ceux à qui ces sortes de vérités ne sont pas familières : on ne peut cependant pas en douter, si l'on a conçu les démonstrations qui ont précédé. Ainsi, pour fixer nos idées, supposons une loxodromie inclinée de 60 degrés au méridien, avec ses circonvolutions infinies autour du pôle ; & qu'on fasse, comme le co-sinus de 60 degrés ou le sinus de 30 degrés est au sinus total, ainsi le changement de 90 degrés en latitude à un quatrième terme : ce sera la longueur absolue de cette loxodromie. Or le sinus de 30 degrés est la moitié du sinus total ; d'où il suit que le quart de cercle est la moitié de la loxodromie susdite, ou bien qu'elle est égale précisément à un demi-cercle de la sphere, malgré le nombre infini de ses circonvolutions.

Comment un vaisseau peut aller contre le vent.

Ce qu'on propose ici est un paradoxe pour ceux qui ignorent les principes de la mécanique. Rien n'est pourtant plus ordinaire dans la navigation ; & c'est ce qu'on pratique toutes les fois qu'on va, en terme de mer, au plus près du vent, ou en louvoyant. Nous allons faire sentir comment cela se peut faire ; en observant néanmoins que, quand nous disons qu'un vaisseau peut aller contre le vent, nous n'entendons pas qu'il puisse aller directement dans la même ligne suivant laquelle le vent souffle, mais seulement faisant un angle aigu avec cette ligne ; ce qui suffit pour remonter contre son origine, en faisant plusieurs bordées.

Soit un vaisseau dont la quille soit AB , (*fig.* B *pl.* 1, *Amusemens de navigation*) une des voiles CD , orientée de manière à faire avec la quille l'angle BED de 40 degrés ; que la direction du vent soit EF , faisant avec cette même quille l'angle BEF , de 60 degrés , par exemple : il est visible que l'angle DEF sera de 20 degrés. Ainsi la voile sera choquée par un vent tombant sur elle sous un angle de 20 degrés. Mais selon les principes de la mécanique , le choc d'un corps tombant obliquement sur une surface , s'exerce dans le sens perpendiculaire à cette surface. Ainsi , tirant EG perpendiculaire à CD , l'effort du vent s'exercera suivant la direction EG.

Si donc le vaisseau étoit rond , il marcheroit suivant cette direction ; mais , comme sa longueur fait qu'il a beaucoup plus de facilité à marcher suivant la direction de sa quille EH que suivant toute autre qui lui est inclinée , il prendra une direction EK , moyenne entre EG & EH , mais beaucoup plus voisine de EH que de EG , à peu près en raison des facilités qu'il auroit à se mouvoir suivant EH & EG. Ainsi l'angle KEF de la route du vaisseau avec la direction du vent , peut faire avec cette direction un angle aigu. Que l'angle KEH soit , par exemple , de 10 degrés , l'angle KEF sera de 70 degrés ½ : ainsi le vaisseau remontera contre la direction du vent , de près de deux rhumbs entiers. Or l'expérience apprend qu'on peut faire décrire au vaisseau une ligne encore plus approchante de la direction du vent , d'environ un rhumb entier ; car on tient que , pour un vaisseau fin de voiles , des 32 aires de vent que comprend la boussole , il y en a 22 qui peuvent servir à aller dans le même lieu.

Il est vrai que plus un vaisseau serre le vent , ou , pour nous énoncer en termes vulgaires , plus l'angle d'incidence du vent sur la voile est aigu , moins il y a de force employée à pousser le vaisseau ; mais cela est compensé par la quantité de la voilure qu'on peut mettre dehors : car , dans cette situation , aucune des voiles ne nuit à l'autre , & un vaisseau peut porter absolument toutes ses voiles. Ainsi ce qu'on perd par le peu de force employée sur chacune , on le regagne par la quantité de la surface exposé au vent.

Il est aisé de sentir combien cette propriété de nos vaisseaux est avantageuse pour la navigation ; car , quel que soit le vent , on peut s'en servir pour arriver à un lieu déterminé , quand même le vent viendroit directement de ce côté. Car , supposons que la route à faire fût de E en F , (*fig.* C *pl.* 1 , *de navigation*) & que le vent soufflât dans la direction FS , on serrera le vent d'aussi près qu'on pourra pour décrire la ligne EG , faisant avec FE l'angle aigu FEG. Après avoir couru pendant quelque temps suivant EG , on revirera de bord pour parcourir

GH , & ensuite HI , puis IK , &c : ainsi l'on s'approchera toujours du terme de sa route.

Quel est le plus court chemin pour atteindre un vaisseau auquel on donne chasse , & qu'on a sous le vent ?

Lorsqu'on rencontre un vaisseau en mer ; & qu'on veut l'atteindre , on se tromperoit beaucoup si l'on dirigeoit la proue sur lui : car , à moins qu'il ne courût précisément la même aire de vent , il arriveroit de deux choses l'une , ou qu'on seroit obligé à chaque instant de changer de direction dans sa course , ou que l'on perdroit l'avantage du vent en tombant au-dessous.

En effet , qu'un mobile A se meuve dans une ligne *a b c d* , (*fig.* D *pl.* 1 *de navigation*,) & qu'il fût question de faire atteindre par un autre mobile A , il ne faudroit pas imprimer à A une direction telle que A *a* , car , dans peu d'instants *a* aura avancé sur la ligne qu'il parcourt , & sera , par exemple , en *b*. Ainsi , en supposant que le mobile A changeât continuellement de direction en se dirigeant sur celui qu'il poursuit , il décriroit une courbe telle que ABCDE. Il atteindroit à la vérité enfin le mobile *a* , s'il alloit plus vîte , mais ce ne seroit pas par le plus court chemin. Que s'il ne changeoit pas de direction à chaque moment , il arriveroit sur la ligne *a d* , à un point où le mobile ne seroit déjà plus , & il la dépasseroit , à moins qu'il ne se mît à le poursuivre suivant la ligne *a d* , ce qui lui feroit perdre encore plus de temps.

Pour faire donc en sorte que le mobile A (*fig.* E , *pl.* 1 *de navigation*) , atteigne le mobile *a* , le plutôt possible , il faut que A se dirige sur un point de la ligne *a e* , tel que A E & *a e* soient entr'eux dans le rapport de leurs vitesses respectives. Or , ces lignes seront dans ce rapport , si à chaque instant le mobile A a dans sa course celui qu'il poursuit semblablement situé dans une direction parallèle à la direction A *a* ; si , par exemple , A *a* étant dirigé au sud , le mobile *a* , parvenu en *b* , est au sud du mobile A parvenu en B ; car il est évident que les lignes A E , *a e* , seront dès-lors proportionnelles aux vitesses des deux mobiles , & qu'ils arriveront à-la-fois en E ou *e*.

La pratique & le raisonnement ont fort bien fait sentir cela aux marins ; car qu'un vaisseau en A apperçoive un autre vaisseau en *a* , dont il sera aisé de reconnoître à peu près la route *a c* : au lieu de se diriger où mettre le cap sur *a* , on prendra une route comme A B , portant en avant de *a* ; en même temps on relève avec la boussole l'aire de vent A *a* , où on a le vaisseau *a* ; puis , après avoir couru quelque temps , par exemple jusqu'en B , tandis que *a* est arrivé en *b* , on relève de nouveau avec la boussole l'aire de vent B *b* , où l'on a le vaisseau pourfuivi. S'il est le même, c'est un signe qu'on fait bonne route; car A a & B b sont parallèles. Si le vaisseau pourfuivi reste un peu de l'arrière, c'est signe qu'on peut le pourfuivre par une ligne faisant avec sa direction un angle moins aigu. Enfin, s'il a gagné de l'avant, cela indique qu'il faut prendre, pour l'atteindre, une ligne plus inclinée; & si la ligne est aussi inclinée qu'elle peut être, & approche du parallélisme, on en doit conclure que le vaisseau pourfuivi est meilleur voilier, & qu'on doit renoncer à l'atteindre.

Tout ceci suppose qu'on a l'avantage ou le dessus du vent; car si on étoit au dessous, la manœuvre seroit fort différente, à moins qu'on n'eût un grand avantage à pincer le vent. Mais ce n'est pas ici le lieu de détailler ces manœuvres du plus ingénieux de tous les arts. (OZANAM.)

NEIGE ARTIFICIELLE.

Nous dirons, d'après M. de Mairan, qu'on peut faire de la *neige artificielle* par le moyen d'une eau long-temps agitée & réduite en écume dans quelque tube de verre, ou dans une bouteille oblongue qu'on expose sur le champ à la gelée.

Cet habile physicien, dont la dissertation sur la glace mérite les plus grands éloges, donne à entendre que la neige par elle-même n'a pas plus de saveur que l'eau, mais que ses flocons spongieux peuvent se charger, en traversant la partie inférieure de l'atmosphère, des exhalaisons terrestres; & que, selon les climats & les circonstances du temps & du sol, la neige a quelquefois des qualités que l'eau commune n'a pas.

C'est dans cet ouvrage qu'il faut lire ce qui est dit sur la nature de ce météore, sur son opacité, sa rareté, son évaporation, son volume, & sur sa forme étoilée, digne de toute l'attention d'un observateur curieux.

N. ŒUDS. (tour des). *Voyez à l'article* FARCEUR.

NOMBRES. L'avantage & l'utilité qu'on peut retirer de la science des nombres, consiste principalement à connoître avec exactitude, la quantité, (1) l'*étendue* & les dimensions des objets qui nous environnent, soit en les considérant tels qu'ils sont en eux-mêmes, soit en supposant qu'on peut y ajouter ou retrancher quelques parties, soit enfin en les comparant à d'autres objets de même nature.

(1) Ce qu'on considère comme étant capable de diminution ou d'augmentation se nomme *quantité*, & toutes les sciences qui ont pour objet la grandeur, s'appellent *Mathématiques*.

La *quantité* ne pouvant être susceptible que de plus ou de moins, & la science des nombres servant à la mesurer, comparer & déterminer; il s'ensuit qu'il n'y a dès-lors dans cette science que deux régles fondamentales qui sont l'Addition & la Soustraction.

L'*Addition* est une opération arithmétique par le moyen de laquelle on parvient à joindre ensemble plusieurs quantités de même nature.

La *Soustraction* nous enseigne à déterminer exactement la différence qu'il y a entre deux quantités, (ou ce qui est la même chose) ce qui reste d'une quantité dont on a retranché quelque partie.

La Régle de la *Multiplication* consistant à trouver & déterminer le produit d'une quantité de même grandeur, répétée un certain nombre de fois, n'est dès-lors qu'une Addition abrégée; & la *Division* qui nous fait connoître combien de fois une même quantité est contenue dans une autre, n'est autre chose aussi qu'une Soustraction abrégée.

On entend par *Rapport* ce qui résulte de la comparaison de deux quantités: il y en a de deux sortes, l'un *Arithmétique*, & l'autre *Géométrique*; le *rapport Arithmétique* est l'excès d'une quantité de deux quantités comparées entr'elles par soustraction; 6 est par cette raison le rapport Arithmétique de 15 à 21; 9 est celui de 8 à 17, &c.

Le *Rapport Géométrique* est le résultat de deux quantités comparées ensemble par division; 5 est le rapport Géométrique de 5 à 25; 9 est celui de 3 à 27, &c.

L'égalité de rapport, est ce qu'en général on nomme *proportion*; la proportion est Arithmétique, lorsqu'elle contient une égalité de différence ou d'excès, comme 2, 4, 6, &c. ou 5, 10, 15, &c; elle est Géométrique lorsque chaque terme contient un même nombre de fois celui qui le précéde, c'est-à-dire, qu'il y a égalité de quotient comme 4, 8, 16, ou 6, 12, 24, &c.

Lorsqu'une proportion a plus de 3 termes, on la nomme alors *progression*; attendu qu'il s'y trouve alors pour le moins trois rapports.

On entend par *Combinaison* toutes les différentes manieres de diviser une quantité dont la multitude des parties est connue, en prenant ces mêmes parties, 2 à 2, 3 à 3, 4 à 4, &c.

Les *Permutations* ne différent des combinaisons, qu'en ce qu'elles contiennent en outre tous les changemens d'ordre qu'on peut donner à chacune d'elles. D'où il suit que quatre choses, telles que a b c d, qui disposées trois à trois, donnent les quatre combinaisons a b c : a b d : a c d : b c d : donnent en outre les 20 permutations a c b, b a c, b c a, c a b, c b a : a d b, b d a, b a d, d b a : d a b :

adc, cda, cad, dac, dca : bdc, cdb, cbd, dbc, dcb.

C'est sur ces principes généraux qui sont familiers à tous ceux qui connoissent un peu la science des nombres, & sur quelques propriétés particulieres à certains nombres, que seront composées une partie des récréations de cet article.

De deux nombres différens quelconques, l'un des deux, leur somme, ou leur différence est toujours le nombre 3, ou un nombre divisible par 3.

Soient (par exemple) les deux nombres 3 & 8, le premier nombre est 3 : soient les nombres 1 & 2, leur somme est 3 : soient ceux 4 & 7, leur différence est 3.

Soient aussi les deux nombres 15 & 22 ; le premier nombre 15 est divisible par 3 : soient les nombres 17 & 26, leur différence 9 est divisible par 3 : soient ceux 31 & 44, leur somme 75 est également divisible par 3.

Cette propriété particulière a lieu pour tous autres nombres quelconques.

Si deux nombres différens sont divisibles par un même nombre, leur différence ou leur somme, est aussi divisible par ce même nombre.

Soient les nombres 15 & 25, qui sont tous deux divisibles par 5 ; leur différence 10, & leur somme 40, est aussi divisible par 5.

Soient les nombres 49 & 63, qui sont tous deux divisibles par 7., leur différence 14, & leur somme 112, est aussi divisible par 7.

Des nombres qui sont divisibles par 3, considérés seuls, additionnés ensemble, ou multipliés l'un par l'autre, donnent, pour la somme, des figures dont leurs totaux ou produits sont composés des nombres divisibles par 3.

Soit le nombre 42, qui est divisible par 3, la somme 4 & 2, des figures dont il est composé est 6, qui lui-même est divisible par 3.

Soient les nombres 15 & 21, dont le total est 36, la somme des figures 3 & 6 dont il est composé, est également divisible par 3.

Soient enfin les nombres 9 & 12, dont le produit de la multiplication est 108 ; la somme des figures 108 est 9, qui est divisible par 3.

Il suit de cette propriété, que tout nombre dont la somme des figures est divisible par 3, est nécessairement lui-même divisible par 3.

Si la somme quelconque des figures d'un nombre est 9, ou qu'elle soit divisible par 9, ce nombre est lui-même divisible par 9 & par 3, lorsque la dernière figure de cette somme est un nombre impair ; s'il est pair, cette somme est en outre divisible par 6.

Soit le nombre 81, dont la somme des figures 8 & 1 est 9, & finit par le nombre impair 1, ce nombre 81, est divisible par 3 & par 9.

Soit le nombre 765, dont la somme des figures est 18, & finit par le nombre impair 5 ; ce nombre 765, est aussi divisible par 3 & par 9.

Soit le nombre 108, dont la somme des figures est 9, & finit par le nombre pair 8 ; ce nombre 108 est divisible, par 3, 6 & 9.

Soit le nombre 774, dont la somme des figures est 18, & finit par le nombre 4 ; ce nombre 774 est divisible par 3, 6 & 9.

Il suit de cette propriété, que toutes les fois que la somme des figures d'un nombre quelconque est 9, ou divisible par 9, si cette somme finit par un nombre impair, elle est divisible par 3 & 9 : si elle finit par un nombre pair, il est en outre divisible par 6.

Nota. Le zéro est considéré dans cette propriété comme un nombre pair.

Lorsqu'un des nombres ci-dessus est formé par trois figures dont la somme est 9, il y a deux figures de nombre pair, ou toutes les figures sont impaires, & si la dernière est un chiffre pair, il est alors divisible par 18.

Si le nombre est formé de manière que la somme des figures forme 18, 36, 72, &c. & que la dernière soit un nombre pair, il est divisible par 18.

Si dans les deux suppositions ci-dessus l'on ajoute à ces nombres un zéro après l'unité, ce nouveau nombre sera divisible par 180, & par toutes ses parties aliquotes ; savoir, 90, 60, 45, 30, 20, 15, 12, 9, 6, 3, 2, 1.

Si la figure qui précède le zéro, qu'on suppose toujours mis à la place de l'unité, est un nombre impair, le nombre ne sera pas divisible par 180, mais seulement par les parties aliquotes de 180.

Toutes les fois qu'un nombre quelconque est multiplié par 9, ou par un nombre divisible par 9, la somme des figures du produit est le nombre 9, ou un nombre divisible par 9.

Lorsque deux nombres divisibles par 9, sont additionnés ensemble, ou multipliés l'un par l'autre, la somme des figures de leur addition ou de leur produit est toujours le nombre 9 ou un nombre divisible par 9.

Cette propriété particulière au nombre 9, vient

de ce que celui qui excède 9, s'exprime par 1 & 0, & que deux fois 9 font 10 & 8, trois fois 9 font 20 & 7, &c. les dixaines & les unités étant réciproquement & succeſſivement complémens de 9.

Propriété particulière du nombre 37.

Le nombre 37 eſt tel, qu'étant multiplié par chacun des nombres de la progreſſion arithmétique 3, 6, 9, 12, 15, 18, 21, 24 & 27, tous les produits qui en reſultent font compoſés de trois chiffres ſemblables, & la ſomme de leur figure eſt toujours égale au nombre par lequel on a multiplié 37.

Exemple.

37	37	37	37	37	37	37	37	37
3	6	9	12	15	18	21	24	27
111	222	333	444	555	666	777	888	999

Propriété du nombre 73.

Le nombre 73 eſt tel, qu'étant multiplié par les nombres de la progreſſion arithmétique, 3, 6, 9, 12, 15, 18, 21, 24 & 27, les ſix produits qui réſultent de cette multiplication ſe terminent par un des neuf chiffres différens 1, 2, 3, 4, 5, 7, 8 & 9, & ces chiffres ſe trouvent dans un ordre renverſé eu égard à celui de cette progreſſion.

Exemple.

73	73	73	73	73	73	73	73	73
3	6	9	12	15	18	21	24	27
219	438	657	876	1095	1314	1533	1752	1971

Il eſt à remarquer que la ſomme des figures du total de chacun de ces produits, eſt encore égal aux nombres de la progreſſion, en prenant la ſomme des deux premières figures, lorſque le nombre eſt compoſé de quatre chiffres. (Voyez à l'article ARITHMÉTIQUE).

Les nombres un juſqu'à vingt-cinq étant tranſcrits ſéparément ſur des cartes, les diſtribuer à cinq perſonnes, après les avoir mêlées & offert le choix de les donner par deux ou par trois, de ſorte cependant qu'il ſe trouve que la ſomme des nombres portés ſur les cinq cartes qui ont été diſtribuées à chacune d'elles, ſoient ſemblables.

Servez-vous, pour diſpoſer vos 25 cartes, du quarré de 25 caſes en obſervant de mettre ſur le deſſus du jeu les nombres 11 & 24 de la première rangée du quarré magique, & à la ſuite de ces deux cartes,

les nombres 4 & 12, & continuez ainſi de deux en deux juſqu'à la dernière rangée dont le nombre 6 doit être écrit ſur une carte plus large; obſervez le même ordre pour les nombres 7, 20 & 3 de la première rangée, & pour ceux qui ſuivent, en continuant ainſi juſqu'à la dernière rangée.

Ou faites uſage, ſans autre méthode, de la table ci-deſſous qui eſt toute diſpoſée dans l'ordre que doivent être les nombres avant de mêler les cartes.

Ordre des Cartes.

Cartes.	Nombres.
1re.	7
2..	20
3..	23
4..	6
5..	3
6..	25
7..	8
8..	10
9..	18
10..	16
11..	13
12..	21
13..	17
14..	5
15..	9
16..	1
17..	14
18..	4
19..	12
20..	22
21..	19
22..	2
23..	11
24..	24
25..	15

Les cartes ayant été ainſi diſpoſées, eu égard aux nombres qui y ſont tranſcrits, on les mêlera ſans les déranger, comme il a été dit ailleurs; on propoſera enſuite de les diſtribuer à pluſieurs perſonnes (ſans faire connoître qu'elles doivent être au nombre de cinq), & de les donner d'abord indifféremment par deux ou par trois : ſi on choiſit de les recevoir d'abord par deux, on laiſſera le jeu tel qu'il ſe trouvera diſpoſé après le mélange : ſi au contraire on demande qu'on les donne d'abord par trois, on fera couper, ou on coupera ſoi-même à la carte large; & ayant diſ-

tribué les cartes , il se trouvera , selon la combinaison ci-dessus, que chaque personne aura en
main le nombre 65 pour la somme de 5 nombres
portés sur les cinq cartes qui lui auront été distribuées.

*Les nombres un à vingt-sept étant transcrits sur des
cartes , les mêler & en distribuer une partie à trois
personnes , de façon que chacune d'elles additionnant les nombres qui lui ont été donnés , leur produit se trouve égal ; recommencer une seconde &
une troisième fois cette même opération , après
avoir remêlé les cartes à chaque fois.*

PRÉPARATION.

Transcrivez sur autant de cartes les nombres
un à vingt-sept qui se trouvent compris dans les
trois *quarrés magiques* des cases , & disposez-les
d'abord dans l'ordre qui suit.

Cartes.	Nombres.
1ʳᵉ.	15 carte large.
2.	16
3.	6
4.	10
5.	17 carte large.
6.	23
7.	19
8.	8
9.	1
10.	26
11.	12
12.	14
13.	5
14.	7
15.	27 carte large.
16.	20
17.	25 carte large.
18.	4
19.	3
20.	18 carte large.
21.	11
22.	24 carte large.
23.	2
24.	9
25.	22
26.	21
27.	13

Mêlez-le , comme il a été indiqué à la précédente récréation , & distribuez les 9 premières
cartes en les donnant par trois , à trois différentes
personnes ; & les nombres que chacune d'elles
aura en sa main étant additionnés ensemble , formeront celui de 15.

Mêlez , suivant la même méthode , les 18 cartes restantes , & distribuez - en de nouveau les 9

premières à trois personnes différentes , en les
donnant de même par trois , & la somme de
nombres que chacun aura en sa main , sera 42.

Mêlez enfin de même les neuf dernières cartes
& distribuez-les cette fois une à une (1) à trois
différentes personnes , & chacune aura en main
pour la somme de trois nombres qui y seroient
transcrits celui de 69.

Dites ensuite à une personne de joindre ensemble les trois sommes qu'ont produit ces trois différens coups qui sont 15, 42 & 69 , formant celle
totale de 126 , & ayant mêlé le jeu sans aucune
précaution , ou même l'ayant donné à mêler, re-
prenez-le , & le tenant dans votre main gauche ,
coupez avec la droite à la première carte large
que vous sentirez aisément au tact ; présentez le
dessous de la partie coupée , sous laquelle se trouvera cette carte large , à une personne , & dites-
lui d'écrire sur un papier le nombre qui y est transcrit ; coupez ensuite la seconde carte large , &
lui montrant de même , faites-lui ajouter le nombre qui y est porté , & ainsi de suite ; à l'égard des
six cartes larges , dites-lui alors d'additionner ces
nombres , & que joints ensemble , ils doivent faire
le nombre 126 ci-dessus.

Nota. Cette récréation bien faite est des plus
extraordinaires , attendu qu'il est très-difficile de
démêler le moyen dont on se sert pour parvenir
à faire rencontrer ainsi ces vingt sept nombres ,
& elle est d'ailleurs facile pour peu qu'on se soit
habitué à faire le mélange des cartes indiqué dans
la II partie.

*Les nombres un jusqu'à vingt-neuf ayant été mêlés ,
en former trois rangées parmi lesquelles une personne choisira librement trois nombres , & lui en
nommer la somme.*

Transcrivez ces vingt-neuf nombres sur autant
de cartes blanches , & disposez-les d'avance dans
l'ordre qui suit.

Ordre des Cartes.

1ʳᵉ.	5	15ᵉ.	8
2.	7	16.	1
3.	20	17.	6
4.	3	18.	2
5.	12	19.	13
6.	14	20.	17
7.	16	21.	10
8.	22	22.	15
9.	27	23.	4
10.	21	24.	9
11.	23	25.	26
12.	25	26.	19
13.	18	27.	24
14.	11		

(1) On a disposé les cartes dans la table ci-dessus de

Etalez le jeu fans le déranger , & faites voir que ces 27 nombres font pêle-mêle , & fans aucun ordre préparé ; reprenez le jeu & mêlez-le fuivant la méthode enfeignée (1).

Prenez enfuite ces cartes une à une , & placez-les fur la table les nombres en-deffous , en faifant une première rangée de neuf cartes au-deffous de laquelle vous mettrez les neuf cartes qui fuivent , & fous celle-ci les neuf qui reftent ; cette opération faite , ces vingt-fept cartes fe trouveront rangées fur la table dans l'ordre ci-après qui eft celui des trois *quarrés magiques.*

4	9	2		13	18	11		22	27	20
3	5	7		12	14	16		21	23	25
8	1	6		17	10	15		26	19	24

Propofez enfuite à une perfonne de choifir de fuite & à volonté trois de ces cartes dans la rangée horizontale ou verticale , & même en diagonale : dites-lui de les cacher , & que vous allez lui dire la fomme de ces trois nombres ; ce que vous découvrirez très-facilement par la fomme des deux figures qui exprimeront celle des trois nombres choifis.

Premier exemple.

Si les nombres ont été pris dans une des trois rangées horizontales.

La fomme du 1..2 & 3 fera....15
Celle du....2..3 & 4 fera....24
Celle du....3..4 & 5 fera....33
Celle du....4..5 & 6 fera....42
Celle du....5..6 & 7 fera....51
Celle du....6..7 & 8 fera....60
Et celle du..7..8 & 9 fera....69

Et attendu que la fomme des deux figures qui expriment le montant de ces trois nombres eft non-feulement toujours celui de 6 ; mais qu'en

---

manière qu'on peut au dernier coup les diftribuer une à une , afin qu'en fe donnant de cette forte on puiffe faire croire qu'il eft égal de les donner d'une façon ou d'une autre.

(1) Si l'on veut faire cette récréation fans mêler les cartes , il faudra les ranger fuivant l'ordre des trois rangées ci-après , & que le nombre 24 foit fur une carte plus large , afin de faire couper à différentes perfonnes ; enforte que cette carte fe trouve fous le jeu ; cette carte large peut auffi fe mettre , quoiqu'on mêle les cartes ; & alors on peut faire couper après avoir mêlé.

outre la première de ces deux figures a rapport à la pofition du premier de ces trois nombres , il fera très-facile de connoître leur fomme ; car fi la perfonne a pris dans la première rangée horizontale les trois nombres 18 , 11 & 22 , ou dans les autres rangées les trois nombres qui fe trouvent placés au-deffous , le premier des nombres choifis étant au cinquième rang , défignera la figure 5 à laquelle ajoutant la figure 1 , on aura 51 pour le montant des 3 nombres choifis ; on fe fouviendra feulement que fi l'on avoit pris les trois derniers nombres de ces rangées , tels que 22 , 27 & 20 , leur montant feroit alors de 69.

Second exemple.

Si les nombres ont été pris dans une des neuf rangées verticales , il fuffira de fe fouvenir que la fomme des trois nombres compris dans chacun des trois premiers rangs qui forment le premier quarré magique , eft 15 ; que celle de chacun des trois rangs qui fuivent & qui forment le deuxième quarré magique , eft 42 , & celle des trois derniers , 69.

Si les nombres ont été pris dans les rangées diagonales qui vont de gauche à droite , ou de droite à gauche , pourvu qu'ils traverfent diagonalement l'un ou l'autre de ces quarrés , la fomme de ces nombres fera la même que dans l'exemple ci-deffus.

Si les trois nombres étoient pris diagonalement & de manière qu'ils appartiennent à deux de ces quarrés , il feroit moins facile de les découvrir : c'eft pourquoi en formant les trois rangées , il faut les difpofer en trois quarrés féparés , & ne laiffer la liberté de choifir en diagonale que dans chacun d'eux.

Nombres combinés des points des Dés.

Beaucoup de perfonnes jouent aux dés , & peu en connoiffent la combinaifon , qu'il eft cependant très-effentiel de favoir pour éviter d'accepter des parties défavantageufes , ce qui n'arrive que trop fréquemment à ceux qui ne font pas réflexion que le hafard eft néanmoins en quelque forte foumis au calcul.

Lorfqu'on joue avec deux dés , les douze faces dont ils font compofés , prifes deux à deux , produifent trente-fix coups ou hafards différens , tels qu'on peut le voir par la *fig.* 1 , *pl.* 1 , (*fuite des nombres magiques*) , où l'on a défigné les deux dés par A & B.

Il eft aifé de voir que des vingt-un coups qu'on peut amener avec deux dés , il y en a d'abord fix qui font les *raffes* qui ne peuvent arriver que d'une façon , & que les quinze autres coups ont chacun

deux

deux hasards; ce qui provient de ce qu'il n'y a qu'une face sur chacun des deux dés qui puisse amener 3 & 3, & qu'il y en a deux sur chacun de ces mêmes dés pour amener 5 & 4; savoir 5 par le dé A, & 4 par le dé B; ou 5 par le dé B, & 4 par le dé A.

Tous ces hasards étant au nombre de 36, il y a dès-lors, à jeu égal, 1 contre 35, à parier, qu'on amenera une rafle déterminée; & 1 contre 5, qu'on amenera une rafle quelconque. On peut aussi, à jeu égal, parier 1 contre 17, qu'on amenera (par exemple) 6 & 4, attendu que ce point a pour lui deux hasards contre 34.

Il n'en est pas de même du nombre des points des deux dés joints ensemble; la combinaison de leurs hasards est en proportion de la multitude des différentes faces qui peuvent produire ces nombres, comme on le voit ci-après.

Points	Différens hasards.
2	1 1
3	2 1 1 2
4	2 2 3 1 1 3
5	4 1 1 4 3 2 2 3
6	3 5 5 1 1 5 4 2 2 4
7	6 1 1 6 5 2 2 5 4 3 3 4
8	4 4 6 2 2 6 5 3 3 5
9	6 3 3 6 5 4 4 5
10	5 5 6 4 4 6
11	6 5 5 6
12	6 6

Si donc on veut parier qu'on amenera 11 du premier coup avec deux dés, il faut mettre au jeu 2 contre 34; & si l'on parie qu'on amenera 7, il faut alors mettre au jeu 6 contre 30; ou, ce qui est la même chose, 1 contre 5.

On doit aussi remarquer que des onze nombres différens qu'on peut amener avec deux dés, 7 qui est le moyen proportionnel entre 2 & 12, a plus de hasards que les autres, qui, de leur côté en ont d'autant moins, qu'ils s'approchent davantage des deux extrêmes 2 & 12.

Pour trouver le nombre des différens coups que peuvent produire trois dés, il faut multiplier par 6 le nombre des hasards 36 que produisent deux dés; & le produit 216 sera le nombre de ceux que doivent produire trois dés.

On multipliera de même 216 par 6 pour avoir le nombre des hasards que peuvent produire tous les différens points que l'on peut amener avec quatre dés, & ainsi de suite.

Un nombre quelconque étant donné, y ajouter un chiffre, que celui qui a choisi le nombre, placera où il voudra, lequel rendra ce nouveau nombre divisible par 3, ou par 6.

Soit le nombre donné 87235, dont la somme

des figures 8, 7, 2, 3 & 5, est 25: après avoir remarqué cette somme, proposez d'y ajouter où on jugera à propos un 2, un 5 ou un 8, qui rendra nécessairement la somme de ces figures égale à 27, 30 ou 33, & alors cette nouvelle somme sera divisible par 3, suivant les règles établies ci-dessus.

Nota. Si le nombre donné finit par un chiffre pair, tel que 2, 4, 6, 8, 0 (1), & qu'on fasse ajouter le chiffre avant celui qui désigne l'unité, le nombre sera encore divisible par 6, ce qui pourra servir à varier cette récréation.

Plusieurs nombres ayant été librement choisis par une personne, lui faire nommer par une autre le nombre par lequel est divisible la somme de l'addition qui en a été faite.

Ayez un petit sac divisé en plusieurs parties, mettez à l'avance dans la première de ces divisions plusieurs petites cartes, sur chacune desquelles vous transcrirez le nombre 3; insérez dans la seconde différens nombres également transcrits, tels que 3, 9, 15, 21, 30, dont chacun d'eux soit divisible par 3, & se termine par une figure impaire.

Vous tirerez de ce sac une poignée de nombres différens parmi ceux contenus dans sa seconde division, & après les avoir fait remarquer, vous les mettrez dans le sac: vous le présenterez ensuite à une personne, & lui direz de tirer au hasard parmi eux une quantité quelconque de ces nombres, telle qu'elle jugera à propos; & de les additionner ensemble secrettement; pendant qu'elle fera cette opération, vous ferez tirer à une autre personne, dans la première division de ce sac, le nombre 3, en lui recommandant de n'en tirer qu'un seul, sans qu'elle ne s'aperçoive pas que ce sont tous nombres semblables, & vous lui observerez que le nombre que la deuxième personne a choisi, doit diviser juste la somme des figures de celui qu'elle a additionné: ce qui aura toujours lieu, quelques nombres qu'elle ait choisis de cette partie.

Nota. En vous servant d'un sac où il y ait trois divisions différentes, vous pourrez insérer dans cette troisième division les nombres 6; & alors si vous vous appercevez que la première personne ait tiré une quantité de ces différentes sommes en nombre pair, tels que 2, 4 ou 6, vous pourrez faire prendre à la deuxième personne le nombre 6, en lui présentant sans affectation la troisième poche du sac, ce qui variera davantage cette récréation.

---

(1) Tout chiffre qui finit par un zéro est regardé comme un nombre pair.

Une personne ayant choisi deux nombres entre plusieurs , & les ayant multipliés l'un par l'autre , lui faire nommer par une autre , celui par lequel est divisible le produit de la multiplication qu'elle a faite.

Servez-vous du sac ci-dessus , & insérez dans la première de ces divisions des petits quarrés de carton sur lesquels vous aurez transcrit les nombres 6, 12, 18, 24, 30, 36, 42, 48, &c. mettez dans la deuxième division les nombres 3, 6, 9 & 12, plusieurs fois répétés.

Vous présenterez à une personne la première division de ce sac, & vous lui direz d'y prendre deux nombres à sa volonté, & de les multiplier secrettement l'un par l'autre ; vous présenterez ensuite à une autre personne la deuxième division du sac pour y prendre aussi à son choix un nombre, lequel divisera nécessairement en parties égales le produit de ceux qui auront été pris par la première personne.

Nota. Il ne faut pas faire ces trois précédentes récréations dans un même jour d'amusement, afin d'éviter qu'on n'apperçoive ce qui en produit l'illusion ; lorsqu'on s'amuse de ces récréations, il faut les varier autant qu'il est possible pour inquiéter, & ne pas donner le temps de réfléchir, en occupant davantage l'esprit des autres.

Un nombre quelconque étant donné , y ajouter un chiffre que la personne qui a donné le nombre placera où il voudra, & qui rendra ce nouveau nombre divisible par 9.

Soit le nombre donné 4177, dont la somme des figures 4, 1, 7 & 7, est 19 ; faites-y ajouter un 8 où l'on voudra, & annoncez alors que ce nombre sera divisible par 9, ce qui ne peut manquer d'arriver, puisqu'alors la somme des figures du nombre sera 27, qui est divisible par 9.

Au lieu de faire ajouter un 8, on peut également faire ajouter un nombre composé de plusieurs figures, dont la somme fasse 8, tels que 53, 44, 135, &c. attendu que la somme des figures se trouvera toujours être également de 27.

Nota. Quoiqu'il soit égal que ces nouveaux nombres soient placés où l'on voudra, on peut, pour faire paroître cette récréation plus mystérieuse, fixer l'endroit où on doit les placer, attendu que cela produira toujours le même effet.

Deux nombres ayant été choisis parmi quantité d'autres , & ensuite additionnés ensemble ; nommer celui des chiffres de cette addition que l'on aura entièrement effacé.

Il faut chercher plusieurs nombres qui soient tous divisibles par 9, & même tels qu'étant indistinctement additionnés les uns avec les autres, il ne se trouve aucun zéro dans leur somme totale, & qu'en outre la somme de leur figure donne toujours 9 ou 18.

Cette recherche & ce calcul ne laissant pas que d'être long & difficultueux, on joint ici plusieurs nombres qui ont tous cette propriété, & dont conséquemment on peut se servir pour cette récréation.

Ces nombres sont 36, 63, 81, 117, 126, 162, 207, 216, 252, 261, 306, 315, 360 & 432.

Après avoir transcrit ces nombres sur autant de petits quarrés de carton différens ; on les remettra tous à une personne en lui laissant la liberté d'en choisir deux à sa volonté & secrettement ; on lui dira de les additionner ensemble ; l'addition étant faite on lui proposera d'effacer entièrement un des chiffres qui composent cette addition, & on lui nommera le chiffre qu'elle aura effacé, que l'on connoîtra en cette sorte.

Si la somme des chiffres restans n'est pas le nombre 9 ou 18 qui est divisible par 9, on nommera le chiffre nécessaire pour completter 9 ou 18 ; si au contraire le nombre est 9, on nommera 9, attendu que ce n'est point tout autre chiffre, ne pouvant se trouver de zéro dans aucune de ces additions.

Exemple.

Si l'on a choisi les nombres 207 & 432, dont la somme est 639, & que le 3 ait été effacé ; on le connoîtra, parce que la somme des deux figures restant 6 & 9 étant 15, il manque 3 pour faire 18.

Si au contraire on a effacé le 9, on le verra de même, attendu que la somme des deux chiffres 6 & 3 ne donnant que 9, on a dû effacer un 9.

Si la somme des figures restant formoit un nombre plus petit que 9. le chiffre effacé est ce qu'il faut ajouter pour aller jusqu'à 9 ; comme si l'on a choisi les nombres 81 & 63, dont la somme est 144, & que l'on ait effacé le chiffre 1, le reste est 8, qui, avec ce nombre effacé forme le nombre 9.

Entre plusieurs nombres , en donner un à choisir à une personne , qu'elle multipliera secrettement par tel nombre qu'elle voudra , & lui nommer le chiffre de cette multiplication qu'elle aura effacé.

On présentera à une personne les nombres de la précédente récréation, & on lui laissera la liberté d'en choisir secrettement un, de le multiplier par tel nombre qu'elle jugera à propos, & d'effacer ensuite un des chiffres de cette multiplication.

On lui nommera de la même manière qu'à la précédente récréation, quel est le chiffre qu'elle a effacé, pourvu cependant que ce ne soit pas un zéro, car alors on ne pourroit assurer si c'est un o ou un 9.

Nota. Cette propriété du nombre 9 peut aussi s'appliquer aux trois premières récréations de cette seconde partie, puisqu'à leur égard elle produit le même effet que celle du nombre 3.

On peut aussi former un nombre quelconque, dont la somme des figures fasse 9, 18 ou 27, & le donner à une personne pour diviser par tel nombre qu'elle voudra, & on connoîtra de la même manière quel sera le chiffre du quotient de cette division qu'elle aura secrettement effacé.

On peut encore rendre cette récréation plus extraordinaire, en se servant d'un petit cadran sur lequel on aura transcrit les neuf chiffres 1, 2, 3, 4, 5, 6, 7, 8, 9 & 0, & ajuster à son centre un pivot sur lequel on mettra une aiguille aimantée, & ayant re varqué la somme des figures qui reste, on placera le cadran sur le papier, de manière que cette aiguille indique le chiffre effacé, il suffira pour cela de reconnoître le côté du nord où se dirige d'elle-même l'aiguille, & de poser le cadran sur le papier dans la direction nécessaire pour qu'elle se tourne vers le chiffre 9; ce cadran peut s'appliquer non-seulement à cette récréation, mais aussi à celle qui la précède.

Les nombres magiques.

Faites faire une boîte AB (*fig.* 1, *pl.* 1, *nombres magiques*) qui se ferme à charnière, & ait environ neuf à dix pouces de longueur, sur ½ pouce & demi de largeur; qu'elle puisse contenir les dix petites tablettes C, D, E, F, G, H, I, K, L, M, sur lesquelles doivent être transcrits les chiffres 1, 2, 3, 4, 5, 6, 7, 8, 9, & 0, que celle où est transcrit le zéro, soit collée à demeure sur l'extrémité de cette boîte, & que les neuf autres puissent être changées de place à volonté.

Ayez un cadran hexagone (*fig.* 2, même *pl.*), divisez-le en douze parties égales, dont 6 doivent contenir les nombres 90, 45, 30, 18, 15, 6, & en outre six autres nombres indifférents quelconques.

Inférez dans le couvercle qui ferme cette boîte & vers son extrémité B, un petit barreau aimanté, dirigé de manière, qu'en posant ce cadran sur l'extrémité de la boîte, l'aiguille aimantée

placée à son centre, indique un des six nombres ci-dessus.

Lorsque vous placerez ce cadran (*fig* 2,) sur l'extrémité de la boîte, de manière que l'un ou l'autre de ces six côtés réponde au côté B de la boîte AB, (*fig.* 1); l'aiguille posée sur ce cadran se dirigeant suivant la direction du barreau, indiquera nécessairement un des six nombres 90, 45, 30, 18, 15, ou 6.

D'un autre côté les chiffres 1, 2, 3, 4, 5, 6, 7, 8, & 9, indiqués sur les neuf de ces tablettes, donnant pour la somme de leurs figures le nombre 45, qui se trouve divisible par 9, & se trouvant toujours à la suite de ces neuf chiffres un zéro, il est constant que quelque nombre qu'on ait formé (1), il sera divisible par 90, & par conséquent par ses parties aliquotes 45, 30, 18, 15, & 6, d'où il suit que de quelque côté qu'on pose le cadran sur l'extrémité de la boîte, l'aiguille aimantée amenera un de ces nombres, lequel divisera sans aucune fraction celui qui aura été formé à volonté, & secrettement inféré en cette boîte.

On remettra à une personne la boîte & les neuf tablettes sur lesquelles sont transcrits ces neuf chiffres, & on la laissera entièrement maîtresse d'en former un nombre tel qu'elle le jugera à propos; on lui demandera la boîte, & sans l'ouvrir on lui dira que ce cadran va indiquer un nombre qui divisera sans aucune fraction celui qu'elle a formé, & on lui en fera faire la division, afin qu'elle voye par elle-même qu'il a effectivement indiqué ce diviseur, ainsi qu'il a été proposé.

On peut varier cette récréation en ne se servant pas du cadran, & en demandant quel est le premier & le dernier chiffre inséré dans la boîte (2); on feindra alors de faire un calcul qui produise un des diviseurs ci-dessus, qu'on donnera à cette personne afin qu'elle s'en serve pour diviser le nombre qu'elle a secrettement formé.

Si la personne déclare que le premier chiffre est un 7, & le dernier un 2, on pourra lui dire d'additionner ces deux chiffres, & de multiplier leur somme 9 par 5, afin d'avoir à lui donner le produit 45, pour diviseur du nombre formé.

Si le premier chiffre est un 5, & le dernier un 8, on lui dira de multiplier par 10, la différence 3 de ces deux nombres, & de diviser par le quotient 30, le nombre qui a été formé.

---

[1] Ces neuf chiffres sont susceptibles de 362000 permutations ou changemens d'ordre.

(2) Cette demande est pour cacher la méthode dont on se sert pour découvrir le diviseur.

Si le premier chiffre eſt un 9, & le dernier un 6, on lui dira de multiplier le premier & le dernier par 3, d'additionner enſemble les deux produits 27 & 18, & de diviſer par la ſomme 45 de ces deux produits le nombre qui a été formé.

Enfin ſi le premier & le dernier nombre, tel que 3 & 5, multipliés l'un par l'autre, donne un des diviſeurs 15; on lui dira de multiplier ces deux nombres, & de diviſer par leur produit le nombre caché.

Nommer le produit de deux nombres choiſis, & multipliés par une perſonne, en connoiſſant ſeulement le dernier chiffre du produit de cette multiplication.

Mettez dans une des diviſions d'un petit ſac, une douzaine de petits quarrés de carton, ſur chacun deſquels vous aurez transcrit le nombre 73, & dans ſa ſeconde diviſion neuf autres ſur chacun deſquels vous aurez écrit les nombres de la progreſſion arithmétique 3, 6, 9, 12, 15, 18, 21, 24, & 27.

Préſentez à une perſonne l'ouverture de ce ſac où ſont inſérés les nombres 73, & lui recommandez d'en tirer un ſeul nombre; changez adroitement l'ouverture du ſac, & faites prendre à une autre perſonne un nombre quelconque dans la ſeconde diviſion de ce ſac: dites-lui de multiplier le nombre qu'elle a choiſi, par celui que la première perſonne a pris dans ce ſac, lequel ſera de néceſſité un des neuf nombres 219, 438, 657, 876, 1095, 1314, 1533, 1752, & 1971. & vous ſouvenant de tous ces nombres, vous lui direz quel eſt le produit de cette multiplication, en demandant ſeulement quel en eſt le dernier chiffre.

Nota. Cette récréation demande beaucoup de mémoire, attendu qu'il faut ſçavoir par cœur les neuf différents produits ci-deſſus; la récréation ci-après, faite ſur la même propriété, eſt beaucoup plus facile.

Une perſonne ayant choiſi deux nombres, & les ayant diviſés l'un par l'autre, lui dire combien de fois le plus grand étoit contenu dans le plus petit.

Mettez dans la première diviſion du ſac ci-deſſus les neuf nombres 219, 438, 657, 876, 1095, 1314, 1533, 1752, & 1971; dans ſa ſeconde les nombres 73; & ayant fait tirer un nombre dans chacune de ces diviſions, faites les diviſer l'un par l'autre, & demandez quel étoit le dernier chiffre du plus fort de ces deux nombres, lequel vous ſervira pour ſçavoir quel a été celui des neuf nombres de la progreſſion

arithmétique ci-deſſus qui a ſervi de diviſeur; c'eſt-à-dire, que ſi c'eſt 9, le nombre 3 a ſervi de diviſeur, ſi c'eſt un 8, c'eſt le nombre 6, & ainſi de ſuite en ſuivant l'ordre renverſé des nombres, 1, 2, 3, 4, 5, 6, 7, 8, & 9, & l'ordre naturel de la progreſſion arithmétique 3, 6, 9, 12, 15, 18, 21, 24, & 27.

Déterminer ſur un cadran l'heure à laquelle une perſonne ſecrettement choiſit de ſe lever.

Dites à une perſonne de poſer l'aiguille du cadran A, fig. 3, pl. 1, *nombres magiques*) ſur une des heures de ce cadran, & ajoutez en vous-même le nombre 12 à l'heure qu'elle a indiquée; faites lui compter la ſomme de ces deux nombres, à commencer par l'heure qu'elle a ſecrettement déterminé de ſe lever & en retrogradant, à compter de l'heure qu'elle a indiquée avec l'aiguille: il ſe trouvera alors qu'elle finira de compter préciſément à l'heure qu'elle a ſecrettement choiſie.

Exemple.

Soit le nombre VII, qu'elle a d'abord indiqué ſur le cadran, & IX celle à laquelle elle a choiſi de ſe lever; dites-lui de compter juſqu'à 19, à commencer du VII, en rétrogradant, & ce nombre tombera alors juſte ſur IX, qui eſt l'heure à laquelle elle a choiſi de ſe lever.

Nota. Cette récréation eſt auſſi ſimple que facile à comprendre, pour peu qu'on faſſe attention qu'en comptant par 1, & voulant revenir ſur ce nombre en rétrogradant on compteroit 13, que ſur 2 on compteroit 14; d'où il ſuit que ſi on oblige la perſonne qui a penſé de ſe lever à neuf heures, à compter ces 9 nombres ſur le nombre 7, & d'aller en rétrogradant, elle n'a alors que dix heures à parcourir pour arriver à l'heure préciſe qu'elle a penſé.

L'étoile magique.

Décrivez ſur un carton de huit à neuf pouces quarrés, les deux cercles concentriques A & B, (fig. 4, pl. 1, *Nombres magiques*), que le cercle B ſoit diviſé en douze parties égales par les points a, b, c, d, e, f, g, h, i, l, m, n; tirez de ces points de diviſions, les lignes conſécutives af, fm, md, di, ib, bg, gn, ne, el, lc, ch, ha, leſquelles formeront par leur aſſemblage cette étoile.

A l'extrémité de chacun des douze angles formés par ces lignes, tracez les petits cercles ou caſes indiqués par la figure. Ayez douze jetons d'ivoire ou de carton ſur un des côtés deſquels vous écrirez les douze nombres d'une progreſſion arithmétique, tels (par exemple) que 3, 6,

9, 12, 15, 18, 21, 24, 27, 30, 33, 36, ou tout autre quelconque ; conſervez ces douze jetons en ce même ordre, dans une petite boîte en forme d'étui, où ils ne puiſſent pas ſe mêler ; & obſervez que le dernier nombre de la pro-greſſion, qui, dans cet exemple eſt 36, doit être écrit ſur un jeton un peu plus grand que les autres.

Ces douze jetons étant diſpoſés les uns ſur les autres dans cet ordre de proportion arithmétique, ſi on place le jeton ſur lequel eſt écrit le nombre 3 ſur un des cercles ou petites caſes qui ſont à l'ex-trémité d'un des rayons de cette étoile, & que l'on continue à placer les autres ſucceſſivement, & ſuivant la continuité des douze lignes tracées, il ſe trouvera que le montant de deux nombres quelconques qui ſe trouvent alors placés dans deux caſes voiſines, eſt égal à celui des deux autres qui ſont placés dans les deux caſes qui leur ſont diamétralement oppoſées.

Après avoir poſé ſur la table le carton où eſt tracée l'étoile magique, ôtez les douze jetons de la boîte (1) & étalez - les ſur la table ſans les déranger ; reprenez-les dans le même ordre, en mettant les nombres en deſſous ; faites-les couper comme on coupe un jeu de cartes, juſqu'à ce que vous vous apperceviez qu'on ait coupé à l'endroit où eſt le jeton qui eſt le plus large, & qui porte le dernier nombre 36 de la progreſſion, afin que ce jeton ſe trouvant le dernier, l'ordre de progreſſion arithmétique inſ-crit ſur les douze jetons ne ſe trouve pas dé-rangé, c'eſt-à-dire, qu'ils ſe trouvent tous dans le même ordre qu'ils étoient en les ſortant de la boîte qui les contenoit.

Propoſez enſuite ces deux choſes.

Premièrement, de placer ces douze jetons dans les douze caſes, & ſans connoître les nombres qui y ſont tranſcrits, de façon que les deux nom-bres qui ſe trouveront placés dans deux caſes voi-ſines quelconques, étant additionnés enſemble, donnent un montant égal à celui des nombres tranſ-crits ſur les deux jetons qui ſont dans les caſes diamétralement oppoſées.

Secondement, avec la convention expreſſe de n'avoir pas la liberté de placer un jeton ſur une caſe lorſqu'il s'en trouvera un placé à l'extrémité de la ligne oppoſée.

Alors montrant avec le premier jeton, l'on ſuppoſe ici la caſe f, pour faire voir qu'elle eſt vuide ; vous conduirez le jeton le long de la ligne f a, & le placerez à la caſe a ; prenant enſuite le ſecond jeton, & montrant la caſe m, vous le

---

conduirez le long de la ligne m f, & le placerez à la caſe f ; vous continuerez de même allant de d à m, d'i à d, de b à i, de g à b, d'n à g, de a à n, d'l à c, de c à l, d'h à c, & placerez enfin le dernier jeton à la caſe reſtante c, le tout comme le déſigne ſuffiſamment la figure 4 de la planche première.

Vous retournerez enſuite tous les jetons pour faire voir que tous les nombres qui y ſont inſ-crits ſe trouvent placés dans l'ordre que vous avez propoſé.

Autre récréation en changeant de jetons.

Si au lieu de vous ſervir des nombres d'une progreſſion arithmétique, vous employez ceux d'une progreſſion géométrique, le produit de la multiplication des deux nombres qui ſe touchent, ſera alors égal au produit de la multiplication des deux nombres oppoſés.

Nota. On peut ſe ſervir également d'une étoile, diviſée en huit parties ; mais alors il faut, dans l'ordre des jetons, mettre le cinquième terme de la progreſſion, ſoit arithmétique, ſoit géo-métrique à la place du premier, & le premier à la place du cinquième.

Dix lettres tranſcrites de côté & d'autre ſur cinq tablettes, qui peuvent exprimer quantité de mots différens, ayant été ſecrettement renfermées en une boîte, découvrir celui de ces mots qu'on a volon-tairement formé.

Faites faire une boîte A B C D très-baſſe, & fermant à charnière, d'environ dix pouces de longueur, ſur deux pouces & demi de large, & ayez cinq petites tablettes de bois minces & légères, qui puiſſent la remplir ; (*fig.* 5, *pl.* 1, *Nombres magiques*).

Décrivez un cercle ſur chacune de ces cinq tablettes, & diviſez-les en dix parties égales ; creuſez ſur chaque tablette les rainures a, b, c, d, e, & qu'elles ſoient diſpoſées, eu égard aux diviſions faites ſur ces tablettes, comme il eſt indiqué en cette même figure 5.

Logez dans chacune de ces cinq rainures, un petit barreau d'acier bien aimanté, dont le nord ſoit placé comme l'indique auſſi cette même figure ; couvrez ces rainures d'un petit carton très-mince, & tranſcrivez-y les cinq lettres du mot HYMEN.

Retournez ces cinq tablettes, & les ayant cou-vertes de carton de l'autre côté, écrivez-y les cinq lettres A, O, C, U, R, dans l'ordre indi-qué par la figure 6, même planche.

Ayez une lunette magnétique, au fond de la-quelle il y ait un petit cadran diviſé en dix parties: (*voyez figure* 7, *même planche*) dans chacune deſ-

---

[1] Ces jetons doivent y être déja rangés dans l'or-dre de leur progreſſion arithmétique.

quelles foient tracées les dix lettres ci-deffus, eu égard aux différentes directions, que les barreaux aimantés contenus dans les tablettes, peuvent donner à l'aiguille qui y eft contenue, lorfqu'elle fe trouve placée au-deffus de chacune des tablettes; ayez auffi attention de marquer fur le cadran; par une petite flèche, la pofition dans laquelle vous devez tenir cette lunette, afin que l'aiguille qui y eft contenue, fe dirige exactement fur l'indication de chacune de ces dix lettres.

Lorfque vous poferez la lunette magnétique au-deffus de la boîte, à l'endroit au-deffous duquel eft placée une des tablettes, de manière que la flèche qui y a été tracée, fe trouve exactement tournée du côté de la charnière de cette boîte, l'aiguille aimantée qui eft contenue en cette lunette, indiquera la même lettre que celle qui a été tranfcrite fur cette tablette; ce même effet aura auffi lieu quoiqu'on ait retourné cette tablette, ce qu'il eft très-aifé de comprendre par la conftruction enfeignée ci-devant.

On donnera à une perfonne la boîte & les cinq tablettes, en lui obfervant qu'elle a la liberté de former avec les dix lettres qui y font tranfcrites, une grande quantité de mots entre lefquels elle en peut choifir un à fon gré; lorfqu'elle aura formé fecrettement un mot à fa volonté, & qu'elle aura rendu la boîte bien fermée, on regardera fucceffivement avec la lunette, & par-deffus le couvercle de cette boîte, quelles font celles qu'indique l'aiguille fur le cadran qui y eft renfermé, & on lui nommera le mot qu'elle y a fecrettement formé.

Nota. On peut, fi l'on veut, pour varier cette récréation, avoir une autre boîte, où on ne puiffe mettre que quatre de ces lettres, & donner néanmoins les cinq tablettes, afin que la perfonne puiffe former un mot de quatre lettres, en réfervant fecrettement par devers elle une des tablettes, & on fera de même cette récréation, en fe fervant de la même lunette; fi on ne veut pas fe fervir d'une feconde boîte, on partagera celle qui contient les tablettes, en cinq parties, par des petits réglets de bois, afin qu'on ne puiffe pas, en en plaçant quatre, déranger la pofition des tablettes.

Différens mots qui peuvent être formés par ces cinq tablettes.

Hymen.	A Nime.	En Mai.
Amour.	Océan.	En ami.
Chien.	Roche.	Caire.
Manie.	Icare.	O cher !
Caie.	Aimer.	Acier.

A Rome.	Marie.	Hémon.
Chine.	Amien.	Maire.

Différens mots qui peuvent être formés par quatre tablettes.

Mien.	Meri.	Orme.
Mine.	Cône.	Nime.
Amer.	Emir.	More.
Cire.	Nemo.	Raie.
Rome.	Rime.	Amen.
Amor.	Roma.	Oram.
Aime.	Mare.	Cher.

Les dix chiffres.

Cette récréation peut être conftruite fur le même principe que la précédente, excepté qu'au lieu de dix lettres, on doit porter fur les deux faces des tablettes, les dix chiffres 1, 2, 3, 4, 5, 6, 7, 8, 9, 0, en obfervant l'ordre indiqué fur les figures 8 & 9, pl. 1, *Nombres magiques,* où le tout eft fuffifamment détaillé.

Le cadran, (*fig.* 10, *même planche*), eft celui qui doit être placé dans la lunette, afin de pouvoir découvrir le nombre qui a été fecrettement renfermé en la boîte.

On remet à une perfonne les cinq tablettes & la boîte, en lui laiffant la liberté de former fecrettement avec elles le nombre qu'elle defire, & en regardant avec la lunette magnétique au travers de la boîte, on lui nomme le nombre qu'elle a renfermé.

Nota. Cette récréation étant, quant à la difpofition des tablettes & de leurs barreaux, femblable à la précédente, on n'a pas cru qu'il fût néceffaire d'en donner ici de plus ample defcription; les figures 8, 9, & 10, de la planche I, étant fuffifantes pour le bien concevoir, on ajoutera feulement que l'on peut former, avec les dix chiffres indiqués, fur les deux furfaces de ces cinq tablettes, 7440 nombres différens.

Nombre deviné.

Les tours par lefquels on paroît deviner la penfée d'une perfonne, viennent fort à propos dans une fociété où quelqu'un prétend que tous les tours fe font par l'adreffe des mains. En voici un qu'on trouve dans Ozanam, mais auxquels on ajoutera quelques circonftances; 1°. On prie une perfonne de penfer un nombre (pour ne pas parler d'une manière abftraite, il eft bon de fixer les idées en priant cette perfonne de penfer, par exemple, un certain nombre de louis) ; 2°. On dit à cette personne que quelqu'un de la compagnie lui en prête autant, & on la prie d'ajouter ensemble les deux quantités pour en connoître la somme, (il est à propos de nommer la personne qui par la supposition, prête un nombre égal au nombre pensé, & de prier celui qui fait le calcul d'employer toute son attention ; l'erreur y est facile pour celui qui le fait pour la première fois, à cause qu'il est souvent distrait par des quolibets, &c.) ; 3°. On dit à la personne : Je ne vous en prête point, mais je vous en donne dix, ajoutez-les à la somme précédente ; 4°. On continue de cette manière : Donnez-en la moitié aux pauvres, & ne rappellez dans votre esprit que l'autre moitié ; 5°. On ajoute : Rendez à monsieur (ou à madame) ce que vous lui avez emprunté, & souvenez-vous qu'on vous en a prêté précisément autant que vous en aviez pensé ; 6°. On demande à la personne qui a fait le calcul, si elle sait bien ce qui lui reste ; elle répond qu'oui ; & on lui répond : *Et moi aussi je le sais, il vous reste précisément le même nombre que je vais cacher dans ma main* ; 7°. On prend sa main cinq pièces d'argent, & on dit à la personne : Nommez ce qui vous reste ; elle répond cinq, & aussi-tôt on ouvre la main pour lui montrer cinq pièces ; là-dessus on ajoute finement : Je savois bien que votre résultat étoit cinq ; mais si vous aviez pensé un très-grand nombre, par exemple, deux ou trois millions, le résultat auroit été beaucoup plus grand, & je n'aurois pas eu assez de pièces pour en mettre dans ma main un nombre égal à votre reste. Alors la personne croyant que le résultat de ce calcul doit être différent selon la différence du nombre pensé, s'imagine qu'il faut connoître ce dernier nombre pour deviner le résultat, mais cette idée est fausse ; car, dans le cas que nous venons de supposer, quel que soit le nombre pensé, il ne peut jamais rester que cinq ; en voici la raison : La somme dont on donne la moitié aux pauvres n'est que de deux fois le nombre pensé plus dix ; donc, quand les pauvres ont reçu leur part, il ne reste qu'une fois le nombre pensé plus cinq ; or, ce nombre pensé se trouve retranché quand on rend ce qui étoit emprunté ; donc il ne doit rester que cinq.

On voit, par-là, qu'il est facile de connoître d'avance le résultat, puisqu'il est la moitié du nombre donné dans la troisième partie de l'opération ; par exemple, quelque soit le nombre pensé, le reste sera 36 ou 25, selon qu'on aura donné 72 ou 50.

Nota. 1°. Que si on fait le tour plusieurs fois de suite, il faut que le nombre, donné dans la troisième partie du calcul, soit toujours différent ; car, sans cela, le résultat seroit plusieurs fois le même, ce qui pourroit être remarqué par la com-pagnie, & lui montrer, par là, la marche qu'on a suivie.

Nota. 2°. Quand on a fini les cinq premières parties du calcul pour avoir un résultat, il convient de ne pas le nommer d'abord, mais de continuer l'opération pour la compliquer, en disant, par exemple : doublez ce reste, retranchez-deux, ajoutez trois, prenez le quart, &c. On peut suivre mentalement le calcul pour savoir de combien le premier résultat augmente ou diminue. Cette marche irrégulière ne manque guère de dérouter les esprits pénétrans qui voudroient la suivre.

Deviner le nombre de jetons qu'une personne a caché dans sa main, & cela, sans lui faire aucune question.

Je disois un jour à quelqu'un : Monsieur, mettez dans une main trois pièces de monnoie & six dans l'autre, je devinerai dans quelle main vous en aurez mis six : Je vous entends, me dit cette personne, vous me ferez peut-être doubler ou tripler le nombre que j'aurai dans ma main droite ; après cela, vous me ferez augmenter ou diminuer ce double ou ce triple, en me faisant ajouter ou soustraire quelque nombre ; vous me demanderez le reste ou la somme, & vous connoîtrez par-là le nombre primitif : Vous n'y êtes pas, lui répondis-je, vous ferez le calcul tout bas, & je ne vous ferai aucune question : Mais, me répliqua-t-il, si je fais le calcul tout bas, ce sera ; pour vous, comme si je n'en faisois point, & ce calcul ne pourra pas vous servir à deviner : Que vous importe ? lui dis-je, donnez-vous un peu de patience, & vous verrez que j'ai raison. Alors il mit trois pièces dans une main & six dans l'autre, & je commençai à faire le calcul de cette manière : 1°. Doublez le nombre qui est dans votre main droite ; 2°. triplez celui qui est dans la gauche ; 3°. ajoutez ce double avec ce triple pour en connoître la somme ; 4°. partagez cette somme en deux parties égales ; 5°. d'une des moitiés retranchez onze ; 6°. doublez le reste ; 7°. ajoutez-y le nombre trois, &c. &c.

A chaque article il ne répondoit que par ces mots : *C'est fait* ; & cependant, je devinai qu'il y avoit trois pièces dans la main droite & six dans la gauche, il crut que j'avois deviné par cas fortuit ; mais je lui observai que si, pour faire ce tour je n'avois eu d'autre moyen qu'un heureux hasard, je n'aurois pas pu(t)être assuré, comme je l'étois, de ne jamais le manquer.

Pour faire ce tour, il faut observer, 1°. qu'il n'y a que les cinq premières parties du calcul qui soient nécessaires, les deux dernières étant surajoutées pour détourner un peu les personnes qui voudroient deviner ; 2°. que la quatrième & la cinquième parties de l'opération ne sont direc-

cement poſſibles qu'en tant qu'il y a trois pièces dans la main droite & ſix dans la gauche ;
par conſéquent, ſi celui qui fait le calcul ne trouve
aucune difficulté & ne propoſe aucun obſtacle ;
on voit par-là, ſans lui faire aucune queſtion,
dans quelle main ſont les trois & les ſix. Mais s'il
y en a ſix dans la droite & trois dans la gauche,
alors la ſomme qu'on lui dit de partager dans la
quatrième partie du calcul eſt 21, & le calculateur vous obſerve ſouvent que cette ſomme ne
peut pas ſe partager ſans fraction en deux parties
égales, vous lui répondez avec indifférence, & ſans
paroître faire beaucoup d'attention à ce qu'il vous
dit, qu'il eſt bien le maître de partager en deux
parties égales avec fraction, ou en deux parties
inégales ſans fraction.

3°. Si, ſans vous rien dire, il partage le nombre 21 en deux parties égales, (dix & demi)
vous pourrez ignorer juſqu'à ce moment le nombre qu'il vient de partager, mais la cinquième
partie de l'opération vous tirera bientôt d'embarras ; car quand vous preſcrirez de retrancher
11 de cette moitié (dix & demi) on vous dira
que c'eſt impoſſible ; vous répondrez avec négligence & ſans paroître faire beaucoup d'attention
à ce qu'on vous dit qu'il eſt fort indifférent de
retrancher 11 ou 9, & vous continuerez le reſte
de l'opération, qui, à la vérité, ſera inutile pour
vous faire connoître ce que vous avez à deviner,
mais qui ſervira à égarer le calculateur dans les recherches qu'il pourroit faire pour opérer ce tour.
(DECREMPS).

*Les vingt-quatre lettres de l'alphabet étant tranſcrites
ſur des cartes ſans aucun ordre, les mêler, en annonçant qu'elles vont ſe trouver par ordre alphabétique, & ayant manqué cette récréation, mêler de
nouveau ces mêmes cartes, & les faire paroître dans
l'ordre propoſé.*

Ecrivez ſur vingt-quatre cartes les nombres 1
juſqu'à 24, & les ayant diſpoſé par ordre numérique, mêlez-les à deux repriſes différentes,
ainſi qu'il a été enſeigné ci-deſſus, tranſcrivez-y enſuite les vingt-quatre lettres de l'alphabet, ſuivant leur ordre alphabétique, & ſer-
vez-vous-en pour conſtruire la table ci-après que
vous deſtinerez pour donner aux vingt-quatre lettres de l'alphabet (que vous aurez tranſcrites ſur
d'autres cartes) l'ordre primitif, au moyen duquel après deux mélanges ſucceſſifs elles doivent
ſe trouver ainſi qu'il a été propoſé ; cette opération vous donnera l'ordre ſuivant :

Ordre des Cartes.	Lettres.
Première Carte.	R
Seconde.	S
Troiſième.	H

Ordre des Cartes.	Lettres.
Quatrième.	Q
Cinquième.	E
Sixième.	F
Septième.	T
Huitième.	P
Neuvième.	G
Dixieme.	U
Onzieme.	X
Douzieme.	C
Treizieme.	N
Quatorzieme.	O
Quinzième.	D
Seizieme.	Y
Dix-ſeptieme.	Z
Dix-huitième.	I
Dix-neuvieme.	K
Vingtième.	&
Vingt-unième.	A
Vingt-deuxième.	B
Vingt-troiſième.	L
Vingt-quatrième.	M

Récréation qui ſe fait avec ces vingt-quatre lettres.

Le jeu de cartes (c'eſt-à-dire, les vingt-quatre
lettres qui y ſeront tranſcrites) ayant été rangées
d'avance dans l'ordre ci-deſſus (1), on étalera le
jeu ſur la table ſans le déranger, afin de faire voir
que les lettres ſont pêle-mêle ; on les mêlera une
première fois, & on les étalera de nouveau après
avoir prévenu qu'elles vont ſe trouver toutes dans
leur ordre alphabétique ; & feignant d'être ſurpris d'avoir manqué ce coup, on les remêlera une
ſeconde fois, & on fera voir pour lors que les lettres ſe trouvent rangées comme on l'avoit d'abord
propoſé.

Nota. Ce coup n'eſt manqué qu'à deſſein de
le faire paroître plus extraordinaire ; cependant
comme il peut arriver qu'on veuille engager celui
qui fait cette récréation à la recommencer, il ſeroit bon d'avoir un ſecond jeu renfermé dans un
ſecond étui, & dont l'objet primitif fût diſpoſé
de manière que l'ordre alphabétique ſe trouve

---

[1] On met ce jeu tout préparé dans un petit étui
de carton, ſur lequel on indique le nom de la récréation auquel il a rapport.

forme

formé après le premier mélange, c'est-à-dire, ainsi qu'il suit.

Ordre des cartes.	Nombres.
Première.	L
Seconde.	M
Troisieme.	I
Quatrieme.	K
Cinquieme.	N
Sixieme.	O
Septieme.	P
Huitieme.	G
Neuvieme.	H
Dixieme.	Q
Onzieme.	R
Douzieme.	S
Treizieme.	E
Quatorzieme.	F
Quinzieme.	T
Seizieme.	U
Dix-septieme.	X
Dix-huitieme.	C
Dix-neuvieme.	D
Vingtieme.	Y
Vingt-unieme.	Z
Vingt-deuxieme.	&
Vingt-troisieme.	A
Vingt-quatrieme.	B

Nota. On doit avoir deux jeux semblablement disposés, non-seulement pour pouvoir recommencer les récréations lorsqu'on les demande, mais encore pour ne pas se priver de les faire, si en mêlant les cartes on venoit à se tromper, attendu qu'alors il ne seroit pas possible de faire la récréation, sans avoir remis le jeu dans l'ordre, ce qu'il ne convient pas de faire en présence de ceux qu'on se propose de surprendre avec ces divers amusemens.

Les cartes d'un jeu de Piquet ayant été mêlées, partager le jeu en deux parties, & nommer le nombre des points qui doit se trouver dans chacune d'elles.

Ayant supposé que les rois, dames & valets doivent compter dix, les as un, & les autres cartes selon les points qui y sont indiqués; disposez à l'avance un jeu de Piquet dans l'ordre contenu dans la table ci-après, en observant que l'as de

Amusemens des Sciences,

cœur doit être une carte un peu plus large que toutes les autres. Conservez ce jeu ainsi préparé afin de vous en servir pour faire cette récréation & celles qui suivent, lesquelles dépendent également de cette première disposition ou ordre primitif.

Ordre dans lequel les cartes doivent être rangées avant de faire cette récréation.

1re. Dix de carreau.	17. Sept de pique.
2.. Dix de cœur.	18 Valet de pique.
3.. Dame de pique.	19. Dix de pique.
4.. Valet de trefle.	20. Sept de carreau.
5.. Roi de cœur.	21. Dame de carreau.
6.. Dame de cœur.	22. Valet de cœur.
7.. Neuf de carreau.	23. Huit de cœur.
8.. As de cœur.	24. Huit de pique.
Carte large.	
9.. Neuf de cœur.	25. Roi de trefle.
10. As de pique.	26. Neuf de pique.
11. Dix de trefle.	27. Roi de pique.
12. Valet de carreau.	28 Sept de cœur.
13. Dame de trefle.	29. Neuf de trefle.
14. As de trefle.	30. As de carreau.
15. Huit de carreau.	31. Huit de trefle.
16. Roi de carreau.	32. Sept de trefle.

Le jeu étant rangé dans l'ordre ci-dessus, on le mêlera une seule fois, bien exactement suivant la méthode qui a été enseignée à l'article *Piquet*; & après le mélange elles se trouveront nécessairement dans l'ordre ci-après.

Ordre dans lequel les cartes se trouveront après avoir été mêlées.

Cartes.	Points.	Cartes.	Points.
			Ci-contre .69
1. Sept de cœur	7	17 Neuf de carreau.	9
2. Neuf de trefle	9	18. As de pique	1
3. Huit de cœur	8	19. Dix de trefle	10
4. Huit de pique	8	20. Valet de carreau.	10
5. Valet de pique	10	21. Huit de carreau.	8
6. Dix de pique	10	22. Roi de carreau.	10
7. Dame de trefle	10	23. Sept de pique	7
8. As de trefle	1	24. Sept de carreau	7
9. As de cœur	1	25. Dame de carreau.	10
	Total....64		
10. Neuf de cœur	9	26. Valet de cœur	10
11. Dame de pique	10	27. Roi de trefle	10
12. Valet de trefle	10	28. Neuf de pique	9
13. Dix de carreau	10	29. Roi de pique	10
14. Dix de cœur	10	30. As de carreau	1
15. Roi de cœur	10	31. Sept de trefle	7
16. Dame de cœur	10	32. Huit de trefle	8
			Total....69

Effet.

Lorsqu'après avoir mêlé les cartes comme il a été dit, on les aura par ce moyen disposées dans l'ordre ci-dessus ; si on coupe le jeu à l'as de cœur qui se trouve être une carte plus large, le nombre des points portés sur les cartes que l'on enlevera par cette coupe sera de soixante-quatre points, & celui qui restera dessous sera de cent quatre-vingt-seize.

Récréation qui se fait avec ce jeu.

Après avoir (au moyen du mélange ci-dessus) disposé ce jeu de piquet comme il a été dit, on annoncera qu'on va couper le jeu, & le partager en deux parties, & qu'on nommera le nombre des points contenus dans l'une ou l'autre de ces divisions, ce qu'on exécutera en coupant à la carte large.

Nota. Cette récréation paroîtra assez extraordinaire si l'on s'est fait une habitude de mêler promptement les cartes, de manière qu'il paroisse que ce mélange soit semblable à celui qu'il est d'usage de pratiquer, lorsqu'on joue aux cartes : mais l'application qu'on doit faire de la disposition des cartes de cette récréation pour l'effet de celles qui suivent, rendra ces dernières d'autant plus étonnantes, qu'on ne pourra concevoir comment un même jeu de cartes mêlé à différentes reprises peut produire tous ces divers amusemens.

Un jeu de cartes ayant été mêlé, faire indiquer par une aiguille posée sur un cadran quelle est la carte de ce même jeu qu'une personne a touchée du bout du doigt.

Ayez une boîte de carton ABCD, (*fig.* 2, *pl.* 2, *suite des nombres magiques.*) ronde, à deux couvercles, & séparée en deux parties par le fond E, qu'un des côtés H puisse contenir un jeu de cartes, & l'autre côté I, un cadran de carton, dont le bord ait cinq à six lignes d'épaisseur.

Que ce cadran soit à deux faces, transcrivez-y d'un côté la couleur des cartes, & de l'autre leurs noms ; (*voyez la fig.* 3) ménagez un rebord de deux lignes de côté & d'autre de ce cadran, afin que les deux pivots que vous devez mettre à leur centre ne soient pas sujets à s'émousser.

Insérez dans le double-fond E (*fig.* 2) une petite lame d'acier aimantée, laquelle passe par le centre du cercle de ce cadran, & reconnoissez sur le dessus de ce cercle l'endroit où se trouve placé le sud de cette lame.

Ayez une aiguille aimantée d'environ deux pouces qui puisse tourner librement sur l'un ou l'autre des deux pivots qui sont placés sur les deux faces du cadran ci-dessus.

Introduisez dans l'intérieur & au fond d'une lunette d'ivoire transparente de deux pouces & demi de longueur, un petit cercle de carton d'un pouce & demi de diamètre, contenant les nombres portés en la table ci-après, & ajustez-y un oculaire de deux pouces & demi de foyer, avec lequel vous puissiez appercevoir distinctement les différens nombres portés en cette table.

Lorsque vous aurez posé le cadran ci-dessus dans le dessus de la boîte, en observant qu'un des noms qui y sont transcrits réponde précisément au sud de la lame aimantée renfermée dans le cercle ou fond E ; si vous mettez l'aiguille sur son pivot, & que vous la laissiez tourner, elle s'arrêtera sur le nom de la carte qui a été posée vers le sud de ce barreau.

Cet effet aura également lieu pour l'une ou l'autre des deux faces de ce cadran ; d'où il suit qu'on sera maître en posant alternativement ce cadran dans cette boîte sur ces deux faces, de faire indiquer en deux fois par cette aiguille telle carte d'un jeu de piquet qu'on desirera.

La table des nombres qui est cachée dans la lunette, pouvant indiquer qu'elles sont les cartes qui y répondent ; il s'ensuit que si on connoît à quel nombre est dans le jeu une carte qu'une personne aura touchée, on pourra savoir par son moyen quelle est cette carte, puisqu'ayant connu (par exemple) qu'on a touché la douzième carte ; on peut juger que c'est nécessairement le huit de pique ; (*voyez la table ci-après*).

Récréation qui se fait avec cette boîte & cette lunette.

On prend le jeu de cartes tel qu'il s'est trouvé disposé après avoir fait la précédente récréation, on le mêle de nouveau suivant la manière qui a été enseignée, ce qui dispose nécessairement le jeu dans l'ordre ci-après, qui a rapport à la table des nombres insérée dans la lunette.

Ordre des cartes après ce nouveau mélange.

1. Neuf de pique.	17. Dame de pique.
2. Roi de pique.	18. Neuf de cœur.
3. Sept de pique.	19. Dame de pique.
4. Sept de carreau.	20. Valet de trefle.
5. As de pique.	21. Roi de pique.
6. Dix de trefle.	22. Dame de cœur.
7. Dix de carreau.	23. Neuf de carreau.
8. Dix de cœur.	24. Valet de carreau.
9. As de trefle.	25. Huit de carreau.
10. As de cœur.	26. Roi de carreau.
11. Huit de cœur.	27. Dame de carreau.
12. Huit de cœur.	28. Valet de cœur.
13. Sept de cœur.	29. Roi de trefle.
14. Neuf de trefle.	30. As de carreau.
15. Valet de pique.	31. Sept de trefle.
16. Dix de pique.	32. Huit de trefle.

Table qui doit être placée au fond de la Lunette.

CARREAU.

30.26.27.24.

7.23.25. 4.

PIQUE ————————— CŒUR.

5.2.19.15.   10.21.22.28.

16.1.12. 3.   8.18.11.13.

———— TREFLE. ————

9.29.17.20.

6.14.32.31.

Les nombres portés en la table ci-dessus, ont rapport à l'ordre des cartes qui précède; chaque couleur porte huit nombres, qui sont supposés désigner les figures des cartes comme il suit.

CARREAU.

As.	Roi.	Dame.	Valet.
30	26	27	24
Dix.	Neuf.	Huit.	Sept.
7	23	25	4

Il en est de même pour les trois autres couleurs.

Le jeu de cartes ayant donc été mêlé comme il a été dit ci-devant; on présentera à une personne le jeu entier, en lui étalant d'abord les huit premières, ensuite les huit secondes, en lui disant d'en toucher une du bout du doigt, & de s'en souvenir, on remarquera exactement le nombre auquel elle se trouve dans le jeu, (on suppose ici que c'est la douzième), on prendra ensuite l'aiguille aimantée, & on feindra de lui donner la vertu magnétique, en la passant sur le doigt de cette personne, de même qu'on le feroit sur une pierre d'aimant, on pourra même lui faire tenir dans l'autre main une pierre ou lame aimantée; à dessein de lui donner à entendre que la vertu magnétique se communique d'une main à l'autre: après cette feinte on fera comme si on pouvoit appercevoir, avec la lunette ci-dessus décrite, si cette aiguille est suffisamment aimantée, ce qui donnera occasion de regarder quelle est la carte indiquée par le n°. 12, & on reconnoîtra que cette carte qui a été touchée est le huit de pique; alors posant le cercle de carton sur la boîte, de manière que le mot pique se trouve vers l'endroit où est le sud du barreau; on fera tourner l'aiguille sur son pivot, & elle s'arrêtera sur ce mot, lequel désignera que la carte touchée est un pique; on retournera ensuite le cercle, & posant l'aiguille sur l'autre pivot, on lui fera indiquer de la même manière que cette carte est un huit, c'est-à-dire, le huit de pique.

Nota. Les cartes disposées comme il est dit dans cette récréation, devant servir après un nouveau mélange, à faire celle qui suit, il faut conséquemment avoir attention à ne les point déranger de leur ordre. (*Voyez à l'article* AIMANT).

Coup de piquet où l'on fait repique dans la couleur qu'une personne a librement choisie, après néanmoins avoir transcrit à l'avance sur un papier cacheté quelle est la couleur pour laquelle elle doit se déterminer.

Les cartes se trouvant disposées dans l'ordre porté en la précédente récréation page 730, on les mêlera de nouveau suivant la méthode qui a été enseignée, on donnera à couper à la personne avec laquelle on jouera cette partie de piquet, & on fera attention si elle coupe à la carte large (1), qui doit alors se trouver sous le jeu.

Dès que l'on se sera assuré par le tact, que cette carte large est au-dessous du jeu, il en résultera que les cartes de ce jeu de piquet seront exactement rangées dans l'ordre qu'elles doivent avoir pour faire repique celui contre lequel on joue, en lui laissant (même après qu'il a coupé) la liberté de choisir la couleur dans laquelle il desire être repique.

Ordre dans lequel se doivent trouver les cartes après avoir été mêlées, & qu'on aura coupé.

1. Huit de cœur.	17. Neuf de carreau.
2. Huit de pique.	18. Valet de carreau.
3. Valet de pique.	19. Neuf de cœur.
4. Dix de pique.	20. Dame de pique.
5. Dame de trefle.	21. Sept de cœur.
6. Valet de trefle.	22. Neuf de trefle.
7. Roi de cœur.	23. Dix de cœur.
8. Dame de cœur.	24. As de trefle.
9. Huit de carreau.	25. Sept de pique.
10. Roi de carreau.	26. Sept de carreau.
11. Dame de carreau.	27. Neuf de pique.
12. As de carreau.	28. Roi de pique.
13. Sept de trefle.	29. As de pique.
14. Huit de trefle.	30. Dix de trefle.
15. Valet de cœur.	31. Dix de carreau.
16. Roi de trefle.	32. As de pique.
	Carte large.

Les cartes du jeu de piquet se trouvant ainsi disposées, on demandera à l'adversaire dans quelle couleur il veut qu'on le fasse repique.

(1) Si la personne ne coupoit pas à l'as de cœur qui est la carte large, il faudroit sous quelque prétexte faire couper une seconde fois, afin que cette carte se trouve sous le jeu, sans quoi on ne pourroit faire cette partie de piquet.

S'il demande qu'on puisse le faire repiqué en trefle ou carreau, on donnera des cartes par trois, ce qui produira nécessairement les jeux suivans.

Jeu du premier en carte.	Jeu du 2e. en carte.
Roi de cœur.	As de trefle.
Dame de cœur.	Roi de trefle.
Valet de cœur.	Dame de trefle.
Neuf de cœur,	Valet de trefle.
Huit de cœur.	Neuf de trefle.
Sept de cœur.	
Dame de pique.	As de carreau.
Valet de pique.	Roi de carreau.
Huit de pique.	Dame de carreau.
	Valet de carreau.
Huit de carreau.	Neuf de carreau.
Huit de trefle.	Dix de pique.
Sept de trefle.	Dix de cœur.

Rentrée du premier.	Rentrée du second.
Sept de pique.	Dix de trefle.
Sept de carreau.	Dix de carreau.
Neuf de pique.	As de cœur.
Roi de pique.	
As de pique.	

Si le premier en carte, qui est celui contre lequel on joue, a demandé d'être repique en trefle, & qu'il prenne ces cinq cartes de rentrée, il faudra alors écarter la dame, le valet & le neuf de carreau, & l'on aura par les trois cartes de rentrée, une sixième majeure en trefle, & quatorze de dix.

Si l'adversaire en laissoit, il faudroit alors écarter tous les carreaux.

S'il a demandé d'être repique en carreau, on écartera la dame, le valet & le neuf de trefle, ou tous les trefles s'il en laissoit deux, ce qui produira par conséquent le même coup dans l'une ou l'autre de ces couleurs.

Nota. Si l'adversaire écartoit ces cinq cœurs, on manqueroit ce coup, attendu qu'il auroit alors une septième en pique; il feroit de même s'il ne prenoit qu'une carte, & qu'il en laissât quatre; mais comme ce n'est point le jeu de l'adversaire d'écarter de cette façon, on ne risque de manquer ce coup qu'avec ceux qui connoissent de quelle manière se fait cette récréation.

Si celui contre lequel on joue demande qu'on puisse le faire repique, en cœur ou en pique, on donnera alors les cartes par deux, ce qui produira indispensablement les deux jeux suivans.

Jeu du premier en carte,	Jeu du 2e. en carte,
Roi de carreau.	As de trefle.
Valet de carreau.	Roi de trefle.
Neuf de carreau.	
Huit de carreau.	As de carreau.
	Dame de carreau.
Dame de trefle.	Dame de pique.
Valet de trefle.	Valet de pique.
Neuf de trefle.	Dix de pique.
Huit de trefle.	
Sept de trefle.	Roi de cœur.
	Dame de cœur.
Huit de cœur.	Valet de cœur.
Sept de cœur.	Dix de cœur.
	Neuf de cœur.
Huit de pique.	

Rentrée du premier.	Rentrée du second.
Sept de pique.	Dix de trefle.
Sept de carreau.	Dix de carreau.
Neuf de pique.	As de cœur.
Roi de pique.	
As de pique.	

Si l'adversaire a demandé d'être repique en cœur, on gardera la quinte au roi en cœur, & le dix de pique, & on écartera du reste tout ce que l'on voudra; alors quand même l'adversaire en laisseroit deux, on aura une sixième majeure en cœur, & quatorze de dix; avec quoi on le fera repiquer.

Si au contraire il a demandé d'être repique en pique, il faudra (après avoir donné les cartes) faire passer subtilement les trois cartes qui sont sous le jeu, c'est-à-dire, le dix de trefle, celui de carreau, & l'as de cœur), & les mettre au-dessus du talon, pour avoir dans sa rentrée le neuf, le roi & l'as de pique, en sorte que gardant la quinte en cœur, & étant même obligé d'écarter quatre cartes (si l'adversaire en laissoit une) on ait en outre une sixième au roi en pique, avec laquelle on fera le repique.

Nota. Si l'adversaire ne prenoit que trois cartes, on manqueroit encore le repique. On verra dans la suite de l'ouvrage d'autres coups de piquet où l'adversaire ne peut en aucune façon éviter d'être repique. (*Voyez* PIQUET).

Observation.

Ce coup de piquet a attiré beaucoup d'applaudissemens à ceux qui ont eu l'intelligence de le faire valoir en public, de façon à exciter de la surprise; les trois dernières cartes qui sont au-dessous du jeu, que l'on fait passer au-dessus du talon, & qui suppléent à la difficulté de le disposer en entier par la seule combinaison des cartes, ont arrêté ceux qui se sont efforcés d'y venir par ce seul moyen, & ils l'ont dès-lors cru plus merveilleux qu'il n'est en effet. Si ont considere ici que ce coup de piquet est amené à la suite des deux récréations qui le précédent, & qu'à chacune d'elles on a mêlé les cartes, il paroîtra encore plus extraordinaire.

Il n'est point du tout à craindre que ceux qui peuvent faire adroitement ces sortes de coup de piquet, puissent abuser de leur dextérité en jouant sérieusement à ce jeu, attendu que les cartes avec lesquelles ils sont obligés de jouer, étant une fois mêlées, il leur est impossible de les disposer dans l'ordre ci-devant indiqué, sans qu'on s'en apperçoive très-facilement ; mais il est d'autres manœuvres dangereuses auxquelles certains joueurs peuvent être accoutumés, & qui sont suffisantes pour faire perdre ceux qui jouent trop légèrement contre ceux dont ils ne connoissent pas assez la probité.

Quoique les trois précédentes récréations soient liées de manière à pouvoir être exécutées les unes après les autres sans changer de jeu, on peut cependant les exécuter séparément en disposant les jeux comme il est indiqué à chacune d'elles.

Manière de transcrire à l'avance sur un papier renfermé dans un billet cacheté, la couleur dans laquelle l'adversaire doit demander d'être repiqué.

Ayez de l'encre sympathique faite avec l'imprégnation de Saturne, & transcrivez sur un petit quarré de papier (*fig.* 3, *Pl.* 5, *suite des nombres magiques*) les noms des différentes couleurs des cartes, & renfermez ce papier dans l'enveloppe E même figure, de manière que le mot carreau se trouve placé du côté qui répond à celui du cachet, afin que ce papier étant renfermé dans cette enveloppe, vous puissiez vous rappeler aisément l'endroit où sont transcrits invisiblement ces quatre différents mots ; cachetez ce billet, & le gardez pour vous en servir, ainsi qu'il est expliqué ci-après.

Ayez en outre une petite boîte de bois ou de fer-blanc fermante à charnière, & construite de façon qu'étant en votre poche, vous puissiez (sans l'en tirer) l'ouvrir d'une seule main ; mettez dans cette boîte une très-petite éponge que vous humecterez avec le phlogistique de foie de soufre quelques momens avant de faire cette récréation.

Si après avoir posé le doigt sur l'éponge, vous l'avez par ce moyen légèrement humecté de ce phlogistique, & que prenant le billet cacheté entre vos deux doigts, vous appuyez un instant celui qui est humecté sur l'endroit où se trouve invi-

siblement transcrit avec l'imprégnation de Saturne le nom d'une des quatre couleurs des cartes, la vapeur pénétrante de ce phlogistique le fera paroître sur le champ ; d'où il suit que celui qui fera cette récréation fera paroître à sa volonté l'une ou l'autre des quatre couleurs transcrites.

Récréation.

Avant de faire le coup de piquet ci-dessus, on remettra à celui contre lequel on joue, le billet ainsi préparé & cacheté, & on lui dira de le mettre dans sa poche sans le prévenir de ce qu'il en doit résulter. Lorsqu'on l'aura fait repiqué dans la couleur qu'il aura choisie, on mettra la main dans la poche où est la boîte ; on l'ouvrira, & posant le doigt *index* sur l'éponge, on l'humectera, & on refermera aussi-tôt la boîte ; alors on demandera à l'adversaire le billet qu'on lui a remis, & sous prétexte de lui faire observer qu'il est bien cacheté, on le serrera un instant entre le pouce & le doigt humecté, en observant que ce soit exactement à l'endroit où est transcrit le nom de la couleur demandée, & aussi-tôt on le lui remettra, afin qu'ouvrant lui-même ce billet, il y trouve écrit le nom de cette couleur qu'il a librement choisie après que ce billet lui a été remis. (*Voyez* CARTES, ÉCRITURE MYSTÉRIEUSE, ESCAMOTAGE &c.

Les nombres incompréhensibles.

Les nombres que l'on doit transcrire sur les trente cartes, (1) qui servent pour cette récréation sont rangées dans l'ordre primitif ci-après, de manière qu'après avoir été mêlées une première fois, si l'on partage le jeu en trois parties, en coupant aux deux cartes larges, le total des nombres ou points compris dans chaque partie est de 50 ; & si sans déranger ces trois parties de ce nouvel ordre, & ayant mêlé une seconde fois ce jeu, on le partage encore en trois parties en coupant aux deux cartes longues, le nombre se retrouvera formé de nouveau par le total de ceux compris dans chacune de ces parties.

Ordre dans lequel les nombres doivent être disposés avant que de mêler.

Cartes.	Nombres.	Cartes.	Nombres.
1	6	6	4
2	6	7	7
3	9	8. *Carte longue.*	5
4. *Carte longue.*	5	9. *Carte large.*	2
5	7	10	8

(1) On se sert pour cette récréation de cartes blanchies des deux côtés, ou si l'on veut de feuilles tirées d'un jeu entier, dont les points désignent les nombres

Suite de l'ordre dans lequel les nombres doivent être disposés avant que de mêler.

Cartes.	Nombres.	Cartes.	Nombres.
11	1	21	6
12 . . Carte large .	8	22	4
13	7	23	3
14	6	24	1
15	3	25	8
16	5	26	1
17	9	27	5
18	5	28	9
19	2	29	8
20	7	30	2

Ces trente cartes ayant été rangées suivant l'ordre de la table ci-dessus, si on les mêle une première fois elles se disposeront dans celui qui suit.

Ordre de ces nombres après le premier mêlange.

Cartes.	Nomb. ou points.	Cartes.	Nomb. ou points.	Cartes.	Nomb. ou points.
1	9	11	9	21	3
2	8	12	2	22	5
3	3	13	5	23	9
4	1	14	6	24	7
5	5	15	7	25	6
6	2	16	4	26	4
7	7	17	3	27	8
8	6	18	5	28	1
9	5	19	1	29	5
10 Carte large	4	20 Carte large	8	30	2
Total 50		Total 50		Total 50	

Par conséquent si on coupe à la dixième & à la vingtième carte, qui sont les deux cartes larges, on partagera par ce moyen le jeu en trois parties, dont chacune donnera cinquante points pour la somme totale de ceux portés sur les dix cartes dont elle est composée.

Si sans déranger en aucune façon l'ordre ci-dessus, & après avoir remis ces trois tas l'un sur l'autre ; on mêle ces cartes une seconde fois, elles se trouveront disposées de nouveau dans l'ordre qui suit.

Ordre de ces nombres après le second mêlange.

Cartes.	Nomb. ou points.	Cartes.	Nomb. ou points.	Cartes.	Nomb. ou points.
1	1	11	3	21	7
2	5	12	1	22	4
3	9	13	9	23	3
4	7	14	8	24	8
5	5	15	5	25	4
6	1	16	1	26	5
7	5	17	7	27	6
8	6	18	4	28	4
9	6	19	9	29	8
10 Carte longue	5	20 Carte longue	2	30	2
Total 50		Total 50		Total 50	

D'où il suit qu'en coupant cette fois aux deux cartes longues, le jeu se trouvera partagé en trois parties, dont la somme des nombres ou points de chacune d'elles sera encore de 50.

Récréation.

Après avoir montré les nombres ou les points portés sur ces trente cartes, qu'on préviendra former au total, 150, on annoncera, qu'après les avoir bien mêlées, on va partager le jeu en trois parties, dont chacune en contiendra 50, ce qu'on exécutera comme il a été dit. Ayant fait remarquer que chaque partie contient 50, comme on s'est proposé, on observera que peut-être quelqu'un s'imagine que ces cartes ont été disposées d'avance dans un ordre déterminé, & propre à produire cet effet ; & pour tâcher de persuader le contraire, en augmentant la surprise, on offrira de recommencer cette récréation, en mêlant même le jeu, une seconde fois, ce qui ne pourra manquer d'avoir lieu en observant ce qui a été dit ci-dessus.

Les aveux réciproques.

L'ordre primitif suivant lequel doivent être rangées les lettres qui servent à cette récréation, étant applicable à toute autre récréation de ce genre, que chacun pourroit vouloir imaginer, on donne ici le détail de l'opération qu'il faut faire pour parvenir à le former.

Soient les deux questions & leur réponse ci-après, composées chacune d'un égal nombre de lettres qu'on veut transcrire sur trente-deux cartes, & ranger dans un ordre tel qu'après un premier mélange elles se trouvent disposées suivant l'ordre des lettres qui composent les mots de la première question & de sa réponse, & qu'en mêlant une seconde fois elles produisent le même effet à l'égard de la seconde.

1re. QUESTION. *Belle Hébé m'aimez-vous?*
RÉPONSE.... *Oui je vous aime.*

2e. QUESTION. *Daphnis m'aimez-vous?*
RÉPONSE..... *Hébé je vous adore.*

Chacune de ces questions & leur réponse étant composées de trente-deux lettres, prenez trente-deux cartes, & numérotez-les depuis 1 jusqu'à 32; mêlez-les & transcrivez-y de suite les trente-deux lettres qui composent la première question & sa réponse; en observant de noter que la dernière lettre S de cette question doit être une carte plus large.

Cette première opération étant faite, ne dérangez en rien ces cartes, mêlez-les une seconde fois, & transcrivez-y de même les trente-deux lettres de la seconde question & de sa réponse; en observant pareillement de noter que la dernière lettre S de cette seconde question doit être une carte plus longue.

Cette seconde opération étant finie, reprenez toutes vos trente-deux cartes, rangez-les suivant l'ordre des numéros qui y ont été apposés, & servez-vous en pour transcrire la table, ou l'ordre primitif ci-après.

Ordre dans lequel les cartes doivent être rangées avant de mêler.

Ordre des cartes.	Lettres de la 1re question.	Lettres de la 2e question.
1.	M.	S.
2.	E.	M.
3.	A.	E.
4.	I.	B.
5.	Z.	É.
6.	V.	
7.	O.	E.
8.	E.	I.
9.	M.	H.
10.	U.	N.
11. *Carte large.*	S.	I.
12.	O.	V.
13. *Carte longue.*	E.	S.
14.	B.	A.
15.	U.	O.
16.	Y.	U.
17.	E.	P.
18.	E.	O.
19.	H.	U.
20.	E.	H.
21.	V.	S.
22.	O L.	A.
23.	L.	M.
24.	L.	E.

Suite de l'ordre dans lequel les cartes doivent être rangées avant de mêler.

Ordre des cartes.	Lettres de la 1re question.	Lettres de la 2e question.
25.	U.	D.
26.	S.	D.
27.	A.	A.
28.	B.	Z.
29.	E.	V.
30.	I.	O.
31.	M.	R.
32.	E.	E.

Il est facile de voir que ces lettres ayant été disposées sur des cartes suivant l'ordre établi ci-dessus; celles de première colonne indiqueront après le premier mélange la première de ces questions, & sa réponse, qu'on pourra séparer l'une de l'autre en coupant ce jeu à la carte large, & qu'en mêlant ensuite une seconde fois ce même jeu, celles de la seconde colonne donneront de même la seconde question qu'on pourra également séparer d'avec sa réponse, en coupant à la carte longue.

Nota. Il faut transcrire les cartes de la première colonne sur l'angle des cartes indiqué (*fig.* 3, *pl.* 4), & celles de la seconde colonne sur celui qui lui est diamétralement opposé, & avoir attention en préparant ces cartes dans l'ordre primitif ci-dessus, de mettre du même sens les lettres qui sont analogues à la première question.

On observe aussi qu'après avoir fait cette récréation, il est facile de remettre le jeu dans son ordre primitif en mêlant deux fois le jeu en sens contraire, (1) ce qui est bien plus expéditif que de se servir de la table

Récréation.

Ayant choisi parmi la compagnie un cavalier & une dame, on leur fera voir ce jeu de cartes, en leur montrant que les lettres qui y sont transcrites se trouvent pêle-mêle & ne forment aucuns mots; on aura soin de cacher avec le pouce de la main droite une des deux lettres qui se trouvent sous la dernière carte, & on étalera celles qui sont vers le haut du jeu, de manière qu'on n'apperçoive pas celles qui sont à l'angle opposé.

On fermera ensuite le jeu, & on tâchera de leur persuader qu'on peut sçavoir par le moyen des mots que peut former l'assemblage de toutes

---

(1) C'est-à-dire, d'ôter les trois cartes de dessous, de les couvrir des deux de dessus & ainsi de suite, en finissant par mettre les deux qui restent en dernier, au-dessus du jeu.

ces lettres, s'il y a de l'amitié ou non entr'elles deux, & ayant mêlé le jeu une première fois, fous prétexte de former par ce moyen les mots dont on a befoin ; on coupera à la carte large pour féparer la demande, de la réponfe, & étalant la première partie du jeu que l'on a coupé, on fera voir à cette dame que le cavalier lui fait cette queftion ; *belle Hébé m'aimez-vous ?* on préfentera enfuite le refte du jeu au cavalier ; en lui faifant voir que cette dame lui répond, *oui je vous aime.*

On remettra alors ces deux parties du jeu l'une fur l'autre fans les déranger en aucune façon de l'ordre dans lequel elles fe font trouvées après ce premier mêlange, & on fera entendre qu'il faut que ces mêmes lettres fervent à faire connoître de même à cette dame fi le cavalier répond à fes fentimens ; alors ayant retourné le jeu fans qu'on s'en apperçoive, afin de faire pa-

roître les lettres de la feconde colonne qui fe trouvent tranfcrites à l'angle oppofé, on le mêlera de nouveau, & ayant coupé on fera voir au cavalier que cette dame lui fait à fon tour cette queftion, *Daphnis m'aimez vous ?* préfentant enfin le refte du jeu à cette dame, elle reconnoîtra par l'arrangement des lettres qu'il répond, *Hébé je vous adore.*

Nota. Cette récréation caufe beaucoup de furprife lorfqu'on la fait affez adroitement pour qu'on n'apperçoive pas qu'il y a deux lettres tranfcrites fur chaque carte.

NOMBRES ; leurs propriétés (*Voyez* ARITH-MÉTIQUE).

NOMBRES MAGIQUES (les) (*Voyez* AIMANT ; ARITHMÉTIQUE ; CHIFFRES ; CALCUL, &c).

737

O.

OBJETS gravés en creux, qui paroissent en relief. (*Voyez* DIOPTRIQUE).

ŒIL DE VEAU PRÉPARÉ. Le mécanisme de la vision est quelque chose de si surprenant & de si admirable, que l'on ne sauroit trop répéter les expériences qui en démontrent tous les ressorts. C'est une vérité constante, que tout objet éclairé & placé devant l'œil se peint au fond de cet organe dans une situation renversée. Cependant on croit voir les objets droits; c'est que l'on confond mal-à-propos l'impression qui se fait sur l'organe avec le jugement de l'ame qui la suit. Regarder & voir sont deux choses différentes; en vain un objet vient-il se peindre dans notre œil, si l'impression qu'il reçoit n'excite ou ne réveille en nous l'idée de la présence de cet objet, & ne nous porte à juger de sa grandeur, de sa situation, de sa distance, de sa couleur, de ses mouvemens, &c. Pour se convaincre de ce que nous venons de dire que les objets se représentent toujours renversés dans nos yeux, il faut fermer la porte & les fenêtres d'une chambre pour la rendre bien obscure, pratiquer à un des volets un trou rond, de cinq à six lignes de diametre, & y appliquer, par sa partie antérieure, un œil de veau ou de mouton bien frais, dont on ait enlevé tous les tégumens, à la réserve du dernier qui touche immédiatement l'humeur qu'on nomme *vitrée*. Si cette préparation est bien faite, & qu'on prenne soin de ne point changer la forme naturelle de l'œil en le pressant, ceux qui seront dans la chambre verront fort bien sur le fond de cet œil, dans une situation renversée, les objets extérieurs qui seront bien éclairés, avec tous leurs mouvemens & leurs couleurs naturelles.

Lorsque cette expérience sera faite, on seroit peut-être curieux de disséquer cet œil pour connoître les principales parties de cet organe. C'est pourquoi nous allons joindre ici, d'après M. l'abbé Nollet, tous les détails nécessaires pour la dissection de l'œil de bœuf, de veau ou de mouton. D'abord il est nécessaire que l'animal soit nouvellement tué, & en demandant l'œil au boucher, il faut lui recommander de ne pas couper le nerf trop près du globe; & s'il faut le garder jusqu'au lendemain, tenez-le plongé dans de l'eau claire pour entretenir la souplesse. Après avoir ôté avec des ciseaux les graisses & les chairs qui couvrent le premier tégument, on apperçoit le *nerf optique* qui se trouve pour lors à nud; ensuite ayant placé l'œil dans une espèce de bilboquet de bois, ou de quelqu'autre matière solide, de façon que la *cornée* transparente soit tournée en haut, vous enleverez

Amusemens des Sciences.

cette partie, en la cernant tout au tour avec des ciseaux fins; vous reconnoitrez qu'elle a la consistance avec la transparence de la corne, & que son épaisseur est composée de plusieurs lames qu'on peut séparer, quoique avec peine. Immédiatement après l'ouverture de la cornée transparente, on voit sortir une liqueur aussi claire que l'eau commune, c'est celle qu'on nomme *humeur aqueuse*. Avec la cornée on enleve ordinairement l'*iris*, qu'on distingue beaucoup mieux avec la *pupille* qui est au milieu, quand on l'étend au fond d'une assiette de fayance remplie d'eau. En pressant l'œil extérieurement avec les doigts, on fait sortir le *crystallin* qu'on peut reconnoître séparément; après cela on renverse l'œil sur une assiette pour faire sortir l'humeur *vitrée*; & quand l'œil est ainsi vuide, on peut voir les *ligamens ciliciaires* sur la partie antérieure de l'humeur vitrée. On observe la *rétine* qui est une membrane molle & très-délicate qui se présente la première quand l'humeur vitrée est sortie. On voit ensuite la *choroïde* distinguée par le lisse & les couleurs de son tissu; enfin on peut, avec un peu de soin & d'adresse, séparer celle-ci de la *sclérotique*. *Voyez* OPTIQUE.

ŒUFS.

Moyen de conserver des œufs frais pendant quelque temps.

Il faut d'abord qu'ils soient nouvellement pondus, ensuite mettez-les dans de l'eau fraîche, de manière que l'eau passe par-dessus les œufs, changez-les d'eau tous les jours, ou bien mettez-les dans des pots, & versez dessus de la graisse de mouton fondue, mais qui ne soit point trop chaude. De cette manière on peut les conserver frais pendant plus d'un mois.

On peut encore conserver des œufs frais sans altération pendant un mois & plus, en les faisant cuire à l'ordinaire. Quand on veut s'en servir, on les remet en eau bouillante, comme s'ils n'étoient pas cuits: ils se tournent en lait de même que le premier jour. On observe que les œufs les plus propres à garder sont ceux qui viennent dans le mois d'octobre.

Nouvelle manière de faire éclore les œufs au moyen de l'électricité, en la déterminant à produire des effets semblables à ceux d'une chaleur de trentedeux degrés, par M. Achard.

Pour faire cette détermination, je remplis d'eau trois cubes de laiton de la même capacité, l'un fut

A a a a a

électrisé pendant plusieurs heures de suite, en sorte que le degré d'électricité étoit connu & invariable; l'autre fut placé à côté de la machine électrique, & le troisième fut plongé dans l'eau, entretenue par une lampe au trente-deuxième degré de chaleur. En comparant la différence qui se trouva à la fin de l'opération entre l'évaporation du cube électrisé & celui qui avoit été placé à côté de la machine électrique, avec celle qui se trouva entre l'évaporation de l'eau contenue dans ce dernier cube, & celle qui avoit été exposée pendant le même temps au troisième degré de chaleur, je fus en état de déterminer la raison entre l'évaporation qu'occasionne chaque degré d'électricité, & celle que produit un degré de chaleur donné.

Après avoir déterminé de cette manière le degré d'électricité, qui, à ce qu'il me sembloit, devoit être le plus propre à développer le germe des œufs, je suspendis une assiette d'étain au conducteur d'une machine électrique, & y ayant mis seize œufs, je commençai à électriser, & entretins tout cet appareil pendant huit jours & autant de nuits, dans un degré d'électricité le plus approchant qu'il me fut possible de celui qui correspond, si je puis m'exprimer ainsi, au troisième degré de chaleur.

Le succès de cette expérience fut des plus heureux, & vérifia toutes mes conjectures.

ŒUF. *Manière de le faire tenir droit sur la partie la plus pointue.*

Pour faire qu'un œuf se tienne droit sur sa pointe, sans tomber, sur un plan aussi uni que la glace d'un miroir, il faut que ce plan soit bien horizontal, & ne panche pas plus d'un côté que de l'autre; puis on agite l'œuf assez long-temps, de manière que le blanc & le jaune soient bien mêlés ensemble. Si dans cet état on met l'œuf sur le plan horizontal, & l'y élevant sur sa pointe, il demeurera dans cette situation sans tomber, à cause de l'équilibre qui se trouve de tous côtés par les parties du jaune d'œuf également mêlées avec le blanc; ce qui fait que le centre de gravité de l'œuf demeure dans la ligne de direction, & qu'ainsi l'œuf demeure droit & ferme sans tomber.

Manière de faire une gravure en relief sur la coquille d'un œuf frais.

Vous choisirez un œuf dont la coquille soit un peu épaisse; vous le laverez bien dans l'eau fraîche, & vous l'essuierez ensuite bien exactement avec un linge: cette opération faite, vous mettrez un peu de suif ou de graisse dans une cuiller d'argent; vous la présenterez ensuite sur le feu. La graisse fondue & bien chaude vous servira au

lieu d'encre pour tracer avec une plume taillée, mais qui n'ait point encore servi, tel dessin qu'il vous plaira. Votre dessin fini, vous prendrez l'œuf par les deux extrémités entre deux doigts, & le poserez doucement dans un gobelet rempli de bon vinaigre blanc; vous l'y laisserez pendant trois heures & demie de temps: durant cet intervalle, l'acide du vinaigre rongera suffisamment une partie de l'épaisseur de la coquille de l'œuf, & ne pouvant produire le même effet sur les endroits dessinés avec de la graisse, tous les traits recouverts conserveront leur épaisseur, & formeront le relief désiré.

On peut, par ce moyen, dessiner sur un œuf tel dessin que l'on voudra. (PINETTI).

Œuf dansant.

On apporte trois œufs sur le théâtre, on en met deux sur une table, & le troisième dans un chapeau; on prie quelqu'un de prêter une petite canne ou une badine; on fait voir qu'il n'y a sur cette canne aucune préparation; on la pose en travers sur le chapeau; dans ce moment le chapeau tombe par terre, l'œuf tient à la canne comme s'il étoit attaché avec de la glu. L'orchestre, alors, commence à jouer quelques pièces de musique, & l'œuf, comme s'il étoit sensible à l'harmonie, glisse en tournoyant d'un bout à l'autre de la canne, & ne cesse les mouvemens que lorsque la musique finit.

Explication.

L'œuf est attaché à un fil par une petite cheville qu'on y a fait entrer en long, & qui se trouve appuyée transversalement sur la surface intérieure de la coque. Le trou qu'on a fait pour introduire la cheville est bouché par un peu de cire blanche.

L'autre bout de fil tient à l'habit de celui qui fait le tour, à l'aide d'une épingle ployée en forme de crochet; la canne passant par-dessous le fil, tout près de l'œuf, lui sert de point d'appui. Aussi-tôt que la musique commence, le faiseur de tours pousse la canne, de gauche à droite, ou de droite à gauche; alors il semble, au premier abord, que l'œuf parcourt la canne dans sa longueur; mais il n'en est rien, comme il est constamment attaché à son fil, son centre de gravité reste toujours à la même distance du crochet qui le retient; c'est la canne, qui, en glissant, présente successivement ses divers points à la surface de l'œuf.

Nota. Pour produire l'illusion, en faisant accroire à la compagnie que c'est l'œuf qui se porte lui-même vers les divers points de la canne, celui qui fait l'expérience, tourne un peu sur ſes talons ; par ce moyen, l'œuf, en même temps qu'il pirouette, reçoit effectivement un mouvement de tranſlation aux yeux du ſpectateur ; quoiqu'il reſte toujours à la même diſtance du point où il eſt accroché. (DECREMPS).

L'oiſeau mort & reſſuſcité.

Celui des trois œufs qu'on vient de faire danſer le long d'une canne, ayant été caſſé pour faire voir qu'il n'y avoit aucune préparation, on prend les deux autres, qu'on avoit laiſſé ſur la table ; on en fait choiſir un à la compagnie, & on le caſſe pour en faire ſortir un ſerin vivant. On invite une dame de la compagnie à prendre cet oiſeau entre ſes mains, & bientôt après il eſt mort. On le reprend enſuite pour le mettre un inſtant ſur une table & ſous un verre. Au bout de quelques minutes, on ôte le verre, & l'oiſeau s'envole.

Explication.

Il faut vuider deux œufs, prendre la moitié de la coque de chacun, & rajuſter ces deux moitiés enſemble, à l'aide d'une petite bande de papier qu'il faut y coller en forme de zone ou d'équateur. Etant ainſi arrangées, elles repréſentent un œuf, & peuvent contenir un petit ſerin vivant, pourvu qu'on ait eu ſoin d'y faire un petit trou avec une épingle, pour ne pas gêner ſa respiration.

Dans l'inſtant où l'on met cet oiſeau entre les mains de la perſonne qui veut l'accepter, on l'étouffe en le ſerrant fortement entre l'index & le pouce. Enſuite il faut le mettre ſous un verre, ſur une trappe, afin que le compère puiſſe en ſubſtituer un vivant.

Nota. Pour ne pas manquer ce tour, lorſqu'on donne à choiſir un des œufs, il faut, s'il n'y a pas un ſerin dans chacun, mettre celui qui contient l'oiſeau du côté de la perſonne qui va faire le choix. Cette perſonne choiſira naturellement le plus proche, parce que n'ayant encore aucune idée du tour qu'on va faire, elle n'a aucun intérêt, aucune raiſon de prendre le plus éloigné : toutefois, ſi elle choiſit ce dernier, le tour ne ſera pas manqué ; on caſſera cet œuf, en diſant : Vous voyez, Madame, que c'eſt un œuf frais & naturel ; il en ſeroit de même de l'autre ſi vous l'aviez choiſi. Voulez-vous qu'il y ait dans le ſecond une ſouris ou un ſerin ? Elle ſe décidera naturellement pour l'oiſeau ; cependant, ſi elle demandoit la ſouris, il ſemble d'abord qu'on ſeroit attrapé ; mais on pourra s'en tirer par une ſeconde ruſe. On fera la même queſtion à d'autres dames : on recueillera les ſuffrages, & la majorité ſe trouvera vraiſemblablement pour le ſerin ; mais enfin, ſi la pluralité des voix étoit pour la ſouris, que feroit-on, puiſqu'on ne peut montrer qu'un

oiſeau ? Mon cher lecteur, ſi après ce que nous avons dit, vous craignez encore de manquer ce tour, ſi votre génie ne vous fournit aucun moyen, ſervez-vous de celui-ci : faites ſemblant de ne pas faire attention à ceux qui préférent le petit quadrupède, adreſſez-vous à une des perſonnes qui veulent un ſerin ; demandez s'il le faut mort ou vivant ; & pour être ſûr de votre fait, tenez-vous prêt à l'étouffer en cas de beſoin.

(DECREMPS).

ŒUF qui renferme une carte. (Voyez ESCAMOTAGE).

ŒUF lumineux. (Voyez ELECTRICITÉ).

OISEAU ARTIFICIEL. Voyez AUTOMATE.

OMBRES. (les) Voyez DIOPTRIQUE.

OMELETTE cuite dans un chapeau. Voyez ESCAMOTAGE.

ONDULATIONS SINGULIERES. Prenez trois parties d'eau, que vous mettrez dans un verre, verſez par-deſſus une partie d'huile, & laiſſez le reſte du verre vuide, afin que les bords mettent le fluide à l'abri du vent. Dans l'agitation la ſurface de l'huile tranquille conſerve ſon niveau, tandis que l'eau au-deſſous de cette huile éprouve une grande agitation, s'élève & retombe en vagues irrégulières. Si dans le verre il n'y a que l'eau, elle ſera auſſi tranquille que l'étoit la ſurface de l'huile qui la ſurnageoit auparavant. Voici le procédé de cette expérience. Entourez circulairement un gobelet avec une ficelle ; attachez deux cordons de la même ficelle, l'un d'un côté, & l'autre de l'autre côté ; relevez-les & arrêtez-les enſemble par un nœud, environ à un pied de diſtance au-deſſus du gobelet ; alors verſez de l'eau à-peu-près juſqu'au tiers du gobelet : balancez ce verre en l'air, & l'eau ſera auſſi fixe dans le gobelet, que ſi elle étoit glacée ; verſez enſuite doucement ſur l'eau une quantité d'huile égale au tiers du volume d'eau ; ou à-peu-près à ſa moitié ; balancez en l'air le gobelet çà & là, comme vous avez fait la première fois, la ſurface de l'huile ſera tranquille, & l'eau placée au-deſſus ſera vivement agitée.

J'ai fait voir, dit M. Franklin, cette expérience à quantité de gens d'eſprit. Ceux à qui les principes de l'hydroſtatique ſont familiers, ne manquent pas d'imaginer d'abord qu'ils l'entendent, & eſſayent de l'expliquer tout de ſuite, mais leurs explications différent les unes des autres, & ne me paroiſſent pas fort intelligibles. D'autres, profondément imbus de ces principes, paroiſſent étonnés du phénomène, & promettent d'y réfléchir. Je crois, continue-t-il, qu'il mérite

A a a a a 2

véritablement réflexion ; parce qu'un phénomène nouveau, qui ne peut-être expliqué par nos anciens principes, peut nous en suggérer de nouveaux qui deviendront utiles pour l'éclaircissement de quelques autres parties confuses de l'histoire naturelle & de la physique.

OPTIQUE. Les propriétés principales de la lumière, celles sur lesquelles est fondée toute l'optique, sont les suivantes.

» 1°. La lumière se meut en ligne droite, tant qu'elle parcourt le même milieu transparent ».

Cette propriété est une suite nécessaire de la nature de la lumière, quelle qu'elle soit, elle est un corps en mouvement. Mais un corps se meut toujours en ligne droite, tant que rien ne tend à l'en détourner : or, dans un même milieu, tout est égal dans tous les sens : ainsi la lumière doit s'y mouvoir en ligne droite.

» 2°. La lumière, à la rencontre d'un plan poli, se réfléchit en faisant l'angle de réflexion égal à l'angle d'incidence, & la réflexion se fait toujours dans un plan perpendiculaire à la surface réfléchissante au point de réflexion ».

C'est-à-dire que si AB est un rayon incident sur une surface plane, (fig. 1, pl. 1. Amusemens d'Optique) B le point de réflexion, pour trouver la direction du rayon réfléchi BC, il faut d'abord concevoir par la ligne un plan AB perpendiculaire à cette surface, & la coupant dans la ligne DE, puis, faisant l'angle CBE égal à ABD, la ligne CB sera le rayon réfléchi.

Si la surface réfléchissante est courbe, comme d e, il faut concevoir par le point B de réflexion, un plan tangent à cette surface ; la réflexion se fera tout comme si c'étoit le point B de cette surface qui opérât la réflexion : car il est évident que la surface courbe & le plan tangent au point B, co-incident dans cette partie infiniment petite, qui peut-être considérée comme un plan commun à la surface courbe & au plan tangent : donc le rayon de lumière doit se réfléchir de dessus la surface courbe, tout comme du point B du plan qui la touche.

3°. La lumière, en passant obliquement d'un milieu dans un autre de différente densité, se détourne de la ligne droite, & s'incline vers la perpendiculaire, si elle passe d'un milieu rare dans un plus dense, comme de l'air dans le verre, ou dans l'eau ; & au contraire.

Deux expériences, qui sont des espèces de jeux d'optique, vont nous prouver cette vérité.

Première expérience.

Exposez au soleil, ou à une lumière quelconque, un vase ABCD (fig. 2, pl. 1.) dont les parois soient opaques, & examinez à quel point du fond se termine l'ombre. Que ce soit, par exemple, en E. Versez-y de l'eau, de l'huile, jusqu'au bord ; vous remarquerez que l'ombre, au lieu de se terminer à ce point E, ne l'atteindra plus, & se terminera comme en F. Cela ne peut venir que de l'inflexion du rayon de lumière SA, qui touche le bord du vase. Ce rayon, quand le vase étoit vuide, continuant sa route en ligne droite SAE, alloit terminer l'ombre au point E ; mais il se replie en AF lorsque ce vase est plein d'un fluide plus dense que l'air. C'est cette inflexion du rayon de lumière, en passant obliquement d'un milieu dans un autre, qu'on nomme *réfraction.*

Seconde expérience.

Placez au fond d'un vase dont les parois sont opaques, en C, par exemple, (fig. 3 ; pl. 1.) une pièce de monnoie, ou un objet quelconque, & éloignez-vous du vase jusqu'à ce que le bord vous cache cet objet, faites y verser de l'eau ; vous le verrez aussi-tôt paroître, ainsi que partie du fond qui étoit cachée à votre vue. En voici la raison.

Lorsque le vase est vuide, l'œil O ne peut appercevoir le point C que par le rayon direct CAO, qui est intercepté par le bord A du vase ; mais lorsque le vase est plein d'eau, il y a un rayon comme CD, qui, au lieu de continuer sa route directement en E, est rompu en DO, en s'éloignant de la perpendiculaire DP. Ce rayon porte à l'œil l'apparence du point C, & l'œil le voit dans la prolongation de OD en ligne directe, comme en *c*: aussi le fond paroît-il dans ce cas élevé. C'est par une semblable raison qu'un bâton bien droit, étant plongé dans l'eau, paroît plié au point où il rencontre la surface, à moins qu'il ne soit plongé perpendiculairement.

Les physiciens géometres ont examiné soigneusement la loi suivant laquelle se fait cette inflexion de la lumière, & ils ont trouvé que, lorsqu'un rayon, comme EF ; (fig. 4) passe de l'air dans le verre, il est rompu en FI, de manière qu'il règne entre le sinus de l'angle CFE & celui de l'angle DFI, une raison constante. Ainsi, que le rayon EF soit rompu en FI, & le rayon *c*F en F*i*, il y aura même raison du sinus de l'angle CFE au sinus de l'angle DFI, que du sinus de l'angle CF*c* au sinus de l'angle DF*i*. Ce rapport, lorsque le passage se fait de l'air dans le verre ordinaire, est constamment de 3 à 2 ; c'est-à-dire que le sinus de l'angle fait par le rayon rompu avec la perpendiculaire à la surface réfringente, est constamment les deux tiers de celui de l'angle que fait le rayon incident avec la même perpendiculaire.

On doit observer que lorsque ce dernier angle, c'est-à-dire l'éclat du rayon incident d'avec la perpendiculaire, ce qu'on nomme l'*angle d'inclinaison*, est fort petit, on peut regarder l'angle rompu comme en étant les deux tiers : cela s'entend lorsque le rayon passe de l'air dans le verre ; car on sait, & il est aisé de le vérifier par les tables des sinus, que lorsque deux angles sont fort petits, c'est-à-dire qu'ils ne surpassent pas 5 à 6 degrés, par exemple, ils sont sensiblement dans la même raison que leurs sinus : ainsi, dans le cas ci-dessus, l'angle rompu IFD sera les deux tiers de l'angle d'inclinaison GFE ; & l'angle de réfraction, ou l'écart du rayon rompu d'avec l'incident prolongé en ligne droite, en sera conséquemment le tiers.

Lorsque le passage se fait de l'air dans l'eau, le rapport des sinus des angles d'inclinaison & rompu, est de 4 à 3 ; c'est-à-dire que le sinus de l'angle DFI est constamment les ¾ de celui de l'angle d'inclinaison GFE, du rayon incident dans l'air, & conséquemment, lorsque ces angles seront fort petits, on pourra les regarder comme étant dans le même rapport, & l'angle de réfraction sera le ¼ de l'angle d'inclinaison (1).

Cette proportion est la base de tous les calculs de la dioptrique, & il faut, par cette raison, se la graver profondément dans la mémoire. On en doit la découverte au célèbre Descartes.

Représenter dans une chambre fermée les objets extérieurs, avec leurs couleurs & leurs proportions naturelles.

Fermez la porte & les fenêtres de la chambre, ensorte qu'il n'y entre aucune lumière que par un trou fort petit & bien tranché, que vous aurez réservé à une fenêtre en face d'une place fréquentée ou d'un paysage ; tendez contre le mur opposé, s'il n'est pas bien dressé, un drap bien blanc. Si les objets extérieurs sont fortement éclairés & la chambre bien noire, ils se peindront sur ce mur ou sur le drap, avec leurs couleurs dans une situation renversée.

L'expérience faite de cette manière fort simple, réussit assez bien pour surprendre ceux qui la voyent pour la première fois ; mais on la rend plus frappante au moyen d'un verre lenticulaire.

Adaptez au trou du volet, qui doit alors avoir quelques pouces de diamètre, un tuyau portant à son extrémité intérieure un verre lenticulaire convexe, de 4, 5 ou 6 pieds de foyer (2) ; tendez à cette distance du verre, & perpendiculairement à l'axe du tuyau, le drap ou le carton ci-dessus : vous verrez les objets extérieurs peints avec une vivacité & une distinction bien supérieures à celles de l'expérience précédente ; elles seront telles, que vous pourrez distinguer les traits des personnes que vous verrez. On ne sauroit dire enfin combien ce petit spectacle est amusant, surtout quand on considère de cette manière une place publique & fort passagère, une promenade remplie de monde, &c.

Cette peinture est à la vérité renversée, ce qui nuit d'abord un peu à l'agrément ; mais on peut la redresser de plusieurs manières : il est seulement fâcheux que cela ne se fasse point sans nuire à la distinction ou à l'étendue du champ du tableau. Si néanmoins on veut se procurer la commodité de voir les objets droits, voici un moyen pour cela.

Vers la moitié de la distance du foyer du verre lenticulaire, placez à angles de 45° un miroir plan, en sorte qu'il réfléchisse vers le bas les rayons venans de la lentille ; placez horisontalement au-dessus, le tableau ou le carton blanc à la hauteur convenable : vous aurez l'image des objets extérieurs peints sur ce carton, dans la situation droite à l'égard de ceux qui auront le dos tourné à la croisée. La *fig.* 5, *même pl.* représente le mécanisme de cette inversion, qu'on ne concevra au reste clairement, qu'autant qu'on aura déjà quelqu'idée de catoptrique.

Ce tableau pourra être placé sur une table ; il ne sera question que de disposer le verre & le miroir à la hauteur convenable pour que l'objet s'y peigne distinctement : on aura, par ce moyen, la commodité de dessiner exactement un paysage, un édifice, &c.

Construire une chambre obscure qu'on puisse transporter.

Faites une caisse de bois ABCD, (*fig.* 6, *pl.* 1. *Amusemens d'Optique*) à laquelle vous donnerez environ un pied de hauteur & autant de largeur, & deux ou trois de longueur environ, suivant la distance du foyer des lentilles que vous employerez ; ajoutez à l'un des côtés un tuyau EF,

---

(1). Il est d'usage aujourd'hui d'appeller l'angle du rayon incident avec la perpendiculaire, comme CFE, l'angle d'incidence, & de donner le nom d'angle de réfraction à celui du rayon rompu avec la même perpendiculaire prolongée, comme IFD. Il est à propos d'être prévenu de cette différence de langage, pour ne pas trouver les opticiens modernes en contradiction avec ceux du dernier siècle.

(2) On expliquera plus loin ce que c'est qu'un verre lenticulaire ou une lentille de verre, ainsi que son foyer, & quels en sont les effets & les propriétés : il suffit qu'on sache ici qu'un de ces effets consiste à produire derrière le verre convexe, à une distance déterminée, une image des objets parfaitement semblable aux objets eux-mêmes.

formé de deux qui, s'emboîtant l'un dans l'autre, puissent s'alonger ou se racourir, selon le besoin; à l'ouverture antérieure du premier tuyau, vous adapterez deux lentilles convexes des deux côtés, de sept pouces environ de diamètre, de manière qu'elles se touchent presque, & au trou intérieur vous en placerez une autre de cinq pouces environ de foyer; vous disposerez perpendiculairement vers le milieu de la longueur de cette boîte, un papier huilé GH, attaché sur un châssis; enfin, vous ménagerez au côté opposé au tuyau une ouverture en I, assez grande pour recevoir les deux yeux.

Quand vous voudrez voir quelques objets, vous tournerez le tuyau garni de ses lentilles vers ces objets, & vous les ajusterez de manière que l'image soit peinte distinctement sur le papier huilé; ce à quoi vous parviendrez, en retirant ou alongeant le tuyau mobile.

Voici la description d'une autre chambre obscure, inventée par M. s'Gravesande, qui l'a donnée à la suite de son *essai de perspective*.

Cette machine a la forme à-peu-près d'une chaise à porteur; le dessus en est arrondi vers le derrière; & par le devant elle est bombée, & saillante dans le milieu de la hauteur. (*Voyez figure 7 même planche*) qui représente cette machine dont le côté opposé à la porte est enlevé, afin qu'on puisse voir l'intérieur

1°. Au-dedans, la planche A sert de table; elle tourne sur deux chevilles de fer portées dans le devant de la machine, & est soutenue par deux chaînettes, pour pouvoir être levée, & faciliter l'entrée dans la machine.

2°. Au derrière de la machine, en dehors, sont attachés quatre petits fers, C, C, C, G, dans lesquels se glissent deux règles de bois DE, DE, de la largeur de trois pouces, au travers desquels passent deux lattes, servant à tenir attachée une petite planche F, laquelle, par leur moyen, peut avancer ou reculer.

3°. Au-dessus de la machine est une échancrure PMOQ, longue de neuf ou dix pouces, & large de quatre; aux côtés de laquelle sont attachées deux règles en forme de queue d'aronde, entre lesquelles on fait glisser une planche de même longueur, percée dans son milieu d'un trou rond d'environ trois pouces de diamètre, & garni d'un écrou qui sert à élever & abaisser un cylindre garni de la vis correspondante, & d'environ quatre pouces de hauteur. C'est ce cylindre qui doit porter le verre convexe.

4°. La planche mobile, ci-dessus décrite, porte encore avec elle une boîte quarrée X, large d'environ sept à huit pouces, & haute de dix, dont le devant peut s'ouvrir par une petite porte; & le

derrière de la boîte a vers le bas une ouverture quarrée N, d'environ quatre pouces, qui peut, quand on le veut, se fermer par une petite planche mobile.

5°. Au-dessus de cette ouverture quarrée, est une fente parallèle à l'horizon, & qui tient toute la largeur de la boîte. Elle sert à faire entrer dans la boîte un miroir plan qui glisse entre deux règles, enforte que l'angle qu'il fait avec l'horizon du côté de la porte B, soit de 112° ½, ou de cinq quarts de droit.

6°. Ce même miroir peut, quand on le veut, se placer perpendiculairement à l'horizon, comme on voit en H, au moyen d'une platine de fer adaptée sur un de ses côtés, & garnie d'une vis de fer, qu'on fait entrer dans une fente pratiquée au toit de la machine, & qu'on serre avec un écrou.

7°. Au-dedans de la boîte est un autre petit miroir LL, qui peut tourner sur deux pivots fis un peu au-dessus de la fente du n° 5, & qui étant tiré ou poussé par la petite verge S, peut prendre toutes les inclinaisons qu'on voudra à l'horizon.

8. Pour avoir de l'air dans cette machine, on adaptera à un des côtés le tuyau de fer-blanc recourbé vers les deux bouts, *fig. 8, pl. 1*, qui donnera accès à l'air sans le donner à la lumière. Si cela ne paroissoit pas suffisant, on pourroit mettre sous le siège un petit soufflet, qu'on feroit agir avec le pied, De cette manière on pourra renouveller l'air continuellement. Voici présentement les divers usages de la machine.

I. *Présenter les objets dans leur situation naturelle.*

Quand on voudra représenter les objets dans cette machine, on étendra un papier sur la table, ou, ce qui est mieux, on en aura un bien tendu, & attaché sur une planchette ou un carton fort, qu'on mettra sur cette table, & qu'on y fixera solidement & invariablement.

On garnira le cylindre G, (*fig. 7*) d'un verre convexe, dont le foyer soit à-peu-près à une distance égale à la hauteur de la machine au-dessus de la table; on ouvrira le derrière de la boîte X, & l'on supprimera le miroir H, ainsi que la planche F & les règles DE; enfin l'on inclinera le miroir mobile LL, enforte qu'il fasse avec l'horizon un angle à-peu-près de 45°, s'il s'agit de présenter des objets fort éloignés & formant le tableau perpendiculaire : alors tous les objets qui enverront des rayons sur le miroir LL, qui peuvent être réfléchis sur le verre convexe, se peindront sur le papier; & l'on cherchera le point de la plus grande distinction, en élevant ou abaissant, par le moyen de la vis, le cylindre qui porte le verre convexe.

On pourra, par ce moyen, représenter avec

la plus grande vérité un paysage, une vue de ville, &c.

Représenter les objets, en faisant paroître à droite ce qui est à gauche, & au contraire.

La boîte X étant dans la situation représentée dans la figure, il faut ouvrir la porte B, mettre le miroir H dans la fente & la situation indiquée plus haut, élever le miroir LL de manière qu'il fasse avec l'horison un angle de 22°½ : alors, en tournant le devant de la machine du côté des objets à représenter, que nous supposons fort éloignés, on les verra peints, sur le papier, & seulement renversés de droite à gauche.

Il sera quelquefois utile de former un dessin dans ce sens ; par exemple, si on se proposoit de le faire graver ; car la planche renversant le dessin de droite à gauche seulement, elle remettroit les objets dans leur position naturelle.

III. *Représenter tour-à-tour tous les objets qui sont aux environs & autour de la machine.*

Il faut placer le miroir H verticalement, comme on le voit dans la figure, & le miroir L sous un angle de 45° : alors, en faisant tourner le premier verticalement, on verra successivement se peindre sur le papier les objets latéraux.

C'est une précaution nécessaire que de couvrir le miroir H d'une boîte de carton, ouverte du côté des objets, comme aussi du côté de l'ouverture N de la boîte X ; car, si on laissoit le miroir entièrement exposé, il réfléchiroit sur le miroir L beaucoup de rayons latéraux qui affoibliroient considérablement la représentation.

IV. *Représenter des peintures ou des taille-douces.*

Il faudra les attacher contre la planche F, du côté qui regarde le miroir L, & en sorte qu'elles soient éclairées par le soleil. Mais, comme alors l'objet sera extrêmement proche, il faudra garnir le cylindre d'un verre d'un foyer dont la longueur soit à peu près la moitié de la hauteur de la machine au dessus du papier ; & alors, si la distance du tableau jusqu'au verre est égale à celle du verre jusqu'au papier, les objets du tableau seront peints sur ce papier précisément de la même grandeur.

On saisira le point de distinction, en avançant ou reculant la planchette F, jusqu'à ce que la représentation soit bien distincte.

Il y a quelques attentions à avoir relativement à l'ouverture du verre convexe.

La première est qu'on peut ordinairement donner au verre la même ouverture qu'à une lunette de même longueur.

La seconde, qu'il faut diminuer cette ouverture lorsque les objets sont fort éclairés, & au contraire.

La troisième, que les traits, paroissant plus distincts lorsque l'ouverture est petite que quand elle est plus grande, lorsqu'on voudra dessiner, il faudra donner au verre la plus petite ouverture possible, avec cette précaution de ne pas trop exténuer la lumière ; c'est pourquoi il faudra avoir, pour ces différentes ouvertures, différents cercles de cuivre ou de carton noircis, qu'on emploiera suivant les circonstances.

Expliquer la manière dont se fait la vision, & ses principaux phénomènes.

Pour expliquer comment l'on apperçoit les objets, il est nécessaire de commencer par une description de l'organe merveilleux qui sert à cet usage.

L'œil est un globe creux formé par trois membranes qui enveloppent des humeurs de différentes densités, & qui fait à l'égard des objets extérieurs l'effet d'une chambre obscure. La plus extérieure de ces membranes est appellée la *sclérotique*, & n'est qu'un prolongement de celle qui tapisse l'intérieur des paupières. La seconde, qu'on nomme la *choroïde*, est une prolongation de la membrane qui couvre le nerf optique, ainsi que tous les autres nerfs. La troisième enfin, qui tapisse l'intérieur de l'œil, est une expansion du nerf optique : c'est cette membrane toute nerveuse qui est l'organe de la vision ; car, quelques expériences qu'on ait alléguées pour attribuer cette fonction à la choroïde, on ne sçauroit chercher le sentiment ailleurs que dans les nerfs & dans les parties nerveuses.

Au devant de l'œil, la sclérotique change de nature, & prend une forme plus convexe que le globe de l'œil : c'est ce qu'on appelle la *cornée transparente*. La choroïde, en le prolongeant au dessous de la cornée, doit conséquemment laisser un petit vuide : c'est ce vuide qui forme la chambre antérieure de l'humeur aqueuse. Ce prolongement de la choroïde vient se terminer à une ouverture circulaire, connue de tout le monde sous le nom de la *prunelle*. La partie colorée qui environne cette ouverture, est ce qu'on nomme *l'iris* ou *l'uvée* : elle est susceptible d'extension & de resserrement, en sorte que, lorsqu'on est exposé à une grande lumière, l'ouverture de la prunelle se resserre ; & au contraire elle se dilate, quand on est dans un endroit obscur.

Cette ouverture de la prunelle est proprement l'ouverture de la chambre obscure. Derrière elle est suspendu, par un ligament circulaire, un corps transparent, & d'une certaine consistance, fait en forme de lentille ; c'est ce qu'on nomme le *crystal-*

iin, lequel fait dans cette chambre obſcure naturelle, la fonction du verre que nous avons employé
dans l'artificielle.

D'après cette deſcription, on voit qu'il reſte
entre la cornée & le cryſtallin une ſorte de chambre, partagée à-peu-près en deux également par
l'uvée, & une autre entre le cryſtallin & la rétine.
La première eſt remplie d'une humeur tranſparente
& ſemblable à de l'eau, d'où lui eſt venu le nom
d'humeur *aqueuſe*. La ſeconde chambre eſt remplie
d'une humeur dont la conſiſtance approche de celle
du blanc d'œuf; on lui donne le nom de *vitrée*. La
(*fig.* 9, *pl.* 1) met ces différentes parties ſous les
yeux : *a* eſt la ſclérotique, *b* la cornée, *c* la choroïde, *d* la rétine, *e* l'ouverture de la prunelle,
ff l'uvée, *h* le cryſtallin, *ii* l'humeur aqueuſe,
kk l'humeur vitrée, *l* le nerf optique.

L'œil n'étant évidemment, ſelon la deſcription
précédente, qu'une chambre obſcure, mais ſeulement plus compoſée que celle que nous avons déjà
décrite, il eſt aiſé de reconnoître que les objets
extérieurs ſe peignent renverſés dans le fond de
l'œil ſur la rétine ; ce ſont ces images qui, affectant cette membrane nerveuſe, excitent dans
l'ame la perception de la lumière, des couleurs
& de la figure des objets. L'image eſt-elle diſtincte
& vive, l'ame reçoit une perception vive & diſtincte ; eſt-elle confuſe, obſcure, la perception
que reçoit l'ame eſt de la même nature : c'eſt ce
que l'expérience prouve ſuffiſamment. On s'aſſure
aiſément de l'exiſtence de ces images, au moyen
d'un œil d'animal, de mouton ou de veau, par
exemple ; car ſi on en dépouille la partie poſtérieure, en ne laiſſant que la rétine, & qu'on
préſente la cornée au trou d'une chambre obſcure,
on verra les images des objets extérieurs qui ſe peindront au fond. (*Voyez* ŒIL DE VEAU PRÉPARÉ).

Mais, comment, demandera-t-on peut-être, les
images des objets étant renverſées, ne laiſſe-t-on
pas de les voir droits ? Cette queſtion n'eſt une
que pour ceux qui n'ont aucune idée métaphyſi-
que. En effet, les idées que nous avons de la ſituation droite ou renverſée des objets à notre
égard, ainſi que de leur diſtance, ne ſont que le
réſultat des deux ſens de la vue & du tact, combinés. Du moment qu'on commence à faire uſage
de la vue, on éprouve, au moyen du tact, que
les objets qui affectent les parties ſupérieures de
la rétine, ſont du côté de nos pieds relativement
à ceux qui affectent les parties inférieures ; que le
tact apprend en être plus éloignées. De-là s'eſt
établie la liaiſon conſtante de la ſenſation d'un
objet qui affecte les parties ſupérieures de l'œil,
avec l'idée de l'infériorité de cet objet.

Qu'eſt-ce enfin qu'être en bas ? C'eſt être plus
voiſin de la partie inférieure de notre corps. Or,
dans la repréſentation d'un objet quelconque, la
partie inférieure de cet objet peint ſon image plus

près de celle de nos pieds que la partie ſupérieure ;
dans quelqu'endroit que ſe peigne l'image de nos
pieds dans la rétine, cette image eſt donc néceſſairement liée avec l'idée d'infériorité ; conſéquemment ce qui l'avoiſine le plus produit néceſſairement dans l'eſprit la même idée.

*Conſtruction d'un œil artificiel, propre à rendre ſenſible
la raiſon de tous les phénomènes de la viſion.*

AD, (*fig.* 10, *pl.* 1, *Amuſemens d'Optique*)
eſt une boule creuſe de bois, de cinq à ſix pouces de diamètre, & formée de deux hémiſphères qui ſe joignent enſemble en LM, & de
manière qu'ils puiſſent s'approcher & s'éloigner
l'un de l'autre d'environ un demi-pouce. Le ſegment
AB de l'hémiſphère antérieur eſt un verre d'égale
épaiſſeur, comme un verre de montre, au-deſſous
duquel eſt un diaphragme, percé au milieu d'un
trou rond, d'environ ſix lignes de diamètre. F eſt
une lentille convexe des deux côtés, ſoutenue par
un diaphragme, & ayant ſon foyer à la diſtance
EF, lorſque les deux hémiſphères ſont à leur diſtance moyenne. Enfin la partie DCE eſt formée
par un verre d'égale épaiſſeur & concentrique à
la ſphère, dont la ſurface intérieure, au lieu d'ê-
tre polie, eſt ſimplement adoucie, de manière à
n'être qu'à moitié tranſparente. Voilà un œil artificiel, auquel il ne manque preſque que les humeurs aqueuſe & vitrée. On pourroit même, ſuivant la matière dont il ſeroit formé, y repréſenter
ces humeurs, en mettant dans la première chambre
de l'eau commune, & dans la poſtérieure une eau
chargée d'une forte ſolution de ſel. Mais cela eſt
abſolument inutile pour les expériences que nous
avons en vue.

On peut, au reſte, beaucoup ſimplifier cette
petite machine, & la réduire à deux tuyaux d'un
pouce & demi ou deux pouces de diamètre, rentrans l'un dans l'autre. Le premier ou l'antérieur
ſera garni à ſon ouverture d'un verre lenticulaire
de trois pouces environ de foyer, dont on aura
ſoin de ne laiſſer découvert que la partie la plus
voiſine de l'axe, au moyen d'un cercle de carton,
percé d'un trou d'un demi-pouce environ de largeur, dont on le couvrira. Le fond du ſecond tuyau
ſera couvert d'un papier huilé, qui fera la fonction de la rétine. Le tout enfin ſera arrangé de
manière que la diſtance du verre au papier huilé
puiſſe varier d'environ deux pouces à quatre, en
enfonçant ou retirant les tuyaux. Il n'eſt perſonne
qui ne puiſſe facilement & à peu de frais ſe procurer une pareille machine.

Première expérience.

Le verre ou le papier huilé étant préciſement
au foyer du verre lenticulaire, ſi vous tournez la
machine vers des objets fort éloignés, vous les
verrez peints avec beaucoup de diſtinction ſur ce
fond.

fond. Raccourciffez ou allongez la machine , de forte que le fond ne foit plus au foyer du verre, vous ne verrez plus ces objets peints diftinctement, mais confufément.

Seconde expérience.

Préfentez un flambeau , ou autre objet éclairé, à la machine , à une diftance médiocre , comme de trois ou quatre pieds , & faites en forte qu'il foit peint diftinctement , en rapprochant ou éloignant du verre le fond de la machine. Alors , fi vous approchez davantage l'objet , il ceffera d'être peint diftinctement ; mais vous aurez une image diftincte en allongeant la machine. Au contraire , fi vous éloignez l'objet à une diftance confidérable , il ceffera d'être peint diftinctement , & vous ne recouvrerez l'image diftincte qu'en raccourciffant la machine.

Troifième exemple.

Vous pourrez néanmoins , fans toucher à la machine, vous procurer l'image diftincte d'une autre manière. En effet, dans le premier cas, préfentez à l'œil un verre concave, à une diftance que vous trouverez en effayant ; vous reverrez naître la diftinction dans la peinture de l'objet. Dans le fecond cas, préfentez-lui un verre convexe ; vous produirez le même effet.

Ces expériences fervent à expliquer de la manière la plus fenfible tous les phénomènes de la vifion , ainfi que l'origine des défauts auxquels la vue eft fujette , & les moyens par lefquels on y remédie.

On ne voit les objets diftinctement , qu'autant que ces objets font peints avec diftinction fur la rétine ; mais lorfque la conformation de l'œil eft telle que les objets médiocrement diftans font peints avec diftinction , les objets beaucoup plus voifins ou plus éloignés ne fçauroient être peints diftinctement. Dans le premier cas , le point de diftinction de l'image eft au-delà de la rétine ; & fi l'on peut changer la forme de fon œil , de manière à éloigner la rétine ou le point ou le cryftallin de la rétine , on a l'image diftincte. Dans le fecond cas , c'eft le contraire ; le point de diftinction de l'image eft en-deçà de la rétine , & il faut , pour avoir la fenfation diftincte , avancer la rétine vers le cryftallin , ou le cryftallin vers la rétine. Auffi l'expérience apprend-elle que , dans l'un ou l'autre cas , il fe paffe un changement qui , même fouvent , ne fe fait pas fans effort. Au refte, en quoi confifte ce changement ? Eft- ce dans un allongement ou un applatiffement de l'œil ? Eft-ce dans un déplacement du cryftallin ? C'eft ce qui n'eft pas encore entièrement éclairci.

Il y a dans les vues deux défauts oppofés : l'un *Amufemens des Sciences.*

confifte à ne voir diftinctement que les objets éloignés ; & comme c'eft ordinairement le défaut des vieillards , on appelle *prefbytes* ceux qui en font attaqués : l'autre confifte à ne voir diftinctement que les objets fort proches ; on les nomme *myopes.*

La caufe du premier de ces défauts eft une conformation de l'œil, qui fait que les objets voifins ne peignent leur image diftincte qu'au-delà de la rétine. Or l'image des objets éloignés eft plus proche que celle des objets voifins ou médiocrement diftans : l'image de ceux-là pourra donc tomber fur la rétine , & l'on aura la vifion diftincte des objets éloignés , tandis qu'on verra confufément les objets proches.

Mais fi l'on veut rendre diftincte la vifion des objets proches, il n'y aura qu'à fe fervir d'un verre convexe, comme on a vu dans la troifième expérience ; car un verre convexe , en hâtant la réunion des rayons, rapproche l'image diftincte des objets ; conféquemment il produira fur la rétine une image diftincte , qui fans lui n'eût été peinte qu'au-delà.

Ce fera tout le contraire à l'égard des myopes. Le défaut de leur vue confiftant dans une conformation de l'œil qui réunit trop tôt les rayons , & fait que le point de diftinction de l'image des objets médiocrement éloignés , eft en-deçà de la rétine , ils recevront du fecours des verres concaves interpofés entre leur vue & l'objet ; car ces verres, en faifant diverger les rayons , éloignent l'image diftincte fuivant la troifième expérience : ainfi l'image diftincte des objets, qui fe fût peinte en-deçà de la rétine , s'y peindra diftinctement lorfqu'on fe fervira d'un verre concave.

Les myopes difcerneront en outre mieux les petits objets à portée de leur vue , que les prefbytes ou les gens doués d'une vue ordinaire ; car un objet placé à une plus petite diftance de l'œil, peint dans fon fond une plus grande image , à-peu-près en raifon réciproque de la diftance. Ainfi un myope qui voit diftinctement un objet placé à fix pouces de diftance , reçoit dans le fond de l'œil une image trois fois auffi grande que celle qui fe peint dans l'œil de celui qui ne voit diftinctement qu'à dix-huit pouces ; conféquemment toutes les petites parties de cet objet feront groffies proportionnellement , & feront fenfibles au myope , tandis qu'elles échapperont au prefbyte. Si un myope l'étoit au point de ne voir diftinctement qu'à un demi-pouce de diftance , il verroit les objets feize fois plus gros que les vues ordinaires , dont la limite de diftinction eft de dix-huit pouces environ : fon œil feroit un excellent microfcope , & il difcerneroit des chofes dans les objets que les vues communes n'y voient qu'à l'aide de cet inftrument.

B b b b b

Faire qu'un objet, vu de loin ou de près, paroisse toujours de la même grandeur.

L'apparence des objets est, toutes chofes d'ailleurs égales, d'autant plus grande, que l'image de l'objet, peinte fur la rétine, occupe un plus grand efpace. Or l'efpace qu'occupe une image fur la rétine, eft à-peu-près proportionnelle à l'angle que forment les rayons des extrémités de l'objet, comme il eft aifé de voir par la feule infpection de la (*fig.* 1, *pl.* 2, *Amufemens d'Optique*.) ; conféquemment c'eft, toutes chofes d'ailleurs égales, de la grandeur de l'angle formé par les rayons extrêmes de l'objet qui fe croifent dans l'œil, que dépend la grandeur apparente de cet objet.

Cela pofé, foit l'objet AB, qu'il eft queftion de voir de différentes diftances, & toujours fous le même angle. Sur AB, comme corde, décrivez un arc de cercle quelconque, comme ACDB ; de tous les points de cet arc, comme A, C, D, B, vous verrez l'objet AB fous le même angle, & conféquemment de la même grandeur ; car tout le monde fait que les angles ayant AB pour bafe, & leur fommet dans le fegment ACDB, font égaux.

Il en fera de même d'un autre arc quelconque, comme A *c d* B.

Deux parties inégales d'une même ligne droite étant données, foit qu'elles foient adjacentes ou non, trouver le point d'où elles paroîtront égales.

Sur AB & BC (*fig.* 2, *pl.* 3, *Amufemens d'Optique*), formez du même côté les deux triangles ifocèles femblables AFB, BGC ; puis du centre F avec le rayon FB décrivez un cercle, & du point G avec le rayon GB, décrivez-en un autre qui coupera le premier en D ; ce point D fera le point cherché.

Car les arcs de cercle AEDB, BD *e* C, font femblables par la conftruction ; d'où il fuit que l'angle ADB eft égal à BDC, puifque le point D appartient à-la-fois aux deux arcs.

1. Il y a une infinité de points comme D, qui fatisfont au problème, & on démontre que tous ces points font dans la circonférence d'un demi-cercle tracé du centre I. Ce centre fe trouve en menant par les fommets F & G des triangles femblables AFB, BGC, la ligne FG jufqu'à fa rencontre en I avec AC prolongée.

2. Si les lignes AB, BC, faifoient un angle, la folution du problème feroit toujours la même : les deux arcs de cercle femblables, décrits fur AB, BC, fe couperont néceffairement en quelque point D (à moins qu'ils ne fe touchent en B), & ce point D donnera également la folution du problème.

3. La folution du problème fera encore la même, fi les lignes inégales AB, *b*C propofées, ne font pas contiguës : (voyez *fig.* 8. *pl.* 2) il y aura feulement cette attention à avoir, favoir que les rayons FB, G *b* des deux cercles, foient tels que ces cercles puiffent au moins fe toucher l'un l'autre. Si l'on nomme AB=*a*, B*b*=*c*, *b*C=*b*, il faudra, pour que les deux cercles fe touchent, que FB foit au moins:= $\frac{1}{2} \frac{\sqrt{ac^2 + a^2c + abc}}{b}$, & G*b*:= $\frac{1}{2} \frac{\sqrt{bc^2 + b^2c + abc}}{a}$.

Si ces lignes font moindres, les deux cercles ne fe toucheront, ni ne fe couperont point. Si elles font plus grandes, les cercles fe couperont en deux points, qui donneront chacun une folution du problème. Que *a* foit, par exemple, = 3, *b*= 2, *c* = 1 ; on trouvera FB:= $\frac{3}{2}$ & G *b*:= $\frac{1}{2} \sqrt{\frac{14}{3}}$.

4. Suppofons enfin trois lignes inégales & contiguës, comme AB, BC, CD (*fig.* 3, *pl.* 2), & qu'on propofe de trouver un point duquel elles paroiffent toutes trois fous le même angle. Trouvez, par l'article premier de cette remarque, la circonférence BEF, &c. des points de laquelle les lignes AB, BC, paroiffent fous le même angle ; trouvez pareillement celle CEG, de laquelle BC & CD paroiffent fous le même angle : leur interfection donnera le point cherché. Mais pour que ces deux demi-cercles fe touchent, il faut, ou que la plus petite des lignes données foit au milieu des deux autres, ou qu'elles fe fuivent dans cet ordre, la plus grande, la moyenne, & la moindre.

Au-devant d'un édifice, dont CD eft la face, eft un parterre dont la longueur eft AB. On demande le point de cet édifice d'où l'on verra le parterre AB le plus grand.

Soit faite la hauteur CE, (*fig.* 4, *pl.* 2) moyenne proportionnelle entre CB & CA, ce fera la hauteur cherchée ; car, fi l'on décrit par les points A, B, E, un cercle, il fera tangent à la ligne CE, par la propriété fi connue des tangentes & fécantes. Or il eft aifé de voir que l'angle AEB eft plus grand qu'aucun autre A*e*B, dont le fommet eft dans la ligne CD ; car l'angle A*e*B eft moindre que A*g*B, qui eft égal à AEB.

Un cercle étant donné fur le plan horizontal, trouver la pofition de l'œil d'où fon image fur le plan perpectif fera encore un cercle.

Nous fuppofons que notre lecteur connoiffe le principe fondamental de toute repréfentation perfpective, qui confifte à imaginer entre l'œil & l'objet un plan vertical que l'on nomme *perfpectif.* On conçoit de chaque point de l'objet, des rayons allant à l'œil ; fi ces rayons laiffoient une trace fur le plan vertical ou perfpectif, il eft évident qu'elle produiroit la même fenfation fur cet œil que l'objet même, puifqu'ils peindroient la même image fur la rétine. C'eft cette trace qu'on appelle l'*image perfpective*.

Soit donc AC le diamètre du cercle dans le plan horizontal, (*fig. 6, pl. 2,*) ACP la perpendiculaire au plan perfpectif, QR la coupe de ce plan, par un plan vertical élevé fur AP, & PO la perpendiculaire à l'horizon & à la ligne AP, fur laquelle il eft queftion de trouver le point O, que l'œil doit occuper pour que la repréfentation *ac* du cercle AC foit aufli un cercle.

Pour cet effet, faites PO moyenne proportionnelle entre AP & CP, le point O fera le point cherché.

Car fi AP : PO comme PO : CP les triangles PAO, COP, feront femblables, & les angles PAO, COP, feront égaux : donc les angles PAO & C *c* Q, ou PAO & R *c* O, feront aufli égaux : d'où il fuit que dans le petit triangle *a c* O, l'angle en *c* fera égal à l'angle OAC & l'angle en O étant commun aux triangles AOC, *a* O *c*, les deux autres ACO, *c a* O feront égaux : donc AO fera à CO comme *c* O à *a* O : ainfi le cône oblique ACO fera coupé fub-contrairement par le plan vertical QR, & conféquemment la nouvelle fection fera un cercle, comme on le démontre dans les fections coniques.

Deux objets de différentes grandeurs vus par un même angle, paroiſſent égaux.

L'œil placé au point A (*fig. 3, pl. 6, Amuſemens d'Optique*), les lignes DE & FG de différentes grandeurs, étant apperçues par le même angle BAC, produifent fur la rétine une image de même grandeur & par conféquent égale.

Si dans cette fuppofition la ligne FG eft une fois plus éloignée du point de vue A, que ne l'eft la ligne DE, elle fera alors une fois plus grande, attendu que les côtés AG & GF du triangle AGF font proportionnels aux côtés AE & FD du triangle AED.

Il fuit de là que la grandeur dans laquelle nous appercevons un objet, eft toujours proportionnée à la diftance de notre œil à cet objet.

Deux objets de mêmes grandeurs placés à des diftances inégales de l'œil, paroiſſent inégaux.

Si l'on regarde du point de vue A (*fig. 6, pl. 6, amuſemens d'optique*) les lignes EF & GH égales entr'elles, & placées à différentes diftances du point A, elles paroîtront inégales, étant vues alors par les angles BAC & DAC qui font inégaux.

Dans cette fuppofition, l'inégalité apparente de ces deux lignes FE & HG fera proportionnelle

aux côtés AF & AH, par la raifon donnée au précédent théorème.

Il fuit de là que la grandeur apparente d'un objet, eft toujours proportionnée à celle de l'angle fous lequel nous l'appercevons.

Une ligne donnée étant diviſée en pluſieurs parties, trouver la proportion dans laquelle elles doivent paroître à l'œil, fur un plan interpoſé entre le point de vue donné & cette ligne.

Soit la ligne AB (*fig. 1, pl. 7, amuſemens d'optique*) divifée en plufieurs parties quelconques; C le point de vue : Tirez de chacun des points des divifions AFGHB, les lignes AC, FC, GC, HC & BC; décrivez du point C la portion de cercle AE tirez la ligne XZ.

Les divifions que les lignes qui partent du point de vue C font fur la ligne XZ, détermineront fur cette même ligne les grandeurs apparentes de celles de la ligne donnée AB, attendu que chacune des divifions de la ligne XZ, qui fe rapportent à celles de la ligne AB, font réciproquement vues fous le même angle.

Une ligne étant donnée, & un point hors de cette ligne, la diviſer en pluſieurs parties, de manière qu'étant regardée de ce point, chacune d'elles paroiſſe égale.

Soit la ligne AB (*fig. 2, pl. 7, Amuſemens d'Optique*) que l'on veut divifer en fix parties qui paroiffent égales entr'elles, étant vues du point C: tirez les lignes CA & CB, & décrivez à une diftance quelconque la portion de cercle DE, divifez-la en fix parties égales, & tirez par les points de divifions qui en feront faites les lignes CF, CG, CH, CI & CL.

Les fix divifions inégales AF, FG, GH, HI, IL & LB de la ligne AB étant vues du point C, paroîtront égales entr'elles étant vues fous des angles de même grandeur : ce même effet auroit lieu quand même le point C auroit été placé dans toute autre pofition, à l'égard de la ligne donnée AB, & il en feroit de même fi la ligne AB, au lieu d'être droite étoit courbe ou mixte (*Voyez fig. 3, même pl*).

Il fuit de là, que fi on divife la ligne AB en parties égales, elles paroîtront inégales étant regardées par le point C, ou par tout autre point, attendu que les angles fous lesquels on appercevra ces divifions feront tous inégaux ; c'eft par cette raifon qu'en regardant de près une règle ou une toife divifée en fix parties égales, elles paroiffent cependant inégales, & que cette inégalité n'eft plus fenfible lorfque l'œil en eft éloigné ; attendu qu'alors les angles fous lefquels nous appercevons ces divifions font prefque égaux entr'eux. Il en eft de même d'un quarré dont les lignes qui le terminent nous paroissent courbes, lorsqu'il est placé trop près de notre œil : le cercle est la seule figure qui puisse paroître à l'œil dans son exacte proportion ; encore faut-il que l'œil soit placé dans un endroit quelconque de la ligne perpendiculaire supposée élevée sur son centre, sans quoi il se peindroit dans notre œil sous une forme ovale.

Faire qu'un objet vu distinctement, & sans l'interposition d'aucun corps opaque ou diaphane, paroisse renversé à l'œil nu.

Faites-vous une petite machine, telle qu'elle est représentée dans la (*fig. 9 , pl. 2*). Cette machine est composée de deux petites lames parallèles, AB, CD, réunies par une troisième AC, d'un demi-pouce de largeur, & d'un pouce & demi de longueur. Cela peut être facilement fait avec une carte. Au milieu de la lame AB, percez un trou rond, E, d'une ligne & demie environ de diamètre, au milieu duquel vous fixerez une tête d'épingle ou une pointe d'aiguille, comme on voit dans la figure ; vis-à-vis soit percé un trou de grosse épingle : lorsque vous appliquerez l'œil en E, en tournant le trou F du côté de la lumière, ou de la flamme d'une bougie, vous verrez la tête de cette épingle extrêmement grossie, & renversée comme on la voit en G.

La raison de cette inversion est que la tête de l'épingle étant excessivement proche de la prunelle, & les rayons qui partent du point F étant aussi fort divergents à cause de la proximité du trou F, au lieu d'une image distincte & renversée, il ne se peint au fond de l'œil qu'une espèce d'ombre dans sa situation droite. Or les images renversées donnent l'idée d'un objet droit ; conséquemment cette espèce d'image étant droite, doit donner l'idée d'un objet renversé.

Construction d'une machine au moyen de laquelle on pourra décrire perspectivement tous les objets donnés, sans la moindre teinture de la science de la perspective.

L'esprit de cette machine consiste à faire décrire à la pointe d'un crayon qui s'applique continuellement contre un papier, une ligne parallèle à celle d'un point qu'on promène sur les linéaments des objets, l'œil étant fixe, & regardant par une pinule immobile.

Les règles SG, SG, (*fig. 7, pl. 2,*) sont deux règles perpendiculaires à une forte pièce de bois, avec laquelle elles forment une espèce d'empatement, qui sert à soutenir perpendiculairement une planche un peu forte TTTT, sur laquelle on attache ou l'on colle par les quatre coins la feuille de papier où l'on veut tracer son tableau perspectif.

FE est une règle transversale, qui est perpendiculaire aux deux pièces SG, SG, & qui porte à son extrémité une autre pièce KD, qui peut tourner sur l'axe en K. A cette pièce est implantée une barre de bois perpendiculaire, DC, portant la pinule mobile AB, à laquelle on applique l'œil.

La pièce NP est une pièce de bois mobile, & portant à son extrémité le poinçon délié terminé par un petit bouton. Vers les deux extrémités de cette pièce sont attachées deux poulies, sous lesquelles passent les deux fils ou petits cordons déliés M, M, qui de-là vont passer au dessus des poulies L, L, attachées aux deux coins du bâtis TT. Ces deux cordons, après avoir passé sur ces deux poulies, vont s'enrouler sur deux autres en R, R, qui les renvoient derrière le bâtis, où ils s'attachent à un poids Q qui coule dans une rainure, ensorte que le poids Q, s'élevant ou s'abaissant, la pièce mobile NP reste toujours dans une situation parallèle à elle-même. Elle doit être à peu de chose près en équilibre avec le poids, pour qu'en la soulevant ou l'abaissant un peu, elle cède facilement à tous ces mouvements. Cette pièce enfin porte dans son milieu le style ou crayon I.

On sent présentement que si l'on applique l'œil au trou A, & qu'on amène avec la main la règle mobile NP, en la soulevant, l'abaissant, & la mènant de côté, ensorte que le bout P parcoure les linéaments d'un objet éloigné, la pointe du crayon I décrira nécessairement une ligne parallèle & égale à celle que décrit le point P, & par conséquent elle tracera sur le papier OO, contre lequel elle appuie, l'image de l'objet dans toute l'exactitude perspective.

Décrire sur un plan une figure difforme qui paroisse dans ses proportions étant vue d'un point déterminé.

On peut déguiser, c'est-à-dire rendre difforme une figure, par exemple, une tête en sorte qu'elle n'aura aucune proportion étant regardée de front sur le plan où on l'aura tracée ; mais étant vue d'un certain point, elle paroîtra belle, c'est-à-dire dans ses justes proportions. Cela se pratiquera de la sorte.

Ayant dessiné sur du papier avec ses justes mesures la figure que vous voulez déguiser, décrivez un quarré autour de cette figure, comme ABCD, (*fig. 5, pl. 2*) & réduisez-le en plusieurs autres petits quarrés, divisant les deux côtés en plusieurs parties égales, par exemple en sept, & tirant des lignes droites en long & en travers par les points opposés des divisions, comme font les peintres quand ils veulent contre-tirer un tableau & le réduire au petit pied, c'est-à-dire de grand en petit.

Cette préparation étant faite, décrivez à difcrétion fur le plan propofé le quarré long EBFG, & divifez l'un des deux plus petits côtés EG, BF, comme EG, en autant de parties égales qu'en contient DC, l'un des côtés du quarré ABCD, comme ici en fept. Divifez l'autre côté BF, en deux également au point H, duquel vous tirerez par les points de divifion du côté oppofé E G, autant de lignes droites, dont les deux dernieres feront EH, GH.

Après cela, ayant pris à difcrétion fur le côé BF le point I, au-deffus du point H, pour la hauteur de l'œil au-deffus du plan du tableau, tirez de ce point I au point E, la ligne droite EI, qui coupe ici celles qui partent du point H, aux points 1, 2, 3, 4, 5, 6, 7. Par ces points d'interfection vous tirerez des lignes droites paralleles entr'elles, & la 1 a ↔ E G du triangle EGH, qui fe trouvera ainfi divifé en autant de trapèzes qu'il y a de quarrés dans le quarré ABCD. C'eft pourquoi, fi l'on rapporté dans ce triangle EGH, la figure qui eft dans le quarré ABCD, en faifant paffer chaque trait par les mêmes trapèzes ou quarrés perfpectifs, qui font repréfentés par les quarrés naturels du grand ABCD, la figure difforme fe trouvera décrite. On la verra conforme à fon prototype, c'eft-à-dire comme dans le quarré ABCD, en la regardant par un trou qui doit être petit du côté de l'œil, & bien évafé du côté de la figure, comme K, que je fuppofe perpendiculairement élevé fur le point H, enforte que fa hauteur LK foit égale à la hauteur HI, qui ne doit pas être bien grande, afin que la figure foit plus difforme dans le tableau.

Etant donné un quadrilatère quelconque, trouver les divers pallélogrammes ou rectangles dont il peut être la repréfentation perfpective; ou bien,

Etant donné un parallélogramme quelconque rectangle ou non, trouver fa pofition & celle de l'œil, qui feront que fa repréfentation perfpective fera un quadrilatère donné.

Soit le quadrilatère trapézoïde donné comme ABCD, *(fig. 1, pl. 3, Amufemens d'optique)* que nous fuppoferons le plus irrégulier qu'il fe puiffe, & n'ayant aucuns côtés parallèles. Prolongez les côtés AB, CD, jufqu'à leur concours en F, & les côtés AD, BC, jufqu'à leur rencontre en E; tirez EF, & par le point A fa parallèle GH.

Je dis premièrement que, quelle que foit la pofition de l'œil, pourvu que ce qu'on appelle le point de vue foit dans la ligne EF, & non-feulement dans la ligne EF, mais dans fa prolongation de part ou d'autre, l'objet dont le quadrilatère ABCD eft la repréfentation perfpective, fera un parallélogramme.

Car tous ceux qui connoiffent les regles de la perfpective, favent que les lignes parallèles entre elles fur le plan horizontal, ont des apparences qui concourent dans un même point de la parallèle à l'horizon, tirée par le point de vue. Ainfi, toutes les lignes perpendiculaires à la ligne de terre, ont des apparences qui concourent dans le point de vue même; toutes celles qui font avec cette ligne des angles de 45 degrés, ont leurs images concourantes dans ce qu'on appelle les points de diftance; celles enfin qui font des angles plus grands ou moindres, ont des images qui concourent dans d'autres points, qu'on détermine toujours en tirant de l'œil jufqu'au tableau une ligne parallèle à la repréfentation perfpective: donc toutes les lignes qui, dans le tableau, concourent dans des points fitués dans la ligne du point de vue, font des images de lignes horizontales & parallèles. Ainfi les lignes fur le plan horizontal, qui ont pour repréfentation dans le tableau les lignes BC, AD, font parallèles: il en eft de même de celles qui donnent les images linéaires AB, DC. Or deux paires de lignes parallèles forment néceffairement par leurs interfections un parallélogramme: donc l'objet dont le quadrilatère ABCD eft l'image pour un œil fitué à la hauteur de la ligne FE, dans quelqu'endroit que foit le point de vue, eft un parallélogramme.

Cela démontré, nous fuppoferons d'abord qu'on veuille avoir pour objet un rectangle. Pour trouver dans ce cas la place de l'œil, divifez la diftance FE en deux également en I, & fuppofez l'œil fitué enforte que la perpendiculaire tirée de fa place au tableau tombe fur le point I, & que fa diftance foit égale à IE ou IF: les points H, I, feront donc ce qu'on nomme, dans le langage de la perfpective, les points de diftances. Prolongez les lignes CB, CD, jufqu'à la ligne de terre en G & H; les lignes HCF, ABF, feront les images de lignes faifant avec la ligne de terre des angles de 45 degrés. Il en fera de même de celles dont GCE, ADE, font les images. Donc, tirant d'un côté H*dc*, A*b*, indéfinies, & inclinées à la ligne de terre d'un angle de 45 degrés, & de l'autre côté & dans un fens contraire les lignes G*bc* & A*d*, inclinée auffi d'un angle demi-droit, ces lignes fe rencontreront néceffairement à angle droit, & formeront le rectangle A*bcd*.

Si l'on fuppofoit le point de vue dans un autre point, par exemple au point E, c'eft-à-dire que l'œil fût directement au-devant du point E, &à un éloignement égal à EK, il faudroit, après avoir tiré les perpendiculaires EL, FM, à la ligne de terre dans le plan du tableau, mener à la même ligne de terre dans le plan horizontal, la perpendiculaire LN égale à EK, puis la ligne NM, faifant avec la ligne de terre l'angle LMN. Menez enfuite aux points G & A les perpendiculaires indéfinies AD, GK, & par les points A &

H les lignes indéfinies HK AB, faifant avec la ligne de terre des angles égaux à LMN & en fens contraires ; ces deux paires de lignes fe rencontreront en BKD, & donneront évidemment un parallélogramme oblique qui feroit l'objet dont BCDA eft la repréfentation pour un œil fitué vis-à-vis E, & à une diftance du tableau égale à EK.

Si les côtés A b, c d, dans le rectangle A b c d, étoient divifés en parties égales par des parallèles aux autres côtés, il eft clair que prolongeant ces parallèles, elles couperoient en autant de parties égales la ligne AG. Il en eft de même des parallèles A b, c d, qui couperoient en portions égales les côtés A d, b c, la ligne AH en feroit divifée auffi en parties égales. Ceci donne le moyen de divifer, fi l'on veut, le trapèze ABCD en carreaux, qui feroient la repréfentation de ceux dans lefquels A b c d feroit divifé.

Des miroirs plans.

On appelle miroirs plans, ceux dont la furface réfléchiffante eft plane ; tels font les miroirs ordinaires de glace dont on décore les appartemens. On pourroit auffi faire des miroirs plans de métal ; tels étoient ceux des anciens : mais, depuis l'invention des glaces, on n'en fait plus guère, finon en petit, pour quelques inftrumens d'optique, où il eft néceffaire de prévenir la double réflexion qui fe fait fur ceux de glace, l'une fur la furface antérieure, l'autre fur la poftérieure. C'eft cette dernière qui donne l'image la plus vive ; car ôtez l'étamage d'une glace, vous verrez auffi-tôt cette image vive prefque difparoître, & celle qu'on aura à fa place égalera à peine celle que donne la première furface.

On fuppofe, au refte, ordinairement dans la catoptrique, les deux furfaces d'un miroir fi peu éloignées l'une de l'autre, qu'elles n'en font qu'une, fans quoi il y auroit beaucoup de modifications à faire à fes déterminations.

Un point de l'objet B & le lieu de l'œil A étant donnés, trouver le point de réflexion fur la furface d'un miroir plan.

Par le point B donné de l'objet (fig. 2., pl. 3), & A le lieu de l'œil, foit conçu un plan perpendiculaire au miroir, & le coupant dans la ligne CD : du point B foit menée à CD la perpendiculaire BD, que vous prolongerez jufqu'en F, de forte que DF, DB, foient égales ; par les points F & A, tirez la ligne AF qui coupera CD en E : ce point E fera le point de réflexion ; le rayon incident fera BE, le rayon réfléchi EA ; & les angles d'incidence BED, & de réflexion AEC, feront égaux.

Car il eft évident, par cette conftruction, que

les angles BED, DEF, font égaux. Or les angles DEF, AEC le font auffi, comme étant oppofés au fommet : donc, &c.

Même fuppofition faite que ci-deffus, trouver le lieu de l'image du point B.

Le lieu de l'image du point B n'eft autre chofe que le point F ; mais nous n'en donnerons pas pour raifon celle qui eft vulgairement alléguée dans les livres de catoptrique, favoir que, dans toute efpèce de miroirs, le lieu de l'image eft dans la prolongation du rayon de réflexion, jufqu'à la perpendiculaire tirée du point de l'objet fur la furface réfléchiffante ; car quelle énergie peut avoir cette perpendiculaire, qui n'eft qu'un être imaginaire, pour fixer ainfi cette image dans fon concours avec le rayon réfléchi prolongé, plutôt qu'en tout autre point ? Ce principe eft donc ridicule, & dénué de fondement.

Il eft cependant vrai que, dans les miroirs plans, le lieu où l'on apperçoit l'objet eft dans le concours de cette perpendiculaire avec le rayon réfléchi prolongé ; mais c'eft accidentellement, & en voici la raifon.

Tous les rayons émanés du point de l'objet B, & réfléchis par le miroir, concourent étant prolongés au point F ; donc leur arrangement à l'égard de l'œil eft le même que s'ils venoient du point F. Ils doivent donc faire fur les yeux la même fenfation que fi l'objet étoit en F ; car l'œil n'en feroit pas autrement affecté, s'ils venoient réellement de ce point.

D'où il eft aifé de conclure que, dans un miroir plan, l'objet paroît auffi enfoncé qu'il eft éloigné du miroir.

Il s'enfuit auffi que la diftance AF de l'image F, à l'œil, eft égale à la fomme des rayons d'incidence BE, & de réflexion AE, puifque BE & EF font égales.

Il s'enfuit encore que, quand le miroir plan eft parallèle à l'horifon comme CD, une grandeur perpendiculaire comme B D doit paroître renverfée.

Enfin que, quand on fe regarde dans un miroir plan, la gauche paroît à droite, & la droite à gauche de l'image.

Etant donnés plufieurs miroirs plans, & les places de l'œil & de l'objet, trouver le chemin du rayon venant de l'objet à l'œil, après deux, trois, quatre réflexions.

Soient les miroirs A B, C D, (fig. 3, pl. 3) ; que OFE foit la perpendiculaire tirée de l'objet O fur le miroir A B, & prolongée au deffous, enforte que FE foit égale à OF ; que SHI foit pareillement la perpendiculaire tirée de l'œil sur le miroir GD, & prolongée en sorte que HI soit égale à HS ; joignez les points I, E, par la ligne EI, qui coupera les miroirs en G & K ; tirez les lignes OG, GK, KS : ce sera le chemin du rayon allant du point O à l'œil par deux réflexions.

Ou bien, la première partie de la construction subsistant, du point E abaissez sur le miroir CD la perpendiculaire ELM prolongée au - dessous, de sorte que LM soit égale à LE ; tirez la ligne SM, qui coupera CD en K, & du point K la ligne KE, qui coupera AB en G, enfin KO : les lignes OG, GK, KS, feront encore le chemin du rayon partant du point O, & allant à l'œil après deux réflexions.

Dans ce cas, le point M sera l'image du point O, & la distance SM sera égale à la somme des rayons SK, KG, GO.

Supposons à présent trois miroirs & trois réflexions ; on trouvera de même le chemin que doit tenir un rayon incident pour parvenir à l'œil après ces trois réflexions. Soit, pour cela, OI la perpendiculaire de l'objet sur le miroir AB, & HI égale à HO (fig. 4, pl. 3). Du point I soit IK perpendiculaire sur CB prolongée, s'il le faut, & que KM soit égale à MI ; enfin du point K soit abaissée sur DC prolongée la perpendiculaire KN, qui soit prolongée en L, en sorte que LN soit égale à KN : tirez SL, qui coupera CD en G ; puis du point G la ligne GK, qui coupera CB en F ; ensuite de F la ligne FI, qui coupe AB en E : enfin soit tirée EO : cette ligne EO est celle suivant laquelle le rayon incident doit tomber sur le premier miroir, pour arriver à l'œil S après trois réflexions en E, F, G.

Et dans ce cas, le point L sera le lieu de l'image de l'objet pour l'œil placé en S ; & la distance SL sera égale à SG, GF, EE, EO prises ensemble.

Propriétés diverses des miroirs plans.

I. Dans les miroirs plans, l'image de l'objet est toujours égale & semblable à l'objet ; car il est aisé de démontrer que chaque point de l'objet paroissant autant enfoncé dans le miroir qu'il en est éloigné, chaque point de l'image est semblablement placé, & à égale distance à l'égard de tous les autres, que dans l'objet ; d'où doit nécessairement suivre l'égalité & la similitude de l'objet & de l'image.

II. Dans un miroir plan, ce qui est à droite paroît à gauche de l'image, & viciffim. C'est ce qui est aisé à éprouver. Ainsi, lorsqu'à un miroir on présente une écriture ordinaire, c'est-à-dire de gauche à droite, on ne sauroit la lire, car ce mot AIMANT, par exemple, se présente sous cette forme, TNAMIA ; mais, au contraire,

si l'on présente ce dernier mot au miroir, on verra AIMANT. On a par-là un moyen de faire une sorte d'écriture secrette ; car, si l'on écrit de droite à gauche, on ne pourra lire cette écriture ; mais celui qui en sera prévenu, en la présentant à un miroir, la verra comme une écriture ordinaire. Il ne faut pas au reste employer ce moyen pour cacher de grands secrets, car il est peu de personnes qui ne le connoissent.

III. Lorsque, dans un miroir plan, vous pouvez vous voir tout entier, à quelque distance que vous vous en éloigniez, vous vous verrez toujours tout entier ; & la hauteur du miroir, occupée par votre image, sera toujours la moitié de votre hauteur.

IV. Si vous recevez un rayon de soleil sur un miroir plan, & que vous donniez à ce miroir un mouvement angulaire, vous verrez le rayon se mouvoir d'un mouvement angulaire double ; ensorte que quand le miroir aura parcouru 99°, le rayon en aura parcouru 180.

V. Si vous inclinez à une surface horizontale un miroir plan à angle de 45°, son image sera verticale.

VI. Si deux miroirs plans sont disposés parallèlement, & qu'on place entre deux un objet, par exemple une bougie allumée, on verra dans l'un & l'autre une longue suite de bougies, qui s'étendroit à l'infini si chaque image ne s'affoibliffoit pas à mesure que les réflexions qui la produisent sont plus multipliées.

VII. Lorsque deux miroirs sont disposés de manière qu'il se forment un angle au moins de 120°, on verra plusieurs images, suivant la position de l'œil. Si l'on diminue l'angle des miroirs sans que l'œil change de place, on verra ces images se multiplier comme si elles sortoient de derrière un corps opaque.

Il faut remarquer que toutes ces images sont dans la circonférence d'un cercle tracé du point de concours des miroirs par le lieu de l'objet.

Le père Zacharie Traber, Jésuite, dans son *Nervus Opticus*, & le père Tacquet dans son *Optique*, ont beaucoup examiné tous les cas résultants des différents angles de ces miroirs, ainsi que des différentes positions de l'œil & de l'objet. Nous croyons devoir y renvoyer.

VIII. Lorsqu'on considère obliquement un objet lumineux, comme la flamme d'une bougie, dans un miroir plan de verre, ayant quelque épaisseur, on apperçoit plusieurs images de cet objet : la première ou la plus voisine de la surface de la glace, est moins brillante que la seconde ; celle-ci est la plus brillante de toutes ; après elle on en apperçoit une suite de moins en moins éclatantes, quelquefois jusqu'à cinq ou six.

La première de ces images est produite par la surface antérieure de la glace, & la seconde par la surface postérieure, qui étant enduite de la feuille d'étain, & devenue opaque par-là, doit donner une réflexion plus vive : aussi est-elle la plus brillante de toutes. Les autres sont produites par des rayons de l'objet, qui après plusieurs réflexions contre des surfaces tant antérieures que postérieures du miroir, parviennent à l'œil. Nous allons développer ceci.

Soit VX l'épaisseur de la glace en question; (*fig.* 7, *Pl.* 3,) que A soit l'objet, & O le lieu de l'œil, que nous supposons également éloignés du miroir. Parmi tous les petits faisceaux des rayons incidents, il y en a un AB, qui étant réfléchi par la surface antérieure en B, atteint l'œil par la ligne BO. Il forme en A' la première image de l'objet.

Un autre, comme AC, pénètre la glace en se rompant suivant CD ; il se réfléchit en DE & dans sa totalité, à cause de l'opacité de la surface postérieure du miroir ; & au point E se rompant de nouveau, il parvient en O, & forme en A'' l'image la plus vive du point A.

Un autre petit faisceau AF pénètre aussi dans la glace, se rompt en FG, se réfléchit en GB, d'où une partie sort, mais ne sçauroit parvenir à l'œil, l'autre partie se réfléchit suivant BH, puis suivant HI, d'où une petite partie se réfléchit encore ; mais le surplus sort de la glace, & se rompt suivant la ligne IO, par laquelle il arrive à l'œil : il donne conséquemment la troisième image en A''' plus foibles que les deux autres.

La quatrième image est formée par un faisceau de rayons incidents, qui éprouve deux réfractions comme les autres, & cinq réflexions, sçavoir, trois contre la surface postérieure de la glace & deux contre l'antérieure. Il faut, pour la cinquième, deux réfractions & sept réflexions, sçavoir, trois contre la surface antérieure & quatre contre la postérieure, & ainsi de suite. Il est aisé de sentir par-là combien ces images doivent diminuer de vivacité : aussi est-il bien rare d'en voir plus de quatre ou cinq.

Disposer plusieurs miroirs de manière qu'on puisse se voir dans chacun en même temps.

Il est aisé de sentir qu'il n'y a qu'à disposer ces miroirs sur la circonférence d'un cercle, de manière qu'ils conviennent avec les cordes de ce cercle : alors, en se plaçant au centre, on se verra dans tous les miroirs à-la-fois.

Si ces miroirs sont disposés suivant les côtés d'un polygone régulier & de côtés en nombre pair, (l'exagone ou l'octogone paroissent le plus convenables) ; si d'ailleurs tous ces miroirs sont

bien verticaux & bien plans ; vous aurez un cabinet qui vous paroîtra d'une étendue immense, dans lequel, quelque part que vous vous placiez, vous vous verrez répété un nombre prodigieux de fois.

Ce cabinet étant éclairé intérieurement par un lustre placé dans son centre, vous jouirez d'un spectacle extrêmement agréable, en voyant ces longues files de lumière qui se présenteront à vous de quelque côté que vous jetiez la vue.

Mesurer une hauteur verticale, & dont le pied est même inaccessible, au moyen de la réflexion.

On suppose que la hauteur verticale AB est celle d'une tour, d'un clocher, &c. dont on cherche la mesure (*fig.* 8, *pl.* 3,). Pour cet effet, placez en C un miroir bien horizontalement, ou, parce-que cela est assez difficile, & que la moindre aberration causeroit une grande erreur sur la hauteur à mesurer, placez en C un vase contenant de l'eau, & réfléchissant la lumière comme un miroir. L'œil qui reçoit le rayon de reflexion étant en O, mesurez avec soin la hauteur OD sur le plan horizontal du miroir placé en C, mesurez aussi DC, ainsi que CB si cette dernière est accessible ; faites enfin comme CD est à DO, ainsi CB est à BA : ce sera la hauteur cherchée.

Mais supposons à présent que le pied de la tour ne soit pas accessible ; comment s'y prendra-t-on pour mesurer la hauteur AB ? Le voici.

Après avoir exécuté l'opération précédente, à l'exception de la mesure de CB, qui par la supposition est impossible, prenez une autre station, comme *c*, où vous placerez un miroir ; puis vous plaçant en *d*, d'où votre œil appercevra le point A par le rayon réfléchi *co*, mesurez encore *cd* & *do* ; après quoi, vous ferez cette proportion : comme la différence de CD & *cd* est à CD, ainsi la distance de C*c* des deux points de réflexion est à une quatrième proportionnelle, qui sera la distance BC, qui nous étoit inconnue.

Cette quantité BC connue, il n'y a plus qu'à faire la règle de proportion indiquée ci-dessus, & l'on aura la hauteur AB.

Mesurer une hauteur verticale, inaccessible même par le pied, au moyen de son ombre.

Elevez perpendiculairement sur un plan bien horisontal, un bâton dont vous mesurerez avec soin la hauteur au dessus de ce plan ; nous la supposerons de 6 pieds exactement.

Prenez ensuite, lorsque le soleil commence à baisser après-midi, sur le terrain qui vous est accessible, un point d'ombre C du sommet de la tour à mesurer, (*fig.* 5, *pl.* 3,) & en même temps

temps un point d'ombre *c* du sommet du bâton implanté perpendiculairement sur le même plan ; attendez une couple d'heures, plus ou moins, & prenez avec promptitude les deux points d'ombre D & *d*, du sommet de la tour & du sommet du bâton ; vous tirerez ensuite une ligne droite, qui joindra les deux points d'ombre du sommet de la tour, & vous mesurerez de même la ligne qui joint les deux points d'ombre *c* & *d*, appartenans au bâton. Il ne restera plus qu'à faire une règle de proportion, sçavoir : comme la longueur de la ligne qui joint les deux points d'ombre du bâton, à la hauteur de ce bâton, ainsi la longueur de la ligne qui joint les deux points d'ombre de la tour, à la hauteur de cette tour.

Il ne faut qu'avoir la connoissance des premiers élémens de la géométrie, pour reconnoître à la première inspection de la *fig.* 26, que les pyramides BADC & *badc* sont semblables, & conséquemment que *cd* est à *ab* comme CD à AB qui est la hauteur cherchée.

De quelques tours ou espèces de subtilités qu'on peut exécuter avec des miroirs plans.

On peut, avec différentes combinaisons de miroirs plans, exécuter divers tours curieux, & qui pourroient embarrasser & surprendre des gens n'ayant aucune idée de la catoptrique. Nous allons en faire connoître quelques-uns.

1. *Tirer par dessus l'épaule un coup de pistolet aussi sûrement que si l'on couchoit en joue.*

Pour exécuter cette espèce de tour, placez devant vous un miroir plan, dans lequel vous apperceviez l'objet que vous devez frapper ; (*fig.* 6, *pl.* 3,) ensuite mettez le canon du fusil ou du pistolet sur l'épaule, & dirigez-le, en regardant dans le miroir, comme si l'image étoit l'arme elle-même, c'est-à-dire de sorte que l'image de l'objet à frapper soit cachée à l'œil par le canon, ou dans l'alignement de la mire : il est évident que si vous lâchez alors le coup, le but doit être frappé.

2. *Faire une boîte dans laquelle on verra des corps pesans, comme une balle de plomb, monter contre leur inclination naturelle.*

Soit une boîte quadragulaire ABCD, (*fig.* 1, *pl.* 4,) qui est représentée par la *fig.* 28, où l'on suppose un des côtés enlevé pour faire voir l'intérieur. Le plan HGDC est un plan légèrement incliné, sur la surface duquel est tracée une rainure demi-circulaire & en zigzag, le long de laquelle une balle de plomb puisse rouler & descendre. HGFI est un miroir incliné. M. enfin est une ouverture à la face opposée, qui doit être tellement arrangée, qu'en y mettant l'œil on ne puisse point voir le plan incliné HD, mais seulement le miroir. On sent aisément que l'image de ce plan, sçavoir HLKG, sera en apparence un plan presque vertical, & qu'un corps qui roulera de G en zigzag jusqu'en C, paroîtra au contraire monter en zigzag de G en L, c'est pourquoi, si le miroir est bien net, en sorte qu'on ne puisse point le voir lui-même, ce à quoi pourra contribuer le jour foible qu'on laissera pour éclairer la boîte intérieurement, l'illusion sera assez grande, & ce ne sera pas sans quelque raisonnement qu'on la démêlera, si l'on n'est pas déja au fait de l'artifice.

3. *Construction d'une boîte où l'on voit des objets tout différens de ceux qu'on auroit vus par une autre ouverture, quoique les uns & les autres paroissent occuper toute la boîte.*

Il faut faire faire une boîte quarrée ; car c'est celle qui, à cause des angles droits, est la plus propre à ce jeu optique. Vous la diviserez en quatre par quatre cloisons perpendiculaires au fond, qui se croiseront au centre, & contre lesquelles vous appliquerez des miroirs plans. Vous percerez ensuite chaque face de la boîte d'un trou propre à regarder au dedans, & qui soit tellement ménagé, que l'on ne puisse voir que les miroirs appliqués contre les cloisons, & non la base. Dans chaque petit triangle rectangle enfin, qui est formé par deux cloisons, vous disposerez un objet qui se répétant dans les glaces latérales, puisse former un dessin régulier comme un dessin de parterre, un plan de fortification, une place de ville, un pavé de compartimens. Pour éclairer l'intérieur, vous ne couvrirez la boîte que d'un parchemin transparent.

Il est évident que si l'on place l'œil à chacune des petites ouvertures pratiquées aux côtés de cette boîte, on appercevra autant d'objets différens, qui paroîtront néanmoins remplir toute la boîte. L'un sera un parterre très-régulier, l'autre un plan de fortification, le troisième un pavé de compartimens, le quatrième une place décorée.

Si plusieurs personnes ont regardé à-la-fois par ces différentes ouvertures, & qu'elles se questionnent ensuite sur ce qu'elles ont vu, il en pourra résulter entr'elles une contestation assez plaisante pour celui qui sera au fait du tour, l'une assurant qu'elle a vu un objet, l'autre un autre, & chacune étant également persuadée qu'elle a raison.

Pour rendre plus transparent le parchemin dont on se sert dans les machines optiques telles que la précédente, il faut le laver plusieurs fois dans une lessive claire qu'on changera à chaque fois, & à la dernière, dans de l'eau de fontaine ; on le mettra ensuite sécher à l'air, en le tenant bien étendu.

Si l'on veut lui donner de la couleur, on se servira, pour le verd, de verd-de-gris délayé dans du vinaigre avec un peu de verd foncé ; pour le rouge, de l'infusion de bois de Bréfil ; pour le jaune, de l'infusion de baies de nerprun, cueillies au mois d'août : l'on passera enfin de temps en temps un vernis sur ce parchemin.

4. *Voir d'un premier étage ceux qui se présentent à la porte de la maison, sans se mettre à la fenêtre & sans être apperçu.*

Placez sous la clef du bandeau de la fenêtre, un miroir regardant en bas, & un peu incliné du côté de l'appartement, enforte qu'il réfléchiffe à quelques pieds de l'appui de la croisée, ou sur cet appui même, les objets placés au devant & près de l'ouverture de la porte. En vous plaçant près de cet appui, & en regardant dans le miroir, vous pourrez voir ce qui se présente à l'entrée de la maison. Mais comme vous verrez, par ce moyen, l'objet renversé, & qu'on ne reconnoît que difficilement un objet lorsqu'on le voit de cette manière ; que d'ailleurs il est fatiguant & incommode de regarder en haut, il faut placer à l'endroit où le premier miroir renvoie l'image des objets, un fecond miroir plan qui foit horifontal, & dans lequel vous regarderez : ce fecond miroir redreffant l'objet, vous le reconnoîtrez beaucoup mieux, & vous le verrez feulement à une distance plus grande, & comme placé perpendiculairement fur un plan un peu incliné, & à peu de chofe près comme fi vous le regardiez de haut en bas, en vous mettant à la fenêtre ; ce qui fuffira ordinairement pour difcerner les perfonnes de connoiffance.

La (*fig.* 8, *pl.* 4.) repréfente cet arrangement de miroirs, & l'artifice en queftion.

Le lieu de l'objet & celui de l'œil étant donnés, déterminer le point de réflexion & le lieu de l'image fur un miroir fphérique.

Ces deux problèmes ne font pas auffi aifés à réfoudre fur les miroirs fphériques que fur les miroirs plans ; car, lorfque l'œil & l'objet font à des diftances inégales du miroir, la détermination du point de réflexion dépend néceffairement d'une géométrie fupérieure à la géométrie élémentaire, & ce point ne peut être affigné fur la circonférence du cercle, qu'en faifant ufage d'une des fections coniques. Nous omettrons pour cette raifon cette conftruction, & nous nous bornerons à dire qu'il y en a une extrêmement fimple, où l'on emploie deux hyperboles entre les afymptotes, dont l'une détermine le point de réflexion fur la furface convexe, & la feconde le point de réflexion fur la furface concave.

Il nous fuffira d'obferver ici une propriété de ce point. Que l'objet foit B, (*fig.* 6, *pl.* 4.) A le

lieu de l'œil, E le point de réflexion fur la furface convexe, par exemple, du miroir fphérique DEL, dont le centre eft C ; FG le tangente au point E, dans le plan des lignes BC, AC, qu'elle rencontre en I & *i* ; que le rayon réfléchi AE étant prolongé, coupe en H la ligne BC : les points H & I feront tellement fitués, que vous aurez cette proportion : comme BC eft à CH, ainfi BI eft à HI.

De même, prolongeant BE jufqu'à la rencontre de AC en *h*, vous aurez comme AC : C*h*, ainfi A *i* : *i h* ; proportions qui font également vraies lors de la réflexion fur une furface concave.

Quant au lieu de l'image, les opticiens ont pendant long-tems pris pour principe que ce lieu étoit le point H où le rayon réfléchi rencontre la perpendiculaire tirée de l'objet fur le miroir ; mais cela n'eft fondé que fur ce que cette fuppofition fert à montrer affez bien comment les images des objets font moindres dans les miroirs convexes, & plus grandes dans les miroirs concaves que dans les miroirs plans. Ce principe n'a du refte aucun fondement phyfique, & eft regardé aujourd'hui comme abfolument faux.

Des Miroirs ardens.

Les propriétés des miroirs ardens fe déduifent de la propofition fuivante :

Si un rayon de lumière tombe fort près de l'axe d'une furface fphérique concave & parallélement à cet axe, il fe réfléchira de manière qu'il le rencontrera à une diftance du miroir à bien peu de chofe près égale à la moitié du rayon.

Car foit ABC (*fig.* 7, *pl.* 4.) la furface concave d'un miroir fphérique bien poli, dont le centre foit D, & DB, le demi-diametre dans la direction de l'axe ; que EF foit un rayon de lumière parallèle à BD : il fe réfléchira par le rayon FG, qui coupera le demi-diametre BD en un point G. Or ce point G fera toujours plus près de la furface que du centre. En effet, menant la ligne DF, on aura les angles DFE, DFG égaux ; & conféquemment les angles DFG, GDF, auffi égaux, puifque le dernier eft, à caufe des parallèles, égal à DFE : donc le triangle DGF eft ifofcele, & GD égal à GF : mais GF furpaffe toujours GB ; d'où il fuit que DG furpaffe auffi GB : ainfi le point G eft plus près du miroir que du centre.

Mais lorfque l'axe BF eft extrêmement petit, on fait que GF ne différe qu'infenfiblement de GB ; par conféquent, dans ce cas, le point G eft à peu de chofe près au milieu du rayon.

Ceci fe confirme par la trigonométrie ; car on trouve que fi l'arc BF eft feulement de 5 degrés, en fuppofant le demi-diametre DB de 100,000 parties, la ligne B G eſt de 49809 ; ce qui ne diffère de la moitié du rayon que de $\frac{191}{100000}$, ou du moins que $\frac{1}{525}$ (1). On trouve même que tant que l'arc BF ne ſurpaſſe pas 15 degrés, la diſtance du point G à la moitié du demi diamètre en eſt à peine une 56e ; par où l'on voit que tous les rayons qui tombent ſur un miroir concave parallèlement à ſon axe, & à une diſtance de ſon ſommet qui ne ſurpaſſe pas 15 degrés, ſe réuniſſent, à peu de choſe près, à une diſtance du miroir égale à la moitié du demi-diamètre. Ainſi les rayons ſolaires, qui ſont ſenſiblement parallèles, tombant ſur cette ſurface concave, y ſeront condenſés, ſinon dans un point, du moins dans un très-petit eſpace, & y produiront une chaleur véhémente & d'autant plus grande, que la largeur du miroir ſera plus grande. C'eſt cette raiſon qui a fait donner à ce point le nom de foyer.

Le foyer d'un miroir concave n'eſt donc pas un point ; il a même une largeur aſſez ſenſible. Dans un miroir, par exemple, portion de ſphère de 6 pieds de rayon & de 30 degrés d'arc, ce qui donne un peu plus de 3 pieds de largeur, le foyer doit avoir une 56e environ de cette largeur, c'eſt-à-dire 7 à huit lignes. Les rayons tombans ſur un cercle de 3 pieds de diamètre, ſeront donc pour la plupart raſſemblés dans un cercle d'un diamètre cinquante-ſix fois plus petit, & conſéquemment qui n'eſt que la 3136e partie. Il eſt aiſé de ſentir quel degré de chaleur ils doivent produire, puiſque la chaleur de l'eau bouillante n'eſt guère que triple de la chaleur des rayons directs du ſoleil, un beau jour d'été.

On a néanmoins tenté de faire des miroirs qui réuniſſent tous les rayons du ſoleil dans un même point. Il faudroit pour cela donner à une ſurface polie la courbure d'une parabole. Car ſoit C B D (fig. 3, pl. 4), une parabole dont l'axe ſoit AB. Nous ſuppoſons ici que notre lecteur a quelque teinture des ſections coniques. On ſait qu'il y a ſur cet axe un certain point F, qui eſt tel que, quelque rayon parallèle à l'axe qui vienne rencontrer cette parabole, il ſe réfléchira dans ce point préciſément. Auſſi les géomètres lui ont-ils donné le nom de foyer. Si donc on donne une ſurface bien polie à la concavité d'un ſphéroïde parabolique, tous les rayons ſolaires parallèles entr'eux & à ſon axe ſe réuniront dans un ſeul point, & produiront une chaleur beaucoup plus forte que ſi la ſurface eût été ſphérique.

(1) Le calcul eſt aiſé : car, l'arc BF étant donné, on a l'angle BDF ainſi que l'angle GFD, ſon égal ; & par conſéquent l'angle DGF, qui eſt le complément de leur ſomme, à deux droits. On connoît donc dans le triangle DGF les trois angles & un côté, ſavoir DF qui eſt le rayon ; d'où il ſuit qu'on aura, par une ſimple analogie trigonométrique, le côté DG ou GF qui lui eſt égal.

I. Le foyer d'un miroir ſphérique étant éloigné d'un quart du diamètre, il eſt aiſé de voir l'impoſſibilité dont il eſt qu'Archimède ait pu, avec un ſemblable miroir, brûler les vaiſſeaux romains, quand leur diſtance n'auroit été que de 30 pas, comme Kircher dit l'avoir obſervé étant à Syracuſe ; car il eût fallu que la ſphère dont ce miroir étoit portion, eût été de 60 pas de rayon ; ce qui ſeroit d'une exécution impoſſible. Il y auroit ſemblable inconvénient dans un miroir parabolique. Il eût fallu enfin que les Romains euſſent été d'une condeſcendance merveilleuſe, pour ſe laiſſer brûler d'auſſi près ſans déranger la machine. Si donc le mathématicien de Syracuſe a brûlé les vaiſſeaux romains au moyen des rayons ſolaires, ſi Proclus a traité, comme on le raconte, de la même manière les vaiſſeaux de Vitalien qui aſſiégoit Byſance, ils ont employé des miroirs d'une autre eſpèce ; & ils n'ont pu y réuſſir que par une invention ſemblable à celle que M. de Buffon a reſſuſcitée, & dont il a démontré la poſſibilité.

Quelques propriétés des miroirs concaves, relativement à la viſion, ou à la formation des images.

I. Si un objet eſt placé entre un miroir concave & ſon foyer, on l'apperçoit au-dedans du miroir, & d'autant plus groſſi qu'il s'approche davantage de ce foyer ; en ſorte que lorſqu'il eſt au foyer même, il paroît occuper toute la capacité du miroir, & l'on ne voit rien de diſtinct.

Si l'objet placé à ce foyer eſt un corps lumineux, les rayons qui en ſortent, après avoir été réfléchis par le miroir, marchent parallèlement, en ſorte qu'ils forment comme un cylindre de lumière qui porte ſa clarté très-loin, & preſque ſans diminution. On appercevra aiſément dans l'obſcurité cette colonne de lumière, lorſqu'on ſe tiendra ſur le côté ; & ſi, étant à plus de cent pas de diſtance du miroir, on préſente un livre à cette lumière, on y pourra lire.

II. Que l'objet ſoit maintenant placé entre le foyer & le centre, & que l'œil le ſoit ou au-delà du centre, ou entre le centre & le foyer, on ne ſauroit en avoir par la viſion une perception diſtincte, car les rayons réfléchis par le miroir ſont convergens. Mais ſi l'objet eſt fortement éclairé, ou lumineux comme un flambeau, de la réunion de ſes rayons il ſe formera au-delà du centre une image dans une ſituation renverſée, qui ſe peindra ſur un drap ou un carton mis à la diſtance convenable, ou qui paroîtra en l'air à l'égard d'un œil placé au-delà.

III. Il en ſera à-peu-près de même lorſque l'objet ſera à l'égard du miroir au-delà du centre. Il ſe peindra alors entre le foyer & le centre une image de l'objet dans une ſituation renverſée ; & cette image s'approchera du centre à mesure que l'objet lui-même en approchera, ou s'approchera du foyer à mesure que l'objet s'éloignera.

Quant au lieu où l'image se peindra dans l'un & dans l'autre cas, vous le trouverez par la règle suivante.

Que ACS soit l'axe du miroir indéfiniment prolongé, (*fig.* 5, *pl.* 4) F le foyer, C le centre, O le lieu de l'objet entre le centre & le foyer. Prenez FA troisième proportionnelle à FO & FC : ce sera la distance à laquelle se peindra l'image du point placé en O.

Si l'objet est en A, son image se trouvera en O, en faisant la même proportion avec les changemens convenables, savoir FO troisième proportionnelle à F ω, & F C comme en o.

Enfin, si l'objet est entre le foyer & le verre, le lieu où l'on appercevra l'image au-dedans du miroir, ou son enfoncement, se trouvera en faisant F ω à FA, comme FA à F o.

Objets de surprise.

1. Cette propriété des miroirs concaves, de former entre le centre & le foyer, ou au-delà du centre, une image des objets qui lui sont présentés, est une de celles dont on tire le plus grand sujet de surprise pour ceux qui ne sont pas versés dans cette théorie. Car, qu'un homme s'avance vers un grand miroir concave en lui présentant une épée ; il verra, quand il sera parvenu à la distance convenable, s'élancer hors du miroir une lame d'épée, la pointe tournée vers lui ; s'il se retire, l'image de la lame se retirera ; s'il s'avance de manière que la pointe soit entre le centre & le foyer, l'image de l'épée la croisera, comme si les fers étoient engagés.

2. Si, au lieu d'une lame d'épée, vous présentez au miroir le poignet à une certaine distance, vous verrez se former en lui un poignet dans une situation renversée, qui s'approchera du poignet véritable, lorsque celui-ci approchera du centre, de manière à le rencontrer l'un l'autre.

3. Placez-vous un peu au-delà du centre du miroir ; & lors, en regardant directement dedans, vous verrez au-delà du centre l'image de votre visage renversée. Si alors vous continuez d'approcher, cette image phantastique s'approchera de vous, au point que vous pourrez la baiser.

4. Qu'on suspende un bouquet renversé entre le centre & le foyer, (*fig.* 4, *pl.* 4) un peu au-dessus de l'axe, & que, par le moyen d'un carton noir, on la cache à la vue du spectateur, il se formera au-dessus de ce carton une image droite de ce bouquet, qui surprendra d'autant plus qu'on ne verra point l'objet qui la produit :

on sera tenté par cette raison de le prendre pour un objet réel, & de l'aller toucher & sentir.

5. Si vous placez un miroir concave dans le fond d'une salle, en face d'un paysage fortement éclairé par le soleil, & qu'un peu au-delà du foyer vous lui présentiez un carton blanc vertical, vous verrez se peindre sur ce carton l'image des objets extérieurs, avec leurs couleurs naturelles & dans une situation renversée. C'est-là un des moyens de faire les expériences de la chambre obscure par la simple réflexion.

6. Placez enfin sur une table un grand miroir concave, dans une inclinaison approchante de 45°, & au devant du miroir, sur la table, une estampe ou un tableau, le bas tourné vers le miroir, vous verrez les figures de cette estampe ou de ce tableau extrêmement grossies ; & si les choses sont disposées de manière à favoriser l'illusion, comme si vous regardez dans le miroir par une ouverture qui vous dérobe la vue de l'estampe ou du tableau, vous croirez voir les objets eux-mêmes.

C'est sur ce principe que sont construites ces boîtes aujourd'hui assez communes, qu'on appelle *optiques*, & dont nous allons donner la construction.

Construire une boîte ou chambre optique, où l'on voit les objets plus grands que la boîte.

Faites une boîte quarrée, convenable pour le miroir concave dont vous voulez vous servir, c'est-à-dire telle que sa largeur soit un peu moindre que la distance du foyer de ce miroir, & couvrez le dessus de la boîte d'un parchemin transparent, ou d'un taffetas blanc, ou d'une glace simplement adoucie & non polie.

Appliquez votre miroir à un des fonds verticaux de la boîte, & placez contre le fond opposé une estampe enluminée, ou une peinture représentant des fabriques, un paysage, un port de mer, une promenade, &c. Cette estampe doit entrer dans la boîte par une rainure, ensorte qu'on puisse la retirer, & en substituer une autre à volonté.

Au haut du fond opposé au miroir, soit pratiquée une ouverture ronde, ou une simple fente, par laquelle on puisse voir dans la boîte : lorsqu'on y appliquera l'œil, on appercevra les objets peints dans l'estampe énormément grossis ; on croira voir les bâtimens, les promenades qui y sont représentés.

Des miroirs cylindriques, coniques, &c. & des déformations qu'on exécute par leur moyen.

Il y a d'autres miroirs courbes que ceux dont nous venons de parler ; tels sont, entr'autres, les miroirs cylindriques & coniques, au moyen desquels on produit des effets assez curieux. On décrit, par exemple, sur un plan une figure qui est tellement difforme, qu'il est presqu'impossible de reconnoître ce que c'est ; mais, en plaçant un miroir cylindrique ou conique, ainsi que l'œil, dans les endroits déterminés, on l'apperçoit dans ses justes proportions. Voici comment cela s'exécute.

Décrire sur un plan horisontal une figure difforme, qui paroisse belle étant vue d'un point donné, par réflexion on sur la surface convexe d'un miroir cylindrique droit.

Que ABC soit la base de la portion de surface cylindrique & polie qui doit servir de miroir, & que AC en soit la corde. (*Voyez fig.* 2, n° 1 & *fig.* 2, n° 2, pl. 4.) Sur le rayon perpendiculaire à AC, & prolongé indéfiniment, soit pris le point O qui répond perpendiculairement au-dessous de l'œil. Ce point O doit être à une distance médiocre du miroir, & élevé au-dessus du plan de la base de 3 ou 4 fois seulement le diametre du cylindre. Il est à propos que le point O soit à un tel éloignement du miroir, que les lignes OA, OC, tirées du point O fassent avec la surface cylindrique un angle médiocrement aigu ; car si les lignes OA, OC, étoient tangentes aux points A & C, les parties de l'objet, vues par ces rayons, seroient extrêmement resserrées, & vues peu distinctement.

Le point O étant donc ainsi déterminé, & ayant tiré les lignes OA, OC, tirez aussi AD & CE indéfinies, de telle sorte qu'elles fassent avec la surface cylindrique ou la circonférence de la base, des angles égaux à ceux que font avec elles les lignes OA, OB ; ensorte que si l'on considéroit les lignes OA, OC, comme des rayons incidens, AD, CE en fussent les rayons réfléchis.

Divisez ensuite AC en quatre parties égales, & formez au-dessus un quarré, que vous diviserez en seize autres petits quarrés égaux. Tirez après cela aux points de division 2 & 4, les lignes O 2, O 4, qui coupent le miroir en F & H, desquels points vous menerez indéfiniment FG, HI en telle sorte que ces dernieres lignes soient les rayons réfléchis qui répondroient aux lignes OG, OH, considérés comme rayons incidens.

Cela fait, sur l'extrémité O d'une ligne indéfinie, (*fig.* 2, n° 2) élevez ON égale à la hauteur de l'œil au-dessus du plan du miroir ; faites OQ égales à OA, & élevez sur le point Q la perpendiculaire Q 4 égale à AG, que vous diviserez en quatre parties égales ; après quoi, par le point N & ces points de division, vous tirerez des lignes droites qui, prolongées, couperont la ligne OQP dans les points 1, 11, 111, 1v. Transportez ces divisions dans le même ordre sur les rayons AD & CE, ensorte que A 1, A 11, A 111, A 1v,

soient respectivement égales à Q 1, Q 11, Q 111, Q 1v.

Procédez de la même manière pour diviser les lignes FG, HI, en parties inégales, comme, F 1, F 11, F 111, F 1v, H 1, H 11, H 111, H 1v ; enfin divisez de la même manière la ligne B 1v : il ne vous restera plus qu'à joindre par des lignes courbes les points semblables de division sur ces cinq lignes ; ce que vous ferez facilement, en prenant une règle bien flexible, l'appuyant sur ces points. Mais on s'écartera peu de la vérité, en joignant ces points trois à trois par des arcs de cercle. Ces arcs de cercle ou courbe avec les lignes droites A 1v, F 1v, B 1v, H 1v, C 1v, formeroient des portions de couronne circulaire, très-irrégulière à la vérité, qui répondront aux seize quarrés dans lesquels on a divisé celui de AC, ensorte que l'arcole mixtiligne *a* répond au quarré *a*, l'arcole *b* au quarré *b*, *c* à *c*, *d* à *d*, &c.

Si donc on décrit sur le quarré de AC une figure régulière, & qu'on transporte, par exemple, dans l'arcole *a* de la base, ce qui se trouve dans le petit quarré *a*, en l'allongeant ou rétrécissant de la manière convenable, & ainsi des autres, on aura une figure extrêmement irrégulière & absolument méconnoissable, qui, vue dans le miroir cylindrique par l'œil placé convenablement au-dessus du point O, paroîtra régulière ; car on démontre dans la théorie des miroirs cylindriques, que toutes ces arcoles irrégulieres doivent paroître former le quarré de AC & ses divisions, ou à-peu-près, Nous disons à-peu-près, car cette construction n'est pas géométriquement parfaite, à cause de l'indécision du lieu de l'image dans les miroirs de cette espèce. Cependant cette construction réussit assez bien pour que des objets, absolument méconnoissables sur la base du miroir, soient passablement réguliers dans leur représentation. Nous observerons au surplus qu'il faut, pour que cela réussisse bien, placer l'œil à une pinnule ou à un trou de quelques lignes seulement, élevé perpendiculairement sur le point O, & à une hauteur égale à ON.

On pourroit, au lieu d'un miroir cylindrique, se servir d'un miroir prismatique droit, qui auroit cela de remarquable, que, pour voir une image régulière & bien proportionnée, il faudroit qu'elle fût transportée dans des parties de la base qui ne seroient point continues ensemble ; mais qui seroient des parallélogrammes appuyés sur la base, & disposés à l'entour en forme d'éventail, avec des intervalles triangulaires entre deux : ainsi l'on pourroit peindre dans ces intervalles quelque sujet particulier, en sorte que plaçant le miroir, on y verroit toute autre chose que ce qui est représenté.

Décrire fur un plan horifontal une figure difforme, qui paroiffe belle étant vue par réflection fur la furface d'un miroir conique, d'un point donné dans l'axe de ce côné prolongé.

Décrivez autour de la figure que vous voulez déguifer, le cercle ABCD (*Voyez fig.* 9 & *fig.* 9, *n°* 2 & 3, *pl.* 4) d'une grandeur prife à volonté, & divifez fa circonférence en tel nombre de parties égales qu'il vous plaira ; tirez du centre E par les points de divifion autant de demi-diamètres, dont l'un, comme AE, ou DE, doit auffi être divifé en un certain nombre de parties égales ; décrivez du centre E par les points de divifion, autant de circonférences de cercle, qui, avec les demi-diamètres précédens, diviferont l'efpace terminé par la première & plus grande circonférence ABCD, en plufieurs petits efpaces, qui ferviront à contenir la figure qui y fera comprife, & à la défigurer fur le plan horifontal autour de la bafe FGHI du miroir conique, en cette forte :

Ayant pris le cercle FGHI, (*fig.* 9, *n°* 3) dont le contre eft O, pour la bafe du cône, faites à part le triangle rectangle KLM, dont la bafe KL foit prife égale au demi-diamètre OG de la bafe du cône, & la hauteur KM égale à la hauteur du même cône ; prolongez cette hauteur KM en N, de forte que la partie MN foit égale à la diftance de l'œil à la pointe du cône, ou toute la ligne KN égale à la hauteur de l'œil au-deffus de la bafe du cône. Ayant divifé la bafe KL en autant de parties egales qu'en contient le demi-diamètre AE, ou DE du prototype, tirez du point N, par les points de divifion P, Q, R, autant de lignes droites, qui donneront fur l'hypothènufe LM, qui repréfente le côté du cône, les points S, T, V ; faites au point V l'angle LV 1 égal à l'angle LVR, au point T l'angle LT 2 égal à l'angle LTQ, au point S l'angle LS 3 égal à l'angle LSP, & au point M, qui repréfente le fommet du cône, l'angle LM 4 égal à l'angle LMK, pour avoir fur la bafe CK prolongée les points, 1, 2, 3, 4.

Enfin décrivez du centre O de la bafe FGHI du miroir conique, & des intervalles K 1, K 2, K 3, K 4, des circonférences de cercles, qui repréfenteront celles du prototype ABCD, & dont la plus grande eft divifée en autant de parties égales que la circonférence ABCD ; puis tirez du centre O, par les points de divifion, des demi-diamètres, qui donneront fur le plan horifontal autant de petits efpaces diffformes que dans le prototype ABCD, dans lefquels par conféquent on pourra transporter la figure de ce prototype. Cette image fe trouvera extrêmement défigurée fur le plan horifontal, & paroîtra néanmoins par réflection dans fes juftes proportions, fur la furface du miroir conique pofé fur le cercle FGHI, quand l'œil fera mis

perpendiculairement au-deffus du centre O, & éloigné de ce centre O d'une diftance égale à la ligne KN.

Pour ne vous pas tromper en tranfportant ce qui eft dans le prototype ABCD fur le plan horifontal, (*fig.* 9, 2 & 3) on prendra garde que ce qui eft le plus éloigné du centre E, doit être le plus proche de la bafe FGHI du miroir conique, comme vous voyez par les mêmes lettres, *a*, *b*, *c*, *d*, *e*, *f*, *g*, *h*, du plan horifontal & du prototype. La déformation fera d'autant plus bizarre, que ce qui, dans l'image régulière, eft contenu dans un fecteur *a* (*n°* 1), eft renfermé dans la déformation par une portion de couronne circulaire.

Exécuter la même chofe par le moyen d'un miroir pyramidal.

On fait, & il eft aifé de le reconnoître ; qu'un miroir pyramidal quadrangulaire fur la bafe ABCD, (*fig.* 2, *n°* 1 & *n°* 2, *pl.* 5) ne réfléchit à l'œil élevé fur l'axe, que les triangles BEC, CFD, DGA, AHB, du plan qui environne la bafe, & qu'aucun rayon provenant de l'efpace intermédiaire n'arrive à l'œil. Il eft d'ailleurs aifé de voir que ces quatre triangles occupent toute la furface du miroir, & que l'œil étant élevé au-deffus de fon fommet, & regardant par un petit trou, ils doivent paroître enfemble remplir le quarré de la bafe : ainfi il faut, dans ce cas, décrire l'image à déformer dans le quarré ABCD, égal à celui de la bafe ; enfuite tirez par le centre *e*, tant les diagonales que les lignes perpendiculaires aux côtés, lefquelles, avec les petits quarrés concentriques décrits dans celui de la bafe, la diviferont en petites portions triangulaires & trapézoïdes.

Maintenant la fection du miroir par l'axe & par la ligne *e* L étant un triangle rectangle, il fera facile, par une méthode femblable à celle du problème précédent, de trouver fur la ligne *e* L prolongée, fon image LE, & les points de divifion qui font l'image de ceux de la première. Que ces points foient L, III, II, E, tirez des points des parallèles à la bafe BC, & faites pareille chofe dans chacun des autres triangles HAB, &c : vous aurez l'aire de l'image à peindre divifée en parties correfpondantes à celles de la bafe. Décrivant donc dans chacune, & dans la fituation & l'allongement ou le rétréciffement convenables, les parties de la figure contenues dans les parties correfpondantes de la bafe, vous aurez la déformation demandée, qui, étant vue d'un certain point dans l'axe prolongé, paroîtra régulière & occupera la bafe.

Cette efpèce de déformation l'emporte par la fingularité fur les précédentes, en ce que les parties de la figure déformée font féparées les unes des autres, quoique contiguës lorfqu'on les voit dans le miroir ; ce qui permet de peindre dans les efpaces intermédiaires, d'autres objets qui jetteront abfolument dans l'erreur fur ce qu'on s'attendra à voir, & cauferont par-là plus de furprife.

Des verres lenticulaires ou lentilles de verre.

On appelle *verre lenticulaire* ou *lentilles de verre*, un morceau de glace figuré des deux côtés, ou du moins d'un feul, en courbure fphérique. Il y en a qui font convexes d'un côté & plans de l'autre ; d'autres font convexes des deux côtés ; il y en a de concaves d'un côté feul ou de tous les deux ; d'autres enfin font convexes d'un côté & concaves de l'autre. La forme de ceux qui font convexes des deux côtés, & qui les fait reffembler à une lentille, leur a fait donner généralement le nom de verre lenticulaire ou de lentille de verre.

Les ufages de ces verres font affez vulgairement connus. Ceux qui font convexes agrandiffent l'apparence des objets, & aident la vue des vieillards ; les verres concaves, au contraire, diminuent les objets, & fervent aux myopes. Les premiers réuniffent les rayons du foleil aux environs d'un point qu'on nomme *foyer* ; & quand ils font d'une largeur un peu confidérable, ils y produifent le feu. Les verres concaves difperfent au contraire les rayons du foleil. Les uns & les autres enfin entrent dans la compofition des lunettes d'approche & des microfcopes.

Trouver le foyer d'un globe de verre.

Les globes de verre tenant en bien des occafions la place des lentilles de verre, il eft à propos de dire un mot de leur foyer. Voici comment on le détermine.

Soit la fphère de verre BCD, (*fig. 1, pl. 5, Amufemens d'Optique*), dont le centre eft F, & CD un diamètre auquel eft parallèle le rayon incident AB. Ce rayon rencontrant la furface de la fphère en B, ne continue pas fon chemin en ligne droite, comme il feroit s'il ne pénétroit pas dans un nouveau milieu ; mais il approche de la perpendiculaire tirée du centre F fur le point d'incidence B. Ainfi il concourroit avec le diamètre en un point E, fi, fortant au point I de la fphère, il ne s'écartoit de la perpendiculaire FI ; ce qui lui fait prendre la route de IO, & arriver au point O qui eft le foyer cherché.

Pour déterminer ce foyer O, on cherchera d'abord le point de concours E, ce qu'on trouvera facilement, en faifant attention que dans le triangle FBE, il y a même raifon de FB à FE, que du

finus de l'angle FEB à celui de l'angle FBE ; ou, à caufe de la petiteffe de ces angles, que de l'angle FEB ou fon égal GBE à l'angle FBE : car nous fuppofons le rayon incident AB extrêmement près du diamètre CD ; & conféquemment l'angle ABH eft très-petit, ainfi que fon égal l'angle FBG. Or, dans les angles extrêmement petits, la raifon des angles & de leur finus eft la même. Mais, par la loi de la réfraction, lorfque le paffage fe fait de l'air dans le verre, la raifon de l'angle d'incidence ABH ou GBF à l'angle rompu FBI étant, (lorfqu'ils font très-petits), de 3 à 2, il s'enfuit que l'angle FBE eft à très-peu près double de EBG : conféquemment le côté FE du triangle FBE, eft à très-peu près triple de FB, ou égal à deux fois le rayon ; DE eft par conféquent égale au rayon.

Pour trouver maintenant le point O, où le rayon fortant de la fphère, & s'écartant de la perpendiculaire, doit rencontrer la ligne DE, on fera un raifonnement tout femblable. Dans le triangle IOE, le rapport de IO à OE eft le même à très-peu près que celui de l'angle IEO, ou de fon égal IFE à l'angle OIE. Or ces deux angles font égaux, car l'angle IFD eft le tiers de l'angle d'incidence BFG ou ABH ; mais, par la loi de la réfraction, l'angle OIE eft à très-peu près la moitié de l'angle d'incidence EIK, ou de fon égal FIB, qui eft les ⅔ de l'angle FBG : il eft donc le tiers de FBG ou HBA, comme le précédent : les angles OIE, OEI, font donc égaux, d'où il fuit que OE eft égal à OI, qui lui-même eft égal à DO, à caufe de leur très-grande proximité. Ainfi DO, ou l'éloignement du foyer du globe de verre à fa furface, eft la moitié du rayon ou le quart du diamètre C. Q. F. T.

De quelques propriétés des verres lenticulaires.

1. Si un objet eft extrêmement éloigné, enforte qu'il n'y ait aucune proportion entre fon éloignement & la diftance du foyer du verre, il fe peint au foyer du verre lenticulaire, une image de cet objet dans une fituation renverfée. Cette expérience eft celle qui fert de bafe à la formation de la chambre obfcure. C'eft ainfi que les rayons du foleil ou de la lune fe réuniffent au foyer d'une lentille de verre, dans un petit cercle qui n'eft autre chofe que l'image du foleil même ou de la lune, comme il eft aifé de s'en affurer.

2. A mefure que l'objet s'approche du verre, l'image formée par les rayons partis de cet objet, s'éloigne du verre, enforte que lorfque l'objet eft éloigné du double de la diftance du foyer, l'image fe peint précifément au double de cette diftance ; s'il continue de s'en approcher, l'image s'éloigne de plus en plus ; & lorfque l'objet eft au foyer, il ne fe peint plus d'image ; car c'eft à

une diſtance infinie qu'elle eſt cenſée ſe former: ainſi, dans ce cas, les rayons tombés en divergeant de chaque point ſur le verre, ſont rompus de manière qu'ils ſont renvoyés parallèlement.

En général, voici la manière de déterminer la diſtance de la lentille où ſe forme l'image de l'objet. Soit D E la diſtance de l'objet O C au verre, (*fig.* 4, *pl.* 5), EF celle du foyer du verre. Faites comme FD à FE, ainſi EF à EG, en prenant EG de l'autre côté du verre, lorſque ED eſt plus grande que EF ; ce point G ſera celui de l'axe auquel répondra l'image du point D de l'objet qui eſt dans l'axe.

D'où il eſt aiſé de voir que, lorſque la diſtance de l'objet au foyer eſt nulle, la diſtance EG doit être infinie, c'eſt-à-dire qu'il ne ſauroit y avoir d'image.

On doit auſſi remarquer que, lorſque EF eſt plus grande que E D, ou que l'objet eſt entre le verre & le foyer, la diſtance E G doit être priſe en ſens contraire, ou en-deçà du verre, comme E *g* ; ce qui indique que les rayons partis de l'objet, au lieu de peindre une image au-delà du verre, divergent comme s'ils partoient d'un objet placé en *g*.

Conſtruction d'une lunette par laquelle on peut conſidé-
rer un objet différent de celui auquel on paroît
mirer.

Comme il eſt impoli de lorgner avec attention une perſonne, on a imaginé en Angleterre une ſorte de lorgnette, au moyen de laquelle, en paroiſſant conſidérer un objet, on en regarde réellement un autre. La conſtruction de cet inſtrument, bien fait pour avoir été imaginé à Paris, eſt fort ſimple.

Adaptez au-devant d'une lorgnette d'opéra, dont l'objectif devient inutile, un tuyau percé d'un trou latéral, le plus large que le diamètre de ce tuyau, (*fig.* 5, *pl.* 5). Au-devant de ce trou ſoit placé un miroir incliné à l'axe du tuyau d'un angle de 45°, & ayant ſa ſurface réfléchiſſante tournée du côté de l'objectif. Il eſt évident que, quand on dirigera cette lunette vis-à-vis ſoi, l'on n'appercevra qu'un des objets latéraux, ſavoir, celui qui ſe trouvera ſitué aux environs de la ligne tirée de l'œil dans la direction de l'axe de la lunette, & réfléchie par le miroir. Cet objet paroîtra droit, mais tranſpoſé de droite à gauche. Au reſte, pour mieux déguiſer l'artifice, il convient de laiſſer le devant de la lunette garni d'un verre plan, qui figurera un objectif placé à la manière ordinaire. (*Voyez* PALÉMOSCOPES.)

Conſtruire un tableau magique, ou tel qu'étant vu dans
un certain point & à travers un verre, il préſen-
tera un objet tout différent de celui qu'on verra à
l'œil nud.

Comme ce problême optique ſe réſout au moyen d'un verre à facettes, nous allons d'abord donner une idée de ces ſortes de verres.

Les verres à facettes ſont des verres lenticulaires, ordinairement plans d'un côté, & de l'autre taillés à pluſieurs faces en forme de polyèdres. Tel eſt celui repréſenté par les *fig.* 41 & 42, de côté & de face, il eſt compoſé d'une facette plane & ennéagonale au centre, & de ſix trapezes rangés à la circonférence.

Ces verres ont la propriété de repréſenter autant de fois le même objet qu'il y a de facettes ; car, ſuppoſant cet objet O, il envoie des rayons ſur toutes les faces du verre, AD, DC, CB, (*fig.* 6 & 3, *pl.* 5). Ceux qui traverſent la facette DC, paſſent comme à travers une glace plane interpoſée entre l'œil & l'objet ; mais les rayons tombans de O ſur la facette AD inclinée, éprouvent une double réfraction qui les fait converger vers l'axe OE, à-peu-près comme ils ſeroient s'ils tomboient ſur la ſurface ſphérique, dans laquelle le verre polyèdre ſeroit inſcrit. L'œil étant placé au point commun de concours, il apperçoit le point O en *ω* dans la prolongation du rayon EF ; conſéquemment on verra encore une image du point O différente de la première. La même choſe ayant lieu à l'égard de chaque facette, on verra l'objet autant de fois qu'il y en a dans le verre, & en des lieux différens.

Maintenant, ſi on ſuppoſe un point lumineux dans l'axe du verre, & à une diſtance convenable, tous les rayons qui tomberont ſur une facette, iront peindre ; après une double réfraction, ſur un carton blanc perpendiculaire à l'axe prolongé, une image de cette facette plus ou moins grande, & qui à une certaine diſtance ſera renverſée. Conſéquemment, ſi, au lieu du point lumineux, nous ſuppoſons l'œil, & que cette image ſoit ellemême lumineuſe ou colorée ; les rayons partans de cette image ou partie du carton, aboutiront à l'œil ; & ils ſeront les ſeuls qui y parviendront, après avoir éprouvé une réfraction ſur cette même facette : & faiſant un pareil raiſonnement pour toutes les autres, il eſt aiſé de voir que l'œil étant placé à un point fixe, il verra par chaque facette une certaine portion ſeulement du carton, & que toutes enſemble rempliront le champ de la viſion, quoique détachées ſur le carton ; en ſorte que ſi ſur chacune eſt peinte une certaine partie d'un tableau régulier & continu, toutes enſemble repréſenteront ce tableau même. L'artifice du tableau magique propoſé, conſiſte donc, après avoir fixé le lieu de l'œil, celui du verre & le champ du
tableau ,

tableau, à déterminer les portions de ce tableau qui seules seront vues au travers du verre ; à peindre sur chacune la portion déterminée & convenable d'un tableau donné, d'un portrait, par exemple, en sorte que, réunies ensemble, il en résulte ce portrait même ; à remplir enfin le reste du champ du tableau de ce qu'on voudra, en raccordant le tout ensemble de manière qu'il en résulte un tableau régulier.

Tel est le principe de ce jeu optique. Entrons à présent dans les détails de la pratique.

La (*fig.* 7, *pl.* 5) représente une table ABCD, à l'extrémité de laquelle est adaptée perpendiculairement & fixement une planche garnie de deux rainures, qui servent à glisser une planchette, garnie à sa surface antérieure d'une feuille de papier blanc, ou d'une toile à peindre. C'est-là le champ du tableau à exécuter. EDH est un support vertical, qui doit être susceptible d'être approché ou éloigné de ce tableau, & qui doit porter un tuyau garni à son extrémité antérieure d'un verre à facettes, & à l'autre d'un carton percé à son centre d'un trou d'aiguille seulement. Ce trou est la place de l'œil. Nous supposerons ici le verre plan d'un côté, & composé de six facettes rhomboïdales appuyées au centre, & de six autres triangulaires qui occupent le restant de l'exagone.

Ayant ainsi tout préparé, on fixera le pied E D H à un certain éloignement du champ du tableau, selon qu'on voudra que les parties de la figure à dessiner soient plus voisines ou plus écartées les unes des autres. Mais il est à propos que cette distance soit au moins quadruple du diamètre de la sphère à laquelle le polyèdre du verre seroit circonscrit, & la distance de l'œil à ce verre peut commodément être égal à deux fois ce diamètre. On placera donc l'œil au trou K ainsi déterminé ; & avec un bâton garni d'un crayon, (si la main ne peut y atteindre) on tracera avec toute la légèreté possible, le contour de l'espace qu'on appercevra à travers une facette, puis à travers sa voisine, & ainsi successivement. Cette opération exige beaucoup de précision & de patience ; car il faut, pour la perfection de l'ouvrage, que les deux espaces apperçus par deux facettes contiguës, ne paroissent laisser entr'elles aucun intervalle perceptible : à tout prendre, il vaudroit mieux qu'ils empiétassent tant soit peu l'un sur l'autre. On aura soin aussi de numéroter chacun de ces espaces, du même numéro qu'on aura assigné à la facette, afin de se reconnoître. Cela seroit au surplus aisé, en faisant attention que l'espace répondant à chaque facette est toujours transporté parallèlement à lui-même de haut en bas, ou de droite à gauche, de l'autre côté du centre.

Il s'agit présentement de tracer le tableau régulier qu'on veut appercevoir, & de le transporter

Amusemens des Sciences.

sur les espaces du tableau déformé. A toute rigueur, il faudroit pour cela faire une projection du verre à facette, en supposant l'œil à la distance où on le place réellement ; mais, comme on l'en suppose un peu loin, on pourra, sans erreur sensible, prendre pour le champ du tableau régulier, la projection verticale, ainsi qu'on la voit dans la (*fig.* 8 n°. 1 & 2, *pl.* 5) qui le représente tel qu'on le verroit, si on avoit l'œil perpendiculairement au-dessus de son centre & à une distance très-considérable.

Vous décrirez donc dans ce champ, qui sera ici exagone, & composé de 6 rhomboïdes & de 6 triangles, une figure quelconque, par exemple un portrait ; après quoi, en considérant que l'espace *a b c d* est le lieu où doit paroître la portion 1 du tableau ; vous l'y transporterez avec le plus de soin que vous pourrez ; vous en ferez autant des autres, & vous aurez la principale partie de votre tableau faite. Mais, comme il est question de montrer autre chose que ce qu'on doit voir ; on le déguisera au moyen de quelque autre peinture qu'on exécutera dans le surplus du tableau, en se raccordant avec ce qui est déjà fait de manière que cela serve au sujet principal. Cela dépend du génie & du goût de l'artiste.

Manière de faire paroître un appartement semé de rubis, de topazes & d'émeraudes.

Le père Kirkher, jésuite, de Fulde, nous apprend dans son ouvrage intitulé *Ars magna lucis & umbra*, un moyen ingénieux pour faire paroître les murs d'une chambre obscure couverts de pierres précieuses. Comme ce spectacle est frappant, & qu'il peut fournir un objet d'amusement à la campagne, nous allons indiquer son procédé.

Après avoir fermé tous les volets d'une chambre exposée au grand soleil, le P. Kirkher ouvre un petit espace rectangulaire par où entrent les rayons de lumière ; ceux-ci sont reçus par une suite de prismes de cristal placés les uns sur les autres dans le même plan vertical, & entretenus dans cette position par une espèce de cadre : on fait ensuite passer ces rayons, qui éprouvent alors une réfraction par plusieurs lentilles de cristal taillées à facette, & placées au nombre de six, autour d'une septième de même diamètre.

Ces facettes, qui doivent être toutes différentes pour opérer une plus grande variété dans le spectacle, dispersent ou réfléchissent les rayons colorés en forme de taches sur le pavé & sur les murs de la chambre ; on les croiroit alors semés de rubis, de topazes, de saphirs & d'améthystes : on ne peut rien imaginer de plus riche dans la nature. Le nombre des prismes & le diamètre

D d d d

des lentilles à facette doit être proportionné à la grandeur de la pièce où l'on veut se procurer ce petit amusement, & à la quantité de pierres précieuses dont on veut que les murs paroissent semés. Les Anglois font d'excellens prismes & de très-bonnes lentilles de toutes espèces : cette perfection tient à la nature de leur verre, beaucoup plus blanc & plus transparent que le nôtre.

Construction d'une lanterne artificielle, avec laquelle on puisse lire la nuit de fort loin.

Faites une lanterne qui ait la forme d'un cylindre ou d'un petit tonneau, situé selon sa longueur, ou en sorte que son axe soit horisontal ; mettez à un de ces fonds un miroir parabolique, ou simplement un miroir sphérique dont le foyer soit vers le milieu de la longueur du cylindre ; à ce foyer soit placée la flamme d'une bougie ou d'une lampe : cette lumière se réfléchira fort loin en passant par l'autre fond, & sera si éclatante, que de nuit on pourra lire très-loin des lettres très-petites, en les regardant avec une lunette. Ceux enfin qui verront de loin cette lumière, en se trouvant dans l'axe prolongé de la lanterne, croiront voir un grand feu.

Construction de la lanterne magique.

On donne, comme tout le monde sait, le nom de lanterne magique, à un instrument optique, au moyen duquel on représente sur un mur ou un drap blanc des objets extrêmement grossis. Cet instrument, dont l'inventeur est, je crois, le P. Kircher, jésuite, a fait une telle fortune, qu'il est devenu la ressource d'une foule de gens qui gagnent leur vie à montrer ce petit spectacle au peuple. Mais, quoique tombé en des mains viles, il n'est pas moins ingénieux, & mérite de trouver place ici. En voici donc la construction, avec quelques observations propres à le perfectionner & à le rendre plus intéressant.

Pour se former une lanterne magique, (fig. 1, pl. 6. Amusemens d'Optique.) il faut faire faire avec du fer-blanc, du cuivre ou du bois, une boîte quarrée, d'environ un pied en tout sens ; on en percera vers le milieu le fond de devant, d'un trou d'environ 3 pouces de diamètre, auquel on soudera un tuyau. L'ouverture de ce tuyau, du côté de la boîte, doit être garnie d'un verre lenticulaire bien transparent, & ayant son foyer vers les deux tiers ou les trois quarts de la profondeur de la boîte, où l'on placera une lampe garnie d'une forte mèche, pour qu'elle donne une vive lumière. Il faudra, pour plus de perfection de la machine, que cette lampe soit susceptible d'être approchée ou éloignée, en sorte qu'on puisse la placer bien exactement au foyer du verre. On pourra aussi, pour éviter l'aberration de sphé-

ricité, former la lentille dont nous venons de parler, de deux lentilles d'un foyer double chacune. Cela paroît propre à contribuer beaucoup à la distinction de la peinture.

Le tuyau soudé ou vissé à la caisse, doit être interrompu, à peu de distance du trou, par une boîte quarrée, percée latéralement de deux rainures propres à faire glisser une petite planchette d'environ 4 pouces de largeur, sur la longueur qu'on voudra. (fig. 2., pl. 6.) Cette planchette servira de cadre à un verre sur lequel seront peints, avec des couleurs transparentes, tels objets que que l'on jugera à propos. On choisit ordinairement des sujets grotesques & bisarres.

On fera entrer dans la partie antérieure de ce tuyau, un autre tuyau garni d'un verre lenticulaire de 3 pouces environ de foyer, que l'on pourra, par ce moyen, approcher ou éloigner à volonté.

Telle est la construction de la machine : en voici l'effet. La lampe étant allumée, & la lanterne étant placée sur une table, à l'opposite d'un mur blanchi, on fermera, si c'est le jour, toutes les fenêtres de la chambre ; on introduira par les rainures ci-dessus un des petits tableaux dont nous avons parlé, dans une situation renversée ; ensuite on approchera ou l'on éloignera le verre mobile : on verra, lorsqu'il sera au point convenable, les figures de ce tableau dépeintes sur la muraille, & énormément grossies.

Si l'on garnit l'autre extrémité du tuyau mobile d'une lentille d'un foyer beaucoup plus éloigné, le champ de la lumière sera augmenté, & les figures grossies à proportion. Il est à propos de placer à ce tuyau mobile, & à la distance à-peu-près du foyer de la première lentille, un diaphragme ; il servira à écarter les rayons des objets latéraux, ce qui contribuera beaucoup à la distinction de la peinture.

Nous avons dit qu'il faut que les petites figures à représenter soient peintes avec des couleurs transparentes. (Voyez LANTERNE MAGIQUE.)

Des couleurs, & de la différente réfrangibilité de la lumière.

Une des plus belles découvertes du siècle dernier, est celle que fit en 1666 le célèbre Newton sur la composition de la lumière & la cause des couleurs. Qui eût cru que le blanc, qui paroît une couleur si pure, ne fût autre chose que le résultat de sept couleurs primitives, inaltérables, & mêlées ensemble dans un certain rapport ? C'est néanmoins ce qui résulte de ses expériences.

L'instrument qui lui servit à décomposer ainsi la lumière, est le prisme, instrument bien connu, mais jufqu'alors fimplement objet d'une curiofité ftérile , à caufe des couleurs dont il borde les objets qu'on regarde à travers. Nous nous bornions à deux des expériences de Newton , & à en tirer les conféquences qui en font la fuite.

Laiffez entrer dans une chambre obfcurcie avec foin , un rayon de lumière folaire , d'un pouce ou un demi-pouce de diamètre ; (voyez fig. 5 , pl. 6.) recevez-le fur un prifme placé horifontalement, au-delà duquel doit être un carton blanc ; tournez le prifme de manière que l'image femble s'arrêter : vous verrez fur ce carton , au lieu d'une image de foleil à-peu-près ronde , une longue bande perpendiculaire , dans laquelle vous compterez fept couleurs, dans cet ordre invariable ; *rouge , orangé , jaune , vert , bleu , indigo , violet.* Le rouge fera en bas quand l'angle du prifme y fera , & au contraire ; mais l'ordre fera toujours le même.

De-là , & de diverfes autres expériences analogues , Newton conclud.

1°. Que la lumière du foleil contient ces fept couleurs primitives ;

2°. Que ces couleurs font formées par des rayons qui éprouvent des réfractions différentes , & qu'en particulier le rouge eft celle qui eft le moins rompue ; vient enfuite l'orangé , &c. ; enfin , que le violet eft celui de tous qui fouffre , fous la même inclinaifon , la plus grande réfraction. Pour peu qu'on foit géomètre , on ne peut fe refufer à ces conféquences.

Mais l'expérience délicate eft celle par laquelle Newton prouve que ces rayons différemment colorés font enfuite inaltérables. Voici comment il faut s'y prendre pour ne pas s'expofer , comme plus d'un phyficien , à contredire ce grand homme par une expérience imparfaite.

Il faut d'abord que le trou de la chambre obfcure foit réduit à une ligne tout au plus de diamètre , & qu'elle foit obfcurcie avec le plus grand foin. Cela fait , recevez le rayon folaire à 12 ou 15 pieds de diftance du trou , fur une grande lentille de verre de 7 à 8 pieds de foyer. Tout près de ce verre & au-delà , foit pofé le prifme qui recevra ce filet de lumière. Enfin foit placé un carton blanc , à telle diftance que l'image folaire s'y peindroit diftinctement fans l'interpofition du prifme : vous verrez, au lieu d'une image ronde, fe peindre fur le carton une bande très-étroite , & colorée , comme on l'a vu plus haut , des fept couleurs primitives.

Percez enfin ce carton d'un trou d'une ligne environ de largeur , par lequel vous ferez paffer telle couleur que vous voudrez , en ayant l'attention de la prendre vers le milieu de l'efpace qu'elle

occupe , & vous la recevrez fur un fecond carton placé derrière le premier. Préfentez-lui un prifme ; vous verrez qu'elle ne donnera plus d'image allongée , mais une image ronde & de la même couleur. De plus , fi vous plongez dans cette lumière colorée un objet quelconque , vous le verrez teint de fa couleur ; & fi vous regardez cet objet avec un troifième prifme , vous ne lui appercevrez point d'autre couleur que celle dans laquelle il eft plongé , & cela fans aucun alongement , comme lorfqu'il eft plongé dans une lumière fufceptible de décompofition.

Cette expérience , qui eft aujourd'hui un jeu pour les phyficiens un peu exercés , prouve le troifième des faits principaux avancés par Newton , favoir :

3°. Que lorfqu'une couleur eft épurée du mélange des autres , elle eft inaltérable ; qu'un rayon rouge , quelque réfraction qu'on lui faffe fouffrir , reftera toujours rouge ; & ainfi des autres.

De l'arc-en-ciel ; comment il fe forme : manière de l'imiter.

Parmi les phénomènes de la nature , l'arc-en-ciel eft un de ceux qui de tout temps ont le plus excité l'admiration des hommes ; mais il n'en eft peut-être aujourd'hui aucun dont la phyfique rende une raifon plus fatisfaifante & mieux démontrée.

L'arc-en-ciel eft formé par la décompofition des rayons folaires en fes principales couleurs , dans les gouttelettes de pluie , au moyen des deux réfractions qu'ils y fouffrent en entrant & en fortant. Dans l'arc-en-ciel intérieur , qui fouvent paroît feul , le rayon folaire entre la partie fupérieure de la goutte , fe réfléchit contre le fond , & fort par la partie inférieure. On voit fa décompofition dans la *fig.* 4 , *pl.* 6. Dans l'arc-en-ciel extérieur , les rayons entrent par le bas de la goutte , éprouvent deux réflexions , & fortent par la partie fupérieure. On voit dans la *fig.* 7 , *pl.* 6 , la marche & décompofition , qui donne les couleurs dans un fens oppofé à la première. C'eft auffi la raifon pour laquelle l'arc-en-ciel extérieur a fes couleurs renverfées à l'égard du premier.

La *fig.* 8 , *pl.* 6 montre enfin comment le même œil apperçoit cette double férie de couleurs.

Mais l'explication feroit encore incomplète , fi l'on ne faifoit pas voir qu'il y a une certaine inclinaifon déterminée fous laquelle les rayons rouges fortent le plus ferrés qu'il eft poffible , & parallèlement entr'eux , tandis que tous les autres font divergents ; qu'il en eft une autre fous laquelle ce font les rayons verts qui fortent de cette manière , &c. C'eft par-là feulement qu'ils peuvent affecter un œil éloigné.

Cette explication de l'arc-en-ciel se confirme par une expérience fort simple. Lorsque le soleil est fort voisin de l'horison, suspendez dans une chambre un globe de verre rempli d'eau, en forte qu'il soit éclairé par le soleil, & placez-vous le dos tourné à cet astre, en forte que le globe soit élevé à l'égard de votre œil d'environ 42° sur l'horison. En vous avançant ou retirant un peu, vous ne manquerez pas de rencontrer les rayons colorés, & il vous fera facile de voir qu'ils sortent du bas du globe; que le rayon rouge en sort sous un angle plus grand avec l'horison, & le violet, qui est l'extrême, sous le moindre; en sorte que le rouge doit être en dehors de l'axe, & le violet en dedans.

Elevez ensuite votre boule à l'égard de votre œil d'environ 54°, ou continuez de vous en approcher, en forte qu'elle soit élevée de cet angle: vous rencontrerez les rayons colorés sortans du haut de la boule, d'abord le violet, puis le bleu, le vert, le rouge, dans un ordre tout contraire au précédent. Si vous couvriez, dans le premier cas, la partie supérieure de la boule, & dans le second la partie inférieure, vous n'auriez point de couleurs, ce qui prouve la manière dont ils y entrent & dont ils en sortent.

On peut se procurer facilement le spectacle d'un arc-en-ciel artificiel: on le voit dans la vapeur d'un jet d'eau que le vent disperse en gouttelettes insensibles. Il faut pour cela se mettre dans la ligne entre le jet d'eau & le soleil, en tournant le dos à cet astre. Si le soleil n'est que médiocrement élevé sur l'horison, en s'avançant ou s'éloignant du jet d'eau, on trouvera bientôt un point d'où l'on verra l'arc-en-ciel dans les gouttes qui retombent en pluie fine & légère.

Au défaut d'un jet d'eau, on peut en faire un à peu de frais. Il faut pour cela remplir sa bouche d'eau, &, en tournant le dos au soleil médiocrement élevé, la jeter en l'air le plus haut qu'il est possible, & dans une direction un peu oblique à l'horison. Après quelques essais, vous ne tarderez pas d'y voir l'arc-en-ciel. Une seringue qui éparpillera l'eau en gouttelettes très-menues, facilitera beaucoup l'imitation du phénomène.

Voulez-vous faire cette expérience d'une manière plus facile encore? Posez sur une table, & debout, une bouteille cylindrique de verre bien blanc, après l'avoir remplie d'eau; mettez à 10 ou 12 pieds un flambeau allumé à la même hauteur; puis promenez-vous transversalement entre la lumière & cette bouteille, en tenant votre œil à leur hauteur. Quand vous serez parvenu à un certain point, vous verrez les faisceaux de rayons colorés, sortans d'un des flancs de la bouteille, dans cet ordre, violet, bleu, jaune, rouge; & si vous continuez de marcher transversalement,

vous en rencontrerez une seconde suite dans un ordre opposé, savoir; rouge, jaune, bleu, violet, sortant de l'autre côté de la bouteille. C'est-là précisément ce qui se passe dans les gouttes de pluie; & pour imiter parfaitement le phénomène, il ne seroit pas impossible de fixer sept bouteilles semblables, de telle manière que, dans chacune, l'œil placé au point convenable y vît une des sept couleurs, & à quelque distance de-là sept autres, qui présenteroient au même œil les mêmes couleurs dans l'ordre renversé du second arc-en-ciel.

Si les rayons solaires n'étoient pas différemment réfrangibles, on auroit bien également deux arcs-en-ciel; mais ils seroient sans couleur, & ce seroit seulement deux bandes circulaires d'une lumière blanche ou jaunâtre.

L'arc-en-ciel forme toujours une portion de cercle à l'entour de la ligne tirée du soleil par l'œil du spectateur; c'est pourquoi, quand cet astre est élevé sur l'horison, l'arc-en-ciel est moindre que le demi-cercle. Il est égal au demi cercle lorsque le soleil est à l'horison.

On a pourtant vu une fois un arc-en-ciel plus grand que le demi cercle, & qui coupoit l'arc-en-ciel ordinaire; mais c'est qu'il étoit produit par l'image du soleil réfléchie sur l'eau tranquille d'une rivière. Cette image du soleil faisoit le même effet que si cet astre eût été sous l'horison.

Composer un tableau représentant toutes les couleurs, & déterminer leur nombre.

Quoique Newton ait démontré l'homogénéité des couleurs dans lesquelles se décompose le rayon solaire, & que l'orangé, le vert, le pourpre, donnés par cette décomposition, ne soient pas moins inaltérables, malgré les réfractions ultérieures, que le rouge, le jaune, le bleu, il cependant reconnu qu'on peut, avec ces trois dernières couleurs, imiter les premières & toutes les autres de la nature; car le rouge, combiné avec le jaune en différentes proportions, donne toutes les nuances d'orangé, le jaune & le bleu donnent les verts purs; le rouge & le bleu produisent les violets pourpres & indigos; enfin, des différentes combinaisons de ces couleurs composées, naissent toutes les autres. Cela a donné lieu à l'invention ingénieuse du triangle chromatique qui sert à les représenter.

Soit formé, comme l'on voit, (*pl. 1. Amusemens d'Acoustique.*) un triangle équilatéral, dont vous diviserez deux des côtés à l'entour de l'angle du sommet en 13 parties égales: & tirant par les points de division de chacun de ces côtés, des lignes parallèles à l'autre, vous formerez 91 rhombes égaux.

Aux trois rhombes angulaires placez les trois couleurs primitives, le rouge, le jaune & le bleu, dans un degré égal de force, &, pour ainsi dire, de concentration : vous aurez conséquemment, entre le jaune & le bleu, onze cases que vous remplirez ainsi ; dans la plus voisine du jaune, vous mettrez 11 parties de jaune & 1 de rouge ; dans la suivante, 10 parties de jaune & 2 de rouge, en sorte que dans la plus voisine du rouge il n'y aura que 1 partie de jaune & 11 de rouge : nous aurons par-là tous les orangés, depuis le plus voisin du rouge jusqu'au plus voisin du jaune. En remplissant de la même manière les cases intermédiaires entre le rouge & le bleu, entre le bleu & le jaune, il en résultera toutes les nuances pourpres & toutes celles de verts, dans une dégradation semblable.

Pour remplir les autres cases, prenons, par exemple, celle du troisième rang au-dessous du rouge, où il y a trois cases. Les deux extrêmes étant remplies d'un côté par 10 parties de rouge combinées avec 2 de jaune, & de l'autre par 10 de rouge combinées avec 2 de bleu ; la case moyenne sera composée de 10 parties de rouge, 1 de bleu & 1 de jaune.

Dans la bande de dessous on aura, par la même raison, dans la première case du côté du jaune, 9 parties de rouge & 3 de jaune ; dans la suivante, 9 parties de rouge, 2 de jaune, 1 de bleu ; dans la troisième, 9 parties de rouge, 1 de jaune, 2 de bleu ; & enfin dans la quatrième, 9 parties de rouge & 3 de bleu ; & ainsi des autres bandes inférieures, dont nous nous contenterons de détailler l'avant-dernière au-dessus de la ligne des verts, dont les cases seront successivement remplies ainsi qu'il suit :

La première à gauche, 11 parties de jaune, 1 de rouge.

La 2e, 10 p. de jaune, 1 de rouge, 1 de bleu.
La 3e, 9 p. de jaune, 1 de rouge, 2 de bleu.
La 4e, 8 p. de jaune, 1 de rouge, 3 de bleu.
La 5e, 7 p. de jaune, 1 de rouge, 4 de bleu.
La 6e, 6 p. de jaune, 1 de rouge, 5 de bleu.
La 7e, 5 p. de jaune, 1 de rouge, 6 de bleu.
La 8e, 4 p. de jaune, 1 de rouge, 7 de bleu.
La 9e, 3 p. de jaune, 1 de rouge, 8 de bleu.
La 10e, 2 p. de jaune, 1 de rouge, 9 de bleu.
La 11e, 1 p. de jaune, 1 de rouge, 10 de bleu.
La 12e, 0 p. de jaune, 1 de rouge, 11 de bleu.

Cette bande contient, comme l'on voit, tous les verts de la bande inférieure, dans lesquels on a jeté une partie de rouge. De même, dans la bande parallele aux pourpres, on trouve tous les pourpres, dans lesquels on a jeté 1 partie de jaune ; & dans la bande paralièle & contiguë aux orangés, on trouve tous ceux où l'on a jeté une partie de bleu.

Dans la case centrale du triangle, on trouveroit 4 parties de rouge, 4 de bleu & 4 de jaune.

On pourroit faire facilement ces mélanges avec des poudres colorées, & broyées très-fin ; & en prenant les doses convenables de ces poudres, & en les mélangeant bien, nous ne doutons point qu'on n'eût toutes les nuances des couleurs.

Mais si l'on vouloit avoir toutes les couleurs de la nature du plus clair au plus brun ; savoir du blanc au noir, nous trouverions pour chaque case 12 degrés de gradation jusqu'au blanc, & 12 autres jusqu'au noir. Ainsi, multipliant 91 par 24, nous aurions 2184 couleurs perceptibles ; à quoi ajoutant 24 gris formés par la combinaison du noir & du blanc, & enfin le blanc & le noir purs, nous aurions 2210 couleurs composées, que nous croyons distinguables par les sens. Mais peut-être ne doit-on pas regarder comme des couleurs réelles, celles qui sont formées de couleurs pures avec le noir ; car le noir ne fait que salir & non pas colorer. Il faudroit, dans ce cas, réduire les véritables couleurs, & leurs nuances du plus foncé au plus clair, à 1092 ; ce qui, avec le blanc, le noir & 12 gris, formeroit 1106 couleurs.

D'où vient la couleur bleue du Ciel ?

Ce phénomène est fort remarquable, quoique nos yeux y étant accoutumés dès notre plus tendre enfance, nous n'y fassions plus d'attention ; & il ne seroit pas moins difficile à expliquer, si la théorie de Newton sur la lumière, en nous apprenant qu'elle se décompose en sept couleurs qui ont des réfrangibilités & réflexibilités différentes, ne nous avoit pas donné les moyens d'en reconnoître la cause.

Nous observerons donc, pour expliquer ce phénomène, que, d'après la théorie de Newton, si bien prouvée par l'expérience, parmi les sept couleurs que donne la lumière solaire décomposée par le prisme, le bleu, l'indigo & le violet sont celles qui se réfléchissent avec le plus de facilité à la rencontre d'un milieu de différente densité. Or, quelle que soit la transparence de l'air ; celui qui environne notre terre, & qui constitue notre atmosphère, est toujours mélangé de vapeurs plus ou moins bien combinées avec lui ; d'où il résulte que la lumière du soleil ou des astres, renvoyée en cent façons différentes dans l'atmosphère, doit y éprouver des inflexions & réflexions sans nombre. Mais à chacune de ces réflexions contre des particules insensibles de vapeurs que ces rayons ont à traverser, ce font les rayons bleus, indigos & violets qui nous font principalement renvoyés. Il eſt donc néceſſaire que le milieu qui les renvoie paroiſſe prendre une teinte bleue.

Cela devroit même arriver, en ſuppoſant une homogénéité parfaite dans l'atmoſphère ; car, quelque homogène que ſoit un milieu tranſparent, il réfléchit néceſſairement une partie des rayons de lumière qui le traverſe. Or, de tous ces rayons, ce ſont les bleues qui ſe réfléchiſſent avec plus de facilité : ainſi l'air, même ſuppoſé homogène, prendroit une couleur bleue, ou peut-être violette.

C'eſt par la même raiſon que l'eau de la mer paroît bleue lorſqu'elle eſt bien pure, comme loin des côtes. Lorſqu'elle eſt éclairée par la lumière du ſoleil, une partie des rayons pénètre dans ſon ſein, une autre eſt réfléchie : mais celle-ci eſt principalement compoſée des rayons bleus ; elle doit par conſéquent paroître bleue.

Cette explication eſt confirmée par une curiuſe obſervation de M. Halley. Ce célèbre phyſicien étant deſcendu aſſez avant dans la mer, pendant qu'elle étoit éclairée de la lumière du ſoleil, il fut extrêmement ſurpris de voir le dos de ſa main, qui recevoit des rayons directs du ſoleil, teint d'une belle couleur de roſe, & le deſſous, qui l'étoit par des rayons réfléchis, teints en bleu. C'eſt effectivement ce qui devoit arriver, en ſuppoſant que les rayons réfléchis par la ſurface de la mer, ainſi que par les parties inſenſibles du milieu, fuſſent des rayons bleus. A meſure que la lumière pénétroit plus profondément, elle devoit ſe dépouiller de plus en plus des rayons bleus, & le reſte conſéquemment devoit tirer ſur le rouge.

(Extrait d'Ozanam.)

Voyez CATOPTRIQUE, DIOPTRIQUE, PERSPECTIVE.

ORACLE MERVEILLEUX : (voyez à l'article AIMANT, & à l'article CHIMIE.)

P.

PALAIS MAGIQUE. (*Voyez* à *l'article* CATOPTRIQUE).

PALAIS DE L'AMOUR. [le] (*Voyez* à *l'ar-ticle* AIMANT).

PALINGÉNÉSIE. La palingénésie est une opération chimique par le moyen de laquelle on ressuscite, dit-on, une plante, un animal, de ses cendres. Ce seroit-là sans doute un des beaux secrets de la physique & de la chimie. Si l'on en croit quelques auteurs, plusieurs savans du siècle dernier en ont été en possession : mais quoiqu'il n'y ait aucune comparaison à faire entre l'état actuel de la chimie, & celui où elle étoit au milieu du siècle passé, quoique ce beau secret soit consigné dans divers livres, il n'en est pas moins perdu. Nous n'entreprendrons pas de le rendre au monde savant ; nous nous bornerons à examiner les fondemens sur lesquels de bonnes gens, comme l'abbé de Vallemont & autres, ont pu croire qu'il ait jamais existé.

Si l'on en croit ce bon abbé, rien n'est plus simple & plus facile à expliquer que cela. En effet, dit-il d'après le P. Kircher, la vertu séminale de chaque mixte est renfermée dans ses sels, & ces sels, dès que la chaleur les met en mouvement, s'élèvent dans la capacité du vase. Libres alors de s'arranger à leur gré, ils reprennent leur disposition primitive, ils s'alignent comme ils se seroient alignés par l'effet de la végétation, ou comme ils s'étoient alignés avant que le feu eût tout bouleversé : ils forment enfin une plante ou un fantôme de plante tout ressemblant à la plante détruite.

Ce raisonnement est tout-à-fait digne de celui qui a pu penser qu'un homme qui vole la bourse d'autrui, peut exhaler des particules différentes de celles qu'exhale l'homme qui emporte la sienne, & peut par-là faire tourner la baguette divinatoire sur les lieux où il a passé ou séjourné. Nous l'avons dit ailleurs, il faut être à-peu-près imbécile, pour croire que la simple moralité d'une action puisse produire des effets physiques. Nous croirions donc faire tort à nos lecteurs, que de tâcher de leur faire sentir le foible ou le ridicule du raisonnement ci-dessus, soit de Kircher, soit de ce bon abbé. Discutons maintenant les faits qu'il rapporte.

Le chimiste anglois Coxes raconte, qu'ayant tiré le sel essentiel de la fougère, l'ayant fait dissoudre, & ensuite ayant filtré cette solution, après cinq ou semaines de repos, il remarqua sur le sel qui étoit tombé au fond, une végétation de petites fougères.

Ayant de même repris de la potasse du Nord, il la mêla avec partie égale de sel ammoniac, & quelque tems après il vit s'élever une forêt de pins & d'autres arbres qu'il ne connoissoit pas.

Enfin, & ceci est plus concluant, le célèbre Boyle, quoique fort peu favorable à la palingénésie, rapporte qu'ayant pris du vert-de-gris, qui est, comme l'on sait, le résultat de la combinaison du cuivre avec l'acide du vinaigre, il le fit dissoudre dans de l'eau, qu'il fit ensuite geler cette eau au moyen d'un froid artificiel, & qu'il lui arriva enfin de voir sur la surface de cette glace, de petites figures qui représentoient excellemment (*eximiè*) des vignes.

Malgré ces faits, & divers autres cités par l'abbé de Vallemont, d'après Daniel Major, Hanneman, & divers autres, si les partisans de la palingénésie n'en ont pas de plus concluans, il faut avouer qu'ils étayent leurs prétentions de foibles preuves. Il n'est aucun chimiste qui ne voie actuellement dans ces premiers faits une simple crystallisation branchue, comme l'on en produit au moyen de diverses compositions connues : les plus belles même de ces crystallisations, mal-à-propos appelées *végétations*, sont produites par des combinaisons de corps tirés du règne minéral, ainsi qu'on l'a vu plus haut.

La dernière expérience rapportée par Boyle, pourroit embarrasser davantage : mais comme, parmi un grand nombre d'épreuves tentées par ce physicien sur quantité de sels essentiels de plantes, cette expérience est la seule qui ait réussi, on ne peut douter que ces figures ne soient un pur effet du hasard ; car combien d'autres physiciens ont tenté la même chose, & n'ont rien vu que ce que présente d'ordinaire la surface d'une eau gelée, qui forme des ramifications, quelquefois assez composées ?

Aussi les partisans de la palingénésie citent-ils des autorités plus puissantes. Le chevalier Digby rapporte, sur le témoignage de Quercetan, médecin de Henri IV, qu'un polonois faisoit voir douze vaisseaux de verre scellés hermétiquement, qui contenoient chacun des sels différens de plantes ; qu'on n'y voyoit au fond qu'un monceau de cendres ; mais que, quand on les exposoit à une chaleur douce & modérée, on voyoit naître peu à peu la figure de la plante, d'une rose, par exemple, si le vaisseau contenoit les cendres d'une rose ; enfin, que le vaisseau se refroidissant, le tout disparoissoit peu-à-peu. Il ajoute que le père Kircher lui avoit assuré avoir fait la même expérience, & lui avoit communiqué le secret, mais qu'il n'avoit cependant pu réussir. L'histoire de ce polonois est aussi rapportée par divers autres auteurs, comme Bary dans sa *Physique*, Guy de la Brosse dans son livre *de la Nature des Plantes*.

Enfin le P. Kircher nous dit lui-même dans son *Ars Magnetica*, qu'il avoit une fiole à long col, scellée hermétiquement, & dans laquelle étoient contenues les cendres d'une plante qu'il ressuscitoit quand il vouloit, au moyen de la chaleur ; qu'il fit voir ce prodige à la reine Christine, qui y prit un singulier plaisir ; mais que la gelée le priva de cette curiosité précieuse, qu'il avoit oubliée un jour d'hiver sur sa fenêtre. Le P. Schott dit aussi avoir vu ce miracle chimique : c'étoit selon lui, une rose qui renaissoit de ses cendres. Il ajoute qu'un prince ayant pressé Kircher de lui en faire une pareille, il aima mieux lui céder la sienne que de recommencer.

En effet, il faudroit une patience extrême pour tenter & suivre le procédé enseigné par le père Kircher, tant il est long & minutieux. Le père Schott le rapporte tout au long dans son livre intitulé : *Jocoseria Naturæ & Artis*, & il l'appelle le *secret impérial*, parce que l'empereur Ferdinand l'acheta d'un chimiste, & le donna à Kircher. Cet empereur étoit bienheureux ; car ce fut aussi à lui que s'adressa l'adepte qui avoit le secret de la pierre philosophale, & qui lui en donna la preuve, en transmuant, dit-on, devant lui trois livres de mercure en deux livres & demie d'or.

Nous croyons pourtant devoir nous borner à indiquer les endroits où les curieux pourront retrouver ce rare procédé ; car, indépendamment de ce qu'une la description en seroit un peu longue, rien au monde ne paroît moins fait pour réussir. Aussi Digby & une foule d'autres ont-ils échoué en suivant cette voie ; & il est à croire que, curieux comme ils étoient de la palingénésie, ils n'ont rien oublié pour y parvenir.

Dobrezensky de Négrepont a donné aussi un procédé pour la résurrection des plantes, qui ne paroît pas avoir été suivi avec plus de succès ; du moins le père Schott raconte, que le P. Conrad, son confrère, ne réussit point, & il soupçonne que Dobrezensky s'étoit réservé le tour de main, & n'avoit pas rapporté toutes les circonstances.

Que répondre donc à ces autorités ? Le voici. Nous pensons que le médecin polonois étoit un charlatan. Nous enseignerons en effet plus loin une fausse palingénésie, qui, exécutée avec art & dans un lieu convenable, pourroit en imposer à des gens disposés par la crédulité à voir ce qu'on veut leur montrer. Dobrezensky de Négrepont étoit un fieffé imposteur : il ne faut, pour s'en convaincre, que lire la *Technica curiosa*, ou les *Jocoseria Naturæ & Artis* du P. Schott ; car il avoit l'impudence de prétendre qu'il pouvoit arracher l'œil à un animal, & le lui faire revenir en quelques heures, au moyen d'une liqueur que sans doute il débitoit pour les maux d'yeux. Il y a plus, c'est qu'il en faisoit l'épreuve sur un coq. On peut donc croire que celui qui mentoit aussi impudemment sur un fait, a également menti sur l'autre.

L'autorité du P. Schott ne sera certainement pas de grand poids auprès de celui qui connoîtra ses ouvrages ; c'est la crédulité personnifiée.

Quant au P. Kircher, nous avouons éprouver quelque embarras à éluder son témoignage : un jésuite n'auroit certainement pas voulu mentir. Mais Kircher étoit un homme à imagination ardente, passionné pour tout ce qui étoit singulier & extraordinaire, extrêmement porté à croire au merveilleux. De quoi n'est pas capable un homme doué de ce caractère ? Il croit souvent voir quand il ne voit rien ; il ne ment pas aux autres, parce qu'il se ment à lui-même le premier.

Quelques palingénésistes ont été bien plus loin : ils ont prétendu qu'on pouvoit ressusciter un animal de ses cendres. Le P. Schott présente même, dans sa *Physica curiosa*, la figure d'un moineau ainsi ressuscité dans une bouteille. Gaffarel, dans ses *Curiosités inouïes*, ne manque pas d'y croire, & même il en tire une preuve probable de la possibilité de la résurrection universelle des corps. Tout cela n'empêche pas que ce ne soit une chimère plus ridicule encore que la première, & qu'il seroit même aujourd'hui ridicule de réfuter sérieusement.

Enfin quel homme raisonnable croira aujourd'hui, avec le P. Kircher, que les cendres d'une plante étant semées sur la terre, il en naîtra des plantes semblables, ce qu'il dit avoir éprouvé plusieurs fois ? Qui se persuadera que des écrevisses ayant été brûlées, & ensuite distillées, suivant un procédé du chevalier Digby, il se forme dans la liqueur de petites écrevisses, grosses comme des grains de millet, qu'il faut nourrir avec du sang de bœuf, & qu'on peut ensuite abandonner à elles-mêmes dans un ruisseau ? C'est-là cependant ce que ce chevalier anglois raconte comme l'ayant éprouvé. Sans doute on ne peut le laver de la tache d'imposture, qu'en
disant

difant qu'il a été induit en erreur par quelque circonftance. D'ailleurs il eft conftant que le chevalier Digby, avec beaucoup de zèle & de connoiffances, avoit une propenfion fingulière pour toutes les vifions de la phyfique occulte & fpagyrique.

Efpèce de Palingénéfie illufoire.

Voici une forte de tour de fubtilité, au moyen duquel on pourroit perfuader à des gens crédules la réalité de la palingénéfie.

Ayez un bocal double, de grandeur médiocre, c'eft-à-dire que ce vafe foit formé de deux bocaux placés l'un dans l'autre, en forte qu'il refte entre deux un intervalle d'une ligne feulement d'épaiffeur. Ce vafe doit être recouvert d'un couvercle opaque, & tellement difpofé, qu'en le tournant dans un fens ou dans l'autre, cela rapproche ou éloigne le bocal intérieur, du fond de l'extérieur. Dans le bocal intérieur, & fur une bafe repréfentant un monceau de cendres, foit placée une tige de rofe artificielle. Enfin, dans l'intervalle entre les deux parois des bocaux, foit mife d'abord une certaine quantité de cendres, ou de quelque matière folide leur reffemblant, & que le furplus foit rempli d'une matière compofée d'une partie de cire blanche, douze parties de faindoux, & une ou deux d'huile de lin bien claire. Cette cire compofée, quand elle fera froide, voilera entièrement l'intérieur du bocal; mais lorfqu'on le mettra fur le feu avec précaution, elle fe fondra, & l'on pourra, en remuant le couvercle fous prétexte de hâter l'opération, la faire couler dans le fond du bocal extérieur. On verra donc alors la rofe dans l'intérieur. Les bonnes gens, qu'on ne laiffera pas trop approcher, crieront au miracle! Quand le charlatan voudra faire difparoître la rofe, il retirera le bocal du feu, & par un nouveau tour de main, il fera refluer la cire fondue & demi-tranfparente, dans l'épaiffeur ménagée entre les deux bocaux: cette cire fe figera de nouveau, & interceptera la vue de la rofe. En affaifonnant tout ce petit fpeftacle des paroles convenables, il étourdira les fpeftateurs bénévoles, & ils fe retireront dans la perfuafion d'avoir vu exécuter devant eux la chofe la plus curieufe de la phyfique & de la chimie réunies.

Palingénéfie, ou l'art de faire revenir les morts, & de faire paroître dans un bocal, le fimulacre d'un être détruit.

Un faifeur de tours fit voir un bocal dans lequel il verfa de l'eau, en nous offrant d'y faire paroître la figure de tel mort qu'on pourroit lui demander; quelqu'un demanda à voir fon grand-père, & crut effectivement reconnoître fa figure dans le bocal.

Amufemens des Sciences.

Pour connoître la raifon de ce phénomène, il faut favoir que les miroirs concaves diffèrent des miroirs plans par leurs effets, de trois manières; car dans un miroir plan, on voit fon image au-delà de la glace, & fi la glace eft dans une pofition verticale, l'image a la même pofition, & paroît être de la même grandeur que l'objet; mais c'eft tout le contraire dans un miroir concave, car fi on place l'objet AB à une certaine diftance du miroir C, D, E, ce n'eft pas au point F au-delà de la glace, mais au point G qui eft en-deçà, qu'on verra l'image de l'objet, (*fig.* 14; *pl.* 10. *de Magie Blanche, tome VIII des gravures*).

De plus, cette image fera dans une pofition renverfée & plus petite que l'objet; par conféquent, fi on préfente à ces miroirs une figure renverfée, l'image paroîtra au contraire dans une pofition droite. Appliquons ce principe à l'expérience dont nous venons de parler, qui eft peut-être une des plus agréables & des plus furprenantes de l'optique.

Si l'on cache dans une boîte l'objet A dans une pofition renverfée, l'image fera réfléchie par le miroir concave BC, caché au fond de la boîte, & paroîtra dans une pofition droite vers l'ouverture D; & fi l'on pofe un bocal vers cette ouverture, on verra la figure dans le bocal qui fervira d'ailleurs à boucher le trou, & à cacher le miroir. (*fig.* 15, *pl.* 10. *ibid.*)

Maintenant fi on arrange plufieurs de ces figures autour d'un cercle, & que ce cercle foit foutenu en équilibre fur un pivot, comme le carton d'un compas de mer; alors on pourra, foit à l'aide d'un aimant, foit à l'aide d'un fil, faire tourner ce cercle plus ou moins pour préfenter au miroir, & faire paroître dans le bocal telle ou telle figure.

Avant de faire voir la figure demandée, on fait ordinairement quelques queftions au fpeftateur, touchant l'âge, le caractère & la phyfionomie de la perfonne dont il s'agit, & alors on fait paroître dans le bocal la figure la plus analogue à celle dont le fpeftateur vient de faire le portrait; & s'il fe plaint de ce qu'il n'y a pas beaucoup de reffemblance (ce qui n'arrive guère, parce que fon imagination concourt le tromper lui-même) on lui dit qu'on ne prétend pas lui faire voir la perfonne telle qu'elle étoit en parfaite fanté, mais pâle & défigurée, telle qu'elle a été quelques inftans avant fa mort.

Pour prouver que le bocal a une efpèce de vertu magique, & pour diftraire le fpeftateur, on lui offre alors des fleurs de différente efpèce, on le prie d'en brûler une pour la réduire en cendres, on jette les cendres dans le bocal, & bientôt après on lui fait voir l'image de la fleur qu'il vient de brûler.   DECREMPS.

PALINGÉNÉSIE. *Voyez aux articles* CATOPTRIQUE, ÉCRITURE.

PANACHE ET PANTINS ÉLECTRISÉS. *Voyez* ÉLECTRICITÉ.

PANTOGRAPHE. Inſtrument qui ſert à copier le trait de toutes ſortes de deſſins & de tableaux, & à les réduire, ſi l'on veut, en grand ou en petit. Il eſt fort utile : & ſur-tout depuis qu'il a été perfectionné par M. Langlois, pour les perſonnes, qui ne ſachant point deſſiner, peuvent prendre tous les traits d'un deſſin avec la plus grande exactitude. Ceux mêmes qui ſavent deſſiner, peuvent en faire uſage pour réduire un grand tableau en un petit, ou bien un petit en grand ; & cela avec la plus grande préciſion poſſible.

Cet inſtrument eſt compoſé de quatre règles mobiles, ajuſtées enſemble ſur quatre pivots, & qui forment entre elles un parallélogramme. A l'extrémité d'une de ces règles prolongées, eſt une pointe qui parcourt tous les traits du tableau, tandis qu'un crayon fixé à l'extrémité d'une autre branche ſemblable, trace légèrement ces traits de même grandeur en petit ou en grand, ſuivant qu'on a diſpoſé ſon pantographe ſur le papier ou un plan quelconque, ſur lequel on veut le rapporter. Le pantographe, tel qu'il a été rectifié par M. Langlois, eſt de la plus grande préciſion : on peut travailler même avec promptitude. Cet habile ingénieur du roi a très-heureuſement corrigé tous les défauts des anciens pantographes, principalement par le moyen d'un canon de métal, dans lequel il place un porte-crayon, qui preſſant ſeulement par ſon poids & autant qu'il le faut ſur le plan ſur lequel on copie, cède aiſément de lui-même, en s'élevant & s'abaiſſant aux inégalités qu'il rencontre ſur ce plan. A la tête du porte-crayon s'attache un fil avec lequel on le ſoulève à volonté, pour quitter un trait & en commencer un autre, ſans interrompre le mouvement des règles & ſans les déplacer. Mais il eſt difficile d'imiter par ſoi-même des inſtrumens amenés à cette perfection. Un tel pantographe eſt préférable à la fenêtre d'Albert Durer, au châſſis d'Ignace Danti, au cylindre creux de Balthaſar Lancia, & à l'équerre de Vignole & du Cigoli.

PAPIER INCOMBUSTIBLE. On dit que l'on prépare en Angleterre une eſpèce de papier qui ne prend feu que très-difficilement, & qui eſt très-propre, par conſéquent, à envelopper des matières qui prennent feu à la moindre étincelle ; tel eſt la poudre à tirer. La manière dont on prépare ce papier eſt très-ſimple ; il ne s'agit que de faire diſſoudre de l'alun avec trois parties d'eau ; de paſſer du papier ordinaire deux fois dans cette eau bouillante chargée de ce ſel, & de le faire enſuite ſécher. Ce ſel, qui n'eſt point inflammable, en recouvrant toute la ſurface de

ce papier, le rend en quelque ſorte incombuſtible.

Il exiſte un papier réellement incombuſtible que l'on fait avec de l'amiante, eſpèce de ſubſtance foſſile qu'on trouve en divers pays dans les entrailles de la terre. Ce papier ſeroit très-propre pour tous les actes publics & particuliers, d'où dépend la fortune des citoyens. Ces actes braveroient le danger des flammes ; mais il faudroit avoir trouvé une encre qui pût réſiſter aux flammes ſans en être détruite.

Pour faire le papier d'amiante ou d'aſbeſte, on le broye & on le pile pour l'amener à l'état d'une matière cotonneuſe : les pierres qu'il contient étant broyées paſſent à travers le tamis, & il ne reſte que l'aſbeſte ; enſuite on en fait une pâte, & on le travaille comme le papier ordinaire : mais juſqu'à préſent ce papier étoit gris & caſſant ; on pourroit peut-être parvenir à le perfectionner.

On fait auſſi avec cette amiante une toile incombuſtible. *Voyez* AMIANTE.

PAPIER PRÉPARÉ. *Voyez* ÉCRITURE.

PARATONNERRE.

Un phyſicien a imaginé une machine, appellée par lui *paratonnerre*, & qu'il regarde comme un préſervatif aſſuré contre le tonnerre. Ce paratonnerre ne diffère preſque d'un paraſol, que par quelques petits acceſſoires qui s'y adaptent aiſément. La partie principale de cette machine comprend ; 1°. un taffetas bombé à l'ordinaire en forme de dôme, mais dont l'une des coutures eſt recouverte en-deſſus d'une treſſe ou petit galon d'argent ; 2°. un bâton ou manche d'un bois léger, d'environ deux pieds de long ; 3°. une tringle de fer, d'environ un demi-pouce de diamètre & de huit à dix pouces de long, placée en-deſſus à l'oppoſite du manche, & terminée ſupérieurement par un écrou ; 4°. un anneau, des baguettes & un reſſort également placés en-deſſus. Cet anneau, gliſſant ſur la tringle de fer, peut ſervir tant à plier qu'à déplier les baleines, & par leur moyen étaler le taffetas ou le refermer ; 5°. neuf à dix baleines, chacune de deux pièces, arcboutées à l'ordinaire, mais placées au-deſſus du taffetas, l'une de ces baleines attenant le galon d'argent, armé d'un bout de cuivre, terminé par un écrou.

Les acceſſoires comprennent 1°. une verge de cuivre mince, longue d'un pied, terminée ſupérieurement par une pointe fine, & inférieurement par une vis qui s'adapte aiſément, quand on veut, à l'écrou de la tringle de fer ; 2°. un gros fil de laiton d'un pied & demi de long, terminé par une petite vis qui peut s'adapter, au beſoin, à l'écrou du bout de cuivre, dont nous avons dit que l'une des baleines étoit armée, &

pointant obliquement de-là en bas ; 3°. un cordonnet d'argent pendant au bout inférieur de ce fil de laiton, & terminé par une petite houppe de frange de la même matière, traînant un peu à terre.

Avec ce paratonnerre bien monté, M. Barbeu Dubourg prétend qu'on peut passer sans crainte sous des nuées orageuses, ou sous des cucurbites électrisées. Dès qu'on approchera de la distance du choc, la pointe supérieure de la verge attirera sur elle tous les feux, qui seront conduits de là innocemment tout le long de la tringle, du galon, du bout de cuivre, du fil de laiton, du cordonnet & de la houppe, tous excellens conducteurs métalliques, jusqu'à la terre qui est le réservoir commun du feu électrique, dont il ne passera pas la moindre étincelle au travers du taffetas qui n'a aucun attrait pour lui. Cette machine se monte & démonte en un instant, & en moins d'une minute l'on peut convertir son parasol en paratonnerre, ou son paratonnerre en parasol.

Quand il ne s'agira que de charger un appareil électrique, ici le moyen est proportionné à la cause ; mais les effets, que peut produire la plus forte machine électrique, n'entreront jamais en comparaison avec l'activité de l'électricité naturelle. N'est il pas à craindre que le courant électrique, déterminé par la pointe du paratonnerre, n'enveloppe dans son volume celui qui le porte & ne le fasse périr. *Voyez à l'article* ÉLECTRICITÉ.

PASSE-VIN. Les loix de l'Hydrostatique nous apprennent que le vin de Bourgogne est à l'eau de pluie, prise dans une température moyenne, comme 953 est à mille, ou $\frac{12}{13}$ à 1 ; & que la différence de pésanteur spécifique, ou de densité entre deux liqueurs hétérogènes, suffit pour les déplacer l'une par l'autre, ou les séparer l'une de l'autre. Joignons l'expérience à la théorie. Prenez une petite bouteille, dont le goulot très étroit n'ait pas plus de deux lignes de diamètre, & un vase de verre qui excède la hauteur de cette bouteille d'un pouce ou deux ; ayez aussi un petit entonnoir avec lequel vous puissiez y verser du vin. La bouteille ainsi remplie, posez-la dans le vase également plein d'eau, de manière qu'il y en ait par dessus le goulot de la bouteille : on verra aussi-tôt le vin sortir par ce goulot, & s'élever, en forme d'une petite colonne, sur la surface de l'eau. On appercevra en même-temps l'eau, qui se plaçant au fond de la bouteille, prend la place du vin. Ce déplacement vient de ce que les parties de l'eau, plus pésantes que celles du vin, s'insinuant dans la bouteille, élèvent alors, & déplacent celles du vin, qui sont plus légères, & les forcent à remonter naturellement au dessus de la surface de l'eau. Ce même effet a lieu avec plusieurs autres liqueurs

d'inégales pésanteurs. Il en est de même si, au lieu de remplir cette bouteille de vin, on la remplit d'eau, & qu'on la plonge dans un verre plein de vin rouge, le vin monte dans la bouteille, & l'eau descend, & va se placer au fond du verre. Telle a été l'origine du *passe-vin*, petit instrument de physique assez curieux, par l'espèce d'illusion qu'il peut présenter aux yeux des personnes qui ne sont point instruites sur ces matières de physique ; il ressemble assez à une clepsidre de verre, c'est-à-dire que ce sont deux petites bouteilles de verre jointes ensemble par un col commun étroit ; on entoure la partie inférieure de quelques ornemens qui cachent la petite bouteille inférieure, sans que personne en soit instruite ; on l'emplit de vin, on verse ensuite de l'eau dans la petite bouteille supérieure, & l'on voit l'eau se changer en quelque sorte en vin ; parce que l'eau, plus pésante, pressant sur le vin, celui-ci, plus léger, s'élève, & on voit le vin se filtrer en quelque sorte à travers de l'eau comme une espèce de fumée.

On prétend que si l'on met un mélange d'eau & de vin dans un vase fait d'un tronc de lierre, l'eau se filtre à travers les pores de ce vase & qu'il n'y reste que le vin, parce que les corpuscules du vin n'ont point la forme convenable pour passer à travers les pores du bois, tandis que ceux de l'eau y passent facilement ; mais ce qui paroît plus singulier c'est que le vin & l'eau parviennent à se séparer.

PASTEL.

Secret pour fixer le pastel.

La peinture en pastel est supérieure à la peinture en huile, pour la vivacité, la fraîcheur, l'éclat du coloris & la fidélité de l'imitation. Elle a en outre l'avantage de n'être point sujette à ces reflets de lumière, qui ne permettent de voir la beauté d'un tableau que sous un certain point de vue. Ces précieuses qualités lui auroient sans contredit fait donner la préférence, si la durée & la solidité étoient égales dans les deux manières. Mais elle a le désagrément de se détruire par le moindre frottement. L'on voit, au bout de quelques années, ces chefs-d'œuvres de l'art périr, parce que la poussière du pastel se détache ou se moisit, sur-tout si l'on n'apporte point tous les soins possibles pour les garantir de l'humidité & de la trop grande ardeur du soleil. Or voici un procédé dont une personne curieuse a fait l'épreuve avec succès pour fixer le pastel. C'est une liqueur peu coûteuse, dans laquelle on ne fait que plonger le tableau en pastel, l'espace d'un clin d'œil. Cette liqueur se prépare en faisant fondre du bel alun en poudre dans deux verres d'eau bien claire : lorsque cette eau s'est chargée de la quantité d'alun qu'elle peut dissoudre, il faut la décanter de deſſus l'alun qui peut reſter au fond du vaſe. (cette obſervation eſt des plus importantes ; car ſi on laiſſoit cet alun non-diſ-ſous dans la liqueur qu'on va préparer , le miné-ral , en ſéchant , terniroit un peu le tableau , & occaſionneroit même quelques taches blan-châtres aux endroits où la liqueur s'amaſſeroit en s'égouttant.) Dans cette eau bien imprégnée d'a-lun , on met pour quatre ou cinq ſols de colle de poiſſon bien claire & bien nette ; lorſque cette colle a trempé vingt-quatre ou trente heures, on fait bouillir l'eau pour que la colle acheve d'eſe fondre entièrement. On paſſe enſuite cette li-queur à travers un linge blanc , pour ôter le peu de réſidu qu'il peut y avoir : on verſe cette eau ainſi imprégnée de ſel alumineux & de colle, dans une bouteille de verre , où l'on a mis auparavant trois chopines d'eau-de-vie non colorée , à la-quelle on a ajouté un bon verre d'eſprit-de-vin. Voilà la manière de préparer la liqueur qui ſervira à fixer le paſtel , & l'on peut en faire une quan-tité plus ou moins grande , en augmentant les doſes en proportion, ſuivant la grandeur des ta-bleaux qu'on voudra fixer. Mais cette même li-queur peut reſſervir à fixer d'autres tableaux, tant qu'il en reſte une aſſez grande quantité. Ce-pendant , quand la liqueur ſervant à fixer le paſ-tel , eſt un peu vieille , elle en affoiblit le bril-lant.

Voici , préſentement la manière de procéder. On prend un grand baſſin (1) , ſoit de plomb ; ſoit d'une autre matière quelconque , qui ſoit aſſez long & aſſez large pour pouvoir y plonger le tableau : on fait chauffer au bain-marie la liqueur dont nous venons de parler , prenant bien garde ſi la colle de poiſſon s'eſt bien diſſoute. Car avant de chauffer la liqueur , on la voit dépoſée au fond du vaſe , ſur-tout lorſqu'il fait froid. On place à chaque coin de ce grand baſſin un mor-ceau de plomb qui ne ſoit recouvert de la liqueur que d'une ligne ou un peu plus : on prend le tableau horiſontalement , & on le plonge légère-ment dans cette liqueur. Ces plombs , qu'on a eu ſoin de mettre ſur les côtés, empêchent qu'ils ne plongent trop avant. Plonger le tableau dans la liqueur & l'en ôter , doit être l'opération d'un clin d'œil. On retire le tableau , toujours horiſon-talement , & on le place , dans cette même poſi-tion , dans quelque endroit où il ne ſoit ſou-tenu que ſur ſes deux bords , comme ſur le dos de deux chaiſes : on le laiſſe ainſi ſécher. Lorſque le tableau eſt bien ſec , on juge de l'effet qu'a produit la liqueur ; on reconnoît que toutes les

(1) Nota. Le baſſin de métal peut être ſuppléé par une toile cirée dont on relève les bords. Cette toile eſt également propre à contenir la liqueur, & plus commode que le baſſin , en ce qu'on peut l'allonger ou la raccourcir ſuivant l'étendue de ce tableau.

couleurs ſe ſont conſervées dans leur fraîcheur primitive : car il n'eſt pas poſſible de diſtinguer à la vue les endroits du tableau qui ont été fixés, de ceux qui ne le ſeroient pas : on ne le peut qu'en y portant le doigt. Le paſtel qui n'a point été fixé s'efface ſous le doigt , au lieu qu'on peut toucher à celui qui a été fixé , ſans en enlever la moindre parcelle. Loin que le tableau ſoit al-téré , on dit que les teintes en ont plus d'union , ſans être affoiblies. Notre amateur dit même que l'eau n'y fait aucun tort ; & il a éprouvé avec ſuccès que le paſtel fixé pouvoit ſoutenir un vernis qui lui ſurvît de glace. Voici ſon procédé. Après que la peinture en paſtel eſt fixée & ſeche , il faut avec une broſſe douce appliquer deſſus une ou deux couches de colle de poiſſon fondue & aſſez forte pour qu'elle forme comme une eſpèce de gelée : lorſqu'elle eſt réfroidie , on y mêle envi-ron un tiers d'eſprit-de-vin ou de bonne eau de-vie non colorée. Quand cette préparation eſt ſe-che , on y applique du vernis dont on ſe ſert pour les découpures : il y fait le même effet que ſur les tableaux en détrempe.

Les tableaux fixés au paſtel , ont l'avantage de pouvoir être retouchés : car les crayons y mor-dent comme auparavant. On peut même encore y donner quelques coups de force au pinceau avec des couleurs en détrempe. Cette méthode , qui ſert à fixer le paſtel , réuſſit de même pour fixer les deſſeins au crayon.

Autres procédés.

On indique auſſi le procédé ſuivant pour fixer le paſtel. Il faut , dit-on , pulvériſer de la gomme arabique en poudre impalpable , & en la faiſant paſſer à travers un tamis très fin , en couvrir toute la ſurface du tableau d'une manière ſi légère , qu'elle y produiſe l'effet d'une gaze tendue ſur le tableau. On prend une cucurbite avec ſon cha-piteau , on la remplit d'eau bien claire , on la fait bouillir ; les vapeurs ſortent par le bec du chapi-teau ; on les dirige ſur le tableau , ayant ſoin d'at-tacher une éponge à l'extrémité du bec , de peur que des vapeurs condenſées & réduites en eau , ne tombent ſur le tableau , ce qui le gâteroit. La vapeur de l'eau diſſout la gomme , qui forme un vernis ſur la peinture & fixe le paſtel.

N'y a-t-il point lieu de craindre , qu'en faiſant uſage de ces procédés , on n'altere la couleur des paſtels ? Ceux où l'on n'emploieroit que de ſim-ples vapeurs , paroiſſent devoir être d'une réuſſite plus heureuſe. Il faut mettre diſſoudre du ſucre candi dans l'eau-de-vie ou dans de l'eſprit-de-vin , faire bouillir ces liqueurs juſqu'à évapora-tion , expoſer le tableau ſur ces vapeurs , par le côté oppoſé à la peinture : elles pénétreront à travers le papier & fixeront le paſtel , ſans en alté-rer les couleurs. On peut mettre un gros de ſucre candi ſur une once d'eſprit-de-vin ou d'eau-de-vie ; ſi le papier eſt épais , comme celui dont ſe fervent les ingénieurs pour leurs plans, il faut faire usage d'esprit-de-vin. Néanmoins un crayon quelconque mouillé a une nuance beaucoup plus foncée que lorsqu'il est sec; & cette nuance est d'autant plus forte, que la matière qui la compose a moins de corps. C'est par cette raison que les couleurs préparées à l'huile ou au vernis, sont beaucoup plus vives que celles en détrempe, parcequ'elles restent telles qu'elles ont été préparées. Le pastel employé n'est autre chose qu'une poussière de crayon sec, qui prend un ton différent si on la mouille : ainsi il est constant que la gomme arabique dont il faut imbiber le tableau peint au pastel, fait l'office d'un vernis à l'eau, qui doit nécessairement le brunir; sur-tout si on y ajoute par dessus un vernis gras, ainsi que le conseille l'auteur. Il est même à craindre que le tout ne soit discordant, puisque les teintes fines, tirées des végétaux & des craies, produiront un ton plus brun que la teinte voisine, qui sera faite avec des crayons formés de terres & de minéraux. Il faudroit, pour parer à cet inconvénient, que le tableau ne fût peint qu'avec des crayons d'une composition analogue; encore en résulteroit-il une nuance plus brune.

Mais on tenteroit inutilement d'exposer le tableau sur la vapeur d'une liqueur échauffée, pour fixer le pastel par la chaleur & l'humidité : car les parties glutineuses n'étant pas les plus volatiles, ne s'élèvent point assez dans ces vapeurs pour produire la fixation.

Le prince San Severo a essayé de fixer le pastel en humectant le papier par derrière seulement; mais il a rencontré beaucoup de difficultés. Une eau gommeuse, propre à fixer le pastel, étendue avec un pinceau derrière le tableau, humecte fort bien certaines couleurs; mais la laque, le jaune de Naples & quelques autres restent toujours sèches & ne se fixent jamais. Une matière huileuse, quelque transparente & quelque spiritueuse qu'elle soit, ternit les couleurs & leur ôte leur plus bel agrément : l'huile de térébenthine, quoiqu'elle soit claire comme de l'eau, a le même inconvénient; d'ailleurs, elle s'évapore dans l'espace de deux ou trois jours. Les couleurs alors ne restent pas bien fixées, & s'enlèvent avec le doigt. La gomme copal, la gomme élémi, le sandaraque, le mastic, le karabé, & généralement tous les vernis à l'esprit-de-vin & les résines obscurcissent les couleurs & rendent le papier transparent, nébuleux & comme semé de taches.

La colle de poisson est la seule matière que le prince de San Severo ait trouvée propre à cet usage : voici son procédé. Il prend trois onces de belle colle de poisson; il la coupe en écailles minces & les met infuser pendant 24 heures dans dix onces de vinaigre distillé : il met là-dessus 48 onces d'eau chaude bien claire, & il remue ce

mélange avec une spatule de bois, jusqu'à ce que la colle soit presqu'entièrement dissoute. Le mélange étant versé dans un vase de verre, que l'on enfonce dans le sable à deux ou trois doigts de profondeur, on met la poêle qui renferme le sable sur un fourneau à feu de charbon; mais on le ménage de manière que la liqueur ne bouille jamais, & qu'on puisse même toujours y tenir le doigt : on la remue souvent avec la spatule, jusqu'à ce que la dissolution soit entière; après quoi on laisse refroidir la matière, & on la passe par le filtre de papier gris sur un entonnoir de verre, en observant de changer le papier quand la liqueur a trop de peine à passer.

S'il arrive qu'on n'ait pas mis assez d'eau, que la colle soit d'une qualité plus glutineuse, qu'elle ait de la peine à passer, & qu'elle se coagule sur le papier, on y ajoute un peu d'eau chaude; on fait dissoudre de la matière en la remuant avec la spatule de bois, & on la filtre. L'expérience fait juger de la quantité d'eau nécessaire pour cette opération. Quand la liqueur est filtrée, on la verse dans une grande bouteille, en mettant alternativement un verre de la dissolution & un verre d'esprit-de-vin bien rectifié, pour qu'il y ait un égal volume, plutôt qu'un poids égal des deux liqueurs. La bouteille étant bouchée, on la secoue pendant un demi-quart d'heure, pour que les liqueurs soient mêlées; & l'on a tout ce qui est nécessaire pour la fixation du pastel.

Le tableau qu'on veut fixer étant placé horisontalement, la peinture en dessous, bien tendu par deux personnes, on trempe un pinceau doux & large dans la composition décrite ci-dessus (il faut que le pinceau soit de l'espèce de ceux qu'on emploie pour la miniature, mais qu'il ait au moins un pouce de diamètre) on le passe sur le revers du papier, jusqu'à ce que la liqueur pénètre bien, du côté de la peinture; & que l'on voie toutes les couleurs humectées & luisantes, comme si on y avoit passé le vernis. La première couche pénètre promptement, à cause de la sécheresse du papier & des couleurs absorbantes; on donne une seconde couche plus légère; il faut avoir soin de donner ces couches bien également; & de manière qu'il ne s'y fasse aucune tache : après quoi l'on étend le papier sur une table bien unie, la peinture en dehors & le revers sur la table, pour les laisser sécher à l'ombre & peu-à-peu : il suffit de quatre heures en été; l'on a un tableau fixé, sec, sans aucune altération & sans aucun pli. Quelquefois il y a des couleurs qui ne se fixent pas assez par cette première opération, & l'on est obligé de donner une nouvelle couche de la même manière que les précédentes.

Il est utile que le peintre repasse ensuite les couleurs avec le doigt l'une après l'autre, chacune dans son sens, de la même façon que s'il peignoit le tableau (ce qu'on peut faire en trois ou quatre minutes de temps), pour ôter cette poussière fine qui, étant détachée du fond, pourroit n'être pas adhérente & fixée. Cette manière de fixer le pastel est simple, facile & sûre : l'altération qu'elle cause dans les couleurs est insensible, & sa solidité est telle qu'on peut nettoyer le tableau sans gâter la couleur. Cette colle donne de la force au papier ; de manière qu'on peut l'attacher à la muraille & le coller sur toile, encore plus facilement que le papier ordinaire : le vinaigre distillé contribue à chasser les mottes qui gâtent souvent les pastels.

On peut aussi coller le papier sur une toile avant que de le peindre, pourvu qu'elle soit claire & qu'on se serve de colle d'amidon. Du reste, on fixera le pastel de la même manière, en employant seulement un pinceau qui soit un peu plus dur, & en appuyant plus fort, pour que la liqueur pénetre de l'autre côté. Il faudra plus de temps pour le sécher ; mais l'effet sera le même pour la fixation du pastel.

PASTEL EN CIRE. Voici un procédé pour préparer le pastel, qui rentre beaucoup dans celui de la *peinture à l'encaustique*, ainsi qu'on va le voir.

Un peintre allemand, M. Reifstein, est parvenu à donner de la solidité aux crayons de pastel, qui sont naturellement si tendres, & à peindre d'une nouvelle manière qu'il appelle le *pastel en cire*. Sa méthode pour préparer les pastels, consiste à réduire les couleurs en poudre très-fine, à y mêler de la cire fondüe avec un peu de graisse de cerf, & à bien broyer le tout dans un petit vase exposé à un feu très-doux. Lorsque ce mélange est presque refroidi, on le coupe par morceau que l'on met sur du papier gris, qui absorbe la plus grande humidité : on façonne les crayons & on les jette dans de l'eau froide pour leur donner de la consistance.

Ce n'est ni sur du papier, ni sur du parchemin qu'il peint avec ces crayons qui sont solides, mais sur une toile. Il la prépare en la recouvrant d'une couche d'huile qu'il saupoudre sur toute sa surface avec du verre réduit en poudre passée à travers un tamis, pour l'obtenir de la plus grande finesse.

M. Bachelier (de l'académie de peinture), a trouvé le moyen de préparer deux sortes de pastel, dont les uns, tendres & mous, s'étendent sous le doigt, & peuvent ensuite se fixer en exposant le tableau à la chaleur d'un réchaud de feu, à la manière de la *peinture à l'encaustique*. Ses autres pastels sont durs comme des crayons de sanguine.

Voici la maniere dont il les prépare. Il fait dissoudre du sel de tartre dans de l'eau tiede jusqu'à saturation : il filtre ensuite cette eau à travers un papier gris, & la mettant sur un feu doux, il y fait fondre de la cire blanche, d'où résulte une espèce de savon de cire de consistance de bouillie. Ce savon est très-dissoluble dans l'eau. Lorsqu'il veut préparer des crayons de pastel, il fait dissoudre un peu de ce savon dans de l'eau, & s'en sert pour humecter ses couleurs en poudre & les réduire en pâte, qu'il coupe pour former des crayons de pastels. S'il les laisse dans cet état, ce sont des crayons tendres, & propres à être fixés par l'inustion, comme nous l'avons dit plus haut, mais s'il les veut fermes comme des crayons de sanguine, il les met sous une moufle, leur donne un petit degré de chaleur ; & on peut faire avec ces crayons des desseins colorés que rien n'altere.

PASTILLES ODORANTES pour brûler, ou *clous,* ou *chandelles fumantes.* La sensualité & l'utilité ont fait imaginer ces pastilles ou *chandelles fumantes ;* on les compose avec des substances aromatiques que l'on enflamme ; elles parfument des appartemens & en chassent le mauvais air. Pour faire ces pastilles, on prend une demi-once de benjoin, quatre scrupules de styrax calamite ; de baume sec du Pérou, deux gros ; de Cascarille, quatre scrupules ; de girofle, demi-gros ; de charbon préparé, une once & demi ; de nitre, un gros ; d'huile essentielle de fleurs-d'orange, demi-gros ; de teinture d'ambre, demi-gros ; & de mucilage de gomme adraganth, la quantité suffisante.

On forme du total une masse, en broyant & combinant ces substances dans un mortier de fer, & on la divise ensuite par petites portions de figures coniques ; pour cela, on prend une certaine quantité de pâte, qu'on réduit en un long rouleau, de la grosseur d'un tuyau de plume ; on forme une petite pointe à un des bouts, en le roulant sur une table, & en appuyant avec le bout du doigt ; on coupe ensuite cette portion de la longueur d'environ un pouce ; on continue de la même manière, jusqu'à ce que la pâte soit ainsi divisée en petits cônes. On fait sécher, & on les conserve dans une bouteille qui bouche bien ; le nitre qu'on a mêlé dans ces pastilles, sert à en faciliter la combustion. Lorsqu'on veut s'en servir, on les place sur une table de pierre ou de marbre ; on met le feu à la pointe d'une de ces pastilles ; elle brûle en scintillant ; & exhale une fumée très-odorante & très-agréable.

PATRONAGE. C'est une espece de peinture, que l'on fait avec des patrons, qui sont découpés dans les endroits où les figures, que l'on veut peindre, doivent recevoir de la couleur; on fait de ces patrons en carton, par exemple, pour faire les cartes à jouer, ou bien on emploie du papier fin qu'on imbibe de cire fondue sur le feu, & on y ouvre ensuite les desseins que l'on veut exécuter; on se sert de ce moyen pour faire des espèces de tapisseries sur cuir doré ou argenté, sur des toiles, étoffes blanches, ou teintes de quelque couleur claire. Telles sont encore ces petites plaques de cuivre minces avec lesquelles on forme des lettres.

PAYSAGES. Les campagnes présentent à chaque instant aux spectateurs, les tableaux les plus agréables; ce sont des grouppes qui contrastent les uns avec les autres, des vignes, des côteaux, des forêts, des troupeaux; c'est un ruisseau sur le bord duquel est un arbre à demi-renversé, un moulin, & mille autres objets, qui, par l'opposition, forment les plus beaux effets.

Il se trouve que des personnes ont eu quelques légers élémens du dessein, mais que ne possédant point l'art de la perspective, elles ne peuvent point rendre les paysages, ce qui leur procureroit beaucoup d'amusement; nous allons leur présenter ici deux moyens méchaniques & faciles pour dessiner toutes sortes de points de vue de la manière la plus correcte, sans l'embarras d'une étude longue, ennuyeuse & pénible.

Selon la première de ces méthodes, il faut avoir un grand morceau de glace fine, bien nette, que l'on entoure d'un cadre de bois; ce cadre de bois doit être construit de manière à pouvoir glisser entre deux montants de bois d'un pouce & demi d'épaisseur, dans lesquels on a pratiqué deux rainures; ces montants doivent être fixés sur une planche qui ait assez de largeur pour donner de l'assiette à la glace qui est élevée verticalement.

On perce au milieu de cette planche, plusieurs trous quarrés, les uns au-devant des autres, pour recevoir & approcher plus ou moins près de la glace, une pièce que l'on nomme le *régulateur*, & qu'on hausse ou qu'on baisse à volonté. Ce *régulateur* est un morceau de bois de l'épaisseur des quarrés qu'on a faits dans la planche, & de la hauteur de la glace, terminé à sa partie supérieure par un cercle de cuivre mince ou de fer-blanc, de trois pouces de diamètre, au centre duquel on pratique un petit trou de la grosseur d'un pois, que l'on peut nommer la *visière*, parce que c'est de ce point qu'il faudra considérer tous les objets qu'on voudra dessiner.

Muni de cet instrument, veut-on dessiner quelques paysages; mettre en perspective un palais, une église, un château, une maison; on

place l'instrument devant l'objet que l'on veut dessiner; on place l'œil vis-à-vis le petit trou ou la visière; on examine si l'on apperçoit tous les objets que l'on veut mettre en perspective, si on ne les voit point, on approche la visière du verre; en un mot, on place la visière plus ou moins haute, jusqu'à ce qu'on apperçoive tous les objets qu'on veut dessiner.

Ce point de vue une fois trouvé, on trace sur la glace avec une plume ou un crayon tous les objets qu'on voit à travers la glace, l'œil restant toujours placé au trou de la visière. Ce trou tient lieu ici de ce qu'on appelle le *point de vue* dans les méthodes de perspective, & il est certain que tout ce qu'on tracera sur la glace, l'œil restant toujours placé vis-à-vis la visière, sera conforme aux règles les plus exactes de la perspective.

Il est bon d'observer qu'un crayon ne doit pas marquer facilement sur une glace, c'est pourquoi, on peut avoir recours au même procédé que l'on emploie pour calquer un tableau qui est nouvellement peint. On prend un blanc d'œuf que l'on bat, & on l'applique sur la glace comme une espèce de vernis, sa transparence donne lieu de voir également les objets, & les traits d'un crayon de sanguine marquent très-bien dessus, lorsque ce vernis est sec.

Lorsqu'on a dessiné sur le verre, le paysage ou la perspective qu'on veut avoir, il ne s'agit plus que de transporter ce dessein sur papier. Pour cet effet, on humecte le derrière de la glace, & l'on étend une feuille de papier humide, sur le côté de la glace où est tracé le dessein; on frotte en pressant légèrement sur le papier, & tout le dessein se transporte du verre sur le papier, sur lequel tous les traits se trouvent imprimés, & il ne s'agit plus que de peindre les objets, ou en tracer les ombres & les clairs avec le crayon. Il faut observer de ne point laisser trop long-tems le papier contre la glace, de peur que le blanc d'œuf ne l'y fasse adhérer.

La seconde méthode, est bien plus avantageuse, pour quelqu'un qui a l'habitude du dessein; car on peut à l'aide de cette méthode, tracer le paysage sur une toile plus ou moins grande & de telle forme qu'on le desire. Cette méthode consiste à se pourvoir d'un instrument semblable à celui qu'on vient de décrire; si ce n'est qu'au lieu d'un quarré de glace, on y substitue un chassis divisé en quantité de petits quarrés, au moyen de petits fils déliés & tendus tous à égale distance les uns des autres, ce qui forme un espèce de réseau; il faut observer que les quarrés ne soient ni trop grands, parce qu'on n'obtiendroit point un dessein aussi correct, ni trop petits, parce que cela jetteroit de la confusion ; on place l'instrument avec la visière , de manière à voir tous les objets qu'on veut desliner.

On pose ensuite devant soi le papier ou la toile sur laquelle on veut dessiner son paysage , ayant eu soin auparavant d'y tracer des quarrés en même nombre que ceux qui font sur le petit cadre ; on place l'œil au trou de la visière , & on observe comment les objets du paysage font situés par rapport aux quarrés du cadre ; pour lors on les trace dans la même position sur les quarrés correspondans de la toile ; en opérant ainsi sur tous les objets dont on veut former son paysage , on obtient une perspective aussi exacte que si on eût suivi les règles les plus strictes de l'optique , & on donne plus ou moins de grandeur à son paysage , en suivant les rapports qui font entre les quarrés de la toile sur laquelle on a dessiné , & ceux qui font sur le cadre du point de vue.

Quelques peintres font usage de cette méthode mécanique , lorsque par exemple ils veulent mettre en grand la copie d'un petit tableau ; pour que les rapports soient bien exacts , ils placent le petit tableau un petit cadre à réseau , construit comme on vient de le dire ; ils tracent sur leur grande toile , le même nombre de quarrés , mais plus grands que ceux qui font sur le cadre : le dessinateur observe dans quel quarré du petit cadre est placé chaque objet du tableau qu'il veut copier , & la quantité d'espace qu'il y occupe ; il cherche sur sa grande toile les quarrés correspondans , & donne à l'objet plus d'étendue , mais toujours dans la proportion qui se trouve entre chaque quarré du cadre de son grand tableau , avec le quarré correspondant du petit tableau ; en suivant cette méthode pour chaque partie du tableau qu'il copie , il est sûr de donner plus de grandeur à chaque partie , mais toujours dans l'exacte proportion où elles font dans le petit tableau. On peut employer la même méthode pour réduire en petit avec une exacte proportion , la copie d'un grand tableau.

PAYSAGES. (*Voyez à l'article* DESSIN).

PEINTRE HABILE. [le] (*Voyez à l'article* AIMANT).

PEINTURE. (*Voyez à l'article* DESSIN).

PEINTURE SUR VERRE. (*Voyez à l'article* DIOPTRIQUE).

PENDULE SONNANTE. (*Voyez à l'article* AIMANT).

PENDULE MAGNÉTIQUE. (*Voyez à l'article* MÉCANIQUE).

PERMUTATIONS ARITHMÉTIQUES. (*Voyez aux articles* ARITHMÉTIQUE , CALCUL).

PERSPECTIVE.

La connoissance des principes de la perspective est une des parties essentielles de la peinture ; & leur application en produit toute l'illusion. Cette science est d'une nécessité indispensable dans les tableaux d'architecture & de paysages : on ne peut s'écarter à leur égard des règles qu'elle prescrit , sans que l'œil n'en apperçoive aussitôt les défauts ; elle ne devroit pas moins être employée dans tous les tableaux où l'on traite des sujets d'histoire ; mais comme il n'est guère possible de marcher la règle & le compas à la main , lorsqu'on a pour guide le feu du génie ; l'œil attentif du peintre qui connoit suffisamment cette science , le conduit & supplée à l'exactitude des règles , que le sujet qu'il traite ne lui permet pas toujours d'observer régulièrement.

Tout tableau peut être considéré comme un plan transparent , élevé verticalement entre l'objet qui s'y trouve représenté , & l'œil de celui qui le regarde. On peut supposer qu'il part de tous les différens points de cet objet des lignes qui vont directement à l'œil , & qu'en traversant ce plan elles y laissent les traces de l'apparence de chacune des différentes parties dont il est composé ; en sorte que si une personne regardant cet objet à un point déterminé & au travers une glace , y dessinoit avec un pinceau toutes ces différentes apparences , cet objet se trouveroit exactement mis en perspective sur cette glace.

Des lignes & points dont on se sert dans la perspective.

La base du tableau ABCD , (*fig.* 4 , *pl.* 7. Amusemens d'Optique) sur lequel on veut tracer quelqu'objet en perspective , se nomme *ligne de terre ,* telle est la ligne CD.

La *ligne horisontale* GH se trouve toujours placée sur le tableau à la hauteur de l'œil du regardant & parallèlement à la ligne de terre ; cette ligne peut-être considérée comme étant le terme de la plus grande étendue de la vue.

Le *point de vue* (1) X , est pris sur la ligne horisontale à l'endroit où est supposée y tomber perpendiculairement la ligne qui part de l'œil.

Le *point de distance* Y ou M est indifféremment placé de côté ou d'autre sur cette même ligne horisontale , a une distance du point de vue I , égale à celle que l'on a déterminée entre l'œil & ce point de vue.

On entend par *plan perspectif* le tableau ABCD sur lequel on doit tracer l'apparence de l'objet , &

_____

(1) On appelle quelquefois point de vue l'endroit d'où l'on regarde un objet.

par *plan géométral*, celui CDEF fur lequel le plan même de l'objet a été tracé.

La *ligne de terre* CD eft fuppofée commune au *plan perfpectif* & au *plan géométral*.

Le point de vue & celui de diftance étant déterminé, trouver fur le tableau perfpectif l'apparence d'un point pris fur le plan géométral.

Soit X (*fig.* 4, *pl.* 7.) le point de vue, Y celui de diftance & qui faille trouver fur le tableau ABCD l'apparence du point O qui fe trouve placé à l'extrémité de la ligne PO fur le plan géométral CDEF.

Abaiffez du point O fur la ligne de terre CD la perpendiculaire OQ, & décrivez du point Q & à l'ouverture de compas QO, le quart de cercle OR qui fe termine en R fur la ligne de terre CD; tirez du point R au point de diftance Y la ligne RY, & du point Q au point de vue X la ligne QX, & alors le point *o* où fe coupent ces deux lignes fera celui où doit-être indiquée l'apparence du point O pris fur le plan géométral.

Il fuit de ce problême, qu'on peut indiquer par cette même méthode l'apparence de toute ligne droite tracée fur le plan géométral, puifqu'il ne s'agit que de trouver celle des deux points qui en forme les extrémités, & tirer enfuite une ligne de l'un à l'autre, comme on peut le voir fur cette même figure à l'égard de la ligne PO, dont l'apparence fur le plan perfpectif eft celle *p o*, attendu que la repréfentation de toute ligne droite du plan géométral eft également droit fur le plan perfpectif.

On peut encore par cette même méthode tranfporter fur le plan perfpectif l'apparence de toutes fortes de figures planes terminées par des lignes droites, comme il eft démontré par cette même figure où l'on a décrit les arcs & les lignes néceffaires pour trouver fur le plan perfpectif ABCD les trois points *n o p*, qui donnent l'apparence de ceux qui terminent les trois angles du triangle NOP tracé fur le plan géométral CDEF.

Nota. Toutes les lignes qui terminent les figures qui peuvent fe trouver tracées fur le plan géométral n'étant pas toujours des lignes droites, il eft aifé de concevoir que pour avoir l'apparence de celles qui font courbes & irrégulières; il faut chercher celle de plufieurs des points dont elles font compofées, afin de mener enfuite une ligne courbe qui paffe par tous ces mêmes points.

Lorfqu'on met quelqu'objet en perfpective, il faut tracer au crayon & très-légèrement toutes les lignes qui ne doivent pas refter fur le tableau, afin de pouvoir les effacer lorfque l'ouvrage eft fini.

Amufemens des Sciences.

Connoiffant la hauteur d'une ligne perpendiculaire fur un point quelconque du plan géométral, déterminer fa pofition & fa hauteur apparente fur le plan ou tableau perfpectif.

Soit fur le plan géométral CDEF (*fig.* 5. *pl.* 7. *Amufemens d'Optique.*) le point I, & fa repréfentation fur le plan perfpectif celui *i* qui y a été tracé fuivant ce qui a été enfeigné au précédent problême, & qu'il faille y déterminer la hauteur d'une ligne perpendiculaire fuppofée élevée fur ce point I.

Elevez fur la ligne de terre CD (en un point éloigné quelconque tel que P) la perpendiculaire PM égale à la ligne propofée; tirez des deux extrémités de cette ligne P & M, à un point quelconque N de la ligne horifontale GH, les lignes PM & MN; menez enfuite du point *i* à la ligne PN, celle *i b*, parallèle à la ligne de terre CD, & tirez du point *b* au point *c* la ligne *b c*, parallèle à celle PM; menez enfuite la ligne indéfinie *c d*, & élevez au point *i* la ligne *i e* perpendiculaire à la ligne de terre CD, & le point de fection *e* où elle rencontrera la ligne *c d*, vous donnera la ligne ou diftance *i d*, pour l'apparence de la ligne élevée au point I fur le plan géométral, qui a été fuppofée égale à la ligne PM.

On peut, fuivant cette même méthode, trouver l'apparence d'un quarré élevé perpendiculairement fur le plan géométral CDEF & fitué parallèlement à la ligne de terre CD, comme il eft aifé de voir par les autres lignes tracées fur cette même figure qui donnent la repréfentation *of* d'une ligne égale à celle LM; fuppofée élevée fur le plan géométral au point O, d'où il fuit qu'en joignant ces deux lignes par celles *f e* & *o i*, on aura la repréfentation perfpective d'un quarré élevé fur le plan géométral, dont la ligne O I feroit le côté.

Pour qu'on examine avec attention le problême ci-deffus & celui qui le précède, on verra qu'ils doivent contenir tout le principe de la perfpective, puifqu'on peut déterminer par leur moyen en quel endroit du tableau perfpectif doit être placé un point quelconque, dont on connoît la pofition ou l'élévation fur le plan géométral.

Mettre en perfpective un cube, dont un des côtés eft parallèle à la ligne de terre.

Soit *l i m n* (*fig.* 8, *pl.* 7. *Amufemens d'Optique*) la repréfentation perfpective du quarré LIMN, tracé fur le plan géométral CDEF, qu'on fuppofe ici être la bafe du cube propofé, dont un des côtés IL eft parallèle à la ligne de terre CD, & avoir été tracé fur le plan perfpectif ABCD, fuivant la méthode enfeignée au premier problême.

Elevez aux points *i* & *l* les lignes *i o* & *l p* égales

à celle *il*, & aux points *m* & *n* celles *mq* & *nr* égales à celle *mn*; joignez les extrémités de ces lignes par les lignes *qo*, *qr*, *op* & *pr*, & vous aurez la représentation perspective du cube proposé.

Nota. Quoiqu'en quelque situation qu'un cube se trouve placé par rapport à l'œil, il n'en puisse appercevoir que trois côtés, on a néanmoins tracé sur cette figure & par des lignes ponctuées, la représentation des 3 autres côtés, afin de faire mieux comprendre & rendre plus sensible l'effet de la perspective.

Ce problême fait voir 1°. que la représentation de toute ligne perpendiculaire au plan géométral, est toujours, sur le plan perspectif, perpendiculaire à la ligne de terre; 2°. que la représentation de toutes lignes du plan géométral, ou même situées au-dessus de lui qui se trouvent parallèles à la ligne de terre, sont aussi parallèles à cette même ligne sur le plan perspectif; 3°. que toute ligne du plan géométral qui est perpendiculaire à la ligne de terre ou perpendiculaire à une ligne élevée au-dessus d'elle, & qui lui seroit parallèle, se trouve toujours placé sur le plan perspectif dans une direction tendante (étant prolongée) à passer par le point de vue ; (*voyez les positions de ces différentes lignes sur cette même figure.*)

Mettre en perspective un cube, dont la diagonale de la base est perpendiculaire à la ligne de terre.

Ayant déterminé sur le plan perspectif ABCD (*fig. 9, pl. 7. Amusemens d'Optique.*) la représentation du quarré ILMN qui sert de base au cube proposé, & dont la diagonale MI est perpendiculaire à la ligne de terre CD ; élevez perpendiculairement sur un point quelconque de cette ligne CD la ligne OP, égale au côté ou à la hauteur de ce cube ; & ayant pris à discrétion le point Q sur la ligne horisontale GH ; tirez les lignes PQ & OQ; menez ensuite des points *i*, *m* & *n* les lignes *io*, *np* & *mq* parallèles à la ligne de terre CD, & des points *opq*, où elles touchent la ligne OQ, menez les lignes *or*, *pf* & *qt* parallèles à la ligne OP : élevez ensuite perpendiculairement au point *i* la ligne *iu* égale à celle *or*, & aux points *l* & *n*, les lignes *ly* & *nx* égales à la ligne *pf*, & enfin au point *m* celle *mʒ*, égale à celle *qt*; joignez ensuite ces lignes par leurs extrémités en tirant à cet effet les lignes *yʒ*, *ʒx*, *xu* & *uy*, & vous aurez la représentation du cube proposé, eu égard à sa situation donnée sur le plan géométral.

Il est à observer dans ce problême, que toutes les lignes qui, sur le plan perspectif, terminent la base & le côté supérieur du cube, tendent au point de distance pris de côté ou d'autre du point de vue.

Nota. La méthode enseignée dans ce problême & celui qui le précéde, peut être également

employée à mettre en perspective toutes fortes de parallélipipèdes dont on connoît les dimensions.

Mettre en perspective une pyramide ou tétraedre posé sur sa base.

Soit sur le plan perspectif ABD (*fig. 6, pl. 7.*) le triangle *nop*, représentant la base NOP du tétraedre qui a été tracé sur le plan géométral CDEF, *q* le point perspectif du point Q, centre de ce tétraedre; élevez au point I, pris sur la ligne de terre, la ligne IL égale à sa hauteur perpendiculaire (1) & tirez au point M (pris à discrétion sur la ligne horisontale GH) les lignes IM & LM ; menez du point *q* la ligne *qe* parallèle à la ligne de terre CD, & celle *ef* parallèle à la ligne IL ; menez ensuite du point *f* la ligne indéfinie *fg*, & élevez au point *q* la perpendiculaire *qh* ; tirez du point *h* les lignes *hn*, *ho* & *hp* qui donneront la représentation perspective de ce tétraedre.

On peut se servir de la même méthode pour mettre en perspective toutes fortes de pyramides, dont on connoît la base & la hauteur.

Mettre en perspective un tétraedre posé perpendiculairement sur un de ses angles, en sorte qu'il ne touche le plan géométral qu'en un seul point.

Quoique suivant l'énoncé de ce problême, il semble que le tétraedre, ainsi posé, n'ait pas de plan géométral ; il est néanmoins indispensable, pour le mettre en perspective, de lui en supposer un qu'il décriroit sur le plan géométral, si l'on abaissoit une perpendiculaire de chacun de ses trois angles supérieurs qui ne touchent pas ce plan.

Soit donc NOPQ (*fig. 10, pl. 7. Amusemens d'Optique*) ce plan géométral, dont *nopq* est la représentation sur le plan perspectif ABCD; élevez sur les trois angles de ce triangle équilatéral les perpendiculaires indéfinies *ou*, *nx* & *pyʒ*; prenez avec le compas la longueur de la ligne NQ, OQ ou PQ, & transportez-la sur la ligne de terre CD, depuis I jusqu'en R ; élevez au point I la perpendiculaire indéfinie IL ; prenez la longueur d'un des côtés du triangle NO, & l'une des pointes du compas étant posée au point R, l'autre indiquera

au point L la longueur IL pour la hauteur du tétraedre ; tirez enfuite les lignes IM & LM , &
menez des points *n* & *p* les parallèles *nq* & *ps* ;
élevez les perpendiculaires *qr* & *st* , & menez des
points où elles rencontrent la ligne LM les lignes
parallèles *rx* & *ty* , lesquelles coupant les lignes
perpendiculaires élevées fur les trois angles du
triangles *nop* y indiqueront les points *u* , *x* & *y* ,
d'où tirant les lignes *uy* ; *ux* , *xy* , *un* , *xn* & *yn* ,
elles donneront par leur jonction la repréfentation
perspective du tétraedre posé sur le plan géométral , ainsi qu'il a été proposé par ce problême.

*Mettre en perspective un parallélipipede incliné fur sa
base.*

Pour mettre ce parallélipipede en perspective, il
est nécessaire de lui suppofer un plan géométral,
ainsi qu'il suit :

Soit ABCD (*fig.* 12 , *pl.* 7.) le côté de ce parallélipipede qui repréfente son inclinaison, & dont la
base est fuppofée ici être un quarré ; prolongez
la ligne DC , & abaissez-y la perpendiculaire
AE.

Tracez fur le plan géométral CDEF (*figure* 11,
même planche.) le parallélogramme rectangle GH-
ILMN , dont les côtés GI & LN foient chacun
égaux à la ligne ED ; (*fig.* 12.) faites ceux GL &
IN égaux au côté du quarré qui forme la base de
ce parallélipipede,& portant cette même longueur
depuis I jufqu'en H & de N en M , tirez par les
points H & M la ligne HM (1) ; mettez ce parallélogramme en perspective comme il a été déja
enfeigné , & élevez des points *g* & *l* les perpendiculaires indéfinies *ls* & *gu* : élevez fur un point
quelconque *o*, de la ligne de terre CD la ligne
perpendiculaire OP , égale à la hauteur AE (*fig.*
12.) de ce parallélipipede ; & ayant pris à difcrétion fur la ligne horifontale GH le point Q , tirez
les lignes OQ & PQ.

Prolongez les lignes *ig* & *nl* jufqu'en *o* & *p* ; élevez
des points *o* & *p* les perpendiculaires *oq* & *pr* , &
des points *q* & *r* où elles rencontrent la ligne PQ,
menez les lignes indéfinies *rt* & *qx* , qui couperont
les perpendiculaires *cs* & *gu* aux points *s* & *u* ;
portez la longueur apparente *hi* de la base de ce
parallélipipede de *u* en *x* , & celle *mn* de *s* en *t* ;
tirez enfin les lignes *sm* , *uh* , *tn* , *xi* , *su* & *tx* , qui
donneront la repréfentation perspective du parallélipipede inclinée ainsi qu'il a été proposé.

---

[1] On fuppofe dans ce problème que le côté *g i* de
de ce parallélogramme ou plan géométral, est parallèle à la ligne de terre GH.

Mettre en perspective un octaedre (2) fuppofé fuspendu
au-deffus du plan géométral , à une hauteur déter-
minée.

On fuppofe que cet octaedre est fufpendu de
manière qu'une ligne droite paffant par deux de
fes angles foit perpendiculaire au plan géométral ,
c'est-à-dire , en telle forte, qu'abaiffant de chacun
de ces quatre autres angles des lignes perpendiculaires fur ce plan , on ait un quarré parfait pour le
plan géométral de cet octaedre.

Soit donc ILMNO (*fig.* 1, *pl.* 8. *Amufemens*
d'Optique) ce plan géométral , & *ilmno* fon plan
perspectif; élevez en un point de la ligne de terre
CD la ligne perpendiculaire & indéfinie OT ; prenez fur cette ligne la distance OP égale à l'élévation donnée de l'octaedre fur le plan géométral,
& portez de P jufqu'en T la hauteur de cet octaedre , ou ce qui est la même chose , la longueur
IN de la diagonale du quarré ILMN ; divifez cette
même longueur PT en deux parties égales au point
S , & tirez ensuite des points OPS & T au point
Q , pris à difcrétion fur la ligne horifontale GH ,
les lignes OQ , PQ , SQ & TQ ; élevez fur les
points *ilmno* du plan perspectif , les perpendiculaires *mu* , *ix* , *nr*, *lq* & *ot* ; menez les lignes *la* ,
ob & *nc* , parallèles à la ligne de terre CD , &
élevez aux points *a* , *b* & *c* les lignes *ae* , *be* & *cf* ,
parallèles à celles OT ; menez ensuite les parallèles *ns* , *gq* , *pr* , *gq* & *ct* ; & des points de fection
où elles coupent les perpendiculaires élevées fur
le plan géométral , tirez les lignes *ur* , *xq* , *ux* , *rq* ,
ut , *xt* , *rt* , *qt* , *us* , *xs* , *rs* & *qs* , qui vous donneront l'apparence perspective des lignes qui termi-
nent les huit triangles dont l'octaedre donné est
formé.

Il est aifé de voir qu'on peut , en fuivant la
méthode qui est enfeignée dans ce problême &
dans ceux qui le précèdent , parvenir à mettre en
perspective toutes fortes de corps réguliers , &
même différens fujets d'architecture , puifqu'il ne
s'agit que de connoître leur plan géométral & les
différentes élévations des parties dont ils font
composés ; l'habitude d'ailleurs apprendra à éviter de tirer une multiplicité de lignes , particulierement fi l'on fait attention au corollaire du
troifième problême , qui détermine que l'apparence de toute ligne qui est fuppofée tomber perpendiculairement fur le plan géométral est perpendiculaire à la ligne de terre fur le plan perfpectif; que celle de toute ligne du plan géométral qui
fe trouve perpendiculaire à la ligne de terre, tend
au point de vue fur le plan perspectif ; & qu'enfin
celle de toute ligne du plan géométral qui est
parallèle à la ligne de terre, est aussi parallèle à
cette même ligne fur le plan perspectif.

---

(2) L'octaedre est un corps régulier terminé par huit
furfaces triangulaires & équilatérales.

ILLUSIONS DE PERSPECTIVE
ET D'OPTIQUE.

*Inftrument portatif très-commode pour deffiner facile-
ment & correctement un payfage, ou tout autre
objet, fans être obligé de fe fervir des règles de la
perfpective.*

Ayez un petit chaffis de bois ABCD (*fig.* 2,
pl. 8. *Amufemens d'Optique*) de fix pouces de long
fur cinq de large, que vous garnirez de fils de foie
noire, efpacés de pouces en pouces & formant
trente quarrés égaux; partagez encore chacun
d'eux en quatre autres plus petits, en vous fervant
de fils plus déliés.

Ajuftez ce chaffis à l'extrémité CD de la planchette CDEF, au moyen des deux charnières G
& H; donnez à cette planchette huit pouces de
longueur & qu'elle foit brifée à l'endroit IL, fous
lequel doivent être auffi placés deux charnières;
difpofez à l'autre extrémité EF une petite plaque
de bois de deux pouces quarrés, percée à fon
centre d'un trou T, d'une ligne de diamètre;
qu'elle foit mobile au moyen d'une charnière;
mettez des petits crochets au-deffus & en-deffous
de cette planchette pour retenir le tout dans la fituation indiquée par cette *fig.* 2: enfin que tout cet
inftrument puiffe fe reployer comme il eft défigné
par la *fig.* 4, *même planche,* & s'inférer dans un
étui de carton de même grandeur que le chaffis
ABCD.

Placez fous cette planchette, vers l'endroit P,
un petit genou de cuivre Q, garni d'une virole
R, pour pouvoir le pofer fur une canne ou bâton
que vous enfoncerez en terre dans l'endroit où
vous voudrez placer cet inftrument, & lui donner
par ce moyen telle direction que vous jugerez convenable.

Ayez du papier à deffiner, (*fig.* 5, *même pl.*)
fur lequel vous tracerez légèrement avec du crayon
un nombre de quarrés égal à ceux de ce chaffis: Il
importe peu de quelle grandeur vous les ferez,
cela dépendant abfolument de celle dans laquelle
vous voudrez rendre l'objet que vous vous propoferez de deffiner ainfi d'après nature.

Dirigez cet inftrument vis-à-vis un payfage ou
tout autre objet que vous voudrez deffiner, en
enfonçant en terre, à cet effet, le bâton ou pied
qui le foutient, de façon qu'il ne puiffe vaciller; tournez-le en l'élevant ou l'inclinant de manière que vous apperceviez à travers le trou T
& les carreaux du chaffis, l'afpect le plus avantageux & le plus agréable; placez-vous à côté
de l'inftrument que vous aurez difpofé à la hauteur de votre œil, & regardant au travers ce trou
T tous les objets qui paroîtront contenus en chacun des carreaux du chaffis ABCD, tranfportez-en

l'image fur chacun de ceux qui ont été tracés fur
le papier & qui s'y rapportent; vous aurez par
ce moyen un deffin exact & au vrai, de l'objet
que vous aurez voulu imiter, & pour peu que
vous fachiez deffiner, vous ferez un tableau d'autant plus agréable, qu'il fera rendu fuivant la plus
exacte perfpective.

Nota. On peut par ce moyen, deffiner indiftinctement toutes fortes d'objets, même des portraits, en obfervant de faire tenir tranquillement
ceux que l'on voudroit peindre dans une attitude
convenable, & à une petite diftance de cet inftrument.

*Décrire fur une furface plane une figure difforme,
laquelle étant vue d'un point pris hors & au-deffus
de cette furface, paroiffe entièrement femblable à
une figure donnée.*

Tracez fur un papier le parallélogramme ABCD
(*fig.* 6, *pl.* 8. *Amufemens d'Optique.*) de telle grandeur que vous jugerez à propos; ayant feulement
attention que les côtés AB & CD foient plus grands
que ceux AC & BD: qu'il ait, par exemple,
quatre pouces de hauteur fur trois de largeur;
divifez ce parallélogramme en douze quarrés
égaux, fous-divifez chacun d'eux en quatre autres
quarrés plus petits (1); par des lignes plus déliées, & deffinez-y le trait précis de ce que vous
voulez repréfenter fur le tableau difforme.

Tirez fur un papier (*fig.* 12, *même planche*) la
ligne AB indéfinie vers A; à l'extrémité de cette
ligne & au-deffus du point B, déterminez le point
de vue C, & abaiffez la perpendiculaire CB.

Prenez à difcrétion fur la ligne AB le point D
& tirez de ce point, au point de vue C la ligne DC;
fur cette même ligne & à une diftance convenable
du point C, tracez la ligne FG de même longueur
que celle AC, (*fig.* 6.) qu'elle foit perpendiculaire
à la ligne qui doit la partager en deux parties
égales.

Tirez du point C aux points F & G les 2 lignes
CF & CG prolongées jufqu'à ce qu'elles rencontrent la ligne AB aux points H & I.

La ligne contenue entre H & I fera alors de la
longueur qu'elle doit avoir pour paroître à l'œil
placé au point de vue C de même grandeur que la
ligne FG qui a été tracée de la largeur du tableau
ou parallélogramme ABCD: ce qui doit néceffairement avoir lieu fuivant les principes établis ci-
devant, les lignes EG & HI étant vues fous un
même angle.

Divifez enfuite la ligne FG en un même nom-

---

(1) Plus les divifions feront petites, plus il fera
facile de rendre le fujet avec précifion.

bre de parties égales que celle AC du parallélogramme ABCD, & tirez du point de vue C à
la ligne AB les lignes CI, CN, CM, CD,
CL & CI, en les faisant exactement passer
par ces points de divisions, afin d'avoir sur cette
ligne AB l'apparence en parties inégales de la ligne
FG.

Tracez sur un autre papier ou carton la ligne
AB (*fig.* 9, *même planche.*) égale à la longueur de
la ligne AB (*fig.* 12.) portez du point B au point E
de cette même ligne la longueur BI prise sur la
ligne BA (*fig.* 12.) & faites passer par le point E
la perpendiculaire HI, qui doit avoir pour longueur la ligne CD (*fig.* 6.) c'est-à-dire, la largeur
du parallélogramme ABCD : cette ligne doit
être partagée en deux parties égales par la ligne
AB.

Tirez ensuite du point B aux points H & I les
deux lignes BH & BI prolongées vers C & D, jusqu'à ce qu'elles rencontrent la ligne CD, que vous
devez tirer perpendiculairement à l'extrémité A
de la ligne AB.

Prenez les distances qu'il y a dans la *fig.* 12 depuis
A jusqu'en I, L, D, M, N & I, & les transportez
de même sur ligne AB (*fig.* 9.) & tirez par tous
ces points de divisions les lignes YZ perpendiculaires à cette même ligne AB.

Divisez enfin la ligne CD en huit parties égales, & tirez les lignes BO, BQ, BR, BS, BT &
BU.

Cette division étant faite, le trapèse CDHI se
trouvera alors divisé en autant de petits trapèses
qu'il y a de quarrés tracés sur le parallélogramme
ABCD, & tous ces trapèses, quoiqu'inégaux, paroîtront de même forme & grandeur que ces quarrés, lorsque l'œil sera placé au-dessus du point B de
la hauteur BC, (*fig.* 12.) toutes les lignes qui
forment les côtés de tous ces différens trapèses,
étant vues alors sous un même angle.

Afin de faciliter à transporter dans l'espace contenu en chacun de ses trapèses ce qui est dessiné &
contenu dans chacun des quarrés du parallélogramme ABCD qui lui doivent correspondre, il
convient d'en numéroter les principales divisions ;
il faut avoir aussi beaucoup d'attention à tracer
le tout avec exactitude (1) : on observera que toute
ligne droite sur le tableau, l'est également sur le tableau, en sorte que pour les tracer il suffit de trouver sur ce dernier la place des points, qui en for-

ment les extrémités ; à l'égard des lignes courbes,
on jugera de la figure qu'on doit leur donner
par les points où elles coupent les divisions du
parallélogramme comparées avec ceux des trapèses qui leur correspondent.

Nota. Il faut avoir attention que le tableau sur
lequel on doit tracer cette figure difforme soit
bien tendu sur un châssis, afin que sa superficie soit
bien plane ; on doit aussi le regarder précisément
du point de vue qui a été pris : il est même convenable de placer à l'extrémité du tableau un petit
cercle de cuivre (*fig.* 3.) percé d'un trou de deux
lignes de diamètre, porté sur son pied & élevé
à l'endroit B, (*fig.* 9.) suivant la hauteur du point
de vue qui a été déterminée ; & on verra alors
par cette ouverture l'illusion aussi agréable que
singulière de cette pièce d'optique.

La distance du point de vue C au tableau FG est
arbitraire, pourvu néanmoins qu'elle excède la largeur de ce tableau ; à l'égard de la hauteur du point
de vue sur le tableau quoiqu'elle soit egalement arbitraire, il est bon de remarquer, que plus il est élevé,
moins le tableau est difforme, & que plus il est
près, plus l'objet tracé est méconnoissable, attendu
que les objets viennent fort allongés vers CD ;
d'où il suit que si l'on veut exécuter de ces sortes
de morceaux sur quelque galerie, ou de toute
autre manière, il faut se régler sur l'étendue qui
est donnée pour les peindre : ces ouvrages bien
rendus en grand sont très-agréables, & ils paroif-
sent d'autant plus extraordinaires, que l'œil ne
pouvant les considérer que par parties (lorsqu'on
se promène dans les galeries où ils sont exécutés (2)), n'y reconnoît rien qui puisse donner
la moindre idée de ce qu'il doit appercevoir lorsqu'il est placé au point d'où ils font leur admirable
effet.

*Décrire sur la surface extérieure d'un cône une figure
irrégulière, laquelle étant vue d'un point pris sur
son axe prolongé, paroisse régulière.*

Déterminez le diamètre BC de la base du
cône ABC ; (*fig.* 7, *pl.* 8. *Amusemens d'Optique*)
lequel étant supposé ici de quatre pouces de diamètre, doit avoir huit pouces de hauteur ; divisez
cette base en six parties égales, depuis son centre
jusqu'en B.

Tracez sur un papier le cercle ABC (*fig.* 10
même pl.) dont le diamètre soit égal à celui de
la base du cône : décrivez les cinq cercles con-

(1) La méthode de tracer ce tableau difforme differe
de celle que l'on trouve dans le père *Niceron* & dans
Ozanam, en ce qu'il a paru plus exact de placer le
tableau, ou plutôt de le supposer placé de façon que le
rayon ou point de vue principal tombe sur le centre
du tableau.

(2) Il y a au couvent des Minimes de la place royale
à Paris, plusieurs sujets dans ce genre d'optique, peints
en grand sur toute la longueur du cloître, par le père
Niceron, qui a donné un excellent traité sur cette
matière l'on y voit entr'autres une Magdeleine qui
attire journellement la curiosité des amateurs ; malheureusement ces morceaux ont souffert, & n'ont pas été
bien réparés.

centriques , 2 , 3 , 4 , 5 & 6, & les six diamètres 1 , 7 , 2 , 8, &c. également espacés entr'eux ; dessinez sur ce cercle ainsi divisé l'objet
que vous voulez peindre sur ce cône.

Prenez avec un compas la distance AB du côté
de ce cône , & à cette ouverture de compas
décrivez du point F (voyez fig. 11 ibid.) la
portion de cercle indéterminée GH & son rayon
FG ; transportez sur cette portion de cercle les
douze divisions du cercle ABC, (fig. 10.) &
tirez les lignes ou rayons F 1, F 2, F 3, &c.

Prolongez l'axe du cône ABC (fig. 7.) jusqu'au point P distant de sa pointe A de la longueur du côté du cône, & tirez de ce point (1)
P les lignes P 1, P 2, P 3, &c. qui diviseront
le côté AB du cône en six parties inégales &
sa base en autant de parties égales , & conformes aux divisions circulaires faites sur le cercle ;
(fig. 11) prenez la distance de la pointe du cône
A à chacune des divisions faites sur son côté AB,
& portez les sur le rayon FG ; (fig. 11) tracez
du centre F les arcs de cercles 2, 3, 4, 5
& 6.

Cette opération faite, la portion de cercle
(fig. 11) sur laquelle doit être tracé & peint le
tableau difforme, sera divisée comme il convient
pour rapporter dans chacune de ces divisions
celles du cercle (fig. 10) qui y correspondent.

Le sujet tracé sur ce cercle ayant été transporté
avec soin sur cette portion de cercle, (fig. 11) il
faut le coller exactement sur un cône de carton
de même dimension, & avoir attention à ce que
les traits qui se trouvent sur les côtés ou rayons
FG & FH se rapportent exactement.

Nota. Comme il est nécessaire, pour bien voir
l'effet de ces sortes de pièces, que l'œil soit
placé non-seulement dans l'axe prolongé du cône,
mais encore à la distance qui a été prise au-dessus
de sa pointe ; il faut placer ce cône sur un pied
de bois quarré, qui soutienne une cage de verre
ABCD , (fig. 8, même pl.) au-dessus de laquelle
soit un trou F, servant de point de vue pour
regarder la figure qui y est peinte : il est essentiel,
lorsqu'on exécute ces sortes de pièces d'optique,
de diviser le cercle & la portion de cercle dans
un grand nombre de parties, cela contribue beaucoup à la précision, particulièrement lorsqu'on
n'a pas l'habitude de peindre ces sortes d'anamorphoses. L'instrument dont on donne ci-après
la construction, est d'un usage aussi commode
que facile pour peindre sur ces cônes & avec la
dernière précision, les sujets les plus difficiles,
& même des portraits qui seront parfaitement

_____

(1) Ce point est destiné à être le point de vue par
lequel l'objet difforme peint sur le cône doit paroître
régulier.

semblables aux originaux peints dont on se sera
servi.

*Instrument propre à tracer sur un cône une figure
confuse & difforme , laquelle étant vue d'un certain
point paroîtra semblable à une figure régulière donnée.*

Faites construire un pied de bois ABCDEFGH.
(fig. 1, pl. 9. Amusemens d'Optique) de quinze
pouces de long sur six de large, & d'environ
deux pouces & demi de hauteur, sous lequel vous
ajusterez le rouage (fig. 4).

Ce rouage doit être composé de deux roues A
& B d'égal diamètre & d'un même nombre de
dents également inclinées, & d'une verge de fer
CD portant les deux vis sans fin E & F qui doivent
y engréner ; ces deux roues sont fixées sous la
planche ABCD (fig. 1) au moyen des deux points
GH & IL : les pivots M & N de la verge CD
sont soutenus vers leurs extrémités par les côtés
du pied ci-dessus, & elle excède un de ces côtés
vers M, afin du pouvoir y adapter la manivelle O ;
l'axe de la roue A excède le dessus de la planche
ABCD, & cet excédent est à vis afin de pouvoir
l'ajuster au centre de la base d'un cône de bois I ;
ce cône doit être tourné régulièrement d'un bois
bien sec, afin qu'il conserve sa forme. L'axe de
la roue B doit également excéder ce même pied,
afin de pouvoir y ajuster de même un cercle de
papier ou de carton P, sur lequel doit être peint
l'objet régulier, dont la représentation difforme
doit être transportée sur ce cône, comme il sera
expliqué ci-après. LM est une règle de cuivre
de la longueur d'un des côtés de ce cône, elle
doit être courbée vers N, afin de pouvoir la poser
sur un pivot placé à la pointe de ce cône, sa
partie inférieure M se fixe dans une petite pièce
de cuivre, ou dans une entaille faite à la planche
ABCD. Enfin cette règle doit être immobile lorsque le cône tourne sur son axe ; & celui de ces
côtés qui est divisé doit toucher légèrement ce
cône sans aucun frottement ; cette division doit
se trouver placée dans le même plan que cet
axe.

La règle NO doit être posée à plat sur le cercle
de carton P, & son côté qui est divisé doit se
trouver placé dans la direction d'un rayon de ce
cercle ; elle entre du côté N dans la pointe du
pivot de la roue D, & du côté O dans une pointe
placée en O. Les deux trous faits à cet effet à
cette règle doivent être dans la direction de cette
division. (Voyez fig. 2).

Manière de diviser ces deux règles.

Tracez sur un papier le triangle rectangle ABC
(fig. 2, même pl.) dont le côté AB soit égal au
rayon du cercle qui sert de base au cône sur
lequel vous devez peindre votre figure irrégu-

lière, que le côté BC soit égal à la hauteur de ce cône, & conséquemment le côté AC égal à la longueur de celui du cône (1), prolongez le côté AC jusqu'en D, ensorte que la ligne CD soit égale à la distance déterminée du point de vue au sommet du cône.

Divisez la ligne ou côté AB en cinq parties égales, & tirez du point D à chacune de ces divisions les lignes D 1, D 2, D 3 & D 4, qui vous donneront sur la ligne AC les divisions inégales 1, 2, 3 & 4; sous-divisez chacune de celles de la ligne AB en dix autres parties égales, & tirez de même du point D des lignes à chacune d'elles; en sorte que cette ligne AC se trouve par ce moyen divisée en autant de parties inégales que la ligne AB en contient d'égales (2).

Transportez les divisions de la ligne AB sur la règle de cuivre AB (3), (*fig.* 2) de manière que la première division se trouve à l'endroit même où cette règle entre sur l'axe de la roue B. (*fig.* 4) transportez de même sur la règle LM (*fig.* 1) la division faite sur la ligne CA (*fig.* 3) en telle sorte que la première division C se trouve à la hauteur précise de la pointe du cône lorsque cette règle s'y trouve placée, comme il a été précédemment expliqué. Numérotez ces points de divisions de cinq en cinq sur l'une & l'autre de ces règles, suivant le rapport qu'ils ont ensemble.

Ajustez sur le pied ABCD (*fig.* 1) à l'endroit P une tringle de fer courbée vers la haut qui porte à son extrémité Q un petit cercle de cuivre, percé à son extrémité d'un trou d'une ligne de diamètre; que ce trou se trouve placé dans l'axe supposé prolongé de ce cône & qu'il soit élevé au-dessus de sa pointe de la distance CD, (*fig.* 3) ou pour le mieux de deux à trois lignes de moins, attendu que c'est l'œil que l'on place un peu au-dessus qui est censé devoir être le point de vue. Cette observation n'est faite ici que pour plus de précision, attendu que l'objet paroît toujours assez régulier, quoique l'œil ne soit pas exactement placé au point de vue, pourvu toutefois qu'il se trouve dans l'axe prolongé du cône.

---

(1) On peut donner à ces cônes quatre pouces de diamètre à leur base, & huit à dix pouces de hauteur.

(2) Si ces lignes ont été tracées avec précision, les divisions de la ligne CA augmenteront successivement, & insensiblement de grandeur, en allant de C en A: pour y parvenir il faut tirer des lignes très-déliées, c'est de là que doit résulter la bonté de cet instrument.

(3) Il n'est pas absolument nécessaire que les divisions de la règle AB (*fig.* 2) soient égales à celles de la ligne A B. (*fig.* 3) pourvu qu'elles soient égales entr'elles & qu'il s'y trouve un même nombre de divisions.

Usage de cet instrument.

Peignez sur un cercle de papier de la grandeur de la base du cône un sujet tel que vous voudrez (4). Calquez-le sur un cercle de même grandeur, & le dessinez ensuite d'un trait fin & délié, & avec le plus de détail qu'il sera possible; ajustez ce papier sur le cercle de bois P, (*fig.* 1) en l'attachant par les bords avec un peu de cire molle, & de manière que l'axe de la roue B passe par son centre: mettez à sa place la règle AB. (*Voyez* NO, *fig.* 1).

Remarquez à quel point de la division de la règle AB répond le commencement d'un des traits quelconques du sujet que vous avez tracé; & avec un crayon, marquez sur le cône I l'endroit où se trouve sous la règle LM le même point de division; tournez ensuite un peu la manivelle, & faisant la même attention, marquez de même sur ce cône un autre point; enfin lorsque vous aurez fini de marquer tous les points des divers traits de votre sujet, tracez-le sur le cône en faisant passer un trait suivant la direction de tous ces points: faites de même pour tous les traits qui composent votre dessin, & regardez de temps en temps par le point de vue si le sujet que vous avez ainsi reporté sur le cône est exactement conforme à celui que vous avez tracé sur le cercle de papier, ce qui ne peut manquer si vous avez exactement suivi ce qui vient d'être dit.

Tous les traits du sujet ayant été ainsi tracés sur le cône, il faudra le colorer dans le même goût que le dessin régulier, ce qui sera facile, attendu qu'on se rappellera aisément à quelles parties de ce dessin répondent celles qui ont été tracées sur ce cône; il faudra cependant regarder fréquemment par le point de vue si l'on rend le sujet tel qu'il doit être. Les premiers sujets qu'on exécutera dans ce genre pourront donner de la peine, mais lorsqu'on en aura acquis l'habitude, on les fera très-proprement; d'ailleurs on peut commencer par des sujets où il se trouve très-peu d'ouvrage, tels qu'une fleur, un papillon, &c.

Nota. Les figures difformes qu'on peut tracer avec cet instrument paroissent très-régulières lorsqu'on les regarde du point de vue. On peut mettre sur ce cône de bois un autre cône fait d'un carton fin, roulé & bien joint, sur lequel on peindra de même le sujet, & alors il ne sera pas besoin d'avoir autant de ces cônes de bois que de sujets, mais seulement autant de cartons; qui pouvant

---

(4) Il faut disposer sur ce cercle l'objet que l'on veut peindre, de manière que quelque partie essentielle telle que la bouche ou l'œil d'une figure ne se trouve pas placée à son centre, attendu que quelque régulier que soit le cône, ce qui se trouve peint vers sa pointe a toujours moins de précision.

se mettre les uns dans les autres, tiendront très-peu de place, & alors lorsqu'on voudra voir un des sujets peint sur un de ces cônes, on le posera ou plutôt on en couvrira le cône de bois.

Il ne faut pas que les difficultés qu'on pourroit rencontrer dans l'exécution de ces anamorphoses, de même que les fautes qu'on y pourroit d'abord faire occasionnent du dégoût, ni se rebuter par la longueur du temps qu'on pourroit y employer dans le commencement ; ce seront ces mêmes difficultés qui conduiront à bien connoître cet instrument, de manière qu'en très-peu de temps on parviendra à se contenter de prendre quatre ou cinq points principaux, pour parvenir à tracer une ligne ; l'agrément qu'on tirera d'ailleurs de ces sortes d'anamorphoses dédommagera des soins qu'on aura pu se donner.

La Pyramide Magique.

Ayant déterminé à volonté la longueur de la ligne A B, (fig. 11, pl. 9. Amusemens d'Optique), qu'on suppose être ici de douze pouces ; élevez à son extrémité B la perpendiculaire BC de deux pouces de longueur ; divisez-la en cinq parties égales B d, d e, e f, f g, g C, & des quatre points de divisions d e f g, tirez les lignes A d, A e, A f, A g ; portez le tiers de la ligne B A depuis B jusqu'en H, & divisez l'intervalle B h en quatre parties égales ; tirez des points de divisions h i l m les lignes h n, i o, l p, m q parallèles à AB. Tracez sur un papier le quarré ABCD (fig. 5, même pl.), dont le côté soit double de la ligne AB (fig. 11); divisez chacun de ces côtés en dix parties égales, & servez-vous de ces points de divisions pour le partager en 100 petits quarrés égaux ; comme l'indique cette figure : dessinez sur ce quarré & au trait seulement, un sujet tel que vous jugerez à propos ; c'est-à-dire, une tête, une fleur, un oiseau, &c.

Tracez sur un carton le quarré EFGH, (fig. 6) égal à celui ABCD, & ayant divisé ses côtés en dix parties égales, tracez-y les 38 petits quarrés qui le bordent.

Tracez sur un deuxième carton, (fig. 7) le quarré I L M N, dont le côté soit le double de la ligne m q, (fig. 11); divisez ses côtés en huit parties égales, & servez-vous de ces points de divisions pour tracer les 30 quarrés égaux désignés sur cette même figure.

Tracez sur un troisième carton, (fig. 8) le quarré OPQR, dont le côté soit le double de la ligne l p, (fig. 11); divisez ses côtés en six parties égales, & formez les 20 quarrés qu'indique cette figure.

Tracez sur un quatrième carton, (fig. 9) le quarré STVX, dont le côté soit le double de la ligne i o

(fig. 11) ; divisez ses côtés en quatre parties égales, & formez-y les 12 quarrés désignés par cette figure.

Tracez enfin le quarré, (fig. 10) dont le côté soit double de la ligne h n (fig. 11) & divisez-le en quatre quarrés ; tirez d'angle en angle des diagonales sur tous ces différens quarrés, excepté sur celui (fig. 10), afin d'en avoir les centres C.

Transportez ensuite tous les traits du sujet que vous avez tracé sur le quarré ABCD, fig. 5) sur chacun des quarrés, (fig. 6, 7, 8, 9 & 10) eu égard au rapport de chacun d'eux à ce premier quarré dont ils doivent être ensemble la représentation ; colorez & ébauchez votre sujet (1), & formez-en ensuite sur chacun de ces quarrés un petit tableau difforme, en continuant de peindre suivant votre fantaisie dans les grands quarrés intérieurs.

Ayez une petite tablette de bois A B, ornée, si vous voulez d'une bordure, (voyez fig. 12, pl. 9) dont l'intérieur soit de la grandeur du quarré ABCD (fig. 5, pl. 9); ménagez-y un rebord pour pouvoir la couvrir d'une cage de verre pyramidale E, d'un pied de hauteur ; élevez perpendiculairement au centre de cette tablette un fil de fer d'une grosseur suffisante, ayez quatre petites pièces de bois tournées d e f g, d'un pouce de long, & percées d'un trou, de grosseur à pouvoir y introduire avec un peu de frottement le fil de fer ci-dessus : percez le centre de vos cartons, & collez-le sur chacune de ces pièces ; placez sur cette tablette le quarré de carton (fig. 5), & introduisez les autres dans le fil de fer après les avoir collées sur les pièces d e f g, suivant l'ordre désigné par cette figure & eu égard au sujet qu'ils doivent représenter, de manière que leurs côtés soient exactement parallèles entr'eux.

Couvrez cette tablette de la pyramide de verre E, au-dessus de laquelle vous devez ajuster un petit quarré de carton percé à son centre d'un trou de deux à trois lignes de diamètre.

Lorsqu'on regardera par les côtés du verre qui forment cette pyramide, le sujet peint sur ces quarrés de cartons, on n'appercevra que des objets confus & difformes, mais si l'on regarde au travers du trou fait au haut de cette pyramide, on verra très-distinctement l'objet qu'on a déguisé par l'opération ci-dessus ; attendu que tous les quarrés tracés sur ces différens cartons étant vus sous des angles semblables, paroîtront de même grandeur

Au moyen de ce que chacun de ces cartons

---

(1) Il ne faut pas le terminer entièrement avant d'avoir posé ces petits quarrés de carton sur leur tige, comme il sera dit ci-après.

peuvent facilement être enfilés sur la tringle de fer ci-dessus, on peut placer divers sujets sur cette même pièce.

On peut aussi les varier, soit en leur donnant une forme circulaire, (voyez fig. 13, pl. 9) soit en changeant la situation des quarrés de carton (1), (voyez fig. 14) soit enfin en donnant aux cartons la figure d'une étoile (fig. 15), ou toute autre forme qu'on jugera convenable.

Décrire sur un tableau une figure difforme, laquelle étant vue de deux points opposés représente deux objets différens & réguliers.

Déterminez la grandeur du tableau difforme que vous voulez exécuter, lequel est ici supposé de deux pieds de long, sur un demi-pied de large; portez cette longueur sur la ligne AB, (fig. 1, pl. 10. Amusemens d'Optique) depuis A jusqu'en B; prolongez cette ligne de chaque côté jusqu'en C & D; & élevez aux points C & D les perpendiculaires CF & DG jusqu'à la hauteur d'environ trois pouces : tirez les lignes AF & BG; divisez l'espace AB en six parties égales au point S ou en tout autre nombre à volonté, & tirez des deux points de vue F & G les lignes FS & GS qui viennent joindre ces six divisions; abaissez les perpendiculaires OO, &c.

Portez ensuite la distance GB de G en H, & celle FA de F en I, & tirez les deux lignes BH & AI qui vous détermineront la largeur des deux sujets que vous devez représenter sur ce tableau, lesquels doivent être vus, l'un du point F & l'autre de celui G; & dont les divisions inégales formées par les lignes GF & FS, détermineront celles qui doivent correspondre aux parties séparées & inclinées du tableau difforme, que l'œil doit appercevoir des points F & G.

Cette première préparation ayant été faite sur un papier, tracez le parallélogramme ABCD (fig. 2) de même longueur que la ligne AB, (figure précédente) & d'environ six pouces de largeur; partagez sa longueur en deux parties égales par la ligne FG prolongée de part & d'autre en H & I, selon la distance qu'il y a, (fig. 1) de C à A ou de D à B.

Tirez sur ce même parallélogramme les lignes parallèles LM, en observant qu'elles soient en-

tr'elles aux mêmes distances que celles qui ont été tracées entre l'espace AB de la (fig. 1); tirez des angles de ce tableau, ou parallélogramme ABCD les lignes AI & BI qui se joignent au point de vue I, & celles CH & DH qui se joignent de même à l'autre point de vue H. Ces lignes détermineront sur le tableau, par les points de section X & Y, la hauteur apparente du tableau.

Divisez ensuite l'espace AB & CD en autant de parties égales entr'elles que vous jugerez convenable, & tirez de ces points de divisions les lignes NI & celles NH.

Tracez alors sur un papier les deux parallélogrammes FGHI & LMNO, (fig. 3 & 4, même pl., qui doivent vous servir pour y dessiner les deux différens objets que vous devez représenter sur ce tableau difforme : donnez pour hauteur à chacun d'eux la distance XY, (fig. 2) & pour largeur celle HB, (fig. 1); divisez leur hauteur FH ou LN suivant les divisions de la ligne XY, (fig. 2) & leur largeur HI ou NO suivant celle de la ligne BH, (fig. 1).

Lorsque vous aurez tracé vos deux sujets au trait seulement sur les divisions de deux parallélogrammes ci-dessus, prenez une planchette ABCD (fig. 5) de la même grandeur que le parallélogramme ABCD, (fig. 2) & tracez-y les lignes parallèles LM, qui, comme le démontre la figure, se rapportent aux perpendiculaires abaissées du point O, (fig. 1) ces lignes doivent être tracées assez profondément pour retenir le pli du carton ci-après.

Ayez un carton très-fin ABCD, (fig. 6) d'environ trois pieds de long sur six pouces de large, & tracez-y sur sa largeur des lignes parallèles & espacées entr'elles selon les distances AO, OS, SO, &c, que vous prendrez les unes après les autres avec le compas sur la ligne angulaire AB, (fig. 1).

Partagez ce carton en deux parties égales par la ligne XY, & observez que ce doit être dans les espaces bbb, &c, que vous devez tracer la figure difforme du tableau qui doit être vue du point F, & dans ceux ccc, &c, que vous devez pareillement tracer celui qui doit être apperçu du point G.

Dans chacun de ces espaces, tracez seulement au crayon les parties de ligne du parallélogramme ABCD, (fig. 2) qui vont aboutir aux points H & G, & observez que ce soit suivant les rapports qu'ont entr'elles les parallèles tracées sur cette fig. 2e & sur la 8e.

Dessinez ensuite sur ce carton, (fig. 8) tous les traits des deux sujets dessinés sur les deux parallélogrammes, (fig. 3 & 4), & observez d'avoir égard à toutes les divisions auxquelles ils correspondent réciproquement.

---

[1] Il est essentiel de remarquer ici qu'il y a quelque différence dans la manière de réduire cette figure troisième en ce qu'on ne peut diviser la hauteur Bh en parties égales, [voyez fig. 11, pl. 9] & que ce sont les côtés des quarrés inscrits qui les déterminent. Il faut par conséquent pour avoir celle du plus grand des quarrés inscrits, porter la moitié de la longueur d'un de ses côtés sur la ligne AB jusqu'à ce que, y étant élevée perpendiculairement, elle vienne à se terminer sur la ligne AG.

Amusemens des Sciences.

Lorſque ce tableau difforme ſera entièrement tracé, ployez ce carton aux diviſions parallèles qui y ont été marquées, de façon que chacune des diviſions S ſoient ployées dans un ſens & celles O dans un autre, & collez le tout ſur la planchette, (fig. 5) en ſorte que les plis qui forment les angles du côté que le carton n'eſt pas peint, répondent à chacune des rainures creuſées ſur cette planchette ; poſez ſur ce carton quelque choſe qui le contienne juſqu'à ce que la colle ſoit ſèche, enfin diſpoſez-le de façon qu'il puiſſe préſenter ſix de ſes diviſions à chacun des deux points de vue F & G.

Pour diſtinguer avec préciſion l'effet de ce tableau, il faut ajuſter aux points de vue deux petits cercles de cuivre percés d'un petit trou, d'où l'œil appercevra exactement les deux ſujets qu'on y aura repréſentés : ce tableau vu de face, paroîtra d'une ſi grande difformité, qu'il ne ſera pas poſſible d'y rien connoître ni diſtinguer, particulièrement ſi on le fait fort long, eu égard à ſa largeur, & qu'on élève d'autant moins les points de vue au-deſſus du tableau.

On peut, pour exécuter toutes ces ſortes d'anamorphoſes avec plus de célérité, tracer ſur un carton les diviſions du tableau difforme, & poſer deſſus un papier tranſparent, ſur lequel on deſſinera le ſujet, ce carton ſerviroit alors pour exécuter toutes ſortes de ſujets.

Tracer ſur la ſurface d'une pyramide un objet difforme, lequel étant vu par deux points oppoſés, préſente à l'œil deux objets différens & réguliers.

Formez avec du carton, ou même avec des petites planchettes de bois mince la pyramide ABCD, (fig. 7, pl. 10. *Amuſemens d'Optique*.), que l'on ſuppoſe ici être de huit pouces de hauteur, & dont la baſe a ſix pouces de longueur ſur trois pouces de largeur ; ajuſtez-la ſur une baſe particulière E, autour de laquelle vous réſerverez une feuillure pour pouvoir couvrir cette pyramide d'une cage de verre F de quinze à ſeize pouces de hauteur : couvrez d'un carton le deſſus G H M de cette cage, & garniſſez ces quatre côtés vers ſon extrémité ſupérieure avec une bande de carton GHMILN de quatre pouces de largeur.

Ayez deux petits miroirs de trois pouces ſur quatre pouces, & ajuſtez-les dans cette partie ſupérieure, de manière qu'ils y ſoient inclinés & ſitués, comme le déſignent les lignes CP & HP, c'eſt-à-dire, à quarante-cinq degrés d'inclinaiſon.

Percez d'un trou de deux lignes de diamètre le centre S des deux côtés oppoſés de la bande de carton ci-deſſus, afin que vous puiſſiez apperce voir par chacun de ces points de vue la moitié de la pyramide ABCD ; & pour n'en pas découvrir davantage, ajuſtez dans l'intérieur de cette cage un carton ILON, percé de deux ouvertures Q & R, auxquelles vous donnerez la grandeur néceſſaire à cet effet. Cette pièce ayant été ainſi préparée, faites l'opération qui ſuit.

Tracez ſur un papier le parallélogramme ABCD (fig. 8, même pl.), dont le côté AB ait ſix pouces de longueur, & celui AC trois pouces, c'eſt-à-dire, la même grandeur que la baſe de la pyramide, (fig. 7) ; partagez-le en deux parties égales par la ligne GF, & tirez les deux d'agonales AD & BC : diviſez enſuite les côtés AB & CD en huit parties égales, & ceux AC & BD en quatre parties, & tirez du centre commun G les lignes indiquées ſur cette figure qui qui viennent toutes ſe terminer à ces points de diviſions ; diviſez chacune des lignes FG & H, en quatre parties égales, & tirez par ces points de diviſions les parallèles 1, 2, 3, 4, 5 & 6 ; menez des points où elles toucheront les diagonales AD & BC, les parallèles 7,8,9, 10, 11 & 12. Cette diviſion étant faite, deſſinez au trait dans chacun des quarrés AECFEBFD les deux ſujets que vous voulez repréſenter, & obſervez qu'il y ſoient diſpoſés comme l'indique cette fig. 2.

Prenez enſuite la moitié de la grandeur du côté AB (fig. 8) & la portez ſur un papier (fig. 9) de B juſqu'en C : élevez au point B la perpendiculaire BA égale à la hauteur de la pyramide ABCD, (fig. 7.) & tirez la ligne AC : diviſez la ligne BC en deux parties égales au point F ; tirez la ligne FH parallèle à AB & de même longueur que la hauteur de la cage F (fig. 7.) ; partagez chacun des eſpaces BF & FC en deux parties égales, & tirez du point H les lignes HE & HG, afin d'avoir ſur la ligne AC (qui repréſente le côté ACD de la pyramide) les points e, f & g ; diviſez les deux plus grands côtés de la ligne BC (fig. 7) en huit parties égales & celle CD en quatre parties, & tirez du ſommet A de cette pyramide des lignes qui aillent joindre toutes ces diviſions.

Portez enſuite ſur la ligne qui partage en deux les petits côtés de la pyramide des diſtances Ae, Af & Ag de la fig. 9, dont vous vous ſervirez pour tracer ſur chacun d'eux les lignes 7, 8 & 9 parallèles à la baſe BC, &c, continuez ces mêmes ſur ces deux plus grands côtés.

Cette opération étant faite, la ſurface de cette pyramide ſe trouvera diviſée en une quantité de petits trapèſes que le parallélogramme ABCD, & ces trapèſes étant regardés par les points de vue qui ont été déterminés, paroîtront de même forme & grandeur que ceux de ce parallélogramme.

Transportez tous les traits qui forment les deux ſujets que vous avez tracé ſur ce parallélogramme dans les trapèſes tracés ſur cette pyramide qui y correfpondent ; & ayant reconnu (en regardant par les points de vue) que votre deffin eft correct ; peignez-le dans les couleurs convenables.

Lorfqu'on regardera par un des points de vue ce qui eft peint fur cette pyramide , on verra un des fujets dans une figure régulière , & regardant par celui qui eft oppofé , on appercevra de même l'autre fujet , & comme ces deux différens fujets font peints d'une manière difforme fur cette pyramide , ils paroîtront fe confondre lorfqu'on les regardera de tout autre endroit ; d'un autre côté les miroirs ne pouvant être apperçus, on ne connoîtra pas trop aifément ce qui produit cette illufion.

Décrire fur une furface plane une figure difforme , laquelle étant vue d'un point déterminé , paroiffe non-feulement régulière , mais encore fufpendue au-deffus de ce plan.

Tracez fur un papier & dans une grandeur prife à difcrétion un octaèdre fufpendu au-deffus de fon plan géométral , & tranfportez-en le deffin , (ombré régulièrement) , fur un carton & d'une manière difforme ; comme l'enfeigne la deuxième récréation ci-deffus ; alors , lorfqu'on regardera cette figure du point de vue qui aura été déterminé , & que le carton fur lequel il aura été peint fera dans une fituation horizontale , il paroîtra élevé & fufpendu au-deffus du plan ; & fi au contraire on tient le carton dans une fituation verticale il paroîtra fufpendu en l'air au-devant du plan , ce qui produira une furprife des plus extraordinaires à ceux qui ne connoiffent pas jufqu'à quel point la perfpective peut produire d'illufion.

Nota. Il eft effentiel que les faces de cet octaèdre foient ombrées bien à propos , & qu'on apperçoive fur le plan l'ombre qu'il y doit produire , fans cela il ne feroit pas ce même effet.

Optique tranfparent.

Faites imprimer fur du papier d'Hollande un peu mince , une eftampe dont la gravure foit un peu nette , & de celle dont on fe fert pour les optiques ordinaires : choififfez un fujet avantageux & dont la perfpective faffe beaucoup d'effet ; lavez-la avec des couleurs fort légères , de manière qu'elle imite le tableau fans être regardée au travers le jour ; humectez-la enfuite légèrement par derrière , en la laiffant une heure ou deux en preffe entre deux papiers , dont l'un ait été mouillé & effuyé , & collez-la par fes bords fur un verre blanc , en obfervant que le côté de la gravure doit être tourné du côté du verre : pofez ce verre fur un chevalet , afin de pouvoir ombrer votre eftampe par derrière & au tra-

vers le jour , en la chargeant des couleurs convenables dans les endroits où la gravure indique les ombres ; ce que vous ferez à diverfes reprifes dans les endroits où elles font les plus fortes , jufqu'à ce que cette eftampe paroiffe bien dégrader du clair à l'obfcur , étant expofée & regardée au travers de la lumière du foleil ou celle de plufieurs bougies allumées.

Faites faire une boîte, dont la face antérieure foit ouverte de la grandeur des eftampes dont vous voulez faire ufage , & donnez-lui fix pouces de profondeur ; couvrez cette face antérieure d'un verre blanc , derrière lequel doivent être placées vos eftampes (1) : ménagez une porte qui doit s'ouvrir par derrière la boîte ; couvrez-la en dedans de fer blanc , & ajuftez-y cinq à fix petites bobeches garnies de bougies , dont les lumières fe trouvent placées à différentes hauteurs.

Lorfque cette eftampe fe trouvera placée dans cette boîte , entre les bougies allumées & l'ouverture du devant de la boîte , & qu'il n'y aura que très-peu d'autre lumière dans la chambre , l'effet de cet optique fera très agréable à voir , furtout fi l'on a eu attention à bien efpacer les lumières entr'elles & à ne pas les mettre trop fortes , afin qu'elles ne faffent pas de taches lumineufes fur l'eftampe.

Ces eftampes ainfi colorées en tranfparents peuvent également être employées dans les optiques où les objets font vus au travers un verre qui les groffit ; mais il ne faut pas alors qu'il y ait de miroir , & on doit conftruire la boîte de manière que l'eftampe puiffe être placée en face du verre.

Optique en illumination.

La boîte qui doit renfermer cette optique peut fe faire de même forme que celle de la précédente récréation , en obfervant feulement qu'il faut éclairer très-peu le devant de l'eftampe , & très-fortement l'autre côté : il faut auffi choifir une eftampe qui foit convenable.

On découpera avec de très-petits emporte-pièces gradués de différentes groffeurs & de forme ovale , mais un peu en pointe d'un côté ; tous les endroits de l'eftampe où l'on jugera devoir faire paroître des lumières , ou ceux où elles font défignées fur la gravure fi l'on fe fert d'eftampes repréfentant des illuminations , & on obfervera de fe fervir des emporte-pièces les plus fins pour découper les lumières qui font dans les endroits qui paroiffent être dans un plus grand éloignement.

---

(1) Ces fortes d'eftampes doivent être collées par les bords & bien tendues fur des chaffis qui doivent entrer de côté à couliffe dans la boîte.

Cette eſtampe ne doit pas être tranſparente, on la doublera d'un papier ſur lequel on mettra deux couches de couleur noire, faite avec le noir de fumée ; étant découpée, on collera par derrière & par ſes bords ſeulement une feuille de papier de ſerpente très-fin & huilé ; qu'on aura teint des deux côtés avec une eau de ſaffran fort légère, & on aura ſoin que cette teinte ſoit plus forte aux endroits qui doivent couvrir les lumières qui pa-roiſſent dans l'éloignement. Cette précaution ne ſera pas néceſſaire ſi l'illumination repréſentée ſur l'eſtampe occupe une ſeule façade ; il faudra ſeulement ſe ſervir d'un emporte-pièce plus fort pour déſigner les lumières plus fortes que l'on emploie ordinairement dans les illuminations (1).

Si on veut diſpoſer dans ces ſortes d'illumi-nations des chiffres, des trophées, ou d'autres parties en tranſparent à deſſein d'embellir ces ſortes de pièces, on ſe réglera ſur ce qui a été dit à la précédente récréation, & elles feront ſans contredit un effet beaucoup plus agréable.

Nota. Les eſtampes que l'on diſpoſe de cette manière, peuvent auſſi ſe placer dans les boîtes d'optique où les objets ſont vus au travers d'un verre ; mais comme le verre étend & groſſit l'ob-jet, il faut alors les éclairer encore plus forte-ment. On conçoit que l'on doit dans ce cas ſup-primer le miroir qu'on eſt d'uſage de mettre dans ces optiques, & que l'eſtampe doit être placée en face du verre, ce qui change néceſſairement la forme des boîtes ordinaires, à moins qu'on ne veuille les éclairer par réflexion, comme l'enſei-gne la catoptrique.

PHANTOME APPARENT ; (*Voyez*) DIOP-TRIQUE).

PHIOLE ÉLÉMENTAIRE. C'eſt un petit vaſe que l'on remplit de diverſes matières ſolides & liquides, de différentes gravités ſpécifiques, qui, lorſqu'on les agite, ne forment qu'un cahos : mais lorſqu'enſuite la phiole reſte tranquille, on voit tous ces corps reprendre chacun leur place, ſuivant leur gravité ſpécifique, & les corps les plus légers cédant aux plus peſants, paſſer ré-ciproquement entre les pores les uns des autres, pour aller reprendre leur place naturelle.

Il eſt facile de choiſir des corps de gravités ſpécifiques différentes, par conſéquent conſtruire des phioles élémentaires de pluſieurs eſpèces. Mais voici la meilleure, pour donner l'image des quatre éléments connus ſous les noms de terre, d'eau, de feu & d'air.

Pour repréſenter la terre, on prendra de l'é-

mail noir ; que l'on concaſſera groſſièrement, qui, par ſa peſanteur, ira au fond & repréſentera la terre, le plus peſant des éléments. Pour re-préſenter l'eau, le plus peſant des éléments après la terre, on prend du tartre calciné qu'on laiſſe tomber en défaillance, c'eſt-à-dire, ſe réduire en liqueur, en l'expoſant à l'humidité de l'air, & on y mêle un peu d'azur en poudre très-fine, pour lui donner la couleur d'eau de mer. Pour l'air, on prend de l'eau-de-vie, que l'on teint en bleu avec un peu de tourneſol. Pour le feu, on prend de l'huile eſſentielle de térébenthine, dont on retire la plus tenue & la plus légère par la diſtillation, que l'on teint avec de l'orca-nette. En mêlant toutes ces ſubſtances enſemble, on ſe procure ce que l'on nomme la phiole élé-mentaire.

Lorſqu'on veut la préparer ſoi-même, il faut choiſir un bout de tube de verre gros comme le doigt, long de ſix pouces ; le ſceller hermé-tiquement par un bout au feu de lampe, & le rétré-cir par l'autre bout, de manière qu'il ſoit preſ-que capillaire. Toute la longueur du tube étant diſtribuée en cinq parties égales par autant de marques que l'on fera deſſus avec du fil lié au-tour ou autrement, on y fera d'abord entrer l'é-mail noir ou bien du vif-argent, pour remplir le premier eſpace ; enſuite de l'huile de tartre, pour remplir le ſecond ; après cela de l'eau-de-vie pour le troiſième, & enfin l'eſprit de téré-benthine pour le quatrième. On ſcellera enſuite le bout du tube, & on lui fera prendre la forme d'un petit anneau, auquel on attachera un nœud de ruban pour le ſuſpendre, ou bien on y ſoudera la tige & la patte d'un verre à boire, pour le poſer où l'on voudra.

PHOSPHORE. En général on donne le nom de Phoſphore aux ſubſtances capables de répandre de la lumière dans les ténèbres. Il y en a de na-turels & d'artificiels.

Les *Phoſphores naturels* ſont ceux qui brillent & éclairent ſans le ſecours de l'art : tels ſont les vers luiſans, les porte-lanternes, le bois pourri, les poiſſons qui commencent à ſe corrompre, &c.

Les *Phoſphores artificiels* ſont ceux que l'art a trouvé les moyens de préparer, on peut regarder comme tels les diamans après avoir été expoſés au ſoleil ou au grand jour, la pierre de Bologne & certains ſpats, après qu'ils ont été calcinés. Sous ce point de vue les pyrophores pourroient être regardés comme phoſphoriques. Cependant la différence qui ſe trouve entre l'un & l'autre, c'eſt que le phoſphore s'enflamme par le frotte-ment & jette une lumière brillante, au lieu que le pyrophore s'embraſe à l'air libre & ſe met en charbon. Ainſi le ſucre, le ſoufre, le verre, les cailloux & autres corps, qui, frottés ou caſſés dans l'obſcurité, répandent des étincelles de lu-

---

(1) Les terrines doivent être déſignées par une ou-verture plus grande que les lampions ; cette attention eſt néceſſaire pour faire plus d'illuſion.

mière plus ou moins vives, pourroient être regardés comme phosphoriques.

Quoi qu'il en soit, en courant après un objet, on en rencontre un autre. C'est ainsi qu'un Cénobite allemand, en cherchant le grand œuvre dans la mixtion de divers ingrédiens, n'y trouva pas, à la vérité, la poudre d'or, qui devoit enrichir le genre humain, mais découvrit la poudre à canon, qui le détruit. C'est pareillement en courant après la pierre philosophale, que Brandt, bourgeois de Hambourg, fit dans le dix-septième siècle la découverte du phosphore, espèce de soufre qui s'enflamme par le simple contact de l'air.

Tous les livres de secrets sont remplis de procédés pour faire le phosphore, la plupart copiés les uns sur les autres, ou s'ils diffèrent entre eux, c'est de peu de chose. Au reste, il suffit de connoître un bon procédé; & comme nous nous sommes fait un devoir de préférer ceux dont le succès est attesté par l'expérience, nous ne croyons pas pouvoir mieux choisir que de transcrire ici celui qui se trouve dans le dictionnaire de chimie. Voici comment opéroit M. Baumé, dans le cours de chimie qu'il faisoit avec M. Macquer.

On prenoit une espèce de plomb cornée, qu'on avoit préparé en distillant un mélange de quatre livres de minium avec deux livres de sel ammoniac réduit en poudre, & dont on avoit retiré tout l'esprit volatil alkali, qui est très-pénétrant. On mêloit ce qui restoit dans la cornue après cette distillation, c'est-à-dire, le plomb cornée en question, avec neuf à dix livres d'extrait d'urine en consistance de miel : il n'est pas nécessaire qu'elle soit purifiée, comme le demande M. Margraff. Ce mélange se faisoit peu-à-peu dans une chaudière de fer sur le feu en remuant de temps en temps : on y ajoutoit une demi-livre de charbon en poudre; on desséchoit jusqu'à ce que le tout fût réduit en une poudre noire; on mettoit cette poudre dans une cornue pour tirer, par une chaleur graduée & médiocre, tous les produits volatils de l'urine, c'est-à-dire, l'alkali volatil, l'huile fétide & une matière ammoniacale, qui s'attache au col de la cornue. On ne poussoit le feu dans cette distillation, que jusqu'à faire rougir médiocrement la cornue; il ne restoit, après cela, qu'une espèce de *caput mortuum* noire & très-friable : c'est ce résidu qui est propre à fournir le phosphore, à une chaleur beaucoup plus forte. On peut, avant de le soumettre à la dernière distillation, l'essayer : en en jettant un peu sur des charbons ardens : si la matière a été bien préparée, il s'en exhale aussi-tôt une odeur d'ail, & l'on voit une flamme bleue phosphorique, qui se promene à la surface des charbons, en formant des ondulations. On mettoit ensuite cette

matière dans une bonne cornue de terre, capable de résister au grand feu. M. Baumé enduisoit sa cornue d'un lut de terre mêlé de bourre, pour la ménager : on emplissoit cette cornue jusqu'aux trois quarts, de la matière dont on doit tirer le phosphore; on la plaçoit dans un fourneau ordinaire, pour distiller à la cornue, excepté qu'au lieu d'être terminé par le dôme, ou reverbère ordinaire, celui-ci l'étoit par une chappe de fourneau à vent, surmonté d'un tuyau de 4 à 6 pouces de diamètre & de 8 à 9 pieds de haut. Cet appareil, dont se servoit M. Baumé, étoit nécessaire, tant pour donner assez d'activité au feu, que pour pouvoir introduire une suffisante quantité de charbon à la fois par la porte de la chappe. La cornue doit être bien lutée à un ballon de moyenne grandeur, percé d'un petit trou & à moitié rempli d'eau. On se sert pour cela du lut gras ordinaire, bien assujetti par des bandes de linge chargées de lut de chaux & de blanc d'œuf. L'échancrure du fourneau par où passe la cornue, doit être aussi bien fermée par de la terre à four. Enfin, on élevoit un petit mur de briques entre le fourneau & le ballon, pour garantir ce vaisseau de la chaleur le plus qu'il étoit possible. Toutes ces choses préparées la veille du jour de la distillation, le reste étoit facile : on échauffoit la cornue par degrés environ pendant une heure & demie; alors on augmentoit la chaleur jusqu'à faire bien rougir la cornue, & le phosphore commençoit à passer en vapeurs lumineuses : la cornue étant presque rouge-bleue, le phosphore passoit en gouttes, qui tomboient & se figeoient dans l'eau du récipient. On soutenoit ce degré de chaleur, jusqu'à ce qu'on s'aperçût qu'il ne passoit plus rien. Cette opération dure environ cinq heures pour une cornue de la continence de deux pintes, ou même plus. Le phosphore ne passe point pur dans cette distillation; il est tout noirci par les matières fuligineuses ou charbonneuses qu'il enlève avec lui : mais on le purifie facilement, & on le rend très-blanc & très-beau en le distillant une seconde fois dans une petite cornue de verre, à laquelle est ajusté un petit récipient à moitié plein d'eau. Elle ne demande qu'une chaleur très-douce, parce que le phosphore, une fois formé, étant très-volatil, s'élève promptement, passe très-pur, & les matières fuligineuses restent au fond de la cornue. On réduit ce phosphore en petits bâtons, pour la commodité des expériences; ce qui se fait en l'introduisant dans des tubes de verre, qu'on plonge dans l'eau un peu plus que tiède. Cette chaleur très-douce suffit pour liquéfier le phosphore, qui est presque aussi fusible que du suif : ses parties se réunissent & prennent la forme du tube qui leur sert de moule : on en fait sortir le phosphore, après l'avoir laissé figer. Il est bon, pour plus de facilité, que ces tubes, ou moules

foient de figure un peu conique. Toutes ces opérations doivent fe faire toujours dans l'eau, pour
éviter l'inflammation du phofphore.

PHOSPHORE LIQUIDE. Le phofphore fe diffout
en petite quantité dans les huiles effentielles, &
l'on peut broyer un grain de phofphore avec cinq
fcrupules d'huile de girofle, demi gros de camphre, & les faire digérer doucement. L'huile
devient luifante, & c'eft ce qu'on appelle le
phofphore-liquide : on peut s'en frotter le vifage,
& le rendre ainfi lumineux dans l'obfcurité, fans
craindre, dit-on, de fe brûler. On peut, avec
cette diffolution, former des caractères qui paroîtront très-lumineux dans l'obfcurité.

On peut faire auffi un onguent lumineux, en
uniffant demi-dragme de mercure avec une diffolution de dix grains de phofphore dans deux dragmes d'huile d'afpic.

PHOSPHORE EN POUDRE. Ce procédé de M.
Canton, extrait d'un mémoire traduit de l'Anglois, confifte à faire calciner une certaine quantité d'écailles d'huîtres ordinaires, en les tenant
pendant une demi-heure dans un feu bien foutenu.
Lorfque les écailles font abfolument réduites en
poudre, on en fépare la partie la plus pure,
en les criblant : on mêle trois-quarts de cette
poudre avec un quart de fleur de foufre : on
met alors ce mélange dans un creufet profond
d'un pouce & demi, qu'on emplit jufqu'au bord :
on le place fur le plus grand feu, où on le tient
rouge au moins pendant une heure ; après quoi
on le laiffe refroidir : lorfqu'il eft entièrement
froid, on en retire la matière, que l'on coupe
ou que l'on brife : on en broie les parties les
plus brillantes, qui, fi le phofphore eft bien
fait, rendront une poudre blanche qu'il faut
couvrir, en la dépofant dans une bouteille fermée
hermétiquement.

Quelques parcelles de ce phofphore, lorfqu'elles ont été expofées à l'air pendant deux ou
trois fecondes, & qu'on les tranfporte fur le
champ dans une chambre obfcure, donnent affez
de lumière pour que l'on puiffe diftinguer les
heures à une montre, pourvu qu'on ait fermé
les yeux deux ou trois minutes auparavant, ou
que l'on ait paffé ce temps dans un endroit peu
éclairé.

On peut auffi, par le moyen de ce phofphore,
repréfenter parfaitement les corps céleftes, tels
que Saturne & fon anneau, les phafes de la
lune ; &c. Il faut, pour cela, avoir leurs figures
en bois & les enduire de blancs d'œufs, que l'on
faupoudrera de phofphore : pendant la nuit, les
bleuettes qui partent du frottement d'une bouteille électrifée que vous en approcherez, feront
le même effet pour éclairer vos figures, que la
lumière pendant le jour.

Ce phofphore ne fouffre point d'altération par
l'action du foleil, comme on l'a dit de la pierre
de Bologne : mais l'eau, l'humidité de l'air le
détruifent en deux mois de tems. L'efprit-de-vin
ne l'altère pas fenfiblement, & encore moins
l'æther : le phofphore fe précipite dans ces deux
liqueurs ; la dernière refte limpide, l'autre contracte une teinte jaune.

La chaleur de l'eau bouillante augmente fon
éclat : mais cet éclat difparoît en moins de dix
minutes ; la chaleur de la main ne lui eft pas fi
contraire.

La chaleur d'un fer prefque rouge agit fur lui
fi fortement, qu'elle lui rend fon éclat, même
après avoir été tenu fix mois dans l'obfcurité.

PHOSPHORE PIERREUX. M. Macquer, dans
fon dictionnaire de chimie, en parlant des phof-
phores, dit que jufqu'à préfent on n'a pas encore
trouvé à employer le phofphore ni fon acide à des
objets utiles, à caufe de fa rareté & de fa cherté.
Quand il devroit refter au nombre des chofes
fimplement curieufes, il tiendra toujours un des
premiers rangs dans cette claffe-là. On fait avec
le phofphore une infinité d'expériences des plus
amufantes, qui feroient des plus furprenantes, fi
cette matière étoit moins connue. On écrit,
par exemple, fur la muraille d'un lieu obfcur
avec un bâton de phofphore, & l'écriture fe lit
auffitôt, tracée en caractère de feu : on enduit
un vifage ou tout autre objet avec une diffolution de phofphore dans une huile, & ces objets
paroiffent tous rayonnans de lumière, dans
un lieu obfcur : fur-tout fi l'air en eft un peu
échauffé : on éteint une bougie, & on la rallume fur le champ, en appliquant fur la mèche
encore chaude de la pointe d'un couteau, à laquelle on a collé, avec un peu de fuif, un petit
morceau de phofphore ; ou bien l'on exécute le
même procédé par le moyen de deux petites figures tenant chacune à la bouche un petit bout de
tuyau de la groffeur d'une très-petite plume :
l'une eft remplie de quelques grains de poudre
à tirer, & l'autre d'un petit morceau de phofphore d'Angleterre : l'une de ces figures éteint,
& l'autre rallume la chandelle.

Enfin, c'eft une de ces fubftances par le moyen
defquelles des magiciens ou faifeurs de tours, peuvent faire des opérations d'autant plus capables
de furprendre beaucoup ceux qui ne font pas dans
le fecret, que la caufe en eft déguifée avec plus
d'art. Mais il feroit dangereux d'en abufer vis-à-
vis de perfonnes d'une imagination foible : car
il eft poffible de leur faire voir pendant la nuit des
lettres de feu, des images enflammées & autres
objets propres à infpirer l'effroi & la terreur.

Liqueur qui brille dans les ténèbres.

Prenez un petit morceau du phosphore d'Angleterre ci-dessus, de la grosseur environ d'un petit pois, & l'ayant coupé en plusieurs morceaux (1), mettez-le dans un demi-verre d'eau bien claire, & la faites bouillir dans un petit vase de terre à un feu très-modéré; ayez un flacon long & étroit de verre blanc avec son bouchon de même matière qui le ferme bien exactement, & l'ayant ouvert, mettez-le dans l'eau bouillante; retirez-le; vuidez-en toute l'eau, & versez-y sur-le-champ votre mélange tout bouillant; couvrez-le aussitôt avec du mastic, afin que l'air extérieur ne puisse en aucune façon y pénétrer.

Cette eau brillera dans les ténèbres pendant plusieurs mois, sans même que l'on y touche, & si on la secoue dans un temps chaud & sec, on verra des éclairs très-brillans s'élancer du milieu de l'eau.

Nota. On peut se procurer quelques amusemens avec ce phosphore liquide en entourant le flacon qui le contient d'un papier noir sur lequel on aura découpé quelques mots que l'on pourra faire lire dans l'obscurité, (*voyez fig.* 1, *pl.* 2, *Pièces d'Artifice.*) & comme on peut non-seulement faire paroître deux mots différens sur les côtés opposés de ce flacon, mais aussi cacher avec le doigt quelques-unes des lettres qui les composent, afin d'en former d'autres mots, il semblera qu'on les fait paroître à volonté.

Lumière phosphorique. Amusement.

Prenez un morceau de phosphore de Kunkel, de la grosseur d'un pois-chiche; coupez-le en petites parties; placez-le dans un verre à moitié plein d'eau pure; faites bouillir cette eau à petit feu dans un vaisseau de terre.

Prenez un petit flacon de verre blanc, un peu long & étroit, dont le col soit plus resserré & puisse être exactement fermé, par un bouchon de verre.

Plongez dans de l'eau bouillante ce flacon débouché; vuidez le flacon, & remplissez-le de l'eau qui bout dans le premier verre; fermez-le aussitôt, & collez le bouchon avec du mastic.

(1) Il faut beaucoup de précaution pour se servir de ce phosphore, & on ne doit pas le prendre avec les doigts, mais avec une carte qu'on aura trempée dans l'eau, attendu que non-seulement il est très-facile à s'enflammer, particulièrement lorsqu'on l'écrase ou qu'on le frotte, mais qu'il seroit fort difficile d'éteindre les petites parties qui s'attacheroient aux doigts, & auxquels elles occasionneroient une brûlure considérable : le moyen d'y remédier, seroit de tremper sa main dans l'urine; toute autre chose ne serviroit qu'à l'enflammer davantage.

Ce flacon, placé dans un endroit obscur, éclairera pendant quelques mois, pourvu qu'on ne le remue pas. Mais secouez le flacon lorsqu'il fait chaud, & particulièrement lorsque le temps est sec; vous verrez des éclairs s'élancer au milieu de l'eau.

On peut s'amuser de plusieurs manières avec le phosphore contenu dans cette eau : par exemple, si on couvre ce flacon d'un papier où l'on aura découpé quelques mots, on les lira dans l'obscurité.

Procédé & instrument pour avoir une lumière momentanée au moment du besoin, par M. Sage.

Ce petit instrument, qu'on pourroit nommer phosphore métallique, se prépare en introduisant environ trois gros de mercure dans un globe de verre d'environ un pouce de diamètre terminé par un tube capillaire de deux ou trois pouces. On fait chauffer le mercure jusqu'au degré de l'ébullition, & l'on scelle le tube. Alors le mercure se trouve privé d'eau, de même que la petite portion d'air qui est contenue dans ce globe. Si l'on agit dans l'obscurité cet instrument, toute la partie vuide du petit globe est remplie d'une lumière bleuâtre, qui est assez forte pour illuminer les objets, de sorte qu'on peut facilement distinguer les caractères d'un livre. Cette lumière ne dure pas plus d'une seconde; si on veut qu'elle soit continue, il faut continuer de secouer l'instrument.

Phosphore (tour tiré du). On demanda à un faiseur de tours s'il pouvoit allumer une chandelle avec le bout de son doigt; & pour réponse, il tira de sa poche des étoupes, qu'il tordit, & auxquelles il donna deux ou trois chiquenaudes, en disant que son doigt lui servoit de briquet. Les étoupes s'allumèrent aussitôt, & nous apprîmes que, pour faire ce tour, il faut avoir une mêche phosphorique dans un petit tube de verre, hermétiquement fermé. On enveloppe cette mêche dans des étoupes, afin qu'elle ne paroisse point; ensuite on casse le petit tube, & l'action de l'air sur le phosphore, allumant aussitôt cette substance, met le feu aux étoupes, qui semble s'enflammer d'un coup de doigt, quand le tour est fait adroitement. Quelquefois on cache tout simplement le tube & la mêche, en les tenant dans la main avec le pouce, & en ne montrant à la compagnie que le dehors de la main : par ce moyen il semble qu'on se brûle le bout des doigts, & cela pourroit arriver effectivement, si l'on n'avoit soin de terminer bien vîte l'opération, en soufflant sur la mêche, pour éteindre le feu.

PHYSIQUE. Cette science embrasse toute la nature, & ses nombreux phénomènes, offrent à l'homme instruit un spectacle aussi varié que mesveilleux. Mais il faut s'attacher dans cet ouvrage à rapporter feulement quelques problêmes curieux & amufans.

Expofition de plufieurs expériences de la machine Pneumatique.

L'air étant un fluide élaftique, il ne faut qu'une légère attention pour fentir que s'il eft renfermé dans un vafe clos, qu'à ce vafe foit adapté un corps de pompe auquel il communique, lorfque l'on retirera le pifton, l'air contenu dans ce vafe fe répandra dans la capacité de ce corps de pompe. Si donc alors on intercepte la communication du vafe & du corps de pompe, & qu'on en ouvre une entre ce dernier & l'air extérieur, on chaffera, en pouffant le pifton, l'air contenu dans le corps de pompe. Qu'on ferme maintenant la communication entre le corps de pompe & l'air extérieur, qu'on ouvre celle du corps de pompe & du vafe, & enfin qu'on retire le pifton, l'air contenu dans le vafe fe répandra encore en partie dans la capacité du corps de pompe; & réitérant la même manœuvre que la première, on évacuera l'air contenu dans cette capacité. Si le corps de pompe eft, par exemple, égal en capacité à ce vafe avec lequel il communique, la première opération réduira l'air à la moitié de fa denfité, la feconde à la moitié de la moitié, ou au quart, & ainfi de fuite: ainfi un affez petit nombre de coups de pifton réduira l'air contenu dans le vafe propofé, à une très-grande ténuité.

Tel eft le mécanifme de la machine pneumatique, dont voici une defcription plus précife. AB eft (fig. 1, pl. 1. Amufemens de Phyfique.) un corps de pompe cylindrique, dans lequel joue le pifton D, au moyen de la branche DC, à l'extrémité de laquelle eft un étrier dans lequel on puiffe paffer le pied pour l'entraîner en bas, en agiffant de tout fon poids. Ce corps de pompe eft dans le haut embraffé par un collet, duquel partent trois ou quatre pieds formant un empatement, & qui s'implantent dans un bâtis folide & horifontal, quarré ou triangulaire. Du fond A du corps de pompe, part un tuyau d'un pouce environ de diamètre, fur la partie fupérieure duquel s'adapte un plateau circulaire avec un petit rebord. C'eft fur ce plateau que fe pofe le récipient en forme de cloche, dont on fait fréquemment ufage dans les expériences pneumatiques. Ce plateau eft ordinairement percé par le petit tuyau dont nous avons parlé plus haut, qui fert à établir la communication entre le vafe & le corps de pompe. Il eft communément tourné extérieurement en vis, afin de pouvoir, fuivant le befoin, y viffer le tuyau d'un autre vaiffeau, comme un ballon dont on voudroit vuider l'air. Enfin, au-deffous de la platine, entr'elle & le corps de pompe, eft une clef I, tellement conformée, qu'en la tournant

d'un côté on établit une communication entre le corps de pompe & le récipient, pendant qu'on empêche la communication entre l'air extérieur & la capacité de ce corps de pompe; & au contraire, en tournant la clef en fens contraire, on ouvre cette dernière, & on interdit la première. Telle eft la forme d'une machine pneumatique, du moins de certaines & des plus fimples, car il en eft de plus compofées. Il y en a, par exemple, à deux corps de pompe, dont les piftons font mus alternativement par une manivelle, enforte qu'il y a toujours un de ces corps qui fe remplit de l'air du verre, pendant que l'autre évacue dans l'air extérieur celui qu'il contenoit. (Voyez auffi à l'article MACHINE PNEUMATIQUE).

Il eft aifé, en combinant cette defcription avec ce qu'on a dit plus haut, de deviner comment on fe fert de cette machine. On commence, lorfqu'on fe fert d'un récipient en forme de cloche, on commence, dis-je, à placer fur la platine FG un cuir mouillé, & percé dans fon centre, pour laiffer paffer le bout du tuyau H. L'utilité de ce cuir confifte à faire que le contact des bords du récipient foit plus exact que s'ils pofoient fur le métal; car il reiteroit toujours quelque ouverture, quelque fente, par laquelle l'air extérieur s'introduiroit. Cela fait, on pofe deffus le récipient, en le comprimant un peu fur le cuir; on tourne la clef de manière à ouvrir la communication entre le corps de pompe & le récipient; & l'on abaiffe le pifton, (que nous fuppofions relevé jufqu'au plus haut,) en appuyant avec le pied fur l'étrier. Lorfque le pifton eft au plus bas, on tourne la clef de manière à intercepter la première communication, & à établir celle du corps de pompe avec l'air extérieur; alors on relève le pifton, ce qui chaffe l'air contenu dans le corps de pompe; on retourne enfuite la clef, ce qui ferme cette feconde communication & ouvre la première, & on rabaiffe le pifton. Chaque coup de pompe évacue une portion de l'air primitif contenu dans le récipient, & dans une progreffion géométrique décroiffante. Si, par exemple, le corps de pompe eft égal en capacité au récipient, le premier coup de pifton fera fortir la moitié de l'air contenu dans ce récipient, le fecond un quart, le troifième un huitième, le quatrième un feizième, &c.; enforte qu'il eft vrai dédire qu'on ne fauroit jamais l'évacuer entièrement; mais, en quatorze ou quinze coups de pifton, il fera fi raréfié, qu'il n'y en aura plus qu'une partie infiniment petite; car, dans la fuppofition ci-deffus, par exemple, la quantité d'air reftante après le premier coup de pifton, fera ½; après le fecond, ¼; après le troifième, elle fera ⅛; & ainfi de fuite: elle fera donc, après le quinzième coup de pifton, d'une 32768° feulement; ce qui équivaut ordinairement au vuide parfait pour les expériences qu'on a à faire.

Après cette inftruction fur la forme & l'ufage de

de la machine pneumatique, nous allons passer à quelques-unes des expériences les plus curieuses.

Première expérience.

Posez sur le plateau de la machine un récipient en forme de cloche. Tant que vous n'en aurez point pompé l'air, vous n'éprouverez aucune résistance, que celle de son poids, à l'enlever; mais donnez seulement un coup de piston, il adhérera déja très-fortement à la platine : il y tiendra encore plus fortement, après 2, 3, 4, &c. coups; après 18 ou 20 coups, il y adhérera avec une force de plusieurs milliers. Si, par exemple, la base du récipient étoit un cercle d'un pied de diametre, cette force seroit de 1760 livres.

Cette expérience prouve la pesanteur de l'air de l'atmosphère; car cet air est le seul corps qui puisse, en s'appuyant sur le récipient, causer l'adhérence qu'on éprouve : il n'y en a aucune quand il y a de l'air sous le récipient, aussi dense que celui qui est dehors; ils se font alors équilibre l'un à l'autre; mais celui de dedans étant évacué en tout ou en partie, l'équilibre est rompu, & l'air extérieur presse le récipient contre la platine, avec l'excès de son poids sur la force que lui oppose l'air intérieur. On trouve enfin que cette force est égale à celle d'un cylindre d'eau de 32 pieds de hauteur, sur une base égale à celle du récipient. C'est ainsi que nous avons trouvé, dans l'exemple ci-dessus, une force de 1760 livres; car le pied cylindrique d'eau pèse 55 livres; & conséquemment les 32 en pesent 1760.

Deuxième expérience.

Placez dans le récipient une pomme extrêmement ridée, ou une vessie fort flasque, & dans laquelle il reste néanmoins quelque peu d'air, évacuez l'air du récipient; vous verrez la peau de la pomme se tendre, & reprendre presque la forme & la fraîcheur qu'elle avoit lorsqu'on l'a cueillie. La vessie se tendra pareillement, & pourra même se distendre jusqu'à crever. Lorsque vous rendrez l'air, elles reviendront l'une & l'autre à leur premier état.

On a une preuve de l'élasticité de l'air. Tant que la pomme ridée, ou la vessie fort flasque, sont plongées dans l'air atmosphérique, son poids contient l'effort élastique de l'air contenu dans l'une & l'autre; mais, dès que ce dernier est soulagé du poids du premier, son élasticité agit & soulève les parois du vaisseau où il est renfermé. Rendez l'air; voilà le ressort comprimé comme auparavant, & il revient à son premier état.

Troisième expérience.

Placez sous le récipient un petit animal, comme
Amusemens des Sciences.

un petit chat, une souris, &c. & pompez l'air; vous verrez aussitôt cet animal s'agiter, s'enfler, mourir enfin distendu & écumant. C'est l'effet de l'air contenu dans la capacité de son corps, qui, n'étant plus comprimé par l'air extérieur, agit par son ressort, distend les membranes, & jette dehors les humeurs qu'il rencontre sur son chemin.

Quatrième expérience.

Mettez sous le récipient des papillons, des mouches; vous les verrez voltiger tant que l'air sera semblable à l'air extérieur : mais aussitôt que vous aurez donné quelques coups de piston, vous les verrez faire de vains efforts pour s'élever; l'air devenu trop rare, ne le leur permettra plus.

Cinquième expérience.

Ayez une bouteille applatie, à laquelle vous adapterez un petit tuyau propre à se dévisser avec le bout du tuyau qui excède la platine de la machine; vous n'aurez pas plutôt donné une couple de coups de piston, ou même au premier, que vous la verrez sauter en morceaux; c'est pourquoi il est à propos de l'envelopper d'un linge, pour éviter le mal que pourroient faire les éclats.

Cela n'arrive pas à un récipient en forme de ballon, à cause de sa forme sphérique, qui fait voûte contre le poids de l'air extérieur.

Sixième expérience.

Ayez une petite machine composée d'un timbre, & d'un petit marteau qui soit mis en mouvement & frappe le timbre au moyen d'un rouage; montez cette petite machine, &, après l'avoir mise en mouvement, placez-la sous un récipient; pompez l'air : vous entendrez aussitôt le son s'affoiblir; il s'affoiblira même de plus en plus, & au point de n'être plus entendu, à mesure que vous extrairez davantage l'air. Au contraire, à mesure que vous le rendrez, le son du timbre sera entendu de mieux en mieux.

Cette expérience, déjà citée ailleurs, prouve que l'air est absolument nécessaire pour la transmission du son, & qu'il en est le véhicule.

Septième expérience.

Percez le sommet d'un récipient, & par le trou faites passer le tuyau d'un baromètre, en sorte que la petite cuvette soit dans l'intérieur du récipient; vous fermerez au reste le trou du sommet avec du mastic, en sorte que l'air n'y puisse point pénétrer; mettez enfin ce récipient ainsi préparé, sur la platine de la machine pneumatique, & pompez l'air : au premier coup de piston, vous verrez le mercure s'abaisser considérablement; un second

Hhhh

coup le fera encore s'abaisser, mais d'une hauteur moindre que la première ; & ainsi de suite, dans une proportion décroissante. A mesure enfin qu'il restera moins d'air dans le récipient, le mercure approchera davantage de se mettre de niveau.

Huitième expérience.

Ayez deux hémisphères creux, de fer ou de cuivre, de deux pieds de diamètre, qui puissent s'adapter l'un sur l'autre par leurs bords bien unis, de manière qu'ensemble ils forment un globe creux, que l'un des deux soit garni d'un tube pénétrant dans sa capacité, garni d'une clef de robinet, & susceptible de se visser sur le bout du tube H de la machine pneumatique. Chacun de ces hémisphères doit être aussi garni d'un anneau, au moyen duquel on puisse suspendre l'un & attacher des poids à l'autre.

Cela ainsi préparé, adaptez ces deux hémisphères concaves l'un sur l'autre, avec une rondelle de peau mouillée entre deux, pour que le contact des bords soit plus exact. Vissez sur le bout du tube H de la machine pneumatique, celui qui communique à l'intérieur du globe, & évacuez-en l'air autant qu'il vous sera possible, par quarante ou cinquante coups de piston, ou davantage. Fermez ensuite, en tournant la clef du robinet, la communication de la capacité du globe avec l'extérieur, & retirez-le de dessus la machine. Vous suspendrez après cela ce globe, par un des anneaux, à un crochet éloigné de quelques pieds d'une muraille, & à l'autre crochet vous attacherez par quatre chaînes un plateau quarré un peu élevé de terre. Vous mettrez enfin des poids sur ce plateau, & vous verrez qu'il en faudra une quantité considérable. En effet, si l'air est bien évacué, & que ce globe creux ait deux pieds de diamètre, on trouve que la force avec laquelle ils sont pressés l'un contre l'autre, équivaut à un poids de 7 milliers.

C'est-là ce qu'on appelle la fameuse expérience de Magdebourg ; parce que son auteur est Otton Guerrike, bourg-mestre de cette ville. Il mettoit plusieurs paires de chevaux, les uns tirant d'un côté, les autres de l'autre, sans qu'ils pussent parvenir à disjoindre les deux hémisphères. Et cela n'a rien d'étonnant ; car quoique six chevaux, par exemple, tirent une charette chargée de plusieurs milliers, on sait qu'ils n'exercent pas chacun, & d'un portant l'autre, un effort continu qui excède beaucoup 180 livres ; & en tirant par sacade, peut-être n'excede-t-il pas 4 à 500 livres. Ainsi, six chevaux ne font qu'un effort de trois milliers. Nous le supposerons même de quatre à cinq milliers ; mais les six chevaux, tirant en sens contraire, ne doublent pas cette force ; ils ne font qu'opposer à la première la résistance nécessaire

pour que celle-ci agisse ; & ne font rien de plus qu'un obstacle immobile auquel le globe seroit attaché. Il n'est donc pas étonnant que, dans l'expérience de Magdebourg, douze chevaux ne parvinssent pas à disjoindre les deux hémisphères ; car, dans cette disposition, ces douze chevaux n'équivaloient qu'à six ; & l'on voit que l'effort de ces six chevaux, évalué au plus haut, étoit encore fort inférieur à celui qu'ils avoient à surmonter.

Renverser un verre plein de liqueur, sans qu'elle s'écoule.

Versez une liqueur quelconque dans un verre, en sorte qu'il soit plein jusqu'au bord ; appliquez dessus un quarré de papier un peu fort, qui couvre entièrement l'orifice, & par-dessus le papier une surface plane, comme le dos d'une assiette ou une glace : retournez ensuite le tout, en sorte que le vase soit renversé : vous le souleverez alors, & vous verrez que le papier & l'eau ne tomberont point.

Cet effet est produit par la pesanteur de l'air, qui pressant sur le papier qui couvre l'orifice du verre, avec un poids bien supérieur à celui de l'eau, doit nécessairement le soutenir. Mais comme le papier se mouille, & donne peu à peu passage à l'eau, il arrive à la fin qu'elle tombe tout-à-coup.

On pourra, par un moyen à-peu-près semblable, puiser de l'eau par un tube ouvert des deux côtés ; car, soit un tube renflé par le milieu, & terminé aux deux bouts, comme AB, (*fig.* 2, *pl.* 1. *Amusemens de Physique*.) par deux ouvertures assez étroites ; plongez-le dans un fluide les deux bouts ouverts, jusqu'à ce qu'il soit plein ; posez ensuite le bout du doigt sur un des bouts, de manière à en boucher l'ouverture : vous pourrez retirer ce tuyau plein, sans que le fluide s'écoule par l'autre ouverture, & il ne se vuidera que lorsque vous retirerez le doigt qui bouche la première.

Au lieu d'employer un tuyau comme celui qu'on vient de décrire, on pourroit employer un vase tel que AB. (*fig.* 3, *même planche* 1.) fait comme une bouteille dont le fond soit percé d'une grande quantité de petits trous. Ce vase étant plongé dans l'eau par le fond, & l'orifice supérieur étant ouvert, se remplira. Mettez ensuite le bout du doigt sur cet orifice, & retirez le vase de l'eau ; il restera plein, tant que votre doigt restera dans cette situation : retirez-le, l'eau s'écoulera aussitôt.

C'est ce qu'on appelle la *clepsydre* ou *l'arrosoir d'Aristote* ; mais ni Aristote, ni les physiciens qui le suivirent, jusqu'à Torricelli, ne donnèrent pas de meilleure raison de cet effet, que celle de l'horreur que la nature avoit, disoient-ils, pour le vuide.

Vuider toute l'eau contenue dans un vase, par le moyen d'un syphon.

On appelle *syphon*, un tuyau formé de deux branches AB, CD, (*fig. 5, pl. 1. Amusemens de Physique.*) réunies entr'elles par une partie courbe ou rectiligne BC, cela n'importe aucunement. Dans cette partie est quelquefois une ouverture, qui sert ou à remplir les deux branches, ou à aspirer le liquide dans lequel la plus courte est plongée, tandis que l'autre est bouchée. On s'en servira ainsi pour résoudre le problême proposé.

Ayant rempli de liqueur les deux branches du syphon, & les ayant bouchées avec les doigts, vous plongerez la plus courte dans le vase, en sorte que son bout touche presque au fond; vous ôterez alors le doigt du bout de la plus longue, qui sera conséquemment plus basse que le fond du vase à vuider; la liqueur s'écoulera par l'extrémité D de cette branche, & entraînera, pour ainsi dire, celle du vase jusqu'à la dernière goutte.

Ce phénomène est encore un effet de la pesanteur de l'air; car lorsque le syphon est plein de liqueur, & placé comme on l'a dit, l'air agit par son poids sur la surface de la liqueur à vuider, & en même temps sur l'orifice de la branche la plus basse. Cette dernière pression l'emporte à la vérité, par cette raison, un peu sur l'autre; cependant, comme cette branche est pleine d'une liqueur qui est plus pesante que l'air, l'avantage doit lui rester, & cette colonne doit se précipiter en bas. Mais en même temps l'air qui presse sur la surface du fluide du vase, fait entrer de la liqueur dans la branche du syphon qui y est plongée; ce qui en fournit de nouvelle à la plus longue; & ainsi continuellement, jusqu'à ce que toute la liqueur soit épuisée.

I. On pourroit aisément vuider de cette manière, par le bondon, tout le vin qui est contenu dans un tonneau; & c'est ainsi qu'on s'y prend dans quelques endroits, pour transvaser le vin d'un tonneau dans un autre, sans troubler la lie qui est au fond.

II. On pourroit de cette manière faire passer l'eau d'un endroit dans un autre plus bas, en passant par-dessus un obstacle plus élevé que l'un & l'autre, pourvu néanmoins que le lieu sur lequel l'eau devroit commencer à monter, ne fût pas plus haut que 32 pieds; car on sait que la pesanteur de l'atmosphère ne sauroit soutenir une colonne d'eau de plus de 32 pieds. Il seroit même à propos que cet obstacle fût au moins de plusieurs

pieds moins haut que de 32 pieds au-dessus du niveau du fluide à élever; car autrement l'eau ne marcheroit qu'avec beaucoup de lenteur, à moins que la branche la plus longue n'eût son orifice beaucoup plus bas que ce même niveau.

C'est-là une sorte de pompe peu dispendieuse, qu'on pourroit employer pour dériver de l'eau d'un endroit dans un autre, lorsqu'on n'auroit pas la liberté ou la faculté de percer l'obstacle interposé, pour y établir un canal de communication. Je n'oserois néanmoins, sans en avoir fait l'expérience, donner ce moyen comme bien sûr, à cause de l'air qui pourroit se cantonner dans le haut du coude du tuyau.

C'est encore de la propriété du syphon que dépendent les jeux hydrauliques qui suivent.

Préparer un vase qui, étant rempli de quelque liqueur à une certaine hauteur, la conserve; & qui la perde toute, étant rempli de la même liqueur à une hauteur tant soit peu plus grande.

Ceux qui ont voulu donner à cette petite machine hydraulique un air plus piquant, y ont ajouté une petite figure qu'ils ont appelée *Tantale*, parcequ'elle est dans l'attitude de boire; mais aussi-tôt que l'eau est parvenue à la hauteur de ses lèvres, elle s'écoule tout-à-coup. Voici sa construction.

Soit un vase de métal ABCD, (*fig. 4, pl. 1, Amusemens de Physique*) partagé en deux cavités par le diaphragme fF. Le milieu est percé d'un trou rond, propre à recevoir un tuyau MS d'environ deux lignes de diametre, & dont l'orifice inférieur doit descendre quelque peu au dessous du diaphragme. On couvre ce tuyau d'un autre un peu plus large, fermé par en haut, & ayant en bas sur le côté une ouverture; en sorte que lorsqu'on versera de l'eau dans le vase, elle puisse s'y insérer entre deux, & monter jusqu'à l'orifice supérieur S du premier; enfin l'on masquera ce mécanisme par une petite figure dans l'attitude d'un homme qui se baisse pour boire, & dont les lèvres seront un peu au dessus de l'orifice S.

Lorsqu'on versera de l'eau dans ce vase, elle n'aura pas plutôt touché les lèvres de la petite figure, que, surpassant l'orifice S, elle commencera à s'écouler par le tuyau SM, & il s'établira un mouvement de syphon, en vertu duquel l'eau s'écoulera jusqu'à la dernière goutte dans la cavité inférieure, qui doit avoir sur le côté, vers le diaphragme, une ouverture par laquelle l'air s'échappe en même temps.

On pourroit rendre cette machine hydraulique encore plus plaisante, en faisant la petite figure de manière que l'eau, arrivée vers son dernier point de hauteur, lui fît faire un mouvement de tête pour s'approcher d'elle ; ce qui repréſenteroit mieux le geſte de Tantale, tâchant de ſaiſir l'eau pour étancher ſa ſoif.

Conſtruction d'un vaſe qui contienne ſa liqueur étant droit ; & qui étant incliné comme pour boire, la perde auſſi-tôt toute.

Ce vaſe pourroit s'appeller *la coupe enchantée*, & pourroit ſervir à mettre en action le conte fameux de la Fontaine qui porte ce titre : il ſeroit ſeulement beſoin d'en maſquer le mécaniſme ; ce qui n'eſt pas difficile.

Pour former un vaſe qui ait cette propriété, il faut percer ſon fond ou ſon côté, & y adapter la plus longue jambe d'un ſyphon, dont l'autre atteindra preſque le fond, comme on voit dans la (*fig. 6*, *pl.* 1, *Amuſemens de Phyſique*.) Cela fait, qu'on rempliſſe ce vaſe d'une liqueur quelconque, juſqu'à la courbure inférieure du ſyphon ; il eſt évident que, lorſqu'on le portera à la bouche, qu'on l'inclinera, ce mouvement fera ſurmonter cette courbure par la ſurface de la liqueur : alors, par la nature du ſyphon, la liqueur commencera à y couler, & elle ne ceſſera de la faire juſqu'à ce qu'il n'y en ait plus, quand même on remettroit le vaſe droit.

La *fig.* 7 repréſente la manière dont on pourroit maſquer l'artifice entre les deux fonds d'une coupe, car le ſyphon *a b c* caché entre ces deux fonds, produira le même effet. On préſentera donc le vaſe de la manière convenable, à celui qu'on voudra tromper, c'eſt-à-dire en ſorte qu'il s'applique les lèvres du côté de *b* ſommet du ſyphon : l'inclinaiſon de la liqueur la fera ſurmonter ce ſommet, & auſſi-tôt elle fuira par *c*. Mais celui qui ſera inſtruit de l'artifice, l'appliquera à ſa lèvre du côté oppoſé, & n'éprouvera point la même diſgrace.

Conſtruction de la fontaine qui coule & s'arrête alternativement.

Cette fontaine, qui eſt de l'invention de M. Shermius, eſt fort ingénieuſe, & préſente un petit ſpectacle aſſez divertiſſant, parce qu'il ſemble qu'elle coule & s'arrête au commandement. C'eſt encore un jeu de ſyphon qui, par le mécaniſme particulier de cette machine, tantôt eſt obſtrué, & ſuſpendu, tantôt eſt libre & agiſſant, comme on va le voir par la deſcription qui ſuit.

AB eſt un vaſe ſemblable à un tambour, & fermé de tous côtés. (*fig.* 11, *pl.* 1, *Amuſemens de Phyſique*.) Au fond d'en bas & au milieu, F, eſt ſoudé un tuyau CD. Ses deux extrémités C, D, ſont ouvertes ; mais celle d'en haut C ne doit

pas toucher le fond, afin de donner paſſage à l'eau. Pour remplir ce vaſe, on le renverſe, & l'on introduit l'eau par l'ouverture D, juſqu'à ce qu'il ſoit à peu près plein.

Du milieu du fond d'une autre cuvette cylindrique un peu plus large, GH, s'élève un tuyau DE, tant ſoit peu plus étroit, enſorte qu'il puiſſe entrer exactement dans le premier. Il doit être auſſi un peu moins haut, & ſon ſommet E doit être ouvert.

Ces deux tuyaux CD, ED, doivent avoir à une égale hauteur peu au-deſſus du fond de la cuvette inférieure, deux trous correſpondants I, *i*, enſorte qu'introduiſant un des tuyaux dans l'autre, ils ſe correſpondent, & établiſſent entre l'air extérieur & celui du vaſe ſupérieur une communication. Enfin le vaſe AB doit avoir à ſon fond deux ou quatre ouvertures, comme K, L, par où l'eau puiſſe s'écouler dans la cuvette d'en bas GH ; & cette cuvette doit avoir auſſi un ou deux trous, comme M, N, moindres, par où l'eau puiſſe auſſi s'écouler dans un autre grand vaſe ſur lequel portera toute la machine.

Pour faire jouer cette petite machine, on commencera par remplir preſque entièrement d'eau le vaſe AB ; puis, bouchant les tuyaux K, L, on fera entrer le tuyau DE dans CD, en ſorte que la cuvette GH ſerve comme de baſe, & on fera répondre l'un à l'autre les deux trous I, *i* ; on débouchera enfin les trous ou petits tuyaux K, L : alors, l'air extérieur, communiquant par l'ouverture I *i*, avec celui qui eſt au deſſus de l'eau du vaſe AB, l'eau coulera ſans difficulté dans la cuvette GH : mais comme il en ſortira moins de cette cuvette qu'il n'en tombera d'en haut, elle s'élèvera bientôt au deſſus de l'ouverture I *i*, & interceptera la communication de l'air extérieur avec celui du haut du vaſe AB, & peu après, l'eau s'arrêtera. L'eau continuant de couler de la cuvette, ſans qu'il y en arrive de nouvelle, peu après l'ouverture I *i* ſe trouvera débouchée, & la communication ci-deſſus ſe trouvera rétablie : ainſi l'eau ſe mettra à couler par les tuyaux K, L ; & elle montera au deſſus de L *i*, ce qui fera que peu après l'eau s'écoulera de nouveau, & ainſi alternativement, juſqu'à ce que toute l'eau du vaſe AB ſoit vuidée.

On reconnoît à un petit gargouillement le moment où l'air va s'introduire par l'ouverture I *i* dans le haut du vaſe AB, & l'on ſaiſit ce moment pour commander à la fontaine de couler ; on lui ordonne pareillement de ceſſer, lorſque l'on voit l'eau paſſer au-deſſus de cette même ouverture I *i*. De-là vient le nom qu'on lui a donné, de *fontaine de commandement*. (*Voyez* à l'article FONTAINE).

*Conſtruction d'une clepſidre montrant l'heure par l'é-
coulement uniforme de l'eau.*

La mécanique démontre que, ſi un vaſe eſt percé par ſon fond, l'eau s'en écoule plus vîte dans le commencement que ſur la fin; enſorte que ſi l'on vouloit employer l'écoulement de l'eau pour marquer les heures, ainſi que faiſoient les anciens, il faudroit que les diviſions fuſſent fort inégales, puiſqu'en diviſant toute la hauteur en 144 parties égales, la plus élevée devroit, ſi le vaſe étoit cylindrique, en comprendre 23, la ſeconde 21, &c. & la dernière 1 ſeulement.

Y auroit-il quelque moyen de faire que cette eau s'écoulât uniformément? Voilà un problème qui ſe préſente naturellement à la ſuite de l'obſervation précédente. On l'a déjà réſolu dans la mé-canique, en enſeignant quelle forme il faudroit donner à un vaſe, pour que l'eau s'en écoulât uni-formément par un trou percé à ſon fond. Mais en voici une autre ſolution plus parfaite, en ce que, quelle que ſoit même la loi de la retardation de la viteſſe de l'eau, elle eſt également exacte.

Cette ſolution eſt fondée ſur la propriété du ſyphon, & elle eſt aſſez ancienne, puiſqu'elle eſt de Héron d'Alexandrie. La voici.

Ayez un ſyphon ABC, à branches inégales, dont vous garnirez la plus petite AB d'un ſup-port de liège, capable de tenir cette dernière branche & tout le ſyphon dans la ſituation verti-cale, comme on le voit dans la (*fig. 8, pl. 1, Amuſemens de Phyſique.*) Lorſque vous l'aurez mis en jeu, & que l'eau aura commencé à couler par la plus longue branche, elle continuera de couler avec la même viteſſe à quelque hauteur que ſoit l'eau; car elle ne ſe vuide dans cet inſtrument que par un effet de l'inégalité des forces avec leſquelles l'atmoſphère pèſe ſur la ſurface du liquide & ſur l'orifice de la plus longue branche: puis donc qu'à meſure que la ſurface du liquide baiſſe, le ſyphon baiſſe auſſi; il eſt évident qu'il y aura égalité dans la viteſſe de ſon écoulement.

Si donc on diviſoit en parties égales la hauteur du vaſe DE, les diviſions pourroient marquer des intervalles égaux de temps. Et pour rendre cette clepſydre plus agréable, on pourroit maſquer la branche AB par une petite figure légère ſurna-geant l'eau du vaſe, & montrant ſur un petit tableau, avec une petite verge ou avec le doigt, l'heure qu'il eſt. On pourroit au contraire faire tomber par un pareil ſyphon l'eau d'un vaſe quel-conque dans un autre de forme priſmatique ou cylindrique, d'où s'éleveroit une petite figure ſurnageant l'eau, & qui montreroit les heures de la manière qu'on vient de dire.

Conſtruire une fontaine qui jailliſſe par la compreſſion de l'air.

Soit un vaſe dont la ſection eſt repréſentée par la (*fig. 9, pl. 1, Amuſemens de Phyſique*), c'eſt-à-dire compoſé d'un piédeſtal cylindrique ou paral-lélipipede, couronné d'une eſpèce de coupe FADE. Ce piédeſtal eſt partagé en deux cavités par un diaphragme NO. La cavité ſupérieure doit être un peu moindre que l'inférieure.

Du fond de la coupe part un tuyau GH, à tra-vers ce diaphragme, qui va juſque près du fond CB. Au contraire, le tuyau LM doit avoir ſon orifice ſupérieur L près du fond de la coupe, & l'inférieur M fort peu au deſſous du diaphragme NO. IK repréſente enfin un tuyau très-menu par ſon bout ſupérieur, & dont l'orifice inférieur va preſque juſqu'au diaphragme.

Le vaſe étant ainſi conſtruit, on remplira par un trou latéral la cavité ſupérieure juſques près de l'orifice L du tuyau LM; après quoi l'on bou-chera ſoigneuſement ce trou; on verſera enſuite de l'eau dans la coupe: cette eau, coulant dans la cavité NB, en comprimera l'air, & le forcera à paſſer en partie par ML, au deſſus de l'eau de la cavité ſupérieure; il s'y condenſera de plus en plus, & forcera l'eau à jaillir par l'orifice I, ſur-tout ſi on la retient pendant quelque temps, ſoit en tenant le doigt ſur l'ouverture I, ſoit au moyen d'un petit robinet qu'on n'ouvrira qu'à propos.

I. Cette petite fontaine peut être variée de bien des façons. Par exemple, ſi le poids de l'eau coulant par GH dans la cavité inférieure NB, n'étoit pas ſuffiſant pour donner aſſez de jet à l'eau ſortant par I, on pourroit y inſinuer de l'eau avec une ſeringue; ou bien de l'air avec un ſoufflet adapté à l'orifice G, & garni à ſon tuyau de ſortie d'un robinet.

On pourroit y couler du vif-argent, qui par ſon poids, y pénétreroit malgré la réſiſtance de l'air, & le forceroit d'agir avec force contre le fluide renfermé dans la cavité ſupérieure.

II. On peut exécuter cette petite fontaine d'une manière bien plus ſimple; car ayez une bouteille telle que AB, (*fig. 10, pl. 1, Amuſe-mens de Phyſique*) par le goulot & le bouchon de laquelle vous introduirez dans ſa cavité un tuyau CD, dont l'orifice inférieur D ſoit plongé juſques bien près du fond, & l'orifice ſupérieur terminé par une ouverture aſſez étroite. La com-munication entre l'air extérieur & l'intérieur de la bouteille, doit être bien interceptée en A. Suppoſons maintenant cette bouteille remplie aux trois quarts d'eau; ſoufflez par l'orifice C dans le tube avec toutes vos forces : vous y condenferez l'air dans l'efpace AEF, au point que, preffant fur la furface EF, l'eau fortira avec impétuofité par le petit orifice G, & s'élévera affez haut. Lorfque le jeu de la machine aura ceffé, il fuffira, s'il refte de l'eau, d'y fouffler encore de l'air ; & fon jeu recommencera tant qu'il y aura de l'eau.

Conftruction d'un vafe qui donne autant de vin qu'on y verfe d'eau.

La folution de ce problême eft une fuite, où, pour mieux dire, une fimple variation de celle du précédent. Qu'on fuppofe en effet le petit tuyau IK fupprimé, (fig. 9, pl. 1,) qu'on rempliffe la cavité AO de vin, & qu'on adapte vers le fond NO un petit robinet R un peu étroit ; il eft évident que, quand on verfera de l'eau dans le vafe fupérieur FADE, l'air forcé de paffer dans la cavité fupérieure, preffera la furface du vin, & l'obligera de couler par le robinet, jufqu'à ce qu'il foit en équilibre avec le poids de l'atmofphère : alors, qu'on verfe de nouvelle eau dans la coupe FD, il fortira à peu près autant de vin par le robinet ; en forte qu'il femblera que l'eau eft changée en vin.

C'eft pourquoi, s'il étoit permis de faire allufion à un trait célèbre de l'hiftoire fainte, on pourroit, en donnant à ce vafe la forme d'une cruche, le nommer la cruche de Cana.

Conftruction d'une machine hydraulique, où un oifeau boit autant d'eau qu'il en jaillit par un ajuftage.

Soit un vaiffeau dont la coupe eft repréfentée par la (fig. 12, n°. 1, pl. 1, Amufemens de Phyfique) qui eft divifé en deux par le diaphragme horifontal EF, & dont la cavité fupérieure eft auffi partagée en deux par une cloifon verticale GH. Le tuyau LM, prenant du fond du premier diaphragme, & defcendant prefque jufqu'au fond DC, forme la communication de la cavité fupérieure HF, avec l'inférieure EC. Un tuyau IK, montant du fond EG prefque jufqu'au fond AB, forme un autre communication entre la cavité inférieure EC & la fupérieure AG. Le tuyau NO, terminé à fon fommet par une ouverture très-petite, defcend fort-près du diaphragme inférieur EG, & paffe par le centre d'une coupe RS, deftinée à recevoir l'eau fortant de ce tuyau. Enfin, au bord de cette coupe eft un oifeau, y plongeant fon bec, où eft l'ouverture d'un fyphon recourbé QP, dont l'orifice P eft beaucoup inférieur à l'orifice Q. Telle eft la conftruction de la machine ; en voici l'ufage & l'effet.

On remplira d'eau les deux cavités fupérieures, par deux trous ménagés exprès, fur les côtés du vafe, & qu'on fermera enfuite. Il eft aifé de voir que l'eau ne doit pas excéder, dans la cavité AG, la hauteur de l'orifice K du tuyau KI. Cela fait, en ouvrant le robinet adapté au tuyau LM, l'eau de la cavité fupérieure HF s'écoule dans la cavité inférieure, elle y comprime l'air qui paffe par le tuyau KI dans la cavité AG, & y comprimant celui qui eft au deffus de l'eau, la force de jaillir par le tuyau NO ; d'où elle retombe dans la coupe.

Mais en même temps que l'eau s'écoule de la cavité BG dans l'inférieure, l'air fe raréfie dans la partie fupérieure de cette cavité : ainfi le poids de l'atmofphère agiffant fur l'eau déja verfée dans la coupe par l'orifice O du tuyau montant NO, l'eau s'écoulera par le tuyau recourbé QSP dans cette même cavité BG ; & ce mouvement, une fois établi, continuera tant qu'il y aura de l'eau dans la cavité AG.

Faire une fontaine qui jailliffe par la raréfaction de l'air dilaté par la chaleur.

Faites un vafe cylindrique ou prifmatique, dont la coupe eft repréfentée par la (fig. 12, n°. 2, pl. 1. Amufemens de Phyfique). Il faudra qu'il foit porté fur trois ou quatre pieds un peu élevés, pour pouvoir placer au deffous un réchaud plein de feu. La cavité de ce vafe doit être divifée en deux par un diaphragme EF, lequel fera percé d'un trou rond, d'un pouce environ de diamètre. Ce trou fervira de bafe à un tube cylindrique GH, qui s'élévera prefque jufqu'au fond fupérieur, qui fera furmonté d'une cavité en forme de coupe ou coquille, pour recevoir l'eau que fournira le jet d'eau. Enfin le centre de cette coupe ou du fond fupérieur, donnera paffage à un tuyau foudé IK, qui defcendra prefque jufqu'au diaphragme EF : il pourra s'évafer un peu par en bas ; mais fon bout fupérieur doit être un peu étroit, pour que l'eau jailliffe plus haut. Il fera à propos de garnir la partie apparente du tuyau IK d'un petit robinet, au moyen duquel on puiffe retenir l'eau jufqu'à ce que l'air, affez raréfié dans la machine, puiffe produire le jet.

La machine étant ainfi conftruite, vous remplirez d'eau le réfervoir fupérieur, prefque jufqu'à la hauteur de l'orifice H du tuyau GH ; enfuite vous mettrez fous le fond inférieur du vafe un réchaud plein de charbons ardents, ou une lampe à plufieurs mèches : l'air contenu dans la chambre inférieure fera auffi-tôt raréfié ; & paffera par le tuyau GH au deffus de l'eau contenue dans la cavité fupérieure, & la forcera d'entrer par l'orifice I du tuyau IK, & de jaillir par l'autre ouverture K.

Pour rendre l'effet plus fenfible & plus fûr,

il ne fera pas mal de mettre une petite quantité d'eau dans la cavité inférieure ; car lorsque cette eau bouillira, la vapeur élastique qu'elle produira, passant dans la capacité du réservoir supérieur, la pressera avec beaucoup plus de force, & fera jaillir l'eau plus haut.

Il faut cependant prendre garde de ne pas échauffer trop fortement cette machine, si l'on y emploie la vapeur de l'eau bouillante ; car elle pourroit éclater en morceaux par un effet de la violence de l'eau réduite en vapeurs.

Examen d'une opinion singulière sur la lune & les autres planètes ordinaires.

On a dit, & c'est une conjecture à laquelle sa singularité a donné de l'éclat, qu'il pouvoit se faire que la lune ne fût autre chose qu'une comète qui, allant au soleil ou en revenant, & passant à la proximité convenable de la terre, avoit été détournée de son cours, & étoit devenue cette planète secondaire qui nous accompagne. Car, supposons qu'une pareille comète, n'ayant que le mouvement de projection nécessaire pour décrire un cercle autour de la terre, à 60 demi-diamètres de son centre, eût passé à cette distance de notre globe, & dans un plan incliné à son orbite ; elle eût dû, dit-on, nécessairement devenir notre lune.

On appuie cette conjecture de quelques remarques qui semblent lui donner de la probabilité. La lune dit-on d'abord, présente à la vue, armée d'un excellent télescope, l'apparence d'un corps torréfié ; les cavités qu'on elle est parsemée sont les déchirures qu'y a occasionnés l'extrême chaleur ; en faisant sortir en vapeurs l'humidité dont elle étoit imprégnée ; on ajoute qu'il n'y reste plus aucune apparence d'humidité, puisqu'il n'y a point d'atmosphère. Tout cela convient fort à une comète qui a passé très-près du soleil.

Remarquez, dit-on encore, que les planètes les plus grosses, comme Jupiter & Saturne, ont quatre ou cinq satellites. C'est que leur attraction s'étendant bien plus loin que celle de la terre, ils ont eu bien plus d'empire sur les comètes qui ont passé à leur proximité ; le mouvement de ces comètes étant d'ailleurs fort ralenti, à cause de leur distance au soleil. Les petites planètes, comme Mercure, Vénus, Mars, n'ont point de satellites, à cause de la petitesse de leur masse, & de la vitesse avec laquelle les comètes, allant au soleil ou en revenant, ont passé à leur proximité.

Tout cela est fort ingénieux. Néanmoins cette assertion ou conjecture ne peut se soutenir, quand on l'examine avec le flambeau de la géométrie.

Nous trouvons en effet par le calcul, que, quelle que soit la position ou la grandeur de l'orbite d'une comète, elle ne sçauroit, lorsqu'elle passera près de l'orbite de la terre, avoir une vitesse convenable pour devenir un satellite de notre globe, à quelque proximité même qu'elle en passât ; car on démontre que toute comète, parvenue à une distance du soleil égale à celle de la terre, a dans ce moment sur son orbite une vitesse qui est à celle de la terre, comme 1 à 1, ou 1414 à 1000. Or cette vitesse est incomparablement plus grande que celle de la lune sur son orbite, & même plus grande que celle d'une planète qui circuleroit presque à la surface de la terre, ainsi que le calcul suivant va le montrer.

La terre parcourt en 365 jours, une orbite de 198 millions de lieues de circonférence ; ainsi sa vitesse sur son orbite est telle, qu'elle parcourt en un jour 567000 lieues, en une heure 23625, en une minute 984 lieues : ainsi multipliant ce dernier nombre par $\frac{1414}{1000}$, on aura 1391 lieues pour le chemin que toute comète, arrivée à la distance de la terre au soleil, parcourt nécessairement par minute.

Voyons maintenant celle de la lune sur son orbite. Le diamètre moyen de l'orbite de la lune est de 60 diamètres terrestres, & sa circonférence, par conséquent, de 188 de ces diamètres ; ce qui, en évaluant le diamètre de la terre à 3000 lieues, donne pour la circonférence de l'orbite lunaire, 564000 lieues. Cet espace est parcouru en 27 jours 8 heures moins quelques minutes, ou 27 $\frac{1}{3}$: ainsi la lune parcourt sur son orbite, en un jour, 20142 lieues, ou en une heure 839, & en une minute 14 lieues. L'on voit donc avec la plus grande évidence, que si une comète passoit à une distance de la terre égale à celle de la lune, ce qu'auroit dû faire la comète transformée en notre satellite, elle pourroit seulement avoir une vitesse de 14 à 15 lieues par minute, au lieu de celle de 1390, que toute comète a nécessairement à cet éloignement du soleil. La lune n'a donc pu être une comète qui, passant trop près de la terre, en a été, pour ainsi dire, subjuguée.

Voyons maintenant si, passant beaucoup plus près de la terre, & même près de sa surface, la comète dont nous parlons pourroit être arrêtée par l'attraction de la terre. Nous trouverons encore, par un calcul semblable, qu'elle ne sçauroit circuler autour d'elle ; car nous avons vu précédemment que, pour qu'un corps pût circuler autour de notre globe près de sa surface, il lui faudroit une vitesse de 106 lieues environ par minute. Or ceci est encore extrêmement au dessous de la vitesse qu'auroit nécessairement une comète passant tout près de la terre ; car si un corps partoit du sommet d'une montagne vers l'Orient ou l'Occident, avec une viteſſe de 1390 lieues par minute, il s'écarteroit de la terre ſans jamais y revenir, cette viteſſe étant beaucoup plus grande qu'il ne faut pour lui faire décrire autour de la terre une ellipſe quelconque, même infiniment allongée, ou une parabole.

Voilà donc la terre, & ſans doute Mars exclus du privilège de pouvoir jamais gagner un ſatellite de cette manière ; à plus forte raiſon Vénus & Mercure. Mais en eſt-il de même de Jupiter & de Saturne ? C'eſt ce que nous allons encore examiner, en y employant des calculs ſemblables.

La viteſſe de révolution de Jupiter autour du ſoleil, eſt de 423 lieues par minute ; & par conſéquent celle de toute comète allant au ſoleil ou en revenant, lorſqu'elle eſt à la même diſtance de cet aſtre que Jupiter, ſera de 498 lieues dans le même temps. On trouve d'ailleurs, que la viteſſe du premier ſatellite de Jupiter eſt de 13680 lieues par heure dans ſon orbite, ou de 228 par minute : ainſi la viteſſe de toute comète paſſant à la proximité de Jupiter & à la diſtance de ſon premier ſatellite, ſera toujours néceſſairement beaucoup plus conſidérable, & preſque triple ; d'où il ſuit que, ni ce premier ſatellite, ni aucun des autres, n'a été originairement une comète, que cette groſſe planète s'eſt appropriée ; car les autres ſatellites ont une viteſſe encore moindre que celle du premier.

Il reſteroit à ſçavoir ſi une comète, paſſant à une très-grande proximité de Jupiter, pourroit en être arrêtée. Cela ne nous paroît pas abſolument impoſſible : un ſatellite qui feroit ſa révolution preſque à la ſurface de Jupiter, y emploieroit un peu plus de 3 heures ; ce qui donne une viteſſe de 557 lieues par minute. Mais on a vu plus haut que celle de la comète feroit de 598. Or, quoique cette viteſſe ſoit trop grande pour faire décrire à un corps un cercle autour de Jupiter, fort près de ſa ſurface, elle ne l'eſt pas trop pour lui faire décrire une ellipſe. Si donc une comète, allant au ſoleil ou en revenant, alloit étourdiment donner dans le ſyſtême de Jupiter entre lui & ſon premier ſatellite, il pourroit arriver qu'elle continuât de circuler autour de cette planète, dans une orbite ſinon circulaire, du moins elliptique plus ou moins allongée.

Car ſuppoſons que l'orbite de Jupiter ſoit AB, (fig. 13, pl. I, Amuſemens de Phyſique) & que Jupiter étant en I & tendant vers B, la comète ſoit en C, par exemple, & tendant en D ſous un angle d'environ 45 degrés, & que CD déſigne la viteſſe de cette comète, que nous avons dit être plus grande que celle de Jupiter ſur ſon orbite, & environ triple ; prenez DE égale à la

viteſſe de Jupiter : alors CE feroit la viteſſe reſpective de la comète, & même ſa route à l'égard de Jupiter ſuppoſé fixe, & ſans action ſur la comète. Mais, à cauſe de cette action, elle décriroit une route infléchie, comme CF, qui la feroit tomber preſque perpendiculairement ſur l'orbite de Jupiter, & avec une viteſſe qui pourroit n'être guère plus grande que celle du premier ſatellite. Si donc à ce moment Jupiter ſe trouvoit en un point I, tel que IF fût moindre que la diſtance de Jupiter à celle de ſon premier ſatellite, je ne vois nullement ce qui empêcheroit la comète de prendre autour de lui le mouvement circulaire ou elliptique qui conviendroit à la force de ſa projection ; & ſi elle avoit fait une fois une révolution, il eſt évident qu'elle devroit continuer à jamais d'en faire de nouvelles.

J'avoue, au reſte, n'avoir pas tellement examiné cet objet, que je puiſſe dire que je tiens la choſe pour démontrée. Pour en être aſſuré, il faudroit réſoudre ce problême-ci, qui n'eſt qu'un rameau de celui des trois corps, & que nous propoſons à ceux de nos lecteurs aſſez verſés dans l'analyſe pour s'en occuper. *Deux corps I & C,* (fig. 14, pl. I Amuſemens de Phyſique) *qui s'attirent l'un l'autre en raiſon inverſe des quarrés des diſtances, & en raiſon directe de leurs maſſes, étant lancés des points I & C, ſelon les diſtances IB, CG, avec des viteſſes données, trouver les courbes qu'ils décriront.* On peut même, pour ſimplifier le problême, ſuppoſer que l'un des deux, I, ſoit ſi gros à l'égard du ſecond, qu'il ne ſoit preſque pas détourné de ſa route.

Deux poids homogènes qui ſont en équilibre ſur la ſurface de la terre, aux extrémités d'une balance à bras inégaux, ne le doivent plus être, ſi on la tranſporte au ſommet d'une montagne ou au fond d'une mine.

Suppoſons une balance à bras inégaux, AB, BD, (fig. I. pl. 2. Amuſemens de Phyſique) chargée de poids en équilibre P & Q, & conſéquemment inégaux ; que cette balance ſoit dans la ſituation horiſontale : ces poids, tendants au centre de la terre, que nous ſuppoſons C, feront avec la balance des angles CAB, CDB, inégaux ; & l'angle A, du côté du grand bras, ſera conſéquemment le moindre. Du point B, qu'on abaiſſe les perpendiculaires BE, BF, ſur les lignes de direction AC, DC ; on aura, ſelon les loix de la mécanique, ces perpendiculaires en raiſon réciproque des poids, enſorte que BE ſera à BF, en même raiſon que le poids Q au point P ; c'eſt-à-dire que le produit de P par BF, ſera le même que celui de Q par BE.

Que la balance ſoit maintenant tranſportée plus près

près du centre de direction, ou, ce qui revient au même, que ce centre soit rapproché comme en *c* ; les nouvelles directions feront A *c* & D *c*. Que B *e*, B *f* foient les nouvelles perpendiculaires fur ces lignes de direction ; il y auroit encore équilibre, fi le rapport de B *f* à B *e* étoit le même que celui BF à BE, ou celui de Q à P : mais il eft aifé de démontrer que ce rapport n'eft plus le même ; ainfi le produit de Q par B *e*, ne fera plus égal à celui de P par B *f* : il n'y aura donc plus d'équilibre. On peut même faire voir que, dans le cas du rapprochement du centre, le rapport de B *e* à BE, eft moindre que celui de de B*f* à BF ; d'où fuit que B *e* eft moindre qu'il ne faudroit pour que ces rapports fuffent égaux ; & conféquemment que, dans ce cas, le poids le plus proche du point de fufpenfion l'emportera

Le contraire arrivera par la même raifon, fi la balance étoit tranfportée plus loin du centre comme au fommet d'une montagne.

Pourquoi donc, dira-t-on, l'équilibre fubfifte-t-il nonobftant cette démonftration ? La raifon en eft fimple. Le centre de la terre eft toujours fi éloigné, relativement à la longueur d'une pareille balance, que les lignes de direction font fenfiblement parallèles, à quelque hauteur ou profondeur au deffus ou au deffous de la furface de la terre que nous puiffions nous placer. Ainfi la différence d'avec l'équilibre rigoureux eft fi petite, que l'on ne peut l'appercevoir avec les balances les plus parfaites qu'on puiffe fuppofer forties de la main des hommes.

Mefurer les variations de pefanteur de l'air : conftruction du baromètre.

Le baromètre eft encore un de ces inftruments dont la découverte, due au fiècle dernier, eft une des plus remarquables de ce fiècle, fertile en idées heureufes. Il eft devenu trop commun pour ne pas exiger que nous ne tardions pas davantage à préfenter à nos lecteurs quelques-uns des traits principaux relatifs à cette partie de la phyfique, d'ailleurs affez élémentaire pour n'avoir rien que d'amufant & facile à comprendre.

On a donné le nom de baromètre, à l'inftrument qui fert à reconnoître les variations de la pefanteur de l'air. Son nom vient des deux mots grecs, μετρευ & βαρος dont le premier fignifie *pefant*, & le fecond *mefurer*. L'invention en eft due au célèbre difciple de Galilée, Torricelli, à qui il fervit principalement à démontrer la pefanteur de l'air au milieu duquel nous vivons & que nous refpirons. Mais ce fut Pafcal qui foupçonna & reconnut fes variations, au moyen de la fameufe expérience du Puy-de-Dome, qu'il engagea fon beau-frère de faire fur cette montagne voifine de Clermont. Elle lui fervit à mettre dans un nouveau jour la pefanteur de l'air, que quelques efprits faux s'obftinoient à nier, malgré l'expérience de Torricelli.

Il eft aifé de fe former un baromètre fans beaucoup de peine. Ayez un vafe de quelques pouces de profondeur, qui foit rempli de mercure ou de vif-argent ; ayez encore un tube de verre de 30 ou 35 pouces de longueur, hermétiquement fermé par un bout. Après l'avoir renverfé, c'eft-à-dire mis en bas le bout fermé, rempliffez-le de mercure jufqu'à fon orifice ; apliquez-y le bout du doigt, & redreffant le tuyau, plongez le bout ouvert dans le mercure du vafe & retirez le doigt, pour permettre au mercure du tube la communication avec celui du vafe : la colonne de mercure contenue dans le tube s'abaiffera, de manière néanmoins que fon extrémité fupérieure reftera d'environ 27 pouces, plus ou moins au deffus du niveau du mercure du vafe, fi l'expérience eft faite à une petite hauteur feulement au deffus du niveau de la mer. Vous aurez un baromètre conftruit. Et fi, par quelque invention, vous rendez immobile ce tube ainfi plongé dans le vafe, vous verrez, fuivant les différentes conftitutions de l'atmofphère, le bout de la colonne de mercure fe balancer entre 26 & 28 pouces de hauteur.

Voilà le baromètre le plus fimple, & tel qu'il fortit d'abord des mains de Torricelli. On a depuis imaginé, pour plus de commodité, de prendre un tube de verre de 33 à 36 pouces environ de longueur, de le boucher hermétiquement par un bout, & de recourber l'autre, après l'avoir dilaté à la lampe d'émailleur, de manière qu'il reffemble à une fiole, ainfi qu'on voit dans la figure. On remplit le tube de mercure, en l'inclinant & le renverfant à plufieurs reprifes ; & après l'avoir redreffé, on fait enforte qu'il n'en refte dans la fiole inférieure que jufques vers le milieu de fa hauteur, comme AB (*fig.* 2, *pl.* 2, *Amufemens de Phyfique.*) La différence entre la ligne CAB & la ligne DE, à laquelle fe foutient le mercure, eft la hauteur de la colonne qui fait contre-poids avec l'atmofphère, ainfi qu'il eft aifé de le voir. Enfin l'on attache ce tube de verre ainfi rempli de mercure, contre une planche plus ou moins ornée, & vers le haut on divife en lignes l'intervalle du 26 au 28e pouce au deffus de CB ; on y infcrit à diftances égales, en commençant par la ligne de 28 pouces, *beau-fixe*, *beau*, *variable*, *pluie*, *tempête* : on a un baromètre conftruit. C'eft à peu près ainfi que font faits ceux qu'on en débite vulgairement ; mais il y a quelques précautions à prendre pour qu'ils foient bons.

1°. Il faut que la fiole ou réceptacle inférieur du mercure, ait un diamètre beaucoup plus co m.

fidérable que celui du tuyau vers le haut ; car il est aifé de voir qu'autrement la ligne AB variera fenfiblement, à mefure que le mercure hauffera & baiffera ; finon il faut y avoir égard.

2°. Il faut que le mercure foit purifié d'air autant qu'il eft poffible, ou du moins jufqu'à un certain point ; & que le tube ait été chauffé & frotté en dedans pour en chaffer l'humidité & les ordures, qui s'y amaffent d'ordinaire ; autrement. il s'en dégagera de l'air, qui, occupant le haut du tuyau, y formera par fon élafticité un petit contre-poids à la pefanteur de l'atmofphère, & fera que la colonne fe tiendra plus bas qu'elle ne devroit. Cet air, fe dilatant auffi par la chaleur, fera contre la colonne de mercure un plus grand effort, enforte que ces mouvements dépendront à-la-fois & de la chaleur & de la pefanteur de l'air, tandis qu'ils ne doivent dépendre que de la dernière caufe.

Du baromètre compofé ou réduit.

On a vu plus haut qu'il falloit une colonne de mercure de 28 pouces de hauteur environ pour contrebalancer le poids de l'atmofphère ; d'où il réfulte que le baromètre fimple ne peut avoir moins de 28 pouces de hauteur, à moins qu'on ne trouvât un fluide plus pefant que le mercure. Comme cette longueur a paru incommode, on a cherché à la raccourcir, dans la vue, à ce qu'il femble, de renfermer le baromètre dans la même bordure que le thermomètre, auquel on peut ne donner, fi l'on veut, qu'une dimenfion beaucoup moindre. Voici comment on y eft parvenu.

Tout le fondement de la conftruction de ces fortes de baromètres, confifte à oppofer plufieurs colonnes de mercure contre une d'air, en forte que ces colonnes, prifes enfemble, aient environ les 28 pouces de longueur qu'une feule doit avoir pour faire équilibre avec le poids de l'atmofphère. Il faut conféquemment divifer la longueur ordinaire de la colonne de mercure, ou 28 pouces par la hauteur dont on veut faire le baromètre ; le quotient donne le nombre des colonnes de mercure qu'il faut oppofer au poids de l'air.

Ainfi, veut-on avoir un baromètre qui n'ait que 15 à 16 pouces de longueur ; on le formera de trois branches de verre, jointes enfemble par quatre renflemens cylindriques ; deux de ces tuyaux feront remplis de mercure, & communiqueront enfemble au moyen de la troifième, qui doit être remplie d'une liqueur plus légère. La fig. 3, pl. 2, Amufemens de Phyfique, met ce mécanifme fous les yeux. On y voit trois branches du baromètre, dont la première de D en F, eft remplie de mercure ; la feconde de E en F, eft remplie moitié d'huile de tartre colorée, moitié d'huile de karabé ; enfin, la troifième de F en G ; eft

remplie de mercure. Ainfi c'eft la même chofe que fi ces deux colonnes de mercure étoient mifes l'une fur l'autre ; car on voit aifément que la colonne FG de mercure pefe, au moyen de la colonne FE de renvoi, fur la première, précifément comme fi elle étoit au-deffus. Dans cette efpèce de baromètre, c'eft la féparation des deux liqueurs contenues dans la branche EF, qui fert à marquer les variations du poids de l'air ; & c'eft pour cela qu'il faut que ces liqueurs foient de deux couleurs différentes, comme auffi de différentes pefanteurs fpécifiques, afin qu'elles ne fe mêlent pas.

Pour remplir ce baromètre, il faut boucher l'ouverture A, mettre du mercure dans les deux branches latérales par l'ouverture B ; enfuite verfer les liqueurs dans la branche du milieu par la même ouverture ; après quoi on la bouchera hermétiquement.

Si l'on vouloit conftruire un baromètre qui n'eût que 9 à 10 pouces de hauteur, on diviferoit 28 par 9, ce qui donneroit 3 : ainfi il faudroit trois branches de mercure de 9 à 10 pouces, avec deux branches de communication, remplies d'huile de tartre & de karabé. La fig. 4, même pl. 2, met ce baromètre à cinq branches fous les yeux. Il eft bon d'obferver que la hauteur de chaque branche ne fe doit eftimer que par la différence du niveau de la liqueur dans le réfervoir d'en haut & dans celui d'en bas.

Cette conftruction, qui eft due à M. Amontons, a, il eft vrai, l'avantage de diminuer la hauteur embarraffante du baromètre, & de le rendre plus propre à figurer dans certaines circonftances comme ornement ; mais il faut remarquer que c'eft aux dépens de fon exactitude. M. de Luc, l'homme qui a le plus étudié les baromètres, & qui en a le mieux traité, nous affure qu'il n'a jamais pu avoir un inftrument femblable qui fût médiocrement bon. La colonne intermédiaire agit en effet comme thermomètre ; & ceux qui ont entrepris de prouver que cela ne nuifoit pas à l'exactitude, ne faifoient pas attention que leur raifonnement n'eft vrai qu'autant que la ligne de féparation des deux couleurs eft dans le milieu de la hauteur du tube.

De l'Arquebufe à vent.

Cet inftrument, dont l'invention eft due à Otton Guerike, bourgmeftre de Magdebourg, fi célèbre, vers le milieu du dernier fiècle, par fes expériences pneumatiques, électriques, &c. eft une machine dans laquelle le reffort de l'air, violemment comprimé, eft employé à pouffer une balle de plomb, comme fait la poudre à canon. L'arquebufe ou fufil à vent eft compofé d'un réfervoir d'air, formé du vuide qui refte entre deux tuyaux cylindriques & concentriques l'un & l'autre, l'un intérieur, l'autre extérieur : le fond de ce vuide communique à un corps de pompe caché dans la croffe du fusil, & dans lequel agit un piston qui fert à y faire entrer & condenser l'air, au moyen des soupapes placées de la manière convenable. Au fond du tuyau intérieur où se place la balle, en la retenant avec un peu de bourre, il y a aussi une ouverture fermée par une foupape, qui ne peut s'ouvrir que lorsqu'on fait agir une détente.

On conçoit maintenant qu'ayant comprimé dans le réservoir l'air autant qu'il est possible, ayant placé la balle au fond du tuyau intérieur, si l'on fait agir la détente qui doit ouvrir la soupape qui est derrière la balle, l'air, violemment comprimé dans le réservoir, agira sur elle, & la poussera avec une vitesse plus ou moins grande, suivant le temps qu'il aura eu pour exercer sur elle son action.

Pour que le fusil à vent fasse donc bien son effet, il faut, 1°. que l'ouverture de la soupape dure exactement autant de temps que la balle en met à parcourir la longueur du tuyau, car, pendant tout ce temps, l'air en accélérera le mouvement, son expansion étant beaucoup plus rapide que le mouvement de la balle. Si le réservoir restoit plus long-temps ouvert, ce seroit en pure perte ; 2°. il faut que la balle soit ronde & bien calibrée, afin que l'air ne s'échappe point par les côtés. Comme les balles de plomb ne sont pas toujours fort régulières, on y supplée en les enveloppant d'un peu de filasse.

Quand toutes ces attentions sont bien observées, un fusil à vent sert très-bien à percer une planche de 2 pouces d'épaisseur, à 50 & même 100 pas de distance. Le réservoir d'air étant une fois plein, il peut servir à huit ou dix balles successivement. Un artiste anglois a même imaginé un moyen pour y mettre ces dix balles en réserve dans un petit canal courbe, d'où, à mesure que le coup est parti, il en sort une qui vient occuper la place convenable ; en sorte qu'on peut tirer dix coups de suite, dans bien moins de temps que le soldat Pruffien le plus exercé n'en tireroit la moitié. A la vérité les coups de fusil à vent vont en diminuant de force, à mesure que le réservoir se décharge.

On sent aisément que si cet instrument passoit des cabinets des physiciens dans les mains de certaines gens, il seroit une arme très-redoutable, & d'autant plus dangereuse, que le coup ne fait presque aucun bruit. Mais qui sçait si, de même que la poudre à canon, après avoir été pendant long-temps un simple ingrédient de feu d'artifice, est devenue l'ame de l'instrument le plus meurtrier, qui sait, dis-je, si, dans la suite des sie-

cles, le fusil à vent perfectionné, ne deviendra pas l'instrument dont les hommes raffemblés en corps d'armée, se serviront pour s'entre-détruire glorieusement & sans remords ?

La *fig. 5, pl. 2, Amusemens de Physique*, représente une arquebuse à vent. On y reconnoitra aisément la coupe des deux cylindres, dont l'intervalle sert de réservoir à l'air ; MN le piston qui sert à introduire l'air dans ce réservoir ; TL la soupape qui sert à ouvrir la communication du réservoir avec le cylindre intérieur, ou l'ame du fusil ; O la détente servant à cet objet. Tout cela s'entend de soi-même, par la seule inspection de la figure. (*Voyez* FUSIL A VENT.)

Construction de quelques petites figures qui nagent entre deux eaux, & qu'on fait danser, hausser & baisser, en appuyant seulement le doigt sur l'orifice de la bouteille qui les contient.

Il faut faire fabriquer de petites figures d'émail, creuses ; mais dans la partie inférieure, comme dans les pieds, on laisse un petit trou par lequel on puisse introduire une goutte d'eau, ou bien à la partie postérieure on ménage une appendice en forme de queue percée par le bout, en sorte qu'on puisse faire entrer dans ce tuyau plus ou moins d'eau. (*Voyez fig. 6, pl. 2. Amusemens de Physique.*) Après cela, on équilibre la figure, en sorte qu'avec cette petite goutte d'eau elle se tienne bien debout, & nage bien entre deux eaux. On remplit le vase d'eau jusqu'à son orifice, & on le couvre d'un parchemin bien lié au cou de la bouteille.

Cela fait, veut-on donner du mouvement à cette petite figure, il suffit de presser avec le doigt le parchemin qui couvre l'orifice, la petite figure descendra ; en retirant le doigt, vous la verrez monter ; enfin, en appliquant & retirant le doigt alternativement, vous l'agiterez au milieu de la liqueur, de manière à exciter l'étonnement de ceux qui ignoreront la cause de ce jeu.

Cette cause n'est autre que celle-ci. Lorsqu'au travers du parchemin qui couvre l'orifice de la bouteille on presse l'eau, comme elle est incompressible, elle condense l'air contenu dans la petite figure, en y faisant entrer un peu plus d'eau, qu'elle n'en contenoit. La figure devenue la plus pesante devra donc aller au fond. Mais quand on retire le doigt, cet air comprimé reprend son volume, chasse l'eau qui avoit été introduite par la compression ; ainsi la petite figure, devenue plus légère, devra remonter.

Construction d'un baromètre où les variations de l'air se démontrent par une petite figure qui hausse & qui baisse dans l'eau.

Nous avons jeté dans le problème précédent,

les fondemens de la conftruction de ce petit baromètre curieux. Car, puifque la preffion du doigt
fur l'eau qui contient la petite figure dont on y a
parlé, la fait defcendre, & qu'elle remonte quand
cette preffion ceffe, on fentira aifément que le
poids de l'atmofphère produira le même effet,
fuivant qu'il fera plus ou moins confidérable; c'eft
pourquoi, fi la petite figure eft équilibrée de
manière à être dans un temps variable entre deux
eaux, elle s'enfoncera au plus bas lorfque le temps
fera au beau, parce que alors le poids de l'atmofphère fera plus confidérable. L'effet contraire
arrivera lorfque le temps étant tourné à la
pluie, le mercure defcendra; car alors le poids de
l'atmofphère qui repofe fur l'orifice de la bouteille eft moindre, & conféquemment la petite
figure devra remonter.

*Pour quelle raifon, dans les mines qui ont des fou-
piraux fur le penchant d'une montagne, à différentes hauteurs, s'établit-il un courant d'air, qui
a dans l'hiver une direction différente de celle qu'il
a pendant l'été? Explication d'un phénomène femblable qu'on remarque chaque jour dans les chemi-
nées: Ufage qu'on peut faire d'une cheminée pendant l'été.*

Il eft d'ufage, pour donner de l'air à une mine,
de percer de diftance à diftance, des puits perpendiculaires qui aboutiffent à la galerie horifontale
ou peu inclinée où l'on extrait le minéral; & d'ordinaire les embouchures de ces puits font à différentes hauteurs, à caufe de l'inclinaifon de la
croupe de la montagne. Or, dans ce cas, on
éprouve un phénomène affez fingulier: c'eft que,
pendant l'hiver, l'air fe précipite dans la mine par
l'embouchure du puits le plus bas, & fort par celle
du puits le plus haut: le contraire arrive en été.

Pour expliquer ce phénomène, il faut confidérer que, dans la mine, la température de l'air eft
conftamment la même, tandis que dehors elle eft
alternativement plus froide & plus chaude: favoir,
plus froide en hiver, & plus chaude en été.
D'un autre côté, on doit remarquer que le puits
dont l'embouchure eft la plus élevée, la galerie &
l'autre puits, forment un fyphon recourbé à branches inégales. Or voici ce qui arrive.

Lorfque l'air extérieur eft plus froid que celui
de la mine, la colonne d'air qui preffe fur l'orifice
inférieur D, preffe davantage fur tout l'air contenu dans le fyphon DCBA, que celle qui preffe
fur l'orifice A: (*fig.* 7, *pl.* 2. *Amufemens de Phyfique.*) ainfi cet air doit être chaffé en circulant
dans le fens DCBA. Mais l'air froid qui entre par
D, eft auffi-tôt échauffé au même degré que celui de
la mine: ainfi il eft pouffé comme le premier par
la colonne repofante fur l'orifice D.

C'eft le contraire qui arrive en été; car alors
l'air extérieur eft plus chaud que celui de la mine.
Ce dernier étant le plus pefant, la branche AB
du fyphon prépondère fur BC, fans que la différence des colonnes qui pèfent fur A & fur D,
puiffe opérer le contrepoids. Ainfi l'air contenu
dans le fyphon ABCD, doit prendre un mouvement dans ce fens, & conféquemment fe mouvoir
en fens contraire du précédent. Telle eft l'explication du phénomène.

On en obferve un femblable chaque jour dans
les cheminées, & qui eft d'autant plus fenfible,
que les tuyaux de cheminée font plus hauts; car
une cheminée, avec la chambre où elle aboutit,
la porte ou la croifée, forment un fyphon femblable au précédent. D'ailleurs l'air extérieur eft,
depuis les 9 heures du matin jufqu'aux 8 ou 9
heures du foir, plus chaud que l'intérieur pendant
l'été, & au contraire. Le matin donc, l'air doit
defcendre par la cheminée, & fortir par la fenêtre
ou la porte; au contraire, cet air extérieur étant
plus froid la nuit que le jour, il doit entrer par la
porte ou la fenêtre, & monter par la cheminée.
Vers les 8 ou 9 heures du matin, & les 8 ou 9
heures du foir, l'air eft comme ftationnaire; effet
néceffaire dans le temps du paffage d'une direction à l'autre.

On pourroit, dit M. Franckin, qui paroît
avoir le premier obfervé ce mouvement, on pourroit, dit-il, l'appliquer à quelques ufages économiques pendant l'été; & alors le proverbe qui dit,
utile comme une cheminée en été, fe trouveroit
en défaut. Un de ces ufages feroit de fervir de
garde-manger; car en bouchant les deux ouvertures de la cheminée par un fimple treillis ou ca-
nevas, le courant d'air alternatif & prefque continuel qui s'établiroit dans la cheminée, ne pourroit manquer de tenir la viande fraîche & de la
conferver.

On pourroit peut-être encore faire ufage de ce
courant pour quelque ouvrage qui exige moins de
force que de continuité. Pour cet effet, il faudroit
établir dans le tuyau de la cheminée un axe vertical, garni d'une hélice; le courant d'air la meneroit continuellement, tantôt dans un fens, tantôt de l'autre, & probablement avec affez de
force pour élever une petite quantité d'eau par
heure. Mais comme elle ne chommeroit que trois
ou quatre heures de la journée, elle ne laifferoit
pas de produire un effet affez grand par jour. Au
furplus le moteur ne coûteroit rien. Il faudroit,
dans ce cas, employer un engrenage qui fît tel,
que, de quelque côté que tournât l'axe garni d'hélices, le mouvement du furplus de la machine fe
fît toujours dans le même fens; ce qui eft poffible, puifqu'on l'a vu exécuté chez M. Loriot
à Paris.

Construction d'une petite machine qui, à l'imitation de la statue de Memnon, produira des sons au lever du soleil.

Tout le monde sait ce qu'on raconte de la statue de Memnon, exposée dans un temple d'Egypte. Si l'on en croit les anciens historiens, elle saluoit le soleil levant par des sons qui paroissoient sortir de sa bouche. Quoi qu'il en soit de ce trait historique, voici la manière de produire un pareil effet.

Soit un piédestal en forme de parallélipipède concave ABC; (*fig. 2, pl. 8. Amusemens de Physique.*) que la concavité en soit divisée en deux parties par un diaphragme DE. La partie inférieure doit être bien close, & remplie d'eau jusqu'au tiers environ de la hauteur, & le surplus doit être rempli d'air. Le diaphragme DE doit être percé d'un trou qui donne passage à un tuyau de quelques lignes de diamètre, bien soudé avec ce diaphragme, & descendant jusques près du fond de la cavité inférieure. Il doit y avoir dans ce tuyau assez d'eau pour que, l'air étant réfroidi au degré de la température de la nuit, l'eau soit à-peu-près au niveau de FG. Une des faces du piédestal doit être enfin assez mince pour s'échauffer facilement aux rayons du soleil. Le plomb est un des métaux qui s'échauffent le plus de cette manière; c'est pourquoi une lame mince de plomb sera propre à cet effet.

KL est un axe tournant librement sur des pivots en K & L, & autour de cet axe est enroulé un filet flexible, soutenant d'un côté le poids N, & de l'autre le poids M, qui plonge librement dans le tuyau HI. Le rapport de ces poids doit être tel, que le poids M l'emporte sur N lorsque le premier sera livré à lui-même, mais N doit l'emporter sur M lorsque celui-ci perdra une partie de son poids en nageant dans l'eau; ce qui est facile à combiner.

Enfin l'axe KL porte un tympan de quelques pouces de diamètre & de longueur, garni à sa circonférence de dents qui, en appuyant sur les touches d'un petit clavier, font lever des sautereaux qui frappent des cordes accordées harmoniquement. Il faut qu'un tour du tympan achèvent l'air, qui doit être au surplus très-simple, & composé de peu de notes. Toute cette petite mécanique peut être facilement renfermée dans la cavité supérieure du piédestal. Le dessus portera une figure en buste, telle qu'on représente la statue de Memnon, avec la bouche ouverte & en attitude de parler. Il ne seroit pas difficile de lui faire des yeux mobiles, & qui eussent un mouvement dépendant de celui de l'axe KL.

D'après cette construction, on sentira aisément que le côté du piédestal exposé au levant, ne pourra recevoir les rayons du soleil sans s'échauffer; qu'en s'échauffant, il échauffera l'air contenu dans la cavité inférieure; que cet air fera monter l'eau dans le tuyau HI; qu'alors le poids N l'emportera, & fera tourner l'axe KL avec le tambour garni de pointes, qui feront lever les touches du petit clavier; ce qui donnera des sons, & fera sonner le petit air qu'on aura noté. Mais il faudra, pour cet effet, que le diamètre de l'axe KL soit modelé de manière que le poids N, en descendant, par exemple de deux lignes, fasse faire assez rapidement un tour ou deux au tambour, afin que les sons se succèdent assez rapidement l'un à l'autre pour former un air.

Le P. Kircher avoit, dit-on, dans son *Museum*, une machine à peu près semblable, dont le P. Schott donne la description; mais je crois être fondé à dire qu'elle ne produisoit point son effet, car le P. Schott se borne à faire pousser de l'air par un petit tube contre des espèces de vannes dont étoit garnie une petite roue : mais, comme cet air ne seroit sorti que fort lentement, il est clair que la roue n'eût eu aucun mouvement. Si donc la machine du P. Kircher produisoit son effet, comme on le dit, la description du P. Schott n'est pas celle de son mécanisme. Je n'oserois encore gager que celle-ci remplît son objet, car je doute fort que le soleil levant raréfiât sensiblement l'air renfermé dans la cavité inférieure.

Des phénomènes des tuyaux capillaires.

On appelle tuyaux capillaires, des tuyaux de verre dont la capacité intérieure est d'un diamètre très-étroit, comme d'une demi ligne & au-dessous. L'origine de cette dénomination est aisée à reconnoître.

Ces tuyaux présentent des phénomenes fort singuliers, & sur l'explication desquels je ne vois pas qu'on se soit encore accordé. Il a été jusqu'à ce moment plus aisé de détruire à cet égard que d'élever. Voici les principaux de ces phénomenes.

I. On sait que dans deux tuyaux qui se communiquent, l'eau, ou un fluide quelconque, s'élève à même hauteur; mais si une des branches est capillaire, cette règle n'a plus lieu; l'eau s'élève plus haut que le niveau dans le tube capillaire, & d'autant plus au-dessus du niveau de l'autre branche, qu'il est plus étroit.

Il parut d'abord bien facile aux premiers physiciens, témoins de ce phénomene, d'en donner une explication. On imagina que l'air qui presse sur l'eau contenue dans le tube capillaire, éprouvoit quelque difficulté à exercer son action, à caufe du peu de largeur du tuyau ; il devoit donc en réfulter un exhauffement du fluide de ce côté.

Cela n'étoit pas bien fatisfaifant ; car quelle apparence que l'air, dont les particules font fi déliées, ne fût pas fort à fon aife dans un tuyau d'une demi-ligne ou d'un quart de ligne de diametre ?

Mais quelle que fût cette explication, fatisfaifante ou non à cet égard, les deuxième & troifième phénomenes des tuyaux capillaires la renverferent entièrement. En effet,

II. Lorfqu'au lieu d'un fluide aqueux on emploie du mercure, ce fluide, au lieu de s'élever dans la branche capillaire jufqu'au niveau de la ligne qu'il atteint dans l'autre, ce fluide, dis-je, refte au-deffous de ce niveau.

III. Qu'on faffe l'expérience dans le vuide, tout refte de même que dans l'air ouvert. Ce n'eft donc pas dans l'air qu'il faut chercher la caufe du phénomene.

IV. Si l'on frotte l'intérieur du tube avec un matiere graiffeufe, comme du fuif, l'eau, au lieu de s'élever au-deffus du niveau, refte deffous. Il en eft de même fi l'on fait l'expérience avec un tube de cire, ou avec des plumes d'oifeaux, dont l'intérieur eft toujours graiffeux.

V. Si l'on plonge le bout d'un tuyau capillaire dans l'eau, ce fluide s'y eleve auffitôt au-deffus du niveau de celui du vafe, à la même hauteur qu'il s'éléveroit dans le cas d'un fyphon à branches d'un côté capillaire & de l'autre de diametre ordinaire ; enforte que, fi on touche feulement la fuperficie de l'eau, elle eft auffitôt comme attirée à la hauteur que nous venons de dire, & elle y refte fufpendue lorfqu'on retire le tube de l'eau.

VI. Si un tube capillaire étant foutenu perpendiculairement ou fort près de la verticale, on fait couler fur fa fuperficie extérieure une goutte d'eau, lorfqu'elle eft arrivée à l'orifice inférieur, elle entre dans le tube, & fi elle eft fuffifamment groffe, elle y occupe la hauteur à laquelle elle fe tiendroit au-deffus du niveau dans une branche de fyphon de ce calibre.

VII. Les hauteurs auxquelles l'eau fe foutient dans un tube capillaire, font en raifon inverfe des diametres. Ainfi, ayant obfervé, par exemple, que dans un tuyau d'un tiers de ligne, l'eau s'éléve à la hauteur de 10 lignes, elle devra s'élever à la hauteur de 20 lignes dans un tuyau d'un fixième de ligne ; à la hauteur de 100, dans un tuyau d'un trentieme de ligne.

Dans de pareils tuyaux, l'abaiffement du mercure au-deffous du niveau, fuit auffi la raifon inverfe des diametres des tubes.

VIII. Si un tube capillaire eft formé de deux parties ayant des calibres inégaux, comme l'on voit dans la *fig.* 9, *pl.* 2. *Amufemens de Phyfique*, où AB eft d'un calibre beaucoup moindre que BC ; que *ab* foit la hauteur où l'eau fe foutiendroit dans un tube tel que AB, & *cd* celle où il fe tiendroit dans le plus large BC ; qu'on plonge ce tube enforte que l'orifice du plus petit B, foit élevé au-deffus du niveau d'une hauteur plus grande que *cd*, l'eau s'y foutiendra, comme on voit dans la même *fig.* 9, à cette hauteur *cd* au-deffus du niveau : mais fi on plonge le tube enforte que l'eau arrive jufqu'à B, elle s'élevera tout de fuite à la même hauteur que fi le tube eût été du même calibre que celui d'en haut.

Il en eft de même fi l'on plonge le tube capillaire en commençant par le plus étroit.

IX. On fe tromperoit fi l'on imaginoit que les liqueurs les plus légeres s'élevent davantage. L'efprit-de-vin eft des liqueurs aqueufes celle qui s'y eleve le moins : dans un tube où l'eau s'élevoit à 16 lignes, l'efprit-de-vin ne s'y élevoit qu'à 9 ou 10. En général l'élévation de l'efprit-de-vin n'eft que la moitié ou le tiers de celle de l'eau.

Cette élévation dépend auffi de la nature du verre ; dans certains tubes, l'eau fe tient beaucoup plus haute que dans d'autres, quoique leurs calibres foient les mêmes.

Il eft néceffaire de connoître ces phénomenes, pour fe convaincre que ce n'eft rien d'extérieur au tube & à la liqueur qui produit ces effets. En effet, les phénomenes font abfolument les mêmes dans le vuide ou dans l'air extrêmement atténué, que dans celui que nous refpirons. Ils varient auffi felon la nature du verre dont le tube eft formé : ils font auffi différens, felon la nature du fluide. C'eft donc dans quelque chofe d'inhérent à la matière du tube & à celle du fluide, qu'on doit les rechercher.

On donne communément pour caufe de ces phénomenes, l'attraction qu'exercent mutuellement le verre fur l'eau & l'eau fur le verre. Cette explication a trouvé un grand contradicteur dans le P. Gerdil, religieux Barnabite & habile phyficien, qui a fait tout fon poffible pour la renverfer. M. de la Lande, au contraire, a pris fa défenfe, & eft un des écrivains modernes qui ont mis cette explication dans le plus beau jour. On peut voir auffi à ce fujet, parmi les mémoires de Pétersbourg, un écrit de M. Weitbrecht, très-profond & très-favant.

De quelques tentatives du mouvement perpétuel, au moyen de syphons capillaires.

Dès qu'on a vu l'eau s'élever dans un tube capillaire au-dessus du niveau de celle dans laquelle il étoit plongé, ou au-dessus de celui où elle étoit dans le tube non-capillaire, avec lequel il forme un syphon renversé, on n'a pas manqué d'en conjecturer la possibilité du mouvement perpétuel ; car, a-t-on dit, si l'eau s'élève à la hauteur d'un pouce au-dessus de ce niveau, interrompons son ascension, en ne donnant au tube que trois-quarts de pouce : l'eau s'élevera donc au-dessus de l'orifice, & retombant par les côtés dans le vase, il s'en élevera d'autre, & ainsi sans cesse : ou bien, que l'eau élevée dans la branche capillaire du syphon soit dérivée par un tube incliné dans l'autre branche, il se fera un mouvement de circulation continuel : & voilà un mouvement perpétuel donné par la nature.

Mais malheureusement l'expérience ne confirme pas cette idée. Si l'on intercepte l'ascension de l'eau dans un tube capillaire, en le coupant, par exemple, à la moitié de la hauteur à laquelle elle devroit s'élever, l'eau ne s'élève pas pour cela au dessus de l'orifice pour retomber sur les côtés. Il en est de même de l'autre tentative.

Mais en voici une fort ingénieuse, & telle, qu'il est bien difficile de reconnoître la cause de son peu de succès.

Soit le tuyau capillaire ABC, (*fig. 10. pl. 2. Amusemens de Physique*) mais dont la longue branche soit d'un diamètre beaucoup plus petit que l'autre, on suppose que l'orifice A étant plongé dans l'eau du vase DE, elle s'élève jusqu'en B, sommet de la courbure du tuyau ; dans l'autre branche BC, l'eau ne s'éleveroit que de la hauteur CH au-dessus du niveau.

Retournons à présent ce syphon, remplissons-le d'eau, & plongeons-le à la profondeur suffisante pour que l'eau pût s'élever, comme il a été dit ci-dessus, jusqu'à la courbure B : il paroit évident & incontestable que l'eau qui remplira la partie BH, forcera en en bas l'eau contenue en CN. Or, cela ne peut se faire sans que l'eau contenue en AB la suive ; ainsi l'eau montera continuellement de A en B, & retombera par la branche BC dans le vase. Ainsi voilà un mouvement perpétuel.

Rien de plus spécieux ; mais malheureusement encore l'expérience détruit cette illusion : l'eau ne tombe point par la branche BC ; au contraire, elle remonte jusqu'à ce que la branche AB soit seule remplie.

Nous croyons devoir joindre ici une autre idée de mouvement perpétuel au moyen de deux syphons, quoique ce ne soient pas précisément des syphons capillaires qui y soient employés. Elle mérite d'autant plus d'attention, que ce n'est pas un homme sans nom qui l'a proposée, mais un homme des plus célèbres avec raison dans les mathématiques ; pour le dire enfin en un mot, l'illustre Jean Bernoulli.

Soient, dit M. Bernoulli, deux liqueurs miscibles entr'elles, & dont les pesanteurs spécifiques soient comme les lignes AB, CD : on sait que si deux tuyaux, communiquant l'un à l'autre, ont leurs hauteurs au-dessus de la branche de communication dans ce même rapport, on pourra remplir la branche la moins haute du fluide le plus pesant, & la plus haute du plus léger, & que ces deux fluides se tiendront en équilibre ; d'où il suit que si la branche la plus haute étoit recoupée quelque peu au-dessous de la longueur qu'elle doit avoir, le fluide contenu dans cette branche pourroit couler dans la plus basse.

Supposons maintenant que la branche la moins élevée EF, (*fig. 11. pl. 2.*) soit remplie d'un fluide composé de deux liqueurs de différentes pesanteurs spécifiques, & qu'au point F soit établi un filtre qui ne laisse passer que la plus légere ; que le tube FG soit rempli de celle-ci, & qu'il soit un peu moins haut, pour établir l'équilibre entre la liqueur de la branche EF, & celle de la derniere FG.

Les choses étant ainsi, & le filtre ne laissant passer que la liqueur la plus légere, celle-ci, en vertu de l'équilibre rompu, sera poussée dehors par l'orifice G, & conséquemment pourra, par un petit tuyau de dérivation, être ramenée dans l'orifice E, où elle se mêlera de nouveau à la liqueur contenue dans EF ; & cela continuera toujours, car la colonne de liqueur GF sera toujours trop legere pour contre-balancer la colonne de liqueur composée EF. Ainsi voilà un mouvement perpétuel ; & c'est celui, dit M. Bernoulli, par lequel la nature entretient les fleuves au moyen de l'eau de la mer. Car, tenant encore aux idées anciennes sur l'origine des fontaines, il imaginoit que c'étoit par un mécanisme semblable que l'eau de la mer, dépouillée de son sel, parvenoit au sommet des montagnes. Il rejetoit seulement l'idée de ceux qui prétendoient qu'elle s'élevoit au-dessus de son niveau par une suite de la propriété des tuyaux capillaires ; car il remarquoit qu'elle n'auroit pu couler en bas.

Nous n'osons dire ce qui arriveroit, si l'on pouvoit parvenir à remplir les suppositions de M. Bernoulli : cependant nous sommes très-portés à croire que cela ne réussiroit pas ; & de même que le raisonnement précédent sur les tubes capillaires, quoiqu'en apparence convaincant, est néanmoins démenti par l'expérience ; nous croyons que celui de M. Bernoulli le seroit pareillement.

Mesurer l'humidité & la sécheresse de l'air : Idée des principaux Hygromètres imaginés pour cet objet ; leurs défauts : construction d'un Hygromètre comparable.

L'air est non-seulement pesant, il est non-seulement susceptible de contracter plus ou moins de chaleur, mais il l'est encore d'être plus ou moins humide. Ainsi il entre dans l'objet de la physique de mesurer ce degré d'humidité, d'autant plus que cette qualité de l'air influe beaucoup sur le corps humain, sur la végétation, & sur un grand nombre d'autres effets de la nature. C'est ce qui a donné lieu à l'invention de l'hygromètre, ou instrument propre à mesurer l'humidité de l'air.

Mais, il faut en convenir, on n'a pas encore imaginé des instruments qui remplissent à cet égard tout ce que l'on est fondé à désirer. On a, à la vérité, des hygromètres qui marquent que l'air est plus ou moins humide qu'il ne l'étoit un peu auparavant, mais ils ne sont pas comparables ; c'est-à-dire qu'on ne peut point, par leur moyen, comparer l'humidité d'un jour ou d'un lieu à celle d'un autre. Il est cependant à propos de faire connoître ces différens hygromètres, ne fût-ce que pour les apprécier.

I. Comme le bois de sapin est extrêmement susceptible de participer à la sécheresse & à l'humidité de l'air, on en a pris l'idée d'appliquer cette propriété à la construction d'un hygromètre. Pour cet effet on place entre deux coulisses immobiles & verticales, une petite planche de sapin fort mince, & en travers, c'est-à-dire ensorte que le sens des fibres soit horizontal ; car c'est dans le sens latéral & transversal à ses fibres, que le sapin & les autres bois reçoivent leur extension par l'humidité. Le bord supérieur de la planchette doit porter un petit rateau qui engrènera dans un pignon, ce pignon dans une roue, & celle-ci avec un autre pignon, dont l'axe portera une aiguille. Il est aisé de sentir que, ce moyen, le moindre mouvement que le bord supérieur de la planche imprimera au rateau, en s'élevant ou s'abaissant, se manifestera par un mouvement très-sensible de l'aiguille ; conséquemment, si le mouvement de cette aiguille est combiné de manière que de l'extrême sécheresse à l'extrême humidité elle fasse un tour complet, les divisions de ce cercle serviront à marquer combien l'état actuel de l'air est éloigné de l'un & de l'autre de ces extrêmes.

Cette invention est assez ingénieuse, mais elle n'est pas suffisante. Le bois retient l'humidité encore long-temps après que l'air a perdu la sienne : d'ailleurs cette planche devient peu-à-peu moins sensible à l'impression de l'air, & ne produit plus son effet.

II. On fait aussi un hygromètre avec la barbe d'un épi d'avoine sauvage. On la plante au milieu d'une boîte ronde, sur le sommet d'une petite colonne placée au centre de cette boîte ; l'autre extrémité de la barbe doit passer par le centre du couvercle de cette boîte, dont la circonférence sera divisée en parties égales ; on garnit enfin cette extrémité de la barbe d'avoine, d'une petite aiguille de papier fort légère. Il est nécessaire, pour donner accès à l'air, que le contour de la boîte soit découpé à jour.

Lorsqu'on expose cet instrument à un air plus sec ou plus humide, la petite aiguille tourne dans un sens ou dans l'opposé.

Mais ce petit hygromètre, qui est fort sensible dans le commencement, perd peu-à-peu sa sensibilité : ainsi c'est un instrument fort imparfait, de même que le suivant.

III. Suspendez par son centre de gravité un petit plateau circulaire à une corde assez fine, ou à une corde de boyaux, & que l'autre extrémité de cette corde soit attachée à un crochet : suivant que l'air sera plus ou moins humide, vous verrez le petit plateau tourner dans un sens ou dans un autre. On peut couvrir ce petit mécanisme d'une cloche de verre, pour empêcher le dérangement qu'occasionneroit l'agitation de l'air ; mais il faut que la cloche soit élevée au dessus de la base, pour que l'air ait accès sur la corde.

C'est-là le principe de ces hygromètres que l'on débite communément, & qui sont formés d'une boîte dont la surface présente l'apparence d'un bâtiment à deux portes. Sur le plateau tournant sont placées, d'un côté une petite figure avec un parapluie, & de l'autre une femme avec son éventail, dans l'attitude de se garantir du soleil. Suivant que l'une ou l'autre de ces figures se présente, on juge que le temps est humide ou disposé à la pluie, ou au contraire.

IV. Si une corde de boyaux est attachée par une de ses extrémités, contre une planchette de quelque matière qui n'en éprouve aucun effet ; que de-là elle fasse plusieurs tours & retours sur des poulies, comme B, C, D, E, F, G, &c; qu'enfin son extrémité H porte un poids : (*fig.* 13, *pl.* 2, *Amusemens de Physique*) il est aisé de voir qu'il devra monter ou baisser d'autant plus sensiblement par l'humidité & la sécheresse, que le nombre de ces tours & retours sera plus considérable. Mais on rendra cela encore plus sensible en attachant au bout H de la corde l'extrémité d'une aiguille HK, tournante sur le centre I, mais dont la branche IK soit beaucoup plus grande que IH : le plus léger changement dans l'humidité de l'air se manifestera par le mouvement de la pointe K de l'aiguille.

V.

V. On pourroit tendre une corde de cinq ou six pieds de long, entre les arrêts A & B, (*fig.* 12, *même pl.* 2 :) suspendre à son milieu C un poids P par un filet PC, lequel seroit attaché à l'extrémité D d'une aiguille tournante autour du point E, & ayant la branche EF plusieurs fois plus longue que ED. L'humidité raccourcissant la corde ACB, & la sécheresse l'allongeant, le point P sera soulevé, ainsi que le point D ; ce qui fera parcourir à la pointe de l'aiguille l'arc GH. Les divisions indiqueront le degré de l'humidité ou de la sécheresse.

VI. Mettez dans le bassin d'une balance un sel qui attire l'humidité de l'air, & dans l'autre un poids qui fasse exactement équilibre : le bassin où est le sel baissera dans un temps humide, & marquera cette disposition de l'air. Il seroit facile d'y adapter un index, comme aux hygromètres précédents.

Mais cet instrument est le plus mauvais de tous; car un sel plongé dans un air humide, se charge bien d'humidité ; mais il ne la perd pas, ou ne la perd que très-lentement, quand l'air est devenu sec. L'alkali fixe du tartre continue même de s'en charger, jusqu'à ce qu'il soit tombé en *deliquium* ou résous en liqueur.

VII. La musique peut servir à reconnoître la sécheresse ou l'humidité de l'air. Une flûte est plus haute en temps sec qu'en temps humide. Si donc l'on tend une corde de boyaux entre deux arrêts, & qu'on la mette en vibration, elle rendra un ton à l'unisson duquel on mettra un tonomètre. Si le temps devient plus humide, la corde donnera un son plus bas ; & ce sera le contraire si l'air devient plus sec.

VIII. M. de Luc, citoyen de Genève, auquel nous avons l'obligation d'un excellent ouvrage sur les thermomètres & baromètres, a tenté de faire un hygromètre comparable, & a donné sur cet objet un mémoire dans les *transact. Philos.*, tome LXI pour l'année 1771. Voici, d'après ce mémoire, la description de son hygromètre.

Il est fort ressemblant au thermomètre. La première & principale pièce est un réservoir cylindrique d'ivoire, de 2 pouces & demi environ de hauteur, dont la cavité cylindrique est de 2 lignes & demie de diamètre, & l'épaisseur de $\frac{4}{16}$ ou $\frac{3}{16}$ de ligne. Cette pièce d'ivoire doit être prise vers le milieu de l'épaisseur d'une dent d'éléphant, entre le centre & la surface, ainsi que vers le milieu de la longueur ; & il est essentiel que la cavité soit percée dans le sens parallèle à la direction des fibres. On voit la représentation de cette pièce dans la (*fig.* 1, *pl.* 3, *Amusemens de Physique*) où elle est désignée par les lettres ABC.

Amusemens des Sciences.

La seconde pièce est un tuyau de cuivre, travaillé au tour, qui d'un côté est propre à s'emboîter dans le cylindre d'ivoire, & de l'autre à recevoir dans sa cavité cylindrique un tube de verre, d'un quart de ligne environ de diamètre intérieur. On en voit la représentation dans la (*fig.* 1, n°. 2. *pl.* 3, *Amusemens de Physique*).

L'on adapte solidement ensemble ces trois pièces, en faisant entrer dans le cylindre d'ivoire le bout du tuyau de cuivre qui doit le remplir, avec de la colle de poisson entre deux. Pour mieux attacher ces parties ensemble, on serre le collet du cylindre d'ivoire avec une virole de cuivre qui doit l'embrasser avec force.

On place aussi dans la cavité cylindrique du même tuyau, un tube de verre de 30 pouces environ de longueur, & du calibre extérieur qui convient à cette cavité. La *fig.* 1, n°. 3, *même pl.* représente l'assemblage de ces trois pièces & l'instrument construit.

On le remplit ensuite de mercure, de manière qu'il y en ait jusques vers le milieu de la hauteur du tube de verre. On plonge enfin le réservoir d'ivoire dans de l'eau prête à se glacer, & qu'on a soin d'entretenir dans cette température pendant plusieurs heures ; car il en faut 10 ou 12 pour que l'ivoire ait pris toute l'humidité qu'elle pouvoit absorber. Aussi-tôt que ce réservoir est plongé dans l'eau, on voit le mercure descendre d'abord très-vite, ensuite plus lentement, jusqu'à ce qu'il reste enfin stationnaire vers le bas du tube. On a soin de marquer cet endroit, qui doit être de quelques pouces au dessus de l'insertion du tube de verre dans le tuyau de cuivre, & on le marque 0 ; ce qui signifie zéro de sécheresse, ou plus grande humidité. Nous disons que ce point doit être quelques pouces plus haut que le tuyau de cuivre, car on remarque que si on fait chauffer l'eau, & qu'on y plonge l'instrument, le mercure descend encore plus bas ; & c'est pour y marquer ces divisions qu'on laisse cet intervalle au dessous de zéro.

Cet hygromètre est fort sensible ; à peine est-il placé dans un air plus ou moins humide, qu'il donne des signes de cette sensibilité par l'ascension ou la chute du mercure : mais il exige & exigera toujours d'être accompagné d'un thermomètre ; car le même degré d'humidité l'affecte davantage en temps chaud qu'en temps froid : d'ailleurs le mercure y monte ou descend, indépendamment de toute humidité, par le simple effet de la chaleur. Ainsi cet instrument exige une double correction ; la première, pour tenir compte de la dilatation que le mercure reçoit par la chaleur, correction qui sera soustractive toutes les fois que cette chaleur excédera le terme de la glace ; la

K k k k k

seconde , pour réduire l'effet de l'humidité observée , à ce qu'il auroit été si la température avoit
été à la glace.

De la figure qu'on observe quelquefois dans la neige :
Explication de ce phénomène.

Il arrive assez souvent , & il y a long-temps
qu'on l'a remarqué avec admiration , que les
petits flocons de neige ont une figure régulière.
Cela arrive sur-tout lorsque la neige tombe par
flocons extrêmement petits & bien tranquillement. Cette figure est exagone ou étoilée ; quelquefois c'est une simple étoile à six rayons ; d'autres fois cette étoile est plus composée , & ressemble à une croix de malthe , ayant six angles
saillants & six rentrants. Il arrive par fois que
chaque branche présente des ramifications, comme
les barbes d'une plume. Il seroit trop long de les
décrire toutes. Nous nous bornerons à donner la
représentation des plus remarquables , (*fig. 2, pl.*
3 , Amusemens de Physique).

Ce phénomène a toujours beaucoup embarrassé les physiciens , à commencer par Descartes & Képler, qui paroissent avoir été les
premiers qui l'aient observé. Bartholin a donné
une traité *de Figura nivis sexangula*, où il rai-
sonne assez mal sur ce sujet. A dire vrai , il
étoit difficile d'en raisonner justement, avant que
M. de Mairan eût observé , comme il l'a fait
avec sagacité, les phénomènes de la congélation,
& avant que la chimie eût connu ceux de la
crystallisation des corps , lorsque de l'état de fluidité ils passent à celui de solidité.

En effet la chimie nous a appris que tous les
corps dont les éléments , nageant dans un fluide ,
se rapprochent tranquillement , prennent des figures régulières & caractéristiques. Ainsi le soufre , en se figeant, forme de longues aiguilles ; le
régule d'antimoine figure une étoile sur sa superficie. Les sels, en se crystallisant lentement, prennent aussi des figures régulières : le sel marin
forme des cubes , l'alun des octaèdres , le gypse
des espèces de coins régulièrement irréguliers ,
& dont les lames se brisent en triangles d'angles déterminés ; le spath calcaire, appelé *crystal*
d'Islande, des parallélipipèdes obliques , sous des
angles invariables ; &c.

D'un autre côté M. de Mairan , observant les
progrès de la congélation , a vu que les petites
aiguilles de glace qui se forment , s'implantent les
unes sur les autres , suivant des angles réguliers
& déterminés , qui sont toujours de 60 ou 120
degrés.

Quiconque connoît ces phénomènes, ne verra
donc dans la glace & dans la neige qu'une crystallisation de l'eau rapprochée dans un air réfroidi :

une première particule d'eau glacée en rencontre
une autre , & se groupe avec elle sous un angle
de 60° : une troisième survient , & est déterminée
par l'action de la pointe de ce premier angle, à
s'y réunir de la même manière , &c. C'est-là la
plus simple des étoiles de la neige , A *fig. 2.*

S'il survient de nouvelles aiguilles de glace ,
ce qui arrivera le plus souvent , il faudra qu'elles
se couchent sur les premiers rayons , ou en faisant l'angle obtus du côté du centre , ou l'angle aigu du même côté. Dans le premier cas ,
il en naîtra une étoile dont les rayons porteront des espèces de barbes , comme la tige d'une
plume, D *fig. 2* , ou comme une étoile C *ibid.*
Cette dernière disposition est néanmoins rare,
& celle B est la plus commune. On en voit enfin ,
mais en moindre nombre , de beaucoup plus composées ; mais quelle que soit leur composition,
leurs éléments font toujours des angles de 60 ou
120 degrés.

M. Lulolf de Berlin a conjecturé que ces figures
étoient dues au sel ammoniac , ou plûtôt à l'alkali volatil dont la neige seroit imprégnée : il
rapporte même à l'appui de son idée une jolie
expérience : c'est qu'ayant mis de l'eau geler près
des latrines , il trouva sa surface toute couverte
de petites étoiles de glaces ; tandis que de l'eau
gelée plus loin ne représentoit rien de semblable. Cependant il convient lui-même n'avoir jamais pu démontrer , par aucun procédé , ce
principe dans la neige ou l'eau de neige fondue
dans des vases fermés. En effet , aucun physicien d'aujourd'hui ne se persuadera qu'il y ait
dans la neige un sel ammoniac , ni alkali volatil , que fort accidentellement , & il n'y a nulle
nécessité d'y en supposer pour expliquer sa crystallisation en étoiles.

Construire une fontaine où l'eau coule & s'arrête alter-
nativement.

Nous avons déja donné le mécanisme d'une
fontaine qui produit cet effet , & qui est fort
connue des hydrauliciens ; mais comme sa construction ne peut pas s'adapter aux usages que
nous avons en vue , voici une autre manière de
résoudre le problème.

Que ABCD soit un vase d'une forme quelconque , (*fig. 4 , n°. 1 , pl. 3 ,*) qui reçoit par
le tuyau DE un flux perpétuel d'eau, capable de
le remplir à la hauteur GH , dans l'intervalle ,
par exemple , de deux heures. Que FGH soit
un syphon dont l'orifice supérieur , plongé dans
la liqueur , est F. FG la moindre branche , GH
la longue branche , dont l'orifice H , doit être
fort au dessous du niveau de F ; enfin que ce
syphon soit d'un calibre tel qu'il pût tirer la liqueur contenue dans la hauteur CG en une demi-
heure. Cela supposé , & le vase étant vuide ,

qu'on laisse couler l'eau par le tuyau DE, il remplira le vase jusqu'à la hauteur G en deux heures, par exemple; mais une fois parvenu à la courbure G, le syphon FGH se remplira; & l'eau y coulant, il épuisera en un peu plus de demi - heure, non - seulement la quantité d'eau amassée jusques en GH, mais encore celle que le tuyau DE aura fournie pendant ce temps, puisque ce tuyau de décharge FGH débite beaucoup plus rapidement que celui qui fournit, sçavoir DE. La surface de l'eau baissera donc enfin au niveau de l'orifice F, & l'air s'y introduisant, le jeu du syphon sera interrompu : l'eau recommencera donc à s'élever jusqu'à la courbure du syphon en G, & alors le jeu du syphon recommencera, & ainsi toujours tant que le tuyau DE fournira de l'eau.

Il est nécessaire de remarquer que le syphon ne fera pas son effet, à moins que sa hauteur à l'endroit de sa courbure ne soit capillaire; car s'il avoit à cet endroit un diamètre de 5 ou 6 lignes, l'eau étant arrivée un peu au dessus de la courbure inférieure, couleroit sans remplir tout le tube, comme on voit *fig.* 4, n°. 2, & il ne verseroit qu'une quantité d'eau égale à celle que fourniroit le tube DE. C'est une observation que fait fort justement M. l'abbé Para du Phanjas, qui recourt en conséquence, dans ce cas, à plusieurs tubes capillaires qui se réunissent en un seul.

Il y a un autre remède, qui consiste à faire le calibre du tube de décharge, capillaire dans sa hauteur, & évasé à proportion dans le sens horisontal, afin qu'il ait la même surface, & qu'il y coule la même quantité d'eau. Par ce moyen ce tube de décharge, quoique unique, remplira sa destination.

Il est aussi à propos que l'orifice F de la branche GF du syphon soit taillé comme on voit *fig.* 4, n°. 3, afin d'assurer d'autant mieux l'introduction de l'air dans le syphon, lorsque la surface de l'eau aura baissé jusqu'en F. Je ne crois pourtant pas la chose essentielle.

Faire une fontaine qui coulera & s'arrêtera un certain nombre de fois de suite, & qui ensuite s'arrêtera pendant un temps plus ou moins long, après lequel elle reprendra son cours intermittent, & ainsi de suite.

La solution de ce problème dépend d'une combinaison assez ingénieuse de deux fontaines intermittentes semblables à la précédente. Supposons en effet une pareille fontaine, dont les écoulements périodiques soient très-prompts, par exemple de 2 à 3 minutes, & l'intermission semblable, ce qui fera en total un intervalle de 4 ou 5 minutes; que cette fontaine soit elle-même alimentée par une autre fontaine intermittente & supérieure, dont la durée de l'écoulement soit d'une heure, & l'intermittence de 2, 3 ou 4 : il s'ensuivra que l'inférieure ne fournira de l'eau que pendant que la supérieure lui en donnera elle-même, c'est-à-dire pendant une heure; & pendant cette heure cette fontaine inférieure aura 12 ou 15 écoulements coupés par autant de cessations; après lequel temps la fontaine ou le tuyau DE de la *fig.* 4, *pl.* 3, ne fournissant lui-même plus d'eau pendant deux ou trois heures, la fontaine inférieure cessera absolument pendant une, deux ou trois heures. Voilà donc une fontaine qui sera doublement intermittente, en ce qu'elle sera un certain temps considérable, sans couler, & quand elle coulera, ce sera avec intermittence.

I. Avec trois fontaines semblables combinées ensemble, on pourroit produire des périodes si bizarres d'écoulement & de cessation, qu'elles paroitroient absolument inexplicables. Mais l'on sent aisément qu'elles pourroient tenir au même principe.

II. On pourroit facilement faire, au moyen des principes ci-dessus, une fontaine qui coulât sans cesse, mais qui grossît & diminuât par alternatives; car il suffiroit de combiner avec la fontaine du problème précédent, une fontaine continue : il est évident qu'elle grossiroit quand le syphon FGH couleroit; & quand il s'arrêteroit, elle reviendroit à son état ordinaire.

Si on combinoit cette fontaine continue avec la double intermittence de ce problème, on auroit une fontaine continue & égale pendant plusieurs heures de la journée, & qui ensuite grossiroit & diminueroit par accès pendant une heure.

Construction d'une fontaine qui cessera de couler quand on y versera de l'eau, & qui ne reprendra son cours que quelque temps après qu'on aura cessé.

Il faut supposer pour cela un réservoir bien clos & à demi rempli d'eau, comme ABCD, (*fig.* 6, *pl.* 3; *Amusemens de Physique*) ayant un tuyau d'écoulement en E, de quelques lignes seulement de diamètre. Ce réservoir fait partie d'un autre vase dans lequel il est placé, HBFD; il reste une portion du vase HGF qui est vuide; IK est un tuyau qui va du haut du réservoir intérieur jusques bien près du fond FD du vase; le dessus de ce vase a un rebord en forme de coupe, dont la partie HG est percée de beaucoup de petits trous. On mettra dans cette espèce de coupe de la mousse avec du gros sable, &, si l'on veut, de l'herbe ou du gazon; ensorte néanmoins que l'air puisse avoir accès par la plaque HG dans la cavité HC.

Cela fuppofé, que le petit réfervoir foit à moitié rempli d'eau, elle coulera par l'ajutage E; qu'enfuite on en verfe dans la coupe fupérieure; cette eau tombera dans le réfervoir latéral HC, & elle bouchera l'orifice K du tuyau HI. Cet orifice étant bouché, l'air contenu au deffus de l'eau du réfervoir intérieur, ne pourra plus fe dilater; l'eau coulante par E tombera d'abord plus lentement, & enfin s'arrêtera. Mais fi à l'angle F on ménage un petit écoulement à l'eau tombée dans le réfervoir HC, lorfque cette eau fera écoulée, l'écoulement par E recommencera.

Si l'on verfoit fans ceffe de l'eau dans la coupe HB, & que fon écoulement par F fût caché, on pourroit être fort étonné de cette machine, qui ne couleroit que quand il paroîtroit qu'on n'y met plus d'eau.

On pourroit donner à cette machine la figure d'un rocher, du pied duquel fortiroit une fontaine : le deffus pourroit repréfenter une prairie, une forêt &c. Lorfqu'on verferoit de l'eau avec un arofoir, pour repréfenter la pluie, on verroit la petite fontaine s'arrêter & s'arrêter auffi long-temps qu'on y verferoit de nouvelle eau.

Du porte-voix & du cornet acouftique; leur explication:
le jeu de la tête enchantée.

Tout comme on aide la vue par les lunettes d'approche & par les microfcopes, de même on a imaginé d'aider l'ouïe par des inftruments analogues. L'un, appelé le *porte-voix*, fert à fe faire entendre de fort loin; & l'autre, appelé *cornet acouftique*, à groffir pour l'oreille les plus petits fons.

Le chevalier Morlan eft, parmi les modernes, celui qui s'eft le plus occupé à perfectionner ce moyen d'augmenter les fons. Il publia en 168.. un traité intitulé, *de Tubâ Stentorophonicâ*, nom qui fait allufion à la voix de Stentor, fi célèbre parmi les Grecs par fa force extraordinaire. Ce que nous allons dire ici eft en partie extrait de cet ouvrage curieux.

Les anciens connurent le porte-voix, car on dit qu'Alexandre avoit un cornet avec lequel il donnoit des ordres à fon armée, quelque nombreufe qu'elle fût. Kircher, d'après quelques paffages d'un manufcrit du Vatican, fixe le diamètre du pavillon à 7 pieds & demi. Quelle étoit fa longueur ? il n'en dit rien; il ajoute feulement qu'il fe faifoit entendre à 500 ftades, ou 5 de nos lieues. Il y a fans doute de l'exagération. Un inftrument avec lequel on pourroit fe faire entendre de Verfailles à Paris, feroit un inftrument fort curieux.

Quoi qu'il en foit, le porte-voix, autrement

trompette parlante, ou *ftentorophonique*, n'eft autre chofe qu'un long tuyau, qui d'un côté n'a que la largeur néceffaire pour y appliquer la bouche, & qui va de-là en s'évafant jufqu'à l'autre extrémité en forme de pavillon. L'ouverture du petit bout doit être égale à celle de la bouche d'un homme, & un peu applatie, pour mieux fe conformer à la figure de cet organe; deux petits appendices latéraux fervent à embraffer les joues. (*Voyez la fig.7, pl. 3, Amufemens de Phyfique*).

Le chevalier de Morland dit avoir fait faire de ces trompettes parlantes de plufieurs grandeurs; fçavoir, une longue de 4 pieds & demi, par laquelle on fe faifoit entendre à 300 pas géométriques, une autre, de 16 pieds 8 pouces, fe faifoit entendre à 1800 pas; une troifième enfin, de 24 pieds, qui portoit le fon à plus de 2500 pas.

Nous ne dirons pas comme M. Ozanam, pour expliquer cet effet, que les tuyaux fervent généralement à renforcer l'activité des caufes naturelles; que plus ils font longs, plus cette énergie eft augmentée; &c. car ce n'eft pas là parler en phyficien; c'eft prendre l'effet pour la caufe. Il faut raifonner avec plus de précifion.

L'air eft un fluide élaftique, & tout fon qui y eft produit fe répand circulairement & fphériquement à l'entour du lieu où il eft produit. Si donc l'on parle à l'extrémité d'un long tuyau, tout le mouvement qui feroit communiqué à une fphère d'air, par exemple de 4 pieds de rayon, eft communiqué à un cylindre ou plutôt un cône d'air, dont la bafe eft le pavillon. Si ce cône eft, par exemple, la 100e partie de la fphère entière de même rayon, c'eft à peu près comme fi l'on avoit parlé 100 fois auffi fort dans un air libre : on doit donc entendre à une diftance 100 fois auffi grande.

Le cornet acouftique, inftrument fi utile pour les fourds, eft à-peu-près l'inverfe du porte-voix. Il raffemble dans le conduit auditif toute la quantité de fon contenue dans fon pavillon, où il augmente le fon qui eft produit à fon extrémité, dans un rapport qui eft à-peu-près le même que celui de cette extrémité au pavillon. Si, par exemple, le pavillon a 6 pouces de diamètre, & l'ouverture qu'on applique à l'oreille 6 lignes, ce qui donne en furface le rapport de 1 à 144, le fon fera augmenté 144 fois ou-à-peu-près; car je ne crois pas que ce rapport fuive précifément l'inverfe des étendues. Il faut convenir que fur cela l'acouftique n'eft pas encore auffi avancée que l'optique.

L'expérience a appris, & c'eft un fait, quelle qu'en foit la raifon, que le fon renfermé dans un

tube se propage à une distance incomparablement plus grande que dans l'air libre. Le P. Kirker rapporte quelque part, que les ouvriers qui
travaillent dans les souterrains des acqueducs de
Rome, s'entendent à la distance de plusieurs
milles.

Si l'on parle, même fort bas, à l'extrémité
d'un tuyau de quelques pouces de diametre, celui
qui aura l'oreille à l'autre extrémité, entendra
distinctement ce qu'on aura dit, quel que soit le
nombre de circonvolutions de ce tuyau.

La tête enchantée.

Cette observation est le principe d'une machine
qui surprend beaucoup les gens médiocrement instruits. On place une figure en buste sur une table ;
mais de l'une de ses oreilles, ou de chacune, on
conduit à travers l'épaisseur de la table & un de
ses pieds, un tuyau qui perce le plancher, & va
aboutir dans l'appartement inférieur ou latéral.
Un autre tuyau part de la bouche, & va aboutir
par un chemin semblable dans le même appartement. On dit à quelqu'un de faire à cette figure
une question en lui parlant bas à l'oreille ; la personne qui est de concert avec celle qui montre
la machine, ayant son oreille appliquée à l'extrémité du même tuyau, entend fort bien ce
qu'on a dit : elle fait alors à l'embouchure de
l'autre tuyau, une réponse qu'entend à son tour
l'auteur de la question. Enfin, si par quelque
moyen mécanique on a donné en même-temps un
mouvement aux levres de la machine, les igno-
rants sont extrêmement surpris, & tentés de croire
à la magie. Il n'y en a pourtant aucune, ainsi
qu'on le voit.

*Dans le jeu du Ricochet, quelle est la cause qui fait
remonter la pierre au-dessus de la surface de l'eau,
après y avoir plongé ?*

Rien n'est plus connu & plus commun que le
jeu appelé *Ricochet*, puisqu'il est peu de jeunes
gens qui, se trouvant sur le bord d'une eau un
peu étendue, ne s'amusent à ce petit jeu. Mais la
cause de ce rebondissement de la pierre, après
avoir touché la surface de l'eau, n'en a pas moins
quelque chose qui ne se présente pas d'abord à
l'esprit ; & même, le dirons-nous ? il y a des
physiciens qui s'y sont mépris, en attribuant cet
effet à l'élasticité de l'eau. Comme l'eau n'a aucune élasticité, il est évident que leur explication est vicieuse.

Ce rebondissement tient néanmoins à une cause
qui approche assez de l'élasticité. C'est l'effort que
font les colonnes d'eau, enfoncées par le choc,
pour se relever & reprendre leur place, par une
suite de l'équilibre qui doit régner entr'elles &

les voisines. Mais entrons dans une analyse un peu
plus approfondie de ce qui se passe en cette occasion.

Lorsque la pierre, qui doit être plate, est lancée obliquement à la surface de l'eau, & dans le
sens de son tranchant, il est évident qu'elle est
portée de deux mouvemens qui se composent,
l'un horisontal qui est le plus vîte, & l'autre vertical qui l'est beaucoup moins. La pierre, arrivée
à la surface de l'eau, la choque par l'effet de ce
dernier seulement, & elle enfonce un peu la colonne d'eau qu'elle rencontre ; ce qui produit une
résistance qui affoiblit ce mouvement vertical,
mais sans le détruire encore : elle continue à plonger en enfonçant d'autres colonnes ; d'où il résulte de nouvelles résistances qui anéantissent enfin
ce mouvement en ce qu'il a de vertical. La pierre
est alors parvenue à la plus grande profondeur
qu'elle puisse atteindre, & elle a dû décrire nécessairement une petite courbe, dont la convexité est opposée au fond de l'eau, comme on
voit dans la *fig. 5. pl. 3. Amusemens de Physique* ;
mais dans le même temps son mouvement, en ce
qu'il a d'horisontal, n'a rien ou presque rien perdu.
D'un autre côté, la colonne enfoncée par le choc
de la pierre, réagit contr'elle, forcée par les colonnes voisines ; d'où il résulte un mouvement
vertical, qui est imprimé à la pierre, & qui se
combine avec le mouvement horisontal qui lui
reste. Il doit donc en résulter un mouvement
oblique tendant en haut ; c'est celui qui fait re-
bondir la pierre de dessus l'eau, en lui faisant décrire une petite parabole fort applatie, à la fin
de laquelle elle frappe encore l'eau fort obliquement ; ce qui produit un second bond, puis un
troisième, un quatrième, &c. qui vont toujours
en diminuant d'étendue & de hauteur, jusqu'à
ce que le mouvement soit tout-à-fait anéanti.

*Le mécanisme du Cerf-Volant : diverses questions &
recherches sur ce jeu.*

Tout le monde connoît l'amusement du Cerf-
volant, petite machine fort ingénieuse, & dans
laquelle éclate un mécanisme très-adroit. Cependant on s'étonnera peut-être de ce qu'un objet
de cette nature a pu faire le sujet d'un mémoire
académique ; car on en lit un sur le cerf-volant
parmi ceux de l'académie de Berlin, année 1756.
Mais cette surprise cessera, quand on saura que
M. Euler le fils étoit déjà profond géometre à
un âge où la plupart des jeunes gens ne voient
dans un cerf-volant qu'un objet d'amusement :
ainsi il étoit difficile qu'il ne fût pour lui un sujet
de méditation. Il présente en effet plusieurs questions curieuses, & même pour la plupart, impossibles à traiter sans une analyse profonde. On
peut donc regarder, si l'on veut, ce mémoire
comme les *juvenilia* d'un grand géometre. Nous

ne le fuivrons pas dans fes calculs profonds ; nous nous bornerons à traiter la matiere d'une maniere moins exacte , & plus facile à entendre.

Le cerf-volant eft , comme l'on fait , une furface plane , & légere autant qu'il eft poffible , ABCD , (*fig.* 3. *pl.* 3. *Amufemens de Phyfique.*) taillée en rhombe irregulier , c'eft-à-dire formée de deux triangles BAC , BDC , dans lefquels l'angle A du premier eft beaucoup plus grand que l'angle D du fecond. Du côté A eft la tête & D eft la queue , à laquelle on attache ordinairement un long fil garni de flocons de papier : on en met auffi de beaucoup plus courts aux ang es B & C ; ce qui fait que la petite machine , étant élevée , préfente de loin le fpectacle d'un oifeau monftrueux qui fe balance dans les airs à l'aide de fes aîles & de fa queue.

A un point de l'axe AD , & vers le point E , eft attachée une ficelle de quelques centaines de pieds de longueur ; & qui s'enroule fur un bâton , pour la lâcher ou la retirer fuivant le befoin. Mais cette corde a befoin d'être attachée au cerf-volant d'une certaine maniere ; car il faut , 1° que d'un point de la corde , voifin de fon attache , partent deux autres petites cordes allant au point B & C , pour empêcher la machine de tourner fur l'axe AD. 2°. Du même point de la corde doit partir une autre petite corde allant à un point voifin de la tête A , en forte que l'angle formé par la corde avec l'axe AB foit aigu du côté de A , & invariable : on en fait même paffer une quatrieme de ce point de la corde à un point voifin de D,

Les chofes ainfi préparées , quand on veut mettre le cerf-volant au vent , on fait tenir la corde à quelqu'un , & à quelques toifes de diftance ; on expofe la furface inférieure au vent , en lâchant le cerf-volant en l'air. Celui qui tient la corde fe met auffi-tôt à marcher avec rapidité contre le vent , afin d'augmenter l'action de l'air fur cette furface. Si l'on éprouve une réfiftance confidérable , on lâche un peu & fucceffivement la corde ; & le cerf-volant s'éleve ; il fuffit de favoir bien gouverner , en lâchant ou retirant la corde à propos ; la lâchant lorfque , par l'effort qu'on éprouve , on juge que le cerf-volant peut s'élever encore ; & la retirant quand on le fent mollir. Un cerf-volant bien fait , peut , dans un lieu & un temps favorables , s'élever à 3 ou 400 pieds & même davantage.

Pour analyfer ce jeu , & reconnoître ce qui s'y paffe , imaginons que DA repréfente l'axe du cerf-volant (*fig.* 8 , *pl.* 3) auquel eft attachée la corde EC , rétenue en C par la perfonne qui le manœuvre. L'angle AEC doit être aigu. Que VE foit la direction du vent , dont nous fuppofons tous les filets réunis en un feul , agiffant fur le centre de gravité de la furface du cerf-volant , & que

nous fuppoferons , pour fimplifier , ne pas différer de celui du corps même , ou en être fort près.

Que FE repréfente la force avec laquelle le vent auquel le cerf-volant eft expofé , choqueroit perpendiculairement fa furface ; qu'on tire EG perpendiculaire à cette furface , & qu'on mene FG perpendiculaire à EG ; qu'on faffe enfin EL troifieme proportionelle à EF & EG , & qu'on mene LM parallèle à GF ; alors EL repréfentera la force avec laquelle le vent choque la furface inférieure du cerf-volant dans le fens perpendiculaire , & LM fera l'effort que ce choc exercera dans le fens ML ou AED.

Nous remarquerons d'abord que , par ce dernier , le cerf-volant tendroit à être précipité en bas ; mais l'angle AEC étant aigu , il en réfulte un effort dans le fens EA , qui contre-balance le premier : fans cela le cerf-volant ne pourroit fe foutenir ; & telle eft la raifon pour laquelle cet angle doit néceffairement être aigu.

Prenons maintenant EH égale à EL ; & menant EI perpendiculaire à l'horifon , & HI perpendiculaire à EH , nous aurons deux nouvelles forces , dont l'une IH agira dans le fens ED , & tendra à précipiter le cerf-volant : mais elle eft anéantie , ainfi que la première ML , par la puiffance en C , qui tire felon l'angle oblique AEC. L'autre EI , fera celle qui tendra à faire monter le cerf-volant dans le fens vertical.

Ainfi , fi la force EI eft plus grande que le poids du cerf-volant , il fera élevé en l'air ; & fi l'on fuppofe que l'extrémité de la ficelle foit fixe en C , il tournera autour de ce point C en s'élevant ; mais en tournant ainfi , il arrivera néceffairement que le vent choquera avec plus d'obliquité la furface AB ; en forte qu'il y aura enfin équilibre. Le cerf-volant ne s'élevera donc pas davantage , à moins qu'on ne lâche la ficelle ; car alors il s'élevera parallèlement à lui-même , & comme en montant il rencontrera un air plus libre & un air plus fort , il tournera encore un peu à l'entour de l'angle C , ou l'angle C deviendra plus grand & plus approchant du droit.

Tel eft le mécanifme par lequel s'éleve le cerf-volant. Il eft aifé de voir qu'on peut , connoiffant la viteffe du vent , la furface & le poids du cerf-volant , ainfi que la grandeur conftante de l'angle AEC , déterminer la hauteur à laquelle il s'élevera.

Une queftion qui fe préfente naturellement ici , eft , *Quelle grandeur doit avoir l'angle* AEF , *pour que la petite machine s'éleve avec plus de facilité ?* Nous n'en donnerons pas l'analyfe ; nous nous bornerons à dire qu'en fuppofant le vent horifon-

tal, il faut que cet angle soit de 54° 44', c'est-à-
dire le même que celui que doit faire le gouvernail d'un vaisseau avec la quille, pour le faire
tourner avec le plus de facilité, dans la supposition où les filets d'eau qui le choquent auroient
une direction parallèle à la quille.

Nous remarquerons ici qu'il n'y a pas une nécessité absolue que l'angle AEC soit invariable, &
determiné à être tel par une petite ficelle attachée
d'un point de CE à un point voisin de la tête ;
mais il faut alors que le point d'attache E de cette
ficelle au cerf-volant, ne soit pas le même que le
centre de gravité de la surface du cerf-volant, &
que ce centre de gravité soit le plus loin qu'il se
pourra vers le centre de la queue D. C'est pour
cette raison que l'on ajoute à ce point D un filet
garni de flocons de papier, qui retire ce centre
de gravité vers le point D. Surement ceux qui
s'amusent du cerf-volant n'y ont pas été conduits
à priori : l'origine de cet appendice a été l'envie
de donner à la petite machine l'air d'un oiseau à
longue queue, se balançant dans les airs. Mais le
hasard les a fort heureusement servis ; car M.
Euler a trouvé, par un calcul dont il n'est pas possible de donner ici même l'idée, que cette petite
queue contribue beaucoup à faire élever le cerf-
volant.

Figure volante.

On peut, en observant toutes ces règles ci-
dessus, donner à cette machine d'un vau-
differentes, comme celle d'avoir vu un cerf-
tour, &c. Je me souvienne. Il étoit fait de
volant représentant pour cet effet, & attachée
toile taillée & pein construit de manière à soute-
sur un chassis leger tours de la figure. Elle étoit
nir tous les c soit vêtue d'une espece de gilet.
droite, & proses en anses de chaque côté de son
Ses bras g la tête ornée d'un bonnet terminé
corps dirigement, favorisoient l'ascension de la ma-
an chine, qui, étant à terre, avoit environ 12 pieds
de haut ; mais, pour en faciliter le transport, on
pouvoit la plier en deux par le moyen de charnières adaptées au chassis. Celui qui guidoit cette
espece de cerf-volant, parvint à l'élever, quoique dans un tems assez calme, à près de 500 pieds ;
& une fois élevé, il le soutenoit en l'air, en ne
donnant qu'un léger mouvement au cordeau. La
figure avoit alors un balancement semblable à
celui d'un homme patinant sur la glace. L'illusion
que causoit ce petit spectacle, qui ne semble
d'abord fait que pour récréer des écoliers, ne
laisse pas d'attirer & amuser un grand nombre
curieux.

Expériences curieuses de physique & d'optique

Dans un voyage par eau, quelqu'un proposant

ses difficultés sur le système de Copernic, dit,
entre autres objections, que si la terre tournoit
avec la vitesse qu'on lui suppose, & qui doit
être bien plus grande que celle d'un boulet de
canon, les oiseaux qui s'élèvent pour planer
dans l'air, sans que la terre cesse de tourner,
devroient la voir fuir au-dessous d'eux, & ne
pourroient plus retrouver leur nid. Cette objection paroissoit être d'autant plus naturelle &
victorieuse, que je convins d'abord de l'avoir
lue dans les ouvrages du savant astronome Tyci-
Brahé, qui la proposa comme une des, mais
pales, contre le mouvement de la que quand
il fut très-surpris, quand je lui dit avec notre
même l'atmosphère ne tourneroi eaux suivent le
globe, (ce qui fait que les en appercevoir),
mouvement de la terre souver leur nid, (du
ils devroient encore, élèvent que pour un in-
moins, quand ils auroient un mouvement com-
tant), parce qu'être à cause de l'impulsion qu'ils
mun avec la avant de s'élever en l'air. Pour
en auroien paradoxe, je grimpai au haut du
lui prouve re barque ; là, je me servis d'une
mât de our tenir mon chapeau élevé à six pieds
perchus de moi, & dans un instant où la barque
avançoit rapidement, je demandai dans quel endroit on croyoit que tombero't mon chapeau
lorsque je le laisserois s'échapper ; on me répondit qu'il devoit tomber dans l'eau, à cause que
pendant sa chûte, la barque en avançant, le laisseroit en arrière : messieurs, leur répondis-je,
vous allez voir le contraire ; un instant après,
je secouai la perche, & le chapeau qui tenoit à
peine, tomba au pied du mât ; n'en soyez pas
surpris, dis-je ; le chapeau avoit un mouvement
commun avec la barque, avant que je secouasse
la perche, & ce mouvement l'a accompagné dans
sa chûte, de sorte, qu'au lieu de descendre perpendiculairement à l'horizon, comme il l'a paru
à vos yeux, il a décrit une ligne oblique, comme
vous l'auriez vu, si vous eussiez été sur le rivage.
Pour compléter ma réponse, quand je fus descendu du haut du mât, je leur fis la figure que
voici, & j'ajoutai ce qui suit.

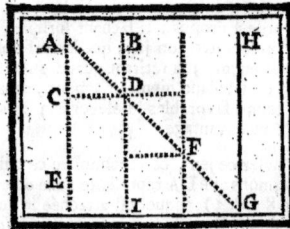

Quand le chapeau commence de tomber au
bout du mât E A, il se trouve poussé vertica-

lèment vers le point C par sa gravité, & horizontalement vers le point B, par l'impulsion qu'il
avoit reçue du mât, avant de tomber. Ne pouvant obéir entièrement à ces deux impulsions
différentes, il prend une direction moyenne, &
décrit la petite diagonale A D; par ce moyen,
il accompagne le mât, qui après le premier instant n'est plus à la même place, & se trouve
représenté par la ligne B I. Par la même raison,
le chapeau doit se trouver au point F après le
second instant, & au point G après le troisième;
& semble donc sa chûte au pied du mât H G,
à l'horizon... l'avoir parcouru perpendiculairement
d'un homme quoique dans la réalité & aux yeux
du parcourir l'auroit été sur le rivage, il ait
n'avons pas apperçu... diagonale A G. Nous
chapeau, parce que... direction horizontale du
ce même mouvement, ... avions, nous-mêmes;
purement physique, se trouve... te loi qui semble... dans le moral;
car lorsqu'un homme suit le mo... ment de ses
passions, selon leur degré de force... de combinaison, ses mœurs ne deviennent choquantes
que pour ceux qui n'ont pas les... eilles.

Ces messieurs, furent si satisfaits de... explication, & sur-tout de mon expérience ex-
quelle il n'y avoit rien à répliquer, qu'ils m'
prièrent de leur faire entendre un phénomène
dont ils avoient souvent entendu parler; mais
dont ils ne connoissoient pas bien la cause. Comment est-il possible, me dirent-ils, qu'on apperçoive le soleil le matin, avant même qu'il soit
au-dessus de l'horizon, & le soir un instant après
qu'il est couché.

Ceci, leur répondis-je, demanderoit une très-
longue explication, mais pour vous faire entrevoir la cause de ce phénomène, il me suffira de
vous dire, 1°. qu'en général nous ne voyons
un objet, que parce qu'il nous envoye directement des rayons de lumière; 2°. que si cependant ces rayons parviennent à notre œil par une
route détournée, comme quand ils sont réfléchis par une glace, nous pouvons encore voir
l'image de cet objet, & c'est ainsi qu'à l'aide
d'un miroir nous pouvons voir en face un homme
qui est à côté de nous, quoiqu'il ne se présente
directement à nos yeux que de profil; 3°. que
les rayons qui viennent peindre un objet sur
notre rétine, peuvent changer de route, & décrire une ligne courbe ou brisée en passant dans
l'air, dans l'eau ou à travers un verre; & dans
ce cas, nous pouvons appercevoir l'objet, quoiqu'il y ait un obstacle intermédiaire qui empêche les rayons d'aller directement jusqu'à nos
yeux.

Pour faire entendre cette dernière proposition,
je mis une pièce de douze sous dans un vase,
que je plaçai ensuite à une hauteur convenable,

pour que ses bords pussent empêcher de voir
la pièce; ensuite je versai de l'eau dans le vase,
& la pièce parut aussi-tôt au point B. de cette
figure.

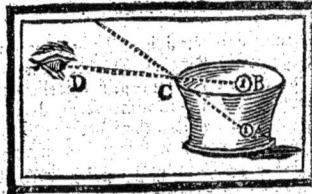

Il vous semble, leur dis-je, que la pièce est
au point B; & cependant elle est au point A;
parce que les rayons sortant de l'eau pour entrer dans l'air, changent de route au point C;
pour aller à votre œil D, par la ligne brisée D,
C A; mais l'œil accoutumé à voir les objets au
bout d'une ligne droite, ne peut appercevoir ici
la pièce, qu'au bout de la ligne D C B &c.
C'est par la même raison que quand le soleil est
sur le point de se lever, ses rayons entrant dans
l'atmosphère, changent de direction, & nous
le font voir au-dessus de l'horizon, quoiqu'il...
au-dessous.

En...
tion de... mes observations sur la réfraction... lumière, je fis une autre petite expérience qui... très-vulgaire, mais dont je vais
d're un mot en faveur... de ceux qui ne la connoissent
point.

Je versai de l'eau jusqu'... oirié, dans un verre,
où j'avois mis un petit écu... assiette, comme dans cette fig... le couvris d'une

Renversant ensuite l'assiette & le verre, je
demandai combien on vouloit donner de ce qui
étoit dedans. Plusieurs personnes qui ne connoissoient pas l'expérience, offrirent neuf liv...,
parce qu'ils croyoient voir un écu de six fr...
avec un petit écu; mais en soulevant le ve...,
pour faire sortir l'eau, je leur fis voir qu'il...
avoit réellement que trois livres; c'est ainsi...
leur dis-je, que certains protecteurs font souvent
appercevoir dans l'avenir, à travers des promesses
emphatiques,

emphatiques, une riche perspective qui se réduit à peu de chose quand il faut venir au fait & faire cesser l'illusion.

PIECE D'ARGENT qui paroît double. (*Voyez* DIOPTRIQUE).

PIECE DE MONNOYE partagée en deux (*Voyez à l'article* CHIMIE).

PIEGE *pour prendre un loup vivant.*

Ce piège est fait avec des pieux plantés à terre à un demi-pied de distance, & formant deux cercles concentriques; vers les points AC, & une ouverture & une porte AD, qui tourne sur son pivot au point A; au centre B est un pieu auquel on a attaché un mouton. Cet animal, par son bêlement, attire le loup, qui, voyant sa proie à travers la grille formée par les pieux, entre par la porte AC, se porte vers les points IK pour chercher un passage jusqu'au mouton; &, parvenu au point H, il ferme lui-même la porte AD; *fig.* 4, *pl.* 10, *de Magie Blanche tome VIII des gravures.*
(DECREMPS).

PIERRE SORCIÈRE. Voici une des petites curiosités de la nature. On met dans un acide une espèce de petite pierre que l'on appelle *lenticulaire* & de nature calcaire: on la voit à l'instant tourner & retourner sans cesse. La chimie explique ce petit phénomène qui dépend & de l'acide & de la forme de la pierre remplie de petites conglomérations. L'acide s'introduit dans ces petits trous, dissout la substance calcaire, & occasionne un mouvement d'autant plus sensible que la pierre est suspendue dans un fluide.

PIERRE LUMINEUSE.

Procédé pour composer une pierre qui donne du feu, lorsque l'on jette dessus une goutte d'eau; traduit par M. Piageron, du traité allemand de la magie naturelle de Jean-Nicolas Martius, docteur en médecine à Brunswick.

Prenez de la chaux vive, du salpêtre, de la tutie d'Alexandrie, du storax calamite, de chacun une once; du soufre vif, du camphre, deux onces de chaque; mettez le tout en poudre très-subtile pour le passer ensuite par un tamis très-fin; enveloppez ce mélange ainsi tamisé dans un morceau de liège très-serré, que vous mettrez dans un creuset; mettez un second creuset sur le premier; & liez-le par-dessus avec un fil d'archal; lutez ces creusets avec de la terre glaise, que vous laisserez sécher au soleil, afin que les vapeurs ne sortent point. Mettez-les ensuite dans un four à potier, & les y laissez jusqu'à ce que la matière soit bien calcinée. Vous le connoîtrez à l'inspection des deux creusets, qui doivent être d'un rouge très-clair; vous les laisserez se refroidir

Amusemens des Sciences.

dir avant de les déterrer. Lorsque l'on veut se servir de ce pyrophore, il suffit de jetter dessus une goutte d'eau, ou de la salive. Si l'on désire allumer une bougie par ce moyen, il faut avoir une mèche soufrée qu'on applique sur cette pierre au moment où l'inflammation doit paroître.

M. Fingeron nous apprend, dans son voyage manuscrit de l'Europe, qu'il a vu un juif en Allemagne qui avoit un pareil pyrophore haut de si canne, d'où il tiroit une grande lumière en crachant dessus; ce qui lui attiroit l'étonnement & l'admiration du peuple: il y a quelque apparence que ce Juif se servoit de la même composition.

PINCETTE AIMANTÉE. (*Voyez à l'article* AIMANT).

PIQUET (Coup du). Parmi les récréations amusantes que le sieur Comus a montrées au public, une des plus singulières, & qui dans les commencements a causé la plus grande surprise, est l'adresse avec laquelle, jouant au piquet avec une autre personne, il le fait repic du premier coup quoique les cartes aient été battues & coupées, même en laissant à la personne le choix de la couleur, & lui offrant de changer de jeu. Rien en effet de plus incompréhensible lorsqu'on ignore les moyens dont il se sert. En deux mots voici comment il s'y prend. D'abord il emploie un jeu de cartes préparé de manière qu'en paroissant battre les cartes il les dispose pour le coup; en second lieu, il y a dans le jeu une carte plus large qui détermine la coupe à une place déterminée, ensorte que celui qui coupe complette lui-même la disposition des cartes, pour rendre celui qui donne maître du jeu. Enfin tout le mystère dépend d'une manière régulière & toujours uniforme, de mêler les cartes à une ou plusieurs reprises, & d'une certaine adresse dans la manipulation qui cache l'artifice. On peut voir, au mot *nombres* la table de permutations de 32 nombres; c'est elle dont on fait singulièrement usage dans les différents coups dont on va parler. Entrons dans quelques détails.

Le jeu de piquet est, comme on sait, composé de 32 cartes.

Ordre dans lequel les cartes doivent être préparées avant d'entrer au jeu.

1. Neuf de pique.	9. As de trefle.
2. Roi de pique.	10. As de cœur; *carte large.*
3. Sept de pique.	
4. Sept de carreau.	11. Huit de cœur.
5. As de pique.	12. Huit de pique.
6. Dix de trefle.	13 Sept de cœur.
7. Dix de carreau.	14. Neuf de trefle.
8. Dix de cœur.	15. Valet de pique.

16. Dix de pique.	25. Huit de carreau.
17. Dame de trefle.	26. Roi de carreau.
18. Neuf de cœur.	27. Dame de carreau.
19. Dame de pique.	28. Valet de cœur.
20. Valet de trefle.	29. Roi de trefle.
21. Roi de cœur.	30. As de carreau.
22. Dame de cœur.	31. Sept de trefle.
23. Neuf de carreau.	32. Huit de trefle.
24. Valet de carreau.	

On prend ce jeu dans la main gauche ; & la manière de battre ces cartes consiste à prendre avec la main droite les deux premières cartes, sans les déranger, de mettre au dessus d'elles les deux suivantes, de mettre par dessous les trois suivantes, au dessus du jeu les deux qui suivent, trois au dessous, & toujours alternativement deux dessus & trois dessous ; ce qui donnera le changement d'ordre ci-après.

28. Valet de cœur.	10. As de cœur, *Carte*
29. Roi de trefle.	*large*.
23. Neuf de carreau.	11. Huit de cœur.
24. Valet de trefle.	12. Huit de pique.
18. Neuf de cœur.	15. Valet de pique.
19. Dame de pique.	16. Dix de pique.
13. Sept de cœur.	17. Dame de trefle.
14. Neuf de trefle.	20. Valet de trefle.
8. Dix de cœur.	21. Roi de cœur.
9. As de trefle.	22. Dame de cœur.
3. Sept de pique.	25. Huit de carreau.
4. Sept de carreau.	26. Roi de carreau.
1. Neuf de pique.	27. Dame de carreau.
2. Roi de pique.	30. As de carreau.
5. As de carreau.	31. Sept de trefle.
6. Dix de trefle.	32. Huit de trefle.
7. Dix de carreau.	

Les cartes du jeu de piquet se trouvant ainsi disposées, on fera couper ; si l'adversaire ne coupoit pas à l'endroit de la carte large, qui est l'as de cœur : il faudra faire couper une seconde ou troisième fois, sous quelque prétexte : dès que l'on se sera assuré par le tât que la carte large est au-dessus du jeu, il en résultera que les cartes de ce jeu de piquet seront exactement rangées dans l'ordre qu'elles doivent être pour gagner celui contre lequel on joue, en lui laissant, même après qu'il a coupé, le choix de la couleur dans laquelle on lui proposera de le faire repic.

S'il demande qu'on puisse le faire repic en trefle ou carreau, il faudra alors donner les cartes par trois ; ce qui produira les jeux ci-après.

Jeu du premier en carte.	*Jeu du 2ᵉ. en carte.*
Roi de cœur.	As de trefle.
Dame de cœur.	Roi de trefle.

Valet de cœur.
Neuf de cœur.
Huit de cœur.
Sept de cœur.
Dame de pique.
Valet de pique.
Huit de pique.
Huit de carreau.
Huit de trefle.
Sept de trefle.

Valet de cœur.	Dame de trefle.
Neuf de cœur.	Valet de trefle.
Huit de cœur.	Neuf de trefle.
Sept de cœur.	As de carreau.
Dame de pique.	Roi de carreau.
Valet de pique.	Dame de carreau.
Huit de pique.	Valet de carreau.
Huit de carreau.	Neuf de carreau.
Huit de trefle.	Dix de pique.
Sept de trefle.	Dix de cœur.

Rentrée du premier.	*Rentrée du second.*
Sept de pique.	Dix de trefle.
Sept de carreau.	Dix de carreau.
Neuf de pique.	As de cœur.
Roi de pique.	
As de pique.	

Si le premier en cartes, qui est celui contre lequel on joue a demandé d'être repic en trefle ; & qu'il prenne ses cinq cartes de rentrée, il faut alors écarter la dame, le valet & le neuf de carreau, & l'on aura, par les trois cartes de rentrée, une sixième majeure en trefle & quatorze de dix. S'il en laissoit ; on écarteroit tous les carreaux. S'il a demandé d'être repic en carreau, on écartera la dame, le valet & le neuf de trefle, ou tous les trefles, s'il en laissoit deux ; ce qui produira le même coup dans l'une ou l'autre de ces deux couleurs. Si l'adversaire écartoit ses cinq cœurs, il feroit manquer le coup ; attendu qu'il auroit alors une septième en pique ; & il en seroit de même s'il ne prenoit qu'une carte, & qu'il en laissât quatre ; mais ce n'est pas son jeu d'écarter de cette manière, on ne risque de manquer le coup qu'avec ceux qui connoissent de quelle manière se fait cette récréation.

Si celui contre lequel on joue, demande d'être repic en cœur, ou en pique, on donnera alors les cartes par deux, ce qui produira les jeux suivants.

Jeu du premier en carte.	*Jeu du 2ᵉ. en carte.*
Roi de carreau.	As de trefle.
Valet de carreau.	Roi de trefle.
Neuf de carreau.	As de carreau.
Huit de carreau.	Dame de carreau.
Dame de trefle.	Dame de pique.
Valet de trefle.	Valet de pique.
Neuf de trefle.	Dix de pique.
Huit de trefle.	Roi de cœur.
Sept de trefle.	Dame de cœur.
Huit de cœur.	Valet de cœur.
Sept de cœur.	Dix de cœur.
Huit de pique.	Neuf de cœur.

Rentrée du premier.	*Rentrée du second.*
Sept de pique.	Dix de trefle.

Sept de carreau.	Dix de carreau.
Neuf de pique.	As de cœur.
Roi de pique.	
As de pique.	

Si l'adversaire a demandé d'être repic en cœur, on gardera la quinte au roi en cœur & le dix de pique, & on écartera du reste ce que l'on voudra ; alors, quand même il en laisseroit deux, on aura une sixième majeure en cœur, & quatorze de dix, avec lesquels on fera le repic.

Si, au contraire, il a demandé d'être repic en pique ; après avoir donné les cartes, il faudra faire passer subtilement les trois cartes qui sont sous le jeu, c'est-à-dire le dix de trefle, celui de carreau & l'as de cœur, & les mettre au dessus du talon, afin d'avoir dans la rentrée le neuf, roi & as de pique ; en sorte que gardant la quinte en cœur, & étant même obligé d'écarter quatre cartes, si l'adversaire en laissoit une, on ait en outre une sixième au roi en pique, avec laquelle on fera le repic. Si l'adversaire ne prenoit que trois cartes, on manqueroit encore le coup.

Coup de piquet où l'on fait repic avec cartes blanches.

Le jeu de piquet doit être préparé dans un ordre différent que pour le coup précédent. Voici cet ordre.

1	Dame de cœur.	17	As de cœur.
2	Roi de pique.	18	Sept de cœur.
3	Roi de cœur.	19	Sept de carreau.
4	Roi de trefle.	20	Valet de pique.
5	Dix de pique.	21	Neuf de cœur.
6	Dame de trefle.	22	Huit de trefle.
7	Valet de trefle.	23	Roi de carreau.
8	Dix de trefle.	24	Dix de carreau.
9	Huit de carreau.	25	Dame de pique.
10	Valet de cœur, *Carte large.*	26	As de carreau.
		27	Huit de cœur.
11	As de pique.	28	Neuf de carreau.
12	Sept de pique.	29	Neuf de trefle.
13	Neuf de pique.	30	Huit de pique.
14	Valet de carreau.	31	Dame de carreau.
15	Sept de trefle.	32	As de trefle.
16	Dix de cœur.		

Les cartes ayant été battues, comme nous l'avons dit dans le coup précédent, & coupées à la carte large, on les donnera deux à deux, il en résultera les jeux suivants.

Jeu du premier en cartes.	Jeu du second en cartes.
As de pique.	Dix de trefle.
Dame de pique.	Neuf de trefle.

Valet de pique.	Huit de trefle.
Neuf de pique.	Sept de trefle.
Sept de pique.	Dix de cœur.
As de carreau.	Neuf de cœur.
Roi de carreau.	Huit de cœur.
Dame de carreau.	Sept de cœur.
Valet de carreau.	Neuf de carreau.
Dix de carreau.	Huit de carreau.
As de cœur.	Sept de carreau.
As de trefle.	Huit de pique.

Rentrée.	*Rentrée.*
Roi de cœur.	Dame de trefle.
Dame de cœur.	Valet de trefle.
Roi de trefle.	Valet de cœur.
Roi de pique.	
Dix de pique.	

Les cartes distribuées, on proposera à celui contre lequel on joue de jeter un coup d'œil sur chacun des deux jeux, & de choisir celui qu'il desirera, c'est-à-dire à condition qu'en gardant le jeu qui lui a été donné, il sera premier en carte, & que préférant l'autre jeu, il sera en dernier. S'il s'en tient à son jeu, qui est en apparence beaucoup meilleur que l'autre, il est vraisemblable qu'il écartera ses quatre piques, & qu'il gardera sa quinte en carreau & son quatorze d'as, laissant alors une carte. Le dernier en cartes lui montrera donc d'abord dix de cartes blanches, & gardant ses deux quatrièmes en trefle & en cœur, il écartera les quatre autres cartes, & il aura une sixième en trefle & une quinte en cœur, avec lesquelles il fera repic pouvant compter 107 points, & il gagnera quoiqu'il soit capot. Si celui contre lequel on joue préféroit le jeu du dernier en carte, alors celui ci écartera la quatrième au roi de carreau & le sept de pique, ce qui lui procurera par la rentrée une sixième majeure en pique & quatorze d'as, avec lesquels il gagnera la partie & fera capot. Si celui contre lequel on joue écartoit ses carreaux, on manqueroit la partie, mais cela ne peut guère arriver qu'en jouant avec ceux qui connoissent le coup, attendu qu'il est plus naturel de garder la quinte en carreau, & le quatorze d'as, que d'écarter le plus beau de son jeu pour tirer les piques qui ne présentent pas grand avantage.

Autre disposition du piquet où l'on fait repic avec cartes blanches.

On disposera secrettement les cartes suivant l'ordre ci-après.

Ordre des cartes avant de les mêler.

1.	Dix de pique.	4.	Roi de pique.
2.	Dame de trefle.	5.	Valet de trefle.
3.	Dame de cœur.	6.	Valet de cœur.
			Carte large.

7. As de pique.	20. Huit de trefle.
8. Roi de cœur.	21. Dame de pique.
9. Roi de trefle.	22. As de carreau.
10. Sept de pique.	23. Sept de cœur.
11. Sept de trefle.	24. Sept de carreau.
12. Dix de cœur.	25. Huit de cœur.
13. Dix de trefle.	26. Huit de pique.
14. Huit de carreau.	27. Dame de carreau.
15. As de cœur.	28. Roi de carreau.
16. Valet de pique.	29. Dix de carreau.
17. Neuf de cœur.	30. As de trefle.
18. Neuf de pique.	31. Neuf de carreau.
19. Valet de carreau.	32. Neuf de trefle.

Les cartes de ce jeu de piquet ayant été ainsi disposées, on le mêlera une seule fois, & on donnera ensuite à couper à celui contre lequel on joue, (1) ce qui produira l'ordre ci-après.

Ordre des cartes après les avoir mêlées & fait couper à la carte large.

1. As de pique.	} Premier en carte.
2. Sept de pique.	
3. Sept de trefle.	} Second.
4. Dix de cœur.	
5. As de cœur.	} Premier.
6. Valet de pique.	
7. Neuf de cœur.	} Second.
8. Huit de trefle.	
9. Dame de pique.	} Premier.
10. As de carreau.	
11. Huit de cœur.	} Second.
12. Huit de pique.	
13. Dame de carreau.	} Premier.
14. As de trefle.	
15. Neuf de trefle.	} Second.
16. Neuf de carreau.	
17. Roi de carreau.	} Premier.
18. Dix de carreau.	
19. Sept de cœur.	} Second.
20. Sept de carreau.	
21. Neuf de pique.	} Premier.
22. Valet de carreau.	
23. Dix de trefle.	} Second.
24. Huit de carreau.	

---

(1) Il est assez ordinaire qu'on coupe naturellement à la carte large; cependant si on s'appercevoit que celui auquel on donne à couper n'y coupât pas, il faudroit faire couper une autre personne sous quelque prétexte, ou bien faire fausser la coupe.

25. Roi de cœur.	
26. Roi de trefle.	
27. Dame de cœur.	} Rentrée du premier.
28. Roi de pique.	
29. Dix de pique.	
30. Dame de trefle.	
31. Valet de trefle.	} Rentrée du second.
32. Valet de cœur.	

Les cartes étant ainsi disposées, & ayant été ensuite données deux à deux, il en résultera les jeux suivans.

Jeu du premier en cartes.	*Jeu du 2ᵉ en cartes.*
As de pique.	Dix de trefle.
Dame de pique.	Neuf de trefle.
Valet de pique.	Huit de trefle.
Neuf de pique.	Sept de trefle.
Sept de pique.	Dix de cœur.
As de carreau.	Neuf de cœur.
Roi de carreau.	Huit de cœur.
Dame de carreau.	Sept de cœur.
Valet de carreau.	Neuf de carreau.
Dix de carreau.	Huit de carreau.
As de cœur.	Sept de carreau.
As de trefle.	Huit de pique.

La rentrée.

Roi de cœur.	Dame de trefle.
Dame de cœur.	Valet de trefle.
Roi de trefle.	Valet de cœur.
Roi de pique.	
Dix de pique.	

Les cartes ayant été ainsi distribuées, on proposera à celui contre lequel on joue, de jetter un coup-d'œil sur chacun des deux jeux, & de choisir celui qu'il désirera (c'est-à-dire) à condition qu'en gardant le jeu qui lui a été donné, il sera premier en carte, & qu'en préférant l'autre jeu, il sera en dernier.

S'il s'en tient à son jeu qui est en apparence beaucoup meilleur que l'autre, il est vraisemblable qu'il écartera ces quatre bas piqués, & qu'il gardera sa quinte en carreau, & son quatorze d'as, laissant alors une carte. Celui qui fait cette récréation, lui montrera donc d'abord dix de cartes blanches, & gardant ses deux quatrièmes en trefle & en cœur, il écartera les quatre autres cartes, & il aura une sixième en trefle & une quinte en cœur, avec lesquelles il fera repic pouvant compter 107 points, & il gagnera quoiqu'il soit capot.

Si celui contre lequel on joue préféroit le jeu du dernier en cartes; alors celui qui fait cette récréation, écartera la quatrième au roi en carreau , & le sept de pique ; ce qui lui produira par la rentrée , une sixième majeure en pique , & quatorze d'as avec lesquels il gagnera la partie , & fera capot.

Nota. Si celui contre lequel on joue écartoit ses carreaux , on manqueroit cette récréation ; mais cela ne peut guère arriver qu'en jouant avec ceux qui connoissent ce coup , attendu qu'il est plus naturel de garder la quinte en carreau , & le quatorze d'as , que d'écarter le plus beau de son jeu , pour tirer les piques qui ne présentent pas grand avantage.

Coup de piquet où l'on fait repic après avoir laissé le choix de donner les cartes par deux ou par trois.

Pour disposer les cartes dans l'ordre nécessaire pour produire ce coup de piquet , & tous ceux où on voudra laisser le choix de donner par deux ou par trois , il faut se servir de la table ci-dessus qui indique le changement que fait dans chacun des deux jeux , les deux différentes manières de donner les cartes , & fait voir que le premier en cartes a toujours d'une façon ou d'une autre , les six cartes placées sous les numéros 1. 2. 9. 13. 14. & 21 ; & le second , les six qui sont aussi placées sous les numéros 4. 11. 12. 16. 23. & 24 ; elle indique en-outre que les douze cartes qui se trouvent placées sous les numéros 3. 5. 6. 7. 8. 10. 15. 17. 18. 19. 20. 22. peuvent se trouver dans l'un ou l'autre des deux jeux , eu égard à la manière dont on a distribué les cartes.

Étant donc certain que les cartes numérotées 1. 2. 9. 13. 14. & 21 , sont toujours entre les mains de l'adversaire , & celles sous les numéros 4. 11. 12. 16. 23. & 24 , entre celles de celui qui veut faire la récréation , il faut appliquer à ces six derniers numéros , des cartes , qui , avec les trois de rentrée (qu'on peut choisir à son gré) puissent toujours produire un grand jeu , supérieur à celui de l'adversaire ; & s'il se trouve dans celle qui restent des cartes favorables qu'on soit forcé de lui laisser , il faut alors les distribuer dans les numéros de celles qui varient , de façon qu'il ne puisse jamais en avoir qu'une partie insuffisante pour gagner , lorsqu'on donnera les cartes d'une ou d'autre façon.

C'est ce qu'on a observé dans le coup de piquet (que l'on donne ici pour exemple , à ceux qui voudroit se donner la satisfaction d'en composer par eux-mêmes). On a premièrement adapté aux numéros 4. 11. 12. 16. 23. & 24 , une sixième majeure en cœur , laquelle jointe aux trois dixde la rentrée , suffisent pour faire repic en dernier ; mais comme il falloit éviter que l'adversaire ne puisse parer ce coup avec sept cartes au point

dans l'une des couleurs trefle , pique & carreau , on a disposé celles qui pourroient lui donner cette septième , dans la classe des cartes qui varient ; de façon que , soit qu'on donne par deux ou par trois , on en ait toujours soi-même une de chacune de ces trois couleurs ( ) , ce qu'on peut facilement reconnoître , en comparant l'ordre ci-après , avec la table de la cinquième planche.

Ordre des cartes suivant l'exposé ci-dessus.

1 Roi de carreau.	17 As de trefle.
2 As de carreau.	18 Sept de pique.
3 Neuf de carreau.	19 Roi de pique.
4 As de cœur.	20 As de pique.
5 Dame de pique.	21 Valet de carreau.
6 Huit de carreau.	22 Huit de trefle.
7 Dame de trefle.	23 Dix de cœur.
8 Huit de pique.	24 Dame de cœur.
9 Roi de trefle.	25 Valet de pique.
10 Sept de cœur.	26 Neuf de pique.
11 Roi de cœur.	27 Valet de trefle.
12 Neuf de cœur.	28 Huit de cœur.
13 Dame de carreau.	29 Neuf de trefle.
14 Sept de carreau.	30 Dix de carreau.
15 Sept de trefle.	31 Dix de pique.
16 Valet de cœur.	32 Dix de trefle.

Cartes qui viennent au premier.	Nos. des Cartes.	Cartes qui viennent au dernier.	Cartes qui varient.
1......	1		
2......	2		
	3		3
	4	... 4	
	5		5
	6		6
	7		7
	8		8
9......	9		
	10		10
	11	11	
	12	12	
13......	13		
14......	14		
	15		15
	16	.. 16	
	17		17
	18		18
	19		19
	20		20
21......	21		
	22		22
	23	23	
	24	24	

(1) Si on ne pouvoit y parvenir de cette façon , il faudroit disposer la rentrée de l'adversaire , de façon à lui faire écarter son jeu , comme on l'a vu à la précédente récréation.

Le détail qu'on a donné ci-deſſus eſt ſuffiſant pour exécuter cette récréation, ſoit qu'on donne à l'adverſaire les cartes par deux ou par trois, on les gagnera forcément, quand même croyant faire manquer la combinaiſon de ce coup, il s'aviſeroit d'en laiſſer trois.

Remarque.

Il n'eſt point du tout à craindre que ceux qui peuvent faire adroitement les divers coups de piquet dont on a donné la deſcription, puiſſent abuſer de leur dextérité en jouant ſérieuſement à ce jeu, attendu que les cartes étant une fois mêlées, il leur eſt abſolument impoſſible de les diſpoſer dans aucun des ordres indiqués ci-devant ſans qu'on s'en apperçoive très-facilement.

Autre coup de piquet où l'on donne le choix des deux jeux.

Pour faire ce coup de piquet, il faut que les cartes ſoient diſpoſées dans l'ordre qui ſuit:

1 Dame de cœur.	17 As de trefle.
2 Sept de cœur.	18 Valet de carreau.
3 Roi de cœur.	19 Sept de pique.
4 Valet de cœur.	20 Neuf de cœur.
5 Dix de cœur.	21 Huit de trefle.
6 As de cœur.	22 Neuf de carreau.
7 Dame de carreau.	23 Roi de pique.
8 As de carreau.	24 Dame de pique.
9 Neuf de pique.	25 Dame de trefle.
10 Roi de carreau, *carte large.*	26 Huit de carreau.
11 As de pique.	27 Sept de trefle.
12 Huit de pique.	28 Neuf de trefle.
13 Sept de carreau.	29 Roi de trefle.
14 Valet de pique.	30 Dix de carreau.
15 Valet de trefle.	31 Dix de pique.
16 Dix de trefle.	32 Huit de cœur.

Les cartes étant ainſi diſpoſées, battues & données, comme dans les coups précédents, il en réſultera les jeux ſuivants.

Jeu du premier en cartes.	*Jeu du ſecond en cartes.*
As de pique.	As de carreau.
Roi de pique.	Valet de carreau.
Dame de pique.	Dix de carreau.
Valet de pique.	Neuf de carreau.
Dix de pique.	Roi de trefle.
Huit de pique.	Valet de trefle.
As de trefle.	Huit de trefle.
Dame de trefle.	Sept de trefle.
Neuf de cœur.	Neuf de trefle.
Huit de cœur.	Dix de trefle.
Huit de carreau.	Neuf de pique.
Sept de carreau.	Sept de pique.

Rentrée.	*Rentrée.*
Roi de cœur.	As de cœur.
Dame de cœur.	Roi de carreau.
Valet de cœur.	Dame de carreau.
Dix de cœur.	
Sept de cœur.	

Les cartes ayant été diſtribuées, on donnera à l'adverſaire le choix des deux jeux, ſans lui laiſſer cependant la liberté de les regarder. Si celui contre lequel on joue garde le jeu du premier en cartes, on écartera alors le roi de trefle, le neuf de pique & le ſept de pique, & on aura, par la rentrée, une ſixieme en carreau, & le point, qui valent vingt-deux; ce qui joint à la quinte en trefle produira quatre-vingt-dix-ſept points: on gagnera donc forcément avec ce jeu, attendu que l'adverſaire ne manquera pas d'écarter ſes deux bas cœurs.

Si, au contraire, celui contre lequel on joue prend le jeu du dernier en cartes, on écartera le valet, le dix & le huit de pique, & le huit & le ſept de carreau; alors par la rentrée de la quinte au roi en cœur, on aura une ſeptieme de cœur, qui vaudra vingt-quatre points, une tierce majeure en pique & trois dames, qui feront quatre-vingt-dix, & on fera repic, quand même l'adverſaire auroit écarté à ſon plus grand avantage.

Coup de piquet où l'on donne non-ſeulement le choix de la couleur dans laquelle on choiſit d'être repic, mais encore celui des deux jeux, & où l'on laiſſe la liberté de recevoir les cartes par deux ou par trois.

Il doit y avoir dans le jeu quatre cartes larges. Voici la manière dont les cartes doivent être diſpoſées.

1 As de pique.	17 Valet de carreau.
2 Roi de pique.	18 As de cœur.
3 Huit de pique.	19 Roi de cœur.
4 Sept de cœur, *carte large.*	20 Dix de carreau.
	21 Dame de carreau.
5 Valet de pique.	22 Neuf de carreau.
6 Dix de pique.	23 Huit de trefle.
7 Dame de pique.	24 Sept de trefle, *carte large.*
8 Dame de cœur.	
9 Neuf de pique.	25 Huit de carreau.
10 Neuf de pique.	26 Sept de carreau, *carte large.*
11 Huit de pique.	
12 Sept de pique, *carte large.*	27 As de trefle.
	28 Dame de trefle.
13 Valet de cœur.	29 Neuf de trefle.
14 Dix de cœur.	30 Roi de trefle.
15 As de cœur.	31 Valet de trefle.
16 Roi de carreau.	32. Dix de trefle.

Lorfqu'on a mêlé les cartes dans l'ordre in-diqué pour les précédents, les cartes larges font diftribuées de façon qu'elles font les dernières de chacune des quatre couleurs, qui fe trouvent toutes réunies enfemble, excepté une feule qui eft divifée en deux parties égales, moitié deffus & moitié deffous le jeu (c'eft par une pareille combinaifon qu'on peut réunir les couleurs d'un jeu qui paroiffent difperfées). Si donc on coupe le jeu à une des quatre cartes larges, il y aura toujours au talon huit cartes d'une même cou-leur : fi celui contre lequel on joue a demandé à être repic en trefle : en coupant foi-même à la première carte large, qui eft le fept de trefle, on placera alors de néceffité les huit trefles fous le jeu, & l'on aura pour rentrée la quinte majeure en trefle; il en fera de même de toutes les autres couleurs, en coupant au fept de chacune d'elles.

Comme il eft néceffaire, dans cette partie, que l'adverfaire foit le dernier en cartes; lorf-qu'on aura devant lui mêlé les cartes, comme nous l'avons indiqué, on les lui préfentera pour les diftribuer, ayant attention à ne le pas laiffer mêler, & on lui demandera dans quelle couleur il veut être repic; lorfqu'il aura nommé la couleur qu'on fuppofe ici trefle, on coupera au fept de cette couleur, & on lui dira qu'il a la li-berté de donner les cartes par deux ou trois; les cartes ayant été données d'une ou d'autre façon, on lui dira qu'il peut encore choifir, fans cependant les regarder, celui des deux jeux qu'il défirera, à condition qu'il fera toujours dernier en cartes. S'il a donné les cartes par deux, & qu'il ait gardé fon jeu, on écartera le neuf de cœur, celui de pique & de carreau, & deux dames quelconques, & la rentrée produira une quinte majeure en trefle, quatorze d'as & qua-torze de rois, avec lefquels on fera repic. Si, au contraire, l'adverfaire a choifi le jeu du pre-mier en cartes, on écartera les fept de cœur, de pique & de carreau, & deux huit quelcon-ques; & on aura, par la rentrée, la même quinte en trefle, quatorze de dames, & quatorze de va-lets, qui produiront également le repic. Si l'ad-verfaire, au-lieu de donner les cartes par deux, préfere à les donner par trois, & qu'il garde fon jeu, on écartera le huit & le fept de cœur, le neuf & le huit de pique, afin d'avoir, par la ren-trée, la quinte majeure en trefle, une tierce à la dame en carreau, trois as, trois dames & trois valets, avec lefquels on fera repic. Si au contraire, il choifit le jeu du premier en cartes; on écartera la dame & le neuf de cœur, le valet & le fept de pique, & l'as de carreau, & on aura par la rentrée, cette même quinte majeure en trefle, une tierce au neuf en carreau, trois rois & trois dix, qui feront 29 points; & en jouant, on fera feulement le 60.

Indépendamment des coups de piquet dont on vient de parler, il en eft plufieurs autres de ce genre, que l'on peut imaginer foi-même à l'aide de la table des permutations de nombres, dont nous avons parlé.

On peut fe fervir des mêmes combinaifons pour jouer au berlan; & exécuter nombre d'autres tours de cartes.

PIQUET A CHEVAL. Deux cavaliers qui voya-gent enfemble, ennuyés du chemin qui leur refte encore à faire, peuvent, pour paffer plus agréa-blement le temps, faire un cent de piquet fans cartes, en convenant que celui qui arrivera au nombre cent aura gagné, & qu'en comptant l'un après l'autre, on pourra ajouter le nombre que l'on voudra, pourvu cependant qu'il foit moindre que onze.

D'abord il faut connoître la propriété du nom-bre onze qui, multiplié par les termes de la pro-greffion arithmétique 1, 2, 3, 4, 5, 6, 7, 8, & 9, donne toujours pour produit deux figures femblables.

Exemple.

11	11	11	11	11	11	11	11	11
1	2	3	4	5	6	7	8	9

11 22 33 44 55 66 77 88 99.

Afin donc que le premier qui nomme le nom-bre puiffe arriver à cent, & que fon adverfaire n'y puiffe pas parvenir, il doit fe fouvenir de tous les produits, & compter de façon qu'ils fe trouvent toujours d'une unité au-deffus de ces mêmes produits, ayant eu attention de nom-mer d'abord un, attendu que fon adverfaire ne pouvant prendre un nombre plus grand que dix, ne pourra arriver au nombre douze, qu'il prendra alors lui-même, & conféquemment en-fuite les nombres 23, 34, 45, 56, 67, 78 & 89 : lorfqu'il fera arrivé à ce dernier, quelque nombre que puiffe choifir fon adverfaire, il ne peut l'empêcher de parvenir le coup fuivant au nombre cent. On obfervera ici que fi celui contre lequel on joue ne connoit pas l'artifice de ce coup, le premier peut, pour mieux déguifer cette récréation, prendre indiftinctement toutes fortes de nombres dans les premiers coups, pourvu que vers la fin de la partie, il s'empare des deux ou trois derniers nombres qu'il faut avoir pour gagner : au refte cette récréation n'eft faite qu'a-vec ceux qui n'en connoiffent pas le calcul, autre-ment elle n'a rien d'agréable, attendu que celui qui nomme le premier a toujours gagné. Elle peut fe faire auffi avec tous autres nombres; & alors fi le premier veut gagner, il ne faut pas que le nombre où l'on doit arriver, mesure exactement celui jusqu'où l'on peut atteindre pour gagner, car alors on pourroit perdre ; mais il faut diviser le plus grand par le plus petit, & le reste de la division sera le nombre que le premier doit nommer d'abord, pour être assuré du gain de la partie. Exemple. Si le nombre auquel on se propose d'atteindre est trente, & le nombre au dessous duquel on doit nommer sept, on compte tout bas en trente combien de fois sept le quotient est quatre, on multiplie sept, par quatre, ce qui donne vingt-huit, qu'on ôte de trente, reste deux, & ce nombre est celui que le premier doit nommer d'abord ; alors quelque nombre que nomme l'adversaire, si l'on ajoute celui qui convient, pour former avec lui celui de sept, il parviendra de nécessité le premier au nombre trente.

Autre explication du piquet à cheval.

J'allois un jour à la campagne avec un de mes amis, & nous étions tous deux à cheval. Il me proposa de jouer au piquet, & je lui répondis que je jouerois volontiers une partie quand nous serions arrivés ; mais, me dit-il, nous pouvons jouer au piquet sans cartes & sans mettre pied à terre ; comme je ne connoissois pas le jeu qu'il me proposoit, il me l'expliqua, en me disant, qu'un de nous deux prendroit à volonté un nombre quelconque depuis un jusqu'à dix ; que l'autre y ajouteroit un autre nombre pris également dans la dixaine pour en avoir la somme ; que le premier ajouteroit à cette somme tel nombre qu'il voudroit, pourvu qu'il fût toujours au-dessous de 11, & que celui de nous qui, en ajoutant ainsi alternativement, arriveroit le premier à cent, gagneroit la partie. Les règles de ce jeu me parurent bien simples, & je proposai de jouer le dîner à charge de revanche ; je nommai premièrement 5, il ajouta 10 pour avoir 15 ; j'ajoutai 10 pour avoir 25, il ajouta 5 pour faire 30 ; je nommai 1 pour faire 31, & lui 7 pour 38 ; & moi 9 pour 47, & lui 9 pour 56 ; & moi 4 pour 60, & lui 7 pour 67 ; & moi 3 pour 70, & lui 8 pour 78 ; & moi 2 pour 80, & lui 9 pour 89. Dès ce moment, je compris, sans finir la partie, que j'avois perdu ; car, dis-je en moi-même, si j'ajoute 1 pour 90, il ajoutera 10 pour faire 100 ; & si j'ajoute 10 pour 99, il aura 100 en ajoutant 1 ; en un mot, quel nombre que je choisisse, il n'aura qu'à ajouter ce qui manque pour finir la partie & la gagner.

J'observai donc que l'essentiel consistoit à s'emparer du nombre 89, je demandai ma revanche, mais mon adversaire arriva le premier à 78, & je m'apperçus alors que j'aurois autant de difficulté à attraper 89 que j'en avois eu auparavant à attraper le nombre 100 ; je commençai une troisième partie en me proposant de parvenir moi-même le premier au nombre 78, pour passer de-là à 89 & puis à 100 ; mais dans cette autre partie, mon adversaire arriva le premier au nombre 67 ; j'ajoutai 1 pour 68, & il ajouta 10 pour 78. Je m'apperçus alors que mon adversaire avoit une marche sûre & je m'appliquai à la trouver, au lieu de risquer une quatrième partie.

Je découvris, en y réfléchissant, que les nombres dont il falloit s'emparer pour être sûr de gagner, étoient ceux-ci pris dans un ordre rétrograde.

$$89, 78, 67, 56, 45, 34, 23, 12, 1.$$

Réfléchissant ensuite sur la nature de ce jeu, je fis des découvertes qui me servirent à gagner ma revanche.

J'observai d'abord que les nombres ci-dessus 1, 12, 23, 34, &c. pris dans leur ordre naturel, forment une progression arithmétique dont la différence est 11, c'est-à-dire, que chaque terme surpasse celui qui le précède du nombre 11 ; je vis, en second lieu, que tous ces nombres, à l'exception du premier, sont composés de deux chiffres différens, dont le second surpasse le premier d'une unité. J'observai 3° que ces mêmes nombres surpassent chacun d'une unité seulement les nombres suivans composés chacun de deux chiffres égaux.

$$11, 22, 33, 44, 55, 66, 77, 88, 99.$$

Cette dernière remarque me parut utile pour soulager la mémoire ; car, dis-je en moi-même, je prendrai toujours.

Au-dessus de 20 le nombre 22, plus 1

30	33, + 1
40	44, + 1
50	55, + 1
60	66, + 1
70	77, + 1
80	88, + 1
90	99, + 1

J'observai encore que toutes ces sommes partielles dont il falloit s'emparer & le nombre 100 lui-même, ne sont autre chose que des multiples

ples de 11 augmentés d'un, & que le nombre 11 n'est lui-même que le plus grand nombre partiel 10 augmenté d'un.

Tâchant de bien retenir ce principe, & voulant découvrir une règle générale pour pouvoir varier ce jeu à l'infini, & pour pouvoir, à mon tour, embarrasser mon adversaire, je supposai qu'on voulût jouer la partie en 50 points & que le nombre partiel ne pût pas être plus fort que 7, j'apperçus bientôt que, pour gagner cette partie, les nombres dont il falloit s'emparer étoient dans un ordre rétrograde 50, 42, 34, 26, 18, 10, 2. Je vis donc que ces nombres pris dans leur ordre naturel étoient:

$$2 = 8 \times 0, + 2$$
$$10 = 8 \times 1, + 2$$
$$18 = 8 \times 2, + 2$$
$$26 = 8 \times 3, + 2$$
$$34 = 8 \times 4, + 2$$
$$42 = 8 \times 5, + 2$$
$$50 = 8 \times 6, + 2$$

2 égal à 8, multiplié par 0, plus 2

c'est-à-dire que les nombres dont il faut s'emparer dans ce cas, ne sont autre chose que des multiples de 8 augmentés de 2, & que le nombre 8, dont il faut prendre les multiples, n'est lui-même que le nombre partiel 7 augmenté de l'unité.

Ce principe particulier comparé avec le premier qui prescrit de prendre les multiples de 11 plus 1 pour arriver à 100, me fit découvrir une règle généralissime que j'exprimai de cette manière.

En variant à l'infini le nombre partiel qu'on convient d'ajouter pour avoir des totaux particuliers, & quel que soit le nombre de points auquel il faut parvenir pour gagner la partie, il faut diviser la somme totale de ces points par le plus fort nombre partiel augmenté de 1; les multiples de ce nombre partiel augmenté d'un, étant eux-mêmes augmentés du reste de cette division seront précisément les nombres dont il faut s'emparer pour gagner la partie.

Application de cette règle.

Je suppose qu'on joue la partie en 134 points à ne pas ajouter plus de 12, je divise 134 par 12 plus 1, c'est-à-dire par 13, le quotient est 10 & le reste 4; de-là je conclus que les nombres dont il faut s'emparer pour gagner la partie, sont les multiples de 13 augmentés de 4 savoir:

$$4 = 13 \times 0, + 4$$
$$17 = 13 \times 1, + 4$$
$$30 = 13 \times 2, + 4$$
$$43 = 13 \times 3, + 4$$
$$56 = 13 \times 4, + 4$$
$$69 = 13 \times 5, + 4$$
$$82 = 13 \times 6, + 4$$
$$95 = 13 \times 7, + 4$$
$$108 = 13 \times 8, + 4$$
$$121 = 13 \times 9, + 4$$
$$134 = 13 \times 10, + 4$$

4 égal à 13, multiplié par 0, plus 4

Quand je connus la marche générale & le moyen de gagner dans tous les cas, je demandai ma revanche. Mon adversaire qui ne soupçonnoit pas la découverte que je venois de faire, souscrivit à ma proposition. Nous jouâmes d'abord la partie en 100 à ne pas passer 10, & comme il me permit, en commençant la partie, de m'emparer des nombres 12, 23, 34, espérant que je ne suivrois point la progression qu'il croyoit m'être inconnue, il se trouva frustré de son espérance, & comprit bien que j'avois découvert son secret.

Alors je lui dis que, pour rendre la partie plus égale, & la faire dépendre absolument du hazard, nous pouvions la jouer en un plus grand nombre de points & varier le nombre partiel à chaque partie, afin qu'aucun de nous deux ne pût connoître d'avance la progression qu'il faudroit suivre pour gagner. Il accepta ce parti, & perdit quatre parties de suite, ne sachant pas que j'avois un moyen de connoître en un instant cette progression.

Tel croit embourber autrui, qui souvent s'embourbe lui-même. (DÉCREMPS)

Tour du Piquet incompréhensible, nouvellement perfectionné.

J'étois un jour chez un bourgeois, dans saint-James's street, avec des professeurs de l'université d'Oxford qui me parlèrent du tour du piquet comme du plus extraordinaire qu'on ait jamais inventé; il consiste, comme on fait, à faire un des spectateurs repic & capot en telle couleur qu'il désire. Je me préparois à l'exécuter devant ces messieurs lorsqu'il arriva un de leurs confrères, qui se flata de le savoir, en disant qu'il avoit lu, dans les récréations de M. Guyot, que les cartes devoient être arrangées d'avance, & qu'on faisoit sauter la coupe tantôt sur une carte longue, tantôt sur une carte large, en donnant les cartes, selon le besoin, par deux ou par trois, pour avoir différens résultats, selon la couleur demandée.

Sur cette observation j'aurois pu me trouver embarrassé, si je n'avois imaginé quelques accessoires pour donner à ce tour une tournure neuve ; mais je les étonnai par ma réponse, en leur disant : « je vais vous démontrer, messieurs, que je prévois votre pensée en arrangeant d'avance les cartes pour vous faire repic dans la couleur que vous devez choisir ; & pour vous prouver qu'avant de donner les cartes je ne fais pas sauter la coupe à différens endroits, selon le besoin, comme on vient de le dire, fournissez-moi vous mêmes un jeu de cartes où il n'y ait ni carte longue, ni carte large. Qu'une personne de la compagnie donne les cartes pour moi, afin que je ne puisse pas faire sauter la coupe ; & enfin si vous voulez rendre cette coupe inutile, ne nommez la couleur choisie que lorsque les cartes seront données. Si nonobstant ces trois précautions de votre part, vous vous trouvez repic dans la couleur demandée, il s'ensuivra qu'en arrangeant les cartes, je connoissois d'avance cette couleur. Observez, je vous prie, messieurs, qu'il est impossible que je me donne en même temps les quintes majeures des quatre couleurs, parce qu'il faudroit pour cela me donner vingt cartes ; tandis que je n'en reçois que quinze, y comprises les trois du talon ; cependant pour vous faire repic, j'aurai quatorze d'as & quatorze de roi, avec la quinte majeure de la couleur choisie ; & comme j'aurai cette quinte & ces quatorze sans faire sauter la coupe, & faisant donner les cartes par un autre, dans un instant où vous n'aurez pas encore nommé la couleur choisie, il s'ensuivra nécessairement qu'en arrangeant les cartes d'avance j'avois prévu la couleur demandée ».

Je fis ce tour avec toutes les circonstances, ou, pour mieux dire, avec toutes les apparences que je viens d'annoncer, & ces messieurs étoient sur le point de convenir que j'avois prévu leur pensée lorsque je leur fis l'observation suivante :

» Il ne m'a pas suffi, messieurs, de prévoir la couleur que vous deviez me demander ; cette préscience de ma part auroit été très-inutile, si, en arrangeant les cartes je n'avois su en même temps le nombre que vous deviez faire passer par-dessous en coupant le jeu, parce que votre coupe a produit un grand changement dans la distribution des cartes. Or cette coupe, quant au nombre des cartes qu'elle fait passer par-dessous, est un véritable effet du hazard, c'est-à-dire, qu'elle dépend des circonstances qui vous sont absolument inconnues, puisqu'en coupant vous agissez aussi aveuglément qu'un enfans qui porte la main dans la roue de fortune pour tirer

les numéros d'une loterie : il s'ensuit de-là que je peux prévoir les évènemens fortuits, ce que vous appellez, dans vos écoles de métaphysique, *connoître les futurs contingens* ; c'est-à-dire que devinant d'avance les chances du hasard, je peux, ruiner une loterie & faire des prophéties plus certaines & moins équivoques que celles de Nostradamus. Mes raisonnemens ne vous paroissent peut-être pas trop conformes aux règles de la logique : mais convenez au moins que si je multiplois les syllogismes obscurs, les argumens captieux & les expériences trompeuses dans une société moins éclairée que celle-ci, il ne seroit peut-être pas impossible que la *crédule jalousie* & *l'aveugle cupidité vinssent me consulter sérieusement sur le présent & sur l'avenir* ».

Je leur dis ensuite que pour faire ce tour, il falloit d'abord ranger les cartes de la manière suivante :

Neuf de cœur , *carte supérieure.*	Sept de cœur.
Neuf de carreau.	Sept de carreau.
As de cœur.	Dame de cœur.
As de carreau.	Dame de carreau.
Neuf de pique.	Sept de pique.
Neuf de trefle.	Sept de trefle.
As de pique.	Dame de pique.
As de trefle.	Dame de trefle.
Huit de cœur.	*Talon.*
Huit de carreau.	Valet de cœur.
Roi de cœur.	Dix de cœur.
Roi de carreau.	Valet de carreau.
Huit de pique.	Dix de carreau.
Huit de trefle.	Valet de pique.
Roi de pique.	Dix de pique.
Roi de trefle.	Valet de trefle.
	Dix de trefle , *carte inférieure.*

Les cartes étant ainsi arrangées, continuai-je, on les mêle en apparence ; mais sans les déranger en aucune manière. (Ceci dépend d'une adresse particulière que la lecture d'aucun livre ne sauroit donner.) Par cette circonstance, le spectateur commence à croire que les cartes ne sont pas arrangées d'avance, quoiqu'on lui dise qu'elles le sont. Il cherche déja dans son esprit un autre moyen d'expliquer ce tour ; ce qui lui sera bien difficile, puisqu'il commence par poser un faux principe. Après avoir fait un mélange apparent, on présente les cartes à quelqu'un pour faire couper ; aussi-tôt après on les présente à une autre personne de la compagnie en la priant de donner les cartes elle-même ; c'est en les présentant à cette seconde personne, qu'on profite de la circonstance pour faire sauter la coupe ; ce que je fais avec assez de subtilité pour n'être pas apperçu de ceux même qui la soupçonnent ; & ce qui n'est pas soupçonné de ceux qui regardent ce moyen comme inutile, tant ils sont persuadés qu'on vient de mêler les cartes au hazard.

Au reste, on peut se passer de faire sauter la coupe soi-même, soit en faisant le petit pont, soit en insérant une carte large dans le jeu fourni par la compagnie. Le spectateur coupe naturellement sur le petit pont, ou sur la carte large qui doit être ici le dix de trefle, ce qu'on reconnoît facilement en faisant une égratignure ou tout autre marque visible sur le neuf de cœur, qui, dans l'arrangement que nous supposons, doit se trouver dessus après la coupe. Si l'on s'apperçoit que le spectateur, par hazard ou par malice, ne coupe point sur la carte large ou sur le petit pont, on peut faire couper deux ou trois fois de suite, soit en affectant une distraction, soit en donnant pour prétexte qu'en faisant couper successivement par plusieurs personnes, on ne peut pas être soupçonné de connivence avec le premier qui a coupé.

Quand le spectateur a commencé de donner les cartes, s'il les donne trois à trois, il faut le prier, à voix basse, de donner par deux, parce qu'en donnant par trois il seroit impossible de terminer heureusement le tour dans l'arrangement que nous supposons ici, cependant aussi-tôt qu'il a commencé de donner par deux, on lui dit (tout haut pour que tout le monde l'entende, mais avec un air d'indifférence qui ne soit pas dans le cas de le faire changer): Donnez, monsieur, par deux ou par trois, ce m'est parfaitement égal; au reste, continuez par deux, puisque vous avez commencé. Quand il aura fini, on ne manquera pas de faire remarquer à la compagnie qu'on a donné le choix de donner par trois ou par deux, & que si on avoit donné par trois, chacun des joueurs auroit plusieurs cartes différentes de celles qu'il a, & c'est ici une circonstance de plus qui fait croire à la compagnie que les cartes n'étoient point arrangées d'avance, ou qu'on a prévu qu'il plairoit au spectateur de donner par deux.

Les douze cartes étant données à chacun des joueurs, & les huit cartes du talon étant sur la table, celui contre qui on joue veut aussi-tôt s'emparer de son jeu pour faire son écart; mais on l'en empêche en mettant soi-même la main sur les cartes qu'il veut prendre, & pour qu'il ne s'obstine point à les prendre dans cet instant, on lui parle à peu près de cette manière: « Permettez, monsieur, que je fasse le tour avec toutes les circonstances qui peuvent le rendre merveilleux; vous voyez bien que si vous regardez actuellement vos cartes, vous pourrez connoître les miennes, & qu'il ne vous sera pas difficile de choisir, pour m'attraper une des trois couleurs que je n'ai point. Dites donc auparavant en quelle couleur vous voulez être repic & capot. »

Quand il a nommé la couleur s'il veut prendre son jeu on l'en empêche encore, sous prétexte d'embellir le tour, en lui permettant de changer de couleur. Dans cet instant on multiplie les questions, les remarques, & les offres; s'il ne profite point de la permission qu'on lui donne de changer de couleur, on le loue de sa constance, en assurant qu'on avoit prévu qu'il ne changeroit pas; mais s'il en choisit une autre, on se vante d'avoir prévu son changement & d'avoir arrangé le jeu précisément pour la couleur à laquelle il vient de se fixer; enfin, si ce dernier lieu, s'il se tient à trefle, on prie la personne qui a donné les vingt-quatre premieres cartes, de vouloir bien distribuer le talon; & le valet de trefle qui se trouve avec le dix sous le jeu, forme, avec la tierce majeure qu'on a déjà reçue, la quinte dont on a besoin. S'il prend cœur, on obtient un effet pareil pour cette couleur s'en distribuant soi-même le talon; & en faisant passer par-dessous, le valet & le dix de cœur qui se trouvent dessus. S'il prend carreau, on fait passer par-dessous, les quatre cartes supérieures; & s'il se fixe à pique, on fait passer par dessus, les deux cartes qui sont dessous; par ce moyen on aura toujours la quinte majeure de la couleur demandée; & pour qu'il ne s'apperçoive pas qu'avant de prendre les cinq du talon il avoit carte blanche, ce qui l'empêcheroit d'être repic; quand on lui donne ces cinq cartes, où il se trouve trois valets, on les entre-mêle soi-même avec les douze autres, en les poussant vers lui comme pour le mettre à portée de les prendre avec plus de commodité.

Voyez l'article NOMBRES. (DECREMPS.)

PLANETAIRE ELECTRIQUE. (*Voyez* ELECTRICITÉ.)

PLANETES. (*Voyez à l'article* ASTRONOMIE.)

PLUIE ARTIFICIELLE. On se récrie depuis longtems sur le peu de précaution que l'on prend dans la construction des salles de spectacles pour renouveller l'air; que l'on réfléchisse sur l'état de l'atmosphère de ces lieux où il y a autant de monde rassemblé. La salle, en peu de temps, se remplit d'exhalaisons animales, toujours dangereuses par la prompte corruption dont elles sont susceptibles, quand même elles ne sortiroient que d'individus fort sains. Ces exhalaisons sont d'autant plus abondantes que les passions, quelles qu'elles soient, excitent une fermentation plus sensible dans le sang & les humeurs, & dès-lors une plus grande dissipation de matieres atténuées qui se répandent dans l'air, de sorte qu'après une heure on est presqu'assuré de ne respirer plus que des exhalaisons humaines. On admet dans ses poumons un air infecté, sorti de mille poitrines, la plupart fétides & corrompues, & chargé de tous les corpuscules qu'il a enlevés. L'air de la falle a perdu toute sa fraîcheur salutaire dont on sent continuellement la nécessité, parce qu'il faut qu'à chaque instant les poumons puissent se décharger d'une certaine quantité de vapeurs humides & échauffées, pour en recevoir autant de fraîches : or l'air étant surchargé de matières expectorées, chaudes & souvent corrompues, il ne se trouve plus dans le degré de température où il doit être relativement aux besoins du poumon. La chaleur augmente, le mouvement du sang devient précipité, parce qu'au lieu de cette douce fraîcheur qui le calme, & le retient dans un juste équilibre, on ne tire plus de l'air qu'une matière ardente, plus propre à augmenter l'irritation, qu'à diminuer le mal-être où l'on se trouve. Il s'en faut de beaucoup que l'on rende nos spectacles, aussi sains & aussi agréables que l'étoient ceux des anciens qui avoient porté la délicatesse jusqu'à faire répandre des pluies fines & odorantes pour tempérer dans leurs spectacles la chaleur causée par la transpiration & les haleines de l'assemblée nombreuse; dans les statues placées au haut des portiques & qui paroissoient n'y servir que d'ornement, étoient ajustés des tuyaux, d'où sortoit cette pluie délicieuse qui purgeoit l'air des vapeurs & lui rendoit toute son élasticité.

Manière d'imiter le bruit de la pluie.

Nous avons indiqué ailleurs les moyens d'imiter le tonnerre, les éclairs, les trombes, les volcans, & une infinité d'autres météores. Il est quelquefois nécessaire sur nos théâtres d'imiter le bruit des orages. Il faut avoir un grand cylindre de bois creux, très-mince par les côtés, à-peu-près comme une roue de loterie; divisez son côté intérieur en cinq parties avec de petites planches, de manière qu'il y ait entr'elles & le cercle de bois quelques lignes de vuide, ces planches doivent être inclinées; introduisez dans l'intérieur de ce cylindre quatre à cinq livres de petite grenaille de plomb, de grosseur à pouvoir passer librement par les ouvertures réservées : cette roue doit rouler sur un axe posé sur un pied; lorsqu'on fait tourner ce cylindre, la grenaille de plomb venant à sortir par les ouvertures réservées excite un bruit semblable à celui de la pluie, & on peut même l'augmenter ou diminuer en accélérant plus ou moins son mouvement. Si on veut imiter le bruit de la grêle, il faudra y introduire de la grenaille plus grosse que celle dont on s'est servi pour la pluie.

PLUIE & GRÊLE (imitation). (*Voyez* à l'article AIR).

PLUIE LUMINEUSE. (*Voyez* ÉLECTRICITÉ).

POIDS considérable soulevé par l'air. (*Voyez* à l'article AIR).

POISSON D'OR ÉLECTRIQUE. (*Voyez* ÉLECTRICITÉ).

POLEMOSCOPES. (*Voyez* CATOPTRIQUE & OPTIQUE).

PONT DE PLANCHES SINGULIER. Ayant à passer un ruisseau assez large avec des planches qui ne pouvoient atteindre de l'un à l'autre bord, je me rappellai une petite récréation mathématique, dans laquelle on propose de construire un colombier sur trois piliers, en employant des solives assez courtes, pour qu'elles ne puissent pas aller d'un pilier à l'autre; effet dont on démontre la possibilité en arrangeant trois couteaux sur trois verres, de la manière que voici.

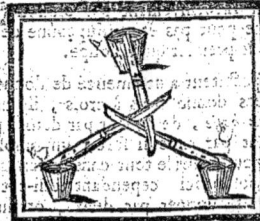

Profitant de cette idée, je pensai à faire un pont, par un moyen semblable. En conséquence, je plaçai à l'air sur le bord du ruisseau, deux planches auxquelles je donnai un point d'appui avec trois chards attachées à un arbre, & je priai M. Boniface, mon compagnon de voyage, de s'asseoir à une des extrémités, pour maintenir l'équilibre.

Ensuite je jettai cinq planches sur l'autre rive, & ayant pris l'élan, je franchis le ruisseau, au risque de me donner une entorse.

Quand je fus de l'autre côté, je posai une troisième planche, qui se trouva soutenue d'une part fur les deux premières, & de l'autre, fur le bord du ruisseau, comme dans la *fig.* fuivante.

Après cela, j'entrelaçai une quatrième planche avec les trois premières, & par ce moyen, elles formèrent un feul & même corps affez folide, pour que les hards n'euffent plus aucun poids à foutenir. Enfin, je pofai en travers, plufieurs autres planches, que j'attachai en certains endroits avec une double ficelle, pour les empêcher de fe déranger.

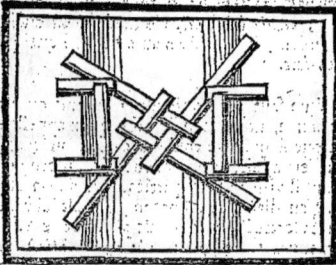

Je n'employai qu'une demie-heure à la conftruction de ce pont. Quand il fut fini, notre compagnie n'y paffa qu'en tremblant, mais fûrement, & ne pût s'empêcher d'admirer mon induftrie.

(DECREMPS.)

PORTE-VOIX. (*Voyez aux articles* AIR & PHYSIQUE).

PORTRAITS MAGIQUES. *Voyez* (CATOPTRIQUE & ECRITURE).

PORTRAITS A LA SILHOUETTE. (*Voyez à l'article* DESSIN).

POSTES A PIED. Des gens de pied font établis dans l'Inde au nombre de cinq à fix, à poftes fixes, à la diftance de trois ou quatre lieues

les uns des autres. Ces courriers nommés *Tapals*, vont toujours deux de compagnie, afin de prévenir tout accident. Lorfqu'ils arrivent au pofte ou relais plus voifin, ils remettent, ou plutôt ont l'ufage de jeter leurs paquets à deux autres meffagers, lefquels partent fur le champ. Ces fortes de gens choifis, fveltes, nerveux & exércés, font toujours prêts à fe mettre en route, car ils ne font point retenus par des cabarets. Ils font prefque nuds, & ne portent en fus des dépêches officielles, objet peu volumineux, qu'un fabre en bandoulière, & à la main un bâton, au haut duquel font ordinairement attachés plufieurs anneaux de fer, dont le cliquetis doit faire éloigner les couleuvres. Or, comme en fe relayant, ils courent jour & nuit, & prennent les voies les plus courtes, il eft très-poffible de faire ainfi parvenir des nouvelles au moins auffi vîte que par nos courriers européens. Après avoir remis les paquets, chacun doit retourner fur-le-champ à fon pofte, où quelques-uns prétendent fe délaffer en fe frottant la plante des pieds avec un peu de beurre; c'eft un expédient dont les meffagers Arabes & Perfans font auffi ufage. Les Anglois ont établi de ces Tapals dans plufieurs de leurs poffeffions de l'Inde.

POUPÉE PARLANTE. On nous fit voir une poupée d'environ un pied de haut, tenant à fa bouche un grand porte-voix & fufpendue à la hauteur d'un homme par des rubans pour faire croire qu'elle étoit parfaitement ifolée. Quand on lui faifoit une queftion quelconque, en françois, en efpagnol, ou en portugais, on entendoit auffitôt une réponfe analogue qui provenoit de l'intérieur même du porte-voix; il n'étoit pas poffible de prétendre qu'il y avoit un nain caché dans la poupée comme dans l'*automate joueur d'échecs*. La poupée étoit trop petite pour contenir un nain. L'auteur voulut nous faire croire que les paroles de la poupée pouvoient être l'effet d'un mécanifme caché dans fon corps, & nous cita pour preuve les têtes parlantes de M. l'abbé Mical.

Les têtes de cet artifte célèbre, dit alors M. Hill, quoiqu'elles graffeyent un peu, & qu'elles prononcent certains mots d'un ton nafillard, font effectivement l'ouvrage du génie, puifqu'elles ont furpaffé les défirs & l'efpérance de l'académie des fciences de Pétersbourg, qui ne demandoit aux mécaniciens & aux facteurs d'orgues que de faire prononcer les cinq voyelles. L'ignorance n'a point admiré ces chef-d'œuvres, parce qu'il n'y avoit point cette teinte de charlatanifme fi néceffaire dans ce fiecle pour obtenir le fuffrage de la multitude. Les automates de M. Mical, ajouta M. Hill, font bornés à un certain nombre de mots, & ne répondent point, comme la poupée, aux queftions arbitraires qu'on leur propofe , parce que l'auteur n'a pas pu leur donner le fens de l'ouie , & qu'il n'a pas voulu y fuppléer par une tricherie dont-il étoit incapable.

M. Hill me donna enfuite l'explication que voici fur la poupée parlante. Je penfe , me dit-il en riant , qu'il n'y a ici ni mécanifme , ni compere. La petite figure rend fes oracles par l'infpiration d'une véritable commere dont je vois remuer les jupons au bas d'une armoire mal fermée. Quand cette commere prononce des mots au point A , (voyez fig. 8. pl. 3 de Magie blanche , tome VIII des gravures) fa voix, qui fort par le trou A , fe porte à l'embouchure poftérieure BCD du portevoix , & de-là elle eft tranfmife dans toute fa force à l'embouchure antérieure EFG. Celui qui propofe une queftion , prêtant l'oreille au point F , entend la réponfe , comme fi les mots étoient prononcés à ce même point. Tel eft l'effet fimple & naturel de tous les porte-voix.

M. Hill nous fit enfuite obferver que la poupée , au lieu d'être fufpendue au milieu de la chambre , étoit placée au centre d'une grande ouverture faite dans une cloifon , pour empêcher les fpectateurs trop curieux de paffer par derrière , où ils auroient pu voir facilement l'embouchure poftérieure du porte-voix , ce qui auroit pu donner de violens foupçons de compérage. Il me fit remarquer auffi que la poupée ne parloit qu'à voix baffe , fans quoi on auroit pu s'appercevoir que la voix provenoit du fond de l'armoire où étoit la commere. Enfin , je vis que la poupée étoit attachée de manière qu'on ne pouvoit pas la tourner pour voir l'embouchure poftérieure du porte-voix , & que d'ailleurs cette embouchure étoit mafquée par un énorme panache , qui , au premier abord , fembloit deftiné à orner la poupée.   (DECREMPS.)

PRÉCIPITÉS. (Voyez à l'article CHYMIE).

PROBABILITÉS des jeux du hafard. (Voyez ARITHMÉTIQUE).

PROGRESSIONS ARITHMÉTIQUES, GÉOMÉTRIQUES , HARMONIQUES. (Voyez ARITHMÉTIQUE).

PUITS ENCHANTÉ (le). (Voyez à l'article AIMANT).

PYRAMIDE ÉLECTRIQUE. (Voyez ÉLECTRICITÉ).

PYROTECHNIE. La Pyrotechnie eft l'art de diriger le feu , & de former au moyen de la lumière , & de la poudre à canon ou autres matières inflammables , diverfes compofitions agréables aux yeux par leur forme & leur éclat. Telles

font les pièces d'artifice dont il fuffit de décrire ici quelques procédés amufans , pour nous renfermer dans le plan de ce Dictionnaire.

Conftruction des cartouches de fufées volantes.

La fufée eft un cartouche , ou canon de carton , qui , étant plein en partie de poudre à canon , de falpêtre & de charbon , s'élève de lui-même en l'air lorfqu'on y applique le feu.

Il y a trois fortes de fufées : les petites , dont le calibre n'excède pas une livre de balle , c'eft-à-dire dont l'orifice a pour largeur le diamètre d'une balle de plomb qui ne pefe pas plus d'une livre ; car on mefure les calibres ou orifices des moules ou modèles des fufées , par les diamètres de balles de plomb. Les moyennes , qui portent depuis une livre jufqu'à trois livres de balle , & les grandes , qui portent depuis trois livres jufqu'à cent livres de balle.

Pour donner à ce cartouche une même longueur & une même épaiffeur , afin qu'on puiffe faire autant de fufées qu'on voudra d'une même portée & d'une égale force , on le met dans un cylindre concave folide , ou piece folide concave tournée exactement au tour , qu'on appele *modèle* , *moule* & *forme*. Ce modèle eft quelquefois de métal ; il doit être au moins de quelque bois très-dur.

Il ne faut pas confondre ce moule ou modèle , avec une autre pièce de bois qu'on appelle *bâton* , autour duquel on roule le carton ou gros chiper qui fert à faire le cartouche. Le calibre du moule étant divifé en huit parties égales , on en donne cinq au diamètre du bâton , qui eft ici repréfenté par la lettre B , & le moule par la lettre A. (*Voyez fig.* 1. n°. 1 & 2 , *pl.* 1 *de la Pyrotechnie*). Le refte de l'efpace qui fe trouvera entre le bâton & la furface intérieure du moule , c'eft-à-dire les trois huitièmes du calibre du moule , fera rempli exactement par le cartouche.

Comme on fait des fufées de différentes grandeurs , on doit auffi avoir des moules de différentes hauteurs & groffeurs. Le calibre d'un canon n'eft autre chofe que le diamètre de la bouche du canon ; & l'on appellera ici le calibre d'un moule , le diamètre de l'ouverture de ce moule.

La groffeur du moule fe mefure par le calibre de ce moule. La hauteur du moule n'a pas , dans les fufées différentes , la même proportion avec fon calibre , car on diminue cette hauteur à mefure que le calibre augmente. La hauteur du moule , pour les petites fufées , doit être fextuple de fon calibre. Mais il fuffit que la hauteur du moule , pour les moyennes & les grandes fufées , foit quintuple ou même quadruple du calibre de leurs moules.

On se sert de gros papier ou de carton pour former les cartouches. On roule ce papier autour du bâton B, (*fig.* 1.) & on le colle avec de la colle faite de fine farine détrempée dans de l'eau. Ce papier roulé doit avoir un huitième & demi du calibre du moule, selon la proportion qu'on a donnée au diamètre du bâton ou baguette B. Mais si on voulait donner au diamètre de ce bâton les trois quarts du calibre du moule, on donnerait à l'épaisseur du cartouche un douzième & demi de ce calibre.

Quand le cartouche est formé, on retire, en tournant, la baguette B, jusqu'à ce qu'elle soit éloignée du bord du cartouche de la longueur de son diamètre. On passe sur le cartouche, à l'endroit où se trouve l'extrémité du bâton, une ficelle, à laquelle on fait faire deux tours ; & dans le vuide qui a été laissé au cartouche, on fait entrer une autre baguette ou bâton, de manière qu'il reste quelque espace entre ces deux bâtons. Cette ficelle doit être arrêtée par un bout à un clou attaché à quelque chose de ferme, & avoir à l'autre bout un bâton que l'on passe entre les jambes, de sorte qu'il demeure au derrière de celui qui étrangle le cartouche. Alors on tire la ficelle en reculant, & on serre le cartouche jusqu'à ce qu'il ne demeure au dedans qu'une ouverture où l'on puisse faire entrer la broche du culot DE. Cela étant fait, on ôte la corde qui servait à étrangler, & à sa place on met une autre ficelle ; on la serre bien fort, en lui faisant faire plusieurs tours, on l'arrête par des nœuds coulans, que l'on fait les uns sur les autres.

Outre le bâton B, on se sert encore d'une baguette C (*fig.* 1, n° 4, *pl.* 1. *de Pyrotechnie.*) qui servant à charger le cartouche, doit être tant soit peu plus petite que le bâton B, afin qu'elle puisse entrer à l'aise dans le cartouche. Cette baguette C est percée dans sa longueur assez profondément pour recevoir la broche du culot DE, (*fig.* 1. n° 3.) qui doit entrer dans le moule A, & se joindre exactement à sa partie inférieure. La broche, qui va en diminuant, entre dans le cartouche par l'endroit qui est étranglé : elle sert à conserver un trou au dedans de la fusée. Elle doit être haute d'un peu plus des deux tiers de la hauteur du moule, lorsqu'il n'a point son culot. Enfin, si on donne à sa base l'épaisseur du quart du calibre du moule, on donnera à sa pointe un sixième de même calibre.

Il est clair qu'on doit avoir au moins trois baguettes, telles que C, qui soient percées à proportion de la diminution de la broche, afin que la poudre, qu'on frappe à grands coups de maillet,

soit également entassée dans toute la longueur de la fusée. On voit bien aussi que ces baguettes doivent être faites d'un bois fort dur, pour pouvoir résister aux coups de maillet.

Il est plus commode de ne point se servir de broche en chargeant les fusées : lorsqu'elles sont chargées sur un culot sans broche, avec une seule baguette massive, on les perce avec une tarière vuide, & un poinçon mis au bout d'un vilbrequin. On observe cependant de faire ce trou dans la proportion qu'on a donnée à la diminution de la broche du culot, c'est-à-dire que l'extrémité du trou qui est à l'étranglement du cartouche, doit avoir environ le quart du calibre du moule, & l'extrémité du trou qui est dans l'intérieur, environ aux deux tiers de la fusée, doit avoir le sixième du même calibre. Il faut que le trou qu'on fera, passe directement par le milieu de la fusée. Au reste l'expérience & l'industrie feront connaître ce qui sera plus commode, & comment on peut varier la manière de charger les fusées, que nous allons expliquer.

Après avoir placé le cartouche dans le moule, on y verse peu à peu la composition préparée, en observant de n'y mettre qu'une ou deux cuillerées à-la-fois ; que l'on battra aussitôt avec la baguette C, en frappant perpendiculairement dessus avec un maillet de grosseur proportionnée, & en donnant un nombre égal de coups, par exemple 3 ou 4, à chaque fois qu'on versera de nouvelle composition.

Quand le cartouche sera rempli jusques vers la moitié de sa hauteur, on séparera avec un poinçon la moitié des doubles du carton qui reste ; on les repliera sur la composition, & on les soulera avec la baguette & quelques coups de maillet, pour presser le carton replié sur la composition.

On percera ce carton replié de 3 ou 4 trous, avec un poinçon, qu'on fera entrer jusqu'à la composition de la fusée, comme l'on voit en A. (*fig.* 2. *pl.* 1 *de Pyrotechnie.*) Ces trous servent à donner communication du corps de la fusée à la chasse, qui n'est autre chose que l'extrémité du cartouche qu'on a laissée vuide.

Dans les petites fusées on remplit cette chasse de poudre grainée, qui sert à la faire péter ; puis on la couvre de papier, & on l'étrangle comme on a fait à l'autre extrémité. Mais, dans les autres fusées, on y ajuste le pot qui contient les étoiles, les serpentaux, les fusées courantes, comme on le verra plus loin.

On peut néanmoins se contenter de faire, avec une tarière ou avec un poinçon, un seul trou, qui ne soit ni trop large ni trop étroit, comme d'un quart du diamètre de la fufée, pour donner feu à la poudre, en prenant garde que ce trou foit le plus droit qu'il fera poffible, & juftement au milieu de la compofition.

Au refte on doit obferver de faire entrer dans ces trous un peu de compofition de la fufée, afin que la communication du feu à la chaffe ne manque point.

Il refte à charger la fufée de fa baguette; ce qu'on fait ainfi.

La fufée étant faite comme on vient de le dire, on y lie une baguette de bois léger, comme de fapin ou d'ofier, qui fera groffe & platte au bout qui joint la fufée, & qui ira en diminuant vers l'autre bout. Cette baguette ne doit être ni tortue, ni courbe, ni noueufe, mais droite autant qu'il fe pourra, & dreffée, s'il en eft befoin, avec le rabot. Sa longueur & fa pefanteur doivent être proportionnées à la fufée, en forte qu'elle foit fix, fept ou huit fois plus longue que la fufée, & qu'elle demeure en équilibre avec elle, en la tenant fufpendue fur le doigt près de la gorge, à un pouce ou un pouce & demi.

Avant que d'y mettre le feu, on met la gorge en bas, & on l'appuie fur deux clous perpendiculairement à l'horifon. Pour la faire monter plus haut & plus droit, on ajoute à fa tête A un chapiteau pointu, fait de papier fimple, comme C, (fig. 2.) ce qui fert à faciliter le paffage de la fufée à travers l'air.

Ces fufées fe font ordinairement plus compofées; on y ajoute plufieurs autres chofes pour les rendre plus agréables : par exemple, on ajoute à leur tête un pétard, qui eft une boîte de fer blanc foudée, & pleine de poudre fine. On pofe le pétard fur la compofition, par le bout où il a été rempli de poudre, & on rabat fur ce pétard le refte du papier du cartouche ou de la fufée, pour l'y tenir fermé. Le pétard fait fon effet quand la fufée eft en l'air, & que la compofition eft confumée.

On leur ajoute auffi des étoiles, de la pluie d'or, des ferpenteaux, des faucifons, & plufieurs autres chofes agréables. Ce qui fe fait en ajuftant à la tête de la fufée un pot ou cartouche vuide, & beaucoup plus large que la fufée n'eft groffe, afin qu'il puiffe contenir les ferpentaux, les étoiles, & tout ce qu'on voudra, pour faire une belle fufée.

On peut faire des fufées qui s'élèvent en l'air fans baguettes. Pour cela il faut leur attacher quatre panaceaux difpofés en croix, & femblables à ceux qu'on voit aux flèches ou dards, comme

A. (fig. 3, même pl. 1.) La longueur de ces panaceaux doit être égale aux deux tiers de la fufée; leur largeur vers le bas, à la moitié de leur longueur; & leur épaiffeur, de celle d'un carton.

Mais cette maniere de faire monter les fufées, eft beaucoup moins fûre & moins commode que celle des baguettes; c'eft pourquoi elle eft très-rarement employée.

Des garnitures de fufées.

On garnit ordinairement la partie fupérieure des fufées de quelque compofition, qui, prenant feu lorfqu'elle eft arrivée à fa plus grande hauteur, donne un éclat confidérable, ou produit un bruit éclatant, & même le plus fouvent produit l'un & l'autre à-la-fois. Tels font les faucifons; les marrons, les étoiles, la pluie de feu, &c.

Pour donner place à cet artifice, on couronne aujourd'hui la fufée d'une partie d'un diamètre plus grand, qu'on appelle le pot, ainfi qu'on le voit dans la fig. 5, pl. 1. Pyrotechnie. Ce pot fe fait & fe lie ainfi au corps de la fufée.

Le moule à former le pot, quoique d'une même piece, doit avoir deux parties cylindriques de différents diamètres. Celle fur laquelle on roule le pot, doit avoir trois diamètres de la fufée en longueur, & un diamètre de trois quarts de la fufée prife en dehors; l'autre doit avoir de longueur deux de ces diamètres, & ¾ de diamètre.

Ayant donc roulé fur le cylindre le carton à faire le pot, qui fera le même que celui de la fufée, & qui doit faire au moins deux tours, on en étrangle une partie fur le moule de moindre diamètre; on rogne cette partie de maniere à n'en laiffer que ce qu'il faut pour lier le pot fortement fur la tête de la fufée, & l'on recouvre la ligature avec du papier.

Pour charger enfuite une pareille fufée de fa garniture, on commence par percer avec un poinçon trois ou quatre trous dans le carton redoublé qui couvre la chaffe; (fig. 6, pl. 1. Pyrotechnie.) puis on verfe une cornée (1) de la compofition dont on a rempli la fufée, & en la fecouant on en fait entrer une partie dans ces trous; on range enfuite dans le pot l'artifice dont on veut le charger, en obfervant de n'en pas mettre une quantité plus pefante que le corps de la fufée; on affure le tout par quelques petits tampons de papier pour que rien ne balotte, & l'on couvre

---

(1) La cornée eft une efpece de petite cuillere, faite en forme de houlette arrondie, dont les artificiers fe fervent pour entonner la compofition dans les fufées.

le pot avec du papier collé au bord du pot : on lui ajoute enfin son chapiteau pointu, & la fusée est préparée.

Parcourons maintenant les différens artifices dont on charge une pareille fusée.

Des serpenteaux.

Les serpenteaux sont de petites fusées volantes, sans baguettes, qui, au lieu d'aller droit en haut, montent obliquement, & descendent en tournoyant çà & là & comme en serpentant, sans s'élever bien haut. Leur composition est à peu près semblable à celle des fusées volantes : ainsi il n'y a plus qu'à déterminer la proportion & la construction de leur cartouche, qui est telle.

La longueur AC du cartouche peut être d'environ quatre pouces ; il doit être roulé sur un bâton un peu plus gros qu'un tuyau de plume d'oie ; ensuite, l'ayant étranglé à l'un de ses bouts A (*fig.* 7, *pl.* 1, *Pyrotechnie.*), on le remplira de composition un peu au-delà de son milieu, comme en B, où on l'étranglera, en laissant un peu de jour. On remplira le reste BC de poudre grainée qui servira à faire péter la fusée en crevant.

Enfin on étranglera entièrement le cartouche vers son extrémité C. On mettra à l'autre extrémité A, une amorce de poudre mouillée, où le feu étant mis, il se communiquera à la composition qui est dans la partie AB, & l'élevera en l'air ; ensuite le serpenteau en tombant fera plusieurs petits tours & détours, & serpentera jusqu'à ce que le feu se communiquant dans la poudre grainée qui est dans la partie BC, la fusée crevera en faisant un bruit en l'air avant que de tomber.

Si on n'étrangle point la fusée vers son milieu, au lieu d'aller en serpentant, elle montera & descendra par un mouvement ondoyant, puis elle pétera comme auparavant.

On fait ordinairement les cartouches de serpenteaux avec des cartes à jouer. On roule ces cartes sur une baguette de fer ou de bois dur, un peu plus grosse, comme on l'a déjà dit, qu'une plume d'oie. Pour assujettir la carte dont on fait le cartouche, on a soin de la renforcer avec du papier que l'on colle par dessus.

Le moule aura environ quatre lignes de calibre, & sa longueur sera proportionnée aux cartes à jouer dont on se servira. La broche du culot ne sera longue que de trois ou quatre lignes. On chargera ces serpenteaux de poudre battue, & mêlée seulement avec très-peu de charbon. On se servira d'un tuyau de plume, coupé en forme de cuillère, pour faire entrer cette composition dans le cartouche ; on la foulera avec la baguette ; & on frappera quelques coups sur cette baguette avec un petit maillet.

Amusemens des Sciences.

Ce serpenteau étant chargé jusqu'à la moitié, on peut, au lieu de l'étrangler en cet endroit, y faire entrer un grain de vesce, sur lequel on mettra de la poudre grainée pour achever de remplir le cartouche : par dessus cette poudre on mettra un petit tampon de papier mâché. Enfin on étranglera cet autre bout du cartouche. Lorsqu'on veut faire des serpenteaux plus gros, on colle deux cartes à jouer l'une sur l'autre, & pour les mieux manier, on les mouille quelque peu. L'amorce se fait avec du feu grugé, c'est-à-dire avec de la pâte faite de poudre écrasée, détrempée dans de l'eau.

Les marrons.

Les marrons sont de petites boîtes cubiques, remplies d'une composition propre à les faire éclater. Rien de plus facile que de les construire.

On coupe du carton comme nous l'avons enseigné (article *Géométrie*) pour former le cube, & comme on le voit dans la *fig.* 8, *pl.* 1. *Pyrotechnie.*) on joint ces quarrés par les bords, n'en laissant d'abord qu'un à coller, & on remplit la cavité du cube de poudre grainée ; on colle ensuite en plusieurs sens du fort papier sur ce corps, qu'on finit par recouvrir d'un ou deux rangs de ficelle trempée dans de la colle forte : on perce un trou dans un des angles, & l'on y place une étoupille avec de l'amorce.

Si l'on veut des marrons luisants, c'est-à-dire qui, avant d'éclater en l'air, présentent une lumière brillante, on les recouvre de la pâte ou composition de fusée volante, pour les étoiles ; & on les roule dans du poussier pour leur servir d'amorce.

On fait aussi usage des marrons au lieu de boîtes, pour servir de prélude à un feu d'artifice.

Des fusées qui brûlent dans l'eau.

Quoique le feu & l'eau soient deux élémens bien opposés l'un à l'autre, néanmoins les fusées dont nous avons enseigné la construction, soit pour l'air, soit pour la terre, étant allumées, ne laissent pas de brûler & de faire leur effet dans l'eau ; mais elles le font dessous l'eau, & nous privent du plaisir de les voir : c'est pourquoi, quand on voudra faire des fusées qui brûlent en nageant sur l'eau il faudra changer un peu les proportions de leur moule & des matières de leur composition.

Quant au moule, on pourra lui donner huit ou neuf pouces de longueur sur un pouce de calibre : le bâton à rouler le cartouche sera épais de neuf lignes, & la baguette à charger sera, comme à l'ordinaire, un peu moins épaisse. Il n'est pas befoin de broche au culot pour la charge du cartouche.

A l'égard de la compofition, elle fe peut faire en deux manières ; car fi l'on veut que la fufée, en brûlant fur l'eau, paroiffe claire comme une chandelle, la compofition doit être faite de ces trois matières mêlées enfemble, favoir, trois onces de poudre pilée & paffée, une livre de falpêtre, & huit onces de foufre. Mais quand vous voudrez faire paroître la fufée fur l'eau avec une belle queue, employez ces quatre matières aufli mêlées enfemble ; favoir, huit onces de poudre à canon pilée & paffée, une livre de falpêtre, huit onces de foufre pilé & paffé, & deux onces de charbon.

La compofition étant préparée felon ces proportions, & la fufée en étant remplie, comme il a été dit ailleurs, appliquez un faucifion au bout ; enfuite, ayant couvert la fufée de cire, de poix noire, ou de poix réfine, ou de quelqu'autre chofe qui puiffe empêcher le papier de fe gâter dans l'eau, attachez à cette fufée une petite baguette d'ofier blanc, longue d'environ deux pieds, afin que la fufée puiffe commodément flotter fur l'eau.

Si on veut que ces fortes de fufées fe plongent & fe relèvent, il faut, en les chargeant, mettre d'efpace en efpace un peu de poudre pilée toute pure, à la hauteur, par exemple, de deux, trois ou quatre lignes, felon la groffeur du cartouche.

I. On peut, fans changer ni le moule, ni la compofition, faire de femblables fufées, quand elles font petites, en plufieurs manières différentes, dont nous ne parlerons point ici, pour abréger.

II. On peut auffi faire une fufée qui, ayant brûlé quelque temps fur l'eau, vomira des étincelles & des étoiles, qui s'envoleront en l'air quand elles auront pris feu. Cela peut s'exécuter en féparant la fufée en deux parties par une rotule de bois percée au milieu ; la partie d'en haut contiendra la compofition ordinaire des fufées, & la partie d'en bas contiendra les étoiles, qui doivent être mêlées de poudre grainée & battue enfemble, &c.

III. On peut encore faire une fufée qui s'allumera dans l'eau, y brûlera jufqu'à la moitié de fa durée, & enfuite montera en l'air avec une grande viteffe, en cette forte.

Prenez une fufée volante, équipée de fa baguette, attachez-la à une fufée aquatique avec un peu de colle, feulement par le milieu A, de manière que celle-ci ait la gorge en haut (*fig.* 9. *pl.* 1. *Pyrotechnie*), & la volante en bas ; ajuftez à fon extrémité B, un petit canal pour communiquer le feu de l'une à l'autre. Le tout doit être bien enduit de poix, de cire, &c. afin que l'eau ne puiffe les endommager.

Après cela, attachez à la fufée volante ainfi collée à l'aquatique, une baguette.

Enfin vous nouerez une ficelle en F, qui foutiendra une balle d'arquebufe E, arrêtée contre la baguette par le moyen d'une petite aiguille ou fil de fer. Toutes ces préparations étant faites, vous mettrez le feu en C, lorfque la fufée fera dans l'eau. La compofition étant confumée jufqu'en B, le feu entrera par le petit canal dans l'autre fufée, qui montera en l'air, & laiffera la première fufée, qui ne pourra pas la fuivre, à caufe du poids qu'elle foutient.

Globes récréatifs qui brûlent fur l'eau.

Ces globes ou balles à feu fe font de trois manières différentes, en fphère, en fphéroïde, & en cylindre ; mais nous nous bornerons à la figure fphérique.

Pour faire donc une balle à feu fphérique, faites fabriquer un globe de bois, de telle grandeur qu'il vous plaira, creux, & bien rond tant par le dedans que par le dehors, (*fig.* 10, *pl.* I. *Pyrotechnie*) enforte que fon épaiffeur AC ou BD, foit égale environ à la neuvième partie du diamètre AB. Ajoutez au deffus un cylindre concave droit EFGH, dont la largeur EF foit égale environ à la cinquième partie du même diamètre AB, & dont l'ouverture LM, ou NO, foit égale à l'épaiffeur AC ou BD, c'eft-à-dire à la neuvième partie du diamètre AB. C'eft par cette ouverture que l'on amorcera le globe ou balle à feu, quand on l'aura rempli de compofition par l'ouverture d'en bas IK. On fera paffer par cette même ouverture d'en bas IK, le pétard de métal chargé de bonne poudre grainée, & couché en travers, comme vous voyez en la figure.

Cela étant fait, on bouchera avec un tampon imbibé de poix chaude cette ouverture IK, qui eft-à-peu-près égale à l'épaiffeur EF ou GH du cylindre EFGH, & l'on coulera par deffus du plomb, en telle quantité que fa pefanteur puiffe faire enfoncer entièrement le globe dans l'eau, en forte qu'il n'y ait que la partie GH qui paroiffe hors de l'eau ; ce qui arrivera fi la pefanteur de ce plomb avec celle du globe & de fa compofition, eft égale à la pefanteur d'un égal volume d'eau. Si donc on met ce globe dans l'eau, le plomb, par fa pefanteur, fera tendre l'ouverture IK droit en bas, & tiendra à plomb le cylindre EFGH, où le feu doit avoir été mis auparavant.

Pour connoître fi le plomb qu'on a ajouté au globe rend fon poids égal à celui d'un égal volume d'eau, il faut frotter ce globe de poix ou de graiffe, & en faire l'épreuve en le mettant dans l'eau.

La compofition dont on doit charger ce globe, eft celle-ci.

A une livre de poudre grainée, ajoutez 32 livres de falpêtre réduit en farine fort déliée, 8 livres de foufre, une once de raclure d'ivoire, & 8 livres de fciure de bois, bouillie auparavant dans l'eau de falpêtre, & féchée à l'ombre ou au foleil.

Ou bien encore, ajoutez à 2 livres de poudre battue, 12 livres de falpêtre, 6 livres de foufre, 4 livres de limaille de fer, & une livre de poix grecque.

Il n'eft pas néceffaire que cette compofition foit battue fi fubtilement que pour les fufées : elle ne doit être ni pulvérifée, ni tamifée ; il fuffit qu'elle foit bien mêlée & bien incorporée. Mais, de peur qu'elle ne devienne trop féche, il fera bon de l'arrofer tant foit peu d'huile, ou de quelqu'autre liquide fufceptible d'inflammation.

Globes récréatifs, fautans ou roulans fur la terre.

I. Ayant fait un globe de bois A, avec un cylindre C, femblable à celui que nous venons de décrire, & l'ayant chargé d'une femblable compofition, faites entrer dedans quatre pétards, ou davantage, chargés de bonne poudre grainée jufqu'à leurs orifices, comme AB, (*fig.* 1, *pl.* 1. *Pyrotechnie.*) que vous boucherez fortement avec du papier ou de l'étoupe bien ferrée ; & vous aurez un globe qui, étant allumé par le moyen de l'amorce qui eft en C, fautera en brûlant fur un plan horifontal & uni, à mefure que le feu prendra à fes pétards.

Au lieu de mettre ces pétards en dedans, vous les pouvez attacher en dehors fur la fuperficie du globe, qu'ils feront rouler & fauter à mefure qu'ils prendront feu. Ils s'appliquent indifféremment fur la furface du globe, comme l'on voit dans la figure, qu'il fuffit de regarder pour la comprendre.

II. On peut encore faire un femblable globe qui roulera çà & là fur un plan horizontal, par un mouvement fort prompt. Faites deux demi-globes ou hémifphères égaux de carton ; ajuftez dans l'un des deux, comme AB, (*fig.* 12, *ibid.*) trois fufées communes, chargées & percées comme les fufées volantes ordinaires qui n'ont point de pétard, en forte que ces fufées C, D, E, ne furpaffent pas la largeur intérieure de l'hémifphère. Vous les difpofez de telle forte que la queue de l'une réponde à la tête de l'autre.

Ces fufées C, D, E, étant ainfi ajuftées, joignez l'autre hémifphère à celui-ci, en les collant en-semble bien proprement avec de bon papier, en forte qu'ils ne fe féparent point quand le globe tournera & courra dans le temps que les fufées feront leur effet. Pour faire prendre feu à la première, on fera vis-à-vis de fa queue un trou au globe pour mettre une amorce qui, étant allumée, portera le feu dans cette fufée qui, ayant été confumée, le communiquera par le moyen d'une étoupille à la feconde, & la feconde à la troifième ; ce qui donnera un mouvement continuel au globe, quand il fera pofé fur un plan horizontal bien égal & uni.

Remarquez qu'il faut faire quelques autres trous à ce globe, car il ne manqueroit point de crever s'il n'y en avoit plufieurs.

Les deux hémifphères de carton fe feront en cette forte. Faites faire un globe de bois maffif & bien rond ; enduifez-le de cire fondue, en forte que toute fa furface en foit couverte ; collez deffus plufieurs bandes de gros papier, larges de deux ou trois doigts ; collez auffi de ces bandes les unes fur les autres, jufqu'à l'épaiffeur d'environ deux lignes. Ou bien, ce qui me femble meilleur & plus facile, faites diffoudre avec de l'eau de colle, cette maffe ou pâte de papier dont on fe fert ordinairement dans les papeteries pour faire le papier ; couvrez-en la furface du globe qui, après avoir été féché peu-à-peu à un petit feu, doit être coupé par le milieu, pour en faire deux hémifphères folides. Vous retirerez aifément le globe de bois qui eft dedans, en forte qu'il ne demeure que le carton, en approchant ces deux hémifphères d'un feu bien chaud, qui fera fondre la cire, & laiffera le globe de bois féparé du carton. Au lieu de cette cire fondue, on peut fe fervir de favon.

Globes aériens, appelés Bombes.

Ces globes font appelés *aériens*, parce qu'on les envoie en l'air avec le mortier, qui eft une pièce courte d'artillerie, renforcée & de gros calibre.

Quoique ces globes foient de bois, & qu'ils aient une épaiffeur convenable, favoir, la douzième partie de leur diamètre, néanmoins fi dans le mortier on mettoit trop de poudre, ils ne pourroient réfifter à la force de cette trop grande quantité : c'eft pourquoi il faut proportionner la charge de poudre à la pefanteur du balon qu'on veut jeter. L'on a coutume de mettre dans le mortier une once de poudre fi le globe à feu pèfe 4 livres, & deux fi l'on pèfe 8 livres ; & ainfi de fuite dans la même proportion.

Comme il peut arriver que la chambre du mortier foit trop grande pour contenir exactement la poudre fuffifante pour le globe à feu, qui doit être mis immédiatement fur cette poudre, afin qu'elle le pousse & l'allume en même temps, on peut faire un autre mortier de bois ou de carton, qui ait son fond de dessous en bois, comme AB : (*fig.* 13. n°. 1 & 2, *pl.* 1. *Pyrotechnie*) on le mettra dans le grand mortier de fer ou de fonte, & on le chargera d'une quantité de poudre proportionnée à la pesanteur du globe.

Ce petit mortier doit être d'un bois léger, ou de papier collé & roulé en cylindre ou en cône tronqué, excepté, comme je l'ai déja dit, le fond de dessous, qui doit être de bois. La chambre AC de la poudre doit être percée obliquement avec une petite tarière, comme vous voyez en BG ; de sorte que la lumière B réponde à la lumière du mortier de métal, où le feu étant mis, il se communiquera à la poudre qui est dans le fond de la chambre AC, immédiatement au-dessous du globe. De cette façon ce globe prendra feu, & fera un bruit agréable en s'élevant en l'air ; ce qui ne réussiroit pas si bien, s'il y avoit quelque espace vuide entre la poudre & le globe.

Le profil ou la section perpendiculaire d'un semblable globe, est représenté par le parallélogramme rectangle ABCD, dont la largeur AB est environ égale à la hauteur AD. L'épaisseur du bois vers les deux côtés L, M, est égale, comme nous avons déja dit, à la douzième partie du diamètre du globe ; & l'épaisseur EF du couvercle est double de la précédente, ou égale à la sixième partie du même diamètre. La hauteur GK ou HI de la chambre GHIK, où est mis l'amorce, & qui est terminé par le demi-cercle LGHM, est égale à la quatrième partie de la largeur AB, & sa largeur GH à la sixième partie de la même largeur AB.

Remarquez qu'il est dangereux de mettre des couvercles de bois EF sur les balons ou globes aériens ; car ces couvercles pourroient être assez pesans pour blesser ceux sur qui ils retomberoient. Il suffit de mettre sur le globe du gazon ou du foin, afin que la poudre trouve quelque résistance.

Il faut remplir ce globe de plusieurs cannes ou roseaux communs, qui doivent être aussi longs que la hauteur intérieure du globe, & chargés d'une composition lente, faite de trois onces de poussier, d'une once de soufre humecté, tant soit peu d'huile de pétrole, & de deux onces de charbon ; & afin que ces roseaux ou cannes prennent feu avec plus de vitesse & de facilité, on les chargera, par les bouts d'en bas qui posent sur le fond du globe, de poussier humecté pareillement d'huile de pétrole, ou bien arrosé d'eau-de-vie, & ensuite séché.

Ce fond doit être couvert d'un peu de poudre moitié battue & moitié grainée, qui servira à mettre le feu par en-bas aux roseaux, quand cette poudre aura pris feu par le moyen de l'amorce qu'on ajoutera au bout de la chambre GH. On aura eu soin de remplir cette chambre d'une composition semblable à celle des roseaux, ou d'une autre composition lente, faite de huit onces de poudre, de quatre onces de salpêtre, de deux onces de soufre, & d'une once de charbon : ou bien de quatre onces de salpêtre, & de deux onces de charbon ; le tout doit être pilé, mêlé & bien incorporé.

Au lieu de roseaux, on peut charger le globe de fusées courantes, ou bien de pétards de papier, avec quantité d'étoiles à feu ou d'étincelles mêlées de poudre battue, & posées confusément par-dessus ces pétards, qui doivent être étranglés à des hauteurs inégales, afin qu'ils fassent leur effet en des temps différens.

On fait ces globes en plusieurs autres manières, qu'il seroit trop long de rapporter ici. Je dirai seulement que, quand ils sont chargés, avant que de les mettre dans le mortier, il les faut bien couvrir par-dessus, les envelopper d'une toile imbibée de colle, & attacher par-dessous une pièce de drap ou de laine bien pressée, d'une forme ronde ; justement sur le trou de l'amorce, &c.

Pyrotechnie sans feu, & purement optique.

L'art dont nous venons d'exposer quelques-unes des inventions, entraîne nécessairement beaucoup de dépense ; il est de plus dangereux, car on ne se joue pas impunément avec l'élément destructeur du feu. En voici un d'une invention moderne, par lequel on a cherché & réussi assez heureusement à imiter l'effet optique de différentes pièces d'artifice, & à leur donner un air de mobilité, quoiqu'elles soient fixes dans la réalité. On peut, par son moyen, se procurer à assez bon marché & à son gré le spectacle d'un feu d'artifice ; & lorsque les pièces qui le composent sont faites artistement, qu'on y a bien observé les règles de la perspective ; qu'on emploie enfin, pour considérer ce petit spectacle, des verres qui, en grossissant les objets, les éloignent & les rendent un peu moins distincts, il en résulte une illusion assez agréable. Ces motifs nous ont engagé à donner ici place à cette invention.

Les pièces d'artifice qu'on imite avec le plus de succès, sont les soleils fixes, les gerbes &, les jets de feu, les cascades, les globes, pyramides & colonnes mobiles sur leur axe. En voilà assez pour former un feu d'artifice assez varié. Voici les principes & quelques exemples de ces différentes pièces optiques de pyrotechnie.

Voulez-vous représenter une gerbe de feu ? (*fig.* 14. *pl.* 1. *Pyrotechnie.*) il faut prendre du papier noirci des deux côtés & bien opaque ; ensuite, ayant dessiné sur un papier blanc la figure d'une gerbe de feu, vous la transportérez ſur le papier noir, & vous le percerez avec la pointe d'un canif tranchant, de pluſieurs traits, comme 3, 5 ou 7, partans de l'origine de la gerbe : ces lignes ne doivent pas être continues, mais entrecoupées d'intervalles inégaux. Ces intervalles ſeront auſſi percés de trous inégaux, qu'on y fera au moyen d'un emporte-pièce, afin de repréſenter les étincelles d'une pareille gerbe ; en un mot on doit peindre par ces trous & les lignes l'effet ſi connu du feu de la poudre enflammée, élancée par une petite ouverture.

On peindra d'après les mêmes principes les caſcades & les nappes de feu (fig. 15. nº. 1 & 2, pl. 1.) qu'on déſirera faire entrer dans cet artifice purement optique, ainſi que les jets de feu qui partent des rayons des ſoleils ſoit fixes, ſoit mobiles. Il eſt aiſé de ſentir que le goût doit préſider à cette peinture.

Si vous voulez repréſenter des globes, des pyramides, ou des colonnes tournantes, (fig. 16.) il faudra, après les avoir deſſinés ſur le papier, les déchiqueter en hélice, c'eſt-à-dire, y couper des hélices avec la pointe du canif, & d'une largeur proportionnée à la grandeur de la pièce.

On obſervera encore que, comme ces feux différens ont différentes couleurs, on les leur donnera facilement, en collant derrière les pièces ainſi découpées, du papier ſerpente très fin, & coloré de la manière convenable. Les jets de feu, par exemple, donnent, quand ils ſont chargés de feu chinois, une lumière rougeâtre : il faut donc coller derrière la découpure de ces jets, du papier tranſparent, légèrement coloré en rouge; & ainſi des autres couleurs qui diſtinguent les différentes compoſitions d'artifice.

Les choſes étant diſpoſées ainſi, il faut donner du mouvement ou l'apparence du mouvement à ce feu. Pour cela on s'y prend de deux manières, applicables aux différentes circonſtances.

S'il s'agit, par exemple, d'un jet de feu, on pique une bande de papier de trous inégaux & inégalement eſpacés; (fig. 17, pl. 1.) on fait couler enſuite, entre une lumière & le jet de feu ci-deſſus, cette bande en montant : les traits de lumière qui s'échappent par les trous de ce papier mobile, & rencontrent les ouvertures du papier immobile, reſſemblent à des étincelles qui s'élèvent en l'air. Pour peu qu'on ait de goût, on ſentira qu'il ne faut pas que ce papier mobile ſoit percé de trous ni égaux ni également ſerrés; il faut qu'il ſoit d'abord percé de trous fort clair-ſemés, puis très ſerrés, puis médiocrement ; ce qui ſervira à repréſenter les eſpèces de bouffées de feu qu'on obſerve dans les artifices.

S'il étoit queſtion d'une caſcade, il faudroit,

pour en rendre le mouvement, que le papier percé dont il eſt queſtion, deſcendit au lieu de monter.

Il eſt au ſurplus facile de produire ce mouvement par deux rouleaux, ſur l'un deſquels s'enroulera ce papier, pendant qu'il ſe déroulera de deſſus l'autre.

Il y a un peu plus de difficulté pour les ſoleils, où il eſt queſtion de repréſenter un feu qui s'échappe du centre vers la circonférence. Cela ſe fait ainſi.

Décrivez ſur du fort papier un cercle de même diamètre que le ſoleil que vous voulez repréſenter, même quelque peu au-delà, vous tracerez enſuite ſur ce cercle de papier deux hélices, à une ligne ou demi-ligne de diſtance, & vous ouvrirez avec le canif leur intervalle, en ſorte que le papier ſoit fendu depuis la circonférence, & en diminuant de largeur, juſqu'à quelque diſtance du centre; vous garnirez ainſi ce cercle de papier, tant plein que vuide, de pareilles hélices ; (fig. 18, pl. 1. Pyrotechnie.) enſuite vous collerez ce cercle découpé ſur un petit cercle de fer, ſupporté par deux filets de fer ſe croiſans à ſon centre, & vous ajuſterez le tout à une petite machine qui permette de le faire tourner autour de ſon centre. Ce cercle découpé & mobile étant placé au devant de votre repréſentation de ſoleil, avec une lumière au-delà, lorſque vous le ferez mouvoir du côté que regarde la convexité des hélices, ces hélices lumineuſes, ou qui donnent paſſage à la lumière, donneront ſur l'image des rayons ou jets de feu de votre ſoleil, l'apparence d'un feu qui va continuellement, comme par ondulation, du centre à la circonférence.

On donnera une apparence de mouvement aux colonnes, pyramides & globes découpés, comme on l'a dit plus haut, en faiſant mouvoir verticalement & en montant une bande découpée d'ouvertures inclinées dans un angle un peu différent de celui des hélices. Par ce moyen, on croira voir un feu qui circule continuellement, en montant le long de ces hélices; d'où réſultera une ſorte d'illuſion, par laquelle on verra ces colonnes ou pyramides tourner avec elles.

Mais en voilà aſſez ſur ce ſujet. Il ſuffit d'avoir ici indiqué le principe de cette pyrotechnie peu couteuſe : le goût de l'artiſte lui ſuggérera beaucoup de choſes pour rendre cette repréſentation plus vraie & plus ſéduiſante.

Nous ne dirons plus qu'un mot des illuminations, qui ſont une partie de ce ſpectacle pyrotechnique.

On prend pour cet effet des eſtampes repréſentant une place, un château, un palais, &c.; on les enlumine de leurs couleurs naturelles, & l'on colle derrière elles du papier, en forte qu'elles ne foient plus qu'à demi-transparentes; ensuite, avec des emporte-pièces de différens qualibres, on perce de petits trous dans les lieux & fur les lignes où l'on a coutume de pofer des lampions, comme le long des appuis de fenêtres, fur des corniches, des baluftrades, &c. On a l'attention de faire ces trous de plus en plus petits & plus ferrés, felon la dégradation perfpective de l'eftampe. Avec d'autres emporte-pièces plus grands, on figure dans d'autres endroits des lumières plus fortes, comme des pots-à-feu, &c. On découpe en quelques endroits les carreaux de croifées de fenêtres, & l'on colle derrière du papier tranfparent, rouge ou vert, pour figurer des rideaux de croi-fées, tirés devant elles, & cachant un appartement éclairé.

Cette eftampe étant ainfi découpée, on la place au-devant de l'ouverture d'une efpèce de petit théâtre fortement éclairé par derrière, & on la confidère au moyen d'un verre convexe d'un foyer un peu long, comme ceux de ces petites machines qu'on nomme des *Optiques*. Ce petit fpectacle eft affez agréable quand les eftampes font bien en perfpective, & que le goût a préfidé à la diftribution & à la dégradation des lumières. On peut l'entre-mêler de quelque pièces du fpectacle pyro-technique décrit ci-deffus, qui y conviennent d'autant mieux, que les illuminations accompagnent d'ordinaire les feux d'artifice.

Q

A U Q

Quarrés magiques.

O N appelle quarré magique, un quarré divisé en plusieurs petits quarrés égaux ou cellules, qu'on remplit des termes d'une progression quelconque de nombres, ordinairement arithmétiques, en telle sorte que ceux de chaque bande, soit horizontale, soit verticale, soit diagonale, fassent toujours la même somme.

Il y a aussi des quarrés dans lesquels le produit de tous les termes, dans chaque bande horizontale, verticale ou diagonale, reste toujours le même.

On a donné à ces quarrés le nom de *magiques*, parce que les anciens leur attribuoient de grandes vertus, & que cette disposition de nombres formoit la base & le principe de plusieurs de leurs talismans.

Suivant eux, le quarré d'une case rempli par l'unité, étoit le symbole de la divinité, à cause de l'unité de Dieu & de son immutabilité; car ils remarquoient que ce quarré étoit unique & immuable par sa nature, le produit de l'unité par elle-même étant toujours l'unité même. Le quarré de la racine 2 étoit le symbole de la matière imparfaite, tant à cause des quatre élémens, que de l'impossibilité d'arranger ce quarré magiquement.

Le quarré de neuf cases étoit attribué ou consacré à Saturne; celui de seize à Jupiter; on avoit dédié à Mars celui de vingt-cinq; au Soleil celui de trente-six; à Vénus, celui de quarante-neuf; à Mercure, celui de soixante-quatre; & enfin à la Lune, celui de quatre vingt-un, ou de neuf de côté.

Il falloit ensuite avoir l'esprit bien enclin aux visions, pour trouver aucune relation entre les planètes & ces dispositions de nombres; mais tel étoit le ton de la philosophie mystérieuse des Jambliques, des Porphyres & de leurs disciples. Les mathématiciens modernes, en s'amusant de ces arrangemens, qui exigent un esprit de combinaison assez étendu, ne leur donnent que l'importance qu'ils méritent.

On divise les quarrés magiques en pairs & impairs. Les premiers sont ceux dont la racine est un nombre pair, comme 2, 4, 6, 8, &c.: les autres sont ceux qui ont une racine impaire, &, par une suite nécessaire, un nombre impair de cases ou cellules; tels sont les quarrés de 3, 5, 7, 9, &c.

Quarrés magiques impairs.

Il y a plusieurs règles pour la construction de ces quarrés; mais de toutes la plus simple & la plus commode, paroît être celle que M. de la Loubère nous a rapportée d'après les Indiens de Surate, auprès desquels les quarrés magiques paroissent n'avoir pas eu moins de crédit que parmi les rêveurs anciens dont nous avons parlé plus haut.

Le quarré étant impair, par exemple, celui de la racine 5, qu'il est question de remplir des vingt-cinq premiers nombres naturels, on commence à placer l'unité dans la case du milieu de la bande horizontale d'en haut; puis on va de gauche à droite en montant; &, comme on sort du quarré, on transporte le 2 à la plus basse case de la bande verticale où il se trouveroit:

17	24	1	8	15
23	5	7	14	16
4	6	13	20	22
10	12	19	21	3
11	18	25	2	9

on continue en montant de gauche à droite; & le 4 sortant du quarré, on le transporte à la cellule la plus éloignée de la bande horizontale où il se trouveroit: on inscrit 5 dans la cellule suivante, en montant de gauche à droite; &, comme la case suivante, où tomberoit le 6, se trouve déja remplie par 1, on place le 6 immédiatement au dessous de 5: on va de-là en montant, suivant la règle générale, & on inscrit les nombres 7 & 8 dans les cases où on les voit; puis, en vertu de la première règle de transposition, 9 au bas de la dernière bande verticale; ensuite 10, en vertu de la deuxième, à la case la plus à gauche de la deuxième bande horizontale; ensuite 11 au dessous, par la troisième règle: après quoi l'on continue à remplir la diagonale des nombres 12, 13, 14, 15, & comme il n'y a plus moyen de monter, & qu'on sortiroit du quarré dans tous les sens, on met le nombre suivant, 16, au dessous de 15: continuant enfin, selon le même procédé, on remplit sans nouvelle difficulté le restant des cases du quarré, comme on le voit plus haut.

Des quarrés magiques pairs.

La construction de ces quarrés n'est pas aussi facile que celle des impairs; ils ont même différens dégrés de difficulté, suivant qu'ils sont pairement ou impairement pairs: c'est pourquoi il faut en faire deux classes.

Les quarrés pairement pairs font ceux dont la racine partagée par la moitié eft paire ; tels font les quarrés de 4, 8, 12, &c. Les impairement pairs font ceux dont la racine, partagée par la moitié, donne un nombre impair ; comme ceux de 6, 10, 14, &c.

Les anciens ne nous ont tranfmis aucune règle générale, mais feulement quelques exemples de quarrés pairs rangés magiquement, comme ceux de 16, de 36, de 64 cafes. Voici ce que les modernes qui s'y font exercés ont trouvé de mieux. Commençons par les quarrés pairement pairs.

On peut d'abord s'affurer facilement que l'on ne fauroit remplir magiquement le quarré de la racine 2 : le premier qu'on puiffe ainfi ranger magiquement, eft celui de 16 cafes. Il y a une règle générale & fort fimple pour y parvenir.

Soit donc le quarré ABCD, qu'il faut remplir magiquement des 16 premiers nombres naturels : on remplira d'abord les diagonales ; &, pour cet effet, on commencera à compter les nombres naturels par ordre, 1, 2, 3, 4, &c. fur les cafes de la première bande horizontale de gauche à droite ; puis on paffera à la feconde bande, & lorfqu'on tombera fur les cafes appartenantes aux diagonales, on y infcrira les nombres comptés en tombant fur elles : vous aurez d'abord par ce moyen la difpofition ci-contre.

A ... B

1			4
	6	7	
	10	11	
13			16

C ... D

Les diagonales ainfi remplies, afin de remplir les cafes qui ont refté vuides, il faut recommencer à compter les mêmes nombres, en partant de l'angle D, & de droite à gauche, fur les cafes de la bande inférieure C D, & enfuite fur celle qui la fuit en montant ; & quand vous rencontrerez des cafes vuides, vous les remplirez du nombre qui leur compète : vous aurez de cette manière le quarré 16 rempli magiquement, comme on le voit ici, & la fomme de chaque bande & de chaque diagonale fera 34.

1	15	14	4
12	6	7	9
8	10	11	5
13	3	2	16

Méthode pour les quarrés impairement pairs.

Nous allons prendre pour exemple le quarré de la racine 6. Nous commencerons à le remplir, des fix premiers nombres de la progreffion arithmétique, 1, 2, 3, &c ; ce qui donnera le premier quarré primitif ci-joint.

5	6	3	4	1	2
2	1	4	3	6	5
5	6	3	4	1	2
5	6	3	4	1	2
2	1	4	3	6	5
5	6	3	4	1	2

On formera le fecond, en le rempliffant, dans le fens vertical & fuivant le même principe, des multiples de la racine, en commençant par zéro, favoir : 0, 6, 12, 18, 24, 30.

24	6	24	24	6	24
0	30	0	0	30	0
12	18	12	12	18	12
18	12	18	18	12	18
30	0	30	30	0	30
6	24	6	6	24	6

On ajoutera enfuite les cafes femblables des deux quarrés ; ce qui en donnera un troifième, qui n'aura plus befoin que de quelques corrections pour être magique. Ce troifième quarré eft celui ci-deffous.

A

29	12	27	28	7	26
2	31	4	3	36	5
17	24	15	16	19	14
23	18	21	22	13	20
32	1	34	33	6	35
11	30	9	10	25	8

C ... D

B

Pour rendre ce dernier quarré magique ; il faut, en laiffant les angles fixes, tranfpofer les autres nombres de la bande horizontale supérieure, & de la première verticale à gauche. Cette tranfposition confifte à renverfer tout le reftant de la bande, en écrivant 7, 28, 27, 12, au lieu de 12, 27, &c; & dans la verticale, 32, 23, 17 & 2 de haut en bas, au lieu de 2, 7, &c.

Vous échangerez auffi les nombres des deux cafes du milieu de la deuxieme horizontale d'en haut & de la plus baffe, de la deuxieme verticale à gauche & de la derniere à droite : enfin vous échangerez les nombres des cafes A & B, ainfi que ceux de C & D ; vous aurez votre quarré corrigé, & difpofé magiquement.

29	7	28	9	12	26
32	31	3	4	36	5
23	18	15	16	19	20
14	24	21	22	13	17
2	1	34	33	6	35
11	25	10	27	30	8

Des quarrés magiques par enceintes.

Voici une nouvelle difficulté que les arithméticiens modernes ont ajoutée à la queftion des quarrés magiques. Il s'agit non-feulement de ranger une progreffion de nombre magiquement dans un quarré, mais on demande encore que ce quarré, en le dépouillant tout à l'entour d'une bande, ou de deux, ou de trois, &c. refte magique ; ou au contraire, ce qui eft l'inverfe, un quarré étant magique, il faut lui ajouter une enceinte d'une ou plufieurs bandes, telles qu'il foit encore difpofé magiquement.

Soit, pour donner un exemple de cette conftruction, le quarré de la racine 6 à difpofer magiquement, en le rempliffant des nombres naturels depuis 1 jufqu'à 36. Le premier quarré magique pair poffible étant celui de 4 de côté, nous commencerons de le difpofer magiquement, en le rempliffant des termes moyens de la progreffion, au nombre de 16, en réfervant les 10 premiers & les 10 derniers pour l'enceinte. Nous prendrons donc pour le quarré intérieur, les nombres 11, 12, &c. jufqu'à 26 inclufivement, & nous leur donnerons une difpofition magique quelconque ; il nous reftera les nombres 1, 2, &c. jufqu'à 10 & 27 jufqu'à 36, pour l'enceinte.

Pour difpofer ces nombres dans l'enceinte, on

peut d'abord placer aux quatre angles les nombres 1, 6, 31, 36, enforte que diagonalement ils faffent trente-fept. Chaque bande devant faire 111, il faudra donc

1	35	34	3	30	6
33	11	25	24	14	4
28	22	16	17	19	9
8	18	20	21	15	29
10	23	13	12	26	27
31	2	3	34	7	36

dans la première bande quatre nombres, tels qu'ils faffent cent-quatre; &, comme leur complément à 37 doivent fe trouver dans la plus baffe, où il a déjà 67, il faudra qu'ils faffent enfemble 44 : or il y a plufieurs combinaifons de ces nombres quatre à quatre, qui peuvent faire 104, & leurs compléments 44 ; mais il faut qu'en même tems quatre des reftants puiffent faire 79, pour remplir la première bande verticale, tandis que leurs compléments feront 69 pour compléter la derniere. Cette double condition limite la première combinaifon à 35, 34, 30, 5 qu'on placera dans la première bande felon l'ordre qu'on voudra, pourvu qu'on mette au-deffous de chacun, dans la derniere bande, leurs compléments; & les quatre nombres qui doivent remplir la première bande verticale feront 33, 18, 10, 8, qu'on y pourra arranger comme l'on voudra, pourvu qu'on oppofe à chacun fon complément dans la cafe correfpondante de l'autre côté.

D'une autre efpece de quarré magique à compartiments.

Il eft queftion ici d'un autre artifice dont la plupart des quarrés magiques font fufceptibles; c'eft d'être non feulement magiques dans leur totalité, mais encore d'être tels que, les divifant dans les quarrés dans lefquels ils font réfolubles, ces parties du premier quarré foient elles-mêmes magiques. Le quarré de 8 de côté eft, par exemple, formé de quatre quarrés, ayant 4 pour racine : on peut demander que non-feulement le quarré 64 foit difpofé magiquement, mais encore chacun de ceux de 16 ; & même que ces derniers, arrangés comme l'on voudra, compofent toujours un quarré magique.

La chofe eft facile, & même c'eft le moyen le plus fimple de tous, de conftruire les quarrés pairement pairs, comme on va le voir.

Pour conftruire de cette manière le quarré 64, prenez les 8 premiers nombres de la progreffion naturelle de 1 à 64, & les 8 derniers; arrangez-les magiquement dans un quarré de 16 cafes ; faites-en autant des 8 termes qui fuivent les 8 premiers, joints aux 8 qui précèdent les 8 derniers; vous aurez un second quarré magique: faites-en un semblable avec les 8 suivants, joints à leurs correspondants, & enfin avec les 16 moyens; il en résultera quatre quarrés de 16 cases, tous égaux en sommes, soit dans les bandes, soit dans les diagonales; car on trouve par tout 130. Il est donc évident que, rangeant ces quarés à côté l'un de l'autre dans l'ordre quelconque qu'on voudra, le quarré qui en résultera sera magique, & la somme dans tous les sens sera 260.

1	63	62	4	9	55	54	12
60	6	7	57	52	14	15	49
8	58	59	5	16	50	51	13
61	3	2	64	53	11	10	56
17	47	46	20	25	39	38	28
44	22	23	41	36	30	31	33
24	42	43	21	32	34	35	29
45	19	18	48	37	27	26	40

Des variations des quarrés magiques.

Le quarré de 3 de racine n'est susceptible d'aucune variation: quelque méthode qu'on emploie, quelque arrangement qu'on donne aux nombres de la progression depuis 1 jusqu'à 9, on voit toujours renaître le même quarré, si ce n'est qu'il est renversé, ou tourné de gauche à droite; ce qui n'est pas une variation.

Mais il n'en est pas ainsi de celui de 4 de racine ou de 16 cases; il est susceptible au moins de 880 variations, que M. Frenicle a données dans son traité des quarrés magiques.

Le quarré de 5 est susceptible au moins de 57600 combinaisons différentes: car suivant le procédé de M. de la Hire, les 5 premiers nombres peuvent être disposés de 120 façons différentes dans la première bande du premier quarré primitif; & comme on peut ensuite les ranger dans les bandes inférieures, en recommençant par deux quantièmes différens, cela fait 240 variations au moins dans le premier quarré primitif, lesquelles, combinés avec les 240 du second, forment 57600 variations du quarré de 5. Mais il y en a sans doute encore bien plus; car le quarré de 5 à enceinte ne se réduit pas à la méthode de M. de la Hire: or un seul quarré de 5 à enceinte, les angles restant fixes, ainsi que le quarré intérieur

de 3, peut éprouver 36 variations. Ainsi, en changeant le quarré intérieur & les angles, combien d'autres variations doivent en naître?

Un simple quarré de 6 à enceinte, une fois construit, peut être varié, les angles restant fixes, & le quarré intérieur étant composé des mêmes nombres, de 4,055,040 manières; car le quarré intérieur peut être varié & différemment transposé dans le centre de 7040 manières: ensuite chacune des bandes horizontales, haute & basse, peut, les extrémités restant fixes, être variée de 24 manières; car il y a quatre paires de nombres susceptibles d'être changés de place, qui peuvent se combiner de 24 façons; & il en est de même des quatre paires qui se trouvent dans les bandes verticales entre les angles. Ainsi le nombre des combinaisons est le produit de 7040 par 576, quarré de 24; ce qui donne 4055040 variations. Mais les angles peuvent varier, ainsi que les nombres qu'on prendra pour former le quarré intérieur; d'où il suit que le nombre des variations totales du quarré de 6, sans cesser d'être à enceinte, est plusieurs millions de fois le nombre précédent.

Le quarré de 7 peut, par la seule méthode de M. de la Hire, être varié de 406425600 manières.

Quelques nombreuses que soient ces variations, elles ne doivent pas surprendre, car le nombre des dispositions, magiques ou non magiques, de 49 nombres, par exemple, est par un de 62 chiffres, dont le précédent n'est évidemment qu'une partie, pour ainsi dire infiniment petite.

Des quarrés magiques géométriques.

Nous avons dit, au commencement de cet article, qu'on peut arranger dans les cellules d'un quarré des nombres en progression géométrique, & de telle sorte que le produit de ces nombres dans chaque bande, soit horizontale, soit verticale, soit diagonale, fût toujours le même.

Ce sont précisément les mêmes principes qu'il faut suivre pour cette construction; & il est aisé de le démontrer par la propriété des logarithmes: ainsi nous ne nous y arrêterons pas. Nous nous bornerons à un exemple: c'est celui des 9 premiers termes de la progression géométrique double, 1, 2, 4, 8, &c. arrangés dans le quarré de 3 de côté. Le produit est évidemment le même dans tous les sens, sçavoir 4096.

128	1	32
4	16	64
8	256	2

(OZANAM.)

R,

REBUS HIEROGLYPHIQUE.

M. Décremps à raison d'exprimer ainsi, en caractères hiéroglyphiques, son sentiment sur les rebus *fig. 1, pl. 8, de Magie Blanche tome VIII des gravures.*

Je crois véritablement, & je dis sans détour que c'est un genre détestable.

REFROIDISSEMENT DES LIQUEURS.

C'est dans les pays chauds, tels que l'Asie, la Perse, & les Indes, qu'on a cherché des moyens pour rafraîchir les boissons. De tous les moyens qu'ont pu imaginer, soit les nations, soit les physiciens, les plus prompts sont d'entourer les vaisseaux qui contiennent la boisson dans la glace; mais comme on est très-souvent dans le cas de ne pas pouvoir s'en procurer, on peut mettre simplement du sel ammoniac dans de l'eau; ce sel étant de tous ceux qui se dissolvent dans l'eau, celui qui la refroidit davantage, est très-propre à rafraîchir la boisson: le moyen de parvenir avec succès à ce refroidissement, qui quelquefois peut aller au-dessous du terme de la glace, c'est de prendre une livre de sel ammoniac en poudre, de la mettre dissoudre dans trois livres d'eau, & de l'y mettre en entier; si on veut obtenir un froid très-considérable, mais de peu de durée; ou bien de ne mettre le sel ammoniac dans l'eau, qu'en deux ou trois reprises, si l'on veut avoir un froid moindre, à la vérité, mais plus durable; il est essentiel d'agiter le mélange avec un morceau de bois, ou tel autre corps que le sel ne puisse point attaquer; car le froid n'est produit que par la dissolution qui se fait du sel dans l'eau. La cherté de ce sel, pouvant empêcher quelquefois d'en faire usage, on peut avoir recours alors à la méthode des indiens: il ne s'agit que d'envelopper les bouteilles qui contiennent la boisson dans des linges trempés dans de l'eau; & d'exposer ces bouteilles ainsi enveloppées à un courant d'air, & avoir soin d'humecter les linges à mesure qu'ils sèchent; la liqueur acquerra une fraîcheur qui la rendra assez agréable pour tempérer les chaleurs les plus fortes que nous éprouvions dans nos climats. Ce phénomène, très-curieux & très-difficile à bien expliquer, est dû à l'évaporation de l'eau dont les linges sont imbibés; aussi plus les liqueurs sont évaporables, plus elles occasionnent un réfroi-

dissement considérable: on voit même une petite boule de thermomètre remplie d'eau, se congeler, en l'enveloppant d'un petit linge trempé dans l'éther, dont on précipite encore l'évaporation en l'agitant circulairement.

Au rapport de Chardin, il y a des villes en Perse & en Egypte dont un des plus grands commerces consiste dans la vente des vaisseaux d'une espèce de terre poreuse qui, donnant lieu à l'évaporation d'une petite partie de l'eau que ces vases contiennent, tient fraîche l'eau qui est dans les vases. Les voyageurs suspendent ces bouteilles sous le ventre de leurs chevaux, & ont l'agrément de boire de cette manière de l'eau fraîche.

En observant ainsi les liqueurs, qui mêlées avec la glace, peuvent occasionner le plus grand réfroidissement possible; on est même parvenu à congeler le mercure. On a profité en Russie d'un temps qui étoit extrêmement froid; & on a augmenté encore prodigieusement ce froid naturel. Pour cet effet, on a pris de bon esprit-de-nitre; on l'a fait réfroidir le plus qu'il étoit possible, en mettant la bouteille qui le contenoit dans de la neige sur laquelle on versoit de l'esprit de nitre; prenant de cet esprit-de-nitre ainsi réfroidi, on l'a versé sur de la neige, dans laquelle étoit un thermomètre de mercure; dès-que le thermomètre ne descendoit plus, on ôtoit l'eau de la neige qui s'étoit fondue; on reversoit tout de suite de nouvel esprit-de-nitre, recommençant de nouveau dès que le thermomètre cessoit de baisser: c'est en suivant ce procédé que le mercure du thermomètre s'est congelé, en descendant au deux cents treizième degré du thermomètre de M. de Lile. Cette expérience a prouvé ce qu'on ne faisoit que soupçonner, que le mercure étoit un métal fusible, par une si petite quantité de feu, qu'il lui restoit toujours assez de chaleur pour être en fusion, même par le plus grand froid qu'on ait encore observé sur la terre.

Manière de rafraîchir les liqueurs sur mer.

Le capitaine Ellis a reconnu, à l'aide d'un petit baril construit de manière qu'il prenoit l'eau de la mer à tel profondeur qu'on le désiroit; qu'elle étoit beaucoup plus froide, plus salée, plus pesante à une certaine profondeur. L'eau puisée à la profondeur de mille brasses soutenoit

le thermomètre de Fahrenheit au cinquante-troi-
sième degré, tandis que la chaleur de la surface
extérieure de la mer étoit de quatre-vingt-quatre
degrés. Au-dessous de six cents cinquante brasses
la chaleur ne varie plus. Les personnes qui sont
sur mer, exposées à un assez grand nombre d'inconvéniens, peuvent du moins, d'après ces connoissances, se procurer une boisson fraîche, sous
un ciel ardent, en faisant plonger dans la mer, à
la profondeur de mille brasses, les vases qui contiennent leur boisson.

REPAS ÉLECTRIQUE (*Voyez* ÉLECTRI-
CITÉ).

ROSE CHANGEANTE (*Voyez à l'article* ÉCRI-
TURE).

ROUE ÉLECTRIQUE (*voyez* ÉLECTRICITÉ).

RUBAN (*voyez à l'article* ÉCRITURE).

RUBAN (tour du) (*voyez à l'article* MAGI-
CIENNE).

RUBANS ÉLECTRISÉS (*voyez* ÉLECTRICITÉ).

S.

SAPHIR (faux). Le faphir eft une pierre précieufe, d'un beau bleu, qui ne le cede en tranfparence & en dureté qu'au diamant & au rubis; on en voit de diverfes nuances. Le faphir mis dans un bain de fable & expofé au feu de verrerie pendant douze heures, y perd fa couleur, & lorfqu'il eft poli, il reffemble au diamant. Pour contrefaire le faphir, on prendra de la fritte de roquette, & fur cent livres de cette fritte, on mettra une livre de fafre, fur chaque livre de fafre, avant de la mêler à la fritte, on ajoutera une once de magnéfie dePiémont préparée; on expofera le mélange au fourneau; on le laiffera bien entrer en fufion & fe purifier; on aura par ce moyen une couleur de faphir admirable & d'un beau bleu.

SAUTEURS CHINOIS; (Voyez) AUTOMATES).

SECRETS AMUSANS.

Moyen d'unir la cire & l'eau (parties abfolument contraires l'une à l'autre) & *d'en former une pomade.*

Pour parvenir à faire ce procédé utile pour diverfes chofes, vous mettrez dans un pot de terre verniffée & tout neuf fix onces d'eau de rivière ou de fontaine, pour deux onces de bonne cire-vierge bien blanche; vous y ajouterez enfuite une forte pincée de fel de tartre. Si vous voulez cacher votre façon d'opérer, rien de plus aifé; faites un petit rouleau de cire dans lequel vous infererez votre pincée de fel de tartre; vous poferez ce mélange fur le feu : quand il commencera à chauffer vous aurez foin de remuer avec un petit bâton, & vous verrez la réunion fe faire à mefure que la cire fe fondra, vous ferez alors maître de rendre la pomade qui en réfultera plus ou moins liquide, en le laiffant plus ou moins de temps fur le feu.

Cette pomade fera blanche comme la neige & fera un fort-bon cométique. (PINETTI).

Moyens pour cacheter une lettre que l'on ne pourra décacheter, en variant le cachet d'autant de couleur que vous aurez de cires différentes.

Suppofez que vous défiriez que votre cachet foit de quatre couleurs, & que le cartouche de l'écuffon foit jaune, ainfi que la couronne; que l'intérieur de l'écuffon foit rouge; que le fond du cachet foit vert; & que les fupports, s'il y en a, foient noirs.

Vous ferez pour-lors autant d'empreintes différentes de votre cachet que vous aurez d'efpèces différentes de cire à employer, en obfervant de faire toutes ces empreintes fur un papier très-mince : cela fait, vous prendrez des cifeaux, & vous découperez fur chaque empreinte chacun des objets qu'il y aura à varier; c'eft-à-dire, vous commencerez par couper le fond de l'écuffon; puis avec un peu de falive que vous mettrez derrière, vous le placerez fur votre cachet à la place qui le repréfente; vous en ferez de même pour le cartouche de l'écuffon, ainfi que pour les fupports; & quand le tout fera bien arrangé, vous prendrez la cire verte qui doit faire le fond de votre cachet, vous la ferez fondre comme pour en cacheter votre lettre à l'ordinaire; puis, pofant deffus votre cachet, où font placés dans le creux les différens objets qui doivent varier votre cachet, chacun de ces objets fe trouveront placés naturellement & vous formerez un cachet de quatre couleurs.

Si quelqu'un vouloit décacheter cette lettre en faifant chauffer la cire; ces cires, en fondant, annonceroient par leurs mêlanges les tentatives faites pour y parvenir. (PINETTI).

Maftic pour raccomoder la fayence caffée.

Sans employer ni fil de fer, ni laiton, ni foudure, on rejoint ainfi la fayence caffée. Faites calciner des écailles d'huîtres, & les réduifez en poudre très-fine; paffée au tamis de foie ou broyée fur le marbre, au point d'être impalpable. Prenez un ou plufieurs blancs d'œufs, felon que vous aurez de poudre ou d'ouvrage à faire, faites-en avec la poudre une pâte ou colle; dont vous joindrez les deux parois oppofées de la faïance que vous voudrez rejoindre, & les replaçant l'une contre l'autre, comme elle doivent l'être, tenez-les ferrées & en état pendant huit minutes. Il ne faut pas plus de temps pour fécher parfaitement celui qui ne craint plus ni le feu ni l'eau, & qui ne rompra jamais, quand même un nouvel accident feroit tomber la fayence à terre.

Secret pour blanchir les eſtampes.

On prend une table ou des planches, on attache des petits cloux des deux côtés ; on y paſſe des fils en travers, afin d'empêcher que le vent n'enlève les eſtampes ; on étend enſuite du papier, de crainte que les pores du bois venant à s'ouvrir, ne communiquent à l'eſtampe la rouſſeur de l'eau qui s'y attacheroit, & qui ſeroit plus difficile à ôter que les taches d'huile. Il n'eſt pas néceſſaire qu'il y ait pluſieurs feuilles de papier les unes ſur les autres ; il ſuffit que la table & les planches en ſoient entièrement couvertes. On y placera les eſtampes ſur leſquelles on veut faire l'opération, & on verſera deſſus de l'eau bouillante. Il faut avoir l'attention d'en verſer par-tout ; & comme il y a des endroits où les eſtampes ſe récoquillent, & que les plus élevées ſe ſèchent plus vîte, on aura une éponge fine, & on ſe ſervira de l'eau qui eſt dans les trous des eſtampes, pour en mouiller les endroits qui ſe ſèchent. Après avoir verſé trois ou quatre fois de l'eau bouillante, on s'appercevra que le roux ou le jaune de l'eſtampe s'attachera deſſus ; il ne faut point s'en inquiéter : plus les eſtampes blanchiront, plus cette eſpèce de rouille augmentera. Quand les eſtampes ſeront blanchies, on les mettra dans un vaiſſeau quarré de cuivre ou de bois, de la capacité de la plus grande eſtampe. On verſera deſſus de l'eau bouillante, & on couvrira le vaiſſeau avec du linge ou de quelqu'étoffe, pour bien conſerver la chaleur. Au bout de cinq ou ſix heures, cette rouille ſe détache & s'évapore dans l'eau. Il faut obſerver avant de verſer cette dernière, d'étendre ſur les eſtampes déja mouillées, une feuille de fort papier blanc de crainte que l'eau bouillante ne les déchire. Cela fait, on les étendra ſur des cordes pour en exprimer l'eau ; & quand elles ſeront à moitié ſèches, on les mettra dans des feuilles de papier, on entre des cartons, qu'on chargera de quelque choſe de peſant, pour qu'elles ne ſe récoquillent point. Il faut que les eſtampes ſoient bien rouſſes ou bien jaunes, pour être deux jours à blanchir ; car elles blanchiſſent ordinairement dans un jour. La même opération ôte toutes ſortes de taches d'huile ; mais il faut y employer plus de temps. Ces opérations ſe font à la chaleur du ſoleil : plus il eſt chaud, plus elles ſont promptes. Ainſi les mois de juin, de juillet & d'août ſont les plus favorables. Quand il y a des taches d'huile, il faut quelquefois huit jours pour les ôter, ſur-tout quand elles ſont invétérées, il faut avoir la précaution de ne point expoſer au ſoleil le côté de la gravure ; on retourne au contraire l'eſtampe, de crainte que l'ardeur du ſoleil n'en enlève la fleur.

Manière d'ôter les vieux tableaux de deſſus leur vieille toile, & de les remettre ſur une neuve.

Détachez le tableau de ſon cadre & fixez-le ſur une table extrêmement unie, le côté de la peinture en deſſus, en prenant bien garde qu'il ſoit bien tendu & ne faſſe aucun pli ; donnez enſuite ſur votre tableau une couche de colle-forte, ſur laquelle vous appliquerez à meſure des feuilles de grand papier blanc, le plus fort que vous pourrez trouver ; étendez le papier bien également par toute la peinture. Laiſſez ſécher le tout, après quoi vous déclouerez le tableau, & le retournerez la peinture en deſſus, ſans attacher ; prenez alors une éponge que vous mouillerez dans l'eau tiède, avec laquelle vous imbiberez peu-à-peu toute la toile, eſſayant de tems en tems ſur les bords, ſi elle ne commence pas à s'enlever & à quitter la peinture, alors vous la détacherez avec ſoin tout le long d'un des côtés du tableau, & replierez ce qui ſera détaché, comme pour le rouler, parce qu'enſuite en pouſſant doucement avec les deux mains, toute la toile ſe détache en roulant. Cela fait, vous laverez bien le derrière de la peinture avec l'éponge & de l'eau, juſqu'à ce que toute l'ancienne colle, ou à-peu-près, en ſoit enlevée. Tout cela fait avec ſoin, vous donnerez une couche de colle, ou de l'apprêt ordinaire dont on ſe ſert pour les toiles ſur leſquelles on peint, ſur l'envers de votre peinture ainſi nettoyée, & ſur-le-champ vous y étendrez une toile neuve, que vous aurez ſoin de laiſſer plus grande qu'il ne faut, afin de pouvoir la clouer par les bords, pour l'étendre de façon qu'elle ne faſſe aucun pli. Après quoi, avec une mollette, vous poſerez légèrement en frottant pour faire prendre la toile également par-tout, & vous la laiſſerez ſécher ; enſuite vous donnerez par deſſus la toile une ſeconde couche de colle par partie & petit-à-petit, ayant ſoin à meſure que vous coucherez une partie, de la frotter & étendre avec la molette, pour faire entrer la colle dans la toile, & même dans la peinture, & pour applatir les fils de la toile ; le tableau étant ſec, vous le détacherez de deſſus la table & le reclouerez ſur ſon cadre ; après quoi, avec une éponge & de l'eau tiède vous imbiberez bien vos papiers pour les ôter ; vous le laverez pour bien enlever toute la colle & bien nettoyer la peinture ; enſuite vous donnerez ſur le tableau une couche d'huile de noix pure, & le laiſſerez ſécher pour y paſſer du blanc d'œuf battu.

Faire qu'une perſonne ne puiſſe changer de place un verre rempli d'eau ſans la renverſer en ſon entier.

Propoſez à une perſonne de parier contre elle, qu'ayant rempli d'eau un verre, & l'ayant poſé ſur la table, elle ne pourra le changer de place ſans renverſer entièrement l'eau qui y ſera contenue. Empliſſez alors un verre d'eau, & ayant appliqué par deſſus un morceau de papier qui couvre l'eau & les bords du verre ; posez la paume de la main sur ce papier , & prenant le verre de l'autre main , renversez-le très-promptement & placez-le sur une table dans un endroit qui soit assez uni ; retirez doucement le papier ; l'eau contenue dans le verre y restera suspendue , attendu que l'air n'y pourra entrer ainsi ; de quelque manière que celui contre lequel vous aurez posé s'y prenne , il ne pourra l'ôter de sa place sans que l'air y entre & que l'eau se répande entièrement.

C'est sur ce même principe , qu'une bouteille bien bouchée & dont le fond est percé de plusieurs petits trous , ne laisse pas couler l'eau qui y est contenue , & qu'au contraire elle s'échappe aussi-tôt qu'on la débouche.

Construire deux petites figures , dont l'une souffle la chandelle & l'autre la ralume aussi-tôt.

Ayez deux petites figures quelconques , & mettez-leur dans la bouche un tuyau de la grosseur d'une petite plume ; mettez dans l'un d'eux un petit morceau de phosphore d'Angleterre , & dans l'autre quelques grains de poudre à tirer , que vous boucherez d'un petit fétus de papier pour l'empêcher de tomber. Présentez cette dernière figure à la flamme d'une bougie , & la poudre venant à s'enflammer , produira une petite explosion qui l'éteindra ; approchez aussi-tôt l'autre figure , & le phosphore qui est à l'extrémité de son petit tuyau , rallumera aussi-tôt cette bougie.

Rallumer une chandelle avec la pointe d'un couteau.

Mettez au bout de la pointe d'un couteau un petit morceau de phosphore d'Angleterre , de la grosseur tout au plus d'un petit grain d'avoine , & ayant mouché une chandelle , éteignez-la à dessein , prenez à l'instant votre couteau , posez sa pointe sur le lumignon de cette chandelle en écartant un peu la mêche , & vous la verrez aussi-tôt se rallumer ; observez de ne la pas moucher de trop près , afin qu'il y reste assez de chaleur pour ranimer plus promptement les parties du phosphore.

Nota. Il ne faut pas toucher ce phosphore avec les doigts ; pour prévenir tout accident , il faut avoir soin de les mouiller avant : on conserve ce phosphore en le mettant dans une petite phiole remplie d'eau , on en coupe une petite parcelle lorsqu'on en a besoin , & on le remet sur le champ dans l'eau , sans quoi il pourroit s'enflammer.

SERPENTS ARTIFICIELS. La vérité de l'imitation plait toujours, quel qu'en soit l'objet : voilà la cause du plaisir , mêlé de surprise , qu'ont éprouvé tous ceux qui ont vu les serpents artificiels dont nous parlons. ils sont immobiles par eux-mêmes , mais pour exciter le principe de mouvement qui réside en eux , il ne s'agit que d'en enlever un , en l'empoignant à-peu-près par le milieu du corps ; on le sent aussi-tôt s'animer entre les doigts ; on sent les efforts qu'il fait ; il s'agite en replis ondoyants ; & par les contours tortueux que prennent sa tête & sa queue , qui sont dans un mouvement continuel ; on diroit qu'il cherche à s'échapper des mains , & même à s'élancer sur les personnes qui l'environnent.

Cette machine si active , examinée de plus près , se réduit à une enfilade de petites lames de bois , un peu renflées dans leur milieu , arrondies & adoucies par les bords , attachées les unes aux autres par trois rangs de fils parallèles , & qui vont en diminuant insensiblement de hauteur du milieu vers les extrémités ; à l'un des bouts est une pièce de bois sculptée & peinte , pour représenter la tête d'un serpent armée de dents & d'un aiguillon ; à l'autre bout est une pareille pièce de bois , pour représenter la pointe de la queue.

En examinant celui qui a passé entre nos mains , & qui avoit environ deux pieds de longueur , nous avons reconnu aisément que le mobile est dans ces deux pièces de bois. Quand on saisit ce serpent par les lames du milieu , & qu'on le tient horizontalement , ces deux pièces placées aux extrémités , & beaucoup plus pesantes que tout le reste , cherchent un point d'appui ; mais ne le trouvant pas , à cause de la mobilité des lames qui se replient à droite & à gauche , elles sont forcées de suivre cette impression , & toute la machine prend un mouvement vermiculaire.

Au reste , la parfaite imitation dont nous parlons , ne doit s'entendre que pour le mouvement en question ; car la figure du serpent est mal rendue : mais cette machine telle qu'elle est , suffit pour étonner , sur-tout aux lumières.

On en fait encore en ivoire , qui sont de petits chefs-d'œuvre du tour ; on les enferme dans des étuis : quand on les ouvre , ils s'élancent au dehors par l'élasticité des lames comprimées , qui en font le ressort. Ces serpents artificiels ont l'avantage , par leur forme ronde , de ressembler plus parfaitement aux serpents , sans en imiter aussi bien les mouvements.

SIGNAUX DE COMMUNICATION. Tout le monde sait que deux amis peuvent entretenir une correspondance sans envoyer aucun émissaire , lorsque les lieux qu'il habitent sont en vue l'un de l'autre.

Pour cela , il suffit d'avoir quelques signaux ,

auxquels on donne une valeur arbitraire ; un simple flambeau, par exemple, qu'on éteindra, ou qu'on cachera fucceffivement plus ou moins de fois en une minute, exprimera telle ou telle lettre de l'alphabet. Dans ce cas, il ne faut qu'environ une demi-heure pour marquer toutes les lettres qui forment laconiquement un avis effentiel, tel que ceux-ci ; *fuyez, car votre ennemi vous cherche. Venez me voir pour éviter un grand malheur.* Le correfpondant, à qui on envoie de pareils avis, doit être attentif aux fignaux, à l'heure dont on eft convenu, pour écrire chaque lettre à mefure qu'on la lui indique ; il peut fe fervir d'un téléfcope, ou d'une lunette à longue vue, pour mieux diftinguer le fignal.

Il eft même expédient que les feux fervant de fignaux nocturnes, ne foient ainfi apperçus qu'à l'aide de quelque inftrument d'optique ; car fi un troifième les appercevoit, il ne lui feroit pas impoffible d'en pénétrer le fens en employant les mêmes combinaifons que pour lire les écritures en chiffres fans en avoir la clef.

Il eft vrai que, pour dérouter les efprits, on peut ici, comme dans les écritures cachées, placer au milieu ou au commencement des mots plufieurs fignes de nulle valeur ; mais ce procédé deviendroit peut-être un peu long, nonobftant quelques moyens d'abréviation qu'il feroit facile de mettre en ufage.

Si les deux correfpondans habitent des lieux qui ne foient pas en vue l'un de l'autre, ils peuvent, nonobftant cette pofition, fe communiquer leurs idées par différens moyens.

Je ne parlerai pas ici de ceux qui attachent des lettres ou des billets au col d'un chien, d'un pigeon, ou de quelqu'autre animal que l'inftinct reconduit au lieu d'où on l'a enlevé.

Je ne parlerai pas non plus du tuyau fouterrein qui peut fervir en certains cas, & dans lequel il fuffit de fouffler un peu fort avec un foufflet de forge, pour envoyer au loin une boulette de liège à laquelle eft attaché un petit écrit. Ce moyen eft trop difpendieux, mais je crois devoir citer ici les moyens de correfpondance fecrette, employés, il y a quelque tems, par un jeune homme que j'appellerai *Damon*, & par une jeune demoifelle qui étoit enfermée dans un couvent par ordre de fon tuteur, & à laquelle je donnerai le nom de *Thémire*.

Les deux amans avoient déja employé plufieurs fois des perfonnes affidées qui avoient réuffi fous divers prétextes & fous divers déguifemens à faire parvenir des lettres de l'un à l'autre. Mais les furveillans avoient tout découvert, & il n'étoit

plus poffible de faire ufage des rufes ordinaires. On a bien raifon de dire que l'amour donne de l'efprit aux jeunes perfonnes. Thémire alloit fouvent fe promener au fond d'un jardin, fur les bords d'un ruiffeau qui portoit fes eaux en ferpentant dans la plaine, jufques dans la cour, & fous les fenêtres d'un maître de penfion, père de fon amant. Ah, dit-elle un jour, en voyant tomber des feuilles dans le ruiffeau, fi je pouvois écrire fur ces feuilles tout ce que l'amour m'infpire, elles pourroient peut-être bientôt, en paffant fous les yeux de mon amant, fixer un inftant fes regards, & le faire fouvenir de moi. Cette idée lui en eût bientôt fuggeré une autre ; elle imagina d'enfermer une lettre dans une petite boîte légère qu'elle abandonneroit au courant des eaux ; mais, cette boîte, dit Thémire, pourra paffer fous les fenêtres de Damon fans être apperçue ; eh bien, j'en enverrai plufieurs ; peut-être, fur le grand nombre, il s'en trouvera une qui parviendra à fon adreffe ; celles qui tomberont en des mains étrangères ne pourront point me faire connoître, parce que je me fervirai d'une écriture que Damon connoît, & que le vulgaire ignore ; je ne fignerai pas mon nom, mais Damon me devinera bien, parce que je répéterai dans ma lettre le doux ferment que lui feul a reçu & qu'il n'a reçu que de moi.

Elle avoit déja jeté, dans le ruiffeau, plufieurs boîtes avec des lettres écrites en mufique ; mais elle croyoit encore que Damon n'en avoit reçu aucune.

Il n'eft pas étonnant, dit-elle, que Damon n'ait point vu ces boîtes, ou que les ayant vues, il ait négligé de les ramaffer ; il ignore qu'elles contiennent une nouvelle intéreffante.

Alors, elle imagina de jeter encore d'autres boîtes dans le ruiffeau, mais d'y ajouter & de coler par deffus une petite découpure de carton pour attirer les regards, *voyez* fig. 2, *pl.* 8, *de Magie Blanche tome VIII. des gravures.* Damon, difoit-elle, m'a vu fouvent découper & deffiner de pareilles figures ; & , s'il voit furnager celle-ci, il ne pourra guère s'empêcher de penfer qu'elle vient de moi.

Cette figure fe tenoit toujours fur la boîte en fuivant le courant de l'eau, parce que la boîte avoit au fond trois ou quatre onces de fer, qui, lui fervant de left, l'empêchoient de fe renverfer.

Thémire croyoit que toutes fes lettres étoient perdues, lorfqu'une religieufe lui apporta la réponfe. Quoi, me dira-t-on, une religieufe aura porté la réponfe à une lettre d'amour qu'elle auroit dû défapprouver ? Oui, ce fût elle-même

qui

qui s'acquitta de cette commission, mais il faut tout dire, elle le fit sans le savoir.

Ayant trouvé dans le jardin un papier de musique, elle supposa naturellement qu'il pouvoit appartenir à Thémire qui passoit pour bonne musicienne. Thémire en le recevant, connut bientôt qu'il n'y avoit qu'à plier le papier pour le lire, en faisant disparoître les têtes des notes & rapprochant les queues, d'une partie à l'autre; ces queues devant être figurées à leur extrémité de façon qu'elles forment des lettres, (voyez fig. 9, pl. 11, de Magie Blanche (1)): Cependant elle ne put comprendre comment ce papier s'étoit trouvé dans un jardin inaccessible pour Damon & pour toutes les personnes de son sexe. Ce jardin, disoit-elle, est entouré de hauts édifices, où aucun étranger n'est admis, & le bras le plus vigoureux ne pourroit suffire à jetter une pierre par-dessus avec une fronde.

Aussi ce n'étoit pas d'une fronde, mais d'un cerf-volant que Damon s'étoit servi, pour faire parvenir sa réponse. S'étant placé du côté du vent, il avoit élevé son cerf-volant plus haut que les maisons & les clochers. La ficelle de l'instrument étoit accompagnée d'un fil double qui tenoit une lettre suspendue au cerf-volant par une petite poulie, fig. 3, pl. 8, de Magie Blanche: ce fil étant simple, & par conséquent un peu plus foible au point I, près de la poulie, se cassa dans cet endroit, quand on le tira par l'extrémité opposée. Alors la lettre détachée du cerf-volant, tomba directement dans le jardin, parce qu'on y avoit attaché une petite pierre qui l'empêcha d'être emportée par le vent.

Ce n'est pas ici une historiette faite à plaisir. On pourroit en conter de plus merveilleuses, mais elles seroient peut-être moins vraies que celle-ci. J'ai connu moi-même les personnes, & j'ai vu le lieu de la scène; je peux même assurer que les lieux étoient disposés de manière que les deux amans auroient pu correspondre d'une manière plus sûre & plus abrégée. Les deux lieux qu'ils habitoient étoient, à la vérité, séparés par une montagne; mais il y avoit au midi une colline, au haut de laquelle étoit une chapelle que Damon & Thémire pouvoient appercevoir de leurs chambres; la montagne & la colline étoient à peine éloignées d'un mille, & si, dans la chambre A, qui étoit éclairée par le soleil à midi, fig 4, ibid., Damon eût eu une grande glace pour réfléchir les rayons du soleil sur la chapelle dont le mur B étoit à l'ombre, parce qu'il étoit tourné

(1) La figure représente seulement les notes. Le lecteur devant suppléer à l'arrangement des figures que les queues doivent avoir pour former des lettres dans leur reprochement.
Amusemens des Sciences.

vers le nord, ce mur auroit paru éclairé dans le même instant; on auroit donc pu, en fermant la fenêtre, ou en tirant le rideau sur le miroir, faire disparoître cette lumière plus ou moins de fois par minute, pour marquer chaque lettre de l'alphabet, comme dans les signaux nocturnes. Cette lumière s'éclipsant & reparoissant à chaque instant, auroit pu être remarquée de la maison C où étoit Thémire; cette autre maison étoit d'ailleurs assez près de la chapelle pour qu'on pût faire réponse sur le même mur, en se servant d'une autre grande glace.

Nous ne terminerons pas cet article sans observer que le cerf-volant a servi plus d'une fois à effrayer pendant la nuit les habitans d'un village. Une lanterne sourde attachée au cerf-volant, comme la lettre dont nous avons parlé, s'ouvre & se ferme à l'aide d'un fil. Par ce moyen, on fait paroître en l'air une lumière qui disparoît au commandement d'une personne, pourvu que le fil soit entre les mains d'un compère.

(DECREMPS).

(Voyez à l'article ÉCRITURE).

SIRÈNE SAVANTE, (Voyez à l'article AIMANT).

SOLEIL HYDRAULIQUE, (voyez HYDRAULIQUE).

SOLEIL LUMINEUX, (voyez ÉLECTRICITÉ).

SON. (Expérience & théorie du) (voyez ACOUSTIQUE dans ce dictionnaire).

SOUSTRACTION MERVEILLEUSE (voyez ESCAMOTAGE).

SOUSTRACTIONS ABRÉGÉES. (Voyez ARITHMÉTIQUE).

STATUES PARLANTES. La Mécanique peut bien, par le moyen de leviers, de poulies, de cordes, de soufflets, animer, pour ainsi dire, un automate au point même de lui faire rendre des sons : elle a donné ses preuves en ce genre; mais lui faire articuler des paroles, cet effet est au-dessus de ses forces, & qui plus est au-dessus de l'intelligence humaine. Il a paru, il a quelques années, à Paris un homme qui faisoit voir un Bacchus, de grandeur naturelle, assis sur un tonneau, qui prononçoit toutes les lettres de l'alphabet & quelques mots : le prestige consistoit en un enfant qui étoit caché dans ce tonneau, & qu'on avoit stylé à prononcer toutes les lettres d'une manière extraordinaire, afin de faire prendre le change. On peut encore, sans grande sorcellerie, construire deux figures placées aux deux côtés oppofés d'une falle , dont l'une répète à une perfonne ce qu'on a prononcé fort bas à l'oreille de l'autre figure , & fans qu'aucun de ceux qui font dans cette falle puiffent l'entendre. Pour cet effet, ayez deux têtes ou buftes de plâtre ou de carton pofés fur leurs piedeftaux à la hauteur d'une perfonne de taille ordinaire : placez-les dans une falle à deux endroits éloignés l'un de l'autre de telle diftance que vous jugerez convenable : conduifez un tuyau de fer-blanc, d'un pouce de diamètre , qui , commençant à l'oreille d'une de ces figures, defcende le long du piédeftal fur lequel elle eft pofée , traverfe enfuite le deffous du plancher , remonte le long du piédeftal de l'autre figure , & foit conduit jufqu'à l'entrée de fa bouche : obfervez que l'ouverture de ce tuyau, qui joint l'oreille de la première tête, doit être beaucoup plus grande que celle qui va fe rendre à la bouche de l'autre : difpofez enfin le tout de façon qu'on n'apperçoive pas cette communication. Lorfqu'une perfonne prononcera tout bas quelques paroles à l'oreille de la première de ces figures , l'air enfermé dans ce tuyau étant ébranlé & repouffé, cette voix fera entendue par celui dont l'oreille fera appliquée à la bouche de l'autre figure , & ceux qui feront dans la chambre n'en entendront rien. On place une perfonne à côté de chacune de ces figures , on dit à l'une de parler bas à l'oreille de la première figure , & on fait prêter l'oreille à la feconde figure , en lui difant de s'approcher près de la bouche de la feconde figure , qui doit lui répéter ce qu'on aura dit à la première. Si on met doubles tuyaux de communication , on pourra parler indifféremment à l'oreille de l'une ou de l'autre de ces figures ; ce qui rendra cette récréation plus amufante.

On peut auffi ajufter fur une table une tête ou bufte , à laquelle on fera rendre des oracles par le moyen d'un tuyau qui partant de la bouche entrera dans la table , de-là dans un de fes pieds, ira enfuite par deffous le plancher fe rendre derrière une cloifon ; alors une perfonne qui fera cachée répondra à toutes les queftions qui feront faites. Si on donne du mouvement à la bouche & aux yeux de cette figure, au moyen d'un cordeau qui paffera par un autre pied de la table , (ce que pourra auffi exécuter la perfonne cachée) cela rendra cet amufement encore plus extraordinaire : il n'eft pas néceffaire que ce tuyau vienne au bord des lévres de cette tête.

STRAS. On imite affez bien les diamants avec une compofition à laquelle on a donné le nom de *Stras* : elle fe fait avec un verre jaune de plomb ; qui , étant mêlé avec une quantité fuffifante de cryftal ou de beau verre blanc , forme un verre moins coloré, affez dur & que l'on vend fous le nom de *Stras*.

SUBTILITÉS & tours d'adreffe.

Tranfcrire fur un papier cacheté le point qu'une perfonne doit amener avec deux de7.

Faites une planchette ABCD, (*fig.* 1 *pl.* 3. *Amufemens de Mécanique*) d'environ fix pouces quarrés , & huit à neuf lignes d'épaiffeur, dans laquelle vous ménagerez une rainure EF de deux pouces de largeur & de fix à fept lignes de profondeur ; ayez une petite regle de bois fort mince AB, (*fig.* 2, *même pl.*) fur laquelle vous ajufterez trois petits réglets CD & E , qui la divifent en deux cafes égales H & I ; que cette regle n'ait que quatre pouces de longueur , afin que venant à fe mouvoir le long de la rainure EF (*fig.* 1.) elle puiffe préfenter exactement l'une ou l'autre des deux cafes H & I , à une ouverture G , faite à la planchette ABCD.

Diminuez l'épaiffeur de cette planchette aux endroits convenables , afin de pouvoir y placer les quatre poulies HIL & M (*fig.* 1.) ; que la poulie M ait fept à huit lignes de diametre & qu'elle foit double, afin de pouvoir y fixer les deux cordons de foie NO , lefquels doivent paffer fur les poulies HI & L , & être attachés fur la piece mobile ci-deffus , de manière qu'en faifant tourner de côté ou d'autre cette poulie M , on puiffe faire avancer ou reculer cette couliffe , & qu'elle préfente l'une ou l'autre de ces deux cafes M ou I à l'ouverture G (*fig.* 1 & 4).

Cachez toute cette mécanique, en pofant cette planchette ainfi difpofée fur une autre de même grandeur , qui foit garnie d'un rebord formant une moulure dans laquelle elle fe trouve emboîtée , & placez au-deffous de cette dernière quatre petits pieds de cuivre ABC & D, (*voyez fig.* 3 *même pl.* 3.) , qui , entrant à vis dans la planchette de deffus, puiffent en même-temps la contenir , quoiqu'ils femblent ne fervir que d'ornement : obfervez qu'un de ces pieds doit être fixé fur la poulie M (*fig.* 1.) afin de pouvoir la faire tourner par ce moyen , & placer à volonté, vis-à-vis l'ouverture G , une des deux cafes M & I.

Elevez fur cette planchette , & vers le bord de fon ouverture G , une petite colonne creufe E portée fur fon piédeftal , (*fig.* 3. (1)) dans lequel vous ajufterez une petite lame de bois AB , inclinée vers l'ouverture G. Placez au fond de ce piédeftal qui doit être creux, c'eft-à-dire, au deffus de la planchette ABCD , une petite trappe à couliffe CD , qui puiffe s'avancer ou fe reculer vers C ou D , au moyen d'un petit

_____

(1) Voyez auffi le plan de cette piece (*fig.* 4, *même pl.* 3.)

Pied A, (fig. 5.) qui doit traverser une petite rainure R (fig. 1.), faite à cette planchette ; ce pied doit être contenu par un petit bouton S (fig. 5.) qui sert en même-temps à le faire mouvoir.

Couvrez d'un verre le côté de ce piédestal qui est tourné vers l'ouverture G (fig. 1 & 4.) & ayez un petit couvercle pour la couvrir ou la fermer lorsqu'il est nécessaire, enfin que le tout soit disposé de maniere qu'en jettant deux dez par le haut de cette colonne (fig. 3.), ils puissent après avoir glissé le long du petit plan incliné A B, (même fig.) tomber dans l'ouverture G, lorsque la petite trape C D se trouve retirée vers C, & qu'au contraire ils restent dans le bas de la colonne vers C, lorsque cette petite trappe est avancée vers D, c'est-à-dire, lorsqu'elle les empêche d'entrer dans l'ouverture G ; à cet effet cette trappe doit être élevée du côté D, comme le désigne son profil, (fig. 5.) Ayez six petits dez de même grosseur & bien semblables, qui puissent entrer dans l'ouverture G (fig. 1. & 4.).

On pourra, au moyen du bouton qui fait mouvoir la trappe C D, fermer ou faciliter l'entrée des dez dans l'ouverture G ; il sera également facile de placer à volonté l'une ou l'autre des deux cases M & I, au-dessous & vis-à-vis de l'ouverture G.

Récréation.

On placera secrettement deux dez dans chacune des deux cases M & I, (fig. 1.) en les posant sur les points qu'on aura transcrits sur deux petits billets qu'on aura séparément cachetés, & qu'il faudra pouvoir distinguer l'un de l'autre, afin de ne pas se tromper. On donnera ces deux billets à deux personnes différentes, en leur recommandant de les garder ; on posera la piece ci-dessus sur la table, après en avoir foin que la trappe soit poussée du côté de l'ouverture G, & que la case où sont les deux dez, dont le point a été transcrit sur le premier billet donné, se trouve exactement placée vers cette même ouverture, & qui doit alors être couverte ; on présentera les deux dez restans à la personne à qui on aura donné le premier billet, & on lui dira de les jetter au hasard dans la colonne ; on levera ensuite le couvercle qui cache l'ouverture G, & lui faisant voir les deux dez qui y ont été mis, on lui dira qu'elle a amené tel point, & que ce doit être celui qu'elle trouvera transcrit dans le petit billet qu'on lui a remis ; ce qu'elle reconnoîtra en en faisant elle-même l'ouverture. On retirera ensuite la trappe, en touchant subtilement le bouton, sous prétexte de changer cette piece de place pour la mettre plus à la portée d'être vue : & prenant les deux dez

qui sont dans l'ouverture G, on les jettera à diverses reprises dans la colonne, sous prétexte de faire voir qu'ils ne sont pas plombés, & qu'ils amenent indistinctement toutes sortes de points ; ce qui, sans qu'on l'observe soi-même, donnera lieu de croire qu'ils vont effectivement se rendre dans cette ouverture G : alors on couvrira cette ouverture, & changeant cette piece de place pour la mettre à portée de la personne qui a le deuxieme billet, on repoussera le bouton, pour fermer de nouveau le passage aux dez, & on tournera adroitement le pied qui fait agir la piece à coulisse, afin que la case où sont les deux autres dez se trouve vis-à-vis de l'ouverture G : on dira ensuite à la personne qui a le deuxieme billet de jetter dans la colonne les deux dez qu'on aura retiré de la case au coup précédent, & lui ayant fait voir le point contenu dans cette deuxieme case, on lui fera ouvrir elle-même son billet, où elle trouvera le même point transcrit.

Nota. Lorsque cette piece est bien construite & que tous ses effets sont masqués comme il faut, elle produit une surprise d'autant plus extraordinaire, que le spectateur voyant couler les dez le long de la piece inclinée placée dans le piédestal, se persuade qu'ils vont nécessairement se rendre dans l'ouverture G, & dès-lors il n'est pas facile de concevoir comment on a pu prévoir d'avance les points qu'on devoit amener.

(Voyez DES ÉCRITURES).

LES QUATRE BIJOUX.

Indiquer parmi plusieurs objets présentés à une personne, quel est celui qu'elle se déterminera de choisir.

Faites tourner une boîte de la grandeur d'une tabatiere un peu plate, qu'elle soit composée de quatre pieces, savoir, de son couvercle A B (voyez les profils, fig. 6. pl. 3. *Amusemens de Mécanique*) d'un cercle E F, dans lequel puisse entrer du côté G la piece C D, dont la partie H excédant le côté I de ce cercle, doit servir de gorge à cette boîte ; que cette piece C D ait un fond M qui semble être celui de la boîte, & qu'un autre fond L N entre à vis dans le côté G du cercle E F, qu'enfin le tout soit construit de maniere qu'en tournant le couvercle A B on fasse tourner en même temps la piece C D, sans qu'elle puisse pour cela s'enlever lorsqu'on ouvre la boîte ; à cet effet il est nécessaire que le couvercle entre un peu à force dans la partie H de la piece C D, & que cette même piece tourne assez facilement dans le cercle E F.

Fixez un pivot au centre de la piece L N, lequel passe au travers un trou fait au faux fond C D : ajustez sur ce pivot une aiguille A B (fig. 7. même pl. 10) qui se puisse tourner que par frottement : tracez sur du papier un cadran de même grandeur que le faux-fonds CD *fig 6* , & après l'avoir divisé en quatre parties égales , transcrivez-y les noms de quatre différents objets ; tels qu'une *bague* , un *couteau*, une *montre* & une *boëte* ; (*fig 7*) , mettez une très-petite pointe à un des côtés de la boîte & une à son couvercle, ou faites-y seulement une petite marque que vous puissiez reconnoître à la vue ou au tact.

Lorsque l'aiguille aura été , ainsi que le mot *bague* , dirigée vers la petite pointe qui est au côté de la boîte & qu'en la fermant on dirigera du même côté la pointe qui est à son couvercle ; si on tourne le couvercle à droite ou à gauche en lui faisant faire un quart de tour , ce mouvement entraînera d'autant le cadran ; & si la boîte étant dans cet état, on vient à l'ouvrir , l'aiguille n'ayant pas changé de place , indiquera le mot *boîte* ou *couteau* ; si au contraire on fait faire un demi-tour au couvercle , elle indiquera le mot *montre* , au moyen de quoi il sera très facile ; en ouvrant la boîte, de faire indiquer à son gré, par cette aiguille , un des quatre objets transcrits sur ce cadran.

Récréation.

On fera mettre sur la table les quatre bijoux ci-dessus , & on y posera de même cette boîte , ensuite on avancera qu'on y a indiqué d'avance celui de ces objets qu'une personne va se déterminer de prendre , en assurant que quelque choix qu'elle fasse , ce sera de nécessité celui qu'on a prévu. Lorsque le choix aura été fait , on ouvrira la boîte en tournant adroitement le couvercle comme il sera convenable , & on fera voir que l'aiguille indique effectivement le nom de l'objet qui a été choisi ; on fera aussi remarquer que l'aiguille ne peut tourner d'elle-même.

S'il arrive , ce qui est assez fréquent , que la personne choisisse la bague , on pourra alors lui dire de prendre la boîte & de l'ouvrir elle-même ; ce qui rendra cet amusement plus extraordinaire.

Deux cartes librement choisies ayant été renfermées dans deux endroits séparés, les faire passer réciproquement de l'un dans l'autre.

Coupez deux morceaux de carton A & B , d'égale grandeur , & de trois pouces de largeur sur trois & demie de longueur ; placez-les l'un à côté de l'autre , comme l'indique la *fig. 8, pl. 3, Amusemens de Mécanique*) , ayez du ruban de soie fort étroit & ajustez-en une bande vers le bord du carton A , depuis C jusqu'en E , & depuis D jusqu'en F , de manière qu'elles excèdent ce carton , afin de pouvoir les replier par les deux bouts , & les coller au revers du carton A aux endroits G & D , & au revers du carton B aux endroits E F. Prenez deux autres

bandes & les placez de même sur le carton B , en les reployant sur le revers de ce même carton aux endroits I & L , & au revers de celui A aux endroits G H (1). Cette première opération étant faite , si vous reployez ces deux cartons l'un sur l'autre , cela formera une espèce de porte-feuille , dont un des côtés sera toujours charnière lorsqu'on l'ouvrira de l'autre.

Mettez quatre petites bandes de rubans aux quatre extrémités des côtés MNQR de ces deux cartons , en observant qu'elles passent en-dessous des bandes que vous ayez déja mises ; collez de même leurs extrémités au revers de ces cartons ; garnissez aussi de ce même ruban les deux côtés O & P du carton B. Ces six dernières bandes ne servent point au jeu de ces cartons , & ne sont mises qu'afin que chacun d'eux paroisse également bordé de ruban.

Ayez deux papiers taillés de même que l'enveloppe d'une lettre , dont la grandeur soit telle qu'elle couvre en entier les deux rubans GI & HL , ainsi que l'espace contenu entre eux : appliquez en un , & le collez seulement sur ces deux rubans ; collez & appliquez l'autre en-dessous de celui-ci , de façon que le dessus de ces deux enveloppes soient appliquées l'une sous l'autre , & qu'elles renferment & masquent exactement ces deux rubans.

Ayez un deuxième porte-feuille semblablement construit , & couvrez-les tous deux d'un papier de couleur du côté où les rubans sont collés & reployés.

Le tout étant ainsi ajusté , si vous ouvrez ce porte-feuille d'un côté ou de l'autre , on verra toujours une de ces enveloppes ; & comme elles paroîtra adhérente à un des côtés, il sera naturel de croire qu'il n'en contient qu'une.

Récréation.

Ayant secrettement renfermé une carte dans chacune des enveloppes de ces deux porte-feuilles ; prenez un jeu , & faites tirer forcément (2) à deux différentes personnes deux cartes semblables à ces premières ; présentez ensuite le premier porte-feuille ouvert au spectateur qui a tiré une carte pareille à celle qui a été insérée dans le deuxième , & dites-lui de l'insérer dans l'enveloppe qui se trouve vuide ; reprenez le porte-feuille , & en

---

(1) Ces deux dernieres bandes ne doivent pas affleurer le bord du carton comme les premieres , & elles doivent rentrer en dedans suivant la largeur de ces rubans.

(2) On peut se servir d'un jeu de cartes où il n'y ait que deux sortes de cartes.

le posant sur la table, retournez-le subtilement : faites mettre pareillement dans l'enveloppe vuide du deuxième porte-feuille la carte tirée par la deuxième personne, & remettez-le de même sur la table : proposez ensuite de faire réciproquement passer ces cartes d'un porte-feuille dans l'autre, & ouvrez-les afin que chacune de ces personnes, en déployant elle-même l'enveloppe en tire celle que l'autre y a inférée.

Une carte ayant été renfermée dans le porte-feuille, la faire retourner dans le jeu.

Ayez un jeu où il y ait deux cartes femblables, & faites-en tirer forcément une d'elles ; dites à la personne qui l'a tirée, de l'enfermer elle-même fous l'enveloppe d'un de ces porte-feuilles ; proposez-lui ensuite de faire retourner cette carte dans le jeu, & lui préfentant le porte-feuille pour fouffler deffus ; retournez-le, ouvrez-le ensuite afin de lui faire voir que fa carte n'y eft déja plus, donnez-lui le jeu, dans lequel trouvant une carte femblable à celle qu'elle a choifie, elle s'imaginera que c'eft effectivement celle qu'elle a renfermée dans ce porte-feuille.

Le maître & les valets.

Découpez & peignez les quatre enveloppes qui font ajuftées aux deux porte-feuilles dont on a ci-devant donné la defcription, de manière qu'elles forment un lit, (*voyez fig. 9, & 9 n°. 2, pl. 3, Amufemens de Mécanique*) que les quatre parties ABC & D puiffent s'ouvrir, & que les deux enveloppes d'un même porte-feuille foient exactement femblables, tant pour la figure que pour la couleur, en telle forte qu'on puiffe prendre l'une pour l'autre ; ayez encore deux petites figures d'hommes & deux de femmes bien femblables, peintes fur du carton fort mince, & découpées. Enfermez d'avance dans un des deux lits & fous la partie D de l'enveloppe deux de ces petites figures, favoir, une d'homme & une de femme, & réfervez les deux autres pour faire cette récréation.

Prenez ces deux dernières figures & les deux porte-feuilles, & dites (par exemple) « voici une petite domeftique fort gentille dont le maître eft devenu amoureux, & voilà un domeftique du même maître qui ne l'eft pas moins ; mais le maître qui eft un peu jaloux, a grand foin de les faire coucher dans des chambres féparées & éloignées l'une de l'autre ; voici leurs lits. (*Vous ouvrez les deux porte-feuilles comme il convient*). » La fille fe couche donc dans fon lit. (*Vous mettez la petite figure de femme fous l'enveloppe du porte-feuille au revers de laquelle vous avez fecretement mis les deux premières figures.*) Voilà mon jeune égrillard qui fe couche auffi de fon côté ; (*vous mettez*

la petite figure d'homme fous une des enveloppes de l'autre porte-feuille (1)) : » Malgré toutes ces précautions, le maître ne dort pas tranquillement, il fe lève au milieu de la nuit, & va doucement & fans lumière au lit du valet, afin de favoir s'il n'a pas trouvé le moyen d'aller trouver cette fille ; il ouvre les rideaux de fon lit (*on ouvre l'enveloppe*) » & s'il s'apperçoit que le drôle a déja difparu ; (*on fait remarquer que la petite figure d'homme n'eft déja plus fous l'enveloppe*) (2) » il court vers la chambre de la fille, il entre doucement & reconnoît que mon gaillard eft couché avec elle ; (*on ouvre l'enveloppe & on fait voir que les deux petites figures font enfemble*). (3) » Il fe retire ; & va chercher de la lumière afin de les furprendre ; mais le drôle qui l'a vu fe fauve précipitamment dans fon lit ; & lorfque le maître revient, il trouve la fille couchée feule dans fon lit, ainfi que fon valet. (*on ouvre les deux porte-feuilles, & on fait voir que les deux petites figures font retournées dans l'endroit même où on les avoit placées*).

Nota. Comme il peut arriver que quelqu'un demande à voir des porte-feuilles, il eft bon d'en avoir deux autres qui ne s'ouvrent que d'un côté, & dans chacun defquels on aura inféré une petite figure ; on peut encore faire cette récréation avec un feul porte-feuille, dont chaque côté porte deux enveloppes.

Il y a quantité d'autres petites plaifanteries qu'on peut faire avec ces deux porte-feuilles, dont on a cru que le détail feroit ici fort inutile, puifqu'il fuffit de favoir comment fe conftruit le porte-feuille, pour les y adapter.

Le petit culbuteur.

AB (*fig. 10, pl. 3, Amufemens de Mécanique*) eft une petite pièce de bois creufée, & un peu coudée en forme d'S vers les deux extrémités A & B ; elle eft fermée exactement de tous côtés, & divifée intérieurement en deux parties, par une traverfe où l'on fait quelques petits trous pour laiffer paffer un peu de vif-argent qui doit couler affez promptement du côté A au côté B & de celui B au côté A, felon la pofition où cette pièce fe trouve placée, elle doit fervir encore à former extérieurement le corps d'une figure repréfentant un petit fauteur, dont la tête eft en B.

Vers C font ajuftées de part & d'autre, (*voyez*

---

(1) En remettant ces deux porte-feuilles fur la table, il faut les retourner & les pofer de manière qu'il femble qu'on les ouvre du même côté.

(2) On retourne adroitement le porte-feuille.

(3) On retourne ce deuxième porte-feuille.

aussi *fig.* 11 , *même pl.*) deux petites poulies de bois fixées fur un axe qui traverse. cette figure à l'endroit des épaules , sans entrer dans celui où la pièce ci-dessus a été creusée ; les bras D de cette figure sont collés sur ces poulies ; il faut qu'ils soient très-legers , & les mains doivent être fort larges & plates , afin que la figure puisse se tenir en équilibre. (*Voyez fig.* 13.) Un fil de soie fixé fur chacune de ces poulies passe au travers d'un trou fait à une petite éminence de bois ajustée vers D , d'où passant par dessous l'habillement de la figure , ils se réunissent vers A , & sont attachés ensemble à une petite traverse A qui joint ensemble ses deux jambes , (*voyez fig.* 12 ,) ces fils de soie sont retenus par une petite cheville ; afin de pouvoir les rallonger ou les raccourcir selon qu'il est nécessaire pour le mouvement ci-après : les jambes F sont mobiles en A & fixées sur un axe qui traverse le corps de la figure.

Cette figure ainsi construite étant placée dans la situation , *fig.* 10 , c. à d. au haut d'un gradin composé de plusieurs marches , dont la hauteur doit être proportionnée à sa grandeur ,) le vif-argent qui coule vers B fait par sa pesanteur baisser la tête de cette figure , dont les bras servent alors de point d'appui , & elle s'élève droite sur ses mains , ce mouvement raccourcissant les fils de soie , les pieds se penchent vers G (*voyez fig.* 13 ,) & alors leur poids & celui du corps de la figure étant plus pesante que le vif-argent en ce qu'ils sont plus éloignés que lui du point d'appui B, ils viennent à se poser sur la deuxième marche H de ce gradin ; aussitôt qu'ils y sont placés , le vif-argent descendant vers A fait pencher les bras & le corps de la figure , & elle se pose alors sur cette marche H , (*voyez* figure 13 ,) dans la même position qu'on lui avoit donnée d'abord sur la première marche : elle recommence cette même manœuvre en retombant sur la troisième marche I , & de cette marche sur la table où ce gradin est placé ; & comme elle se trouve alors sur ses pieds , elle fait encore une culbute sur la table où enfin elle reste couchée. Si l'on veut qu'en finissant ses sauts elle se trouve debout , il suffit de mettre une petite planchette un peu inclinée à quelque distance de la troisième marche.

On construit la boîte qui renferme cette figure de façon qu'elle serve à former le gradin sur lequel elle fait ces petits exercices. La marche I sert de tiroir pour la renfermer , & la pièce L pour couvrir la boîte & la retourner sens dessus dessous.

N. B. Quoique cette pièce ne soit en quelque forte qu'un jeu d'enfant , la mécanique en étant fort ingénieuse on a cru qu'on en verroit ici avec plaisir la description.

La cabrioleuse animée.

Cette cabrioleuse doit être faite d'un pied de hauteur , habillée en taffetas , avec sa guimpe de même étoffe , sa figure en masque d'émail colorié , les bras & les jambes feront faits de liége rapé & étoffés. Les observations les plus essentielles à faire , en construisant cette machine , sont les suivantes :

Le trou intermédiaire de la boîte intérieure qui forme le corps de la figure , doit être de deux lignes & demie de diamètre , & doit contenir , selon les dimensions de sa hauteur ci-dessus énoncée , cinq onces deux gros & quinze grains de mercure bien purifié ; la soie qui sert à faire mouvoir les bras & les jambes , doit avoir sept pouces trois lignes de longueur , attachée par son extrémité supérieure à une poulie collée à chaque bras ; son extrémité inférieure traversera un petit morceau de bois coupé en angle obtus , pour être arrêtée au trou d'une traverse de bois qui porte les deux cuisses : voilà toute la construction de la machine , eu égard à la hauteur ci-dessus déterminée , afin qu'elle puisse se mouvoir avec facilité ; & voici l'agrément dont cette figure est susceptible.

Faites une petite niche de bois ronde , capable seulement de contenir cette figure ; la plaque circulaire qui sert de fonds à cette niche , sera soutenue à son centre par un pivot de fer qui entrera dans un trou conique pratiqué à une chappe de cuivre qui traversera cette même plaque de bois , qui portera la niche & la figure en équilibre sur elle même : au-dessus de cette plaque , doit être un ressort de montre , fort élastique , tourné en volute , pour faire faire un tour & demi à la niche , par le moyen d'une détente pratiquée au même endroit , qui exécutera à peu près le même mouvement que celui des échappemens des montres ; sur le toît de cette niche , on élèvera deux montans qui imiteront les petits clochers rustiques , en y ajustant une petite clochette & son cordon. Tout près de cette niche , on construira une douzaine de gradins faits avec des petits ais de bois de quatre pouces en quarré , qui feront traversés par des chevilles collées aux deux côtés à deux barreaux de bois arrondis ; ils imiteront les rampes d'un escalier : ces ais feront placés à des distances convenables aux dimensions de la figure. Placez sur la dernière marche de ce gradin un petit fauteuil , sur lequel la petite figure ne manquera pas de s'asseoir , n'ayant plus de marches à parcourir , sur-tout si l'on a attention de faire le dernier gradin moins élevé que les autres ; tous ces gradins doivent être attachés au long du mur , à côté d'une cheminée ou d'une table , en forte que la figure se présente de côté au spectateur.

Ayant logé la ſtatue mouvante dans la niche, & arrêté & monté le reſſort, de manière que la porte ſoit du côté du mur, ſi vous avez eu ſoin de peindre & de décorer ce petit attirail, les perſonnes qui viendront dans votre appartement, ne manqueront pas de vous demander ce que c'eſt. Vous leur direz, tirez le cordon de la clochette, & l'on vous répondra; à cet effet, ayant tiré le cordon qui fait partir la détente, la niche tournera, & la petite figure paroîtra devant la porte, & dégringolera, en cabriolant les eſcaliers l'un après-l'autre juſqu'au dernier, ou ſe trouvant debout & rencontrant ce fauteuil, elle s'y aſſeoira.

Nota. Cette machine demande beaucoup d'adreſſe & de préciſion dans ſon exécution, mais un artiſte qui a de la patience & un peu de méchanique, en viendra très-facilement à bout, & ſera dédommagé de ſes peines, par la ſatisfaction qu'il aura de la ſurpriſe qu'elle produira à ceux qui en verront l'effet.

Faire indiquer par une petite figure placée ſur une glace le nombre qui a été tiré au haſard dans un ſac.

Faites faire un ſac ſemblable à ceux dont on a coutume de ſe ſervir pour jouer au cavagnol, excepté qu'il doit être beaucoup plus petit.

Ménagez dans ſon intérieur trois petites poches étroites, de différentes profondeurs qui aboutiſſent toutes, quant à leurs ouvertures à l'endroit du ſac où ſe trouve placée la boîte du cavagnol.

Ayez une douzaine d'olives dans chacune deſquelles vous inſérerez les nombres 1 juſqu'à 12; placez trois de ces olives dans les trois poches (1) que vous avez ménagées.

Si l'on mêle les olives dans ce ſac, celles que l'on aura placées dans les petites poches y reſteront ſans ſe déranger, & on pourra en preſſant le ſac vers l'endroit où elles ſont placées, faire gliſſer & entrer dans la boîte celle de ces trois olives qu'on jugera à propos, pourvu qu'on puiſſe reconnoître ſeulement les nombres de celles qui ſont contenues dans ces trois poches; ce qui eſt très-facile, attendu que ces poches ſont plus ou moins profondes.

Récréation.

On ſecouera bien les olives dans ce ſac, &

(1) Il faut que la boîte ſe diviſe, afin de pouvoir facilement inſérer les olives dans ces trois poches.

on en fera ſortir une de celles inſérées dans une des petites poches, on la donnera à une perſonne; en lui diſant de n'en pas ôter le nombre, on lui obſervera qu'on ne peut le connoître ſoi-même, & que la petite figure va néanmoins l'indiquer ſur le cadran, ce qu'on exécutera par les moyens indiqués précédemment.

Une perſonne ayant choiſi librement une carte, tirer d'un ſac deux olives, dont l'une indique le nom de cette carte, & l'autre ſa couleur.

Servez-vous du ſac & des olives, dont on a donné la deſcription à la récréation ci-deſſus; inſérez dans huit de ces olives les noms des différentes cartes d'un jeu de piquet, & dans les quatre autres leurs quatre couleurs; mettez enſuite dans une des poches ſecrettes les deux olives qui contiennent le nom & la couleur d'une des deux cartes que vous devez faire tirer, & dans l'autre pochette les deux olives qui renferment le nom & la couleur de l'autre carte.

Récréation.

On fera tirer adroitement à deux différentes perſonnes, les deux cartes tranſcrites dans les olives qu'on a eu ſoin d'inſérer dans les deux poches du ſac, & on propoſera enſuite d'en faire ſortir d'abord deux olives, dans leſquelles ſeront tranſcrites le nom & la couleur de ces deux cartes qu'on ſouhaitera, ce qui s'exécutera en preſſant & pouſſant les olives convenables; on en fera de même à l'égard de la deuxième carte qui aura été tirée, ce qui paroîtra aſſurément fort extraordinaire.

Nota. On peut ne faire tirer qu'une ſeule carte, & attendre qu'on demande à voir recommencer cette récréation pour faire tirer la deuxième. On peut auſſi faire tirer trois cartes, attendu qu'on peut mettre deux autres olives dans la troiſième poche du ſac.

On peut exécuter avec ce ſac diverſes récréations que chacun peut imaginer à ſon gré.

Nouvelle manière de faire tomber la Suie.

La trop grande quantité de ſuie peut gêner le paſſage de la fumée: il faut alors faire ramoner la cheminée; mais veut-on une nouvelle manière prompte & ſûre de nettoyer les tuyaux de cheminée, & d'en faire tomber la ſuie ſans avoir beſoin de ramoneur? employez le procédé ſuivant:

Broyez bien dans un mortier chaud, & mêlez

enfemble trois parties de falpêtre , deux parties
de fel de tartre , & une partie de fleurs de foufre ;
mettez-en fur une pelle de fer autant qu'il en peut
tenir fur un fol marqué ; expofez la pelle fur un
feu clair près le fond de la cheminée. Sitôt que
le mêlange commencera à bouillir , il fulminera
de manière que le feul mouvement fubit de l'air
élaftique contenu dans le tuyau de la cheminée ,
fera tomber fans aucun dommage , ni danger , la

fuie auffi-bien & même mieux que pourroit le
faire un ramonéur.

Si le premier coup ne fuffifoit pas pour nettoyer
le tuyau auffi-bien qu'on le défire , on peut répéter l'opération.

SULTAN (le) OU LE PETIT TURC :
(*Voyez* AUTOMATE).

TABLE

T.

TABLE MAGNÉTIQUE. (*Voyez à l'article* AIMANT).

TABLEAU CHANGEANT. (*Voyez* CATOP- TRIQUE , DIOPTRIQUE , ECRITURE , ÉLECTRI- CITÉ).

TABLEAU MAGIQUE. La furprife que caufe ce petit phénomène de l'induftrie , dépend de la manière dont eft taillé le verre de la lunette à travers laquelle on regarde , & de l'adreffe qu'on a eue de peindre le tableau , de façon à lui faire pro- duire l'effet qu'on admire. Pour y parvenir , on fait tailler par un lapidaire un verre ou polièdre à douze facettes , ayant pour hauteur les deux tiers de fon diamètre ; fur-tout qu'il foit bien plan à fa bafe, que fes facettes foient bien polies, fes angles bien vifs & le morceau de verre blanc ou de cryftal bien net & fans bouillons ; ce verre fera placé dans un tuyau de lunette. Nous ne parlerons pas ici de la manière de compofer le tableau qui , vu à travers le polièdre ci-deffus , préfente tout autre objet que ceux que les yeux y appercevoient auparavant. Nous nous contenterons d'obferver que la lunette & le tableau doivent être fixés en face l'un de l'autre , d'une manière folide , de façon que leur pofition refpective ne puiffe changer ; il eft indif- férent que la pointe ou la bafe du polièdre foient du côté de l'œil ou du tableau , celui-ci doit être à quinze pouces de diftance du verre à facettes. Le cabinet des curiofités de fainte Geneviève pof- fédoit deux pièces de ce genre très-bien exécu- tées : l'une qui préfente un grouppe de perfon- nages, regardée à travers la lunette , n'offre plus qu'une tête de mort ; l'autre pareillement group- pée préfente à travers une pareille lunette , une vierge tenant l'enfant-Jéfus dans fes bras. On voit auffi derrière cette deuxième pièce un en- fant-Jéfus feul au milieu d'une gloire. Au lieu d'un polièdre , on peut également fe fervir d'un verre pyramidal de fix à huit faces , ce qui donnera plus de facilité dans l'exécution. On peut encore faire un tableau magique très-agréable & avec peu de peine , en fe fervant d'un verre qui ait la forme d'une portion de prifme coupé parallèlement à fon axe , lequel auroit en totalité trente-deux côtés égaux , dont cette portion formeroit huit facettes ; la bafe de ce prifme ayant alors quatre pouces , on pourra lui en donner autant de hau- teur , & chacune de ces huit facettes auroit alors environ quatre lignes de largeur , ce qui donnera

Amufemens des Sciences.

à ce verre ainfi taillé une grandeur fuffifante pour y repréfenter un fujet plus étendu & plus détaillé que ceux qu'on eft en ufage de faire en fe fer- vant de polièdre. Il fera auffi beaucoup plus facile de trouver des ouvriers qui puiffent tailler ce verre prifmatique avec régularité , au lieu qu'on a beau- coup de peine à en trouver qui puiffent bien faire un polièdre ; & que d'ailleurs ces fortes de verres, lorfqu'ils font bons , font fort chers : à l'égard de la diftance de ce verre prifmatique , elle doit être d'environ un pied , & celle de l'œil à ce verre , d'environ quatre à cinq pouces.

On voyoit en 1768 fur les boulevards dans le cabinet de la Hollandoife , une récréation affez plaifante. Après avoir préfenté à quelqu'un de la compagnie plufieurs tableaux repréfentants dif- férens fujets , on enfermoit fécrettement le ta- bleau choifi dans une boîte , & l'on faifoit voir dans une autre boîte un peintre qui avoit fait une copie exaCte du même tableau ; on donnoit à cette récréation , dont tout le jeu confifte dans l'effet de l'aimant , le nom de *peintre ha- bile*. (*Voyez* PEINTRE HABILE *à l'article* AI- MANT).

On peut encore varier cette récréation en fai- fant peindre fur le carton au lieu d'un peintre un chaffeur prêt à tirer ; à quelque diftance de la pointe du fufil , il y auroit une ouverture fous laquelle on feroit paffer une perdrix ou un lièvre, ou toute autre pièce de gibier ; on donneroit à quelqu'un de la compagnie le choix de la pièce de gibier qu'on veut faire trouver au bout du fufil du chaffeur ; & cette pièce difparoîtroit l'inf- tant d'après.

TABLEAU MAGIQUE DES CONJURÉS : (*Voyez* ÉLECTRICITÉ).

TABLEAUX qu'on change de toile. (*Voyez à l'ar- ticle* SECRETS).

TALISMAN. Il faut avoir une petite boîte triangulaire , dont chaque côté ait environ quatre à cinq pouces de long , dont le fond foit revêtu de métal ; cette boîte fera couverte d'une ef- pèce de chapiteau , & fera ornée en dehors de chiffres ou caractères extraordinaires , pour don- ner au talifman un air encore plus myftérieux. On aura différens morceaux de papier de même forme que la boîte , & qui puiffent y entrer exactement ; en tête de ces morceaux de papier, feront écrites différentes queftions avec de l'encre ordinaire ; & pour écrire la réponfe, on fe fervira de différentes encres fympathiques, dont l'écriture ne paroît qu'après avoir été expofée au feu, obfervant à chaque mot de ces réponfes, de vous fervir d'une encre différente. On donne à choifir une des queftions écrites fur ces différents papiers, & on annonce à la perfonne, qu'en mettant cette queftion dans le talifman, la réponfe fera écrite au bas avec des caractères de différentes couleurs. En effet, on a fait chauffer auparavant, affez fortement, un petit triangle de métal qui entre exactement dans la boîte : lorfqu'on en ouvre le papier, & qu'on ferme la boîte de fon chapiteau, la chaleur du métal, fe communiquant au papier, fait paroître tous les caractères qui y ont été tranfcrits ; on pourroit mettre deux papiers à la fois au fond du talifman, & recommencer une feconde fois fi le triangle métallique avoit été bien chauffé. Cette récréation exécutée avec intelligence, eft plus curieufe & plus amufante qu'on ne fauroit le croire ; on peut s'en fervir pour tirer un horofcope, donner la réponfe d'une énigme &c.

(*Voyez* ÉCRITURE OCCULTE).

TERRE. Sa figure, fa grandeur &c. (*Voyez à l'article* ASTRONOMIE).

TÊTE ENCHANTÉE. (*Voyez aux articles* AIMANT ; ESCAMOTAGE, PORTE-VOIX).

THEOPHRASTUS PARACELSUS. (*Voyez* ESCAMOTAGE).

TONNERRE ; (*Voyez à l'article* AIR).

TONNERRE ARTIFICIEL. C'eft par des moyens mécaniques qu'on imite fur nos théâtres le bruit du tonnerre. On fait rouler fur le plancher du ceintre de la falle un chariot compofé de feuilles de tôle & de pierres dans une caiffe portée fur quatre roulettes à huit pans, & pour contrefaire les éclats du tonnerre, on fufpend à une poulie une corde qui tient plufieurs plaques de tôle & douves de tonneau enfilées à un demi-pied de diftance les unes des autres, enforte qu'en lâchant la corde ces plaques tombent l'une après l'autre fur le plancher.

On peut encore imiter le tonnerre par l'ébranlement de l'air ; il faut avoir un fort chaffis de bois d'environ trois pieds de long fur deux pieds & demi de large, au bord duquel on attachera folidement une peau de parchemin affez épaiffe & de même grandeur que le chaffis ; on le mouille avant de l'attacher, afin que la tenfion en foit beaucoup plus forte. Lorfqu'avant fufpendu ce chaffis, on l'agite avec plus ou moins

de violence, l'ébranlement qu'il caufe dans l'air eft plus ou moins fort, & l'on peut alors exciter, avec affez de vraifemblance, un bruit femblable à celui du tonnerre qui gronde.

A cela, nous ajouterons un procédé phyfique, non moins curieux qu'intéreffant à connoître. Il faut prendre une bouteille de verre fort, de la contenance d'environ un poiffon, dans laquelle on verfera une once d'efprit de vitriol concentré ; l'on jettera par-deffus deux gros de limaille de fer, & l'on tiendra la bouteille bouchée pendant quelques inftants, afin qu'il s'y amaffe une plus grande quantité de vapeur fulphureufe ; enfuite l'on agitera un peu la bouteille ; & après avoir ôté le bouchon, on approchera une chandelle allumée du goulot, qu'on aura foin de tenir un peu incliné ; auffi-tôt il fe formera une inflammation, avec un bruit confidérable. Dans la crainte que l'effet ne foit trop violent, & pour éviter d'être bleffé par les éclats de la bouteille, fi elle venoit à fe caffer, il faudra l'envelopper d'un linge ; on peut même la pofer à terre & en enflammer les vapeurs avec une bougie attachée au bout d'une baguette.

Tonnerre électrique.

Le docteur Lind eft l'auteur de l'expérience, qui fert à démontrer quelle différence il y a de recevoir l'explofion de la foudre par une éminence émouffée, ou de la recevoir par une pointe aiguë, aboutiffant à un conducteur non-interrompu. Elle met dans tout fon jour l'avantage des pointes terminées par de bons conducteurs, pour préferver les édifices de la foudre.

AB eft le modèle d'une petite maifon, dont C eft le fommet du pignon ; (*fig.* 4, *pl.* 4, *Amufemens de Phyfique.*) AD un mur dans lequel eft percé le trou quarré GFHE. Ce trou eft deftiné à recevoir une planche quarrée, garnie diagonalement d'une barre de fer qui, fuivant la pofition de la planche, peut aller de F en E, comme dans la figure, ou de G en H. LG eft une barre de fer terminée par une boule L, qui va aboutir au point G. De H il y a une autre barre femblable, dont le bout I fe termine en une chaîne de longueur convenable pour l'objet qu'on dira.

Cela fait, on place la planche comme on voit dans la figure, c'eft-à-dire en forte que la barre de fer qui y eft enchâffée aille de F en G, & qu'il y ait une interruption de G en N. On paffe la chaîne à l'entour du corps du bocal, comme ceux de la batterie électrique. On charge ce bocal autant qu'il peut l'être. Enfin l'on attache à un des côtés de l'excitateur garni d'un manche de verre la chaîne du conducteur ; & l'on touche avec l'autre côté de l'excitateur terminé en boule, la boule L qui furmonte la barre GC, & le pignon de la petite maison. Le cercle électrique se fait, une forte explosion est produite, & la planche FGHE est jettée hors de sa place avec fracas, à cause du saut que la matière électrique a à faire de G en H, pour regagner le conducteur interrompu en cet endroit.

Mais au lieu de la barre terminée par une boule L, placez-y une barre finissant en pointe aiguë; placez aussi la planchette FGHE de manière que la petite barre de fer EF aille de G en H; faites enfin la même chose que dessus : l'électricité passera en silence le long de la barre LGHI, sans rien déplacer.

Voilà l'image de ce qui se passe quand la foudre frappe un édifice. L'éminence du bâtiment reçoit le coup de tonnerre avec explosion; la foudre suit le premier conducteur métallique qu'elle rencontre sans l'endommager, quand il est de grosseur suffisante; mais ce conducteur est-il interrompu quelque part, elle fait là une explosion, & fait sauter en morceaux, mur, boiserie, &c. jusqu'à ce qu'elle ait trouvé quelque nouveau conducteur. A chaque interruption, nouvelle explosion, & malheur à ceux qui se trouvent à proximité, car, comme le corps d'un homme est un assez bon conducteur de l'électricité, à cause des fluides dont il abonde, elle le prend faute de mieux, & le tue immanquablement.

Mais rien de cela n'arrive, si la barre élevée au dessus de la maison est terminée par une pointe aiguë, & que le conducteur ne soit point interrompu. Il pourra y avoir quelque explosion légère à la pointe de la barre, mais de-là le fluide électrique, ou celui de la foudre, suivra le conducteur jusqu'à son extrémité, qu'on enfouit dans la terre à une profondeur suffisante pour atteindre l'humidité.

M. Sigaud de la Fond, professeur de physique expérimentale, à rendu cette expérience plus sensible encore, par la disposition qu'il a donnée à sa petite maison. Elle est telle, que l'explosion électrique en fait sauter le toit & écarter les murs.

TORPILLE (la) (*Voyez* ÉLECTRICITÉ).

TOURS DE FORCE. On voit quelquefois dans les foires des personnes qui font des tours de force qui étonnent; mais si ces personnes possèdent une certaine force particulière, l'adresse qu'elles emploient pour faire ces tours contribue pour beaucoup à nous les faire paroître si étonnants; quelquefois même l'adresse fait presque tout.

M. Desaguilliers, professeur de physique, dit

avoir vu à Londres un homme qui s'asseyoit sur une planche placée horisontalement, &, appuyant ses pieds contre un ais vertical immobile, avoir un peu au-dessous des hanches une forte ceinture, terminée par des anneaux de fer; à ces anneaux étoit attaché par un crochet une corde qui, passant entre ses jambes, traversoit l'appui vertical par un trou pratiqué exprès; plusieurs hommes & même deux chevaux employant toutes leurs forces à tirer cette corde ne pouvoient l'ébranler.

Ce même homme faisoit encore un autre tour par lequel il prétendoit élever, quoiqu'il ne fût que soutenir, un canon de deux ou trois mille livres pesant; pour cet effet il se plaçoit dans un chassis fait exprès, où il pouvoit jouir de la même position avantageuse qu'il avoit dans le tour d'adresse précédent; le canon étoit placé dans le plat d'une balance, dont les cordes étoient attachées à la chaîne qui pendoit de sa ceinture. Le plat de cette balance dans lequel étoit le canon de trois mille pesant étoit soutenu par des rouleaux; lorsque les cordes étoient bien tendues, les jambes bien affermies, on poussoit les rouleaux qui soutenoient le plat de la balance, & l'homme ainsi passé dans son chassis soutenoit le canon du poids de trois mille livres. M. Desaguillers, ayant remarqué que toute la force prodigieuse apparente de ce tour de force ne dépendoit que de la situation favorable où étoit celui qui soutenoit le canon, fit une semblable expérience devant le roi George premier, & plusieurs personnes la répétèrent après lui.

Ce prétendu phénomène de force s'explique aisément, dit M. Desaguillers, par la résistance des os du bassin qui sont arcboutés contre un appui vertical ou horizontal, par la pression de la ceinture qui affermit les grands trochanters dans leurs articulations, par la force des jambes & des cuisses qui, lorsqu'elles sont parfaitement droites, présentent deux fortes colonnes capables de soutenir au moins quatre ou cinq mille livres. On sait qu'une puissance est inefficace, quand son action se dirige par le centre du mouvement, & M. Desaguillers fait une application ingénieuse de la ceinture dont on vient de parler plus haut, dont un ou plusieurs hommes pourroient se servir pour hausser ou abaisser le grand perroquet d'un navire, en s'appuyant contre les échelons d'une forte échelle couchée sur le tillac.

On peut mettre à-peu-près dans la même classe le tour que faisoit à Venise un homme jeune & foible qui soutenoit un âne en l'air, & même des poids plus pesants par un moyen singulier. Il faisoit lier ses cheveux de côté & d'autre par de petites cordelettes, auxquelles on attachoit par deux crochets les deux extrémités d'une sangle large qui passoit par dessous le ventre de cet âne.

Monté enfuite fur une petite table, il fe baiffoit pendant qu'on attachoit les crochets à la fangle, fe redreffoit enfuite & élevoit l'âne en appuyant fes mains fur fes genoux ; mais il difoit qu'il avoit moins de peine à élever des fardeaux même plus pefants que l'âne, parce que l'animal fe débattoit en perdant terre.

Lorfque le jeune homme foulevoit ainfi de terre l'âne ou quelqu'autre fardeau plus pefant, il avoit le corps droit & les genoux pliés, de forte qu'il mettoit les treffes de fes chéveux dans le même plan que les têtes des os, des cuiffes & les chevilles des pieds. La ligne de direction du corps & de tout le poids paffoit ainfi entre les plus fortes parties des pieds qui fupportoient la machine, alors il fe relevoit fans changer la ligne de direction ; & dans ce moment, toute la force procédoit, fuivant M. Defaguillers, des extenfeurs des jambes qui font fix fois plus confidérables que les mufcles des lombes, & qui par conféquent feroient incapables d'un femblable effort.

La raifon pour laquelle l'âne en fe débattant rendoit le fardeau plus incommode, c'eft qu'il faifoit vaciller la ligne de direction ; quand elle étoit portée en avant ou en arrière, les mufcles des lombes fe mettoient en jeu pour la rétablir dans fa première fituation.

On voit quelquefois des gens qui, couchés à terre, font placer fur leur poitrine une enclume de fer ; tandis qu'un autre prend un barreau qu'il caffe fur l'enclume ainfi placée fur la poitrine de l'homme renverfé ; on frémit aux coups de marteau que l'on voit frapper, fous lefquels il femble que cet homme doit être écrafé. Tout le myftère confifte dans la proportion de l'enclume & du marteau ; fi le marteau par exemple ne pèfe qu'une livre, & que l'enclume en pèfe quatre cents, quelle que foit la viteffe du marteau, l'enclume frappée en aura quatre cents fois moins. Le coup pourra être affez violent fans qu'elle parcoure plus d'une ligne, & la poitrine en s'abaiffant de cette quantité ne peut fouffrir beaucoup. Elle peut encore foutenir un poids auffi énorme. L'homme ainfi couché ne parle point, l'air étant retenu dans fa poitrine lui donne la force de fupporter ce poids à-peu-près comme une veffie pleine d'air, dont le col eft adapté à un tuyau étroit, refte gonflée, lorfqu'une force très foible, même par rapport au poids dont elle eft chargée, empêche l'air de s'échapper du tuyau.

Tour extraordinaire nouvellement inventé.

M. Van-Eftin nous prévint, dit M. Décremps, que nous allions voir un véritable prodige ; & préfentant à M. Hill un crayon avec un carré de papier fur un porte-feuille, il lui dit : Je vous

prie, Monfieur, d'écrire là-deffus telle phrafe que vous jugerez à propos en Anglois, en latin, en Hollandois ou en françois ; employez à votre gré des caractères grecs, arabes ou allemands ; des fignes héraldiques ou hiéroglyphiques, je faurai ce que vous aurez écrit, fans le voir ; cachez-vous bien & ne montrez votre écriture à perfonne pour ne pas foupçonner d'être trahi par quelqu'un qui pourroit être d'intelligence avec moi.

M. Hill fortit auffitôt de la chambre avec le crayon, le porte-feuille & le papier, fur lequel il écrivit cette queftion en françois :

Vous mêlez-vous toujours d'un peu de diablerie ?

Enfuite, rentrant dans la chambre, il cacha cet écrit dans fa poche, rendit à M. Van-Eftin fon crayon & fon porte-feuille, & le fomma d'accomplir fa promeffe, en devinant ce qui venoit d'être écrit.

Si je ne faifois que cela, répondit M. Van-Eftin, vous ne regarderiez mon opération que comme un fimple tour de paffe-paffe ; mais comme je vous ai promis de faire un vrai prodige, permettez-moi d'y ajouter quelqu'autre circonftance ; brûlez donc le papier fur lequel vous venez d'écrire.

M. Hill ayant brûlé fon écrit, M. Van-Eftin lui montra auffi-tôt un autre morceau de papier plié en quatre, en difant : voici, Monfieur, la réponfe à la queftion que vous venez d'écrire & de brûler ; cette réponfe eft écrite depuis long-temps, parce que j'avois prévu votre demande : ne la lifez pas encore ; contentez-vous de m'entendre dire, dans ce moment-ci, que votre queftion eft compofée de huit mots dont le premier eft un monofyllabe. Je veux que cette réponfe aille à trois quarts de lieue d'ici fans envoyer aucun émiffaire ; mettez-y votre feing, avec paraphe, pour pouvoir la reconnoître ; allez vous-en enfuite au bout du parc, prenez la clef du pavillon qui termine la grande allée : quand vous y ferez arrivé, ouvrez le tiroir fupérieur de la commode ; l'écrit que voici s'y trouvera renfermé dans une caffette, dont voici pareillement la clef.

M. Hill ayant figné & paraphé cet écrit, prit les trois clefs du pavillon, du tiroir & de la caffette, & s'en alloit bien vite chercher la réponfe au bout du parc, quand M. Van-Eftin l'arrêta pour lui parler en ces termes : vous pouvez me donner des furveillans & mettre des gens aux aguets autour de la maifon, pour vous affurer que je n'envoie perfonne ; aucune précaution de votre part ne peut me faire échouer dans mon entreprife ; la réponfe eft déjà arrivée à fa deftination. Cependant, fi vous voulez, elle va sortir de la cassette pour que vous at rouviez à moitié chemin sous un arbre ; bien plus, elle sera écrite de la couleur que vous allez me demander, & je vous donne à choisir sur les sept couleurs de l'arc-en-ciel.

Je veux, dit M. Hill, après avoir réfléchi un instant, qu'elle reste dans la cassette, & que les mots soient alternativement écrits en rouge & en violet. Il espéroit d'embarrasser M. Van-Estin par cette demande ; mais il se trouva lui seul bien dans l'embarras, quand on lui répondit de cette manière : — Elle est précisément écrite comme vous la demandez ; j'avois prévu votre choix, & je vous prouverai à votre retour que je peux savoir d'avance toutes vos pensées.

Après cela, M. Hill court bien vîte au bout du parc ; il arrive hors d'haleine, il ouvre à la hâte la porte du pavillon, le tiroir de la commode, & la cassette dans laquelle il ne voit d'abord qu'une petite boule ; il croit que l'opération est manquée : mais il s'apperçoit bientôt que cette boule est une petite boîte ronde, il ne l'a pas plutôt ouverte, qu'il reconnoît le papier sur lequel peu d'instans auparavant il avoit mis son seing & son paraphe : il le déplie avec empressement ; il voit une écriture rouge & violette, comme il l'avoit demandée, & se trouve ravi d'admiration en lisant la réponse suivante :

Pourquoi m'accusez-vous d'un peu de diablerie,

Puisque vous ne croyez qu'à la blanche magie ?

Dans ce moment il entend frapper trois coups à la porte ; il va pour ouvrir, & ne trouve personne : un autre en pareille circonstance, auroit pu croire que c'étoit un lutin ; mais il s'imagina tout simplement que c'étoit quelqu'un qui se cachoit derrière le pavillon pour lui faire peur. Cependant il en fait rapidement le tour, & ne découvre rien : en rentrant, il est étonné de voir que le mur, qui lui avoit paru d'une blancheur éblouissante, se trouve tout-à-coup peint en camayeu. D'un côté, il voit un tableau représentant des bêtes farouches, des têtes hérissées de serpens, des lutins de toute espèce. De l'autre côté, c'est la tentation de Saint-Antoine, où les diablotins sont représentés sous toutes sortes de formes. Il rit de voir qu'on a représenté le diable avec le corps d'une harpie, la queue d'un crocodile, les défenses d'un sanglier, la tête d'un cochon, & le capuchon d'un derviche.

Dans ce moment on frappe trois autres coups à la porte, les volets de la fenêtre se ferment d'eux-mêmes ; au milieu des ténèbres, il voit briller un petit rayon de lumière qui ne dure qu'un instant : il entend dans la cheminée deux coups de pistolet : il pense d'abord qu'il y a des voleurs & des assassins, il craint pour sa vie & son esprit se trouble. Une odeur sulfureuse & bitumineuse se répand

autour de lui ; l'air retentit des bruits les plus effrayans, il croit entendre des loups qui hurlent, des chiens qui aboyent, des ours qui grondent, des chats qui miaulent, des taureaux qui beuglent, des corbeaux qui croassent, & des serpens qui sifflent.

Parmi tous ces cris lugubres, il distingue des voix plaintives & gémissantes, qui annoncent la douleur & le désespoir ; le silence succède, mais il est bientôt interrompu par une voix de tonnerre qui fait trembler les vitres en prononçant ces vers :

Insensé, qui ne crois qu'à la blanche magie,

Tremble ! voici l'enfer avec sa diablerie.

Aussitôt il sent deux ou trois secousses de tremblement de terre ; il entend un bruit souterrain semblable à celui de la mer en courroux, quand le sifflement des vents & le mugissement des vagues font pâlir le matelot le plus intrépide. Au milieu du tonnerre & des éclairs, il voit paroître trois squelettes qui, en grinçant les dents, agitent la masse de leurs os, & font craquer leurs bras, en secouant des torches allumées dont la pâle lueur augmente encore l'horreur de ce lieu. M. Hill, sur le point de se trouver mal, entend une voix qui lui dit :

Rassure-toi, le prestige est fini.

Dans ce moment les torches s'éteignent, les squelettes disparoissent, & les fenêtres s'ouvrent. Revenu de sa terreur, M. Hill voudroit bien pouvoir se persuader à lui-même, que ce qu'il vient de voir & d'entendre, n'est qu'un songe & une illusion, mais mille circonstances s'y opposent. Il tient encore dans sa main le papier qu'il a trouvé dans la cassette, & qui semble y être venu par une opération magique : ce papier lui donne la réponse à une question qu'il n'a communiquée à personne. La voix forte qui l'a menacé de l'enfer & de sa diablerie, lui a causé dans l'oreille un tintoin qui dure encore : le seul souvenir des trois squelettes & de leurs mouvemens le fait frissonner ; il craint de voir renouveller à tout instant cette scène d'horreur. Voilà donc cet incrédule, cet esprit fort, qui attribuoit presque toutes les merveilles à l'énergie de la nature ou au génie des artistes, obligé de croire maintenant aux devins, aux sorciers, aux lutins & aux revenans. Quand il est de retour au logis, on achève de le mettre dans la perplexité, en lui disant tous les pas & les divers mouvemens qu'il a faits dans le pavillon, comme s'il y avoit eu des témoins oculaires. On lui dit qu'il a fourni en voyant sur la muraille la figure du diable, qu'il a trémoussé au premier coup de pistolet, qu'il a reculé au second, & qu'il étoit assis tremblant sur un fauteuil, quand les trois squelettes ont disparu.

Croyez-vous, lui dit M. Van-Eftin, que j'ai envoyé cette réponse, feulement au bout du parc, pour vous épargner une plus longue courfe, & que j'aurois pu l'envoyer auffi facilement à trois lieues plus loin ? — Je le crois, dit M. Hill, quelque impoffibilité phyfique que j'y apperçoive, après ce que j'ai vu, je ne faurois en douter. — Ne convenez-vous pas auffi, dit M. Van-Eftin, que puifque j'ai le pouvoir de faire paffer fubtilement un écrit dans une caffette fermée à clef, éloignée de trois ou quatre lieues ; je pourrois, par le même moyen, envoyer invifiblement dans l'eftomac d'un homme, qui feroit à la même diftance, une potion chymique de ma compofition ? — J'en conviens, dit M. Hill. — Or, il eft clair, ajouta M. Van-Eftin, que je peux mettre dans cette potion des matières glaciales, des drogues venimeufes ou arfénicales ; donc je peux, par ce moyen, envoyer au loin des maladies fiévreufes ; & réfroidir les tempéramens les plus vigoureux ; c'eft-à-dire, que je peux nouer l'aiguillette, donner des maléfices, & exercer toutes fortes de fortilèges. — Ma foi, dit M. Hill, vous pouvez vous vanter de tout cela auprès de moi. Je fuis prêt à vous en croire fur votre parole, & je vous difpenfe de me donner de nouvelles preuves. — Eft-il poffible, s'écria M. Van-Eftin, qu'un favant foit parvenu à cet excès de crédulité, qui lui fait ajouter foi à tous les contes les plus abfurdes.

M. Hill ayant ouï dire, que tout ce qu'il avoit vu & entendu dans le pavillon, étoit l'effet de quelques caufes fimples & naturelles, pria inftamment M. Van-Eftin de lui donner la folution de ce problême, lui promettant de lui garder le fecret, afin que fes moyens ne fuffent pas connus du public, & qu'il pût, dans la fuite, répéter la même expérience avec le même fuccès.

J'avois réfolu, répondit M. Van-Eftin, de ne confier mon fecret à perfonne ; cependant je vous promets de vous donner un jour la clef de ce logogryphe, à condition que vous n'en parlerez point dans ce pays-ci. Ce que vous pourrez en dire, à votre retour en Europe, ne parviendra fans doute jamais aux oreilles de mes voifins, que j'ai intérêt de conferver dans l'ignorance fur ce point : mais fi mes moyens étoient un jour découverts, je m'en confolerois par le plaifir que j'ai eu de prouver déjà, par plufieurs expériences réitérées, qu'un fait qui paroît miraculeux à des gens, n'eft fouvent qu'un effet préfenté à l'ignorance par la fupercherie, & que l'inftruction fait ordinairement évanouir le merveilleux, en détruifant notre admiration, d'où il s'enfuit, que pour bien diftinguer une opération vraiment miraculeufe, de celle qui ne l'eft point, il faut commencer par bien étudier les loix de la nature, & les preftiges de l'art. Apprenez donc, dès à préfent, que je ne fuis parvenu à vous féduire, que par la réunion

d'une infinité de caufes phyfiques & mécaniques, pour lefquelles j'avois fait, à votre infu, de grands préparatifs, & dont l'effet vous a paru magique & femblable à des maléfices & à des fortilèges, parce qu'il vous a été exagéré par un fophifme, où le menfonge fe préfentoit fous les dehors de la naïveté.

Explication.

Vous avez d'abord écrit une queftion, en appuyant votre papier fur un porte-feuille couvert de taffetas noir, enduit de fuif & de noir de fumée dans fa furface intérieure, fous laquelle étoit caché un papier blanc. Vous avez écrit fur ce papier, fans le favoir, parce qu'en gravant vos caractères fur le papier extérieur que je vous ai préfenté, le crayon dur dont vous vous êtes fervi, a marqué les mêmes traits fur le papier caché, à l'aide du fuif & du noir de fumée dont la furface intérieure du taffetas étoit enduite.

Par ce moyen, quand vous m'avez rendu ce porte-feuille, c'étoit en vain que vous cachiez votre écrit, il m'a été facile de voir, d'un coupd'œil, dans le porte-feuille, ce que vous veniez d'écrire deux fois, fans le favoir ; & de vous dire que votre queftion étoit compofée de huit mots.

Quand votre écrit a été brûlé, je vous ai préfenté auffi-tôt un papier blanc, plié en quatre, fur lequel vous avez figné avec paraphe ; je vous ai promis de l'envoyer au bout du parc, fans aucun émiffaire, & je vous difois la vérité ; mais quand je vous ai affuré qu'il contenoit la réponfe à votre queftion, c'étoit avec raifon que je n'ai pas voulu vous permettre de le déplier, puifqu'il n'y avoit encore rien.

Après votre départ, j'ai écrit promptement la réponfe fur ce même papier, en me fervant d'une encre rouge & violette pour fatisfaire à votre demande : je l'ai mife dans une boîte ronde de liège, que j'ai jettée à la hâte dans un petit tuyau fouterrain dont une extrémité va aboutir au pavillon. Faifant alors ufage d'un grand fouffet, pour produire dans ce tuyau un vent impétueux, j'ai pouffé la boule de liège dans le pavillon, avec toute la rapidité que vous communiquez à des fèves ou à des pois, quand vous les lancez pour tuer des oifeaux, en foufflant dans une farbacane (1).

En arrivant à fa deftination, la boule de liège a pu tomber dans la caffette, qui étoit alors

_____

(1) L'expérience prouve qu'on peut pouffer ainfi la boule de liège jufqu'à fix lieues.

ouverte, & entrer dans le tiroir supérieur de la commode, parce que le deſſus de cette commode, qui eſt mobile ſur des charnières comme le couvercle d'une malle, étoit dans ce moment appliqué contre le mur, *fig. 1, de la pl. 7, de Magic Blanche. Tome VIII. des gravures.*

Dans cette partie du mur aboutit un ſecond tuyau, dont le vent pouſſe fortement le deſſus de la commode, qui, tombant par ſon propre poids, fait tomber auſſi le couvercle de la caſſette, & par ce moyen la fait fermer à clef.

Le reſte de l'opération ſe termine à l'aide d'un faiſceau de vingt-cinq ou trente tuyaux, dont les extrémités, comme celle des deux premiers dont nous venons de parler, ſont cachées, pour la plupart, par des eſtampes encadrées, qui, pendant à un clou par un ſeul anneau, s'éloignent du mur dans leur partie inférieure, pour laiſſer paſſer le vent quand on ſoufle; & qui ſe rapprochent du mur par leur propre gravité, quand on ceſſe de ſoufler.

Le troiſième tuyau ſert à faire partir un mouvement d'horlogerie caché dans l'épaiſſeur de la porte du pavillon. Ce mouvement frappe trois coups à la porte, quand on ſoufle dans le tuyau, par la même raiſon qu'une montre à répétition ſonne les heures quand on pouſſe le bouton de la boîte.

A l'aide d'un quatrième tuyau, on fait partir un tourne-broche, qui fait tourner des cylindres ſemblables à des ſtores ſur leſquels la tapiſſerie blanche du pavillon ſe roule, pour diſparoître précipitamment, & pour découvrir la peinture à freſque qui repréſente ſur le mur des figures de diables & d'animaux.

Quatre autre tuyaux qui vont aboutir dans les embraſures, ſervent à fermer les volets de la fenêtre & de la lucarne en les repouſſant violemment loin du mur.

Le neuvième tuyau fait partir la détente d'un piſtolet à deux coups, chargé avec de la poudre imbibée d'eau puante, pour répandre à l'entour une mauvaiſe odeur.

Douze autres tuyaux ſervent de porte-vent à des tuyaux d'orgue, dont le ſon aigre & diſcordant imite le cri de divers animaux.

Un tuyau d'orgue à voix humaine, s'il eſt enfermé dans une boîte oblongue qui s'ouvre & ſe referme peu-à-peu quand le tuyau parle, exprime parfaitement le miaulement d'un chat, ou le roulement de voix d'un enfant à la mammelle.

D'autres tuyaux d'orgue, à l'aide d'un piſton mobile, produiſent un ſon de voix qui paſſe par degrés inſenſibles de l'aigu au grave, & du grave à l'aigu; ce qui, étant fait avec une certaine précaution, exprime aſſez bien le gémiſſement d'une perſonne accablée de douleurs.

Il eſt parfaitement inutile d'expliquer ici par quel art des tuyaux d'orgue peuvent exprimer le hurlement d'un loup, le croaſſement d'un corbeau, le rugiſſement du lion, le mugiſſement des vagues: ces effets dépendent d'une conſtruction particulière, qu'on pourroit abſolument peindre par des mots, mais qui, à coup ſûr, ne ſeroit entendue que par des facteurs d'orgues. D'ailleurs, il n'eſt point de tuyau à anche, un peu diſcordant, qui ne puiſſe exprimer le cri d'un animal, pourvu qu'il ſoit ſur le ton néceſſaire, & que l'organiſte, ou le cylindre cloué qui en tient lieu, le faſſe parler à propos.

J'avertis, en paſſant, que, pour produire les ſons les plus effrayans, il faut ajouter à ces tuyaux d'orgue des pots de terre couverts de parchemin bien tendu, comme celui d'une caiſſe de tambour. Si, au centre de ce parchemin, on attache un peu de crin frotté de cire, il ſuffira de pincer ce crin en gliſſant d'une certaine manière, pour entendre un ſon horrible, capable de faire dreſſer les cheveux.

Il n'eſt guère poſſible de faire entendre ce bruit pendant la nuit, dans un village, ſans que les habitans diſent, le lendemain, qu'on a entendu le loup-garou.

Une douzaine de pots préparés de cette façon, peuvent à tel inſtant qu'on deſire, faire un vacarme effrayant, au moyen d'une mécanique qui parte d'elle-même comme un reveil ordinaire, ou qu'on fait partir à volonté en ſouflant dans un tuyau.

Le bruit & les éclats du tonnerre ſont imités par de fortes timbales, & par des coups violens donnés ſur un paquet de planches à demi-creuſes, ſuſpendues à une corde, ou par les moyens employés à l'Opéra, &c. &c. (1)

Le pavé de l'intérieur du pavillon étant porté ſur un grand madrier, qui eſt preſque en équilibre ſur une poutre tranſverſale, peut être mis en mouvement par de très-petites forces, à l'aide

---

(1) *Nota.* On peut ſupprimer pluſieurs tuyaux, pour y ſubſtituer des pédales qui, ſe remuant inſenſiblement dans le pavillon ſous les pas de la perſonne envoyée, feront partir divers mouvemens d'horlogerie, &c. &c.

d'un tourne-broche qu'on fait partir en foufflant dans un autre tuyau......

Ce mouvement fe faifant fentir fous les pieds d'un homme déja très-effrayé, paffe dans fon efprit pour une fecouffe de tremblement de terre.

Les trois fquéletes font de fimples automates cachés dans une armoire, dans l'épaiffeur de la muraille. En foufflant dans un tuyau, on fait ouvrir les battans de l'armoire qui les cachent. Le vent d'un autre tuyau fait partir un briquet, en forme de piftolet, & allumé leurs torches. D'autres tuyaux fervent à faire tourner derrière les automates, de petites ailes de moulin à vent, auxquelles eft attachée une roue de rochet, pareille à celle qui fe fait entendre quand on remonte une groffe horloge. Le cliquet qu'on employe ici, eft un lévier, qui, en fautant d'une dent à l'autre, agite fortement toutes les parties du fquéleté, & imite par fon bruit le craquement des os.

Un autre tuyau fert de porte-voix, & fait entendre fortement dans le pavillon, des mots qu'on a prononcés doucement au château. Les paroles qu'on prononce peuvent, dans le même inftant, paroître fur la muraille en lettre de feu, à l'aide d'un tranfparent préparé d'avance, derrière lequel on allume des bougies, par le moyen employé pour allumer les torches.

Voici maintenant comments'ouvrent les fenêtres. Dans la partie fupérieure de quelques cylindres creux, cachés dans le mur, & pofés perpendiculairement près des embrafures, font des boulets de plomb, foutenus par des confoles; ces boulets pouffés par le vent, à l'aide de quelques autres tuyaux, roulent fur la confole qui les foutient, tombent dans le cylindre, entraînent dans leur chûte une ficelle à laquelle ils font attachés, &, à l'aide d'une poulie, ils ouvrent les volets, en les tirant fortement pour les appliquer au mur (fig. 2, même pl. 7). Le même moyen fert à fermer l'armoire où font les fquéletes.

Enfin, dans la lucarne qui eft au haut du pavillon, on a mis une grande glace inclinée, qui réfléchit au-dehors l'image de la plupart des objets que le pavillon renferme. C'eft dans cette glace qu'on peut voir tout ce qui fe paffe dans le pavillon, fans fortir du château, en faifant toutefois ufage d'une bonne lunette à longue vue.

Obfervations.

1°. Il eft expédient que la glace foit difpofée de manière à renvoyer l'image des objets qui font dans le pavillon, non directement au château, mais dans quelqu'endroit voifin, obfcur & de peu d'apparence; fans quoi la perfonne qui eft

dans le pavillon, en levant la tête par hazard, pourroit voir le château dans la glace, & foupçonner alors le moyen qu'on emploie.

2°. Le pavillon doit être fort petit, ou du moins il doit être meublé de manière que la perfonne qu'on y envoie, ait très-peu d'efpace à parcourir; fans quoi l'on ne pourroit voir dans la glace qu'une partie du pavillon, & l'on ne feroit pas fûr de voir tous les mouvemens de la perfonne envoyée.

3°. Après tout ce qui vient d'être dit, il eft inutile d'expliquer par quel moyen M. Van-Eftin auroit pu faire parvenir la réponfe à moitié chemin fous un arbre; il eft évident qu'il devoit y avoir un tuyau qui aboutiffoit dans cet endroit: là fe trouvoit un baffin rempli d'eau, au fond duquel la boule de liége ne pouvoit parvenir fans remonter auffi-tôt à la furface de l'eau, par fa légéreté fpécifique (1), &c. &c. intelligenti pauca.

Tels font, dit M. Van-Eftin, les divers moyens que j'ai employés pour faire une opération qui vous a paru miraculeufe, & que vous auriez regardée long-tems comme telle, fi je n'avois déchiré le voile qui la couvroit. Vous voyez maintenant que cela ne me donne pas le pouvoir de nouer l'aiguillette, d'envoyer au loin des maladies, & de donner des maléfices ou d'exercer des fortiléges; mais j'ai voulu me vanter de tout cela auprès de vous, pour favoir jufqu'à quel point on peut éblouir un homme effrayé.

(DÉCREMPS).

Tranfmutation apparente des métaux.

On n'eft pas encore convaincu que les métaux parfaits, & les demi-métaux foient compofés d'une terre propre à chacun d'eux. Jufqu'à ce que la queftion foit décidée, la converfion d'un métal en un autre, ne paroit pas moralement impoffible. Quoi qu'il en foit, il paroit de temps à autre, des charlatans qui s'annoncent pour

_____

(1) Nota. Qu'il y avoit une foupape pour empêcher l'eau d'entrer dans le tuyau, & que le bout du tuyau étoit mafqué par une pierre faillante.

Il n'eft pas toujours néceffaire de fouffler dans un tuyau fouterrein pour envoyer une boule à une certaine diftance. Lorfque la boule doit fuivre dans le tuyau le penchant d'une montagne, il fuffit que l'intérieur du tuyau ne foit point raboteux, & que la boule foit d'une matière pefante. Si la pente eft douce & infenfible, on peut employer une boule de liége & verfer de l'eau dans le tuyau; alors la boule fera portée à fa deftination, comme un bateau perdu eft entraîné vers la mer par le courant d'un fleuve.

posséder

poſſéder le ſecret merveilleux de la tranſmutation des métaux.

Pour en impoſer à ceux qui ne ſont point inſtruits, ils prennent une lame de fer qu'ils trempent dans une liqueur ; à l'inſtant ils la retirent, ayant l'œil & la couleur du cuivre. Cet effet dépend de ce que le cuivre, diſſous dans la liqueur préparée ſe dépoſe ſur le fer, parce que l'acide qui tenoit le cuivre en diſſolution, ayant plus d'affinité avec le fer, le diſſout & dépouille le cuivre ; ce n'eſt donc qu'une lame de fer recouverte d'une ſuperficie cuivreuſe. Une pièce de cuivre eſt couverte de même, ſous l'apparence d'argent par le moyen du mercure.

Pour donner au fer une couleur de cuivre, prenez une once de petites plaques de cuivre bien minces, nettoyées au feu, & trois onces d'eau forte ; mettez-les enſemble dans un verre, le cuivre ſera diſſous au bout de trois ou quatre heures ; quand il ſera froid vous en ferez uſage, en paſſant avec une plume ſur le fer, après l'avoir bien poli & nettoyé. Le fer prendra ſur le champ la couleur du cuivre. Lorſque cette couleur vient à s'effacer par le frottement, on la renouvelle ; mais ſi on fait cette opération deux fois de ſuite, le fer deviendra noirâtre.

(Voyez à l'article CHIMIE).

TRANSPARENTS. Ces tranſparents que l'on voit dans les fêtes publiques & dans les décorations théâtrales, que l'on éclaire avec des lumières placées par derrière, ſe préparent de cette manière : on tend une toile bien ferme ſur un chaſſis de bois ; on diſſout de la cire dans de l'huile eſſentielle de thérébenthine ; on en imprime cette toile, en la mettant au deſſus d'un réchaud de feu, pour que la cire ſe diſtribue ſur toute la toile avec égalité ; on peint enſuite ce que l'on deſire ſur ces toiles, avec des couleurs à l'huile abreuvées d'huile eſſentielle de térébenthine.

TRANSPARENTS MOBILES. On a vu, il y a pluſieurs années, dans Paris, le ſoir aux lumières, chez quelques confiſeurs, dans le temps du jour de l'an (temps où chacun d'eux ſe pique de décorer ſa boutique & ſon magaſin), des figures tranſparentes qui, par leur mouvement continuel, offroient le coup-d'œil le plus ſingulier. Ici l'on voyoit une eſpèce de roſe deſſinée dans le goût des roſettes d'architecture, qui tournoit ſans ceſſe ſur ſon centre ; quelques unes paroiſſoient doubles, & tournant en ſens contraire, préſentoient des ſpirales qui ſe croiſoient dans leur mouvement ; là, c'étoit une moitié de colonne ſurmontée d'un globe, le tout roulant ſur ſon axe, & produiſant l'effet dont nous avons parlé dans l'article FEUX D'ARTIFICE PAR IMITATION : plus loin, c'étoit *Amuſemens des Sciences.*

un vaſe tournant, ſur lequel étoient peintes pluſieurs figures groteſques, qui ſembloient remonter toujours du pied du vaſe vers ſes bords. Tout le jeu de ce petit ſpectacle récréatif, conſiſte dans l'interpoſition mécanique de l'ombre & de la lumière, & tient, pour le mouvement, à un procédé phyſique très-induſtrieux, indiqué dans les expériences de Polinière. On monte le tranſparent ſur un petit chaſſis circulaire, mais très-léger ; ce chaſſis poſé ſur un axe ou un pivot fixe, ſur lequel il puiſſe tourner librement ; l'ouverture ſupérieure eſt fermée par un rond de tôle, découpé en lame un peu inclinée, comme dans les ventilateurs de nos appartemens, qu'on applique aujourd'hui aux fenêtres pour empêcher la fumée ; on enferme une lampe dans ce tranſparent, mais de manière qu'elle ſoit fixe ; elle produit un double effet, c'eſt d'éclairer le papier enluminé, & en même temps de faire tourner la plaque de tôle qui, dans ſon mouvement circulaire, entraîne avec elle le chaſſis & le tranſparent qui l'enveloppe. Nous penſons que deux raiſons peuvent concourir à ce mouvement ; la première, c'eſt que l'air intérieur de la pièce mécanique étant raréfié par la chaleur de la lampe n'eſt plus en équilibre avec l'air extérieur qui, cherchant à pénétrer par les ouvertures que laiſſent entre elles les lames de tôles, lui imprime le mouvement, & ce mouvement dure autant que ſa cauſe ; la ſeconde, c'eſt que le feu eſt un fluide qui tend à ſe dilater, &, pour nous ſervir des expreſſions de M. de Mairan, il eſt impulſif, par cela même qu'il eſt expanſif. La preuve s'en tire d'une expérience très-familière, & connue de tous les écoliers. Qu'on ſuſpende au tuyau d'un poële une lame ſpirale de carte ou de papier, de manière que ſes plans ſe préſentent obliquement à la vapeur qui monte verticalement, la ſpirale, l'hélice ou le moulinet tourne & d'autant plus vîte que le poële eſt plus échauffé : on ſe ſert même de cette eſpèce de thermomètre pour entretenir dans le poële un feu égal.

TRICTRAC ; probabilités ſur ce jeu. (Voyez ARITHMÉTIQUE).

TROMBE ARTIFICIELLE. Parmi les divers myſtères qui nous offrent des ſpectacles ſi grands, ſi magnifiques, & quelquefois ſi effrayants & ſi terribles, un des plus ſinguliers eſt la trombe. Ce météore très-rare ſur la terre, mais aſſez fréquent ſur mer, eſt un amas de vapeurs reſſemblant à une groſſe nuée fort épaiſſe, en forme de colonne cylindrique ou de cône renverſé, qui fait entendre un bruit ſemblable à celui d'une mer fortement agitée.

La trombe, jette ſouvent autour d'elle beaucoup de pluie ou de grêle, & dans les ravages qu'elle occaſionne quelquefois, elle ſubmerge les vaisseaux, déracine les arbres, renverse les maisons, & tout ce qui se trouve exposé à son choc.

Plusieurs physiciens ont cherché la cause de ce redoutable phénomène ; mais outre qu'ils ne se sont pas trouvés d'accord dans leurs conjectures, aucune de leurs explications n'est suffisante pour rendre également raison des trombes qui s'élèvent de la surface des eaux vers les nuages, & de celles qui viennent du nuage vers la terre. Il est cependant plus raisonnable & plus conforme à la simplicité des loix de la nature, de n'attribuer aux unes & aux autres qu'une seule & même cause ; & cette cause unique, M. Brisson la trouve dans les effets de l'électricité.

Il arrive souvent que les trombes lancent des éclairs, & font entendre le bruit du tonnerre, qui sont reconnus aujourd'hui pour des effets électriques, après quoi les trombes ne manquent guère de se dissiper : ainsi lorsqu'un nuage fortement électrisé se présente à une distance convenable de la terre, M. Brisson pense qu'il s'établit aussi-tôt entre les corps non électrisés qui sont à sa surface, & le nuage électrisé, les deux courants de matières que M. l'abbé Nollet a nommés effluentes & affluentes simultanées. Le nuage lance de toutes parts, & plus fortement qu'ailleurs vers les corps terrestres, des rayons de la matière effluente ; & dans le même temps les corps terrestres lui rendent une matière semblable, en lui fournissant la matière affluente.

Si le courant de la matière affluente est le plus fort, les particules de vapeurs qui composent le nuage, sont entraînées par cette matière affluente, & forment la colonne cylindrique ou conique, d'où résulte la trombe que M. Brisson appelle *descendante*, parce qu'en effet elle paroît descendre des nuées vers la terre : si, au contraire, c'est le courant de matière affluente qui ait le plus de force, & que le nuage électrisé se trouve au-dessus des eaux, alors cette matière affluente entraîne avec elle une quantité de particules aqueuses assez considérable pour former cette colonne que l'on voit s'élancer vers le nuage, qu'on peut appeler *trombe ascendante*.

L'expérience est ici parfaitement d'accord avec le raisonnement. M. Brisson a rempli d'eau un petit vase de métal, & il lui a présenté, à quelques pouces de distance, un tube nouvellement frotté : aussi-tôt l'eau du vase s'est élevée en forme d'un petit monticule qui s'est soutenu jusqu'à ce qu'il en soit parti une étincelle : après quoi il est retombé, comme on voit les trombes se dissiper après qu'elles ont lancé leurs feux électriques. Pendant que l'eau étoit suspendue, on entendoit un petit

bruissement, & le côté du tube qui étoit tourné vers le vase s'est trouvé tout couvert de petites parcelles d'eau.

Cette expérience est connue ; mais M. Brisson avertit que pour qu'elle réussisse, il faut que le temps soit favorable, & l'électricité un peu forte, elle lui a donné en petit l'image d'une trombe ascendante ; & il ne doute pas que si le corps électrisé qu'il présenta au dessus du vase plein d'eau, eût été composé de particules mobiles entre elles ; il auroit pu avoir l'image d'une trombe descendante. En examinant avec attention toutes les circonstances qui accompagnent cette expérience, M. Brisson les a trouvées tout-à-fait conformes à celles qui accompagnent le plus souvent les trombes.

TURQUOISE ARTIFICIELLE. On assure que Camanus de Pulto & Henckel possédoient le secret de donner à des substances osseuses la couleur des turquoises. Nous allons indiquer ici la manière d'imiter avec le crystal les pierres précieuses qui viennent de Perse : prenez du sel marin gris ou grossier : car le sel blanc n'est point propre à cette opération ; mettez-le dans le fourneau à calciner, pour en tirer toute l'humidité, & le blanchir ; broyez-le ensuite ; vous aurez une poudre fort blanche, qu'il faudra conserver pour en faire usage dans la préparation du bleu de turquoise. Ayez dans un creuset, au fourneau, de la fritte de crystal teinte en couleur d'aigue-marine un peu foncée, & préparée de la manière indiquée au mot AIGUE-MARINE ; car la préparation du bleu de turquoise dépend de la qualité de l'aigue-marine ; mêlez petit à petit & en remuant bien, dans ce verre ainsi coloré, le sel marin que vous aurez préparé comme on vient de le dire, vous verrez la couleur d'aigue-marine devenir opaque ; car le sel en se vitrifiant ôte la transparence au verre, & lui donne une pâleur qui produit le bleu de turquoise. Aussi-tôt que la couleur sera telle que vous la demandez, vous vous mettrez à travailler le verre ; car sans cela le sel se consumera, s'en ira en vapeurs, & le verre redeviendra transparent & difforme. Si pendant le travail la couleur venoit à disparoître, vous pourriez la restituer, en remettant un peu de sel comme auparavant. Il est à observer que le sel, à moins d'être bien calciné, pétille toujours ; c'est pourquoi, lorsqu'on en fait usage, il faut avoir la précaution de garantir ses yeux ; il faut aussi ne mettre le sel que petit à petit, & par intervalles, jusqu'à ce que la couleur soit telle qu'on la desire. L'on ne peut s'assurer absolument de cette couleur. Pour avoir une belle couleur, il suffit de prendre un verre d'aigue-marine, fait de parties égales de crystal & de roquette. On en fait plusieurs petits ouvrages.

V.

VAPEURS INFLAMMABLES (*Voyez* CHI-MIE).

VASES *du Japon*. Les Japonnois conſtruiſent avec un art ſingulier des vaſes avec des rognures de papier, ou des ſciures de bois qui, étant re-couverts d'un vernis, peuvent contenir des li-queurs froides ou chaudes : ces vaſes joignent à la légéreté une propreté & des ornemens agréa-bles, tels que des deſſeins de fleurs, d'oiſeaux, d'animaux, relevés par des bordures dorées ou ar-gentées.

VASES DE PAPIER. On appelle papier mâché la préparation qui ſe fait avec des rognures de papier blanc ou brun bouillies dans de l'eau, & battues dans un mortier, juſqu'à ce qu'elles ſoient réduites en une eſpèce de pâte, & enſuite bouil-lies avec une ſolution de gomme arabique ou de colle, pour donner de la ténacité à cette pâte, dont on fait différens bijoux, en la preſſant dans des moules huilés. Quand elle eſt ſèche, on l'en-duit d'un mélange de colle & de noir de fumée, & enſuite on la vernit. Le vernis noir pour ces bi-joux eſt préparé de la manière ſuivante.

On fond dans un vaiſſeau de terre verniſſé un peu de colophane ou de térébenthine bouillie, juſqu'à ce qu'elle devienne noire & friable, & on y jette par degrés trois fois autant d'ambre réduit en poudre fine, en y ajoutant de temps en temps un peu d'eſprit ou d'huile de térébenthine. Quand l'ambre eſt fondu on ſaupoudre ce mélange de la même quantité de ſarcocolle, en continuant de remuer le tout, & d'y ajouter de l'eſprit-de-vin, juſqu'à ce que la compoſition devienne fluide ; après cela on la paſſe à travers une chauſſe de crin clair, en preſſant la chauſſe doucement entre des planches chaudes ; ce vernis, mêlé avec le noir d'ivoire en poudre fine, s'applique dans un lieu chaud ſur la pâte de papier ſéchée, que l'on met enſuite dans un four fort peu échauffé, le lende-main dans un four plus chaud, & le troiſième jour dans un four très-chaud (on l'y laiſſe chaque fois juſqu'à ce que le four ſoit réfroidi. La pâte ainſi vernie eſt dure, brillante, durable, & ſupporte des liqueurs froides ou chaudes. Ce vernis, très-brillant & très-ſolide, eſt celui qu'on a imaginé en Angleterre pour imiter ces vaiſſeaux également légers & forts, que les Japonnois ont coutume de fabriquer, tels que les plats, jattes, baſſins, caba-rets, &c., dont les uns paroiſſent faits avec de la ſciure de bois, & d'autres avec du papier broyé. Voici la méthode détaillée qu'on ſuit pour les contrefaire.

On fait bouillir dans l'eau la quantité qu'on veut de rognures & de morceaux de papier gris ou blanc ; on les remue avec un bâton, tandis qu'ils bouillent, juſqu'à ce qu'ils ſoient preſque réduits en pâte ; après les avoir retirés de l'eau, on les broie dans un mortier, juſqu'à ce qu'ils ne forment plus qu'une bouillie ſemblable à celle des chiffons qui ont paſſé par les piles d'un moulin à papier. L'on prend enſuite de la gomme arabique, & l'on en fait enſuite une eau de gomme bien forte, dont on couvre la pâte de l'épaiſſeur d'un pouce ; on met le tout enſemble dans un pot de terre verniſſé, & on le fait bien bouillir, en ne ceſſant de remuer, juſqu'à ce que la pâte ſoit ſuffi-ſamment imprégnée de colle ; après quoi on la met dans le moule qui doit être fait comme on va le décrire. Si vous voulez, par exemple, faire un plat, ayez un morceau de bois bien dur, que vous ferez travailler par un tourneur, de manière qu'il puiſſe emboîter le dos ou côté extérieur d'un plat ; vous y ferez pratiquer vers le milieu un ou deux trous qui paſſeront au travers du moule : vous aurez outre cela un autre morceau de bois dur, auquel vous ferez donner la forme d'un plat, & ſeulement une ou deux lignes de diamètre moins que l'autre ; frottez bien d'huile ces moules du côté qui a été tourné, & continuez juſqu'à ce que l'huile en découle ; ils ſeront alors dans l'état qu'ils doivent être. Quand vous ſerez prêt à fabriquer votre vaſe de pâte ; prenez le moule percé de trous, &, après l'avoir huilé de nouveau, poſez-le à plat ſur une table ſolide ; étendez-y votre pâte le plus également que vous pourrez, de ma-nière qu'il y en ait environ trois lignes d'épaiſſeur ; enſuite huilez bien votre ſecond moule, & le poſant bien exactement ſur la pâte, appuyez deſſus bien fort ; mettez-y un poids bien lourd, & laiſſez le dans cet état pendant vingt-quatre heures : quand cette pâte ſera ſèche, elle ſera auſſi dure que du bois ; alors on y appliquera le fond qui ſera fait avec de la colle & du noir de lampe ; enſuite on laiſſera ſécher à l'air ce plat, & quand il ſera bien fec, on appliquera le vernis ci-deſſus, ſi l'on veut donner un fond noir à l'ouvrage. C'eſt par cette méthode qu'on fabrique ces boîtes de carton, ou tabatières vernies, qui ont eu tant de vogue, parce que le vernis que Martin & autres artiſtes donnoient à ces boîtes, étoit d'un très-beau brillant & ſans odeur.

VASES DE SCIURE DE BOIS. Pour faire des vaſes avec de la ſciure de bois, on prend de la ſciure fine, ſe che; on la réduit ſur le feu en pâte, en y mêlant de la térébenthine, de la réfine, & de la cire : cette opération ſe doit faire en plein air, de peur que la matière ne s'enflamme; on met cette pâte dans les moules, comme on l'a dit cideſſus, & on ſuit les mêmes procédés pour les vernir. Lorſqu'on veut donner aux vaſes une couleur rouge, on met du vermillon dans le vernis; on trace ſur les vaſes les deſſeins que l'on deſire; on applique un vernis par-deſſus, & on y trace des filets d'or ou d'argent, avec des feuilles appliquées & retenues par un mordant.

VASE dont l'eau s'échappe par deſſous auſſitôt qu'on le débouche.

Au nombre des plaiſanteries de ſociété fondées ſur des expériences phyſiques, telles que les verres à ſyphon, &c., en voici une qui n'eſt pas moins propre à donner de l'amuſement. On fait faire un vaſe de fer blanc de deux ou trois pouces de diamètre, & de cinq à ſix pouces de hauteur; dont le goulot ait ſeulement trois lignes d'ouverture; on perce le fond de ce vaſe d'une grande quantité de petits trous, de groſſeur à y paſſer une aiguille à coudre : on plonge ce vaiſſeau dans l'eau, le goulot ouvert : lorſqu'il eſt rempli, on bouche le goulot, & on retire le vaſe; l'eau n'en peut plus ſortir : on donne cette bouteille à déboucher à quelqu'un que l'on veut attraper : s'il la débouche ſur ſes genoux, l'eau s'échappant par les petits trous, le mouille ſans qu'il s'en apperçoive d'abord. Si les ouvertures faites au fond du vaſe excédoient deux lignes de diamètre, ou qu'elles fuſſent en trop grande quantité, l'eau s'échapperoit, quoique ce vaſe fût bouché, l'air qui preſſe de tous côtés la bouteille, trouvant alors le moyen d'y pénétrer.

On fait une expérience à-peu-près ſemblable avec un verre qu'on emplit d'eau, & ſur lequel on poſe une feuille de papier; on renverſe ce verre, en ſoutenant ce papier avec la main, qu'on retire auſſitôt, & l'eau y reſte ſuſpendue.

VASES MAGIQUES : (voyez ECRITURE, MÉCANISME).

VÉGÉTATIONS MÉTALLIQUES : (voyez à l'article CHIMIE).

VERRE.

Manière de couper le verre avec le feu & l'eau.

Prenez un verre à patte, uni & peu épais; & avec une petite mêche ſoufrée & allumée chauffez ce verre en dehors près de ſon bord juſqu'à ce qu'il s'y faſſe une petite félure; conduiſez cette mêche le long de cette félure, en tournant autour du verre & en ſuivant une ligne inclinée, qui, après cinq ou ſix circonvolutions, aboutiſſe au pied du verre, & vous ferez de ce verre une eſpèce de ruban dont les circonvolutions ſe ſoutiendront quoique ſéparées lorſque vous tiendrez ce verre dans une ſituation renverſée, & ſe rejoindront lorſque vous le remettrez dans ſa ſituation naturelle.

Nota. On peut ſe ſervir de cette méthode pour couper des tubes de verre; ce qui ſe pratique auſſi, en faiſant un petit trait avec une lime, à l'endroit où on le veut ſéparer; & en le faiſant éclater à cet endroit, au moyen d'un fer chaud & anguleux qu'on y applique & que l'on conduit ſuivant la direction qu'on a tracée.

Verres de nouvelle conſtruction par l'abbé Boucauld.

Ces verres ſont deſtinés à divers uſages. Le premier eſt deſtiné pour les malades : il eſt double & réuni ſeulement par le bord. On y a pratiqué deux trous, l'un pour faire couler la liqueur lorſque le malade approche ſes lèvres; l'autre, pour la faire retenir, tant qu'on a le doigt deſſus à la manière du ſiphon.

Le ſecond, deſtiné pour les perſonnes qui courent la poſte ou pour les marins, eſt également double & réuni ſeulement par le bord, n'a qu'un trou pour le paſſage de la liqueur.

Le troiſième eſt tel, qu'au moyen d'un double fond, on peut mettre deux liqueurs différentes, & ne prendre, en buvant, que l'une ou l'autre, ou le mélange des deux, tel qu'il convient le mieux.

Vin de Champagne d'attrape.

Rempliſſez d'eau de rivière, juſqu'aux trois quarts & demi, une bouteille ordinaire, que vous boucherez avec un bouchon troué dans ſa longueur, armé dans ſa partie inférieure d'une petite ſoupape. --- Tâchez, à l'aide d'un bon ſoufflet, d'y introduire une certaine quantité d'air que la ſoupape laiſſera entrer, ſans lui permettre de ſortir; & couvrez le bouchon avec un morceau de cuir ou de parchemin, que vous attacherez au col de la bouteille avec de bon fil ou de la ficelle. Quand vous ſerez avec un gourmet que vous voudrez *faire*, (c'est le mot pour dire atraper) mettez cette bouteille sur la table, avec cette étiquette, *vin de Champagne*. Priez le gourmet de la déboucher après lui avoir fait rincer un verre ; il n'aura pas plutôt détaché le cuir ou le parchemin, que le bouchon repoussé par l'air comprimé, sautera au plancher avec explosion, & votre homme concluant de-là que le vin est bon, se trouvera bientôt confus, de voir que vous ne lui avez servi autre chose qu'un plat de votre métier.

(DÉCREMPS).

VIPERES. On voit quelquefois des personnes qui se font passer pour sorciers, parce qu'elles manient des viperes, & des serpens dangereux, sans en être mordues. Cet art enchanteur qui a fait autrefois l'étonnement des Romains, & qui a immortalisé les *Marii* & les *Prilli*, n'est rien moins que magique. Il ne s'agit que d'arracher les dents à ces reptiles, c'est-là-toute la magie.

La manière de faire cette opération est très-facile : on présente le bord d'un chapeau au serpent qui le serre fortement avec ses dents ; on retient le corps de l'animal avec quelque chose, & on retire subitement le chapeau qui les lui arrache, alors il ne peut plus mordre, faire de blessure, & introduire son venin qui, par ce moyen là n'est plus dangereux.

VISAGES *que l'on rend hideux*.

Faites fondre du sel, & du safran, dans de l'esprit-de-vin ; imbibez en un morceau d'étoupe, & mettez-y le feu. A cette lumière les personnes blanches deviennent vertes, & l'incarnat des lèvres & des joues, prend une couleur d'olive foncée. (PINETTI).

VITRES.

Manière d'enduire les vitres d'un vernis qui, sans ôter la transparence, empêche les rayons du soleil de pénétrer.

Faites bouillir trois livres de cendres de sarment dans une suffisante quantité d'eau commune, en remuant toujours pendant deux heures : laissez rasseoir cette lessive & la filtrez. Il faut qu'il reste environ cinq pintes de lessive filtrée.

Ajoutez une livre de salpêtre raffiné, & faites bouillir le tout jusqu'à siccité, ou jusqu'à ce que toute la lessive soit évaporée.

Laissez ensuite réfroidir, mettez ce résidu dans deux pintes de vinaigre distillé ; après la dissolution, faites distiller encore le vinaigre, & faites la même opération trois fois en cohobant le même vinaigre à chaque fois.

Oignez les vitres de ce vinaigre des deux côtés, les rayons du soleil n'y passeront pas ; mais après les avoir points, il faut les recuire.

VOCABULAIRE ÉNIGMATIQUE. (*Voyez à l'article* DEVIN DE LA VILLE).

VOIX FAUSSE. Une belle voix est sans contredit, préférable à tous les instruments. Quel regret n'ont pas bien des personnes d'avoir la voix fausse ? mais ce défaut n'est pas le plus ordinairement un vice de l'organe qui dans presque tous les hommes est construit de même : tout le mal vient des oreilles ; c'est dans ces organes une inégalité de force qui fait que chacune des oreilles éprouvant une sensation de son inégale, on entend nécessairement des sons faux, & que la voix est nécessairement fausse, parceque l'on cherche à chanter comme l'on croit entendre chanter les autres. M. Vandermonde médecin, a fait une expérience bien simple, qu'il rapporte dans son *Essai sur la manière de perfectionner l'espèce humaine*, & que l'on peut répéter sur les enfants qui s'annoncent avec une voix fausse, afin d'y apporter remède dans cet âge tendre où les organes sont encore susceptibles de modification.

La voici telle qu'il la décrit : Je choisis un jour serein, je me plaçai dans un lieu spacieux, je fixai un endroit que je ne quittai pas, & que je réservai pour faire mes expériences ; je bouchai ensuite indifféremment une des oreilles de la personne qui servoit à ces nouvelles épreuves ; je la fis reculer & éloigner de moi, jusqu'à ce qu'elle n'entendît plus la sonnerie d'une montre à répétition que je tenois dans mes mains, ou du moins jusqu'à ce que le son du timbre ne produisît qu'une très foible impression sur son organe : je la priai de s'arrêter dans cet endroit : j'allai aussi-tôt à elle, je lui débouchai son oreille & lui rebouchai l'autre, en observant de lui faire fermer la bouche, de peur que le son ne se communiquât à l'oreille par la trompe d'Eustache ; je retournai à ma place marquée, & je recommençai à faire-sonner ma montre ; pour lors elle fut toute surprise de s'appercevoir qu'elle entendit passablement ; je lui fis signe de s'éloigner encore jusqu'à ce qu'elle n'entendît presque plus. Il résulte de ces expériences, que dans les personnes qui ont la voix fausse il y a dans les oreilles inégalité de force ; le moyen d'y remédier dans les enfants, est de s'assurer par cette expérience quelle est l'oreille la plus foible : alors on ne peut mieux faire, à ce que je crois, dit M. Vandermonde, que de la boucher autant qu'il est possible, & de profiter de ce temps précieux pour exercer souvent l'oreille la moins forte, sans cependant la fatiguer. Celle qui est ainsi accoutumée à travailler feule fe fortifiera, tandis que l'autre fera toujours dans le même degré de force. On effaiera de temps en temps de rendre l'ouie à l'enfant pour le faire chanter, & pour favoir fi les deux oreilles font au même degré de fenfibilité : c'eft ainfi que l'on peut corriger ce dé-faut naturel, & rendre à tout le monde la voix jufte.

VOLCAN ARTIFICIEL. (*Voyez* à *l'article* CHIMIE).

FIN.

www.ingramcontent.com/pod-product-compliance
Lightning Source LLC
Chambersburg PA
CBHW071350290326
41932CB00045B/1286